D1718596

J. von Staudingers
Kommentar zum Bürgerlichen Gesetzbuch
mit Einführungsgesetz und Nebengesetzen
EGBGB
Art 219–245 EGBGB
(Jüngere Übergangsvorschriften /
Verordnungsermächtigungen)

Kommentatorinnen und Kommentatoren

Dr. Thomas E. Abeltshauser, LL.M.
Professor an der Universität Hannover, Richter am Oberlandesgericht Celle

Dr. Karl-Dieter Albrecht
Vorsitzender Richter am Bayerischen Verwaltungsgerichtshof, München

Dr. Hermann Amann
Notar in Berchtesgaden

Dr. Christian Armbrüster
Professor an der Bucerius Law School, Hamburg

Dr. Martin Avenarius
Professor an der Universität zu Köln

Dr. Wolfgang Baumann
Notar in Wuppertal

Dr. Roland Michael Beckmann
Professor an der Universität des Saarlandes, Saarbrücken

Dr. Detlev W. Belling, M.C.L.
Professor an der Universität Potsdam

Dr. Andreas Bergmann
Wiss. Assistent an der Universität des Saarlandes, Saarbrücken

Dr. Werner Bienwald
Professor an der Evangelischen Fachhochschule Hannover

Dr. Claudia Bittner, LL.M.
Privatdozentin an der Universität Freiburg i. Br.

Dr. Dieter Blumenwitz
Professor an der Universität Würzburg

Dr. Reinhard Bork
Professor an der Universität Hamburg

Dr. Wolf-Rüdiger Bub
Rechtsanwalt in München, Professor an der Universität Potsdam

Dr. Elmar Bund
Professor an der Universität Freiburg i. Br.

Dr. Jan Busche
Professor an der Universität Düsseldorf

Dr. Michael Coester, LL.M.
Professor an der Universität München

Dr. Dagmar Coester-Waltjen, LL.M.
Professorin an der Universität München

Dr. Heinrich Dörner
Professor an der Universität Münster

Dr. Christina Eberl-Borges
Professorin an der Universität Siegen

Dr. Werner F. Ebke, LL.M.
Professor an der Universität Konstanz

Dr. Jörn Eckert
Professor an der Universität zu Kiel, Richter am Schleswig-Holsteinischen Oberlandesgericht in Schleswig

Dr. Volker Emmerich
Professor an der Universität Bayreuth, Richter am Oberlandesgericht Nürnberg a. D.

Dipl.-Kfm. Dr. Norbert Engel
Ministerialdirigent im Thüringer Landtag, Erfurt

Dr. Helmut Engler
Professor an der Universität Freiburg i. Br., Minister in Baden-Württemberg a. D.

Dr. Karl-Heinz Fezer
Professor an der Universität Konstanz, Honorarprofessor an der Universität Leipzig, Richter am Oberlandesgericht Stuttgart

Dr. Johann Frank
Notar in Amberg

Dr. Rainer Frank
Professor an der Universität Freiburg i. Br.

Dr. Bernhard Großfeld, LL.M.
Professor an der Universität Münster

Dr. Karl-Heinz Gursky
Professor an der Universität Osnabrück

Dr. Ulrich Haas
Professor an der Universität Mainz

Norbert Habermann
Richter am Amtsgericht Offenbach

Dr. Stefan Habermeier
Professor an der Universität Greifswald

Dr. Johannes Hager
Professor an der Universität München

Dr. Rainer Hausmann
Professor an der Universität Konstanz

Dr. Dr. h. c. mult. Dieter Henrich
Professor an der Universität Regensburg

Dr. Reinhard Hepting
Professor an der Universität Mainz

Christian Hertel, LL.M.
Notar a. D., Geschäftsführer des Deutschen Notarinstituts, Würzburg

Joseph Hönle
Notar in Tittmoning

Dr. Bernd von Hoffmann
Professor an der Universität Trier

Dr. Heinrich Honsell
Professor an der Universität Zürich, Honorarprofessor an der Universität Salzburg

Dr. Dr. Dres. h. c. Klaus J. Hopt, M.C.J.
Professor, Direktor des Max-Planck-Instituts für Ausländisches und Internationales Privatrecht, Hamburg

Dr. Norbert Horn
Professor an der Universität zu Köln, Direktor des Rechtszentrums für europäische und internationale Zusammenarbeit, Köln

Dr. Heinz Hübner
Professor an der Universität zu Köln

Dr. Rainer Jagmann
Vorsitzender Richter am Landgericht Freiburg i. Br.

Dr. Ulrich von Jeinsen
Rechtsanwalt und Notar in Hannover

Dr. Joachim Jickeli
Professor an der Universität zu Kiel

Dr. Dagmar Kaiser
Professorin an der Universität Mainz

Dr. Rainer Kanzleiter
Notar in Neu-Ulm, Professor an der Universität Augsburg

Dr. Sibylle Kessal-Wulf
Richterin am Bundesgerichtshof, Karlsruhe

Dr. Hans-Georg Knothe
Professor an der Universität Greifswald

Dr. Helmut Köhler
Professor an der Universität München, Richter am Oberlandesgericht München

Dr. Jürgen Kohler
Professor an der Universität Greifswald

Dr. Heinrich Kreuzer
Notar in München

Dr. Jan Kropholler
Professor an der Universität Hamburg, Wiss. Referent am Max-Planck-Institut für Ausländisches und Internationales Privatrecht, Hamburg

Dr. Hans-Dieter Kutter
Notar in Schweinfurt

Dr. Gerd-Hinrich Langhein
Notar in Hamburg

Dr. Dr. h. c. Manfred Löwisch
Professor an der Universität Freiburg i. Br., vorm. Richter am Oberlandesgericht Karlsruhe

Dr. Dirk Looschelders
Professor an der Universität Düsseldorf

Dr. Stephan Lorenz
Professor an der Universität München

Dr. Dr. h. c. Werner Lorenz
Professor an der Universität München

Dr. Peter Mader
Professor an der Universität Salzburg

Dr. Ulrich Magnus
Professor an der Universität Hamburg, Richter am Hanseatischen Oberlandesgericht zu Hamburg

Dr. Peter Mankowski
Professor an der Universität Hamburg

Dr. Heinz-Peter Mansel
Professor an der Universität zu Köln

Dr. Peter Marburger
Professor an der Universität Trier

Dr. Wolfgang Marotzke
Professor an der Universität Tübingen

Dr. Dr. Dr. h. c. Michael Martinck, M.C.J.
Professor an der Universität des Saarlandes, Saarbrücken

Dr. Annemarie Matusche-Beckmann
Privatdozentin an der Universität zu Köln

Dr. Jörg Mayer
Notar in Pottenstein

Dr. Dr. Detlef Merten
Professor an der Deutschen Hochschule für Verwaltungswissenschaften Speyer

Dr. Peter O. Mülbert
Professor an der Universität Mainz

Dr. Dirk Neumann
Vizepräsident des Bundesarbeitsgerichts a. D., Kassel, Präsident des Landesarbeitsgerichts Chemnitz a. D.

Dr. Ulrich Noack
Professor an der Universität Düsseldorf

Dr. Hans-Heinrich Nöll
Rechtsanwalt in Hamburg

Dr. Jürgen Oechsler
Professor an der Universität Mainz

Dr. Hartmut Oetker
Professor an der Universität Jena, Richter am Thüringer Oberlandesgericht Jena

Wolfgang Olshausen
Notar in Rain am Lech

Dr. Dirk Olzen
Professor an der Universität Düsseldorf

Dr. Gerhard Otte
Professor an der Universität Bielefeld

Dr. Hansjörg Otto
Professor an der Universität Göttingen

Dr. Lore Maria Peschel-Gutzeit
Rechtsanwältin in Berlin, Senatorin für Justiz a. D. in Hamburg und Berlin, Vorsitzende Richterin am Hanseatischen Oberlandesgericht zu Hamburg i. R.

Dr. Frank Peters
Professor an der Universität Hamburg, Richter am Hanseatischen Oberlandesgericht zu Hamburg

Dr. Axel Pfeifer
Notar in Hamburg

Dr. Jörg Pirrung
Ministerialdirigent im Bundesministerium der Justiz, Berlin, Richter am Gericht erster Instanz der Europäischen Gemeinschaften, Luxemburg, Professor an der Universität Trier

Dr. Ulrich Preis
Professor an der Universität zu Köln

Dr. Manfred Rapp
Notar in Landsberg a. L.

Dr. Thomas Rauscher
Professor an der Universität Leipzig, Dipl. Math.

Dr. Peter Rawert, LL.M.
Notar in Hamburg, Professor an der Universität zu Kiel

Eckhard Rehme
Vorsitzender Richter am Oberlandesgericht Oldenburg

Dr. Wolfgang Reimann
Notar in Passau, Professor an der Universität Regensburg

Dr. Tilman Repgen
Professor an der Universität Hamburg

Dr. Dieter Reuter
Professor an der Universität zu Kiel, Richter am Schleswig-Holsteinischen Oberlandesgericht in Schleswig

Dr. Reinhard Richardi
Professor an der Universität Regensburg

Dr. Volker Rieble
Professor an der Universität Mannheim

Dr. Anne Röthel
Wiss. Mitarbeiterin an der Universität Erlangen-Nürnberg

Dr. Christian Rolfs
Professor an der Universität Bielefeld

Dr. Herbert Roth
Professor an der Universität Regensburg

Dr. Rolf Sack
Professor an der Universität Mannheim

Dr. Ludwig Salgo
Professor an der Fachhochschule Frankfurt a. M., Apl. Professor an der Universität Frankfurt a. M.

Dr. Gottfried Schiemann
Professor an der Universität Tübingen

Dr. Eberhard Schilken
Professor an der Universität Bonn

Dr. Peter Schlosser
Professor an der Universität München

Dr. Dres. h. c. Karsten Schmidt
Professor an der Universität Bonn, Vizepräsident der Bucerius Law School, Hamburg

Dr. Martin Schmidt-Kessel
Privatdozent an der Universität Freiburg i. Br.

Dr. Günther Schotten
Notar in Köln, Professor an der Universität Bielefeld

Dr. Hans Schulte-Nölke
Professor an der Universität Bielefeld

Dr. Hans Hermann Seiler
Professor an der Universität Hamburg

Dr. Reinhard Singer
Professor an der Universität Rostock, Richter am Oberlandesgericht Rostock

Dr. Ulrich Spellenberg
Professor an der Universität Bayreuth

Dr. Sebastian Spiegelberger
Notar in Rosenheim

Dr. Malte Stieper
Wiss. Assistent an der Universität zu Kiel

Dr. Markus Stoffels
Professor an der Universität Bonn

Dr. Hans-Wolfgang Strätz
Professor an der Universität Konstanz

Dr. Dr. h. c. Fritz Sturm
Professor an der Universität Lausanne

Dr. Gudrun Sturm
Assessorin, Wiss. Mitarbeiterin an der Universität Lausanne

Burkhard Thiele
Ministerialdirigent im Justizministerium Mecklenburg-Vorpommern, Schwerin

Dr. Gregor Thüsing, LL.M.
Professor an der Bucerius Law School, Hamburg

Dr. Bea Verschraegen, LL.M.
Professorin an der Universität Wien

Dr. Klaus Vieweg
Professor an der Universität Erlangen-Nürnberg

Dr. Reinhard Voppel
Rechtsanwalt in Köln

Dr. Günter Weick
Professor an der Universität Gießen

Gerd Weinreich
Vorsitzender Richter am Landgericht Oldenburg

Dr. Birgit Weitemeyer
Wiss. Assistentin an der Universität zu Kiel

Dr. Joachim Wenzel
Vizepräsident des Bundesgerichtshofs, Karlsruhe

Dr. Olaf Werner
Professor an der Universität Jena, Richter am Thüringer Oberlandesgericht Jena

Dr. Wolfgang Wiegand
Professor an der Universität Bern

Dr. Susanne Wimmer-Leonhardt
Wiss. Assistentin an der Universität des Saarlandes, Saarbrücken

Dr. Peter Winkler von Mohrenfels
Professor an der Universität Rostock, Richter am Oberlandesgericht Rostock

Dr. Hans Wolfsteiner
Notar in München

Dr. Eduard Wufka
Notar in Starnberg

Dr. Michael Wurm
Richter am Bundesgerichtshof, Karlsruhe

Redaktorinnen und Redaktoren

Dr. Dr. h. c. Christian von Bar, FBA
Dr. Wolf-Rüdiger Bub
Dr. Heinrich Dörner
Dr. Helmut Engler
Dr. Karl-Heinz Gursky
Norbert Habermann
Dr. Dr. h. c. mult. Dieter Henrich
Dr. Norbert Horn
Dr. Heinz Hübner
Dr. Jan Kropholler
Dr. Dr. h. c. Manfred Löwisch
Dr. Ulrich Magnus
Dr. Dr. Dr. h. c. Michael Martinek, M.C.J.
Dr. Gerhard Otte
Dr. Lore Maria Peschel-Gutzeit
Dr. Peter Rawert, LL.M.
Dr. Dieter Reuter
Dr. Herbert Roth
Dr. Hans-Wolfgang Strätz
Dr. Wolfgang Wiegand

J. von Staudingers Kommentar zum Bürgerlichen Gesetzbuch mit Einführungsgesetz und Nebengesetzen

Einführungsgesetz zum
Bürgerlichen Gesetzbuche
Art 219–245 EGBGB
(Jüngere Übergangsvorschriften /
Verordnungsermächtigungen)

Neubearbeitung 2003
von
Thomas E. Abeltshauser
Heinrich Dörner
Jörn Eckert
Ulrich von Jeinsen
Dagmar Kaiser
Manfred Löwisch
Michael Martinek
Dirk Neumann
Frank Peters
Thomas Rauscher
Christian Rolfs
Gottfried Schiemann
Peter Schlosser
Karsten Schmidt
Hans-Wolfgang Strätz
Gregor Thüsing
Olaf Werner

Redaktor
Heinrich Dörner

Sellier – de Gruyter · Berlin

Die Kommentatorinnen und Kommentatoren

Neubearbeitung 2003
Art 219 EGBGB: Ulrich von Jeinsen
Art 220, Art 236 EGBGB: Heinrich Dörner
Art 221, 222 EGBGB: Dirk Neumann
Art 223, 224 §§ 1–3, 225 EGBGB; Art 230, 231 §§ 1–10 EGBGB; Art 232 § 1 und § 1a EGBGB; Art 232 § 4, Anh zu § 4, § 4a, §§ 5–9 EGBGB; Art 233 §§ 1–10, Vorbem zu §§ 11–16, §§ 11–16, Art 234 §§ 1–2, Anh zu § 2, §§ 3, 4, 4a, 5, 6, Anh I–III zu § 6, Anh IV zu § 6, §§ 7–15, Art 235 §§ 1 u 2 EGBGB; Art 237 §§ 1 u 2 EGBGB: Thomas Rauscher
Art 226 EGBGB: Hans-Wolfgang Strätz
Art 227 EGBGB: Olaf Werner
Art 228, Art 229 § 2, Art 239, Art 242 EGBGB: Michael Martinek
Art 229 § 1, Art 229 § 5, Art 229 § 9 EGBGB: Manfred Löwisch
Art 229 § 3, Art 232 § 2 EGBGB: Christian Rolfs
Art 229 § 4, Art 238 EGBGB: Jörn Eckert
Art 229 § 6, Art 244 EGBGB: Frank Peters
Art 229 § 7 EGBGB: Karsten Schmidt
Art 229 § 8 EGBGB: Gottfried Schiemann
Art 232 § 3 EGBGB: Thomas E. Abeltshauser/Jürgen Sonnenschein
Art 240, 241 EGBGB: Gregor Thüsing
Art 243 EGBGB: Peter Schlosser
Art 245 EGBGB: Dagmar Kaiser

Dreizehnte Bearbeitung 1996
Art 219 EGBGB: Ulrich von Jeinsen
Art 220 EGBGB: Heinrich Dörner
Art 221, 222 EGBGB: Dirk Neumann
Art 230–232 § 1, Art 232 § 4–Art 235 EGBGB: Thomas Rauscher
Art 232 §§ 2, 3 EGBGB: Jürgen Sonnenschein
Art 236 EGBGB: Heinrich Dörner
GesAnh zu Art 230–236 EGBGB: Thomas Rauscher

12. Auflage
Art 219 EGBGB: Ulrich von Jeinsen (1992)
Art 220 EGBGB: Heinrich Dörner (1992)
Art 221 EGBGB: Dirk Neumann (1992)
Art 230–232 § 1, Art 232 § 4–Art 235 EGBGB: Thomas Rauscher (1992)
Art 232 §§ 2, 3 EGBGB: Jürgen Sonnenschein (1992)
Art 236 EGBGB: Heinrich Dörner (1992)
GesAnh zu Art 230–236 EGBGB: Thomas Rauscher (1992)

11. Auflage
·/.

Sachregister

Rechtsanwalt Dr. Dr. Volker Kluge, Berlin

Zitierweise

Staudinger/vJeinsen (2003) Art 219 EGBGB Rn 1
Staudinger/Rauscher (2003) Art 232 § 1 EGBGB Rn 1
Staudinger/Rauscher (2003) Vorbem 1 zu Art 233 §§ 11–16 EGBGB
Staudinger/Rauscher (2003) Anh zu Art 234 § 2 EGBG Rn 1

Zitiert wird nach Paragraph bzw Artikel und Randnummer.

Hinweise

Das Vorläufige Abkürzungsverzeichnis 1993 für das „Gesamtwerk Staudinger“ befindet sich in einer Broschüre, die den Abonnenten zusammen mit dem Band §§ 985–1011 (1993) bzw seit 2000 gesondert mitgeliefert wird. Eine aktualisierte Neubearbeitung befindet sich in Vorbereitung und wird den Abonnenten wiederum kostenlos geliefert werden.

Der Stand der Bearbeitung ist jeweils mit Monat und Jahr auf den linken Seiten unten angegeben.

Am Ende des Bandes befindet sich eine Übersicht über den aktuellen Stand des „Gesamtwerk Staudinger“.

Die Deutsche Bibliothek verzeichnet diese Publikation in der Deutschen Nationalbibliografie; detaillierte bibliografische Daten sind im Internet über http://dnb.ddb.de abrufbar.

ISBN 3-8059-0984-5

Satz: jürgen ullrich typosatz, Nördlingen.

Druck: H. Heenemann GmbH & Co., Berlin.

Bindearbeiten: Lüderitz und Bauer, Buchgewerbe GmbH, Berlin.

Umschlaggestaltung: Bib Wies, München.

⊗ Gedruckt auf säurefreiem Papier, das die DIN ISO 9706 über Haltbarkeit erfüllt.

Inhaltsübersicht

Seite*

* Zitiert wird nicht nach Seiten, sondern nach Paragraph bzw Artikel und Randnummer; siehe dazu auch S VI.

Allgemeines Schrifttum

BAMBERGER/ROTH, BGB, Bd 3 (2003)
vBAR/MANKOWSKI, Internationales Privatrecht Bd 1: Allgemeine Lehren (2. Aufl 2003); Bd 2: Besonderer Teil (1991)
ERMAN, Handkommentar zum Bürgerlichen Gesetzbuch (10. Aufl 2000)
HENRICH, Internationales Familienrecht (2. Aufl 2000)
KROPHOLLER, Internationales Privatrecht (4. Aufl 2001)
LÜBCHEN (Hrsg), Kommentar zum sechsten Teil des EGBGB (1991)
Münchener Kommentar zum Bürgerlichen Gesetzbuch Bd 10 (3. Aufl 1998); Bd 11 (3. Aufl 1999)
PALANDT, Bürgerliches Gesetzbuch (62. Aufl 2003).

Fünfter Teil

Übergangsvorschriften aus Anlaß jüngerer Änderungen des Bürgerlichen Gesetzbuchs und dieses Einführungsgesetzes

Artikel 219 EGBGB

Übergangsvorschrift zum Gesetz vom 8. November 1985 zur Neuordnung des landwirtschaftlichen Pachtrechts

(1) Pachtverhältnisse auf Grund von Verträgen, die vor dem 1. Juli 1986 geschlossen worden sind, richten sich von da an nach der neuen Fassung der §§ 581 bis 597 des Bürgerlichen Gesetzbuchs. Beruhen vertragliche Bestimmungen über das Inventar auf bis dahin geltendem Recht, so hat jeder Vertragsteil das Recht, bis zum 30. Juni 1986 zu erklären, daß für den Pachtvertrag insoweit das alte Recht fortgelten soll. Die Erklärung ist gegenüber dem anderen Vertragsteil abzugeben. Sie bedarf der schriftlichen Form.

(2) Absatz 1 gilt entsprechend für Rechtsverhältnisse, zu deren Regelung auf die bisher geltenden Vorschriften der §§ 587 bis 589 des Bürgerlichen Gesetzbuchs verwiesen wird. Auf einen vor dem in Absatz 1 Satz 1 genannten Tag bestellten Nießbrauch ist jedoch § 1048 Abs. 2 in Verbindung mit §§ 588, 589 des Bürgerlichen Gesetzbuchs in der bisher geltenden Fassung der Vorschriften weiterhin anzuwenden.

(3) In gerichtlichen Verfahren, die am Beginn des in Absatz 1 Satz 1 genannten Tag anhängig sind, ist über die Verlängerung von Pachtverträgen nach dem bisher geltenden Recht zu entscheiden.

I. Entstehungsgeschichte

1 Diese Bestimmung ist in das EGBGB aus Anlaß der im Jahre 1985 durchgeführten, umfassenden **Novellierung des Landpachtrechtes** eingefügt worden. Sie regelt die Überleitung von altem zu neuem Recht, wobei sie – entgegen ursprünglicher gesetzgeberischer Absicht – über das Landpachtrecht hinausgeht.

2 Der Regierungsentwurf vom 4. 6. 1982 (BR-Drucks 224/82) ist aufgrund der Beratungen im Rechtsausschuß des Deutschen Bundestages in zwei wesentlichen Punkten modifiziert worden: Neben der Frist für die Wahl weiterhin alten Rechts in besonderen Fällen (siehe dazu im einzelnen Rn 4) sah der Regierungsentwurf noch vor, die Überleitungsvorschriften auf Landpachtverhältnisse zu beschränken, und verwies daher allein auf die §§ 585 bis 597 BGB. Demgegenüber regelt das Gesetz jetzt entsprechend der Beschlußempfehlung des Rechtsausschusses vom 16. 9. 1985 (BT-Drucks 10/3830) die Überleitung für das gesamte Pachtrecht und erstreckt sich die Verweisung daher auf die §§ 581 bis 597 BGB. Mit kleineren redaktionellen Änderungen ist die Beschlußempfehlung alsdann im Rahmen des Gesetzes zur Neuordnung des landwirtschaftlichen Pachtrechts vom 8. 11. 1985 (BGBl 1985 I 2065) verabschiedet worden.

Wegen der Erklärungsmöglichkeiten der Parteien zur Weitergeltung des Altrechts (siehe unten Rn 4) ist Art 219 EGBGB bereits am 15. 11. 1985 in Kraft getreten. Hingegen gelten die neuen Pachtbestimmungen (§§ 581 bis 584b) sowie die anstelle des Landpachtgesetzes getretenen §§ 585 bis 597 BGB seit dem 1. 7. 1986.

Geändert wurde die Überschrift der Bestimmung durch das Gesetz zur Neuregelung des Internationalen Privatrechts vom 25. 7. 1986 (BGBl 1986 I 1142).

Seit dem Erscheinen der 12. Auflage hat es zu dieser Bestimmung weder Literatur noch ober- oder höchstrichterliche Rechtsprechung gegeben. Grund hierfür dürfte sein, daß die Bestimmung infolge Zeitablaufs ihre praktische Bedeutung weitgehend eingebüßt hat. Die Kommentierung entspricht daher derjenigen der 12. Auflage.

II. Inhalt

3 Kern der Überleitungsvorschrift ist (Abs 1 S 1), daß ab dem 1. 7. 1986 neues Recht auf die bestehenden, nach altem Recht nicht abgewickelten Verträge Anwendung finden soll. Dem liegt der – bereits in der Regierungsbegründung zum Ausdruck gekommen – Gedanke zugrunde, daß es angesichts der üblicherweise langen Laufzeiten von Pachtverträgen aus Gründen der Rechtssicherheit nicht zu verantworten gewesen wäre, altes und neues Pachtrecht über Jahre hinweg nebeneinander anwenden zu müssen. Aus vergleichbaren Gründen war bereits bei Inkrafttreten des BGB in Art 171 geregelt worden, daß für seinerzeit laufende Pachtverträge das (neue) Bürgerliche Recht gelten sollte.

4 Hinsichtlich der am 1. 7. 1986 bestehenden, auf der Grundlage alten Rechts (speziell §§ 586 bis 591 BGB aF) getroffenen Vereinbarungen über das Inventar sollte den Vertragsparteien die Möglichkeit eröffnet werden, die **Weitergeltung** dieser Basis zu **bestimmen**.

Veranlassung dafür waren Änderungen und Ergänzungen der Vorschriften über das Inventar in der Landpacht-Novelle, die – so die Regierungsbegründung (BT-Drucks 10/509 zu Art 2 Nr 2 § 219 Abs 1 EGBGB S 27) – hätten zur Folge haben können, „daß dem Willen der Vertragsparteien Gewalt angetan würde; sie könnten geltend machen, daß sie bei Kenntnis der künftig geltenden gesetzlichen Regelung andere vertragliche Abmachungen getroffen hätten."

III. Inventar

5 Bezogen auf die Behandlung des Inventars hat es **drei Änderungen** ergeben:

Nach § 586 Abs 2 BGB aF hatte der Pächter in Fällen des gewöhnlichen Abgangs der zum Inventar gehörenden Tiere das lebende Inventar aus den Jungtieren insoweit zu ersetzen, als dies einer ordnungsgemäßen Wirtschaft entsprach. Die Neufassung des § 582 enthält diese Begrenzung der Ersatzpflicht auf Jungtiere aus dem verpachteten Inventar nicht mehr; abgegangenes Inventar kann auch durch Tiere ersetzt werden, die von Dritten erworben sind und dem Verpächter übereignet werden.

§ 582a BGB stimmt – entgegen dem ursprünglichen Regierungsentwurf – im wesentlichen mit den §§ 587 bis 589 BGB überein. Lediglich die Pflicht des Pächters zur Erhaltung und Ersetzung des eisernen Inventars bezieht sich nicht mehr auf dessen Zustand zum Zeitpunkt der Übergabe (§ 588 Abs 2 S 1 BGB aF). Die alte Rechtslage nämlich hatte zur Konsequenz, daß hinsichtlich darüber hinaus angeschafften Inventars keine Erhaltungspflicht bestand (vgl STAUDINGER/EMMERICH [1995] § 582a Rn 13). Nunmehr ist die Pflicht zur Erhaltung des eisernen Inventars an den Regeln einer ordnungsmäßigen Wirtschaft zu orientieren, vgl § 582a Abs 2 S 1 BGB.

Völlig neu in das Pachtrecht aufgenommen wurde hingegen der Inhalt des § 583a BGB nF. Diese zwingende Vorschrift soll verhindern, daß der Pächter nicht frei über eigene Inventarstücke verfügen kann; anderes gilt nur dann, wenn der Verpächter sich zum Inventar-Erwerb bei Pachtvertrags-Ende verpflichtet, etwa zum Zwecke einer reibungslosen Betriebsfortführung.

6 Der Regierungsentwurf vom 4. 6. 1982 hatte noch insoweit eine völlig andere Übergangsregelung vorgesehen: Die Vertragsparteien sollten innerhalb von zwei Jahren *nach* Inkrafttreten der Pachtrechtsnovelle die Möglichkeit haben, zu erklären, daß hinsichtlich vertraglicher Bestimmungen über das Inventar das alte Recht fortgelten sollte. Bedenken dagegen wurden seitens des Rechtsausschusses des Deutschen Bundestages erhoben: Die von der Regierung vorgesehene Regelung hätte dazu geführt, daß insoweit nach Inkrafttreten der Pachtrechtsnovelle zunächst einmal, für maximal zwei Jahre, neues Recht gegolten hätte, das dann nach Fristablauf durch einseitige Erklärung wieder in altes hätte „verwandelt" werden können. Daher wurde der Vorschlag des Bundesjustizministers aufgenommen, die Übergangsregelung *vor* der Pachtrechtsnovelle in Kraft zu setzen und während dieser Zeit von reichlich einem halben Jahr den Pachtvertragsparteien die Rechtswahlerklärung zuzubilligen. So ist das Gesetz dann auch verabschiedet worden.

Es mag dahinstehen, ob es notwendig war, angesichts der inhaltlichen Neuregelungen bezüglich der Bestimmungen über das Inventar überhaupt eine derartige Übergangsregelung aufzunehmen.

Die Wahl alten Rechts konnte durch schriftliche Erklärung (§ 126 BGB) gegenüber dem anderen Vertragsteil ausgeübt werden. Dabei handelt(e) es sich um eine einseitige empfangsbedürftige Willenserklärung, die (§ 130 BGB) mit Zugang bei dem Vertragspartner wirksam wurde.

Nicht völlig klar ist – auch die Unterlagen über die Gesetzentstehung geben hier keinen weiteren Aufschluß –, ob durch entsprechende Rechtswahlerklärung das alte Recht in toto oder lediglich insoweit zur Vertragsgrundlage erklärt werden konnte, als es sich auf Regelungen über das Inventar bezog. Für die erste Alternative spricht, daß der Rechtsausschuß Bedenken hatte, ab Inkrafttreten der materiellen Pachtrechtsnovelle altes und neues Recht nebeneinander zur Anwendung kommen zu lassen. Man wird mit der übrigen Literaturmeinung gleichwohl der zweiten Alternative Vorzug geben müssen, da das Gesetz die Einschränkung hinsichtlich der Konsequenz einer Rechtswahlerklärung enthält („insoweit") und die relativ leichte Abgrenzbarkeit von Bestimmungen über das Inventar das Nebeneinander von altem und neuem Recht als verantwortbar erscheinen lassen (so im Ergebnis auch MünchKomm/VOELSKOW [3. Aufl 1995] § 582a Rn 6; LANGE/WULFF/LÜDTKE-HANDJERY, Landpachtrecht [4. Aufl

1997] Art 219 EGBGB Rn 1; FASSBENDER/HÖTZEL/LUKANOW, Landpachtrecht [2. Aufl 1991] Art 2 LPachtNeuOG Rn 6).

IV. „Eiserne“ Verpachtung

7 Nach Abs 2 S 1 gelten die vorstehenden Bestimmungen auch für solche vor Inkrafttreten der Pachtrechtsnovelle begründete Rechtsverhältnisse, in denen das Inventar „eisern“ mitverpachtet wurde. Die §§ 588, 589 aF BGB regelten Gefahrtragungs-, Eigentums-, Erhaltungs- und Rückgewährungsfragen bei Pachtende. Diese Bestimmungen sind durch § 582a BGB ersetzt, der nun aber ergänzend den Pächter verpflichtet, das übernommene Inventar nicht nur zu erhalten, sondern auch zu modernisieren. Fehlt eine Rechtswahlerklärung nach Abs 1 S 2, haben sich also die Pächter-Pflichten ab 1. 7. 1986 um die Modernisierungspflicht erweitert.

V. Nießbrauch

8 Mit der Pachtrechtsnovelle ist auch § 1048 BGB geändert worden, dessen Abs 2 auf die §§ 588, 589 BGB verwies. Danach hatte der Pächter – und aufgrund der Verweisung der Nießbraucher – die Pflicht zur Inventarerhaltung im Zustand der Übergabe sowie zur dementsprechenden Rückgabe.

Bei einem derart vor dem 1. 7. 1986 bestellten **Nießbrauch** gilt nach der Ausnahmeregelung des Abs 2 S 2 das alte (Pacht-)Recht weiter. Der Gesetzgeber befürchtete, daß sonst Unklarheiten bezüglich des Grundbuches entstehen könnten, nämlich Zweifel, „ob die Wirkungen der Erklärung nach Abs 2 im Grundbuch eingetragen werden können oder müssen oder ob bei Nichteintragung die Vorschriften wie über den gutgläubigen Erwerb Anwendung finden. Im Interesse der Rechtsklarheit soll in jedem Fall ein Auseinanderklaffen der tatsächlichen mit der aus dem Grundbuch ersichtlichen Rechtslage vermieden werden“ (so die Einzelbegründung der Bundesregierung vom 4. 6. 1982).

VI. Pachtschutzverfahren

9 **Im gerichtlichen Verfahren** über die Verlängerung von Pachtverträgen ist gemäß Abs 3 auch nach dem 1. 7. 1986 nach altem Recht zu entscheiden. Begründet wird diese Regelung mit den unterschiedlichen Fristen, die für das Pachtschutzverfahren (also den gerichtlichen Antrag des Pächters auf Verlängerung des Vertragsverhältnisses) nach altem (§ 8 Abs 3 LPachtG) und neuem (§ 595 Abs 5 bis 7 BGB) Recht galten bzw gelten.

In dem Einzelfall, daß für den Pächter eines Altvertrages die neunmonatige Frist zur Geltendmachung des Pachtschutzes nach neuem Recht Ende Juni 1986, also genau zum Inkrafttreten der Pachtrechtsnovelle abgelaufen war, hat das OLG Celle den Antrag nach der Härtefallregelung des § 595 Abs 7 S 2 BGB nachträglich zugelassen (Beschluß vom 26. 5. 1987, 7 WLw 28/87, AgrarR 1988, 169).

Artikel 220 EGBGB
Übergangsvorschrift zum Gesetz vom 25. Juli 1986 zur Neuregelung des Internationalen Privatrechts

(1) Auf vor dem 1. September 1986 abgeschlossene Vorgänge bleibt das bisherige Internationale Privatrecht anwendbar.

(2) Die Wirkungen familienrechtlicher Rechtsverhältnisse unterliegen von dem in Absatz 1 genannten Tag an den Vorschriften des Zweiten Kapitels des Ersten Teils.

(3) Die güterrechtlichen Wirkungen von Ehen, die nach dem 31. März 1953 und vor dem 9. April 1983 geschlossen worden sind, unterliegen bis zum 8. April 1983

1. dem Recht des Staates, dem beide Ehegatten bei der Eheschließung angehörten, sonst

2. dem Recht, dem die Ehegatten sich unterstellt haben oder von dessen Anwendung sie ausgegangen sind, insbesondere nach dem sie einen Ehevertrag geschlossen haben, hilfsweise

3. dem Recht des Staates, dem der Ehemann bei der Eheschließung angehörte.

Für die Zeit nach dem 8. April 1983 ist Artikel 15 anzuwenden. Dabei tritt für Ehen, auf die vorher Satz 1 Nr. 3 anzuwenden war, an die Stelle des Zeitpunkts der Eheschließung der 9. April 1983. Soweit sich allein aus einem Wechsel des anzuwendenden Rechts zum Ablauf des 8. April 1983 Ansprüche wegen der Beendigung des früheren Güterstandes ergeben würden, gelten sie bis zu dem in Absatz 1 genannten Tag als gestundet. Auf die güterrechtlichen Wirkungen von Ehen, die nach dem 8. April 1983 geschlossen worden sind, ist Artikel 15 anzuwenden. Die güterrechtlichen Wirkungen von Ehen, die vor dem 1. April 1953 geschlossen worden sind, bleiben unberührt; die Eheleute können jedoch eine Rechtswahl nach Artikel 15 Abs 2, 3 treffen.

Schrifttum

vBar/Ipsen, Die Durchsetzung des Gleichberechtigungsgrundsatzes im internationalen Ehegüterrecht, NJW 1985, 2849
Basedow, Die Neuregelung des Internationalen Privat- und Prozeßrechts, NJW 1986, 2971
Böhringer, Die Rechtswahl nach Art 220 III 1 Nr 2 und 15 II Nr 3 EGBGB und die Auswirkungen auf den Grundstückserwerb, BWNotZ 1987, 104
Bürglen, Das intertemporale Recht im Internationalen Privatrecht (Diss Bonn 1965)
Dörner, Probleme des neuen Internationalen Erbrechts, DNotZ 1988, 67
ders, Brautkindlegitimation – Anknüpfung und intertemporales Kollisionsrecht, IPRax 1988, 222
ders, Probleme des neuen Internationalen Kindschaftsrechts, in: FS Henrich (2000) 119
Dörner/Kötters, Intertemporales Scheidungskollisionsrecht – und immer noch kein Ende, IPRax 1991, 39
Henrich, Zur Auslegung des Art 220 Abs 3 EGBGB, IPRax 1987, 93
ders, Die Legitimation nach der IPR-Reform, StAZ 1988, 39

ders, Internationales Familienrecht (2. Aufl 2000)
ders, Legitimation eines scheinehelichen Kindes nach US-amerikanischem Recht ohne vorherige Ehelichkeitsanfechtung, IPRax 1990, 33
HEPTING, Was sind „abgeschlossene Vorgänge" im Sinne des Art 220 Abs 1 EGBGB?, StAZ 1987, 188
ders, Intertemporale Fragen des internationalen Ehescheidungsrechts: Wann sind Scheidung und Versorgungsausgleich abgeschlossen?, IPRax 1988, 153
HESS, Intertemporales Privatrecht (1998)
JAYME, Intertemporales und internationales Ehegüterrecht – Einige vorläufige Betrachtungen, IPRax 1987, 95
KAUM, Zur Auslegung von Art 220 I EGBGB, IPRax 1987, 280
S LORENZ, Das intertemporale internationale Ehegüterrecht nach Art 220 III EGBGB und die Folgen eines Statutenwechsels (1991)
MANSEL, Das „Ausgehen" von der Geltung österreichischen Ehegüterrechts sowie dessen „Weiterwirken" und die Verfassungsmäßigkeit des Art 220 Abs 3 EGBGB – eine Fallskizze, in: FS Geimer (2002) 625
PUTTFARKEN, Ehe in Hamburg, Firma in Liechtenstein, Ranch in Kanada. Art 220 Abs 3 EGBGB: Verfassungswidriges Neben-IPR zum Ehegüterrecht, RIW 1987, 834
RAUSCHER, Art 220 III EGBGB verfassungswidrig, NJW 1987, 531
ders, Qualifikations- und Übergangsfragen im Kollisionsrecht der Scheidungsfolgen, IPRax 1988, 343
ders, Regelwidriger Versorgungsausgleich (Art 17 III 2 EGBGB) und Abgeschlossenheit (Art 220 I EGBGB), IPRax 1989, 224
SCHURIG, Internationales Ehegüterrecht im Übergang: Ist Art 220 Abs III EGBGB verfassungsrechtlich zu halten?, IPRax 1988, 88
SCHEUERMANN, Statutenwechsel im internationalen Erbrecht (1969)
SIEHR, Die gemischt-nationale Ehe im internationalen Privatrecht, in: FS Ferid (1988) 433
SIEMER-KRANTZ, Das intertemporale Recht im internationalen Familienrecht Deutschlands, Frankreichs und der Schweiz (Diss Göttingen 1984)
SONNENBERGER, Intertemporales Privatrecht fürs Internationale Privatrecht, in: FS Ferid (1988) 447
V STOLL, Die Rechtswahl im Namens-, Ehe- und Erbrecht (1991)
WINKLER VON MOHRENFELS, Ehebezogene Zuwendungen im Internationalen Privatrecht, IPRax 1995, 379.

Systematische Übersicht

Alphabetische Übersicht

I. Überblick

1 Die Vorschrift wurde durch das **Gesetz zur Neuregelung des Internationalen Privatrechts** v 25. 7. 1986 (BGBl I 1142) in das EGBGB eingefügt. In ihrer ursprünglichen Fassung betraf sie zwei völlig unterschiedliche Materien. Die Abs 1–3 enthielten –

und enthalten nach wie vor – **Übergangsvorschriften** für die Kollisionsnormen des am 1. 9. 1986 in Kraft getretenen IPR-Neuregelungsgesetzes. Allgemeine bzw verallgemeinerungsfähige Regeln sind in den Abs 1 und 2 enthalten. Abs 3 löst spezielle Rechtsfragen, die sich aus der Verfassungswidrigkeit von Art 15 Abs 1, Abs 2, HS 2 EGBGB aF ergeben. Die Abs 4 und 5 sahen demgegenüber Sachnormen zum Recht des Ehe- und Kindesnamens in deutsch-ausländischen Mischehen vor; diese Bestimmungen sind im Zuge der Reform des materiellen und internationalen Ehenamensrechts durch das Gesetz zur Neuordnung des Familiennamensrechts v 16. 12. 1993 (BGBl 1993 I 2054) jedoch wieder aufgehoben worden. Damit hat Art 220 heute ausschließlich übergangsrechtlichen Charakter.

II. Grundzüge des Intertemporalen Privatrechts

1. Funktion und Rechtsquellen

2 Übergangsvorschriften (Intertemporale Kollisionsnormen, vgl Kegel/Schurig, Internationales Privatrecht [8. Aufl 2000] 38 ff) haben die **Aufgabe**, bei Inkrafttreten eines Gesetzes den **Anwendungsbereich des alten und neuen Rechts** voneinander **abzugrenzen**. Allgemeingültige Regeln zum Intertemporalen Privatrecht kennt weder das BGB noch das EGBGB. Daher ist bei Inkrafttreten eines privatrechtlichen Gesetzes zunächst festzustellen, ob nicht das betreffende Gesetz selbst spezielle Übergangsbestimmungen enthält. Umfangreiche intertemporale Einzelregelungen zum *materiellen Recht* finden sich zB in Art 157–218 für das Inkrafttreten des BGB am 1. 1. 1900 und in Art 231–235 für die Übernahme des BGB im Gebiet der ehemaligen DDR am 3. 10. 1990; in den Art 219, 221 ff EGBGB hat der Gesetzgeber überdies in den letzten Jahren die Übergangsvorschriften zu zahlreichen Reformgesetzen versammelt. Soweit besondere gesetzliche Normen fehlen, sind die von Rechtsprechung und Wissenschaft entwickelten allgemeinen Grundsätze des deutschen Intertemporalen Rechts heranzuziehen (näher u Rn 21 ff), die freilich ihrerseits wiederum mit Hilfe der in gesetzlichen Übergangsvorschriften zum Ausdruck kommenden Interessenbewertungen präzisiert werden können (Beispiel in Rn 68).

2. Verfassungsrechtliche Vorgaben

3 Der Bereich des Intertemporalen Rechts wird charakterisiert durch den Gegensatz zwischen dem staatlichen Streben nach möglichst sofortiger und vollständiger **Durchsetzung** des neuen, vermutungsweise besseren Rechts und der damit verbundenen rechtspolitischen Vorstellungen einerseits und dem **Vertrauen** der Bürger auf Kontinuität der für ihr Verhalten maßgeblichen rechtlichen Rahmenbedingungen andererseits (vgl etwa Kisker, Die Rückwirkung von Gesetzen [1963] 2; aus der kollisionsrechtlichen Literatur: Bürglen 20 ff; Scheuermann 42; Siemer-Krantz 168 f; deutlich auch zB BVerfGE 53, 253). Dabei besteht allgemein Einigkeit darüber, daß dieses Vertrauen jedenfalls gegenüber rückwirkenden Veränderungen einer Rechtsstellung prinzipiell Schutz verdient. Schutzwürdig ist bereits ein **„abstraktes" Vertrauen**, dh: Es ist nicht erforderlich, daß ein Betroffener eine Norm positiv gekannt und seine Dispositionen konkret an ihr ausgerichtet hat; vielmehr reicht es aus, daß er seinerzeit sein Verhalten an einer bestimmten Norm hätte orientieren *können*. Andernfalls würde die Entscheidung des Konflikts zwischen öffentlichem Durchsetzungs- und privatem Kontinuitätsinteresse von den Umständen des Einzelfalles abhängig gemacht und

damit in unerträglicher Weise die Rechtsstellung des Bürgers verschlechtert, der Jahre oder uU Jahrzehnte später positive Kenntnis und „konkrete“ Vertrauensinvestition nicht mehr wird nachweisen können (wie hier KAUM IPRax 1987, 285; **aA** SIEMER-KRANTZ 170 ff; aus verfassungsrechtlicher Sicht PIEROTH, Rückwirkung und Übergangsrecht [1981] 86, 124 f mwN zu der – nicht einheitlichen – Rechtsprechung des BVerfG).

4 Die Entscheidungskriterien für die Lösung des skizzierten Interessenkonflikts sind durch die Rechtsprechung des BVerfG zum **Verbot der Rückwirkung von Gesetzen** partiell vorgegeben und damit insoweit verfassungsrechtlich verfestigt. Das BVerfG unterscheidet bekanntlich zwischen „echter“ und „unechter“ Rückwirkung (BVerfGE 15, 324).

„Echte“ Rückwirkung („Rückbewirkung von Rechtsfolgen“, vgl BVerfGE 97, 78) liegt vor, wenn der Gesetzgeber entweder den Geltungsbeginn einer Norm im Wege einer Fiktion nachträglich auf einen Zeitpunkt vor dem Inkrafttreten der Norm zurückbezieht (Rückwirkung ieS, vgl dazu KISKER 24 ff; ferner BVerfGE 63, 353; 72, 242) oder aber unter den Tatbestand einer Norm Sachverhalte subsumieren läßt, die aus der Zeit vor dem Inkrafttreten stammen (**„Rückanknüpfung“**, vgl KISKER 12 ff mwN, anders die Rspr des 2. Senats: vgl BVerfGE 72, 242; 76, 346 ff; 77, 377 ff; dazu FIEDLER NJW 1988, 1624; BÜNING NJW 1998, 1525). Gesetze mit „echter“ Rückwirkung sind wegen Verstoßes gegen das Rechtsstaatsprinzip (Art 20 Abs 3 GG) regelmäßig verfassungswidrig und nichtig, soweit sie in eine bereits entstandene Rechtsposition eines Bürgers nachträglich verschlechternd eingreifen (BVerfGE 13, 271 f; 30, 385 ff; st Rspr). Nur ausnahmsweise verdienen in solchen Fällen private Kontinuitätsinteressen keinen Schutz, so etwa, wenn der Betroffene mit einer Rechtsänderung rechnen mußte (BVerfGE 1, 280; 2, 266; 8, 304; 95, 87) oder das vor der Neuregelung bestehende Recht unklar, verworren, lükkenhaft, systemwidrig oder unbillig war (BVerfGE 7, 152; 11, 73; 13, 224; 19, 197; 98, 39) oder zwingende Gründe des Gemeinwohls eine Rückwirkung rechtfertigen (BVerfGE 13, 272, vgl auch 30, 387 ff; 89, 404; 101, 263 f).

5 Um eine **„unechte“ Rückwirkung** (bzw – sachlich nicht vollkommen deckungsgleich – um eine „tatbestandliche Rückanknüpfung“ in der Rspr des 2. Senat: vgl BVerfGE 72, 242; 97, 78 f) handelt es sich dann, wenn ein Gesetz auf gegenwärtig noch nicht abgeschlossene Sachverhalte zwar nur für die Zukunft einwirkt, dadurch aber zugleich die bereits bestehende Rechtsstellung eines Betroffenen nachträglich mindert oder entwertet (BVerfGE 15, 324; 95, 86; 101, 263). Gesetze mit „unechter“ Rückwirkung sind verfassungsrechtlich grundsätzlich zulässig, weil in dieser Situation regelmäßig das staatliche Durchsetzungsinteresse überwiegt (BVerfGE 23, 32; 68, 307; 72, 196; 101, 263; 103, 403). Sie können allerdings im Einzelfall nichtig sein, wenn eine Abwägung von Einzel- und Allgemeininteressen ergibt, daß das Vertrauen auf den Fortbestand einer Regelung Vorrang verdient (st Rspr, vgl nur BVerfGE 14, 297 f; 15, 324 f; 24, 220; 30, 401 ff; 50, 394; 63, 329; 72, 196; 95, 86; 101, 263).

3. Intertemporales IPR

a) Bedeutung des Art 220 Abs 1 u 2

6 Mit Art 220 Abs 1 und 2 hat der Gesetzgeber zum ersten Mal allgemeine **intertemporale Vorschriften** für das deutsche **Internationale Privatrecht** geschaffen. Sie betreffen ihrem Wortlaut nach (vgl aber auch Rn 8) die am 1. 9. 1986 in Kraft getretenen personen-, familien-, erb- und vertragsrechtlichen Kollisionsnormen des IPR-Neuregelungsgesetzes. Für die *verfahrensrechtlichen Bestimmungen* dieses Gesetzes gilt Art 220 nicht (MünchKomm/SONNENBERGER Rn 2). Insoweit bleibt es bei dem ungeschriebenen Grundsatz, daß neues Verfahrensrecht, soweit nichts anderes bestimmt ist, vom Tage seines Inkrafttretens an grundsätzlich auch auf bereits anhängige Verfahren Anwendung findet (BVerfGE 39, 167; BGHZ 7, 167; BGH FamRZ 1978, 499).

7 Bis zum Inkrafttreten des IPR-Reformgesetzes am 1. 9. 1986 wurden bei intertemporalen Konflikten auf der Ebene des IPR die für das materielle Recht geschaffenen Überleitungsvorschriften der Art 157 ff (s Rn 2) analog angewandt. Eine dem Art 220 Abs 1 und 2 entsprechende Regelung enthält Art 236 § 1 und 2, der für das Gebiet der neuen Bundesländer und Ostberlins den Anwendungsbereich des in der früheren DDR und des dort heute geltenden Internationalen Privatrechts absteckt. Zu intertemporalen Bestimmungen in *Staatsverträgen* s unten Rn 145 f.

8 Die in Abs 1 und 2 enthaltenen intertemporalen Regeln sind nicht vollständig. Die vorhandenen **Gesetzeslücken** sollten aber heute nicht mehr durch eine analoge Anwendung der für den Wechsel *materiellrechtlicher* Vorschriften konzipierten Vorschriften (zB Art 157 ff, vgl jedoch die Gesetzesbegründung in BT-Drucks 10/504, 85; KROPHOLLER 182; vBAR/MANKOWSKI I/4 Rn 171), sondern nach Offenlegung und Bewertung der im intertemporalen IPR selbst wirksamen Interessengegensätze (vgl u Rn 60, 67, 71) durch eine Entfaltung der in Abs 1 und 2 zum Ausdruck kommenden Grundgedanken geschlossen werden (DÖRNER DNotZ 88, 70). Auch soweit **Gesetzesänderungen** auf dem Gebiet des Internationalen Privatrechts **nach dem 1. 9. 1986** in Kraft getreten sind (vgl Rn 33, 36, 42 ff, 70), finden bei Fehlen ausdrücklicher Überleitungsvorschriften Art 220 Abs 1 und 2 sowie die daraus abzuleitenden Grundsätze analoge Anwendung. Art 220 kann daher als Modellnorm zur Bewältigung intertemporal-kollisionsrechtlicher Konflikte angesehen werden.

b) Intertemporales IPR und Änderung der Anknüpfungstatsachen

9 Die Geltung neuer Kollisionsnormen kann zur Folge haben, daß ein anderes Sachrecht berufen wird, maW ein **Statutenwechsel** (iwS) eintritt. Die gleichen Wirkungen sind mit einer **Änderung der Anknüpfungstatsachen** („conflit mobile", Statutenwechsel ieS) verbunden; hier gilt zwar die einschlägige Kollisionsnorm fort, die von ihr erfaßten Rechtsverhältnisse werden aber in Zukunft einem anderen Statut unterstellt, weil zB die maßgebende Person ihren gewöhnlichen Aufenthalt verlegt oder eine andere Staatsangehörigkeit erwirbt oder eine bewegliche Sache in den Geltungsbereich einer anderen Rechtsordnung gebracht wird (näher KROPHOLLER 182 ff). In beiden Problemzusammenhängen geht es also um die *sukzessive Anwendung* von Rechtsnormen. Die Ursachen für die Ablösung der zunächst geltenden Norm sind jedoch unterschiedlich (dazu auch BÜRGLEN 35 f; SCHEUERMANN 40 ff, 51; MünchKomm/SONNENBERGER Einl Rn 350 ff; SONNENBERGER, in: FS Ferid [1988] 450): Während die Regeln des intertemporalen Rechts eingreifen, wenn der Gesetzgeber eine Kollisionsnorm durch eine andere ersetzt, geht ein „conflit mobile" – nicht notwendig, aber in der Mehrzahl der Fälle – auf ein Verhalten der an dem Rechtsverhältnis Beteiligten selbst zurück (vgl auch BÜRGLEN 35; SCHEUERMANN 25). Der für das intertemporale Recht typische Konflikt zwischen staatlichem Durchsetzungs- und privatem Kontinuitätsinteresse läßt sich daher bei einem Wechsel der Anknüpfungstatsachen nicht wiederfinden (näher DÖRNER DNotZ 1988, 71 f). Für die fortdauernde Anwendung der zunächst maßgebenden Sachnormen (dh für eine Unwandelbarkeit des Statuts) kann zwar *auch* der Gedanke des Vertrauensschutzes sprechen. Daneben spielen bei dieser Entscheidung aber möglicherweise der Gesichtspunkt allgemeiner Rechtssicherheit (zB bei der Anknüpfung statusbegründender Vorgänge), der Wunsch nach Verhinderung einer Gesetzesumgehung durch arglistigen Wechsel der Anknüpfungstatsachen oder ganz einfach Zweckmäßigkeitserwägungen eine Rolle (vgl Kropholler 190). Die für den „conflit mobile" entwickelten Lösungen können daher nicht ohne weiteres auf intertemporale Konflikte übertragen werden (vgl auch MünchKomm/Sonnenberger Einl Rn 351; anders vBar/Mankowski I/4 Rn 172).

III. Bestimmung des „abgeschlossenen Vorgangs" (Abs 1)

10 Art 220 Abs 1 enthält die Grundregel des intertemporalen IPR. Danach finden auf Vorgänge, die vor dem Inkrafttreten des IPR-Neuregelungsgesetzes am 1. 9. 1986 „abgeschlossen" waren, die Vorschriften des „bisherigen IPR" Anwendung. Über die Auslegung des Begriffs „abgeschlossener Vorgang" herrscht Streit.

1. Kollisionsrechtliche Auslegung

11 Ein Teil der Literatur will den Begriff des „abgeschlossenen Vorgangs" **kollisionsrechtlich** verstehen, weil es sich hier um eine Übergangsregelung zum Kollisions- und nicht zum materiellen Recht handele (Palandt/Heldrich Rn 2 f unter Bezugnahme auf die Begründung des Regierungsentwurfs BT-Drucks 10/504, 85; Hohloch JuS 1989, 84; Erman/Hohloch Rn 6; Kropholler 188; Hess 246). Ein abgeschlossener Vorgang liegt danach vor, wenn durch vollständige Verwirklichung des in einer Kollisionsnorm enthaltenen Anknüpfungstatbestandes bereits vor dem 1. 9. 1986 ein bestimmtes Sachrecht unwandelbar (zum Begriff Kropholler 189; MünchKomm/Sonnenberger Einl Rn 611) festgelegt worden ist. Über die Unwandelbarkeit einer Anknüpfung (und damit auch über den jeweils maßgeblichen Anknüpfungszeitpunkt) sollen die heute geltenden Kollisionsnormen entscheiden, weil das neue IPR seinen Anwendungsbereich und damit auch das Ausmaß des jeweils zuzubilligenden Vertrauensschutzes selbst bestimme (Palandt/Heldrich Rn 2; Bamberger/Roth/Otte Rn 4).

12 Nach dieser Auffassung ist daher folgendermaßen zu prüfen: (1) Wurde der Tatbestand einer neuen Kollisionsnorm bereits vor dem 1. 9. 1986 verwirklicht, zB mit einer Eheschließung das Ehegüterstatut (vgl Art 15 Abs 1 *nF*), mit dem Scheidungsantrag das Scheidungsstatut (vgl Art 17 Abs 1 *nF*) oder mit dem Tod des Erblassers vor diesem Stichtag das Erbstatut (vgl Art 25 Abs 1 *nF*) unwandelbar fixiert? (2) Falls ja: Das für die aufgeworfene Rechtsfrage maßgebende Statut ist mit Hilfe der bis zum 1. 9. 1986 geltenden alten Kollisionsnormen zu ermitteln. (3) Falls nein: Die am 1. 9. 1986 in Kraft getretenen neuen Kollisionsnormen sind anwendbar.

2. Materiellrechtliche Auslegung

13 Die hM in der Literatur nimmt demgegenüber an, daß sich die Abgeschlossenheit eines Vorgangs nach **materiellrechtlichen** Kriterien richtet (Kaum IPRax 1987, 285; Rauscher IPRax 1987, 138; ders IPRax 1989, 225; Hepting StAZ 1987, 189; ders IPRax 1988, 153 f; Henrich StAZ 1988, 33; ders IPRax 1990, 33; Dörner DNotZ 1988, 75; ders IPRax 1988, 224; ders, in: FS Henrich [2000] 129; Dörner/Kötters IPRax 1991, 40; Sonnenberger, in: FS Ferid

[1988] 450; MünchKomm/Sonnenberger Rn 13; MünchKomm/Klinkhardt Art 20 Rn 41 u Art 21 Rn 86; vSachsen Gessaphe IPRax 1991, 107; Kegel/Schurig 40; vgl auch Soergel/Schurig Rn 6; zustimmend Bamberger/Roth/Otte Rn 10, die aber danach differenzieren wollen, ob im Einzelfall kollisions- oder materiellrechtliche Vertrauensinteressen schützenswert sind). Bei der Anwendung des bisherigen IPR soll es dann bleiben, wenn juristische Tatsachen nach dem Statut, das von einer *vor* dem 1. 9. 1986 geltenden Kollisionsnorm berufen wird, bereits vor diesem Stichtag materielle Rechtsfolgen ausgelöst haben.

14 Auf *kollisionsrechtliche* Rechtsfolgen juristischer Tatsachen ist aus dieser Sicht nur ausnahmsweise dann abzuheben, wenn vor dem Stichtag eine isolierte – und damit keinerlei materiellrechtliche Wirkungen auslösende – *Rechtswahl* vorgenommen wurde (vgl unten Rn 64 und 66).

15 Nach dieser Ansicht sind folgende Fragen zu beantworten: (1) Reicht der Sachverhalt, aus dem sich die anzuknüpfende Rechtsfrage ergibt, in die Zeit vor dem 1. 9. 1986 zurück? (2) Falls nein: Neues Kollisionsrecht ist anwendbar (u Rn 30). (3) Falls ja: Zu welchem Sachrecht führt (ggf nach Prüfung eines Renvoi) die Anwendung der bis zum 1. 9. 1986 geltenden Kollisionsnorm? (4) Waren die Voraussetzungen einer von ihr berufenen Sachnorm schon vor dem 1. 9. 1986 erfüllt und ist damit eine bestimmte materiellrechtliche Rechtsfolge schon vor dem Stichtag eingetreten? (5) Falls ja: Dann liegt ein „abgeschlossener Vorgang" vor; es bleibt bei der Anwendung der alten Kollisions- und der von ihr berufenen Sachnorm. (6) Falls nein: Grundsätzlich ist neues Kollisionsrecht anwendbar (vgl aber Rn 27 u 29).

3. Standpunkt der Rechtsprechung

16 Die Rechtsprechung widmet der Definition des „abgeschlossenen Vorgangs" nicht immer besondere Aufmerksamkeit, was sich dadurch erklären mag, daß beide Auslegungsansätze häufig zu identischen Ergebnissen gelangen. Im übrigen neigt der *BGH* – etwa bei der Eheschließung (vgl BGH NJW 1997, 2114) oder im Kindschaftsrecht zu einer *kollisionsrechtlichen Interpretation* (BGH FamRZ 1987, 583; NJW-RR 1989, 707; NJW-RR 1991, 386; NJW 1993, 2306; NJW 1994, 2360), während das Gericht bei der intertemporalen Anknüpfung der *Ehescheidung* nach einigem Schwanken (vgl BGH FamRZ 1987, 793; FamRZ 1989, 1060) zu einer *materiellrechtlichen Auslegung* gelangt ist (BGH FamRZ 1990, 34; dazu Dörner/Kötters IPRax 1991, 40; vgl auch Rn 48). Ebenso lassen sich in den Entscheidungen der Oberlandesgerichte beide Auffassungen finden (für eine *kollisionsrechtliche Auslegung*: BayObLGZ 1986, 470; KG FamRZ 1987, 860; OLG München IPRax 1988, 356; OLG Zweibrücken FamRZ 1988, 624; für eine *materiellrechtliche Auslegung* etwa: KG FamRZ 1994, 987; OLG Frankfurt IPRax 1988, 175 f; OLG Karlsruhe FamRZ 1988, 298; OLG München IPRax 1989, 240 u 243; OLG Celle IPRax 1991, 122; wohl auch OLG Hamm FamRZ 1988, 317; FamRZ 1991, 222; StAZ 1990, 261; StAZ 1991, 194).

4. Stellungnahme

17 Nach der Lehre von der *kollisionsrechtlichen Auslegung* des Abs 1 bleibt zunächst die intertemporale Behandlung *wandelbarer Anknüpfungen unklar*. Im übrigen ist keinesfalls zuzugeben, daß der für die Fixierung eines Statuts und damit für die Abgeschlossenheit eines Vorgangs maßgebliche Zeitpunkt aus den *neuen* Kollisionsnormen abgelesen werden kann (Dörner DNotZ 1988, 70 f). Eine solche Interpretation setzt sich in Widerspruch zu den Grundprinzipien des Intertemporalen Rechts. Im Konflikt zwischen staatlichem Durchsetzungs- und privatem Kontinuitätsinteresse (oben Rn 3) ist Vertrauensschutz nämlich nur dort – aber auch stets dort – angebracht, wo der einzelne nach den *Kriterien des später abgelösten Rechts* von einer gewissen Verfestigung seiner Rechtsposition ausgehen und damit ein erhöhtes Maß an Vertrauen entwickeln durfte. Rechtsprechung (BVerfGE 13, 271; 30, 286; st Rspr) und Lehre (vgl nur STAUDINGER/COING[12] Einl 267 zu § 1 BGB) bestimmen daher herkömmlicherweise den Anwendungsbereich neuen Rechts danach, ob und in welchem Maße es auf die *nach altem Recht begründeten* Rechtsverhältnisse einzuwirken geeignet ist. Wenn man schon unter einem „abgeschlossenen Vorgang" iS der kollisionsrechtlichen Interpretation die Fixierung eines Statuts verstehen will, sollte man zumindest die von den *früheren* Kollisionsnormen bezeichneten Anknüpfungszeitpunkte zugrunde legen.

18 Im übrigen spricht **für die kollisionsrechtliche Interpretation** ihre größere **Praktikabilität**. Die Frage nach der Abgeschlossenheit eines Vorgangs und damit nach der Anwendbarkeit alten oder neuen Kollisionsrechts wird bereits auf der Ebene des Kollisionsrechts beantwortet; ein Rückgriff auf Sachnormen ist dazu nicht erforderlich. Da die Systembegriffe von Kollisionsnormen häufig weit gezogen sind und das anwendbare Recht für zeitlich ausgedehnte Geschehensabläufe („Voraussetzungen und Folgen einer Ehescheidung", „Rechtsverhältnis zwischen Eltern und Kindern") oder umfangreiche Sachzusammenhänge („Rechtsnachfolge von Todes wegen") festlegen, bedeutet dies gleichzeitig, daß eine kollisionsrechtliche Interpretation des Abs 1 die intertemporale Problematik für ganze Komplexe von Rechtsverhältnissen oder ein Rechtsverhältnis in seinem gesamten zeitlichen Ablauf zwischen Entstehen und Erlöschen auf einen Schlag löst. Beispiel (mit den alten Kollisionsnormen als Ausgangspunkt, vgl oben Rn 17 aE): Ist eine Ehe vor dem 1. 9. 1986 geschieden worden (vgl BGH NJW 1982, 1942 zu Art 17 Abs 1, 3 *aF*) oder ein Erblasser vor diesem Tag verstorben (arg Art 24 Abs 1, 25 S 1 *aF*), so hat die jeweils bis zu diesem Zeitpunkt geltende Kollisionsnorm das anwendbare Statut bereits fixiert. Es finden daher alle Sachnormen des berufenen Statuts Anwendung, die vom Systembegriff der Kollisionsnorm erfaßt werden, und zwar ohne Rücksicht darauf, ob die unter diese Sachnormen zu subsumierenden *Sachverhalte* beim Inkrafttreten des IPR-Neuregelungsgesetzes bereits vollständig oder nur teilweise verwirklicht waren oder erst nach diesem Zeitpunkt verwirklicht worden sind. Das von der alten Kollisionsnorm bezeichnete Scheidungsstatut regelt also auch die spätere Durchführung eines Versorgungsausgleichs; nach dem von der alten Kollisionsnorm berufenen Erbrecht sind zB Erbenhaftung, Nachlaßabwicklung oder Erbschaftskauf zu beurteilen, selbst wenn die damit bezeichneten Vorgänge sich erst nach dem Stichtag abspielen.

Demgegenüber steht die **materiellrechtliche Interpretation** vor der Schwierigkeit, zunächst die bis zum Stichtag eingetretenen materiellen Rechtsfolgen nach Maßgabe des von den alten Kollisionsnormen berufenen Statuts bestimmen und anschließend die unter altem Kollisions- und Sachrecht abgeschlossenen Vorgänge möglicherweise mit Rechtswirkungen zusammenführen zu müssen, die *nach* dem Stichtag eingetreten sind und somit neuen Kollisionsnormen und daher vielleicht einem anderen Statut unterstehen.

19 **Für** die **materiellrechtliche Interpretation** des Abs 1 spricht jedoch, daß nur sie einen vollständigen **Schutz privater Kontinuitätsinteressen** gewährleistet. Der Bürger kann sich darauf verlassen, daß die Rechtswirkungen der vom alten IPR bezeichneten Sachnormen, an denen er bis zum Stichtag sein Verhalten (zumindest potentiell, Rn 3) ausgerichtet hatte, nicht nachträglich dadurch wieder entfallen, daß die Anwendung einer neuen Kollisionsnorm zur rückwirkenden Maßgeblichkeit auch eines anderen Sachrechts führt (Kaum IPRax 1987, 284; Dörner DNotZ 1988, 79 f; ders IPRax 1988, 225; Hepting IPRax 1988, 154 f).

Die **kollisionsrechtliche Interpretation** garantiert diesen Schutz dagegen nicht: Hat sich nämlich vor dem 1. 9. 1986 ein Anknüpfungstatbestand *nicht* verwirklicht, berufen die nach dieser Theorie maßgeblichen neuen Kollisionsnormen ihr jeweiliges Statut im Hinblick auf sämtliche Rechtsfragen, die von den Systembegriffen der neuen Kollisionsnormen („Scheidung“, „Rechtsnachfolge von Todes wegen“) erfaßt werden. Ob die tatsächlichen Umstände, auf welche sich diese Rechtsfragen beziehen, vor oder nach dem Stichtag eingetreten sind, muß nach dem kollisionsrechtlichen Ansatz konsequenterweise außer Betracht bleiben. Ein von den neuen Kollisionsnormen berufenes potentiell *neues* Sachrecht findet daher auch Anwendung auf Rechtsgeschäfte oder Rechtshandlungen, die vor dem Inkrafttreten der neuen Kollisionsnormen und damit zu einem Zeitpunkt vorgenommen wurden, als die Betroffenen ihre Dispositionen noch an den vom alten Kollisionsrecht berufenen Sachnormen ausrichten mußten und ausgerichtet haben. Beispiel: Ist eine Ehe erst nach dem 31. 8. 1986 geschieden worden (vgl BGH NJW 1982, 1942 zu Art 17 Abs 1, 3 aF u o Rn 17 aE) oder der Erblasser erst nach diesem Zeitpunkt verstorben (arg Art 24 Abs 1, 25 S 1 aF), so muß das von den neuen Kollisionsnormen berufene Statut zB auch darüber entscheiden, ob ein vor dem 1. 9. 1986 abgeschlossener Versorgungsausgleichsverzicht wirksam ist oder ein vor dem Stichtag an den Tag gelegtes Verhalten etwa einen Scheidungsgrund darstellt oder erbunwürdigkeitsbegründenden Charakter hat. Die Rechtsfolgen der neu berufenen Sachnormen werden damit geknüpft an Rechtstatsachen aus der Zeit vor dem Geltungsbeginn dieser Sachnormen. Darin liegt eine echte Rückwirkung von Gesetzen in Gestalt einer **„Rückanknüpfung“** (Rn 4, dazu auch Kaum IPRax 1987, 284 f), die grundsätzlich dann als verfassungswidrig anzusehen ist, wenn nachträglich rechtsgeschäftliche Planungen enttäuscht, Rechte im nachhinein entwertet, vorher „freie“ Verhaltensweisen sanktioniert oder sonst nachteilige Auswirkungen für einen der Beteiligten ausgelöst werden.

20 Im *Ergebnis* ist danach von der *materiellrechtlichen Betrachtungsweise* auszugehen. Nur sie gewährleistet eine verfassungsrechtlich einwandfreie Behandlung von Sachverhalten, die in die Zeit vor dem 1. 9. 1986 zurückreichen. Es kommt also nicht darauf an, ob vor diesem Termin bereits der Tatbestand einer Kollisionsnorm verwirklicht wurde; entscheidend ist vielmehr, ob unter der Herrschaft des vom alten IPR berufenen Sachrechts bereits materielle Rechtswirkungen ausgelöst worden sind. Insoweit bleibt es dann bei der Anwendung des alten Kollisions- und damit des von ihm berufenen Sachrechts. Die Vorteile des kollisionsrechtlichen Ansatzes – einheitliche intertemporale Anknüpfung zusammenhängender Sachverhaltskomplexe – können nach einer offenen Abwägung der intertemporal maßgeblichen Interessen in einzelnen Fallgruppen dennoch erhalten bleiben (Beispiele Rn 60, 67, 71). Die praktische Bedeutung des Streits scheint im übrigen nicht allzu groß zu sein.

IV. Konsequenzen einer materiellrechtlichen Auslegung

21 Eine materiellrechtliche, dh nach dem Zeitpunkt des Eintritts materieller Rechtsfolgen unterscheidende Auslegung des Abs 1 kann sich zur näheren Abgrenzung alten und neuen Rechts der traditionellen Differenzierungskriterien des Intertemporalen Rechts bedienen. Dort wird zwischen *abgeschlossenen Tatbeständen, gestreckten Tatbeständen* und *Tatbeständen mit Dauerwirkung* unterschieden (vgl Staudinger/Coing[12] Einl 243, 267 ff zu § 1; Enneccerus/Nipperdey, Allgemeiner Teil des BGB, 1. Halbbd [15. Aufl 1959] 356 ff).

1. Abgeschlossene Vorgänge (Abs 1)

22 Ein abgeschlossener Vorgang iS des Abs 1 liegt vor, wenn auf materiellrechtlicher Ebene ein *„abgeschlossener Tatbestand"* gegeben ist, dh wenn juristische Tatsachen (nach Maßgabe des von den alten Kollisionsnormen berufenen Sachrechts) vor dem 1. 9. 1986 bereits materiellrechtliche Rechtsfolgen ausgelöst haben (oben Rn 13). Insoweit „bleibt das *bisherige IPR* anwendbar", dh es sind die Kollisionsnormen des EGBGB *aF* bzw ungeschriebene Anknüpfungsregeln, die vor dem 1. 9. 1986 von Rechtsprechung und Literatur für die nicht kodifizierten Materien (Vertragsrecht) oder als verfassungskonforme Ersatzregeln im Familienkollisionsrecht entwickelt worden waren, auch nach dem Stichtag weiterhin maßgeblich. Der bereits erfolgte Erwerb eines Status oder die Begründung von Rechten oder Pflichten wird damit durch das Inkrafttreten neuer Kollisionsnormen und der damit möglicherweise verbundenen Berufung eines anderen Sachrechts nicht berührt.

2. Nicht abgeschlossene Vorgänge (Abs 1 e contrario, Abs 2)

23 Ein Vorgang ist nicht abgeschlossen und unterfällt damit nicht Abs 1, wenn es sich aus materiellrechtlicher Perspektive um einen (unvollendeten) „gestreckten Tatbestand" oder um einen fortwirkenden „Dauertatbestand" handelt.

a) Unvollendete gestreckte Tatbestände

24 Ein *gestreckter Tatbestand* liegt vor, wenn der Eintritt einer Rechtsfolge von *mehreren selbständigen Rechtsakten* oder vom *Ablauf einer Frist* abhängt. War ein gestreckter Tatbestand nach dem von den alten Kollisionsnormen berufenen Statut am 1. 9. 1986 erst zum Teil verwirklicht, zB eine Frist erst teilweise abgelaufen oder der mehraktige Entstehungstatbestand eines Rechts noch nicht vollständig realisiert, so entfalten diese Tatbestandselemente keine Rechtswirkungen. Für Sachverhalte aus der Zeit *nach* dem 31. 8. 1986 sind dagegen die materiellrechtlichen Bestimmungen der Rechtsordnung maßgeblich, auf die das neue IPR verweist (arg Abs 1 e contrario). Das neu berufene Statut entscheidet darüber, ob Tatbestände, die nach altem Sachrecht bereits teilweise vorlagen, jetzt noch vervollständigt werden können. Kennt das neue Sachrecht vergleichbare Tatbestände nicht, verfallen die unter der Herrschaft des alten bereits verwirklichten Tatbestandselemente. Die darin liegende „unechte Rückwirkung" muß der Normadressat grundsätzlich hinnehmen, sofern nicht ausnahmsweise private Kontinuitätsinteressen das gesetzgeberische Durchsetzungsinteresse überwiegen (vgl Rn 5).

25 Verweisen die seit dem 1. 9. 1986 maßgeblichen neuen Kollisionsnormen danach auf *deutsches Recht*, so werden Rechtsfolgen nur dann ausgelöst, wenn die vom deutschen Sachrecht festgelegten Voraussetzungen entweder *nach* dem 31. 8. 1986 erfüllt worden sind oder aber fehlende Tatbestandsmerkmale ausnahmsweise durch juristische Tatsachen aus der Zeit vor dem Inkrafttreten ersetzt werden können (Beispiel bei Dörner IPRax 1988, 226 [Legitimation], vgl auch Henrich IPRax 1990, 36; anders MünchKomm/Sonnenberger Rn 13 in Fn 22). Das ist zulässig, wenn diese substituierenden Tatsachen – wie zB bei der Einrechnung vor dem Rechtswechsel abgelaufener Fristen – nach altem Recht ebenfalls eine entsprechende Rechtsfolge herbeigeführt hätten. Zwar werden, wenn man vor dem Stichtag verwirklichte Tatbestandselemente unter die neu berufenen Sachnormen subsumiert, die Rechtsfolgen der neuen Vorschriften damit an Voraussetzungen geknüpft, die vor dem Geltungsbeginn dieser Normen verwirklicht wurden. Eine solche „Rückanknüpfung" ist aber ausnahmsweise gestattet, wenn sich die Beteiligten bereits vor der Rechtsänderung auf den Eintritt einer entsprechenden Rechtsfolge einstellen mußten und daher kein Vertrauen auf den Nichteintritt dieser Rechtsfolge entwickeln durften (vgl Rn 4).

26 Berufen die neuen Kollisionsnormen ein *ausländisches* Sachrecht, entscheidet grundsätzlich das fremde Statut darüber, ob Rechtsfolgen auch rückwirkend auf juristische Tatsachen aus der Zeit vor dem Geltungsbeginn der betreffenden Sachnormen gestützt werden können. Läßt das fremde Recht allerdings eine Rückanknüpfung in einem Ausmaß zu, das von den verfassungsrechtlichen Grundsätzen des deutschen Rechts (oben Rn 4) nicht mehr gedeckt wird, ist sorgfältig zu prüfen, ob die betreffende ausländische Norm im Hinblick auf *Art 6 S 1* (Verstoß gegen das Rechtsstaatsprinzip) überhaupt Anwendung findet (vgl auch u Rn 148).

27 *Ausnahmsweise* können gestreckte Tatbestände *in vollem Umfang*, dh auch für die nach dem 31. 8. 1986 verwirklichten Tatbestandselemente, dem *alten Kollisionsrecht* unterworfen bleiben. Diese Abweichung von intertemporalen Grundsätzen erscheint *methodisch zulässig*, weil Art 220 Abs 1 und 2 die Behandlung nicht abgeschlossener Vorgänge nicht vollständig regelt und dem Rechtsanwender bei der Ausfüllung dieser Gesetzeslücke ein gewisser Spielraum verbleibt, und *in der Sache vernünftig*, wenn eine *Interessenabwägung* zeigt, daß in bestimmten Systembereichen private Kontinuitäts- die staatlichen Durchsetzungsinteressen (oben Rn 3) deutlich überwiegen (Beispiele unten Rn 60, 67 u 71). Eine einheitliche intertemporale Behandlung dient in diesem Fall der Praktikabilität und Rechtssicherheit, weil sie vermeidet, daß zusammenhängende Sachverhalte nach unterschiedlichen Kollisions- und damit möglicherweise auch nach unterschiedlichen Sachnormen behandelt werden müssen; die mit einer kollisionsrechtlichen Interpretation verbundenen Vorteile (vgl Rn 18) bleiben damit erhalten.

b) Tatbestände mit Dauerwirkung

28 Ein *Tatbestand mit Dauerwirkung* liegt vor, wenn ein nach altem Recht erworbener Status (etwa: Geschäftsfähigkeit) oder ein früher begründetes subjektives Recht oder Rechtsverhältnis (etwa: Eigentum, Forderung) über den 1. 9. 1986 hinaus noch Rechtswirkungen entfaltet. Während der Entstehungstatbestand in diesen Fällen auch nach dem Stichtag weiterhin dem von den alten Kollisionsnormen berufenen Sachrecht unterliegt, entscheidet grundsätzlich das vom neuen IPR bezeichnete Statut darüber, in welcher inhaltlichen Ausgestaltung Status oder subjektives Recht fortbestehen (Art 220 Abs 1 e contrario). Für Dauerwirkungen, die sich aus *fami-*

lienrechtlichen Rechtsverhältnissen ergeben, enthält Art 220 Abs 2 eine ausdrückliche Bestätigung dieser Regel (näher unten Rn 45 ff). *Vor* dem 1. 9. 1986 entstandene und in Zukunft fortdauernde Rechte und Pflichten erfahren daher mit dem Stichtag möglicherweise einen Statutenwechsel und können dadurch einer anderen rechtlichen Beurteilung unterliegen. Ein Vertrauen darauf, daß einmal begründete Fähigkeiten, Rechte oder Rechtsverhältnisse auch nach einer Rechtsänderung weiterhin mit demselben Inhalt fortbestehen wie vorher, wird grundsätzlich nicht geschützt („unechte" Rückwirkung, vgl Rn 5).

29 Ebenso wie gestreckte (Rn 27) können jedoch auch *Dauertatbestände* nach dem Stichtag weiterhin *bis zu* ihrer *Beendigung* den *alten* Kollisions- und den von ihnen berufenen *Sachnormen* unterliegen, wenn die Abwägung intertemporaler Interessen ergibt, daß in einem bestimmten Systembereich das Durchsetzungsinteresse des Staates hinter private Kontinuitätsinteressen zurücktritt (vgl Rn 60, 67, 71).

3. Neue Vorgänge (Abs 1 e contrario)

30 Auf *neue Vorgänge*, dh Tatbestände, die vollständig erst nach dem 31. 8. 1986 erfüllt worden sind, finden ausschließlich die neuen Kollisionsnormen Anwendung. Wird also zB ein Vertrag erst nach dem Stichtag geschlossen, gelten Art 27 ff nF; ist der Erblasser nach diesem Zeitpunkt gestorben, wird das Erbstatut nach Maßgabe der Art 25 u 26 nF ermittelt.

V. Anwendung in einzelnen Bereichen

31 Im Gegensatz zu Art 236 (vgl dort Rn 43 ff) betrifft Art 220 nicht sämtliche Kollisionsnormen, sondern unmittelbar nur solche, die durch das IPR-Neuregelungsgesetz des Jahres 1986 geändert oder neu gefaßt worden sind. Auf spätere Änderungen des Kollisionsrechts (vgl Rn 33, 36, 42 ff, 70 ff) ist die Vorschrift aber analog anzuwenden (vgl auch Rn 8, Erman/Hohloch Rn 1).

1. Personenrecht

32 Ein vor dem 1. 9. 1986 erworbener **Status** (Rechtsfähigkeit, Geschäftsfähigkeit) geht nach dem Stichtag nicht wieder verloren (ebenso Erman/Hohloch Rn 12). Ein deutsch-ausländischer Doppelstaater mit effektiver ausländischer Staatsangehörigkeit, der nach dem von Art 7 Abs 1 aF berufenen ausländischen Heimatrecht geschäftsfähig war, bleibt es auch dann, wenn das von Art 7 Abs 1 iVm 5 Abs 1 S 2 nF berufene deutsche Recht den Zeitpunkt der Geschäftsfähigkeit erst später ansetzt. Über die *nähere Ausgestaltung fortbestehender Statuswirkungen* entscheidet in diesem Fall jedoch das neu berufene deutsche Recht. Es legt daher fest, welche konkreten Befugnisse sich aus einem vor dem Stichtag erworbenen Status ergeben, zB welche Rechtsgeschäfte ein beschränkt Geschäftsfähiger allein vornehmen kann. Läßt umgekehrt das neu berufene deutsche Sachrecht die Geschäftsfähigkeit zu einem früheren Zeitpunkt eintreten als das vor dem Stichtag maßgebende ausländische, so ist die betreffende Person frühestens mit dem 1. 9. 1986 geschäftsfähig geworden. Der Verkehrsschutz des Art 12 greift dementsprechend nur Platz, wenn der Vertrag nach dem 31. 8. 1986 geschlossen wurde.

33 Der Erwerb oder Verlust eines **Namens** ist nach dem vom alten IPR bezeichneten Sachrecht zu beurteilen, wenn die familienrechtlichen Erwerbs- oder Verlusttatbestände (Eheschließung, Geburt, Adoption, Scheidung) vor dem 1. 9. 1986 verwirklicht wurden (BGHZ 121, 310 f; BGH NJW 1991, 1418; 1993, 2245; StAZ 1987, 191; BayObLGZ 1987, 105; 1994, 298; 2000, 22; BayObLG StAZ 1987, 74; BayVGH StAZ 1987, 24; KG StAZ 1987, 76; 1988, 325; 1996, 302; OLG Köln StAZ 1988, 296; OLG Stuttgart StAZ 1990, 19; OLG Hamm StAZ 1990, 261; IPRspr 1993 Nr 9; OLG Zweibrücken StAZ 1993, 12; LG Berlin StAZ 1989, 378; LG Bremen StAZ 1996, 46; AG Rottweil FamRZ 2000, 58; Kegel/Schurig 528; Hepting StAZ 1987, 194 f; vMangoldt StAZ 1990, 246). Das Namensstatut eines Mehrstaaters ist in diesem Fall nicht nach Art 5 Abs 1 S 2, sondern durch Anknüpfung an die effektive Staatsangehörigkeit zu ermitteln (OLG Zweibrücken StAZ 1993, 12). Entsprechendes gilt für eine vor dem 1. 9. 1986 erfolgte Vornamenserteilung (BGHZ 121, 311). Das seit dem 1. 9. 1986 von Art 10 Abs 1 nF berufene Statut entscheidet nicht nur über einen Neuerwerb, wenn der namengebende familienrechtliche Vorgang nach dem Stichtag verwirklicht wird, sondern auch darüber, wie ein früher erworbener Name nach dem Stichtag zu führen bzw wie er zu ändern ist (Hepting StAZ 1987, 195; MünchKomm/Sonnenberger Rn 14). Das Gesetz zur Neuordnung des Familiennamensrechts v 16. 12. 1993 (vgl Rn 1) enthält eine namensrechtliche Übergangsregelung in seinem Art 7 § 5 (BGBl 1993 I 2057, dazu Erman/Hohloch Art 10 Rn 35). Die Übergangsregelung zu dem am 1. 7. 1998 in Kraft getretenen Art 10 Abs 3 idF des Kindschaftsrechtsreformgesetzes v 16. 12. 1997 (BGBl 1997 I 2942) ergibt sich nicht aus Art 224 § 3 (so aber Palandt/Heldrich Art 10 Rn 1; Erman/Hohloch Art 10 Rn 35), sondern aus Art 220 Abs 1 analog (vgl Rn 8).

34 Art 9 nF kommt zur Anwendung, wenn ein **Todeserklärungsverfahren** am 31. 8. 1986 noch nicht abgeschlossen war.

2. Familienrecht

a) Rechtsgeschäfte

35 Ob ein *familienrechtliches Rechtsgeschäft* oder ein anderer Rechtsakt aus der Zeit vor dem 1. 9. 1986 materiell und formell wirksam vorgenommen und welche Rechtswirkungen dadurch ausgelöst wurden, beurteilt sich nach dem Sachrecht, das von den bis zum Stichtag geltenden Kollisionsnormen berufen wurde. Das gilt insbesondere für das **Verlöbnis** (LG Bochum FamRZ 1990, 882); die **Eheschließung** (BGH NJW 1997, 2114; BayObLGZ 1994, 230; BayObLG FamRZ 2000, 700; KG StAZ 1996, 205; OLG Hamm StAZ 1986, 353; FamRZ 2001, 1632; OLG Hamburg StAZ 1987, 311; OLG München IPRax 1988, 356; OLG Düsseldorf FamRZ 1992, 816 u FamRZ 1993, 188; OLG Frankfurt FamRZ 2002, 706; OVG Münster StAZ 2000, 272), die **Legitimation** durch Eheschließung (BayObLGZ 1990, 3; BayObLG StAZ 1996, 82; OLG Zweibrücken StAZ 1987, 225; OLG Düsseldorf FamRZ 1994, 382; LG Stuttgart StAZ 1994, 260; AG Rottweil NJW-RR 1995, 1032) oder auf andere Weise (LG Freiburg IPRspr 1987 Nr 92), die **Adoption** (Beitzke ZfJ 1986, 478; Wohlgemuth ROW 1988, 87), für die **eheliche Abstammung** (BGH NJW-RR 1991, 386; NJW 1994, 2360 = FamRZ 1994, 1027; OLG Koblenz IPRax 1990, 54; OLG Stuttgart FamRZ 1993, 471; OLG Hamm FamRZ 2001, 1632; vgl MünchKomm/Klinkhardt Art 19 Rn 46 f), für die **nichteheliche Abstammung** (BayObLG FamRZ 1999, 1370; OLG Hamm FamRZ 2001, 1632; AG Weilburg FamRZ 1994, 989; Dörner IPRax 1988, 226) sowie für die Entstehung einer **Vormundschaft oder Pflegschaft** (MünchKomm/Klinkhardt Art 21 Rn 34; Palandt/Heldrich Rn 4).

36 Diese Regeln gelten (in analoger Anwendung von Art 220 Abs 1, vgl Rn 8) auch im Hinblick auf die durch das Kindschaftsrechtsreformgesetz v 16. 12. 1997 (BGBl 1997 I 2942) mit Wirkung v 1. 7. 1998 vorgenommene **erneute Änderung der Art 19 bis 21** (vgl bereits DÖRNER, in: FS Henrich 128 ff; eine Analogie zu Art 236 §§ 1, 2 befürworten KEGEL/SCHURIG 783, 793). Ist also ein Kind (nach dem 30. 8. 1986, aber) vor dem 1. 7. 1998 geboren und hatte die Geburt nach dem Sachrecht, das von den zu diesem Zeitpunkt geltenden Art 19 Abs 1, 20 Abs 1, 21 Abs 1 und 2 berufen wurde, bereits abstammungsrechtliche Folgen ausgelöst oder waren aufgrund eines vor dem 1. 7. 1998 vorgenommenen Anerkenntnisses oder einer Ehelichkeits- oder Vaterschaftsanfechtung nach dem maßgebenden Sachrecht bereits materiellrechtliche Rechtsfolgen eingetreten oder hatte ein vor dem 1. 7. 1998 vorgenommener Rechtsakt (etwa: Eheschließung, Legitimationsanerkennung) bereits eine legitimierende Wirkung gezeitigt, so hat es dabei sein Bewenden (vgl auch MünchKomm/SONNENBERGER Rn 7). Über dieses Ergebnis herrscht Einigkeit. Die hM will es allerdings unter Hinweis auf die *materiellrechtliche* Übergangsnorm des Art 224 § 1 Abs 1 begründen (vgl OLG Stuttgart FamRZ 2001, 247; OLG Karlsruhe FamRZ 2002, 899; PALANDT/HELDRICH Art 19 Rn 3, Art 20 Rn 1; MünchKomm/KLINKHARDT Art 19 nF Rn 49; 20 nF Rn 16; ERMAN/HOHLOCH Art 19 Rn 7; 20 Rn 7; KROPHOLLER 388; ANDRAE, Internationales Familienrecht [1999] Rn 475; vHOFFMANN, Internationales Privatrecht [7. Aufl 2000] 355). Dagegen unterliegt die Abstammung eines nach dem 30. 6. 1998 geborenen Kindes vollständig dem von Art 19, 20 nF berufenen Sachrecht (Art 220 Abs 1 e contrario).

37 Meinungsverschiedenheiten bestehen im Hinblick auf die intertemporale Behandlung von **gestreckten Tatbeständen** (Vaterschaftsfeststellung, Anfechtung von Vaterschaft oder Ehelichkeit, Legitimation, Adoption usw), die am 1. 9. 1986 noch nicht vollendet waren. Die Rspr geht hier von einer kollisionsrechtlichen Interpretation des Art 220 Abs 1 (Rn 11, 16) aus und unterwirft zB im Hinblick auf die in Art 19 Abs 1 S 1, 20 Abs 1 (idF des IPR-Reformgesetzes 1986) genannten Zeitpunkte die nach dem 30. 8. 1986 erfolgte **Ehelichkeitsanfechtung** (BGH NJW-RR 1991, 386; BGH NJW 1994, 2360 = FamRZ 1994, 1027; OLG Hamm IPRax 1996, 422) oder **Vaterschaftsfeststellung** (BGH FamRZ 1987, 583; BGH NJW-RR 1989, 707; OLG Hamm IPRax 2000, 155; KÜNKEL DAVorm 1987, 364) stets dann dem alten Recht, wenn das Kind vor dem Stichtag geboren wurde.

38 Nach der hier vertretenen Auffassung sind demgegenüber die Rn 24 ff dargestellten Regeln maßgebend. Ist also ein Kind zwar vor dem 1. 9. 1986 geboren, war eine **Anerkennung oder Vaterschaftsfeststellung** nach dem bis dahin berufenen Sachrecht aber noch nicht wirksam erfolgt, so beurteilen sich deren Voraussetzungen und Wirkungen zunächst nach den Sachnormen, die von Art 20 Abs 1, 23 in der vom 1. 9. 1986 bis zum 30. 6. 1998 geltenden Fassung berufen wurden (vgl KG FamRZ 1994, 487; MünchKomm/SONNENBERGER Rn 16; MünchKomm/KLINKHARDT Art 20 Rn 41, 42). Gleiches gilt für die **Anfechtung der Ehelichkeit** (Art 19 Abs 1 idF des Reformgesetzes 1986) oder für die **Anfechtung eines Vaterschaftsanerkenntnisses** (AG Rottweil FamRZ 1990, 1031; im Ergebnis auch BEITZKE ZFJ 1986, 478). Vom 1. 7. 1998 an (vgl Rn 36) entscheidet das Sachrecht, auf welche Art 19, 20 nF verweisen.

39 Entsprechend ist zu verfahren, wenn ein Kind vor dem 1. 7. 1998 (vgl Rn 36) geboren worden ist und die **Anerkennungserklärung** erst **nach dem Stichtag** abgegeben oder erst danach eine **Vaterschaftsanfechtung** vorgenommen wird. In diesem Fall gelten die von Art 19, 20 nF berufenen Sachnormen. Wer die materiellrechtliche Übergangsnorm des Art 224 § 1 Abs 2 heranzieht (hM, vgl OLG Stuttgart FamRZ 2001, 248; OLG Karlsruhe FamRZ 2002, 899; Palandt/Heldrich Art 20 Rn 1; MünchKomm/Klinkhardt Art 19 nF Rn 49; 20 nF Rn 16), gelangt (im Hinblick auf die Anfechtung von Ehelichkeit und Vaterschaft) zu demselben Ergebnis.

40 Die Voraussetzungen und Wirkungen einer **Legitimation** unterliegen zunächst den von Art 21 u 23 (Fassung IPR-Gesetz 1986) bezeichneten Statuten, wenn es bis zum 31. 8. 1986 nach dem bis dahin maßgebenden Sachrecht noch nicht zu einer vollwirksamen Legitimation gekommen war (BayObLGZ 1995, 241; KG StAZ 1994, 192; vgl auch FamRZ 1987, 860; OLG Hamm FamRZ 1988, 317; FamRZ 1991, 222; OLG Celle IPRax 1991, 122; LG Berlin FamRZ 1988, 209; Hepting StAZ 1987, 192; Henrich StAZ 1988, 33; IPRax 1990, 33; MünchKomm/Sonnenberger Rn 16; MünchKomm/Klinkhardt Art 21 Rn 83 ff, 111 f; vSachsen Gessaphe IPRax 1991, 108). Das so berufene Sachrecht entscheidet darüber, ob etwa bis zum 1. 9. 1986 teilweise verwirklichte Voraussetzungen noch vervollständigt werden können oder ob eine Neuvornahme erforderlich ist (MünchKomm/Sonnenberger Rn 16). Nach deutschem Recht können dabei Vorgänge aus der Zeit vor dem 1. 9. 1986 nur berücksichtigt werden, wenn sie auch unter der Herrschaft des vorher anwendbaren Sachrechts legitimierende Wirkung gehabt hätten (vgl oben Rn 25 u Dörner IPRax 1988, 226 gg KG FamRZ 1987, 860).

41 Auch nach **Aufhebung der Legitimationskollisionsnorm des Art 21** (idF des IPR-Reformgesetzes von 1986) mit Wirkung zum 1. 7. 1998 kann sich (etwa im Rahmen einer Vorfragenanknüpfung) die Frage stellen, ob bestimmte Rechtsakte geeignet sind, ein außerhalb der Ehe geborenes Kind einem innerhalb der Ehe geborenen rechtlich gleichzustellen. Soweit diese Gleichstellung von einer späteren, nach diesem Stichtag erfolgenden Eheschließung der Eltern abhängt, richten sich die maßgebenden Fragen (Wirksamkeit der Eheschließung, Abstammung von Mutter und Vater) nach den Art 13 Abs 1 und 19 Abs 1 nF (vgl bereits Dörner, in: FS Henrich 127 f). Wird die legitimierende Wirkung einem anderen Vorgang als der Eheschließung beigelegt, entscheidet Art 19 Abs 1 S 1 und 2 nF unmittelbar (bei entsprechend weiter Auslegung des Begriffs „Abstammung“) oder zumindest in analoger Anwendung. Diese Frage – nämlich: wie eine nach dem 30. 6. 1998 erfolgende Legitimation heute angeknüpft werden muß – ist allerdings sehr str (vgl nur BayObLGZ 1999, 168; OLG Stuttgart FamRZ 2000, 437; Hepting StAZ 1999, 103; Palandt/Heldrich Art 19 Rn 8; Huber IPRax 2000, 118 f).

42 Eine nach dem 30. 8. 1986 erfolgende **Adoption** ist gemäß Art 22 Abs 1 (in Verbindung mit Art 23 in der jeweils – vor und nach dem 1. 7. 1998 – maßgebenden Fassung) anzuknüpfen, auch wenn der Antrag vor dem Stichtag gestellt wurde (vgl Jayme zu AG Höxter IPRax 1987, 124 u AG Germersheim IPRax 1987, 188). Zu Art 22 Abs 2 vgl Rn 45. Die in Art 22 Abs 3 geschaffene Möglichkeit, durch einseitige Rechtswahl die Wirkungen einer Minderjährigenadoption in Ansehung der Erbfolge unabhängig vom Adoptionsstatut den Rechtswirkungen einer Adoption nach deutschem Recht gleichzustellen, kann erst seit dem Inkrafttreten des Gesetzes zur Regelung von Rechtsfragen auf dem Gebiet der internationalen Adoption (BGBl 2001 I 2953) am 1. 1. 2002 wahrgenommen werden (Art 220 Abs 1 analog e contrario). Eine etwa bereits vorher vorgenommene Anordnung eines Erblassers bleibt ohne Wirkungen.

43 Welches Recht die Begründung, Wirkungen sowie die Auflösung **eingetragener**

(gleichgeschlechtlicher) **Lebenspartnerschaften** beherrscht, richtet sich seit dem 1.8. 2001 nach den in Art 17b (bis 1.1. 2002: Art 17a) enthaltenen Anküpfungsregeln. Die Vorschrift ist durch das Lebenspartnerschaftsgesetz v 16.2. 2001 (BGBl 2001 I 266) in das EGBGB eingefügt worden. Bis zum 1.8. 2001 wurden diese Rechtsfragen dagegen durch ungeschriebene Kollisionsnormen mit freilich unklarem Inhalt erfaßt; man wird davon ausgehen müssen, daß insoweit die für die Ehe geltenden Bestimmungen der Art 13 ff – jedenfalls im Ansatz – entsprechend herangezogen werden können (vgl näher HAUSMANN, in: FS Henrich [2000] 250 ff; JAKOB, Die eingetragene Lebenspartnerschaft im Internationalen Privatrecht [2002] 216 ff). Eine nach dem zuvor berufenen (ausländischen) Sachrecht wirksam begründete eingetragene Partnerschaft behält auch nach dem 1.8. 2001 ihre Wirksamkeit, während eine vorher nach dem maßgebenden Statut unwirksame Partnerschaft mit dem Stichtag keine Wirksamkeit erlangt (Art 220 Abs 1 analog, dazu PALANDT/HELDRICH Art 17b Rn 1; für rückwirkende Anwendung von Art 17b dagegen vHOFFMANN, Internationales Privatrecht [7. Aufl 2002] 323; THORN IPRax 2002, 355). Die sich aus der Partnerschaft ergebenden und vor dem Stichtag begründeten persönlichen und güterrechtlichen Wirkungen unterstehen mit Wirkung v 1.8. 2001 den Art 17b Abs 1 Satz 1, Abs 2 Satz 2, Abs 3 und 4 (Art 220 Abs 2 analog, vgl PALANDT/HELDRICH Art 17b Rn 1). Dadurch ist in diesen Bereichen möglicherweise zu dem genannten Zeitpunkt ein Statutenwechsel eingetreten. Soweit dieser auf güterrechtlichem Gebiet eine Änderung des Güterstandes zur Folge hat, ist der bis zum Stichtag geltende Güterstand nach den für ihn maßgebenden Regeln abzuwickeln und das Vermögen mit dem 1.8. 2001 in den neuen Güterstand zu überführen. Angesichts der rein deklaratorischen Verweisung in Art 17b Abs 1 Satz 2, 1. Halbsatz ist die erb- und unterhaltsrechtliche Anknüpfung vor und nach dem Stichtag unverändert geblieben; allerdings tritt insoweit mit Wirkung v 1.9. 2001 durch Art 17b Abs 1 Satz 2, 2. Halbsatz eine subsidäre Verweisung auf das Recht des Registrierungsstaates hinzu.

44 Das Gesetz zur Verbesserung des zivilrechtlichen Schutzes bei Gewalttaten (BGBl 2001 I 3513) hat mit Wirkung v 1.1. 2002 durch Art 17a die **Nutzungsbefugnis** an **Ehewohnung** und **Hausrat** (jedenfalls soweit diese im Inland belegen sind) sowie etwaige **Betretungs- und Kontaktverbote** dem deutschen Sachrecht unterstellt. Von diesem Zeitpunkt unterstehen auch die Rechtswirkungen einer zuvor nach ausländischem Recht getroffenen Anordnung (zum Streit um die Anknüpfung nach früherem Recht vgl etwa PALANDT/HELDRICH Art 17a Rn 2) dem deutschen Recht (Art 220 Abs 2 analog).

b) Dauerwirkungen (Abs 2)

45 Die sich aus einem familienrechtlichen Rechtsverhältnis ergebenden **Dauerwirkungen** unterliegen bis zum Inkrafttreten einer neuen Kollisionsnorm dem vom alten, danach aber dem vom neuen IPR berufenen Sachrecht. Dies gilt sowohl (in unmittelbarer Anwendung des Art 220 Abs 2) im Hinblick auf die am 1.9. 1986 in Kraft getretenen familienrechtlichen Bestimmungen der IPR-Reform als auch in analoger Anwendung des Art 220 Abs 2 (in der Begründung anders MünchKomm/KLINKHARDT Art 21 nF Rn 23 [Verweis auf Art 14 § 1 KindRG]) hinsichtlich der zum 1.7. 1998 neuerlich reformierten Art 19 bis 21 und 23. Mit der Neuanknüpfung vom Stichtag an kann in diesen Fällen ein Statutenwechsel verbunden sein. Dagegen werden durch den mit dem Adoptionswirkungsgesetz (BGBl 2001 I 2953) am 1.1. 2002 in Kraft getretenen Art 22 Abs 2 die **Adoptionswirkungen** zwar nunmehr ausdrücklich dem gemäß Art 22 Abs 1 bestimmten Adoptionsstatut unterstellt. Die neue Vorschrift hat aber gegenüber dem vorangehenden Rechtszustand lediglich klarstellende Bedeutung und ändert daher das bis zum Stichtag maßgebende Statut der Adoptionswirkungen nicht.

46 Nach Art 220 Abs 2 sind daher die **allgemeinen Ehewirkungen** auch in früher geschlossenen Ehen vom 1. 9. 1986 an gemäß Art 14 *nF* anzuknüpfen (unrichtig insoweit BGH FamRZ 1987, 464 für die Qualifizierung einer Morgengabe als persönliche Ehewirkung, da die Ehe bereits vor dem Stichtag durch Scheidung aufgelöst war); von diesem Zeitpunkt an besteht auch die Wahlmöglichkeit gemäß Art 14 Abs 2 (vgl V Stoll 222). Dementsprechend gelten die jeweils neuen Kollisionsnormen vom Stichtag an für das Rechtsverhältnis zwischen **Eltern** und innerhalb der Ehe (zu Art 19 Abs 2 idF des IPR-Reformgesetzes 1986: BGH NJW 1993, 2306 [allerdings unter Hinweis auf Art 220 Abs 1]; MünchKomm/Klinkhardt Art 19 Rn 74) bzw außerhalb der Ehe geborenen **Kindern** (zu Art 20 Abs 2 idF des IPR-Reformgesetzes 1986: KG OLGZ 1987, 148; BayObLGZ 1988, 13; OLG Hamburg DAVorm 1988, 929; LG Hamburg DAVorm 1988, 325; MünchKomm/Klinkhardt Art 20 Rn 63). Art 24 Abs 1 gilt für den Inhalt und die Beendigung einer **Vormundschaft, Betreuung oder Pflegschaft** (MünchKomm/Klinkhardt Art 24 Rn 34; Palandt/Heldrich Rn 4; Erman/Hohloch Art 24 Rn 7) auch dann, wenn das betreffende Rechtsverhältnis vor dem 1. 9. 1986 begründet worden ist. Wurde das mit **Dauerwirkungen** verbundene Rechtsverhältnis bereits vor dem Stichtag **beendet**, kommt über Art 220 Abs 1 altes Kollisionsrecht zum Zuge (vgl BGH NJW 1993, 2306: Eintritt der Volljährigkeit vor dem Stichtag).

47 Diese Grundsätze gelten gleichfalls für **Unterhaltsansprüche** (BGH FamRZ 1987, 682; NJW 1991, 2213; FamRZ 1993, 178; FamRZ 1993, 416; KG FamRZ 1988, 167; OLG Karlsruhe FamRZ 1987, 1149; OLG Oldenburg FamRZ 1988, 171; OLG Hamm FamRZ 1989, 1085; OLG Braunschweig NJW-RR 1989, 1097; MünchKomm/Sonnenberger Rn 23; Palandt/Heldrich Rn 7; zum Scheidungsunterhalt Rn 53). Entstehen und Umfang eines solchen Anspruchs beurteilen sich daher für bei Fälligkeit bis zum 1. 9. 1986 nach dem vom alten IPR berufenen Statut (offengelassen von KG FamRZ 1988, 169). Unter welchen Voraussetzungen und mit welchem Inhalt nach dem Stichtag fällige Ansprüche bestehen, entscheidet das von den neuen Kollisionsnormen berufene Sachrecht. Dabei ist vom 1. 9. 1986 bis zum 31. 3. 1987 Art 18 nF einschlägig; für die Zeit danach wird diese Vorschrift ihrerseits gemäß Art 3 Abs 2 S 1 nF von den am 1. 4. 1987 in Kraft getretenen Bestimmungen des *Haager Unterhaltsabkommens 1973* verdrängt (vgl KG FamRZ 1988, 168).

c) Ehescheidung

48 Bei der (gerichtlichen) Ehescheidung stellt der BGH auf den **Zeitpunkt der Rechtshängigkeit** ab. Auf ein vor dem 1. 9. 1986 rechtshängig gemachtes Scheidungsverfahren war Art 17 *aF* danach auch dann anzuwenden, wenn das Verfahren bei Inkrafttreten des IPR-Neuregelungsgesetzes noch nicht abgeschlossen war (BGH FamRZ 1987, 793; FamRZ 1990, 34; ebenso OLG Zweibrücken FamRZ 1988, 624; aus der Literatur Basedow NJW 1986, 2973; Palandt/Heldrich Art 17 Rn 6 u 220 Rn 4; auch MünchKomm/Sonnenberger Rn 15; **aA** OLG Karlsruhe FamRZ 1988, 298; OLG München IPRax 1989, 240 [Anwendung des alten Kollisionsrechts bei rechtkräftigem Abschluß des Verfahrens vor dem Stichtag]; Soergel/Schurig Rn 21 [Durchführung der letzten mündlichen Verhandlung vor dem 1. 9. 1986]; vgl im übrigen zB Rauscher IPRax 1987, 137; 1988, 344 u 1989, 224; im Ansatz unzutreffend, weil für Anwendbarkeit des Art 220 Abs 2: OLG Celle FamRZ 1987, 160 u OLG Hamm FamRZ 1989, 992).

49 Zur Begründung führt der BGH (FamRZ 1990, 34) im Anschluß an HEPTING (IPRax 1988, 159) aus, daß ein zum 1. 9. 1986 noch nicht abgeschlossener Vorgang zwar grundsätzlich (Art 220 Abs 1 e contrario) den neuen Kollisionsnormen unterliege. Das gelte aber nicht, wenn der Anwendungsbereich dieser neuen Normen aufgrund ihres eigenen *„zeitlichen Geltungswillens"* intertemporal eingeschränkt werden müsse. Da Art 17 Abs 1 *nF* aus Gründen der Prozeßökonomie und zuverlässigeren Vorhersehbarkeit des anwendbaren Rechts die früher gegebene Wandelbarkeit des Scheidungsstatuts nach Rechtshängigkeit beseitigt habe, wolle diese Vorschrift auf solche Scheidungsverfahren nicht angewandt werden, die bei Inkrafttreten des IPR-Neuregelungsgesetzes bereits rechtshängig gewesen seien. Diese *Begründung* überzeugt zwar nicht, weil durch Auslegung einer Kollisionsnorm nicht ihr eigener intertemporaler Anwendungsbereich bestimmt werden kann (kritisch RAUSCHER IPRax 1989, 225; DÖRNER/KÖTTERS IPRax 1991, 40). Im *Ergebnis* erscheint die Entscheidung aber vertretbar, wenn man annimmt, daß bei der intertemporalen Behandlung des gestreckten Tatbestands *Ehescheidung* (= Verwirklichung der Scheidungsvoraussetzungen plus staatlicher Ausspruch) das staatliche Interesse an einer sofortigen Durchsetzung des neuen Scheidungskollisionsrechts zurücktreten muß, weil sich die Parteien bereits auf die bei Rechtshängigkeit des Scheidungsantrags maßgeblichen Kollisions- und Sachnormen eingerichtet haben (vgl o Rn 27; iE auch MünchKomm/SONNENBERGER Rn 15).

50 Ist der Scheidungsantrag **nach dem 31. 8. 1986 rechtshängig** gemacht worden, richtet sich die Anknüpfung nach Art 17 Abs 1 iVm 14 Abs 1 nF. Damit unterliegen zahlreiche bereits vor dem 1. 9. 1986 geschlossene Ehen von diesem Tag an einem anderen Scheidungsstatut. Gilt für die Scheidung jetzt deutsches Recht, müssen in einem solchen Fall grundsätzlich auch die Scheidungsvoraussetzungen nach dem Stichtag verwirklicht worden sein (Verbot der „Rückanknüpfung", vgl Rn 4 u 25); scheidungsrelevante Vorgänge aus der Zeit davor (zB ehewidriges Fehlverhalten, Fristabläufe, Verzeihungstatbestände) können nur berücksichtigt werden, wenn die betreffenden Tatsachen auch nach dem früher maßgeblichen Statut eine entsprechende Rechtsfolge ausgelöst hätten (vgl Rn 25).

51 Bei der **Privatscheidung** stellt der BGH auf den Zeitpunkt ab, in dem der Scheidungsgegner mit der Scheidung zum ersten Mal förmlich befaßt wird (BGHZ 110, 273 f). Diese intertemporale Abgrenzung richtet sich offensichtlich an der Lösung aus, die das Gericht für gerichtliche Scheidungen entwickelt hat. Da in diesem Zusammenhang aber der „zeitliche Geltungswille" des auf eine gerichtliche Scheidung zugeschnittenen Art 17 Abs 1 keine Rolle spielen kann, gelten die allgemeinen Regeln für unvollendete gestreckte Tatbestände (Rn 24 ff): Demnach kommt Art 17 Abs 1 *nF* zum Zuge, wenn die Voraussetzungen einer Privatscheidung nach dem früher berufenen Statut am 1. 9. 1986 noch nicht vollständig erfüllt waren (SONNENBERGER, in: FS Ferid [1988] 455; MünchKomm/SONNENBERGER Rn 15).

52 War der Scheidungsantrag **am 1. 9. 1986** bereits **rechtshängig**, werden vom BGH auch Rechtsfragen des *Versorgungsausgleichs* nach altem IPR angeknüpft (BGH FamRZ 1990, 142; OLG Hamm FamRZ 1989, 625; anders OLG Frankfurt IPRax 1988, 175 f; OLG Karlsruhe FamRZ 1988, 298; OLG München IPRax 1989, 243). Ob die Scheidung selbst vor dem Stichtag „abgeschlossen" wurde oder nicht, ist auch in diesem Zusammenhang ohne Belang. Ebensowenig ist von Bedeutung, ob der Versorgungsausgleich im Scheidungsverbund, als Folgesache oder in einem selbständigen Verfahren durchgeführt wird. Ein Versorgungsausgleich findet auch dann statt, wenn die Heimatrechte beider Gatten dieses Institut nicht kennen (BGH FamRZ 1990, 387).

53 Bei **Rechtshängigkeit** des Scheidungsantrags **nach dem 31. 8. 1986** wird das Statut des **Versorgungsausgleichs** durch Art 17 Abs 3 nF bestimmt (OLG Koblenz FamRZ 1991, 1324). Vor dem Stichtag begründete Rentenanwartschaften dürften nach deutschem Recht eigentlich nur dann ausgeglichen werden, wenn auch das von den alten Anknüpfungsregeln berufene Statut eine (wie auch immer im Detail geregelte) Beteiligung des einen Gatten an den Versorgungsansprüchen des anderen kennt (vgl o Rn 25). Da das BVerfG (BVerfGE 53, 308 ff) aber seinerzeit in einer nicht unbedenklichen Entscheidung die Einführung des Versorgungsausgleichs auch für sog „Altehen" noch als verfassungsgemäß angesehen und damit im Hinblick auf das staatliche Interesse an der Schaffung eines einheitlichen Versorgungsrechts und unter Hinweis auf die Existenz materiellrechtlicher Härteklauseln in diesem Bereich eine „Rückanknüpfung" zugelassen hat, wird man Ehezeiten vor dem 1. 9. 1986 auch dann als berücksichtigungsfähig ansehen können, wenn dem früher maßgebliche Scheidungsfolgenstatut ein Versorgungsausgleich unbekannt war. Führt Art 17 Abs 3 S 1 nF dagegen zu einem Statut ohne Versorgungsausgleich, kann sich kein Ehegatte darauf berufen, daß das früher maßgebliche Recht eine Aufteilung der Rentenanwartschaften vorgenommen hätte. Das Vertrauen darauf, daß sich eine bis zum Stichtag bestehende Aussicht auf den Eintritt bestimmter Rechtsfolgen auch nach einer Rechtsänderung noch verwirklichen kann, wird grundsätzlich nicht geschützt (vgl o Rn 5). Etwaige *Härtefälle* lassen sich durch eine analoge Anwendung des Art 17 Abs 3 S 2 Nr 2 nF bewältigen.

54 Haben die Eheleute vor dem 1. 9. 1986 einen **Versorgungsausgleichsverzicht** vereinbart, liegt insoweit ein „abgeschlossener Vorgang" iS des Abs 1 vor. Die materielle und formelle Wirksamkeit eines solchen Vertrages beurteilt sich daher nach dem Form- bzw Scheidungsfolgenstatut, welches die alten Kollisionsnormen berufen (Dörner/Kötters IPRax 1991, 42).

55 Voraussetzungen und Inhalt eines Anspruchs auf **Scheidungsunterhalt** sind, wenn der Scheidungsausspruch bereits vor dem 1. 9. 1986 rechtskräftig geworden ist, zunächst dem von den alten Anknüpfungsregeln bezeichneten Scheidungsstatut zu entnehmen (offengelassen von BGH FamRZ 1987, 682). Für die Frage, in welchem Umfang nach dem Stichtag fällige Ansprüche bestehen, gelten gemäß Abs 2 für die Zeit bis zum 31. 3. 1987 Art 18 Abs 4 und danach Art 8 des Haager Unterhaltsabkommens v 2. 10. 1973 (BGBl 1986 II 837, vgl BGH NJW 1991, 2213, dazu Henrich IPRax 1992, 85). Beide Rechtsänderungen führen allerdings regelmäßig zu keinem Statutenwechsel, weil sowohl Art 18 Abs 4 als auch Art 8 UnterhÜbk das „auf die Ehescheidung angewandte Recht" berufen, dh auf die Sachnormen der Rechtsordnung verweisen, welche das Gericht für die Auflösung der Ehe *de facto* zugrunde gelegt hat (BGH FamRZ 1987, 464 und 682; OLG Karlsruhe FamRZ 1987, 1149; OLG Zweibrücken FamRZ 1988, 624; OLG Braunschweig NJW-RR 1989, 1097). Das vom alten IPR berufene Scheidungsfolgenstatut und das vom neuen IPR berufene Statut des Scheidungsunterhalts bleiben damit im Regelfall koordiniert. Etwas anderes gilt nur dann, wenn eine deutsch-ausländische Ehe vor dem 1. 9. 1986 auf Antrag des ausländischen Partners geschieden worden ist. Vor Inkrafttreten des IPR-Neuregelungsgesetzes bestimmte sich nämlich in diesem Fall das Scheidungsstatut (auf welches Art 18 Abs 4 EGBGB bzw Art 8 Unterhalts-

Übk verweisen) nach dem Heimatrecht des Antragstellers; für die Scheidungsfolgen (einschließlich Unterhalt) galt dagegen deutsches Recht (vgl BGHZ 87, 359; BGH FamRZ 1984, 257).

56 War der Scheidungsantrag vor dem 1. 9. 1986 rechtshängig, der *Scheidungsausspruch* aber erst *nach diesem Tag rechtskräftig* geworden, so wird zwar das Scheidungsstatut vom alten IPR berufen (Rn 48 ff); Voraussetzungen und Umfang des nachehelichen Unterhalts unterliegen dagegen von Anfang an den Art 18 Abs 4 EGBGB bzw Art 8 des Unterhaltsübereinkommens, die wiederum auf das im konkreten Fall tatsächlich angewandte Scheidungsrecht verweisen.

57 Ob ein **Unterhaltsverzicht** vor dem 1. 9. 1986 materiell und formell wirksam geschlossen wurde, richtet sich demgegenüber gemäß Abs 1 nach den vom alten IPR berufenen Sachnormen (OLG Zweibrücken FamRZ 1988, 624; Dörner/Kötters IPRax 1991, 42).

d) Ehegüterrecht

58 Eine außerordentlich komplexe Sonderregelung des intertemporalen *Ehegüterrechts* enthält Abs 3 (näher Rn 73 ff).

3. Erbrecht

59 Im Erbrecht kommt es darauf an, ob der **Erbfall vor dem 1. 9. 1986 oder später eingetreten** ist (näher Dörner DNotZ 1988, 80 ff). Im ersten Fall gilt altes Kollisionsrecht (Art 24 Abs 1, 25 S 1 aF) zunächst für die *Zulässigkeit* und *materielle Wirksamkeit* von *Verfügungen von Todes* wegen sowie für die *Rechtswirkungen des Erbfalls* insoweit, als durch ihn Erbrechte und erbrechtliche Ansprüche nach dem zur Anwendung berufenen Sachrecht zur Entstehung gelangt sind (abgeschlossene Vorgänge iSd Abs 1, vgl auch BGH FamRZ 1989, 379; BGH NJW 1995, 58; BayObLGZ 1986, 470; 1994, 46; BayObLG Rpfl 1988, 367; FamRZ 1998, 514; KG FamRZ 1988, 434; 2001, 795; IPRspr 2000, 207 f; OLG Zweibrücken FamRZ 1992, 609; Reinhart BWNotZ 1987, 104; Solomon IPRax 1995, 29; MünchKomm/Birk Art 25 Rn 4). Daneben kommt Art 25 S 2 aF zum Zuge, wenn man davon ausgeht (vgl nur Staudinger/Firsching[12] Art 25 Rn 138), daß die Vorschrift bereits mit dem Tode – also ohne Ausübung einer Rechtswahl durch den Erben – im Hinblick auf die Nachlaßberechtigung eines Deutschen alternativ neben dem ausländischen das deutsche Erbrecht berief.

60 Über den 1. 9. 1986 hinausreichende unvollendete *gestreckte und Dauertatbestände* (etwa: Ausschlagung, Nachlaßabwicklung, Erbenhaftung, Nacherbschaft, Erbschaftskauf) müßten nach den in Rn 24, 28 dargestellten Regeln vom Stichtag an grundsätzlich den neuen Kollisionsnormen unterliegen. Das Interesse aller durch den Erbfall in ihrer Rechtsstellung berührten Privatpersonen wird allerdings typischerweise darauf gerichtet sein, die Bestimmungen des einmal gefundenen Statuts auch weiterhin anzuwenden und eine Abwicklung der erbrechtlichen Beziehungen nicht durch einen Wechsel des materiellen Rechts unnötig zu komplizieren und zu verzögern. Das Interesse des Staates an einer ungesäumten Durchsetzung neuer kollisionsrechtlicher Lösungen kann andererseits gerade auf dem Gebiet des Erbrechts im Zweifel eher als gering veranschlagt werden, weil die Rechtsverhältnisse hier ohnehin regelmäßig nicht auf Dauer fortzubestehen pflegen. Das Resultat dieser Interessenabwägung spricht mithin dafür, *sämtliche* durch den Erbfall aufgeworfenen Rechtsfragen einheitlich nach *dem* Erbstatut zu beantworten, das die zum Zeitpunkt des Todes geltende alte Kollisionsnorm beruft (Dörner DNotZ 1988, 80; Siehr IPRax 1987, 4; MünchKomm/Sonnenberger Rn 13, 17; vgl Rn 27, 29).

61 Hatte der *vor dem 1. 9. 1986 verstorbene Erblasser* die Rechtsnachfolge von Todes wegen einem anderen als seinem Heimatrecht unterstellt, so liegt eine nach altem Recht **unzulässige** und damit unwirksame **Rechtswahl** vor.

62 Ist der Erblasser **nach dem 31. 8. 1986 verstorben**, greift Art 25 *nF* ein. Diese Vorschrift gilt auch für die Zulässigkeit und Wirksamkeit einer *nach* diesem Zeitpunkt vorgenommenen Verfügung von Todes wegen.

63 Dagegen unterliegen **Verfügungen von Todes**, die ein nach dem Inkrafttreten des IPR-Neuregelungsgesetzes verstorbener Erblasser vor dem 1. 9. 1986 errichtet hat, als „abgeschlossene Vorgänge" iSd Abs 1 insoweit dem alten Kollisions- und Sachrecht, als es um die Frage der *Zulässigkeit* und materiell wirksamen *Errichtung* geht (MünchKomm/Sonnenberger Rn 17; MünchKomm/Birk Art 25 Rn 5). Ein nach dem ursprünglich anwendbaren Erbstatut unwirksames Rechtsgeschäft ist mit dem 1. 9. 1986 nicht ipso iure wirksam geworden, selbst wenn es den Vorschriften des von Art 25 *nF* berufenen Sachrechts entsprochen hätte (zum umstrittenen Problem der Validation ungültiger Verfügungen von Todes wegen durch Statutenwechsel vgl Scheuermann 48 f, 75 f, 93). Etwas anderes gilt nur dann, wenn das neue Erbstatut einen Heilungstatbestand kennt, dessen Voraussetzungen *nach* dem Stichtag erfüllt worden sind. Über die *Auswirkungen* einer vor dem 1. 9. 1986 errichteten Verfügung von Todes wegen auf die gesetzliche Erbfolge entscheidet dagegen das neu berufene Erbstatut.

64 Dementsprechend bleibt eine *vor dem 1. 9. 1986* in einer Verfügung von Todes wegen oder isoliert (vgl oben Rn 14) vorgenommene **Rechtswahl**, die bis zum Inkrafttreten des IPR-Neuregelungsgesetzes keine Wirksamkeit entfalten konnte (vgl Rn 61), ungeachtet des Art 25 Abs 2 auch späterhin unwirksam. Eine Heilung ist nicht eingetreten (§ 141 BGB); die Wahl mußte also nach dem 31. 8. 1986 wiederholt werden (Dörner DNotZ 1988, 84; MünchKomm/Birk Art 25 Rn 5; V Stoll 224; im Ergebnis auch Krzywon BWNotZ 1987, 6; **aA** Reinhart BWNotZ 1987, 104; Palandt/Heldrich Art 26 Rn 8; Tiedemann RabelsZ 1991, 37; Lange DNotZ 2000, 343). Eine vor dem 1. 9. 1986 vorgenommene Rechtswahl im Wege einer „Rückanknüpfung" (Rn 4) nachträglich als wirksam zu behandeln, wäre auch deswegen bedenklich, weil der Erblasser im Bewußtsein der Unwirksamkeit möglicherweise später andere Vermögensdispositionen vorgenommen oder unterlassen hat.

65 Die Frage, ob ein Verhalten aus der Zeit vor dem Stichtag **Erbunwürdigkeit** nach sich zieht, beantwortet sich nach dem von Art 24, 25 aF berufenen Statut (näher Dörner DNotZ 1988, 85).

4. Vertragsrecht

66 Bei **Verträgen** und anderen schuldrechtlichen *Rechtsgeschäften* kommt es darauf an, ob sie *vor dem 1. 9. 1986 oder später* geschlossen bzw vorgenommen worden sind. Die formelle und materielle Gültigkeit eines vor dem Stichtag geschlossenen Vertrages richtet sich nach dem Vertrags- bzw Formstatut, das die bis zum Stichtag angewandten Anknüpfungsregeln berufen (BGH NJW 1996, 2569; OLG Düsseldorf IPRspr 1994, 42 f; OLG Nürnberg IPRspr 1994, 128; OLG Koblenz RIW 1996, 152; OLG München IPRax 1997, 44). Dieses Statut entscheidet auch darüber, ob ein Vertrag vor dem Stichtag zustande gekommen ist (W LORENZ IPRax 1987, 276; MünchKomm/SONNENBERGER Rn 18; MünchKomm/MARTINY Vor Art 27 Rn 29 ff; anders SANDROCK RIW 1986, 854). Die alten Kollisionsnormen sind auch maßgeblich, wenn die Parteien vor dem Stichtag keinen Hauptvertrag, sondern nur eine isolierte Rechtswahlvereinbarung geschlossen haben (vgl oben Rn 14).

67 War das Vertragsverhältnis bei Inkrafttreten des neuen IPR *noch nicht abgewickelt*, müßten die unvollendeten gestreckten Tatbestände (Abwicklung von Leistungsstörungen, Ausübung von Gestaltungsrechten) oder die fortbestehenden Dauerwirkungen (Ansprüche, Pflichten) nach den in Rn 24, 28 dargestellten Regeln grundsätzlich vom 1. 9. 1986 an dem neuen Kollisionsrecht unterliegen (arg Art 220 Abs 1 e contrario bzw Abs 2 analog). In dem von privatautonomer Gestaltung geprägten Vertragsrecht besteht allerdings ein starkes Bedürfnis der Beteiligten, ihren Vertrag auf der Grundlage der einmal berufenen Sachnormen zu erfüllen und die Vertragsdurchführung nicht durch eine mögliche Heranziehung zweier nicht aufeinander eingestellter Statuten zu komplizieren. Demgegenüber erscheint das staatliche Durchsetzungsinteresse jedenfalls dann als nicht besonders ausgeprägt, wenn die Vertragsbeziehungen tendenziell auf eine rasche Abwicklung gerichtet sind. Daher sind Schuldverträge aus der Zeit vor dem 1. 9. 1986, die einen umfangmäßig von vornherein festgelegten Leistungsaustausch beinhalten, im Interesse einer größeren Rechtssicherheit und Praktikabilität weiterhin und vollständig nach dem alten Vertragsstatut zu behandeln (allg Auffassung, vgl BGH NJW-RR 1990, 249, OLG Koblenz RIW 1987, 630 u RIW 1989, 816; OLG München RIW 1989, 745; OLG Karlsruhe NJW-RR 1989, 367; OLG Celle RIW 1990, 321; OLG Hamm RIW 1991, 155; LG Rottweil IPRax 1989, 46; LG Köln IPRax 1989, 292; SANDROCK RIW 1986, 855; KINDLER RIW 1987, 666; DÖRNER JR 1987, 201; MünchKomm/SONNENBERGER Rn 18; MünchKomm/MARTINY Vor Art 27 Rn 31). Allerdings steht es den Vertragsparteien jederzeit frei, durch eine (ggf erneute) *Rechtswahl* (vgl Art 27 Abs 2 S 1 nF) die Geltung eines anderen und damit auch zB desjenigen Rechts zu vereinbaren, dem ihre Beziehungen bei Maßgeblichkeit der Art 27 ff nF unterliegen würden (vgl auch MünchKomm/SONNENBERGER Rn 18).

68 Demgegenüber sollte man bei der Beurteilung von **Dauerschuldverhältnissen** an der sich im Umkehrschluß aus Abs 1 ergebenden Regel festhalten und die weitere Entwicklung des Vertragsprogramms (Gestaltungsrechte, Inhalt der Rechte und Pflichten einschließlich Auslegung, Leistungsstörungen, Erfüllung und andere Erlöschensgründe) vom 1. 9. 1986 an nach dem Statut beurteilen, das von den Art 27 ff nF berufen wird (OLG Hamm RIW 1993, 940; SONNENBERGER, in: FS Ferid [1988] 457; MünchKomm/SONNENBERGER Rn 24 [mit Einschränkungen]; MünchKomm/MARTINY Vor Art 27 Rn 32; MAGNUS JuS 1992, 458; offengelassen von BGH NJW 1993, 2754; für Arbeitsverträge wie hier BAG IPRax 1994, 123; LAG Hamburg IPRspr 1988 Nr 52 b; LAG Köln RIW 1992, 933; DÄUBLER RIW 1987, 256; MANKOWSKI RabelsZ 1989, 514; **aA** OLG Koblenz RIW 1993, 935; PALANDT/HELDRICH Rn 4; BASEDOW NJW 1986, 2973; SANDROCK RIW 1986, 855; W LORENZ IPRax 1987, 276; insbes für Arbeitsverträge HÖNSCH NZA 1988, 119; E LORENZ RdA 1989, 228; MANKOWSKI IPRax 1994, 89 ff; undifferenzierte Beurteilung nach altem Recht bei OLG Bamberg RIW 1989, 222; zum Streitstand auch JUNKER IPRax 1990, 305). Andernfalls würden die neuen, vom Gesetzgeber als sachgerechter angesehenen Kollisionsnormen für einen möglicherweise unerträglich langen Zeitraum suspendiert; es überwiegt also das staatliche Durchsetzungsinteresse. Für diese abweichende intertemporale Behandlung von Dauerschuldverhältnissen spricht auch, daß der Gesetzgeber im Einigungsvertrag auf *sachrechtlicher* Ebene in gleicher Weise differenziert hat (vgl Art 236 Rn 61). Diese Neuanknüpfung von Dauerschuldverhältnissen kann zu einem *Statutenwechsel* führen. Die damit möglicherweise verbundenen „unechten Rückwirkungen" (oben Rn 5) erscheinen aber umso eher akzeptabel, als die Parteien auch hier die *rückwirkende Geltung* des alten Statuts jederzeit *vereinbaren* können (Art 27 Abs 2 S 1 nF). Führen die Auswirkungen eines Statutenwechsels zu einer unzumutbaren Belastung eines Vertragspartners, ist außerdem zu prüfen, ob sich daraus nicht auf sachrechtlicher Ebene ein einseitiges Recht *zur Lösung vom Vertrag* ergibt. Ist zB deutsches Recht neues Vertragsstatut, kommt eine Kündigung des betreffenden Dauerschuldverhältnisses aus wichtigem Grund in Betracht (vgl auch Sandrock RIW 1986, 855).

69 Für die *nach* dem 31. 8. 1986 getroffenen Vereinbarungen gelten ohne weiteres die Art 27 ff (materielle Fragen, vgl BAG RIW 1990, 756) und 11 (Form).

70 Die vorstehenden Regeln gelten analog auch für den intertemporalen Anwendungsbereich des am 30. 6. 2000 in Kraft getretenen Art 29a (BGBl 2000 I 897, 1139, vgl BT-Drucks 14/2658, 50; Palandt/Heldrich Art 29a Rn 1; zT einschränkend Staudinger RIW 2000, 420 [kein Statutenwechsel bei einem vor dem Stichtag eingegangenen Time-sharing-Dauerschuldverhältnis]).

5. Gesetzliche Schuldverhältnisse

71 Da das am 1. 6. 1999 in Kraft getretene Gesetz zum Internationalen Privatrecht für außervertragliche Schuldverhältnisse und Sachen (BGBl 1999 I 1026) keine intertemporale Regelung enthält, findet Art 220 Abs 1 und 2 analoge Anwendung (hM, vgl BT-Drucks 14/343, S 7; Kegel/Schurig 39; Palandt/Heldrich Vor Art 38 Rn 1; Erman/Hohloch Art 38 Rn 7, Art 39 Rn 7, Art 40 Rn 19; Spickhoff NJW 1999, 2210; Koch VersR 1999, 1453; Junker RIW 2000, 243; Thorn IPRax 2001, 562). Danach kommt es entsprechend den unter Rn 67 zur Vertragsanknüpfung angestellten Überlegungen darauf an, ob nach dem Sachrecht, das die bis zum Stichtag maßgebenden Kollisionsnormen berufen, die Entstehungsvoraussetzungen eines **gesetzlichen Schuldverhältnisses** bereits vollständig verwirklicht worden sind, zB eine auftraglose Geschäftsführung vorgenommen, eine Bereicherung erlangt wurde (vgl Erman/Hohloch Art 38 Rn 7, Art 39 Rn 7) oder ein Dritter durch eine unerlaubte Handlung eine Rechtsgutverletzung erlitten hat (vgl Thorn IPRax 2001, 562; dazu auch bereits BGHZ 132, 115). Bejahendenfalls unterliegt das Schuldverhältnis vollständig diesem, von den alten (überwiegend ungeschriebenen) Kollisionsnormen berufenen Recht, und zwar auch insoweit, als das Verhältnis bis zum 1. 6. 1999 noch nicht vollständig abgewickelt war (vgl Rn 67). Für die nach dem 1. 6. 1999 begründeten gesetzlichen Schuldverhältnisse gelten dagegen die Art 38 bis 42. Bei gestreckten Tatbeständen (etwa: vor dem Stichtag verursachte Immission hat erst nach Inkrafttreten des neuen Rechts einen Schaden verursacht) entscheidet das von den neuen Kollisionsnormen (im Beispiel: Art 44, 40) berufene Sachrecht (vgl auch Erman/Hohloch Art 40 Rn 19; Spickhoff NJW 1999, 2210 f; Junker RIW 2000, 243).

6. Sachenrecht

72 In Ermangelung einer ausdrücklichen Übergangsregelung (vgl bereits Rn 71) berufen die am 1. 6. 1999 durch das Gesetz zum Internationalen Privatrecht für außervertragliche Schuldverhältnisse und Sachen (BGBl 1999 I 1026) in Kraft gesetzten Art 43 bis 46 das maßgebende Sachrecht für Vorgänge, die nach ihrem Inkrafttreten zu einem Erwerb, Verlust oder einer Änderung **dinglicher Rechte** führen. Demgegenüber unterliegen entsprechende Vorgänge aus der Zeit bis zum 31. 5. 1999 (analog Art 220 Abs 1) dem Recht, auf das die dahin geltenden ungeschriebenen sachenrechtlichen Kollisionsnormen des deutschen IPR verweisen (nicht beachtet von BGH NJW-RR 2000, 1583 = LM Art 43 EGBGB 1986 Nr 1 m krit Anm Dörner). War ein mehraktiger sachenrechtlicher Tatbestand nach dem bis zum Stichtag maßgebenden Sachrecht erst teilweise verwirklicht, entscheiden die von den Art 43 ff neu berufenen Sachnormen darüber, ob und unter welchen Voraussetzungen ein derart unvollständiger Tatbestand noch komplettiert werden kann (näher Rn 24 f). Wirkungen und Inhalt von Sachenrechten, die vor dem 1. 6. 1999 zur Entstehung gelangt sind, richten sich von diesem Zeitpunkt an analog Art 220 Abs 2 nach dem Sachrecht, das die neuen Kollisionsnormen bezeichnen (vgl auch Junker RIW 2000, 243; anders wohl MünchKomm/Sonnenberger Rn 25).

VI. Ehegüterrecht (Abs 3)

1. Überblick

73 Nach dem von der Rechtsprechung zu einer allseitigen Kollisionsnorm ausgebauten *Art 15 Abs 1 und 2, HS 1 aF* unterlagen die ehegüterrechtlichen Beziehungen dem Recht, dem der *Ehemann* zum Zeitpunkt der Eheschließung angehörte. Diese Anknüpfungsregel verstieß, wie das BVerfG in seinem Beschluß vom 22. 2. 1983 (BGBl I 525 = BVerfGE 63, 181 = NJW 1983, 1968 = FamRZ 1983, 562 = IPRax 1983, 223) feststellte, gegen den **Gleichheitsgrundsatz** des Art 3 Abs 2 GG (zur vorangegangenen Diskussion vgl S Lorenz 3 ff). Der für **nichtig erklärte Art 15 Abs 1 und Abs 2 HS 1 aF** war damit gemäß Art 117 Abs 1 GG bereits am **1. 4. 1953 außer Kraft** getreten. Die entstandene Lücke wurde nach der verfassungsgerichtlichen Entscheidung bis zum Inkrafttreten der IPR-Reform von Rechtsprechung und Lehre mit Ersatzregeln ausgefüllt. Überwiegend befürwortete man dabei eine Anknüpfungsleiter, die den am 1. 9. 1986 Gesetz gewordenen Art 15 nF vorwegnahm (vgl S Lorenz 30 ff). Art 220 Abs 3 stellt nun für Ehen, die vor dem Inkrafttreten des IPR-Neuregelungsgesetzes am 1. 9. 1986 geschlossen wurden, rückwirkend eine *gesetzliche Ersatzregelung* bereit und geht damit in Tragweite und Zielsetzung über die übergangsrechtliche Problematik weit hinaus.

74 Die Vorschrift berücksichtigt **zwei Stichtage**: den 31. 3. 1953 (Art 117 Abs 1 GG) und den 8. 4. 1983 als den Tag, an dem der Beschluß des BVerfG v 22. 2. 1983 durch Veröffentlichung im Bundesgesetzblatt bekanntgeworden sein dürfte. Für die Bestimmung der jeweils maßgebenden Ehegüterkollisionsnorm kommt es darauf an, in welchem Zeitraum die Ehe geschlossen wurde.

75 Die *Kompliziertheit* des Abs 3 beruht darauf, daß die Vorschrift sowohl intertemporales IPR als auch (Ersatz-)Kollisionsnormen und darüber hinaus sogar eine sachrechtliche Regelung enthält. Ausschließlich intertemporalen Charakter haben S 5 und 6, HS 1. Nach S 5 gilt Art 15 nF für die güterrechtlichen Wirkungen von Ehen, die *nach dem 8. 4. 1983* geschlossen worden sind. Die vor *dem 1. 4. 1953* geschlossenen Ehen unterliegen gemäß S 6 – vorbehaltlich einer Rechtswahl der Eheleute – dem Art 15 Abs 1 aF. Für die zwischen den genannten Zeitpunkten geschlossenen Ehen enthält Abs 3 S 1 drei untereinander im Verhältnis der Subsidiarität stehende Anknüpfungsregeln: Die güterrechtlichen Wirkungen der Eheschließung werden danach in erster Linie durch eine Anknüpfung an die gemeinsame Staatsangehörigkeit der Gatten zum Zeitpunkt der Eheschließung (Nr 1), hilfsweise an eine tatsächliche oder fingierte Rechtswahl (Nr 2), notfalls durch eine Anknüpfung an die Staatsangehörigkeit des Ehemannes zum Zeitpunkt der Eheschließung (Nr 3) bestimmt. Diese Anknüpfungsregeln gelten aber nur für die Zeit bis zum *8. 4. 1983* einschließlich. Für die Zeit *danach* bestimmt die Übergangsvorschrift des S 2, der durch S 3 konkretisiert wird, daß Art 15 nF Anwendung findet. S 4 schließlich stellt eine Sachnorm dar; sie soll Härten verhindern, die sich aus einem Wechsel des maßgebenden Ehegüterstatuts zum Ablauf des 8. 4. 1983 ergeben konnten.

2. Verfassungsmäßigkeit des Abs 3

76 Art 220 Abs 3 steht im Spannungsfeld von Gleichheitsgrundsatz (Art 3 Abs 2 GG) und **Vertrauensschutz** und hat unter verschiedenen Gesichtspunkten verfassungsrechtliche Bedenken ausgelöst.

a) Satz 1 Nr 1

77 Ohne Zweifel verfassungsgemäß im Hinblick auf den *Gleichheitsgrundsatz* ist die Anknüpfung an die gemeinsame Staatsangehörigkeit der Ehegatten in S 1 Nr 1.

Bedenken könnten sich aber unter dem Gesichtspunkt einer unzulässigen *Rückwirkung* (oben Rn 4) ergeben, wenn **deutsch-ausländische Doppelstaater** beteiligt sind. Besaß nämlich einer der Ehegatten neben der deutschen auch eine ausländische Staatsangehörigkeit und war diese als „effektive" mit der Staatsangehörigkeit seines Partners identisch oder handelte es sich um ein Doppelstaaterehepaar mit gemeinsamer deutscher und effektiver ausländischer Staatsangehörigkeit, so konnten die Eheleute nach der Entscheidung des BVerfG im Hinblick auf die von der hM praktizierten Ersatzanknüpfungen (oben Rn 73) vom 9. 4. 1983 an davon ausgehen, daß ihre güterrechtlichen Beziehungen ihrem gemeinsamen ausländischen Heimatrecht unterlagen; nach völlig hM (vgl nur BGHZ 75, 41; BGH NJW 1980, 2016) setzte sich nämlich auch bei deutsch-ausländischen Doppelstaatern die effektive ausländische Staatsangehörigkeit durch. Nachdem nun seit dem 1. 9. 1986 in solchen Fällen Art 5 Abs 1 S 2 allein auf die deutsche Staatsangehörigkeit abstellt, würde – wenn man diese Bestimmung im vorliegenden Zusammenhang anwenden wollte – die Anknüpfung im ersten Beispiel in Ermangelung einer gemeinsamen Staatsangehörigkeit nach S 1 Nr 2 vorzunehmen sein; im zweiten würde sie gemäß S 1 Nr 1 zum deutschen Recht führen. Damit würden die ehegüterrechtlichen Beziehungen vom Zeitpunkt der Eheschließung an (im zweiten Beispiel sicher, im ersten möglicherweise) rückwirkend einem anderen Statut unterstellt, als die Eheleute vor dem Inkrafttreten des Art 220 Abs 3 annehmen konnten. Wenn ein solches Ergebnis auch in der Sache fragwürdig sein mag (vgl näher unten Rn 101 f), so ist die Anwendung des Art 5 Abs 1 S 2 mit den beschriebenen Folgen jedoch *verfassungsrechtlich nicht zu beanstanden* (anders MünchKomm/SONNENBERGER Rn 28). Bei unsicherer Rechtslage (vgl Rn 4) ist der

Gesetzgeber nämlich nicht gehalten, ausschließlich die verfassungswidrigen Bestimmungen des alten Rechts rückwirkend zu ersetzen; er kann vielmehr darüber hinaus auch eine neue, rückwirkende Gesamtregelung vorsehen.

b) Satz 1 Nr 2

aa) Verstoß gegen den Gleichheitsgrundsatz

78 Bedenken gegen die Verfassungsmäßigkeit von S 1 Nr 2, 2. Alt sind zunächst im Hinblick auf den *Gleichheitsgrundsatz* des Art 3 Abs 2 GG erhoben worden. In den nach dem 31. 3. 1953 geschlossenen Ehen werden die Gatten häufig – insbesondere nach Einholung einschlägiger Informationen – von der Anwendung des Heimatrechts des Ehemannes *„ausgegangen"* (zum Begriff unten Rn 106) sein, weil dies bis zur Nichtigerklärung des Art 15 aF dem aus damaliger Sicht geltenden Rechtszustand entsprach. Daraus ergibt sich die Gefahr, daß über das subjektive Anknüpfungsmerkmal in S 1 Nr 2, 2. Alt eine Anknüpfung an die Staatsangehörigkeit des Ehemannes gleichsam wieder durch die Hintertür eingeführt wird. Der vor der IPR-Reform bestehende verfassungswidrige Rechtszustand würde somit im *Ergebnis perpetuiert* (vgl Schurig IPRax 1988, 91 f; Winkler v Mohrenfels IPRax 1995, 383 f). Dieses Argument wiegt umso schwerer, als der BGH (NJW 1987, 585 = FamRZ 1986, 1202 f) den S 1 Nr 2 möglichst weit auslegen will, um den Anwendungsbereich der verfassungsrechtlich noch bedenklicher erscheinenden Nr 3 gering zu halten (vgl unten Rn 86).

79 Entsprechende Bedenken gegen die 1. Alt der Nr 2 bestehen andererseits nicht. Wenn die Ehepartner sich nämlich dem Heimatrecht des Mannes „unterstellen", dh ausdrücklich oder konkludent dieses Recht gewählt haben (unten Rn 104), wird eine solche Rechtswahl in aller Regel unbeeinflußt von der verfassungswidrigen Anknüpfung in Art 15 aF erfolgt sein (vgl auch S Lorenz 78). Da juristisch beratene Eheleute davon ausgehen mußten, ehegüterrechtlich ohnehin nach dem Heimatrecht des Mannes zu leben, werden sie dieses Recht nur dann gewählt haben, wenn sie es als das für sie geeignete ansahen und rechtliche Zweifel über seine Anwendbarkeit beheben wollten. Die Wahl des Mannesrechts beruht dann auf einer bewußten Entscheidung beider Gatten und ist daher verfassungsrechtlich unbedenklich.

80 Der BGH hält auch die gegen die Verfassungsmäßigkeit der zweiten Alternative gerichteten **Bedenken** im Ergebnis **nicht für durchgreifend** (BGH NJW 1987, 584 = FamRZ 1986, 1202 = IPRax 1987, 116; BGH NJW 1988, 639 = FamRZ 1987, 680 = IPRax 1988, 101; zustimmend Palandt/Heldrich Art 15 Rn 11; Erman/Hohloch Art 15 Rn 44; Mansel, in: FS Geimer 683; kritisch Soergel/Schurig 47; für den Zeitraum bis zum 8. 4. 1983 offengelassen von BVerfG FamRZ 2003, 362, vgl aber Rn 126). Das Heimatrecht des Mannes werde sich aufgrund dieser Vorschrift keineswegs zwangsläufig durchsetzen, weil durchaus vorstellbar sei, daß die Ehepartner, etwa bei Aufenthalt im Heimatstaat der Ehefrau oder Belegenheit des Vermögens in diesem Staat, von der Anwendbarkeit des Heimatrechts der Frau ausgegangen seien. Die Vorschrift enthalte damit keine prinzipielle Bevorzugung des einen oder anderen Teils, sondern stelle in „hinreichend geschlechtsneutraler Weise" auf das „gemeinsame Verhalten der Ehegatten" ab (BGH NJW 1987, 583, 584 = FamRZ 1986, 1202).

81 Auf der Grundlage einer zunächst rein *formalen Betrachtung* ist dem BGH zuzustimmen. Es entspricht der Rechtsprechung des BVerfG, daß nur solche Hoheitsakte gegen Art 3 Abs 2 u 3 GG verstoßen, die nach ihrem **objektiven Regelungsgehalt** eine

Benachteiligung bzw Bevorzugung eines bestimmten Geschlechts **intendieren**, also bewußt an das Geschlecht Nachteile oder Vorteile knüpfen (vgl BVerfGE 75, 70), nicht aber solche, die sich in bestimmten Fällen lediglich unterschiedlich auf Männer und Frauen auswirken. Auf eine Benachteiligung der Ehefrau zielt die 2. Alt der Nr 2 aber nicht ab. Außerdem können die Eheleute in der Tat angesichts der konkreten Umstände durchaus von der Geltung eines anderen als des Mannesrechts ausgegangen sein. Die seinerzeit verfassungswidrige Anknüpfung an die Staatsangehörigkeit des Mannes wirkt außerdem auch dann nicht fort, wenn die Ehegatten gar nicht über die aus früherer Sicht bestehende Rechtslage informiert waren und aus ganz anderen Gründen von der Geltung des Heimatrechts des Ehemannes ausgingen, etwa weil sie in dessen Heimatstaat lebten. Folgt man diesem restriktiven Verständnis von der Tragweite des Gleichheitsgebots, ist Nr 2 daher verfassungsmäßig.

82 Trotz der formal geschlechtsneutralen Anknüpfung verbleiben jedoch insoweit Bedenken, als S 1 Nr 2 immerhin dann zu einer **faktischen Benachteiligung der Ehefrau** führen wird, wenn die Ehepartner in Unkenntnis der verfassungsrechtlichen Lage allein deswegen von der Geltung des Heimatrechts des Mannes „ausgegangen" sind, weil sie annahmen, dies entspreche dem geltenden Rechtszustand. Diese faktische Ungleichbehandlung kann verfassungsrechtlich nicht völlig unberücksichtigt bleiben. Dem Art 3 Abs 2 GG wird man vielmehr eine Wertentscheidung der Verfassung zugunsten des Grundsatzes der Gleichbehandlung von Mann und Frau entnehmen müssen, die es dem Gesetzgeber gebietet, auch faktische Benachteiligungen soweit wie möglich – unter Abwägung mit anderen verfassungsrechtlichen Grundsätzen – zu verhindern. Um dieser Wertentscheidung gerecht zu werden, erscheint es denkbar, den genannten Fall im Wege einer einschränkenden Interpretation aus dem Anwendungsbereich der Nr 2 herauszunehmen oder zumindest ein „manifest gewordenes konkretes Verhalten der Eheleute …, unter einem bestimmten Güterrecht leben zu wollen", zu verlangen (so MünchKomm/Siehr Art 15 Rn 160, 220 Rn 48, vgl auch Schurig IPRax 1988, 92; Winkler v Mohrenfels IPRax 1995, 384).

83 Indessen zielt die Anknüpfung des S 1 Nr 2 darauf ab, die **übereinstimmende Vorstellung** der Eheleute **nicht zu enttäuschen**. Das gilt auch für den von Nr 2 erfaßten Fall, daß die gemeinsame Vorstellung der Ehepartner auf die Geltung des Mannesrechts gerichtet war. Hier hatte der Gesetzgeber mithin eine *Abwägung* zwischen dem Postulat einer (auch faktischen) Gleichbehandlung und dem Vertrauensschutzgedanken vorzunehmen. Dabei stand nicht allein das Vertrauen des Ehemannes, sondern das Vertrauen *beider* Eheleute zur Disposition. Dieses Vertrauen erscheint schutzwürdig, und zwar unabhängig davon, ob und inwieweit es sich nach außen durch bestimmte Handlungen manifestiert hat. Wenn der Gesetzgeber daher dem Vertrauensgrundsatz gegenüber dem aus Art 3 Abs 2 GG abzuleitenden Postulat nach auch faktischer Gleichbehandlung den Vorrang einräumt, überschreitet er den ihm zustehenden Ermessensspielraum noch nicht. Der Vorschlag, im Rahmen des S 1 Nr 2 nur manifest gewordene Vorstellungen zu berücksichtigen, ist daher verfassungsrechtlich nicht geboten. Die Bestimmung ist als *verfassungsmäßig* anzusehen, ohne daß es einer verfassungskonformen Auslegung bedürfte.

bb) „Echte" Rückwirkung

84 Abs 3 S 1 Nr 2 enthält darüber hinaus eine sog *„echte" Rückwirkung* (vgl BGH NJW 1988, 639 = FamRZ 1987, 680; Rauscher NJW 1987, 533; dazu oben Rn 4), weil an die Stelle der bisherigen objektiven nunmehr rückwirkend für die Zeit vor dem Inkrafttreten des IPR-Neuregelungsgesetzes eine subjektive Anknüpfung gesetzt wird. Dies kann für bereits abgeschlossene Tatbestände die nachträgliche Geltung eines anderen Statuts zur Folge haben. Daraus ergeben sich aber keine verfassungsrechtlichen Bedenken (anders Rauscher NJW 1987, 533 f), weil der Gedanke des Vertrauensschutzes bei verfassungswidrigen Normen in den Hintergrund tritt (vgl Rn 4). Die Betroffenen konnten sich infolge der unklaren und unsicheren Rechtslage grundsätzlich weder auf den durch die ungültige Norm erzeugten Rechtsschein noch auf die von Rechtsprechung und Lehre als Interimslösung entwickelten Ersatzregeln verlassen (vgl BVerfG FamRZ 1988, 920 = IPRax 1988, 366 m zust Anm Henrich). Dem Gesetzgeber ist es allenfalls verwehrt, an die Stelle einer verfassungswidrigen Norm eine Regelung zu setzen, mit der die Betroffenen auf keinen Fall zu rechnen brauchten. Dies ist aber in S 1 Nr 2 nicht geschehen, weil die Vorschrift dem Vertrauen der Ehepartner nicht zuwiderläuft, sondern gerade Vertrauensschutzgesichtspunkten in besonderem Maße Rechnung trägt (BGH NJW 1988, 639 = FamRZ 1987, 680).

c) Satz 1 Nr 3

85 Die Vorschrift des Abs 3 S 1 Nr 3 (Anknüpfung an die Staatsangehörigkeit des Ehemannes) wird in der Literatur **überwiegend für verfassungswidrig** gehalten, weil der Gesetzgeber nicht eine vom BVerfG für nichtig erklärte Vorschrift einfach wieder einführen könne (Basedow NJW 1986, 2974; Puttfarken RIW 1987, 838; Rauscher NJW 1987, 536; Siehr, in: FS Ferid [1988] 441; MünchKomm/Siehr Art 15 Rn 173; 220 Rn 61; Soergel/Schurig Rn 52; Schurig IPRax 1988, 93; Dörner IPRax 1994, 34; Winkler v Mohrenfels IPRax 1995, 384 f; vgl auch bereits vBar/Ipsen NJW 1985, 2853 f). Aus der Befristung des Güterstandes bis zum 8. 4. 1983 (S 2) könne die Verfassungsmäßigkeit der Norm nicht abgeleitet werden, weil Art 15 Abs 1 aF bereits am 1. 4. 1953 außer Kraft getreten sei. Auch ein etwa bestehendes Vertrauen auf die bisherige Rechtslage rechtfertige die Beibehaltung der Anknüpfung an die Staatsangehörigkeit des Mannes nicht, weil nach dem Rechtsstaatsprinzip ein Vertrauen in den Bestand verfassungswidrigen Rechts nicht hinreichend schützenswert sei (vgl Rauscher aaO; MünchKomm/Siehr aaO).

86 Der BGH ist demgegenüber von der Verfassungsmäßigkeit der Norm ausgegangen (NJW 1987, 585 = FamRZ 1986, 1202 f = IPRax 1987, 116; zustimmend vBar II Rn 231 Fn 591; Lichtenberger DNotZ 1987, 297 f; Palandt/Heldrich Art 15 Rn 10; Erman/Hohloch Art 15 Rn 45; S Lorenz 113 ff; auch Henrich IPRax 1987, 95 u Int Familienrecht 113 f unter Hinweis auf die vom BGH aaO praktizierte rückwirkende Anwendung von S 2, näher unten Rn 132; für verfassungskonforme Auslegung als Vermutung einer Option zugunsten des Mannesrechts nach Nr 2 Sonnenberger, in: FS Ferid [1988] 460, ebenso in MünchKomm/Sonnenberger Einl IPR Rn 298). Das Gericht stützt sich vor allem darauf, daß der Gesetzgeber nicht den verfassungswidrigen Zustand unverändert wiederhergestellt, sondern die Anknüpfung an die Staatsangehörigkeit des Mannes mit der nur subsidiär geltenden Vorschrift des Abs 3 S 1 Nr 3 weit zurückgenommen habe. Da zudem Nr 2 eine weite Auslegung erlaube (vgl oben Rn 78), sei die Anknüpfungsregel der Nr 3 „durch die von dem früheren Rechtszustand ausgehende Vertrauenswirkung gerechtfertigt und verfassungsrechtlich tragbar“ (BGH NJW 1987, 585 = FamRZ 1986, 1203).

87 Diese **Auffassung des BGH ist abzulehnen**. Im Unterschied zu Nr 2 ist in Nr 3 eine *Ungleichbehandlung* von Mann und Frau *intendiert, so* daß die Vorschrift unmittelbar an Art 3 Abs 2 GG zu messen ist. Danach verstößt die beibehaltene Anknüpfung an die Staatsangehörigkeit des Ehemannes gegen den Gleichheitsgrundsatz. Zwar wurde diese Anknüpfung in ihrem Anwendungsbereich gegenüber der alten Rechtslage in der Tat sowohl durch ihre weitgehende Subsidiarität als auch durch die vom BGH nach S 2 praktizierte, auf den Zeitpunkt der Eheschließung zurückwirkende Anwendung von Art 15 nF (vgl BGH NJW 1987, 585 = FamRZ 1986, 1203; NJW 1988, 639 = FamRZ 1987, 680, dazu unten Rn 132) weit zurückgenommen. Daß eine Vorschrift in der Rechtspraxis nur einen geringen Anwendungsbereich hat, vermag ihre Verfassungswidrigkeit jedoch nicht zu beheben (vgl Puttfarken RIW 1987, 838; Schurig IPRax 1988, 93).

88 Der Gesetzgeber war auch *nicht befugt*, bei der Schaffung einer (gegenüber § 79 Abs 2 BVerfGG spezielleren, vgl vBar/Ipsen NJW 1985, 2853) Ersatzregelung für den nichtigen Art 15 aF aus *Gründen des Vertrauensschutzes* allein auf die Staatsangehörigkeit des Ehemannes als Anknüpfungspunkt zurückzugreifen (anders S Lorenz 113 ff). Zunächst ist daran zu erinnern, daß ein Vertrauen auf eine verfassungswidrige Norm grundsätzlich als nicht schutzwürdig erscheint (vgl oben Rn 4) und gegen eine rückwirkende Neuregelung daher unter rechtsstaatlichen Gesichtspunkten keine Bedenken bestehen. Das gilt auch für den Fall, daß ein Betroffener sein Vertrauen auf die Fortgeltung der verfassungswidrigen Norm – hier also auf die Maßgeblichkeit des Mannesrechts – durch Vermögensdispositionen manifestiert hat (vgl das Beispiel von Lichtenberger DNotZ 1987, 297 f). Das BVerfG hat dementsprechend im vorliegenden Zusammenhang die gleichberechtigungswidrige Norm auch ohne weiteres *für nichtig* erklärt und nicht etwa nur, wie in anderen Fällen eines Verstoßes gegen den Gleichheitsgrundsatz (vgl BVerfGE 37, 217; zuletzt BVerfG NJW 1991, 1602), zwecks Vermeidung rechtsstaatlicher Unzuträglichkeiten (Rechtsunsicherheit, enttäuschter Vertrauensschutz) lediglich eine Unvereinbarkeit mit dem Grundgesetz festgestellt. *Wenn* der Gesetzgeber aber bei der Schaffung einer Ersatzregelung einem in die verfassungswidrige Rechtspraxis gesetzten Vertrauen Rechnung tragen wollte, hätte er dies zumindest im Wortlaut faßbar in seiner Regelung zum Ausdruck bringen müssen. Er hätte also die vom BVerfG mißbilligte Anknüpfung nicht einfach wieder aufnehmen dürfen, sondern dahin präzisieren müssen, daß eine gleichberechtigungswidrige Anknüpfung an die Staatsangehörigkeit des Mannes nur dann in Betracht kommt, wenn sich wenigstens einer der Beteiligten *konkret* auf die Fortgeltung des Mannesrechts verlassen hat. Ein solches Regelungsziel wird in S 1 Nr 3 aber nicht erkennbar (vgl auch MünchKomm/Siehr Art 15 Rn 173).

89 Im übrigen muß man schon bezweifeln, daß ein *schutzwürdiges Vertrauen* in den von Nr 3 erfaßten Fällen *überhaupt vorhanden* ist. Eine übereinstimmende Vorstellung *beider* Eheleute über das maßgebliche Güterstatut liegt hier nicht vor, da in diesem Fall bereits Nr 2 Anwendung finden würde (unten Rn 105 ff); das gilt im Zweifel auch für den Fall, daß ein Gatte im Vertrauen auf die Maßgeblichkeit eines bestimmten Statuts vermögensrelevante Maßnahmen im *Einverständnis* mit dem andern getroffen hat (vgl Rn 111). Das einseitige *Vertrauen* eines Partners auf die Geltung des Mannesrechts verdient demgegenüber keinen Schutz, selbst wenn es ihn dazu veranlaßt haben sollte, konkrete Vermögensdispositionen vorzunehmen oder zu unterlassen. Es ist nämlich nicht zu erklären, warum eine nicht zum Ausdruck gebrachte oder hinter dem Rücken des anderen manifestierte Vorstellung in der Lage sein sollte, ohne Rücksicht auf die möglicherweise ganz anderen Anschauungen des Partners gerade das Heimatrecht des Ehemannes als das für beide verbindliche Ehegüterstatut zu fixieren. Daher ist auch eine teleologische Reduktion des S 1 Nr 3 auf die Fälle einseitig gehegten oder manifestierten Vertrauens nicht möglich.

90 Schließlich kann die Verfassungswidrigkeit des S 1 Nr 3 auch nicht nach dem Vorschlag SONNENBERGERS (Rn 86) im Wege einer restriktiven *verfassungskonformen Auslegung* behoben werden. Die Vorschrift läßt sich schon aufgrund ihres eindeutigen Wortlauts nicht als bloße Vermutungsregel verstehen, die dem benachteiligten Ehepartner den Gegenbeweis offenläßt (so aber MünchKomm/SONNENBERGER Einl IPR Rn 298). Die verfassungskonforme Auslegung hat außerdem dort ihre Grenzen, wo sie dem in der Norm objektiv zum Ausdruck kommenden Willen des Gesetzgebers zuwiderliefe (daher zu Recht ablehnend RAUSCHER NJW 1987, 536). Dieser Wille geht aber im vorliegenden Zusammenhang dahin, für die von Nr 1 und 2 nicht erfaßten Fälle eine generelle Auffangregelung zu schaffen und auf diese Weise gerade auch im Hinblick auf die Rechtssicherheit Regelungen zu vermeiden, die – wie eine bloße Vermutungsregel – letztlich von den konkreten Umständen abhängen und schwierige Beweisprobleme aufwerfen würde. Die Vorschrift des Abs 3 S 1 Nr 3 ist daher **nichtig**. Die entstandene Lücke muß durch eine **Ersatzanknüpfung** gefüllt werden (vgl Rn 118).

d) Satz 2

91 Daß in S 2 – im Gegensatz zu S 6 – ein automatischer Statutenwechsel nur für die *nach*, nicht aber für die vor dem 31. 3. 1953 geschlossenen Ehen vorgesehen ist, stellt *keine* willkürliche und damit unzulässige *Ungleichbehandlung* iSd Art 3 Abs 1 GG der vor und nach dem 1. 4. 1983 geschlossenen Ehen dar (BVerfG FamRZ 1988, 920 = IPRax 1988, 367; BGH NJW 1988, 639 = FamRZ 1987, 680 = IPRax 1988, 102; OLG Karlsruhe IPRax 1990, 124; OLG Stuttgart FamRZ 1991, 709; MünchKomm/SIEHR Art 15 Rn 176; **aA** RAUSCHER NJW 1987, 534). Der Gesetzgeber ist lediglich gehalten, für die Zukunft die Benachteiligungen zu beseitigen, die sich aus der Anwendung gleichberechtigungswidriger Normen auf Rechtsverhältnisse ergeben, die nach dem 31. 3. 1953 entstanden sind. Für die vor diesem Zeitpunkt bestehenden Rechtsverhältnisse besteht eine derartige Verpflichtung dagegen nicht (BVerfGE 48, 341). Daher ist eine entsprechende Differenzierung gerechtfertigt. Nach der zutreffenden Auffassung des BVerfG (BVerfG FamRZ 1988, 920 = IPRax 1988, 367) verstößt Satz 2 – aus den bereits zu S 1 Nr 2 genannten Gründen (oben Rn 84) – auch *nicht* gegen das verfassungsrechtliche *Rückwirkungsverbot*.

e) Satz 5

92 Abs 3 S 5 stellt ebenfalls für die nach dem 8. 4. 1983 und vor dem 1. 9. 1986 geschlossenen Ehen eine *rückwirkende Anknüpfung* bereit. Die nach der Entscheidung des BVerfG zu Art 15 aF von Rechtsprechung und Lehre entwickelten Ersatzlösungen (vgl o Rn 73) wurden mit dem Inkrafttreten des IPR-Reformgesetzes nachträglich durch Art 15 nF ersetzt. Diese Rückwirkung ist verfassungsrechtlich nicht zu beanstanden, weil als Folge der zweifelhaften Rechtslage nach dem 8. 4. 1983 kein schutzwürdiges Vertrauen entstehen konnte (vgl BVerfG FamRZ 1988, 920 = IPRax 1988, 367; MünchKomm/SIEHR Art 15 Rn 192).

93 *Bedenken* gegen eine solche Rückwirkung könnten sich allenfalls wiederum aus den schon zu S 1 Nr 1 (Rn 77) erörterten Gründen bei Beteiligung *deutsch-ausländischer Doppelstaater* ergeben (vgl SCHURIG IPRax 1988, 89). Wenn nämlich Art 5 Abs 1 S 2 auch im Zusammenhang mit der von S 5 iVm Art 15 Abs 1, 14 Abs 1 Nr 1 vorgeschriebenen Staatsangehörigkeitsanknüpfung Beachtung finden sollte (zur Kritik unten Rn 138), kann bei effektiver ausländischer Staatsangehörigkeit eines oder beider Gatten (näher oben Rn 77) mit dem Inkrafttreten des IPR-Neuregelungsgesetzes am 1. 9. 1986 ein rückwirkender Statutenwechsel eingetreten sein, der nicht unmittelbar auf die Verfassungswidrigkeit des Art 15 aF zurückzuführen ist. Ungeachtet der *sachlichen* Bedenken, die gegen eine Anwendung des Art 5 Abs 1 S 1 im vorliegenden Zusammenhang bestehen (unten Rn 138), wäre eine solche Regelung jedenfalls *nicht verfassungswidrig*. Angesichts der unklaren Rechtslage stand es dem Gesetzgeber frei, die Anknüpfungspunkte der ehegüterrechtlichen Kollisionsnormen umfassend neu zu bestimmen (vgl oben Rn 77).

f) Satz 6

94 Die in S 6 angeordnete Fortgeltung des Art 15 aF für die *vor dem 1. 4. 1953 geschlossenen Ehen* wird ganz überwiegend für **verfassungsrechtlich unbedenklich** gehalten, weil Art 15 aF in dem Zeitpunkt, in dem sich die Anknüpfung verwirklicht habe, nach Art 117 Abs 1 GG noch geltendes Recht gewesen sei (BT-Drucks 10/504, 106 und 10/5632, 45; Henrich IPRax 1987, 93; Lichtenberger DNotZ 1987, 297; MünchKomm/Siehr Art 15 Rn 150; 220 Rn 38; Palandt/Heldrich Art 15 Rn 6; Erman/Hohloch Art 15 Rn 41; zweifelnd dagegen Schurig IPRax 1988, 89; für Verfassungswidrigkeit S Lorenz 54). Der *hM* ist zuzustimmen. Gegen die Überlegung, daß den Ehegatten durch die fortdauernde Anwendung der alten Anknüpfungsnorm auch heute noch eine grundrechtskonforme Anknüpfung vorenthalten werde und ein Ehegatte dadurch aktuell benachteiligt werden könne (Schurig IPRax 1988, 89, vgl auch S Lorenz 47), ist einzuwenden, daß der Verfassungsverstoß allein durch die vor dem 1. 4. 1953 verwirklichte unwandelbare Anknüpfung erfolgt ist; auf den vor diesem Datum liegenden Zeitraum kann die Nichtigerklärung aber wegen Art 117 Abs 1 GG nicht zurückwirken (BT-Drucks 10/504, 106). Eine Ungleichbehandlung, die allein darauf beruht, daß ein vor dem 1. 4. 1953 begründeter Rechtszustand andauert, der heute als verfassungswidrig anzusehen wäre, hat das BVerfG dementsprechend auch für unbedenklich gehalten (BVerfGE 48, 341).

3. Verhältnis des Abs 3 zu den Abs 1 u 2

95 Für den Fall, daß ein güterrechtlich relevanter *Vorgang* – dh vor allem Tod, Ehescheidung oder die Vornahme von Rechtsgeschäften mit Dritten – bereits vor dem Inkrafttreten des IPR-Neuregelungsgesetzes am 1. 9. 1986 *abgeschlossen* war, stellt sich die Frage, ob Abs 3 rückwirkend anwendbar sein (so stillschweigend die Rspr, vgl BGH NJW 1987, 584 = FamRZ 1986, 1201; BGH NJW 1988, 638 = FamRZ 1987, 679; OLG Frankfurt FamRZ 1987, 1147; OLG Karlsruhe IPRax 1990, 122) oder ob gemäß Abs 1 von den bis zu diesem Zeitpunkt geltenden Anknüpfungsregeln ausgegangen werden soll (so MünchKomm/Siehr Art 15 Rn 148 f; 220 Rn 35 f; vBar II Rn 228 Fn 573). Die in Abs 3 enthaltene Regelung gilt jedoch nach Wortlaut und Systematik nicht nur für nicht abgeschlossene Vorgänge, sondern enthält eine abschließende, gegenüber Abs 1 und 2 **spezielle Übergangsregelung** für das **Ehegüterrecht**. Nur dieses Verständnis entspricht dem Zweck der Vorschrift, die eine umfassende Beseitigung der Rechtsunsicherheit anstrebt, die infolge der Nichtigerklärung des Art 15 Abs 1 entstanden war (vgl BT-Drucks 10/5632, 45).

4. Eheschließung vor dem 1. 4. 1953 (S 6)

96 Für die vor dem 1. 4. 1953 geschlossenen Ehen verbleibt es nach Abs 3 S 6 bei der allseitigen und unwandelbaren Anknüpfung an die Staatsangehörigkeit des Ehemannes (arg Art 15 Abs 1 u 2, HS 1 aF). War dieser deutsch-ausländischer Doppelstaater, ist in Übereinstimmung mit der früheren Rechtslage (vgl nur BGHZ 75, 41; BGH NJW 1980, 2016) und anders als nach Art 5 Abs I S 2 nF nicht stets die deutsche, sondern die *effektive* Staatsangehörigkeit ausschlaggebend.

97 Das alte Güterstatut besteht auch nach dem 8. 4. 1983 fort. Die Eheleute können jedoch seit dem 1. 9. 1986 eine *Rechtswahl* gemäß Art 15 Abs 2 nF treffen (S 6 HS 2) und sie auch auf das bereits vorhandene Vermögen erstrecken (BT-Drucks 10/504, 58; Palandt/Heldrich Art 15 Rn 21). Die im Inland vorgenommen Rechtswahl muß notariell beurkundet werden; eine Rechtswahl im Ausland muß die nach der Ortsform oder dem gewählten Recht für Eheverträge vorgeschriebenen Formerfordernisse einhalten (Abs 3 S 6, HS 2 iVm Art 15 Abs 3, 14 Abs 4).

5. Eheschließung nach dem 31. 3. 1953 und vor dem 9. 4. 1983 (S 1–4)

98 S 1 bis 4 enthalten das Ehegüterkollisionsrecht für Ehen, die nach dem **31. 3. 1953 und vor dem 9. 4. 1983 geschlossen** wurden. An die Stelle des am 1. 4. 1953 außer Kraft getretenen Art 15 aF (oben Rn 73) treten zunächst mit rückwirkender Kraft die Kollisionsnormen des S 1 (Rn 99–119). Das von ihnen berufene Ehegüterstatut beherrscht die güterrechtlichen Beziehungen der betroffenen Eheleute aber nur bis zum Zeitpunkt des Bekanntwerdens der BVerfG-Entscheidung am 8. 4. 1983. Danach wird es gemäß S 2 abgelöst von dem Statut, das die (wiederum rückwirkend in Kraft gesetzten) Anknüpfungsregeln des Art 15 nF bestimmen (Rn 120–129). Bei dieser Neuanknüpfung wird der in Art 15 Abs 1 nF festgesetzte Anknüpfungszeitpunkt (Eheschließung) in S 3 durch den 9. 4. 1983 ersetzt, sofern das Ehegüterstatut bis zum 8. 4. 1983 nach Maßgabe des S 1 Nr 3 bestimmt worden war (dazu Rn 127 u 128 f). S 4 schließlich befaßt sich mit einem Abwicklungsproblem, das sich aus dem von S 2 möglicherweise herbeigeführten Statutenwechsel ergeben kann (Rn 133).

a) Gemeinsame Staatsangehörigkeit der Eheleute (S 1 Nr 1)

99 Die güterrechtlichen Wirkungen von Ehen, die nach dem 31. 3. 1953 und vor dem 9. 4. 1983 geschlossen wurden, unterliegen gemäß Abs 3 S 1 Nr 1 bis zum 8. 4. 1983 einschließlich (S 2, dazu unten Rn 120 ff) in erster Linie dem **gemeinsamen Heimatrecht** der Ehegatten im Zeitpunkt der Eheschließung (zu einem möglichen Renvoi vgl unten Rn 139).

100 Eine gemeinsame Staatsangehörigkeit im Zeitpunkt der Eheschließung haben die Gatten auch dann, wenn etwa die Ehefrau erst durch die Eheschließung die Staatsangehörigkeit des Mannes *erwirbt*; behält sie daneben ihre bisherige Staatsangehörigkeit bei, stellt sich allerdings das Doppelstaaterproblem (Rn 101). Die bei der Heirat lediglich bestehende *Absicht*, später einmal die Staatsangehörigkeit des Ehepartners zu erwerben, reicht dagegen nach dem eindeutigen Wortlaut der Vorschrift nicht aus (so zu Recht BGH NJW 1988, 640 = FamRZ 1987, 681; zustimmend MünchKomm/Siehr Art 15 Rn 157 Fn 209; Palandt/Heldrich Art 15 Rn 8). Die Gegenauffassung (KG IPRax 1987, 119; Schurig IPRax 1988, 90) berücksichtigt nicht hinreichend, daß es andernfalls bis zur Verwirklichung dieser Einbürgerungsabsicht zu einem der Rechtssicherheit abträglichen Schwebezustand käme.

101 Bei *Doppelstaatern* ist nach Art 5 Abs 1 S 1 grundsätzlich auf die *effektive Staatsangehörigkeit* abzustellen. Besitzt einer der Gatten allerdings neben einer ausländischen auch die deutsche Staatsbürgerschaft, so ist **zweifelhaft**, ob sich diese gemäß Art 5 Abs 1 S 2 stets durchsetzt. Die Rechtsprechung geht davon ohne weiteres aus (BGH NJW 1987, 585 = FamRZ 1986, 1203; BGH NJW 1988, 640 = FamRZ 1987, 681; OLG Frankfurt FamRZ 1987, 1148; KG IPRax 1988, 108; OLG Karlsruhe IPRax 1990, 123; zustimmend Lichtenberger DNotZ 1987, 301; Palandt/Heldrich Art 15 Rn 8; Erman/Hohloch Art 15 Rn 43; MünchKomm/Siehr Art 220 Rn 46). Dafür spricht in der Tat, daß Art 5 als allgemeine, vor die Klammer gezogene Hilfsnorm anzusehen ist, die auch für Kollisionsregeln gilt, welche außerhalb des Kapitels über das Internationale Privatrecht in intertemporalen Regelungen des EGBGB „versteckt" sind. Demgegenüber tritt die Literatur überwiegend dafür ein, bei Anwendung des Abs 3 S 1 Nr 1 zwecks Vermeidung eines Statutenwechsels ebenso wie vor dem Inkrafttreten des IPR-Neuregelungsgesetzes auf die effektive Staatsangehörigkeit der Gatten abzustellen (Jayme IPRax 1987, 96 und IPRax 1990, 103; Schurig IPRax 1988, 90; Henrich 77; MünchKomm/Siehr Art 15 Rn 158; Soergel/Schurig 41; S Lorenz 65).

102 Der in der **Literatur** vorherrschenden Auffassung ist **zuzustimmen**. Eine Anwendung des Art 5 Abs 1 S 2 würde bei Beteiligung deutsch-ausländischer Gatten mit effektiver ausländischer Staatsangehörigkeit zu einem rückwirkenden Statutenwechsel ab 1.9. 1986 führen, wenn die bis zu diesem Termin praktizierte Anknüpfung an die gemeinsame effektive Staatsangehörigkeit der Gatten durch eine Anknüpfung an die gemeinsame deutsche Staatsangehörigkeit oder durch eine Anknüpfung nach Abs 3 S 1 Nr 2 abgelöst wird (näher oben Rn 77). Dieser Statutenwechsel ist durch die frühere verfassungswidrige Rechtslage nicht veranlaßt, weil bereits die zwischen dem 9.4. 1983 und 31.8. 1986 vorgenommene Ersatzanknüpfung (vgl Rn 73) an die effektive Staatsangehörigkeit ohne Frage vom Gleichheitsgrundsatz gedeckt war. Ein derart „unnötiger" Statutenwechsel würde aber dem Anliegen des Abs 3 – nämlich bei der Bewältigung der verfassungswidrigen Situation ein größtmögliches Ausmaß an Vertrauensschutz zu gewährleisten – völlig zuwiderlaufen. Daher findet Art 5 Abs 1 S 2 aufgrund einer entsprechenden teleologischen Reduktion bei der Anknüpfung nach S 1 Nr 1 keine Berücksichtigung.

b) „Rechtswahl" (S 1 Nr 2)

103 Haben die Ehegatten keine gemeinsame Staatsangehörigkeit, so ist nach Abs 3 S 1 Nr 2 das Recht maßgeblich, dem sie sich „unterstellt" haben oder von dessen Anwendbarkeit sie insbesondere bei Abschluß eines Ehevertrages „ausgegangen" sind (zur Renvoiproblematik unten Rn 140 f).

aa) „Unterstellen"

104 „Unterstellen" meint eine ausdrückliche oder schlüssige *Rechtswahl* (BGH FamRZ 1988, 41 = IPRax 1988, 104; OLG Hamburg FamRZ 1991, 918; Lichtenberger DNotZ 1987, 298; S Lorenz 68 ff; kritisch Soergel/Schurig Rn 43), die keinen Formerfordernissen unterliegt (vgl BT-Drucks 10/5632, 46). Erforderlich ist ein konkreter, objektiv geäußerter Wille beider Parteien zur Wahl eines bestimmten Güterstatuts (KG IPRax 1988, 106). Ein solcher Wille dürfte sich nicht oft feststellen lassen, weil bis zum Inkrafttreten des

IPR-Neuregelungsgesetzes die Rechtswahl im deutschen Internationalen Ehegüterrecht nicht zugelassen war und bei rechtlich beratenen Parteien in der Regel nicht davon ausgegangen werden kann, daß sie eine – aus der Sicht des deutschen IPR – unwirksame Rechtswahl vornehmen wollten. Rechtsunkundige Parteien wiederum werden sich im Normalfall überhaupt keine Gedanken über die Wahl eines bestimmten Ehegüterstatuts gemacht haben. Es bleiben daher im wesentlichen nur die Fälle übrig, in denen die Parteien die Rechtswahlmöglichkeit eines ausländischen Kollisionsrechts ausnutzen wollten oder irrig von einer solchen Möglichkeit nach deutschem Recht ausgingen.

bb) „Ausgehen"

105 Die Ehegatten sind von der Anwendung eines bestimmten Rechts „ausgegangen", wenn *beide* (Rn 111) dieses Recht zum Zeitpunkt der Eheschließung oder später im Laufe der Ehe (vgl vBar II Rn 230; S Lorenz 87) übereinstimmend als **Grundlage ihrer güterrechtlichen Rechtsbeziehungen angesehen** und sich innerlich auf die Geltung dieses Rechts eingestellt haben (vgl auch OLG Hamburg FamRZ 1991, 918; Lichtenberger DNotZ 1987, 299). Diesen Fall setzt das Gesetz mit einer Rechtswahl gleich, wenn auch eine Rechtswahl im eigentlichen Sinn entgegen der mißverständlichen Formulierung der Gesetzesmaterialien (vgl BT-Drucks 10/5632, 46, zu Recht kritisch MünchKomm/Siehr Art 15 Rn 160; Soergel/Schurig Rn 44) nicht vorliegt. Im Unterschied zu einer Rechtswahl zielt das Verhalten der Eheleute hier nämlich nicht darauf ab, einem bestimmten Güterstatut konstitutiv Wirkung zu verleihen, vielmehr setzen sie die Geltung eines bestimmten Güterrechts **als gegeben voraus**. Die Grenzen zwischen beiden Alternativen der Nr 2 sind allerdings fließend (vBar II Rn 230; Palandt/Heldrich Art 15 Rn 9); eine genaue Abgrenzung wird regelmäßig entbehrlich sein, wenn zumindest die Voraussetzungen der 2. Alt eindeutig bejaht werden können.

106 „Ausgehen" bezeichnet eine **Bewußtseinslage**. Es kommt demnach allein auf eine übereinstimmende subjektive Vorstellung der Ehepartner an, die nicht unbedingt durch Handlungen oder Erklärungen nach außen zum Ausdruck gebracht worden zu sein braucht (**aA** die hM, KG IPRax 1988, 107; OLG Karlsruhe IPRax 1990, 123; Lichtenberger DNotZ 1987, 299; S Lorenz 83 f; MünchKomm/Siehr Rn 48). Diese Interpretation entspricht nicht nur dem Wortlaut des Gesetzes, sondern trägt auch am ehesten dem mit S 1 Nr 2 bezweckten Vertrauensschutz Rechnung; schutzwürdig sind nämlich auch Ehegatten, die – ohne besondere Manifestation – in der Gewißheit einer bestimmten güterrechtlichen Ordnung gelebt haben. Hegen die Eheleute allerdings keinerlei Vorstellungen über das für sie maßgebende Ehegüterstatut oder gehen sie von unterschiedlichen Annahmen aus, sind die Anknüpfungsvoraussetzungen der Nr 2 nicht erfüllt.

107 Erklären beide Eheleute, seinerzeit nach einem bestimmten Ehegüterstatut gelebt zu haben, so ist diese **gemeinsame Erklärung** in aller Regel für den Richter bindend (MünchKomm/Siehr Art 15 Rn 167). Die übereinstimmenden Erklärungen der Gatten sind das sicherste Indiz für ihre frühere gemeinsame Vorstellung. Lediglich in Ausnahmefällen, dh wenn das äußere Verhalten der Eheleute hinreichende Anhaltspunkte dafür bietet, daß sie von der Geltung einer anderen Rechtsordnung „ausgegangen" sind, ist ihre gemeinsame Erklärung unbeachtlich. Begründete Zweifel an der Richtigkeit einer Erklärung bestehen außerdem dann, wenn die Eheleute, was praktisch kaum vorkommen dürfte, eine Rechtsordnung nennen, zu der sie während ihrer Ehe keine rechtlich relevante Beziehung gehabt haben.

108 Geben die Eheleute im nachhinein keine übereinstimmenden Erklärungen ab, ist der Richter im Prozeß natürlich auf **objektive Indizien** angewiesen und hat die gemeinsame Vorstellung anhand der äußeren Umstände, dh vor allem unter Berücksichtigung des nach außen hin erkennbaren **Verhaltens** der Gatten während der Ehe zu ermitteln. Ein wichtiges Indiz kann dabei, wie Nr 2 ausdrücklich hervorhebt, ein von den Ehepartnern geschlossener *Ehevertrag* darstellen (näher MünchKomm/Siehr Rn 51 ff; vgl auch Mansel, in: FS Geimer 629). Der Vertrag muß erkennbar auf der Grundlage einer bestimmten Rechtsordnung abgeschlossen worden sein. Diese Voraussetzung ist vor allem erfüllt, wenn in dem Vertrag ausdrücklich die Geltung eines Rechts vorausgesetzt oder auf einzelne Rechtsvorschriften oder typische Rechtsinstitute einer Rechtsordnung Bezug genommen wird. Eine solche Bezugnahme kann im Einzelfall sogar als konkludente Rechtswahl angesehen werden (vgl auch Henrich 110; S Lorenz 70). Ob der Ehevertrag wirksam ist, spielt keine Rolle (vgl OLG Stuttgart FamRZ 1991, 709). Das ergibt sich bereits aus dem Wortlaut der Nr 2, die nur den *Abschluß* eines solchen Vertrages voraussetzt. Da selbst eine Rechtswahl in ihrem Bestand von der Wirksamkeit des ins Auge gefaßten materiellrechtlichen Vertrages unabhängig ist (so Art 31 Abs 1, 32 Abs 1 Nr 5 für die schuldvertragliche Rechtswahl) kann im Falle eines lediglich faktischen „Ausgehens“ von der Anwendbarkeit einer Rechtsordnung nichts anderes gelten. Ein Hinweis auf übereinstimmende Vorstellungen der Eheleute kann sich auch daraus ergeben, daß sie im Vertrauen auf die Geltung eines bestimmten Statuts den Abschluß eines Ehevertrages *unterlassen* haben.

109 Ebenso aufschlußreich wie ein Ehevertrag ist möglicherweise auch der Inhalt eines *Erbvertrages* oder gemeinschaftlichen *Testaments* (MünchKomm/Siehr Art 15 Rn 166; 220 Rn 54). Weitere Indizien sind vor allem *Erklärungen der Ehepartner* an Dritte, etwa gegenüber Kreditgebern oder dem Grundbuchamt (BGHZ 199, 400; BGH FamRZ 1998, 906; OLG Düsseldorf FamRZ 1995, 1588; MünchKomm/Siehr Art 15 Rn 168; 220 Rn 55 f) oder der Abschluß eines *Vertrages* zwischen den Gatten, der nur nach einer der praktisch in Frage kommenden Rechtsordnungen wirksam ist (vgl FG Düsseldorf RIW 1987, 644: Arbeitsvertrag zwischen deutsch-niederländischen Gatten mit gewöhnlichem Aufenthalt in der BRD). Lassen sich den notariellen Vereinbarungen oder dem Gang des Eintragungsverfahrens keine näheren Hinweise entnehmen (Einzelheiten bei Böhringer BWNotZ 1987, 107 ff), kann beim gemeinsamen *Erwerb von Grundeigentum* von Bedeutung sein, ob die von den Ehepartnern gewählte Eigentumsform (etwa Bruchteils- oder Gesamthandseigentum) güterrechtlich nur nach einer bestimmten Rechtsordnung möglich ist. Wenn andererseits das Heimatrecht des Ehemannes trotz der an sich maßgeblichen Gütergemeinschaft daneben auch den Erwerb von Bruchteilseigentum zuläßt, erlaubt die Eintragung der Gatten als Bruchteilseigentümer mangels weiterer Indizien noch keinen eindeutigen Schluß auf eine abweichende Vorstellung der Eheleute (vgl auch Henrich IPRax 1987, 94).

110 *Nicht ausreichend* ist der Umstand, daß die *Eintragung* eines bestimmten ausländischen Güterstandes im deutschen *Güterrechtsregister unterblieben* ist, denn dieses Unterlassen allein läßt keinen Schluß auf eine bestimmte Vorstellung der Ehepartner zu und kann, da keine Eintragungspflicht besteht, auf ganz unterschiedlichen Gründen beruhen (MünchKomm/Siehr Art 15 Rn 169). Die im Einzelfall eingeholte *Zustimmung des Ehepartners* zu einem Grundstückserwerb oder einer Grundstücksbelastung ist ebenfalls für sich gesehen noch kein hinreichendes Indiz dafür, daß die Eheleute von der Geltung eines bestimmten Güterstatuts ausgegangen sind, nach dem eine solche Zustimmung erforderlich war; denn Zustimmungen dieser Art werden erfahrungsgemäß im Grundstückshandel bzw Kreditgewerbe in vielen Fällen rein vorsorglich verlangt.

111 Den äußeren Umständen muß zu entnehmen sein, daß **beide Ehegatten** von der Geltung einer bestimmten Rechtsordnung ausgegangen sind. Einseitiges Verhalten einer Partei läßt daher keinen sicheren Schluß auf eine gemeinsame Vorstellung zu (KG IPRax 1988, 106 u OLG Karlsruhe IPRax 1990, 123 betr Erklärung über die Beibehaltung der Gütertrennung nach ital Recht; OLG Hamburg FamRZ 1991, 918; MünchKomm/Siehr Art 15 Rn 170; 220 Rn 58). Allerdings ist stets sorgfältig zu prüfen, ob die jeweilige Handlung nicht, was bei einer in dem betreffenden Zeitpunkt noch intakten Ehe sehr häufig der Fall sein dürfte, auf einer *Absprache* mit dem Ehepartner beruhte. In einem solchen Fall kann schon das unbestrittene oder nachweisbare Einverständnis des anderen Ehepartners mit der betreffenden Handlung (etwa einer Auflassung) ausreichen. Es ist also keineswegs erforderlich, daß der andere Gatte selbst in diesem Zusammenhang rechtsgeschäftliche Handlungen vorgenommen hat. Ist zB die deutsche Ehefrau als Alleineigentümerin eines in der Ehe erworbenen, in der Bundesrepublik belegenen Grundstücks eingetragen worden, obwohl das Heimatrecht des ausländischen Mannes zwingend eine Gütergemeinschaft vorschreibt und einen solchen Erwerb deshalb güterrechtlich nicht zuläßt, wird häufig von der Geltung des deutschen Güterrechts auszugehen sein. Etwas anderes gilt aber, wenn die Ehefrau etwa den Grundstückserwerb ihrem Mann verschwiegen oder gegen dessen Willen getätigt hat. Keinen Schluß läßt die Eintragung der Ehefrau dagegen wiederum zu, wenn – wie regelmäßig in den europäischen oder nordamerikanischen Rechtsordnungen – alle in Betracht kommenden Güterstatute Güterstände kennen, nach denen ein Erwerb von Alleineigentum durch die Ehefrau während der Ehe zulässig ist (ausführlich zu diesen Fragen Henrich IPRax 1987, 94).

112 Als brauchbares Indiz für das beiderseitige „Ausgehen" von der Maßgeblichkeit eines bestimmten Ehegüterstatuts sind nur güterrechtsspezifische Vorgänge anzusehen. Dagegen reicht eine objektiv vorhandene, zB durch Eheschließungsort, gewöhnlichen Aufenthalt, Erwerbstätigkeit oder Belegenheit des Vermögens hergestellte enge Verknüpfung der Lebensverhältnisse mit einer bestimmten Rechtsordnung nicht aus (vgl OLG Stuttgart IPRax 1990, 124; **aA** BGHZ 119, 400 [Gesamtbetrachtung]; OLG Köln FamRZ 1996, 1480 [zu Recht kritisch Henrich ebda] Palandt/Heldrich Art 15 Rn 9; Erman/Hohloch Art 15 Rn 44; zu weitgehend daher OLG Frankfurt FamRZ 1987, 1147: Anwendung deutschen Ehegüterrechts in einer deutsch-italienischen Ehe, weil die Gatten von Beginn der Ehe an in der Bundesrepublik gelebt hatten, der Ehemann in der deutschen Rentenversicherung pflichtversichert war und das Vermögen ausschließlich auf einer Erwerbstätigkeit im Inland beruhte; krit auch OLG Karlsruhe IPRax 1990, 123; MünchKomm/Siehr Art 15 Rn 171 Fn 229; Henrich 111).

cc) Erneute Rechtswahl und Vorstellungsänderung

113 Ein zunächst nach S 1 Nr 2 festgelegtes Statut kann durch ein anderes ersetzt worden sein, wenn die Eheleute zu einem späteren Zeitpunkt für ihre güterrechtlichen Beziehungen ein **anderes Recht gewählt** oder ihre beiderseitigen **Vorstellungen** über das maßgebende Recht **geändert** haben. Ein derartiger Sinneswandel kann möglicherweise in wechselnden Grundbucheintragungen zum Ausdruck kommen (Böhringer BWNotZ 1987, 107). In einem solchen Fall ist die zuletzt getroffene Vereinbarung bzw die letzte übereinstimmende Vorstellung entscheidend (BGHZ 119, 400; BGH FamRZ 1988, 41 = IPRax 1988, 104; OLG Karlsruhe IPRax 1990, 123; Palandt/Heldrich Art 15 Rn 9; Erman/Hohloch Art 15 Rn 44). Ein Statutenwechsel wird sich insbesondere dann vollzogen haben, wenn die gemeinsame Vorstellung – etwa aufgrund einer entsprechenden Information – zunächst auf die Geltung des Mannesrechts gerichtet war, die Eheleute aber später nach Kenntniserlangung von den gegen diese Anknüpfung gerichteten verfassungsrechtlichen Bedenken ihre Auffassung geändert haben. Das neu bestimmte Güterstatut erfaßt im Zweifel rückwirkend das gesamte im Zeitpunkt der Willens- bzw Vorstellungsänderung vorhandene Vermögen.

114 Aus der Nähe der übereinstimmenden „Vorstellung" zur Rechtswahl ergibt sich, daß eine solche, einmal gebildete Vorstellung der Gatten im Zeitpunkt der Beendigung des Güterstandes (zB einer Scheidung) *nicht* unbedingt *mehr bestanden* haben muß (BGH FamRZ 1988, 41 = IPRax 1988, 104). Ebenso wie eine gemeinsame Rechtswahl bis zu ihrer einverständlichen Aufhebung wirksam bleibt, vermag auch ein einseitiger Sinneswandel eines Ehepartners das zunächst bestimmte Ehegüterstatut nicht wieder aufzuheben.

115 Nach dem 8. 4. 1983 gilt Art 15 nF (S 2). Von diesem Zeitpunkt an kann daher ein gewillkürter Statutenwechsel nur eintreten, wenn die Eheleute eine Rechtswahlvereinbarung in der Form des Art 15 Abs 3 iVm Art 14 Abs 4 treffen (v Stoll 222; vgl Rn 138).

dd) Form und inhaltliche Beschränkungen

116 Eine Rechtswahl nach Abs 3 S I Nr 2 war (bis zum Ablauf des 8. 4. 1983, Rn 115) formlos möglich. Der **Kreis der wählbaren Rechte** war unbeschränkt. Sowohl nach dem Wortlaut der Vorschrift als auch nach ihrem Zweck, der Parteiautonomie eine möglichst weitreichende Geltung zu verschaffen, ist es nicht erforderlich, daß sich die Rechtswahl bzw die Vorstellung der Ehepartner auf die von Art 15 Abs 2 bezeichneten Rechte bezieht (Henrich IPRax 1987, 93; Rauscher NJW 1987, 534; v Stoll 226; **aA** Lichtenberger DNotZ 87, 300; ders, in: FS Ferid [1988] 282; differenzierend MünchKomm/Siehr Art 15 Rn 164). Für eine inhaltlich abweichende konkludente Wahl bzw Vorstellung werden sich in der Praxis allerdings vielfach keine ausreichenden tatsächlichen Anhaltspunkte der Ehepartner finden lassen.

117 Zweifelhaft erscheint, ob nach Abs 3 S 1 Nr 2 auch eine **gegenständlich beschränkte Rechtswahl** zulässig ist. Dagegen spricht, daß die Vorschrift im Gegensatz zu Art 15 Abs 2 Nr 3 oder Art 25 Abs 2 eine solche Möglichkeit nicht vorsieht. Da Art 220 Abs 3 Nr 2 jedoch im Gegensatz zu Art 15 Abs 2 die wählbaren Rechte nicht beschränkt (Rn 116) und daher der Parteiautonomie größeren Raum gewährt, sollte zwecks Vermeidung eines Wertungswiderspruchs die Rechtswahlfreiheit der Eheleute nicht an anderer Stelle beschnitten werden. Daher ist analog Art 15 Abs 2 Nr 3 eine auf Grundstücke beschränkte Rechtswahl bzw eine entsprechende Vorstellung der Ehepartner anzuerkennen (wie hier v Stoll 226, im Ergebnis auch Lichtenberger DNotZ 1987, 300).

c) Staatsangehörigkeit des Ehemannes (S 1 Nr 3) – Ersatzanknüpfung

118 Liegen weder die Voraussetzungen von Nr 1 noch von Nr 2 vor, gelten aufgrund der **Verfassungswidrigkeit** der in Nr 3 enthaltenen Anknüpfung an die **Staatsangehörigkeit des Ehemannes** (vgl Rn 85 ff) subsidiär die in Art 15 Abs 1 iVm Art 14 Abs 1 Nr 2 und 3 nF vorgesehenen Regeln. Diese Ersatzanknüpfung steht im Einklang mit der Verfassung (Art 3 Abs 2 GG), stimmt mit der ab 9. 4. 1983 geltenden Rechtslage überein (S 2) und bietet sich vor allem deswegen an, weil sie bereits gesetzlich festgeschrieben ist und im übrigen dem von der hM bis zur IPR-Reform vertretenen Konzept entspricht (vgl oben Rn 73).

119 Eine Einschränkung dieser Anknüpfungsregeln dahingehend, daß bei einem bis zum Ablauf des 8. 4. 1983 konkret manifestierten Vertrauen auf die Geltung des Mannesrechts in Übereinstimmung mit Abs 3 S 1 Nr 3 das Heimatrecht des Ehemannes auch über den Anwendungsbereich von S 1 Nr 2 hinaus maßgeblich bleibt (so MünchKomm/Siehr Art 15 Rn 174), ist abzulehnen. Eine derartige Abweichung von der naheliegenden Ersatzanknüpfung gemäß Art 15 Abs 1 wäre mit erheblichen Einbußen an Praktikabilität und Rechtssicherheit verbunden. Außerdem erscheint zweifelhaft, ob ein bloß von einem Partner zum Ausdruck gebrachtes Vertrauen überhaupt schutzwürdig ist (oben Rn 89).

d) Neuanknüpfung zum 9. 4. 1983 (Satz 2–4)

120 Die Anknüpfung des Abs 3 S 1 gilt nur bis zum Ablauf des 8. 4. 1983; für die Zeit danach greifen gemäß S 2 die Regeln des Art 15 nF ein.

aa) Ursprüngliche Anknüpfung an die gemeinsame Staatsangehörigkeit (S 1 Nr 1)

121 Gehörten die Ehepartner bei der Eheschließung demselben Staat an (Nr 1, vgl Rn 99 ff), kann durch die zum 9. 4. 1983 vorgeschriebene Neuanknüpfung ein Statutenwechsel grundsätzlich nicht (vgl OLG Frankfurt IPRax 2001, 141) und allenfalls durch Rechtswahl gemäß Art 15 Abs 2 eintreten, weil auch gemäß Art 15 Abs 1 iVm Art 14 Abs 1 Nr 1 das gemeinsame Heimatrecht gilt. Um die vom Gesetz angestrebte Kontinuität herzustellen, bleibt Anknüpfungszeitpunkt der Zeitpunkt der Eheschließung (Art 15 Abs 1, vgl OLG Frankfurt NJW-RR 1994, 73); nicht etwa ist S 3 analog anzuwenden.

122 Bei Beteiligung eines Ehegatten mit deutsch-ausländischer Doppelstaatsangehörigkeit entscheidet die effektive Staatsangehörigkeit, weil Art 5 Abs 1 S 2 im vorliegenden Zusammenhang ebenso wie bei Abs 3 S 1 Nr 1 (vgl oben Rn 101) aufgrund einer teleologischen Reduktion keine Beachtung findet (vgl MünchKomm/Siehr Art 15 Rn 178; 220 Rn 67).

bb) Ursprüngliche „Rechtswahl“ (S 1 Nr 2)

123 Ist das anwendbare Güterstatut gemäß Nr 2 durch den gemeinsamen Willen bzw die übereinstimmende Vorstellung der Eheleute bestimmt worden, stellt sich die Frage, ob eine *vor* dem 9. 4. 1983 vorgenommene formlose Rechtswahl oder übereinstimmend gebildete Vorstellung der Ehegatten *nach* dem Stichtag ohne weiteres oder nur unter den besonderen Voraussetzungen des Art 15 Abs 2 u 3 nF *wirksam bleibt*. Die Gesetzesmaterialien (BT-Drucks 10/5632, 46), der BGH (BGH NJW 1987, 584 = FamRZ 1986, 1202; 1988, 41; 1993, 291; 1998, 906; ebenso OLG Karlsruhe IPRax 1990, 123) und die hL (vBar JZ 1987, 756 u II Rn 229; Jayme IPRax 1987, 96 und 1990, 102; Henrich IPRax 1987, 93; FamRZ 2003,

362 u Int Familienrecht 112; PALANDT/HELDRICH Art 15 Rn 11; ERMAN/HOHLOCH Art 15 Rn 46; LICHTENBERGER DNotZ 1987, 299; V STOLL 228; MANSEL FS Geimer 635; **aA** RAUSCHER NJW 1987, 533 Fn 9) gehen davon aus, daß das nach Nr 2 bestimmte Güterstatut grundsätzlich auch für die Zeit nach dem 8. 4. 1983 bis zur Gegenwart fortgilt, also *kein Statutenwechsel* eintritt (vgl aber BVerfG FamRZ 2003, 361, dazu Rn 126).

124 Haben die Eheleute vor dem 9. 4. 1983 eine ausdrückliche oder stillschweigende *Rechtswahl* getroffen, scheitert deren Wirksamkeit für die Zeit danach in der Tat weder an der Formvorschrift des Art 15 Abs 3 iVm Art 14 Abs 4 (allg Auffassung, vgl BGH NJW 1987, 584 = FamRZ 1986, 1202 f) noch den Einschränkungen des Art 15 Abs 2 (HENRICH IPRax 1987, 93 u Int Familienrecht 112; V STOLL 231; insoweit anders LICHTENBERGER DNotZ 1987, 300; PALANDT/HELDRICH Art 15 Rn 11). Das folgt bereits daraus, daß diese Vorschriften nur eine *nach* dem 8. 4. 1983 vorgenommene Rechtswahl betreffen. Für die Fälle, in denen die Rechtswahl vorher erfolgt ist, sieht dagegen Abs 3 S 1 Nr 2 weder eine Beschränkung hinsichtlich des Umfangs (dazu oben Rn 114) noch eine bestimmte Form vor. Insbesondere bezieht sich die Verweisung in Abs 3 S 2 erkennbar nicht auf die Formvorschrift des Art 15 Abs 3 iVm Art 14 Abs 4, weil diese Bestimmungen nur eine Wirksamkeitsvoraussetzung für den *Abschluß* einer Rechtswahlvereinbarung, nicht aber für den *Fortbestand* einer einmal wirksam getroffenen formfreien Rechtswahl aufstellen. Es wäre in der Tat nicht sinnvoll, die formlose Rechtswahl zunächst im Hinblick auf ein schutzwürdiges Vertrauen der Ehepartner nach Nr 2 zu gestatten, diesen Vertrauensschutz aber mit dem 9. 4. 1983 wieder hinter den Gedanken der Rechtssicherheit zurücktreten zu lassen. Eine (echte) Rechtswahl überdauert diesen Zeitpunkt auch dann, wenn sie sich auf das Heimatrecht des Ehemannes bezieht. Verfassungsrechtliche Bedenken gegen ein solches Fortwirken bestehen nicht, weil die Eheleute die Rechtswahlvereinbarung idR unbeeinflußt von der früheren verfassungswidrigen Rechtslage getroffen haben (vgl Rn 79).

125 Die gleichen Erwägungen sprechen dafür, daß *grundsätzlich* auch ein (vom Gesetzgeber der Rechtswahl gleichgestelltes) bloßes *„Ausgehen"* der Eheleute von der Geltung eines bestimmten Güterrechts *über den 8. 4. 1983 hinaus fortwirkt* und die Fortgeltung des so bestimmten Statuts jedenfalls nicht an den Einschränkungen der Art 15 Abs 2 oder Abs 3 iVm Art 14 Abs 4 scheitert.

126 Allerdings ist die **Fortwirkung** eines durch übereinstimmende Vorstellungen nach Abs 3 S 1 Nr 2, 2. Alt bestimmten Ehegüterstatuts **aus verfassungsrechtlichen Gründen** nicht unerheblich **eingeschränkt**. Sind die Ehegatten nur deshalb von der Geltung des Heimatrechts des Ehemannes ausgegangen, weil dies der vor der Entscheidung des BVerfG zu Art 15 aF faktisch bestehenden Rechtslage entsprach (vgl oben Rn 78), muß ab dem 9. 4. 1983 eine objektive Neuanknüpfung gemäß Art 15 Abs 1, 14 Abs 1 EGBGB mit der möglichen Folge eines Statutenwechsels vorgenommen werden (BVerfG FamRZ 2003, 362 m Anm HENRICH; vgl bereits STAUDINGER/DÖRNER [1996] Art 220 EGBGB Rn 126, ferner HENRICH IPRax 1987, 94 f; SCHURIG IPRax 1988, 92; vgl auch MünchKomm/SIEHR Art 15 Rn 183; **aA** BGH NJW 1988, 649 f = FamRZ 1987, 681; PALANDT/HELDRICH Art 15 Rn 11). Dies folgt daraus, daß der Gesetzgeber gehalten ist, die Folgen einer – auch rein faktischen – gleichberechtigungswidrigen Benachteiligung jedenfalls *für die Zukunft* zu vermeiden (BVerfGE 37, 263; 48, 340; vgl bereits oben Rn 82). Die vom BGH (NJW 1988, 639 f = FamRZ 1987, 681) befürchteten praktischen Schwierigkeiten dieser Lösung ändern nichts an ihrer verfassungsrechtlichen Notwendigkeit und sind außerdem nicht so gravierend, wie es zunächst den Anschein haben mag. Die Abgrenzung eines bloßen „Ausgehens" von einer echten Rechtswahl läßt sich nämlich gerade in diesen Fällen meist relativ einfach vornehmen, weil bei Kenntnis der früher als maßgeblich angesehenen Rechtslage regelmäßig keine Rechtswahl vorliegt (vgl Rn 104) und sich diese Kenntnis oft durch äußere Umstände wie zB eine von den Eheleuten eingeholte Rechtsauskunft nachweisen läßt.

127 Bei einer solchen Neuanknüpfung ist als *Anknüpfungszeitpunkt analog* S 3 der 9. 4. 1983 zugrunde zu legen (MünchKomm/Siehr Art 15 Rn 183, 186). Abs 3 S 3 will dem Übergangscharakter des S 1 Nr 3 Rechnung tragen; die Vorschrift zielt daher darauf ab, in den Fällen eines vom Gesetzgeber vermuteten Statutenwechsels die Anknüpfung zu aktualisieren. Dieser Gedanke muß auch dort Platz greifen, wo sich die in S 1 Nr 2 vorgesehene subjektive Anknüpfung aufgrund verfassungsrechtlicher Bedenken nur als Übergangslösung erweist. Für die Anwendung des Art 15 Abs 1 nF sind also die Verhältnisse am 9. 4. 1983 maßgebend (näher Rn 128).

cc) Ursprüngliche Anknüpfung an die Staatsangehörigkeit des Ehemannes – Ersatzanknüpfung (S 1 Nr 3)

128 Ermittelt man das Güterstatut – entgegen der hier vertretenen Auffassung (Rn 85 ff) – gemäß Abs 3 S 1 Nr 3 durch Anknüpfung an die **Staatsangehörigkeit des Ehemannes**, ist als Folge einer Anwendung von Art 15 nF am 9. 4. 1983 ein Statutenwechsel eingetreten, sofern nicht im Einzelfall das Heimatrecht des Ehemannes mit dem nach Art 15 Abs 1, 14 Abs 1 Nr 2, 3 nF anwendbaren Recht übereinstimmt. Nach Abs 3 S 3 ist bei der Anknüpfung von den Verhältnissen der Eheleute am 9. 4. 1983 auszugehen. Die neue Anknüpfung nach Art 15 EGBGB nF ist also so vorzunehmen, als ob die Eheschließung an diesem Tag erfolgt wäre. Besitzen nunmehr beide Ehegatten die gleiche Staatsangehörigkeit, ist ihr gemeinsames Heimatrecht auch Ehegüterstatut. Da hier keine bereits vorher praktizierte Anknüpfung an eine gemeinsame effektive Staatsangehörigkeit nach Kontinuität verlangt (vgl oben Rn 121), spricht nichts gegen eine Anwendung von Art 5 Abs 1 S 2. Gehören die Eheleute nach wie vor verschiedenen Staaten an, ist zunächst das Recht des gemeinsamen gewöhnlichen Aufenthalts (Art 15 Abs 1 iVm Art 14 Abs 1 Nr 1), hilfsweise das Recht der engsten Verbindung (Art 15 Abs 1 iVm Art 14 Abs 1 Nr 3) anzuwenden. Eine Rechtswahl nach Art 15 Abs 2 ist möglich.

129 Geht man dagegen von der **Verfassungswidrigkeit** des S 1 Nr 3 aus (Rn 87 ff) und ermittelt das Ehegüterstatut für die Zeit bis zum 9. 4. 1983 durch eine Anknüpfung an den gemeinsamen gewöhnlichen Aufenthalt bzw die engste Verbindung zum Zeitpunkt der Eheschließung (Rn 102), so ändert sich diese Anknüpfung durch die Anwendung von Abs 3 S 2 iVm Art 15 Abs 1, 14 Abs 1 Nr 2 u 3 nicht. Da in diesem Fall das maßgebende Statut von Anfang an gleichberechtigungskonform ermittelt wurde, sollte man es im Interesse der vom Gesetz angestrebten Anknüpfungskontinuität auch bei Anwendung von S 2 bei dem einmal maßgeblichen Zeitpunkt der Eheschließung belassen; ein Bedürfnis nach Aktualisierung des Anknüpfungszeitpunkts durch eine analoge Anwendung von S 3 besteht mithin auch in dieser Situation nicht (vgl MünchKomm/Siehr Art 15 Rn 184 u oben Rn 121, 127). Auch vom 9. 4. 1983 an wird das Ehegüterstatut daher (weiterhin) durch die Anknüpfung an den gewöhnlichen Aufenthalt bzw die engste Verbindung *zum Zeitpunkt der Eheschließung* (Art 15 Abs 1, 14 Abs 1 Nr 2 u 3) bestimmt.

dd) Wirkungen eines Statutenwechsels

130 Welche Wirkungen ein durch die Anwendung von Abs 3 S 2 am 9. 4. 1983 eingetretener Statutenwechsel hat, wenn sich dadurch gleichzeitig auch der zunächst bestehende gesetzliche Güterstand ändert, läßt sich dem Gesetz unmittelbar nicht entnehmen und ist umstritten. Die Frage stellt sich vor allem in Fällen, in denen das bis zum 8. 4. 1983 einschließlich maßgebende Statut gemäß Abs 3 S 1 Nr 3 durch eine Anknüpfung an die Staatsangehörigkeit des Mannes bestimmt wird (Rn 85 ff); geht man von einer Verfassungswidrigkeit dieser Vorschrift aus (Rn 87 ff), wird S 3 nur relevant, wenn das nach Nr 2 ermittelte Recht ausnahmsweise den 8. 4. 1983 nicht überdauert (dazu oben Rn 126). Sowohl bei Anwendung von S 1 Nr 1 als auch der an die Stelle von S 1 Nr 3 tretenden, mit Art 15 Abs 1, 14 Abs 1 identischen Ersatzanknüpfungen tritt kein Statutenwechsel ein.

131 Ein von S 2 herbeigeführter Statutenwechsel könnte sich auf verschiedene Weise auswirken. Denkbar wäre zunächst, daß zwischen einem *Vermögenserwerb vor* dem 9. 4. bzw *nach* dem 8. 4. 1983 unterschieden werden muß. Das bis zu diesem Zeitpunkt vorhandene Vermögen würde weiterhin dem bisherigen Güterstatut unterliegen. In diesem Fall existieren also möglicherweise getrennte Vermögensmassen, die nach unterschiedlichen Güterrechten zu behandeln sind. Sofern die Eheleute sich nicht über das bis zum 8. 4. 1983 einschließlich erworbene Vermögen vertraglich auseinandersetzen, besteht dieses als Sondervermögen „mit kollisionsrechtlichem Eigenleben“ weiter.

132 Der BGH geht davon aus, daß sich der Stichtag des S 2 auf den Zeitpunkt des jeweiligen „güterrechtsrelevanten Vorgangs“, wie zB auf den einer scheidungsbedingten Vermögensauseinandersetzung bezieht. Das bedeutet: Eine solche Auseinandersetzung war bis zum 8. 4. 1983 einschließlich nach dem von Abs 3 S 1 berufenen Statut vorzunehmen. Erfolgt sie später, so gilt S 2 iVm Art 15 (BGH NJW 1987, 585 = FamRZ 1986, 1203 = IPRax 1987, 117; NJW 1988, 639 = FamRZ 1987, 680 = IPRax 1988, 101; OLG Karlsruhe IPRax 1990, 124; OLG Hamm FamRZ 1993, 115; zustimmend Henrich IPRax 1987, 95 u Int Familienrecht 113 f; Palandt/Heldrich Art 15 Rn 13 f; Erman/Hohloch Art 15 Rn 48). Dem von den neuen Kollisionsnormen berufenen Ehegüterrecht unterliegen nach dieser Ansicht ohne weiteres auch Vermögensgegenstände, die vor dem 9. 4. 1983 erworben wurden und bis zum Stichtag einem anderen Ehegüterregime unterlagen. Sie werden also in den neuen Güterstand „mitgenommen“ und erst *bei Beendigung* der Ehe nach dem neuen, nicht etwa dagegen zum 9. 4. 1983 nach dem alten Ehegüterstatut auseinandergesetzt. Das Gesetz, so der BGH, wolle ersichtlich ein Auseinanderfallen des ehelichen Vermögens in zwei Vermögensmassen vermeiden; eine gesonderte Vermögensauseinandersetzung in ungestörten Ehen sei unpraktikabel und wenig wünschenswert. Abs 3 S 4 soll nach Auffassung des Gerichts lediglich für den Fall gelten, „daß die Ehe zwischen dem 8. April 1983 und dem Inkrafttreten der Neuregelung geschieden worden ist und sich erst aufgrund der Neuregelung ein güterrechtlicher Anspruch ergibt“ (BGH NJW 1988, 639 = FamRZ 1987, 680).

133 Eine dritte Ansicht steht auf dem Standpunkt, daß der in S 2 genannte Zeitpunkt für **die Art und Weise der Beteiligung** am ehelichen Vermögen von Bedeutung ist. Bis zum 9. 4. 1983 richteten sich die vermögensrechtlichen Beziehungen der Eheleute nach dem Güterstand, den Abs 3 S 1 beruft. Sofern die Ehe den Stichtag überdauert, leben die Eheleute vom 9. 4. 1983 an im Güterstand des Rechts, das von Abs 3 S 2 iVm Art 15 Abs 1 bezeichnet wird. Der bisherige Güterstand ist zum Stichtag nach den für ihn geltenden Regeln des bis dahin maßgebenden Statuts *abzuwickeln.* Die sich aus der Abwicklung des alten Güterstandes ergebenden Vermögensrechte der Gatten bilden ggf das jeweilige Anfangsvermögen für den ab 9. 4. 1983 maßgebenden neuen Güterstand. Dieser bestimmt, welche Vermögenswerte zB in eine Güter- oder Zugewinngemeinschaft fallen (Lichtenberger DNotZ 1986, 637; ders DNotZ 1987, 302; ders, in: FS Ferid [1988] 283 f; Rauscher NJW 1987, 532; ders IPRax 1988, 347 f; Schurig IPRax 1988, 93; MünchKomm/Siehr Art 15 Rn 189; 220 Rn 77; S Lorenz 121, 124 ff; Winkler v Mohrenfels IPRax 1995, 383; wohl auch vBar JZ 1987, 756). Nach S 4 gilt ein etwaiger Ausgleichsanspruch, der durch die Abwicklung des alten Güterstandes zum 9. 4. 1983 entsteht, als bis zum 1. 9. 1986 gestundet. Eine Verjährung des Anspruchs bis zu diesem Termin ist gehemmt; der Lauf der Verjährungsfrist beginnt erst am 1. 9. 1986.

134 **Stellungnahme**: Gegen den *Fortbestand zweier Vermögensmassen* mit „kollisionsrechtlichem Eigenleben" spricht zunächst der Wortlaut des Abs 3 S 2. Die Vorschrift enthält keine Einschränkung dahingehend, daß sich Art 15 nF nur auf die nach dem 8. 4. 1983 erworbenen Vermögenswerte bezieht. Andernfalls wäre auch S 4 unverständlich, der davon ausgeht, daß sich aus dem Wechsel des anwendbaren Rechts Ansprüche wegen der Beendigung des früheren Güterstands ergeben können. Das Gesetz setzt also selbst voraus, daß auch das bis zum Stichtag vorhandene Vermögen in Zukunft dem neuen Güterstatut unterfallen kann.

135 Gegen den vom BGH befürworteten *Verzicht auf* eine *Abwicklung* des bis zum 8. 4. 1983 maßgeblichen Güterstandes spricht die Regelung des Abs 3 S 4, nach dem Ausgleichsansprüche, die sich aufgrund eines Statutenwechsels aus der Beendigung des früheren Güterstandes ergeben, bis zum Inkrafttreten des IPR-Neuregelungsgesetzes am 1. 9. 1986 als gestundet gelten. Diese Bestimmung soll verhindern, daß die mit der IPR-Reform rückwirkend zum 8. 4. 1983 entstandenen Ansprüche bereits verjährt sind, bevor die Eheleute von diesen Ansprüchen – nach der IPR-Reform – Kenntnis erlangt haben (BT-Drucks 10/5632, 46; MünchKomm/Siehr Art 15 Rn 189). Der Vorschrift läßt sich entnehmen, daß der Gesetzgeber Auseinandersetzungsansprüche während bestehender Ehe jedenfalls grundsätzlich für möglich hielt. Sie erfaßt nach ihrem Wortlaut alle Fälle – und zwar unabhängig vom Zeitpunkt der Eheschließung –, in denen sich allein aus dem nach S 2 eintretenden Statutenwechsel Auseinandersetzungsansprüche ergeben. Seiner systematischen Stellung nach gilt S 4 gerade für die *vor* dem 9. 4. 1983 geschlossenen Ehen, denn die kollisionsrechtliche Behandlung der *nach* diesem Zeitpunkt geschlossenen Ehen wird erst in S 5 geregelt. Außerdem setzt sich der nach Ansicht des BGH rückwirkend angeordnete Statutenwechsel über das – bei Anknüpfung nach Abs 3 S 1 Nr 2 sogar konkret feststellbare – Vertrauen der Eheleute auf den Bestand des bisherigen Güterstatuts hinweg (vgl Rauscher IPRax 1988, 348). Eine sicherlich in einer intakten Ehe nicht wünschenswerte Vermögensauseinandersetzung können die Ehepartner demgegenüber durch entsprechende Vereinbarungen auf der Ebene des materiellen Rechts oder auch durch eine rückwirkende Rechtswahl nach Art 15 Abs 2 vermeiden (vgl auch MünchKomm/Siehr Art 15 Rn 189).

136 Im **Ergebnis** ist daher der zuletzt genannten Ansicht beizupflichten, die zum Stichtag eine **Abwicklung des alten Güterstandes** vornimmt. Die Richtigkeit dieser Auffassung ist vom Gesetzgeber jedenfalls im Ergebnis durch Art 236 § 3 bestätigt worden. Diese dem Abs 3 S 2 bis 4 nachgebildete Vorschrift läßt nur den Schluß zu, daß ein Statutenwechsel stets eine Abwicklung des früheren Güterstandes nach sich ziehen soll (vgl RAUSCHER DtZ 1991, 22 und Art 236 Rn 55).

6. Eheschließung nach dem 8. 4. 1983 (S 5)

137 Nach Abs 3 S 5 ist auf die güterrechtlichen Wirkungen von Ehen, die nach dem 8. 4. 1983 geschlossen worden sind, Art 15 EGBGB nF anzuwenden. Bedeutung hat S 5 nur für Eheschließungen bis zum Inkrafttreten des IPR-Neuregelungsgesetzes am 1. 9. 1986, weil sich für die später geschlossenen Ehen (neue Vorgänge, vgl oben Rn 30) die Anwendbarkeit von Art 15 nF bereits aus Abs 1 (e contrario) ergibt.

138 Haben die Eheleute daher nach dem 8. 4. 1983 und vor dem 1. 9. 1986 geheiratet, bestimmen sich ihre ehegüterrechtlichen Beziehungen in erster Linie nach dem gemeinsamen Heimatrecht (Art 15 Abs 1, 14 Abs 1 Nr 1). Da die Eheleute bis zum Inkrafttreten des IPR-Neuregelungsgesetzes von der Maßgeblichkeit der *effektiven* Staatsangehörigkeit ausgehen mußten (Rn 77), sollte man auch in diesen Ehen bei Beteiligung eines deutsch-ausländischen Doppelstaaters mit effektiver ausländischer Staatsangehörigkeit einen verfassungsrechtlich nicht gebotenen Statutenwechsel zum 1. 9. 1986 vermeiden (näher Rn 101 f) und nach einer teleologischen Reduktion des Art 5 Abs 1 S 2 weiterhin auf die effektive Staatsangehörigkeit abstellen (SCHURIG IPRax 1988, 89; S LORENZ 65). Besaßen die Ehegatten zum Zeitpunkt der Eheschließung keine gemeinsame Staatsangehörigkeit, kommt es auf ihren damaligen gemeinsamen gewöhnlichen Aufenthalt und hilfsweise auf die seinerzeit bestehende engste Beziehung zu einer Rechtsordnung an (S 5 iVm Art 15 Abs 1, 14 Abs 1 Nr 2 u 3). Eine – etwa zum Zwecke der Klarstellung – nach dem 8. 4. 1983 vorgenommene Rechtswahl ist wirksam, wenn sie die inhaltlichen Beschränkungen des Art 15 Abs 2 bzw Art 15 Abs 1, 14 Abs 3 beachtet und die von Art 15 Abs 3, 14 Abs 4 aufgestellten Formerfordernisse erfüllt (HENRICH IPRax 1987, 95 u Int Familienrecht 115).

7. Renvoi

139 Inwieweit die einzelnen Kollisionsregeln des Abs 3 Sachnorm- oder Gesamtverweisungen aussprechen, bestimmt sich nach der allgemeinen Regel des Art 4. Danach ist grundsätzlich von einer Gesamtverweisung auszugehen (Art 4 Abs 1). Dies ergibt sich für S 1 Nr 1 u S 6 auch daraus, daß diese Vorschriften ersichtlich das bisherige Güterstatut beibehalten wollen (vgl auch RAUSCHER IPRax 1988, 347). Ersetzt man Nr 3 durch Art 15 Abs 1 iVm Art 14 Abs 1 Nr 2 und 3 entsprechende Ersatzanknüpfungen (Rn 118), ist ebenfalls ein etwaiger Renvoi zu beachten, und zwar auch bei der nur als Hilfslösung gedachten Anknüpfung an die engste Verbindung (str; vgl die Nachweise bei PALANDT/HELDRICH Art 4 Rn 8).

140 Dagegen folgt unmittelbar aus Art 4 Abs 2, daß im Falle eines *„Unterstellens"* gemäß S 1 Nr 2, 1. Alt nur auf das Sachrecht verwiesen wird. Nach überwiegender Ansicht gilt dies grundsätzlich in entsprechender Anwendung des Art 4 Abs 2 auch dann, wenn die Ehepartner lediglich von der Geltung eines bestimmten Rechts *„ausgegangen"* sind, weil dieser Fall bereits nach der gesetzgeberischen Wertung einer Rechtswahl gleichzustellen sei (BGH NJW 1988, 640 – FamRZ 1987, 682; ebenso vBAR II Rn 230; MünchKomm/SIEHR Art 15 Rn 160; PALANDT/HELDRICH Art 15 Rn 9; ERMAN/HOHLOCH

Art 15 Rn 44; S LORENZ 91; MANSEL, in: FS Geimer 637). Hierfür spreche vor allem auch, daß die Eheleute in aller Regel auf die Anwendung eines bestimmten Sachrechts vertraut hätten (SCHURIG IPRax 1988, 93).

141 Auf die Anknüpfungsregel des Abs 3 S 1 Nr 2, 2. Alt („Ausgehen") trifft indes der Normzweck des Art 4 Abs 2 nicht in jedem Fall zu. Diese Vorschrift will insbesondere dem typischerweise bestehenden Parteiwillen Rechnung tragen. *Wenn* die Ehepartner nun aber seinerzeit rechtlich beraten waren und *deswegen* von der Geltung des Mannesrechts ausgingen, mußte ihre Vorstellung bei richtiger Beratung konsequenterweise in Übereinstimmung mit der auch bereits vor der IPR-Reform bestehenden Rechtslage auf die Anwendung der *Kollisionsnormen* dieses Rechts gerichtet sein (RAUSCHER NJW 1988, 2154). Allerdings rechtfertigt dieser Gesichtspunkt es nicht, bei übereinstimmenden Vorstellungen von der Geltung eines bestimmten Rechts in *jedem* Fall einen Renvoi zuzulassen (so aber offenbar RAUSCHER NJW 1988, 2154). Abs 3 S 1 Nr 2, 2. Alt bezweckt ja keinesfalls eine Verfestigung der früheren Anknüpfung an die Staatsangehörigkeit des Mannes, sondern dient dem Schutz des Vertrauens der Eheleute. Diesem Normzweck entspricht daher nur eine Lösung, welche die Entscheidung zwischen Sachnorm- oder Gesamtverweisung von der konkreten Vorstellung der Gatten im Einzelfall abhängig macht. Haben sie die Anwendung des jeweiligen Sachrechts im Auge gehabt, bleibt es bei der Sachnormverweisung, die nach der Entscheidung des Gesetzgebers im Falle einer subjektiven Anknüpfung den Regelfall darstellt. Andernfalls ist ein Renvoi zu prüfen. Die Tatsache, daß die Ehepartner rechtlich (kompetent) beraten waren und deshalb von der Geltung des Heimatrechts des Mannes ausgingen, ist in diesem Zusammenhang als starkes Indiz für eine Gesamtverweisung zu werten.

8. Art 220 Abs 3 und Haager Ehewirkungsabkommen

142 Das zuletzt noch im Verhältnis zu Italien geltende *Haager Ehewirkungsabkommen* vom 17. 7. 1905 (RGBl 1912, 453; BGBl 1955 II 188) ist von der Bundesrepublik mit Wirkung zum 23. 8. 1987 gekündigt worden (Bek v 26. 2. 1986, BGBl 1986 II 505). Auch auf güterrechtliche Vorgänge, die vor diesem Zeitpunkt liegen, findet das Übereinkommen keine Anwendung. Art 2 Abs 1 des Abkommens, der die güterrechtlichen Wirkungen der Ehe dem Heimatrecht des Ehemannes unterstellte, war wegen Verstoßes gegen Art 3 Abs 2 GG verfassungswidrig und nichtig (BGH NJW 1987, 583 = FamRZ 1986, 1200 = IPRax 1987, 114; FamRZ 1988, 41 = IPRax 1988, 103 f; OLG Frankfurt FamRZ 1987, 1147; KG IPRax 1987, 118; JAYME IPRax 1986, 361 u 1987, 95; H STOLL JZ 1999, 207).

143 Eine *Regelungslücke*, die durch eine analoge Anwendung des Art 220 Abs 3 geschlossen werden müßte (so BT-Drucks 10/5632, 46; BGH aaO; zustimmend vBAR II Rn 228 Fn 575; H STOLL JZ 1999, 207), entsteht durch die Verfassungswidrigkeit der im Übereinkommen enthaltenen Anknüpfungsregel aber *nicht*. Da Art 2 Abs 1 des Übereinkommens bereits am 1. 4. 1953 außer Kraft getreten ist (Art 117 Abs 2 GG), galt an seiner Stelle das autonome Kollisionsrecht, welches ebenfalls keine geschriebene, – verfassungsmäßige – Kollisionsnorm enthielt. Daher muß Art 220 Abs 3 bereits *unmittelbare Anwendung* finden (RAUSCHER NJW 1987, 532; MEYER-SPARENBERG, Staatsvertragliche Kollisionsnormen [1990] 61).

VII. Innerdeutsches Kollisionsrecht

144 Das im Verhältnis zur früheren DDR geltende innerdeutsche Kollisionsrecht wurde vor und nach dem 1. 9. 1986 von der hM durch eine *analoge Anwendung* der international-privatrechtlichen Kollisionsnormen bestimmt, allerdings mit der Maßgabe, daß die Staatsangehörigkeitsanknüpfung durch eine Anknüpfung an den gewöhnlichen Aufenthalt ersetzt wurde (vgl BGHZ 40, 35; 85, 22; 91, 196). Das IPR-Neuregelungsgesetz hat daher mittelbar auch das innerdeutsche Kollisionsrecht verändert (zu den Rechtswirkungen der Wiedervereinigung auf das deutsche interlokale Recht vgl Art 236 Rn 69 ff). Bei der Beurteilung deutsch-deutscher Sachverhalte, die in die Zeit vor dem 1. 9. 1986 zurückreichen, ist folglich eine Abgrenzung von altem und neuem innerdeutschen Kollisionsrecht (analoge Anwendung des EGBGB in aF oder nF) erforderlich. Diese Abgrenzung ist *analog Art 220 Abs 1 bis 3* vorzunehmen (vgl BGH FamRZ 1991, 421 = IPRax 1991, 252; FamRZ 1992, 295; FamRZ 1994, 884; OLG Celle FamRZ 1991, 715; OLG Düsseldorf FamRZ 1992, 573; AG Charlottenburg FamRZ 1991, 335).

VIII. Intertemporale Regeln in Staatsverträgen

145 Für **staatsvertragliche Kollisionsnormen** gilt Art 220 weder unmittelbar noch analog (vgl auch MünchKomm/Sonnenberger Rn 2). Ihr zeitlicher Anwendungsbereich ist vielmehr in erster Linie unmittelbar aus dem **Inhalt des jeweiligen Übereinkommens** selbst zu erschließen. Häufig enthalten Staatsverträge ausdrückliche Bestimmungen über ihren *Geltungsbeginn*, so etwa Art 8 des Haager Testamentsformübereinkommens v 5. 10. 1961 (BGBl 1965 II 1145), Art 17 des Minderjährigenschutzabkommens v 5. 10. 1961 (BGBl 1971 II 219), Art 12 des Haager Unterhaltsübereinkommens v 2. 10. 1973 (BGBl 1986 II 837; dazu OLG Köln IPRsp 1991 Nr 100b), Art 100 des UN-Kaufrechtsübereinkommens v 11. 4. 1980 (BGBl 1990 II 1477) oder Art 35 Abs 1 des Haager Übereinkommens über die zivilrechtlichen Aspekte internationaler Kindesentführung (BGBl 1990 II 207). Dagegen ist Art 17 des EWG-Übereinkommens über das auf vertragliche Schuldverhältnisse anwendbare Recht v 19. 6. 1980 (BGBl 1986 II 1980) *nicht* in das EGBGB *inkorporiert* worden; für die schuldvertraglichen Kollisionsnormen in Art 27 ff gilt daher Art 220 Abs 1 u 2. Fehlen entsprechende Sonderregeln, ist der zeitliche Geltungsbereich staatsvertraglicher Kollisionsnormen nach den allgemeinen völkerrechtlichen Grundsätzen über die Auslegung von Staatsverträgen zu bestimmen; dazu gehört auch das Prinzip der Nichtrückwirkung (vgl Art 28 der Wiener Vertragsrechtskonvention v 23. 5. 1969, BGBl 1985 II 938).

146 Enthalten Staatsverträge intertemporale Vorschriften über den Geltungsbeginn, sind die Bestimmungen entsprechend anzuwenden, wenn der betreffende Staatsvertrag *außer Kraft tritt* oder von einem Mitgliedsstaat *gekündigt* wird (Reinhart, in: Jahrbuch für ital Recht Bd 2 [1989] 68 ff).

IX. Ausländisches Intertemporales Recht

147 Treten bei der Anwendung ausländischer Kollisions- oder Sachnormen übergangsrechtliche Konflikte auf, werden sie nach den Regeln des fremden intertemporalen Kollisions- oder Sachrechts gelöst (Palandt/Heldrich Einl vor Art 3 Rn 24). In erster Linie kommen etwaige spezielle Übergangsvorschriften des betreffenden Gesetzes zur Anwendung. Hilfweise sind die allgemeinen intertemporalen Grundsätze des betreffenden ausländischen Rechts heranzuziehen (vgl zu Österreich Dörner DNotZ 1982, 55; zu Frankreich und der Schweiz: Siemer-Krantz 26 ff, 53 ff, 113 ff).

148 Ordnet eine ausländische intertemporale Bestimmung eine „echte" Rückwirkung an, die nach deutschem Recht verfassungswidrig (vgl Rn 4, 25) wäre, ist die Vorschrift unter den Voraussetzungen des *Art 6 (ordre public)* nicht anzuwenden (anders im konkreten Fall BayObLGZ 1981, 145). Gleiches gilt für ausländische Sachnormen, die auch Sachverhalte aus der Zeit vor ihrem Geltungsbeginn erfassen wollen (näher o Rn 26).

Artikel 221 EGBGB
Übergangsvorschrift zum Gesetz vom 26. Juni 1990 zur Änderung des Arbeitsgerichtsgesetzes und anderer arbeitsrechtlicher Vorschriften

Bei einer vor dem 1. Juli 1990 zugegangenen Kündigung werden bei der Berechnung der Beschäftigungsdauer auch Zeiten, die zwischen der Vollendung des fünfundzwanzigsten Lebensjahres und der Vollendung des fünfunddreißigsten Lebensjahres liegen, berücksichtigt, wenn am 1. Juli 1990

1. das Arbeitsverhältnis noch nicht beendet ist oder

2. ein Rechtsstreit über den Zeitpunkt der Beendigung des Arbeitsverhältnisses anhängig ist.

I. Entstehung der Vorschriften

1 Durch Gesetz vom 26. 6. 1990 (BGBl I 1206) zur Änderung des Arbeitsgerichtsgesetzes und anderer arbeitsrechtlicher Vorschriften wurde § 622 Abs 2 S 2 BGB geändert. Die Vorschrift des § 622 enthielt bis 1969 nur Vorschriften über die Kündigung von Angestellten mit Diensten höherer Art, für die als Regelfall eine Kündigungsfrist von 6 Wochen zum Quartalsschluß vorgesehen war. Als dispositive Vorschrift war sie abdingbar. Das Erste Arbeitsrechtsbereinigungsgesetz vom 14. 8. 1969 (BGBl I 1106) ordnete dann mit Wirkung vom 1. 9. 1969 das Kündigungsrecht neu, beseitigte alle Sondervorschriften für Angestellte und Arbeiter und schuf eine **einheitliche Regelung über die Kündigungsfristen** allein in § 622 BGB.

2 Die Neufassung von § 622 BGB ab 1. 9. 1969 enthielt unterschiedliche Regelungen für die Kündigung von Angestellten und Arbeitern. Für Angestellte galt nach § 622 Abs 1 BGB eine Kündigungsfrist von 6 Wochen zum Quartalsschluß, die nur bis auf eine Monatsfrist zum Monatsende abgekürzt werden durfte. Daneben galt das Angestelltenkündigungsschutzgesetz vom 9. 7. 1926 (RGBl I 399), in dem für Beschäftigungszeiten nach dem 25. Lebensjahr die Fristen nach 5 Jahren auf 3 Monate, nach 8 Jahren auf 4 Monate, nach 10 Jahren auf 5 Monate und nach 12 Jahren auf 6 Monate jeweils zum Quartalsschluß ausgedehnt wurden.

3 Demgegenüber galten nach § 620 Abs 2 BGB ab 1. 9. 1969 für Arbeiter kürzere Fristen von 2 Wochen bis zu 3 Monaten und wurden nur Zeiten vom 35. Lebensjahr an berücksichtigt. Wegen dieser **unterschiedlichen Behandlung von Arbeitern und Angestellten** hatte das Arbeitsgericht Reutlingen mit Beschluß vom 3.6. 1975 dem BVerfG die Frage vorgelegt, ob es mit Art 3 Abs 1 GG vereinbar sei, für Angestellte Beschäftigungszeiten vom 25., für Arbeiter aber nur vom 35. Lebensjahr an zu berücksichtigen (1 Ca 863/74, wiederholt vom 6.2. 1979 – 1 Ca 611/78). Das BVerfG entschied am 16.11. 1982 (1 BvL 16/75, 36/79, BVerfGE 62, 256 = AP Nr 16 zu § 622 BGB), daß es mit Art 3 Abs 1 GG unvereinbar sei, bei der Berechnung der für die verlängerten Kündigungsfristen maßgeblichen Beschäftigungsdauer eines Arbeiters Zeiten nicht zu berücksichtigen, die vor Vollendung des 35. Lebensjahres liegen (§ 622 Abs 2 Satz 1 BGB), während bei einem Angestellten bereits Zeiten nach Vollendung des 25. Lebensjahres mitgerechnet werden. Die Vorschrift wurde aber **nicht für nichtig** erklärt, sondern dem Gesetzgeber aufgegeben, **einen der** zur Beseitigung der Ungleichbehandlung möglichen **mehreren Wege** zu beschreiten (dazu Heussner NJW 1982, 257 ff).

4 Soweit es in einem Prozeß auf diese Unvereinbarkeit der Berücksichtigung von Beschäftigungszeiten ankam, war der Rechtsstreit nach § 148 ZPO **auszusetzen** bis zur gesetzlichen Neuregelung (BAG vom 28.2. 1985 u 12.12. 1985, AP Nr 21, 22 zu § 622 BGB; **aA** LAG Düsseldorf DB 1983, 2042; LAG Schleswig-Holstein DB 1984, 1482; LAG Berlin NZA 1984, 359; Kranz NZA 1984, 348 ff: die bisherige Regelung sei weiter anzuwenden; **aA** LAG Hamm NZA 1984, 89; LAG Niedersachsen EzA § 622 BGB nF Nr 2; ArbG Heilbronn DB 1983, 2366; Kraushaar AuR 1983, 142 ff: die Zeiten ab dem 25. Lebensjahr seien jetzt schon zu berücksichtigen). Diese Notwendigkeit der Aussetzung des Verfahrens war richtig und ist vom Bundesverfassungsgericht ausdrücklich als zwingend hingestellt worden (BVerfG vom 30.5. 1990, BVerfGE 82, 126 = AP Nr 28 zu § 622 BGB unter C II; vgl dazu Buchner NZA 1991, 41, 44; Beuthien/Sponer SAE 1991, 137; Raab SAE 1995, 71).

5 Erst mit Gesetz vom 26.6. 1990 (BGBl I 1206) kam es endlich zur Neuregelung des § 622 Abs 2 BGB nach dem Beschluß des BVerfG vom 16.11. 1982. Inzwischen hatte allerdings das BVerfG am 30.5. 1990 generell entschieden, daß § 622 Abs 2 BGB mit Art 3 Abs 1 GG nicht vereinbar ist, soweit die Kündigungsfristen für Arbeiter kürzer sind als für Angestellte (BVerfGE 82, 126 = AP Nr 28 zu § 622 BGB). Mit Rücksicht auf die lange Dauer der ausgesetzten Verfahren wurde im Interesse eines wirksamen Rechtsschutzes in bürgerlichrechtlichen Streitigkeiten nach Art 20 Abs 3 GG jetzt dem Gesetzgeber eine Frist bis zum 30.6. 1993 zur Neuregelung gesetzt und vorgeschrieben, daß die Gerichte nur bis dahin auszusetzen haben. Als Begründung wurde ausdrücklich angeführt, daß dies angemessen erscheint „angesichts der langen Zeit, die der Gesetzgeber für die infolge der Entscheidung vom 16.11. 1982 erforderlich gewordene Korrektur benötigt hat".

6 Daraufhin ist in den neuen Bundesländern § 622 BGB und das Angestelltenkündigungsschutzgesetz gar nicht erst eingeführt worden (EV vom 31.8. 1990, BGBl II 889, Anlage I Kapitel VIII Sachgebiet A Abschnitt III Nr 1). Statt dessen galt in den neuen Bundesländern ab 3.10. 1990 **§ 55 AGB der DDR** vom 16.6. 1977 idF vom 22.6. 1990 (GBl DDR 1371) weiter (Anlage II Kapitel VIII Sachgebiet A Abschnitt III Nr 1a). In der Begründung der Denkschrift der Bundesregierung hieß es dazu ausdrücklich, daß die Unterscheidung von Arbeitern und Angestellten im Kündigungsrecht nach der Entscheidung des BVerfG vom 30.5. 1990 bis zum 30.6. 1993 und damit § 622 BGB neu geregelt werden müßten. In den neuen Bundesländern konnte deshalb eine Aussetzung des Verfahrens wie in den alten nicht in Betracht kommen.

Die Neuregelung der Kündigungsfristen erfolgte durch das Kündigungsfristengesetz vom 7. 10. 1993 (BGBl I 1668), das eine entsprechende Übergangsregelung mit Art 222 EGBGB schuf (vgl dort).

II. Übergangsregelung

7 Das Gesetz vom 26. 6. 1990 zur Änderung des Arbeitsgerichtsgesetzes und anderer arbeitsrechtlicher Vorschriften (BGBl I 1206) hatte § 622 Abs 2 S 2 BGB dahin geändert, daß im zweiten Halbsatz das Wort „fünfunddreißigsten" durch das Wort „fünfundzwanzigsten" ersetzt wird (Art 2 des Gesetzes vom 26. 6. 1990). In der Begründung hieß es dazu (BT-Drucks 11/5465, 10), daß damit der Gesetzgeber dem Gesetzgebungsauftrag des Bundesverfassungsgerichts in dem Beschluß vom 16. 11. 1982 nachkommt. Die gebotene Gleichbehandlung sollte dadurch verwirklicht werden, daß die bislang nur für Angestellte geltende Berechnungsweise nunmehr auch für Arbeiter Anwendung findet, ohne daß darin ein Präjudiz dafür liegen sollte, daß künftig erforderlich werdende Angleichungen immer auf dem Angestelltenniveau erfolgen müßten. Zu Art 3 über die Änderung des EGBGB hieß es (BT-Drucks 11/5465, 11): „Die Vorschrift bezieht die Fälle in die Neuregelung des § 622 Abs 2 S 2 zweiter Halbsatz des Bürgerlichen Gesetzbuches ein, in denen der kündigungsrechtliche Sachverhalt zum Zeitpunkt des Inkrafttretens der Neuregelung noch nicht endgültig abgeschlossen ist."

8 Das Gesetz vom 26. 6. 1990 (BGBl I 1206) war nach seinem Art 9 am ersten Tage des auf die Verkündung folgenden Kalendermonats, also am 1. 7. 1990 in Kraft getreten. Die Übergangsregelung betraf also nur **vor dem 1. 7. 1990 zugegangene Kündigungen von Arbeitern**, da für Angestellte ohnehin nichts anderes galt. Es sollten noch nicht abgeschlossene Kündigungen und Kündigungsverfahren in die Änderung übergangsweise einbezogen werden.

9 Einmal wurde die Beschäftigungszeit vom 25. Lebensjahr auch bei Arbeitern in die Berechnung der Kündigungsfrist einbezogen, wenn das Arbeitsverhältnis durch eine Kündigung zum 1. 7. 1990 noch nicht beendet war. Das war nur dann der Fall, wenn die Kündigungsfrist nach dem 30. 6. 1990 ablief. Wer zum 30. 6. 1990 oder vorher gekündigt wurde und gegen den Ablauf der Kündigungsfrist am 30. 6. 1990 keine Klage erhoben hatte, fiel nicht unter die Übergangsregelung, es blieb bei der Auflösung spätestens zum 30. 6. 1990. Auf alle zu einem späteren Zeitpunkt ausgesprochenen Kündigungen, auch wenn sie vor dem 1. 7. 1990 zugegangen waren, wirkte sich die Neufassung aus, so daß dann für die Berechnung der Kündigungsfrist die Beschäftigungszeiten ab dem 25. Lebensjahr zu berücksichtigen waren.

10 Die Zeiten zwischen dem 25. und 35. Lebensjahr wurden bei der Berechnung der Beschäftigungszeit für die Dauer der Kündigungsfrist von Arbeitern nach § 622 Abs 2 BGB auch dann berücksichtigt, wenn noch ein Rechtsstreit über den Zeitpunkt der Beendigung des Arbeitsverhältnisses am 1. 7. 1990 anhängig war. Das betraf alle Rechtsstreitigkeiten, die nach den Entscheidungen des BVerfG vom 16. 11. 1982 und den entsprechenden Entscheidungen des BAG vom 28. 2. u. 12. 12. 1985 ausgesetzt wurden (oben Rn 3 f) oder sonst noch anhängig waren. Trotzdem waren die ungleichen Fristen nach Art 3 Abs 1 GG auch dann noch unwirksam, und es mußten die Verfahren nach dem Urteil des Bundesverfassungsgerichts vom

30. 5. 1990 (BVerfGE 82, 126 = AP Nr 28 zu § 622 BGB) weiter bis zum 30. 6. 1993 ausgesetzt werden. Erst durch das Kündigungsfristengesetz vom 7. 10. 1993 (BGBl I 1668) wurden die Kündigungsfristen vereinheitlicht, so daß endgültig entschieden werden konnte. Dafür gilt Art 222 EGBGB. Auch die bis zum Gesetz vom 26. 6. 1990 ausgesetzten Verfahren wurden von der Neuregelung der Kündigungsfristen durch Gesetz vom 7. 10. 1993 erfaßt, soweit sie noch anhängig waren (BAG vom 21. 3. 1991, 29. 8. 1991, AP Nr 29, 30, 32 zu § 622 BGB).

Artikel 222 EGBGB
Übergangsvorschrift zum Kündigungsfristengesetz vom 7. Oktober 1993

Bei einer vor dem 15. Oktober 1993 zugegangenen Kündigung gilt Artikel 1 des Kündigungsfristengesetzes vom 7. Oktober 1993 (BGBl. I S. 1668), wenn am 15. Oktober 1993

1. das Arbeitsverhältnis noch nicht beendet ist und die Vorschriften des Artikels 1 des Kündigungsfristengesetzes vom 7. Oktober 1993 für den Arbeitnehmer günstiger als die vor dem 15. Oktober 1993 geltenden gesetzlichen Vorschriften sind oder

2. ein Rechtsstreit anhängig ist, bei dem die Entscheidung über den Zeitpunkt der Beendigung des Arbeitsverhältnisses abhängt von

a) der Vorschrift des § 622 Abs. 2 Satz 1 und Satz 2 erster Halbsatz des Bürgerlichen Gesetzbuchs in der Fassung des Artikels 2 Nr. 4 des Ersten Arbeitsrechtsbereinigungsgesetzes vom 14. August 1969 (BGBl. I S. 1106) oder

b) der Vorschrift des § 2 Abs. 1 Satz 1 des Gesetzes über die Fristen für die Kündigung von Angestellten in der dem Bundesgesetzblatt Teil III, Gliederungsnummer 800–1, veröffentlichten bereinigten Fassung, das zuletzt durch Artikel 30 des Gesetzes vom 18. Dezember 1989 (BGBl. I S. 2261) geändert worden ist, soweit danach die Beschäftigung von in der Regel mehr als zwei Angestellten durch den Arbeitgeber Voraussetzung für die Verlängerung der Fristen für die Kündigung von Angestellten ist.

I. Entstehung der Vorschriften

1 Das Gesetz zur Vereinheitlichung der Kündigungsfristen von Arbeitern und Angestellten (Kündigungsfristengesetz – KündFG) vom 7. Oktober 1993 (BGBl I 1668) hat mit Wirkung vom 15. 10. 1993 (Art 7) § 622 BGB neu gefaßt und die bis dahin ungleichen Kündigungsfristen für Arbeiter und Angestellte sowie in den alten und neuen Bundesländern vereinheitlicht. Gleichzeitig wurde Art 222 EGBGB durch Art 2: „Änderung des Einführungsgesetzes zum Bürgerlichen Gesetzbuche" eingefügt. Die Neuregelung des § 622 BGB war notwendig geworden, nachdem das Bundesverfassungsgericht durch Beschluß vom 30. 5. 1990 (BVerfGE 82, 1126 = AP Nr 28 zu § 622 BGB) auf Grund zahlreicher Vorlagen (1 BvL 2/83, 9/84, 10/84, 11/89, 12/89, 13/89, 4/90, 1 BvR 764/86) die **ungleichen Kündigungsfristen** für Arbeiter und Angestellte

für unvereinbar mit dem Gleichheitssatz des Art 3 GG erklärt hatte und deshalb im EV vom 31.8. 1990 (BGBl II 889, Anlage I Kapitel VIII Sachgebiet A Abschnitt III Nr 1) der § 622 BGB alter Fassung gar nicht erst eingeführt wurde, sondern § 55 AGB-DDR beibehalten worden war (EV Anlage II Kapitel VIII Sachgebiet A Abschnitt III Nr 1a). Dabei hatte das Bundesverfassungsgericht dem Gesetzgeber eine Frist für die Neuregelung bis zum 30.6. 1993 gesetzt „angesichts der langen Zeit, die der Gesetzgeber für die infolge der Entscheidung vom 16.11. 1982 erforderlich gewordenen Korrektur benötigt hat ...". Es hat dazu erklärt: „Bereinigt der Gesetzgeber den Verstoß nicht in angemessener Frist, dann müssen die Gerichte, wollen sie nicht selbst verfassungswidrig handeln, die bei ihnen anhängigen Rechtsstreitigkeiten fortführen und verfassungskonform entscheiden." Dazu ist es aber trotz der Verspätung in der Gesetzgebung nicht gekommen. Es war bekannt, daß das Gesetzgebungsverfahren im Gang und nur durch den Einspruch des Bundesrates verzögert war.

2 Grundlage des Kündigungsfristengesetzes waren ein Gesetzentwurf der Fraktionen CDU/CSU und FDP in BT-Drucks 12/4902 vom 11.5. 1993 und der Fraktion der SPD in BT-Drucks 12/4907 vom 12.5. 1993. Nur der CDU/CSU- und FDP-Entwurf enthielt die Einfügung von Art 222 EGBGB, der in den weiteren Beratungen weder angesprochen noch geändert worden ist. Der Streit ging um die **Länge der Kündigungsfristen** (4 Wochen oder 6 Wochen) und den Kündigungstermin (Quartalsende, Monatsende, ohne Termin) und endete im Vermittlungsausschuß mit den Terminen 15. oder Ende eines Monats (vgl Staudinger/Preis [2002] § 622 Rn 1 ff). Die Begründung sagt zu Art 222 nur: „Die Vorschrift bezieht die Fälle in die Neuregelung des § 622 Bürgerliches Gesetzbuch ein, in denen der kündigungsrechtliche Sachverhalt zum Zeitpunkt des Inkrafttretens der Neuregelung noch nicht abgeschlossen ist und in denen die Neuregelung für den Arbeitnehmer, dem gekündigt worden ist, günstiger ist als die bisher geltende gesetzliche Regelung. Dies betrifft insbesondere die arbeitsgerichtlichen Verfahren, die nach dem Beschluß des Bundesverfassungsgerichts vom 30. Mai 1990 auszusetzen waren."

3 In seinem Beschluß vom 30.5. 1990 (BVerfGE 82, 126 = AP Nr 28 zu § 622 BGB) hatte das Bundesverfassungsgericht nach der Feststellung der Verfassungswidrigkeit ausgeführt: „In einer solchen Lage muß das Bundesverfassungsgericht sich grundsätzlich darauf beschränken, die diskriminierende Bestimmung als unvereinbar mit dem Grundgesetz zu erklären. Diese darf dann bis zur Neuregelung von staatlichen Stellen nicht mehr angewendet werden. Der Gesetzgeber ist verpflichtet, die Rechtslage unverzüglich mit dem Grundgesetz in Einklang zu bringen. Gerichte müssen anhängige Verfahren, bei denen die Entscheidung von der verfassungswidrigen Norm abhängt, aussetzen, bis eine Neuregelung in Kraft tritt (vgl BVerfGE 37, 217 [260 f]; siehe auch Heussner NJW 1982, 257)". Die **Aussetzung der Verfahren** war damit verfassungsrechtlich zwingend (vgl Buchner NZA 1991, 41, 44; Beuthien/Sponer SAE 1991, 137 Raab SAE 1995, 71). Schon vorher waren aber auch Verfahren ausgesetzt worden, in denen es um die Anwendung von § 622 BGB ging, weil aus Gründen der Prozeßökonomie nicht jedes Mal das Verfahren nach Art 100 GG mit Vorlage an das Bundesverfassungsgericht genutzt werden sollte, sondern die Verfahren in entsprechender Anwendung von § 148 ZPO bis zur Entscheidung über die bereits anhängigen Verfahren nach Art 100 GG durch das Bundesverfassungsgericht ausgesetzt wurden (BAG vom 28.1. 1988 AP Nr 24 zu § 622 BGB). Als erstes hatte bereits das Landesarbeitsgericht

Niedersachsen am 23.4. 1982 (3 Sa 10/82) ein Verfahren ausgesetzt und dem Bundesverfassungsgericht vorgelegt. Zur Aussetzung von Verfahren kam es aber nicht nur wegen der Ungleichheiten der Kündigungsfristen, sondern auch wegen der ungleichen Voraussetzungen nach dem Angestelltenkündigungsschutzgesetz vom 19.7. 1926, dessen verlängerte Kündigungsfristen nach § 2 Abs 1 Satz 1 nur für Arbeitgeber galten, die mehr als zwei Angestellte beschäftigten (BAG vom 16.1. 1992 AP Nr 12 zu § 2 AngestelltenkündigungsG). Den Zwang zur Aussetzung hatte das Bundesarbeitsgericht auch im Anschluß an die Entscheidung des Bundesverfassungsgerichts vom 30.5. 1990 nochmals durch Beschluß vom 21.3. 1991 (AP Nr 30 zu § 622 BGB) bestätigt.

II. Nicht beendete Arbeitsverhältnisse

4 Die Übergangsregelung des Art 222 Nr 1 betrifft ordentliche Kündigungen, die vor dem Inkrafttreten des Kündigungsfristengesetzes vom 15.10. 1993 zugegangen sind, das Arbeitsverhältnis aber erst zu einem Zeitpunkt **nach dem 15.10. 1993 beenden** sollten. Das sind zwar auch Kündigungen zum 31. Oktober oder zum Jahresende 1993, die aber ohnehin bestehen bleiben, weil die neuen Fristen in aller Regel nicht günstiger sind als nach dem bisherigen Recht, vor allem für Angestellte nach dem früheren § 622 Abs 1 BGB (sechs Wochen zum Kalendervierteljahr oder 1 Monat zum Monatsende). Die Regelung betrifft deshalb Arbeiter, denen bisher mit einer Frist von zwei Wochen ohne Endtermin bis zum Bestand des Arbeitsverhältnisses vor 5 Jahren gekündigt werden konnte. Hier sind vier Wochen zum 15. oder Monatsende für den Arbeiter günstiger. Die Kündigung vom 4. Oktober zum 18. Oktober 1993 wirkte dann erst zum 15. November, da bis zum 31. Oktober die neue 4-Wochen-Frist nicht eingehalten war und der nächste Termin der 15. des Novembers wurde. Aber auch eine am 14. Oktober 1993 zugegangene Kündigung wirkte noch zum 15. November, weil dafür die 4-Wochen-Frist noch eingehalten wurde. Verlängerungen der Kündigungsfrist für Arbeiter traten aber auch bei längerer Dauer der Beschäftigung ein. So betrug früher die Kündigungsfrist erst nach 5 Jahren einen Monat zum Monatsende, jetzt schon nach 2 Jahren. Bei einer Dauer von 5 Jahren mußten nicht nur ein, sondern jetzt zwei Monate zum Monatsende eingehalten werden. Ein sechs Jahre beschäftigter Arbeiter konnte am 30. September zum 31. Oktober entlassen werden. Dieses Arbeitsverhältnis verlängerte sich aber nach der Übergangsvorschrift bis zum 30. November.

5 Nach § 622 Abs 4 BGB können von den gesetzlichen Vorschriften abweichende Regelungen über Kündigungsfristen und Kündigungstermine durch **Tarifvertrag** vereinbart werden, die auch für Nichttarifgebundene vereinbart werden können (vgl Staudinger/Preis [2002] § 622 Rn 60 ff). Bisherige tarifliche Regelungen gelten fort, auch soweit sie gegenüber dem jetzt geltenden Recht ungünstiger sind, da der Gesetzgeber in bestehende Tarifverträge nicht eingreifen wollte (BT-Drucks 12/4902, 7). Hat ein Tarifvertrag auf die gesetzliche Regelung verwiesen, tritt an die Stelle der bisherigen die neue Regelung, also auch die für den Arbeitnehmer günstigere Regelung, so daß Art 222 Nr 1 eingreift. Diese Verweisung hat nur **deklaratorischen Charakter** (BAG vom 27.8. 1982 AP Nr 133 zu § 1 TVG Auslegung, vom 28.1. 1988, 21.3. 1991 AP Nr 24, 30 zu § 622 BGB, vom 23.9. 1992 AP Nr 159 zu § 1 TVG Tarifverträge Bau, vom 14.2. 1996, AP Nr 50 zu § 622 BGB). Eine eigenständige Regelung des Tarifvertrages bleibt jedoch bestehen. Hat der Tarifvertrag eine Kündigungsfrist von einer Woche,

also eine vom Gesetz klar **abweichende Regelung** festgelegt, gilt diese Regelung weiter, Art 222 greift nicht ein. Schwierigkeiten bereitet immer nur die Wiederholung der gesetzlichen Regelung im Tarifvertrag. Dann entsteht die Frage, ob damit eine eigenständige tarifliche Regelung getroffen wurde, die dann weitergilt, oder ob der Tarif sich an die gesetzliche Regelung anschließt, die dann durch die neue Regelung überholt wird (vgl APS/Linck § 622 BGB Rn 116 ff; ErfK/Müller-Glöge [3. Aufl] § 622 BGB Rn 49 ff; Hromadka BB 1993, 2372; Preis/Kramer DB 1993, 2125; Staudinger/Preis [2002] § 622 Rn 69 ff). Eine **eigenständige tarifliche Regelung** ist immer dann anzunehmen, wenn die Tarifvertragsparteien von den gesetzlichen Vorschriften abweichende Regelungen wenigstens teilweise festlegen. Werden dagegen die gesetzlichen Regelungen inhaltsgleich vom Tarifvertrag übernommen, ist bei dem Fehlen gegenteiliger Anhaltspunkte davon auszugehen, daß die Tarifvertragsparteien nur eine unvollständige Darstellung der Rechtslage vermeiden und damit eine deklaratorische Wiedergabe festlegen wollten (BAG vom 28. 1. 1988, 21. 3. 1991, 16. 9. 1993, 5. 10. 1995, 14. 2. 1996, 18. 9. 1997, 4. 7. 2001, AP Nr 24, 31, 42, 48, 50, 59 zu § 622 BGB, Nr 21 zu § 1 TVG Tarifverträge: Textilindustrie, RzK I 3e Nr 68). Dann gelten die gesetzlichen Vorschriften ab 15. 10. 1993 und damit auch die dort niedergelegten günstigeren Vorschriften mit der Folge der Übergangsregelung. Das Bundesarbeitsbericht hat dazu ausdrücklich festgestellt, daß im Fall der Übernahme der gesetzlichen Regelungen davon auch die Übergangsvorschrift des Art 222 EGBGB erfaßt wird (BAG vom 5. 10. 1995, 14. 2. 1996, AP Nr 48, 50 zu § 622 BGB).

6 Die tariflichen Vorschriften müssen aber ihrerseits **verfassungskonform** sein, nur dann gelten sie auch bei eigenständiger Tarifregelung fort. Hat ein Tarifvertrag unter Verstoß gegen Art 3 GG für Arbeiter und Angestellte zu Unrecht unterschiedliche Zeiten der Beschäftigungsdauer und/oder des Lebensalters für die Länge der Kündigungsfristen festgelegt (BAG vom 21. 3. 1991, 29. 8. 1991 AP Nr 29, 32 zu § 622 BGB) oder bei den Kündigungsfristen unsachlich zwischen Arbeitern und Angestellten unterschieden (BAG vom 21. 3. 1991, AP Nr 31 zu § 622 BGB), tritt wegen der Nichtigkeit dieser Bestimmungen eine **unbewußte Regelungslücke** ein. Diese Lücke könnte von den Gerichten geschlossen werden, wenn sich ausreichend Gesichtspunkte für den mutmaßlichen Willen der Tarifpartner ergeben, welche Regelung sie bei verfassungskonformer Auslegung getroffen hätten (BAG vom 15. 1. 1955 AP Nr 4 zu Art 3 GG, vom 28. 2. 1985, 21. 3. 1991, 10. 3. 1994 AP Nr 21, 29, 44 zu § 622 BGB, vom 18. 9. 1997, AP Nr 5 zu § 53 BAT). Die Gerichte haben dabei nach § 293 ZPO von Amts wegen auch zu ermitteln, ob bestimmte Umstände für oder gegen die Verfassungswidrigkeit der unterschiedlichen Regelungen sprechen (BAG vom 21. 3. 1991, 4. 3. 1993, 16. 9. 1993 AP Nr 31, 40, 42 zu § 622 BGB; vgl auch APS/Linck § 622 BGB Rn 121 ff; ErfK/Müller-Glöge § 622 BGB Rn 60 ff; Staudinger/Preis [2002] § 622 Rn 72 ff; Meyer DB 1992, 1981; Preis/Kramer DB 1993, 2125; Hromadka BB 1993, 2372; Wank NZA 1993, 961; Wollgast AuR 1993, 325; Worzalla NZA 1994, 145; Adomeit/Thau NJW 1994, 11; Hergenröder Anm AP Nr 40 zu § 622 BGB; Jansen Anm AP Nr 42 zu § 622 BGB). Solange die Tarifpartner für die rückwirkende Zeit keine eigenständige Regelung treffen, wird vorgeschlagen, die früheren Regelungen für Angestellte auch für Arbeiter anzuwenden (Wollgast AuR 1993, 325; dagegen Preis/Kramer DB 1993, 2125, 2130) oder das Verfahren bis zu einer tariflichen Regelung erneut auszusetzen (Hromadka BB 1993, 2372, 2379). Da die Tarifvertragsparteien aber zu einer solchen Regelung nicht gezwungen oder sonst verpflichtet werden können, ist es richtig, bei Fehlen einer tariflichen verfassungskonformen Regelung die tarifdispositiven **gesetzlichen Regelungen** des Kündigungsfristengesetzes anzuwenden (BAG

vom 10. 3. 1994 AP Nr 44 zu § 622 BGB, vom 14. 2. 1996, RzK I 3e Nr 60; APS/Linck § 622 BGB Rn 128; ErfK/Müller-Glöge § 622 BGB Rn 75 f; KR/Spilger § 622 BGB Rn 266; Schaub [10. Aufl] § 124 Rn 50; Staudinger/Preis [2002] § 622 BGB Rn 84 f).

III. Fortbestehende Rechtshängigkeit

Nach Art 222 EGBGB erfaßt die Neuregelung auch alle noch anhängigen und ausgesetzten Rechtsstreitigkeiten (Nr 2), in denen es um Kündigungsfristen, Kündigungstermine und den fehlenden Geltungsbereich des Angestelltenkündigungsschutzgesetzes bei Arbeitgebern mit bis zu zwei Angestellten ging. Hier ist nun endgültig nach § 622 idF des Kündigungsfristengesetzes vom 7. 10. 1993 zu entscheiden. Dasselbe gilt, wenn die Aussetzung wegen einer verfassungswidrigen tariflichen Kündigungsregelung erfolgte oder ein Rechtsstreit hierüber noch anhängig ist. **7**

Der Rechtsstreit muß davon abhängen, daß § 622 Abs 2 Satz 1, 2 BGB alter Fassung anzuwenden war. Damit gelten die Neuregelungen nur für Arbeiter, nicht für Angestellte, für die § 622 Abs 1 BGB alter Fassung angewendet werden mußte. Für Angestellte kann vielmehr nur Ziff 1 gelten, wenn das Arbeitsverhältnis durch die Kündigung noch nicht beendet war oder das Angestelltenkündigungsschutzgesetz für ältere Angestellte keine Anwendung fand. **8**

In den **neuen Bundesländern** war bis zum 15. 10. 1993 noch § 55 AGB-DDR gültig und auch in fortdauernden Rechtsstreitigkeiten anzuwenden, soweit nicht Art 222 Ziff 1 eingreift. Die Aufhebung des § 55 AGB-DDR (mit Ausnahme der bis zum 31. 12. 1993 geltenden Sonderregelung für den öffentlichen Dienst nach Anlage I Kapitel XIX EV) in Art 5 des Kündigungsfristengesetzes vom 7. 10. 1993 gilt erst ab 15. 10. 1993. Damit sind alle Kündigungen in den neuen Bundesländern, deren Kündigungsfristen bis zum 14. 10. 1993 abgelaufen waren, nach altem Recht zu beurteilen ohne Rücksicht darauf, ob ein Rechtsstreit noch anhängig oder ausgesetzt war oder ist. **9**

Art 222 gilt nicht nur Beendigungskündigungen, sondern auch für **Änderungskündigungen**, in denen es nicht um den Bestand, sondern um den Inhalt des Arbeitsverhältnisses geht. Zwar kann weder Ziff 1 noch Ziff 2a unmittelbar auf die Änderungskündigung angewendet werden. Nr 1 sollte nur die Schwebezustände beseitigen, nicht aber alle Fälle erfassen, in denen es früher einmal zu einer (Änderungs-)Kündigung kam und jetzt das Arbeitsverhältnis noch fortbesteht. Die Begründung (BT-Drucks 12/4902, 9) erklärt ausdrücklich, daß damit die Fälle einbezogen werden sollen, in denen der kündigungsrechtliche Sachverhalt zum Zeitpunkt des Inkrafttretens noch nicht abgeschlossen ist. Bei einer Änderungskündigung geht es aber nur um den Zeitpunkt der Änderung der Arbeitsbedingungen, der bei früheren Kündigungen abgeschlossen feststand. Ziff 2 betrifft auch nur Beendigungskündigungen und bezieht sich ausdrücklich auf Kündigungen nach § 622 Abs 2 BGB alter Fassung. Im noch anhängigen Rechtsstreit ist jedoch bei Änderungskündigungen gegenüber Arbeitern dieselbe Rechtslage gegeben. Auch für eine Änderungskündigung waren zunächst nur die kürzeren für Arbeiter geltenden Fristen einzuhalten, die verfassungswidrig waren. Es handelt sich zwar nicht dem Wortlaut nach um „den Zeitpunkt der Beendigung“, aber um den Zeitpunkt der Änderung und somit um dieselben Fristen mit einer gleichbelagerten Vertragsgestaltung, die bei Nichtannahme feh- **10** lender Geltendmachung nach § 2 KSchG ebenfalls zur Beendigung hätte führen können. Mit Recht wird daher Art 222 auch auf den Fall der Änderungskündigung angewandt (BAG vom 12. 1. 1994 AP Nr 43 zu § 622 BGB; Staudinger/Preis [2002] § 622 Rn 92; Raab SAE 1992, 71).

IV. Verfassungsmäßigkeit

11 Die Regelung des Art 222 wurde ihrerseits für verfassungswidrig gehalten, weil sie zu einer **Ungleichbehandlung** bei Kündigungen von Arbeitern und Angestellten in der Übergangszeit führt (Wollgast AuR 1993, 325; Vorlage ArbG-1 BvL 26/93, AP Nr 1 zu Art 222 EGBGB nF). Demgegenüber hat bereits das Bundesverfassungsgericht – wenn auch in einem obiter dictum zu einer unzulässigen Vorlage – festgestellt, daß verfassungsrechtliche Bedenken gegen die Übergangsregelung unbegründet sind. Zwar führe die Übergangsregelung zu einer Ungleichbehandlung von Arbeitern gegenüber den Angestellten, für die die noch günstigere frühere Regelung weitergalt. Diese Ungleichbehandlung ist aber weniger gewichtig als die alte Regelung. Außerdem besteht sie nur zeitweise und für eine kleine Gruppe von Arbeitnehmern, deren Rechtsstreitigkeiten noch anhängig waren. Außerdem gibt es sachliche Gründe für eine stetige schrittweise Rechtsentwicklung, bei der auch die Gleichbehandlung mit den Arbeitern zu bedenken war, die keinen gerichtlichen Kündigungsschutz in Anspruch genommen haben. Das gilt auch gegenüber den gekündigten Arbeitnehmern in den neuen Bundesländern. Daher wurde mit Recht eine Verfassungswidrigkeit der Übergangsregelung des Art 222 verneint (BVerfG vom 25. 1. 1994 AP Nr 1 zu Art 222 EGBGB nF; BAG vom 10. 3. 1994, 17. 3. 1994 AP Nr 44, 45 zu § 622 BGB; LAG Hamm vom 25. 1. 1994 LAGE § 622 BGB Nr 27; Preis/Kramer DB 1993, 2125; Staudinger/Preis [2002] § 622 Rn 91). Auch die Rückwirkung der Regelung auf zT mehr als 10 Jahre zurückliegende Fälle ist unbedenklich. Ein Vertrauensschutz bestand schon seit der Entscheidung des Bundesverfassungsgerichts vom 16. 11. 1982 (BVerfGE 62, 256 = AP Nr 16 zu § 622 BGB) und den Vorlagen der Gerichte seit dem 23. 4. 1982 nicht mehr. Auch aus Gründen des Rechtsstaates oder des Sozialstaates verbietet es sich nicht, einen verfassungswidrigen Zustand rückwirkend zu beseitigen (BAG vom 21. 3. 1991, AP Nr 29 zu § 622 BGB). Stellt sich eine Norm als systemwidrig und ungerecht heraus, ist der Gesetzgeber gehalten, die Rechtslage rückwirkend mit Rücksicht auf die Rechtsstaatlichkeit zu ändern und statt des verfassungswidrigen unanfechtbares Recht zu setzen (BVerfG vom 16. 11. 1965 AP Nr 4 zu Art 20 GG; BAG vom 21. 3. 1991, 17. 3. 1994, 14. 2. 1996 AP Nr 29, 45, 50 zu § 622 BGB; BAG vom 17. 2. 1994 – 2 AZR 393/85).

12 Zur Überleitung der gesetzlichen Vorschriften auf den Inhalt der verschiedenen Regelungen in Arbeitsverträgen vgl Staudinger/Preis (2002) § 622 Rn 93–101.

Artikel 223 EGBGB
Übergangsvorschrift zum Beistandsschaftsgesetz vom 4. Dezember 1997

(1) Bestehende gesetzliche Amtspflegschaften nach den §§ 1706 bis 1710 des Bürgerlichen Gesetzbuchs werden am 1. Juli 1998 zu Beistandschaften nach den §§ 1712 bis 1717 des Bürgerlichen Gesetzbuchs. Der bisherige Amtspfleger wird Beistand. Der Aufgabenkreis des Beistands entspricht dem bisherigen Aufgabenkreis; vom 1. Januar 1999 an fallen andere als die in § 1712 Abs. 1 des Bürgerlichen Gesetzbuchs

bezeichneten Aufgaben weg. Dies gilt nicht für die Abwicklung laufender erbrechtlicher Verfahren nach § 1706 Nr. 3 des Bürgerlichen Gesetzbuchs.

(2) Soweit dem Jugendamt als Beistand Aufgaben nach § 1690 Abs. 1 des Bürgerlichen Gesetzbuchs übertragen wurden, werden diese Beistandschaften am 1. Juli 1998 zu Beistandschaften nach den §§ 1712 bis 1717 des Bürgerlichen Gesetzbuchs. Absatz 1 Satz 3 gilt entsprechend. Andere Beistandschaften des Jugendamts enden am 1. Juli 1998.

(3) Soweit anderen Beiständen als Jugendämtern Aufgaben nach § 1690 Abs. 1 des Bürgerlichen Gesetzbuchs übertragen wurden, werden diese Beistandschaften am 1. Juli 1998 zu Beistandschaften nach den §§ 1712 bis 1717 des Bürgerlichen Gesetzbuchs. Absatz 1 Satz 3 Halbsatz 1 gilt entsprechend. Diese Beistandschaften enden am 1. Januar 1999.

Materialien: Eingefügt durch Art 3 Nr 2 BeistG BGBl 1997 I 2846; E: BT-Drucks 12/7011, BT-Drucks 13/892 (Art 222); Beschlußempfehlung und Bericht des Rechtsausschusses BT-Drucks 13/8509.

Schrifttum

Diederichsen, Die Reform des Kindschafts- und Beistandschaftsrechts, NJW 1998, 1977, 1990.

I. Normzweck, Gesetzgebungsgeschichte

1. Die Bestimmung enthält **Überleitungsregeln** für Amtspflegschaften nach §§ 1706 ff aF BGB und Beistandschaften nach § 1685 ff aF BGB. Gesetzliche *Amtspflegschaften* alten Rechts werden grundsätzlich zu Beistandschaften nach §§ 1712 ff BGB. Sie unterliegen vom Zeitpunkt ihrer Überleitung an jedoch dem Freiwilligkeitsprinzip, was sich darin äußert, daß sie jederzeit auf Verlangen beendet werden (§ 1715 Abs 1 BGB). **1**

Beistandschaften nach § 1685 ff aF BGB werden nur dann uneingeschränkt zu Beistandschaften nach §§ 1712 ff, wenn dem Beistand die Geltendmachung von Unterhaltsansprüchen oder die Vermögenssorge nach § 1690 Abs 1 aF BGB übertragen worden ist. Wurden andere Beistände als Jugendämter bestellt, so endet die Beistandschaft nach einer Übergangszeit von sechs Monaten.

Nach Ablauf dieser Übergangszeit wird auch der *Aufgabenkreis* der fortbestehenden Beistandschaften des Jugendamts den nach § 1712 BGB zulässigen Aufgabenkreisen angepaßt (BT-Drucks 13/892, 47).

2. Die Bestimmung geht im wesentlichen auf den Regierungsentwurf zurück (BT- **2**

Drucks 13/892, 47). Die Erstreckung des Aufgabenkreises „Abwicklung laufender erbrechtlicher Verfahren nach § 1706 Nr 3 BGB" in Abs 1 S 4 geht zurück auf einen Vorschlag des Bundesrats; angesichts der erfahrungsgemäß langwierigen Dauer von Erbschaftsprozessen erschien ein Auslaufen dieser früheren Amtspflegschaften nach Ablauf der 6-monatigen Übergangsfrist – auch aus Gründen des Kindeswohls – nicht sinnvoll (BT-Drucks 13/892, 53).

II. Überleitung der gesetzlichen Amtspflegschaft (Abs 1)

3 **1.** §§ 1706 bis 1710 aF BGB wurden durch Art 1 Nr 3 BeistG zum 1. 7. 1998 aufgehoben. Nach diesen Bestimmungen am 30. 6. 1998 bestehende **Amtspflegschaften** wurden am 1. 7. 1998 zu Beistandschaften nach §§ 1712–1717 BGB (Abs 1 S 1). Das Bestehen der Amtspflegschaft setzte voraus, daß das Kind unter der alleinigen elterlichen Sorge seiner Mutter nach § 1705 aF BGB stand und die Amtspflegschaft nicht nach § 1707 aF BGB aufgehoben war.

4 **2. Seit 1. 7. 1998** gelten für die übergeleiteten Amtspflegschaften als Beistandschaft folgende Bestimmungen:

a) Beistand ist das Jugendamt, das bisher Amtspfleger war (Abs 1 S 2).

War nach § **1710 aF BGB** eine natürliche Person oder ein Verein Pfleger des Kindes, so fehlt es an einer ausdrücklichen Übergangsregelung. Diese Fälle sind am ehesten der in Abs 3 geregelten Situation vergleichbar. Das Jugendamt kann nicht durch Überleitung Beistand werden, da dies die Neubegründung einer Amtsbeistandschaft bedeuten würde, die seit dem 1. 7. 1998 nur auf Antrag erfolgen kann. Da die Beistandschaft anderer Träger – mit Ausnahme der Fälle des Art 144 EGBGB – nicht vorgesehen ist, werden auch diese Pflegschaften in Beistandschaften übergeleitet. Sie enden jedoch – mit Ausnahme erbrechtlicher Verfahren – am 1. 1. 1999 in entsprechender Anwendung von Abs 3 S 3 (FamRefK/Sonnenfeld Rn 6; Palandt/Diederichsen Rn 4; MünchKomm/Hinz Rn 4). Ein früheres Aufhebungsverlangen nach § 1715 Abs 1 S 1 BGB dürfte ausnahmsweise beim Vormundschaftsgericht zu stellen sein, da mit der Stellung gegenüber dem – privaten – Träger die Rechtssicherheit nicht in gleicher Weise gewahrt ist wie gegenüber dem Jugendamt (FamRefK/Sonnenfeld Rn 6).

5 **b)** Die Beistandschaft unterliegt seit 1. 7. 1998 den **§§ 1715 bis 1717 BGB**. Die Bestimmungen über den Antrag (§§ 1713, 1714 BGB) sind nicht anzuwenden, weil die Beistandschaft durch Überleitung entstanden ist. Für die *Aufgabenkreise* (§ 1712 BGB) besteht eine ausdrückliche Sonderregelung (sogleich Rn 6).

Hieraus folgt:

- Die in eine Beistandschaft übergeleitete Amtspflegschaft kann die Mutter als der allein sorgeberechtigte Elternteil jederzeit **durch schriftliches Verlangen beenden** (§ 1715 Abs 1 BGB; FamRefK/Sonnenfeld Rn 7; Kemper ZfJ 1998, 380). Sie kann die Beistandschaft auch auf bestimmte Aufgaben beschränken; vor dem 1. 1. 1999 war auch eine Beschränkung auf Aufgaben möglich, die am 1. 1. 1999 entfallen sind, sofern sie im Zeitpunkt der Überleitung bestanden haben; die Neubegründung solcher Aufgaben durch Antrag war nicht möglich. Auf die Möglichkeit des Beendigungsverlangens sollten die Mütter hingewiesen werden, um sicherzustellen, daß die Überleitung in eine freiwillige Beistandschaft bewußt wird (Knittel DAVorm 1997, 649, 651).

- Die übergeleitete Beistandschaft **endet kraft Gesetzes**, wenn die Mutter für die betroffenen Aufgabenkreise nicht mehr allein sorgeberechtigt ist. Dies folgt aus dem Rechtsgedanken des § 1715 Abs 2 BGB; eine Beistandschaft besteht nur so lange, wie der sorgeberechtigte Elternteil die Voraussetzungen für die Antragstellung erfüllt. Auch wenn die Beistandschaft durch Überleitung und nicht durch Antrag entstanden ist, kann sie keine höhere Bestandskraft haben; sie endet also insbesondere, wenn das Sorgerecht der Mutter insoweit ruht oder beschränkt wird, wenn die Eltern gemeinsam die elterliche Sorge erlangen, wenn der Vater die alleinige elterliche Sorge erlangt oder wenn das Kind eines Vormunds bedarf. Fehlt es bereits am 1. 7. 1998 an den Voraussetzungen des § 1715 Abs 2 BGB, so endet die ehemalige Amtspflegschaft mit der Überleitung (DIV-Gutachten DAVorm 1999, 484). Anders als die Amtspflegschaft kann also die Beistandschaft nicht bei Fehlen der elterlichen Sorge der Mutter im Bereich der Vaterschaftsfeststellung die Bestellung eines Ergänzungspflegers entbehrlich machen.

- **Verstirbt** die allein sorgeberechtigte Mutter nach dem 30. 6. 1998, so wird die in eine Beistandschaft übergeleitete ehemalige Amtspflegschaft nicht zu einer Amtsvormundschaft; § 1791c BGB ist tatbestandlich nicht erfüllt (DIV-Gutachten DAVorm 1999, 365). Ob ein neuer allein Sorgeberechtigter wieder eine Beistandschaft beantragen kann, ist nach § 1713 BGB zu beurteilen (Staudinger/Rauscher [2000] § 1715 Rn 16; vgl auch DIV-Gutachten DAVorm 1999, 221).

- Die aus der Amtspflegschaft übergeleitete Beistandschaft schränkt die **elterliche Sorge** der Mutter nicht mehr ein (§ 1716 S 1 BGB; Fachausschuß StAZ 1999, 150). Für die Befugnisse und Pflichten des Beistands gilt § 1716 S 2 BGB; insbesondere ist die vormundschaftsgerichtliche Aufsicht entfallen (zur Frage der Rechnungslegung aus Anlaß der Überleitung unten Rn 8).

- Die Beistandschaft besteht nur, wenn und solange das Kind seinen **gewöhnlichen Aufenthalt** in Deutschland hat (§ 1717).

3. **Bis zum 1. 1. 1999** war der **Aufgabenkreis** des Jugendamts als Beistand bei der übergeleiteten Beistandschaft zur Vermeidung von Übergangsschwierigkeiten mit dem vorherigen Aufgabenkreis des Jugendamts als Amtspfleger identisch. Gegenstand der Beistandschaft konnten also alle in § 1706 aF BGB genannten Aufgaben sein; maßgeblich für den Umfang im konkreten Fall war jedoch jeweils der Umfang der jeweiligen Amtspflegschaft am Ende des 30. 6. 1998 (zur Unterhaltsbeistandschaft DIV-Gutachten DAVorm 1999, 109). **6**

Vom 1. 1. 1999 an sind alle anderen als die in § 1712 Abs 1 BGB genannten Aufgaben entfallen; im Rahmen von § 1712 Abs 1 BGB bleiben übergeleitete Beistandschaften jedoch bestehen (Abs 1 S 3; vgl aber zur Abwicklung von erbrechtlichen Verfahren sogleich Rn 7). Die Aufgaben des Jugendamts als Beistand bestimmen sich seitdem also nach neuem Recht. Hierdurch sind dem Jugendamt jedoch keine Aufgaben zugewachsen; der Aufgabenkreis bestimmt sich vielmehr aus den früheren Aufgaben unter Abzug der in § 1712 Abs 1 BGB nicht genannten. Soweit Aufgaben dem Jugendamt als Beistand nicht mehr zustehen, kommt auch eine gesetzliche Vertretung des Kindes durch das Jugendamt nicht mehr in Betracht; das gilt auch in Verfahren, die über den 31. 12. 1998 hinaus anhängig sind (DIV-Gutachten DAVorm 1999, 599, 601 zu einem Restitutionsverfahren nach § 641i ZPO; vgl dazu § 1712 Rn 21).

7 **4.** Zu den nach § 1712 Abs 1 BGB für eine Beistandschaft nicht mehr vorgesehenen Aufgaben, die dem Amtspfleger obliegen konnten, rechnet insbesondere die **Regelung von Erb- und Pflichtteilsrechten** nach dem Vater und väterlichen Verwandten (§ 1706 Nr 3 aF BGB).

Waren solche **erbrechtliche Verfahren am 30. 6. 1998 anhängig** und das Jugendamt als Amtspfleger namens des Kindes hiermit befaßt, so bleibt das Jugendamt auch **über den 1. 1. 1999** hinaus Beistand des Kindes mit dieser Aufgabe (Abs 1 S 4). Unter „Abwicklung laufender erbrechtlicher Verfahren" sind nicht nur Verfahren zu verstehen, in denen am 30. 6. 1998 bereits ein *gerichtliches* Verfahren anhängig war. Nach dem Zweck der Regelung soll die laufende Vertretung des Kindes in einer Nachlaßabwicklung auch dann nicht durch die Beendigung der Beistandschaft gestört werden, wenn außergerichtliche Verhandlungen zur Auseinandersetzung eines Nachlasses laufen. Voraussetzung ist in solchen Fällen jedoch, daß das Jugendamt bereits vor dem 1. 7. 1998 hiermit *befaßt* war (**aA** DIV-Gutachten DAVorm 1999, 50, 502). Seit dem 1. 7. 1998 kann dieser Aufgabenkreis nicht mehr begründet werden (Palandt/Diederichsen Rn 2).

8 **5.** Der Wegfall der **vormundschaftsgerichtlichen Aufsicht** und der **Verpflichtung zur Rechnungslegung** zum 1. 7. 1998 (vgl § 1716 S 2 HS 2 BGB) hat in der Praxis zu der Frage geführt, ob das Jugendamt zum 1. 7. 1998 eine **Schlußrechnung** einreichen muß. Hierfür spräche der formale Gesichtspunkt, daß mit dem Ende der Amtspflegschaft mit Ablauf des 30. 6. 1998 als Beendigungstatbestand eine solche Verpflichtung verbunden gewesen sein könnte, die nur für die am 1. 7. 1998 entstandene Beistandschaft entfallen ist. Vereinzelt wurde daher in Rechtsprechung und Schrifttum angenommen, der bisherige Amtspfleger sei zur Einreichung einer Schlußrechnung verpflichtet (LG Essen NJWE-FER 1999, 124; FamRefK/Sonnenfeld Rn 14). Dieser Ansicht steht jedoch entgegen, daß die Amtspflegschaft nicht beendet, sondern *übergeleitet* wurde. Damit ist sie seit dem 1. 7. 1998 der Kontrolle durch die allein sorgeberechtigte Mutter unterstellt, die der Gesetzgeber des BeistG gerade für ausreichend gehalten hat, so daß auf eine vormundschaftsgerichtliche Kontrolle seit dem 1. 7. 1998 verzichtet werden konnte. Mit der inzwischen ganz überwiegenden Rechtsprechung ist daher eine Verpflichtung zur Erteilung einer Abschlußrechnung zu verneinen (BayObLG NJW-RR 2000, 4; OLG Hamm FamRZ 1999, 1456; LG Osnabrück NJW-RR 1999, 302; LG Gießen FamRZ 1999, 675; Klinkhardt DAVorm 1999, 653, 654; DIV-Gutachten ZfJ 1998, 432, 433; Haufe/Roth KindPrax 1999, 53, 54).

9 **6.** Die **Bescheinigung** des Jugendamts als Amtspfleger nach § 1791c Abs 3 BGB verliert mit dem 1. 7. 1998 insoweit ihre aktuelle Wirksamkeit, als nach § 1716 S 2 HS 3 BGB eine solche Bescheinigung für den Beistand nicht erteilt wird, also die Beistandschaft (bei Klage der Mutter bestehen Beweisprobleme, weil das Kind in die Abstammungsbegutachtung einbezogen werden muß) durch eine vormundschaftsgerichtliche Bescheinigung nicht nachgewiesen werden kann. Die Bescheinigung ist

jedoch nicht dem Vormundschaftsgericht zurückzugeben (LG Osnabrück NJW-RR 1999, 302; so aber FamRefK/Sonnenfeld Rn 14). Sie dient dem Jugendamt als Nachweis dafür, daß die Amtspflegschaft als Voraussetzung einer Überleitung nach Abs 1 S 1 bestanden hat (DIV-Gutachten ZfJ 1998, 432, 433; vgl auch BayObLG NJW-RR 2000, 4: § 1893 Abs 2 S 1 BGB nicht anwendbar).

III. Überleitung von Beistandschaften (§§ 1685 ff aF BGB) des Jugendamts (Abs 2)

1. §§ 1685 ff aF BGB sind zum 1. 7. 1998 außer Kraft getreten (Art 1 Nr 3 BeistG). Beistandschaften nach §§ 1685 ff aF BGB konnten gemäß § 1685 Abs 2 aF BGB für „alle Angelegenheiten, für gewisse Arten von Angelegenheiten oder für einzelne Angelegenheiten" bestellt werden. Hiervon wurde insbesondere im Beitrittsgebiet Gebrauch gemacht, weil dort eine Amtspflegschaft nicht in Betracht kam. **10**

Aus diesem weiten Kreis möglicher Aufgaben werden nur solche Beistandschaften nach **Abs 2** übergeleitet, die **nach § 1690 Abs 1 aF BGB mit Vertretungsmacht** für die Geltendmachung von Unterhaltsansprüchen oder (ganz oder teilweise) für die Vermögenssorge bestellt wurden.

Alle sonstigen Beistandschaften, die nur der Unterstützung des allein sorgeberechtigten Elternteils dienten, bei denen dem Beistand jedoch keine Vertretungsmacht zustand, werden von der Überleitung nicht erfaßt und enden mit Ablauf des 30. 6. 1998 (Abs 2 S 3; FamRefK/Sonnenfeld Rn 8; Palandt/Diederichsen Rn 2; MünchKomm/Hinz Rn 3).

2. Beistandschaften des Jugendamts mit einem **Wirkungskreis nach § 1690 Abs 1 aF BGB** werden zum 1. 7. 1998 zu Beistandschaften nach §§ 1712–1717 BGB. Der Aufgabenkreis solcher Beistandschaften wird jedoch erst nach einer Übergangszeit zur Vermeidung von Überleitungsschwierigkeiten dem neuen Recht angepaßt (sogleich Rn 12). **11**

a) Für die am 1. 7. 1998 eintretenden Rechtsfolgen gilt im einzelnen dasselbe wie nach Abs 1 für die übergeleitete Amtspflegschaft (oben Rn 5). Insbesondere wird ab dem 1. 7. 1998 die elterliche Sorge des sorgeberechtigten Elternteils durch die Beistandschaft nicht mehr eingeschränkt.

b) Soweit der **Aufgabenkreis** solcher Beistandschaften den nach § 1712 BGB zulässigen Aufgabenkreis überschreitet, bleibt der frühere Aufgabenkreis nur bis zum 1. 1. 1999 bestehen; vom 1. 1. 1999 fallen andere als die nach § 1712 Abs 1 BGB zulässigen Aufgaben weg (Abs 2 S 2 iVm Abs 1 S 3); es bleibt damit nur der Aufgabenkreis des § 1712 Abs 1 Nr 2 BGB (Geltendmachung von Unterhaltsansprüchen) erhalten (Wesche RPfleger 1995, 240, 241). Die mit der Beistandschaft verbundene Vertretungsmacht des Jugendamts für entfallende Aufgaben entfällt ebenfalls. Die Vertretung des Kindes in diesen Angelegenheiten obliegt damit ausschließlich dem gesetzlichen Vertreter. Da in Angelegenheiten der Vermögenssorge auch *keine Beratung* durch das Jugendamt stattfindet (§ 18 SGB VIII) können hierdurch Schutzlükken auftreten, wenn der Sorgeberechtigte sich bisher auf die Vertretung durch den **12**

Beistand verlassen hatte, und die Übernahme durch den Sorgeberechtigten in der 6-monatigen Übergangszeit bis zum 1.1. 1999 nicht angemessen vorbereitet wurde (kritisch FamRefK/SONNENFELD Rn 10).

Anders als für die Überleitung der Amtspflegschaft nach Abs 1 gilt die Beendigung der in § 1712 Abs 1 BGB nicht genannten Aufgaben ausnahmslos; da Abs 2 nicht auf Abs 1 S 4 verweist, fällt also auch die Vertretung durch den Beistand im Rahmen laufender **erbrechtlicher Verfahren** zum 1.1. 1999 weg (FamRefK/SONNENFELD Rn 10; MünchKomm/HINZ Rn 3).

IV. Überleitung von Beistandschaften (§§ 1685 ff aF BGB) anderer Personen (Abs 3)

13 **1.** Waren **andere Personen als Beistand** bestellt, so findet eine Überleitung nur beschränkt auf die Fälle des § 1690 Abs 1 aF BGB und auch dann nur für eine Übergangszeit zur Vermeidung von Überleitungsschwierigkeiten statt: In diesem Fall ist ebenfalls zwischen Beistandschaften mit Vertretungsmacht nach § 1690 Abs 1 aF BGB und bloßen Unterstützungsbeistandschaften zu unterscheiden. Letztere enden wie im Fall des Abs 2 mit Ablauf des 30.6.1998.

14 **2.** Beistandschaften anderer Beistände als des Jugendamts bestehen jedoch auch dann **nur bis zum 1.1. 1999** wenn sie als Beistandschaft mit Vertretungsmacht nach § 1690 Abs 1 aF BGB bestellt waren (Abs 3 S 3). Bis zu diesem Datum bleibt der **Aufgabenkreis** unverändert, wird also durch § 1712 Abs 1 BGB nicht beschränkt (Abs 3 S 2 iVm Abs 1 S 3 HS 1). Im übrigen unterliegen auch solche nur für den 6-monatigen Übergangszeitraum übergeleiteten Beistandschaften bis zu ihrer Beendigung am 1.1. 1999 den §§ 1712 ff BGB.

Artikel 224 EGBGB
Übergangsvorschrift zum Kindschaftsrechtsreformgesetz vom 16. Dezember 1997

Schrifttum

DIEDERICHSEN, Die Reform des Kindschafts- und Beistandschaftsrechts, NJW 1998, 1977, 1989

KIRCHMEIER, Die abstammungsrechtlichen Übergangsvorschriften des Kindschaftsrechtsreformgesetzes, KindPrax 1998, 144

MÜHLENS, Einführung in das neue Kindschaftsrecht, Teil III, KindPrax 1998, 67.

§ 1
Abstammung

(1) Die Vaterschaft hinsichtlich eines vor dem 1. Juli 1998 geborenen Kindes richtet sich nach den bisherigen Vorschriften.

(2) Die Anfechtung der Ehelichkeit und die Anfechtung der Anerkennung der Vaterschaft richten sich nach den neuen Vorschriften über die Anfechtung der Vaterschaft.

(3) § 1599 Abs. 2 des Bürgerlichen Gesetzbuchs ist entsprechend anzuwenden auf Kinder, die vor dem in Absatz 1 genannten Tag geboren wurden.

(4) War dem Kind vor dem in Absatz 1 genannten Tag die Anfechtung verwehrt, weil ein gesetzlich vorausgesetzter Anfechtungstatbestand nicht vorlag, oder hat es vorher von seinem Anfechtungsrecht keinen Gebrauch gemacht, weil es vor Vollendung des zwanzigsten Lebensjahres die dafür erforderlichen Kenntnisse nicht hatte, so beginnt für das Kind an dem in Absatz 1 genannten Tag eine zweijährige Frist für die Anfechtung der Vaterschaft. Ist eine Anfechtungsklage wegen Fristversäumnis oder wegen Fehlens eines gesetzlichen Anfechtungstatbestandes abgewiesen worden, so steht die Rechtskraft dieser Entscheidung einer erneuten Klage nicht entgegen.

(5) Der Beschwerde des Kindes, dem nach neuem Recht eine Beschwerde zusteht, steht die Wirksamkeit einer Verfügung, durch die das Vormundschaftsgericht die Vaterschaft nach den bisher geltenden Vorschriften festgestellt hat, nicht entgegen. Die Beschwerdefrist beginnt frühestens am 1. Juli 1998.

Materialien: Eingefügt durch Art 12 Nr 4 KindRG, BGBl 1997 I 2942; E: BT-Drucks 13/4899 Beschlußempfehlung und Bericht des Rechtsausschusses BT-Drucks 13/8511.

I. Normgeschichte, Normzweck

1. Die Bestimmung enthält die abstammungsrechtlichen Übergangsvorschriften zum **Inkrafttreten der §§ 1591–1600e BGB** idF des KindRG. Übergangsbestimmungen zu am 1. 7. 1998 anhängigen **Abstammungsverfahren** finden sich in Art 15 KindRG (vgl Staudinger/Rauscher [2000] Einl 72 zu §§ 1589 ff). **1**

2. Abs 1 bis 3 bezwecken, daß (nur) die am 1. 7. 1998 bereits bestehenden Vaterschaften unberührt bleiben; hingegen bestimmt sich grundsätzlich – auch in Bezug auf das Abstammungsrecht – die rechtliche Stellung eines vor dem Inkrafttreten der Kindschaftsrechtsreform geborenen Kindes für die Zeit nach dem 1. 7. 1998 nach neuem Recht (BT-Drucks 13/4899, 138). **2**

3. Abs 4 soll den Anforderungen Rechnung tragen, die das BVerfG in seinen Entscheidungen zu §§ 1598, 1596 Abs 1 aF BGB (BVerfGE 79, 256; Staudinger/Rauscher [2000] Einl 105 zu §§ 1589 ff) und zu § 1598 S 2 aF BGB (BVerfGE 90, 263; Staudinger/Rauscher [2000] Einl 106 zu §§ 1589 ff) an den Gesetzgeber gerichtet hat. Die Regelung betrifft die Kinder, denen bisher die Klärung ihrer Abstammung verwehrt war, weil § 1596 Abs 1 aF BGB die Anfechtung nur bei Vorliegen bestimmter **Anfechtungstatbestände** erlaubte, und § 1598 BGB eine **kenntnisunabhängige Anfech-** **3**

tungsfrist für das volljährig gewordene Kind vorsah. Diesen Kindern wird ein (erneutes) Anfechtungsrecht gegeben.

4 **4. Abs 5** wurde als Übergangsvorschrift zu **§ 55b FGG** im Rechtsausschuß angefügt. Erfaßt sind Fälle, in denen bei Inkrafttreten des KindRG über die Feststellung der Vaterschaft bereits wirksam nach altem *Verfahrensrecht* ohne Anhörung und ohne Beschwerderecht der nichtehelichen Kinder des bereits gestorbenen Mannes entschieden worden war. Diesem nach neuem Recht beschwerdeberechtigten Personenkreis wird unter Durchbrechung der Rechtskraft ein Beschwerderecht eingeräumt (BT-Drucks 13/8511, 80).

II. Abstammung bei Geburt vor dem 1. 7. 1998 (Abs 1)

1. Keine Konservierung des Status

5 Abs 1 unterstellt die **Vaterschaft** zu einem vor dem 1. 7. 1998 geborenen Kind dem früheren Recht, also §§ 1591 bis 1600o aF BGB. Diese Bestimmungen enthielten die Unterscheidung nach einem ehelichen und einem nichtehelichen Status; nur für „nichteheliche" Kinder wurde explizit die Vaterschaft (§ 1600a aF BGB) geregelt; für eheliche Kinder war die Abstammung vom Ehemann der Mutter nur implizite Folge der Ehelichkeit. Die intertemporale Verweisung auf diese Bestimmungen bezieht sich nicht auf die Unterscheidung zwischen ehelichem und nichtehelichem *Status*, sondern nur auf die (ggf implizite) Zuordnung zu einem Mann als Vater gemäß §§ 1591 aF und 1600a aF BGB; auch die nach dem verwiesenen früheren Recht bestehende „Ehelichkeit" wird also transformiert in die bloße Vaterschaft des Ehemannes der Mutter (BT-Drucks 13/4899, 138; Kirchmeier KindPrax 1998, 144, 145; FamRefK/Wax Rn 2; Palandt/Diederichsen Rn 2). Damit kommt insbesondere nach dem 1. 7. 1998 die Eintragung einer **Legitimation** in das Geburtenbuch nicht in Betracht, auch wenn die Vaterschaft nach altem Recht zugeordnet wird und nach dem bis zum 30. 6. 1990 geltenden Statusrecht zur Legitimation geführt hätte (OLG Stuttgart FamRZ 2000, 436, 437; nur iE zutreffend LG Rottweil NJW-RR 1999, 1018).

2. Vor dem 1. 7. 1998 wirksame Zuordnung zum Vater

6 **a)** Abs 1 bezieht sich jedenfalls auf eine bei Ablauf des 30. 6. 1998 bereits **bestehende Vaterschaft**. Insoweit ist Abs 1 als Überleitungsvorschrift ohnehin durch den *Vertrauensschutz* geboten, weil die Anwendung neuen Rechts zu einem rückwirkenden Eingriff in abgeschlossenen Rechtsverhältnisse führen würde.

Nach altem Recht beurteilt sich daher für ein vor dem 1. 7. 1998 geborenes Kind:

7 **b)** Die Abstammung vom **Ehemann der Mutter**, wenn die Mutter bei der Geburt verheiratet war (§ 1591 aF BGB). Lagen die tatbestandlichen Voraussetzungen der Ehelichkeit alten Rechts im Zeitpunkt der Geburt vor, so bedurfte es keiner weiteren rechtsgeschäftlichen oder verfahrensrechtlichen Handlungen zur Begründung der Vaterschaft; damit *bestand* die Vaterschaft vor dem 1. 7. 1998 ex lege (AG Hamburg DAVorm 1999, 156). Dies gilt auch, wenn das Kind innerhalb von 302 Tagen nach **Auflösung der Ehe** geboren wurde (§§ 1591 Abs 1 aF, 1592 Abs 1 aF BGB), auch bei Geburt nach Auflösung der Ehe durch Scheidung, Aufhebung oder Nichtigerklärung,

sofern nur die Geburt vor dem 1. 7. 1998 erfolgt ist. Der Gesetzgeber wollte insoweit nicht durch eine rückwirkende Anwendung von §§ 1592, 1593 BGB neuer Fassung die bereits begründete Vaterschaft zerstören (BT-Drucks 13/4899, 139; zur Anwendung von § 1599 Abs 2 BGB auf diese Fälle vgl unten Rn 27).

8 **c)** Dasselbe gilt, wenn vor dem 1. 7. 1998 eine **wirksame Anerkennung der Vaterschaft** (§§ 1600b ff aF BGB; BayObLG NJW-RR 1999, 1452) oder eine **wirksame gerichtliche Feststellung** (§§ 1600n f aF BGB) vorgelegen hat.

3. Am 1. 7. 1998 schwebende Zuordnung

9 **a)** Fraglich erscheint, ob die intertemporale Anwendung früheren Rechts auch in Fällen geboten ist, in denen das Kind nicht ehelich war, und am 1. 7. 1998 eine **Feststellung der Vaterschaft** nach § 1600a aF BGB nur **eingeleitet, nicht aber wirksam** geworden war.

10 **b)** War am 1. 7. 1998 eine **gerichtliche Vaterschaftsfeststellung** im Verfahren nach § 1600n aF BGB anhängig, so bestimmt Art 15 KindRG nur über das Schicksal des Verfahrens; das bisher befaßte Gericht bleibt zuständig (Art 15 § 1 Abs 1 KindRG) und im Fall der Verkündung des Urteils oder der Bekanntmachung der Entscheidung vor dem Stichtag gelten die Vorschriften des früheren Rechts für die Zulässigkeit und die Zuständigkeit im Rechtsmittelverfahren (Art 15 § 1 Abs 2 S 1 KindRG). Soweit danach die Kindschaftssache bei dem Vormundschaftsgericht verbleibt, gelten verfahrensrechtlich die besonderen Verfahrensvorschriften (§ 621a ZPO) nicht, soweit sie vom FGG-Verfahrensrecht abweichen (Art 15 § 1 Abs 3 KindRG, BT-Drucks 13/4899, 145).

Art 15 § 2 KindRG, der auch Überleitungsvorschriften für das anzuwendende **materielle Recht** enthält, erwähnt das Vaterschaftsfeststellungsverfahren nicht. Der Gesetzgeber ging davon aus, daß die Vaterschaftsfeststellung nach §§ 1600d, 1600e BGB mit jener nach §§ 1600n, 1600o aF BGB gänzlich übereinstimme, was deshalb im wesentlichen zutrifft, weil nach herrschender Ansicht der Maßstab des § 1600d Abs 1 BGB dem des § 1600o Abs 1 aF BGB anzugleichen, also der Mann als Vater festzustellen ist, von dem das Kind biologisch abstammt (dazu Staudinger/Rauscher [2000] § 1600d BGB Rn 3, 29). Soweit freilich in Detailfragen Unterschiede bestehen, zB hinsichtlich der für die Vermutung des § 1600o aF BGB bzw des § 1600d nF zugrundeliegenden *Empfängniszeit* ist von der Anwendbarkeit *neuen Rechts* in über den Stichtag hinweg anhängigen Vaterschaftsfeststellungsverfahren auszugehen (ebenso FamRefK/Wax Rn 3). Dies entspricht insbesondere dem in Art 15 § 2 KindRG im übrigen zum Ausdruck gebrachten Grundsatz, daß für schwebende Verfahren nicht der alte Rechtszustand konserviert wird. Besonders deutlich kommt das dadurch zum Ausdruck, daß sich durch die Eltern des Mannes eingeleitete Anfechtungsverfahren mit dem 1. 7. 1998 erledigt haben, was nur nachvollziehbar ist, wenn der Wegfall der materiellen Anfechtungsberechtigung der Eltern das Alt-Verfahren erfaßt (näher unten Rn 18).

11 **c)** Für eine am 1. 7. 1998 **schwebende Anerkennung** der Vaterschaft bezieht sich hingegen die herrschende Meinung auf eine Äußerung im Regierungsentwurf, wo nach auch nach Inkrafttreten des KindRG *altes Recht* anzuwenden sei, soweit zur

Begründung einer Vaterschaft im Rechtssinne bestimmte Voraussetzungen noch zu erfüllen sind; insbesondere soll sich dies auf fehlende Zustimmungen zur Vaterschaftsanerkennung beziehen (BT-Drucks 13/4899, 138; PALANDT/DIEDERICHSEN Rn 3; FamRefK/WAX Rn 4; ebenso iE Fachausschuß StAZ 1999, 280; DIV-Gutachten DAVorm 1999, 748, 749; wohl auch DIV-Gutachten DAVorm 1999, 744, 745). Dies führt insbesondere dazu, daß weiterhin die Zustimmung des Kindes nach § 1600c Abs 1 aF BGB und nicht die der Mutter nach § 1595 Abs 1 BGB erforderlich bleibt und daß diese Zustimmung nur innerhalb von sechs Monaten seit Beurkundung der Anerkennungserklärung erteilt werden kann (§ 1600e Abs 3 aF BGB; KIRCHMEIER KindPrax 1998, 144, 145; PALANDT/DIEDERICHSEN Rn 3; FamRefK/WAX Rn 4). Auch die Rechtsnatur der Erklärungen, insbesondere die *Zugangsbedürftigkeit*, würde sich nach dieser Ansicht nach altem Recht beurteilen.

12 **d)** Diese Ansicht erscheint nicht zwingend. Insbesondere kann der Hinweis nicht überzeugen, die Anerkennungserklärung sei vor dem Stichtag unter den gesetzlichen Voraussetzungen des alten Rechts abgegeben worden (so FamRefK/WAX Rn 4). Dieses Argument träfe in gleicher Weise auf die Erhebung der Vaterschaftsfeststellungsklage zu. **Vertrauensschutz** vermag dies nicht zu begründen; eine Unterstellung der erklärten Anerkennung unter neues Recht bedeutet allenfalls eine unechte Rückwirkung, da lediglich die Rechtsfolgen der erklärten, aber noch nicht wirksamen Anerkennung für die Zukunft neuem Recht unterstellt würden.

Allerdings betrachtet die herrschende Meinung in anderen intertemporalen Gestaltungen die Abstammung eines vor dem Inkrafttreten neuen Rechts geborenen Kindes als **abgeschlossenen** und damit nach altem Recht zu beurteilenden Sachverhalt (vgl zu Art 220 EGBGB: BGH FamRZ 1987, 583; BGH NJW-RR 1989, 707); hinsichtlich der Vaterschaftsfeststellung und der -anfechtung nach dem Stichtag wird teilweise die Anwendung neuen Rechts vertreten (zu Art 220 EGBGB: KG FamRZ 1994, 986; BEITZKE ZfJ 1987, 478; herrschend allerdings zu Art 234 § 1 EGBGB: BGH NJW 1997, 2053). Da die Vaterschaftsanfechtung (Abs 2) und die Vaterschaftsfeststellung (oben Rn 10) nach dem 1. 7. 1998 zweifellos neuem Recht unterstehen, führt der Vergleich zu sonstigen Überleitungsfällen nicht zu zwingenden Ergebnissen. Zudem hat sich auch das kollisionsrechtliche Verständnis von Abgeschlossenheit der Vaterschaftszuordnung durch das KindRG gewandelt. *Art 19* sieht mit Ausnahme der alternativen Anknüpfung an das Ehewirkungsstatut eine *wandelbare* Anknüpfung vor (OLG Hamm FamRZ 2001, 1631, 1632 übersieht, daß Art 220 Abs 1 zwar für die IPR-Überleitung zum 1. 9. 1986 anders entschied, die materiell-intertemporale Kollision zum 1. 7. 1998 jedoch auch bei Geburt vor dem 1. 9. 1986 nach den Wertungen des KindRG auszulegen ist).

Die entscheidende Frage dürfte erneut sein, ob man intertemporale Abgeschlossenheit nur dann annimmt, wenn ein Rechtsverhältnis bereits unter altem Recht **materiell begründet** ist, oder ob man davon ausgeht, ein unter altem Recht eingeleitetes Rechtsverhältnis trage gleichsam die Aussicht auf seine Vollendung nach altem Recht in sich (vgl zum Streit um die Abgeschlossenheit bei Art 220 EGBGB PALANDT/HELDRICH Art 220 EGBGB Rn 2, 3). Vor allem im Vergleich zur gerichtlichen Vaterschaftsfeststellung erscheint die erste These eher stimmig: Die Vaterschaft ist vor dem 1. 7. 1998 auf keinem der von § 1600a aF BGB vorgezeichneten Wege festgestellt, auch wenn eine Anerkennung abgegeben wurde: Erhebt ein nach § 1600e BGB Klageberechtigter Vaterschaftsfeststellungsklage, so untersteht diese *neuem* Recht; das Schicksal der noch schwebenden Anerkennung sollte nicht zur selben Zeit dem *alten* Recht unterliegen.

e) Folgt man der hier vertretenen Ansicht, so ergeben sich wesentliche **praktische Folgen**: 13

Zustimmungsbefugt ist seit dem 1. 7. 1998 gemäß § 1595 Abs 1 BGB die Mutter. Hat das Kind nicht vor dem 1. 7. 1998 zugestimmt, so genügt seine Zustimmung nicht. Eine Zustimmung durch die Mutter als gesetzliche Vertreterin des Kindes läßt sich schwerlich in eine Zustimmung aus eigenem Recht umdeuten, weil nicht unterstellt werden kann, daß die Mutter ohne Kenntnis der eigenen Berechtigung ihre eigenen Interessen bedacht hat.

Für die **Zustimmung des gesetzlichen Vertreters** ergeben sich keine intertemporalen Fragen, da § 1596 BGB insoweit § 1600d aF BGB entspricht.

Die vor dem 1. 7. 1998 erklärte und noch nicht gemäß § 1600 Abs 3 aF BGB durch Fristablauf unwirksam gewordene (also nach dem 1. 1. 1998 erklärte) Anerkennung unterliegt nach dem 1. 7. 1998 nicht mehr der **6-Monatsfrist**; mit Rücksicht auf die insoweit abweichende herrschende Ansicht empfiehlt sich allerdings die Wiederholung der Anerkennung, wenn diese nach altem Recht nicht mehr zustimmungsfähig wäre.

4. Am 1. 7. 1998 noch nicht eingeleitete Vaterschaftszuordnung

a) Erst recht untersteht dem neuen Recht die Feststellung der Vaterschaft, wenn für ein vor dem Stichtag geborenes „nichteheliches" Kind die Anerkennung oder gerichtliche **Feststellung der Vaterschaft noch nicht eingeleitet** war. Zwar scheint der *Wortlaut* von Abs 1 nur auf den Zeitpunkt der Geburt abzustellen, weshalb eine Ansicht selbst in solchen Fällen altes Recht anwenden will (OLG Hamm FamRZ 2001, 1631, 1632; MünchKomm/Seidel Rn 5; DIV-Gutachten DAVorm 1999, 214; DIV-Gutachten ZfJ 1998, 386 [Nachtrag]; Fachausschuß StAZ 1999, 150; Fachausschuß StAZ 1999, 246; Kirchmeier KindPrax 1998, 144, 145; wohl auch Mühlens KindPrax 1998, 67, 69). 14

Intendiert ist aber mit der intertemporalen Regelung, *bestehende Vaterschaften* nicht dem neuen Recht zu unterstellen, in einem solchen Fall *besteht* aber im Rechtssinn noch keine Vaterschaft (so passim auch BGH NJW 1999, 1862, 1863); was (theoretisch) feststeht, ist lediglich die rechtlich als solche nicht entscheidende biologische Abstammung. Der Zweck der Regelung, möglichst umfassend auch für vor dem 1. 7. 1998 geborene Kinder neues Recht zur Anwendung zu bringen, muß in diesem Fall offenkundig nicht gegen Vertrauensschutz abgewogen werden, da weder verfahrensrechtliche noch rechtsgeschäftliche Erklärungen zu einer Begründung der Vaterschaft abgegeben wurden (iE ebenso Palandt/Diederichsen Rn 3; FamrefK/Wax Rn 3; offen gelassen von BayObLG FamRZ 1999, 1363, 1364).

Das gilt auch dann, wenn vor dem 1. 7. 1998 zwar eine **eheliche Vaterschaft** wirksam **angefochten**, das Kind also gemäß § 1593 aF BGB nichtehelich geworden war, aber noch keine Anerkennung oder Feststellung der Vaterschaft erfolgt oder eingeleitet war. Die gerichtliche Befassung mit dem früheren *Status* impliziert in diesem Fall lediglich die Beseitigung einer Vaterschaft (des Ehemannes der Mutter), schafft aber gerade keine bestehende neue Vaterschaft. Dies gilt auch, wenn im Ehelichkeitsanfechtungsverfahren der biologische Vater beteiligt (als Nebenintervenient) oder in die Beweisaufnahme einbezogen war.

5. Mutterschaft

15 Die **Abstammung von der Mutter** bestand vor dem 1.7. 1998 kraft ungeschriebener Regel, ohne daß es eines Zuordnungstatbestandes bedurfte. Für vor dem 1.7. 1998 geborene Kinder bleibt es also gemäß Abs 1 bei der Anwendung alten Rechts, obgleich § 1 eine Überleitungsregelung für die Mutterschaft nicht enthält (**aA** MünchKomm/Seidel Rn 6). Eine rückwirkende Anwendung neuen Rechts wäre als echte Rückwirkung sogar verfassungswidrig, wenn sie geeignet wäre, in bereits bestehende *geklärte* Mutterschaften einzugreifen. Soweit allerdings in Fällen der *Ersatzmutterschaft* Streit über die Zuordnung oder die Möglichkeit einer Mutterschaftsanfechtung bestand (vgl Staudinger/Rauscher [2000] § 1591 Rn 5 ff), ist der Rechtsgedanke des § 1591 BGB im Sinne einer zulässigen *rückwirkenden Klärung* auch auf Geburten vor dem 1.7. 1998 anzuwenden, zumal § 1591 BGB die damals herrschende Ansicht bestätigt, also kein Vertrauen in eine gefestigte Rechtslage erschüttert wird (iE ebenso MünchKomm/Seidel Rn 6).

III. Anfechtung der Vaterschaft bei Geburt vor dem 1.7. 1998 (Abs 2)

1. Anfechtung der übergeleiteten Vaterschaft

16 Die **„Anfechtung der Ehelichkeit und die Anfechtung der Anerkennung der Vaterschaft"** richten sich auch für vor dem 1.7. 1998 geborene Kinder nach neuem Recht (OLG Stuttgart FamRZ 1999, 610). Die Formulierung der Bestimmung ist verfehlt: Abs 1 geht zutreffend davon aus, daß seit dem 1.7. 1998 keine Ehelichkeit mehr besteht. Insbesondere kann auch keine Ehelichkeit, aber auch keine „Anerkennung" mehr angefochten werden. Die Bestimmung ist so zu verstehen, daß die am 1.7. 1998 in die einheitliche Vaterschaft übergeleitete, auf Ehe der Mutter oder Anerkennung beruhende **Vaterschaft nach neuem Recht anzufechten** ist (BGH NJW 1999, 1632; BGH NJW 1999, 1862; insoweit völlig zutreffend formuliert in BT-Drucks 13/4899, 138; Palandt/Diederichsen Rn 4/5). Dadurch entfällt insbesondere das nach altem Recht bestehende Problem der Anfechtung der auf *Legitimation* beruhenden Ehelichkeit (vgl zuletzt OLG Dresden NJ 1998, 91; Staudinger/Rauscher [1997] § 1593 aF BGB Rn 11), da zwischen der Anfechtung der auf Anerkennung und der auf Ehe beruhenden Vaterschaft ohnehin nicht mehr zu unterscheiden ist, wird auch die durch Legitimation vor dem 1.7. 1998 zur „Ehelichkeit" erstarkte Vaterschaft wie jede andere Vaterschaft angefochten.

Nach neuem Recht beurteilen sich also insbesondere die *Anfechtungsberechtigung* (§ 1600 Abs 1 BGB), die *Anfechtungsfrist* (§ 1600b BGB), die *Vertretung* von in der Geschäftsfähigkeit beschränkten Anfechtungsberechtigten (§ 1600a Abs 2 bis 5 BGB).

2. Am 1.7. 1998 anhängige Verfahren

17 Auch am 1.7. 1998 bereits **anhängige Verfahren** sind nach neuem Recht zu entscheiden (BGH NJW 1999, 1632; DIV-Gutachten DAVorm 1999, 215, 216). Anhängige Verfahren, welche die Anfechtung der Ehelichkeit oder der Anerkennung der Vaterschaft zum Gegenstand hatten, sind als Verfahren auf Anfechtung der Vaterschaft fortzusetzen (Art 15 § 2 Abs 1 KindRG; BGH NJW 1999, 1632, BGH NJW 1999, 1862).

3. Änderung der Anfechtungsberechtigung

Anfechtungsberechtigt sind daher nicht mehr die **Eltern des Mannes** (§§ 1595a aF, 1600g Abs 2 aF BGB). Hingegen ist die **Mutter** auch im Fall der auf Ehe beruhenden Vaterschaft nach § 1600 Abs 1 BGB anfechtungsberechtigt (BT-Drucks 13/4899, 138 f; MünchKomm/SEIDEL Rn 7; PALANDT/DIEDERICHSEN Rn 4/5). **18**

Der Wegfall der Anfechtungsberechtigung der Eltern des Mannes wirkt sich auch auf am 1. 7. 1998 bereits **anhängige Verfahren** aus; von den Eltern betriebene Anfechtungsverfahren sind als in der Hauptsache erledigt anzusehen (Art 15 § 2 Abs 2 KindRG); Gerichtsgebühren werden in diesem Fall nicht erhoben (Art 15 § 2 Abs 6 KindRG; FamRefK/WAX Rn 5).

4. Neue Anfechtungsfrist

a) Die **Anfechtungsfrist** beurteilt sich für alle nach neuem Recht Anfechtungsberechtigten nach § 1600b BGB; sie beträgt also einheitlich zwei Jahre. **19**

Für die **Überleitung** bereits **angelaufener oder abgelaufener Fristen** enthält das KindRG keine ausdrückliche Regelung. Insoweit könnte zurückgegriffen werden auf die intertemporalen Grundsätze zur Überleitung von Ausschlußfristen, wie sie in Art 169 EGBGB und zuletzt in Art 231 § 6 Abs 3 iVm Abs 1 und 2 EGBGB normiert sind. Der Zweck der Regelung dürfte jedoch Lösungen nahelegen, die zu einer möglichst umfassenden Rückwirkung des § 1600b BGB führen:

b) War der **Anfechtungsberechtigte schon nach altem Recht anfechtungsberechtigt** und ist die *Anfechtungsfrist nach altem Recht abgelaufen*, so hätte es nach allgemeinen Überleitungsgrundsätzen hierbei sein Bewenden (vgl Art 231 § 6 EGBGB Rn 47). Den Zielen des KindRG, ab dem 1. 7. 1998 umfassend neues Recht anzuwenden, die Anfechtungsfristen zu vereinheitlichen und im Zweifel die Abstammungswahrheit gegenüber der Stabilisierung unzutreffender Abstammungsverhältnisse zu begünstigen, entspricht es jedoch eher, auch in solchen Fällen die Zweijahresfrist des § 1600b Abs 1 BGB anzuwenden (KIRCHMEIER KindPrax 1998, 144, 146; DIV-Gutachten DAVorm 1999, 491, 492). Die Frist beginnt also mit der Kenntnis nach § 1600b Abs 1 BGB, frühestens mit der Geburt des Kindes (§ 1600b Abs 2 BGB). Dies kann dazu führen, daß das Anfechtungsrecht *wieder auflebt*, sofern bis zum 1. 7. 1998 die einjährige Frist nach § 1600h Abs 1 aF BGB bereits abgelaufen war (BGH NJW 1999, 1862; OLG Köln FamRZ 1999, 800). **20**

Eine unzulässige **Rückwirkung** ist hierin nicht zu sehen. Durch die Anwendung neuen Rechts kommt es allenfalls zur *Verlängerung* der Anfechtungsfrist, also zu einer Verbesserung der Rechtsstellung des **Anfechtungsberechtigten** (BGH NJW 1999, 1862, 1863). Auch der Schutz eines ggf in den *Ablauf einer Anfechtungsfrist* nach altem Recht (§ 1600h Abs 1 aF BGB) bestehenden Vertrauens (insbesondere des **Anfech-**

tungsbeklagten) steht dem Eingreifen der neuen Anfechtungsfristen für Altsachverhalte nicht entgegen; eine absolute Frist, nach deren Ablauf die Anfechtung ausgeschlossen ist, kannte auch das alte Recht nicht. Soweit die Anfechtungsfrist unabhängig von der Kenntnis des volljährigen Kindes ablief, war dies sogar verfassungswidrig, weil der Kenntnis und Realisierung der wirklichen Abstammung gegenüber Bestandsinteressen der Vorrang einzuordnen ist. Schließlich verfolgt Art 224 § 1 Abs 2 EGBGB auch das Ziel einer umfassenden Vereinheitlichung der Anfechtungsregelungen, das gegenüber einem eventuellen Vertrauen in den Ablauf alter Anfechtungsfristen den Vorrang beansprucht; eine solche Reform war auch spätestens seit Inkrafttreten des Art 230 aF EGBGB aufgrund der Absichtserklärungen zum Kindschaftsrecht im Zusammenhang mit dem Einigungsvertrag absehbar und durch die Rechtsprechung des BVerfG zum Abstammungsrecht vorgezeichnet (BGH NJW 1999, 1862, 1863). Dies gilt auch in Fällen, in denen die Abstammung des Kindes zunächst dem Recht der DDR unterlag und nach Art 234 § 7 EGBGB am 3. 10. 1990 in das frühere Kindschaftsrecht des BGB übergeleitet worden war (BGH NJW 1999, 1862, 1863).

21 **c)** Für die nach altem Recht nicht anfechtungsberechtigte **Mutter** beginnt die Frist ebenfalls mit dem in § 1600b BGB bestimmten Zeitpunkt. Liegt dieser am 1. 7. 1998 bereits mehr als zwei Jahre zurück, so ist das Anfechtungsrecht schon vor seinem Entstehen verfristet (OLG Celle NJWE-FER 2000, 110; AG Itzehoe MDR 1999, 1448). Anders als für das Kind (sogleich Rn 22) hat der Gesetzgeber für die Mutter eine rückwirkende Begünstigung durch eine neue Frist für das ihr neu zugewiesene Anfechtungsrecht nicht vorgesehen (OLG Stuttgart DAVorm 1999, 303; OLG Celle aaO; Kirchmeier KindPrax 1998, 144, 146). Eine solche, jenseits des Fristbeginns nach § 1600b BGB zulässige Anfechtung durch die Mutter wäre auch interessenwidrig. Wie im Gesetzgebungsverfahren im Zusammenhang mit der Frage der Beschränkung des § 1600b Abs 5 BGB auf das Kind deutlich geworden ist (dazu Staudinger/Rauscher [2000] § 1600b Rn 3), würde eine später als zwei Jahre nach der Geburt des Kindes erfolgende Anfechtung durch die Mutter das Interesse des Kindes am Erhalt der entwickelten Vaterbeziehung stören können (OLG Stuttgart DAVorm 1999, 303).

22 **d)** Für das **Kind** gilt grundsätzlich ebenfalls Art 224 § 1 Abs 2 EGBGB; insbesondere beginnt für das minderjährige Kind die Frist ebenfalls nicht erst am 1. 7. 1998, sondern zu dem in § 1600b BGB bezeichneten Zeitpunkt. Da jedoch für das minderjährige Kind auf die Kenntnis des *gesetzlichen Vertreters* abzustellen ist (AG Landshut KindPrax 1999, 28; DIV-Gutachten DAVorm 1999, 215), bedarf es insoweit einer Einschränkung: Die Kenntnis des gesetzlichen Vertreters ist dem Kind nur zuzurechnen, soweit dieser gesetzliche Vertreter während des Laufs der Frist auch für die *Anfechtung der Vaterschaft* vertretungsbefugt war. Insbesondere ist die Kenntnis der Mutter (meist seit Geburt) dem Kind nicht fristauslösend zuzurechnen, wenn die Mutter erst mit dem 1. 7. 1998 die Vertretungsbefugnis im Vaterschaftsprozeß erlangt hat (iE deshalb wohl unzutreffend AG Landshut KindPrax 1999, 28).

Für das Kind gelten nach dem 1. 7. 1998 überdies die erneuten Anfechtungsfristen **nach § 1600b Abs 3 und Abs 5 BGB**. Ergänzend gibt Art 224 § 1 Abs 4 EGBGB ein neues Anfechtungsrecht, das insoweit rückwirkend die nach altem Recht bestehenden Anfechtungshindernisse für das Kind ausräumt (dazu unten Rn 36 ff).

e) Einer Korrektur des in § 1600b Abs 1 BGB bestimmten Zeitpunktes bedarf es in Fällen, in denen seitens des Kindes **vor dem 1. 7. 1998 eine Anfechtung zwar möglich** war, jedoch erst zu einem **späteren Zeitpunkt** als dem der Kenntnis von den die Nichtabstammung begründenden Umständen. Dies ist der Fall, wenn der nach § 1596 aF BGB erforderliche Anfechtungsgrund erst zu einem späteren Zeitpunkt entstanden oder dem Kind bzw dessen gesetzlichen Vertreter bekanntgeworden ist. In solchen Fällen besteht eine Regelungslücke: *Abs 4* greift nicht ein, weil ein Anfechtungsgrund vor dem 1. 7. 1998 *bestanden* hatte. In diesen Fällen berücksichtigt die Anwendung von § 1600b Abs 1 BGB nicht, daß nach neuem Recht die Frist nur noch von der *Kenntnis* der die Nichtabstammung begründenden Umstände abhängt, nach altem Recht jedoch noch der Anfechtungsgrund und die Kenntnis hiervon hinzutreten mußte. Daher ist es in solchen Fällen geboten, den Fristbeginn nach § 1600b Abs 1 BGB auf den Zeitpunkt hinauszuschieben, zu dem nach früherem Recht die Anfechtung durch das Kind *frühestens möglich* gewesen wäre (OLG Celle NJWE-FER 2000, 111; DIV-Gutachten DAVorm 1999, 261). 23

f) Für die **Hemmung des Fristlaufs** durch vor dem 1. 7. 1998 eingetretene Ereignisse wäre wiederum nach allgemeinen intertemporalen Grundsätzen auf das alte Recht abzustellen (vgl Art 231 § 6 Abs 1 S 2 EGBGB). Auch insoweit dürfte jedoch durch Art 224 § 1 Abs 2 eine umfassende Rückwirkung gewollt sein. Soweit zwischen der Hemmungsbestimmung des § 1600b Abs 6 BGB und den Bestimmungen im alten Recht Abweichungen bestehen (insbesondere zu § 1600h Abs 2 aF BGB) darf dies aus Gründen des Vertrauensschutzes jedoch nicht dazu führen, daß eine nach altem Recht eingetretene Fristhemmung nicht berücksichtigt wird. Dies wird freilich selten der Fall sein, da die in § 1600b Abs 6 BGB nicht mehr enthaltenen Hemmungstatbestände des *Irrtums* und der *Arglist* regelmäßig bereits die Kenntnis gemäß § 1600b Abs 1 S 2 BGB und damit den Fristbeginn hindern. 24

g) Im Fall der **Geschäftsunfähigkeit** des Anfechtungsberechtigten ist § 1600b Abs 4 BGB anzuwenden; dies gilt nicht nur, wenn die Geschäftsunfähigkeit nach dem 1. 7. 1998 weggefallen ist, sondern auch bei früherem Wegfall. 25

5. Vaterschaftsvermutung

Die **Vaterschaftsvermutung** des § 1600c Abs 1 BGB, die sich auf die Zuordnungsgründe nach § 1592 Nr 1, Nr 2, § 1593 BGB der neuen Fassung bezieht, kann jedenfalls nicht wortlautentsprechend für vor dem 1. 7. 1998 geborene Kinder gelten, soweit sich die Zuordnung der Vaterschaft nicht bereits nach § 1592 neuer Fassung beurteilt (oben Rn 6 ff). Allerdings ist in solchen Fällen nicht auf die Vermutung des § 1591 aF BGB oder des § 1600m aF BGB zurückzugreifen. Vielmehr ist § 1600c BGB mit der Maßgabe anzuwenden, daß in Abs 1 an die Stelle der „Vaterschaft nach § 1592 Nr 1 und 2, § 1593“ die nach §§ 1591, 1592 aF BGB und nach § 1600a 1. Alt aF BGB tritt. Es wird also lediglich die die Vaterschaftszuordnung bewirkende Vermutungsgrundlage dem alten Recht entnommen, soweit Art 224 § 1 Abs 1 EGBGB altes Recht beruft. Dagegen wird die Vermutungswirkung und die Reichweite der Vermutung, insbesondere die Ausnahme im Fall von Willensmängeln, nicht nach altem Recht, sondern nach § 1600c Abs 2 BGB beurteilt, weil diese Teil der Anfechtungsregeln sind, die nach Abs 2 neuem Recht unterstehen. 26

IV. Anwendung von § 1599 Abs 2 auf vor dem 1.7. 1998 geborene Kinder (Abs 3)

1. Anwendbarkeit von § 1599 Abs 2 BGB

27 Auch die **Beseitigung der Vaterschaft** des Ehemannes der Mutter **ohne Vaterschaftsanfechtung** nach § 1599 Abs 2 BGB ist auf vor dem 1. 7. 1998 geborene Kinder anwendbar (AG Hannover DAVorm 1999, 1163; AG Bremen FamRZ 2000, 1031; DIV-Gutachten ZfJ 1998, 336; DIV-Gutachten DAVorm 1998, 901; DIV-Gutachten DAVorm 1999, 351). Dies ist aus systematischen Gründen folgerichtig, weil § 1599 Abs 2 BGB die Anfechtung der Vaterschaft ersetzt, also insoweit der Abs 2 zugrunde liegende Rechtsgedanke eingreift.

2. Voraussetzungen

28 **a)** Grundsätzlich müssen auch bei Geburt des Kindes vor dem Stichtag für die Anwendung von § 1599 Abs 2 BGB die **Tatbestandsmerkmale** dieser Bestimmung vollständig erfüllt sein, das Kind muß also *nach Anhängigkeit des Scheidungsantrags geboren* sein, die Ehe muß auf diesen Antrag hin schließlich *rechtskräftig geschieden* werden, der wirkliche Vater muß das Kind bis zum Ablauf eines Jahres nach Rechtskraft der Scheidung *anerkennen*, und dieser Anerkennung muß auch der *Ehemann der Mutter* zustimmen.

29 **b)** Das Erfordernis der Geburt **nach Anhängigkeit** des Scheidungsantrags ist auch im Fall der analogen Anwendung über Art 224 § 1 Abs 3 EGBGB ausnahmslos zu beachten. Es entspricht dem Zweck der Regelung, daß es nur dann zu einer vereinfachten Beseitigung der Zuordnung des Kindes zum Ehemann der Mutter kommt, wenn die Geburt in der deutlich durch den Scheidungsantrag manifestierten Ehekrise erfolgt (zutreffend DIV-Gutachten ZfJ 1998, 336, 337). Ebenso kann die Rechtsfolge des § 1599 Abs 2 BGB ausnahmslos nur eintreten, wenn die **Ehe geschieden** wird (vorher entfaltet § 1599 Abs 2 BGB auch keine Vermutungswirkungen, vgl aber AG Hannover DAVorm 1999, 1163, 1164) und zwar auf den Antrag, der im Zeitpunkt der Geburt anhängig war.

30 **c)** Fraglich ist dagegen, ob § 1599 Abs 2 BGB auch auf Kinder anwendbar ist, die vor dem 1. 7. 1998, jedoch **nach Rechtskraft des Scheidungsurteils** geboren wurden. Dies ist mit der überwiegenden Ansicht zu bejahen: Der Gesetzgeber ging offenbar davon aus, daß Art 224 § 1 Abs 3 EGBGB auch Fälle erfasse, in denen die Scheidung noch nicht weiter als die in § 1599 Abs 2 BGB vorgesehene Jahresfrist zurückliege (BT-Drucks 13/4899, 139). § 1599 Abs 2 BGB ist zwar nach seinem Wortlaut nur zugeschnitten auf die Geburt vor Rechtskraft der Scheidung; das hat seinen Grund aber darin, daß nach neuem Recht ein Kind, das nach Rechtskraft der Scheidung geboren wird, ohnehin nicht den Ehemann der Mutter zum Vater hat. Da es für vor dem Stichtag geborene Kinder aus Gründen des Bestandsschutzes bei der Anwendung von §§ 1591, 1592 aF BGB für die *Zuordnung* verbleibt (oben Rn 7), bedarf es einer zweckentsprechenden Analogie zu § 1599 Abs 2 BGB für jene Fälle, in denen sich die Abstammung vom Ehemann der Mutter nicht auf die Geburt *in* der Ehe, sondern auf die Geburt binnen 302 Tagen *nach* der Ehe stützt. Insoweit gilt die ratio des § 1599 Abs 2 BGB erst recht; die Vermutungsbasis für eine Vaterschaft des Ehemannes ist in diesen Fällen so schwach, daß das neue Recht hierauf noch nicht einmal mehr eine

primäre Zuordnung nach § 1592 stützen mag (ebenso iE: BT-Drucks 13/4899, 139; FamRefK/Wax Rn 9; DIV-Gutachten DAVorm 1998, 901, 902; DIV-Gutachten DAVorm 1999, 351 mit erhellenden Anmerkungen zur Ratlosigkeit eines Amtsgerichts).

d) Für die innerhalb des Tatbestandes von § 1599 Abs 2 BGB erforderliche **Anerkennung** gilt Art 224 § 1 Abs 1; die Anerkennung kann also dem früheren Recht unterliegen (Palandt/Diederichsen Rn 10; FamRefK/Wax Rn 9; Kirchmeier KindPrax 1998, 144, 146). Unter welchen Voraussetzungen altes oder neues Recht auf diese Anerkennung anzuwenden ist, hängt von der zu Abs 1 strittigen Frage der Rückwirkung neuen Rechts auf nicht abgeschlossene Vaterschaftszuordnungen ab (oben Rn 9 ff). Dies wirft jedoch einige **Unstimmigkeiten** auf: **31**

aa) Ist die **Zustimmung des Kindes** erforderlich und genügend, was nach hier vertretener Ansicht nur bei Zustimmung *vor* dem 1. 7. 1998 der Fall ist (oben Rn 11), so fehlt es im Grunde an einer von § 1599 Abs 2 BGB implizierten wesentlichen Voraussetzung, daß nämlich im *Konsens* von Mutter, Ehemann und wirklichem Vater der Vermutungswirkung der Ehe die Grundlage entzogen wird. Eine Beseitigung der Zuordnung zum Ehemann auf konsensualer Basis ohne Zustimmung der Mutter ist systemwidrig. Dieser Systembruch läßt sich nur vermeiden, wenn man eine *Anerkennung nach altem Recht* nur für Zwecke des § 1599 Abs 2 BGB genügen läßt, wenn auch die Mutter ihr zugestimmt hat. Es handelt sich hierbei um ein intertemporal veranlaßtes Substitutionsproblem. Die Anerkennung nach altem Recht unterscheidet sich insoweit von der nach neuem Recht, als sie nicht die von § 1599 Abs 2 BGB vorausgesetzte Konsensbasis zwischen der Mutter und den beiden beteiligten Männern belegen kann. Die hier abgelehnte Ansicht (oben Rn 11) verschärft dieses Problem, da sie die Fälle der Anwendung alten Rechts auf am 1. 7. 1998 schwebende Anerkennungen vermehrt. **32**

bb) Untersteht die Anerkennung altem Recht, so stellt sich weiter die Frage, ob die **Befristung des § 1600e Abs 3 aF BGB** auch auf die weiteren Wirksamkeitserfordernisse der Zustimmung des Ehemannes und der Rechtskraft des Scheidungsurteils zu erstrecken ist. Tut man dies, weil § 1600e Abs 3 aF BGB ersichtlich den Zweck verfolgt, Rechtssicherheit einkehren zu lassen, wenn die Anerkennung nicht binnen der Frist *wirksam* geworden ist, so ist eine Anerkennung, die altem Recht unterliegt, für Zwecke des § 1599 Abs 2 BGB in vielen Fällen wertlos. Vor allem mit Rücksicht auf die nicht beeinflußbare Dauer des Scheidungsverfahrens wird man sie sicherheitshalber wiederholen müssen. Wendet man die Befristung nicht an, so bleibt die Anerkennung ggf länger als ein Jahr in der Schwebe, ohne daß dem Anerkennenden das Widerrufsrecht nach § 1597 Abs 3 BGB neuer Fassung zustünde. Diese typische Situation kollisionsrechtlich verursachten Normenmangels läßt sich allerdings beheben, indem man im Wege der Angleichung auf die als „normale“ Anerkennung wirksame, aber für Zwecke des § 1599 Abs 2 BGB noch schwebende Anerkennung insoweit § 1597 Abs 3 nF BGB anwendet. **33**

Auch dieses Problem verschärft die Gegenansicht durch Einbeziehung am 1. 7. 1998 mangels Zustimmung des Kindes noch schwebender Anerkennungen.

cc) Dagegen unterliegt die **Zustimmung des Ehemannes** der Mutter insgesamt neuem Recht; da nach früherem Recht eine solche Zustimmung nicht vorgesehen **34**

war, kommt auch dann eine Anwendung alten Rechts nicht in Betracht, wenn man entgegen der hier vertretenen Ansicht schon die noch schwebend unwirksam erklärte Anerkennung vor dem 1. 7. 1998 genügen läßt, um die Anerkennung insgesamt früherem Recht zu unterstellen.

V. Erweiterte Anfechtung durch das vor dem 1. 7. 1998 geborene Kind (Abs 4)

1. Neues Anfechtungsrecht

35 **Abs 4** eröffnet in zwei Fällen, in denen nach alter Rechtslage in verfassungswidriger Weise (vgl Staudinger/Rauscher [2000] Einl 105 f zu §§ 1589 ff) Kindern die Anfechtung der Vaterschaft verwehrt war, ein **erstmaliges oder neues Anfechtungsrecht**. Das ohne Einschränkung auf bestimmte Gründe gewährte Anfechtungsrecht des § 1600 wird auf Altfälle erstreckt (MünchKomm/Seidel Rn 8). In gleicher Weise wird der Rechtsgedanke einer erneuten *kenntnisabhängigen* Anfechtungsfrist für das volljährig gewordene Kind (§ 1600b Abs 3 BGB) auf Altfälle ausgedehnt (Palandt/Diederichsen Rn 4/5).

Abs 4 gilt nur für das anfechtende Kind; andere Beteiligte, auch solche, denen erstmals nach § 1600 BGB ein Anfechtungsrecht zusteht, werden von Abs 4 nicht begünstigt (OLG Dresden FamRZ 1999, 1366, 1368).

2. 1. Alt: Fehlen einer Anfechtungsmöglichkeit vor dem 1. 7. 1998

36 In der ersten Variante ist erforderlich, daß ein **gesetzlich vorausgesetzter Anfechtungstatbestand** nicht vorlag.

a) Betroffen sind nur Fälle der Anfechtung der **Vaterschaft aufgrund Ehe**, weil nur für diese Fälle die Anfechtung der Ehelichkeit nach § 1596 aF BGB beschränkt war, während die Anfechtung der Anerkennung nach § 1600i aF BGB solchen Beschränkungen nicht unterlag (Kirchmeier KindPrax 1998, 144, 147). Diese Variante ist **nicht nur** auf die Anfechtung durch **volljährige Kinder** anzuwenden; Voraussetzung ist nur, daß die Anfechtung – auch die durch den gesetzlichen Vertreter namens des Kindes – bisher am Fehlen eines Anfechtungsgrundes gescheitert wäre (BT-Drucks 13/4899; Palandt/Diederichsen Rn 4/5). Wurde hingegen die Anfechtungsfrist durch den namens des Kindes anfechtungsberechtigten gesetzlichen Vertreter versäumt, eröffnet Abs 4 keine neue Anfechtungsfrist (OLG Celle OLGR Celle 1998, 289).

37 **b)** Fraglich ist, in welchem Umfang das Familiengericht **Feststellungen zum Fehlen eines Anfechtungsgrundes** treffen muß. Zweifellos ist nicht erforderlich, daß vor dem 1. 7. 1998 eine Anfechtungsklage oder ein -antrag wegen Fehlens eines Anfechtungsgrundes rechtskräftig abgewiesen wurde. Daher kommt eine Anfechtung unter der ersten Alternative auch in Betracht, wenn von einer Anfechtung bisher abgesehen wurde, weil das Kind oder sein gesetzlicher Vertreter das Vorliegen eines Anfechtungsgrundes nicht angenommen haben. In solchen Fällen sollten die Feststellungen zum Vorliegen dieser negativen Tatsache nicht überzogen werden; insbesondere ist an Fälle zu denken, in denen aus Rücksichtnahme auf das Ansehen des Mannes von einer auf § 1596 Abs 1 Nr 4 aF BGB gestützten Anfechtung (ehrloser oder unsittlicher Lebenswandel) abgesehen wurde. Es würde den Zweck der Regelung in sein

Gegenteil verkehren, wenn nunmehr ein Familiengericht nach dem Amtsermittlungsgrundsatz zu prüfen hätte, ob das Kind sich schon vor dem 1. 7. 1998 auf diesen Anfechtungsgrund hätte berufen dürfen. Daher ist nur zu verlangen, daß der Kläger bzw Antragsteller schlüssig vorträgt, ihm habe kein Anfechtungsgrund zugestanden; eine Beweiserhebung ist nur geboten, wenn sich deutliche Hinweise (zB auf die Scheidung der Ehe der Mutter, § 1596 Abs 1 Nr 2 aF BGB) oder Vortrag des Beklagten zum Vorliegen eines Anfechtungsgrundes nach altem Recht ergeben.

3. 2. Alt: Fehlende Kenntnis vor Vollendung des 20. Lebensjahres

38 In der zweiten Variante setzt Abs 4 voraus, daß das volljährige Kind **vor Vollendung des zwanzigsten Lebensjahres** die **erforderlichen Kenntnisse** nicht hatte.

a) Die Regelung bezieht sich nicht nur auf das Fehlen der **Kenntnis** von einem **Anfechtungsgrund** nach § 1596 aF BGB, sondern insbesondere auf das Fehlen der Kenntnis von den die **Nichtvaterschaft begründenden Umständen** (Palandt/Diederichsen Rn 7). Damit gilt diese Variante nicht nur für Fälle, in denen das Kind innerhalb der ihm nach § 1598 aF BGB zustehenden Frist die erforderliche Kenntnis nicht hatte, sondern auch im Fall des § 1600k Abs 4 S 2 aF BGB (was weder im Regierungsentwurf, BT-Drucks 13/4899, 139, noch im Schrifttum gesehen wird; zur Verfassungswidrigkeit von § 1600k Abs 4 S 2 aF BGB vgl Staudinger/Rauscher [1997] § 1600k aF BGB Rn 20). Das neue Anfechtungsrecht besteht also, wenn das Kind vor Erreichen des 20. Lebensjahres entweder keine Kenntnis von einem Anfechtungsgrund nach § 1596 aF BGB oder keine Kenntnis von den die Nichtvaterschaft des Ehemannes der Mutter oder des Anerkennenden begründenden Umständen hatte.

39 **b)** Nach dem Wortlaut der Regelung ist eine neue Anfechtungsmöglichkeit nicht eröffnet, wenn das Kind **nach Vollendung des 18., aber vor Vollendung des 20. Lebensjahres Kenntnis** erlangt hat, ggf kurz vor Ablauf der absoluten Frist. Eine Handhabung der Bestimmung in dieser engen, wortlautentsprechenden Weise wird ihrem Zweck, die durch die Kenntnisunabhängigkeit der Frist verursachte Verfassungswidrigkeit der alten Regelung zu kompensieren, nicht gerecht: Es geht nicht nur darum, dem Kind, das innerhalb der zwei ihm nach § 1598 aF BGB zur Verfügung stehenden Jahre überhaupt keine Kenntnis erlangt hat, ein neues Anfechtungsrecht zu gewähren; korrekturbedürftig sind auch Fälle, in denen das Kind keine hinreichende *Überlegungszeit* nach Kenntniserlangung vor Ende der Frist hatte. Dies ergibt sich deutlich aus einem Vergleich zum Fall der unmittelbaren Anwendung von § 1600b Abs 3 BGB: Erlangte das Kind bis zum 1. 7. 1998 überhaupt keine Kenntnis, so gilt § 1600b Abs 3 unmittelbar (sogleich Rn 40). Erlangte es vorher, aber nach Vollendung des 20. Lebensjahres Kenntnis, so gilt Abs 4. Erlangte es aber vor dem 1. 7. 1998, aber auch vor Vollendung des 20. Lebensjahres Kenntnis, so wäre ihm die Anfechtung gänzlich verwehrt.

Es ist zu erwägen, ob der absehbaren **Verfassungswidrigkeit** der Übergangsregelung durch eine **teleologische Erweiterung** des Anwendungsbereichs begegnet werden kann. Eines erneuten Anfechtungsrechts bedürfte es in allen Fällen, in denen das Kind nicht bereits bei Vollendung seines 18. Lebensjahres die erforderliche Kenntnis hatte; bei jeder späteren Kenntniserlangung würde die angemessene Überlegungsfrist verkürzt.

40 **c)** Nicht von Abs 4 berührt ist die **unmittelbare Anwendung von § 1600b Abs 3 BGB**. Hat der gesetzliche Vertreter des Kindes während dessen Minderjährigkeit nicht rechtzeitig angefochten, so kann das Kind, wenn es **nach dem 1. 7. 1998 Kenntnis** von den die Nichtvaterschaft begründenden Umständen erlangt, erneut anfechten (zutreffend Palandt/Diederichsen Rn 8). Soweit dem minderjährigen Kind die Kenntnis seines gesetzlichen Vertreters (der bereits nach altem Recht namens des Kindes zur Anfechtung berechtigt gewesen sein muß) zuzurechnen ist, und die *Anfechtungsfrist versäumt* wurde, eröffnet *Abs 4* keine erneute Anfechtungsfrist (OLG Celle OLGR Celle 1998, 289).

41 **d)** Nicht von Abs 4 berührt ist auch die **unmittelbare Anwendung von § 1600b Abs 5 BGB**. Erlangt ein Kind nach dem 1. 7. 1998 Kenntnis von Umständen, welche die Vaterschaft iS dieser Bestimmung unzumutbar machen, so kann es, da seit dem 1. 7. 1998 neues Recht für die Anfechtung gilt, unmittelbar nach § 1600b Abs 5 BGB innerhalb einer erneuten Zweijahresfrist anfechten (FamRefK/Wax Rn 8).

4. Neue Anfechtungsfrist

42 In beiden Fällen des Abs 4 beginnt mit dem 1. 7. 1998 eine **neue Anfechtungsfrist** von zwei Jahren (Abs 4 S 1 letzter HS).

Die Frist **endet** mit Ablauf des 30. 6. 2000. Dies setzt voraus, daß das Kind am 1. 7. 1998 die Kenntnis der die Nichtvaterschaft begründenden Umstände hatte. Anderenfalls gilt § 1600b Abs 3 BGB unmittelbar (oben Rn 40).

5. Anfechtung trotz rechtskräftiger Abweisung

43 Wurde eine **Klage** oder ein **Antrag des Kindes** vor dem 1. 7. 1998 **rechtskräftig abgewiesen**, so steht die Rechtskraft der Entscheidung der erneuten Anfechtung nicht entgegen, sofern die Abweisung wegen Fristversäumung oder wegen Fehlens eines Anfechtungstatbestandes nach § 1596 aF BGB erfolgte (Abs 4 S 2). Dies ist notwendig, um zu vermeiden, daß in Fällen, in denen eindeutig das Anfechtungsrecht des Kindes an den verfassungswidrigen Regelungen des alten Rechts gescheitert ist, die Rechtskraft der Entscheidung entgegenstünde, während in Fällen, in denen das Kind eine Anfechtung nicht versucht hat, ein neues Anfechtungsrecht bestünde.

VI. Beschwerde des Kindes gegen vormundschaftsgerichtliche Vaterschaftsfeststellung (Abs 5)

44 **1.** Der im Rechtsausschuß angefügte Abs 5 enthält eine **Übergangsvorschrift zu § 55b Abs 1, Abs 3 FGG** für Fälle, in denen nach altem Recht die Vaterschaft im Verfahren nach § 1600n Abs 2 aF BGB festgestellt wurde, ohne daß andere nichteheliche Kinder des verstorbenen Mannes hierzu gehört worden waren (BT-Drucks 13/8511, 80). Ein anderes nichteheliches Kind war, im Gegensatz zu ehelichen Kindern, nach § 55b Abs 1 aF FGG nicht zwingend zu hören und hatte auch kein Beschwerderecht (§ 55b Abs 3 aF FGG). Abs 5 schafft für den betroffenen Personenkreis, der nach § 55b Abs 1 und Abs 3 FGG in der neuen Fassung zu hören und beschwerdeberechtigt wäre, ein Beschwerderecht gegen die ggf bereits rechtskräftige Entscheidung.

2. Voraussetzung ist, daß dem **Kind nach neuem Recht ein Beschwerderecht** zusteht. Die Bestimmung ist insoweit äußerst mißverständlich formuliert: **45**

a) **„Kind“** bedeutet ausnahmsweise nicht, wie sonst in §§ 1589 ff BGB und in Art 224 EGBGB das Kind in der für die Abstammungsfeststellung kennzeichnenden Drei-Personen-Konstellation Mann-Mutter-Kind. Gemeint sind nach dem Sinn der Regelung andere, von der Vaterschaftsfeststellung in diesem Verfahren nicht unmittelbar berührte Kinder des *Mannes*, um dessen Vaterschaft es geht (BT-Drucks 13/8511, 80; FamRefK/Wax Rn 10).

b) Diesem Kind muß nach neuem Recht ein **Beschwerderecht** zustehen. Gemeint, aber aus dem Wortlaut nicht erkennbar, ist das in § 55b Abs 1, Abs 3 FGG neuer Fassung geschaffene Beschwerderecht. Da Abs 5 im Interesse der übergangsweisen rückwirkenden Anwendung dieses Beschwerderechts ggf die Rechtskraft der früheren Entscheidung durchbricht, bedarf es einer Beschränkung auf Fälle, in denen das betreffende Kind *nach altem Recht kein Beschwerderecht* hatte. Erfaßt ist also ausschließlich der Personenkreis, dem nach § 55b Abs 1, Abs 3 nF FGG erstmals ein Beschwerderecht zusteht, also früher nichteheliche Kinder des Mannes. Hingegen sind aus einer Ehe stammende Kinder, die bereits nach § 55b aF FGG beschwerdeberechtigt waren, zwar auch nach neuem Recht beschwerdeberechtigt; ihnen ein (erneutes) Beschwerderecht zu geben, wäre jedoch zweckwidrig. **46**

3. Als Rechtsfolge bestimmt Abs 5, daß die **Wirksamkeit der Verfügung** der Beschwerde nicht entgegensteht. Die Beschwerdebefugnis ergibt sich nicht aus Abs 5, sondern aus § 55b Abs 3 FGG. Lediglich die erst mit formeller Rechtskraft eingetretene Wirksamkeit (§ 55b Abs 2 FGG) wird in diesem Fall suspendiert. War die Verfügung am 1. 7. 1998 noch nicht wirksam, so entsteht die Beschwerdeberechtigung mit Inkrafttreten des § 55b nF FGG erst recht. **47**

4. Die **Beschwerdefrist** beginnt in diesem Fall, also für den durch § 55b nF FGG erstmals beschwerdeberechtigten Personenkreis frühestens mit dem 1. 7. 1998 (Art 224 § 1 Abs 5 S 2 EGBGB). Fraglich ist, wie die Frist im übrigen zu berechnen und in welcher Weise die Entscheidung dem betroffenen Personenkreis fristauslösend **bekanntzumachen** ist. Da es sich um vor dem 1. 7. 1998 ergangene Entscheidungen des Vormundschaftsgerichts handelt, ist für die Bekanntgabe noch nicht auf § 621e Abs 3 S 2 iVm § 516 ZPO abzustellen (Art 15 § 1 Abs 3 KindRG). Es bedarf vielmehr weiterhin der Bekanntmachung nach § 22 Abs 1 S 2 FGG. Die Frist bestimmt sich weiterhin nach § 22 Abs 1 FGG, nicht nach §§ 621e Abs 3 S 2 iVm § 516 ZPO. **48**

§ 2
Elterliche Sorge

(1) Ist ein Kind auf Antrag des Vaters für ehelich erklärt worden, so ist dies als Entscheidung gemäß § 1672 Abs. 1 des Bürgerlichen Gesetzbuchs anzusehen. Hat die Mutter in die Ehelicherklärung eingewilligt, so bleibt der Vater dem Kind und dessen Abkömmlingen vor der Mutter und den mütterlichen Verwandten zur Gewährung

des Unterhalts verpflichtet, sofern nicht die Sorge wieder der Mutter übertragen wird.

(2) Ist ein Kind auf seinen Antrag nach dem Tod der Mutter für ehelich erklärt worden, so ist dies als Entscheidung gemäß § 1680 Abs. 2 Satz 2 des Bürgerlichen Gesetzbuchs anzusehen.

Materialien: Eingefügt durch Art 12 Nr 4 KindRG, BGBl 1997 I 2942; E: BT-Drucks 13/4899 Beschlußempfehlung und Bericht des Rechtsausschusses BT-Drucks 13/8511.

I. Normzweck

1 **1.** Art 224 § 2 enthält entgegen seiner Überschrift keine allgemeinen Überleitungsbestimmungen für die elterliche Sorge, sondern nur Regelungen für die **Überleitung früherer Ehelicherklärungen**. Das Rechtsinstitut der Ehelicherklärung (§§ 1723 ff aF BGB) wurde durch das KindRG ersatzlos aufgehoben. Nach der Beseitigung des Statusunterschiedes zwischen ehelicher und nichtehelicher Kindschaft ist hierfür kein Raum mehr. Die Rechtsfolgen hinsichtlich der elterlichen Sorge (§ 1738 aF BGB), der Rangfolge der Unterhaltsverpflichteten (§ 1739 aF BGB) sowie der elterlichen Sorge des Vaters bei Ehelicherklärung nach dem Tod der Mutter (§ 1740a aF BGB) werden in das neue Recht eingebettet.

2 **2.** Das **BVerfG** (BVerfGE 84, 168) hatte § 1738 Abs 1 aF BGB insoweit für verfassungswidrig erklärt, als die elterliche Sorge auch bei zusammenlebenden nicht verheirateten Eltern ausnahmslos nach Ehelicherklärung dem Vater zustand; die Bestimmung durfte bei Eltern, welche die gemeinsame elterliche Sorge anstrebten, seither nicht mehr angewendet werden; Verfahren auf Ehelicherklärung waren auszusetzen. Mit dem 1. 7. 1998 sind sie in der Hauptsache erledigt (Art 15 § 2 Abs 5 KindRG). Das angestrebte Ziel der gemeinsamen elterlichen Sorge ist durch eine Sorgeerklärung nach § 1626a Abs 1 Nr 1 BGB zu erreichen. Insoweit ergibt sich kein Überleitungsbedarf, weil eine Ehelicherklärung gerade nicht mehr erfolgt ist.

II. Überleitung der elterlichen Sorge, Grundsatz

1. Materielles Sorgerecht

3 **a)** Die Bestimmung bezieht sich lediglich auf die Überleitung der elterlichen Sorge im Fall der Ehelicherklärung nach altem Recht. Für die Änderungen der **materiellrechtlichen Bestimmungen** zur elterlichen Sorge unter Einschluß des Umgangsrechts enthält das KindRG keine allgemeinen intertemporalen Bestimmungen.

Entsprechend dem **intertemporalen Grundsatz**, wie er in Art 220 Abs 2 und Art 234 § 1 EGBGB zum Ausdruck kommt, erstreckt sich damit das neue Recht der elterlichen Sorge mit seinem Inkrafttreten auch auf vor dem Stichtag begründete Kindschaftsverhältnisse (BGH NJWE-FER 2000, 278).

b) Fraglich ist, welche Auswirkungen der Übergang zu neuem Kindschaftsrecht auf bestandskräftige **Sorgerechtsentscheidungen nach §§ 1671, 1672 aF BGB** hat. Grundsätzlich gilt neues Recht auch für die Änderungen von Maßnahmen, die nach früherem Recht vor dem 1. 7. 1998 getroffen wurden (BGH DAVorm 2000, 704; OLG Brandenburg NJWE-FER 1998, 223; BT-Drucks 13/4899, 144; FamRefK/Rogner Rn 2 und vor § 1626 Rn 37; Palandt/Diederichsen Rn 1). Umstritten ist aber, welche Bestandskraft alte Sorgerechtsentscheidungen haben. **4**

Sorgerechtsregelungen nach **§ 1672 aF BGB** (Getrenntleben) wirken auch nach dem 1. 7. 1998 jedenfalls für die Dauer des Getrenntlebens. Strittig ist, ob sie eine über die Scheidung hinausreichende Wirkung erlangen. Nach einer Ansicht wirkt eine solche Entscheidung nunmehr **über die Scheidung hinaus** (so OLG Frankfurt aM FamRZ 2000, 510; OLG Frankfurt aM FamRZ 1999, 612; OLG Stuttgart FamRZ 1999, 804; OLG Zweibrücken FamRZ 1999, 807 Palandt/Diederichsen vor § 1626 Rn 19 „wenn sie nicht ausdrücklich auf die Zeit bis zur Scheidung beschränkt ist"). Überwiegend wird von diesem Ausgangspunkt die Entscheidung nach § 1672 aF BGB sogar als endgültig angesehen, so daß sie nur einer Abänderung nach § 1696 BGB zugänglich ist (so OLG Frankfurt aM FamRZ 1999, 612; OLG Stuttgart FamRZ 1999, 804; OLG Jena FamRZ 2001, 436; OLG Zweibrücken FamRZ 1999, 807). Eine vermittelnde Ansicht nimmt in diesem Fall nur eine vorläufige Regelung an, die jederzeit nach § 1671 nF BGB ersetzt werden kann (OLG Oldenburg FamRZ 2000, 1596; Palandt/Diederichsen vor § 1626 Rn 19).

Die besseren Gründe sprechen jedoch für die Gegenansicht, wonach eine Regelung nach § 1672 aF BGB **immanent zeitlich begrenzt war durch die Scheidung** der Ehe und deshalb mit Scheidung auch nach dem 1. 7. 1998 entfällt. Nach altem Recht war sie durch einen Ausspruch nach § 1671 aF BGB im Verbund zu ersetzen; daß der notwendige Verbund für die nacheheliche Sorgerechtsregelung entfallen ist, ändert nichts daran, daß die Entscheidung nach § 1672 aF BGB qualitativ nicht der nach § 1671 nF BGB entspricht. Im übrigen wurde mit dem Übergang von § 1671 aF BGB zu § 1671 nF BGB nicht das Verbundprinzip aufgegeben, sondern nur ein Antragserfordernis geschaffen (zutreffend Weber NJW 1999, 3160, 3165). Soll es nach der nach dem 1. 7. 1998 ausgesprochenen Scheidung nicht bei der kraft Gesetzes eintretenden gemeinsamen Sorge bleiben, so bedarf es also einer Entscheidung nach § 1671 nF BGB (OLG Bamberg FamRZ 1999, 805; OLG Hamm FamRZ 1998, 1315, 1316; OLG Hamm FamRZ 1999, 803; OLG Köln FamRZ 1999, 613; OLG Zweibrücken FamRZ 2000, 506).

Hingegen ist für Sorgerechtsentscheidungen, die nach **§ 1671 aF BGB** (Scheidung) ergangen sind, also schon nach damaligem Recht für die Zeit nach Scheidung, eine Abänderung nur unter den Voraussetzungen des § 1696 BGB möglich (OLG Karlsruhe FamRZ 2000, 1595; Palandt/Diederichsen vor § 1626 Rn 19).

2. Verfahrensrecht

Verfahrensrechtliche Überleitungsbestimmungen zu **Sorgerechtsverfahren** enthält Art 15 § 1 sowie Art 15 § 2 Abs 5 KindRG. **5**

a) Grundsätzlich gilt seit dem 1. 7. 1998 in Sorgerechtsverfahren das neue Verfahrensrecht (FamRefK/Rogner vor § 1626 Rn 38). Im Hinblick auf die Verlagerung von Zuständigkeiten auf das **Familiengericht** soll jedoch eine prozeßökonomische Handhabung sichergestellt werden; insbesondere soll dem Kind die mit einer sonst notwendig werdenden Wiederholung von Verfahrenshandlungen verbundene Belastung erspart werden (BT-Drucks 13/4899, 144).

6 b) Beim **Vormundschaftsgericht** am 1. 7. 1998 anhängige Verfahren über das Sorgerecht, das Umgangsrecht oder die Herausgabe des Kindes (§ 621 Abs 1 Nr 1 bis 3 ZPO) werden bis zum Ende der ersten Instanz durch das VormG weitergeführt (Art 15 § 1 Abs 1 KindRG; FamRefK/Wax vor § 1626 Rn 39). Eine **Abgabe** an das Familiengericht kommt nicht in Betracht. Beim Vormundschaftsgericht kann auch ein **Richter auf Probe** mit der Sache befaßt werden; § 23b Abs 3 S 2 GVG ist nicht anzuwenden (Art 15 § 1 Abs 1 S 2 KindRG).

7 c) Am 1. 7. 1998 anhängige **Sorgerechtsverfahren nach § 1671 aF BGB** sind als in der Hauptsache erledigt anzusehen, wenn nicht bis zum Ablauf von drei Monaten nach dem 1. 7. 1998 ein Elternteil beantragt, daß ihm das Familiengericht die elterliche Sorge oder einen Teil der elterlichen Sorge alleine überträgt (Art 15 § 2 Abs 2 KindRG). Dem liegt materiellrechtlich zugrunde, daß § 1671 nunmehr eine Sorgerechtsentscheidung auch im Verbund mit der Ehesache nur noch auf Antrag vorsieht. Da eine Übergangsregelung für Verfahren nach **§ 1672 aF BGB** fehlt, die Entscheidung über die elterliche Sorge bei Getrenntleben jedoch nach neuem Recht ebenfalls nach § 1671 zu treffen ist, also anhängige Verfahren ebenfalls in diese Norm übergeleitet werden müssen, gilt dies entsprechend für Verfahren nach § 1672 aF BGB.

8 d) Die **Zulässigkeit und Zuständigkeit für Rechtsmittel** bestimmt sich nach altem Recht, wenn die Entscheidung vor dem Stichtag 1. 7. 1998 bekanntgemacht wurde (Art 15 § 1 Abs 2 KindRG; für Sorgerechtsverfahren nach § 621 Abs 1 Nr 1 bis 3 ZPO ist nicht auf die Verkündung oder Zustellung, sondern auf die – erforderliche – Bekanntmachung abzustellen, Art 15 § 1 Abs 2 S 2 KindRG).

Für später bekanntgemachte Entscheidungen bestimmt sich in Abweichung vom formellen Instanzenzug die Zulässigkeit und Zuständigkeit nach den Bestimmungen über die Rechtsmittel gegen die vom **Familiengericht** entschiedenen Sachen (Art 15 § 1 Abs 2 S 3 KindRG; OLG Zweibrücken FamRZ 2001, 49).

9 e) Die Zuständigkeit für eine nach dem 30. 6. 1998 beantragte **Abänderung** einer vor dem 1. 7. 1998 vom Vormundschaftsgericht erlassenen Sorgerechtsentscheidung liegt beim Familiengericht (BayObLG FamRZ 2000, 1604).

III. Überleitung einer Ehelicherklärung auf Antrag des Vaters (Abs 1 S 1)

10 1. Ehelicherklärungen auf Antrag des Vaters nach §§ 1723 ff aF BGB werden einer **Sorgerechtsentscheidung nach § 1672 Abs 1 BGB** gleichgestellt. Die Bestimmung setzt voraus, daß eine Ehelicherklärung vor dem 1. 7. 1998 wirksam geworden ist. Soweit es wegen Aussetzung des Verfahrens (zur gebotenen Aussetzung wegen partieller Verfassungswidrigkeit der sorgerechtlichen Folge der Ehelicherklärung oben Rn 2) nicht zu einer Ehelicherklärung gekommen ist, ist eine Überleitung nicht erforderlich, Art 224 § 2 EGBGB also nicht einschlägig.

11 2. Die durch die Ehelicherklärung nach § 1738 Abs 1 aF BGB entstandene **allei-**

nige elterliche Sorge des Vaters wird dadurch aufrechterhalten. Sie wird seit dem 1. 7. 1998 mit den Rechtsfolgen einer Übertragung der elterlichen Sorge auf den Vater mit Zustimmung der Mutter bei Getrenntleben der Eltern (§ 1672 Abs 1 BGB) ausgestattet. Die **Mutter**, die nach § 1738 Abs 1 aF BGB nur der *Ausübung* der elterlichen Sorge verlustig ging, verliert damit die elterliche Sorge.

3. Eine **gemeinsame elterliche Sorge** können die Eltern *nicht* durch Abgabe einer Sorgeerklärung (§ 1626a Abs 1 Nr 1 BGB) erreichen (BT-Drucks 13/4899, 139; LIERMANN StAZ 1999, 321, 324). Wie die Sorgerechtsentscheidung nach § 1672 Abs 1 BGB kann auch die in eine solche Entscheidung übergeleitete Ehelicherklärung nur durch eine Entscheidung nach § 1672 Abs 2, § 1680 Abs 2 oder § 1696 BGB geändert werden. Eine gemeinsame elterliche Sorge kann auf Antrag eines Elternteils mit Zustimmung des anderen vom Familiengericht angeordnet werden (§ 1672 Abs 2 BGB; LIERMANN StAZ 1999, 321, 324). Der Mutter ist die alleinige elterliche Sorge im Fall des Todes des Vaters (§ 1680 Abs 2 BGB) regelmäßig zu übertragen, ansonsten nur unter den Voraussetzungen des § 1696 BGB (FamRefK/ROGNER Rn 5). 12

IV. Unterhaltsverpflichtung des Vaters bei Einwilligung der Mutter in die Ehelicherklärung (Abs 1 S 2)

1. Abs 1 S 2 übernimmt die Regelung des § 1739 aF BGB. Voraussetzung ist, daß die **Mutter in die Ehelicherklärung eingewilligt** hat. Die Übergangsregelung dient insoweit dem Vertrauensschutz, da nicht auszuschließen ist, daß die Mutter ohne die mit § 1739 aF BGB verbundene weitgehende Freistellung von Unterhaltsverpflichtungen gegenüber dem Kind nicht in die Ehelicherklärung eingewilligt hätte (BT-Drucks 13/4899, 139). 13

2. In diesem Fall bleibt der Vater dem Kind und dessen Abkömmlingen, abweichend von § 1606 Abs 3 BGB, vor der Mutter und vor den mütterlichen Verwandten **unterhaltspflichtig** (vgl DIV-Gutachten ZfJ 1998, 432; DIV-Gutachten ZfJ 1998, 389). Damit bleibt auch die Rechtslage für Leistungen nach dem **UnterhaltsvorschußG** für diese Überleitungsfälle unverändert; ist der Vater leistungsfähig, so fehlt es, auch wenn das Kind von der Mutter keinen Unterhalt erhält, an der Voraussetzung des *planwidrigen Ausbleibens von Unterhaltsleistungen*, weil davon auszugehen ist, daß der sorgeberechtigte Vater bereit war und ist, dem bei ihm lebenden Kind den vollen Unterhalt zu gewähren (DIV-Gutachten ZfJ 1998, 389 und 432). 14

3. Hat die Mutter der **Ehelicherklärung nicht zugestimmt**, so bewendet es bei der allgemeinen Regelung zur Verteilung der Unterhaltspflicht in § 1606 Abs 3 S 1 BGB (PALANDT/DIEDERICHSEN[58] Rn 5). 15

4. Wird der Mutter die **elterliche Sorge zurückübertragen**, so steht der Vertrauensschutz der gleichrangigen Tragung der Unterhaltspflicht nicht mehr entgegen; der Vorrang der Unterhaltspflicht des Vaters entfällt (Art 224 § 2 Abs 1 S 2 letzter Teilsatz, BT-Drucks 13/4899, 139; FamRefK/ROGNER Rn 7). Dies gilt auch, wenn die elterliche Sorge **auf beide Elternteile übertragen** wird (§ 1672 Abs 2 BGB), weil dann die Mutter jedenfalls auch sorgeberechtigt ist. 16

Wurde der Mutter die elterliche Sorge zwischenzeitlich übertragen und wird sie

erneut dem Vater alleine übertragen, so greift Art 224 § 2 Abs 1 S 2 nicht mehr ein. Einer solchen Übertragung liegt nicht mehr die Zustimmung zu einer Ehelicherklärung alten Rechts zugrunde, so daß schützenswertes Vertrauen nicht besteht (BT-Drucks 13/4899, 139).

V. Ehelicherklärung auf Antrag des Kindes nach dem Tod der Mutter (Abs 2)

17 War ein Kind auf seinen Antrag **nach dem Tod der Mutter** für ehelich erklärt worden, so erlangte der Vater die elterliche Sorge nach § 1740a aF BGB. Eine solche Entscheidung wird übergeleitet in eine Entscheidung nach § 1680 Abs 2 S 2 BGB, also die Übertragung der elterlichen Sorge auf den Vater, wenn die Mutter verstorben ist und ihr die elterliche Sorge (mangels gemeinsamer Sorgeerklärung) nach § 1626a Abs 2 BGB alleine zugestanden hatte; dem Vater verbleibt also die alleinige elterliche Sorge (BT-Drucks 13/4899, 139; FamRefK/Rogner Rn 8).

§ 3
Name des Kindes

(1) Führt ein vor dem 1. Juli 1998 geborenes Kind einen Geburtsnamen, so behält es diesen Geburtsnamen. § 1617a Abs. 2 und die §§ 1617b, 1617c und 1618 des Bürgerlichen Gesetzbuchs bleiben unberührt.

(2) § 1617 Abs. 1 und § 1617c des Bürgerlichen Gesetzbuchs gelten für ein nach dem 31. März 1994 geborenes Kind auch dann, wenn ein vor dem 1. April 1994 geborenes Kind derselben Eltern einen aus den Namen der Eltern zusammengesetzten Geburtsnamen führt.

(3) In den Fällen des Absatzes 2 können die Eltern durch Erklärung gegenüber dem Standesbeamten auch den zusammengesetzten Namen, den das vor dem 1. April 1994 geborene Kind als Geburtsnamen führt, zum Geburtsnamen ihres nach dem 31. März 1994 geborenen Kindes bestimmen. Die Bestimmung muß für alle gemeinsamen Kinder wirksam sein; § 1617 Abs. 1 Satz 2 und 3 sowie § 1617c Abs. 1 des Bürgerlichen Gesetzbuchs gelten entsprechend.

(4) Ist in den Fällen des Absatzes 2 für das nach dem 31. März 1994 geborene Kind bei Inkrafttreten dieser Vorschriften ein Name in ein deutsches Personenstandsbuch eingetragen, so behält das Kind den eingetragenen Namen als Geburtsnamen. Die Eltern können jedoch binnen eines Jahres nach dem Inkrafttreten dieser Vorschrift den Geburtsnamen des vor dem 1. April geborenen Kindes zum Geburtsnamen auch des nach dem 31. März 1994 geborenen Kindes bestimmen. Absatz 3 Satz 2 gilt entsprechend.

(5) Ist für ein Kind bei Inkrafttreten dieser Vorschrift ein aus den Namen der Eltern zusammengesetzter Name als Geburtsname in ein deutsches Personenstandsbuch eingetragen, so können die Eltern durch Erklärung gegenüber dem Standesbeamten den Namen, den der Vater oder den die Mutter zum Zeitpunkt der Erklärung führt, zum Geburtsnamen dieses Kindes bestimmen. Absatz 3 Satz 2 gilt entsprechend. Haben die Eltern bereits den Namen des Vaters oder den Namen der Mutter zum

Geburtsnamen eines ihrer gemeinsamen Kinder bestimmt, so kann auch für die anderen gemeinsamen Kinder nur dieser Name bestimmt werden.

(6) Die Absätze 3 bis 5 gelten nicht, wenn mehrere vor dem 1. April 1994 geborene Kinder derselben Eltern unterschiedliche Geburtsnamen führen.

Materialien: Eingefügt durch Art 12 Nr 4 KindRG, BGBl 1997 I 2942; E: BT-Drucks 13/4899 Beschlußempfehlung und Bericht des Rechtsausschusses BT-Drucks 13/8511.

I. Normzweck, Kritik

1. Anders als nach dem früheren Recht entscheidet seit dem 1. 7. 1998 über den Geburtsnamen eines Kindes nicht mehr dessen Abstammung aus einer Ehe der Mutter. Maßgeblich ist, ob die elterliche Sorge einem Elternteil alleine oder beiden Eltern gemeinsam zusteht (§§ 1616 ff BGB). **Abs 1** soll klarstellen, daß sich hieraus für vor dem Stichtag geborene Kinder keine Änderung des Geburtsnamens ergibt und neues Recht nur für spätere Änderungen des Namens maßgeblich ist (BT-Drucks 13/4899, 139). 1

2. Die im Rechtsausschuß auf Anregung des Bundesrates (BT-Drucks 13/4899, 164) eingefügten **Absätze 2 bis 6** befassen sich mit Problemen des Übergangsrechts zur Entscheidung des BVerfG v 5. 3. 1991 zu § 1355 aF BGB (BVerfG NJW 1991, 1602) und dem am 1. 4. 1994 in Kraft getretenen **FamiliennamensrechtsG**. Die Bestimmungen schaffen Wahlmöglichkeiten, die Namensverschiedenheit unter Geschwistern vermeiden oder beseitigen sollen (BT-Drucks 13/6511, 80). Die Entscheidung des BVerfG hatte für den Kindesnamen bei verheirateten Eltern, die keinen Ehenamen führten, Auffangregelungen vorgeschlagen, die von denen des späteren § 1616 BGB idF des FamNamRG abwichen. Insbesondere war die Führung eines *Doppelnamens* aus den Familiennamen beider Eltern zugelassen, die für nach dem 1. 4. 1994 geborene weitere Kinder derselben Eltern im Gesetz nicht vorgesehen und in der Rechtsprechung (OLG Stuttgart FGPrax 1995, 233; BayObLG FGPrax 1995, 234; OLG Hamm NJW 1995, 1908; OLG Oldenburg NJW 1995, 537) auch nicht in erweiternder Auslegung des Grundsatzes der Namenseinheit in § 1616 Abs 2 S 3 idF des FamNamRG zugelassen wurde. Auch um bereits anhängigen Verfassungsbeschwerden zuvorzukommen, ermöglicht die Neuregelung nunmehr Namenseinheit zwischen den Geschwistern ohne einen Zwang zur Führung eines Ehenamens gegenüber den Eltern. 2

3. Die in Abs 3 gewährte Option, einem nach dem 31. 3. 1994 geborenen Kind in Abweichung von der Grundentscheidung des § 1616 Abs 2 BGB idF des FamNamRG den unter der Geltung der übergangsweisen Auffangregel des BVerfG erlangten Doppelnamen eines älteren Geschwisters zu erteilen, ist auf **Kritik** gestoßen (Palandt/Diederichsen[58] Rn 13). Weder zur Bereinigung der Namensverschiedenheit noch zur Vermeidung einer Verfassungswidrigkeit war es zwingend erforderlich, die Anpassung an den Doppelnamen des älteren Kindes vorzusehen. Es hätte wohl eine Regelung genügt, die eine nachträgliche Anpassung des (Doppel-)Namens des äl- 3 teren Kindes an neues Namensrecht (§ 1616 BGB idF des FamNamRG bzw § 1617 nF) ermöglicht, also die in Abs 5 eingeräumte Option.

Durch Abs 3 wird hingegen die Entscheidung des Gesetzgebers gegen die Führung von Doppelnamen durch Kinder in einem Einzelfall durchbrochen. **Art 3 Abs 1 GG** ist im Verhältnis zum Regelfall (Eltern, die ihren gemeinsamen Kindern keine aus ihren beiden Namen zusammengesetzten Doppelnamen erteilen können) gleichwohl nicht verletzt (so nun auch BVerfG NJW 2002, 1256, 1260). Das Ziel, die Namenseinheit der Geschwister zu erreichen, liefert einen sachlichen Differenzierungsgrund. Für die Regelung spricht zudem, daß die Anpassung des Namens des *älteren* Kindes immer einen Eingriff in einen bereits längere Zeit geführten Namen bedeutet, also relevant für das Persönlichkeitsrecht (Art 2 Abs 1 GG) ist und, was Abs 5 S 2 auch berücksichtigt, von der Zustimmung des über 5-jährigen Kindes abhängig gemacht werden muß. Die Namenseinheit ist also schonender durch Anpassung des Namens des *jüngeren* Kindes erreichbar.

II. Namenskontinuität (Abs 1 S 1) – neues Recht für namensändernde Tatbestände (Abs 1 S 2)

4 **1. Abs 1 S 1** stellt klar, daß der bereits geführte Geburtsname eines vor dem 1. 7. 1998 geborenen Kindes durch das Inkrafttreten der §§ 1616 ff BGB idF des KindRG sich nicht ändert. Vorgänge, die zum Erwerb oder zur Änderung des Namens vor dem 1. 7. 1998 geführt haben, beurteilen sich nach altem Recht (BayObLG StAZ 2000, 235, 237; OLG Zweibrücken FamRZ 1999, 1382; LG Fulda FamRZ 2000, 689).

Dies entspricht dem Prinzip der intertemporalen Kontinuität des Namens als eines unter früherem Recht wohlerworbenen Rechts. Abs 5 S 1 bestätigt den Grundsatz ausdrücklich auch für den Fall, daß das Kind nach der Entscheidung des BVerfG v 5. 3. 1991 und vor Inkrafttreten des FamNamRG einen *Doppelnamen* erhalten hat (vgl oben Rn 2).

5 **2. § 1617 Abs 1 BGB** ist grundsätzlich auf vor dem 1. 7. 1998 geborene Kinder nicht anzuwenden, da es sich um eine Vorschrift zur Erstbestimmung und nicht zur Änderung des Geburtsnamens handelt. § 1617 BGB findet allerdings Anwendung auf ein vor dem 1. 7. 1998 geborenes Kind, sofern ein Geburtsname noch nicht bestimmt war. Dies ergibt sich sowohl aus dem Wortlaut des Abs 1 („Führt … einen Geburtsnamen“) als auch aus dem Überleitungsprinzip, neues Recht in noch nicht abgeschlossenen Sachverhalten zur Anwendung zu bringen.

Abgesehen von den Fällen der Geburt kurze Zeit vor dem 1. 7. 1998 sind dies insbesondere die Fälle der Geburt im Ausland nach § 1617 Abs 3 BGB. Haben hingegen die Eltern dem Kind gemäß § 1616 BGB idF des FamNamRG einen Namen erteilt (was immer nur der Name der Mutter oder der des Vaters sein kann), so hat es für die Erstbestimmung des Geburtsnamens hierbei sein Bewenden.

6 **3. Abs 1 S 2** enthält **keine Ausnahmen** von diesem Grundsatz (so aber FamRefK/Wax Rn 3), sondern bestätigt das ebenfalls im Namenskollisionsrecht hergebrachte Prinzip, wonach neues Recht auf die künftige Entwicklung des Namens anwendbar ist (BayObLGZ 2001, 1; OLG Zweibrücken FamRZ 2001, 49). Die Regelung stellt allerdings

klar, daß dies auch für Tatbestände gilt, welche nach dem neuen Recht für die Neubestimmung eines *Geburtsnamens* vorgesehen sind. Auch Abs 2 bis 6 enthalten keine Ausnahmen von dem Überleitungsgrundsatz, sondern schaffen lediglich weitere (auf den Spezialfall des Kindes-Doppelnamens in einer Familie begrenzte) Namensänderungstatbestände des *neuen Rechts*, welche nach dem kollisionsrechtlichen Prinzip des Abs 1 S 2 auch auf vor dem 1. 7. 1998 geborene Kinder anwendbar sind.

Insbesondere gelten die folgenden in Abs 1 S 2 ausdrücklich **vorbehaltenen Bestimmungen** auch für ein vor dem 1. 7. 1998 geborenes Kind (vgl auch FamRefK/Wax Rn 15). Erforderlich ist, daß jeweils der Tatbestand der neuen Bestimmung erfüllt ist; Abs 1 S 2 führt also nicht zu einer erleichterten Namensänderung bei übergeleiteten Namen (BayObLG FamRZ 2001, 49 zur abschließenden Regelung der Bestimmungen über die nachträgliche Namensänderung).

a) Der Elternteil, dem die elterliche Sorge alleine zusteht, kann dem Kind mit Zustimmung des anderen Elternteils sowie des Kindes, wenn dieses das 5. Lebensjahr vollendet hat, den **Namen des anderen Elternteils erteilen** (§ 1617a Abs 2 BGB; Fachausschuß StAZ 1999, 150 f). **7**

b) Bei **nachträglicher Begründung** der **gemeinsamen elterlichen Sorge** nach § 1626a Abs 1 kann der Name des Kindes innerhalb von drei Monaten neu bestimmt werden (**§ 1617b Abs 1 BGB**). Eine Begründung der gemeinsamen elterlichen Sorge durch Sorgeerklärung kommt erst nach dem 1. 7. 1998 in Betracht; für den Fristlauf nach § 1617b Abs 1 BGB ergibt sich also kein Übergangsproblem (hierzu BayObLGZ 2001, 1). Haben die Eltern dagegen vor dem 1. 7. 1998 geheiratet, so gilt § 1617b BGB ebenfalls, obgleich der die gemeinsame elterliche Sorge begründende Umstand sich vor dem 1. 7. 1998 ereignet hat. Die Frist zur Neubestimmung beginnt aber auch in diesem Fall mit der Eheschließung (und nicht erst am 1. 7. 1998), so daß bei Eheschließung vor dem 1. 4. 1998 die Frist bei Inkrafttreten bereits abgelaufen war. **8**

c) Trägt das Kind den Namen des Vaters, so gilt im Fall der rechtskräftigen **Anfechtung der Vaterschaft** nach dem 1. 7. 1998 § 1617b Abs 2 BGB. Da nach dem 1. 7. 1998 auch in allen am 1. 7. 1998 anhängigen Anfechtungsverfahren neues Recht gilt (Art 224 § 1 Abs 2 EGBGB; Art 15 § 2 Abs 1 KindRG) stimmen der Anwendungsbereich des neuen Anfechtungsrechts und des die sich hieraus ergebende Namensfolge regelnden § 1617b Abs 2 BGB überein. **9**

d) Bei **Änderung des Namens des Elternteils**, dessen Namen das Kind führt, beurteilt sich die Erstreckung der Namensänderung auf das Kind nach § 1617c BGB (LG Fulda FamRZ 2000, 689). Eine Erstreckung bedarf bei einem Kind, welches das 5. Lebensjahr vollendet hat, der Anschließung. **10**

e) Eine **Einbenennung** des Kindes durch den Elternteil, dem die elterliche Sorge für ein unverheiratetes Kind allein zusteht, sowie dessen Ehegatten, der nicht Elternteil des Kindes ist, bestimmt sich nach § 1618 BGB. **11**

III. Namensbestimmung bei Doppelnamen eines Geschwisters (Abs 2)

12 1. Abs 2 regelt die Namensneubestimmung eines **nach dem 31. 3. 1994 geborenen Kindes** nach §§ 1617 Abs 1 und 1617c BGB.

Die Bestimmung bezieht sich auf den Fall, daß ein vor dem 1. 4. 1994 geborenes Kind derselben Eltern, also ein **Vollgeschwister** des Kindes, um dessen Namen es geht, aufgrund der vom BVerfG geschaffenen Auffangregelung (oben Rn 2) einen aus den Familiennamen der Eltern *zusammengesetzten Namen* (**Doppelnamen**) als Geburtsnamen führt. Damit setzt Abs 2 sowie die sich auf die Konstellation des Abs 2 beziehenden Absätze 3 bis 6 voraus, daß es sich bei dem ersten Kind um ein nach altem Recht eheliches handelte, die Namensbestimmung also nach § 1616 aF BGB in seiner ergänzenden Auslegung durch das BVerfG erfolgte (zur Namensbestimmung, wenn inzwischen die gemeinsame elterliche Sorge beendet ist vgl unten Rn 29). Auf Fälle der Entstehung eines Doppelnamens aus anderem Grund ist die Regelung nicht anzuwenden (Fachausschuß StAZ 2000, 23, 24).

13 2. Abs 2 bestimmt die Anwendbarkeit von § **1617 Abs 1** und von § **1617c BGB**. Die Verwendung der Wendung **„auch dann"** hat zu einem Mißverständnis über die Bedeutung dieser Bestimmungen geführt. Abs 2 hat *nicht* den Zweck, bei einem nach dem 31. 3. 1994 geborenen Kind in der dort beschriebenen Konstellation (Doppelname des älteren Geschwisters) eine *Neubestimmung* des Namens zur Herbeiführung der Einheitlichkeit der Geschwisternamen zu ermöglichen. Die Anwendung des § 1617 Abs 1 BGB führt nämlich im Fall der Doppelnamensführung durch ein früher geborenes Geschwister niemals zu einem übereinstimmenden Namen der beiden Kinder. Dem Zweck der Namenseinheit dienen vielmehr Abs 3 (Erstreckung des Doppelnamens auf das jüngere Kind) und Abs 5 (Ersetzung des Doppelnamens bei dem älteren Kind).

14 3. Vielmehr stellt Abs 2 klar, daß der von dem älteren (vor dem 1. 4. 1994 geborenen) Kind geführte Doppelname **keine Bindungswirkung** für die Bestimmung des Geburtsnamens des jüngeren (nach dem 31. 3. 1994 geborenen) Kindes entfaltet; *auch* ist also dahingehend zu verstehen, daß die Geburtsnamensbestimmung, wie in anderen Fällen *auch*, nach § 1617 Abs 1 BGB, sowie eine Namensänderung durch nachträgliche Ehenamensbestimmung der Eltern nach § 1617c BGB erfolgt, also nach den sonst für diese Fälle auch geltenden Normen und *unbeeinflußt von dem Doppelnamen* des älteren Geschwisters (Rechtsausschuß BT-Drucks 13/8511, 80 f; MünchKomm/Hinz Rn 5).

15 4. Die Anwendung von § **1617 Abs 1 BGB** kann also **nie** Grundlage einer **Neubestimmung des Kindesnamens** sein (Palandt/Diederichsen Rn 3; MünchKomm/Hinz Rn 5; wohl auch FamRefK/Wax Rn 4). Dies folgt einerseits aus dem eindeutigen Zweck des Abs 2, klarzustellen, daß eine *Bindungswirkung* nicht besteht (soeben Rn 14); Abs 2 ist keine Bestimmung, die den intertemporalen Anwendungsbereich des § 1617 Abs 1 BGB (dazu oben Rn 5) ausdehnt. Andererseits ergibt sich dies auch aus der Stellung des § 1617 Abs 1 BGB im System der Kindesnamensvorschriften: § 1617 Abs 1 BGB betrifft nicht die Namens*änderung*, sondern die *Erstbestimmung* des Geburtsnamens. Abs 2 iVm § 1617 Abs 1 BGB gilt also nur für solche nach dem 31. 3. 1994 geborene Kinder, deren **Geburtsname vor dem 1. 7. 1998 noch nicht erstmals bestimmt** war.

Für eine Anwendung zur Namensneubestimmung spricht auch nicht die Bezugnahme auf den Geburtstermin „nach dem 31. März 1994". Dieser Zeitpunkt beschreibt *nicht* positiv einen von weiteren Voraussetzungen unabhängigen Anwendungsbereich des § 1617 Abs 1 BGB; vielmehr bezieht sich dieses Datum auf die Beschreibung der zu regelnden Konstellation des Zusammentreffens eines Kindes mit Doppelnamensführung und eines weiteren später geborenen Kindes derselben Eltern, für das sowohl nach bisherigem Recht als auch nach § 1617 Abs 1 BGB ein Doppelname nicht in Betracht kommt.

5. Auch für die Anwendung von **§ 1617c BGB** ergeben sich aus Abs 2 **keine intertemporalen Besonderheiten**. § 1617c BGB ist jedoch ohnehin als Vorschrift zur Neubestimmung des Namens konzipiert und deshalb folgerichtig bereits nach Abs 1 S 2 auf alle vor dem 1. 7. 1998 geborenen Kinder anwendbar, sofern der zur Neubestimmung des Namens führende Sachverhalt der nachträglichen Bestimmung oder Änderung des Ehenamens eintritt. Auch insoweit stellt also Abs 2 nur klar, daß in diesem Fall das nach dem 31. 3. 1994 geborene Kind unbeeinflußt durch den Doppelnamen seines Geschwisters unter den Voraussetzungen des § 1617c BGB dem Ehenamen seiner Eltern folgt. **16**

IV. Namensoption des nach dem 31. 3. 1994 geborenen Kindes zum Doppelnamen (Abs 3)

1. Abs 3 räumt den Eltern ein von § 1617 Abs 1 BGB abweichendes **Optionsrecht** ein. Vorausgesetzt ist eine **Fallgestaltung nach Abs 2**, dh es ist der Name eines nach dem 31. 3. 1994 geborenen Kindes zu bestimmen, *und* ein vor dem 1. 4. 1994 geborenes Kind derselben Eltern trägt als Geburtsnamen einen Doppelnamen. **17**

2. Dies vorausgesetzt können die Eltern den von ihrem älteren (vor dem 1. 4. 1994 geborenen) Kind geführten **Doppelnamen zum Geburtsnamen** des jüngeren (nach dem 31. 3. 1994 geborenen) Kindes bestimmen. Möglich ist nur die Bestimmung des zusammengesetzten Namens in derselben Reihenfolge, wie der Name von dem älteren Kind geführt wird (Palandt/Diederichsen Rn 4). **18**

a) Nach dem Wortlaut handelt es sich um eine § 1617 Abs 1 BGB ergänzende Norm zur (erstmaligen) **Namensbestimmung** („können … *auch* … bestimmen"). Abs 3 gibt also jedenfalls neben § 1617 Abs 1 BGB eine dritte Wahlmöglichkeit zu dem von dem älteren Kind geführten Doppelnamen (FamRefK/Wax Rn 6). **19**

b) Nach dem Zweck der Regelung, auch die verfassungsrechtlich fragwürdigen Fälle zu regeln, in denen einem nach dem 1. 4. 1994, aber vor dem 1. 7. 1998 geborenen Kind ein Geburtsname nach § 1616 Abs 2 BGB idF des FamNamRG erteilt werden mußte und der zur Namenseinheit führende Doppelname nicht erteilt werden konnte, muß Abs 3 auch auf den Fall Anwendung finden, daß das jüngere Kind seinen **Geburtsnamen** bereits **nach den bis zum 30. 6. 1998 geltenden Vorschriften führt** (FamRefK/Wax Rn 5). Der Gesetzgeber hat diesen Fall ausdrücklich nur geregelt, falls bereits ein Name in ein deutsches Personenstandsbuch eingetragen ist (vgl Abs 4 S 2; dazu unten Rn 31 ff). Das Optionsrecht muß aber erst recht bestehen, wenn die Voraussetzungen des Abs 4 noch nicht vorliegen, der Name also noch weniger verfestigt ist **20**

21 **c)** Es erscheint jedoch fraglich, ob eine Anwendung des Abs 3 auch dann in Betracht kommt, wenn das Kind nach dem 1. 7. 1998 einen **Geburtsnamen nach § 1617 Abs 1 nF BGB erhalten** hat. In einem solchen Fall konnten die Eltern von der ihnen aus § 1617 Abs 1 BGB *und* Art 224 § 3 Abs 3 EGBGB eingeräumten dreifachen Wahlmöglichkeit bereits Gebrauch machen. Der Zweck der Regelung, den Eltern eine Anpassung des Namens des jüngeren Kindes an den Doppelnamen des älteren Kindes zu ermöglichen, erfordert daher nicht, die Bestimmung extensiv auch in solchen Fällen für eine weitere Namensbestimmung nutzbar zu machen. Für eine Beschränkung der *namensändernden* Anwendung des Optionsrechts auf Fälle, in denen der Name nach dem bis 30. 6. 1998 geltenden Recht bestimmt war, spricht insbesondere auch Abs 4, weil dort auf den Eintrag des Namens in ein deutsches Personenstandsbuch *am 1. 7. 1998* abstellend zusätzlich die namensändernde Option befristet wird.

22 **d)** Haben die Eltern neben den beiden in der Konstellation nach Abs 2 vorausgesetzten Kindern noch ein **drittes Kind**, das nach dem 30. 3. 1994 geboren ist und nach dem bis 30. 6. 1998 geltenden Recht den Namen eines Elternteils führt, so hindert dies die Option zum Doppelnamen des ältesten Kindes nicht (**aA** offenbar FamRefK/Wax Rn 8). Vielmehr steht die Option nach Abs 3 in diesem Fall sowohl für das eine wie auch für das andere nach dem 31. 3. 1994 geborene Kind offen. Die nach § 1616 BGB idF des FamNamRG bereits erfolgte Bestimmung des Namens eines Elternteils bindet insbesondere nicht nach § 1617 Abs 1 S 3 BGB, *sofern* die Eltern für beide jüngeren Kinder nunmehr die Option des Abs 3 nutzen (zum Erfordernis der einheitlichen Option sogleich Rn 26). Nutzen sie die Option nicht, so bindet freilich der Name des ersten nach dem 31. 3. 1994 geborenen Kindes die Namensbestimmung für alle später geborenen Kinder (FamRefK/Wax Rn 8).

23 **3.** Die Option wird durch **gemeinsame Erklärung** der Eltern (Abs 3 S 1 iVm § 1617 Abs 1 S 1 BGB; FamRefK/Wax Rn 9) **gegenüber dem Standesbeamten** ausgeübt.

a) Eine **automatische Erstreckung** des Doppelnamens des älteren Kindes auf nach dem 31. 3. 1994 geborene Kinder ist nicht vorgesehen. Wird die Option nicht ausgeübt, so bleibt es (vorbehaltlich der Anpassung in die andere Richtung nach Abs 5) bei der Namensverschiedenheit der Geschwister.

24 **b)** Für die **Form der Erklärung** gilt **§ 1617 Abs 1 S 2 BGB** entsprechend (Abs 3 S 2 HS 2). Die Erklärung kann zugleich mit der Geburtsanmeldung beim Standesbeamten erfolgen (§§ 16, 21 Abs 1 Nr 4 PStG). Erfolgt die Erklärung später, bedarf sie der öffentlichen Beglaubigung.

25 **c)** Zweifelhaft erscheint die **Verweisung auf § 1617c Abs 1 BGB** in Abs 3 S 2 HS 2. Teilweise wird diese Verweisung als eine Rechtsgrundverweisung auf den Fall bezogen, daß nach Bestimmung des Doppelnamens für das nach dem 31. 3. 1994 geborene Kind die Eltern einen gemeinsamen Ehenamen bestimmen. In dieser Auslegung wäre die Verweisung sinnlos, denn § 1617c Abs 1 BGB gilt schon wegen Abs 1 S 2 für alle Fälle, in denen der Tatbestand des § 1617c BGB nach dem 1. 7. 1998 verwirklicht wird.

Die Verweisung ist *Rechtsfolgenverweisung* auf das Erfordernis der Beteiligung des

Kindes. Die Erklärung der Eltern bedarf der Anschließung, also der Zustimmung durch das Kind, wenn es das 5. Lebensjahr vollendet hat (§ 1617c Abs 1 S 1 BGB) und ggf durch seinen gesetzlichen Vertreter (§ 1617c Abs 1 S 2 BGB). Die Eltern sind hierbei von der gesetzlichen Vertretung in entsprechender Anwendung von §§ 1629 Abs 2, 1795 Abs 1, 181 BGB ausgeschlossen.

26 **4.** Für den Namen **weiterer Kinder derselben Eltern** ergeben sich folgende Auswirkungen aufgrund der Erklärung:

a) Die Erklärung muß **für alle gemeinsamen Kinder**, welche den Namen eines Elternteils (alleine) als Geburtsnamen führen, wirksam sein (Abs 3 S 2 HS 1). Die Eltern können also nicht für ein nach dem 1. 4. 1994 geborenes Kind für den Doppelnamen optieren, für ein anderes Kind jedoch nicht (FamRefK/Wax Rn 5). Die Eltern müssen also ggf die Option nach Abs 3 für alle nach dem 31. 3. 1994 geborenen Kinder ausüben; Gleichzeitigkeit ist jedoch nicht erforderlich (**aA** FamRefK/Wax 5). Wird die Erklärung für mehrere Kinder nacheinander abgegeben, so wird sie für alle Kinder erst wirksam, wenn alle Erklärungen vorliegen. Bedarf es der Zustimmung eines der Kinder und/oder seines gesetzlichen Vertreters (oben Rn 25), so tritt die Anschließung an den Doppelnamen für alle Kinder nicht ein, ehe auch diese Wirksamkeitserfordernisse vorliegen. Insbesondere kann ein zustimmungsberechtigtes Kind für alle anderen die Ausübung der Option verhindern; eine Ersetzung der Zustimmung ist nicht vorgesehen.

27 **b)** Dies gilt auch, wenn ein **anderes Kind, das vor dem 1. 4. 1994 geboren** wurde, den Namen eines Elternteils als Geburtsnamen führt: Für vor dem 1. 4. 1994 geborene Kinder ergibt sich aus Abs 3 kein Optionsrecht zum Doppelnamen eines anderen vor dem 1. 4. 1994 geborenen Geschwisters. Damit scheidet in diesem Fall eine Option auch für ein nach dem 31. 3. 1994 geborenes Kind aus, weil Abs 3 nicht anwendbar ist, wenn mehrere vor dem 1. 4. 1994 geborene Kinder verschiedene Geburtsnamen führen (Abs 6, unten Rn 40 ff).

28 **c)** Auf **künftig geborene gemeinsame Kinder**, also solche, die nach wirksamer Erklärung für ein Kind geboren werden, erstreckt sich die Option zum Doppelnamen automatisch, ohne daß es weiterer Erklärungen bedarf (Abs 3 S 2 HS 2 iVm § 1617 Abs 1 S 3 BGB). Es besteht in diesem Fall, wie bei einer erstmaligen Ausübung des Wahlrechts nach § 1617 Abs 1 BGB bei dem ersten Kind kein weiteres Wahlrecht für weitere Kinder.

29 **5.** Besteht **keine gemeinsame elterliche Sorge** mehr (zB Sorgerechtsentziehung nach § 1666 BGB, Scheidung der Ehe oder Tod eines Elternteils), so ist Abs 3 seinem Wortlaut nach nicht anzuwenden, weil, wie auch die Verweisung auf § 1617 Abs 1 BGB zeigt, eine *gemeinsame* Erklärung der Eltern erforderlich ist. Auf die Fälle der alleinigen elterlichen Sorge kann Abs 3 (und ebenso Abs 4 bis 6) nicht ohne weiteres angewendet werden. Die Namensbestimmung ist zwar Teil der elterlichen Sorge. Insbesondere §§ 1617a Abs 2 S 2 und 1618 S 3 BGB zeigen aber, daß Eingriffe in den Kindesnamen durch den alleine Sorgeberechtigten nicht ohne weiteres im Rahmen seines Sorgerechts zulässig sind, da insoweit auch das Persönlichkeitsrecht des anderen Elternteils, insbesondere aber seine jenseits der bestehenden Personensorge geschützte Elternbeziehung (Art 6 Abs 2 GG) zu dem Kind betroffen ist. Abs 3 ist also bei alleiniger elterlicher Sorge nur unter entsprechender Anwendung von § 1618 S 3 BGB anwendbar; führt das Kind den Namen des nicht Sorgeberechtigten, so muß dieser sowohl im Fall des Abs 3 als auch des Abs 5 zustimmen. Die Zustimmung kann analog § 1618 S 4 BGB ersetzt werden (**aA** FamRefK/Wax Rn 11; MünchKomm/Hinz Rn 8). Wird dem Kind durch die Option der Name des nicht sorgeberechtigten Elternteils (zusätzlich) erteilt, so bedarf es ebenfalls dessen Zustimmung in analoger Anwendung von § 1617a Abs 2 S 2 BGB (so wohl auch FamRefK/Wax Rn 11). Diese Zustimmung kann nicht ersetzt werden.

V. Option zu Doppelnamen bei am 1. 7. 1998 eingetragenem Namen – Frist (Abs 4)

30 **1.** Abs 4 S 1 wiederholt lediglich den bereits aus Abs 1 S 1 und Abs 2 bekannten **Grundsatz der Namenskontinuität**. Ist am 1. 7. 1998 für ein nach dem 31. 3. 1994 geborenes Kind ein Name in ein deutsches *Personenstandsbuch* eingetragen, so führt das Kind diesen Namen *erst recht* weiter. Dabei kommt es wegen Abs 1 S 1 weder auf die Bezugnahme auf die Konstellation des Abs 2 noch auf die Eintragung an.

31 **2.** Regelnden Gehalt hat die Bestimmung nur in **Satz 2**.

a) Zum einen wird durch Wiederholung des Abs 3 S 1 **klargestellt** (vgl schon oben Rn 20), daß ein Optionsrecht nach Abs 3 S 1 nicht nur für die Erstbestimmung des Namens gilt, sondern auch eine **Namensänderung** zulässig ist, sogar dann, wenn am 1. 7. 1998 bereits ein (notwendigerweise einteiliger) Name für das Kind in einem deutschen Personenstandsbuch eingetragen war (BT-Drucks 13/8511, 81). Im übrigen unterscheidet sich das Optionsrecht nicht von dem in Abs 3 gewährten. Abs 4 S 2 hat also insofern keinen weitergehenden Regelungsgehalt. Insbesondere ist auch in diesem Fall Voraussetzung, daß eine Situation nach Abs 2 vorliegt, also ein vor dem 1. 4. 1994 geborenes Kind derselben Eltern einen Doppelnamen als Geburtsnamen führt.

Für die **Form** und die **Wirkungen** der Erklärung gilt Abs 3 S 2 entsprechend (Abs 4 S 3; vgl oben Rn 23 bis 29).

32 **b)** In diesem Fall (der Eintragung des Namens in ein deutsches Personenstandsbuch) wird die Ausübung der Option zum Doppelnamen des älteren Kindes **befristet**. Da im Regelfall bei Namensbestimmung vor dem 1. 7. 1998 auch eine solche Eintragung vorliegen wird, hat diese Befristung erhebliche praktische Bedeutung (FamRefK/Wax Rn 10).

Die Frist beträgt **ein Jahr**. Sie begann mit Inkrafttreten der Vorschrift, also am 1. 7. 1998, und endete mit Ablauf des 30. 6. 1999. Die Frist ist **Ausschlußfrist**. Sie wird gewahrt durch Zugang der Erklärung beim Standesbeamten in der gehörigen Form (soeben Rn 31; Palandt/Diederichsen Rn 5; FamRefK/Wax Rn 10).

33 **c)** Hingegen betrifft Abs 4 S 2 nicht die Fälle der **erstmaligen Namensbestimmung** nach Abs 3 (oben Rn 19; BT-Drucks 13, 8511; Palandt/Diederichsen Rn 5) sowie der **Namensneubestimmung**, wenn der am 1. 7. 1998 geführte Name *nicht* in einem deutschen Personenstandsbuch eingetragen war. In diesen Fällen ist das Optionsrecht des Abs 3

unbefristet. Die Bestimmung kann jedoch nur durch die sorgeberechtigten Eltern erfolgen, so daß eine Ausübung der Option bei bereits volljährigen Kindern (wegen der Geburt nach dem 31. 3. 1994 frühestens ab dem 1. 4. 2012) ausscheiden wird.

VI. Option vom Doppelnamen zum einfachen Namen (Abs 5)

1. Abs 5 betrifft die Änderung des Geburtsnamens eines Kindes, das vor dem 31. 3. 1994 geboren wurde und einen **zusammengesetzten Namen als Geburtsnamen** (Doppelnamen) führt. In diesem Fall ist nicht erforderlich, daß sich wegen eines weiteren, nach dem 1. 4. 1998 geborenen Kindes derselben Eltern ein Bedürfnis zur Herstellung der Namenseinheit ergibt. Vielmehr ist Abs 5 auch auf die isolierte Anpassung der Namensführung eines Kindes an neues Recht anzuwenden. **34**

2. Abs 5 setzt nach seinem Wortlaut voraus, daß bei Inkrafttreten des KindRG der Doppelname in ein deutsches **Personenstandsbuch eingetragen** ist. Führt das Kind den Doppelnamen ohne eine Eintragung in ein deutsches Personenstandsbuch, was insbesondere bei Geburt im Ausland in Betracht kommt, so ist eine Namensneubestimmung nach Abs 5 erst recht möglich (BT-Drucks 13/8511, 81; FamRefK/Wax Rn 13). **35**

3. Abs 5 ermöglicht den Eltern eine nachträgliche **Änderung des eingetragenen Doppelnamens** des Kindes. Zum Namen des Kindes kann der Name des Vaters oder der Name der Mutter bestimmt werden. Maßgeblich ist die Namensführung des jeweiligen Elternteils im Zeitpunkt der Erklärung (**Abs 5 S 1**). **36**

4. Die neue Namensbestimmung unterliegt in Form und Wirkungen Abs 3 S 2 (**Abs 5 S 2**; dazu oben Rn 23 bis 29). Insbesondere kann bei **mehreren Kindern mit Doppelnamen** die neue Namensbestimmung nur einheitlich erfolgen (Abs 5 S 2, Abs 3 S 2 HS 1; Palandt/Diederichsen Rn 7). Die Bestimmung gilt auch für **künftig geborene Kinder** (Abs 5 S 2, Abs 3 S 2 HS 2, § 1617 Abs 1 S 3). Eine Bestimmung durch einen **alleine sorgeberechtigten Elternteil** ist nur unter analoger Anwendung von § 1618 S 3 möglich (oben Rn 29), was bei Abs 5 sogar mehr praktische Bedeutung hat als bei Abs 3, weil gerade die Neubestimmung zum Wegfall des Namens des nicht sorgeberechtigten Elternteils im Doppelnamen des Kindes genutzt werden könnte. **37**

5. Haben die Eltern bereits für ein **anderes Kind** den **Namen des Vaters oder der Mutter** zum Geburtsnamen bestimmt, so ist die Änderung des Doppelnamens nach Abs 5 S 1 nicht mehr frei möglich. Vielmehr sind die Eltern – im Interesse der Namenseinheit – gebunden (**Abs 5 S 3**). Sie können auch dem Kind, das zunächst den Doppelnamen geführt hat, nur den Namen bestimmen, den sie dem anderen Kind (nach § 1616 aF BGB oder nach § 1617 Abs 1 BGB) bestimmt haben (Palandt/Diederichsen Rn 6). Auf das Geburtsdatum des anderen Kindes kommt es in diesem Fall nicht an. **38**

6. Die Option nach Abs 5 ist **nicht befristet**. Insbesondere gilt bei Eintragung des Doppelnamens in ein deutsches Personenstandsbuch nicht Abs 4. Das Recht zur Neubestimmung kann jedoch nur durch die sorgeberechtigten Eltern ausgeübt werden, also nicht durch das Kind und damit nicht mehr nach Eintritt der Volljährigkeit (FamRefK/Wax Rn 13). **39**

VII. Unterschiedliche Geburtsnamen von vor dem 1. 4. 1994 geborenen Kindern (Abs 6)

40 **1.** Führen mehrere (wenigstens zwei) vor dem 1. 4. 1994 geborene Kinder derselben Eltern unterschiedliche Geburtsnamen, so sind **Abs 3 bis 5 nicht anwendbar**, auch wenn eines dieser Kinder einen zusammengesetzten Namen (Doppelnamen) als Geburtsnamen führt.

Es kann also weder einem nach dem 31. 3. 1998 geborenen weiteren Kind nach Abs 3 der Doppelname neu als Geburtsname gegeben werden, den eines der vor dem 1. 4. 1994 geborenen Kinder als Geburtsname führt, noch kann der Geburtsname des den Doppelnamen führenden Kindes nach Abs 5 geändert werden. Auch eine Änderung nach Abs 4 scheidet aus.

41 **2.** Grundsätzlich hat es daher für Kinder, die **am 1. 7. 1998 bereits einen Geburtsnamen geführt** haben, mit diesem sein Bewenden (Abs 1 S 1), sofern nicht geburtsnamensändernde Umstände außerhalb des Art 224 § 3 eintreten (Abs 1 S 2).

Ist ein Geburtsname neu zu bestimmen, so gilt insbesondere § 1617 Abs 1 S 3 BGB auch insoweit, als eines der mehreren vor dem 1. 4. 1994 geborenen Kinder den Namen eines Elternteils als Geburtsnamen führt; nicht der Doppelname des anderen, sondern der nach § 1617 Abs 1 BGB zulässig bestimmbare Einzelname bindet dann für die Namensbestimmung bei weiteren Kindern (Palandt/Diederichsen Rn 7).

42 **3.** Die Bestimmung bedarf jedoch nach ihrem Zweck einer **Ausnahme**. Der Gesetzgeber wollte lediglich die Namensbestimmung bzw -neubestimmung in den Fällen nicht zur Anwendung bringen, in denen eine Namenseinheit der Geschwister dadurch nicht erreichbar ist (vgl BT-Drucks 13/8511, 81). Dabei wurde übersehen, daß auch in der von Abs 6 vorausgesetzten Konstellation eine Namenseinheit mit dem Instrumentarium der Abs 3 bis 5 herstellbar sein könnte. Führt ein vor dem 1. 4. 1994 geborenes Kind einen Doppelnamen, ein zweites vor diesem Datum geborenes Kind den Namen eines Elternteils, so könnte eine Neubestimmung des Geburtsnamens des den Doppelnamen führenden Kindes nach Abs 5 zur Namenseinheit beider Kinder führen. Dabei wäre auch nicht der Zweck des Abs 6 verletzt, Doppelnamen als Geburtsnamen nicht nachträglich für vor dem 1. 4. 1994 geborene Kinder zu ermöglichen. Die Anwendung von Abs 5 führt vielmehr weg vom Doppelnamen und schafft daher Namenseinheit auf der Basis der namensrechtspolitischen Grundentscheidung des § 1617 Abs 1 BGB. Abs 6 ist also teleologisch einzuschränken: Eine Neubestimmung des Geburtsnamens nach Abs 5 bleibt zulässig, wenn dadurch Namenseinheit herstellbar ist.

Artikel 225 EGBGB
Überleitungsvorschrift zum Wohnraummodernisierungssicherungsgesetz

Artikel 231 § 8 Abs. 2 ist nicht anzuwenden, wenn vor dem 24. Juli 1997 über den Bestand des Vertrages ein rechtskräftiges Urteil ergangen oder eine wirksame Vereinbarung geschlossen worden ist. Artikel 233 § 2 Abs. 2, § 11 Abs. 3 Satz 5 und Abs. 4 Satz 3 und §§ 13 und 14 sowie Artikel 237 § 1 gelten nicht, soweit am 24. Juli 1997 in

Ansehung der dort bezeichneten Rechtsverhältnisse ein rechtskräftiges Urteil ergangen oder eine Einigung der Beteiligten erfolgt ist.

Materialien: Eingefügt durch Art 2 Abs 1 Nr 4 Wohnraummodernisierungssicherungsgesetz v 17. 7. 1997, BGBl 1997 I 1823; E: BT-Drucks 13/2022 (Nutzerschutzgesetz), Beschlußempfehlung und Bericht des Rechtsausschusses BT-Drucks 13/7257, Vermittlungsausschuß BT-Drucks 13/7957.

I. Regelungszweck

1. Die Norm ist Überleitungsregelung zu einigen Bestimmungen, die durch das WoModSiG v 17. 7. 1997 (BGBl 1997 I 1823; im einzelnen zur Gesetzgebungsgeschichte Art 237 § 1 Rn 6 ff) in die **Überleitungsbestimmungen zum Einigungsvertrag** eingefügt wurden. Art 225 lehnt sich zwar in seiner systematischen Stellung an die jüngst wieder verstärkte Tendenz an, Überleitungsregeln im EGBGB anzuordnen. Durch die Doppelpositionierung als Überleitungsbestimmung zu Überleitungsbestimmungen weicht Art 225 allerdings von der bisher geübten Praxis ab, Übergangsrecht innerhalb der Art 230 ff unmittelbar dort zu positionieren, was die Rechtsanwendung nicht übersichtlicher macht (kritisch Stavorinus NotBZ 1997, 181; MünchKomm/Busche Rn 1). Aufgrund der redaktionellen Wirren bei der Gesetzesentstehung wurde nach diesem Muster eine Art 225 entsprechende Regelung für den ebenfalls durch das WoModSiG eingefügten Art 237 § 2, dort in Abs 5, plaziert. 1

2. Die Überleitungsbestimmung ist nicht nur **verfassungsrechtlich unbedenklich**, weil die Ungleichbehandlung noch offener und bereits durch Vereinbarung oder rechtskräftiges Urteil geklärter Sachverhalte sachlich begründet ist (Art 3 Abs 1 GG); Art 225 beschränkt insbesondere die Heilungsbestimmungen auf noch offene Sachverhalte (MünchKomm/Busche Rn 4). Sie ist überdies in Teilen sogar verfassungsrechtlich geboten. Bereits durch Vereinbarung geregelte Sachverhalte nicht rückwirkend Heilungsregelungen zu unterstellen, die der Vereinbarung die Grundlage entziehen, ist ein Gebot des Vertrauensschutzes. Eingriffe in rechtskräftige Urteile wären rechtsstaatswidrig. 2

II. Reichweite

Art 225 gilt für zahlreiche Bestimmungen, welche die Heilung bisher unwirksamer Grundstückserwerbe (zu Privat- und zu Volkseigentum) im Beitrittsgebiet betreffen, sowie für Regelungen im Zusammenhang mit der Abwicklung der Bodenreform. Im einzelnen sind erfaßt (zur Bedeutung der jeweiligen Neuregelung vgl die Kommentierung bei den genannten Vorschriften): 3

von Satz 1:
- die Heilung von Rechtsgeschäften und Rechtshandlungen namens der bereits untergegangen Räte der Kreise (Art 231 § 8 Abs 2)

von Satz 2:
- die Heilung mangelhafter Überführung von Grundstücken in Volkseigentum (Art 237 § 1)

- die unwiderlegliche Vermutung der Verfügungsbefugnis als Rechtsträger eingetragener Stellen über Grundstücke in Volkseigentum (Art 233 § 2 Abs 2)
- die Neuregelung der Geltendmachung des Zahlungsanspruchs des „eigentlich Berechtigten" iSd Bodenreformrechts anstelle des Auflassungsanspruchs (Art 233 § 11 Abs 3 S 5)
- die Neuregelung der ausschließlichen Zuständigkeit für Streitigkeiten über Bodenreformgrundstücke (Art 233 § 11 Abs 4 S 3)
- die Neuregelung des Schutzes der Rechte des Fiskus an Bodenreformgrundstücken durch Mitteilung des Grundbuchamts (Art 233 § 13)
- die Neuregelung der Verjährung von Ansprüchen betreffend die Abwicklung von Bodenreformgrundstücken (Art 233 § 14).

III. Einigungen

4 Sämtliche genannten Vorschriften (oben Rn 3) sind *nicht anzuwenden*, wenn (S 1) über den Bestand des Vertrages (Art 231 § 8 Abs 2) bzw (S 2) in Ansehung des Rechtsverhältnisses, also die Wirksamkeit der Rechtshandlung (Art 233 § 2 Abs 2), das Bestehen des Eigentums (Art 237 § 1), oder die Ansprüche betreffend Bodenreformgrundstücken (Art 233 §§ 11, 13, 14 wie Rn 3) zwischen den Beteiligten eine **wirksame Vereinbarung** getroffen wurde. Eine solche Einigung ist dann gegeben, wenn die der späteren Regelung zugrundeliegende Unklarheit, insbesondere die unklare Wirksamkeit, Gegenstand eines Vergleichs (§ 779 BGB) gewesen ist (BGH VIZ 1998, 475; BT-Drucks 13/7275, 33; Maskow NJ 1998, 591). Ein gegenseitiges Nachgeben ist jedoch nicht erforderlich. Auch ein einseitiges deklaratorisches Schuldanerkenntnis (§ 781 BGB) erfüllt die Voraussetzung einer Einigung (BGH aaO, Palandt/Heinrichs Rn 1; MünchKomm/Busche Rn 1). Daß eine Partei im Zeitpunkt der Einigung *nicht damit rechnen konnte*, der Gesetzgeber werde durch das WoModSiG das fragwürdige Rechtsverhältnis heilen, hat auf den Vorrang der Einigung keinen Einfluß; es ist gerade Zweck der Regelung, der Einigung der Parteien Vorrang vor der gesetzlichen Heilung zu geben (BGH VIZ 1998, 475).

Auch wenn die Einigung die Wirksamkeit eines bis dahin zweifelhaften oder unwirksamen Grundstücksgeschäfts (Modrow-Kaufverträge) betrifft, bedarf sie nicht der **Form** des validierten Geschäfts und unterliegt nicht einer für dieses geltenden **Genehmigungsbedürftigkeit** (Stavorinus NotBZ 1997, 181).

IV. Rechtskräftige Urteile

5 Sämtliche genannten Vorschriften sind auch dann *nicht anzuwenden*, wenn vor dem 24. 7. 1998 ein **rechtskräftiges Urteil** über den Bestand des Vertrages oder das Rechtsverhältnis (oben Rn 4) ergangen ist. Das Urteil muß vor dem Stichtag bereits rechtskräftig gewesen sein; in einem an diesem Tag noch – auch in Berufung oder Revision – anhängigen Verfahren sind die Bestimmungen dagegen anzuwenden.

Die Bestimmung gilt nur für solche Urteile, die rechtskräftig über das betreffende Rechtsverhältnis (als Streitgegenstand) entscheiden. Da die Entscheidung über vorgreifliche Rechtsverhältnisse nicht in Rechtskraft erwächst, hindert die nur vorgreifliche Entscheidung des betreffenden Rechtsverhältnisses nicht die Anwendung neuen Rechts (Palandt/Heinrichs Rn 1; MünchKomm/Busche Rn 2). Beschlüsse fallen nur unter die Regelung, soweit sie in materielle Rechtskraft erwachsen (Palandt/Heinrichs Rn 1).

Artikel 226 EGBGB
Überleitungsvorschrift zum Gesetz vom 4. Mai 1998 zur Neuordnung des Eheschließungsrechts

(1) Die Aufhebung einer vor dem 1. Juli 1998 geschlossenen Ehe ist ausgeschlossen, wenn die Ehe nach dem bis dahin geltenden Recht nicht hätte aufgehoben oder für nichtig erklärt werden können.

(2) Ist vor dem 1. Juli 1998 die Nichtigkeits- oder Aufhebungsklage erhoben worden, so bleibt für die Voraussetzungen und Folgen der Nichtigkeit oder Aufhebung sowie für das Verfahren das bis dahin geltende Recht maßgebend.

(3) Im übrigen finden auf die vor dem 1. Juli 1998 geschlossenen Ehen die Vorschriften in ihrer ab dem 1. Juli 1998 geltenden Fassung Anwendung.

Materialien: BT-Drucks 13/9416, 26; BT-Drucks 13/4898, 13, 27; BGBl 1998 I 833.

Schrifttum

Bosch, Neuordnung oder nur Teilreform des Eheschließungsrechts, NJW 1998, 2004
Hepting, Das Eheschließungsrecht nach der Reform, FamRZ 1998, 713
Piekenbrock, Probleme im deutsch-russischen Familienrechtsverkehr, IPRax 2001, 119;
vgl ferner auch Staudinger/Strätz (2000) Einl 37 ff zu §§ 1303 ff.

Systematische Übersicht

I. Normgeschichte, Normzweck

1 Diese Überleitungsvorschrift regelt die Anwendbarkeit des neuen Rechts der **Eheschließungsmängel** (Buch 4, Abschnitt 1, Titel 2, Untertitel 4, Titel 3, Titel 4 BGB) auf die vor seinem Inkrafttreten am 1. 7. 1998 geschlossenen Ehen. Art 15 EheschlRG hat sie in das EGBGB eingestellt (BGBl 1998 I 833), um sie leichter auffindbar zu machen (BT-Drucks 13/4898, 27). Eine Überleitung ist erforderlich, weil das neue Recht sowohl hinsichtlich der Nichtehe (Putativehe) in § 1310 Abs 3 BGB (dazu unten Rn 3, 7) als auch hinsichtlich der fehlerbehafteten Ehe in den §§ 1303 ff BGB – insoweit sowohl in den einzelnen Aufhebungsgründen und ihren Rechtsfolgen, als auch systematisch – vom bisherigen Recht abweicht (Zur Entwicklung des EheschlRG 1998 vgl oben Schrifttum, sowie rechtspolitisch STAUDINGER/KLIPPEL [2000] Vorbem 18 ff zu §§ 1313 ff).

2 Der Regelungsinhalt erschließt sich am einfachsten, wenn die Norm von ihrem Ende her gelesen wird. Abs 3 enthält nämlich das **Prinzip**: sowohl die Heilung einer Putativehe als auch die Aufhebbarkeit einer vor dem 1. 7. 1998 nach bisherigem Recht geschlossenen und fehlerbehafteten Ehe beurteilt sich grundsätzlich nach neuem Recht. Absätze 1 und 2 schränken diesen Grundsatz in zwei Konstellationen geringfügig ein. Nach **Abs 2** waren Nichtigkeits- oder Aufhebungsverfahren, die bei Inkrafttreten des neuen Rechts am 1. 7. 1998 bereits rechtshängig waren, sowohl verfahrensrechtlich als auch materiellrechtlich unter den gleichen rechtlichen Voraussetzungen fortzuführen und abzuschließen, unter denen sie begonnen worden waren (dazu unten Rn 28). **Abs 1** betrifft die Fälle, in denen erst ab 1. 7. 1998 die Gültigkeit einer vorher geschlossenen Ehe streitig wird. Dann gilt: erweist sich diese Ehe als **nach neuem Recht nicht aufhebbar**, bleibt es prinzipiell dabei (vgl aber unten Rn 24 zum einfachen Irrtum). Erweist sich diese Ehe als **nach neuem Recht aufhebbar**, ist gegenzuprüfen, ob sie auch nach bisherigem Recht aufhebbar oder vernichtbar gewesen wäre. Ist das der Fall, wird diese Ehe nach neuem Recht aufgehoben. Ist das nicht der Fall, dh ist diese Ehe erst Dank des neuen Rechts aufhebbar geworden, kann sie dennoch nicht gemäß neuem Recht aufgehoben werden. Dies ist Ausdruck des allgemeinen Prinzips, dass sich die Gültigkeit von Rechtsgeschäften nach den zur Zeit ihrer Vornahme geltenden Voraussetzungen richtet; diese Regelung wiederum realisiert den Vertrauensschutz, wonach einer einmal gültig vorgenommenen Rechtshandlung grundsätzlich nicht rückwirkend ihre Rechtsgrundlage entzogen werden darf (BT-Drucks 13/4898, 27).

II. Grundsatz (Abs 3)

3 Gemäß Abs 3 sind seit 1. 7. 1998 hinsichtlich aller, also auch der **davor geschlossenen Ehen** die Fragen, ob sie fehlerbehaftet sind und welche Konsequenzen daraus zu ziehen sind, nach dem neuen Recht zu beurteilen. Das gilt sowohl für die Heilung oder Heilbarkeit einer davor eingegangenen Nichtehe in der Form der **Putativehe** (§ 1310 Abs 3 BGB; dazu Rn 7) als auch für die Aufhebung wegen Verstößen gegen Eheverbote oder wegen sonstiger Fehler, vor allem von Willensmängeln, bei der Eheschließung. Auch für diese Ehen gelten daher nicht länger die Nichtigkeits- und Aufhebungsgründe des EheG 1946 (STAUDINGER/BGB-Synopse 1896–2000 Anhang S 1748 ff), das Art 14 EheschlRG aufgehoben hat, sondern die Regelungen der §§ 1313 ff, 1319 f BGB, wie sie Art 1 EheschlRG (BGBl 1998 I 833) eingeführt hat. Das neue Recht hat das Recht der **fehlerbehafteten Ehe** vereinheitlicht und systematisch vereinfacht; bis dahin wurde zwischen Nichtigerklärung und Aufhebung einer Ehe unterschieden.

4 Zur **Nichtigerklärung** einer Ehe führten Verstöße gegen Ehevoraussetzungen oder Eheverbote, die vornehmlich im öffentlichen Interesse bestanden; die Aufhebungsgründe hingegen schützten vornehmlich die privaten Belange der betroffenen Ehegatten (vgl BT-Drucks 13/4898, 14). Lag ein Nichtigkeitsgrund gemäß §§ 16 ff EheG 1946 vor (Formmangel, Mangel der Geschäfts- oder Urteilsfähigkeit, Namensehe [bis 1977], Bigamie, Verwandten- oder Verschwägertenehe, ausdrückliche Ehebruchsehe [bis 1977]) und war die Ehe deswegen rechtskräftig für nichtig erklärt (vgl § 23 EheG), dann galt sie prinzipiell als **von Anfang an nichtig** (ex tunc); sie musste grundsätzlich rückabgewickelt werden. Der Grundsatz der Rückwirkung war aber vielfach durchbrochen. Auf den personenrechtlichen Status der Kinder hatte die Nichtigerklärung der Elternehe keinen Einfluss (§ 25 EheG [bis 1957 bzw 1961], § 1591 Abs 1 S 1 HS 2 BGB [1. 1. 1962–30. 6. 1998], seither ebenso aus systematischen Gründen wegen Wegfalls der Nichtigerklärung). Die vermögensrechtlichen Beziehungen der Ehegatten wurden grundsätzlich nach Scheidungsrecht abgewickelt, es sei denn ein Ehegatte war hinsichtlich des Nichtigkeitsgrundes „bösgläubig" (§ 26 EheG). Die Nichtigerklärung führte jedoch zum Verlust des Ehenamens ex nunc (vgl § 1355 Abs 5 S 1 BGB) und ex tunc der erbrechtlichen Ansprüche (vgl für andere Eheauflösungsgründe § 1933 BGB. Vgl näher STAUDINGER/STRÄTZ[12] § 16 EheG Rn 15 ff).

5 Die **Aufhebung der Ehe** gem §§ 30 ff EheG 1946 beseitigte die Wirksamkeit der Ehe dagegen nur für die Zukunft, also ebenso wie eine Scheidung **ex nunc**. Das nacheheliche Verhältnis wurde daher wie nach einer Scheidung geregelt (§ 37 EheG). Anders als die Scheidungsgründe betrafen und betreffen die Aufhebungsgründe jedoch Umstände zum Zeitpunkt der Eheschließung: fehlende Einwilligung des gesetzlichen Vertreters, Irrtum über die Eheschließung, über die Person des Partners, über seine persönlichen Eigenschaften, arglistige Täuschung oder Drohung. Daher konnte der hinsichtlich dieser Aufhebungsgründe sozusagen „gutgläubige" Partner dem insoweit „bösgläubigen" Partner gegenüber die vermögensrechtlichen Vorteile der Ehescheidung ausschließen.

6 Das neue Recht behandelt alle **Mängel einer vor einem Standesbeamten vorgenommenen Eheschließung gleich**; es reagiert darauf einheitlich nur mit der Aufhebung der Ehe ex nunc. Eine fehlerbehaftete Ehe kann seit 1. 7. 1998 also nur noch mit Wirkung für die Zukunft aufgehoben werden, eine rückwirkende Eheauflösung durch Nichtigerklärung ist nicht mehr möglich. Jedoch berücksichtigt auch das neue Recht die „Gut-" bzw „Bösgläubigkeit" eines oder beider Partner hinsichtlich der Aufhebungsgründe, so dass der „Bösgläubige" nicht in den Genuss der Scheidungsvorteile kommt (vgl BT-Drucks 13/4898, 13; kritisch BOSCH, Neuordnung oder nur Teilreform des Eheschließungsrechts, NJW 1998, 2004, 2010). Begründet wird diese einheitliche Lösung mit besserer Überschau- und Handhabbarkeit der Regelung (BT- Drucks 13/4898, 14). Des weiteren hat das EheschlRG 1998 die bisherigen Eheschließungsmängel auch inhaltlich neu geordnet, einige eliminiert, jedoch auch einen Ehemangel erneut eingeführt (im Einzelnen vgl dazu STAUDINGER/KLIPPEL [2000] Vorbem 16 zu §§ 1313 ff, ferner FamRRefK/WAX vor §§ 1300 ff Rn 2 ff).

III. Heilung einer vor dem 1. Juli 1998 eingegangenen „Putativehe" (Abs 3)

7 Eine Nichtehe liegt vor, wenn Mann und Frau als Ehegatten zusammenleben und als Ehegatten gelten, obwohl eine Eheschließung vor dem Standesbeamten nicht stattgefunden hat. Nach § 1310 Abs 3 BGB kann aus einer solchen „Putativehe" rückwirkend eine Ehe werden, wenn sie 10 bzw 5 Jahre gelebt wurde und ein Standesbeamter sie irrtümlich als Ehe behandelt hat. Praktisch relevant wird dies bei sog „hinkenden Ehen", die Ausländer untereinander in Deutschland vor einer nicht ordnungsgemäß ermächtigten Trauperson (Art 13 Abs 3 EGBGB) abgeschlossen haben (so im Fall BayObIG StAZ 2000, 45, 47). Nach **bisherigem Recht** war eine Sanierung dieser Fälle – abgesehen von Sonderregelungen für Fälle aus den Kriegs- und Nachkriegswirren – nicht möglich; die Gerichte haben sich gleichwohl bemüht, die oft erst nach langen Jahren des putativehelichen Zusammenlebens auftretenden Probleme, zB hinsichtlich der Zuerkennung einer Hinterbliebenenrente, zu mildern (dazu STAUDINGER/STRÄTZ [2000] § 1310 Rn 57 ff). Abs 3 eröffnet nun auch den am 1. 7. 1998 gelebten sowie den vorher durch Tod eines Partners aufgelösten Putativehen die rückwirkende Sanierung, wenn die Voraussetzungen von § 1310 Abs 3 BGB vorliegen (näher dazu STAUDINGER/STRÄTZ [2000] § 1310 Rn 79 f).

IV. Aufhebung einer vor dem 1. Juli 1998 geschlossenen Ehe (Abs 1)

1. Grundzüge der Überleitungsregelung

8 Eine bei Inkrafttreten des EheschlRG 1998 bestehende Ehe kann nur aufgehoben werden, wenn sie sowohl nach neuem Recht aufhebbar ist, als auch nach bisherigem Recht vernicht- oder aufhebbar gewesen wäre. Im **ersten Schritt** sind daher die Aufhebungsvoraussetzungen nach neuem Recht zu prüfen. Erweist sich die Ehe danach als aufhebbar, sind im **zweiten Schritt** die Nichtigkeits- bzw Aufhebungsvoraussetzungen nach bisherigem Recht zu prüfen. Prüfungsmaßstab ist dafür der Stand des Rechts, also der Gesetzgebung und Rechtsprechung, zum Zeitpunkt der Eheschließung (BT-Drucks 13/4898, 27 f). Geht es um eine Ehe, die vor dem 3. 10. 1990 auf dem Gebiet der ehemaligen **DDR** geschlossen wurde, kommt nur Nichtigkeit in Betracht (zur Nichtigkeit einer dort 1946 geschlossenen bigamischen Ehe BGH NJW 2001, 2394 ff); das FGB-DDR (vgl §§ 8, 35, 36 FGB) kannte weder Anfechtbarkeit noch Aufhebbarkeit einer Ehe (s Anlage I Kap III Sachgebiet B Abschnitt III Nr 11 a Einigungsvertrag). Als Nichtigkeitsgründe waren anerkannt die Doppelehe, die Ehe zwischen Verwandten in gerader Linie und zwischen Geschwistern, die Ehe zwischen Adoptivelternteil und Adoptivkind und die Ehe des Entmündigten. – Hinsichtlich der **Folgen einer Aufhebung** gilt (abgesehen von den Fällen des Abs 2, unten Rn 28) ausschließlich das jetzige Recht, also § 1318 BGB (näher dazu STAUDINGER/STRÄTZ [2000] § 1318)

9 **a)** Abs 1 verlangt nicht, dass sich die Aufhebungsgründe nach neuem und bisherigen Recht **sachlich decken** (HEPTING FamRZ 1998, 713, 728). Abs 1 entfaltet vielmehr seine Sperrwirkung nur insofern, als er verhindert, dass eine nach bisherigem Recht unter keinem rechtlichen Gesichtspunkt vernicht- oder anfechtbare Ehe nach neuem Recht „überraschenderweise" aufgehoben werden kann.

10 **b)** Abs 1 entfaltet seine Sperrwirkung nicht nur, wenn die am 1. 7. 1998 bestehende Ehe von vorneherein mangels eines Nichtigkeits- oder Aufhebungsgrunds des bisherigen Rechts weder vernicht- noch aufhebbar war, sondern sie tritt auch ein, wenn die Ehe zwar fehlerbehaftet zustande gekommen war, aber noch vor dem 1. 7. 1998 deswegen schon nach bisherigem Recht nicht mehr hätte vernichtet oder aufgehoben werden können, weil der Nichtigkeits- oder Aufhebungsgrund **geheilt** oder die **Frist abgelaufen** war, in welcher er hätte gerichtlich geltend gemacht werden müssen. Nach § 35 EheG 1946 heilten alle als Aufhebungsgründe anerkannten Willensmängel grundsätzlich, wenn **nicht binnen Jahresfrist** nach ihrer Aufdeckung bzw nach dem Ende der widerrechtlichen Drohung die Aufhebungsklage erhoben wurde (vgl MünchKomm/MÜLLER-GINDULIS[3] Art 226 Rn 3). Mit anderen Worten: eine vor dem 1. 7. 1998 geschlossene Ehe kann nach neuem Recht nur aufgehoben werden, wenn theoretisch bereits und noch am 30. 6. 1998 ein Nichtigkeits- oder Aufhebungsurteil hätte ergehen können.

c) Abs 3 **sperrt die Einleitung eines Aufhebungsverfahrens** wegen jedes Aufhebungsgrundes, wenn die betroffene Ehe im Zeitpunkt der Stellung des Aufhebungsantrags **bereits durch Scheidung oder Tod aufgelöst** war (§ 1317 Abs 3 BGB). Nach **bisherigem Recht** konnte eine mit einem Nichtigkeitsgrund behaftete Ehe auch dann noch auf Betreiben der Staatsanwaltschaft für nichtig erklärt werden, wenn sie bereits durch Scheidung oder Tod eines Ehegatten aufgelöst war (so im Fall BGH NJW 2001, 2394 ff), und zwar so lange, bis beide Ex-Ehegatten verstorben waren (§ 24 EheG 1946). Derartige Verfahren können seit dem 1. 7. 1998 nicht mehr eingeleitet werden, auch wenn der Aufhebungsgrund erst danach zu Tage getreten ist. 11

2. Veränderung der Aufhebungsgründe im heutigen gegenüber dem bisherigen Recht

Zum Schutz der äußerlich fehlerfrei geschlossenen Ehe regelt das Recht wie bisher enumerativ, in welchen Fällen eine Ehe überhaupt als fehlerbehaftet angreifbar ist. § 1314 BGB unterscheidet dabei systematisch zwischen Verstößen gegen 6 ausdrückliche Vorschriften für die Eheschließung (Abs 1) und 5 weiteren Aufhebungsgründen (Abs 2), die sich aus dem Allgemeinen Teil für alle Rechtsgeschäfte ergeben (Nr 1 bis 4), bzw speziell die Grundlage der Ehe in Frage stellen (Nr 5). Ferner regeln §§ 1319, 1320 die Aufhebung einer bigamischen Ehe, die aufgrund einer falschen Todeserklärung eines Ehegatten geschlossen wurde. Der Abgleich des bisherigen und des neuen Rechts ergibt, dass die meisten **Nichtigkeits- und Aufhebungsgründe** des bisherigen Rechts sachlich in den Aufhebungsgründen des neuen Rechts **fortbestehen**, mit folgenden **Ausnahmen**. 12

Weggefallen ist der **Nichtigkeitsgrund** einer Eheschließung zwischen **Verschwägerten** in gerader Linie (Schwiegereltern – Schwiegerkinder) nach § 21 Abs 1 EheG 1946. Eine vor dem 1. 7. 1998 geschlossene Ehe zwischen Verschwägerten in gerader Linie kann daher wegen des in Abs 3 bestimmten Vorrangs des geltenden Rechts nicht mehr aufgehoben werden, auch wenn sie noch nicht nach § 21 Abs 2 EheG geheilt war. Das EheschlRG hat sie gewissermaßen saniert. – Die Eheverbote der durch Adoption begründeten Verwandtschaft oder Schwägerschaft (§ 7 EheG; § 1308 BGB), der Wartezeit (§ 8 EheG) und des fehlenden Auseinandersetzungszeugnisses (§ 9 EheG) boten schon nach bisherigem Recht keine Handhabe, eine gleichwohl geschlossene Ehe deswegen aufzulösen. 13

Weggefallen sind folgende **Aufhebungsgründe** des EheG 1946: die ungewollt abgegebene Eheschließungserklärung (§ 33 Abs 1 S 1 Alt 2), der (einfache) Irrtum über die Identität des anderen Ehegatten (§ 31 Abs 1 S 2) und der (einfache) Irrtum über die persönlichen Eigenschaften des anderen Ehegatten. Beruhen diese Willensmängel jedoch auf einer arglistigen Täuschung, begründen sie auch heute nach Maßgabe von § 1314 Abs 2 Nr 3 BGB die Aufhebbarkeit einer unter solchen Umständen herbeigeführten Ehe. Dazu unten Rn 24. 14

Hinzugekommen ist der Aufhebungsgrund gemäß § 1314 Abs 2 Nr 5 BGB, der Aus- 15 schluss der Verpflichtung zur ehelichen Lebensgemeinschaft. Eine vor dem 1. 7. 1998 geschlossene derartige „Scheinehe“ kann wegen der Sperrwirkung von Abs 1 auch nach neuem Recht nicht aufgehoben (sondern allenfalls geschieden) werden.

3. Aufhebungsgründe im heutigen Recht (§ 1314 Absätze 1 und 2 BGB) und ihre Parallelen im bisherigen Recht

16 **a)** Der Aufhebungsgrund des Verstoßes gegen § **1303** iVm § 1314 Abs 1 BGB betrifft die Eheschließung eines **Minderjährigen**. Dieser bedarf heute nur der Befreiung vom Alterserfordernis durch das Familiengericht (bisher Vormundschaftsgericht). Der Aufhebungsgrund ist heilbar durch nachträgliche gerichtliche Befreiung oder durch Bestätigung seitens des volljährig gewordenen Ehegatten (§ 1315 Abs 1 Nr 1 BGB). Nach **bisherigem Recht** (§§ 1, 3 EheG 1946) war zusätzlich auch die Zustimmung des gesetzlichen Vertreters nötig. Aufhebbar war eine ohne diese Erfordernisse geschlossene Ehe (§ 30 EheG) aber nur, wenn die Einwilligung des gesetzlichen Vertreters bei der Eheschließung weder erteilt, noch gerichtlich ersetzt war; fehlte nur die gerichtliche venia aetatis, war die Ehe deswegen nicht fehlerhaft. Der Mangel der fehlenden Zustimmung des gesetzlichen Vertreters war heilbar durch nachträglich wirklich erteilte bzw gerichtlich ersetzte Zustimmung oder durch die Bestätigung des volljährig gewordenen Ehegatten, wenn dieser nämlich zu erkennen gegeben hatte, er wolle die Ehe fortsetzen. Zudem erlosch der Aufhebungsgrund durch Fristablauf (§§ 35, 36 EheG). Es ist faktisch ausgeschlossen, dass der Aufhebungsgrund aus § 30 EheG jetzt, nach über fünf Jahren seit der Eheschließung, noch fristgerecht (vgl §§ 35, 36 EheG) geltend gemacht werden kann; eine vor dem 1. 7. 1998 ohne Zustimmung des gesetzlichen Vertreters geschlossene Ehe ist daher heute insoweit **saniert**.

17 **b)** Der Aufhebungsgrund des Verstoßes gegen § **1304** iVm § 1314 Abs 1 BGB betrifft die andauernde **Geschäftsunfähigkeit** (§ 104 BGB) eines Ehegatten im Zeitpunkt der Eheschließung. Der Mangel ist geheilt, wenn dieser Ehegatte doch noch geschäftsfähig geworden ist und dann zu erkennen gegeben hat, dass er die Ehe fortsetzen will (§ 1315 Abs 1 Nr 2). Nach **bisherigem Recht** war die Geschäftsunfähigkeit ein Nichtigkeitsgrund, der unter den gleichen Voraussetzungen wie im geltenden Recht heilbar war (§ 18 Abs 1 u 2, jeweils Alt 1 EheG 1946). Zudem erlosch der Aufhebungsgrund durch Fristablauf (§§ 35, 36 EheG). Es ist faktisch ausgeschlossen, dass der Aufhebungsgrund aus § 18 Abs 1 EheG jetzt, nach über fünf Jahren seit der Eheschließung, noch geltend gemacht werden kann; eine vor dem 1. 7. 1998 von einem unerkannt Geschäftsunfähigen geschlossene Ehe ist daher heute insoweit **saniert**. – Zum Ehenichtigkeitsgrund des vorübergehenden „Mangels der Urteilsfähigkeit“ (§ 18 Abs 2 EheG) s unten Rn 21.

18 **c)** Der Aufhebungsgrund des Verstoßes gegen § **1306** iVm § 1314 Abs 1 BGB betrifft die **bigamische Ehe**. Sie ist grundsätzlich nicht heilbar, es sei denn (§ 1314 Abs 2 Nr 1 BGB) das Aufhebungs- oder Scheidungsurteil über die frühere Ehe war vor der folgenden Eheschließung bereits gesprochen, wurde aber erst danach rechtskräftig (zur Frage einer Doppelehe bei nachträglichem Wegfall eines Scheidungsurteils vgl Piekenbrock IPRax 2001, 119 ff). Verzichtet die zuständige Verwaltungsbehörde ausnahmsweise darauf, das Aufhebungsverfahren gegen die bigamische Ehe in Gang zu setzen, weil dies die Ehegatten oder ihre Kinder besonders schwer und hart treffen würde

(§ 1316 Abs 3 BGB), wird diese Ehe nicht geheilt, bleibt aber de facto mit allen Rechtswirkungen bestehen, solange nicht ein von den Ehegatten selbst herbeigeführtes Aufhebungsurteil ergeht. Nach **bisherigem Recht** war die bigamische Ehe vernichtbar und seit dem Prozesskostenhilfegesetz 1980 heilbar wie nach geltendem Recht (§ 20 Abs 1, 2 EheG 1946). Eine ausdrückliche Ermächtigung der damals zuständigen Staatsanwaltschaft, ausnahmsweise auf die Nichtigkeitsklage zu verzichten, kannte das bisherige Recht nicht, räumte ihr aber diesbezüglich Ermessen ein (vgl Staudinger/Strätz[12] § 24 EheG Rn 8 ff; zu zwei bewusst bigamischen Eheschließungen eines verheirateten Deutschen mit zwei Filipinas und zur Anwendung des „ärgeren Rechts" s OLG Frankfurt OLG Report 2001, 322 ff). Eine vor dem 1. 7. 1998 geschlossene und nicht gemäß § 20 Abs 2 EheG oder § 1315 Abs 2 Nr 1 BGB seither geheilte bigamische Ehe ist daher gemäß Abs 1 jetzt **noch aufhebbar**. – Zum Sonderfall einer infolge einer **falschen Todeserklärung** eines Ehegatten zustande gekommenen bigamischen Ehe s unten Rn 27.

19 **d)** Der Aufhebungsgrund des Verstoßes gegen § **1307** iVm § 1314 Abs 1 BGB betrifft die **Verwandtenehe**. Sie ist nicht heilbar. Sie kann aber de facto Bestand haben, wenn die zuständige Verwaltungsbehörde ausnahmsweise darauf verzichtet, das Aufhebungsverfahren gegen die blutschänderische Ehe in Gang zu setzen, weil dies die Ehegatten oder ihre Kinder besonders schwer und hart treffen würde (§ 1316 Abs 3 BGB). Nach **bisherigem Recht** war die Verwandtenehe im gleichen Umfang wie heute vernichtbar (§ 21 Abs 1 iVm § 4 EheG 1946). Eine vor dem 1. 7. 1998 geschlossene Verwandtenehe ist daher gemäß Abs 1 jetzt **noch aufhebbar**. – Zum Eheverbot der **Schwägerschaft** nach bisherigem Recht s oben Rn 13.

20 **e)** Der Aufhebungsgrund des Verstoßes gegen § **1311** iVm § 1314 Abs 1 BGB betrifft den (nur mit viel Fantasie vorstellbaren) **Formmangel**, wenn nämlich einer oder gar beide Ehegatten die Erklärung, mit dem anderen die Ehe eingehen zu wollen, weder persönlich noch in Anwesenheit des Anderen oder bedingt oder terminiert abgegeben haben. Dieser Mangel ist nach § 1315 Abs 2 Nr 2 BGB durch Zeitablauf von in der Regel fünf Jahren heilbar. Nach **bisherigem Recht** machte der „Mangel der Form" die Ehe im gleichen Umfang wie heute vernichtbar, war aber auch unter denselben Voraussetzungen wie heute heilbar (§ 17 iVm § 13 EheG 1946); das in § 13 EheG im Vergleich mit § 1311 BGB zusätzlich genannte Tatbestandsmerkmal, dass nämlich die Erklärungen nicht „vor dem Standesbeamten" ausgetauscht wurden, wurde nach bisherigem Recht nicht als Mangel der Form gewertet, sondern führte als Verstoß gegen § 11 EheG zur Nichtehe (Staudinger/Strätz[12] § 17 EheG Rn 5 ff). Eine am letzten Tag der Geltung des EheG, also am 30. 6. 1998 unter Missachtung von § 13 EheG vorgenommene Eheschließung ist daher seit 1. 7. 2003 geheilt und nicht mehr aufhebbar, wenn die Ehegatten so lange zusammengelebt haben. Dasselbe gilt, wenn der Tod die Ehe nach dem 30. 6. 2001 aufgelöst hat. Hinsichtlich der **Verfahrensvorbehalte** in § 17 Abs 2 EheG und § 1315 Abs 2 Nr 2 BGB ist zu unterscheiden: War die **Nichtigkeitsklage** bereits vor dem 1. 7. 1998 erhoben, gilt Abs 2 (unten Rn 28). Seit 1. 7. 1998 kann dieser Fehler **nur noch als Aufhebungsantrag** geltend gemacht werden; ist er vor den genannten Stichtagen erhoben worden, wird das Verfahren nach derzeitigem Verfahrensrecht durchgeführt, der Prüfungsmaßstab ist nach bisherigem und heutigem Recht gleich. Im Übrigen sind die vor dem 1. 7. 1998 geschlossenen Ehen hinsichtlich des Formmangels **saniert**.

21 f) Der Aufhebungsgrund aus § 1314 Abs 2 **Nr 1** BGB liegt vor, wenn ein Ehegatte zum Zeitpunkt der Eheschließung **bewusstlos oder vorübergehend geistesgestört** war; er wird durch Bestätigung seitens des betroffenen Ehegatten geheilt (§ 1315 Abs 1 Nr 3 BGB). Nach **bisherigem Recht** war die Rechtslage identisch, der Mangel war jedoch ein Nichtigkeitsgrund (§ 18 Abs 1 u 2, jeweils Alt 2 EheG 1946). Die vor dem 1. 7. 1998 von einem Bewusstlosen oder vorübergehend Geistesgestörten geschlossenen Ehe ist insoweit **saniert**.

22 g) Der Aufhebungsgrund aus § 1314 Abs 2 **Nr 2** BGB liegt vor, wenn ein Ehegatte zum Zeitpunkt der **Eheschließung nicht gewusst** hat, dass es sich um eine Eheschließung handelt; er wird durch Bestätigung seitens des betroffenen Ehegatten geheilt (§ 1315 Abs 1 Nr 4 BGB). Nach **bisherigem Recht** war die Rechtslage identisch (§ 31 EheG 1946). Eine vor dem 1. 7. 1998 unter solchen Umständen vollzogene Eheschließung ist insoweit **saniert**. – Zur Aufhebbarkeit wegen **Irrtums über die Person** des anderen Ehegatten (§ 31 Abs 1 S 2 EheG) s unten Rn 24.

23 h) Der Aufhebungsgrund aus § 1314 Abs 2 **Nr 3** BGB liegt vor, wenn ein Ehegatte zur Eheschließung bestimmt wurde, als er sich über wesentliche Umstände **im Irrtum befand** und dieser Irrtum durch **arglistige Täuschung** des Anderen bzw mit dessen Wissen herbeigeführt worden war; er wird durch Bestätigung seitens des betroffenen Ehegatten geheilt (§ 1315 Abs 1 Nr 4 BGB). Nicht in Betracht kommt die Täuschung über Vermögensverhältnisse. Im Übrigen rechtfertigen nur **solche Umstände** die Aufhebung der Ehe, die den arglistig getäuschten Ehegatten bei Kenntnis der Sachlage und richtiger Würdigung des Wesens der Ehe davon abgehalten hätten, diese Ehe einzugehen. Der Aufhebungsgrund entfällt durch Fristversäumnis (§ 1317 Abs 1 BGB). Nach **bisherigem Recht** war die Rechtslage ebenso (§§ 33, 35 EheG 1946). Es ist nicht undenkbar, dass eine im Zeitpunkt der Eheschließung wirkende arglistige Täuschung über Jahre hinweg unentdeckt bleibt. Daher ist eine vor dem 1. 7. 1998 unter diesen Umständen geschlossene Ehe grundsätzlich auch jetzt **noch aufhebbar**, sobald die Täuschung entdeckt wird. Jedoch war nach bisherigem Recht anerkannt, dass eine Aufhebung nach langer Zeit wegen Rechtsmissbrauchs ausgeschlossen sein kann; das ist auch heute zu prüfen (Staudinger/Strätz[12] § 33 EheG Rn 38 f).

24 Das **bisherige Recht** erlaubte die Aufhebung einer Ehe auch auf Grund von anderen Willensmängeln, insbesondere von **einfachen Irrtümern**, dh solchen, die nicht durch arglistige Täuschung herbeigeführt worden waren: die ungewollt abgegebene Eheschließungserklärung (§ 31 Abs 1 S 1 Alt 2 EheG 1946), der Irrtum über die Identität des anderen Ehegatten (§ 31 Abs 1 S 2 EheG) und der Irrtum über seine persönlichen Eigenschaften (§ 32 Abs 1 EheG). Abgesehen vom Erklärungsirrtum, der schon unter dem bisherigen Recht anscheinend nie praktisch geworden ist und daher außer Betracht bleiben kann, können Irrtümer über die Identität des anderen Ehegatten (dazu Staudinger/Strätz[12] § 31 EheG Rn 14 f) und über seine persönlichen Eigenschaften (Staudinger/Strätz[12] § 32 EheG Rn 13 ff) auch **arglistig herbeigeführt** werden. Sie liefern dann also einen Aufhebungsgrund nach § 1314 Abs 2 Nr 3 BGB. Eine unter solchen erschwerten Umständen vor dem 1. 7. 1998 geschlossene Ehe ist demnach auch jetzt **noch aufhebbar**. Hat aber der Ehegatte einer vor dem 1. 7. 1998 geschlossenen Ehe sich diesen Irrtum selbst zuzuschreiben, kann die Ehe jedenfalls dann aufgehoben werden, wenn ein anderer Aufhebungsgrund nach neuem Recht vorliegt. Sie ist aber mE auch dann aufhebbar, wenn die Aufhebung nach neuem Recht nur daran scheitert, dass der Irrtum nicht auf arglistiger Täuschung beruht, die Ehe aber am 30. 6. 1998 wegen einfachen Irrtums noch aufhebbar gewesen wäre. Die Überleitungsvorschrift lässt es nämlich durch die Formulierung „im übrigen" zu, den nach Abs 1 nicht ausgeschlossenen Aufhebungsgrund auch jetzt anzuerkennen, wenn es sich sachlich um denselben Aufhebungsgrund wie nach neuem Recht handelt – ein folgenschwerer Irrtum, wie ihn auch das geltende Recht fordert – und es nur an der arglistigen Herbeiführung fehlt. Faktisch wird es freilich derartige Fälle kaum geben.

i) Der Aufhebungsgrund aus § 1314 Abs 2 **Nr 4** BGB liegt vor, wenn ein Ehegatte widerrechtlich durch Drohung zur Eheschließung bestimmt wurde; unerheblich ist, ob der andere Ehegatte davon wusste. Der Mangel wird durch Bestätigung seitens des betroffenen Ehegatten geheilt (§ 1315 Abs 1 Nr 4 BGB). Nach **bisherigem Recht** war die Rechtslage identisch (§ 34 EheG 1946). Es ist nicht undenkbar, dass eine im Zeitpunkt der Eheschließung wirkende Drohung über Jahre hinweg aufrechterhalten wird. Daher ist eine vor dem 1. 7. 1998 unter diesen Umständen geschlossene Ehe grundsätzlich auch jetzt **noch aufhebbar**. **25**

k) Der Aufhebungsgrund aus § 1314 Abs 2 **Nr 5** BGB betrifft eine Scheinehe (dazu oben Rn 15). **26**

l) Der Aufhebungsgrund aus **§ 1319 BGB** betrifft – entgegen der seit 1. 1. 2002 amtlichen aber verpatzten Überschrift – die **bigamische Ehe**, die deswegen zustande gekommen ist, weil man aufgrund einer **objektiv falschen Todeserklärung** des früheren Ehegatten die Ehe eines Heiratswilligen für aufgelöst hielt. Die bigamische Ehe ist nur auflösbar, wenn entweder beide Partner dieser Ehe wussten, dass der angeblich Tote im Zeitpunkt ihrer Eheschließung noch lebte und mithin die frühere Ehe des einen nicht durch den Tod aufgelöst war (§ 1319 Abs 1 BGB), oder wenn der Ehegatte, dessen früherer Ehegatte irrig für tot erklärt worden war, bei der Eheschließung dies nicht wusste (§ 1320 BGB). Im ersten Fall ist die zuständige Verwaltungsbehörde zur Erhebung der Aufhebungsklage nach Maßgabe von § 1316 Abs 3 BGB verpflichtet, beide Ehegatten sind dazu berechtigt, ebenso der hintergangene frühere Ehegatte (§ 1316 Abs 1 Nr 1 BGB). Im zweiten Fall (§ 1320 BGB) kann nur der Ehegatte, dessen früherer Ehegatte irrig für tot erklärt worden war, die Aufhebung der späteren Ehe betreiben und zwar nur binnen eines Jahres, seit er vom Fortleben seines früheren Ehegatten erfahren hat. Nach **bisherigem Recht** war die Rechtslage ähnlich (vgl dazu auch BGH NJW 2001, 2394 ff). Die bigamische Ehe war nur „nichtig", dh vernichtbar, wenn beide Ehegatten bei der Eheschließung gewusst hatten, dass der frühere Ehegatte des einen von ihnen die Todeserklärung überlebt hatte (§ 38 Abs 1 EheG 1946). Hatte der Ehegatte, dessen früherer Ehegatte irrig für tot erklärt worden war, bei der folgenden Eheschließung dies nicht gewusst, konnte er diese Ehe zwar in der Frist des § 35 EheG aufheben lassen; er war dann zwar unverheiratet, weil seine frühere Ehe bereits durch die nachfolgende Eheschließung aufgelöst war (§ 38 Abs 2 EheG), konnte aber nur seinen früheren Ehegatten, solange dieser lebte, wieder heiraten (§ 39 Abs 2 EheG). Eine vor dem 1. 7. 1998 aufgrund einer falschen Todeserklärung geschlossene bigamische Ehe ist daher auch jetzt unter Beachtung der Klagefristen **noch aufhebbar**, sei es auf Betreiben der zuständigen Verwaltungsbehörde oder der drei Betroffenen im Fall der „Bösgläubigkeit" der Ehegatten der bigamischen Ehe, sei es auf Betreiben des „gutgläubigen" Ehegatten, dessen früherer Ehegatte irrig für tot erklärt worden. **27**

V. Abwicklung der am 1. 7. 1998 rechtshängigen Nichtigkeits- und Aufhebungsklagen (Abs 2)

28 War am 1. 7. 1998 eine Nichtigkeits- oder Anfechtungsklage bereits erhoben, also durch Klagezustellung rechtshängig iSv § 253 Abs 1 ZPO, war sie sowohl verfahrensmäßig als auch materiellrechtlich nach dem bisherigen Recht zu Ende zu führen (so im Fall OLG Koblenz OLG Report 2001, 470 ff; ebenso BGH NJW 2001, 2394 ff. Nichtigkeitsklage der Staatsanwaltschaft gegen eine September 1946 im Gebiet der späteren DDR unter Geltung des EheG 1946 [in Kraft seit 1. 3. 1946] geschlossene bigamische Ehe nach dem Tod des Bigamisten). Weitere Ausführungen erübrigen sich, weil diese Verfahren mittlerweile abgeschlossen sein werden.

Artikel 227 EGBGB
Übergangsvorschrift zum Gesetz zur erbrechtlichen Gleichstellung nichtehelicher Kinder vom 16. Dezember 1997

(1) Die bis zum 1. April 1998 geltenden Vorschriften über das Erbrecht des nichtehelichen Kindes sind weiter anzuwenden, wenn vor diesem Zeitpunkt

1. der Erblasser gestorben ist oder

2. über den Erbausgleich eine wirksame Vereinbarung getroffen oder der Erbausgleich durch rechtskräftiges Urteil zuerkannt worden ist.

(2) Ist ein Erbausgleich nicht zustande gekommen, so gelten für Zahlungen, die der Vater dem Kinde im Hinblick auf den Erbausgleich geleistet und nicht zurückgefordert hat, die Vorschriften des § 2050 Abs. 1, des § 2051 Abs. 1 und des § 2315 des Bürgerlichen Gesetzbuches entsprechend.

Materialien: BT-Drucks 13/4183, 5; 13/8510, 3, 4; Art 224; BR-Drucks 709/97, 2.

Schrifttum

Böhm, Die Neuregelung des Erbrechts nichtehelicher Kinder, NJW 1998, 1043
Herlan, Erläuterungen zum Gesetz der erbrechtlichen Gleichstellung nichtehelicher Kinder v 19. Dezember 1997, DAVorm 1998, 563
Rauscher, Die erbrechtliche Stellung nicht in einer Ehe geborener Kinder nach dem Erbrechtsgleichstellungsgesetz und Kindschaftsreformgesetz, ZEV 1998, 41
Schlüter/Fegeler, Die erbrechtliche Stellung der nichtehelichen Kinder und ihrer Väter nach Inkrafttreten des Erbrechtsgleichstellungsgesetzes, FamRZ 1998, 1337
Wieser, Zur Feststellung der nichtehelichen Vaterschaft nach neuem Recht, NJW 1998, 2024.

Systematische Übersicht

I. Gesetzgebungsverfahren

1 Art 227 EGBGB wurde durch Art 2 des Gesetzes der erbrechtlichen Gleichstellung nichtehelicher Kinder (Erbrechtsgleichstellungsgesetz) v 16. 12. 1997 (BGBl I 2968) eingefügt und folgt der intertemporalen Grundregel, daß Altfälle nach dem bisherigen Recht zu beurteilen sind (Schlüter/Fegeler FamRZ 1998, 1337). Allerdings setzt die weite Anwendung der Sonderregelung nach dem 31. 3. 1998 voraus, daß sie auch nach altem Recht bis dahin anzuwenden war (Schlüter/Fegeler FamRZ 1998, 1337), das Kind also nicht vor dem 1. 7. 1949 geboren war oder die Übergangsbestimmungen für das Beitrittsgebiet heranzuziehen waren (dazu Art 235 Rn 117).

2 Das ErbGleichG v 16. 12. 1997 beruht auf dem durch den Rechtsausschuß vom 26. 6. 1997 (BT-Drucks 13/8510) modifizierten Regierungsentwurf v 29. 12. 1995 (BT-Drucks 13/1483). Dieser ist wortgleich mit dem bereits in der 12. Legislaturperiode eingereichten Regierungsentwurf (BT-Drucks 12/7819). Der Bundestag hat am 25. 9. 1997 (BR-Drucks 709/97) diesen Entwurf angenommen, wobei der Einspruch des Bundesrates gem Art 77 Abs 4 GG zurückgewiesen wurde (BT-Drucks 13/4183 S 15–17; Böhm NJW 1998, 1043, 1044). Ebensowenig fand ein Antrag der SPD-Fraktion auf Streichung des Art 12 § 10 Abs 2 des NEhelG Berücksichtigung (BT-Drucks 13/8510 S 6; Rauscher ZEV 1998, 41, 42, 44).

II. Normzweck

1. Betroffene Regeln

3 Mit der vollen erbrechtlichen Gleichstellung der nach dem 1. 7. 1949 geborenen nichtehelichen Kinder durch das am 1. 4. 1998 in Kraft getretene Erbrechtsgleichstellungsgesetz (ErbGleichG) v 16. 12. 1997 (BGBl 1997 I 2968) sind gem Art 1 Nr 3 für alle seit dem 1. 4. 1998 eingetretenen Erbfälle die für die nichtehelichen Kinder bestehenden Sonderregelungen des Erbersatzanspruchs (§§ 1934a–1934c) und des vorzeitigen Erbausgleichs (§§ 1934b, 1934e) gestrichen. (Zu diesen aufgehobenen Vorschriften vgl Staudinger/Werner [2000] Vorbem 45a–c zu §§ 1924–1936.)

4 Ebenfalls wurden § 1371 Abs 4 BGB durch Streichung der Worte „oder erbersatzberechtigte Abkömmlinge“ und des Zusatzes in § 1930 BGB „auch wenn diesem nur ein Erbersatzanspruch zusteht“ angeglichen (Rauscher ZEV 1998, 42 f). Die völlige Gleichstellung der nichtehelichen mit den ehelichen Abkömmlingen wurde in §§ 5

S 2, 12 Abs 10 HöfeO im Rahmen gesetzlicher Hoferbenberufung herbeigeführt, denn die nichtehelichen Kinder, denen nur der Erbersatzanspruch zustand, waren vor dem 1. 4. 1998 keine gesetzlichen Hoferben. Sie wurden auf einen Abfindungsanspruch verwiesen (Rauscher ZEV 1998, 41, 43; Schlüter/Fegeler FamRz 1998, 1337). Die Einbeziehung des Erbersatzanspruchs wurde als Folgeänderung aus den §§ 53a, 83a FGG, § 327 Abs 1 InsO und § 106a KostO beseitigt.

2. Vollendung der Gleichstellung

5 Mit der ersatzlosen Aufhebung der §§ 1934d, 1934e BGB hat der Gesetzgeber eine Ausdehnung des vorzeitigen Erbausgleichs auf eheliche Abkömmlinge abgelehnt (BT-Drucks 13/4183 S 9, 11). Entsprechenden Forderungen hält die Begründung des Gesetzes entgegen, daß entwicklungsmäßige, soziale und wirtschaftliche Nachteile kein typisches Handikap nichtehelicher Kinder mehr sei, sondern im allgemeinen der Lebenssituation im Einzelfall entspreche (BT-Drucks 13/4183 S 6, 7, 10; Rauscher ZEV 1998 41, 43 f). Eine allgemeine „Starthilfe" durch vorgezogenen Erbausgleich beschränkt den Erblasser in seiner grundrechtlich geschützten Dispositionsfreiheit und Eigentumsgarantie (BT-Drucks 13/4183 S 11; Böhm NJW 1998, 1043). Zudem bedeutet dies einen teilweise vorgezogenen Erbfall (Beerbung zu Lebzeiten). Die Abkömmlinge werden durch ihre Unterhaltsansprüche hinreichend geschützt, denn der vorzeitige Erbausgleich ist in seiner Anlage als Ausschluß der Unterhaltsverpflichtung und Ausbildungsförderung konzipiert (BT-Drucks 13/4183 S 10, 11; Staudinger/Werner [2000] § 1934d Rn 1 f).

6 Ziel des ErbGleichG ist die Beseitigung der bis dahin bestehenden Differenzierung zwischen ehelichen und nichtehelichen Kindern und damit die Vollendung deren Gleichstellung im Erbrecht (BT-Drucks 13/8510 S 6). Dieses Ziel ist zunächst mit dem Erbersatzanspruch der §§ 1934a ff aF BGB im Jahre 1969 durch das Nichtehelichengesetz (BGBl I 1243; dazu Staudinger/Werner [2000] Vorbem zu § 1934a) in einer nur teilweisen Gleichstellung in erster Etappe angegangen worden (Böhm NJW 1998, 1043; Rauscher ZEV 1998, 41, 42) und nunmehr mit der Streichung der §§ 1934a–1934e, 2338a BGB vollendet (zur historischen Entwicklung der erbrechtlichen Stellung nichtehelicher Kinder: Herlan DAVorm 1998, 563). Diese Beseitigung der Sonderregelungen für nichteheliche Abkömmlinge und ihre Väter führt gleichzeitig zu einer Reduzierung und Vereinfachung des geltenden Erbrechts (BT-Drucks 13/8510 S 6). Der Gesetzgeber hat dabei bewußt eventuelle Probleme der Spannung unter den Miterben und Vermögenszersplitterungen in Kauf genommen, da dies keine spezifischen Gefahren einer Beteiligung nichtehelicher Abkömmlinge seien (Böhm NJW 1998, 1043).

3. Intertemporale Grundregel

7 Die nunmehr erfolgte Gleichstellung hat allerdings aus Gründen der Rechtssicherheit, Praktikabilität und des Vertrauensschutzes (BT-Drucks 13/4183 S 1) keine rückwirkende Kraft, so daß sich die erbrechtliche Stellung nichtehelicher Kinder und ihrer Väter für alle vor dem 1. 4. 1998 eingetretenen Erbfälle weiterhin nach den bis dahin geltenden Vorschriften bestimmt (dazu Staudinger/Werner [2000] Vorbem §§ 1924–1936 Rn 45a). Die Stichtagregelung des Nichtehelichengesetzes (NEhelG) wird damit auch durch das ErbGleichG unverändert beibehalten (Böhm NJW 1998,

1043. Zur Besonderheit im Erbrecht des Beitrittsgebietes vor dem 1. 4. 1998 vgl Art 225 EGBGB und SCHLÜTER/FEGELER FamRZ 1998, 1138 ff; LANGE/KUCHINKE[5] § 14 I 2).

4. Vorzeitiger Erbausgleich

8 Nach § 1934b BGB in der vom 1. 7. 1970 bis 31. 3. 1998 geltenden Fassung konnten nichteheliche Kinder vom 21. bis vollendeten 27. Lebensjahr den sog vorzeitigen Erbausgleich verlangen (dazu STAUDINGER/WERNER [2000] Anm zu §§ 1934d). Mit diesem Verlangen war der Verlust des Erbrechts verbunden, so daß die nichtehelichen Kinder, die unter Geltung des § 1934d BGB diesen Anspruch durchgesetzt hatten – also einen Ausgleich für den Verlust des Erbrechts bereits erhalten hatten – auch weiterhin von der gesetzlichen Erbfolge ausgeschlossen bleiben, obwohl § 1934d BGB und die Möglichkeit des vorzeitigen Erbausgleichs gem dieser Norm durch das ErbGleichG ersatzlos gestrichen worden ist (vgl STAUDINGER/WERNER [2000] § 1934d Rn 1). Der bereits vorher neben § 1934d BGB bestehende Erbverzicht mit Abfindungsausgleich (§ 2346 BGB) ist damit nunmehr ein adäquater Weg, das nichtehelichc Kind gegen Ausgleichsleistung seitens des nichtehelichen Vaters von der Erbfolge und damit von einer Miterbengemeinschaft mit den ehelichen Kindern oder dem Ehegatten des Erblassers auszuschließen (vgl STAUDINGER/WERNER [2000] Vorbem 42 zu §§ 1924–1936). Allerdings ist dies nur einverständlich zwischen dem nichtehelichen Vater und dem erbberechtigten nichtehelichen Kind möglich. Das einseitige vom Kind auch gegen den Willen des Vaters durchsetzbare Ausgleichungsverlangen vor dem Erbfall ist mit Streichung der §§ 1934d, 1934e BGB nicht mehr möglich.

5. Verfassungsrecht

9 Die ersatzlose Beseitigung der Institute des vorzeitigen Erbausgleichs ist verfassungsrechtlich nicht zu beanstanden (BT-Drucks 13/4183 S 6; OLG Celle RdL 1999, 38 f; OLG Düsseldorf FamRZ 1999, 1310; PALANDT/EDENHOFER Rn 2), da das Bundesverfassungsgericht (BVerfGE 58, 377, 392 f) eine Ungleichbehandlung von ehelichen und nichtehelichen Kindern nur zugelassen hat, wenn eine förmliche Gleichstellung der anderen sozialen Situation des nichtehelichen Kindes nicht gerecht würde. Eine pauschale Benachteiligung nichtehelicher Kinder könne aber nicht mehr festgestellt werden, da deren Lebenssituation weitgehend der der ehelichen Kinder entspreche (BT-Drucks 13/4183 S 6, 10 f).

10 Die Beschlußempfehlung und der Bericht des Rechtsausschusses (BT-Drucks 13/8510) hielt die Streichung der §§ 1934a–1934e, 2338a BGB wegen der damit verbundenen rechtlichen Benachteiligung der nichtehelichen Kinder (dazu STAUDINGER/WERNER [2000] Vorbem 41 zu § 1934a) sogar für geboten, da die Zahl der nichtehelichen Kinder wachse (BT-Drucks 13/4183 S 5, 6) und deren Lebensumstände denen der ehelichen Kinder entsprächen (dagegen LANGE/KUCHINKE[5] § 14 I 1). Weiterhin wurde auf den Einigungsvertrag (Art 235 § 1 Abs 2 EGBGB) und die europäische Rechtsangleichung hingewiesen (BT-Drucks 13/4183 S 1, 6; BÖHM NJW 1998, 1043). Art 9 des Europäischen Übereinkommens räumt den nichtehelichen Kindern die gleichen Rechte am Nachlaß ihres Vaters ein wie den ehelichen. Eine solche notwendige völlige Gleichstellung der nichtehelichen mit den ehelichen Abkömmlingen konnte im Ergebnis nur durch Streichung der §§ 1934a–1934e erfolgen. Den nichtehelichen Kindern ist damit auch kein subjektives Recht auf Gleichbehandlung durch die Streichung des vorzeitigen

Erbausgleichs entzogen worden (OLG Düsseldorf FamRZ 1999, 1309, 1310; Palandt/Edenhofer Rn 2).

6. Auswirkungen auf § 2066 BGB

11 Zwar erstreckt sich Art 227 EGBGB ebenso wie §§ 1934a ff nur auf die gesetzliche Erbfolge. Mittelbar ist jedoch durch ersatzlose Aufhebung der Sonderregelungen für nichteheliche Kinder und deren unbeschränkte Einordnung in den Kreis der gesetzlichen Erben die Auslegungsregel des § 2066 S 1 BGB betroffen, denn nunmehr gelten im Zweifel auch die nichtehelichen Kinder neben den ehelichen als gesetzliche Erben iSd Auslegungsnorm. Abzustellen wäre damit auf den Zeitpunkt der Errichtung einer solchen letztwilligen Verfügung, ob vor oder ab dem 1. 4. 1998. Damit gewinnt allerdings die Konkretisierung einer Auslegung im Einzelfall an Bedeutung, da dem Testierenden eine genaue Kenntnis dieser Rechtsänderung mit dem Zeitpunkt des Inkrafttretens idR nicht geläufig sein dürfte (Herlan DAVorm 1998, 563, 564).

III. Fortgeltung der Sonderregelung

1. Allgemeine Fortgeltung (Abs 1 Nr 1)

12 Die Fortgeltung der bis zum 31. 3. 1998 geltenden Sonderregelungen für nichteheliche Abstammungen legt Abs 1 Nr 1 für alle Erbfälle bis zum 31. 3. 1998 (bis 24 Uhr) fest und bezieht sich auf die Beerbung des nichtehelichen Vaters oder väterlichen Verwandten und ebenso auf die Beerbung des nichtehelichen Kindes (MünchKomm/Leipold Rn 9). Entscheidend ist damit allein der Todeszeitpunkt des Erblassers. Die Abwicklung des Nachlasses ist unerheblich (MünchKomm/Leipold Rn 9). Selbst für Rechtsfolgen, die nach dem 31. 3. 1998 eintreten, verbleibt es bei der Fortgeltung des alten Rechts, wenn der Erbfall vor diesem Zeitpunkt liegt (zB Verjährung des Erbersatzanspruchs, MünchKomm/Leipold Rn 9).

13 Auch bei einer an den Tod des Vorerben anknüpfenden Nacherbfolge ist allein der Todeszeitpunkt des ursprünglichen Erblassers maßgebend. Hat der nichteheliche Vater Vor- und Nacherbfolge angeordnet, handelt es sich jedoch um eine gewillkürte Erbfolge, die auch nach altem Recht die gesetzliche Erbfolge und damit die Sonderregelungen der §§ 1934a ff BGB verdrängt hat. Die Nacherbfolge kann nämlich allein durch letztwillige Verfügung angeordnet werden (Staudinger/Behrends/Avenarius [1996] § 2100 Rn 3). Dies gilt selbst dann, wenn die Einsetzung der gesetzlichen Erben als Nacherben verfügt ist.

2. Fortgeltung des Erbausgleichs

14 Mit einem bis zum 31. 3. 1998 rechtswirksam zustande gekommenen vorzeitigen Erbausgleich wird die gem § 1934e BGB eingetretene Rechtsfolgewirkung des Ausschlusses von der Erbfolge nicht angetastet. Dieser Ausschluß wirkt auch auf nachfolgende Erbfälle, denn ein vor dem 1. 4. 1998 wirksam zustande gekommener vorzeitiger Erbausgleich beseitigt alle auf der nichtehelichen Verwandtschaft beruhenden Wirkungen der gesetzlichen Erbfolge (dazu Staudinger/Werner [2000] § 1934e Rn 8 ff), dh in allen auch nachfolgenden Erbfällen gelten das nichteheliche Kind und seine nach gesetzlicher Erbfolge erbberechtigten Verwandten und Ehepartner als nicht existent, als von der Erbfolge nach dem nichtehelichen Vater ausgeschlossen, also auch nicht pflichtteilsberechtigt (vgl STAUDINGER/WERNER [2000] § 1934e Rn 8).

3. Wirksamkeit des Erbausschlusses

15 Der Erbausgleich muß vor dem 1. 4. 1998 – um wirksam zu sein – gem § 1934e Abs 4 BGB in notarieller Urkunde vereinbart bzw durch rechtskräftiges Urteil zuerkannt worden sein (STAUDINGER/WERNER [2000] § 1934d Rn 49, § 1934e Rn 5). Es kommt allein auf den Zeitpunkt der notariellen Vereinbarung und der rechtskräftigen Entscheidung, nicht auf die Erfüllung der Zahlungsverpflichtung an (MünchKomm/LEIPOLD Rn 16).

16 Der notariellen Urkunde gleichgestellt ist gem § 127a BGB die Vereinbarung in einem protokollierten gerichtlichen Vergleich, der allerdings vor dem 1. 4. 1998 wirksam geworden sein muß (STAUDINGER/WERNER [2000] § 1934e Rn 6).

17 Ein unwirksamer vorzeitiger Erbausgleich führt nicht zum Ausschluß von der Erbfolge (vgl STAUDINGER/WERNER [2000] § 1934d Rn 57, § 1934e Rn 2, 5). Dies gilt für den – seltenen – Fall eines nichtigen Urteils wie für die Unwirksamkeit nach den allgemeinen Vorschriften bei notariellen Vereinbarungen (vgl Rn 20). Eine nachträgliche „Heilung" einer formungültigen Vereinbarung nach dem 31. 3. 1998 würde weder deren Wirksamkeit noch die Folgen des § 1934e BGB herbeiführen (MünchKomm/LEIPOLD Rn 12).

18 Eine **Vereinbarung außerhalb der Altersgrenze** des § 1934d Abs 1 BGB ist ebenfalls Nichtigkeitsgrund (PALANDT/EDENHOFER Rn 3), wobei allerdings eine Umdeutung in einen Erbverzicht mit Abfindungsvereinbarung in Betracht kommt (vgl STAUDINGER/WERNER [2000] § 1934d Rn 14 ff).

19 Ein unter Nichtbeachtung der Altersgrenze ergangenes rechtskräftiges Urteil kann nur über Aufhebung und Wiederaufnahmeverfahren (§§ 578 ff ZPO) die Wirkung des § 1934e BGB beseitigen (PALANDT/EDENHOFER Rn 3).

a) Notarielle Vereinbarung

20 Neben den allgemeinen Wirksamkeitsvoraussetzungen einer rechtsgeschäftlichen Vereinbarung (vgl STAUDINGER/WERNER [2000] § 1934b Rn 47) muß die Beurkundung vor dem Notar von beiden Seiten des Vertrages (nichtehelicher Vater – nichteheliches Kind) bis zum 31. 3. 1998 abgeschlossen sein (§ 125 BGB). Als allgemeine Unwirksamkeitsgründe kommen darüber hinaus die Geschäftsunfähigkeit und neben der Sittenwidrigkeit auch die Anfechtung nach §§ 119 ff BGB in Betracht. Hinsichtlich der Nichtigkeitsgründe der fehlenden Geschäftsunfähigkeit und der Sittenwidrigkeit sowie der Formunwirksamkeit ist dies unstr (PALANDT/EDENHOFER Rn 4). Eine Anfechtung gem §§ 119 ff BGB wird allerdings entgegen § 142 BGB teilweise zu unrecht nach Eintritt des Erbfalls ausgeschlossen (so OLG Schleswig ZEV 1998, 28; PALANDT/EDENHOFER Rn 4; ablehnend wie hier MünchKomm/LEIPOLD Rn 12; MANKOWSKI in Anm zu OLG Schleswig aaO). Die Anfechtungsmöglichkeiten beschränken sich auf die für allgemeine Vertragserklärungen geltenden §§ 119 ff BGB. Eine Anfechtung gem §§ 2078 f BGB ist nicht möglich (MünchKomm/LEIPOLD Rn 12).

21 Eine nachträgliche Zustimmung **(Genehmigung)** führt gem § 184 Abs 1 BGB auf den

Zeitpunkt der Vornahme des Rechtsgeschäfts zurück, so daß mangels anderweitiger Bestimmung auch die vorzeitige Ausgleichsvereinbarung durch eine eventuell erforderliche spätere Genehmigung diese Rückwirkung zeitigt, so daß die Genehmigung auch noch nach dem 31. 3. 1998 zur Wirksamkeit der vorzeitigen Erbausgleichsvereinbarung führen kann.

22 Die Beweislast für die Wirksamkeit der Ausgleichsvereinbarung vor dem 1. 4. 1998 trägt nach allgemeinen Grundsätzen derjenige, der sich auf die gültige Vereinbarung beruft. Dies können einerseits die nichtehelichen Abkömmlinge sein, wenn sie noch nach diesem Termin ihr Ausgleichsverlangen durchsetzen wollen. Ebenso muß das nichteheliche Kind bei Inanspruchnahme seiner (Mit-)Erbenstellung sein Erbrecht beweisen. Hier genügt zunächst die Abstammung iSd §§ 1934 ff BGB. Den Ausschluß von der Erbfolge gem § 1934e BGB hat dagegen derjenige zu beweisen, der für sich die alleinige Erbenstellung unter Ausschluß des nichtehelichen Kindes in Anspruch nimmt.

b) Rechtskräftiges Leistungsurteil

23 Die Rechtskraft des Urteils (dazu Staudinger/Werner [2000] § 1934d Rn 49) muß bis zum 31. 3. 1998 eingetreten sein. Ist dies – gleich aus welchen Gründen – nicht der Fall (etwa Eintritt der Rechtskraft nach diesem Stichtag), gilt die neue Regelung, das nichteheliche Kind ist unbeschränkter gesetzlicher Erbe. Dies gilt zB, wenn der Vater vor Ablauf der Rechtsmittelfrist verstorben ist und das Verfahren sich dadurch in der Hauptsache ohne Sachentscheidung erledigt hat (OLG Celle RdL 1999, 38; Palandt/Edenhofer Rn 3; Rauscher ZEV 1998, 41, 46).

24 Ein nach dem 31. 3. 1998 ergangenes Urteil mit Zuerkennung des Erbausgleichs ist lediglich anfechtbar, nicht aber nichtig (OLG Koblenz NJW-RR 2000, 529 = FamRZ 2000, 545, 546; für Anerkenntnisurteil Palandt/Edenhofer Rn 3).

25 Nach den allgemeinen Grundsätzen der Nichtigkeit gerichtlicher Entscheidungen ist eine solche nur anzunehmen in besonders krassen Ausnahmefällen, wenn fehlerhafte Entscheidungen mit schwerwiegenden Fehlern behaftet sind und unter Berücksichtigung der Bedürfnisse der Rechtssicherheit keine Wirkung haben können (Musielak/Musielak ZPO § 300 Rn 5; Stein/Jonas/Grunsky Vor § 578 Rn 2 f). Wenn auch das Urteil nach dem 31. 3. 1998 eine dem Recht dann unbekannte Rechtsfolge ausspricht, ergibt sich eine solche noch nicht aus der Zahlungsverpflichtung. Die Folge des § 1934e BGB aF wird im Urteil nicht ausgesprochen, sondern ergibt sich kraft Gesetzes. Da auch nach dem 31. 3. 1998 in bestimmten Fällen der derzeitige Erbausgleich im Urteil zuerkannt werden kann, liegt nach OLG Koblenz (FamRZ 2000, 546 = NJW-RR 2000, 529) keine unbekannte Rechtsfolge vor. Das einen vorzeitigen Erbausgleich nach dem 31. 3. 1998 zuerkennende Urteil ist mit der Berufung angreifbar (OLG Koblenz aaO).

26 Der Entstehungszeitpunkt des Zahlungsanspruchs auf vorzeitigen Erbausgleich ist umstritten (dazu Staudinger/Werner [2000] § 1934d Rn 17). Dieser ist jedoch in dem Erfüllungsbegehren des nichtehelichen Kindes als Gestaltungserklärung zu sehen (Staudinger/Werner aaO; MünchKomm/Leipold Rn 14). Da aber Art 227 Abs 1 Nr 2 auf die rechtskräftige Entscheidung abstellt, ist eine vor dem 1. 4. 1998 bereits anhängige, aber noch nicht durch Urteil entschiedene Klage unbegründet, da der Anspruch aufgrund der Gesetzesänderung weggefallen ist (MünchKomm/Leipold aaO). Empfohlen wird allerdings keine Klagerücknahme wegen der Kostentragungspflicht des Klägers gem § 269 Abs 3 S 2 ZPO, sondern eine Erledigungserklärung in der Hauptsache, wobei die Kostenlast an der Erfolgsaussicht der Klage bis zur Gesetzesänderung als erledigendes Ereignis auszurichten wäre (MünchKomm/Leipold aaO; Rauscher ZEV 1998, 41, 46).

27 Wird auf Zahlung des vorzeitigen Erbausgleichs erkannt, handelt es sich um eine rechtskräftige Verurteilung zur Zahlung eines bestimmten Betrages (MünchKomm/Leipold Rn 13). Eine solche Rechtsfolge ist grundsätzlich möglich. Bei einem nach dem 31. 3. 1998 ergangenen Zahlungsurteil kann allerdings die Folge des § 1934e BGB nicht mehr eintreten, so daß die Rückabwicklung nach den Grundsätzen der Zahlung aufgrund eines nicht erfolgten Erbausgleichs zu erfolgen hat (dazu Rn 33).

28 Allein ein Feststellungsurteil ist noch keine Zuerkennung des Ausgleichsbetrages, denn § 1934e BGB setzt den Bestand einer fälligen Ausgleichsforderung voraus (Staudinger/Werner [2000] § 1934e Rn 2). Als rechtskräftiges Urteil iSd Abs 1 Nr 2 gilt daher allein eine rechtskräftige Verurteilung des nichtehelichen Vaters zur Zahlung eines bestimmten Ausgleichsbetrages iSd § 1934d Abs 4 S 2 (Staudinger/Werner aaO; **aA** MünchKomm/Leipold Rn 13).

c) Beseitigung des Erbausgleichs

29 Auch die Beseitigung eines wirksam zustande gekommenen vorzeitigen Erbausgleichs führt zum Ausschluß der Wirkung des § 1934e BGB, also zum Nichteintritt eines Erbrechtsausschlusses, sei es durch Aufhebungsvertrag und/oder Aufhebung des rechtskräftigen Leistungsurteils im Restitutionsverfahren (Nichtigkeitsurteil, Wiederaufnahmeverfahren), sei es durch Eintritt einer auflösenden Bedingung oder Ausübung eines vertraglich vorbehaltenen Rücktrittsrechts (Palandt/Edenhofer Rn 4; Staudinger/Werner [2000] § 1934d Rn 48). Grundsätzlich wirkt ein **Rücktritt** ex nunc (Staudinger/Werner [2000] § 1934d Rn 56). Trotzdem wird eine ex-tunc-Wirkung im Rahmen des vorzeitigen Erbausgleichs bei bereits eingetretenem Erbfall mit Hinweis auf „Sachgerechtigkeit" und die daraus folgende Abwicklung nach Abs 2 (Palandt/Edenhofer Rn 3, 4) vertreten. Der wesentliche Unterschied zwischen Rücktritt und ursprünglicher Nichtigkeit besteht nach deutschem Recht in den unterschiedlichen Wirkungszeitpunkten. Nichtigkeit wirkt grundsätzlich ex tunc. Rücktritt bedeutet eine Umwandlung des Vertrages für die Zukunft. Allein durch pauschale Hinweise auf „Sachgerechtigkeit" kann damit diese eindeutige gesetzliche Regelung nicht ignoriert werden.

4. Aufhebungsvertrag

30 Ein Aufhebungsvertrag zwischen dem nichtehelichen Vater und dem nichtehelichen Kind bedarf der notariellen Beurkundung (Staudinger/Werner [2000] § 1934d Rn 48) und wirkt nach dem Willen der Beteiligten rückwirkend. Sie wollen die Wirkungen der notariellen Erbausgleichsvereinbarung beseitigen und die Erbrechtslage vor dieser Ausgleichsvereinbarung wieder herstellen. Die Wirkungen des § 1934e BGB werden damit rückwirkend – ex tunc – beseitigt (ebenso Palandt/Edenhofer Rn 4). Wollen die Parteien eine Wirkung ex nunc, steht ihnen der Weg über eine letztwillige Verfügung offen (vgl Rn 32), denn eine gesetzliche Erbfolge kann nicht durch Vereinbarung für die Zukunft begründet, sondern lediglich wieder hergestellt werden (Staudinger/Werner [2000] § 1934e Rn 14).

31 Liegt bereits ein **rechtskräftiges Urteil** vor, ist dieses allein durch die prozessualen Institute zu beseitigen. Durch privatautonome Parteivereinbarungen kann diese öffentliche Urkunde nicht aufgehoben werden (vgl Staudinger/Werner [2000] § 1934e Rn 14; **aA** Palandt/Edenhofer Rn 4).

5. Gewillkürte Erbfolge

32 Der vorzeitige Erbausgleich schließt allein die Wirkungen der gesetzlichen Erbfolge aus. Erbeinsetzungen aufgrund gewillkürter Erbfolge (Verfügung von Todes wegen: Testament, Erbvertrag) bleiben unberührt, gleich, ob die Verfügung von Todes wegen vor oder nach dem Erbausgleich erfolgt ist (dazu Staudinger/Werner [2000] § 1934e Rn 8).

IV. Ohne Erbausgleich erbrachte Leistung (Abs 2)

1. Zu Lebzeiten des Vaters

33 Art 227 Abs 2 ist die nahezu wortgleiche Übernahme der Regelung des bisherigen § 1934d Abs 4 S 3 BGB, der bei einer Zahlung ohne wirksamen Erbausgleich in Erbfällen vor dem 1. 4. 1998 seine volle Anwendung behält. Art 227 Abs 2 gilt nur für Erbfälle nach dem 31. 3. 1998. Zahlungen bis zu diesem Zeitpunkt fallen bei Erbfällen ab dem 1. 4. 1998 unter Art 227 Abs 2 EGBGB, sofern sie bis zum Erbfall nicht zurückgefordert wurden (MünchKomm/Leipold Rn 17).

34 Die Rückabwicklung der vom nichtehelichen Vater aufgrund eines beabsichtigten, aber nicht zustande gekommenen Erbausgleichs erbrachten Leistungen bedeutet Zahlung ohne Rechtsgrund und wegen Nichterreichung des bezweckten Erfolgs, nämlich der Wirkungen des § 1934e BGB. Die Rückabwicklung erfolgt damit nach den Grundsätzen der ungerechtfertigten Bereicherung gem §§ 812 ff BGB, sofern der Vater als Leistender selbst zu **Lebzeiten** die Rückforderung herbeiführen will. Abs 2 greift damit ebenfalls ein, wenn der Vater den Rückzahlungsanspruch zu Lebzeiten nicht gerichtlich oder außergerichtlich geltend gemacht hat (MünchKomm/Leipold Rn 18). Ausführlich zur Rückgewähr vorzeitig gewährten Erbausgleichs vgl auch Staudinger/Werner (2000) § 1934d Rn 58–60.

2. Nach dem Tod des Vaters

35 Der Ausgleich nach dem Tod des nichtehelichen Vaters erfolgt dagegen nicht durch Rückforderung, sondern durch Ausgleichung entsprechend §§ 2050 Abs 1, 2051 Abs 1, 2315 BGB, dh das nichteheliche Kind bzw seine Abkömmlinge – die eben aufgrund der unwirksamen Erbausgleichsvereinbarung weiterhin gesetzliche Erben sind – müssen sich die rechtsgrundlos erhaltene Leistung anrechnen lassen, und zwar gem §§ 2050, 2051 bei gesetzlicher Erbfolge, nach § 2315 BGB im Falle des Pflichtteilsanspruchs.

36 Die Ausgleichungsregeln gelten nach dem Wortlaut des § 2050 BGB nur, wenn das nichteheliche Kind in einer Miterbengemeinschaft mit anderen nichtehelichen oder ehelichen Abkömmlingen – nicht dagegen mit dem Ehegatten des nichtehelichen Vaters – zur gesetzlichen Erbfolge gelangt und keine abweichende letztwillige Anordnung des Vaters vorliegt (Staudinger/Werner [2002] § 2050 Rn 10–15).

37 Der Ausgleichsanspruch nach §§ 2050 ff BGB geht den bereicherungsrechtlichen Regelungen der §§ 812 ff BGB vor, so daß selbst in den Fällen, in denen nach §§ 2050, 2051, 2315 BGB keine Ausgleichung bzw Anrechnung erfolgt, nach dem Tod des nichtehelichen Vaters ein bereicherungsrechtlicher Rückforderungsanspruch zugunsten der Miterben nicht gegeben ist (MünchKomm/Leipold Rn 18; Rauscher ZEV 1998, 41, 46).

38 Abs 2 unterscheidet nicht zwischen dem Nichtzustandekommen einer vorzeitigen Erbausgleichsvereinbarung und dem nicht rechtskräftigen Urteil (etwa wegen Anfechtung oder Klagerücknahme). Die im Hinblick auf ein Urteilsverfahren bereits erbrachte Leistung wird daher gleichermaßen gem §§ 2050, 2051, 2315 BGB ausgeglichen (Palandt/Edenhofer Rn 5).

Artikel 228 EGBGB
Übergangsvorschrift zum Überweisungsgesetz

(1) Die §§ 675a bis 676g des Bürgerlichen Gesetzbuchs gelten nicht für Überweisungen, Übertragungs- und Zahlungsverträge, mit deren Abwicklung vor dem 14. August 1999 begonnen wurde.

(2) Die §§ 675a bis 676g gelten nicht für inländische Überweisungen und Überweisungen in andere als die in § 676a Abs. 2 Satz 2 Nr. 1 des Bürgerlichen Gesetzbuchs bezeichneten Länder, mit deren Abwicklung vor dem 1. Januar 2002 begonnen wurde. Für diese Überweisungen gelten die bis dahin geltenden Vorschriften und Grundsätze.

(3) Die §§ 676a bis 676g gelten nicht für inländische Überweisungen im Rahmen des Rentenzahlungsverfahrens der Rentenversicherungsträger und vergleichbare inländische Überweisungen anderer Sozialversicherungsträger.

(4) Die §§ 676a bis 676g des Bürgerlichen Gesetzbuchs lassen Vorschriften aus völkerrechtlichen Verträgen, insbesondere aus dem Postgiroübereinkommen und dem Postanweisungsübereinkommen unberührt.

Materialien: Eingefügt durch Art 3 Abs 1 des ÜberweisungsG v 21. 7. 1999, BGBl 1999 I 1642; E: BT-Drucks 14/745, in Umsetzung der Richtlinie 97/5/EG des Europäischen Parlaments und des Rates v 27. 1. 1997 über grenzüberschreitende Überweisungen, ABl EG Nr L 43 S 25, sowie der teilweisen Umsetzung der Art 3 und 5 der Richtlinie 98/26/EG des Europäischen Parlaments und des Rates v 19. 5. 1998 über die Wirksamkeit von Abrechnungen in Zahlungs- und Wertpapierliefer- und -abrechnungssystemen, ABl EG Nr L 166 S 45.

1 Die Vorschrift wurde nicht erst durch das SchuldrechtsmodernisierungsG, sondern bereits durch Art 3 Abs 1 des ÜberweisungsG v 21. 7. 1999 (BGBl 1999 I 1642) ins EGBGB eingefügt, das am 14. 8. 1999 in Kraft getreten ist, um die Richtlinie 97/5/EG des Europäischen Parlaments und des Rates v 27. 1. 1997 über grenzüberschreitende Überweisungen, ABl EG Nr L 43 S 25, sowie die Art 3 und 5 der Richtlinie 98/26/EG des Europäischen Parlaments und des Rates v 19. 5. 1998 über die Wirksamkeit von Abrechnungen in Zahlungs- und Wertpapierliefer- und -abrechnungssystemen, ABl EG Nr L 166 S 45, in das deutsche Recht umzusetzen. Über den Anwendungsbereich der Überweisungsrichtlinie hinaus, die sich nur auf grenzüberschreitende Überweisungen bis 50 000 Euro erstreckt, hat der deutsche Umsetzungsgesetzgeber allerdings eine Regelung auch für **reine Inlandsüberweisungen** geschaffen. Mit diesem Gesetz wurden die §§ 675a bis § 676g mit den neuen Regelungen zu den **Informationspflichten** von Kreditinstituten sowie zum **Übertragungs-, Überweisungs-, Zahlungs- und Girovertrag** in das BGB eingefügt, während die Vorschrift des alten § 676 zu Rat und Empfehlung in einen angefügten Abs 2 zu § 675 (mit einer geringfügigen Änderung) eingearbeitet wurde. Hieran knüpft die „Übergangsvorschrift zum Überweisungsgesetz" in Art 228 EGBGB an. Die ersten beiden Absätze befassen sich mit **Übergangsregelungen bei Inkrafttreten** des ÜberweisungsG (Abs 1) und mit **Übergangsfristen bei Überweisungen** (Abs 2), während Abs 3 eine **Einschränkung des sachlichen Anwendungsbereichs** der §§ 676a bis 676g betrifft und Abs 4 eine **Klarstellung** zum Vorrang völkerrechtlicher Verträge enthält.

2 Das Überweisungsgesetz ist am 14. 8. 1999 in Kraft getreten. Die Regelungen zu den Informationspflichten in § 675a, zum Übertragungsvertrag in § 676, zum Überweisungsvertrag in den §§ 676a bis § 676c, zum Zahlungsvertrag in den §§ 676d und e sowie zum Girovertrag in den §§ 676 f und g gelten damit grundsätzlich von diesem Tage an. Im allgemeinen unterstehen vertragliche Rechtsbeziehungen nach ihren Voraussetzungen, ihrem Inhalt und ihren Wirkungen demjenigen Recht, das im Zeitpunkt ihrer Begründung Geltung beansprucht. Man fragt sich, warum es hierbei nicht sein Bewenden haben konnte, sondern in **Art 228 Abs 1** BGB ausdrücklich bestimmt ist, dass die dort genannten neuen Vorschriften nicht für solche Transaktionen gelten, mit deren Abwicklung vor dem 14. 8. 1999 begonnen wurde. Die Antwort ergibt sich wohl aus den unklaren Vorstellungen des Gesetzgebers zur Rechtsnatur der in den §§ 675a ff BGB geregelten besonderen bankrechtlichen Geschäftsbesorgungsverträge und zu ihrer Einbettung in übergreifende rahmenvertragliche Beziehungen zwischen Bank und Kunden. Zwar sind die Vertragstypen des Übertragungs-, des Überweisungs- und des Zahlungsvertrags vom Gesetzgeber als punktuelle, auf jede einzelne Überweisungstransaktion bezogene Verträge angelegt; sie sind aber regelmäßig oder doch vielfach als Ausführungsverträge zu langfristig angelegten rahmenvertraglichen Rechtsbeziehungen zu verstehen. Auch ist der Girovertrag nach §§ 676 f und g BGB als ein Dauerschuldverhältnis ausgestaltet. Der Gesetzgeber konnte daher schwerlich auf die Verwirklichung des Entstehungstatbestands der neuen Verträge abstellen, um eine Grenzziehung zwischen der Anwendbarkeit des alten und des neuen Rechts vorzunehmen. Er hat vielmehr in Art 228 Abs 1 EGBGB den Blick auf den **individuellen Geschäftsvorfall der Überweisung** gerichtet und diese Transaktion als wirtschaftlich-praktischen Vorgang zum Anknüpfungspunkt für die zeitliche Trennungslinie zwischen altem und neuem Recht gewählt.

3 Dabei ist dem Gesetzgeber die sprachliche Fassung des angestrebten Aussagegehalts nicht recht geglückt. Denn die durch Art 228 Abs 1 angeordnete Nichtanwendung der Neuregelung auf Zahlungsverträge, mit deren Abwicklung vor dem 14. 9. 1999 begonnen wurde, ist „bereits denkgesetzlich unmöglich" (so Gössmann/van Look WM 2000 Sonderbeil 1, S 13), war dieser Vertragstyp doch bis zum Stichtag der Rechtsordnung unbekannt. Entsprechendes gilt für die Einschränkung des Kündigungsrechts bei dem erst zum 14. 9. 1999 in das BGB eingeführten Übertragungsvertrag nach § 676 BGB. Der Gesetzgeber wollte jedenfalls sicherstellen, dass unabhängig vom Zeitpunkt des Zustandekommens eines der neu geregelten Verträge und unabhängig von deren Rechtsnatur vom Stichtag des 14. 8. 1999 an eine rückwirkende Geltung des neuen Rechts ausgeschlossen und nunmehr eine Geltung nur noch des neuen Rechts gewährleistet war. Denn nach Art 11 der EG-Überweisungsrichtlinie mussten die nationalen Rechtsordnungen bis zum 14. 8. 1999 die Verpflichtungen der Kreditinstitute richtlinienkonform ausgestaltet haben, so dass die Rechtswirkungen einheitlich gemeinschaftsweit eintreten konnten. In der Begr des RegE zum ÜberweisungsG (BT-Drucks 14/745, 27 f) heißt es dementsprechend, dass die neuen §§ 676 bis 676g BGB „nicht in die Vergangenheit zurückwirken, in der Zukunft aber uneingeschränkt gelten" sollten. „Auf die rechtliche Einordnung kommt es dazu nicht an. Erfasst wird die Überweisung im Rahmen eines bestehenden Girovertrages ebenso wie die selbständige Barüberweisung."

4 Besonders bemerkenswert erscheint, dass mit dieser Regelung die neuen, gegenüber dem früheren Recht strengeren Vorschriften über den Gutschriftanspruch nach § 676g BGB im Rahmen eines Girovertrages nur für solche Überweisungen gelten konnten, mit deren Ausführung bei Inkrafttreten noch nicht begonnen worden war. Im Übrigen wurde mit Art 228 Abs 1 EGBGB sichergestellt, dass die neuen Vorschriften auch für alte Verträge Geltung beanspruchen. Bedeutsam ist letzteres vor allem für vor dem Stichtag abgeschlossene und fortbestehende Giroverträge, die durch die Neuregelungen eine Umgestaltung erfahren haben, insofern der Kontoinhaber die Ansprüche aus §§ 676f und g BGB hinsichtlich der ab dem 14. 8. 1999 begonnenen Überweisungsvorgänge geltend machen kann.

5 Als Abwicklungsbeginn iS des Art 228 Abs 1 EGBGB wird man für die üblichen Überweisungsvorgänge nicht bereits den Zugang des vom Kunden ausgefüllten Überweisungsauftrags bei seiner Bank (überweisendes Kreditinstitut) ansehen können, sondern erst **die erste Ausführungshandlung des überweisenden Kreditinstituts** (so zu Recht Gössmann/van Look WM 2000 Sonderbeil 1, S 13 und Palandt/Sprau, Art 228 EGBGB Rn 2). Wenn es vor dem Stichtag des 14. 8. 1999, dh vor dem Anlauf des 14. 8. 1999 zu einer ersten unternehmensinternen Durchführungshandlung wie etwa einer Eingabe des vom Kunden eingereichten Überweisungsauftrags in das Abrechnungssystem gekommen ist, sperrt dies die Anwendbarkeit des neuen Rechts.

6 Nach **Art 228 Abs 2** sind die Vorschriften der §§ 675a bis 676g von ihrer sofortigen Geltung mit dem Inkrafttreten des Überweisungsgesetzes am 14. 8. 1999 für eine Übergangszeit bis zum 1. 1. 2002 ausgenommen, soweit es **um reine Inlands- und um Drittlandsüberweisungen** (Überweisungen in Länder außerhalb der EU und des EWR) geht. Insoweit sollten die früheren Vorschriften und Grundsätze noch fortgelten. Der Hintergrund dieser Regelung, die heute freilich **nur noch für Altfälle bedeutsam** sein kann, ist darin zu sehen, dass der Gesetzgeber den Kreditinstituten eine Frist für die Schaffung der **technischen und administrativen Voraussetzungen und**

für die Durchführung der Umstellungen gewähren wollte. Da die EG-Richtlinie für die **grenzüberschreitenden Überweisungen innerhalb der EU und des EWR** in ihrem Art 11 eine Umsetzungsfrist bis zum 14. 8. 1999 vorgesehen hatte, musste der in Zeitdruck geratene deutsche Umsetzungsgesetzgeber insoweit ohne verbleibenden zeitlichen Spielraum für ein rechtzeitiges Inkrafttreten Sorge tragen und konnte den beteiligten Wirtschaftskreisen, insbesondere den Kreditinstituten keine Umstellungsfrist mehr gewähren, auch wenn bei grenzüberschreitenden Überweisungen gleichfalls mit technischen und administrativen Umstellungsschwierigkeiten zu rechnen war. Allerdings hatten sich die Kreditinstitute und ihre Verbände in Deutschland ebenso wie in den anderen EU-Mitgliedstaaten hinsichtlich der grenzüberschreitenden Überweisungen bereits angesichts der EG-Richtlinie auf das neue Regelungsregime einstellen können und müssen. Dagegen war es nicht ohne weiteres zu erwarten gewesen, dass der deutsche Umsetzungsgesetzgeber in „überobligationsmäßiger" Weise auch **Inlandsüberweisungen** in das neue Regelungswerk einbeziehen würde, die vom Volumen her etwa das 100fache des Auslands-Zahlungsverkehrs ausmachen (für 2002 ca 6 Milliarden zu 60 Millionen). Im Übrigen sind die Fristenregelungen für Inlandsüberweisungen deutlich kürzer als bei grenzüberschreitenden Überweisungen. In der Begr des RegE (BT-Drucks 14/745, 28) heißt es hierzu: „Im Inlandsverkehr werden zwar die in § 676a des Bürgerlichen Gesetzbuchs vorgesehenen Überweisungsfristen de facto weitgehend eingehalten. Um aber diese Vorschriften umsetzen zu können, müssen die dem Zahlungsverkehr zugrunde liegenden Verträge zwischen den Verbänden der Kreditinstitute und den Kreditinstituten angepasst und die neuen Vorgaben in den Kreditinstituten umgesetzt werden." Wie aus der Begründung ferner deutlich wird, wollte der Gesetzgeber mit der großzügigen Übergangsfrist bis zum 31. 12. 2001 auch den „Schwierigkeiten bei der Umstellung der Computerprogramme auf das neue Jahrtausend" Rechnung tragen (Stichwort: „Jahr-2000-Problem") und ermöglichen, dass mit den technischen Maßnahmen im Inlandsüberweisungsverkehr erst nach dem 1. 1. 2000 und der allgemeinen kalendarischen Umstellungsprobleme begonnen werden konnte.

7 Für die Übergangszeit zwischen dem 14. 8. 1999 und dem 1. 1. 2002 kommt es letztlich auf den „Sitz" der beteiligten Kreditinstitute an. Wenn das Kreditinstitut des Überweisenden und das des Begünstigten ihren jeweiligen Sitz in verschiedenen Staaten der Union oder des EWR haben, beanspruchen die §§ 675a bis 676g BGB ab dem Stichtag des 14. 8. 1999 Geltung; liegt der Sitz beider Kreditinstitute in Deutschland (reine Inlandsüberweisung) oder der des überweisenden Kreditinstituts in Deutschland und der des Begünstigten außerhalb des Gemeinschaftsgebiets und des EWR, gilt das neue Überweisungsrecht erst ab dem 1. 1. 2002. Dabei ist zu beachten, dass inländische Zweigstellen von Kreditinstituten mit ausländischem Sitz als selbständige inländische Kreditinstitute zu behandeln sind (vgl § 676a Abs 3 Nr 3 BGB). Für Überweisungen aus dem Ausland nach Deutschland regieren die allgemeinen internationalprivatrechtlichen Vorschriften, insbes Artt 28, 29 EGBGB das auf den jeweiligen Zahlungsvorgang anwendbare Recht (vgl dazu Einsele JZ 2000, 9, 15; Werner Lorenz NJW 1990, 607; Hadding, in: Schimansky/Bunte/Lwowski [Hrsg], Bankrechts-Handbuch Bd 1 [2. Aufl 2002] § 51 Rn 2 f, S 1084; BGH WM 1987, 530 = ZIP 1987, 693 = EWiR 1987, 425 mit Anm Pleyer; Gössmann/van Look WM 2000 Sonderbeil 1, S 14).

8 Die in **Art 228 Abs 3** vorgesehene generelle Unanwendbarkeit der §§ 676a bis g erklärt sich dadurch, dass der Gesetzgeber das allgemeine, verbraucherschutzrechtlich angelegte Überweisungsrecht angesichts der technischen und administrativen Sonderbedingungen des deutschen Sozialversicherungswesens für ungeeignet hält (BT-Drucks 14/745, S 28). Diese Überweisungen weichen vom Regelfall üblicher Überweisungen vor allem durch ihren massenhaften Umfang sowie durch die frühzeitige Avisierung der Überweisungsbeträge per EDV und durch den garantierten Zufluss der Deckungsmittel zum Tag vor Fälligkeit ab. Neben den ausdrücklich erwähnten Rentenzahlungsverfahren der Rentenversicherungsträger (vgl §§ 23 Abs 2 SGB I, 125 ff SGB VI) sind pauschal „vergleichbare inländische Überweisungen anderer Sozialversicherungsträger" genannt. Die „anderen Sozialversicherungsträger" sind die Kranken-, Unfall- und Arbeitslosenversicherungsträger (vgl §§ 18 ff SGB I). Die in Abs 3 vorgesehene Einschränkung des sachlichen Anwendungsbereichs der §§ 676a bis g bezieht sich aber ausdrücklich **nur auf inländische Überweisungen**; Auslandsüberweisungen von Sozialversicherungsträgern werden durchaus vom Geltungsbereich der Vorschriften erfasst, so dass das neue Recht für Überweisungen in EU- und in EWR-Länder ab dem 14. 8. 1999 und für Überweisungen in Drittländer ab 1. 1. 2002 gilt.

9 In **Art 228 Abs 4** ist lediglich deklaratorisch der Vorrang völkerrechtlicher Verträge mit Hervorhebung des Postgiroübereinkommens und des Postanweisungsübereinkommens festgehalten. In der Begr des RegE zum ÜberweisungsG (BT-Drucks 14/745, 27 f) wird darauf hingewiesen, dass sich bei grenzüberschreitenden Überweisungen vereinzelt Überschneidungen mit internationalen Übereinkommen des Weltpostvereins ergeben können und „vorsorglich" klargestellt werden sollte, dass deren Regelungen vorgehen. Es geht hierbei um die Bestimmungen aufgrund des im Jahre 1994 in Seoul abgeschlossenen Weltpostvertrags, der 1998 in deutsches Recht transformiert worden ist.

Artikel 229 EGBGB
Weitere Überleitungsvorschriften

§ 1
Überleitungsvorschrift zum Gesetz zur Beschleunigung fälliger Zahlungen

(1) § 284 Abs. 3 des Bürgerlichen Gesetzbuchs in der seit dem 1. Mai 2000 geltenden Fassung gilt auch für Geldforderungen, die vor diesem Zeitpunkt entstanden sind. Vor diesem Zeitpunkt zugegangene Rechnungen lösen die Wirkungen des § 284 Abs. 3 nicht aus. § 288 des Bürgerlichen Gesetzbuchs und § 352 des Handelsgesetzbuchs in der jeweils seit dem 1. Mai 2000 geltenden Fassung sind auf alle Forderungen anzuwenden, die von diesem Zeitpunkt an fällig werden.

(2) §§ 632a, 640, 641, 641a und 648a in der jeweils ab dem 1. Mai 2000 geltenden Fassung gelten, soweit nichts anderes bestimmt wird, nicht für Verträge, die vor diesem Zeitpunkt abgeschlossen worden sind. § 641 Abs. 3 und § 648a Abs. 5 Satz 3 in der seit dem 1. Mai 2000 [geltenden Fassung*] sind auch auf vorher abgeschlossene

* Die beiden Worte fehlen in dem in BGBl 2000 I 330 bekannt gemachten Wortlaut der Vorschrift und auch schon im Bericht des Rechtsausschusses, der die Vorschrift erstmals enthielt (BT-Drucks 14/2752, S 7)

Verträge anzuwenden. § 640 gilt für solche Verträge mit der Maßgabe, dass der Lauf der darin bestimmten Frist erst mit dem 1. Mai 2000 beginnt.

Materialien: BT-Drucks 14/1246 (Koalitionsentwurf), BT-Drucks 14/2752 (Beschlussempfehlung und Bericht Rechtsausschuss).

Schrifttum

Fabis, Das Gesetz zur Beschleunigung fälliger Zahlungen – Inhalt und Auswirkungen, ZIP 2000, 867.

Systematische Übersicht

I. Voraussetzungen des Verzugseintritts (Abs 1 S 1 und 2)

1 Art 229 § 1 Abs 1 S 1 EGBGB behandelt zunächst die zeitliche Anwendbarkeit des durch das Gesetz zu Beschleunigung fälliger Zahlungen neu eingefügten und zwischenzeitlich durch § 286 Abs 3 BGB abgelösten (s Rn 3) § 284 Abs 3 BGB aF. Entgegen dem allgemeinen Grundsatz des intertemporalen Privatrechts (s § 5 Rn 1) wird § 284 Abs 3 BGB aF **auch auf Forderungen** angewandt, die **vor dem 1. 5. 2000 entstanden** sind. Auch für diese gilt der verzugsbegründende Tatbestand aus Rechnung bzw Zahlungsaufforderung und Fristablauf. Für eine gegenteilige Auslegung, wie sie Fabis (ZIP 2000, 865, 867) zur Beseitigung seiner verfassungsrechtlichen Bedenken vorgeschlagen hat, bieten weder Wortlaut noch Zweck der Vorschrift eine Basis. Allerdings können nach Art 229 § 1 S 2 EGBGB vor dem 1. 5. 2000 zugegangene Rechnungen die Verzugswirkungen nicht auslösen. Vielmehr musste der Gläubiger, um den Verzug nach § 284 Abs 3 BGB aF herbeizuführen, nach dem 1. 5. eine – gegebenenfalls zweite – Rechnung stellen.

2 Dass § 284 Abs 3 BGB aF auch für vor dem 1. 5. 2000 entstandene Geldforderungen gilt, **heißt nicht, dass** ein zu diesem Zeitpunkt nach § 284 BGB der vorangehenden Fassung **schon eingetretener Verzug** zu diesem Zeitpunkt **enden** und erst 30 Tage nach Rechnung wieder eintreten würde. Denn richtiger Auffassung nach enthielt § 284 Abs 3 BGB aF nur einen zusätzlichen Verzugstatbestand und sperrte nicht den Eintritt des Verzuges nach Abs 1 und 2 (s ausführlich Staudinger/Löwisch [2001] § 284 Rn 79 ff).

3 Wegen Art 229 § 5 S 1 EGBGB gilt § 1 Abs 1 nur für Geldforderungen aus Schuldverhältnissen, die vor dem 1. 1. 2002 entstanden sind. Danach entstandene Schuldverhältnisse unterstehen dem neuen § 286 Abs 3 BGB. Bei Geldforderungen aus vor dem 1. 1. 2002 entstandenen Dauerschuldverhältnissen wird § 284 Abs 3 BGB aF mit dem 1. 1. 2003 durch § 286 Abs 3 BGB nF abgelöst. Für Geldforderungen, die nicht Entgeltforderungen sind, ist eine Verzugsbegründung durch Rechnung und Fristablauf daher nur bis zu diesem Termin möglich.

II. Zinshöhe (Abs 1 S 3)

4 Das Gesetz zur Beschleunigung fälliger Zahlungen hat an die Stelle des bis dahin nach § 288 BGB aF auch für die Verzugszinsen geltenden gesetzlichen Zinssatzes von vier Prozent einen Zinssatz von fünf Prozentpunkten über dem **Basiszinssatz** nach dem Diskontsatz-Überleitungs-Gesetz treten lassen (Staudinger/Löwisch [2001] § 288 Rn 3, 12). Diese Fassung des § 288 BGB ist am 1. 5. 2000 in Kraft getreten. Nach Art 229 § 1 Abs 1 S 3 EGBGB ist sie auf alle Forderungen anzuwenden, die **von diesem Zeitpunkt an fällig** werden. Für zuvor bereits fällig gewordene Forderungen bleibt es bei der Geltung der bisherigen Fassung und damit dem Verzugszinssatz von vier Prozent. Wird eine Forderung in mehreren Teilen nacheinander fällig, gilt § 288 BGB in dieser zwischenzeitlichen Fassung nur für die nach dem 1. 5. 2000 fällig gewordenen Teilbeträge (Staudinger/Löwisch [2001] § 288 Rn 5). Was den Zinssatz anlangt, ist allerdings mit Wirkung vom 1. 1. 2002 an die Stelle des Basiszinssatzes nach dem Diskontsatz-Überleitungs-Gesetz der Basiszinssatz des BGB nach § 247 BGB getreten. Für Ansprüche aus Schuldverhältnissen, welche dem neuen Schuldrecht unterliegen, ergibt sich dies aus Art 229 § 5 EGBGB; für solche Altforderungen, auf die § 288 BGB der zwischenzeitlichen Fassung anwendbar ist, folgt dasselbe aus Art 229 § 7 Abs 1 Nr 1 EGBGB (im Einzelnen Staudinger/K Schmidt Art 229 § 7 Rn 3 f).

5 Das Gesetz zur Beschleunigung fälliger Zahlungen hat zudem **§ 352 HGB** dahingehend geändert, dass der dort festgelegte gesetzliche Zinssatz von 5 Prozent **nicht mehr für Verzugszinsen** gilt. Auch diese Änderung ist nach Art 229 § 1 Abs 1 S 3 nur auf Forderungen anzuwenden, die vom 1. 5. 2000 an fällig werden.

III. Änderungen im Werkvertragsrecht (Abs 2)

6 Das Gesetz zur Beschleunigung fälliger Zahlungen hat auch das Werkvertragsrecht geändert. Eine Reihe von Vorschriften sind neu eingefügt, andere inhaltlich verändert worden. Diese Änderungen gelten nach Art 229 § 1 Abs 2 S 1 **nicht für Verträge**, die **vor dem 1. 5. 2000** abgeschlossen wurden. Abgeschlossen sind Verträge grundsätzlich mit der Annahme des Antrags (vgl im Einzelnen Art 229 § 5 Rn 10 ff).

7 Nach Art 229 § 1 Abs 2 S 2 sind **§§ 641 Abs 3 und 648a Abs 5 S 3 BGB** in der seit dem 1. 5. geltenden Fassung **auch auf vor diesem Zeitpunkt abgeschlossene** Verträge anzuwenden. Damit ist klar gestellt, dass das Recht des Bestellers, der die Beseitigung eines Mangels verlangen kann, nach Abnahme die Zahlung eines angemessenen Teiles der Vergütung zu verweigern, auch für Altverträge in dem von der Rechtsprechung konkretisierten Umfang erhalten bleibt (s Staudinger/Peters [2003] § 641 Rn 22 ff). Auch die durch § 648a Abs 5 S 3 eröffnete alternative Abrechnungsmöglichkeit bei gescheiterten Sicherungsverlangen des Bauunternehmers wird auf Altverträge erstreckt (s Staudinger/Peters [2003] § 648a Rn 26). Nach Art 229 § 1 Abs 2 S 3 EGBGB gilt auch § 640 BGB in seiner neuen Fassung für vor dem 1. 5. 2000 abgeschlossene Verträge. Doch beginnt der Lauf einer vom Unternehmer bestimmten Frist für die Abnahme frühestens mit dem 1. 5. 2000, auch wenn diese Fristbestimmung schon zuvor erfolgte (s STAUDINGER/PETERS [2003] § 640 Rn 45 f).

8 Wenn Art 229 § 1 Abs 2 S 1 die von ihm getroffene allgemeine Regelung für den Fall zurücknimmt, dass „etwas anderes bestimmt wird", ist damit nicht eine spätere gesetzliche Regelung gemeint. Dass diese vorgeht, ergibt sich nämlich schon aus dem Grundsatz „lex posterior derogat lege priori". Vielmehr eröffnet die Formulierung die Möglichkeit, die zeitliche Anwendbarkeit der neuen Vorschriften vertraglich zu regeln.

§ 2
Übergangsvorschriften zum Gesetz vom 27. Juni 2000

(1) Die §§ 241a, 361a, 361b, 661a und 676h des Bürgerlichen Gesetzbuchs sind nur auf Sachverhalte anzuwenden, die nach dem 29. Juni 2000 entstanden sind.

(2) Das Bundesministerium der Justiz hat die Regelbeträge nach der Regelbetrag-Verordnung durch Rechtsverordnung, die nicht der Zustimmung des Bundesrates bedarf, rechtzeitig zum 1. Januar 2002 auf Euro umzustellen und hierbei auf volle Euro aufzurunden. § 1612a des Bürgerlichen Gesetzbuchs gilt entsprechend.

Materialien: Eingefügt durch das G über Fernabsatzverträge und andere Fragen des Verbraucherrechts sowie zur Umstellung von Vorschriften auf Euro v 29. 6. 2000, BGBl 2000 I 14/897 mit Berichtigung S 1139; E: BT-Drucks 14/2658 v 9. 2. 2000, in Umsetzung der Richtlinie 98/7/EG des Europäischen Parlaments und des Rates v 20. 5. 1997 über den Verbraucherschutz bei Vertragsabschlüssen im Fernabsatz, ABl EG Nr L 144 S 19, und der Richtlinie 98/27/EG des Europäischen Parlaments und des Rates v 19. 5. 1996 über Unterlassungsklagen zum Schutz der Verbraucherinteressen, ABl EG Nr L 166 S 51.

1 Die Übergangsvorschrift des Art 229 § 2 ist durch das Gesetz vom 27. 6. 2000 zur Umsetzung der EG-Fernabsatzrichtlinie (RiL 97/7/EG v 20. 5. 1997, ABl EG Nr L 144 S 19 = NJW 1998, 212) ins BGB aufgenommen worden (BGBl 2000 I 897 mit Berichtigung S 1139), das in seinen wesentlichen Teilen am 30. 6. 2000 in Kraft getreten ist. Hieran knüpft zunächst **Art 229 § 2 Abs 1** mit seiner Bezugnahme auf die durch das Gesetz über Fernabsatzverträge ins BGB eingefügten Vorschriften an: Die Regelung in § 241a BGB betrifft die Lieferung unbestellter Sachen und die Erbringung unbestellter sonstiger Leistungen durch einen Unternehmer an einen Verbraucher. Die Vorschriften der §§ 361a und b BGB behandeln das Widerrufsrecht bei Verbraucherverträgen bzw das Rückgaberecht bei Verbraucherverträgen. In § 661a BGB sind Gewinnzusagen und vergleichbare Mitteilungen von Unternehmern an Verbraucher über angeblich gewonnene Preise geregelt und mit einem Anspruch auf Erbringung der angekündigten Leistung sanktioniert. In § 676h BGB geht es um den Missbrauch von Zahlungskarten. Der Gesetzgeber wollte mit der Übergangsvorschrift, die auf nach dem 29. 6. 2000 „entstandene Sachverhalte" abstellt, eine Geltung des neuen Rechts unabhängig von den Entstehungsvoraussetzungen und dem Wirksamwerden allfällig zugrunde liegender vertragsrechtlicher Beziehungen zwischen den Beteiligten sicherstellen. Art 15 der EG-Fernabsatzrichtlinie hatte eine Umsetzungsfrist bis zum Ablauf des 4. 6. 2000 bestimmt.

2 Die Vorschrift des **Art 229 § 2 Abs 2** ermächtigt und verpflichtet das Bundesministerium der Justiz zur Euro-Umstellung der sog Regelbetrag-VO und erklärt § 1612a BGB für entsprechend anwendbar. Diese Regelung wird erst vor folgendem Hintergrund verständlich: Nach § 1612a Abs 1 BGB kann ein minderjähriges Kind von einem Elternteil, mit dem es nicht in einem Haushalt lebt, den Unterhalt als Prozentsatz eines oder des jeweiligen Regelbetrages nach Maßgabe einer Regelbetrag-VO verlangen. Gemäß § 1612a Abs 3 und 4 BGB werden die Regelbeträge in der Regelbetrag-VO getrennt nach verschiedenen Altersstufen des Kindes entsprechend der Entwicklung des durchschnittlich verfügbaren Arbeitsentgelts alle zwei Jahre neu festgesetzt. In § 1612a Abs 4 S 3 BGB ist eine Ermächtigung enthalten, wonach das Bundesministerium der Justiz die Regelbetrag-VO durch Rechtsverordnung, die nicht der Zustimmung des Bundesrates bedarf (vgl Art 80 Abs 2 GG), rechtzeitig anzupassen hat. Die Dynamisierung der Unterhaltsrenten erfolgt mithin dadurch, dass mit jeder Anpassung des Regelbetrags in der Regelbetrag-VO auch der konkret geschuldete Unterhalt über den individuellen Prozentsatz des Untertitels angeglichen wird, ohne dass es einer Abänderungsklage bedarf. Die gesetzliche Regelung in § 1612a BGB und die Regelbetrag-VO enthielten ursprünglich Berechnungs- und Aufrechnungsregeln sowie Betragsangaben in Deutsche Mark.

3 Als der Gesetzgeber die Ablösung der DM durch den Euro als gesetzliches Zahlungsmittel zum 1. 1. 2002 auf sich zukommen sah, erkannte er Handlungsbedarf. Dies betraf zwar nicht die bis zum Stichtag noch in DM lautenden Unterhaltstitel; hier bedurfte es für die Zeit nach dem Stichtag des 1. 1. 2002 keiner Regelung und auch keiner Erneuerung der Titel, weil nach Art 14 der EGVO Nr 974/98 des Rates vom 3. 5. 1998 Alttitel automatisch in Euro umgerechnet werden konnten (vgl dazu Der Amtsvormund – Rundbrief des Deutschen Instituts für Vormundschaftswesen 2000, 755). Wohl aber mussten die im BGB (und in anderen Gesetzen) genannten DM-Beträge auf Euro-Angaben umgestellt werden. Der deutsche Gesetzgeber entschied sich schon im Jahre 2000 dazu, die Umstellung von DM-Beträgen auf den Euro für das BGB und andere Gesetze bereits vor der für den 1. 1. 2002 vorgesehenen Einführung des Euro als alleiniger Währung durchzuführen, ohne aber für die Zwischenzeit die Verwendung des Euro verbindlich zu machen. Diese Änderung von DM- in Euro-Beträge erschien ohne weiteres möglich, weil bis zum Datum der endgültigen Währungsumstellung (1. 1. 2002) für einzelne Zahlungspflichten eine Rück-Umrechnung in DM-Beträge durch die Beteiligten erfolgen konnte. Zum gesetzestechnischen Ausgangspunkt für diese Umstellung wählte der Gesetzgeber – eher zufällig und für die Fachöffentlichkeit teilweise überraschend – das Fernabsatzgesetz vom 27. 6. 2000 (BGBl 2000 I 897, mit Berichtigung S 1139), dessen Regelungsgegenstand sich somit auch auf eine „Umstellung von Vorschriften auf Euro" erstreckte (Begr RegE, BT-Drucks 14/2658, 1, 30). Dabei ging es seinerzeit (*vor* der Schuldrechtsmodernisierung) um eine harmonisierte Behandlung der damals noch verstreuten verbraucherschutzrechtlichen Spezialgesetze, in denen Vorschriften mit DM-Beträgen enthalten waren, die im Zuge der Einführung des Euro als alleinige Währung zum 1. 1. 2002 geglättet werden mussten. Diese Glättung hat der Gesetzgeber zur Vermeidung einer mehrfachen Änderung der einzelnen Gesetze bei Gelegenheit des Fernabsatzgesetzes im Jahre

2000 gleichsam „en bloc" vorgenommen und dabei zugleich „die übrigen Vorschriften des bürgerlichen Gesetzbuches ebenfalls umgestellt". Hierzu heißt es in der Begr des RegE: „Die Umstellung soll zur Vereinfachung sofort in Kraft treten. Ausgenommen sollen lediglich die Haftungshöchstsummen sein. Es wird derzeit erwogen, ob diese angehoben werden sollen. Bei dieser Anhebung könnte auch die Umstellung auf Euro vorgenommen werden. ... Die Umstellung folgt dem Grundsatz, dass in der Übergangszeit kein Zwang zur Verwendung des Euro bestehen soll. Anderseits sollen die Umstellungen möglichst rasch in Kraft treten, damit die Änderungsbefehle nicht über Jahre hinweg in der Schwebe bleiben und bei Änderungen von Gesetzen zu technischen Fehlern führen. Deshalb wird die Umstellung der Vorschriften, die Gebühren und Bußgeldtatbestände enthalten, mit Wirkung vom 1. Januar 2002 vorgenommen. Vorschriften dagegen, die Wertgrenzen bestimmen und nicht zu konkreten Zahlungen verpflichten, werden schon zum 1. Juni 2000 umgestellt." (Begr RegE, BT-Drucks 14/2658, 1, 30.)

4 Durch das Fernabsatzgesetz (Art 2 Abs 1 Nr 15 = Nr 12 in der Entwurfsfassung, BT-Drucks 14/897, 900 und 14/2658, 49) sind daher schon mit Wirkung ab dem 30. 7. 2000 neben einer Reihe von anderen Vorschriften auch diejenigen in § 1612a Abs 2 S 2 und Abs 4 S 2 mit ihren Berechnungsregeln und Wertgrenzen auf Euro umgestellt worden. Die Vorschriften der § 1612a Abs 2 S 2 und Abs 4 S 2 behandeln die Aufrundung der Beträge bzw Regelbeträge, die sich bei der Berechnung des Kindesunterhalts ergeben; in ihnen wurde die Angabe „auf volle DM" durch die Angabe „auf volle Euro" ersetzt. Die Umstellung der Regelbetrag-VO auf Euro sollte demgegenüber nach der gleichfalls durch das Fernabsatzgesetz (Art 2 Abs 2 Nr 4 b) ins EGBGB eingefügten Übergangsvorschrift des Art 229 § 2 Abs S 2 EGBGB erst bei der nächsten Anpassung dieser VO zum 1. 1. 2002 vorgenommen werden (Begr RegE, BT-Drucks 14/2658, 50). Hierbei erwies es sich als unverzichtbar, eine zusätzliche und damit doppelte Ermächtigung zur Aufrundung der DM- auch auf volle Euro-Beträge im Rahmen der Umstellung zu schaffen. (Vgl zu den Einzelheiten SCHWAB, Das Gesetz über Fernabsatzverträge und das Familienrecht, FamRZ 2000, 1207, mit dem zusammenfassenden Befund S 1208: „Ist es auch Wahnsinn, so hat es doch Methode." Kritisch auch SCHOLZ, Die Düsseldorfer und die Berliner Tabelle Stand: 1. 7. 2001, FamRZ 2001, 1045.) Die Bundesregierung bzw das ressortzuständige Bundesministerium der Justiz wurde deshalb ermächtigt und verpflichtet, die Regelbeträge nach der Regelbetrag-VO durch RechtsVO rechtzeitig zum 1. 1. 2002 auf Euro umzustellen und hierbei auf volle Euro aufzurunden. Dabei gilt § 1612a BGB mit seinen Berechnungsvorgaben entsprechend. Die Vorschriften über den Regelbetrag in § 1612a BGB sind erst zum 1. 1. 2002 in Kraft getreten (Art 12 S 1 des FernabsatzG, BGBl 2000 I 14/897, 909). Die Bundesregierung hat durch die Zweite Verordnung zur Änderung der Regelbetrag-Verordnung v 8. 5. 2001 (BGBl 2001 I 842) die seit dem 1. 7. 1999 geltenden Regelbeträge für den Unterhalt minderjähriger Kinder zum 1. 7. 2001 an das geänderte Lohnniveau angepasst und dabei für die Zeit ab 1. 1. 2002 zugleich die Regelbeträge in Euro festgesetzt.

§ 3
Übergangsvorschriften zum Gesetz zur Neugliederung, Vereinfachung und Reform des Mietrechts vom 19. Juni 2001

(1) Auf ein am 1. September 2001 bestehendes Mietverhältnis oder Pachtverhältnis sind

1. im Falle einer vor dem 1. September 2001 zugegangenen Kündigung § 554 Abs. 2 Nr. 2, §§ 565, 565c Satz 1 Nr. 1b, § 565d Abs. 2, § 570 des Bürgerlichen Gesetzbuchs sowie § 9 Abs. 1 des Gesetzes zur Regelung der Miethöhe jeweils in der bis zu diesem Zeitpunkt geltenden Fassung anzuwenden;

2. im Falle eines vor dem 1. September 2001 zugegangenen Mieterhöhungsverlangens oder einer vor diesem Zeitpunkt zugegangenen Mieterhöhungserklärung die §§ 2, 3, 5, 7, 11 bis 13, 15 und 16 des Gesetzes zur Regelung der Miethöhe in der bis zu diesem Zeitpunkt geltenden Fassung anzuwenden; darüber hinaus richten sich auch nach dem in Satz 1 genannten Zeitpunkt Mieterhöhungen nach § 7 Abs. 1 bis 3 des Gesetzes zur Regelung der Miethöhe in der bis zu diesem Zeitpunkt geltenden Fassung, soweit es sich um Mietverhältnisse im Sinne des § 7 Abs. 1 jenes Gesetzes handelt;

3. im Falle einer vor dem 1. September 2001 zugegangenen Erklärung über eine Betriebskostenänderung § 4 Abs. 2 bis 4 des Gesetzes zur Regelung der Miethöhe in der bis zu diesem Zeitpunkt geltenden Fassung anzuwenden;

4. im Falle einer vor dem 1. September 2001 zugegangenen Erklärung über die Abrechnung von Betriebskosten § 4 Abs. 5 Satz 1 Nr. 2 und § 14 des Gesetzes zur Regelung der Miethöhe in der bis zu diesem Zeitpunkt geltenden Fassung anzuwenden;

5. im Falle des Todes des Mieters oder Pächters die §§ 569 bis 569b, 570b Abs. 1 und § 594d Abs. 1 des Bürgerlichen Gesetzbuchs in der bis zum 1. September 2001 geltenden Fassung anzuwenden, wenn der Mieter oder Pächter vor diesem Zeitpunkt verstorben ist, im Falle der Vermieterkündigung eines Mietverhältnisses über Wohnraum gegenüber dem Erben jedoch nur, wenn auch die Kündigungserklärung dem Erben vor diesem Zeitpunkt zugegangen ist;

6. im Falle einer vor dem 1. September 2001 zugegangenen Mitteilung über die Durchführung von Modernisierungsmaßnahmen § 541b des Bürgerlichen Gesetzbuchs in der bis zu diesem Zeitpunkt geltenden Fassung anzuwenden;

7. hinsichtlich der Fälligkeit § 551 des Bürgerlichen Gesetzbuchs in der bis zum 1. September 2001 geltenden Fassung anzuwenden.

(2) Ein am 1. September 2001 bestehendes Mietverhältnis im Sinne des § 564b Abs. 4 Nr. 2 oder Abs. 7 Nr. 4 des Bürgerlichen Gesetzbuchs in der bis zum 1. September 2001 geltenden Fassung kann noch bis zum 31. August 2006 nach § 564b des Bürgerlichen Gesetzbuchs in der vorstehend genannten Fassung gekündigt werden.

(3) Auf ein am 1. September 2001 bestehendes Mietverhältnis auf bestimmte Zeit sind § 564c in Verbindung mit § 564b sowie die §§ 556a bis 556c, 565a Abs. 1 und § 570 des Bürgerlichen Gesetzbuchs in der bis zu diesem Zeitpunkt geltenden Fassung anzuwenden.

(4) Auf ein am 1. September 2001 bestehendes Mietverhältnis, bei dem die Betriebskosten ganz oder teilweise in der Miete enthalten sind, ist wegen Erhöhungen der Betriebskosten § 560 Abs. 1, 2, 5 und 6 des Bürgerlichen Gesetzbuchs entsprechend anzuwenden, soweit im Mietvertrag vereinbart ist, dass der Mieter Erhöhungen der Betriebskosten zu tragen hat; bei Ermäßigungen der Betriebskosten gilt § 560 Abs. 3 des Bürgerlichen Gesetzbuchs entsprechend.

(5) Auf einen Mietspiegel, der vor dem 1. September 2001 unter Voraussetzungen erstellt worden ist, die § 558d Abs. 1 und 2 des Bürgerlichen Gesetzbuchs entsprechen, sind die Vorschriften über den qualifizierten Mietspiegel anzuwenden, wenn die Gemeinde ihn nach dem 1. September 2001 als solchen veröffentlicht hat. War der Mietspiegel vor diesem Zeitpunkt bereits veröffentlicht worden, so ist es ausreichend, wenn die Gemeinde ihn später öffentlich als qualifizierten Mietspiegel bezeichnet hat. In jedem Fall sind § 558a Abs. 3 und § 558d Abs. 3 des Bürgerlichen Gesetzbuchs nicht anzuwenden auf Mieterhöhungsverlangen, die dem Mieter vor dieser Veröffentlichung zugegangen sind.

(6) Auf vermieteten Wohnraum, der sich in einem Gebiet befindet, das aufgrund

1. des § 564b Abs. 2 Nr. 2, auch in Verbindung mit Nr. 3, des Bürgerlichen Gesetzbuchs in der bis zum 1. September 2001 geltenden Fassung oder

2. des Gesetzes über eine Sozialklausel in Gebieten mit gefährdeter Wohnungsversorgung vom 22. April 1993 (BGBl. I S. 466, 487)

bestimmt ist, sind die am 31. August 2001 geltenden vorstehend genannten Bestimmungen über Beschränkungen des Kündigungsrechtes des Vermieters bis zum 31. August 2004 weiter anzuwenden. Ein am 1. September 2001 bereits verstrichener Teil einer Frist nach den vorstehend genannten Bestimmungen wird auf die Frist nach § 577a des Bürgerlichen Gesetzbuchs angerechnet. § 577a des Bürgerlichen Gesetzbuchs ist jedoch nicht anzuwenden im Falle einer Kündigung des Erwerbers nach § 573 Abs. 2 Nr. 3 jenes Gesetzes, wenn die Veräußerung vor dem 1. September 2001 erfolgt ist und sich die veräußerte Wohnung nicht in einem nach Satz 1 bezeichneten Gebiet befindet.

(7) § 548 Abs. 3 des Bürgerlichen Gesetzbuchs ist nicht anzuwenden, wenn das selbständige Beweisverfahren vor dem 1. September 2001 beantragt worden ist.

(8) § 551 Abs. 3 Satz 1 des Bürgerlichen Gesetzbuchs ist nicht anzuwenden, wenn die Verzinsung vor dem 1. Januar 1983 durch Vertrag ausgeschlossen worden ist.

(9) § 556 Abs. 3 Satz 2 bis 6 und § 556a Abs. 1 des Bürgerlichen Gesetzbuchs sind nicht anzuwenden auf Abrechnungszeiträume, die vor dem 1. September 2001 beendet waren.

(10) § 573c Abs. 4 des Bürgerlichen Gesetzbuchs ist nicht anzuwenden, wenn die Kündigungsfristen vor dem 1. September 2001 durch Vertrag vereinbart worden sind.

Materialien: BT-Drucks 14/4553, 75 ff;
BT-Drucks 14/5663, 37 ff, 84.

Schrifttum

BEUERMANN, Vergessene Überleitungsvorschriften im Mietrechtsreformgesetz, GE 2001, 902
BLANK/BÖRSTINGHAUS, Neues Mietrecht (2002)
BÖRSTINGHAUS/BÖRSTINGHAUS, Qualifizierte Mietspiegel in der Praxis, NZM 2003, 377
BÖSCHE, Die Übergangsregelungen des Mietrechtsreformgesetzes, WuM 2001, 367
FRANKE, Die Übergangsvorschriften des neuen Mietrechts, ZMR 2001, 951
GRUNDMANN, Die Mietrechtsreform, NJW 2001, 2497
HAAS, Das neue Mietrecht (2001)
JANSEN, Das Übergangsrecht der Mietrechtsreform, NJW 2001, 3151
ROLFS, Geklärte und ungeklärte Fragen der Mietrechtsreform, ZGS 2003, 289
SCHMIDT-FUTTERER, Mietrecht (7. Aufl 1999)
STÜRZER, Miet„verhältnis" ist nicht Miet„vertrag", NZM 2001, 825 = WuM 2001, 423 = ZMR 2001, 783.

Systematische Übersicht

Alphabetische Übersicht

I. Normzweck

1 Die gem Art 11 MietRRG am 1. 9. 2001 in Kraft getretene Vorschrift des Art 229 § 3 EGBGB enthält **Übergangsregelungen zur Mietrechtsreform** des Jahres 2001. Art 1 MietRRG hat mit Wirkung vom selben Tage die §§ 535 bis 580a BGB komplett neu gefasst und zugleich das Gesetz zur Regelung der Miethöhe (Art 3 des Zweiten Gesetzes über den Kündigungsschutz für Mietverhältnisse über Wohnraum [Zweites Wohnraumkündigungsschutzgesetz – 2. WKSchG] vom 18. 12. 1974 [BGBl I 3603]) in das BGB integriert. Während damit auf Miet- oder Pachtverträge, die nach dem 31. 8. 2001 abgeschlossen worden sind, ohne weiteres die §§ 535 ff BGB in ihrer neuen Fassung anzuwenden sind, bedurfte der gesonderten Bestimmung, ob und in welchem Umfang auf am 1. 9. 2001 bestehende Vertragsverhältnisse neues Mietrecht anzuwenden ist.

II. Grundsatz

2 Der von Art 229 § 3 EGBGB nicht ausdrücklich ausgesprochene Grundsatz lautet, dass vom 1. 9. 2001 an auch auf zu diesem Zeitpunkt bereits bestehende Miet- oder Pachtverhältnisse neues Recht Anwendung findet (Franke ZMR 2001, 951; Grundmann NJW 2001, 2497, 2499). Dies entspricht der auch bei In-Kraft-Treten des BGB im Jahre 1900 für Dauerschuldverhältnisse angewandten Regel (Art 171 EGBGB; vgl Jansen NJW 2001, 3151).

3 Umstritten ist freilich, ob neues Mietrecht uneingeschränkt schon dann Anwendung findet, wenn nur das Miet*verhältnis* nach dem 31. 8. 2001 begonnen hat, der Mieter also erst nach diesem Zeitpunkt unmittelbaren Besitz an der Mietsache erlangt hat

(Franke ZMR 2001, 951, 953; Stürzer NZM 2001, 825 f), oder ob es erforderlich ist, dass auch der Miet*vertrag* erst nach diesem Tag abgeschlossen worden ist (AG Nordhorn NJW 2002, 2327; Gather DWW 2001, 192, 201; Jansen NJW 2001, 3151, 3152; Palandt/Weidenkaff Art 229 § 3 EGBGB Rn 1). Diese Unsicherheit resultiert aus der Rspr des BGH, der zwischen Mietvertrag und -verhältnis differenziert und entschieden hat, dass der Mietvertrag durch den Beginn des Mietverhältnisses erst vollzogen werde (BGH NJW 1979, 1288). Argumente der Rechtssicherheit und des Vertrauensschutzes sprechen dafür, auf vor dem 1. 9. 2001 abgeschlossene Mietverträge nach Maßgabe des Art 229 § 3 EGBGB noch altes Mietrecht anzuwenden, auch wenn die Überlassung der Mietsache erst später erfolgt ist oder erfolgen sollte (näher Staudinger/Rolfs [2003] § 575 Rn 75).

III. Allgemeine Ausnahmen von der Anwendung neuen Mietrechts (Abs 1)

1. Kündigung (Nr 1)

4 Von dem in Rn 2 genannten Grundsatz statuiert Art 229 § 3 EGBGB aus unterschiedlichen Gründen diverse Ausnahmen. Abs 1 Nr 1 betrifft die Kündigung des Mietverhältnisses. Auf Kündigungen, die bis zum 31. 8. 2001 zugegangen sind, finden die §§ 554 Abs 2 Nr 2 (einmonatige statt jetzt zweimonatiger Schonfrist bei einer Kündigung wegen Zahlungsverzugs), 565 (Kündigungsfristen), 565c S 1 Nr 1 lit b (Kündigungsfrist bei Werkmietwohnungen), 565d Abs 2 (verkürzte Widerspruchsfrist des Mieters bei Kündigung von Werkwohnungen), 570 BGB (Sonderkündigungsrecht von Beamten etc) und § 9 MHG (Sonderkündigungsrecht bei Mieterhöhungen) in der jeweils bis zu diesem Zeitpunkt geltenden Fassung weiterhin Anwendung. Insoweit ist also altes Mietrecht weiterhin, im Übrigen neues Mietrecht anzuwenden (Bösche WuM 2001, 367). Die Beschränkung auf die genannten Vorschriften erklärt sich daraus, dass die übrigen die Kündigung des Mietverhältnisses betreffenden Bestimmungen in der Sache unverändert geblieben sind und lediglich einen neuen Standort im BGB gefunden haben (vgl BT-Drucks 14/4553, 75).

5 Im Einzelnen ist auf Folgendes hinzuweisen: Die **Kündigungsfristen** sind durch das neue Mietrecht teilweise neu gestaltet worden. Dies betrifft Mietverhältnisse über andere Sachen als Wohnräume allerdings nur insofern, als § 580a Abs 4 BGB nF die frühere Streitfrage entschieden hat, ob bei der Geschäftsraummiete die gesetzliche Kündigungsfrist bei der außerordentlichen Kündigung drei oder sechs Monate beträgt (vgl dazu BGH NJW 2002, 2562 mwNw; OLG Hamm NZM 2000, 658; OLG Düsseldorf NZM 2001, 749; KG GE 2001, 551; LG Kiel NJW-RR 1995, 585; Schultz NZM 1999, 651). Die Kündigungsfristen für Wohnraummietverhältnisse sind demgegenüber durch § 573c BGB nF va für den Mieter erheblich verkürzt worden (vgl Staudinger/Rolfs [2003] § 573c Rn 48). Hatte der Mieter vor dem 1. 9. 2001 noch nach altem Recht gekündigt und war die Kündigungsfrist noch nicht abgelaufen, so konnte er nach dem 31. 8. 2001 nochmals, und zwar jetzt mit der dreimonatigen Frist, kündigen (Blank/Börstinghaus/Blank, Neues Mietrecht § 573c Rn 15; Bösche WuM 2001, 367; Franke ZMR 2001, 951, 952; Jansen NJW 2001, 3151, 3153). Zu abweichenden vertraglichen Vereinbarungen über die Kündigungsfrist siehe Rn 27 f.

6 Bei der **fristlosen Kündigung von Wohnraummietverhältnissen** muss der zur Kündigung führende wichtige Grund gem § 569 Abs 4 BGB nF im Kündigungsschreiben angegeben werden. Eine entsprechende Wirksamkeitsvoraussetzung statuierte das Mietrecht früher nicht. Da eine ausdrückliche Übergangsvorschrift fehlt, besteht das Begründungserfordernis nur für Kündigungen, die dem Gekündigten nach dem 31. 8. 2001 zugehen (HAAS § 569 BGB Rn 7). Ferner hat § 569 Abs 3 Nr 2 BGB nF die **Schonfrist**, innerhalb derer die Kündigung unwirksam wird, wenn der Mieter die rückständige Miete nachzahlt, auf zwei Monate ab Rechtshängigkeit verlängert (vgl STAUDINGER/EMMERICH [2003] § 569 Rn 1); nach § 554 Abs 2 Nr 2 BGB aF betrug die Frist nur einen Monat. Auch insoweit ist für die Anwendung alten oder neuen Rechts der Zugang der Kündigungserklärung maßgebend.

7 Das **Sonderkündigungsrecht für Beamte usw** im Falle ihrer Versetzung (§ 570 BGB aF) ist mit In-Kraft-Treten des MietRRG ersatzlos entfallen. Die Vorschrift war rechtspolitisch umstritten (SCHMIDT-FUTTERER/BLANK § 570 BGB Rn 3), sie hat ihre Bedeutung insoweit verloren, als § 573c BGB nF die Kündigungsfrist des Mieters jetzt generell auf drei Monate begrenzt, eine Verlängerung also auch bei langjährigen Mietverhältnissen (§ 565 Abs 2 BGB aF) nicht mehr stattfindet. Bei Zeitmietverträgen bleibt das Sonderkündigungsrecht übergangsweise aber bestehen (Abs 3).

8 Zur **Kündigung von Werkwohnungen** siehe STAUDINGER/ROLFS (2003) § 576 BGB Rn 40; zum **Sonderkündigungsrecht des Mieters nach Mieterhöhung** STAUDINGER/WEITEMEYER (2003) § 561 Rn 7 ff.

2. Mieterhöhungen (Nr 2)

9 Die **Kappungsgrenze** bei Mieterhöhungen hat § 558 Abs 3 BGB nF auf 20 vH reduziert; nach § 2 Abs 5 S 2 Nr 3 MHG aF betrug sie noch 30 vH (vgl STAUDINGER/EMMERICH [2003] § 558 Rn 44). Welche Grenze einschlägig ist, richtet sich nach dem Datum des Zugangs des Mieterhöhungsverlangens. Dasselbe gilt für die Frage, in welcher **Form** das Mieterhöhungsverlangen zu stellen ist. § 8 MHG aF verlangte vom Vermieter die Einhaltung der Schriftform, während nunmehr Textform (§ 126b BGB) ausreichend ist (§ 558a Abs 1 BGB nF). Dadurch können Mieterhöhungsverlangen seit dem 1. 9. 2001 auch mit Faksimilieunterschrift versehen, fotokopiert oder per Telefax übermittelt werden (BÖSCHE WuM 2001, 367, 368; FRANKE ZMR 2001, 951, 952).

10 Während § 5 MHG aF den Vermieter berechtigte, eine **Erhöhung der Kapitalkosten** auf den Mieter umzulegen, kommt dies seit dem 1. 9. 2001 nicht mehr in Betracht, da die Vorschrift ersatzlos entfallen ist. Insoweit hängt die Berechtigung des Vermieters zu dieser Maßnahme vom Datum des Zugangs seines Mieterhöhungsverlangens ab. Umgekehrt fehlt freilich eine Übergangsregelung für das Recht des Mieters, nach § 5 Abs 3 MHG aF im Falle der **Ermäßigung des Zinssatzes** eine entsprechende Ermäßigung der Miete zu verlangen. Entscheidend dürfte sein, ob die Ermäßigung des Zinssatzes oder die vollständige Tilgung des Darlehens bis zum 31. 8. 2001 erfolgt ist. In diesem Falle erlischt der Herabsetzungsanspruch des Mieters nicht dadurch, dass § 5 MHG aF zum 1. 9. 2001 aufgehoben worden ist (HAAS Art 229 § 3 Abs 1 EGBGB Rn 1). Der weitgehende Ausschluss des Rechts zur Mieterhöhung bei **Bergmannswohnungen** iS von § 7 Abs 1 MHG aF besteht nach Art 229 § 3 Abs 1 Nr 3 HS 2 EGBGB auf Dauer fort.

3. Änderung der Betriebskosten (Nr 3)

Zur Erhöhung der Betriebskosten vgl Staudinger/Weitemeyer (2003) § 560 Rn 10. Änderungserklärungen nach § 560 Abs 4 BGB nF sind zwar von Art 229 § 3 Abs 1 Nr 3 EGBGB nicht ausdrücklich erfasst, auch für sie kommt es aber darauf an, an welchem Tag sie dem Vertragspartner zugehen. Bis zum 31. 8. 2001 gilt § 4 Abs 2 bis 4 MHG aF, danach § 560 Abs 4 BGB nF (Haas § 560 BGB Rn 13). **11**

4. Abrechnung der Betriebskosten (Nr 4)

Soweit die Parteien bis zum 31. 8. 2001 einen von § 556a Abs 1 BGB nF abweichenden Umlegungsmaßstab vereinbart haben, verbleibt es auch nach dem In-Kraft-Treten des MietRRG dabei, weil vertragliche Vereinbarungen der Parteien auch dann Vorrang haben, wenn sie bis zu dem genannten Zeitpunkt getroffen worden sind (Haas § 556a BGB Rn 3). Da das neue Mietrecht es dem Vermieter nicht mehr gestattet, durch einseitige Erklärung die Kosten für Wasser und Abwasser auf Direktabrechnung umzustellen (anders früher § 4 Abs 4 S 1 Nr 2 MHG aF), ist eine derartige Erklärung nur dann wirksam, wenn sie dem Mieter vor dem 1. 9. 2001 zugegangen ist. **12**

5. Tod des Mieters oder Pächters (Nr 5)

Die Sonderkündigungs-, Eintritts-, Fortsetzungs- und Vorkaufsrechte beim Tod des Mieters sind 2001 grundlegend reformiert worden. Art 229 § 3 Abs 1 Nr 5 EGBGB erfasst die Übergangsprobleme allerdings nur höchst ungenau, weil sich wesentliche Änderungen nicht erst durch das MietRRG, sondern bereits zum 1. 8. 2001 durch das LPartG (BGBl I 266) ergeben haben (vgl Meyer NZM 2001, 829, 830 f), das seinerseits aber auf Übergangsvorschriften verzichtet hat. Siehe im Einzelnen ausführlich Staudinger/Rolfs (2003) § 563 Rn 55 (Eintrittsrecht bei Tod des Mieters); § 564 Rn 26 (Fortsetzung des Mietverhältnisses mit dem Erben; außerordentliche Kündigung); § 573d Rn 14 (außerordentliche Kündigung mit gesetzlicher Frist) und § 577 Rn 69 (Vorkaufsrecht des Mieters). **13**

6. Modernisierungsmaßnahmen (Nr 6)

§ 541b BGB aF ist mit § 554 Abs 2 bis 5 BGB nF nicht in allen Einzelheiten identisch. Unterschiede betreffen die Art der möglichen Maßnahmen (früher nur Einsparung der *Heiz*energie, jetzt auch anderer Energien), die Ankündigungsfrist (zwei statt jetzt drei Monaten), die Mitteilungsform (früher Schrift-, jetzt Textform) und die Härteregelung (Berücksichtigung der Interessen aller Angehörigen des Mieterhaushalts, vgl Staudinger/Emmerich [2003] § 554 Rn 27, 31). Insoweit kommt es für die Anwendung der betreffenden Vorschriften darauf an, zu welchem Zeitpunkt dem Mieter die Mitteilung über die Durchführung der Modernisierungsarbeiten zugegangen ist. Dieser Tag ist auch dann entscheidend, wenn die Modernisierungsarbeiten bis zum 31. 8. 2001 abgeschlossen worden sind. **14**

7. Fälligkeit der Miete (Nr 7)

Nach § 551 Abs 1 S 2 BGB aF war der Mietzins (die Miete) nach dem Ablauf der einzelnen Zeitabschnitte zu entrichten, wenn er nach Zeitabschnitten bemessen war. **15**

Bei Vereinbarung einer Monatsmiete war diese folglich erst am Monatsende fällig. Davon weichen die §§ 556b Abs 1, 579 Abs 2 BGB nF für die **Raummiete** entsprechend der ganz überwiegenden Vertragspraxis ab; die Miete ist jetzt spätestens bis zum dritten Werktag des einzelnen Zeitabschnitts (idR also des Kalendermonats) zu entrichten. Haben die Vertragsparteien bei einem bis zum 31. 8. 2001 begründeten Mietverhältnis (vgl Rn 3) jedoch keine von § 551 Abs 1 S 2 BGB aF abweichende Vereinbarung getroffen, verbleibt es nach Art 229 § 3 Abs 1 Nr 7 EGBGB auch nach der Mietrechtsreform bei der Fälligkeit zum Monatsende (Bösche WuM 2001, 367, 369). Unabhängig von einer derartigen Vereinbarung verbleibt es bei der Miete von **anderen Sachen** als Räumen gem § 579 Abs 1 auch nach neuem Recht bei der Fälligkeit postnumerando.

IV. Erleichterte Kündigung bestimmter Mietverhältnisse (Abs 2)

16 Art 229 § 3 Abs 2 legt fest, dass Mietverhältnisse iS des bisherigen § 564b Abs 4 Nr 2 BGB (vom Vermieter selbst bewohnte, in der Zeit vom 31. 5. 1990 bis 31. 5. 1999 ausgebaute Drei-Familien-Häuser) und des bisherigen § 564b Abs 7 Nr 4 BGB (vor dem 1. 6. 1995 vermietete Ferienhäuser in Ferienhausgebieten) trotz des Wegfalls dieser Tatbestände aus Gründen des Vertrauensschutzes noch für eine Übergangszeit von fünf Jahren nach In-Kraft-Treten des MietRRG weiterhin vom Vermieter erleichtert gekündigt werden können (BT-Drucks 14/4553, 76; näher Staudinger/Rolfs [2003] § 573a Rn 21).

17 Art 229 § 3 EGBGB enthält keine spezielle Übergangsregelung zum **Widerspruchsrecht** des Mieters gegen die Kündigung, obwohl der Anwendungsbereich des § 574 BGB nF auch auf Wohnraum in Ferienhäusern und Ferienwohnungen in Ferienhausgebieten erweitert worden ist. Damit stellt sich die Frage, ob Mietern derartiger Ferienhäuser oder -wohnungen ein Widerspruchsrecht zusteht, wenn ihnen die Kündigung noch vor dem 1. 9. 2001 zugegangen ist. Da die Vorschriften der §§ 535 ff idF des MietRRG vom Tag des In-Kraft-Tretens der Reform an anwendbar sind, soweit Art 229 § 3 EGBGB keine abweichenden Bestimmungen enthält, ist ein Widerspruch auch bei den genannten Mietverhältnissen möglich, wenn die Kündigung bis zum 31. 8. 2001 zugegangen ist und das Mietverhältnis am 1. 9. 2001 noch nicht beendet war. Allerdings ist dann auch § 574b Abs 2 S 1 BGB nF anwendbar, der dem Vermieter das Recht gibt, die Fortsetzung des Mietverhältnisses abzulehnen, wenn ihm der Mieter den Widerspruch nicht spätestens zwei Monate vor der Beendigung des Mietverhältnisses erklärt hat. Damit besteht das Ablehnungsrecht stets, wenn das Mietverhältnis über eine Ferienwohnung oder ein Ferienhaus der in § 564b Abs 7 Nr 4 BGB aF genannten Art aufgrund vermieterseitiger Kündigung vor dem 1. 11. 2001 geendet hat.

V. Zeitmietverträge (Abs 3)

18 Abs 3 beinhaltet Übergangsvorschriften für zum Zeitpunkt des In-Kraft-Tretens des MietRRG bereits bestehende Zeitmietverträge. Diese sind insbesondere deshalb erforderlich, weil der bisherige einfache Zeitmietvertrag des § 564c Abs 1 BGB aF ersatzlos entfallen ist. Aus Gründen des Vertrauensschutzes bleiben diese Verträge jedoch als Zeitmietverträge wirksam bestehen; ihre Beendigung richtet sich weiterhin nach altem Recht (näher Staudinger/Rolfs [2003] § 575 Rn 74 und oben Rn 3).

19 Keine ausdrückliche Erwähnung gefunden haben **Mietverträge mit Verlängerungsklausel.** Entsprechende Altverträge bleiben auch nach dem In-Kraft-Treten des MietRRG weiter wirksam, § 565a Abs 1 BGB aF gilt weiter. Dementsprechend ist auch nicht die neue dreimonatige Kündigungsfrist, sondern die bis zu einjährige Kündigungsfrist des § 565 Abs 2 BGB aF weiter anzuwenden (Franke ZMR 2001, 951, 954; Haas Art 229 § 3 Abs 3 EGBGB Rn 1). Hatten die Parteien vereinbart, dass sich das Mietverhältnis jeweils um einen bestimmten Zeitraum verlängert, kann es auch nach dem 31. 8. 2001 nur zum Ende des jeweiligen Verlängerungszeitraums gekündigt werden (LG Berlin GE 2003, 743).

VI. Brutto- und Teilinklusivmieten (Abs 4)

20 Bei Inklusivmietverträgen können Betriebskostenerhöhungen nach § 560 Abs 1 iV mit Abs 5 BGB nF nicht auf den Mieter umgelegt werden. Dies entspricht einer auch schon früher in der Rspr vertretenen Auffassung (OLG Zweibrücken NJW 1981, 1622; **aM** Schmidt-Futterer/Börstinghaus § 4 MHG Rn 18). Dies erweist sich aber nur dann als interessengerecht, wenn die Parteien eine Brutto- oder Teilinklusivmiete freiwillig vereinbart haben. Da jedoch insbesondere im Land Berlin wegen der dort bis zum 31. 12. 1987 geltenden Preisbindung für Altbauwohnungen der Abschluss von Bruttomietverträgen lange Zeit gesetzlich vorgeschrieben war, führt dieses Verbot in mehr als 100.000 Fällen (vgl BT-Drucks 14/4553, 95) dazu, dass dem Vermieter eine Erhöhung der Betriebskosten dauerhaft versagt bliebe. Dieses – auch verfassungsrechtlich bedenkliche – Ergebnis vermeidet Art 229 § 3 Abs 4 EGBGB, der auf Empfehlung des Rechtsausschusses (BT-Drucks 14/5663, 84) in das Gesetz aufgenommen worden ist.

VII. Qualifizierte Mietspiegel (Abs 5)

21 Abs 5 enthält eine Überleitung für solche Mietspiegel, die zwar vor In-Kraft-Treten des MietRRG erstellt worden sind, jedoch hinsichtlich ihrer wissenschaftlichen Qualität und Aktualität den Voraussetzungen des neuen qualifizierten Mietspiegels (§ 558d Abs 1 und 2 BGB nF) entsprechen (vgl AG Dortmund WuM 2003, 35). Auch auf diese Mietspiegel, die nach dem neuen Recht als qualifizierte Mietspiegel anzusehen sind, sollen im Interesse einer möglichst schnellen Umsetzung des MietRRG die Vorschriften über den qualifizierten Mietspiegel grundsätzlich angewendet werden. Voraussetzung ist aber, dass die Gemeinde den Mietspiegel nach dem 31. 8. 2001 als solchen veröffentlicht (rechtstatsächliches Material bei Börstinghaus/Börstinghaus NZM 2003, 377, 380 ff). Nur wenn der Mietspiegel bereits zuvor veröffentlicht worden war, ist eine vollständige Neuveröffentlichung aus Kostengründen entbehrlich. In diesem Fall genügt der zu veröffentlichende Hinweis, dass es sich bei dem bereits veröffentlichten Mietspiegel um einen qualifizierten Mietspiegel handelt. Auf Mieterhöhungsverlangen, die vor dieser Veröffentlichung zugegangen sind, finden § 558a Abs 3 BGB nF (zwingendes Begründungsmittel) und § 558d Abs 3 BGB nF (prozessuale Vermutungswirkung) keine Anwendung (BT-Drucks 14/4553, 76).

22 Offenbar vergessen hat der Gesetzgeber freilich, die Übergangsvorschrift an die im Laufe des Gesetzgebungsverfahrens geänderte Vorschrift des § 558d Abs 1 BGB anzupassen. Im Regierungsentwurf (BT-Drucks 14/4553) war nämlich vorgesehen, dass ein qualifizierter Mietspiegel nur dann vorliegt, wenn er von der Gemeinde *und* von Interessenvertretern der Vermieter und der Mieter anerkannt worden ist. Gesetz geworden ist aber die Fassung, dass eine Anerkennung entweder durch die Gemeinde *oder* die Interessenvertreter beider Gruppen genügt. Dementsprechend dürfte es auch im Rahmen von Art 229 § 3 Abs 5 EGBGB genügen, dass die qualifizierte Veröffentlichung allein durch die Interessenverbände erfolgt (Haas Art 229 § 3 Abs 5 EGBGB Rn 3).

VIII. Kündigungsbeschränkung nach Wohnungsumwandlung (Abs 6)

23 Abs 6 stellt Übergangsregelungen für Kündigungsbeschränkungen bei Veräußerung einer in Wohnungseigentum umgewandelten vermieteten Wohnung auf. Die Vorschrift wirft zahlreiche Fragen auf, siehe ausführlich Staudinger/Rolfs (2003) § 577a Rn 21 ff.

IX. Selbständiges Beweisverfahren (Abs 7)

24 Abs 7 regelt, dass die neu eingeführte verjährungsunterbrechende Wirkung des selbständigen Beweisverfahrens nach der ZPO nur bei nach dem 31. 8. 2001 beantragten Verfahren eintritt. Es gibt also keinen rückwirkenden Neubeginn der Verjährung (BT-Drucks 14/4553, 76 f; vgl auch Franke ZMR 2001, 951, 954 f). Der durch Abs 7 in Bezug genommene § 548 Abs 3 ist allerdings schon vier Monate nach seinem In-Kraft-Treten durch das Gesetz zur Modernisierung des Schuldrechts (vom 26. 11. 2001, BGBl I 3138) mit Wirkung zum 1. 1. 2002 wieder aufgehoben worden, weil sich eine allgemeine Regelung dieses Fragenkreises jetzt in § 204 Nr 7 findet (näher Staudinger/Emmerich [2003] § 548 Rn 42).

X. Verzinsung der Kaution (Abs 8)

25 Abs 8 knüpft an die Übergangsvorschrift aus Art 4 des Gesetzes zur Erhöhung des Angebots an Mietwohnungen vom 20. 12. 1982 (BGBl I 1912) betreffend die Einführung der Verzinsungspflicht für Mietkautionen an und löst diese Vorschrift sowie die Übergangsvorschrift aus Art 6 des Vierten Mietrechtsänderungsgesetzes vom 21. 7. 1993 (BGBl I 1257) ähnlichen Inhalts ab, die beide aufgehoben worden sind. Vereinbarungen, durch die vor Einführung der Verzinsungspflicht eine Verzinsung wirksam ausgeschlossen worden ist, bleiben damit weiterhin wirksam (BT-Drucks 14/4553, 77).

XI. Abrechnung von Betriebskostenvorschüssen (Abs 9)

26 Aus Gründen des Vertrauensschutzes nimmt Art 229 § 3 Abs 9 EGBGB Betriebskostenabrechnungen, deren Abrechnungszeiträume vor dem 1. 9. 2001 bereits abgeschlossen waren, von den neuen Regelungen des § 556 Abs 3 S 2 bis 6 BGB nF (jährliche Abrechnungsfrist, Ausschlussfrist für Nachforderungen des Vermieters, Einwendungsausschluss des Mieters) und des § 556a Abs 1 BGB nF (Umlage nach erfasstem Verbrauch, sonst nach Wohnfläche) aus. Entscheidend für die Anwendung des alten oder des neuen Mietrechts ist also nicht der Tag des Zugangs der Abrechnung, sondern das Ende des Abrechnungszeitraums (Bösche WuM 2001, 367, 370; Jansen NJW 2001, 3151, 3154). Entspricht der Abrechnungszeitraum – wie vielfach üblich – dem Kalenderjahr, kann letztmals das Jahr 2000 nach altem Recht abgerechnet werden, für das Jahr 2001 gilt neues Mietrecht.

XII. Vereinbarte Kündigungsfristen (Abs 10)

27 Die Vorschrift des Art 229 § 3 Abs 10 EGBGB gehört zu den umstrittensten Teilen der Mietrechtsreform überhaupt. Sie will aus Gründen des Vertrauensschutzes sicherstellen, dass vor dem In-Kraft-Treten des MietRRG wirksam vereinbarte Kündigungsfristen auch zukünftig wirksam bleiben (BT-Drucks 14/4553, 77). Dieses rechtspolitisch sicher gerechtfertigte Anliegen hat jedoch einen erheblichen Streit darüber ausgelöst, wann Kündigungsfristen „durch Vertrag vereinbart" sind. Hunderttausendfach finden sich nämlich Formularmietverträge, in denen die Kündigungsfristen des § 565 Abs 2 BGB aF wörtlich oder sinngemäß widergegeben sind. Im Hinblick darauf, dass § 573c Abs 1 BGB nF die Kündigungsfrist für den Mieter generell auf 3 Monate abzüglich der Karenzzeit von drei Tagen verkürzt hat, eine Verlängerung auf bis zu zwölf Monate also auch bei langjährigen Mietverhältnissen nicht mehr stattfindet, ist der **„Vereinbarungscharakter" von Formularverträgen** – und damit ihre Qualifikation als fortgeltende konstitutive oder als seit dem 1. 9. 2001 gegenstandslose deklaratorische Regelung – von **überragender praktischer Relevanz**. In vier Urteilen vom 18. 6. 2003 hat der BGH sich auf den Standpunkt gestellt, dass eine vertragliche Vereinbarung über die Kündigungsfristen iS des Art 229 § 3 Abs 10 EGBGB auch dann vorliege, wenn in einer Formularklausel die früheren gesetzlichen Kündigungsfristen wörtlich oder sinngemäß wiedergegeben wurden. Dies ergebe sich nicht nur aus dem Wortlaut der Übergangsvorschrift und ihrem sachlichen Zusammenhang mit § 573c Abs 4, sondern auch aus der Begründung des Gesetzentwurfs der Bundesregierung für das MietRRG. Danach sollte aus Gründen des Vertrauensschutzes sichergestellt werden, dass vor dem In-Kraft-Treten des MietRRG wirksam vereinbarte Kündigungsfristen auch zukünftig wirksam bleiben (BT-Drucks 14/4553, 77). Dazu gehöre auch eine formularvertragliche Vereinbarung, in der die früheren – teilweise dispositiven – gesetzlichen Kündigungsfristen wiedergegeben wurden. Den von der Gesetzesbegründung der Bundesregierung abweichenden Ausführungen des Rechtsausschusses des Deutschen Bundestages (BT-Drucks 14/5663, 83) ist der BGH nicht gefolgt. Er hat vielmehr darauf hingewiesen, dass die Zielsetzung der Mietrechtsreform, durch ein verständliches und transparentes Mietrecht dem Rechtsfrieden zu dienen, es nicht als sachgereicht erscheinen lasse, die Frist für die Kündigung eines vor dem 1. 9. 2001 abgeschlossenen Mietvertrages durch den Mieter von einer konfliktträchtigen und wenig aussichtsreichen Aufklärung des Ablaufs der viele Jahre zurückliegenden Vertragsverhandlungen abhängig zu machen (BGH 18. 6. 2003 VIII ZR 240/02, 324/02, 339/02, 355/02; dazu Rolfs ZGS 2003, 289 ff; zum Streitstand vor Verkündung dieser Entscheidungen ausführlich Staudinger/Rolfs [2003] § 573c BGB Rn 49 ff mwNw).

28 Bislang noch ungeklärt ist darüber hinaus, ob auch der Vermieter bei einem Mietverhältnis von mehr als achtjähriger Dauer die zwölfmonatige Kündigungsfrist des § 565 Abs 2 BGB aF einhalten oder nur die neunmonatige Frist des § 573c Abs 1 S 2 BGB nF beachten muss. Letztlich können an den Vereinbarungscharakter formularmäßiger Kündigungsfristen insoweit keine anderen Maßstäbe angelegt werden als bei den Kündigungsfristen des Mieters. Im Übrigen ist aber zu beachten, dass eine Klausel, die einheitlich für beide Parteien identische Kündigungsfristen vorsieht, nicht „personal teilunwirksam" sein kann (str, wie hier KG GE 2002, 50; **aM** LG München I NZM 1998, 153; näher Staudinger/Rolfs [2003] § 573c Rn 47).

§ 4
Übergangsvorschrift zum Zweiten Gesetz zur Änderung reiserechtlicher Vorschriften

(1) Die §§ 651k und 651l des Bürgerlichen Gesetzbuchs sind in ihrer seit dem 1. September 2001 geltenden Fassung nur auf Verträge anzuwenden, die nach diesem Tag geschlossen werden.

(2) Abweichend von § 651k Abs. 2 Satz 1 des Bürgerlichen Gesetzbuchs gelten für die nachfolgenden Zeiträume folgende Haftungshöchstsummen:

1. vom 1. November 1994 bis zum 31. Oktober 1995 70 Millionen Deutsche Mark,

2. vom 1. November 1995 bis zum 31. Oktober 1996 100 Millionen Deutsche Mark,

3. vom 1. November 1996 bis zum 31. Oktober 1997 150 Millionen Deutsche Mark,

4. vom 1. November 1997 bis zum 31. Oktober 2000 200 Millionen Deutsche Mark und

5. vom 1. November 2000 bis zum 1. September 2001 110 Millionen Euro.

Schrifttum

Führich, Zweite Novelle des Reisevertragsrechts zur Verbesserung der Insolvenzsicherung und der Gastschulaufenthalte, NJW 2001, 3083

Isermann, Neues beim Pauschalreiserecht, DRiZ 2002, 133

Tonner, Die Zweite Reiserechts-Novelle, in: Deutsche Gesellschaft für Reiserecht (Hrsg), DGfR Jahrbuch 2001 (2002) 45

ders, Die Insolvenzabsicherung im Pauschalreiserecht und das Zweite Reiserechtsänderungsgesetz (2002)

ders/Echtermeyer, Der Regierungsentwurf eines zweiten Reiserechtsänderungsgesetzes, RRa 2001, 67.

1 Die Bestimmung wurde durch das Zweite Gesetz zur Änderung reiserechtlicher Vorschriften (2. ReiseRÄndG) vom 23. 7. 2001 (BGBl 2001 I 1658) in das EGBGB eingefügt. Sie enthält die **Übergangsregelungen** für die §§ 651k und 651l BGB in ihrer durch das 2. ReiseRÄndG geänderten und ab dem 1. 9. 2001 geltenden Fassung.

2 **Abs 1** enthält die **allgemeine Übergangsvorschrift** für die neue Fassung des § 651k über die Insolvenzabsicherung und den neuen § 651l über Gastschulaufenthalte. Abs 1 bestimmt insoweit, dass das neue Recht nur auf neue Reiseverträge, die nach dem 1. 9. 2001 geschlossen wurden, anwendbar ist.

3 **Abs 2** enthält eine Übergangsvorschrift für die vom 1. 11. 1994 bis zum 31. 10. 2000 geltenden **gestaffelten Haftungshöchstsummen**. Nach § 651k Abs 1 S 1 kann der Kundengeldabsicherer seine Haftung für die von ihm in einem Jahr insgesamt zu erstattenden Beträge auf 110 Millionen Euro begrenzen. § 651k Abs 1 S 1 in der bis zum 31. 8. 2001 geltenden Fassung sah für die Jahre November 1994 bis November 2000 niedrigere gestaffelte Haftungshöchstsummen vor. Damit sollte nach dem Inkrafttreten des § 651k am 1. 11. 1994 und erneut nach der Umstellung auf Euro durch das Fernabsatzgesetz vom 27. 6. 2000 (BGBl 2000 I 897) der Aufbau eines Deckungsstocks durch Ansammlung von Rückstellungen ermöglicht werden. Dabei war von Anfang an umstritten, ob eine Haftungsbeschränkung überhaupt und demzufolge erst recht diese gestaffelten Haftungshöchstbeträge zulässig waren und sind, da Art 7 der EG-Pauschalreise-Richtlinie keine Höchstbeträge erlaubt (vgl STAUDINGER/ECKERT [2003] § 651k Rn 16 ff). Der Gesetzgeber des 2. ReiseRÄndG hat sich über diese Bedenken hinweggesetzt (vgl BT-Drucks 14/5944 10 f). Er hat die Vorschrift des § 651k über die Haftungsbegrenzung im Grundsatz nicht geändert, sondern sich darauf beschränkt, die bislang in § 651k Abs 2 genannten gestaffelten Höchstsummen aus dem Text der Vorschrift zu streichen. Damit hat er dem Umstand Rechnung getragen, dass die Regelung für die Jahre 1994 bis 2000 durch Zeitablauf überholt ist (BT-Drucks 14/5944 10). Für Reiseverträge, die nach dem 31. 10. 2000 geschlossen worden sind, gilt bereits nach § 651k Abs 1 S 1 aF die nunmehr einheitlich festgelegte Haftungshöchstsumme von 110 Millionen Euro. Für Altverträge, die in der Zeit zwischen dem 1. 11. 1994 und dem 31. 10. 2000 abgeschlossen worden sind, gelten hingegen weiterhin die bislang in § 651k Abs 2 S 1 aF vorgesehenen gestaffelten Haftungshöchstsummen. Diese sind nur noch für wenige Altfälle bedeutsam und werden daher allein aus Gründen der Rechtsklarheit als Übergangsregelung in Art 229 § 4 EGBGB erwähnt (BT-Drucks 14/5944 16).

§ 5
Allgemeine Überleitungsvorschrift zum Gesetz zur Modernisierung des Schuldrechts vom 26. November 2001

Auf Schuldverhältnisse, die vor dem 1. Januar 2002 entstanden sind, sind das Bürgerliche Gesetzbuch, das AGB-Gesetz, das Handelsgesetzbuch, das Verbraucherkreditgesetz, das Fernabsatzgesetz, das Fernunterrichtsschutzgesetz, das Gesetz über den Widerruf von Haustürgeschäften und ähnlichen Geschäften, das Teilzeit-Wohnrechtegesetz, die Verordnung über Kundeninformationspflichten, die Verordnung über Informationspflichten von Reiseveranstaltern und die Verordnung betreffend die Hauptmängel und Gewährfristen beim Viehhandel, soweit nicht ein anderes bestimmt ist, in der bis zu diesem Tag geltenden Fassung anzuwenden. Satz 1 gilt für Dauerschuldverhältnisse mit der Maßgabe, dass anstelle der in Satz 1 bezeichneten Gesetze vom 1. Januar 2003 an nur das Bürgerliche Gesetzbuch, das Handelsgesetzbuch, das Fernunterrichtsschutzgesetz und die Verordnung über Informationspflichten nach bürgerlichem Recht in der dann geltenden Fassung anzuwenden sind.

Materialien: Diskussionsentwurf eines Schuldrechtsmodernisierungsgesetzes (abgedruckt bei CANARIS, Schuldrechtsmodernisierung 2002 [2002] 3 ff); BT-Drucks 14/6040 (Koalitionsentwurf, wortidentisch mit dem Regierungsentwurf); BT-Drucks 14/6857 (Regierungsentwurf einschließlich Stellungnahme des Bundesrates und Gegenäußerung der Bundesregierung); BT-Drucks 14/7052 (Beschlußempfehlung und Bericht des Rechtsausschusses).

Schrifttum

Bülow, Heidelberger Kommentar zum Verbraucherkreditrecht (5. Aufl 2002)
Hertel, Vorwirkungen des neuen Schuldrechts auf notarielle Angebote, DNotZ 2001, 742
Hess, Intertemporales Privatrecht (1998)
ders, Das neue Schuldrecht – In-Kraft-Treten und Übergangsregelungen, NJW 2002, 253
Kirsch, Schuldrechtsreform und Unternehmen – Umstellung bei Langzeitverträgen, NJW 2002, 2520
Medicus, Leistungsstörungsrecht, in: Haas ua, Das neue Schuldrecht (2002), 79
Ott, Das neue Schuldrecht – Überleitungsvorschriften und Verjährung, MDR 2002, 1
Rolland, Inkrafttreten. Übergangsregelung, in: Haas ua, Das neue Schuldrecht (2002) 371
Schmidt-Kessel, Die gesetzliche Ausweitung der Widerrufsrechte nach Heininger, ZGS 2002, 311
Stoll, Kollisionsprivatrechtliche Aspekte des Vertrages über die deutsche Einigung, in: 1. FS W Lorenz (1991) 577
Ziegler/Rieder, Vertragsgestaltung und Vertragsanpassung nach dem Schuldrechtsmodernisierungsgesetz, ZIP 2002, 1789.

Systematische Übersicht

Alphabetische Übersicht

I. Allgemeines

1 § 5 enthält die allgemeine Übergangsvorschrift für die durch das Schuldrechtsmodernisierungsgesetz geänderten gesetzlichen Bestimmungen (zur Vorgeschichte s Staudinger/Löwisch [2001] Vorbem 9 ff zu §§ 275–283). S 1 folgt im Wesentlichen dem **allgemeinen Grundsatz des intertemporalen Privatrechts**, nach dem neue Rechtsvorschriften erst auf solche Rechtsverhältnisse anzuwenden sind, die nach dem Zeitpunkt des Inkrafttretens der Änderung entstanden sind. Er steht damit in einer Reihe mit Art 170 und Art 232 § 1 EGBGB, die für vor dem Inkrafttreten des BGB bzw dem Wirksamwerden des Beitritts der neuen Bundesländer entstandene Schuldverhältnisse dasselbe bestimmen (s die Erl bei Staudinger/Hönle [1998] Art 170 EGBGB und bei Staudinger/Rauscher Art 232 § 1 EGBGB). Allerdings hat der Gesetzgeber den Weg der Aufzählung fortgeltender Vorschriften gewählt, so dass die nicht genannten Änderungen auch auf alte Rechtsverhältnisse anzuwenden sind (s Rn 27).

2 S 2 der Vorschrift enthält eine Sonderregelung für **Dauerschuldverhältnisse**. Diese werden, auch wenn sie vor Inkrafttreten des Schuldrechtsmodernisierungsgesetzes entstanden sind, ab dem 1. 1. 2003 den neuen Bestimmungen unterworfen. Auch dies hat Vorbilder in den für das Inkrafttreten des BGB 1900 und seine Erstreckung auf das Beitrittsgebiet 1990 geltenden Übergangsvorschriften. Allerdings trifft § 5 Satz 2 eine undifferenzierte allgemeine Regelung, während Art 171 bis 173, 232 §§ 2–9 EGBGB sich auf die Regelung einzelner Schuldverhältnisse beschränken.

3 Die Allgemeine Übergangsvorschrift wird durch die **Sondervorschriften** der §§ 6 und 7 zum Verjährungsrecht und zu den Zinsvorschriften ergänzt (zur Abgrenzung su Staudinger/Peters Art 229 § 6 Rn 1; Staudinger/K Schmidt Art 229 § 7 Rn 2). Zwischenzeitlich sind mit Art 229 §§ 8 und 9 EGBGB weitere Übergangsvorschriften hinzugetreten, welche Änderungen des Schadensersatzrechts und des Verbraucherschutzrechts betreffen (zu deren Verhältnis zu S 2 s Rn 43). Zu § 16 UKlaG s Rn 28

4 § 5 macht keinen Vorbehalt zugunsten **älterer Übergangsvorschriften** und geht diesen als späteres Gesetz vor. Dies gilt nicht nur für Art 170–173, 232 EGBGB, sondern auch für alle übrigen Übergangsvorschriften, insbesondere Art 229 §§ 1–4 EGBGB. Der Vorrang von § 5 hat zur Konsequenz, dass für Schuldverhältnisse, die nach dem 1. 1. 2002 entstanden sind oder entstehen, nach S 1 ausschließlich das neue Recht anzuwenden ist. Umgekehrt gilt für Schuldverhältnisse, die vor diesem Zeitpunkt entstanden sind, das bisherige Recht fort. Maßgebend ist dabei grundsätzlich die unmittelbar vor dem Inkrafttreten des Schuldrechtsmodernisierungsgesetzes geltende Fassung. Wie sich aus der Formulierung „soweit nicht ein anderes bestimmt ist" ergibt, bleiben aber vorangehende Übergangsbestimmungen, die eine ältere Fassung für maßgebend erklären, wirksam (wie hier OTT MDR 2002, 1, 3 [für § 28 AGBG aF]). Hingegen verdrängt für Dauerschuldverhältnisse, auch wenn sie vor dem Inkrafttreten entstanden sind, S 2 mit Wirkung vom 1. 1. 2003 an das vor dem Inkrafttreten geltende Recht insgesamt und ohne Rücksicht auf frühere Übergangsvorschriften (zum Verhältnis von S 2 zu späteren Übergangsvorschriften, insbesondere zu §§ 8 und 9, s Rn 43).

II. Übergang zum neuen Recht nach Satz 1

1. Das Schuldverhältnis als Anknüpfungspunkt

Gegenstand der Vorschrift sind **alle Schuldverhältnisse**. Auf den Entstehungsgrund kommt es nicht an; erfasst werden vielmehr sowohl **rechtsgeschäftliche** als auch **gesetzliche** Schuldverhältnisse, etwa solche aus unerlaubter Handlung und ungerechtfertigter Bereicherung. Unabhängig von der zu § 241 BGB entwickelten Begrifflichkeit (vgl STAUDINGER/J SCHMIDT [1995] § 241 Rn 65 ff) muss die Vorschrift überall dort zum Tragen kommen, wo schuldrechtliche Bestimmungen Anwendung finden. Erfasst werden insbesondere auch familien- und erbrechtliche Ansprüche wie Unterhaltsansprüche (ebenso RGZ 50, 303, 305 zu Art 170 EGBGB) und Vermächtnisse. Soweit Sondergesetze die Anwendung schuldrechtlicher Bestimmungen vorschreiben, können diese freilich dahin zu verstehen sein, dass ohne Rücksicht auf die Übergangsvorschriften der bisherige Rechtszustand maßgebend sein soll. **5**

§ 5 ist nicht von vornherein auf zivilrechtliche Schuldverhältnisse beschränkt (so aber AnwKom-BGB/MANSEL Art 229 § 5 EGBGB Rn 5). Vielmehr ist die Vorschrift auf **öffentlich-rechtliche Rechtsverhältnisse** insoweit anzuwenden, als Bestimmungen des öffentlichen Rechts einen entsprechenden Verweis enthalten. So wird man § 62 S 2 VwVfG des Bundes, nach dem die Vorschriften des BGB für öffentlich-rechtliche Verträge entsprechend gelten, dahin verstehen müssen, dass er auch die Übergangsvorschriften des Art 229 EGBGB in Bezug nehmen will. **6**

Mit Schuldverhältnis meint § 5 das **Schuldverhältnis als Ganzes** und **nicht** die **einzelnen**, aus ihm fließenden **Verpflichtungen**. Für Verträge und andere rechtsgeschäftliche Schuldverhältnisse leuchtet das unmittelbar ein. Die Vorschrift will sicherstellen, dass deren Abwicklung insgesamt nach ein und derselben rechtlichen Regelung erfolgt. Das Gesamtgefüge der zu einem Schuldverhältnis gehörenden Rechte und Pflichten sollen nicht dadurch auseinander gerissen werden, dass auf deren einen Teil die alte und deren anderen die neue Regelung Anwendung findet. Insbesondere soll derjenige, der unter dem alten Recht ein Schuldverhältnis eingegangen ist, bei dessen Abwicklung auch nicht teilweise anderen Rechtsfolgen ausgesetzt sein, als sie zur Zeit der Eingehung absehbar waren (AnwKom-BGB/MANSEL Art 229 § 5 Rn 30; HESS 144 f; ders NJW 2002, 253, 255; vgl JAKOBS/SCHUBERT, Die Beratung des Bürgerlichen Gesetzbuchs, Einführungsgesetz und Nebengesetze, 1. Teilband [1990] 615 ff). **7**

Dasselbe gilt aber auch für gesetzliche Schuldverhältnisse: § 5 lässt nicht erkennen, dass diese anders behandelt werden sollen als rechtsgeschäftliche Schuldverhältnisse. Maßgebend ist damit die **Entstehung des gesetzlichen Schuldverhältnisses überhaupt**, nicht aber der einzelnen aus ihm folgenden Verpflichtungen. Insbesondere besteht **8** mangels einer Art 232 § 10 EGBGB vergleichbaren Sondervorschrift kein Anlass für eine gespaltene Behandlung von Delikten, bei denen die Verletzungshandlung vor dem Stichtag erfolgt, der Erfolg jedoch erst danach eingetreten ist (BGHZ 127, 57, 61; Staudinger/Rauscher Art 232 § 10 EGBGB Rn 3 f; Stoll, in: 1. FS W Lorenz 577, 581).

2. Entstehung als maßgeblicher Zeitpunkt

a) Rechtsgeschäftliche Schuldverhältnisse

9 § 5 S 1 stellt auf den Zeitpunkt ab, in dem das Schuldverhältnis als Ganzes in dem Rn 7 f beschriebenen Sinne entstanden ist. Mit Entstehung meint die Vorschrift den **Eintritt einer schuldrechtlichen Bindung**, aus der sich Verpflichtungen des Schuldners ergeben.

10 **Bei Verträgen** entsteht das Schuldverhältnis nach § 311 Abs 1 **mit dem Vertragsschluss**, der durch die Annahme des Antrags erfolgt. Dabei ist das neue Recht grundsätzlich auch dann anzuwenden, wenn der Antrag vor dem 1. 1. 2002 und nur die Annahme danach erklärt worden sind. Wer eine über den Stichtag hinausgehende Annahmefrist eingeräumt hat, hat damit die Anwendung des neuen Rechts in Kauf genommen (wie hier AnwKom-BGB/Mansel Art 229 § 5 Rn 21; Ott MDR 2002, 1, 3 f; Rolland, in: Haas 371 sowie zu Art 232 § 1 EGBGB Staudinger/Rauscher Art 232 § 1 Rn 46; anders zu Art 170 EGBGB Staudinger/Hönle [1998] Art 170 Rn 8 sowie letztlich auch Hess 148 f). Etwas anderes gilt nur dann, wenn der Antragende die Anwendung alten Rechts ausdrücklich angeboten hat oder sich dies aus der Auslegung des Antrags ergibt. Dann ist das alte Recht insoweit anwendbar, als seine Vereinbarung möglich ist (dazu unten Rn 48 ff). Eine Vertragsanpassung nach § 313 BGB (Wegfall der Geschäftsgrundlage) wird wegen der mit der eingeräumten Annahmefrist verbundenen Risikoverteilung und der Vorhersehbarkeit möglicher Gesetzesänderungen bei laufenden Gesetzgebungsverfahren kaum einmal in Betracht kommen (zu weitgehend daher Hertel DNotZ 2001, 742, 749).

11 Ist einer Partei das Recht eingeräumt, durch einseitige Willenserklärung einen Vertrag zu begründen oder zu modifizieren, **Optionsrecht** (Staudinger/Bork [1996] Vorbem 69 zu §§ 145 ff), ist zu unterscheiden: Handelt es sich lediglich um eine Festofferte (Staudinger/Bork [1996] Vorbem 70 zu §§ 145 ff), ist der Fall nach den in der vorigen Randnummer entwickelten Regeln zu behandeln. Wird hingegen zwischen den Beteiligten ein Vertrag geschlossen, sei es ein Angebotsvertrag, sei es ein bedingter Hauptvertrag (Staudinger/Bork [1996] Vorbem 71 zu §§ 145 ff), tritt bereits eine schuldrechtliche Bindung ein; inbesondere muss sich der Verpflichtete leistungsfähig halten. Damit ist ein Schuldverhältnis im Sinne von § 5 S 1 entstanden, so dass bisheriges Recht gilt (wie hier Hertel DNotZ 2001, 742, 747).

12 Der **Vorvertrag** lässt die Verpflichtung zum Abschluss des Hauptvertrags entstehen und richtet sich insoweit, wenn er vor dem Stichtag abgeschlossen worden ist, nach bisherigem Recht. Hingegen unterliegt der nach diesem Zeitpunkt abgeschlossene Hauptvertrag neuem Recht (Palandt/Heinrichs Art 229 § 5 EGBGB Rn 3; Rolland, in: Haas 371, 372). Steht neues zwingendes Recht der geplanten Ausgestaltung des Hauptvertrags nunmehr entgegen, kann eine Anpassung des Vorvertrags nach den Grundsätzen über den Wegfall der Geschäftsgrundlage geboten sein (so auch Rolland, in: Haas 371, 372, der freilich zu Unrecht schon § 313 BGB nF anwenden will).

13 Dass ein vor dem 1. 1. 2002 abgeschlossener Vertrag bedingt oder befristet ist und die

Bedingung oder Befristung erst nach diesem Zeitpunkt eintritt, ändert nichts an der Geltung des alten Rechts, denn die Bindung an den Vertrag ist bereits vor dem Stichtag eingetreten (Medicus, in: Haas 79, 87).

14 Auch für die Behandlung genehmigungsbedürftiger Geschäfte kommt es auf den Eintritt der vertraglichen Bindung an. Deshalb ist es unerheblich, ob die **Genehmigung** auf den Zeitpunkt des Abschlusses des Rechtsgeschäfts zurückwirkt (so aber AnwKom-BGB/Mansel Art 229 § 5 Rn 26; Hertel DNotZ 2001, 742, 744; Hess, NJW 2002, 253, 255; wie hier Rolland, in: Haas 371; Ziegler/Rieder, ZIP 2002, 1789, 1793). Entscheidend ist, dass die Parteien sich auch von einem genehmigungsbedürftigen Vertrag vor der Entscheidung über die Genehmigung nicht einfach lossagen können. Dass etwa ein Unternehmenszusammenschluss nach §§ 40, 41 GWB nicht vor der Freigabe durch das Bundeskartellamt wirksam wird, führt deshalb auch dann nicht zur Anwendung neuen Rechts, wenn die Freigabe nach dem 1. 1. 2002 erfolgt. Auch dass vor dem Stichtag abgeschlossene Arbeitsverträge mit einem ausländischen Arbeitnehmer von der Erteilung der Arbeitsgenehmigung nach § 284 Abs 1 SGB III abhängig sind, führt nicht zur Anwendbarkeit des neuen Rechts.

15 Dass vertragliche Verpflichtungen nach §§ 315 ff BGB oder § 106 GewO **noch zu konkretisieren** sind, ändert nichts an ihrem Entstehen. Ebenso wenig führt die Notwendigkeit der Wahl bei der Wahlschuld zu einem späteren Entstehen des Schuldverhältnisses. Dasselbe gilt für die Spezifizierung nach § 375 HGB.

16 Soweit Schuldverhältnisse durch **einseitiges Rechtsgeschäft** begründet werden, ist Entstehungstatbestand die Vornahme eines solchen Rechtsgeschäfts. Das trifft insbesondere auf die Auslobung nach § 657 BGB, aber sinngemäß auch auf das Stiftungsgeschäft nach den §§ 80 ff BGB zu. Dass die Auslobung bis zur Vornahme der Handlung und die Stiftung bis zur Erteilung der behördlichen Genehmigung bzw Anerkennung widerrufen werden können (§§ 658 Abs 1, 81 Abs 2 BGB), ändert daran nichts, denn das Erlöschen dieser Widerrufsrechte liegt nicht in der Hand des Auslobenden bzw Stifters.

b) Gesetzliche Schuldverhältnisse

17 Entstehungstatbestand bei **Delikten** ist die Verletzungshandlung. Liegt sie vor dem 1. 1. 2002, ist altes Recht anzuwenden, auch wenn der Verletzungserfolg teilweise oder überhaupt erst nach diesem Zeitpunkt eintritt (AnwKomm-BGB/Mansel Art 229 § 5 Rn 27; ebenso zu Art 232 § 1 EGBGB BGHZ 127, 57; Staudinger/Rauscher Art 232 § 1 Rn 3 f). Erst recht begründen später eintretende Schäden nicht die Anwendbarkeit neuen Rechts. Bei über den Stichtag hinausreichenden Dauerdelikten und Unterlassungen findet neues Recht Anwendung (Staudinger/Rauscher Art 232 § 10 Rn 6–8). Entsprechend ist in den Fällen der Gefährungshaftung bei fortgesetzter Erfüllung des Gefährdungstatbestands neues Recht anzuwenden.

18 Bei der **Geschäftsführung ohne Auftrag** ist Entstehenstatbestand der Beginn der Geschäftsbesorgung. Liegt dieser vor dem Stichtag, ist altes Recht anzuwenden, auch wenn Pflichtverletzungen erst danach begangen werden (AnwKomm-BGB/Mansel Art 229 § 5 Rn 27; Palandt/Heinrichs Art 229 § 5 Rn 4).

19 Für die Behandlung der **culpa in contrahendo** ergibt sich der maßgebliche Zeitpunkt aus

§ 311 Abs 2 BGB: Entstanden ist das Schuldverhältnis in dem Zeitpunkt, in dem Vertragsverhandlungen aufgenommen (Nr 1), ein Vertrag sonst angebahnt oder ähnliche geschäftliche Kontakte geknüpft (jeweils Nr 2) worden sind. Wenn in der Literatur stattdessen auf die pflichtwidrige Handlung abgestellt wird (AnwKomm-BGB/Mansel Art 229 § 5 Rn 27; Hess 167 [„je nach Funktionskreis"]; offen gelassen von Medicus, in: Haas 79, 87 f; Palandt/Heinrichs Art 229 § 5 Rn 4; Rolland, in: Haas 371, 372 f; wie hier offenbar nunmehr Hess NJW 2002, 253, 255), lässt sich dies mit der gesetzgeberischen Entscheidung des § 311 Abs 2 BGB nicht vereinbaren. Dass es dadurch zu einem Auseinanderklaffen des auf die culpa in contrahendo einerseits und auf den späteren Vertrag andererseits anwendbaren Rechts kommen kann, muss hingenommen werden. Es liegt insoweit nicht anders als im Verhältnis von positiver Vertragsverletzung und unerlaubter Handlung.

20 Maßgeblicher Zeitpunkt für das Entstehen eines **bereicherungsrechtlichen** Rückabwicklungsschuldverhältnisses ist das Erlangen des Vermögensvorteils ohne rechtlichen Grund (BGH NJW 1996, 990, 991 [zu Art 232 § 1 EGBGB]; Palandt/Heinrichs Art 229 § 5 Rn 4). Ist ein vor dem Stichtag geschlossener Vertrag fehlgeschlagen, findet auf den Bereicherungsanspruch altes Recht Anwendung, wenn auch die Vermögensverschiebung vor dem 1. 1. 2002 stattgefunden hat; sonst ist neues Recht einschlägig. Das gilt wegen § 142 Abs 1 BGB auch für eine nach dem Stichtag erklärte Anfechtung.

c) Familien- und erbrechtliche Schuldverhältnisse

21 Familienrechtliche Schuldverhältnisse auf **Unterhalt** entstehen mit der Begründung des familienrechtlichen Status. Denn aus diesem folgt die grundsätzliche Verpflichtung, Unterhalt zu leisten, wie das etwa § 1601 BGB für den Verwandten- und § 1360 BGB für den Familienunterhalt ausdrückt. Nicht erforderlich sind hingegen die weiteren Unterhaltsvoraussetzungen, insbesondere die Bedürftigkeit. Ist der Status vor dem 1. 1. 2002 begründet worden, gilt deshalb zunächst altes Schuldrecht fort; erst mit dem 1. 1. 2003 greift nach § 5 S 2 das neue Recht (dazu unten Rn 39).

22 **Erbrechtliche Schuldverhältnisse** entstehen regelmäßig mit dem Erbfall. Für das Vermächtnis und den Pflichtteil ordnen das §§ 2176, 2317 Abs 1 BGB ausdrücklich an; es gilt sinngemäß aber auch für den Erbschaftsanspruch nach § 2018 BGB. Das Testamentsvollstreckerverhältnis beginnt hingegen nach § 2202 BGB erst mit der Annahme des Amts durch den Testamentsvollstrecker.

d) Änderungsverträge und Vergleiche

23 Wird ein vor dem 1. 1. 2002 vorgenommenes Rechtsgeschäft nach diesem Zeitpunkt geändert, richtet sich die **rechtliche Beurteilung der Änderungen** selbst nach neuem Recht (Hess NJW 2002, 253, 255). Wird etwa einem Arbeitsvertrag nachträglich ein Vertragsstrafeversprechen hinzugefügt, beurteilt sich dessen Wirksamkeit nach § 310 Abs 4 S 2 iVm § 309 Nr 6 BGB. Hingegen unterliegen die nicht geänderten Teile des Rechtsgeschäfts nach wie vor dem alten Recht (Palandt/Heinrichs Art 229 § 5 Rn 3). Die Änderung von Altverträgen nach dem Stichtag führt also in der Regel zu einer gespaltenen Beurteilung des Vertrages.

24 Etwas anderes gilt nur dann, wenn die Abänderung ausnahmsweise als **Schuldersetzung** (Novation) aufzufassen ist (dazu Staudinger/Löwisch [2001] § 305 Rn 67 ff). In diesem Falle wird das ursprüngliche Schuldverhältnis aufgehoben und an seine Stelle tritt ein gänzlich neues Schuldverhältnis, das sich dann auch nach neuem Recht richtet. Eine solche Schuldersetzung kann etwa vorliegen, wenn bei einem Kreditvertrag ein neues Kapitalnutzungsrecht begründet wird (BGH NJW 1998, 602, 603). Hingegen stellt die Verlängerung eines befristeten Vertrages nur eine Schuldabänderung dar (BGHZ 42, 333, 337; STAUDINGER/LÖWISCH [2001] § 305 Rn 63). Ebenso wie die Schuldersetzung ist die **Bestätigung** eines nichtigen Rechtsgeschäfts zu behandeln, denn sie gilt nach § 141 S 1 BGB als Neuvornahme des Geschäfts (BGHZ 129, 371, 377, wo aber zu Unrecht auch die Bestätigung des anfechtbaren Rechtsgeschäfts, die nach § 144 Abs 1 BGB nur den Ausschluss des Anfechtungsrechts bedeutet [STAUDINGER/ROTH <1996> § 144 Rn 1], hierher gezogen wird). Soweit keine Schuldersetzung oder Neuvornahme vorliegt, kann sich nur im Wege der Auslegung ergeben, dass die Parteien auch hinsichtlich der unveränderten Teile des Rechtsgeschäfts zum neuen Recht überwechseln wollen. Bei der Auslegung ist insbesondere der Umfang der Änderungen zu berücksichtigen (allgemein zur Vereinbarung des neuen Rechts s unten Rn 47, 49).

25 Bloße Änderungen des Schuldverhältnisses sind auch die **Abtretung von Forderungen** oder Rechten, die Schuldübernahme, die Vertragsübernahme, das Hinzutreten eines weiteren Gläubigers und das Hinzutreten eines weiteren Schuldners (STAUDINGER/LÖWISCH [2001] § 305 Rn 61). Dementsprechend unterliegt bei vor dem 1. Januar 2002 entstandenen Schuldverhältnissen nur die Parteiänderung dem neuen Recht, das Schuldverhältnis selbst richtet sich weiterhin nach dem bisherigen (ROLLAND, in: HAAS 371, 372; teilw abw MEDICUS, in: HAAS 79, 88).

26 Schließen die Parteien über ein streitiges Rechtsverhältnis einen **Vergleich**, führt das nur insoweit zu einer Änderung des Rechtsverhältnisses, als streitige oder ungewisse Punkte geregelt werden; im übrigen bleibt das bisherige Rechtsverhältnis bestehen (BGH NJW-RR 1987, 1426). Dementsprechend ist bei einem Vergleich, der nach dem 1. Januar 2002 über ein vor diesem Stichtag begründetes Rechtsverhältnis geschlossen wird, neues Recht grundsätzlich nur hinsichtlich der geregelten streitigen oder ungewissen Punkte anzuwenden. Sonst bleibt es vorbehaltlich anderer Vereinbarungen der Parteien beim bisherigen Recht. Wird etwa vergleichsweise der Streit über das Vorliegen eines Mangels durch die Vereinbarung einer Nachbesserung beigelegt, gilt für die Durchführung der Nachbesserung neues Recht. Hingegen verbleibt es hinsichtlich der Entgeltzahlungspflicht einschließlich der Verzugsvoraussetzungen beim alten Recht.

3. Reichweite des Übergangs

27 Die Geltung alten Rechts für vor dem 1. 1. 2002 entstandenen Schuldverhältnisse **beschränkt** sich **auf die in § 5 S 1 genannten Gesetze und Verordnungen**. Im Übrigen gilt auch für alte Schuldverhältnisse neues Recht. So findet auf den Rücktritt von einem Altvertrag nach § 13a Abs 3 S 1 UWG nF das neue Recht der Widerrufsfolgen nach §§ 312 f und 357 Abs 1 S 1, Abs 2 BGB Anwendung. Entsprechend richten sich nach § 37 VerlagsG nF die Folgen eines auf §§ 17, 30, 35, 36 VerlagsG gestützten Rücktritts auch dann nach den neuen §§ 346–351 BGB, wenn der Verlagsvertrag vor dem 1. 1. 2002 geschlossen wurde; die bisherige Beschränkung der Rückabwicklung durch § 37 S 2 VerlagsG auf die Herausgabe einer ungerechtfertigten Bereicherung für den Fall, dass der Rücktrittsgegner den Rücktrittsgrund nicht zu vertreten hat, entfällt für Rücktritte ab diesem Zeitpunkt. Die Neufassung des § 128 Abs 1 S 2 VVG erweitert auch für alte Tierversicherungsverträge das versicherte Risiko um die nicht vom Begriff des Hauptmangels im Sinne der alten ViehmängelVO erfassten Mängel der betreffenden Tiere. Die zum 1. 1. 2002 wirksam gewordene Streichung von § 24 SaatgutverkehrtsG führt für die einschlägigen, vor diesem Zeitpunkt geschlossenen Verträge zur Anwendung der Vorschriften des BGB, des HGB und des AGBG in der bislang geltenden Fassung also zum Entfallen der bislang gesetzlich vorgegebenen Zusicherungshaftung.

28 Besonderheiten gelten für das **UKlaG**. Es ist im S 1 nicht genannt und enthält in seinem § 16 eine eigene Übergangsvorschrift (s die Erl bei PALANDT/BASSENGE). Diese Vorschrift bezieht sich aber lediglich auf die verfahrensmäßige Behandlung, darunter nach Abs 1 insbesondere der anhängigen Unterlassungsklagen (siehe BGH NJW 2002, 2386; BGH NJW 2003, 1237 [f die Klagebefugnis]). Die zeitliche Anwendbarkeit der die materiellen Ansprüche betreffenden §§ 1 und 2 UKlaG ist hingegen nicht erfasst. Da diese Vorschriften auch in § 5 S 1 nicht genannt sind, gilt insoweit das neue Recht unabhängig davon, ob die die Ansprüche begründenden Handlungen vor oder nach dem 1. 1. 2002 erfolgt sind. Dies hat zur Folge, dass maßgebend für den Unterlassunganspruch auch in diesem Falle die §§ 307–309 BGB sind (im Ergebnis ebenso BGH NJW 2002, 2386; BGH NJW 2003, 1237, 1238; **aM** PALANDT/BASSENGE § 16 UKlaG Rn 2).

29 Soweit das Schuldverhältnis, weil es nach dem 1. Januar 2002 entstanden ist, neuem Recht untersteht, gilt dieses für **Begründung, Inhalt und Abwicklung** der aus ihm fließenden Verpflichtungen (AnwKom-BGB/MANSEL Art 229 § 5 Rn 30; PALANDT/HEINRICHS Art 229 § 5 Rn 5; HESS NJW 2002, 253, 255). Das gilt auch für die Änderungen bei den verbraucherschutzrechtlichen Widerrufsrechten (SCHMIDT-KESSEL ZGS 2002, 311, 318).

30 Zur Geltung älterer Übergangsvorschriften als Teil des alten Rechts s oben Rn 4.

31 § 5 S 1 steuert auch die zeitliche Anwendbarkeit des **Rückgriffs nach § 478 BGB**. Diese ist nur insoweit gegeben, als Kaufverträge nach dem 1. 1. 2002 geschlossen worden sind. Dass die Geltung neuen Rechts für sämtliche Verträge der Lieferkette Voraussetzung für die Anwendbarkeit von § 478 BGB sein soll (in diese Richtung wohl PALANDT/HEINRICHS Art 229 § 5 Rn 6 und ROLLAND, in: HAAS 371, 372), lässt sich aus Art 229 § 5 S 1 EGBGB nicht begründen. § 478 BGB betrifft nur den Rückgriff im je einzelnen Vertragsverhältnis. Für vor dem Stichtag geschlossene Verträge bleibt es bei der Geltung des alten Kauf- und Werkvertragsrechts mit seinen herkömmlichen Rechtsbehelfen (wie hier HESS, NJW 2002, 253, 259; zur verjährungsrechtlichen Seite und der Anwendbarkeit von § 479 BGB s STAUDINGER/PETERS Art 229 § 6 Rn 10). Soweit dadurch einem Unternehmer, der seinerseits dem Rückgriff oder Ansprüchen des Verbrauchers unterliegt, der Rückgriff gegen seinen Lieferanten ganz oder teilweise verwehrt bleibt, kann darin eine Äquivalenzstörung liegen, die in extremen Fällen zur Anpassung des nach bisherigem Recht zur Beurteilung des Vertrages nach den Grundsätzen über den Wegfall der Geschäftsgrundlage führen kann.

III. Überleitung nach Satz 2

32 Auch für **Dauerschuldverhältnisse** gilt an sich die Regelung des S 1, so dass Dauerschuldverhältnisse, die nach dem 1. 1. 2002 entstanden sind, von vornherein nach neuem Recht beurteilt werden. Für vor diesem Zeitpunkt entstandene Dauerschuldverhältnisse legt S 2 aber fest, dass das alte Recht nur bis zum 31. 12. 2002 und danach das neue Recht gilt. Mit dieser Modifikation der Grundregel durch S 2 soll vermieden werden, „dass auf Jahre hinaus doppeltes Recht gilt" (BT-Drucks 14/6040, 273). Die Übergangsfrist von einem Jahr soll dabei den Parteien die Möglichkeit geben, ihren Vertrag dem neuen Recht anzupassen (BT-Drucks 14/6040, 273).

1. Erfasste Schuldverhältnisse

33 Was ein **Dauerschuldverhältnis** ist, **definiert S 2 nicht**. Auch den Vorschriften des BGB, welche den Begriff verwenden (§§ 308 Nr 3, 309 Nr 1, 9, 313 Abs 3 S 2, 314 BGB), ist eine solche Definition nicht zu entnehmen. Soweit § 309 Nr 9 von einem Vertragsverhältnis spricht, das die „regelmäßige Lieferung von Waren oder die regelmäßige Erbringung von Dienst- oder Werkleistungen durch den Verwender zum Gegenstand hat", ist das eine spezifisch auf das AGB-Recht bezogene Beschreibung, die zudem unvollständig ist, weil sie, wie der Vergleich von § 11 Nr 12 und § 28 Abs 2 AGBG aF zeigt, die Gebrauchsüberlassungsverträge nicht erfasst.

34 Damit muss die Begriffsbestimmung an **Wortlaut und Sinn der Vorschrift** anknüpfen. Maßgebend sind die folgenden Erwägungen: Auch S 2 meint das Schuldverhältnis als Ganzes und nicht die einzelnen aus ihm fließenden Verpflichtungen (Rn 7). Erfasst werden auch von ihr nicht nur rechtsgeschäftliche, sondern auch gesetzliche Schuldverhältnisse (Rn 8). Schon deshalb kann der Begriff „Dauerschuldverhältnis", wie er in § 5 S 2 verwandt wird, nicht gleichbedeutend sein mit seiner Verwendung in den §§ 308 Nr 3, 309 Nr 1 und 9, 313 Abs 3 S 2, 314 BGB.

35 Wenn S 2 von „Dauer"schuldverhältnissen spricht, erfasst dies nach dem Wortlaut zunächst solche Schuldverhältnisse, die sich in ihrer **planmäßigen Abwicklung über einen längeren Zeitraum** erstrecken. Das entspricht dem Zweck der Vorschrift, das lang andauernde Nebeneinander zweier Rechtsordnungen zu vermeiden. Zur Charakterisierung ist dies gleichwohl nicht ausreichend. Vielmehr wird man dem mit der Formulierung Dauerschuldverhältnis ausgedrückten Zeitmoment nur gerecht, wenn man fordert, dass die sich aus dem Schuldverhältnis plangemäß ergebenden einzelnen Verpflichtungen von vornherein auf Dauer bestehen oder immer wieder neu entstehen (Medicus, in: Haas 79, 87; Ott MDR 2002, 1, 3; Rolland, in: Haas 371, 372).

36 **Dauerschuldverhältnisse** in diesem Sinne **sind regelmäßig** Dienst- und Arbeitsverträge (BAG AP Nr 15 zu § 41 SBG VI für eine Ruhestandsvereinbarung), Gebrauchsüberlassungsverträge, Leasingverträge, Darlehensverträge (Schmidt-Kessel ZGS 2002, 311, 319; Bülow Art 229 § 5 Rn 6; s unten § 9 Rn 7), Leibrenten aus Vertrag oder Vermächtnis, Arbeitnehmerüberlassungsverträge, Gesellschaftsverträge, Tarifverträge und Betriebsvereinbarungen. Des Weiteren zählen dazu Vertriebs- und Zulieferverträge (teilweise abweichend Kirsch NJW 2002, 2520, 2522), Bierlieferungs- und Versorgungsverträge sowie Lizenz- und Franchiseverträge. Auf Dauer bestehen auch Verpflichtungen aus Unterlassensversprechen insbesondere solche aus lauterkeitsrechtlichen Unterwerfungserklärungen. Bisweilen werden für den Regelfall auch Bürgschaften hier eingeordnet (Ott MDR 2002, 1, 3).

37 **Nicht von S 2 erfasst** werden – trotz ihrer gegebenenfalls langen Laufzeit – **Termingeschäfte**, weil bei ihnen die Verpflichtung weder dauernd besteht noch immer wieder neu entsteht. Vielmehr unterfallen sie, wenn sie vor dem 1. 1. 2002 entstanden sind, nach S 1 lediglich dem alten Recht. Bei finanzierten Geschäften liegt ein Dauerschuldverhältnis iS von § 5 S 2 in Anknüpfung an die Regelung des § 499 Abs 1 BGB nur dann vor, wenn eine entgeltliche Finanzierungshilfe gewährt wird. Auch **Werkverträge** sind gewöhnlich keine Dauerschuldverhältnisse, selbst wenn die Erbringung der Werkleistung längere Zeit in Anspruch nimmt. Etwas anderes gilt nur, wenn die Verpflichtung übernommen worden ist, immer wieder neue Werkleistungen zu erbringen oder ein Werk dauerhaft zu unterhalten.

38 Haben die Parteien ihrer Geschäftsbeziehung einen vertraglichen Rahmen gegeben, den sie später durch einzelne Vertragsschlüsse ausfüllen, ist zu unterscheiden: Soweit derartige **Rahmenverträge** über die Einzelverträge hinausgreifende Rechte und Pflichten enthalten, wie etwa Abnahme- und Vorhalteverpflichtungen oder ein Wettbewerbsverbot, handelt es sich um Dauerschuldverhältnisse, die der Regelung des S 2 unterfallen. Soweit Rahmenverträge dagegen lediglich Teile des Inhalts künftiger Einzelverträge vorbereitend formulieren und deshalb erst mit den später abgeschlossenen Einzelverträgen wirksam werden, unterfallen die betreffenden Vertragsbestimmungen zusammen mit den Einzelverträgen an sich von vornherein dem neuen Recht. Allerdings wird in der Bezugnahme auf den Rahmenvertrag regelmäßig der Wille der Parteien zum Ausdruck kommen, das für dessen rechtsverbindlichen Teil maßgebende Recht auch für die Einzelverträge gelten zu lassen. Angesichts der sich so ergebenden sachgerechten Lösung ist für eine teleologische Extension, wie sie MANSEL vorgeschlagen hat (AnwKomm-BGB/MANSEL Art 229 § 5 Rn 35), kein Raum.

39 Die in Rn 34 f genannten Kriterien gelten auch für **gesetzliche Dauerschuldverhältnisse.** Erfasst werden damit: Familienrechtliche Unterhaltspflichten – sie unterstehen, auch wenn der Status vor dem 1. 1. 2002 begründet worden ist, ab dem 1. 1. 2003 dem neuen Recht; Geldrenten nach § 843–845 BGB – für sie gilt das neue Recht ab 1. 1. 2003, selbst wenn die Verletzungshandlung vor dem 1. 1. 2002 lag; die Rechtsverhältnisse von Organwaltern wie Testamentsvollstreckern und Insolvenzverwaltern.

40 Nicht erfasst werden von § 5 S 2 bereits **vollständig abgewickelte Dauerschuldverhältnisse**. Dies ergibt sich zwar nicht aus dem Wortlaut des S 2, wohl aber aus dessen Zweck: Die Gefahr doppelter Rechtsanwendung besteht hier von vornherein nicht.

2. Reichweite der Überleitung

41 Auf die von S 2 erfassten Dauerschuldverhältnisse sind vom 1. 1. 2003 an nur das BGB, das HGB, das Fernunterrichtsschutzgesetz und die BGB-Informationspflichtenverordnung in der **dann geltenden Fassung** anzuwenden. Damit wird die Anwendung der durch das Schuldrechtsmodernisierungsgesetz vorgenommenen Änderungen auch für diese Schuldverhältnisse bewirkt; das gilt insbesondere für die nunmehr in das BGB integrierten Verbraucherschutzgesetze. Einbezogen werden durch die Formulierungen auch im Laufe des Jahres 2002 erfolgte Änderungen der in S 2 genannten Gesetze, soweit diese spätestens am 1. 1. 2003 in Kraft treten. Was das BGB anlangt, handelt es sich dabei um:

– die Streichung des Differenzeinwandes nach § 764 BGB durch das **Vierte Finanzmarktförderungsgesetz** (Gesetz zur weiteren Fortentwicklung des Finanzplatzes Deutschland; BGBl 2002 I 2010; in Kraft seit 1. 7. 2002). Das Gesetz enthält keine geschriebene Übergangsregel; nach der allgemeinen Regel des intertemporalen Privatrechts ist es daher nur auf Neuverträge anzuwenden. Dies hat zur Konsequenz, daß der Differenzeinwand für vor dem 1. 1. 2002 geschlossenen Altverträge, welche Dauerschuldverhältnisse iSv Art 229 § 5 EGBGB (s Rn 33 ff) und nicht zugleich Spiel oder Wette iSv § 762 BGB (s dazu STAUDINGER/ENGEL [2002] § 764 Rn 3) sind, zum 1. 1. 2003 entfält.

- die Neuregelungen durch das **Zweite Gesetz zur Änderung schadensersatzrechtlicher Vorschriften** (BGBl 2002 I 2674; in Kraft seit 1. 8. 2002; zur Übergangsregel siehe unten Rn 43 sowie STAUDINGER/SCHIEMANN Art 229 § 8 EGBGB).

- die Neuregelungen durch das **OLG-Vertretungsänderungsgesetz** (BGBl 2002 I 2850; in Kraft seit 1. 11. 2002 sowie für Haustürgeschäfte seit 1. 8. 2002 mit teilweiser Rückwirkung auf den 1. 1. 2002; zur Übergangsregel siehe unten Rn 43 sowie Anmerkungen zu Art 229 § 9 EGBGB).

- die **Zwingendstellung der kurzen Kündigungsfrist für den Mieter von Wohnraum** nach § 573c Abs 1 und 4 BGB durch das Gesetz zur Neugliederung, Vereinfachung und Reform des Mietrechts (Mietrechtsreformgesetz) (BGBl 2001 I 1149; in Kraft seit 1. 9. 2001) auch für vor dem 1. 9. 2001 getroffene Vereinbarungen (die am 18. 6. 2003 vom Bundesgerichtshof zu Art 229 § 3 Abs 10 EGBGB entschiedene Frage [BGH VIII ZR 240/02; s STAUDINGER/ROLFS Art 229 § 3 Rn 27 f] stellt sich daher für Kündigungen nach dem 1. 1. 2003 nicht mehr).

Ohne Auswirkungen bleibt Art 229 § 5 S 2 EGBGB hingegen bei solchen Gesetzen, die ihre Anwendbarkeit auf die betreffenden Dauerschuldverhältnisse bereits selbst sicherstellen. Das gilt für:

- die **mietrechtlichen Änderungen** durch das Gesetz zu Reform des Wohnungsbaurechts (BGBl 2001 I 2404; in Kraft seit 1. 1. 2002); das Gesetz enthält keine geschriebene Übergangsregel, ist seinem Zweck nach aber auch auf Altverträge anzuwenden.

- die familienrechtlichen Änderungen durch in Kraft seit 1. 8. 2002 das **Gesetz zur Verbesserung des zivilgerichtlichen Schutzes bei Gewalttaten** und Nachstellungen sowie zur Erleichterung der Überlassung der Ehewohnung bei Trennung (BGBl 2001 I 3513; in Kraft seit 1. 1. 2002); eine geschriebene Übergangsregel hat der Gesetzgeber nicht erlassen, die autonome Geltung auch für Altverhältnisse ergibt sich jedoch aus dem Gesetzeszweck.

- die Änderung von § 1612a Abs 1 BGB sowie die Anhebung des Regelbetrags in § 1817 Abs 1 S 2 BGB durch das **Gesetz zur Einführung des Euro in Rechtspflegegesetzen** und in Gesetzen des Straf- und Ordnungswidrigkeitenrechts, zur Änderung der Mahnvordruckverordnungen sowie zur Änderung weiterer Gesetze (BGBl 2001 I 3574; in Kraft seit 1. 1. 2002); eine geschriebene Übergangsregel gibt es nicht; die Änderungen erlangen nach ihrem Zweck autonome Geltung auch für Altverhältnisse; bei § 1817 Abs 1 S 2 BGB ist daher der Zeitpunkt der vormundschaftsgerichtlichen Entscheidung maßgebend.

- die Ergänzung von § 613a BGB um die Abs 5 und 6 durch das **Gesetz zur Änderung**

des Seemannsgesetzes und anderer Gesetze (BGBl 2002 I 1163, in Kraft seit 1. 4. 2002); mangels geschriebener Übergangsregel gilt die Änderung entsprechend dem durch Artt 171, 232 § 5 Abs 1 EGBGB wiedergegebenen Grundsatz des intertemporalen Arbeitsvertragsrechts auch für Altarbeitsverträge. Schwierigkeiten können sich freilich ergeben, wenn Betriebsübergänge zum 1. 4. 2002 zwar in Angriff genommen aber noch nicht abgeschlossen waren und die Widerspruchsfrist nach der bisherigen Rechtsprechung (BAG AP Nr 102 und 177 zu § 613a BGB; s Staudinger/Richardi/Annuss [1999] § 613a Rn 123 ff) erst nach dem 1. 1. 2003 endet.

- die kindschaftrechtlichen Änderungen durch das **Gesetz zur weiteren Verbesserung von Kinderrechten** (BGBl 2002 I 1239; in Kraft seit 12. 4. 2002); das Gesetz enthält keine geschriebene Übergangsregel, ist seinem Zweck nach aber auch auf Altverhältnisse anzuwenden.

- die Änderungen durch das **Gesetz zur Modernisierung des Stiftungsrechts** (BGBl 2002 I 2634; in Kraft seit 1. 9. 2002); der Gesetzgeber hat auf eine geschriebene Übergangsregel verzichtet. Soweit von diesen Änderungen überhaupt Dauerschuldverhältnisse berührt sind, finden sie ihrem Zweck nach bereits seit 1. 9. 2002 Anwendung.

- die **Ergänzung von § 630 BGB** um den Verweis auf den neuen § 109 GewO (BGBl 2002 I 3412; in Kraft seit 1. 1. 2003); mangels geschriebener Übergangsregel gilt die Änderung entsprechend dem durch Art 171, 232 § 5 Abs 1 EGBGB wiedergegebenen Grundsatz des intertemporalen Arbeitsvertragsrechts auch für Altarbeitsverträge.

42 Soweit diese Gesetze bisherige Vorschriften des BGB aufgehoben oder ihren Anwendungsbereich eingeschränkt haben, können sie **auf** die von S 2 erfassten **Altverträge keine Anwendung** finden. Regelmäßig füllen aber Nachfolgevorschriften die entstandenen Lücken. So verweist § 630 BGB nF hinsichtlich der Zeugnispflicht für Arbeitnehmer nunmehr auf § 109 GewO nF, der ebenfalls zum 1. 1. 2003 in Kraft tritt.

43 Soweit Änderungen der in S 2 genannten Gesetze ihrerseits auf Gesetzen beruhen, die nur für Sachverhalte gelten wollen, die nach dem Inkrafttreten des betreffenden Änderungsgesetzes liegen, kann eine Kollision mit dem Geltungsanspruch des S 2 bestehen. Das gilt insbesondere für Art 229 § 9 EGBGB (dazu § 9 Rn 7).

44 Wenn S 2 auch vor dem 1. 1. 2002 entstandene Dauerschuldverhältnisse ab dem **1. 1. 2003** neuem Recht unterstellt, will er damit **nur die nach** letzterem **Zeitpunkt eintretenden Wirkungen** erfassen. Es schösse über den Zweck der Vorschrift hinaus, würde man auch vor dem 1. 1. 2003 bereits eintretende Wirkungen des Dauerschuldverhältnisses oder gar die Begründung desselben neuem Recht unterwerfen. § 5 S 2 führt daher nur zu einer ex-nunc-Wirkung, nicht zu einer ex-tunc-Wirkung des neuen Rechts. Um es an einem Beispiel zu verdeutlichen: Dass das AGB-Recht der §§ 305 ff nach § 310 Abs 4 nunmehr grundsätzlich auch für Arbeitsverträge gilt, führt nicht dazu, dass vereinbarte allgemeine Arbeitsvertragsbedingungen vor dem 1. 1. 2002 begründeter Arbeitsverhältnisse rückwirkend unwirksam werden können; möglich ist nur, dass sie für die Zukunft keine Wirkung mehr entfalten. Schließt man sich dem Standpunkt an, dass Vertragsstrafeversprechen in Arbeitsverträgen gegen § 309 Nr 6 verstoßen (ArbG Bochum ZGS 2002, 338; dagegen ArbG Duisburg DB 2002, 1943), ändert das also nichts an dem Anfall der Strafe für ein vor dem 1. Januar 2003 liegendes Fehlverhalten. Nur ein späteres Fehlverhalten kann nicht mehr mit der Vertragsstrafe belegt werden.

45 Aus dem Gesagten folgt auch, dass ein unter dem BGB in seiner Fassung vom 1. 1. 2003 etwa **neu begründetes Widerrufsrecht** nach § 355 BGB im Falle seiner Ausübung **nicht zurückwirkt**. Vielmehr bringt der Widerruf das Dauerschuldverhältnis erst ab dem Stichtag 1. 1. 2003 zum Erlöschen und hat damit praktisch die Wirkung einer außerordentlichen Kündigung auf diesen Zeitpunkt (s zu dieser Problematik auch SCHMIDT-KESSEL ZGS 2002, 311, 319, der eine rechtspolitische Lösung fordert).

IV. Rechtswahl

46 Es ist denkbar, dass die Parteien eines Vertrages, der nach § 5 dem bisherigen Recht untersteht, die Anwendung neuen Rechts herbeiführen wollen. Umgekehrt könnten sich Parteien, deren Vertrag nach § 5 neuem Recht untersteht, für die Geltung des alten Rechts entscheiden wollen. Für eine solche Rechtswahl kommen zwei Ansatzpunkte in Betracht: Man kann **kollisionsrechtlich** fragen, ob die Freiheit besteht, die alte bzw die neue Rechtsordnung insgesamt und damit einschließlich ihrer zwingenden Vorschriften zu wählen bzw abwählen, oder man kann **materiell-rechtlich** am Grundsatz der Vertragsfreiheit ansetzen; die Frage ist dann, inwieweit die zwingenden Vorschriften der an sich geltenden Rechtsordnung die Wahl der anderen Rechtsordnung zulassen.

47 Eine **kollisionsrechtliche Rechtswahl** muss insoweit für zulässig angesehen werden, als die Anwendung **neuen Rechts** erreicht werden soll, denn das neue Recht erhebt an sich einen umfassenden Geltungsanspruch, der auch vor seinem Inkrafttreten entstandene Rechtsverhältnisse erfasst. Der allgemeine Grundsatz des intertemporalen Privatrechts, nach dem neue Vorschriften erst auf nach Inkrafttreten entstandene Rechtsverhältnisse anzuwenden sind (Rn 1), hat nur den Zweck, die Beteiligten vor einer Rückwirkung zu schützen. Er muss deshalb als dispositiv angesehen werden, mit der Folge, dass die Parteien auf diesen Schutz verzichten und ihr Rechtsverhältnis neuem Recht unterstellen können (im Ergebnis allgemeine Meinung: AnwKomm-BGB/MANSEL Art 229 § 5 Rn 10; HESS NJW 2002, 253, 255; STAUDINGER/RAUSCHER Art 232 § 1 EGBGB Rn 39).

48 Eine **kollisionsrechtliche Wahl alten Rechts** scheidet aus. Sie widerspricht dem Geltungsanspruch des neuen Rechts und würde im übrigen auch unvereinbar sein mit den Vorgaben in Art 7 der Verbrauchsgüterkaufrichtlinie. Der Ausschluss einer kollisionsrechtlichen Wahl alten Rechts gilt auch für Dauerschuldverhältnisse, die vor dem 1. 1. 2002 entstanden sind, denn § 5 S 2 nimmt den Geltungsanspruch des neuen Rechts für solche Dauerschuldverhältnisse nur bis zum 1. 1. 2003 in dem in Rn 41 ff beschriebenen Umfang zurück; im übrigen bleibt er bestehen.

49 Eine **materiell-rechtliche Rechtswahl** kommt sowohl zugunsten des neuen wie auch zugunsten des alten Rechts in Betracht. Ihre grundsätzliche Zulässigkeit ergibt sich aus § 305 BGB aF bzw § 311 Abs 1 BGB nF. Was die Wahl alten Rechts anlangt, findet sie eine Grenze an den zwingenden Vorschriften des neuen Rechts. Praktisch wird die materiell-rechtliche Rechtswahl daher im Bereich des allgemeinen Leistungsstörungsrechts, das weitgehend dispositiv ist, eher in Betracht kommen als im

Verbraucherschutzrecht, das im Wesentlichen aus einseitig zwingenden Vorschriften besteht.

50 Auch die **Wahl alten Rechts** im Wege **allgemeiner Geschäftsbedingungen** ist grundsätzlich möglich. Dass Art 229 § 5 EGBGB Leitbildfunktion iS von § 307 Abs 2 Nr 1 BGB habe (so Palandt/Heinrichs Art 229 § 5 Rn 2), lässt sich nicht sagen. Die Bedeutung der Vorschrift erschöpft sich in der Überleitung und konstituiert nicht selbst die Grundgedanken des neuen Rechts. Diese selbst aber sind von dem Grundgedanken des alten Rechts nicht so verschieden, dass die Wahl des Letzteren in AGB generell als ausgeschlossen angesehen werden müsste, denn sie entwickeln lediglich das geltende Recht ohne Wertungsbrüche fort (BT-Drucks 14/6040 S 272; dazu schon Staudinger/Löwisch [2001] Vorbem 11 zu §§ 275–283). Eine generelle Wahl alten Rechts in AGB widerspricht auch nicht dem Transparenzgebot des § 307 Abs 1 S 2 BGB (so aber Medicus, in: Haas 79, 89). Wesentliche Abweichungen des neuen vom alten Recht liegen nur in einzelnen Regelungen vor. Etwa stellt die allgemeine Einführung des Nacherfüllungsanspruchs einen wesentlichen neuen Grundgedanken dar; diese Grenze muss die Wahl alten Rechts beachten: Dementsprechend kann in den AGB eines Kaufvertrags der Nacherfüllungsanspruch nicht durch Rechtswahl ausgeschlossen werden.

§ 6
Überleitungsvorschrift zum Verjährungsrecht nach dem Gesetz zur Modernisierung des Schuldrechts vom 26. November 2001

(1) Die Vorschriften des Bürgerlichen Gesetzbuchs über die Verjährung in der seit dem 1. Januar 2002 geltenden Fassung finden auf die an diesem Tag bestehenden und noch nicht verjährten Ansprüche Anwendung. Der Beginn, die Hemmung, die Ablaufhemmung und der Neubeginn der Verjährung bestimmen sich jedoch für den Zeitraum vor dem 1. Januar 2002 nach dem Bürgerlichen Gesetzbuch in der bis zu diesem Tag geltenden Fassung. Wenn nach Ablauf des 31. Dezember 2001 ein Umstand eintritt, bei dessen Vorliegen nach dem Bürgerlichen Gesetzbuch in der vor dem 1. Januar 2002 geltenden Fassung eine vor dem 1. Januar 2002 eintretende Unterbrechung der Verjährung als nicht erfolgt oder als erfolgt gilt, so ist auch insoweit das Bürgerliche Gesetzbuch in der vor dem 1. Januar 2002 geltenden Fassung anzuwenden.

(2) Soweit die Vorschriften des Bürgerlichen Gesetzbuchs in der seit dem 1. Januar 2002 geltenden Fassung anstelle der Unterbrechung der Verjährung deren Hemmung vorsehen, so gilt eine Unterbrechung der Verjährung, die nach den anzuwendenden Vorschriften des Bürgerlichen Gesetzbuchs in der vor dem 1. Januar 2002 geltenden Fassung vor dem 1. Januar 2002 eintritt und mit Ablauf des 31. Dezember 2001 noch nicht beendigt ist, als mit dem Ablauf des 31. Dezember 2001 beendigt, und die neue Verjährung ist mit Beginn des 1. Januar 2002 gehemmt.

(3) Ist die Verjährungsfrist nach dem Bürgerlichen Gesetzbuch in der seit dem 1. Januar 2002 geltenden Fassung länger als nach dem Bürgerlichen Gesetzbuch in der bis zu diesem Tag geltenden Fassung, so ist die Verjährung mit dem Ablauf der im

Bürgerlichen Gesetzbuch in der bis zu diesem Tag geltenden Fassung bestimmten Frist vollendet.

(4) Ist die Verjährungsfrist nach dem Bürgerlichen Gesetzbuch in der seit dem 1. Januar 2002 geltenden Fassung kürzer als nach dem Bürgerlichen Gesetzbuch in der bis zu diesem Tag geltenden Fassung, so wird die kürzere Frist von dem 1. Januar 2002 an berechnet. Läuft jedoch die im Bürgerlichen Gesetzbuch in der bis zu diesem Tag geltenden Fassung bestimmte längere Frist früher als die im Bürgerlichen Gesetzbuch in der seit diesem Tag geltenden Fassung bestimmte Frist ab, so ist die Verlängerung mit dem Ablauf der im Bürgerlichen Gesetzbuch in der bis zu diesem Tag geltenden Fassung bestimmten Frist vollendet.

(5) Die vorstehenden Absätze sind entsprechend auf Fristen anzuwenden, die für die Geltendmachung, den Erwerb oder den Verlust eines Rechts maßgebend sind.

(6) Die vorstehenden Absätze gelten für die Fristen nach dem Handelsgesetzbuch und dem Umwandlungsgesetz entsprechend.

Materialien: Art 2 G zur Modernisierung des Schuldrechts; BT/Drucks 14/6040, 273.

Schrifttum

GSELL, Schuldrechtsreform: Die Übergangsregelungen für die Verjährungsfristen, NJW 2002, 1297

HESS, Das neue Schuldrecht – In-Kraft-Treten und Übergangsregelungen, NJW 2002, 253

MANSEL/BUDZIKIEWICZ, Das neue Verjährungsrecht (2002).

Systematische Übersicht

Alphabetische Übersicht

I. Allgemeines

1 Während Art 229 § 5 S 1 die Bestimmungen des G zur Modernisierung des Schuldrechts auf solche Schuldverhältnisse unanwendbar sein läßt, die vor dem 1. 1. 2002 als dem Tage seines Inkrafttretens entstanden sind, und eine partielle Ausnahme nur für Dauerschuldverhältnisse in seinem S 2 anerkennt, *greift Art 229 § 6 für den Bereich der Verjährung radikal in den Bestand* früher begründeter Schuldverhältnisse ein: Die *Verjährung* der aus ihnen fließenden Ansprüche *folgt*, soweit sie noch nicht vollendet ist, im Prinzip (zu Einschränkungen bei den Fristen u Rn 10) dem *neuen Recht.* § 6 Abs 5 erweitert diese Umstellung noch auf andere Fristen.

Dieses Regel-Ausnahmeverhältnis folgt *herkömmlichen Grundsätzen*: Für den Übergang zum BGB galten mit weithin identischen Regelungen die Art 170 (= Art 229 § 5) und 169 (= Art 229 § 6). Art 169 wurde auch dann entsprechend angewendet, wenn es in der Folgezeit Änderungen im Bereich der Verjährung gab, ohne daß eigene Überleitungsvorschriften geschaffen worden wären. Für die Überleitung im

Beitrittsgebiet hat er als Vorlage für den einschlägigen Art 231 § 6 gedient. Es kann also auf die einschlägigen Erläuterungen ergänzend Bezug genommen werden (STAUDINGER/KEIDEL[9] [1929] zu Art 169; STAUDINGER/RAUSCHER [2003] zu Art 231 § 6). *Unterschiede* zu Art 169 ergeben sich in zwei Punkten. Gegenüber Art 229 § 6 Abs 5 wurde Art 169 bei Ausschlußfristen nicht für einschlägig erachtet (STAUDINGER/KEIDEL[9] Art 169 Anm IV), vgl dazu aber auch u Rn 28; de facto läuft Art 229 § 6 Abs 1 hier leer. Vor allem läßt jetzt § 6 Abs 3 eine *kürzere Frist des bisherigen Rechts* fortgelten; derlei kannte Art 169 nicht. Das wirkt sich namentlich bei den *Gewährleistungsfristen* der §§ 477, 638 aF aus, soweit sie dort sechs Monate oder ein Jahr betrugen. Europarechtliche Bedenken bestehen insoweit nicht. Die unabdingbare Mindestfrist von zwei Jahren für neue Verbrauchsgüter und einem Jahr für gebrauchte der Art 5 Abs 1, 7 Abs 1, 2 der Verbrauchsgüter-Richtlinie gelten nach deren Art 11 Abs 1 erst für Verträge ab dem 1. 1. 2002.

II. Anwendungsbereich der Bestimmung

1. Generell

2 Die neuen Bestimmungen des G zur Modernisierung des Schuldrechts finden zunächst Anwendung auf die Regelungen des BGB zur Verjährung, soweit dort nicht Sondervorschriften erhalten geblieben sind. Für das HGB und das UmwG ordnet § 229 § 6 Abs 6 die entsprechende Anwendung ausdrücklich an, gestattet damit aber keinen Umkehrschluß für andere Gesetze.

Außerhalb des BGB nehmen zahlreiche Regelungen auf Bestimmungen der §§ 194 ff Bezug. Auch sie unterliegen – vorbehaltlich Sonderbestimmungen – den neuen Bestimmungen zur Verjährung; der Anwendungsbereich des Art 229 § 6 soll dem der §§ 194 ff aF entsprechen (BT-Drucks 14/6060 S 273; MANSEL/BUDZIKIEWICZ § 10 Rn 2; HESS NJW 2002, 253, 257). Soweit andere Gesetze auf die für unerlaubte Handlungen geltenden Verjährungsvorschriften des BGB Bezug nehmen, so zB § 11 HaftpflG, ist diese auf § 852 aF gemünzte Verweisung jetzt als eine solche auf die §§ 194 ff zu verstehen, in denen § 852 Abs 1, 2 aufgegangen ist.

Auch ohne eine ausdrückliche Bezugnahme sind die *§§ 194 ff* stets als ein *Allgemeiner Teil des Verjährungsrechts* verstanden worden, wie er mangels Sonderbestimmungen auch andernorts Anwendung finden konnte, im Zivilrecht, aber doch auch im öffentlichen Recht. Auch dann gelten die einschlägigen Neuregelungen des G zur Modernisierung des Schuldrechts.

Für die Ansprüche der Gebührennotare gelten nach § 17 Abs 3 S 1 KostO die Vorschriften des BGB, damit im Hinblick auf die Überleitung ebenfalls Art 229 § 6 und nicht die Überleitungsvorschrift des § 161 KostO soweit es die Verjährung betrifft (MANSEL/BUDZIKIEWICZ § 10 Rn 42 ff).

2. Am 1. 1. 2002 verjährte Ansprüche

3 Voraussetzung der Anwendung des neuen Rechts ist es freilich, daß die *Verjährung* des betreffenden Anspruchs *am 1. 1. 2002 noch nicht vollendet war*, Art 229 § 6 Abs 1 S 1, wobei sich die Frage nach der Vollendung der Verjährung bei ihnen dann nach dem bisherigen Recht richtet; das neue Recht „belebt" keine Ansprüche wieder.

Die *Wirkungen* der eingetretenen Verjährung richten sich bei diesen Ansprüchen nach den §§ 222 ff aF, dies auch dann, wenn sich der Schuldner erst 2002 auf die Verjährung beruft (**aA** MANSEL/BUDZIKIEWICZ § 10 Rn 5 mit dem freilich zutreffenden Hinweis, daß sich daraus Änderungen in der Sache nicht ergeben, daß man die §§ 214 ff anwendet).

Die §§ 478 f, 639 Abs 1 aF ließen die Berufung auf Mängel nach Ablauf der Gewährleistungsfrist in bestimmten Fällen dann zu, wenn in unverjährter Zeit eine *Mängelanzeige* erfolgt war; das neue Recht kennt diese Mängelanzeige zur Rechtswahrung nicht mehr. Gleichwohl kann die Zahlung einer noch offenen Kaufpreis- bzw Werklohnforderung nicht mehr wegen eines Mangels verweigert werden bzw noch mit einem Schadensersatzanspruch aus dem Mangel aufgerechnet werden, wenn eine fristgemäße Mängelanzeige bis zum 31. 12. 2001 hätte erfolgen müssen.

3. Auskunftsansprüche

4 Auskunftsansprüche, die ein Leistungsbegehren vorbereiten sollen, werden hinfällig, wenn dieser Leistungsanspruch verjährt ist: Dann entfällt ein schutzwürdiges Interesse an der Auskunft. Damit schlägt es auf den Auskunftsanspruch durch, wenn der Leistungsanspruch am 1. 1. 2002 verjährt war.

4. Schuldverhältnis und Anspruch

5 Art 229 § 6 bezieht sich nicht auf das Schuldverhältnis insgesamt, sondern auf die *einzelnen Ansprüche*, die aus ihm resultieren. Ist das Schuldverhältnis selbst erst ab dem 1. 1. 2002 entstanden, gilt in der Verjährungsfrage Art 229 § 5, nicht Art 229 § 6. Die letztere Bestimmung setzt vielmehr voraus, daß es sich um ein *„altes" Schuldverhältnis* handelt; bei einem „neuen" gelten die Bestimmungen des G zur Modernisierung des Schuldrechts unmittelbar. Art 229 § 6 ist aber wieder anwendbar, wenn das Schuldverhältnis zwar aus 2001 oder einem früheren Jahr stammt, der entsprechende Anspruch aber erst 2002 (oder später) entstanden ist (PALANDT/HEINRICHS Rn 2), es sei denn – bei Dauerschuldverhältnissen – Art 229 § 5 S 2 verdränge wieder Art 229 § 6.

III. Die maßgeblichen Verjährungsfristen

6 Die im konkreten Fall anzuwendenden Verjährungsfristen ergeben sich aus Art 229 § 6 Abs 1 S 1, Abs 3, nicht aus *Abs 4*, der nur etwas zur *Berechnung der Verjährungsfrist* sagt (**aA** MANSEL/BUDZIKIEWICZ § 10 Rn 32 ff), dazu u Rn 10. Dabei ist die entscheidende Frage die, ob die alte Frist *länger* oder *kürzer* ist als die des neuen Rechts. Ist die *Frist des alten Rechts kürzer* als die des neuen, gilt Art 229 § 6 Abs 3: Sie setzt sich durch (dazu u Rn 10). Der gegenteilige Fall der *längeren Frist des alten Rechts* ist in der Grundregel des Art 229 § 6 Abs 1 S 1 enthalten: Es gilt das neue Recht mit seiner (kürzeren) Frist. Der weiter denkbare, aber im Gesetz nicht eigens hervorgehobene Fall *gleich langer Fristen* des alten und des neuen Rechts unterfällt ebenfalls Art 229 § 6 Abs 1.

1. Vergleich der Fristen

7 Es kommt auf die **Fristen als solche** an, wie sie sich zB aus den §§ 195, 196, 197, 438 Abs 1, 634a Abs 1 nF ergeben, bzw den §§ 195, 196, 197, 477 Abs 1, 638 Abs 1 S 1 aF. Daß sich ihre Länge im konkreten Fall durch Hemmung oder Unterbrechung/Neubeginn verändern kann, ist dabei unbeachtlich. Insoweit gilt nämlich vorrangig Art 229 § 6 Abs 1 S 2.

Ist zB eine Rente gegenüber dem Berechtigten unrichtig berechnet worden, ohne daß dieser dies erkennen konnte, stellt sich die einschlägige Frist des § 195 nF mit ihren drei Jahren kürzer dar als die früher einschlägige des § 197 aF mit ihren vier Jahren. Die neue Frist würde sich aber als länger als die alte darstellen, wenn man § 199 Abs 1 (Nr 2) in die Betrachtung einbezieht; sie würde dann maximal zehn Jahre betragen, § 199 Abs 4. Aber § 199 regelt eben in seinem Abs 1 den Fristbeginn, wie er für Art 229 § 6 Abs 3, 4 unmaßgeblich ist, und nicht die allein maßgebliche Verjährungsfrist selbst.

8 Anderes folgt auch nicht aus den **Höchstfristen**, die § 199 in seinen Abs 2–4 mit 10 bzw 30 Jahren bestimmt; sie sind nämlich **keine Verjährungsfristen** iSd Art 229 § 6 Abs 3, 4 (**aA** GSELL NJW 2002, 1297, 1298; PALANDT/HEINRICHS Rn 6; wie hier offenbar HESS NJW 2002, 253, 258). Zwar werden sie durchaus als „Frist" bezeichnet (§ 199 Abs 3 S 2), aber gegenüber den §§ 195, 198 Abs 2, Art 229 § 6 Abs 3, 4 nicht als „Verjährungsfrist". Nachhaltiger gegen ihre Deutung als Verjährungsfrist sprechen aus gesetzessystematischer Sicht die Einstellung in den dem Verjährungsbeginn gewidmeten § 199, aus der Interessenlage die Unabsehbarkeit der sich tatsächlich ergebenden Frist, weil es aus der gebotenen Betrachtung ex ante schlechterdings unabsehbar ist, wann der Gläubiger eine hinreichende Möglichkeit der Kenntnis erhält. Die *Regelungen unterfallen vielmehr Art 229 § 6 Abs 1 S 2*: Am nächsten liegt dabei das Verständnis, daß sie *Aussagen zum Beginn der Verjährung* treffen, der unabhängig von den Kriterien des § 199 Abs 1 jedenfalls sieben bzw 27 Jahre nach Entstehung des Anspruchs liegen soll. Nichts anderes als die Anwendung des Art 229 § 6 Abs 1 S 2 würde sich aber auch dann ergeben, wenn man die entschuldigt fehlende Kenntnis des Gläubigers von einem Anspruch als einen Fall der Ablaufhemmung begreift: „Eigentlich" setzt der Lauf der Verjährung schon mit dem Ende des Jahres der Entstehung ein, aber wegen entschuldigter Unkenntnis kann sie doch nicht schon nach drei Jahren vollendet sein.

2. Vereinbarte Verjährungsfrist

9 **a)** Unmittelbar betreffen die Abs 3, 4 des Art 229 § 6 die Verjährungsfristen, die sich aus dem Gesetz ergeben. Wie schon Art 169 (STAUDINGER/KEIDEL[9] [1929] Art 169 Anm II 2 c β ββ) können aber auch vereinbarte Fristen Berücksichtigung finden, sofern ihre Vereinbarung zulässig war, dh – im Falle der Verlängerung – nicht § 225 S 1 aF widersprach, weil sie zB durch die §§ 477 Abs 1 S 2, 638 Abs 2 aF gedeckt war, und auch der AGB-Kontrolle nach § 9 AGBG genügte.

b) War die *Vereinbarung* dagegen nach *bisherigem Recht unwirksam*, so bleibt sie es (STAUDINGER/KEIDEL aaO), und zwar auch dann, wenn sie jetzt im Rahmen des § 202 nF zulässig wäre (**aA** MANSEL/BUDZIKIEWICZ § 10 Rn 30). Es ist nicht ersichtlich, wie es zu einer Heilung sollte kommen können; jedes Rechtsgeschäft ist grundsätzlich nach dem Zeitpunkt seiner Vornahme zu beurteilen.

3. Kürzere alte Frist

10 Wenn die Verjährungsfrist, die sich aus dem bisherigen Recht ergab, kürzer war als die entsprechende Frist des neuen Rechts, bleibt es bei ihr nach Art 229 § 6 Abs 3. Das gilt namentlich im Bereich der *Gewährleistung*, wo die Fristen der §§ 477, 638 aF weithin kürzer waren als die der §§ 438 Abs 1, 634a Abs 1: Wer am 1. 9. 2001 eine mangelhafte bewegliche Sache gekauft und erhalten hatte, erleidet am 1. 4. 2002 die Rechtsschmälerung durch den Eintritt der Verjährung, obwohl ihn das neue Recht günstiger stellen würde (Palandt/Heinrichs Rn 5). Gleiches ergibt sich in den Fällen des § 196 Abs 1 aF gegenüber § 195 nF, wie er an dessen Stelle getreten ist. Nicht anders auch im Falle des Händlers, der am 1. 10. 2001 eine mangelhafte Ware von seinem Lieferanten erhalten hat, die er 2002 an einen Verbraucher weiterveräußert, der dann 2002 erfolgreich Gewährleistungsrechte geltend macht. Der Regreßanspruch des Händlers unterliegt noch den §§ 477 oder 638 aF und verjährt damit an sich am 1. 4. 2002 (vgl Hess NJW 2002, 253, 258 ff). Doch kommt dem Händler jetzt die Ablaufhemmung des § 479 Abs 2 nF zugute (so zutreffend Hess aaO). Bei einer längeren Lieferkette nützt die Vergünstigung des § 479 Abs 2 aber nur jenem Beteiligten, dessen Regreßanspruch am 1. 1. 2002 noch nicht verjährt war (Hess aaO; Palandt/Heinrichs Rn 7).

Die längeren Fristen der §§ 438, 634a gelten dagegen, wenn zwar der Vertrag noch in 2001 geschlossen war, die mangelhafte Leistung aber erst 2002 erbracht wurde (**aA** Palandt/Heinrichs Rn 5).

Damit ist aber *nur etwas zur anwendbaren Frist* als solcher gesagt, *nichts zu ihrem Ablauf*, wie er dann Art 229 § 6 Abs 1 S 1, 2, 3, Abs 2 unterliegt (dazu u Rn 15 ff). In Bezug auf Beginn, Hemmung, Unterbrechung/Neubeginn der Verjährung sind bis zum 31. 12. 2001 die Regeln des alten Rechts einschlägig, Art 229 Abs 1 S 2, seither die des neuen, Art 229 § 6 Abs 1 S 1. Hat zB ein Makler im September 2000 ein Grundstück vermittelt, folgt der Beginn der Verjährung seines Courtageanspruchs am 31. 12. 2000 aus den §§ 198, 196 (Abs 1 Nr 7), 201 aF, nicht aus § 199 Abs 1. Haben vom 1. 9. 2001 bis zum 31. 3. 2002 *Verhandlungen* über den Anspruch stattgefunden, ist der Zeitraum im Jahre 2001 unerheblich für die Verjährung geblieben, weil das bisherige Recht einen allgemeinen Hemmungsgrund der Verhandlungen nicht kannte, die Zeit vom 1. 1. bis zum 31. 3. 2002 ist dagegen nach § 203 relevant.

4. Längere alte Frist

11 Wenn die Frist des alten Rechts länger war als die sich aus dem neuen Recht ergebende, gilt für die Rechtswahl Art 229 § 6 Abs 1 S 1: Im Ausgangspunkt ist von der neuen Frist auszugehen. Hierher gehören zB die Fälle des § 195 nF gegenüber den §§ 196 Abs 2, 197 aF, gegenüber § 195 aF.

Art 229 § 6 Abs 4 präzisiert das in S 1, und enthält eine Einschränkung in S 2:

a) Die Frist wird ab dem 1. 1. 2002 *„berechnet"*:

aa) Das bedeutet zunächst – vorbehaltlich der Einschränkung in Art 229 § 6 Abs 4 S 2 –, daß die (neue) Frist von diesem Tage an voll zur Verfügung steht, *nicht* etwa ein *vorheriger Fristenlauf* angerechnet wird (vgl STAUDINGER/KEIDEL[9] [1929] Art 169 Anm II c β ββ; PALANDT/HEINRICHS Rn 6).

bb) Deshalb braucht die Frist aber noch nicht mit dem 1. 1. 2002 zu beginnen; hierfür sind vielmehr die einschlägigen Bestimmungen des neuen Rechts maßgeblich, Art 229 § 6 Abs 1 S 1 und der Gegenschluß aus Art 229 § 6 Abs 1 S 2.

Liegt etwa die Ablieferung des 2001 verkauften mangelhaften Kaufgegenstandes am 1. 2. 2002, gilt dieser Tag für den Beginn der Gewährleistungsfrist, § 438 Abs 2.

Unterliegt der fragliche Anspruch den §§ 195, 199 nF, müssen die Kriterien des § 199 Abs 1 ab dem 1. 1. 2002 erfüllt sein. Dafür genügt es nicht, daß der Anspruch vielleicht schon früher entstanden ist iSd § 199 Abs 1 Nr 1, sondern wenn der Gläubiger Kenntnis hatte oder ohne weiteres hätte haben können, beginnt die Verjährung mit *Jahresschluß nach dem 1. 1. 2002*, dh mit dem 31. 12. 2002, würde also Ende 2005 ablaufen. Mit Nennung des 1. 1. 2002 in Art 229 § 6 Abs 4 S 1 hat der Gesetzgeber einen Fehler gemacht: Er hätte besser auf den 31. 12. 2001 abgestellt.

Liegt zunächst entschuldigte Unkenntnis vor, beginnt die Verjährung entsprechend später, am Ende des Jahres, in dem Kenntnis gegeben ist oder die Unkenntnis unentschuldbar wird – bis die Höchstfristen des § 199 Abs 2–4 ausgeschöpft sind.

Würde man annehmen, daß bei einem älteren Anspruch (aus 2001 oder früher) der damalige Verjährungsbeginn fortwirkt oder daß das „ wird ... berechnet" in Art 229 § 6 Abs 4 S 1 zu verstehen ist als „beginnt am", würden sich aus der nachhaltigen Verkürzung der regelmäßigen Verjährungsfrist untragbare Konsequenzen ergeben.

Kaum nötig ist der Hinweis, daß in die Fristberechnung nach Art 229 § 6 Abs 4 S 1 natürlich auch etwaige Hemmungen nach neuem Recht einfließen oder ein möglicher Neubeginn der Verjährung.

b) Damit gewinnt Art 229 § 6 Abs 4 S 2 an Bedeutung: Wenn die sich aus dem bisherigen Recht ergebende Frist früher abläuft, als das eben Dargestellte ergibt, ist die Verjährung mit ihrem Ablauf vollendet. **12**

Das ist insbesondere dort von Bedeutung, wo das neue Recht die einschlägige Verjährungsfrist nur maßvoll verkürzt (im Prinzip aber natürlich auch im Verhältnis der §§ 195 aF/195 nF), etwa im Verhältnis der §§ 195 nF einerseits und 196 Abs 2, 197 aF andererseits (drei statt vier Jahre). Die kenntnisunabhängige Vierjahresfrist der §§ 196 Abs 2, 197 aF hat dann zwar vielleicht 2001 begonnen, läuft aber wegen § 199 Abs 1 eher ab als die Frist des § 195 nF. Dazu kann schon die Jahresschlußverjährung des neuen Rechts führen, erst recht seine Rücksichtnahme auf den Kenntnisstand des Gläubigers.

5. Gleiche Fristen

13 Bei gleicher Frist des alten und des neuen Rechts gilt – wie bemerkt – die Grundregel des Art 229 § 6 Abs 1 S 1; die neue Frist ist maßgeblich.

Hier ist **Art 229 § 6 Abs 4 zur entsprechenden Anwendung** zu bringen.

Den Hauptfall bilden deliktische Ansprüche mit den identischen Fristen der §§ 852 Abs 1 aF und 195 nF. Die Absenkung des Kenntniserfordernisses durch § 199 Abs 1 Nr 2 gegenüber § 852 Abs 1 aF wirkt hier zu Lasten des Geschädigten und Gläubigers: Schädigung im Jahre 2000, der Geschädigte hatte und hat die von § 852 Abs 1aF vorausgesetzte Kenntnis nicht, wohl aber war seine Unkenntnis grob fahrlässig iSd § 199 Abs 1 Nr 2: Bis Ende 2001 lief die Verjährung nicht gegen ihn, Art 229 § 6 Abs 1 S 2, aber 2002 – mit Jahresende – beginnt sie.

Hatte der Geschädigte dagegen schon vor 2002 eine § 852 Abs 1 aF genügende Kenntnis, nützt ihm § 195 iVm 229 § 6 Abs 1, Abs 4 S 1 nichts, weil dann die *Frist des früheren Rechts eher* abläuft, Art 229 § 6 Abs 4 S 2.

6. Unveränderte Fristen

14 Soweit Verjährungsfristen unverändert geblieben sind, ist Art 229 § 6 nur insoweit einschlägig, als nach dem 1. 2. 2002 die Verjährung nach neuem Recht gehemmt werden kann, zB neuerdings allgemein durch Verhandlungen. Davon abgesehen läuft die alte Frist – zB die des § 51b BRAO, des § 548 – unverändert weiter.

IV. Für den Ablauf der Verjährung relevante Ereignisse

1. Beginn der Verjährung

15 **a)** Es kann eine *Verjährungsfrist des bisherigen Rechts* von Bedeutung sein. Das ergibt sich in den drei Fällen, daß sie kürzer ist als die entsprechende Frist des neuen Rechts (Art 229 § 6 Abs 3), daß sie früher abläuft als jene (Art 229 § 6 Abs 4 S 2), oder daß sie von der Modernisierung des Schuldrechts gar nicht betroffen ist.

aa) Dann ergibt Art 229 § 6 Abs 1 S 2, daß für die Frage nach dem Beginn der Verjährungsfrist das neue Recht nicht zurückwirkt (Hess NJW 2002, 253, 257). Soweit ein *Verjährungsbeginn* 2001 oder *früher* in Betracht kommt, ist er *nach den damals geltenden Bestimmungen* zu beurteilen, setzt bei einer deliktischen Schädigung in jenem Zeitpunkt also eine § 852 Abs 1 aF genügende Kenntnis voraus, läßt die geringeren Kriterien des § 199 Abs 1 Nr 2 nicht genügen. Umgekehrt reichte und reicht bei einem vertraglichen Erfüllungsanspruch das bloße Entstehen für § 198 S 1 aF; daß die Existenz vielleicht für den Gläubiger verdunkelt war, wenn er zB auf Auskünfte des Schuldners angewiesen war, wäre jetzt zwar in den Fällen der §§ 195 aF/195 nF von Bedeutung, § 199 Abs 1 Nr 2, war es aber vor 2002 nicht, so daß *der damals eingetragene Verjährungsbeginn weiterhin Bestand* hat bzw nicht nachträglich fingiert werden kann (Palandt/Heinrichs Rn 4).

bb) Fällt das für die Entstehung des Anspruchs maßgebliche Ereignis dagegen in den *Zeitraum ab 1. 1. 2002*, müssen die *jetzigen Kriterien* für den Verjährungsbeginn erfüllt sein, Art 229 § 6 Abs 1 S 1 und Umkehrschluß aus Art 229 § 6 Abs 1 S 2: Der Schuldner handelt einer nicht titulierten vertraglichen Unterlassungspflicht am 1. 6. 2002 zuwider: Verjährungsbeginn erst mit Möglichkeit der Kenntnis des Gläubigers, § 199 Abs 1 Nr 2, Abs 5; nach § 198 S 2 aF hätte die bloße Zuwiderhandlung genügt, den Verjährungsbeginn auszulösen. Nimmt man eine aus § 823 herzuleitende Unterlassungspflicht und eine Zuwiderhandlung an demselben Datum, genügen jetzt subjektiv die Kriterien des § 199 Abs 1 Nr 2, kommt es auf die strengeren des § 852 Abs 1 aF nicht mehr an. War der Unterlassungsanspruch tituliert, genügt jetzt – wie bisher – der objektive Verstoß nach Eintritt der Rechtskraft, § 201 S 1, S 2. **16**

Wird die mangelhafte Kaufsache am 1. 6. 2002 abgeliefert, folgt der Verjährungsbeginn für die Gewährleistung aus § 438 Abs 2, nicht aus § 477 Abs 1 S 1 aF (bei hier gleichem Ergebnis).

b) Wenn es auf die *Verjährungsfrist des neuen Rechts* ankommt, gelten immer dessen Vorschriften über den Verjährungsbeginn, Art 229 § 6 Abs 1 S 1.

2. Hemmung der Verjährung

a) Weitere Hemmungstatbestände des bisherigen Rechts

Es kann sich ausnahmsweise ergeben, daß *das bisherige Recht* eine *Hemmung* der Verjährung *in weiterem Umfang* zuließ als das neue. ZB erfaßte § 202 Abs 1 aF ohne weiteres das gesetzliche Moratorium, während § 205 nF darauf allenfalls entsprechend angewendet werden könnte; die Alternative wäre hier die Annahme einer minder weit reichenden Ablaufhemmung nach § 206 nF. Hier bleibt die Hemmungswirkung für den Zeitraum bis Ende 2001 erhalten, Art 229 § 6 Abs 1 S 2, entfällt dann aber für die Zeit ab dem 1. 1. 2002. **17**

b) Weitere Hemmungstatbestände des neuen Rechts außerhalb des Katalogs des § 204

In der Regel läßt das neue Recht auch außerhalb des Katalogs des § 204 eine Hemmung gegenüber dem bisherigen Recht in erweitertem Umfang zu, vgl den gänzlich neuen § 208 und den umfassenden Anwendungsbereich des § 203 gegenüber § 852 Abs 2 aF (und zB § 639 Abs 2 aF). ZB die Verjährung eines Kaufpreisanspruchs konnte nicht durch Verhandlungen (über Herab- oder Heraufsetzung, über eine Stornierung des Vertrages) gehemmt werden. *Ab dem 1. 1. 2002* sind diese neuen bzw erweiterten Hemmungstatbestände *bei allen Ansprüchen zu beachten*, Art 229 § 6 Abs 1 S 1.

Dagegen ist eine Rückwirkung auf den Zeitraum vor dem 1. 1. 2002 nach Art 229 § 6 Abs 1 S 2 ausgeschlossen. Schwebten zB über einem Kaufpreisanspruch Verhandlungen vom 1. 9. 2001 bis zum 31. 3. 2002, so ist hemmend der Zeitraum vom 1. 1. 2002 bis zum 31. 3. 2002 zu beachten, aber nicht auch der Zeitraum vom 1. 9. 2001 bis zum 31. 12. 2001 (Hess NJW 2002, 253, 257).

3. Ablaufhemmung

18 Entsprechendes wie für die Hemmung gilt für die Ablaufhemmung, bei der nicht der gesamte Zeitraum, während dessen das Hindernis für die Rechtsverfolgung besteht, bei der Berechnung der Verjährung ausgeblendet wird, sondern nur, soweit dieses Hindernis in die letzte Zeit der Frist fiel, vgl die höhere Gewalt in § 203 aF bzw § 206 nF. Das neue Recht hat den Anwendungsbereich der Ablaufhemmung erheblich erweitert, vgl § 479 Abs 2 für den Regreß beim Verbrauchsgüterkauf, den „Nachschlag" von drei Monaten bei Verhandlungen, die beidseitige Ausgestaltung in § 210 nF gegenüber § 206 aF. Aber auch § 199 Abs 2–4 läßt sich in diesem Sinne deuten. – Namentlich kommt also die Ablaufhemmung des § 479 Abs 2 dann bei einem Regreßanspruch zum Tragen, wenn dessen Verjährung am 1. 1. 2002 noch nicht eingetreten war (vgl auch o Rn 10).

Eine *bis 2001 anerkannte Ablaufhemmung* bleibt für den Zeitraum vor dem 1. 1. 2002 erhalten, Art 229 § 6 Abs 1 S 2. Daß *etwas jetzt als den Ablauf hemmend anerkannt* würde, *wirkt nicht zurück*: Die noch im Dezember 2001 abgeschlossenen Verhandlungen über den Kaufpreis lösen nicht die Nachfrist des § 203 S 2 aus. Anders aber nach Art 229 § 6 Abs 1 S 1, wenn diese Verhandlungen bis in den Januar 2002 hinein andauerten, für ihre Fortdauer ab 1. 1. 2002.

4. Verfahren des § 204

a) Bis 2001 abgeschlossene Verfahren

19 Wenn eine Klage oder eine andere Maßnahme aus dem Katalog des § 209 aF, nach den §§ 210, 220 aF, ein selbständiges Beweisverfahren nach den §§ 478 Abs 2, 639 Abs 1 aF oder ein sonstiges Verfahren zur herkömmlichen Unterbrechung der Verjährung, dh ihrem Neubeginn, § 217 aF, führen konnten, bis zum 31. 12. 2001 zu einer rechtskräftigen Entscheidung oder einer anderweitigen Erledigung geführt haben, *bleibt es bei einer Unterbrechung* der Verjährung, *soweit das bisherige Recht diese anerkannte*, Art 229 § 6 Abs 1 S 2:

Der Besteller eines Bauwerks leitet wegen Mängeln ein selbständiges Beweisverfahren ein, das am 1. 6. 2001 abgeschlossen wird: Unterbrechung der Verjährung nach den §§ 478 Abs 2, 639 Abs 1 aF mit der Folge, daß die Verjährungsfrist des § 638 aF bis zum 1. 6. 2006 läuft, § 217 aF. Dabei bleibt es, auch wenn das selbständige Beweisverfahren nach neuem Recht nur geringere zeitliche Auswirkungen gehabt hätte, nämlich eine Hemmung für die Zeit seiner Dauer, §§ 204 Abs 1 Nr 7, 209, und zusätzlich eine weitere Hemmung um sechs Monate nach § 204 Abs 2 S 1.

Freilich: Hätte ein Gläubiger außerhalb des Anwendungsbereichs der §§ 478 Abs 2, 639 Abs 1, 548 Abs 3 aF ein selbständiges Beweisverfahren eingeleitet, das noch 2001 abgeschlossen wurde, hätte es nicht zur Unterbrechung der gegen ihn laufenden Verjährung geführt, weil dieser Unterbrechungsgrund bei ihm vom früheren Recht nicht anerkannt wurde. Der jetzige § 204 Abs 1 Nr 7 wirkt nicht zurück.

b) Ab 2002 laufende Verfahren

20 Leitet ein Gläubiger *ab dem 1. 1. 2002 eines der Verfahren nach § 204 Abs 1* ein, hat dieses die Hemmungswirkung der §§ 209, 204 Abs 2 S 1, auch wenn dieses Verfahren nach früherem Recht keine Auswirkung auf die Verjährung gehabt hätte, sei es generell nicht (Arrest oder einstweilige Verfügung, § 204 Abs 1 Nr 9), sei es nicht bei diesem Anspruch (selbständiges Beweisverfahren zB bei einem deliktischen Anspruch). Das folgt aus Art 229 § 6 Abs 1 S 1.

c) Am 1. 1. 2002 anhängige Verfahren

aa) Wenn ein 2001 oder früher eingeleitetes Verfahren, das nach damaligem Recht zur Unterbrechung der Verjährung geeignet war, *über den 31. 12. 2001 hinaus andauert*, gilt Art 229 § 6 Abs 2. 21

(1) Die Unterbrechung wird danach mit dem Ablauf dieses Tages „beendigt". Sie wird also für die bisherige Verfahrensdauer *weder „aufgehoben", noch in eine Hemmung umgedeutet*, **bleibt also eine Unterbrechung im bisherigen Sinne** (Art 229 § 6 Abs 1 S 2; **aA** Palandt/Heinrichs Rn 8):

Der Besteller des Bauwerks leitet das selbständige Beweisverfahren wegen Mängeln, §§ 639 Abs 1, 477 Abs 2 aF, im August 2001 ein; es wird am 1. 3. 2002 abgeschlossen. Hier steht ihm die einschlägige fünfjährige Verjährungsfrist ab dem 1. 1. 2002 uneingeschränkt zur Verfügung.

(2) Außerdem aber *hemmt das Verfahren die Verjährung*, soweit es in 2002 fortdauert, Art 229 § 6 Abs 2 aE in Fortführung des Gedankens des Art 229 § 6 Abs 1 S 1.

Das bedeutet in dem eben genannten Beispiel eine Hemmung um die drei Monate der restlichen Verfahrensdauer, §§ 204 Abs 1 Nr 7, 209 und zusätzlich um die Hemmung des § 204 Abs 2 S 1.

(3) *Treffen* solcherart *Hemmung und Unterbrechung zusammen*, so setzt die Unterbrechung erst mit dem Ende der Hemmung ein (BGHZ 109, 220, 223).

In dem genannten Beispiel tritt die Verjährung also nicht vor dem 1. 10. 2007 ein.

bb) Nach dem bisherigen Recht konnte die **Unterbrechung wieder entfallen**, bei der Klage durch Rücknahme oder Prozeßurteil, § 212 Abs 1 aF, beim Güteantrag durch Rücknahme, § 212a S 3 aF, beim Mahnbescheid durch Rücknahme, §§ 213 S 1, 212a S 3, oder dadurch, daß der Vollstreckungsbescheid nicht rechtzeitig beantragt wird, §§ 213 S 2 aF, 701 ZPO, bei der Anmeldung in der Insolvenz durch Rücknahme des Antrags, § 214 Abs 2 aF, bei Aufrechnung oder Streitverkündung, wenn nicht später rechtzeitig Klage erhoben wird, § 216 Abs 2 aF. 22

(1) Wenn derlei noch 2001 erfolgt, sind *die genannten Bestimmungen* nach Art 229 § 6 Abs 1 S 2 *anzuwenden*, so daß die Unterbrechung rückwirkend entfällt.

Art 229 § 6 Abs 1 S 3 erweitert dies: Die Unterbrechung entfällt *auch dann* rückwirkend, *wenn der dies bewirkende Umstand erst 2002 oder später eintritt* (Palandt/Heinrichs Rn 8). Das kann uU auch lange nach dem 1. 1. 2002 geschehen, zB die Klagerücknahme.

(2) Nun ist es nach Art 229 § 6 Abs 2 durch die genannten Verfahren auch *zu einer*

Hemmung der Verjährung gekommen, sofern sie über den 1. 1. 2002 hinausgereicht haben. Bei dieser Hemmung ist zu unterscheiden:

War die Verjährung auch ohne das unterbrechende Ereignis am 31. 12. 2001 noch nicht vollendet, so bleibt diese „selbständige" Hemmung bestehen (MANSEL/BUDZIKIEWICZ § 10 Rn 13).

Anders ist es, wenn sie unselbständig ist, wenn es zu ihr also nur wegen des unterbrechenden Vorgangs kommen konnte, weil sonst die Verjährung schon bis zum 31. 12. 2001 vollendet gewesen wäre.

23 (3) In den Fällen der §§ 212 Abs 2 (Klage), 212a S 1 (Güteantrag), 213 S 1, 212a S 1, 212 Abs 2 (Mahnbescheid), 215 Abs 2 (Aufrechnung, Streitverkündung) aF konnte sich der Gläubiger die zunächst als nicht erfolgt geltende Unterbrechung dadurch doch erhalten, daß er binnen sechs Monaten – bei §§ 212a, 213 aF – im unmittelbaren Anschluß – erneut ein Verfahren zur Unterbrechung der Verjährung einleitete; dann galt die Verjährung als mit Einleitung des ersten Verfahrens – also einschließlich des Zwischenraumes zwischen den beiden Verfahren – unterbrochen. Bei einem Verfahren, das über den Jahreswechsel 2001/2002 hinausreicht, *gelten auch diese Regelungen weiter*, Art 229 § 6 Abs 1 S 3 – freilich mit der sich aus Art 229 § 6 Abs 2 ergebenden Maßgabe, daß bis zum 31. 12. 2001 eine Unterbrechung vorlag, ab dem 1. 1. 2002 eine Hemmung iSd §§ 209, 204 Abs 2 S 1.

cc) War das noch 2001 oder früher eingeleitete Verfahren nach damaligem Recht nicht geeignet, die Verjährung zu unterbrechen, führt es immerhin nach Art 229 § 6 Abs 1 zu einer mit dem 1. 1. 2002 einsetzenden Hemmung nach Maßgabe der §§ 209, 204 Abs 2 S 1.

5. Neubeginn der Verjährung

24 **a)** Im Hinblick auf das *Anerkenntnis* des Schuldners, §§ 208 aF, 212 Abs 1 Nr 1, bedarf es keiner Überleitung. Das Anerkenntnis vor 2002 hat weiterhin unterbrechende Wirkung; nur terminologisch ist ab 2002 von einem Neubeginn der Verjährung zu reden.

b) Gleiches gilt für *Vollstreckungsmaßnahmen* des Gläubigers, §§ 209 Abs 2 Nr 5 aF, 212 Abs 1 Nr 2 nF.

Hier gilt es insbesondere auch, soweit der Vollstreckungsantrag zurückgenommen wird bzw aus den in den §§ 216 Abs 2 aF, 212 Abs 2, 3 nF genannten Gründen erfolglos bleibt. Soweit der Vollstreckungsantrag noch 2001 gestellt worden ist, ergibt sich dies aus Art 229 § 6 Abs 1 S 3 iVm § 216 Abs 2 aF, soweit er 2002 oder später gestellt worden ist, aus Art 229 § 6 Abs 1 S 1 iVm § 212 Abs 2, 3.

V. Vereinbarungen über die Verjährung

25 Vereinbarungen über die Verjährung müssen sich an den §§ 225 aF, 9, 11 Nr 10 lit f AGBG messen lassen, wenn sie *vor dem 1. 1. 2002 getroffen* worden sind. Damit sind namentlich fristverlängernde Vereinbarungen unwirksam, wenn sie nicht durch Bestimmungen wie die §§ 477 Abs 1 S 2, 638 Abs 2 aF legitimiert werden, und bleiben auch über den 1.1. 2002 hinaus unwirksam, auch wenn das neue Recht sie – neu getroffen – zulassen würde (o Rn 9).

Danach ist und bleibt insbesondere ein damaliger Verzicht des Schuldners auf die Einrede der Verjährung unzulässig und widerruflich. Damit gelten dann aber auch die *Grundsätze des bisherigen Rechts zum Verzicht auf die Einrede der Verjährung* fort: Die ihm zuwider erhobene Einrede ist treuwidrig und unbeachtlich (BGH NJW 1998, 902, 903). Erklärt der Schuldner, sich nicht mehr an den Verzicht halten zu wollen, muß der Gläubiger innerhalb einer kurz bemessenen Frist seinerseits die Verjährung unterbrechen (BGH aaO).

Entsprechende Vereinbarungen ab dem 1.1. 2002 sind im Rahmen der §§ 202, 307, 309 Nr 8 b ff auch insoweit möglich, wie sie „alte" Ansprüche betreffen, Art 229 § 6 Abs 1 S 1.

VI. Wirkungen der Verjährung

1. Allgemeines

26 Soweit die Verjährung bis zum 31. 12 2001 vollendet worden ist, bestimmen sich ihre Wirkungen nach den §§ 222–224 aF, dies auch künftig.

Bei einer Vollendung der Verjährung ab dem 1.1. 2002 sind die Wirkungen der Verjährung den §§ 214–217 zu entnehmen.

2. Wandlung, Minderung, Rücktritt

27 Soweit das G zur Modernisierung des Schuldrechts dem mangelhaft belieferten Käufer oder Besteller die Befugnis einräumt, Rücktritt oder Minderung *einseitig zu erklären*, und ihn nicht mehr auf einen entsprechend abzuschließenden Vertrag mit dem Verkäufer bzw Unternehmer verweist, ergibt sich der zeitliche Anwendungsbereich dieser Regelung aus Art 229 § 5 (nur bei Verträgen ab dem 1. 1. 2002).

Danach bleibt bei *Altverträgen* der Anspruch auf Abschluß des Wandlungs- bzw Minderungsvertrages erhalten. Für seine Verjährung gilt wiederum Art 229 § 6, dh ab 1. 1. 2002 neues Recht (§§ 202 ff, 438 bzw 634a), Art 229 § 6 Abs 1 S 1, soweit es nicht um Beginn, Hemmung oder Unterbrechung der Verjährung bis Ende 2001 geht: Insoweit gilt nach Art 229 § 6 Abs 1 S 2, 3, Abs 2 bis zu diesem Zeitpunkt das bisherige Recht. Ob die herkömmliche Verjährungsfrist kürzer ist und damit letztlich den Ausschlag gibt, Art 229 Abs 4 S 2, ist durch einen Vergleich der §§ 438 Abs 1, 634a Abs 1 mit den §§ 477 aF, 638 aF zu ermitteln. Außer im Falle der Arglist und bei Bauwerk iSd § 638 Abs 1 wird das immer der Fall sein. In den beiden letztgenannten Konstellationen (Arglist, Bauwerk) greift Art 229 Abs 4 S 2 nicht ein, sondern es verbleibt bei der Grundregel des Art 229 § 6 Abs 1 S 1.

Die Verjährungseinrede, die § 218 dem Verkäufer oder Unternehmer zugesteht, kann in ihrer zeitlichen Bemessung nur aus dem neuen Recht folgen, Art 229 § 5.

VII. Sonstige Fristen

1. Ausschlußfristen

28 Art 229 § 6 Abs 5 betrifft zunächst *Fristen für die Geltendmachung eines Rechts*; üblicherweise ist insoweit von *Ausschlußfristen* die Rede. Solchen Fristen unterliegen einige Ansprüche, vgl zB § 864 Abs 1, vor allem aber Gestaltungsrechte, vgl §§ 121, 124, 355 Abs 3. Eine *generelle Regelung* über ihre Behandlung *fehlt dem BGB*, das vielmehr nur in einzelnen Bestimmungen auf wiederum einzelne Bestimmungen der §§ 194 ff Bezug nimmt, vgl etwa § 124 Abs 2 S 2. Generell sind die §§ 194 ff auf Ausschlußfristen nicht anzuwenden, was es nicht ausschließt, dies im Einzelfall doch zu tun (vgl zB BGHZ 43, 235, 237 zur unverschuldeten Versäumung der Frist des § 12 Abs 3 VVG).

a) *Diesen Rechtszustand ändert Art 229 § 6 Abs 5 nicht*: Die Anwendbarkeit der §§ 194 ff auf Ausschlußfristen wird weder generell angeordnet, noch auch erweitert; sie bleibt bei der jeweiligen Frist zu prüfen. ZB liegt es etwa nahe bei der Frist des § 355 Abs 3, § 206 zur Anwendung zu bringen, aber die Lösung dieses Problems liegt nicht in Art 229 § 6 Abs 5.

29 **b)** Die vielfältigen Bezugnahmen auf einzelne Bestimmungen aus den §§ 194 ff betreffen den Ablauf der Frist. Für sie gilt Art 229 § 6 Abs 1: Maßgeblich sind bis zum 31. 12. 2001 die Bestimmungen des bisherigen Rechts (S 2), seit dem 1. 1. 2002 die des neuen Rechts (S 1).

c) Auf jeweils 10 Jahre abgesenkt sind die Ausschlußfristen der §§ 121 Abs 2, 124 Abs 3. Lag der Anfechtungstatbestand 2001 oder früher, so gilt ab dem 1. 1. 2002 die neue zehnjährige Frist, Art 229 § 6 Abs 5 iVm Abs 4 S 1: Fristende am 31. 12. 2011 (Palandt/Heinrichs Rn 10). Aber Art 229 § 6 Abs 5 nimmt auch auf Abs 4 S 2 Bezug, so daß die Frist wegen einer am 31. 12. 1975 verübten arglistigen Täuschung schon vorab am 31. 12. 2005 endet.

d) Die Frist des § 612 Abs 1 HGB ist von einer Ausschlußfrist auf eine Verjährungsfrist umgestellt worden. Wenn es hier um die Wirkung des Fristablaufs geht, findet Art 229 § 6 Abs 1 S 1 Anwendung. Liefe die Frist zB 2003 ab, wäre dies nur auf Einrede, § 214 Abs 1, zu berücksichtigen.

2. Fristen für den Erwerb oder Verlust eines Rechts

30 Art 229 § 6 Abs 5 spricht außer Ausschlußfristen die *Ersitzung* an. Die Verweisungen der §§ 939, 941 verstehen sich ab 1. 1. 2002 als solche auf das neue Recht, Art 229 § 6 Abs 1 S 1, vorher auf das bisherige, Art 229 § 6 Abs 1 S 2. Bei Maßnahmen des bisherigen Eigentümers zur Rechtswahrung gilt Art 229 § 6 Abs 2, wenn sie über den Jahreswechsel 2001/2002 hinausreichten.

§ 7
Überleitungsvorschrift zu Zinsvorschriften nach dem Gesetz zur Modernisierung des Schuldrechts vom 26. November 2001

(1) Soweit sie als Bezugsgröße für Zinsen und andere Leistungen in Rechtsvorschriften des Bundes auf dem Gebiet des Bürgerlichen Rechts und des Verfahrensrechts der Gerichte, in nach diesem Gesetz vorbehaltenem Landesrecht und in Vollstrekkungstiteln und Verträgen auf Grund solcher Vorschriften verwendet werden, treten mit Wirkung vom 1. Januar 2002

1. an die Stelle des Basiszinssatzes nach dem Diskontsatz-Überleitungs-Gesetz vom 9. Juni 1998 (BGBl. I S. 1242) der Basiszinssatz des Bürgerlichen Gesetzbuchs,

2. an die Stelle des Diskontsatzes der Deutschen Bundesbank der Basiszinssatz (§ 247 des Bürgerlichen Gesetzbuchs),

3. an die Stelle des Zinssatzes für Kassenkredite des Bundes der um 1,5 Prozentpunkte erhöhte Basiszinssatz des Bürgerlichen Gesetzbuchs,

4. an die Stelle des Lombardsatzes der Deutschen Bundesbank der Zinssatz der Spitzenrefinanzierungsfazilität der Europäischen Zentralbank (SRF-Zinssatz),

5. an die Stelle der „Frankfurt Interbank Offered Rate"-Sätze für die Beschaffung von Ein- und Zwölfmonatsgeld von ersten Adressen auf dem deutschen Markt auf ihrer seit dem 2. Juli 1990 geltenden Grundlage (FIBOR-neu-Sätze) die „EURO Interbank Offered Rate"-Sätze für die Beschaffung von Ein- bis Zwölfmonatsgeld von ersten Adressen in den Teilnehmerstaaten der Europäischen Währungsunion (EURIBOR-Sätze) für die entsprechende Laufzeit,

6. an die Stelle des „Frankfurt Interbank Offered Rate"-Satzes für die Beschaffung von Tagesgeld („Overnight") von ersten Adressen auf dem deutschen Markt („FIBOR-Overnight"-Satz) der „EURO Overnight Index Average"-Satz für die Beschaffung von Tagesgeld („Overnight") von ersten Adressen in den Teilnehmerstaaten der Europäischen Währungsunion (EONIA-Satz) und

7. bei Verwendung der „Frankfurt Interbank Offered Rate"-Sätze für die Geldbeschaffung von ersten Adressen auf dem deutschen Markt auf ihrer seit dem 12. August 1985 geltenden Grundlage (FIBOR-alt-Sätze)

a) an die Stelle des FIBOR-alt-Satzes für Dreimonatsgeld der EURIBOR-Satz für Dreimonatsgeld, multipliziert mit der Anzahl der Tage der jeweiligen Dreimonatsperiode und dividiert durch 90,

b) an die Stelle des FIBOR-alt-Satzes für Sechsmonatsgeld der EURIBOR-Satz für Sechsmonatsgeld, multipliziert mit der Anzahl der Tage der jeweiligen Sechsmonatsperiode und dividiert durch 180 und

c) wenn eine Anpassung der Bestimmungen über die Berechnung unterjähriger Zinsen nach § 5 Satz 1 Nr. 3 des Gesetzes zur Umstellung von Schuldverschreibungen auf Euro vom 9. Juni 1998 (BGBl. I S. 1242, 1250) erfolgt, an die Stelle aller FIBOR-alt-Sätze die EURIBOR-Sätze für die entsprechende Laufzeit.

Satz 1 Nr. 5 bis 7 ist auf Zinsperioden nicht anzuwenden, die auf einen vor Ablauf des 31. Dezember 1998 festgestellten FIBOR-Satz Bezug nehmen; insoweit verbleibt es bei den zu Beginn der Zinsperiode vereinbarten FIBOR-Sätzen. Soweit Zinsen für einen Zeitraum vor dem 1. Januar 1999 geltend gemacht werden, bezeichnet eine Bezugnahme auf den Basiszinssatz den Diskontsatz der Deutschen Bundesbank in der in diesem Zeitraum maßgebenden Höhe. Die in den vorstehenden Sätzen geregelte Ersetzung von Zinssätzen begründet keinen Anspruch auf vorzeitige Kündigung, einseitige Aufhebung oder Abänderung von Verträgen und Abänderung von Vollstreckungstiteln. Das Recht der Parteien, den Vertrag einvernehmlich zu ändern, bleibt unberührt.

(2) Für die Zeit vor dem 1. Januar 2002 sind das Diskontsatz-Überleitungs-Gesetz vom 9. Juni 1998 (BGBl. I S. 1242) und die auf seiner Grundlage erlassenen Rechtsverordnungen in der bis zu diesem Tag geltenden Fassung anzuwenden.

(3) Eine Veränderung des Basiszinssatzes gemäß § 247 Abs. 1 Satz 2 des Bürgerlichen Gesetzbuchs erfolgt erstmals zum 1. Januar 2002.

(4) Die Bundesregierung wird ermächtigt, durch Rechtsverordnung mit Zustimmung des Bundesrates

1. die Bezugsgröße für den Basiszinssatz gemäß § 247 des Bürgerlichen Gesetzbuchs und

2. den SRF-Zinssatz als Ersatz für den Lombardsatz der Deutschen Bundesbank

durch einen anderen Zinssatz der Europäischen Zentralbank zu ersetzen, der dem Basiszinssatz, den durch diesen ersetzten Zinssätzen und dem Lombardsatz in ihrer Funktion als Bezugsgrößen für Zinssätze eher entspricht.

Schrifttum

Petershagen, Der neue Basiszinssatz des BGB – eine kleine Lösung in der großen Schuldrechtsreform, NJW 2002, 1455

Rellermeyer, Aktuelles zum Basiszinssatz, Rpfleger 2002, 193

Schefold, Referenzzinssätze und die Einführung des Euro, NJW 1998, 3155

Schnekenburger, Zinsverlust? – Zur Neuregelung der Zinsbezugsgrößen auf öffentlich-rechtliche Erstattungsansprüche, NVwZ 2003, 36.

I. Grundlagen

1. Zweck der Bestimmung

Art 229 § 7 regelt das Übergangsrecht zu § 247 BGB und faßt die bereits zuvor geltenden Übergangsbestimmungen über den Basiszinssatz und sonstige Referenzzinssätze zusammen. 1

2. Rechtsgrundlage

Art 229 § 7 wurde gemeinsam mit § 247 BGB durch das Gesetz zur Modernisierung des Schuldrechts vom 26. 11. 2001 (BGBl I 3138) eingeführt. Die Bestimmung basiert mittelbar auf dem Gesetz zur Beschleunigung fälliger Zahlungen vom 30. 3. 2000 (BGBl I 330). Dieses hatte den statischen Verzugszinssatz von 4% (§ 288 BGB der bis zum 30. 4. 2000 geltenden Fassung) bzw 5% (§ 352 der bis zum 30. 4. 2000 geltenden Fassung) durch einen dynamischen Zinssatz ersetzt: fünf Prozentpunkte über dem Basiszinssatz nach § 1 des Diskontsatzüberleitungsgesetzes vom 9. 6. 1998 (§ 288 BGB aF). Seit dem Inkrafttreten des Gesetzes zur Modernisierung des Schuldrechtes am 1. 1. 2002 gilt die erneute Neufassung des § 288 BGB. Danach beträgt der Verzugszinssatz fünf Prozentpunkte über dem Basiszinssatz, bei Rechtsgeschäften, an denen ein Verbraucher nicht beteiligt ist, acht Prozentpunkte über dem Basiszinssatz (näher Staudinger/Löwisch [2001] § 288). Die Übergangvorschrift für § 288 BGB ist in Art 229 § 1 enthalten. Für die Anwendung des § 247 BGB und sonstiger Referenzzinssätze gelten die Übergangsvorschriften des Art 229 § 7. 2

3. Verzahnung mit dem vorausgegangenen Übergangsrecht

a) Der Basiszinssatz ist der Referenzzinssatz für variable, am Marktzins ausgerichtete Zinsen. Er ist seit dem Inkrafttreten des Gesetzes zur Modernisierung des Schuldrechtes in § 247 BGB geregelt (vgl Staudinger/K Schmidt [1997] § 247 BGB). Zahlreiche Bestimmungen nehmen auf diese Vorschrift Bezug (im BGB zB §§ 288, 676b). Zuvor war der Basiszinssatz im Diskontsatz-Überleitungs-Gesetz (**DÜG**) v 9. 6. 1998 (BGBl I 1242) sowie in der darauf beruhenden Basiszinssatz-Bezugsgrößen-Verordnung (**BazBV**) v 10. 2. 1999 (BGBl I 139, BGBl III 7601-15-2) geregelt. Diese beruhten ihrerseits auf dem Übergang der geldpolitischen Befugnisse von der Deutschen Bundesbank auf die Europäische Zentralbank (**EZB**). Die Festlegung des Diskontsatzes durch die Deutsche Bundesbank (§ 15 BBankG) war mit Ablauf des Jahres 1998 (Dritte Stufe der europäischen Wirtschafts- und Währungsunion) entfallen (eingehend Hartenfels WM-Sonderbeilage 1/1999, 29). Dies machte eine Ersetzung des bis 1998 als Referenzzinssatz maßgeblichen Diskontsatzes sowie weiterer Referenzzinssätze der Deutschen Bundesbank erforderlich. Die Übergangsregelung zum Diskontsatz war in **§ 1 Abs 1 DÜG** enthalten (Befristung aufgehoben durch Art 2 des Gesetzes v 27. 6. 2000, BGBl I 897, 901): 3

§ 1 DÜG
Ersetzung des Diskontzinssatzes aus Anlaß der Einführung des Euro

(1) Soweit der Diskontzinssatz der Deutschen Bundesbank als Bezugsgröße für Zinsen und andere Leistungen verwendet wird, tritt *bis zum Ablauf des 31. Dezember 2001* an seine Stelle der jeweilige

Basiszinssatz. Basiszinssatz ist der am 31. Dezember 1998 geltende Diskontzinssatz der Deutschen Bundesbank. Er verändert sich mit Beginn des 1. Januar, 1. Mai und 1. September jedes Jahres, erstmals mit Beginn des 1. Mai 1999 um die Prozentpunkte, um welche die gemäß Absatz 2 zu bestimmende Bezugsgröße seit der letzten Veränderung des Basiszinssatzes gestiegen oder gefallen ist. Für die erste Veränderung ist die Veränderung der Bezugsgröße seit der Ersetzung des Diskontsatzes maßgeblich. Sätze 3 und 4 gelten nicht, wenn sich die Bezugsgröße um weniger als 0,5 Prozentpunkte verändert hat. Die Deutsche Bundesbank gibt den Basiszinssatz im Bundesanzeiger bekannt.

(2) …

Der Lombardsatz wurde durch den Zinssatz der Spitzenrefinanzierungsfazilität der Europäischen Zentralbank (SRF-Satz) ersetzt. Die auf § 3 Abs 2 Nr 1 DÜG beruhende Übergangsregelung war in § 1 Lombardsatz-Überleitungs-Verordnung (LombardV vom 18. 12. 1998, BGBl I 3819) enthalten:

§ 1 LombardV
Ersetzung des Lombardsatzes

Soweit der Lombardsatz als Bezugsgröße für Zinsen und andere Leistungen verwendet wird, tritt an seine Stelle der Zinssatz der Spitzenrefinanzierungsfazilität der Europäischen Zentralbank (SRF-Satz).

Die FIBOR-Sätze wurden mit dem auf § 3 Abs 2 Nr 2 DÜG beruhenden § 1 FIBOR-Überleitungs-Verordnung (FIBOR-VO v 10. 7. 1998, BGBl I 1863) überführt:

§ 1 FIBOR-VO
Ersetzung der FIBOR-Sätze durch die EURIBOR-Sätze und den EONIA-Satz

(1) Soweit die „Frankfurt Interbank Offered Rate“-Sätze für die Beschaffung von Ein- bis Zwölfmonatsgeld von ersten Adressen auf dem deutschen Markt auf ihrer seit dem 2. Juli 1990 geltenden Grundlage (FIBOR-neu-Sätze) als Bezugsgröße für Zinsen und andere Leistungen verwendet werden, treten an ihre Stelle die „EURO Interbank Offered Rate“-Sätze für die Beschaffung von Ein- bis Zwölfmonatsgeld von ersten Adressen in den Teilnehmerstaaten der Europäischen Währungsunion (EURIBOR-Sätze) für die entsprechende Laufzeit.

(2) Soweit der „Frankfurt Interbank Offered Rate“-Satz für die Beschaffung von Tagesgeld („Overnight“) von ersten Adressen auf dem deutschen Markt („FIBOR-Overnight“-Satz) als Bezugsgröße für Zinsen und andere Leistungen verwendet wird, tritt an seine Stelle der „EURO Overnight Index Average“-Satz für die Beschaffung von Tagesgeld („Overnight“) von ersten Adressen in den Teilnehmerstaaten der Europäischen Währungsunion (EONIA-Satz).

(3) Soweit die „Frankfurt Interbank Offered Rate“-Sätze für die Geldbeschaffung von ersten Adressen auf dem deutschen Markt auf ihrer seit dem 12. August 1985 geltenden Grundlage (FIBOR-alt-Sätze) als Bezugsgröße für Zinsen und andere Leistungen verwendet werden, tritt an die Stelle des FIBOR-alt-Satzes für Dreimonatsgeld der EURIBOR-Satz für Dreimonatsgeld, multipliziert mit der Anzahl der Tage der jeweiligen Dreimonatsperiode und dividiert durch 90, und an die Stelle des FIBOR-alt-Satzes für Sechsmonatsgeld der EURIBOR-Satz für Sechsmonatsgeld, multipliziert mit der Anzahl der Tage der jeweiligen Sechsmonatsperiode und dividiert durch 180. Abweichend von Satz 1 treten an die Stelle der FIBOR-alt-Sätze die EURIBOR-Sätze für die entsprechende Laufzeit,

wenn eine Anpassung der Bestimmung über die Berechung unterjähriger Zinsen nach § 5 Satz 1 Nr. 3 des Gesetzes zur Umstellung von Schuldverschreibungen auf Euro vom 9. Juni 1998 (BGBl. I S. 1242, 1250) erfolgt.

b) § 247 BGB trat am 1. 1. 2002 in Kraft (Art 9 Abs 1 Schuldrechtsmodernisierungsgesetz, BGBl I 3138). Erst am 4. 4. 2002 trat dagegen das **Gesetz zur Aufhebung des DÜG** vom 26. 3. 2002 (Art 4 des Gesetzes zur Änderung von Vorschriften über die Bewertung der Kapitalanlagen von Versicherungsunternehmen und zur Aufhebung des Diskontsatz-Überleitungs-Gesetzes, BGBl I 1220) in Kraft: **4**

§ 1 Gesetz zur Aufhebung des Diskontsatz-Überleitungs-Gesetzes
Aufhebung des Diskontsatz-Überleitungs-Gesetzes und seiner Durchführungsverordnungen

Es werden aufgehoben:
1. das Diskontsatz-Überleitungs-Gesetz vom 9. Juni 1998 (BGBl. I S. 1242), geändert durch Artikel 2 Abs. 3 des Gesetzes vom 27. Juni 2000 (BGBl. I S. 897),
2. die Basiszinssatz-Bezugsgrößen-Verordnung vom 10. Februar 1999 (BGBl. I S. 139),
3. die FIBOR-Überleitungs-Verordnung vom 10. Juli 1998 (BGBl. I S. 1863),
4. die Lombardsatz-Überleitungs-Verordnung vom 18. Dezember 1998 (BGBl. I S. 3819).

§ 2 Gesetz zur Aufhebung des Diskontsatz-Überleitungs-Gesetzes
Einführung neuer Zinssätze

(1) Es werden ersetzt:
1. der „Diskontsatz der Deutschen Bundesbank" oder der „Diskontsatz der Bank deutscher Länder" jeweils durch den „Basiszinssatz nach § 247 des Bürgerlichen Gesetzbuches",
2. der „Basiszinssatz" durch den „Basiszinssatz nach § 247 des Bürgerlichen Gesetzbuches",
3. die „Frankfurt Interbank Offered Rate für die Geldbeschaffung von ersten Adressen auf dem deutschen Markt (FIBOR)" durch die „EURO Interbank Offered Rate-Sätze für die Beschaffung von Sechsmonatsgeld von ersten Adressen in den Teilnehmerstaaten der Europäischen Währungsunion",
4. der „Lombardsatz der Deutschen Bundesbank" durch den „Zinssatz der Spitzenrefinanzierungsfazilität der Europäischen Zentralbank (SRF-Zinssatz)",
5. der „Zinssatz für Kassenkredite des Bundes" durch den um 1,5 Prozentpunkte erhöhten Basiszinssatz nach § 247 des Bürgerlichen Gesetzbuchs.
(2) Das Bundesministerium der Justiz wird ermächtigt, durch Rechtsverordnung ohne Zustimmung des Bundesrates in Gesetzen und Rechtsverordnungen des Bundes die Bezeichnung von Bezugsgrößen und Zinssätzen nach Maßgabe des Absatzes 1 anzupassen.

Die Aufhebung des DÜG zum 4. 4. 2002 (Art 5 des Gesetzes) erfolgte mit Wirkung ex nunc (**aM** Schnekenburger NVwZ 2003, 36, 37). Die zeitliche Divergenz **zwischen dem 1. 1. 2002 und dem 4. 4. 2002** hat zwischenzeitlich zu einem **Nebeneinander von unterschiedlichen Rechtsgrundlagen und im Ergebnis von unterschiedlichen Basiszinssätzen** geführt (eingehend Petershagen NJW 2002, 1455 ff). Diese Divergenz spielt aber bei hinreichend weitem Verständnis des Anwendungsbefehls in Abs 1 S 1 nur hinsichtlich gesetzlicher öffentlichrechtlicher Forderungen eine praktische Rolle. Nur für diese bleibt der bis zum 3. 4. 2002 geltende Basiszinssatz nach DÜG relevant (Erl § 247 BGB; wie hier MünchKomm/Grundmann § 247 BGB Rn 11; eingehend Petershagen NJW 2002, 1456).

4. Anwendungsbereich des Art 229 § 7

5 Ausweislich Abs 1 gilt Art 229 § 7 nicht nur für die Maßgeblichkeit des Basiszinssatzes in Rechtsvorschriften des Bundes, sondern auch: für nach dem EGBGB vorbehaltene landesrechtliche Vorschriften, für Vollstreckungstitel und für Verträge, die auf den Basiszinssatz Bezug nehmen.

II. Die Regelung im einzelnen

1. Abs 1 S 1

6 Die Bestimmung regelt die Maßgeblichkeit der neuen Basiszinssätze ab 1. 1. 2002. Sie wurde vom Rechtsausschuß auf Vorschriften auf den Gebieten des Bürgerlichen Rechts sowie des Verfahrensrechts der Gerichte beschränkt (BT-Drucks 14/7052 S 207), so daß es noch einen Anwendungsbereich für das nicht aufgehobene Diskontsatz-Überleitungs-Gesetz gibt (BT-Drucks 14/ 7052 S 208; krit dazu Reiff, in: Dauner-Lieb/Heidel/Lepa/Ring, Schuldrecht [2002] Art 229 § 7 Rn 2). Insoweit gilt die Vorschrift gleichermaßen für Gesetze, Verträge und Vollstreckungstitel. Im einzelnen ersetzt Abs 1 Satz 1

7 **a)** den Basiszinssatz nach dem Diskontsatz-Überleitungs-Gesetz durch den Basiszinssatz nach dem BGB (Nr 1),

8 **b)** den Diskontsatz der Deutschen Bundesbank durch den Basiszinssatz nach § 247 BGB (Nr 2),

9 **c)** den Zinssatz für Kassenkredite des Bundes durch den um eineinhalb Prozentpunkte erhöhten Basiszinssatz des § 247 BGB (Nr 3),

10 **d)** den Lombardsatz der Deutschen Bundesbank durch den Zinssatz der Spitzenrefinanzierungsfazilität der Europäischen Zentralbank, den SRF-Zinssatz (Nr 4),

11 **e)** die FIBOR-neu-Sätze durch die „EURO Interbank Offered Rate"-Sätze (EURIBOR-Sätze),

12 **f)** den „FIBOR-Overnight-Satz" durch den „EURO Overnight Index Average"-Satz (EONIA-Satz),

13 **g)** die „FIBOR-alt-Sätze" durch die entsprechenden EURIBOR-Sätze (Nr 7).

2. Altzinsen bis 1998 (Abs 1 S 2 und 3)

14 Abs 1 Satz 2 schränkt die FIBOR-Überleitungsregeln nach Abs 1 Satz 1 Nr 5–7 ein. Sie sind auf Zinsperioden nicht anzuwenden, die auf einen vor Ablauf des Jahres 1998 festgestellten FIBOR-Satz Bezug nehmen. Im Einklang mit § 2 Abs 1 FIBOR-VO verbleibt es insofern bei den zu Beginn der Zinsperiode vereinbarten FIBOR-Sätzen. Abs 1 Satz 3 bestimmt im Einklang mit § 2 Diskont-Überleitungs-Gesetz, daß sich eine für den Zinslauf vor 1999 geltende Bezugnahme auf den Basiszinssatz weiterhin auf den Diskontsatz bezieht.

3. Vertragsanpassungsfragen (Abs 1 S 4 und 5)

15 Nach Abs 1 S 4 geben die in den Sätzen 1–3 enthaltenen Änderungen von Zinssätzen kein Recht einer Partei zur (Änderungs-)Kündigung und kein Recht auf Abänderung von Vollstreckungstiteln. Obwohl nicht ausdrücklich geregelt, ist darin auch die Schlußfolgerung enthalten, daß die sich aus Abs 1 S 2 und 3 ergebende Fortgeltung alter Zinssätze bis 1998 gleichfalls kein Recht auf rückwirkende Anpassung ergebe. S 5 enthält nur eine Klarstellung.

4. Fortgeltung der alten Übergangsregeln für Altfälle (Abs 2)

16 Abs 2 stellt klar, daß die im Diskontsatz-Überleitungs-Gesetz (Rn 1) und den auf seiner Grundlage erlassenen Rechtsverordnungen enthaltenen Überleitungsregeln nicht aufgehoben sind, sondern für den Zinslauf vor dem 1. 1. 2002 weiterhin Anwendung finden. Die Bestimmungen ergeben sich aus dem DÜG vom 9. 6. 1998 (BGBl I 1442) und der BazBV vom 10. 2. 1999 (BGBl I 139):

§ 2 DÜG
Übergangsvorschrift für laufende Zinsforderungen

Soweit Zinsen für einen Zeitraum vor dem Inkrafttreten dieses Gesetzes geltend gemacht werden, bezeichnet eine Bezugnahme auf den Basiszinssatz den Diskontsatz der Deutschen Bundesbank in der in diesem Zeitraum maßgebenden Höhe.

§ 4 DÜG
Vertragskontinuität

Die in diesem Gesetz geregelte Ersetzung von Zinssätzen begründet keinen Anspruch auf vorzeitige Kündigung, einseitige Aufhebung oder Abänderung von Verträgen und Abänderung von Vollstreckungstiteln. Das Recht der Parteien, den Vertrag einvernehmlich zu ändern oder aufzuheben, bleibt unberührt.

§ 1 BazBV
Bezugsgröße für den Basiszinssatz

Als Bezugsgröße für den Basiszinssatz nach § 1 des Diskontsatz-Überleitungs-Gesetzes wird der Zinssatz für längerfristige Refinanzierungsgeschäfte der Europäischen Zentralbank (LRG-Satz) bestimmt.

5. Veränderung des Basiszinssatzes gemäß § 247 BGB erstmals zum 1. 1. 2002 (Abs 3)

17 Die Bestimmung basiert auf einer Anregung des Bundesrats und sollte hiernach in den § 247 BGB aufgenommen werden (BT-Drucks 14/6857 S 47). Sie soll klarstellen, daß der neue Basiszinssatz sogleich ab Inkrafttreten des § 247 nF galt und nicht, wie man dem § 247 Abs 1 S 2 hätte entnehmen können, erst ab 1. 7. 2002.

Die Ermächtigung des Abs 4

18 **a)** Die Bestimmung geht auf § 1 Abs 2 und § 3 Abs 2 Nr 1 DÜG zurück. Diese Bestimmungen hatten folgenden Wortlaut (Art 1 des Gesetzes zur Einführung des Euro [EuroEG] v 9. 6. 1998, BGBl I 1242):

§ 1 Abs 2 DÜG

Die Bundesregierung wird ermächtigt, durch Rechtsverordnung mit Zustimmung des Bundesrates dasjenige Steuerungsmittel der Europäischen Zentralbank als Bezugsgröße nach Absatz 1 Satz 3 zu bestimmen, das nach seiner Aufgabe, Änderungshäufigkeit und Wirkungsweise als Bezugsgröße dem Diskontsatz am ehesten entspricht.

§ 3 Abs 2 DÜG

Die Bundesregierung wird ermächtigt, durch Rechtsverordnung mit Zustimmung des Bundesrates

1. den Lombardsatz als Bezugsgröße durch dasjenige Steuerungsmittel der Europäischen Zentralbank zu ersetzen, das dem Lombardsatz in seiner Funktion am ehesten entspricht und

2. die Frankfurt Interbank Offered Rate für die Geldbeschaffung von ersten Adressen auf dem deutschen Markt (FIBOR) durch den Zinssatz zu ersetzen, der dieser in ihrer Funktion am ehesten entspricht.

Der Rechtsausschuß des Deutschen Bundestags hielt auch nach der Ablösung des Diskontsatz-Überleitungsgesetzes durch Art 229 § 7 eine solche Anpassungsmöglichkeit für erforderlich (BT-Drucks 14/7052 S 207 f). Abs 4 hat demgemäß die Aufgabe, die im DÜG enthaltene Ermächtigung unter dem neuen Recht fortzuschreiben (BT-Drucks 14/7052 S 208).

b) Gegen Art 229 § 7 Abs 4 werden **verfassungsrechtliche Bedenken** geltend gemacht, weil es die Vorschrift gestattet, durch Rechtsverordnung unmittelbar in § 247 BGB bzw in Art 229 § 7 Abs 1 S 1 Nr 4 EGBGB einzugreifen (Reiff, in: Dauner-Lieb/Heidel/Lepa/Ring Art 229 § 7 Rn 9). Diese Bedenken scheinen unbegründet. Sowohl § 247 BGB als auch Art 229 § 7 Abs 1 Nr 4 EGBGB sind ebenso wie Abs 4 Bestandteile des Schuldrechtsmodernisierungsgesetzes. Deshalb sind also § 247 BGB und Art 229 § 7 Abs 1 S 1 Nr 4 EGBGB mit dem Vorbehalt zu lesen: „... sofern nicht durch VO nach Abs 4 ein anderes bestimmt ist."

§ 8
Übergangsvorschriften zum Zweiten Gesetz zur Änderung schadensersatzrechtlicher Vorschriften vom 19. Juli 2002

(1) Die durch das Zweite Gesetz zur Änderung schadensersatzrechtlicher Vorschriften im

1. Arzneimittelgesetz,
2. Bürgerlichen Gesetzbuch,
3. Bundesberggesetz,

4. Straßenverkehrsgesetz,
5. Haftpflichtgesetz,
6. Luftverkehrsgesetz,
7. Bundesdatenschutzgesetz,
8. Gentechnikgesetz,
9. Produkthaftungsgesetz,
10. Umwelthaftungsgesetz,
11. Handelsgesetzbuch,
12. Bundesgrenzschutzgesetz,
13. Bundessozialhilfegesetz,
14. Gesetz über die Abgeltung von Besatzungsschäden,
15. Atomgesetz,
16. Bundesversorgungsgesetz,
17. Pflichtversicherungsgesetz und

in der Luftverkehrs-Zulassungs-Ordnung geänderten Vorschriften sind mit Ausnahme des durch Artikel 1 Nr. 2 des Zweiten Gesetzes zur Änderung schadensersatzrechtlicher Vorschriften eingefügten § 84a des Arzneimittelgesetzes und des durch Artikel 1 Nr. 4 des Zweiten Gesetzes zur Änderung schadensersatzrechtlicher Vorschriften geänderten § 88 des Arzneimittelgesetzes anzuwenden, wenn das schädigende Ereignis nach dem 31. Juli 2002 eingetreten ist.

(2) Der durch Artikel 1 Nr. 2 des Zweiten Gesetzes zur Änderung schadensersatzrechtlicher Vorschriften eingefügte § 84a des Arzneimittelgesetzes ist auch auf Fälle anzuwenden, in denen das schädigende Ereignis vor dem 1. August 2002 eingetreten ist, es sei denn, dass zu diesem Zeitpunkt über den Schadensersatz durch rechtskräftiges Urteil entschieden war oder Arzneimittelanwender und pharmazeutischer Unternehmer sich über den Schadensersatz geeinigt hatten.

(3) Der durch Artikel 1 Nr. 4 des Zweiten Gesetzes zur Änderung schadensersatzrechtlicher Vorschriften geänderte § 88 des Arzneimittelgesetzes ist erst auf Fälle anzuwenden, in denen das schädigende Ereignis nach dem 31. Dezember 2002 eingetreten ist.

Materialien: Zweites Gesetz zur Änderung schadensersatzrechtlicher Vorschriften v 19. 7. 2002 (BGBl 2002 I 2674); hierzu BT-Drucks 14/7752 (Regierungsentwurf mit Begründung, Stellungnahme des Bundesrates und Gegenäußerung der Bundesregierung); BT-Drucks 14/8780 (Beschlussempfehlung des Rechtsausschusses des Bundestages).

Schrifttum

Cahn, Einführung in das neue Schadensersatzrecht (2002)
Hess, Intertemporales Privatrecht (1998)
G Wagner, Das neue Schadensersatzrecht (2002)
ders, Das Zweite Schadensersatzrechtsänderungsgesetz, NJW 2002, 2049.

I. Funktion

1 Die Vorschrift ist durch Art 12 des „Zweiten Gesetzes zur Änderung schadensersatzrechtlicher Vorschriften" v 19. 7. 2002 ins EGBGB eingefügt worden und regelt dessen Inkrafttreten. Im Entwurf der Bundesregierung war noch ein einheitliches Datum für den Geltungsbeginn vorgesehen (damals: 1. 1. 2002). Dieser Entwurf ist für §§ 84a und 88 AMG durch die Beschlussempfehlung des Rechtsausschusses des Deutschen Bundestages ergänzt worden. Die Empfehlung hat im endgültigen Gesetzestext in Abs 1 am Ende und in Abs 2 und 3 ihren Niederschlag gefunden. Im übrigen ist wegen des späteren Abschlusses des Gesetzgebungsverfahrens der 1. 8. 2002 an die Stelle des ursprünglich geplanten Zeitpunktes getreten.

II. Das schädigende Ereignis

2 **1.** Maßgeblicher Zeitpunkt für die Geltung des neuen Schadensersatzrechts (abgesehen von §§ 84a und 88 AMG, dazu unten Rn 8) ist der **Eintritt des schädigenden Ereignisses**. Dieser Begriff ist nach gewöhnlichem rechtlichem Sprachgebrauch nicht eindeutig. Die am nächsten stehende allgemeine Vorschrift, Art 40 EGBGB, unterscheidet zwischen Handlungs- und Erfolgsort. Dementsprechend könnte das schädigende Ereignis entweder der Handlungs- oder der Erfolgszeit zugeordnet werden, also entweder der Erfüllung der haftungsbegründenden Tatbestandsmerkmale beim potentiell Haftpflichtigen oder dem Eintritt der Verletzung beim potentiell Schadensersatzberechtigten.

3 Die Anknüpfung an den Eintritt des schädigenden Ereignisses findet sich bereits in Art 6 des Gesetzes über Maßnahmen auf dem Gebiete des Verkehrsrechts v 16. 7. 1957 (BGBl 1957 I 710; ebenso Art 2 Ges v 15. 9. 1965, BGBl 1965 I 1362 und Art 5 Abs 1 Ges v 16. 8. 1977, BGBl 1977 I 1577). In den Übergangsvorschriften zur Herstellung der Rechtseinheit nach der Wiedervereinigung Deutschlands wird hingegen auf die Zeit der **begangenen Handlung** abgestellt (Art 231 § 4 und vor allem Art 232 § 10 EGBGB). Dieses Kriterium bereitet freilich Schwierigkeiten schon bei der Haftung für Unterlassen. Bei vielen Gefährdungshaftungen ist ein „Begehungszeitpunkt" als Merkmal eines haftungsbegründenden Tatbestandes vollends **ungeeignet**. Denn Zurechnungsgrund bei ihnen ist nicht ein konkret gefährdendes Verhalten, sondern die Schaffung und Aufrechterhaltung einer generell und abstrakt gefährlichen Lage. So ist es selbstverständlich, dass ein durch den Kfz-Betrieb nach dem 1. 8. 2002 entstandener Schaden auch dann unter die neuen Höchstbeträge und unter § 253 Abs 2 BGB fällt, wenn das Kfz selbst schon im Jahre 1995 oder 2000 erworben wurde. Dem Sinn der Schadensersatzneuordnung kann in solchen Fällen nur eine Auslegung gerecht werden, die das „schädigende Ereignis" mit dem Schadenseintritt gleichstellt. Dieses Ergebnis ist dem Haftpflichtigen regelmäßig zumutbar, da der Dauerbetrieb einer gefährlichen Anlage oder eines Verkehrsmittels auch sonst mit Änderungen des finanziellen Risikos aus Haftpflichtfällen verbunden sein kann.

4 Aber schon im Bereich der **Gefährdungshaftungen** passt diese Betrachtungsweise nicht immer. So hatte § 16 ProdHG für das Inkrafttreten der Haftung nach jenem Gesetz auf den Zeitpunkt abgestellt, in dem das Produkt in den Verkehr gebracht worden war. Wieder anders war die zeitliche Anknüpfung in § 23 UmweltHG: Danach sollte es auf die Verursachung des Schadens und nicht auf den Betriebsbeginn der umweltschädlichen Anlage ankommen (Staudinger/Kohler [2001] § 23 UmweltHG Rn 5 m Nachw auch zur abw Mindermeinung). Nach der Begründung zum RegE der hier erläuterten Vorschrift (BT-Drucks 14/7752, 44) sollte schon eine begrenzte Rückwirkung der Neuregelung vermieden werden. Dies lässt sich für die erwähnten Beispiele von Gefährdungshaftungen für Produkte und umweltgefährdende Anlagen nur verwirklichen, wenn die Grundsätze der seinerzeitigen Übergangsvorschriften in das „schädigende Ereignis" hineingelesen werden (ebenso im Ergebnis: Wagner NJW 2002, 2064). Der hierin anklingende Gedanke ist zu verallgemeinern: Soweit Gefährdungshaftungen nicht allein an den Betrieb einer Gefahrenquelle anknüpfen, sondern an ein (zusätzliches) **Handlungsmoment** (zB auch §§ 22 WHG, 32 GenTG, dazu Staudinger/Kohler [2001] §§ 32, 34, 35, 37 GenTG Rn 4 m Nachw), beginnt das „schädigende Ereignis" erst mit der Verwirklichung dieser Haftungsvoraussetzung (ebenso Hess 161). Beruht die Gefährdungshaftung allein auf der Gefahr (wie bei §§ 7 StVG, 1, 2, 4 HPflG, 33 LuftVG, 25 ff AtomG, nach hM auch § 833 BGB), ist schädigendes Ereignis allein der **Eintritt des Schadens.**

5 In Fällen der **Verschuldenshaftung** (einschließlich der Haftung für vermutetes Verschulden) ist Ausgangspunkt der Zurechnung ein menschliches Verhalten, so dass die Erwägungen zur Anknüpfung an ein Handlungsmoment bei einzelnen Gefährdungshaftungen hier generell zutreffen. Dies entspricht dem Willen des Gesetzgebers, eine Rückwirkung möglichst zu vermeiden, und wird auch vom allgemeinen Rückwirkungsverbot nahe gelegt. Zwar ist der strafrechtliche nulla poena sine lege-Satz nicht unmittelbar einschlägig. Denn jedenfalls bei der Haftung für fahrlässiges Verhalten gilt zivilrechtlich ein objektiver Maßstab. BVerfGE 63, 343, 357 hat aber dennoch ausgesprochen, der Bürger müsse sich auch im zivilen Deliktsrecht darauf verlassen können, dass sein dem jeweils geltenden Recht nicht widersprechendes Verhalten auch nicht nachträglich als rechtswidrig qualifiziert werde. Hiermit hat das BVerfG nicht nur Änderungen der Rechtsprechung auf dem Gebiet der Verschuldenshaftung auf künftige Fälle beschränkt, sondern erst recht dem **Gesetzgeber** Zügel angelegt. Daran wollte sich der Gesetzgeber des Zweiten Schadensersatzrechtsänderungsgesetzes ersichtlich halten. Die Neuregelung gilt somit für **Begehungsdelikte**, wenn die **schuldhafte Tatbestandsverwirklichung** nach dem 1. 8. 2002 liegt.

6 **2.** Schwierigkeiten ergeben sich hieraus für **Dauerhandlungen** und **Unterlassungen**. So kann der Schaden darauf beruhen, dass mehrere Teilhandlungen, die sowohl vor als auch nach dem 1. 8. 2002 vorgenommen worden sind, kumulativ gewirkt haben oder dass nicht mehr aufzuklären ist, ob das entscheidende Verhalten vor oder nach diesem Tag lag. Ein entsprechendes Problem stellt sich, wenn die unterlassene Schadensabwehr sowohl vor als auch nach dem 1. 8. 2002 möglich und tauglich gewesen wäre. In solchen Fällen ist dem Geschädigten ein Wahlrecht einzuräumen, ob er Ersatz nach altem Recht beansprucht oder ob er von einem schädigenden Ereignis nach dem 1. 8. 2002 ausgehen will, weil die Neuregelung für ihn günstiger ist (für ein Wahlrecht in den hier genannten Fällen auch Palandt/Heinrichs Rn 2). Das früher beim Deliktsstatut des Internationalen Privatrechts angewandte Günstigkeitsprinzip hat allerdings unter der Geltung des neuen Art 40 EGBGB (in der Fassung des Gesetzes zum Internationalen Privatrecht für außervertragliche Schuldverhältnisse und für Sachen v 21. 5. 1999, BGBl I 1026) keine Grundlage mehr (Allgemein zum „Günstigkeitsprinzip" im Intertemporalen Privatrecht Staudinger/Rauscher Art 231 § 4 EGBGB Rn 7 ff). Das an dessen Stelle getretene Wahlrecht des Verletzten nach Art 40 Abs 1 S 2 EGBGB ist aber ebenso wie nach altem Recht das Günstigkeitsprinzip auf das Intertemporale Privatrecht zu übertragen (Hess aaO 162, 164). Die Absicht des Gesetzgebers, eine Rückwirkung der Neuregelung möglichst zu vermeiden, steht dem Wahlrecht des Geschädigten nicht entgegen, weil es überhaupt nur in Fällen eingreifen kann, in denen nicht schon feststeht, dass die Verletzung allein aufgrund der vor dem 1. 8. 2002 verwirklichten Ursache(n) eingetreten ist (ähnlich Cahn Rn 446: kein Raum für die Anwendung neuen Rechts, wenn die frühere Ursache so beschaffen war, dass „die Verletzung auch ohne spätere Kausalbeiträge eingetreten sein würde"). Die hier vorgeschlagene Handhabung ist auf solche Gefährdungshaftungen zu erstrecken, die sich allein aus dem Betrieb ergeben und bei denen zB die Emission teils vor, teils aber nach dem Stichtag erfolgt ist (ebenso Schmidt-Salzer, Kommentar zum Umwelthaftungsrecht [1992] § 23 UmweltHG Rn 13; Staudinger/Kohler [2001] § 23 UmweltHG Rn 6 m Nachw; weitergehend – für Erstreckung auf Sachverhalte mit vor dem Stichtag abgeschlossener Emissionsverursachung, aber nach dem Stichtag eintretender Immissionswirkung auch bei Erfüllung des Tatbestandes von § 23 UmweltHG – mit ausführlicher Begründung Hess 164 f im Anschluss an BGH VersR 1983, 588 zu § 2 HPflG; für generelle Massgeblichkeit des Schadenseintritts Salje, UmweltHG [1993] § 23 Rn 3 f, 13; Diederichsen/Wagner VersR 1993, 641, 651).

III. Altregelungen für Renten

7 Durch die Erhöhung der **Haftungshöchstgrenzen** auch für Rentenleistungen ergibt sich die Frage, wie mit solchen **früheren** Rentenvereinbarungen und -urteilen zu verfahren ist, die eine Begrenzung der Rentenleistungen wegen der bisherigen Höchstbeträge vorsehen. Da § 8 sich nur auf Sachverhalte bezieht, in denen das schädigende Ereignis nach dem 1. 8. 2002 liegt, scheint die Frage gegen die Geschädigten negativ entschieden zu sein. Bei einer früheren Änderung der Haftungshöchstgrenzen hatte noch Art 7 des Gesetzes über Massnahmen im Verkehrsrecht v 16. 7. 1957 (BGBl 1957 I 710) ausdrücklich die Möglichkeit einer Anpassung künftiger Rentenbeträge vorgesehen. Hierin könnte man den Ausdruck eines allgemeinen Prinzips des intertemporalen Deliktsrechts sehen (in dieser Richtung Hess 165 f). Gerade die Existenz einer solchen positiven Vorschrift spricht aber dafür, dass die Problematik der andauernden Haftungsfolgen früherer Schadensereignisse dem Gesetzgeber regelmäßig bekannt ist und dass in dem Unterlassen einer Spezialregelung der Geltungsanspruch der allgemeinen Regel auch für solche Fälle zum Ausdruck kommt. Eine Anpassung wegen einer schwerwiegenden Änderung der Geschäftsgrundlage für vertragliche Rentenregelungen nach § 313 Abs 1, 2 BGB ist schon deshalb abzulehnen, weil die alten Höchstbeträge auch Bestandteil der Kalkulation der Haftpflichtversicherer waren und der Gesetzgeber gegen jegliche Rückwirkung nicht zuletzt deshalb Stellung genommen hat, weil er sie den Versicherungen nicht zumuten wollte.

IV. Arzneimittelrechtliche Sonderregelungen: Abs 2 und 3

8 Die Rückwirkung des **Auskunftsanspruchs** nach § 84a AMG gemäß Abs 2 für Schadensereignisse, die bereits vor dem 1. 8. 2002 eingetreten waren, über die aber bis dahin noch nicht gerichtlich entschieden oder eine vertragliche Vereinbarung getroffen worden war, erscheint aus den vom Rechtsausschuss (BT-Drucks 14/8780) angeführten Gründen sachgerecht: Durch die Regelung wird allein die prozessuale Chancengleichheit hergestellt, und das Arzneimittelunternehmen verfügt ohnehin über die Informationen, die es nach der Neuregelung nun auch dem Prozessgegner zugänglich machen muss. – Das **Hinausschieben der Geltung** neuer Höchstbeträge im Arzneimittelrecht gemäß Abs 3 bis zum 31.12. 2002 beruht auf versicherungstechnischen Gründen: Die Umstellung der Versicherungsverträge ist dort generell nur zum Jahreswechsel möglich. Freilich hat sich der Rechtsausschuss des Bundestages in der Begründung seiner Empfehlung gar nicht damit auseinandergesetzt, ob vielleicht in anderen Branchen ähnliche Versicherungsverhältnisse bestehen. Wenig überzeugend ist auch der Hinweis der Beschlussempfehlung, dass die neuen Höchstbeträge des Arzneimittelrechts nicht wesentlich höher sind als diejenigen nach altem Recht und daß deshalb das Hinausschieben vertretbar sei. Denn gerade dann ist es nicht ohne weiteres einzusehen, weshalb das eher geringe finanzielle Risiko aus einem Inkrafttreten zum 1.8. 2002 den Arzneimittelbenutzern leichter zuzumuten sein soll als den Herstellern. Da § 253 Abs 2 BGB allgemein und somit auch zu Lasten von Arzneimittelherstellern am 1.8. 2002 in Kraft getreten ist, erscheint es nicht recht überzeugend, dass das Schmerzensgeldrisiko trotz der versicherungstechnischen Überwälzungsprobleme den Herstellern zugemutet wird, das Risiko aufgrund höherer Höchstbeträge aber nicht. Dieser Mangel an Überzeugungskraft ist aber kein Grund, die Vorschrift geradezu als willkürlich und somit verfassungswidrig anzusehen.

§ 9
Überleitungsvorschrift zum OLG-Vertretungsänderungsgesetz vom 23. Juli 2002*

(1) Die §§ 312a, 312d, 346, 355, 358, 491, 492, 494, 495, 497, 498, 502, 505 und 506 des Bürgerlichen Gesetzbuchs in der seit dem 1. August 2002 geltenden Fassung sind, soweit nichts anderes bestimmt ist, nur anzuwenden auf

1. **Haustürgeschäfte, die nach dem 1. August 2002 abgeschlossen worden sind, einschließlich ihrer Rückabwicklung und**
2. **andere Schuldverhältnisse, die nach dem 1. November 2002 entstanden sind.**

§ 355 Abs. 3 des Bürgerlichen Gesetzbuchs in der in Satz 1 genannten Fassung ist jedoch auch auf Haustürgeschäfte anzuwenden, die nach dem 31. Dezember 2001 abgeschlossen worden sind, einschließlich ihrer Rückabwicklung.

(2) § 355 Abs. 2 ist in der in Absatz 1 Satz 1 genannten Fassung auch auf Verträge anzuwenden, die vor diesem Zeitpunkt geschlossen worden sind, wenn die erforderliche Belehrung über das Widerrufs- oder Rückgaberecht erst nach diesem Zeitpunkt erteilt wird.

* Bei der Nummerierung der Paragraphen des Art 229 EGBGB war dem Gesetzgeber zunächst ein Fehler unterlaufen, indem er zum einen durch das Zweite Gesetz zur Änderung schadensersatzrechtlicher Vorschriften vom 19. Juli 2002 (BGBl 2002 I 2674) und zum anderen durch das Gesetz zur Änderung des Rechts der Vertretung durch Rechtsanwälte vor den Oberlandesgerichten (OLG-Vertretungsänderungsgesetz) vom 23. Juli 2002 (BGBl 2002 I 2850) mit Wirkung vom 1. August 2002 versehentlich zweimal einen § 8 angefügt hat (vgl SCHMIDT-KESSEL ZGS 2002, 311, 317 Fn 44). Zwischenzeitlich ist dieses Versehen berichtigt worden: BGBl 2002 I 4410.

Materialien: BT-Drucks 14/9266 (Bericht des Rechtsausschusses).

Schrifttum

ARTZ, Die Neuregelung des Widerrufsrechts bei Verbraucherverträgen, BKR 2992, 606

BÜLOW, Heidelberger Kommentar zum Verbraucherkreditrecht (5. Aufl 2002)

SCHMIDT-KESSEL, Die Gesetzliche Ausweitung der Widerrufsrechte nach Heininger, ZGS 2002, 311.

Systematische Übersicht

I. Allgemeine Übergangsregeln (Abs 1 S 1 Nr 2)

1 Durch das OLG-Vertretungsrechtsänderungsgesetz vom 23. 7. 2002 ist als Konsequenz der Entscheidung des EuGH vom 13. 12. 2001 (Rs C-481/99, Slg 2002 I-9945 – HEINIGER mit Schlussanträgen LÉGER) eine Reihe von verbraucherschutzrechtlichen Bestimmungen verschärft worden. Art 229 § 9 Abs 1 S 1 Nr 2 EGBGB sieht für diese Vorschriften als allgemeine Übergangsregelung die Anwendbarkeit erst auf **Schuldverhältnisse** vor, die nach dem 1. 11. 2002, also **ab dem 2. 11. entstanden** sind (wie hier BÜLOW Art 229 § 8 Rn 36). Entstehung bedeutet auch hier den Eintritt der schuldrechtlichen Bindung, aus der sich Verpflichtungen des Schuldners ergeben (s im Einzelnen Art 229 § 5 Rn 9 ff).

2 **Praktisch** wird diese allgemeine Übergangsregel vor allem für Verbraucherdarlehensverträge sowie durch die Beseitigung der belehrungsunabhängigen Höchstfrist bei verbraucherschutzrechtlichen Widerrufsrechten im Allgemeinen (s. im Einzelnen SCHMIDT-KESSEL ZGS 2002, 311 ff).

3 **Einige dieser Änderungen** werden dadurch **stufenweise** eingefügt, dass die betreffenden Regeln für eine Übergangszeit abdingbar sind: So kann nach § 506 Abs 2 BGB zunächst noch – wie das bislang in § 495 Abs 2 BGB generell vorgesehen war – durch besondere schriftliche Vereinbarung bestimmt werden, dass bei einem Verbraucherdarlehen der Widerruf als nicht erfolgt gilt, wenn das empfangene Darlehen nicht binnen zwei Wochen zurückgezahlt wird (SCHMIDT-KESSEL ZGS 2002, 311, 314). Ebenso kann nach § 506 Abs 3 bei Immobiliardarlehensverträgen das neu eingeführte Widerrufsrecht zunächst noch vertraglich ausgeschlossen werden (SCHMIDT-KESSEL aaO). Diese Gestaltungsmöglichkeiten entfallen nach Art 34 S 2 OLG-Vertretungsrechtsänderungsgesetz mit Ablauf des 30. 6. 2005. Danach gilt die Regelung des § 506 Abs 1 auch für diese Gestaltungen; die Absätze 2–4 entfallen dann. Auf diese Stufung des Inkrafttretens nimmt Art 229 § 9 Abs 1 S 1 dadurch Bezug, dass er nur insoweit Anwendung finden will, dass „nichts anderes bestimmt ist". Nicht etwa liegt in dieser Formulierung die Zulassung einer allgemeinen, abweichenden kollisionsrechtlichen Rechtswahl, wie sie bei Art 229 § 1 mit der Formel: Soweit nicht ein anderes bestimmt „wird" eingeräumt wird (s Art 229 § 1 Rn 8).

II. Sonderregeln für Haustürgeschäfte

4 In Abweichung von der allgemeinen Regel sind nach Art 229 § 9 Abs 1 S 1 Nr 1 die Gesetzesänderungen auf Haustürgeschäfte schon dann anzuwenden, wenn diese nach dem 1. 8. 2002, also **ab dem 2. 8. abgeschlossen** worden sind. Dabei ist jedoch zu beachten, dass § 506 Abs 2–4 in der bis zum 30. 6. 2005 geltenden Fassung auf Haustürgeschäfte ohnehin keine Anwendung findet.

5 Nach Art 229 § 9 Abs 1 S 2 ist die Neufassung des § 355 Abs 3 **rückwirkend** schon auf solche Haustürgeschäfte anzuwenden, die nach dem 31. 12. 2001 abgeschlossen worden sind. Der Gesetzgeber hat damit der Entscheidung des EuGH, wonach die Richtlinie gebietet, dass das Widerrufsrecht bei Haustürgeschäften nicht erlischt, wenn der Verbraucher nicht ordnungsgemäß über sein Widerrufsrecht belehrt worden ist (EuGH, Urt v 13. 12. 2001, Rs C-481/99, Slg 2002, I-9945, Nr 49–54 sowie ebendort Nr 66–71 der Schlussanträge von Generalanwalt Léger), auch für die Zeit zwischen dem 1. 1. und dem 1. 8. 2002 Rechnung getragen.

III. Belehrung über den Widerruf (Abs 2)

6 Die Neufassung von § 355 Abs 2 hat das Erfordernis der zweiten Unterschrift unter die Belehrung über das Widerrufsrecht in Wegfall gebracht und damit insbesondere die Nachholung von Belehrungen erleichtert (Schmidt-Kessel ZGS 2002, 311, 312 f). Für den Fall dieser Nachholung verlängert sich die Widerrufsfrist nunmehr auf einen Monat. Art 229 § 9 Abs 2 ermöglicht die **Nachholung der Belehrung** zu diesen Bedingungen **auch für Altverträge**. Dabei ist für Haustürgeschäfte auf den 1. 8. 2002 als Zeitpunkt und für andere Schuldverhältnisse auf den 1. 11. 2002 abzustellen. Dass Abs 2 nur in der Einzahl von „diesem Zeitpunkt" spricht, muss als unschädliche unscharfe Formulierung angesehen werden. Da Abs 2 auf den Vertragsschluss vor diesem Zeitpunkt Bezug nimmt, erstreckt er sich bei wörtlicher Auslegung an sich nicht auf Verträge, die am 1. 8. bzw 1. 11. 2002 geschlossen worden sind. Für diese kommt der § 355 Abs 2 in seiner neuen Fassung daher weder nach Art 229 § 9 Abs 1 noch nach Abs 2 zur Anwendung (s Artz BKR 2002, 603, 609; Bülow Art 229 § 8 Rn 4 f). Da dies aber sinnlos ist, wird man die Vorschrift bei teleologischer Betrachtung auch auf diese Fälle anzuwenden haben. Voraussetzung ist in jedem Fall, dass die Belehrung über das Widerrufs- oder Rückgaberecht nach dem 1. 8. bzw 1. 11. 2002 erteilt wird.

IV. Verhältnis zu Art 229 § 5 S 2 EGBGB

7 Art 229 § 5 S 2 EGBGB ordnet an, dass das Bürgerliche Gesetzbuch auf vor dem 1. 1. 2002 entstandene Dauerschuldverhältnisse ab dem 1. 1. 2003 in der dann geltenden Fassung anzuwenden ist (zu den Einzelheiten Art 229 § 5 Rn 32 ff). Dementsprechend gelangen auch die durch das OLG-Vertretungsrechtsänderungsgesetz vorgenommenen Änderungen bei diesen Altverträgen zur Anwendung. **Art 229 § 5 S 2 EGBGB** stellt nämlich eine **Spezialvorschrift für Dauerschuldverhältnisse** dar, hinter der der widerrufsrechtliche Art 229 § 9 zurücktritt. Dies folgt in erster Linie aus dem

Sinn von Art 229 § 5 S 2, der ab dem 1. 1. 2003 für einheitliches Recht sorgen will. Zugleich wird auf diese Weise vermieden, dass § 353 Abs 3 BGB in seiner bisherigen – gemeinschaftsrechtswidrigen – Fassung auf Altverträge zur Anwendung gelangt (Schmidt-Kessel ZGS 2002, 311, 319). Dazu, dass ein auf diesem Wege etwa neu begründetes Widerrufsrecht nicht über den 1. 1. 2003 hinaus zurückwirkt, s Art 229 § 5 Rn 45.

Sechster Teil

Inkrafttreten und Übergangsrecht aus Anlaß der Einführung des Bürgerlichen Gesetzbuchs und dieses Einführungsgesetzes in dem in Artikel 3 des Einigungsvertrages genannten Gebiet

Artikel 230 EGBGB
Inkrafttreten

Das Bürgerliche Gesetzbuch und dieses Einführungsgesetz treten für das in Artikel 3 des Einigungsvertrages genannten Gebiet am Tage des Wirksamwerdens des Beitritts nach Maßgabe der folgenden Übergangsvorschriften in Kraft.

Materialien: Einigungsvertragsgesetz v 23. 9. 1990 (BGBl 1990 II 885) Anlage I Kapitel III Sachgebiet B Abschnitt II 1; hierzu BT-Drucks-11/7760 (Entwurf mit Erläuterungen Teile A, B S. 355 ff); BT-Drucks 11/7817 (Erläuterungen Teil C zu Anlagen I, II). Neu gefaßt durch Art 2 Abs 2 KündFG v 7. 10. 1993 (BGBl 1993 I 1668), hierzu BT-Drucks 12/4902, 4907, 5081 (Entwürfe), BT-Drucks 12/5228 (Beschlußempfehlung); geändert durch Art 63 PflegeVG v 26. 5. 1994 (BGBl 1994 I 1014), hierzu BT-Drucks 12/5263, 5616, 5760, 5772 (Entwürfe), BT-Drucks 12/5798 (Beschlußempfehlung). Abs 1 gestrichen, ehmaliger Abs 2 neu gefaßt durch Art 3 Nr 3 Beistandschaftsgesetz v 4. 12. 1997 (BGBl 1997 I 2846), hierzu BT-Drucks 13/892 (Entwurf), BT-Drucks 13/8509 (Beschlußempfehlung).

Schrifttum

ADOMEIT/THAU, Das Gesetz zur Vereinheitlichung der Kündigungsfristen, NJW 1994, 11
COESTER-WALTJEN, Ausgewählte zivilrechtliche Fragen im Einigungsvertrag: Interlokale und intertemporale Probleme, Ehegüterrecht und nachehelicher Unterhalt, Jura 1991, 516
DÖRNER/MEYER-SPARENBERG, Rechtsanwendungsprobleme im Privatrecht des vereinten Deutschland, DtZ 1991, 1
DÖRNER, Das deutsche interlokale Privatrecht nach dem Einigungsvertrag, in: FS W Lorenz (1991) 321
ders, Interlokales Erbrecht nach der Wiedervereinigung – ein schwacher Schlußstrich, IPRax 1995, 89
DROBNIG, Innerdeutsches und interlokales Kollisionsrecht nach der Einigung Deutschlands, RabelsZ 1991, 268
FISCHER, Deutsch-deutsche Vertragsschlüsse zwischen Wende und Einheit, IPRax 1995, 161
GRANDKE, Familienrecht in der ehemaligen DDR nach dem Einigungsvertrag, DtZ 1990, 321
HENRICH, Probleme des interlokalen und internationalen Ehegüter- und Erbrechts nach dem Einigungsvertrag, IPRax 1991, 14
vHOFFMANN, Internationales Privatrecht im Einigungsvertrag, IPRax 1991, 1
HORN, Das Zivil- und Wirtschaftsrecht im neuen Bundesgebiet (2. Aufl 1993, zit: HORN)
HROMADKA, Rechtsfragen zum Kündigungsfristengesetz, BB 1993, 2372
JAYME, Allgemeine Ehewirkungen und Ehescheidung nach dem Einigungsvertrag – Innerdeutsches Kollisionsrecht und Internationales Privatrecht, IPRax 1991, 11
JAYME/FURTAK, Der Weg zur deutschen Rechtseinheit (1991)
LÜBCHEN (Hrsg), Kommentar zum sechsten Teil des EGBGB (1991)
LÜCK, Beginn und Ende der gesetzlichen

Amtspflegschaft nach dem Einigungsvertrag, FamRZ 1992, 886
MANSEL, Innerdeutsche Rechtsanwendung: (Noch) geltendes Kollisionsrecht, DtZ 1990, 225
ders, Zum Anwendungsbereich der Artikel 230 bis 235 EGBGB, DtZ 1991, 124
MAGNUS, Deutsche Rechtseinheit im Zivilrecht die Übergangsregelungen, JuS 1992, 456
MARBURGER, Lohn- und Gehaltsfortzahlung in den hinzugetretenen Ländern, RdA 1991, 153
MAURER, Zum Unterhaltsrecht im Beitrittsgebiet, DtZ 1993, 130
ders, Kindesunterhalt im Beitrittsgebiet, FamRZ 1994, 337
MÖRSDORF-SCHULTE/OTTE, Deutsch-deutsche und internationale Altfälle nach dem Einigungsvertrag, ZIP 1993, 15
NISSEL, Fortgeltendes Recht nach dem Einigungsvertrag, DtZ 1990, 530
PFEIFFER/BIRKENFELD-PFEIFFER, Arbeitsrecht nach dem Einigungsvertrag, DtZ 1990, 325
PIRRUNG, Einigungsvertrag und Kollisionsrecht. Zum Verständnis von Art 230 II und 236 EGBGB, RabelsZ 55 (1991) 211
RAUSCHER, Intertemporale Bestimmungen zum internationalen Ehegüterrecht im Einigungsvertrag, DtZ 1991, 20
ders, Gespaltenes Kindschaftsrecht im vereinten Deutschland, StAZ 1991, 1
SCHURIG, Ein Kollisionsrecht für das Kollisionsrecht im vereinigten Deutschland, in: FS W Lorenz (1991) 513
SIEHR, Das Kindschaftsrecht im Einigungsvertrag, IPRax 1991, 20
ders, Der Einigungsvertrag und seine internationalen Kollisionsnormen, RabelsZ 55 (1991) 240
STOLL, Kollisionsprivatrechtliche Aspekte des Vertrages über die deutsche Einigung, in: FS W Lorenz (1991) 577
WLOTZKE/LORENZ, Arbeitsrecht und Arbeitsschutzrecht im deutsch-deutschen Einigungsprozeß, Beilage 35 zu BB 1990, 1.

Systematische Übersicht

Alphabetische Übersicht

I. Normbedeutung

1. Beitrittsgebiet

1 Zum 3. 10. 1990 ist die DDR dem Grundgesetz beigetreten. Gemäß Art 8 Einigungsvertrag (EV) ist damit grundsätzlich das Recht der Bundesrepublik im Beitrittsgebiet (gemäß Art 3 EV die Länder Brandenburg, Mecklenburg-Vorpommern, Sachsen, Sachsen-Anhalt, Thüringen sowie der Teil Berlins, in dem das GG bisher nicht galt) in Kraft getreten.

2. BGB und Nebengesetze im Einigungsvertrag

2 **a)** Die Vorschriften zum Inkrafttreten des BGB und des EGBGB im Beitrittsgebiet sind in einem neuen sechsten Teil des EGBGB zusammengefaßt (BT-Drucks 11/7817, 36). Die Überleitungsbestimmungen zu **sonstigem Bundesrecht** mit bürgerlichrechtlichem, arbeitsrechtlichem und handelsrechtlichem Inhalt finden sich im EV Anlage I Kapitel III Sachgebiet B (Bürgerliches Recht), Sachgebiet D (Handels- und Gesellschaftsrecht und Kapitel VIII Sachgebiet A (Individual-Arbeitsrecht). Die **Fortgeltung** von Vorschriften des Rechts der ehemaligen DDR ist – bei identischer Gliederung der Kapitel und Sachgebiete – geregelt in Anlage II. Die Gliederung der Anlagen folgt der Verteilung der Geschäftsbereiche der Bundesregierung.

3 **b)** In zahlreichen **Sondergesetzen** sind weitere, die Vereinheitlichung des Privatrechts betreffende Bestimmungen enthalten (DM-Bilanzgesetz, Landwirtschaftsanpassungsgesetz, Grundbuchbereinigungsgesetz, Bodensonderungsgesetz, Meliorationsanlagengesetz, Erholungsnutzungsgesetz, Vermögensgesetz, Vermögenszuordnungsgesetz, Sachenrechtsbereinigungsgesetz, Schuldrechtsanpassungsgesetz, VerkehrsflächenbereinigungsG), die im folgenden nur insoweit erläutert sind, als ein Zusammenhang mit den in Art 231 bis 235 geregelten Materien besteht (vgl insbesondere zum SachenrechtsänderungsG und zum SachenrechtsbereinigungsG: Art 232 § 1a Rn 65 ff, Art 233 § 2a Rn 162 ff, Art 233 § 2b Rn 4 ff, Art 233 § 2c Rn 18 ff, Art 233 § 3 Rn 72 ff, Art 233 § 4 Rn 103 ff; zum VerkehrsflächenbereinigungsG Art 233 § 2a Rn 183 ff; zum SchuldrechtsanpassungsG: Art 232 § 1a Rn 31 ff, Art 232 § 4 Rn 57 ff).

3. Regelungsinhalt Art 230

a) Überleitung

aa) Die seit der Streichung von Abs 1 durch das *BeistandschaftsG* (1. 7. 1998) geltende Fassung entspricht inhaltlich Abs 2 aF. Sie bestätigt den Grundsatz der Überleitung (Art 8 EV; Drobnig RabelsZ 1991, 223) für das Bürgerliche Gesetzbuch und das Einführungsgesetz unter Hinweis auf die nachfolgenden **Überleitungsvorschriften** (Art 231 bis 235). Insbesondere traten hiernach auch **Sachnormen** innerhalb des Internationalen Privatrechts (Art 220 Abs 4, 5 aF) am 3. 10. 1990 im Beitrittsgebiet in Kraft ohne Beschränkung durch Art 236 EGBGB. Auch gewohnheitsrechtliche Grundsätze des bundesdeutschen Bürgerlichen Rechts und des Handelsrechts sind von Art 230 erfaßt (Palandt/Heinrichs Rn 2; **aA** LG Köln DtZ 1995, 452: kaufmännisches Bestätigungsschreiben). 4

bb) Art 230 ff gelten als Teil des EGBGB **im gesamten Bundesgebiet**, nicht nur in den neuen Bundesländern (Palandt/Heinrichs Rn 1). 5

b) Rechtsspaltung (Abs 1 aF)

Abs 1 bewirkte für einige Vorschriften eine **interlokale Rechtsspaltung** für die Zeit seit dem 3. 10. 1990. Die Bestimmung nahm einzelne Vorschriften von dem Grundsatz der Überleitung (Art 8 EV) aus; im Beitrittsgebiet galt insoweit anderes Recht als in den alten Bundesländern (Hinweise hierzu Rn 7 ff). 6

II. Hinweise zur Rechtsspaltung nach Abs 1 aF

1. Kollisionsrechtliche Einordnung

a) Abs 1 aF nahm in der bis zum 30. 6. 1998 geltenden Fassung §§ 1706 bis 1710 BGB – in der ursprünglichen Fassung auch § 616 Abs 2 und 3 sowie § 622 BGB – von der Inkraftsetzung des Bundesrechts im Beitrittsgebiet aus. Diese Rechtsspaltung galt vor allen deutschen Gerichten. Daher waren **interlokale Kollisionsnormen** für die Bestimmung jener Rechtsverhältnisse zu entwickeln, die dem für das Beitrittsgebiet geltenden Recht unterliegen. Ausdrückliche interlokale Normen enthält der EV nicht. Die einheitlichen interlokalen Kollisionsregeln zu Abs 1 waren grundsätzlich in Anlehnung an das bisherige innerdeutsche Kollisionsrecht in Analogie zu Art 3 ff EGBGB zu entwickeln (BT-Drucks 11/7817, 36 f; Dörner/Meyer-Sparenberg DtZ 1991, 6; Drobnig RabelsZ 1991, 275, 286; Pirrung RabelsZ 1991, 233; Bosch FamRZ 1991, 752; **aA** Stoll, in: FS W Lorenz [1991]. selbstgerechte Sachnormen). 7

8 **b) Anknüpfungskriterium** war anstelle der Staatsangehörigkeit der **gewöhnliche Aufenthalt** des Anknüpfungssubjekts (Palandt/Heinrichs Rn 3; Rauscher StAZ 1990, 1; Pirrung RabelsZ 1991, 233; Maurer FamRZ 1994, 343). Besonderheiten galten für die interlokale Anknüpfung in Fällen mit **Auslandsbezug** (dazu Staudinger/Rauscher [1996] Rn 11).

2. Nichteheliche Kindschaft (§§ 1706 bis 1710 aF BGB)

9 **a)** Für das Beitrittsgebiet wurden die Bestimmungen zur **Amtspflegschaft** über nichteheliche Kinder (§§ 1706 aF bis 1710 aF BGB) nicht in Kraft gesetzt. Der Mutter eines nichtehelichen Kindes stand die unbeschränkte elterliche Sorge zu, jedoch galt **nicht das Kindschaftsrecht des FGB** fort (unzutreffend östOGH IPRax 1992, 119 zu Art 3 MSA). Es galt § 1705 aF BGB, jedoch nicht die Einschränkungen nach §§ 1706 ff aF BGB (Maurer DtZ 1993, 133; ders FamRZ 1994, 343; Lück FamRZ 1992, 887).

Diese Regelung galt zeitlich unbefristet auch für **nach dem 3. 10. 1990 geborene Kinder**, also – intertemporal gesehen – neu entstehende Kindschaftsverhältnisse (BT-Drucks 11/7817, 36).

10 **b)** Ein **Ergänzungspfleger** mit einem der Wirkungskreise nach § 1706 aF BGB war nur ausnahmsweise zu bestellen, wenn die Mutter *überdurchschnittlich unerfahren und geschäftsungewandt* war. Unkenntnis des Rechts der Vaterschaftsfeststellung genügte nicht (**aA** DIV-Gutachten DAVorm 1991, 843). Eine ggf erforderliche und erbetene Unterstützung war durch die Einrichtung einer **Beistandschaft** gemäß § 1685 aF BGB zu gewähren (vgl LG Berlin FamRZ 1991, 1097).

11 **c) Zweck der Regelung** war es, zu verhindern, daß in das bisher bestehende Erziehungsrecht der Mutter eingegriffen wurde. Im Recht der DDR war keine Amtspflegschaft vorgesehen; bei unverheirateten Eltern stand der Mutter das unbeschränkte Erziehungsrecht zu (§ 46 Abs 1 FGB, vgl aber zum gemeinsamen Erziehungsrecht § 46 Abs 4 idF des 1. FamRÄndG sowie zum Erziehungsrecht des Vaters bei Verlust des Erziehungsrechts der Mutter § 46 Abs 2 FGB bzw Abs 5 idF durch 1. FamRÄndG).

12 **d)** Das **rechtspolitische Signal** dieser Regelung reichte jedoch weiter, denn der reine Schutz eines am 3. 10. 1990 bestehenden unbeschränkten Erziehungsrechtes hätte sich auch durch eine bloße Übergangsregelung – die systematisch in Art 234 einzuordnen gewesen wäre – erreichen lassen. Es bestand bei den Verhandlungen zum EV Einigkeit, daß eine **Novellierung des Nichtehelichenrechts** für das gesamte Bundesgebiet in Angriff genommen werden und das Institut der Amtspflegschaft überprüft werden sollte (BT-Drucks 11/7817, 36; Rauscher StAZ 1990, 4; Siehr IPRax 1991, 21; Lück FamRZ 1992, 887). Dies, sowie die weitgehende Beseitigung der ebenfalls im Recht der DDR nicht vorhandenen **Statusunterschiede** mit nachteiligen Rechtsfolgen für „nichteheliche" Kinder (vgl auch Art 235 § 1 Abs 2) wurde durch die Kindschaftsrechtsreform (KindRG, BeistG, ErbGleichstG) zum 1. 7. 1998 erreicht, so daß sich mit Streichung der §§ 1706 ff auch die Rechtsspaltung durch Abs 1 aF erledigte.

13 **e)** Grundsätzlich bestimmte sich der Eintritt der Amtspflegschaft nach dem **gewöhnlichen Aufenthalt des Kindes** analog Art 20 Abs 2 EGBGB (Nachw im folgenden;

aA Stoll, in: FS W Lorenz [1991] 595; Andrae IPRax 1992, 120). Bei Geburt eines nichtehelichen Kindes mit **deutscher Staatsangehörigkeit** im Beitrittsgebiet entstand keine Amtspflegschaft, bei Geburt des Kindes in einem alten Bundesland gelten §§ 1706 bis 1710 BGB.

f) Strittig waren die Auswirkungen eines **Aufenthaltswechsels** des Kindes zwischen dem Beitrittsgebiet und den alten Bundesländern. Die *überwiegende Ansicht* nahm in beiden Richtungen bei Verlegung des gewöhnlichen Aufenthalts einen Statutenwechsel an, also Entstehen bzw Erlöschen der Amtspflegschaft (LG Lüneburg FamRZ 1992, 1101; LG Darmstadt DAVorm 1996, 399; Dörner/Meyer-Sparenberg DtZ 1991, 7; Pirrung RabelsZ 1991, 234; Sturm IPRax 1991, 235; Lübchen/Göhring 26). Hierfür sprach klar die entsprechende Behandlung zum Fall des Zuzugs aus dem Ausland (BGHZ 111, 199; im einzelnen Staudinger/Rauscher [1996] Rn 22 ff). **14**

Eine Gegenansicht folgerte – mit rechtspolitisch guten Gründen (dazu Staudinger/Rauscher [1996] Rn 21) – aus dem legislativen Zweck der Rechtsspaltung eine Selbstbegrenzung der Norm im Falle eines Aufenthaltswechsels von Ost nach West. Ein Aufenthaltswechsel von West nach Ost führte hiernach zum Wegfall der Amtspflegschaft, der Aufenthaltswechsel in umgekehrter Richtung aber nicht zur Entstehung (Palandt/Diederichsen[56] Art 234 § 11 Rn 3; MünchKomm/Hinz Rn 4; Siehr IPRax 1991, 23; Drobnig RabelsZ 1991, 288; Lück FamRZ 1992, 887 ff; ebenso im Ergebnis: Stoll, in: FS W Lorenz [1991] 595; Andrae IPRax 1992, 120; Maurer FamRZ 1994, 337, 343). Vereinzelt wurde von einer *dritten Ansicht* auch für den Fall des Aufenthaltswechsels von West nach Ost die überwiegende Ansicht angezweifelt. Die Amtspflegschaft könne nur faktisch nicht von den Jugendämtern in den neuen Bundesländern ausgeübt werden, wohl aber rechtlich (Lück FamRZ 1992, 890 gegen Rauscher StAZ 1991, 56), die Amtspflegschaft bestehe daher latent fort und ruhe nur (Lück aaO; Maurer DtZ 1993, 133; ders FamRZ 1994, 343; ähnlich Brüggemann, in: Wiesner/Zarbock [Hrsg]. Das neue KJHG und seine Umsetzung in die Praxis [1991] 218; DIV-Gutachten DAVorm 1990, 1063; DAVorm 1991, 46; DAVorm 1991, 288: Erforderlichkeit der Aufhebung der Amtspflegschaft bei Umzug nach Osten).

3. Arbeitsrecht

a) Rechtsspaltung nach Abs 1 aF

aa) Auch auf dem Gebiet des Arbeitsrechts ist zum 3. 10. 1990 grundsätzlich das Recht der Bundesrepublik im Beitrittsgebiet gemäß Art 8 EV, Art 230 Abs 2 in Kraft getreten (Pfeiffer/Birkenfeld-Pfeiffer DtZ 1990, 325). Dies gilt auch für die Materien, welche bereits aufgrund des **1. Staatsvertrages** mit Wirkung zum 1. 7. 1990 neu kodifiziert wurden (vgl **G zur Änderung des ArbeitsGB** v 22. 6. 1990, GBl DDR I 371; Pfeiffer/Birkenfeld-Pfeiffer DtZ 1990, 326; Wlotzke/Lorenz BB Beilage 35/1990, 3; zur intertemporalen Anwendung des **ÄndGArbGB**: KreisG Quedlinburg DtZ 1991, 63; zu den wesentlichen **Inhalten** des **ÄndGArbGB**: Nägele BB Beilage 9/1990, 22; ders BB Beilage 10/1990, 26; Heuse BB Beilage 26/1990, 22; im einzelnen Erläuterungen zu Art 232 § 5). **15**

bb) Abs 1 idF durch den EV nahm jedoch die **§§ 616 Abs 2 und 3** sowie **622 BGB** von der Inkraftsetzung des BGB im Beitrittsgebiet aus. Der Vorbehalt betreffend § 622 wurde durch Art 2 Abs 2 **KündigungsfristenG** mit Wirkung vom 15. 10. 1993 (Art 222 EGBGB) aufgehoben. Es handelt sich um eine Klarstellung, da die im Beitrittsgebiet bis dahin fortgeltenden Bestimmungen durch Art 5 KündFG aufgehoben **16**

wurden (BT-Drucks 12/5228, 7). Der Vorbehalt betreffend § 616 Abs 2 und 3 hat sich durch die Aufhebung dieser Vorschriften durch **Art 56 PflegeVG** mit Wirkung zum 1. 1. 1995 erledigt. Seine Streichung ist eine zwingende Folgeänderung des § 616 BGB (BT-Drucks 12/5798, 27). Er wurde durch **Art 63 PflegeVG** aufgehoben.

17 **cc)** **Bis einschließlich 31. 12. 1994** galten im Beitrittsgebiet statt § 616 Abs 2 und 3 BGB aF die Regelungen über die **Lohnfortzahlung** nach §§ 115a bis e des **Arbeitsgesetzbuches** der DDR (ArbGB) v 16. 6. 1977 (GBl DDR I 1977, 185, zuletzt geändert GBl DDR I 1990, 371) fort (BT-Drucks 11/7817, 36, dort unrichtig „a bis g", gemäß EV Anlage II Kapitel VIII Sachgebiet A Abschnitt III Ziff 1 nur §§ 115 a, 115 c bis e fortgeltend, § 115b geändert durch EV Abschnitt II Ziff 1 a aaO).

18 **dd)** Hieraus ergab sich für Lohnfortzahlungsansprüche bis einschließlich 31. 12. 1994 folgende **Rechtslage** (Rn 19 ff), die für alle Arbeitnehmer (Arbeiter und Angestellte) weitgehend der Rechtslage nach §§ 1 Abs 1 bis 3, §§ 2 bis 6 **LohnfortzahlungsG aF** entsprach, nachdem §§ 115 a ff ArbGB durch das ÄndGArbGB in Erfüllung des 1. Staatsvertrages angeglichen worden waren. Die **Fortzahlungsdauer** (§ 115a Abs 1 ArbGB) entsprach § 1 Abs 1 bis 3 LohnfortzahlungsG (LFG) mit Ausnahme der Einschränkung „nach Beginn der Beschäftigung".

19 Gleichgestellt waren – ähnlich § 7 LFG aF – **Kuren** und **Schonungszeiten. Schwangerschaftsabbruch** und **Sterilisation** sind nicht genannt. Der **Schwangerschaftsabbruch** war gemäß § 4 Abs 1 G über die Unterbrechung der Schwangerschaft v. 9. 3. 1972 (GBl DDR I 89; zur Fortgeltung: Art 31 Abs 4 EV) der Krankheit gleichgestellt. Die Sterilisation dürfte im Wege der Analogie gleichzustellen gewesen sein (Schwedes ArbuArbR 1990, 185).

20 Die **Höhe des fortzuzahlenden Lohns** orientierte sich in der fortgeltenden Neufassung von § 115b Abs 1 ArbGB am **Lohnausfallprinzip**, nicht mehr, wie bis zum 3. 10. 1990 an einem Durchschnittsverdienst. Abweichende Vereinbarungen waren zulässig (§ 115b Abs 3 ArbGB).

21 § 115b Abs 4 (ehem Abs 2) ArbGB begrenzte den Lohnfortzahlungsanspruch bei **Kleinarbeitgebern** (Betrieben mit nicht mehr als 30 Arbeitnehmern auf die Differenz von Nettodurchschnittsverdienst und Krankengeld; die Bestimmung war bereits zum 30. 6. 1991 außer Kraft getreten.

22 §§ 115c bis 115 e ArbGB entsprachen den §§ 4, 5, 6 LFG aF (zum Ganzen: Wlotzke/Lorenz BB Beilage 35/1990, 7; Pfeiffer/Birkenfeld-Pfeiffer DtZ 1990, 326; Palandt/Putzo[52] Art 232 § 5 Rn 8; MünchKomm/Oetker Art 232 § 5 Rn 43; Marburger RdA 1991, 154 ff).

23 **ee)** **Seit 1. 1. 1995** gilt für das Beitrittsgebiet das **EntgeltfortzahlungsG** (Art 53 PflegeVG) bzw §§ 48, 52 a **SeemannsG** idF durch Art 61 PflegeVG. §§ 115a bis e ArbGB sind außer Kraft getreten (Art 54 PflegeVG). Aufgrund der **Überleitungsvorschriften** in Art 67 PflegeVG greift die neue Rechtslage jedoch nicht ausnahmslos ein, wenn der Arbeitnehmer am 1. 1. 1995 arbeitsunfähig war oder sich zu diesem Zeitpunkt in einer Maßnahme der medizinischen Vorsorge oder Rehabilitation befindet oder ein Verfahren vor den zuständigen Gerichten anhängig ist. In diesen Fällen gilt vielmehr die Rechtslage nach altem Recht fort, wenn sie für den Arbeitnehmer günstiger ist.

Altes Recht iSd Übergangsvorschriften sind im Beitrittsgebiet die genannten (oben Rn 18 ff) Bestimmungen, insbesondere in §§ 115a bis e ArbGB.

ff) Hinsichtlich der **Mindestkündigungsfristen** galt **statt § 622 BGB** im Beitrittsgebiet **bis zum 14. 10. 1993** (Art 5 KündFG) § 55 ArbGB (EV Anlage II Kapitel VIII Sachgebiet A Abschnitt III Ziff 1a). § 55 ArbGB galt bis zu diesem Tag auch, soweit nach Bundesrecht für die Kündigungsfristen Nebengesetze bestanden, die nicht übergeleitet wurden, insbesondere das **Angestellten-KündigungsschutzG** und § 63 Abs 1 und 2 **SeemannsG**. Die für Kündigungen in der *öffentlichen Verwaltung* bestehende Maßgabe (EV Anlage I Kapitel XIX Sachgebiet A Abschnitt III Nr 1 Abs 4 Satz 4) gilt fort (Art 5 Satz 2 KündFG). Das bedeutet, daß im Rahmen der zunächst bis 2. 10. 1992, sodann bis 31. 12. 1993 befristeten Sonderkündigungsbestimmungen im EV (aaO; zur Verfassungsmäßigkeit der Geltungsverlängerung jedenfalls insoweit, als davon Fälle erfaßt werden, in denen der öffentliche Arbeitgeber rechtzeitig vor dem 2. 10. 1992 das Kündigungsverfahren eingeleitet hat, dieses sich jedoch ohne sein Verschulden hinausgezögert hat: BAG DtZ 1996, 6) ordentliche Kündigungen mangels fachlicher oder persönlicher Qualifikation oder zum Personalabbau den Fristen des § 55 ArbGB unterlagen (BAG DtZ 1993, 158; ADOMEIT/THAU NJW 1994, 15; zum ganzen: BT-Drucks 11/7817, 36; PFEIFFER/BIRKENFELD-PFEIFFER DtZ 1990, 326; PALANDT/PUTZO[52] Art 232 § 5 Rn 9). Zu der sich hieraus ergebenden, inzwischen überholten Rechtslage vgl STAUDINGER/RAUSCHER[12] Rn 15. **24**

gg) **Seit 15. 10. 1993** gelten die Kündigungsfristen des § 622 BGB nF, §§ 63 ff SeemannsG auch im Beitrittsgebiet (zur Rechtslage vgl Erläuterungen zu § 622 BGB; HROMADKA BB 1993, 2372; ADOMEIT/THAU NJW 1994, 11). § 55 ArbGB ist zum selben Tag außer Kraft getreten (Art 5 KündFG). **25**

hh) **Intertemporal** regelt Art 222 idF durch Art 2 Nr 1 KündFG das Inkrafttreten von § 622 BGB zwar ausdrücklich nur im Verhältnis zu *§ 622 BGB aF* und *§ 2 des G über die Fristen für die Kündigung von Angestellten* (dazu HROMADKA BB 1993, 2374). Die dort niedergelegten Überleitungsgrundsätze sind jedoch **entsprechend anzuwenden**, wenn vor dem 14. 10. 1993 auf das Arbeitsverhältnis § 55 ArbGB anwendbar war. Maßgeblich ist zwar grundsätzlich der Zugang der Kündigung vor/nach dem Inkrafttreten; neues Recht ist aber auf Kündigungen, die vor dem 15. 10. 1993 zugegangen sind, dennoch anwendbar, wenn das Arbeitsverhältnis am 15. 10. 1993 noch nicht beendet war und das neue Recht dem Arbeitnehmer günstiger ist (Art 222 Nr 1 analog) oder über die Kündigung ein Rechtsstreit anhängig ist, bei dem die Entscheidung von § 55 abhängig ist (Art 222 Nr 2 analog). **26**

b) Arbeitsrechtliche Nebengesetze

aa) Abweichungen im Arbeitsrecht in den neuen Bundesländern ergeben bzw ergaben sich vorübergehend auch aufgrund modifizierter Inkraftsetzung von arbeitsrechtlichen **Nebengesetzen** gemäß EV Anlage I Kapitel VIII Sachgebiet A: Von der Überleitung gemäß Art 8 EV **ausgenommen** waren: das **Gesetz über die Fristen für die Kündigung von Angestellten** (EV Anlage I Kapitel VIII Sachgebiet A Abschnitt I, außer Kraft seit 15. 10. 1993, Art 7 KündFG), § 62 Abs 2 bis 4, §§ 63 (aufgehoben BGBl 1994 I 3475), 64, 73, 75 Abs 3, § 75b Satz 2, §§ 82a, 83 HGB (EV ebenda Abschnitt III Ziff 2), §§ 105, 113 bis 114d, 115a, 119a, 133c bis 133f **GewerbeO** (EV ebenda Ziff 3a; §§ 114, 133c, 133 d aufgehoben BGBl 1994 I 3475); §§ 1 bis 7, § 9 **Lohnfortzah-** **27**

lungsG (EV ebenda Ziff 4, außer Kraft seit 1. 1. 1995, Art 66 PflegeVG) sowie § 38 **MitbestimmungsG** (EV ebenda Ziff 10).

Modifiziert in Kraft gesetzt wurde das **KündigungsschutzG** (EV ebenda Ziff 6), das **SeemannsG** (EV ebenda Ziff 7; Modifikation lit d, e bb außer Kraft seit 15. 10. 1993, Art 7 KündFG; lit c, e aa erledigt durch Außerkrafttreten der §§ 115 a ff ArbGB gemäß Art 54 PflegeVG, vgl auch Art 61 PflegeVG) und das **HeimarbeitsG** (EV ebenda, Ziff 8; Modifikation außer Kraft seit 15. 10. 1993, Art 7 KündFG).

28 **bb)** Soweit diese Bestimmungen auf die **Unterscheidung von Angestellten und Arbeitern** abstellten, entspricht die gesetzgeberische Motivation zur Nichtinkraftsetzung derjenigen hinsichtlich § 622 BGB aF und hat sich nach Maßgabe von Art 5, 6 KündFG durch Inkrafttreten von § 622 nF erledigt; sowie derjenigen Motivation hinsichtlich §§ 616 Abs 2 und 3, die durch das Inkrafttreten des *EntgeltfortzahlungsG* bereinigt wurde (näher Staudinger/Rauscher[12] Rn 16).

Einige Vorschriften waren bereits bei Inkrafttreten des EV **überflüssig** (so § 62 Abs 2 HGB inhaltsgleich zu § 618 Abs 2 BGB, § 74 HGB zu § 630 BGB, § 82a HGB obsolet wegen §§ 19, 5 Abs 1 Satz 1 BBiG), sowie die nicht in Kraft gesetzten Bestimmungen der GewO (BT-Drucks 11/7817, 136; MünchKomm/Oetker Art 232 § 5 Rn 38; BT-Drucks 11/7817, 135 f, 136 f zu Nr 1, 2, 3, 4, 7; Pfeiffer/Birkenfeld-Pfeiffer DtZ 1990, 326; zu dem zur Lohnfortzahlung bis 31. 12. 1994 und zur Kündigung bis 14. 10. 1993 statt dessen im **Beitrittsgebiet geltenden Recht** siehe oben Rn 18 ff).

Teilweise sind die genannten (Rn 27) Maßgaben befristet und haben sich durch Zeitablauf erledigt (näher dazu Erläuterungen zu Art 232 § 5). Die sich für das **Individualarbeitsrecht** im übrigen ergebende **Rechtslage** im Beitrittsgebiet wird in Sachzusammenhang mit den **intertemporalen Bestimmungen** zum Arbeitsrecht erläutert (Art 232 § 5).

29 **cc)** Erhebliche Abweichungen ergeben sich auch für das kollektive **Arbeitsrecht** durch die modifizierte bzw aufgeschobene Überleitung von Bestimmungen im **MitbestimmungsG, Montan-MitbestimmungsG** (EV ebenda Ziff 10, 11), **BetriebsverfassungsG** (EV ebenda Ziff 12) sowie für das **Tarifvertragsrecht** durch modifiziertes Inkrafttreten des **TarifvertragsG** (EV ebenda Ziff 14).

c) Interlokale Abgrenzung

30 **aa)** Die **interlokal betroffenen Arbeitsverhältnisse** waren entsprechend Art 30 Abs 2 Nr 1 zu bestimmen (Palandt/Putzo Art 232 § 5 Rn 4; **aA** Stoll, in: FS W Lorenz [1991] 595: Bindung an Arbeitgeber im Beitrittsgebiet), also vom *gewöhnlichen Ort der Arbeitsverrichtung* abhängig, auch bei *vorübergehender Beschäftigung* in einem anderen Staat oder im alten Bundesgebiet (Palandt/Putzo Art 232 § 5 Rn 4). Auf den Sitz der **Niederlassung**, die den Arbeitnehmer eingestellt hat, war nur abzustellen, wenn der Arbeitnehmer seine Arbeit gewöhnlich im alten wie im neuen Bundesgebiet verrichtet (entsprechend Art 30 Abs 2 S 2).

31 **bb)** Eine **Rechtswahl** war entsprechend Art 30 Abs 1 zulässig (**aA** Stoll, in: FS W Lorenz [1991] 595), jedoch stark beschränkt durch den Vorrang **unabdingbaren Rechts** (Art 27 Abs 3, Art 34). Für die von § 622 BGB aF/§ 55 ArbGB, § 616 Abs 2, 3

BGB aF/§§ 115a bis 115e ArbGB erfaßten Materien war wegen des überwiegend zwingenden Charakters dieser Schutzbestimmungen eine Rechtswahl praktisch nicht relevant. **Zwingende Arbeitsschutzbestimmungen** öffentlich-rechtlichen Charakters sind jedoch am Arbeitsort auch dann anzuwenden, wenn Arbeitsvertragsstatut eine andere Rechtsordnung ist (zB Geltung der ArbeitszeitO bei vorübergehender Abordnung aus dem Beitrittsgebiet in die alten Bundesländer).

4. Sonstige Fälle fortbestehender Rechtsspaltung

a) Rechtsspaltung in Art 231 bis 235 EGBGB

32 Art 231 bis 235 regeln versteckt zwischen *Übergangsbestimmungen* auch **Neufälle** betreffende Fortgeltung einzelner Bestimmungen des DDR-Rechts, die bürgerlich-rechtliche Sachverhalte betreffen, sowie Modifikationen des in Kraft gesetzten BGB.

Im einzelnen sind dies: Art 231 § 5 Abs 1, betreffend § 296 ZGB; Art 232 § 2 Abs 2, 3, 4, (7 in der bis 31. 12. 1993 geltenden Fassung), betreffend §§ 564b Abs 2 Nr 3, Abs 2 Nr 2 S 1, Abs 4 S 1 aF BGB, (§ 565 Abs 1 Nr 3 aF BGB – bis 31. 12. 1993); Art 232 § 4 Abs 1, betreffend §§ 312 bis 315 ZGB; Art 232 § 4 Abs 2, betreffend §§ 291 bis 294 ZGB; Art 232 § 5 Abs 2 betreffend § 613a BGB; Art 233 § 5, betreffend § 321 Abs 1 bis 3, § 322 ZGB; Art 234 § 4 Abs 2, betreffend §§ 13 bis 16, 39 bis 41 FGB; Art 234 § 4 Abs 4, betreffend § 39 FGB; Art 234 § 8 aF, betreffend die AnpassungsVO zu § 1612a Abs 2 aF BGB; Art 234 § 9 aF, betreffend den Regelbedarf (§ 1615 f Abs 1 S 2 aF BGB); Art 235 § 1 Abs 2, betreffend §§ 1934a bis 1934e, 2338a aF BGB (Drobnig RabelsZ 1991, 285; siehe Erläuterungen zu den jeweiligen Artikeln des EGBGB).

b) Modifizierte Inkraftsetzung von Nebengesetzen

33 **aa) Nicht in Kraft gesetzt** werden das **G über die richterliche Vertragshilfe** (BGBl III 402-4), das sich durch Zeitablauf praktisch erledigt hat (BT-Drucks 11/7817, 36) und die (ehemalige) **RegelunterhaltVO** v 27. 6. 1970 (BGBl I 1010, siehe Art 234 § 9).

34 **bb)** Rechtsspaltung auf dem Gebiet des bürgerlichen Rechts ergibt sich weiter aus Maßgaben zur Inkraftsetzung von Nebengesetzen gemäß Anlage I Kapitel III Sachgebiet B (Bürgerliches Recht) Abschnitt III sowie Sachgebiet D (Handels- und Gesellschaftsrecht, Versicherungsvertragsrecht) Abschnitt III: Teilweise finden sich bloße **Überleitungsbestimmungen**: vgl zum **Ehegesetz aF** Vorbem zu Art 234 § 3; zum Versorgungsausgleich Art 234 § 6; das **HaftpflichtG** (BGBl 1978 I 145) und das **ProdukthaftungsG** v 15. 12. 1989 (BGBl 1989 I 2198) sind nur anzuwenden auf nach dem 2. 10. 1990 eingetretene Schäden bzw in Verkehr gebrachte Produkte, das **VerschollenheitsG** (BGBl III 401-6, zuletzt BGBl 1986 I 1142) ist nicht anzuwenden auf vor dem Beitritt eingeleitete Verfahren.

35 **cc)** Daneben ergeben sich einzelne – hier nicht zu thematisierende – Fälle von **Rechtsspaltung** bei der Inkraftsetzung des **HGB, AG, GmbHG** und **PflVersG** sowie handelsrechtlicher Nebengesetze: zu den **arbeitsrechtlichen Bestimmungen** vgl oben Rn 18 ff; zu abweichenden Regelungen bei Inkraftsetzung der **GrundbuchO** EV Anlage I Kapitel III Sachgebiet B Abschnitt III 1 ff, *GrundbuchbereinigungsG* v 20. 12. 1993 (BGBl 1993 I 2182, 2192), § 144 GBO idF durch das *Registerverfahrensbeschleunigungs G, GebäudeGrundbuchVO* v 15. 7. 1994 (BGBl 1994 I 1606), *Grund-*

buchVorrangVO v 3.10. 1994 (BGBl 1994 I 2796; Böhringer DtZ 1995, 2). Zur **Schiffs-RegisterVO:** EV Anlage I Kapitel III Sachgebiet B Abschnitt III 6 f.

c) Inkraftsetzung und Fortgeltung von DDR-Recht

36 Die Fortgeltung bzw das Inkrafttreten einzelner DDR-Nebengesetze, die Materien des Bürgerlichen Rechts regeln, ergibt sich aus Anlage II Kapitel III Sachgebiet B EV:

aa) Von größerer Bedeutung sind unter den mit dem EV in Kraft getretenen Bestimmungen das **Gesetz über besondere Investitionen in der Deutschen Demokratischen Republik (InvestitionsG**; EV Anlage II Kapitel III Sachgebiet B Abschnitt I Ziff 4) sowie das **Gesetz zur Regelung offener Vermögensfragen** (VermG, EV ebenda Ziff 5).

37 bb) In Kraft bleiben die GrundstücksverkehrsVO v 15.12. 1977 (GBl DDR 1978 I 73; EV Anlage II Kapitel III Sachgebiet B Abschnitt II; Nissel DtZ 1991, 335; Turner DB-DDR Report 1990, 3/150; umbenannt in **GrundstücksverkehrsOrdnung**; Einzelheiten bei Schmidt/Wingbermühle VIZ 1994, 328) sowie – mit Modifikationen und als **Landesrecht** der neuen Bundesländer – das **Staatshaftungsgesetz v 12.5. 1969** (GBl DDR I 34 geändert durch Gesetz v 14.12. 1988, GBl DDR I 329; siehe Art 232 § 10 Rn 47 ff), letzteres mit den in Anlage II des EV bestimmten Maßgaben (siehe EV Anlage II Kapitel III Sachgebiet B Abschnitt III; Art 232 § 10 Rn 20 ff; OLG Brandenburg LKV 1999, 242; MünchKomm/Säcker/Hummert EV[2] Rn 1491; Büchner/Uhder NJ 1991, 153). Ebenfalls als **Landesrecht** gilt fort das **StiftungsG** v 13.9. 1990 (GBl DDR I 1483; siehe Art 231 § 3; Nissel DtZ 1991, 335).

III. Überleitung (geltende Fassung)

1. Anwendungsbereich

a) Zuordnung zum Beitrittsgebiet

38 aa) Der Gesetzgeber hat die Überleitungsregeln in Art 231 bis 235 EGBGB nach dem Muster eines klassischen **intertemporalen Überleitungsfalles** konzipiert. Ein bestehender Rechtszustand wird zu einem Stichtag in einen neuen Rechtszustand übergeführt, für bestimmte, vor diesem Stichtag entstandene und ihn überdauernde Rechtsbeziehungen regelt die Übergangsnorm, ob und wie weit *neues Recht* anzuwenden ist (BGHZ 124, 270, 273; im einzelnen bei den jeweiligen Bestimmungen, vgl insbesondere zum Schuldrecht Art 232 § 1 Rn 56 ff).

39 bb) Ignoriert wurde hierbei die **Beitrittssituation**, also der Umstand, daß das im Beitrittsgebiet neu in Kraft gesetzte Recht bereits im bisherigen Bundesgebiet vor dem 3.10. 1990 in Geltung war und dort fortgilt. Das unterscheidet die Beitrittssituation signifikant von der Lage bei Inkrafttreten des BGB am 1.1. 1900, so daß die – angesichts der seither geleisteten Erforschung interlokaler Kollisionen ohnehin schwache – Parallele zu diesem Überleitungsfall nicht zu ziehen ist (vgl Mansel, in: Jayme/Furtak 144). Eine **Überleitungssituation** tritt nur für das Rechtsgebiet der ehemaligen DDR (FGB, ZGB) ein. Hieraus ist jedoch nicht zu folgern, daß sich die Überleitungsbestimmungen nur an Gerichte im Beitrittsgebiet wenden (so aber Dörner, in: FS W Lorenz [1991] 327; Staudinger/Dörner[12] Art 236 Rn 78 ff; unklar: Dörner/

Meyer-Sparenberg DTZ 1991, 1; Pirrung RabelsZ 1991, 219; Siehr RabelsZ 1991, 256 zu Art 236 EGBGB; ders IPRax 1991, 20). Ein solches Verständnis wäre systemwidrig. Art 230 bis 235 stehen in einem in ganz Deutschland geltenden Gesetz (Schurig, in: FS W Lorenz [1991] 516). Methodisch bestimmen bei Zivilrechtskollisionen im deutschen Recht die Umstände des Sachverhalts das materiell anwendbare Recht **(kollisionsrechtlicher Ansatz)**, nicht aber das angerufene Gericht **(jurisdiktioneller Ansatz)**. Diesen grundlegenden Unterschied muß auch beachten, wer auf die Inkraftsetzung des BGB im *Gebiet* der neuen Bundesländer abstellt; diese Inkraftsetzung ist nicht gebietsbezogen, sondern *sachverhaltsbezogen* (**aA** Dörner, in: FS W Lorenz [1991] 517). Art 231 bis 235 sind umfassend geltendes (nicht partikulares: Mansel DtZ 1991, 127) Bundesrecht und daher von jedem deutschen Gericht anzuwenden. Ausländische Gerichte wenden die Überleitungsregeln an, soweit sie durch ihr Kollisionsrecht in deutsches Recht verwiesen werden. Insoweit liegt also eine ebenfalls beachtliche Überleitungssituation vor.

cc) Die **überzuleitenden Sachverhalte** sind daher **kollisionsrechtlich** zu bestimmen. **40**
Ein Sachverhalt ist überzuleiten, wenn er nach den maßgeblichen (innerdeutschen und internationalen) Kollisionsnormen bis zum 2. 10. 1990 dem Recht der DDR unterlegen hat (BGHZ 124, 270, 272 f; KG FamRZ 1993, 487 u 612). Der Sachverhalt muß vor Anwendung der Überleitungsbestimmungen dem Beitrittsgebiet **kollisionsrechtlich zugeordnet** werden (Palandt/Heinrichs Rn 3; Rauscher DtZ 1991; 3; ders StAZ 1991, 3; Bosch FamRZ 1991, 752 f; Mansel, in: Jayme/Furtak 168; Coester-Waltjen Jura 1991, 517; ähnlich Siehr IPRax 1991, 23 und Pirrung RabelsZ 1991 219; Dörner/Meyer-Sparenberg DtZ 1991, 2).

dd) Zu ermitteln sind daher die *Kollisionsnormen*, nach denen ein Sachverhalt als *Überleitungsfall* bestimmt wird (sogleich Rn 42 ff). Hierbei kann es gleichzeitig zu **international- und interlokalprivatrechtlichen** Konflikten kommen. **41**

Die Anwendung von Art 231 bis 235 EGBGB kommt nur in Betracht, wenn nach den Normen des internationalen Privatrechts **deutsches Recht** berufen ist. Diese Frage ist durch eine zur interlokalen parallele Streitfrage gekennzeichnet; zunächst ist zu bestimmen, welches der beiden deutschen *internationalen* Kollisionsrechte Anwendung findet, sodann, welches der beiden *„innerdeutschen"* Kollisionsrechte (vgl Palandt/Heldrich Art 236 Rn 7; Rauscher DtZ 1991, 20; **aA** Dörner, in: FS W Lorenz [1991] 327 ff), so daß es zu Überlagerungen mit der hier erörterten Frage kommt, in welcher Weise interlokal ein Überleitungsfall zu kennzeichnen ist.

b) Überleitungsfall und „Altfall"

aa) Der Begriff **„Überleitungsfall** wird hier verstanden als Kennzeichnung der von Art 231 bis 235 EGBGB erfaßten materiellrechtlichen Sachverhalte. Dieser Begrift ist abzugrenzen gegen den Begriff des **„Altfalles"**, der gelegentlich zum Ausgangspunkt der Bestimmung des innerdeutschen Kollisionsrechts gemacht wird (vgl Drobnig RabelsZ 1991, 282; Böhmer StAZ 1990, 360; Dörner/Meyer-Sparenberg DtZ 1991, 4; vHoffmann IPRax 1991, 2). Unter einem Altfall wird hiernach in Anlehnung an den Begriff der „Abgeschlossenheit" Art 236 § 1, Art 220 Abs 1 ein Sachverhalt verstanden, der bereits vor dem 3. 10. 1990 entstanden ist. **42**

bb) Im **Ergebnis** erweist es sich, daß Überleitungsfälle immer auch Altfälle sind, denn der Gesetzgeber hat nur Vertrauen schützende Überleitungsbestimmungen für **43**

abgeschlossene Tatbestände erlassen. Die **Umkehrung** aber gilt nicht: Es gibt Altfälle, die nicht dem Beitrittsgebiet zuzuordnen sind (sondern dem alten Bundesgebiet bzw einer ausländischen Rechtsordnung), so daß eine Überleitung nicht ansteht.

44 cc) Es ist daher unzutreffend, der interlokalen Behandlung eine **Abgeschlossenheitsprüfung** voranzustellen. Ein deutschem Recht unterliegender Sachverhalt ist unabhängig von seiner Abgeschlossenheit interlokal dem Beitrittsgebiet oder den alten Bundesländern zuzuordnen; die Frage der Abgeschlossenheit stellt sich erst – und nur –, nachdem der Sachverhalt interlokal dem Beitrittsgebiet zugeordnet ist. Der heftige Streit um die richtige innerdeutsche Anknüpfung ist nicht zuletzt auf die unzutreffende Vermengung der interlokalen mit der intertemporalen Frage zurückzuführen (zutreffend: Coester-Waltjen Jura 1991, 516). Systematisch richtig ist **zuerst** die innerdeutsche (interlokale) Frage zu stellen. Allerdings muß – insoweit erlangt der Umstand Bedeutung, daß Überleitungsfälle immer auch Altfälle sind – hierbei in Ansehung der beteiligten **Interessen** berücksichtigt werden, daß in diesem Zusammenhang innerdeutsches Kollisionsrecht für *abgeschlossene Sachverhalte* (Altfälle) ermittelt wird. Die systematisch gefundenen Ergebnisse sind also darauf zu überprüfen, ob sie das Ziel des Vertrauensschutzes erreichen, das mit der Überleitung verfolgt wird.

2. Innerdeutsches Kollisionsrecht: Theorien

a) Ausgangspunkt: Früheres innerdeutsches Kollisionsrecht

45 aa) Ursache des Streits um das anzuwendende innerdeutsche Kollisionsrecht ist, daß vor dem 3. 10. 1990 ein einheitliches **innerdeutsches Kollisionsrecht** nicht existierte. Aus Sicht der Bundesrepublik waren die unkodifizierten Grundsätze des innerdeutschen Kollisionsrechts in entsprechender Anwendung der Art 3 ff EGBGB zu bestimmen. Hierbei ersetzte nach hM der gewöhnliche Aufenthalt als Anknüpfungskriterium die Staatsangehörigkeit (BGHZ 85, 16, 22; BGHZ 91, 186, 194 ff).

Diese entsprechende Anwendung des internationalen Privatrechts schloß nicht aus, von Fall zu Fall der besonderen Lage im geteilten Deutschland durch besondere Anknüpfungsregeln zu genügen (zum Scheidungsfolgenstatut: BGHZ 91, 186). Im Gefolge der Öffnung der Zonengrenze und hierdurch bedingter Freizügigkeit wurde darüber hinaus zunächst eine temporäre Rechtsspaltung in einem vereinigten Deutschland erwartet und hierfür eine Kodifikation des interlokalen Rechts erwogen: die durch wachsende Mobilität unsicher werdende Anknüpfung an den gewöhnlichen Aufenthalt sollte hiernach durch stabilere Kriterien, den dauerhaften gewöhnlichen Aufenthalt, ggf auch durch Optionsmöglichkeiten ersetzt werden (vgl Mansel IPRax 1990, 285 m Nachw).

46 bb) Hingegen wendete die **DDR** seit Inkrafttreten des **Rechtsanwendungsgesetzes** (RAG v 5. 12. 1975, GBl DDR 1975 I 517) dessen **international-privatrechtliche** Bestimmungen im Verhältnis zur Bundesrepublik unmittelbar an, da sie die Bundesrepublik als einen ausländischen Staat betrachtete (zur innerdeutschen Rechtsanwendung aus Sicht der DDR vor Inkrafttreten des RAG vgl Drobnig RabelsZ 1991, 272). Damit ergab sich bis zum 2. 10. 1990 eine unterschiedliche Behandlung deutsch-deutscher Sachverhalte vor Gerichten der Bundesrepublik bzw der DDR. Für die der Überleitung zugänglichen, also vor dem 3. 10. 1990 entstandenen Rechtsverhältnisse wird damit die Frage bedeutsam, nach welchem innerdeutschen Kollisionsrecht die Zuordnung zum Beitrittsgebiet erfolgen soll.

b) Meinungen

aa) Herleitung aus Art 231 bis 235 EGBGB

47 Gelegentlich wurde die Herleitung von innerdeutschen Kollisionsnormen **aus den Überleitungsbestimmungen** selbst vorgeschlagen (Jayme IPRax 1991, 12; Jayme/Stankewitsch IPRax 1993, 162). Das erscheint systematisch nicht bedenkenfrei; es wird ein überzuleitender Sachverhalt unter Zuhilfenahme der **Rechtsfolge** einer Überleitungsnorm bestimmt, obgleich diese auf der **Tatbestandsseite** einen Überleitungsfall voraussetzt: Strukturell sind die Übergangsbestimmungen als intertemporale Kollisionsnormen angelegt. Die nach dieser Ansicht hineinzulesende interlokale Bedeutung (für die Zeit vor dem 3. 10. 1990) ist daher auch nie zwingend, sondern setzt eine bestimmte interlokale Wertung voraus. Aus Art 234 § 5 EGBGB ergibt sich zB kein interlokaler Bezug (vgl auch Henrich FamRZ 1991, 874 zu Art 234 § 6).

48 Selbst wenn man diese Bedenken übersieht, enthalten die Überleitungsbestimmungen allenfalls vereinzelt Indizien, die auf das Recht hinweisen, von dessen Anwendung bis zum 3. 10. 1990 der Gesetzgeber ausgeht (vgl Art 234 § 5, § 6; Jayme IPRax 1991, 12), was eine grundsätzliche Bestimmung des innerdeutschen Kollisionsrecht nicht entbehrlich macht.

bb) Gespaltenes Kollisionsrecht

49 **α)** Eine im Schrifttum anfangs verbreitete Ansicht ging von einem analog Art 236 § 1 gespaltenen innerdeutschen Kollisionsrecht aus und bestimmte das jeweils maßgebliche Kollisionsrecht aus Sicht der **lex fori**. Anders als für das materiell anwendbare Recht wird für die Auswahl des interlokalen Kollisionsrechts kein kollisionsrechtlicher, sondern ein jurisdiktioneller Ansatz gewählt. Aus Sicht des angerufenen Gerichts wird das intertemporal maßgebliche innerdeutsche Kollisionsrecht in analoger Anwendung von Art 236 § 1 EGBGB ermittelt: Gerichte in den alten Bundesländern wenden ohne intertemporalen Einschnitt zum 3. 10. 1990 die Grundsätze des innerdeutschen Kollisionsrechts an, gelangen jedoch im Wege der Rückverweisungsprüfung oder aufgrund von Art 3 Abs 3 (Gesamtstatut) in „Altfällen" zum Kollisionsrecht der DDR. Gerichte im Beitrittsgebiet hingegen wenden das RAG auf abgeschlossene Fälle an, das innerdeutsche Kollisionsrecht hingegen nur auf Neufälle. Die Abgrenzung entsprechend Art 236 EGBGB geht also davon aus, daß in beiden Teilrechtsgebieten zum 3. 10. 1990 das Kollisionsrecht gewechselt hat (Dörner/Meyer-Sparenberg DtZ 1991, 2; Siehr RabelsZ 1991, 258; vHoffmann IPRax 1991, 3; Pirrung RabelsZ 1991 235; Dörner, Pirrung und vHoffmann, in: Jayme/Furtak 168 ff; Lübchen/Lübchen 187; Dörner, in: FS W Lorenz [1991] 327; ders IPRax 1991, 393; Graba DtZ 1993, 40; vgl nunmehr aber ders FamRZ 1995, 518, 522; einschränkend: Henrich IPRax 1991, 15; ders FamRZ 1991, 874, 875). Daher kommt es nach dieser Ansicht immer zur Anwendung des RAG, wenn ein Übergangssachverhalt vor Gerichten im Beitrittsgebiet zu beurteilen ist. Ob er vor dem 3. 10. 1990 in irgendeiner sachlichen Verbindung zum Beitrittsgebiet gestanden hat, wird nicht geprüft.

50 **β)** In der **Rechtsprechung** sind zahlreiche Entscheidungen der hierdurch bedingten Handhabung von Art 236 § 1 gefolgt, indem die Entscheidungen sich jeweils auf die Anwendung des „alten Kollisionsrechts" stützen, die insbesondere über Art 3 Abs 3

zur Anwendung des § 25 Abs 2 RAG führe (BayObLG NJW 1991, 1237; BayObLG ZEV 1994, 47, 48; OLG Frankfurt aM OLGZ 1992, 35, 38; LG Berlin NJW 1991, 1238, 1239; DtZ 1991, 444; LG Bonn DtZ 1992, 56, 57; LG München I FamRZ 1991, 1489; Notariat 3 Baden- Baden Rpfleger 1991, 252; auch BGH NJW 1993, 2176, 2177 hält die Anwendung von Art 236 § 1 im innerdeutschen Kollisionsrecht für möglich). Dies läßt sich freilich nicht als Übernahme der Lehre vom gespaltenen Kollisionsrecht und erst recht nicht als Zustimmung zur lex-fori-These werten. Keine Entscheidung hat sich nämlich ausdrücklich zur Anwendung des innerdeutschen Kollisionsrechts der *lex fori* bekannt; da es sich vielmehr durchgängig um Entscheidungen aus den alten Bundesländern handelt (OLG Naumburg NJ 1994, 176 und OLG Thüringen OLG-NL 1994, 60, 61 lassen die Frage ausdrücklich offen), kann ebensogut vom innerdeutschen Kollisionsrecht als solchem – nicht als lex fori – ausgegangen worden sein. Die analoge Anwendung des Art 236 § 1 ist kein eindeutiges Identifizierungsmerkmal der lex fori – These.

51 **γ)** Teilweise wurde von diesem Ansatz aus eine **modifizierte Anwendung** des RAG (auch auf Altfälle) vertreten. Auch Gerichte des Beitrittsgebiets müßten nunmehr die frühere deutsch-deutsche Doppelstaatsangehörigkeit vormaliger DDR-Bürger anerkennen und statt auf die DDR-Staatsbürgerschaft auf den gewöhnlichen Aufenthalt abstellen (Böhmer StAZ 1990, 360; Pirrung RabelsZ 1991, 237; Henrich FamRZ 1991, 875; ders FamRZ 1991, 1363).

52 **δ)** Für die lex-fori-These wurde vor allem der **Vertrauensschutz** angeführt. Geschützt werden soll das Vertrauen, hinsichtlich eines Altfalles bei Beanspruchung von Gerichten im Gebiet der ehemaligen DDR nach einer bestimmten Rechtsordnung beurteilt zu werden (vHoffmann IPRax 1991, 3).

53 **ε)** Eine weitere Ansicht ging **ebenfalls von einem gespaltenen innerdeutschen Kollisionsrecht** aus, will aber das jeweils maßgebliche Kollisionsrecht durch eine **Schwerpunktermittlung** des Sachverhalts bestimmen. Hiernach sollen Altsachverhalte, die ihren Schwerpunkt im Beitrittsgebiet haben, dem RAG unterstehen (Jayme/Stankewitsch IPRax 1993, 164 ff; Sandberg BWNotZ 1992, 51; Anklänge hierzu auch bei Dörner IPRax 1991, 397: Belegenheit des Vermögens). Diese Ansicht will die Gefahr des *forum shopping* vermeiden, grenzt sich aber gleichzeitig gegen die Anwendung des innerdeutschen Kollisionsrechts der Bundesrepublik mit dem Argument ab, nur eine Schwerpunktbildung nach eigenständigen Maßstäben könne Vertrauensschutz verwirklichen. Die analoge Anwendung des EGBGB beruhe hingegen meist auf der nur schematischen Übernahme des EGBGB, nicht auf gezielten innerdeutschen Wertungen (Jayme/Stankewitsch IPRax 1993, 164 f).

cc) Ausdehnung des innerdeutschen Kollisionsrechts

54 Im Schrifttum haben sich die Stimmen durchgesetzt, die von einer **einheitlichen Bestimmung** des innerdeutschen Kollisionsrechts aus Sicht aller deutschen Gerichte ausgehen. Der Sachverhalt wird hiernach im Wege einer **Vorschaltprüfung** einem der beiden Rechtsgebiete zugeordnet.

55 **α)** Der erste Ansatz hierzu geht gemäß Art 8 EV, 230 Abs 2 EGBGB von einer **(rückwirkenden) Geltung des innerdeutschen Kollisionsrechts** der Bundesrepublik für das gesamte neue Bundesgebiet aus. Hiernach ist ein Sachverhalt überzuleiten, wenn er nach dem innerdeutschen Kollisionsrecht bis zum 2. 10. 1990 dem Recht der DDR unterstand (PALANDT/HELDRICH Art 236 Rn 4; PALANDT/HEINRICHS Rn 3; PALANDT/DIEDERICHSEN Art 234 § 1 Rn 1; vBAR, IPR[2], Rn 127, 363; STEINER DtZ 1991, 372; WASMUTH DtZ 1991, 50; MünchKomm/LEIPOLD Art 235 § 1 Rn 5; GRAF DtZ 1991, 370). Eine Anwendung des RAG findet insoweit nicht statt..

Diese Theorie stützt sich wesentlich auf die Überwindung der kollisionsrechtlichen Spaltung durch den **Beitritt** sowie auf die Risiken des durch die Gegenansicht ermöglichten **forum shopping** (PALANDT/HELDRICH Art 236 Rn 6; PALANDT/HEINRICHS Rn 3). Nachdem die Frage seitens der **Rechtsprechung** – soweit sie dort erkannt wurde (mißverständlich BayObLGZ 1991, 103) – lange offengehalten worden war, hat sich der BGH (BGHZ 124, 270, 273; BGH FamRZ 1994, 824; BGH FamRZ 1994, 1582; BGH NJW 1995, 1345; BGH WM 1995, 427; noch offengelassen in BGHZ 121, 379; BGH WM 1993, 1380; BGH NJW 1993, 2177; BGH FamRZ 1993, 44; BGH NJW 1994, 382; KG DtZ 1996, 213) ausdrücklich zu dieser Ansicht bekannt.

56 **β)** Ebenfalls auf einheitliche interlokale Rechtsanwendung abzielend wurde ein Ansatz entwickelt, der auf den **Rechtsgedanken des Art 4 Abs 3 EGBGB** gestützt ist, aber nicht erst für den internationalprivatrechtlichen Fall vorgeschlagen wurde (so aber das Verständnis dieser These bei DÖRNER, in: FS W Lorenz [1991] 326). Im interlokalen Fall kann jedoch ohne weiteres zur Ausfüllung des Art 4 Abs 3 S 2 auf das bundesdeutsche innerdeutsche Kollisionsrecht zurückgegriffen werden, so daß eine interlokale Bestimmung nicht neu zu schaffen ist (RAUSCHER StAZ 1991, 3 f), weil dieses im Gegensatz zum RAG eine Interessenbewertung der deutsch-deutschen Lage bereits vorgenommen hat und deshalb, wo notwendig, von der Analogie zum IPR abgewichen ist. Im IPR-Fall ist hingegen die Nähebestimmung neu vorzunehmen. Dies gilt auch, wenn vor dem 3. 10. 1990 ein *reiner Auslandsfall* ohne innerdeutschen Bezug vorgelegen hat.

dd) Superkollisionsrecht

57 Ebenfalls aus dem Ansatz nach Art 4 Abs 3 S 2 analog wollte eine weitere Ansicht ein **Superkollisionsrecht** entwickeln, das Elemente des innerdeutschen Kollisionsrechts und des RAG vermischt (MANSEL DtZ 1991, 129 f; MÖRSDORF-SCHULTE/OTTE ZIP 1993, 23 ff; in ähnlicher Richtung: MünchKomm/LEIPOLD Art 235 § 1 Rn 6 ff für das interlokale Erbrecht). Zu ermitteln sei der Schwerpunkt des Sachverhalts mit Rücksicht auf die Frage, auf welches Kollisionsrecht die Betroffenen *billigerweise* vor dem 3. 10. 1990 vertrauen konnten. Ausnahmsweise soll aber **Rechtshängigkeit** vor dem 3. 10. 1990 die zu ermittelnde Beziehung zu einem der beiden Kollisionsrechte auf die lex fori des angerufenen Gerichts festschreiben (MANSEL DtZ 1991, 129 f sowie in: JAYME/FURTAK 150, 153 f). Auch hiermit wird eine **Vorschaltprüfung** intendiert, denn Ziel des Überkollisionsrechts ist die Ermittlung eines anwendbaren materiellen Rechts oder Kollisionsrechts.

c) Vertrauensschutz

58 Die grundsätzliche Entscheidung der herrschenden Ansicht in Rechtsprechung und Schrifttum für die Vorschaltung des innerdeutschen Kollisionsrechts, der sich auch der BGH spätestens in BGHZ 124, 270, 273 zweifelsfrei angeschlossen hat, ist vor allem unter Gesichtspunkten des **Vertrauensschutzes** in Zweifel gezogen worden. Trotz des als klärend intendierten Wortes des BGH (BGHZ 124, 270, 273) setzt sich der Streit offenbar unter Vertrauensschutzgesichtspunkten fort (vgl Dörner IPRax 1995, 90; Palandt/Heldrich Art 236 Rn 4 aE).

aa) Bei Kollisionsrechtsspaltung

59 **α)** Der **lex-fori-These** ist dahingehend beizupflichten, daß der in Art 236 § 1 zugrunde gelegte **Vertrauensschutz** auch für innerdeutsche Kollisionsfälle zu wahren ist. Auch Vertrauen in die Anwendung einer bestimmten Rechtsordnung ist schutzwürdig, wobei jedoch nicht abstrakte Konstellationen, sondern konkret manifestiertes Vertrauen den Vorzug verdient (Drobnig RabelsZ 1991, 275; Fischer IPRax 1995, 161).

60 **β)** Die lex-fori-Anknüpfung schützt aber das Vertrauen ausschließlich **formal** unter der Prämisse, daß sämtliche Beteiligten vor dem 3. 10. 1990 dieselben Gerichte in Anspruch nehmen konnten und nach dem Stichtag können (Mansel, in: Jayme/Furtak 148). Diese Prämisse ist unzutreffend: Durch den Beitritt sind bestehende **örtliche Zuständigkeiten** untergegangen und andere wurden ausgedehnt. ZB erstreckt sich die örtliche Zuständigkeit eines westdeutschen Gerichts nach § 73 Abs 1 FGG seit dem 3. 10. 1990 auf den gesamten im neuen Bundesgebiet belegenen Nachlaß des Erblassers, insbesondere auch auf Grundstücke im Beitrittsgebiet (vgl BayObLGZ 1991, 103; LG Berlin FamRZ 1991, 1361 m Anm Henrich 1363), die Zuständigkeit des Staatlichen Notariats Berlin ist zugleich entfallen. In anderen Fällen sind konkurrierende Zuständigkeiten entstanden oder lassen sich angesichts der Freizügigkeit erstmals nutzen.

61 **γ)** Andererseits ermöglicht die Anknüpfung lege fori eine Wahl des Klägers unter dem Gesichtspunkt der zu erwartenden Rechtsanwendung **(forum shopping)**. Hierdurch würde das Vertrauen in die **objektive Bestimmung** des anwendbaren Rechts verletzt, das dem – mangels konkreter Kenntnis der Kollisionsnormen – nur theoretisch bestehenden Vertrauen in eine bestimmte Rechtsanwendung übergeordnet ist.

62 **δ)** Bei **zufälliger Verlagerung** der Zuständigkeit kann das abstrakt auf eine bestimmte Zuständigkeit gestützte Vertrauen in hieraus folgende Kollisionsrechtsanwendung nicht mehr geschützt werden. Die für den Einzelfall **zufällige Verlagerung** von Gerichtsständen gründet in dem Ziel der Vereinheitlichung der Zuständigkeiten; sie ist damit aufgrund des bedeutenden öffentlichen Interesses an der Rechtseinheit einem ggf bestehenden Vertrauen auf die Fortdauer alter Zuständigkeiten übergeordnet.

63 In Fällen mit Bezug zu **beiden Teilgebieten** liefert der lex-fori-Ansatz hingegen die Beteiligten dem schieren Zufall aus. Die lex-fori-Theorie unterstellt insbesondere auch Altfälle, welche bis zum 3. 10. 1990 dem **alten Bundesgebiet** zuzuordnen waren, dem RAG, sofern nur nach dem 3. 10. 1990 ein Gerichtsstand im neuen Bundesgebiet besteht (Coester-Waltjen Jura 1991, 517). In allen überhaupt zwischen den Theorien fraglichen Fällen haben die Beteiligten (insbesondere **verschiedene Beteiligte**) Bezüge zum alten Bundesgebiet und zum Beitrittsgebiet, so daß vor dem 3. 10. 1990 regelmäßig jeder der beiden Staaten eine Zuständigkeit beansprucht hätte. Hier kann man nur das Vertrauen einer Seite schützen; welche Seite das ist, sollte eine Schwerpunktabwägung (Vorschaltprüfung) bestimmen, nicht der jurisdiktionelle Zufall.

ε) Eine Auswahl zwischen gespaltenen Kollisionsrechten nach dem **Schwerpunkt** (so die Ansicht oben Rn 53) vermeidet zwar die Manipulierbarkeit durch Gerichtsstandswahl, steht aber vor dem Problem, der Auswahl des innerdeutschen Kollisionsrechts faktisch ein weiteres Kollisionsrecht (Schwerpunktbildung) vorzuschalten. Wie immer die Kriterien hierzu gefaßt sind, *unterstellen* sie für Altfälle, die Parteien hätten die Gerichte des einen oder anderen Teils in Anspruch genommen und wären – nach welchen Kriterien auch immer – zu einem der beiden Kollisionsrechte gelangt. Dies erbringt keinen Vorteil gegenüber der analogen Anwendung des EGBGB, schafft aber Rechtsunsicherheit. Der Vorhalt, die Analogie zum EGBGB zeichne nur technisch das bundesdeutsche IPR nach, verfängt nicht: soweit die Schwerpunktwertungen des EGBGB und des RAG voneinander abweichen, kann immer nur eine Seite in ihrem Vertrauen geschützt werden. Wägt man diese – einzig kritischen – Fälle ab, so muß berücksichtigt werden, daß das innerdeutsche Kollisionsrecht offen war für spezifisch innerdeutsche Probleme, nicht aber das RAG. **64**

ζ) Eine Spaltung des anwendbaren Rechts löst im **Ergebnis** also selbst den Anspruch abstrakten Vertrauensschutzes zweifelsfrei nur in Fällen ein, die vor und nach dem 3. 10. 1990 zuständigkeitsrechtlich ausschließlich einem Teilgebiet zugeordnet sind. Diese Fälle sind aber auch kollisionsrechtlich nicht problematisch. In anderen Konstellationen überwiegt deutlich das Risiko von jurisdiktionellen Zufälligkeiten. Da sich zeigen wird, daß mit der herrschenden Ansicht das Vertrauen in die Kontinuität der Rechtsanwendung geschützt werden kann, scheidet die Spaltung (lege fori) aus, da sie lediglich die Gefahr des forum shopping ohne einen Gewinn an Einzelfallgerechtigkeit erbringt. **65**

bb) Bei einheitlichem Kollisionsrecht

Sämtliche **einheitlich durch alle Gerichte anzuwendenden Lösungen** vermeiden die Gefahr des *forum shopping* und den damit verbundenen schwerwiegenden Eingriff in rechtsstaatliches Vertrauen. **66**

α) Der Vorschlag eines **Superkollisionsrechts** nimmt für sich in Anspruch, dem Vertrauen im Einzelfall besser zu genügen als die Lösung über das innerdeutsche Kollisionsrecht. Dieser Vorteil wird auf den theoretischen Ansatz einer Fusion des innerdeutschen Kollisionsrechts mit dem RAG gestützt (Mansel DtZ 1991, 129); es sind jedoch bislang keine Gestaltungen nachzuweisen, in denen sich in praxi ein Gewinn an Vertrauensschutz gegenüber der Anwendung innerdeutschen Kollisionsrechts unter Beachtung von Rückverweisung ergäbe. **67**

β) Die herrschende Ansicht gewährleistet **Kontinuität der Rechtsanwendung** (also konkreten und abstrakten Vertrauensschutz), soweit das innerdeutsche Kollisionsrecht den Sachverhalt im Beitrittsgebiet lokalisiert *und* sichergestellt ist, daß die Rechtsanwendungstechniken aus der Zeit vor der Wiedervereinigung, insbesondere die Prüfung des **Renvoi** (Art 4 Abs 1) und des **Einzelstatuts** (Art 3 Abs 3) unverändert Anwendung finden (was in Frage gestellt wurde, dazu unten Rn 72 ff), so daß neben dem Vertrauen in die Sicht aus bundesdeutschem Blickwinkel auch das Vertrauen in das RAG geschützt wird (vgl auch Dörner, in: Jayme/Furtak 173). Wenn ein Altfall aus bundesdeutscher Sicht durch Gesamtverweisung auf das RAG gelöst worden wäre, ist das Vertrauen aus Sicht beider Teilgebiete identisch und daher unbedingt zu schützen (ebenso BayObLGZ 1991, 103; LG Berlin NJW 1991, 1238; DtZ 1992, 31). **68**

69 γ) Soweit das innerdeutsche Kollisionsrecht den Sachverhalt **im alten Bundesgebiet** lokalisiert und kein anzuerkennendes RAG-Einzelstatut besteht (relevant wird § 25 Abs 2 RAG für Grundstücke im Beitrittsgebiet), hilft keine Lösung daran vorbei, daß mit den Wertungen eines der beiden innerdeutschen Kollisionsrechte gebrochen werden muß, was ggf Vertrauen verletzt. Welches Vertrauen in diesem Fall mehr schützenswert ist, hat die dem innerdeutschen Recht zugrundeliegende Abwägung bereits durch eine Interessenbewertung vorausvollzogen: Vertrauen in ggf abweichende Kollisionsnormen des RAG ist aufgrund der im innerdeutschen Kollisionsrecht berücksichtigten besonderen innerdeutschen Situationen bereits als weniger schützenswert erkannt. Hier hat der kollisionsrechtliche Anspruch der DDR zu weichen (ebenso Stoll, in: FS W Lorenz [1991] 588). Es geht hier um Konstellationen, in denen ein oder mehrere Beteiligte eine starke Beziehung zur Bundesrepublik hatten, aufgrund derer das innerdeutsche Recht das BGB beruft, während das RAG anders anknüpft. In Betracht kommen Fälle der Anknüpfung an die „DDR-Staatsbürgerschaft" bei gewöhnlichem Aufenthalt im Bundesgebiet, Rechtswahlmöglichkeiten zugunsten DDR-Rechts (zB zum Arbeitsvertrag § 27 RAG) oder die Anwendung von DDR-Recht in Hilfsanknüpfung ohne hinreichenden Sachbezug (so zu persönlichen/güterrechtlichen Ehewirkungen: § 19 RAG). Diesen Korrekturbedarf sieht auch die lex-fori-Theorie und will ihn durch Modifikation der RAG-Kollisionsnormen (Aufenthalt statt Staatsbürgerschaft) befriedigen (vgl Henrich FamRZ 1991, 1363). Hier wird sich auch ein Superkollisionsrecht (oben Rn 57, 67) in Abwägung divergierender Vertrauenslagen für das innerdeutsche Recht als das an der besonderen innerdeutschen Interessenlage orientierte und rechtsstaatlich zweifelsfreie entscheiden. Das RAG ist insoweit gegenüber dem innerdeutschen Kollisionsrecht nicht gleichwertig, weil es die gebotene Interessenwertung bewußt ausklammert.

70 δ) Hingegen wird die **Anwendung des innerdeutschen Kollisionsrechts ohne Rückverweisungsprüfung** dem Vertrauensschutz nicht gerecht. Dies gilt selbst aus Sicht der Rechtsanwendung im alten Bundesgebiet, da eine solche Anwendung einen Bruch mit bisheriger Rechtsanwendung darstellt. Ein solcher Bruch aber ist – anders als für das Beitrittsgebiet – nicht durch die Beitrittssituation bedingt und daher nicht aus übergeordneten Gemeinwohlinteressen geboten.

71 cc) Im **Ergebnis** sprechen also die besseren Gründe für die herrschende Ansicht im Schrifttum, der sich der BGH nunmehr grundsätzlich angeschlossen hat. Die Anwendung des bisherigen bundesdeutschen innerdeutschen Kollisionsrechts vermag sowohl die Gefahr des forum shopping zu vermeiden, als auch die Kontinuität der Rechtsanwendung und damit den Vertrauensschutz weitgehend sicherzustellen.

d) Verhältnis zu Art 236 § 1

72 aa) Der Ansatz der Vorschaltprüfung hat als solcher **nicht mit Art 236 § 1** zu tun. Art 236 § 1 ist für die Bestimmung des maßgeblichen innerdeutschen Kollisionsrechts, also für die **Zuordnung** des Sachverhalts zum Beitrittsgebiet, nicht relevant.

73 bb) Andererseits zwingt die analoge Anwendung von Art 236 § 1 aber auch nicht zur Annahme eines gespaltenen Kollisionsrechts oder gar zur lex-fori-These. Die gegenteilige Ansicht (Henrich FamRZ 1991, 874) begründet unbewußt die lex-fori-These mit der Annahme ebendieser These, die eine Zuordnung des Sachverhalts nicht vornimmt. An welcher Stelle der Sachverhaltsprüfung auch immer Art 236 § 1 angewendet wird, die Bestimmung kann immer nur **intertemporal**, also *horizontal* zwei Kollisionsrechte trennen, nie aber **interlokal**, also *vertikal*. Deshalb ist es verfehlt, Art 236 § 1 überhaupt in einen Zusammenhang zu bringen mit der Auswahl des innerdeutsch maßgeblichen Rechts; Art 236 § 1 zwingt nicht zu irgendeinem innerdeutschen Kollisionskriterium, weil Art 236 § 1 in jedem denkbaren analogen Verständnis nur intertemporal wirkt.

cc) Zumindest mißverständlich ist andererseits aber auch vom Standpunkt der hM (einheitliche Anwendung des interlokalen bundesdeutschen Kollisionsrechts) die Aussage, **für Art 236 § 1** sei bei der Bestimmung des interlokal maßgeblichen Rechts in Altfällen **kein Raum** (Palandt/Heldrich Art 236 Rn 4; MünchKomm/ Leipold Art 235 § 1 Rn 11; MünchKomm/Sonnenberger Art 236 § 1 Rn 9; Schurig, in: FS W Lorenz [1991] 520, der aber Art 236 § 1 „nicht unbeachtet lassen" will). Auch der BGH (BGHZ 124, 270, 273; vgl auch BGHZ 127, 368, 370; BGHZ 128, 41, 43; BGHZ 131, 22, 26) hat diese mißverständliche Wendung gebraucht, während die vorher verfestigte Rechtsprechung das bundesdeutsche interlokale Recht so handhabte, wie es bis zum 2. 10. 1990 zu handhaben war (BGH NJW 1993, 2177; BayObLGZ 1991, 105, 107; BayObLG DtZ 1992, 284: „altes ILR der Bundesrepublik"; BayObLG FamRZ 1994, 723; BayobLG ZEV 1994, 48; OLG Frankfurt aM OLGZ 1992, 38; OLG Düsseldorf FamRZ 1992, 573; OLG Zweibrücken DtZ 1992, 360; LG München FamRZ 1991, 1489; LG Berlin NJW 1991, 1239; DtZ 1991, 444; DtZ 1992, 30; FamRZ 1992, 1105; Coester-Waltjen Jura 1991, 517; Schotten/Johnen DtZ 1991, 232). Diese Wertung erweist sich jedenfalls im Ergebnis weiter als zutreffend (BGH FamRZ 1995, 481; BGHZ 131, 22, 26; vgl schon BGHZ 123, 76), weil der BGH unter Berufung auf diese Rechtsprechung Art 3 Abs 3 sowie § 25 Abs 2 RAG weiterhin auf Altfälle anwendet – freilich ohne Art 236 § 1 zu erwähnen, noch sonst diese Kollisionsrechtsanwendung zu begründen. **74**

dd) Würde man Art 236 § 1 generell aus der innerdeutschen Prüfung ausblenden, so würde das **innerdeutsche Kollisionsrecht anders angewendet** als bis zum 2. 10. 1990, und damit sogar das Vertrauen aus Sicht *beider* Rechtsgebiete verletzt (insoweit völlig zutreffend: Dörner IPRax 1995, 90). **75**

ee) Hier handelt es sich wohl um ein **Mißverständnis**: Beide Seiten sprechen von **unterschiedlichen Orten der Prüfungsreihenfolge**, an denen Art 236 § 1 angewendet werden könnte: Man kann *auf erster Stufe* Art 236 § 1 anwenden, um den Fall als Alt- oder Neufall einzuordnen und dann auf Altfälle altes ILR anzuwenden (so wohl BayObLGZ 1991, 105, 107; BayObLG DtZ 1992, 283; OLG Zweibrücken DtZ 1992, 360). Den genannten Entscheidungen scheint diese analoge Anwendung des Art 236 § 1 zugrunde zu liegen. Diese Ansicht hat sich mit BGHZ 124, 270 erledigt (vgl Probst JR 1995, 156). Für eine Anwendung von Art 236 § 1 *auf erster Stufe* ist kein Raum; es ist zuerst nach dem bundesdeutschen ILR zu entscheiden, welche Rechtsordnung interlokal Anwendung findet. **76**

ff) Das schließt aber eine Anwendung von Art 236 § 1 auf **zweiter Stufe** nicht aus. Verweist innerdeutsches Kollisionsrecht in das Recht des Beitrittsgebietes, so führt das nicht unmittelbar auf eine der von Art 231 bis 235 geregelten Materien, sondern ist **Gesamtverweisung** (Rauscher StAZ 1991, 3). Auch ein eventueller **Vorrang des Einzelstatuts** (Art 3 Abs 3) kann nur von dem verwiesenen Kollisionsrecht beantwortet werden. Hierzu rechnen selbstverständlich auch die Prüfung einer **Rückverweisung** **77**

(Art 4 Abs 1) und die Prüfung des **Vorrangs des Einzelstatuts** (Art 3 Abs 3). Ob aber das Recht des Beitrittsgebietes zurückverweist oder für Grundstücke die Geltung der lex fori beansprucht, hängt davon ab, ob **altes oder neues Kollisionsrecht des Beitrittsgebiets** anzuwenden ist (zutreffend S Lorenz DStR 1993, 1225, der aber dennoch der vorgenannten Ansicht im Schrifttum Rn 74 – gegen Art 236 § 1 folgt). An dieser Stelle kann nur Art 236 § 1 den Maßstab geben; im **Altfall** gilt das RAG als *funktionell* interlokales Recht, es entscheidet aber nur, was es an dieser Stelle der Prüfung noch zu entscheiden gibt: Rückverweisung und Vorrang des Gesamtstatuts.

78 gg) Im **Ergebnis** besteht trotz der dogmatischen Verwirrung weitgehend Einigkeit, daß ein **Wechsel des anwendbaren Rechts** gegenüber dem vor dem 3. 10. 1990 bestehenden Blickwinkel **nicht eintreten** darf (so auch BVerfG DtZ 1993, 209); nur werden von der eine Anwendung des Art 236 § 1a limine ausschließenden Ansicht (oben Rn 74) Art 3 Abs 3 und 4 Abs 1 – und damit insbesondere § 25 Abs 2 RAG – unscharf aus Gründen des *Vertrauensschutzes* eingeführt. Die hM begibt sich damit ohne jede Not auf die Ebene der *Korrektur*, deren sich die lex-fori-These bedienen muß (erneut – nur aufgrund des hier klargestellten Mißverständnisses mit Berechtigung gegen BGHZ 124, 270, 273 argumentierend – Dörner IPRax 1995, 90 ff). Wendet man hingegen, wie hier vertreten, das innerdeutsche Kollisionsrecht mit dem BGH so an, wie es vor dem 2. 10. 1990 entwickelt wurde und seither in ganz Deutschland gilt, und ermittelt das durch den Renvoi bzw Art 3 Abs 3 berufene Kollisionsrecht des Beitrittsgebietes an den von Art 236 § 1 bestimmten Grundsätzen, so ist der Vertrauensschutz auch kollisionsrechtlich gewahrt, und es ergibt sich kein Korrekturbedarf (so bereits zutreffend: Coester-Waltjen Jura 1991, 517).

e) Anknüpfungskriterium DDR-Staatsbürgerschaft

79 aa) Die insoweit weiter erforderliche innerdeutsche Anwendung des RAG wirft die Frage auf, ob die DDR-Staatsbürgerschaft hier einzubeziehen ist, die aus Sicht der DDR immer auch im innerdeutschen Verhältnis zum Anknüpfungskriterium genommen wurde, soweit das RAG auf die Staatsbürgerschaft abstellte.

Schon gegen die lex-fori-These wurde vorgebracht, die **DDR-Staatsbürgerschaft** als maßgebliches Anknüpfungskriterium des RAG beschwöre nach dem Beitritt Konflikte herauf, die mit dem Geist der Wiedervereinigung nicht zu vereinbaren seien: Im Zusammenhang mit der die Öffnung der Mauer auslösenden Fluchtbewegung wäre zu prüfen, ob im Einzelfall die Staatsbürgerschaft aus Anlaß der „Republikflucht" aberkannt wurde, eine Entlassung vorliegt oder der Flüchtling von der DDR weiter als Staatsbürger beansprucht wurde (Drobnig RabelsZ 1991, 280). Diese Scheu vor dem DDR-Staatsbürgerschaftsunrecht veranlaßte offenbar die Mehrzahl der Anhänger der lex-fori-These zur modifierten Anwendung des RAG (Aufenthalt als Hilfsanknüpfung).

80 bb) Der BGH greift dieses staatsrechtlich unterlegte Argument auf (BGHZ 124, 270, 273) und bemüht die Präambel des GG gegen die Anwendung von DDR-Kollisionsrecht. Wäre dies so umfassend richtig, wie der BGH es formuliert, so müßte auch in unmittelbarer Anwendung des Art 236 § 1 die DDR-Staatsbürgerschaft weichen; denn gerade die Berufung auf die Präambel des GG aF wendet sich nicht gegen eine *ungerechte Handhabung* des DDR-Staatsbürgerschaftsrechts, sondern gegen die Existenz einer eigenen DDR-Staatsbürgerschaft.

cc) Auch insoweit formuliert der BGH letztlich wohl unbedacht: Richtig ist, daß eine ex-post-Anerkennung der DDR-Staatsbürgerschaft als **primäres Anknüpfungskriterium im innerdeutschen Kollisionsrecht** vermieden werden muß. Kein deutsches Gericht wendet aber nach der hM das RAG als **eigenes innerdeutsches Kollisionsrecht** an. Eine völlig andere Frage ist, ob die DDR-Staatsbürgerschaft als Anknüpfungskriterium innerhalb der Renvoi-Prüfung in Altfällen zu beachten ist. Die Antwort erscheint klar: Was bundesdeutsche Gerichte bereits vor dem 2.10. 1990 selbstverständlich getan haben, nämlich das verwiesene DDR-Kollisionsrecht so zu nehmen, wie es die DDR-Gerichte praktiziert haben (anders hat der Gedanke des Renvoi keinen Sinn), kann nicht heute gegen die damalige Präambel des GG verstoßen. Der tiefere Grund hierfür ist, daß die Anwendung im Rahmen der Renvoi-Prüfung DDR-Recht nicht als *eigenes*, sondern als *ehemaliges fremdes* Recht anwendet. Fremde Normen sind aber bis zur Grenze des *ordre public* tolerabel. **81**

dd) Ausnahmsweise kann eine bestehende **DDR-Staatsbürgerschaft unbeachtlich** sein, wenn das Anknüpfungssubjekt im maßgeblichen Zeitpunkt (illegal) ausgereist war und nur noch seitens der DDR formal an die Staatsbürgerschaft gefesselt wurde. Dieses Problem stellt sich insbesondere der Ansicht, die von einem (analog Art 236 § 1) in erster Stufe gespaltenen innerdeutschen Kollisionsrecht ausgeht (hierzu BayObLG DtZ 1994, 154, 156). Auch aus Sicht der hM, die ausgeht vom bundesdeutschen Kollisionsrecht, kann dieser Fall praktisch werden, obgleich hier bereits eine Lokalisierung der Hauptfrage in der Bundesrepublik (gewöhnlicher Aufenthalt) stattfindet; zwar wird etwa das Erbstatut analog Art 25 Abs 1 dann das Erbrecht des BGB sein; im Rahmen der Anwendung von Art 25 Abs 2 RAG sich stellende *Vorfragen* können jedoch – *im Falle unselbständiger Anknüpfung* – im Kollisionsrecht der DDR die Frage der Staatsbürgerschaft aufwerfen, so daß dann trotz Lokalisierung der Hauptfrage im alten Bundesgebiet die DDR-Staatsbürgerschaft des Erblassers beachtlich bliebe. Auch in diesem Fall ist bei „Republikflüchtlingen“ nicht mehr auf die verbliebene DDR-Staatsbürgerschaft abzustellen (vgl dazu den Sachverhalt in BayObLG DtZ 1994, 154, 155: Kindschaft). **82**

f) Rechtshängigkeit vor dem 3.10. 1990

aa) Ob die **Befassung eines Gerichts der DDR** vor dem 3.10. 1990 im konkreten Fall jedenfalls dazu zwingt, das RAG als innerdeutsches Kollisionsrecht anzuwenden (Mansel, in: Jayme/Furtak 153; ders DtZ 1991, 130), erweist sich als ein Sonderproblem, das für unterschiedliche Verfahrenslagen gesondert bedacht werden muß. Die Frage kann nicht undifferenziert gesehen werden. **83**

bb) Liegt eine **Entscheidung** eines Gerichts (oder sonstigen Rechtspflegeorgans) der DDR vor, so bleibt diese – und damit die Anwendung des RAG – schon kraft gesetzlicher Anordnung (Art 18, 19 EV; sowie: Art 231 § 1, Art 234 § 7, § 11 Abs 2, § 13 Abs 2, § 14 Abs 2 S 1, § 15 Abs 2) wirksam. **84**

cc) Bleibt das vor dem 3.10. 1990 befaßte Organ der Rechtsprechung nach dem 3.10. 1990 **nicht zuständig** (zB in Nachlaßsachen bei örtlicher Zuständigkeit eines westdeutschen Gerichts nach § 73 Abs 1 FGG), so ist der Übergang zu innerdeutschem Kollisionsrecht unmittelbar durch die Änderung der Zuständigkeitsordnung anläßlich der Wiedervereinigung begründet, also auch unter Aspekten des Vertrauensschutzes hinzunehmen. **85**

86 **dd)** Ist das angerufene Organ der Rechtsprechung **weiter zuständig**, der Sachverhalt nach innerdeutschem Kollisionsrecht im Recht der Bundesrepublik lokalisiert, so ist neben dem etwaigen Vertrauen des Klägers (bzw des das Verfahren in der DDR einleitenden Beteiligten) auch das Vertrauen jener Beteiligten zu berücksichtigen, welche aus Sicht des innerdeutschen Kollisionsrechts den – stärkeren – Bezug zum Recht der Bundesrepublik vermitteln. Das Vertrauen des im Verfahren initiativ gewordenen Beteiligten ist nicht schutzwürdiger als das der übrigen Beteiligten.

g) Bestimmung der Altfälle

87 **aa)** Die Bestimmung von Altfällen reduziert sich bei der hier vertretenen Lösung auf Fälle, die bereits innerdeutsch dem Beitrittsgebiet zugeordnet sind. Erforderlich wird sie im Rahmen der innerdeutschen Rückverweisungsprüfung und für die Bestimmung der Anwendbarkeit von materiellen Regelungen des Rechts der DDR. Sie erfolgt daher vorrangig nach den sich **aus Art 231 bis 235** ergebenden Zeitpunkten (Drobnig RabelsZ 1991, 282) – soweit materiellrechtliche intertemporale Kollisionen auftreten – und nach **Art 236 § 1** – soweit das Kollisionsrecht des Beitrittsgebietes aufzufinden ist. Insoweit hat der Gesetzgeber deutlich gemacht, welche DDR-Sachverhalte er als abgeschlossen ansieht. So ist zB im Rahmen der Prüfung nach Art 3 Abs 3 bei einem grundsätzlich bundesdeutschen Erb(-gesamt-)statut § 25 Abs 2 RAG analog Art 236 § 1 nur anzuwenden, wenn der Erbfall vor dem 3. 10. 1990 eingetreten ist.

88 **bb)** Soweit ausdrückliche Regelungen fehlen, ist ergänzend entsprechend Art 236 § 1 bzw Art 220 Abs 1 zu verfahren, also auf die **Abgeschlossenheit** abzustellen. Diese liegt vor, wenn vor dem 3. 10. 1990 ein materieller Tatbestand vollendet ist (Beispiele: Drobnig RabelsZ 1991, 282). Ob der materielle Tatbestand vollendet ist, beurteilt sich nach dem bis zum 2. 10. 1990 auf diesen Tatbestand anwendbaren materiellen Recht; da eine Überleitungssituation nur auftritt, wenn der Sachverhalt bis zum 2. 10. 1990 nach dem Recht der DDR zu beurteilen war (auch wenn es zur Rückverweisung kommt, liegt zwar ein Altfall, aber kein Überleitungsfall vor), ist die Abgeschlossenheit überleitungsbedürftiger Altfälle immer nach dem Recht der DDR zu beurteilen (im Ergebnis ebenso: BGH NJW 1993, 2177; Siehr IPRax 1991, 20; **aA** Palandt/Heldrich Art 236 Rn 8: kollisionsrechtliche Bestimmung der Abgeschlossenheit).

89 **cc)** **Dauerrechtsverhältnisse** sind regelmäßig mit ihrer Entstehung abgeschlossen. Soweit Dauerrechtsverhältnisse kraft Gesetzes (vgl Art 233 § 1, § 2 Abs 1, § 6 Abs 1, Art 234 § 1 EGBGB) seit dem 3. 10. 1990 in ihren Wirkungen neuem Recht unterstehen, sind sie als Neufälle zu behandeln, was sich nur bei fortdauernder Rechtsspaltung auswirkt (Drobnig RabelsZ 1991, 282).

Artikel 231 EGBGB
Erstes Buch. Allgemeiner Teil des Bürgerlichen Gesetzbuchs

Schrifttum

Zum Recht der DDR:
Grandke ua, Familienrecht (1976)
Lübchen ua, Zivilprozeßrecht der DDR (1987; zit ZPO)
Lübchen ua, Zivilrecht (1983; zit ZGB).

§ 1
Entmündigung

Rechtskräftig ausgesprochene Entmündigungen bleiben wirksam. Entmündigungen wegen krankhafter Störung der Geistestätigkeit gelten als Entmündigungen wegen Geistesschwäche, Entmündigungen wegen Mißbrauchs von Alkohol gelten als Entmündigungen wegen Trunksucht, Entmündigungen wegen anderer rauscherzeugender Mittel oder Drogen gelten als Entmündigungen wegen Rauschgiftsucht im Sinn des Bürgerlichen Gesetzbuchs.

Materialien: Siehe zu Art 230 betr Fassung durch EinigungsvertragsG; E: BT-Drucks 11/7760 Art 231 § 1.

I. Rechtskräftige Entmündigungen – Recht der DDR

1. Das ZGB kannte drei **Entmündigungsgründe**: Krankhafte Störung der Geistestätigkeit, Beeinträchtigung durch Mißbrauch von Alkohol, Beeinträchtigung durch Mißbrauch von anderen rauscherzeugenden Mitteln (Horn Rn 15). Die Entmündigung setzte eine **dauerhafte** erhebliche Beeinträchtigung der **Fähigkeit** voraus, in gesellschaftlich verantwortlicher Weise über die Begründung von Rechten und Pflichten selbst zu entscheiden. 1

2. Für **minder schwere Beeinträchtigungen**, insbesondere solche **vorübergehender Natur**, kam nur die Anordnung einer Pflegschaft wegen geistiger Gebrechlichkeit (§ 105 Abs 2 FGB) in Betracht. Die Entmündigung war nur vorgesehen, wenn eine Pflegschaft zum Schutz des Betroffenen nicht ausreichend war. 2

3. Die Entmündigung führte in allen drei Fällen nach § 52 Abs 2 ZGB unterschiedslos zum **Verlust der Handlungsfähigkeit** des Entmündigten. Die Handlungsfähigkeit entsprach der Geschäftsfähigkeit iSd § 104 BGB (Lübchen/Göhring 28 f). Eine den Wirkungen des § 114 aF BGB entsprechende Entmündigung kannte das Recht der DDR nicht. Der Entmündigte erhielt einen **Vormund** als gesetzlichen Vertreter mit der zusätzlichen Aufgabe, für das persönliche Wohl des Entmündigten Sorge zu tragen (§§ 98 bis 102 FGB). 3

4. Das **Entmündigungsverfahren** erforderte einen **Antrag** nach § 140 Abs 1 DDR-ZPO. *Antragsberechtigt* waren gemäß § 140 Abs 1 Satz 1 DDR-ZPO der Rat des Kreises und der Staatsanwalt, gemäß S 2, 3 auch in der DDR wohnhafte Eltern, volljährige Kinder, Geschwister und der Ehegatte des zu Entmündigenden. 4

Die **Entscheidung** über die Entmündigung erfolgte durch (konstitutiv wirkendes) *Urteil des Kreisgerichts* (§§ 140 Abs 2 bis Abs 4 DDR-ZPO; Horn Rn 15). Die **Rechtskraft** der Entscheidung trat gemäß § 83 Abs 1 DDR-ZPO ein, wenn die Frist zur Berufung gegen das Urteil (zum Bezirksgericht § 147 Abs 1 Satz 2 DDR-ZPO) abgelaufen war oder wenn Rechtsmittelverzicht erklärt wurde. Die Berufungsfrist betrug *zwei Wochen* ab Zustellung des Urteils (§ 150 Abs 1 DDR-ZPO). **Rechtsmittelbefugt** waren gegen das die Entmündigung aussprechende Urteil der Entmündigte, die Antragsberechtigten und der Vormund, sowie gegen das den Antrag abweisende Urteil der Rat des Kreises, der Staatsanwalt und der Antragsteller (nicht alle Antragsberechtigten).

Fielen die Voraussetzungen der Entmündigung weg, so war diese auf Antrag durch gerichtliche Entscheidung **aufzuheben** gemäß §§ 460 Abs 3 ZGB, 143 Abs 1 FGB.

II. Überleitung (Zeitraum bis 31. 12. 1991)

5 **1.** Die Bestimmung betrifft **Entscheidungen** von Gerichten der ehemaligen DDR. Der *Eintritt der Rechtskraft* vor dem 3. 10. 1990 beurteilt sich nach der lex fori, also nach dem Recht der DDR (zum Zeitpunkt oben Rn 4).

6 **2.** Rechtskräftige Entmündigungen **blieben zunächst wirksam** und wurden ab dem 3. 10. 1990 bis zum 31. 12. 1991 als Entmündigung wegen *Geistesschwäche* (§ 6 Abs 1 Nr 1 BGB aF) bzw *Trunksucht* (§ 6 Abs 1 Nr 3 BGB aF) bzw *Rauschgiftsucht* (§ 6 Abs 1 Nr 3 BGB aF) behandelt. Die Rechtsfolgen der Entmündigung beurteilten sich also nach § 114 BGB.

7 **3.** Die Entmündigung wegen **krankhafter Störung der Geistestätigkeit** erfaßte im Recht der DDR jedoch auch den Fall der Entmündigung wegen *Geisteskrankheit* (§ 6 Abs 1 Nr 1, § 104 Nr 3 BGB aF). Der im Recht der DDR *nicht differenzierte* Entmündigungsgrund macht eine einheitliche Überleitung erforderlich. Dabei war hinzunehmen, daß die Rechtsfolgen auch dann § 114 BGB unterliegen, wenn die Voraussetzungen einer Entmündigung wegen Geisteskrankheit gegeben gewesen wären. Da zum 1. 1. 1992 das Institut der Totalentmündigung abgeschafft wurde (Art 1 Nr 2b *Betreuungsgesetz* v 12. 9. 1990, BGBl I 2002), erscheint dies vertretbar (Palandt/Heinrichs[50] Rn 2; BT-Drucks 11/7817, 37).

Eine übergeleitete Entmündigung – mit der Rechtsfolge beschränkter Geschäftsfähigkeit – stand jedoch bis zum 31. 12. 1991 einem erneuten Entmündigungsverfahren mit dem Ziel der Entmündigung wegen Geisteskrankheit nicht entgegen, da eine weitergehende Rechtsfolge (Geschäftsunfähigkeit) angestrebt wird.

8 **4.** Unberührt bleibt die Möglichkeit der inzidenten Feststellung einer **natürlichen Geschäftsunfähigkeit** (§ 104 Nr 2 BGB). Eine übergeleitete Entmündigung mit der schwächeren Folge beschränkter Geschäftsfähigkeit steht nicht entgegen (Palandt/Heinrichs[50] Rn 2; BT-Drucks 11/7817 37; Lübchen/Göhring 29).

9 **5.** Die **Aufhebung** übergeleiteter Entmündigungen unterlag neuem Sach- und Verfahrensrecht. Dies ergibt sich aus Art 8 EV, Art 230 Abs 2; § 1 setzt eine Maßgabe nur hinsichtlich des Fortbestehens von „Alt-Entmündigungen“, nicht hinsichtlich deren weiteren Schicksals.

10 **6.** Am 2. 10. 1990 **anhängige Anträge** blieben bei dem angerufenen Kreisgericht anhängig (EV Anlage I Kapitel III Sachgebiet A Abschnitt III Maßgabe 1 e), unterlagen aber mit dem 3. 10. 1990 neuem Sach- und Verfahrensrecht (Art 8 EV, Art 230 Abs 2, EV Anlage I Kapitel III Sachgebiet A Abschnitt III Maßgabe 28 g; näher hierzu sowie zu anhängigen **Rechtsmitteln** und **Aufhebungsanträgen** STAUDINGER/RAUSCHER [1996] Rn 16 bis 22).

III. Überleitung zum 1. 1. 1992

Die zum 3. 10. 1990 übergeleiteten Entmündigungen wurden zum 1. 1. 1992 durch Art 9 BetreuungsG erneut übergeleitet, und zwar in das neue Rechtsinstitut der Betreuung. Es gelten hierbei dieselben Grundsätze wie für die Überleitung von vordem nach den Bestimmungen des BGB erfolgten Entmündigungen (BT-Drucks 11/4528, 36; MünchKomm/GILLER Rn 1); Art 231 § 1 führt dazu, daß die Alt-Entmündigungen nach dem Recht der DDR als übergeleitete Entmündigungen derselben weiteren Entwicklung unterliegen wie Entmündigungen nach dem BGB. **11**

§ 2
Vereine

(1) Rechtsfähige Vereinigungen, die nach dem Gesetz über Vereinigungen – Vereinigungsgesetz – vom 21. Februar 1990 (GBl. I Nr. 10 S. 75), geändert durch das Gesetz vom 22. Juni 1990 (GBl. I Nr. 37 S. 470, Nr. 39 S. 546), vor dem Wirksamwerden des Beitritts entstanden sind, bestehen fort.

(2) Auf sie sind ab dem Tag des Wirksamwerdens des Beitritts die §§ 21 bis 79 des Bürgerlichen Gesetzbuchs anzuwenden.

(3) Die in Absatz 1 genannten Vereinigungen führen ab dem Wirksamwerden des Beitritts die Bezeichnung „eingetragener Verein".

(4) Auf nicht rechtsfähige Vereinigungen im Sinn des Gesetzes über Vereinigungen – Vereinigungsgesetz – vom 21. Februar 1990 findet ab dem Tag des Wirksamwerdens des Beitritts § 54 des Bürgerlichen Gesetzbuchs Anwendung.

Materialien: Siehe Art 230 betr Fassung durch EinigungsvertragsG; E: BT-Drucks 11/7760, Art 231 § 2; Abs 2 S 2 gestrichen mit Wirkung v 1. 7. 1992, § 32 Nr 2 RpflAnpG BGBl 1992 I 1147.

Schrifttum

CHRISTOPH, Das Vereinigungsgesetz der DDR, DtZ 1990, 257
ders, Vereine im Vereinigungsprozeß, DtZ 1991, 234
NISSEL, Zum Fortbestand rechtsfähiger Vereinigungen nach dem Einigungsvertrag, DtZ 1991, 239
TIETJE, Die Löschung eingetragener Vereine im Vereinsregister der ehemaligen DDR – zugleich ein Beitrag zu Art 18 und 19 EinigungsV, DtZ 1994, 138
WEBER, Körperschaftsstatuts bzw Rechtsfähigkeit von Religionsgemeinschaften kraft Regierungsakts der ehemaligen DDR, NJW 1998, 197
WOLTZ, Zur Rechtsfähigkeit der Vereine in den neuen Bundesländern, NJ 1991, 115.

Systematische Übersicht

Alphabetische Übersicht

I. Rechtsfähige Vereinigungen – Recht der DDR

1. Entwicklung bis zum VereinigungsG

a) Rechtsgrundlagen

1 Das Grundrecht der Vereinigungsfreiheit bestand in der DDR bis zur Wende im November 1989 nur auf dem Papier der Verfassung. Zahlreiche Vereine wurden bereits vor Gründung der DDR durch die Besatzungsmacht aufgelöst, die meisten noch verbliebenen durch die **Verordnung zur Überführung von Volkskunstgruppen und Volksbildenden Vereinen in die bestehenden demokratischen Massenorganisationen** v 12. 1. 1949 beseitigt (vgl OLG Jena Rpfleger 1998, 114, 115). In der Folgezeit wurde die Gründung von Vereinen – noch unter Geltung des BGB als materiellrechtlicher Grundlage – als polizeirechtliche Angelegenheit eingestuft (**VO über die Übertragung der Angelegenheiten der Freiwilligen Gerichtsbarkeit** v 15. 10. 1952, GBl DDR 1057) und unter den Vorbehalt staatlicher Registrierung gestellt, die eine Prüfung der Vereinsziele auf Übereinstimmung mit den Grundsätzen der sozialistischen Gesellschaftsordnung und eine Bedürfnisprüfung voraussetzte (**§ 2 VO zur Registrierung von Vereinigungen** v 9. 11. 1967 [GBl DDR II 861], in Kraft seit 1. 1. 1968, sowie **AnpassungsVO** v 13. 6. 1968 [GBl DDR II 363] – VRegistrierungsVO), was regelmäßig zur Ablehnung führte, da die Parteiorganisationen nach sozialistischer Doktrin alle Vereinigungsbedürfnisse deckten. **Materiellrechtlich wurden §§ 21 ff BGB durch das ZGB ersatzlos aufgehoben. An ihre Stelle trat die Verordnung über die Gründung und Tätigkeit von Vereinigungen** v 6. 11. 1975 (GBl DDR I 723, zuletzt Nr 8 der **Anlage zur VO zur Anpassung von Regelungen etc** v 14. 12. 1988 [GBl DDR I 330] – VGründungsVO; Christoph DtZ 1990, 257 f; ders DtZ 1991, 234 f; MünchKomm/Reuter Rn 1 ff).

2 Erst das **VereinigungsG** v 21. 2. 1990 (GBl DDR I 75) stellte die Erlangung der Rechtsfähigkeit privatrechtlicher Vereinigungen auf eine rechtsstaatlich sichere Grundlage.

b) Altrechtliche Vereinigungstypen

3 Dennoch existierten bei Inkrafttreten des VereinigungsG am 21. 2. 1990 (§ 25) verschiedene altrechtliche Vereinigungstypen, die vor Inkrafttreten des VereinigungsG als juristische Personen bestanden und deren Fortbestand nach doppelter Überleitung (VereinigungsG und EV) Fragen aufwirft.

4 **aa)** Vereinigungen, die **in der DDR nach 1945 bzw 1949 gegründet** und nach den vorgenannten Rechtsvorschriften **registriert** waren.

α) Hierzu rechnen auch Vereine, die vor Inkrafttreten der VRegistrierungsVO in das Vereinsregister **eingetragen** waren (§ 15 Abs 1 VGründungsVO 1975), sofern sie den Anforderungen an die Übereinstimmung mit den sozialistischen Gesellschaftsprinzipien entsprachen (§ 2 VRegistrierungsVO 1967, § 1 Abs 2 VGründungsVO 1975). Andere (eingetragene!) Vereine verloren ihre Rechtsfähigkeit und wurden aufgelöst. Da seit dem 1. 1. 1968 im Recht der DDR hierfür eine Rechtsgrundlage (oben Rn 1) bestand, haben die hiernach erfolgten Löschungen Bestandskraft nach Art 18, 19 EV, ohne daß der Rechtsstaatlichkeitsvorbehalt dieser Bestimmungen eingreift (vgl zu den Folgen für nach dem VereinigungsG übergeleitete Nachfolgeorganisationen unten Rn 14).

5 **β)** Die **amtswegige Löschung** eingetragener Vereine im Vereinsregister **durch Gerichte der DDR vor dem 15. 10. 1952** ist grundsätzlich nach Art 18 EV zu behandeln, da es sich um Akte der Rechtsprechung handelt (Tietje DtZ 1994, 140). Auf **amtswegige Löschungen durch Volkspolizeikreisämter bis zum 31. 12. 1967** ist Art 19 EV anzuwenden (Tietje DtZ 1994, 141).

Grundsätzlich bleiben daher Amtslöschungen von Vereinen, insbesondere solchen, die nicht in Übereinstimmung mit sozialistischen Gesellschaftsprinzipien standen, **wirksam** und sind nicht im Wege eines erneuten Löschungsverfahrens nach § 142 FGG zu beseitigen, obgleich diese Löschungen unter Geltung des FGG in der DDR erfolgten und daher rechtswidrig sind, weil die Voraussetzungen einer Amtslöschung nicht vorgelegen haben (Tietje DtZ 1994, 139 ff).

6 **γ)** Fraglich erscheint, ob auf solche Löschungen vor dem 1. 1. 1968 grundsätzlich die **Rechtsstaatlichkeitsklausel** der Art 18, 19 EV Anwendung findet, weil die Löschungen entgegen §§ 142, 159 FGG ohne Rechtsgrundlage erfolgt sind (so Tietje DtZ 1994, 141 f; ohne Differenzierung: Palandt/Heinrichs[59] Rn 1). Zwar war die damalige Löschung im Zeitpunkt der Löschung ohne Rechtsgrundlage; der DDR-Gesetzgeber hat jedoch mit der VRegistrierungsVO eine Rechtsgrundlage geschaffen, die offenbar *rückwirkend* erfolgte Löschungen heilen sollte. Es würde sich im übrigen ein unzuträgliches Ergebnis einstellen, wenn Löschungen aus der Zeit bis zum 31. 12. 1967 auf Anregung bzw nach pflichtgemäßem Ermessen gemäß § 142 FGG zu beseitigen und damit die Alteintragung wiederherzustellen wären (so: Tietje DtZ 1994, 142), während spätere Löschungen wirksam sind und derselbe Verein, wäre er am 1. 1. 1968 noch eingetragen gewesen, nach diesem Datum ohne weiteres hätte gelöscht werden können; mit Art 18, 19 EV hat der Gesetzgeber sich bewußt dafür entschieden, behördliche und gerichtliche Akte der DDR nicht schon deshalb rückabzuwickeln, weil ihnen sozialistische Motivationen zugrunde lagen.

Zu erwägen ist allerdings die Übertragung der Grundsätze betreffend die 1933 bis 1945 zwangsaufgelösten Vereine (BGHZ 19, 51), was allerdings voraussetzt, daß nach dem Wegfall der Zwangslage (spätestens mit dem VereinigungsG) eine repräsentative Anzahl der früheren Mitglieder die Wiederbelebung des Vereins betreibt (MünchKomm/Reuter Rn 8) und deshalb schon wegen der Sterblichkeit kaum eine Lösung darstellt. Zu erwägen ist aber auch die Anerkennung einer eingeschränkten **faktischen Kontinuität** in rechtlichen Einzelfragen, wenn die Mitglieder des aufgelösten Vereins sich in der DDR der Form der gesellschaftlichen Organisation bedient hatten, um den früheren Vereinszweck fortzuführen (vgl dazu unten Rn 7, 14). Das führt zwar nicht zur Rechtsnachfolge, kann aber heute noch fortwirkende Härten der rechtsstaatswidrigen Zwangsauflösungen vermeiden.

bb) Vereinigungen, die **gemäß § 7 Abs 2 der VRegistrierungsVO von 1967 oder §§ 2 Abs 3, 15 Abs 2 der VGründungsVO von 1975** durch **Rechtsvorschrift** gegründet wurden und daher von der Registrierungspflicht befreit waren, insbesondere gesellschaftliche Organisationen und Verbände (OLG Jena Rpfleger 1998, 114, 115; AG Berlin-Köpenick VIZ 1998, 38, 40). Solche Vereinigungen sind, auch wenn sie dieselben Zwecke weiterverfolgten, wie vor 1945 gegründete eingetragene Vereine, nicht identisch mit diesen und auch nicht deren Rechtsnachfolger (OLG Jena aaO). **7**

cc) Vereinigungen, die **unter Mißachtung der gesetzlichen Bestimmungen gegründet** wurden, die aber in der Gesetzgebung und Verwaltungspraxis der DDR als juristische Personen behandelt wurden (Beispiel: Zentraler Ausschuß für Jugendweihe; Christoph DtZ 1991, 236 mNachw). **8**

2. Vereinigungsgesetz

Das in der Zeit zwischen Wende und Wiedervereinigung erlassene VereinigungsG (GBl DDR 1990 I Nr 10, 75) stellt den – im Vergleich zu § 2 differenzierteren – Versuch dar, diese tatsächliche vereinsrechtliche Situation in ein an §§ 21 bis 79 BGB und dem VereinsG v 5. 8. 1964 (BGBl III 2180-1) orientiertes Vereinsrecht überzuführen. Die schnelle Überleitung in das BGB aufgrund der Wiedervereinigung wirft Probleme auf, deren Lösung das VereinigungG auf mittlere Sicht bereits vorgezeichnet hatte. **9**

a) Neugründungen

aa) Die Voraussetzungen an die **Zulässigkeit** einer Vereinigung entsprachen mit Inkrafttreten des VereinigungsG dem BGB. Eine Zweckkontrolle fand nicht statt; das vorherige Erfordernis der Anerkennung entfiel. Nicht zugelassen waren lediglich in einem engen Katalog aufgeführte (§ 2 Abs 2) Vereinigungen mit rechtswidriger Zielsetzung. § 1 Abs 2 enthält einen Negativkatalog der auch in der Bundesrepublik historisch bedingt nicht als eV errichteten Organisationen (Gewerkschaften, Erwerbsvereine und Kirchen bzw Religionsgemeinschaften). **10**

Für die Überleitung von Interesse ist die von den Bestimmungen des BGB abweichende **Beitritts-Geschäftsfähigkeit** für Jugendliche von 14 bis 18 Jahren (§ 3 Abs 2 VereinigungsG). Die **innere Verfassung** (§§ 6, 7 VereinigungsG) entsprach nicht vollständig den Regeln des BGB. **11**

bb) Rechtsfähigkeit erlangte eine Vereinigung gemäß § 4 Abs 1 mit ihrer **Registrierung**. Zur Registrierung waren mindestens sieben (§ 4 Abs 2 VereinigungsG **12**

idF durch **G zur Änderung des VereinigungsG v** 22. 6. 1990, GBl DDR I 470) Mitglieder nachzuweisen, ein in § 4 Abs 3 näher bezeichnetes Statut vorzulegen und Name sowie Sitz festzulegen. Zuständig für die Registrierung im **Vereinigungsregister** war das für den Sitz der Vereinigung zuständige Kreisgericht. In den Großstädten Berlin (Ost), Erfurt, Chemnitz, Leipzig und Magdeburg war die Zuständigkeit bei jeweils einem Kreisgericht zusammengefaßt (§ 1 *1. DurchführungsVO zum VereinigungsG* v 8. 3. 1990, GBl DDR I 159). Die Registrierung erfolgte auf **schriftlichen Antrag**. Über das Vorliegen der Registrierungsvoraussetzungen entschied der Richter und verfügte sodann die Eintragung in das Register (§ 5 1. DVO VereinigungsG), der Skripturakt im Register oblag dem Justizsekretär (§ 3 1. DVO VereinigungsG).

13 Hierüber wurde eine **Urkunde** (§ 2 iVm Anlage 2 1. DVO VereinigungsG) ausgestellt (§ 14 Abs 2 VereinigungsG).

b) Registrierung von Altvereinigungen

14 Bei Inkrafttreten des VereinigungsG bestehende rechtsfähige Vereinigungen hatten sich innerhalb von **sechs Monaten** seit **Inkrafttreten** des VereinigungsG, also bis zum 21. 8. 1990 registrieren zu lassen (AG Berlin-Köpenick VIZ 1998, 38, 41). Das Verfahren entsprach dem Verfahren für Neugründungen (§ 22 Abs 2 VereinigungsG). Mangels fristgemäßer Registrierung erlosch die Rechtsfähigkeit (§ 22 Abs 2). Solche Vereinigungen bestehen regelmäßig als nichtrechtsfähige Vereinigungen fort.

§ 22 Abs 2 VereinigungsG schuf jedoch nur Kontinuität über das Inkrafttreten des VereinigungsG hinaus. Hingegen wird dadurch nicht die Identität zu eingetragenen Vereinen gewahrt, welche *vor 1945* mit demselben Zweck gegründet, in der DDR als Vereine aufgelöst worden waren (oben Rn 4) und danach zweckgleich nicht mehr als Vereine, sondern als gesellschaftliche Organisationen rechtsfähig waren (dazu oben Rn 7; VG Meiningen ZOV 1995, 227: keine Rechtsnachfolge in das Vermögen bei Neugründung; OLG Jena Rpfleger 1998, 114, 115, Namensführung eines 1921 gegründeten Sportvereins; die Entscheidung ist gleichwohl iE nicht zustimmungswürdig, da einem Verein die Fortführung eines **Traditionsnamens** versagt wurde, weil die formale Kontinuität durch die rechtsstaatswidrige Löschung des Altvereins unterbrochen war. Auch wenn solche Löschungen als wirksam zu behandeln sind und die Neugründung nach 1990 schon mangels noch lebender Mitglieder nicht als Kontinuum des Altvereins verstanden werden kann, oben Rn 6, muß doch bei den Auswirkungen auf die heutige Rechtslage, insbesondere für die Berechtigung zur Führung eines das Gründungsjahr ausweisenden Traditionsnamens, auf die Besonderheiten einer nur *faktischen Kontinuität* der zweckidentischen Fortführung in staatlich erzwungener Rechtsform Rücksicht genommen werden).

II. Nichtrechtsfähige Vereinigungen im Recht der DDR

1. Gemäß VereinigungsG

15 Nichtrechtsfähige Vereinigungen waren erstmals aufgrund **§§ 16, 17 VereinigungsG** zugelassen (zur Anwendung auf die noch nicht eingetragene als rechtsfähig gewollte Vereinigung [Vorverein] BGH NJW 1999, 1467, 1468). Das VereinigungsG sah hinsichtlich der Bildung und inneren Organisation eine entsprechende Anwendung der Bestimmungen über rechtsfähige Vereinigungen vor. Die Vertretung, Verfügungen über das Vereinigungsvermögen und die Haftung unterlagen hingegen nicht den Regeln der rechtsfähigen Vereinigung. Es bestand gemeinschaftliche Vertretung bei Möglichkeit der

Bevollmächtigung, gemeinschaftliche Verfügungsbefugnis sowie Gesamtschuldner- und Gesamtgläubigerschaft. Name und Statut waren fakultativ.

2. Andere Personenzusammenschlüsse

a) Nicht vom VereinigungsG – und damit nicht von § 2 – erfaßt sind die **Bürgergemeinschaft** (§ 266 ff ZGB, § 1 Abs 2a VereinigungsG; Palandt/Heinrichs[59] Rn 1; Uebeler/Albrecht DtZ 1991, 400; näher hierzu Art 232 § 1 Rn 110 ff), **erwerbswirtschaftliche Vereinigungen** (§ 1 Abs 2 c VereinigungsG; vgl Drescher FR 1997, 713, 718) sowie die seit 1. 7. 1990 zulässige **Gesellschaft bürgerlichen Rechts**. Deren Überleitung unterliegt Art 232 § 1. Auch die Rechtsverhältnisse von **Handelsgesellschaften** unterliegen nicht § 2, sondern – vorbehaltlich handelsrechtlicher Überleitungsbestimmungen im EV – dem Grundsatz des Art 232 § 1; nach allgemeinen kollisionsrechtlichen Grundsätzen bleibt der Name einer juristischen Person im Falle des Statutenwechsels als wohlerworbenes Recht bestehen, beurteilt sich aber für namensrechtliche und namensschutzrechtliche Vorgänge, die dem Statutenwechsel nachfolgen, gemäß dem neuen Personalstatut/Gesellschaftsstatut der juristischen Person, vorliegend also gemäß dem in Art 232 § 1 enthaltenen Grundsatz nach dem Recht der Bundesrepublik Deutschland (aA Fingerhut/Witzmann BB 1993, 1382, 1385, die den Firmennamensschutz analog Art 231 § 2 beurteilen wollen, im Ergebnis aber ebenfalls neues Recht anwenden). **16**

b) Ebenfalls nicht vom VereinigungsG erfaßt waren **Kirchen und Religionsgemeinschaften** (§ 1 Abs 2 lit d VereinigungsG). Soweit diesen (regelmäßig nach der Wende in der DDR) die Rechtsfähigkeit durch *Verwaltungsakt* einer Behörde der DDR verliehen worden ist, besteht die Rechtsfähigkeit nach Art 9 S 1 EV fort (BVerwG NJW 1998, 253); einer Überleitung nach § 2 Abs 1 bedarf es nicht. Erforderlich dürfte jedoch eine entsprechende Anwendung von § 2 Abs 2 und 3 sein, weil für Kirchen und Religionsgemeinschaften, soweit sie nicht in Körperschaften des öffentlichen Rechts überführt wurden, nur die Rechtsform des (eingetragenen) Vereins zur Verfügung steht, eine Neugründung aber nicht in Betracht kommt, weil durch die Überleitung des die Rechtsfähigkeit verleihenden Verwaltungsakts die Kontinuität der Existenz als juristische Person vorgezeichnet ist. Die Eintragung in das Vereinsregister wirkt daher analog § 2 Abs 2, 3 nur deklaratorisch (Weber NJW 1998, 197, 200). **17**

III. Überleitung rechtsfähiger Vereinigungen

1. Reichweite der Anwendung des BGB

a) Interlokale Anwendbarkeit

Der interlokale (innerdeutsche) Anwendungsbereich von Abs 1 bis 3 ist durch die Überleitungsbestimmung selbst definiert. Überzuleiten sind Vereinigungen, die nach den Bestimmungen des VereinigungsG vor dem 3. 10. 1990 rechtsfähig waren. Dies setzt insbesondere die Zuständigkeit eines Gerichts in der ehemaligen DDR, damit einen **Sitz im Beitrittsgebiet** voraus. **18**

b) Fortbestehen (Abs 1)

Zielsetzung ist der **Bestandsschutz** für wirksam entstandene rechtsfähige Vereinigungen. Sie werden übergeführt in die Form des *rechtsfähigen Vereins* iSd BGB (BT-Drucks 11/7817, 37). Sofern die Rechtsfähigkeit bereits vor dem 3. 10. 1990 erlangt **19** war, es jedoch noch an der Eintragung in das Vereinsregister fehlte, hat die nach dem 3. 10. 1990 erfolgte Eintragung lediglich deklaratorische Bedeutung (BGH NJW 1999, 1467, 1468). Die Bestimmung leitet *rechtsfähige* (Abs 1 bis 3) und *nicht rechtsfähige* (Abs 4) *Idealvereine* über. Eine Überleitungsregelung für *wirtschaftliche Vereine* des Zivilrechts war nicht erforderlich, da diese Rechtsform im Recht der DDR nicht existierte (Drescher FR 1997, 713, 718; vgl auch oben Rn 16).

c) Geltung von §§ 21 bis 79 BGB (Abs 2)

20 aa) Seit dem 3. 10. 1990 gilt für übergeleitete Vereinigungen das Vereinsrecht des BGB. Hieraus folgt zunächst, daß jede weitere vereinsrechtliche Rechtshandlung (die der Verein als rechtsfähiger Verein vornimmt) dem BGB unterliegt (Christoph DtZ 1991, 236). Das entspricht sachgerecht dem Zweck der sofortigen Rechtseinheit.

21 bb) Fraglich ist aber, in welcher Weise es zu verstehen ist, daß Abs 2 auch auf die Bestimmungen des BGB über die **Vereinsgründung** (§§ 56 ff BGB) verweist. Ein – verfassungsrechtlich bedenklicher – Fall echter **Rückwirkung** ist darin aber nicht zu sehen. Am 2. 10. 1990 wirksam gegründete Vereine bleiben nach der Zielsetzung der Bestimmung bestehen und unterliegen nicht hinsichtlich von Gründungserfordernissen nachträglich dem BGB und dem FGG (Palandt/Heinrichs[59] Rn 4). Jedenfalls aber ergibt die **teleologische Auslegung**, daß die Inkraftsetzung des BGB sämtliche vereinsrechtlichen Vorgänge **unberührt** läßt, die sich vor dem 3. 10. 1990 vollendet haben. Für die **Gründung** ergibt sich dies ausdrücklich aus Abs 1, für **Beitritte** (insbesondere von nach § 3 Abs 2 VereinigungsG vereinsmündigen Jugendlichen), **Beschlüsse, Statutenänderungen** folgt dies unmittelbar aus dem Zweck des Bestandsschutzes (im Ergebnis ebenso: MünchKomm/Reuter Rn 7).

22 cc) Jedenfalls die uneingeschränkte Nennung der Bestimmungen des BGB über die **Vereinsgründung** erweist sich als **Redaktionsversehen**. Gegen ein Redaktionsversehen spricht zwar, daß § 4 – insoweit § 2 Abs 2 modifizierend – eine eigenständige Überleitungsvorschrift betreffend die Haftung für Handlungen der Organe normiert und die Anwendung der BGB-Bestimmungen auf Handlungen begrenzt, die ab dem 3. 10. 1990 begangen werden. Der Gesetzgeber betrachtet aber § 4 als „Klarstellung" (BT-Drucks 11/7817, 37), was einen Umkehrschluß aus § 4 nicht nahelegt. Lediglich wurden wohl weitere Klarstellungen unter dem von sonstigen Gesetzgebungsverfahren abweichenden Zeitdruck versäumt. Für ein Redaktionsversehen spricht zudem, daß der Gesetzgeber offenbar einen Eingriff in abgeschlossene vereinsrechtliche Vorgänge nicht angenommen hat, da er die Führung der Bezeichnung „e. V.", die sich selbst bei der gewollten *unechten Rückwirkung* (Inkraftsetzung des BGB *ex nunc* für bestehende Vereinigungen) aus Abs 2 iVm § 65 BGB herleiten ließe, für gesondert regelungsbedürftig hielt (Abs 3).

23 dd) Für einen Restbereich bleiben allerdings die Bestimmungen des BGB über die **Vereinsgründung** jedoch **anwendbar**, wenn die Rechtsfähigkeit vor dem 3. 10. 1990 noch nicht erlangt war (BGH NJW 1999, 1467; Palandt/Heinrichs[59] Rn 4; **aA** Nissel DtZ 1991, 240). Für die Erlangung der Rechtsfähigkeit ist jedoch abzustellen auf das bis zum 2. 10. 1990 geltende VereinsG. Soweit hiernach die *Rechtsfähigkeit bereits vor Eintragung in das Vereinsregister* eintrat, kommt eine rückwirkende Beeinträchtigung dieser Rechtsfähigkeit durch Anwendung von Bestimmungen des BGB und des FGG nicht mehr in Betracht (Palandt/Heinrichs[59] Rn 4 aE; offen gelassen von BGH NJW 1999, 1467; näher hierzu unten Rn 26 ff).

d) Führung des Vereinsregisters (Abs 2)

24 Die Vereinsregister wurden bis 30. 6. 1992 abweichend von § 55 Abs 1 BGB weiterhin von den bis zum 2. 10. 1990 in der DDR zuständigen Stellen geführt, also bei den gemäß **§ 1 1. DVO VereinigungsG** zuständigen **Kreisgerichten**. Mit Wirkung vom 1. 7. 1992 ist Abs 2 S 2 weggefallen. Die Zuständigkeit liegt – sobald das jeweilige Bundesland die Gerichtsorganisation des GVG eingeführt hat – bei den Amtsgerichten (§ 55 Abs 1 BGB).

25 Die **Konzentration der Zuständigkeit** auf ein Gericht in Großstädten gemäß § 1 Abs 2 der 1. DVO zum VeinigungsG bleibt in Kraft (Palandt/Heinrichs[59] Rn 3). Für den zum Beitrittsgebiet gehörenden Teil von Berlin ging die Zuständigkeit des aufgelösten *StadtbezirksG Berlin-Mitte* über auf das *AG Berlin-Charlottenburg* (EV Anlage I Kapitel III Sachgebiet A Abschnitt 4 Maßgabe 3 j).

e) Bezeichnung „e. V."

26 Eine in einen rechtsfähigen Verein übergeleitete rechtsfähige Vereinigung führt ab dem 3. 10. 1990 die Bezeichnung „eingetragener Verein" **(„e. V.")** als Zusatz zum Vereinsnamen (§ 65 BGB).

2. Unerledigte Registrierungsanträge

a) Tatsächliche Überleitungssituation

27 **aa)** Die eigentlichen Bestandsschutzprobleme ergeben sich nicht aufgrund lösbarer Rückwirkungserwägungen (hierzu oben Rn 20 ff), sondern aufgrund tatsächlicher Probleme, bedingt durch die Antragsflut:

Der Gesetzgeber ging für die Überleitung rechtsfähiger Vereinigungen davon aus, daß am 3. 10. 1990 aufgrund der sechsmonatigen Frist zur Registrierung von Altvereinigungen nur noch rechtsfähige Vereinigungen bestünden, welche den Voraussetzungen des VereinigungsG entsprachen.

28 Die tatsächlichen Verhältnisse bei den mit der Registrierung betrauten Kreisgerichten, insbesondere bei den für eine gesamte Großstadt zuständigen Gerichten gemäß § 1 Abs 2 *1. DVO VereinigungsG* im Zeitpunkt des Inkrafttretens des EV müssen als **chaotisch** bezeichnet werden. Das VereinigungsG hatte zu einer Flut von Registrierungsanträgen geführt, weil sich ein 40 Jahre aufgestauter Bedarf an Verwirklichung der Vereinigungsfreiheit innerhalb weniger Wochen seit Inkrafttreten des VereinigungsG entlud. Allein das StadtbezirksG *Berlin-Mitte* hatte nahezu 2200 Registrierungsanträge zu bearbeiten. Hiervon konnten nur rund 400 registriert werden (vgl auch AG Berlin-Köpenick VIZ 1998, 38, 41).

29 **bb)** In den letzten Tagen vor dem 2. 10. 1990 wurden jedoch noch an eine Vielzahl von Antragstellern **Bescheide** bzw **Urkunden** über die Registrierung gemäß § 14 VereinigungsG, § 3 Abs 1 iVm Anlage 2 1. DVO VereinigungsG erteilt. Betroffen sind allein in Ostberlin rund 400 Neugründungen und Altvereinigungen.

Nach Übergabe der Register an das seit 3. 10. 1990 zuständige AG Berlin-Charlottenburg (oben Rn 25) wurde dort festgestellt, daß etliche Vereinigungen, die bereits im Besitz der Urkunde waren, noch nicht registriert waren. Das AG Berlin-Charlottenburg ist der Ansicht, daß die Rechtsfähigkeit bis zum 3. 10. 1990 nicht eingetreten ist, so daß mangels Überleitungsfähigkeit eine Neuanmeldung zu fordern sei (zum ganzen Christoph DtZ 1991, 235 f; Woltz NJ 1991, 115).

b) Vereinigungen, denen Urkunden erteilt wurden

30 aa) Bei Vereinigungen, denen bereits Urkunden über ihre Registrierung erteilt wurden, geht es um die Frage, ob die noch fehlende **Eintragung konstitutiv** ist. Diese Frage kann nicht dem BGB unterstellt werden, sondern ist nach dem bis zum 2. 10. 1990 geltenden Recht zu beurteilen. Hatte hiernach der für die Erlangung der Rechtsfähigkeit konstitutive Vorgang schon vor dem 3. 10. 1990 stattgefunden, so kann eine bei Inkrafttreten des EV nur noch deklaratorisch erforderliche Eintragung nicht mit dem 3. 10. 1990 zum konstitutiven Erfordernis werden; dies würde den Entzug einer bereits erlangten Rechtsfähigkeit bedeuten, also gegen Abs 1 verstoßen.

31 bb) Den erteilten Urkunden liegen **Entscheidungen** der zuständigen Richter gemäß **§ 5 1. DVO VereinigungsG** zugrunde, die den Antragstellern zugestellt wurden. Aus der funktionellen Trennung von Eintragungsprüfung und Skripturakt im Register, den die 1. DVO VereinigungsG im Gegensatz zum Verfahren nach §§ 60 ff BGB vornimmt (die Mitteilung nach § 61 Abs 1 BGB entfaltet keine Außenwirkung gegenüber dem Antragsteller) dürfte zu folgern sein, daß der DDR-Gesetzgeber die **Verfügung der Eintragung** gemäß § 5 1. DVO VereinigungsG als den wesentlichen Schritt innerhalb des zweiaktigen Registrierungsvorgangs verstehen wollte. Es liegt daher nahe, diesen Schritt mit der Registrierung iSv § 4 Abs 1 VereinigungsG zu identifizieren, also die Verfügung als den für die Rechtsfähigkeit konstitutiven Akt zu behandeln (ebenso: Christoph DtZ 1991, 236; Woltz NJ 1991, 116; Palandt/Heinrichs[59] Rn 4; **aA** KG OLG-NL 2001, 205, 207 f; MünchKomm/Reuter Rn 5).

32 cc) Folgt man dem nicht, so ist zu erwägen, ob die Erteilung der **Urkunde** gemäß **§ 3 Abs 1 1. DVO VereinigungsG iVm Anlage 2**, die qualitativ über die bloße Benachrichtigung nach §§ 159, 130 Abs 2 FGG hinausgeht, einen Tatbestand setzt, der zur Nachholung der bislang nicht erfolgten Registrierung zwingt. Auch dies sollte bejaht werden, ohne daß es darauf ankäme, ob die Urkunde einen **Vertrauens**tatbestand setzt (hierauf stellt Woltz NJ 1991, 115 ab mit durchaus zutreffenden Erwägungen zur Frage des Vertrauens Dritter). Die Erteilung der Urkunde beruht jedenfalls auf einer **Entscheidung** eines zuständigen Gerichts, nämlich der Verfügung der Registrierung, die nicht nur interner Vorgang ist, sondern Außenwirkung erlangt; die Erteilung der Urkunde mag fehlerhaft sein, die Entscheidung ist aber deshalb nicht nichtig. Diese Entscheidung bleibt aber bereits aufgrund Art 18 Abs 1 EV in Kraft. Eine schlichte Rücknahme durch das zuständige Gericht scheidet ersichtlich (auch als Verstoß gegen das Gebot rechtsstaatlichen Verfahrens) aus. Aufgrund der Eintragungsverfügung ist die Registrierung (als bloßer Skripturakt) vorzunehmen.

Vorzugswürdig erscheint allerdings die Annahme einer bereits für die **Rechtsfähigkeit konstitutiven** Wirkung der Entscheidung. Anderenfalls stellen sich in der Schwebezeit bis zum Vollzug der Registereintragung aufgrund der ausgestellten Urkunden durchaus schwerwiegende Fragen des Vertrauensschutzes. Der Rechtsverkehr sollte nicht dadurch belastet werden, daß eine große Zahl von Vereinen in Gründung als rechtsfähig ausgewiesen wird, ohne daß die Antragsteller den Mangel der Rechtsfähigkeit kennen müßten.

dd) Wenn **nach dem 3. 10. 1990 eine Eintragung** in das Vereinsregister erfolgte, setzt sich jedenfalls ohne weitere Übertragungsakte die vorher ggf nichtrechtsfähige Vereinigung in dem nunmehr rechtsfähigen Verein fort. Da eine nach dem VereinigungsG in Gründung befindliche rechtsfähige Vereinigung jedenfalls als (nichtrechtsfähiger) *Vorverein* gemäß Abs 4 übergeleitet wurde und damit in einen spätestens durch Eintragung neu entstandenen rechtsfähigen Verein übergehen konnte (BGH NJW 1999, 1467, 1468 läßt daher die Frage offen, ob vor dem 3. 10. 1990 durch die Aushändigung der Urkunde bereits eine rechtsfähige Vereinigung entstanden war). **33**

c) Sonstige am 3. 10. 1990 anhängige Verfahren

aa) Lücken im Bestandsschutz offenbart die Überleitungsbestimmung aber auch hinsichtlich der am 3. 10. 1990 **anhängigen Verfahren**, in denen noch nicht einmal die Registerverfügung ergangen ist. Bei wörtlicher Auslegung von Abs 1 u 2 kommt für diese Vereinigungen nur eine erneute Antragstellung (öffentliche Beglaubigung) und eine Prüfung der Eintragungsvoraussetzungen nach den Bestimmungen des BGB in Betracht. **34**

bb) Diese Rechtsfolge sollte hingenommen werden, soweit eine Vereinigung nach dem Inkrafttreten des VereinigungsG zur **Neugründung** angemeldet wurde; der Zweck der Erreichung sofortiger Rechtseinheit spricht ebenso hierfür, wie der Umstand, daß der Gesetzgeber die Überleitung ausdrücklich von der Erlangung der Rechtsfähigkeit, nicht aber – was möglich gewesen wäre – von der Antragstellung abhängig gemacht hat. Bedenkliche Eingriffe in **erlangte Rechtspositionen** ergeben sich hierbei nicht. **35**

cc) Anders verhält es sich bei **Altvereinigungen**, die fristgemäß (§ 22 Abs 1, bis 21. 8. 1990) ihre Registrierung beantragt hatten, deren Antrag aber am 3. 10. 1990 noch anhängig war. Für solche Vereinigungen würde das Erfordernis einer erneuten Antragstellung einen Eingriff in die bereits erlangte **Rechtsfähigkeit** bedeuten. § 22 Abs 1 VereinigungsG ist dahin auszulegen, daß die Rechtsfähigkeit gemäß § 22 Abs 3 nur dann erlischt, wenn die Registrierung nicht binnen der Frist **beantragt** wird. Solche Vereinigungen waren also am 2. 10. 1990 noch rechtsfähig. Abs 1 ist also dahin **auszulegen**, daß auch solche Vereinigungen „nach dem Gesetz über Vereinigungen ... vor dem Wirksamwerden des Beitritts entstanden sind“. Die Registrierung sollte daher auch für solche Vereinigungen nach § 4 VereinigungsG, nicht aber nach §§ 60 ff BGB erfolgen (im Ergebnis ebenso: Christoph DtZ 1991, 237). **36**

3. Nichtrechtsfähige Vereinigungen (Abs 4)

a) Interlokaler Anwendungsbereich

Für nichtrechtsfähige, also nicht eingetragene Vereinigungen besteht naturgegeben keine registergerichtliche Zuständigkeit, so daß der innerdeutsche Anwendungsbereich von Abs 4 kollisionsrechtlich zu bestimmen ist. In entsprechender Anwendung der Grundsätze des internationalen Vereinigungs-/Gesellschaftsrechts ist auch insoweit im Ergebnis auf den Sitz der Vereinigung abzustellen (Staudinger/Grossfeld **37**

[1998] IntGesR Rn 685). Bei vor dem 3. 10. 1990 in der DDR gegründeten nichtrechtsfähigen Vereinigungen **(Altfälle)** liegt mangels Rückverweisung (§ 8 RAG beruft wohl das **Gründungsrecht**, Staudinger/Grossfeld[12] IntGesR Rn 116) also ein **Überleitungsfall** vor.

b) Anzuwendende Bestimmungen

38 Auf solche Vereinigungen ist mit dem 3. 10. 1990 § 54 BGB, also in Wahrheit die Rechtsgrundsätze der Rechtsprechung und Lehre zum nichtrechtsfähigen Verein, anzuwenden (BGH NJW 1999, 1467, 1468; Palandt/Heinrichs[59] Rn 5). Auch insoweit (vgl oben Rn 20 ff) liegt keine unzulässige Rückwirkung vor. Vielmehr ist durch Auslegung zu ermitteln, daß bundesdeutsches Recht nur für nach dem 3. 10. 1990 eintretende vereinsrechtliche Vorgänge anzuwenden ist.

39 Da sich beim Übergang vom VereinigungsG zu § 54 BGB insoweit wesentliche Änderungen hinsichtlich der Haftung ergeben, weil nach § 17 Abs 3 VereinigungsG gesamtschuldnerische **Haftung** bestand, stellt sich auch für den nichtrechtsfähigen Verein die Frage der Überleitung der Haftungsbestimmungen. Insoweit ist im Interesse des Schutzes der Gläubiger und in Anlehnung an den in Art 231 § 4 für einen Sonderfall normierten Rechtsgedanken, die Haftung für vor dem 3. 10. 1990 begründete Verbindlichkeiten weiter nach dem Recht der DDR zu beurteilen (siehe § 4 Rn 3).

§ 3
Stiftungen

(1) Die in dem in Artikel 3 des Einigungsvertrags genannten Gebiet bestehenden rechtsfähigen Stiftungen bestehen fort.

(2) Auf Stiftungen des Privaten Rechts sind ab dem Tag des Wirksamwerdens des Beitritts die §§ 80 bis 88 des Bürgerlichen Gesetzbuchs anzuwenden.

Materialien: Siehe zu Art 230 betr Fassung durch EinigungsvertragsG; E: BT-Drucks 11/7760 Art 231 § 3.

Schrifttum

Neuhoff, Das Stiftungsgesetz für die neuen Bundesländer, DtZ 1991, 435

Rawert, Das Stiftungsrecht der neuen Bundesländer, BB Beilage 6/1991 (Folge 19 Supplement deutsche Einigung), 13.

I. Bestehende rechtsfähige Stiftungen – Recht der DDR

1. Gründung vor Inkrafttreten des ZGB

1 Bis zum Inkrafttreten des ZGB am 1. 1. 1976 galten für Stiftungen des Privatrechts §§ 80 bis 88 BGB. Die Ergänzung dieser lückenhaften, insbesondere den öffentlich-rechtlichen Regelungsbereich aussparenden Bestimmungen (STAUDINGER/COING [1995] Vorbem 3 f zu §§ 80–88 BGB) erfolgte – wie in der Bundesrepublik – durch Rückgriff auf die **Ausführungsgesetze** zum BGB, welche die um 1900 auf dem Gebiet der späteren DDR bestehenden Einzelstaaten erlassen hatten. Die Funktion der Stiftung war jedoch in der Rechtswirklichkeit der DDR bereits vor Inkrafttreten des ZGB durch die **Vererbung an öffentliche Institutionen** weitgehend übernommen worden.

2. Nach Inkrafttreten des ZGB, Überleitung § 9 EGZGB

a) Das ZGB enthält keine Regelungen über die Begründung einer Stiftung durch Rechtsgeschäft. In Betracht kam jedoch weiter eine Begründung durch **Normativakt** einer Behörde, etwa des Kultusministers (vgl LÜBCHEN/GÖHRING 31). 2

b) Die Rechtsstellung der vor Inkrafttreten des ZGB **bestehenden Stiftungen** unterstellte **§ 9 Abs 1 EGZGB** v 19. 6. 1975 (GBl DDR I 517) dem vordem geltenden Recht. Die bis dahin dem **Landesstiftungsrecht** unterstellten Materien (Aufsicht, Änderungsgenehmigung, Auflösung) wurden jedoch in § 9 Abs 2 bis 4 EGZGB einheitlich geregelt. § 9 Abs 4 EGZGB modifizierte auch § 87 BGB; insbesondere wurde ein Anfallsrecht der DDR bei Auflösung und Fehlen eines satzungsgemäß Berechtigten bestimmt. 3

3. StiftungsG v 13. 9. 1990

Kurz vor dem Ende der DDR wurde das Stiftungsrecht durch das **StiftungsG** v 13. 9. 1990 (GBl DDR I 1483; in Kraft seit 24. 9. 1990, § 32 Abs 1) auf eine einheitliche Grundlage gestellt. Im Gegensatz zu §§ 80 bis 88 BGB regelt das Gesetz nicht nur die privatrechtliche Materie (§§ 5 bis 14, 22 Abs 1 bis 3, 23 Abs 3), sondern auch die öffentlichrechtlichen Grundlagen der Stiftungsaufsicht (§§ 15 bis 21, 22 Abs 4, 23 Abs 1 und 2) sowie die Ausgestaltung öffentlichrechtlicher, kommunaler und kirchlicher Stiftungen. Gemäß § 29 bestanden Altstiftungen fort, unterlagen jedoch ab Inkrafttreten dem neuen Recht. § 30 regelte als Übergangsbestimmung die Anmeldung von Altstiftungen (Abs 1) bzw die Genehmigung von Altstiftungen, die bis dahin keine (dem StiftungsG entsprechende) Satzung besaßen (zum ganzen HORN Rn 28 ff). 4

II. Überleitung

1. Interlokaler Anwendungsbereich

Abs 1 erfaßt alle rechtsfähigen Stiftungen, die im Beitrittsgebiet vor dem 3. 10. 1990 bestanden haben. Entsprechend der Sitztheorie geht Abs 1 von der Geltung des Rechts der DDR als Stiftungsstatut bei Sitz in der DDR aus (RAWERT BB Beilage 6/1991, 16; ebenso § 18 StiftungsG, der die Stiftung der Rechtsaufsicht des Landes unterstellt, in dem sie ihren Sitz hat und von der Anwendung des dort geltenden Rechts ausgeht. Diese Norm dürfte kollisionsrechtliche lex specialis zu § 8 RAG sein). 5

2. Fortbestehen (Abs 1)

Bestehende rechtsfähige Stiftungen, also solche, die nach dem StifungsG gegründet oder nach dessen §§ 29, 30 übergeleitet wurden, **bestehen fort**. 6

3. Anwendbares Recht (Abs 2)

7 **a)** Für die **privatrechtlichen Verhältnisse** sind ab dem 3. 10. 1990 §§ 80 bis 88 BGB anzuwenden, und zwar sowohl für Stiftungen, die nach dem 24. 9. 1990 entsprechend dem StiftungsG gegründet wurden, wie für zu diesem Zeitpunkt bestehende Altstiftungen. Eine verfassungsrechtlich relevante Rückwirkungsproblematik (hierzu MünchKomm/Reuter Rn 3) ergibt sich schon deshalb nicht, weil das StiftungsG inhaltlich die Geltung von §§ 80 ff BGB vorwegnimmt (unzutreffend ist die bei MünchKomm/Reuter Rn 3 vorgenommene Differenzierung zu Altstiftungen: auch diese unterstanden mit dem 24. 9. 1990 dem StiftungsG, nicht mehr § 9 EGZGB, der ebenfalls zum 24. 9. 1990 aufgehoben wurde, § 32 Abs 2 StiftungsG).

8 **b)** Soweit §§ 80 bis 88 BGB keine Regelungen treffen **(öffentlich-rechtliche Verhältnisse)**, sind **nicht** die Landesstiftungsgesetze der auf dem Gebiet der späteren DDR um 1900 bestehenden Länder anzuwenden; gemäß Art 9 Abs 3 EV iVm der **Zusatzvereinbarung zum EV** v 18. 9. 1990 (BGBl II 1240 Art 3 zu Kapitel III Nr 5) war das **StiftungsG** als Landesrecht anzuwenden (MünchKomm/Reuter Rn 3), soweit es bundesgesetzlich nicht erfaßte Materien regelt (vgl oben Rn 3) und das jeweilige neue Bundesland die Materie noch nicht in einem eigenen Stiftungsgesetz geregelt hatte.

4. Fehlerhafte Altstiftungen

9 **a)** § 3 befaßt sich nicht mit der in § 30 StiftungsG ausdrücklich geregelten Übergangsproblematik der **Erfassung** bestehender Stiftungen (§ 30 Abs 1 StiftungsG) und der Nachgenehmigung von Satzungen bei Stiftungen, die bislang nicht den Bestimmungen der §§ 81 ff BGB entsprechen (§ 30 Abs 2 StiftungsG).

10 **b)** § 30 StiftungsG galt jedoch als Landesrecht fort, da diese Materie bundesrechtlich nicht geregelt ist. § 3 Abs 1 steht nicht entgegen, weil die überzuleitende Rechtsfähigkeit schon vor dem 3. 10. 1990 unter der Maßgabe des § 30 StiftungsG stand. Damit bestehen die dort normierten **Verpflichtungen** fort. Bestehende Stiftungen haben also der Stiftungsbehörde bis zum 24. 9. 1990 „Name, Sitz, Zweck, Vertretungsberechtigung und Zusammensetzung der Organe und, soweit möglich, den Tag der Erteilung der Genehmigung und die erteilende Stelle mitzuteilen, sowie ihre Satzung vorzulegen“ (§ 30 Abs 1 StiftungsG).

11 Stiftungen, die **keine (den zwingenden Vorschriften entsprechende) Satzung** haben (wobei nunmehr die Entsprechung zu §§ 80 bis 88 zu prüfen ist), sind „verpflichtet, der zuständigen Stiftungsbehörde innerhalb der in Absatz 1 (§ 30 StiftungsG) genannten Frist eine Satzung vorzulegen“ (§ 30 Abs 2 StiftungsG). Die Satzung bedarf der Genehmigung, die als erteilt gilt, wenn sie die Behörde nicht binnen sechs Monaten beanstandet.

12 **c)** Insbesondere genießen solche Stiftungen keinen **Bestandsschutz**, soweit der Stiftungszweck nach §§ 80 ff BGB unzulässig ist, insbesondere iSd § 87 Abs 1 BGB das Gemeinwohl gefährdet. Die Zweckänderung ist in solchen Fällen jedenfalls nach § 87 BGB (MünchKomm/Reuter Rn 3) möglich.

13 Weitergehend erlaubte § 31 StiftungsG schon bei **Zweifeln** über die Rechtsnatur der

Stiftung eine Umwandlung des Stiftungszwecks, die tunlichst die Absicht des Stifters berücksichtigen soll. Diese Bestimmung dürfte auch anzuwenden sein, wenn aufgrund von § 9 Abs 4 2. Alt RAG der Zweck einer Altstiftung geändert worden war, weil er „im Widerspruch zu den gesellschaftlichen Bedürfnissen" stand. Zwar greift eine solche Änderung in die Identität der Stiftung ein, wie sie am 2. 10. 1990 bestand. Zum einen aber stand bereits vor Überleitung durch § 3 eine solche Stiftung seit Inkrafttreten des StiftungsG unter dem Vorbehalt des Eingreifens nach § 31 StiftungsG. Zum anderen ist hier Bestandsschutz als Vertrauensschutz abzuwägen gegen die Notwendigkeit, rechtsstaatswidrige Eingriffe in geschützte Eigentumspositionen seitens der DDR (um solche handelt es sich bei § 9 Abs 4 2. Alt RAG regelmäßig) zu revidieren. Vertrauen in rechtsstaatswidrige Akte muß dabei im allgemeinen zurückstehen.

§ 4
Haftung juristischer Personen für ihre Organe

Die §§ 31 und 89 des Bürgerlichen Gesetzbuchs sind nur auf solche Handlungen anzuwenden, die am Tag des Wirksamwerdens des Beitritts oder danach begangen werden.

Materialien: Siehe zu Art 230 betr Fassung durch EinigungsvertragsG; E: BT-Drucks 11/7760 Art 231 § 4.

Schrifttum

Wasmuth, Haftung von Wirtschaftsunternehmen in den neuen Bundesländern, DtZ 1991, 46.

I. Anwendung von §§ 31 und 89 BGB

1. Normzweck

a) § 4 ist **Ausnahme** zur Inkraftsetzung des BGB für bestehende juristische Personen mit Sitz im Beitrittsgebiet mit Wirkung vom 3. 10. 1990 (vgl § 2 Abs 2 Vereinigungen; § 3 Abs 2 Stiftungen). § 4 soll verhindern, daß durch Eingriff in die am 2. 10. 1990 begründeten Haftungsverhältnisse eine **echte – belastende – Rückwirkung** eintritt. Damit entspricht § 4 einem allgemeinen Grundsatz des intertemporalen Haftungsrechts (vgl Art 232 § 10) und hat trotz der Formulierung als Ausnahme lediglich **klarstellenden Charakter** (BT-Drucks 11/7817, 37). 1

b) § 4 erlaubt daher **keinen Umkehrschluß**, sondern ist analogiefähig für andere Regelungsbereiche, die zu einem rückwirkenden Eingriff in bestehende Verhältnisse der juristischen Person führen würden (vgl insbesondere zu § 2 Rn 20 ff). 2

2. Juristische Personen

3 **a)** Der **Anwendungsbereich** von § 4 entspricht dem von §§ 31 und 89 BGB, ist also weiter als der von § 2 und § 3. Erfaßt sind *auch juristische Personen des öffentlichen Rechts* bei privatrechtlichem Handeln und die *Gesellschaft bürgerlichen Rechts* im Falle der Gesamthandsklage. Die Erstreckung auf *handelsrechtliche* juristische Personen sowie auf KG und – mit Einschränkungen – OHG erlangt Bedeutung für die seit der Wende gegründeten GmbH und AGen sowie für die gemäß **§§ 11 ff TreuhandG** seit dem 1. 7. 1990 in Kapitalgesellschaften umgewandelten Kombinate und VEBe. Auch auf die SED wäre § 4 dem Gunde nach anzuwenden (zum Fehlen von Haftungsdurchgriffsbestimmungen für das Handeln der SED-Funktionäre BGH NJW 1999, 1475; KG KGR 1998, 87).

4 **b)** Über den engen Wortlaut der amtlichen Überschrift hinaus erfaßt § 4 auch den **nichtrechtsfähigen Verein** (Palandt/Heinrichs Rn 1).

3. Zeitpunkt der Handlung

5 **a)** Die Haftung der juristischen Person nach §§ 31, 89 BGB tritt ein, wenn die **Handlung des Organs** am 3. 10. 1990 oder danach **begangen** wurde. Maßgeblich ist damit der Zeitpunkt des pflichtwidrigen Tuns, nicht der Eintritt des schädigenden Erfolgs. Abgrenzungsfragen ergeben sich bei **Dauerhandlungen** sowie bei **Unterlassungen**, die sich über den 3. 10. 1990, 0 Uhr erstrecken:

6 **b)** **Erstreckt** sich ein pflichtwidriges Tun über den Stichzeitpunkt, so kann der schädigende Erfolg kumulativ eintreten (Beispiel: Einleitung von Chemikalien in das Grundwasser), durch eine identifizierbare Teilhandlung verursacht sein oder es kann unaufklärbar sein, welche Teilhandlung den Schaden verursacht hat.

7 **α)** Ist eine **Teilhandlung** identifizierbar, so ist intertemporal auf den Zeitpunkt dieser Teilhandlung abzustellen (Palandt/Heinrichs Rn 3). Ist der Schaden **kumulativ** verursacht, so sollte entsprechend dem *deliktischen Günstigkeitsprinzip im IPR* der Geschädigte zwischen der Anwendung neuen oder alten Rechts wählen können.

8 **β)** Dasselbe gilt im Fall der **Unaufklärbarkeit**. Der Wortlaut („nur … anzuwenden“) zwingt in diesen Fällen nicht zur Anwendung alten Rechts (**aA** Palandt/Heinrichs Rn 3; MünchKomm/Reuter Rn 1). Zweck des § 4 ist lediglich die Vermeidung einer echten Rückwirkung. Ist der Zeitpunkt der schädigenden Handlung nicht aufklärbar oder liegt eine schädigende Dauerhandlung vor, so ist die Handlung **auch** nach dem Stichzeitpunkt begangen; § 4 erfaßt (auch sprachlich) nicht nur Handlungen, die **nur nach** dem Stichzeitpunkt begangen sind. Überdies erscheint es wenig stimmig, eine schädigende Dauerhandlung grundlegend anders zu behandeln als ein schädigendes Dauerunterlassen (sogleich Rn 9).

9 **c)** Ist der Schaden durch ein pflichtwidriges **Unterlassen** verursacht und bestand eine Möglichkeit zur Schadensverhinderung sowohl vor als auch nach dem Stichzeitpunkt, so kann der Geschädigte ebenfalls das ihm *günstigere Recht* wählen (Palandt/Heinrichs Rn 3).

II. Recht der DDR (Handlung vor dem 3.10. 1990)

Auf die Haftung der juristischen Person für Handlungen ihrer Organe vor dem 3.10. 1990 bleibt das Recht der DDR anwendbar. **10**

1. Vereinigungen

a) Rechtsfähige Vereinigungen

aa) Rechtsfähige Vereinigungen haften gemäß § 8 Abs 2 **VereinigungsG** (v 21.2. 1990; GBl DDR I 75) „für Schäden, die Dritten durch das Handeln der Organe oder Vertreter in Ausübung der Tätigkeit der Vereinigung entstehen" nach den Vorschriften des Zivilrechts. **Organe** der Vereinigung waren die *Mitgliederversammlung* bzw die *Delegiertenversammlung* (§ 6 Abs 1 VereinigungsG) sowie der *Vorstand* (§ 7 Abs 1 iVm Abs 3 Satz 1 VereinigungsG). **Vertreter** der Vereinigung waren die vom Vorstand bestellten *bevollmächtigten Vertreter* gemäß § 7 Abs 3 Sätze 2 und 4. **11**

bb) Zivilrechtliche **Haftungsgrundlage** sind die alle juristischen Personen umfassenden §§ 330 ff ZGB (Lübchen/Göhring 33). Eine rechtsfähige Vereinigung nach dem VereinigungsG unterfällt dem weiten „Betriebs"-Begriff des ZGB (§ 11 Abs 3 ZGB: „andere rechtlich selbständige … Vereinigungen, soweit sie zivilrechtliche Beziehungen eingehen"). Damit unterliegen sie einer im Vergleich zu natürlichen Personen erheblich verschärften Haftung für vertragliches wie außervertragliches Handeln ihrer Mitarbeiter. Die bundesdeutschem Vorbild angelehnte und für das DDR-Haftungsrecht neue Organ- und Vertreterhaftung dürfte diese zivilrechtliche Haftung nicht außer Kraft gesetzt, sondern lediglich ergänzt haben. **12**

Daher ergeben sich auch keine Übergangsprobleme für Handlungen vor Inkrafttreten des VereinigungsG am 21.2. 1990. **13**

Die Haftung des Betriebs für den von einem Mitarbeiter verursachten Schaden hing nach § 331 ZGB nur davon ab, daß dieser „in Erfüllung ihm obliegender betrieblicher Aufgaben" handelte und der Entlastungsbeweis (Unabwendbarkeit trotz Ausnutzung aller gegebenen Möglichkeiten) gemäß § 334 ZGB nicht gelang. Es bestand also eine **Gefährdungshaftung** sowohl für die Handlungen von Organen wie von Vertretern und Gehilfen. **14**

cc) Die **Haftungsausfüllung** unterliegt §§ 336 ff ZGB. § 337 ZGB ging aus vom Schadensersatz *in Geld*, was allerdings Naturalrestitution in Geld (den zur Wiederherstellung erforderlichen Geldbetrag) einschloß. Ein *Schmerzensgeldanspruch* im Falle eines Gesundheitsschadens setzte voraus (§ 338 Abs 3 ZGB), daß der Geschädigte nur in beschränktem Umfang am gesellschaftlichen Leben teilnehmen konnte oder sein Wohlbefinden erheblich oder längere Zeit beeinträchtigt wurde. Eine schnell heilende Verletzung ohne Folgeschäden begründete beispielsweise *keinen* Schmerzensgeldanspruch (Lübchen ua, ZGB § 338 Anm 3.2). **15**

dd) Damit ist die Anwendung alten Rechts hinsichtlich der **Haftungsbegründung** dem Geschädigten **günstiger**, weil die Zurechnungslücke (§§ 30, 31 BGB auf § 831 BGB) nicht besteht. Hinsichtlich der **Haftungsausfüllung** ist das BGB im Einzelfall **16**

günstiger, insbesondere hinsichtlich der Voraussetzungen eines *Schmerzensgeldanspruchs.*

b) Nichtrechtsfähige Vereine

17 Die Haftungsverhältnisse in der nichtrechtsfähigen Vereinigung unterscheiden sich gravierend von jenen des BGB für nichtrechtsfähige Vereine: Die Verweisung auf die Bestimmungen über rechtsfähige Vereinigungen in § 16 Abs 1 VereinigungsG schließt § 8 Abs 2 VereinigungsG nicht ein. § 17 Abs 5 VereinigungsG normierte vielmehr eine persönliche Haftung des Handelnden nach §§ 330 ff ZGB. § 11 Abs 3 ZGB findet keine Anwendung, es tritt also nicht die Betriebshaftung des § 331 ZGB ein, aber auch nicht die Haftungsfreistellung des Betriebsmitarbeiters nach § 331 Satz 2 (MünchKomm/Reuter 3).

2. Stiftungen

18 **a)** Organ der Stiftung war der aus einer oder mehreren Personen bestehende Vorstand (§ 11 Abs 1 und 2 **StiftungsG** v 13. 9. 1990 GBl DDR I 1483). Weitere Organe konnten durch Satzung bestimmt werden (§ 10 Abs 1 StiftungsG).

19 **b)** Die in § **12 StiftungsG** begründete Haftung der Organe für eine schuldhafte Verletzung von Obliegenheiten tritt wiederum nur neben die allgemein zivilrechtliche Haftung der Stiftung. Auch insoweit gilt die verschärfte Betriebshaftung (§§ 11 Abs 3, 331 ff ZGB; vgl oben Rn 12).

§ 5
Sachen

(1) Nicht zu den Bestandteilen eines Grundstücks gehören Gebäude, Baulichkeiten, Anlagen, Anpflanzungen oder Einrichtungen, die gemäß dem am Tag vor dem Wirksamwerden des Beitritts geltenden Recht vom Grundstückseigentum unabhängiges Eigentum sind. Das gleiche gilt, wenn solche Gegenstände am Tag des Wirksamwerdens des Beitritts oder danach errichtet oder angebracht werden, soweit dies aufgrund eines vor dem Wirksamwerden des Beitritts begründeten Nutzungsrechts an dem Grundstück oder Nutzungsrechts nach §§ 312 bis 315 des Zivilgesetzbuchs der Deutschen Demokratischen Republik zulässig ist.

(2) Das Nutzungsrecht an dem Grundstück und die erwähnten Anlagen, Anpflanzungen oder Einrichtungen gelten als wesentliche Bestandteile des Gebäudes. Artikel 233 § 4 Abs. 3 und 5 bleibt unberührt.

(3) Das Gebäudeeigentum nach den Absätzen 1 und 2 erlischt, wenn nach dem 31. Dezember 2000 das Eigentum am Grundstück übertragen wird, es sei denn, daß das Nutzungsrecht oder das selbständige Gebäudeeigentum nach Art 233 § 2b Abs. 2 Satz 3 im Grundbuch des veräußerten Grundstücks eingetragen ist oder dem Erwerber das nicht eingetragene Recht bekannt war. Dem Inhaber des Gebäudeeigentums steht gegen den Veräußerer ein Anspruch auf Ersatz des Wertes zu, den das Gebäudeeigentum im Zeitpunkt seines Erlöschens hatte; an dem Gebäudeeigentum begründete Grundpfandrechte werden Pfandrechte an diesem Anspruch.

(4) Wird nach dem 31. Dezember 2000 das Grundstück mit einem dinglichen Recht belastet oder ein solches Recht erworben, so gilt für den Inhaber des Rechts das Gebäude als Bestandteil des Grundstücks. Absatz 3 Satz 1 ist entsprechend anzuwenden.

(5) Ist ein Gebäude auf mehreren Grundstücken errichtet, gelten die Absätze 3 und 4 nur in Ansehung des Grundstücks, auf dem sich der überwiegende Teil des Gebäudes befindet. Für den Erwerber des Grundstücks gelten in Ansehung des auf dem anderen Grundstück befindlichen Teils des Gebäudes die Vorschriften über den zu duldenden Überbau sinngemäß.

Materialien: Siehe zu Art 230 betr Fassung durch EinigungsvertragsG; E: BT-Drucks 11/7760 Art 231 § 5 Abs 2 S 2: Art 8 Nr 1a 2. VermRÄndG, BGBl 1992 I 1257, BT-Drucks 12/2480, 12/2695. Abs 3, 4, 5: Art 13 Nr 1a RegVBG, BGBl 1993 I 2182; E: BT-Drucks 12/5553; Beschlußempfehlung und Bericht des Rechtsausschusses: BT-Drucks 12/6229. Fristen in Abs 3 S 1 und Abs 4 S 1 geändert durch Art 1 Abs 1 Nr 1 Eigentumsfristengesetz BGBl 1996 I 2028; E: BT-Drucks 13/5586; Beschlußempfehlung und Bericht des Rechtsausschusses BT-Drucks 13/6122. Fristen erneut geändert durch Art 1 Abs 1 Nr 1 Zweites Eigentmsfristengesetz, BGBl 1999 I 2493; E: BT-Drucks 14/2250; Beschlußempfehlung und Bericht des Rechtsausschusses BT-Drucks 14/2352.

Schrifttum

ALBRECHT, Der Einigungsvertrag in der Praxis des Grundstücksrechts (1991)
BERG, Das Grundstücksrecht der früheren DDR nach dem Einigungsvertrag, ZAP 1991, 41
BÖHRINGER, Besonderheiten des Liegenschaftsrechts nach dem Einigungsvertrag, RPfleger 1991, 89
ders, Grundbuchrechtliche Probleme in den neuen Bundesländern, NJ 1992, 28
ders, Auswirkungen des Registerverfahrenbeschleunigungsgesetzes auf den Grundstücksverkehr in den neuen Bundesländern, DtZ 1994, 50
ders, Sicherung von Rechtspositionen durch Widerspruchseintragungen in ostdeutschen Grundbüchern, VIZ 1999, 569
ders, Wegfall liegenschaftsrechtlicher Besonderheiten in den neuen Ländern zur Jahrtausendwende, Rpfleger 1999, 425
ders, Rechtslage rund um die Grundbuch-Publizität in den neuen Ländern aus notarieller Sicht, BWNotZ 2000, 1
ders, Das Zweite Eigentumsfristengesetz und die Suspendierung der Grundbuch-Publizität, VIZ 2000, 129
ders, Eigentumsfristen verlängert und Gutglaubensschutz des Grundbuchs nochmals ausgesetzt, OV spezial 2000, 18
ders, Das dingliche Nutzungsrecht und seine Unpfändbarkeit, VIZ 2000, 193
vCRAUSHAAR, Grundstückseigentum in den neuen Bundesländern, DtZ 1991, 359
ECKHARDT, Zivilrecht im Systemvergleich DDR und Bundesrepublik, DRiZ 1991, 121
EICKMANN, Fortgeltendes DDR-Sachenrecht und Zwangsversteigerung, ZflR 1997, 61
FLIK, Ist das übergeleitete Gebäudeeigenm verkehrsfähig und realkreditfähig, DtZ 1996, 162
GRÜNEBERG/WENDTLAND, Zur Beendigung von Nutzungsverträgen nach §§ 312 ff DDR-ZGB über Erholungs- und Freizeitgrundstücke außerhalb von Kleingartenanlagen, DtZ 1993, 101
KELLER, Zur Klage auf Grundbuchberichtigung für Gebäudeeigentum und Mitbenutzungsrechte sowie zu vorläufigen Sicherungsmaßnahmen, DtZ 1996, 330
LEHMANN/ZISOWSKI, Die Verkehrsfähigkeit von Gebäudeeigentum und sonstigem Sondereigentum in den neuen Bundesländern, DtZ 1992, 375

Limmer, Gutgläubiger Wegerwerb von Rechtspositionen im ostdeutschen Gundstücksverkehr ab 1. 1. 2000, DNotZ 1999, 945
Purps, Anwendbarkeit des DDR-ZGB auf vor dem 1. 1. 1976 geschlossene Pachtverträge, DtZ 1993, 144
ders, Die Gebäudegrundbuchverfügung, ZAP-Ost 1995/1, 7
Rohde, Die Entwicklung der Grundeigentums- und Bodennutzungsverhältnisse nach dem Einigungsvertrag, DtZ 1990, 312
ders, Grundstückseigentum und Bodennutzungsrechtsverhältnisse in den neuen Bundesländern nach dem Einigungsvertrag, DNotZ 1991, 186
Schmidt, Zusammenführung von Grundstücks- und Gebäudeeigentum, VIZ 1995, 377
Schmidt-Räntsch, Das Eigentumsfristengesetz, VIZ 1997, 2
Schmidt-Räntsch/Sternal, Zur Gebäudegrundbuchverfügung, DtZ 1994, 262
Schnabel, Ausschlußfristen für Grundstücksrechte im Beitrittsgebiet zum 1. Januar 2001, Änderungen durch das 2. Eigentumsfristengesetz, ZOV 2000, 79
Stellwaag, Selbständiges Gebäudeeigentum, VIZ 1996, 377
Wesel, Nutzer, Nutzung und Nutzungsänderung nach dem Sachenrechtsbereinigungsgesetz DtZ 1995, 70
Wilhelms, Nutzungsrechte in der Sachenrechtsbereinigung, DtZ 1995, 228
ders, Das Nutzungsrecht für Bürger der DDR, VIZ 1996, 431
Zimmermann, Gebäudeeigentum in der DDR vor Inkrafttreten des ZGB – Ein Anwendungsproblem des SachenRBerG, VIZ 1995, 505
ders, Gebäudeeigentum und dingliche Nutzungsrechte in der ehemaligen DDR, ZAP-Ost 2000 Fach 7.
Zum Recht der DDR: Janke, Nutzung von Bodenflächen zur Erholung, NJ 1991, 238
Zum SachenRBerG vgl Schrifttum zu Art 233 § 2a.

Systematische Übersicht

Alphabetische Übersicht

I. Normzweck

1. Selbständiges Gebäudeeigentum (Abs 1, 2) – Dingliche Nutzungsrechte

a) Der Gesetzgeber des Einigungsvertrages ging von den sachenrechtlichen Phänomenen aus, die im **ZGB** vorgefunden wurden; die Problematik des selbständigen Gebäudeeigentums wird allerdings darüber hinaus weiter kompliziert aufgrund der Existenz von Gebäudeeigentum aus der Zeit *vor dem 1. 1. 1976* (dazu unten Rn 18 f, Zimmermann VIZ 1995, 505) sowie von Gebäudeeigentum aufgrund von *neben dem ZGB* bestehenden Bestimmungen (dazu unten Rn 25 ff). **1**

Die immobiliarsachenrechtliche **Grundsatznorm** des § 295 Abs 1 ZGB entsprach der Regelung in § 94 BGB. Jedoch erlaubte § 295 Abs 2 ZGB die Begründung **selbständigen Eigentums an Gebäuden** unabhängig vom Eigentum an Boden aufgrund Rechtsvorschrift. § 295 Abs 3 schloß in das Recht zur Nutzung eines Grundstücks das Recht zur Anpflanzung ein. Aufgrund der weitgehenden Sozialisierung des Eigentums an Grundstücken erlangten diese Nutzungsrechte eine erhebliche Bedeutung (vgl Rohde DtZ 1990, 313), so daß im Beitrittsgebiet an einer Vielzahl von Grundstücken das Grundstückseigentum und das Nutzungsrecht auseinanderfallen. § 5 bezweckt den **Bestandsschutz** der am 2. 10. 1990 bestehenden, vom Eigentum am Grundstück getrennten Immobiliarsachen- und -nutzungsrechte.

b) Hierzu übernimmt § 5 jedoch nicht die Technik des § 467 ZGB, der einen **dreigeteilten Sachbegriff** (bewegliche Sachen, Grundstücke, Gebäude) vorsah. Vielmehr wird iVm Art 233 §§ 3, 4 eine Einordnung des fortbestehenden dinglichen Nutzungsrechts und des Eigentums an Gebäuden in das System der §§ 90 ff BGB (**zweiteiliger Sachbegriff**) vorgenommen. **2**

2. Schuldrechtliche Nutzungsrechte

a) § 296 ZGB sah daneben die Möglichkeit der **vertraglichen Vereinbarung** eines Nutzungsrechts an Grundstücken zur Errichtung von Wochenendhäusern und anderen **Baulichkeiten** zum Zwecke der Erholung und Freizeitgestaltung (sog „Datschen") vor. Auch der Bestand dieser Nutzungsrechte sowie des Eigentums an Gebäuden, die aufgrund solcher Nutzungsrechte errichtet wurden, soll durch § 5 geschützt werden. **3**

b) Dieser Bestandsschutz hätte sich schwerlich über **§ 95 BGB** erreichen lassen. Für solche **Baulichkeiten** galten nach dem Recht der DDR zwar die Bestimmungen über das Eigentum an beweglichen Sachen (§ 296 Abs 1 Satz 2 ZGB). § 5 hat aber iVm Art 232 § 5 einen umfassenden Anwendungsbereich: Einerseits handelte es sich zum Teil um durchaus dauerhafte Bauwerke, die aufgrund eines *unbefristeten* Nutzungsrechts errichtet waren, so daß der Tatbestand von § 95 BGB fraglich wäre (Horn 76). Zum anderen schafft § 5 auch die Voraussetzungen zur *Neubegründung* von **4**

solchem Eigentum an Baulichkeiten aufgrund *bestehender* Nutzungsrechte nach dem 2. 10. 1990.

3. Wiederherstellung der Gutglaubensbestimmungen (Abs 3 bis 5)

5 a) Durch das **RegisterverfahrenbeschleunigungsG** (RegVBG) v 20. 12. 1993 (BGBl 1993 I 2182) wurden in einem ersten Schritt der Bereinigung sachenrechtlicher Verhältnisse in den neuen Bundesländern die Absätze 3 bis 5 eingefügt. Bei Fassung der Absätze 1 und 2 im Einigungsvertrag war der Gesetzgeber noch davon ausgegangen, daß sich die *sachenrechtlichen und die schuldrechtlichen Aspekte der Nutzung von fremdem Grund* regelungstechnisch auseinanderhalten lassen würden. Hiervon ausgehend, befassen sich § 5 und Art 233 § 4 mit der *dinglichen* Einordnung von Nutzungsrecht und Gebäude, während Art 232 § 4 *vertragliche* Nutzungsrechte regelt. Alsbald nach Inkrafttreten des Einigungsvertrages stellte sich in der Praxis heraus, daß die vom ZGB noch vorausgesetzte Unterscheidung dinglicher und schuldrechtlicher Nutzungsverhältnisse in der Praxis kaum beachtet wurde; teilweise wurden fremde Grundstücke aufgrund rein faktischer Verhältnisse genutzt. Dies veranlaßte den Gesetzgeber zunächst (im *2. VermRÄndG* v 14. 7. 1992, BGBl 1992 I 1257) zur **Erweiterung des Schutzes des Nutzers** auf faktische Nutzungsverhältnisse in Art 233 § 2a (Moratorium). Die Abgrenzung zwischen *Schuldrechtsbereinigung* und *Sachenrechtsbereinigung* folgt zwar grundsätzlich der Unterscheidung zwischen bloß schuldrechtlicher und dinglicher Nutzung fremder Grundstücke, orientiert sich dazu aber nicht am *bestehenden* Nutzungsrecht, sondern an dessen eigentlich notwendiger Bestellung (daher ist zB auch *Baulichkeiteneigentum*, sofern es wirklich den Vorgaben des § 296 ZGB entspricht, oben Rn 4, unten Rn 42, nicht in die Sachenrechtsbereinigung und nicht in die Bodensonderung nach dem LwAnpG einzubeziehen, OVG Brandenburg ZOV 2002, 122, 124).

6 b) Über die grundsätzliche Anerkennung des nach dem Recht der DDR bestehenden selbständigen Gebäudeeigentums hinaus gewährte Art 233 § 4 Abs 2 idF des EV einen **weitergehenden Schutz des Nutzers** durch weitgehende **Bestandsfestigkeit gegen gutgläubigen Erwerb** (vgl Erläuterungen dort Rn 42 ff). Damit hat der Gesetzgber für die sachenrechtliche Seite der Nutzung fremden Grundes bewußt eine übergangsweise **Entwertung des Grundbuchs** hingenommen, weil der Erwerber eines Grundstücks sich selbst dann nicht auf die Freiheit von selbständigem Gebäudeeigentum, Anlagen, Anpflanzungen oder Einrichtungen nach DDR-Recht berufen kann, selbst wenn diese nicht im Grundbuch des Grundstücks eingetragen sind (Böhringer DtZ 1994, 50).

7 c) Das RegVBG bedeutet einen ersten Schritt der Rückführung zu sachenrechtlichen Prinzipien des BGB. **Ursprünglich zum Stichtag 31. 12. 1996** sollte die volle **Geltung der Gutglaubensvorschriften** gegen die besonders geschützten Rechtsinstitute des Rechts der DDR wiederhergestellt werden (BT-Drucks 12/5553, 50). Der Erwerber eines Grundstücks kann sich nach den sachenrechtlichen Prinzipien des BGB grundsätzlich darauf verlassen, daß dieses nur mit den Rechten belastet ist, die im Grundbuch eingetragen sind. Dieses für die Preisbildung und Verkehrsfähigkeit von Grundstücken maßgebliche Prinzip war zunächst in den neuen Bundesländern nicht in allen Bereichen gegeben (BT-Drucks 12/6228, 67). Andererseits konnte dieses Prinzip auch nicht sogleich eingeführt werden, weil die Existenz von Rechten an Grundstücken ohne Eintragung zur Rechtswirklichkeit, teils auch zur Rechtslage der DDR gehörte, also die Rechtfertigung für gutgläubig lastenfreien Erwerb gefehlt hätte (Schmidt-Räntsch VIZ 1997, 2).

d) Die ursprüngliche Frist zum 31.12. 1996 erwies sich als zu kurz, da viele Inhaber von dinglichen Nutzungsrechten, Mitbenutzungsrechten und Gebäudeeigentum nicht in der Lage waren, rechtzeitig die Voraussetzungen für die Eintragung (vgl Art 233 § 2c) zu schaffen (Schmidt-Räntsch VIZ 1997, 2; BT-Drucks 13/5586, 3 [Entwurf EFG]; BT-Drucks 14/2250, 1 [Entwurf 2. EFG], im Entwurf des 2. EFG war noch eine Verlängerung zum 31.12. 2001 geplant, vgl zu den unterschiedlichen Standpunkten zur Erforderlichkeit der Verlängerung BT-Drucks 14/2352, 3 [Rechtsausschuß]). Sie wurde deshalb ebenso wie die Fristen in Art 233 §§ 4, 5 und überwiegend auch im SachenRBerG zunächst durch das **Eigentumsfristengesetz** bis zum 31.12. 1999 und erneut – endgültig – durch das **Zweite Eigentumsfristengesetz** auf den **31.12. 2000 verschoben**. Der gute Glaube des Grundbuchs ist damit zum 1.1. 2001 in dem schon vom RegVBG angestrebten Umfang wiederhergestellt. **8**

§ 8 Abs 1 Satz 1 **GrundbuchbereinigungsG** (Art 2 RegVBG, BGBl 1993 I 2182, 2192) bestimmt für Mitbenutzungsrechte und sonstige nicht der Eintragung bedürftige beschränkte dingliche Rechte schon den *31.12. 1995 als Stichtag* für ein Erlöschen mangels Eintragung, *ohne* daß es dazu eines Verkehrsgeschäftes (vgl § 892 BGB) bedürfte. Diese Fristabweichung dürfte schon ursprünglich auf einem Redaktionsversehen beruhen (Böhringer DtZ 1994, 130; Purps ZAP-Ost 1995/1, 8). Nachdem weder durch das EFG noch durch das 2. EFG diese Frist verlängert wurde, stellt sich die weitere Frage, ob die unter § 8 Abs 1 S 1 GrundbuchbereinigungsG fallenden Rechte schon am 31.12. 1995 oder entsprechend der im übrigen verlängerten Frist erst am 31.12. 2000 von selbst erlöschen (dazu Art 233 § 5 Rn 33).

e) Absatz 3 verwirklicht die **Wiederherstellung der Gutglaubensbestimmungen** in Ansehung der in Abs 1 und 2 anerkannten selbständigen Eigentumsrechte (BT-Drucks 12/5553, 50, 125; Böhringer DtZ 1994, 130). Insbesondere werden ab dem 1.1. 2001 nicht nur Nutzungs- und Mitbenutzungsrechte, sondern das Gebäudeeigentum selbst wie eine **Belastung des Grundstückseigentums** behandelt; der gutgläubige Erwerb des Grundstücks hat dann zur Folge, daß der Gebäudeeigentümer sein Gebäudeeigentum verliert und sich auch nicht mehr auf ein Besitzrecht aus Art 233 § 2a berufen kann (BT-Drucks 12/5553, 125). **9**

f) Da sowohl für das Grundstück selbst, wie auch für das selbständige Gebäude ein Grundbuch anzulegen ist, hängt die Integration der Rechtslage in die sachenrechtliche Konzeption des BGB wesentlich von der Entscheidung des Gesetzgebers ab, an welcher **Grundbuchstelle** zur Durchbrechung des guten Glaubens das Gebäudeeigentum eingetragen sein muß: Maßgeblicher **Rechtsscheinträger** nach Abs 3 Satz 1 ist das **Grundbuch des Grundstücks** (Böhringer DtZ 1994, 266). Aufgrund der in Abs 2 getroffenen Entscheidung, das Nutzungsrecht und die genannten Anlagen etc als wesentlichen Bestandteil des Gebäudes zu definieren, werden durch die Regelung des Abs 3 zum Stichtag das Gebäudeeigentum und die ihm zugrundeliegenden Rechte zu einer den **Gutglaubensbestimmungen unterliegenden Belastung** des Eigentums am Grundstück. Erlöschen des Gebäudeeigentums bedeutet nach dieser Konzeption ein Aufleben der Regelung in § 94 BGB. **10**

11 **g)** **Abs 4** erstreckt diese Rückführung des Gebäudes aufgrund gutgläubigen Erwerbs in einen wesentlichen Bestandteil des Grundstücks auf die Situation der **Belastung des Grundstücks mit dinglichen Rechten** und deren Übertragung (BT-Drucks 12/5553, 125). Da diese Mitbelastung des Gebäudeeigentums jedenfalls zunächst nicht aus dem Grundbuch für das Gebäudeeigentum ersichtlich ist, könnte die Mitbelastung durch gutgläubig lastenfreien Erwerb *des Gebäudeeigentums* wieder erlöschen. Dies verhindern Art 233 § 2c Abs 3 und Art 233 § 4 Abs 1 S 3 idF durch das RegVBG, indem der gutgläubige Erwerb von Gebäudeeigentum von dessen Eintragung auch bei dem belasteten Grundstück abhängig gemacht wird. Aus dem Grundbuch für das Grundstück kann der Erwerber des Gebäudes oder eines beschränkten dinglichen Rechts daran die Mitbelastung durch das Eigentum oder ein beschränktes dingliches Recht am Grundstück erkennen; er ist also nicht mehr gutgläubig (BT-Drucks 12/5553, 126).

12 **h)** Abs 3 S 2 HS 1 schafft für den Verlust des selbständigen Gebäudeeigentums einen **schuldrechtlichen Wertausgleich**.

Abs 3 S 2 HS 2 bewältigt durch eine dem § 16 Abs 3 S 4 VermG entsprechende Lösung die sich aus der **selbständigen grundpfandrechtlichen Belastbarkeit des Gebäudeeigentums** ergebende Problematik im Falle des Erlöschens des Gebäudeeigentums. Die Grundpfandrechte erlöschen zwar notwendigerweise mit dem Gebäudeeigentum, setzen sich aber an dem Wertausgleichsanspruch als Pfandrechte fort.

13 **i)** Abs 5 beschränkt für den insbesondere in Stadtgebieten – häufigen – Fall der meist ungeordneten **Überbauung mehrerer Grundstücke** die Anwendung von Abs 3 und 4 auf das Grundstück, auf dem sich der überwiegende Teil des Gebäudes befindet. Hierdurch soll erreicht werden, daß das Gebäude **einheitlich einem Grundstück zugeordnet** wird. Eine den Grundstücksgrenzen entsprechende Zuordnung ist mit dem System des BGB nicht verträglich und hätte die vermittels des Gebäudeeigentums bestehende sachenrechtliche Einheit des Gebäudes auf Dauer zerstört.

14 **k)** Die Regelung steht in Zusammenhang zu den späteren Bestimmungen des **SachenrechtsbereinigungsG**, die das Ziel verfolgen, möglichst schon vor dem Stichtag das Gebäudeeigentum und die ihm zugrundeliegenden Nutzungsverhältnisse in die Sachenrechtsordnung des BGB zu integrieren (Palandt/Heinrichs Rn 1; zum SachenrechtsbereinigungsG siehe Art 233 § 2a Rn 148 ff; § 2c Rn 17 ff, § 4 Rn 103 ff).

4. Sicherung der Zwangsversteigerungsfähigkeit von Grundstücken

15 **a)** In Zusammenhang mit den durch das RegVBG eingefügten Abs 3 bis 5 ist auch die Beseitigung von **Unzuträglichkeiten in der Zwangsvollstreckung aufgrund des Gebäudeeigentums** zu sehen (Böhringer RPfleger 1995, 52). In der Zwangsversteigerung von bebauten Grundstücken in den neuen Bundesländern standen nach der bis zum 31. 12. 2000 geltenden Rechtslage die Vollstreckungsgerichte vor der Schwierigkeit, den Wert des Grundstücks in vielen Fällen nicht feststellen zu können, weil nicht feststellbar war, ob das Gebäude wesentlicher Bestandteil des Grundstücks oder Gegenstand besonderen Gebäudeeigentums ist. Der Ersteher in der Zwangsversteigerung kann nicht sicher sein, ob er das Grundstück einschließlich oder ohne das Gebäude erworben hat (BT-Drucks 12/5553, 49).

b) Diese Problematik ist durch die umfassende Ermöglichung der **Verlautbarung des Gebäudeeigentums im Grundbuch** durch Art 233 § 2c idF durch Art 13 Nr 3 d RegVBG beseitigt worden (BT-Drucks 12/5553, 50). Erst hierdurch wird auch die Voraussetzung für die in Abs 3 bis 5 ab 1. 1. 2001 vorgesehene Beeinträchtigung des Gebäudeeigentums durch Gutglaubensvorgänge ermöglicht. **16**

c) Überdies erstreckt **§ 9a EGZVG** idF durch Art 12 Abs 1 RegVBG sowie EFG und 2. EFG die nach dem 31. 12. 2000 angeordnete Beschlagnahme des Grundstücks auch auf das Gebäudeeigentum (und dingliche Nutzungs- bzw Mitbenutzungsrechte), soweit dieses nicht im geringsten Gebot berücksichtigt ist (BT-Drucks 12/5553, 50). **17**

II. Entstehung selbständigen Eigentums an Gebäuden und Baulichkeiten

1. Dingliche Nutzungsrechte – Recht der DDR

a) Natur

aa) Das Nutzungsrecht als Grundlage eines selbständigen Gebäudeeigentums ist jedoch nicht erst durch Inkrafttreten des ZGB am 1. 1. 1976 in das Recht der DDR eingeführt worden. Bereits **seit dem Jahr 1954** (im einzelnen Zimmermann VIZ 1995, 505, 510 ff; Wilhelms VIZ 1996, 431; Stellwaag VIZ 1996, 377) existierten gesetzliche Grundlagen, die eine Bestellung von Nutzungsrechten an volkseigenen Grundstücken erlaubten und zu selbständigem Gebäudeeigentum führten (vgl nur **G über die Verleihung von Nutzungsrechten an volkseigenen Grundstücken** v 21. 4. 1954, GBl DDR 445; v 14. 12. 1970, GBl DDR I 372 NutzungsRG; **G über den Verkauf volkseigener Eigenheime, Miteigentumsanteile und Gebäude für Erholungszwecke** v 19. 12. 1973, GBl DDR I 578; § 4 Abs 2 **VO über die Bereitstellung v genossenschaftlich genutzten Bodenflächen** usw v 9. 9. 1976, GBl DDR I 426, 500 – BereitstellungsVO; Palandt/Heinrichs Rn 2; vCraushaar DtZ 1991, 361; Lübchen/Wüstneck 34; Lehmann/Zinowski DtZ 1992, 375, 376; Zimmermann VIZ 1995, 505, 510 ff). **18**

bb) Erst das am 1. 1. 1976 in Kraft getretene ZGB schuf allerdings die für ein solches Gebäudeeigentum erforderlichen allgemeinen **sachenrechtlichen Voraussetzungen**, während die bis zu diesem Datum in Kraft gesetzten Regelungen zu einem dogmatisch nicht geklärten Nebeneinander von BGB-Sachenrecht (insbesondere §§ 95 ff BGB) und nutzungsrechtsgestütztem Sondereigentum führten (zum Versuch einer dogmatischen Einbettung dieser Nutzungsrechte in das BGB-Sachenrecht vgl Zimmermann VIZ 1995, 505, 507 ff). **19**

Vor der Entstehung der DDR als Scheinbestandteile auf fremdem Grund errichtete Gebäude wurden weder durch das Inkrafttreten des ZGB noch durch die Überleitung nach § 5 in ihrer Rechtsnatur betroffen; sie unterliegen weiter § 95 BGB (BGH MDR 1996, 678).

cc) Dingliche Nutzungsrechte im Sinne von **§ 295 Abs 2 ZGB** führten zu selbständigem, **immobiliarsachenrechtlichem Gebäudeeigentum**. Es wurde hierüber ein **Gebäudegrundbuchblatt** angelegt. Das immobiliarsachenrechtlich selbständige Gebäude war nicht wesentlicher Bestandteil des Grundstücks (BFH VIZ 1995, 715) und konnte mit einer Hypothek belastet werden; Hypotheken am Grundstück erstreckten sich *nicht* auf das Gebäude (§ 452 Abs 1, 2 ZGB). **20**

b) Verleihung an volkseigenen Grundstücken

21 aa) Dingliche Nutzungsrechte konnten **an volkseigenen Grundstücken verliehen** werden (§ 287 Abs 1 ZGB iVm NutzungsRG; vCRAUSHAAR DtZ 1991, 361; WEIMAR DtZ 1991, 50; ROHDE DNotZ 1991, 189 f; LEHMANN/ZINOWSKI DtZ 1992, 376; WILHELMS VIZ 1996, 431, 432). Grundlage waren die Bestimmungen des NutzungsrechtsG. Hierüber war eine *Urkunde* auszustellen (§ 287 Abs 2 ZGB). Sodann wurde das Nutzungsrecht auf dem Blatt des belasteten Grundstücks im *Grundbuch* eingetragen (§§ 2, 3 **GrundstücksdokumentationsO** v 6. 11. 1975, GBl DDR I 697; § 4 Abs 3 NutzungsRG). Konstitutiv für den Erwerb des Nutzungsrechts war nur die Ausstellung der Urkunde, nicht die Grundbucheintragung (§ 4 Abs 2 NutzungsRG: OLG Brandenburg FamRZ 1999, 1071, 1073; LÜBCHEN ua, ZGB § 287 ZGB Anm 2). Ohne **Aushändigung einer Nutzungsurkunde** konnte ein Nutzungsrecht nicht entstehen (BGHZ 121, 347, 350; VG Berlin ZOV 1997, 443, 444: keine Entstehung ohne Aushändigung vor dem 3. 10. 1990).

22 bb) Das Nutzungsrecht wurde in der Regel **unbefristet** und gegen **Entgelt** begründet (§ 288 Abs 2, 3 ZGB). Befreiung von der Entgeltpflicht war die Regel (WELTER WM 1991, 1196). Aufgrund des Nutzungsrechts errichtete **Gebäude**, Anlagen und Anpflanzungen standen im **persönlichen Eigentum** des Nutzungsberechtigten (§ 288 Abs 4). Gebäude, die aufgrund eines Nutzungsrechts errichtet waren, waren mit staatlicher *Genehmigung* veräußerbar und vererblich (§ 289 Abs 1 ZGB; § 5 Abs 1, 2 NutzungsRG). Das Nutzungsrecht war bei Veräußerung an das Gebäude gebunden und ging mit Genehmigung des Vertrages auf den Gebäudeerwerber über; im Erbfall unterlag es den erbrechtlichen Bestimmungen (§ 289 Abs 2 ZGB). Der Übergang war auf Bürger der DDR beschränkt (§ 5 Abs 2 S 2 NutzungsRG). Zur eingeschränkten *Fortgeltung* dieser Bestimmungen siehe Art 233 § 3 Rn 34 ff, 60 ff.

23 cc) Gemäß **§ 4 Abs 4 NutzungsrechtsG** konnte ein solches Nutzungsrecht an volkseigenem Grund auch an **Genossenschaften** verliehen werden, mit der Folge, daß darauf errichtete **Gebäude** in das selbständige Gebäudeeigentum der Genossenschaft fielen (WESEL DtZ 1995, 70, 71).

24 dd) Hingegen konnten keine Nutzungsrechte **an nicht volkseigenen Grundstücken** entstehen, insbesondere nicht an Grundbesitz von Deutschen mit Wohnsitz oder ständigem Aufenthalt im Bundesgebiet, die unter vorläufiger Verwaltung nach der *VO zur Sicherung von Vermögenswerten* standen (OLG Brandenburg OLG-NL 1995, 230). Zur Überführung solchen Grundvermögens in Volkseigentum war der Verwalter nicht befugt, sie konnte nur durch ein Verwaltungsverfahren, zB nach dem *BaulandG* v 15. 6. 1984 (GBl DDR 1984 I 201) erfolgen (BGHZ 121, 347, 350).

25 ee) Weder erteilte **Baugenehmigungen** noch sonstige Bescheide (zB Steuerbescheide) noch § 5 selbst, der nur eine Überleitung bestehenden Gebäudeeigentums bewirkt, lassen in solchen Fällen selbständiges Gebäudeeigentum entstehen (OLG Brandenburg OLG-NL 1995, 230). Ist in einem solchen Fall durch Behörden der DDR einem Nutzer **faktisch die Nutzung gewährt** worden, so ist Art 233 § 2a anzuwenden; es entspricht der Intention dieser Regelung, solche **„hängenden Nutzungsrechte"** gerade nicht zu heilen, sondern der gesetzlichen Sachenrechtsbereinigung offen zu halten (BGHZ 121, 347, 351), die erst die Entscheidung über die Einbeziehung in die dingliche Abwicklung trifft.

c) Zuweisung an genossenschaftlich genutztem Boden

aa) LPGen und andere Genossenschaften konnten Bürgern **genossenschaftlich genutzten Boden zum Bau von Eigenheimen** uä zuweisen (§ 291 ZGB; *VO über die Bereitstellung von genossenschaftlich genutzten Bodenflächen zur Errichtung von Eigenheimen auf dem Lande v 9. 9. 1976*, GBl DDR I 426 – BereitstellungsVO). Auch dieses Nutzungsrecht entstand durch Erteilung einer *Urkunde* gemäß § 3 BereitstellungsVO (Lübchen ua, ZGB § 292 Anm 3; Weimar DtZ 1991, 50; Rohde DNotZ 1991, 189 f; MünchKomm/Holch Rn 7; Lehmann/Zinowski DtZ 1992, 376; Wilhelms VIZ 1996, 431, 432). Das hierdurch entstandene Nutzungsrecht entsprach dem nach § 288 ZGB, war aber nicht regelmäßig entgeltlich (§ 292 ZGB). Das aufgrund des Nutzungsrechts errichtete Gebäude war ebenfalls vererblich und eingeschränkt veräußerbar (§ 293 ZGB) an zuweisungsgeeignete Bürger bzw mit Zustimmung der Genossenschaft; das Nutzungsrecht war auch in diesem Fall an das Gebäude gebunden. Die Veräußerung des Gebäudes erforderte also auch in diesem Fall die Einhaltung der immobiliarsachenrechtlichen Bestimmungen, also eine notarielle Beurkundung, staatliche Genehmigungen und die Umschreibung im Grundbuch (Wilhelms DtZ 1995, 228 f; **aA** Wessel DtZ 1995, 90). **26**

bb) Hingegen besteht kein Nutzungsrecht als Grundlage selbständigen Gebäudeeigentums, wenn eine Bodenfläche durch eine LPG **außerhalb der Bestimmungen der VO über die Bereitstellung etc** (vorige Rn) überlassen wurde, insbesondere, wenn die Überlassung nicht durch Urkunde und nicht zur Errichtung eines Eigenheimes, sondern für ein Wochenendhaus erfolgte (BGH DtZ 1994, 68, 69). **27**

In solchen Fällen ergibt sich ein Nutzungsrecht auch nicht aus **§ 12 DDR-LPG-G 1959** oder **§ 20 DDR-LPG-G 1982**, wonach ein Grundstückstausch zwischen der LPG und Dritten möglich war und der Dritte mit der eingetauschten Fläche sodann verfahren konnte wie mit der weggetauschten. Diese Bestimmungen geben einem privaten Dritten nicht die Befugnis zur Errichtung von Neubauten, die der LPG zugestanden hätte (BGH, aaO).

d) Verkauf volkseigener Gebäude

Ein selbständiges und veräußerliches dingliches Nutzungsrecht war zu verleihen beim Verkauf volkseigener Gebäude gemäß §§ 4 Abs 2, 6 **Gesetz über den Verkauf volkseigener Gebäude** v 7. 3. 1990 (GBl DDR I 157, VerkaufsG) iVm § 7 **DurchführungsVO** v 15. 3. 1990 (GBl DDR I 158; Rohde DtZ 1990, 314). Für den Verkauf des auf dem Grundstück bestehenden Gebäudes bedurfte es der notariellen Beurkundung des *Kaufvertrages* zwischen dem Erwerber und dem *Rat des Kreises* (§ 5 Abs 1 DVO VerkaufsG iVm § 297 Abs 1 Satz 2 ZGB). Das **Eigentum am Gebäude** ging mit Eintragung in das Gebäudegrundbuchblatt über. Es erscheint aber nicht zwingend, daß auch das **Nutzungsrecht** erst nach notarieller Beurkundung des Kaufvertrages über das Gebäude bzw der Annahme des Kaufantrags entstehen konnte (so aber BMJ DtZ 1991, 407). Vielmehr war nach § 4 Abs 2 VerkaufsG das Nutzungsrecht *„zu verleihen"*, was erstrangig eine Verleihung nach § 287 ZGB bedeuten dürfte. **28**

2. Nutzungsrechtsloses Gebäudeeigentum

Zugunsten staatlicher Organe sahen einzelne Bestimmungen im Recht der DDR die **29**

Entstehung selbständigen Gebäudeeigentums vor, ohne daß das Gebäude aufgrund eines vertraglichen oder dinglichen Nutzungsrechts errichtet wurde.

30 **a)** **§ 459 Abs 1 S 1 ZGB** (außer Kraft gesetzt mit Wirkung vom 9. 8. 1990 durch 2. ZivilrechtsÄndG v 22. 7. 1990; GBl DDR I 903) schuf einen Erwerbstatbestand für **eigenständiges Gebäudeeigentum ohne zugehöriges Nutzungsrecht** zugunsten von VEBen, staatlichen Organen oder Einrichtungen.

31 **aa)** Von diesen **auf vertraglich genutzten Grundstücken** errichteten Gebäuden und Anlagen wurden – ohne sachliche Beschränkung – unabhängig vom Grundeigentum selbständiges Volkseigentum (vCraushaar DtZ 1991, 361; Lehmann/Zinowski DtZ 1992, 376). Zweifel an dessen immobiliarsachenrechtlicher Natur (Welter WM 1991, 1197) greifen nicht durch. Zwar war die *Grundstücksnutzung* zunächst vertraglich geregelt; es war also nicht ein dingliches Nutzungsrecht vor Gebäudeerrichtung zu begründen. Das Gebäudeeigentum unterfiel jedoch § 295 ZGB (Lübchen ua, ZGB § 295 Anm 2.1). Bei erheblichen Wertverbesserungen entstand ein Miteigentumsanteil am Grundstück (§ 459 Abs 1 S 2 und Abs 4 ZGB). Soweit Gebäudeeigentum entstand, löste sich dieses jedoch vollständig von dem Grundstück und von dem ursprünglichen Miet- oder sonstigen schuldrechtlichen Nutzungsverhältnis. Durch das Entstehen von Gebäudeeigentum wurde die Nutzung damit *quasi-dinglich*; jeder Vertragspartner konnte die Feststellung der sich aus dem Gebäudeeigentum ergebenden (dinglichen) Rechte und Pflichten verlangen (§ 459 Abs 2 ZGB).

32 **bb)** Ein **gutgläubiger Erwerb** des selbständigen Gebäudeeigentums nach § 459 ZGB war nicht möglich. Voraussetzung für die Entstehung von Gebäudeeigentum war vielmehr eine Nutzung des Grundstücks aufgrund eines Vertrages mit dem *Berechtigten* (LG Neubrandenburg NJ 1993, 182).

33 **cc)** Als vertragliche Grundlage der Nutzung kam **jeder Typ eines Überlassungsvertrags** in Betracht. Der **Schriftform** bedurfte es nicht; § 312 ZGB war auf § 459 ZGB nicht anzuwenden (Purps ZAP-Ost 1995/1, 11; **aA** Volhard VIZ 1993, 483).

34 **b)** In ähnlicher Weise entstand unabhängiges **Gebäudeeigentum nach § 27 LPG-G 1982** an den von LPGen errichteten Häusern, Gebäuden (OLG Brandenburg OLG-NL 1996, 53, 55: auch fertiggestellte Rohbauten; BVerwG NJ 1999, 549: auch bei Verwendung alter Bausubstanz), Anlagen (BVerwG VIZ 1997, 645: Gewächshaus; BVerwG VIZ 1998, 567: Horizontalflachsilo)und Anpflanzungen auf in die LPG eingebrachten Grundstücken (zur Einbringung vgl BGH NJ 1995, 586 ff). Maßgeblich sind keine Verleihungsvorgänge, sondern die Gebäudeerrichtung durch die LPG (OLG Brandenburg OLG-NL 1996, 53, 55). § 459 ZGB gilt insoweit nicht (§ 459 Abs 5 ZGB). Vor Inkrafttreten des LPG-G v 2. 7. 1982 galt insoweit **§ 13 LPG-G v 3. 6. 1959**, wonach die von der Genossenschaft aufgrund ihres Nutzungsrechts auf eingebrachtem Boden errichteten Gebäude unabhängiges Eigentum der Genossenschaft wurden. Hierunter ist die Herstellung eines Neubaus zu verstehen. Auch erheblich wertsteigernde Ausbauten bestehender Gebäude führen nicht zu selbständigem Gebäudeeigentum (OLG Brandenburg OLG-NL 1994, 210). Ebenfalls Eigentum der LPG wurden Gebäude, die ein **Genossenschaftsmitglied in die LPG einbrachte**. Durch die Einbringung wurde das Eigentum am Gebäude vom Grundeigentum getrennt und fiel der LPG zu (§ 13 Abs 1 LPG-G 1959; § 27 S 2 LPG-G 1982; BGHZ 120, 357, 359; BVerwG VIZ 2000, 162).

c) Gegenüber der Klage des Grundstückseigentümers auf Feststellung seines Eigentums (auch) an dem Gebäude trägt derjenige die **Beweislast** für den Entstehungstatbestand, insbesondere für die Einbringung eines Grundstücks in die LPG, der sich auf selbständiges Gebäudeeigentum beruft (BGH DtZ 1995, 366, 367). **35**

3. Gebäudeeigentum – Schaffung im Bundesrecht

Nach dem 3. 10. 1990 wurde in Hinblick auf die Klärung von tatsächlich existierenden, jedoch **ungeregelten Nutzungslagen** infolge Bebauung fremden Grundes bundesrechtlich Gebäudeeigentum geschaffen bzw bestätigt, das ebenfalls § 5 unterliegt. **36**

a) Nach **Art 233 § 2b** entstand Gebäudeeigentum für LPGen, Arbeiter-Wohnbaugenossenschaften und gemeinnützige Wohnungsgenossenschaften (vgl Art 233 § 2b Rn 11). **37**

b) Das nach Art 233 § 2b entstandene Gebäudeeigentum der **Wohnungsgenossenschaften** wurde – zusammen mit dem nach § 4 NutzungsrechtsG bestehenden – durch § 1 Abs 1 *Wohnungsgenossenschafts-VermögensG* v 27. 6. 1993 (BGBl 1993 I 989) mit dem Grundeigentum vereinigt und den Wohnungsgenossenschaften gegen eine geringe Entschädigung der vorher am Grundstück berechtigten Gemeinden zugeführt. **38**

4. Schuldrechtliche Nutzungsrechte

a) Natur des Baulichkeiteneigentums

Abzugrenzen gegen das **Gebäudeeigentum** ist das Eigentum an sog **„Baulichkeiten"** (keine Gebäude!, vgl OVG Brandenburg ZOV 2002, 122; OLG Jena OLGR 1999, 457; Eckardt DRiZ 1991, 124; Matthiessen VIZ 1996, 13, 14; ungenau Weser DtZ 1995, 70, 71), das aufgrund schuldrechtlicher Nutzungsrechte entstand und auch nach den Überleitungsbestimmungen des Einigungsvertrages (insbesondere *Art 233 § 4*) und nach dem *SachenrechtsbereinigungsG* nicht den Bestimmungen über Gebäudeeigentum unterliegt. Für solches Baulichkeiteneigentum gelten Art 233 §§ 2a, 2c, 4 nicht (BFH NV 2002, 171, 172; AG Chemnitz NJ 1995, 596). Die Bereinigung dieser Eigentumsverhältnisse erfolgt durch das *SchuldrechtsbereinigungsG* (vgl Art 232 § 4 Rn 57 ff). Bis dahin beurteilt sich der *Schutz* dieses Eigentums nach dem Vertragsmoratorium (Art 232 § 4a; AG Chemnitz NJ 1995, 596, 597). § 5 **Abs 1** ist insofern also in seinem Anwendungsbereich weiter als Art 233 § 4, denn § 5 Abs 1 erfaßt alle Fälle, in denen das Eigentum am Grundstück und das Eigentum an auf dem Grundstück errichteten Bauwerken, die nach Auffassung des BGB wesentliche Bestandteile des Grundstücks wären, es aber nach dem Recht der DDR nicht gewesen sind (vgl aber zu Abs 2, 3, 4 unten Rn 57 ff, 61). **39**

b) Vertragliche Begründung

aa) Schuldrechtliche Nutzungsrechte entstanden nur zugunsten natürlicher Personen und nur durch Vertrag gemäß § 312 ZGB. In Betracht kam diese Nutzungsform bei allen Arten von nicht land- oder forstwirtschaftlich genutztem (§ 312 Abs 1 S 1 ZGB) Grundeigentum, also (im Gegensatz zum dinglichen Nutzungsrecht) auch bei in persönlichem Eigentum stehenden Grundstücken (Lübchen ua, ZGB § 312 Anm 1.3). **Zwecke des Nutzungsrechts** konnten nur die kleingärtnerische Nutzung, Erholung und Freizeitgestaltung sein (Eckardt DRiZ 1991, 124; Lehmann/Zinowski DtZ 1992, 376; **40**

vgl LG Berlin VIZ 1998, 522: kein eigenständiges Eigentum an nutzungsvertraglich aufgestellten „Raumzellen").

41 **bb)** Der Vertrag erforderte die **Schriftform** (§ 312 Abs 1 S 2 ZGB, wobei die Schriftlichkeit der Überlassungserklärung des Grundstückseigentümers genügt: JANKE NJ 1991, 239; ECKHARDT DRiZ 1991, 124) und bedurfte bis zum 1. 7. 1990 der **staatlichen Genehmigung**, sofern dies in anderen Rechtsvorschriften vorgesehen war (OLG Jena OLGR 1999, 457; vgl *GrundstücksverkehrsVO* v 15. 12. 1977, GBl DDR I 1978, 73, geändert durch § 2 Nr 2 1. ZivilrechtsÄndG v. 28. 6. 1990, GBl DDR 1990 I 524; JANKE NJ 1991, 238; zur Fortgeltung und weiteren Änderungen vgl Art 230 Rn 36). Eine – bei gesellschaftlich gerechtfertigten Gründen – zulässige Befristung mußte ausdrücklich in der Urkunde vereinbart werden (§ 312 Abs 2 ZGB) und war *kündbar* nach Maßgabe von § 314 ZGB (vgl im einzelnen Art 232 § 4 Rn 26 ff).

42 **cc)** Wenn dies vereinbart war, konnten auf dem Grundstück **Baulichkeiten** zu Erholungszwecken errichtet werden (§ 313 Abs 2 ZGB). Definitionsbestimmend war im Recht der DDR nicht die Bausubstanz, sondern die Art der zulässigen Nutzung. Üblicherweise wurden aufgrund solcher Nutzungsrechte Gartenlauben, kleinere Wochenendhäuser und Garagen errichtet. Für diese Vereinbarung bestand kein Schriftformzwang (JANKE NJ 1991, 240). Ein Gebäudegrundbuchblatt für die (gemäß § 296 Abs 1 S 2 ZGB als bewegliche Sachen behandelten) Baulichkeiten wurde nicht angelegt (BT-Drucks 11/7817, 38: PALANDT/HEINRICHS Rn 2; JANKE NJ 1991, 239; BERG ZAP 1991, 43). **Nicht genehmigte** bzw für **dauernde Wohnzwecke** errichtete Gebäude wurden nicht Eigentum des Nutzungsberechtigten, sondern des Grundeigentümers.

c) Begründung an volkseigenen Grundstücken

43 Die Möglichkeit der dinglichen Begründung nach §§ 287 ff ZGB schloß die **vertragliche** Begründung von **Nutzungsrechten an volkseigenem Grund** *nicht* aus. Die schuldrechtliche Verleihung wurde bei Zwecken vorgezogen (Erholung, Wochenendhäuser), die § 312 ZGB entsprachen (LÜBCHEN ua, ZGB § 287 Anm 1. 3).

III. Überleitung – Rechtslage vom 3. 10. 1990 bis 31. 12. 2000

1. Interlokaler Anwendungsbereich

44 § 5 betrifft gemäß dem auf das innerdeutsche Kollisionsrecht zu übertragenden Grundsatz der Anwendbarkeit der *lex rei sitae* Grundstücke, die **im Beitrittsgebiet belegen** sind; § 9 RAG nimmt – für Altfälle – die Verweisung an.

2. Bestandsschutz (Abs 1)

a) Bestehende Gebäude und Baulichkeiten (Abs 1 Satz 1)

45 **aa)** Das **selbständige Eigentum** an Gebäuden, Baulichkeiten, Anlagen und Anpflanzungen und sonstigen Einrichtungen bleibt bestehen; diese werden nicht Bestandteile des Grundstücks; § 5 derogiert insoweit § 94 Abs 1 BGB. Erfaßt sind alle Arten von selbständigem Gebäudeeigentum (BÖHRINGER DtZ 1994, 50; **aA** offenbar PURPS ZAP-Ost 1995/1, 8: ausschließlich Gebäudeeigentum aufgrund Art 233 § 4), also sowohl solche aufgrund von **dinglichen Nutzungsrechten** (§§ 295 Abs 2, 288 Abs 4, 292 Abs 3 ZGB) wie aufgrund von **vertraglichen Nutzungsrechten** (§ 296 Abs 1 S 2 ZGB; OVG Branden-

burg ZOV 2002, 122, 124; BT-Drucks 11/7817, 38), sowie **nutzungsrechtsloses** Gebäudeeigentum (§ 459 ZGB iVm Art 233 § 8). Voraussetzung ist eine wirksame Begründung nach den Bestimmungen der DDR; bloß **faktische Anerkennung** in der Praxis der DDR begründet kein Gebäudeeigentum (BGH DtZ 1994, 68, 69). Eine solche faktische Anerkennung kann aber über das Besitzrecht aus Art 233 § 2a zur **Neuentstehung** von selbständigem Gebäudeeigentum nach Art 233 § 2b Abs 1 führen (vgl dort Rn 11).

46 **bb)** Strittig war, ob selbständiges Baulichkeiteneigentum auch besteht, wenn die Nutzung eines Grundstücks **vor Inkrafttreten der §§ 312 ff ZGB am 1. 1. 1976** durch **Pachtvertrag** begründet, nach dem 1. 1. 1976 aber in derselben Weise weitergeführt wurde, als liege ein vertragliches Nutzungsrecht zugrunde. Nach einer Ansicht (BezG Frankfurt/Oder VIZ 1992, 31) unterliegen solche Verträge – nur – Art 232 § 3, begründen also kein selbständiges Gebäudeeigentum. Die Gegenansicht (Schmidt-Räntsch VIZ 1992, 32; Grüneberg/Wendtland DtZ 1993, 102) ging von einer Überleitung solcher Pachtverhältnisse in Nutzungsverhältnisse nach §§ 312–315 ZGB aufgrund von § 2 Abs 2 EGZGB aus, mit der Folge, daß an den aufgrund solcher Pachtverhältnisse errichteten „Datschen" und Eigenheime selbständiges Gebäudeeigentum bestehen soll. Hiergegen spricht zwar nicht durchgreifend, daß mit dieser Auslegung Art 232 § 3 weitestgehend seines Anwendungsbereichs beraubt würde (so aber Purps DtZ 1993, 145); Art 232 § 3 ist nur anwendbar auf Verträge, die am 2. 10. 1990 *als Pachtverträge* bestanden haben (Staudinger/Sonnenschein Art 232 § 3 Rn 3). Jedenfalls sind dies Verträge, die nach der Wende in der DDR als Pachtverträge abgeschlossen wurden. Hinweise dafür, daß die Überleitungsbestimmungen des Einigungsvertrages die Überleitung nach § 2 Abs 2 EGZGB nachträglich korrigieren wollten (so Purps aaO), ergeben sich nicht. Entscheidend ist, ob der am 1. 1. 1976 bestehende Vertrag seinem Inhalt nach ein Vertrag war, der sodann bis zum 2. 10. 1990 nach §§ 312–315 ZGB zu behandeln war.

Die Problematik ist durch **Art 232 § 4 Abs 4 idF durch Art 13 Nr 2 b RegVBG** in diesem Sinne bereinigt (vgl Art 232 § 4 Rn 4). Damit kann ein solcher Vertrag auch Grundlage für selbständiges Baulichkeiteneigentum sein.

47 **cc)** Bei einer **Zwangsvollstreckung** in das Grundstück ist das selbständige Eigentum an Gebäuden und Baulichkeiten nicht betroffen. Insbesondere kann ein dingliches Nutzungsrecht in der Zwangsversteigerung des Grundstücks nicht erlöschen, auch wenn es nicht in das geringste Gebot fällt, weil damit auch das Gebäudeeigentum als selbständiges Eigentum unterginge (str; vgl Welter WM 1991, 1196; im einzelnen Keller RPfleger 1994, 194, 196 ff; zu der ab 1. 1. 2001 geltenden Rechtslage unten Rn 79 ff).

b) Nach dem 3. 10. 1990 anwendbare Vorschriften

48 **aa)** Der Inhalt des Eigentums an **Gebäuden** beurteilt sich für die bis zum 3. 10. 1990 bestehenden **dinglichen Nutzungsrechte** nach Art 233 § 4 Abs 1. Für **Gebäudeeigentum nach § 459 ZGB** gilt Art 233 § 8 iVm §§ 2b und 2 c; anwendbar sind also mit dort in Abs 1 genannter Einschränkung die Bestimmungen über *Grundstücke.* Es entsteht damit zwar kein neuer Typus (Gebäudeeigentum), jedoch ist die Rechtslage mit § 95 BGB nicht vergleichbar, weil ein selbständiges *Immobiliareigentum* am Gebäude entsteht.

49 **bb)** Gebäudeeigentum ist insbesondere **eigenständig verkehrsfähig**. Für **Verfügun-**

gen über das Eigentum am Gebäude gilt Art 233 § 4 Abs 1 und Abs 3. Es wird gemäß § 873 BGB übertragen; auf den schuldrechtlichen Vertrag ist § 311 b/§ 313 aF BGB anwendbar (OLG Naumburg VIZ 2000, 557; BezG Dresden VIZ 1992, 189; Lehmann/Zisowski DtZ 1992, 377; Böhringer DtZ 1994, 266; zur Gebäudegrundbucheintragung Art 233 § 2b Rn 21 ff; zur Heilung von Mängeln vgl Art 233 § 2b Abs 6). Die Aufrechterhaltung des **Nutzungsrechts** unterliegt Art 233 § 3 (Palandt/Heinrichs Rn 5). Eine **Verfügung über Anlagen** und/ oder Anpflanzungen kommt nur in Betracht, wenn an diesen selbständiges Eigentum *unabhängig von der Existenz eines Gebäudes* besteht; existiert hingegen ein Gebäude, so sind Anlagen und/oder Anpflanzungen nicht gesondert verkehrsfähig, da sie nach Abs 2 als wesentliche Bestandteile des Gebäudes gelten (BVerwG NL-BzAR 1999, 247; Lehmann/Zisowski DtZ 1992, 377).

50 **cc)** **Verfügungsbeschränkungen**, die sich bei selbständigem Gebäudeeigentum aufgrund § 27 LPG-G **aus §§ 18 ff LPG-G** ergaben, gelten nicht fort, da gemäß Art 233 § 2 Abs 1 seit dem 3. 10. 1990 die sachenrechtlichen Bestimmungen des BGB anzuwenden sind, und eine Überleitung der Verfügungsbeschränkungen nicht stattgefunden hat (BGH DtZ 1995, 169, 170).

51 **dd)** Für das Eigentum an **Baulichkeiten** aufgrund **vertraglicher Nutzungsrechte** fehlt eine ausdrückliche sachenrechtliche Überleitungsvorschrift (Art 232 § 4 betrifft die Überleitung des Nutzungsrechts, nicht des Eigentums, Art 233 § 4 Abs 1 nur das Gebäudeeigentum nach §§ 288 Abs 4, 292 Abs 3 ZGB sowie durch Verweisung aus Art 233 § 8 das Gebäudeeigentum nach § 459 ZGB). Diese Regelungslücke ergibt sich, weil der Gesetzgeber in § 5 alle Arten selbständigen Eigentums an Gebäuden und an Baulichkeiten erfaßt hat, aber in Art 233 § 4 offenbar das **bewegliche** selbständige Eigentum an Baulichkeiten übersehen hat (vgl BT-Drucks 11/7817, 41). Auf das Eigentum an Baulichkeiten nach § 296 Abs 1 S 2 ZGB sind daher entsprechend Art 233 § 2 ab dem 3. 10. 1990 die Bestimmungen des BGB über *bewegliche Sachen* anzuwenden (BGH VIZ 2002, 692). Die Schaffung eines *Immobiliareigentums* (Art 233 § 4) in Fällen, in denen bis zum 2. 10. 1990 (nur) Mobiliareigentum bestanden hatte, ist nicht Zweck der Überleitung (BFH NV 2002, 171, 172; OLG Brandenburg ZOV 2002, 122; OLG Jena OLGR 1999, 457; Janke NJ 1991, 240 f; Berg ZAP 1991, 41; Rohde DNotZ 1991, 187; Albrecht 20).

52 **ee)** Ob und in welcher Weise nach Wegfall, Aufhebung oder Kündigung des Nutzungsrechtsvertrages das **Baulichkeiteneigentum** fortbesteht und veräußert werden kann, ist strittig. Da im Recht der DDR eine Übertragung des Baulichkeiteneigentums nur durch Neubegründung eines Nutzungsrechts mit dem neuen Nutzer möglich war (unten Rn 60), folgt, daß das Baulichkeiteneigentum nicht akzessorisch zum Nutzungsrecht ist, da es jedenfalls eine logische Sekunde (sofern es solche in der DDR gegeben haben sollte, was angesichts des eher großzügigen Umgangs mit sachenrechtlichen Konstruktionen unwahrscheinlich ist), ohne ein Nutzungsrecht bestanden hat (Purps VIZ 1994, 390, 392; Wardenbach MDR 1993, 710, 713). Andererseits kann daraus nicht geschlossen werden, daß sich Baulichkeiteneigentum dauerhaft verselbständigt: § 314 ZGB geht davon aus, daß der Nutzer die Baulichkeit dem Grundstückseigentümer andient (§ 314 Abs 6 ZGB) oder das Gericht eine Regelung trifft (§ 314 Abs 4 ZGB). Hingegen besteht ein Beseitigungsanspruch nur bei vereinbarungswidriger Nutzung. Eine nutzungsrechtslose Veräußerung scheidet hingegen aus (**aA** Purps aaO). Im Falle der Beendigung des Nutzungsverhältnisses ist der Nutzer vielmehr nach Treu und Glauben verpflichtet, von seinem Andienungsrecht Gebrauch zu machen. Eine Übertragung der Baulichkeit auf Dritte (ohne Ablösung vom Grundstück) erfordert den Abschluß eines Pachtvertrages zwischen dem Grundstückseigentümer und dem Erwerber der Baulichkeit. Für ein Erlöschen des Nutzungsvertrages nach dem 1. 1. 1995 gilt *§ 11 SchuldRAnpG*.

ff) Die **Aufrechterhaltung** des schuldrechtlichen Nutzungsrechts unterliegt Art 232 §§ 4, 4a. Ab dem 1. 1. 1995 gilt das SchuldRAnpG (dazu Art 232 § 4 Rn 57 ff, § 4a Rn 73 ff). **53**

c) Errichtung nach dem 3. 10. 1990 (Abs 1 Satz 2)

aa) Sofern ein Nutzungsrecht vor dem 3. 10. 1990 wirksam begründet wurde, also die Verleihungsurkunde (§ 287 Abs 2 ZGB bzw § 3 BereitstellungsVO) ausgestellt bzw der schriftliche Vertrag (§ 312 Abs 1 ZGB) geschlossen wurde, entsteht an Gebäuden, Baulichkeiten etc, die im Rahmen dieses Nutzungsrechts **nach dem Wirksamwerden des Beitritts** errichtet werden, ebenfalls selbständiges Eigentum (OLG Brandenburg FamRZ 1999, 1071, 1073; Rohde DNotZ 1991, 186). Der *Umfang* des Nutzungsrechts ist daher nach dem Recht der DDR zu bestimmen. Auch Abs 1 S 2 gilt für alle genannten Arten von Nutzungsrechten. **54**

bb) Die **Begründung** eines Nutzungsrechts ist nach dem 3. 10. 1990 ausgeschlossen. Das gilt insbesondere für die zahlreichen Fälle, in denen es zu einer Bestellung nach dem VerkaufsG nicht mehr gekommen ist (VG Berlin ZOV 1997, 443; vgl BMJ DtZ 1991, 407). **55**

cc) Das Bestehen eines Nutzungsrechts an einem bereits **bebauten** Grundstück kommt nur in Betracht, wenn vor dem 3. 10. 1990 das Grundstückseigentum und das Gebäudeeigentum **verschiedenen Personen** zustanden; eine getrennte Veräußerung von Grundstück und Gebäude bei zunächst einheitlichem Eigentum war – außerhalb des Anwendungsbereichs des VerkaufsG – auch nach DDR-Recht (§§ 295 Abs 1, 467 Abs 2 S 1 ZGB) unzulässig (Janke NJ 1991, 240). Ein *Nutzungsrecht zugunsten des Grundstückseigentümers* kommt also nicht in Betracht. **56**

3. Verhältnis von Gebäude, Baulichkeit und Nutzungsrecht (Abs 2)

a) Bei dinglichem Nutzungsrecht

aa) Abs 2 verwirklicht das Bedürfnis, das Nutzungsrecht und das Eigentum am Gebäude zwingend bei demselben Eigentümer zu **vereinigen**. Zwischen den beiden denkbaren Alternativen wird die des ZGB übernommen: Wie unter § 289 Abs 2, § 293 Abs 3 ZGB ist das **Gebäude die Hauptsache**, das Nutzungsrecht geht mit dem Eigentum am Gebäude über (BGH VIZ 1996, 273; Palandt/Heinrichs Rn 3; MünchKomm/Holch Rn 18; Böhringer VIZ 2000, 193, 194). Das Erbbaurecht, als das der Rechtsfigur des Gebäudeeigentums aufgrund dinglichen Nutzungsrechts nächstliegende Institut des bisherigen bundesdeutschen Rechts, verfährt gerade umgekehrt (§ 12 ErbbauVO). Der Bestandsschutz hätte diese Abweichung nicht geboten, da nur *künftige* Verfügungen systematisch anders zu regeln gewesen wären. Im Interesse einer künftigen stärkeren Einbindung dieses dinglichen Rechts in das tradierte System wäre wohl die umgekehrte Lösung vorzugswürdig gewesen, die aber systematisch in Konflikt mit der bisherigen Rechtslage kommt. **57**

Außer dem Nutzungsrecht gelten auch die aufgrund des Nutzungsrechts errichteten **Anlagen, Anpflanzungen und Einrichtungen** als wesentliche Bestandteile des Gebäudes (Abs 2 S 1; OLG Jena OLG-NL 1995, 230, 231).

58 bb) Im Rahmen der Regelungen des **2. VermRÄndG (vgl Abs 2 S 2)** wurde zum 22. 7. 1992 in Art 233 § 4 Abs 3 und 5 der Fortbestand des Nutzungsrechts bei **Untergang des Gebäudes** sowie das Erlöschen des Gebäudeeigentums **bei Aufhebung des Nutzungsrechts** bestimmt (im einzelnen siehe Art 233 § 4 Rn 34 ff). Die hierdurch bewirkte partielle Durchbrechung der Akzessorietät geht gemäß Abs 2 S 2 dem Grundsatz der Anbindung des Nutzungsrechts an das Gebäudeeigentum vor. Abs 2 S 2 stellt lediglich klar, daß die Bestandteilsregelung in Abs 2 S 1 der Aufhebung des Nutzungsrechts nicht entgegensteht (BT-Drucks 12/2480, 76; kritisch SCHMIDT VIZ 1995, 377, 378).

59 cc) Zum **nutzungsrechtslosen Gebäudeeigentum** nach § 459 ZGB vgl Art 233 § 8.

b) Bei vertraglichem Nutzungsrecht nach §§ 312 ff ZGB

60 aa) Anwendbar ist Abs 2 im **Verhältnis von Baulichkeit** als Hauptsache und **Anlagen**, Anpflanzungen sowie Einrichtungen, auch wenn die Errichtung auf einem vertraglichen Nutzungsrecht (§§ 312 ff ZGB) beruht. Nicht zweifelsfrei ist die Anwendbarkeit von Abs 2 auf das Verhältnis von Eigentum an der Baulichkeit und dem vertraglichen Nutzungsrecht selbst.

61 bb) Gegen die Anbindung des Nutzungsrechts an die Baulichkeit spricht, daß der von Abs 2 aufgegriffene Rechtsgedanke des § 96 BGB überdehnt würde, wenn man ihn auf ein *schuldrechtlich* begründetes Nutzungsrecht erstreckte. Hiergegen spricht weiter, daß § 296 ZGB eine §§ 289 Abs 2, 293 Abs 3 ZGB entsprechende Regelung gerade nicht kannte: Die im Grundsatz mögliche mobiliarsachenrechtliche Veräußerung der Baulichkeit (§ 296 Abs 1 Satz 2 ZGB) hatte zur **Voraussetzung** (nicht aber zur Folge!), daß das Nutzungsverhältnis zwischen dem Grundstückseigentümer und dem Veräußerer der Baulichkeit nach § 314 ZGB *gekündigt* und zwischen dem Grundstückseigentümer und dem Erwerber der Baulichkeit nach § 296 Abs 2 S 2 ZGB (Schriftform, bis 1. 7. 1990 staatliche Genehmigung, 1. ZivilrechtsÄndG) ein *neues Nutzungsrecht begründet* wurde (LÜBCHEN ua, ZGB § 296 Anm 2). Das Nutzungsrecht als solches konnte also nicht etwa *abgetreten* oder sonst übertragen werden (§ 313 Abs 3 ZGB). Ein Vertrag auf Übertragung des Eigentums an der Baulichkeit an einen nicht Nutzungsberechtigten war auf eine unmögliche Leistung gerichtet und daher gemäß § 68 Abs 1 Nr 3 ZGB nichtig (JANKE NJ 1991, 240 f). Die Anwendung von § 5 Abs 2 auf solche Nutzungsrechte hätte aber zur Folge, daß nunmehr dem Grundstückseigentümer ein neuer Nutzungsberechtigter *aufgezwungen* werden könnte, also in gesicherte Rechtspositionen des Grundstückseigentümers eingegriffen wird. Angesichts der Fortgeltung von §§ 312 bis 315 ZGB für solche Nutzungsverhältnisse (Art 232 § 4) steht dem § 313 Abs 3 ZGB entgegen; außerdem ergäben sich kaum lösbare Zuordnungsprobleme hinsichtlich der Nebenrechte zum Nutzungsrecht, insbesondere des Kündigungsrechts (ebenso GRÜNEBERG/WENDTLAND DtZ 1993, 101, 104).

62 cc) Daher ist § 5 Abs 2 **einschränkend auszulegen**: Die Bestimmung erfaßt nicht vertragliche Nutzungsrechte (JANKE NJ 1991, 240; PURPS VIZ 1994, 390, 391; MATTHIESSEN

VIZ 1996, 13, 14). Das Eigentum am Gebäude kann jedoch nur veräußert werden, wenn das Nutzungsrecht auf den Erwerber übergeht; dieser Übergang unterliegt Art 232 § 4 iVm §§ 312 bis 315 ZGB.

IV. Gutgläubiger Erwerb (Abs 3)

1. Erlöschen des Gebäudeeigentums (Abs 3 S 1)

a) Abs 3 erstreckt die Bestimmungen über den **gutgläubigen Erwerb** in § 892 BGB auf das nach Abs 1 fortbestehende **Gebäudeeigentum** (Palandt/Heinrichs Rn 6; Böhringer DNotZ 1999, 945; ders VIZ 1999, 569, 570; Schnabel ZOV 2000, 79, 80; zum gutgläubigen Erwerb *des Gebäudeeigentums* vgl Art 233 § 2c Abs 3). Das Gebäudeeigentum wird also im Verhältnis zum Grundstück wie ein beschränktes dingliches Recht behandelt, das aufgrund gutgläubig lastenfreien Erwerbs des Grundstücks erlischt. Die Bestimmungen über den Gutglaubenserwerb treten erst zum **1. 1. 2001** in Kraft (zur Bestimmung des Zeitpunkts unten Rn 68). Das gilt gleichermaßen für Gebäudeeigentum, dem ein Nutzungsrecht zugrunde liegt wie für isoliertes Gebäudeeigentum (Schmidt VIZ 1995, 383; **aA** Böhringer DtZ 1994, 266, Gutglaubenserwerb gegen nutzungsrechtsloses Gebäudeeigentum sei schon früher möglich). 63

b) Auf **Baulichkeiteneigentum sind Abs 3 bis 5 nicht anzuwenden.** Trotz des insoweit unklaren Wortlauts der Bestimmung („Gebäudeeigentum nach den Absätzen 1 und 2") kommt ein gutgläubiger (lastenfreier) Erwerb nach der Systematik des Immobiliarsachenrechts des BGB nur in Betracht, wenn **dingliche Rechte** an einem Grundstück betroffen sind (Purps VIZ 1994, 390, 391). Da das Baulichkeiteneigentum als Mobiliareigentum weder selbst Immobiliareigentum ist, noch ihm ein dingliches Recht an einem Grundstück zugrundeliegt, belastet es das Grundstück nicht dinglich, auf dem die Baulichkeit errichtet ist, so daß ein gutgläubiger Erwerb nicht erforderlich ist. Insbesondere ist auch vor dem Stichtag (31. 12. 2000) ein lastenfreier Erwerb des mit einer Baulichkeit bebauten Grundstücks nicht durch Art 233 § 4 Abs 2 ausgeschlossen. 64

c) **Voraussetzung** für einen gutgläubigen Erwerb ist, daß das *Gebäudeeigentum nicht im Grundbuch* des veräußerten Grundstücks eingetragen ist. Die Möglichkeit für diese Eintragung ergab sich seit dem 1. 1. 1976 aus der Grundstücksdokumentationsordnung (zu früheren Fällen Zimmermann VIZ 1995, 505, 506 f); sie folgt nunmehr aus §§ 4 ff GGV (näher Art 233 § 2b Rn 29 ff). **Weitere Voraussetzung** ist, daß auch ein dem selbständigen Gebäudeeigentum zugrundeliegendes *Nutzungsrecht nicht im Grundbuch* des veräußerten Grundstücks eingetragen ist, **und** daß dem Erwerber das Bestehen des nicht eingetragenen Rechts nicht (positiv) bekannt ist. *Grob fahrlässige Unkenntnis* ist unschädlich (Palandt/Heinrichs Rn 6), ebenso eine unzutreffende *rechtliche Beurteilung* (Böhringer Dtz 1994, 50). Der Erwerber braucht keine *Erkundigungen* darüber einzuziehen, ob ein Gebäudegrundbuchblatt angelegt ist (Böhringer DtZ 1994, 50). 65

Der Erwerber ist aber bereits dann bösgläubig, wenn ihm zwar nicht das Bestehen des nicht eingetragenen Gebäudeeigentums bekannt ist, wohl aber das **Bestehen eines dinglichen Nutzungsrechts** (Böhringer DtZ 1994, 50). Dies ergibt sich zwar nicht zwingend aus dem Wortlaut der Bestimmung, folgt aber systematisch aus dem Zusammenhang zu Abs 1 S 2, der auch die Ausübung des Nutzungsrechts durch Begründung selbständigen Gebäudeeigentums über den 3. 10. 1990 hinaus schützt.

66 d) **Maßgebliche Grundbuchstelle** ist das Grundbuch des Grundstücks; eine Eintragung des Gebäudeeigentums im Gebäudegrundbuch genügt nicht, um gutgläubigen Erwerb auszuschließen (Böhringer DtZ 1994, 266). Dies ergibt sich zwingend aus der Zielsetzung der Regelung: Der Erwerber soll – wie bei allen anderen dinglichen Belastungen des Grundstücks – durch Einsicht in das Grundbuch des Grundstücks über die Existenz einer Belastung mit Gebäudeeigentum Aufschluß erhalten. Weiter genügt nur eine Eintragung in *Abteilung 2* des Grundstücksgrundbuchs. Ein bei zugewiesenen Nutzungsrechten nach § 286 Abs 1 Nr 2 ZGB anzubringender Randvermerk im Bestandsverzeichnis genügt nicht, kann aber positive *Kenntnis* des Erwerbers begründen (Flik DtZ 1996, 162, 165).

67 e) Erforderlich ist weiter, wie für jeden gutgläubigen (lastenfreien) Erwerb, daß das Grundstück **aufgrund Rechtsgeschäfts** erworben wird (Böhringer DtZ 1994, 50).

68 f) Für den **maßgeblichen Zeitpunkt** ergeben sich zwei Problemkreise:

aa) Hinsichtlich der Gutgläubigkeit gelten allgemeine Grundsätze: Maßgeblich ist grundsätzlich der Zeitpunkt des Rechtserwerbs. § 892 Abs 2 BGB ist anzuwenden, so daß es für die *Kenntnis* des Erwerbers auf den Zeitpunkt der Antragstellung ankommt, im Falle nachfolgender Einigung auf den Zeitpunkt der Einigung.

69 **bb)** Abs 3 entfaltet jedoch erst zum **Stichtag 31. 12. 2000** Wirkungen. Insoweit ist grundsätzlich ebenfalls auf den Zeitpunkt des Rechtserwerbs abzustellen (Böhringer VIZ 1999, 569, 570). Für vor dem 31. 12. 2000 gestellte Eintragungsanträge ist jedoch der in § 892 Abs 2 enthaltene Rechtsgedanke heranzuziehen, obgleich sich dieser Rechtsgedanke insoweit gegen die Interessen der an dem Rechtsgeschäft Beteiligten wendet, da ein gutgläubiger Erwerb verhindert wird; die durch die geschäftsmäßige Belastung des Grundbuchamts entstehende Verzögerung kann nicht darüber entscheiden, ob ein Gutglaubenserwerb möglich wird. Abs 3 findet also nur Anwendung, wenn der Eintragungsantrag nach dem 31. 12. 2000 gestellt wird (Böhringer DtZ 1994, 50; ders OV spezial 2000, 18). Diese Ansicht wird überdies bestätigt durch Art 233 § 4 Abs 2 S 1 letzter HS, der zum selben Stichtag für das Erlöschen des dinglichen Nutzungsrechts aufgrund guten Glaubens des Erwerbers auf die Stellung des Eintragungsantrags abstellt.

70 **cc)** Abs 3 ist jedoch auch anwendbar, wenn zwar der Eintragungsantrag vor dem 31. 12. 2000 gestellt wurde, die **Einigung** aber erst **nach dem Stichtag** erfolgt (entsprechend § 892 Abs 2 BGB). Den Parteien der Grundstücksübereignung bleibt es im übrigen unbenommen, einen vor dem 31. 12. 2000 gestellten Antrag – mit dem Risiko eventueller Rangverluste – **zurückzunehmen,** und nach dem 31. 12. 2000 einen **neuen Eintragungsantrag** zu stellen, um die Möglichkeit eines gutgläubigen gebäudeeigentumsfreien Erwerbs zu schaffen.

71 g) **Rechtsfolge von Abs 3 S 1** ist das **Erlöschen** des Gebäudeeigentums (BT-Drucks 12/5553, 125; Böhringer DtZ 1994, 50); mit dem Erlöschen des selbständigen Gebäudeeigentums wird das Gebäude *wesentlicher Bestandteil* des Grundstücks gemäß §§ 93, 94

BGB (Palandt/Heinrichs Rn 6; MünchKomm/Holch Rn 30; Böhringer DNotZ 1999, 945; ders VIZ 1999, 569, 570; Schnabel ZOV 2000, 79, 80).

2. Anspruch auf Wertersatz (Abs 3 S 2 HS 1)

a) Erlischt das Gebäudeeigentum nach Abs 3 S 1, so steht dem ehemaligen Gebäudeeigentümer ein **Anspruch auf Wertersatz** zu. Der Anspruch bemißt sich in Höhe des **Wertes des Gebäudeeigentums** im Zeitpunkt seines Erlöschens. Maßgeblich ist der *Verkehrswert* (MünchKomm/Holch Rn 32). Dieser dürfte regelmäßig unter dem durch das Gebäude bewirkten *Wertzuwachs des* Grundstücks liegen; auf diesen Wertzuwachs ist *nicht* abzustellen (vgl auch Palandt/Heinrichs Rn 6); die Bestimmung intendiert keine Wertabschöpfung; der Gebäudeeigentümer – und die Gebäudepfandrechtsgläubiger, in deren Interesse die Bestimmung vorrangig geschaffen wurde (BT-Drucks 125553, 125) sollen lediglich für den Verlust Ersatz erlangen, den sie durch das Erlöschen des Gebäudeeigentums erleiden. Dieser Verlust kann aber nicht höher sein als der Wert, mit dem der Markt das isolierte Gebäudeeigentum vorher bewertet hatte. **72**

Auch die auf grundsätzlich hälftige Teilung abzielenden Grundsätze der Wertbestimmung im Falle der Zusammenführung von Grundstückseigentum und Gebäudeeigentum nach den Bestimmungen des SachenrechtsbereinigungsG sind nicht anzuwenden. Hierbei handelt es sich um einen rechtspolitisch motivierten Kompromiß, der nur und gerade dann Platz greifen soll, wenn sich die beiden an dem Grundstück und dem Gebäude berechtigten Beteiligten über eine Zusammenführung einigen. Hingegen setzt Abs 3 voraus, daß bis zum 31. 12. 2000 eine solche Einigung gerade nicht erfolgt ist, insbesondere der Gebäudeeigentümer nicht die Initiative ergriffen hat; im Falle des durch Gutglaubensbestimmungen vermittelten Verlustes seines Gebäudeeigentums hat er dann auch das Risiko der – regelmäßig mangels tatsächlicher Verkehrsfähigkeit geringen – Werthaltigkeit des isolierten Gebäudeeigentums zu tragen. **73**

b) Der Anspruch auf Wertersatz richtet sich ausschließlich **gegen den Veräußerer**; den Erwerber kann der ehemalige Gebäudeeigentümer nicht in Anspruch nehmen. Solche Ansprüche können mit Rücksicht auf die Zielsetzung der Gutglaubensvorschriften auch *nicht* aus *fahrlässiger Eigentumsverletzung* am Gebäudeeigentum (§ 823 Abs 1 BGB) oder aus § 812 Abs 1 BGB (*Eingriffskondiktion*) hergeleitet werden. **74**

3. Grundpfandrechte am erlöschenden Gebäudeeigentum (Abs 3 S 2 HS 2)

a) Im Falle des Erlöschens des Gebäudeeigentums regelt Abs 3 S 2 HS 2 das Schicksal der **Grundpfandrechte am Gebäudeeigentum**. Das Gebäudeeigentum als selbständiges Immobiliarsachenrecht kann mit beschränkten dinglichen Rechten belastet sein (BT-Drucks 12/5553, 125). Für den Grundpfandrechtsgläubiger wirkt das Erlöschen des Gebäudeeigentums als Wegfall des Gegenstandes seiner Sicherung und damit in gleicher Weise wie die Aufhebung nach § 16 Abs 3 S 1 VermG. Abs 3 S 2 HS 2 sieht daher eine zu § 16 Abs 3 S 4 VermG entsprechende Regelung vor (BT-Drucks 12/5553, 125; Böhringer RPfleger 1995, 51, 53). **75**

76 **b)** Die Grundpfandrechte am Gebäudeeigentum **erlöschen** zwangsläufig mit dem Wegfall des Gebäudeeigentums (Böhringer DtZ 1994, 50).

77 **c)** Sie setzen sich jedoch fort als **gesetzliche Pfandrechte** an dem **Wertersatzanspruch** gemäß Abs 3 S 2 HS 1 (MünchKomm/Holch Rn 32). Auf diese Pfandrechte sind §§ 1279 ff BGB anzuwenden. Insbesondere kann der Erwerber nur an den früheren Gebäudeeigentümer und den Pfandgläubiger gemeinsam leisten. Zugunsten des Gläubigers gilt § 407 BGB entsprechend (Palandt/Heinrichs Rn 6). Der Veräußerer des Grundstücks wird gegenüber dem Pfandrechtsgläubiger also frei, wenn ihm nicht das Bestehen eines Grundpfandrechts an dem Gebäudeeigentum *positiv bekannt* war.

78 **d)** **Andere dingliche Rechte am Gebäudeeigentum** sind von Abs 3 S 2 HS 2 nicht erfaßt. Sie erlöschen daher mit dem Gebäudeeigentum, ohne daß dem Berechtigten ein Ersatzanspruch oder ein Sicherungsrecht zusteht (Böhringer DtZ 1994, 50).

4. Gebäudeeigentum in der Zwangsvollstreckung

79 **a)** Mit derselben Zielsetzung, die dem Erlöschen des Gebäudeeigentums durch Gutglaubenserwerb zugrundeliegt, hat der Gesetzgeber der RegVBG auch die Möglichkeit der **Einbeziehung des Gebäudeeigentums in die Zwangsvollstreckung am Grundstück** vorgesehen. Gemäß § 9a EGZVG idF durch Art 12 Abs 1 RegVBG umfaßt die nach dem 31. 12. 2000 angeordnete Beschlagnahme des Grundstücks auch das in Art 233 §§ 2b, 4 und 8 bezeichnete Gebäudeeigentum. Soweit das Gebäudeeigentum nicht in das geringste Gebot fällt, also durch die gesetzlichen Zwangsversteigerungsbedingungen berücksichtigt wird, erlischt es wie jedes am Grundstück bestehende beschränkte dingliche Recht (BT-Drucks 12/5553, 123 f; Keller RPfleger 1994, 199). Die entgegenstehende Regelung in Art 233 § 4 Abs 4 (betreffend selbständiges Gebäudeeigentum aufgrund dinglicher Nutzungsrechte) wird auf vor dem Stichtag 31. 12. 2000 angeordente Zwangsversteigerungen begrenzt. Das *Gebäudeeigentum erlischt* also in der Zwangsvollstreckung – insoweit parallel zu Abs 4 –, wenn es aus dem Grundbuch des Grundstücks nicht ersichtlich ist und nicht im Zwangsversteigerungsverfahren angemeldet wird.

80 **b)** Der Inhaber von Gebäudeeigentum, das **aus dem Grundbuch des Grundstücks erkennbar** ist, muß jedoch nicht hinnehmen, daß sein Gebäudeeigentum von der Beschlagnahme des Grundstücks erfaßt wird; ihm wird auch nicht zugemutet, nunmehr die Initiative zu ergreifen und gemäß §§ 869, 771 ZPO im Wege der Drittwiderspruchsklage die Freigabe des Gebäudeeigentums zu betreiben. Vielmehr erklärt § 9a Abs 2 S 1 EGZVG auf diesen Fall § 28 ZVG für anwendbar: Der Inhaber des Gebäudeeigentums wird mit seinem (gemäß Art 233 § 2c aus dem Grundstücks-Grundbuch ersichtlichen) Recht *von Amts wegen* berücksichtigt. Ist es nicht aus dem Grundbuch ersichtlich, so muß er wie Inhaber beschränkter dinglicher Rechte am Grundstück Drittwiderspruchsklage nach §§ 869, 771 ZPO erheben (BT-Drucks 12/5553, 125).

V. Mitbelastung des Gebäudes bei beschränkten dinglichen Rechten am Grundstück (Abs 4)

1. Erstreckung des Gutglaubensschutzes auf beschränkte dingliche Rechte

a) Abs 4 erstreckt den in Abs 3 für den Erwerb des Eigentums am Grundstück geschaffenen Gutglaubensschutz auf den **Erwerb eines beschränkten dinglichen Rechts** (Böhringer Rpfleger 1999, 425, 425). Die Regelung greift sowohl bei der *Begründung* dinglicher Rechte am Grundstück ein als auch bei deren *Übertragung*. **81**

b) **Stichtag** für das Eingreifen der Gutglaubensvorschriften ist der 31. 12. 2000. Für die Anwendung auf Rechtserwerbe, die am 31. 12. 2000 begonnen, aber noch nicht vollendet sind, gilt das zu Abs 3 Gesagte entsprechend (Böhringer Rpfleger 1999, 425, 426; oben Rn 68 ff). **82**

2. Voraussetzungen: Gutgläubigkeit

Die Voraussetzungen des Gutglaubensschutzes entsprechen denen nach Abs 3 S 1, auf den Abs 4 S 2 verweist. Erforderlich ist also, daß das Gebäudeeigentum nicht im Grundbuch *des Grundstücks* eingetragen ist und der Erwerber des beschränkten dinglichen Rechts keine Kenntnis vom Gebäudeeigentum hat (Palandt/Heinrichs Rn 5; vgl oben Rn 63 ff). **83**

3. Rechtsfolge

a) Liegen die Gutglaubensvoraussetzungen bei Übertragung oder originärem Erwerb eines beschränkten dinglichen Rechts am Grundstück vor, so ergibt sich als **Rechtsfolge**, daß das Gebäude für den *Inhaber* des beschränkten dinglichen Rechts als Bestandteil des Grundstücks gilt. Das nicht eingetragene Gebäudeeigentum bleibt also *bestehen*, wird aber zugunsten des Erwerbers des beschränkten dinglichen Rechts von diesem *mitbelastet* (BT-Drucks 12/5553, 126). **84**

b) Ein **Wertersatzanspruch** besteht in diesem Fall nicht (Palandt/Heinrichs Rn 7); insbesondere ist Abs 3 S 2 *nicht analog anzuwenden*. Dies ergibt sich nicht nur aus dem Wortlaut der Bestimmung, die in S 2 nur auf Abs 3 *S 1* verweist; die Entwurfsbegründung (BT-Drucks 12/5553, 125) macht deutlich, daß bei Abs 3 der Wertersatzanspruch vorrangig zugunsten der am Gebäudeeigentum berechtigten Grundpfandrechtsgläubiger geschaffen wurde, denen im Fall des Abs 4 das Gebäudeeigentum als Vollstreckungsobjekt nicht entzogen wird. Allerdings kann sich für diese ein Rangverlust ergeben (sogleich Rn 86 ff). **85**

c) Fraglich ist, in welchem **Rangverhältnis** die nach Abs 4 entstehende Mitbelastung des Gebäudes und vorher bestehende **beschränkte dingliche Rechte am Gebäudeeigentum** stehen. Eine ausdrückliche Regelung fehlt, der Sinn der Bestimmung und der Regelungszusammenhang zu Abs 3 lassen aber nur den Schluß zu, daß die neue Belastung am Grundstück, in Ansehung derer das Gebäude mitbelastet wird, allen beschränkten dinglichen Rechten vorgeht, die *ausschließlich am Gebäudeeigentum* bestehen (so wohl auch Palandt/Heinrichs Rn 7). Zum einen „gilt für den Inhaber des Rechts das Gebäude als Bestandteil des Grundstücks“, woraus folgt, daß sich der von **86**

Abs 4 begünstigte gutgläubige Erwerber auch darauf verlassen kann, daß das Gebäude *nicht Gegenstand besonderer Rechte* (§ 93 BGB) ist. Dies folgt überdies aus dem Zweck der Bestimmung, denn Abs 4 greift nur ein, wenn das Gebäudeeigentum nicht aus dem Grundstücksgrundbuch ersichtlich ist; dann aber sind beschränkte dingliche Rechte am Gebäudeeigentum notwendigerweise ebenfalls nicht im Grundbuch des Grundstücks ersichtlicht, so daß der Rechtsschein des Grundbuchs erst recht diese Rechte überwindet.

87 **d)** Hingegen bestimmt sich der Rang im Verhältnis zu **ebenfalls nach Abs 4 erstreckten früheren** Rechten nach dem Rang, den diese Rechte am Grundstück haben, grundsätzlich also nach dem Prioritätsprinzip.

VI. Gebäudeeigentum auf mehreren Grundstücken (Abs 5)

1. Errichtung auf mehreren Grundstücken

88 **a)** Abs 5 regelt die **Anwendung von Abs 3 und 4** auf Fälle, in denen ein Gebäude, das Gegenstand selbständigen Gebäudeeigentums ist, **auf mehreren Grundstücken** errichtet ist. Diese Fälle sind nicht selten, da in der Praxis der DDR aufgrund der Geringachtung des Grundstückswertes bekanntlich auf geordnete Übereinstimmung von Gebäude- und Grundstücksgrenzen wenig geachtet wurde.

89 **b)** Abs 3 und 4 gelten in diesem Fall nur in Ansehung des Grundstücks, auf dem sich der **überwiegende Teil des Gebäudes** befindet. Welches Grundstück dies ist, beurteilt sich ausschließlich nach *objektiven Kriterien* (Palandt/Heinrichs Rn 8; anders im originären Fall des Überbaus, wo die Absicht des Erwerbs maßgeblich ist: BGHZ 110, 298), die auf das Gebäude, nicht auf die beteiligten Grundstücke zu beziehen sind. Maßgeblich ist die Größe und Bedeutung der jeweiligen Gebäudeteile; das Grundstück, auf dem sich der solchermaßen überwiegende Gebäudeteil befindet, wird zum **Stammgrundstück**; hingegen ist ohne Bedeutung, wenn ggf ein Gebäudeteil von geringerer Bedeutung ein beteiligtes Grundstück nahezu vollständig überdeckt.

2. Rechtsfolgen

a) Anwendung von Abs 3

90 **aa)** Für den **Erwerber des Stammgrundstücks** ist **Abs 3 anwendbar**. Der vorausgesetzte Rechtsschein des Grundbuchs bezieht sich ausschließlich auf das Grundbuch des *Stammgrundstücks*; in diesem darf das Gebäudeeigentum nicht verlautbart sein; eine Verlautbarung im Grundbuch eines anderen überbauten Grundstücks ist unschädlich, da dem Erwerber eines Grundstücks nicht anzusinnen ist, die Grundbücher benachbarter Grundstücke auf Belastungen hin zu überprüfen. Die Vermutung des § 891 BGB ergibt sich aus dem Grundbuchblatt, auf dem das betreffende – hier veräußerte – Grundstück gebucht ist (BayObLGZ 1957, 49). Als **Rechtsfolge** erlischt das Gebäudeeigentum *insgesamt*, nicht nur insoweit, als das Gebäude auf dem erworbenen Stammgrundstück errichtet ist.

91 **bb)** Der **Wertersatzanspruch** nach Abs 3 S 2 bemißt sich nach dem Wert des *gesamten Gebäudes*, nicht nur nach dem Wert des auf dem Stammgrundstück stehenden Gebäudeteils (Palandt/Heinrichs Rn 8). Dies folgt insbesondere daraus, daß dem Er-

werber aufgrund Abs 5 S 2 auch das Eigentum an dem gesamten Gebäude zufällt. Die an den dritten Grundstückseigentümer zu zahlende Überbaurente kompensiert lediglich die Nutzung von dessen Grundstück, nicht aber den Wert des Gebäudes.

cc) Hinsichtlich der **Gebäudeteile, die auf anderen Grundstücken** stehen, gelten gemäß Abs 5 S 2 die Vorschriften über den zu duldenden Überbau (§§ 912 ff BGB) sinngemäß. Das *Eigentum am gesamten Gebäude* steht dem Erwerber des Stammgrundstücks zu (BGHZ 110, 298, 300 ff). Der Eigentümer des überbauten Grundstücks hat den Überbau zu dulden. **92**

dd) Abs 5 verweist nur hinsichtlich der **Rechtsfolgen** auf §§ 912 ff BGB, nicht aber hinsichtlich der tatbestandlichen Voraussetzungen der Duldungspflicht. Ein *Widerspruch nach § 912 Abs 1 letzter HS BGB* kommt daher nicht in Betracht. Da der „Überbau" im Falle des Abs 5 kraft Gesetzes eintritt und das Widerspruchsrecht des Nachbarn zugeschnitten ist auf die Situation der Errichtung des Gebäudes, entspräche das Widerspruchsrecht auch nicht dem Sinn der Regelung. Ebensowenig ist ein *Verschulden* des Eigentümers des Stammgrundstücks nach *§ 912 Abs 1 BGB* zu prüfen. **93**

ee) Der Eigentümer des überbauten Grundstücks hat gegen den Erwerber des Stammgrundstücks einen Anspruch auf **Überbaurente** (BT-Drucks 12/5553, 126; Palandt/Heinrichs Rn 8). **94**

b) Veräußerung überbauter Grundstücke

aa) Wird ein Grundstück veräußert, auf dem sich ein **untergeordneter Teil des Gebäudes** befindet, so gilt Abs 3 nicht; der Erwerber des Grundstücks muß – auch wenn er gutgläubig iSd §§ 891 f BGB ist, das Gebäudeeigentum gegen sich gelten lassen. Dieses Ergebnis ist nicht unstimmig; wurde das Stammgrundstück bereits mit den Wirkungen der Abs 5, 3 vorher veräußert, so hat der Erwerber des überbauten Grundstückes den Überbau zu dulden, was nichts anderes bedeutet, als daß er ein von seinem Grundstückseigentum verschiedenes Eigentum an einem Gebäude hinzunehmen hat, das rein physisch auf dem erworbenen Grundstück errichtet ist. Besteht hingegen das Gebäudeeigentum noch nach Abs 1, 2, so hat er dieses Gebäudeeigentum zu dulden. **95**

bb) Der **Erwerber** hat im übrigen dieselben (schuldrechtlichen) Ansprüche **gegen den Veräußerer** aus Schlechterfüllung des der Veräußerung zugrundeliegenden Geschäfts wie der Erwerber eines sonst überbauten Grundstücks (Palandt/Heinrichs Rn 8). **96**

cc) Allerdings wird der Erwerber eines überbauten Grundstücks – wie im übrigen auch der vorherige Eigentümer – **wirtschaftlich begünstigt**, wenn ein Erwerb am Stammgrundstück Abs 5 und 3 unterliegt: Vor dem Erwerbsvorgang am Stammgrundstück hat der Eigentümer des überbauten Grundstücks allenfalls Ansprüche auf Nutzungsentgelt aufgrund des dem Gebäudeeigentum zugrundeliegenden Nutzungsrechts; die Rechtsfolge des Abs 5 weist ihm eine Überbaurente zu. **97**

c) Anwendung von Abs 4

aa) Auch Abs 4 greift nur zugunsten des Erwerbers eines **beschränkten dinglichen Rechts am Stammgrundstück**. Wie im Falle eines sonstigen Überbaus erstreckt sich das beschränkte dingliche Recht am Grundstück auf das gesamte Gebäude. Die **98**

Voraussetzungen der Gutgläubigkeit beziehen sich nur auf das Grundbuch des belasteten Grundstücks (näher oben Rn 63 ff).

99 **bb)** Bei Übertragung oder Bestellung eines **dinglichen Rechts an einem überbauten Grundstück** findet Abs 4 keine Anwendung; dies entspricht der Rechtslage im Falle des gewöhnlichen Überbaus.

§ 6
Verjährung

(1) Die Vorschriften des Bürgerlichen Gesetzbuchs über die Verjährung finden auf die am Tag des Wirksamwerdens des Beitritts bestehenden und noch nicht verjährten Ansprüche Anwendung. Der Beginn, die Hemmung und die Unterbrechung der Verjährung bestimmen sich jedoch für den Zeitraum vor dem Wirksamwerden des Beitritts nach den bislang für das in Artikel 3 des Einigungsvertrages genannte Gebiet geltenden Rechtsvorschriften.

(2) Ist die Verjährungsfrist nach dem Bürgerlichen Gesetzbuch kürzer als nach den Rechtsvorschriften, die bislang für das in Artikel 3 des Einigungsvertrages genannte Gebiet galten, so wird die kürzere Frist von dem Tag des Wirksamwerdens des Beitritts an berechnet. Läuft jedoch die in den Rechtsvorschriften, die bislang für das in Artikel 3 des Einigungsvertrages genannte Gebiet galten, bestimmte längere Frist früher als die im Bürgerlichen Gesetzbuch bestimmte kürzere Frist ab, so ist die Verjährung mit dem Ablauf der längeren Frist vollendet.

(3) Die Absätze 1 und 2 sind entsprechend auf Fristen anzuwenden, die für die Geltendmachung, den Erwerb oder den Verlust eines Rechts maßgebend sind.

Materialien: Siehe zu Art 230 betr Fassung durch EinigungsvertragsG, E: Art 231 § 6.

Schrifttum

Lingelbach, Erfolgreiche Unterhaltsklagen nichtehelicher DDR-Kinder trotz Anspruchsverjährung, NJ 1994, 204
Purps, Verjährung von Schadensersatzansprüchen der Alteigentümer gegen Rechtsnachfolger der VEB-KWV/GW, ZOV 1996, 14
Thode, Kollisionsrechtliche Fragen der Hemmung bei verjährten Pflichtteilsansprüchen, ZEV 1996, 267.

Systematische Übersicht

Alphabetische Übersicht

I. Überleitung (Abs 1 Satz 1)

1. Interlokaler Anwendungsbereich

Der **Anwendungsbereich** der Überleitungsbestimmung für die Verjährung von Ansprüchen ist nicht durch § 6 selbst festgelegt und daher kollisionsrechtlich zu bestimmen. Da die Verjährung nach innerdeutschem Kollisionsrecht wie nach § 28 RAG keinem gesonderten Statut unterliegt, sondern dem Statut des Anspruchs folgt, ist § 6 anzuwenden auf die Verjährung von Forderungen, die **vor dem 2.10. 1990** gemäß innerdeutschem Kollisionsrecht bei Beachtung einer evtl Rück- oder Weiterverweisung durch das RAG nach **dem Recht der DDR** zu beurteilen waren. **1**

2. Sachlicher Anwendungsbereich

a) § 6 bezieht sich nur auf die **Vorschriften über die Verjährung**. Hierzu rechnen Verjährungsfristen, Verjährungsbeginn, Unterbrechung, Hemmung (die Terminologie folgt dem am 3. 10. 1990 geltenden BGB) und Rechtsverfolgung. Nicht erfaßt sind hingegen Bestimmungen, die die Voraussetzungen der *Fälligkeit* regeln, auch soweit diese eine Voraussetzung des Verjährungsbeginns ist. Insoweit gelten die Überleitungsbestimmungen zum jeweiligen Statut, bei Verträgen also Art 232 (BGH DtZ 1996, 342; MünchKomm/Grothe Rn 5). **2**

Erfaßt ist nur die Verjährung solcher Forderungen, die nach dem 3. 10. 1990 **sachlich dem BGB** unterliegen, auch soweit sie nicht nach dem ZGB, sondern nach anderen Gesetzen, insbesondere dem VertragsG (BGHZ 129, 282; BGH BauR 1999, 910; OLG Brandenburg OLGR 1997, 375), dem GW (OLG Brandenburg VIZ 1997, 552, 556), dem ArbGB (BAG BAGE 85, 101, 104) oder dem FGB (BGH MDR 1996, 169; OLG Brandenburg OLG-NL 2000, 65; OLG Dresden OLG-NL 2000, 179) zu beurteilen waren (Maurer FamRZ 1994, 337, 342).

§ 6 gilt auch für Verjährungsfristen nach dem LPGG (BGH VIZ 1999, 356; zur Qualifikation im Verjährungssystem des BGB unten Rn 66), dem BergG (BGH VIZ 1999, 620). Zur Anwendbarkeit auf *Garantiefristen* (VertragsG) unten Rn 88 f.

b) Ist aufgrund **hinausgeschobener Überleitungsbestimmungen**, insbesondere im *Arbeitsrecht*, das Bundesrecht erst zu einem späteren Stichtag anzuwenden, so gilt § 6 entsprechend zu diesem Stichtag; maßgeblich ist dann, ob der Anspruch bei Inkrafttreten der BGB-Bestimmungen bereits verjährt war (BAGE 85, 101, 105). Das sollte auch gelten, wenn die Überleitung in Bundesrecht durch Erklärung nach Art 232 § 7 erfolgte, da der Schutzzweck des Art 232 § 7 den Stichtag der Überleitung als solchen hinausschiebt (**aA** OLG Dresden WM 1999, 316; insoweit zustimmend auch noch Rauscher WuB IV B Art 232 § 7 1.99). **3**

§ 6 gilt auch für die Verjährung von Ansprüchen, die zwar einem **vor dem 3. 10. 1990 entstandenen Rechtsverhältnis** entstammen und dem Recht der DDR unterliegen, die aber als solche erst nach dem 2. 10. 1990 entstanden sind. Ihre Verjährung unterliegt dem BGB und beginnt gemäß § 199 BGB bzw § 198 S 1 BGB aF nicht vor ihrer Entstehung (BGHZ 129, 282, 287, BGH MDR 2002, 1068, 1069, OLG Brandenburg VIZ 1997, 552,

556; OLG Dresden NJ 1994, 579; OLG Dresden OLG-NL 2000, 179, 181; OLG Naumburg OLG-NL 1995, 151, 153).

4 c) Eine entsprechende Anwendung des § 6 zugrundeliegenden Rechtsgrundsatzes auf **öffentlich-rechtliche** Ansprüche scheidet nicht prinzipiell aus, sofern nicht für solche Ansprüche Sonderregeln existieren. Jedoch ist im Gegensatz zur Überleitung von bürgerlich-rechtlichen Ansprüchen regelmäßig die **Identität** des Anspruchs fraglich (hierzu: STAUDINGER/KANZLEITER/HÖNLE[12] Art 169 Rn 5 aE): So verjährt ein Kindergeld- oder Sozialversicherungsanspruch, der vor dem 3. 10. 1990 nach dem Recht der DDR begründet wurde, weiter nach diesen Bestimmungen, da Kindergeld- und Sozialversicherungsansprüche nach bundesdeutschem Recht mit jenen nach DDR-Recht nicht identisch sind, daher auch die Verjährungsfristen nicht übertragbar sind.

Hingegen unterliegen Ansprüche auf **Zusatzrente** der Überleitung nach § 6, soweit es sich ihrer Art nach um betriebliche Ansprüche handelt, selbst wenn die Überleitung der Rechtsgrundlage im Einigungsvertrag bei den Bestimmungen über das Sozialversicherungsrecht geregelt ist (BAG NJ 2000, 443, 444).

3. „Noch nicht verjährte Ansprüche"

5 a) Abs 1 und 2 entsprechen der in Art 169 für die Inkraftsetzung des BGB getroffenen Regelung (BT-Drucks 11/7817, 38), die als Ausdruck eines allgemeinen Rechtsgrundsatzes anerkannt ist (PALANDT/HEINRICHS Rn 1; STAUDINGER/KANZLEITER/HÖNLE[12] Art 169 Rn 3).

Ähnliche Überleitungsbestimmungen finden sich erneut zum 1. 1. 2002 in **Art 229 § 6**; soweit die Verjährung von Ansprüchen nach § 6 in das BGB übergeleitet war und am 1. 1. 2002 noch nicht vollendet ist, findet hiernach eine erneute Überleitung von den alten in die neuen Verjährungsregeln des BGB statt.

Nach Abs 1 sind nur solche Ansprüche zu behandeln, die mit Ablauf des 2. 10. 1990 **noch nicht verjährt** waren (KG OLGZ 1993, 408; OLG Naumburg VIZ 2002, 62). Ob dies der Fall ist, beurteilt sich nach dem Recht der DDR.

6 b) Für **Auskunftsansprüche**, die Vorgänge während längerer Zeiträume betreffen und deshalb nur für den zurückliegenden Zeitraum geltend gemacht werden können, für den der sich aus der Auskunft ergebende Leistungsanspruch noch nicht verjährt ist, gilt Abs 1 in Bezug auf den **Zeitraum** vor dem 3. 10. 1990, welcher der für den Leistungsanspruch geltenden Verjährungsfrist entspricht; Auskunftsansprüche für Zeiträume bis zum 2. 10. 1980 waren mit Ablauf des 2. 10. 1990 gemäß § 474 Abs 1 Nr 5 ZGB (Herausgabe von Unterlagen) verjährt (OLG Dresden OLG-NL 1994, 243, 244).

4. Vor dem 1. 1. 1976 entstandene Ansprüche

7 a) Ansprüche, die **vor dem Inkrafttreten des ZGB** am 1. 1. 1976 entstanden sind, unterlagen zunächst den Verjährungsvorschriften des damals in der DDR noch geltenden BGB.

b) Sofern die Verjährung am 1. 1. 1976 noch nicht abgelaufen war, unterlag sie von diesem Zeitpunkt an gemäß **§ 11 Abs 1 S 1 EGZGB** den Bestimmungen des ZGB (BGHZ 122, 308, 311; BGH MDR 2001, 1047; KG NZM 2000, 383, 384; OLG Dresden OLG-NL 1996, 228, 229; VG Göttingen WM 1996, 109, 112), es sei denn, eine bereits begonnene Verjährungsfrist nach BGB endete früher als die im ZGB bestimmte Frist (§ 11 Abs 1 S 2 EGZGB). **8**

c) **§ 11 Abs 1 S 2 HS 2 EGZGB** sah eine Verlängerung der Verjährung um sechs Monate nach Inkrafttreten des ZGB, also bis zum Ablauf des 30. 6. 1976 vor. Die Bedeutung dieser Bestimmung ist unklar; sie soll eingefügt worden sein, um Härten der Fristverkürzung zu vermeiden (Lübchen/Espig NJ 1975, 712). Andererseits wird aber von denselben Autoren vertreten, daß es anläßlich der Überleitung zum 1. 1. 1976 überhaupt nicht zu Fristverkürzungen gekommen sei, da die kürzeren Verjährungsfristen des ZGB erst am 1. 1. 1976 zu laufen begonnen hätten (BG Dresden NJ 1981, 332; OLG Dresden OLG-NL 1996, 228, 229; Lübchen/Espig aaO Janke NJ 1981, 333). Geht man davon aus, daß in der DDR so verfahren wurde (so auch BGZ 126, 87, 95; offen gelassen in BGHZ 122, 308, 311), so kommt der Kürze der vertrauensschützenden Fristverlängerung keine Bedeutung zu, da sie ohnehin nur eine Verlängerung von nach dem BGB laufenden Fristen bewirkt hätte, für die Vertrauensschutz nicht geboten war (Rauscher JR 1995, 373 ff). Die in der 12. Aufl (Staudinger/Rauscher[12] Rn 32) geäußerten rechtsstaatlichen Bedenken sind bei dieser Auslegung hinfällig. **9**

d) Vor dem 1. 1. 1976 entstandene und am 1. 1. 1976 noch nicht verjährte Ansprüche unterliegen also ab diesem Datum dem ZGB; die Verjährung **beginnt** nicht mit dem im ZGB genannten, die Verjährung auslösenden Tatbestand, sondern erst am 1. 1. 1976 (BGHZ 126, 87, 95). Zur Überleitung gemäß Abs 1 kann es nur kommen, wenn sich unter Geltung des ZGB Hemmungs- oder Unterbrechungstatbestände verwirklicht haben. **10**

II. Beginn, Hemmung, Unterbrechung (Abs 1 Satz 2)

1. Recht der DDR – Überblick

a) Verjährungsbeginn

aa) Zivilrechtliche Ansprüche waren auch nach dem Recht der DDR grundsätzlich verjährbar. **Unverjährbar** waren neben Ansprüchen aus eingetragenen Rechten an Grundstücken mit Ausnahme der Zinsen (§ 479 ZGB, vgl § 902 BGB) die Herausgabeansprüche betreffend Sachen, die sozialistisches Eigentum waren (§ 474 Abs 1 Nr 5 HS 2 ZGB). **11**

bb) Die Verjährung beginnt bei **nichtvertraglichen Ansprüchen** mit dem Zeitpunkt, in dem der Berechtigte vom Entstehen des Anspruchs und von der Person des Verpflichteten Kenntnis erlangt hat (§ 475 Nr 2 ZGB; BGH MDR 2000, 1307, 1308; zur Kenntnis KG NZM 2000, 383, 384; OLG Naumburg VIZ 2002, 62). Bei allen **übrigen Ansprüchen** (mit Ausnahme der Garantie, hierzu § 475 Nr 1 ZGB und unten Rn 88 ff) beginnt sie mit dem 1. Tag des Monats, der auf den Tag folgt, an dem der Anspruch geltend gemacht werden kann (§ 475 Nr 3 ZGB; BGHZ 126, 87, 97; OLG Naumburg NJW 1998, 237, 239). Insoweit kommt es nicht auf die subjektiven Verhältnisse des Anspruchsinhabers an (OLG Jena OLG-NL 1994, 151, 153); maßgebend ist vielmehr die *objektiv be-* **12**

stehende Möglichkeit der Geltendmachung, was regelmäßig ein Abstellen auf den *Fälligkeitszeitpunkt* bedeutet (BGHZ 126, 87, 97 mNachw).

13 cc) Für **vertragliche Schadensersatzansprüche wegen Gesundheitsschäden** kommt eine analoge Anwendung von § 475 Nr 2 ZGB in Betracht (BGHZ 126, 87, 96).

14 dd) Der Verjährungsbeginn nach Nr 2 betrifft **außervertragliche Schadensersatzansprüche** (§§ 330 ff ZGB) und **Herausgabeansprüche** (§§ 356 ff ZGB), deren wesentlichster Tatbestand der allgemeine Bereicherungsanspruch aus § 356 ZGB ist.

15 ee) Der Verjährungsbeginn nach Nr 3 betrifft – vorbehaltlich anderweitiger Regelung – sonstige, insbesondere **vertragliche** Ansprüche. Abzustellen ist auf die objektiv bestehende Möglichkeit zur Geltendmachung (Lübchen ua, ZGB § 475 Anm 3).

16 ff) Zu beachten sind die praktisch wesentlichen Sonderregelungen im **Gesetz über (ehem „internationale") Wirtschaftsverträge** v 5. 2. 1976 (GBl DDR I 61 – GW – geändert durch den ersten Staatsvertrag Anlage III Ziff 11 a, § 3 G über die Änderung oder Aufhebung von Gesetzen der DDR, GBl DDR 1990 I 483) für nationale und internationale Wirtschaftsverträge, die seit 1. 7. 1990 auch dem Geltungsbereich des außer Kraft gesetzten **Gesetzes über das Vertragssystem in der sozialistischen Wirtschaft** v 25. 3. 1982 (GBl DDR I 293 – VG) abdecken (Lübchen/Göhring 37). Der Verjährungsbeginn nach § 325 GW stellt ab auf die Fälligkeit, bei Verzug auf die Vertragsverletzung, bei Mängeln auf die Mängelrüge (OLG Brandenburg VIZ 1997, 552, 556).

17 gg) Für **arbeitsvertragliche** Lohn- und Rückzahlungsansprüche beginnt ebenfalls die Verjährung am 1. Tag des Monats nach Möglichkeit der Geltendmachung (§ 128 ArbGB wie § 475 Nr 3 ZGB), für Schadensersatzansprüche gegen den Betrieb am 1. Tag des Monats nach Kenntnis von Schaden und Ersatzpflicht (§ 272 ArbGB).

18 hh) Für **Pflichtteilsansprüche** beginnt die Verjährungsfrist mit der Kenntnis vom Erbfall und vom Inhalt des Testaments (§ 396 Abs 3 ZGB).

19 ii) Die Verjährung von **Unterhaltsforderungen** beginnt mit dem Ende des Jahres, in dem der Anspruch entstanden ist (§ 108 **Familiengesetzbuch** v 20. 12. 1965, GBl DDR I 1966, 1 – FGB, insoweit unverändert in der Fassung des **1. FamilienrechtsänderungsG** v 20. 7. 1990, GBl DDR I 1038, 1. FamRÄndG; BGH MDR 1996, 169, 170).

20 kk) Die Verjährung von Ausgleichsansprüchen bei Beendigung der **Vermögensgemeinschaft** gemäß § 40 FGB (hierzu Art 234 § 4) beginnt mit Beendigung der Ehe (§ 40 Abs 2 und 4 FGB; OLG Dresden OLG-NL 2000, 179, 181).

21 ll) Die **Vollstreckungsverjährung** beginnt mit dem Tag, an dem die Vollstreckbarkeit des Titels eintritt, jedoch nicht vor Fälligkeit des Anspruchs, bei regelmäßig wiederkehrenden Leistungen mit dem 1. Tag des Monats nach Fälligkeit der Teilleistung (§ 480 Abs 2 ZGB idF des 1. ZivilrechtsÄndG).

b) Hemmung

22 aa) Die Verjährung ist gehemmt (mit § 205 aF BGB entsprechender Wirkung: § 477

Abs 2 ZGB) für die Zeit der **Stundung** (§ 477 Abs 1 Nr 1 ZGB), von der **gerichtlichen Geltendmachung** bis zur rechtskräftigen Entscheidung (Nr 2), jedoch nur, wenn die Klage nicht aus einem anderen Grund als dem der Unzuständigkeit zurückgenommen wird, zwischen der **Anmeldung zur Gesamtvollstreckung** und der Beendigung des Verfahrens (Nr 3), während der **Unmöglichkeit der Rechtsverfolgung** (Nr 4), von der Anzeige des **Versicherungsfalls** bis zur Erklärung der Versicherungseinrichtung über die Leistungspflicht (Nr 6; OLG Naumburg VIZ 2002, 62) und während der Zeit, in welcher der Anspruch durch Pfandrecht, Bürgschaft oder auf sonstige Weise **gesichert** ist mit Ausnahme des Zinsanspruchs (Nr 7). Nr 6 betrifft Garantieansprüche (hierzu unten Rn 88).

bb) Eigenständige Hemmungsvorschriften enthält § 327 **GW** (gerichtliche oder schiedsgerichtliche Geltendmachung, Unmöglichkeit der Rechtsverfolgung, unverschuldete Unkenntnis von der Person oder dem Wohnsitz des Schuldners, Vergleichsverhandlungen, Prüfung der Mängelrüge). **23**

cc) Hemmungsvorschriften enthält § 128 Abs 4 ArbGB (iVm § 272 Satz 4) **für arbeitsvertragliche** Ansprüche (Geltendmachung vor einem Organ zur Entscheidung von Arbeitsstreitfällen, Unmöglichkeit der Rechtsverfolgung). **24**

dd) Gehemmt sind außerdem Ansprüche **zwischen Ehegatten** während der Ehe, **zwischen Eltern und Kindern** während deren Minderjährigkeit und **zwischen Vormund und Mündel** während der Dauer des Vormundschaftsverhältnisses (§ 109 FGB). **25**

ee) Die **Vollstreckungsverjährung** ist für die Zeit der Stundung gehemmt (§ 480 Abs 4 ZGB). **26**

c) Unterbrechung

aa) Die Unterbrechung der Verjährung hat eine ähnliche Wirkung wie nach § 217 BGB. Nach Ablauf der Unterbrechung beginnt die Verjährung neu mit dem 1. Tag des folgenden Monats (§ 476 Abs 2 ZGB). **27**

Unterbrechungsgründe sind ausschließlich: Ein **schriftliches Anerkenntnis** (§ 476 Abs 1 Nr 1 ZGB), die Einigung der Parteien vor einem **gesellschaftlichen Gericht** über den Anspruch sowie **Teil- oder Zinszahlungen** auf die Geldforderung (Nr 3).

bb) Entsprechende Unterbrechungsgründe enthält § 128 Abs 3 ArbGB für **arbeitsvertragliche** Zahlungsansprüche und Schadensersatzansprüche (§ 272 Satz 4 ArbGB). **28**

cc) Nach § 326 **GW** führen schriftliches Anerkenntnis sowie Teilleistung zur Unterbrechung. **29**

dd) Die Vollstreckungsverjährung wird durch den Antrag auf Vollstreckung unterbrochen und beginnt neu mit dem 1. Tag des Monats, der auf die endgültige Einstellung der Vollstreckung folgt (§ 480 Abs 3 ZGB). **30**

d) Sonderfälle des Verjährungslaufes

Den §§ 206, 207 aF BGB ähnliche Bestimmungen enthält § 478 ZGB für die Ablaufhemmung der Verjährung von Ansprüchen von in der **Handlungsfähigkeit Be-** **31**

schränkten ohne gesetzlichen Vertreter sowie für Ansprüche, die zu einem **Nachlaß** gehören oder sich gegen einen Nachlaß richten. Die Hemmfrist des § 478 Abs 1 (Handlungsunfähige) betrug sechs Monate wie zu § 206 aF BGB bei identischem Beginn (§ 206 Abs 2 Satz 2 aF BGB hatte keine Entsprechung), die Frist zu § 478 Abs 2 (Nachlaß) betrug ein Jahr bei identischem Beginn.

2. Beginn, Hemmung, Unterbrechung bei übergeleiteter Verjährung

a) Verjährungsbeginn

32 **aa)** Der Beginn einer nach dem Recht der DDR **vor dem 3. 10. 1990 angelaufenen Verjährungsfrist** bleibt unberührt. Das gilt auch dann, wenn nach den Bestimmungen des BGB die Verjährung erst nach dem Wirksamwerden des Beitritts begonnen hätte (Beispiel: Die Verjährung eines von §§ 196, 197 aF BGB erfaßten Anspruches, der im Jahr 1990 spätestens am 30. 9. fällig war, beginnt nicht gemäß § 201 aF BGB, sondern gemäß § 475 Nr 3 ZGB).

33 **bb)** Hat die Verjährung nach dem Recht der DDR vor dem 3. 10. 1990 noch **nicht begonnen**, hätte sie aber bei Zugrundelegen des BGB begonnen (Beispiel: Bereicherungsansprüche, wenn der Entreicherte vom Entstehen des Anspruchs und/oder der Person des Verpflichteten bis zum 3. 10. 1990 keine *Kenntnis* erlangt hat [§ 475 Nr 2 ZGB, im Gegensatz zu §§ 198, 195 aF BGB]), so unterliegt der Beginn der Verjährung erst mit dem 3. 10. 1990 dem BGB; ein rückwirkender Beginn der Verjährung scheidet aus; daher beginnt die Verjährung in diesem Fall am 3. 10. 1990, 0 Uhr (beachte aber in diesem Fall Abs 2 S 1 iVm § 475 Nr 2 S 2 ZGB, hierzu unten Rn 58).

34 **cc)** Dasselbe gilt, wenn ein Anspruch nach dem Recht der DDR **unverjährbar** war; mit Inkrafttreten des BGB wird der Anspruch verjährbar; die Verjährungsfrist beginnt am 3. 10. 1990, 0 Uhr.

b) Hemmung, Unterbrechung

35 **aa)** Tatbestände, die sich vor dem 3. 10. 1990 ereignet haben, führen nach Maßgabe der Bestimmungen des **ZGB** zur **Unterbrechung bzw Hemmung** der Verjährung. Dauert die Unterbrechung oder Hemmung gemäß diesen Bestimmungen nicht über das Wirksamwerden des Beitritts an, so ergeben sich keine Probleme; der Vorgang unterliegt umfassend dem Recht der DDR (Beispiel: *mündliches* Anerkenntnis vor dem 3. 10. 1990 hat keine Wirkung auf die Verjährung – § 476 Abs 1 Nr 1 ZGB; Klageerhebung und Abweisung wegen Unzulässigkeit vor dem 3. 10. 1990 führen nur zur Hemmung der Verjährung für die Dauer des Verfahrens, § 477 Abs 1 Nr 2 ZGB).

36 **bb)** Probleme ergeben sich jedoch, weil das **ZGB** teilweise **Hemmung** vorsieht, wo nach **BGB aF** eine **Unterbrechung** eintrat und die Dauer der Hemmung bzw der Unterbrechung sich über den 3. 10. 1990, 0 Uhr erstrecken kann (Beispiel: Klageerhebung, § 477 Abs 1 Nr 2 ZGB mit Hemmung bis zur rechtskräftigen Entscheidung; mündlich vereinbarte Stundung, die nach beiden Rechtsordnungen die Verjährung hemmt – § 202 Abs 1 aF BGB, § 477 Abs 1 Nr 1 ZGB, die aber zugleich ein – nach § 208 aF BGB verjährungsunterbrechendes – Anerkenntnis enthält, das nach § 476 Abs 1 Nr 1 ZGB wirkungslos ist).

Für diese Fälle unterliegt die Hemmung bzw Unterbrechung für den Zeitraum nach dem 3. 10. 1990, 0 Uhr dem BGB (Abs 1 S 2 e contrario). Daher dürfte zu differenzieren sein: **37**

α) Die Verjährung ist mit dem 3. 10. 1990 nicht mehr gehemmt, sondern wird **unterbrochen**, sofern nach den Bestimmungen des BGB die *Unterbrechung* am 3. 10. 1990, 0 Uhr *noch andauern* würde (bei rechtshängigem Verfahren dauert gemäß § 211 Abs 1 aF BGB die Unterbrechung regelmäßig bis zur rechtskräftigen Entscheidung an, also ist zwischen dem 3. 10. 1990 und der rechtskräftigen Entscheidung die Verjährung nicht mehr [nur] gehemmt, sondern unterbrochen, vgl aber sodann § 204 BGB, wenn das Verfahren über den 1. 1. 2002 andauert). Gilt die Unterbrechung sodann als nicht erfolgt (§ 212 aF BGB), so ist auf den Lauf der Hemmung bis zum 2. 10. 1990 § 477 Abs 1 Nr 2 HS 2 ZGB anzuwenden (Beispiel: Bei Klagerücknahme wegen Unzuständigkeit bleibt die Hemmung zwischen Klageerhebung und dem 2. 10. 1990, 24 Uhr erhalten). **38**

β) Hätte hingegen das nach dem Recht der DDR die Hemmung herbeiführende Ereignis nach den Bestimmungen des BGB eine Unterbrechung bewirkt, ohne einen Dauertatbestand der Verjährungsunterbrechung zu schaffen (so im Fall der Stundung), so tritt mit dem 3. 10. 1990 Hemmung nach der maßgeblichen Norm des BGB, nicht aber (rückwirkend) Unterbrechung ein. Es läuft also im Stundungsbeispiel die Verjährung nach Ablauf der Stundung weiter, nicht aber erneut an. **39**

cc) Hat umgekehrt ein Tatbestand vor dem 3. 10. 1990 zur Hemmung geführt, dauert die Hemmung über den 3. 10. 1990, 0 Uhr an, und ist dieser Tatbestand nach den Bestimmungen des BGB für die Verjährung irrelevant (Beispiel: Hemmung der Verjährung gesicherter Ansprüche – § 477 Nr 7 ZGB), so endet die Hemmung mit dem 2. 10. 1990, 24 Uhr. Dies folgt wiederum daraus, daß Abs 1 S 2 die Bestimmungen des Rechts der DDR nur für den Zeitraum vor dem Wirksamwerden des Beitritts für maßgeblich erklärt. **40**

c) Hemmung wegen Behinderung rechtsstaatlicher Durchsetzung

aa) Ein Sonderproblem der Überleitung stellt sich in Anwendung von § 477 Abs 1 Nr 4 ZGB, der eine **Hemmung der Verjährung bei Unmöglichkeit der Rechtsverfolgung** vorsah. Zwar ist diese Bestimmung zu § 203 aF BGB vergleichbar (BGH NJW 1993, 2178; BGHZ 126, 87, 97; BGH NJ 1994, 367; BGH JZ 1996, 971; ADLERSTEIN/PECH DtZ 1991, 197; RÄDLER DtZ 1993, 300). Jedoch kommt mit Rücksicht auf die zum Teil rechtsstaatswidrigen Verhältnisse in der Rechtspflege der DDR die Anwendung dieser Bestimmung auch dann in Betracht, wenn zwar formell eine Rechtsschutzmöglichkeit bestanden hat, diese aber aufgrund der spezifischen Rechtslage in der DDR nicht wahrgenommen werden konnte (BGHZ 126, 87, 99 f). **41**

bb) Die Verjährung ist gehemmt, solange ein Klageweg zur **rechtsstaatlich gebotenen gerichtlichen Durchsetzung des Anspruchs** nicht zur Verfügung stand (BGHZ 126, 87, 99 f; BGH JZ 1996, 971, 972; DEUTSCH JZ 1994, 960) oder die Rechtsprechung Ansprüche der geltend gemachten Art verneinte (BGHZ 122, 308, 311). Auf die **Kenntnis** des Anspruchsinhabers vom Bestehen des Anspruchs kommt es naturgemäß nicht an, da die Erforderlichkeit oder Nichterforderlichkeit der Kenntnis als subjektivem Element der Verjährung im ZGB in den Bestimmungen über den *Verjährungsbeginn* **42**

(§§ 475 Nr 2 S 1, 475 Nr 3 ZGB), nicht aber den Verjährungsablauf, geregelt war (BGHZ 126, 87, 97). Eine Anwendung von § 477 Abs 1 Nr 4 ZGB ist auch dann ausgeschlossen, wenn die Unkenntnis des Gläubigers durch das politische System der DDR bedingt war, sofern ihm nur ein Klageweg ohne aus diesem System resultierende Einschränkungen (sogleich Rn 43) offengestanden hätte (BGHZ 135, 158, 163 f: Geheimhaltung staatlicher Unterlagen in Denunziationsfällen, jedoch Aufenthalt in der Bundesrepublik).

43 **cc)** Dabei kommt es jedoch nicht allein auf die **formelle Existenz eines Klageweges** an. Vielmehr ist nach den Umständen des Einzelfalles zu prüfen, ob in der Rechtspraxis die Verfolgung des konkreten Anspruchs – ggf auch aus *politischen Gründen* – erschwert oder aussichtslos war, oder sich der Anspruchsteller der Gefahr von *Repressalien* oder *Nachteilszufügungen* ausgesetzt hätte (BGHZ 126, 87, 98; BGHZ 127, 57, 70; BGH JZ 1996, 971, 972; BGHZ 135, 158, 163; OLG Celle OLGR 1996, 115; Purps ZOV 1996, 14, 18). Der Anwendung von § 477 Abs 1 Nr 4 ZGB kann daher insbesondere nicht entgegenstehen, wenn es sogar an einem formellen Klageweg fehlte, der Kläger sich aber bei einer staatlichen Stelle der DDR hätte gegen Fehler der staatlichen Verwaltung **beschweren** können (so aber LG Berlin ZOV 1996, 45, 46).

Die vom BGH (BGHZ 126, 87) hervorgehobene Notwendigkeit des **konkreten Nachweises** solcher Hindernisse im Einzelfall durch den Kläger wird häufig dazu führen, daß der Inhaber des Anspruchs sich deshalb nicht auf § 477 Abs 1 Nr 4 ZGB stützen kann, weil die Methoden der Verhinderung einer klageweisen Geltendmachung in der DDR besonders subtil und daher schwer nachweisbar sind (problematisch auch OLG Dresden OLG-NL 1996, 228, 229: Rechtsschutz gegen illegale Mülldeponie in der DDR möglich). Im Grunde handelt es sich dabei aber um eine Konsequenz der Entscheidung des Einigungsvertrages (Art 18, 19), vor der Tatsache einer jahrzehntelangen Rechtsstaatswidrigkeit aus Gründen der Praktikabilität die Augen zu verschließen und das Rechtssprechungssystem der DDR entgegen besserer historischer Erkenntnis als ordnungsgemäß zu behandeln (Rauscher JR 1995, 373, 376). Eine Lösung der Probleme für den Einzelfall läßt sich aber dennoch in Anwendung von § 472 Abs 2 ZGB bzw § 242 BGB (dazu unten Rn 48 ff) erreichen.

44 **dd)** Unzweifelhaft ist die Anwendung von § 477 Abs 1 Nr 4 ZGB bei Ansprüchen auf Schadensersatz wegen **politisch motivierter Schädigungen**, insbesondere Denunziationen wegen Vorbereitung oder Versuches der „Republikflucht" (KrG Kamenz NJ 1993, 183, 184; Bultmann VIZ 1995, 154), staatsfeindlicher Äußerungen etc, die zur Inhaftierung oder zu sonstigen Repressalien gegen den Geschädigten geführt haben. Dies gilt auch für Delikte, die unmittelbar durch Organe der DDR-Rechtsprechung begangen wurden. In diesen Fällen fehlte nicht nur die Möglichkeit, Rechtsschutz vor Gerichten der DDR zu suchen; vielmehr galt das Verhalten der deliktischen Täter dem System der DDR als rechtmäßig, ja sogar erwünscht. Etwas anderes gilt nur, wenn sich Kläger und Beklagter bereits vor der Wende in der Bundesrepublik aufhielten (BGHZ 135, 158, 164).

45 **ee)** Die Verjährung bzw der Lauf einer Frist wird auch grundsätzlich gehemmt, solange wegen konkreter politischer Zwänge eine der **Rechtslage entgegenstehende tatsächliche Handhabung** nicht mit rechtsstaatlich gebotenen Mitteln beseitigt werden konnte (OLG Brandenburg OLG-NL 1995, 132, 135: Buchersitzung bei mangels Auflassung unwirksamer Überführung in Volkseigentum).

ff) Hingegen liegen die Voraussetzungen für eine Verjährungshemmung nach § 477 Abs 1 Nr 4 ZGB nicht vor, wenn zwar zweifelhaft ist, ob der Anspruchsteller vor Gerichten der DDR Leistung an sich selbst hätte erreichen können, jedoch die Leistung an einen **Treuhänder** hätte verlangt werden können, um die Verjährung zu unterbrechen (BGHZ 122, 308, 311). Erst recht greift deshalb § 477 Abs 1 Nr 4 nicht ein, wenn für die Durchsetzung des Anspruchs in der DDR zwar ein Rechtsweg bestand, die Klage jedoch zu einer *Treuhandverwaltung* geführt hätte (BGH JZ 1996, 971, 972; RAUSCHER JZ 1996, 973, 974: Abrede über gesetzlichen Erbteil und Pflichtteil, dann aber Hemmung wegen *pactum de non petendo*; kritisch THODE ZEV 1996, 267). **46**

3. Am 3. 10. 1990 verjährte Ansprüche

a) Vor dem Wirksamwerden des Beitritts **verjährte Forderungen** unterliegen auch hinsichtlich der **Wirkungen** der Verjährung weiterhin dem Recht der DDR (KG OLGZ 1993, 408; PALANDT/HEINRICHS Rn 2). Gemäß § 472 Abs 1 ZGB bewirkte der Ablauf der Verjährung die gerichtliche *Undurchsetzbarkeit* des Anspruchs, war also von Amts wegen zu beachten. Fraglich ist, ob eine bei Ablauf des 2. 10. 1990 eingetretene Verjährung **weiter von Amts wegen zu beachten** bleibt. Dies ist anzunehmen (OLG Naumburg OLG-NL 1994, 248; PALANDT/HEINRICHS Rn 2; MünchKomm/GROTHE Rn 3; HEINRICHS EWiR 1993, 1187; **aA**: BGHZ 122, 308, 313 [obiter]; JANKE NJ 1994, 443). § 472 Abs 1 ZGB formuliert die Wirkungen des Eintritts der Verjährung zwar prozessual, das Rechtsinstitut ist aber insgesamt materiellrechtlich zu qualifizieren, wie auch der BGH in anderem Zusammenhang (unten Rn 54 f) zutreffend feststellt. Ob der Eintritt der Verjährung als materielle Einwendung oder als materielle Einrede gestaltet ist, beurteilt aber nicht das Verfahrensrecht, sondern das materielle Recht. **47**

Ein **Rückforderungsrecht** hinsichtlich des freiwillig trotz Verjährung Geleisteten besteht (wie nach § 222 Abs 2 aF BGB) nicht (§ 473 ZGB).

b) **§ 472** Abs 2 erlaubt in **Durchbrechung des Grundsatzes der Undurchsetzbarkeit** auch nach Eintritt der Verjährung die Gewährung von Rechtsschutz bei *Vorliegen schwerwiegender Gründe*, wenn dies kumulativ im *Interesse des Gläubigers dringend geboten* erscheint und dem *Schuldner zumutbar* ist. Solche schwerwiegenden Gründe setzen regelmäßig kumulativ einen besonders *schweren Nachteil* für den Gläubiger und – insbesondere in Schadensersatzfällen – ein *Verhalten* des Schuldners voraus, aufgrund dessen dieser sich nicht auf die Schutzfunktion der Verjährung berufen kann (OG NJ 1979, 139; dazu: BGHZ 126, 87; BGH DtZ 1995, 409; OLG Naumburg NJW 1998, 237; OLG Jena OLG-NL 1994, 151). Nicht genügend ist es hingegen, wenn für niemanden vorhersehbare *Spätfolgen* eingetreten sind (OLG Jena OLG-NL 1994, 149, 150). Hingegen kann die Verjährungsdurchbrechung nicht eingesetzt werden, um Unterschiede zwischen dem Kindschaftsrecht des ZGB und dem des BGB auszugleichen (BGH DtZ 1995, 409: Verjährung von Unterhaltsrückständen). **48**

aa) Strittig war längere Zeit, ob diese Bestimmung aufgrund der Überleitungsvorschrift Anwendung findet, soweit im Einzelfall – also bei bereits am 2. 10. 1990 verjährten Ansprüchen – die Verjährung hiernach dem Recht der DDR unterliegt. **49**

50 **bb) Eine Ansicht** wendete § 472 Abs 2 ZGB zu den Verjährungsvorschriften des ZGB gehörig an (OLG Jena OLG-NL 1994, 151, 153; OLG Naumburg DtZ 1993, 312, allerdings mit dem Ziel, die wegen Verjährung vor dem 3. 10. 1990 eigentlich nicht anwendbare Regelung des § 1615d BGB in „verfassungskonformer Auslegung" durchzusetzen; mit einschränkender Auslegung auch: KG OLGZ 1992, 241: nicht schon, wenn als wertlos abgeschriebene Konten nach Währungsumstellung werthaltig wurden).

51 **cc)** Eine **1. Gegenansicht** ordnete § 472 Abs 2 ZGB als *prozessuales Gestaltungsrecht* des Gerichts, das als solches der jeweiligen (intertemporal geltenden) lex fori unterliege und daher nach dem 2. 10. 1990 nicht mehr eingreife (Deutsch IPRax 1992, 284, 290).

52 **dd)** Eine **2. Gegenansicht** sah § 472 Abs 2 ZGB als von Art 231 § 6 Abs 1 S 1 erfaßt und daher nach dem 2. 10. 1990 nicht mehr anwendbar an (Rädler DtZ 1993, 299, 300; Bultmann VIZ 1995, 154).

53 **ee)** Nach einer **3. Gegenansicht** sollten zwar nach der vorliegenden Überleitungsbestimmung nur am 3. 10. 1990 noch unverjährte Forderungen der Überleitung unterliegen, so daß § 472 Abs 2 ZGB grundsätzlich auf solche Forderungen anwendbar wäre; jedoch bestehen – mit Ausnahme der Fälle, in denen nach *Treu und Glauben* eine Berufung auf den Eintritt der Verjährung dem Schuldner verwehrt wäre, Bedenken unter dem Gesichtspunkt des *ordre public* gegen eine Regelung, die in Durchbrechung der vom Rechtsinstitut der Verjährung intendierten Rechtssicherheit dem Richter eine – sozialistisch begründete – Gestaltungsfreiheit gibt (Lingelbach NJ 1994, 205; ähnlich OLG Jena OLG-NL 1994, 149: § 472 Abs 2 ZGB nur anzuwenden bei einem dem Schuldner zurechenbaren Vertrauenstatbestand).

54 **ff)** Der **BGH** (BGHZ 126, 87; BGH DtZ 1995, 409; BGH MDR 1996, 169; BGHZ 135, 158; BGH MDR 2001, 1047) hat sich für die grundsätzliche Anwendbarkeit von § 472 Abs 2 ZGB entschieden, jedoch schon im ersten entschiedenen Fall, einem Arzthaftungsprozeß (BGHZ 126, 87; vgl auch OLG Naumburg NJW 1998, 237), an die tatbestandlichen Voraussetzungen *strenge Anforderungen* gestellt; insbesondere genügte es nicht, wenn die behandelnden Ärzte des inanspruchgenommenen Krankenhauses nicht umfassend über das Vorliegen eines Kunstfehlers unterrichtet hätten; § 472 Abs 2 ZGB würde jedoch eingegriffen haben, wenn die Ärzte – auch in DDR-spezifischer Weise durch Einschüchterung – die Geschädigte an der Geltendmachung von Ansprüchen gehindert hätten.

55 **gg)** Der Entscheidung für eine Anwendung des § 472 Abs 2 ZGB kann **gefolgt** werden: Zunächst ordnet der BGH zutreffend § 472 Abs 2 BGB als eine auch *materiellrechtlich zu qualifizierende Regelung* ein; die gesetzestechnische Ausgestaltung als richterliche Gestaltungsnorm korrespondiert lediglich der Beschreibung der Verjährung in § 472 Abs 1 als prozessuales Durchsetzungshindernis, begründet aber nicht deren prozessuale Qualifikation (aA Deutsch JZ 1994, 960). Richtig ist auch, daß Art 231 § 6 Abs 1 nicht eingreift, da ein bereits verjährter Anspruch nicht den Verjährungsbestimmungen des BGB unterstellt werden kann. Den Bedenken an der Rechtsstaatlichkeit der Regelung ist dadurch Genüge getan, daß der BGH de facto den Anwendungsbereich des § 472 Abs 2 ZGB an die Rechtsprechung zur Verjährungsdurchbrechung nach § 242 BGB angleicht (Deutsch JZ 1994, 960; Rauscher JR

1995, 373; im Ergebnis auch OLG Jena OLG-NL 1994, 149). Keinesfalls darf § 472 Abs 2 ZGB instrumentalisiert werden, um Verjährungsunterbrechungen oder -hemmungen, die das Recht der DDR nicht kannte, *generalisierend* durchzusetzen (so aber OLG Naumburg Rn 49); § 472 Abs 2 ZGB ist auch im Recht der DDR immer als streng begrenzte *Einzelfallnorm* gesehen worden und darf schon wegen der bestehenden rechtsstaatlichen Bedenken nicht erweiternd gehandhabt werden (BGHZ 135, 158, 166 ff; Palandt/Heinrichs Rn 2; Lingelbach NJ 1994, 205; Janke NJ 1994, 443).

Insbesondere kommt die Anwendung nicht in Betracht, wenn der Kläger Rechtsschutz vor **bundesdeutschen Gerichten** gegen den hier lebenden Beklagten hätte suchen können (BGH 135, 158, 166 ff).

56 **hh)** Im **Ergebnis** hat der BGH (BGHZ 126, 87) jedoch sowohl § 472 Abs 2 ZGB wie auch § 242 BGB in Fällen der **Schädigung durch öffentliche oder staatliche Institutionen** zu eng ausgelegt (problematisch auch OLG Naumburg NJW 1998, 237); die Durchbrechung einer nach den Bestimmungen des ZGB eingetretenen Verjährung ist schon dann geboten, wenn der Schädiger als staatliches Organ die – in der DDR übliche und naheliegende – Möglichkeit hatte, sein Verschulden an der Verletzung des Geschädigten zu vertuschen und der Geschädigte zwar formell die Möglichkeit hatte, Rechtsschutz vor Gericht in Anspruch zu nehmen, aufgrund des allgemeinen Klimas der Einschüchterung in der DDR diesen Rechtsschutz aber nur unter Inkaufnahme sozialer Nachteile in Anspruch nehmen konnte (Rauscher JR 1995, 373 ff; Zweifel an der realen Durchsetzung der äußerlich vorhandenen Rechtsschutzmöglichkeiten in der DDR hegt auch Deutsch JZ 1994, 960). Daher genügt es für die Anwendung von § 472 Abs 2 ZGB, wenn angesichts der Bedeutung der Schädigung für den Geschädigten und der Leistungsfähigkeit des Schädigers dieser die nach ärztlichem Erkenntnisstand naheliegende schuldhafte Verursachung verschwiegen hat (OLG Jena OLG-NL 1994, 151, 153).

III. Verjährungsfristen (Abs 2)

1. Recht der DDR – Überblick

57 **a)** Das Recht der DDR besaß eine übersichtlichere Systematik der Verjährungsfristen als das BGB in der bis zum 31. 12. 2001 geltenden Fassung. Die Verjährungsfristen betrugen 2 Jahre für Erfüllungsansprüche aus **Verträgen** (§ 474 Abs 1 Nr 2 ZGB; zu **Garantieansprüchen**, § 474 Abs 1 Nr 1 ZGB, siehe unten Rn 88 ff), 4 Jahre für **Schadensersatzansprüche aus Verträgen** (OLG Jena OLG-NL 1994, 151, 153) und für **außervertragliche Ansprüche** (Nr 3; BGHZ 126, 87, 94 f; OLG Brandenburg DtZ 1997, 294; LG Berlin 5 O 513/97 juris: Rechnungslegung aus **staatlicher Verwaltung**; vorbehaltlich Regelungen in anderen Gesetzen, vgl BGH VIZ 1999, 620: **§ 25 BergG**), 10 Jahre für **Zahlungsverpflichtungen** aus einem **schriftlichen Schuldanerkenntnis** (Nr 4) und 10 Jahre für Ansprüche auf Herausgabe von Sachen mit Ausnahme der unverjährbaren Ansprüche betreffend sozialistisches Eigentum (Nr 5). Die Vereinbarung kürzerer, nicht aber längerer Verjährungsfristen war zulässig (§ 474 Abs 2, 3 ZGB).

Die generelle **Verkürzung der Verjährungsfristen** auf höchstens 10 Jahre durch Inkrafttreten des ZGB begegnet keinen rechtsstaatlichen Bedenken (BGHZ 126, 87, 93); die lange Verjährungsfrist des § 195 aF BGB wurde inzwischen auch im BGB weithin abgekürzt (§§ 195 ff BGB).

58 b) Außervertragliche Ansprüche verjährten (in vier Jahren, Rn 57) beginnend mit der Kenntnis des Berechtigten vom Bestehen des Anspruchs und der Person des Verpflichteten (§ 475 Nr 2 S 1 ZGB; BGHZ 126, 87, 95; OLG Jena OLG-NL 1994, 149; OLG Naumburg NJW 1998, 237, 239), jedoch spätestens 10 Jahre nach Vollendung der schädigenden Handlung (§ 475 Nr 2 Satz 2 ZGB). § 475 Nr 2 S 2 ZGB setzt keine Kenntnis des Anspruchsberechtigten hinsichtlich der anspruchsbegründenden Tatsachen voraus; die Verjährung tritt selbst dann ein, wenn sich der Schaden erst nach Ablauf der Zehnjahresfrist verwirklichte oder erkennbar wurde (BGHZ 126, 87, 95). Es handelt sich hierbei jedoch um eine echte Verjährungsfrist, nicht um eine Ausschlußfrist, so daß eine Verjährungshemmung, insbesondere nach § 477 Abs 1 Nr 4 ZGB in Betracht kommt.

59 c) Pflichtteilsansprüche verjährten ordentlich in zwei Jahren (ab Kenntnis vom Erbfall), spätestens aber (ohne Kenntnis) in 10 Jahren nach dem Erbfall (§ 396 Abs 3 ZGB). **Herausgabeansprüche zwischen Miterben** verjährten nach § 474 Abs 1 Nr 5 ZGB in 10 Jahren (OLG Dresden ZEV 1998, 308, 309).

60 d) Im Familienrecht finden sich mehrere Fristbestimmungen, die im Recht der DDR als Verjährungsbestimmungen behandelt wurden; obgleich es sich systematisch zum Teil um *Ausschlußfristen* handelt, ist auf diese unterschiedliche Qualifikation nicht einzugehen, da insoweit über Abs 3 die Bestimmungen über Verjährungsfristen (Abs 1 und 2) anzuwenden sind.

61 α) Unterhaltsansprüche verjährten regelmäßig in 4 Jahren (§ 108 S 1 FGB; Maurer FamRZ 1994, 342); eine rückwirkende Geltendmachung war jedoch gemäß § 20 Abs 2 FGB für höchstens ein Jahr möglich. Auf Unterhaltsansprüche *nichtehelicher Kinder* war nur § 108 S 1 FGB, nicht aber die Ausschlußfrist des § 20 Abs 2 FGB anzuwenden (OLG Naumburg OLG-NL 1994, 248). Nach *Scheidung* konnte *Unterhalt* nicht später als 2 Jahre nach Rechtskraft des Scheidungsurteils geltend gemacht werden, wenn die ihn rechtfertigenden Gründe erst später auftraten oder erkennbar wurden (§ 29 Abs 3 FGB). Eine *Verlängerung* befristeten Unterhalts konnte nur innerhalb von sechs Monaten nach Ablauf der Frist (§ 31 Abs 1 FGB) bzw nach Einstellung über die Frist hinaus fortgesetzter Zahlungen (§ 31 Abs 1 idF durch 1. FamRÄndG mit der Möglichkeit einer Neuaufnahme bei schwerwiegenden Gründen) beantragt werden.

62 β) Ansprüche auf Ausgleich nach Beendigung der **Vermögensgemeinschaft gemäß** § 40 EGB (hierzu Art 234 § 4) verjährten nach Ablauf eines Jahres (§ 40 Abs 2 und 4 EGB).

63 e) Die Frist für die Verjährung von Ansprüchen auf **Arbeitseinkommen** betrug drei Jahre (§ 128 Abs 1 S 2 ArbGB), ebenso für Schadensersatzansprüche gegenüber dem Betrieb (§ 272 S 1 ArbGB).

64 f) Die Verjährungsfrist für Ansprüche nach dem **GW** betrug regelmäßig zwei Jahre, wegen Leistungsmängeln, Mengendifferenzen oder Belastung mit Rechten Dritter ein Jahr (§ 324 Abs 1 und 2 GIW; OLG Brandenburg VIZ 1997, 552, 556).

65 g) Die Frist der **Vollstreckungsverjährung** betrug zehn Jahre, bei regelmäßig wiederkehrenden Leistungen 4 Jahre (§ 480 Abs 1 ZGB). In der Fassung durch das 1. ZivilrechtsÄndG (GBl DDR 199 I 524) wurde Abs 5 angefügt, wonach nach Ablauf von 30 Jahren nach Fristbeginn ein Antrag auf Vollstreckung nicht mehr zulässig war.

2. Vergleich zur BGB-Verjährung, Qualifikation

66 Abs 2 sieht unterschiedliche Fristläufe nach dem 3. 10. 1990 vor, je nachdem, ob die Verjährungsfrist im BGB (in der am 3. 10. 1990 geltenden Fassung) gleich, länger oder kürzer als die im Recht der DDR ist. Hierzu bedarf es zunächst der **Qualifikation** des jeweiligen der Verjährung unterstehenden Anspruchs. Nicht alle Anspruchsgrundlagen im Recht der DDR lassen sich ohne weiteres einer Anspruchsgrundlage im BGB zuordnen. Es ist dann nach dem funktionell vergleichbaren Anspruch im BGB zu suchen.

Vertragliche Ansprüche unterstehen danach den BGB-Verjährungsbestimmungen für Verträge nicht nur, wenn sie ursprünglich auf ZGB oder VertragsG beruhen, sondern auch im *Geltungsbereich des GW* (OLG Brandenbug VIZ 1997, 552, 556). *Schmerzensgeldansprüche* auf *vertraglicher* Grundlage, die das BGB vor dem 1. 8. 2002 nicht kannte, sind nicht § 195 aF zu unterstellen, sondern § 852 aF BGB (OLG Naumburg NJW 1998, 237; Palandt/Heinrichs Rn 3). Pachtähnliche Ansprüche, die dem LPGG unterstanden, verjähren, soweit nicht die Verjährungsfrist nach dem LPGG fortgilt, nach den Bestimmungen über die Landpacht (BGHZ 129, 282, 287; BGH VIZ 1999, 355, 356). Zur Einordnung von *Garantieansprüchen* unten Rn 88 ff.

3. Frist des BGB gleich der im Recht der DDR

67 Stimmt die Verjährungsfrist für einen Anspruch nach dem BGB mit der nach dem ZGB überein, so ist diese – identische – Frist maßgeblich, es kommt jedoch in Abhängigkeit vom Verjährungsbeginn bzw einer *Hemmung/Unterbrechung* vor dem 3. 10. 1990 (oben Rn 32) zu einem anderen Ablauf der Verjährung, als wenn umfassend das BGB anzuwenden wäre. **Beispiel**: Verkauf eines PKW durch KFZ-Händler an Privat am 15. 8. 1990; Kaufpreisanspruch verjährt gemäß § 196 Nr 1 aF BGB; Fristbeginn jedoch mit dem 1. 9. 1990 (§ 475 Nr 3 ZGB); Ablauf also 31. 8. 1992, 24 Uhr.

4. Frist des BGB länger als im Recht der DDR

68 **a)** War die Verjährungsfrist für einen am 3. 10. 1990, 0 Uhr noch nicht verjährten Anspruch nach dem Recht der DDR kürzer als nach den Bestimmungen des BGB, so ist für den Fristlauf die Frist des BGB maßgeblich (BGHZ 124, 270, 275; BGH DtZ 1996, 51; Palandt/Heinrichs Rn 3). Da dies häufig der Fall ist, insbesondere in allen Fällen der **regelmäßigen Verjährung nach § 195 aF BGB**, kommt es in einer Vielzahl von Fällen zu erheblichen Verlängerungen der Verjährungsfrist. Der Schuldner ist insoweit nicht schutzwürdig (RGZ 24, 271 zu Art 169). Zu beachten ist auch in diesen Fällen lediglich für den Zeitraum vor dem 3. 10. 1990 ein ggf abweichender Beginn, eine Hemmung oder Unterbrechung (oben Rn 11 ff, 22 ff, 32 ff). **Beispiel**: Eingriffskondiktion wegen Verbrauchs einer fremden Sache am 15. 9. 1990; der Berechtigte erlangt Kenntnis am selben Tag: Verjährungsfrist gemäß § 195 aF BGB, Verjährungsbeginn aber gemäß § 475 Nr 2 ZGB am 16. 9. 1990, 0 Uhr, Ablauf der Verjährung am 15. 9. 2020, 24 Uhr.

69 b) Eine Korrektur (wie zu Abs 2 S 2) ist nicht vorgesehen; es könnten sich also auch **Fristverlängerungen** ergeben, die lediglich aus dem **Zusammenspiel von Fristbeginn nach ZGB und Fristlauf nach BGB** erwachsen, die aber nach keiner der beiden Rechtsordnungen für sich genommen eintreten würden; es findet also kein Vergleich des Verjährungsablaufs nach BGB mit jenem nach ZGB statt.

70 c) Solche Situationen ergeben sich bei § 195 aF BGB unterfallenden **außervertraglichen Ansprüchen** (ungerechtfertigte Bereicherung, GoA), bei denen der Fristbeginn gemäß § 475 Nr 2 ZGB **kenntnisabhängig** ist, während § 198 aF BGB die Frist mit Entstehung beginnen läßt (Beispiel soeben Rn 68, jedoch Verbrauch der Sache am 15. 10. 1980, Kenntnis wie oben am 15. 9. 1990). Die Spannung zur Rechtslage nach dem ZGB ergibt sich, weil dort § 475 Nr 2 Satz 2 ZGB eine Korrektur anbringt und kenntnisunabhängig die Verjährung spätestens 10 Jahre nach Vollendung der schädigenden Handlung eintreten läßt (im Beispiel mit Ablauf des 15. 10. 1990). Nach Überleitung ergeben sich aber, vorbehaltlich einer Abkürzung zum 1. 1. 2002, bis zu 40-jährige Verjährungsfristen bezogen auf die Entstehung des Anspruchs (Beispiel soeben).

71 d) Ähnlich verhält es sich für die Verjährung von **Pflichtteilsansprüchen**, für die § 2332 Abs 1 BGB (drei Jahre ab Kenntnis, höchstens dreißig Jahre ab Erbfall) und § 396 Abs 3 ZGB (zwei Jahre ab Kenntnis, höchstens 10 Jahre ab Erbfall) sogar ähnlich strukturierte Verjährungsbestimmungen treffen.

Dieses Problem sukzessiver Normenhäufung (Beginn nach DDR-Recht, Lauf nach BGB) sollte mit der kollisionsrechtlich gebräuchlichen Methode der **Angleichung** bewältigt werden. § 6 will *zwar* erhebliche Fristverlängerungen, gemessen am bisherigen Recht (der DDR) hinnehmen, *nicht aber* Fristverlängerungen, die auch noch über das vom BGB in aF normierte Maß hinausgehen.

Daraus folgt: Im Fall des Fristbeginns nach § 475 Nr 2 ZGB bzw § 396 Abs 3 ZGB laufen **zwei parallele Verjährungsfristen**; beide Fristen werden zum 3. 10. 1990 umgestellt auf die Fristen des BGB. Für § 2332 BGB, der die Parallelität zweier Verjährungsfristen kennt, folgt hieraus unmittelbar, daß ein Pflichtteilsanspruch drei Jahre nach Kenntnis, jedoch spätestens dreißig Jahre nach Eintritt des Erbfalls verjährt. Hingegen fehlt in § 195 aF BGB naturgemäß eine § 2332 Abs 1 letzter HS BGB entsprechende Regelung, da § 195 aF für den Fristbeginn nach § 198 aF BGB konzipiert und nicht auf einen Fristbeginn nach § 475 Nr 2 ZGB abgestimmt ist. Diese Abstimmung erfolgt durch Angleichung von §§ 195, 198 an § 475 Nr 2 Satz 2 ZGB: Die nach § 6 Abs 1 übergeleitete Verjährung tritt spätestens mit Ablauf von 30 Jahren nach Vollendung der schädigenden Handlung ein.

72 e) Ist ein am 3. 10. 1990 nicht verjährter Anspruch nach den Bestimmungen des BGB **unverjährbar** (zB Grundbuchberichtigungsanspruch, § 898 BGB), so unterliegt dieser Anspruch seit dem Wirksamwerden des Beitritts nicht (mehr) der Verjährung (OLG Brandenburg OLG-NL 1995, 132, 135). Eine früher eingetretene Verjährung bliebe unberührt.

5. Frist des BGB kürzer als im Recht der DDR

a) Abs 2 befaßt sich im Interesse des **Gläubigerschutzes** vor unerwarteter Verjährung mit dem relativ seltenen Fall, daß ein Anspruch nach den Bestimmungen des BGB in kürzerer Frist verjährt als nach dem Recht der DDR. Abs 1 könnte dazu führen, daß die nunmehr maßgebliche Verjährungsfrist bereits vor dem 3. 10. 1990 abgelaufen ist oder alsbald danach abläuft. Abs 2 Satz 1 bestimmt daher die kürzere Frist zwar für anwendbar, ordnet aber einen *neuen Fristbeginn* zum 3. 10. 1990 an. Abs 2 **Satz 2** soll in diesem Fall jedoch eine unangemessene Verlängerung von Verjährungsfristen vermeiden (BT-Drucks 11/7817, 38): Mit dem Ablauf der (längeren) Verjährungsfrist des **alten Rechts** hat es sein Bewenden, wenn hiernach die Verjährung früher eintritt als bei Berechnung nach Abs 2 **Satz 1** (OLG Jena OLG-NL 1994, 220, 222; LG Berlin NJ 1994, 525). Zu beachten ist, daß im Gegensatz zu den Konstellationen oben Rn 67 und Rn 68 in diesem Fall ein **Vergleich** stattfindet zwischen der **umfassend nach dem Recht der DDR berechneten** (Beginn, Fristdauer) Verjährungsfrist (Abs 2 S 2) und der **umfassend nach neuem Recht** (Beginn gemäß Abs 2 S 1, Fristdauer nach BGB) **berechneten** Verjährung; der **frühere Verjährungsablauf** ist maßgeblich. **Beispiel**: Hauptanwendungsbereich ist 474 Abs 1 Nr 3: Ersatzanspruch eines Vermieters wegen Beschädigung der Mietwohnung; Rückgabe und Kenntnis am 1. 1. 1989. Der Anspruch ist am 3. 10. 1990 noch nicht verjährt (§§ 474 Abs 1 Nr 3; § 475 Nr 3 ZGB – 4 Jahre ab Möglichkeit der Geltendmachung). Die Sechsmonatsfrist des § 558 aF BGB beginnt mit dem 3. 10. 1990 (Abs 2 S 1) und endet mit dem 2. 4. 1991; dieser Termin ist maßgeblich, da der **Vergleich** gemäß Abs 2 S 2 mit der ZGB-Frist, die am 31. 12. 1992 enden würde, einen späteren Termin ergibt. **73**

Bei Rückgabe am 1. 1. 1987 ergibt der Vergleich gemäß Abs 2 S 2 ein Ende der ZGB-Frist mit dem 31. 12. 1990; dieser Termin bleibt – da früher als jener nach Abs 2 S 1 – maßgeblich.

b) Abs 2 bestimmt nicht, wie in diesem Fall hinsichtlich **Hemmung und Unterbrechung** zu verfahren ist. Zweifelsfrei unterliegt die Berechnung nach Abs 2 S 1 auch insoweit dem BGB, da diese Verjährung erst mit dem 3. 10. 1990 beginnt. Für den von Abs 2 Satz 2 vorgesehenen Vergleich wäre zu erwägen, ob die fiktiv nach DDR-Recht zu berechnende Vergleichsfrist auch in Ansehung von Hemmung und Unterbrechung nach dem 3. 10. 1990 fiktiv (also nach DDR-Recht) zu berechnen ist. Hiergegen erscheint es richtig, Abs 1 S 2 auch insoweit anzuwenden; Handlungen, die zur Hemmung oder Unterbrechung einer Verjährung nach dem 3. 10. 1990 führen, müssen im Interesse der Rechtssicherheit beide nach Abs 2 S 2 zu vergleichende Fristläufe in gleicher Weise betreffen. **74**

c) Nach DDR-Recht **unverjährbare Ansprüche**, die nach BGB verjähren, unterstehen mit dem 3. 10. 1990 der Verjährung nach den Bestimmungen des BGB. Abs 2 S 1 gilt für diesen Fall entsprechend, die Verjährung beginnt also mit dem 3. 10. 1990. Ein Vergleich nach Abs 2 S 2 kann wegen der bisherigen Unverjährbarkeit nicht stattfinden. **75**

6. Konkurrierende Ansprüche

Die Berechnung der Verjährungsfrist nach den vorstehenden Fallgruppen erfolgt bei **76** konkurrierenden Ansprüchen **für jeden Anspruch gesondert**, auch wenn im ZGB ggf für die konkurrierenden Ansprüche gleiche Verjährungsfristen gegolten hatten. So unterliegt zB ein deliktischer Anspruch, vom dem der Geschädigte sofort Kenntnis erlangt hat, Abs 2 (Frist nach § 474 Abs 1 Nr 3 – vier Jahre, Frist nach § 852 aF BGB 3 Jahre), ein konkurrierender vertraglicher Anspruch aus pVV hingegen unterliegt Abs 1, verjährt also nach § 195 aF BGB (OLG Jena OLG-NL 1994, 220, 222).

IV. Ausschlußfristen (Abs 3)

1. Normzweck, Vorbild

77 **Abs 3 findet in Art 169 keine Entsprechung** (BAG BAGE 85, 101, 106). Die entsprechende Anwendung des in Art 169 normierten allgemeinen Rechtsgedankens auf Ausschlußfristen wurde überwiegend unter Hinweis auf die unterschiedliche Natur von Verjährungsfrist (Einrede) und Ausschlußfrist (Rechtsvernichtung) abgelehnt (Nachweise bei Staudinger/Kanzleiter/Hönle[12] Art 169 Rn 7). Abs 3 entspricht wortgleich § 11 Abs 2 EGZGB (BT-Drucks 11/7817, 38); die Reichweite sollte daher in der Weise definiert werden, wie im Recht der DDR jene Vorschrift verstanden wurde.

2. Inhalt, Reichweite

78 **a)** Nach Abs 3 sind die Absätze 1 und 2 **entsprechend** auf Fristen anzuwenden, die für die Geltendmachung, den Erwerb oder den Verlust eines Rechts maßgebend sind. Dies bedeutet nicht, daß Ausschlußfristen damit den Bestimmungen über Verjährungsfristen unterstellt werden, insbesondere der Unterbrechung und Hemmung unterliegen; vielmehr gelten die sich aus der Natur einer Ausschlußfrist nach dem ZGB bzw dem BGB normalerweise ergebenden Rechtsfolgen (BGH NJ 1994, 367; KG OLGZ 1993, 408: § 405 Abs 2 ZGB unabhängig von Kenntnis der Beteiligten; offen gelassen in BGHZ 124, 270, 275). Vielmehr sind lediglich die *Berechnungsmodalitäten* der Abs 1 und 2 anzuwenden.

79 In welcher Weise ein einer Ausschlußfrist unterliegendes **Recht gewahrt** wird, bestimmt sich nach dem in der Sache anwendbaren materiellen Recht; liegt ein Überleitungsfall vor, so sind die Bestimmungen des ZGB von denen des BGB intertemporal nach Art 232 bis 235 abzugrenzen (BGHZ 124, 270, 275: Art 235 § 1 Abs 1 für die Frage, ob eine Anfechtungsklage im Falle der Testamentsanfechtung erforderlich ist).

80 **b)** Abs 3 gilt im einzelnen:

aa) für die **Anfechtungsfrist** (§ 70 Abs 2 ZGB), insbesondere die Bestimmung, wonach das Anfechtungsrecht unabhängig von der Kenntnis des Anfechtungsgrundes vier Jahre nach Vertragsschluß erlischt (§ 70 Abs 2 S 4).

81 **bb)** für die zehnjährige **Ersitzungsfrist** (§ 32 Abs 2 ZGB; BGH Rpfleger 1996, 326, 328; Palandt/Heinrichs Rn 7). Die Ersitzungsfrist bei Grundstücken und Gebäuden beurteilt sich nach § 11 GVO (20 Jahre; OLG Brandenburg OLG-NL 1999, 11). Für den Fristlauf einer **vor dem 1. 1. 1976 begonnen Ersitzung** gilt § 11 EGZGB; ist am 1. 1. 1976 die Ersitzung noch nicht eingetreten, so laufen seitdem die Ersitzungsfristen aus § 32 Abs 2 ZGB und § 11 GVO (OLG Naumburg OLGZ 1994, 16, 18 f).

cc) für die **Fundersitzung** nach § 360 Abs 1 ZGB (Palandt/Heinrichs Rn 7), jedoch kommt dort eine *Überleitung* nach Abs 1 nicht in Betracht: Gemäß § 360 Abs 1 ZGB wurde die Fundsache 3 Monate nach Ablieferung, bei Geldbeträgen von mehr als 100 M, Wertpapieren und Wertsachen nach einem Jahr *Volkseigentum*. Wenn diese Rechtsfolge bis zum 2. 10. 1990 nicht eingetreten ist, so gelten ab 3. 10. 1990 §§ 973 ff BGB. Da dort eine andere *Rechtsfolge* (Fundersitzung durch den Finder) geregelt ist, kommt eine Überleitung des Fristlaufs nicht in Betracht (vgl Staudinger/Kanzleiter/Hönle[12] Art 169 Rn 5). Die Fundersitzung unterliegt dann insgesamt dem BGB; die Frist kann nicht vor dem 3. 10. 1990 beginnen. **82**

dd) Fraglich ist, ob § 6 auf die Fristen zur **Feststellung** (§ 56 FGB) und zur Anfechtung **der Vaterschaft** (§ 62 Abs 1 FGB) anzuwenden ist. Nach Ansicht des BGH (BGHZ 135, 209, 213) ist § 6 als Übergangsbestimmung für den allgemeinen Teil nicht ohne weiteres auf familienrechtliche Fristen anzuwenden und gilt für die Frist zur Feststellung der Vaterschaft nicht. Insoweit ist Art 234 § 1 anzuwenden, so daß seit dem 3. 10. 1990 die Fristen des BGB gelten, mit der Folge, daß ein Kind die Feststellung der Vaterschaft nach § 1600n aF BGB *unbefristet* betreiben kann, selbst wenn am 2. 10. 1990 die Frist des § 56 Abs 2 FGB bereits abgelaufen war (BGHZ 135, 209, 212; vgl Art 234 § 7 Rn 22). **83**

Für die Frist zur **Anfechtung der Vaterschaft** muß dies nicht in gleicher Weise gelten. Zwar handelt es sich ebenfalls um eine familienrechtliche Frist, doch paßt insoweit der Rechtsgedanke des § 6 (OLG Brandenburg OLG-NL 2000, 65); insbesondere kommt eine Anfechtung trotz Versäumung der Frist des § 62 Abs 1 FGB vor dem 2. 10. 1990 auch nach dem Stichtag nicht mehr in Betracht.

ee) für die Frist zur Erbausschlagung (2 Monate, § 405 Abs 1 ZGB; KG FamRZ 1993, 486, 488), für die Frist zur **Anfechtung der Erbausschlagung** (4 Jahre, § 405 Abs 2 ZGB; BGH ZEV 1997, 26, 28; KG OLGZ 1993, 408; LG Neubrandenburg RPfleger 1995, 21; de Leve RPfleger 1994, 233) und die Frist zur **Testamentsanfechtung** (1 Jahr ab Kenntnis, längstens 10 Jahre ab dem Erbfall, § 374 Abs 2 S 2 ZGB; BGHZ 124, 270, 275; OLG Jena OLG-NL 1996, 42; de Leve RPfleger 1994, 233). **84**

ff) für die **arbeitsrechtliche Ausschlußfrist** zur Geltendmachung von Schadensersatzansprüchen nach § 265 ArbGB mit der Folge, daß solche Ansprüche seit dem 1. 1. 1992 keiner Ausschlußfrist mehr unterlagen (BAG BAGE 85, 101, 104; zur Verschiebung des Stichtags oben Rn 3). **85**

gg) für die Frist nach **§ 958 Abs 2 ZPO** (BGH NJ 1994, 367) und entsprechende **Ausschlußbeschlüsse**, die nach § 144 ZPO (DDR) erlassen worden sind (Janke NJ 1994, 443), mit der Folge, daß im Aufgebotsverfahren ergangene Urteile, durch die Vormerkungsberechtigte oder Hypothekengläubiger mit ihren Rechten ausgeschlossen worden sind, nicht länger als zehn Jahre nach Rechtskraft anfechtbar sind. **86**

c) Für **vor dem 1. 1. 1976 angelaufene Ausschlußfristen** gilt ebenfalls (vgl oben Rn 7 ff) § 11 EGZGB. Waren Ausschlußfristen des BGB am 1. 1. 1976 nicht abgelaufen, so galten ab diesem Datum die Fristen des ZGB (zB § 405 Abs 2 S 2 ZGB), auch wenn der Fall ansonsten materiell weiter dem BGB unterstand (de Leve RPfleger 1994, 233; **aA** Bestelmeyer RPfleger 1993, 383 ff; ders RPfleger 1994, 235 ff). **87**

V. Gewährleistung, Garantie

1. Recht der DDR

88 Die Gewährleistung bei *Kauf und Dienstleistungen* (Legaldefinition in § 164 ZGB erfaßt Arbeiten, die aus Sicht des BGB *Werkverträge* sind) wurde im ZGB durch eine *gesetzliche Garantie* (§§ 148 ff, §§ 177 ff ZGB) geregelt. Die regelmäßige (vertraglich oder durch Rechtsvorschrift verlängerbare, bei verderblichen Waren begrenzbare) Garantiezeit betrug sechs Monate ab Übergabe (§ 149 Abs 1 ZGB) bzw Abnahme (§ 178 Abs 1 ZGB). Während dieser Zeit auftretende Mängel mußten spätestens 2 Wochen nach Ablauf geltend gemacht werden (§ 157 Abs 1, § 185 Abs 1 ZGB), was nicht die Geltendmachung bei Gericht, sondern die Anzeige beim Garantieverpflichteten erforderte (Lübchen ua, ZGB § 157 Anm 1.1). Während der Prüfung der Garantieansprüche durch diesen war die Verjährung der Ansprüche *aus der Garantie* gehemmt; nach endgültiger Ablehnung verjährten die Ansprüche aus der Garantie in sechs Monaten (§ 474 Abs 1 Nr 1), beginnend mit dem ersten Tag des auf die Geltendmachung folgenden Monats (§ 475 Nr 1 ZGB) und zwar auch hinsichtlich von Schadensersatzansprüchen wegen Mangelfolgeschäden (nicht Nr 3: BezG Leipzig NJ 1979, 234).

Auch im VertragsG (§§ 46 Abs 1, 88, 92 Abs 1) und im GW (§§ 57, 72 GW idF des G über die Änderung oder Aufhebung von Gesetzen der DDR, GBl DDR 1990 I 483) war die Gewährleistung in Form einer Qualitätsgarantie geregelt.

2. Anwendbarkeit von § 6

89 Eine Überleitung der Garantiefrist nach § 6 Abs 3 und der anschließenden Verjährungsfrist nach § 6 Abs 1 und 2 erschien zweifelhaft, da das am 3. 10. 1990 im Beitrittsgebiet in Kraft getretene BGB an das Vorliegen von Mängeln der Kaufsache bzw des Werkes grundsätzlich andere Rechtsfolgen knüpfte (dazu Staudinger/Rauscher [1996] Rn 87). Der BGH hat sich gleichwohl für die Anwendung von § 6 auch auf die Ausschlußfristen für Garantieansprüche entschieden und verjährungsrechtlich in das BGB-System überführt (BGHZ 138, 24; BGH BauR 1999, 910, 912 f: Werkleistungen entsprechend §§ 633, 634 BGB).

§ 7
Beurkundungen und Beglaubigungen

(1) Eine vor dem Wirksamwerden des Beitritts erfolgte notarielle Beurkundung oder Beglaubigung ist nicht deshalb unwirksam, weil die erforderliche Beurkundung oder Beglaubigung von einem Notar vorgenommen wurde, der nicht in dem in Artikel 3 des Einigungsvertrages genannten Gebiet berufen oder bestellt war, sofern dieser im Geltungsbereich des Grundgesetzes bestellt war.

(2) Absatz 1 gilt nicht, soweit eine rechtskräftige Entscheidung entgegensteht.

(3) Ein Vertrag, durch den sich der Beteiligte eines nach Absatz 1 wirksamen Rechtsgeschäfts vor Inkrafttreten des Zweiten Vermögensrechtsänderungsgesetzes gegen-

über einem anderen Beteiligten zu weitergehenden Leistungen verpflichtet oder auf Rechte verzichtet hat, weil dieser die Nichtigkeit dieses Rechtsgeschäfts geltend gemacht hat, ist insoweit unwirksam, als die durch den Vertrag begründeten Rechte und Pflichten der Beteiligten von den Vereinbarungen in dem nach Absatz 1 wirksamen Rechtsgeschäft abweichen.

(4) Eine Veräußerung nach den §§ 17 bis 19 des Gesetzes über die Gründung und Tätigkeit privater Unternehmen und über Unternehmensbeteiligungen vom 7. März 1990 (GBl. I Nr. 17 S. 141), die ohne die in § 19 Abs. 5 Satz 2 dieses Gesetzes geforderte notarielle Beurkundung der Umwandlungserklärung erfolgt ist, wird ihrem ganzen Inhalt nach gültig, wenn die gegründete Gesellschaft in das Register eingetragen ist.

Materialien: Abs 1 bis 3 eingefügt durch 2. VermRÄndG v 14. 7. 1992 BGBl 1992 I 1257; E: BT-Drucks 12/2695; BT-Drucks 12/2480; Beschlußempfehlung: BT-Drucks 12/2944; Abs 4 eingefügt durch RegVBG v 20. 12. 1993 BGBl 1993 I 2182; E: BT-Drucks 12/5553, Beschlußempfehlung: BT-Drucks 12/6226.

Schrifttum

SCHÄFER/GÖLZ/LANGE, Sind Kaufverträge, die vor dem 3. 10. 1990 von bundesdeutschen und Westberliner Notaren über in der ehemaligen DDR belegenes Grundvermögen beurkundet wurden, formunwirksam, DtZ 1991, 292

dies, Nochmals: Wirksamkeit von vor dem 3. 10. 1990 durch bundesdeutsche Notare beurkundeten Kaufverträgen über in der ehemaligen DDR belegenes Grundvermögen, DtZ 1992, 44

SCHMIDT-RÄNTSCH, Die Novelle zum Vermögensrecht, NJ 1992, 444

SCHOTTEN/SCHMELLENKAMP, Zur materiellrechtlichen Wirksamkeit von Verträgen über Grundbesitz in der ehemaligen DDR, die vor der Vereinigung in den alten Bundesländern beurkundet worden sind, DNotZ 1992, 203

STEINER, Kaufverträge über Grundvermögen in der ehemaligen DDR – ein Fall für den Gesetzgeber, DtZ 1991, 371

TRUNK, Beurkundung gesellschaftlicher Rechtsakte im deutsch-deutschen Rechtsverkehr, MittBayNot 1990, 215.

Systematische Übersicht

Alphabetische Übersicht

I. Normzweck, Vorgeschichte

1. Regelungssituation

1 **a)** Die Wirksamkeit und damit auch die **Formwirksamkeit von Verträgen**, die vor dem 3. 10. 1990 abgeschlossen wurden und die kollisionsrechtlich dem Recht der DDR zuzuordnen sind, beurteilt sich weiterhin nach dem Recht der DDR (Art 232 § 1). Soweit solche Verträge nach dem Recht der DDR der notariellen Beurkundung bedurften, ist unstrittig ein Vertrag, welcher diese Formvorschrift nicht erfüllt, nichtig.

Dies betrifft insbesondere Grundstücksverträge, denn § 12 Abs 3 RAG erklärte für Verträge über das Eigentum und andere Rechte an Grundstücken in der DDR das Recht der DDR für ausschließlich anwendbar (Schäfer/Gölz/Lange DtZ 1992, 44).

2 **b)** Aufgrund der stark angestiegenen Anzahl von **Grundstücksverkäufen** und sonstigen (insbesondere gesellschaftsrechtlichen) beurkundungsbedürftigen Rechtsgeschäften seit Herstellung der Freizügigkeit in der DDR waren die Staatlichen

Notariate zunehmend überlastet. Die Beteiligten solcher Rechtsgeschäfte gingen offenbar selbstverständlich davon aus, daß solche Beurkundungen auch von bundesdeutschen und Westberliner Notaren durchgeführt werden konnten (BT-Drucks 12/2480, 76).

c) Nach Wirksamwerden der Einigung wurde jedoch die **Formwirksamkeit solcher Rechtsgeschäfte angezweifelt**. Insbesondere in der Rechtsprechung wurden solche Verträge teilweise als nichtig angesehen (KreisG Leipzig-Stadt DtZ 1991, 306; BezG Leipzig DtZ 1992, 58; BezG Cottbus DtZ 1992, 249; BezG Erfurt NJ 1992, 289; ebenso Schäfer/Gölz/Lange DtZ 1991, 292). Im Schrifttum wurde teilweise versucht, die Einhaltung der DDR-Beurkundungsvorschriften vor bundesdeutschen Notaren nachzuweisen (Trunk MittBayNot 1990, 215; Schotten DNotZ 1991, 781 f). **3**

d) Diese **Ungewißheit um die Formwirksamkeit** insbesondere von Grundstückskaufverträgen wog um so schwerer, als das Recht der DDR eine § 313 S 2 aF BGB vergleichbare **Heilung** nicht vorsah (BezG Cottbus DtZ 1992, 249). Der Gesetzgeber hat mit der vorliegenden Bestimmung im Zusammenhang mit dem 2. VermRÄndG das daraus resultierende Investitionshemmnis beseitigt, damit aber zugleich die Möglichkeit einer höchstrichterlichen Klärung bewußt abgeschnitten (BT-Drucks 12/2480, 77). Die Regelung erweist sich damit als die vereinzelt schon de lege lata angenommene (Steiner DtZ 1991, 372) hoheitliche Durchsetzung der Wirksamkeit bundesdeutscher Beurkundungen ohne Rücksicht auf die tatsächliche Rechtslage nach dem Recht der DDR. **4**

e) Die Regelung ist im einzelnen orientiert an § 1 des Gesetzes zur Änderung und Ergänzung beurkundungsrechtlicher Vorschriften v 20. 2. 1980 (BGBl I 157; BGH BB 1993, 1108). **5**

2. Beurkundung im Recht der DDR

a) Ob ein nach dem Recht der DDR beurkundungsbedürftiger Vertrag auch vor einem bundesdeutschen oder Westberliner Notar wirksam beurkundet werden konnte, ist ausschließlich danach zu beurteilen, ob § 67 Abs 1 S 3 ZGB die **Substitution** der Beurkundung durch eine aus Sicht der DDR ausländische Urkundsperson zuließ. Diese Frage berührt auch Art 233 § 7: Es geht nicht allein um die Wirksamkeit eines *schuldrechtlichen Geschäftes*, sondern auch um den gemäß § 297 ZGB *kausal hierauf gründenden Eigentumsübergang*. Es erscheint, rechtsvergleichend betrachtet, nicht anstößig, wenn ein Staat für Rechtsgeschäfte, welche den Eigentumsübergang an dort belegenen Grundstücken bewirken, eine Substitution der Beurkundung durch einen ausländischen Notar nicht zuläßt. Auch ein deutsches Grundstück kann nur vor einem deutschen Notar aufgelassen werden (OLG Köln OLGZ 1972, 321; KG DNotZ 1987, 44). Die Substituierbarkeit der Beurkundung nach § 313 aF BGB löste das Problem nicht: Zum einen entscheidet nicht das BGB, sondern das Recht der DDR, zum anderen ist im Recht der DDR der schuldrechtliche Vertrag kausal für das dingliche Geschäft. **6**

b) Zutreffend ordnet der BGH (BGH BB 1993, 1108) die Bestimmung daher als **Heilungsvorschrift** ein. **7**

3. Reprivatisierung von Betrieben nach dem UnternehmensG (Abs 4)

8 a) Abs 4 wurde durch das Registerverfahrenbeschleunigungsgesetz eingefügt. Das in Abs 4 zitierte *Gesetz über die Gründung und Tätigkeit privater Unternehmen und über Unternehmensbeteiligungen v 7. 3. 1990* (GBl DDR 1990 I Nr 17 S 141, aufgehoben durch Art 8 EV) sah als eine Maßnahme der Wiedergutmachung von Enteignungsunrecht und Schaffung marktwirtschaftlicher Verhältnisse nach der Wende eine **Rückumwandlung von in Volkseigentum überführten Unternehmen** in Personengesellschaften, Einzelunternehmen und ggf Kapitalgesellschaften vor (§ 17 Abs 1). Nach § 19 Abs 5 S 2 bedurfte die **Umwandlungserklärung** der notariellen Beurkundung, aufgrund derer die Registereintragung erfolgte.

9 b) In vielen Fällen stellte sich nach dem 3.10. 1990 heraus, daß diese notarielle **Beurkundung fehlte**, zB, weil den Beteiligten der Unterschied zwischen Beurkundung und Beglaubigung nicht geläufig war, die Umwandlungserklärung nur beglaubigt wurde, dennoch eine Eintragung im Handels- oder Genossenschaftsregister erfolgte und gleichwohl das Unternehmensvermögen vom VEB auf das neu gegründete Unternehmen übertragen wurde, ggf die Übertragung von Betriebsgrundstücken auch im Grundbuch eingetragen wurde. Ob die Eintragung in entsprechender Anwendung von § 352a aF AktG den Formmangel heilte, war fraglich. Abs 4 will durch eine **Heilung des Formmangels** die Unklarheit über die Wirksamkeit dieser Übertragungen beseitigen (BT-Drucks 12/6228 S 96; Palandt/Heinrichs Rn 6).

Die Bestimmung ist eine Ausnahmevorschrift zur Lösung des aus der speziellen Situation entstandenen Problems. Sie ist nicht entsprechend auf formwidrige Umwandlungen nach der *UmwandlungsVO* v 1. 3. 1990 (GBl DDR I 107) anwendbar (MünchKomm/Busche Rn 13; Palandt/Heinrichs Rn 9).

II. Regelungsinhalt

1. Anwendungsbereich

10 a) Erfaßt sind sämtliche Beurkundungen, auf die das Recht der DDR anzuwenden war (innerdeutsches Kollisionsrecht und keine Rück- oder Weiterverweisung durch § 12 RAG: Palandt/Heinrichs Rn 2) und die nach dem Recht der DDR zur Formwirksamkeit erforderlich waren, aber vor **bundesdeutschen oder Westberliner Notaren** durchgeführt wurden (BGH BB 1993, 1108; BGH NJW 2000, 1487; KG OLGZ 1993, 405, 407). Der Gesetzgeber hat bewußt eine umfassende, über den Anlaß der Beurkundung von Grundstücksverträgen hinausgehende Regelung geschaffen (BT-Drucks 12/2480, 76). Dasselbe gilt für **Beglaubigungen**.

Auch auf **Auflassungen** aus der Zeit vor dem Inkrafttreten des ZGB und des RAG (vgl oben Rn 1) am 1. 1. 1976 kann § 7 unproblematisch angewendet werden (OLG Brandenburg OLG-NL 1998, 154, 155), da schon zu diesem Zeitpunkt mit Rücksicht auf die strenge Nicht-Substituierbarkeit des § 925 BGB (oben Rn 6) aus dem Blickwinkel der DDR Zweifel an der Wirksamkeit der vor einem bundesdeutschen Notar erklärten Auflassung bestehen könnten.

11 b) Nicht anwendbar ist die Bestimmung nach ihrem klaren Wortlaut und entsprechend dem Normzweck hingegen auf die Beurkundung und Beglaubigung durch **ausländische Notare** (MünchKomm/Busche Rn 6). Wurde vor dem 3. 10. 1990 ein nach dem Recht der DDR beurkundungsbedürftiger Vertrag von einem nicht-deutschen Notar beurkundet oder eine Beglaubigung vorgenommen, so hängt die Wirksamkeit davon ab, ob das Recht der DDR eine Substitution der Form durch eine ausländische Urkundsperson zuließ. Für Grundstückskaufverträge ist dies zu verneinen (oben Rn 6).

c) Für Erbausschlagungserklärungen, die von bundesdeutschen und Westberliner Notaren beglaubigt wurden, stellt sich ein zweifaches Problem: 12

aa) Soweit die Erklärung zwar von einem bundesdeutschen Notar *beurkundet* oder *beglaubigt*, aber gegenüber einem nach § 403 Abs 2 S 1 ZGB zuständigen **Staatlichen Notariat der DDR abgegeben** wurde, kommt es auf § 7 Abs 1 nicht an. Im Gegensatz zu der Beurkundung von Grundstückskaufverträgen stellt die notarielle Beglaubigung der Erbausschlagungserklärung nach § 403 Abs 2 S 1 ZGB keine Bestimmung *ad substantiam* dar, sondern eine bloße Formvorschrift, die damit kollisionsrechtlich ausschließlich dem Formstatut unterliegt. Sie konnte daher wirksam in der Bundesrepublik in Ortsform abgegeben werden und ist daher *nicht heilungsbedürftig* (OLG Karlsruhe DtZ 1995, 338; OLG Dresden ZEV 1997, 26, 27; LG München I Rpfleger 1995, 113; Palandt/Heinrichs Rn 2; MünchKomm/Busche Rn 4; Bestelmeyer Rpfleger 1993, 381, 383; ders klarstellend: Rpfleger 1994, 236; Brakebusch Rpfleger 1994, 234; Rauscher ZEV 1997, 29, 30; **aA**: KG DtZ 1993, 89, 90). 13

bb) Hingegen sind Ausschlagungserklärungen, die von bundesdeutschen Notaren *beurkundet* oder *beglaubigt* und gegenüber einem **bundesdeutschen Nachlaßgericht** abgegeben wurden, für einen dem ZGB unterliegenden Nachlaß(-teil) unheilbar unwirksam; insoweit ist nicht die Form der Erklärung, sondern die **Empfangszuständigkeit** betroffen, die sich nicht nach dem Formstatut, nicht nach der Heilungsbestimmung des Abs 1, sondern ausschließlich nach dem Erbstatut (Art 235 § 1) beurteilt. Insoweit hilft also § 7 nicht (BayObLG FamRZ 1995, 1089, 1090; LG Berlin DtZ 1995, 60 f; MünchKomm/Busche Rn 5; Bestelmeyer Rpfleger 1993, 381, 383; ders Rpfleger 1994, 233; Brakebusch Rpfleger 1994, 234; **aA**: LG München II Rpfleger 1995, 466, 467). 14

cc) Hiervon abgesehen ist weiter fraglich, ob auf **Gestaltungserklärungen** § 7 überhaupt Anwendung findet, wie dies das *Kammergericht* (DtZ 1993, 89) voraussetzt. Mit gutem Grund läßt sich vertreten, daß der Zweck der Norm nicht so weit reicht, Gestaltungserklärungen, die wegen ihrer unmittelbaren Auswirkung auf die Rechtslage einer rückwirkenden Heilung regelmäßig nicht zugänglich sind, in die Heilung nach Abs 1 einzubeziehen (Bestelmeyer Rpfleger 1993, 381, 383 und Rpfleger 1994, 236). 15

2. Heilung (Abs 1)

a) Ein Vertrag oder eine Willenserklärung, die nach dem Recht der DDR von einem Staatlichen Notariat der DDR hätte beurkundet oder beglaubigt werden müssen, **wird ex tunc wirksam** (BGH BB 1993, 1108; Palandt/Heinrichs Rn 3; MünchKomm/Busche Rn 7; Schmidt/Räntsch NJ 1992, 447), sofern die erforderliche Form vor einem bundesdeutschen oder Westberliner Notar eingehalten wurde. Gemäß Abs 1 tritt eine Heilung jedoch ausschließlich hinsichtlich dieses Formmangels ein. 16

17 **b)** Eine weitergehende Heilung von **materiellen Mängeln** oder eine Heilung **anderer Formmängel** ist nicht gewollt, da eine Heilung eines nichtigen Rechtsgeschäfts immer ein problematischer Vorgang ist (BT-Drucks 12/2480, 77; BÖHRINGER VIZ 1995, 626; PALANDT/HEINRICHS Rn 3; MünchKomm/BUSCHE Rn 7; Mitteilungen DNotZ 1992, 465). Sie würde die Abwägung zwischen dem Normzweck der Verbesserung des Investitionsklimas und den Erfordernissen der Rechtssicherheit zu *Unrecht* zuungunsten der Rechtssicherheit verschieben. Insbesondere wird ein **nicht beurkundetes** Grundstücksgeschäft nicht mit Eintragung in das Grundbuch wirksam. Insoweit bleibt es bei der Anwendung des Rechts der DDR, das seit dem Inkrafttreten des ZGB eine § 313 S 2 aF BGB entsprechende Bestimmung nicht vorsah (BezG Cottbus DtZ 1992, 249). Auch eine Heilung des Unwirksamkeitsgrundes nach § 297 Abs 1 S 1 ZGB – unbedingte und unbefristete Erklärung des Willens zur Eigentumsübertragung – kommt nicht in Betracht (BGH BB 1993, 1108).

18 **c)** Die Berufung auf Unwirksamkeitsgründe, die sich materiell aus der **Unterschiedlichkeit der schuld- und sachenrechtlichen Behandlung des Grundstückskaufvertrages** im ZGB einerseits (kausale Übereignung) und im BGB andererseits (abstrakte Übereignung) ergeben, kann jedoch nach dem Zweck der in Abs 1 getroffenen Regelung treuwidrig sein (BGH LM § 297 DDR-ZGB Nr 2; näher Art 232 § 1 Rn 65).

3. Rechtskräftige Entscheidung (Abs 2)

19 **a)** Abs 2 nimmt Fälle, in denen bereits eine rechtskräftige Entscheidung von der **Nichtigkeit des Vertrages** ausgegangen ist und auf ihr beruht, von der Heilung aus. Es handelt sich lediglich um eine Klarstellung, weil sich das Ergebnis bereits aus dem Grundsatz der Rechtskraft herleiten ließe. In am 22. 7. 1992, dem Tag des Inkrafttretens der Vorschrift anhängigen Verfahren, auch im Rechtsmittelzug, ist hingegen die Heilungsvorschrift anzuwenden (KG OLGZ 1993, 405, 407).

20 **b)** Der **Umfang der Rechtskraft begrenzt** aber auch die Bedeutung von Abs 2: Die Heilung tritt nur insoweit nicht ein, als die Rechtskraft der Entscheidung **entgegensteht**. Da die Rechtskraft einer Entscheidung sich grundsätzlich nicht auf vorgreifliche Rechtsverhältnisse bezieht, steht insoweit auch Abs 2 einer Heilung nicht entgegen (PALANDT/HEINRICHS Rn 4; THOMAS/PUTZO § 322 ZPO Anm 6 b). Es scheidet im Falle vorgreiflicher Rechtsverhältnisse eine Heilung nur dann gänzlich aus, wenn die Entscheidung (auch auf Zwischenfeststellungsantrag) die **Nichtigkeit des Vertrages feststellt**. Hingegen kann sich zB nach Abweisung der Auflassungsklage der Erwerber im Herausgabeprozeß auf die Heilung berufen. Wegen des Verbots widersprüchlichen Verhaltens in Hinblick auf das gewollte Synallagma der Leistungen ist die Berufung auf die Heilung nur möglich, wenn auch die Gegenleistung erbracht wird (PALANDT/HEINRICHS Rn 4; MünchKomm/BUSCHE Rn 9).

4. Vergleiche (Abs 3)

21 **a)** Abs 3 betrifft **Vergleiche**, die angesichts der bestehenden Ungewißheit über die Wirksamkeit eines nach Abs 1 geheilten Vertrages geschlossen wurden. Es handelt sich um einen gesetzlich normierten Fall des Wegfalls der Geschäftsgrundlage, der allerdings wegen seiner gesetzlichen Typisierung bedenklich erscheint; dem Vorschlag des *Bundesrates*, die Beurteilung solcher Vergleiche der Rechtsprechung zu überlassen (BT-Drucks 12/2695, 22), wurde im Gesetzgebungsverfahren nicht gefolgt; die Regelung soll im Interesse einer klaren Lösung die Einzelfallabwägung der Grundsätze der Geschäftsgrundlage vermeiden (BT-Drucks 11/2695, 32).

b) Ein Vertrag, der im Hinblick auf die **von der Gegenseite angeführte Nichtigkeit** des ursprünglichen, nach Abs 1 geheilten Vertrages geschlossen wurde, ist damit ex tunc unwirksam, soweit eine Partei eine höhere Leistung verspricht als in dem für nichtig gehaltenen und nach Abs 1 geheilten Vertrag oder auf Rechte verzichtet, die sie nach diesem Vertrag hat. **22**

c) Fraglich erscheint, wann eine Partei die Nichtigkeit iSd Abs 3 **„geltend gemacht"** hat. Nicht erforderlich ist hierzu, daß der Streit um die Nichtigkeit in einem gerichtlichen Verfahren geführt wurde. Auch ein außergerichtliches Berufen auf die Nichtigkeit und damit ein außergerichtlicher Vergleich ist von Abs 3 erfaßt (MünchKomm/Busche Rn 11). **23**

d) Auch **gerichtliche Vergleiche** sind von Abs 3 erfaßt. In diesem Fall ist die Unwirksamkeit durch Fortsetzung des alten Verfahrens geltend zu machen. **24**

e) Ist die gemäß Abs 3 unwirksame Vereinbarung Teil eines größeren Vertrages, so gilt § 139 BGB (Palandt/Heinrichs Rn 5). Die Rückforderung der aufgrund des unwirksamen Vergleichs erbrachten Leistung beurteilt sich nach § 812 BGB (Palandt/Heinrichs Rn 5; MünchKomm/Busche Rn 11). **25**

5. Umwandlungserklärungen nach dem UnternehmensG (Abs 4)

a) Bedeutung

aa) Nach **§§ 17 bis 19 UnternehmensG** konnten zwischen dem 8. 3. 1990 und dem 2. 10. 1990 in Volkseigentum übergeleitete Betriebe, Privatbetriebe und Produktionsgenossenschaften auf Antrag der ehemaligen privaten Gesellschafter oder Inhaber oder deren Erben wieder in Personengesellschaften oder Einzelunternehmen umgewandelt werden. Die Umwandlung erfolgte als **übertragende Umwandlung** (Palandt/Heinrichs Rn 6) aufgrund einer **Umwandlungserklärung** (§ 19 Abs 5 UnternehmensG) aufgrund einer **Schlußbilanz** des VEB zum Zeitpunkt seiner Übergabe (§ 19 Abs 1 UnternehmensG; näher geregelt in der 1. DVO zum UnternehmensG, GBl DDR 1990 I 144). **26**

bb) Die Umwandlungserklärung bedurfte der **notariellen Beurkundung** (§ 19 Abs 5 S 2 UnternehmensG). Hierdurch sollte lediglich Klarheit und Beweissicherheit über den Inhalt der Reprivatisierung und über den Umfang des Vermögensübergangs geschaffen werden. Für den *Registerrichter* diente die Beurkundung als Nachweis darüber, daß zB erforderliches Stammkapital erbracht war. Für die *Grundbucheintragung* wurde damit der Nachweis des Eigentums erbracht. Dies zeigt, daß die Form der notariellen *Beurkundung* im Grunde nicht hätte gewählt werden müssen, weil vor allem Nachweiszwecke, nicht aber Belehrungszwecke mit dieser Form verfolgt wurden, so daß sich der Mangel im Falle notarieller Beglaubigung und Eintragung als nicht so schwerwiegend erweist (BT-Drucks 12/6228, 99). **27**

b) Voraussetzungen der Heilung

28 **aa)** Es muß eine im übrigen den Bestimmungen der **§§ 17–19 UnternehmensG genügende Umwandlung**, insbesondere eine Umwandlungserklärung vorliegen, die *lediglich* unter dem Mangel der in § 19 Abs 5 S 2 bestimmten Form leidet. Nicht erforderlich ist – auch wenn diese Fälle das tragende Motiv für die Regelung darstellten – daß eine *notarielle Beglaubigung* erfolgte. Auch völlig formfrei erklärte Umwandlungserklärungen unterfallen der Heilungsbestimmung, wobei es schwerlich vorgekommen sein dürfte, daß aufgrund solcher Erklärungen Eintragungen in Handels- oder Genossenschaftsregister erfolgt sind.

29 **bb)** Die **gegründete Gesellschaft** oder **Genossenschaft**, die aufgrund der Umwandlung das Vermögen des VEB übernimmt, muß in das **Handelsregister** eingetragen worden sein.

c) Rechtsfolgen

30 **aa)** Der **Formmangel** wird geheilt; die **Übertragung** von Sachen und Rechten aufgrund der Umwandlung auf den neuen Unternehmensträger wird wirksam (BT-Drucks 12/6228, 99; Palandt/Heinrichs Rn 8; MünchKomm/Busche Rn 15).

31 **bb) Andere Unwirksamkeitsgründe**, die der Umwandlung, insbesondere der Umwandlungserklärung anhaften, werden von der Heilung nicht erfaßt (Palandt/Heinrichs Rn 8; MünchKomm/Busche Rn 15).

32 **cc)** Die Heilung wirkt auf den **Zeitpunkt** der Registereintragung zurück (Palandt/Heinrichs Rn 8); die Rückwirkung auf einen früheren Zeitpunkt kommt nicht in Betracht, da auch im Fall einer ex ante formwirksamen Umwandlungserklärung die Umwandlung erst mit Registereintragung wirksam wurde.

33 **dd) Abs 2 und 3** sind auch im Rahmen des Abs 4 anzuwenden. Der Ausschluß der Heilung bei entgegenstehenden rechtskräftigen Entscheidungen und die Rückabwicklung von Folgeverträgen, die ihre Motivation aus der beseitigten Rechtsungewißheit schöpfen, sind grundlegende Prinzipien, die der Gesetzgeber nicht nur im Falle des § 7, sondern auch im BeurkÄndG verwirklicht hat. Obgleich in Abs 4 keine klarstellende Verweisung aufgenommen wurde (was als Redaktionsversehen anzusehen ist), kann – bei identischer Interessenlage – hieraus ein Umkehrschluß nicht gezogen werden (Palandt/Heinrichs Rn 8; MünchKomm/Busche Rn 16).

III. Verfassungsmäßigkeit

34 **1.** Verfassungsrechtliche Bedenken bestehen in Hinblick auf die Rückwirkung der Bestimmung nicht (BGH BB 1993, 1108; Palandt/Heinrichs Rn 1; MünchKomm/Busche Rn 17). **Abs 1** dient dem Schutz des Vertrauens in die Wirksamkeit einer Beurkundung. Die Heilung begründet zwar ggf konstitutiv rückwirkend Rechte und Pflichten zwischen den Parteien. Sie räumt aber andererseits Zweifel an der Wirksamkeit des Vertrages aus und dient damit der Rechtssicherheit. Dies vermag als vernünftiger legislatorischer Zweck die Rückwirkung zu rechtfertigen (BVerfG NJW 1986, 2817 zu § 1 BeurkÄndG).

35 **2.** Ähnliches gilt für **Abs 4**: Zwar fehlt es in den erfaßten Fällen an einer gesetzlich

vorgeschriebenen Form; angesichts der für das Recht der DDR neuen Problematik der Form gesellschaftsrechtlicher Vorgänge, konnte aber vernünftigerweise Ungewißheit über die Wirksamkeit von lediglich beglaubigten Übertragungserklärungen bestehen, zumal eine § 352a aF AktG entsprechende Bestimmung im Recht der DDR im Zeitpunkt des Inkrafttretens des UnternehmensG fehlte.

3. Sowohl die Beurkundung von nach dem Recht der DDR beurkundungsbedürftigen Verträgen durch bundesdeutsche Notare wie auch die unterlassenen Beurkundungen nach dem UnternehmensG haben einen **Zustand allgemeiner und erheblicher Rechtsunsicherheit** ausgelöst. Die hieran Beteiligten konnten andererseits **kein gefestigtes und schutzwürdiges Vertrauen** in die Unwirksamkeit solcher Verträge und Umwandlungserklärungen bilden. **36**

4. Insbesondere ergibt sich im vorliegenden Fall nicht das Problem, daß Parteien erst nach Bekanntwerden der Ungewißheit in der Rechtsprechung zu einer von Abs 1 erfaßten Beurkundung geschritten sind (vgl hingegen zu § 1 Abs 1 BeurkÄndG BVerfG NJW 1986, 2819). Da nur Beurkundungen vor dem 3. 10. 1990 erfaßt sind, überwiegt grundsätzlich das Vertrauen in den *Bestand* ein möglicherweise individuell gebildetes Vertrauen in die *Nichtigkeit*. Dies gilt um so mehr, als der Gesetzgeber bereits vor einer höchstrichterlichen Entscheidung der Frage eingegriffen hat, so daß endgültig schützenswertes Vertrauen in die Nichtigkeit nicht gebildet werden konnte (vgl BVerfG NJW 1986, 2818 zum Vertrauen in Hinblick auf einen später angestrengten Prozeß). **37**

5. Auch **Abs 2** verstößt nicht gegen Grundrechte, insbesondere nicht gegen Art 3 Abs 1 GG. Der Gesetzgeber durfte der Rechtskraft Vorrang vor einer möglichen Gleichbehandlung entschiedener und nicht entschiedener Fallgestaltungen einräumen. **38**

6. Dasselbe gilt für die Regelung der **Folgeverträge** in Abs 3. Der Gesetzgeber konnte die – gebotene – Beseitigung der Wirkungen mißbilligter Folgeverträge, in denen eine Partei nur in Hinblick auf die bestehende Rechtsunsicherheit eine Verpflichtung eingegangen war oder auf Rechte verzichtet hatte, nur durch eine rückwirkende Norm vornehmen. Er hat dies in der mildestmöglichen Weise getan, die zugleich geeignet war, neue Unsicherheiten zu vermeiden, die zB eine Anfechtungs- oder Vertragsanpassungslösung mit sich gebracht hätte (dazu im einzelnen BVerfG NJW 1986, 2828, 2829 f). **39**

§ 8
Vollmachtsurkunden staatlicher Organe, Falschbezeichnung von Kommunen

(1) Eine von den in den §§ 2 und 3 der Siegelordnung der Deutschen Demokratischen Republik vom 29. November 1966 (GBl. 1967 II Nr. 9 S. 49) und in § 1 der Siegelordnung der Deutschen Demokratischen Republik vom 16. Juli 1981 (GBl. I Nr. 25 S. 309) bezeichneten staatlichen Organen erteilte Vollmachtsurkunde ist wirksam, wenn die Urkunde vom vertretungsberechtigten Leiter des Organs oder einer von diesem nach den genannten Bestimmungen ermächtigten Person unterzeichnet und mit einem ordnungsgemäßen Dienstsiegel versehen worden ist. Die Beglaubigung der Vollmacht nach § 57 Abs. 2 Satz 2 des Zivilgesetzbuchs der Deutschen

Demokratischen Republik wird durch die Unterzeichnung und Siegelung der Urkunde ersetzt.

(2) Rechtsgeschäfte und Rechtshandlungen, die der Vertreter einer Kommune zwischen dem 17. Mai 1990 und dem 3. Oktober 1990 namens des früheren Rates der betreffenden Kommune mit Vertretungsmacht vorgenommen hat, gelten als Rechtsgeschäfte und Rechtshandlungen der Kommune, die an die Stelle des früheren Rates der Kommune getreten ist. Die Vertretungsmacht des Vertreters der Kommune wird widerleglich vermutet, wenn die Kommune innerhalb eines Monats von dem Eingang einer Anzeige des Grundbuchamts von einer beabsichtigten Eintragung an keinen Widerspruch erhebt. Der Widerspruch der Kommune ist nur zu beachten, wenn er darauf gestützt wird, daß

1. **die für den früheren Rat handelnde Person als gesetzlicher Vertreter oder dessen Stellvertreter nach § 81 Satz 2 oder 3 des Gesetzes über die örtlichen Volksvertretungen vom 4. Juli 1985 (GBl. I Nr. 18 S. 213) auftrat, nachdem eine andere Person nach der Kommunalverfassung vom 17. Mai 1990 (GBl. I Nr. 28 S. 255) zum vertretungsbefugten Bürgermeister oder Landrat gewählt worden war und ihr Amt angetreten hatte,**

2. **eine rechtsgeschäftlich erteilte Vollmacht widerrufen worden oder durch Zeitablauf erloschen war,**

3. **die Gebietskörperschaft innerhalb von 2 Monaten nach Kenntnis des von einer Person abgeschlossenen Rechtsgeschäftes, die zum Zeitpunkt des Abschlusses Mitarbeiter der Verwaltung war, gegenüber dem Käufer erklärt hat, das im einzelnen bezeichnete Rechtsgeschäft nicht erfüllen zu wollen, oder**

4. **das Rechtsgeschäft von einer Person abgeschlossen wurde, die nicht oder nicht mehr Mitarbeiter der Kommunalverwaltung war.**

Materialien: Abs 1 eingefügt durch § 5 Nr 1 SachenRÄndG v 21. 9. 1994 BGBl 1994 I 2457, 1490 mit Wirkung vom 1. 10. 1994; Bericht des Rechtsausschusses und Beschlußempfehlung: BT-Drucks 12/7425. Abs 2 eingefügt durch Art 2 Abs 1 Nr 2 Wohnraummodernisierungssicherungsgesetz, BGBl 1997 I 1823, E: BT-Drucks 13/2022 (Nutzerschutzgesetz), Beschlußempfehlung und Bericht des Rechtsausschusses BT-Drucks 13/7257, Vermittlungsausschuß BT-Drucks 13/7957.

Schrifttum

Böhringer, Heilung von Modrow-Kaufverträgen aus grundbuchverfahrensrechtlicher Sicht, VIZ 1997, 617
ders, Heilung von Rechtsvorgängen mit ostdeutschem Grundstücksbezug, OV spezial 200, 98
Heidemann, Die Neufassung von Art 231 § 8 II EGBGB durch das Wohnraummodernisierungssicherungsgesetz vom 23. 7. 1997
Horst, Nutzerschutz – Bestandsgarantie oder verfassungswidrige Überzeichnung, DtZ 1997, 183
ders, Wohnraummodernisierungssicherungsgesetz ante portas, DtZ 1997, 152
Janke, Kaufverträge mit dem Magistrat und den

Räten der Stadtbezirke von Berlin (Ost) nach dem 16. 5. 1990, StZ 1997, 17
SCHMIDT-RÄNTSCH, Investitionsvorrang und Eigentumsrecht nach dem Wohnraummodernisierungssicherungsgesetz, VIZ 1997, 449
SCHNABEL, Heilung nichtiger Grundstücksveräußerungen nach Art 231 § 8 I EGBGB, DtZ 1997, 343
ders, Heilung nichtiger Grundstücksübertragungen im WoModSiG, ZOV 1997, 384
ders, Fallgruppen nichtiger Modrow-Kaufverträge trotz der Heilungsbestimmungen im Wohnraummodernisierungssicherungsgesetz, VIZ 1998, 113
ders, Zu den Wirksamkeitserfordernissen der Modrow-Kaufverträge in der Sachenrechtsbereinigung und der Verfassungsgemäßheit des § 121 SachenRBerG, VIZ 1999, 393
STAVORINUS, Die EGBGB-Heilungsvorschriften des WoModSiG, NotBZ 1997, 181
TWARDAWSKY/EDLER, Das Wohnraummodernisierungssicherungsgesetz, NJ 1997, 570
WITTMER, Die Entwicklung des Rechts zu Fragen der „Modrow-Käufe“ (Teil 2), OV spezial 2000, 330
WITTMER/KUHLMEY, Die Änderung eigentums- oder vermögensrechtlicher Vorschriften durch das WoModSiG, ZAP-Ost 1998, Fach 16.

Systematische Übersicht

Alphabetische Übersicht

I. Normzweck, Rechtspolitische Bedeutung, Verfassungsmäßigkeit

1. Abs 1

a) Anlaß der Regelung

1 **aa)** Nach **zivilrechtlichen Bestimmungen** gemäß §§ **57 Abs 2, 67 Abs 1 S 2, 295 Abs 2 S 2, 297 Abs 1 S 2 ZGB** bedurfte die Vollmacht zu Verkauf und Veräußerung eines Grundstücks oder Gebäudes der Beurkundung oder Beglaubigung durch einen staatlichen Notar (Göhring NJ 1992, 411). „Beglaubigung" iSd § 57 Abs 2 ist nur die Beglaubigung durch einen staatlichen Notar; die Verwendung eines Dienstsiegels einer sonstigen staatlichen Stelle steht dem nicht gleich (unzutreffend: LG Neubrandenburg VIZ 1994, 688, 689).

2 **bb)** Dieses zivilrechtliche Formerfordernis wurde bei Grundstücksveräußerungen seitens staatlicher Organe der DDR praktisch nicht beachtet (BT-Drucks 12/5553, 126). In der **Praxis** traten beim Verkauf **staatlicher** oder **volkseigener** Grundstücke oder Gebäude regelmäßig Mitarbeiter staatlicher Organe auf, die lediglich eine nach der jeweils gültigen Siegelordnung der DDR erstellte privatschriftliche Vollmacht innehatten. Diese Praxis konnte sich auf § 2 Abs 2 S 2 GrundbuchverfahrensO stützen, wonach einseitige Erklärungen staatlicher Organe und volkseigener Kreditinstitute vom Leiter unterschrieben und mit einem Dienstsiegel versehen sein mußten. Diese Regelung dürfte sich allerdings auf das Grundbuchverfahren beschränkt haben und die zivilrechtlichen Bestimmungen in Ansehung von Grundstücksveräußerungsverträgen nicht verdrängt haben (Palandt/Heinrichs Rn 1; **aA**: BT-Drucks 12/7425, 90; Göhring NJ 1992, 412). Nach dem Staatsverständnis der DDR konnte überdies die Wirksamkeit von Erklärungen von Staatsorganen nicht von einer Beglaubigung staatlicher Notariate abhängig sein (BT-Drucks 12/7425, 91; Göhring NJ 1992, 412; Palandt/Heinrichs Rn 1).

cc) Dieses Auseinanderklaffen von zivilrechtlichem Formerfordernis und behördlicher Handhabung wurde zum **regelungsbedürftigen Problem**, weil insbesondere bei Kaufverträgen nach dem *Gesetz über den Verkauf volkseigener Gebäude v 7. 3. 1990* (GBl DDR I 157) regelmäßig in der beschriebenen Weise verfahren wurde (vgl im einzelnen KG NJ 1995, 593, 594). **Äußerer Anlaß** für die gesetzgeberische Aktivität war ein Urteil des *Kammergerichts* (DtZ 1993, 31; Revision nicht angenommen: BGH 17. 12. 1992, V ZR 18/92 unveröffentlicht; vgl auch BGHZ 130, 231, 240 ff), das die Veräußerung eines volkseigenen Grundstücks aufgrund einer privatschriftlichen Generalvollmacht zur Veräußerung volkseigener Grundstücke, ausgestellt durch den Direktor einer staatlichen Versorgungseinrichtung, ua wegen Verstoßes gegen die genannten zivilrechtlichen Formvorschriften als nichtig ansah. (Im übrigen fehlte in dem entschiedenen Fall die Veräußerungsbefugnis der vertretenen Einrichtung). **3**

b) Gesetzgebungsgeschichte

aa) Erstmals enthielt der **Entwurf des RegisterVBG** (BT-Drucks 12/5553, 25) in Art 13 Nr 1 b eine Regelungsinitiative. **4**

α) Hiernach sollte allerdings **nicht eine ausnahmslose Heilungsvorschrift** nach dem Vorbild des damals bereits durch das 2. VermögensrechtsÄndG eingefügten § 7 geschaffen werden. Der Entwurf der Bundesregierung sah vielmehr eine Heilung mit Überprüfungslösung vor, wenn außer der zivilrechtlichen Formvorschrift auch *andere Bestimmungen* nicht eingehalten worden waren, diese Mängel für sich genommen aber nicht zur Unwirksamkeit des Kaufvertrages geführt hätten (§ 8 Abs 2 Entwurf, BT-Drucks 12/5553, 25). Zwar sollte damit nicht jeder in Betracht kommende Kaufvertrag einem *Genehmigungsverfahren* nach dem Vorbild des § 108 BGB unterstellt werden, weil dies zu schwebender Unwirksamkeit in einer größeren Anzahl von Fällen geführt hätte. Jedoch sollte die zivilrechtliche Formunwirksamkeit nach §§ 57, 67 ZGB instrumentalisiert werden, um eine Handhabe zur Überprüfung von Grundstücksveräußerungen zu erlangen, die in Anwendung des *Gesetzes über den Verkauf volkseigener Gebäude* durch kommunale Stellen aus dem Bestand volkseigener Grundstücke anderer Behörden vorgenommen worden waren und deshalb im höchsten Maß fragwürdig erschienen (BT-Drucks 12/5553, 126).

β) Die Vorschrift wurde im Rechtsausschuß nicht übernommen, wegen des mit der Aufarbeitung einer größeren Anzahl von Erwerbsgeschäften verbundenen Aufwandes. Ein Antrag der Gruppe PDS/Linke Liste, der inhaltlich auf die jetzige Regelung des § 8 hinauslief, wurde im Rechtsausschuß abgelehnt. **5**

bb) Die jetzige Fassung des § 8 geht zurück auf die Beschlußempfehlung des Rechtsausschusses zum **SachenrechtsÄndG** (BT-Drucks 12/7425). Ähnlich der bereits im Entwurf zum RegVBG vertretenen Rechtsansicht wendet sich der Entwurf gegen die Rechtsansicht des KG (DtZ 1993, 30), hält aber die nunmehr in § 8 erfolgte Regelung zur *Klarstellung* für erforderlich (BT-Drucks 12/7425, 91). **6**

c) Heilungsbestimmung

Entgegen der im Entwurf vertretenen Ansicht (soeben Rn 6) ist § 8 eine zu § 7 vergleichbare **Heilungsbestimmung bei zweifelhafter Rechtslage** (Palandt/Heinrichs Rn 2; Schnabel DtZ 1997, 343, 345; Wittmer OV spezial 2000, 330, 331; aA OLG Naumburg VIZ 1997, 116; MünchKomm/Busche Rn 2). Ob die Entscheidung des Kammergerichts die Rechts- **7** lage zutreffend erfaßt, muß dahingestellt bleiben. Da ein Auseinanderfallen von zivilrechtlichem Beurkundungserfordernis und ständig geübter tatsächlicher behördlicher Praxis vorlag, für die keine erkennbare rechtliche Grundlage bestand, ergab sich nicht nur Klarstellungsbedarf, sondern das Bedürfnis nach einer Regelung, die zur Heilung sonst möglicherweise unwirksamer Verträge führt.

d) Rechtspolitische Bedeutung, Verfassungsmäßigkeit

8 **aa)** Die **rechtspolitische Brisanz** der Bestimmung wurde erst einige Zeit nach ihrem Inkrafttreten erkennbar. Hinter dem Text der Bestimmung ist *prima facie* die Auseinandersetzung mit der inzwischen genügend bekannten Mischung aus DDR-behördlicher Schlamperei und Hinwegsetzen über die geschriebene Rechtslage als lästige Formalie zu erkennen.

Bei Inkrafttreten der Bestimmung war im Schrifttum eher an Fälle gedacht worden, in denen Bürger der DDR auf **Käuferseite** standen, was die Vorschrift in eine Reihe stellte mit anderen Bestimmungen zum Schutz gutgläubiger DDR-Bürger (vgl die Sachverhalte in KG DtZ 1993, 30; LG Neubrandenburg VIZ 1994, 688; eine einschränkende Auslegung erwägt MünchKomm/Busche Rn 5).

In der Praxis stellte sich jedoch heraus, daß von der Regelung hauptsächlich Grundstückskaufverträge betroffen sind, die vom früheren Ministerrat, von Betrieben der kommerziellen Koordinierung, der Volksarmee und der Stasi auf *Käuferseite* geschlossen wurden (vgl OLG Naumburg VIZ 1997, 116; OLG Brandenburg OLGR 2000, 305 – dort § 8 Abs 1 nicht erfüllt, jedoch Art 237; Schnabel DtZ 1997, 343, 345). Das läßt die Vermutung nicht abwegig erscheinen, daß die Umgehung der zivilrechtlichen Beurkundungsvorschrift auch der möglichst reibungslosen, weil verborgenen, Abwicklung dubioser Grundstücksgeschäfte diente (Schnabel DtZ 1997, 343, 345), daß also, wie in der DDR-Praxis nicht unüblich, auch hier die Rechtsstaatswidrigkeit mit dem Schlendrian im Bunde war. Vor diesem Hintergrund erscheint die Vorschrift rechtspolitisch in einem anderen Licht, wenn aus der Praxis berichtet wird, daß Begünstigter der Heilungsbestimmungen überwiegend die Bundesrepublik Deutschland ist, und die Heilung zu Lasten von DDR-Bürgern geht, denen unter dunklen Umständen ihre Grundstücke von staatlichen Stellen der DDR „abgekauft" wurden (Kayser GE 1996, 1394; Schnabel DtZ 1997, 343, 345).

9 **bb)** Die **Verfassungsmäßigkeit** der Regelung, die das *BVerfG* annimmt (BVerfG VIZ 1999, 86), ist davon bei richtiger systematischer Einordnung gleichwohl nicht berührt. Als *Heilungsregelung* ist § 8, selbst wenn die Bestimmung echte Rückwirkung entfalten sollte (offengelassen vom BVerfG, aaO), wie § 7 (dort Rn 34 ff) nicht als Enteignungsbestimmung zu sehen, sondern als eine Inhalts- und Schrankenbestimmung. Angesichts der faktischen Beständigkeit solcher Vollmachten in der DDR konnten Zweifel an der Wirksamkeit erst nach der Wiedervereinigung auftreten. Die Bereinigung der dadurch entstandenen unklaren und verworrenen Rechtslage rechtfertigt selbst echte Rückwirkung (BVerfG aaO; Palandt/Heinrichs Rn 2; MünchKomm/Busche Rn 2).

Auch wenn die Bestimmung sich letztlich vor dem geschilderten Hintergrund (oben Rn 8) als verkapptes Instrument zur **Vollendung dubioser Enteignungen** entwickelt haben sollte, wäre es verfehlt, § 8 Abs 1 deshalb als – verfassungswidrige – Enteignungsbestimmung zu bewerten. Mängel der Form sind gerade dann typische Fälle mit staatlichem Unrecht untrennbar verwobener zivilrechtlicher Mängel (dazu Art 232 § 1 Rn 8 ff), wenn sie im Zusammenhang mit dubiosen Eigentumsübertragungen an staatliche Stellen der DDR stehen. Folgt man der *insoweit* unzweifelhaften und von BGH und BVerwG gleichermaßen getragenen Lehre vom Vorrang des Vermögensrechts (dazu BVerfGE 95, 48; vgl Art 232 § 1 Rn 22 ff), so schließt sich mit § 8 Abs 1 lediglich der durch jene Lehre gezogene Kreis: Wenn der von formfehlerhaften dubiosen Machenschaften einer DDR-Behörde Betroffene sich für sein Rückgabebegehren auf den Formfehler ohnehin nicht stützen kann, weil ihm nur der Weg über § 1 Abs 1 VermG offensteht (dies führt auch das BVerfGE aaO ein), so ist es verfassungsrechtlich unschädlich, wenn § 8 Abs 1 solche Formmängel heilt; zum Nutzen des Bürgers auf Käuferseite und nicht zum Schaden des Bürgers auf Opferseite.

2. Abs 2

a) Anlaß der Regelung

aa) Die durch das Wohnraummodernisierungssicherungsgesetz eingefügte Regelung betrifft die Vertretung der **Kommunen der DDR** bei Rechtsgeschäften seit dem 17. 5. 1990, dem Tag des Inkrafttretens des Gesetzes über die Kommunalverfassung v 17. 5. 1990 (GBl DDR 1990 I 255). Mit diesem Gesetz wurde das Gesetz über die örtlichen Volksvertretungen in der DDR v 4. 7. 1985 (GBl DDR 1985 I 213) aufgehoben. Der Übergang der kommunalen Verwaltung von weisungsgebundenen staatlichen Stellen zu kommunalen Selbstverwaltungskörperschaften beendete die Existenz der als juristische Personen innerhalb der Staatsverwaltung konstituierten *Räte* (der Kreise und Kommunen) und setzte an ihrer Stelle die Kommunen als Gebietskörperschaften. Vertretungsbefugt waren damit seit dem 17. 5. 1990 – nach dem Vorbild der Kommunalverfassung der Bundesrepublik – die neu gewählten Bürgermeister und Landräte dieser Gebietskörperschaften (§ 91 Abs 1 S 2 KommunalverfassungsG) und nicht mehr die Vorsitzenden der Räte und deren Stellvertreter (vgl BGH VIZ 1996, 342, 344; MünchKomm/Busche Rn 8; Böhringer VIZ 1997, 617; Stavorinus NotBZ 1997, 181, 182; Janke DtZ 1997, 17; Purps ZOV 1999, 11, 14). **10**

bb) Gleichwohl wurden auch nach dem 16. 5. 1990 zahlreiche Rechtsgeschäfte, insbesondere Kaufverträge nach dem Verkaufsgesetz v 17. 3. 1990 (GBl DDR 1990 I 157; **„Modrow"-Kaufverträge**; dazu Art 233 § 2 Rn 3, 35, 40) *namens der Räte* der Kommunen (und nicht, wie geboten, namens der Kommunen) abgeschlossen. Häufig *handelten* zudem hierbei noch die Vorsitzenden der früheren Räte oder Mitarbeiter der Kommunen, die in der bisherigen Struktur für den jeweiligen Rat der Kommune vertretungsbefugt waren (MünchKomm/Busche Rn 8; Böhringer VIZ 1997, 617; Stavorinus NotBZ 1997, 181, 182; Janke DtZ 1997, 17; Purps ZOV 1999, 11, 14) und aufgrund ihrer fortbestehenden, auf die Kommunen übergeleiteten Arbeitsverhältnisse insoweit auch als für die Kommunen vertretungsbefugt angesehen wurden (Vertretungsbefugnis für Modrow-Kaufverträge nimmt der Entwurf, BT/Drucks 13/7275, 33, an; ebenso Schmidt-Räntsch VIZ 1997, 449, 454). Die Gründe hierfür reichten von schlichten Banalitäten, wie der Verwendung alter Briefköpfe, über Unerfahrenheit im Umgang mit der Bedeutung der rechtlichen Neustrukturierung hin zu rechtlich veranlaßten Problemen: Die erst am 6. 5. 1990 gewählten Bürgermeister und Landräte hatten zumeist ihr Amt noch nicht angetreten und waren nicht selten mit den Ratsvorsitzenden personenidentisch. Das Kommunalverfassungsgesetz wurde erst nachträglich am 25. 5. 1990 im Gesetzblatt verkündet. Äußere Formalien der Vertretung, ins- **11**

besondere die Führung von Dienstsiegeln, konnte erst anschließend geregelt werden (vgl Anordnung v 22. 8. 1990, GBl DDR I 1446; vgl zu weiteren Einzelgründen MünchKomm/Busche Rn 9; Janke DtZ 1997, 17; Twardawsky/Edler NJ 1997, 570, 573). Somit war teilweise auch die Handlungsfähigkeit der neuen Gebietskörperschaften nicht voll hergestellt.

12 **cc)** Anlaß zu einer Regelung dieser Fallgruppe gaben die beiden sog **Briefkopfurteile des BGH**. Im ersten Fall hatte der Vorsitzende für den Rat des Kreises *am 17. 5. 1990* als Stellvertreter für einen VEB kontrahiert. Obgleich er als stellvertretener Direktor dieses VEB unmittelbar vertretungsbefugt gewesen wäre, fehlte es in diesem Fall an der *Existenz* des Rates als Stellvertreter des VEB (BGH VIZ 1996, 273 bezweifelt außerdem unzutreffend die Vertretungsbefugnis des Rates des Kreises, dazu Rauscher WuB IV B Art 233 § 2a EGBGB 1. 96, und läßt zudem offen, ob auch die Verfügungsbefugnis des VEB selbst fehlte). Auch im zweiten Fall hatte der BGH die Nichtigkeit eines Kaufvertrages über ein volkseigenes Grundstück angenommen, weil dieser nach dem 16. 5. 1990 auf Verkäuferseite für einen örtlichen Rat und damit für eine *nichtexistente Person* geschlossen worden war (BGH VIZ 1996, 342). In der Folge wurden Eintragungsanträge nicht mehr vollzogen und Amtswidersprüche gegen die Richtigkeit der Grundbücher in vollzogenen Fällen eingetragen (Schnabel ZOV 1997, 384; MünchKomm/Busche Rn 10).

Nicht berechtigt erscheint der Vorhalt, der BGH sei der Rechtswirklichkeit in der DDR nicht gerecht geworden (Schmidt-Räntsch VIZ 1997, 449, 454; BT-Drucks 13/7257, 33; kritisch auch Janke DtZ 1997, 17, 19); der BGH hatte allenfalls übersehen, daß ein jahrzehntelang in der Nichtbeachtung von Rechtsnormen geschulter Apparat Probleme mit dem Übergang zur Rechtsstaatlichkeit haben mußte, die dem einzelnen Handelnden kaum vorwerfbar waren. Fraglich ist allerdings, ob sich das Vertretungsproblem (nicht aber die weiteren Mängel in BGH VIZ 1996, 273, zur Verfügungsbefugnis vgl aber Art 233 § 2 Abs 2) nicht durch Auslegung nach dem Grundsatz *falsa demonstratio non nocet* hätte beheben lassen (Schmidt-Räntsch VIZ 1997, 449, 454; BT-Drucks 13/7257, 33; MünchKomm/Busche Rn 10): Ausgangspunkt zum Verständnis der Regelung in § 8 Abs 2 ist denn auch die Erkenntnis, daß die nach dem 16. 5. 1990 für einzelne *Räte* Handelnden für die juristische Person handeln wollten, die an deren Stelle getreten war, und daß dies im Rechtsverkehr auch so verstanden wurde. Das Problem des Handelns von nicht mehr vertretungsbefugten Vertretern der Räte wäre damit freilich nicht zu bewältigen gewesen.

b) Gesetzgebungsgeschichte

13 § 8 Abs 2 gehört zu den nach langem legislativen Ringen entstandenen Bestimmungen in der Reihe der Heilungsvorschriften (vgl dazu auch oben Rn 4 ff; Art 237 § 1 Rn 1 ff). Sie wurde nach Bekanntwerden der Briefkopfurteile (oben Rn 12) im **Rechtsausschuß** in das Gesetzgebungsverfahren zum Wohnraummodernisierungssicherungsgesetz eingeführt (BT-Drucks 13/7257), das aus dem in seinen sachenrechtlichen Kernbereichen (dazu Art 233 § 2 Abs 2 und Art 233 §§ 11 ff) in der Öffentlichkeit heftig diskutierten Entwurf eines NutzerschutzG (BT-Drucks 13/2022) hervorging.

Die zunächst am 4. 4. 1997 vom Bundestag verabschiedete Fassung (BT-Drucks 223/97) enthielt zwar eine Regelung zur Wirksamkeit bei **Falschbezeichnung**, setzte jedoch einen wirksamen *Ratsbeschluß und Vertretungsbefugnis*, ersatzweise eine nachträgliche *politische* (BT-Drucks 13/7257, 33) *Billigung* durch die Kommune voraus.

Die geltende Fassung geht auf die Beratungen im **Vermittlungsausschuß** (BT-Drucks 13/7957) zurück. Sie erfaßt auf Betreiben des Bundesrates auch das zweite Problemfeld (oben Rn 11) der fehlenden oder **zweifelhaften Vertretungsbefugnis** der Handelnden. Da das Handeln ehemals Befugter im Zusammenhang mit der Sicherstellung der Handlungsfähigkeit bei verzögertem Amtsantritt der Bürgermeister und Landräte sowie der fortdauernden Beschäftigung der bisherigen Mitarbeiter zu sehen ist (oben Rn 11), war die Lösung auf diese Fallgruppen zu begrenzen. Diesem Bestreben ist die *widerlegliche Vermutung der Vertretungsmacht* und die *Kasuistik des sie ausschließenden Widerspruchs* in Abs 2 S 2 ff geschuldet.

c) Heilungsbestimmung

14 Auch bei Abs 2 ist die Diskussion um die Qualität als bloße Klarstellung oder echte Heilungsbestimmung gekennzeichnet durch abwiegelnde Wortwahl aus dem Umfeld der Initiatoren der Regelung (vgl Schmidt-Räntsch VIZ 1997, 449, 454: „formalisiertes Verfahren zur Prüfung der Vertretungsmacht"). Das mag angesichts der Verfassungsproblematik rückwirkender Heilungsvorschriften verständlich sein, geht aber bei Abs 2 an der Realität vorbei.

Allenfalls § 8 Abs 2 kann hinsichtlich der **Fehlbezeichnung** der vertragschließenden Kommunen als Klarstellungsregelung verstanden werden; insoweit nur eine *falsa demonstratio* anzunehmen, dürfte nach allgemeinen Auslegungsgrundsätzen geboten gewesen sein (Horst DtZ 1997, 813, 817 nimmt gleichwohl eine Heilungsbestimmung an).

Die **Vermutung der Vertretungsmacht** erfaßt hingegen sogar das Handeln von Personen, die nach der vorherigen Rechtslage nicht vertretungsbefugt waren. Insoweit geht es nicht um Klarstellung, sondern um die Anordnung einer Heilung (Stavorinus NotBZ 1997, 181, 188) in Fällen bisher häufig *nichtigen* Vertreterhandelns: Der nach Art 232 § 1 intertemporal anwendbare § 59 Abs 1 S 2 ZGB fingierte mangels Genehmigung durch den Vertretenen binnen zwei Wochen nach Kenntnis vom Vertragsschluß die Verweigerung der Genehmigung (BGH VIZ 1996, 273, 274; so auch Purps ZOV 1999, 11, 14). Die widerlegliche Vermutung heilt in vielen Fällen de facto das Rechtsgeschäft, weil eine Widerlegung, vor allem für Dritte, kaum möglich erscheint. Daß die Bestimmung sogar zurückwirkt, nimmt ihr nicht den Charakter einer Heilungsregelung, sondern macht sie womöglich zur verfassungsrechtlich problematischen rückwirkenden Wirksamkeitsfiktion (so meint dies wohl auch Purps ZOV 1999, 11, 14 ff).

d) Verfassungsmäßigkeit

15 **aa)** Die Frage der Verfassungsmäßigkeit von Abs 2 verläuft nur teilweise in den selben Bahnen wie zu Abs 1 (so aber BGHZ 141, 184, 187; Palandt/Heinrichs Rn 8; vgl zu Abs 1 oben Rn 9). Unbedenklich ist die Klarstellung in **Abs 2 S 1**. Der Eingriff des Gesetzgebers aus Anlaß einer letztinstanzlichen Auslegung (oben Rn 12) mag ungewöhnlich sein. Er ist jedoch angesichts der gerade durch die Urteile dokumentierten unklaren Rechtslage sicher zulässig (zweifelnd Horst DtZ 1997, 183, 187 noch vor dem Hintergrund der ersten Fassung des WoModSiG, BT-Drucks 223/97).

16 **bb)** Soweit **Abs 2 S 2, 3** Mängel des Handelns von Vertretern ohne Vertretungsmacht heilt, ist die Bestimmung echt rückwirkender Natur. Zwar kommt es, wie vom BVerfG schon zu Abs 1 erörtert (oben Rn 9), auf die Erwägung an, ob die Bestimmung rückwirkend eine *unklare Rechtslage* beseitigt. Während dies aber im Fall der klar abgegrenzten Heilungsbestimmung in Abs 1 gegeben ist, greift Abs 2 auch in Fällen ein, in denen die Rechtslage nach § 59 ZGB völlig klar ist. Im Verhältnis der *unmittelbar* am Vertragsschluß Beteiligten ist dies nur deshalb nicht vor Art 14 Abs 1 GG bedenklich, weil, anders als bei Abs 1, die Begünstigungsrichtung eindeutig ist: Den Vorteil aus der Heilung ziehen hier Modrow-Käufer, nicht aber die betroffenen Gebietskörperschaften (Bedenken an der Gesetzgebungskompetenz des Bundes äußert insoweit allerdings HEIDEMANN VIZ 1998, 122, 123, der Abs 2 als Tatbestand eines Zwangsabschlusses von Kaufverträgen über Kommunalvermögen ansieht).

17 **cc) Verfassungsbedenken** werden jedoch wegen der mittelbaren Betroffenheit Dritter erhoben. Gegenstand des Modrow-privatisierten Grundvermögens waren volkseigene Grundstücke, die nicht selten **restitutionsbelastet** sind (TROPF bei ROSENBERGER VIZ 1997, 403, 405 läßt erkennen, daß der BGH womöglich bei seinen Briefkopfurteilen auch von dem Bestreben geleitet war, nicht ohne Not die Voraussetzungen für einen Restitutionsausschluß zu schaffen; gegen Abs 2 S 1 läßt sich das aber kaum anführen, weil das Ziel schwerlich die vom BGH gewählte enge Auslegung heiligt). Die durch Abs 2 vermittelte Wirksamkeit des Erwerbsgeschäfts kann in diesen Fällen Grundlage des Restitutionsausschlusses nach **§ 4 Abs 2 VermG** sein. Anders als in den Fällen des Abs 1, also der Fehleridentität oder -nähe zum Unrechtstatbestand der Enteignung (vgl oben Rn 9) ist der zivilrechtliche Mangel nicht Teil des Unrechts, sondern Voraussetzung der Restitutionsmöglichkeit. Der Restitutionsberechtigte könnte bei Unwirksamkeit der Veräußerung seinen Restitutionsanspruch gegen die Kommune durchsetzen. Aufgrund der Heilung nach Abs 2 sieht er sich aber dem Einwand des redlichen Erwerbs ausgesetzt, den zu entkräften besonders schwierig sein dürfte, weil der Erwerb nach der Wende stattgefunden hat und mit dem Unrechtstatbestand nicht in engem sachlichen und zeitlichen Zusammenhang steht.

Ebenso greift die Heilung in Fällen ein, in denen nach **§ 121 Abs 1 S 3 lit b** oder **§ 121 Abs 2 S 1 lit b SachenRBerG** der wirksame Abschluß eines Kaufvertrags zwischen dem Nutzer und einer staatlichen Stelle der DDR Voraussetzung für den Anspruch des Nutzers nach § 121 Abs 1 SachenRBerG ist (vgl dazu BGHZ 141, 184; SCHNABEL VIZ 1999, 393).

Diese Bedenken betreffen vorrangig Gebäude für Gewerbezwecke (§ 1 VerkaufsG, § 4 Abs 2 S 2 lit b VermG, § 121 Abs 1 S 3 lit b SachenrBerG), denn nur für diese Fallgruppe ist ein Restitutionsausschluß durch redlichen Erwerb nach dem 19. 10. 1989 ohne vorherige Einleitung des Kaufes (§ 4 Abs 2 S 2 lit a VermG) oder Nutzerinvestitionen (§ 4 Abs 2 S 2 lit c VermG) möglich, im Fall des § 121 Abs 2 lit b SachenRBerG aber auch Eigenheime.

18 **dd)** Den Verfassungsbedenken wird entgegengehalten, soweit in den durch Art 14 Abs 1 GG geschützten Restitutionsanspruch eingegriffen werde, geschehe dies im Rahmen der Sozialbindung. Abs 2 flankiere lediglich zivilrechtlich die **Wertung des § 4 Abs 2 VermG** mit dem Ziel eines sozialverträglichen Interessenausgleichs (MünchKomm/BUSCHE Rn 24 f).

§ 8 Abs 2 läßt sich in der Tat nur vor dem Hintergrund der Wertung des § 4 Abs 2 VermG an Art 14 Abs 1 GG messen, auch wenn sich das auf § 4 Abs 2 rekurrierende

Argument, bestimmte Maßnahmen bewegten sich im Rahmen der Sozialbindung, aus einem Dominoeffekt nährt: Die Kritik beider Bestimmungen ist Teil einer einheitlichen Auseinandersetzung um die Frage, wie **zu schützendes Vertrauen** in Rechtsakte der DDR, als Kern der Abwägung um die Sozialbindung (BVerfG NJW 1996, 1767) gegen Interessen der Enteigneten bzw des Eigentümers nutzungsbefangener Grundstücke abzugrenzen ist.

Sie steht im WoModSiG zwar in räumlich engem Zusammenhang mit Art 237, der den in der ersten Version des WoModSiG (BT-Drucks 223/97) enthaltenen § 22 VZOG aufnimmt und über den Schutz privaten Vertrauens hinausgehend den mangelhaften *Erwerb zu Volkseigentum* heilt (was dem Gesetz den wenig ehrenhaften Ruf eines „Gesetzes zur Sicherung des Volkseigentums" einbrachte; dazu der Bericht von ROSENBERGER VIZ 1997, 403, 405).

Anders als Art 237 erreicht aber § 8 Abs 2 gegenüber den Wertungen des § 4 Abs 2 VermG und des § 121 SachenRBerG aber gerade keine neue Dimension. Es geht erneut, aber auch nur, um die Frage, wie viel Vertrauen ein *DDR-Bürger* in unklares Verwaltungshandeln haben durfte, nicht aber um die Heilung von Enteignungen zugunsten der öffentlichen Hände der BRep Deutschland. Daß es an dieser Stelle um Fehler angesichts einer schwierigen Überleitung in die Rechtsstaatlichkeit geht, macht das Vertrauen, das Abs 2 schützen soll, eher schützenswerter als jenes in vormaliges DDR-Handeln, dem immer der Hauch der Rechtswidrigkeit anhaftet.

II. Vollmachtsurkunden staatlicher Organe (Abs 1)

1. Tatbestand

a) **Satz 1** ist nach seinem Wortlaut **anwendbar** auf alle Fälle der Vollmachterteilung durch staatliche Organe der DDR. Die in § 57 Abs 2 ZGB vorgeschriebene Wahrung der Form des Vertretergeschäfts, im Falle von dessen Beurkundungsbedürftigkeit wenigstens die Form der Beglaubigung der Vollmacht (§ 57 Abs 2 S 2 ZGB), bezieht sich auf **alle formbedürftigen Rechtsgeschäfte**. Satz 2 führt also nicht zu einer Beschränkung des Anwendungsbereichs von Satz 1. **19**

b) Die Vollmachtsurkunde muß von einem **staatlichen Organ** im Sinne der in Satz 1 genannten Siegelordnungen herrühren. Hierbei handelt es sich um nachfolgende Organe: **20**

aa) Verordnung über die Führung des Dienstsiegels der staatlichen Organe v 29. 11. 1966 (GBl-DDR 1967 II 49) **21**

§ 2

(1) Dienstsiegel führen
a) der Vorsitzende des Staatsrates,
b) der Präsident der Volkskammer,
c) der Sekretär des Staatsrates,
d) der Präsident des Obersten Gerichts,
e) der Generalstaatsanwalt.

(2) Zur Führung eines Dienstsiegels sind berechtigt:
a) der Vorsitzende des Ministerrates und dessen Stellvertreter,
b) die Minister und Leiter anderer zentraler staatlicher Organe und Einrichtungen und deren Stellvertreter,
c) die Vorsitzenden der örtlichen Räte.

§ 3

(1) Der im § 2 Abs. 2 Buchstabe a und b genannte Personenkreis hat das Recht, durch schriftliche Weisung festzulegen, welche Mitarbeiter des zentralen Organs sowie der nachgeordneten Organe ein Dienstsiegel führen.
(2) Für die Mitarbeiter der örtlichen Räte erfolgt die Festlegung über die Berechtigung zur Führung eines Dienstsiegels durch
- den Vorsitzenden des Rates des Bezirkes
für die Mitarbeiter des Rates des Bezirkes;
- den Vorsitzenden des Rates des Kreises bzw den Oberbürgermeister
für die Mitarbeiter des Rates des Kreises bzw der Stadt sowie für die Mitarbeiter der kreisangehörigen Städte, Stadtbezirke und Gemeinden.
(3) Die Berechtigung zur Führung eines Dienstsiegels ist in der Regel auf eine Person zu beschränken. Die Notwendigkeit, mehreren Personen die Unterzeichnungsbefugnis für ein Dienstsiegel zu erteilen, ist zu begründen.
(4) Über die Führung von Dienstsiegeln, die über den Rahmen dieser Siegelordnung hinausgeht, entscheidet das Ministerium des Innern.
(5) Akademien, Universitäten und Hochschulen kann vom Ministerium des Innern die Führung eines besonderen Dienstsiegels gestattet werden, wenn ein solches auf Grund der Tradition bisher geführt wurde.

22 **bb)** Verordnung über das Dienstsiegel der staatlichen Organe v 16. 7. 1981 (GBl-DDR 1981 I 309)

§ 1

(1) Dienstsiegel führen
a) der Vorsitzende des Staatsrates
b) der Vorsitzende des Nationalen Verteidigungsrates
c) der Vorsitzende des Ministerrates
d) der Präsident der Volksammer
e) die Mitglieder des Ministerrates
f) der Präsident des Obersten Gerichts
g) der Generalstaatsanwalt
h) der Sekretär des Staatsrates
i) die Leiter der anderen zentralen Staatsorgane und der dem Ministerrat nachgeordneten Einrichtungen
j) die Vorsitzenden der örtlichen Räte.
(2) Die Mitglieder des Ministerrates und die Leiter der anderen zentralen Staatsorgane, die Leiter der dem Ministerrat nachgeordneten Einrichtungen, die Vorsitzenden der Räte der Bezirke und Kreise sowie die Oberbürgermeister der Städte legen schriftlich fest, in welchen Funktionen Leiter und Mitarbeiter ihres Verantwortungsbereiches einschließlich der ihnen unterstellten Einrichtungen Dienstsiegel führen.

c) Die gesiegelte Urkunde muß vom **vertretungsberechtigten Leiter** des Organs oder einer von diesem nach den Bestimmungen der Siegelordnung **ordnungsgemäß ermächtigten Person** unterzeichnet und gesiegelt (BÖHRINGER DtZ 1994, 302; SCHNABEL DtZ 1997, 343, 345) sein. Insbesondere muß die Ermächtigung durch den Behördenleiter den Bestimmungen in § 3 Abs 2 SiegelO 1967 bzw § 1 Abs 2 SiegelO 1981 (*Schriftform der Ermächtigung*) entsprechen. 23

2. Rechtsfolge

a) Die in der in S 1 beschriebenen Weise hergestellte Vollmachtsurkunde ist **formwirksam**. Eine **Beglaubigung** nach § 57 Abs 2 S 2 ZGB ist nicht erforderlich (KG NJ 1995, 593, 594). Welches Rechtsgeschäft unter Verwendnung der Vollmacht geschlossen wurde, ist unerheblich. Zwar mag der Gesetzgeber vorrangig an Grundstücksgeschäfte mit Bürgern der DDR auf Käuferseite gedacht haben (MünchKomm/BUSCHE Rn 5; dazu oben Rn 8). Der *Anlaß* zur Regelung ist jedoch nicht geeignet, ohne jeden Ausdruck im Wortlaut der Bestimmung eine Beschränkung auf dem Anlaßfall vergleichbare Fälle vorzunehmen. Das Bedürfnis nach Klarstellung besteht unabhängig von dem unter Verwendung der Vollmacht geschlossenen Geschäft (wie hier: OLG Naumburg VIZ 1997, 116; SCHNABEL DtZ 1997, 343, 345). 24

b) Die Heilung des Formmangels wirkt zurück auf den **Zeitpunkt** der Errichtung der Vollmachtsurkunde. Dies ergibt sich aus dem Wortlaut von Satz 1 („*ist* wirksam"), sowie aus dem Sinnzusammenhang der Vorschrift mit § 7 und §§ 1, 2 BeurkÄndG (SCHNABEL DtZ 1997, 343, 345). 25

c) **Andere Mängel** der Vollmachtsurkunde und der Bevollmächtigung werden von der Heilung nicht erfaßt (PALANDT/HEINRICHS Rn 2; BÖHRINGER DtZ 1994, 302; vgl vor Inkrafttreten LG Neubrandenburg VIZ 1994, 688: Untervollmacht durch nicht Bevollmächtigten). Insbesondere bleiben Unwirksamkeitsgründe unberührt, die sich aus der Verletzung von Zuständigkeitsvorschriften ergeben. Der zum Anlaß der Regelung genommene Fall des Kammergerichts (DtZ 1993, 30, oben Rn 12) wäre also auch nach Inkrafttreten der Bestimmung hinsichtlich der mangelnden Veräußerungsbefugnis der vertretenen Behörde in gleicher Weise zu entscheiden (vgl aber KG NJ 1995, 593, 594 zur Veräußerungsbefugnis aufgrund des VerkaufsG v 7. 3. 1990). 26

d) Ein **Rückgabeanspruch** im Falle der Verletzung anderer Vorschriften als des § 57 Abs 2 S 2 ZGB wird durch die Regelung des § 8 nicht begründet, anders als im Entwurf zu Art 13 Nr 1 b RegVBG (oben Rn 4; BT-Drucks 12/7425, 91). Rückgabeansprüche können nach allgemeinen zivilrechtlichen Bestimmungen (BÖHRINGER DtZ 1994, 302), insbesondere nach *Bereicherungsrecht* bestehen, sofern die verletzten Bestimmungen zur Nichtigkeit des Vertrages führen; in Betracht kommen außerdem – insbesondere in den Fällen unlauterer Machenschaftem im Anschluß an das Gesetz über den Verkauf volkseigener Gebäude – Rückgabeansprüche nach den Bestimmungen des *VermögensG* (§ 4 Abs 3 VermG, BÖHRINGER DtZ 1994, 302). 27

e) Die in **§ 7 Abs 2 und 3** enthaltenen Rechtsgedanken gelten für § 8 entsprechend (PALANDT/HEINRICHS Rn 2). Auch die Heilung nach § 8 greift nicht in **rechtskräftig entschiedene Verfahren** ein; **Folgeverträge** sind nach Maßgabe von § 7 Abs 3 unwirksam. 28

III. Falschbezeichnung und Vertretungsmacht bei Kommunen (Abs 2)

1. Zwei Tatbestände

29 Entgegen der Überschrift zu § 8 betrifft Abs 2 zwei unterschiedliche Fragen. Zwar betreffen beide Fälle die Vertretung von Kommunen bei Rechtsgeschäften und -handlungen (unten Rn 30 ff). Nur S 1 betrifft jedoch die *Falschbezeichnung* (unten Rn 36 f). S 2, 3 behandeln hingegen Fälle zweifelhafter oder fehlender Vertretungsmacht (unten Rn 36 ff).

2. Anwendungsbereich (Abs 2)

30 **a)** Sachlich gilt Abs 2 für **Rechtsgeschäfte und Rechtshandlungen** von Kommunen. Der weite Wortlaut bezieht sich nicht nur auf die Modrow-Kaufverträge, die unmittelbaren Anlaß zu der Regelung gegeben haben. Wegen der engen Verbindung von Abs 2 zur Problematik der Wirksamkeit der Modrow-Verkäufe wird jedoch zu Recht eine teleologische Reduktion vertreten: Abs 2 soll lediglich eine Verbesserung der Rechtsstellung von Vertragspartnern und Erklärungsadressaten der betroffenen Kommunen bewirken. Sie gilt daher nur für solche Erklärungen. Auf namens der Kommune ausgesprochene Kündigungen oä ist sie nicht anzuwenden (Palandt/Heinrichs Rn 6; MünchKomm/Busche Rn 11). Eine weitergehende teleologische Einschränkung auf Fälle der Veräußerung volkseigenen Vermögens, nicht aber neu erworbenen Vermögens (so Böhringer VIZ 1997, 617, 618) ist weder dem Wortlaut zu entnehmen, noch aus dem Zweck zwingend herzuleiten. Solche Fälle dürften jedoch in der Praxis sehr selten gewesen sein.

Mit dieser Einschränkung sind als *Rechtsgeschäfte* grundsätzlich alle Verträge, aber auch einseitige Rechtsgeschäfte erfaßt. Unter *Rechtshandlungen* ist insbesondere die einseitige Verleihung von Rechten, zB Nutzungsrechten, zu verstehen (Böhringer VIZ 1997, 617, 618). *Deliktisches Handeln* ist nach dem Zweck der Regelung nicht in den Begriff der Rechtshandlungen eingeschlossen. Rein *verfahrensrechtliche* Erklärungen, zB Eintragungsanträge, sind nicht erfaßt (Böhringer aaO), wohl aber Eintragungsbewilligungen. Auch verfahrensrechtliche Mitwirkungshandlungen (zB Eheschließung durch eine nicht bevollmächtigte Person) fallen nicht unter Abs 2 (**aA** Stavorinus NotBZ 1997, 181, 183).

31 **b)** **Zeitlich** gilt Abs 2 für Rechtsgeschäfte und Rechtshandlungen, die zwischen dem 17. 5. 1990 und dem 3. 10. 1990 vorgenommen wurden. Dabei ist der 17. 5. 1990 in den Zeitraum eingeschlossen, da an diesem Tag das Kommunalverfassungsgesetz (oben Rn 10) bereits in Kraft war und damit für an diesem Tag geschlossene Geschäfte Regelungsbedarf bestand (vgl BGH VIZ 1996, 342, oben Rn 12). Der 3. 10. 1990 ist hingegen nicht eingeschlossen, weil der Beitritt an diesem Tag um 0 Uhr vollzogen war (MünchKomm/Busche Rn 20).

Maßgeblich für die Bestimmung des *Zeitpunkts* der Vornahme ist bei Verträgen nicht der Zeitpunkt des Vertragsschlusses, sondern der Zeitpunkt des Wirksamwerdens der Willenserklärung. Ein vor dem 17. 5. 1990 namens des Rates der Kommune oder des Kreises abgegebenes Angebot bedarf zu seiner Wirksamkeit keiner Klarstellung oder Heilung nach Abs 2.

c) Die dadurch bedingte Rückwirkung der Regelung wird durch **Art 225** begrenzt. Vor dem 24. 7. 1997, dem Tag des Inkrafttretens des WoModSiG rechtskräftig ergangene *Urteile* (also nicht solche, die sich an diesem Tag noch im Berufungs- oder Revisionsrechtszug befinden: BGHZ 141, 184) und vor dem Stichtag geschlossene wirksame *Vereinbarungen* bleiben von der Heilung unberührt (Twardawsky/Edler NJ 1997, 570, 573; vgl Art 225 Rn 1 ff). **32**

3. Zurechnung zur Kommune (Abs 2 S 1)

a) Abs 2 S 1 setzt ein Rechtsgeschäft oder eine Rechtshandlung voraus, die im Anwendungszeitraum (oben Rn 31) **namens eines nicht mehr existierenden Rates** einer Kommune, also einer Gemeinde, einer Stadt aber auch eines Kreises (MünchKomm/Busche Rn 12; Palandt/Heinrichs Rn 5; Stavorinus NotBZ 1997, 181, 183) vorgenommen wurde. Auf Handlungen namens des früheren Magistrats für den Ostteil von *Berlin*, der als „Berlin, Hauptstadt der DDR" Bezirksstatus hatte, ist Abs 2 S 1 ebenfalls anzuwenden (MünchKomm/Busche Rn 13). **33**

Auf Kaufverträge, die mit oder namens anderer das Volkseigentum verwaltenden Rechtsträger abgeschlossen wurden, ist Abs 2 S 1 nicht anzuwenden (OLG Naumburg ZOV 1998, 440; Böhringer VIZ 1997, 617, 618). Die Bestimmung gilt jedoch auch dann, wenn der Vertreter des betreffenden Rates für diesen als Vertreter eines sonstigen Rechtsträgers (zB VEB) aufgetreten war (so die Konstellation in BGH VIZ 1996, 342). Sie ersetzt allerdings nicht die erforderliche Vertretungsbefugnis der bei Vertragsschluß existierenden Kommune, der die Rechtshandlung zugerechnet wird (unten Rn 35), für den vertretenen anderen Rechtsträger.

b) Weitere Voraussetzung ist Handeln **mit Vertretungsmacht**. Entgegen dem naheliegenden grammatikalischen Verständnis bezieht sich das Erfordernis der Vertretungsmacht *nicht* auf die Vertretung des Rates (unklar MünchKomm/Busche Rn 12, wie hier jedoch Rn 14), sondern auf die Vertretung der seit dem 17.5. 1990 bestehenden Kommune (Palandt/Heinrichs Rn 6). Dieses Verständnis ergibt sich zweifelsfrei aus der Gesetzgebungsgeschichte. In der zunächst verabschiedeten Version des Abs 2 (oben Rn 13) war die Bestimmung auf eine Heilung der Falschbezeichnung beschränkt und bezog sich, wie auch die damals vorgesehene Alternative der nachträglichen Billigung verdeutlicht, eindeutig auf den Vertretenen, nicht aber auf den scheinbar Handelnden, der im maßgeblichen Zeitpunkt nicht mehr existierte. **34**

Die Bestimmung beschränkt sich nicht auf das Handeln *organschaftlicher* Vertreter, also der Bürgermeister und der Landräte. Nach dem Wortlaut der Regelung genügt auch *rechtsgeschäftliche Vertretungsmacht*; der Zweck der Bestimmung bestätigt dieses Verständnis, denn es sollten gerade auch jene Fälle erfaßt werden, in denen Mitarbeiter der Kommunen kraft Arbeitsvertrages zu Modrow-Veräußerungen bevollmächtigt waren (Stavorinus NotBZ 1997, 181, 183; MünchKomm/Busche Rn 14; dazu oben Rn 11). Maßgeblich ist das Bestehen der Vertretungsmacht im Außenverhältnis; ob die Handlung durch einen kommunalrechtlich wirksamen Beschluß gedeckt war, ist unerheblich (Stavorinus NotBZ 1997, 181, 184).

c) Als **Rechtsfolge** wird das Rechtsgeschäft/die Rechtshandlung der **Kommune** zugerechnet, die an die Stelle des früheren Rates getreten ist. Da die am **35**

17.5. 1990 konstituierten Kommunen als Gebietskörperschaften nicht Rechtsnachfolger der Räte waren, ist nach dem Zweck der Bestimmung jene Kommune gemeint, die – meist unter demselben Namen – an die Stelle des früheren Rates getreten ist (MünchKomm/Busche Rn 22; Schnabel ZOV 1997, 384).

4. Widerlegliche Vemutung der Vertretungsmacht (Abs 2 S 2)

36 a) Abs 2 S 2 begründet eine **widerlegliche Vermutung der Vertretungsmacht**, die sich, wie jede Vermutung, sowohl als Beweiserleichterung in Fällen vorhandener Vertretungsmacht als auch als Heilung in Fällen fehlender Vertretungsmacht auswirken kann. Daher kann insbesondere auch die Vertretungsmacht des nach *Abs 2 S 1* Handelnden auf die Vermutung gestützt werden.

Fraglich ist, ob Abs 2 S 2 nur in Fällen eingreift, in denen namens eines Rates, also unter einer **Falschbezeichnung**, gehandelt wurde, also Abs 2 S 1 zur Anwendung kommt. Daß die vom BGH entschiedenen Ausgangsfälle so gestaltet waren und der Gesetzgeber ersichtlich zunächst stärker die Falschbezeichnung im Auge hatte als Nachweisschwierigkeiten der Vertretungsmacht (dazu oben Rn 13), zwingt nicht zur Einschränkung auf Fälle, in denen Falschbezeichnung und Zweifel an der Vertretungsmacht einhergehen. Das mag in der Praxis häufig so gewesen sein; es besteht aber erst recht Anlaß, die Vermutung anzuwenden, wenn ein gemeindlicher Bediensteter seit dem 17.5. 1990 *zwar* schon den richtigen Briefkopf benutzt hat, aber noch auf dem Boden einer ungewissen Vollmacht (des früheren Ratsvorsitzenden) handelte.

37 b) Da die Ausgestaltung des Widerspruchsverfahrens auf **Eintragungen im Grundstücksverkehr** zugeschnitten ist, insbesondere die Mitwirkung des Grundbuchamts voraussetzt, ist fraglich, ob bei sonstigen Rechtsgeschäften und -handlungen *keine Vermutung* eintritt (so Palandt/Heinrichs Rn 6: „bei Grundstücksgeschäften"; Schnabel ZOV 1997, 384, 385; Böhringer VIZ 1997, 617, 618) oder *kein die Vermutung hindernder Widerspruch* möglich ist (so MünchKomm/Busche Rn 16). Die erstgenannte Ansicht erweist sich nach dem Regelungszweck als zutreffend: Nicht nur die Modrow-Kaufverträge als Anlaß der Regelung legen im Zweifel eine Beschränkung auf Grundstücksgeschäfte nahe. Vor allem würde eine Vermutung der Vertretungsmacht ohne Widerspruchsmöglichkeit dem Ziel nicht gerecht, die als Motiv der ganzen Regelung zugrundeliegende Annahme der *Billigung* durch die Kommune zu rechtfertigen. Abs 2 S 2, 3 gelten also **nur im Grundstücksverkehr**.

38 c) Voraussetzung für das Eingreifen der Vermutung ist, daß die Kommune keinen **Widerspruch** erhebt. Der ausbleibende Widerspruch vermittelt die der Vermutung zugrundeliegende Annahme, die Kommunen hätten regelmäßig, vor allem im Fall der Modrow-Verkäufe, das Handeln auch nicht bevollmächtigter Personen unter bestimmen Umständen gebilligt (MünchKomm/Busche Rn 15). Diese Billigung, die in der ersten verabschiedeten Version des WoModSiG (oben Rn 13) als politische Billigung verstanden wurde, ist in der geltenden Fassung im Sinn einer rechtsgeschäftlichen, also zivilrechtlichen Billigung gestaltet (BT-Drucks 13/7275, 3).

Der Widerspruch kann nur innerhalb einer (Ereignis-)**Frist von einem Monat** ab Zugang einer Anzeige des Grundbuchamts (dazu Rn 39) eingelegt werden. Diese Frist wird jedoch nicht nur durch eine Anzeige ausgelöst, die das Grundbuchamt in Kenntnis der Bestimmung des Abs 2, also nach dem 17. 7. 1997 übermittelt. Auch vor diesem Datum kann eine entsprechende formlose Anzeige bereits erfolgt und die Frist abgelaufen sein (BGHZ 141, 184, 187). Eine sonst erlangte Kenntnis genügt hingegen, anders als für Abs 2 S 3 Nr 3, nicht.

Zudem ist der Widerspruch nur beachtlich, wenn er auf die in Abs 2 S 4 enumerativ genannten (Schnabel ZOV 1997, 384) **Gründe** (unten Rn 42 ff) gestützt wird. Auch insoweit wirkt die Regelung zurück; ob sich die Kommune vor Inkrafttreten des Abs 2 auf einen dieser Gründe gestützt und damit eine gegen sie laufende Frist unterbrochen hat, ist durch Auslegung zu ermitteln.

d) Zur Verwirklichung des befristeten Widerspruchs schafft Abs 2 S 2 ein **grundbuchamtliches Anzeigeverfahren**, das vom Grundbuchamt einzuleiten ist, wenn aufgrund eines unter Abs 2 fallenden Rechtsgeschäfts bzw einer Rechtshandlung eine Eintragung beantragt wird. Die Anzeige ist formfrei, muß aber ihrem Inhalt nach der Kommune die Möglichkeit geben, die Vertretungsbefugnis des für sie Handelnden zu überprüfen, also Vertragsdatum, die Bezeichnung des Handelnden und des Vertragspartners sowie des betroffenen Grundstücks erkennen lassen (im einzelnen zur grundbuchverfahrensrechtlichen Umsetzung Böhringer VIZ 1997, 618, 620; zu Nachforschungspflichten Stavorinus NotBZ 1997, 183, 184 ff). **39**

e) **Rechtsfolge** des Abs 2 S 2 ist eine **widerlegliche Vermutung** des Bestehens der Vertretungsmacht des namens der Kommune selbst (oben Rn 36) oder namens des Rates – und deshalb nach Abs 2 S 1 für die Kommune – Handelnden. Diese Vermutung tritt ein, wenn die Kommune *nicht* widerspricht oder sich nicht auf einen der *zulässigen Widerspruchsgründe* stützt. In diesem Fall bleibt die Vermutung gleichwohl, auch für Dritte, widerleglich (MünchKomm/Busche Rn 16; Palandt/Heinrichs Rn 6; Schnabel ZOV 1997, 384; Heidemann VIZ 1998. 122). Die Regelung validiert also nicht definitiv das Rechtsgeschäft trotz fehlender Vertretungsmacht, verlagert aber die Beweislast auf denjenigen, der sich auf das Fehlen der Vertretungsmacht beruft und schneidet damit aus tatsächlichen Gründen häufig die Rechte Dritter (dazu oben Rn 17) ab. **40**

Widerspricht die Kommune fristgemäß und zulässig, so besteht keine Vermutung, dh, wer sich auf die Vertretungsmacht beruft, trägt die Darlegungs- und Beweislast.

f) **Weitere Mängel des Rechtsgeschäfts oder der Rechtshandlung** werden nicht geheilt (BGHZ 141, 184, 188 ff; Palandt/Heinrichs Rn 7; MünchKomm/Busche Rn 23), es sei denn es tritt eine Heilung nach Art 237 ein. Die weitergehenden Heilungsvorschläge zum Entwurf eines NutzerschutzG, der dem WoModSiG zugrunde liegt, wurden – zu Recht – nicht umgesetzt (hierzu, sowie zu weiteren, nicht heilbaren Mängeln vgl Art 233 § 2 Rn 40; Schnabel VIZ 1998, 113). **41**

5. Widerspruchsgründe

a) Nach **Abs 2 S 3 Nr 1** ist ein Widerspruch der Gebietskörperschaft (zu den übrigen Voraussetzungen oben Rn 38 f, zu den Wirkungen oben Rn 40) gegen **Handeln des gesetzlichen Vertreters für den früheren Rat** oder dessen Stellvertreters (§ 81 S 2, 3 Gesetz über die örtlichen Volksvertretungen, vgl oben Rn 10), bzw des früheren Oberbürgermeisters und der Stadtbezirksbürgermeister von Ost-Berlin (MünchKomm/Busche Rn 18) be- **42**

achtlich, wenn dieser gehandelt hat, nachdem eine andere Person gemäß der Kommunalverfassung v 17. 5. 1990 (oben Rn 10) zum Bürgermeister oder Landrat gewählt war *und* ihr Amt angetreten hatte. Damit werden umgekehrt die Fälle von einem Widerspruch ausgeschlossen, in denen die Gebietskörperschaft mangels eines bereits im Amt befindlichen Vertreters handlungsunfähig gewesen wäre (oben Rn 11). Maßgeblich ist nicht, ob der Bürgermeister oder Landrat bereits am 17. 5. 1990 im Amt war, sondern nur, ob er sein Amt vor dem Handeln des früheren gesetzlichen Vertreters angetreten hatte. Bei Personenidentität zwischen beiden ist ein Widerspruch nicht beachtlich, selbst wenn der Bürgermeister oder Landrat fehlerhaft für den Rat der Kommune gezeichnet hat.

43 **b)** Auf **sonstige Mitglieder der früheren Räte** ist die Bestimmung nach ihrem Wortlaut nicht anzuwenden (MünchKomm/Busche Rn 18). Abs 2 S 3 soll jedoch nach dem gesetzgeberischen Willen die Fälle organschaftlicher Vertretung einerseits (Abs 2 S 3 Nr 1) und gewillkürter Stellvertretung andererseits umfassend regeln. Soweit solche einfachen Ratsmitglieder nicht nur aufgrund Vollmacht der Organe handeln konnten, sondern eine auf ihren Verantwortungsbereich beschränkte organschaftliche Vertretungsmacht innehatten (vgl § 81 S 4 Gesetz über die örtlichen Volksvertretungen, Rn 10) gilt nach dem Regelungszweck Abs 2 S 3 Nr 1 entsprechend (oben Rn 42; **aA** MünchKomm/Busche Rn 18) mit der Maßgabe, daß ein Widerspruch ebenfalls zulässig ist, wenn solche Vertreter noch nach dem Amtsantritt des neu gewählten Bürgermeisters oder Landrats gehandelt haben, weil die organschaftliche Vertretungsmacht der neu entstandenen Gebietskörperschaften in diesen Personen konzentriert ist. Anderenfalls würde es zu einer *Vermutung* der Vertretungsmacht in Fällen kommen, in denen das *Fehlen* der Vertretungsmacht mit Händen zu greifen ist, weil ein früherer Funktionsträger den Amtsantritt des neuen gesetzlichen Vertreters ignoriert hat.

44 **c)** Der Widerspruch gegen das **Handeln eines rechtsgeschäftlichen Vertreters** kann gemäß Abs 2 S 3 Nr 2 darauf gestützt werden, daß die Vollmacht widerrufen oder durch Zeitablauf erloschen war. Zulässig ist der Widerspruch auch, wenn der Bevollmächtigte seine *Vertretungsmacht überschritten* hat (Palandt/Heinrichs Rn 6; Heidemann VIZ 1998, 122).

Die Bestimmung ist zwar unabhängig von der sonstigen Stellung des Handelnden zum ehemaligen Rat der Kommune; bei Handeln von *Mitarbeitern* gilt jedoch die speziellere Regelung in Nr 3.

45 **d)** Bei Abschluß des Geschäfts durch einen **Mitarbeiter der Verwaltung** kann die Gebietskörperschaft fehlende Vertretungsmacht als solche (nach Nr 2, oben Rn 44) nicht zur Grundlage des Widerspruchs machen. Da im allgemeinen die Mitarbeiter der Räte aufgrund ihrer Arbeitsverträge zum Abschluß der hier betroffenen Grundstücksgeschäfte (zumeist Modrow-Kaufverträge) vertretungsbefugt waren und hiervon auch nach dem 17. 5. 1990 ausgegangen wurde (oben Rn 11), liegt beim Vertragspartner ein Vertrauenstatbestand vor, der nur auf qualifizierte Weise zu beseitigen ist. Daher ist nach Abs 2 S 3 Nr 3 der Widerspruch nur beachtlich, wenn die Kommune innerhalb von zwei Monaten nach Kenntnis des von einem Mitarbeiter abgeschlossenen Rechtsgeschäfts gegenüber dem Vertragspartner – den der Gesetzestext in Anlehnung an die hauptsächliche Regelungssituation als „Käufer" bezeichnet – erklärt hat, das Rechtsgeschäft nicht erfüllen zu wollen. Diese Erfüllungsablehnung bedarf keiner Form, muß aber das Rechtsgeschäft im einzelnen so bezeichnen, daß es für den Käufer individualisierbar ist; generelle Erklärungen der Gebietskörperschaften genügen daher nicht.

In diesem Fall laufen also *zwei Fristen*. Die Zweimonatsfrist zur *Erfüllungsablehnung* wird durch Kenntnis von dem Geschäft ausgelöst und kann daher bereits abgelaufen sein, ehe die in Abs 2 S 2 vorgesehene Anzeige des Grundbuchamts die *einmonatige Widerspruchsfrist* auslöst.

46 **e)** Hat eine Person gehandelt, die **nicht** oder **nicht mehr Mitarbeiter** der Kommunalverwaltung war, so ist der Widerspruch auch ohne die in Abs 2 S 3 Nr 3 vorgesehene Erfüllungsablehnung beachtlich (Abs 2 S 3 Nr 4). Die Regelung meint Situationen, in denen jemand *als Mitarbeiter aufgetreten* ist und bestätigt für diese Fälle, daß das Vertrauen in eine fälschlich behauptete Mitarbeiterstellung ebenso wenig schutzwürdig ist, wie das Vertrauen in eine fälschlich behauptete Vollmacht (oben Rn 44).

Nicht beachtlich ist der Widerspruch hingegen, wenn der Handelnde Mitarbeiter war, aber seine arbeitsvertraglich begründete *Vertretungsmacht überschritten* hatte (so anscheinend Palandt/Heinrichs Rn 6: „In Erweiterung von Nr 4" unter unzutreffender Bezugnahme auf Heidemann VIZ 1998, 122, der den Fall der schlichten Vollmachtsüberschreitung oben Rn 44 anführt). Insoweit ist Abs 2 S 3 Nr 3 eine Spezialregelung, die bei Mitarbeitern den Widerruf sogar bei völligem Fehlen der Vertretungsmacht, erst recht also bei Überschreitung, ausschließt. In diesen Fällen besteht also die Vermutung, die Überschreitung der Vertretungsmacht muß bewiesen werden.

§ 9
Heilung unwirksamer Vermögensübertragungen

(1) Sollte das ehemals volkseigene Vermögen oder ein Teil des ehemals volkseigenen Vermögens, das einem Betrieb der kommunalen Wohnungswirtschaft zur selbständigen Nutzung und Bewirtschaftung übertragen war, im Wege der Umwandlung nach den in Absatz 2 Nr. 2 genannten Umwandlungsvorschriften oder im Zusammenhang mit einer Sachgründung auf eine neue Kapitalgesellschaft übergehen und ist der Übergang deswegen nicht wirksam geworden, weil für einen solchen Vermögensübergang eine rechtliche Voraussetzung fehlte, kann der Vermögensübergang durch Zuordnungsbescheid nachgeholt werden. Eine aus dem Zuordnungsbescheid nach dieser Vorschrift begünstigte Kapitalgesellschaft kann ungeachtet von Fehlern bei der Umwandlung oder Sachgründung als Inhaberin eines Rechts an einem Grundstück oder an einem solchen Recht in das Grundbuch eingetragen werden, wenn sie im Handelsregister eingetragen ist.

(2) Im Sinne des Absatzes 1 Satz 1 sind:

1. Betriebe der kommunalen Wohnungswirtschaft:

a) ehemals volkseigene Betriebe Kommunale Wohnungsverwaltung,

b) ehemals volkseigene Betriebe Gebäudewirtschaft oder

c) aus solchen Betrieben hervorgegangene kommunale Regie- oder Eigenbetriebe;

2. Umwandlungsvorschriften:

a) die Verordnung zur Umwandlung von volkseigenen Kombinaten, Betrieben und Einrichtungen in Kapitalgesellschaften vom 1. März 1990 (GBl. I Nr. 14 S. 107),

b) das Treuhandgesetz,

c) das Gesetz über die Umwandlung volkseigener Wohnungswirtschaftsbetriebe in gemeinnützige Wohnungsbaugesellschaften und zur Übertragung des Grundeigentums an die Wohnungsgenossenschaften vom 22. Juli 1990 (GBl. I Nr. 49 S. 901) oder

d) das Umwandlungsgesetz in der Fassung der Bekanntmachung vom 6. November 1969 (BGBl. I S. 2081).

(3) Durch einen solchen Bescheid kann auch ein durch die Umwandlung eines der in Absatz 1 Satz 1 bezeichneten Unternehmen eingetretener Übergang ehemals volkseigenen Vermögens geändert werden.

(4) Ein Bescheid nach den Absätzen 1 und 3 bedarf des Einvernehmens der Beteiligten. Das Einvernehmen kann durch den Zuordnungsbescheid ersetzt werden, wenn es rechtsmißbräuchlich verweigert wird. Die Ersetzung des Einvernehmens kann nur zusammen mit dem Zuordnungsbescheid vor dem Verwaltungsgericht angefochten werden. § 6 des Vermögenszuordnungsgesetzes gilt sinngemäß.

(5) Die in Absatz 1 bezeichneten Kapitalgesellschaften gelten auch schon vor Erteilung der Zuordnungsbescheide als ermächtigt, alle Rechte aus dem ehemals volkseigenen Vermögen, das auf sie übergehen sollte, oder aus Rechtsgeschäften in bezug auf dieses Vermögen unter Einschluß von Kündigungs- und anderen Gestaltungsrechten im eigenen Namen und auf eigene Rechnung geltend zu machen. Sollte ein ehemals volkseigener Vermögenswert auf mehrere Gesellschaften der in Absatz 1 bezeichneten Art übergehen, gelten die betreffenden Gesellschaften als Gesamtgläubiger. Wird eine Zuordnung nach Maßgabe der Absätze 3 und 4 geändert, gilt Satz 2 sinngemäß. Die Gesellschaft, die den Vermögenswert auf Grund der Umwandlung oder Sachgründung in Besitz hat, gilt als zur Verwaltung beauftragt. Im übrigen gilt § 8 Abs. 3 des Vermögenszuordnungsgesetzes entsprechend. Ansprüche nach dem Vermögensgesetz und rechtskräftige Urteile bleiben unberührt.

Materialien: Eingefügt durch Art 3 Nr 1 VermögensrechtsanpassungsG v 4. 7. 1995, BGBl 1995 I 895; E: BT-Drucks 13/202; Beschlußempfehlung und Bericht des Rechtsausschusses BT-Drucks 13/1593.

Schrifttum

Kappel, Kommunale Wohnungsunternehmen in den neuen Bundesländern, ZögU 1997, 157
Keller, Heilung fehlerhafter Umwandlungen der volkseigenen Betriebe der Gebäudewirtschaft, VIZ 1996, 16.

Zur Umwandlung von Betrieben der Wohnungswirtschaft:
Horn, Das Zivil- und Wirtschaftsrecht im neuen Bundesgebiet (2. Aufl) 1034.

Systematische Übersicht

Alphabetische Übersicht

I. Normzweck

1. Die Bestimmung dient der **Heilung unwirksamer Vermögensübertragungen** im Bereich der **kommunalen Wohnungswirtschaft**. Eine entsprechende Heilungsbestimmung für Mängel bei der Umwandlung von **LPGen** enthält § 34 Abs 3 LwAnpG (dazu BGH DtZ 1996, 239, 240: Heilung durch Registereintragung: BGH ZIP 1998, 1161; BGH BB 1999, 1450: keine Heilung trotz Registereintragung, wenn kein auf identitätswahrende Umwandlung gerichteter Beschluß vorliegt). 1

a) Anläßlich der **Umwandlung** der ehemals volkseigenen Betriebe der Wohnungswirtschaft (hierzu Keller VIZ 1996, 16, 17; Kappel ZögU 1997, 157, 162 ff) und der **Sachgründung** neuer Gesellschaften sind häufig Fehler hinsichtlich der Übertragung von Vermögen auf die neuen Gesellschaften vorgekommen. Teilweise erfolgten die Vermögensübergänge nicht rechtswirksam, teilweise wurden Vermögenswerte übertragen, die auf die Kapitalgesellschaften nicht hätten übertragen werden dürfen (Keller VIZ 1996, 16, 17 f; BT-Drucks 13/1593, 3 f).

b) Die so entstandenen **Handelsgesellschaften** genießen durch die Eintragung im Handelsregister nach Ansicht des Gesetzgebers **Bestandsschutz** (BT-Drucks 13/1593, 3 f; 33); die Frage, ob Mängel anläßlich rechtsgeschäftlicher Übertragungsakte bei der Umwandlung und Sachgründung auf die Existenz der neuen Gesellschaften durchschlagen, oder ob die Eintragung in das Handelsregister den Mangel nicht nur für die Zeit der Eintragung heilt (§§ 275 AktG, 75 GmbHG), sondern die Gesellschaft auch gegen eine Löschung mit Wirkung *ex nunc* schützt, ist kontrovers diskutiert worden (für Heilung KG VIZ 1993, 113; gegen Heilung AG Charlottenburg ZIP 1992, 520; Horn 1001; Neye EWiR 1993, 397). 2

c) Jedenfalls aber sind die rein zivilrechtlich zu beurteilenden und durch Eintragung der Gesellschaft in das Handelsregister nicht geheilten Übertragungsakte unwirksam. 3

2. Eine **rein zivilrechtliche Lösung** erschien nicht praktikabel. 4

a) Insbesondere die **Nachauflassung** der nicht wirksam übertragenen Objekte bereitet Schwierigkeiten, weil die Grundstücke in der Regel erst mit einem Zuordnungsplan bestimmt und zugeordnet werden müssen (BT-Drucks 13/1593, 3 f; v Falkenhausen DtZ 1995, 317, 319).

b) Der Gesetzgeber hat daher ein **Verwaltungsverfahren** zur Zuordnung gewählt, um anläßlich der ohnehin häufig notwendigen Zuordnung nach dem *VermögenszuordnungsG* v 22. 3. 1991 (BGBl 1991 I 784; neu bekanntgemacht BGBl 1994 I 709; VZOG) zugleich den zivilrechtlichen Mangel zu beseitigen (BT-Drucks 13/1593, 33); dabei wird zugleich die Möglichkeit der Korrektur von zivilrechtlich wirksamen, aber zuordnungsrechtlich unzulässigen Vermögensübertragungen geschaffen, die ansonsten ebenfalls nach Zuordnung durch Rückauflassung erfolgen müßte. Der Vermögensübergang kann also durch **Zuordnungsbescheid** nachgeholt *oder* geändert werden. Das **Verfahren** lehnt sich in seiner Ausgestaltung stark an das Verfahren nach dem VZOG an. 5

II. Zuordnungsverfahren (Abs 1)

1. Zuordnungsvoraussetzungen (Abs 1 S 1)

6 **a)** Abs 1 S 1 begründet einen neuen Tatbestand, bei dessen Vorliegen auch außerhalb des Anwendungsbereichs des § 7 Abs 5 VZOG eine **Übertragung durch** Zuordnungsbescheid möglich ist (BT-Drucks 12/1593, 33).

7 **b)** Voraussetzung ist ein Vorgang der **Vermögensübertragung**, der ehemals volkseigenes Vermögen betrifft.

8 **aa)** Regelmäßig wird es sich um die Übertragung von Grundstücken handeln; es kann sich aber auch um sonstiges ehemals volkseigenes Vermögen iSd Art 21, 22 EV handeln, soweit die weiteren Tatbestandsmerkmale erfüllt sind.

9 **bb)** Das Vermögen muß als ehemaliges volkseigenes Vermögen einem Betrieb der **kommunalen Wohnungswirtschaft** zur selbständigen Nutzung und Bewirtschaftung übertragen gewesen sein. Hierbei handelt es sich um die Fälle gemäß der in Abs 2 Nr 1 enthaltenen **Definiton** (unten Rn 29 ff). Nicht erforderlich ist, daß das Vermögen eines solchen Rechtsträgers als ganzes übertragen wurde; auch bei teilweisen Übertragungen greift Abs 1 S 1 ein.

10 **cc)** Die Übertragung muß auf eine neue **Kapitalgesellschaft** erfolgt sein; erfaßt sind nur solche Fälle, in denen eine Übertragung nach einer der in **Abs 2 Nr 2 exklusiv benannten Umwandlungsvorschriften** erfolgt ist; erfaßt sind auch Fälle der **Sachgründung**, insbesondere Gründungen von Wohnungsträgergesellschaften durch kommunale Gebietskörperschaften, auf die das ehemals volkseigene Vermögen übergegangen war (Einzelheiten unten Rn 33 ff).

11 **c)** Die Übertragung muß **nicht wirksam** geworden sein;

aa) Geheilt wird jeder zur Unwirksamkeit führende Rechtsmangel, also Verstöße gegen Formvorschriften, wegen Unbestimmtheit unwirksame Auflassungen, Vertretungsmängel, Verstöße gegen Zuständigkeits- und Verfahrensregeln. Eine derart weite Heilungsbestimmung konnte gewählt werden, weil die Heilung nicht ex lege, sondern nur in einem Verwaltungsverfahren herbeigeführt wird.

12 **bb)** Fraglich ist, ob das Verfahren auch bei **Zweifeln an der Wirksamkeit** eingreift. Mit Rücksicht auf den Zweck der Bestimmung ist dies – über den Wortlaut hinaus – anzunehmen: Abs 1 soll eine Grundlage für die abschließende Zuordnung von Vermögen an die Nachfolgegesellschaften der DDR-Wohnungswirtschaftsbetriebe ermöglichen, die nicht durch die Frage belastet werden darf, ob der Bescheid letztlich konstitutiv oder nur deklaratorisch die Eigentumslage bestimmt. Im übrigen ist durch Abs 3 auch in Fällen wirksamer Übertragung selbst eine *Änderung* der Zuordnung möglich, was, erst recht, eine *Bestätigung* ermöglichen sollte.

2. Zuordnungsbescheid (Abs 1 S 1) – Verfahren, Rechtsfolgen

13 **a)** Abs 1 S 1 regelt lediglich eine Rechtsfolge, die durch **Zuordnungsbescheid** ein-

treten soll: Der – intendierte, aber bis dahin nicht erfolgte – Vermögensübergang wird durch Zuordnungsbescheid bewirkt. Der Zuordnungsbescheid bezieht sich, trotz der sprachlichen Fassung von Abs 1 S 1, nicht nur auf die jeweils fehlende rechtliche Voraussetzung, wegen derer das Verfahren durchgeführt wurde, sondern heilt *alle* rechtlichen Mängel der Vermögenszuordnung (Palandt/Heinrichs Rn 6; MünchKomm/Busche Rn 16).

b) Aus den Materialien (BT-Drucks 12/1593, 33) und der Verwendung des Begriffes **Zuordnungsbescheid** folgt, daß – soweit § 9 keine Regelungen trifft – das **Verfahren nach dem VermögenszuordnungsG** Anwendung findet. **14**

c) Hinsichtlich der **materiellen Wirkungen des** Zuordnungsbescheides bedeutet dies: **15**

aa) Der Zuordnungsbescheid ist **rechtsgestaltender Verwaltungsakt**. Er bewirkt – nach Eintritt der Bestandskraft (§ 2 Abs 1a S 4 VZOG) – den sachenrechtlichen Eigentumsübergang; eine **Übereignung** bzw eine **Auflassung** ist nicht erforderlich. Erfaßt sind sowohl Aktiva als auch Passiva (Palandt/Heinrichs Rn 6; MünchKomm/Busche Rn 16).

Entsprechend § 2 Abs 3 VZOG wirkt der Bescheid (nur) zwischen den am Verfahren Beteiligten, ergeht jedoch unbeschadet zivilrechtlicher Rechte Dritter (§ 2 Abs 1 S 5 VZOG). Die Frage, ob das Grundstück vor dem 3. 10. 1990 in Volkseigentum stand, wird nicht berührt (Grün ZIP 1998, 321, 327; MünchKomm/Busche Rn 16) und kann im Zivilrechtsweg entschieden werden (vgl Art 233 § 2 Rn 15), soweit nicht der Vorrang des VermG eingreift. Art 237 kann insoweit zur Heilung führen. Erst recht hat der Zuordnungsbescheid keinen Einfluß auf Rechte Dritter bei sonstigem Vermögen (unten Rn 27).

bb) Wird das Eigentum an Grundstücken oder beschränkte dingliche Rechte an Grundstücken übertragen, so ist der Bescheid – auf Ersuchen der Zuordnungsbehörde – im Grundbuch zu vollziehen (§ 3 Abs 1 S 1 VZOG); die **Grundbucheintragung** ist nicht konstitutiv (MünchKomm/Busche Rn 17). Der Bescheid ersetzt auch die Unbedenklichkeitsbescheinigung sowie die in § 3 Abs 2 VZOG bezeichneten öffentlichrechtlichen Genehmigungen. Ist die Kapitalgesellschaft bereits eingetragen, so wird durch den Zuordnungsbescheid die Unrichtigkeit des Grundbuchs geheilt. **16**

d) Hinsichtlich des **Zuordnungsverfahrens** folgt aus der Anwendung des VZOG: **17**

aa) **Zuständig** ist die Zuordnungsbehörde gemäß § 1 VZOG. Zuordnungsbehörde ist, da es sich nicht um Fälle von Treuhandvermögen handelt, der Präsident der Oberfinanzdirektion (§ 1 Abs 1 S 1 Nr 2 VZOG), in deren Zuständigkeitsbereich das Grundstück ganz oder überwiegend belegen ist (§ 1 Abs 3 VZOG).

bb) Das Verfahren erfordert einen **Antrag** (§ 1 Abs 6 VZOG). Ein Verfahren von Amts wegen bei öffentlichem Interesse dürfte nicht in Betracht kommen, da ein Fall des § 1 Abs 1 VZOG nicht vorliegt. **18**

19 cc) Die Zuordnungsbehörde klärt den **Sachverhalt** von Amts wegen auf (§ 2 Abs 5 VZOG, 24 ff VwVfG). Die Amtsermittlung wird jedoch eingeschränkt: Zum einen ist § 2 Abs 1 S 6, 7 VZOG entsprechend anwendbar; wenn die Beteiligten sich darüber einig sind, wem der Vermögensgegenstand zustehen soll, ergeht auf Grundlage dieses Konsenses der Bescheid. Diese Regelung paßt für das Verfahren nach Abs 1 erst recht, denn primärer Zweck ist die Heilung von Mängeln anläßlich einer – im übrigen gewollten – Vermögensübertragung. In Fällen des Abs 3 wird regelmäßig die Initiative für eine **Änderung** der Vermögensübertragung von der betroffenen Gebietskörperschaft ausgehen (hierzu näher unten Rn 48 ff). In diesem Zusammenhang ist überdies zu beachten, daß **Abs 4** grundsätzlich eine Entscheidung im Einvernehmen mit den Parteien verlangt. Dies deckt sich nicht mit dem Anwendungsbereich des § 2 Abs 1 S 6 VZOG; auch auf Grundlage eines zunächst streitigen Vortrages kann nach entsprechender Sachverhaltsaufklärung Einvernehmen eintreten.

20 dd) Hinsichtlich der **Rechtsbehelfe** gegen den Zuordnungsbescheid vgl unten Rn 59 ff.

3. Heilung des Gründungsmangels (Abs 1 S 2)

21 a) Abs 1 S 2 hat nach dem Gesetzeszweck **klarstellende Funktion**:

aa) Eine aus dem Zuordnungsbescheid begünstigte, im Handelsregister eingetragene Kapitalgesellschaft kann ungeachtet der Fehler bei der Umwandlung oder Sachgründung als Rechtsinhaberin in das **Grundbuch** eingetragen werden.

22 bb) Abs 1 S 2 stellt jedoch nicht nur die Grundbuch-Rechtsfähigkeit her, sondern geht davon aus, daß der Umwandlungs- oder Gründungsmangel auch **gesellschaftsrechtlich** nicht auf die Existenz der Kapitalgesellschaft durchschlägt, die ggf unterkapitalisiert gegründet wurde (OLG Rostock OLG-NL 1997, 247, 249; Palandt/Heinrichs Rn 7; vgl BT-Drucks 13/1593, 33).

23 cc) Diese Annahme bedarf jedoch einer Einschränkung: Abs 1 S 2 kann nicht Fälle der **Nichtigkeit** einer Kapitalgesellschaft überwinden, die zu einer Löschung (auch Amtslöschung) nach §§ 275 ff AktG oder §§ 75 ff GmbHG führen würden; es handelt sich offenkundig nicht um eine **gesellschaftsrechtliche** Heilungsvorschrift (MünchKomm/Busche Rn 16). Aus Sicht des Gesellschaftsrechts kann der Zuordnungsbescheid nur den Mangel in der Vermögensübertragung heilen und dadurch mittelbar einen hierdurch begründeten Mangel der Gesellschaftsgründung beseitigen. Wenn jedoch die Gesellschaftsgründung aus anderen Gründen mangelhaft ist, bleibt sie es, auch wenn der Zuordnungsbescheid ergeht.

24 dd) In einem solchen Fall (soeben Rn 23) wird die Kapitalgesellschaft auch nicht aufgrund von Abs 1 S 2 als Rechtsinhaberin im **Grundbuch** eintragungsfähig; Abs 1 S 2 bestimmt die Eintragungsfähigkeit nur „ungeachtet von Fehlern bei der Umwandlung oder Sachgründung“, was nur auf die in Satz 1 genannten Übertragungsfehler bezogen sein kann. Der Fortbestand als juristische Person und damit auch die Eintragungsfähigkeit im Grundbuch bestimmen sich dann vielmehr ausschließlich nach Gesellschaftsrecht.

ee) Damit aber erweist sich Abs 1 S 2 nur als eine **Klarstellung**: Leidet die Gesellschaft nur an einem durch einen Übertragungsmangel iSd Abs 1 S 1 verursachten Gründungsmangel, so heilt der Zuordnungsbescheid den Übertragungsmangel und damit auch den Gründungsmangel; daß eine im Handelsregister eingetragene und wirksam gegründete Kapitalgesellschaft im Grundbuch eingetragen werden kann, bedarf keiner Regelung. Abs 1 S 2 bestätigt lediglich, daß die Heilung des Übertragungsmangels zurückwirkt auf die Gründung. Leidet die Kapitalgesellschaft aber an einem anderen Mangel, so hilft weder der Zuordnungsbescheid noch Abs 1 S 2 über diesen Mangel hinweg. **25**

b) **Voraussetzung** ist, daß der betroffenen Kapitalgesellschaft das zuvor nicht wirksam übertragene Vermögen durch *bestandskräftigen* Zuordnungsbescheid übertragen wurde (OLG Rostock OLG-NL 1997, 247, 249; vgl § 3 Abs 1 S 1 VZOG). Die Kapitalgesellschaft muß außerdem im **Handelsregister** eingetragen sein. Dies kann bereits aufgrund der mangelhaften Gründung erfolgt sein; Abs 1 S 2 greift aber auch – dann nur noch klarstellend – ein, wenn die Eintragung in das Handelsregister nunmehr aufgrund der Heilung der zur Sachgründung erforderlichen Vermögensübertragung vorgenommen wird. **26**

c) **Rechtsfolge** ist die Fähigkeit der Kapitalgesellschaft, im Grundbuch als Inhaberin eines dinglichen Rechts eingetragen zu werden. **27**

aa) Diese Rechtsfolge ist **nicht beschränkt** auf Grundstücke, die Gegenstand des **Zuordnungsbescheides** sind; vielmehr betrifft Abs 1 S 2 dingliche Rechte auch an Grundstücken, hinsichtlich derer nicht der Vermögensübergang im Zuge der Umwandlung fraglich ist, sondern für die ein Eigentumsübergang in Hinblick auf die Rechtsfähigkeit der Kapitalgesellschaft als solche fraglich sein konnte. Dies ergibt sich aus dem Zweck der Bestimmung, mit der Heilung der Vermögensübertragung zugleich die Umwandlung bzw Sachgründung insgesamt zu heilen (Keller VIZ 1996, 16, 20).

bb) Zum **Nachweis** dieser Eintragungsvoraussetzung bei einem künftigen Rechtserwerb genügt (die Form des § 29 GBO wahrend) die Vorlage des *Handelsregisterauszuges* zusammen mit dem *Zuordnungsbescheid*. **28**

III. Definitionen (Abs 2)

1. Betriebe der kommunalen Wohnungswirtschaft (Abs 2 S 1)

a) Abs 2 Nr 1 bezeichnet die in Abs 1 S 1 als „Betriebe der kommunalen Wohnungswirtschaft" begünstigten Gesellschaften. Erfaßt sind **29**

– ehemals volkseigene Betriebe *Kommunale Wohnungsverwaltung*

– ehemals volkseigene Betriebe *Gebäudewirtschaft*

– aus solchen Betrieben *hervorgegangene kommunale Regie- oder Eigenbetriebe.*

b) Bei den in Abs 2 Nr 1 lit a und b genannten VEBe handelt es sich um die nach **30**

dem Recht der DDR als **Rechtsträger volkseigenen Vermögens** fungierenden Betriebe der staatlichen Wohnungswirtschaft, denen die Verwaltung und Bewirtschaftung des volkseigenen Wohnungsbestandes übertragen war.

31 **c)** **Art 22 Abs 4 S 1 EV** nahm dieses Vermögen von der Behandlung sonstigen öffentlichen Vermögens der DDR nach Art 22 Abs 1 EV aus, Abs 4 S 3 leitet es mit gleichzeitiger Übernahme der anteiligen Schulden in das Eigentum der Kommunen über. Es entstanden die in Abs 2 Nr 1 lit c eingeschlossenen **kommunalen Regie- und Eigenbetriebe**. Art 22 Abs 4 S 4 EV enthält den Auftrag zur **schrittweisen Überführung** des Wohnungsbestandes unter Berücksichtigung sozialer Belange in eine marktwirtschaftliche Wohnungswirtschaft. Teilweise sind auch schon vor dem 3. 10. 1990 durch Überführung des wohnungswirtschaftlichen Vermögens auf die Kommunen nach den Bestimmungen des *KommunalvermögensG* kommunale Regie- und Eigenbetriebe der Wohnungswirtschaft entstanden.

32 **d)** **Art 22 Abs 4 EV** gilt nicht für Wohnungsbestände, die bereits nach dem **Recht der DDR** privatisiert wurden, da insoweit am Stichtag nicht mehr volkseigenes Vermögen vorlag. Auch – und wegen der Häufigkeit von Mängeln im noch ungeklärten Umgang mit den neuen Umwandlungsregelungen (zu Einzelfragen unten Rn 33 ff), sogar hauptsächlich – diese Fallgruppe ist aber durch die vorliegende Heilungsbestimmung betroffen.

2. Umwandlungsvorschriften

33 Das Verfahren nach Abs 1 und Abs 3 ist nur anzuwenden auf Übertragungsvorgänge, die nach den in Abs 2 Nr 2 genannten **Umwandlungsvorschriften** erfolgt sind. Voraussetzung ist immer, daß ein auf identitätswahrende Umwandlung gerichteter Beschluß vorliegt (vgl zur Parallelvorschrift in § 34 Abs 3 LwAnpG: BGH BB 1999, 1450).

a) VO zur Umwandlung volkseigener Kombinate etc (Abs 2 Nr 2 lit a)

34 **aa)** Die *Verordnung zur Umwandlung von volkseigenen Kombinaten, Betrieben und Einrichtungen in Kapitalgesellschaften* **(UmwandlungsVO)** v 1. 3. 1990 (GBl DDR 1990 I 107) bezieht sich nach ihrem § 1 auf volkseigene Betriebe und im einzelnen genannte Wirtschaftseinrichtungen, was wohnungswirtschaftliche Betriebe begrifflich umfassen konnte.

35 **bb)** Die **Anwendbarkeit** auf die hier betroffenen VEBe Wohnungs- und Gebäudewirtschaft war gleichwohl fraglich: Die UmwandlungsVO schuf eine Umwandlungsregelung im Verantwortungsbereich der *Treuhandanstalt* (§ 2 Abs 1), die wohnungswirtschaftlichen VEBe waren aber den Städten und Gemeinden unterstellte Rechtsträger, deren Vermögen nach dem am selben Tag veröffentlichten *Beschluß zur Gründung der Treuhandanstalt* (GBl DDR 1990 I 107) aus dem Verantwortungsbereich der Anstalt ausgenommen war (Nr 6); daher wird vertreten, die Treuhandanstalt, der in der UmwandlungsVO eine Schlüsselrolle zukommt, habe kraft Beschränkung ihres Aufgabenbereichs wohnungswirtschaftliche Betriebe nicht umwandeln können (Horn 1037).

36 **cc)** Das **Umwandlungsverfahren** beurteilte sich nach § 2 ff UmwandlungsVO. Die Umwandlung in eine Kapitalgesellschaft (GmbH, AG, § 2 Abs 1 S 1) erfolgte aufgrund der Umwandlungserklärung nach § 4 Abs 1 S 1 UmwandlungsVO. Der hier bedeutsame *Vermögensübergang* erfolgte aufgrund dieser Umwandlungserklärung in Form der *Sacheinlage* des zu übertragenden Vermögens seitens der Kommune; die daraus entstehenden Geschäftsanteile bzw Aktien hielt die Treuhandanstalt (§ 3 Abs 1 UmwandlungsVO).

dd) Eine ausdrückliche Regelung der **Form der Eigentumsübertragung** und der **Grundbucheintragung** enthält die VO im Gegensatz zu dem späteren Gesetz (unten Rn 42 ff) nicht. Zwar waren nach § 4 UmwandlungsVO die *gesellschaftsrechtlich relevanten* Erklärungen und die Übertragung des *Fondsvermögens* zu beurkunden und nach § 6 zum Register beim Staatlichen Vertragsgericht anzumelden; eine Zusammenstellung des übertragenen Eigentums in öffentlicher Urkunde (vergleichbar der Regelung in § 52 Abs 4 Nr 1 UmwG), insbesondere der Zusammensetzung des Fondsvermögens, ergibt sich jedoch nur aus der Abschlußbilanz, nicht aber aus einer sachenrechtlich zu qualifizierenden Erklärung. Die Übertragung ist bereits vergleichbar der später im TreuhandG gewählten Lösung (unten Rn 39 ff). **37**

ee) Umwandlungen nach der UmwandlungsVO haben zwischen deren Inkrafttreten am 9. 3. 1990 und der Ablösung der VO durch das TreuhandG stattgefunden. Formell wurde die UmwandlungsVO durch das TreuhandG nicht aufgehoben und war daher mangels Fortgeltungserklärung im EV bis 2. 10. 1990 in Kraft. **38**

b) TreuhandG (Abs 2 Nr 2 lit b)

aa) Das **TreuhandG (THG)** v 17. 6. 1990 (GBl DDR 1990 I 300) ist hinsichtlich der Anwendbarkeit auf wohnungswirtschaftliche Betriebe denselben Bedenken ausgesetzt wie die UmwandlungsVO, weil wiederum der Aufgabenbereich der Treuhandanstalt nicht eröffnet ist. Allerdings enthält das THG in § 11 Abs 3 3. Spiegelstrich sogar eine ausdrückliche Ausnahme hinsichtlich von kommunalen Gebietskörperschaften unterstellten Betrieben. Dennoch ist es in der Praxis vorgekommen, daß solche Betriebe nach dem THG umgewandelt und in das Handelsregister eingetragen wurden; die Existenz solcher Gesellschaften ist mangels jeder Rechtsgrundlage für die Umwandlung und Eintragung zweifelhaft (vgl Horn 780, 1037). **39**

bb) Das **Umwandlungsverfahren** (gesetzliche Umwandlung in Kapitalgesellschaften in Trägerschaft der Treuhandanstalt; nachfolgende Privatisierung durch Veräußerung) darf als bekannt gelten (§§ 11 THG). **40**

cc) Der **Vermögensübergang** erfolgte gleichzeitig mit der Umwandlung; **Grundstücke** gingen kraft Gesetzes ohne weitere Übertragungsvorgänge über, soweit der umgewandelte VEB *Rechtsträger* des Grundstücks war (§ 11 Abs 2 S 2 THG) oder ein gleichgestelltes *Nutzungsrecht* daran hatte (§ 2 Abs 1 5. DVO zum THG). **41**

c) G zur Umwandlung volkseigener Wohnungswirtschaftsbetriebe (Abs 2 Nr 2 lit c)

aa) Das *G über die Umwandlung volkseigener Wohnungswirtschaftsbetriebe in gemeinnützige Wohungsbaugesellschaften und zur Übertragung des Grundeigentums an die Wohnungsgenossenschaften* **(WohnUmwandlungsG)** v 22. 7. 1990 (GBl DDR 1990 I 901) schloß die Lücke zwischen den mangels Zuständigkeit der Treuhandanstalt für das kommunale Vermögen nicht anwendbaren Treuhand-Umwandlungsbestimmun- **42**

gen (UmwandlungsVO und THG) und dem seit 1. 7. 1990 anwendbaren, aber hinsichtlich der Natur der Wohnungswirtschaftsbetriebe problematischen UmwG. Es bezieht sich nach § 1 eindeutig auf die hier betroffenen wohnungswirtschaftlichen VEBe.

43 **bb)** Die **Umwandlung** erfolgte nach § 1 Abs 1 WohnUmwandlungsG in gemeinnützige Wohnungsbaugesellschaften, auf Grundlage von Beschlüssen der Stadtverordnetenversammlungen und Gemeindevertretungen (§ 3 Abs 1 WohnUmwandlungsG) nach § 58 UmwG.

44 **cc)** Der **Vermögensübergang** an den Wohngebäuden und baulichen Anlagen erfolgte gleichzeitig mit der Umwandlung in Form der Sacheinlage (Horn 1036) der Kommune (§ 3 Abs 3 S 1 WohnUmwandlungsG). § 3 Abs 4 WohnUmwandlungsG sah jedoch ausdrücklich die **notarielle Beglaubigung** des Eigentumsübergangs und die **Grundbucheintragung** vor. Wegen der gewählten Formulierung „bedarf der grundbuchrechtlichen Eintragung" dürfte die Eintragung konstitutiv sein. Jedenfalls aber ergibt sich aus der Regelung eine über die anderen Bestimmungen hinausgehende sachenrechtliche Gewißheit über das den Gegenstand der Übertragung bildende Grundvermögen.

45 **dd)** Das WohnUmwandlungsG war – mangels Überleitung im EV – in Geltung bis zum 2. 10. 1990; aufgrund des durch Art 22 Abs 4 EV eingetretenen Vermögensüberganges auf die kommunalen Gebietskörperschaften schließt hieran lückenlos die Regelung des UmwG an (unten Rn 46 f).

d) UmwandlungsG (Abs 2 Nr 2 lit d)

46 **aa)** Das **UmwandlungsG (UmwG)** v 6. 11. 1969 (BGBl 1969 I 2081) ist in der DDR am 1. 7. 1990 in Kraft getreten (§ 22 InkraftsetzungsG). Danach war eine Umwandlung gemäß §§ 57, 58 UmwG möglich. Problematisch ist allerdings der Status der VEB-Wohnungs- und Gebäudewirtschaft als *kommunale Eigenbetriebe*, da eine Übertragung des volkseigenen Wohnungsvermögens auf die Kommunen nicht global erfolgte, sondern nach *§ 7 KommunalvermögensG* v 6. 7. 1990 eine Einzelübertragung erforderte.

47 **bb)** Seit dem 3. 10. 1990 erfolgen Umwandlungen in Durchführung des Auftrags aus Art 22 Abs 4 S 4 EV nach §§ 57, 58 UmwG.

IV. Ändernder Zuordnungsbescheid (Abs 3)

48 **1. Abs 3** erweitert den Anwendungsbereich von Abs 1; durch Zuordnungsbescheid kann hiernach auch ein Vermögensübergang **geändert** werden. Abs 3 bezieht sich damit – im Gegensatz zu Abs 1 – vor allem auf **wirksame Vermögensübertragungen** im Zusammenhang mit einer Umwandlung, anläßlich derer jedoch Vermögensgegenstände übertragen wurden, die nicht dem Vermögen der Wohnungsbaugesellschaft, sondern dem Kommunalvermögen zuzuordnen waren (zB versehentliche Übertragung eines Polizeigebäudes an eine Wohnungsbaugesellschaft; BT-Drucks 12/1593, 34). Erst recht ist eine andere als die ursprünglich gewollte Zuordnung möglich, wenn die Übertragung unwirksam war (Palandt/Heinrichs Rn 5; MünchKomm/Busche Rn 19).

2. Die **Tatbestandsvoraussetzungen** und das **Verfahren** entsprechen dem nach Abs 1 (oben Rn 6 ff, 13 ff). Besondere Bedeutung kommt in diesem Verfahren dem **Einvernehmen** nach Abs 4 zu, da es um den Entzug von Eigentum geht (BT-Drucks 12/1593, 34). **49**

3. Hinsichtlich der **Rechtsfolgen** unterscheidet sich das Verfahren nach Abs 3 von dem nach Abs 1. **50**

aa) Mit Bestandskraft des Zuordnungsbescheides geht das Vermögen von dem ersten Zuordnungsadressaten über, entweder auf einen weiteren Zuordnungsadressaten iSd Abs 2 Nr 1 oder – was der Regelfall sein dürfte – auf die beteiligte Gebietskörperschaft. **51**

bb) Zu den Auswirkungen auf die bisher durch den ersten Zuordnungsadressaten getroffenen **Verwaltungsmaßnahmen** vgl unten Rn 72 ff. **52**

V. Einvernehmen (Abs 4)

1. Ein Bescheid nach Abs 1 oder Abs 3 bedarf des **Einvernehmens** der Beteiligten (Abs 4 S 1). **53**

a) Das Einvernehmen hat den Zweck der Absicherung geschützter erworbener Rechtspositionen (BT-Drucks 12/1593, 34) und dürfte daher in Verfahren nach Abs 1 zumeist unproblematisch sein. In Verfahren nach Abs 3 dient die Herstellung des Einvernehmens dem Schutz vor unberechtigtem Entzug von Eigentum.

b) Ein Zuordnungsbescheid, der **ohne Herstellung** und ohne Ersetzung (dazu sogleich Rn 55 ff) des Einvernehmens ergeht, ist rechtsfehlerhaft aber **nicht nichtig**. **54**

2. Das Einvernehmen kann durch den Zuordnungsbescheid **ersetzt** werden (Abs 4 S 2). **55**

a) Hintergrund ist der **Regelungszweck**, durch das Einvernehmen im Verhältnis zwischen öffentlicher Körperschaft und kommunaler Gesellschaft einerseits geschützte Rechtspositionen abzusichern. Andererseits soll die Verweigerung des Einvernehmens im Verhältnis dieser Beteiligten nicht – wie im Verhältnis zu einem vollständig außenstehenden Dritten zu beliebigen Zwecken, insbesondere zur **Verfahrensverzögerung**, eingesetzt werden können.

b) Voraussetzung für die Ersetzung ist daher, daß sich die Verweigerung des Einvernehmens als **rechtsmißbräuchlich** erweist. Dies ist insbesondere anzunehmen, wenn sie nicht dem Ziel des Erhalts von erworbenen Rechtspositionen oder der wirtschaftlichen Grundlage des Betriebes dient, sondern lediglich als Sperrposition zu verfahrensfremden Zwecken ausgenutzt wird (Palandt/Heinrichs Rn 5; MünchKomm/Busche Rn 15; Keller VIZ 1996, 16, 21; BT-Drucks 12/1593, 34). **56**

c) Die Ersetzung des Einvernehmens erfolgt **durch den Zuordnungsbescheid** (v Falkenhausen DtZ 1995, 317, 319). Die Behörde muß in der Begründung des Zuordnungsbescheides erkennen lassen, aus welchen Gründen das Einvernehmen ersetzt wird. Ein schlichter Erlaß des Zuordnungsbescheids ohne Herstellung, aber auch **57**

ohne Ersetzung des Einvernehmens und Ausführungen zur Rechtsmißbräuchlichkeit von dessen Verweigerung genügt nicht.

58 d) Die Ersetzung ist **nicht gesondert anfechtbar**. Sie kann nur zusammen mit dem Zuordnungsbescheid und wie dieser, also durch Anfechtungsklage vor dem Verwaltungsgericht, angefochten werden (Abs 4 S 3).

VI. Rechtsbehelfe (Abs 4 S 4)

59 1. Abs 4 S 4 verweist auf § 6 VZOG. Für Streitigkeiten aus einem Zuordnungsbescheid nach Abs 1 ist der **Verwaltungsrechtsweg** eröffnet (§ 6 Abs 1 VZOG), wobei die *Berufung* ausgeschlossen und die *Beschwerde* auf die Nichtzulassungsbeschwerde nach §§ 135, 133 VwGO und die Rechtswegbeschwerde nach § 17a Abs 2, 3 GVG beschränkt sind. *Gerichtskosten* werden nicht erhoben; der Gegenstandswert beträgt, auch im Fall der Einbeziehung mehrerer Vermögensgegenstände und unabhängig von deren Wert 10.000 DM/5.000 € (§ 6 Abs 3 VZOG). Die Zivilgerichte sind an den Zuordnungsbescheid, sofern er nicht nichtig ist, gebunden (Palandt/Heinrichs Rn 10; MünchKomm/Busche Rn 26; **aA** OLG Dresden VIZ 1994, 488).

60 2. Ein **Widerspruchsverfahren** findet nicht statt; dies ergibt sich aus der, wenngleich nicht ausdrücklich verwiesenen, so doch im Interesse der Straffung des Verfahrens, das auch in § 6 Abs 1 VZOG zum Ausdruck gelangt, anwendbaren Regelung in § 2 Abs 6 VZOG.

VII. Vorläufige Verwaltungsermächtigung (Abs 5)

1. Fälle des Abs 1 (Abs 5 S 1)

61 a) Während der Zeit, in der noch kein Zuordnungsbescheid vorliegt, schafft Abs 5 S 1 eine **Ermächtigung** für die (ggf fehlerhafte) Gesellschaft, welche die Verwaltung des der Gesellschaft wirtschaftlich zugeordneten Vermögens sichern soll.

62 b) Die Gesellschaft ist zur **Geltendmachung** aller Rechte aus dem ehemals volkseigenen Vermögen, das auf sie übergehen sollte, berechtigt. Dies betrifft ua die Rechte aus §§ 812 ff, 985 ff BGB. Eine **Verfügungsbefugnis** hinsichtlich des Vermögens besteht nicht. Etwas anderes ergibt sich auch nicht aus Abs 5 S 5; die dortige Verweisung bezieht sich nicht auf den Inhalt der Befugnis (dort Verfügungsbefugnis der Gebietskörperschaft), sondern nur auf die Beendigung (unten Rn 75 ff). Damit kommen vor allem Belastungen des Immobiliarvermögens mit Grundpfandrechten nur im Zusammenwirken mit der jeweiligen Gebietskörperschaft in Betracht. Ist das Grundstück noch als Volkseigentum im Grundbuch eingetragen, so verfügt die Gebietskörperschaft (§ 8 Abs 1 S 1 lit a VZOG).

63 c) Die Ermächtigung erstreckt sich auch auf **Rechte aus Rechtsgeschäften** in bezug auf dieses Vermögen. Ausdrücklich einbezogen sind **Kündigungs- und andere Gestaltungsrechte**; eingeschlossen sind insbesondere die Geltendmachung von Mietzinsforderungen, die Kündigung von Mietverträgen, Mieterhöhungsverlangen, Mahnungen uä. Fraglich ist, ob auch der **Abschluß von Mietverträgen** nach dieser Regelung möglich ist, da es sich – wortlautentsprechend – hierbei nicht um die Geltendmachung von Rechten aus einem Rechtsgeschäft handelt. Die Auftragsregelung in Abs 5 S 4 macht diese Frage nicht überflüssig, da sich der fingierte Auftrag nur auf das Innenverhältnis von Körperschaft und Gesellschaft beziehen kann. Im Außenverhältnis wird man die Ermächtigung nach Abs 5 S 1 – als einen Fall der Verpflichtungsermächtigung hinsichtlich obligatorischer Besitzüberlassung (Miete) – auch auf den Abschluß von Mietverträgen erstrecken müssen. Nur so ist sicherzustellen, daß der Zweck erreicht wird, daß bis zum Abschluß des Zuordnungsverfahrens die Gesellschaften diese Vermögenswerte ordnungsgemäß in eigenem Namen und auf eigene Rechnung *bewirtschaften* können (hierzu BT-Drucks 12/11593, 35).

d) Die Geltendmachung der Rechte erfolgt **in eigenem Namen und für eigene Rechnung**. Bei **gerichtlicher Geltendmachung** der betroffenen Rechte handelt die Gesellschaft aufgrund Abs 5 S 1 in gesetzlicher Prozeßstandschaft. **64**

e) Die Ermächtigung besteht nicht nur **während des Verfahrens** nach Abs 1, sondern auch schon **vor Einleitung** eines solchen Verfahrens. Die Ermächtigung greift auch – soweit nicht der Vorbehalt des Abs 5 S 6 entgegensteht (unten Rn 77 ff) – **rückwirkend** ein und bewirkt eine Heilung von Rechtshandlungen der betroffenen Gesellschaft gegenüber Dritten, also ua in der Vergangenheit erfolgte Kündigungen, Mahnungen aber auch Mietvertragsabschlüsse. Soweit dadurch, was vor allem bei Gestaltungsrechten in Betracht kommt, in Rechtspositionen Dritter (Mieter) eingegriffen wird, ist diese Rückwirkung verfassungsrechtlich unbedenklich; sie führt lediglich eine ungeklärte Rechtslage der Klärung zu; im übrigen ist ein schutzwürdiges Vertrauen eines Dritten in die Unwirksamkeit des Vermögensübergangs von der öffentlichen Körperschaft oder aus dem Volksvermögen auf die Gesellschaft nicht anzunehmen; die Regelung schützt vielmehr das Vertrauen, das vor allem ein Mieter haben durfte, daß nämlich die Wohnungsbaugesellschaft sein (neuer) Vertragspartner ist. **65**

2. Übertragung auf mehrere Gesellschaften (Abs 5 S 2)

a) Sollte das in Abs 1 bezeichnete Vermögen auf **mehrere Gesellschaften** (iSd Abs 1, Abs 2 Nr 1) übergehen, so besteht die Ermächtigung nach Abs 5 S 1 für jede dieser Gesellschaften mit der Maßgabe, daß die Gesellschaften als **Gesamtgläubiger** gelten. Hiervon ist auch dann auszugehen, wenn die Vermögensübertragung auf eine der beteiligten Gesellschaften unzweifelhaft ist und ein Verfahren nach Abs 1 nur hinsichtlich der anderen Gesellschaft erforderlich ist. **66**

b) Es gelten damit §§ 428 ff BGB; uneingeschränkt kann dies nur im **Außenverhältnis** wirken. Im **Innenverhältnis** der beteiligten Gesellschaften ist jedoch nur vorübergehend von Anteilsgleichheit nach § 430 BGB auszugehen. Zwar ist im Zeitpunkt der Geltendmachung von Rechten als Gesamtgläubiger nach Abs 5 S 2 noch nicht „etwas anderes bestimmt"; die Regelung steht jedoch stillschweigend unter dem Vorbehalt des Ergebnisses des Zuordnungsverfahrens. Wird in diesem Verfahren das Vermögen in unterschiedlichen Quoten oder nur einer der Gesellschaften zugeordnet, so ist im Innenverhältnis ein Ausgleich über die aufgrund der Ermächtigung eingezogenen Forderungen durchzuführen. **67**

3. Fälle des Abs 3 (Abs 5 S 3)

a) Sinngemäße Anwendung von Abs 5 S 2

68 aa) Unproblematisch ist die Ermächtigung nach Abs 5 S 1 nur dann, wenn die Vermögenswerte, welche durch die fehlerhafte Verfügung auf die Gesellschaft übergehen sollten und auf die sich die Ermächtigung nach Abs 5 S 1 bezieht, durch den Zuordnungsbescheid schließlich dieser Gesellschaft übertragen werden. Nur in diesem Fall steht die durch Heilung hergestellte Rechtslage mit der angenommenen wirtschaftlichen Berechtigung in Einklang.

69 bb) Wird hingegen die **Zuordnung nach Abs 3 geändert**, so stellt sich nachträglich heraus, daß die angenommene wirtschaftliche Zuordnung der Rechtslage nicht entspricht. Hierzu verweist Abs 5 S 3 auf eine *sinngemäße Anwendung von Abs 5 S 2*.

70 cc) Im Verhältnis der nach Abs 5 S 1 ermächtigten und bis zum Abschluß des Zuordnungsverfahrens auch die Rechte geltend machenden Gesellschaft zu dem späteren Begünstigten des Zuordnungsbescheides besteht demnach **Gesamtgläubigerschaft**. Im **Außenverhältnis** ist diese Regelung sinnvoll ausfüllbar: Insbesondere ermöglicht § 428 BGB die Leistung Dritter an die ursprünglich ermächtigte Gesellschaft und erstreckt die Wirkungen der in §§ 429, 422, 423 BGB bezeichneten Vorgänge (Verzug, Erfüllung, Erlaß), die sich zwischen dem Dritten und der ermächtigten Gesellschaft ereignet haben, auf den durch den Zuordnungsbescheid Begünstigten.

71 dd) Hingegen kann für das **Innenverhältnis** schwerlich § 430 BGB mit der Folge Anwendung finden, daß die ermächtigte Gesellschaft zB für eingezogene Forderungen an den späteren Zuordnungsbegünstigten nur hälftigen Ausgleich zu leisten hätte. Vielmehr bestimmt sich das Innenverhältnis ausschließlich nach Auftragsrecht (Abs 5 S 4).

b) Fingierte Beauftragung zur Verwaltung (Abs 5 S 4)

72 aa) Für die Regelung des Abs 5 S 4 kann aus systematischen Gründen bereits fraglich sein, ob sie sich auf sämtliche in Abs 5 geregelte Fälle bezieht, also auch auf den Fall der Ermächtigung einer Gesellschaft, die später Zuordnungsbegünstigter nach Abs 1 wird (Abs 5 S 1) oder ob lediglich eine ergänzende Regelung zu Abs 5 S 3 gewollt ist. Auch insoweit (vgl auch zu Abs 5 S 6 unten Rn 77) ist Abs 5 gesetzestechnisch mißglückt. Der systematisch eigentlich näher liegende Bezug auf Abs 5 in seiner Gesamtheit erscheint wenig sinnvoll. Zu beachten ist, daß sich die *Verwaltungsermächtigung* bereits aus Abs 5 S 1 ergibt; Regelungsgegenstand des Abs 5 S 4 ist lediglich das fingierte *Auftragsverhältnis*, das die Anwendung der Regeln der *GoA* vermeidet. Handelt die Gesellschaft aber nach außen in eigenem Namen und für eigene Rechnung nach Abs 5 S 1 und wird ihr sodann das Vermögen übertragen, so ist, da die Gesellschaft kein fremdes Geschäft führt, für ein fingiertes Auftragsverhältnis kein Raum. Abs 5 S 4 bezieht sich also nur auf den Fall des S 3 (**aA** MünchKomm/Busche Rn 23).

73 bb) Hat die nach Abs 5 S 1 ermächtigte Gesellschaft in eigenem Namen und für eigene Rechnung Rechte geltend gemacht **und** erweist sich sodann, daß sie **nicht**

Zuordnungsbegünstigter wird, daß also ein Bescheid nach Abs 3 ergeht, so gilt Auftragsrecht im Verhältnis der Gesellschaft zu dem Zuordnungsbegünstigten.

cc) Insbesondere verdrängt diese Regelung den Ausgleich nach § 430 BGB. Vielmehr hat die ermächtigte Gesellschaft nach §§ **666, 667** Rechnung zu legen und alles aus der Ausführung des Auftrages, also der Verwaltung des Vermögens, Erlangte herauszugeben. In Gegenrichtung besteht nach **§ 670 BGB** ein Anspruch auf Ersatz der Verwendungen. **74**

4. Beendigung der Ermächtigung (Abs 5 S 5 iVm § 8 Abs 3 VZOG)

a) Für die **Beendigung** der Rechte aus der Ermächtigung nach Abs 5 S 1 verweist Abs 5 S 5 auf § 8 Abs 3 VZOG. Damit endet die Ermächtigung, wenn ein **Bescheid** nach Abs 1 (ggf iVm Abs 3) **unanfechtbar** geworden (§ 8 Abs 3 S 1 lit a VZOG). Die Vorlage einer öffentlichen oder öffentlich beglaubigten Urkunde bei dem **Grundbuchamt** (§ 8 Abs 3 S 1 lit b) ist wegen des von § 8 VZOG abweichenden Regelungsgegenstandes hingegen nicht erforderlich (MünchKomm/Busche Rn 25; anders Staudinger/Rauscher [1996] Rn 75). Auf den – regelmäßig erst nach Vermessung stattfindenden Grundbuchvollzug (§ 3 Abs 1 VZOG) kommt es ebenfalls nicht an. **75**

b) Im übrigen ist die Verweisung auf **§ 8 Abs 3 (S 2 und 3) VZOG** ohne Bedeutung, da sowohl die dort bestimmte analoge Anwendung von § 878 BGB als auch die Berechtigung zur Erfüllung eingegangener Verfügungsverpflichtungen eine – nach Abs 5 S 1 nicht bestehende – Verfügungsbefugnis voraussetzt. **76**

VIII. Vorbehalt des VermG und rechtskräftiger Urteile (Abs 5 S 6)

1. Abs 5 S 6 bestimmt, daß Ansprüche nach dem **VermG** und **rechtskräftige Urteile** unberührt bleiben. Diese Regelung ist systematisch zutreffend wie ein sechster Absatz zu lesen. Der Vorrang der Restitution nach dem VermG und der rechtsstaatlich gebotene Vorbehalt rechtskräftiger Entscheidungen bezieht sich nicht primär auf die in Abs 5 geregelten Verwaltungsmaßnahmen, sondern vor allem auf das Verfahren nach Abs 1 insgesamt. **77**

2. Damit steht die Durchführung eines Verfahrens nach Abs 1 und die Bestandskraft eines Zuordnungsbescheides einer **Restitution nach dem VermG** nicht entgegen. **78**

3. Rechtskräftige Entscheidungen stehen der Übertragung nach Abs 1 oder Abs 3 nur entgegen, soweit eine solche Übertragung mit der Rechtskraft unvereinbar ist. **79**

a) Eine zwischen der betroffenen *Gesellschaft und der kommunalen Gebietskörperschaft* die **Unwirksamkeit** der Vermögensübertragung feststellende Entscheidung steht einer Heilung nach Abs 1 entgegen, da insoweit der Zweifel beseitigt ist. Hier kommt nur eine erneute rechtsgeschäftliche Übertragung in Betracht. **80**

b) Eine im selben Verhältnis die **Wirksamkeit** der Vermögensübertragung feststellende Entscheidung steht ebenfalls einer positiven Vermögenszuordnung nach Abs 1 entgegen. Eine Änderung der Zuweisung nach Abs 3 bleibt hingegen möglich, da diese Regelung auch auf wirksame Übertragungen Anwendung findet. Das gilt **81**

nicht, wenn im Prozeß auch die Frage entschieden wurde, ob der Vermögensgegenstand *rechtmäßig* auf die Gesellschaft übertragen wurde.

82 **c)** Rechtskräftige Entscheidungen, die **Dritten** das Eigentum im Verhältnis zu einer der beteiligten Parteien zusprechen, stehen einem Zuordnungsverfahren zwar nicht mit unmittelbarer Rechtskraftwirkung entgegen, machen das Verfahren jedoch zwecklos.

§ 10
Übergang volkseigener Forderungen, Grundpfandrechte und Verbindlichkeiten auf Kreditinstitute

(1) Ein volkseigenes oder genossenschaftliches Kreditinstitut, das die Geschäfte eines solchen Kreditinstituts fortführende Kreditinstitut oder das Nachfolgeinstitut ist spätestens mit Wirkung vom 1. Juli 1990 Gläubiger der volkseigenen Forderungen und Grundpfandrechte geworden, die am 30. Juni 1990 in seiner Rechtsträgerschaft standen oder von ihm verwaltet wurden. Diese Kreditinstitute werden mit Wirkung vom 1. Juli 1990 Schuldner der von ihnen verwalteten volkseigenen Verbindlichkeiten. Gläubiger der von dem Kreditinstitut für den Staatshaushalt der Deutschen Demokratischen Republik treuhänderisch verwalteten Forderungen und Grundpfandrechte ist mit Wirkung vom 3. Oktober 1990 der Bund geworden; er verwaltet sie treuhänderisch nach Maßgabe des Artikels 22 des Einigungsvertrages. Auf die für die Sozialversicherung treuhänderisch verwalteten Forderungen und Grundpfandrechte sind Anlage I Kapitel VIII Sachgebiet F Abschnitt II Nr. 1 § 3 Abs. 2 des Einigungsvertrages vom 31. August 1990 (BGBl. 1990 II S. 885, 1042) und die Bestimmungen des Gesetzes zur Regelung von Vermögensfragen der Sozialversicherung im Beitrittsgebiet vom 20. Dezember 1991 (BGBl. I S. 2313) anzuwenden. Ansprüche auf Rückübertragung nach den Regelungen über die Zuordnung von Volkseigentum und Ansprüche nach dem Vermögensgesetz bleiben unberührt.

(2) Rechtshandlungen, die ein Kreditinstitut oder ein anderer nach Absatz 1 möglicher Berechtigter in Ansehung der Forderung, des Grundpfandrechtes oder der Verbindlichkeit vorgenommen hat, gelten als Rechtshandlungen desjenigen, dem die Forderung, das Grundpfandrecht oder die Verbindlichkeit nach Absatz 1 zusteht.

(3) Zum Nachweis, wer nach Absatz 1 Inhaber eines Grundpfandrechtes oder Gläubiger einer Forderung geworden ist, genügt auch im Verfahren nach der Grundbuchordnung eine mit Unterschrift und Siegel versehene Bescheinigung der Kreditanstalt für Wiederaufbau. Die Kreditanstalt für Wiederaufbau kann die Befugnis zur Erteilung der Bescheinigung nach Satz 1 auf die Sparkassen für ihren jeweiligen Geschäftsbereich übertragen. Die nach Satz 1 oder Satz 2 befugte Stelle kann auch den Übergang des Grundpfandrechtes oder der Forderung auf sich selbst feststellen. In den Fällen des Absatzes 1 Satz 3 bedarf es neben der in den Sätzen 1 bis 3 genannten Bescheinigung eines Zuordnungsbescheides nicht. § 105 Abs. 1 Nr. 6 der Grundbuchverfügung in der Fassung der Bekanntmachung vom 24. Januar 1995 (BGBl. I S. 114) bleibt unberührt.

Materialien: eingefügt durch Art 4 Nr 1 Grundstücksrechtsänderungsgesetz v 2. 11. 2000 BGBl 2000 I 1481; Entwurf BT-Drucks 14/3508, Beschlußempfehlung und Bericht des Rechtsausschusses BT-Drucks 14/3824, Anrufung des Vermittlungsausschusses BR-Drucks 466/00, Beschlußempfehlung des Vermittlungsausschusses BT-Drucks 14/4165.

Schrifttum

Böhringer, Das Grundstücksrechtsänderungsgesetz aus grundbuchrechtlicher Schau, VIZ 2001, 1

Matthiessen, Das Grundstücksrechtsänderungsgesetz (GrundRÄndG), VIZ 2001, 457

Trimbach, Das Grundstücksrechtsänderungsgesetz, NJW 2001, 662.

I. Normzweck

1. Regelungsanlaß

a) Aufgrund einer Entscheidung des Kammergerichts (KG VIZ 1998, 90 = VIZ 1997, 696) war die Frage aufgetreten, ob die vormals von den volkseigenen Kreditinstituten verwalteten **volkseigenen Forderungen und Grundpfandrechte** auf die Kreditinstitute übergegangen waren, welche die Geschäfte der volkseigenen Kreditinstitute fortführten. Diese Forderungen und Grundpfandrechte waren im Grundbuch als Volkseigentum in Rechtsträgerschaft des Kreditinstituts eingetragen. Die Übernahme der Geschäfte des früheren Rechtsträgers begründete jedoch nicht ohne weiteres eine *Rechtsnachfolge* ohne Durchführung eines Vermögenszuordnungsverfahrens nach dem VZOG, denn Inhaber von Volkseigentum war nicht der Rechtsträger, sondern die DDR. Insbesondere im Grundbuchverfahren fehlte es am Nachweis der Berechtigung der Funktionsnachfolger der volkseigenen Kreditinstitute. § 105 Abs 1 Nr 6 GBV verhalf angesichts der Zweifel an der *Rechtsinhaberschaft* nicht zu einer Eintragung der Kreditinstitute im Wege der Grundbuchberichtigung, weil hierzu die bloße Bewilligung (§ 19 GBO) nicht genügte, und der erforderliche Nachweis nach § 22 GBO nicht geführt war (was die Neuregelung iE bestätigt: unten Rn 17). **1**

b) Gleichwohl bestand weitgehend Einigkeit, daß sachlich die **Vermögenszuordnung** dieser Kreditforderungen und der hierzu akzessorischen Grundpfandrechte (meist Aufbauhypotheken, dazu Art 233 § 3 Rn 11, 22, 33) an die öffentlich-rechtlichen *Sparkassen der Länder* zu erfolgen hatte, weil es sich um Verwaltungsvermögen iSd Art 21 EV handelte. Klar war auch, daß der Übergang anläßlich der Neuorganisation der Kreditinstitute beabsichtigt war (zB Sparkassengesetz v 29. 6. 1990 GBl DDR I 567). Der *BGH* bestätigte dies, ging von einer ex lege eingetretenen Zuordnung aus (BGHZ 139, 357, 364 f) und sah die Argumentation des KG nur durch „grundbuchrechtliche Besonderheiten" veranlaßt (vgl hierzu auch Böhringer VIZ 1998, 424; Schmidt-Räntsch OV spezial 1998, 13; Thau VIZ 1998, 67; Matthiessen VIZ 2000, 457, 459; BT-Drucks 14/3508, 6, 8). Diese Wertung ist insoweit richtig, als das KG schon aus grundbuchrechtlichen Gründen (§ 22 GBO) nicht anders entscheiden konnte, setzt aber voraus, daß man das materielle Zuordnungsproblem mit dem BGH als geklärt ansah. **2**

c) Die Bestimmung stellt deshalb nicht nur den **Rechtsübergang** (Abs 1) klar, sondern regelt auch den (grundbuchverfahrensrechtlichen) **Nachweis** (Abs 3) dieser **3**

und anderer von den volkseigenen Kreditinstituten verwalteter Forderungen. Zudem werden auch die Wirkungen von **Rechtshandlungen**, soweit diese nicht durch den nunmehr Zuordnungsberechtigten vorgenommen wurden (Abs 2), geregelt.

2. Gesetzgebungsgeschichte

4 Die mit dem Grundstücksrechtsänderungsgesetz v 2. 11. 2000 (BGBl 2000 I 1481) am 8. 11. 2000 in Kraft getretene Bestimmung ist die einzige unumstrittene unter den zahlreichen Klarstellungen, die nachträglich in Art 231 ff eingefügt wurden. Sie enstpricht der Fassung durch den Gesetzentwurf (BT-Drucks 14/3508, 4, 8) und war durch das Vermittlungsverfahren nicht berührt.

Die Bestimmung hat insbesondere inhaltlich nichts zu tun mit dem heftig umstrittenen Art 231 § 10 aus der „Formulierungshilfe“ der Bundesregierung (VIZ 1996, Beilage zu Heft 10, dazu Art 237 § 1 Rn 7 ff; SCHMIDT-RÄNTSCH ZIP 1996, 1858, 1863; vgl hierzu die zu Recht deutlichen Worte von GRÜN ZIP 1996, 1860; WASSERMANN DWW 1997, 39, 40) zum Entwurf des Bundesrates für ein NutzerschutzG, welche teilweise in Art 237 idF des Wohnraummodernisierungssicherungsgesetzes aufgegangen ist (dazu Art 237 § 1 Rn 1).

3. Verfassungsmäßigkeit

5 Die Verfassungsmäßigkeit der Bestimmung ist nicht zweifelhaft. Es handelt sich um eine Klarstellung, die, soweit sie rückwirkend erfolgt, durch die unklare Rechtslage gerechtfertigt war (PALANDT/HEINRICHS Rn 1; vgl die Ausführungen zu § 8 Abs 1, dort Rn 9), wenn man nicht ohnehin mit dem BGH (oben Rn 2) die vorherige Rechtslage bereits im Sinn der Klarstellung als zweifelsfrei ansah. Eingriffe in Eigentumspositionen Privater sind mit der Klarstellung nicht verbunden, da jedenfalls nicht von einem Erlöschen der Forderungen und Grundpfandrechte auszugehen war.

II. Klarstellung der Gläubiger- und Schuldnerstellung (Abs 1)

1. Übergang auf Kreditinstitute (Abs 1 S 1, 2)

6 **a)** Ehemals **volkseigene Forderungen** und als volkseigen eingetragene **Grundpfandrechte** gehen nach Abs 1 S 1 spätestens mit Wirkung vom 1. 7. 1990 auf die Kreditinstitute über, welche entweder selbst Rechtsträger dieser Forderungen waren, die Geschäfte eines solchen Instituts fortführen oder deren Rechtsnachfolger sind (PALANDT/HEINRICHS Rn 2; TRIMBACH NJW 2001, 662, 663; BÖHRINGER VIZ 2001, 1, 2). Hierbei handelt es sich im Zeitpunkt des Inkrafttretens durchweg um die öffentlich-rechtlichen Sparkassen der Länder.

7 **b)** Gleiches gilt nach Abs 1 S 2 für die von den ehemals volkseigenen Kreditinstituten verwalteten **Verbindlichkeiten** des Volksvermögens. Nicht erfaßt sind in einschränkender Auslegung des Begriffs „verwaltet“ hiervon jene Verbindlichkeiten, die der Rat des Kreises zu DDR-Zeiten als *geschäftsfremde Verbindlichkeiten* für staatliche/volkseigene Aufgaben begründet hatte (BT-Drucks 14/3508, 8; PALANDT/HEINRICHS Rn 3; BÖHRINGER VIZ 2001, 1, 2).

8 **c)** Die Zuweisung der Vermögenswerte nach Abs 1 S 1 (und S 3, 4, unten Rn 9 ff) erfolgt zwar global. Jedoch kann die Gläubigerstellung für jeden Vermögenswert eindeutig anhand der von den Kreditinstituten aufgestellten **Abschlußbilanzen** ermittelt werden (vgl § 2 Anordnung über den Abschluß der Buchführung in Mark der DDR zum 30. 6. 1990, v 27. 6. 1990, GBl DDR I 593; BT-Drucks 14/3508, 8 mit Einzelheiten zu der Numerierung der Forderungen; PALANDT/HEINRICHS Rn 3; BÖHRINGER VIZ 2001, 1, 2).

2. Ausnahmen: treuhänderisch verwaltete Forderungen (Abs 1 S 3, 4)

a) Ausgenommen sind Forderungen und Grundpfandrechte, welche die Sparkassen nur **treuhänderisch für den Staatshaushalt der DDR** verwaltet hatten. Die volkseigenen Kreditinstitute waren neben ihrem Eigengeschäft auch als Treuhänder in die Abwicklung des Staatshaushalts der DDR eingebunden (BÖHRINGER VIZ 2001, 1, 2). **9**

Diese Vermögenswerte stehen nach Art 21 EV dem Bund zu und werden durch Abs 1 S 3 deshalb dem **Bund** zugewiesen, der sie in Treuhandverwaltung nach Maßgabe des Art 22 EV durch die *Kreditanstalt für Wiederaufbau* (KfW) verwaltet (Abs 1 S 3 HS 2; PALANDT/HEINRICHS Rn 2; BÖHRINGER VIZ 2001, 1, 2; MATTHIESSEN VIZ 2001, 457, 459).

b) Ausgenommen von dem Übergang auf die Kreditinstitute sind auch die für die **Sozialversicherung** treuhänderisch verwalteten Forderungen und Grundpfandrechte. Abs 1 S 4 stellt klar, daß für diese weiterhin die Sonderbestimmungen des Gesetzes zur Regelung von Vermögensfragen der Sozialversicherung im Beitrittsgebiet gelten (BT-Drucks 14/3508, 8; MATTHIESSEN VIZ 2001, 457, 459; BÖHGRINGER VIZ 2001, 1, 2). **10**

c) Regelungen für **Verbindlichkeiten** des Staatshaushalts oder der Sozialversicherungen waren nicht zu treffen, weil diese nicht von den volkseigenen Sparkassen verwaltet wurden (BT-Drucks 14/3508, 8; BÖHRINGER VIZ 2001, 1, 2). **11**

3. Vorbehalt des Zuordnungs- und Vermögensrechts (Abs 1 S 5)

Abs 1 S 5 stellt klar, daß die Zuordnungen nach S 1 bis 4 nicht in Ansprüche nach dem VermG eingreifen und die Zuordnung nach dem VZOG unberührt lassen. **12**

III. Rechtshandlungen (Abs 2)

1. Um Streitigkeiten über das als Gläubiger berufene Institut einzudämmen, stellt Abs 2 klar, daß die von einem nach Abs 1 als Gläubiger oder Schuldner in Betracht kommenden **Institut vorgenommenen Rechtshandlungen** für und gegen den richtigen Gläubiger bzw Schuldner als auch für und gegen den Kreditnehmer wirken. Dies erfaßt sowohl das Verhältnis zwischen den Sparkassen und der KfW für das vom Bund verwaltete Finanzvermögen, als auch das Verhältnis verschiedener Sparkassen untereinander (BT-Drucks 14/3508, 9; BÖHRINGER VIZ 2001, 1, 2). **13**

Abs 2 heilt jedoch nur den Mangel in der Berechtigung; andere Mängel der Erklärung werden nicht geheilt (PALANDT/HEINRICHS Rn 5).

2. Die Heilungsregelung gilt sowohl für einseitige als auch für vertragliche **Rechtshandlungen**, insbesondere fur Zinsanpassungserklarungen und Kundigungen (BT-Drucks 14/3508, 6; BÖHRINGER VIZ 2001, 1, 2). **14**

15 **3.** Eine ausdrückliche, den §§ **407 bis 409 BGB** entsprechende Regelung wurde nicht getroffen, da der Gesetzgeber davon ausging, daß bei Inkrafttreten des Gesetzes in Ansehung der einzelnen Forderungen/Grundpfandrechte die Gläubigerstellung geklärt sei. Die Grundsätze der §§ 407 ff BGB sind im Einzelfall jedoch anzuwenden, wenn zB Leistungen an den falschen Gläubiger erbracht wurden (BT-Drucks 14/3508, 9).

IV. (Grundbuchrechtlicher) Nachweis (Abs 3)

16 **1.** Abs 3 erleichtert den **Nachweis** des in Abs 1 bestimmten bzw klargestellten Rechtsübergangs. Da Grundpfandrechte betroffen sind, muß der außerhalb des Grundbuchs stattfindende Rechtsübergang durch **Grundbuchberichtigung** (§ 22 GBO) vollzogen werden. Da nach dem Untergang des Volkseigentums eine Bewilligung (§ 19 GBO) des Berechtigten bei noch als Volkseigentum eingetragenen Grundpfandrechten nicht mehr möglich ist, waren die Voraussetzungen zu schaffen, um die Unrichtigkeit des Grundbuchs in der Form des § 29 GBO nachzuweisen (BT-Drucks 14/3508, 9; Böhringer VIZ 2001, 1, 2).

17 **2.** Zu diesem Zweck genügt nach Abs 3 S 1 eine mit Unterschrift und Siegel versehene Bescheinigung der **Kreditanstalt für Wiederaufbau** (KfW) iSd § 29 Abs 3 GBO, die sowohl befugt ist, die Gläubigerstellung einer Sparkasse als auch die des Bundes (Abs 1 S 3) zu bescheinigen (Böhringer VIZ 2001, 1, 2; Matthiessen VIZ 2001, 457, 459). Der Erleichterung des Geschäftsverkehrs dient die Möglichkeit, die Befugnis zur Erteilung der Bescheinigung auf die Sparkassen für deren Geschäftsbereich zu *übertragen* (Abs 3 S 2). Diese Befugnis besteht auch zur Bescheinigung der eigenen Berechtigung des Ausstellers (Abs 3 S 3).

Eine Briefvorlage (§ 41 GBO) scheidet aus, weil die betroffenen Grundpfandrechte regelmäßig brieflos waren (vgl zu Aufbauhypotheken Art 233 § 3 Rn 11). Die Voreintragung der Währungsumstellung ist von Amts wegen vorzunehmen (Böhringer VIZ 2001, 1, 2).

18 **3.** Abs 3 beschränkt sich jedoch nicht auf eine Berechtigung zur Bescheinigung des Rechtserwerbs, sondern umfaßt auch dessen **Feststellung** im Streitfall. Zwar legt der Wortlaut des Abs 3 S 3 („feststellen") im Vergleich zu Abs 3 S 1 („Bescheinigung") dies nicht für alle Fälle in gleichem Maß nahe. Gewollt ist jedoch, daß die zur Erteilung der Bescheinigung befugte KfW auch in Ansehung der persönlichen Forderung mit Wirkung für und gegen Dritte die Gläubigerstellung eines Kreditinstituts oder des Bundes *festzustellen* befugt ist (BT-Drucks 14/3508, 9; Böhringer VIZ 2001, 1, 2). Dies wird immerhin für die Fälle des Abs 1 S 3 (Gläubigerstellung des Bundes) dadurch klargestellt, daß gemäß Abs 3 S 4 insoweit ein *Zuordnungsbescheid* nach dem VZOG nicht erforderlich ist. Die Bescheinigung nach Abs 3 S 1 bis 3 ersetzt also auch die Zuordnung der Vermögenswerte (Grundpfandrechte und Forderungen).

Zwar ist § 6 Abs 1 VZOG nicht anwendbar. Jedoch handelt es sich bei der bindenden Feststellung der Zuordnung um einen Verwaltungsakt, so daß der Verwaltungsrechtsweg nach § 40 Abs 1 VwGO eröffnet ist. Solange eine Feststellung nicht erfolgt ist, ist die Rechtsinhaberschaft nach Abs 1 inzident von jedem, zB mit einer Klage aus Forderung oder Grundpfandrecht befaßten, (Zivil-)Gericht zu prüfen. Ist dagegen die Feststellung erfolgt, kann der Schuldner im Zivilverfahren die fehlende Aktivlegitimation des aus der Feststellung Berechtigten nicht einwenden.

4. Abs 3 S 5 stellt das Verhältnis zu § 105 Abs 1 Nr 6 GBV klar: Diese Bestimmung bleibt unberührt, dh, es bedarf einer Bescheinigung nach Abs 3 nicht, wenn bereits die Bewilligungsbefugnis nach § 105 Abs 1 Nr 6 GBV die Eintragung ermöglicht (BT-Drucks 14/3508). Das ist der Fall, wenn die Eintragung der Löschung, Übertragung, Inhaltsänderung oder eines Rangrücktritts beantragt ist (BT-Drucks 14/3508, 9; Böhringer VIZ 2001, 1, 3). § 105 Abs 1 Nr 6 GBV gilt jedoch nur in Fällen, in denen das Grundbuchamt aufgrund einer Bewilligung nach §§ 19, 29 GBO einträgt, ohne die materielle Berechtigung zu prüfen. Im Gegensatz zu Abs 10 S 3 genügt hingegen eine nach § 105 Abs 1 Nr 6 GBV erteilte Bewilligung nicht zur Berichtigung des Grundbuchs (Böhringer VIZ 2001, 1, 3; womit im Nachhinein sowohl die Ansicht des KG, oben Rn 2, bestätigt wird, als auch die Meinung des BGH, oben Rn 1, das Problem sei im wesentlichen grundbuchrechtlicher Natur). **19**

Artikel 232 EGBGB
Zweites Buch. Recht der Schuldverhältnisse

§ 1
Allgemeine Bestimmungen für Schuldverhältnisse

Für ein Schuldverhältnis, das vor dem Wirksamwerden des Beitritts entstanden ist, bleibt das bisherige für das in Artikel 3 des Einigungsvertrages genannte Gebiet geltende Recht maßgebend.

Materialien: Siehe zu Art 230 betr Fassung durch EinigungsvertragsG; E: BT-Drucks 11/7760 Art 232 § 1.

Schrifttum

Avenarius, Vermuteter Parteiwille und Art 232 § 1 EGBGB, NJ 1993, 63
vBrünneck, Die Altschulden der LPG-Nachfolgebetriebe, NJ 1996, 181
Bultmann, LPG-Altkreditverträge und Zinsanpassung in marktüblicher Höhe (1993)
Bundschuh, Das Altschuldenhilfe-Gesetz, NJW 2000, 2377
van Dorp, Fortgeltung des Vertragsgesetzes für vor dem 30. 6. 1990 abgeschlossene Wirtschaftsverträge, DB DDR-Report 1990, 3/183
Drexl, Die politische und wirtschaftliche Wende in der DDR – ein Fall für den Wegfall der Geschäftsgrundlage, DtZ 1993, 194
Fischer, Deutsch-deutsche Vertragsschlüsse zwischen Wende und Einheit, IPRax 1995, 161
ders Wegfall der Geschäftsgrundlage bei nicht voll erfüllten DDR-Wirtschaftsverträgen, IPRax 1993, 387
ders, Der ordre public im deutsch-deutschen Privatrecht, DtZ 1997, 74
Geissler, Restitution nach der Wiedervereinigung. Vom Unrecht zur Ungerechtigkeit? (2000)
Görk, Deutsche Einheit und Wegfall der Geschäftsgrundlage (1995)
Himmelreich, Kein Schadensersatz nach DDR-Recht für Arbeitsunfälle, DtZ 1996, 167
Janke, Die Anwendung des Zivilgesetzbuches

der DDR in der Rechtsprechung seit der deutschen Einheit, NJ 1994, 390; NJ 1994, 437; NJ 1996, 281; NJ 1996, 343; NJ 1999, 561; NJ 1999, 622
KÜHN, Die Haftung der Bundesrepublik Deutschland für zivilrechtliche Verpflichtungen der DDR, DtZ 1992, 1
LEBELER/ALBRECHT, Die gegenwärtige Rechtslage von Bürgergemeinschaften, DtZ 1991, 400
LEIPOLD, Rechtsweg und Rechtsgrundlagen bei der Rückforderung von Vermögen in der ehemaligen DDR, JZ 1993, 703
OETKER, Der Vertragsschluß und sein Inhalt als Problem des intertemporalen Kollisionsrechts, NJ 1993, 257
SCHMIDT, Das Ende der Diskussion über den Fortbestand von Altschulden, DtZ 1997, 338
TROPF, Die Rechtsprechung des Bundesgerichtshofs zur Grundstückszwangsveräußerung bei der Ausreise aus der DDR, WM 1994, 89
ders, Neue Rechtsprechung des BGH zur Lösung offener Vermögensfragen, DtZ 1996, 2
WAGNER, Sind Zinsansprüche von DKB und BvS auf Umlaufmittelkredite gerechtfertigt?, VIZ 1997, 143.

Zum Recht der DDR:
LÜBCHEN ua, Zivilrecht (1983; zit ZGB)
LÜBCHEN ua, Internationales Privatrecht (1989; zit IPR).

Systematische Übersicht

Alphabetische Übersicht

I. Normzweck

1. Grundsatz: Nichtrückwirkung

§ 1 gründet als intertemporale Grundregel zur Einführung des BGB-Schuldrechts auf einem **allgemeinen Rechtsgedanken** (vgl Art 170, BT-Drucks 11/7817, 38; PALANDT/HEINRICHS Rn 1; MünchKomm/HEINRICHS Rn 1; HORN Rn 41): Schuldverhältnisse unterliegen dem im Zeitpunkt ihrer **Entstehung** geltenden Recht. Es handelt sich um die Verwirklichung des **verfassungsrechtlichen Rückwirkungsverbots** (vgl STAUDINGER/HÖNLE [1998] Art 170 Rn 4). 1

2. Dauerschuldverhältnisse

Dieser Grundsatz erfährt eine erhebliche Einschränkung für **Dauerschuldverhältnisse**. Für einige Dauerverträge enthalten §§ 1a bis 9 Sonderbestimmungen, die zum Teil eine sofortige Überleitung in das BGB (§§ 2, 3, 5, 6, 9), teilweise aber auch eine Fortgeltung des Rechts der DDR vorsehen (§ 4) oder diese von einer Willenserklärung abhängig machen (§ 8). Daneben ergibt sich zunehmend auch im Bereich des Schuldrechts ein Bedarf nach **Neuregelung** übergeleiteter, grundsätzlich dem Recht der DDR unterstehender Rechtsverhältnisse (§§ 1a, 4 Abs 4, 4a, vgl auch die Heilung von Mängeln nach Art 231 § 7). Es läßt sich daher für in §§ 2 bis 9 **nicht erfaßte** Dauerschuldverhältnisse kein allgemeiner Grundsatz des Inhalts ermitteln, daß Dauerschuldverhältnisse zum 3. 10. 1990 überzuleiten seien (BezG Dresden DtZ 1992, 189; MünchKomm/HEINRICHS Rn 1; **aA** LÜBCHEN/LÜBCHEN 41). Vielmehr hat es für die in §§ 2 bis 9 nicht erfaßten Sachverhalte beim Grundsatz des § 1 sein Bewenden (BGH DtZ 1995, 334). Gegen eine entsprechende Anwendung von §§ 2, 3, 5, 6, 9 spräche zudem die verfassungsrechtlich eingeschränkte Zulässigkeit unechter Rückwirkung (zu den Voraussetzungen: STAUDINGER/HÖNLE [1998] Art 170 Rn 4, MünchKomm/HEINRICHS Art 170 Rn 6 ff). 2

II. Anwendungsbereich

1. Interlokaler Anwendungsbereich

Der interlokale Anwendungsbereich ist **kollisionsrechtlich zu bestimmen**. Auszugehen ist von Art 27 ff in entsprechender Anwendung (BGH DtZ 1996, 51). Betroffen sind Schuldverhältnisse, die vor dem 3. 10. 1990 aus Sicht des innerdeutschen Kollisionsrechts dem Recht der DDR unterstanden haben. Zu beachten sind Rückverweisungen, die sich für Schuldverträge aus dem Katalog der Subsidiäranknüpfungen mangels Rechtswahl in § 12 Abs 1 RAG bzw der Hilfsanknüpfung an den Abschlußort bei Fehlen einer charakteristischen Vertragsleistung (§ 12 Abs 3 RAnwendG) ergeben können. Für die **Geschäftsführung ohne Auftrag** (Handeln ohne Auftrag) verweist das Kollisionsrecht der DDR (soweit die – damals ungeschriebene – Kollisionsnorm der GoA als Gesamtverweisung zu behandeln ist) im Falle des Handelns in der Bundesrepublik für einen Geschäftsherrn mit Wohnsitz in der DDR zurück auf das Recht der Bundesrepublik (LÜBCHEN ua, IPR § 15 Anm 1.8). DDR-interne Fälle der GoA unterstehen dem DDR-ZGB (BGH NJ 1998, 369). Für das **Bereicherungsrecht** ergeben sich keine grundsätzlichen Anknüpfungsdivergenzen (LÜBCHEN ua, IPR § 17 Anm 1.4). 3

2. Sachlicher Anwendungsbereich

a) Zivilrechtliche Schuldverhältnisse

4 Sachlich erfaßt § 1 alle **zivilrechtlichen Schuldverhältnisse**, also auch solche, die **außerhalb des ZGB** geregelt waren, unabhängig von ihrer vertraglichen oder außervertraglichen (zur GoA: BGH NJ 1998, 369; zum EBV: BGHZ 137, 128, 132) Natur mit Ausnahme der in § 10 geregelten *unerlaubten Handlungen.*

5 **aa)** Insbesondere sind Vertragsverhältnisse zwischen „Kaufleuten, Unternehmen, Betrieben" und gleichgestellten Wirtschaftssubjekten im Sinne von § 1 Abs 1 **Gesetz über Wirtschaftsverträge** (GW) idF durch den 1. Staatsvertrag (Anlage 11 lit b) bzw § 3 Nr 3 *G über die Änderung oder Aufhebung von Gesetzen der DDR* (GBl DDR 1990 I 483 – AufhebungsG) betroffen. Auch schuldrechtliche Ansprüche aufgrund von Kooperationsbeziehungen unterstehen § 1, wobei das Recht der DDR auch über die das Gesellschaftsrecht verdrängende Rechtsstruktur solcher Beziehungen entscheidet (OLG Brandenburg OLG-NL 1996, 184). Zur Anwendung der Bestimmungen des zum 1. 7. 1990 unter Ausdehnung des Anwendungsbereichs des GW außer Kraft getretenen **Vertragsgesetzes** (VG; § 4 AufhebungsG) unten Rn 33 ff.

6 **bb)** In den Anwendungsbereich von § 1 fallen auch Normen zivilrechtlichen Charakters, die in **verfahrensrechtlichen Nebengesetzen** enthalten sind, so die Vermutung der *Richtigkeit des Grundbuches* zugunsten des Erwerbers in § 8 Abs 1 DDR-GBO (LG Magdeburg DtZ 1994, 380). Nicht von § 1 erfaßt sind dagegen Bestimmungen, die sachlich dem Prozeßrecht zuzuordnen sind (BGH BauR 1998, 627, 628: Prozeßhindernis der Zwangsarbitrage bei RGW-Verträgen; vgl zu deren verfahrensrechtlichen Überleitung BGHZ 128, 380).

b) Allgemeiner Teil, Nebengesetze

7 Der sachliche Anwendungsbereich von § 1 reicht auch **über das zweite Buch des BGB** hinaus und erfaßt insbesondere *private Versicherungsverhältnisse* (BGH r+s 1999, 399; BT-Drucks 11/7817, 38), auch wenn sie nicht durch Vertrag, sondern durch Rechtsvorschrift als Pflichtversicherung entstanden (BGH DtZ 1997, 49), sowie zivilrechtliche Nebengesetze, soweit diese nicht bereits zum 1. 7. 1990 in der DDR in Kraft gesetzt wurden. § 1 ist jedenfalls entsprechend auch für die Überleitung von Schuldverhältnissen anzuwenden, die sachlich dem **HGB** sowie **handelsrechtlichen Nebengesetzen** unterliegen (MünchKomm/Heinrichs Rn 3); in diesen Fällen tritt häufig ein *zweifaches* intertemporales Problem auf wegen der im Zuge des 1. Staatsvertrages zum 1. 7. 1990 durch §§ 16 ff des G über die Inkraftsetzung von Rechtsvorschriften der BRD in der DDR (GBl DDR 1990 I 357) erfolgten (teilweisen) Übernahme des HGB, GmbHG und AktienG (hierzu unten Rn 29 ff). Auch für sonstige spezialgesetzliche Regelungen von Vertragsverhältnissen gilt § 1 jedenfalls entsprechend (BGH VIZ 1999, 183: **Urheberrecht**).

c) Vorrang des Vermögensgesetzes

aa) Mangelidentität mit Teilungsunrecht

8 **α)** In Vorbereitung einer legalen Ausreise aus der DDR vor dem 8. 11. 1989 (Öffnung der innerdeutschen Grenze) wurden Ausreisewillige häufig zum Verkauf von DDR-Grundstücken durch Täuschung oder rechtswidrige Drohung bestimmt. Insbesondere wurde regelmäßig von amtlichen Stellen behauptet, der Verkauf sei Voraussetzung der Erteilung einer Ausreisegenehmigung, was objektiv nicht der

Rechtslage in der DDR entsprach, die auch die Möglichkeit staatlicher Verwaltung vorsah (vgl BVerfGE 95, 48, 51). Dieser Vorgang würde grundsätzlich den Anfechtungstatbestand des § 70 Abs 1 ZGB erfüllen; fraglich wäre aus zivilrechtlicher Sicht nur, ob eine Täuschung oder Drohung seitens *staatlicher Stellen*, also Dritter, dem Erwerber zuzurechnen ist (vgl KreisG Seelow NJ 1992, 85).

β) Der BGH hat hier jedoch einen **Vorrang** der Restitutionsregelung wegen *unlauterer Machenschaften* in **§ 1 Abs 3 VermG** angenommen. Da nicht eine lediglich übergeleitete, rein zivilrechtliche Anfechtungslage vorliege, sondern sich in dem zivilrechtlichen Mangel selbst typisches **Teilungsunrecht** realisiert, sei nach dem Zweck des **§ 1 Abs 3 VermG** die zivilrechtliche Anfechtung ausgeschlossen. Möglich sei grundsätzlich nur die Restitution im Rahmen des VermögensG (BGHZ 118, 37; Palandt/Heinrichs Rn 6 a; **aA** vorher: BezG Gera DtZ 1992, 122; KreisG-Strausberg NJ 1992, 125; zur vorherigen Diskussion: Adlerstein/Adlerstein DtZ 1991, 417). Dieser Ausschluß der zivilrechtlichen Rückforderung gilt auch, wenn die Anfechtung bereits (zweifelhaft, ob mit dinglicher Wirkung, vgl BVerfGE 95, 48, 59) vor Inkrafttreten des VermG erklärt worden ist (BGHZ 118, 37). Auch wenn sich der Erwerber der staatlichen Manipulation angeschlossen und ebenfalls Druck auf den Ausreisewilligen ausgeübt hat, geht das VermG vor (BGH 8. 10. 1992, V ZR 44/92, unveröffentlicht; vgl auch BGH LM § 70 DDR-ZGB Nr 2 selbst bei unentgeltlicher Veräußerung).

Diese Ansicht ist auf (auch) **verfassungsrechtlich** motivierte Kritik gestoßen (Grün VIZ 1992, 319; Horn AcP 194 [1994] 89; ders DtZ 1996, 319). In dieser Fallgruppe geht es jedoch um Eigentum, das unter dem System der DDR gerade wegen der staatlicherseits gedeckten unlauteren Machenschaften de facto enteignet war (Leipold JZ 1993, 703, 710). Die zivilrechtlichen Mängel erweisen sich nur als Elemente des hierzu eingesetzten Unrechtsinstrumentariums. Die Frage der Vereinbarkeit eines Ausschlusses zivilrechtlicher Rückforderungsansprüche mit Art 14 GG ist also nahezu deckungsgleich zu der Frage der Verfassungsmäßigkeit des Schutzes des *redlichen Erwerbers* (Art 4 Abs 1 VermG) überhaupt. Da das BVerfG den Schutz des redlichen Erwerbers (§ 4 Abs 2 VermG) und seine Grundlage in Art 41 EV nicht als gegen Art 14 Abs 1 GG verstoßend ansieht (BVerfG NJW 1995, 2281), konnte allenfalls fraglich sein, ob selbst der Ausschluß zivilrechtlicher Rückforderung in Fällen bereits *erfolgter Anfechtung*, der bei dinglicher Wirkung der Anfechtung einen (erneuten) Eigentumsentzug bedeutet, noch mit Art 14 und mit Art 79 Abs 3 GG vereinbar ist, was das BVerfG (BVerfGE 95, 48) mit Rücksicht auf Art 143 Abs 3 GG bejaht hat.

Das Problem dürfte tatsächlich nicht verfassungsrechtlicher, sondern **rechtspolitischer Natur** sein. Bereits die Grundsatzentscheidung des VermG, den „redlichen" Erwerber zu schützen, einen „sozialverträglichen Ausgleich" zu suchen und die Interessen von Opfern des DDR-Regimes dafür hintanzustellen, bedeutet immer eine Verfestigung von Unrecht, das den Betroffenen widerfahren ist. Die Bundesrepublik hat Enteignungsunrecht, das sie über vierzig Jahre beim Namen nannte, in vielgestaltigen Fällen nicht revidiert, obgleich es nun in ihrer Macht stand. Die rechtsethische Grundfrage, ob ein Bürger in seinem Vertrauen auf den Bestand von Unrechtshandlungen eines Staates, in dem er lebt und dessen Unrechtsqualität er erkennen muß, „redlich" sein kann, nur weil er das stattfindende Unrecht für irrevisibel hält, hat allerdings historische Dimension.

10 **γ)** Nach Ansicht des BGH ist schon eine **Klage vor den Zivilgerichten unzulässig**, da der Verwaltungsrechtsweg eröffnet sei (BGHZ 118, 37; BGH VIZ 1995, 647, 648 mNachw). Der von unlauteren Machenschaften Betroffene solle nicht durch Inanspruchnahme des Zivilrechtswegs das dem Verfahren vor den Verwaltungsgerichten vorgeschaltete exklusiv ausgestattete Verwaltungsverfahren umgehen können; überdies wolle das VermG die um das Vermögen streitenden Beteiligten trennen. Dieser Vorrang gilt aber nur, wenn der Betroffene überhaupt von einer enteignenden Maßnahme betroffen worden ist, insbesondere ein **Erwerbsakt** vorliegt. **Ob** das VermG zivilrechtliche Ansprüche im Einzelfall verdrängt, entscheiden dagegen die Zivilgerichte. Der Zivilrechtsweg scheidet nicht schon bei **Behauptung** eines enteignenden Vorgangs durch den Beklagten aus (BGH DtZ 1996, 50; KG VIZ 1994, 675; vgl auch BGH NJW 201, 683, dazu Art 237 § 1 Rn 22).

Dem kann nicht gefolgt werden; ein Streit um (angebliche) zivilrechtliche Ansprüche zwischen Privaten gehört vor die ordentlichen Gerichte. Soweit das VermG Kondiktion oder Vindikation nach Anfechtung ausschließt, ist die Klage unbegründet, nicht unzulässig (Leipold JZ 1993, 703, 704). Deutlich wird dies in den Fällen, die der BGH später als Ausnahme vom Grundsatz des Vorrangs des VermG erkannt hat (unten Rn 12 ff). Dort wurde von den Instanzgerichten nicht eine (eigentlich gebotene) Verweisung nach § 17a GVG in den Verwaltungsrechtsweg erwogen, sondern jeweils die Klage als unzulässig abgewiesen. Wie hätte auch das Verwaltungsgericht den Streit zwischen zwei Privatrechtssubjekten entscheiden sollen? Der BGH aber grenzte sodann die Ausnahmen völlig zutreffend mit materiellrechtlichen Erwägungen ab (zum ganzen Leipold aaO).

11 **δ)** Ein den Vorrang des VermG begründender Vortrag ist als eine **von Amts wegen** zu berücksichtigende Einwendung gegen den vor Zivilgerichten verfolgten Anspruch zu behandeln, also auch bei Vortrag durch den Kläger zu berücksichtigen (BGH LM § 63 DDR-ZGB Nr 2; BGH VIZ 1995, 647, 648). Der Vorrang des Vermögensrechts verdrängt nicht nur den Anspruch aus **§ 985 BGB**, sondern steht auch den auf dem Eigentum fußenden Ansprüchen auf Herausgabe von Nutzungen nach §§ 987 ff BGB entgegen (BGH VIZ 1995, 647, 648).

bb) Weitere zivilrechtliche Mängel

12 Der Vorrang des VermG wird jedoch nach inzwischen gefestigter Rechtsprechung des BGH überwunden, wenn zu dem, dem VermG zugewiesenen typischen Teilungsunrecht **weitere zivilrechtliche Mängel** hinzutreten (zum ganzen Tropf WM 1994, 89, 92 f; ders DtZ 1996, 2; Sendler NJW 1995, 1797; eingehend Geisler 283 ff).

13 **α)** Der BGH hatte ursprünglich versucht, insoweit aus dem **Blickwinkel des VermG** zwei Fallgruppen zu unterscheiden, nämlich Mängel, die in Konkurrenz zu § 1 Abs 3 VermG treten und solche, die nur im Verhältnis zu **§ 1 Abs 1 lit c VermG** (*Verfügung durch staatlichen Verwalter*) stehen. Für letztere erschien der Vorrang des VermG schon deshalb fraglich, weil nicht, wie bei unlauteren Machenschaften nach § 1 Abs 3 VermG regelmäßig und zwangsläufig parallel auch zivilrechtliche Unwirksamkeitsgründe verwirklicht sind. Während der Tatbestand des § 1 Abs 3 VermG in der Regel selbst den zivilrechtlichen Mangel der Verfügung verkörpert (Anfechtbarkeit wegen Täuschung oder Drohung), liegt § 1 Abs 1 lit c VermG häufig ein zivilrechtlich wirksames Geschäft des Treuhänders zugrunde (BGHZ 125, 125, 128). Da aber

§ 1 Abs 1 lit c VermG gleichermaßen Fälle wirksamer und (zusätzlich) zivilrechtlich mangelhafter Verfügungen des Verwalters erfaßt (so BVerwG NJW 1994, 2713 gegen BGHZ 125, 125; ebenso SENDLER NJW 1995, 1797, 1799) sieht nun auch der BGH (BGHZ 130, 231, 240) den jeweiligen Tatbestand des VermG nicht mehr als geeignetes Unterscheidungsmerkmal an.

β) Die Differenzierung geht nunmehr für alle Konflikte zwischen zivilrechtlichen Mängeln und Tatbeständen des VermG von der **Einordnung des Mangels** aus. Auch insoweit hat die Rechtsprechung des BGH freilich Verfeinerungen, ja Wendungen erfahren. **14**

Im Mittelpunkt steht die Suche nach **Risikosphären**, also eine Abgrenzung zwischen Mängeln, die dem staatlichen Teilungsunrecht immanent sind, und zusätzlichen Mängeln, in denen sich *allgemeine Risiken des DDR*-Rechtsverkehrs realisieren (BGHZ 123, 58, 61), weil sie *bereits nach dem Recht der DDR* zur zivilrechtlichen Unwirksamkeit eines Geschäfts geführt haben. Für letztere schließt das VermG die Geltendmachung zivilrechtlicher Ansprüche – im Zivilrechtsweg – nicht aus (BGHZ 120, 198; BGHZ 120, 204).

γ) Der BGH (BGHZ 120, 198 und 204; vgl auch BGHZ 121, 347, 355) stellte zunächst zur **Begründung** auf die *Schutzwürdigkeit des iSd § 4 VermG redlichen Erwerbers* ab, dem das VermG nicht die **allgemeinen Risiken des Rechtsverkehrs** aus der Zeit der DDR abnehme. Dieser Begründung ist beizupflichten, weil sie die Idee des VermG aufgreift, auch die Interessen der von DDR-Machenschaften Begünstigten zu schützen, zugleich aber klarstellt, worauf selbst in der DDR nicht vertraut werden durfte. Das VermG kann ausschließlich insoweit Vorrang haben, als die schwierige und nicht rein zivilrechtlich klärbare Frage zu bewältigen ist, in welchem Umfang der Erwerber in „unlautere Machenschaften, Machtmißbrauch, Korruption, Nötigung und Täuschung" verwickelt ist, mit der Folge, daß ein aus Sicht des DDR-System *wirksames und staatlich erwünschtes* Geschäft rückabgewickelt wird. Hingegen geht das VermG nicht vor, wenn das fragliche Geschäft bereits nach (grundsätzlich) *praktiziertem DDR-Recht unwirksam* war. Erst recht sind zivilrechtliche Mängel beachtlich, wenn die Veräußerung tatbestandlich überhaupt nicht § 1 VermG unterfällt (BGH VIZ 1997, 345). **15**

δ) Hingegen nahm das **Bundesverwaltungsgericht** einen Ausschluß zivilrechtlicher Ansprüche grundsätzlich auch dann an, wenn zu dem typischen staatlichen Unrecht weitere Mängel hinzutreten, die zwar zivilrechtlicher Natur sind, aufgrund derer aber vor der Wende zu rechtsstaatlichen Verhältnissen der Betroffene – rein faktisch – nie zivilrechtliche Ansprüche hätte geltend machen können. Für den Erwerber, der sich auf den Erwerb trotz der zivilrechtlichen Mängel habe verlassen können, zähle die Wende gerade nicht zu den allgemeinen Rechtsrisiken in der DDR (BVerwG VIZ 1994, 349; vgl aber BVerwG NJW 1995, 1506). **16**

Dieses Argument findet aber keine Stütze im Zweck des VermG, das einen Ausgleich zwischen Unrechtsopfern und eher schuldlos Begünstigten schmutziger DDR-Machenschaften suchen will, aber nicht Vergessen über jede zivilrechtliche Schlamperei breiten kann. Das VermG wurde zudem instrumentalisiert, um nicht nur das Vertrauen in DDR-Unrecht zu schützen, sondern auch noch das Vertrauen in den Machtanspruch einzelner Funktionäre, die glaubten, sich folgenlos selbst über das Zivilrecht hinwegsetzen zu können. § 1 Abs 3 VermG soll nur unlautere aber nicht unordentliche Machenschaften erfassen. Die Unlauterkeit der DDR sollte nicht zum Schutzschild ihrer Mitläufer werden. Dies zeigen deutlich Fälle, in denen die auf Rückgabe in Anspruch Genommenen angebliche unlautere Machenschaften vortragen, als sei dieser staatliche Druck ein Gutglaubenstatbestand, der zufällig vorliegende weitere zivilrechtliche Mängel überwindet (vgl BGHZ 120, 204 [FDGB-Sekretär]; BGH VIZ 1997, 345).

17 **ε)** Eine zivilrechtliche Rückabwicklung wurde auf dieser Grundlage bei folgenden **Fällen zusätzlicher Mängel** zugelassen:

– **Beurkundungsmängel**, die zur Unwirksamkeit der Urkunde (§§ 19 ff DDR-NotG) und damit zur Nichtigkeit des Geschäfts (§ 66 Abs 2 ZGB) führen (BGHZ 120, 198: Verlesung in Abwesenheit des Notars; KG DtZ 1992, 298: Bevollmächtigung des beurkundenden Notars durch einen am Notariatsverfahren Beteiligten; vgl auch BGH VIZ 1997, 345: dem Notar bekannt fehlende Vertretervollmacht, dort aber schon kein Tatbestand des § 1 VermG erfüllt).

18 – Unterlassene Mitwirkung eines **Treuhänders**, der die alleinige Verfügungsbefugnis über das Vermögen des Ausreisewilligen ausübte gemäß § 1 Abs 1 S 3 der *Anordnung Nr 2 über die Behandlung des Vermögens von Personen, die die DDR nach dem 10. 6. 1953 verlassen* (DDR-GBl 1958 I 1) iVm *Anweisung Nr 30/58 v 27. 9. 1958* (BGHZ 120, 204; BGHZ 123, 58, 61). Jedoch wird ein solcher Vertrag seinem ganzen (schuldrechtlichen *und* verfügenden) Inhalt nach wirksam, wenn bei Aufhebung der Treuhandverwaltung, insbesondere bei deren gesetzlichem Wegfall am 31. 12. 1992, die Voraussetzungen des § 185 Abs 2 S 1 2. Alt BGB vorlagen (BGHZ 123, 58, 62).

19 – Beurkundung eines **Scheingeschäfts**, regelmäßig eines Kaufvertrages zur Erreichung der Ausreisegenehmigung, der aber nur als **privates Treuhandverhältnis** gewollt war, das dem Ausreisewilligen nicht nur im Falle des Scheiterns seiner Ausreise aus der DDR, sondern auch darüber hinaus jederzeit die Rückforderung des Geleisteten erlauben sollte (BGH LM § 66 DDR-ZGB Nr 1; BGH DtZ 1996, 138; BGH DNotZ 1997, 137; BGH DtZ 1997, 356). Man kann dies allerdings nicht aus einer Zuweisung des allgemeinen DDR-Verkehrsrisikos an den Erwerber herleiten, denn solche Schein-Treuhandverhältnisse waren auf das engste mit dem Versuch verbunden, bei Ausreise aus der DDR die Konsequenz einer Zwangsveräußerung zu vermeiden. Ein privatrechtliches Treuhandverhältnis hätte den Parteien dazu nicht offengestanden (Weber Anm zu BGH LM § 66 DDR-ZGB Nr 1 Bl 5). Jedoch ist der Veräußerer Eigentümer geblieben, weil der simulierte Übertragungsvertrag sowie das gewollte, aber materiell unzulässige private Treuhandverhältnis nichtig sind. Dem damit prinzipiell bestehenden zivilrechtlichen Rückforderungsanspruch steht in diesen Fällen die **ratio des § 1 Abs 3 VermG** nicht entgegen, denn der Erwerber sollte nach übereinstimmendem Parteiwillen immer nur als Treuhänder und nicht für sich erwerben, konnte also kein redliches Vertrauen bilden (§ 4 VermG; so zutreffend auch BGH LM § 66 DDR-ZGB Nr 1 Bl 4; Palandt/Heinrichs Rn 6 b; **aA**: BVerwG NJW 1995, 1506, 1508).

20 – Nichtigkeit einer **staatlichen Treuhänderbestellung** aufgrund einer über den in der

Bundesrepublik wohnenden Grundstückseigentümer angeordneten **Abwesenheitspflegschaft**, wenn das anordnende staatliche Notariat noch nicht einmal im Ansatz bemüht war, den damaligen gesetzlichen Bestimmungen zu genügen. Die Begründung der Abwesenheitspflegschaft mit unbekanntem Aufenthalt des Pfleglings führt jedoch nicht ohne weiteres zur Nichtigkeit, da § 105 Abs 1 lit b FGB auch für den Fall bekannten Aufenthaltes und Verhinderung des Pfleglings eine Abwesenheitspflegschaft ermöglichte (BezG Erfurt DtZ 1993, 92).

- Nichtigkeit einer Grundstücksveräußerung wegen unterlassener Beurkundung durch einen staatlichen Treuhänder an den Rat des Kreises trotz des Zieles der **Begünstigung eines DDR-Günstlings**, da die mangelnde Beurkundung in keinem inneren Zusammenhang zu den als Machtmißbrauch einzustufenden Machenschaften stand (BGH DtZ 1994, 345, 346).
- Nichtigkeit einer **Treuhänderbestellung** wegen Anordnung an einem Gebäude oder Grundstück für **Ehegatten** unter Bezeichnung einer nach dem Recht der DDR tatsächlich nicht bestehenden **sachenrechtlichen Mitberechtigungsform** (Miteigentum anstatt Alleineigentum bzw güterrechtlichem Gesamthandseigentum nach § 39 FGB BGH NJW 1994, 1283, 1284).
- Aufgrund der allgemeinen Unzulänglichkeit der staatlichen Verhältnisse in der DDR **unterlassene formgerechte Begründung** und damit Nichtbestehen eines in Aussicht gestellten **Nutzungsrechts** nach § 287 ZGB, im Vertrauen auf dessen Wirksamkeit der vermeintlich Nutzungsberechtigte ein Eigenheim auf fremdem Grund errichtet hat (BGHZ 121, 347, 352 ff). In diesem Fall kann Herausgabeansprüchen das Moratorium nach Art 233 § 2a entgegenstehen (BGH aaO). **21**

cc) Gegenausnahme: Normativer Zusammenhang mit dem Teilungsunrecht

α) Trotz eines formal *neben* den unlauteren Machenschaften bestehenden Mangels bleibt es jedoch beim Vorrang des VermG, wenn dieser Mangel **in untrennbarem Zusammenhang** mit dem staatlichen Teilungsunrecht steht. **22**

Diese Gegenausnahme **rechtfertigt sich** wiederum aus der ratio des Vorrangs des VermG: Das staatliche Unrecht der DDR zwang den Veräußerer häufig zu zivilrechtlichen Umwegen, zB simulierten Geschäften, um schlimmeren Nachteil zu verhüten. Daraus resultierende zivilrechtliche Mängel können also systemimmanent sein, ohne der konkreten Machenschaft immanent zu sein. Der Ausgleich, folgt man der Grundkonzeption des VermG, kann dann nur mit den Kategorien der Wiedergutmachung staatlichen Unrechts bewältigt werden.

23 Dies ist zB dann anzunehmen, wenn anstelle eines dissimulierten Kaufvertrages zum Schein eine **Schenkung** beurkundet wurde, weil die Beurkundung des nicht Gewollten von den Parteien gerade deswegen herbeigeführt wurde, um die Folgen der Zwangsveräußerung abzumildern, insbesondere **Devisenbestimmungen** zu umgehen bzw ein angemessenes Entgelt vereinbaren zu können (BGH LM § 66 DDR-ZGB Nr 2 [zustimmend Klinkert] = NJW 1993, 2050; BGH LM § 63 DDR-ZGB Nr 1 = DtZ 1993, 245; BGH 28. 5. 1993, V ZR 53/92; OLG Rostock DtZ 1994, 249). Das gilt selbst dann, wenn die Beurkundung einer Schenkung auch im Interesse des Käufers war, da dieser noch nicht auf der Liste der Wohnungssuchenden vermerkt war und deshalb befürchtete, zu einem Kauf nicht die staatliche Genehmigung zu erhalten (BGH LM § 63 DDR-ZGB Nr 2 = NJW 1993, 2530). Dasselbe gilt, wenn in einem Grundstücksüberlassungsvertrag eine eingegangene **Verpflichtung zur Rückübertragung** im Falle der Veränderung der politischen Verhältnisse nicht mitbeurkundet wurde (OLG Naumburg DtZ 1994, 377, 379).

Im Gegensatz zu der Situation einer Veräußerung, die intern nur als Treuhandverhältnis gewollt war (oben Rn 19; BGH LM § 66 DDR-ZGB Nr 1), greift hier die ratio des § 1 Abs 3 iVm § 4 VermG wegen des *Erwerbswillens* des Käufers ein. Die Abgrenzung sollte aber nicht dem Zufall überlassen werden, ob die Parteien in ihrer dissimulierten Vereinbarung formal ein Treuhandverhältnis beschrieben oder nur eine Rückübertragungsverpflichtung vereinbart haben. Entscheidend muß sein, ob der Erwerber das Grundstück für sich erwerben wollte – wofür Entgeltlichkeit des wirklich gewollten Geschäfts spricht –, dabei aber lediglich bodenkontrollrechtliche und devisenrechtliche Bestimmungen umgangen werden sollten oder ob der Erwerber das Grundstück nur für die Ausreisewilligen „verwahren" sollte, also materiell in fremdem Interesse tätig wurde.

24 **β)** Auch in jüngeren Entscheidungen, die als eine **Annäherung an die Rechtsprechung des BVerwG** (oben Rn 16) verstanden werden (MünchKomm/Heinrichs Rn 19; Schmidt-Räntsch OV-Special 1995, 144; vgl auch die Hinweise auf eine grundsätzliche Übereinstimmung mit dem BVerwG in BGHZ 129, 112; BGH VIZ 1995, 646, 648) hat der BGH seine Differenzierung nach Risikosphären nie aufgegeben. Diese Entscheidungen weisen allerdings eine Tendenz auf, Mängel, die früher als typische *zusätzliche Mängel* judiziert worden waren, nun einer wertenden Betrachtung zu unterziehen, die im Einzelfall zur Annahme eines engen inneren Zusammenhangs mit dem staatlichen Unrecht führt. Die Figur des engen inneren Zusammenhangs hat dadurch eine deutliche Ausweitung erfahren.

Hinsichtlich des für **Baulandenteignungen** typischen Mangels der – unter Verstoß gegen § 9 DVO BaulandG – unterbliebenen Zustellung von Enteignungsbescheiden kam es nur zu einer zufälligen Ergebnisannäherung an das BVerwG bei Fortbestehen des unterschiedlichen prinzipiellen Ansatzes: Zivilrechtliche Ansprüche sind hier nicht in Konkurrenz zu *§ 1 Abs 1 lit a und b VermG* ausgeschlossen, weil Enteignungen nach dem *Baulandgesetz*, auch wenn diese im Einzelfall ohne Entschädigung erfolgt sind, nicht diesen Tatbeständen unterfallen (BVerwGE 95, 284; BVerwGE 95, 289), weshalb zu diesen Bestimmungen keine Konkurrenzsituation vorliegt. Einen Zusammenhang zu unlauteren Machenschaften (§ 1 Abs 3 VermG) macht der BGH jedoch ausdrücklich von der Einzelwertung abhängig (BGHZ 129, 112, Rückverweisung). In der zweiten Entscheidung handelte es sich bei der unterlassenen Zustellung um einen Teil der unlauteren Machenschaft selbst (BGH VIZ 1995, 646). Das BVerwG hingegen stellt die Frage nach dem Zusammenhang des Mangels mit den unlauteren Machenschaften nicht, da es zu den unlauteren Machenschaften (zufällig oder systembedingt) hinzutretende Mängel grundsätzlich nicht für geeignet hält, zivilrechtliche Ansprüche auszulösen und damit dem Unrechtsopfer das gesamte Risiko auch zufälliger Mängel überbürdet (vgl auch Sendler NJW 1995, 1799).

– Annäherungen an das BVerwG zeigen sich allerdings, wenn nun auch **Veräußerungen zwangsverwalteter Grundstücke** durch ein zivilrechtlich *nicht vertretungsberechtigtes* staatliches Organ, ja sogar der Mangel der *Form* einer hierbei verwendeten **Vollmacht** nicht mehr zivilrechtlich rückabzuwickeln sein sollen (BGHZ 130, 231; OLG Jena OLG-NL 1999, 189, 190) oder wenn Mängel der **Beurkundung** eines Grundstücksübertragungsvertrages durch einen Notar der DDR in einem engen Zusammenhang mit dem staatlichen Unrecht gesehen werden (BGH DtZ 1997, 122). Diese Entscheidungen müssen, wenn nicht als Abkehr (so Palandt/Heinrichs Rn 6 b), so doch als deutliche Relativierung früherer Judikate (oben Rn 17) zu *Beurkundungsmängeln* (BGH DtZ 1994, 345; gröbste Beurkundungsmängel, wie die Abwesenheit des Notars, BGHZ 120, 201, können auch danach nicht als unrechtsimmanent angesehen werden, zweifelnd MünchKomm/Heinrichs Rn 20) und *fehlerhaften Treuhändergeschäften* (BGHZ 120, 204) zu sehen.

γ) In seiner jüngeren Rechtsprechung schränkt der BGH den Vorrang des VermG gegenüber zivilrechtlichen Mängeln jedoch ein auf Fälle, in denen die mit dem zivilrechtlichen Mangel verbundenen Machenschaften **vor dem 18. 10. 1989**, dem Tag des Rücktritts von Honecker, stattgefunden haben. Die Rechtfertigung für einen Vorrang des Vermögensrechts findet ihre Grenzen, wo der (zivilrechtlich) fehlerhafte Erwerb auch im System des funktionierenden Sozialismus rechtlich keinen Bestand gehabt hätte. In solchen Fällen realisiert sich in dem Mangel wiederum nur das allgemeine Verkehrsrisiko. Sowohl für Tatbestände nach § 1 Abs 1 lit c, als auch § 1 Abs 3 VermG ist nach dem Übergang zu rechtsstaatlichen Verhältnissen in der DDR kein Vorrang gegenüber zivilrechtlichen Mängeln mehr veranlaßt, weil solche Mängel vor Gerichten der DDR hätten geltend gemacht werden können (BGH VIZ 2000, 289; BGH VIZ 2000, 494). Der BGH kehrt also für den Zeitraum der zur grundsätzlichen Rechtsstaatlichkeit übergegangenen DDR zu seiner Ausgangsposition zurück, wonach zivilrechtliche Mängel vom Vorliegen eines vermögensrechtlichen Tatbestands nicht berührt sind (kritisch hiergegen Hermann OV spezial 2000, 350, 352). **25**

Das **BVerwG** ist dem, gestützt auf den in Art 237 § 1 (vgl dort Rn 23) zum Ausdruck gekommenen gesetzgeberischen Willen, nicht gefolgt (BVerwG VIZ 2001, 611, 612); das BVerwG tendiert angesichts eines fließenden Übergangs zur Rechtsstaatlichkeit wohl eher für die Annahme eines Stichtags am 26. 1. 1990, dem Datum eines Schreibens des Staatssekretärs im DDR-Ministerium der Finanzen und Preise (BVerwG aaO, vgl auch BVerwG VIZ 1999, 523).

δ) Die Problematik war in der 13. Legislaturperiode Gegenstand von **Gesetzesinitiativen**, die bei Redlichkeit des Erwerbers iSd § 4 Abs 3 b VermG insbesondere Mängel der Berechtigung staatlicher Organe und Mängel der Voraussetzungen und der Form von Enteignungen und der Bestellung staatlicher Treuhänder heilen und der vorerörterten Rechtsprechung des BGH den Boden entziehen sollte. Die Initiative der Gruppe PDS wurde abgelehnt (BT-Drucks 13/2822, abgelehnt am 20. 3. 1997). Der Entwurf eines NutzerschutzG (BT-Drucks 13/2022 dazu: Städtebauausschuß: NJ 1996, 18; vFalkenhausen NJ 1995, 569, 572; Faupel/Matthiesen DtZ 1995, 306) ging in dem am 24. 7. 1997 in Kraft getretenen *WohnraummodernisierungsG* (BGBl 1997 I 1823) auf, welches die Mangelproblematik nun unabhängig von dem nutzerschützenden Aspekt erfaßt (vgl Kommentierung zu Art 231 § 8 Abs 2, Art 233 § 2 Abs 2, Art 237). **26**

d) Schuldverhältnisse mit Auslandsbezug

§ 1 betrifft auch Schuldverhältnisse mit Auslandsbezug, die **vor dem 3. 10. 1990 dem Recht der DDR**, insbesondere dem GW (sowie den Allgemeinen Bedingungen des **27**

RGW, GBl DDR 1989 II 41) unterstanden haben (Strohbach, in: Jayme/Furtak 137). Voraussetzung ist auch insoweit der aus Sicht des innerdeutschen Kollisionsrechts zu beurteilende Bezug des Sachverhalts zur DDR, in diesem Fall zum RAG (Art 236 § 1; **aA** wohl Strohbach aaO).

e) Verschulden bei Vertragsschluß

28 Fraglich ist, ob Ansprüche aus Verschulden bei Vertragsschluß (cic) dem Anwendungsbereich von **§ 1 oder § 10** zuzuordnen sind. Da sowohl das Recht der Bundesrepublik wie das der DDR solche Ansprüche als *vertraglich* qualifiziert, ist von § 1 auszugehen. Entsprechend den für das *internationale Privatrecht* geltenden Grundsätzen ist jedoch nicht abzustellen auf das „Schuldverhältnis der Vertragsverhandlung", sondern auf das Statut des angebahnten Vertragsverhältnisses. Maßgeblich ist also auch intertemporal der Zeitpunkt der Entstehung des späteren Vertragsverhältnisses (wohl **aA** MünchKomm/Heinrichs Rn 7). Kommt ein Vertrag nicht zustande oder ist die Haftung eines am Vertrag nicht beteiligten Dritten zu beurteilen, so sollte allerdings entsprechend § 10 auf den Zeitpunkt der Verletzungshandlung abgestellt werden (so auch MünchKomm/Heinrichs Rn 7).

3. Überleitung bei Rechtsänderung zum 1. 7. 1990

a) Überblick: Zivilrechtsänderungen

29 **aa)** Zum 1. 7. 1990 sind im Gefolge der **Wirtschafts-, Währungs- und Sozialunion** (1. Staatsvertrag, GBl DDR 1990 I 332) zahlreiche in den Anwendungsbereich des § 1 fallende Bestimmungen im Recht der DDR geändert, außer Kraft gesetzt oder aus dem Recht der Bundesrepublik übernommen worden. Rechtsquellen sind das **1. ZivilrechtsänderungsG** v 28. 6. 1990 (GBl DDR 1990 I 524 – 1. ZivilRechtsÄndG), das **G über die Änderung oder Aufhebung von Gesetzen der DDR** v 28. 6. 1990 (GBl DDR 1990 I 483 – ÄnderungsG), die **VO über die Änderung oder Aufhebung von Rechtsvorschriften** v 28. 6. 1990 (GBl 1990 I 509 – ÄnderungsVO) sowie das **G über die Inkraftsetzung von Rechtsvorschriften der BRD in der DDR** v 21. 6. 1990 (GBl DDR 1990 I 357 – InkraftsetzungsG).

30 **bb)** Die **wesentlichen betroffenen Materien** im Anwendungsbereich von § 1 sind:

- der **Verbraucherschutz** durch Inkraftsetzung des *AGB-G* (vgl OLG Jena OLG-NL 1995, 124, 125), des *HaustürwiderrufsG*, des bis zum 31. 12. 1990 geltenden *AbzahlungsG* und des *GWB* (§§ 23, 24, 25, 14 **InkraftsetzungsG**),
- das **Gesellschaftsrecht** durch Inkraftsetzung von *§§ 705 bis 740 BGB* (§ 17 InkraftsetzungsG) sowie die modifizierte Inkraftsetzung des *GmbHG* und des *AktienG* (§§ 18, 19 InkraftsetzungsG),
- das **Handelsrecht** und das **Vertragsrecht zwischen Betrieben** durch die modifizierte Inkraftsetzung des *HGB* (§ 16 InkraftsetzungsG) bei gleichzeitiger Überleitung des *VertragsG* in das *Gesetz über Wirtschaftsverträge (GW)*, welches durch Umbenennung und geringfügige Modifikation des *Gesetzes über internationale Wirtschaftsverträge* (GIW) entstanden ist (§§ 3, 4 ÄnderungsG). Das HGB wurde auch insoweit für anwendbar erklärt, als das GIW subsidiär auf das VG verwiesen hatte (§ 332 GW idF durch § 3 Nr 11 ÄnderungsG),

– das **Wertpapierrecht** durch Inkraftsetzung des WechselG und des ScheckG (§§ 1, 2 ÄnderungsG),

– das **Versicherungsvertragsrecht** durch Änderung der *Preis-* und *Kündigungsbestimmungen* zum Versicherungsvertrag in §§ 257, 259, 263 ZGB (Anlage Nr 3, 4, 5 zum 1. ZivilRechtsÄndG),

– die schuldrechtlichen Bestimmungen der ÄnderungsVO betreffen hingegen Gegenstände, die in §§ 5 ff gesondert geregelt sind, insbesondere das **Individualarbeitsrecht** (§ 17 Nr 5), das **Kreditvertragsrecht** (§§ 13, 14) und das **Sparvertragsrecht** (§ 16).

cc) Fraglich erscheint, ob Rechtsmaterien, die mit den vorgenannten, zum 1. 7. 1990 ausdrücklich übergeleiteten in einem **engen Sachzusammenhang** stehen, bereits seit dem 1. 7. 1990 dem Recht der Bundesrepublik unterliegen. Angesichts der zahlreichen ausdrücklichen Regelungen im 1. ZivilRechtsÄndG wird man mit der Annahme einer solchen stillschweigenden Überleitung zurückhaltend sein müssen. In Betracht kommt die Geltung des Rechts der Bundesrepublik jedoch insbesondere dann, wenn die Materie *im Bundesrecht weitgehend richterrechtlich geregelt* ist – und daher einer ausdrücklichen Überleitung nicht zugänglich war – *und* inhaltlich eng mit der sozialen Marktwirtschaft verbunden, dem DDR-Recht aber fremd ist; dies ist zB für das *kollektive Arbeitsrecht* zu bejahen (offen gelassen für Tarifverträge in BAG NZA 1995, 79, 83). **31**

b) Behandlung vor dem 1. 7. 1990 entstandener Schuldverhältnisse

aa) Anläßlich der Änderung, Umbenennung und Ausdehnung des **GIW/GW** wurde in § 331 GW eine ausdrückliche **Übergangsregelung** geschaffen. Grundsätzlich gilt das GW nur für Rechtsverhältnisse, die nach dem 1. 7. 1990 entstehen. Für Altverträge ist das GIW weiter anzuwenden (OLG München DtZ 1995, 445; LG Berlin WM 1992, 1250, 1254, dort allerdings unzutreffend erstreckt auf *deliktische* Ansprüche, vgl LG Berlin WM 1992, 2035, 2037). Gemäß § 331 Abs 2 GW konnte bei vor dem 1. 7. 1990 geschlossenen Verträgen zwischen Partnern gemäß § 1 Abs 1 GW jedoch jeder Vertragspartner von dem anderen die Anwendung des neuen Rechts fordern, der andere Teil hatte ein auf zwei Monate befristetes Widerspruchsrecht. Die Anwendbarkeit des GIW auf bis zum 30. 6. 1990 geschlossene Verträge kann sich auch aus einer *Rechtswahl* ergeben (BGH DtZ 1994, 341, 342). Aufgrund § 17 *DDR-Anlagenimportordnung v 26. 7. 1979* erstreckt sich die für einen Importvertrag vereinbarte Anwendbarkeit des GIW auch auf den Einfuhrvertrag, den der Importeur (mit Sitz in der DDR) mit einem Abnehmer (mit Sitz in der DDR) geschlossen hat (BGH aaO). Hingegen findet das GIW keine Anwendung auf sonstige Verträge im Umfeld eines grenzüberschreitenden Vertrages, insbesondere nicht auf Geschäftsbeziehungen zwischen dem beteiligten DDR-Außenhandelsunternehmen und der für die Verrechnung von sog „Transferrubeln" zuständigen DDR-Bank (LG Berlin WM 1993, 1922, 1924). **32**

bb) Die Aufhebung des **VertragsG** erfolgte hingegen ohne Übergangsregelung. **33**

α) Es war daher zunächst strittig, ob auch insoweit entsprechend § 1 bzw dem hier kodifizierten allgemeinen Grundsatz zu verfahren ist (so: KG DtZ 1991, 246; LG Berlin WM 1991, 764) oder ob **rückwirkend** das ZGB anzuwenden ist (so: van Dorp DB-DDR-

Report 1990, 183 f). Da eine *echte Rückwirkung* nicht in Betracht kommt, unterliegen solche Verträge **bis zum 30.6. 1990** weiter dem VG.

34 β) Weitergehend ist aber der in § 1 festgelegte Grundsatz auch auf die Aufhebung des VertragsG zum 1.7. 1990 anzuwenden, mit der Folge, daß vor dem 1.7. 1990 geschlossene Verträge auch **nach dem 1.7. 1990** weiter dem VertragsG unterliegen. Das *„bisherige Recht"* iSd § 1 ist für solche Verträge dann auch nach dem 3.10. 1990 das VertragsG (BGHZ 120, 10, 16; BGHZ 121, 378, 385; BGH LM Art 232 Nr 2, Nr 4; BGH LM § 108 DDR-VertragsG Nr 3; BGH LM § 79 DDR-VertragsG Nr 4 Bl 2; BGH NJW-RR 1997, 690; BGH LKV 1997, 303: zur Anwendbarkeit zwischen **Gemeinden**; KG DtZ 1992, 358, 359; OLG Brandenburg OLG-NL 1996, 49; OLG Dresden OLG-NL 1995, 203, 204; OLG Jena OLG-NL 1997, 49; MünchKomm/Heinrichs Rn 9; Palandt/Heinrichs Rn 4).

35 γ) Das VertragsG war zwar eng mit den **planwirtschaftlichen Strukturen** der DDR verknüpft (van Dorp aaO) und hing insbesondere von der Funktion der Vertragsgerichte ab, die nicht als Rechtsprechungsorgane zu betrachten sind, sondern als Organe der Wirtschaftslenkung und die ebenfalls zum 1.7. 1990 beseitigt wurden. Dies zwingt jedoch nicht zu einer rückwirkenden Anwendung des ZGB insgesamt: Regelungen, welche ausdrücklich *dirigistische Vertragseingriffe* vorsehen (§§ 78 ff VG) und *Vertragsstrafeansprüche*, die auf der Verletzung planwirtschaftlicher Regeln beruhen, sind mit einer freiheitlichen Wirtschaftsordnung unvereinbar und daher seit dem 1.7. 1990 nicht mehr gerichtlich durchsetzbar (BGH LM § 232 Nr 2; BGH LM Art 232 Nr 4; OLG München DtZ 1995, 445; Palandt/Heinrichs Rn 4). Das gilt auch für Vertragsstrafeansprüche, die auf *DDR-Nebengesetze* zum VertragsG gestützt werden (BGH LM Art 232 Nr 2: § 12 *Leihverpackungsanordnung*, GBl DDR I 1984, 336). Jedoch kann ein Vertragspartner, der die Erfüllung des dem VertragsG unterstehenden Vertrages schuldhaft ernsthaft und endgültig verweigert, zu **Schadensersatz** verpflichtet sein, da insoweit das VertragsG, im Einklang mit den auch im BGB-Schuldrecht verwirklichten Prinzipien, die Kompensation des durch schuldhafte Vertragsverletzung entstehenden Schadens vorsieht (BGH LM Art 232 Nr 4).

36 δ) Soweit ein Vertrag dem VertragsG unterliegt, ist erst recht ergänzend der Grundsatz von **Treu und Glauben (§ 242 BGB)** anwendbar (zur Anwendung auf **ZGB**-Verträge unten Rn 60 ff), der als übergesetzlicher Rechtssatz allen Rechtsordnungen immanent ist. Insbesondere sind die aus § 242 abgeleiteten Rechtsinstitute anwendbar, so die Lehre vom *Wegfall der Geschäftsgrundlage* (BGHZ 120, 10, 22; BGHZ 121, 385, 391; BGH WM 1993, 555, 556; **aA**: Görk 103).

Die Unterstellung von Altverträgen unter das VertragsG wird auch relativiert durch die Übergangsregelung, welche die **PreisVO** (v 25.6. 1990, GBl DDR I 472; hierzu BGHZ 120, 10, 18 ff; BGH WM 1993, 555, 558; zur PreisVO sowie zu § 32 DMBilG: BGH DtZ 1995, 334, 335; BezG Dresden DtZ 1992, 153) hinsichtlich der Aufhebung der staatlichen Preisbildung durch das **PreisG** (v 22.6. 1990, GBl DDR I 471) trifft: § 3 Abs 4 PreisG sieht auch für vor dem 1.7. 1990 geschlossene, aber noch nicht erfüllte Verträge eine *neue Preisbildung* vor. Dirigistische Maßnahmen des VertragsG zur Preisbildung, insbesondere solche, die die Mitwirkung der Vertragsgerichte erfordern, sind nicht mehr anwendbar (so auch Lübchen DtZ 1990, 149). Die Lückenfüllung sollte entsprechend dem Gedanken des § 3 Abs 4 PreisVO nach *neuem Recht* erfolgen.

ε) Soweit das VertragsG nicht mehr Anwendung findet, ist **neues Recht zum 1. 7. 1990** zunächst das GW, dessen persönlicher Anwendungsbereich den des VG aufgenommen hat; die Übergangsregelung des § 331 Abs 2 GW steht dem nicht entgegen (anders VAN DORP aaO: Anwendung des ZGB, Geltung des GW nur bei Vereinbarung nach § 331 Abs 2 GW), da nicht nur die zwangsläufig entstehenden Lücken des VG durch neues Recht gefüllt werden. Neues Vertragsrecht zwischen Betrieben ist also seit dem 1. 7. 1990 nicht das ZGB, sondern das GW. Hieraus kann sich zum 3. 10. 1990 sodann eine Überleitung in das BGB ergeben (vgl OLG Naumburg OLG-NL 1999, 295, präzisierend Anm GRIESSENBECK: Gemeinschaft nach §§ 73 ff VG nunmehr nach §§ 738, 732 ff BGB aufzulösen). Die Bestimmungen des **ZGB** sind jedoch fallweise lückenfüllend anzuwenden (BGH DWW 1996, 307: § 68 Abs 1 Nr 1 ZGB; OLG Naumburg NZG 1999, 296). 37

4. Entstehung des Schuldverhältnisses vor dem 1. 1. 1976

Vor **Inkrafttreten des ZGB** entstandene Schuldverhältnisse unterlagen seit dem 1. 1. 1976 gemäß § 2 Abs 2 S 1 EGZGB grundsätzlich den Bestimmungen des ZGB. Das **Bestehen** der vor Inkrafttreten begründeten Rechte und Pflichten, insbesondere das Zustandekommen des Schuldverhältnisses vor dem Inkrafttreten des ZGB unterlag jedoch weiter den vorher geltenden Bestimmungen des BGB (§ 2 Abs 2 EGZGB; BGH DtZ 1997, 123). Auch die Frage, ob ein solcher Vertrag wegen Verstößen gegen **gesetzliche Verbote, Sittenwidrigkeit** uä unwirksam ist, beurteilt sich nach §§ 134 ff BGB (BGH NJ 1995, 586, 588). Auch das **Erlöschen** eines schuldrechtlichen Anspruchs vor dem 1. 1. 1976 durch Unmöglichkeit sowie die Frage, ob im Zeitpunkt des Eintritts der Unmöglichkeit der Schuldner sich in **Verzug** befunden hat, unterliegen auch nach dem 1. 1. 1976 und dem 3. 10. 1990 weiterhin dem BGB (BGH WM 1994, 1250, 1251). 38

5. Abdingbarkeit

a) Rechtswahl

Da im Anwendungsbereich von § 1 grundsätzlich auch kollisionsrechtlich eine **Rechtswahl** zulässig ist, können die Parteien für Schuldverhältnisse, die nach § 1 dem Recht der DDR unterstehen (Altschuldverhältnisse), ausdrücklich oder stillschweigend die Geltung des Rechts der Bundesrepublik vereinbaren (PALANDT/HEINRICHS Rn 2; MünchKomm/HEINRICHS Rn 4; STAUDINGER/HÖNLE [1998] Art 170 Rn 2; STROHBACH, in: JAYME/FURTAK 137). Hiervon ist regelmäßig auszugehen, wenn die Parteien den *aufgelösten* Vertrag einverständlich fortsetzen, weil dies einer Neubegründung gleichsteht bzw wenn die Parteien den sachlichen oder zeitlichen Anwendungsbereich des Vertrags wesentlich verändern (vgl BGH NJW 1985, 971; OLG Frankfurt NJW 1987, 1650 jeweils zu § 28 AGBG; RGZ 145, 289 [291] zu Art 170; MünchKomm/HEINRICHS Rn 4). In Betracht kommt auch eine nachträgliche konkludente Unterstellung des Vertrags unter bundesdeutsches Recht durch übereinstimmendes Verhalten im **Prozeß** (BGH DtZ 1996, 26, 27 f). Das gilt hingegen nicht bei Vereinbarung des Rechts der DDR und ausdrücklicher Berufung einer Partei hierauf im Prozeß (OLG München DtZ 1995, 445, 447). 39

Hingegen ist die Anpassung des Vertrages an geänderte **tatsächliche Umstände** nicht als Wahl zugunsten des neuen Rechts zu deuten, sofern nicht eine Anpassung an

Bestimmungen des neuen Rechts selbst intendiert war (Schlachter OLG-NL 1995, 121, 123).

b) konkludente Rechtswahl analog Art 171

40 Hingegen ist der Rechtsgedanke des Art 171 nicht verallgemeinerungsfähig: Die Verlängerung durch Nichtausübung eines Kündigungsrechts oder bereits im Vertrag angelegte Veränderungen (Entgeltänderung aufgrund Anpassungsklausel) führt nicht zu einer konkludenten Wahl neuen Rechts (MünchKomm/Heinrichs Rn 4).

c) Besonderheiten einer Rechtswahl zum BGB

41 **aa)** Die **rechtsgeschäftlichen Voraussetzungen** des Zustandekommens einer solchen Einigung werfen bei der hier gegebenen Überleitung einer gesamten *Vertragsrechtsordnung* (der DDR) in eine andere (der Bundesrepublik) die Frage auf, welche Rechtsordnung (das alte oder das neue Vertragsstatut) über die Wirksamkeit der Wahl befindet (Beispiel: Ein Vertragspartner übersendet dem anderen nach dem 3. 10. 1990 eine AGB-Ergänzung, wonach mit dem 3. 10. 1990 auf das Vertragsverhältnis das BGB anzuwenden ist). Insoweit bietet sich Art 27 Abs 4 iVm Art 31 als Maßstab an: Maßgeblich ist das BGB (Art 31 Abs 1), jedoch sollte entsprechend Art 31 Abs 2 die Wirkung rechtsgeschäftlichen Verhaltens nach dem bisherigen Vertragsstatut beurteilt werden.

42 **bb)** Die Unterstellung unter das BGB **wirkt** im Zweifel **nicht zurück**. Eine ausdrückliche rückwirkende Rechtswahl ist jedoch nach allgemeinen Grundsätzen zulässig (W Lorenz IPRax 1987, 273).

43 **cc)** Ist das Recht der DDR kraft **ausdrücklicher Rechtswahl** vor dem 3. 10. 1990 Schuldstatut gewesen, so ist Zurückhaltung bei der Annahme einer konkludenten Unterstellung unter das BGB geboten. Insbesondere sollte nicht – ähnlich das Problem im Falle der konkludenten IPR-Rechtswahl (hierzu W Lorenz IPRax 1987, 273) – das *stillschweigende Verhalten im Prozeß* herangezogen werden.

III. Maßgeblicher Entstehungszeitpunkt

44 Das Recht der DDR bleibt nur anwendbar, wenn sich der **gesamte Entstehungstatbestand** des Schuldverhältnisses vor dem 3. 10. 1990 ereignet hat. Ob das Schuldverhältnis vor dem Stichtag **entstanden** ist, beurteilt sich nach den Bestimmungen des ZGB, da es um das Zustandekommen eines Schuldverhältnisses aufgrund von vor dem Wirksamwerden des Beitritts liegenden Umständen geht (LG Berlin NJ 1992, 462, 463).

1. Verträge

a) Zeitpunkt: Angebot oder Annahme

45 Für Verträge kommt es hinsichtlich des Entstehens auf den Vertragsschluß an (OLG Jena OLG-NL 1995, 49, 50; Brandenburgisches OLG OLG-NL 1995, 267). Für vertragliche Schuldverhältnisse ist **strittig**, ob der Zeitpunkt des **Angebots** oder der **Annahme** maßgeblich ist.

aa) Für ein Abstellen auf das **Angebot** wird angeführt, daß sich der Anbietende auf das zu diesem Zeitpunkt geltende Recht beziehen und der Annehmende dies hinnehmen wollte (STAUDINGER/HÖNLE [1998] Art 170 Rn 8; zu § 1: BT-Drucks 11/7817, 38; LÜBCHEN/LÜBCHEN 41). Richtig dürfte dies nur sein, wenn der Anbietende (insbesondere in Fällen mit Auslandsbezug) sein Angebot mit einer *Rechtswahl* zugunsten des Rechts der DDR verbunden hat.

bb) Die bloß **immanente Vorstellung** von der Anwendbarkeit des gegenwärtig geltenden Rechts wird hingegen nicht Inhalt des Angebots. Sie begründet auch keine Vermutung, daß die Geltung des Rechts der DDR in das Angebot aufgenommen wurde; die gegenteilige Ansicht (AVENARIUS NJ 1993, 63) unterstellt, daß jede Willenserklärung eine stillschweigende Rechtswahl zum „vertrauten" Recht innewohnt. Art 27 Abs 1 S 2 geht zurecht vom Gegenteil aus: Rechts*wahl* ist mehr als die *Vorstellung*, eine Rechtsordnung sei anwendbar. **46**

cc) Daher ist grundsätzlich das Recht der Bundesrepublik anzuwenden, wenn die **Annahme** seit dem 3. 10. 1990 erfolgte (PALANDT/HEINRICHS Rn 2; MünchKomm/HEINRICHS Rn 6). Hierfür sprechen zudem Systematik und Wortlaut der Regelung, die sich als Ausnahme zu dem Grundsatz der Geltung des BGB im Beitrittsgebiet versteht (OETKER NJ 1993, 257). Ist die maßgebliche Willenserklärung empfangsbedürftig, so kommt es auf den Zugang an, ist sie nicht empfangsbedürftig, auf die Abgabe (PALANDT/HEINRICHS Rn 4). **47**

dd) Der Annehmende kann jedoch seiner Annahmeerklärung **Rückwirkung** beimessen, wenn er dies konkludent oder ausdrücklich erklärt; materiellrechtlich kommt dann der Vertrag rückbezogen auf den Zeitpunkt des Wirksamwerdens des Angebotes zustande, intertemporal greift § 1 ein, sofern der solchermaßen rückverlegte Vertragsschluß vor dem Wirksamwerden des Beitritts erfolgte (OETKER NJ 1993, 258). **48**

b) Bedingung, Befristung

Bei aufschiebender **Bedingung** oder **Befristung** ist das bisherige Recht auch dann nach vorstehenden Grundsätzen maßgebend, wenn die Bedingung oder Befristung erst nach dem 2. 10. 1990 eintritt (BGH DtZ 1997, 118, 119; STAUDINGER/HÖNLE [1998] Art 170 Rn 8; PALANDT/HEINRICHS Rn 2; MünchKomm/HEINRICHS Rn 6). **49**

Entsteht hingegen ein Anspruch in einem **Dauerschuldverhältnis** (zB gegen einen Versicherer aus dem Versicherungsvertrag) erst aufgrund eines Ereignisses (Schadensereignis), so ist auf den Zeitpunkt des Eintritts dieses Ereignisses abzustellen (OLG Naumburg OLG-NL 1995, 200). Außer Betracht bleibt der Zeitpunkt des Vertragsschlusses. Soweit sich der Schaden erst seit dem 3. 10. 1990 zeigt, bleibt es bei der Anwendung alten Rechts, sofern der Schadenseintritt nur Rechtsfolge, nicht aber Tatbestandsmerkmal der Anspruchsgrundlage im ZGB ist. Gehörte der Schadenseintritt dagegen im Recht der DDR zum Tatbestand, unterliegt der Anspruch für seit dem 3. 10. 1990 eingetretene Schäden dem BGB (vgl BAG DtZ 1996, 188; HIMMELREICH DtZ 1996, 167 zu §§ 267 ff DDR-ArbGB; zur Haftung im Arbeitsverhältnis vgl auch Art 232 § 5 Rn 111).

c) Genehmigung

Bedurfte der Vertrag unter dem Recht der DDR einer **behördlichen Genehmigung** **50** und ist diese vor dem 3. 10. 1990 nicht erteilt worden, so ist zu unterscheiden: Gemäß § 68 Abs 1 Nr 4 ZGB war ein im übrigen wirksam geschlossener Vertrag regelmäßig *schwebend unwirksam*, solange die Genehmigung **noch nicht erteilt** war (Lübchen ua, ZGB § 68 Anm 1. 2. 4). Daher wird bei Wegfall des Genehmigungserfordernisses am 3. 10. 1990 in diesen Fällen der Vertrag voll wirksam (BGH LM § 68 DDR-ZGB Nr 2 Bl 3; BGH NJW 1995, 2627; anders hingegen bei schwebender Unwirksamkeit wegen Fehlen einer Grundsatzentscheidung im Rahmen eines **Investitionsleistungsvertrages**: OLG Jena OLG-NL 1997, 49, 51). Obgleich dies erst eine juristische Sekunde nach der Überleitung erfolgt, wendet die hM auf solche Verträge das ZGB an (BGH NJW 1995, 2627, 2628; Palandt/Heinrichs Rn 2; MünchKomm/Heinrichs Rn 6; unklar BGH LM § 68 DDR-ZGB Nr 2 Bl 3, wo Bestimmungen des BGB angewendet werden; **aA** Staudinger/Rauscher [1996] Rn 50); das läßt sich damit rechtfertigen, daß das Genehmigungserfordernis nicht zivilrechtlicher, sondern öffentlichrechtlicher Natur war.

War die Genehmigung schon vor dem 3. 10. 1990 **verweigert**, so kann mit Inkrafttreten des BGB der bereits nichtige Vertrag nicht mehr (voll) wirksam werden (BGH DtZ 1994, 247; vgl auch BGHZ 60, 28 [30]). Dasselbe gilt, wenn die zuständige oberste Genehmigungsbehörde der DDR vor dem 2. 10. 1990 öffentlich bekannt gemacht hatte, daß Genehmigungen der erforderlichen Art im allgemeinen nicht mehr erteilt würden (BGH NJW 1995, 318). In Betracht kommt dann nur ein Neuabschluß.

Erst recht bleibt ein Vertrag unwirksam, der mangels einer erforderlichen *vorherigen* Zustimmung nach dem Recht der DDR nicht schwebend unwirksam, sondern **nichtig** war (BGH DtZ 1993, 55, vgl auch unten Rn 54).

2. Gesetzliche Schuldverhältnisse

51 Für gesetzliche Schuldverhältnisse ist maßgeblicher Zeitpunkt die **Begründung des Schuldverhältnisses** (LG Berlin NJ 1992, 465, 466; MünchKomm/Heinrichs Rn 7), nicht die Vollendung des Tatbestandes, aus dem die konkrete Rechtsfolge hergeleitet wird. Für das *Handeln ohne Auftrag* (§ 276 ZGB) ist maßgeblich der Beginn des Handelns (OLG Rostock VIZ 1997, 432; Palandt/Heinrichs Rn 3; MünchKomm/Heinrichs Rn 7), für Rechte des *Finders* (§§ 359 ff ZGB) der Zeitpunkt des Fundes und für das *Bereicherungsrecht* (§ 356 ZGB) grundsätzlich der Zeitpunkt, in dem der Schuldner die rechtsgrundlose Bereicherung erlangt hat (BGH NJW 1996, 990; OLG Jena OLG-NL 1995, 124; 125; OLG Brandenburg OLG-NL 1995, 153, 156; OLG Rostock VIZ 1997, 432; Palandt/Heinrichs Rn 3; MünchKomm/Heinrichs Rn 7). Auch bei Ansprüchen aus cic ist entsprechend § 10 auf den Zeitpunkt der Vornahme der pflichtwidrigen Handlung abzustellen, (Palandt/Heinrichs Rn 3, MünchKomm/Heinrichs Rn 7), sofern die Ansprüche nicht durch ein nach der Anbahnung entstandenes Vertragsverhältnis überlagert werden (vgl oben Rn 28). Für Ansprüche aus einem *Eigentümer-Besitzer-Verhältnis* ist altes Recht nur anzuwenden, wenn das gesetzliche Schuldverhältnis bereits vor dem 3. 10. 1990 entstanden war; hingegen sind §§ 985 ff BGB anzuwenden, wenn das EBV aufgrund der Beendigung eines vertraglichen Besitzrechts nach dem 3. 10. 1990 entsteht, selbst wenn der Vertrag vor dem 3. 10. 1990 geschlossen worden war (BGH NJW 1995, 2627).

IV. Fortgeltung bisherigen Rechts

1. Reichweite

a) Liegen die Voraussetzungen von § 1 vor, so untersteht das Schuldverhältnis **im ganzen** dem Recht der DDR, soweit Bestimmungen betroffen sind, die zivilrechtlicher Natur sind. Das ZGB ist nicht nur anzuwenden auf die **Entstehung des Schuldverhältnisses**, sondern bleibt daher auch maßgebend für die **Auslegung**, die **Modalitäten der Erfüllung** (für Verträge: §§ 71 ff ZGB; BGH DtZ 1996, 342: Leistungsort und -zeit), **Einreden** (BGH DtZ 1996, 141: Zurückbehaltungsrecht), **Leistungsstörungen** (BGH NJW 1998, 1701, 1704; OLG Brandenburg VIZ 1997, 361: Unmöglichkeit der Überführung volkseigenen in privates Eigentum) sowie das **Erlöschen** des Schuldverhältnisses (für Verträge: §§ 77 ff ZGB; BGH ZIP 1995, 1120). Auch die **Abtretbarkeit** von Forderungen untersteht altem Recht, hingegen ist eine nach dem 3. 10. 1990 erfolgte Abtretung ein eigenständig zu beurteilendes Rechtsgeschäft (unten Rn 93). **52**

b) Insbesondere sind nicht nur die jeweiligen schuldrechtlich zu qualifizierenden Regelungen anzuwenden, sondern auch jene des **Allgemeinen Teils des Zivilrechts**. Anzuwenden sind die Bestimmungen der allgemeinen Rechtsgeschäftslehre, also zur Handlungsfähigkeit (§ 49 ZGB ff ZGB), gesetzlichen und gewillkürten Stellvertretung sowie Folgen der Vertretung ohne Vertretungsmacht (§ 53 ff ZGB; LG Neubrandenburg VIZ 1994, 688; zur *Form der Vollmacht* vgl Art 231 § 8), Einigung (§§ 63 ff) und Willensmängel (§ 70 ZGB, BGH DtZ 1996, 112), Form (§ 66 ff ZGB; KreisG Leipzig DtZ 1991, 306) und Nichtigkeit aufgrund Fehlens einer erforderlichen behördlichen *Genehmigung* (§ 68 Abs 1 Nr 4 ZGB; BGH DtZ 1993, 55; BGH WM 1994, 1250; Palandt/Heinrichs Rn 5). Ob eine **behördliche Genehmigung** *erforderlich* war, beurteilt sich freilich aus Sicht des bundesdeutschen Kollisionsrechts; Genehmigungserfordernisse öffentlich-rechtlicher Natur sind nicht schon deshalb anzuwenden, weil der Vertrag zivilrechtlich gemäß § 1 dem Recht der DDR untersteht. **53**

c) Die intertemporale Verweisung auf das **Recht der DDR** umfaßt nach der in der Rechtsprechung noch herrschenden Lehre von der *Einheitsanknüpfung* (Palandt/Heldrich Art 34 Rn 6 mNachw; MünchKomm/Martiny Art 34 Rn 26) auch **Eingriffsnormen** des Rechts der DDR, insbesondere Bestimmungen, die dem Ziel *wirtschaftspolitischer Lenkung* dienten. Nach vordringender und im Hinblick auf den repressiven Charakter solcher Normen zustimmungswürdiger Ansicht sind solche Normen nur anzuwenden, soweit der sie erlassende Staat (hier die DDR) territorial die Möglichkeit zur Durchsetzung hatte (Fischer IPRax 1995, 161, 162). **54**

Ein dem Recht der DDR unterliegender Vertrag kann daher wegen Verstoßes gegen ein *Genehmigungserfordernis* aus einer rein intern wirkenden Wirtschaftslenkungsbestimmung nichtig sein (BGH DtZ 1993, 55: Nichtigkeit wegen Verstoßes gegen § 7 DDR-Gewerberaum-VO) oder wegen Versagung einer nach der *GrundstücksverkehrsVO* erforderlichen Genehmigung für die Veräußerung/Auflassung eines DDR-Grundstücks (BGH WM 1994, 1250, dort auch zur Rückwirkung des Genehmigungserfordernisses gemäß § 20 GVVO auf vor dem Inkrafttreten abgeschlossene, aber noch nicht erfüllte Grundstückskaufverträge, die im übrigen dem BGB als dem im Zeitpunkt des Vertragsschlusses in der DDR geltenden Recht unterstehen), nicht aber wegen Verstoßes gegen das *Außenhan-*

delsmonopol, weil dieses Verbot sich zwar an DDR-Bürger richtete, aber außerhalb des DDR-Territoriums nicht durchsetzbar war.

55 d) Ist bei einem vor dem 3. 10. 1990 geschlossenen Vertrag das **bundesdeutsche Recht Vertragsstatut**, so kommen **Eingriffsnormen** des DDR-Rechts nicht zur Anwendung. Für die in der Rechtsprechung überwiegende Einheitsanknüpfung (vorige Rn) ist dieses Ergebnis selbstverständlich; insbesondere führt die Verletzung ausländischer Eingriffsnormen nicht zur Nichtigkeit nach § 134 BGB (OLG Naumburg IPRax 1995, 172 zum DDR-Außenhandelsmonopol); folgt man der hier (vorige Rn) vertretenen *territorialen Anknüpfung*, so ist zu differenzieren: Jedenfalls unterliegen Eingriffsnormen nicht der Überleitung nach § 1; sie sind daher nicht seitens deutscher Gerichte *durchzusetzen*. Wurde der Vertrag zu einem Zeitpunkt geschlossen, in dem mit der Durchsetzung der einschlägigen Eingriffsnorm *gerechnet werden mußte* (zB Ausschluß der Lieferung aufgrund effektiver Grenzkontrollen), so ist die DDR-Eingriffsnorm trotz bundesdeutschen Schuldstatuts zu berücksichtigen; sie kann dazu führen, daß der Vertrag nach § 306 aF BGB nichtig ist oder §§ 323 ff aF BGB eingreifen (vgl Fischer IPRax 1995, 163). Wurde der Vertrag zu einem Zeitpunkt – nach der Wende, aber vor dem 1. 7. 1990 (Aufhebung des Außenhandelsmonopols anläßlich der Währungs-, Wirtschafts- und Sozialunion) bzw dem 3. 10. 1990 – abgeschlossen, als die betroffene Eingriffsnorm nicht mehr streng beachtet wurde, so bleibt die Eingriffsnorm auf die Wirksamkeit des Vertrages ohne Einfluß (Fischer IPRax 1995, 163).

2. Fortbildung und Auslegung von DDR-Recht

56 a) Die Fortgeltung von DDR-Recht im Rahmen des § 1 führt dazu, daß das Recht der DDR durch die Gerichte der Bundesrepublik ausgelegt und **fortentwickelt** werden muß. Dabei muß jedoch dem Grundgedanken der Überleitungsbestimmung Rechnung getragen werden: Der Gesetzgeber hat die Fortgeltung des Rechts der DDR insbesondere aus *Vertrauensschutzgründen* angeordnet, so daß grundsätzlich das Recht der DDR so auszulegen ist, wie es durch die Gerichte der DDR ausgelegt wurde (BGHZ 123, 65; BGHZ 127, 195, 199; BGH LM Art 231 EGBGB Nr 3; Fritsche NJ 1994, 200 f; Bultmann VIZ 1995, 150). Dazu sind grundsätzlich auch die **Richtlinien des Plenums des Obersten Gerichts der DDR** heranzuziehen, die allerdings nicht mehr gesetzähnlich bindend sind (BGH FamRZ 1993, 673, 675; BGH LM § 338 DDR-ZGB Nr 1 Bl 2; BGH DtZ 1995, 439, 440; BGH NJW 1996, 990). Dieser Grundsatz gilt auch, wenn ein Schuldverhältnis in seiner Entstehung dem bis zum 31. 12. 1975 geltenden BGB als Recht der DDR unterliegt. Insbesondere sind Unwirksamkeitsgründe nach §§ 134 ff BGB grundsätzlich weiterhin so zu beurteilen, wie sie in der Rechtspraxis in der DDR gesehen wurden (BGH NJ 1995, 586, 587).

57 b) Regelmäßig ist hierbei – wie gegenüber jeder anderen Rechtsordnung, auf die deutsches Kollisionsrecht verweist – das Recht der DDR bis zur Grenze des deutschen **ordre public** und der **guten Sitten** sowie **Treu und Glauben** so hinzunehmen, wie es bis zur Wiedervereinigung bestanden hat. Art 6 EGBGB ist deshalb auch im innerdeutschen Verhältnis anzuwenden, soweit die Rechtsanwendung von DDR-Normen bezogen auf die Zeit vor Inkrafttreten des Einigungsvertrages in Betracht steht (OLG Dresden VersR 1993, 1161, 1162; Drobnig DtZ 1994, 90; Horn AcP 94 [1994] 195;

Fischer DtZ 1997, 74 ff; vgl auch BGH NJ 1993, 88; BGH NJ 1993, 275: Nichtanwendung von DDR-Rechtfertigungsgründen in Strafverfahren).

Zwar wird vertreten, die ohne einen entsprechenden Vorbehalt ausgesprochenen **Fortgeltungsanordnungen im EV**, insbesondere auch Art 232 § 1, hätten dieser Anwendung des Art 6 gegenüber DDR-Recht die Grundlage entzogen (Palandt/Heldrich Art 6 EGBGB Rn 12). Dies unterstellt dem EV jedoch eine positive Geltungsanordnung, die dieser nicht enthält; die Überleitungsbestimmungen dienen ausschließlich dem Schutz des Vertrauens in die Fortgeltung der bisherigen Rechtslage. Normen, die vor der Wende ordre-public-widrig waren, können keine *Fortgeltung* beanspruchen, weil sie vormals für die Bundesrepublik keine *Geltung* hatten. Auch aus der rein kollisionsrechtlichen (intertemporalen) Fortgeltungsanordnung folgt nichts anderes: *Jede* Norm, die letztlich an Art 6 EGBGB scheitert, wäre *eigentlich* aufgrund einer kollisionsrechtlichen Regelung anwendbar. Etwas anderes gilt nur für Bestimmungen, deren Fortgeltung über den 2. 10. 1990 hinaus im EV angeordnet ist, weil eine solche Fortgeltung nicht rein intertemporaler Natur ist, sondern eine Umwandlung in deutsches Recht bedeutet.

Der **BGH** wendet freilich nicht den ordre public-Vorbehalt an, gelangt aber in der Kontrolle des Rechts der ehemaligen DDR zu einem ähnlichen Ergebnis, weshalb die Frage meist offen bleiben kann (BAG DB 1996, 1831; KG DtZ 1996, 151): Die nicht fortgeltenden Bestimmungen des Rechts der DDR unterliegen hiernach zwar nicht in vollem Umfang der Prüfung am Grundgesetz; sie sind jedoch im Lichte des *Wertewandels* seit der Wende an den Grundrechten zu messen (BGHZ 127, 195, 204 f). Dies mag im Ergebnis die grundrechtskonforme Auslegung der DDR-Normen zusätzlich stützen. Art 6 EGBGB verpflichtet aber auch ohne diese ergänzende Argumentation deutsche Gerichte auch nach der Wiedervereinigung, grundrechtswidrige Normen bei – hier immer gegebenem Inlandsbezug – außer Anwendung zu lassen. Über die durch Art 6 EGBGB geschützten elementaren rechtsstaatlichen Wertungen hinaus reicht aber auch der durch die Argumentation des BGH vermittelte Schutz nicht.

Schon unter diesem Gesichtspunkt erweisen sich die Entscheidungen, die auf dem Unterdrückungssystem der DDR beruhende **Rechtfertigungsgründe** nicht anerkennen, als zutreffend (so beruft sich zur zivilrechtlichen Haftung von *Denunzianten* OLG Dresden OLG-NL 1994, 241 zu Recht auf Art 6 EGBGB; KrG Kamenz NJ 1993, 183; einschränkend jedoch BGHZ 127, 195, 204 f: nur bei Verstößen gegen Menschenrechte; gegen einen Ausschluß der DDR-Rechtfertigungsgründe: Fritsche NJ 1994, 200 f; Bultmann VIZ 1995, 150; LG Berlin NJ 1994, 524: Vorrang des *StaatshaftungsG* bei DDR-Richtern *und Informellen Mitarbeitern* [!]; zu Recht gegen eine Begünstigung von Spitzeln durch das StaatshaftungsG: BGHZ 127, 195; vgl auch Weber Anm aaO, Bl 8; zu diesem Problemkreis siehe auch Art 232 § 10 Rn 28 ff und 52).

58 **c)** Darüber hinaus ist zu berücksichtigen, daß die DDR mit dem 2. 10. 1990 aufgehört hat zu existieren und bereits mit der Wende des Jahres 1989 ein **Wertewandel** eingeleitet wurde (BGH VIZ 1995, 179, 181; sehr weitgehend: BezG Cottbus DtZ 1992, 290), der die **Auslegung** von Bestimmungen des Rechts der DDR beeinflussen muß. Anders als eine fremde Rechtsordnung, deren innere Wertordnung für den deutschen Richter bis zu äußersten Grenzen (vorige Rn) unantastbar ist, obliegt die Auslegung der Gesetze der DDR und damit auch ihre Fortentwicklung nunmehr den deutschen

Gerichten, die hierbei die Werteordnung einer freiheitlich demokratisch verfaßten Gesellschaft und einer sozial-marktwirtschaftlich verfaßten Wirtschaftsordnung zu beachten haben. Wo das Recht der DDR Bestimmungen zur Lösung konkreter Fragen des Schuldrechts enthält, sind diese nunmehr im Lichte dieser Werteordnung auszulegen. Insbesondere ergibt sich dies aus Art 4 Abs 1 S 1 HS 2 des *1. Staatsvertrages*, der bereits mit Wirkung vom 1. 7. 1990 die Auslegung fortgeltenden Rechts nach den im Gemeinsamen Protokoll vereinbarten Leitsätzen vorsieht. Dieser Auslegungsmaßstab gilt auch für Rechtsvorschriften der DDR, die bereits vor dem 1. 7. 1990 außer Kraft getreten sind, aber intertemporal auf ein Rechtsverhältnis Anwendung finden (Oetker JZ 1992, 608; ders JZ 1993, 1163, 1165; **aA**: Grabau WR 1992, 440; Brunner VIZ 1993, 285: Anwendung nur auf den 1. 7. 1990 überdauernde Bestimmungen). Das bedeutet andererseits nicht, daß *Generalklauseln* des ZGB mit dem Bestand der Wertungen des BGB aufzufüllen sind (vgl insbesondere zu § 138 BGB unten Rn 84 ff). Zur Auslegung einzelner Bestimmungen in der Rechtsprechung nach dem 3. 10. 1990 unten Rn 119 ff.

Bestimmungen, die aufgrund § 1 anwendbar sind und ehemals im Gebiet der DDR über den Bezirk eines BezG hinaus galten, sind revisibel zum **Bundesgerichtshof**. Unerheblich ist, ob die Bestimmung im Zeitpunkt der Revisionsverhandlung noch in Kraft ist; maßgeblich ist nur die – intertemporale – Anwendbarkeit auf den Fall. Zwar hatte der BGH in ständiger Rechtsprechung die Revisibilität von Rechtsvorschriften der DDR analog § 549 Abs 1 ZPO vor Wirksamwerden des Beitritts verneint. Diese Rechtslage hat sich jedoch geändert, da das fortgeltende Recht der DDR nun nicht mehr wie fremdes Recht zu behandeln ist, sondern als – über den Bezirk eines OLG hinaus geltendes – partielles Bundesrecht (BGHZ 120, 10, 15; BGH LM § 37 DDR-VertragsG Nr 1 Bl 3; zustimmend Westen JZ 1993, 668; unklar noch BGH WM 1991, 1558; vgl auch BFH BFH/NV 1996, 639).

59 **d)** In Einzelfällen hat auch der **Gesetzgeber** eingegriffen und Bestimmungen des intertemporal anwendbaren Rechts der DDR durch **Heilungsbestimmungen** modifiziert. Solche Eingriffe sind regelmäßig durch in der Rechtsprechung aufgetretene Auslegungsschwierigkeiten veranlaßt, gehen aber über das Maß einer normativen Interpretation des DDR-Rechts hinaus. Da eine gesetzliche Heilung, die als Auslegung nicht mehr vertretbar gewesen wäre, ihrerseits in abstrakt bestehendes Vertrauen in die Fortgeltung der Rechtslage eingreift, läßt sie sich nur rechtfertigen, wenn eine **unklare Rechtslage** bestanden hat oder Vertrauen in eine von der klaren Rechtslage abweichende **Rechtspraxis** sich als schutzwürdig erweist. Gerade letzteres wird angesichts des in der DDR gepflogenen Umgangs mit Rechtsnormen zwar oft unterstellt, ist aber nicht bei allen Heilungsbestimmungen unzweifelhaft. Hierzu im einzelnen bei Art 231 § 7, § 8, § 9 und § 10 sowie Art 237.

V. Eingreifen von BGB-Prinzipien in altrechtliche Schuldverhältnisse

1. Treu und Glauben (§ 242 BGB)

a) § 242 als überpositiver Maßstab

60 **aa)** Das BGB ist dennoch anzuwenden, soweit seine Inkraftsetzung nach dem Willen des Gesetzgebers **zwingende Kraft** haben soll, weil die Bestimmung reformatorischen Charakter hat, was durch Auslegung zu ermitteln ist (BAG NJ 1996, 442; vgl

RGZ 47, 103). Zur Anwendung kommt § 242 BGB, dem ebenso wie bei Inkrafttreten des BGB (RGZ 144, 380) reformatorischer Charakter zuzuerkennen ist, weil es sich um einen allen rechtsstaatlichen Rechtsordnungen gemeinsamen Grundsatz handelt (BGHZ 120, 10; OLG Naumburg OLG-NL 1995, 6, 7; PALANDT/HEINRICHS Rn 5; MünchKomm/HEINRICHS Rn 21; JANSSEN ZRP 1991, 418).

bb) Der Bruch mit dem Sozialismus und der Übergang zum Grundsatz von Treu und Glauben im Zivilrecht dürfte zudem bereits mit dem **VerfassungsgrundsätzeG**, also zum **17. 6. 1990** eingetreten sein (GÖRK 78). Dies entspricht auch der gleichzeitigen Aufhebung von § 68 Abs 1 Nr 2 ZGB (unten Rn 83). **61**

b) Einzelfälle (§ 242 BGB)

aa) Anwendbar ist das aus § 242 BGB hergeleitete **Verbot unzulässiger Rechtsausübung** im Falle der Verpflichtung zur alsbaldigen Rückgewähr (OLG Naumburg OLG-NL 1995, 81, 82). **62**

bb) Treu und Glauben können auch zur **Wirksamkeit** von **dissimulierten Rechtsgeschäften** führen, die in Hinblick auf die Verhältnisse in der DDR nicht wirksam geschlossen werden konnten. Dies gilt insbesondere für die häufig (auch *ohne Zusammenhang zu einem Ausreisebestreben des Verkäufers* – zu solchen Gestaltungen oben Rn 19) praktizierte Gestaltung, einen Grundstückskauf als Schenkung zu beurkunden, um die staatliche Taxierung zur Kaufpreisbestimmung zu vermeiden, die Versagung der Grundstücksverkehrsgenehmigung und die Ausübung des staatlichen Vorkaufsrechts weniger wahrscheinlich zu machen und sodann den Preis freier gestalten zu können. Bei bloßer Unterbeurkundung des Kaufpreises bestand dagegen die Gefahr, daß der Käufer die dissimulierte Vereinbarung brechen und unter Berufung auf § 305 Abs 3 ZGB nur den beurkundeten Kaufpreis zahlen würde. Solche Verträge sind nach § 242 BGB als wirksam anzusehen, wenn beide Parteien sie als wirksam behandelt haben, bevor eine Partei sich auf den bewußt eingegangenen Formmangel berief, denn ein solches Berufen wäre treuwidrig (BGHZ 124, 321; offen gelassen in BGH LM § 63 DDR-ZGB Nr 1; BGH § 66 DDR-ZGB Nr 3; BGH VIZ 1999, 613: auch bei Vereinbarung eines Preises in DM und Beurkundung eines Preises in Mark der DDR). **63**

Hingegen erweist sich die Berufung auf einen (Form-)Mangel nicht als treuwidrig, wenn der *Mangel ohne Zutun* der sich auf ihn berufenden Partei entstanden ist, insbesondere, wenn diese Partei an dem fraglichen Vertragsschluß nicht selbst beteiligt war (BGH NJW 1995, 2707, 2708).

cc) Hat ein Grundstückseigentümer vor Verlassen der DDR durch einen **Schenkungsvertrag** sein Grundstück an einen Erwerber übertragen, war aber in Wirklichkeit nur eine „Verwahrung" des Grundstücks gewollt, so kann darin eine treuhänderische Eigentümerstellung im Sinne eines Geschäftsbesorgungsvertrages zu sehen sein; auch ohne Vereinbarung einer auflösenden Bedingung folgt aus § 242 BGB angesichts der durch die Wiedervereinigung eingetretenen Umstände ein Herausgabeanspruch des ursprünglichen Eigentümers gegen den treuhänderischen Erwerber (OLG Naumburg OLG-NL 1995, 6, 7). **64**

Dies gilt auch für treuhänderische Konstruktionen, die gewählt wurden, um **DDR-Devisenbestimmungen** zu umgehen. Wollte ein Erblasser oder Schenker einer in die

Bundesrepublik übersiedelten Person eine Zuwendung machen, hat diese Zuwendung aber einem in der DDR lebenden Dritten gemacht, wobei die Parteien vereinbart haben, daß der Dritte (ggf gegen Vergütung) die Zuwendung für den eigentlichen Adressaten verwahren und verwalten solle, bis sich Gelegenheit zu einer Aushändigung an diesen ergebe, so handelt der Dritte treuwidrig, wenn er sich gegen den Herausgabeanspruch darauf beruft, die Vereinbarung habe gegen DDR-Devisenrecht verstoßen (BGH DtZ 1996, 51).

65 dd) Wurde vor dem 3. 10. 1990 in der Bundesrepublik ein Kaufvertrag über ein in der DDR belegenes Grundstück beurkundet, wobei eine nach § 297 Abs 1 S 1 ZGB erforderliche unbedingte und unbefristete **Erklärung zur Eigentumsübertragung fehlte**, so ist die Berufung auf diesen Mangel treuwidrig, wenn die Parteien sich durch unwiderrufliche Vollmacht zu dieser Erklärung gebunden hatten und die Erklärung selbst nur aufgeschoben hatten in der Meinung, die Genehmigung nach § 297 Abs 1 S 2 ZGB müsse vor der Erklärung nach § 297 Abs 1 S 1 ZGB erteilt werden (BGH LM § 297 ZGB Nr 2).

66 ee) Für Forderungen aus **Aufbauhypotheken**, die durch hoheitliche Anordnung begründet werden konnten und ohne deren Mitwirkung auch die Grundstückseigentümer aus dem *Kredit* verpflichteten, nicht nur das Grundstück aus der Hypothek belasteten, haften nach Treu und Glauben Eigentümer, die nicht in der DDR lebten, nur mit dem Vermögen, das sich im Gebiet der DDR befunden hat, denn weiter reichte die zugrundeliegende staatliche Verfügungsgewalt der DDR nicht (LG Berlin ZOV 1997, 269).

Nicht zu dem von § 242 BGB erfaßten zwingenden Bestand des BGB zählt hingegen das Bestehen einer **Bauunternehmer-Sicherungshypothek** (§ 648 BGB). Bei vor dem 3. 10. 1990 geschlossenen Verträgen entsteht daher mangels Regelung im ZGB eine solche Hypothek nicht (BezG Dresden DtZ 1992, 189 f).

c) Insbesondere: Wegfall der Geschäftsgrundlage

aa) Anwendbarkeit

67 α) Anwendbar sind insbesondere die aus § 242 BGB hergeleiteten Regeln über den **Wegfall der Geschäftsgrundlage** auch auf Rechtsverhältnisse, die im übrigen intertemporal den Bestimmungen des Rechts der DDR unterliegen (BGHZ 120, 10, 22; BGHZ 121, 378, 391; BGHZ 124, 1; BGH WM 1993, 555, 558; MünchKomm/Heinrichs Rn 22 ff; Fischer IPRax 1993, 387; Drexl DtZ 1993, 194; Hök MDR 1994, 1157; **aA**: Prölss/Armbrüster DtZ 1992, 203).

Solche Störungen führen nur dann zu einer Anpassung des Vertrages, wenn sie nicht dem **Risikobereich** einer der Parteien zuzuordnen sind (BGHZ 120, 10, 24; BGHZ 121, 378, 392; BGH DtZ 1996, 23, 24; Fischer IPRax 1993, 387, 389). Umstände, die aus dem jeweiligen Bereich eines Vertragspartners (BGHZ 121, 378, 392: Stillegung einer Anlage) stammen, begründen auch dann nicht den Wegfall der Geschäftsgrundlage, wenn die hieraus entstandenen Verbindlichkeiten aufgrund des Übergangs zur Marktwirtschaft dazu führen, daß der Schuldner seine marktwirtschaftliche Existenz nunmehr mit Altverbindlichkeiten beginnen muß (BGHZ 121, 378, 393 f; zur Altschuldenproblematik unten Rn 75 ff). Erst recht scheidet eine Vertragsanpassung aus, wenn der erlittene Verlust durch Verderb der Ware auf eigenes *Verschulden* einer Vertragspartei zurückzuführen ist (BGH WM 1993, 555, 558).

Eine Vertragsanpassung nach § 242 kommt nur in Betracht, wenn nicht eine **gesetzliche Regelung im Recht der DDR** die Verteilung eines bestimmten **Risikos** abschließend regelt (BGH LM § 79 DDR-VertragsG Nr 4 Bl 2; BGH DtZ 1995, 22, 24; OLG München DtZ 1995, 445, 447: § 295 GIW).

68 **β)** Einer Anpassung unterliegen vor allem auch **vor dem 1. 7. 1990** entstandene vertragliche Schuldverhältnisse, auch soweit sie sich nach dem VertragsG beurteilen (BGH LM EV Anl I Kap III Sachgebiet A Abschnitt III Ziff 28 Buchst h Nr 1; BGH LM § 79 DDR-VertragsG Nr 4 Bl 2, sowie die Beispiele unten Rn 70, 73). Prinzipiell vorrangige Regelungen des VertragsG bestehen nicht. § 78 VertragsG wird zwar gelegentlich für eine Anpassung herangezogen (BGH DtZ 1993, 57; offen gelassen in BGH NJW 1998, 1701, jeweils § 78 Abs 1 Nr 4 VertragsG), ist aber als eine Norm zur Berücksichtigung von Störungen des *planwirtschaftlichen* Systems zur Anpassung im *Individualrechtsverkehr* nicht geeignet. In diese Bestimmung lassen sich vor allem nicht die Grundsätze von Treu und Glauben hineininterpretieren (BGH DtZ 1996, 23; BGHZ 126, 150, 161).

69 **γ)** Der **Zusammenbruch des Wirtschaftssystems der DDR**, vor allem die **Währungsumstellung**, hat in unterschiedlicher Weise Störungen von Vertragsbeziehungen bewirkt. Zum einen berührt schon die Umwertung der Valuta an sich die *Äquivalenz* der Leistungen (unten Rn 70 ff). Die Geschäftsgrundlage kann sowohl in der Kostenstruktur (unten Rn 72), aber auch darüber hinaus strukturell betroffen sein (unten Rn 73), wenn Verträge mit den *planwirtschaftlichen Verhältnissen* eng verbunden waren und vorausgesetzte planwirtschaftliche Faktoren entfallen sind. In anderen Fällen beruhte zwar der Vertrag nicht unmittelbar auf planwirtschaftlichen Elementen, die durch die Öffnung der Märkte veränderten Markt- und Verbrauchererwartungen haben jedoch die weitere *Verwendbarkeit* des Vertragsgegenstandes betroffen, was den bekannten Fällen der *Zweckstörung* nahe steht (unten Rn 74).

bb) Störungen der Preis/Leistungs-Äquivalenz

70 **α)** Die nur durch die Währungsumstellung verursachte Verschiebung des Gleichgewichts von Leistung und Gegenleistung wird durch die vorrangige spezialgesetzliche Regelung des **§ 32 Abs 2 DMBilanzG** erfaßt, über die hinaus eine Herabsetzung nach den Grundsätzen des Wegfalls der Geschäftsgrundlage ausscheidet (BGH DtZ 1996, 52, 54; BVerwG VIZ 1995, 164, 165; BGHZ 131, 32; OLG Naumburg OLG-NL 1994, 103). § 32 Abs 2 DMBilanzG soll die Äquivalenzverschiebung ausgleichen, die durch Umstellung der auf DDR-Mark lautenden Geldforderung im Verhältnis 1:2 in DM angesichts der tatsächlich wesentlich geringeren Kaufkraft der DDR-Mark entstehen konnte (BGHZ 131, 32, 38 f). Hierzu haben die Parteien von am 1. 7. 1990 *schwebenden Verträgen* ein Recht auf Preisanpassung. Erfaßt sind auch einseitig noch nicht erfüllte Verträge; es kann also auch der Geldschuldner eine Preisanpassung verlangen, wenn der Sachschuldner vor dem Stichtag geleistet hat (BGHZ 122, 32, BGHZ 131, 32, 35: schuldrechtliche, nicht bilanzrechtliche Definition des „Schwebens“). Die dem Geldschuldner zumutbare Opfergrenze ist in Anwendung dieser Regelung bereits überschritten, wenn er für eine (ggf auch kurz vor dem Stichtag erlangte Leistung) mehr als 120% des Verkehrswertes in DM zu bezahlen hätte (BGHZ 122, 32, 32, BGHZ 131, 32, 39). Daß die Währungs- und Forderungsumstellung in den Verhältnissen 1:1 bzw 1:2

und die damit verbundene Werterhöhung von Geld und Geldforderungen politisch gewollt war, bedeutet insbesondere nicht, daß im Rahmen noch nicht abgewickelter gegenseitiger Verträge der erhebliche (rund 125%) Aufwertungsvorteil dem Geldgläubiger verbleiben muß (BGHZ 131, 32; zustimmend MünchKomm/Heinrichs Rn 23).

In Betracht kommen als vorrangige Spezialregelung auch die (verfassungsgemäßen: BVerfG DtZ 1993, 275) Zinsanpassungsregelungen nach § 1 *ZinsanpassungsG* (BGBl 1991 I 1314).

71 **β)** Bei **beiderseitig voll erfüllten Leistungen** (also Unanwendbarkeit von § 32 Abs 2 DMBilanzG) ist zwar eine Anpassung nach Geschäftsgrundlagegrundsätzen nicht prinzipiell ausgeschlossen. Jedoch trägt regelmäßig der Leistungsempfänger nach vollständiger Erfüllung das Risiko der Wertentwicklung, was eine Vertragsanpassung ausschließt. Hierfür spricht auch § 78 Abs 2 ZGB, der eine gerichtliche Anpassung nach Leistungserbringung ausschloß (BGHZ 131, 209, 216; Brandenburgisches OLG OLG-NL 1995, 153, 156). Das gilt nicht nur bei den wendebedingten Wertsteigerungen des Vertragsgegenstandes (meist eines Grundstücks) gegenüber einem DDR-angemessenen Kaufpreis (vgl BGHZ 131, 209). Auch wenn der Vertragsgegenstand unter den Verhältnissen in der DDR als praktisch völlig wertlos veräußert wurde, kommt eine rückwirkende Vertragsanpassung nicht mehr in Betracht; so im Fall von unentgeltlichen Grundstücksveräußerungen von Westeigentümern, die durch systematische Verschuldung solcher Grundstücke ausgelöst wurde (KG OLG-NL 1996, 76). In diesen Fällen traf den Veräußerer zwar die Folge der unerwarteten gesamtwirtschaftlichen Umwälzung, nicht jedoch der Wegfall einer aktuell den Vertrag betreffenden Geschäftsgrundlage (BGH NJW 1996, 991, 992; BGHZ 131, 209; KG OLG-NL 1996, 76; OLG Jena OLG-NL 1996, 99, 101). Denkbar wäre eine Anpassung nur, wenn die Parteien gemeinsam von dem wahrscheinlichen Eintritt eines künftigen *wertrelevanten* Ereignisses ausgegangen sind (passim BGH NJW 1996, 990, 992 unter Hinweis auf Bauerwartungslandfälle; nicht genügend dagegen die Erwartung einer bestimmten planwirtschaftlichen Nutzung durch den Erwerber: OLG Jena OLG-NL 1996, 99, 101: Kommunaler Wohnungsbau).

War eine Geldforderung nur deshalb von der Währungsumstellung zum 1. 7. 1990 erfaßt, weil der Schuldner **nicht rechtzeitig erfüllt** hatte, so ist zwar ebenfalls nicht § 32 Abs 2 DMBilanzG vorrangig, jedoch kommt eine Anpassung unter Geschäftsgrundlagegesichtspunkten nicht in Betracht, weil sich der Schuldner zurechenbar in die Lage gebracht hat, unter wesentlich veränderten, für ihn ungünstigen wirtschaftlichen Verhältnissen erfüllen zu müssen (KG DtZ 1995, 30).

72 **γ)** Eine Anpassung nach Geschäftsgrundlagegrundsätzen wegen Störungen der Leistungsäquivalenz ist damit weitestgehend beschränkt auf am 1. 7. 1990 noch nicht voll erfüllte Verträge, für die § 32 DMBilanzG *nicht* eingreift. Das setzt eine Störung von zur **Geschäftsgrundlage gewordenen Umständen** voraus, die über die bloße Währungsumstellung hinausgeht. Gelegentlich wurde erwogen, schon der Übergang zu einem marktwirtschaftlichen System könne ein solcher Umstand sein (nur passim in BGHZ 120, 10, 23; BGHZ 121, 378, 393; BGH WM 1993, 555, 558). Das wäre unzutreffend: Entscheidend für die Anpassung sind nicht allein die gemeinsam zugrundegelegten Vorstellungen über ein Wirtschaftssystem und dessen Fortdauer, sondern der aus dem Nichteintreten konkreter Umstände entstehende Nachteil für eine Partei. Das aber setzt voraus, daß *konkrete Auswirkungen* des planwirtschaftlichen Systems auf den jeweiligen Vertrag bestanden haben, deren Wegfall zu einer Äquivalenzstörung führt.

Solche Umstände liegen im Wegfall einer *staatlichen Bezuschussung* oder *Finanzierung* von Erwerbs- oder Herstellungskosten, auch im Zusammenhang mit *Devisenbeschaffungsgeschäften* (vgl BGH DtZ 1996, 23). Anders als bei marktwirtschaftlichem Handeln ist dem unter planwirtschaftlichen Bedingungen handelnden Schuldner nicht das Risiko der Finanzierung zuzuweisen, sondern regelmäßig der Nachteil hälftig zu teilen (BGHZ 120, 10, 23; BGHZ 131, 209, 214; BGH DtZ 1996, 23, 24; OLG Brandenburg OLG-NL 1996, 49, 51; kritisch: Westen JZ 1993, 668, 669). Auch bei *Dauerschuldverhältnissen* ergibt sich Anpassungsbedarf, wenn unter den Verhältnissen in der DDR gesicherte Erwartungen enttäuscht wurden. Ein zwischen Wirtschaftseinheiten der Planwirtschaft vereinbartes unbefristetes unentgeltliches Nutzungsverhältnis ist im Wege der Anpassung in ein langfristiges entgeltliches mit marktüblichem Entgelt umzuwandeln (BGHZ 126, 150); die von der beidseitigen Erwartung der Mietpreisstabilität geprägte verrentete Abfindung für ein Wohnrecht ist so anzupassen, daß der Berechtigte weiterhin von dem Erlös eine Vergleichwohnung anmieten kann (OLG Naumburg OLG-NL 1998, 8).

Zu Äquivalenzstörungen bei erbrechtlichen Geschäften Art 235 § 1 Rn 179.

cc) Sonstige (marktstrukturelle) Störungen

73 *α)* Waren Wirtschaftsverträge nicht nur in ihrer Kostenstruktur durch das planwirtschaftliche System berührt (vgl oben Rn 72), sondern nur als **Teil des planwirtschaftlichen Systems** erklärbar, insbesondere in ihrer Ausfüllung von Lenkungsentscheidungen in diesem System abhängig, so kommt eine bloße Anpassung der Leistungen nicht in Betracht. Das ist der Fall bei Wirtschaftsverträgen, die langfristig der Umsetzung von planwirtschaftlichen *Grundsatzentscheidungen* dienten und von diesen Entscheidungen sowohl rechtlich (schwebende Unwirksamkeit) als auch in ihrer wirtschaftlichen Inhaltsgebung abhängig waren. War der Vertrag stufenweise von neuen Grundsatzentscheidungen abhängig, so entfällt mit dem Ende der Planwirtschaft die Geschäftsgrundlage für eine künftige Vertragsdurchführung (OLG Jena OLG-NL 1997, 222). War hingegen für zukünftige Grundsatzentscheidungen nur eine Abänderung des Vertrages durch ergänzende Vereinbarungen vorgesehen, so berührt das Ausbleiben der Grundsatzentscheidungen nicht die Wirksamkeit des Vertrages (OLG Jena OLG-NL 1997, 49).

Andererseits kommt eine Erstattung von Beiträgen, die im Rahmen von *Kommunalverträgen* geleistet wurden, trotz ihrer engen Systembindung nicht in Betracht, weil es sich ihrer Funktion nach bei diesen Beiträgen um kommunale Steuern handelt, deren Nicht-Rückzahlbarkeit auch nach dem Ende der Planwirtschaft zumutbar ist (OLG Brandenburg VIZ 1996, 611).

74 **β)** Auch **geänderte Marktbedürfnisse** und **Absatzchancen** können zu einer Anpassung des Vertrages führen. Auch insoweit kann regelmäßig keine Anpassung von *abgewickelten* Verträgen erfolgen, da der Käufer ebenso das Verwertungsrisiko trägt, wie der Verkäufer das Wertrisiko zu tragen hat (oben Rn 71). Bei am 1. 7. 1990 *schwebenden* Wirtschaftsverträgen, die von planwirtschaftlichen Gegebenheiten ausgingen, kann diese Risikoverteilung jedoch unangemessen sein, weil der Bestellung keine marktwirtschaftliche Entscheidung zugrunde liegt, die Weiterveräußerung oder -verwertung im Markt jedoch unter marktwirtschaftlichen Gegebenheiten erfolgen muß (MünchKomm/Heinrichs Rn 29). Es ist jedoch für jeden Einzelfall zu prüfen, ob der Bedarfswegfall aufgrund der geänderten Verhältnisse zwingend und dauerhaft ist (im Ergebnis ablehnend BGH DtZ 1995, 22, 24).

Geänderte Marktbedürfnisse können eine *Einschränkung* der vertraglichen Verpflichtung erforderlich machen, wenn Produkte aus dem RGW-Raum sich nach der Marktöffnung als praktisch unveräußerlich erwiesen haben (BGHZ 129, 236: Lizenzvertrag). Durch die Erweiterung der Bundesrepublik ist aber auch ein erweiterter Markt für Produkte entstanden, so daß Verträge, die als Vertriebsgebiet die alte Bundesrepublik vorausgesetzt hatten, gegen entsprechendes Entgelt ggf auch *erweiternd* anzupassen sind (BGH NJW 1997, 320: Einräumung von Senderechten für eine TV-Serie auch für das Beitrittsgebiet).

Anzupassen sind auch *staatliche Beschaffungskäufe*, deren Geschäftsgrundlage der Fortbestand der DDR und ein weiterer Bedarf an dem zu beschaffenden Gut war (BGH NJW 1998, 1701, 1705: Boote für die Volksmarine). Bedenklich ist allerdings, daß sich hier derjenige auf den Wegfall der Geschäftsgrundlage beruft, der ihn selbst herbeigeführt hat. Daher kommt jedenfalls nur eine Aufhebung des Vertrages gegen Ersatz der entstandenen Aufwendungen des Unternehmers in Betracht (BGH aaO in Anlehnung an § 79 VertragsG).

d) Insbesondere: Altkredite

75 **aa)** Heftig umstritten war, ob und in welchem Umfang ein Wegfall der Geschäftsgrundlage hinsichtlich der durch die **Staatsbank der DDR** und LPGen und VEBe ausgereichten **Kredite** in Betracht kommt (zur **Aktivlegitimation** hinsichtlich von Krediten und Grundpfandrechten, die volkseigenen Kreditinstituten in Rechtsträgerschaft zustanden siehe Art 231 § 10). Die Problematik ist von hoher **volkswirtschaftlicher Brisanz**: Funktionell waren die auf der Grundlage der *KreditVO v 28. 1. 1982* (GBl DDR I 1982, 126) von den Kreditbanken der DDR ausgereichten Kredite keine Darlehen im zivilrechtlichen Sinn, sondern Lenkungsmittel der staatlichen Planwirtschaft. Insbesondere hatten die Betriebe erhebliche Gewinnabführungen an den Staat zu leisten, die nicht zur Tilgung der Kredite führten. Da der *1. Staatsvertrag* diese Kredite nicht ausnimmt, ist von einer Umstellung im Verhältnis 2:1 auszugehen (Anlage I Art 7 § 1 Abs 1 *1. Staatsvertrag*; BGHZ 131, 44; OLG Jena VIZ 2002, 377, 378; MünchKomm/Heinrichs Rn 24; Hommelhoff/Habighorst ZIP 1992, 667; Scholz BB 1993, 1955; Hankel DWiR 1992, 33).

76 **bb)** In frühen Stellungnahmen wurde teilweise in Hinblick auf die Funktion als Lenkungsmittel eine Überleitung dieser Kredite nach Art 232 § 1 abgelehnt und eine generelle **Altschuldenbefreiung** der Nachfolgegesellschaften der LPGen und VBEe vertreten (Harms DZWiR 1993, 123, 125; Vogler DWiR 1991, 303; Hankel DWiR 1992, 32; ähnlich: Seeck/Wagner/Richard MDR 1992, 1105, 1108: vollständiger Wegfall der Geschäftsgrundlage). Dem ist die Rechtsprechung zu Recht nicht gefolgt; zum einen waren die Kredite trotz ihrer planwirtschaftlichen Funktion zivilrechtlich gestaltet, vergleichbar der „Zwei-Stufen-Theorie" in der bundesdeutschen Leistungsverwaltung (OLG Dresden OLG-NL 1994, 193, 195; OLG Rostock OLG-NL 1994, 124); überdies setzen zahlreiche

Bestimmungen im Zuge der Währungs- und Wirtschaftsunion den Fortbestand der Kredite voraus (ständige Rspr seit BGHZ 124, 1, 4 f; zuletzt BGH WM 1998, 494).

cc) Eine Vertragsanpassung nach **§ 32 Abs 2 DMBilG** scheidet insoweit aus, da die Regelung nur das Verhältnis von Kaufvertragsparteien betrifft und nicht auf Fälle ausgedehnt werden kann, in denen mit Kredit finanzierte Anlagen nun wertmäßig nicht mehr in einem angemessenen Verhältnis zur Rückzahlungsverpflichtung stehen (BGH NJW 1995, 47, 48; ebenso Vorinstanz KG ZIP 1993, 1575), die Anlage selbst aber voll bezahlt ist. Ein „Einwendungsdurchgriff" nach § 242 BGB auf die kreditierende Bank scheidet für ehemalige VEBe und nunmehr als Handelsgesellschaften operierende Unternehmen mangels Schutzbedürftigkeit aus. **77**

dd) Der BGH (BGHZ 124, 1; BGH NJW 1995, 1954; BGH WM 1996, 1903; BGH WM 1996, 2325) hat auch eine **Anpassung** der Kreditschulden im Umfang der durch den Kreditnehmer aus erwirtschafteten Gewinnen an den Staat abgeführten Beträge nach den Regeln über den **Wegfall der Geschäftsgrundlage** abgelehnt (ebenso: KG DZWiR 1994, 23; OLG Bremen ZIP 1993, 1418, 1423; OLG Dresden OLG-NL 1994, 193; OLG Naumburg OLG-NL 1997, 99; OLG-Rostock OLG-NL 1994, 125; LG Halle ZIP 1993, 1424; Kohler aaO; Smid aaO; Horn S 1005, 1068; Hommelhoff/Habighorst/Schubel/Spoerr ZIP 1993, 1353; Bultmann OLG-NL 1994, 127, 128 f). Das *Kammergericht* hat diese Ansicht ausgedehnt auf einen Fall, in dem der Kreditvertrag eine Tilgung aus staatlichen Stützungsgeldern vorsah, die aufgrund des Zusammenbruchs der DDR ausgeblieben sind (KG ZIP 1993, 1575, 1579; ähnlich OLG Dresden OLG-NL 1994, 193, 197: Refinanzierung der Zinszahlung aus öffentlichen Haushalten). Voraussetzung eines Rückzahlungsanspruchs ist jedoch, daß der Rechtsnachfolger des Kreditgebers die erfolgte Auszahlung nachweist, es sich also bei dem Kredit nicht nur um eine nicht wirklich durchgeführte bloß fiktive staatliche Lenkungsmaßnahme handelte (BGH WM 2000, 564). **78**

ee) Das **BVerfG** hat die gegen BGHZ 124, 1 gerichtete Verfassungsbeschwerde zurückgewiesen (BVerfGE 95, 267). Art 14 Abs 1 GG scheidet weitgehend bereits als Maßstab aus, da die begehrte Schuldenfreiheit von Altkrediten keine eigentumsrechtliche Position ist. Unter dem Gesichtspunkt der *Erdrosselungswirkung* ist Art 14 Abs 1 GG zwar Maßstab, aber angesichts der überleitungsweisen gesetzlichen Entschuldungsmöglichkeiten (sogleich Rn 80) nicht verletzt. Art 12 Abs 1 GG ist mangels berufsregelnder Tendenz nicht berührt. Die allgemeine Handlungsfreiheit (Art 2 Abs 1 GG) ist zwar betroffen; angesichts der erforderlichen Überführung der Unternehmen in marktwirtschaftliche Verhältnisse ist der vom Gesetzgeber gewählte Weg der schuldrechtlichen Überleitung der Verbindlichkeiten in Verbindung mit den genannten Entschuldungsmöglichkeiten nicht notwendig die zweckmäßigste Lösung, jedoch nicht verfassungswidrig (zustimmend: Lüke EWiR 1997, 797; Rauscher WuB I E 1 Kreditvertrag 6.97 S 615; ablehnend: Will NJ 1997, 338). **79**

ff) Die Zumutbarkeit des Festhaltens an den Altkrediten wird wesentlich mitbestimmt durch **gesetzliche Entlastungsmaßnahmen**, die neben den allgemeinen Regelungen in Art 25 Abs 3 EV und § 16 Abs 3 DMBilanzG auch für einzelne Wirtschaftszweige erlassen wurden. **80**

Für Rechtsnachfolger von **VEBen** (nicht für Rechtsnachfolger von LPGen) ist die Möglichkeit einer Entschuldung durch die Treuhandanstalt nach **§§ 1 ff EntschVO** zu beachten. Diese Entschuldungsmöglichkeit zu Lasten der Allgemeinheit und nicht zu Lasten des Kreditgebers präjudiziert für ehemalige VEBe die **Zumutbarkeitswertung** hinsichtlich einer Anpassung wegen Wegfalls der Geschäftsgrundlage. Hat die Treuhandanstalt von dieser Möglichkeit keinen Gebrauch gemacht, so liegt die Annahme nahe, daß angesichts der übernommenen Aktiva an Grund- und Betriebsvermögen dem VEB-Nachfolger die Tragung der Altverbindlichkeiten zuzumuten ist (BGH NJW 1995, 47, 48), oder daß der VEB-Nachfolger im Wirtschaftsverkehr ohnehin nicht bestehen könnte (OLG Dresden DZWiR 1995, 476, 478). Soweit die Treuhandanstalt für solche Kredite Zinszahlungen geleistet hat, kann sie bei dem Nachfolgeunternehmen nur Rückgriff aus GoA nehmen, soweit diese Zahlungen Zeiträume nach der Privatisierung und der Feststellung der DM-Eröffnungsbilanz betreffen; bis zu diesem Zeitpunkt war die Zinszahlung ein (auch) eigenes Geschäft der Anstalt (LG Frankfurt/Oder DZWiR 1996, 209; Hartmann DZWiR 1996, 211).

81 Für die **Wohnungsunternehmen** bestand die Möglichkeit der Stundung, Zinshilfe und Befreiung nach dem **ASHG** (wegen Verfassungbedenken vgl den Nichtannahmebeschluß des BVerfG VIZ 2000, 244; dazu Bundschuh NJW 2000, 2377); auch neben diesen staatlichen Hilfen kann eine Anpassung nach Geschäftsgrundlagegrundsätzen nicht verlangt werden. Das gilt auch, wenn das Unternehmen diese für beide Seiten schonende Lösung nicht gewählt und die Forderung grundsätzlich bestritten hat; die im ASHG konzipierte Schuldenhilfe macht das Festhalten am Kreditvertrag nicht iSd § 242 BGB schlechthin unzumutbar (BGHZ 131, 44).

Für **kommunale Altschulden** wurde hingegen durch Art 1 des *Gesetzes zur Regelung der Altschulden für gesellschaftliche Einrichtungen* etc (BGBl 1997 I 434; zur vorherigen Lage vgl Harms DZwiR 1997, 1) eine weitergehende politische Lösung gefunden: Die kommunalen Verbindlichkeiten für gesellschaftliche Einrichtungen wurden durch den Erblastentilgungsfonds übernommen, die daraus resultierende Belastung wird von Bund und Ländern hälftig getragen.

82 **gg)** Eine Anpassung nach Geschäftsgrundlagegrundsätzen kommt daneben nur in besonderen Gestaltungen in Betracht. War ausdrücklich im Kreditvertrag eine **Schuldentilgung aus staatlichen Zuwendungen** vorgesehen, liegen die Voraussetzungen vor. Die von den Parteien vorausgesetzten konkreten planwirtschaftlichen Geldzuwendungen sind in diesem Fall gerade nicht dem Risikobereich des Kreditnehmers zuzurechnen (so aber KG ZIP 1993, 1575, 1579); die Fallgestaltung ist nicht anders zu beurteilen als im Fall einer ausgebliebenen Kreditfinanzierung eines Kaufvertrages (vgl BGHZ 120, 10 oben Rn 72; so auch: Matthiesen DZWiR 1994, 29, 31; ähnlich: Westermann DZWiR 1994, 67, 69).

Auch der BGH (BGHZ 127, 212, 217 f, Revisionsentscheidung zu KG ZIP 1993, 1575) hat dies zutreffend bejaht und auch angesichts der planwirtschaftlichen Kreditstruktur eine Risikozuweisung an den Kreditnehmer abgelehnt (vgl auch BGHZ 131, 41).

Für Rechtsnachfolger von **LPGen** könnte dieser Ansatz auch in den Fällen **bloßer Gewinnabführungen** an den Staat erwogen werden (ablehnend BGH NJW 1995, 1954). Bei Aufnahme der Kredite gingen alle Beteiligten von der im planwirtschaftlichen System geübten Praxis der Verschiebung von Geldern als bloßen zentral geplanten Rechnungsposten aus. Die Beseitigung dieses mit der Staatlichkeit verquickten sozialistischen Wirtschaftssystems (zutreffend von KOHLER ZIP 1992, 1800, 1808 als das „Grundübel" des Verschuldungsproblems gekennzeichnet) war bei Kreditaufnahme nicht vorhersehbar; die betroffenen Betriebe waren jedenfalls weniger nahe als die Staatsbank der DDR daran, die Risiken dieser Konstruktion zu tragen (BezG Magdeburg ZIP 1992, 1800; RAUSCHER WuB I E 1-4. 94249, 250 f; ebenso im Ergebnis SCHOLZ BB 1993, 1953, 1961 f; ders JZ 1994, 304, 305; GÖRK 270).

2. Gute Sitten (§ 138 BGB)

a) Aufhebung von § 68 Abs 1 Nr 2 ZGB

83 § 68 Abs 1 Nr 2 ZGB, wonach ein Vertrag nichtig war, wenn er mit **„Grundsätzen der sozialistischen Moral unvereinbar"** war, wurde bereits durch Artikel 1 Abs 2 **VerfassungsgrundsätzeG** (GBl DDR 1990 I 299) wie alle Verweisungen auf „sozialistisches Rechtsbewußtsein" **aufgehoben** (vgl LÜBCHEN/LÜBCHEN 43). Statt dessen galten bereits im Recht der DDR seit dem 17. 6. 1990 als Maß für die Wirksamkeit einer Willenserklärung die **guten Sitten**, verstanden im Sinne einer freiheitlichen Rechts- und Wirtschaftsordnung, also entsprechend § 138 BGB (vgl § 12 Abs 2 GW idF durch das ÄnderungsG [GBl DDR 1990 I 483]; PALANDT/HEINRICHS Rn 5 a; MünchKomm/HEINRICHS Rn 15; BezG Potsdam DtZ 1994, 33; OLG Rostock OLG-NL 1994, 175; OLG München ZMR 1997, 411; LG Berlin WM 1993, 1922 und Nachweise zu Einzelfragen im folgenden). Insbesondere für Verträge, die *kurz* vor dem 1. 7. 1990 geschlossen wurden, besteht kein Unterschied zum Sittenwidrigkeitsbegriff des § 138 BGB (BGH NJW 2000, 1487; BGH VIZ 2001, 572, 573).

§ 68 Abs 1 Nr 2 ist jedoch kein Einfallstor zur Anwendung von Bestimmungen des BGB, die bestimmte **mißbilligte Typen von Rechtsgeschäften** verbieten, wenn das ZGB ein vergleichbares Verbot nicht kannte. Insoweit ist im Einzelfall zu prüfen, ob sich in dem individuellen Geschäft das (von der BGB-Norm vermutete) Risiko eines sittenwidrigen Handelns realisiert hat. Es greift also zB nicht das Verbot des § 312 Abs 1 aF BGB, jedoch ist im Einzelfall zu prüfen, ob mit einem Vertrag über den Nachlaß eines noch lebenden Dritten eine verwerfliche Spekulation auf dessen Tod verbunden war (BGH DtZ 1996, 54).

b) Anwendung des Sittenmaßstabs von § 138 BGB auf Altfälle

84 **aa)** Dieser Maßstab gilt nach dem 3. 10. 1990 auch für **Schuldverhältnisse, die dem Recht der DDR** im übrigen weiter unterstehen (KG DtZ 1991, 246; PALANDT/HEINRICHS Rn 5 a). Da § 68 Abs 1 Nr 2 ZGB auch für bestehende Schuldverhältnisse bereits in der DDR aufgehoben wurde, kommt eine Anwendung dieser Bestimmung auch nicht in der Weise in Betracht, daß *zunächst* geprüft würde, ob der Vertrag bereits nach DDR-Recht unwirksam war (so aber HORN 126 Rn 11). Für die Anwendung der Grundsätze des § 138 BGB kommt es auch nicht darauf an, ob im Sinne der intertemporalen Bestimmungen ein am 17. 6. 1999 abgeschlossener Fall vorliegt.

85 **bb)** Soweit Bestimmungen des BGB auf die **Entstehung eines Schuldverhältnisses vor dem 1. 1. 1976** gemäß der Rechtspraxis der DDR anzuwenden sind, kann nicht auf das damals praktizierte „klassenbezogene Sittenverständnis" zu § 138 BGB abgestellt werden (so aber BGH NJ 1995, 586, 588). Wenn schon Bestimmungen des ZGB im Lichte des Wertewandels auszulegen sind, so erst recht Bestimmungen des BGB, die erst durch ein verändertes Sittenverständnis umgewertet worden waren.

c) Einzelfälle

86 aa) Fallgruppen der Sittenwidrigkeit betreffen häufig Konstellationen, die einen engen Zusammenhang mit Teilung und Wiedervereinigung haben. Für einzelne Mangeltypen sehen Art 231 §§ 7, 8, 9 eine Heilung vor, die aber regelmäßig den Mangel der Sittenwidrigkeit nicht heilen. Hingegen erfaßt die Ausschlußfrist nach Art 237 § 2 Abs 1 auch den Mangel der Sittenwidrigkeit (vgl im einzelnen die Kommentierung zu den genannten Vorschriften).

87 bb) Sittenwidrigkeit liegt nahe bei **Vermögensverfügungen** durch einen nach nach der Anordnung Nr 2 v 20. 8. 1958 eingesetzten **Treuhänder** über das Vermögen eines sog **„Republikflüchtlings"**. Dem steht nicht entgegen, daß der Treuhänder formal die Interessen des Berechtigten zu wahren hatte und daß der Berechtigte faktisch an der Besorgung seiner Interessen verhindert war (so aber BezG Cottbus DtZ 1992, 24, 26, wo offenbar die guten Sitten auf den Wuchertatbestand des § 138 Abs 2 reduziert und mit der damaligen sozialistischen Moral gleichgesetzt werden). Es verstößt in unerträglicher Weise gegen das Anstandsgefühl aller billig und gerecht Denkenden, wenn ein Staat seine Bürger an einer legalen Ausreise hindert, damit unter Gefahr für Leib und Leben Geflohene zu Fällen einer Abwesenheitspflegschaft macht und sodann durch staatstreue „Treuhänder" deren Vermögen an im Lande verbliebene Bürger verschachern läßt. Das Rechtsgeschäft ist trotz dieses Gepräges nur dann nicht sittenwidrig, wenn der Treuhänder (was die Ausnahme sein dürfte) die Vermögensinteressen des „Republikflüchtlings" diesem und nicht der DDR gegenüber pflichtgemäß gewahrt hat (so angenommen in BezG Cottbus aaO).

In diesen Fällen greift aber typischerweise der **Vorrang der Grundsätze des § 1 Abs 3 VermG** ein (oben Rn 8 ff), da die Benachteiligung eines „Republikflüchtlings" durch den Treuhänder in vergleichbar enger Weise mit dem staatlichen Unrecht der DDR verquickt ist wie die Zwangsveräußerung von Grundbesitz vor einer legalen Ausreise.

88 cc) Sittenwidrig und nichtig ist ein **Grundstückskaufvertrag**, durch den kurz nach der Wende ein **volkseigenes Gebäude oder Grundstück** durch staatliche Stellen veräußert wurde, wenn der vereinbarte Preis aufgrund der absehbaren Wertentwicklung, insbesondere aufgrund der durch die Währungs- und Wirtschaftsunion eingetretenen Immobilien- und Bodenwertsteigerung offenkundig bei weitem nicht dem Verkehrswert entspricht. Insoweit genügt bereits die Feststellung des krassen objektiven Mißverhältnisses, da nach dem 1. 7. 1990 jedermann klar sein mußte, daß die in der DVO zum *G über den Verkauf volkseigener Gebäude* verwiesenen Kaufpreisübersichten und von den örtlichen Räten beschlossenen Baulandpreise Makulatur waren (OLG Rostock OLG-NL 1994, 175, 177; LG Berlin DtZ 1992, 27). Die Nichtigkeit erfaßt auch den auf *sachenrechtliche Veräußerung* gerichteten Teil des Kaufvertrages (OLG Rostock aaO; soweit der Vertrag dem ZGB unterliegt, ergibt sich dies – anders als unter dem Abstraktionsprinzip – bereits aus der Kausalität des schuldrechtlichen Geschäfts).

Erst recht sind Verträge dieser Art sittenwidrig, wenn der Käufer ein **hochrangiger Staatsbediensteter der DDR** war, der seinen dienstlich erlangten Informationsvorteil in der Form ausnutzte, daß er auf Kosten der Allgemeinheit sich zu einem äußerst niedrigen Preis einen privaten Sondervorteil verschafft hat (BezG Potsdam DtZ 1994, 33, 37).

Im Einzelfall kommt Sittenwidrigkeit aus diesem Grund auch in Betracht, wenn im Vorgriff auf die Währungs- und Wirtschaftsunion Grundstücke durch staatliche Stellen an Günstlinge des Regimes zu den Konditionen des **VerkaufsG** veräußert wurden. In diesen Fällen ist der subjektive Tatbestand der Sittenwidrigkeit jedoch nicht aufgrund der (nach dem 1. 7. 1990 offenkundigen) Umstände zu vermuten. Verstöße gegen elementare Haushaltsvorschriften indizieren jedoch die Sittenwidrigkeit (BGH DtZ 1995, 169; SCHNABEL VIZ 1998, 113; FLOREN VIZ 1998, 119; zum Verhältnis zur **Heilung nach Art 231 §§ 7, 8, 9** vgl dort). 89

Hingegen kann sich bei einem Verkauf zum **genehmigten Stopp-Preis** eine Sittenwidrigkeit nicht aus einem tatsächlichen groben Mißverhältnis zum Marktwert ergeben (BGHZ 131, 209).

dd) Sittenwidrig und nichtig sind Verträge, durch die das **Transferrubel-Verrechnungsverfahren** (zu Einzelheiten HAUSSNER DtZ 1993, 80) von einem in der DDR ansässigen Verkäufer mißbraucht wurde, um in Hinblick auf die bevorstehende Währungs- und Wirtschaftsunion Waren nicht dem RGW angehörigen Staaten (sog *Westwaren*) aus der DDR in einen anderen RGW-Staat zu verkaufen. Durch dieses Verfahren erlangte der Verkäufer einen der Umstellung in DM zugänglichen Anspruch in Mark der DDR gegen die zuständige Außenhandelsbank der DDR, während diese nur eine nicht konvertible Gutschrift auf ihrem XTR-Konto erlangte. Bei Inanspruchnahme für Re-Exporte von Westwaren führte dieses auf den Warenaustausch im RGW zugeschnittene System zu einer Schädigung des die Verluste der Außenhandelsbank auffangenden deutschen Steuerzahlers zugunsten der DDR-Exporteure und der Importeure in RGW-Drittländern. Der subjektive Tatbestand der Sittenwidrigkeit ist regelmäßig erfüllt bei Vertragsschließenden, die mit den Besonderheiten des sozialistischen Wirtschaftsraumes vertraut waren und daher erkennen mußten, daß das Transferrubelverfahren erkennbar auf ein geschlossenes, sozialistisches und planwirtschaftliches System zugeschnitten war (LG Berlin WM 1993, 1922, 1924; zu Schadensersatzansprüchen bei solchen Verstößen BGHZ 133, 117; KG NZG 1999, 400; zu Rechtsproblemen der Transferrubelfälle: BUCHHOLZ VIZ 2001, 70). 90

ee) Im übrigen können Kaufverträge (über Grundstücke) nach Aufhebung der Preisvorschriften nach **allgemeinen Grundsätzen** sittenwidrig sein, so als wucherähnliches Rechtsgeschäft, wobei im Einzelfall zu prüfen ist, ob ein besonders grobes Mißverhältnis zwischen Leistung und Gegenleistung den Schluß auf eine verwerfliche Gesinnung des Begünstigten zuläßt (BGH NJW 2000, 1487). Das gilt auch, wenn der Preis den vorherigen, nicht mehr geltenden, Preisvorschriften entsprochen hätte (LG Rostock ZOV 2001, 167). Das bloße Festhalten an einem Preis aus einem vor dem 1. 7. 1990 geschlossenen Kaufvertrag, der nachträglich als viel zu niedrig erscheint, begründet keine Sittenwidrigkeit (OLG Naumburg OLG-NL 1996, 246). 91

Sittenwidrigkeit kann sich auch bei anderen als Grundstücksverträgen ergeben, die kurz vor dem 1. 7. 1990 geschlossen wurden, ein grobes Mißverhältnis der Leistungen aufweisen und auf eine verwerfliche Gesinnung geschlossen werden muß, was bei besonders großem und auf seiten des Begünstigten leicht erkennbarem Mißverhältnis anzunehmen ist (BGH VIZ 2001, 572, 574: langfristiger Gerüstbauvertrag zum über 4-fachen des marktüblichen Preises).

92 **ff)** Nicht sittenwidrig sind hingegen Geschäfte, die der **Umgehung planwirtschaftlicher oder rechtsstaatswidriger DDR-Bestimmungen** dienten, zB Schenkungen zur Vermeidung der Pflicht zur Übereignung an eine LPG (BGH ZIP 1995, 1456).

3. Fortentwicklung des alten Schuldverhältnisses

a) Neu herantretende Umstände

93 Das BGB greift jedoch ein, soweit es sich nicht um Rechtsfragen der inneren Fortentwicklung des Schuldverhältnisses handelt, sondern um **neue, von außen an das Schuldverhältnis herantretende Umstände** (BGHZ 123, 58, 63; BGH VIZ 1997, 377; MünchKomm/Heinrichs Rn 14). Dies betrifft *Form, Voraussetzungen und Rechtsfolgen des Erfüllungsgeschäfts* (BezG Gotha DtZ 1992, 91; BGH ZIP 1995, 1200, 1202: *Aufrechnungsverbot*), wenn der Vertrag nach dem Recht der DDR nur ein Verpflichtungsgeschäft beinhaltete sowie Vereinbarungen über eine *Vertragsbeendigung* (BGH VIZ 1999, 625: auch bei Verträgen, die VertragsG unterlagen). Mit dem 3. 10. 1990 ist das BGB anzuwenden für die Voraussetzungen der *Aufrechnung* und *Hinterlegung*, Form und Wirkungen von *Gläubiger-* oder *Schuldnerwechsel* (OLG Brandenburg DtZ 1996, 323, 325; MünchKomm/Heinrichs Rn 14; eine vor dem 3. 10. 1990 erfolgte Abtretung unterliegt dagegen dem ZGB: BGH NJ 1996, 86; altes Recht als Vertragsstatut entscheidet auch über die *Abtretbarkeit*, oben Rn 52), *Vertragsübernahme* (offen gelassen in BGH NJW-RR 1997, 690) und *Schuldbeitritt* (KG 26. 3. 1998, 12 U 53/97 juris) sowie für ein deklaratorisches *Schuldanerkenntnis*, das nach dem 3. 10. 1990 abgegeben wird und ein vor dem Stichtag entstandenes Schuldverhältnis *modifiziert* (OLG Dresden DtZ 1994, 31).

Neuem Recht (§§ 528 ff BGB) unterliegt nach dem Stichtag auch die *Rückforderung einer Schenkung*, die vor dem 2. 10. 1990 vollzogen wurde (LG Görlitz FamRZ 1999, 125).

Auf einen vor der Wende geschlossenen *Veräußerungsvertrag* über ein Grundstück, der zunächst nach Anordnung der Treuhandverwaltung mangels Mitwirkung des Treuhänders unwirksam war, ist *§ 185 Abs 2 S 1 2. Alt BGB* anzuwenden, mit der Folge, daß der Vertrag und die Verfügung mit dem gesetzlichen Wegfall der Treuhandverwaltung am 31. 12. 1992 wirksam wurden (BGHZ 123, 58, 62).

Auch *Fälligkeitszinsen* unterliegen seit dem jeweiligen Überleitungsstichtag dem neuen Recht (BGH DtZ 1993, 211, 212; BGH DtZ 1993, 59, 62 zur Inkraftsetzung des HGB am 1. 7. 1990; BGH NJW 1995, 1954: abstrakte Schadensberechnung zugunsten von Banken).

b) Zivilrechtliche Rechtsnachfolge nach DDR-Organen

94 **aa)** Neuem Recht unterliegt auch die Frage, ob zivilrechtliche Verbindlichkeiten von **DDR-Staatsorganen** auf neue Funktionsträger, insbesondere auf die Bundesrepublik Deutschland, die Bundesländer, Kommunen und Landkreise oder andere Körperschaften des öffentlichen Rechts übergegangen sind (Palandt/Heinrichs Rn 8; Kühn DtZ 1992, 198, 201).

95 **bb)** Eine umfassende Haftungsübernahme für zivilrechtliche Verbindlichkeiten von Organen der DDR, insbesondere Bezirken, durch die **Bundesrepublik** oder die **Neuen Bundesländer** ist nicht erfolgt. **Art 21 ff EV** stellen eine abschließende Regelung dar; soweit eine Verbindlichkeit weder dem Übergang von *Verwaltungsvermögen* (Art 21 EV), *Finanzvermögen* (Art 22 EV) oder der Abwicklung *haushaltsrechtlicher Schul-*

den (Art 23 EV) zuzurechnen ist, sondern dem wirtschaftlichen Tätigkeitsfeld der DDR-Verwaltung (BGH DtZ 1995, 88, 89; BGHZ 127, 285; BGH VIZ 1995, 599, 600), haben für diese Verbindlichkeiten die *Bundesrepublik* oder die *Bundesländer* nicht einzustehen. Insbesondere ergibt sich aus § 21 LändereinführungsG der DDR, das am 14. 10. 1990 in Kraft hätte treten sollen, nichts anderes (so aber OLG Jena OLG-NL 1994, 217, hiergegen BGH DtZ 1995, 369), denn diese Bestimmung ist nicht mehr in Kraft getreten. Die wirksam gewordenen §§ 1 Abs 1, 2 Abs 2, 3, 22, 23 Abs 2, 3 und 25 treffen keine Aussagen über die Rechtsnachfolge (BGH VIZ 1995, 599, 600).

96 Mit dem Verwaltungsvermögen sind nach **Art 21 ff EV** nur solche Verbindlichkeiten übergegangen, die mit dem übernommenen aktiven Verwaltungsvermögen in einem *engen inneren Zusammenhang* stehen (BGH NJW 1995, 1492, 1494; BGHZ 128, 393; BGH DtZ 1996, 345; BGH NJW 1998, 1701; BVerwG VIZ 1994, 541; OLG Dresden, 28. 7. 1993, 6 U 445/93; Brandenburgisches OLG OLG-NL 1994, 130, 132; OLG Jena OLG-NL 1997, 204; auch die Gefährdungshaftung für durch NVA-Fahrzeuge verursachte Schäden: OLG Brandenburg DtZ 1997, 294).

97 **cc)** Auch die **Landkreise** in den Neuen Bundesländern haften hiernach weder aufgrund **Identität** noch aufgrund von **Gesamtsrechtsnachfolge**. Die im *DDR-KommunalverfassungsG* v 17. 5. 1990 (GBl DDR 1990 I 255) geschaffenen Landkreise sind als Selbstverwaltungskörperschaften nicht mit den zentralistischen Gebilden nach dem vormaligen DDR-*Gesetz über die örtlichen Volksvertretungen* vergleichbar (BGHZ 127, 285 mit eingehender Darstellung der Gesamtdiskussion; OLG Brandenburg OLG-NL 1994, 130; OLG Rostock OLG-NL 1994, 8; OLG Jena OLG-NL 1994, 102; OLG Naumburg OLG-NL 1994, 169, 170 ff; OLG Naumburg AgrarR 1994, 239; OLG Dresden NJ 1993, 479; KreisG Stendal VIZ 1993, 32; KreisG Weimar ZOV 1993, 291; AG Chemnitz AgrarR 1993, 202; Saenger OLG-NL 1994, 66; noch offen gelassen in BGHZ 121, 88: Landkreis hat aber jedenfalls gemäß § 51 LandwirtschaftsanpassungsG die Befugnis zur Kündigung von Kreispachtverträgen).

98 **dd)** Die **für eine weitergehende Haftungsübernahme angeführten Konstruktionen** greifen nicht durch:

α) Teils wurde vertreten, die Landkreise seien als **Gebietskörperschaften auch in der DDR** mangels ausdrücklicher Auflösung existent gewesen, wenngleich deren Volksvertretungen Organe der zentralen Staatsmacht waren (BezG Cottbus OLG-NL 1994, 133; KreisG Fürstenwalde AgrarR 1994, 90; KreisG Osterburg AgrarR 1992, 61), eine Kontinuität der Landkreise und Gemeinden sei aus dem *KommunalverfassungsG* v 17./25. 5. 1990 herzuleiten, die Gebietskörperschaften seien hierdurch unter Wahrung ihrer Identität nur völlig anders ausgestaltet worden (BezG Dresden AgrarR 1993, 92, 93; Wilhelms DtZ 1994, 203, 204; Schweizer DtZ 1991, 283; Nies VIZ 1993, 102). Die Rolle der Städte und Kreise der ehemaligen DDR war aber bis zum 1. 7. 1990 geprägt durch eine bloße Behördenfunktion für den zentralistischen Staat der DDR; entsprechend gehen Verbindlichkeiten, die durch die Städte und Kreise eingegangen wurden, in der für die DDR als Ganzes geltenden Wertung auf. Der Gläubiger hätte im übrigen vor dem 1. 7. 1990 nie den Kreis als *Gebietskörperschaft* auf Erfüllung des jeweiligen Vertrages in Anspruch nehmen können.

99 **β)** Auch die Figur der **Funktionsnachfolge** (erwogen von OLG Rostock OLG-NL 1994, 12, 15; OLG Rostock OLG-NL 1994, 8, 11, Kühn DtZ 1992, 198, 201) kann eine über Art 21 ff EV hinausgehende Haftungsübernahme nicht begründen. Diese Hilfskonstruktion aus der Rechtsprechung zur Folgenbewältigung des 2. Weltkrieges (BGHZ 16, 184; BGHZ 36, 245) ist auf die vorliegende Situation nicht übertragbar. Angesichts der Regelung im EV fehlt es an einem Bedürfnis zur Übernahme dieser Figur. Die Funktionsübernahme ergibt sich gerade aus den Regelungen des EV, so daß dessen Bestimmungen, insbesondere Art 21 ff EV als abschließend anzusehen sind (OLG Jena OLG-NL 1994, 60, 63; Saenger OLG-NL 1994, 66; der BGH geht jedenfalls davon aus, daß die **Bundesländer** mangels Identität keine Funktionsnachfolger der Bezirke oder der Organe der zentralistischen Staatsgewalt der DDR sind: BGH DtZ 1995, 368, 370; für die anderen Gebietskörperschaften gilt jedoch nichts anderes, vgl BGHZ 127, 285; BGHZ 127, 297; BGHZ 128, 140).

100 **γ)** Eine Übernahme von Altverbindlichkeiten aus dem Gesichtspunkt der **Vermögensübernahme** entsprechend dem Gedanken des § 419 aF BGB kommt für den Bund, die Länder und die Gebietskörperschaften ebenfalls nicht in Betracht (BGHZ 129, 297; BGH DtZ 1995, 368, 369; BGH DtZ 1995, 201, 203; Palandt/Heinrichs Rn 9; MünchKomm/Heinrichs Rn 32; vertretbar dagegen die Anwendung von § 419 aF BGB, wenn der neue Rechtsträger nicht nur die Funktion, sondern die **sächlichen Mittel** des früheren Funktionsträgers vollständig übernommen hat und mit diesen Mitteln dieselben Zwecke zu verfolgen hat: OLG Jena OLG-NL 1994, 60; OLG-NL 1994, 141).

VI. Besonderheiten bei einzelnen Schuldverhältnissen

1. Grundstückskaufverträge

a) Form bei Vertragsschluß vor dem 3. 10. 1990

101 **aa)** Vor dem 3. 10. 1990 geschlossene *Grundstückskaufverträge* unterliegen – soweit sie dem Beitrittsgebiet zuzuordnen sind – gemäß § 1 dem ZGB. §§ 297 Abs 1, 67 Abs 1 Satz 2 ZGB verlangten für „Verträge, durch die Eigentum an Grundstücken übertragen werden soll“, die **Beurkundung** „durch das Staatliche Notariat oder das sonst zuständige staatliche Organ“ sowie ggf die *staatliche Genehmigung* (zum Umfang der *Beurkundungsbedürftigkeit*: BezG Dresden NJ 1992, 123).

102 **bb)** Zur **Formwirksamkeit** von *Grundstückskaufverträgen*, die von einem bundesdeutschen Notar beurkundet wurden, siehe Art 231 § 7; zur Formwirksamkeit von Verträgen, die ein *Bevollmächtigter* eines staatlichen Organs geschlossen hat, siehe Art 231 § 8. Im übrigen führt ein Mangel der Form zur Nichtigkeit (§ 66 Abs 2 ZGB); von der Nichtigkeitsfolge abweichende Rechtsvorschriften sah das Recht der DDR für Grundstückskaufverträge nicht vor (VG Berlin ZOV 1996, 449). Jedoch kann sich eine **Heilung** formunwirksamer Willenserklärungen aus § 242 BGB ergeben, insbesondere in Fällen, in denen die Parteien zur Vermeidung regimebedingter nachteiliger Folgen auf eine Beurkundung verzichtet (BGHZ OLG Köln VIZ 1999, 736), statt eines Kaufes eine Schenkung (BGHZ 124, 324) oder einen geringeren Kaufpreis beurkundet haben (BGH VIZ 1999, 613; zur intertemporalen Anwendung von § 242 BGB vgl oben Rn 60 ff).

b) Verkauf volkseigener Grundstücke seit dem 1. 7. 1990

103 **aa)** Volkseigene Grundstücke konnten nach § 20 ZGB seit dem 1. 1. 1976 nicht in privates Eigentum überführt werden; dies führte für Kaufverträge über ein solches Grundstück zur anfänglichen bzw nachträglichen (bei Überführung in Volkseigentum nach Abschluß des Kaufvertrages) Unmöglichkeit (OLG Brandenburg VIZ 1997, 360;

auch für vor dem 1.1. 1976 geschlossene Kaufverträge und erklärte, aber noch nicht vollzogene Auflassung: OLG Brandenburg VIZ 1997, 464). Das daraus folgende Erlöschen des Übereignungsanspruchs bleibt beachtlich.

Aufgrund des **VerkaufsG** (GBl DDR 1990 I 157) konnten Bürger der DDR und Ausländer mit ständigem Wohnsitz in der DDR erstmals volkseigene Gewerbegebäude (§ 1) sowie Ein- und Zweifamilienhäuser und Gebäude für persönliche Erholungszwecke kaufen (§ 2); hierzu war dem Käufer ein Nutzungsrecht zu verleihen (§ 4 Abs 2 S 1). In Betracht kam aber auch der Verkauf volkseigener Grundstücke beim Kauf von Ein- oder Zweifamilienhäusern oder zu deren Errichtung (§ 4 Abs 2 S 2). Zur *Sittenwidrigkeit* solcher Verträge im Hinblick auf die Preisbildung oben Rn 87 ff.

104 § 6 VerkaufsG enthielt eine dreijährige **Veräußerungssperre**, deren Fortgeltung fraglich ist: Vertreten wird die Fortgeltung als *Landesrecht* (Art 119 Abs 1; Glantz DtZ 1992, 110) mit der Folge des § 134 BGB. In Betracht zu ziehen ist aber auch eine Fortgeltung über Art 232 § 1: Soweit § 6 VerkaufsG nicht mehr unmittelbar als *gesetzliches Verbot* wirkt, enthält die Bestimmung doch eine mit dem *Kaufvertrag verbundene Bedingung*, für die das im Zeitpunkt des Vertragsschlusses geltende Recht maßgeblich bleibt. Die Folgen eines Verstoßes sind dann nicht nach § 134 BGB, sondern in lückenfüllender Auslegung des *Kaufvertrages* zu behandeln. Zur Behandlung der vor dem 3.10. 1990 nicht erledigten „hängengebliebenen" Kaufanträge siehe Art 233 § 2a Abs 1 lit d und § 1 Abs 1 Nr 1 d SachenRBerG.

105 **bb)** Auf den *Kaufvertrag* sind nach § 5 Abs 3 DVO VerkaufsG (GBl DDR 1990 I 158) die allgemeinen Bestimmungen anzuwenden. Der **Kaufvertrag über das Grundstück** bedarf also **notarieller Beurkundung** (§ 297 Abs 1 Satz 2, § 67 ZGB; anders vorher nach § 2 Abs 1 S 2 der 2. DVO ZGB [GBl DDR 1979 I 25] bei Erwerb zugunsten von Volkseigentum; Glantz DtZ 1992, 109). Hingegen bedarf die **Zustimmung des Berechtigten** zum Verkauf nicht dieser Form (§ 469 Abs 2 S 2 ZGB; BGH VIZ 1996, 33). Getrennte Beurkundung von Angebot und Annahme genügt; der Vertrag wird bei Zugang der Annahme wirksam (§ 67 Abs 2 ZGB). Aus § 4 Abs 1 VerkaufsG ergibt sich, daß bei dem (isolierten) Verkauf des Gebäudes ein Gebäudegrundbuchblatt anzulegen ist; das VerkaufsG normiert also einen Fall, der §§ 287 ff ZGB entspricht. Damit gelten für das Gebäude die Bestimmungen über *unbewegliche* Sachen (siehe Art 231 § 5 Rn 5), so daß der *Kaufvertrag* ebenfalls beurkundungsbedürftig ist. Sowohl der Grundstückskauf wie der Gebäudekauf sind also frühestens wirksam, wenn die beurkundete Annahme des Rates des Kreises zugegangen ist (BMin Justiz DtZ 1991, 407, dort auch zur Frage der Zurückhaltung von Eintragungsanträgen bis zur Klärung von Ansprüchen nach der VO zur Anmeldung vermögensrechtlicher Ansprüche v 11.7. 1990 [GBl DDR I 718; BGBl 1990 I 2162]).

106 **cc)** Außerdem war der *Kaufvertrag* **genehmigungsbedürftig**; sofern bereits ein Nutzungsrecht des Erwerbers bestand, genügte jedoch die preisrechtliche Unbedenklichkeitserklärung (§ 5 Abs 4 DVO VerkaufsG). War die Genehmigung am 3.10. 1990 noch nicht erteilt, so kann der Vertrag ebenfalls nicht mehr nach dem Recht der DDR wirksam werden, sondern untersteht dem BGB.

107 **dd)** In Betracht kommt nur eine Wiederholung des Kaufes nach den Bestimmungen des BGB; ein Gebäudekauf scheidet aus, sofern nicht bereits vor dem 3.10. 1990 wirksam ein **Nutzungsrecht** bestellt wurde. Die Entstehung des Nutzungsrechts setzt *nicht* die notarielle Beurkundung des *Kaufvertrages* voraus (siehe Art 231 § 5 Rn 18 ff). Ist auch ein Nutzungsrecht nicht mehr wirksam bestellt worden, so kann das wirtschaftlich gewollte Ergebnis ggf durch Bestellung eines Erbbaurechts erreicht werden.

108 **ee)** Am oder nach dem 17. 5. 1990, dem Tag des Inkrafttretens der DDR-Kommunalverfassung namens der **Räte der Städte und Gemeinden** geschlossene Verträge nach dem VerkaufsG wären nach der damals geltenden Rechtslage unwirksam, da eine nicht mehr existierende juristische Person mitgewirkt hat und die DDR nicht ordnungsgemäß **vertreten** war (BGH DtZ 1996, 138; BGH DtZ 1996, 140; kritisch Schmidt-Räntsch VIZ 1997, 454; Purps DtZ 1996, 265; Göhring NJ 1996, 630). Dieses Ergebnis wird durch die Heilungsvorschrift des Art **231 § 8 Abs 2** korrigiert (vgl die Kommentierung dort).

109 Aufgrund der Prinzipien des *1. Staatsvertrages*, also mit Wirkung vom 21. 6. 1990, waren auch die **Ministerien** der DDR nicht mehr aufgrund des VerkaufsG zur **Verfügung** über volkseigene Grundstücke befugt (KG DtZ 1992, 243; BezG Potsdam DtZ 1994, 33; LG Berlin VIZ 1997, 298; Olbertz VIZ 1995, 260, 262). Solche Veräußerungen wären nach der in der DDR geltenden Rechtslage unwirksam, wenn nicht die Grundbucheintragung vor dem 21. 6. 1990 erfolgte (im einzelnen: Olbertz VIZ 1995, 260, 262). Dieses Ergebnis wird durch die Vermutung des **Art 233 § 2 Abs 2** korrigiert. Verfügungen (auch anderer staatlicher Stellen) über volkseigene Grundstücke scheitern nicht an fehlender Verfügungsbefugnis, sofern die als Rechtsträger eingetragene staatliche Stelle gehandelt hat (vgl die Kommentierung zu Art 233 § 2).

2. Bürgergemeinschaften

a) Rechtsnatur im ZGB

110 Die Bürgergemeinschaft war **geregelt in §§ 266 bis 273 ZGB**. Sie war nach § 266 eng begrenzt auf Zwecke des gemeinsamen Arbeitserwerbs und Konsums. Erforderlich war jedoch, daß sich der Gemeinschaftszweck auf *Anlagen* oder *Einrichtungen* des persönlichen Eigentums bezog; die Bürgergemeinschaft war *nicht Auffangrechtsform* für nicht zugelassene Vereinszwecke. Mangels **Rechtsfähigkeit** (OLG Dresden NZG 1999, 438: selbst wenn eine genossenschaftliche Organisationsform gewählt wurde; Lübchen ua, ZGB § 267 Anm 3) bestand **Gesamtschuldnerschaft** und **Gesamtgläubigerschaft** aller Vertragspartner nach außen und Nachschußpflicht im Innenverhältnis zu gleichen Teilen (§ 270 ZGB) sowie gemeinschaftliche Vertretung.

b) Überleitung

111 **aa)** Die Bürgergemeinschaften unterliegen der **Überleitung nach § 1** (LG Berlin RAnB 1997, 89; Lübchen/Lübchen Art 231 § 9 Anm 2; Uebeler/Albrecht DtZ 1991, 400). Nicht alle Bürgergemeinschaften haben eine über das Schuldverhältnis hinausgehende Organisationsstruktur, so daß eine *gesellschaftsrechtliche Behandlung* nicht durchgehend möglich ist. Auch der Umstand, daß die Bürgergemeinschaft eine Form kollektiver Vermögenszuordnung bedeutete, spricht nicht zwingend für eine gesellschaftsrechtliche Einordnung. Nur deshalb, weil im sozialistischen System das gemeinsame Haben einer Sache ideologisch überhöht wurde, muß eine Struktur, die der Sache nach einer BGB-Bruchteilsgemeinschaft (§§ 741 ff BGB) entspricht, nicht zur

Gesellschaft aufgebauscht werden (**aA** MünchKomm/K Schmidt Art 232 § 9 Rn 15). Es handelt sich auch nicht um Vereinigungen, die durch das VereinigungsG erfaßt und nach Art 231 § 2 überzuleiten sind (§ 1 Abs 2a VereinigungsG).

bb) Es bleiben also für vor dem 3. 10. 1990 gegründete Bürgergemeinschaften weiter die Bestimmungen des ZGB anwendbar (LG Berlin RAnB 1997, 89: keine Gesamthandsschulden, daher nur einfache Streitgenossenschaft der Mitglieder; Uebeler/Albrecht DtZ 1991, 400), sofern nicht eine – auch konkludent mögliche, aber nicht stillschweigend anzunehmende – Unterstellung unter das Recht der BGB-Gesellschaft erfolgt (**aA** MünchKomm/K Schmidt Art 232 § 9 Rn 16: sofortige Überleitung in BGB-Gesellschaft). **112**

Bei Bürgergemeinschaften mit einem über das bloße „Gemeinsam-Haben" einer Sache hinausgehenden **Zweck** ist eine Umwandlung in einen **Verein** oder eine **BGB-Gesellschaft** anzustreben (Uebeler/Albrecht DtZ 1991, 401).

cc) Für die in der DDR häufigen **Garagengemeinschaften** (vgl BezG Chemnitz DtZ 1994, 158; LG Berlin RAnB 1997, 89) ist die Eintragungsfähigkeit in das *Vereinsregister* zweifelhaft. Ob Garagengemeinschaften wegen des vorwiegend wirtschaftlichen Zwecks nicht als Idealverein eintragungsfähig sind (so BezG Chemnitz DtZ 1994, 158) erscheint fraglich. Die schlichte Verfolgung eines einzelnen wirtschaftlichen Zwecks ohne einen Geschäftsbetrieb muß nicht gegen die Eintragung als Idealverein sprechen (Schubel DtZ 1994, 132). Häufig dürfte allerdings die **Gemeinschaft** nach §§ 741 ff BGB (insbesondere bei Garagen- und Antennengemeinschaften) die geeignete – der Bürgergemeinschaft nach ZGB überdies ähnlichste – Rechtsform des BGB sein. **113**

3. Sonstige Personenzusammenschlüsse

a) Personengesellschaften, die *vor dem 3. 10. 1990 gegründet* wurden, unterliegen hinsichtlich ihrer Entstehung dem bisher geltenden Recht, auch wenn sich der Bestand der Gesellschafter durch Beitritte/Austritte ändert (Staudinger/Hönle [1998] Art 170 Rn 13). Für die künftigen Innen- und Außenbeziehungen der Gesellschaft ist jedoch – entsprechend den für Dauerschuldverhältnisse geltenden Grundsätzen und aus dem in Art 231 § 2 Abs 2 enthaltenen Rechtsgedanken – das BGB bzw HGB und Nebengesetze anzuwenden. Relevante Übergangsprobleme dürften sich nicht stellen, da die Voraussetzungen zur Gesellschaftsgründung generell erst durch Übernahme des BGB-Gesellschaftsrechts, des AktienG und des GmbHG zum 1. 7. 1990 geschaffen wurden, so daß die bisher geltenden Rechtsvorschriften mit denen der Bundesrepublik identisch sind. **114**

b) Andere **Personenzusammenschlüsse**, die nach dem Recht der DDR vor dem 3. 10. 1990 als juristische Personen bestanden haben, die nicht Art 231 § 2 unterliegen und die keine Entsprechung zu Korporationsformen des Bundesrechts haben, können als Gesellschaft bürgerlichen Rechts fortbestehen. Die Überleitung handelsrechtlicher Organisationsformen ist in diesem Zusammenhang bereits durch die Inkraftsetzung des Handelsgesellschaftsrechts zum 1. 7. 1990 erledigt. **115**

c) Personenzusammenschlüsse mit Rechts- und/oder Parteifähigkeit, die **vor dem 3. 10. 1990 aufgelöst** wurden, unterliegen hinsichtlich der Folgewirkungen über den 3. 10. 1990 hinaus dem Recht der DDR. Sie sind im Liquidationsstadium ent- **116**

sprechend der Behandlung einer ausländischen juristischen Person in Liquidation jedenfalls im Rahmen von § 50 Abs 1 ZPO parteifähig, soweit sie nach dem Recht der DDR parteifähig waren (BGH DtZ 1995, 50 zu *DDR-Rechtsanwaltskollegien*, § 8 Abs 1 *RechtsanwaltskollegienG* DDR-GBl 1981 I 1).

117 d) **Produktionsgenossenschaften des Handwerks**, die gemäß § 1 der *VO über die Gründung, Tätigkeit und Umwandlung der Produktionsgenossenschaften des Handwerks v 8. 3. 1990* (PGH-VO GBl DDR 1990 I 164, fortgeltend nach Kap V Sachgebiet A Abschnitt III EV) bestehen, sind freiwillige Zusammenschlüsse von Handwerkern. Gemäß § 3 PGH-VO gilt subsidiär das GenossenschaftsG. Die PGH-VO regelt auch die Umwandlung in (andere) Gesellschaftformen (Hinterdobler GewA 1990, 396; Wagner DB 1995, 501; Becker/Beuthien ZIP 1992, 83; zur Verfassungsmäßigkeit der *Altschuldenbelastung* BVerfGE 95, 267; zur *Umwandlung*: BGH VIZ 1996, 657; in eine eG: BGH VIZ 1996, 282; in eine GmbH: BGH VIZ 1996, 405; zur Gründung einer *stillen Gesellschaft* nach Umwandlung auf eine GmbH: OLG Dresden NZG 1999, 1237; zum *Austritt* von Mitgliedern: OLG Dresden VIZ 1993, 554; OLG Jena OLG-NL 1994, 233; zu damit verbundenen *Abfindungs- und Auseinandersetzungsansprüchen*: BGH VIZ 1997, 119; BGH NJ 2000, 652; zur *Liquidation*: BGH DtZ 1996, 313; OLG Dresden VIZ 1993, 556; zur *Besteuerung*: BFH BStBl 1994 II 578; BFH BStBl 1995 II 209; BFH VIZ 1995, 539; BFH BStBl 1997 II 483).

118 e) Zusammenschlüsse und Organe, die aufgrund von Bestimmungen im Recht der DDR gegründet wurden und **staatliche Aufgaben** im Verwaltungsaufbau der DDR wahrgenommen haben, deren Grundlage aber mit dem Untergang der DDR als Gebietskörperschaft am 3. 10. 1990 entfallen ist oder bereits aufgrund der Kommunalverfassung zum 17. 5. 1990 entfallen war, bestanden am 3. 10. 1990 nicht mehr; sie können daher seitdem auch nicht in Gesellschaften nach Bundesrecht *umgewandelt* werden (OLG Rostock OLG-NL 1995, 141, 142 f: Zweckverbände von Räten mehrerer Gemeinden).

VII. Hinweise zur Rechtsprechung bundesdeutscher Gerichte zu den von Art 232 § 1 erfaßten Materien des ZGB und VertragsG*

1. ZGB

a) Personen, Rechtsgeschäftslehre

119 aa) **Juristische Personen** haben nicht grundsätzlich umfassende Rechtsfähigkeit, sondern können nur Träger der mit Gesetz und Statut übereinstimmenden Rechte und Pflichten sein (BGHZ 127, 41: Hochschule gemäß § 6 VO über die Aufgaben der Universitäten etc v 25. 2. 1970, GBl-DDR 1970 II 189).

120 bb) Auch im Recht der DDR ist die **Vollmacht/Vertretungsmacht** von dem zugrundeliegenden Innenverhältnis zu unterscheiden, das häufig Auftrag im Rahmen

* Vgl auch die Übersichten bei Janke NJ 1994, 390; NJ 1994, 437; NJ 1996, 281; NJ 1996, 343; NJ 1999, 561; NJ 1999, 622; zur rechtspolitischen Bedeutung des ZGB: Ramm JZ 1996, 456; zu Entscheidungen, die in anderen Überleitungsbestimmungen (Art 231, 233, 234, 235 sowie Art 231 §§ 1a ff) geregelte Materien betreffen, vgl Erläuterungen zur jeweiligen Überleitungsbestimmung.

gegenseitiger Hilfe (§ 275 ZGB) oder persönliche Dienstleistung (§§ 197 ff ZGB) ist (BGH VIZ 1998, 47).

Insichgeschäfte sind ohne Zustimmung des Vertretenen unwirksam (§ 56 Abs 3 ZGB). Diese Zustimmung mußte nicht für jeden Einzelfall, sondern konnte auch generell erteilt werden (BGH VIZ 2000, 493, 494). Mit dem **Tod des Vollmachtgebers** erlosch die Vollmacht nicht; der Bevollmächtigte vertrat die Erben, beschränkt auf den Nachlaß (OLG Dresden OLG-NL 2000, 110).

b) Formbedürftigkeit/Formnichtigkeit (§ 66 Abs 2 ZGB)

121 **aa) Scheingeschäft**: Simuliertes und dissimuliertes Geschäft sind nichtig bei Beurkundungsbedürftigkeit nach § 297 Abs 1 ZGB (BGH LM § 66 DDR-ZGB Nr 1: Kaufvertrag zum Schein statt gewolltem Treuhandverhältnis; BGH LM § 63 DDR-ZGB Nr 1; BGH LM § 63 DDR-ZGB Nr 2; BGH LM § 63 DDR-ZGB Nr 3; BGH LM § 66 DDR-ZGB Nr 2; OLG Naumburg OLG-NL 1994, 1; BG Cottbus NJ 1992, 415: Schenkung zum Schein statt gewolltem Kauf; **aA** BezG Potsdam OLG-NL 1994, 2).

Keine Heilung anderer Beurkundungsmängel entsprechend § 305 Abs 3 ZGB – Heilung bei Unterbeurkundung: BGH LM § 63 DDR-ZGB Nr 1; BGH LM § 63 DDR-ZGB Nr 2; BGH LM § 63 DDR-ZGB Nr 3.

122 **bb)** Entsprechende Anwendung von § 297 Abs 1 ZGB auf **andere Grundstücksgeschäfte** BGH LM § 66 DDR-ZGB Nr 1: auch für Verträge über *Gebäudeeigentum*; BGH LM § 66 DDR-ZGB Nr 1: auch für *Treuhandvertrag* über Grundstücks- oder Gebäudeeigentum; BGH DtZ 1994, 315: nicht für *Vertrag über persönliche Dienstleistungen* (§§ 197 ff ZGB) mit dem sich der Auftragnehmer verpflichtete, ein Gebäude zu erwerben und später an den Auftraggeber zu veräußern.

123 **cc)** Verstöße gegen **zwingende Bestimmungen des Beurkundungsverfahrens** führen ebenfalls zur Formnichtigkeit (§§ 19, 23 DDR-NotarG): BGHZ 120, 198: Verlesung, Anwesenheit des Notars; KG DtZ 1992, 298: Bevollmächtigung des Notars durch eine der Parteien bezüglich eines anderen Rechtsgeschäfts.

124 **dd) Vertragsänderungen** zu einem notariellen Vertrag waren nach DDR-Recht nicht beurkundungsbedürftig (OLG Naumburg VIZ 2001, 215; vgl zur Vertragsänderung – Mietvertrag – nach dem 3. 10. 1990: BGH NJW 1999, 2517).

125 **ee)** Beurkundungsnichtigkeit des Grundstücksüberlassungsvertrages bedeutet – anders als im Falle des § 925 BGB (Auflassung) – zugleich auch die materielle Unwirksamkeit der **Übereignungserklärung** (KG DtZ 1992, 298).

126 **ff)** Unwirksamkeit der Forderung nach § 68 führt nach **§ 454 Abs 1 und 2 ZGB** zum Erlöschen hierfür bestellter **Aufbauhypotheken** (OLG Dresden DtZ 1993, 156).

c) In Rechtsvorschriften enthaltenes Verbot (§ 68 Abs 1 Nr 1 ZGB)

127 **aa)** § 282 Abs 2 ZGB (Verbot der **Bedingung** oder **Auflage** bei Schenkung) ist gesetzliches Verbot iSd § 68 Abs 1 Nr 1 ZGB und führt zur Nichtigkeit des gesamten Schenkungsvertrages (BGH LM § 68 DDR-ZGB Nr 3). Grundstücksschenkung gegen

Gewährung eines Wohnrechts dagegen als **gemischte Schenkung** zulässig und wirksam (OLG Brandenburg OLG-NL 1998, 37).

128 bb) §§ 55, 56 des G über die Haushaltsordnung der Republik (Verbot der – auch teilweise – unentgeltlichen Zuwendung staatlichen Vermögens) sind Verbotsgesetze iSd § 68 Abs 1 Nr 1 ZGB (BezG Potsdam VersR 1992, 1008).

129 cc) § 16 der **VO über die Finanzierung von Baumaßnahmen zur Schaffung von privatem Wohnraum** v 28. 4. 1960 (GBl DDR 1960 II 415) regelt die näheren Einzelheiten über die Rechtmäßigkeit staatlicher Anordnungen und stellt insoweit ein gesetzliches Verbot iSd § 68 Abs 1 Nr 1 ZGB dar, als die Grenzen der gesetzlichen Ermächtigung überschritten werden (OLG Dresden DtZ 1994, 156: Bestellung einer Aufbauhypothek an einem Grundstück eines westdeutschen Eigentümers).

d) Fehlende Genehmigung staatlicher Organe (§ 68 Abs 1 Nr 4 ZGB)

130 aa) Schwebende Unwirksamkeit bei Fehlen der Genehmigung; die Nichtigkeitsfolge tritt erst bei Versagung ein (BGH LM § 68 DDR-ZGB Nr 2) oder wenn die Genehmigung nicht mehr erteilt werden kann (OLG Jena OLG-NL 1997, 25: Genehmigung des DDR-Finanzministers für Nutzungsrechte an Volkseigentum nach Haushaltsgesetz 1990). Ein am **2. 10. 1990** noch schwebend unwirksamer Vertrag wurde mit dem Beitritt voll wirksam, wenn das Genehmigungserfordernis als solches entfiel (BGH LM § 68 DDR-ZGB Nr 2).

131 bb) Ein **Wohnungstauschvertrag** bedurfte der Genehmigung nach § 126 Abs 2 S 2 ZGB aller für die beteiligten Wohnungen zuständigen „Organe der Wohnraumlenkung", insbesondere beider Gemeinden, in denen die Wohnungen belegen sind (BGH LM § 68 DDR-ZGB Nr 2).

e) Teilnichtigkeit (§ 68 Abs 2 ZGB)

132 aa) Teilnichtigkeit tritt nur ein, wenn sich der Nichtigkeitsgrund bloß auf einen Teil des Vertrages bezieht und der Vertrag auch ohne diesen Teil abgeschlossen worden wäre; ein **einheitliches Rechtsgeschäft** ist wie im Falle des § 139 BGB insgesamt nichtig, wenn ein Teil nichtig ist (BGH LM § 68 DDR-ZGB Nr 2: Übernahme einer Neubauernstelle im Besitzwechselverfahren und Wohnungstausch sind einheitliches Geschäft; BGH LM § 68 DDR-ZGB Nr 3).

133 bb) Beurkundete **Schenkung** und bedingtes, nicht beurkundetes **Rückschenkungsversprechen** sind zwar als einheitlich gewollt. Da ein Schenkungsversprechen unabhängig von der Form unwirksam ist (§ 282 Abs 3 ZGB) liegen die Voraussetzungen des § 68 Abs 2 ZGB nicht vor; die beurkundete Schenkung ist wirksam (BGH LM § 68 DDR-ZGB Nr 3). Dies ist iE unzutreffend: § 282 Abs 3 ZGB ist als gesetzliches Verbot iSd § 68 Abs 1 Nr 1 ZGB zu verstehen (keine bürgerlichen Abhängigkeiten in sozialistischer Wirtschaftsordnung); das Rückschenkungsversprechen ist Teil der vertraglichen Vereinbarung zwischen den Parteien des Gesamtvertrages; § 68 Abs 2 ZGB greift auch ein, wenn ein Teil eines Vertrages aus anderen als Formgründen, zB wegen § 68 Abs 1 Nr 1 ZGB nichtig ist.

134 cc) Steht ein Hausgrundstück, an dem das Eigentum übertragen werden soll, teilweise im **Alleineigentum** je eines Ehegatten, teilweise in deren **gemeinschaftlichem**

Eigentum, so ist die gesamte Eigentumsübertragung nach § 68 Abs 2 ZGB nichtig, wenn einer der Eigentumsanteile nicht wirksam übertragen wurde und nach dem Inhalt des Vertrages das gesamte Hausgrundstück übertragen werden sollte (BGHZ 120, 204).

f) Allgemeines Schuldrecht

aa) Gesamtschuldner sind nach § 434 Abs 2 ZGB untereinander im Innenverhältnis zu gleichen Teilen zum Ausgleich verpflichtet, soweit nichts anderes bestimmt ist; die in Rechtsprechung und Schrifttum der DDR vertretene Ansicht, eine Ausgleichspflicht komme erst in Betracht, wenn ein Gesamtschuldner über seinen Anteil hinaus geleistet hat, wird dem Sinngehalt der Bestimmung nicht gerecht (BezG Cottbus DtZ 1992, 290). **135**

bb) Ein **Rücktritt ohne vorherige Fristsetzung** nach **§ 86 Abs 1 S 2 ZGB** ist nach dem ZGB wie nach § 326 aF BGB nur unter engen Voraussetzungen möglich (OLG Jena OLG-NL 1994, 113). **136**

cc) § 436 ZGB erlaubte bis zur Anfügung von Abs 1 S 5 (GBl DDR 1990 I 903) nur die **Abtretung** bestehender, nicht aber **künftiger Forderungen** (BGH VIZ 1999, 124). Eine **Aufrechnung** war trotz Fehlens einer ausdrücklichen Regelung zulässig (OLG Naumburg NZG 1999, 295). Die Aufhebung eines **Vertrages zugunsten Dritter** nach § 441 ZGB ist ohne Mitwirkung des Dritten zulässig (OLG Naumburg VIZ 2002, 440). **137**

g) Verpflichtung und Verfügung

aa) Dem Recht der DDR war eine Trennung zwischen **schuldrechtlicher Verpflichtung und dinglichem Vollzug** fremd (§§ 25, 26 ZGB). Aufgrund eines unwirksamen Vertrages kann auch bei unzweideutiger Übereignungserklärung kein Eigentum übergehen (BGH LM § 63 DDR-ZGB Nr 2). **138**

bb) Eigentum an Grundstücken ging auch im Recht der DDR nicht schon mit Abschluß des schuldrechtlichen Vertrages, sondern erst mit Eintragung der Rechtsänderung in das Grundbuch auf den Erwerber über (§§ 26 Abs 2, 297 Abs 2 ZGB; BVerwG DtZ 1994, 123). **139**

cc) Eine **§ 313 S 2 aF BGB** entsprechende Regelung existierte im Recht der DDR **nicht**. Die Regelung knüpft an die Trennung von schuldrechtlichem Verpflichtungsgeschäft und sachenrechtlichem Vollzug an, die das ZGB der DDR nicht kannte. Staatliche Kontrolle des Bodenverkehrs hatte überdies absoluten Vorrang vor der Rechtssicherheit (BGH LM § 63 DDR-ZGB Nr 3; OLG Naumburg OLG-NL 1994, 1; vgl aber zur Heilung nach § 242 BGB oben Rn 63 f). **140**

h) Einzelne Vertragstypen

aa) Abweichungen von den gesetzlich geregelten **Vertragstypen** oder deren Vermischung waren erlaubt (§ 45 Abs 3 ZGB; Brandenburgisches OLG OLG-NL 1994, 209; OLG Jena OLG-NL 1994, 113). **141**

bb) Das Recht der DDR kannte keinen **Direktanspruch** gegen den **KFZ-Haftpflichtversicherer.** § 251 Abs 1 ZGB geht davon aus, daß der Versicherer dem Schädiger den Schaden erstattet. Dies schließt jedoch die *vertragliche* Eingehung einer **142**

Ersatzverpflichtung des Versicherers gegenüber dem Geschädigten nicht aus (OLG Jena OLG-NL 1995, 49, 50 f; OLG Jena OLG-NL 1995, 243, jeweils auch zur Frage der *Rechtsnachfolge* nach der Staatlichen Versicherung sowie zu Aufklärungspflichten des Versicherers). In der **Personenversicherung** hat die versicherte Person dagegen einen unmittelbaren Anspruch und muß sich nicht an den Versicherungsnehmer halten; die staatliche Versicherung der DDR haftet für solche Schäden wie aus einem privaten Versicherungsverhältnis (BGH r+s 1999, 399, 400: Verdienstausfall von NVA-Mitglied).

143 **cc)** **Arzthaftung**: Das medizinische Betreuungsverhältnis (§ 92 ZGB) ist Vertragsverhältnis zwischen Patient und behandelnder Einrichtung (OLG Jena OLG-NL 1997, 244, 245; OLG Brandenburg NJW 1999, 2530). Schadensersatzansprüche beurteilen sich vertraglich nach §§ 92, 93, 330 ff ZGB und deliktisch unmittelbar nach §§ 330 ff ZGB (OLG Jena NJ 1998, 35). Für Pflichtverletzungen des behandelnden Arztes hat die Einrichtung einzustehen (OLG Jena OLG-NL 1997, 245). *Verweigerung* der Behandlung ist Pflichtverletzung, die zu Schadensersatz verpflichtet (OLG Brandenburg NJW 1999, 2530). Zu Schadensersatz wegen Verletzung von *Aufklärungspflichten* (OLG Jena NJ 1998, 35); zu *Diagnosefehlern* (OLG Jena OLG-NL 1997, 7); zu *Geburtsschädigungen* (OLG Brandenburg OLG-NL 1998, 148); zur *Schmerzensgeldbemessung* (OLG Brandenburg OLG-NL 1996, 51; OLG Brandenburg VersR 1999, 1110); zur Haftung der *Bundesrepublik* (Nanzka VIZ 2002, 8).

i) Gesetzliche Schuldverhältnisse

144 **aa)** Der **bereicherungsrechtliche Anspruch** (§ 356 Abs 1 ZGB) entfällt nicht durch den Verkauf des zurückerlangten Gegenstandes, weil hierdurch nicht ohne weiteres Entreicherung (§ 357 Abs 1 ZGB) eintritt; die Beweislast trägt, wer Entreicherung behauptet. Der Anspruch gibt ein Zurückbehaltungsrecht nach § 273 BGB (BGH DtZ 1997, 321).

145 **bb)** **Handeln ohne Auftrag** (§ 276 Abs 1 ZGB) erfordert Fremdgeschäftsführungswillen (BGH VIZ 1998, 162).

146 **cc)** Nutzungen im **Eigentümer-Besitzer-Verhältnis** iSd § 33 Abs 2 ZGB umfassen Erträge und Gebrauchsvorteile; bei Unmöglichkeit der Herausgabe ist der übliche Pachtwert zu ersetzen (BGHZ 137, 128, 132).

2. Vertragsgesetz*

147 **a)** Die Fälligkeit des Zahlungsanspruchs aus einem auf **Investitionsleistungen** gerichteten Wirtschaftsvertrag (§ 64 VertragsG) hängt von der vorherigen förmlichen **Abnahme** ab. Konkludente Abnahme ist ausgeschlossen (BGH VIZ 1999, 625). Ein **verbindliches Preisangebot** ist bei solchen Verträgen nicht als annahmefähiges (geändertes) Angebot zu verstehen, sondern setzt eine vorherige vorläufige Preisvereinbarung voraus, die durch das verbindliche Preisangebot in eine endgültige Vereinbarung umgewandelt wird (BGH LKV 1997, 303, 304). Eine **Kündigung** von Investitionsleistungsverträgen ist nicht vorgesehen (BGH VIZ 1999, 625).

---

* Zur eingeschränkten Fortgeltung vgl oben Rn 34 ff.

b) Das VertragsG kennt keine Regelung der **Anfechtung** von Willenserklärungen. § 70 ZGB ist nicht entsprechend anzuwenden, weil der an rein gesellschaftlichen Interessen orientierte § 78 DDR-VertragsG als Spezialregelung eine die Parteiinteressen berücksichtigende Anfechtung ausschloß (BGH LM § 37 DDR-VertragsG Nr 1 Bl 4). **148**

c) Ein **Nutzungsvertrag** (§§ 71, 72 VertrG) kann seit dem 3. 10. 1990 dem BGB unterstehen, wenn er inhaltlich als Mietvertrag zu qualifizieren ist (BGH ZIP 1995, 1220). Er kann aber auch als atypisches Nutzungsverhältnis fortbestehen, auch dergestalt, daß der Nutzer ein über die Selbstkosten für den Betrieb und die Erhaltung hinausgehendes Entgelt nicht schuldet (OLG Dresden OLG-NL 1999, 63, 64; OLG Jena OLG-NL 2002, 41: zum Anspruch auf Beseitigung einer Tankstellenanlage und Kontaminationen nach § 105 Abs 3 VertrG). **149**

d) Ein Vertrag ist nicht schon deshalb gemäß **§ 78 Abs 1 VertragsG** aufzuheben, weil ihm keine staatliche Planentscheidung zugrunde liegt, sofern nur der Vertrag staatlichen Bestimmungen entsprach (BGH LM § 37 DDR-VertragsG Nr 1 Bl 3). **150**

e) Gemäß §§ **79, 108 VertragsG** hat ein Vertragspartner Anspruch auf Ersatz der **Aufwendungen**, die ihm aus einer Vertragsaufhebung und Vertragsänderung entstehen. Dieser Anspruch kann nach §§ 108 Abs 3, 106 Abs 3 VertragsG wie im Fall einer Vertragsstrafe herabgesetzt werden, wenn die Umstände des Einzelfalles dies rechtfertigen. **151**

f) Die Tatsache, daß der Anspruch nach **§ 79 VertragsG** auf Ersatz eines vor dem 1. 7. 1990 entstandenen Aufwands im Verhältnis **2:1 zum 1. 7. 1990 umgestellt** wurde, gebietet für sich keine Ermäßigung des Anspruchs, insbesondere, wenn die Aufhebung einverständlich mit Blick darauf vollzogen wurde, daß wegen teilweiser Betriebseinstellung bei einem der Beteiligten für die bestellte Leistung kein Bedarf mehr bestand (BGH LM § 108 DDR-VertragsG Nr 3). **152**

g) **Gemeinkosten** des erstattungsberechtigten Vertragspartners zählen zu den nach §§ 79, 108 VertragsG erstattungsfähigen Aufwendungen (BGH LM § 79 DDR-VertragsG Nr 1). **153**

h) § 79 Abs 1 S 1 VertragsG weist jedem Partner eines Wirtschaftsvertrages das **Risiko** zu, daß die Aufhebung des Vertrags auf Umstände in seinem jeweiligen Bereich zurückzuführen ist, und knüpft hieran die Pflicht zum Aufwendungsersatz. Diese Vorschrift enthält insoweit eine abschließende Risikoregelung, die einen Rückgriff auf die Grundsätze über den Wegfall der Geschäftsgrundlage ausschließt (BGH LM § 79 DDR-VertragsG Nr 2/3). **154**

i) Weder das Grundgesetz noch das in Anlehnung an das GG im Jahr 1990 reformierte DDR-Verfassungsrecht gebieten eine **Korrektur** der Risikoverteilung nach § 79 Abs 1 S 1 VertragsG (BGH LM § 79 DDR-VertragsG Nr 4 Bl 3). **155**

k) § 81 VertragsG ermöglicht, ebenso wie § 229 GW, eine **Vertragsübernahme** durch Vereinbarung zwischen den neuen Parteien, von denen eine Rechtsnachfolgerin eines früheren Vertragspartners ist (BGH DtZ 1995, 334, 335). **156**

157 l) Kommt der Lieferant seinen **Lieferverpflichtungen** nicht ordnungsgemäß nach und ist seine Verantwortlichkeit hierfür nach § 83 VertragsG ausgeschlossen, so kann der bestellende Außenhandelsbetrieb die Hälfte der vereinbarten oder sich aus Preisvorschriften ergebenden Handelsspanne verlangen (vgl § 83 Abs 3 VertragsG, OLG Brandenburg OLG-NL 1996, 49).

158 m) Die **Rügeobliegenheit** iSd § 92 Abs 1 VertragsG gilt nicht für **Garantieansprüche**, die nach § 93 Abs 1 VertragsG unabhängig von der Garantiezeit begründet sind. Eine entsprechende Anwendung auf solche Ansprüche widerspricht der Konzeption des Gesetzes und dem Regelungsziel des § 93 Abs 1 VertragsG. Die Rügefrist des § 92 Abs 1 VertragsG dient dazu, dem Auftraggeber die von der Garantiezeit abhängigen Garantieansprüche auch nach Ablauf der Garantiezeit unter der Voraussetzung zu erhalten, daß die Rüge spätestens innerhalb eines Monats nach Ablauf der Garantiezeit erhoben wird (BGH LM § 93 DDR-VertragsG Nr 1 Bl 2; zu Garantieansprüchen Diel/Heumann/Kyewski/Schmidt DtZ 1996, 131).

159 n) Nach dem Sinn und Zweck der Haftungserweiterung ist ein **Garantieanspruch** nach **§ 93 Abs 1 VertragsG** entgegen dem Wortlaut auch dann gegeben, wenn der Mangel, der auf einer groben Pflichtverletzung beruht, schon **innerhalb der Garantiezeit** festgestellt worden ist (BGH DtZ 1994, 153). Die **Beweislast** für das Vorliegen einer groben Pflichtverletzung trägt der Auftraggeber (BGH DtZ 1994, 153).

160 o) Das VertragsG kennt Ansprüche auf **Kostenvorschuß wegen Gewährleistung** grundsätzlich nicht, weil hierfür in der sozialistischen Wirtschaft das Bedürfnis fehlte (OLG Rostock OLG-NL 1998, 97, 98). Nach Ablauf des Garantiezeitraums besteht kein Anspruch auf Kostenvorschuß für Garantieansprüche (OLG Rostock OLG-NL 1998, 97, 98). Der Inhaber eines Nachbesserungsrechts (§ 94 VertragsG) hat jedoch einen Anspruch auf Kostenvorschuß jedenfalls dann, wenn sich der Leistungserbringer mit der Nachbesserung in Verzug befindet oder diese ernsthaft und endgültig verweigert. Selbstvornahme der Nachbesserung hängt an Stelle der in § 94 Abs 6 VertragsG genannten „volkswirtschaftlichen Belange“ nun von den wirtschaftlichen Interessen der Vertragsparteien ab (BGH BauR 1998, 620).

§ 1a
Überlassungsverträge

Ein vor dem 3. Oktober 1990 geschlossener Vertrag, durch den ein bisher staatlich verwaltetes (§ 1 Abs. 4 des Vermögensgesetzes) Grundstück durch den staatlichen Verwalter oder die von ihm beauftragte Stelle gegen Leistung eines Geldbetrages für das Grundstück sowie etwa aufstehende Gebäude und gegen Übernahme der öffentlichen Lasten einem anderen zur Nutzung überlassen wurde (Überlassungsvertrag), ist wirksam.

Materialien: Eingefügt durch RegVBG BGBl 1993 I 2182; E: BT- Drucks 12/5553 Art 13 Nr 2 a; Beschlußempfehlung und Bericht des Rechtsausschusses BT-Drucks 12/6228, 38.

Schrifttum

CZUB/SCHMIDT-RÄNTSCH/FRENZ Sachenrechtsbereinigungsgesetz, Loseblatt
KAYSER, Überlassungsverträge unwirksam, ZOV 1993, 74
GÖHRING, Überlassungsverträge wirksam – eine Erwiderung, ZOV 1993, 78
GRUNDMANN, Die ostdeutsche Datsche – ein wertvolles Stück Freiheit oder nur ein Kostenfaktor?, NZM 2002, 894
SCHMIDT-RÄNTSCH, Überlassungsverträge in der ehemaligen DDR, ZOV 1992, 2
ders, Zur Neuordnung der Nutzung fremden Grund und Bodens, DtZ 1994, 322
ders, Aktuelle Probleme der Schuldrechtsanpassung, ZIP 1996, 728, 730
SCHNABEL, Rechtsprechung zur Schuldrechtsanpassung und Sachenrechtsbereinigung, NJW 2000, 2387; NJW 2001, 2362
ders, Datschen- und Grundstücksrecht (2000)
ders, Entwurf zur Änderung des Datschengesetzes (SchuldRAnpG), ZOV 2001, 300
VOGEL, Sachenrechtsbereinigung bei Überlassungsverträgen, GE 1996, 438.
Weiteres Schrifttum zur Schuldrechtsanpassung siehe Art 232 § 4 EGBGB.

Systematische Übersicht

Alphabetische Übersicht

I. Normzweck

1. Überlassungsvertrag als Vertragstyp im Recht der DDR

a) Der **Überlassungsvertrag** war in der ehemaligen DDR ein in den sechziger und siebziger Jahren vor Inkrafttreten des ZGB am 1. 1. 1976 beliebtes Mittel, unter *staatlicher Verwaltung* stehende Grundstücke von Eigentümern, welche in der Bundesrepublik Deutschland lebten („Westgrundstücke"; vgl § 6 *VO zur Sicherung von Vermögenswerten v 17. 7. 1952*, GBl DDR 1952 I 615), die man nicht enteignen wollte, Bürgern der DDR auf grundsätzlich unbefristete Zeit zur Nutzung zu überlassen (BT-Drucks 12/5553, 50). Der Typus des Überlassungsvertrages wurde entwickelt durch das *DDR- Amt für Rechtsschutz* und das *DDR- Ministerium der Finanzen*. Überlassungsverträge wurden von etwa 1960 bis Ende 1975 abgeschlossen. Die Mehrzahl dieser Verträge betraf Freizeitgrundstücke. Es wurden jedoch auch Bodenflächen zur Errichtung von Wohn- und Betriebsgebäuden oder bereits fertiggestellte Gebäude überlassen (BT-Drucks 12/7135, 35; ein *Muster* eines Überlassungsvertrages ist abgedruckt bei Fieberg/Reichenbach/Messerschmidt/Schmidt-Räntsch VermG Anh II 1). **1**

b) Bis zur Einführung dieser Verträge waren staatlich verwaltete Grundstücke **verpachtet** worden und konnten **grundsätzlich nicht verkauft werden**. Da hierdurch die Kostenlast bei den verwaltenden staatlichen Stellen blieb und die DDR die Kaufkraft der Nutzer abzuschöpfen trachtete, wurde dieser Vertragstypus entwickelt, um eine eigentümerähnliche Nutzung zu ermöglichen. **2**

c) Die Nutzer hatten alle **öffentlichen Lasten** und die **Kosten** der Instandhaltung zu übernehmen. Der Überlassungsvertrag verpflichtete den Nutzer zur Hinterlegung einer Geldsumme in Höhe des Preises nach den damals geltenden Preisvorschriften (von 1936). Diese Geldsumme war bei Vertragsbeendigung unverzinslich auszuzahlen, bei einem späteren Verkauf an den Nutzer auf den Kaufpreis anzurechnen (BT-Drucks 12/5553, 128). Ein solcher Verkauf wurde dem Nutzer zumeist unverbindlich in Aussicht gestellt (Vossius § 1 Rn 36; MünchKomm/Voelskow Rn 2). **3**

2. Vertrauensschutz

a) Die hierdurch Begünstigten haben im **Vertrauen** auf die Bestandskraft dieser Überlassung erhebliche Investitionen getätigt; da die Wirksamkeit solcher Überlassungsverträge verschiedentlich angezweifelt wurde (LG Berlin NJ 1992, 555; Kayser ZOV 1993, 74; dagegen Göhring ZOV 1993, 78), insbesondere die analoge Anwendung der Nießbrauchsbestimmungen (Zwang zur notariellen Beurkundung) gefordert wurde (BT-Drucks 12/5553, 128), soll die durch das **RegisterverfahrenbeschleunigungsG** mit Wirkung zum 25. 12. 1993 eingefügte Bestimmung eine im Sinne von Vertrauensschutz klärende Regelung treffen (BT-Drucks 12/5553, 50). Zu bedenken ist freilich, daß es hierbei nicht um die Anerkennung eines im Recht der DDR bestehenden und selbstverständlichen Vertragstypus geht, der sich womöglich lediglich unerfahrenen, „um die Erfüllung des sich aus Art 232 § 1 EGBGB ergebenden Auftrags" … „nur sehr unzureichend bemüht[en]" deutschen Gerichten nicht erschließt (so hämisch von berufener Seite Göhring/Riecke NJ 1992, 558). Die Konstruktion des Überlassungsvertrages steht vielmehr auf der Grundlage eklatanten staatlichen DDR-Unrechts, in **4**

das lediglich teilweise schuldlose DDR-Bürger verwickelt wurden, so daß insoweit Vertrauensschutz geboten ist.

5 b) Die Regelung setzt andererseits voraus, daß der Überlassungsvertrag im Rahmen der geltenden Vertragsfreiheit (§ 305 aF BGB) zulässig und **weder gesetz- noch sittenwidrig** war (BT-Drucks 12/5553, 128). Es erscheint zweifelhaft, ob die Sittengemäßheit solcher Verträge wirklich „keine Frage" ist (so BT-Drucks 12/5553, 128). Insbesondere kann nicht das seinerzeitige Sittenverständnis der DDR maßgeblich sein, sondern nur ein an § 138 BGB orientiertes Verständnis der guten Sitten (vgl Art 232 § 1 Rn 83 ff). Es befremdet, daß der Gesetzgeber offenbar die für alle Beteiligten (auch die Nutzer!) erkennbare staatliche Zielsetzung, Eigentümer, welche der DDR aus guten Gründen den Rücken gekehrt hatten, auf politisch möglichst unauffällige Weise de facto zu enteignen, noch nicht einmal für abwägungsbedürftig gegenüber den Interessen der Nutzer hält.

3. Überlassungsvertrag und schuldrechtliches Nutzungsrecht

6 Überlassungsverträge stehen aus Sicht der **Vertragstypen des ZGB** dem schuldrechtlichen Nutzungsrecht nach §§ 312 ff ZGB am nächsten; auch solche Verträge wurden nach dem 1. 1. 1976 grundsätzlich zur Nutzung von Grundstücken zu Erholungszwekken geschlossen, jedenfalls nach den Bestimmungen des ZGB kam hingegen eine Nutzung zu Wohn- oder Gewerbezwecken nicht in Betracht. Dem trägt Art 232 § 4 Abs 4 Rechnung, indem er Überlassungsverträge, die dem Zweck der §§ 312 ff ZGB (Nutzung zu Erholungszwecken) entsprechen, diesen Bestimmungen unterstellt (BT-Drucks 12/7135, 36; näher § 4 Rn 5). Auf solche Verträge war auch Art 232 § 4a (Vertrags-Moratorium) anzuwenden.

4. Überlassungsvertrag und Moratorium

7 Die Bestimmung ist auch im **Zusammenhang mit Art 233 § 2a** zu sehen. Überlassungsverträge können eine der Formen der Billigung staatlicher Stellen iSd Art 233 § 2a sein, die zu einer Bebauung des Grundstückes durch den Nutzer ohne eine nach dem ZGB oder dem im Zeitpunkt des Vertragsabschlusses im übrigen geltenden BGB bestehende dingliche Nutzungsberechtigung geführt haben (Art 233 § 2a Abs 1 S 1 lit c und Abs 4; vgl BT-Drucks 12/5553, 50; zur dann eingreifenden Abwicklung nach dem *SachenrechtsBerG* unten Rn 65 ff).

5. Überlassungsvertrag und Schuld- bzw Sachenrechtsbereinigung

8 a) Die Anerkennung des Überlassungsvertrages als eines nach Art 232 § 1 fortgeltenden Vertragstypus ist Grundlage seiner **Überleitung** in Vertragstypen des BGB nach dem Schuldrechtsanpassungsgesetz (BT-Drucks 12/7135, 29). Die Systematik der Schuld- und Sachenrechtsbereinigung behandelt den Überlassungsvertrag als grundsätzlich *schuldrechtliches Rechtsverhältnis.* Dies setzt jedoch voraus, daß der Überlassungsvertrag *ohne erhebliche bauliche Investitionen* des Nutzers abgewickelt wurde (BT-Drucks 12/7135, 28). Reine Überlassungsverträge – auch solche zu Wohnzwecken – erschöpften sich regelmäßig darin, daß der Nutzer „nur" im Haus des Eigentümers wohnte. Zu offiziellen Enteignungen kam es aus Gründen politischer Opportunität insoweit nicht. Allerdings sah der als geheime Verschlußsache erlassene *Ministerratsbeschluß v 14. 12. 1976* vor, daß das staatlich verwaltete Vermögen schrittweise in die *Überschuldung* zu führen sei, um die Voraussetzungen der Überführung in Volkseigentum zu erreichen. Dieser mit dem Recht der DDR unvereinbare und auf strafbare Untreue der Verwalter bauende Unrechtsbeschluß kann nicht zu einer Verdinglichung der Rechtsposition des Nutzers führen (BT-Drucks 12/7135, 36 spricht, unangebracht das Unrecht des SED-Regimes verbrämend von „Mißbrauch" „der auch nur in Einzelfällen durchgeführt wurde").

b) Da Überlassungsverträge – anders als unter Geltung des ZGB schuldrechtliche Nutzungsrechte nach §§ 312 ff ZGB – jedoch **auch zu Wohn- und Gewerbezwecken** geschlossen wurden, kann dieser Vertragstypus nicht ausnahmslos in die Schuldrechtsbereinigung münden. Zwar sah das Recht der DDR zur Sicherung der baulichen Investitionen von Nutzern die Enteignung des Grundstückseigentümers und Verleihung eines – dinglichen – Nutzungsrechts an den Nutzer vor (§ 2 Abs 2 *BaulandG* v 15. 6. 1984, GBl DDR 1984 I 201). Hiervon wurde allerdings nicht durchgängig Gebrauch gemacht. Nach dem die Sachenrechtsbereinigung beherrschenden Grundsatz, daß nicht danach differenziert werden soll, ob bauliche Investitionen entsprechend den in der DDR vorgesehenen rechtlichen Regelungen abgesichert waren, sind Überlassungsverträge als Grundlage von Investitionen geeignet, die der Sachenrechtsbereinigung zuzuführen sind. Maßgeblich ist immer der Umfang der baulichen Nutzung (näher zur Abgrenzung unten Rn 33 ff). **9**

6. Verfassungsmäßigkeit

Die Anerkennung der Überlassungsverträge als wirksam verstößt angesichts der zuvor vorhandenen Zweifel an der Wirksamkeit nicht gegen das **Rückwirkungsverbot**. Die bis zu einer Überleitung in der Schuldrechtsanpassung fortgeschriebene **entgeltlose Nutzung** verstößt nicht gegen Art 14 Abs 1 GG. Die Grundstückseigentümer haben erst durch die Wiedervereinigung ihre Verfügungsmöglichkeiten wiedererlangt. Der Gesetzgeber konnte die Wiederherstellung der vollen Eigentümerrechte in der Weise gestalten, daß er für eine angemessene Übergangszeit, die bis Ende 1994 nicht überschritten war, zunächst die in der DDR geltende Rechtslage beibehielt (BVerfG VIZ 1995, 582). **10**

II. Überlassungsvertrag – Begriff

1. § 1a enthält eine **Legaldefinition** des Begriffs „Überlassungsvertrag" (Palandt/Weidenkaff Rn 2): **11**

2. Gemäß Art 232 § 1 sowie § 2 Abs 2 S 2 EGZGB unterliegen vor dem 1. 1. 1976 geschlossene Überlassungsverträge hinsichtlich ihrer **Entstehung** den Bestimmungen des BGB. Hinsichtlich der Vertragsgattung gilt § 305 aF BGB; der Überlassungsvertrag ist ein im Rahmen der Vertragsfreiheit zulässiger Vertrag sui generis (LG Frankfurt/Oder ZOV 1997, 346). **12**

3. Vertragsgegenstand ist die *Nutzung eines Grundstückes*, das unter staatlicher Verwaltung der DDR stand im Sinn von *§ 1 Abs 4 VermG*. Es handelt sich also um die Fallgruppen **13**

– staatliche Treuhandverwaltung über Grundstücke von Bürgern, die ohne Genehmigung die DDR verlassen hatten;

– vorläufige Verwaltung über Grundstücke von Bürgern der Bundesrepublik Deutschland und Berlin West sowie juristischen Personen mit Sitz ebenda, die Staatsorganen der DDR durch Rechtsvorschrift übertragen wurde;

– Verwaltung des ausländischen Vermögens, die der Regierung der DDR übertragen wurde.

Verträge über die Nutzung **enteigneter** Grundstücke sind nicht betroffen, da über solche Grundstücke die DDR als Eigentümer verfügen konnte.

14 **4.** Die **Art der Nutzung** ist ohne Belang. Teilweise handelt es sich um Verträge zur Nutzung bebauter *Wohngrundstücke*. In Betracht kommen aber auch Nutzungsverträge über *unbebaute Grundstücke*, aufgrund derer der Nutzer sodann ein Gebäude errichtet hat. Solche Fälle unterliegen im übrigen Art 233 § 2a. Die Bestimmung ist jedoch auch anwendbar auf Verträge zur Überlassung von Bodenflächen zur Erholung (sog „Datschen"), für die im übrigen Art 232 § 4 Abs 4 gilt (Palandt/Weidenkaff Rn 4). In Ausnahmefällen kann auch eine gewerbliche Nutzung Vertragsinhalt geworden sein; auch auf solche Fälle soll sich nach dem Gesetzeszweck die Regelung beziehen (BT-Drucks 12/5553, 128).

15 **5.** Die Regelung ist nur anwendbar auf Verträge, in denen sich der Nutzer zu bestimmten **Gegenleistungen** verpflichtet hat. Erforderlich ist, daß der Nutzer für das Grundstück sowie die aufstehenden Gebäude einen Geldbetrag geleistet und die öffentlichen Lasten übernommen hat. Unschädlich ist, wenn der Geldbetrag im Falle der Beendigung des Nutzungsverhältnisses **rückzahlbar** war. Diese Gestaltung entspricht vielmehr dem vorgefundenen Typus des Überlassungsvertrages (oben Rn 3). Ein Entgelt für die Dauer der Nutzung war regelmäßig nicht geschuldet.

16 **6.** Die Regelung gilt für **befristete Verträge** und für Verträge auf **Lebenszeit** des Nutzers (vgl LG Frankfurt/Oder ZOV 1997, 346). Sie gilt auch dann, wenn der Vertrag – wie häufig – stillschweigend bei Fristablauf verlängert oder bei Tod des Nutzers mit dem überlebenden Ehegatten fortgesetzt worden war (BT-Drucks 12/5553, 128).

17 **7.** Der Vertrag muß durch den **staatlichen Verwalter** oder eine von ihm **beauftragte Stelle** geschlossen worden sein. Da es sich immer um staatlich verwaltete Grundstücke handelt, war der Eigentümer auch nicht durch einen zivilrechtlich bestellten Vertreter berechtigt, über das Grundstück zu verfügen (vgl § 1 Rn 17 f). Erfaßt sind nur Verträge, die über **staatlicher Verwaltung unterstehende beschlagnahmte Grundstücke**, insbesondere nach § 6 *VO zur Sicherung von Vermögenswerten v 17. 7. 1952* (oben Rn 1) von staatlichen Verwaltern nach dem vom DDR-Finanzministerium entwickelten Formular geschlossen wurden. *Nicht* genügend ist eine Verwaltung durch eine staatliche Stelle, die aber nicht *staatliche Verwaltung* aufgrund von Beschlagnahme, sondern aufgrund von Pflegschaftsrecht oder Treuhand war (BGH VIZ 1999, 40 dort im einzelnen zu den Rechtsgrundlagen, die eine *staatliche Verwaltung* begründen; BGH NZM 1999, 312; OLG Brandenburg OLG-NL 1998, 178, 180; Czub/Schmidt-Räntsch/Frenz § 5 SachenRBerG Rn 68).

Andererseits heilt die Bestimmung auch nicht Verträge, die ein **Nichtberechtigter**, insbesondere andere staatliche Stellen als der Treuhandverwalter, über ein staatlich verwaltetes Grundstück geschlossen hat. Solche Verträge wurden häufig auf Grundlage der *VOen über Wohnraum- und Gewerberaumlenkung* (v 16. 10. 1985, GBl DDR 1985 I 301; v 6. 2. 1986, GBl DDR 1986 I 249) geschlossen und betrafen verwaltete wie unverwaltete Grundstücke. Für solche Fallgestaltungen kommt allerdings Art 233 § 2a in Betracht, da ein Überlassungsvertrag durch eine nicht befugte staatliche Stelle der DDR eine „Billigung" iS dieser Bestimmung bedeuten kann. Mit Wirkung vom 1. 1. 1995 unterliegen solche Verträge gemäß § 1 Abs 1 Nr 3 SchuldRAnpG der Schuldrechtsanpassung (Trimbach/Matthiesen VIZ 1994, 447).

8. Überlassungsverträge sind **formfrei**. Dies entspricht § 305 aF. Insbesondere sind nach dem wesentlichen Zweck der Regelungen die Formbestimmungen über den Nießbrauch an Grundstücken nicht anzuwenden (BT-Drucks 12/5553, 128; Palandt/Weidenkaff Rn 2). **18**

9. Der **Zeitpunkt des Vertragsschlusses** ist ohne Bedeutung. **19**

a) Zwar war der Typus des Überlassungsvertrags insbesondere unter Geltung des BGB in der DDR entwickelt worden und wurde **überwiegend bis zum Ablauf des Jahres 1975** abgeschlossen (BT-Drucks 12/5553, 128). Seit dem 1. 1. 1976 stand als adäquater Vertragstypus das schuldrechtliche Nutzungsrecht nach §§ 312 ff ZGB zur Verfügung, soweit Grundstücke zur *kleingärtnerischen Nutzung und Erholung* überlassen wurden.

b) Für die Überlassung zu **wohnungswirtschaftlicher Nutzung** kamen nach dem 1. 1. 1976 nicht §§ 286 ff ZGB in Betracht, da diese die Bestellung eines dinglichen Nutzungsrechts nur an volkseigenen oder genossenschaftlichen Grundstücken vorsahen. Dasselbe gilt für Nutzungsrechte nach dem *G über die Verleihung von Nutzungsrechten an volkseigenen Grundstücken* v 14. 12. 1970 (GBl DDR 1970 I 372). Möglich war aber die Bestellung eines dinglichen Nutzungsrechts nach § 2 Abs 2 *BaulandG*. Soweit nach dem 1. 1. 1976 dennoch weiterhin Überlassungsverträge ohne solche Nutzungsrechte geschlossen wurden, unterliegen auch sie § 1a. **20**

c) Es kam aber auch zu **Bebauungen aufgrund schuldrechtlicher Nutzungsrechte** oder auch aufgrund von **Mietverträgen**. Insbesondere hatten Mieter oft nur die Wahl, ihre Wohnung durch eigene Bau- und Neubaumaßnahmen bewohnbar zu erhalten (dazu Stürner JZ 1993, 1074, 1077). Diese sind nicht als Überlassungsverträge anzusehen, die Bebauungen unterfallen aber ebenfalls der Abwicklung nach dem SchuldRÄndG (§ 1 Abs 1 Nr 3 SchuldRÄndG; vgl auch § 4 Rn 11) bzw dem SachenRBerG (§ 1 Abs 1 Nr 1 c SachenRBerG; Art 232 § 2a EGBGB). **21**

III. Wirksamkeit, Rechtswirkungen

1. Entstehung

a) § 1a ordnet die **Wirksamkeit** solcher Überlassungsverträge an. Ein Überlassungsvertrag kann nach dem Zweck der Regelung weder hinsichtlich seiner *Rechtsnatur* noch hinsichtlich der *Form* in Frage gestellt werden (Palandt/Weidenkaff Rn 5). **22**

23 **b)** Die Regelung will und kann jedoch nicht **andere Unwirksamkeitsgründe** überwinden. Da es sich zumeist um Verträge handelt, die vor dem 1. 1. 1976 geschlossen wurden, gilt hinsichtlich der bei Vertragsschluß bestehenden Unwirksamkeitsgründe das BGB (§ 2 Abs 2 S 2 EGZGB; Art 232 § 1).

24 **c)** In Betracht kommt insbesondere Nichtigkeit des Vertrages nach § **138 BGB**.

aa) Diese ist nicht schon anzunehmen, wenn der Überlassungsvertrag lediglich an dem **systembedingten Makel** leidet, daß die DDR dem in der Bundesrepublik lebenden oder dorthin geflüchteten Eigentümer die Verwaltung seines Eigentums vorenthielt. Unter den gegebenen Umständen war der Eigentümer an der Verwaltung seines Eigentums faktisch gehindert, wenngleich diese Verhinderung auf einem menschenrechts- und sittenwidrigen Verhalten der DDR als Staat beruhte. Sofern der Überlassungsvertrag eine die Interessen des Eigentümers nach Möglichkeit wahrende wirtschaftliche Verwendung des Grundstückes darstellte, ist den Beteiligten ein Sittenwidrigkeitsvorwurf nicht zu machen.

25 **bb)** Etwas anderes gilt jedoch, wenn der Verwalter und der Nutzer zusammengewirkt haben, um im Interesse der generell **enteignenden Zielsetzung der DDR-Organe** (vgl dazu oben Rn 5) einen Überlassungsvertrag mit dem Ziel der Überschuldung des Grundstücks und der schließlichen Enteignung und anschließenden Veräußerung an den Nutzer zu schließen. Ergibt sich im Einzelfall die Sittenwidrigkeit des Überlassungsvertrages, so kommt jedoch ein Vorrang des § 1 Abs 3 VermG und eine Verdrängung zivilrechtlicher Ansprüche des Eigentümers (dazu Art 232 § 1 Rn 9 ff) in Betracht. § 1 Abs 3 VermG betrifft auch Ansprüche aufgrund *vertraglicher* Nutzungsberechtigungen, die aufgrund unlauterer Machenschaften erworben wurden (zur Auswirkung von auf Überschuldung abzielenden Zahlungen im Falle der Schuld- und Sachenrechtsbereinigung unten Rn 55, 68, 72).

2. Rechtswirkungen, Bestand

26 **a)** Hinsichtlich der **Wirkungen im übrigen** untersteht ein Überlassungsvertrag, auch wenn er vor dem 1. 1. 1976 geschlossen wurde, seit dem 1. 1. 1976 (§ 2 Abs 2 S 1 EGZGB) und damit auch nach dem 3. 10. 1990 dem ZGB (Art 232 § 1; LG Frankfurt/Oder ZOV 1997, 346; Palandt/Weidenkaff Rn 6), soweit sich nicht aus der Natur dieses Vertrages als *Dauerschuldverhältnis* (Palandt/Weidenkaff Rn 5) etwas anderes ergibt. §§ 312 ff ZGB sind nur anwendbar, wenn der Überlassungsvertrag nach seinem Zweck der Nutzung zu Erholungszwecken diente (LG Frankfurt/Oder ZOV 1997, 346 mit Hinweis auf OG DDR NJ 1978, 350, 361).

Bis zum 31. 12. 1994 waren daher Überlassungsverträge weiter unentgeltlich. Die *Nutzungsentgeltverordnung* (Art 232 § 4 Rn 40 ff) war auf Überlassungsverträge bis zum 31. 12. 1994 nicht anwendbar (§ 1 Abs 2 Nr 3 NutzEV). Seit dem 1. 1. 1995 ergibt sich der Anwendungsbereich der NutzEV aus dem SchuldRAnpG (MünchKomm/Voelskow § 1 Anh Art 232 §§ 4, 4a Rn 4; dazu unten Rn 43) Das ist verfassungsrechtlich unbedenklich, da es sich aus der vorübergehenden Überleitung der vorherigen Rechtslage ergibt (BVerfG DtZ 1995, 360).

27 **b)** Der **übergangsweise Schutz** gegen Kündigung und Herausgabeansprüche beurteilt sich abhängig von den Zwecken, zu denen das Grundstück durch den Überlassungsvertrag überlassen wurde:

aa) Ein Überlassungsvertrag zu **Wohnzwecken**, auch über ein bei Abschluß des Vertrages bereits mit einem Wohnhaus bebautes Grundstück gewährt dem vertraglichen Nutzer und den mit ihm einen gemeinsamen Hausstand führenden Personen ein **Besitzrecht** gemäß Art 233 § 2a Abs 1 lit c (siehe Erläuterungen dort). **28**

Gemäß Art 233 § 2a Abs 4 war § 78 ZGB bis zum 31. 12. 1994 nicht anzuwenden, dh der Vertrag konnte nicht auf Klage (des Eigentümers) durch ein *Gericht* wegen maßgeblicher Veränderung der Umstände nach Vertragsabschluß **geändert oder aufgehoben** werden (Palandt/ Weidenkaff Rn 5). Eine *einverständliche* Änderung oder Aufhebung des Vertrages war auch vor dem Stichtag möglich.

bb) Eine Kündigung bei **Überlassungsverträgen, die § 4 Abs 4 unterstehen**, war nach dem 24. 12. 1993 und vor dem 31. 12. 1994 nur nach Maßgabe von Art 232 § 4a Abs 1 S 1 (sog *Vertragsmoratorium*) zulässig (näher § 4a Rn 21 ff). **29**

cc) Eine vom Grundstückseigentümer nach Ablauf des 2. 10. 1990 ausgesprochene Kündigung eines der Überleitung nach dem SchuldrechtsanpassungsG unterliegenden Überlassungsvertrages (unten Rn 31 ff) ist nach **§ 7 SchuldRAnpG** außerdem unwirksam, wenn der Nutzer nach Art 233 § 2a Abs 1 zum Besitz berechtigt war und den Besitz noch ausübt oder ihm der Besitz durch verbotene Eigenmacht entzogen wurde. Hierdurch soll – entgegen dem Grundsatz, daß beendete Vertragsverhältnisse nicht von der Schuldrechtsanpassung erfaßt sind – erreicht werden, daß auch solche Nutzer geschützt werden, die sich auf das Besitzmoratorium berufen konnten, deren Nutzungsverhältnis aber nicht nach den Regeln der Sachenrechtsbereinigung angepaßt wird; § 7 stellt den für die Schuldrechtsanpassung erforderlichen *Vertrag* wieder her. Kündigungen wegen vertragswidrigen Gebrauchs oder Zahlungsverzuges des Nutzers oder aus einem anderen wichtigen Grund sind ebenfalls wirksam (§ 7 Abs 2 SchuldRAnpG). Nicht erfaßt sind auch durch Fristablauf beendete Überlassungsverträge. **30**

IV. Überleitungen nach dem SchuldrechtsanpassungsG zum 1. 1. 1995

1. Reichweite

a) Das **SchuldrechtsanpassungsG** (Art 1 SchuldRÄndG v 21. 9. 1994, BGBl 1994 I 2538) führt zu einer Neuregelung von Überlassungsverträgen (§§ 28, 34 ff SchuldRAnpG, im einzelnen unten Rn 39 ff). Überlassungsverträge zum Zwecke kleingärtnerischer Nutzung, Erholung oder Freizeitgestaltung sind in die Schuldrechtsanpassung gemäß § 1 Abs 1 Nr 1 SchuldRAnpG einbezogen, Überlassungsverträge zu Wohnzwecken oder zu gewerblichen Zwecken gemäß § 1 Abs 1 Nr 2. Damit sind alle in der Praxis vorkommenden Typen der Überlassungsverträge erfaßt (zum abschließenden Charakter der Fallgruppen im SchuldRAnpG BVerfG NotBZ 1999, 77). **31**

b) Erfaßt sind nach der Systematik der Abgrenzung von Schuld- und Sachenrechtsanpassung jedoch nur solche Überlassungsverträge, die nicht der Sachenrechtsanpassung unterliegen. § 2 Abs 1 S 1 SchuldRAnpG normiert hierzu einen **Vorrang** **32**

des SachenRBerG (BT-Drucks 12/7135, 37; TRIMBACH/MATTHIESEN VIZ 1994, 447), da die Regelungen der Sachenrechtsanpassung zugunsten des Nutzers weit über die Regelungen der Schuldrechtsanpassung hinausgehen (zur legislatorischen Zielsetzung oben Rn 8). Das SachenRBerG knüpft hierzu an die **Art der Berechtigung** zur Nutzung sowie den Umfang der vom Nutzer auf dem Grundstück vorgenommenen **baulichen Investitionen** an. Wie für andere Abgrenzungsfälle auch, ist für Überlassungsverträge bei Vorliegen einer baulichen Nutzung der Katalog der in das SachenRBerG einbezogenen Nutzungsfälle zu prüfen (§§ 1, 2 SachenRBerG), ehe man zur Schuldrechtsanpassung gelangt (vgl BGH VIZ 1997, 108; BGH VIZ 1999, 40; BGH VIZ 1999, 220; BGH VIZ 1999, 488).

33 **c)** Die Abgrenzung zwischen **Schuldrechtsanpassung** und **Sachenrechtsbereinigung** erfolgt nach folgenden Kriterien:

aa) Überlassungsverträge zu **Wohn- und Gewerbezwecken** unterliegen der Schuldrechtsanpassung, sofern sie nicht in den folgenden Fällen der Sachenrechtsbereinigung unterfallen: Das SachenRBerG gilt, wenn die vom Nutzer auf dem Grundstück vorgenommenen baulichen Investitionen in einem Neubau bestehen oder zu einer *Vergrößerung der Nutzfläche* um mehr als 50% geführt haben oder den *Gebäudezeitwert* (ohne Berücksichtigung der baulichen Investitionen des Nutzers) um mehr als 50% überschritten haben (§ 5 Abs 1 Nr 3 lit c; § 12 Abs 1 und Abs 2 S 1 SachenRBerG; PALANDT/WEIDENKAFF Rn 6, 7; RÖVEKAMP NJ 1995, 15; TRIMBACH/MATTHIESEN VIZ 1994, 447; SCHNABEL NJW 1995, 2661, 2663).

34 **§ 12 Abs 2 SachenRBerG** stellt den Nutzer bei Überlassungsverträgen durch Absenkung der Anforderungen an das Maß der baulichen Investition besonders günstig: Die Hinzurechnung von notwendigen Verwendungen, Pauschalierung des zuzurechnenden Gebäudewerts und Nachweiserleichterungen (vgl unten Rn 67) erweitern den für den Nutzer günstigeren Anwendungsbereich der Sachenrechtsbereinigung (BT-Drucks 12/7135, 40; TRIMBACH/MATTHIESEN VIZ 1994, 447; WESEL DtZ 1995, 70, 73; SCHMIDT-RÄNTSCH DtZ 1994, 323, ders ZIP 1996, 728, 730 zur **Berechnung des Umfangs von Nutzerleistungen** im einzelnen VOGEL GE 1996, 438; ZANK NJ 1999, 57).

35 Im Gegensatz zu Miet-, Pacht- und sonstigen Nutzungsverträgen (dazu Art 233 § 2a Rn 152) unterfallen Überlassungsverträge nicht der Einschränkung des § 2 Abs 1 Nr 2 SachenRBerG, weil sie als Typus der Nutzungsberechtigung in § 5 Abs 1 Nr 3 S 2 lit c SachenRBerG ausdrücklich aufgeführt sind. Bebauung aufgrund von Überlassungsverträgen geeignet, die für den Nutzer erheblich günstigere Regelung des SachenRBerG auszulösen. Diese Ausnahme von dem Grundsatz, daß schuldrechtliche Nutzungen fremden Grundes nicht in die Sachenrechtsbereinigung fallen, weil auch nach DDR-Recht der Nutzer kein Gebäudeeigentum erwarb, ist nur wegen der Zwitterstellung des Überlassungsvertrages zwischen Pacht und den im ZGB eingeführten Nutzungsrechten durchbrochen (BGH VIZ 1999, 40). Daher ist jeweils sorgsam zu prüfen, ob sachlich wirklich ein *Überlassungsvertrag* iSd Art 232 § 1a vorliegt, da § 5 Abs 1 Nr 3 S 2 lit c SachenRBerG insoweit auf die Legaldefinition des § 1a abstellt, oder nur ein sonstiger Pacht- oder Nutzungsvertrag (BGH VIZ 1999, 40; BGH NZM 1999, 312, 315; OLG Brandenburg OLG-NL 1998, 178).

36 **bb)** Überlassungsverträge zu **Erholung, Freizeitgestaltung und kleingärtnerischer**

Nutzung (Schmidt/Räntsch DtZ 1994, 323) unterstehen grundsätzlich der *Schuldrechtsanpassung*. Dies gilt auch, wenn der Nutzer eine *Baulichkeit* errichtet hat, die nicht Wohnzwecken dient (§ 2 Abs 1 Nr 1 SachenRBerG; Schmidt/Räntsch DtZ 1994, 323). Im Sonderfall der Errichtung eines Wochenendhauses auf der Grundlage eines hierfür (nach Inkrafttreten des ZGB) verliehenen *Nutzungsrechts* (§ 287 ZGB) gelten dagegen die Bestimmungen des ErholNutzG (dort § 1).

37 Hat der Nutzer – entgegen der Rechtslage, aber entsprechend der Praxis in der DDR – eine Wohnungsnutzung als **Eigenheim** durch Umbau und Erweiterung einer Baulichkeit erzielt, so ist die Anwendung von § 5 Abs 1 Nr 3 lit c, § 12 SachenRBerG fraglich: § 5 Abs 1 Nr 3 lit c SachenRBerG geht von dem Regelfall des Überlassungsvertrages aus, der dem Überlassungsnehmer eine Bebauung *erlaubte* (BT-Drucks 12/5992, 103). Jedoch erklärt § 5 Abs 1 Nr 3 e SachenRBerG für den Parallelfall der „erweiterten" Nutzung (Wohnbebauung statt Erholungsnutzung, „unechte Datschen") aufgrund eines Vertrages nach §§ 312 ff ZGB das SachenRBerG für anwendbar, wenn auch unter der Voraussetzung, daß die Bebauung *ohne Widerspruch* erfolgte (dazu § 4 Rn 58 ff). Da Art 232 § 4 Abs 4 von einer Gleichstellung solcher Überlassungsverträge mit Verträgen nach §§ 312 ff ZGB ausgeht, erscheint folgende Lösung geboten: Auch eine „erweiterte" Nutzung aufgrund Überlassungsvertrag unterfällt § 5 Abs 1 Nr 3 c SachenRBerG, wenn die sachlichen Voraussetzungen des § 5 Abs 1 Nr 3 e SachenRBerG vorliegen, also das Gebäude am 2. 10. 1990 zu Wohnzwecken bestimmt war und kontinuierlich als Lebensmittelpunkt genutzt wurde und diese Nutzung staatlich gebilligt war (OLG Brandenburg VIZ 1998, 331); dies entspricht der Systematik der Sachenrechtsbereinigung, Investitionen unabhängig von der Rechtsform zu schützen (vgl BT-Drucks 12/5992, 103). Auch der Widerspruchsvorbehalt von § 5 Abs 1 Nr 3 e ist auf diesen Fall entsprechend anzuwenden, was der ratio entspricht, daß Überschreitungen der Rechtslage in der DDR nur zu perpetuieren sind, wenn kein Widerspruch erfolgte (OLG Brandenburg VIZ 1998, 331; dazu BT-Drucks 12/5992, 104).

38 **cc)** Weder von der Sachenrechtsbereinigung noch von der Schuldrechtsanpassung erfaßt sind Nutzungsverhältnisse innerhalb von **Kleingartenanlagen**, die gemäß Art 232 § 4a dem BundeskleingartenG unterliegen (LG Berlin GE 1997, 313; Trimbach/Matthiesen VIZ 1994, 447).

2. Inhalt der Überleitung

a) Grundsätze

39 **aa)** Gemäß § 6 Abs 1 SchuldRAnpG werden alle von der Schuldrechtsanpassung erfaßten Überlassungsverträge mit Wirkung vom 1. 1. 1995 den Bestimmungen des BGB über **Miete oder Pacht** unterstellt. Das setzt voraus, daß der Überlassungsvertrag zu diesem Zeitpunkt noch bestanden hat; war der Vertrag vorher beendet, so besteht auch nicht aufgrund der Schuldrechtsanpassung ein Anspruch auf Abschluß eines neuen Vertrages (LG Frankfurt/Oder ZOV 1997, 346). Für Überlassungsverträge zu Wohnzwecken gilt Wohnraummietrecht (§ 34 SchuldRAnpG; unten Rn 51 ff). Eine fristlose Kündigung des übergeleiteten Vertrages wegen Zahlungsverzug setzt voraus, daß der Vermieter/Eigentümer nach § 35 SchuldRAnpG wirksam vom Nutzer die Zahlung eines Mietzinses verlangt (LG Berlin NZM 1999, 1043).

Auf welche Verträge Mietrecht, auf welche Pachtrecht anzuwenden ist, regelt das Gesetz nicht; insoweit ist auf das BGB und somit darauf abzustellen, ob mit der Nutzung auch ein Recht zur Fruchtziehung verbunden ist (MünchKomm/Kühnholz SchuldRAnpG § 6 Rn 2; Schmidt-Räntsch DtZ 1994, 323; Rövekamp NJ 1995, 17) und ob die Überlassung zu privaten oder gewerblichen Zwecken erfolgt (Palandt/Weidenkaff Rn 7).

40 bb) Da sich die typisierenden Übergangsvorschriften nach den üblichen Vertragsinhalten in der DDR richten, ergreift die pauschale Umwandlung nur Fälle, in denen sich die Beteiligten nicht anderweitig geeinigt haben. § 6 Abs 2 S 1 SchuldRAnpG sieht daher vor, daß **Vereinbarungen**, welche die Beteiligten nach Ablauf des 2. 10. 1990 getroffen haben, fortgelten. Die Regelung des § 6 Abs 2 S 2, betreffend die Fortgeltung von Vereinbarungen vor diesem Datum, wird durch den Zweck des § 6 Abs 3 verdrängt (BT-Drucks 12/7135, 41). Hingegen besteht – mit Rücksicht auf die ratio des Abs 3 (dazu sogleich Rn 41) kein Grund, eine nach dem 2. 10. 1990 in Kenntnis der neuen Verhältnisse getroffene Regelung nach Abs 2 S 1 als von Abs 3 verdrängt anzusehen.

41 cc) Der **Vertragsinhalt** von Überlassungsverträgen ist nach § 6 Abs 3 SchuldRAnpG – abweichend von der Überleitung sonstiger Vertragsverhältnisse nach dem SchuldRAnpG – nur noch maßgeblich, wenn dies im SchuldRAnpG *ausdrücklich vorgesehen* ist (Rövekamp NJ 1995, 17). Insbesondere gelten die Bestimmungen über die *Vertragsdauer*, die *Unentgeltlichkeit* der Nutzung (abgesehen von der Hinterlegung des Grundstückswertes auf einem Konto des staatlichen Verwalters), das *Vorkaufsrecht* des Nutzers und die *Inaussichtstellung des Ankaufs* nicht fort. Diese Bestimmungen waren auf eine „kalte Enteignung“ (BT-Drucks 12/7135, 41) der westlichen Eigentümer gerichtet und sind daher nicht mehr tragbar. Insoweit gelten §§ 28, 36, 37, 41 SchuldRAnpG.

b) Überlassungsverträge zu Erholungs-, Kleingarten- und Garagennutzung

42 aa) Überlassungsverträge zu anderen privaten Zwecken als *Wohnzwecken*, also **Erholungs-, Kleingarten- und Garagennutzung** (zu diesen unten Rn 46 ff) unterliegen ergänzend zu den Miet- und Pachtbestimmungen des BGB §§ 18 ff, speziell § 28 SchuldRAnpG. §§ 18 ff SchuldRAnpG gelten gleichermaßen für solche Überlassungsverträge (wegen § 42 Abs 1 SchuldRAnpG; Trimbach/Matthiesen VIZ 1994, 446, 448) wie für eine Nutzung aufgrund §§ 312 ff ZGB (dazu näher Art 232 § 4 Rn 63 ff).

43 bb) Überlassungsverträge werden mit Inkrafttreten des SchuldRAnpG zum 1. 1. 1995 – wie sich schon aus der Überleitung in Miet- und Pachtverhältnisse ergibt – **entgeltlich**: Gemäß § 20 SchuldRAnpG (der § 1 Abs 2 Nr 3 NutzEV verdrängt) kann der Grundstückseigentümer ein Nutzungsentgelt verlangen, dessen Höhe sich nach der *NutzungsentgeltVO* v 22. 7. 1993 (BGBl 1993 I 1339; Neufassung vom 24. 7. 1997, BGBl 1997 I 1920). Änderungen im Hinblick auf den „Datschenbeschluß“ des BVerfG (BVerfGE 101, 54) sind in Art 2 des Entwurfs eines Ersten Gesetzes zur Änderung des SchRAnpG vorgesehen (zur NutzungsentgeltVO im einzelnen Art 232 § 4 Rn 40 ff, Text im Anhang zu Art 232 § 4).

44 cc) Die **Neuerrichtung von Bauwerken** und die Erweiterung bestehender Bauwerke bedürfen der Zustimmung des Eigentümers (§ 22 SchuldRAnpG), es sei denn, der

Nutzer zeigt die Absicht an, verzichtet auf Entschädigung bei Beendigung des Vertragsverhältnisses und verpflichtet sich zur Übernahme der Abbruchkosten (§ 22 Abs 2 SchuldRAnpG).

Die für den Überlassungsvertrag typische, für den im Wege der Umwandlung entstandenen Mietvertrag dagegen atypische, Verpflichtung zur **Tragung der öffentlichen Lasten** bestimmt sich nach § 36 SchuldRAnpG, der Anspruch auf Rückzahlung des **hinterlegten Betrages** nach § 37 SchuldRAnpG (§ 28 SchuldRAnpG; unten Rn 54 ff).

dd) § 23 SchuldRAnpG sieht einen großzügig bemessenen **Kündigungsschutz** gegen ordentliche Kündigungen vor. **45**

α) Gegenüber dem **Eigentum** als verfassungsgeschütztem Gut wird dies damit gerechtfertigt, daß für die meisten Nutzer die „Datsche" als Zuflucht vor dem sozialistischen Alltag zu einem Objekt stark emotionaler Bindung geworden war, in das unter schwierigsten Materialbeschaffungsverhältnissen investiert wurde (BT-Drucks 12/8035, 26). Allerdings erreicht die Regelung äußerste Grenzen der Verfassungsgemäßheit und überschreitet sie in einzelnen Aspekten (dazu BVerfGE 101, 54 – „Datschenbeschluß" –, im folgenden; vgl zur vorherigen Diskussion LG Berlin GE 1997, 315; Scholz GE 1994, 774; Rövekamp OV Spezial 13/1994, 20). Selbst bei großzügiger Berücksichtigung der sozialen Komponente muß sich auf Dauer *außerhalb der Wohnnutzung* das Eigentum durchsetzen. Auch der Aspekt der übergangsweisen Gewöhnung der ehemaligen DDR-Bürger an neue Verhältnisse (BT-Drucks 12/8035, 27) verfängt schon wenige Jahre nach der Wiedervereinigung kaum noch. Immerhin müssen Mieter selbst in sozial bedrängter Lage mit der Kündigung von Mietverhältnissen über *Wohnraum* rechnen, während eine – freilich große – Gruppe von emotional gebundenen Gartenhausbesitzern außergewöhnlich geschützt ist.

β) **Absoluter Kündigungsschutz** bestand bis 31. 12. 1999 (§ 23 Abs 1 SchuldRAnpG) für alle Nutzungsfälle. Die Verfassungsmäßigkeit, die das BVerfG für diesen Zeitraum auch bei *Garagengrundstücken* bejaht hat, was insoweit gleichwohl zweifelhaft ist (Voelskow NJ 1997, 9; **aA** LG Halle NJ 1996, 429; LG Berlin RAnB 1997, 89; Schurich NJ 1997, 183; von hoher Bedeutung für die Lebensführung kann bei einer *Garage* schwerlich die Rede sein), hat sich insoweit durch Zeitablauf erledigt. Daß auch eine Kündigung bei *unbebauten Grundstücken* zur Verwirklichung eines besonderen Investitionszwecks (§ 23 Abs 6 S 3 SchuldRAnpG) bis zum 31. 12. 1999 ausgeschlossen war, hat das BVerfG gebilligt. Angesichts des Zeitpunkts der Entscheidung (14. 7. 1999) mag hier auch die Absicht eine Rolle gespielt haben, angesichts der Massenhaftigkeit des Phänomens keine Rückwirkungsprobleme aufzuwerfen. **46**

γ) Damit wirken sich einzelne **Einschränkungen**, die das BVerfG (BVerfGE 101, 54), bei grundsätzlicher Billigung des die Nutzer schützenden gesetzgeberischen Ansatzes auch über den 1. 1. 2000 hinaus, für erforderlich hält, überwiegend nach dem 1. 1. 2000 aus. Zum Teil sind diese Einschränkungen im Wege *verfassungskonformer Auslegung* zu realisieren, teilweise wurde jedoch eine Neuregelung erforderlich, die erst nach Ablauf der vom BVerfG gesetzten Frist zum 30. 6. 2001 durch das *Gesetz zur Änderung des Schuldrechtsanpassungsgesetzes* v 17. 5. 2002 (BGBl 2002 I 1580, BT-Drucks 14/6884, 14/7169, 14/8299, 14/8315; dazu Schnabel ZOV 2001, 300; Grundmann NZM 2002, 894) erfolgte. **47**

Für vom Nutzer mit **Bauwerken** versehene Grundstücke ergibt sich: Vom **1. 1. 2000 bis 31. 12. 2004** kann der Grundstückseigentümer nur im Falle eines Eigenbedarfs, der den Ausschluß des Kündigungsrechts *unzumutbar* macht (§ 23 Abs 2 Nr 1 SchuldRAnpG) zum Zweck einer *Ein- oder Zweifamilienhausbebauung* kündigen oder zur alsbaldigen Verwirklichung einer in einem *Bebauungsplan* festgesetzten Nutzung (§ 23 Abs 2 Nr 2 SchuldRAnpG). Für Garagengrundstücke sah § 23 Abs 6 S 1 SchuldRAnpG den Kündigungsschutz im selben Maß befristet bis zum 31. 12. 2002 vor. Diese Bestimmung ist jedoch wegen Verstoß gegen Art 14 Abs 1 GG verfassungswidrig und nichtig (BVerfGE 101, 54), so daß Garagengrundstücke seit dem 1. 1. 2000 nach allgemeinen Bestimmungen kündbar sind (§ 23 Abs 6 S 1 SchuldRAnpG idF des 1. SchuldRAnpÄndG).

48 Vom **1. 1. 2005 bis zum 4. 10. 2015** kann der Eigentümer den Vertrag wegen Eigenbedarf zur Bebauung auch *unterhalb* der Unzumutbarkeitsschwelle sowie zu Zwekken der eigenen Erholung und Freizeitgestaltung, in diesem Fall wiederum nur bei Unzumutbarkeit des Kündigungssausschlusses, kündigen (§ 23 Abs 3 SchuldRAnpG).

Erst ab dem **4. 10. 2015** gelten die allgemeinen Kündigungsbestimmungen.

Nutzer, die am 3. 10. 1990 das **60. Lebensjahr vollendet** hatten, bleiben jedoch auch nach dem 1. 1. 2000 und dem 4. 10. 2015 unkündbar (§ 23 Abs 5 SchuldRAnpG). Auch dies gilt nicht für Garagen (§ 23 Abs 6 S 2 SchuldRAnpG).

Wohnt der Nutzer – was durchaus üblich war – in einem **zum dauernden Wohnen geeigneten Wochenendhaus**, so gelten im zeitlichen Anschluß an die Kündigungsschutzfristen des § 23 SchuldRAnpG (also ab 4. 10. 2015) die §§ 574 bis 574 b BGB entsprechend (§ 24 Abs 1 SchuldRAnpG), sofern nicht der Grundstückseigentümer oder Vertragschließende dieser erweiterten Nutzung ausdrücklich widersprochen hat oder die Nutzung erst nach dem 20. 7. 1993 aufgenommen wurde (§ 24 Abs 3, 4 SchuldRAnpG). In diesem Fall greift weiter ein Kündigungsschutz bei *Veräußerung* wie im Falle der Überlassung zu Wohnzwecken (§ 24 Abs 2 SchuldRAnpG; unten Rn 56). Hiervon unberührt bleiben aber *Wohnlauben* iSd BKleingG; § 20a BKleingG geht dem SchuldRAnpG vor (§ 2 Abs 3 BKleingG).

49 **δ)** Im Wege **verfassungskonformer Auslegung** kann der Eigentümer jedoch in den vorgenannten (Rn 47) Fällen auch vor dem 4. 10. 2015 (auch schon vor dem 1. 1. 2000) nach den allgemeinen Vorschriften kündigen, wenn der Nutzer dauerhaft die *Nutzung aufgegeben* hat, weil der Nutzer dann nicht mehr schutzwürdig ist. Das gilt auch bei am 3. 10. 1990 über 60jährigen Nutzern.

Hat der Nutzer nach Maßgabe des (Überlassung-)Vertrages das **Bauwerk unberechtigt errichtet**, so erfordert der Interessenausgleich zwischen ihm und dem Eigentümer eine Einschränkung des Kündigungsschutzes auf das bei unbebauten Grundstücken geltende Maß (unten Rn 50). Sofern der Eigentümer nicht ohnehin wegen vertragswidriger Nutzung aus *wichtigem Grund* kündigen kann, sind in diesem Fall alle Beschränkungen des § 23 SchuldRAnpG nur bis zum 31. 12. 2002 anwendbar; auch der besondere Schutz über 60jähriger Nutzer greift nicht ein (BVerfGE 101, 54).

Gegen Art 14 Abs 1 GG verstieß zudem das Fehlen eines **Teilkündigungsrechts** bei besonders großen Erholungs- und Freizeitgrundstücken (BVerfGE 101, 54). Ein solches Teilkündigungsrecht konnte nicht im Weg verfassungskonformer Auslegung begründet werden. Ein solches Recht sieht § 23a SchuldRAnpG idF des 1. SchulRAnpÄndG vor (dazu Art 232 § 4 Rn 83).

ε) Hat der Nutzer bis zum 16. 6. 1994 **kein Bauwerk** errichtet, so erfährt er gemäß § 23 Abs 6 S 1 SchuldRAnpG (insoweit durch das 1. SchuldRAnpÄndG nicht geändert) nur bis zum 31. 12. 2002 Kündigungsschutz und nur im Rahmen von § 23 Abs 1, 2 SchuldRAnpG (wie oben Rn 48 f). § 23 Abs 5 SchuldRAnpG (am 3. 10. 1990 60jähriger Nutzer) gilt nicht (§ 23 Abs 6 S 2 SchuldRAnpG). Zudem kann der Eigentümer kündigen, wenn er das Grundstück einem besonderen Investitionszweck iSd § 3 Abs 1 InvestitionsvorrangG zuführen will (§ 23 Abs 6 S 3 SchuldRAnpG). **50**

c) Überlassungsverträge zu Wohnzwecken

aa) Überlassungsverträge zu **Wohnzwecken** unterliegen §§ 34 ff SchuldRAnpG, insbesondere §§ 36, 37, 41. **51**

bb) Grundsätzlich gelten für solche Verträge die Bestimmungen über **Wohnraummietverhältnisse** (§ 34 SchuldRAnpG). **52**

cc) Der **Mietzins** bestimmte sich zunächst nach § 11 Abs 2 bis 7 aF MHG (§ 35 SchuldRAnpG), seit dem Inkrafttreten des MietenüberleitungsG am 11. 6. 1995 nach §§ 11 Abs 2, 12–17 MHG (§ 35 Abs 2 SchuldRAnpG idF des MietenüberleitungsG, neu gefaßt durch MietrechtsreformG v 19. 6. 2001). **53**

Seit dem 1. 1. 1998 gilt das allgemeine Mieterhöhungsrecht, bis zum 31. 12. 2001 nach Maßgabe des § 11 Abs 2 MHG (§ 35 Abs 2 SchuldRAnpG idF des MietrechtsreformG), seit 1. 9. 2001 die §§ 557 ff BGB nach Maßgabe der Überleitung in Art 229 § 3 Abs 1 Nr 2–4 (Palandt/Weidenkaff Rn 8; MünchKomm/Voelskow Rn 5; Messerschmidt NJW 1994, 2649, 2650).

dd) Gemäß **§ 36 SchuldRAnpG** ist der Nutzer (auch im Fall der Nutzung zu Freizeitzwecken und gewerblichen Zwecken kraft Verweisung aus § 28 und § 42 Abs 3 S 2 SchuldRAnpG) von der Übernahme der öffentlichen Lasten freizustellen, sobald der Anspruch auf Zahlung des Mietzinses erstmals geltend gemacht wird. **54**

ee) Gemäß **§ 37 Abs 2 SchuldRAnpG** (idF des MietrechtsreformG) kann der Nutzer (auch im Falle der Nutzung zu Freizeitzwecken und gewerblichen Zwecken kraft Verweisung aus § 28 und § 42 Abs 3 S 2 SchuldRAnpG) vom Grundstückseigentümer die *Zustimmung zur Auszahlung* der bei **Vertragsabschluß hinterlegten Beträge** mit Ausnahme der bis zum Beginn der Mietzahlungsverpflichtung aufgelaufenen Zinsen (die auch nach der DDR-Praxis nicht auszukehren waren) verlangen. Das gilt nicht für Zinsen, die auf Zeiten entfallen, in denen der Nutzer zur Zahlung von Miete und Pacht nach dem SchuldRAnpG verpflichtet ist (§ 37 Abs 2 S 2 SchuldRAnpG). Der Anspruch auf Erstattung der Beträge, die vom staatlichen Verwalter hieraus zur Ablösung von Verbindlichkeiten des Grundstückseigentümers verwendet wurden, bestimmt sich gemäß § 37 Abs 1 SchuldRAnpG nach § 38 Abs 2 und 3 SachenRBerG; dh es besteht grundsätzlich ein Erstattungsanspruch, es sei denn, **55**

der Grundstückseigentümer hätte diese Aufwendungen bei Fortbestehen bis zum Zeitpunkt der Aufhebung oder Beendigung der staatlichen Verwaltung nach § 16 Abs 2 S 2, Abs 5 bis 7 iVm § 18 Abs 2 VermG nicht übernehmen müssen (MünchKomm/Kühnholz § 37 SachenRBerG Rn 2; unten Rn 72). Insbesondere der diskriminierende Charakter solcher Tilgungen, die häufig dem Ziel der Ver- und Überschuldung des Eigentums dienten, kann also dem Nutzer entgegengehalten werden.

56 **ff)** Der **Kündigungsschutz** ist anders und merkwürdiger Weise schwächer ausgestaltet als bei privater Nutzung zu anderen als Wohnzwecken (oben Rn 45), was auf die geradezu irrationale Bewertung der „Datschen“ zurückzuführen ist.

Bis zum 31. 12. 1995 ist eine Kündigung durch den Grundstückseigentümer ausgeschlossen (§ 38 Abs 1 SchuldRAnpG). Ein gesteigerter **Kündigungsschutz** besteht nach § 38 Abs 2 SchuldRAnpG bis zum Ablauf des 31. 12. 2000: Der Grundstückseigentümer kann den Mietvertrag nur im Falle von *Eigenbedarf, der eine unzumutbare Härte begründet*, kündigen. Im Falle der Veräußerung seit dem 13. 1. 1994 kann Eigenbedarf frühestens drei Jahre nach der Eintragung der Rechtsänderung in das Grundbuch geltend gemacht werden (§ 38 Abs 3 SchuldRAnpG). Vor dem 13. 1. 1994 (Verabschiedung des Regierungsentwurfs zum SchuldRAnpG) mußte sich ein Grundstückseigentümer auf eine solche Regelung nicht einstellen (BT-Drucks 12/8035, 28 f). Hat der Nutzer auf dem Grundstück, beginnend bis zum 20. 7. 1993 in nicht unerheblichem Umfang Um- und Ausbauten uä vorgenommen, die aber nicht den zur Anwendung der Sachenrechtsbereinigung führenden Umfang erreichen, verlängert sich der Kündigungsschutz bis zum 31. 12. 2010 (§ 39 SchuldRAnpG; zum Ganzen: Schmidt-Räntsch DtZ 1994, 328 f; Trimbach/Matthiesen VIZ 1994, 449; Palandt/Weidenkaff Rn 9).

Zur Kündigung bei **Unredlichkeit** siehe Art 232 § 4 Rn 85.

57 **gg)** Bei **Beendigung des Mietvertrages** hat der Nutzer einen Anspruch auf **Verwendungsersatz** für alle werterhöhenden Aufwendungen, die er bis zum 1. 1. 1995 vorgenommen hat nach Maßgabe des mit dem staatlichen Verwalter abgeschlossenen Überlassungsvertrages (§ 41 SchuldRAnpG). Danach gilt § 547 aF/ § 539 Abs 1 BGB (BT-Drucks 12/7135, 64).

58 **hh)** Für den Fall des erstmaligen Verkaufs steht dem Nutzer ein **Vorkaufsrecht** zu (§ 57 SchuldRAnpG; näher Art 232 § 4 Rn 86 ff).

d) Überlassungsverträge zu gewerblichen Zwecken

59 **aa)** Für – in der Praxis nicht relevant gewordene (MünchKomm/Voelskow Rn 5 Fn 5) – Überlassungverträge zur **gewerblichen Nutzung** gilt § 42 SchuldRAnpG.

60 **bb)** Der **Mietzins** bestimmt sich nach der Höhe des **ortsüblichen Entgelts** (§ 42 Abs 3 SchuldRAnpG; Palandt/Weidenkaff Rn 8). **§§ 36, 37, 41 SchuldRAnpG** (oben Rn 54 ff) gelten entsprechend (§ 42 Abs 3 S 2 SchuldRAnpG). Im Falle der Errichtung eines Gebäudes iSd § 12 Abs 1 und 3 SachenRBerG wird die Entgeltanpassung auf das ortsübliche Entgelt durch Ermäßigungen in den ersten sechs Jahren abgefedert (§ 47 Abs 1 SchuldRAnpG; Rövekamp NJ 1995, 18).

cc) Die **Kündigung** durch den Grundstückseigentümer war bis zum 31.12. 1995 ausgeschlossen (§ 42 Abs 2 SchuldRAnpG; RÖVEKAMP NJ 1995, 18 f). Seit dem 1.1. 1996 besteht kein Kündigungsschutz mehr. **61**

e) Bauwerke im Fall der Vertragsbeendigung

Für **alle Überlassungsverträge** gilt im Falle der Vertragsbeendigung: **62**

aa) Das aufgrund des Vertrages ggf bestehende **Baulichkeiteneigentum** (bewegliche Sache, vgl Art 231 § 5 Rn 42, 51) geht auf den Grundstückseigentümer über (§ 11 Abs 1 SchuldRAnpG). Für **Gebäudeeigentum** kommt Art 232 § 1a nicht in Betracht, da hierfür ein Überlassungsvertrag ebensowenig genügt wie ein Nutzungsrecht nach §§ 312 ff ZGB. **63**

bb) Fraglich ist die Anwendbarkeit von § 12 SchuldRAnpG (**Entschädigung für Bauwerke**). § 41 SchuldRAnpG sieht nur eine Sonderregelung für Überlassungsverträge zur *Wohnnutzung* vor, die nur Aufwendungen an dem überlassenen Wohnraum erfaßt. § 12 SchuldRAnpG ist hierdurch nicht verdrängt (**aA** MünchKomm/KÜHNHOLZ § 41 SchuldRAnpG Rn 2; TRIMBACH/MATTHIESEN VIZ 1994, 446, 450). **64**

Ein **Anspruch auf Entschädigung** bzw eine **Wegnahmerecht** für ein entsprechend den Rechtsvorschriften der DDR durch den Nutzer errichtetes Bauwerk (sonst nur Ersatz nach Maßgabe von §§ 812 ff BGB) bestehen wie im Falle des Nutzungsvertrages nach §§ 312 ff ZGB (im einzelnen Art 232 § 4 Rn 90 ff; dort auch zur partiellen Verfassungswidrigkeit der Entschädigungspflicht nach § 14 SchuldRAnpG, BVerfGE 101, 54 und der Korrektur durch das 1. SchuldRAnpÄndG).

V. Überleitung nach dem SachenrechtsbereinigungsG

1. Anwendungsbereich

a) Gemäß § 1 Abs 1 Nr 1 c regelt das SachenRBerG die Rechtsverhältnisse an Grundstücken, die mit **Billigung staatlicher Stellen** von einem anderen als dem Grundstückseigentümer für bauliche Zwecke in Anspruch genommen wurden. Diese Billigung kann sich auch aus einem **Überlassungsvertrag** ergeben. Dies folgt insbesondere aus § 9 Abs 1 Nr 4 SachenRBerG, wonach in den Begriff des „Nutzers" auch der aus einem Überlassungsvertrag berechtigte Nutzer aufgenommen wurde. Unter Überlassungsvertrag ist auch insoweit ein Vertrag nach § 1a zu verstehen (WESEL DtZ 1995, 70, 73). **65**

b) Da Überlassungsverträge zu gewerblicher Bebauung in der Praxis nicht in Erscheinung getreten sind, ist der Regelfall baulicher Nutzung der Erwerb oder Bau eines **Eigenheims** (Anwendungsfall § 4 Nr 1 SachenRBerG) aufgrund eines Überlassungsvertrages. Überlassungsverträge sind, anders als sonstige schuldrechtliche Nutzungsverträge (§ 2 Abs 1 Nr 2 SachenRBerG) im Positivkatalog des § 5 SachenRBerG enthalten (§ 5 Abs 1 Nr 3 lit c SachenRBerG). Der Eigenheimbau aufgrund eines Überlassungsvertrages ist damit potentieller Gegenstand der Sachenrechtsbereinigung. **66**

c) Innerhalb der Fallgruppe der baulichen Nutzung ergibt sich die Abgrenzung **67**

gegenüber der Anpassung nach dem **SchuldRAnpG** nach Maßgabe von § 12 SachenRBerG, also nach dem **Maß der Bebauung**. Nach dem SachenRBerG abzuwickeln sind daher alle aufgrund von Überlassungsverträgen vorgenommenen

– Bebauungen mit einem Gebäude (§ 12 Abs 1 SachenRBerG)

– Aus- und Umbauten mit einer Wohn- oder Nutzflächenvergrößerung um mehr als 50% (§ 12 Abs 2 Nr 1 SachenRBerG)

– Bauliche Investitionen, deren Wert die Hälfte des Sachwerts des Gebäudes ohne Berücksichtigung der baulichen Investitionen des Nutzers übersteigt (§ 12 Abs 2 Nr 2 SachenRBerG) (näher oben Rn 34 f).

68 **d)** Sofern hiernach die Abwicklung nach dem SachenRBerG erfolgt, bleiben die Bestimmungen des **SchuldRAnpG außer Betracht**. Nur bei einer die Sachenrechtsbereinigung *nicht* auslösenden Bebauung bleiben §§ 34–42 SchuldRAnpG anwendbar. Nach der Konzeption der Schuld- und Sachenrechtsbereinigung schließen sich beide Regelungsbereiche bezogen auf denselben Überlassungsvertrag aus (vgl auch oben Rn 34).

2. Besonderheiten für Überlassungsverträge

a) Ausgestaltung der Sachenrechtsbereinigung

69 Zur **grundsätzlichen Ausgestaltung** der Sachenrechtsbereinigung siehe Art 233 § 2a Rn 163 ff.

b) Überlassungsvertrag und Wahl eines Erbbaurechts (§ 38 SachenRBerG)

70 Wählt der Nutzer die Bestellung eines **Erbbaurechts** gemäß § 32 ff SachenRBerG, so gilt bei Nutzung aufgrund eines Überlassungsvertrages **§ 38 SachenRBerG** hinsichtlich der Bestellung des Erbbaurechts. Bei Überlassung von Grundstücken mit *aufstehendem Gebäude* aufgrund eines Überlassungsvertrages besteht eine über den Erbbauzins hinausgehende Verzinsungspflicht für den Restwert des überlassenen Gebäudes (§ 45 SachenRBerG). Der Begriff des Überlassungsvertrages entspricht auch insoweit dem in Art 232 § 1a (BT-Drucks 12/5992, 77).

71 **aa)** Der Grundstückseigentümer kann gemäß § 38 Abs 1 SachenRBerG vom Nutzer den Verzicht auf vertragliche Ansprüche für **Werterhöhungen des Grundstücks**, die Aufgabe hierfür eingetragener **Hypotheken** und die Freistellung im Falle der Abtretung dieses Anspruchs an einen Dritten (insbesondere an ein Kreditinstitut, das die bauliche Maßnahme finanziert hat, BT-Drucks 12/5992, 77) verlangen. Diese Wertsteigerungen kommen dem Erbbaurecht zugute, so daß kein Grund für eine weitere Haftung des Grundstücks besteht (BT-Drucks 12/5992, 77; Vossius § 38 Rn 5).

72 **bb)** Soweit der Verwalter aus dem vom Nutzer **eingezahlten Betrag** Zahlungen zur Ablösung von Verbindlichkeiten des Grundstückseigentümers verwendet hat, hat der Grundstückseigentümer diese dem Nutzer zu erstatten (§ 38 Abs 2 S 1 SachenRBerG). Entgegen dem Entwurf des § 38 SachenRBerG (BT-Drucks 12/5992, 26, 77) gilt zugunsten des Grundstückseigentümers im Verhältnis zum Nutzer der Anspruch als erloschen hinsichtlich getilgter Verbindlichkeiten, die der Grundstückseigentümer bei Fortbestehen bis zum Zeitpunkt der Aufhebung oder Beendigung der staatlichen Verwaltung nach § 16 Abs 2 S 2, Abs 5 bis 7 iVm § 18 Abs 2 VermG nicht übernehmen müßte (§ 38 Abs 2 S 2 SachenRBerG). Die erst im Rechtsausschuß eingefügte Regelung verlagert das im Regierungsentwurf dem Grundstückseigentümer zugedachte *Risiko von unlauteren*, auf die *Verschuldung abzielenden Zahlungen* des staatlichen Verwalters auf den Nutzer und stellt Einklang mit § 16 Abs 9 S 2 VermG her (BT-Drucks 12/7425, 72). Für den hierdurch erlittenen Rechtsverlust des Nutzers wurde ein Vorbehalt in § 38 Abs 3 SachenRBerG für die mit der Aufhebung oder Beendigung der staatlichen Verwaltung erloschenen Aufbauhypotheken oder vergleichbaren Grundpfandrechte in § 16 Abs 9 S 3 VermG aufgenommen (BT-Drucks 12/7425, 72). Der Nutzer erhält einen öffentlich- rechtlichen Anspruch auf Erstattung seiner Aufwendungen aus dem Entschädigungsfonds, wenn für seine Forderung keine staatlichen Mittel eingesetzt wurden.

73 **cc)** Die vorstehende Regelung gilt entsprechend für eine zur Absicherung des Aufwendungsersatzanspruchs des Nutzers eingetragene **Hypothek**. Auf Abtretungen, die nach Ablauf des 31. 12. 1996 erfolgen, sind §§ 892 und 1157 S 2 BGB entsprechend anzuwenden (§ 38 Abs 2 S 3 und 4 SachenRBerG).

74 Auch diese Bestimmung wurde im Rechtsausschuß eingefügt. Das Erlöschen des Grundpfandrechts (häufig Sicherungshypothek) entspricht der Regelung in § 16 Abs 9 S 1 VermG. Die aus der Ablösung eines Grundpfandrechts entstandene Hypothek soll in gleichem Umfang erlöschen, wie das Grundpfandrecht, wenn es nicht abgelöst worden wäre. Das Erlöschen der (Sicherungs-)Hypothek ist aus dem Grundbuch nicht ersichtlich. § 1184 BGB schließt den gutgläubigen Erwerb nach § 1138 BGB aus. Soweit Verkehrshypotheken bestellt worden sind, ist die Vorschrift anzuwenden. Nach den allgemeinen Vorschriften (§§ 892, 1157 S 2 BGB) bliebe jedoch ein gutgläubiger Erwerb des dinglichen Rechts möglich, soweit der Eigentümer den Mangel der Bestellung oder das Bestehen einer Einrede nicht durch Widerspruch geltend gemacht hat. Entsprechend dem Gedanken des RegVBG, die Verläßlichkeit des Grundbuches im Beitrittsgebiet vom 1. 1. 1997 wiederherzustellen, sollte auch der gutgläubige Erwerb solcher Hypotheken, die nach § 38 Abs 2 S 3 SachenRBerG erloschen sind, aufgrund von Abtretungen nach dem 1. 1. 1997 wieder möglich sein, wenn nicht bis dahin eine Löschung erfolgt oder ein Widerspruch eingetragen würde (BT-Drucks 12/7425, 72). Die Frist wurde durch das *EigentumsfristenG* v 27. 12. 1996 (BGBl 1996 I 2028) bis einschließlich 31. 12. 1999 verlängert, so daß Gutglaubenserwerbe erst ab 1. 1. 2000 möglich wurden.

75 **dd)** Gemäß § 38 Abs 4 SachenRBerG ist der Nutzer berechtigt, die **hinterlegten Beträge** mit Ausnahme der aufgelaufenen Zinsen zurückzufordern. Der Grundstückseigentümer kann vom Nutzer die Zustimmung zur Auszahlung der **aufgelaufenen Zinsen** verlangen. Diese Verteilung entspricht der Wertung, die nach der Gestaltung der Überlassungsverträge im Recht der DDR getroffen war, wenngleich der Grundstückseigentümer die ihm gebührenden Zinsen wohl selten erhalten hat. Soweit der Nutzer hiernach zu hinterlegende Beträge nicht hinterlegt hat, hat der Grundstückseigentümer einen Anspruch auf die Zinsen, die zu erzielen gewesen wären (aus dem Überlassungsvertrag bzw gem §§ 826, 252 BGB; Vossius § 38 Rn 22).

c) Überlassungsvertrag und Ankauf (§ 74 SachenRBerG)

76 Für die **Preisbemessung** im Falle der Ausübung des **Ankaufsrechts** durch den Nutzer gilt bei Nutzung aufgrund Überlassungsvertrages (*Begriff* Art 232 § 1a) die Sonderregelung des § 74 SachenRBerG:

77 **aa)** Der Grundstückseigentümer erhält im Falle des Ankaufs durch den Nutzer einen **erhöhten Kaufpreis**. Hinzuzurechnen ist der *Restwert* des überlassenen Gebäudes und der sonstigen Grundstückseinrichtungen. Die Erhöhung des Preises wird pauschal berechnet nach dem Sachwert des Gebäudes und der Grundstückseinrichtungen im Zeitpunkt der Überlassung. Abzuziehen sind die Wertminderungen, die bis zur Abgabe eines formgerechten Angebots auf Ankauf oder bis zu einer formfreien Geltendmachung des Ankaufsrechts eingetreten sind; maßgeblich für die Wertminderung ist die übliche Nutzungsdauer. Bei Vorliegen besonderer Umstände ist eine *individuelle Bestimmung* des Restwerts möglich. Dies ist zB dann der Fall, wenn der Nutzer schwere, für ein Gebäude dieses Alters nicht typische Bauschäden beseitigen mußte und nur dadurch ein Werterhalt möglich war, oder daß der Grundeigentümer zu Werterhöhungen beigetragen hat (§ 74 Abs 1 SachenRBerG; BT-Drucks 12/5992, 157).

78 **bb)** Zahlungen des Nutzers, die zur **Ablösung von Verbindlichkeiten** des Grundstückseigentümers und Grundpfandrechten verwendet wurden, sind auf Verlangen des Nutzers auf den Kaufpreis anzurechnen (§ 74 Abs 2 SachenRBerG). Dies entspricht der Regelung im Muster-Überlassungsvertrag, wonach solche Zahlungen einen Aufwendungsersatzanspruch begründeten (BT-Drucks 12/5992, 157). Außerdem ist auf § 38 Abs 2, 3 verwiesen. Dies überbürdet wiederum das Risiko von unlauteren Zahlungen des Verwalters auf den Nutzer, schützt diesen aber über den Vorbehalt nach § 16 Abs 9 S 3 VermG (oben Rn 74). Außerdem kann sich ausnahmsweise auch aus § 38 Abs 2 ein *Erstattungsanspruch* des Nutzers ergeben, wenn die Aufwendungen höher waren als nunmehr der Kaufpreis, so daß die Anrechnung teilweise ins Leere geht.

79 **cc)** § 74 Abs 3 und 4 SachenRBerG regeln die **Anrechnung der vom Nutzer gezahlten und hinterlegten Beträge**. Solche Beträge sind nur dann auf den Kaufpreis anzurechnen, wenn sie dem Grundstückseigentümer bereits vom Verwalter ausbezahlt wurden oder verfügbar sind, dh wenn sie binnen eines Monats nach Vertragsschluß an den Grundstückseigentümer gezahlt werden oder auf einem Treuhandkonto des beurkundenden Notars bereitstehen (BT-Drucks 12/5992, 157). Wegen hiernach *nicht anrechenbarer Beträge* ist der Grundstückseigentümer zur Abtretung seiner Ansprüche gegen den Verwalter und zur Anzeige an diesen verpflichtet; das Risiko der Verität und Bonität trägt in diesem Fall der Nutzer (BT-Drucks 12/5992, 157).

80 **dd)** Eine simplifizierende Anrechnung jeder vom Nutzer geleisteten Einmalzahlung unter Verdrängung der Interessen des Grundstückseigentümers, welche im Rechtsausschuß die Gruppe PDS/Linke Liste beantragt hatte, wurde nicht Gesetz (BT-Drucks 12/7425, 78).

§ 2
Mietverträge

(1) Mietverhältnisse aufgrund von Verträgen, die vor dem Wirksamwerden des Beitritts geschlossen worden sind, richten sich von diesem Zeitpunkt an nach den Vorschriften des Bürgerlichen Gesetzbuchs, soweit sich nicht aus dem folgenden Absatz etwas anderes ergibt.

(2) Auf berechtigte Interessen im Sinne des § 573 Abs. 2 Nr. 3 des Bürgerlichen Gesetzbuchs kann der Vermieter sich nicht berufen.

Materialien: BT-Drucks 14/4553, 77; BT-Drucks 14/5663, 40.

Schrifttum

Bösche, Die Übergangsregelungen des Mietrechtsreformgesetzes, WuM 2001, 367
Derleder, Mietrechtsreform im Rechtsausschuss, NZM 2001, 170
Hannig, GdW zur Mietrechtsrechtsreform im Rechtsausschuss, NZM 2001, 318
Kort-Weiher, Deutscher Städtetag zur Mietrechtsreform im Rechtsausschuss, NZM 2001, 328
Schönleber, Kündigung wegen Hinderung angemessener wirtschaftlicher Verwertung, NZM 1998, 601
Voelskow, Nochmalige Verlängerung der Wartefrist? – Verwertungskündigung, GE 1995, 918.

Systematische Übersicht

Alphabetische Übersicht

I. Normzweck

1 Das **allgemeine Ziel** der Vorschrift besteht darin, die am Tage des Beitritts in der ehemaligen DDR bestehenden Mietverhältnisse in den Regelungsbereich des BGB überzuleiten (BT-Drucks 11/7817, 38). Mit der grundsätzlichen Geltung des BGB vom Zeitpunkt des Beitritts an weicht der Gesetzgeber von der Bestimmung des Art 232 § 1 EGBGB ab, nach der für ein früher entstandenes Schuldverhältnis das bis dahin in der DDR geltende Recht maßgebend bleibt. Während § 1 in gleicher Weise wie Art 170 EGBGB bei In-Kraft-Treten des BGB dem anerkannten Rechtsgrundsatz entspricht, dass Schuldverhältnisse in Bezug auf Inhalt und Wirkung dem Recht unterstehen, das zur Zeit der Verwirklichung ihres Entstehungstatbestandes galt (BGHZ 10, 391, 394 = NJW 1954, 231; BGHZ 44, 192, 194 = NJW 1966, 155), hat der Gesetzgeber für die Miete mit § 2 von der Möglichkeit Gebrauch gemacht, dieses Dauerschuldverhältnis im Wege einer unechten Rückwirkung für die Zukunft dem neuen Recht zu unterstellen (BezG Schwerin WuM 1991, 391). Alle Rechtshandlungen, die vor dem Zeitpunkt des Beitritts vorgenommen wurden, sind hingegen nach dem früheren Recht zu beurteilen (BezG Dresden WuM 1991, 391).

II. Mietrecht im vereinten Deutschland (Abs 1)

2 Mit dem In-Kraft-Treten des MietRRG am 1. 9. 2001 gilt in allen Teilen des Bundesgebiets grundsätzlich einheitliches Mietrecht. Die früheren Sondervorschriften für das Beitrittsgebiet (zu ihnen ausführlich Staudinger/Sonnenschein [1996] Art 232 § 2 EGBGB Rn 72 ff) sind – mit Ausnahme des in Abs 2 statuierten Verbots der Kündigung von Altmietverträgen zum Zwecke wirtschaftlicher Verwertung – ersatzlos entfallen, da sie durch Zeitablauf ihre Bedeutung ohnehin verloren hatten (BT-Drucks 14/4553, 77).

1. Im Beitrittsgebiet bis zum 2. 10. 1990 abgeschlossene Mietverträge

3 Für Altfälle gilt: Bis zum 31. 12. 1975 galt auch in der DDR das BGB, danach bis zum 2. 10. 1990 das ZGB und das GW (vgl BGH NZM 1999, 478). Seit dem 3. 10. 1990 findet wieder BGB Anwendung, zunächst in der seinerzeitigen Fassung des Gesetzes mit den Maßgaben des Art 232 § 2 EGBGB idF des Einigungsvertrages. Sowohl die §§ 535 ff BGB als auch die Sondervorschriften für das Beitrittsgebiet sind in der Folgezeit wiederholt geändert worden (vgl Staudinger/Sonnenschein [1996] Art 232 § 2 EGBGB Rn 3 ff). Das MietRRG hat zum 1. 9. 2001 die Rechtseinheit wieder hergestellt.

4 Soweit die rechtliche Beurteilung sich jedoch auf Sachverhalte stützt, die vor dem 3. 10. 1990 vollständig abgeschlossen waren, ist für den Zeitraum vom 1. 1. 1976 bis zum 2. 10. 1990 das ZGB zugrunde zu legen. Dies gilt insbesondere in Bezug auf die Wirksamkeit des Vertragsverhältnisses und die **Parteien des Mietvertrages**. So sind nach § 100 Abs 3 ZGB beide Ehegatten Mieter einer Wohnung auch dann, wenn nur ein Ehegatte den Vertrag abgeschlossen hat oder zunächst nur eine Person Alleinmieter war (LG Cottbus WuM 1995, 38; KreisG Cottbus-Stadt WuM 1992, 109; KreisG Genthin WuM 1992, 300; Staudinger/Rolfs [2003] § 542 Rn 12). Ebenso wurde der Ehegatte des Mieters einer Genossenschaftswohnung Vertragspartei, da § 100 Abs 3 ZGB auch auf derartige Nutzungsverträge anzuwenden war (AG Potsdam WuM 1995, 696). Ausgenommen waren nach § 130 ZGB lediglich Werkwohnungen, wenn nur ein Ehegatte in einem Arbeitsverhältnis zu dem vermietenden Betrieb stand (AG Berlin-Köpenick GE 1995, 1087; AG Görlitz WuM 1994, 268). Hat der Mieter einer im Beitrittsgebiet gelegenen Wohnung die Ehe allerdings erst nach dem 2. 10. 1990 geschlossen, bleibt er – wenn die Parteien nichts Abweichendes vereinbaren – alleiniger Mieter, da das BGB einen automatischen Vertragsbeitritt des Ehegatten nicht kennt.

5 **Vertragliche Vereinbarungen** der Parteien aus einem vor dem 3. 10. 1990 im Beitrittsgebiet abgeschlossenen Mietvertrag (oder einer wirksamen Wohnungszuweisung, KreisG Potsdam WuM 1992, 533) bleiben wirksam, soweit zwingendes Recht nicht entgegensteht oder Art 229 § 3 EGBGB die Fortgeltung ausdrücklich anordnet bzw zulässt. Haben die Parteien in Übereinstimmung mit § 120 ZGB eine zweiwöchige Kündigungsfrist vereinbart, gilt diese Vertragsklausel nicht nur über den 3. 10. 1990 (KG NZM 1998, 299; BezG Cottbus WuM 1994, 146; LG Mühlhausen WuM 1994, 146; LG Potsdam WuM 1995, 268; LG Zwickau WuM 1996, 40; **aM** LG Berlin VIZ 1993, 81; AG Berlin-Köpenick GE 1995, 1087; AG Schöneberg GE 1994, 709), sondern im Hinblick auf Art 229 § 3 Abs 10 EGBGB auch nach dem In-Kraft-Treten des MietRRG fort (vgl Staudinger/Rolfs [2003] § 573c Rn 51). Dies gilt umso mehr, als der Rechtsausschuss des Deutschen Bundestages der im Gesetzgebungsverfahren des MietRRG geäußerten Forderung, in Art 232 § 2 EGBGB ausdrücklich die Regelungen der §§ 112 und 120 ZGB auch für den Fall außer Kraft zu setzen, dass sie wörtlich in den Mietvertrag übernommen worden sind (Hannig NZM 2001, 318, 323), nicht gefolgt ist (vgl BT-Drucks 14/5663, 40). Auch für die **Auslegung** unter der Geltung des ZGB geschlossener Mietverträge sind die §§ 98 ff ZGB heranzuziehen, weshalb zB eine vertragliche Malerklausel nicht zur Endrenovierung verpflichtet (KG NZM 2000, 1174).

6 Für die Rechtsverhältnisse der Beteiligten bei der **Errichtung von Gebäuden** oder die Durchführung vergleichbarer baulicher Maßnahmen durch den Mieter bis zum 2. 10. 1990 auf Grund eines Mietvertrages mit einer anderen Person als dem Grundstückseigentümer und mit Billigung staatlicher Stellen gilt seit dem 1. 1. 1995 das SchuldRAnpG.

7 Bei der **Rückübertragung** von Eigentum auf Grund des VermG richtet sich der Eintritt in das Mietverhältnis nicht nach § 566 BGB, sondern nach den Vorschriften der §§ 16, 17 VermG.

2. Im Beitrittsgebiet seit dem 3. 10. 1990 abgeschlossene Mietverträge

8 Mietverträge, die **seit dem 3. 10. 1990** in den neuen Bundesländern abgeschlossen worden sind, unterliegen der Sonderregelung des Art 232 § 2 EGBGB nicht. Auf sie finden – nicht anders als auf Mietverträge in der übrigen Bundesrepublik – die §§ 535 ff BGB uneingeschränkt Anwendung (Palandt/Weidenkaff Art 232 § 2 EGBGB Rn 2).

9 Ob eine Änderung der Vertragsbedingungen nach dem 2. 10. 1990 lediglich eine Vertragsänderung oder einen **Neuabschluss** bedeutet, hängt vom Einzelfall ab. Durch eine Vertragsänderung wird der Charakter als **Altmietvertrag** nicht berührt, auch wenn dies mit einem Parteiwechsel verbunden ist (AG Neubrandenburg WuM 1994, 374), sofern die Identität des Mietverhältnisses im Übrigen gewahrt bleibt. Durch Abschluss eines neuen Mietvertrags wird der Wohnraum hingegen dem Anwendungsbereich des Art 232 § 2 EGBGB entzogen und uneingeschränkt dem BGB unterstellt. Dies ist nicht nur bei einer Beendigung des bisherigen Mietverhältnisses und einer Neuvermietung an einen anderen Mieter der Fall. Der Neuabschluss kann nach Aufhebung des alten Vertrags auch zwischen denselben Parteien vorgenommen werden. Ein Aufhebungsvertrag, verbunden mit einem Neuabschluss zwischen denselben Parteien, ist allerdings nach § 134 BGB wirkungslos, wenn er als Umgehungsgeschäft zu beurteilen ist (Staudinger/Sonnenschein [1996] Art 232 § 2 EGBGB Rn 74).

III. Ausschluss der Verwertungskündigung (Abs 2)

10 Nach Abs 2 kann sich der Vermieter auf berechtigte Interessen iS des § 573 Abs 2 Nr 3 BGB bei Mietverhältnissen, die vor dem 3. 10. 1990 im Beitrittsgebiet begründet worden sind, nicht berufen. Damit ist die sog **Verwertungskündigung** bei DDR-Altmietverträgen auf Dauer ausgeschlossen (Staudinger/Rolfs [2003] § 573 Rn 179). Die Regelung ist rechtspolitisch wie verfassungsrechtlich umstritten und in jüngster Zeit äußerst restriktiv interpretiert worden.

1. Normzweck

11 Der Gesetzgeber hat Art 232 § 2 Abs 2 EGBGB damit begründet, dass der Kündigungstatbestand der Verwertungskündigung im ZGB nicht enthalten gewesen sei und seine Einführung weder zur Herstellung der Rechtseinheit noch aus wohnungswirtschaftlichen oder rechtspolitischen Gründen geboten erscheine (BT-Drucks 11/7817, S 38). Dies war und ist indessen wenig überzeugend, da auch andere mietrechtliche Bestimmungen des BGB keine Parallele im ZGB fanden. Sonnenschein hatte daher zu Recht bemerkt, dass dieser Kündigungsgrund aus allgemeinen wirtschaftlichen Gründen zur bestmöglichen Nutzung der Ressourcen allenfalls hätte befristet, nicht aber auf Dauer ausgeschlossen werden dürfen, um die Mieter für eine gewisse Übergangszeit stärker zu schützen (Staudinger/Sonnenschein [1996] Art 232 § 2 EGBGB Rn 12; vgl auch Expertenkommission Wohnungspolitik, Wohnungspolitik auf dem Prüfstand [1995] Tz 5703; Voelskow GE 1995, 918, 920). Gleichwohl haben auch im Zuge des MietRRG Forderungen, wenigstens eine sog Abrisskündigung zuzulassen (Derleder NZM 2001, 170, 176; Hannig NZM 2001, 318, 321; Kort-Weiher NZM 2001, 328, 329), kein Gehör gefunden (s aber Rn 13).

2. Verfassungsrechtliche Grundlagen

12 Die Einschränkung des freien Kündigungsrechts des Vermieters durch den Kündigungsgrund der Hinderung angemessener wirtschaftlicher Verwertung in § 573 Abs 2 Nr 3 BGB ist als verfassungsgemäß anerkannt (BVerfGE 79, 283, 289 = NJW 1989, 972). Die **Verfassungsmäßigkeit** eines dauerhaften Ausschlusses dieses Kündigungsgrundes wird im Hinblick auf die Eigentumsgarantie des Art 14 GG aber bezweifelt (BezG Cottbus WuM 1992, 301; hierzu Kinne WuM 1992, 403, 413; Voelskow GE 1995, 918, 920). Das Gericht hat deshalb im Wege einer verfassungskonformen Auslegung der Überleitungsvorschrift eine Berufung auf den Kündigungsgrund der Hinderung angemessener wirtschaftlicher Verwertung für den Fall zugelassen, dass der Vermieter die Wohnung beansprucht, um dort eine berufliche Existenz aufzubauen und Arbeitsplätze einzurichten. Dieser Auffassung ist aber nicht zu folgen, weil der gesetzgeberische Gestaltungsspielraum bei der Frage der wirtschaftlichen Verfügbarkeit eines Grundstücks wegen des geringeren personalen Bezugs weiter ist als bei der Kündigung wegen Eigenbedarfs zur Befriedigung des persönlichen Wohnbedarfs (BVerfGE

79, 283, 289 = NJW 1989, 972). Es geht auch nicht um einen vollständigen Ausschluss der Verwertungsmöglichkeit, der den Kern des Eigentums berühren würde. Der Ausschluss der Kündigung besteht nur für die Dauer des Altmietvertrags und findet mit diesem sein Ende, mag der Zeitpunkt auch erst in ferner Zukunft liegen.

3. Reichweite des Kündigungsverbots

13 Dem Vermieter einer im Beitrittsgebiet gelegenen Wohnung, der den Mietvertrag vor dem 3. 10. 1990 abgeschlossen hat (AG Hoyerswerda ZMR 2003, 503), ist eine Kündigung zum Zwecke der wirtschaftlichen Verwertung (§ 573 Abs 2 Nr 3 BGB; dazu Staudinger/Rolfs [2003] § 573 Rn 99 ff) auf Dauer versperrt (Schönleber NZM 1998, 601, 607). Im Übrigen aber ist § 573 BGB auch im Beitrittsgebiet uneingeschränkt anzuwenden, sodass sowohl die Kündigung wegen Eigenbedarfs (§ 573 Abs 2 Nr 2 BGB) als auch aus vergleichbar gewichtigen, in § 573 Abs 2 BGB nicht ausdrücklich genannten Gründen zulässig ist. Daher hat zB das AG Halle/Saalkreis die Vermieterkündigung zum Zwecke des Abrisses eines Gebäudes in Gebieten mit strukturell hohen Leerständen (nicht sanierungsfähige Plattenbausiedlungen) trotz Art 232 § 2 Abs 2 EGBGB aus „sonstigen Gründen" zugelassen (AG Halle/Saalkreis NJW 2002, 3413; ähnlich AG Jena NZM 2003, 351; AG Leipzig WuM 2003, 276; AG Hoyerswerda ZMR 2003, 503; s aber auch OLG Dresden NJW 2003, 1819: Keine außerordentliche Kündigung nach § 543 aus diesem Grund).

§ 3
Pacht

(1) Pachtverhältnisse aufgrund von Verträgen, die vor dem Wirksamwerden des Beitritts geschlossen worden sind, richten sich von diesem Zeitpunkt an nach den §§ 581 bis 597 des Bürgerlichen Gesetzbuchs.

(2) Die §§ 51 und 52 des Landwirtschaftsanpassungsgesetzes vom 29. Juni 1990 (GBl. I Nr. 42 S. 642) bleiben unberührt.

Materialien: Art 230; E: BT-Drucks 11/7760, 55 – Art 232 § 3; Erl z den Anl z EV BT-Drucks 11/7817, 39.

Schrifttum

Berg, Das Grundstücksrecht in der früheren DDR nach dem Einigungsvertrag, ZAP Fach 7, 81

Clemm ua (Hrsg), Rechtshandbuch Vermögen und Investitionen in der ehemaligen DDR (2. Aufl 1995)

Göhring, Hat der Einigungsvertrag Nutzungsbeziehungen in Pachtbeziehungen verwandelt?, NJ 1992, 246

Gössmann, Das vertragliche Nutzungsrecht des ZGB, WM 1991, 1861

Grüneberg/Wendtland, Zur Beendigung von Nutzungsverträgen nach §§ 312 ff DDR-ZGB über Erholungs- und Freizeitgrundstücke außerhalb von Kleingartenanlagen, DtZ 1993, 101

Janke, Nutzung von Bodenflächen zur Erholung, Rechtsprechung der ehem DDR-Gerichte

und Rechtsauffassungen zu §§ 312 bis 315 ZGB, NJ 1991, 238
Lübchen, Kommentar zum Sechsten Teil des EGBGB. Übergangsrecht für die Einführung des BGB in den neuen Bundesländern (1991)
Münchner Kommentar zum Bürgerlichen Gesetzbuch. Zivilrecht im Einigungsvertrag (1991)
Purps, Anwendbarkeit des DDR-ZGB auf vor dem 1. 1. 1976 geschlossene Pachtverträge, DtZ 1993, 144
Remus, Das Recht der landwirtschaftlichen Betriebe nach dem Landwirtschaftsanpassungsgesetz, DtZ 1993, 47
Rohde, Die Entwicklung der Grundeigentums- und Bodennutzungsverhältnisse nach dem Einigungsvertrag, DtZ 1990, 312
Schüler, Zur Gestaltung von Pachtverhältnissen bei landwirtschaftlich genutzten Grundstücken, LKV 1991, 328
Schweizer, Das Recht der landwirtschaftlichen Betriebe nach dem Landwirtschaftsanpassungsgesetz (1992)
Seitz, Gewerbliche Mietverhältnisse in den neuen Bundesländern, DtZ 1992, 72
Steinwachs, Heute maßgebliche Rechtsvorschriften hinsichtlich des Inhalts und der Beendigungsmöglichkeiten eines vor dem Inkrafttreten des ZGB der DDR (01-01-1976) abgeschlossenen Pachtvertrages, IFLA 1992, 37
Voelskow, Miete und Pacht von Geschäftsräumen in den neuen Bundesländern, NJ 1991, 430.

I. Allgemeine Kennzeichnung

1 Die Vorschrift des Art 232 § 3 EGBGB bestimmt in Abs 1, dass Pachtverhältnisse aufgrund von Verträgen, die vor dem Wirksamwerden des Beitritts geschlossen worden sind, sich von diesem Zeitpunkt an nach den §§ 581 bis 597 BGB richten. Für die Pacht ist damit die im Grundsatz gleiche Überleitungsvorschrift getroffen worden wie in § 2 für die Miete, allerdings ohne den dort geregelten weitreichenden Kündigungsschutz. Nach § 3 Abs 2 bleiben die §§ 51 und 52 des noch von der DDR erlassenen Landwirtschaftsanpassungsgesetzes vom 26. 6. 1990 unberührt. Dies bedeutet, dass die vorgeschriebene Umwandlung der Nutzungsverhältnisse in Pachtverhältnisse und gewisse Besonderheiten für die Landpacht von der Geltung des BGB nicht beeinflusst werden (Schüler LKV 1991, 328). Die Überleitungsvorschrift beruht auf Anl I Kap III Sachg B Abschn II Nr 1 des Einigungsvertrags und ist bisher nicht verändert worden. Sie trägt in Abs 1 dem allgemeinen Rechtsgrundsatz Rechnung, dass bei Rechtsänderungen das neue Recht auf laufende Dauerschuldverhältnisse mit Wirkung für die Zukunft anzuwenden ist. Sie soll damit zur beschleunigten Herstellung der Rechtseinheit beitragen. Abs 2 kommt eine klarstellende Funktion zu (Erl z EV BT-Drucks 11/7817, 39). Die Überleitungsvorschrift wird ergänzt durch die §§ 18 bis 33 des Gesetzes zur Anpassung schuldrechtlicher Nutzungsverhältnisse an Grundstücken im Beitrittsgebiet (Schuldrechtsanpassungsgesetz – SchuldRAnpG), das als Art 1 des Gesetzes zur Änderung schuldrechtlicher Bestimmungen im Beitrittsgebiet (Schuldrechtsänderungsgesetz – SchuldRÄndG) vom 21. 9. 1994 (BGBl I 2538) erlassen worden ist. Von diesen Sondervorschriften werden ua Pacht- und sonstige Nutzungsverträge (Gössmann WM 1991, 1861) erfasst, wenn der Nutzer den Vertrag nicht mit dem Grundstückseigentümer abgeschlossen und wenn er das Grundstück bis zum Ablauf des 2. 10. 1990 mit Billigung staatlicher Stellen mit einem Bauwerk bebaut hat. Die Regelungen betreffen insbesondere das Nutzungsentgelt und den Kündigungsschutz.

II. Anwendungsbereich der Vorschrift

1. Pacht

a) Pachtverhältnisse aufgrund von Verträgen. die vor dem Wirksamwerden des Beitritts, dh vor dem 3. 10. 1990, geschlossen worden sind, richten sich von diesem Zeitpunkt an nach den §§ 581 bis 597 BGB. Ein Pachtverhältnis ist nach § 581 Abs 1 BGB dadurch gekennzeichnet, dass der Verpächter verpflichtet ist, dem Pächter den Gebrauch des verpachteten Gegenstandes und den Genuss der Früchte, soweit sie nach den Regeln einer ordnungsmäßigen Wirtschaft als Ertrag anzusehen sind, während der Pachtzeit zu gewähren. Der Pächter ist verpflichtet, dem Verpächter die vereinbarte Pacht zu entrichten (Staudinger/Abeltshauser/Sonnenschein [2003] § 581 Rn 141 ff, 176 ff; Palandt/Weidenkaff [2003] § 581 Rn 10). Die Mietrechtsreform und das SchRModG haben einige sprachliche Änderungen in den Überschriften und im Gesetzestext der §§ 581 bis 597 BGB gebracht. 2

Die Überleitungsvorschrift betrifft nur Altverträge, die vor dem 3. 10. 1990 zustande gekommen sind. Das Zustandekommen und die Parteien des Pachtverhältnisses sind nach den Rechtsvorschriften zu beurteilen, die zur Zeit des Vertragsabschlusses galten. Dies folgt aus Art 232 § 1 EGBGB, weil in dieser Hinsicht für ein Pachtverhältnis, das vor dem Wirksamwerden des Beitritts begründet worden ist, das bisherige im Beitrittsgebiet geltende Recht maßgebend bleibt. Bei landwirtschaftlichen Betrieben, die im Jahre 1953 in behördliche Verwaltung überführt worden sind, waren der Rat des Kreises als Pächter und der betroffene Grundstückseigentümer als Verpächter Parteien eines Pachtvertrags, wenn der Betrieb zur Nutzung an eine LPG überlassen wurde (VO über die einheitliche Bewirtschaftung landwirtschaftlicher Nutzflächen durch die landwirtschaftlichen Produktionsgenossenschaften vom 20. 1. 1995 [BGBl I Nr 10 S 97]; BezG Magdeburg AgrarR 1992, 17). Um einen Altvertrag kann es sich auch dann noch handeln, wenn die Parteien nach dem 2. 10. 1990 eine Vertragsänderung vorgenommen haben (Staudinger/Rolfs Art 232 § 2 EGBGB Rn 20) oder wenn ein Parteiwechsel stattgefunden hat, bei dem der bestehende Pachtvertrag aufrechterhalten worden ist (Staudinger/Rolfs Art 232 § 2 EGBGB Rn 21 ff). 3

b) Entscheidend für die Anwendung der Überleitungsvorschrift des § 3 ist, ob es sich **im Zeitpunkt des Beitritts** am 3. 10. 1990 um ein als Pacht zu beurteilendes Rechtsverhältnis gehandelt hat. Dies wirft Abgrenzungsprobleme zu Nutzungsverhältnissen über Bodenflächen zur Erholung auf, für die gem § 4 EGBGB weiterhin die §§ 312 bis 315 ZGB maßgebend waren und die nunmehr den Sondervorschriften des SchuldRAnpG unterliegen (Rn 1) oder die gem § 4 Abs 3 der Überleitungsvorschrift nach dem Bundeskleingartengesetz vom 28. 2. 1983 (BGBl I 210) zu beurteilen sind (Staudinger/Rauscher Art 232 § 4 EGBGB Rn 1 ff). 4

aa) Bei der Frage, welche Rechtsverhältnisse im Zeitpunkt des Beitritts als **Pacht** zu beurteilen waren, sind mehrere Fallgruppen zu unterscheiden (Göhring NJ 1992, 246, 247). In zeitlicher Abfolge sind zunächst die Verträge zu nennen, die schon vor dem Inkrafttreten des ZGB, dh vor dem 1. 1. 1976, abgeschlossen worden waren und die durch dieses Gesetz nicht beeinflusst worden sind. Hierzu zählen etwa Pachtverträge zur gewerblichen Bodennutzung durch individuelle wirtschaftliche Tätigkeit (Göh- 5

RING aaO; ders ROW 1989, 197; PURPS DtZ 1993, 144, 145) oder zur land- und forstwirtschaftlichen Nutzung (GRÜNEBERG/WENDTLAND DtZ 1993, 101, 102 f). Das ZGB hatte Pachtverträge zwar nicht geregelt, aber aufgrund der §§ 2, 3 EGZGB und des § 45 ZGB über die Vertragsfreiheit waren solche Verträge jedoch zulässig. Daraus ergibt sich eine zweite Gruppe, die nach dem 1. 1. 1976 unter dem ZGB als Verträge sui generis oder als Nutzungsverträge nach den §§ 71, 72 des Vertragsgesetzes vom 25. 3. 1982 (GBl I Nr 14 S 293) abgeschlossen worden sind und die eine Gebrauchsüberlassung mit dem Recht, Früchte zu ziehen, zum Inhalt hatte. Sie durften allerdings nicht unter die §§ 312 ff ZGB fallen (Rn 6). Die Hauptgruppe bilden die Pachtverhältnisse über land- und forstwirtschaftliche Nutzflächen, die aufgrund von Rechtsvorschriften der DDR begründet worden sind und auf die schon seit dem 20. 7. 1990 nach § 52 Abs 1 LwAnpG die §§ 581 bis 597 BGB anzuwenden waren (Rn 13). Schließlich fallen sämtliche Pachtverhältnisse unabhängig von der Art des Vertragsgegenstandes unter die Überleitungsvorschrift, die aufgrund der seit dem 1. 7. 1990 nach Art 2 Abs 1 S 2 des Vertrags über die Schaffung einer Währungs-, Wirtschafts- und Sozialunion zwischen der Bundesrepublik Deutschland und der Deutschen Demokratischen Republik vom 18. 5. 1990 (BGBl II 537) und des gemeinsamen Protokolls über Leitsätze hierzu unter A II 2 (BGBl II 545) gewährleisteten Vertragsfreiheit abgeschlossen worden sind (GÖHRING NJ 1992, 246, 247; PALANDT/PUTZO Rn 1).

6 **bb)** Demgegenüber wurden Verträge zum Zwecke der kleingärtnerischen Nutzung, Erholung und Freizeitgestaltung von land- und forstwirtschaftlich nicht genutzten Bodenflächen unter der Geltung des ZGB nach Maßgabe der §§ 312 bis 315 abgeschlossen. Hierzu gehörten auch Nutzungsverträge zur Errichtung von Garagen (KreisG Görlitz WuM 1992, 112; KreisG Leipzig-Stadt WuM 1992, 358). Es handelte sich nicht um Pacht iS der §§ 581 ff BGB, sondern um **besondere Nutzungsverhältnisse**, für die Art 232 § 4 EGBGB eine spezielle Überleitungsvorschrift enthält. Soweit solche Verträge vor dem Inkrafttreten des ZGB abgeschlossen worden waren, unterlagen sie dem damals noch geltenden BGB und waren als Pacht zu beurteilen. Nach § 2 Abs 2 EGZGB wurden die Verträge jedoch dem ZGB unterstellt, das auch auf alle bei seinem Inkrafttreten bestehenden Zivilrechtsverhältnisse anzuwenden war. Daraus folgt, dass es sich im Zeitpunkt des Beitritts auch bei solchen Altverträgen aus der Zeit vor dem 1. 1. 1976 um Nutzungsverhältnisse handelte, die den §§ 312 bis 315 ZGB unterlagen und für die Art 232 § 4 EGBGB als Überleitungsvorschrift maßgebend ist (LG Berlin DtZ 1992, 252; GÖHRING NJ 1992, 246, 247). Sie haben sich entgegen der Ansicht des BezG Frankfurt/O (WuM 1992, 309 m Anm SCHMIDT-RÄNTSCH VIZ 1992, 31) nicht in Pachtverhältnisse zurückverwandelt (BGH DtZ 1993, 243; OLG Rostock VIZ 1996, 48; LG Berlin ZOV 1992, 106; GRÜNEBERG/WENDTLAND DtZ 1993, 101, 102 f; PURPS DtZ 1993, 144, 145; STEINWACHS IFLA 1992, 37). Nach dem Wortlaut des § 4 Abs 1 der Überleitungsvorschrift kommt es nur darauf an, dass es sich um Nutzungsverhältnisse nach den §§ 312 bis 315 ZGB handelt, die vor dem Wirksamwerden des Beitritts geschlossen worden sind. Es wird nicht bestimmt, dass dies unter der Geltung des ZGB erfolgt sein muss. Für diese Ansicht spricht ferner, dass § 4 Abs 3 der Überleitungsvorschrift mit der Verweisung auf das Bundeskleingartengesetz insoweit keine Unterscheidung trifft, so dass folgerichtig in der Überleitungsvorschrift des § 3 eine solche Verweisung fehlt. Die weitere Anwendung der §§ 312 bis 315 ZGB auf Pachtverträge, die vor dem Inkrafttreten dieses Gesetzes abgeschlossen worden sind, verletzt nicht die Eigentumsgarantie des Art 14 Abs 1 S 1 GG (BVerfG DtZ 1993, 309).

2. Abgrenzung zur Miete

Da nur Pachtverhältnisse von der Überleitungsvorschrift erfasst werden und damit unter die uneingeschränkte Geltung der §§ 581 ff BGB fallen, stellt sich die Frage einer Abgrenzung zu gewerblichen Mietverhältnissen. Nach Art 232 § 2 Abs 5 bis 7 EGBGB galt für ein Mietverhältnis über Geschäftsräume oder gewerblich genutzte unbebaute Grundstücke bis zum 31. 12. 1994 ein besonderer Bestandsschutz (Staudinger/Rolfs Art 232 § 2 EGBGB Rn 141 ff). Ein allgemeiner pachtrechtlicher Bestandsschutz ergibt sich deshalb nur unter den Voraussetzungen des § 595 BGB bei der Landpacht (Staudinger/vJeinsen [2003] § 595 Rn 15 ff). Für die Annahme eines Pachtverhältnisses kommt es darauf an, dass etwa die Überlassung von Räumen bereits Fruchtziehung ermöglicht und dass der Zweck des Vertrags nach dem Parteiwillen hierauf gerichtet ist. Die Räume selbst können aber nur dann als die eigentliche Quelle der Erträge angesehen werden, wenn sie eine für den vorgesehenen Betrieb geeignete bauliche Beschaffenheit aufweisen und wenn die entsprechende Einrichtung vorhanden ist oder der Verpächter bei deren Beschaffung mitwirkt (Seitz DtZ 1992, 72, 73; Staudinger/Abeltshauser/Sonnenschein [2003] § 581 Rn 27 ff). In gleicher Weise ist bei der Überlassung eines unbebauten Grundstücks danach abzugrenzen, ob das Grundstück selbst Erträge abwirft (Staudinger/Abeltshauser/Sonnenschein [2003] § 581 Rn 12). **7**

III. Geltung des Bürgerlichen Gesetzbuchs (Abs 1)

1. Anzuwendende Vorschriften

Nach Abs 1 der Überleitungsvorschrift des § 3 richten sich Pachtverhältnisse aufgrund von Verträgen, die vor dem Wirksamwerden des Beitritts geschlossen worden sind, von diesem Zeitpunkt an nach den §§ 581 bis 597 BGB (Berg ZAP Fach 7, 81). Das Gesetz ist in der Weise aufgebaut, dass § 581 Abs 1 BGB die Hauptpflichten der Parteien für jede Art von Pachtverhältnis regelt, während die §§ 582 bis 584b BGB nur die Pacht von Grundstücken, Betrieben, beweglichen Sachen und Rechten betreffen. Hierauf sind nach § 581 Abs 2 BGB die Vorschriften über die Miete entsprechend anzuwenden. Davon zu unterscheiden ist der Landpachtvertrag iS des § 585 Abs 1 S 1 BGB, durch den ein Grundstück mit den seiner Bewirtschaftung dienenden Wohn- oder Wirtschaftsgebäuden (Betrieb) oder ein Grundstück ohne solche Gebäude überwiegend zur Landwirtschaft verpachtet wird. Für die Landpacht gelten nach § 585 Abs 2 BGB die §§ 581 Abs 1, 582 bis 583a, sowie die §§ 585 bis 597 BGB. **8**

2. Rechte und Pflichten der Parteien

Die Hauptpflicht des Verpächters besteht nach § 581 Abs 1 S 1 BGB darin, dem Pächter den Gebrauch des verpachteten Gegenstandes und den Genuss der Früchte, soweit sie nach den Regeln einer ordnungsgemäßen Wirtschaft als Ertrag anzusehen sind, während der Pachtzeit zu gewähren. Hauptpflicht des Pächters ist es, dem Verpächter die vereinbarte Pacht zu entrichten. Die weiteren Rechte und Pflichten der Parteien ergeben sich aus dem Pachtvertrag und aus den jeweils nach der Art des Pachtgegenstandes anwendbaren gesetzlichen Vorschriften. Wer Partei des Vertrags ist, richtet sich nach den gesetzlichen Bestimmungen, die zur Zeit seines Zustande- **9** kommens galten. So wurden bei dem im Jahre 1953 in behördliche Verwaltung überführten landwirtschaftlichen Betrieben Pachtverträge zwischen dem Rat des Kreises und dem betroffenen Grundstückseigentümer abgeschlossen. Die LPG, der die Grundstücke zur Nutzung überlassen waren, wurde nicht Vertragspartei. Ansprüche auf Gebäudeunterhaltung können deshalb nur gegen den Rat des Kreises bzw seinen Rechtsnachfolger als Pächter geltend gemacht werden (BezG Magdeburg AgrarR 1992, 17). Rechtsnachfolger ist aber nicht der jeweilige Landkreis (KrsG Neuruppin AgrarR 1992, 138; Bundesmisterium der Justiz DtZ 1993, 207; Remus DtZ 1993, 47; **aM** KrsG Fürstenwalde AgrarR 1994, 90; Schweizer 193 ff; offengelassen von BGH NJW 1993, 859).

3. Beendigung des Pachtverhältnisses

10 Die Beendigung des Pachtverhältnisses und seine Abwicklung richten sich grundsätzlich nach den Vorschriften des bürgerlichen Rechts. Welche Vorschriften anwendbar sind, hängt von der Art des Pachtgegenstandes ab. Soweit es sich nicht um Landpacht handelt, sind die §§ 584 bis 584b BGB sowie nach § 581 Abs 2 BGB die Vorschriften über die Beendigung des Mietverhältnisses anzuwenden (Staudinger/Abeltshauser/Sonnenschein [2003] § 581 Rn 371 ff). Für die Beendigung eines Landpachtverhältnisses sind die §§ 594 bis 597 BGB maßgebend. Dies bedeutet etwa, dass dem Pächter unter den Voraussetzungen des § 595 BGB, der der Sozialklausel des § 556a BGB für die Wohnraummiete nachgebildet ist, ein Anspruch auf Fortsetzung des Pachtverhältnisses zustehen kann (Staudinger/vJeinsen [2003] § 596 Rn 9 ff). Hatte der Rat des Kreises die Grundstücke verpachtet und einer LPG zur Nutzung überlassen, so kann der Verpächter die Grundstücke nach Beendigung des Pachtverhältnisses aufgrund des § 596 Abs 3 BGB auch von der LPG zurückfordern (BezG Magdeburg AgrarR 1992, 17).

IV. Sonderbestimmungen für die Landpacht (Abs 2)

1. Umwandlung der Nutzungsverhältnisse in Pachtverhältnisse

11 **a)** Nach Abs 2 der Überleitungsvorschrift des § 3 bleiben die §§ 51 und 52 des Landwirtschaftsanpassungsgesetzes vom 29. 6. 1990 unberührt. Die Bestimmung hat **klarstellende Funktion** (Rn 1). Das LwAnpG ist inzwischen mehrfach geändert worden, zuletzt durch das Mietrechtsreformgesetz am 19. 6. 2001 (BGBl I 1149, 1174). Eine Neufassung datiert vom 3. 7. 1991 (BGBl I 1418). Nach § 51 LwAnpG, der unverändert geblieben ist, waren die bestehenden Rechtsverhältnisse am Boden zwischen LPG und Rat des Kreises, dh der zuständigen Kreisbehörde, sowie zwischen ihm und dem Eigentümer innerhalb eines Jahres nach dem Inkrafttreten dieses Gesetzes aufzulösen. Das Gesetz ist nach § 70 Abs 2 mit seiner Veröffentlichung am 20. 7. 1990 in Kraft getreten. Die Jahresfrist war also noch nicht abgelaufen, als Art 232 § 3 EGBGB mit dem Einigungsvertrag in Kraft trat. Da die Überleitungsvorschrift die Regelung des § 51 LwAnpG unberührt gelassen hat, bestand die Verpflichtung zur Auflösung der Verträge fort. Nach der Wiedererrichtung der Kreise durch das Gesetz über die Selbstverwaltung der Gemeinden und Landkreise in der DDR (Kommunalverfassung) vom 17. 5. 1990 (GBl I Nr 28 S 255) waren hierfür die Kreisbehörden zuständig (BGH NJW 1993, 859).

12 **b)** Hiervon waren zum einen die Pachtverträge betroffen, die von Grundstückseigentümern, die nicht Mitglied der LPG wurden, mit dem Rat des Kreises abgeschlossen worden waren. Zum anderen fielen hierunter die Verträge, die der Rat des Kreises anschließend mit der LPG abgeschlossen hatte, um dieser die Nutzung unentgeltlich zu überlassen. Die Verträge konnten durch Kündigung oder Aufhebung aufgelöst werden (Nies, in: Clemm ua, Rechtshdb Vermögen und Investitionen in der ehemaligen DDR, § 51 LwAnpG Rn 1 ff).

2. Vorzeitige Geltung des bürgerlichen Gesetzbuchs

a) Nach § 52 Abs 1 LwAnpG gelten alle Pachtverhältnisse über land- und forstwirtschaftliche Nutzflächen die §§ 581 bis 597 BGB in der Fassung des Gesetzes zur Neuordnung des landwirtschaftlichen Pachtrechts vom 8. 11. 1985 (BGBl I 2065). Wenn die Überleitungsvorschrift des § 3 Abs 2 diese Bestimmung unberührt gelassen hat, so bedeutet dies, dass sich an der auf § 52 Abs 1 LwAnpG beruhenden **Geltung des bürgerlich-rechtlichen Pachtvorschriften** seit dem 20. 7. 1990 nichts ändern sollte, auch wenn die Überleitungsvorschrift auf den Zeitpunkt des Beitritts am 3. 10. 1990 abstellt. **13**

b) Unberührt von der Überleitungsvorschrift blieb ferner die Bestimmung des § 52 Abs 2 LwAnpG. Hiernach konnten vorübergehend zwischen der zuständigen Kreisbehörde und dem Nutzer die Bedingungen für die Bodennutzung vereinbart werden, wenn der Bodeneigentümer in dem durch § 51 LwAnpG bestimmten Zeitraum, dh innerhalb eines Jahres seit dem 20. 7. 1990, nicht zum Abschluss des Pachtvertrags in der Lage war. Diese Regelung sollte unter der Geltung des BGB fortbestehen. Gleichzeitig ist jedoch bestimmt worden, dass dem Eigentümer hinsichtlich der Auflösung des Pachtverhältnisses mit der zuständigen Kreisbehörde sowie der Kündigung der Bodennutzung die gleichen Rechte wie den aus der LPG ausscheidenden Mitgliedern nach § 43 LwAnpG zustehen. Diese Vorschrift enthält Kündigungsregeln, die vom BGB abweichen (Nies, in: Clemm ua, Rechtshdb Vermögen und Investitionen in der ehemaligen DD, § 52 LwAnpG Rn 1 ff). **14**

§ 4
Nutzung von Bodenflächen zur Erholung

(1) Nutzungsverhältnisse nach den §§ 312 bis 315 des Zivilgesetzbuchs der Deutschen Demokratischen Republik aufgrund von Verträgen, die vor dem Wirksamwerden des Beitritts geschlossen worden sind, richten sich weiterhin nach den genannten Vorschriften des Zivilgesetzbuchs. Abweichende Regelungen bleiben einem besonderen Gesetz vorbehalten.

(2) Die Bundesregierung wird ermächtigt, durch Rechtsverordnung mit Zustimmung des Bundesrates Vorschriften über eine angemessene Gestaltung der Nutzungsentgelte zu erlassen. Angemessen sind Entgelte bis zur Höhe der ortsüblichen Pacht für Grundstücke, die auch hinsichtlich der Art und des Umfangs der Bebauung in vergleichbarer Weise genutzt werden. In der Rechtsverordnung können Bestimmungen über die Ermittlung der ortsüblichen Pacht, über das Verfahren der Entgelterhöhung sowie über die Kündigung im Fall der Erhöhung getroffen werden.

(3) Für Nutzungsverhältnisse innerhalb von Kleingartenanlagen bleibt die Anwendung des Bundeskleingartengesetzes vom 28. Februar 1983 (BGBl. I S. 210) mit den in Anlage I Kapitel XIV Abschnitt II Nr. 4 zum Einigungsvertrag enthaltenen Ergänzungen unberührt.

(4) Die Absätze 1 bis 3 gelten auch für vor dem 1. Januar 1976 geschlossene Verträge, durch die land- oder forstwirtschaftlich nicht genutzte Bodenflächen Bürgern zum Zwecke der nicht gewerblichen kleingärtnerischen Nutzung, Erholung und Freizeitgestaltung überlassen wurden.

Materialien: Abs 1 bis 3: siehe Art 230 idF durch den Einigungsvertrag; E: BT-Drucks 11/7760 Art 232 § 4 Abs 4: eingefügt durch Art 13 Nr 2 b RegVBG v 20. 12. 1993, BGBl 1993 I 2182; E: BT-Drucks 12/5553; Beschlußempfehlung und Bericht des Rechtsausschusses BT-Drucks 12/6228; Abs 2 S 2 u 3 geändert durch Art 2 Nr 2 c MietrechtsreformG v 19. 6. 2001, BGBl 2001 I 1149; E: BT-Drucks 14/4553; Beschlußempfehlung und Bericht des Rechtsausschusses BT-Drucks 14/5663.

Schrifttum

Both, Geänderte Nutzungsentgelte für Datschenbesitzer, ZflR 1997, 624
Görk, Deutsche Einheit und Wegfall der Geschäftsgrundlage (1995)
Grün, Nutzungsentgelte für Datschengrundstücke, DtZ 1997, 306
Grüneberg/Wendtland, Zur Beendigung von Nutzungsverträgen nach §§ 312 ff DDR-ZGB über Erholungs- und Freizeitgrundstücke außerhalb von Kleingartenanlagen, DtZ 1993, 101
Grundmann, Die ostdeutsche Datsche – ein wertvolles Stück Freiheit oder nur ein Kostenfaktor?, NZM 2002, 894
vGülich/Schink, Zum Nutzungsentgelt für Bodenflächen in den neuen Bundesländern, NJ 1995, 514
Horst, Kündigungsschutzmöglichkeiten für Grundeigentümer nach dem Schuldrechtsanpassungsgesetz, ZAP-Ost Fach 4 S 165
ders, Beendigung und Abwicklung von Garagennutzungsverhältnissen in den jungen Bundesländern, DWW 1996, 151
Köhler, Zwei Jahre Schuldrechtsanpassungsgesetz – ein Gesetz sucht seinen Weg, VIZ 1997, 193
Leutheusser-Schnarrenberger, Zur Neuregelung der schuldrechtlichen Nutzungsverhältnisse an Grundstücken im Beitrittsgebiet, DtZ 1993, 322
Matthiessen, Sachenrecht in der Schuldrechtsanpassung: Rechtsprobleme bei Übertragung des Sondereigentums an Bungalows und Garagen, VIZ 1996, 13
ders, Schuldrechtsanpassung: Zur Wirksamkeit von Befristungs- und Kündigungsabreden in Nutzungsverträgen, NJ 1998, 72
Messerschmidt, Das Schuldrechtsänderungsgesetz, NJW 1994, 2648
Oetker, Äquivalenzsicherung bei der Nutzungsüberlassung von Grundstücken zur Erholung (§§ 312 ff ZGB-DDR), DtZ 1993, 325
Purps, Eigentum an Baulichkeiten bei der Aufhebung von Nutzungsverträgen, VIZ 1994, 390
ders, Vertrags-Moratorium für Erholungsgrundstücke und § 314 IV ZGB-DDR, VIZ 1994, 223
Rövekamp, Einführung in die Schuldrechtsanpassung, NJ 1995, 15
ders, Zur Abgrenzung der Kleingärten von anderen Freizeitgärten in den neuen Bundesländern, OV spezial 3/96, 38
Schilling, Stärker begrenzter und abgesicherter Anstieg der Nutzungsentgelte – Zur Änderung der NutzungsentgeltVO, BuW 1997, 580
Schmidt-Räntsch, Zur Neuordnung der Nutzung fremden Grund und Bodens, DtZ 1994, 322
ders, Aktuelle Probleme der Schuldrechtsanpassung, ZIP 1996, 728

SCHNABEL, Erste praktische Erfahrungen mit der Schuldrechtsanpassung, NJW 1995, 2661
ders, Änderung der Nutzungsentgeltverordnung (NutzEV) zu Lasten der Eigentümer, ZOV 1997, 231
ders, Rechtsprechung zur Schuldrechtsanpassung und Sachenrechtsbereinigung, NJW 2000, 2387
ders, Entwurf zur Änderung des Datschengesetzes (SchuldRAnpG), ZOV 2001, 300
TRIMBACH/MATTHIESEN, Einführung in die Schuldrechtsanpassung, VIZ 1994, 446
dies, Zur Notwendigkeit einer Änderung der NutzungsentgeltVO, NJ 1996, 406
dies, Die geänderte Nutzungsentgeltverordnung: Mehr Rechtssicherheit für Datschenpächter, NJ 1997, 523
TURNER, Eigentumsrechtliche Sonderregelung auf dem Gebiet der ehemaligen DDR, DB DDR-Report 1990, 3/150
WARDENBACH, ZGB-Erholungsgrundstücke in der neuen Nutzungsentgeltverordnung, MDR 1983, 710
ZIMMERMANN, Die Änderung der Nutzungsentgeltverordnung, VIZ 1997, 575.

Zum Recht der DDR:
JANKE, Nutzung von Bodenflächen zur Erholung, NJ 1991, 238
LÜBCHEN ua, Zivilrecht (1983; zit ZGB).

Systematische Übersicht

Alphabetische Übersicht

I. Normzweck, erfaßte Vertragstypen

1. Nutzungsverhältnisse nach §§ 312 ff ZGB

a) Nutzungsverhältnisse nach §§ 312 bis 315 ZGB hatten in der DDR eine erhebliche Bedeutung, da sie weiten Bevölkerungskreisen eine **eingeschränkte Nutzung von Bodenflächen** – die nicht notwendig mit Grundstücken im grundbuchrechtlichen Sinn übereinstimmen mußten – und damit Freiräume in der Freizeitgestaltung schufen. Zweck von § 4 ist es, die insoweit gewachsenen Verhältnisse nicht aufzubrechen. Im Jahr 1999 gab es nach Erhebungen des BMJ (Anlage zu BT-Drucks 14/3612) noch etwa 220.000 solcher Nutzungsverhältnisse, die in der DDR begründet waren. 1

Zum Umfang der **Bebauung** aufgrund Nutzungsrechten nach §§ 312 ff ZGB: Art 231 § 5 Rn 42.

b) § 4 beinhaltet eine **Gegenausnahme** zu der Unterstellung von Miet- und Pachtverhältnissen unter das BGB (§§ 2, 3). Grund hierfür ist, daß das **Nutzungsverhältnis** nach §§ 312 bis 315 ZGB zwar als pachtähnlich qualifiziert werden kann, im BGB aber keine Entsprechung findet. Die Überleitung in Pachtverhältnisse hätte nicht nur Härten bewirkt, sondern vor allem Spannungen zur **sachenrechtlichen** Bedeutung des schuldrechtlichen Nutzungsverhältnisses heraufbeschworen. § 4 ist insbesondere deshalb erforderlich geworden, weil sonst dem nach Art 231 § 5 fortbestehenden, aufgrund des Nutzungsrechts begründeten **Eigentum an Baulichkeiten** (siehe Art 231 § 5 Rn 4, 39 ff) die schuldrechtliche Regelungsgrundlage entzogen worden wäre. 2

2. Andere Formen schuldrechtlicher Nutzung

a) Erst nach Inkrafttreten des EV wurde nach und nach die über die formale 3

Rechtslage des ZGB hinausgehende Vielfalt praktischer **Erscheinungsformen der Nutzung** fremder Grundstücke, insbesondere zu Erholungs- und Freizeitgestaltungszwecken, deutlich. § 4 in der Fassung der Abs 1 bis 3 durch den EV befaßt sich insoweit zu eng nur mit dem rechtsförmlich seit 1. 1. 1976 im ZGB geregelten Erscheinungsbild des schuldrechtlichen Nutzungsverhältnisses.

4 **b)** Der durch das RegisterverfahrenbeschleunigungsG eingefügte **Abs 4** enthält eine Klarstellung für eine dieser Fallgruppen: Die meisten der Verträge zur Nutzung von Grundstücken für Erholungs- und Freizeitzwecke waren schon **vor Inkrafttreten des ZGB am 1. 1. 1976 als Pachtverträge** abgeschlossen worden. Gemäß § 2 Abs 2 S 2 EGZGB bestehen diese Verträge fort, unterstehen aber seit dem 1. 1. 1976 nach § 2 Abs 2 S 1 EGZGB den Bestimmungen des ZGB (OG NJ 1978, 361 mN). In der Rechtsprechung nach Inkrafttreten des EV war die Anwendung der Regelungen der §§ 312 bis 315 ZGB auf solche Alt-Pachtverträge nicht unbestritten (für Anwendung von §§ 312 ff ZGB und Aufhebung nur durch gerichtliche Entscheidung: BGH LM Art 232 EGBGB Nr 6 Bl 3; LG Berlin MDR 1992, 1057; Schmidt-Räntsch VIZ 1992, 32 [Anm]; Grüneberg/Wendtland DtZ 1993, 101, 102; Görk 169; nicht beanstandet durch BVerfG DtZ 1993, 309; **aA**: Pachtrecht und Kündigung nach §§ 581 ff BGB: BezG Frankfurt/O VIZ 1992, 31, 32; vermittelnd: Übereinstimmung mit §§ 312 ff ZGB im Einzelfall zu prüfen: Purps DtZ 1993, 144).

Abs 4 stellt klar, daß Abs 1 bis 3 *auch auf solche alten Pachtverträge anzuwenden* sind (BT-Drucks 12/5553, 129), die nach ihrem *Vertragszweck* der Beschreibung in Abs 1 bzw § 312 ZGB entsprechen, also die Überlassung der Nutzung zu Erholungs- und Freizeitzwecken zum Gegenstand haben (OLG Rostock OLG-NL 1996, 114 [Überlassung nicht landwirtschaftlich genutzter Flächen durch LPG]; LG Magdeburg 23. 4. 1996, 2 S 452/95, juris [Garagenbau]; Palandt/Weidenkaff Rn 1).

Sonstige (echte) Pachtverhältnisse aus der Zeit vor dem 1. 1. 1976 unterfallen dagegen nicht Abs 4 und sind nach § 3 überzuleiten (vgl Erläuterungen dort; Görk 170).

5 **c)** Ungeregelt waren bis zum Inkrafttreten des RegVBG am 25. 12. 1993 auch die **Überlassungsverträge**, durch die unter staatlicher Zwangsverwaltung stehende Grundstücke – zumeist vor dem 1. 1. 1976 – Bürgern zur Nutzung, ua zu Freizeit- und Erholungszwecken, überlassen wurden (näher zum Begriff Art 232 § 1a Rn 1 ff). Der durch das RegVBG eingefügte § 1a regelt umfassend den Fortbestand solcher Überlassungsverträge, auch soweit sie den Nutzungszweck des § 4 überschreiten. **§ 4 Abs 4** soll aber unbeschadet dessen auch für *Überlassungsverträge* zu Erholungs- und Freizeitgestaltungszwecken die Geltung der §§ 312 bis 315 ZGB klarstellen (BT-Drucks 12/5553, 129).

6 **d)** Weiterer Zweck der Einbeziehung von Alt-Pachtverträgen und Überlassungsverträgen in die Regelungen der Abs 1 bis 3 durch Abs 4 ist die Erfassung und Sicherung dieser Fälle für die nach Abs 1 S 2 vorbehaltene *Nutzungsrechtsbereinigung* (BT-Drucks 12/5553, 129), die im **SchuldrechtsanpassungsG** vollzogen wurde (dazu unten Rn 57 ff). Gemäß § 1 Abs 1 Nr 1 SchuldRAnpG sind dessen Regelungen auch auf solche Altverträge anzuwenden. Handelt es sich um *Überlassungsverträge*, so gelten in der Schuldrechtsanpassung die Sonderregeln der §§ 34 ff SchuldRAnpG (dazu Art 232 § 1a Rn 31 ff).

e) Neben diesen im weiteren Sinn nach dem Recht der DDR geregelten Nutzungsüberlassungs- und Nutzungsrechtsverträgen kamen jedoch auch **atypische**, insbesondere **formlose** und **faktische** Nutzungsüberlassungen zu den in Abs 1 genannten Zwecken vor. **7**

aa) Häufig wurden Nutzungsverträge nicht durch den Grundstückseigentümer oder einen ordentlich bestellten staatlichen Verwalter, sondern durch **andere staatliche Stellen, LPGen** oder **Zwischenpächter** geschlossen. **8**

– Abs 4 bezieht sich nicht auf solche Fälle (OLG Naumburg NJ 1994, 227; Brandenburgisches OLG OLG-NL 1994, 178). Zunächst entfalteten solche Verträge *keine Wirksamkeit gegenüber dem Grundstückseigentümer* (RÖVEKAMP NJ 1995, 17).

– Jedoch bezogen § 4a Abs 3 bis 6 diese Fälle in das *Vertragsmoratorium* ein, so daß der Grundstückseigentümer gehindert war, seine – sonst bestehenden – Rechte aus § 985 BGB geltend zu machen (RÖVEKAMP NJ 1995, 17; die Konsequenzen der vorherigen Rechtslage verdeutlicht die – vor Inkrafttreten des § 4a korrekte – Entscheidung des OLG Naumburg NJ 1994, 227: weder Art 232 § 4 noch Art 233 § 2a wären anwendbar gewesen).

– Eine abschließende Regelung schafft auch für diese Fälle das *SchuldRAnpG*. § 8 SchuldRAnpG bezieht ausdrücklich die von staatlichen Stellen, LPGen und Zwischenpächtern geschlossenen Verträge ein, soweit der Nutzer gemäß § 8 Abs 3 S 1 in gutem Glauben (keine positive Kenntnis der fehlenden Überlassungsbefugnis) war.

bb) Gelegentlich wurden auch nach dem 1. 1. 1976 Nutzungsverträge geschlossen, die nicht der in § 312 ZGB vorgesehenen **Form** des Nutzungsvertrages entsprachen. **9**

– Bereits nach den zu § 312 ZGB entwickelten Grundsätzen können solche Verträge dennoch als Vertrag nach §§ 312 ff ZGB wirksam sein, wenn zwar **nicht die beidseitige Schriftform** gewahrt wurde, aber der die Nutzung Überlassende dies schriftlich erklärt hat und die Nutzung tatsächlich überlassen wurde (OG NJ 1990, 128; LG Halle DtZ 1994, 220; bemerkenswert für die Begünstigung der Nutzung ggü dem Eigentum erscheint, daß dieser, an § 313 S 2 BGB erinnernde Gedanke für die Eigentumsübertragung nicht aufgegriffen wurde).

– Weitergehend enthält § **19 SchuldRAnpG** Heilungsvorschriften für Formverstöße: Ein Nutzungsvertrag zum Zwecke der kleingärtnerischen Nutzung, Erholung oder Freizeitgestaltung ist nicht deshalb unwirksam, weil die Schriftform nach § 312 Abs 1 S 2 ZGB nicht eingehalten wurde (§ 19 Abs 1 SchuldRAnpG). Eine Heilung ist nicht mehr möglich, wenn in der Sache rechtskräftig entschieden wurde (§ 19 Abs 3 SchuldRAnpG).

cc) Häufig wurde ohne eine **Vereinbarung nach § 313 Abs 2 ZGB** auf einer zur Nutzung nach § 312 ZGB überlassenen Bodenfläche ein **Wochenendhaus** oä errichtet. Das Fehlen der Zustimmung des Grundstückseigentümers oder des Vertragschließenden ist unbeachtlich, dh der Nutzer gilt als zur Nutzung durch Bebauung mit einer solchen Baulichkeit berechtigt, wenn der Nutzungsvertrag durch eine staatliche Stelle abgeschlossen wurde und eine Behörde dieser Körperschaft dem Nutzer die **10**

Bauzustimmung erteilt hat (§ 19 Abs 2 SchuldRAnpG). Auch diese Heilung ergreift nur die nicht rechtskräftig entschiedenen Fälle (§ 19 Abs 3 SchuldRAnpG).

3. Nutzung aufgrund von Mietverträgen und sonstigen Nutzungsverträgen

11 Teilweise wurden auch auf der Grundlage der Vorschriften über die **Wohn- und Gewerberaumlenkung** renovierungsbedürftige Gebäude aber auch unbewohnbare Grundstücke zur Rekonstruktion durch Mietverträge oder sonstige Nutzungsverträge seitens nicht zivilrechtlich berechtigter staatlicher Stellen zugewiesen. Häufig haben aber auch **Mieter** oder Berechtigte **sonstiger Nutzungsverträge** durch Aufbauten und Renovierung, die den Umfang von Teilneubauten angenommen haben, die Bewohnbarkeit ihrer Wohnungen erhalten oder neue Gebäude auf Grundstücken errichtet. Solche Fälle werden **nicht** von § 4 erfaßt. Sie können jedoch grundsätzlich, da dingliche Berechtigungen nicht vorlagen (BT-Drucks 12/7135, 36), in der Schuldrechtsanpassung gemäß § 1 Abs 1 Nr 3, §§ 43 ff SchuldRAnpG erfaßt sein bzw bei entsprechender Nutzung (§ 2 Abs 1 Nr 2 SachenRBerG, insbesondere als Eigenheim) und Umfang der baulichen Investition (§ 12 SachenRBerG) in der Sachenrechtsbereinigung (näher hierzu Erläuterungen zu Art 232 §§ 2, 3).

4. Dingliche Nutzungsrechte an Erholungsgrundstücken

12 Fälle der Nutzung aufgrund **dinglicher Nutzungsrechte** unterfallen ebenfalls nicht § 4. Dies gilt auch, wenn ein dingliches Nutzungsrecht – das nach der geschriebenen Rechtslage in der DDR grundsätzlich nur im Bereich des Eigenheimbaues vorgesehen war – an einem *Freizeitgrundstück* bestellt wurde, weil die Bestellung eines dinglichen Rechts in Hinblick auf die Größe der Bebauung mit einem *nicht zu Wohnzwecken genutzten* Wochenendhaus zweckmäßig erschien.

Solche Fälle unterfallen zwar der Schuldrechtsanpassung, da § 2 Abs 1 S 1 SachenRBerG die Freizeitnutzung aus dem Anwendungsbereich der Sachenrechtsbereinigung ausschließt. Jedoch wird dem dinglichen Charakter der zugrundeliegenden Nutzungsberechtigung dadurch Rechnung getragen, daß nach den Bestimmungen des *Gesetzes zur Bereinigung der im Beitrittsgebiet zu Erholungszwecken verliehenen Nutzungsrechte* (ErholNutzG, Art 2 SchuldRÄndG, BGBl 1994 I 2548) eine der Behandlung nach dem SachenRBerG ähnliche Erbbaurechtslösung bestimmt ist (BT-Drucks 12/7135, 28; näher Art 233 § 4 Rn 101 ff).

5. Zusammenfassend: Sachlicher Anwendungsbereich (insbesondere Abs 4)

13 **a)** Abs 1 bis 3 gelten unmittelbar für **Nutzungsverhältnisse**, die nach dem 1. 1. 1976 gemäß §§ **312 bis 315** ZGB begründet wurden; dies gilt auch im Falle der Heilung von Mängeln, die nach den Bestimmungen der §§ 312, 313 ZGB bestehen würden, aber nach § 19 SchuldRAnpG unbeachtlich sind (oben Rn 9 f). Nach dem 3. 10. 1990 konnten solche Nutzungsverhältnisse nicht mehr begründet werden. Die Überleitung und Fortgeltung von §§ 312 ff ZGB bezieht sich nur auf „vor dem Wirksamwerden des Beitritts geschlossene" Verträge (Palandt/Weidenkaff Rn 3; MünchKomm/Voelskow Rn 2).

14 **b)** Abs 1 bis 3 gelten aufgrund Verweisung in **Abs 4** für **vor dem 1. 1. 1976** geschlossene **Pachtverträge** und **Überlassungsverträge**, durch die land- und forstwirtschaftlich nicht genutzte Bodenflächen Bürgern zu Freizeit- und Erholungszwecken überlassen wurden.

c) Für **andere Nutzungsüberlassungen** zu den in Abs 1 genannten Zwecken greift § 4 nicht ein. Es kann aber das Schuldrechtsmoratorium nach Art 232 § 4a und die nachfolgende Schuldrechtsanpassung nach § 1 Abs 1 Nr 3 SchuldRAnpG Anwendung finden. Für dingliche Nutzungsrechte zu den in Abs 1 genannten Zwecken gelten §§ 1 ff ErholNutzG (oben Rn 12). Die Anwendung der Bestimmungen des SachenRBerG hängt von Art und Ausmaß der Bebauung ab. **15**

d) Für Bodenflächen in **Kleingartenanlagen** beachte **Abs 3** (unten Rn 52 ff). **16**

II. Räumlicher und zeitlicher Anwendungsbereich

1. Interlokal bestimmt § 4 seinen Anwendungsbereich selbst; Nutzungsverhältnisse der genannten Art können nur an im Beitrittsgebiet belegenen Grundstücken bestehen. § 1 Abs 1 HS 1 SchuldRAnpG stellt diese interlokale Anwendung klar. **17**

2. Intertemporal ist § 4 anzuwenden auf Nutzungsverhältnisse, die vor dem 3. 10. 1990 wirksam **begründet** wurden (BGH LM Art 232 EGBGB Nr 6 Bl 3; Palandt/Weidenkaff Rn 2; zu den Entstehungsvoraussetzungen siehe Art 231 § 5 Rn 18 ff). Insoweit bedurfte es keiner besonderen Regelung, da die Entstehung eines Schuldverhältnisses vor dem 3. 10. 1990 zwingend dem Recht der DDR unterliegt. **18**

III. Überleitung zum 3. 10. 1990 – Rechtslage bis zum 31. 12. 1994

1. Fortgeltungsanordnung (Abs 1)

a) § 4 Abs 1 ordnet die **Fortgeltung** von §§ 312 bis 315 ZGB an. Verträge nach §§ 312 ff ZGB unterlagen vom 3. 10. 1990 bis 31. 12. 1994 weiterhin den Bestimmungen des ZGB. Dies galt auch für Fälle der Errichtung von *Garagen* aufgrund eines solchen Nutzungsrechts (Horst DWW 1994, 115, 140). Daher beurteilten sich insbesondere die gegenseitigen **Rechte und Pflichten** nach § 313 ZGB und die **Beendigung** des Nutzungsverhältnisses nach § 314 ZGB (Stürner JZ 1993, 1074, 1076), die jedoch durch das Moratorium des Art 232 § 4a überlagert wurden (unten Rn 23). Die vorbehaltene gesetzliche Neuregelung (Abs 1 Satz 2) erfolgte durch Überleitung der Nutzungsverhältnisse nach dem SchuldRÄndG v 21. 9. 1994 (BGBl 1994 I 2538) mit Wirkung zum 1. 1. 1995 (Palandt/Weidenkaff Rn 4). **19**

b) Eine **Neubegründung** nach dem 3. 10. 1990 kommt nicht in Betracht, da nur bestehende Nutzungsverhältnisse übergeleitet werden. Schwierigkeiten ergeben sich jedoch bei der **Veräußerung** der zugehörigen **Baulichkeit**. Insoweit kann Art 231 § 5 Abs 2 keine Anwendung finden; das Recht der DDR sah keine Zession des Nutzungsrechts vor, die Veräußerung der Baulichkeit setzte die Neubegründung eines Nutzungsrechts mit dem Erwerber der Baulichkeit voraus; Art 231 § 5 Abs 2 kann diese *schuldrechtliche* Position des Grundstückseigentümers nicht verschlechtern (näher hierzu Art 231 § 5 Rn 60 f). Auch eine nunmehr nach §§ 929 ff BGB erfolgende Übereignung der Baulichkeit kann nicht das zugrunde liegende Schuldverhältnis **20**

Nutzungsrecht in der Weise umgestalten, daß der Erwerber der Baulichkeit Nutzungsberechtigter an der Bodenfläche wird. Dies ergibt sich insbesondere aus dem nach § 4 fortgeltenden § 313 Abs 3 Satz 2 ZGB. Folgte man strikt dem Grundsatz, daß ein Nutzungsrecht nicht mehr begründet werden kann, so resultierte hieraus die *Unveräußerlichkeit* der Baulichkeit. Um dieses nicht gewollte Ergebnis zu vermeiden, erscheint es geboten, insoweit auch § 312 ZGB weiter anzuwenden, mit der Maßgabe, daß ein bestehendes Nutzungsrecht durch Vertrag zwischen dem Nutzungsberechtigten, dem Grundstückseigentümer und einem Dritten auf diesen übertragen (nicht aber erweitert, verlängert oder sonst umgestaltet) werden kann. In Betracht kommt auch die Begründung eines Pachtverhältnisses, wenn das Nutzungsverhältnis endet, also nicht mehr übertragen werden kann, die Baulichkeit aber an einen neuen „Nutzer" übereignet werden soll (Janke NJ 1991, 241). Hingegen kommt die Annahme einer isolierten Übereignung der Baulichkeit ohne Nutzungsrecht mit der Folge eines dinglichen Bestandsschutzes des Erwerbers gegen den Grundstückseigentümer (so Purps VIZ 1994, 390, 393) nicht in Betracht (näher Art 231 § 5 Rn 51 ff).

21 c) Unberührt blieb das bestehende Nutzungsrecht durch eine **Veräußerung des Grundstücks** oder der Grundstücke, aus denen die Bodenfläche besteht (Janke NJ 1991, 244; zur Rechtslage bis zum 2. 10. 1990 siehe § 297 Abs 2 S 2 ZGB). Dies läßt sich nach Wegfall der entsprechenden Bestimmung des ZGB aus einer entsprechenden Anwendung pachtrechtlicher Bestimmungen (§ 581 iVm § 571 aF BGB) herleiten.

22 d) Auch unter Geltung des BGB (siehe Art 235 § 1) blieb das Nutzungsrecht **vererblich**, ging also auf die Erben des Nutzungsberechtigten über (Janke NJ 1991, 244; zu Erbfällen vor dem 3. 10. 1990: Schneider NJ 1987, 463).

23 e) Im Zeitraum zwischen dem 25. 12. 1993 und dem 31. 12. 1994 unterlagen Verträge nach § 4, auch soweit sie Garagen betreffen, dem **Vertragsmoratorium** des § 4a, das insbesondere unter dem Vorbehalt abweichender Vereinbarung und vorheriger rechtskräftiger Entscheidung steht (§ 4a Abs 7). Dies betrifft auch sog „hängende Fälle", in denen der Nutzer nicht mit dem nach Vermögensrecht nun wieder installierten Alt-Eigentümer kontrahiert hatte, so daß nach der gemäß § 4 iVm §§ 312 ff ZGB geltenden Rechtslage das Räumungsverlangen des Eigentümers keine – nach § 313 ZGB erschwerte – *Kündigung* vorausgesetzt hätte. Angesichts einer Welle von Räumungsklagen gegen Nutzer (Grüneberg/Wendtland DtZ 1993, 101) war diese durch das RegVBG getroffene Maßnahme erforderlich geworden, um auch diese Sachverhalte für die von Abs 1 S 2 angekündigte Regelung in tatsächlicher Hinsicht offen zu halten.

24 f) Das **Besitzmoratorium** nach Art 233 § 2a ist auf Nutzungen zu den in Art 232 § 4 genannten Zwecken nicht anwendbar (Art 233 § 2a Abs 7). Damit ist auch der rückwirkend zum 2. 10. 1990 durch **§ 7 SchuldRAnpG** bestimmte absolute Kündigungsschutz nicht auf solche Nutzungen anwendbar, da diese Bestimmung ein Besitzrecht nach Art 233 § 2a Abs 1 voraussetzt. Für die Zeit bis zum 24. 12. 1993 hatte es bei dem Kündigungsschutz aus § 314 ZGB sein Bewenden (unten Rn 32 ff). Der BGH hat jedoch in einem Fall, in dem das wirksam mit einer LPG begründete Nutzungsrecht nach §§ 312 ff ZGB durch Aufhebung des § 18 LPG-G zum 1. 7. 1990 entfallen war, ein Aufleben des Besitzmoratoriums nach Art 233 § 2a angenommen; mit Wegfall des Schutzes nach § 314 Abs 3, 4 ZGB entfalle der Zweck, diese Fälle gemäß Art 233 § 2a Abs 7 ZGB aus dem Besitzmoratorium auszuschließen (BGH LM § 296 ZGB Nr 1 Bl 3). Dieser Fall wurde später geregelt durch § 4a Abs 2.

2. Einzelfragen – Fortgeltendes Recht der DDR

a) Befristung

25 Eine **Befristung** von Nutzungsverhältnissen war nur ausnahmsweise zulässig, wenn dafür „gesellschaftlich gerechtfertigte Gründe" vorlagen (§ 312 Abs 2 Satz 2 ZGB); diese waren im Vertrag anzugeben (Satz 3), wobei zwar nicht das Fehlen der Angabe von Gründen die Befristung nichtig machte (Janke NJ 1991, 239), aber bei einer unbegründeten Befristung ein gerechtfertigter Grund regelmäßig nicht vorliegen wird. Da einerseits die Handhabung des Rechtsbegriffs „gesellschaftlich gerechtfertigte Gründe" aus rechtsstaatlicher Sicht (vgl schon Art 1 Abs 2 **VerfassungsgrundsätzeG**, GBl DDR 1990 I 299) nicht übernommen werden kann, andererseits aber der **Schutzzweck** des § 312 Abs 2 ZGB der Rechtsordnung der Bundesrepublik durchaus nicht fremd ist (vgl §§ 566, 564c aF BGB), ist § 312 Abs 2 ZGB dahin auszulegen, daß eine Befristung im Vertrag über das Nutzungsverhältnis nur wirksam ist, wenn hierfür ein **berechtigtes Interesse** des Überlassenden entsprechend § 564c Abs 1 aF BGB besteht.

b) Beendigung des Nutzungsverhältnisses

26 **aa)** Die Beendigung von Nutzungsverhältnissen bestimmte sich nach § 314 ZGB. Für die Zeit zwischen dem 25. 12. 1993 und dem 31. 12. 1994 war der Kündigungsschutz jedoch durch das Vertragsmoratorium (§ 4a) überlagert, das einen verstärkten Kündigungsschutz bietet.

27 **bb)** Das ZGB hatte eine einvernehmliche Beendigung jederzeit zugelassen (§ 314 Abs 1 ZGB).

Eine Kündigung durch den **Nutzungsberechtigten** konnte unter Einhaltung einer Frist von 3 Monaten zum 31. 10. des laufenden Jahres erfolgen (§ 314 Abs 2 S 1 ZGB). Eine Kündigung mit Monatsfrist zum Quartalsende war nach § 314 Abs 2 S 2 ZGB bei Vorliegen „gesellschaftlich gerechtfertigter Gründe" möglich. Auch insoweit war nach dem 3. 10. 1990 auf rechtsstaatlich unbedenkliche Maßstäbe abzustellen, also den mietrechtlichen Begriff des „wichtigen Grundes" abzustellen (Grüneberg/Wendtland DtZ 1993, 101, 103).

28 **cc)** Stark erschwert war die Kündigung durch den **Überlassenden**. Dieser konnte bei **unbebauten Grundstücken** mit Dreimonatsfrist zum 31. 10. des Kalenderjahres kündigen (§ 314 Abs 3 ZGB), wenn dafür „gesellschaftlich gerechtfertigte Gründe", also *wichtige Gründe* vorlagen, insbesondere bei *groben Pflichtverletzungen*. Bei besonders schwerwiegendem vertragswidrigem Verhalten verkürzte sich die Frist auf einen Monat zum Quartalsende.

29 **dd)** Stärker beschränkt war das Kündigungsrecht des Überlassenden, wenn vertragsgemäß ein **Wochenendhaus** oder eine **Garage** errichtet wurde; in diesen Fällen bedurfte es einer **gerichtlichen Entscheidung** über die Auflösung des Nutzungsverhältnisses (§ 314 Abs 4 ZGB; Gestaltungsurteil, Purps VIZ 1994, 223, 224; zur Intensität der Kündigungsgründe Purps VIZ 1994, 223; Grüneberg/Wendtland DtZ 1993, 101; Gössmann WM

1991, 861; zur Kündigung, wenn schon bei Überlassung ein Eigenheim vorhanden war: BGH LM Art 232 Nr 6 Bl 4).

30 **ee)** Nicht als gerechtfertigter Grund für eine Kündigung bzw Vertragsauflösung wurde nach Inkrafttreten des Einigungsvertrages eine **angemessene wirtschaftliche Verwertung** bzw eine **Erhöhung des Nutzungsentgelts** angesehen. Zwar war bei gebotener Auslegung des Begriffs „gesellschaftlich gerechtfertigter Grund" unter marktwirtschaftlichen Gegebenheiten auch der Fall des § 564b Abs 2 Nr 3 aF BGB erfaßt (ablehnend BezG Potsdam VersR 1993, 971, 972; LG Berlin ZOV 1993, 68; zweifelnd: Oetker DtZ 1993, 325, 326). Jedoch wäre der Zweck der Verordnungsermächtigung in Abs 2 hierdurch unterlaufen worden, so daß für die Zeit zwischen dem 3. 10. 1990 und dem 1. 8. 1993 eine zur Sicherung des Rechtsfriedens notwendige Suspendierung des Rechtsgedankens des § 564b Abs 2 Nr 3 aF BGB hinzunehmen ist. Seit Inkrafttreten der NutzEV (unten Rn 41 ff) beschreibt diese die Angemessenheit der wirtschaftlichen Verwertbarkeit, so daß eine Kündigung angesichts der Möglichkeit der Entgeltanpassung nicht in Betracht kommt (iE ebenso: Oetker DtZ 1993, 325, 326).

31 **ff)** Eine Beendigung oder Anpassung des Nutzungsvertrages wegen **Wegfalls der Geschäftsgrundlage** kam ebenfalls nicht in Betracht. Die gesetzgeberische Entscheidung für eine Fortgeltung des ZGB-Kündigungsrechts sowie eine sozialverträglich gestaltete Überleitung in die Bestimmungen des BGB läßt für eine Anpassung nach Treu und Glauben keinen Raum (Görk 172).

c) Verfassungsmäßigkeit der ZGB-Kündigungsregeln

32 **aa)** Die eingeschränkten Kündigungsmöglichkeiten seitens des Grundstückseigentümers im ZGB wurden im Gesetzgebungsverfahren als „mit der **Gewährleistung des Privateigentums** schwerlich vereinbar" (BT-Drucks 11/7817, 39; ebenso für den Fall längerer Dauer: Gössmann WM 1991, 1868; Grüneberg/Wendtland DtZ 1993, 101, 106) angesehen.

33 **bb)** Berücksichtigt man die **soziale Bedeutung der Datschen**, die als Grundlage der freien Entfaltung der Persönlichkeit in starke Nähe zu *Wohnraum* rücken, so erscheint eine Fortgeltung dieser Regelungen allerdings, gemessen am *Wohnraumkündigungsschutz*, bis zu der nunmehr zum 1. 1. 1995 getroffenen sozialgerechten Anpassung an das Schuldrecht des BGB durchaus *verfassungskonform.*

Der weitgehende Ausschluß einer Kündigung durch § 314 Abs 3 ZGB verstieß in diesem Zeitraum nicht gegen den Eigentumsschutz des **Art 14 Abs 3 GG**. Je mehr das Eigentumsobjekt in einem sozialen Bezug und einer sozialen Funktion steht, um so weiter ist die Befugnis des Gesetzgebers, nach Art 14 Abs 1 S 2 GG Inhalt und Schranken des Eigentums zu bestimmen. Jedenfalls für eine Übergangszeit verstößt eine solche Regelung nicht gegen die dem Gesetzgeber hierfür gezogenen Grenzen (BVerfG DtZ 1993, 309; BGH LM Art 232 EGBGB Nr 6 Bl 4; vgl Uechtritz VIZ 1995, 13, 15; zu § 16 BKleingG: BVerfGE 87, 114, 138 f).

34 **cc)** Die Einbeziehung von **Altpachtverträgen** in den Anwendungsbereich der §§ 312 ff ZGB (dazu OLG Rostock VIZ 1996, 48, 49), die in erster Linie die Unterstellung unter diesen Kündigungsschutz bewirkte, verstieß schon vor Inkrafttreten des Abs 4 nicht gegen den **Vorrang des Gesetzes** (Art 20 Abs 3 GG) und macht nach Inkrafttreten des Abs 4 die Überleitungsregelung des § 3 für Pachtverträge nicht obsolet:

Die Anwendung der §§ 312–315 ZGB nimmt der Überleitung nach § 3 nicht jeden Anwendungsbereich. Jedenfalls seit dem 1. 7. 1990 konnten Pachtverträge zu einer weiteren als der in Abs 1 beschriebenen Nutzung abgeschlossen werden, die nach § 3 und nicht nach Abs 4 iVm Abs 1 bis 3 überzuleiten sind (BVerfG DtZ 1993, 309).

dd) Geboten war jedoch eine verfassungskonforme Ausfüllung der Tatbestandsmerkmale durch Orientierung von § 314 Abs 3 S 1 ZGB am Begriff des **berechtigten Interesses** (entsprechend § 564b Abs 1 aF BGB), des § 314 Abs 3 S 2 ZGB am Begriff des **wichtigen Grundes** (entsprechend § 554a aF BGB) sowie durch Umgestaltung der **Kündigung durch gerichtliche Entscheidung** nach § 314 Abs 4 S 2 ZGB in ein Gestaltungsrecht (anders wohl BGH LM Art 232 EGBGB Nr 6 Bl 4). 35

d) Rückgabe, Ausgleich von Wertverbesserungen

Bei Beendigung des Nutzungsverhältnisses bis zum 31. 12. 1994 bestand die Pflicht zur **Rückgabe** der Bodenfläche in ordnungsgemäßem Zustand (§ 314 Abs 5 ZGB); hierzu gehört auch die Pflicht zur Entfernung *vertragswidrig* errichteter Baulichkeiten (Janke NJ 1991, 243). Verschlechterungen führten zu vertraglichen Schadensersatzansprüchen nach bürgerlichem Recht (pVV). **Wertverbesserungen** waren auszugleichen (§ 314 Abs 5 ZGB) nach bereicherungsrechtlichen Grundsätzen (Janke NJ 1991, 240), nunmehr also nach §§ 818 f BGB (Rechtsfolgeverweisung, Anspruchsgrundlage bleibt § 814 Abs 5 Satz 2 ZGB, also nicht § 951 oder § 812 BGB; **aA** Janke aaO). Maßgeblich ist der Zeitwert der wertsteigernden Maßnahme im Zeitpunkt der Vertragsbeendigung (Grüneberg/Wendtland DtZ 1993, 101, 105). Das gilt auch für vertragswidrig errichtete Baulichkeiten, soweit diese nicht entfernt werden müssen und werterhöhend wirken (Janke NJ 1991, 243). Insbesondere fällt hierunter die Errichtung eines Hauses zu dauernden Wohnzwecken, welches der Grundstückseigentümer übernimmt, da in diesem Fall die nach § 313 Abs 2 ZGB *mögliche* Nutzung jedenfalls überschritten ist. Der Anspruch richtet sich gegen den Überlassenden (Lübchen ua, ZGB § 314 Anm 5); vertragliche Vereinbarungen mit einem Übernehmer sind zulässig. 36

e) Entgelt

Die für Nutzungsrechte nach **§ 313 Abs 3 ZGB** zu zahlenden Entgelte waren äußerst niedrig. Eine Erhöhung der Nutzungsentgelte war bis zum Inkrafttreten der NutzungsentgeltVO (unten Rn 41 ff) nur im Rahmen der bestehenden Verträge möglich. 37

f) Weitere Vertragsrechte und -pflichten

aa) Der Nutzungsberechtigte war nur berechtigt zur bestimmungsgemäßen Nutzung, also insbesondere zur kleingärtnerischen Nutzung sowie zu Erholung und Freizeitgestaltung (§ 313 Abs 1 iVm § 312 ZGB). Er hatte an den von ihm errichteten Pflanzungen ein Fruchtziehungsrecht (§ 313 Abs 1 Satz 2 ZGB). 38

bb) Die Errichtung einer **Baulichkeit** war zulässig, wenn dieses Recht vereinbart ist; Baulichkeiten zur dauernden Wohnung durften nicht errichtet werden (§ 313 Abs 2 ZGB, zu den sachenrechtlichen Konsequenzen siehe Art 231 § 5 Rn 60 f), wurden freilich oft errichtet, was das Problem der „unechten Datschen“ in der späteren Bereinigung dieser Rechtsverhältnisse heraufbeschwor. 39

IV. Nutzungsentgelte (Abs 2)

1. Verordnungsermächtigung

40 Im Hinblick auf die schon im Zeitpunkt der Wiedervereinigung zu erwartende Entwicklung enthält Abs 2 eine **Verordnungsermächtigung** an die Bundesregierung zur angemessenen Gestaltung der Nutzungsentgelte, des Verfahrens der Entgelterhöhung sowie über die Kündigung im Fall der Erhöhung; die Verordnung bedarf der Zustimmung des Bundesrates. Angemessen sind nach Abs 2 S 2 Entgelte bis zur Höhe der ortsüblichen Pacht bei nach Art und Umfang gleicher Nutzung. Das Entgelt kann also auch durch die VO nicht höher festgelegt werden.

2. NutzungsentgeltVO – Anwendungsbereich

41 **a)** Durch die Verordnung über eine angemessene Gestaltung von Nutzungsentgelten (**NutzungsentgeltVO, NutzEV**; Text im Anhang nach § 4) v 22. 7. 1993 (BGBl 1993 I 1339) wurde die Verordnungsermächtigung mit Wirkung vom 1. 8. 1993 ausgefüllt. Mit Rücksicht auf die Entwicklung der Einkommens- und Vermögensentwicklung in den neuen Bundesländern erfolgte durch ÄnderungsVO vom 24. 7. 1997 (BGBl 1997 I 1920) mit Wirkung vom 31. 7. 1997 eine weitere Begrenzung der Entgelterhöhung. Die ÄnderungsVO enthält auch Klarstellungen und verschärfte Anforderungen zum Prozedere der Entgelterhöhung. Eine weitere, im wesentlichen nur klarstellende Anpassung erfolgte im Zuge der Umsetzung des „Datschenbeschlusses" des BVerfG (BVerfGE 101, 54, dazu unten Rn 48) durch das *Gesetz zur Änderung des Schuldrechtsanpassungsgesetzes* v 17. 5. 2002 (BGBl 2002 I 1580, BT-Drucks 14/6884, 14/7169, 14/8299, 14/8315; dazu Grundmann NZM 2002, 894).

42 **b)** Die NutzEV galt **bis zum 31. 12. 1994** ausschließlich **für vertragliche Nutzungsrechte** nach §§ 312 ff ZGB (§ 1) und nicht für Nutzungsverhältnisse in *Kleingartenanlagen* (§ 1 Abs 2 Nr 1, vgl auch Art 232 § 4 Abs 3 unten Rn 52 ff). Auf bis zum 3. 10. 1990 *unentgeltliche Nutzungsverträge* war die VO ebenfalls nicht anzuwenden (§ 1 Abs 2 Nr 2), ebenso nicht auf *Überlassungsverträge* (§ 1 Abs 2 Nr 3; zum Begriff Art 232 § 1a), was seinen Grund darin hat, daß im Zeitpunkt des Erlasses der NutzEV nicht geklärt war, ob die Verordnungsermächtigung des Abs 2 auch den damals in seiner Behandlung strittigen Fall des Überlassungsvertrages erfaßte (Wardenbach MDR 1993, 710).

43 **c)** Soweit **seit dem 1. 1. 1995** das **SchuldRAnpG** bisher unentgeltliche **Nutzungsverträge** zur Erholung und Freizeitgestaltung erfaßt, sind diese seit dem Stichtag gemäß § 20 Abs 1 S 1 SchuldRAnpG entgeltlich und unterliegen hinsichtlich der Entgelthöhe gemäß § 20 Abs 1 S 2 SchuldRAnpG nun der NutzEV (MünchKomm/Voelskow § 1 Anh Art 232 §§ 4, 4a Rn 4; Horst ZAP-Ost Fach 7 S 206; Zimmermann VIZ 1997, 575, 576).

Auch **Überlassungsverträge zu Erholungszwecken** unterliegen als eine Form der vertraglichen Nutzung zu anderen persönlichen Zwecken als Wohnzwecken (Kapitel 2 SchuldRAnpG) ebenfalls § 20 Abs 1 SchuldRAnpG und damit seit dem 1. 1. 1995 der NutzEV (vgl § 1a Rn 43).

e) Für Nutzungsverträge oder Überlassungsverträge zu **Wohnzwecken** oder **gewerblichen Zwecken** gilt dagegen die NutzEV nicht (im Falle der Abwicklung nach dem SchuldRAnpG vgl Art 232 § 1a Rn 48, 54; im Falle des Besitzmoratoriums bis zur Sachenrechtsbereinigung siehe Art 233 § 2a Abs 1 S 4; § 44 Abs 2 SachenRBerG). Das gilt auch für Wochenendhäuser auf Erholungsgrundstücken, die jedoch für Wohnzwecke genutzt wurden („unechte Datschen"), soweit sie der Sachenrechtsbereinigung unterfallen (MünchKomm/Voelskow § 1 Anh Art 232 §§ 4, 4a Rn 5; Zimmermann VIZ 1997, 575, 576). **44**

3. Entgelthöhe

a) Liegt eine **Entgeltvereinbarung** vor, die *vor dem 3. 10. 1990* getroffen wurde, so gilt gleichwohl die NutzEV. Vereinbarungen aus der Zeit *nach dem 2. 10. 1990* gehen hingegen der NutzEV vor (§ 2 Abs 1 NutzEV; Oetker DtZ 1993, 325, 327). Auch der in einer solchen Vereinbarung bestimmte oder sich aus den Umständen ergebende Ausschluß einer einseitigen Erhöhung bleibt wirksam (§ 2 Abs 2 Nr 2, Abs 3 NutzEV, vgl § 1 S 3 MHG aF). Nach Inkrafttreten der NutzEV dürfte ein solcher Ausschluß jedoch in der Regel nur noch ausdrücklich möglich sein (MünchKomm/Voelskow § 2 Anh Art 232 §§ 4, 4a Rn 5). Die Vereinbarung eines über die Sätze der NutzEV hinausgehenden Entgelts für einen *bestimmten Zeitraum* kann jedoch die einseitige Erhöhung in diesem Zeitraum stillschweigend ausschließen. **45**

b) § 3 NutzEV regelt die **Bemessung** des Entgelts. Die Entgelte dürfen nur in jährlichen Schritten (§ 3 Abs 1 NutzEV) erhöht werden. Ausgangspunkt war ab dem 1. 11. 1993 das Doppelte der am 3. 10. 1990 zulässigen Entgelte, wenigstens aber 0,15 DM pro m^2 Bodenfläche und *Jahr*, bei baulich genutzten Grundstücken 0,30 DM. Diese Grenze wurde jeweils zum 1. 11. 1994 und 1995 verdoppelt, ab dem 1. 11. 1997 sollte jährlich eine Erhöhung um die *Hälfte* der am 1. 11. 1995 zulässigen Entgelte zulässig sein. Diese Schritte wurden durch § 3 Abs 1 Nr 5 idF der ÄnderungsVO von 1997 ab dem 1. 11. 1998 auf ein *Drittel* reduziert. **46**

c) Dabei bleibt jedoch immer das **ortsübliche Entgelt** die Obergrenze. Nach der ursprünglichen Fassung war, schon damals entgegen der erkennbar gewollten Auslegung, gelegentlich angenommen worden, die in § 3 NutzEV genannten Erhöhungsschritte seien – vorbehaltlich des notwendigen Erhöhungsverlangens (unten Rn 50 ff) – ohne weiteres gerechtfertigt. Die Orientierung an der Ortsüblichkeit stellt § 3 Abs 1 S 1 NutzEV idF der ÄnderungsVO von 1997 (oben Rn 41) klar. **47**

Ortsüblich sind Entgelte (§ 3 Abs 2 NutzEV), die für in tatsächlicher Hinsicht vergleichbar genutzte Grundstücke in derselben oder in vergleichbaren Gemeinden nach dem 2. 10. 1990 vereinbart worden sind (Neuverpachtung). Zweifelhaft ist, ob auch solche Nutzungsentgelte zum Vergleich heranzuziehen sind, die ihrerseits auf Erhöhungsverlangen nach § 3 NutzEV beruhen (so OLG Jena NJ 2002, 98). Hiergegen könnte zwar sprechen, daß ein nach § 3 NutzEV erhöhtes Entgelt nicht „vereinbart" ist (Matthiessen NJ 2002, 99 mwNachw). Dem Zweck der Heranführung der Entgelte an marktwirtschaftliche Verhältnisse entspricht es jedoch, auch solche Nutzungsentgelte zum Vergleich heranzuziehen, weil sie durch die Ortsüblichkeit geprägt sind, diese wiederum prägen und sich auf diese Weise die Ermittlungsbasis verbreitert, was die statistische Glättung von „Ausreißern" begünstigt.

§ 3 Abs 2 S 1 NutzEV idF des 1. SchuldRAnpÄndG präzisiert die für die Vergleichbarkeit heranzuziehenden *Kriterien*: Maßgeblich sind Art, Größe, Beschaffenheit und Lage, wozu insbesondere auch die Bebauung, Bebaubarkeit und sonstige Nutzungsmöglichkeiten, sowie Verkehrsanbindung, Nachbarschaft und Umwelteinflüsse rechnen (BT-Drucks 14/6884, 11).

Da angesichts der geringen Vergleichswerte eine Bestimmung der ortsüblichen Entgelte oft schwierig war, wurde bereits durch die ÄnderungsVO 1997 in § 3 Abs 3 NutzEV eine Ableitung aus der *Verzinsung des Bodenwertes* zugelassen, ein Verfahren, das schon vor 1997 durch die Gutachterausschüsse (vgl § 7 NutzEV) angewendet wurde (MünchKomm/VOELSKOW § 3 Anh Art 232 §§ 4, 4a Rn 9). Eine Verzinsung von 4% pa in Anlehnung an den Erbbauzins nach § 3 ErholungsnutzungsrechtsG dürfte angesichts der meist langfristigen Bindung durchaus gerechtfertigt sein (MünchKomm/VOELSKOW § 3 Anh Art 232 §§ 4, 4a Rn 10; für Anwendung des – regelmäßig höheren – Zinssatzes iSd § 11 WertV 1988; ZIMMERMANN VIZ 1997, 575, 579: rund 6%).

48 d) Diese als vorsichtige Heranführung ehemals nahezu kostenloser Nutzung fremden Grundes gedachte Regelung wird von einer Seite als *unsozial* angegriffen, von vielen aber als zu Lasten der Eigentümer *verfassungswidrig* angesehen. Der Bundesrat hatte angesichts der in der ursprünglichen Fassung vorgesehenen Staffelung der Erhöhungsmöglichkeit für die Nutzer eine unvertretbare soziale Härte befürchtet (BR-Drucks 344/93). Nach einer hoch emotionalisierten Diskussion, die in Demonstrationen unter dem Schlagwort mündete, die Nutzer seien die „Verlierer der Wiedervereinigung" (vgl vGÜLICH/SCHINK NJ 1995, 514; TRIMBACH/MATTHIESEN NJ 1996, 406), wurde der Rahmen für Entgelterhöhungen ab dem 1. 11. 1998 durch die Drittelregel des § 3 Abs 1 Nr 5 NutzEV nochmals deutlich begrenzt. Dies ging wiederum auf eine Initiative des Bundesrates zurück, der ohne diese Verlangsamung des Anstiegs die Zustimmung verweigert hätte (BR-Drucks 381/97).

Die Regelung ist, jedenfalls in der Fassung von 1997, an **Art 14 Abs 1 GG** gemessen, **verfassungsrechtlich bedenklich** (ebenso: MünchKomm/VOELSKOW § 3 Anh Art 232 §§ 4, 4a Rn 3; GRÜN DtZ 1997, 306; kritisch auch SCHNABEL ZOV 1997, 231). Wenn jeweils die maximalen Erhöhungsschritte verwirklicht wurden, war bei einem Ausgangsentgelt von 0,15 DM am 1. 11. 1993 zum 1. 11. 1997 ein Entgelt von 0,90 DM pro m^2 und Jahr erreicht. Dessen weitere, nur noch lineare Erhöhung um jährlich 0,20 DM bzw 0,11 € wird wohl erst mit dem Ende des ebenfalls sehr großzügigen Kündigungsschutzes (§ 23 SchuldRAnp; vgl Art 232 § 1a Rn 45 ff und unten Rn 75 ff) eine wirtschaftlich vollständig angemessene Nutzung der Grundstücke erlauben, wenn man von in den alten Bundesländern üblichen Pachtwerten von 3 bis 4 € pro m^2 und Jahr ausgeht. Freilich ist gerade die Höhe der ortsüblich erzielbaren Entgelte in hohem Maß zweifelhaft (vgl ZIMMERMANN VIZ 1997, 576, 577; TRIMBACH/MATTHIESSEN NJ 1996, 406; KÖHLER VIZ 1997, 193, 196). Das BMJ hatte in Vorbereitung der ÄnderungsVO 1997 ein Gutachten zur Praxis der NutzEV eingeholt, das zu dem Ergebnis kam, die Entgelterhöhungen könnten schon zum 1. 11. 1997 in vielen Fällen wegen Erreichen der Ortsüblichkeit nicht mehr realisiert werden (BR-Drucks 381/97: in weiten Gebieten 0,90 bis 1,50 DM für bebaute Erholungsgrundstücke, im Großraum Berlin allerdings bis 8 DM). Verglichen mit dem erheblich schwächeren Mieterhöhungs- und Kündigungsschutz bei *Wohnraummiete* in den neuen Bundesländern wurden die Interessen der Datschennutzer gewiß deutlich überbewertet.

Das **BVerfG** (BVerfGE 101, 54) hält die Begrenzung der Erhöhungsmöglichkeiten nach § 3 NutzEV idF der ÄnderungsVO 1997 in dem langfristig wirkenden Anwendungsbereich der Schuldrechtsanpassung (§ 20 SchuldRAnpG) auch bei Berücksichtigung der langen Kündigungsschutzfristen grundsätzlich für vereinbar mit Art 14 Abs 1 GG. Das Gericht schließt allerdings wesentlich aus dem vom BMJ zugrundegelegten Gutachten auf die wirtschaftliche Angemessenheit – mit Ausnahme von Preisspitzen –, stützt sich aber auch auf die Angemessenheit der nach Erreichen der ortsüblichen Entgelte über § 20 Abs 3 SchuldRAnpG (unten Rn 72) erzielbaren Erhöhungen.

Als verfassungswidrig erkennt jedoch das BVerfG das Fehlen einer Möglichkeit, die Nutzer an den **öffentlichen Lasten** der Grundstücke angemessen zu beteiligen. In der Tat dürfte es dem BVerfG damit gelungen sein, bei weitestgehender Hinnahme der nutzergünstigen Zielsetzung die auf Eigentümerseite unerträglichen Fallgestaltungen zu treffen. Das aus der Systematik der Nutzungsentgelte übernommene Bruttoentgeltprinzip darf nicht zu Belastungen führen, die den Grundstückseigentümer gerade angesichts der langen Kündigungsschutzfristen an einer wirtschaftlichen Verwertung ihrer Grundstücke hindern. Insbesondere Erschließungsbeiträge für Grundstücke, die Bauland geworden sind, können die Nutzungsentgelte um ein Vielfaches übersteigen.

Da das BVerfG keine Möglichkeit zu einer verfassungskonformen Auslegung sah, bestand gesetzgeberischer Handlungsbedarf: § 20a SchuldRAnpG idF des **SchuldRAnpÄndG** v 17. 5. 2002 (BGBl 2002 I 1580) sieht eine Erstattung der nach Ablauf des 30. 6. 2001 anfallenden *regelmäßig wiederkehrenden* öffentlichen Lasten auf *Verlangen* des Eigentümers durch den Nutzer vor (§ 20a Abs 1 SchuldRAnpG). Die Erstattung der nach Ablauf des 2. 10. 1990 angefallenen *einmaligen* öffentlichen Lasten kann bis zu 50% in jährlichen Teilbeträgen von 10% verlangt werden (§ 20a Abs 2 SchuldRAnpG). § 20a SchuldRAnpG stellt ausdrücklich klar, daß auch diese Regelung nicht für Grundstücke in Kleingartenanlagen gilt (vgl auch unten Rn 52 ff).

49 **e)** Bei **vertragswidriger Nutzung** kann der Eigentümer sofort das ortsübliche Entgelt für vergleichbar genutzte Grundstücke verlangen (§ 4 NutzEV). Vertragswidrig ist jedoch nicht bereits eine Nutzung, die nach dem Nutzungsvertrag nicht zulässig war, sondern nur eine mit den §§ 312, 313 ZGB nicht vereinbare, insbesondere gewerbliche Nutzung oder dauernde Wohnnutzung (§ 4 Abs 2 NutzEV).

Für **Garagen** konnte schon ab dem 1. 11. 1993 gemäß § 5 Abs 1 NutzEV das Nutzungsentgelt auf das ortsübliche Niveau, zunächst mindestens DM 60 je Stellplatz und Jahr angehoben werden (§ 5 Abs 1 NutzEV; Matthiesen NJ 2002, 99; unzutreffend: OLG Jena NJ 2002, 98).

4. Verfahren zur Entgelterhöhung

50 **a)** Die Entgeltsteigerungen erfolgen nicht automatisch; erforderlich ist eine **konstitutive schriftliche Erhöhungserklärung** des Eigentümers (§ 6 Abs 1 NutzEV). Für jede einzelne Erhöhungsstufe nach § 3 ist eine gesonderte Erklärung erforderlich.

Die inhaltlichen und formellen Anforderungen an diese Erklärung wurden durch die ÄnderungsVO 1997 in Anlehnung an das Mieterhöhungsverlangen § 2 MHG aF präzisiert, zugleich aber auch zu Lasten der Eigentümer bzw Überlassenden verschärft. Die Erklärung in Textform muß nun mit einer **Erläuterung in Textform** versehen werden, in der anzugeben ist, daß mit dem Erhöhungsverlangen die ortsüblichen Entgelte nicht überschritten werden (§ 6 Abs 1 S 2, 3 NutzEV). § 6 Abs 1 NutzEV idF des 1. SchuldRAnpÄndG stellt klar, was schon vorher herrschender Ansicht entsprach, gelegentlich aber in Zweifel gezogen wurde (vgl BT-Drucks 14/6884, 11): Das Erhöhungsverlangen kann mit den auch für Mieterhöhungen üblichen Nachweismitteln, also der konkreten Bezugnahme auf drei – bei dünnem örtlichem Markt ausnahmsweise auch weniger (MünchKomm/Voelskow § 6 Anh Art 232 §§ 4, 4a Rn 5) – Vergleichsgrundstücke oder durch Gutachten begründet werden. Durch die Verpflichtung der Gutachterausschüsse zu Auskünften an die Beteiligten (§ 7 Abs 1 S 2 NutzEV idF der ÄnderungsVO 1997) und der Gemeinden zur Auskunftserteilung an die Gutachterausschüsse (§ 7 Abs 2 NutzEV) wurde ein gegenüber dem Gutachten (§ 7 Abs 1 S 1 NutzEV) kostengünstigerer Weg zur Beschaffung der Erläuterungsgrundlagen geschaffen. Beweisbelastet ist der Überlassende (§ 3 Abs 3 NutzEV).

Entspricht die Erhöhungserklärung zwar formell § 6 NutzEV, wird aber ein höheres Entgelt oder eine Erhöhung zu einem früheren Zeitpunkt als zulässig gefordert, so bleibt die Erklärung hinsichtlich des zulässigen Entgelts bzw des zulässigen Termins grundsätzlich wirksam (MünchKomm/Voelskow § 6 Anh Art 232 §§ 4, 4a Rn 4; nur für Umdeutung: Oetker DtZ 1993, 325, 330). Dies kann jedoch nicht gelten, wenn die Erhöhungserklärung sich auf unzutreffende Vergleichswerte bezieht, weil dann der Zweck der Erläuterung, dem Nutzer eine Beurteilung der Berechtigung der geforderten Entgelthöhe pro m² zu ermöglichen, verfehlt würde.

51 **b)** Die Erklärung wird mit Beginn des Dritten, auf den Zugang der Erklärung folgenden Monats **wirksam** (§ 6 Abs 2). Auch dies stellt den Nutzer besser als einen Mieter von Wohnraum und soll ihm eine Bedenkzeit einräumen, ob er von seinem außerordentlichen Kündigungsrecht (§ 8 NutzEV) Gebrauch machen will (MünchKomm/Voelskow § 6 Anh Art 232 §§ 4, 4a Rn 6).

Aus Anlaß der Entgelterhöhung hat der Nutzer ein **Kündigungsrecht**. Die Kündigung kann binnen einer Ausschlußfrist bis zum Ablauf des auf den Zugang der Erhöhungserklärung folgenden Monats mit Wirkung zum Ablauf des letzten Monats vor Wirksamwerden der Entgelterhöhung erfolgen (§ 8 NutzEV). Zum sachenrechtlichen Schicksal einer auf dem Grundstück errichteten Baulichkeit im Falle der Kündigung siehe Art 231 § 5 Rn 52 f, nach dem 1. 1. 1995 siehe unten Rn 90 ff.

V. Kleingartenanlagen (Abs 3)

52 **1.** Abs 3 erklärt das **BundeskleingartenG** v 28. 2. 1983 (BGBl I 210) für anwendbar hinsichtlich Nutzungsrechten, die sich auf Bodenflächen innerhalb von Kleingartenanlagen beziehen (MünchKomm/Voelskow Rn 12).

Das BKleingartenG trat mit den *nachfolgenden Maßgaben* gemäß EV Anlage I Kapitel XIV Abschnitt II Nr 4 im Beitrittsgebiet am 3. 10. 1990 in Kraft (neu eingefügter § 20a BKleingartenG). Betroffene Kleingartennutzungsverhältnisse werden umgewandelt in **Kleingartenpachtverträge** über Dauerkleingärten (bei gemeindlichem Eigentum der Grundstücke; Nr 2) bzw befristete Kleingartennutzungsverhältnisse (nicht-gemeindliches Eigentum; Nr 3 S 1). Ist die Fläche in einem Bebauungsplan als Dauerkleingarten vorgesehen bzw soll ein solcher Bebauungsplan aufgestellt werden, so gilt der Vertrag als auf unbestimmte Zeit geschlossen bzw verlängert sich um sechs Jahre (Nr 3 S 2).

Die Erhöhung des **Pachtzinses** erfolgt schrittweise an die Einkommensverhältnisse des Pächters angepaßt und kann nach drei Jahren gemäß § 5 Abs 1 verlangt werden (Nr 6).

Für vor dem 3. 10. 1990 errichtete **Lauben** gilt Bestandsschutz, auch wenn sie – ausnahmsweise – zur dauernden Wohnung genutzt werden durften (Nrn 7, 8).

53 **2.** Soweit Abs 3 und § 20a BKleingartenG reichen, wird nicht nur die für sonstige Nutzungsverhältnisse angeordnete Fortgeltung von **§ 315 ZGB verdrängt**, die im Recht der DDR hierfür Sonderregelungen enthielt. Die Nutzungsverhältnisse wurden vielmehr bereits zum 3. 10. 1990 umgestaltet und damit aus der Fortgeltung des ZGB insgesamt ausgenommen (Görk 172). In Konsequenz sind auch die NutzEV (§ 1 Abs 2 Nr 1 NutzEV) und das **SchuldRAnpG nicht anwendbar** (§ 2 Abs 3 SchuldRAnpG). Die Unterstellung dieses einzelnen Typs aus dem Katalog der ehemals unterschiedslos nach §§ 312 ff ZGB zu beurteilenden *Nutzungsverhältnisse* unter das BundeskleingartenG bewirkt einen **verstärkten Schutz**, da das BundeskleingartenG die *kleingärtnerische Nutzung* aus sozialpolitischen Gründen stärker schützt als §§ 312 ff ZGB die Nutzungsrechte schützten.

54 **3.** Die **Abgrenzung** von Kleingartennutzung gegen **andere Freizeit- und Gartengrundstücke** in den neuen Bundesländern ist wegen dieser unterschiedlichen Rechtsfolgen von erheblicher Bedeutung und wirft in zwei Richtungen Fragen auf.

a) Zum einen scheint Abs 3 mit dem Kriterium „innerhalb von Kleingartenanlagen" nur auf die Belegenheit abzustellen. Fraglich ist deshalb, welche Bedeutung die **Art der tatsächlichen Nutzung** hat. Nach allgemeiner Ansicht ist für die Anwendung von § 20a BKleingartenG (und Abs 3) die tatsächliche Nutzung entscheidend. Abzustellen ist auf die Nutzung am 3. 10. 1990; spätere Änderungen der Nutzung sind in beiden Richtungen ohne Bedeutung (BGH NZM 2000, 251, 252). Maßgeblich ist dabei jedoch nicht die Nutzung des einzelnen Grundstücks, sondern die der *gesamten Anlage*, auch wenn einzelne Grundstücke nicht kleingärtnerisch genutzt werden. Das zentrale Merkmal eines Kleingartens ist die nicht erwerbsmäßige gärtnerische Nutzung, also die Erzeugung von Obst, Gemüse und anderen Früchten durch Selbstarbeit des Kleingärtners oder seiner Familienangehörigen (BGH NZM 2000, 251, 252). Nicht genügend ist es dagegen, wenn im Nutzungsvertrag nach §§ 312 ff ZGB eine „kleingärtnerische Nutzung" vereinbart war, tatsächlich aber nicht durchgeführt wurde. Da diese Nutzungsart nur ein für die rechtliche Behandlung unbedeutender Unterfall der §§ 312 ff ZGB war, der erst durch Abs 3 und § 20a BKleingartenG zum Abgrenzungskriterium wurde, kann die ohnehin häufig mißachtete vertraglich vereinbarte Nutzung nicht entscheidend ins Gewicht fallen (BGH NZM 2000, 251, 252 mNachw; Göhring NJ 1997, 624, 625; Rövekamp OV spezial 3/96, 38 mNachw; Schnabel NJW 2000, 2387, 2388).

55 **b)** Zum anderen setzt Abs 3 die Belegenheit in einer *Kleingartenanlage* voraus; unproblematisch ist insoweit die Abgrenzung gegen kleingärtnerisch genutzte *Einzelgrundstücke.* Kleingartenanlagen sind jedoch auch abzugrenzen gegen sog **Datschenkolonien**, die ebenfalls nicht dem BundeskleingartenG unterfallen, sondern § 4 Abs 1 und dem SchuldRAnpG. Diese Abgrenzung ist ebenfalls nach dem Kriterium der objektiven Nutzung *der Anlage* vorzunehmen und stimmt teilweise überein mit dem Nutzungskriterium (vorige Rn). Eine Kleingartenanlage setzt aber auch voraus, daß mehrere Gärten zusammengefaßt sind und *gemeinschaftliche Einrichtungen* (Wege, Spielflächen, Vereinshäuser etc, BGH NZM 2000, 251, 252) bestehen, welche die gemeinsame kleingärtnerische Nutzung fördern sollen. Bloß faktisch gemeinsam genutzte Wege und Zäune genügen nicht (LG Potsdam VIZ 1997, 372; MOLLNAU NJ 1997, 466, 467; MünchKomm/VOELSKOW Rn 12; SCHNABEL NJW 2000, 2387, 2388).

56 **4.** Hinsichtlich der **sachenrechtlichen Bereinigung** hat hingegen das BKleingartenG keinen Vorrang. Zum einen hat der BGH (BGHZ 121, 88, 93) aus der besonderen Schutzwürdigkeit der kleingärtnerischen Nutzung die Folgerung gezogen, daß solche Nutzungsverhältnisse nicht unter Art 233 § 2a Abs 7 fallen, weshalb das **Besitzmoratorium** (Art 233 § 2a Abs 1) Anwendung finden konnte.

Auch das **SachenRBerG** ist für Grundstücke in Kleingartenanlagen *nicht verdrängt.* Zwar handelt es sich bei den Nutzungsrechten zur kleingärtnerischen Nutzung nach §§ 312 ff ZGB ebenso wie für die anderen dort erfaßten Nutzungsrechte im wesentlichen um schuldrechtliche Nutzungsrechte, die grundsätzlich eine Verdinglichung nicht rechtfertigen. Soweit jedoch § 5 Abs 1 Nr 3 S 2 lit e SachenRBerG eine Anwendung des SachenRBerG auf Wohnhäuser vorsieht, die *trotz* der eigentlich nur schuldrechtlichen Nutzungsberechtigung mit *Billigung* staatlicher Stellen und *ohne Widerspruch* des Überlassenden errichtet wurden („unechte Datschen"), spielt es keine Rolle, ob das Grundstück innerhalb einer Kleingartenanlage gelegen ist. Der durch das SachenRBerG angestrebte Schutz von in der DDR verfestigter baulicher Investitionen kann nicht von einem Kriterium abhängen, das nach §§ 312 ff ZGB innerhalb der Falltypen der Nutzungsrechte ohne Belang war (BGHZ 139, 235, mNachw; **aA** LG Berlin GE 1997, 313).

VI. Schuldrechtsanpassung

1. Grundsätzliche Einordnung

57 **a)** Die Anpassung der in Abs 1 und Abs 4 erfaßten Verträge ist grundsätzlich zum 1. 1. 1995 durch das **SchuldRAnpG** erfolgt (Art 1 SchuldRÄndG v 21. 9. 1994, BGBl 1994 I 2538). Nach § 1 Abs 1 Nr 1 SchuldRAnpG erfaßt die Schuldrechtsanpassung Rechtsverhältnisse an Grundstücken, die aufgrund eines Vertrages zum Zwecke der kleingärtnerischen Nutzung, Erholung oder Freizeitgestaltung oder zur Errichtung von Garagen oder anderen persönlichen, jedoch nicht Wohnzwecken dienenden Bauwerken überlassen worden sind. Dieser durch die Nutzung bestimmte Anwendungsbereich umfaßt sowohl die nach §§ 312 ff ZGB *nach* dem 1. 1. 1976 abgeschlossenen Verträge, wie auch die von Abs 4 erfaßten, vorwiegend *vor* dem 1. 1. 1976 abgeschlossenen Überlassungsverträge zu den dort genannten Zwecken. Zwischen den jeweiligen Anwendungsbereichen besteht jedoch keine Deckungsgleichheit; Nutzungsverträge nach § 4 sind ebenso wie Überlassungsverträge nach

§ 1a nach *vertragssystematischen Kriterien* definiert, während die Schuldrechtsanpassung nach *funktionellen Kriterien* erfolgt.

b) Die einer Nutzung iSd § 4 dienenden, aber nicht immer nach §§ 312 ff ZGB gestalteten Verträge machen den **Kernbereich der Schuldrechtsanpassung** aus. Ca 53% aller DDR-Haushalte verfügten über ein Grundstück, auf dem aufgrund vertraglicher Vereinbarung eine Baulichkeit (Datsche, Laube, Hobbyraum, Garage) errichtet war, insgesamt sind also ca 1 Million Verträge anzupassen (BT-Drucks 12/7135, 28). **58**

c) Die **Abgrenzung gegenüber der Sachenrechtsbereinigung** ist grundsätzlich durch einen Vorrang des SachenRBerG bestimmt, soweit dieses anwendbar ist (§ 2 Abs 1 Nr 1 SchuldRAnpG, vgl dazu Art 232 § 1a Rn 32). **59**

aa) Für den Regelungsbereich von **Art 232 § 4** kommt eine Bereinigung nach dem SachenRBerG jedoch nicht in Betracht, soweit die Nutzung des Grundstücks dem Zweck des Nutzungsvertrages entsprach: § 2 Abs 1 Nr 1 SachenRBerG schließt Nutzungen zur Erholung, Freizeitgestaltung oder kleingärtnerischen Bewirtschaftung (OLG Naumburg OLG-NL 2002, 171, 172)oder als Standort für ein persönliches, jedoch *nicht* Wohnzwecken dienendes Gebäude (gemeint sind insbesondere *Garagen*; dazu Horst DWW 1996, 151) aus.

bb) Der Vorrang der Sachenrechtsbereinigung greift aber ein, wenn es sich um eine **Nutzung zu Wohnzwecken** handelt. Da dies faktisch zu bestimmen ist, kann das SachenRBerG auch in Fällen anwendbar sein, denen Verträge nach §§ 312 ff ZGB zugrunde liegen, wenn – wie nicht selten – ein Wochenendhaus zur Dauerbewohnung umgestaltet wurde („unechte Datsche“, „erweiterte Nutzung“). In diesem Fall greift § 5 Abs 1 Nr 3 e SachenRBerG: Ein Gebäude, das als Wohnhaus geeignet ist und hierzu dient, unterliegt der Sachenrechtsbereinigung, obgleich es aufgrund eines Vertrages nach §§ 312 ff ZGB errichtet wurde, wenn dies mit Billigung staatlicher Stellen erfolgte, es sei denn, daß der Überlassende dieser Nutzung widersprochen hat. Maßgeblich ist in diesen Fällen letztlich für die Anwendung der Sachenrechtsbereinigung, daß die bauliche Nutzung die für eine Bebauung iSd § 12 SachenRBerG erforderliche Größe erreicht. **Schwarzbauten**, die baurechtlich unzulässig errichtet wurden, fallen nicht unter die Sachenrechtsbereinigung, auch wenn die DDR-Behörden keine Abrißverfügung erlassen haben (OLG Brandenburg OLG-NL 1998, 128; BT-Drucks 12/7135, 103). **60**

d) Freizeitnutzungen aufgrund **dinglicher Nutzungsrechte** unterliegen wegen § 2 Abs 1 S 1 Nr 1 SachenRBerG zwar grundsätzlich der Schuldrechtsanpassung; jedoch gelten wegen des dinglichen Charakters des nach dem Recht der DDR begründeten Nutzungsrechts die dem Nutzer günstigeren Vorschriften des **ErholNutzG** (vgl oben Rn 12). **61**

e) Liegt das Grundstück in einer **Kleingartenanlage**, so unterfällt das Nutzungsrecht im Hinblick auf die bereits zum 3. 10. 1990 erfolgte Überleitung nach Abs 3 in einen Kleingartenpachtvertrag weder der Schuld- noch der Sachenrechtsbereinigung (Rövekamp NJ 1995, 15, 16; Schnabel NJW 1995, 2661, 2662; dazu oben Rn 52 ff). **62**

2. Einzelheiten der Schuldrechtsanpassung bei Nutzungsverträgen

a) Überleitung, Vorrang des Parteiwillens, Vertragsparteien

63 aa) Auf bisherige Nutzungsverträge nach §§ 312 ff ZGB sind mit Wirkung vom 1. 1. 1995 die Bestimmungen des BGB über **Miet- oder Pachtverträge** anzuwenden (§ 6 Abs 1 SchuldRAnpG; BT-Drucks 12/7135, 39; SCHMIDT-RÄNTSCH DtZ 1994, 322, 327; PALANDT/WEIDENKAFF Rn 6; näher Art 232 § 1a Rn 39). Bestand nach dem früheren Nutzungsvertrag eine *gemeinschaftliche Nutzungsberechtigung* (zB bei Garagengemeinschaften), so sind die Nutzer als BGB-Gesellschaft berechtigt (§ 4 Abs 2 SchuldRAnpG, MünchKomm/VOELSKOW Rn 10; SCHNABEL NJW 2000, 2387, 2389; zur Rechtsnatur von Gemeinschaften von Bürgern siehe Art 232 § 1 Rn 110 ff).

64 bb) Vereinbarungen zwischen dem Grundstückseigentümer und dem Nutzungsberechtigten, die **nach dem 2. 10. 1990** getroffen wurden, haben Vorrang. Soweit sich die Beteiligten bereits in Kenntnis der geänderten Verhältnisse geeinigt haben, ist eine Übergangsvorschrift nicht mehr erforderlich (§ 6 Abs 2 S 1 SchuldRAnpG; BT-Drucks 12/7135, 40).

65 cc) Vereinbarungen, die **vor dem Wirksamwerden des Beitritts** getroffen wurden, sind ebenfalls grundsätzlich wirksam, unabhängig von ihrer Vereinbarkeit mit Rechtsvorschriften der DDR. Dies gilt jedoch nur dann, wenn solche Vereinbarungen vom typischen Inhalt eines Nutzungsvertrages in vergleichbaren Fällen abweichen, nicht zu einer unangemessenen Benachteiligung eines Beteiligten führen und davon ausgegangen werden kann, daß die Beteiligten die Vereinbarung so auch getroffen hätten, wenn sie die Veränderung der wirtschaftlichen und sozialen Verhältnisse vorausgesehen hätten (§ 6 Abs 2 S 2 SchuldRAnpG, BT-Drucks 12/7135, 40; zur Wirksamkeit von **Befristungen** von Nutzungsverträgen: LG Berlin GE 1997, 86; MATTHIESEN NJ 1998, 72, 73 ff). Solche Vereinbarungen können auch dazu führen, daß das Vertragsverhältnis gänzlich aus der Überleitung in ein BGB-Miet- oder Pachtverhältnis ausgenommen wird (BGH DtZ 1995, 245).

Für Überlassungsverträge bleiben solche Vereinbarungen dagegen nur wirksam, soweit das SchuldRAnpG das ausdrücklich vorsieht (§ 6 Abs 3 SchuldRAnpG; dazu Art 232 § 1a Rn 40; Befristungen von Überlassungverträgen gelten also nicht fort: MATTHIESEN NJ 1998, 72, 73). Da solche Verträge nie mit dem Grundstückseigentümer, sondern immer mit dem staatlichen Verwalter geschlossen wurden, paßt Abs 2 für sie ohnehin nicht (MünchKomm/KÜHNHOLZ § 7 SchuldRAnpG Rn 13).

66 dd) Das Recht der DDR sah vor, daß **Privatgrundstücke von LPGen** oder staatlichen Stellen uU ohne Mitwirkung des Grundstückseigentümers Dritten vertraglich zur Nutzung überlassen werden konnten. Solche Nutzungsverträge entstanden insbesondere aufgrund von § 18 Abs 2 S 2 LPG-G. Mit Aufhebung des LPG-G wurde die auf den Grundstückseigentümer zurückführende Kette der Berechtigung unterbrochen. Für die Übergangszeit bis zum 31. 12. 1994 griff hier das Vertragsmoratorium nach § 4a Abs 2 ein. Mit Inkrafttreten des SchuldRAnpG tritt der Grundstückseigentümer nach § 8 Abs 1 SchuldRAnpG in die sich aus dem Vertragsverhältnis ergebenden Rechte und Pflichten ein. Dasselbe gilt im Falle des Vertragsschlusses durch einen Zwischenpächter (§ 8 Abs 2 SchuldRAnpG). Beide Fälle setzen voraus, daß der Nutzer bei Vertragsschluß in gutem Glauben über eine ggf fehlende Berechtigung des Vertragsschließenden war (§ 8 Abs 3 SchuldRAnpG; BT-Drucks 12/7135, 42; Schmidt-Räntsch DtZ 1994, 323, 328; Horst DWW 1996, 151, 157).

Hat bei Inkrafttreten des SchuldRAnpG bereits eine rechtskräftige Entscheidung vorgelegen, so bleibt diese unberührt; ein Vertragseintritt nach § 8 Abs 1 bis 3 SchuldRAnpG scheidet dann aus (§ 8 Abs 4 SchuldRAnpG).

b) Heilung von nach ZGB bestehenden Mängeln des Nutzungsvertrages

aa) § 19 SchuldRAnpG sieht eine **Heilung** formunwirksamer Nutzungsverträge vor. Ein Vertrag ist nicht deshalb unwirksam, weil die nach § 312 Abs 1 S 2 ZGB vorgesehene Schriftform nicht gewahrt wurde (§ 19 Abs 1). **67**

bb) Der Abschluß eines Nutzungsvertrages bedurfte nach § 296 Abs 2 S 2 ZGB iVm § 2 Abs 1 lit m GVO der **staatlichen Genehmigung**, wenn zugleich das Eigentum an einer vom bisherigen Nutzer errichteten Baulichkeit auf den neuen Nutzer übergehen sollte. Die Genehmigung wurde häufig nicht eingeholt; die Verträge waren daher schwebend unwirksam. Durch das 1. ZivilRÄndG (GBl DDR 1990 I 524) wurde das Genehmigungserfordernis aufgehoben, wodurch die Verträge wirksam wurden; eine Heilungsvorschrift war daher nicht erforderlich (BT-Drucks 12/7135, 52). **68**

cc) Zur Errichtung einer **Baulichkeit** war der Nutzer nach § 313 Abs 2 ZGB nur berechtigt, wenn dies zwischen den Vertragsparteien vereinbart wurde. Wurde eine Baulichkeit ohne Zustimmung errichtet, entstand kein selbständiges Eigentum, der Grundstückseigentümer hatte einen Beseitigungsanspruch. Gegen diese Bestimmung wurde häufig verstoßen. Bei unter staatlicher Verwaltung stehenden Grundstücken war jedoch häufig dieselbe Körperschaft für die Erteilung der Zustimmung nach § 313 Abs 2 ZGB und für die Erteilung der Bauzustimmung zuständig. § 19 Abs 2 SchuldRAnpG heilt für solche Fälle den Mangel des § 313 Abs 2 ZGB, da der Nutzer nach der geübten Praxis davon hatte ausgehen dürfen, daß sein Vorhaben baurechtlich und zivilrechtlich gebilligt worden sei (BT-Drucks 12/7135, 52). **69**

dd) Die Heilungsbestimmungen stehen unter dem Vorbehalt **entgegenstehender rechtskräftiger Entscheidungen** (§ 19 Abs 3 SchuldRAnpG). **70**

c) Entgelt

aa) Es gilt auch nach dem 1. 1. 1995 die **NutzungsentgeltVO** (§ 20 Abs 1 SchuldRAnpG; oben Rn 41 ff). Bisher unentgeltliche Nutzungsverträge werden entgeltlich und unterliegen §§ 3 bis 5 NutzEV (§ 20 Abs 2 SchuldRAnpG; oben Rn 43). Für die Beteiligung des Nutzers an öffentlichen Lasten gilt § 20a SchuldRAnpG (oben Rn 48). **71**

bb) Nach **Erreichen der ortsüblichen Höhe** (§ 3 NutzEV, oben Rn 50) kann eine Entgelterhöhung nach § 20 Abs 3 SchuldRAnpG erfolgen, wenn das Nutzungsentgelt seit einem Jahr nicht geändert worden ist und das ortsübliche Entgelt sich um mehr als 10% verändert hat (§ 20 Abs 3 SchuldRAnpG). Diese Regelung ist erforderlich, weil nach erstmaligem Erreichen des ortsüblichen Preisniveaus weitere Anpassungen des Entgelts nur noch einvernehmlich möglich wären. Die für Pachtverträge normale Verfahrensweise der *Änderungskündigung* steht wegen der erweiterten Kündigungsschutzbestimmungen (sogleich Rn 75 ff) nicht offen; dem Grundstückseigentümer soll es dennoch nicht verwehrt sein, das ortsübliche Entgelt zu **72**

fordern, was ihm der Anpassungsanspruch nach § 20 Abs 3 SchuldRAnpG ermöglicht (BT-Drucks 12/7135, 52; vgl zur Erforderlichkeit dieser Regelung auch BVerfGE 101, 54).

73 **cc)** Macht der Überlassende diesen Anpassungsanspruch geltend, so steht dem Nutzer ein Anspruch auf Erlaubnis zur entgeltlichen **Gebrauchsüberlassung an Dritte** zu (§ 21 Abs 1 SchuldRAnpG). Die Untervermietung oder -verpachtung soll wirtschaftliche Nachteile des Nutzers ausgleichen, ohne ihn zur Kündigung zu zwingen. Die Ausübung des Rechts ist ebenso befristet wie das Kündigungsrecht nach § 8 NutzEV zum Ablauf des zweiten auf die Erhöhungserklärung folgenden Monats (BT-Drucks 12/7135, 53). Ist dem Grundstückseigentümer die Zustimmung nur bei einem höheren Nutzungsentgelt zuzumuten, was insbesondere dann der Fall ist, wenn der Nutzer aus der Unter-Überlassung Gewinn ziehen würde, so kann der Grundstückseigentümer seine Erlaubnis von einer Zustimmung des Nutzers zu einer Entgelterhöhung abhängig machen. § 21 Abs 2 SchuldRAnpG sieht ein Verfahren zur Kündigung vor, falls die *Unterverpachtung* dem Grundstückseigentümer unter Berücksichtigung der berechtigten Interessen des Nutzers *nicht zuzumuten* ist.

d) Bauliche Neuinvestitionen

74 Die **Neuerrichtung von Bauwerken** und die **Erweiterung** bestehender Bauwerke bedürfen der Zustimmung des Grundstückseigentümers (§ 22 Abs 1 SchuldRAnpG), es sei denn, der Nutzer zeigt die Absicht an, verzichtet auf Entschädigung bei Beendigung des Vertragsverhältnisses und verpflichtet sich zur Übernahme der Abbruchkosten (§ 22 Abs 2 SchuldRAnpG).

e) Bestandsschutz

75 **aa)** Das SchuldRAnpG gewährt für Nutzungsverhältnisse einen **Bestandsschutz** gegen ordentliche Kündigungen durch den Grundstückseigentümer (zu Einzelheiten MünchKomm/Voelskow Rn 6; Horst DWW 1996, 151, 153; Köhler VIZ 1997, 193, 194; Schnabel NJW 2000, 2387, 2390; vgl auch Art 232 § 1a Rn 47 ff), der die mietrechtlichen Bestimmungen des BGB für *Wohnraum* zum Teil weit übersteigt und daher im Grunde nur verständlich ist auf dem Hintergrund der besonderen Lage der **Datschennutzer** in der ehemaligen DDR und einem stark ausgeprägten Verständnis des Gesetzgebers für die im Beitrittsgebiet herrschenden Anpassungsschwierigkeiten (erhellend BT-Drucks 12/8035, 26 f, wo die „Datschenphilosophie" als ein stark emotional geprägter Zustand beschrieben wird und selbst der Bericht durch die Verwendung des emphatischen Wortes „Mitbürger" undistanziertes Mitgefühl haucht). Ob dies noch als *Vertrauensschutz* in Abwägung gegen die Interessen der *Grundstückseigentümer* verstanden werden kann oder ob es sich um einen letztlich nur noch politisch verständlichen Kompromiß zur Bewältigung eines zahlenmäßig bedeutenden Wiedervereinigungsproblems handelt, läßt sich nicht abschließend klären. Gegenüber dem Regierungsentwurf (BT-Drucks 12/7135, 54 f), der die selbst nach § 314 Abs 3 ZGB zulässigen Kündigungsgründe für eine Übergangszeit durch eine Eigenbedarfskündigung fortschreiben wollte, stellt die im Rechtsausschuß gefundene Lösung (BT-Drucks 12/8035, 26 f) sogar gegenüber dem Recht der DDR eine deutliche Verstärkung des Schutzes dar. Das BVerfG hat in seinem „Datschenbeschluß" (BVerfGE 101, 54) diesen Schutz in weiten Teilen, insbesondere auch in seiner den Mieterschutz übersteigenden Qualität, gebilligt und lediglich einige verfassungsrechtlich dringend gebotene Einschränkungen gemacht, die teils durch verfassungskonforme Auslegung zu verwirklichen waren, teils durch das SchuldRAnpÄndG vom 17. 5. 2002 (BGBl 2002 I 1580) umgesetzt wurden.

bb) Ein **absoluter Kündigungsschutz** gegen ordentliche Kündigungen durch den Grundstückseigentümer besteht **bis zum Ablauf des 31. 12. 1999** (§ 23 Abs 1 SchuldRAnpG; im einzelnen Art 232 § 1a Rn 46). Im Ergebnis bedeutet dies eine Verlängerung des Vertragsmoratoriums. *Fristlose* Kündigungen nach §§ 543 und 242 BGB sind zulässig (LG Berlin GE 1997, 249; LG Frankfurt/Oder GE 1997, 306; BT-Drucks 12/7135, 54; Rövekamp NJ 1995, 15, 18; Trimbach/Matthiessen VIZ 1994, 446, 448; Horst DWW 1996, 151, 153). **76**

cc) Vom 1. 1. 2000 bis zum 31. 12. 2004 kann der Grundstückseigentümer nur ordentlich kündigen bei **Eigenbedarf** zur Errichtung eines Ein- oder Zweifamilienhauses für sich, die zu seinem Hausstand gehörenden Personen oder seine Familienangehörigen, wenn der Ausschluß der Kündigung bei Würdigung der Interessen des Nutzers dem Grundstückseigentümer unzumutbar ist **(Härteklausel)**; bzw zu alsbaldigen anderen Nutzungen nach den **Festsetzungen eines Bebauungsplans** (vgl Art 232 § 1a Rn 47). Die Regelung entspricht der Bestimmung in § 9 Abs 1 Nr 5 BKleingG (§ 23 Abs 2 SchuldRAnpG; Rövekamp NJ 1995, 15, 18; Trimbach/Matthiessen VIZ 1994, 446, 448). Zum Ausschluß dieser Kündigung bei Veräußerung bewohnter Grundstücke vgl unten Rn 81. **77**

dd) Vom 1. 1. 2005 bis zum 3. 10. 2015 ist die ordentliche Kündigung durch den Grundstückseigentümer bei **Eigenbedarf ohne Härteklausel** zur Errichtung eines **Ein- oder Zweifamilienhauses** sowie bei **Eigenbedarf zur eigenen kleingärtnerischen und Erholungsnutzung mit Härteklausel** zulässig (§ 23 Abs 3 SchuldRAnpG; Rövekamp NJ 1995, 15, 19; Trimbach/Matthiessen VIZ 1994, 446, 448; vgl Art 232 § 1a Rn 48). Zum Ausschluß dieser Kündigung bei Veräußerung bewohnter Grundstücke vgl unten Rn 81. **78**

ee) Vom 4. 10. 2015 an gelten für die Kündigung durch den Grundstückseigentümer die **allgemeinen Bestimmungen** (§ 20 Abs 4 SchuldRAnpG; Rövekamp NJ 1995, 15, 18; Trimbach/Matthiessen VIZ 1994, 446, 448; vgl Art 232 § 1a Rn 48). **79**

Im Wege **verfassungskonformer Auslegung** kann der Eigentümer jedoch schon vorher nach allgemeinen Bestimmungen kündigen, wenn der Nutzer dauerhaft die *Nutzung aufgegeben* hat (dazu Art 232 § 1a Rn 49).

ff) Nutzer, die am 3. 10. 1990 das **60. Lebensjahr** vollendet hatten, sind unkündbar (§ 23 Abs 5 SchuldRAnpG), um Umstellungsprobleme zu ersparen. Der Vertrag wird erst mit dem Tod des Nutzers gegenüber den Erben kündbar. Für juristische Personen und Personengemeinschaften iSd §§ 266 ff ZGB gilt diese Regelung nicht (BT-Drucks 12/8035, 27). **80**

gg) Ein ebenfalls erweiterter Kündigungsschutz gilt für **bewohnte Gebäude** (richtig: Baulichkeiten). Betroffen sind jene Wochenendhäuser, die – wie nicht selten – zum Wohnen ausgestattet und auch so genutzt waren. Abzugrenzen sind diese im Rahmen der Schuldrechtsanpassung bessergestellten Fälle gegen die aufgrund § 5 Abs 1 Nr 3 SachenRBerG der Sachenrechtsbereinigung unterfallenden Nutzungen (oben Rn 59). § 24 SchuldRAnpG gibt für diese Fälle nach Ablauf der Kündigungsschutzfristen des § 23 SchuldRAnpG (oben Rn 75 ff) dem Nutzer ein Recht zum Widerspruch gegen die ordentliche Kündigung durch den Grundstückseigentümer entsprechend der mietrechtlichen Sozialklausel (§§ 574, 574b BGB). **81**

Im Falle der **Veräußerung** des **bewohnten Grundstücks** durch einen nach dem 12.1. 1994 abgeschlossenen Vertrag kann der Erwerber vor Ablauf von drei Jahren seit Eintragung der Rechtsänderung im Grundbuch nicht kündigen, wenn er das Grundstück einer in § 23 Abs 2 Nr 1 oder Abs 3 Nr 1 oder 2 SchuldRAnpG genannten Verwendung zuführen will (§ 24 Abs 2 SchuldRAnpG).

82 Beide Begünstigungen entfallen, wenn der Grundstückseigentümer oder der andere Vertragsschließende der **Nutzung zu Wohnzwecken ausdrücklich widersprochen** hatte (§ 24 Abs 3 SchuldRAnpG) oder wenn die Wohnungsnutzung unter Aufgabe der bisherigen Wohnung erst nach dem 20.7. 1993 begonnen hat (§ 24 Abs 4). Besonderen Kündigungsschutz soll nur erhalten, wer in Übereinstimmung mit den Gepflogenheiten in der DDR die Wohnungsnutzung aufgenommen hat; die eigenmächtige Nutzungsänderung entsprach der Praxis in der DDR; andererseits verdient der Nutzer im Falle des Widerspruchs keinen besonderen Schutz. Der Stichtag (Beschluß der Regierung über den Entwurf eines SachenRÄndG) markiert den Zeitpunkt, an dem auch unter Berücksichtigung von Umzügen in Wochenendhäuser unter dem Eindruck steigender Mieten nach der Wiedervereinigung den Nutzern die Rechtswidrigkeit der Nutzung klar sein mußte (BT-Drucks 12/7135, 57).

83 **hh)** Ein **Teilkündigungsrecht** bei Nutzungsrechten über **große Erholungs- und Freizeitgrundstücke**, dessen Fehlen das BVerfG (BVerfGE 101, 54) als verfassungswidrig beanstandet hatte, ergibt sich nun aus § 23a Abs 1 SchuldRAnpG: Erstreckt sich das Nutzungsrecht auf mindestens 1000 m², so wird eine Teilkündigung zulässig, die dem Nutzer wenigstens 400 m² beläßt, wenn er die bisherige Nutzung auf dieser Fläche ohne unzumutbare Einbußen fortsetzen kann (Entwurf oben Rn 47). Der Eigentümer muß dem Nutzer die mit der räumlichen Einschränkung der Nutzung zusammenhängenden notwendigen Aufwendungen ersetzen (§ 23a Abs 2 SchuldRAnpG); der Nutzer muß Einwirkungen dulden, die zur zulässigen Nutzung der gekündigten Teilfläche erforderlich werden (§ 23a Abs 3 SchuldRAnpG). Dem Nutzer steht ein subsidiäres Teilkündigungsrecht zu, wenn der Eigentümer sein Teilkündigungsrecht trotz entsprechender Aufforderung nicht ausübt und die Fortsetzung des unveränderten Nutzungsrechts für den Nutzer zu einer unzumutbaren Härte führen würde (§ 23a Abs 4 SchRAnpG, vgl BT-Drucks 14/6884, 9).

84 **ii)** Ein **geringerer Kündigungsschutz** besteht im Falle von Verträgen über Grundstücke, die der Nutzer **nicht** bis zum Ablauf des 16.6. 1994 **bebaut** hat und für Nutzungsverträge über **Garagengrundstücke**. Hier war der besondere Kündigungsschutz im Umfang von § 23 Abs 1 und 2 SchuldRAnpG (oben Rn 75) bis zum 31.12. 2002 gesetzlich vorgesehen (§ 23 Abs 6 S 1 SchuldRAnpG). Der über den 1.1. 2000 hinausgehende Kündigungsschutz war jedoch für *Garagengrundstücke* verfassungswidrig und nichtig (BVerfGE 101, 54, dazu Art 232 § 1a Rn 47; nunmehr § 23 Abs 6 S 1 SchuldRAnpG idF des 1. SchuldRAnpÄndG). Auch der absolute Kündigungsschutz wegen **Alters** (oben Rn 80) gilt insoweit nicht, weil die Garagennutzung als weniger schutzwürdig anzusehen ist (BT-Drucks 12/8035, 27). Für **Garagengrundstücke** gelten weitere Einschränkungen des Kündigungsschutzes gemäß § 23 Abs 7 SchuldRAnpG zugunsten der Kündigung durch Wohnbaugenossenschaften und der Kündigung von Nutzern, die nicht Mieter einer Wohnung auf dem Grundstück sind. Unberührt bleibt jedoch eine vor dem 3.10. 1990 bestehende Befugnis, eine **Laube**

innerhalb einer Kleingartenanlage zu Wohnzwecken zu nutzen (§§ 20a, 2 Abs 3 BKleingG).

kk) Bei **Unredlichkeit des Nutzers** iSd § 4 VermG kann der Grundstückseigentümer bis zum 31. 12. 1996 kündigen, sofern er nicht die Aufhebung des Vertrages durch Bescheid des Amtes zur Regelung offener Vermögensfragen beantragen kann oder konnte (§ 17 SchuldRAnpG). Unredlichkeit liegt nicht vor, wenn der Nutzer lediglich baurechtliche Bestimmungen der DDR verletzt hat (BGH DtZ 1996, 375: Bauflächenobergrenze bei Wochenendhaus). **85**

f) Vorkaufsrecht des Nutzers

Erst im Rechtsausschuß (BT-Drucks 12/8035, 30) wurde auf Vorschlag des Bundesrates (BT-Drucks 12/7135, 86) ein **gesetzliches Vorkaufsrecht** des Nutzers für den Fall der erstmaligen Veräußerung des Grundstücks an einen Dritten eingefügt (§ 57 SchuldRAnpG; Trimbach/Matthiesen VIZ 1994, 450). **86**

aa) Die Regelung ist **problematisch**, weil einerseits bei Überlassungsverträgen an ehemals staatlich verwalteten Grundstücken den Nutzern bereits nach § 20 VermG ein gesetzliches Vorkaufsrecht zusteht, somit das Vorkaufsrecht nur in Fällen der eigentlichen Erholungsnutzung relevant wird, dies aber die Nutzer von „Datschen" besser stellt als die Mieter von Wohnungen (Gegenäußerung der Bundesregierung BT-Drucks 12/7135, 93). Dennoch wurden aus Gründen der Rechtssicherheit die im Bundesrat vorgeschlagenen Einschränkungen bei Erholungsgrundstücken nicht übernommen (BT-Drucks 12/8035, 30).

bb) Das Vorkaufsrecht ist **ausgeschlossen**, wenn der Nutzer das Grundstück nicht vertragsgemäß nutzt oder der Nutzer die Bestellung eines Vorkaufsrechts nach § 20 VermG verlangen kann oder konnte (§ 57 Abs 2 Nr 1 und 2 SchuldRAnpG). Es ist weiter ausgeschlossen im Fall des Verkaufs an Abkömmlinge, den Ehegatten, eingetragenen Lebenspartner oder Geschwister des Grundstückseigentümers (Nrn 3 und 4 aaO). **87**

cc) Das Vorkaufsrecht besteht nicht zugunsten von **Parteien** und **Massenorganisationen** sowie **juristischen Personen nach §§ 20a, 20b DDR-ParteiG** sowie zugunsten von Unternehmen der **„Kommerziellen Koordinierung"** und ihrer Rechtsnachfolger (§ 57 Abs 3 SchuldRAnpG). **88**

dd) Zur näheren **Ausgestaltung** vgl § 57 SchuldRAnpG Abs 4 ff. **89**

g) Folgen der Beendigung des Vertragsverhältnisses

aa) § 11 SchuldRAnpG löst mit Wirkung vom 1. 1. 1995 das bisher strittige Schicksal des Eigentums an **Bauwerken** (regelmäßig Baulichkeiteneigentum, also bewegliches Eigentum gemäß § 296 ZGB; näher hierzu Art 231 § 5 Rn 51). Mit der Beendigung des Vertragsverhältnisses geht das selbständige bewegliche Eigentum auf den Grundstückseigentümer über. Mit dem Grund und Boden nicht nur vorübergehend fest verbundene Bauwerke werden wesentliche Bestandteile des Grundstücks iSd § 94 BGB (§ 11 Abs 1 SchuldRAnpG; Trimbach/Matthiesen VIZ 1994, 446, 449). **90**

Der Nutzer ist jedoch zur **Wegnahme**, insbesondere zur Abtrennung des Bauwerks berechtigt, § 258 BGB gilt entsprechend (§ 12 Abs 4 SchuldRAnpG; Rövekamp NJ 1995, 15, 20).

91 **bb)** Fraglich ist, ob die Bestimmung **analog anwendbar** ist auf Fälle, in denen bereits vor dem 31. 12. 1994 das Nutzungsrecht erloschen ist. Wegen des Vertragsmoratoriums (§ 4a) kommen insoweit wohl nur Fälle der wirksamen Kündigung oder Vertragsbeendigung nach § 314 ZGB in Betracht, in denen nicht nach § 314 Abs 6 ZGB verfahren wurde (Andienung an Grundstückseigentümer) und auch keine gerichtliche Regelung (§ 314 Abs 4) erfolgt ist. Soweit diese Fälle zum 1. 1. 1995 noch offen sind, ergibt sich aus §§ 11, 12 SchuldRAnpG eine angemessene Regelung, zumal § 314 Abs 4 und 6 ZGB davon ausgehen, daß der Eigentümer der Baulichkeit diese nur beseitigen, an den Grundstückseigentümer veräußern oder unter Bestellung eines neuen Nutzungsrechts (seit 3. 10. 1990 Pachtvertrages), also mit Zustimmung des Grundstückseigentümers, an Dritte verfügen darf. Jedenfalls muß gewährleistet werden, daß ab dem 1. 1. 1995 und nach Beendigung des zugrundeliegenden Nutzungsrechts entsprechend dem Regelungszweck (BT-Drucks 12/7135, 45) keine dem BGB widersprechenden Eigentumsverhältnisse fortbestehen.

92 **cc)** **Rechte Dritter** an der Baulichkeit erlöschen; Sicherungsrechte setzen sich an der Entschädigung fort, die der Nutzer erhält. In Betracht kommen nur Sicherungsrechte nach Mobiliarsachenrecht, also Pfandrecht oder Sicherungsübereignung (BT-Drucks 12/7135, 46), da auch im Recht der DDR Baulichkeiten nicht grundpfandrechtsfähig waren.

93 **dd)** Der für den Nutzer eintretende Rechtsverlust wird durch eine **Entschädigung** kompensiert.

α) Hierbei orientiert sich das SchuldRAnpG (§ 12) nicht ausschließlich an den **Bestimmungen des BGB** über den Ersatz von Verwendungen des Mieters (§ 547 aF BGB), sondern vorrangig an dem Modell des § 314 Abs 6 ZGB (Andienungsrecht). Die allgemeinen Vorschriften des BGB, deren Anwendung auch für nicht in einem Bauwerk bestehende werterhöhende Maßnahmen unberührt bleibt (klarstellend § 12 Abs 5 SchuldRAnpG, BT-Drucks 12/8035, 26; Trimbach/Matthiesen VIZ 1994, 446, 449), greifen insbesondere dann ein, wenn der Nutzer ein nicht den Rechtsvorschriften der DDR entsprechendes Bauwerk errichtet hatte, weil dann der Entschädigungsanspruch ausfällt (Rövekamp NJ 1995, 15, 19). Solche Bauten sind grundsätzlich nach Bereicherungsrecht zu entschädigen (§ 12 Abs 1 S 2 SchuldRAnpG). Es gilt § 356 Abs 1 ZGB; maßgeblicher Zeitpunkt ist der 2. 10. 1990, da selbständiges Baulichkeiteneigentum insoweit nicht entstehen konnte (BT-Drucks 12/7135, 46 f).

94 **β)** **Voraussetzung des Entschädigungsanspruchs** nach § 12 Abs 1 S 1 SchuldRAnpG (zur Verfassungsmäßigkeit BVerfGE 101, 54) ist ein entsprechend den **Rechtsvorschriften der DDR** errichtetes Bauwerk.

Erforderlich ist die Zustimmung des Grundstückseigentümers nach § 313 Abs 2 ZGB und die Bauzustimmung nach der *BevölkerungsbauwerkeVO* v 8. 11. 1984 (GBl DDR 1984 I 433; BT-Drucks 12/7135, 46; Rövekamp NJ 1995, 15, 19). Wurde die Bebauung nach dem 1. 1. 1995 errichtet (bis zum Inkrafttreten des SchuldRAnpG gilt § 313 ZGB, **aA** wohl Rövekamp NJ 1995, 15, 19), so ist jede bauliche Investition, die bei Vertragsbeendigung entschädigt werden soll, nach § 22 Abs 1 SchuldRAnpG zustimmungsbedürftig (arg § 22 Abs 2 SchuldRAnpG). Sofern die Voraussetzungen des § 19 Abs 2 SchuldRAnpG vorliegen, gilt auch für Zwecke der Entschädigung eine ohne zivilrechtliche Zustimmung öffentlich genehmigte Bebauung als rechtmäßig (BT-Drucks 12/7135, 46).

γ) Eine Entschädigung ist auch zu leisten, wenn das Bauwerk schon nach den Bestimmungen des Rechts der DDR **nicht Sondereigentum** des Nutzers geworden ist. Auch dann hat der Nutzer Investitionen getätigt, die einer Entschädigung bedürfen (BT-Drucks 12/7135, 46). **95**

δ) Für die **Höhe der Entschädigung** ist – wie schon in §§ 314 Abs 5 und 6 ZGB – zu unterscheiden nach der *Art der Beendigungsgründe.* **96**

– Endet das Vertragsverhältnis durch **Kündigung des Grundstückseigentümers**, ohne daß der Nutzer durch sein Verhalten Anlaß zur Kündigung aus wichtigem Grund gegeben hat, so ist die Entschädigung nach dem Zeitwert des Bauwerks im Zeitpunkt der Rückgabe zu bemessen (§ 12 Abs 2 S 1 SchuldRAnpG). Dieser besondere Investitionsschutz läuft allerdings sieben Jahre nach Ablauf des für das Grundstück konkret bestehenden Kündigungsschutzes nach § 23 SchuldRAnpG aus (*Investitionsschutzfrist*), also für bebaute Grundstücke am 3. 10. 2022, für unbebaute und Garagengrundstücke am 31. 12. 2009 (Rövekamp NJ 1995, 15, 20). Maßgeblich ist der Zeitpunkt der Beendigung des Vertragsverhältnisses (§ 12 Abs 2 S 2 SchuldRAnpG). Da das BVerfG den Kündigungsschutz für Garagengrundstücke auf den 31. 12. 1999 reduziert hat, ist entsprechend auch die Investitionsschutzfrist auf den 31. 12. 2006 zurückzunehmen (BVerfGE 101, 54).

– Endet das Vertragsverhältnis aus **anderen Gründen** (Kündigung aus wichtigem Grund, Kündigung durch Nutzer, Vertragsaufhebung), so kann der Nutzer nur Entschädigung in Höhe der Erhöhung des Verkehrswertes des Grundstücks durch das Bauwerk im Zeitpunkt der Rückgabe verlangen (§ 12 Abs 3 SchuldRAnpG). Nutzt der Eigentümer ein aufstehendes Bauwerk nicht weiter, so besteht kein Entschädigungsanspruch (LG Potsdam ZOV 2001, 252). Im Falle der Kündigung wegen Unredlichkeit iSd § 4 VermG besteht ein Entschädigungsanspruch jedoch nach § 12 Abs 2 SchuldRAnpG (§ 17 Abs 3 SchuldRAnpG).

ε) Endet das Vertragsverhältnis durch **Kündigung des Grundstückseigentümers vor Ablauf der Kündigungsschutzfrist** (§ 23 SchuldRAnpG, oben Rn 75 ff), so sieht § 14 SchuldRAnpG eine weitergehende Entschädigung des Nutzers auch für die ihm durch die vorzeitige Kündigung entstandenen Vermögensnachteile vor, sofern die Kündigung nicht aus einem vom Nutzer durch sein Verhalten gesetzten wichtigen Grund erfolgt. Hintergrund ist, daß in Abweichung vom Miet- und Pachtrecht des BGB die Nutzungsverträge nach §§ 312 ff ZGB nahezu unkündbar waren, so daß längerfristige Dispositionen im Vertrauen auf den Bestand getroffen wurden. Ersatzfähig sind aber nur die Nachteile, die aufgrund der Kündigung vor Ablauf der Kündigungsschutzfrist, nicht aber für spätere Zeiträume entstehen. Maßstab sollte die Rechtsprechung des BGH zur Auflösung von Miet- und Pachtverhältnissen nach dem BauGB sein (BT-Drucks 12/7135, 48; BGH NJW 1972, 528; BGH NJW 1982, 2181). Diese Entschädigung hat das **BVerfG** nicht in allen von § 23 SchuldRAnpG zugelassenen *Fällen der Kündigung* als verfassungskonform angesehen. Die zusätzliche Entschädigung ist nur dann gerechtfertigt, wenn dem **97**

Eigentümer aufgrund des Rechts zur Kündigung absehbar erhebliche wirtschaftliche Vorteile zufließen. Das ist der Fall bei einer Kündigung wegen Zuführung zu der in einem *Bebauungsplan* festgelegten Nutzung (§ 23 Abs 2 S 1 Nr 2 und S 2 SchuldRAnpG) sowie bei der Kündigung zu besonderen *Investitionszwecken* (§ 23 Abs 6 S 3 SchuldRAnpG). Hingegen begründet die Zubilligung des Rechts zur *Eigenbedarfskündigung* (§ 23 Abs 2 S 1 Nr 1 und Abs 3 SchuldRAnpG, auch iVm § 12 Abs 6 SchuldRAnpG) keine ausgleichsbedürftige Begünstigung des Eigentümers, denn diese Kündigungsgründe sind durch Art 14 Abs 1 GG – entschädigungslos – geboten. Insoweit war § 14 SchuldRAnpG verfassungswidrig und *nichtig* (BVerfGE 101, 54).

Die **Neufassung** durch das 1. SchuldRAnpÄndG beschränkt den Anspruch auf Fälle der Kündigung des Vertragsverhältnisses in den vom BVerfG nicht beanstandeten Fällen, also der Kündigung nach § 23 Abs 2 S 1 Nr 2 und Abs 6 S 3.

98 **ζ)** Neben der Entschädigung für das Bauwerk besteht nach § 27 SchuldRAnpG ein Anspruch auf **Entschädigung für die Anpflanzungen**. § 12 Abs 2 bis 4 SchuldRAnpG gelten entsprechend.

99 **ee)** Der Nutzer ist zur **Beseitigung eines Bauwerks** oder zur Tragung der **Abbruchkosten** nur in besonderen Fällen verpflichtet. Anders als unter dem Mietrecht des BGB (§ 556 Abs 1 aF BGB) und bundesdeutschen Verhältnissen konnte der Nutzer in der DDR davon ausgehen, daß die von ihm geschaffenen Baulichkeiten als bleibende Werte angesehen würden (BT-Drucks 12/7135, 48).

100 **α)** Daher besteht grundsätzlich **keine Beseitigungspflicht**, wenn das Bauwerk entsprechend den Rechtsvorschriften der DDR errichtet wurde (§ 15 Abs 1 S 1 SchuldRAnpG; Trimbach/Matthiesen VIZ 1994, 446, 450).

101 **β)** Die **Beseitigungskosten** treffen den **Grundstückseigentümer** alleine, wenn dieser innerhalb der siebenjährigen Investitionsschutzfrist nach Ablauf der Kündigungsschutzfrist (oben Rn 96) ohne Vorliegen eines verhaltensbedingten Grundes kündigt.

102 **γ)** Die Beseitigungskosten sind **hälftig zu teilen**, wenn die Kündigung nach Ablauf der Investitionsschutzfrist oder aus wichtigem Grund durch den Grundstückseigentümer erfolgt und der Abbruch innerhalb eines Jahres nach Besitzübergang vorgenommen wird oder wenn der Nutzer kündigt (§ 15 Abs 1 SchuldRAnpG; Trimbach/Matthiesen VIZ 1994, 446, 450; Rövekamp NJ 1995, 15, 20).

103 **δ)** Der Nutzer hat die Beseitigungskosten alleine zu tragen und das Bauwerk zu beseitigen, wenn die Errichtung **nicht in Übereinstimmung** mit den Rechtsvorschriften der DDR stand (Umkehrschluß aus § 15 Abs 1 S 1 SchuldRAnpG; §§ 546, 570 BGB; dazu oben Rn 94).

104 **ε)** Bei Beendigung des Vertragsverhältnisses **nach Ablauf des 31. 12. 2022** gelten uneingeschränkt §§ 546, 570 BGB (§ 15 Abs 3 SchuldRAnpG).

h) Ferienhaus- und Wochenendhaussiedlungen

105 Für **Ferienhaus- und Wochenendhaussiedlungen** und andere **Gemeinschaften** gelten zusätzlich §§ 29 bis 33 SchuldRAnpG.

Textanhang zu Art 232 § 4 EGBGB

Verordnung über eine angemessene Gestaltung von Nutzungsentgelten (Nutzungsentgeltverordnung – NutzEV)

vom 22. Juli 1993 geändert durch VO v 24. 7. 1997, geändert durch 1. SchuldRAnpÄndG v 17. 5. 2002 (BGBl 2002 I 1580)

Auf Grund des Artikels 232 § 4 Abs. 2 des Einführungsgesetzes zum Bürgerlichen Gesetzbuche, der durch Anlage I Kapitel III Sachgebiet B Abschnitt II Nr. 1 des Einigungsvertrages vom 31. August 1990 in Verbindung mit Artikel 1 des Gesetzes vom 23. September 1990 (BGBl. 1990 II S. 885, 944) eingefügt worden ist, verordnet die Bundesregierung:

§ 1
Anwendungsbereich

(1) Die Entgelte für die Nutzung von Bodenflächen auf Grund von Verträgen nach § 312 des Zivilgesetzbuchs der Deutschen Demokratischen Republik vom 19. Juni 1975 (GBI. 1 Nr. 27 S. 465) dürfen nach Maßgabe dieser Verordnung angemessen gestaltet werden.

(2) Diese Verordnung gilt nicht

1. für Entgelte, die sich nach dem Bundeskleingartengesetz richten,

2. für vor dem 3. Oktober 1990 abgeschlossene unentgeltliche Nutzungsverhältnisse nach § 312 des Zivilgesetzbuchs der Deutschen Demokratischen Republik und

3. für Überlassungsverträge.

§ 2
Abweichende Entgeltvereinbarungen

(1) Die Vorschriften dieser Verordnung gehen Entgeltvereinbarungen vor, die vor dem 3. Oktober 1990 getroffen worden sind.

(2) Nach dem 2. Oktober 1990 getroffene Vereinbarungen

1. über Nutzungsentgelte oder

2. über den Ausschluß der Erhöhung des Nutzungsentgelts

bleiben unberührt. Solche Vereinbarungen sind auch weiterhin zulässig.

(3) Eine einseitige Erhöhung des Nutzungsentgelts nach dieser Verordnung ist nicht zulässig, soweit und solange eine Erhöhung nach dem 2. Oktober 1990 durch Vereinbarung ausgeschlossen worden ist oder der Ausschluß sich aus den Umständen ergibt.

§ 3
Schrittweise Erhöhung der Entgelte

(1) Die Entgelte dürfen, soweit sich nicht aus den §§ 4 und 5 etwas anderes ergibt, schrittweise bis zur Höhe der ortsüblichen Entgelte erhöht werden. Zur angemessenen Gestaltung der Nutzungsentgelte darf die Erhöhung in folgenden Schritten vorgenommen werden:

1. ab dem 1. November 1993 auf das Doppelte der am 2. Oktober 1990 zulässigen Entgelte, jedoch mindestens auf 0,15 Deutsche Mark, bei baulich genutzten Grundstücken auf 0,30 Deutsche Mark je Quadratmeter Bodenfläche im Jahr,
2. ab dem 1. November 1994 auf das Doppelte der sich nach Nummer 1 ergebenden Entgelte,
3. ab dem 1. November 1995 auf das Doppelte der sich nach Nummer 2 ergebenden Entgelte,
4. ab dem 1. November 1997 höchstens um die Hälfte der sich nach Nummer 3 ergebenden Entgelte.
5. ab dem 1. November 1998 jährlich höchstens um ein Drittel der sich nach Nummer 3 ergebenden Entgelte.

(2) Ortsüblich sind die Entgelte, die nach dem 2. Oktober 1990 in der Gemeinde oder in vergleichbaren Gemeinden für Grundstücke vergleichbarer Art, Größe, Beschaffenheit und Lage vereinbart worden sind.

(3) Das ortsübliche Entgelt kann aus einer Verzinsung des Bodenwertes abgeleitet werden, wenn es an Erkenntnissen über eine ausreichende Anzahl von vergleichbaren Grundstücken mit nach dem 2. Oktober 1990 vereinbarten Entgelten fehlt. Der Bodenwert ist auf der Grundlage der tatsächlichen Nutzung des Grundstücks zu ermitteln.

§ 4
Entgelterhöhung bei vertragswidriger Nutzung

(1) Im Falle einer vertragswidrigen Nutzung des Grundstücks dürfen die Entgelte ohne die Beschränkung des § 3 Abs. 1 bis zur Höhe der ortsüblichen Entgelte erhöht werden.

(2) Vertragswidrig ist eine Nutzung, die nach §§ 312 und 313 des Zivilgesetzbuchs der Deutschen Demokratischen Republik nicht zulässig ist. Hat der Eigentümer die Nutzung genehmigt oder wurde die Nutzung von staatlichen Stellen der Deutschen Demokratischen Republik genehmigt oder gebilligt, so gilt die Nutzung nicht als vertragswidrig.

§ 5
Entgelterhöhung bei Garagenflächen

(1) Die Nutzungsentgelte für Garagengrundstücke sind ab dem 1. November 1993 nach der Anzahl der Stellplätze zu bemessen. Die Entgelte dürfen bis zur Höhe der ortsüblichen Entgelte erhöht werden, jedoch auf mindestens 60 Deutsche Mark je Stellplatz im Jahr.

(2) Garagengrundstücke sind Grundstücke oder Teile von Grundstücken, die mit einer oder mehreren Garagen oder ähnlichen Einstellplätzen für Kraftfahrzeuge bebaut sind und deren wesentlicher Nutzungszweck das Einstellen von Kraftfahrzeugen ist.

§ 6
Erklärung über die Entgelterhöhung

(1) Will der Überlassende das Nutzungsentgelt nach dieser Verordnung erhöhen, so hat er dem Nutzer das Erhöhungsverlangen in Textform zu erklären und zu begründen. Dabei ist anzugeben, dass mit dem Erhöhungsverlangen die ortsüblichen Entgelte nicht überschritten werden. Zur Begründung kann der Überlassende insbesondere Bezug nehmen auf

1. ein Gutachten des örtlichen zuständigen Gutachterausschusses über die ortsüblichen Nutzungsentgelte für vergleichbar genutzte Grundstücke oder eine Auskunft des Gutachterausschusses über die in seinem Geschäftsbereich vereinbarten Entgelte nach § 7,

2. ein Gutachten eines öffentlich bestellten und vereidigten Sachverständigen über die ortsüblichen Nutzungsentgelte für vergleichbar genutzte Grundstücke,

3. entsprechende Entgelte für die Nutzung einzelner vergleichbarer Grundstücke; hierbei genügt die Benennung von drei Grundstücken.

(2) Die Erklärung hat die Wirkung, daß von dem Beginn des dritten auf die Erklärung folgenden Monats das erhöhte Nutzungsentgelt an die Stelle des bisher entrichteten Entgelts tritt. Vom Nutzer im voraus entrichtete Zahlungen sind anzurechnen.

(3) Ist streitig, ob das verlangte Entgelt die Grenze der ortsüblichen Entgelte einhält, so trifft die Beweislast den Überlassenden.

§ 7
Gutachten über die ortsüblichen Entgelte

(1) Auf Antrag einer Vertragspartei hat der nach § 192 des Baugesetzbuchs eingerichtete und örtlich zuständige Gutachterausschuß ein Gutachten über die ortsüblichen Nutzungsentgelte für vergleichbar genutzte Grundstücke zu erstatten. Auf Verlangen hat er in anonymisierter Form Auskunft über die in seinem Geschäftsbereich vereinbarten Entgelte unter Angabe der Gemarkung zu erteilen, in der die Grundstücke liegen.

(2) Die Gemeinden haben auf Verlangen dem Gutachterausschuß Auskunft über die vereinbarten Nutungsentgelte in anonymisierter Form zu erteilen.

§ 8
Kündigung des Nutzers

Der Nutzer ist berechtigt, das Nutzungsverhältnis bis zum Ablauf des Monats, der auf den Zugang der Erklärung über die Entgelterhöhung folgt, für den Ablauf des letzten Monats, bevor die Erhöhung wirksam wird, zu kündigen.

§ 9
Inkrafttreten

Diese Verordnung tritt am 1. August 1993 in Kraft.

§ 4a
Vertrags-Moratorium

(1) Verträge nach § 4 können, auch soweit sie Garagen betreffen, gegenüber dem Nutzer bis zum Ablauf des 31. Dezember 1994 nur aus den in § 554 des Bürgerlichen Gesetzbuchs bezeichneten Gründen gekündigt oder sonst beendet werden. Sie verlängern sich, wenn nicht der Nutzer etwas Gegenteiliges mitteilt, bis zu diesem Zeitpunkt, wenn sie nach ihrem Inhalt vorher enden würden.

(2) Hat der Nutzer einen Vertrag nach § 4 nicht mit dem Eigentümer des betreffenden Grundstücks, sondern aufgrund von § 18 oder § 46 in Verbindung mit § 18 des Gesetzes über die landwirtschaftlichen Produktionsgenossenschaften – LPG-Gesetz – vom 2. Juli 1982 (GBl. 1 Nr. 25 S. 443) in der vor dem 1. Juli 1990 geltenden Fassung mit einer der dort genannten Genossenschaften oder Stellen geschlossen, so ist er nach Maßgabe des Vertrages und des Absatzes 1 bis zum Ablauf des 31. Dezember 1994 auch dem Grundstückseigentümer gegenüber zum Besitz berechtigt.

(3) Die Absätze 1 und 2 gelten ferner, wenn ein Vertrag nach § 4 mit einer staatlichen Stelle abgeschlossen wurde, auch wenn diese hierzu nicht ermächtigt war. Dies gilt jedoch nicht, wenn der Nutzer Kenntnis von dem Fehlen einer entsprechenden Ermächtigung hatte.

(4) Die Absätze 1 und 2 gelten ferner auch, wenn ein Vertrag nach § 4 mit einer staatlichen Stelle abgeschlossen wurde und diese bei Vertragsschluß nicht ausdrücklich in fremdem Namen, sondern im eigenen Namen handelte, obwohl es sich nicht um ein volkseigenes, sondern ein von ihr verwaltetes Grundstück handelte, es sei denn, daß der Nutzer hiervon Kenntnis hatte.

(5) In den Fällen der Absätze 2 bis 4 ist der Vertragspartner des Nutzers unbeschadet des § 51 des Landwirtschaftsanpassungsgesetzes verpflichtet, die gezogenen Entgelte unter Abzug der mit ihrer Erzielung verbundenen Kosten an den Grundstückseigentümer abzuführen. Entgelte, die in der Zeit von dem 1. Januar 1992 an bis zum Inkrafttreten dieser Vorschrift erzielt wurden, sind um 20 vom Hundert gemindert an den Grundstückseigentümer auszukehren; ein weitergehender Ausgleich für gezogene Entgelte und Aufwendungen findet nicht statt. Ist ein Entgelt nicht vereinbart, so ist das Entgelt, das für Verträge der betreffenden Art gewöhnlich zu erzielen ist, unter Abzug der mit seiner Erzielung verbundenen Kosten an den Grundstückseigentümer auszukehren. Der Grundstückseigentümer kann von dem Vertragspartner des Nutzers die Abtretung der Entgeltansprüche verlangen.

(6) Die Absätze 1 bis 5 gelten auch, wenn der unmittelbare Nutzer Verträge mit einer Vereinigung von Kleingärtnern und diese mit einer der dort genannten Stellen den Hauptnutzungsvertrag geschlossen hat. Ist Gegenstand des Vertrages die Nutzung des Grundstücks für eine Garage, so kann der Eigentümer die Verlegung der Nutzung auf eine andere Stelle des Grundstücks oder ein anderes Grundstück verlangen, wenn die Nutzung ihn besonders beeinträchtigt, die andere Stelle für den Nutzer gleichwertig ist und die rechtlichen Voraussetzungen für die Nutzung geschaffen

worden sind; die Kosten der Verlegung hat der Eigentümer zu tragen und vorzuschießen.

(7) Die Absätze 1 bis 6 finden keine Anwendung, wenn die Betroffenen nach dem 2. Oktober 1990 etwas Abweichendes vereinbart haben oder zwischen ihnen abweichende rechtskräftige Urteile ergangen sind.

Materialien: Eingefügt durch RegisterverfahrenbeschleunigungsG v 20. 12. 1993, BGBl 1993 I 2182; E: BT-Drucks 12/5553 Art 13 Nr 2 c; Beschlußempfehlung und Bericht des Rechtsausschusses BT-Drucks 12/6228.

Schrifttum

siehe Schrifttum zu § 4.

Systematische Übersicht

Alphabetische Übersicht

I. Normzweck

1. Motivation

a) Die durch das RegisterverfahrenbeschleunigungsG mit Wirkung zum 25. 12. 1993 eingefügte Regelung hat grundsätzlich zwei Zielsetzungen. Zum einen soll ein **echtes Moratorium mit Kündigungsstopp** für die in §§ 312 ff ZGB geregelten *schuldrechtlichen Nutzungsverträge* (§ 4) und die in § 4 Abs 4 ebenfalls durch das RegVBG gleichgestellten *Überlassungsverträge zu den §§ 312 ff ZGB entsprechenden Zwecken* geschaffen werden (dazu Abs 1). **1**

b) Daneben befaßt sich § 4a mit der vorübergehenden Stabilisierung von **DDR-typischen Nutzungszuständen**, die sich in den ersten Jahren nach Inkrafttreten des EV gezeigt hatten und nicht nur durch **abgeleitete Nutzungsverhältnisse** gekennzeichnet sind, sondern von einer großen Zahl von Nutzungsüberlassungen durch **Nichtberechtigte**. Die Regelung ist als Vertrauensschutzbestimmung – wie auch das ihr nachfolgende SchuldrechtsanpassungsG – nur verständlich, wenn man die Prämisse akzeptiert, daß in der DDR offenkundig bodenrechtliche Verhältnisse bestanden haben, in denen Vertrauen in die freie Willkür staatlicher Stellen entstehen konnte. **2**

2. Vertrags-Moratorium (Abs 1), Verfassungsmäßigkeit

a) Der EV sieht die vorläufige Weitergeltung der „Datschenvorschriften" des ZGB (§§ 312 ff) vor, um den Bestand dieser Verträge für die Zeit vom 3. 10. 1990 **bis zur Schuldrechtsbereinigung zu sichern**. Die Sicherung sollte durch den Kündigungsschutz des § 314 ZGB erreicht werden (vgl § 4 Rn 27 ff). Nach Ansicht des *Regierungsentwurfs* zu § 4a hat der schon im VerfassungsgrundsätzeG der DDR vollzogene Übergang von einem Kündigungsschutz nach Maßgabe „gesellschaftlich gerechtfertigter Gründe" (§ 314 Abs 3 ZGB) zu dem rechtsstaatlichen Maßstab von *Treu und Glauben* (dazu § 4 Rn 27 ff) die Schutzfunktion der Vorschrift sehr entwertet, was zu einer erheblichen Rechtsunsicherheit bei den Nutzern geführt habe (BT-Drucks 12/5553, 130). **3**

b) Grundsätzlich muß dieser Ansatz **rechtsstaatlich bedenklich** erscheinen, den Grundsatz von Treu und Glauben, der gerade wegen des Übergangs zu rechtsstaatlichen Verhältnissen auch auf Altverträge anzuwenden war (Art 232 § 1 Rn 60 ff), zu suspendieren. Das vorübergehende Moratorium dürfte jedoch im Hinblick auf die tatsächlich bestehende, von interessierten Gruppen aber auch geschürte Rechtsunsicherheit und Angst der Nutzer gerechtfertigt sein, da die bei Inkrafttreten des § 4a in Aussicht genommene, seit 1. 1. 1995 in Kraft befindliche Anpassung durch das **4**

SchuldRAnpG nicht durch eine Vielzahl rechtskräftig entschiedener Einzelfälle faktisch ausgehöhlt werden sollte.

5 c) Der Kündigungsstopp griff auch in die durch **Art 14 Abs 1 GG** geschützten Rechte des Eigentümers ein. Die Anordnung eines vollständigen Moratoriums ging durch eine Beschränkung auf die Kündigungsgründe nach § 554 aF BGB deutlich über die zunächst angeordnete Fortgeltung des § 314 ZGB hinaus, die das Bundesverfassungsgericht für eine Übergangszeit als mit Art 14 Abs 1 GG vereinbar angesehen hatte (dazu § 4 Rn 32 ff). Auch dieser Eingriff ließ sich noch mit der Sicherstellung einer sozialverträglichen Überleitung in die Schuldrechtsanpassung und eine Entgeltregelung durch die NutzEV (dazu § 4 Rn 40 ff) rechtfertigen (vgl zu diesem Argument auch BVerfG NJW 2000, 1485, 1486).

6 d) Die Frage der Verfassungsmäßigkeit des in § 4a angeordneten Moratoriums mündete am 1. 1. 1995 in die noch gravierendere Frage der Verfassungsmäßigkeit der **Verlängerung dieses Moratoriums** durch den – politisch gewollten – ausufernden **Kündigungsschutz des § 23 SchuldRAnpG**, insbesondere den absoluten Kündigungsschutz bis zum 31. 12. 1999 (im einzelnen § 1a Rn 46 ff; § 4 Rn 48). Nachdem das **Bundesverfassungsgericht** selbst die Regelung des § 23 SchuldRAnpG prinzipiell als verfassungskonform gebilligt hatte (BVerfGE 101, 54; dazu § 1a Rn 46 ff; § 4 Rn 48), war klar, daß das Moratorium des § 2a *erst recht* verfassungsgerichtliche Billigung finden würde (BVerfGE NJW 2000, 1485, 1486, dort auch zu der Verschärfung gegenüber § 314 ZGB, vgl oben Rn 4). Das gilt auch für die Fälle, in denen das Moratorium (§ 2a Abs 3) und die Schuldrechtsanpassung (§ 8 SchuldRAnpG) an Verträge anknüpft, die eine nicht berechtigte staatliche Stelle geschlossen hat, in der also die normative Kraft des „sozialistischen Ganges" über das Grundrecht aus Art 14 Abs 1 GG gestellt wird (BVerfG VIZ 2000, 233).

Obgleich damit die verfassungsrechtliche Beurteilung des § 23 SchuldRAnpG und erst recht die des Moratoriums *de facto* abgeschlossen ist, wird die Frage offen bleiben, ob Vertrauen in Rechtswidrigkeit schutzwürdiger sein kann als die Grundwerte eines Rechtsstaates, nur weil sich die Rechtswidrigkeit, oft geradezu kleinkariert, als alltägliche „Lebensverhältnisse" getarnt hatte.

3. Nutzungsverhältnisse unter Dreieckspachtverträgen (Abs 2)

7 a) Vor dem 1. 7. 1990 waren die LPGen, zuletzt durch **§ 18 LPG-G 1982**, berechtigt, ihnen zur Nutzung zugewiesene oder übertragene Grundstücke nach Belieben zu nutzen, zu bebauen oder auch LPG-Mitgliedern, anderen Bürgern oder Sparten (Kreisverbänden) des VKSK „befristet" zur Nutzung für Freizeit- und Erholungszwecke oder auch staatlichen Organen und Betrieben zu überlassen. Das gesetzliche Nutzungsrecht des § 18 LPG-G wurde mit Wirkung vom 1. 7. 1990 aufgehoben; zwar regelt § 51 LandwirtschaftsanpassungsG die Auflösung der sog „Dreieckspachtverträge" (vgl unten Rn 59); deren Inhalt bestand in einem Pachtverhältnis zwischen dem Rat des Kreises und dem Grundstückseigentümer und einem weiteren Pachtverhältnis zwischen dem Rat des Kreises und der LPG, welcher der Grund kostenlos überlassen wurde (vgl BGH DtZ 1995, 88; BGH WM 1994, 1222).

8 b) Im Ergebnis zutreffend mißt der BGH die mit der Konstruktion der Dreieckspachtverträge verbundene Aufhebung der früheren privatrechtlichen Vertragsbeziehungen zwischen Pächter und Grundstückseigentümer nicht am **Grundgesetz**. Dies folgt aus dem Umstand, daß es sich um *enteignende Akte* einer fremden Staatsgewalt (der DDR) handelt, die der Bundesrepublik nicht zuzurechnen sind (BVerfGE 84, 90, 122; BVerfG DtZ 1993, 24). Mit der Anwendung des kollisionsrechtlichen *ordre public* (Art 6 EGBGB), den der BGH hierdurch verdrängt sieht (DtZ 1995, 88, 90), hat dies jedoch nichts zu tun: Ihrer Natur nach *privatrechtliche* Bestimmungen im Recht der DDR können gegen den bundesdeutschen *ordre public* verstoßen und daher außer Anwendung bleiben (dazu Art 232 § 1 Rn 57). Vorliegend aber handelt es sich um Regelungen, die im Kern nicht privatrechtlich zu qualifizieren sind und daher den Bestimmungen des Internationalen Privatrechts nicht unterliegen. Vielmehr handelt es sich um ein Problem des internationalen bzw innerdeutschen öffentlichen Rechts.

c) Zunächst wurde jedoch nicht gesehen, daß hierdurch den **Nutzungsüberlassungen aufgrund von § 18 LPG-G** die Grundlage entzogen wurde; nach Wegfall der Dreieckspachtverträge waren die LPGen dem Grundstückseigentümer gegenüber nicht mehr zum Besitz berechtigt, wenngleich dem Nutzer schuldrechtlich zur Nutzungsüberlassung verpflichtet. In der Rechtsprechung wurden zum Teil Räumungsklagen der Grundstückseigentümer gegen die Nutzer stattgegeben (vgl dazu BT-Drucks 12/5553, 129); der BGH hatte – beschränkt auf eine Gestaltung in einer Kleingartenanlage iSd BKleingG Art 233 § 2a analog angewendet (BGHZ 121, 88). Abs 2 regelt diese Fälle und erstreckt bis zur Schuldrechtsanpassung das aus dem Vertrag mit der LPG dieser gegenüber bestehende Recht zum Besitz gegen den Grundstückseigentümer (BT-Drucks 12/5553, 131). **9**

4. Verträge mit nichtberechtigten staatlichen Stellen (Abs 3)

In zahlreichen Fällen haben staatliche Stellen der DDR fremden Grund und Boden verpachtet, ohne hierzu berechtigt zu sein. Teilweise lagen weder private Vollmachten noch gesetzliche Ermächtigungen vor, teilweise wurden Vollmachten überschritten. Solche „wilden Verwaltungen" wurden dem Moratorium unterstellt, so daß sie dem Grundeigentümer gegenüber ein Recht zum Besitz begründen. Eine im Regierungsentwurf vorgesehene Ausnahme jener Fälle, in denen eine vom Grundstückseigentümer erteilte Vollmacht ohne Kenntnis des Nutzers *überschritten* wurde, ist im Gesetzgebungsverfahren entfallen, ausgenommen bleiben aber Fälle der Bösgläubigkeit des Nutzers mangels Schutzwürdigkeit (BT-Drucks 12/5553, 131). **10**

5. Überlassung verwalteter Grundstücke als volkseigen (Abs 4)

Die auf Vorschlag des Bundesrates (BT-Drucks 12/5553, 196; BT-Drucks 12/6228, 99) eingefügte Regelung in Abs 4 bezieht Fälle ein, in denen entgegen § 53 Abs 2 ZGB staatliche Stellen bei **Vertretung** von Eigentümern verwalteter Grundstücke die Stellvertretung **nicht offengelegt** haben. Fälle solcher „Sorglosigkeit" (BT-Drucks 12/5553, 196) sind gemessen an der in Abs 3 erfaßten „wilden Verwaltung" erst recht schutzwürdig. **11**

6. Vereinigungen für Kleingärtner (Abs 6 S 1)

12 Abs 5 S 1 dient der Klarstellung, daß das Vertragsmoratorium auch für die typischen Fälle gilt, in denen Hauptnutzer eine **Vereinigung für Kleingärtner**, insbesondere der Verband der Kleingärtner, Siedler und Kleintierzüchter **(VKSK)** ist, und die betroffenen Nutzer lediglich Unter-Nutzungsverträge geschlossen haben (BT-Drucks 12/6228, 99).

7. Einschränkungen des Moratoriums

13 **a)** Mit **Absatz 5** werden in den Fällen eines Moratoriums zugunsten von Nutzern, die mit dem Grundstückseigentümer nicht in Vertragsbeziehungen stehen (Abs 2 bis 4), die vom Nutzer gezogenen **Entgelte** auf den Grundstückseigentümer übergeleitet und der Abzug von **Gestehungskosten** pauschaliert (BT-Drucks 12/5553, 131).

14 **b)** **Abs 6 S 2** geht auf einen Vorschlag aus dem Ausschuß für Raumordnung, Bauwesen und Städteplanung zurück; es soll verhindert werden, daß die **Bebaubarkeit von Grundstücken** durch das Fortbestehen von Garagennutzungsverträgen und den Ausschluß der Kündigung erschwert wird. Die Regelung lehnt sich an den Fall der Dienstbarkeit an (§ 1023 BGB; BT-Drucks 12/6228, 99).

15 **c)** **Absatz 7** stellt klar, daß nach den Grundsätzen der **Privatautonomie** und der **Rechtssicherheit** nach der Wiedervereinigung erfolgte Vereinbarungen und rechtskräftige Entscheidungen Bestand haben (BT-Drucks 12/5553, 131).

8. Vorübergehender Charakter

16 **a)** Die Gesamtregelung ist **vorübergehender Natur**; es wurde bewußt vermieden, Bestimmungen zu treffen, die einer im Zeitpunkt des Inkrafttretens des RegVBG (25. 12. 1993) noch offenen Schuldrechtsbereinigung hätten vorgreifen können (BT-Drucks 12/5553, 130 zu Überleitungslösungen bei vollmachtlos geschlossenen Verträgen).

17 **b)** **Seit 1. 1. 1995** ist an die Stelle des Vertrags-Moratoriums die **endgültige Anpassung** an die Bestimmungen des BGB durch das Schuldrechtsanpassungsgesetz (Art 1 SchuldrechtsänderungsG, BGBl 1994 I 2538) getreten. Das erste Ziel des Vertrags-Moratoriums, übergangsweise Rechtssicherheit zu schaffen (oben Rn 1, 3 ff), hat sich damit erledigt. Das weitere Anliegen, Nutzungsverhältnisse ohne Vertragsbeziehungen zwischen dem Nutzer und dem Grundstückseigentümer zu *sichern*, ist durch die Zielsetzung des SchuldRAnpG ersetzt worden, diese Vertragsverhältnisse auf den Grundstückseigentümer *überzuleiten*. Hierzu erfaßt **§ 8 SchuldRAnpG** insbesondere auch die in § 4a durch das Vertrags-Moratorium offengehaltenen irregulären Sachverhalte, die nicht von § 4 erfaßt worden wären (näher unten Rn 74 ff). § 8 SchuldRAnpG erfaßt aber auch die – seltenen – Fälle berechtigter Überlassung durch Dritte an Nutzer (BGH VIZ 1999, 164, 166).

II. Vertrags-Moratorium bei bestehendem Nutzungsvertrag (Abs 1)

1. Anwendungsbereich

a) Erfaßt sind **Verträge nach § 4**, also **Nutzungsverträge**, die nach dem 1.1. 1976 gemäß §§ 312 ff ZGB abgeschlossen wurden, sowie Überlassungsverträge, die ganz überwiegend vor diesem Zeitpunkt abgeschlossen wurden, soweit sie eine Überlassung zu den in **§ 4 Abs 4** genannten Zwecken zum Gegenstand haben (im einzelnen § 4 Rn 1 ff). Erfaßt sind solche Verträge auch, soweit sie **Garagen** betreffen; hierzu rechnen wie in § 5 Abs 2 NutzEV auch **sonstige Einstellplätze für Kfz**. **18**

b) Voraussetzung des Moratoriums ist ein **wirksamer Vertragsschluß** (Brandenburgisches OLG OLG-NL 1994, 178). Für den Anwendungsbereich des Abs 1 muß der Vertrag zwischen dem Grundstückseigentümer und dem Nutzer geschlossen sein. **19**

Abgeleitete Nutzungsverträge wären bei genauer Anwendung der gesetzlichen Bestimmungen der DDR nicht möglich, da die Veräußerung einer Baulichkeit auf einem nach §§ 312 ff ZGB genutzten Grundstück die Beendigung des alten und die Begründung eines neuen Nutzungsrechts erforderte. Angesichts der geübten Praxis ergeben sich aber Fälle scheinbarer Übertragung von Nutzungsrechten: Bestand ein wirksamer Nutzungsvertrag und hat ein neuer Nutzer die Bodenfläche mit einer *Baulichkeit* übernommen, so kann sich die erforderliche Begründung eines neuen Nutzungsrechts für den Erwerber konkludent aus der Zustimmung zum Kaufvertrag über die Baulichkeit ergeben (Brandenburgisches OLG VIZ 1995, 184, 185).

c) Eine Heilung von **Formmängeln**, wie sie seit dem 1.1. 1995 § 19 Abs 1 SchuldRAnpG vorsieht, kann § 4a nicht entnommen werden, eine Anwendung des Rechtsgedankens des § 19 Abs 1 SchuldRAnpG im Vorgriff war nicht möglich. Jedoch greift § 19 Abs 1 SchuldRAnpG heilend in noch nicht rechtskräftig entschiedenen Fällen ein, auch wenn die Formunwirksamkeit vor dem 31.12. 1994 geltend gemacht wurde (BGH ZIP 1996, 1442, 1443). **20**

2. Kündigungsbeschränkung

a) Abs 1 S 1 schloß bis zum 31.12. 1994 **Kündigungen** gegenüber dem Nutzer aus. Erfaßt sind **ordentliche** und **fristlose** Kündigungen, die sich ohne die Regelung des Moratoriums nach § 314 Abs 3 ZGB sowie nach § 242 BGB beurteilen würden (§ 4 Abs 1). Die Kündigungsregeln des § 314 Abs 3 ZGB werden vollständig verdrängt. **21**

b) Auch die von **§ 314 Abs 4 ZGB** vorgesehene **Aufhebung des Nutzungsverhältnisses durch gerichtliche Entscheidung** im Fall der Bebauung mit einem Wochenendhaus in Ausübung des Nutzungsrechts war von Abs 1 erfaßt, da Abs 1 („oder sonst beendet werden") auf *jede* Art der Beendigung auf Veranlassung des Grundstückseigentümers anspricht und gerade in diesen Fällen die Nutzer besonders schutzwürdig sind (Purps VIZ 1994, 224). **22**

c) Zulässig blieb eine Kündigung aus den in **§ 554 aF BGB** bezeichneten Gründen. **23**

aa) Hierzu muß eine der in § 554 Abs 1 aF BGB genannten Alternativen tatbestandlich vorliegen; der bloße Zahlungsverzug des Nutzers genügt nicht; § 314 ZGB wird durch § 554 aF BGB verdrängt.

24 bb) Die **Überschreitung der berechtigten Nutzung zu** Wohnzwecken hindert nicht die Anwendung des Moratoriums (BGH NJ 1994, 573, 574; näher unten Rn 37). Fraglich ist aber die Anwendbarkeit des gesteigerten Kündigungsschutzes in **§ 554 Abs 2 aF BGB**. Solche Nutzungen fallen formal weder unter den in Abs 1 verwiesenen § 4 noch unter §§ 312 ff ZGB. § 24 SchuldRAnPG sieht jedoch seit 1. 1. 1995 einen besonderen Kündigungsschutz für solche Wohnnutzungen vor, sofern nicht der Grundstückseigentümer oder Nutzungsgeber ausdrücklich widersprochen hat, was den realen Verhältnissen in der DDR Rechnung trägt (vgl § 4 Rn 83). Nach seinem Zweck sollte § 4a auch diese Fälle offenhalten, weshalb § 554 Abs 2 aF BGB auch für solche Wohnnutzungen gilt.

cc) Die **Rechtsfolgen** einer nach § 554 aF BGB zulässigen Kündigung beurteilen sich hingegen umfassend nach den Bestimmungen des ZGB (§ 4 Abs 1; vgl dazu § 4 Rn 26; zum Baulichkeiteneigentum: Art 231 § 5 Rn 52).

25 d) Der Ausschluß der Kündigung nach Abs 1 greift ein für Kündigungen, die **bis zum 31. 12. 1994** zugehen. Seit dem 1. 1. 1995 gilt § 23 SchuldRAnpG. **Kündigungsgründe**, die sich während der Zeit des Moratoriums nach Abs 1 ergeben haben, sind für Kündigungen nach dem 1. 1. 1995 nicht ausgeschlossen (Schnabel NJW 1995, 2661, 2663).

26 e) Fraglich ist, ob das Vertrags-Moratorium einen **rückwirkenden Kündigungsschutz** (Rövekamp NJ 1995, 15, 17) für nicht rechtskräftig entschiedene Fälle geschaffen hat, mit der Folge, daß einer vor dem Inkrafttreten des § 4a am 25. 12. 1993 *zugegangenen, nach § 314 Abs 3 ZGB wirksamen Kündigung* mangels einer rechtskräftigen Entscheidung in einem nachfolgenden (Räumungs-)Prozeß die Grundlage entzogen würde. Hierfür spricht zwar Abs 7, wonach (nur) abweichende Vereinbarungen und rechtskräftige Urteile Bestand haben. Gegen eine solche Rückwirkung spricht aber das Erfordernis der Rechtssicherheit, vor allem aber die Unzulässigkeit der rückwirkenden gesetzlichen Beseitigung von bereits eingetretenen *Gestaltungswirkungen* einer Willenserklärung. § 7 SchuldRAnpG, wonach durch das Besitz-Moratorium erfaßte Nutzungsverträge rückwirkend gegen Kündigungen seit dem 2. 10. 1990 geschützt werden, hat Ausnahmecharakter für Fälle, die im Moratorium sachenrechtlich behandelt wurden, während sie in der anschließenden Bereinigung dem SchuldrechtsAnpG unterfallen (dazu § 1a Rn 31 ff). Für Verträge nach § 4 gilt dies gerade nicht. Unabhängig von einem Widerspruch des Nutzers haben bis zum 25. 12. 1993 zugegangene Kündigungen bei Vorliegen der Kündigungsgründe des § 314 Abs 3 ZGB das Nutzungsverhältnis aufgelöst. Solche Kündigungen sind daher durch Abs 1 nicht erfaßt (LG Berlin ZAP-Ost Fach 1 S 109; Trimbach/Matthiesen VIZ 1994, 446, 448; Purps VIZ 1994, 390; **aA** BGH VIZ 1999, 164, 166; Rövekamp NJ 1995, 15, 17).

27 f) Eine **Kündigung durch den Nutzer** bleibt zulässig. Sie unterliegt bis zum 31. 12. 1994 den Bestimmungen des ZGB.

3. Vertragsverlängerung

a) Verträge im Anwendungsbereich des Abs 1 **verlängern sich** automatisch bis zum 31. 12. 1994 (Abs 1 S 2), auch wenn sie nach ihrem Inhalt vorher enden würden, insbesondere befristete Überlassungsverträge (§ 1a, § 4 Abs 4) und befristete Nutzungsverträge (§ 4 Abs 1). **28**

b) Der Nutzer kann diese **Verlängerung ausschließen**, indem er „etwas Gegenteiliges mitteilt". Die Mitteilung ist eine zugangsbedürftige Willenserklärung (§ 130 BGB). Sie ist im übrigen nicht formbedürftig. **29**

4. Schuldrechtsanpassung

Seit dem 1. 1. 1995 sind die von Abs 1 erfaßten Verträge nach den Regeln des SchuldRAnpG übergeleitet in Miet- bzw Pachtverträge (näher § 4 Rn 63 ff, zum fortgesetzten Bestandsschutz § 4 Rn 75 ff und § 1a Rn 39 ff). **30**

III. Vertrags-Moratorium bei Nutzungsverträgen aufgrund § 18 LPG-G (Abs 2)

1. Nutzungsvertrag mit LPG etc

a) Voraussetzung der Anwendung von Abs 2 ist ein **wirksamer Nutzungsvertrag** nach § 4 Abs 1 oder Abs 4 zwischen dem Nutzer und einer LPG (§ 18 LPG-G 1982) oder einer nach § 46 LPG-G gleichgestellten Produktionsgenossenschaft oder Kooperationsbeziehung von LPGen gemäß §§ 10 ff LPG-G (vgl Rn 19 ff). **31**

b) Inhalt des Vertrages muß die Überlassung von Bodenflächen durch die LPG zu **kleingärtnerischer und freizeitgestalterischer Nutzung** sein. Häufig wurden in dieser Konstellation entsprechend der Aufgabenstellung der LPGen im Zusammenhang mit der Förderung der Arbeits- und Lebensbedingungen in den Gemeinden und Kreisen (vgl dazu BGH DtZ 1994, 176, 177) **Kleingartenanlagen** überlassen, die zu Anlagen iSd BKleingG zu rechnen sind. Auch solche Fälle werden von Abs 2 (und Abs 5) erfaßt; die Ausnahme des § 4 Abs 3 hindert nicht die Anwendung des Vertrags-Moratoriums auf Kleingärten in Kleingartenanlagen (BT-Drucks 12/5553, 131). **32**

c) Erforderlich ist grundsätzlich, daß der **LPG die betreffende Bodenfläche gemäß § 18 Abs 1 LPG-G zur Bewirtschaftung überlassen** war. Formelle Mängel im Zusammenhang mit der Nutzungsübergabe durch den **Rat des Kreises an die LPG** schlagen nicht auf das Vertrags-Moratorium durch, sofern das Grundstück nur der LPG tatsächlich zur Bewirtschaftung übergeben wurde (vgl zur regelmäßigen Verletzung des § 9 Abs 2 LPG-G [Übergabeprotokoll] BGH DtZ 1994, 176). **33**

d) Der **Nachweis**, daß der LPG die gegenständlichen Bodenflächen staatlicherseits überlassen worden sind, so daß die LPG zur Nutzungsüberlassung berechtigt war, kann jedenfalls im Sinne eines Indizienbeweises durch die Eintragung der LPG als Nutzungsberechtigter im *Wirtschaftskataster* geführt werden. Zwar begründet diese Eintragung keine dem § 7 Abs 1 *GrundstücksdokumentationsO* entsprechende Publizität, sie begründet aber für die Nutzungsüberlassung eine tatsächliche Vermutung **34**

(BGH NJ 1994, 574). War die LPG nicht zur Nutzung berechtigt, kann Abs 3 eingreifen (OLG Rostock OLG-NL 1996, 114).

2. Rechtsfolge: Erstreckung der Nutzungsberechtigung

35 a) Abs 2 **erstreckt** die gegenüber der die Nutzung überlassenden LPG etc bestehende **Besitzberechtigung** des Nutzers gegen den Grundstückseigentümer. Dem Nutzer steht ein **Recht nach § 986 BGB** zu (BGH DtZ 1994, 176; Brandenburgisches OLG NJ 1995, 184).

36 b) Die Besitzberechtigung besteht **bis zum 31. 12. 1994**. Es gilt Abs 1 entsprechend für den Ausschluß der Kündigung, die Anwendung von § 554 aF BGB und die Vertragsverlängerung.

37 c) Fraglich ist, ob ein Besitzrecht auch bei **vertragswidriger Nutzung zu Wohnzwecken** oder einer nach § 312 ZGB zwar zustimmungsfähigen, aber im konkreten Fall **nicht erlaubten Bebauung mit einem Wochenendhaus** besteht. Regelmäßig wurden solche Grundstücke von LPGen nur zu kleingärtnerischen Zwecken überlassen und ebenso regelmäßig wurden – mit oder ohne Zustimmung – Wochenendhäuser, oft aber illegale Einfamilienhäuser errichtet. Der BGH (NJ 1994, 573, 574) geht zutreffend vom Eingreifen des Vertragsmoratoriums – im Gegensatz zum Besitzmoratorium (Art 233 § 2a) – aus, da die Konsequenzen der Nutzungs*art*überschreitung durch den an sich Nutzungsberechtigten der Schuldrechtsanpassung vorzubehalten waren.

IV. Vertrags-Moratorium bei „wilder Verwaltung" (Abs 3)

1. Vertragsschluß mit staatlicher Stelle

38 a) Erforderlich ist ein **wirksamer Nutzungsvertrag** mit einer beliebigen **staatlichen Stelle**. Staatliche Stelle ist jede Behörde, die staatliche Aufgaben im Verwaltungsaufbau der DDR wahrgenommen hat; die Begriffsbildung des § 10 SachenRBerG kann entsprechend herangezogen werden (vgl unten Rn 75); betroffen sind Behörden, die nach der in der DDR geübten Praxis Zustimmungen zur Nutzung und Bebauung von fremden Grundstücken gegeben haben. Da erst am 17. 5. 1990 das *G über die Selbstverwaltung der Gemeinden und Landkreise* in Kraft getreten ist und die *Räte der Kreise und Städte* bis dahin staatsunmittelbare Behörden waren, unterfallen sie (wohl als Hauptfall) dem Anwendungsbereich des Abs 3 (BGH NJ 1994, 573, 574).

39 b) Eine **Berechtigung** der kontrahierenden staatlichen Stelle zur Nutzungsüberlassung ist nicht erforderlich. Erfaßt sind Fälle unbefugten Handelns in eigenem Namen, unbefugter Stellvertretung und zwischenzeitlich entfallender Befugnis zur Nutzungsrechtüberlassung (BGH VIZ 1999, 164, 166).

40 c) Abs 3 gilt auch im Fall der **Vollmachtsüberschreitung**. Allerdings wird im Fall der Kenntnis des Nutzers vom Inhalt der Vollmacht ein Fall der Vollmachtüberschreitung leichter zur Anwendung von Abs 3 S 2 führen.

41 d) Abs 3 erstreckt sich auf die **stillschweigende Begründung von Nutzungsrechten bei Veräußerung der Baulichkeit** (oben Rn 19), sofern ein Nutzungsrecht bestanden hat und eine zuständige Behörde zusammen mit der Zustimmung zum Verkauf der auf der Bodenfläche errichteten Baulichkeit stillschweigend in die Übertragung des Nutzungsrechts (formell: Neubegründung; sehr weit gehend Brandenburgisches OLG VIZ 1995, 184, 185) hätte einwilligen können; hat in einem solchen Fall eine unzuständige Behörde gehandelt, wird dieser Mangel von Abs 3 überwunden (Brandenburgisches OLG VIZ 1995, 184, 185).

2. Rechtsfolge

Die Rechtsfolgen bestimmen sich wie zu Abs 2 iVm Abs 1 (oben Rn 35). **42**

3. Kenntnis des Nutzers

a) Gemäß Abs 3 S 2 entsteht jedoch weder ein Besitzrecht gegenüber dem Grundstückseigentümer noch ein Kündigungsstopp nach Abs 1, wenn der Nutzer von dem **Fehlen einer entsprechenden Ermächtigung Kenntnis** hatte. Erforderlich ist positive Kenntnis; grobe Fahrlässigkeit – die angesichts der bekannten Sorglosigkeit von DDR-Behörden wohl immer vorgelegen hätte – reicht nicht. **43**

b) Die Kenntnis muß sich auf das Fehlen der Ermächtigung **zum Bestellen eines Nutzungsrechts** beziehen; nicht genügend ist, wenn der Nutzer wußte, daß das mit ihm vereinbarte Nutzungsrecht nicht zu der *jeweiligen* Nutzung (Bebauung) berechtigte, die bereits auf dem Grundstück von einem Rechtsvorgänger ausgeübt wurde und wenn die zustimmende staatliche Stelle den Eindruck erweckt hat, als sei die Nutzung legal. Auch in diesem Fall wird die Nichtberechtigung der staatlichen Stelle durch Abs 3 überwunden (Brandenburgisches OLG VIZ 1995, 184, 185); die dem Nutzer ggf bekannte *Überschreitung* der angenommenen Berechtigung hindert das Moratorium hingegen nicht (oben Rn 37). **44**

V. Vertrags-Moratorium bei verdeckter Stellvertretung (Abs 4)

1. Vertrag, Rechtsfolgen

Abs 4 erstreckt den Kündigungsstopp nach Abs 1 und das Besitzrecht nach Abs 2 auf Fälle, in denen ein wirksamer Nutzungsvertrag mit einer staatlichen Stelle über ein von dieser **verwaltetes Grundstück** geschlossen wurde, diese staatliche Stelle aber nicht ausdrücklich in fremdem Namen gehandelt hat. Abs 4 setzt also voraus, daß eine Vertretungsberechtigung vorgelegen hat, und daß die staatliche Stelle in eigenem Namen kontrahiert hat. Ansonsten greift Abs 3 ein. In Betracht kommen Nutzungsrechte, die durch die Räte von Kreisen oder Städten vereinbart wurden, als handele es sich um ein volkseigenes Grundstück. **45**

2. Kenntnis des Nutzers

Kenntnis des Nutzers schließt die Anwendung von Abs 4 aus (Abs 4 HS 2). Insoweit bezieht sich die Kenntnis des Nutzers auf die Tatsache, daß die staatliche Stelle **nicht in eigenem Namen** handeln konnte. **46**

VI. Vertrags-Moratorium bei Unternutzung (Abs 6 S 1)

1. Nutzungsvertrag

47 **a)** Abs 6 S 1 erfaßt Fälle, in denen der Nutzer **nicht unmittelbar** mit einer staatlichen Stelle, LPG (§ 18 LPG-G) oder gleichgestellter Genossenschaft bzw Einrichtung (§ 46 LPG-G) den Nutzungsvertrag geschlossen hat. Voraussetzung ist ein **wirksamer Nutzungsvertrag des Letztnutzers** mit einer *Gemeinschaft* (§ 266 ZGB; der dort genannte Fall des § 291 ZGB, Nutzungsrecht durch Genossenschaft unterfällt unmittelbar dem Vertrags-Moratorium gemäß Abs 1, § 46, § 18 LPG-G), insbesondere aber dem *VKSK* (Verband der Kleingärtner, Siedler und Kleintierzüchter; BGH DtZ 1994, 176) oder dessen als selbständige juristische Personen rechtsfähigen *Sparten* (*Kreisverbänden*) (BGH NJ 1994, 573, 574).

48 **b)** Abs 6 S 1 greift ein, wenn für einen **bestehenden Hauptnutzungsvertrag** zwischen dem Vertragspartner des Letztnutzers und einer LPG oder staatlichen Stelle einer der in Abs 1 bis 4 genannten Fälle vorliegt, insbesondere, wenn

49 **aa)** der Hauptnutzer mit dem **Grundstückseigentümer** kontrahiert hat (Abs 1).

50 **bb)** der Hauptnutzer **wirksam mit einer LPG oder Genossenschaft** kontrahiert hat (Abs 2). Hier dürfte es sich um den Hauptanwendungsfall handeln, denn bei Überlassung größerer Flächen zur kleingärtnerischen Bodennutzung durfte die LPG gemäß *§ 4 VO über das Kleingarten- und Siedlungswesen und die Kleintierzucht* v 3. 12. 1959 (GBl DDR 1960 I 1) diese nur zur Unterverpachtung an den VKSK verpachten; solche Hauptpachtverträge sind wirksam; insbesondere war die LPG nach § 18 Abs 2 S 1 LPG-G zur Nutzungsüberlassung an den VKSK und seine Kreisverbände berechtigt (BGH DtZ 1994, 176, 177).

51 **cc)** der Hauptnutzer mit einer **staatlichen Stelle** kontrahiert hat, die hierzu ermächtigt oder nicht ermächtigt war oder im Falle der Verwaltung eines Grundstücks nicht ausdrücklich in fremdem Namen kontrahiert hat (Abs 3 und 4).

In diesen Fällen ist fraglich, auf **wessen Kenntnis** für die in Abs 3 S 2 bzw Abs 4 HS 2 genannte Ausnahme abzustellen ist. Bei formeller Anwendung sind Abs 3 und 4 auf den Hauptnutzungsvertrag zu beziehen, so daß es auf die Kenntnis des Hauptnutzers ankäme. Nach dem Sinn und Zweck der Regelung soll aber der gutgläubige Endnutzer geschützt werden. Angesichts der Möglichkeit, daß der staatsnahe VKSK oder sein kontrahierender Kreisverband Kenntnis von einer Nichtberechtigung hatte, nicht aber die Endnutzer, ist Abs 6 S 2 dahin auszulegen, daß es für die Verweisung auf Abs 3 und 4 auf die Kenntnis der Endnutzer ankommt (so nun auch § 8 Abs 3 S 2 SchuldRAnpG).

2. Rechtsfolgen

52 **a)** Aufgrund der Verweisung in Abs 6 S 1 tritt das Recht zum Besitz nach Abs 2 und der Kündigungsstopp nach Abs 1 **zugunsten des Letztnutzers** in allen von Abs 1 bis Abs 4 genannten Fällen ein; das Besitzrecht wirkt gegen den Grundstückseigentümer, der Kündigungsstopp wirkt im Fall des Abs 1 gegenüber dem Grundstückseigentümer. Nach dem Zweck der Regelung, dem Endnutzer die vertragliche Nutzungsberechtigung bis zur Schuldrechtsanpassung zu erhalten, muß aber der Kündigungsstopp auch auf den Vertrag des Endnutzers mit dem Hauptnutzer erstreckt werden.

53 **b)** Daneben ist zugunsten des **Hauptnutzers** der jeweilige Tatbestand der Abs 1 bis 4 anwendbar. Es kommt also regelmäßig zu Kündigungsstopps in zwei Vertragsverhältnissen bzw zu zwei Besitzrechten (BGH DtZ 1994, 176).

54 **c)** War jedoch der Hauptnutzer **bösgläubig** iSd Abs 3 S 2, Abs 4 HS 2, so tritt ggf bei Gutgläubigkeit des Endnutzers das Vertrags-Moratorium nur zu seinen Gunsten ein (vgl oben Rn 51).

VII. Entgelte, Aufwendungen

1. Entgelte

55 **a)** Abs 2 regelt den **Anspruch des Grundstückseigentümers** auf Abführung der Entgelte, die in den Fällen der Abs 2 bis 4 – und aufgrund Verweisung in Abs 6 S 1 auch in den Fällen der Unternutzung iVm Abs 2 bis 4 – vom Vertragspartner des Nutzers gezogen werden.

56 **b)** Trotz versehentlich abweichender Formulierung erfaßt die Abführungspflicht wegen des Zweckzusammenhangs zu den Gestehungskosten nur Entgelte, die **ab 1. 1. 1992** erzielt wurden (so auch BT-Drucks 12/5553, 131).

57 **c)** Im Falle **unentgeltlicher Nutzungsverträge** ist das Entgelt, das gewöhnlich für Verträge der betreffenden Art zu erzielen ist, an den Grundstückseigentümer auszukehren (Abs 5 S 3). Die Tatsache, daß der Nutzer das Grundstück unentgeltlich nutzt, beseitigt also nicht den Anspruch des Grundstückseigentümers (nur im Ergebnis Brandenburgisches OLG VIZ 1995, 184, 185, weil *gegen den Nutzer* ein Anspruch nicht besteht). Die **Üblichkeit** richtet sich bei Kleingartenanlagen iSd BKleingG nach dessen § 20a, ansonsten nach der NutzEV (Anhang § 4; BT-Drucks 12/5553, 131).

58 **d)** Die Regelung ist **abschließend**. Weitere Entgelte sind dem Grundstückseigentümer nicht geschuldet (Abs 5 S 2 HS 2). Damit sind auch Ansprüche aus *ungerechtfertigter Bereicherung* verdrängt, die aufgrund einer vertraglich nicht zulässigen Bebauung (Eingriffskondiktion) bestehen könnten.

59 **e)** **§ 51 LandwirtschaftsanpassungsG** bleibt vorbehalten; die zwischen der LPG und dem Rat des Kreises bestehenden Rechtsverhältnisse und jene zwischen dem Rat des Kreises und dem Eigentümer, also die Dreieckspachtbeziehungen, die bis zum 20. 7. 1991 aufzulösen waren, bleiben aufgelöst. Die Entgeltabführung überbrückt lediglich die entstandene vertragslose Lücke zwischen dem Grundstückseigentümer und dem Nutzungsüberlasser.

2. Gestehungskosten

60 **a)** Die Gestehungskosten werden **pauschaliert**. Erzielte Entgelte sind gemäß

Abs 5 S 2 HS 1 um 20 vH zu mindern; ein weiterer Ausgleich von Gestehungskosten und Aufwendungen findet nicht statt (Abs 5 S 2 HS 2; BT-Drucks 12/5553, 131).

61 **b)** Fraglich ist, ob diese Pauschalierung auch im Falle der Auskehrung des **gewöhnlichen Entgelts** im Falle der Unengeltlichkeit der Nutzung eingreift. Abs 5 S 3 spricht insoweit vom „Abzug der mit seiner Erzielung verbundenen Kosten", legt also eine individuelle Berechnung nahe. Nach dem Regelungszweck dürfte die Bestimmung aber so auszulegen sein, daß auch insoweit die Gestehungskosten zu 20 vH zu pauschalieren sind.

3. Schuldner

62 **a)** Der Anspruch besteht gegen den **Nutzungsgeber** (Brandenburgisches OLG VIZ 1995, 184, 185). Dies ist in den Fällen Abs 2 bis 4 unproblematisch die den Nutzungsvertrag schließende LPG, Genossenschaft bzw Kooperationsbeziehung der LPG.

63 **b)** Im Fall der **Unternutzung** ist der *Hauptnutzer* in seiner Eigenschaft als Vertragspartner des Nutzers Schuldner des Anspruchs gemäß Abs 6 S 1 iVm Abs 5. Da häufig der Hauptnutzungsvertrag in diesen Fallgestaltungen unentgeltlich war (insbesondere bei Einschaltung des VKSK), ist auch in diesen Fällen das vom *Endnutzer* erzielte oder fiktiv zu erzielende Entgelt abzuführen.

64 **c)** In allen Fällen kann jedoch der Grundstückseigentümer zur Beschleunigung der Abwicklung vom Vertragspartner des (End-)Nutzers die **Abtretung** der Entgeltansprüche verlangen (Abs 5 S 4; BT-Drucks 12/5553, 131).

VIII. Nutzungsverlegung bei Garagen (Abs 6 S 2)

65 **1.** Bei Nutzungsverträgen, welche die Nutzung einer **Garage** zum Gegenstand haben, besteht ein **Anspruch auf Verlegung** der Ausübung des Nutzungsrechts; das setzt voraus, daß die Nutzung den Grundstückseigentümer *besonders beeinträchtigt* (§ 6 Abs 2). Dies ist anzunehmen, wenn die *Bebaubarkeit* des Grundstücks durch die Garage erschwert wird und der Grundstückseigentümer eine Bebauung plant (BT-Drucks 12/6228, 99).

66 **2.** Der Grundstückseigentümer muß dem Nutzer eine **andere Stelle des Grundstücks** oder ein **anderes Grundstück** zur Nutzung anbieten. Der Nutzer kann die Verlegung nur ablehnen, wenn die andere Stelle *nicht gleichwertig* ist (entsprechend § 1023 Abs 1 BGB, vgl BT-Drucks 12/6228, 99). Die Nutzung an der anderen Stelle muß rechtlich zulässig sein; die Voraussetzungen hierfür müssen geschaffen sein (Abs 6 S 2 vorletzter Teilsatz).

67 **3.** Die **Kosten** der Verlegung fallen dem Grundstückseigentümer zur Last. Der Nutzer hat einen Anspruch auf **Vorschuß** (Abs 6 S 2 letzter Teilsatz).

IX. Vereinbarungen, rechtskräftige Urteile (Abs 7)

1. Vereinbarungen, Urteile

a) Erfaßt sind Vereinbarungen zwischen den **Betroffenen**. Die Vereinbarung muß zwischen dem Berechtigten und dem Verpflichteten des jeweiligen Rechts aus Abs 1 bis 6 getroffen sein. **68**

aa) Für den **Kündigungsstopp** und das **Besitzrecht** sind dies der Grundstückseigentümer und der Nutzer bzw der Hauptnutzer. Vereinbarungen von Nutzer und Hauptnutzer mit dem Grundstückseigentümer wirken nicht gegen Nichtbeteiligte, ebenso wirken Vereinbarungen zwischen Nutzer und Hauptnutzer nicht gegen den Grundstückseigentümer. **69**

bb) Hinsichtlich der **Entgeltabführung** gehen Vereinbarungen zwischen dem Grundstückseigentümer und dem Schuldner der Regelung in Abs 5 vor. **70**

b) **Rechtskräftige Urteile** haben Vorrang, soweit sie in Rechtskraft gegen die Beteiligten erwachsen, zwischen denen eine Vereinbarung getroffen sein müßte, um Abs 1 bis 6 zu verdrängen (soeben Rn 68 f). Voraussetzung ist der Eintritt **materieller Rechtskraftwirkungen**. **71**

2. Rechtsfolge

Wenn und soweit eine Vereinbarung oder ein rechtskräftiges Urteil **unvereinbar** ist mit dem Kündigungsstopp (Abs 1), dem Besitzrecht (Abs 2), den Entgeltregelungen samt Anrechnung (Abs 5) oder dem Verlegungsanspruch bei Garagen (§ 1023 Abs 2 BGB ist *nicht entsprechend anzuwenden*), finden Abs 1 bis 6 keine Anwendung. **72**

X. Verlängerung der Regelungsziele in der Schuldrechtsanpassung

1. Überleitung von Nutzungsverträgen und Überlassungsverträgen

Fälle von Abs 1, in denen **Nutzungsverträge mit dem Grundstückseigentümer** bestehen, werden nach § 1 Abs 1 Nr 1 SchuldRAnpG übergeleitet (hierzu Art 232 § 4 Rn 63 ff; zur Überleitung von **Überlassungsverträgen** – § 1 Abs 1 Nr 2 SchuldRAnpG – Art 232 § 1a Rn 39 ff). **73**

2. Vertragseintritt bei „hängenden Nutzungsverhältnissen" (§ 8 SchuldRAnpG)

a) Die von Abs 2 bis 4, 6 erfaßten Fallgruppen sind geregelt durch einen **Vertragseintritt** gemäß § 8 SchuldRAnpG. **74**

b) Vertragsverhältnisse, die **LPGen, Genossenschaften** und sonstige **Einrichtungen iSd §§ 18, 46 LPG-G** bis zum Ablauf des 30. 6. 1990 oder **staatliche Stellen** bis zum Ablauf des 2. 10. 1990 in eigenem oder im Namen des Grundstückseigentümers geschlossen haben, werden von **§ 8 Abs 1 SchuldRAnpG** erfaßt. Damit ist grundsätzlich der Anwendungsbereich der Abs 2 bis 4 des Vertrags-Moratoriums (§ 4a) **75**

aufgegriffen. Für den Begriff der *„staatlichen Stellen"* ist auf § 10 Abs 1 SachenRBerG verwiesen; erfaßt sind Behörden der DDR, die nach der dort geübten Praxis Zustimmungen zu Baunutzungen fremder Grundstücke erteilten.

76 **aa)** Voraussetzung ist grundsätzlich ein **wirksamer Nutzungsvertrag**. Verstöße gegen die nach § 18 Abs 2 S 2 LPG-G zwingend vorgesehene **Befristung** des Nutzungsvertrages werden geheilt (§ 8 Abs 3 S 3 SchuldRAnpG; BT-Drucks 12/7135, 44). Dasselbe gilt wegen § 19 SchuldRAnpG für Verstöße gegen das Erfordernis der **Schriftform** nach § 312 Abs 1 S 2 ZGB und der **Bebauungszustimmung** nach § 313 Abs 2 ZGB (näher § 4 Rn 9 f).

77 **bb)** § 8 Abs 1 SchuldRAnpG erfaßt auch die Gestaltungen **„wilder Verwaltung"**, also Nutzungsüberlassung ohne gesetzliche oder rechtsgeschäftliche Ermächtigung der handelnden staatlichen Stelle (BT-Drucks 12/7135, 43). Auch Fälle der **Vollmachtsüberschreitung** sind erfaßt (BT-Drucks 12/7135, 44), jedoch auch die – seltenen – Fälle zulässiger Nutzungsüberlassung (BGH VIZ 1999, 164, 166).

78 **cc)** Als **Rechtsfolge** tritt der Grundstückseigentümer in die sich ab dem 1. 1. 1995 ergebenden Rechte und Pflichten aus dem Vertragsverhältnis ein. Ab diesem Zeitpunkt bestehen (miet- oder pacht-)vertragliche Beziehungen nur noch zwischen dem Nutzer und dem Grundstückseigentümer (Rövekamp NJ 1995, 15, 17; Schmidt-Räntsch DtZ 1994, 322, 328). Der Eigentümer kann dem Nutzer nicht entgegenhalten, daß das zwischen ihm und der staatlichen Stelle geschlossene Nutzungsverhältnis nach dem Beitritt aufgehoben worden ist (BGH DtZ 1996, 375). Der Eintritt des Eigentümers in den Nutzungsvertrag führt zum Erlöschen des (mietrechtlichen) Rückgabeanspruchs des Eigentümers gegen den Überlassenden, der wegen des Vertragseintritts keine Handhabe mehr hat, den Nutzer zur Herausgabe zu bewegen. Dies schließt auch Schadensersatzansprüche wegen Nichterfüllung gegen den Überlassenden, der das Grundstück vom Eigentümer gemietet/gepachtet hatte, aus (BGH VIZ 1999, 165, 167).

79 **dd)** Ausgeschlossen ist der Vertragseintritt nur bei **positiver Kenntnis des Nutzers** von einem Mangel der Berechtigung seines Vertragspartners (§ 8 Abs 3 S 1). Fahrlässige Unkenntnis schadet nicht, hierdurch wird insbesondere Rechtsunsicherheit vermieden (BT-Drucks 12/7135, 44; Rövekamp NJ 1995, 15, 17). Die Beweislast für die Kenntnis liegt beim Eigentümer, da der Vertragseintritt den Regeltatbestand bildet (MünchKomm/Kühnholz § 8 SchuldRAnpG Rn 16). Wurde gegen die zwingende Befristung nach § 18 Abs 2 S 2 LPG-G verstoßen, so ist dieser Verstoß auch bei positiver Kenntnis des Nutzers unbeachtlich (§ 8 Abs 3 S 3 SchuldRAnpG); wurden Bodenflächen unter den Voraussetzungen von § 18 Abs 2 S 1 LPG-G zulässiger Weise *unbefristet* an sozialistische Einrichtungen übertragen, so fehlt es schon an einem Verstoß gegen § 18 Abs 2 S 2 LPG-G (MünchKomm/Kühnholz § 8 SchuldRAnpG Rn 17; Kärsten NJ 1994, 104, 106).

80 **c)** Die Fälle der **Unterpachtverträge** sind erfaßt in § 8 Abs 2 SchuldRAnpG.

aa) Der Grundstückseigentümer tritt in diesem Fall in das **Vertragsverhältnis** zwischen dem Erstverpächter und dem Zwischenpächter ein. Die Vertragskette bleibt also grundsätzlich erhalten.

bb) Hinsichtlich der **Kenntnis** einer Nichtberechtigung des anderen Vertragsschließenden seitens des Nutzers schützt § 8 Abs 3 S 2 den Endnutzer, wenn der Zwischenpächter, nicht aber der Endnutzer den Mangel der Berechtigung kannte. In diesem Fall tritt der Grundstückseigentümer unmittelbar in das Vertragsverhältnis mit dem Endnutzer ein. **81**

3. Rechtskräftige Entscheidungen

a) Abweichende **rechtskräftige Entscheidungen** bleiben nach § 8 Abs 4 SchuldRAnpG unberührt. Ist ein Verfahren über den 1. 1. 1995 hinaus anhängig, so kann jedoch die vorher auf § 2a gestützte Abweisung des Herausgabebegehrens des Eigentümers ohne Verstoß gegen das Verschlechterungsverbot im Revisionsrechtszug auf § 23 SchuldRAnpG gestützt werden (BGH ZIP 1996, 1442). **82**

b) Der Vorrang von **Vereinbarungen**, die nach dem 2. 10. 1990 getroffen wurden, ergibt sich bereits aus der allgemeinen Bestimmung des § 6 Abs 2 S 1 SchuldRAnpG. Insoweit besteht also kein Bruch mit § 4a Abs 7 (Trimbach/Matthiesen VIZ 1994, 446, 448). **83**

c) Auch die seit dem 3. 10. 1990 ausgesprochenen **Kündigungen** bleiben unberührt, soweit sie nicht unter das Vertrags-Moratorium oder die ergänzende Regelung nach § 7 SchuldRAnpG iVm Art 233 § 2a (siehe Art 232 § 1a Rn 30) fallen (Trimbach/Matthiesen VIZ 1994, 446, 448). **84**

4. Vertragliche Nebenpflichten, Schadensersatz

a) Der Vertragseintritt des Grundstückseigentümers bezieht sich nur auf die **vertraglichen Hauptpflichten**, also Überlassung und Gebrauch des Grundstücks. § 9 SchuldRAnpG gibt dem Grundstückseigentümer und dem Nutzer eine Einrede, die Erfüllung von Nebenpflichten zu verweigern, die sich nicht unmittelbar auf die Nutzung beziehen. Hierher gehören insbesondere **Erschließungsverpflichtungen, Mithilfe bei Ernte** und **Beiträge zu Gemeinschaftseinrichtungen** (BT-Drucks 12/7135, 44; Schmidt-Räntsch DtZ 1994, 322, 328). **85**

b) Die Überleitung des Vertrages führt dazu, daß der Grundstückseigentümer grundsätzlich auch in die **Haftung auf Mängelbeseitigung** (§ 536 aF/§ 535 BGB) und **Schadensersatz** (§ 538 aF/§ 536a BGB) eintritt. Wenn – wie im Regelfall – das Grundstück bei Überlassung unbebaut war, betrifft dies jedoch nicht Mängel des durch den Nutzer errichteten Bauwerks, da dieses nicht im Rahmen des Vertrags überlassen wurde (BT-Drucks 12/7135, 44). **86**

c) Im übrigen schließt § 10 Abs 1 SchuldRAnpG die Haftung des Grundstückseigentümers für Schäden aus, die infolge eines Umstandes eingetreten sind, den der **andere Vertragsschließende**, an dessen Stelle der Grundstückseigentümer getreten ist, zu vertreten hat. Eine Haftung wäre in diesem Fall unbillig. Bei Mitverschulden des Grundstückseigentümers greift der Haftungsausschluß nicht ein (BT-Drucks 12/7135, 45). In diesem Fall erhält Abs 10 S 2 SchuldRAnpG dem Nutzer seinen Schadensersatzanspruch gegen den früheren Vertragspartner. Soweit der Grundstückseigen- **87**

tümer nicht haftet, ist der Nutzer auch nicht zur Mietminderung berechtigt (BT-Drucks 12/7135, 45).

88 **d)** Der Ausschluß der vertraglichen Haftung des eintretenden Grundstückseigentümers nach § 10 Abs 1 SchuldRAnpG berührt nicht dessen **gesetzliche Haftung** als Grundstückseigentümer; er kann aber von dem früheren Vertragspartner des Nutzers *Freistellung* verlangen (Schmidt-Räntsch DtZ 1994, 322, 328).

§ 5
Arbeitsverhältnisse

(1) Für am Tag des Wirksamwerdens des Beitritts bestehende Arbeitsverhältnisse gelten unbeschadet des Artikels 230 von dieser Zeit an die Vorschriften des Bürgerlichen Gesetzbuchs.

(2) § 613a des Bürgerlichen Gesetzbuchs ist in dem in Artikel 3 des Einigungsvertrages vom 31. August 1990 (BGBl. 1990 II S. 885) genannten Gebiet vom Tage des Inkrafttretens dieses Gesetzes bis zum 31. Dezember 1998 mit folgenden Maßgaben anzuwenden:

1. Innerhalb des bezeichneten Zeitraums ist auf eine Betriebsübertragung im Gesamtvollstreckungsverfahren § 613a des Bürgerlichen Gesetzbuchs nicht anzuwenden.

2. Anstelle des Absatzes 4 Satz 2 gilt folgende Vorschrift: „Satz 1 läßt das Recht zur Kündigung aus wirtschaftlichen, technischen oder organisatorischen Gründen, die Änderungen im Bereich der Beschäftigung mit sich bringen, unberührt."

Materialien: Siehe zu Art 230; E: BT-Drucks 11/7760 Art 232 § 5; Abs 2 eingefügt durch § 16 Abs 2 Gesetz über die Spaltung der von der Treuhandanstalt verwalteten Unternehmen (SpTrUG) v 5. 4. 1991 (BGBl I 854); E: BT-Drucks 12/254, 12, 16 (Empfehlung des Rechtsausschusses); Abs 2 geändert durch Art 1 Gesetz zur Änderung des EGBGB v 21. 12. 1992 (BGBl I 2116); E: BT- Drucks 12/3684; Abs 2 geändert durch Art 32 Nr 3 EGInsO v 5. 10. 1994 (BGBl I 2911).

Schrifttum

Ascheid, Die betriebsbedingte Kündigung § 1 KSchG – § 54 AGB DDR – § 613a IV 2 BGB, NZA 1991, 873
Commandeur, Die Bedeutung des § 613a BGB im Bereich der ehemaligen DDR, NZA 1991, 705
Däubler, Kollektivvereinbarungen aus der früheren DDR – ein Ärgernis?, BB 1993, 427
Dörner/Widlak, Das Arbeitsrecht im Einigungsvertrag, NZA Beilage 1/1991, 43
Edenfeld, Der Betriebsübergang – ein nach wie vor aktuelles Problem, AuA 1996, 379
Fenski/Linck, Besonderheiten der Beendigung von Arbeitsverhältnissen in den neuen Bundesländern, NZA 1992, 332
Himmelreich, Kein Schadensersatz nach DDR-Recht für Arbeitsunfälle, DtZ 1996, 167
Korinth, Zur Entwicklung des Arbeitsrechts in den neuen Bundesländern im Jahr 1991, NZA 1992, 352

LANSNICKER/SCHWIRTZEK, Staatssicherheit und öffentlicher Dienst, DtZ 1993, 106
dies, Der Beweiswert von Stasi-Unterlagen im Arbeitsgerichtsprozeß, DtZ 1994, 162
LEGERLOTZ, Mutterschutz und besonderer Kündigungsschutz nach dem Einigungsvertrag, NZA 1992, 201
LINK, Reformbedarf bei § 613a BGB, AuA 1997, 383
MEYER, Die ordentliche Kündigung von Arbeitsverhältnissen im öffentlichen Dienst der neuen Bundesländer (1993)
OPOLONY, Die Kündigungsgründe des Einigungsvertrages (1996)
PETER, Einigungsvertrag und Arbeitsrecht, KJ 1990, 478
PFEIFFER/BIRKENFELD-PFEIFFER, Arbeitsrecht nach dem Einigungsvertrag, DtZ 1990, 325
RAUSCHER, Karteikarten und leere Aktendeckel – Zur Kündigung inoffizieller STASI-Mitarbeiter, in: FS Gitter (1995)
RICHARDI, Die Anwendbarkeit des § 613a BGB bei Betriebserwerb und Neugründung von Unternehmen in den neuen Bundesländern, NZA 1991, 289
SCHAUB, Die Haftung des Arbeitnehmers in den beigetretenen Ländern, BB Beilage 38/1990, Folge 16, 21
STAPELFELD, Zum aktuellen Stand der Rechtsprechung und zur Praxis des Sonderkündigungsrechtes im Einigungsvertrag wegen Tätigkeit für MfS/AfNS, DtZ 1996, 186
WANK, Das Arbeits- und Sozialrecht nach dem Einigungsvertrag, RdA 1991, 1
ders, Gesamtvollstreckungsverfahren – Stilllegung eines Betriebes durch Veräußerung nach Kündigung aller Arbeitsverhältnisse – Nichtanwendung des BGB, EWiR 1998, 345
WEIMAR/ALFES, Betriebsbelegschaften als Investitionshemmnis in den neuen Bundesländern, BB Beilage 9/1991, Folge 21, 16
dies, Neuregelung des § 613a BGB für die neuen Bundesländer, DB 1991, 1830
WLOTZKE, Das Arbeitsrecht im Rahmen des deutsch-deutschen Einigungsprozesses, RdA 1994, 73
WLOTZKE/LORENZ, Arbeitsrecht und Arbeitsschutzrecht, BB Beilage 35/1990, Folge 14
WORZALLA, Arbeitsrecht in den neuen Bundesländern – Sonderregelungen und ausgewählte Probleme, DtZ 1992, 306.

Zum Recht der DDR:

HEUSE, Veränderungen im Arbeitsrecht der DDR, BB Beilage 26/1990, Folge 10, 22
NÄGELE, Grundzüge des Arbeitsrechts der DDR, BB Beilage 9/1990, Folge 2, 1
ders, Das Arbeitsgesetzbuch der DDR nach dem Staatsvertrag, BB Beilage 26/1990, Folge 10, 26
OETKER, Das Arbeitsgesetzbuch zwischen rechtshistorischem Relikt und Vorbildfunktion für den gesamtdeutschen Gesetzgeber, NJ 1991, 147
STUTZBACH, Hinweise zu Abschluß und Auflösung des Arbeitsvertrages, BB Beilage 16/1990, Folge 5, 18.

Systematische Übersicht

Alphabetische Übersicht

I. Überleitung bestehender Arbeitsverhältnisse (Abs 1)

1. Normbedeutung, Überleitung

a) § 5 Abs 1 regelt die Behandlung des Arbeitsverhältnisses als **Dauerschuldverhältnis** abweichend von Art 171. Grundsätzlich ist auf Altverträge in Hinblick auf die regelmäßig längere Dauer (BT-Drucks 11/7817, 40) ab dem 3. 10. 1990 das bundesdeutsche Arbeitsrecht anzuwenden. Aus Gründen der **Sozialverträglichkeit** enthalten die Anlagen I und II zum EV vielfältige Ausnahmeregelungen. Ausdrücklich ausgenommen von der Inkraftsetzung des BGB waren gemäß Art 230 Abs 1 aF für eine Übergangszeit die §§ **616 Abs 2 und 3, 622 BGB**. Die **Lohnfortzahlung im Krankheitsfall** 1 unterstand bis 31.12.1994, die **ordentlichen Kündigungsfristen** bis 14.10.1993 dem Recht der DDR (hierzu näher Art 230 Rn 27 ff, 35 ff).

2 b) Im übrigen unterliegen alle am Ablauf des 2.10.1990 **bestehenden Arbeitsverhältnisse** von diesem Zeitpunkt an den §§ 611 bis 630 BGB, den arbeitsrechtlichen Nebengesetzen sowie den in der arbeitsrechtlichen Rechtsprechung entwickelten Grundsätzen (PALANDT/PUTZO Rn 3; MünchKomm/OETKER Rn 2; LÜBCHEN/MICHAS 56). Für gewerbliche Arbeitnehmer gelten §§ 105 ff GewO, für kaufmännische Arbeitnehmer §§ 59 ff HGB.

3 c) Dies gilt auch, soweit zum **1.7.1990** bereits **arbeitsrechtliche Bestimmungen im Recht der DDR** durch das **G zur Änderung und Ergänzung des ArbGB** v 22.6.1990 (GBl DDR I 371; ArbGBÄndG) an bundesdeutsches Arbeitsrecht *angepaßt* wurden bzw bundesdeutsche arbeitsrechtliche Bestimmungen durch das **Gesetz über die Inkraftsetzung von Rechtsvorschriften der Bundesrepublik Deutschland in der Deutschen Demokratischen Republik** v 21.6.1990 (GBl DDR I 357; InkraftsetzungsG) in das Recht der DDR *übernommen* wurden. Während das Tarifvertragsrecht und das Betriebsverfassungsrecht seit dem 1.7.1990 bereits weitgehend übereinstimmten, war das Individualarbeitsrecht der DDR zum 1.7.1990 bei nur punktueller Angleichung (§ 55 ArbGB an § 622 Abs 2, 3, 5 BGB, hierzu Art 230; Übernahme von §§ 611a und 613a – hierzu noch Abs 2 – als §§ 70a bzw 59a ArbGB) im wesentlichen von sozialistischem Ballast befreit worden. Das Recht des sozialen Arbeitsschutzes blieb weitgehend unangetastet (WLOTZKE/LORENZ BB Beil 35/1990, 3; LÜBCHEN/MICHAS 58).

2. Interlokaler Anwendungsbereich

4 a) Die Bestimmung der Arbeitsverhältnisse, auf die interlokal § 5 anwendbar ist, erlangt für den Anwendungsbereich von Abs 1 keine gesonderte Bedeutung (da insoweit ab dem Stichtag BGB gilt). Ob ein Arbeitsverhältnis interlokal dem Beitrittsgebiet zuzuordnen ist, ist jedoch in Hinblick auf die an anderer Stelle des EV geregelten **Ausnahmen** zum Grundsatz des Abs 1 sowie in Hinblick auf Abs 2 von Bedeutung. Abzustellen ist entsprechend Art 30 auf den Ort, an dem der Arbeitnehmer gewöhnlich seine Arbeit verrichtet (BAG NZA 1994, 622; näher Art 230 Rn 42 ff).

5 b) Für Abs 1 stellt sich jedoch die Frage, ob entsprechend Art 30 die Vertragsparteien durch Rechtswahl die **Überleitung abbedingen**, also die Fortgeltung des Arbeitsrechts der DDR vereinbaren können. Anders als im Falle des Art 230 und der Einzelfälle der Fortgeltung von DDR-Arbeitsrecht (unten Rn 101 ff; s Art 230 Rn 42) geht es hier nicht um die Prorogation zugunsten bundesdeutschen Rechts, sondern um die Frage der Wählbarkeit des DDR-Arbeitsrechts. Dies ergibt sich nicht ohne weiteres entsprechend Art 30 Abs 2. Die Rechtsordnung der DDR steht nach deren Untergang grundsätzlich nicht mehr als Substrat einer interlokal- oder internationalprivatrechtlichen Rechtswahl zur Verfügung (MünchKomm/OETKER Rn 13). Hieraus folgt aber nicht, daß diese Rechtsordnung auch einer aus der **Privatautonomie** hergeleiteten Rechtswahlbefugnis entzogen wäre, bzw nicht insgesamt, sondern nur in Einzelbestimmungen wählbar wäre (**aA** MünchKomm/OETKER Rn 13). Aus § 1409 BGB ergibt sich, daß ein solches Verbot nur besteht, wenn der betroffene Vertragstypus aus ihm immanenten Gründen nur einer im BGB typisierten oder einer die Bestimmungen ausdrücklich aufnehmenden Rechtswahl zugänglich ist. Wie der Vergleich von Art 30 Abs 2 mit Art 15 Abs 2 zeigt, unterliegt die Wahl einer geschlossenen, nicht dem BGB entsprechenden Rechtsordnung für das Arbeitsrecht keinen vergleichbaren Beschränkungen. Eine Wahl zugunsten der den Parteien des Arbeitsvertrags vertrauten Rechtsordnung der DDR erscheint auch nicht aus anderen Gründen unbillig. Zwingendes Recht setzt sich entsprechend Art 27 Abs 3, Art 34 gegen eine solche Rechtswahl durch.

3. Materieller Anwendungsbereich (bestehende Arbeitsverhältnisse)

a) Arbeitsverhältnisse

aa) Abs 1 ist anzuwenden auf **„Arbeitsverhältnisse"**. Der Begriff kann nicht ohne weiteres entsprechend §§ 611 ff BGB ausgefüllt werden; da es um die Überleitung von am 2. 10. 1990 dem Recht der DDR unterliegenden Schuldverhältnissen geht und Art 232 im übrigen ebenfalls von Rechtsinstituten des ehemaligen DDR-Rechts ausgeht, ist Ausgangspunkt der Begriff des **„Arbeitsverhältnisses"** iSv § 15 ArbGB idF des ArbGBÄndG. Erfaßt sind als Arbeitnehmer: Angestellte, Arbeiter, Lehrlinge und Heimarbeiter. Dabei sind auch Arbeitsverhältnisse nach Abs 1 überzuleiten, die nicht durch Vertrag, sondern durch **Wahl** oder **Berufung** begründet wurden (§ 38 Abs 2 ArbGB; Palandt/Putzo Rn 3; MünchKomm/Oetker Rn 7). **6**

bb) Ausgeschlossen sind die von § 15 ArbGB nicht erfaßten **arbeitnehmerähnlichen Verhältnisse** (mit Ausnahme der Heimarbeit), *Anstellungsverträge* mit gesetzlichen Vertretern juristischer Personen und *freie Dienstverträge*. **7**

cc) Nicht arbeitsrechtlich zu qualifizieren sind aus Sicht des Rechts der DDR die Arbeitsverhältnisse von **LPG-Mitgliedern** (Oetker NJ 1991, 398). Soweit die Pflichtenbeziehung aufgrund der **Mitgliedschaft** zu beurteilen ist, sind das LPG-G v 2. 7. 1982 (GBl DDR I 443) und das LandwirtschaftsanpassungG v 29. 6. 1990 (GBl DDR I 642), beide fortgeltend gemäß EV Anlage II Kapitel VI Sachgebiet A Abschnitt II Nr 1 bzw III Nr 2, anzuwenden. **8**

Die Rechtsbeziehung, aufgrund derer ein LPG-Mitglied eine **Arbeitsleistung** erbringt, beruhte vor dem 3. 10. 1990 auf der Verpflichtung zur Arbeitsleistung nach §§ 29, 31 LPG-G und war aus dem Geltungsbereich des DDR-ArbGB ausgenommen (§ 4 EGArbGB). Diese Rechtslage wurde durch den Einigungsvertrag zunächst nicht verändert, so daß weiterhin auf eine Kündigung das KSchG und das BVG *nicht* anzuwenden waren (BAGE 79, 193, 197; MünchKomm/Oetker Rn 9; **aA** Schöpf NJ 1991, 307 ff). Seit dem Inkrafttreten von § 43a LandwirtschaftsanpassungsG besteht jedoch parallel zur Mitgliedschaft ein gesondertes Arbeitsverhältnis, das auch den Bestimmungen des KSchG untersteht; die Arbeitsleistung beruht nunmehr nicht mehr vorrangig oder ausschließlich auf der Mitgliedschaft in der Genossenschaft (BAGE 79, 193, 197; MünchKomm/Oetker Rn 9; zur Zuständigkeit der Arbeitsgerichte BGHZ 118, 179, 181).

dd) Ebenso bestand für **PGH-Mitglieder** nach dem Recht der DDR neben dem Mitgliedschaftsverhältnis zunächst kein davon gesondertes Arbeitsverhältnis (BGHZ 132, 84, 88; LAG Berlin BB 1992, 496). § 9a Abs 2 *PGH-VO* v 8. 3. 1990 (GBl DDR 1990 I 164, geändert durch *HemmnisbeseitigungsG* v 22. 3. 1991, BGBl 1991 I 766, 787) ordnete jedoch einerseits die Fortgeltung des früheren Musterstatuts für das Rechtsverhältnis **9**

zwischen der PGH und den Mitgliedern an, bestimmte aber andererseits, daß sich dieses Musterstatut *nicht* auf das mit der Mitgliedschaft verbundene Arbeitsverhältnis erstreckt. Hieraus folgt, daß das Arbeitsverhältnis hinsichtlich seines Bestandes nicht mehr an das Mitgliedschaftsverhältnis gebunden ist, so daß eine Kündigung des Arbeitsverhältnisses nicht zugleich eine Beendigung der Mitgliedschaft bewirkt (BGHZ 132, 84, 89; BGH ZIP 1998, 84). Nicht entschieden ist damit hingegen, ob dieses Arbeitsverhältnis dem Arbeitsrecht, insbesondere also dem KSchG unterliegt, was das BAG verneint hat (BAG EzA § 611 Arbeitnehmerstatus-DDR Nr 3; MünchKomm/OETKER Rn 9).

b) Am 3. 10. 1990 bestehend

10 **aa)** Abs 1 erfaßt nicht Arbeitsverhältnisse, die **nach dem 2. 10. 1990 begründet** werden. Für solche Arbeitsverhältnisse gilt das bundesdeutsche Recht; in Betracht kommen jedoch Sonderregelungen für interlokal dem Beitrittsgebiet zuzuordnende Arbeitsverhältnisse, die sich aus Abs 2 (hierzu unten Rn 22 ff), Art 230 Abs 1 aF bzw aus den Bestimmungen zum Arbeitsrecht in Anlagen I, II zum EV ergeben (hierzu unten Rn 101 ff; PALANDT/PUTZO Rn 3; MünchKomm/OETKER Rn 14). Diese Bestimmungen beziehen sich nicht auf *übergeleitete Arbeitsverhältnisse*, sondern regeln das *Inkrafttreten* von Bestimmungen im Beitrittsgebiet.

11 **bb)** Abs 1 erfaßt auch nicht Arbeitsverhältnisse, die **vor dem 3. 10. 1990 beendet** wurden. Soweit diese interlokal der DDR zuzuordnen sind und § 27 RAnwendG nicht zurück- oder weiterverweist (Anknüpfung an das Recht des Arbeitsortes, wenn der Arbeitnehmer im selben Staat seinen Wohnsitz hat [§ 27 Abs 2 RAnwendG], hilfsweise an das Recht des Betriebssitzes [§ 27 Abs 1 RAnwendG]) ist das Arbeitsrecht der DDR anzuwenden (PALANDT/PUTZO Rn 3; LÜBCHEN/MICHAS 57).

Das gilt auch für **Entlassungen aus politischen Gründen**, so daß eine Kündigung, gegen die nicht fristgerecht Einspruch eingelegt wurde, wirksam bleibt (BAGE 83, 11, 15 ff zu § 36 GBA). Eine Unwirksamkeit der Kündigung wegen Verstoßes gegen den deutschen *ordre public* (bzw den statt des ordre public vom BGH angewendeten Maßstab der Vereinbarkeit mit dem GG, dazu Art 232 § 1 Rn 57) ist nicht anzunehmen, wenngleich in der DDR der formal erforderliche Einspruch gegen die Kündigung bei politischen Kündigungen aussichtslos gewesen wäre. Ein Ausgleich für solche rechtsstaatswidrige Benachteiligungen im Arbeitsrecht kann nur nach dem *Beruflichen RehabilitierungsG* v 23. 6. 1994 (BGBl 1994 I 1311) erfolgen (BAGE aaO; vgl dazu auch die vergleichbare Problematik des Vorranges des VermG gegenüber zivilrechtlicher Rückforderung: Art 232 § 1 Rn 8 ff).

12 **cc)** Abs 1 erfaßt Arbeitsverhältnisse, die vor dem 3. 10. 1990 dem Recht der DDR unterstanden haben, nach diesem **wirksam begründet** wurden und über den Stichtag hinaus bestanden haben. Damit beurteilt sich insbesondere das wirksame Zustandekommen eines überzuleitenden Arbeitsverhältnisses weiterhin nach den Bestimmungen des Arbeitsrechts der DDR. Für die Bestimmung des **Zeitpunktes** des Entstehens gelten die allgemeinen Grundsätze für Schuldverträge (siehe § 1 Rn 38 ff; vgl MünchKomm/OETKER Rn 14 ff; zum Entstehen von arbeitsrechtlichen Schadensersatzansprüchen unten Rn 112).

c) Begründung des Arbeitsverhältnisses – Recht der DDR

13 **aa)** Ein Arbeitsverhältnis kam zustande durch **Arbeitsvertrag** zwischen dem Arbeitnehmer und dem Betrieb (§ 38 Abs 1 ArbGB) oder – bei Wahrnehmung besonders verantwortlicher staatlicher oder gesellschaftlicher Funktionen – durch **Wahl** (§ 38 Abs 2 ArbGB; hierzu: Oetker NJ 1991, 150; Heuse BB Beil 26/1990, 24).

14 **bb)** Der Arbeitsvertrag konnte auch nach dem Recht der DDR bei Fehlen anderweitiger (kollektivtarifvertraglicher) Bestimmungen **formfrei** geschlossen werden; erforderlich war lediglich die formfreie Einigung (§ 41 Abs 1, 2 ArbGB). Die in § 42 ArbGB enthaltene Verpflichtung des Arbeitgebers, dem Arbeitnehmer unverzüglich, spätestens am Tag der Arbeitsaufnahme einen schriftlichen Arbeitsvertrag, beinhaltend die wesentlichen Vereinbarungen, auszuhändigen, ist *nicht* konstitutiv für das Zustandekommen des Arbeitsvertrages (Stutzbach BB Beil 16/1990, 18; MünchKomm/Oetker Rn 26; **aA** Nägele BB Beil 9/1990, 3).

15 **cc)** Der Abschluß von Arbeitsverträgen mit **Minderjährigen** setzte grundsätzlich voraus, daß diese das 16. Lebensjahr vollendet und die zehnklassige polytechnische Oberschule abgeschlossen hatten (§ 39 Abs 1 ArbGB). Mit Jugendlichen, die das 14. Lebensjahr vollendet und die Oberschule vorzeitig verlassen hatten bzw während der Ferien arbeiten wollten, konnten Arbeitsverträge geschlossen werden (§ 39 Abs 2 ArbGB; abweichend die bis zum 30. 6. 1990 geltende Fassung, wonach die Entlassung durch den Direktor der Schule erforderlich war; hiergegen verstoßende Arbeitsverhältnisse dürften seit dem 1. 7. 1990 geheilt sein). Gemäß § 41 Abs 3 ArbGB bedurften jedoch Jugendliche vor Vollendung des 18. Lebensjahres hierzu der ausdrücklichen schriftlichen Zustimmung des gesetzlichen Vertreters für den einzelnen Arbeitsvertrag; Rechtsfolge war insoweit nach § 45 ArbGB nicht die Nichtigkeit, sondern eine notwendige Kündigung unter Einhaltung der Schutzbestimmungen für den Arbeitnehmer (MünchKomm/Oetker Rn 28).

16 **dd)** Dieselbe Rechtsfolge trat ein, wenn der Tätigkeit des Arbeitnehmers ein rechtliches oder gerichtliches **Verbot** oder ein **Beschäftigungsverbot** entgegenstand (§ 45 ArbGB). Bei **sonstigen Mängeln** durch Verletzung zwingenden Rechts war der Bestand des Arbeitsvertrages nicht betroffen; an die Stelle der unwirksamen Vereinbarung traten die zwingenden Bestimmungen (§ 44 ArbGB).

4. Rechtsfolgen der Überleitung

17 **a)** Die Überleitung in das Recht der Bundesrepublik **erfaßt** alle arbeitsrechtlichen Tatbestände, die sich nach dem Stichtag ereignen. Insbesondere unterliegt eine nach dem 3. 10. 1990 erfolgte *Kündigung* oder vereinbarte *Aufhebung* der Arbeitsverhältnisse dem neuen Recht. Eine Berufung auf *Treu und Glauben* unterliegt § 242 BGB, auch wenn sie sich auf vor dem 3. 10. 1990 eingetretene Umstände bezieht, soweit sie die *gegenwärtige* Rechtsposition eines Beteiligten einschränkt (BAG NJW 1996, 476, vgl unten Rn 19).

18 **b)** Problematisch ist insoweit die **Anfechtung** der zum Abschluß des Arbeitsvertrages führenden Willenserklärung. Diese unterliegt als Element der vor dem 3. 10. 1990 erfolgten Willenseinigung zwar grundsätzlich dem Recht der DDR. Im ArbGB war die Anfechtung nicht geregelt, sondern wurde entsprechend § 70 ZGB

behandelt. Die Anfechtungsgründe entsprechen im wesentlichen denen der §§ 119 ff BGB (MünchKomm/Oetker Rn 33). Da aber aus Sicht des im Zeitpunkt der Anfechtungserklärung geltenden bundesdeutschen Arbeitsrechts die Anfechtung nicht zu einer Beseitigung *ex tunc*, sondern zu einer Rückabwicklung nach den Grundsätzen über fehlerhafte Arbeitsverhältnisse führt, sind diese Grundsätze auch dann anzuwenden, wenn die Anfechtung als solche intertemporal dem Recht der DDR folgt (MünchKomm/Oetker Rn 33).

19 c) Treu und Glauben können der Berufung auf das formelle Fortbestehen eines vor dem 3. 10. 1990 ungekündigten, aber de facto beendeten Arbeitsverhältnisses entgegenstehen, wenn durch eine Ausreise oder Abschiebung des Arbeitnehmers aus der DDR jede tatsächliche Grundlage des Arbeitsverhältnisses und damit dessen *Geschäftsgrundlage* entfallen ist (BAG NJW 1996, 476: keine Wiedereinstellung eines von der DDR abgeschobenen Arbeitnehmers).

Hingegen kommt eine **Anpassung** des Arbeitsverhältnisses nach den Grundsätzen des **Wegfalls der Geschäftsgrundlage** aus Anlaß der durch die Wende und Wiedervereinigung geänderten wirtschaftlichen Verhältnisse, insbesondere wegen einer ggf zu niedrigen *Vergütung* oder wegen *Überflüssigkeit* des Arbeitsplatzes, nicht in Betracht. Insoweit gehen die *Kündigungsregelungen* mit den für das Beitrittsgebiet geltenden Erweiterungen und Beschränkungen (unten Rn 33 ff, 47 ff) vor (Görk 175).

20 d) Weiterhin nach dem Recht der DDR zu beurteilen ist hingegen eine vor dem 3. 10. 1990 vereinbarte **Befristung** des Arbeitsverhältnisses.

aa) Das Arbeitsverhältnis wird auch nach dem 3. 10. 1990 zu dem **Zeitpunkt** beendet, auf den eine nach DDR-Recht wirksame Befristung erfolgt ist. Diese kann sich für am 3. 10. 1990 noch bestehende Arbeitsverhältnisse nur aus § 47 ArbGB idF des ArbGBÄndG ergeben, da hierdurch die Befristungsmöglichkeit gegenüber dem früheren Rechtszustand erweitert wurde. In Betrieben mit bis zu fünf regelmäßig Beschäftigten (ohne Lehrlinge) mit einer wöchentlichen Arbeitszeit von mehr als 10 Stunden oder monatlichen Arbeitszeit von mehr als 45 Stunden waren befristete Arbeitsverhältnisse grundsätzlich zulässig; eines sachlichen Grundes bedurfte es nur bei Beschäftigten, die dem besonderen Kündigungsschutz nach §§ 58, 59 ArbGB unterfielen (§ 47 Abs 1 a, Abs 2 ArbGB). In größeren Betrieben bedurfte jede befristete Beschäftigung von mehr als sechs Monaten Dauer eines sachlichen Grundes (§ 47 Abs 1 b ArbGB; Heuse BB Beil 26/1990, 23; Nägele BB Beil 26/1990, 26; Oetker NJ 1991, 150; MünchKomm/Oetker Rn 34).

21 bb) Ein nach § 47 ArbGB **unzulässig befristetes Arbeitsverhältnis** wird nicht durch Art 1 § 1 BeschFG 1985/1990 (BGBl 1989 I 2406) geheilt, weil diese Vorschrift auf den Zeitpunkt der Vereinbarung abstellt und in diesem Zeitpunkt auf das Arbeitsverhältnis nicht anzuwenden war. Nach Aufhebung des unzulässig befristeten Arbeitsverhältnisses kann hierauf eine erneute Befristung nicht gestützt werden, weil es an einer „Neueinstellung" (Art 1 § 1 Abs 1 S 1 Nr 1 BeschFG 1985/1990) fehlt (MünchKomm/Oetker Rn 35).

II. Betriebsübergang im Beitrittsgebiet (Abs 2)

1. Normzweck, Entstehung

a) Abs 2 ist nachträglich mit Wirkung zum 12. 4. 1991 (§ 17 SpTrUG v 5. 4. 1991, BGBl I 854) eingefügt und wurde hinsichtlich seines Anwendungszeitraums zweimal verlängert. Es handelt sich nicht um eine Überleitungsbestimmung. § 613a BGB war inhaltlich als § 59a ArbGB bereits mit Wirkung vom 1. 7. 1990 als DDR-Recht in Kraft gesetzt worden. Systematisch richtiger Standort wäre Anlage I zum EV, wo nach Beitritt der DDR eine Einfügung nicht mehr möglich war, da es sich um eine **Maßgabe** zur Anwendung von § 613a BGB im Beitrittsgebiet handelt. 22

b) Die grundsätzlich gegebene Anwendbarkeit von § 613a BGB im **Insolvenzverfahren** (BAG AP § 613a BGB Nrn 18, 22, 34; dies zu ändern, wird gleichwohl mit gesamtwirtschaftlich guten Gründen immer wieder vertreten, vgl Meyer AuA 1997, 43, 46; Link AuA 1997, 383) bedeutet eine Erschwerung der Betriebsverwertung. Diese ist unter marktwirtschaftlich normalen Verhältnissen im Interesse des Arbeitnehmers am Bestand seines Arbeitsplatzes hinzunehmen. In der besonderen Situation des Beitrittsgebiets wäre zu befürchten gewesen, daß gesamtwirtschaftlich dringend erforderliche Betriebsübergänge, insbesondere die durch das SpTrUG geregelten Spaltungen von Kapitalgesellschaften, durch § 613a BGB verhindert würden, ohne daß ein dauerhafter Schutz der Arbeitnehmer gewährleistet werden kann. Vereinzelt wurde vor Erlaß des SpTrUG vertreten, daß § 613a BGB bei Veräußerungen durch die Treuhand generell unanwendbar sei (Adomeit/Eiden/Schack AuA 1991, 5; **hiergegen**: Dörner/Widlak NZA Beil 1/1991, 43; Oetker/Busche NZA Beil 1/1991, 19; Weimar/Alfes BB Beil 9/1991, 18; Richardi NZA 1991, 290). Der Gesetzgeber geht nun ersichtlich von der grundsätzlichen Anwendbarkeit des § 613a BGB auch in diesen Fällen aus, nimmt aber die Betriebsübertragung in der Gesamtvollstreckung für eine Übergangszeit von der Anwendung des § 613a BGB aus. Die Beschränkung der Ausnahme auf das **Gesamtvollstreckungsverfahren** stellt sicher, daß nur dann § 613a BGB verdrängt wird, wenn die Effizienz des Schutzes der Arbeitnehmer ohnedies äußerst fraglich wäre. 23

c) Abs 2 Nr 1 verstößt **nicht gegen EG-Recht**. Art 4 Abs 1 der EG-Richtlinie Nr 77/187/EWG v 14. 2. 1977 (ABl EG 1977 Nr L 61 S 26) gilt zwar im Beitrittsgebiet (Art 10 EV; Weimar/Alfes DB 1991, 1832; **aA** Adomeit AuA 1991, 119), verpflichtet die Mitgliedsstaaten aber nicht zu einem umfassend § 613a BGB entsprechenden Schutz bei rechtsgeschäftlichen Betriebsübergängen (Commandeur NZA 1991, 706). Die Richtlinie bezieht sich insbesondere *nicht* auf Fälle der Veräußerung im *Konkurs* des Veräußerers, wenn das Unternehmen zur Konkursmasse gehört (EuGH ZIP 1985, 824; BAG ZIP 1998, 253; LAG Mecklenburg-Vorpommern NZA-RR 1998, 149); die von der hM zu § 613a BGB getroffene Erweiterung des Schutzes ist gemeinschaftsrechtlich zulässig, aber nicht geboten (Weimar/Alfes DB 1991, 1831; MünchKomm/Oetker Rn 113). 24

d) Abs 2 Nr 1 verstößt auch **nicht gegen Art 3 Abs 1 GG** (LAG Mecklenburg-Vorpommern NZA-RR 1998, 149). Der legislative Zweck, aufgrund der besonderen wirtschaftlichen Lage im Beitrittsgebiet die Veräußerung, insbesondere die Spaltung konkursreifer Betriebe zu erleichtern und eine Privatisierung von Unternehmen ohne den zwingenden Übergang aller Arbeitsverhältnisse auf den Erwerber zu erreichen (BT-Drucks 12/3684, 1), ist ein derzeit genügendes sachliches Differenzierungsmerkmal. 25

Durch die enge zeitliche Begrenzung ist dem vorübergehenden Charakter dieser Sonderlage ausreichend Rechnung getragen.

26 **e)** Abs 2 Nr 1 ist jedoch entsprechend diesem verfassungskonformen Zweck **einschränkend auszulegen**. Einer Beschränkung auf *Treuhandunternehmen* (so: WEIMAR/ALFES DB 1991, 1830; PALANDT/PUTZO[52] Rn 15; sowie hier 12. Aufl Rn 23) lag nach dem ursprünglichen legislativen Zweck im Zusammenhang mit dem SpTrUG nahe: Erleichtert werden sollte die Abwicklung von Altlasten, hingegen nicht das unternehmerische Risiko von Neugründungen auf die Arbeitnehmer abgewälzt werden. Nachdem der Gesetzgeber die Anwendbarkeit von Abs 2 Nr 1 bis zum 31. 12. 1998 verlängert hat, muß die Bestimmung auch auf *ehemalige Treuhandunternehmen* angewendet werden. Eine Anwendung auf Neugründungenen bleibt außer Betracht. Durch diese Begrenzung bleibt sichergestellt, daß der verminderte Schutz der Arbeitsplätze nur mit Rücksicht auf den besonderen, wiedervereinigungsbedingten legislativen Zweck und damit verfassungskonform erfolgt.

2. Regelungsinhalt

a) Reichweite

27 **aa)** Abs 2 Nr 1 gilt **räumlich** für Unternehmen, die verfahrensrechtlich der Gesamtvollstreckung unterliegen (vgl EV Anlage II Kapitel III Sachgebiet A Abschnitt II 1). Da die Gesamtvollstreckung auch Vermögen des Schuldners im Geltungsbereich der Konkursordnung (also den alten Bundesländern) erfaßt (Maßgabe d zur GesamtvollstreckungsVO, EV Anlage II, aaO), Abs 2 Nr 1 aber ausdrücklich auf Betriebsübergänge im Beitrittsgebiet (Art 3 EV) Bezug nimmt, sind nur Betriebsstätten im Beitrittsgebiet erfaßt (STAUDINGER/RICHARDI/ANNUSS [1999] § 613a Rn 232; **aA** BAG NZA 2001, 252, 253 f; MünchKomm/OETKER Rn 118: Anwendung auch auf Betriebe oder Betriebsteile, die in den alten Bundesländern liegen).

28 **bb)** Abs 2 Nr 1 ist nur anwendbar auf Betriebsübergänge während des **Gesamtvollstreckungsverfahrens**; maßgeblicher Zeitpunkt ist der **Eröffnungsbeschluß**. Fallen Betriebsübergang und schuldrechtliches Verpflichtungsgeschäft zeitlich auseinander, so ist im Wege teleologischer Reduktion Abs 2 Nr 1 auf Fälle zu beschränken, in denen sowohl das schuldrechtliche Geschäft als auch der Betriebsübergang nach Eröffnung der Gesamtvollstreckung erfolgen (MünchKomm/OETKER Rn 116). Insoweit kommt es nicht zu Konflikten mit der EWG-Richtlinie 77/187, da der Anwendungsbereich des § 613a BGB hierdurch erweitert wird. Umgekehrt steht aber EWG-Richtlinie 77/187 einer teleologischen Extension auf Fälle entgegen, in denen der Betriebsübergang nach dem Einstellungsbeschluß erfolgt; dies aber nur auf Grund eines Verpflichtungsgeschäfts im Gesamtvollstreckungsverfahren. Überdies erfordert der Normzweck nach Einstellung der Gesamtvollstreckung die Aussetzung von § 613a BGB nicht mehr. Eine solche teleologische Extension ist daher nicht vorzunehmen (**aA** MünchKomm/OETKER Rn 117).

29 **cc)** Abs 2 erfaßt wie § 613a BGB auch Fälle des Überganges von **Betriebsteilen**.

30 **dd)** Abs 2 Nr 1 ist nur **befristet** anzuwenden. Die Bestimmung war in Kraft zwischen dem 12. 4. 1991 und dem 31. 12. 1998 (ursprünglich befristet zum 31. 12. 1992, geändert BGBl 1992 I 2116, erneut verlängert BGBl 1994 I 2911). Die Verlängerung hatte ihren Grund in der zunächst bestehenden Alimentationspflicht der Treuhandanstalt gegenüber ihren krisenbefallenen Restitutionsunternehmen (bis 1. 12. 1992), die anfangs eine gesamtvollstreckungsrechtliche Lösung des Problems der Anhäufung sinnloser Arbeitsplätze in DDR-Unternehmen praktisch ausschloß (vgl BT-Drucks 12/3684, 1).

ee) Maßgeblich ist der **Zeitpunkt des Betriebsübergangs**. Dieser ist nicht identisch mit dem schuldrechtlichen Geschäft oder dem Verfügungsgeschäft, sondern tritt dann ein, wenn die Organisations- und Leitungsgewalt übergeht (LAG Berlin 11. 2. 1997 5 Sa 49, 50/96 juris; MünchKomm/Oetker Rn 121), **31**

§ 613a BGB bleibt auch dann außer Anwendung, wenn das Gesamtvollstreckungsverfahren bereits vor Inkrafttreten von Abs 2 Nr 1 eröffnet wurde. Für Betriebsübergänge *vor dem 12. 4. 1991* gilt Abs 2 Nr 1 nicht; entsprechend der teleologischen Reduktion für den Fall einer zwischen dem Verpflichtungsgeschäft und dem Betriebsübergang eintretenden Eröffnung des Gesamtvollstreckungsverfahrens (oben Rn 28) ist Abs 2 Nr 1 auch dann nicht anzuwenden, wenn der Betriebsübergang vor dem 12. 4. 1991 vereinbart wurde, aber erst nach Inkrafttreten von Abs 2 Nr 1 erfolgt (MünchKomm/Oetker Rn 116). Hingegen ist eine teleologische Extension nicht vorzunehmen, so daß Betriebsübergänge nach dem 1. 1. 1998 § 613a BGB in unmodifizierter Fassung unterliegen, auch wenn das Verpflichtungsgeschäft vor diesem Stichtag geschlossen wurde (**aA** MünchKomm/Oetker Rn 117).

b) Rechtsfolge

Abs 2 Nr 1 schließt den Übergang des Arbeitsverhältnisses **aufgrund von § 613a BGB** aus. Eine Kündigung, die *in der Gesamtvollstreckung* (sonst unten Rn 33 ff) vor der Veräußerung erfolgt, kann deshalb auf eine Betriebsstillegung (§ 15 Abs 4 KSchG) gestützt werden. Während sich Stillegung und Betriebsveräußerung nach § 613a BGB normalerweise ausschließen, kann, solange § 613a BGB in der Gesamtvollstreckung ausgeschlossen ist, eine Stillegung auch dadurch erfolgen, daß der Betrieb nach Kündigung aller Arbeitsverhältnisse veräußert wird (BAGE 86, 336). **32**

Ist der Betrieb in der Gesamtvollstreckung übergegangen, so kann der Übergang des Arbeitsverhältnisses nur durch **Vertrag** zwischen Erwerber und Arbeitnehmer erfolgen; seitens des Arbeitnehmers muß also – anders als zu § 613a BGB – eine ausdrückliche oder konkludente Willenserklärung auf Fortsetzung des Arbeitsverhältnisses vorliegen, die regelmäßig in der Erbringung der Arbeitsleistung in Kenntnis des Betriebsübergangs zu sehen ist (MünchKomm/Oetker Rn 129). Eine konkludente Zustimmung des Arbeitgebers ist anzunehmen, wenn er den Arbeitnehmer widerspruchslos weiterbeschäftigt.

3. Kündigung anläßlich Betriebsübergang (Abs 2 Nr 2)

a) Abs 2 Nr 2 ersetzt für denselben **Zeitraum**, also vom 12. 4. 1991 bis 31. 12. 1998 im Beitrittsgebiet § 613a Abs 4 Satz 2 BGB. Die Bedeutung dieser Bestimmung ist strittig. **33**

aa) Nach einer Ansicht handelt es sich lediglich um eine **Konkretisierung** der auch nach § 613a Abs 4 Satz 2 (West) zulässigen Kündigung des Arbeitsverhältnisses „aus anderen Gründen"; Abs 4 Satz 2 (Ost) etabliere keine neuen (erweiterten) Kündi- **34**

gungsmöglichkeiten, da die dort genannten Kündigungsgründe ein dringendes betriebliches Erfordernis iSd § 1 Abs 2 S 1 KSchG darstellen (Kurzmitteilung ZIP aktuell 1991, Nr 104; MünchKomm/Oetker Rn 130 ff; Ascheid NZA 1991, 378).

35 bb) Die *Gegenansicht* sieht in der Fassung durch Abs 2 Nr 2 eine **Lockerung des Kündigungsverbots**; eine andere Auslegung mache Abs 2 Nr 2 obsolet, weil der Gesetzgeber dann eine zeitlich beschränkte Tautologie (Fassung Ost/Fassung West) geschaffen hätte. Nach § 613a Abs 4 Satz 2 (Ost) wäre hiernach eine Kündigung auch dann wirksam, wenn der Betriebsübergang mitursächlich ist, aber daneben auch einer der ausdrücklich genannten Gründe vorliegt (Weimar/Alfes DB 1991, 1831; Commandeur NZA 1991, 707).

Das *BAG* neigt wohl dieser weiterreichenden Ansicht zu, wenn es meint, § 613a Abs 4 S 2 hindere in seiner für das Beitrittsgebiet geltenden Fassung „jedenfalls und erst recht" keinen Arbeitgeber an einer betriebsbedingten Kündigung nach § 1 KSchG (BAG NZA 1995, 172, 173), betont aber andererseits, daß Kündigungen *gerade wegen des Betriebsüberganges* auch nach der Ostfassung von § 613a Abs 4 BGB unzulässig sind (BAG NZA 1995, 423, 425).

36 cc) Der Streit um § 613a Abs 4 Satz 2 (Ost) verläuft weitgehend parallel zu der strittigen Frage betreffend die frühere Fassung von § 613a Abs 4, ob eine wirtschaftlich **erforderliche Rationalisierungskündigung** nach Satz 2 zulässig ist, auch wenn sie dem Zweck dient, den Betrieb veräußerungsfähig zu machen (für Unwirksamkeit: Palandt/Putzo[55] § 613a BGB Rn 27; Staudinger/Richardi[12] § 613a BGB Rn 216; **aA** Erman/Hanau § 613a BGB Rn 126).

37 b) Hinsichtlich der Ostfassung der Bestimmung sind hier die Nuancen zu beachten: Eine eigentlich betriebsbedingte Sanierungskündigung wird überwiegend als unwirksame Veräußerungskündigung angesehen, *wenn* das Sanierungskonzept nicht während der Kündigungsfrist unter dem *alten Arbeitgeber* Gestalt annimmt oder wenn die Sanierungskündigung auf *Initiative des Erwerbers* zurückgeht (Hillebrecht NZA Beil 4/1989, 14; Commandeur NZA 1991, 707). Insoweit enthält § 613a Abs 4 (Ost) eine **Erweiterung** der Kündigungsmöglichkeiten: Zwar muß die Kündigung auch hiernach **objektiv betriebsbedingt** sein; unschädlich aber ist es, wenn die Kündigung auf ein **Sanierungskonzept des Erwerbers** zurückgeht (Commandeur NZA 1991, 707). Der *Regelungszusammenhang* bestärkt diese teleologisch gewonnene Auffassung, denn bei Treuhandveräußerungen hat regelmäßig der *Erwerber* das Sanierungskonzept zu entwickeln. Die tatbestandliche Weite („wirtschaftliche Gründe") erhält dabei die erforderliche Begrenzung, die auch die Vereinbarkeit zur EWG-Richtlinie 77/187 sicherstellt: Satz 2 (Ost) – der Art 4 Abs 1 der Richtlinie wörtlich aufnimmt – ermöglicht nur die **objektiv erforderliche Sanierungskündigung** (hierauf stellt auch das BAG ab: BAG NZA 1995, 172, 173; BGA NZA 1995, 423, 425). Unschädlich bleibt dann – anders die hM zur Fassung West – die **daneben bestehende Zielsetzung**, den Betrieb **veräußerungsfähig** zu machen, also die Verlagerung der Sanierung auf den Erwerber. Hingegen genügt die bloße (wirtschaftliche) Erforderlichkeit der Kündigung zur Steigerung der Veräußerungsfähigkeit auch der Fassung Ost *nicht* (Commandeur NZA 1991, 708).

38 c) Die **Beweislast**, daß die betrieblich erforderliche Sanierung, nicht aber der

Betriebsübergang der tragende Grund der Kündigung war, trägt auch nach der Ostfassung des § 613a Abs 4 BGB der kündigende Arbeitgeber (BAG NZA 1995, 423, 425).

d) Jedenfalls erlaubt § 613a Abs 4 BGB idF durch Abs 2 S 2 die Kündigung wegen **Einstellung des Betriebsteiles**, in dem der Arbeitnehmer beschäftigt ist (BAG NZA 1995, 881, 883). **39**

4. Weitere beitrittsspezifische Fragen der Anwendung von § 613a BGB

a) Abs 2 Nr 1 ändert nicht den **Anwendungsbereich** von § 613a BGB. Die Anwendung von § 613a BGB (in der Fassung durch Abs 2 Nr 2) außerhalb der Gesamtvollstreckung setzt also insbesondere voraus, daß ein Fall des **rechtsgeschäftlichen** Betriebsübergangs vorliegt (BAG NZA 1995, 172). Tritt die Rechtsnachfolge kraft *Gesetzes* (so § 10 Abs 1 Nr 1 SpTrUG, § 11 Abs 1 Nr 1, § 20 Nr 1 **LandwirtschaftsanpassungsG** v 29. 6. 1990, GBl DDR I 642) ein, so gehen auch die Arbeitsverhältnisse auf den Rechtsnachfolger über. Abs 2 Nr 1 steht dem nicht entgegen. Zur Unwirksamkeit von **Befristungen** von Arbeitsverhältnissen wegen *Umgehung* des § 613a BGB: BAG NJW 1996, 213. **40**

b) Fraglich ist die Anwendbarkeit von § 613a BGB (Fassung nach Abs 2 Nr 2) im Zusammenhang mit dem Betriebsübergang aufgrund einer **Rückgabe von Eigentum** nach dem VermG, weil hier der Betriebsübergang durch behördlichen Bescheid eintritt. Für die Anwendbarkeit wird vorgebracht, dieser Bescheid entspreche dem Antrag und damit dem Willen des neuen Betriebsinhabers (Commandeur NZA 1991, 705; ders AuA 1992, 169, 171). Ein bloßes Antragserfordernis begründet aber nicht das Tatbestandsmerkmal des *Rechtsgeschäfts* (Worzalla DtZ 1992, 306, 309). **41**

c) Zweifelhaft ist die Anwendbarkeit von § 613a BGB (Fassung nach Abs 2 Nr 2) auch bei der **Auf- und Abspaltung** von Unternehmen und Betrieben nach dem SpTrUG; wiederum erscheint das Tatbestandsmerkmal des *Rechtsgeschäfts* zweifelhaft. Der Gesetzgeber ist ersichtlich von einer Anwendbarkeit ausgegangen, die auch aus regelungssystematischen Gründen – Einfügung des Abs 2 durch das SpTrUG – naheliegt (BR-Drucks 71/91, 19; Ising/Thiell DB 1991, 2082). Die Gegenansicht wendet § 613a BGB zutreffend nicht an, weil das Arbeitsverhältnis kraft *Gesetzes* übergeht (Oetker/Busche NZA 1991 Beil 1 S 18, 20; Schaub AuA 1991, 225, 226; Commandeur NZA 1991, 705, 710 f; ders AuA 1992, 169, 171; Worzalla DtZ 1992, 306, 309, dort auch zur Problematik der *Zuordnung* des jeweiligen Arbeitsverhältnisses zu einem abgespaltenen Betriebsteil). Das systematische Argument ist nicht zwingend, da der Gesetzgeber lediglich die Ausnahme des Abs 2 (für das Gesamtvollstreckungsverfahren) durch das SpTrUG eingefügt hat und eine Aussage zur Anwendbarkeit des § 613a BGB außerhalb der Gesamtvollstreckung nicht zu treffen war. **42**

d) Soweit § 613a BGB anwendbar bleibt, ist die durch § 16 Abs 1 SpTrUG bestimmte Ergänzung von § 613a Abs 3 BGB zu beachten, wonach die **Aufspaltung** der **Verschmelzung** insoweit **gleichgestellt** wird, als die Haftungsregeln nach § 613a Abs 2 BGB nicht gelten. Diese Bestimmung ist nicht auf das Beitrittsgebiet beschränkt, erlangt aber angesichts des Regelungsbereichs des SpTrUG ganz überwiegend dort Bedeutung (MünchKomm/Oetker Rn 111). **43**

44 **e)** § 613a BGB (Fassung nach Abs 2 Nr 2) ist auch anzuwenden, wenn im Zuge des aus Art 22 Abs 4 S 4 EV bestehenden Auftrags zur schrittweisen Überführung des **Wohnungsbestandes** in eine marktwirtschaftliche Wohnungswirtschaft eine Gebietskörperschaft in fehlerhafter Anwendung des *UmwandlungsG* unselbständige Vermögensmassen (Eigenbetriebe der Wohnungswirtschaft) in Gesellschaften umwandelt, so daß nach § 58 Abs 1 UmwG ein Betriebsübergang nach den Bestimmungen des UmwG nicht eintritt. Ein solcher Fall ist dann als rechtsgeschäftlicher Betriebsteilübergang zu behandeln. Dem steht auch nicht entgegen, daß die „umwandelnde" Gebietskörperschaft wirtschaftlich Alleineigentümer sowohl des alten Eigenbetriebs wie der neuen Gesellschaft ist (BAG NZA 1995, 172, 173).

45 **f)** § 613a BGB (Fassung nach Abs 2 Nr 2) ist entsprechend anzuwenden, wenn bei Überführung einer Behörde in eine **Landeseinrichtung** nach Kap XVIII § 3 Abs 1 S 2 EV die Arbeitsverhältnisse der dort Beschäftigten nach den Bestimmungen des EV übergehen würden, der alte Arbeitgeber aber gerade in Hinblick auf die Überführung kündigt (BAG NZA 1995, 423, 425).

Hingegen ist § 613a BGB nicht anwendbar, wenn bei Fortdauer der schuld- und sachenrechtlichen Zuordnung des Betriebes der öffentlichen Einrichtung lediglich die **personelle Verantwortung** auf einen neuen **Träger** übergeht (BAG NZA 1995, 783, 784).

Bei Übergang des Betriebes einer öffentlichen Einrichtung auf einen **privaten Träger** gilt § 613a BGB unmittelbar (BAG NZA 1995, 735, 737).

46 **g)** Zum Fortbestand von Arbeitsverhältnissen in der öffentlichen Verwaltung bei **Überführung einer Einrichtung** bzw einer **Teileinrichtung** gemäß Art 13 Abs 2 EV vgl BVerwG VIZ 1992, 403 (kein Verwaltungsakt); BAG NZA 1993, 120; BAG NZA 1994, 881; BAG NZA 1995, 737 (Voraussetzungen der Überführung, Auflösung, Ruhen des Arbeitsverhältnisses); BAG NZA 1993, 407 (Beweislast).

III. Individualarbeitsrechtliche Einzelfragen

47 Der Einigungsvertrag enthält in **Anlage I Kapitel VIII Sachgebiet A (Arbeitsrechtsordnung)** sowie **Sachgebiet C (Sozialer Arbeitsschutz)** zahlreiche Modifikationen arbeitsrechtlicher und arbeitssozialrechtlicher Gesetze anläßlich der Einführung im Beitrittsgebiet. Sachlich korrespondierend wird gemäß **Anlage II** (betreffend dieselben Sachgebiete) Arbeits- und Arbeitssozialrecht der DDR unbefristet bzw mit unterschiedlichen Befristungen als fortgeltend bestimmt (zur **Lohnfortzahlung im Krankheitsfall** siehe Art 230 Rn 28).

1. Ordentliche Kündigung

a) Rechtspolitischer Hintergrund

48 **aa)** Als Konsequenz aus der sozialistischen Staats- und Wirtschaftsverfassung und dem daraus abgeleiteten **„Recht auf Arbeit"** – dem allerdings auch eine (zB nichtberufstätige Mütter gesellschaftlich diskriminierende) *Pflicht* zur Arbeit gegenüberstand – war in der DDR rechtliche Wirksamkeitsvoraussetzung für jede Kündigung durch den Betrieb das Angebot eines anderen Arbeitsplatzes. Dies machte die betriebsseitige Kündigung zur Ausnahme (BT-Drucks 12/6854, 170).

bb) Kehrseite dieses – in verbreiteter Nostalgie in der Bevölkerung der neuen Bundesländer als „Sicherheit" verstandenen – Zustandes war eine mangelnde zwischenbetriebliche Mobilität der Arbeitskräfte und eine Behinderung des Strukturwandels, der letztlich in Form von Wohlstands- und Einkommensverlusten von allen bezahlt werden mußte (BT-Drucks 12/6854, 170). **49**

cc) Schon im Zusammenhang mit der Währungs-, Wirtschafts- und Sozialunion ab 1. 7. 1990 wurde der nahezu lückenlose Kündigungsschutz ersetzt durch das *KündigungsschutzG* mit seiner den Grundlagen der sozialen Marktwirtschaft entsprechenden Konzeption (BT-Drucks 12/6854, 170 f). **50**

b) Kündigungsfrist

Die ordentlichen Kündigungsfristen bestimmten sich für das Beitrittsgebiet bis zum 14. 10. 1993 nach § 55 ArbGB, da § 622 BGB und die entsprechenden Bestimmungen in Nebengesetzen erst zu diesem Zeitpunkt in Kraft gesetzt wurden (im einzelnen Art 230 Rn 35 ff). **51**

c) Form der Kündigung

Das **Schriftformgebot** in §§ 54 Abs 4, 52 Abs 2 ArbGB galt nicht fort (vgl EV Anlage II Kapitel VIII Sachgebiet A Abschnitte II, III). Da sich damals (vgl nun § 623 BGB) für das bundesdeutsche Recht Formbestimmungen nicht im Gesetz, wohl aber häufig in *Tarifverträgen* fanden, bestand eine Regelungslücke, solange die jeweiligen Tarifverträge nicht geschlossen waren. So lange war die Kündigung formfrei möglich (Peter NJ 1991, 484). Ging die Kündigungserklärung einer mit dem 3. 10. 1990 aufgelösten Einrichtung dem Arbeitnehmer erst nach dem 2. 10. 1990 zu, so beendete diese mangels Fortexistenz des Erklärenden das Arbeitsverhältnis nicht (LAG Berlin NZA 1992, 171). **52**

d) Allgemeiner Kündigungsschutz

aa) Das **KündigungsschutzG**, das seit dem 1. 7. 1990 in der DDR galt (§ 32 InkraftsetzungsG, GBl DDR 1990 I 357), war vorübergehend mit drei **Maßgaben** anzuwenden, die den bei Inkraftsetzung zum 1. 7. 1990 in § 32 Nr 2 bis 4 InkraftsetzungsG angeordneten entsprachen: **53**

> *a) In § 10 Abs. 2 Satz 2 gilt bis zur Geltung des gesamten Sechsten Buches Sozialgesetzbuch als maßgebendes Lebensalter jeweils das vollendete 65. Lebensjahr.*

SGB VI wurde zum 1. 1. 1992 durch Art 1 RÜG auch in den neuen Bundesländern in Kraft gesetzt. Die zuständigkeitsrechtlichen Maßgaben nach EV Anlage I Kapitel VIII Sachgebiet A Abschnitt III Ziff 6 b, c haben sich erledigt (zum ganzen: Dörner/Widlak NZA Beil 1/1991, 48; Pfeiffer/Birkenfeld-Pfeiffer DtZ 1990, 326).

bb) Im übrigen galten die Bestimmungen des KSchG unter Zugrundelegung der bundesdeutschen Rechtsprechung bereits für Kündigungen, die **seit dem 1. 7. 1990** ausgesprochen wurden (ArbG Berlin AuA 1991 Sonderheft Rspr Neue Bundesländer, 16). **54**

e) Besonderer Kündigungsschutz

aa) Der Sonderkündigungsschutz für **Kämpfer gegen den Faschismus und Verfolgte** **55**

des Faschismus gilt **unbefristet** fort (EV Anlage II Kapitel VIII Sachgebiet A Abschnitt III Nr 1 a; Wlotzke RdA 1994, 73, 80). Gemäß § 58 Abs 1a ArbGB darf diesem Personenkreis nicht ordentlich gekündigt werden. Nach § 58 Abs 2 ist im Falle der Stillegung von Betrieben oder Betriebsteilen ausnahmsweise eine fristgemäße Kündigung zulässig, die aber der *vorherigen* schriftlichen Zustimmung des Arbeitsamtes bedarf.

56 α) Die Bestimmung wurde mit Rücksicht auf verschiedene gleichartige Sonderkündigungsschutzbestimmungen für **ehemals politisch Verfolgte** in der alten Bundesrepublik aufrechterhalten (BT-Drucks 11/7817, 155; Wlotzke/Lorenz BB Beil 35/1990, 7; Dörner/Widlak NZA Beil 1/1991, 47).

57 β) Der erfaßte **Personenkreis** (insbesondere „Kämpfer") ist in Rechtsvorschriften der DDR nicht bezeichnet. Er ist insbesondere mit Rücksicht auf den genannten Zweck der Überleitung sowie auf die Gesetzgebungsgeschichte zu § 58 Abs 1a ArbGB zu bestimmen: Begünstigt sind *Verfolgte des Naziregimes* (so noch § 35 Gbuch der Arbeit v 12. 4. 1961, GBl I 27) iSd **Anordnung zur Sicherung der anerkannten Verfolgten des Naziregimes** v 5. 10. 1949 (ZVOBl 1949, 765).

58 γ) Die **Zustimmung des Arbeitsamtes** bei Kündigung wegen **Betriebsstillegung** steht im pflichtgemäßen Ermessen. Sie muß zwingend vor der Kündigung erteilt werden. Gegen eine unter Verstoß gegen das Kündigungsverbot oder ohne Zustimmung des Arbeitsamtes ausgesprochene Kündigung ist die Kündigungsschutzklage zulässig, ohne daß eine Bindung an die dreiwöchige Frist des § 4 KSchG besteht (§ 13 Abs 3 KSchG). In Betracht kommt jedoch Verwirkung, wenn der Arbeitnehmer den bestehenden Kündigungsschutzgrund nicht unverzüglich anzeigt. Für vor dem 3. 10. 1990 ausgesprochene Kündigungen ist das Rechtsmittel des **Einspruchs** innerhalb einer zweiwöchigen (bis 30. 6. 1990) bzw dreiwöchigen (ab 1. 7. 1990) Frist nach § 60 ArbGB in der im Zeitpunkt des Ausspruchs der Kündigung geltenden Fassung gegeben (§ 60 ArbGB, geändert durch ArbGBÄndG zum 1. 7. 1990, BezG Chemnitz AuA 1991 Sonderheft Rspr neue Bundesländer, 20).

59 bb) Befristet bis zum 31. 12. 1990 galt der besondere Kündigungsschutz nach § 58 Abs 1 b ArbGB im Zusammenhang mit der **Geburt eines Kindes**. Dieser Kündigungsschutz galt jedoch über diesen Zeitpunkt hinaus (EV Anlage II Kapitel VIII Sachgebiet A Abschnitt III Nr 1 b):

> *aa) für Mütter bzw Väter, deren Kind vor dem 1. Januar 1991 geboren wurde sowie,*
>
> *bb) für alleinerziehende Arbeitnehmer, deren Kind vor dem 1. Januar 1992 geboren wurde. § 58 Abs. 1 Buchstabe b (sc. ArbGB) geht bei diesen alleinerziehenden Arbeitnehmern dem § 9 Mutterschutzgesetz und dem § 18 Bundeserziehungsgeldgesetz vor.*

§ 58 Abs 1 b ArbGB verbietet die **fristgemäße Kündigung** bei

> *Schwangeren, stillenden Müttern, Müttern bzw Vätern mit Kindern bis zu einem Jahr, Müttern bzw Vätern während der Zeit der Freistellung nach dem Wochen-*

urlaub gemäß § 246, Absätze 1 und 2, sowie alleinstehenden Arbeitnehmern mit Kindern bis zu 3 Jahren.

α) Aufgrund der Überleitungsbestimmung war der Kündigungsschutz für Schwangere hiernach generell bis zum 31. 12. 1990 anzuwenden (BT-Drucks 11/7817, 155). Die Ausdehnung des Personenkreises bewirkt, daß der Kündigungsschutz **nach Geburt** sich für die gesamte von § 58 Abs 1 b ArbGB bestimmte Zeit nach dieser Bestimmung richtet, sofern das Kind vor dem 1. 1. 1991 (bzw 1. 1. 1992 bei Alleinerziehenden) geboren wurde.

β) Soweit **Art 38 Abs 3 S 1 EV** eine Beendigung von Arbeitsverhältnissen zum 31. 12. 1991 für Beschäftigte der **Akademie der Wissenschaften** vorsieht, obgleich für die Arbeitnehmerin nach Mutterschutzrecht zu diesem Termin Kündigungsschutz besteht, ist diese Bestimmung verfassungswidrig und nichtig (BVerfG BGBl 1992 I 848; im einzelnen: Legerlotz NZA 1992, 203; Fenski/Linck NZA 1992, 348 f; Korinth NZA 1992, 352). **60**

γ) **§ 9 MutterschutzG und § 18 BErzGG** sind nur anzuwenden, wenn nach der Überleitungsbestimmung § 58 Abs 1 b ArbGB nicht mehr eingreift; zu einer Überschneidung dieser Regelungen soll es nach dem Willen des Gesetzgebers nicht kommen (BT-Drucks 11/7817, 155). Seit 1. 1. 1995 gilt damit umfassend für Schwangere, Mütter und Väter der Kündigungsschutz nach Bundesrecht. **61**

cc) Zum Kündigungsschutz nach **Kommunalverfassungsrecht** vgl § 22 Abs 9 S 2 *G über die Selbstverwaltung der Gemeinden und Landkreise in der DDR* v 17. 5. 1990 (GBl DDR 1990 I 255) iVm Art 9 Abs 2 Anlage II Kap II Sachgebiet B Abschnitt I EV vgl BAG NZA 1995, 426. **62**

dd) Zur Beendigung von Arbeitsverhältnissen durch Erreichen der **Altersgrenze** nach § 60 Abs 1 BAT-O vgl BAG NJ 1995, 275. **63**

2. Ordentliche Kündigung in der öffentlichen Verwaltung aufgrund EV

a) Für die **öffentliche Verwaltung** gelten ergänzend die ordentlichen Kündigungsbestimmungen gemäß EV Anlage I Kapitel XIX Sachgebiet A **Abschnitt III Nr 1 Abs 4 Satz 1** (im folgenden „Nr 1 Abs 4"): **64**

Die ordentliche Kündigung eines Arbeitsverhältnisses in der öffentlichen Verwaltung ist auch zulässig, wenn

1. der Arbeitnehmer wegen mangelnder fachlicher Qualifikation oder persönlicher Eignung den Anforderungen nicht entspricht oder

2. der Arbeitnehmer wegen mangelnden Bedarfs nicht mehr verwendbar ist oder

3. die bisherige Beschäftigungsstelle ersatzlos aufgelöst wird oder bei Verschmelzung, Eingliederung oder wesentlicher Änderung des Aufbaues der Beschäftigungsstelle die bisherige oder eine anderweitige Verwendung nicht mehr möglich ist.

65 b) Diese Regelung ist **befristet bis zum 31.12. 1993** (Abs 4 Satz 6 idF durch das Gesetz zur Verlängerung der Kündigungsmöglichkeiten in der öffentlichen Verwaltung nach dem Einigungsvertrag v 20. 8. 1992, BGBl 1992 I 1546) und soll insbesondere auch die in Art 38 EV vereinbarte Erneuerung von Wissenschaft und Forschung erleichtern. Seit dem 1. 1. 1994 kann in hiervon erfaßten Fälle nur noch eine personen- oder verhaltensbedingte Kündigung nach allgemeinen Vorschriften ausgesprochen werden (Stapelfeld DtZ 1995, 186, 190). Die **Kündigungsfrist** für diesen Kündigungstatbestand bestimmte sich – bis 14. 10. 1993 – nach § 55 ArbGB, nicht nach § 53 Abs 2 BAT-O (BAG NZA 1994, 883).

Dies gilt auch, wenn **einzelvertraglich** eine längere **Kündigungsfrist** oder andere Kündigungstermine vereinbart wurden. Die darin enthaltene Beschränkung der Privatautonomie (Art 2 Abs 1 GG) und der Berufsausübungsfreiheit (Art 12 Abs 1 GG) sind verfassungsgemäß, denn die Regelung ist geeignet und erforderlich, um die mit dem EV für den öffentlichen Dienst verfolgten Zwecke zu erreichen (BAG NZA 1995, 630).

66 c) Der Sonderkündigungstatbestand ist als solcher mit dem **Grundgesetz vereinbar**. Zwar greift die Regelung in den Schutzbereich des Grundrechts aus Art 12 Abs 1 GG ein. Jedoch sind bei gebotener Beachtung der ergänzenden Regelung des Art 33 Abs 2 GG die *fachliche Qualifikation* und die *demokratische Zuverlässigkeit* des öffentlichen Dienstes als überragend wichtiges Gemeinschaftsgut geeignet, eine Beschränkung der Berufswahlfreiheit und des Zugangs zu öffentlichen Ämtern zu rechtfertigen. Die Bestimmung ist überdies geeignet und erforderlich, diese Gemeinschaftsgüter zu schützen (BVerfGE 92, 140, 151 f; BVerfGE 96, 152; BVerfGE 96, 205). Die Auslegung und Handhabung der Bestimmung muß jedoch der Schwere des Eingriffs in das geschützte Grundrecht Rechnung tragen (BVerfGE 92, 140). Insbesondere darf die gebotene Gesamtwürdigung der Persönlichkeit des Mitarbeiters nicht dadurch verkürzt werden, daß einer von ihm *früher innegehabten Position* das Gewicht einer gesetzlichen Vermutung für das Bestehen eines Eignungsmangels beigemessen wird (BVerfGE 96, 152).

Die mögliche Kündigung wegen **fehlender persönlicher Eignung** verstößt auch nicht gegen das ILO-Übereinkommen Nr 111 (BGBl 1961 II 98). Dieser Kündigungsgrund knüpft nicht an die *politische Meinung* an, sondern beruht auf der fehlenden Gewähr, daß der Arbeitnehmer zukünftig für die freiheitlich demokratische Grundordnung eintreten werde (BAG NJ 1994, 483 mNachw; BAG NZA 1995, 785, 786).

Die **Verlängerung der Regelung** ist **verfassungsrechtlich** ebenfalls nicht zu beanstanden; es war vielmehr sachlich geboten, die für die Aufarbeitung der Verwicklung von öffentlich Bediensteten in das Unrechtssystem der DDR als zu knapp erkannte Frist zu verlängern (vgl BVerfGE 92, 140, 151 f).

67 d) Fraglich ist, in welchem Umfang diese Bestimmung **lex specialis** zu den sonstigen Bestimmungen des KSchG ist, insbesondere, ob sie die Verpflichtung des Arbeitgebers zur sozialen Auswahl nach § 1 Abs 3 KSchG verdrängt (so BAG DB 1993, 787; BAG DB 1993, 1521; LAG Berlin NZA 1992, 367) oder ob lediglich die Kündigungsgründe des KSchG ergänzt werden (so die zunächst überwiegende Literaturansicht: Schmitt AuA 1991 Sonderheft Rspr Neue Bundesländer 24; zusammenfassend: Fenski/Linck NZA 1992, 342 mwN). Die hier erörterte ordentliche Kündigungsbestimmung des Nr 1 Abs 4 und die außerordentliche in Nr 1 Abs 5 (dazu Rn 83 ff) schaffen **kein Sonderkündigungsrecht für den Öffentlichen Dienst** im Beitrittsgebiet. Sie ergänzen das allgemeine Kündigungsrecht und beschränken sich darauf, notwendige sachliche Kündigungsgründe festzulegen (BAG NZA 1993, 362; BAG NZA 1995, 168). Daher gehen sie den allgemeinen Kündigungsregeln des KSchG (nur) insoweit vor, als der Regelungsbereich der Festlegung von Kündigungsgründen dies erfordert.

e) Für die **Sozialauswahl** (§ 1 Abs 3 KSchG) erfordert dies im Gegensatz zur Ansicht des BAG (DB 1993, 787 und 1521) eine Differenzierung, die das BAG allerdings zumindest am Maßstab des § 242 BGB für möglich hält. Eine Kündigung nach Nr 2 oder 3 ist typischerweise betriebsbedingt; insbesondere im Fall der Nr 2 hat der Arbeitgeber trotz der besonderen Situation, die das Sonderkündigungsrecht rechtfertigt, eine Wahl, welche Arbeitnehmer er weiterbeschäftigt. Diese Wahl darf nicht nur nicht willkürlich getroffen werden (§ 242 BGB), der Zweck der Regelung macht auch keine Beschränkung des Gebots einer sozialen Auswahl erforderlich (§ 1 Abs 3 KSchG). Nr 1 Abs 4 Nr 2 und 3 verdrängen zwar § 1 KSchG insoweit, als die genannten Kündigungsgründe nicht mehr auf ihre soziale Rechtfertigung im Verhältnis zu den Arbeitgeberinteressen zu untersuchen sind; besteht aber die Auswahl zwischen mehreren kündbaren Arbeitnehmern, so berührt dies die sozialen Interessen zwischen den Arbeitnehmern (vgl auch Wlotzke RdA 1994, 73, 80). **68**

Hingegen schafft *Nr 1* einen Fall der personen- und verhaltensbedingten Kündigung, der einer Sozialauswahl nicht unterliegt.

f) Anwendbar bleiben jedenfalls Bestimmungen des KSchG, die sich nicht auf die Beurteilung der Rechtfertigung des Kündigungsgrundes beziehen, insbesondere die Regelung zum **Auflösungsantrag** bei unwirksamer Kündigung in §§ 4, 7, 9, 10 KSchG (BAG BB 1993, 363, 364) sowie § 15 Abs 2 KSchG und andere Kündigungsbeschränkungen des **Personalvertretungsrechts** (BAG NZA 1995, 168; BAG NZA 1995, 527). **69**

g) Der Kündigungsgrund der **Nr 1 Abs 4** *Nr 1*, insbesondere im Fall der **mangelnden persönlichen Eignung** hat sich zu einem Auffangtatbestand entwickelt, der – neben Fällen *fehlender fachlicher Eignung* (vgl BVerfGE 96, 205) – auch eine Kündigung von Beschäftigten ermöglicht, die in das Unrechtssystem der DDR verstrickt waren, ohne daß diese Verstrickung das Ausmaß für den außerordentlichen Kündigungsgrund wegen Tätigkeit für das MfS (unten Rn 83 ff) erreicht oder beweisbar ist. Dabei muß jedoch die gesetzgeberische Grundentscheidung berücksichtigt werden, Mitarbeiter nicht abgewickelter Einrichtungen des öffentlichen Dienstes der DDR in den öffentlichen Dienst der Bundesrepublik einzugliedern, sofern nicht im Einzelfall Eignungsmängel iSd Art 33 Abs 2 GG festgestellt werden (BVerfGE 96, 152). **70**

aa) Die für den Verbleib und Aufstieg im öffentlichen Dienst der **DDR übliche Loyalität** begründet für sich allein noch keine mangelnde persönliche Eignung (BVerfG NJ 1995, 307; BAG NZA 1995, 527, 528; BAG NZA 1995, 785, 786; BAG NZA-RR 1997, 206). Die Regelung eröffnet auch nicht die Möglichkeit, allein aufgrund der **Stellung in der Hierarchie** des öffentlichen Dienstes der DDR die persönliche Eignung des Arbeitnehmers zu beurteilen. Vielmehr ist eine **umfassende Prognose** zu treffen, für die allerdings das Verhalten vor dem Beitritt wesentliche Bedeutung hat **71**

(BVerfGE 92, 140, 151 f; BVerfGE 96, 152; BVerfGE 96, 171). Der Arbeitgeber ist andererseits nicht verpflichtet, die Eignung des Arbeitnehmers *entgegen klaren Indizien* zu **erproben** (BAG NZA 1995, 527, 528).

72 bb) In Betracht kommen daher Verhaltensweisen, die **besondere Umstände** begründen, welche zwar unterhalb der Schwelle der außerordentlichen Kündigungsgründe von Abs 5 Nr 1 liegen, aber dennoch stark repressiven oder schädigenden Charakter haben. Hohe **Ränge** im öffentlichen Dienst (BVerfGE 92, 140) oder über die bloße SED-Mitgliedschaft hinausgehende **langjährige Identifikation** mit dem DDR-System (BAG BB 1993, 729; BAGE 78, 129; BAG NZA 1995, 785, 786; BAG NZA-RR 1997, 206), **langjährige hauptamtliche Parteiarbeit** (BAG NJ 1994, 483; LAG Brandenburg NJ 1995, 52; zu weitgehend: LAG Berlin BB 1993, 142), aber auch **ehrenamtliche Parteiarbeit**, wenn diese **berufsnahe Auswirkungen** hervorbrachte (BAG NZA 1995, 527: Lehrer als langjähriger Parteisekretär einer Schule) können dafür Indizien sein (BVerfGE 92, 140, 151 f; BVerfGE 96, 152). Eine Schädigung im Einzelfall muß dabei nicht nachgewiesen werden (LAG Brandenburg NJ 1995, 52, 53). Jedoch machen solche Indizien die Würdigung des gesamten Verhaltens einschließlich seiner Entwicklung nach dem Beitritt nicht entbehrlich, dürfen also nicht typisiert zur Kündigung führen (BVerfGE 96, 152).

73 cc) Umgekehrt sind **Entlastungsgründe** zu berücksichtigen, wenn sie geeignet sind, über einen pauschalen Vortrag einer geläuterten Einstellung hinaus, den Schluß zulassen, daß ein Wandel in der persönlichen Einstellung hin zu den Grundwerten der freiheitlich demokratischen Werteordnung eingetreten ist (LAG Brandenburg NJ 1995, 52, 53). Auch kann es den Arbeitnehmer entlasten, wenn er nur **notgedrungen** ein seine fehlende Eignung indizierendes Parteiamt übernommen und sein öffentliches Amt **schonend gegenüber Mitarbeitern** ausgeübt, insbesondere **keine Denunziationen** verübt hat (BAG NJ 1994, 483, 484).

74 dd) Die **Darlegungs- und Beweislast** für das Vorliegen von die fehlende Eignung indizierenden Tatsachen trägt der Arbeitgeber (BAG NZA 1995, 527, 528; BAGE 76, 323; LAG Berlin BB 1993, 142 – dort allerdings nicht genügende Indizien angewendet). Ein weitergehender konkreter Vortrag zu Fehlverhalten ist zunächst entbehrlich (BAG NZA 1995, 527, 528). Der Vortrag und Nachweis **entlastender Umstände** obliegt dem Arbeitnehmer; erforderlich ist ein *substantiierter* Vortrag entlastender Umstände (BAG NJ 1994, 483; BAG NZA 1995, 785, 786; LAG Berlin BB 1993, 142). Da unter der Regierung *Modrow* zahlreiche Personalakten „gesäubert“ wurden, würde es die Anforderungen an die Beweislast des Arbeitgebers überspannen, wenn diesem angesonnen würde, ohne konkreten Vortrag des Arbeitnehmers nachzuweisen, daß der mit der Umsetzung grundgesetzfeindlicher SED-Ideologie beauftragte Funktionsträger diese Aufgabe der Aufgabenstellung gemäß ausgeübt habe. Dieser ist näher daran, zu seiner eigenen Amtsführung vorzutragen (BAG NZA 1995, 527, 529).

75 ee) Insbesondere kann eine **Tätigkeit für das MfS** den Kündigungsgrund des Abs 4 Nr 1 erfüllen. Die Möglichkeit einer außerordentlichen Kündigung nach Abs 5 schließt die ordentliche Kündigung nicht aus (BAG NJ 1993, 379; BAG NZA 1994, 25). Entgegen einer vom BAG geäußerten Ansicht sind auch nicht die Voraussetzungen der Nr 1 Abs 5 Nr 1 in die Auslegung der Nr 1 Abs 4 Nr 1 insoweit hineinzulesen; dem Arbeitgeber muß ein Festhalten am Arbeitsverhältnis im Falle von Nr 1 Abs 4 Nr 1 nicht *unzumutbar* sein (so aber BAG NJ 1993, 379; LANSNICKER/SCHWIRTZEK DtZ 1993,

362); vielmehr genügt die – im Falle einer den Aufgaben des MfS nahen Tätigkeit als offizieller oder inoffizieller Mitarbeiter des MfS immer indizierte – Annahme der Nichteignung. Für die Entlastung des Arbeitnehmers gelten dieselben Darlegungs- und Beweislastregeln wie in sonstigen Fällen der Kündigung aus Nr 1 Abs 4 Nr 1 (näher hierzu RAUSCHER, in: FS Gitter 772 mNachw). Erst recht muß hier, wie für den Fall der fristlosen Kündigung, der zeitliche Bezug beachtet werden. Lange zurückliegende Tätigkeiten wiegen weniger schwer (unten Rn 89).

ff) Abs 4 Nr 1 erlaubt auch eine **Verdachtskündigung** (ausdrücklich offengelassen in BAG DtZ 1994, 192), wenn der Arbeitnehmer eine **Verpflichtungserklärung** für das MfS unterzeichnet hat, auch wenn der Arbeitgeber weiteren Sachvortrag nicht erbringen kann. Auch in diesem Fall ist es Sache des Arbeitnehmers, nachzuweisen, daß er diese Verpflichtung sodann nicht erfüllt hat oder andere entlastende Umstände vorliegen; eine *Anhörung* vor Ausspruch der Kündigung ist aber wegen der naheliegenden Möglichkeit von Entlastungsgründen in diesem Fall geboten (näher hierzu RAUSCHER, in: FS Gitter 773). **76**

gg) Hingegen rechtfertigt das **Verschweigen** der MfS-Tätigkeit oder das Verschweigen der Abgabe einer Verpflichtungserklärung auf Anfrage des Arbeitgebers (zur **Zulässigkeit und Verfassungsgemäßheit** solcher Fragen: BVerfGE 96, 171; BVerfG VIZ 1999, 46; BAG NZA 1997, 204; BAG 1998, 474) nicht regelmäßig die Kündigung wegen fehlender persönlicher Eignung (BAG NZA 1998, 474; anders noch BAG NZA 1994, 26; LAG Berlin NJ 1992, 517; schon relativierend im Fall freiwilliger Aufdeckung: BAG NZA 1996, 202; vgl dazu auch VerfGH Berlin NJ 1995, 373), sofern der Arbeitnehmer sich im übrigen hinsichtlich der aus der Tätigkeit oder der Verpflichtung ergebenden Indizien entlasten kann (vgl BAG NZA 1998, 474: kurzer Berichtszeitraum für das MfS in jugendlichem Alter). Es muß vielmehr im Einzelfall der Frage nachgegangen werden, ob das Verschweigen (oder eine ungenaue, ausweichende Auskunft) bereits für sich genommen den Schluß auf einen so tiefgreifenden Persönlichkeitsmangel zuläßt, daß darauf eine Kündigung wegen mangelnder persönlicher Eignung gestützt werden kann (BVerfGE 96, 171; BVerfG NZA 1998, 1329). Angesichts der Erfahrung mit staatlicher Repression in der DDR mußte den Betroffenen eine Offenbarung ihrer Vorbelastung wie ein sicheres Urteil gegen sich selbst erscheinen (näher hierzu RAUSCHER, in: FS Gitter 775). In Betracht kommt im Falle der Neueinstellung jedoch eine **Anfechtung** des Arbeitsverhältnisses aufgrund der wahrheitswidrigen Erklärung, es sei denn, daß die Rechtslage des Getäuschten im Zeitpunkt der Anfechtung nicht mehr beeinträchtigt ist (BAGE 75, 77, 86; BAG NZA 1998, 1052; STAPELFELD DtZ 1995, 186, 190). **77**

h) Zur Weiterbeschäftigung von Beschäftigten der **Akademie der Wissenschaften** (Art 38 Abs 3 S 1 EV) siehe auch BVerfG (BGBl 1992 I 848): Art 1 des Gesetzes zum EV iVm Art 38 Abs 3 S 1 EV ist insoweit **verfassungswidrig und nichtig**, als *„die Arbeitsverhältnisse derjenigen Beschäftigten, die sich um Weiterverwendung bei einer Nachfolgeeinrichtung der Akademie der Wissenschaften der DDR beworben haben und denen nicht bis zum 30. November 1991 bekanntgegeben worden ist, daß sie über den 31. 12. 1991 hinaus keine derartige Beschäftigung finden werden, vor Ablauf des auf eine solche Bekanntgabe folgenden Monats enden."* **78**

i) Der **Weiterbeschäftigungsanspruch** nach § 79 Abs 2 BPersVG greift längstens bis zum 31. 5. 1993 nicht ein, soweit Personalvertretungen betroffen sind, die nach **79**

dem **G zur sinngemäßen Anwendung des BPersVG** v 22. 7. 1990 (GBl DDR I 1014; DDR-PersVG) gebildet wurden. Insoweit war bis zur Aufhebung durch G v 30. 1. 2002, in Kraft seit 7. 2. 2002 (BGBl 2002 I 567) weiterhin das DDR-PersVG anzuwenden (EV Anlage II Kapitel XIX Sachgebiet A Abschnitt III Nr 1 iVm Anlage I, ebenda Nr 15 a), dessen § 79 Abs 2 diesen Anspruch nicht vorsah.

3. Fristlose Kündigung

80 a) Für fristlose Kündigungen gilt § **626 BGB**. Bereits zum 1. 7. 1990 wurde mit § 56 ÄndGArbGB eine inhaltsgleiche Regelung getroffen; diese ist weiterhin auf Kündigungen anzuwenden, die zwischen dem 1. 7. 1990 und dem 2. 10. 1990 zugegangen sind; die Auslegung ist auch insoweit an der zu § 626 BGB ergangenen Rechtsprechung zu orientieren (KreisG Quedlinburg DtZ 1991, 63).

81 b) Unbefristet gilt jedoch **§ 59 Abs 2 ArbGB** fort (EV Anlage II Kapitel VIII Sachgebiet A Abschnitt III Nr 1 a). Danach ist zur fristlosen Kündigung des Personenkreises nach § 58 Abs 1a und b (Nazi-Verfolgte, Kündigungsschutz bei Geburt) die vorherige schriftliche Zustimmung des Arbeitsamtes erforderlich. Das Arbeitsamt muß ausdrücklich entscheiden; eine *Zustimmungsfiktion* ist *nicht vorgesehen.* Ausnahmsweise kann die Zustimmung innerhalb einer Woche nach Ausspruch der Kündigung nachgeholt werden, was dem Arbeitgeber die Einhaltung der Kündigungserklärungsfrist nach § 626 Abs 2 Satz 1 BGB ermöglicht. Da dem Arbeitgeber nicht das Risiko einer verspäteten Entscheidung des Arbeitsamtes überbürdet werden kann, ist die Wochenfrist zur Nachholung bereits durch Antragstellung gewahrt.

82 c) Aufgrund der unbefristeten Fortgeltung von § 59 Abs 2 ArbGB und der befristeten Fortgeltung von § 58 Abs 1 b ArbGB (Kündigungsschutz bei Geburt) folgt für den in § 58 Abs 1 b erfaßten Personenkreis: Bis zum Auslaufen der Übergangsregelung zum Schutz gegen ordentliche Kündigungen ist *nur eine fristlose Kündigung mit Zustimmung nach § 59 Abs 2* zulässig. Nach Ablauf der Übergangsregelung unterliegt die ordentliche Kündigung umfassend dem bundesdeutschen Recht; § 59 Abs 2 ArbGB ist auch nach diesem Zeitpunkt nur auf die fristlose Kündigung anzuwenden, nicht aber entsprechend auf eine ordentliche. Hierdurch kommt es zu unterschiedlichen Schutzfristen, da §§ 9 MuSchG, 18 BErzGG auf ordentliche, § 59 Abs 2 ArbGG auf fristlose Kündigungen anzuwenden sind.

4. Fristlose Kündigung wegen Vergehen gegen die Menschlichkeit/Tätigkeit für das MfS

83 a) Einen speziellen Kündigungsgrund zur **fristlosen Kündigung im öffentlichen Dienst** enthält EV Anlage I Kapitel XIX Sachgebiet A Abschnitt III Nr 1 Abs 5 (im folgenden „Nr 1 Abs 5"). Hiernach gilt:

Ein wichtiger Grund für eine außerordentliche Kündigung ist insbesondere dann gegeben, wenn der Arbeitnehmer

1. gegen die Grundsätze der Menschlichkeit oder Rechtsstaatlichkeit verstoßen hat, insbesondere die im Internationalen Pakt über bürgerliche und politische

Rechte vom 19. Dezember 1966 gewährleisteten Menschenrechte oder die in der Allgemeinen Erklärung der Menschenrechte vom 10. Dezember 1948 enthaltenen Grundsätze verletzt hat oder

2. für das frühere Ministerium für Staatssicherheit/Amt für nationale Sicherheit tätig war und deshalb ein Festhalten am Arbeitsverhältnis unzumutbar erscheint.

b) Diese Regelung ist im Interesse des Vertrauens in die **Rechtsstaatlichkeit** des öffentlichen Dienstes und als politisches Signal zu verstehen. Anknüpfungspunkt für eine fristlose Kündigung können jedoch neben der Tätigkeit für das MfS nur Verhaltensweisen sein, die gegen die genannten international anerkannten Grundsätze verstoßen. Der Kündigungsgrund der Nr 1 erlangt neben Nr 2 geringe praktische Bedeutung. **84**

Die Regelung, insbesondere auch Nr 2 (betreffend MfS-Mitarbeit), ist **verfassungsgemäß**. Sie verfolgt in einem spezifischen Fall im Interesse des Gemeinwohls das Ziel, iSd Art 33 Abs 2 GG ungeeignete Mitarbeiter aus dem öffentlichen Dienst zu entfernen. Die Einschätzung, daß ein Mitarbeiter, der für das MfS tätig war, in der Regel nicht die Voraussetzungen des Art 33 Abs 2 GG für eine Beschäftigung im öffentlichen Dienst der Bundesrepublik Deutschland erfüllt, ist verfassungsrechtlich nicht zu beanstanden (BVerfGE 96, 189). Jedoch erfordert die Schwere des Eingriffs in den Schutzbereich des Art 12 GG auch in diesem Fall eine *einzelfallbezogene Würdigung* (BVerfGE 96, 189).

c) Das Bundesarbeitsgericht versteht den Kündigungsgrund der Nr 1 Abs 5 als **abschließenden Sondertatbestand** (BAG NZA 1995, 170; BAG DtZ 1993, 125; BAG NZA 1993, 362; BAG NJ 1993, 379). **85**

aa) Eine in Rechtsprechung und Schrifttum vertretene Ansicht hatte die Bestimmung lediglich als Konkretisierung des **§ 626 Abs 1 BGB** verstanden (LAG Berlin NJ 1992, 131; Fenski/Linck NZA 1992, 341, 343). Im Gegensatz zu der hier zu Nr 1 Abs 4 im Verhältnis zu § 1 KSchG vertretenen Ansicht (oben Rn 67 ff) ist dem zuzustimmen. Die durch das BAG vorgenommene eigenständige Interpretation des Kündigungsgrundes Nr 1 Abs 5 ermöglicht eine von der *prognostischen* Unzumutbarkeitsprüfung des § 626 Abs 1 BGB verschiedene, der Bedeutung einer Tätigkeit für das MfS oder von Verstößen gegen die Menschlichkeit in der DDR gerecht werdende *retrospektive* Unzumutbarkeitsprüfung. Während der ordentliche Kündigungsgrund der Nr 1 Abs 4 eigenständige Kriterien der Sozialauswahl nicht enthält, so daß ein Rückgriff auf § 1 KSchG notwendig erscheint, bedarf es hier des Rückgriffs auf § 626 BGB nicht, da Nr 1 Abs 5 die Unzumutbarkeit eigenständig beschreibt (näher Rauscher, in: FS Gitter 758 f).

bb) Nr 1 Abs 5 ist auch lex specialis zu **§ 626 Abs 2 BGB** (BAG NZA 1995, 169, 170; BAG DtZ 1993, 125; BAG NZA 1992, 268; BAG NZA 1993, 362; vgl auch BVerfG DtZ 1994, 313 [Nichtannahmebeschluß]; **aA**: LAG Brandenburg NJ 1991, 436; LAG Köln ArbuR 1994, 39, 40; Oetker Anm LAG Berlin LAGE Art 20 EV Nr 3; Fenski/Linck NZA 1991, 343). Allerdings hat auch der Arbeitnehmer, dem die Kündigung nach Nr 1 Abs 5 droht, ein Recht auf alsbaldige Klarheit. **86**

Im übrigen wird die *Unzumutbarkeit* für den Arbeitgeber unglaubwürdig, wenn dieser die Kündigung ungebührlich hinausschiebt. Es kommt also in Anwendung von Nr 1 Abs 5 zwar keine starre Befristung nach § 626 Abs 2 BGB, aber eine alsbaldige Verwirkung oder der Einwand des *venire contra proprium factum* in Betracht; dies folgt aus Art 12 Abs 1 GG, wonach der Staat einen Mindestkündigungsschutz zur Verfügung stellen muß (BAG NZA 1995, 169, 171 [fast sechs Monate]; BAG DtZ 1993, 125, 126; Lansnicker/Schwirtzek DtZ 1993, 109: analoge Anwendung der – wohl zu langen – Jahresfrist in § 124 BGB; Stapelfeld DtZ 1995, 186, 188; Rauscher, in: FS Gitter 758). Begründen Angaben eines Mitarbeiters über eine MfS-Tätigkeit auf einem Personalfragebogen die Unzumutbarkeit, so kann der Dienstherr regelmäßig nicht mit der Kündigung bis zum Eingang des angeforderten Berichts des Bundesbeauftragten für Stasiunterlagen zuwarten; ergeben sich aus diesem Bericht jedoch weitere belastende Erkenntnisse, so können die früheren Angaben des Mitarbeiters bei einer nunmehr ausgesprochenen Kündigung mitberücksichtigt werden (BVerwG NZA-RR 1999, 556).

87 **cc)** Im übrigen verdrängt Nr 1 Abs 5 die sonstigen Kündigungsbestimmungen nicht. Insbesondere sind *§§ 4, 13, 15 KSchG* und *personalvertretungsrechtliche Beteiligungserfordernisse* zu wahren (BAG DtZ 1993, 125; BAG NZA 1993, 362; BAG NZA 1995, 168; Stapelfeld DtZ 1995, 188). Auch der Kündigungsschutz nach *§§ 15, 21 Abs 1 SchwerbehindertenG* (jetzt §§ 85 ff SGB IX) ist anzuwenden (BAG NZA 1994, 879, 880).

88 **d)** Die Schwere des Eingriffs erfordert eine **sorgfältige** Einzelfallprüfung (BT-Drucks 11/7817 zu Nr 1 Abs 5; BAG DtZ 1993, 127; BAG NJ 1993, 379; LAG Köln MDR 1995, 508; Lansnicker/Schwirtzek DtZ 1993, 108; dies MDR 1991, 203).

89 **e)** Der praktisch ganz vorrangig relevante Tatbestand der Nr 1 Abs 5 *Nr* 2 *(MfS-Tätigkeit)* begründet **keinen absoluten Kündigungsgrund**. Vielmehr ist **kumulativ** zu prüfen, ob der Arbeitnehmer objektiv gegen Menschlichkeit oder Rechtsstaatlichkeit verstoßen hat oder **für das MfS tätig** war *und* ob die Fortsetzung des Arbeitsverhältnisses für den Arbeitgeber unzumutbar ist (BAG DtZ 1993, 127; BAG NJ 1993, 379; BAG NJ 1996, 51). Unzutreffend ist es daher, Unzumutbarkeit *regelmäßig* schon aufgrund der Tätigkeit für das MfS als *indiziert* anzusehen (so: KreisG Schwerin-Stadt DtZ 1991, 448; Scholz BB 1991, 2515; ähnlich Holzhauser NJ 1991, 495). Bedeutung erlangt auch der Zeitraum der Tätigkeit. Vor dem Jahr *1970 abgeschlossene Tätigkeiten* indizieren regelmäßig nicht mehr die mangelnde Eignung (BVerfGE 96, 171), sondern können nur in schwerwiegenden Ausnahmefällen die Kündigung rechtfertigen (BAG NJ 1998, 334; MüchKomm/Oetker Rn 106).

90 **f)** Die Unzumutbarkeitsprüfung weist allerdings nicht wie zu § 626 Abs 1 BGB in die Zukunft; vielmehr ergibt der Zweck der Norm und die Anbindung an die Tätigkeit für das MfS eine **Orientierung an der Vergangenheit**; zu messen ist die potentielle Außenwirkung des Verbleibs eines „Stasi-Spitzels" im öffentlichen Dienst, die eine störende Fortwirkung entfaltet (BAG NJ 1993, 379; BAG DtZ 1993, 127; LAG Berlin NZA 1992, 264 und 268).

91 **g)** Erforderlich ist eine **Tätigkeit** für das MfS. Eine **Verpflichtung ohne Tätigkeit** genügt nicht (BAG NZA-RR 1996, 207). Dabei kann nicht ohne Bedeutung sein, ob der Arbeitnehmer im *operativen Bereich* des MfS tätig war oder lediglich eine *technische Funktion* innerhalb dieser Behörde ausgeübt hat. Die Bezugnahme auf die Gemeinschädlichkeit des MfS als Institution enthebt bei aller verständlichen Empörung über die Machenschaften des „VEB Guck, Horch und Greif" (ArbG Berlin AuA 1991 Sonderheft Rspr neue Bundesländer 21, 22) nicht der Prüfung des Tatbestandsmerkmals der Unzumutbarkeit im Einzelfall (Fenski/Linck NZA 1992, 343; Korinth NZA 1992, 355; zur verfassungsrechtlichen Bedeutung: Lansnicker/Schwirtzek MDR 1991, 203; bedenklich daher LAG Berlin NZA 1992, 268: Betriebstischler). Zwar können solche inoperativen Tätigkeiten grundsätzlich in das Tatbestandsmerkmal der Tätigkeit für das MfS einbezogen werden, jedoch muß sodann deren Charakter in der Prüfung der Unzumutbarkeit gebührend berücksichtigt werden (Stapelfeld DtZ 1995, 188).

h) Die daraus folgende **Unzumutbarkeit** setzt objektiv eine gewisse Schwere und Intensität der Tätigkeit für das MfS voraus. Wesentlich bestimmt wird insoweit die Prüfung – jedenfalls bei hauptamtlichen Mitarbeitern – durch *Art und Dauer der Tätigkeit* und die beim MfS eingenommene *Position* (BAG NZA 1995, 169, 171; BAG NJ 1993, 379; BAG NZA 1993, 362; BAG DtZ 1993, 127; LAG Brandenburg BB 1993, 142, 143). Dem ist zu folgen, da insbesondere diese objektiven Umstände im Sinne des Zwecks der Regelung die *Außenwirkung* eines Verbleibs des Betroffenen im öffentlichen Dienst prägen. **92**

Die **derzeitige Tätigkeit** im öffentlichen Dienst der Bundesrepublik dürfte bei der vom BAG vorgenommenen retrospektiven Betrachtung keine Rolle spielen; jedoch kann die die Unzumutbarkeit begründende Belastung des Erscheinungsbildes des öffentlichen Dienstes durchaus in den Hintergrund treten, wenn der Arbeitnehmer nunmehr eine völlig untergeordnete im Hintergrund stehende und mit hoheitlichen Aufgaben des öffentlichen Dienstes nicht befaßte Tätigkeit ausübt (so etwa im Fall BAG DtZ 1993, 125; wie hier: BAG NJ 1993, 380; LAG Brandenburg BB 1993, 142, 143).

i) Fraglich ist, in welchem Umfang die **persönliche Verstrickung** des Arbeitnehmers in das Wirken des MfS im Rahmen der Unzumutbarkeit zu prüfen ist. **93**

aa) Das BAG (BAG DtZ 1993, 125, 127; BAG NJ 1993, 379; BAG NJ 1996, 51, 52) hat zwar alsbald nach der Wiedervereinigung betont, es sei das **„individuelle Maß der Verstrikkung"** in das Unrecht des MfS zu prüfen, den Wert dieser Aussage aber durch ein Abstellen auf die genannten *objektiven* Kriterien stark relativiert. Die Berücksichtigung einzelner Entlastungstatbestände sei ausgeschlossen, wenn sie sich nicht in gleicher Weise wie die frühere belastende Tätigkeit manifestiert hätten (BAG NJ 1993, 380). Dies erscheint insbesondere deshalb zu eng, weil die Rechtsprechung grundsätzlich nicht zwischen einer Tätigkeit im operativen und einer solchen im technischen Bereich differenziert. Im Hinblick auf die – vom BVerfG bestätigte (BVerfGE 96, 189) – sensible Nähe auch dieses Kündigungsgrundes zu Art 12 GG muß der Arbeitnehmer mit dem Einwand gehört werden, er habe nur untergeordnete Tätigkeiten ausgeübt, sei durch soziale Verhältnisse zur Mitarbeit genötigt worden, habe außerhalb des Unterdrückungsapparates des MfS gestanden oder habe zur Rettung Verfolgter beigetragen (vgl nun BVerfGE 96, 189; BAG NZA 1997, 992; BAG NZA 1998, 474 [Jugendsünde]; schon früher: LAG Köln MDR 1995, 508; LAG Thüringen AuA 1994, 219; KreisG Neubrandenburg NJ 1991, 568; Lansnicker/Schwirtzek DtZ 1993, 109; Rauscher, in: FS Gitter 761 ff; nur passiv und vorher die Relevanz solcher nicht nach außen dringenden Distanzierung ablehnend: BAG DtZ 1993, 127 f).

94 **bb)** Damit ist auch in Anwendung von Nr 1 Abs 5, wie zu Nr 1 Abs 4 (oben Rn 73 ff), die **Indizwirkung** objektiver Umstände (hohes Amt, langjährige Tätigkeit) nur relativ und kann seitens des Arbeitnehmers durch den substantiierten Vortrag entlastender Einzelumstände entkräftet werden (vgl auch BVerfGE 96, 189). Die besondere Irritation der öffentlichen Meinung durch Weiterbeschäftigung von MfS-Angehörigen im öffentlichen Dienst darf nicht dazu führen, daß die Gesamtschuld am DDR-Unterdrückungsstaat über einige hochrangige MfS-Mitarbeiter „bewältigt" wird, während ein Heer „pflichtbewußter" Parteisekretäre nur deshalb im öffentlichen Dienst verbleibt, weil die Außenwirkung nicht durch eine MfS-Tätigkeit etikettiert ist (hierzu, sowie zu der unlösbaren aber höchst schmerzlichen Ungerechtigkeit, daß ein MfS-Mitarbeiter zwar als Polizist untragbar, als Bundestagsabgeordneter, Großstadtbürgermeister oder Senator aber offenbar tragbar ist: RAUSCHER, in: FS Gitter 760 f).

95 **cc)** Jedenfalls ist aber auch nach Ansicht des BAG **Zeitpunkt** und **Grund** der Aufnahme der Tätigkeit und die **Art der Beendigung** der Tätigkeit für das MfS zu berücksichtigen (BAG NJ 1993, 379), wozu insbesondere auch eine *deutlich vor der Wende* in der DDR erfolgte Abkehr vom MfS (LAG Köln MDR 1995, 508; LAG Brandenburg BB 1993, 142, 143) rechnen muß (weitergehend BAG NJ 1996, 51, 52: „vor und nach der Wende").

96 **dd)** Folgt man der hier vertretenen Ansicht, so hat auch in Anwendung von Nr 1 Abs 5 der Arbeitnehmer **entlastende Umstände darzutun und zu beweisen**, sofern durch objektive Umstände die Unzumutbarkeit indiziert ist (LAG Berlin NZA 1992, 266; KISSEL NZA 1992, 6; offengelassen vom LAG Berlin ROW 1992, 124).

97 **k)** Sonderfragen wirft die Anwendung der Bestimmung auf **Inoffizielle Mitarbeiter** (IM) auf.

aa) Jedenfalls greift Nr 1 Abs 5 Nr 2 nicht schon dann ein, wenn der Arbeitnehmer eine Bereiterklärung iSd § 6 Abs 4 Nr 2 *Stasi-UnterlagenG* v 20. 12. 1991 (BGBl 1991 I 2272) unterzeichnet hat; auch eine nur *einmalige Informationsbeschaffung* genügt nicht; erforderlich ist eine Tätigkeit von gewisser Nachhaltigkeit (BAG NZA 1994, 26). Ausreichend ist eine wiederholte, wenngleich gelegentliche, rechtlich verfestigte – meist durch eine Verpflichtungserklärung – Informantentätigkeit (LANSNICKER/SCHWIRTZEK DtZ 1993, 107). Hierzu sind durch eine inhaltliche Auswertung der Berichtstätigkeit Feststellungen zu treffen (BVerwG NJ 1998, 384).

98 **bb)** Ein Handeln **für das MfS** liegt nur vor bei *bewußter, wissentlicher und finaler Tätigkeit* als Informant (BAG DtZ 1994, 190; LAG Berlin NJ 1993, 331; vLINDHEIM DtZ 1993, 358, 360). Unerheblich ist der Status, also, ob der Arbeitnehmer beim MfS als IM geführt wurde.

99 **cc)** Die **Unzumutbarkeit** kann sich aufgrund des anders gearteten Status nicht nach denselben objektiven Kriterien ergeben wie im Falle von hauptamtlichen Mitarbeitern des MfS. Besondere Bedeutung kommt in diesem Fall daher der *derzeitigen Stellung* zu (BVerwG NJ 1998, 384). Unzumutbar ist eine Weiterbeschäftigung insbesondere dann, wenn der Arbeitnehmer eine herausgehobene Stellung bekleidet und ggf in dieser Position früher die eigenen Mitarbeiter als IM des MfS bespitzelt hatte (vgl BAG DtZ 1994, 191; BAG NZA 1994, 26).

l) Eine **entsprechende Anwendung** dieser Bestimmung für Arbeitsverhältnisse **außerhalb des öffentlichen Dienstes** kommt nicht in Betracht. Eine Heranziehung der ratio dieser Kündigungsgründe ist nur dann zulässig, wenn sich an § 626 BGB orientiert ein Grund zur fristlosen Kündigung ergäbe, wobei immer zu berücksichtigen ist, daß insoweit nicht das Ansehen des öffentlichen Dienstes als Schutzgut betroffen ist. **100**

5. Abberufung

a) Befristet bis 31.12. 1991 galten für Arbeitsverhältnisse, die durch **Berufung** oder **Wahl** begründet worden waren (MünchKomm/Oetker Rn 7) die Bestimmungen über die Abberufung in §§ 62 bis 66 ArbGB fort (EV Anlage II Kapitel VIII Sachgebiet A Abschnitt III Nr 1 c; Lübchen/Michas 62; Fenski/Linck NZA 1992, 347). Die Tatbestände der Berufung in ein Arbeitsverhältnis sind bereits zum 3.10. 1990 weggefallen (Ausnahme: § 50 Abs 4, § 51 Abs 2 **VO über Hochschulen** v 18.9. 1990 [GBl DDR I 1585], Art 3 Nr 33 c Ergänzende Vereinbarung zum EV v 18.9. 1990 [BGBl II 1239], die jedoch auch zur Abberufung Spezialvorschriften enthält), wodurch jedoch nicht das hiernach vor dem 3.10. 1990 begründete Arbeitsverhältnis per se entfällt. Bis zum 31.12. 1991 konnten solche Arbeitsverhältnisse nur durch Abberufung, nicht durch Kündigung beendet werden (LAG Berlin NZA 1992, 371). Näher zur Abberufung Voraufl Rn 58 ff. **101**

b) Seit dem 1.1. 1992 können solche Arbeitsverhältnisse nur noch durch Kündigung nach den vorstehenden Bestimmungen beendet werden; insbesondere ist § 55 ArbGB anzuwenden (Lübchen/Michas 62). Abberufungen, die dem Arbeitnehmer vor dem Stichtag *zugegangen* sind, unterliegen weiterhin den §§ 62 bis 66 ArbGB. **102**

6. Urlaub

a) Das **BundesUrlaubsG** ist mit dem 3.10. 1990 für Arbeitsverhältnisse im Beitrittsgebiet anwendbar. **103**

aa) Es gilt jedoch mit Maßgaben, die dem Umstand Rechnung tragen, daß vor dem Beitritt nach der VO über den Erholungsurlaub der DDR ein höherer Jahresurlaubsanspruch als nach § 3 BUrlG bestanden hat (Peter NJ 1990, 484). **§ 3 ist bis zum 31.12. 1994 in folgender Fassung anzuwenden** (EV Anlage I Kapitel VIII Sachgebiet A Abschnitt III Nr 5 a; zum **Auslaufen der Übergangsregelung**: Art 20 ArbeitszeitrechtsG, ArbZRG v 6.6. 1994, BGBl 1994 I 1170):

> Der Urlaub beträgt jährlich mindestens 20 Arbeitstage. Dabei ist von fünf Arbeitstagen je Woche auszugehen.

bb) **Ab 1.1. 1995** gilt das BUrlG idF durch Art 2 ArbZRG mit für das gesamte Bundesgebiet auf 24 Tage erhöhtem Mindesturlaub (Leinemann/Linck, Urlaubsrecht § 3 BUrlG Rn 73). **104**

b) Zu der bis 30.6. 1991 fortgeltenden **VO über den Erholungsurlaub** v 28.9. 1978 (GBl DDR I 365) vgl 12. Aufl Rn 66, 67. **105**

106 **c)** **Unbefristet** gilt der besondere Urlaubsanspruch nach § 8 VO über den Erholungsurlaub für **Kämpfer gegen den Faschismus und Verfolgte des Faschismus** v 28. 9. 1978 fort (EV Anlage II Kapitel VIII Sachgebiet A Abschnitt III Nr 2; Leinemann/Linck § 3 BUrlG Rn 73). Dieser Urlaubsanspruch beträgt 27 Tage. Parallel zu der Kündigungsschutzbestimmung für diesen Personenkreis wurde diese Regelung mit Rücksicht auf vergleichbare Urlaubsansprüche für ehemals politisch Verfolgte in der Bundesrepublik beibehalten (BT-Drucks 11/7817, 156; Wlotzke/Lorenz BB Beil 35/1990, 8; Pfeiffer/Birkenfeld-Pfeiffer DtZ 1990, 327).

107 **d)** **Befristet und mit Modifikationen** bestand längstens bis zum 31. 12. 1993 der erhöhte Sonderurlaubsanspruch gemäß §§ 244 bis 246 ArbGB idF durch das ÄndGArbGB, sowie ergänzt durch die VO über die Verbesserung von Leistungen nach der Geburt des dritten und jedes weiteren Kindes etc v 24. 5. 1984 (GBl DDR I 193; EV Anlage II Kapitel X Sachgebiet A Abschnitt III Nr 4 sowie Sachgebiet H Abschnitt III Nr 1, 4; Dörner/Widlak NZA Beil 1/1991, 45; Pfeiffer/Birkenfeld-Pfeiffer DtZ 1990, 327; Worzalla DtZ 1992, 306, 309).

7. Haftung des Arbeitnehmers

108 **a)** Die Vorschriften des ArbGB über die **Arbeitnehmerhaftung (§§ 260 bis 265a ArbGB)** galten befristet bis zum 31. 12. 1991 fort, um eine angemessene Übergangsfrist zur Anpassung an die weitgehend unkodifizierten Grundsätze des bundesdeutschen Rechts zu ermöglichen (EV Anlage II Kapitel VIII Sachgebiet A Abschnitt III Nr 1 f; BT-Drucks 11/7817, 155; Wlotzke/Lorenz BB Beil 35/1990, 8).

109 **b)** **Intertemporal** gelten §§ 260 bis 265a ArbGB für schädigende Handlungen, die **vor dem 1. 1. 1992 begangen** wurden (Worzalla DtZ 1992, 306, 309); die Grundsätze der Bestimmung des maßgeblichen Zeitpunktes für die Entstehung außervertraglicher Schadensersatzansprüche zum 3. 10. 1990 (Art 232 § 1 Rn 51 f) sind entsprechend anzuwenden, da bei isolierter Fortgeltung des haftungsrechtlichen Ausschnitts aus dem Vertragsstatut nicht die Entstehung der vertraglichen Beziehung, sondern das die Haftung auslösende Handeln bzw Unterlassen maßgeblich ist.

110 **c)** Zur **Konkurrenz mit deliktischen Ansprüchen** vgl 12. Aufl Rn 74 f; zur **Rechtslage nach §§ 260 ff ArbGB** vgl 12. Aufl Rn 77 ff.

8. Haftung des Arbeitgebers

111 **a)** Die Bestimmungen des ArbGB über die Haftung des Arbeitgebers bei Arbeitsunfall oder Berufskrankheit **(§§ 267 bis 269a ArbGB)** galten befristet bis 31. 12. 1990 fort. Zweck war die Vermeidung einer Regelungslücke bis zum Inkrafttreten des bundesdeutschen Unfallversicherungsrechts nach der RVO (BT-Drucks 11/7817, 155; zum Inkrafttreten des zweiten Buches der RVO: EV Anlage I Kapitel VIII Sachgebiet G Abschnitt 2 Nr 4). Intertemporal ist die ArbGB-Regelung anwendbar auf Arbeitsunfälle vor dem 1. 1. 1991 bzw auf Berufskrankheiten, die vor diesem Zeitpunkt eingetreten sind; aus dem Zweck der Regelung ergibt sich, daß die Bestimmungen intertemporal auszudehnen sind auf Sachverhalte, die die RVO zeitlich nicht erfaßt.

b) Auf nach dem Überleitungszeitpunkt **entgangene Einkünfte** gerichtete Schadensersatzansprüche gegen den Arbeitgeber unterliegen jedoch neuem Recht, auch wenn das schädigende Ereignis vor dem Stichtag stattgefunden hat. Da der Schaden zum Tatbestand der §§ 267, 268 ArbGB rechnete, handelt es sich bei Schadenseintritt nach dem Stichtag nicht mehr um einen abgeschlossenen Tatbestand iSd § 1 (BAG NJ 1996, 442). Dies führte in zahlreichen Fällen zum Wegfall der Ansprüche auf Schadensersatzrenten gegen die Staatliche Versicherung der DDR iA (HIMMELREICH DtZ 1996, 167). **112**

9. Sonstiges, Sozialer Arbeitsschutz

a) Das **HeimarbeitsG** (BGBl III 804-1, zuletzt Art 4, BGBl 1988 I 1034) und die **1. DVO zum HeimarbeitsG** (BGBl 1976 I 221) sind ab 1. 7. 1991 im Beitrittsgebiet anzuwenden. Die **Maßgabe zur Kündigungsfrist** (EV Anlage I Kapitel VIII Sachgebiet A Abschnitt III Nr 8, 9) hat sich durch Inkrafttreten von § 622 nF zum 14. 10. 1993 erledigt. **113**

b) Die Übergangsregelung für § 186 ArbGB, die **Freistellung zur Pflege erkrankter Kinder**, ist zum 30. 6. 1991 ausgelaufen; es gilt nunmehr § 45 Sozialgesetzbuch Teil V (EV Anlage II Kapitel VIII Abschnitt III 1 e; WLOTZKE/LORENZ BB Beil 35/1990, 7; LÜBCHEN/MICHAS 61). **114**

c) Das **G zur Verbesserung der betrieblichen Altersversorgung** (BGBl 1974 I 3610; zuletzt Art 33 BGBl 1986 I 2261, BGBl 1990 I 1337) ist seit 1. 1. 1992 in Kraft (PALANDT/PUTZO Rn 10). Hierbei finden §§ 1 bis 18 auf Zusagen über Leistungen der betrieblichen Altersversorgung Anwendung, die nach dem 31. 12. 1991 erteilt werden; die Nachversicherung für Zeiten vor dem Stichtag ist ausgeschlossen; §§ 26 bis 30 sind nicht anzuwenden (EV Anlage I Kapitel VIII Sachgebiet A Abschnitt III Nr 16 c). **115**

Übergangsregelungen für **Zusatzversorgungen** nach dem Recht der DDR finden sich in EV Anlage II Kapitel VIII Sachgebiet H Abschnitt III (HEUSE AuA 1991, 43). **116**

d) Die **ArbeitszeitO** (BGBl Teil III Gliederungsnummer 8050, zuletzt Art 21 BGBl 1975 I 685) ist anzuwenden mit Ausnahme von § 16 Abs 2 hinsichtlich des Verbotes der Beschäftigung von Frauen bei Bauten aller Art. Insoweit wurde dem Umstand Rechnung getragen, daß solche Beschäftigungen in der DDR üblich waren. Nicht anzuwenden ist auch § 19. Allein wegen der Überleitung wird eine arbeitsvertragliche Erhöhung der Arbeitszeit nicht zulässig. **117**

IV. Vor dem 1. 7. 1990 geschlossene Tarifverträge

1. Tarifverträge aus der Zeit zwischen der Wende in der DDR und dem 1. 7. 1990 werfen **Wirksamkeitsprobleme** auf. In der Arbeitsrechtsordnung der DDR gab es praktisch kein kollektives Arbeitsrecht. Die Gewerkschaften waren Teil der Staatsverwaltung; die Festlegung der Löhne war allein Sache des Ministerrates; der Arbeitskampf, so wie er durch Art 9 Abs 3 GG gewährleistet ist, war dem Arbeitsrechtssystem der DDR fremd. Dies beruhte auf der Überzeugung, daß im Sozialismus zwischen den Interessen des Staates – als des fast ausschließlichen Arbeitgebers – und der Arbeitnehmer kein Gegensatz bestehe. Von Tarifautonomie konnte keine Rede sein (BT-Drucks 12/6854, 169). **118**

119 **2.** **Mit Wirkung vom 1. 7. 1990** wurde das *TarifvertragsG* in der DDR in Kraft gesetzt mit der Maßgabe, daß bis zum Abschluß neuer Tarifverträge die registrierten Tarifverträge und Rahmenkollektivverträge weiter anzuwenden seien. Bereits in den ersten Tagen der Währungs- Wirtschafts- und Sozialunion wurden neue Tarifverträge abgeschlossen, bis Ende 1992 rund 5000 (BT-Drucks 12/6854, 170).

120 **3.** Auch in den Monaten **vor dem 1. 7. 1990** waren auf betrieblicher und überbetrieblicher Ebene zahlreiche Tarif-, Rationalisierungsschutz- und Sozialabkommen geschlossen worden. Regelmäßig wurden Abfindungen zugesagt als Gegenleistung für die seitens der Betriebsgewerkschaftsleitung nach § 57 Abs 1 ArbGB erteilte Zustimmung zur Kündigung. Solche Vereinbarungen sind der Sache nach wie **Tarifverträge** zu qualifizieren; sie sind aus Sicht des bundesdeutschen Rechts ebenso wie die zwischen dem 1. 7. 1990 und dem 2. 10. 1990 geschlossenen Tarifverträge privatrechtlicher Natur und unterliegen daher der Überleitung nach Art 232 § 1. Ob schon seit dem 1. 7. 1990 aus der Geltung des TarifvertragsG auch die Anwendbarkeit der BGB-Bestimmungen zur *Rechtsgeschäftslehre* folgt oder ob bis zum 3. 10. 1990 insoweit nach Art 232 § 1 das ZGB fortgilt, hat das BAG offengelassen (BAGE 77, 201, 216: Anscheinsvollmacht oder Funktionsvollmacht nach § 55 ZGB). Tarifverträge, die *vor dem 1. 7. 1990* geschlossen wurden, unterliegen daher hinsichtlich ihres Zustandekommens grundsätzlich dem bis 30. 6. 1990 geltenden Recht der DDR.

121 **4.** Soweit solche Verträge vor dem 1. 7. 1990 **wirksam werden** sollten, bedurften sie gemäß § 14 Abs 2 ArbGB aF der **Bestätigung und Registrierung** durch das zuständige Staatsorgan der DDR, soweit es sich um **überbetriebliche Vereinbarungen** handelte.

122 **a)** Ohne diese Formalien sind solche Tarifverträge **unwirksam**; Ansprüche der einzelnen Arbeitnehmer sind hieraus nicht herleitbar (BAG NZA 1992, 903; BAG NZA 1993, 227; kritisch Däubler BB 1993, 427, 429, der das Registrierungserfordernis aufgrund der Verfassungsreform in der DDR als obsolet ansieht).

123 **b)** Hingegen ist auch ohne Registrierung und Bestätigung ein vor dem 1. 7. 1990 geschlossener Tarifvertrag wirksam, wenn er erst **nach dem 30. 6. 1990 Wirkungen** entfalten sollte (BAG NZA 1995, 432).

124 **c)** Diese richtige Einordnung sollte auf Tarifverträge erstreckt werden, die zwar vor dem 1. 7. 1990 bereits Wirkungen entfalten, aber insbesondere über diesen Zeitpunkt hinaus fortwirken sollten. Wollten die Parteien die Regelung **zumindest ab 1. 7. 1990 in Kraft setzen**, so kann aus dem vorher bestehenden Registrierungserfordernis nicht auf die Unwirksamkeit geschlossen werden. Hingegen kommt eine Heilung von Tarifverträgen (insbesondere Abfindungsvereinbarungen) nicht in Betracht, wenn sie sich in ihren Wirkungen vor dem 30. 6. 1990 erschöpfen (im einzelnen zu Heilungsmöglichkeiten vgl BezG Rostock LAGE Nr 1 zu § 14 AGB-DDR; Oetker VIZ 1992, 371; Däubler BB 1993, 427).

125 **5.** Für **innerbetriebliche Vereinbarungen** bestand zwar nicht die Registrierungspflicht, jedoch ergab sich aus dem Arbeitsrecht der DDR keine **gesetzliche Befugnis** zum Abschluß von Betriebskollektivverträgen betreffend Abfindungen und Sozialprogrammen (BAG BB 1993, 217). Hieraus ist entgegen der Ansicht des BAG (vgl auch MünchKomm/Oetker Rn 61) nicht deren Unwirksamkeit zu folgern. Insoweit ergibt sich aus dem seit der Wende gewandelten Verfassungsverständnis jedenfalls eine Erweiterung der Aufgaben der Betriebsgewerkschaften. Das Argument, deren Aufgaben hätten sich nur auf gesetzlich *ausdrücklich* erlaubte Betriebsvereinbarungen erstreckt, griffe nur durch, wenn in der DDR sämtliche durch das gewandelte Verfassungsverständnis betroffenen Bestimmungen bereits Ende 1989 bereinigt worden wären; da dies offenkundig unmöglich war, muß insoweit eine Auslegung erfolgen, die insbesondere solche Betriebsvereinbarungen unter § 24 Abs 1a ArbGB aF („sonstige Vereinbarungen") fassen kann (wie hier: Kohte JuS 1993, 545; Schlachter RdA 1993, 313, 325; Däubler BB 1993, 427, 430).

V. Arbeitsverfahrensrechtliche Besonderheiten – Inkrafttreten des ArbGG

1. Das **ArbeitsgerichtsG** ist mit den allgemeinen Maßgaben zur Rechtspflege (EV Anlage I Kapitel III Sachgebiet A Abschnitte III und IV) zum 3. 10. 1990 übergeleitet worden. Bis zur Errichtung einer eigenständigen Arbeitsgerichtsbarkeit (vgl die Aufhebung der allgemeinen Maßgaben zur Zuständigkeit in bürgerlichen Rechtssachen durch § 17 RPflAnpG [BGBl 1992 I 1147]; zur Entwicklung: Kissel NZA 1992, 7) waren deren Aufgaben den **Kreisgerichten** übertragen (Pfeiffer/Birkenfeld-Pfeiffer DtZ 1990, 329). Im Land Berlin nahmen die Westberliner Arbeitsgerichte die Arbeitsrechtsprechung für ganz Berlin wahr (Wlotzke/Lorenz BB Beil 35/1991, 9). Bis zur Jahreswende 1992/93 war der **Aufbau der Arbeitsgerichtsbarkeit** in allen fünf neuen Bundesländern abgeschlossen (AuA 1992, 382; näher zur Entwicklung BT-Drucks 12/6854, 52, 55; Wlotzke RdA 1994, 73, 81 f). **126**

Beim OG der DDR am 2. 10. 1990 **anhängige Arbeitsrechtsstreitigkeiten** sind auf das BAG übergegangen (BAG DtZ 1991, 378).

2. Die **örtliche Zuständigkeit** der Kreisgerichte ergab sich zunächst aus einer besonderen Maßgabe (EV Anlage I Kapitel VIII Sachgebiet A Abschnitt III Nr 15 b) zu § 48 ArbGB. Diese ist notwendig geworden, weil vor Anrufung des Kreisgerichts bis zum 31. 12. 1992 (Aufhebung durch G vom 20. 12. 1991, BGBl 1991 I 2321) regelmäßig eine **Schiedsstelle** anzurufen war (hierzu, sowie zum Weiterbeschäftigungsanspruch während dieses Verfahrens vgl 12. Aufl Rn 96 ff). **127**

§ 6
Verträge über wiederkehrende Dienstleistungen

Für am Tag des Wirksamwerdens des Beitritts bestehende Pflege- und Wartungsverträge und Verträge über wiederkehrende persönliche Dienstleistungen gelten von dieser Zeit an die Vorschriften des Bürgerlichen Gesetzbuchs.

Materialien: Siehe zu Art 230; E: BT-Drucks 11/7760 Art 232 § 6.

I. Normzweck

§ 6 soll bestimmte Dienstleistungsverträge, die typischerweise von längerer Dauer **1** sind, vom Wirksamwerden des Beitritts an den Bestimmungen des BGB unterwerfen. Diese Abweichung von § 1 rechtfertigt sich aus dem Bestreben, auch ohne eine Rechtswahl der Parteien zugunsten des BGB den Vertrag nicht auf unbestimmte Zeit dem Recht der DDR zu unterstellen (BT-Drucks 11/7817, 40).

II. Betroffene Vertragstypen – Recht der DDR

1. Abgrenzungsmaßstab

2 **a)** § 6 geht wie die Nachbarbestimmungen von Vertragstypen im **Recht der DDR** aus. Daher ist die Reichweite der Bestimmung grundsätzlich aus Sicht der überzuleitenden Rechtsordnung zu bestimmen (MünchKomm/Oetker Rn 2).

3 **b)** Dies begrenzt jedoch nicht den Anwendungsbereich auf Verträge, die vor dem 3. 10. 1990 dem ZGB unterstanden haben. Zwar nimmt § 6 Bezug auf **Vertragstypenbezeichnungen** des ZGB; die Materialien nennen als Quelle §§ 176, 197 ff ZGB (BT-Drucks 11/7817, 40). Daraus darf jedoch nicht gefolgert werden, daß sich § 6 auch dem **persönlichen Anwendungsbereich** dieser Bestimmungen des ZGB unterwirft (**aA** MünchKomm/Oetker Rn 2, 17). § 6 erhält nicht die Dichotomie des DDR-Vertragsrechts aufrecht, das im Vierten Kapitel (Dienstleistungen) den Versorgungskomplex (Lübchen ua, ZGB vor § 162), also die Beziehung zwischen Dienstleistungsbetrieben und „Bürgern" erfaßte, nicht aber den im GW geregelten Bereich *zwischen Betrieben*. Den Bereich *zwischen Privaten* erfaßten zwar §§ 197 ff ZGB, nicht aber § 176 ZGB. Insoweit wurden aber offenbar §§ 164 ff ZGB entsprechend angewendet (Lübchen/Göhring Anm 2). § 6 betrifft damit alle Verträge, die den genannten Typen zugehören, auch wenn sie dem GW und sonstigen Bestimmungen des ZGB unterlegen hatten (Palandt/Sprau Rn 1; Lübchen/Göhring Anm 2).

4 **c)** Nach § 6 sind auch solche Verträge zu behandeln, die einen **marktwirtschaftlich** ausgerichteten Inhalt haben und im Rahmen der nach Öffnung der Mauer sich entwickelnden Vertragsfreiheit und der Beziehungen von DDR-Behörden und -Betrieben zu Vertragspartnern der Bundesrepublik Deutschland geschlossen wurden, so etwa ein für das Recht der DDR untypischer *Beratervertrag* zwischen der Hochschule der DDR und einem Berater aus der Bundesrepublik Deutschland (BGH DtZ 1995, 250).

2. Pflege- und Wartungsverträge

5 **a)** § 176 ZGB enthält spezifische Pflichten des Dienstleistungsbetriebes aus einem Pflege- und Wartungsvertrag, jedoch **keine abschließende Legaldefinition** dieses Typus. Inhalt des Vertrages ist die Pflege und Wartung der im Vertrag bezeichneten Geräte zum Zweck der Erhaltung der Betriebsfähigkeit (§ 176 Satz 1 letzter Teilsatz; Palandt/Sprau Rn 1; im Ergebnis ebenso MünchKomm/Oetker Rn 4).

6 **b)** Dem Pflege- und Wartungsvertrag, der aus Sicht des BGB als Werkvertrag einzuordnen wäre, ist das für die Aufnahme in § 6 maßgebliche Merkmal der **wiederkehrenden** Dienstleistung immanent; daher ist nicht aus der Wendung „wiederkehrende persönliche Dienstleistungen" im Umkehrschluß dem Fehlen des Wortes „wiederkehrend" beim Pflege- und Wartungsvertrag Bedeutung beizumessen. Insbesondere sind **einmalige Reparaturaufträge**, insbesondere die einmalige Wartung oder Überholung eines Gerätes (PKW) nicht unter § 6 zu subsumieren (MünchKomm/Oetker Rn 5), weil sie schon begrifflich nicht „Pflege" und „Wartung" beinhalten.

3. Wiederkehrende persönliche Dienstleistungen

7 **a)** Der Vertrag über persönliche Dienstleistungen hatte nach § 197 ZGB zum Inhalt die Erbringung **entgeltlicher** (§ 198 Abs 2 ZGB) Dienste, die gerichtet sein konnten auf die „Besorgung von Vermögens- und anderen Angelegenheiten" (BGH NJ 1994, 466: treuhänderischer Erwerb eines Einfamilienhauses; KG ZOV 1996, 274: Vermögensverwaltung), sowie die „Vermittlung von Kenntnissen, Fähigkeiten oder Fertigkeiten, zur Erbringung von kulturell-künstlerischen Leistungen sowie zur persönlichen Pflege und Betreuung" (§ 197 ZGB). Es handelte sich um einen weiten Bereich von Leistungen, die nur durch die Klammer der **personenbezogenen**, nicht **vergegenständlichten** Leistung (Lübchen ua, ZGB § 197 Anm 1) zusammengehalten wurden. Der Begriff umfaßt sowohl *Werkleistungen an Personen* (Körperpflege, Friseur), *Geschäftsbesorgungsverträge* sowie Dienstverträge mit einem *personenbezogenen Tätigkeitsbereich* (Kinderbetreuung, Krankenbetreuung), auch in *leitender Stellung*, zB als Geschäftsführer für eine Genossenschaft (BAG NZA 1995, 571), nicht aber den *Arztvertrag* (Lübchen ua, ZGB § 197 Anm 3 aE). Fraglich ist, ob auch Steuerberater-, Rechtsanwalts- und Notarverträge einbezogen sind (MünchKomm/Oetker Rn 12).

8 **b)** Strittig ist, ob die **Entgeltlichkeit** als ein dem Vertragstypus nach § 197 ZGB prägendes Tatbestandsmerkmal auch den Anwendungsbereich des § 6 eingrenzt. Es erscheint nicht zwingend, insoweit die im ZGB vorgefundene Beschreibung des Dienstleistungsbegriffes zu übernehmen; vielmehr legt die ratio des § 6 es nahe, die Überleitung entsprechend auf Dienstleistungen im Definitionssinn von § 197 ZGB anzuwenden, auch wenn sie unentgeltlich erbracht und daher aus Sicht des Rechts der DDR den §§ 274 ff („gegenseitige Hilfe") unterstellt waren (im Ergebnis ebenso: Palandt/Sprau Rn 1; Lübchen/Göhring Anm 3; **aA** MünchKomm/Oetker Rn 14).

9 **c)** Nach dem Zweck von § 6 auszulegen und nicht dem Recht der DDR entnommen ist hingegen das Tatbestandsmerkmal der **„wiederkehrenden"** Leistung (MünchKomm/Oetker Rn 15). Erforderlich ist die Erbringung wiederholter, meist gleichartiger Leistungen, wobei es gleichbedeutend ist, ob eine von vorneherein zeitlich und/oder handlungsmäßig begrenzte Mehrfachleistung oder eine Dauerleistung geschuldet ist (MünchKomm/Oetker Rn 15 ff).

III. Überleitung

10 **1.** Überzuleiten sind nur solche **vor dem 3. 10. 1990 entstandene** (Palandt/Sprau Rn 2) Vertragsbeziehungen, die nicht am 3. 10. 1990 bereits **vollständig erfüllt** waren. Letztere Verträge unterliegen hinsichtlich der Abwicklung § 1, also weiterhin den Bestimmungen von ZGB (zwischen Bürgern untereinander §§ 1 Abs 2 S 2, 176 ff ZGB) und GW (zwischen Kaufleuten, Unternehmen, Betrieben und gleichgestellten Wirtschaftssubjekten §§ 1 Abs 1, 61 ff GW; Palandt/Sprau Rn 1).

11 **2.** Die **Entstehung** des Vertrages, insbesondere Form, Willensmängel und Stellvertretung unterliegen weiterhin dem Recht der DDR (BGH DtZ 1995, 250; BT-Drucks 11/7817, 40; PALANDT/SPRAU Rn 1; MünchKomm/OETKER 10; LÜBCHEN/GÖHRING Anm 1). Dies gilt auch für **Teilakte der Vertragserfüllung**, die vor dem 3. 10. 1990 **abgeschlossen** sind, etwa die Gewährleistung aus einer im Rahmen des Wartungsvertrages vor dem 3. 10. 1990 durchgeführten Reparatur, die Haftung für vor dem 3. 10. 1990 in einem Dienstverhältnis verursachten Schaden oder die Höhe und Zahlungsmodalitäten einer vor dem 3. 10. 1990 fällig gewordenen (zeitabschnittsweisen) Teilvergütung.

12 **3.** Im übrigen unterliegen die überzuleitenden Verträge seit dem 3. 10. 1990 den Bestimmungen des BGB. Welcher **Vertragstypus** vorliegt, entscheidet insoweit ebenfalls das BGB. **Pflege- und Wartungsverträge** beurteilen sich also nach §§ 631 bis 651 BGB (PALANDT/SPRAU Rn 2; LÜBCHEN/GÖHRING Anm 3; **aA** MünchKomm/OETKER Rn 18: Dienstvertragsrecht, weil das ZGB keine Einstandspflicht für den Erfolg kannte). Für die Verträge über wiederkehrende Dienstleistungen kommen die Bestimmungen über den *Dienstvertrag* (§§ 611 bis 630 BGB), die *Ehe- und Partnerschaftsvermittlung* (§§ 653 bis 656), den *Maklervertrag* (§§ 652 bis 655 BGB), den – entgeltlichen – *Geschäftsbesorgungsvertrag* (§ 675 BGB; KG ZOV 1996, 274) oder den – unentgeltlichen – *Auftrag* (§§ 662 bis 674 BGB) in Betracht (PALANDT/SPRAU Rn 2; LÜBCHEN/GÖHRING Anm 3 **aA** MünchKomm/OETKER Rn 18). Als *Werkvertrag* zu qualifizierende, nicht §§ 652 ff BGB unterfallende Dienstleistungsverträge dürften selten das Tatbestandsmerkmal „wiederkehrend“ erfüllen, sind aber vorstellbar (Friseur-/Manikür-Abonnement).

§ 7
Kontoverträge und Sparkontoverträge

Das Kreditinstitut kann durch Erklärung gegenüber dem Kontoinhaber bestimmen, daß auf einen am Tag des Wirksamwerdens des Beitritts bestehenden Kontovertrag oder Sparkontovertrag die Vorschriften des Bürgerlichen Gesetzbuchs einschließlich der im bisherigen Geltungsbereich dieses Gesetzes für solche Verträge allgemein verwendeten, näher zu bezeichnenden allgemeinen Geschäftsbedingungen anzuwenden sind. Der Kontoinhaber kann den Vertrag innerhalb eines Monats von dem Zugang der Erklärung an kündigen.

Materialien: Siehe Art 230; E: BT-Drucks 11/7760 Art 232 § 7.

Schrifttum

BURGHARDT, Anmerkung zu LG Leipzig, WuB IV B Art 232 § 7 EGBGB 1.98
GÖRK, Deutsche Einheit und Wegfall der Geschäftsgrundlage (1995) 177
RAUSCHER, Anmerkung zu OLG Dresden, WuB IV B Art 232 § 7 EGBGB 1.99.

I. Normzweck

1 **1.** § 7 dient dem **Bedürfnis der Kreditinstitute**, die vertraglichen Beziehungen für

Altverträge und Neuverträge auf dieselbe rechtliche Grundlage zu stellen. Da auch Dauerschuldverhältnisse grundsätzlich § 1 unterliegen (Art 232 § 1 Rn 2), tritt keine automatische Umstellung auf das BGB ein.

2. Den **Interessen des Kunden** soll das Kündigungsrecht dienen (BT-Drucks 11/7817, 40). **2**

a) Dieser Versuch eines Interessenschutzes erscheint praktisch wenig wirksam, weil ein **Bestandsinteresse**, das grundsätzlich einer einseitigen Änderung der Vertragsbedingungen entgegenstünde, hierdurch gerade nicht anerkannt wird; der Kunde hat nur die Wahl zwischen einem Vertrag unter neuem Recht oder dem Verzicht auf eine vertragliche Beziehung (zutreffend MünchKomm/Hüffer Rn 13). Die Regelung ist dennoch angemessen; während eine einseitige Änderung von Vertragsbedingungen jedenfalls durch ein Widerspruchsrecht kompensiert werden muß (vgl auch Nr 28 AGB-Banken), überwiegt vorliegend das Anpassungsinteresse der Bank an die neue Rechtsordnung. Überdies bestanden schon seit dem 1. 7. 1990 in der DDR weitgehend vergleichbare Banken-AGB wie in der Bundesrepublik.

b) Das Kündigungsrecht ist auch **nicht überflüssig** (so aber MünchKomm/Hüffer Rn 13); zwar sehen Nr 17 AGB-Banken und Nr 13 AGB-Sparkassen ein freies Kündigungsrecht vor; der Kunde soll aber gerade nicht gezwungen werden, zunächst dic Überleitung in Bundesrecht und die Anwendung der AGB zu akzeptieren, um sich ein Kündigungsrecht zu verschaffen. **3**

II. Betroffene Vertragstypen

1. Die überzuleitenden Vertragstypen sind wie für die Nachbarnormen aus Sicht der angesprochenen Vertragstypen im Recht der DDR zu ermitteln. Erfaßt sind die Konto- und Sparkontoverträge nach §§ **233 bis 240 ZGB**, neugefaßt durch das **2. ZivilrechtsÄndG** v 22. 7. 1990 (GBl DDR I 903; BT-Drucks 11/7817, 40; MünchKomm/Hüffer Rn 2 ff; Lübchen/Lübchen Anm 2). Der Regelungsbereich erfaßt auch die dort geregelten **wertpapierrechtlichen** Gesichtspunkte, also die Bestimmungen in §§ 239, 240 ZGB über die Natur des Sparbuches. Bestimmungen außerhalb des ZGB finden sich zu diesen Vertragstypen nicht; Adressaten der ZGB-Bestimmungen sind Bürger und Banken; mangels abweichender Bestimmungen im GW sind jedoch auch Rechtsbeziehungen von Betrieben zu Banken erfaßt; auch solche Verträge sind unterschiedslos überzuleiten. **4**

2. Der **Kontovertrag** (§ 233 Abs 1, §§ 234 bis 236 ZGB) entspricht im Typus dem Giroverhältnis, läßt insbesondere auch eine Führung im Soll zu (§ 234 Abs 1 ZGB; MünchKomm/Hüffer Rn 2). Der **Sparkontovertrag** (§ 233 Abs 1, §§ 238 bis 240 ZGB) wurde durch das 2. ZivilrechtsÄndG im Typus dem bundesdeutschen Recht angenähert; insbesondere entfiel die Möglichkeit der Nutzung eines Spargirokontos als Zahlungsverkehrskonto (§ 238 Abs 2; vgl aber MünchKomm/Hüffer Rn 3; näher, auch zur Verzinsung Görk 177). Geführt werden konnten weiterhin Sparkonten mit **Sparbuch** (§§ 239 f ZGB) und Sparkonten ohne Sparbuch, auf die §§ 234 bis 236 ZGB (Kontovertrag) entsprechend anzuwenden sind (§ 238 Abs 3 *e contrario*). Für die Abtretung gilt jedoch auch insoweit § 240 Abs 3 Satz 1 ZGB (schriftliche Abtretung und Umschreibung). **5**

III. Überleitung

1. Erklärung des Kreditinstituts

6 a) Grundsätzlich unterstehen nach § 1 Konto- und Sparkontoverträge weiter dem **Recht der DDR** (OLG Dresden WM 1999, 316; Görk 178). Jedoch gilt auch im Anwendungsbereich des § 7 das Prinzip, daß nach dem 3. 10. 1990 *neu an das Schuldverhältnis herantretende Umstände* sich nach dem BGB beurteilen. Dies gilt für alle Verträge, die nach § 1 dem ZGB unterliegen (dort Rn 91 ff), somit erst recht für Dauerschuldverhältnisse, die noch dem ZGB unterliegen, weil eine Überleitung nach § 7 nicht erfolgt ist (BGH JZ 1996, 426, 428). Auch das WechselG und das ScheckG gelten unabhängig von der Überleitungserklärung, auch wenn Wechsel oder Scheck auf ein noch nicht übergeleitetes Konto gezogen werden; die Verpflichtung zur Einlösung und der Aufwendungsersatzanspruch im Innenverhältnis unterliegen jedoch dem nach § 7 anwendbaren Recht (wohl **aA** Burghardt WuB VI B Art 232 § 7 1.98).

Im übrigen erfordert eine Überleitung für am 3. 10. 1990 bereits entstandene (hierzu § 1 Rn 45 ff), aber noch nicht beendete Verträge (MünchKomm/Hüffer Rn 5) eine **einseitige, empfangsbedürftige Erklärung** des Kreditinstituts (MünchKomm/Hüffer Rn 6). Wird keine Erklärung abgegeben, so gilt gemäß § 1 das ZGB für den vor dem 3. 10. 1990 entstandenen Vertrag fort.

7 b) Die **materielle und formelle Wirksamkeit** der Erklärung beurteilt sich nach den Bestimmungen des BGB; das von § 7 gewährte Gestaltungsrecht ist **interlokal-kollisionsrechtlicher Natur**, so daß entsprechend Art 27 Abs 4, 31 Abs 1 bundesdeutsches Recht anzuwenden ist (Rauscher WuB IV B 1.99 S 1150; **aA** OLG Dresden WM 1999, 316). Soweit – was regelmäßig geschieht – die AGB-Banken vereinbart werden, liegt allerdings ein schlichtes materielles Gestaltungsrecht vor, das dem deutschen materiellen Recht zuzuordnen ist, so daß die Wirksamkeit der Erklärung ebenfalls dem BGB unterliegt.

8 c) Die Erklärung ist also **formfrei**; dies gilt auch, soweit in den gewählten AGB eine Form für Willenserklärungen vereinbart wird, da insoweit (soeben Rn 7) eine materiellrechtliche Gestaltung vorliegt, die nicht – wie Art 27 Abs 4 – auf die lex eligenda abstellt. Formerfordernisse aus dem **ZGB** oder dem bisher geltenden Vertrag sind **nicht zu beachten**.

Die Einbeziehungserklärung kann insbesondere auch ***durch* AGB** erfolgen, was erfordert, daß die Form des § 2 AGBG aF (§ 305 BGB) gewahrt wird. Auch eine konkludente Einbeziehungserklärung, die sich insbesondere aus der Übersendung der in S 2 bezeichneten AGB oder der Übersendung eines Hinweises auf diese ergeben kann, ist zulässig und wirksam (LG Leipzig WM 1998, 383, aufgehoben durch OLG Dresden, sogleich; Rauscher WuB IV B Art 232 § 7 1.99; iE auch Burghardt WuB IV B Art 232 § 7 1.98; **aA** OLG Dresden WM 1999, 316).

9 d) Die **Einbeziehung der AGB** erfordert nach § 7 eine **Bezeichnung der AGB** im Zusammenhang mit der Erklärung; auf diese Bezeichnung ist § 2 AGBG aF (§ 305 BGB) entsprechend anzuwenden; es genügt also insbesondere ein Hinweis auf die Geltung, wenn eine ausreichende Möglichkeit zur Kenntnisnahme verschafft wird

(MünchKomm/Hüffer Rn 7). Die Einbeziehung der in S 1 genannten AGB ist regelmäßig als Einbeziehungserklärung auch hinsichtlich des BGB auszulegen (Rauscher WuB IV B Art 232 § 7 1.99).

e) Angesichts der einseitigen Anpassungsmöglichkeit kommt eine Anpassung nach den Grundsätzen des **Wegfalls der Geschäftsgrundlage** nicht in Betracht (Görk 178). **10**

2. Verhältnis Erklärung/Kündigung

a) Die **Überleitung wird wirksam** mit dem Zugang der Erklärung. Der Zugang löst jedoch das befristete **Kündigungsrecht** nach § 7 Satz 2 aus. Eines *Hinweises* auf das Kündigungsrecht bedarf es im Zusammenhang mit der Überleitungserklärung nicht (Rauscher WuB IV B 1.99; unklar OLG Dresden WM 1999, 316). **11**

b) Die Kündigung ist ebenfalls **mit Zugang wirksam**. Fraglich ist, ob die Überleitung **entfällt**, wenn der Kunde von seinem Kündigungsrecht Gebrauch macht, ob also während der Kündigungsfrist rückwirkend das alte Vertragsstatut Anwendung findet. Zwar ist diese Rechtsfolge nicht ausdrücklich angeordnet; hierfür spricht jedoch der **Zweck** der Regelung: Das Kündigungsrecht wäre angesichts der Kündigungsmöglichkeiten im BGB bzw in den AGB-Banken und Sparkassen überflüssig, wenn nicht die Kündigung nach § 7 die Überleitung bis zum Wirksamwerden der Kündigung suspendiert. Es ist daher anzunehmen, daß das Gebrauchmachen von dem Kündigungsrecht ex tunc die Folgen der Überleitung beseitigt. **12**

3. Rechtsfolge, Anwendbare Bestimmungen des BGB

a) Welche Bestimmungen nach Überleitung anzuwenden sind, beurteilt sich nach der Einordnung des Vertrages aus der Sicht des BGB. Mangels spezieller Regeln im BGB unterliegt der vormalige Kontovertrag regelmäßig als Girovertrag § 675 BGB, das Kontokorrentverhältnis zudem §§ 355 bis 357 HGB. Der Sparkontovertrag unterliegt als **Sparvertrag** regelmäßig § 700 BGB (MünchKomm/Hüffer Rn 4; Lübchen/Lübchen Anm 1). **13**

b) Sofern ein **Sparbuch** ausgestellt ist, gilt § 808 BGB, da die Überleitung nach § 7 sämtliche von §§ 233 bis 240 ZGB erfaßten Sachverhalte betrifft. **14**

§ 8
Kreditverträge

Auf Kreditverträge, die nach dem 30. Juni 1990 abgeschlossen worden sind, ist § 609a des Bürgerlichen Gesetzbuchs anzuwenden.

Materialien: Siehe Art 230; E: BT-Drucks 11/7760 Art 232 § 8.

Schrifttum

Bultmann, Die Zinsanpassung bei Altkrediten in marktüblicher Höhe, ZAP-Ost Fach 8 S 29

Görk, Deutsche Einheit und Wegfall der Geschäftsgrundlage (1995) 179

Lellek, Das Gesetz über die Anpassung von Kreditverträgen an Marktbedingungen sowie über Ausgleichsleistungen an Kreditnehmer, DtZ 1991, 368

Schubert, Gesetz über die Anpassung von Kreditverträgen an Marktbedingungen sowie über Ausgleichsleistungen an Kreditnehmer – Zinsanpassungsgesetz –, WM 1992, 45.

I. Normzweck, Allgemeines

1 **1.** Mit dem Inkrafttreten der **Währungs-, Wirtschafts- und Sozialunion** zum 1. 7. 1990 sind bundesdeutsche Kreditinstitute bereits nicht unerheblich in der DDR tätig geworden; insbesondere zum Aufbau privater Betriebe wurden Kredite zu vergleichbaren Konditionen wie in der Bundesrepublik gewährt. § 8 soll sicherstellen, daß – bei Fortgeltung von DDR-Recht im übrigen – der Schuldner bei maßgeblichen Veränderungen des Zinsniveaus **dieselbe Kündigungs- und Umschuldungsmöglichkeit** hat, wie bei Kreditaufnahme kurz nach dem 3. 10. 1990 (BT-Drucks 11/7817, 40; MünchKomm/Westermann Rn 1).

2 **2.** Ergänzend wurde durch das *G über die Anpassung von Kreditverträgen an Marktbedingungen sowie über Ausgleichsleistungen an Kreditnehmer (Art 2 HaushaltsbegleitG 1991)* v 24. 6. 1991 (BGBl 1991 I 1314) **Zinsanspassungsregelungen** geschaffen, die eine Anpassung an die Marktbedingungen und Ausgleichsleistungen an Kreditnehmer vorsehen. Diese Anpassung ist **verfassungsgemäß**. Selbst wenn die Rechtsposition des Schuldners eines zinsgünstigen Kredits nach dem Recht der DDR vom Eigentumsschutz nach Art 14 Abs 1 GG erfaßt wird, gelten hierfür die Kriterien, die für den Eigentumsschutz von öffentlichen Leistungen maßgeblich sind. Da sich die Zinsbegünstigungen nicht als Äquivalent eigener Leistungen erweisen, können staatlich begünstigte Kredite nicht den Eigentumsschutz des Art 14 Abs 1 GG beanspruchen (BVerfG DtZ 1993, 275, dort auch zur Rückwirkung; zweifelnd Huntemann DZWir 1994, 109, 111).

II. Anwendungsbereich

1. Vertragstypus

3 **a)** Auszugehen ist von der Terminologie des DDR-Rechts. Das ZGB kannte grundsätzlich im Definitionsbereich des BGB-Darlehens drei Vertragstypen (zu unterschiedlichen *Kredittypen* vgl KG ZIP 1993, 1575, 1577): Der von § 8 erfaßte **Kreditvertrag** (§§ 241 bis 243 ZGB) konnte nur zwischen einem Kreditinstitut und einem „Bürger" als Kreditnehmer geschlossen werden.

4 **b)** Darlehen zwischen „Bürgern" und im Verhältnis von „Bürgern" zu gesellschaftlichen Organisationen (Schubert WM 1992, 45, 46) regelte der **Darlehensvertrag** (§§ 244, 245 ZGB). **Kreditverträge** zwischen Personen, die dem Anwendungsbereich des GW unterfallen, regelten die §§ 163 bis 168 GW. § 8 erfaßt nach seinem Wortlaut **nicht Darlehensverträge nach §§ 244 f ZGB**. Eine Ansicht (MünchKomm/Westermann

Rn 3) geht offenbar von der Einbeziehung von Darlehensverträgen aus; dem liegt aber die nicht gesicherte Vermutung zugrunde, daß seit dem 1. 7. 1990 Kreditverträge zwischen Banken und Bürgern dem Darlehensrecht unterstellt gewesen seien. Dies läßt sich auch nicht daraus folgern, daß § 241 Abs 1 S 2 ZGB eine *Zweckbindung* des Kredits festlegt und diese Bestimmung in der sozialistischen Wirtschaft der staatlichen Mittellenkung diente. §§ 241 ff ZGB werden hierdurch nicht untauglich als Regelungsgrundlage für Privatkredite in einer freiheitlichen Wirtschaftsordnung. Insbesondere wurde durch § 14 Abs 1 der **VO über die Änderung oder Aufhebung von Rechtsvorschriften** v 28. 6. 1990 (GBl DDR I 509) eine ergänzende Zinsregelung für vor dem 30. 6. 1990 abgeschlossene Kreditverträge geschaffen, die eine Anpassung an marktübliche Neukonditionen erlaubt. Dies zeigt, daß der DDR-Gesetzgeber den Typus *Kreditvertrag* eigenständig umgestaltet, aber nicht aufgegeben hat. Durch das **2. ZivilrechtsÄndG** v 22. 7. 1990 (GBl DDR I 903) wurde überdies § 242 S 2 ZGB (Beschränkung von Sicherheiten) aufgehoben, was ebenfalls als Akt der Anpassung des Legaltypus *Kreditvertrag* an marktwirtschaftliche Grundsätze zu verstehen ist. Damit spricht nichts für eine Änderung des Typensystems im Verhältnis von Kreditvertrag und Darlehensvertrag im Recht der DDR seit dem 1. 7. 1990. Auszugehen ist also von Verträgen, die der Legaldefinition in § 241 Abs 1 S 1 ZGB (Palandt/Putzo Rn 2; Lübchen/Lübchen Anm 1) entsprechen. Einzubeziehen sind aber auch Verträge nach §§ 163 ff GW, da es sich insoweit dem Typus nach um Kreditverträge handelt, für die lediglich besondere Bestimmungen gelten (Lübchen/Lübchen Anm 1).

4. Zeitpunkt des Vertragsschlusses

a) Stichtag für die von § 8 erfaßten Kreditverträge ist der 1. 7. 1990 (Palandt/Putzo Rn 1; Lübchen/Lübchen Anm 3). § 8 gilt nur für seit diesem Stichtag bis zum 2. 10. 1990 geschlossenen Verträge. Intertemporal gelten dieselben Abgrenzungskriterien wie hinsichtlich § 1 zum 3. 10. 1990 (zum Zeitpunkt des Vertragsschlusses vgl § 1 Rn 45 ff). **5**

b) Verträge, die **nach dem 2. 10. 1990** geschlossen wurden, unterliegen hingegen umfassend dem BGB (Art 230 Abs 2). Für *vor dem 1. 7. 1990* geschlossene Verträge hat es bei der Anwendung des DDR-Rechts sein Bewenden. Für diese Fälle ist jedoch insbesondere das in § 14 Abs 1 der ÄnderungsVO (Rn 2) normierte Kündigungsrecht (betreffend Kredite an private Handwerker und Gewerbetreibende) zu beachten: Bei *erstmaliger* Anpassung des vor dem 30. 6. 1990 geschlossenen Kreditvertrages an den Marktzins steht dem Schuldner ein Kündigungsrecht zu. **6**

III. Anwendung von § 609a BGB

1. Ein nach § 609a BGB entstandenes Kündigungsrecht kann frühestens am 3. 10. 1990 **ausgeübt** werden (Palandt/Putzo Rn 3); der das Kündigungsrecht begründende Tatbestand kann sich bereits ganz oder teilweise vor dem 3. 10. 1990 ereignet haben. Insbesondere wird die Zeit zwischen Empfang und dem 3. 10. 1990 in die Berechnung der Fristen nach § 609a Abs 1 Nrn 2 und 3 BGB (sechs Monate, zehn Jahre) eingerechnet, die Zinsbindung kann bei Anwendung von Nr 1 bereits vor dem 3. 10. 1990 abgelaufen sein. **7**

2. § 609a BGB findet aufgrund der **Sonderregelung** als einzige Bestimmung des BGB-Darlehensrechts auf solche Verträge Anwendung. Im übrigen gilt das Recht **8**

der DDR gemäß § 1 fort (BezG Magdeburg WM 1993, 593, 595). Auch die *Kündigung* durch den Kreditnehmer im übrigen beurteilt sich weiter nach dem Recht der DDR. § 8 wird dadurch nicht obsolet, auch wenn nach dem Recht der DDR ohnehin ein jederzeitiges Kündigungsrecht des Kreditnehmers bestand (so aber MünchKomm/Westermann Rn 5). Diese Annahme berücksichtigt nicht hinreichend den Wandel, den das **Kreditvertragssystem** der DDR seit dem 1. 7. 1990 erfahren hat. §§ 241 ff ZGB gehen zwar historisch von einem staatlich gelenkten Kreditsystem aus, in dem insbesondere Zinsen von mehr als 6 Prozent nur bei vertragswidrigem Verhalten des Kreditnehmers in den Fällen des § 243 Abs 2 ZGB verlangt wurden; diese Zinsbegrenzung war aber nur in untergesetzlichen Rechtsvorschriften geregelt, nicht jedoch im ZGB bestimmt. Am 1. 7. 1990 ist ein Übergang zur freien Zinsbildung erfolgt; dies ergibt sich jedenfalls a fortiori aus § 14 Abs 1 ÄnderungsVO (soeben Rn 6), wonach sogar für den Altbestand Zinsanpassungen möglich wurden, sowie aus der seit 1. 7. 1990 auch innerhalb der DDR geltenden Verzinsungsregelung in § 164 GW. Ein Bedürfnis für eine Kündigung des Kredits durch den Kreditnehmer war unter sozialistischen Kreditvoraussetzungen nicht gesehen worden, daher im ZGB nicht normiert. In der Praxis war eine vorzeitige Rückzahlung immer zum Vorteil des Kreditinstituts, so daß eine Konsenslösung bei Rückzahlungswilligkeit des Kreditnehmers möglich war. Deutlich zeigt das in § 14 Abs 1 ÄnderungsVO (oben Rn 6) erstmals normierte Kündigungsrecht, daß aus dieser Praxis jedenfalls unter den seit 1. 7. 1990 vorauszusetzenden marktwirtschaftlichen Geldmarktbedingungen **kein Kündigungsrecht im Recht der DDR** hergeleitet werden kann (der bei MünchKomm/Westermann Rn 5 genannte Nachweis bezieht sich auf den *Darlehensvertrag*). Es besteht also eine Bindung des Kreditnehmers an den vereinbarten Rückzahlungstermin (§ 243 Abs 1 ZGB). Diese Regelung wurde schon in der DDR durch die Marktorientierung des Zinssatzes und die geänderte Refinanzierungssituation auf DM-Basis notwendig. Schon *DDR-intern* wäre diese Norm sinnlos, wenn das behauptete freie Kündigungsrecht des Kreditnehmers im Recht der DDR für die § 8 unterliegenden Verträge bestünde.

Im Ergebnis kann also der Kreditnehmer wegen der Zinshöhe regelmäßig **nur gemäß § 609a BGB** kündigen.

9 **3.** Zur Verpflichtung von **VEB- und LPG-Nachfolgebetrieben** zur Rückzahlung von **Altkrediten** an die Rechtsnachfolger der Staatsbank der DDR siehe Art 232 § 1 Rn 75 ff.

IV. Zinsanpassungsgesetz

10 **1.** Bereits durch **§ 14 VO über die Änderung und Aufhebung von Rechtsvorschriften** bestand die Möglichkeit zur Anpassung der vor dem 1. 7. 1990 gewährten **Handwerkerdarlehen** an marktwirtschaftliche Konditionen.

11 **2.** Nicht geregelt war hingegen die Anpassung der hochsubventionierten Kredite nach der **VO über die Finanzierung von Baumaßnahmen zur Schaffung und Erhaltung von privatem Wohnraum** v 28. 4. 1960 (GBl DDR 1960 I 351), der **VO über den Neubau, die Modernisierung und Instandsetzung von Eigenheimen** v 31. 8. 1978 (GBl DDR 1978 I 425), sowie der **VO über die Gewährung von Krediten an junge Eheleute** v 24. 4. 1986 (GBl DDR 1986 I 244). Die Kreditnehmer blieben durch die extrem niedrigen Zinssätze

begünstigt, während die nun privatisierten Kreditinstitute die Kosten der Refinanzierung zu tragen hatten (zum ganzen Görk 182).

3. Erst das am 1. 7. 1991 in Kraft getretene **Gesetz über die Anpassung von Kreditverträgen an Marktbedingungen sowie über Ausgleichsleistungen an Kreditnehmer** (**ZinsAnpG**, BGBl 1991 I 1314) hat hier Abhilfe geschaffen. Es wurde Kreditinstituten die Möglichkeit gewährt, durch *einseitige Erklärung* gegenüber dem Kreditnehmer mit Wirkung zum 3. 10. 1990 die Zinssätze für Kredite, die bis zum 30. 6. 1990 in der DDR gewährt wurden, mit Wirkung vom 3. 10. 1990 an die in diesem Zeitpunkt bestehende Marktlage anzupassen. Die Erklärung muß dem Kreditnehmer bis 30. 9. 1991 zugegangen sein. (§ 1 Abs 1 ZinsAnpG; im einzelnen: Bultmann aaO, Schubert aaO). Auch die *Zins- und Tilgungsmodalitäten* konnten angepaßt werden. **12**

Die Frist zum 30. 9. 1991 ist eine *Ausschlußfrist*. Eine spätere Anpassung oder eine erneute Anpassung nach einer rechtzeitig erfolgten Anpassung kann *nicht* mehr durch einseitige Erklärung des Kreditinstituts erfolgen (BGH ZIP 2000, 1333, **aA** OLG Naumburg ZIP 1996, 931, 933; OLG Naumburg ZIP 1996, 1271, 1275). Der wirtschaftliche Effekt weiterer Zinsanpassungen konnte nur durch eine – innerhalb der Ausschlußfrist zulässige – Umwandlung des vorher fest verzinslichen Kredits in einen solchen mit *variabler* Verzinsung oder zeitlich *befristeter Zinsbindung* erreicht werden (BGH aaO; Lellek DtZ 1991, 368, 369).

2. Soweit die Kredite aufgrund von Rechtsvorschriften zur Schaffung, Erhaltung oder Verbesserung von **privatem Wohnraum** gewährt wurden, sehen §§ 3 ff ZinsAnpG Zinszuschüsse aus Bundesmitteln vor. Für Kredite an **junge Eheleute** nach der DDR-VO v 24. 4. 1986 (GBl DDR 1986 I 244) übernimmt der Bund gegenüber den Kreditinstituten die Marktzinsen (§§ 1 Abs 4, 2 ZinsAnpG). **13**

3. Soweit die **Geltung der AGB-Banken bzw Sparkassen** vereinbart wurde (§ 7 ist auf Kreditverträge nicht anwendbar, so daß eine einseitige Unterstellung unter die AGB ausscheidet), greift daneben das jeweilige dort ausbedungene Zinsänderungsrecht (Bultmann ZAP-Ost Fach 8 S 29, 33). **14**

4. Im Falle der Anpassung nach dem ZinsAnpG hat der Darlehensnehmer ein **Kündigungsrecht** gemäß § 1 Abs 1 S 4 (Zinserhöhung) bzw § 1 Abs 2 S 3 ZinsAnpG (Konditionenanpassung) innerhalb von sechs Monaten von dem Zugang der Erklärungen an. Die Anwendbarkeit von § 609a BGB auf diesen Fall wäre fraglich gewesen, weil die tatbestandliche Voraussetzung eines für einen bestimmten Zeitraum vereinbarten Festzins nicht ohne weiteres zu bejahen ist. **15**

§ 9
Bruchteilsgemeinschaften

Auf eine am Tag des Wirksamwerdens des Beitritts bestehende Gemeinschaft nach Bruchteilen finden von dieser Zeit an die Vorschriften des Bürgerlichen Gesetzbuchs Anwendung.

Materialien: Siehe Art 230; E: BT-Drucks 11/7760 Art 232 § 9.

I. Normzweck

1 Zweck der Regelung ist die – den von §§ 2 bis 7 erfaßten Dauerschuldverhältnissen entsprechende – Überleitung der am 3. 10. 1990 bestehenden Bruchteilsgemeinschaften in das BGB. Der Gesetzgeber behandelt diese Rechtsverhältnisse aus Sicht der Systematik des BGB als Schuldverhältnisse; wegen der Orientierung der **Überleitungsfälle** am Recht der DDR (dazu Rn 2 ff) kommt es insoweit auch zur Einbeziehung **sachenrechtlicher** Bestimmungen (MünchKomm/K Schmidt Rn 1).

II. Überleitung

1. Rechtsverhältnisse im Recht der DDR

2 a) § 9 durchbricht das Prinzip der Orientierung von Überleitungsbestimmungen des EV an Legalbegriffen des Rechts der DDR. Die **„Bruchteilsgemeinschaft"** kommt im ZGB nicht vor. Die Legaldefinition in § 741 BGB findet sich jedoch entsprechend in § 34 Abs 3 ZGB: Auf Rechte, die mehreren gemeinschaftlich zustehen, finden die Bestimmungen über gemeinschaftliches Eigentum entsprechende Anwendung. Überzuleiten sind also das Miteigentum („anteiliges Eigentum zu gleichen oder unterschiedlichen Teilen", § 34 Abs 2 S 2 ZGB) sowie die – entsprechend behandelte – Bruchteilsgemeinschaft an Rechten (§ 34 Abs 3 ZGB; OLG Dresden OLG-NL 1995, 203, 205; MünchKomm/K Schmidt Rn 3; Palandt/Sprau Rn 1; Lübchen/Lübchen Anm 1).

3 b) Nicht von der Überleitung nach § 9 erfaßt sind alle Fälle des **Gesamteigentums** (§ 42 ZGB). Dies folgt zum einen aus der Anlehnung des Überleitungsbegriffes an die Systematik des BGB, zum anderen aus § 42 ZGB, der die Fälle des Gesamteigentums den für das Gesamteigentum geltenden (besonderen) Rechtsvorschriften unterstellte. Insoweit gelten für die Überleitung die auf das Gesamteigentum anordnende Rechtsverhältnis anwendbaren Überleitungsbestimmungen. Das **gemeinschaftliche Eigentum im gesetzlichen Güterstand** unterliegt Art 234 § 4, das **Gesamteigentum der Mietergemeinschaft** Art 232 § 2, das **Gesamteigentum von Miterben** Art 235 § 1 (so auch § 42 Abs 2, 3 ZGB; MünchKomm/K Schmidt Rn 13, 17; Lübchen/Lübchen Anm 2); zur **Gemeinschaft von Bürgern** siehe § 1 Rn 110 f.

2. Zeitpunkt des Bestehens

4 a) Übergeleitet werden nur die **am 3. 10. 1990 bestehenden** Bruchteilsgemeinschaften (OLG Dresden OLG-NL 1995, 203, 204). Später entstehende Gemeinschaften unterliegen von Anbeginn §§ 741 ff BGB.

5 b) Strittig ist, ob für vor dem 3. 10. 1990 begründete Bruchteilsgemeinschaften, die sich nach einem Aufhebungsverlangen gemäß § 41 Abs 1 ZGB am 3. 10. 1990 im **Abwicklungsstadium** gemäß § 41 Abs 2 ZGB befinden (Vereinbarung, hilfsweise Veräußerung von Grundstücken und Teilung des Erlöses sowie Teilung, hilfsweise Veräußerung sonstiger Sachen), das Recht der DDR fortgilt. Eine Ansicht stellt ab auf den Zeitpunkt der Aufhebung und läßt bei Aufhebung vor dem 3. 10. 1990 für die Abwicklung altes Recht fortgelten (PALANDT/SPRAU Rn 1). Die Gegenansicht geht vom Fortbestand der Gemeinschaft in der Aufhebungsphase aus, will aber §§ 752 ff BGB nur anwenden, wenn bis zum 3. 10. 1990 noch nicht mit der Teilung begonnen wurde (MünchKomm/K SCHMIDT Rn 4). Für letztgenannte Lösung spricht zwar, daß Streit um eine angeblich bereits vor dem 3. 10. 1990 verlangte, jedoch noch nicht realisierte Aufhebung vermieden wird. Sie erscheint jedoch unpraktikabel, sobald die Teilung bereits in die Wege geleitet ist, was nicht erst bei Vorliegen einer Vereinbarung nach § 41 Abs 2 S 1 ZGB anzunehmen ist (ab diesem Zeitpunkt für Fortgeltung des ZGB auch MünchKomm/K SCHMIDT Rn 4). Entscheidend ist jedenfalls nicht das formale Argument des Fortbestandes der Gemeinschaft bis zur Teilung. Der Überleitung bedarf nur eine Gemeinschaft, die nach dem 3. 10. 1990 noch am Rechtsverkehr teilnimmt, nicht aber eine Gemeinschaft in Liquidation.

3. Seit 3. 10. 1990 anwendbares Recht

a) § 9 beruft §§ 741 bis 758 BGB, soweit eine Gemeinschaft nach § 34 Abs 3 ZGB bestanden hat. Für Gemeinschaften nach § 34 Abs 2 S 2 ZGB kommt auch § 1008 BGB zur Anwendung (MünchKomm/K SCHMIDT Rn 6). Soweit Bestimmungen **außerhalb des BGB** die Bruchteilsgemeinschaft betreffen, sind diese nach dem Zweck der Überleitung ebenfalls anzuwenden (MünchKomm/K SCHMIDT Rn 6). **6**

b) Anzuwenden ist bundesdeutsches Recht nur, **soweit Sachverhalte nach dem 3. 10. 1990** betroffen sind. Insbesondere unterliegt die **Entstehung**, die **Bestimmung der Bruchteile** und vor dem 3. 10. 1990 eingetretene **Veränderungen** der Gemeinschaft auch für übergeleitete Bruchteilsgemeinschaften den Bestimmungen des ZGB (MünchKomm/K SCHMIDT Rn 5). **7**

c) Da mit der Überleitung die **Nutzungs-, Verwaltungs- und Verfügungsbefugnisse** §§ 743 ff BGB unterliegen und das **Vorkaufsrecht der Mitgemeinschafter** bei Verkauf des Anteils an einen Dritten nach § 38 Abs 1 ZGB entfällt, ergibt sich insoweit ggf der Bedarf nach einer **vertraglichen Regelung** des Gemeinschaftsverhältnisses. **8**

§ 10
Unerlaubte Handlungen

Die Bestimmungen der §§ 823 bis 853 des Bürgerlichen Gesetzbuchs sind nur auf Handlungen anzuwenden, die am Tag des Wirksamwerdens des Beitritts oder danach begangen werden.

Materialien: Siehe Art 230; E: BT-Drucks 11/7760 Art 232 § 10.

Schrifttum

BULTMANN, Die Schadensregulierung in gedehnten Versicherungsfällen nach der Einheit, VersR 1994, 401

DEUTSCH, Qualifikation und Rechtsanwendung im intertemporalen Recht – dargestellt am Haftungs- und Schadensrecht des Einigungsvertrages, IPRax 1992, 284
HAY, Zivilrechtliche Eigenhaftung staatlicher Mitarbeiter für DDR-Unrecht, IPRax 1996, 95
MÄRKER, Unrechtsbereinigung auf dem Zivilrechtsweg, DtZ 1995, 37
SCHULLAN, Zur Staatshaftung in den neuen Bundesländern, VersR 1993, 283.

Systematische Übersicht

Alphabetische Übersicht

I. Normzweck

1 § 10 enthält eine **Klarstellung** gegenüber der Grundregel in § 1. Die deliktsrechtlichen Vorschriften des BGB sollen nur auf solche Handlungen anwendbar sein, die nach Inkrafttreten des Einigungsvertrages begangen wurden. Maßgebliches Anknüpfungskriterium für die Anwendung neuen Rechts ist der Zeitpunkt der Entstehung des deliktischen Schuldverhältnisses durch Vollendung des deliktischen Tatbestands (Deutsch IPRax 1992, 284, 285); die Beteiligten und Dritte sollen in ihrem Vertrauen auf die einmal begründete haftungsrechtliche Lage geschützt werden (MünchKomm/Mertens Rn 1).

II. Anwendungsbereich

1. Interlokal

2 § 10 betrifft nur deliktische Sachverhalte, die vor dem 3. 10. 1990 interlokal nach dem **Recht der DDR** zu beurteilen gewesen wären (BGHZ 126, 87, 91; wohl **aA** Stoll, in: FS W Lorenz [1991] 582 zu dem Parallelfall der Anwendung des *ArzneimittelG* [§ 29 AMG]: Begrenzung auf den nach dem Zweck der Norm geschützten Schädigerkreis; eine solche Begrenzung ist aber nur dann zu beachten, wenn eine verletzte Verbotsnorm bereits nach allgemein deliktskollisionsrechtlichen Grundsätzen sich nicht an den Schädiger richtete, weil sie nur ein Gebot an einen räumlich bestimmten Adressatenkreis ausspricht, also der Schädiger hiergegen – unbeschadet des Deliktsstatuts – nicht verstoßen konnte). Grundsätzlich gilt also das **Tatortprinzip** sowie die im vor dem 3. 10. 1990 geltenden unkodifizierten internationalen Deliktsrecht ent wickelten **Auflockerungen**. Soweit das bundesdeutsche Deliktskollisionsrecht eine

Gesamtverweisung aussprach, ist § 17 RAnwendG anzuwenden. In engeren Grenzen als die bundesdeutsche richterrechtliche Auflockerung kannte auch § 17 RAnwendG Ausnahmen zum Tatortprinzip (§ 17 Abs 1 RAnwendG). § 17 Abs 3 RAnwendG verlangte hierzu übereinstimmende Staatsbürgerschaft und Wohnsitz von Schädiger und Geschädigtem im Heimatland. Zu einer Rückverweisung auf das Recht der Bundesrepublik konnte es damit nicht kommen, weil in solchen Fällen schon aus Sicht des bundesdeutschen Kollisionsrechts bundesdeutsches Recht anzuwenden war. Eine Rückverweisung aus § 17 Abs 1 RAnwendG aber scheidet aus, weil jedenfalls die Auflockerung in Abweichung von der Tatortregel einen besonderen kollisionsrechtlichen Zweck iSv Art 4 Abs 1 letzter Teilsatz verfolgte, also Sachnormverweisung ist.

2. Maßgeblicher Zeitpunkt

3 **a)** Anders als Art 170 ff legt § 10 für unerlaubte Handlungen den **intertemporal maßgeblichen Zeitpunkt** der Entstehung des Schuldverhältnisses ausdrücklich fest. § 10 muß zweckentsprechend dahin verstanden werden, daß die zivilrechtliche Haftung neuem Recht unterliegt, sofern die **schädigende Handlung** seit dem 3. 10. 1990 **begangen** wurde (BGHZ 127, 57; BGH DtZ 1995, 439, 440; BGH VIZ 1996, 30; OLG Jena OLG-NL 1994, 149; LG Rostock NJ 1995, 489, 490; BT-Drucks 11/7817, 40; Palandt/Thomas Rn 1; MünchKomm/Mertens Rn 3; Lübchen/Göhring 70; zur intertemporalen Anwendung des DDR-BergG bei **Bergschäden**: BGH VIZ 2001, 451; OLG Naumburg NJ 2001, 10). Die **Gegenansicht** (Stoll, in: FS W Lorenz [1991] 581 f) versteht § 10 nicht als intertemporale Norm des Deliktsstatuts, sondern beurteilt die intertemporale Frage nach § 1 mit der Folge, daß trotz Anwendung des BGB in Neufällen gemäß § 1 ggf §§ 823 bis 853 BGB aufgrund § 10 verdrängt sein sollen und es zu einer Kumulation von BGB und ZGB kommt. Dieses Verständnis widerspricht klar dem Zweck der Bestimmung: § 10 bezweckt nicht eine Spaltung des materiell anwendbaren Deliktsrechts, sondern eine intertemporale Definition des deliktischen „Neufalles".

4 **b)** Ein deliktisches Schuldverhältnis beurteilt sich gemäß § 10 nach dem Recht der DDR, wenn die **haftungsbegründende Handlung** vor dem 3. 10. 1990 begangen wurde (OLG Jena OLG-NL 1995, 49, 40; OLG Jena OLG-NL 1994, 149; OLG Jena OLG-NL 1994, 150, 151; Palandt/Thomas Rn 1; MünchKomm/Mertens Rn 3; Lübchen/Göhring 71). Auf den Zeitpunkt des **Schadenseintritts** oder der **Kenntnis** des Geschädigten von der Handlung und dem Schadenseintritt kommt es regelmäßig nicht an (BGHZ 127, 57). Etwas anderes gilt jedoch, soweit die Entstehung eines *Schadens* Teil des haftungsbegründenden Tatbestands der ZGB-Haftungsnorm war. Dann ist für seit dem 3. 10. 1990 entstandene Schäden schon der Haftungstatbestand nicht abgeschlossen (BAG DtZ 1996, 188; MünchKomm/Mertens Rn 3). Es kommt jedoch auch in diesem Fall nicht zur Kumulation von haftungsbegründendenden Normen des ZGB und haftungsausfüllenden des BGB, sondern der Sachverhalt ist – ggf bei Verdienstschäden zeitabschnittsweise – insgesamt nach neuem Recht zu beurteilen.

5 **c)** Der **Zeitpunkt** der Handlung bestimmt sich bei **Dauerdelikten, Wiederholungstaten** und **Unterlassungen** entsprechend den zu Art 231 § 4 entwickelten Grundsätzen (siehe Rn 5 ff dort). Im einzelnen gilt:

6 **aa)** Läßt sich bei **Dauerhandlungen** eine den Schaden verursachende **Teilhandlung**

ermitteln, so ist auf diese abzustellen. Anderenfalls ist nach überwiegender Ansicht neues Recht anzuwenden, wenn die Handlung über den Beginn des 3. 10. 1990 hinaus andauert (Palandt/Thomas Rn 1; MünchKomm/Mertens Rn 3).

Ist **unaufklärbar**, ob die unerlaubte Handlung vor oder nach dem Stichtag begangen wurde, so will die vorgenannte Ansicht ebenfalls das alte Recht anwenden (vgl Palandt/Heinrichs Art 231 § 4 Rn 3; Palandt/Thomas Rn 1). Richtiger dürfte es sein, bei Unaufklärbarkeit des schadensverursachenden Teilaktes und bei kumulativen Schäden durch Dauerhandlungen in Analogie zum (1990 noch uneingeschränkten) *deliktskollisionsrechtlichen Günstigkeitsprinzip* zu verfahren, also das dem Geschädigten **günstigere Recht** anzuwenden.

bb) Für **wiederholte Handlungen** ist für jeden Teilakt das anwendbare Recht zu bestimmen, weil im Zivilrecht die strafrechtlichen Figuren der Handlungseinheit und der fortgesetzten Handlung nicht gelten (Palandt/Thomas Rn 1; MünchKomm/Mertens Rn 3). **7**

cc) Für Schadensverursachung durch **Unterlassung** soll nach einer Ansicht neues Recht anzuwenden sein, wenn nach dem 3. 10. 1990 die gebotene Handlung hätte pflichtgemäß vorgenommen werden können (Palandt/Thomas Rn 1; MünchKomm/Mertens Rn 3). Auch insoweit erscheint es vorzugswürdig, das dem Geschädigten **günstigere Recht** anzuwenden, wenn die gebotene Handlung vor oder nach dem Stichtag hätte erfolgen können (so auch Palandt/Heinrichs Art 231 § 4 Rn 3). **8**

3. Sachlicher Anwendungsbereich

a) § 10 weicht strukturell von den §§ 4 bis 9 ab; der **materiellrechtliche Anwendungsbereich** wird aus **Sicht des BGB**, nicht nach dem **Begriffsverständnis** des abgelösten Rechts der DDR beschrieben (Lübchen/Göhring 70). Betroffen sind daher alle aus Sicht des BGB als deliktisch zu qualifizierenden Schuldverhältnisse, auch soweit sie nicht §§ 327 ff ZGB unterlegen haben. § 10 gilt daher insbesondere für die deliktische Haftung innerhalb von **Arbeitsverhältnissen** (Lübchen/Göhring 70); vgl aber die vorrangigen Überleitungsbestimmungen zur *arbeitsrechtlichen Haftung* (siehe § 5 Rn 108 ff). § 10 gilt auch für die deliktische **Staatshaftung**; vgl aber das fortgeltende Staatshaftungsrecht der DDR (siehe unten Rn 60). § 10 gilt schließlich auch für außervertragliche Haftungstatbestände in **Nebengesetzen** (Lübchen/Göhring 71), soweit nicht spezielle Überleitungsbestimmungen im EV enthalten sind. **9**

b) § 10 regelt das einzelne deliktische Verhältnis hinsichtlich der in den §§ 823 bis 853 BGB geregelten Materien (MünchKomm/Mertens Rn 4). Nach dem Zweck der Regelung ist jedoch § 10 auch als intertemporale Abgrenzung hinsichtlich der sonstigen für das deliktische Schuldverhältnis anzuwendenden Bestimmungen maßgeblich; insbesondere unterliegt auch die **Haftungsausfüllung** (§§ 249 ff BGB) dem durch § 10 bestimmten Deliktsrecht (**aA** Stoll, in: FS W Lorenz [1991] 581). **10**

III. Überleitung

Auf deliktische Handlungen, die **vor dem 3. 10. 1990** begangen wurden (oben Rn 3 ff), sind weiterhin §§ 327 ff ZGB anzuwenden. Dabei ist das DDR-Recht, wie allgemein, **11** grundsätzlich so auszulegen und anzuwenden, wie das durch die Gerichte der DDR geschehen wäre, wobei spezifisch sozialistische Auslegungsmaximen unbeachtet bleiben (BGH DtZ 1995, 439; BGHZ 123, 65; KG NJW 1998, 245; im einzelnen unten Rn 13 ff; Palandt/Thomas Rn 2).

Seit dem 3. 10. 1990 begangene Delikte unterliegen den Bestimmungen des bundesdeutschen Rechts.

IV. Recht der DDR, Grundlagen

1. Haftungsbegründungstatbestände

12 a) Wesentliche Rechtsquelle der von § 10 erfaßten deliktischen Haftung im Recht der DDR waren §§ 327 bis 351 ZGB. § 330 ZGB enthält den **Grundtatbestand**, wonach eine rechtswidrige Pflichtverletzung zum Ersatz des Schadens verpflichtet (OLG Jena OLG-NL 1994, 149). Eine Differenzierung haftungsbegründender Tatbestände nach Art von §§ 823 ff BGB erfolgte nicht.

13 b) Jedoch sah das ZGB ausdrücklich Sonderbestimmungen für **Persönlichkeitsrechtsverletzungen** (§ 327 ZGB), **Ansprüche auf Beseitigung und Unterlassung von Störungen** (§ 328 ZGB) und **Ansprüche bei Immissionen** (§ 329 ZGB) vor. Eine Haftung trat in allen Fällen nur bei Verschulden, also Vorsatz oder Fahrlässigkeit ein (§ 333 Abs 1 ZGB). Zur **Arzthaftung** Art 232 § 1 Rn 143, zu **Dopingfällen** unten Rn 16.

14 c) Für **mittelbare Schäden** wurde nur bei Bestehen besonderer Rechtsvorschriften, ggf aus Billigkeitsgründen gehaftet (§ 332 ZGB). Zu **Verkehrssicherungspflichten** BGH DtZ 1995, 439, 440.

2. Haftung für Verhalten Dritter

15 a) Gemäß § 331 ZGB waren – unbeschadet der arbeitsrechtlichen Haftungsverteilung im Innenverhältnis – die **Betriebe** (zum Begriff § 11 Abs 2 ZGB) für Schäden verantwortlich, die ein Mitarbeiter in Erfüllung der ihm obliegenden betrieblichen Aufgaben verursachte (OLG Jena OLG-NL 1994, 150, 151; OLG Jena OLG-NL 1994, 135). Die Abgrenzung erfolgt ähnlich wie zu § 831 BGB, die Haftung tritt nicht bei Schadenszufügung „bei Gelegenheit" der betrieblichen Tätigkeit ein (Lübchen ua, ZGB § 332 Anm 1). Ein Verschulden der Organe des Betriebs ist nicht erforderlich; jedoch entfällt die Haftung gemäß § 334 ZGB, wenn der Betrieb die Umstände, die zum Schaden geführt haben, trotz Ausnutzung aller durch die Produktionsverhältnisse gegebenen Möglichkeiten nicht verhindern konnte (Exculpation).

Fraglich ist, ob unter diesem Gesichtspunkt die **PDS als Rechtsnachfolgerin der SED** für Schäden haftet, die SED-Mitglieder in Ausübung staatlicher Ämter verursacht haben. Der BGH (BGH JZ 1999, 841, 842) verneint dies bei deliktischem Handeln von DDR-Richtern, Staatsanwälten, Volkspolizisten und MfS-Mitarbeitern, da deren Tätigkeit nicht zu den organisatorischen Aufgaben der SED gerechnet habe und das Handeln nicht in den *zivilrechtlichen* Bereich der SED-Tätigkeit gefallen sei, der allein § 11 Abs 3 ZGB auslöse. Unzutreffend daran ist die Fiktion der Trennung von Partei- und Staatsebene, die nicht nur faktisch, sondern auch durch den Beschluß des ZK der SED v 16. 2. 1977 „zur Gewährleistung eines einheitlichen, abgestimmten Vorgehens der staats- und wirtschaftsleitenden Organe" de iure durchbrochen war (zutreffend Schröder JZ 1999, 845). Das Argument aus § 11 Abs 3 ZGB mag gleichwohl zutreffen; dann aber müßte eine Haftung der SED nach *Staatshaftungsrecht* (unten Rn 48) bejaht werden (was der BGH aaO nicht tut). Es sei denn, man akzeptierte in formaler Anwendung intertemporaler Grundsätze, daß es im „Recht" der DDR jenseits der privaten und der staatlichen Ebene des Handelns auch die Ebene der von jeder Haftung für ihr deliktisches Tun freigestellten staatsnahen Partei gab.

Denkbar wäre – hier, wie zur Parallelfrage der SED-Staatshaftung – eine Argumentation, die ähnlich der These vom Vorrang des VermG in der Abwicklung unrechtsbezogener Mägel von Rechtsgeschäften (Art 232 § 1 Rn 8 ff) von einem Vorrang der **gesetzlichen Unrechtsbereinigungsregelungen** ausginge. Nur kann für Unrechtstypen, die von den beiden SED-Unrechtsbereinigungsgesetzen nicht erfaßt sind (wie vom BGH, aaO ausdrücklich erkannt), ein solcher Vorrang nicht bestehen.

b) § 331 S 2 ZGB schließt im Fall der Betriebshaftung die unmittelbare **Haftung des Mitarbeiters** gegenüber dem Geschädigten aus und läßt nur die interne Haftung des Mitarbeiters gegenüber dem Betrieb unberührt. Dies führt in Fällen erheblichen Eigenverschuldens des Täters zu einer fragwürdigen Privilegierung. Gerade in Fällen, in denen das deliktische Handeln Teil der Verwirklichung rechtsstaatswidriger *Staatsziele* der DDR war, kann der Täter sich nun hinter der Verantwortlichkeit eines Staates verstecken, der selbst nicht mehr als Haftungssubjekt zur Verfügung steht und dessen Verbindlichkeiten insoweit die Bundesrepublik nicht übernommen hat. Bei originär staatlichem Handeln verdrängt die Staatshaftung (dazu Rn 48 ff) eine Eigenhaftung der handelnden natürlichen Person. Bei Handeln ohne Ausübung einer staatlichen Tätigkeit, jedoch für staatliche Einrichtungen als Betrieb, greift § 331 S 2 ZGB ein (§ 11 Abs 3 ZGB; BGH DtZ 1997, 291: keine Haftung von DDR-Sportarzt für dem Sportler nicht offengelegtes Doping; LG Berlin ZOV 1996, 199: keine Haftung von MfS-Staatssekretär für Verletzungen in Stasi-Haftkeller). Der Täter bleibt unbehelligt, der Geschädigte geht leer aus. **16**

Entgegen der Ansicht des BGH (BGH DtZ 1997, 291) ist ein Verstoß von § 331 S 2 ZGB gegen den deutschen **ordre public** nicht in allen Fällen ausgeschlossen. Richtig ist zwar, daß eine Haftungsbefreiung des Täters durch Verlagerung der Haftung auf den (staatlichen) Täter hinter dem Täter dem Bundesrecht nicht gänzlich fremd ist, wenn auch Art 34 GG nicht das Handeln im privaten Geschäftskreis des Dienstherrn privilegiert. Zu berücksichtigen ist aber der Wegfall der DDR als Haftungssubjekt, deren Verbindichkeiten insoweit nicht auf die Bundesrepublik übergegangen sind (BGH aaO), und die Wertung des Art 34 S 2 GG: Es verstößt grob gegen elementare Gerechtigkeitsgrundsätze, wenn der Täter, der in solchen Fällen regelmäßig vorsätzlich und sittenwidrig gehandelt hat, von Haftung *und* Regreß freigestellt wird, nur weil der Staat, dem er in seinem deliktischen Handeln gedient hat, sein verdientes Ende gefunden hat.

Wiederum (vgl Rn 15) könnte mit dem Vorrang **gesetzlicher Unrechtsbereinigungsregeln** argumentiert werden. Doch auch das *StRehaG* v 29. 10. 1992 leistet nicht in allen

Fällen ausreichende Entschädigung (vgl zum Fehlen eines Funktionsäquivalents zum VermG auch HAY IPRax 1996, 95, 99).

3. Gefährdungshaftungstatbestände

17 **a)** Für bestimmte Gefahrenquellen ergeben sich auch nach ZGB Tatbestände **„erweiterter Verantwortlichkeit"**, in denen §§ 333 und 334 ZGB, also das Verschuldenserfordernis bei Haftung einer natürlichen Person bzw die Exculpation bei Haftung des Betriebs, nicht eingreifen (§ 343 ZGB). Eine Befreiung von der Haftung tritt in diesem Fall nur bei Vorliegen eines **unabwendbaren Ereignisses** (§ 343 Abs 2 ZGB) ein.

18 **b)** Tatbestände dieser erweiterten Verantwortlichkeit sind die **Generalklausel** des § 344 (Quellen erhöhter Gefahr in Betrieben bzw durch das Haben von Sachen und Stoffen, beispielsweise Forschung und Verarbeitung an giftigen Stoffen), die **Halterhaftung** für Bahnen, Luftfahrzeuge und Kfz (§ 345 ZGB), die **Tierhalterhaftung** (§ 346 ZGB), die **Haftung des Gebäudeeigentümers** (§ 347 ZGB).

4. Schädigung durch beschränkt Verantwortliche

19 Die Schädigung durch **Kinder und Jugendliche** regelt § 348 ZGB in der Weise, daß Kinder bis zur Vollendung des 6. Lebensjahres nicht haften, Kinder und Jugendliche bis zur Vollendung des 18. Lebensjahres nach Maßgabe ihrer **individuellen Entwicklung und Einsichtsfähigkeit** (LÜBCHEN ua, ZGB § 348 Anm 2). Für Handlungen im Zustand der **Bewußtseinsstörung** besteht keine Haftung, es sei denn, daß ein Fall der *actio libera in causa* infolge schuldhaften Genusses rauscherzeugender Mittel vorliegt (§ 349 ZGB). In den Fällen der §§ 348, 349 ZGB kommt eine **Billigkeitshaftung** (§ 350 ZGB) in Betracht. Eine Haftung des Aufsichtspflichtigen besteht – wie nach § 832 Abs 1 BGB – nur bei schuldhafter und schadenskausaler Aufsichtspflichtverletzung.

5. Haftung mehrerer

20 Mehrere Schädiger haften als **Gesamtschuldner**; in Ausnahmefällen kann das Gericht eine Haftung nach Verursachungsbeiträgen anordnen (§ 342 ZGB). Die SED ist, folgt man der Ansicht des BGH (BGH JZ 1999, 841, 843, oben Rn 15), nicht Mittäter von Delikten, die ihre Mitglieder in staatlicher Funktion begangen haben, da sie nach dieser Ansicht selbst hierfür nicht deliktisch verantwortlich ist und – insoweit konsequent – § 342 ZGB nur Personen erfaßt, die nach anderen Haftungsnormen dem Grunde nach deliktsrechtlich verantwortlich sind.

6. Haftungsumfang, -ausfüllung

21 **a)** § 337 Abs 2 S 1 ZGB geht aus vom Schadensersatz in Geld. Wiederherstellung kann nur im Wege der Vereinbarung erreicht werden. Bei **Gesundheitsschäden** umfaßt der Schadensersatz die Heilungskosten, das entgangene Arbeitseinkommen, ggf eine Rente wegen bleibender Erwerbsminderung sowie ein **Schmerzensgeld** bei Verhinderung der Teilnahme am gesellschaftlichen Leben oder erheblicher bzw längerdauernder Beeinträchtigung des Wohlbefindens (§ 338 ZGB).

b) Bei **Tötung** einer Person umfaßt der Schadensersatz auch den Unterhaltsschaden Dritter (§ 339 Abs 2 ZGB); dies gilt mit zeitlicher Beschränkung auf zwei Jahre auch bei **tatsächlicher Gewährung** von Unterhalt durch den Getöteten ohne Rechtspflicht gegenüber dem Unterhaltenen (§ 339 Abs 3 ZGB). Auch **Schockschäden** aufgrund der Mitteilung des Todes eines nahen Angehörigen sind zu ersetzen (OLG Celle OLGR 1996, 115). **22**

c) Eine **Herabsetzung** des Schadensersatzes ist neben den Fällen des **Mitverschuldens** bei Schadensentstehung und -erhöhung (§ 341 ZGB) auch aus Billigkeitsgründen (§ 340 ZGB) möglich, wenn der Schaden fahrlässig verursacht wurde und so hoch ist, daß ein voller Ausgleich in Anbetracht der wirtschaftlichen Lage und des Einkommens des Schädigers nicht zu erwarten ist. **23**

V. Deliktsrechtliche Einzelfragen

Zum Deliktsrecht der DDR hat in zahlreichen Fällen eine **Auslegung** und **Fortbildung** durch deutsche Gerichte seit Inkrafttreten des Einigungsvertrages stattgefunden. **24**

1. Tatbestand

a) Der **haftungsbegründende Tatbestand** des § 330 ZGB setzt voraus, daß ein Bürger unter Verletzung ihm obliegender Pflichten rechtswidrig einen Schaden verursacht. Dies kann darin bestehen, daß ein Ehegatte eigenmächtig über das gemeinsame Eigentum der Eigentums- und Vermögensgemeinschaft ohne Einverständnis des anderen Ehegatten durch Schenkung verfügt (KG FamRZ 1992, 1429, 1430; vgl hingegen BGH VIZ 2000, 621: keine Rechtspflicht bei Beantragung der Reprivatisierung eines früheren staatlichen Betriebs; OLG Jena ESLR 1997, 412: keine Rechtspflicht gegenüber Mitglied einer LPG zur Überlassung eingebrachten verstaatlichter Grundstücke an staatliche Stellen). **25**

b) Der Tatbestand des § 330 ist auch erfüllt, wenn kurz vor dem 1. 7. 1990 das **Transferrubelverfahren** dazu genutzt wurde, in die DDR importierte Ware zu reexportieren. Die Pflichtwidrigkeit ergibt sich aufgrund eines nicht ausdrücklich geregelten Verbotes des Re-Exports von nicht in der DDR hergestellter Ware. Das dem Transferrubel zugrundeliegende Verrechnungsverfahren war offensichtlich mit dem System des planwirtschaftlichen Außenhandels der DDR verbunden. Eine Anwendung auf Re-Exporte führte zu einer pflichtwidrigen Bereicherung der Beteiligten zu Lasten der die DDR-Außenhandelsfirma vergütenden DDR-Außenhandelsbank, auch wenn diese bei Zahlungsabwicklung Transferrubel-Gutschriften erhalten hat (BGHZ 131, 149; 133, 117; LG Berlin WM 1992, 1250; LG Berlin WM 1992, 2036; vgl BVerfG NJW 1998, 3484). **26**

c) Die auf **§ 826 BGB** beruhende Möglichkeit des Geschädigten, die Rechtskraft einer **arglistig erschlichenen Entscheidung** zu durchbrechen, ist nicht als prozessual zu qualifizierender Rechtsbehelf zu behandeln, greift also gegenüber Entscheidungen von Gerichten der DDR nicht ein. Vielmehr gilt gemäß § 10 auch insoweit das Deliktsrecht der DDR. § 330 ZGB kann nicht als Grundlage eines Schadensersatzanspruchs herangezogen werden, durch den die vermögensrechtlichen Wirkungen einer arglistig erschlichenen Entscheidung rückgängig gemacht werden können (BGH MDR 1995, 630, 631). **27**

2. Rechtfertigungsgründe, Schuldausschließung

28 a) Kontrovers beurteilt wird die Frage, in welchem Umfang **Rechtfertigungsgründe im Recht der DDR** geeignet sind, die Rechtswidrigkeit einer nach altem Recht zu beurteilenden deliktischen Schädigung auszuschließen, wenn diese Rechtfertigungsgründe staatlicherseits zu einem Handeln aufforderten, das mit rechtsstaatlichen Grundsätzen unvereinbar ist, bzw unter welchen Voraussetzungen ein Interessenkonflikt zu einer **Schuldausschließung** führen kann.

29 b) In einer vieldiskutierten Entscheidung hat das OLG Dresden (OLG-NL 1994, 52, 241) die **Denunziation einer beabsichtigten „Republikflucht"** als widerrechtliche Verletzung iSd §§ 330, 336, 337 ZGB angesehen. Weder in § 225 Abs 1 Nr 5 DDR-StGB (Verpflichtung zur Anzeige geplanter Republikflucht in sog „schwerem Fall des ungesetzlichen Grenzübertritts"), noch die Anzeigepflicht nach §§ 92 Nr 6, 93 Abs 1 DDR-StPO rechtfertigten die tatbestandliche Freiheitsberaubung. Jedenfalls sieht das OLG Dresden bei Anwendung der Bestimmungen einen Verstoß gegen den deutschen *ordre public* (Art 6 EGBGB), da das konkrete Ergebnis in eklatantem Widerspruch zu den Grundrechten der Art 2 Abs 2 S 2 und 11 GG stehe, zumal das Opfer ein naher Angehöriger war, der Täter ein Entgelt erlangt hatte und deshalb die Verhaltensweise nach *allgemeinen Wertvorstellungen* als besonders verwerflich einzustufen war (im Ergebnis ähnlich KreisG Kamenz NJ 1993, 183).

30 c) Auf Revision des Beklagten hat der BGH die Entscheidung des OLG Dresden aufgehoben (BGHZ 127, 195). Zwar sieht auch der BGH die Pflicht, nicht zur Freiheitsberaubung eines Menschen beizutragen, als von § 330 ZGB geschützt und durch den Täter verletzt an. Der BGH lehnt jedoch eine „inhaltliche Konkretisierung" der Normen des Rechts der DDR durch bundesdeutsche Bestimmungen, insbesondere § 241a StGB ab. Die Pflichtwidrigkeit der *bloßen Anzeige* sei durch Rechtfertigungsgründe (§ 225 Abs 1 Nr 5 DDR-StGB) ausgeschlossen. Als einzige Grenze gegen rechtsstaatswidrige Rechtfertigungsgründe sieht der BGH die Verpflichtung zur Achtung der *Menschenrechte*. Nur wer offensichtlich und grob gegen Grundgedanken der Gerechtigkeit verstoßen habe, was im Falle eines *Lockspitzels* anzunehmen sei, könne sich auf Rechtfertigungsgründe im Recht der DDR nicht berufen.

31 d) Der Entscheidung des **BGH kann nicht gefolgt** werden.

aa) Es geht nicht um die Grundsatzfrage der **Auslegung** des Rechts der DDR; soweit intertemporale Normen zur Anwendung des Rechts der DDR führen, ist es so anzuwenden, wie es von DDR-Gerichten angewandt wurde (hierzu, sowie zu Einschränkungen in Hinblick auf den seit der Wende erfolgten *Wertewandel* Art 232 § 1 Rn 56 ff, 60 ff). Insoweit ist die Entscheidung des OLG Dresden zumindest ungenau; Art 232 § 10 erfaßt grundsätzlich auch die Beurteilung eines deliktischen Verhaltens als *rechtswidrig*, schließt also auch Rechtfertigungsgründe ein (Lipp OLG-NL 1994, 241, 242).

32 bb) Es geht aber auch nicht, wie der BGH in Anlehnung an seine täterfreundliche Rechtsprechung in Mauerschützen- und Rechtsbeugungsprozessen meint, um eine aus **überpositiven Werten** oder der **Menschenrechtskonvention** (auch Lipp OLG-NL 1994, 241, 242 will offenbar nur offensichtliche Menschenrechtsverletzungen als rechtswidrig behandeln) herzuleitende *Begrenzung* der Rechtfertigungsgründe im Sinne einer erforderlichen

Gewissenskontrolle des positiven Rechts durch den Täter oder um die Bewältigung von *Gesetzesunrecht*. In diesem Bereich wird trefflich diskutiert, ob die nunmehr gerne beschönigend als „Ausreiseverbot" bezeichnete Einsperrung ihrer Bürger durch die DDR rechtswidrig war und als rechtswidrig erkannt werden mußte (eingehend zu den verschiedenen Standpunkten Bultmann VIZ 1995, 146, 151 ff; Fritsche NJ 1994, 200; Märker DtZ 1995, 37, 39 ff; Lipp OLG-NL 1994, 241, 242 f).

cc) Vielmehr ist das Recht der DDR in allen Fällen der intertemporalen Verweisung als **fremdes Recht** anzuwenden; die intertemporale Verweisung beruht gerade auf dem Gedanken der vertrauensschützenden Kontinuität der Anwendung des auch vor dem 3. 10. 1990 anzuwendenden Rechts. Stand aber damals die Anwendung des Rechts der DDR unter dem Vorbehalt des **Art 6 EGBGB**, so gilt dies auch heute. Damit sind Bestimmungen im Recht der DDR in zivilrechtlichen Fällen schon dann unbeachtlich, wenn sie im konkreten Fall gegen Grundwerte des deutschen Rechts, insbesondere die Grundrechte verstoßen. Hierbei ist nicht nur das Bestehen von Rechtfertigungsgründen am *ordre public* zu messen, sondern die *gesamte Rechtsanwendung* im konkreten Fall. Wenn ein tatbestandliches deliktisches Verhalten vorliegt, das aus Sicht des deutschen Rechts zwingend einen Schadensersatz erfordert, und eine Abweisung von Schadensersatzansprüchen unerträglich erscheinen läßt, so ist fremdes Recht bei hinreichendem Inlandsbezug selbst dann *ordre-public*-widrig, wenn es nicht nur einen Rechtfertigungsgrund bereithält, sondern das Verhalten bereits als nicht rechtswidrig einstuft. **33**

e) Damit ist also nur zu prüfen, ob das jeweilige schädigende Handeln aus deutscher Sicht zwingend zu einem Schadensersatz führen muß und jede andere Entscheidung *ordre-public*-widrig wäre. Für die **Freiheitsberaubung durch Denunziation** ist dies zu bejahen, das OLG Dresden (oben Rn 29) findet hier eine völlig zutreffende Begründung: Bereits die Denunziation mit der Folge mehrjähriger Inhaftierung eines Menschen verstößt in so erheblichem Maße gegen die Wertvorstellungen des Grundgesetzes, daß ein Deliktsrecht außer Anwendung bleiben muß, das hierfür einen Schadensersatzanspruch nicht vorsieht. **34**

f) Die Nichtanwendung von DDR-Rechtfertigungsgründen verstößt auch nicht gegen **schutzwürdiges Vertrauen** des Täters. Im Gegensatz zur strafrechtlichen Problematik wird nämlich übersehen, daß sich insoweit lediglich das Risiko jedes Beklagten realisiert, daß der Kläger durch die Auswahl des *Gerichtsstands* auch das anwendbare Recht beeinflußt. Kein Beklagter könnte sich vor deutschen Gerichten auf einen *ordre-public*-widrigen Rechtfertigungsgrund einer fremden Rechtsordnung berufen mit dem Argument, bei einer Klage vor dortigen Gerichten wäre die Klage abgewiesen worden. Erst recht ist der Denunziant nicht deshalb schutzwürdig, weil er seine staatlichen *Mittäter* nicht mehr in Regreß nehmen kann (so aber Fritsche NJ 1994, 200, 201; vgl zur Frage der Haftung der SED oben Rn 15). Es liegt in der Natur der deliktischen Gesamtschuldnerschaft (§ 343 Abs 1 ZGB), daß jeder Mittäter auf den gesamten Schaden haftet. **35**

g) Hingegen kann der Täter aus dem Gesichtspunkt des Notstands **entschuldigt** sein, wenn er durch Bestimmungen im Recht der DDR zur Anzeige verpflichtet war und sich selbst der Gefahr strafrechtlicher Verfolgung ausgesetzt hätte. Dies ist jedoch in den typischen Fällen der Denunziation unwahrscheinlich. Der Täter hätte **36**

darzutun und nachzuweisen, daß ein solcher Schuldausschließungsgrund vorliegt (insoweit zutreffend BGH, aaO). Jedenfalls kommt dies nicht in Betracht, wenn der Täter durch freiwillige Zusammenarbeit mit dem MfS oder anderen staatlichen Stellen seinen späteren Anzeigenotstand selbst provoziert hat. An dieser Stelle spielt auch die Verwandtschaft zwischen Täter und Opfer ggf eine Rolle, weil sie die Grenze der Zumutbarkeit eigener Gefährdung zu Lasten des Täters verschiebt.

3. Haftungsausfüllung

37 **a)** Die Berechnung des nach § 338 Abs 1 S 1 ZGB ersatzfähigen **Erwerbsschadens** muß ansetzen bei dem im Zeitpunkt der Schädigung zu erwartenden Arbeitseinkommen. In diese Berechnung sind die durch die Wende in der DDR sowie durch die wirtschaftliche Entwicklung zur Währungs- und Wirtschaftsunion und zur Wiedervereinigung verursachten Einkommenserhöhungen einzubeziehen. Hingegen kann eine **Übersiedelung** in die alten Bundesländer oder die damalige Bundesrepublik und der hieraus resultierende zu erwartende Einkommensanstieg nur dann in die Schadensberechnung einbezogen werden, wenn diese Übersiedlung auch ohne das schädigende Ereignis stattgefunden hätte (OLG Jena OLG-NL 1994, 220, 223).

38 **b)** Der aufgrund eines Verkehrsunfalls in der DDR entstandene und nach §§ 336, 337 ZGB zu beurteilende Schadensersatzanspruch umfaßt auch den Ersatz des am geschädigten Fahrzeug eingetretenen **merkantilen Minderwerts** (BezG Potsdam VersR 1992, 1368).

39 **c)** Für die Bemessung des dem **Schmerzensgeldanspruch** entsprechenden **Ausgleichsanspruchs** nach § 338 Abs 3 ZGB ist zu berücksichtigen, daß dem Ausgleichsanspruch eine Einbeziehung der *Genugtuungsfunktion* fremd ist (OLG Naumburg OLG-NL 2002, 241).

40 **aa)** **Verfassungsrechtlich** ist dies nicht zu beanstanden, obgleich § 338 Abs 3 ZGB hierdurch zu einer geringeren Kompensation gelangt als § 847 BGB (BGHZ 123, 65, 70).

41 **bb)** Die **Höhe** des Schmerzensgeldanspruchs bemißt sich daher grundsätzlich auch für nach dem 1. 7. 1990 entstandene Ansprüche nicht unter Berücksichtigung der damals einsetzenden Entwicklung der Preise und Einkommen in der DDR nach den zu § 847 BGB entwickelten Maßstäben. Vielmehr sind weiterhin die Grundsätze der Rechtsprechung der DDR, insbesondere die Leitlinien des OG anzuwenden (BGHZ 123, 65, 73). Vorzunehmen ist allerdings eine Anpassung an die Veränderung der wirtschaftlichen Verhältnisse bis zur letzten mündlichen Tatsachenverhandlung (BGH NJ 1993, 556); daher kommt eine Orientierung an § 847 BGB unter Berücksichtigung der im Rahmen des § 338 Abs 3 ZGB nicht zu berücksichtigenden Genugtuungsfunktion in Betracht (zur Schmerzensgeldbemessung BGHZ 123, 65, 73; OLG Jena OLG-NL 1994, 150, 151; OLG Jena OLG-NL 1994, 222; OLG Brandenburg OLG-NL 1998, 148; OLG Naumburg OLG-NL 2002, 241; zur Aufstockung eines ausgeurteilten Schmerzensgeldes bei Eintritt unerwarteten Verletzungsfolgen: OLG Brandenburg NJ 1996, 263).

42 **cc)** Ein vor dem 1. 7. 1990 entstandener Schmerzensgeldanspruch ist **nicht im Ver-**

hältnis 2:1 abzuwerten; er hatte schon bei seiner Entstehung nicht auf einen bestimmten Betrag in Mark der DDR gelautet, sondern ist als Ergebnis einer wertenden Betrachtung nunmehr in DM festzusetzen. Nach seiner Rechtsnatur und Zweckbestimmung wird der Anspruch nicht von der Umstellung von Mark auf DM erfaßt (BGHZ 123, 65).

4. Haftpflichtversicherung

a) Der Abschluß eines Vergleichsvertrages, zB eines **Rentenvertrages** durch die Staatliche Versicherung der DDR mit dem Geschädigten kann einen von der deliktsrechtlichen Ausgangsverpflichtung nach §§ 331, 338 ZGB gelösten selbständigen vertraglichen Schuldgrund schaffen. Dieser unterliegt, sofern er vor dem Wirksamwerden des Beitritts geschlossen wurde, gemäß § 1 ebenfalls dem Recht der DDR (OLG Jena DtZ 1995, 141, 142; KG VersR 1999, 345). **43**

b) Gegen die **staatliche Versicherung der DDR** als *Haftpflichtversicherer* der NVA bestand nach dem Recht der DDR kein **Direktanspruch** des durch die NVA Geschädigten, weshalb auch gegen die Staatliche Versicherung der DDR iA kein solcher Anspruch besteht (OLG Naumburg VersR 1997, 75; OLG Brandenburg NJ 1998, 485). In ihrer Funktion als *Sachversicherer* der NVA hat die Staatliche Versicherung iA dagegen gegenüber den Bediensteten der NVA für Schäden, für die keine materielle Verantwortlichkeit der NVA besteht, wie aus einem privaten Versicherungsverhältnis direkt einzustehen (BGH VIZ 2000, 179). **44**

VI. Nebengesetze

1. Überleitungsbestimmungen für bundesdeutsches Recht

a) Das **ProdukthaftungsG** (BGBl 1989 I 2198) ist mit der Maßgabe anzuwenden, daß es nur auf solche Produkte Anwendung findet, die am oder nach dem 3. 10. 1990 in Verkehr gebracht wurden (EV Anlage I Kapitel III Sachgebiet B Abschnitt III Nr 8; Wasmuth DtZ 1991, 47). **45**

b) Das **ArzneimittelG** enthält in § 29 der Fassung durch EV Anlage I Kapitel X Sachgebiet D Abschnitt II Nr 23 eine Beschränkung der Haftungsnormen (§§ 84 bis 94a AMG): Die Bestimmungen sind nicht anzuwenden auf Arzneimittel, die im Beitrittsgebiet vor Wirksamwerden des Beitritts an Verbraucher abgegeben wurden (hierzu: Stoll, in: FS W Lorenz [1991] 582). Diese Bestimmung erfaßt schon aus kollisionsrechtlichen Gründen nur den Vertrieb durch Arzneimittelhersteller mit Sitz im alten Bundesgebiet, weil sich das AMG bis zum 3.10. 1990 nicht auf den Arzneimittelvertrieb durch DDR-Hersteller in der DDR bezieht. Das Tatortprinzip ist durch diese Beschränkung des Geltungsbereichs des AMG überlagert (so mit anderer Begründung auch: Stoll, in: FS W Lorenz [1991] 582). **46**

c) Soweit Überleitungsbestimmungen nicht bestehen, gilt der Grundsatz des § 10 entsprechend für Haftungstatbestände in Nebengesetzen (Lübchen/Göhring 71). **47**

2. Staatshaftungsrecht

48 **a)** Die Staatshaftung unterliegt für Amtspflichtverletzungen, die **seit dem 3. 10. 1990** begangen wurden, den §§ 839 BGB, 34 GG (Palandt/Thomas Rn 3; MünchKomm/Mertens Rn 5; Lübchen/Göhring 70; zur – konkurrierenden – Fortgeltung des StHG als Landesrecht unten Rn 60).

Für Handlungen, die nach § 10 **altem Recht** unterliegen, ist das **Staatshaftungsgesetz** der DDR v 12. 5. 1969 (StHaftgsG, GBl DDR I 34, geändert durch G v 14. 12. 1988 GBl DDR I 329) anzuwenden (BGHZ 127, 57; LG Gera NJ 1995, 594, 595; Palandt/Thomas Rn 3; Rädler DtZ 1993, 296; gegen eine Herleitung der Geltung aus § 10: LG Cottbus NJ 1995, 321). Intertemporal gilt das StHaftgsG (DDR) in seiner jeweiligen im Zeitpunkt der Verwirklichung des Haftungstatbestandes geltenden Fassung (BGHZ 127, 57).

Vor Inkrafttreten des StHG am 12. 5. 1969 gab es in der DDR keine allgemeinen gesetzlichen Bestimmungen über die Haftung des Staates für Schäden, die seine Mitarbeiter in Ausübung der ihnen übertragenen staatlichen Machtbefugnisse Bürgern zufügten (KG NJW 1998, 245). Unmittelbare Ansprüche gegen Staatsfunktionäre konnten jedoch nach allgemeiner Ansicht auch vor Inkrafttreten der Haftungsfreistellung aus § 1 Abs 2 StHG (unten Rn 57) nicht auf den bis 1. 1. 1976 formal weitergeltenden § 839 BGB gestützt werden (KG NJW 1998, 245).

49 **b)** Die **Haftung nach dem StHaftgsG (DDR)** greift ein für Schäden, die Mitarbeiter oder Beauftragte staatlicher oder kommunaler Organe in Ausübung hoheitlicher (§ 1 Abs 3) staatlicher Tätigkeit einem anderen (auch juristischen Personen und Ausländern, OLG Brandenburg LKV 1999, 242, 243) am Vermögen oder seinen Rechten zufügen (§ 1 Abs 1). Die Rechtsprechung ist von diesem Gesetz nicht erfaßt (§ 1 Abs 4).

50 **aa)** **Kollegien von Rechtsanwälten** der DDR hatten in ihrer Eigenschaft als „gesellschaftliche Institution der sozialistischen Rechtspflege" Aufgaben der Justizverwaltung wahrzunehmen und unterliegen in diesem Rahmen dem StHaftgsG (DDR) (BGHZ 127, 57). Die Unterbindung der anwaltlichen Tätigkeit eines Rechtsanwalts durch das Kollegium stellt einen haftungsauslösenden Eingriff in das persönliche Eigentum dar (BGH aaO).

Eine Staatshaftung für die Tätigkeit von **Notaren** besteht nicht mehr seit Inkrafttreten der *VO über die Tätigkeit von Notaren in eigener Praxis* v 20. 6. 1990 (GBl DDR 1990 I 475; geändert durch VO v 22. 8. 1990, GBl DDR 1990 I 1328). Für Amtspflichtverletzungen der früheren **staatlichen Notare der DDR** ist hingegen das StHaftgsG (DDR) anzuwenden.

51 **bb)** Die **SED** und damit die **PDS** als ihre Rechtsnachfolgerin haftet nach Ansicht des BGH nicht für Schäden durch Unrechtshandlungen, die ihre Mitglieder in staatlichen Funktionen Bürgern zugefügt haben (BGH JZ 1999, 841). Die – angeblich – strikte Unterscheidung zwischen den Organen von Staat und Partei führe dazu, das Handeln der SED nicht als *staatlich* zu qualifizieren, auch wenn die SED faktisch die Staatsmacht innegehabt habe. Da zugleich eine private deliktische Haftung mangels privaten Handelns verneint wird (oben Rn 15), kann dem nicht gefolgt werden.

Diese Ansicht führt dazu, die Wertung des DDR-Rechts, das private und staatliche Haftung nur im unpolitischen Bereich vorsah, gerade im innersten Kern der Rechtsstaatswidrigkeit des DDR-Systems als intertemporales Faktum anzuerkennen (zutreffend Schröder JZ 1999, 845, 846). Der Rechtsstaat setzt sich der Lächerlichkeit aus, wenn er die von der SED de facto ganz offen und zynisch durchbrochene Pseudo-Trennung von Staat und Partei zur Grundlage einer nur formal korrekten Rechtsanwendung macht.

cc) Eine Schädigung durch **Mißhandlungen im Strafvollzug der DDR** durch Vollzugsbeamte ist vom Anwendungsbereich des StHaftgsG (DDR) erfaßt; es handelt sich um eine Schädigung *in Ausübung staatlicher Tätigkeit* und nicht lediglich aus deren Anlaß, wenn die schädigende Handlung in unmittelbarem Zusammenhang mit der Ausübung der staatlichen Aufgabe des Schädigers stand (LG Cottbus NJ 1995, 321, 323). **52**

dd) Verwaltungsmaßnahmen an einem Hausgrundstück durch einen **VEB Gebäudewirtschaft** sind staatliche Tätigkeit iSd StHG, auch wenn eine Übernahme der gesamten Verwaltung durch den Rat der Stadt oder den VEB nicht erfolgte, dieser aber für den Rat der Stadt im Wege der „Ersatzvornahme" einzelne Verwaltungsmaßnahmen getätigt hat (LG Gera NJ 1995, 594, 595 f). **53**

ee) Für Schädigungen durch **offizielle Mitarbeiter des MfS** greift das StHaftgsG (DDR) ein. Dies gilt auch für Schädigungen durch Personen, die staatliche Aufgaben im Zusammenhang mit der **Grenzsicherung** wahrzunehmen hatten und aus Anlaß der Verhinderung einer „Republikflucht" deliktisch gehandelt haben (OLG Rostock OLG-NL 1998, 169: Angehöriger der Paßkontrolleinheit; LG Rostock VIZ 1995, 550, 551: Kapitän). **54**

ff) Die Anwendung des StHG in solchen Fällen setzt allerdings voraus, daß das **Recht der DDR Deliktsstatut** ist (dazu Hay IPRax 1996, 95). Hat der DDR-Amtsträger den Flüchtling durch einen Übergriff in fremdes Hoheitsgebiet, insbesondere in fremde Hoheitsgewässer an der Flucht gehindert, so gilt zugunsten des Geschädigten das deliktskollisionsrechtliche *Günstigkeitsprinzip.* Hat sich der Flüchtling zB bereits in der Ostsee in dänischen oder bundesdeutschen Gewässern befunden, so gilt – soweit ihm günstiger – dänisches oder bundesdeutsches Deliktsrecht (unzutreffend daher LG Rostock VIZ 1995, 550, 552). Insbesondere sind dann *Rechtfertigungsgründe* zugunsten des Täters aus dem Recht der DDR nicht zu berücksichtigen (grotesk daher der Versuch des LG Rostock VIZ 1995, 550, 552, den Übergriff in fremdes Hoheitsgebiet als „Nacheile" darzustellen, geradezu amüsant – oder makaber? – auch die Behandlung eines Fluchtversuches als Fall von Putativ-Seenot). **55**

gg) Strittig ist dies hingegen für Schädigungen durch **Inoffizielle Mitarbeiter**. Eine Ansicht (LG Berlin NJ 1994, 524, 525) bejaht dies unter Hinweis auf die Dienstvorschriften des MfS, wonach IM stets im staatlichen Auftrag zur Gefahrenabwehr tätig wurden. Dem ist nicht zu folgen: Die Bespitzelung der Bürger durch Bürger in der DDR wurde zwar systematisch betrieben und hatte unvorstellbare Ausmaße angenommen, erfolgte aber im konspirativen Bereich und ohne Rechtsgrundlage (Märker DtZ 1995, 37, 38; im Ergebnis auch BGHZ 127, 195). **56**

d) Die Haftung trifft das jeweilige Organ, ein **Anspruch gegen den Schädiger** ist **57**

ausgeschlossen (§ 1 Abs 2 StHG). Das Eingreifen des Staatshaftungsrechts führt damit selbst zu einer Privilegierung von Tätern, die in Ausübung staatlicher Tätigkeit vorsätzlich und sittenwidrig die Unrechtsziele der DDR verfolgten (vgl zum parallelen Problem des § 331 S 2 oben Rn 16). Soweit ein Staatshaftungsanspruch wegen der eingeschränkten Haftungsübernahme der Verbindlichkeiten der DDR durch den Bund und die Länder nicht besteht, kann diese Freistellung entgegen der Ansicht des BGH gegen den deutschen *ordre public* verstoßen (dazu oben Rn 16).

Ein unmittelbarer Anspruch gegen den Schädiger besteht jedoch, wenn dieser zwar in Ausübung staatlicher Tätigkeit gehandelt hat, jedoch ein **Unrechtsexzeß** vorliegt, der – auch wenn die DDR solche Exzesse im Bereich der Fluchtverhinderung anstrebte und mit Orden beantwortete – nicht mehr als Tätigkeit in staatlichem Auftrag anzusehen ist (iE fragwürdig OLG Rostock OLG-NL 1998, 169, 171: kein Unrechtsexzeß bei Überschreitung der Bestimmungen zum Schußwaffengebrauch gegen Republikflüchtlinge).

58 **e)** Der Schadensersatzanspruch ist unabhängig vom **Verschulden**; er ist in **Geld** zu leisten; der Schädiger kann nach Ermessen **Naturalrestitution** wählen. Entgangener Gewinn ist nicht ersatzfähig (LG Potsdam LKV 2001, 182). Der Anspruch ist **subsidiär** gegenüber anderen Ersatzansprüchen (§ 3), nicht aber gegenüber privaten Versicherungsleistungen. Er wird eingeschränkt oder ausgeschlossen, wenn der Geschädigte nicht alle zumutbaren Maßnahmen (insbesondere auch Rechtsbehelfe) zur **Schadensabwendung oder -minderung** ergriffen hat. Ansprüche nach dem StHaftgsG (DDR) verjähren innerhalb eines Jahres, beginnend mit dem Tag, an dem der Geschädigte Kenntnis von Schaden und Schädiger hat. Die **Verjährung** wird **unterbrochen** nach allgemeinen zivilrechtlichen Regeln sowie durch **Stellung des Antrags** auf Schadensersatz (§ 4).

59 **f)** Für **Belegungsschäden**, die an Grundstücken durch die sowjetischen Streitkräfte vor dem 3. 10. 1990 verursacht wurden, bestanden zwar Schadensersatzansprüche gegen die DDR nach Art 11 des Stationierungsabkommens v 12. 3. 1957 (GBl DDR I 1957, 237). Diese Ansprüche sind jedoch nicht auf die Bundesrepublik übergegangen (BGHZ 128, 140). Solche Schäden sind auch nach Art 24 Abs 1 des Aufenthalts- und Abzugsvertrages v 12. 10. 1990 (BGBl 1991 II 258) nicht erstattungsfähig (BGH aaO). Schäden durch dienstliche Maßnahmen der sowjetischen Streitkräfte waren durch die staatliche Versicherung der DDR zu regulieren. Eine etwaige Einstandspflicht der Bundesrepublik erfaßt solche Ansprüche nur in ihrem jeweiligen Bestand (BGHZ 128, 312).

3. Fortgeltung des StHG

60 Das StHG galt zunächst mit den Änderungen gemäß EV Anlage II Kapitel III Sachgebiet B Abschnitt III Nr 1 in allen neuen Bundesländern als **Landesrecht** fort (OLG Jena OLG-NL 1999, 7: Bezirksschornsteinfeger; OLG Brandenburg VersR 1999, 1415: Gemeinde; OLG Brandenburg LKV 1999, 242: Gemeinde; PALANDT/THOMAS Rn 3; MünchKomm/MERTENS Rn 5; LÜBCHEN/GÖHRING 70; HORN 79; OSSENBÜHL NJW 1991, 1201; STRÄSSER NJW 1991, 2467; KROHN VersR 1991, 1085; LÖRLER DtZ 1992, 135; **aA**: SCHULLAN VersR 1993, 283). Diese Änderungen sind nicht (kompetenzüberschreitende) Akte des Bundesgesetzgebers, sondern noch dem bis 2. 10. 1990 für die neuen Bundesländer handelnden DDR-Gesetzgeber zuzurechnen, also wirksam (STRÄSSER NJW 1991, 2467; **aA**: OSSENBÜHL

NJW 1991, 1202). Zwischen den Ansprüchen nach diesem Gesetz und §§ 839, Art 34 GG besteht ggf Anspruchskonkurrenz (OLG Jena OLG-NL 1999, 7; OSSENBÜHL NJW 1991, 1207).

Weitere Änderungen des StHG haben Sachsen-Anhalt (*Gesetz zur Änderung des StHG* v 24. 8. 1992 GVBl 1992, 655) und Brandenburg (Art 2 Abs 4 *Gesetz zur Neuordnung der ordentlichen Gerichtsbarkeit* v 14. 6. 1993 GVBl 1993, 198) vorgenommen (im einzelnen LUHMANN NJW 1998, 3001).

In Berlin (*Gesetz zur Aufhebung des StHG* v 21. 9. 1995 GVBl 1995, 607) und im Freistaat Sachsen (*RechtsbereinigungsG* v 17. 4. 1998 GVBl 1998, 151) ist das StHG *aufgehoben*.

Artikel 233 EGBGB
Drittes Buch. Sachenrecht

Schrifttum

ALBRECHT, Der Einigungsvertrag in der Praxis des Grundstücksrechts (1991)
BECKERS, Die Aufbauhypotheken des ZGB/DDR und ihre aktuellen Probleme, WM 1991, 1701
ders, Die grundpfandrechtliche Kreditsicherung in den neuen Bundesländern nach dem 2. Vermögensrechtsänderungsgesetz, DNotZ 1993, 364
BECKER-EBERHARD, Der Übergang vom Sachenrecht der DDR zur Sachenrechtsordnung der Bundesrepublik Deutschland in den sog neuen Bundesländern, Jura 1994, 577
BERG, Das Grundstücksrecht in der früheren DDR nach dem Einigungsvertrag, ZAP 1991, 41
BÖHRINGER, Besonderheiten des Liegenschaftsrechts nach dem Einigungsvertrag, Rpfleger 1991, 89
ders, Beseitigung dinglicher Rechtslagen bei Grundstücken in den neuen Ländern, Rpfleger 1995, 51
ders, Neuerungen bei Art 233 EGBGB und beim Grundbuchbereinigungsgesetz, DtZ 1994, 301
ders, Löschung von Grundpfandrechten in den neuen Ländern, Rpfleger 1995, 139
ders, Aktuelle Grundbuch-Rechtsprechung in den neuen Bundesländern, NJ 1996, 231
ders, Möglichkeiten der Ausschließung unbekannter Rechtsinhaber im Liegenschaftsrecht, NotBZ 2001, 197
vBRÜNNECK, Verfassungsprobleme des SachenRÄndG, NJ 1994, 150
vCRAUSHAAR, Grundstückseigentum in den neuen Bundesländern, DtZ 1991, 359
ECKHARDT, Zivilrecht im Systemvergleich DDR und Bundesrepublik, DRiZ 1991, 121
vFALKENHAUSEN, Zum Entwurf eines Nutzerschutzgesetzes, NJ 1995, 569
JANKE, Die Anwendung des Zivilgesetzbuchs der DDR in der Rechtsprechung seit der deutschen Einheit (Teil 2), NJ 1994, 437
ROHDE, Grundstückseigentums- und Bodennutzungsverhältnisse in den neuen Bundesländern nach dem Einigungsvertrag, DNotZ 1991, 186
ders, Die Entwicklung der Grundeigentums- und Bodennutzungsverhältnisse nach dem Einigungsvertrag, DtZ 1991, 312
SCHMIDTBAUER, Die Situation in den Grundbuchämtern der fünf neuen Bundesländer, DtZ 1992, 143
WEIMAR, Probleme der Kreditsicherung an Grund und Boden in den neuen Bundesländern, DtZ 1991, 50
WELTER, Grundpfandrechte in den neuen Bundesländern, WM 1991, 1189.

Zum Recht der DDR:
JANKE, Die Vermutung der Richtigkeit des

Grundbuches und der gutgläubige Erwerb bei ZGB-Hypotheken, NJ 1991, 29
SAYATZ/STUMPF, Der Eigentumsvorbehalt in der DDR, BB Beil 26/90, 6
TURNER, Der Eigentumsbegriff in der DDR, NJW 1990, 555.

Erster Abschnitt. Allgemeine Vorschriften

§ 1
Besitz

Auf ein am Tag des Wirksamwerdens des Beitritts bestehendes Besitzverhältnis finden von dieser Zeit an die Vorschriften des Bürgerlichen Gesetzbuchs Anwendung.

Materialien: Siehe zu Art 230; E: BT-Drucks 11/7760 Art 233 § 1.

I. Normzweck

1 § 1 ist Art 180 nachgebildet (BT-Drucks 11/7817, 40). Die Bestimmung beruht auf der Unterscheidung von **Entstehung und Rechtsfolgen** des Besitzes als sachenrechtliches Verhältnis: Am Tag des Wirksamwerdens des Beitritts bestehende Besitzverhältnisse werden grundsätzlich nicht in ihrem Bestand berührt; dies setzt jedoch voraus, daß sie aus Sicht des BGB als Besitz **anerkannt** werden. Die Art des Besitzes und die sich aus dem Besitz ergebenden Rechtsfolgen unterliegen jedoch von diesem Tag an dem BGB (PALANDT/BASSENGE Rn 1; MünchKomm/JOOST Rn 1; BÖHRINGER NJ 1992, 291).

II. Überleitung

1. Interlokaler Anwendungsbereich

2 Erfaßt sind Besitzverhältnisse, die nach innerdeutschem Kollisionsrecht vor dem Stichtag dem Recht der DDR unterlegen haben, also betreffend Sachen, die zum Stichtag **im Beitrittsgebiet belegen** waren. Wurde eine Sache vor dem Stichtag aus dem oder in das Beitrittsgebiet verbracht, so beurteilen sich die Folgen des Statutenwechsels nach allgemeinen Grundsätzen des internationalen bzw des innerdeutschen Sachenrechts.

2. Besitzbegriff

3 **a)** Die von § 1 erfaßten Verhältnisse sind aus **Sicht des BGB** zu definieren; es bedarf also der Feststellung, daß eine Beziehung zu einer Sache nach §§ 854 ff BGB als Besitz anzusehen ist. Auf Beziehungen, die nicht im Sinne des BGB die **tatsächliche Herrschaft über eine Sache** zum Inhalt haben, können die Bestimmungen der §§ 854 ff nicht sinnvoll angewendet werden (PALANDT/BASSENGE Rn 1; MünchKomm/JOOST Rn 4). Bestand nach dem Recht der DDR ein Besitzverhältnis und ist dieses

nach BGB (nur) als Besitzdienerverhältnis einzuordnen, so entscheidet auch insoweit mit dem Stichtag das BGB (MünchKomm/Joost Rn 4).

b) Die Bestimmung erfaßt alle **Arten von Besitz** nach dem Verständnis des BGB und bezieht sich unterschiedslos auf den Besitz an beweglichen und unbeweglichen Sachen. Hinsichtlich von **Rechten** kommt nur der Besitzschutz an Grunddienstbarkeiten und persönlichen Dienstbarkeiten (vgl §§ 1029, 1090 Abs 2 BGB) in Betracht (MünchKomm/Joost Rn 6); eine Art 191 entsprechende Sonderregelung besteht nicht. 4

3. Bestehen des Besitzverhältnisses

a) Der **Erwerb des Besitzes** untersteht nach der Überleitungsbestimmung bis einschließlich 2. 10. 1990 dem Recht der DDR; dasselbe gilt für den Besitzverlust. Der Überleitung unterliegt also nur ein Besitzverhältnis, das vor dem Stichtag entstanden ist und über dessen Beginn andauert (Palandt/Bassenge Rn 1; MünchKomm/Joost Rn 9). Seit dem 3. 10. 1990 unterstehen Besitzbegründung und -verlust ausschließlich dem BGB. 5

b) Recht der DDR

aa) Im Recht der DDR war aus ideologischen Gründen der Besitz nicht allgemein geregelt; dies führt dazu, daß die Überleitung eine weitgehende Neuregelung bisher ungeregelter Verhältnisse bewirkt (Lübchen/Lübchen 72), insbesondere aber zu einer erheblichen Unschärfe bei der systematisch von der Überleitungsvorschrift geforderten Prüfung des Bestehens eines Besitzverhältnisses am Stichtag. Das ZGB erwähnt den Besitz an verschiedenen Stellen; insbesondere gibt § 24 ZGB dem Eigentümer die Befugnis zur *Überlassung des Besitzes*. Das ZGB kannte auch die Übereignung durch *Besitzkonstitut* (§ 26 Abs 1 S 2 ZGB) und durch Abtretung des Herausgabeanspruchs gegen einen besitzenden Dritten (§ 26 Abs 1 S 3 ZGB). § 32 Abs 2 ZGB nennt ausdrücklich den *Eigenbesitz* (§ 33 Abs 3 ZGB), den Besitz des *Nichteigentümers* (§§ 19 Abs 1, 33 Abs 3 ZGB) und den *rechtmäßigen Besitz*. 6

bb) Es ist daher davon auszugehen, daß mangels ausdrücklicher Regelung im ZGB der **Erwerb des Besitzes** (vgl auch Art 32 Abs 2 ZGB) sich nach denselben Grundsätzen beurteilte wie im BGB (vgl die Definition bei Lübchen ua, ZGB § 24 Anm 1). Für den Eigenbesitz, den unmittelbaren Besitz, den rechtmäßigen und den unrechtmäßigen Besitz folgt dies aus den genannten Stellen im ZGB. 7

cc) Ob dies auch für **Besitzmittlungsverhältnisse** gilt, ist unklar (Roggemann NJW 1976, 397); angesichts der Zulässigkeit der Übereignung durch Besitzkonstitut dürfte dies zu bejahen sein. 8

dd) Erbenbesitz war dem Recht der DDR unbekannt; ist vor dem Stichtag der Erbfall eingetreten, so kann daher der Besitz des Erben nur tatsächlich, nicht aber nach § 857 BGB entstanden sein (Palandt/Bassenge Rn 1). Erbenbesitz entsteht in diesen Fällen auch nicht mit dem Stichtag; die von § 857 BGB angeordnete Rechtsfolgenzuordnung setzt voraus, daß im *Zeitpunkt des Erwerbs des Nachlasses durch den Erben* (nur über diesen entscheidet das Erbstatut), die zum Nachlaß gehörige Sache dem BGB als Sachenrechtsstatut unterliegt (im Ergebnis ebenso MünchKomm/Joost Rn 9). 9

10 ee) **Grunddienstbarkeiten** und **persönliche Dienstbarkeiten** waren im ZGB nicht geregelt. Gemäß § 6 Abs 1 EGZGB bestanden vor Inkrafttreten des ZGB begründete Rechte an Grundstücken jedoch nach Maßgabe des alten Rechts (also des BGB) fort. Solche Rechte können damit bei Bestand über den Stichtag Grundlage für besitzschutzrechtliche Folgen in Anwendung des BGB sein.

4. Art des Besitzes, Rechtsfolgen

11 a) Die Einordnung der **Art des Besitzes** und die **Rechtsfolgen** eines am Stichtag bestehenden Besitzverhältnisses unterliegen seit diesem Zeitpunkt den Bestimmungen des BGB. Bis zum Stichtag gilt das ZGB; weitergehende Rechtsfolgen können aus vor dem Stichtag entstandenen Sachverhalten nicht hergeleitet werden. Dies gilt auch für die außerhalb des ersten Abschnitts des Dritten Buches des BGB geregelten Rechtsfolgen; insbesondere sind §§ 904 1003, 1006 ff BGB anzuwenden (Palandt/Bassenge Rn 2). Auf den **Rechtsbesitz** sind §§ 1029, 1090 Abs 2 BGB anzuwenden.

12 b) **Besitzschutzansprüche** unterliegen seit dem 3. 10. 1990 dem BGB. Ein am Stichtag bestehender Besitz genießt also Besitzschutz gegen Handlungen, die nach dem Stichtag erfolgen.

13 aa) Die Rechtsfolgen einer *vor dem Stichtag erfolgten* Besitzentziehung oder vor dem Stichtag abgeschlossenen Störung beurteilen sich ausschließlich nach dem Recht der DDR (Palandt/Bassenge Rn 2); der **rechtmäßige Besitzer** hat hiernach gemäß § 33 Abs 3 ZGB die Schutzansprüche des Eigentümers (§ 33 Abs 1 und 2 ZGB). Er kann die Herausgabe der Sache samt der erlangten Nutzungen – sofern er selbst Nutzungsberechtigter ist (Lübchen ua, ZGB § 33 Anm 3) – gegen Erstattung der notwendigen Aufwendungen verlangen (**aA** wohl Palandt/Bassenge Rn 2 – kein § 861 BGB entsprechender Anspruch). Bei Bösgläubigkeit des Störers entfällt der Gegenanspruch auf Erstattung der Aufwendungen. Unterlassung von Störungen konnte nach § 328 ZGB verlangt werden. Insoweit ist nunmehr im Falle der Fortdauer der Störung das BGB anzuwenden.

14 bb) Hat eine Besitzstörung vor dem Stichtag begonnen und **dauert sie über den Stichtag an**, so unterliegt der Besitzschutz seit dem Stichtag § 862 BGB (LG Berlin ZMR 1991, 108; Palandt/Bassenge Rn 2; MünchKomm/Joost Rn 10).

15 cc) Fraglich ist, ab welchem Zeitpunkt in diesem Fall die **Ausschlußfrist** nach § 864 BGB läuft. Grundsätzlich beurteilt sich der Fristbeginn gemäß Art 231 § 6 Abs 3, Abs 1 S 2 nach dem Recht der DDR. Da das Recht der DDR eine § 864 BGB entsprechende Ausschlußfrist für den Besitzschutz nach § 33 Abs 3 iVm Abs 1 ZGB nicht vorsah, jedoch den Anspruch auf Beseitigung einer Störung nach § 33 Abs 1 ZGB wie den Anspruch nach § 328 ZGB behandelte, unterlag der Anspruch der vierjährigen Verjährung nach § 474 Abs 1 Nr 3 Alt 2 ZGB in Verbindung mit der absoluten zehnjährigen Verjährung gemäß § 475 Nr 2 S 2 ZGB. Nach seinem Zweck ist Art 231 § 6 auch anzuwenden, wenn eine Verjährungsfrist in eine Ausschlußfrist übergeleitet wird, weil gerade die Natur der Frist, wie Art 231 § 6 Abs 3 verdeutlicht, nicht die Überleitung beeinflussen soll. Dann aber beginnt die Ausschlußfrist nicht mit der Störung (so LG Berlin ZMR 1991, 108; Palandt/Bassenge Rn 2), sondern nach § 475 Nr 2 S 1 erst mit Kenntnis des Berechtigten. Auf den Beginn der hiervon unabhängigen zehnjährigen Verjährungsfrist nach § 475 Nr 2 S 2 ZGB kann nicht abgestellt werden, da diese im Verhältnis zur vierjährigen Verjährung nur Auffangnatur hat und nicht der kurzen Ausschlußfrist des § 864 ZGB vergleichbar ist.

dd) Schadensersatz- und Bereicherungsansprüche wegen Besitzentziehung, die vor dem Stichtag entstanden sind, unterliegen dem Recht der DDR gemäß Art 232 § 1 (Palandt/Bassenge Rn 2). **16**

c) Auch die Frage, ob ein (vor, mit oder nach dem 3. 10. 1990 geschlossener oder wirksam gewordener) Vertrag ein **Recht zum Besitz** gibt, beurteilt sich nach dem Wirksamwerden des Beitritts gemäß § 1 nach § 986 BGB (BGH LM § 68 DDR-ZGB Nr 2; BGH DtZ 1994, 315). **17**

d) Ein **Eigentümer-Besitzer-Verhältnis** untersteht als gesetzliches Schuldverhältnis Art 232 § 1. Ansprüche auf Herausgabe von Nutzungen durch den nicht berechtigten Besitzer unterstehen jedoch für Zeiträume seit dem 3. 10. 1990 gemäß § 1 neuem Recht (BGHZ 137, 128, 132; näher § 2 Rn 32). **18**

§ 2
Inhalt des Eigentums

(1) Auf das am Tag des Wirksamwerdens des Beitritts bestehende Eigentum an Sachen finden von dieser Zeit an die Vorschriften des Bürgerlichen Gesetzbuchs Anwendung, soweit nicht in den nachstehenden Vorschriften etwas anderes bestimmt ist.

(2) Bei ehemals volkseigenen Grundstücken wird unwiderleglich vermutet, daß in der Zeit vom 15. März 1990 bis zum Ablauf des 2. Oktober 1990 die als Rechtsträger eingetragene staatliche Stelle und diejenige Stelle, die deren Aufgaben bei Vornahme der Verfügung wahrgenommen hat, und in der Zeit vom 3. Oktober 1990 bis zum 24. Dezember 1993 die in § 8 des Vermögenszuordnungsgesetzes in der seit dem 25. Dezember 1993 geltenden Fassung bezeichneten Stellen zur Verfügung über das Grundstück befugt waren. § 878 des Bürgerlichen Gesetzbuchs gilt auch für den Fortfall der Verfügungsbefugnis sinngemäß. Die vorstehenden Sätze lassen Verbote, über ehemals volkseigene Grundstücke zu verfügen, namentlich nach § 68 des Zivilgesetzbuchs und der Zweiten, Dritten und Vierten Durchführungsverordnung zum Treuhandgesetz unberührt. Wem bisheriges Volkseigentum zusteht, richtet sich nach den Vorschriften über die Abwicklung des Volkseigentums.

(3) Ist der Eigentümer eines Grundstücks oder sein Aufenthalt nicht festzustellen und besteht ein Bedürfnis, die Vertretung des Eigentümers sicherzustellen, so bestellt der Landkreis oder die kreisfreie Stadt, in dessen oder deren Gebiet sich das Grundstück befindet, auf Antrag der Gemeinde oder eines anderen, der ein berechtigtes Interesse daran hat, einen gesetzlichen Vertreter. Im Falle einer Gemeinschaft wird ein Mitglied der Gemeinschaft zum gesetzlichen Vertreter bestellt. Der Vertreter ist von den Beschränkungen des § 181 des Bürgerlichen Gesetzbuchs befreit. § 16 Abs. 3 und 4 des Verwaltungsverfahrensgesetzes findet entsprechende Anwendung. Der Vertreter wird auf Antrag des Eigentümers abberufen. Diese Vorschrift tritt in ihrem

räumlichen Anwendungsbereich und für die Dauer ihrer Geltung an die Stelle des § 119 des Flurbereinigungsgesetzes auch, soweit auf diese Bestimmung in anderen Gesetzen verwiesen wird. § 11b des Vermögensgesetzes bleibt unberührt.

Materialien: Abs 1, Abs 2 S 4: Materialien siehe zu Art 230; E: BT-Drucks 11/7760 Art 233 § 2; **Abs 2 S 1 bis 3**: Art 2 Abs 1 Nr 3a WoModSiG BGBl 1997 I 1823; Entwurf: BT-Drucks 13/2002 („NutzSchG"); Beschlußempfehlung und Bericht des Rechtsausschusses BT-Drucks 13/7275 („WoModSiG"); Beschlußempfehlung des Vermittlungsausschusses BT-Drucks 13/7957; **Abs 3**: Art 13 Nr 3a RegVBG BGBl 1993 I 2182; Entwurf: BT-Drucks 12/5553; Beschlußempfehlung und Bericht des Rechtsausschusses BT-Drucks 12/6228.

Schrifttum

Albrecht, Wer kann ehemals volkseigenen Grundbesitz veräußern?, VIZ 1991, 88

Böhringer, Heilung von „Modrow-Kaufverträgen" aus grundbuchverfahrensrechtlicher Sicht, VIZ 1997, 617

Floren, Sittenwidrigkeit der Modrow-Verträge, VIZ 1998, 119

Grün, Der Bund als williger Vollstrecker der DDR, ZIP 1997, 385 und ZIP 1997, 492

Nassall, Anmerkung zu BGH 27. 11. 1998 (WM 1999, 746), WuB IV B Art 233 § 2 EGBGB 2. 99

Schnabel, Fallgruppen nichtiger Modrow-Kaufverträge trotz der Heilungsbestimmungen im Wohnraummodernisierungssicherungsgesetz, VIZ 1998, 113

Stavorinus, Die EGBGB-Heilungsvorschriften des WoModSiG, NotBZ 1998, 6

Wiese, Keine Nutzungsentgelte nach Art 233 § 2a I EGBGB für Inhaber dinglicher Nutzungsrechte, VIZ 2002, 551

Wilhelms, Der Verkauf volkseigener Grundstücke und Gebäude, VIZ 1997, 74

Wittmer, Die Entwicklung des Rechts zu Fragen der „Modrow-Käufe", OV Spezial 2000, 314, 330, 359.

Vgl auch Schrifttum zu Art 233 § 1.

Systematische Übersicht

Alphabetische Übersicht

I. Normzweck

1. Abs 1

1 Abs 1 ist Art 181 Abs 1 nachgebildet. Zum Stichtag sollen die bisher in der DDR bestehenden unterschiedlichen Gattungen von Eigentum in den einheitlichen Eigentumsbegriff des BGB übergeführt werden (BT-Drucks 11/7817 40; PALANDT/BASSENGE Rn 1). Aus ideologischen Gründen unterschied das ZGB zwischen „sozialistischem Eigentum" in Gestalt des Volkseigentums, des Eigentums sozialistischer Genossenschaften und des Eigentums gesellschaftlicher Organisationen (§§ 17–21 ZGB), „persönlichem Eigentum" (§§ 22–24 ZGB) und „Privateigentum". Sozialistisches Eigentum war vielfach privilegiert; persönliches Eigentum diente lediglich den sozialen und kulturellen Bedürfnissen der Bürger, gleichgestellt war das im wesentlichen auf Arbeit beruhende Eigentum der Handwerker und Gewerbetreibenden; Privateigentum (insbesondere Grundstückseigentum, kirchliches Eigentum und ausländisches – sog „kapitalistisches" – Eigentum; LÜBCHEN ua, ZGB § 3 EGZGB) wurde im ZGB nicht genannt, de iure (§ 3 EGZGB) aber anerkannt und entsprechend den Bestimmungen des ZGB behandelt.

In der Folge des **1. Staatsvertrages** wurden mit dem **1. ZivilrechtsÄndG** (GBl DDR 1990 I 524) alle Privilegierungen des sozialistischen Eigentums aufgehoben und das Privateigentum als Rechtsinstitut ausdrücklich in § 23 Abs 2 S 2 ZGB dem persönlichen Eigentum gleichgestellt.

2. Abs 2 S 4 (entsprechend Abs 2 aF)

2 Abs 2 der ursprünglichen Fassung stellt lediglich klar, daß die Frage, wem das **Eigentum zusteht**, unabhängig ist vom *Eigentumsbegriff*. Für das ehemalige **Volkseigentum** bedarf diese Frage einer gesonderten Regelung, die jedoch nicht zivilrechtlicher Natur ist. Die Bestimmung wurde in Abs 2 S 4 idF des WoModSiG übernommen. Abs 2 S 4 verweist daher auf die anderweitigen Bestimmungen zur Aufteilung des öffentlichen Vermögens in der DDR (BT-Drucks 11/7817, 40).

3. Abs 2 S 1 bis 3

3 Die durch Art 2 Abs 1 Nr 3 **WohnraummodernisierungssicherungsG** in Abs 2 eingefugten Satze 1 bis 3 zielen zusammen mit Art 231 § 8 auf eine – auf bestimmte Mängel begrenzte – Heilung von Verfügungen aufgrund von Kaufverträgen nach dem *Verkaufsgesetz* v 17. 3. 1990 („Modrow-Gesetz"; GBl DDR 1990 I 157; zu weiteren Rechtsfragen dieser Verträge WITTMER OV Spezial 2000, 314, 330, 358). Abs 2 S 1 bis 3 soll die *fehlende Verfügungsbefugnis* der als Rechtsträger bei im Volkseigentum stehenden Grundstücken im Grundbuch eingetragenen staatlichen Stelle durch die Schaffung einer unwiderleglichen Vermutung der Richtigkeit der eingetragenen Verfügungsbefugnis überwinden. Dies betrifft einerseits den Fall, daß schon im Zeitpunkt der Vornahme der Verfügung als Rechtsträger eingetragene Räte von Kreisen und Städten nicht mehr existierten und deren Aufgaben von den neu entstandenen Gebietskörperschaften wahrgenommen wurden. In der Praxis war andererseits Unsicherheit entstanden, weil mit der Wiedervereinigung die Verfügungsbefugnis staatlicher und kommunaler Stellen über Volkseigentum entfallen war. Damit blieben bereits eingeleitete Grundstücksveräußerungen stecken, weil die grundbuchrechtlich bis zur Vornahme der Grundbucheintragung erforderliche Verfügungsbefugnis des Veräußerers seit dem 3. 10. 1990 nicht mehr bestand (BGH VIZ 1999, 162, 163; Böhringer VIZ 1997, 583; ders OV Spezial 1997, 263, 264).

4. Abs 3

4 Der durch Art 13 Nr 3a **RegisterverfahrenbeschleunigungsG** mit Wirkung zum 25. 12. 1993 eingefügte Abs 3 soll den Unzuträglichkeiten Rechnung tragen, die sich daraus ergeben, daß in den neuen Bundesländern der Eigentümer eines Grundstücks vielfach **nicht aus dem Grundbuch zu ermitteln** ist, weil wegen der Geringschätzung des Grundeigentums die Grundbücher nachlässig geführt wurden. Dies gilt insbesondere im ländlichen Bereich, weil die Umschreibung von LPG-Grundstücken auf die Erben mangels Nutzungsberechtigung keinen wirtschaftlichen Sinn hatte (vgl § 18 Abs 4 LPGG 1982). Abs 3 soll die zur Vertretung des Eigentümers bei Unkenntnis von dessen Person ansonsten erforderliche *Pflegerbestellung* vermeiden, da die *Gerichte* durch die Vielzahl solcher Anträge überlastet würden. Hierzu wurde nach dem Vorbild des § 16 Abs 3 VwVfG eine generell für alle Grundstücke in den neuen Bundesländern geltende Regelung geschaffen, welche die Bestellung eines gesetzlichen Vertreters durch eine *Verwaltungsbehörde* ermöglicht (BT-Drucks 12/5553, 131).

II. Abs 1 – Überleitung

1. Interlokaler Anwendungsbereich

5 Der interlokale Anwendungsbereich bestimmt sich wie zu § 1 (Rn 2) nach der *Belegenheit* der Sache vor dem Stichtag.

2. Eigentumsbegriff

6 § 2 bestimmt den **Eigentumsbegriff** aus Sicht des BGB.

a) Erfaßt sind daher nur Eigentumsformen im Recht der DDR, die sich auf (bewegliche oder unbewegliche) **Sachen** beziehen, nicht aber das Eigentum an Rechten und Forderungen nach § 23 Abs 1 S 2 ZGB (Palandt/Bassenge Rn 1). Hierzu rechnet auch das selbständige Eigentum an Gebäuden (vgl Art 231 § 5; BGH DtZ 1995, 169, 171).

7 **b)** Erfaßt sind zudem nur Eigentumstypen, die dem **Eigentumsbegriff** des § 903 BGB im Grundsatz inhaltlich entsprechen (Staudinger/Hönle [1998] Art 181 Rn 3), also das Recht beinhalten, über die Sache die Herrschaft auszuüben und mit dieser – in den Grenzen der Legalität – nach Belieben zu verfahren. Dies ist trotz der vielfältigen Beschränkungen für die Eigentumstypen „sozialistisches Eigentum", „persönliches Eigentum" und „Privateigentum" zu bejahen (Palandt/Bassenge Rn 1). Auch das vormalige sog *„Arbeitseigentum"* an Bodenreformgrundstücken gemäß Art 1 BodenreformVO ist, jedoch erst nach Überleitung in Privateigentum durch das *Gesetz über die Rechte der Eigentümer von Grundstücken aus der Bodenreform* v 6. 3. 1990 (GBl DDR 1990 I 134), als Privateigentum von Abs 1 erfaßt (BezG Neubrandenburg DtZ 1992, 217, 218; VG Chemnitz ZOV 1996, 145, 146; MünchKomm/Säcker Rn 3).

8 c) § 2 unterliegen auch die sachenrechtlichen Aspekte von **Miteigentum** (§§ 35 bis 41 ZGB; Staudinger/ Hönle [1998] Art 181 Rn 6) und **Gesamteigentum** (§ 42 ZGB; dies folgt aus dem Fehlen einer Art 181 Abs 2 entsprechenden Regelung). Hingegen beurteilt sich das **Innenverhältnis** der Miteigentümergemeinschaft nach der schuldrechtlichen Überleitungsbestimmung in Art 232 § 9, für das Gesamteigentum unterliegt es der Überleitung des jeweiligen, das Gesamteigentum anordnenden Rechtsverhältnisses (siehe Art 232 § 9 Rn 3).

3. Eigentumserwerb

9 Entgegen der Überschrift „Inhalt des Eigentums" erstreckt sich die Bestimmung als intertemporale Regelung auch auf den Erwerb des Eigentums. Abzugrenzen ist nach dem Zeitpunkt des Erwerbstatbestands:

a) Tatbestände vor dem 3. 10. 1990

10 aa) Der **Erwerb von Eigentum** vor dem 3. 10. 1990, damit die Frage, wer am Stichtag Eigentümer einer Sache ist, beurteilt sich nach dem Recht der DDR (BGH DtZ 1994, 315; KG OLG-NL 1996, 76, 77; Brandenburgisches OLG OLG-NL 1995, 230; Brandenburgisches OLG VIZ 1995, 667, 668; OLG Naumburg MDR 1998, 1347). Das gilt auch für einen vor dem 3. 10. 1990 erfolgten *Verzicht* (§ 310 ZGB), der zur Entstehung von Volkseigentum führte (BGH DtZ 1996, 208, 209).

Waren alle Voraussetzungen für den Eigentumserwerb nach dem Recht der DDR am 2. 10. 1990 erfüllt, so bleibt der Erwerber Eigentümer, auch wenn nach dem BGB der tatbestandliche Vorgang nicht den Eigentumserwerb begründet hätte (so teilweise bei den Übergabesurrogaten des § 26 ZGB; Palandt/Bassenge Rn 2). Die Wirksamkeit **vor dem 1. 1. 1976** erfolgter Übereignungen beurteilt sich nach den Regelungen des damals in der DDR geltenden BGB (§ 2 Abs 2 S 2 ZGB; Brandenburgisches OLG OLG-NL 1995, 132, 134). Auch der Erwerb von selbständigem **Gebäudeeigentum** vor dem 3. 10. 1990 unterliegt dem Recht der DDR (Brandenburgisches OLG OLG-NL 1994, 210, 211; zum Fortbestand vgl unten Rn 26).

11 bb) Die **Unwirksamkeit des schuldrechtlichen Vertrages**, aufgrund dessen das Eigentum vor dem 3. 10. 1990 übergehen sollte, führt zur Unwirksamkeit des Eigentumserwerbs, da dem Recht der DDR die Trennung des Verpflichtungsgeschäfts von seinem dinglichen Vollzug unbekannt war, so daß der schuldrechtliche Vertrag kausal für die Verfügung ist (BGH LM § 66 DDR-ZGB Nr 1; BG Cottbus NJ 1992, 415; Brinkmann NJ 1996, 647). Bei Störungen der Geschäftsgrundlage im schuldrechtlichen Geschäft entsteht gleichwohl auch im Fall der Aufhebung des schuldrechtlichen Geschäfts nach dem 3. 10. 1990 (bzw nun des Rücktritts nach § 313 Abs 3 S 1 BGB) nur ein Rückübereignungsanspruch; denn die Aufhebung/der Rücktritt entzieht dem vormaligen Eigentumserwerb nicht ex tunc die kausale Grundlage (iE ebenso KG OLG-NL 1996, 76, 77).

Die Wirksamkeit des schuldrechtlichen Vertrages als solche beurteilt sich nach Art 232 § 1.

12 cc) Ein **Sonderrecht** für die Übertragung von Eigentum der **Konsumgenossenschaften**, insbesondere für Fälle der Veräußerung an den Staat zur Überführung in Volkseigentum, ergibt sich vor dem 1. 1. 1976 nicht. Insbesondere bedurfte die rechtsgeschäftliche, nicht im Wege der Enteignung erfolgende Übertragung von Grundstückseigentum einer Auflassung; der Abschluß eines (globalen) Kaufvertrages iVm der Erstellung einer Übergabe-Übernahme-Liste genügte nicht; ebensowenig genügt eine Auflassung, welche die einzelnen veräußerten und in Volkseigentum überführten Grundstücke nicht spezifiziert (BGHZ 126, 150; BGHZ 136, 228; Brandenburgisches OLG OLG-NL 1995, 132, 134; Thüringer OLG OLG-NL 1995, 44). Zwar mag nach den in der DDR herrschenden Verhältnissen, insbesondere dem internen Fehlverständnis des Eigentums von Konsumgenossenschaften ein nachlässiger Umgang mit dem Grundbuchrecht verbreitet gewesen sein. Dem kommt jedoch solange keine normative Kraft (als Gewohnheitsrecht) zu, als eine Zurechnung dieser Praktiken gegenüber dem Gesetzgeber der DDR nicht in Betracht kommt (Schäfer/Gölz VIZ 1994, 225; **aA** Brunner VIZ 1993, 285, 289). Auch eine **Ersitzung** konsumgenossenschaftlicher Grundstücke zugunsten des Volkseigentums hat nicht stattgefunden (BGHZ 132, 245; BGHZ 136, 228).

13 **dd)** Hinsichtlich **in Volkseigentum überführter Grundstücke** war jedoch ein die spätere Eigentumslage beeinflussender Wechsel der Rechtsträgerschaft durch *Rechtsträgerwechselvereinbarung* und *Eintragung in das Grundbuch* möglich (vgl *RechtsträgerAO* v 7. 7. 1969, GBl DDR II 433); die bloße Grundbucheintragung bewirkt bei Fehlen einer solchen Vereinbarung nicht den Übergang der Rechtsträgerschaft und damit nicht eine Eigentümerstellung des Erwerbers (OLG Dresden OLG-NL 1994, 81, 82).

Ein **Verfügungsrecht** war mit der Rechtsträgerschaft grundsätzlich nicht verbunden, sondern lediglich ein Recht zum Besitz und zur Nutzung (VG Berlin ZOV 1991, 101; LG Berlin VIZ 1993, 29).

War im **Grundbuch** „Eigentum des Volkes" eingetragen, so kommt eine **Buchersitzung** durch die DDR nicht in Betracht, da diese Eintragung begrifflich der Annahme von Privateigentum entgegensteht (KG VIZ 1994, 675, 677; BezG Dresden VIZ 1993, 313, 314; LG Magdeburg VIZ 1995, 544; **aA** OLG Naumburg MDR 1993, 811).

14 **ee)** Ein **Eigentumsvorbehalt** war nach dem Recht der DDR nur im Anwendungsbereich des GW, nicht im Anwendungsbereich des ZGB wirksam (vgl aber den gesetzlichen Eigentumsvorbehalt beim Kauf gemäß § 139 Abs 3 ZGB; unten Rn 25). Im Anwendungsbereich des GW war der Eigentumsvorbehalt *schriftlich* zu vereinbaren, eine Registrierung war nicht erforderlich (Sayatz/Stumpf BB Beil 26/1990, 6).

15 **ff)** Der **Vermögenszuordnungsbescheid gemäß § 4 VZOG** bewirkt nur eine vorläufige Legitimierung und hat für die von den Zivilgerichten zu beurteilende Frage, wem nach den bis zum 3. 10. 1990 geltenden Bestimmungen das Eigentum zusteht, keine bindende Wirkung. Insbesondere steht durch den Bescheid nicht die Zugehörigkeit zum Volkseigentum fest. Ein Antrag auf Vermögenszuordnung schließt daher insbesondere einen zivilrechtlichen Streit um das Eigentum an einem (früher volkseigenen) Grundstück nicht aus (OLG Dresden OLG-NL 1994, 81; Brandenburgisches OLG OLG-NL 1995, 132, 134). Zur Wirkung der Vermutung der Verfügungsberechtigung § 8 VZOG vgl unten Rn 38.

b) Tatbestände seit dem 3. 10. 1990

16 aa) Ein Eigentumserwerb **seit dem 3. 10. 1990** unterliegt vorbehaltlich § 7 dem BGB (Palandt/Bassenge Rn 2).

17 bb) Für den Eigentumserwerb an **Grundstücken** ist jedoch daneben die GrundstücksverkehrsO (bis zur Neufassung durch das 2. VermRÄndG: Grundstücksverkehrsverordnung) v 15. 12. 1977 idF des 1. ZivilRÄndG (GBl DDR 1978 I 73; GBl DDR 1990 I 52 – GVVO) anzuwenden, die gemäß EV Anlage II Kapitel III Sachgebiet B Abschnitt II Nr 1 mit dort genannten Änderungen fortgilt (neu gefaßt durch G v 22. 3. 1991, BGBl 1991 I 766, durch Art 4 2. VermRÄndG v 14. 7. 1992, BGBl 1992 I 1257, vgl BGBl 1992 I 1477, Art 15 RegVBG v 20. 12. 1993, BGBl 1993 I 2182; VermRAnpG v 4. 7. 1995, BGBl 1995 I 895; Art 4 WoModSiG v 17. 7. 1997, BGBl 1997 I 1823; Art 5 VermRBerG v 20. 10. 1998, BGBl 1998 I 3180; Art 7 Abs 3 G v 27. 7. 2000, BGBl 2000 I 897). Zweck der Fortgeltung ist ausschließlich die Sicherung von Restitutionsansprüchen durch Genehmigungserfordernisse im Grundstücksverkehr (im einzelnen Schmidt/Wingbermühle VIZ 1994, 328).

18 α) Die Genehmigungstatbestände (§ 2 GVVO) wurden daher durch Gesetz v 22. 3. 1991 (BGBl I 766) eingeschränkt auf:

- die Auflassung eines Grundstücks und den schuldrechtlichen Vertrag hierüber;
- die Bestellung und Übertragung eines Erbbaurechts und den schuldrechtlichen Vertrag hierüber.

19 β) In der seit 25. 12. 1993 geltenden Fassung sind zahlreiche Ausnahmen vorgesehen (§ 2 S 2 GVO), insbesondere für Erwerbe aufgrund einer Investitionsbescheinigung, einer Entscheidung nach § 3a VermG, eines Investitionsvorrangbescheides samt nachfolgender Erwerbsvorgänge vorbehaltlich eines Vertrages nach § 3c VermG, Erwerbe nach Feststellung gemäß § 13 Abs 2 InvestitionsvorrangG, Erwerbe aufgrund einer Entscheidung nach §§ 31 Abs 5 S 3 oder § 33 Abs 3 VermG, Veräußerungen durch seit dem 29. 1. 1933 eingetragene Eigentümer oder deren Erben sowie Bewilligungen von Vormerkungen (so schon zur Fassung nach dem EV: KG OLGZ 1992, 257).

20 γ) **Zuständig** zur Erteilung der Genehmigung ist das Landratsamt bzw die Stadtverwaltung (§ 8 GVO). Die **Genehmigung ist zu erteilen**, wenn die Voraussetzungen des § 1 Abs 2 GVO vorliegen, insbesondere wenn in der Ausschlußfrist des § 30a VermG ein Antrag auf Rückübertragung nicht eingegangen, ein solcher Antrag bestandskräftig abgelehnt oder zurückgenommen worden ist oder der Anmelder zustimmt bzw die Veräußerung nach § 3c VermG erfolgt.

21 cc) **Grundbuchrechtlich** ist (mit Ausnahme der Übergangsbestimmungen EV Anlage I Kapitel III Sachgebiet B Abschnitt III Ziff 1, hierzu: Böhringer Rpfleger 1991, 92 f), insbesondere hinsichtlich schwebender Eintragungsanträge (EV Anlage I, aaO, lit f) entsprechend der materiellrechtlichen Übergangsbestimmung in Art 233 § 7 seit dem 3. 10. 1990 die **Grundbuchordnung** anzuwenden. Grundbuchberichtigungsansprüche unterliegen § 894 BGB (Brandenburgisches OLG OLG-NL 1995, 153, 155). Hinsichtlich der Eintragung von Gebäudeeigentum gilt die **Gebäudegrundbuchverfügung** v 15. 7. 1994

(BGBl 1994 I 1606), für investive Grundbuchsachen die **GrundbuchvorrangVO** v 3.10. 1994 (BGBl 1994 I 2796).

22 **dd)** Zum Grundbuchrecht der ehemaligen DDR vgl die **Grundstücksdokumentationsο** v 6.11. 1975 (GBl DDR I 697; Zuck MDR 1991, 209; Böhringer DtZ 1991, 272).

c) Gestreckte Erwerbstatbestände

23 **aa)** Bei **gestreckten Erwerbstatbeständen** nach dem Recht der DDR kann sich der Eigentumserwerb mit Ausnahme der in § 7 getroffenen Sonderregelung nach dem 2.10. 1990 nicht mehr vollenden. Das gilt auch, wenn das DDR-Recht weitergehende Erfordernisse für den Eigentumserwerb aufstellte als das BGB; dem BGB fremde Elemente des Erwerbstatbestands können nicht nach dem 2.10. 1990 nachgeholt werden (Palandt/Bassenge Rn 2). Insbesondere kann die für den Eigentumserwerb erforderliche Kaufpreiszahlung (§ 139 ZGB) nach dem 2.10. 1990 nicht mehr den Eigentumsübergang bewirken, auch wenn die Sache bis zum 2.10. 1990 übergeben wurde.

24 **bb)** Es ist jeweils die **Übereignung nach den Bestimmungen des BGB** erneut durchzuführen. Hierzu (nach BGB) erforderliche Tatbestandselemente, die bereits vor dem 3.10. 1990 verwirklicht wurden, sind nicht zu wiederholen. Das gilt nicht nur, wenn das Tatbestandsmerkmal als solches (zB Übergabe) verwirklicht wurde; auch eine *Auflassung*, die dem Recht der DDR als solche unbekannt war, kann vor dem 3.10. 1990 erfolgt sein, wenn die Parteien sich in dem notariell geschlossenen Grundstückskaufvertrag ausdrücklich und deutlich über den Eigentumsübergang geeinigt haben (BezG Dresden DtZ 1991, 439). Weitergehend ist eine **Auflassung** jedoch entbehrlich, soweit § 7 **Abs 1** eingreift (dort Rn 24 ff).

25 **cc)** Entgegen der vom *Reichsgericht* (RG JW 1900, 889) zu Art 181 vertretenen Ansicht kann sich die **Vollendung eines vor dem 2.10. 1990** nach dem Recht der DDR noch nicht vollendeten **gestreckten Eigentumserwerbs** mit dem Beginn des 3.10. 1990 ergeben, wenn sämtliche zum Eigentumserwerb nach BGB erforderlichen Tatbestandsmerkmale vorliegen (OLG Naumburg MDR 1998, 1347; **aA** Palandt/Bassenge Rn 2). Zumeist, insbesondere bei Eigentumserwerb durch Vertrag, dürfte es allerdings an der *Einigung* über den *Eigentumsübergang* gefehlt haben, wenn unter dem Recht der DDR das Eigentum noch nicht übergegangen ist; beispielsweise kann in Hinblick auf die Regelung des § 139 Abs 3 ZGB (Eigentumsübergang durch Übergabe und Zahlung, soweit nichts anderes vereinbart) der Übergabe nicht der konkludente Erklärungswert der Einigung über den Eigentumsübergang (so regelmäßig zu § 929 BGB) beigemessen werden, weil § 139 Abs 3 ZGB eine gegenteilige Vermutung beinhaltet. Dasselbe gilt für einen bedingten Vertrag, dem nicht eine stillschweigende Einigung über den Eigentumsübergang bei Unwirksamkeit der Bedingung zum 3.10. 1990 beigelegt werden kann. In solchen Fällen kann aber eine nachträgliche stillschweigende Einigung darin gesehen werden, daß die Parteien über den 3.10. 1990 hinaus von einer wirksamen Übertragung des Eigentums ausgehen, der Erwerber die Sache in Besitz hat und der Veräußerer in Kenntnis dessen sie nicht herausverlangt (OLG Naumburg MDR 1998, 1347).

d) Wesentliche Bestandteile

26 **Wesentliche Bestandteile** eines Grundstücks werden mit dem Stichtag Eigentum des

Grundstückseigentümers, auch wenn an ihnen nach dem Recht der DDR selbständiges Eigentum bestanden hatte (Staudinger/Hönle [1998] Art 181 Rn 4; Palandt/Bassenge Rn 1). Dieser Grundsatz ist jedoch weitgehend durchbrochen aufgrund der Regelung in Art 231 § 5. Hiernach bleibt das unabhängige Eigentum an Gebäuden, Baulichkeiten, Anlagen, Anpflanzungen oder Einrichtungen erhalten (im einzelnen siehe Art 231 § 5; Palandt/Bassenge Rn 1; MünchKomm/Säcker Rn 4; zur Übereignung von Baulichkeiten BGH VIZ 2002, 629, vgl Art 231 § 5 Rn 51). Da Art 231 § 5 eine von § 95 BGB unabhängige Ausnahme zu § 94 BGB darstellt, gilt dies auch für Anpflanzungen, auch wenn diese nicht § 95 Abs 1 S 2 BGB unterfallen (**aA** Palandt/Bassenge Rn 1).

4. Inhalt des Eigentums

27 **a)** Der Inhalt des Eigentums, also die aus dem Eigentum fließenden **dinglichen Rechtspositionen**, bestimmt sich seit dem 3. 10. 1990 nach §§ 903 bis 1011 BGB (BGH LM § 68 DDR-ZGB Nr 2; BGH DtZ 1995, 169, 171; OLG Brandenburg OLG-NL 1995, 153; OLG Brandenburg DtZ 1997, 163, 164; OLG Brandenburg OLG-NL 1997, 14; OLG Naumburg OLG-NL 1998, 182; Becker-Eberhard Jura 1994, 577, 580); dies gilt auch, soweit die eine Beeinträchtigung des Eigentums begründenden Tatsachen vor dem Stichtag erfolgt sind, aber die Beeinträchtigung am Stichtag noch besteht (Überbau, fortdauernde Besitzentziehung, sonstige Eigentumsbeeinträchtigung; Palandt/Bassenge Rn 3). Insoweit besteht eine Parallele zur Besitzstörung (vgl § 1 Rn 14); zu schuldrechtlichen Ansprüchen wegen Eingriffen in das Eigentum sogleich Rn 32. Rechtsfolgen aufgrund von Anspruchsgrundlagen nach dem BGB (zB Renten nach §§ 913, 917 Abs 2 BGB) können jedoch erst ab dem 3. 10. 1990 hergeleitet werden (Palandt/Bassenge Rn 3).

28 **b)** Auch die Verpflichtung zur **Duldung** einer Eigentumsbeeinträchtigung unterliegt seit dem 3. 10. 1990 ausschließlich dem BGB (§§ 904, 906, 912 ff), ohne daß es auf den Zeitpunkt des Beginns der Beeinträchtigung ankommt (Palandt/Bassenge Rn 3).

29 **c)** Weiter unterliegt die Verpflichtung des Besitzers zur Herausgabe gezogener **Nutzungen** bzw zum Wertersatz seit dem 3. 10. 1990 dem BGB (§§ 987 ff), auch wenn die Sache bereits vor dem 3. 10. 1990 im Besitz des Inanspruchgenommenen stand (BGHZ 120, 204, 215).

30 **d)** Auf **Grundbuchberichtigungsansprüche** wegen vor dem Wirksamwerden des Beitritts erfolgter Fehleintragungen oder außerhalb des Grundbuchs verwirklichter Rechtsänderungen ist seit dem 3. 10. 1990 § 894 BGB anzuwenden (BGH NJ 1996, 148; OLG Frankfurt aM OLGZ 1993, 461, 466; BG Cottbus NJ 1992, 415).

31 **e)** Erweiterungen und Beschränkungen der Eigentümerrechte nach dem Recht der DDR entfallen. Daher wurde unabhängig von der erst später geschaffenen Bestimmung in § 2b das **Gebäudeeigentum von LPGen**, welches nach dem Recht der DDR nur beschränkt verkehrsfähig war, mit dem 3. 10. 1990 voll verkehrsfähig (BGH DtZ 1995, 169, 171; **aA**: BezG Gera VIZ 1992, 332, 333). Gemäß Art 9 Abs 1 EV bleiben jedoch **nachbarrechtliche Regelungen** im Recht der DDR als Landesrecht (vgl Art 1 Abs 2, Art 124 EGBGB) in Kraft. Dies betrifft insbesondere die aus Sicht des Bundesrechts nachbarrechtlichen Bestimmungen in §§ 316 ff ZGB betreffend das Verhältnis von benachbarten Grundstücksnutzern, also § 317 ZGB: Verpflichtung zur

Einzäunung und Unterhaltung von Einzäunungen; § 319 ZGB: Überhang von Pflanzen.

f) Schuldrechtliche Ansprüche im Zusammenhang mit dem Eigentum (§§ 906 Abs 2 S 2 und EBV) unterliegen nicht der Überleitung nach Abs 1; abzugrenzen ist intertemporal nach Art 232 § 1 (BGH NJW 1995, 2627; BGHZ 137, 128, 131), so daß der Zeitpunkt der Entstehung des Schuldverhältnisses maßgeblich ist. Dieser fällt zusammen mit der Handlung, welche den Anspruch auslöst, zB der Vornahme der Verwendung bei § 994 BGB, sofern das Schuldverhältnis nicht bereits durch eine frühere Handlung entstanden ist; zB ist für Ansprüche aus § 990 BGB abzustellen auf den Besitzerwerb, nicht aber auf die einzelne Schadensverursachung. Soweit Ansprüche aus einem EBV nicht einmalig, sondern zeitabschnittsweise entstehen, insbesondere Ansprüche auf Herausgabe gezogener oder schuldhaft nicht gezogener *Nutzungen*, sind für die Zeit ab dem 3. 10. 1990 die §§ 987, 988, 818 Abs 1, 819 BGB anzuwenden, da auch das am Tag des Wirksamwerdens des Beitritts bestehende Besitzverhältnis gemäß Art 233 § 1 von diesem Zeitpunkt an neuem Recht untersteht (BGHZ 137, 128, 134). 32

III. Abs 2 – Volkseigentum

1. Begriff, Rechtslage in der DDR

a) Nach Art 12 DDR-Verfassung waren die dort angeführten **Produktionsmittel** zwingend Volkseigentum. Dieses – materiellrechtlich in §§ 18 ff ZGB als Unterfall des sozialistischen Eigentums geregelt – stellte vom wirtschaftlichen Gewicht die bedeutendste Eigentumskategorie. *Eigentümer* des Volkseigentums war der Staat (LG Berlin VIZ 1993, 29; PALANDT/BASSENGE Rn 4; LANGE DtZ 1991, 329). Die *Verfügungsbefugnis* stand mit Einschränkungen und in treuhänderischer Weise dem *Rechtsträger* zu, der auch als solcher im Grundbuch eingetragen wurde (dazu KG GE 1997, 1171, 1173; LG Berlin VIZ 1993, 29); dies konnten im Rahmen des § 19 ZGB Betriebe, Kombinate, wirtschaftliche und staatliche Organe nach Maßgabe der *RechtsträgerAO* v 7. 7. 1969 (GBl DDR 1969 II 433) sein (PALANDT/BASSENGE Rn 4; im einzelnen zur Verfügung über Volkseigentum: ALBRECHT VIZ 1991, 88; WILHELMS VIZ 1997, 74). Bei jedem Erwerb zu Volkseigentum war ein Rechtsträger zu bestimmen (OLG Brandenburg VIZ 1995, 667). 33

Das Eigentum **gesellschaftlicher Organisationen** untersteht hingegen allgemeinen zivilrechtlichen Regeln und ist daher auch von der Überleitung nach Art 233 § 2 erfaßt (LG Weimar VIZ 1994, 369, 379; AG Berlin-Köpenick VIZ 1998, 38, 41).

b) Nach der Wende in der DDR wurden grundsätzliche **Veränderungen in bezug auf das Volkseigentum** unternommen. Insbesondere wurde das in Art 12 DDR-Verfassung enthaltene *Verbot der Privatisierung* von Volkseigentum aufgehoben (Gesetz v 12. 1. 1990, GBl DDR I 15) und das *Privateigentum* auch an Grund und Boden und an Produktionsmitteln gewährleistet (VerfassungsgrundsätzeG v 18. 6. 1990, GBl DDR I 299). **Zivilrechtlich** fand dies Niederschlag in der *Beseitigung aller Privilegierungen* des Volkseigentums (1. ZivilrechtsÄndG v 28. 6. 1990, GBl DDR I 524). Außerdem wurden erste Schritte zur **Überführung in Privateigentum** unternommen, insbesondere durch das **TreuhandG** v 17. 6. 1990 (GBl DDR I 300, Fortgeltung Art 25 EV mit DurchführungsVOen), das **G über den Verkauf volkseigener Gebäude** v 7. 3. 1990 34

(VerkaufsG bzw „Modrow"-Gesetz, GBl DDR I 157, in Kraft bis 2.10. 1990 mit Modifikationen durch den 1. Staatsvertrag), das **G über die Übertragung volkseigener landwirtschaftlicher Nutzflächen in das Eigentum von LPG** v 6.3. 1990 (GBl DDR I 135, aufgehoben durch G v 28.6. 1990, GBl DDR I 483), das **LandverwertungsG** v 22.7. 1990 (GBl DDR I 899, Fortgeltung EV Anlage II Kapitel VI Sachgebiet B Abschnitt II Nr 1), das **G über die Übertragung volkseigener Güter usw in das Eigentum der Länder und Kommunen** v 22.7. 1990 (GBl DDR I 897, in Kraft bis 2.10. 1990), sowie das **KommunalvermögensG** v 6.7. 1990 (GBl DDR I 660 – KVG, fortgeltend mit Maßgaben gemäß EV Anlage II Kapitel IV Abschnitt III Nr 2; Palandt/Bassenge Rn 4).

2. Verfügungsbefugnis über Volkseigentum (Absatz 2 S 1 bis 3)

35 a) Verfügungen über volkseigene Grundstücke konnten nach dem Recht der DDR nur materiell berechtigte Rechtsträger (vgl oben Rn 33) treffen, nicht aber eine bloß – unrichtig – im Grundbuch als Rechtsträger eingetragene staatliche Stelle. Solche Verfügungen wurden jedoch vor allem im Zusammenhang mit Verkäufen nach dem VerkaufsG häufig eingeleitet und blieben wegen späteren Zweifeln an der Verfügungsbefugnis „hängen".

Abs 2 S 1 begründet für verschiedene Zeiträume zwei unwiderlegliche Vermutungen der Verfügungsbefugnis:

Für Verfügungen in der Zeit **vom 15.3. 1990 bis zum Ablauf des 2.10. 1990** besteht eine unwiderlegliche Vermutung der Verfügungsberechtigung der *als Rechtsträger eingetragenen* staatlichen Stelle und derjenigen Stelle, die deren Aufgaben bei Vornahme der Verfügung wahrgenommen hat.

Für Verfügungen in der Zeit **vom 3.10. 1990 bis zum 24.12. 1993** besteht eine unwiderlegliche Vermutung der Verfügungsbefugnis der in § 8 VZOG in der seit 25.12. 1993 geltenden Fassung bezeichneten Stelle.

Für Verfügungen **seit dem 25.12. 1993** enthält Abs 2 S 1 keine Regelung, da insoweit § 8 VZOG unmittelbar Anwendung findet.

36 b) Beide Vermutungen überwinden jedenfalls **bei wirksam begründetem Volkseigentum** Mängel der Verfügungsbefugnis der eingetragenen oder der für diese handelnden staatlichen Stelle. Insbesondere wird danach die Verfügungsbefugnis von Gemeinden sichergestellt, welche die Aufgaben des noch als Rechtsträger eingetragenen Rates der Gemeinde wahrgenommen haben (BVerwG ZOV 1999, 217, 218). Die Bestimmung gilt hingegen nicht, wenn eine nicht-staatliche Stelle (zB eine LPG) unrichtig als Rechtsträger eingetragen war und verfügt hat (Palandt/Bassenge Rn 5).

Sachlich ist die Vermutung weit auszulegen; sie erfaßt, wie § 8 VZOG, nicht nur **Verfügungen** iSd BGB, sondern auch Fälle der Ausgliederung von Vermögen einer Gebietskörperschaft auf ein neugegründetes Unternehmen im Wege der übertragenden Umwandlung nach § 58 UmwG (BGH VIZ 1999, 161, 163; vgl auch Böhringer NJ 1996, 231, 236). Erfaßt ist auch das der Verfügung nach dem Recht der DDR kausal zugrundeliegende Geschäft (BGH VIZ 1995, 595; OLG Dresden OLG-NL 1997, 125, 126).

c) Fraglich konnte zunächst für beide Vermutungen sein, ob auch der **Mangel des Volkseigentums** am Grundstück durch die Vermutung der Verfügungsbefugnis überwunden würde. Diese Frage erlangt vor allem Bedeutung vor dem Hintergrund, daß gleichzeitig durch Art 2 Abs 2 Nr 2 WoModSiG die Verfügungsbefugnis nach **§ 8 VZOG** geändert wurde. Die Neufassung des § 8 VZOG will eine Verfügungsbefugnis der dort genannten Stellen nunmehr ausdrücklich „unabhängig von der Richtigkeit" der noch bestehenden Eintragung als Volkseigentum begründen. **37**

Die damit verbundene Zielsetzung, nicht nur Mängel der Verfügungsbefugnis, sondern auch Mängel des Bestehens von Volkseigentum zu überwinden, erfaßt jedenfalls nicht Art 233 Abs 2. Schon nach seinem *Wortlaut* bezieht sich Art 233 § 2 S 1 nur auf die *Verfügungsbefugnis*. Daß – wie im Fall der Änderung des § 8 VZOG – eine Erstreckung auf Mängel des Volkseigentums gewollt gewesen wäre, ergibt sich auch nicht aus den Gesetzgebungsmaterialien (BGH VIZ 1999, 162, 163). Die Vermutung greift also nur dann ein, wenn das Grundstück materiell in Volkseigentum gestanden hat und *lediglich* die Verfügungsbefugnis der eingetragenen oder für diese handelnden staatlichen Stelle fraglich ist oder fehlt.

Dies gilt nicht nur für den Zeitraum bis zum 2. 10. 1990, sondern auch für den Zeitraum vom 3. 10. 1990 bis zum 24. 12. 1993, während dessen die von Abs 2 S 1 begründete Vermutung der Verfügungsbefugnis an **§ 8 VZOG** anknüpft. Für diesen Zeitraum ist nämlich nicht § 8 VZOG idF durch das WoModSiG anzuwenden, sondern die „seit dem 25. 12. 1993 geltende Fassung". Abs 2 erstreckt nicht die Neufassung des § 8 VZOG auf Verfügungen aus Zeiträumen vor dem 24. 12. 1993 (OLG Dresden ZOV 2000, 245, 249). § 8 aF VZOG hatte aber zweifelsfrei nur den Zweck, die sofortige Verfügungsmöglichkeit sicherzustellen, nicht aber, fehlendes Volkseigentum zu überwinden: § 8 aF VZOG geht zurück auf § 6 VZOG idF des HemmnisbeseitigungsG v 22. 3. 1991 (BGBl 1991 I 766; zur Verfügungsbefugnis nach § 6 VZOG aF: OLG Dresden OLG-NL 1997, 125, 126). Bei dessen Erlaß war dem Gesetzgeber noch nicht einmal bewußt, daß vielfach nicht wirksam Volkseigentum begründet worden war. Es sollte lediglich, wie dies der Wortlaut des § 8 VZOG aF ausdrückt, eine die Verteilung ehemaligen Volkseigentums ermöglichende Buchposition eingeräumt werden, nicht aber die Stellung des wirklichen Eigentümers unbeschadet unwirksamer Begründung von Volkseigentum (BVerwG ZOV 1999, 217, 218; BGH VIZ 1998, 519; OLG Dresden VIZ 1996, 732; OLG Dresden VIZ 1997, 102; zum vorangehenden Meinungsstreit vgl Keller RPfleger 1999, 269).

d) Für Verfügungen seit dem 25. 12. 1993 ist – unabhängig von dem soeben erörterten Verhältnis zwischen § 8 nF VZOG Art 233 § 2 Abs 2 S 1 – fraglich, ob **§ 8 nF VZOG** den **Mangel bestehenden Volkseigentums** heilt, und ob eine solche Heilung auch Verfügungen zwischen dem 25. 12. 1993 und dem 23. 7. 1997, also vor Inkrafttreten des § 8 nF VZOG, erfaßt. **38**

Nach der Intention des Gesetzgebers ist sowohl eine **Heilung** unter Überwindung des Mangels der Begründung von Volkseigentum als auch eine **Rückwirkung** von § 8 VZOG nF auf früher erfolgte Verfügungen gewollt (BT-Drucks 13/7275, 35; BGH VIZ 1998, 519, 520). Die Einfügung der Worte „unabhängig von der Richtigkeit der Eintragung" ist nur vor diesem Hintergrund verständlich. Auch der Vorbehalt zugunsten früherer Urteile und Einigungen der Beteiligten in Art 7 Abs 2 S 3 WoModSiG bringt zum Ausdruck, daß im übrigen eine Rückwirkung auf frühere Verfügungen gewollt ist. Eine nur in die Zukunft wirkende Regelung hätte das der Regelung zugrundeliegende Problem nicht gelöst.

Eine rückwirkende Heilung von Verfügungen, die nach der bis zum Inkrafttreten des WoModSiG eindeutigen Rechtslage nicht nur an der Verfügungsbefugnis, sondern an fehlendem (ehemaligen) Volkseigentum gescheitert wären, kann gleichwohl dem § 8 VZOG nF nicht beigemessen werden, weil in dieser Auslegung die Bestimmung **verfassungswidrig** wäre. Die rückwirkende Schaffung der Voraussetzungen für einen Entzug des bestehenden Eigentums Privater verstieße sowohl gegen Art 14 Abs 1 als auch gegen Art 14 Abs 3 GG (OLG Dresden VIZ 1998, 218; der BGH hat in seiner Revisionsentscheidung – ZIP 1998, 1324 – zur Verfassungsfrage nicht Stellung genommen, da sie sich als letztlich nicht entscheidungserheblich erwies; vgl auch OLG Dresden ZOV 2000, 245, 248).

Auch für Verfügungen nach Inkrafttreten der Neufassung am 24. 7. 1997 ist die Schaffung einer Befugnis der Gebietskörperschaften, über fremdes Eigentum zu verfügen, verfassungsrechtlich nicht hinnehmbar (OLG Dresden aaO; Grün ZIP 1997, 491; MärkerEWiR 1998, 89, 90). Mit einer solchen Befugnis würde die legitime Zielrichtung des § 8 aF VZOG, die infolge der Wende entstandene Unklarheit über *Verfügungszuständigkeiten* durch eine völlig andere ersetzt: Unbeschadet der Vermutung, daß die Organe der DDR bei der Überführung in Volkseigentum, insbesondere durch Übergehen unermittelter privater Erben, im Umgang mit der Rechtslage nicht kleinlich waren, war gleichwohl die Rechtslage durch die DDR nicht abschließend zu Lasten der wirklichen Eigentümer gestaltet worden; die fälschliche Buchung als Volkseigentum war nicht konstitutiv. Damit aber würde das vom Gesetzgeber gewollte Verständnis des Art 8 nF VZOG nicht (bloß) eine unrechtmäßige DDR-Enteignung nicht revidieren. Es würden vielmehr deutsche Behörden (insbesondere die Treuhandanstalt) ermächtigt, durch *interne Organisationsakte* iSd weiten Verfügungsbegriffs (oben Rn 36) – außerhalb von Verkehrsgeschäften mit Dritten, bei denen ohnehin § 892 BGB greifen würde – privates Eigentum entschädigungslos zu entziehen (so mit Deutlichkeit Grün ZIP 1997, 491, 493). Eine solche Befugnis erschiene überdies auch gesetzeslogisch fragwürdig, weil der Verfügung durch den Zuordnungsadressaten über § 8 VZOG eine stärkere Wirkung beigemessen würde, als sie die Zuordnung selbst bewirkt, die nach § 4 VZOG die Geltendmachung von Ansprüchen privater Eigentümer nicht überwindet (oben Rn 15; unten Rn 44).

Zur Vermeidung der Verfassungswidrigkeit der Bestimmung kommt daher nur eine **verfassungskonforme Auslegung** in Betracht, die freilich das mit der Neuregelung angestrebte Ziel vereitelt: § 8 VZOG stellt in alter und neuer Fassung nur die Verfügungsfähigkeit von ehemals volkseigenen Grundstücken sicher. Die Norm taugt aber nicht dazu, Gebietskörperschaften oder der Treuhandanstalt eine Befugnis zur Verfügung über fremdes Eigentum (Märker EWiR 1998, 89, 90) und zur Vollendung sämtlicher aus DDR-Zeit herrührender mangelhafter Rechtsgeschäfte zu verleihen (BVerwG ZOV 1999, 217, 218).

Unbeschadet der Möglichkeit eines **gutgläubigen Erwerbs** nach § 892 BGB, der ein Verkehrsgeschäft voraussetzt, das in den Fällen interner Neuorganisation nicht vorliegt (BGH VIZ 1999, 161), kommt eine **Heilung** von Mängeln der Begründung von Volkseigentum somit nur nach Art 237 § 1 oder § 2 in Betracht.

e) Zusätzlich zu der Vermutung der Verfügungsberechtigung gilt gemäß Abs 2 S 2 **§ 878 BGB** für den Fortfall der Verfügungsbefugnis sinngemäß. Im ZGB fehlte eine § 878 BGB entsprechende Norm (Schnabel VIZ 1998, 113, 114). Maßgeblich für das Bestehen der Verfügungsbefugnis war damit nicht der Zeitpunkt der Eintragung in das Grundbuch, sondern der Zeitpunkt der Antragstellung. Durch die entsprechende Anwendung von § 878 werden die am 3. 10. 1990 durch den Wegfall der Verfügungsbefugnis (KG NJ 1996, 38; dazu Wittmer OV spezial 2000, 330, 332) „hängengebliebenen" Eintragungsanträge gelöst: Wurde der Antrag auf Umschreibung des Eigentums vor Wegfall der Verfügungsbefugnis gestellt, so berührt der nachträgliche Wegfall der Verfügungsbefugnis nicht die Wirksamkeit der auf die Verfügung gerichteten Erklärung (MünchKomm/Säcker Rn 6). Damit genügt aber auch das Bestehen der unwiderlegbaren Vermutung des Abs 2 S 1 im Zeitpunkt der Vornahme der Verfügung. **39**

f) **Abs 2 S 3** stellt klar, daß Abs 2 S 1 und 2 – im Zusammenwirken mit Art 231 § 8 – nur die Heilung *bestimmter Fälle* der Unwirksamkeit von auf „Modrow"-Kaufverträgen beruhenden Verfügungen und nicht eine umfassende Heilung aller Mängel gewollt ist, wie sie auch im Gesetzgebungsverfahren mehrfach gefordert wurde (vgl insbesondere die Entwürfe eines NutzerschutzG BT-Drucks 13/2022 [Bundesrat] und BT-Drucks 13/7291 [PDS]). **40**

Verfügungsverbote über ehemals volkseigene Grundstücke bleiben unberührt und führen weiterhin zur Nichtigkeit (MünchKomm/Säcker Rn 8). Vorbehalten sind „namentlich" – also nicht abschließend – Verbote nach § 68 ZGB und nach der 2., 3. und 4. DVO zum TreuhandG.

Weiterhin nichtige „Modrow"-Kaufverträge (eingehend Schnabel VIZ 1998, 113) liegen vor bei:

- Verstößen gegen *Verbotsgesetze* (§ 68 Abs 1 Nr 1 ZGB), insbesondere gegen die sich aus dem 1. Staatsvertrag mit Wirkung zum 1. 7. 1990 ergebende Einschränkung der Veräußerungsbefugnis nach dem VerkaufsG/*Modrow*-Gesetz, das Fehlen erforderlicher *Kaufpreisanpassungsklauseln* (Anl IX Nr 4 zum 1. Staatsvertrag) und Verstöße gegen die DDR-Haushaltsordnung. Nach § 68 Abs 1 Nr 1 ZGB – vollständig – nichtig sind auch Verträge nach dem VerkaufsG, die nach dem 1. 7. 1990 unter Umgehung des Erfordernisses einer Kaufpreisanpassungsklausel mit einer Rückkaufsvereinbarung für den Fall der Weiterveräußerung geschlossen wurden, da ein Rückkaufsrecht nach ZGB nicht wirksam vereinbart werden konnte, ohne diese Vereinbarung der Kaufvertrag aber nicht geschlossen worden wäre (KG VIZ 1993, 161; KG ZOV 1994, 306).
- Verstößen gegen das *TreuhandG* und die 2. bis 4. DVO zum TreuhandG. Bei zweckgetreuer Auslegung dieser Regelungen ergibt sich, daß seit dem 1. 7. 1990 (bzw dem Inkrafttreten der jeweiligen DVO in Ansehung der durch sie erfaßten weiteren Vermögenswerte) nur noch die Treuhandanstalt verfügungsbefugt gewesen ist (BezG Potsdam DtZ 1994, 33; KG VIZ 1993, 161; KG VOZ 1995, 464; **aA** OLG Naumburg VIZ 1996, 536; zur 2. DVO/TreuhandG: OLG Rostock VIZ 1993, 549; zur 4. DVO/TreuhandG BGH DtZ 1997, 54; für die durch die 3. DVO/TreuhandG betroffenen land-, forst- und fischereiwirtschaftlichen Betriebe war zur Begründung der alleinigen Verfügungsbefugnis der Treuhand-

anstalt zunächst ein Parlamentsbeschluß zur Einbeziehung in den Privatisierungsauftrag der Treuhandanstalt erforderlich, BGH NJW 1994, 2487).

– *Sittenwidrigkeit* (§ 68 Abs 1 Nr 2 ZGB), die insbesondere in Fällen der Verschleuderung von Volkseigentum nach dem VerkaufsG vorliegt, sofern der Preis den gesetzlichen Vorgaben im Recht der DDR nicht entsprach oder wenn den Beteiligten bewußt war, daß die eingehaltenen gesetzlichen (Mindest-)Preisvorgaben in einem krassen Mißverhältnis zu dem in Erwartung marktwirtschaftlicher Verhältnisse gestiegenen Bodenwert standen (im einzelnen Schnabel VIZ 1998, 113, 117; Floren VIZ 1998, 119; Wittmer OV spezial 2000, 330, 333).

41 **e)** Vor dem Inkrafttreten des WoModSiG am 24. 7. 1997 ergangene **rechtskräftige Urteile** oder wirksame **Vereinbarungen** zwischen den Beteiligten einer früher erfolgten in ihrer Wirksamkeit fraglichen Verfügung bleiben unberührt (Art 225 S 2). Dies entspricht der für § 8 nF VZOG in Art 7 Abs 2 S 3 getroffenen Übergangsregelung (zum Vorliegen einer Vereinbarung bzw Einigung vgl BGH ZIP 1998, 1324).

3. Zuweisung der Inhaberschaft ehemaligen Volkseigentums (Absatz 2 S 4)

42 **a)** Absatz 2 hat keinen eigenständigen materiellrechtlich regelnden Gehalt; die Bestimmung **stellt lediglich klar**, daß die Inhaberschaft von Volkseigentum nicht durch § 2 erfaßt ist, sondern sich aus anderen Rechtsvorschriften ergibt. **Sachenrechtlich** gilt für die Übertragung von Eigentum aufgrund der in Absatz 2 verwiesenen Bestimmungen das 3. Buch des BGB, sofern nicht in einzelnen Vorschriften abweichende Regelungen (insbesondere ein Eigentumsübergang kraft Gesetzes) vorgesehen sind. Die Bestimmung hat rein sachenrechtliche Bedeutung; wer mit dem übernommenen Volkseigentum in Zusammenhang stehende **Verbindlichkeiten** trägt, wird hierdurch nicht geregelt (Kühn DtZ 1992, 200; vgl dazu Art 232 § 1 Rn 92 ff).

43 **b)** Soweit nach vorstehenden (soeben Rn 34) Rechtsvorschriften **Rechtsänderungen vor dem 2. 10. 1990** bereits eingetreten sind, bleibt die am Stichtag bestehende Rechtsinhaberschaft bestehen; dasselbe gilt für eine vor dem Stichtag (auf Kommunen etc) übergegangene Verfügungsbefugnis (Palandt/Bassenge Rn 5).

4. Von Absatz 2 S 4 verwiesene Bestimmungen

44 **a)** Volkseigentum, das der **Erfüllung öffentlicher Aufgaben** dient, wurde entsprechend der Zuständigkeitsordnung des GG entweder Bundesvermögen oder steht als Verwaltungs- bzw Finanzvermögen (vgl BGH WM 1995, 990 ff; Rohde DNotZ 1991, 194) den Ländern bzw Gebietskörperschaften zu und ging auf diese über (Art 21 EV). Finanzvermögen ist nach den Vorschriften des TreuhandG und des KVG zu übertragen (Art 22 EV); dies gilt nicht für volkseigenes Vermögen, das der *Wohnungsversorgung* diente; dieses geht mit dem Beitritt einschließlich der Schulden auf die Kommunen über (Art 22 Abs 4 EV; vCraushaar DtZ 1991, 360; Ossenbühl DÖV 1991, 301; Lange DtZ 1991, 330 ff; Rohde DNotZ 1991, 193). Die **Feststellung über die Zuordnung** nach Art 21 und 22 EV erfolgt gemäß dem **VermögenszuordnungsG** (BGBl 1991 I 784; BGBl 1992 I 1464; BGBl 1994 I 710; BGBl 1997 I 1823; BGBl 1997 I 3224; BGBl 1998 I 3187; BGBl 2000 I 897; BGBl 2001 I 1149; BGBl 2002 I 562). Der **Vermögenszuordnungsbescheid** berührt jedoch nicht die nach Abs 1 zu beurteilende Eigentümerstellung vor dem

3. 10. 1990, vorbehaltlich der Verfügungsberechtigung nach § 8 VZOG (oben Rn 38). Die Heilung von Mängeln der Begründung von Volkseigentum beurteilt sich vielmehr nach Art 231 §§ 7 bis 9 und Art 237. Die Verfügungsbefugnis über die auf **Kommunen** übertragenen volkseigenen Grundstücke bestimmt sich nach § 49 KVG; veräußerbar sind Vermögenswerte, die zur Erfüllung kommunaler Aufgaben nicht benötigt werden.

b) Volkseigentum im Bereich von **Bahn und Post** wurde zu Sondervermögen der Bundesrepublik bzw mit dem Sondervermögen der – damaligen – Bundespost vereinigt (Art 26, 27 EV; Thüringer OLG OLG-NL 1995, 130). **45**

c) Das **Vermögen des Ministeriums für Staatssicherheit** wird Bundesvermögen (Art 21 Abs 1 Satz 2, Art 22 Abs 1 Satz 2 EV iVm 4. DVO zum TreuhandG v 12. 9. 1990, GBl DDR I 1465). **46**

d) **Betriebliches Vermögen** bleibt den in Kapitalgesellschaften umgewandelten volkseigenen Betrieben zugeordnet (§ 11 Abs 2 TreuhandG). Inhaber der Gesellschaftsanteile wurde die Treuhandanstalt. Auch ausgesondertes **Militärvermögen** ging auf die Treuhandanstalt über (Wilhelms VIZ 1995, 543). **47**

e) **Eigentum an volkseigenen landwirtschaftlich genutzten Grundstücken** ging treuhänderisch über auf die Treuhandanstalt (§ 1 Abs 2 TreuhandG; 3. DVO zum TreuhandG v 29. 8. 1990, GBl DDR I 1333, fortgeltend EV Anlage II Kapitel IV Abschnitt I Nr 8; Rohde DNotZ 1991, 199). Das Eigentum wurde den Ländern oder Kommunen übertragen (G über die Übertragung volkseigener Güter usw in das Eigentum der Länder und Kommunen v 22. 7. 1990, GBl DDR I 897); die Grundstücke konnten durch die Treuhandanstalt verkauft werden (§ 4 G über die Übertragung des Eigentums und die Verpachtung volkseigener landwirtschaftlich genutzter Grundstücke an Genossenschaften, Genossenschaftsmitglieder und andere Bürger v 22. 7. 1990, GBl DDR I 899; Rohde DNotZ 1991, 199 f). **48**

f) Für **sonstiges volkseigenes Vermögen**, welches am 2. 10. 1990 noch nicht in Privateigentum übergeführt, insbesondere verkauft war, übernahm ebenfalls die Treuhandanstalt die zeitweilige treuhänderische Verwaltung (3. DVO zum TreuhandG). **49**

5. Sicherung von Rückübertragungsansprüchen

a) Rechtsgrundlagen

Die öffentlich-rechtlichen (hier nicht erläuterten) Bestimmungen zur Restitution von enteignetem Eigentum finden sich im **VermG** v 31. 8. 1990 (GBl DDR I 1899, BGBl I 1071; neu bekannt gemacht BGBl 1998 I 4026; BGBl 2000 I 1382; BGBl 2000 I 1481; BGBl 2001 I 266; BGBl 2001 I 1149), der **AnmeldeVO** v 11. 7. 1990 idF v 3. 8. 1992 (BGBl 1992 I 1446) sowie im **InvestitionsvorrangG** v 14. 7. 1992 (BGBl 1992 I 1268; neu bekannt gemacht BGBl 1997 I 1996; BGBl 2001 I 1149). **50**

b) Zivilrechtliche Sicherung der Ansprüche aus § 3 Abs 1 VermG

Fraglich ist, in welcher Weise Ansprüche auf Rückübertragung unrechtmäßig enteigneter Grundstücke **verfahrensrechtlich**, insbesondere **grundbuchrechtlich** abgesi- **51** chert werden konnten. Besonderheiten des Restitutionsanspruchs nach § 3 Abs 1 VermG gegenüber rein zivilrechtlichen Fällen der Verfügung Nichtberechtigter bestehen in der *öffentlich-rechtlichen Natur* des Anspruchs, der erheblichen *Beschränkung eines gutgläubigen Erwerbs* zu DDR-Zeiten (vgl § 4 Abs 2 Satz 1 VermG; zur Erforderlichkeit der Grundbucheintragung: BVerwG DtZ 1994, 123) und dem Umstand, daß der Erwerb nach dem Recht der DDR regelmäßig *vom Berechtigten* erfolgt ist.

Andererseits wirken die von § 3 Abs 3 bis 5 VermG angeordneten Verbote dinglicher Rechtsgeschäfte über restitutionsbefangenen Grundbesitz *nicht dinglich*, so daß trotz des Erfordernisses einer Grundstücksverkehrsgenehmigung nach § 2 Abs 1 GVO während des laufenden Restitutionsverfahrens die Gefahr eines gutgläubigen Dritterwerbs schwebt, den eine spätere Rückübertragung nicht mehr ungeschehen macht (BVerwG DB 1994, 38; Lischka NotBZ 1999, 183; **aA** LG Halle NotBZ 1999, 182).

Hieraus ergibt sich für die (grundbuch-)verfahrensrechtliche Sicherung *im einzelnen*:

52 **aa)** Die Eintragung eines **Widerspruchs** gegen die Richtigkeit des Grundbuchs gemäß § 899 kann der Antragsteller nach § 3 Abs 1 VermG nicht verlangen, sofern, wie im Regelfall, die Enteignung nach dem Recht der DDR wirksam ist und lediglich ein schuldrechtlicher Anspruch auf Rückübertragung besteht. In diesen Fällen ist das Grundbuch *richtig* (OLG Brandenburg ZOV 1999, 32; KG DtZ 1991, 298; BezG Dresden DtZ 1991, 250; DtZ 1991, 302; LG Berlin DtZ 1991, 412; Kohler NJW 1991, 469).

53 Hingegen kann die Eintragung eines **Widerspruchs**, auch im Wege *einstweiligen Rechtsschutzes*, verlangt werden, wenn glaubhaft gemacht wird, daß die Inanspruchnahme des Grundstücks bereits nach dem Recht der DDR *gesetzwidrig* war und damit begründete Zweifel bestehen, daß das Eigentum des Antragstellers fortbesteht (BezG Frankfurt/Oder DtZ 1991, 250; KreisG Wernigerode DtZ 1991, 96; noch zu § 14 Abs 2 GrundstückdokumentationsO: BezG Potsdam DtZ 1990, 222; NJ 1990, 363; NJ 1991, 223; weitergehend LG Magdeburg VIZ 1994, 678, 679: Überzeugung des Gerichts). Soweit nach § 7 Abs 3 AnmeldeVO (GBl DDR I 718) ein Amtswiderspruch eingetragen wurde, entfällt für einstweiligen Rechtsschutz das Rechtsschutzbedürfnis (BezG Potsdam NJ 1991, 223).

54 **bb)** Eine **Vormerkung** des Anspruchs aus § 3 Abs 1 VermG als vormerkungsfähiger bedingter Anspruch wurde vereinzelt (KreisG Bad Salzungen DtZ 1991, 147; KreisG Magdeburg DtZ 1992, 223) zugelassen; § 3 Abs 1 VermG bewirke, daß mit Anmeldung bereits ein (vorbehaltlich der behördlichen Entscheidung) bedingter Restitutionsanspruch entstehe, weil § 3 Abs 1 VermG die Regel im Verhältnis zu den Ausnahmen nach §§ 4, 5 VermG darstelle. Dies ist abzulehnen: Der Anspruch aus § 3 Abs 1 VermG ist öffentlich-rechtlicher Natur. Er ist nach Antragstellung noch nicht bestimmbar, sondern abhängig von der behördlichen Entscheidung, also nicht vormerkungsfähig (BezG Meiningen DtZ 1991, 251; BezG Gera ZIP 1992, 137; Kohler NJW 1991, 465). Auch auf eine entsprechende Anwendung von § 2a Abs 2 kann eine Vormerkung nicht gestützt werden (LG Chemnitz ZOV 1998, 209).

55 **cc)** Eine Sicherung des schuldrechtlichen Übertragungsanspruchs aus § 3 Abs 1 VermG durch ein – im Wege der einstweiligen Verfügung nach § 935 ZPO zu erwirkendes – **gerichtliches Verfügungsverbot** ist hingegen möglich. Der Antragsteller muß hierzu glaubhaft machen, daß er Rückübertragung verlangen kann. Die tatbestandlichen Voraussetzungen nach §§ 1 Abs 8a VermG bzw §§ 4 ff VermG dürfen insbesondere nicht erkennbar vorliegen. Nach Anmeldung des Rückübertragungsanspruchs hat der Eigentümer Verfügungen über das Grundstück und die Eingehung langfristiger schuldrechtlicher Verpflichtungen zu unterlassen (§ 3 Abs 3 VermG). Dies begründet im Verhältnis zum Berechtigten eine schuldrechtliche Verpflichtung (KG DtZ 1991, 299; KG DtZ 1991, 413; BezG Erfurt DtZ 1991, 252; BezG Gera ZIP 1992, 139; BezG Dresden NJ 1992, 37; Kohler NJW 1991, 470; ders DNotZ 1991, 705), für die der Zivilrechtsweg eröffnet ist (BezG Dresden aaO; KG DtZ 1991, 191; **aA** BezG Chemnitz NJ 1991, 463).

dd) Strittig war längere Zeit, ob der Antragsteller vom derzeitigen Eigentümer **analog § 3 Abs 3 VermG** die **Unterlassung tatsächlicher, insbesondere baulicher Veränderungen** verlangen kann, die nach § 19 VermG Ersatzansprüche des gegenwärtigen Eigentümers gegen den Berechtigten auslösen könnten. Auch insoweit ist – jedenfalls nach Klarstellung dieser Bestimmung durch das 2. VermRÄndG (vgl BT-Drucks 12/2695, BT-Drucks 12/2480, 41; BGHZ 126, 1, 5) – eine Unterlassungspflicht in Anwendung von § 3 Abs 3 Satz 1 VermG anzunehmen, so daß der Berechtigte (im Wege einstweiliger Verfügung nach § 935 ZPO) vom Eigentümer Unterlassung von Maßnahmen verlangen kann, die über die Notgeschäftsführung nach § 3 Abs 3 Satz 2 VermG hinausgehen (BGHZ 126, 1; KG NJ 1991, 413; BezG Magdeburg DtZ 1991, 251; BezG Erfurt DtZ 1991, 252; KreisG Magdeburg DtZ 1991, 223; BezG Dresden NJ 1992, 38; gegen einen aus § 3 Abs 3 VermG folgenden Anspruch, sofern die Voraussetzungen des § 3 Abs 1 nicht vorliegen: BezG Dresden DtZ 1991, 349, aufgehoben durch einstweilige Anordnung des BVerfG DtZ 1991, 342). **56**

IV. Abs 3 – Vertreterbestellung

1. Absatz 3 sieht die Möglichkeit vor, für den Eigentümer eines **im Beitrittsgebiet belegenen Grundstücks** (Palandt/Bassenge Rn 6) einen **gesetzlichen Vertreter** zu bestellen. Durch eine vereinfachte Regelung wird dem Umstand begegnet, daß aufgrund der prekären Ausstattung im Bereich der Rechtspfleger die Gerichte in den neuen Bundesländern nicht in der Lage wären, Fälle der Abwesenheit oder der Unermittelbarkeit der Eigentümer über das eigentlich angemessene Institut der *Pflegschaft* zu lösen (BT-Drucks 12/5553, 131). **57**

2. Voraussetzung ist, daß der Eigentümer **nicht feststellbar oder sein Aufenthalt nicht bekannt** ist. Weitere Voraussetzung ist das Bestehen eines **Bedürfnisses**, die Vertretung des Eigentümers sicherzustellen. Dieses Bedürfnis kann auf öffentlich- oder privatrechtlichem Gebiet liegen (Palandt/Bassenge Rn 6). Eine entsprechende Anwendung auf **andere Beteiligte** in Grundstücken betreffenden Angelegenheiten, insbesondere auf beschränkt dinglich Berechtigte kommt nach dem Anlaß der Bestimmung nicht in Betracht; insoweit bleibt nur eine Pflegerbestellung möglich (Böhringer Rpfleger 1995, 138, 140). **58**

3. Zuständig für die Bestellung eines gesetzlichen Vertreters ist der **Landkreis** oder die **kreisfreie Stadt**, in deren Gebiet sich das Grundstück befindet. Einer bestimmten **Form** bedarf die Bestellung nicht; sie kann auch konkludent erfolgen (BGH VIZ 2000, 619 zur konkludenten Selbstbestellung der Behörde). **59**

4. Grundsätzlich hat die Behörde Ermessen bei der **Auswahl des Vertreters**. Grundsätzlich kann sich die zur Bestellung berufene Behörde auch selbst zum Ver- **60**

treter bestellen (BGH VIZ 2000, 619). Eine **Verpflichtung zur** Übernahme besteht nicht (Palandt/Bassenge Rn 6). Im Falle einer Gemeinschaft von Eigentümern ist ein **Mitglied der Gemeinschaft** zu bestellen (Abs 3 S 2). Dies gilt, sofern auch nur ein Gemeinschafter bekannt ist und sein Aufenthalt bekannt ist. Auch bei mehreren zu vertretenden Gemeinschaftern ist einer von ihnen als Vertreter für alle zu bestellen.

61 5. Der so bestellte Vertreter ist von den **Beschränkungen des § 181 BGB befreit** (Abs 3 S 3). Entgegen dem Wortlaut erscheint diese Befreiung *nur für den Fall der Bestellung eines Gemeinschafters* zum Vertreter geboten. Sie ist erforderlich, weil die Vertretungshandlungen regelmäßig die Gemeinschaft mitbetreffen und daher in Ansehung des Vertreters (als Gemeinschafter) § 181 BGB unterfallen würden. Offenbar wollte der Gesetzgeber diese Befreiung jedoch für jeden Fall der Vertreterbestellung normieren. Dies ergibt sich nunmehr wohl zweifelsfrei aus § 17 Abs 3 SachenRBerG, wo die Freistellung von dem Verbot des § 181 BGB für Zwecke des SachenRBerG eingeschränkt wird.

62 6. Der Vertreter hat **Anspruch auf eine angemessene Vergütung** sowie auf **Ersatz seiner Auslagen**. Dieser Anspruch richtet sich gegen den Rechtsträger der Behörde, auf deren Antrag er bestellt worden ist. Diese wiederum hat **Erstattungsansprüche** gegen den unbekannten bzw abwesenden Eigentümer (Abs 3 S 4 mit Verweisung auf § 16 Abs 3 VwVfG; vgl schon zur Vorbildregelung des § 16 Abs 3: BT-Drucks 12/2480, 46). Im übrigen sind §§ 1773 ff, 1915 BGB anwendbar (Abs 3 S 4 mit Verweisung auf § 16 Abs 4 VwVfG; Palandt/Bassenge Rn 6).

Für den Fall der Bestellung auf **Antrag eines Privaten** fehlt eine Vergütungstragungsregelung. Der Bundesratsentwurfs zu einem NutzerschutzG (BT-Drucks 13/2022, aufgegangen im WoModSiG) sah eine klarstellende Einbeziehung privater Antragsteller vor, die jedoch nach zutreffender Gegenäußerung der Bundesregierung (BT-Drucks 13/2022, 21 f) unnötig war und unterblieb. Der Antragsteller kann analog § 16 Abs 3 VwVfG die Kosten auf den Vertretenen abwälzen (VG Weimar ThürVBl 1999, 143). Da in aller Regel der Vertreter eine juristische Person des öffentlichen Rechts oder eine kommunale Gesellschaft sein wird, sind auch zwischenzeitliche Belastungen des Antragstellers ausschließbar, da ihm die Kosten gestundet werden sollten (Bundesregierung BT-Drucks 13/2022, 22).

63 7. Der **Eigentümer** wird durch die Vertreterbestellung in seiner **Geschäftsfähigkeit nicht beschränkt**. Er kann insbesondere über das Grundstück weiterhin wirksam kontrahieren. Bei widersprechenden Verpflichtungsgeschäften des Eigentümers und des Vertreters sind beide wirksam; bei widersprechenden Verfügungen ist nur die zeitlich frühere wirksam (Palandt/Bassenge Rn 6 und § 10 Rn 3).

64 8. Der Vertreter wird auf **Antrag** des Eigentümers abberufen. Zuständig hierfür ist die bestellende Behörde (Palandt/Bassenge Rn 6).

65 9. Für Rechtsgeschäfte, zu denen ein Pfleger der vormundschaftsgerichtlichen **Genehmigung** bedürfte, bedarf auch der Vertreter nach Abs 3 einer Genehmigung (OLG Dresden VIZ 1995, 664; OLG Thüringen OLG-NL 1996, 183, 184; Böhringer Rpfleger 1995, 138, 143). Die Erleichterung der Bestellung eines gesetzlichen Vertreters durch Verlagerung der Bestellung auf eine Verwaltungsbehörde darf nicht zu einer deutlichen

Reduzierung des Schutzes des abwesenden Eigentümers führen. Die Genehmigung erteilt jedoch die den Vertreter bestellende Verwaltungsbehörde, wie sich aus einem Umkehrschluß aus § 17 Abs 3 S 4 SachenRBerG (dazu unten Rn 67) ergibt. Die **Zuständigkeit** zur Erteilung der erforderlichen Genehmigung liegt jedoch nicht beim Vormundschaftsgericht, sondern ebenso wie die Bestellungszuständigkeit bei der bestellenden Behörde (BGH NJ 2003, 149; OLG Dresden VIZ 1995, 664; OLG Thüringen OLG-NL 1996, 183, 184; Palandt/Bassenge Rn 6). Ist der Vertreter für eine AG bestellt, so unterliegt er nicht den Beschränkungen des § 179a AktG (BGH NJ 2003, 149).

10. Abs 3 tritt für Grundstücke im Beitrittsgebiet an die Stelle des **§ 119 FlurbereinigungsG**. Im übrigen werden **spezielle Regelungen**, insbesondere § 11b VermG und § 17 SachenRBerG für die jeweiligen Sachgebiete nicht durch Art 233 § 2 Abs 3 verdrängt (BT-Drucks 12/5553, 131). Das gilt auch für § 207 BauGB, der zwar § 119 FlurbG nachgebildet, jedoch in Abs 3 nicht ausdrücklich ausgeschlossen ist (LG Erfurt LKV 1998, 368). Die Bestellung eines Vertreters nach jenen Bestimmungen schließt jedoch eine Bestellung nach Abs 3 im übrigen nicht aus (BGH VIZ 2000, 619). Ebenso bleibt das **Aufgebotsverfahren** des BGB möglich (Böhringer DtZ 1994, 52) sowie eine **Pflegerbestellung** nach § 1913 BGB (offen gelassen von BGH VIZ 2000, 619). **66**

11. Der nach Abs 3 bestellte Vertreter nimmt gemäß **§ 17 Abs 3 SachenRBerG** auch die Aufgaben eines Pflegers nach § 17 Abs 1 SachenRBerG wahr. Er kann innerhalb dieses Aufgabenkreises den Eigentümer nach § 17 Abs 3 S 2 SachenRBerG jedoch nicht vertreten bei Geschäften mit sich selbst, seinem Ehegatten oder einem seiner Verwandten in gerader Linie (dort Nr 1) sowie in weiteren Fällen der Interessenkollision (dort Nrn 2, 3). In diesem Rahmen gilt auch die Befreiung vom Verbot des § 181 BGB nicht für den Abschluß von Erbbaurechtsverträgen oder Kaufverträgen über das Grundstück (§ 17 Abs 3 S 3 SachenRBerG). Für die Erteilung der Genehmigung nach § 1821 BGB ist das Vormundschaftsgericht zuständig (§ 17 Abs 3 S 4 SachenRBerG). **67**

12. Gemäß **§ 7 Abs 1 GrundbuchbereinigungsG** kann der gesetzliche Vertreter nach Abs 3 mit Erlaubnis des Vormundschaftsgerichts das Grundstück unbeschadet der allgemeinen Vorschriften belasten oder veräußern. Die erforderliche Erlaubnis kann erteilt werden, wenn der Vertreter oder Pfleger eine juristische Person des öffentlichen Rechts ist *und* der Eigentümer oder sein Aufenthalt nicht ausfindig zu machen ist *und* die Verfügung etwa zur Sicherung der Erhaltung eines auf dem Grundstück befindlichen Gebäudes oder zur Durchführung besonderer Investitionszwecke nach § 3 Abs 1 InvestitionsvorrangG erforderlich ist. § 7 GBBerG steht jedoch dem Verkauf und der Auflassung durch eine **natürliche Person** als Vertreter nach Abs 3 nicht entgegen (BGH NJ 2003, 149). **68**

13. Nach **§ 9a Abs 3 S 2 EGZVG** ist im Fall der Zwangsversteigerung des Grundstücks, das mit einem Nutzungsrecht belastet ist, für das der Nutzer nicht bekannt und ein Pfleger nicht bestellt ist, in entsprechender Anwendung von Abs 3 ein Vertreter zu bestellen, dem der die Zwangsvollstreckung anordnende Beschluß zugestellt werden kann. **69**

§ 2a
Moratorium

(1) Als zum Besitz eines in dem in Artikel 3 des Einigungsvertrages genannten Gebiet belegenen Grundstücks berechtigt gelten unbeschadet bestehender Nutzungsrechte und günstigerer Vereinbarungen und Regelungen:

a) wer das Grundstück bis zum Ablauf des 2. Oktober 1990 aufgrund einer bestandskräftigen Baugenehmigung oder sonst entsprechend den Rechtsvorschriften mit Billigung staatlicher oder gesellschaftlicher Organe mit Gebäuden oder Anlagen bebaut oder zu bebauen begonnen hat und bei Inkrafttreten dieser Vorschrift selbst nutzt,

b) Genossenschaften und ehemals volkseigene Betriebe der Wohnungswirtschaft, denen vor dem 3. Oktober 1990 aufgrund einer bestandskräftigen Baugenehmigung oder sonst entsprechend den Rechtsvorschriften mit Billigung staatlicher oder gesellschaftlicher Organe errichtete Gebäude und dazugehörige Grundstücksflächen und -teilflächen zur Nutzung sowie selbständigen Bewirtschaftung und Verwaltung übertragen worden waren und von diesen oder ihren Rechtsnachfolgern genutzt werden,

c) wer über ein bei Abschluß des Vertrages bereits mit einem Wohnhaus bebautes Grundstück, das bis dahin unter staatlicher oder treuhänderischer Verwaltung gestanden hat, einen Überlassungsvertrag geschlossen hat, sowie diejenigen, die mit diesem einen gemeinsamen Hausstand führen,

d) wer ein auf einem Grundstück errichtetes Gebäude gekauft oder den Kauf beantragt hat.

Das Recht nach Satz 1 besteht bis zur Bereinigung der genannten Rechtsverhältnisse durch besonderes Gesetz längstens bis zum Ablauf des 31. Dezember 1994; die Frist kann durch Rechtsverordnung des Bundesministers der Justiz einmal verlängert werden. In den in § 3 Abs. 3 und den §§ 4 und 121 des Sachenrechtsbereinigungsgesetzes bezeichneten Fällen besteht das in Satz 1 bezeichnete Recht zum Besitz bis zur Bereinigung dieser Rechtsverhältnisse nach jenem Gesetz fort. Für die Zeit vom 22. Juli 1992 bis 31. März 1995 kann der jeweilige Grundstückseigentümer vom jeweiligen Nutzer ein Entgelt in Höhe des nach § 51 Abs. 1 Satz 2 Nr. 1, §§ 43, 45 des Sachenrechtsbereinigungsgesetzes zu zahlenden Erbbauzinses verlangen, für die Zeit ab 1. Januar 1995 jedoch nur, wenn er kein Entgelt nach Satz 8 verlangen kann. Für die Zeit vom 1. Januar 1995 bis zum 31. März 1995 kann der Grundstückseigentümer das Entgelt nach Satz 4 nicht verlangen, wenn er sich in einem bis zum 31. März 1995 eingeleiteten notariellen Vermittlungsverfahren nach den §§ 87 bis 102 des Sachenrechtsbereinigungsgesetzes oder Bodenordnungsverfahren nach dem Achten Abschnitt des Landwirtschaftsanpassungsgesetzes nicht unverzüglich auf eine Verhandlung zur Begründung dinglicher Rechte oder eine Übereignung eingelassen hat. Für die Bestimmung des Entgeltes sind der Bodenwert und der Restwert eines überlassenen Gebäudes zum 22. Juli 1992 maßgebend. Der Anspruch nach Satz 4 verjährt in zwei Jahren vom 8. November 2000 an. Der Grundstückseigentümer kann vom 1. Januar 1995 an vom Nutzer ein Entgelt bis zur Höhe des nach dem Sachenrechts-

bereinigungsgesetz zu zahlenden Erbbauzinses verlangen, wenn ein Verfahren zur Bodenneuordnung nach dem Bodensonderungsgesetz eingeleitet wird, er ein notarielles Vermittlungsverfahren nach den §§ 87 bis 102 des Sachenrechtsbereinigungsgesetzes oder ein Bodenordnungsverfahren nach dem Achten Abschnitt des Landwirtschaftsanpassungsgesetzes beantragt oder sich in den Verfahren auf eine Verhandlung zur Begründung dinglicher Rechte oder eine Übereignung eingelassen hat. Vertragliche oder gesetzliche Regelungen, die ein abweichendes Nutzungsentgelt oder einen früheren Beginn der Zahlungspflicht begründen, bleiben unberührt. Umfang und Inhalt des Rechts bestimmen sich im übrigen nach der bisherigen Ausübung. In den Fällen der in der Anlage II Kapitel II Sachgebiet A Abschnitt III des Einigungsvertrages vom 31. August 1990 (BGBl. 1990 II S. 885, 1150) aufgeführten Maßgaben kann das Recht nach Satz 1 allein von der Treuhandanstalt geltend gemacht werden.

(2) Das Recht zum Besitz nach Absatz 1 wird durch eine Übertragung oder einen Übergang des Eigentums oder eine sonstige Verfügung über das Grundstück nicht berührt. Das Recht kann übertragen werden; die Übertragung ist gegenüber dem Grundstückseigentümer nur wirksam, wenn sie diesem vom Veräußerer angezeigt wird.

(3) Während des in Absatz 8 Satz 1 genannten Zeitraums kann Ersatz für gezogene Nutzungen oder vorgenommene Verwendungen nur auf einvernehmlicher Grundlage verlangt werden. Der Eigentümer eines Grundstücks ist während der Dauer des Rechts zum Besitz nach Absatz 1 verpflichtet, das Grundstück nicht mit Rechten zu belasten, es sei denn, er ist zu deren Bestellung gesetzlich oder aufgrund der Entscheidung einer Behörde verpflichtet.

(4) Bis zu dem in Absatz 1 Satz 2 genannten Zeitpunkt findet auf Überlassungsverträge unbeschadet des Artikels 232 § 1 der § 78 des Zivilgesetzbuchs der Deutschen Demokratischen Republik keine Anwendung.

(5) Das Vermögensgesetz, die in der Anlage II Kapitel II Sachgebiet A Abschnitt III des Einigungsvertrages aufgeführten Maßgaben sowie Verfahren nach dem Achten Abschnitt des Landwirtschaftsanpassungsgesetzes bleiben unberührt.

(6) Bestehende Rechte des gemäß Absatz 1 Berechtigten werden nicht berührt. In Ansehung der Nutzung des Grundstücks getroffene Vereinbarungen bleiben außer in den Fällen des Absatzes 1 Satz 1 Buchstabe c unberührt. Sie sind in allen Fällen auch weiterhin möglich. Das Recht nach Absatz 1 kann ohne Einhaltung einer Frist durch einseitige Erklärung des Grundeigentümers beendet werden, wenn

a) der Nutzer

aa) im Sinne der §§ 20a und 20 b des Parteiengesetzes der Deutschen Demokratischen Republik eine Massenorganisation, eine Partei, eine ihr verbundene Organisation oder eine juristische Person ist und die treuhänderische Verwaltung über den betreffenden Vermögenswert beendet worden ist oder

bb) dem Bereich der Kommerziellen Koordinierung zuzuordnen ist oder

b) die Rechtsverhältnisse des Nutzers an dem fraglichen Grund und Boden Gegenstand eines gerichtlichen Strafverfahrens gegen den Nutzer sind oder

c) es sich um ein ehemals volkseigenes Grundstück handelt und seine Nutzung am 2. Oktober 1990 auf einer Rechtsträgerschaft beruhte, es sei denn, der Nutzer ist eine landwirtschaftliche Produktionsgenossenschaft, ein ehemals volkseigener Betrieb der Wohnungswirtschaft, eine Arbeiter-Wohnungsbaugenossenschaft oder eine gemeinnützige Wohnungsgenossenschaft oder deren jeweiliger Rechtsnachfolger.

In den Fällen des Satzes 4 Buchstaben a und c ist § 1000 des Bürgerlichen Gesetzbuchs nicht anzuwenden. Das Recht zum Besitz nach dieser Vorschrift erlischt, wenn eine Vereinbarung nach den Sätzen 2 und 3 durch den Nutzer gekündigt wird.

(7) Die vorstehenden Regelungen gelten nicht für Nutzungen zur Erholung, Freizeitgestaltung oder zu ähnlichen persönlichen Bedürfnissen einschließlich der Nutzung innerhalb von Kleingartenanlagen. Ein Miet- oder Pachtvertrag ist nicht als Überlassungsvertrag anzusehen.

(8) Für die Zeit bis zum Ablauf des 21. Juli 1992 ist der nach Absatz 1 Berechtigte gegenüber dem Grundstückseigentümer sowie sonstigen dinglichen Berechtigten zur Herausgabe von Nutzungen nicht verpflichtet, es sei denn, daß die Beteiligten andere Abreden getroffen haben. Ist ein in Absatz 1 Satz 1 Buchstabe d bezeichneter Kaufvertrag unwirksam oder sind die Verhandlungen auf Abschluß des beantragten Kaufvertrages gescheitert, so ist der Nutzer von der Erlangung der Kenntnis der Unwirksamkeit des Vertrages oder der Ablehnung des Vertragsschlusses an nach § 987 des Bürgerlichen Gesetzbuchs zur Herausgabe von Nutzungen verpflichtet.

(9) Für die Zeit vom 22. Juli 1992 bis zum 30. September 2001 kann der Grundstückseigentümer von der öffentlichen Körperschaft, die das Grundstück zur Erfüllung ihrer öffentlichen Aufgaben nutzt oder im Falle der Widmung zum Gemeingebrauch für das Gebäude oder die Anlage unterhaltungspflichtig ist, nur ein Entgelt in Höhe von jährlich 0,8 vom Hundert des Bodenwerts eines in gleicher Lage belegenen Grundstücks sowie die Freistellung von den Lasten des Grundstücks verlangen. Der Bodenwert ist nach den Bodenrichtwerten zu bestimmen; § 19 Abs. 5 des Sachenrechtsbereinigungsgesetzes gilt entsprechend. Für die Zeit vom 1. Januar 1995 entsteht der Anspruch nach Satz 1 von dem Zeitpunkt an, in dem der Grundstückseigentümer ihn gegenüber der Körperschaft schriftlich geltend macht; für die Zeit vom 22. Juli 1992 bis zum 31. Dezember 1994 kann er nur bis zum 31. März 2002 geltend gemacht werden. Abweichende vertragliche Vereinbarungen bleiben unberührt.

Materialien: ursprüngliche Fassung Abs 1 bis 8: E: BT-Drucks 12/2480, 12/2695 Art 7 Nr 2 Buchstabe b; Stellungnahme des Bundesrates BT-Drucks 12/2695; Bericht und Beschlußempfehlung des Rechtsausschusses: BT-Drucks 12/2944. Abs 6 S 6 angefügt durch Art 13 Nr 3 b aa RegisterverfahrenbeschleunigungsG; **Abs 7 S 1** ergänzt durch Art 13 Nr 3 b bb RegVBG; hierzu E: BT-Drucks 12/5553; Stellungnahme des Bundesrates ebenda; Beschlußempfehlung und Bericht des Rechtsausschusses BT-Drucks 12/6228; **Abs 1 S 8, 9, 10 (vormals 3, 4, 5)** eingefügt durch Art 2 § 5 Nr 2a aa Sachenrechtsänderungs G; **Abs 8 neu** gefaßt durch Art 2 § 5 Nr 2a bb SachenRÄndG, Abs 9 eingefügt durch Art 2 § 5 Nr 2a cc SachenRÄndG; hierzu E: BT-Drucks 12/5992 Stellungnahme des Bundesrates ebenda; Beschlußempfehlung und Bericht des Rechtsausschusses: BT-Drucks 12/7425; **Abs 5 S 2** aufgehoben durch Art 3 Nr 2 VermögensrechtsanpassungsG; hierzu E: BR-Drucks 13/202; Stellungnahme der Bundesregierung ebenda; Beschlußempfehlung und Bericht des Rechtsausschusses BT-Drucks 13/1593; **Abs 9 S 1** geändert durch Art 6 Nr 1 VermögensrechtsbereinigungsG; hierzu E: BT-Drucks 13/10246; Stellungnahme des Bundesrates und Gegenäußerung der Bundesregierung ebenda; Beschlußempfehlung und Bericht des Rechtsausschusses BT-Drucks 13/11041; Beschlußempfehlung des Vermittlungsausschusses BT-Drucks 13/11407; **Abs 1 S 3, 4, 5, 6, 7** eingefügt, Abs 1 S 8 (ehemals S 4) geändert durch Art 4 Nr 2 GrundstücksrechtsänderungsG. **Abs 3 S 1** geändert durch Art 4 Nr 2 GrundRÄndG. **Abs 8 S 1** geändert durch Art 4 Nr 2 GrundRÄndG; hierzu E: BT-Drucks 14/3508; Beschlußempfehlung und Bericht des Rechtsausschusses BT-Drucks 14/3824; Beschlußempfehlung des Vermittlungsausschusses BT-Drucks 14/4165; **Abs 9** neu gefaßt durch Art 2 GrundstücksrechtsbereinigungsG; hierzu E: BT-Drucks 14/6204; Beschlußempfehlung und Bericht des Rechtsausschusses BT-Drucks 14/6964.

Schrifttum

zum RegVBG und zu Grundbuchfragen:

Böhringer, Grundbuchrechtliche Probleme in den neuen Bundesländern, NJ 1992, 28
ders, Auswirkungen des Registerverfahrenbeschleunigungsgesetzes auf den Grundstücksverkehr in den neuen Bundesländern, DtZ 1994, 50
ders, Zusammenführung von Gebäude- und Grundeigentum, DtZ 1994, 266
ders, Beseitigung dinglicher Rechtslagen bei Grundstücken in den neuen Ländern, Rpfleger 1995, 51
ders, Löschung von Grundpfandrechten in den neuen Ländern, Rpfleger 1995, 139
Heinze, Aufteilung von Gebäudeeigentum nach dem Wohnungseigentumsgesetz, DtZ 1995, 195
Lehmann/Zisowski, Die Verkehrsfähigkeit von Gebäudeeigentum und sonstigem Sondereigentum in den neuen Bundesländern, DtZ 1992, 375
Schmidt-Beck, Vertragsgestaltung bei Grundstückskauf in den neuen Bundesländern, BB 1993, 82
Schmidt-Räntsch/Sternal, Zur Gebäudegrundbuchverfügung, DtZ 1994, 262
Schmidt/Wingbermühle, Die Neufassung der Grundstücksverkehrsordnung und die Auswirkungen auf die Finanzierung des Grundstückserwerbs, VIZ 1994, 328.

zum SachenRBerG:

vBrünneck, Verfassungsprobleme des SachenRÄndG, NJ 1994, 150
Czub, Sachenrechtsbereinigung, (1994)
ders, Einführung in das Sachenrechtsänderungsgesetz, NJ 1994, 555, NJ 1995, 10
Frenz, Sachenrechtsbereinigung durch notarielle Vermittlung, DtZ 1995, 66
ders, Erste Erfahrungen mit der Sachenrechtsbereinigung, NJW 1995, 2657
Grün, Das Sachenrechtsänderungsgesetz, NJW 1994, 2641
Krauss, Der umgekehrte Ankauf gem § 81 SachenRBerG, NotBZ 1997, 149
ders, Anwendungsprobleme aus dem Allgemeinen Teil des SachenRBerG, ZAP-Ost 1998, Fach 7
Leutheusser-Schnarrenberger, Zur Neuregelung der schuldrechtlichen Nutzungsverhältnisse an Grundstücken im Beitrittsgebiet, DtZ 1993, 322
Matthiessen, Überlassungsverträge über Grundstücke mit aufstehenden Wohngebäuden in der Sachenrechtsbereinigung, VIZ 2001, 461
Mollnau, Zur Anwendbarkeit des BKleingG und des SachenRBerG auf Grundstücksnutzungsverhältnisse im Beitrittsgebiet, NJ 1997, 466
vOefele, Die Erbbaurechtslösung nach dem Sachenrechtsbereinigungsgesetz, DtZ 1995, 158

PURPS, Problemfälle der Sachenrechtsbereinigung, VIZ 1995, 565
ders, Neueste Rechtsprechung zur Sachenrechtsbereinigung, NJW 1998, 2563
ders, Aktuelle Entwicklung der Rechtsprechung zur Sachenrechtsbereinigung in den neuen Bundesländern, VIZ 2000, 4
SCHMIDT, Erbbaurechte nach dem Sachenrechtsänderungsgesetz und deren Beleihung, ZAP-Ost Fach 7 Seite 207
SCHMIDT, Zusammenführung von Grundstücks- und Gebäudeeigentum, VIZ 1995, 377
SCHMIDT-RÄNTSCH, Zur Neuordnung der Nutzung fremden Grund und Bodens, DtZ 1994, 322
ders, Einführung in die Sachenrechtsbereinigung, VIZ 1994, 441
SCHNABEL, Überlassungsverträge und „unechte Datschen" im Sachenrechtsbereinigungsgesetz, DtZ 1995, 258
ders, Rechtsprechung zur Schuldrechtsanpassung und Sachenrechtsbereinigung, NJW 2001, 2362
SCHRAMM/KRÜGER, Aktuelle Rechtsfragen des selbständigen Gebäudeeigentums nach § 27 LPG-G bei der Bereinigung der Rechtsverhältnisse an Grundstücken und Gebäuden, NL-BzAR 1996, 2, 26, 50
SCHRAMM/MAUKSCH, Sachenrechtsbereinigung nunmehr unter Zeitdruck, NL-BzAR 1999, 486
SCHULZ-SCHAEFFER, Umverteilung von Grundeigentum in den neuen Bundesländern, MDR 1993, 921
STUDZINSKI, Ansprüche nach dem SachenRBerG gegenüber der Deutschen Bahn, NJ 2001, 189
STÜRNER, Sachenrechtsbereinigung zwischen Restitution, Bestandsschutz und Rechtssicherheit, JZ 1993, 1074
VOSSIUS, Sachenrechtsbereinigungsgesetz (Kommentar), (1995)
ders, Der Ankauf des Grundstücks nach dem Sachenrechtsbereinigungsgesetz, DtZ 1995, 154
WESEL, Nutzer, Nutzung und Nutzungsänderung nach dem Sachenrechtsbereinigungsgesetz, DtZ 1995, 70
WILHELMS, Nutzungsrechte in der Sachenrechtsbereinigung, DtZ 1995, 228
ZANK, Ansprüche nach dem SachenRBerG bei baulichen Investitionen des Nutzers auf der Grundlage eines Überlassungsvertrages, NJ 1999, 57
WÖTZEL/SCHWARZE, Zum Nutzungsentgelt nach Art 233 § 2a I S. 4 EGBGB im Falle der Einleitung eines Bodensonderungsverfahrens, NJ 1998, 629.

zum VermBerG:

KÖHLER-APEL, Neuerungen vermögensrechtlicher und anderer Vorschriften durch das Vermögensrechtsbereinigungsgesetz, ZAP-Ost 1999, Fach 16
RODENBACH, Das Vermögensrechtsbereinigungsgesetz und seine Implikationen, NJW 1999, 1425.

zum GrundRÄndG:

HIRSCHINGER, Das Grundstücksrechtsänderungsgesetz, NJ 2000, 630
KRÜGER, Grundstücksrechtsänderungsgesetz begründet Nutzungsentgeltansprüche gegenüber Gebäudeeigentümern, NL-BzAR 2000, 432
MATTHIESSEN, Das Grundstücksrechtsänderungsgesetz, VIZ 2001, 457
SCHNABEL, Neuregelung des Nutzungsentgeltanspruchs bei so genanntem Besitzschutzmoratorium (Art 233 § 2a EGBGB), ZOV 2001, 83
SCHWARZE, Nutzungsentgelt nach dem Grundstücksrechtsänderungsgesetz, NJ 2001, 187
TRIMBACH, Das Grundstücksrechtsänderungsgesetz, NJW 2001, 662.

zum GrundRBerG/VerkFlBerG:

BÖHRINGER, Das Verkehrsflächenbereinigungsgesetz aus grundbuchrechtlicher Sicht, VIZ 2002, 193
HIRSCHINGER, Das Grundstücksrechtsbereinigungsgesetz, NJ 2001, 570
PURPS, Neue Sonderbestimmungen im Grundstücksrecht der neuen Bundesländer, ZfIR 2001, 593
STAVORINUS, Das Grundstücksrechtsbereinigungsgesetz, NotBZ 2001, 349
VOGT, Unzureichende Entschädigung nach dem Grundstücksrechtsbereinigungsgesetz, ZOV 2001, 382
MATTHIESSEN, Das Grundstücksrechtsbereinigungsgesetz, NJW 2002, 114

Trimbach, Das Grundstücksrechtsbereinigungsgesetz, VIZ 2002, 1.

Systematische Übersicht

Alphabetische Übersicht

I. Normzweck

1. Fassung durch das 2. VermRÄndG

1 **a)** Das durch das 2. VermRÄndG v 14. 7. 1992 (BGBl 1992 I 1257) mit Wirkung zum 22. 7. 1992 eingefügte **Moratorium** (Abs 1) ist vor dem **Hintergrund** einer erforderlichen **sachgerechten Neuordnung der Bodenrechtsverhältnisse** in den neuen Bundesländern zu verstehen. Weder im Zusammenhang mit dem Einigungsvertrag noch anläßlich der Verabschiedung des 2. VermRÄndG erschien es möglich, die vielfältigen Nutzungsverhältnisse an Grundbesitz bereits endgültig sachenrechtlich zu erfassen. Diese Nutzungsverhältnisse waren nicht in das sachenrechtliche System des BGB eingepaßt (BT-Drucks 12/2480, 32).

2 **b)** Insbesondere wurden auch auf behördliche Veranlassung zu Zeiten der DDR auf fremdem Grund Wohnhäuser oder gewerbliche Anlagen errichtet (Schmidt-Räntsch DtZ 1992, 317), für die es an einem rechtlich beständigen Nutzungsrecht fehlt (sog **„hängende Fälle“**). Insbesondere im **LPG-Bereich** spielten in DDR-Zeiten die Bodeneigentumsverhältnisse wegen des ohnedies umfassenden Nutzungsrechts der LPGen eine untergeordnete Rolle. Die Folge war, daß man die Herstellung geordneter Bodeneigentumsverhältnisse vielfach nicht mit der erforderlichen Genauigkeit sah (BT-Drucks 12/2480, 77).

3 **c)** Diesen ungeklärten Nutzungsfällen gilt das **Moratorium**. Es sollte durch eine **einstweilige Sicherung** des Besitzstandes (BGHZ 125, 125, 134) verhindert werden, daß bis zu einer Bereinigung des Sachenrechts Fakten geschaffen werden, die die gesetzliche Regelung dieser Verhältnisse erschweren (BT-Drucks 12/2480, 1; BT-Drucks 12/2695, 1; BVerwG VIZ 1994, 665, 666; BGHZ 121, 347). Der status quo war insoweit gefährdet, da die bisherigen Nutzer rechtlich kaum oder gar nicht gesichert waren und mit Herausgabeverlangen zu rechnen war (BT-Drucks 12/2480, 36 f), was die verhältnismäßig große Zahl von Verfahren bestätigt, in denen Herausgabeklagen nur aufgrund des Moratoriums abzuweisen waren (Nachw im folgenden) bzw erstinstanzlich Herausgabeklagen stattgegeben wurde, die erst im Rechtsmittelzug nach Inkrafttreten des Moratoriums abzuweisen waren (OLG Naumburg DtZ 1993, 252).

d) Mit dem Einigungsvertrag wurden zunächst die zu einer ersten Angleichung der gesetzlich geregelten und daher in ihren Strukturen bekannten Sachenrechtsverhältnisse unaufschiebbaren Maßgaben getroffen. Die gesamte **Bereinigung des Sachenrechts** wurde zunächst aufgeschoben (BT-Drucks 12/2480, 32) und wird nun durch das am 1. 10. 1994 in Kraft getretene **SachenrechtsbereinigungsG** (BGBl 1994 I 2457) vollzogen. **4**

2. Änderungen des § 2a

a) RegisterverfahrensbeschleunigungsG

Durch das **RegVBG** v 20. 12. 1993 wurden mit Wirkung vom 25. 12. 1993 folgende Einzelprobleme gelöst: **5**

aa) In **Abs 6 S 6 wurde** sichergestellt, daß der Nutzer nicht durch Kündigung einer weniger weitreichenden Vereinbarung nach Satz 2 oder 3 in den Genuß des weitergehenden Moratoriums kommen kann, was gegen Treu und Glauben verstoßen würde (BT-Drucks 12/5553, 132).

bb) **Abs 7** wurde ergänzt um die Worte „einschließlich der Nutzung innerhalb von **Kleingartenanlagen**". Anlaß hierzu gab ein Urteil des BGH (BGHZ 121, 88), welches das Moratorium auf Kleingartenanlagen anwendete. Nachdem durch das RegVBG ein einheitliches **Vertrags-Moratorium** (Art 232 § 4a) geschaffen wurde, war der Anwendungsbereich beider Moratorien dahingehend abzugrenzen, daß zu der *nicht* durch das sachenrechtliche Moratorium geschützten Nutzung jede Nutzung zu Freizeit- und Erholungszwecken gehört, auch jene in Kleingartenanlagen. Der Gesetzgeber hat das Schutzbedürfnis insoweit nicht höher angesetzt als das sonstiger Nutzer von Freizeitgrundstücken (BT-Drucks 12/5553, 132). **6**

b) SachenrechtsänderungsG

Durch Art 2 § 5 **SachenRÄndG** v 21. 9. 1994 wurde das Moratorium des § 2a dem **SachenRBerG** angepaßt. **7**

aa) Die Erweiterung von **Abs 1** um **Satz 3 verlängert das Besitzrecht** für die rechtlich nicht gesicherten Bebauungen bis zur Bereinigung der Rechtsverhältnisse nach den gleichzeitig in Kraft getretenen Bestimmungen des SachenRBerG (BT-Drucks 12/5992, 184). Diese Verlängerung ist deshalb erforderlich, weil der Gesetzgeber des SachenRBerG eine Lösung geschaffen hat, die von Nutzer und Grundstückseigentümer jederzeit herbeigeführt werden kann, die aber nicht herbeigeführt werden muß und insbesondere auch nicht kraft Gesetzes eintritt.

Eine Verlängerung des Moratoriums bis zum 31. 12. 2010 bei Nutzung des Grundstücks zur **sozialen Daseinsvorsorge** wurde im Rechtsausschuß seitens der Gruppe PDS/Linke Liste beantragt, aber mehrheitlich abgelehnt (BT-Drucks 12/7425, 91).

Abs 1 S 4 idF des SachenRÄndG (S 8 geltende Fassung) stellt dabei jedoch sicher, daß die Nutzung fremden Grundeigentums **nicht auf Dauer unentgeltlich** bleibt. Das ab 1. 1. 1995 zu entrichtende Entgelt ist orientiert an dem im Falle der Sachenrechtsbereinigung zu entrichtenden Erbbauzins (BT-Drucks 12/5992, 184).

Abs 1 S 5 idF des SachenRÄndG (S 9 geltende Fassung) regelt den **Beginn der Zinszahlungspflicht**. Diese beginnt, wenn ein Bodenneuordnungsverfahren nach dem **BodensonderungsG** eingeleitet wird, das auf die Neuordnung der Rechtsverhältnisse an dem Grundstück abzielt und regelmäßig mit der Übertragung des Eigentums am bebauten Grundstück an den Nutzer endet. Da die Parteien auf die Dauer dieses Verwaltungsverfahrens keinen oder nur geringen Einfluß haben, soll bereits während des Verfahrens ein Nutzungsentgelt gezahlt werden (BT-Drucks 12/5992, 184). Ebenfalls kann der Grundstückseigentümer ein Entgelt verlangen, wenn er ein **notarielles Vermittlungsverfahren** oder ein Verfahren nach dem **8. Abschnitt des LandwirtschaftsanpassungsG** beantragt oder sich dort eingelassen hat. Auch hier soll die Dauer des Verfahrens nicht zum Nachteil des Grundstückseigentümers ausschlagen. **Grundprinzip** ist, daß nur der Grundstückseigentümer ein Entgelt verlangen kann, der an der Bereinigung durch Begründung dinglicher Rechte oder Verkauf *mitwirkt*; andererseits soll eine Flucht der Nutzer in langdauernde Bodenordnungsverfahren, um sich einer Verpflichtung zur Zahlung eines Nutzungsentgelts zu entziehen, ausgeschlossen werden (BT-Drucks 12/5992, 184).

8 **bb)** Erst im Rechtsausschuß wurde **Abs 8** geändert. Der ursprüngliche Abs 8 behielt die Regelung der Ansprüche auf Ersatz von Nutzungen und für Verwendungen einer gesetzlichen Regelung vor. Die Sachenrechtsbereinigung begründet insoweit Ansprüche für die Zukunft. Durch die Neufassung von Abs 8 S 1 idF des SachenRÄndG wurde festgelegt, daß der Nutzer für die Vergangenheit gleich einem unverklagten redlichen Besitzer (§ 993 Abs 1 BGB) behandelt wird; der Vorrang von Abreden wurde klargestellt.

Auf eine Bestimmung des Inhalts, daß der Nutzer auch für die **Vergangenheit** die **Lasten** des Grundstücks zu tragen habe, sofern keine vertraglichen Absprachen getroffen wurden, wurde verzichtet, da vergleichbare gesetzliche Bestimmungen über solche Entgelte (wie die NutzungsentgeltVO v 22. 7. 1993, BGBl 1993 I 1339) für die erste Zeit des Übergangs zu marktwirtschaftlichen Prinzipien der Bodennutzung Entgelte vorsehen, welche die öffentlichen Lasten nicht decken, was eine solche rückwirkende Verpflichtung problematisch gemacht hätte (BT-Drucks 12/7425, 91).

Abs 8 Satz 2 trägt dem Umstand Rechnung, daß eine unentgeltliche Nutzung aufgrund Besitzschutzes wegen eines abgeschlossenen oder beantragten **Kaufvertrages** nur solange gerechtfertigt ist, wie die Erfüllung des Kaufvertrages noch in Betracht kommt. Dies entspricht den in § 990 Abs 1 S 2 und § 987 Abs 1 BGB bestimmten allgemeinen Rechtsprinzipien (BT-Drucks 12/7425, 91 f).

9 **cc)** Der ebenfalls im Rechtsausschuß angefügte **Abs 9** schafft eine „Notordnung" für **Gebäude und Anlagen, die unmittelbaren Verwaltungsaufgaben dienen** und für die ein Besitzrecht aufgrund öffentlicher Widmung besteht. Soweit in der DDR solche Inanspruchnahmen ohne Klärung der Eigentumsverhältnisse stattgefunden haben, nimmt § 2 Abs 1 Nr 4 SachenRBerG die Rechtsverhältnisse an diesen Grundstücken aus der Sachenrechtsbereinigung aus (Czub NJ 1994, 557), um sie einer gesonderten Regelung vorzubehalten, welche den Bedürfnissen des öffentlichen Wohls Rechnung trägt (unten Rn 15). Da die Nutzung dennoch nicht für „ewige" Zeit unentgeltlich bleiben kann, schafft Abs 9 einen Anspruch auf Verzinsung, der in Anlehnung an die Eingangsphase des § 52 Abs 1 S 2 Nr 1 SachenRBerG bestimmt ist (BT-Drucks 12/7425, 92).

c) VermögensrechtsanpassungG

10 **Abs 5 S 2** wurde durch das **VermRAnpG** v 4. 7. 1995 (BGBl 1995 I 895) mit Wirkung vom 9. 7. 1995 in Korrektur eines Versehens bei Erlaß des SachenRÄndG aufgehoben. Die Bestimmung sah die Aussetzung von **Rückübertragungsverfahren nach dem VermG** vor. Das war sinnvoll nur bis zu dem Erlaß des SachenRBerG. Da das SachenRBerG nunmehr vorsieht, daß Verfahren nach diesem Gesetz erst durchgeführt werden dürfen, wenn das Verfahren nach dem VermG abgeschlossen ist, erübrigt sich die Aussetzungsregelung in Abs 5 S 2 (BT-Drucks 13/1593, 35).

d) VermögensrechtsbereinigungsG

11 Durch Art 6 Nr 1 **VermBerG** v 20. 10. 1998 (BGBl 1998 I 3180) wurde in **Abs 9** die Entgeltregelung für das Moratorium bei öffentlicher Nutzung bis zum 30. 9. 2001 verlängert, da in der 13. Legislaturperiode für die vom SachenRBerG ausgenommene Problematik des rückständigen Grunderwerbs bei öffentlich-rechtlicher Nutzung von Privatgrund keine abschließende Klärung herbeigeführt werden konnte (vgl Beschlußempfehlung des Rechtsausschusses BT-Drucks 13/11041 S 31; zur Ausdehnung der Frist von ursprünglich zwei auf drei Jahre: Anrufung des Vermittlungsausschusses BT-Drucks 13/11271; Beschlußempfehlung des Vermittlungsausschusses BT-Drucks 13/11407; Rodenbach NJW 1999, 1425, 1428). Die abschließende Regelung wurde inzwischen durch das am 1. 10. 2001 in Kraft getretene *VerkehrsflächenbereinigungsG* (sogleich Rn 14) getroffen.

e) GrundstücksrechtsänderungsG

12 Die zeitliche Ausdehnung der Regelung des **Nutzungsentgelts** auf den Zeitraum zwischen dem 22. 7. 1992 und dem 31. 12. 1994 durch Einfügung der **Sätze 4 bis 7 des Abs 1** war Hauptanlaß für das **GrundRÄndG** v 2. 11. 2000 (BGBl 2000 I 1481; dazu Hirschinger NJ 2000, 630, 632; Schwarze NJ 2001, 187; Matthiessen VIZ 2001, 457, 459). Die Regelung wurde erforderlich, nachdem das **BVerfG** Art 233 § 2a Abs 8 idF des SachenRÄndG (oben Rn 7 ff) für insoweit für unvereinbar mit Art 14 GG erklärt hatte, als er für die Zeit vom 22. 7. 1992 bis 31. 12. 1994 einen gesetzlichen Anspruch des Grundstückseigentümers auf Nutzungsherausgabe und Nutzungsentgelt ausschloß (BVerfGE 98, 17, 41 ff, dazu unten Rn 18).

Vor demselben Hintergrund wurde das Datum in **Abs 8** auf den 21. 7. 1992 verlegt und die Verweisung in **Abs 3** ebenfalls auf dieses Datum gerichtet. Der Zeitraum, für den Nutzungs- und Verwendungsersatz bzw Herausgabe von Nutzungen mangels einer vertraglichen Abrede nicht verlangt werden kann, endet also mit dem 21. 7. 1992.

f) GrundstücksrechtsbereinigungsG

13 **aa)** Erst durch das **GrundRBerG** v 26. 10. 2001 (BGBl 2001 I 2716) wurde der durch das GrundRÄndG (soeben Rn 12) nur hinsichtlich privater Nutzung erfüllte Auftrag des BVerfG (BVerfGE 98, 17, 41), eine Entgeltregelung für die Nutzung zwischen dem 22. 7. 1992 und dem 31. 12. 1994 zu schaffen, auch für die **Abs 9** unterfallende Nutzung durch öffentliche Körperschaften erfüllt. Der Entgeltanspruch für den neu

einbezogenen Zeitraum (22. 7. 1992 bis 31. 12. 1994) kann in diesem Fall im Interesse der Planungssicherheit für die öffentlichen Haushalte (BT-Drucks 14/6204 S 25) jedoch nur binnen einer 6-monatigen **Ausschlußfrist**, also bis zum 31. 3. 2002 geltend gemacht werden.

14 bb) Mittelbare Auswirkung auf **Abs 9** hat das durch Art 1 GrundRBerG geschaffene **VerkehrsflächenbereinigungsG**, das die Nutzung der im Beitrittsgebiet belegenen und seit dem Ende des zweiten Weltkriegs (9. 5. 1945) bis zum Ende der DDR (2. 10. 1990) als Verkehrsflächen oder zur Erfüllung von Verwaltungsaufgaben in Anspruch genommenen Grundstücke privater Eigentümer abschließend regelt.

3. Verfassungsmäßigkeit

15 a) Die Regelung berührt den Schutzbereich des Art 14 GG. Das **Moratorium als solches** bewirkt **keine Enteignung** iSd Art 14 Abs 3 GG, sondern erweist sich als **Inhalts- und Schrankenbestimmung** iSd Art 14 Abs 1 S 2, Abs 2 GG (BVerfGE 98, 17, 37; BGH VIZ 1995, 646, 650). Rechte der Grundstückseigentümer werden nicht auf Dauer entzogen. Die erst durch die Wende in der DDR nach und nach wiedererlangte Nutzungs- und Verfügungsfreiheit wird lediglich im Interesse einer geordneten Regelung der Nutzungsverhältnisse vorübergehend beschränkt.

Verfassungsgemäß ist auch die vorübergehende Beschränkung der Verfügung über **öffentlich genutzte Grundstücke** durch Abs 9. Dem Erfordernis der Sicherstellung einer tatsächlich erfolgenden öffentlichen Nutzung privater Grundstücke durfte der Gesetzgeber durch die Schaffung des zeitlich begrenzten Moratoriums bis zu einer endgültigen Regelung Rechnung tragen. Dabei spielt es keine Rolle, ob das Grundeigentum zivilrechtlich bereits mit einem Besitzrecht des öffentlichen Nutzers belastet am 3. 10. 1990 in den Schutzbereich des Art 14 GG gelangt ist (so BGH VIZ 1996, 520). Auch wenn das Moratorium nach Abs 9 das Besitzrecht erst begründet hätte, entspräche es – unter Einbeziehung einer an Art 14 GG auszurichtenden Entgeltregelung (dazu unten Rn 18) – einem ausgewogenen Ausgleich öffentlicher und privater Interessen (BVerfG VIZ 2001, 334, 335).

16 b) Verfassungsgemäß ist die Regelung auch, soweit das Moratorium **rückwirkend** eingreift, indem es auch ein Besitzrecht für die Zeit vor dem 22. 7. 1992 begründet. Ob es sich dabei um eine echte Rückwirkung handelt (so BGH VIZ 1995, 646, 650), kann dahinstehen (BVerfGE 98, 17, 39), da sich ausnahmsweise kein Vertrauen auf den Bestand der vor Inkrafttreten des § 2a idF von 1992 (oben Rn 1 ff) hatte bilden können: Der Gesetzgeber hat eine Sachlage vorgefunden, die mit der Rechtslage in der DDR weitgehend nicht übereinstimmte. Die Rechtslage, die der Gesetzgeber formal mit Art 231 § 5 zum 3. 10. 1990 aufrecht erhielt, erwies sich deshalb alsbald, für die Betroffenen erkennbar, als unklar und unsicher (BVerfGE 98, 17, 39). Das Moratorium greift also nicht rückwirkend in eine *geklärte* Rechtslage ein. Der Gesetzgeber durfte im Interesse einer rechtsstaatlichen und sozialverträglichen Abwicklung, die auch das – tatsächlich nicht berechtigte – Vertrauen in die Rechtmäßigkeit des Handelns von DDR-Behörden einbezieht, eine Gesamtregelung anstreben.

17 c) Auch die vom Gesetzgeber selbst gesetzte **Frist** bis zur endgültigen Regelung war angemessen. Ob die in Abs 1 S 2 HS 2 bestimmte **Verordnungsermächtigung** zum

Zweck einer einmaligen Verlängerung der Frist des ursprünglichen Moratoriums mangels Bestimmtheit verfassungsrechtlich bedenklich war, bleibt unerheblich, da der Ermächtigungsadressat hiervon nicht Gebrauch gemacht hat (BVerfGE 98, 17, 40). Nicht zu beanstanden war auch die Verlängerung der Frist für das Moratorium nach **Abs 9** durch das VermBerG (oben Rn 11), da umfangreiche Ermittlungen über den tatsächlichen Problemumfang einer abschließenden Lösung in der 13. Legislaturperiode entgegenstanden (BVerfG VIZ 2001, 334, 336).

Auch die Verlängerung des Moratoriums nach Abs 1 S 3 zum Zweck der Herstellung der zeitlichen Verbindung zwischen dem Moratorium nach Abs 1 und der endgültigen Regelung nach dem **SachenRBerG** ist als solche verfassungsrechtlich nicht bedenklich (BVerfG VIZ 2001, 337; insoweit zustimmend RAUSCHER WuB IV B Art 233 § 2a–2.01). Das verfassungsrechtliche Problem besteht nicht darin, daß der Gesetzgeber eine Lücke zwischen dem Moratorium und der in jedem Einzelfall vom Tätigwerden der Beteiligten abhängigen endgültigen Bereinigung vermeiden wollte, sondern in der letztlich verfehlten Begünstigung der Nutzer durch die Erbbaurechts-, vor allem aber durch die Ankaufslösung des SachenRBerG, die jedoch beide vor dem BVerfG Bestand hatten (BVerfG WM 2001, 781; BVerfG VIZ 2001, 337).

4. Als berechtigt haben sich hingegen die auch hier vertretenen (dazu Bearbeitung 1996 Rn 90) verfassungsrechtlichen Bedenken gegen die **Nutzungsentgeltregelung** idF des SachenRÄndG (oben Rn 7) erwiesen. **18**

a) Nicht zu beanstanden war zwar, daß der Gesetzgeber in **Abs 8 der ursprünglichen Fassung** eine Nutzungsentgeltregelung nicht getroffen, aber auch nicht ausgeschlossen hatte. Dies war für einen vorübergehenden Zeitraum erforderlich und angemessen, weil 1992 keine klaren Vorstellungen über die Höhe eines Nutzungsentgelts bestehen konnten (BVerfGE 98, 17, 41; BGH VIZ 1995, 646, 650).

b) Hingegen verstieß der durch Abs 8 idF des SachenRÄndG vollzogene endgültige Ausschluß eines Nutzungsentgelts für den **Zeitraum vom 22. 7. 1992 bis zum 31. 12. 1994** gegen Art 14 GG. Er bevorzugte einseitig die Interessen der Grundstücksnutzer, insbesondere jener, an deren Widerstand die von der ursprünglichen Fassung nahegelegte einvernehmliche Regelung gescheitert war. Den betroffenen Eigentümern, die aufgrund der Urfassung des Abs 8 mit einer rückwirkenden Entgeltregelung rechnen konnten, wurde nicht nur ein Entgelt versagt, sondern selbst die Überwälzung auf dem Grundstück ruhender öffentlicher Lasten. Angesichts der Offenhaltung der Frage in Abs 8 der Urfassung stand dem kein schutzwürdiges Vertrauen der Nutzer mehr entgegen (BVerfGE 98, 17, 42; auch wenn manche Gerichte die Fehlvorstellung eines unentgeltlichen Nutzungsrechts befördert hatten, so Brandenburgisches OLG OLG-NL 1995, 41). **19**

Für den Zeitraum **bis zum 21. 7. 1992** hat der Ausschluß eines Nutzungsentgelts und die Beschränkung der Nutzungsherausgabe auf das Maß des § 993 Abs 1 HS 2 BGB hingegen vor Art 14 GG Bestand. Bis zum Inkrafttreten des § 2a idF des VermRÄndG (oben Rn 1) gab es nach dem Stand der Gesetzgebung keine Anhaltspunkte dafür, daß der Nutzer eines später in die Sachenrechtsbereinigung einbezogenen Grundstücks gesetzlich verpflichtet werden könnte, dem Grundstückseigentümer für die Grundstücksnutzung Entschädigung zu zahlen (BVerfGE 98, 17, 43), wenngleich der Gedanke, fremden Grund unter dem Schutz der Rechtsordnung auf Dauer unentgeltlich nutzen zu können, nur vor dem Hintergrund eines durch den Sozialismus in der DDR zerstörten Rechtsbewußtseins der Nutzer erklärbar ist.

Dem Auftrag des BVerfG zur **verfassungskonformen Regelung** ist der Gesetzgeber, wenn auch nach Ablauf der gesetzten Frist zum 30. 6. 2001, hinsichtlich *privater Nutzer* durch das GrundRÄndG (oben Rn 12, unten Rn 91 ff) und hinsichtlich *öffentlicher Nutzer* durch das GrundRBerG (oben Rn 13) nachgekommen. Keine Regelung haben hingegen parallele Situationen erfahren, die zwar nicht unmittelbar Gegenstand der Entscheidung des BVerfG waren, jedoch von deren ratio ebenfalls erfaßt sind. Insoweit ist mit weiteren Verfassungswidrigerklärungen und der Entstehung weiterer Entgeltansprüche zu rechnen (vgl dazu SCHNABEL ZOV 2001, 85, 86).

Die für den Zeitraum vom 22. 7. 1992 bis längstens 31. 3. 1995 in Abs 1 S 4 nunmehr vorgenommene Begrenzung auf den **abgesenkten Erbbauzins der Eingangsphase** der erbbaurechtlichen Sachenrechtsbereinigung (§ 51 Abs 1 S 2 Nr 1 SachenRBerG, unten Rn 92) begegnet allerdings weiterhin verfassungsrechtlichen Bedenken. Während im unmittelbaren Anwendungsbereich des § 51 SachenRBerG die Wahl der Erbbaurechtslösung feststeht und deshalb die vorübergehende Einbuße des Eigentümers an Erbbauzins dadurch kompensiert wird, daß ihm die Bodenwertsteigerung verbleibt, ist im Fall des Abs 1 S 4 die Art der späteren Bereinigung völlig offen. Insoweit sprechen gegen die Begünstigung des Nutzers durch Absenkung nach § 51 Abs 1 SachenRBerG ähnliche Gesichtspunkte, wie sie der BGH (BGH VIZ 2000, 367) für die Nichtanwendung des § 51 SachenRBerG auf das Nutzungsentgelt während eines laufenden Bodensonderungsverfahrens (dazu unten Rn 99) anführt (SCHWARZE NJ 2001, 187; **aA** MATTHIESEN VIZ 2001, 458, 460).

20 **c)** Nicht beanstandet hat das BVerfG auch die **Begrenzung der Nutzungsentgelte**, die nach Abs 9 von öffentlichen Nutzern zu entrichten sind, auf eine Verzinsung des Bodenwerts unter Ausschluß einer Verzinsung aufstehender Gebäude, die im allgemeinen erst durch die nutzende staatliche Stelle mit öffentlichen Mitteln errichtet worden waren. Auch die darin liegende *Ungleichbehandlung* gegenüber Eigentümern privat genutzter, in das Moratorium nach Abs 1 einbezogener und in die Sachenrechtsbereinigung überführter Grundstücke ist durch die Vorprägung aufgrund der bestehenden öffentlich-rechtlichen Sachherrschaft vor Art 3 Abs 1 GG gerechtfertigt (BVerfG VIZ 2001, 334, 336).

II. Räumlicher und zeitlicher Anwendungsbereich (Abs 1)

21 **Interlokal** erfaßt die Bestimmung ausdrücklich Besitzverhältnisse an im Beitrittsgebiet belegenen Grundstücken.

Intertemporal erfaßt die Bestimmung bei ihrem **Inkrafttreten** alle Besitzverhältnisse, die am 22. 7. 1992 noch bestanden. Wurde über einen **Herausgabeanspruch** gegen den nach Abs 1 zum Besitz Berechtigten vor dem 22. 7. 1992 rechtskräftig entschieden, so kann der Besitzer das durch das Moratorium geschaffene Besitzrecht einem Herausgabeverlangen nicht entgegensetzen. In **laufenden Verfahren** ist die Bestimmung hingegen anzuwenden (OLG Naumburg DtZ 1993, 252; OLG Naumburg OLG-NL 1994, 84). Das gilt auch für Rechtsmittel gegen erstinstanzliche Verurteilungen zur Herausgabe.

Zur **zeitlichen Erstreckung** des aus dem Moratorium folgenden **Besitzrechts** unten Rn 61.

III. Einbezogene Fallgruppen

1. Bebauung mit Billigung staatlicher Organe

Abs 1 S 1 bestimmt vier Fallgruppen, in denen das Moratorium eingreift. **22**

Die erste Fallgruppe stellen (natürliche oder juristische) Personen (auch Genossenschaften, für die lit a und lit b alternativ gelten: BVerwG VIZ 2002, 641, 642), die das Grundstück bis zum Ablauf des 2. 10. 1990 **bebaut oder zu bebauen begonnen haben** (lit a).

a) Bebauung, Baubeginn

aa) Erforderlich ist eine **Bebauung**. Gegenstand der Bebauung muß ein **Gebäude** oder eine **Anlage** sein. Der weite Begriff umfaßt jedes Bauwerk, unabhängig von einer bestimmten Größe oder Dauerhaftigkeit. Der Gebäudebegriff der Bestimmung knüpft an die Begriffe des Gesetzes über die *Bauordnung* v 20. 7. 1990 (GBl DDR 1990 I 929, BauO) an (BGH DtZ 1994, 68, 69; BVerwG VIZ 1997, 645, 646; VG Dresden DZWir 1998, 247, 248; Palandt/Bassenge Rn 3; MünchKomm/Wendtland Rn 4). Nach § 2 Abs 2 DDR-BauO (ähnlich § 27 LPGG, vgl BGH VIZ 1999, 614, 615) sind Gebäude selbständig benutzbare, überdeckte bauliche Anlagen, die von Menschen betreten werden können und geeignet oder bestimmt sind, dem Schutz von Menschen zu dienen. Der Begriff der *Anlage* ist im Sinn von „baulicher Anlage" (§ 2 Abs 1 BauO) zu verstehen. Erfaßt sind aber nicht alle baulichen Anlagen im weitesten Sinn (zB Aufschüttungen); nach dem Zweck der Regelung, die auch im Zusammenhang mit § 2b zu sehen ist, werden nur bauliche Anlagen *mit Gebäudecharakter* (Krüger NL-BzAR 1997, 298, 300) erfaßt. § 2a gilt jedenfalls für Anlagen, an denen schon nach dem Recht der DDR selbständiges Gebäudeeigentum erlangt werden *konnte* (BVerwG VIZ 1997, 645, 646; BVerwG VIZ 1998, 567; BVerwG VIZ 2001, 324). **23**

Erstreckt sich eine Anlage über *mehrere Grundstücke*, so kommt es nicht auf die Einzelbebauung jedes Grundstücks, sondern auf die Gesamtkonzeption an, die neben Gebäuden auch Freiflächen und Nebenanlagen enthalten darf (KG VIZ 1996, 480).

Gebäude ist auch eine Tankstelle, jedenfalls dann, wenn sie als bauliche Gesamtanlage auch Gebäude umfaßt, insbesondere Überdachungen, Hallen oder Verkaufsräume (ungenau dagegen OLG Rostock OLGR 1998, 396 das wohl jede bauliche Anlage als Gebäude behandeln will)

Kein Gebäude (und auch keine einbezogene Anlage) ist dagegen eine *Fundamentplatte* (BGH VIZ 1999, 614, 615). Wurde vor dem 3. 10. 1990 eine Fundamentplatte errichtet, so kann darin der das Moratorium auslösende Baubeginn (unten Rn 26) zu sehen sein, wenn das geplante Bauwerk ein Gebäude iSd Abs 1 S 1 lit a werden sollte. War die Zweckbestimmung der Fundamentplatte jedoch am 22. 7. 1992 aufgegeben, greift Abs 1 S 1 lit a nicht ein (OLG Dresden VIZ 1998, 638, 639: Nutzung des ehemaligen Fundaments als Abstellplatz).

Die **Zweckbestimmung** des Gebäudes ist grundsätzlich ohne Bedeutung, zu beachten sind jedoch die **Ausschlußtatbestände des Abs 7** (dazu unten Rn 139 ff).

24 bb) Für den Moratoriumstatbestand kommt es nicht darauf an, ob an dem Gegenstand der Bebauung **selbständiges Eigentum** entstanden ist und ob es sich iSd § 296 ZGB um Baulichkeiten oder iSd § 287 ZGB um Gebäude handelt (BGH LM § 296 DDR-ZGB Nr 1 Bl 3; BVerwG VIZ 2000, 162). Auch die in der DDR geduldete faktische Bebauung ist erfaßt (**aA** wohl OLG Rostock OLG-NL 1997, 146, 148: „Art 233 § 2a EGBGB iVm § 121 SachenRBerG").

25 cc) Der **Baubeginn** muß vor dem 3. 10. 1990 erfolgt sein. Baubeginn ist jede nach außen erkennbare Erstellungshandlung auf dem Grundstück, die nicht lediglich der Bauvorbereitung dient. Ein Beginn mit den Erdarbeiten genügt (Palandt/Bassenge Rn 3; Schnabel DtZ 1995, 259). Aus der Bezugnahme der Bestimmung auf die baurechtliche Zulässigkeit wird man zu folgern haben, daß als Baubeginn jede Erstellungshandlung genügt, welche baurechtlich nicht vor Erteilung der Baugenehmigung zulässig ist. Insbesondere genügt nicht die bloße Planung oder Beauftragung eines Bauunternehmens. Es müssen vielmehr auf der Baustelle bereits Maßnahmen der Errichtung getroffen sein. Die Erteilung einer Baugenehmigung vor dem 3. 10. 1990 genügt nicht (**aA** offenbar OLG Naumburg OLG-NL 1994, 86, 87). Der Zeitpunkt der **Fertigstellung** ist hingegen unerheblich (BGHZ 121, 88; BGHZ 121, 347; Brandenburgisches OLG OLG-NL 1995, 53). Bei Aufgabe des Vorhabens vor dem 22. 7. 1992 und vor Erreichung eines Bauzustandes, der einem Gebäude entspricht, greift jedoch das Moratorium nicht (OLG Dresden VIZ 1998, 638, 639).

Nach seinem Zweck erfaßt das Moratorium nur Bauten *aus der Zeit der DDR*; **Altgebäude**, die vor dem 8. 5. 1945 errichtet wurden, sind nicht geschützt (OLG Naumburg VIZ 1997, 233, 235; vgl zum Zweck insoweit auch BGHZ 137, 369, 376, zu lit b unten Rn 41 ff).

26 dd) Fraglich ist die Anwendbarkeit auf **Aus- und Umbauten** sowie **Rekonstruktionen** baufälliger Gebäude. Grundsätzlich liegt eine Gebäudeerrichtung nur vor, wenn ein in seiner wesentlichen Substanz neues Bauwerk entsteht (BVerwG VIZ 2000, 162). Um- und Ausbauten fallen daher nicht unter das Moratorium, sofern diese sich nicht bereits auf das ursprüngliche Gebäude beziehen (BVerwG 23. 4. 1997 3 B 146/96).

Fraglich ist, ob sich aus **§ 12 SachenRBerG** Rückschlüsse auf die Einordnung von Umbauten und Rekonstruktionen in § 2a Abs 1 S 1 lit a ziehen lassen. Eine unmittelbare Begriffsfortsetzung ergibt sich nicht. Zwar setzt sich die Fallgruppe des § 2a Abs 1 S 1 lit a in § 1 Abs 1 lit c SachenRBerG (unten Rn 162) fort und es war auch grundsätzlich gewollt, die späteren Bereinigungstatbestände durch das Moratorium offen zu halten. Jedoch kann das ursprüngliche Moratorium nicht ex post betrachtet auf das Maß der Sachenrechtsbereinigung ausgedehnt werden (anders zur Moratoriumsverlängerung nach Abs 1 S 3 BGHZ 136, 212, 216, dort passim offengelassen für das ursprüngliche Moratorium nach Abs 1 S 1 lit a).

Nach Ansicht des **BVerwG** ist ein Rückschluß aus dem Begriff der *Bebauung* in § 12 Abs 1, 2 SachenRBerG (vgl dazu OLG Brandenburg OLG-NL 2002, 56) auf den des *Gebäudes* iSd Moratoriums nicht zulässig (BVerwG VIZ 2000, 162; OFG Frankfurt/Oder VIZ 2002, 531, 534). Eine restriktive Anwendung des § 2a Abs 1 S 1 lit a unter Ausgrenzung von Aus- und Umbauten, bei denen *wesentliche Teile der ursprünglichen Bausubstanz* wieder verwendet werden, ist schon deshalb erforderlich, weil sonst die Gefahr bestünde, daß nach § 2b Abs 1 *konkurrierendes Gebäudeeigentum* am selben Gebäude entstünde; denn bloße Baufälligkeit brachte nach dem Recht der DDR bestehendes Gebäudeeigentum *nicht* zum Erlöschen (BVerwG VIZ 1998, 570; BVerwG VIZ 2000, 162).

Der **BGH** neigt hingegen zu fallweisen Rückschlüssen aus § 12 Abs 1, 2 SachenRBerG. Zu weit geht die Entscheidung vom 24. 1. 1997 (BGH VIZ 1997, 294), die Umbau- Ausbau- oder Wiederherstellungsmaßnahmen, die nach § 12 *Abs 1 und 2* mit einer Bebauung gleichgestellt sind, auch in den Anwendungsbereich des Moratoriums einbezieht. Zuzustimmen ist dagegen dem einschränkenden Ausgangspunkt, wonach es sich bei einer vollständigen Rekonstruktion eines *unbewohnbar gewordenen Gebäudes*, die § 12 *Abs 1 Nr 1* SachenRBerG unterfällt – und nur bei einer solchen –, um ein dem Moratorium unterfallendes Gebäude handeln kann (BGH NL-BzAR 1999, 291, 293; BGH VIZ 1999, 488; Schramm NL-BzAR 1999, 486, 490; hiergegen kritisch OVG Frankfurt/Oder VIZ 2002, 531, 534).

b) Baugenehmigung, Billigung staatlicher oder gesellschaftlicher Organe

27 **aa)** Die Bebauung muß aufgrund einer bestandskräftigen **Baugenehmigung** oder sonst **entsprechend den Rechtsvorschriften mit Billigung staatlicher oder gesellschaftlicher Organe** erfolgt sein. Darlegungs- und Beweislast hierfür treffen den Nutzer (LG Berlin ZMR 1996, 39; LG Meinigen OLG-NL 1996, 281, 282).

Der Begriff „Baugenehmigung" ist technisch im Sinne des Baurechts zu verstehen. Erforderlich ist also eine rechtswirksam erteilte bestandskräftige Baugenehmigung. **Illegale Bauten** fallen also nicht unter das Moratorium (BT-Drucks 12/2480, 77; auch nicht illegale Anbauten: LG Berlin ZMR 1996, 39). Unschädlich ist, wenn die Baugenehmigung **nachträglich** für einen Schwarzbau erteilt wurde. Man wird allerdings im Hinblick auf den intertemporalen Anwendungsbereich in solchen Fällen verlangen müssen, daß sowohl der Baubeginn wie auch die (nachträgliche) Erteilung der Genehmigung noch bis zum 2. 10. 1990 erfolgt sind, denn nach dem Zweck der Regelung sind nur Genehmigungen durch Organe der DDR oder der SBZ erfaßt (weshalb auch vor dem 8. 5. 1945 genehmigte Bauten nicht geschützt sind: BGHZ 137, 269, 376; OLG Naumburg VIZ 1997, 233, 235; vgl oben Rn 25; zu lit b unten Rn 41 ff). Die **Abnahme** eines die Genehmigung überschreitenden Baus kann nur Billigung bedeuten, wenn der ungenehmigte Bauteil im Zeitpunkt der Abnahme bereits errichtet war (LG Meiningen OLG-NL 1996, 281, 282).

Ein **Überbau** ist ebenfalls unschädlich, wenn er der Baugenehmigung entsprach und in der Rechtswirklichkeit der DDR vom Betroffenen zu dulden war (BVerwG ZOV 2000, 408, 409). Ist der Überbau hingegen schon zivilrechtlich zu dulden, so kommt die Anwendung des Moratoriums nicht in Betracht, weil es kein zivilrechtlich fragwürdiges Rechtsverhältnis zu bereinigen gibt (LG Meiningen OLG-NL 1996, 281, 282).

28 **bb)** Zweifelhaft ist, wie das alternative Tatbestandsmerkmal **„sonst entsprechend den Rechtsvorschriften"** einzuordnen ist.

α) Der **Wortlaut** deutet darauf hin, daß anstelle einer Baugenehmigung auch die Wahrung sonstiger Rechtsvorschriften genügen soll. Diese Deutung erscheint jedoch angesichts der Genehmigungsbedürftigkeit der im zentralen Anwendungsbereich der Bestimmung stehenden Eigenheime und gewerblichen/landwirtschaftlichen Anlagen nicht erschöpfend. Ausnahmsweise wird zwar auch ein nicht genehmigter Bau aufgrund dieser Alternative baurechtlich legalisiert sein. Das eigentliche Problem, dem der Gesetzgeber diese Bestimmung gewidmet hat, besteht aber nicht darin, daß eine Baugenehmigung fehlt; vielmehr fehlt in den angesprochenen Fällen die **zivilrechtliche Nutzungsbefugnis**.

29 β) Nach den **Materialien** ging es dem Gesetzgeber bei der wenig geglückten Formulierung wohl um die Schaffung eines **kumulativen** Tatbestandsmerkmals, welches das **zivilrechtlich ungeklärte Verhältnis** betrifft: **„Entsprechend den Rechtsvorschriften mit Billigung staatlicher etc Organe"** bezieht sich nicht auf Baurechtsbestimmungen, sondern auf die Usurpation des fremden Grundstücks zu eigenen Bauzwecken (vgl BT-Drucks 12/2480, 77: „In diesen *[scil* den genehmigten, aber eigentumsrechtlich nicht geklärten] Fällen greift das Moratorium, wenn die Bauten entsprechend den Rechtsvorschriften errichtet worden sind."). Die Bestimmung soll also eigentlich **baurechtlich legale** (so auch LG Berlin VIZ 1994, 312: kein Schwarzbau), aber **zivilrechtlich ungeklärte** Grundstücksnutzungen zu Bauzwecken schützen. Dieser Schutz setzt voraus, daß der Nutzer **nicht aus eigenem Entschluß**, sondern aufgrund einer hoheitlichen Veranlassung die Bebauung im Verhältnis zum Eigentümer als legal ansehen durfte.

30 γ) In der **Rechtsprechung** wurde der Tatbestand des Abs 1 S 1 lit a alsbald nicht nur in Fällen der baurechtlichen Legalität nach den Bestimmungen der DDR angenommen (zB BGH LM § 296 DDR-ZGB Nr 1 Bl 3; BGH DtZ 1995, 328, 329: Baugenehmigung; BGHZ 121, 88: Genehmigung zur Errichtung einer Kleingartenanlage; BG Dresden NJ 1993, 323: Baugenehmigung), sondern auch solche Fälle dem Moratorium unterstellt, in denen der Bau lediglich durch staatliche Stellen gebilligt wurde, es aber an den gemäß Rechtsvorschriften der DDR erforderlichen **Genehmigungen fehlte**. Die Billigung staatlicher oder gesellschaftlicher Organe ist hiernach ein (auch) die fehlende Baugenehmigung ersetzendes Tatbestandsmerkmal (OLG Naumburg OLG-NL 1994, 364: Standortgenehmigung der staatlichen Plankommission; OLG Naumburg OLG-NL 1994, 86, 87: Prüfbescheid des Ministeriums für Bauwesen; Brandenburgisches OLG VIZ 1995, 51, 53: signierte Lageskizze; wohl auch BGHZ 121, 347, 352 und 351: Mitteilung des Stadtarchitekten).

31 δ) Für eine Einbeziehung nicht formell, aber in anderer Weise genehmigter Bebauung spricht die Zielsetzung, die **tatsächlichen Verhältnisse in der DDR** bis zur Sachenrechtsbereinigung durch das Moratorium zu schützen. Diesen entsprach es, daß die bauliche Inanspruchnahme privater Grundstücke häufig allein aufgrund einer formlos erteilten Billigung staatlicher Stellen erfolgte (Brandenburgisches OLG OLG-NL 1995, 53). Die zunächst hier vertretene Ansicht (Staudinger/Rauscher[12] Rn 8 ff) beruhte auf der irrigen Annahme, daß in der DDR zwar ohne rechtliche Grundlage fremdes Eigentum bebaut wurde, wenigstens aber die eigenen Bauvorschriften noch eingehalten wurden. Die Erkenntnis, daß jener Staat nicht nur höchst rechtswidrig, sondern auch höchst unordentlich verwaltet wurde, mag dazu zwingen, die Bestimmung so weit auszulegen, daß sie eine Befriedung auch in Fällen erlaubt, die in einem Rechtsstaat schlechterdings unvorstellbar wären.

32 ε) Für eine weite Handhabung spricht auch das Ziel eines friktionslosen Übergangs vom sachenrechtlichen Moratorium zu den Bestimmungen des **Sachenrechts-**

bereinigungsG. Dessen § 9 Abs 1 Nr 5 bezieht als „Nutzer" in die Sachenrechtsbereinigung den ein, der „mit Billigung staatlicher Stellen ein Gebäude oder eine bauliche Anlage errichtet hat". Auch dort deutet die Legaldefinition des § 10 SachenRBerG darauf hin, daß es dem Gesetzgeber vorrangig darum geht, mit der „Billigung staatlicher Stellen" die zivilrechtlich unzulässige Nutzung fremder Grundstücke zu überwinden. Die Erteilung einer Baugenehmigung ist aber keine Voraussetzung für das Eingreifen der Sachenrechtsbereinigung, sondern begründet nur gemäß § 10 Abs 2 SachenRBerG die Vermutung der erforderlichen Billigung.

bb) Erforderlich ist also lediglich, daß die Bebauung **mit Billigung staatlicher oder gesellschaftlicher Organe** erfolgt ist; dieses Tatbestandsmerkmal heilt das **Fehlen der Baugenehmigung** ebenso wie den Mangel der **zivilrechtlichen Zulässigkeit** des Baus auf fremdem Grund. Die bewußt weit gewählte Formulierung soll deutlich machen, daß nicht Rechtsvorschriften im engeren Sinn gemeint sind, sondern der Realität in der ehemaligen DDR Rechnung getragen werden soll. Es handelt sich regelmäßig um Fälle, in denen mit aktiver Billigung nicht notwendig zuständiger staatlicher (zB Ministerrat: OLG Naumburg OLG-NL 1994, 489; Landwirtschaftsbank: BGH VIZ 2001, 621, 622) oder „gesellschaftlicher" Organe (insbesondere SED oder FDGB, vgl Palandt/Bassenge Rn 3) eine Bebauung stattgefunden hat. Nicht genügend ist hingegen eine **behördeninterne Prüfung** der selbst an der Errichtung interessierten Behörde, da ein Vertrauen in die Rechtmäßigkeit des eigenen Handelns durch das Moratorium nicht geschützt wird (OLG Dresden VIZ 1994, 489, 492 f: MfS-Bauvorhaben; Palandt/Bassenge Rn 3). Nicht genügen kann nach der ursprünglichen Konzeption des Moratoriums auch eine bloße **Duldung** (OLG Rostock OLG-NL 1995, 42) durch Nichteinschreiten der Behörden, da hieraus ebenfalls kein Vertrauen des Nutzers erwachsen konnte. Da aber der Gesetzgeber im SachenrechtsbereinigungsG in § 10 Abs 2 S 2 die Duldung ohne Erlaß einer Abrißverfügung über einen Zeitraum von fünf Jahren insoweit der Erteilung einer Baugenehmigung gleichgestellt hat, wird man auch im Rahmen des Abs 1 S 1 lit a hieraus die Billigung zu folgern haben (was aber vorausssetzt, daß zwischen Errichtung und dem 2. 10. 1990 fünf Jahre verstrichen sind: LG Meiningen OLG-NL 1996, 281, 282). 33

cc) Fraglich ist die Anwendbarkeit auf Fälle der **berechtigten zivilrechtlichen Grundstücksnutzung**, die aber vom Nutzer dadurch überschritten wurde, daß auf dem Grundstück ein Gebäude oder eine Anlage **errichtet oder erweitert** wurde, *ohne* daß dies im erörterten Sinn auf die *Billigung staatlicher Organe* rückführbar ist. 34

α) Auf den ersten Blick erscheint ein Erst-recht-Schluß nahezuliegen. Wenn schon der zivilrechtlich *unberechtigte* Nutzer durch das Moratorium geschützt ist, so könnte es erst recht der *eigentlich berechtigte* Nutzer sein. Hiergegen spricht jedoch der Zweck der Regelung: Geschützt werden soll, wer mit staatlicher Billigung ein Gebäude auf fremdem Grund errichtet hat und dabei auf die Rechtmäßigkeit und den Bestand seines Besitzes *vertrauen* konnte. Wer hingegen aufgrund eines **Nutzungsvertrages oder aufgrund einer rechtsgeschäftlich nicht bindenden bloßen Überlassung**, insbesondere eines Pacht- oder Mietvertrages ein Grundstück oder Gebäude genutzt und ohne Zustimmung des Eigentümers erweitert oder gebaut hat, unterfällt der ratio der Bestimmung nicht, wenn er nicht „mit Billigung staatlicher Organe" gebaut hat, sondern aufgrund des eigenen – rechtswidrigen – Entschlusses, sein Besitzrecht durch Errichtung eines Gebäudes zu überschreiten. Dies kann die Rechtsordnung nicht dadurch belohnen, daß er nunmehr den vertraglichen Herausgabeansprüchen ein Besitzrecht aus dem Moratorium entgegenhalten darf (so obiter auch BGH NJ 1994, 573, 574).

35 β) Diese Auslegung ist auch **verfassungsrechtlich geboten**. Das Moratorium berührt den Schutzbereich des Art 14 Abs 1 GG. Es ist als Schrankenbestimmung zweifellos zulässig, soweit durch staatliches Handeln der DDR verursachte ungeklärte Nutzungsberechtigungen bestehen und der Gesetzgeber die vollständige Freiheit des Eigentümers, mit der Sache zu verfahren, auf Zeit bis zu einer Klärung der Rechtslage begrenzt (vgl oben Rn 15 ff). Hingegen läge keine im Gemeinwohlinteresse erforderliche Beschränkung des Eigentums vor, wenn der Gesetzgeber in zivilrechtlich begründete Nutzungsverhältnisse eingreift und dem Nutzer ohne Notwendigkeit weitergehende Rechte gewährt, als zivilrechtlich vereinbart waren.

36 γ) Vom Moratorium erfaßt ist hingegen eine **mit Billigung staatlicher Stellen** erfolgte Überschreitung einer vertraglich oder sonst zulässigen Bebauung (vOefele DtZ 1995, 159); hierunter fallen insbesondere die Fälle der sog **„unechten Datschen"**, also die Errichtung von Wohngebäuden mit Baugenehmigung oder staatlicher Billigung auf Grundstücken, an denen lediglich ein Nutzungsrecht nach § 312 ff ZGB bestand (Wesel DtZ 1995, 73). Dies gilt auch, wenn die Bebauung zeitlich nach der Beendigung der zivilrechtlichen Nutzungsberechtigung mit Billigung staatlicher Stellen erfolgte (OLG Brandenburg VIZ 1999, 228, 229). Eine Fallage, die selbst für einen zivilrechtlich völlig unberechtigt Nutzenden das Moratorium begründet, muß dies erst recht im Falle der bloßen Überschreitung der Nutzungsberechtigung bewirken.

c) Nutzung durch den Bebauer

37 aa) Geschützt ist nur, wer das Grundstück **selbst bebaut** hat *und* es am 22. 7. 1992 **selbst nutzt**. Weder genügt die Nutzung eines von einem Dritten bebauten Grundstücks noch die Bebauung eines nicht selbst genutzten Grundstücks, um das Besitzrecht aus Abs 1 S 1 lit a zu erwerben (Brandenburgisches OLG OLG-NL 1994, 208, 210 und VIZ 1995, 184, 185; LG Halle VIZ 1994, 88; LG Neubrandenburg VIZ 1993, 81, 82; Palandt/Bassenge Rn 3). In solchen Fällen können aber die Tatbestände lit b bis d eingreifen.

38 bb) Die Bebauung durch einen **Gesamtrechtsvorgänger** des am 22. 7. 1992 Nutzenden genügt (BGH DtZ 1995, 328, 329; LG Leipzig VIZ 1995, 541; **aA** LG Berlin VIZ 1995, 328, 329). Hingegen besteht das Besitzrecht nicht, wenn das Grundstück vor dem 22. 7. 1992 in bebautem Zustand im Wege der **Einzelrechtsnachfolge** erworben wurde, da in diesem Fall der Zweck der Regelung, Vertrauen zu schützen, nicht eingreift. Aus Abs 2 S 1 HS 1 folgt für diesen Fall nichts anderes, da die Übertragbarkeit des Besitzrechts voraussetzt, daß das Recht am 22. 7. 1992 in der Person des Übertragenden bestanden hatte (**aA** OLG Rostock OLG-NL 1995, 27).

39 cc) Eine Nutzung durch **Vermietung** oder Untervermietung genügt als Eigennutzung, wie nunmehr auch § 9 SachenRBerG bestätigt (BGH DtZ 1995, 328, 329; BGH VIZ 1995, 646, 650; BGH DtZ 1996, 19, 20; OLG Naumburg OLG-NL 1994, 86; OLG Rostock OLG-NL 1995, 41; OLG Frankfurt/O NJ 1994, 275; OLG Thüringen OLG/NL 1996, 84, 85; LG Berlin VIZ 1994, 312; LG Leipzig VIZ 1995, 541; Palandt/Bassenge Rn 3).

40 dd) Ein **derivatives Besitzrecht** sieht die Bestimmung nicht vor. Man wird jedoch lit c letzter HS aufgrund der vergleichbaren Situation entsprechend anzuwenden haben, so daß auch den mit dem Besitzberechtigten in einem **gemeinsamen Hausstand** Lebenden ein Besitzrecht zukommt.

2. Genossenschaften

a) Lit b schützt **Genossenschaften** und ehemalige **VEBe Wohnungswirtschaft.** **41**

aa) Der Begriff der **Genossenschaft** ist nach dem Zweck der Offenhaltung von Sachverhalten, deren Einbeziehung in die Sachenrechtsbereinigung in Betracht kam, weit auszulegen; er erfaßt neben VEB Wohnungswirtschaft (zunächst einschränkend auf diese: OLG Naumburg OLGR 1997, 160; LG Neuruppin VIZ 1997, 236) auch *Konsumgenossenschaften* und *Bäuerliche Handelsgenossenschaften* (BGHZ 137, 369, 374; BGH VIZ 1998, 225; BGH VIZ 2001, 621, 622; OLG Dresden ZOV 2001, 249, 250; OLG Dresden ZOV 1999, 372; so schon vor der Klärung durch den BGH: OLG Naumburg OLGR 1997, 209; PURPS VIZ 1997, 201, 203; näher unten Rn 43). Die Bestimmung verdrängt für Genossenschaften jedoch nicht lit a; auch Genossenschaften können durch Bebauung iSd lit a in das Moratorium einbezogen sein (BVerwG VIZ 2002, 641, 642).

bb) Die **Gesetzesmaterialien** nennen zwei **Fallgruppen**: **42**

α) Die erste Fallgruppe betrifft **Wohnungsbaugenossenschaften** übertragene Grundstücke. In der ehemaligen DDR war bei der Errichtung von **Neubauwohnsiedlungen und Neubauwohnanlagen** an sich vorgesehen, daß vor Beginn der Bauarbeiten zuerst der erforderliche Grund und Boden in Volkseigentum überführt wurde. Dies wurde aufgrund der tatsächlichen Situation in der DDR häufig unterlassen, so daß solche Anlagen häufig am 3. 10. 1990 auf fremdem Grund standen (BT-Drucks 12/2480, 77; BGHZ 137, 369, 373).

β) Die zweite Fallgruppe betrifft das sog **vagabundierende Gebäudeeigentum** (BGH VIZ 2001, 110; MünchKomm/WENDTLAND Rn 7). **LPGen** und ehemaligen VEBen stand Gebäudeeigentum an ihren Betriebsgebäuden häufig nicht aufgrund des Eigentums am Grund und Boden zu, sondern aufgrund eines **Nutzungsrechts**. Nachdem solche gesetzlichen Nutzungsrechte inzwischen ersatzlos aufgehoben wurden (für LPGen: Gesetz v 28. 6. 1990, GBl DDR I 483; für Betriebe: Gesetz v 22. 7. 1990, GBl DDR I 903), besteht das Gebäudeeigentum in diesen Fällen ohne gesetzliche Grundlage. Damit fehlt es an der von § 4 vorausgesetzten Verbindung zwischen dem Gebäudeeigentum und einem dinglichen Nutzungsrecht (BGHZ 137, 369, 373).

cc) Der BGH hat als weitere Fallgruppe die Übertragung von bebauten volkseigenen Grundstücken an **Bäuerliche- und Konsum-Genossenschaften** nach dem 1. 7. 1990 dem Moratorium unterstellt (BGHZ 137, 269; BGH VIZ 1998, 225; OLG Naumburg OLGR 1997, 209; OLG Naumburg VIZ 1997, 233, 235). Das gilt sowohl für die Fälle der Übertragung von volkseigenen Grundstücken an die Genossenschaften als *Rechtsträger* (BGHZ 137, 269; BGH VIZ 1998, 225), als auch für Übertragungen aufgrund des *Unternehmensgesetzes* v 7. 3. 1990 (GBl DDR 1990 I 141), das eine staatliche Beteiligung an privaten Unternehmen und die Einbringung staatlichen Grundes zur Nutzung gestattete (BGH VIZ 2001, 621). Diese Genossenschaften befanden sich in einer den LPGen und Wohnungsbaugenossenschaften vergleichbaren Lage, da ihnen im Ge- **43**

gensatz zu den VEBen das von ihnen genutzte Volkseigentum nicht gemäß § 11 Abs 2 TreuhG zu Eigentum übertragen wurde (vgl BGH VIZ 1998, 225, 226; HABSCHEID VIZ 1993, 198). Daß diese Fälle letztlich nicht in die *Sachenrechtsbereinigung* übergeleitet wurden, ist für das Moratorium unerheblich, denn es kam ex ante gesehen in Betracht, daß den bis zum Beitritt nutzungsberechtigten Genossenschaften eine Nutzungs- oder Erwerbsmöglichkeit gewährt werden würde (BGHZ 137, 369; BGH VIZ 1998, 225).

Hieran anschließend hat für **LPGen** schließlich der BGH auch jene Fälle einbezogen, in denen die LPG ein bebautes Grundstück als *Rechtsträger* genutzt hat. Diese entsprechen zwar gerade nicht der ursprünglich bedachten Fallgruppe des vagabundierenden Gebäudeeigentums (oben Rn 42), denn es entstand bei Rechtsträgerschaft kein selbständiges Gebäudeeigentum. Doch stimmt die Interessenlage mit der Nutzung anderer Genossenschaften als Rechtsträger überein (BGH VIZ 2001, 393; gegen: OLG Dresden ZOV 1999, 371).

44 **b)** Das Moratorium zugunsten von Genossenschaften entsteht unter folgenden **tatbestandlichen Voraussetzungen**:

aa) Dem Begünstigten muß ein Gebäude und dazugehörige Grundstücksflächen oder -teilflächen zur Nutzung sowie selbständigen Bewirtschaftung und Verwaltung zu genossenschaftlichen Zwecken **übertragen worden** sein (BVerwG VIZ 1995, 354; KG OLG-NL 1994, 227; PALANDT/BASSENGE Rn 4). Geschützt ist also nur, wer nicht den Besitz eigenmächtig, sondern im Vertrauen auf eine hoheitliche Übertragung erlangt hat. Dieses Tatbestandsmerkmal macht also im Einzelfall die **zivilrechtliche** Legalität der Nutzung entbehrlich.

45 **bb)** Das übertragene Gebäude muß aufgrund einer **bestandskräftigen Baugenehmigung** oder **sonst entsprechend den Rechtsvorschriften mit Billigung staatlicher Organe** errichtet worden sein (KG OLG-NL 1994, 227; PALANDT/BASSENGE Rn 4). Daher ist auch in diesem Fall des Moratoriums (zu lit a oben Rn 25, 27) eine Baugenehmigung oder Billigung durch staatliche Stellen der *DDR* erforderlich, weshalb vor dem 8. 5. 1945 errichtete **Altgebäude** auch hier (zu lit a oben Rn 25, 27) nicht schon aufgrund der (früher) erteilten Baugenehmigung einbezogen sind (BGHZ 137, 269, 376; BGH VIZ 1998, 225, 227).

Diesem Tatbestandsmerkmal kommt hier jedoch ausschließlich die Funktion zu, deutlich zu machen, daß nur **legal** im weitesten Sinne errichtete Bauten dem Moratorium unterfallen. Anders als zu lit a übernimmt erst das weitere Tatbestandsmerkmal der **Übertragung** die *vertrauensbegründende* Funktion, das zivilrechtlich fehlende Nutzungsrecht zu überspielen. Deshalb greift das Moratorium nach lit b hier auch für vor dem 8. 5. 1945 errichtete **Altgebäude** ein, wenn einer Genossenschaft die *Rechtsträgerschaft* daran übertragen worden war. Denn die staatliche Beteiligung und das hierdurch begründete Vertrauen in die Möglichkeit einer zweckentsprechenden Grundstücksnutzung schließen die Annahme aus, das Altgebäude könnte *DDR-staatlicherseits* nicht gebilligt worden sein (BGHZ 137, 269, 377; BGH VIZ 1998, 225, 227; BGH VIZ 2001, 110, 111; OLG Naumburg VIZ 1997, 233, 235), auch wenn die Baugenehmigung nicht von Organen der DDR erteilt wurde.

cc) Das Gebäude muß von den Begünstigten oder deren Rechtsnachfolgern **genutzt** werden. Erforderlich ist eine Nutzung zu **genossenschaftlichen Zwecken**. Wurden dagegen mit dem Gebäude nur allgemeine staatliche Aufgaben erfüllt, so greift der Schutzzweck des Moratoriums nicht ein, selbst wenn die Genossenschaft die Bebauung aus Eigenmitteln bewirkt hat (BVerwG VIZ 1995, 354, 355). Entsprechend der ausdrücklichen Regelung in lit a ist auch für diese Alternative die Nutzung im **Zeitpunkt** des Inkrafttretens des 2. VermRÄndG gemeint: Denn Zweck der Regelung ist es, die in diesem Zeitpunkt bestehenden Nutzungsverhältnisse vorübergehend bis zu einer endgültigen Regelung zu schützen. **46**

Nicht erforderlich ist – anders als für § 7 Abs 1, 2 Nr 1, 2 SachenRBerG (OLG Dresden VIZ 1999, 111, 112) – hingegen, daß die nutzende Genossenschaft die Bebauung **selbst (mit Eigenmitteln) vorgenommen** hat; dies folgt aus der ausdrücklichen Einbeziehung der Nutzung durch den Rechtsnachfolger der das Grundstück bebauenden Genossenschaft etc (BGHZ 137, 369, 375; KG OLG-NL 1994, 227; OLG Naumburg OLGR 1997, 209, 210; OLG Naumburg VIZ 1997, 233, 235; OLG Dresden VIZ 1997, 111, 112; LG Halle VIZ 1994, 88, 89; Palandt/Bassenge Rn 4; MünchKomm/Wendtland Rn 9).

3. Überlassungsverträge über bebaute Grundstücke (lit c)

a) Das Moratorium besteht auch zugunsten des **Nutzers eines bereits mit einem Wohnhaus bebauten Grundstücks**. Die Bestimmung schützt wie die vorangehenden Tatbestände jedoch wiederum nicht die Nutzung an sich, sondern die Nutzung aufgrund eines hoheitlichen Stellen zuzurechnenden Vertrauenstatbestandes. Hintergrund sind sog **Überlassungsverträge**, die über staatlich oder treuhänderisch verwaltete Grundstücke von Eigentümern geschlossen wurden, welche die DDR verlassen hatten. Im Rahmen solcher Überlassungsverträge wurden Grundstücke sowohl zur Bebauung mit einem Eigenheim überlassen wie auch bereits bebaute Grundstücke zur Nutzung. Der Typus des Überlassungsvertrages ist durch Art 232 § 1a, eingefügt durch das RegVBG, hinsichtlich seines schuldrechtlichen Bestandes ausdrücklich geregelt (vgl dort Rn 1 ff; Palandt/Bassenge Rn 5). **47**

b) Das Grundstück muß mit einem **Wohnhaus bebaut** überlassen worden sein. **48**

aa) Erfaßt werden also nicht alle Gebäude, sondern lediglich **zu Wohnzwecken dienende Gebäude**. Außerdem muß das Wohnhaus bereits *im Zeitpunkt der Überlassung* errichtet gewesen sein. Spätere Ausbauten sind unschädlich, aber auch nicht Voraussetzung für die Anwendung der Bestimmung. Zwar besteht wohl gerade bei vorgenommenen Ausbauten ein besonderes Schutzbedürfnis (vgl Stellungnahme des Bundesrats BT-Drucks 12/2695, 22 Nr 45). Das Moratorium greift bis zur Erreichung einer endgültigen Regelung aber auch bei schlichter Nutzung ohne weitere Investitionen ein.

bb) Überlassungsverträge **zum Zweck der Errichtung von Wohngebäuden** unterfallen nicht dem Moratorium nach lit c; sie sind jedoch regelmäßig bereits durch das Moratorium nach lit a erfaßt, da der im Überlassungsvertrag angegebene Zweck als Billigung staatlicher Organe verstanden werden muß. **49**

c) Das Grundstück muß im Zeitpunkt der Überlassung unter **staatlicher oder** **50**

treuhänderischer Verwaltung gestanden haben. Häufig handelt es sich um Eigentum von „Republikflüchtlingen" oder um Erwerbe von Todes wegen durch deutsche Staatsangehörige mit gewöhnlichem Aufenthalt in der Bundesrepublik. Die spätere Aufhebung der staatlichen Verwaltung ändert nichts an der Geltung des Moratoriums (BT-Drucks 12/2480, 78).

51 d) Die Nutzung muß aufgrund eines **Überlassungsvertrags** erfolgen. Dieses Tatbestandsmerkmal stellt das allen Tatbeständen des § 2a Abs 1 eigene Vertrauensmerkmal sicher: Der Nutzer durfte im Zeitpunkt der Übernahme und zu Zeiten der DDR darauf vertrauen, daß seine Nutzung fremden Eigentums Bestand haben würde. Deshalb unterfallen insbesondere **Miet- oder Pachtverträge nicht** dem Begriff des Überlassungsvertrages **(Abs 7 S 2)**. Insoweit genügen die Bestimmungen zum Kündigungsschutz für Mieter, insbesondere bei Wohnraum (BT-Drucks 12/2480, 78). Im übrigen konnte ein Nutzer aufgrund eines zivilrechtlich typischerweise nur vorübergehend zur Nutzung berechtigenden Vertrags nicht das für das Moratorium vorauszusetzende Vertrauen bilden.

Nicht erfaßt sind daher auch Überlassungsverträge zur Nutzung für Erholung, Freizeit oder ähnliche persönliche Bedürfnisse (**Abs 7 S 1**; BT-Drucks 12/2480, 78).

52 e) In gleicher Weise wie der aus dem Überlassungsvertrag unmittelbar Begünstigte sind auch diejenigen geschützt, welche mit diesem einen **gemeinsamen Hausstand** führen. Die Bestimmung wurde insoweit auf Initiative des Bundesrats (BT-Drucks 12/2695, 22 Nr 45) geändert, um klarzustellen, daß nicht nur Familienangehörige im Sinne des 4. Buchs des BGB erfaßt sind, sondern insbesondere auch Partner einer *nichtehelichen Lebensgemeinschaft.* Deren Schutzbedürfnis ergibt sich aber nicht nur dann, wie der Bundesrat ausführt, wenn sie in das Objekt mitinvestiert haben; Schutzgrund ist, wie die Beschränkung auf Wohnraum deutlich macht, auch der Erhalt der Wohnung als elementarer Lebensraum; soweit der aus der Überlassung unmittelbare Berechtigte Vertrauen bilden konnte, gilt dies auch für seine Haushaltsgenossen. Nicht erforderlich ist, daß der Mitbewohner bereits im Zeitpunkt des Abschlusses des Überlassungsvertrages oder des Eintritts des Moratoriums zum Hausstand des Vertragspartners gehörte; geschützt ist vielmehr dieser Personenkreis in seiner jeweiligen Zusammensetzung (Palandt/Bassenge Rn 6).

4. Gebäudekäufer (lit d)

53 a) Geschützt sind Personen, die ein Gebäude **gekauft** oder den **Kauf beantragt haben**. Die Bestimmung ist nach dem Regelungszweck **gegenständlich einschränkend** zu verstehen. Erfaßt sind Fälle, in denen aus der Hand von Behörden oder staatlichen Organen ein Gebäude auf **volkseigenem Grund** erworben werden sollte (BT-Drucks 12/2480, 78; BGH VIZ 2000, 157; Brandenburgisches OLG VIZ 1995, 184, 185; offen gelassen BGH WM 1996, 730; BGH VIZ 1996, 520). Hintergrund sind die Regelungen des VerkaufsG (AG Potsdam WUM 1998, 416, 417; Palandt/Bassenge Rn 6) und anderer Bestimmungen zur Überführung von Volkseigentum in Privateigentum (hierzu § 2 Rn 34). Solche Verkäufe sind durch den Wegfall des ZGB und des *NutzungsrechtsG* zum 3. 10. 1990 „hängengeblieben", ohne daß deshalb der zugrundeliegende Kaufvertrag unwirksam wurde (BGH VIZ 2000, 157). Der Erwerber erlangt Besitzschutz nach dem Moratorium, wenn die Erfüllung des Veräußerungsvertrages die Bestellung eines Nutzungsrechts vorsah und diese infolge von dem Nutzer nicht zuzurechnenden Umständen ausgeblieben ist (OLG Rostock OLG-NL 1996, 130).

b) Die Bestimmung ist andererseits über ihren Wortlaut hinaus nach Sinn und Zweck **persönlich erweiternd** auszulegen. Erfaßt sein sollen auch Fälle, in denen ohne vertragliche oder gesetzliche Grundlage durch den **Vorstand einer LPG oder einer Gemeinde** einem Bürger ein Gebäude oder ein Bauplatz auf volkseigenem Grund zugewiesen wurde (BT-Drucks 12/2480, 78). Gemeinsam ist diesen Regelungsbereichen, daß es sich um **volkseigenen** Grund handeln muß. Zuweisungen auf Privatgrund sind nur im Umfang der lit a bis c geschützt. **54**

c) Tatbestandliche Voraussetzung ist, daß der Nutzer vor dem 3. 10. 1990 (OLG Naumburg VIZ 1997, 233; PALANDT/BASSENGE Rn 6) das Gebäude **gekauft** (BGH VIZ 2000, 175; BVerwG VIZ 1994, 665, 666) **oder den Kauf beantragt** hat. Regelmäßig fehlt es in den am 3. 10. 1990 noch hängenden Fällen an erforderlichen Entscheidungen von Behörden, die zur Entstehung eines Nutzungsrechts bzw zur Übertragung des Gebäudeeigentums erforderlich waren. Schutzzweck ist hier das Vertrauen des Bürgers in die zu erwartende positive Verbescheidung angesichts der bereits faktisch gewährten Nutzung (vgl OLG Rostock OLG-L 1996, 130). **55**

Es genügt in entsprechender Anwendung auch eine **Zuweisung** durch staatliche Stellen zum Zweck der **Errichtung eines Eigenheims**, welches dann zB mit staatlichen Fördermitteln erbaut wurde (BT-Drucks 12/2480, 78).

d) Hingegen ist lit d nicht anzuwenden in Fällen, in denen Gebäudeeigentum auf volkseigenem Grund wirksam begründet wurde, jedoch zwischen den Parteien des Kaufvertrages strittig ist, wem das Eigentum zusteht, weil der von lit d vorausgesetzte **Kaufvertrag nicht wirksam geschlossen** wurde (BGHZ 125, 125, 134; BGH DtZ 1996, 140; OLG Dresden ZOV 2001, 249, 250; LG Berlin ZMR 1997, 29; PALANDT/BASSENGE Rn 6). Auch lit d hat nur den Zweck, das Vertrauen des Nutzers in eine *ungeklärte* Eigentums- oder Nutzungsrechtslage gegen Herausgabeansprüche des Grundstückseigentümers zu schützen, und ist daher diesem Zweck entsprechend einschränkend auszulegen. Nicht anwendbar ist lit d auch auf Fälle eines bloß **treuhänderisch** gewollten Gebäudekaufvertrages (BGH LM § 66 DDR-ZGB Nr 1 Bl 2). **56**

IV. Inhalt des Moratoriums (Abs 1)

1. Besitzrecht (Abs 1 S 1 HS 1)

a) In den Fällen des Abs 1 S 1 steht dem Nutzer oder sonst aus dem Moratorium Berechtigten ein **Recht zum Besitz iSd § 986 BGB** zu (BGH LM § 296 DDR-ZGB Nr 1 Bl 3; BVerwG VIZ 1994, 665; KG OLG-NL 1994, 227; Brandenburgisches OLG VIZ 1995, 51; OLG Naumburg OLG-NL 1994, 86; LG Berlin VIZ 1994, 312; VG Berlin VIZ 1994, 88). Er kann also auch bei Fehlen sonstiger vertraglicher oder gesetzlicher Besitzberechtigung insbesondere gegen die Herausgabeklage aus § 985 BGB das Moratorium einwenden (BT-Drucks 12/2480, 78). Dasselbe gilt im Umfang des Moratoriums auch gegen possessorische Herausgabeansprüche. Im übrigen ist das Eigentümer-Besitzer-Verhältnis durch die nachfolgenden Bestimmungen insbesondere hinsichtlich der Nutzungen **57**

und Verwendungen (Abs 3) erheblich modifiziert. Zu Art und Umfang des **Rechts zur Nutzung** unten Rn 67 ff.

Gegenüber **Dritten** folgt aus dem Besitzrecht keine sachenrechtliche Rechtsstellung. Eine öffentlich-rechtliche Rechtsstellung, insbesondere im Baurecht als Nachbar, ergibt sich aus dem Besitzrecht als solchem nicht, so lange es nicht im Grundbuch vermerkt und damit erkennbar ist (OVG Weimar ThürVBl 1997, 41; VG Potsdam VIZ 2002, 536, 537; einschränkend für eine Übergangszeit vor Bereinigung der Sachenrechtsverhältnisse OVG Bautzen LKV 1995, 121).

58 **b)** Einen **Anspruch auf Verschaffung des Besitzes** gewährt das Moratorium hingegen nicht (BGH VIZ 1998, 579, 580; offen gelassen Brandenburgisches OLG OLG-NL 1994, 208, 210). Das Moratorium hat nur den Zweck, den status quo zu schützen. Ist der Nutzer nicht im Besitz des Grundstücks, so besteht kein Bedürfnis, ihm eine günstigere Position zu verschaffen, ehe eine endgültige Regelung der Verhältnisse erfolgt. Dieser Interpretation hat sich in ähnlichem Zusammenhang im Rahmen des VerkFlBerG auch der Gesetzgeber angeschlossen (§ 7 Abs 1 S 3 VerkFlBerG, BT-Drucks 14/6204, 20; hierzu unten Rn 188). Da der Mieter oder Pächter des Grundstücks dem auf § 546 Abs 1 BGB gestützten Rückgabeverlangen des Vermieters *nicht* Besitzrechte nach § 986 BGB entgegenhalten kann und das Moratorium keinen Besitzverschaffungsanspruch gibt, handelt der Eigentümer auch nicht treuwidrig (*dolo petit*), wenn er das Grundstück aus § 546 Abs 1 BGB zurückfordert, denn er muß es – wegen des Moratoriums – nicht sogleich zurückgeben (BGH VIZ 1998, 579, 580 zu § 556 Abs 1 aF BGB, vgl auch unten Rn 71). Allgemeine besitzschutzrechtliche Ansprüche bleiben unberührt.

59 **c)** Das Besitzrecht gilt in jedem Fall **unbeschadet bestehender Nutzungsrechte** und für den Nutzer günstigerer Vereinbarungen (Abs 1 S 1 HS 1). Eine Nutzung auf vertraglicher Grundlage kann aber auch zu einer für den Nutzer (als Mieter, Pächter oder Entleiher) ungünstigeren Rechtsfolge führen (Abs 6 S 1, unten Rn 71).

60 **d)** Das Recht zum Besitz gemäß Abs 1 S 1 kann durch einen **Vermerk** in der 2. Abteilung des Grundbuchs des belasteten Grundstücks gesichert werden (§ 7 Gebäudegrundbuchverfügung – GGV; zu den Nachweiserfordernissen nach § 4 Abs 4 GGV vgl § 2b Rn 35 ff).

2. Befristung (Abs 1 S 2, 3)

61 **a)** Das sich aus dem Moratorium ergebende **Besitzrecht** ist **befristet** entsprechend dem Zweck bis zu einer endgültigen gesetzlichen **Bereinigung des Sachenrechts** (BT-Drucks 12/2480, 78), längstens bis zum 31. 12. 1994. Von der eine Verlängerung ermöglichenden Verordnungsermächtigung nach S 2 HS 2 mußte nicht Gebrauch gemacht werden, da die vorgesehene Bereinigung des Sachenrechts durch das SachenrechtsBerG (Art 1 SachenRÄndG) rechtzeitig erfolgte. Soweit bei Inkrafttreten der Regelung am 22. 7. 1992 der Nutzer im Besitz des Grundstücks war, wirkt das Moratorium zurück, da nach dem Zweck der Regelung kein plausibler Grund besteht, für die Zeit vom 3. 10. 1990 bis zum Inkrafttreten des Moratoriums Folgeansprüche, insbesondere Nutzungsersatzansprüche zu schaffen, die durch das Moratorium nur ex nunc suspendiert würden (BGH VIZ 1995, 646, 650; BGHZ 137, 369, 377). Soweit er zu diesem Zeitpunkt nicht im Besitz des Grundstücks war, ist das Moratorium ohnehin nicht entstanden.

b) Die Befristung gilt nicht, wenn die Parteien eine für den Nutzer günstigere **Individualabrede** getroffen haben. Auch in Ansehung der Befristung soll das gesetzliche Moratorium nicht dem Eigentümer erlauben, sich von günstigeren vertraglichen Vereinbarungen loszusagen (BT-Drucks 12/2480, 78). **62**

c) Da die **Sachenrechtsbereinigung** jedoch nicht unmittelbar aufgrund Gesetzes eintritt, sondern ein Tätigwerden der Beteiligten erfordert, sieht Abs 1 S 3 idF des SachenrechtsÄndG (oben Rn 7 f) eine Verlängerung des Moratoriums vor: Das Besitzrecht nach Abs 1 S 1 besteht bis zur Bereinigung der Rechtsverhältnisse nach dem SachenrechtsbereinigungsG fort in den dort enumerierten Fällen (BGH DtZ 1995, 328, 329; KG ZOV 2002, 33; LG Leipzig VIZ 1995, 541). Nicht erforderlich ist, daß der Nutzer unverzüglich die Sachenrechtsbereinigung *betreibt*. Vorbehaltlich einer *Verwirkung* ist der Eigentümer in diesem Fall gegen treuwidrige Verzögerungen durch die Entgeltregelung nach Abs 1 S 8 (unten Rn 95 ff) geschützt (OLG Naumburg OLGR 2000, 190, 191). **63**

Sofern ein Moratorium bestanden hat, der Sachverhalt jedoch *nicht* unter das SachenRBerG fällt, endet das Moratorium und mit ihm das Besitzrecht mit Ablauf des 31. 12. 1994; der Eigentümer kann die Herausgabe nach § 985 BGB verlangen (BGH MDR 1997, 1012). Dies gilt nicht nur hinsichtlich des zeitlichen, sondern auch des räumlichen Umfangs des Besitzrechts: Es reduziert sich auf die Flächen, deren Übertragung oder Belastung der Nutzer verlangen kann (BGH NJW 1997, 459, 460; MünchKomm/Wendtland Rn 21). Ist der Nutzer eine öffentliche Körperschaft, so kann unter den Voraussetzungen von Abs 9 ein Besitzrecht bis zum 30. 9. 2001 bestehen (MünchKomm/Wendtland Rn 22; unten Rn 149 ff)

Obgleich unter den in Abs 1 S 2 genannten Begriff **besonderes Gesetz** sowohl das SachenRBerG als auch das SchuldRAnpG fallen (BGH NJW 1997, 459), ergibt sich für die nach dem **SchuldRAnpG** zu behandelnden Fälle *kein* verlängertes Moratorium; Abs 1 S 3 bezieht sich ausdrücklich nur auf das SachenRBerG.

Unter das SachenRBerG und damit unter das **verlängerte Moratorium** fallen: **64**

aa) Bereinigung von Fällen, in denen der Nutzer ein Gebäude oder eine bauliche Anlage gekauft hat, die **Bestellung eines Nutzungsrechts aber ausgeblieben** und **selbständiges Gebäudeeigentum nicht entstanden** ist und der Nutzer aufgrund des Vertrages Besitz an dem Grundstück erlangt oder den Besitz ausgeübt hat (§ 3 Abs 3 SachenRBerG).

bb) Bereinigung folgender Fälle des § 4 SachenRBerG: Erwerb oder Bau eines **Eigenheimes** durch oder für natürliche Personen (§ 4 Nr 1, § 5 SachenRBerG); **staatlicher oder genossenschaftlicher Wohnungsbau** (§ 4 Nr 2, § 6 SachenRBerG); Wohngebäudebau durch **LPGen** sowie andere gewerbliche, landwirtschaftliche oder öffentliche Baunutzung (§ 4 Nr 3, § 7 SachenRBerG); Nutzungsrechte **ausländischer Staaten** (§ 4 Nr 4, § 110 SachenRBerG).

cc) Nutzer im Verhältnis zum jeweiligen Eigentümer, die aufgrund eines bis zum Ablauf des 18. 10. 1989 (in Einzelfällen auch danach: § 121 Abs 1 S 3 SachenRBerG) abgeschlossenen **Kaufvertrages** mit einer staatlichen Stelle der DDR ein Grundstück oder Gebäude besitzen, auch wenn das Grundstück etc nach dem VermG zurückübertragen worden ist.

65 d) Obgleich nach dem Wortlaut des Abs 1 S 3 das Besitzrecht nur „fortbesteht", was einen vorher bestehenden Tatbestand nach Abs 1 S 1 voraussetzen würde (in diesem Sinn OLG Dresden VIZ 1998, 638, 639), geht der BGH davon aus, daß seit dem 1. 1. 1995 die Moratoriumstatbestände authentisch durch den Umfang interpretiert werden, in dem der Besitzer vom Eigentümer nach dem SachenRBerG Übertragung oder Belastung des Eigentums verlangen kann (BGHZ 136, 212, 216). Das bedeutet, daß das am SachenRBerG orientierte **Moratorium zum 1. 1. 1995 neu entstehen** konnte, auch wenn es vorher nicht bestanden hat (so PALANDT/BASSENGE Rn 1), sofern man nicht die authentische Interpretation auf das Inkrafttreten des § 2a zurückverlagert (offen gelassen von BGHZ 136, 212, 216; vgl ablehnend oben Rn 26). Soweit das Besitzrecht sich hiernach verlängert, gelten jedoch auch die weiteren Bestimmungen des § 2a fort. Dies folgt insbesondere aus den zunächst erst mit Wirkung vom 1. 1. 1995 vorgesehenen, später verfassungskonform erweiterten Regelungen über eine Entgeltlichkeit (Abs 2 S 4 bis 9, Abs 9).

66 e) Eine Verlängerung des Moratoriums nach Satz 3 endet, wenn das Besitzrecht gemäß **§ 79 Abs 3 S 2 SachenRBerG** durch den Zuschlag für das Gebäude und das Grundstück in der vom Grundstückseigentümer wegen seiner Ansprüche aus dem Kaufvertrag betriebenen Zwangsversteigerung nach § 79 Abs 1 SachenRBerG erlischt (PALANDT/BASSENGE Rn 1).

3. Umfang und Inhalt im übrigen (Abs 1 S 10)

67 a) Umfang und Inhalt des **Besitzrechts** bestimmen sich im übrigen nach der bisherigen Ausübung (Abs 1 S 10). Das gilt insbesondere für die aufgrund des Besitzrechts zulässige **Nutzung** sowie für **Änderungen der Bebauung**. Die Nutzung, also das Ziehen von Gebrauchsvorteilen (OLG Dresden VIZ 1998, 638, 639) ist grundsätzlich nur soweit geschützt, wie sie von einem **Tatbestand** des Abs 1 erfaßt ist, der sich wiederum auf das Maß bezieht, welches nach dem Recht und den Verhältnissen der DDR im jeweiligen Sachverhalt als zulässig erachtet wurde (OLG Dresden aaO). Die Tatbestände beziehen sich teilweise auf das gesamte Grundstück (a, c), teilweise aber nur auf das geschützte **Gebäude und die zugehörige Grundstücksfläche** (b, d). Auch das Besitzrecht ist in diesem Umfang beschränkt. Gegen eine vom Moratorium nicht gedeckte unzulässige Nutzung stehen dem Eigentümer Unterlassungsansprüche nach § 1004 Abs 1 BGB zu (vgl OLG Dresden OLG-NL 1998, 49).

68 b) Für die **Nutzung weiterer Flächen**, die über die eigentliche Gebäudefläche hinausgehen, bedeutet dies: Soweit solche Flächen der Funktion des Gebäudes bzw der um das Gebäude errichteten Gesamtanlage in zweckentsprechendem Umfang dienen, ist der Nutzer auch zu deren Nutzung berechtigt (BGH DtZ 1996, 19: Zugangsfläche; OLG Dresden OLG-NL 1998, 49: Flächen zwischen Milchviehställen; PALANDT/BASSENGE Rn 7: Garten). Eine Orientierung an dem Begriff der **Funktionsflächen** iSd § 22 Abs 3 SachenRBerG erscheint zweckentsprechend (SCHRAMM/MAUKSCH NL-BzAR 1999, 486, 492;

Korth NL-BzAR 1997, 270). Dies beschränkt sich jedoch auf solche Flächen, die in einem engen funktionellen Zusammenhang zu dem Gebäude stehen und für dessen Funktionsfähigkeit unerläßlich sind. Das Moratorium an einem Gebäude kann nicht grenzenlos ausgeweitet werden, um ganze Betriebe zu erfassen: So kann etwa eine von Abs 1 S 1 lit b erfaßte LPG aufgrund des Moratoriums nur das Gebäude weiter benutzen, nicht aber Ländereien, auch wenn sie diese früher bewirtschaftet hat (BT-Drucks 12/2480, 78); insoweit sind nur vertragliche Regelungen mit dem Eigentümer möglich (Schramm/Mauksch NL-BzAR 199, 486, 492).

c) Eine **Änderung der Nutzung** ist – ohne Zustimmung des Eigentümers – nur zulässig, soweit sie ohne Beeinträchtigung berechtigter Belange des Eigentümers erfolgt (OLG Thüringen OLG-NL 1997, 62, 63) *und* sich im Rahmen der zulässigen Verwendungsmöglichkeit des Grundstücks unter Berücksichtigung der das Moratorium begründenden Verhältnisse in der DDR bewegt (zutreffend OLG Dresden OLG-NL 1998, 338, 340). Dies gilt insbesondere für eine Aufgabe der Eigennutzung und Nutzung durch Vermietung (OLG Dresden aaO). Daraus, daß eine Eigennutzung iSd Abs 1 S 1 lit a, b durch Vermietung erfolgen *kann* (oben Rn 39), folgt nicht, daß ein Wechsel von der nach den übernommenen Verhältnissen das Moratorium rechtfertigenden Eigennutzung zu einer Vermietung zulässig ist (unzutreffend daher OLG Thüringen OLG-NL 1997, 62, 63). **69**

Änderungen der Bebauung sind ebenfalls nur in diesen Grenzen zulässig. Daher ist insbesondere in den Fällen des Abs 1 lit a die **Fertigstellung** der das Moratorium begründenden Bebauung zulässig (BGHZ 121, 347, 352; BGHZ 121, 88, 94; Palandt/Bassenge Rn 7). **Sonstige bauliche Veränderungen** kommen dagegen nur in Betracht, wenn es sich um kleinere Aus- oder Umbauten iSd § 54 Abs 3 S 2 SachenRBerG handelt (Korth NL-BzAR 1997, 270, 271), insbesondere solche, die der Erhaltung der Funktionsfähigkeit im Rahmen der vorgegebenen Nutzung dienen (OLG Dresden OLG-NL 1998, 49). Zweifelhaft erscheint allerdings, hierunter auch regelmäßig *strukturell* – und nicht nur sachfunktionell – notwendige Umbauten zu fassen, die zur Anpassung der Grundstücksnutzung an geänderte wirtschaftliche Verhältnisse dienen (so aber OLG Dresden OLG-NL 1998, 49: Umstellung von Milchproduktion auf Jungrindmast). Dies mag im entschiedenen Einzelfall noch der vorgegebenen Nutzung durch eine frühere LPG entsprechen, kann aber nicht verallgemeinert werden für Umbauten, die einer gänzlich anderen Gattung der Nutzung geschuldet sind, mag sie auch wirtschaftlich sinnvoll sein.

Führen solche Baumaßnahmen zu einer *Erhöhung der Restnutzungsdauer*, die für das Ankaufsrecht nach § 31 SachenRBerG maßgeblich ist, so kann der Grundstückseigentümer nur dann nicht Unterlassung verlangen, wenn die Maßnahme zur unmittelbaren Instandsetzung der Sache erforderlich ist, nicht aber, wenn sich hinter der „Instandsetzung" eine Funktionsverbesserung verbirgt (so aber OLG Jena VIZ 1997, 487; kritisch auch Schramm/Mauksch NL-BzAR 1999, 492). Einer ordnungsgemäßen Wirtschaft entsprechende bloße Instandsetzungen werden selten geeignet sein, die Nutzungsdauer zu erhöhen, da sie dem *Erhalt* der üblichen Nutzungsdauer dienen.

4. Bestehende Rechte (Abs 6 S 1) – Vereinbarungen (Abs 6 S 2, 3)

a) Bei Inkrafttreten des Moratoriums bestehende gesetzliche und vertragliche **70**

Besitz- und Nutzungsrechte des nach Abs 1 Berechtigten werden von dem Moratorium nicht berührt und bestehen über den 22. 7. 1992 hinaus mit dem bisherigen Inhalt fort (Abs 6 S 1). Das Besitzrecht nach Abs 1 S 1 tritt neben solche Rechte (Palandt/Bassenge Rn 12). Zur Auswirkung auf die *Entgeltlichkeit* unten Rn 92.

71 b) Über Art und Umfang der Nutzung **bestehende Vereinbarungen** werden durch das Moratorium nicht berührt; sie gehen der Ausgestaltung des Besitzrechts nach dem Moratorium vor (Abs 6 S 2). Dies betrifft Vereinbarungen mit dem Eigentümer, aber auch Vereinbarungen mit einem vom Eigentümer verschiedenen Vermieter oder Verpächter (BGH VIZ 1998, 579, 580), nicht aber solche mit der Behörde, die den Vertrauenstatbestand nach Abs 1 S 1 lit a bis d gesetzt hat. Insoweit ist nur die *tatsächlich ausgeübte* Nutzung geschützt. Die vereinbarte Nutzung bleibt weiter zulässig, selbst wenn sie im Zeitpunkt des Inkrafttretens des Moratoriums so nicht ausgeübt wurde. Dieser Vorrang der Vereinbarung gilt umgekehrt auch, wenn der Nutzer bisher sein vereinbartes Nutzungsrecht überschritten hatte; die Überschreitung wird nicht durch das Moratorium legalisiert. Insoweit bedarf es jedoch einer einschränkenden Auslegung von Abs 1 S 1 HS 1 und Abs 6 S 1: Ein Verstoß gegen eine Nutzungsvereinbarung (nach Art und Maß der Nutzung) berührt nicht das aus dem Moratorium fließende Recht zum Besitz, eröffnet dem Eigentümer also nicht den Herausgabeanspruch aus § 985 BGB.

Eine hiervon zu unterscheidende Frage ist, ob einem auf einen vertraglichen Rückgabeanspruch wegen Kündigung oder sonstigem Ablauf des vertraglichen Rechts zur Nutzung gestützten Herausgabeverlangen (insbesondere § 546 Abs 1 BGB) das aus dem Moratorium fließende Besitzrecht entgegengehalten werden kann. Das ist mit dem BGH (BGH VIZ 1998, 579, 580 mit Zweifeln an der in der Voraufl vertretenen Ansicht) abzulehnen: Rechtssystematisch gibt § 986 BGB keine Einrede gegen einen vertraglichen Herausgabeanspruch. Teleologisch verlangt der Zweck des Moratoriums nicht nach einer Erstreckung auf Fälle, in denen das Besitzrecht nicht *zweifelhaft*, sondern auf klarer vertraglicher Grundlage *beendet* ist.

72 c) Eine **Abweichung vom vereinbarten Umfang der Nutzung** greift im Falle des Abs 1 S 1 lit c ein. Insoweit bleiben bestehende Vereinbarungen über die Nutzung gemäß Abs 6 S 2 **nicht unberührt**. Das bedeutet, daß sich das Recht zur Nutzung nicht mehr aus dem Überlassungsvertrag mit dem staatlichen Organ, sondern ausschließlich nach dem Umfang der bisherigen Nutzung bestimmt. Der Überlassungsvertrag wird durch seine Verwertung als tatbestandliche Voraussetzung des Moratoriums gleichsam verbraucht. Maßgeblich ist künftig nur noch das Moratorium.

73 d) Auch **künftige Nutzungsvereinbarungen** mit dem Eigentümer des Grundstücks bleiben zulässig (Abs 6 S 3). Das gilt insbesondere auch im Falle des Abs 1 S 1 lit c.

5. Ausübungsberechtigter

74 Berechtigt aus dem Moratorium ist **grundsätzlich** die (natürliche oder juristische) Person, welche den jeweiligen Tatbestand des Abs 1 S 1 lit a selbst verwirklicht hat (für die einzelnen Tatbestände unterschiedlich auch der Rechtsnachfolger oder Angehörige des Hausstandes, Palandt/Bassenge Rn 7; vgl oben Rn 38, 52). **Im Fall der in Anlage II Kapitel II Sachgebiet A Abschnitt III EV** aufgeführten Maßgaben, ist jedoch nur die **Treuhandanstalt** berechtigt, das Recht aus Abs 1 S 1 geltend zu machen (Abs 1 S 7; BVerwG VIZ 1993, 247). Dies erfaßt die Fälle treuhänderischer Verwaltung nach § 20b Abs 3 des Parteiengesetzes der DDR v 21. 2. 1990 (GBl DDR I 66, zuletzt geändert durch G v 22. 7. 1990, GBl DDR I 904). Die Parteien sind in das Moratorium also aufgenommen, solange ihr Vermögen durch die Treuhandanstalt verwaltet wird.

V. Rechtsverhältnis zwischen Nutzer und Eigentümer

1. Sachenrechtlicher Schutz des Besitzrechts (Abs 2 S 1)

75 Das Besitzrecht nach Abs 1 S 1 genießt Schutz gegen **Übertragungen** und **Verfügungen** über das Grundstück durch den Berechtigten. Dies gilt unabhängig von der Art der Verfügung bei rechtsgeschäftlichem und bei gesetzlichem Erwerb. Ein gutgläubig lastenfreier Erwerb gegen das Besitzrecht scheidet also aus (PALANDT/BASSENGE Rn 9; MünchKomm/WENDTLAND Rn 14). Diese weitestgehende Bestandsfestigkeit wurde gewählt, um den Zweck der Regelung, den Schutz vor Veränderung des status quo, sicherzustellen (Abs 2 S 1; BT-Drucks 12/2480, 78).

2. Übertragbarkeit (Abs 2 S 2)

76 **a)** Das Besitzrecht ist **übertragbar** (Abs 2 S 1 HS 1; BGH VIZ 2000, 157; Brandenburgisches OLG VIZ 1995, 51, 53). Die Bestimmung äußert sich mit Ausnahme von HS 2 nicht zur **Form** der Übertragung. Obgleich das Besitzrecht einem dinglichen Recht stark angenähert ist und sogar stärkeren Bestandsschutz gegen Gutglaubenserwerb genießt, ist § 873 Abs 1 BGB nicht anzuwenden. Das Recht kann also durch formfreien Vertrag zediert werden (Brandenburgisches OLG VIZ 1995, 53). Daß der dem Besitzrecht zugrundeliegende ZGB-Sachenrechtstypus nach dem 2. 10. 1990 nicht mehr begründet werden könnte, steht der Übertragung nicht entgegen (BGH VIZ 2000, 157). Bei Tod des Berechtigten vor dem 1. 10. 1994 geht das Besitzrecht auf die Erben über; danach gilt § 14 Abs 1 SachenRBerG (PURPS VIZ 1995, 565, 568).

77 **b)** Gegenüber dem **Grundstückseigentümer** wirkt die Übertragung jedoch nur, wenn sie diesem vom Veräußerer, also vom bisherigen Rechtsinhaber **angezeigt** wird (Abs 2 S 2). Stellvertretung ist zulässig, ebenso die Genehmigung der Anzeige des Erwerbers oder eines Dritten durch den Veräußerer (PALANDT/BASSENGE Rn 9). Die Anzeige ist eine formfreie, empfangsbedürftige Willenserklärung (PALANDT/BASSENGE Rn 9). Bei Zession ohne Anzeige an den Eigentümer kommt es zu **relativer Unwirksamkeit** iSd § 135 BGB. Nach Inkrafttreten des SachenRBerG kann sich jedoch auch ohne Anzeige der Übertragung für den Erwerber ein neues Besitzrecht aus Abs 1 S 3 iVm einem Sachenrechtsbereinigungsfall nach §§ 4, 121 SachenRBerG ergeben (BGH VIZ 2000, 157).

3. Belastungsverbot (Abs 3 S 2)

78 **a)** Während der Dauer des Besitzrechts ist der Eigentümer **schuldrechtlich verpflichtet**, das Grundstück **nicht mit Rechten zu belasten**. Dadurch soll verhindert werden, daß das Grundstück wirtschaftlich entwertet wird und dadurch mittelbar eine endgültige Regelung unterlaufen würde.

79 b) Das Belastungsverbot verbietet die Bestellung **beschränkter dinglicher Rechte** aller Art (Palandt/Bassenge Rn 8).

Die ausdrücklich gewählte Normierung einer **Verpflichtung** bedeutet zweifelsfrei, daß dennoch vorgenommene Verfügungen wirksam sind; der Eigentümer ist lediglich dem Besitzberechtigten zu Schadensersatz verpflichtet (BT-Drucks 12/2480, 78).

80 c) Eine **Drittwirkung** ergibt sich nunmehr jedoch durch **§ 36 Abs 1 S 2 Nr 1 SachenRBerG**. Wird in der Sachenrechtsbereinigung die **Erbbaurechtslösung** gewählt (vgl unten Rn 171 ff, 176) und besteht kein selbständiges Gebäudeeigentum, so können grundsätzlich die Inhaber beschränkter dinglicher Rechte, die Ansprüche auf Zahlung oder Befriedigung aus dem Grundstück gewähren, den Rangrücktritt hinter das Erbbaurecht verweigern. Das gilt **nicht**, wenn der Eintragungsantrag *nach dem 21. 7. 1992* (also vor Inkrafttreten des Moratoriums) einging, der Grundstückseigentümer dem hier erörterten Belastungsverbot *vorsätzlich* zuwiderhandelte und dies dem Inhaber des beschränkten dinglichen Rechts *bekannt* war. Erforderlich ist positive Kenntnis, Kennenmüsssen reicht nicht; war ein Vermerk nach § 2c Abs 3 im Zeitpunkt der Bestellung des Rechts eingetragen, so ist diese Kenntnis anzunehmen (Vossius, SachenrechtsbereinigungsG § 36 Rn 29 f).

81 d) Im Falle der **Ankaufslösung** (unten Rn 171 ff, 179) kann der Nutzer gemäß § 63 Abs 1 SachenRBerG unter denselben Voraussetzungen (soeben Rn 80) von dem Inhaber des beschränkten dinglichen Rechts den Verzicht auf dieses Recht verlangen. Teilflächen sind in diesem Fall lastenfrei abzuschreiben (§ 63 Abs 1 S 2 SachenRBerG).

82 e) Aus zwingenden rechtsstaatlichen Gründen **gilt dieses Belastungsverbot nicht**, soweit der Eigentümer zur Bestellung der Rechte **gesetzlich oder durch behördliche Entscheidung verpflichtet ist** (Abs 3 S 2 HS 2). Niemand kann zivilrechtlich gezwungen werden, gegen gesetzliche oder behördliche Gebote zu verstoßen.

83 f) Der Besitzberechtigte kann durch einstweilige Verfügung eine **Sicherung durch ein Verfügungsverbot** erwirken und dieses im Grundbuch eintragen lassen (Böhringer Rpfleger 1995, 51, 59).

4. Nutzungen und Verwendungen (Abs 3 S 1, 8)

84 a) **Abs 3 S 1** modifiziert die Regelungen über die Vergütung von Nutzungen und Verwendungen, wie sie sich aus dem **Eigentümer-Besitzer-Verhältnis** bzw aus **Bereicherungsrecht** ergeben würden. Durch eine auf Veranlassung des Bundesrats geänderte redaktionelle Fassung wurde jedoch klargestellt, daß **Nutzungs- und Verwendungsersatz** grundsätzlich zu leisten sind (BT-Drucks 12/2695, 23), also *dem Grunde* nach von Abs 3 S 1 zunächst nicht ausgeschlossen wurden.

85 b) Aufgrund der Änderung des in Abs 3 S 1 verwiesenen Zeitraums durch das GrundRÄndG ergeben sich Auslegungsfragen hinsichtlich des verbleibenden Zwecks dieser Bestimmung, die ursprünglich die Aufgabe hatte, die **Geltendmachung** solcher Ansprüche nur auf **einverständlicher Grundlage** zu erlauben, also die Inanspruchnahme der Gerichte hierfür auszuschließen (BGH VIZ 1998, 225; PALANDT/BASSENGE Rn 15).

aa) Ursprünglich hatte Abs 3 diese Funktion hinsichtlich von **Nutzungs-** sowie **Verwendungsersatz** für die gesamte *Dauer des Moratoriums*: Abs 3 S 1 aF verwies auf die Dauer des Moratoriums nach Abs 1 S 2. Eine – auch rückwirkende – Regelung durch den Gesetzgeber war jedoch vorbehalten (Abs 8 idF des 2. VermRÄndG), so daß das Bestehen und damit die Geltendmachung solcher Ansprüche *nach Beendigung des Moratoriums* nicht berührt war.

Nach **Änderung der Verweisung** in Abs 3 S 1 auf den in Abs 8 S 1 genannten Zeitraum durch das GrundRÄndG (oben Rn 12) erstreckt sich der Ausschluß von Nutzungs- *und* Verwendungsersatz nach dem Wortlaut nur noch auf Zeiträume **bis zum Ablauf des 21. 7. 1992**. Sinn dieser am 8. 11. 2000 in Kraft getretenen Neuregelung kann es schlechterdings nicht sein, den Ausschluß der *Geltendmachung* solcher Ansprüche in der Vergangenheit zu beeinflussen; solche Klagen waren nach Abweisung gemäß der früheren Fassung des Abs 3 S 1 erledigt. Die Reduzierung auf Zeiträume vor dem 22. 7. 1992 ist vielmehr im Zusammenhang mit dem Willen des Gesetzgebers zu sehen, die *Nutzungsentgelte* nun auch materiell abschließend zu regeln. Angesichts dieses Zusammenhangs und der eindeutigen Änderung des betroffenen Zeitraums kann nicht mehr angenommen werden, daß Abs 3 S 1 weiterhin die Aufgabe habe, die Geltendmachung von Ansprüchen während der gesamten Dauer des Moratoriums auszuschließen (**aA** PALANDT/BASSENGE Rn 15).

Daraus ergeben sich für Nutzungsersatz und Verwendungsersatz unterschiedliche Folgerungen:

86 **bb)** Die Änderung des Abs 3 S 1 ist ersichtlich auf die Anpassung der **Nutzungsersatzbeschränkung** an die verfassungskonforme Neuregelung des *Nutzungsentgelts* (Abs 1 S 4 bis 7, unten Rn 91 ff) abgestimmt (BT-Drucks 14/3508 S 10). Da durch das GrundRÄndG für den Zeitraum ab dem 22. 7. 1992 ein Anspruch auf Nutzungsentgelt begründet wurde, hielt es der Gesetzgeber für geboten, für diesen Zeitraum Nutzungsersatz auszuschließen. Damit hat er anscheinend dem Abs 3 S 1, der zunächst nur den Ausschluß der *Geltendmachung* betraf, einen (auch) den Anspruchsgrund betreffenden Sinn beigelegt, wollte also die *Begründung* solcher Ansprüche *für Zeiträume* seit dem 22. 7. 1992 eröffnen. Gleichwohl ergeben sich aus Abs 3 S 1 insoweit keine unmittelbaren Rechtsfolgen, die nicht in den umgebenden Bestimmungen eindeutiger geregelt wären:

Hinsichtlich von **Nutzungsersatzansprüchen** für **Zeiträume vor Inkrafttreten des Moratoriums** (22. 7. 1992), die nach bisheriger Ansicht in Abs 3 S 1 einbezogen waren (BGH VIZ 1995, 646, 650; OLG Rostock OLG-NL 1995, 41), also nur auf vertraglicher, nicht aber auf gesetzlicher Grundlage geltend gemacht werden konnten (insbesondere §§ 812 ff, 987 ff BGB waren ausgeschlossen: BT-Drucks 12/2480, 78; BGH VIZ 2001, 621; OLG Naumburg OLG-NL 1994, 84, 86; BezG Dresden AgrarR 1993, 92; zu weitgehend aber OLG Rostock OLG-NL 1995, 41: „kostenloses Nutzungsrecht" – vgl dazu den Regelungsvorbehalt in Abs 8 S 2 aF sowie die Nutzungsentgeltregelungen unten Rn 93 ff, 101 ff) stellt nun ohnehin **Abs 8 S 1 HS 1** klar, daß solche Ansprüche auch *materiell* nicht bestehen. *Nutzungsersatz* ist damit für die Zeit bis zum Ablauf des 21. 7. 1992 ausgeschlossen.

Die Einschränkung des Abs 3 S 1 auf Zeiträume bis zum 21. 7. 1992 führt aber auch nicht zu *gesetzlichen Nutzungsersatzansprüchen* für Zeiträume **seit dem 22. 7. 1992.** Dem Regelungszusammenhang mit der zugleich erweiterten **Nutzungsentgeltregelung** (Abs 1 S 4 bis 7; Abs 1 S 8, 9) ist zu entnehmen, daß Nutzungsersatz *nur* in Höhe dieser Entgeltregelung geschuldet ist. Insoweit stellt die verfassungskonform nachgebesserte Regelung in Abs 1 S 4 bis 9) die vom Gesetzgeber vorbehaltene abschließende materielle Regelung des Nutzungsersatzes dar (BGH VIZ 2001, 621, 622), die alle Moratoriumsfälle erfaßt. Für gesetzliche Nutzungsersatzansprüche ist daneben kein Raum.

87 **cc)** Fraglich ist jedoch, welchen Einfluß die Neufassung des Abs 3 S 1 auf die Geltendmachung von **Verwendungsersatz** hat.

Unklar ist zum einen, ob Abs 3 S 1 entgegen seinem Wortlaut in Fällen des verlängerten Moratoriums (Abs 1 S 3) weiterhin die **Geltendmachung** von Verwendungsersatzansprüchen ausschließt (so Palandt/Bassenge Rn 15). Der BGH (BGH VIZ 2000, 367, 369) hat zwar mit dieser Begründung einem Nutzer die Aufrechnung mit Verwendungsersatzansprüchen trotz der seit dem 1. 1. 1995 bestehenden Entgeltlichkeit der Nutzung während einem Bodensonderungsverfahren versagt. Die Entscheidung beruht jedoch auf Abs 3 S 1 *alter* Fassung, der sich auf die Frist nach Abs 1, also auf die Gesamtdauer des Moratoriums bezog. Insoweit hat der Gesetzgeber des GrundRÄndG ersichtlich übersehen, daß er durch die materielle Auffüllung des Abs 3 S 1 dessen Funktion, während des Moratoriums Prozesse über Verwendungsersatz aus gesetzlichen Anspruchsgrundlagen auszuschließen, versehentlich beseitigt hat.

Zum anderen ist zu fragen, ob die Abgrenzung der Zeiträume durch Abs 3 S 1 nF sich auch auf das **Bestehen von Verwendungsersatzansprüchen** auswirkt. Insoweit ist mit dem BGH (VIZ 2001, 621) festzustellen, daß der Gesetzgeber die bis dahin durch den Ausschluß der *Geltendmachung* (Abs 3 S 1 aF) offen gehaltene materielle Regelung nicht getroffen hat. Die Neufassungen von § 2a durch das SachenRÄndG und das GrundRÄndG enthalten keine positiven Regelungen über den Verwendungsersatz. Daraus kann aber nicht geschlossen werden, daß solche Ansprüche ausgeschlossen sind. Bei Neufassung des Abs 3 S 1 wurde wegen der Fixierung auf das Nutzungsentgelt diese Frage offenkundig nicht gesehen. Der Ausschluß von § 1000 BGB in Abs 6 S 5 deutet vielmehr darauf hin, daß Nutzungsersatz im übrigen verlangt werden kann.

Die somit bestehende **Regelungslücke** ist durch Heranziehung der §§ 994 ff BGB zu schließen (BGH VIZ 2001, 621, 622). Der *Umfang des geschuldeten Verwendungsersatzes* hängt dabei maßgebend von den Besonderheiten des im Einzelfall betroffenen Nutzungsverhältnisses ab. Endet das Moratorium **ohne Überleitung in die Sachenrechtsbereinigung** – also mit Rückgabe des Grundstücks – so kann Verwendungsersatz schon vor dem 22. 7. 1992 (seit dem 3. 10. 1990) geschuldet sein. Abs 3 S 1 steht dem nicht entgegen, da, anders als zum Nutzungsersatz, keine positiv abgeschlossene Regelung getroffen wurde, so daß auch Abs 3 S 1 nicht für diesen Zeitraum *anspruchsausschließend* zu verstehen ist. Das Vertrauen des Nutzers auf die Beständigkeit seines Besitzes war andererseits auch seit dem 22. 7. 1992 noch nicht schutzwürdig, so daß vor und nach dem 22. 7. 1992 regelmäßig nur die *notwendigen*

Verwendungen, nicht aber nützliche Verwendungen zu ersetzen sind (BGH VIZ 2001, 621, 622 f).

Ein Verwendungsersatzanspruch bleibt dagegen ausgeschlossen, wenn das Grundstück in der **Sachenrechtsbereinigung** dem Nutzer zufällt, dieser also letztlich die Vorteile der Verwendungen behält (iE bleibt daher BGH VIZ 2000, 367, 369 auch nach Inkrafttreten des GrundRÄndG zutreffend; vgl RAUSCHER WuB IV.B. Art 233 § 2a EGBGB 1.00). Dies sollte auch dann gelten, wenn es in der Sachenrechtsbereinigung letztlich zur Erbbaurechtslösung kommt, denn auch in diesem Fall hat der Nutzer den überwiegenden wirtschaftlichen Nutzen der von ihm getätigten notwendigen Verwendungen, während dem Eigentümer, der regelmäßig auf Lebenszeit von der Nutzung seines Eigentums ausgeschlossen bleibt, schwerlich die Tragung von Verwendungen zumutbar ist. Folgt man dem, so erledigt sich die angesichts der Änderung des Abs 3 S 1 offene Frage, ob bis zum Abschluß der Sachenrechtsbereinigung über das betreffende Grundstück die Geltendmachung von Verwendungsersatzansprüchen ausgeschlossen bleibt.

c) Sofern zwischen den Beteiligten eine **Vereinbarung** – auch für die Zeit **vor dem 22. 7. 1992** – über die Herausgabe von Nutzungen vorliegt, geht diese vor **(Abs 8 S 1 HS 2)**. Voraussetzung ist jedoch eine ausdrücklich zwischen den Parteien geschlossene Abrede. Hingegen kann nicht zur Begründung eines Anspruchs auf Pachtzins auf die gesetzliche Fiktion des § 568 aF BGB zurückgegriffen werden (OLG Thüringen OLG-NL 1996, 84). **88**

d) Nutzungen sind auch dann nach § 987 BGB herauszugeben, wenn das Moratorium auf Abs 1 S 1 lit d beruht und der zugrundeliegende **Kaufvertrag unwirksam** ist oder die **Verhandlungen auf Abschluß des beantragten Kaufvertrages endgültig gescheitert** sind und der Nutzer hiervon Kenntnis erlangt hat (**Abs 8 S 2**; AG Potsdam WuM 1998, 416, 417) Die Verweisung auf § 987 BGB umfaßt beide Absätze, also auch den Ersatz für nicht gezogene Nutzungen nach § 987 Abs 2 BGB (PALANDT/BASSENGE Rn 15; die Ausführungen in BT-Drucks 12/7425 S 91 nennen nur § 987 Abs 1 BGB, beziehen sich aber auf die Begründung des angenommenen Vertrauensschutzes). Ob in diesem Fall, nach Wegfall des dem Moratorium zugrundeliegenden Tatbestands, überhaupt noch ein Besitzrecht besteht, ist fraglich (zutreffend gegen ein Besitzrecht BGHZ 125, 125, 134, oben Rn 56), für die Nutzungsregelung aber unerheblich: Besteht kein Besitzrecht, so sind die Nutzungen erst recht herauszugeben (PALANDT/BASSENGE Rn 15). **89**

e) Endet das Moratorium mit Ablauf des 31. 12. 1994, weil **kein Tatbestand der Sachenrechtsbereinigung** vorliegt, so daß Abs 1 S 3 nicht eingreift, so gelten ab 1. 1. 1995 die allgemeinen Vorschriften. Nutzungen sind nach § 987 BGB herauszugeben (BGH NJW 1997, 459, 461). Hinsichtlich nicht gezogener, aber nach den Regeln einer ordnungsgemäßen Wirtschaft zu ziehender Nutzungen ist nicht nur § 987 Abs 2 BGB, sondern auch § 988 BGB anzuwenden. Der nach Auslaufen des Moratoriums unberechtigte Besitzer ist einem unentgeltlichen Besitzer gleichzuachten, da sonst der nach Abs 1 S 3 bis zur Sachenrechtsbereinigung weiter berechtigte, aber zum Nutzungsentgelt nach Abs 1 S 4 und 8 verpflichtete Besitzer schlechter stünde als der nichtberechtigte Besitzer (OLG Dresden VIZ 2001, 569, 571). **90**

5. Entgeltlichkeit ab 22. 7. 1992 bis 31. 3. 1995 (Abs 1 S 4 bis 7)

91 a) Abs 1 S 4, 5 idF des SachenRÄndG (dazu oben Rn 7, nunmehr Abs 1 S 8, 9 dazu unten Rn 101 ff) sah ein Nutzungsentgelt erst ab dem 1. 1. 1995 vor, stellte also nur das *verlängerte Moratorium* (Abs 1 S 3) zur Überleitung in die Sachenrechtsbereinigung entgeltlich. Die ergänzende Regelung in Abs 1 S 4 bis 7 idF des GrundÄndG (oben Rn 12) setzt den **Auftrag der Entscheidung des BVerfG** zu Abs 8 (BVerfGE 98, 17, 42, oben Rn 18) zur Schaffung einer Entgeltregelung für den Zeitraum ab dem 22. 7. 1992 (Inkrafttreten des § 2a idF des 2. VermRÄndG und durch Abs 8 dieser Fassung bewirkter Wegfall des Vertrauensschutzes in die unentgeltliche Nutzung) um.

92 b) Die Regelung gilt für **alle Moratoriumstatbestände** nach § 2a, nicht nur für die Fälle, die später der Sachenrechtsbereinigung unterfallen, obgleich sich die Entgeltbemessung an §§ 51, 43 SachenRBerG orientiert (Matthiessen VIZ 2001, 458, 460). Dies folgt zwingend aus den verfassungsrechtlichen Vorgaben, wonach das den Eigentümern ursprünglich bis zum 1. 1. 1995 zugemutete unentgeltliche Moratorium gegen Art 14 GG verstieß; dies gilt erst recht in Fällen, in denen der Nutzer ausweislich seiner Nicht-Einbeziehung in die Fallgruppenbildung des SachenRBerG ex post betrachtet sogar weniger schutzwürdig war.

Zweifel sind aufgetreten, ob die Entgeltlichkeit auch Fälle erfaßt, in denen das Besitzrecht nicht (nur) auf das Moratorium, sondern auch auf ein wirksam begründetes **dingliches Nutzungsrecht** (§§ 287 ff ZGB) gestützt werden kann. Das BMJ vertritt hierzu die Ansicht, § 2a Abs 1 S 4 finde auf solche Nutzungen *keine Anwendung* (unveröffentlichte Schreiben bei Wiese VIZ 2002, 551, 552 Fn 13). Dem ist zuzustimmen (**aA** Wiese VIZ 2002, 551, 552 f). Zwar spricht der Zweck des § 2a Abs 1 *Zweifel* zu beheben, dafür, das Nichtbestehen einer gesicherten Nutzung nicht zum negativen Tatbestandsmerkmal in Abs 1 zu machen. Wenn aber *nachweislich* ein dingliches Nutzungsrecht bestand, so wurde dieses nach Art 233 § 4 übergeleitet und gibt deshalb ein Recht zum Besitz, ohne daß es des Moratoriums bedarf; das Moratorium führt dann aber auch nicht zu einer Relativierung dieses Rechts. Soweit eine Entgeltlichkeits- oder Unentgeltlichkeitsvereinbarung getroffen wurde, hat diese – vorbehaltlich möglicher Unwirksamkeitsgründe wie Sittenwidrigkeit – gemäß Abs 6 S 1 Bestand.

Zwischen dem Bekanntwerden der Entscheidung des BVerfG und dem Inkrafttreten der ihrer Natur nach auf den Zeitraum vom 22. 7. 1992 bis 31. 3. 1995 **zurückwirkenden Regelung** (BGH WM 2002, 768, 770) hatten die Gerichte Nutzungsentgeltverfahren analog § 148 ZPO auszusetzen, weil der dem Grunde nach durch die Entscheidung des BVerfG zwingend gebotene Anspruch nicht mit Rechtskraftwirkung abgewiesen werden konnte, hinsichtlich der Bemessung dem zu einer Lösung „oberhalb von Null" gezwungenen Gesetzgeber aber ein Spielraum blieb (OLG Naumburg 7. Zs OLG-NL 1999, 176 zutreffend gegen OLG Naumburg 6 U 169/96; Schramm NL-BzAR 2000, 146, 147). Eine Verurteilung zur Herausgabe *tatsächlich gezogener Nutzungen* war hingegen im Vorgriff auf die absehbare Regelung zu Abs 8 bereits möglich (BGH VIZ 2001, 110, 111; dazu oben Rn 84 ff).

93 c) Abs 1 S 4 schafft für den **Zeitraum ab dem 22. 7. 1992** einen gesetzlichen Nutzungsentgeltanspruch des Eigentümers gegen den durch das Moratorium besitzberechtigten Nutzer, der auch in noch nicht rechtskräftig abgeschlossenen Verfahren zu berücksichtigen ist (BGH WM 2002, 768, 770).

aa) Die Regelung gilt längstens **bis zum 31. 3. 1995**; sie besteht grundsätzlich unabhängig neben dem Anspruch aus Abs 1 S 8, der frühestens zum 1. 1. 1995 einsetzt und teilweise anders gestaltet ist (MATTHIESSEN VIZ 2001, 458, 459; dazu unten Rn 94 ff). **Vertragliche Regelungen** gehen auch dieser zeitlich erweiterten Nutzungsentgeltregelung vor (Abs 1 S 8), unabhängig davon, ob sich aus ihnen ein höheres oder ein geringeres Nutzungsentgelt ergibt (vgl zum Fall des unentgeltlichen Besitzrechts aufgrund „steckengebliebener" Kaufverträge BT-Drucks 14/3508 S 10 bezugnehmend auf BGH NJW 1995, 2627; MATTHIESSEN VIZ 2001, 458, 460).

94 **bb)** Nur für die **Übergangsphase vom 1. 1. 1995 bis 31. 3. 1995** treten beide Ansprüche (aus **Abs 1 S 4 und Abs 1 S 8**) in Konkurrenz: Die Erstreckung des Anspruchs auf diese von der verfassungsgerichtlichen Entscheidung nicht unmittelbar betroffene Übergangsphase beruht auf der Erwägung, daß der Grundstückseigentümer im Hinblick auf § 16 Abs 2, 3 SachenRBerG (frühester Ablauf einer Frist zur Ausübung des Wahlrechts durch den Nutzer) in diesem Zeitraum einen Entgeltanspruch nach Abs 1 S 8 regelmäßig noch nicht geltend machen kann, eine Unentgeltlichkeit der Nutzung aber ebenfalls verfassungswidrig gewesen wäre (Regierungsentwurf BT-Drucks 14/3508, 9 f; MATTHIESSEN VIZ 2001, 458, 459; SCHWARZE NJ 2001, 187; HIRSCHINGER NJ 2000, 630, 632).

Auch unter Einbeziehung der Übergangsphase schließt die Entgeltregelung des Abs 1 S 8 nicht in allen Fällen lückenlos an die des Abs 1 S 4 an, weil diese von der Einleitung der dort enumerierten Verfahren mit dem Ziel der Durchführung der Sachenrechtsbereinigung abhängt. Das entspricht jedoch dem verfassungsrechtlich unbedenklichen Prinzip, daß die Zubilligung eines Nutzungsentgeltanspruchs an die aktive Mitwirkung des Grundstückseigentümers im Bereinigungsverfahren geknüpft ist (MATTHIESSEN VIZ 2001, 458, 459).

95 **cc)** Aus diesem Grund kann der Eigentümer das Entgelt nach Abs 1 S 4 schon für die Zeit vom 1. 1. 1995 bis 31. 3. 1995 nicht verlangen, wenn er sich in einem bis zum 31. 3. 1995 eingeleiteten *notariellen Vermittlungsverfahren* (§§ 87 bis 102 SachenRBerG) oder *Bodenordnungsverfahren* (8. Abschnitt LaWiAnpG, zu diesen Verfahren unten Rn 103 f) **nicht unverzüglich auf eine Verhandlung** zur Begründung dinglicher Rechte **eingelassen** hat (Abs 1 S 5). Das in Abs 1 S 8 erwähnte Verfahren nach dem BoSoG ist hier nicht genannt, da es regelmäßig von Amts wegen eingeleitet wird und nach Abs 1 S 8 schon die bloße Einleitung (nicht erst die Einlassung) das Nutzungsentgelt auslöst. Der Entgeltanspruch entfällt in diesem Fall rückwirkend zum 1. 1. 1995, nicht erst auf den Zeitpunkt der Einleitung des Verfahrens. Die Regelung läuft im Verhältnis zu Abs 1 S 8 nicht etwa leer (so aber SCHNABEL ZOV 2001, 83, 84 f). Zwar besteht der Anspruch nach Abs 1 S 8 auch bei *nicht unverzüglicher Einlassung* auf die genannten Verfahren, doch beginnt die Entgeltpflicht nach Abs 1 S 8 erst mit der Einlassung und nicht rückwirkend zum 1. 1. 1995 (unten Rn 102). Bei Verfahrenseinleitung nach dem 31. 3. 1995 ist Abs 1 S 5 nicht anwendbar, dh der Eigentümer verliert bei nicht unverzüglicher Einlassung nicht den Anspruch aus Abs 1 S 4, erlangt aber erst vom Zeitpunkt der Einlassung ab den Anspruch aus Abs 1 S 8 (zweifelnd SCHWARZE NJ 2001, 187, 188 vor dem Hintergrund der Ansicht, der Anspruch aus Abs 1 S 8 beginne bereits zum 1. 1. 1995, dazu unten Rn 102 ff).

96 **dd)** Liegen hingegen die Voraussetzungen des **Abs 1 S 8 bereits vor dem 31. 3. 1995** vor, so tritt in der Übergangsphase vom 1. 1. 1995 bis 31. 3. 1995 der Entgeltanspruch nach Abs 1 S 4 hinter den Anspruch nach Abs 1 S 8 zurück.

Ist die Nutzung des Grundstücks hingegen tatbestandlich **nicht in die Sachenrechtsbereinigung einzubeziehen**, so entstehen zum 1. 1. 1995 wegen Wegfalls des Moratoriums die Ansprüche nach §§ 987 ff BGB. Diese Ansprüche werden nach dem Zweck der Regelung ebenfalls *nicht* durch Abs 1 S 4 beschnitten; Zweck des Abs 1 S 4 ist die Lückenfüllung in Fällen bisher als unentgeltlich vorgesehener Nutzung, nicht aber die Einschränkung von Nutzungsentgeltansprüchen, die schon vor der verfassungsgerichtlichen Entscheidung bestanden haben (Matthiessen VIZ 2001, 458, 460).

97 **c)** Das **Entgelt** bemißt sich abweichend von Abs 1 S 8. Die dazu in Abs 1 S 4 und 6 enthaltenen Sonderregeln sind nach der systematischen Stellung in Abs 1 und dem Zweck der Regelung *nicht auf den Anspruch nach Abs 1 S 8 anzuwenden* (Schwarze NJ 2001, 187; Matthiessen VIZ 2001, 458, 460).

98 **aa)** **Entgeltmaßstab** sind §§ 51 Abs 1 S 2 Nr 1, 43 SachenRBerG. Geschuldet ist der Erbbauzins (§ 43 SachenRBerG, zur Bemessung Schnabel ZOV 2001, 83, 84), der wie in der *Eingangsphase* der *erbbaurechtlichen* Sachenrechtsbereinigung auf ein Viertel abgesenkt ist (§ 51 Abs 1 S 2 Nr 1 SachenRBerG). Dies soll angesichts der geringen Leistungsfähigkeit von Wirtschaft und Privathaushalten einen allmählichen Übergang auf die angemessene gesetzliche Verzinsung gewährleisten (BT-Drucks 14/3508 S 9; zu **Verfassungsbedenken** oben Rn 19). Da lediglich auf die *Berechnungsvorschriften* in § 51 Abs 1 und § 43 SachenRBerG verwiesen wird (Schwarze NJ 2001, 187; im Gesetzgebungsverfahren wurde die „irritierende Verweisung" – Rechtsausschuß BT-Drucks 14/3824 S 12 – auf § 51 Abs 2 S 2 Nr 1 SachenRBerG gestrichen, weil diese Bestimmung die *Bestellung eines Erbbaurechts* voraussetzt), tritt die Reduzierung auf ein Viertel unabhängig davon ein, in welcher Weise nach dem 1. 1. 1995 die Sachenrechtsbereinigung durchgeführt wird, also auch bei späterer Durchführung der Ankaufslösung (§§ 61 ff SachenRBerG). Auch ein *Reduzierungsverlangen* des Nutzers ist nicht erforderlich.

99 **bb)** Für die Berechnung ist unwandelbar der **Bodenwert am 22. 7. 1992** maßgeblich (Abs 1 S 6), was die Bemessung des Nutzungsentgelts vereinfacht (Matthiessen VIZ 2001, 458, 460), aber angesichts der Bodenwertentwicklung nach der Wiedervereinigung auch zu einer weiteren Schlechterstellung der Eigentümer führt (Schwarze NJ 2001, 187). Durch den ausdrücklichen Verweis auf § 45 SachenRBerG ist klargestellt, daß in die Berechnung des Bodenwerts bei Überlassung eines Grundstücks mit aufstehendem Gebäude (insbesondere aufgrund **Überlassungsvertrag**) auch der Restwert des überlassenen Gebäudes einzubeziehen ist, der nach Abs 1 S 6 ebenfalls auf den 22. 7. 1992 bemessen wird.

100 **d)** Der Nutzungsentgeltanspruch nach Abs 1 S 4 **verjährt** in zwei Jahren vom Inkrafttreten seiner nachträglichen Begründung, also mit Ablauf des 8. 11. 2002 (Abs 1 S 7). Diese kurze Verjährung ist nicht auf den Anspruch aus Abs 1 S 8 anzuwenden (Schwarze NJ 2001, 187). Hingegen gilt auch für den Anspruch aus Abs 1 S 4 der Vorrang der Entgeltvereinbarung (Abs 1 S 9, unten Rn 108 ff).

6. Entgeltlichkeit ab dem 1. 1. 1995 (Abs 1 S 8, 9)

a) Abs 1 S 8 geht auf Abs 1 S 4 idF des SachenRÄndG zurück, durch den erstmals ein Nutzungsentgelt ab dem 1. 1. 1995 geregelt wurde. Da Abs 1 S 8 seit Inkrafttreten des GrundRÄndG einem Entgeltanspruch nach Abs 1 S 4 nachfolgen kann, wurde die ursprünglich enthaltene Beschränkung auf **bisher unentgeltliche Nutzung** ersatzlos gestrichen. Dies ist nicht dahingehend zu verstehen, daß Abs 1 S 8 auch bestehende **vertragliche Entgeltregelungen** verdrängt oder gar neben sie tritt und zu doppelten Entgeltansprüchen führt. Einer Ergänzung des Abs 1 S 8 um die gestrichenen Worte „bisher unentgeltlich" bedarf es gleichwohl nicht (so aber SCHNABEL ZOV 2001, 83, 86). Vielmehr gilt auch im Verhältnis zu Abs 1 S 8 der Vorrang anderweitiger Vereinbarungen (Abs 6 S 2). **101**

Die Entgeltlichkeit nach Abs 1 S 8 beginnt frühestens mit dem 1. 1. 1995; die Regelung erfaßt jedoch nicht alle Fälle, in denen das Moratorium an diesem Tag mit dem Ziel der Überleitung in die Sachenrechtsbereinigung (Abs 1 S 3) noch besteht. Abs 1 S 8 bestimmt eine Entgeltpflicht nur für die Dauer der Durchführung bestimmter, in Abs 1 S 8 abschließend enumerierter **Verfahren** (OLG Naumburg VIZ 1999, 674). Schlichte Verhandlungen außerhalb eines der genannten Verfahren führen nicht zu einer Entgeltlichkeit der Nutzung (OLG Naumburg VIZ 1999, 674, 675).

Die Tatbestände sind an dem Regelungsziel orientiert, daß nur der Grundstückseigentümer ein Entgelt soll verlangen können, der an einer Bereinigung durch Begründung dinglicher Rechte oder durch Verkauf mitwirkt. Geht man von der Grundkonzeption der Sachenrechtsbereinigung aus – deren rechtspolitische und partiell auch verfassungsrechtliche Fragwürdigkeit hier nicht erörtert werden kann – so entbehrt dieser Ansatz nicht der Folgerichtigkeit: Der Eigentümer hat es über § 16 Abs 3 SachenRBerG in der Hand, eine Bereinigung zu erzwingen. Der Gesetzgeber verbindet auch nach Schaffung einer Entgeltregelung für die Zeit bis zum 31. 3. 1995 nach Abs 1 S 4 (oben Rn 91 ff) mit der Untätigkeit des Eigentümers nach Inkrafttreten des SachenRBerG die Entgeltlosigkeit der Nutzung von dem frühesten Zeitpunkt an, zu dem der Eigentümer auch gegen den Willen des Nutzers eine Klärung herbeiführen kann (oben Rn 92). Das läßt jedes Abwarten unwirtschaftlich erscheinen, so daß eine schnelle Bereinigung um den Preis eines weiteren Stückes Freiheit des Eigentümers durchaus erreicht wird.

b) Die **Entgeltzahlungspflicht** besteht, **102**

aa) wenn ein Verfahren zur Bodenneuordnung nach dem **Bodensonderungsgesetz** (Art 14 RegVBG v 20. 12. 1993, BGBl 1993 I 2182) eingeleitet wird. Wer das Verfahren eingeleitet hat, ist – im Gegensatz zu den beiden weiteren Alternativen (Rn 103 f) – unerheblich; in Betracht kommen sowohl die amtswegig eingeleiteten oder beantragten wie auch die von einem Beteiligten beantragten Verfahren (§ 6 BoSoG). Unerheblich ist auch, zu welchem Zweck das Grundstück genutzt wird, da das Nutzungsentgelt nach Abs 1 S 8 an die Einbeziehung in Instrumente der Sachenrechtsbereinigung anknüpft; auch für öffentliche Zwecke, zB als Verkehrsflächen, genutzte Grundstücke fallen unter Abs 1 S 8 – und nicht unter Abs 9 – wenn sie in ein Verfahren nach dem BoSoG einbezogen sind (OLG Dresden VIZ 2001, 687, 688).

Nach dem Wortlaut der Bestimmung erfordern nur die Tatbestände des zweiten Halbsatzes von Abs 1 S 8 eine aktive Beteiligung des Eigentümers, was gerechtfertigt ist, weil das Verfahren nach § 6 BoSoG im Hinblick auf die tatbestandlichen Voraussetzungen des § 1 (insbesondere unvermessenes Eigentum) häufig amtswegig eingeleitet werden wird und die Festlegungen nach § 6 Abs 1 S 1 BoSoG durch die Sonderungsbehörde (§ 10 BoSoG) auch getroffen werden, wenn der Grundstückseigentümer sich am Verfahren nicht beteiligt. In diesem Sinn „eingelassen" hat sich der Grundstückseigentümer, wenn er sich auf die in diesem Verfahren notwendigen Verhandlungen zur Durchführung der Bodenneuordnung eingelassen hat (BGH NJ 2002, 260: zB, wenn er einen Landtausch nach § 54 LwAnpG anstrebt). Die Entgeltpflicht beginnt mit dem Zeitpunkt der *Einleitung des Verfahrens* nach § 6 Abs 1 BoSoG (MünchKomm/Wendtland Rn 23; vor Inkrafttreten des GrundRÄndG zweifelnd Wötzel/Schwarze NJ 1998, 629, die zur Reduzierung der Verfassungswidrigkeit der erst am 1.1. 1995 einsetzenden Entgeltregelung den Anspruch *wenigstens* rückwirkend auf diesen Stichtag entstehen lassen wollten; zustimmend Schwarze NJ 2001, 187, 188).

103 **bb)** wenn der **Eigentümer** ein **notarielles Vermittlungsverfahren nach §§ 87 bis 102 SachenRBerG** (dazu Frenz DtZ 1995, 66) beantragt oder sich auf eine Verhandlung zur Begründung dinglicher Rechte oder eine Übereignung eingelassen hat. Die Entgeltpflicht beginnt mit *Eingang des Antrages* des Eigentümers gemäß § 87 Abs 1, 2 SachenRBerG bei dem nach § 88 zuständigen Notar; das gilt auch, wenn nachträglich eine Vereinbarung iSd § 88 Abs 1 S 2 SachenRBerG zustandekommt. Stellt der Nutzer den Antrag, so beginnt die Entgeltpflicht mit der ersten – auch schriftlichen – Einlassung des Eigentümers zur Sache, jedenfalls mit dem *Erörterungstermin* nach § 93 SachenRBerG, wenn der Eigentümer an diesem teilnimmt. Die aktive Mitwirkung des Grundstückseigentümers ist Voraussetzung für einen erfolgreichen Verfahrensabschluß und daher Tatbestandsmerkmal der Entgeltzahlungspflicht. Eine Aussetzung nach § 94 SachenRBerG unterbricht die Entgeltzahlungspflicht nicht. Die in § 95 genannten Einstellungsgründe setzen eine Konkurrenz zu anderen Verfahren voraus, die wiederum selbst eine Entgeltpflicht nach Abs 1 S 8 begründen.

104 **cc)** wenn der Eigentümer ein Bodenordnungsverfahren nach dem **8. Abschnitt (§§ 53 ff) LandwirtschaftsAnpG** beantragt oder sich ebenso wie soeben (Rn 95) eingelassen hat. Maßgeblicher Zeitpunkt ist die **Antragstellung durch den Grundeigentümer** (§ 53 Abs 1 letzter HS LaWiAnpG); bei Antragstellung durch einen anderen Beteiligten beginnt die Entgeltpflicht mit der ersten – auch schriftlichen – Einlassung des Eigentümers im Rahmen der *Anhörung* zur Sache (OLG Naumburg VIZ 1999, 674, 675), bzw bei Aufnahme von *Verhandlungen* mit dem Ziel des freiwilligen Landtauschs nach § 54 LaWiAnpG.

105 **c)** Das Entgelt **bemißt sich** bis zur Höhe des nach dem SachenrechtsbereinigungsG zu zahlenden **Erbbauzinses** (Abs 1 S 8 HS 1).

aa) Damit wird verwiesen auf §§ 43 ff SachenRBerG (BGH ZOV 2000, 37; BGH NJ 2002, 260). Auszugehen ist für die vorübergehende Entgeltpflicht von dem *regelmäßigen Zins* nach § 43 Abs 1, der die Hälfte des für die entsprechende Nutzung üblichen Zinses beträgt. Anwendbar ist im Rahmen des Abs 1 S 8 auch die Zinserhöhungsregelung des § 45 SachenRBerG für *Überlassungsverträge*. Der **maßgebliche Bodenwert** ist grundsätzlich der Verkehrswert eines baureifen Grundstücks iSd

§ 194 BauGB, vermindert um die Abzugsbeträge nach § 19 Abs 2 S 3 SachenRBerG (BGH ZOV 2000, 37).

bb) Fraglich ist, ob die **Zinsermäßigung** nach den Bestimmungen des **§ 51 SachenRBerG** (*Eingangsphase*) eingreift. Die eine Entgeltpflicht auslösenden Verfahren nach Abs 1 S 8 werden regelmäßig in die Eingangsphase fallen. Trotz der umfassenden Verweisung aus Abs 1 S 8 auf den Erbbauzins nach dem SachenRBerG entspricht die Anwendung des § 51 SachenRBerG nicht dem Zweck der Regelung, sofern das die Entgeltpflicht auslösende Verfahren auf den *Eigentumserwerb durch den Nutzer* abzielt, weil dem Eigentümer neben dem Verlust des Eigentums nicht ein zusätzlicher Nachteil hinsichtlich des nur vorübergehenden Nutzungsentgelts zugemutet werden kann (BGH VIZ 2000, 367; BGH NJ 2002, 260; OLG Dresden OLG-NL 2001, 113; OLG Dresden VIZ 2001, 624; LG Dessau VIZ 2000, 615; Schwarze NJ 2001, 187, 188; Rauscher WuB IV B Art 233 § 2a 1.00; Schramm NJ 2002, 262, 263). **106**

Die Absenkung in der Eingangsphase ist nur gerechtfertigt, wenn die Sachenrechtsbereinigung durch die *Erbbaurechtslösung* erfolgt. Dann führt die Anwendung von § 51 SachenRBerG im Fall des Abs 1 S 8 auch nicht zu einer *Verlängerung der Eingangsphase*. Einigen sich die Parteien auf die Erbbaurechtslösung, so beginnt nach § 51 S 3 SachenRBerG die Eingangsphase spätestens am 1. 1. 1995; die Zeitspanne, während derer über § 51 SachenRBerG auch der Anspruch nach Abs 1 S 8 gemindert ist, fällt also in die Eingangsphase der endgültigen Regelung, was de facto eine Anrechnung auf diese Phase bewirkt.

cc) Fraglich ist, welche Bedeutung der Wendung **„bis zur Höhe"** in Abs 1 S 8 zukommt. Offenbar soll diese Wendung nur die Selbstverständlichkeit ausdrücken, daß der Eigentümer auch einen geringeren Zins verlangen kann, oder sie eröffnet dem Nutzer die Möglichkeit, eine Herabsetzung zu verlangen. Ein über die Regelungen der §§ 43 ff SachenRBerG hinausgehendes Recht des Nutzers, eine Absenkung des Zinses zu verlangen, ist abzulehnen. Ein solches Recht würde zu einer Vermehrung der Streitigkeiten führen, die zu vermeiden ist. **107**

d) **Vertragliche und gesetzliche Regelungen**, die ein abweichendes Nutzungsentgelt oder einen früheren Beginn der Zinszahlungspflicht begründen, bleiben unberührt (Abs 1 S 9). **108**

aa) Eine solche Vereinbarung kann auch **mit einem Dritten** bestehen, von dem der Moratoriumsberechtigte das Grundstück gepachtet hat (OLG Naumburg VIZ 2002, 109). Sofern der Dritte nicht auf vertraglicher Grundlage zur Überlassung an den Nutzer berechtigt oder selbst durch das Moratorium geschützt ist, bestehen ggf gegen diesen Ansprüche nach allgemeinen Vorschriften (§§ 812 ff BGB, GoA).

bb) Dem Wortlaut nach bestimmt Abs 1 S 9 keinen Vorrang für Vereinbarungen, die einen **späteren Beginn** der Entgeltzahlungspflicht bestimmen; solche Regelungen werden selten sein, sind aber nicht ausgeschlossen. Der Vorrang solcher Vereinbarungen ergibt sich jedoch aus dem Grundsatz der *Vertragsfreiheit*, den Abs 1 S 9 – wie die mehrfachen Hinweise in § 2a auf die Vorrangigkeit von Vereinbarungen zeigen – nicht begrenzt, sondern lediglich bestätigt. Der Eigentümer kann also nicht **109**

aufgrund Abs 1 S 8 das dort bestimmte Entgelt verlangen, wenn er die unentgeltliche Nutzung vereinbart hat (OLG Dresden VIZ 2001, 562: leihähnliches Nutzungsverhältnis).

110 cc) Vorrang kann insoweit jedoch nicht jedwede Vereinbarung, insbesondere nicht vertragliche **Vereinbarungen aus der Zeit der DDR**, beanspruchen (OLG Naumburg VIZ 2002, 109, 110). Abs 1 S 8 verfolgt gerade den Zweck, *bisher unentgeltliche* Nutzungen auch dann entgeltlich zu stellen, wenn die Nutzung auf einer Vereinbarung aus der Zeit vor Inkrafttreten des Einigungsvertrages beruht. Im Gegensatz zu dem in Abs 8 S 1 statuierten Vorrang der Vereinbarung über Nutzungen geht der in Abs 1 S 9 bestimmte Vorrang nicht von einer gesetzlichen Nullösung aus; daher können nur Vereinbarungen der gesetzlichen Lösung in Abs 1 S 8 vorgehen, die mit demselben Ziel getroffen wurden, wie die gesetzliche Regelung. Vorrang haben daher nur Entgeltvereinbarungen, die nach dem 3. 10. 1990 geschlossen (OLG Naumburg NZM 2001, 1097) oder nach den Grundsätzen des Wegfalls der Geschäftsgrundlage aus Anlaß des Übergangs zur Marktwirtschaft als entgeltliche Nutzungsverhältnisse angepaßt wurden (LG Potsdam VIZ 2000, 165, 166).

7. Kündigungsschutz nach § 7 SchuldRAnpG

111 a) **§ 7 SchuldRAnpG** knüpft an das Moratorium des § 2a einen **Kündigungsschutz** in Ansehung von Vertragsverhältnissen, die in § 1 Abs 1 SchuldRAnpG der Schuldrechtsbereinigung unterstellt werden.

112 b) Hintergrund der Bestimmung ist die nicht völlig nahtlos erfolgte **Überleitung des sachenrechtlichen Moratoriums** in die Sachenrechtsbereinigung.

aa) Zwar werden in der Sachenrechtsbereinigung aufgrund von deren **Vorrang gegenüber der Schuldrechtsbereinigung** (§ 2 Abs 1 S 1 SchuldRAnpG, dazu Art 232 § 1a Rn 31 ff) weitgehend die Fälle der Nutzung durch Bebauung erfaßt, die auch in § 2a geschützt waren. Jedoch ergeben sich Fälle, in denen zu Recht der Gesetzgeber eine Einbeziehung in die Sachenrechtsbereinigung ausgeschlossen hat, weil die Bebauung geringfügig ist (nicht § 12 SachenRBerG entspricht) und dem Nutzer schon nach dem Recht der DDR allenfalls eine schuldrechtliche Position zugestanden hatte; hierzu rechnen insbesondere zahlreiche Fälle von Überlassungsverträgen (näher Art 232 § 1a Rn 39 f).

113 bb) Während in den nach dem SachenRBerG abzuwickelnden Fällen des Moratoriums durch ein **verlängertes Moratorium** (Abs 1 S 3, oben Rn 61 ff) dem Nutzer lückenloser Schutz gewährt wird, wäre der Schutz eines (nur) in die Schuldrechtsanpassung fallenden Nutzungsverhältnisses trotz Vorliegens baulicher Investitionen, die zur Einbeziehung in das sachenrechtliche Moratorium genügt hatten, von der zugrundeliegenden schuldrechtlichen Nutzungsberechtigung abhängig; grundsätzlich werden in die Schuldrechtsanpassung nämlich die bis zum Inkrafttreten des SchuldRAnpG durch *Kündigung* oder *Zeitablauf* beendeten Verträge *nicht einbezogen* (BT-Drucks 12/7135, 41). Dies hätte zur Folge gehabt, daß es weitgehend von der Zufälligkeit der in der DDR vereinbarten Kündigungsfristen bei Überlassungs- und Nutzungsverträgen abhängen würde, ob eine § 2a unterfallende, aber nicht in der Sachenrechtsbereinigung erfaßte bauliche Investition (wenigstens) für eine Übergangszeit in der Schuldrechtsanpassung geschützt ist (BT-Drucks 12/7135, 41).

cc) § 7 Abs 1 SchuldRAnpG knüpft daher für solche Fälle an das Bestehen des Moratoriums nach § 2a (also an einen sachenrechtlichen Tatbestand) einen Kündigungsschutz hinsichtlich des zugrundeliegenden **schuldrechtlichen Vertrages**. **114**

c) Voraussetzung ist das **Bestehen eines Besitzrechts** nach § 2a Abs 1 gegenüber dem Grundstückseigentümer und die **fortdauernde Ausübung** des Besitzes durch den Nutzer. Hat der Nutzer sich nicht auf das Moratorium berufen, um im Besitz des Grundstücks zu bleiben, so besteht kein Schutzbedarf (BT-Drucks 12/7135, 41). **115**

d) Als **Rechtsfolge** ordnet § 7 Abs 1 SchuldRAnpG die **Unwirksamkeit einer Kündigung** an, die vom Grundstückseigentümer oder einem anderen Vertragsschließenden nach Ablauf des 2. 10. 1990 ausgesprochen wurde. *Andere Vertragsschließende* sind jene Personen, die mit dem Nutzer Verträge geschlossen haben, die gegenüber dem Eigentümer ursprünglich oder nachträglich zivilrechtlich nicht bindend sind („hängende Vertragsverhältnisse"), hinsichtlich derer aber § 8 SchuldRAnpG – in Fortsetzung des schuldrechtlichen Moratoriums (Art 232 § 4a, dort Rn 74 ff) – einen Vertragseintritt des Grundstückseigentümers bestimmt. **116**

e) Eine solche Kündigung ist ebenfalls unwirksam, wenn dem Nutzer der Besitz durch **verbotene Eigenmacht** entzogen wurde, so daß es am Tatbestandsmerkmal des fortdauernden Besitzes ermangelt (§ 7 Abs 1 S 2 SchuldRAnpG). **117**

f) In beiden Fällen bleiben abweichende **rechtskräftige Entscheidungen** unberührt (§ 7 Abs 1 S 3 SchuldRAnpG). Kündigungen wegen **vertragswidrigen Gebrauchs, Zahlungsverzuges des Nutzers** oder aus einem anderen **wichtigen Grund** sind von der Unwirksamkeit nicht erfaßt (§ 7 Abs 2 SchuldRAnpG). Ebenso sind Kündigungen **durch den Nutzer** mangels Schutzwürdigkeit des Nutzers nicht erfaßt (BT-Drucks 12/135, 41). **Feste Endtermine** werden durch die Regelung nicht überwunden, da insoweit bereits vor dem 2. 10. 1990 feststand, daß der Vertrag zu einem bestimmten Zeitpunkt enden würde, was den Nutzer nicht schutzwürdig erscheinen läßt (BT-Drucks 12/7135, 41). **118**

VI. Gerichtliche Vertragsänderung und -aufhebung (Abs 4)

1. Abs 4 suspendiert für den in Abs 1 S 2 genannten Zeitraum, also bis zum 31. 12. 1994 die Anwendung von **§ 78 ZGB** auf Überlassungsverträge. Diese Suspendierung gilt unbeschadet Art 232 § 1. Das bedeutet, daß grundsätzlich intertemporal auf Überlassungsverträge das Recht der DDR anwendbar bleibt, soweit Art 232 § 1 dies vorsieht. Lediglich kommt im genannten Zeitraum eine gerichtliche Änderung oder Aufhebung nicht in Betracht. Damit soll klargestellt werden, daß insbesondere die Wiedervereinigung bzw die Wende in der DDR nicht als **veränderte Umstände** iS des § 78 ZGB anzusehen sind (BT-Drucks 12/2480, 78). **119**

2. Fraglich ist die **sachliche Reichweite** der Bestimmung. Trotz der Eingliederung in § 2a bezieht sich Abs 4 **nicht nur auf Fälle des Abs 1 S 1**. Die Suspendierung von § 78 ZGB gilt also auch für Überlassungsverträge, die kein Nutzungsverhältnis regeln, welches tatbestandlich Gegenstand des Moratoriums ist. Erfaßt sind vielmehr alle Verträge, welche die Überlassung von Grundstücken und Gebäuden iSd Art 232 § 1a zum Gegenstand haben. **120**

121 **3.** Fraglich war wegen Abs 7 S 2 zunächst, ob auch **Miet- und Pachtverträge** hierunter fallen. Nachdem in Art 232 § 1a der Überlassungsvertrag geregelt – und gegen den Miet- und Pachtvertrag abgegrenzt (dort Rn 20) – ist und außerdem in Art 232 § 4a der Rahmen schutzbedürftiger auf vertraglicher Grundlage erfolgender Nutzung abgesteckt ist, kommen erweiternde Auslegungen der sachenrechtlichen Moratoriumsbestimmungen nicht mehr in Betracht.

122 **4.** **Abs 7 S 1** ist ebenfalls im Falle des Abs 4 anzuwenden. Die dort genannten Nutzungen zur Erholung, Freizeitgestaltung und ähnlichen persönlichen Bedürfnissen sowie jene in Kleingartenanlagen sind nicht in gleicher Weise schutzwürdig wie dauerhafte Nutzungen zu Wohn- und Gewerbezwecken.

VII. Verhältnis zum Vermögensgesetz etc (Abs 5)

123 **1.** Gemäß Abs 5 bleiben die Regelungen des **VermG**, die Verfahren nach Abschnitt 8 des **LandwirtschaftsanpassungsG** und die in **Anlage II Kapitel II Sachgebiet A Abschnitt III EV** angeführten Maßgaben, also das Verfahren zur Rückgabe von Parteivermögen (BT-Drucks 12/2480, 78) unberührt. Die Bestimmung soll erreichen, daß die vermögensrechtlichen Verfahren **weitergeführt** werden (BT-Drucks 12/2480, 78).

124 **2.** Das Moratorium steht auch nicht der **Aufhebung der staatlichen Verwaltung** über Grundstücke entgegen, die von dem Moratorium betroffen sind und staatlich oder treuhänderisch verwaltet werden. Umgekehrt ändert die Aufhebung der staatlichen oder treuhänderischen Verwaltung auch nichts am Fortbestand des Moratoriums (BT-Drucks 12/2480, 78).

125 **3.** Als Ausnahme zu der grundsätzlich angeordneten Weiterführung dieser Verfahren sah Abs 5 S 2 die **Aussetzung** eines Verfahrens nach Abschnitt II des VermG vor, wenn außer dem Besitzrecht nach dem Moratorium (Abs 1 S 1) keinerlei dingliche oder schuldrechtliche Besitzrechte an dem betroffenen Grundstück bestehen oder dies zweifelhaft ist. Die Bestimmung hat sich durch das SachenRBerG erübrigt und ist durch das VermRAnpG **aufgehoben worden** (oben Rn 13; vgl BVerwG VIZ 1994, 665, 66).

VIII. Lösungsrecht (Abs 6 S 4, 5)

126 **1.** Grundsätzlich ist der Bestand des Moratoriums vom **guten Glauben** des Berechtigten unabhängig. Ausnahmen bestehen lediglich im Rahmen eines **Lösungsrechts**, das dem Eigentümer die einseitige Beendigung des Besitzrechts in besonderen Fällen einräumt. Das Besitzrecht soll nicht zugunsten von **zweifelhaften Nutzern** fortbestehen (BT-Drucks 12/2944, 46).

127 **2.** Erfaßt sind folgende Fälle:

a) Das Lösungsrecht besteht, wenn der Nutzer eine **Partei** oder eine **Massenorganisation** nach §§ 20a, 20b Parteiengesetz der DDR ist (Abs 6 S 4 lit a aa). Die Parteien der ehemaligen DDR sollen in ihrer Nutzung nicht geschützt werden. Voraussetzung ist, daß die treuhänderische Verwaltung über den betreffenden Vermögenswert (Grundstück oder Gebäude) bereits beendet ist. Ansonsten besteht das

Besitzrecht, kann aber nach Abs 1 S 3 nur von der Treuhandanstalt geltend gemacht werden.

b) Es besteht auch, wenn der Nutzer dem Bereich der **Kommerziellen Koordinierung** (lit a bb) zuzuordnen ist.

c) Das Lösungsrecht besteht außerdem, wenn die Rechtsverhältnisse des Nutzers an dem Grund und Boden Gegenstand eines **gerichtlichen Strafverfahrens** (lit b) gegen den Nutzer sind. **128**

aa) Ein staatsanwaltschaftliches Ermittlungsverfahren genügt nicht (Palandt/Bassenge Rn 13). Betroffen hiervon sind auch Fälle, in denen Anklage erhoben ist, ohne daß es später zu einer rechtskräftigen Verurteilung kommt. Bedenken hiergegen aus dem Gesichtspunkt der Unschuldsvermutung (BT-Drucks 12/2695, 23 Nr 48), die der Bundesrat erhoben hatte, wurden im Gesetzgebungsverfahren nicht aufgegriffen (BT-Drucks 12/2944, 63). Nach dem gesetzgeberischen Willen ist daher der Tatbestand nicht einzuschränken auf Fälle einer bereits erfolgten rechtskräftigen Verurteilung; vielmehr ist die Bestimmung auch – und nach ihrem Wortlaut gerade – auf laufende Strafverfahren zugeschnitten.

bb) Dies ist auch **verfassungsrechtlich unbedenklich**. Es geht bei dem Lösungsrecht nicht um eine Sanktion für schuldhaftes Verhalten. Vielmehr gilt es abzuwägen zwischen den Belangen des Eigentümers und des vom Moratorium Begünstigten. Auch die Parteien der DDR und die Organe der Kommerziellen Koordinierung haben nicht generell schuldhaft fremdes Vermögen an sich gezogen. Dennoch handelt es sich um suspekte Fallgruppen, in denen dem Eigentümer eine Belastung, wie sie das Moratorium bedeutet, nicht zuzumuten ist. Dasselbe gilt, wenn der hinreichende Verdacht einer Straftat vorliegt, die sich auf die Nutzung bezieht. Nur bei solchem Verdacht wird das Strafverfahren eröffnet. **129**

cc) Aus dem Wortlaut („Gegenstand … sind") kann nicht gefolgert werden, daß das Strafverfahren noch **andauern** muß (so aber Palandt/Bassenge Rn 13). Die Bestimmung ist vielmehr erst recht nach rechtskräftiger Verurteilung des Nutzers anzuwenden. Hingegen ist die Bestimmung nicht mehr anzuwenden, wenn das Verfahren eingestellt oder der Nutzer rechtskräftig freigesprochen wurde. **130**

d) Das Lösungsrechts besteht auch, wenn es sich um ein ehemals **volkseigenes Grundstück** handelt und die Nutzung am 2. 10. 1990 auf einer **Rechtsträgerschaft** beruhte. **131**

aa) Ausgenommen hiervon sind **LPGen** als Nutzer (BGH VIZ 2001, 110, 111) sowie ehemals volkseigene Betriebe der **Wohnungswirtschaft**, Arbeiter-Wohnbaugenossenschaften oder gemeinnützige Wohnungsgenossenschaften und deren Rechtsnachfolger. Auch diese Fallgruppe wird zwar als grundsätzlich nicht schutzwürdig behandelt, weil sie der staatlichen Organisation der DDR, nämlich den Rechtsträgern des Volkseigentums zuzuordnen ist. Die Ausnahmen bestehen zum Zweck der *geordneten Weiterführung der Wohnungswirtschaft* und des besonderen Schutzbedürfnisses der LPGen. **132**

133 bb) Die Ausnahmen zugunsten der LPGen und der wohnungswirtschaftlichen Organisationen sind **nicht analogiefähig**. Auch *bäuerliche* Handelsgenossenschaften sind nicht begünstigt (BGH DtZ 1995, 328, 329). Insbesondere wurde der vom Bundesrat gemachte Vorschlag, auch **Konsumgenossenschaften** einzubeziehen (BT-Drucks 12/2695, 23 Nr 49), nicht aufgegriffen (BGHZ 137, 369, 373). Die besondere Schutzwürdigkeit der in der Ausnahme zum Lösungsrecht ausdrücklich genannten Organisationen ergibt sich im Hinblick auf die Regelung in § 2b (BGH DtZ 1995, 328, 329). Das dort diesen Organisationen zugestandene Gebäudeeigentum und damit die Kreditfähigkeit (BGH VIZ 1998, 225, 226) soll nicht durch das Lösungsrecht untergraben werden. Diese Situation ist bei anderen Genossenschaften nicht gegeben (BT-Drucks 12/2695, 32 zu Nr 49).

134 cc) Das **Lösungsrecht nach lit c** ist jedoch **einschränkend auszulegen**. Nach dem Zweck der Regelung soll es nur für den Regelfall der Rechtsträgerschaft gelten, wenn nämlich die betroffene sozialistische Genossenschaft das Grundstück ohne eigene Investitionen im Rahmen einer ihr übertragenen staatlichen Aufgabe nutzte. Trat die Rechtsträgerschaft hingegen im Falle einer **Eigeninvestition** an die Stelle der Verleihung eines Nutzungsrechts, so liegt ein bereinigungsbedürftiger Tatbestand vor, der die einstweilige Aufrechterhaltung der Besitzverhältnisse durch das Moratorium gebietet (BGH DtZ 1995, 328, 329; BGH DtZ 1997, 348; vgl zur Bedeutung dieser Fallgruppe Purps VIZ 1995, 565, 567).

135 3. Das Lösungsrecht wird **ausgeübt** durch eine nicht fristgebundene einseitige empfangsbedürftige Willenserklärung des Grundstückseigentümers. Es beendet mit sofortiger Wirkung das Besitzrecht nach Abs 1 S 1. Ein daneben aus anderen Rechtsgründen bestehendes Besitz- oder Nutzungsrecht (Abs 6 S 1) wird hiervon nicht betroffen (Palandt/Bassenge Rn 13).

136 4. Ein **Zurückbehaltungsrecht** wegen Verwendungen steht im Falle der Geltendmachung des Lösungsrechts in den Fällen lit a und lit c dem Nutzer nicht zu (Abs 6 S 5). Hingegen können private Nutzer, deren Besitzrecht wegen eines Strafverfahrens lösbar ist, im Falle der Lösung wegen auf Grundstück oder Gebäude gemachter Verwendungen ein Zurückbehaltungsrecht nach § 1000 BGB geltend machen (Palandt/Bassenge Rn 13).

IX. Erlöschen bei Kündigung einer Nutzungsvereinbarung (Abs 6 S 6)

137 1. Vereinbarungen über die Nutzung haben nach Abs 6 S 2, 3 **Vorrang vor den gesetzlichen Regeln**. Da diese Regeln insbesondere nach Wegfall des Regelungsvorbehaltes in Abs 8 aF und abschließender Regelung von Nutzungsentgelten und Herausgabe von Nutzungen für den Nutzer äußerst vorteilhaft sind, könnte dieser verleitet sein, eine – vorrangige – Nutzungsvereinbarung zu kündigen und sich dem Schutz des Moratoriums und den günstigeren gesetzlichen Rechtsfolgen über den Inhalt des Besitzrechts anzuvertrauen.

138 2. Abs 6 S 6 verhindert eine solche Erschleichung der Moratoriumsregeln; die **Kündigung einer Nutzungsvereinbarung** iSd Abs 6 S 2 oder 3 (also auch von nach dem 3. 10. 1990 geschlossenen Nutzungsvereinbarungen) durch den Nutzer läßt das Besitzrecht nach Abs 1 S 1 erlöschen. Dies gilt gleichermaßen für Fälle, in denen eine vertragliche Besitzberechtigung bestanden hatte, neben die gemäß Abs 6 S 1 das Besitzrecht aus dem Moratorium getreten war, als auch für Vereinbarungen, die lediglich das bereits bestehende Moratorium inhaltlich ausgefüllt haben, also kein eigenständiges Besitzrecht begründeten, sondern nur Abreden über Ausübung, Entgeltlichkeit, Nutzungen, Verwendungen uä enthalten.

Kündigt der Eigentümer eine Nutzungsvereinbarung iSd Abs 6 S 2 oder 3 fristlos wegen vertragswidrigem Verhalten des Nutzers, so gilt Abs 6 S 6 entsprechend (BGH VIZ 1998, 579, 580).

X. Unanwendbarkeit auf Erholungsnutzung (Abs 7 S 1)

139 **1.** **Abs 7 S 1** enthält jedoch eine Begrenzung, die sich am Schutzzweck der Bestimmung orientiert. Nicht erfaßt durch die Regelung in Abs 1 bis 6 waren schon in der ursprünglichen Fassung Bauwerke, die **zur Erholung, Freizeitgestaltung** oder ähnlichen persönlichen Bedürfnissen errichtet wurden. Hierzu rechnen insbesondere Wochenendhäuser (Brandenburgisches OLG OLG-NL 1995, 184, 185). Entscheidend für den Ausschlußtatbestand ist lediglich die tatsächliche **Art der Nutzung**, da sich aus der Nutzung zu Freizeit- und Erholungszwecken unabhängig von der zugrundeliegenden ursprünglichen vertraglichen Gestaltung (LG Erfurt VIZ 1999, 497, 498) eine geringere Schutzbedürftigkeit des Nutzers ergibt (vgl BT-Drucks 12/5553, 132). Maßgeblich ist nicht die abstrakt festgestellte **Größe** des Gebäudes. Der Ausschlußtatbestand greift nur dann *nicht* ein, wenn das Gebäude tatsächlich zum **Wohnen** geeignet ist *und* tatsächlich zu diesem Zweck genutzt wird (LG Erfurt VIZ 1999, 497, 498).

Reine **Gartennutzung** ohne Bebauung fällt schon nicht unter einen der Tatbestände des Abs 1 und ist deshalb aus dem Anwendungsbereich des § 2a, ebenso wie nach § 2 Abs 1 Nr 1 SachenRBerG, ohnehin ausgeschlossen (OLG Naumburg OLG-NL 2002, 171, 172).

140 **2.** In der geltenden Fassung (vgl oben Rn 6) sind auch Nutzungsverhältnisse in **Kleingartenanlagen** aus dem Anwendungsbereich ausgeschlossen (überholt daher insoweit BGHZ 121, 88, 93). In diesem Fall ist fraglich, ob eine **dauernde Wohnnutzung** die Einbeziehung in das Moratorium bewirkt. Nutzungsverhältnisse in Kleingartenanlagen unterliegen zwar schuldrechtlich dem BKleingG (Art 232 § 4 Abs 3), nach DDR-Recht *legale* Wohnnutzungen werden nach § 20a Nr 8 BKleingG geschützt. Dennoch sind auch die in einer Kleingartenanlage meist aufgrund eines Erholungs-Nutzungsrechts (§§ 312 ff ZGB) errichteten Wohngebäude („unechte Datsche") in die Sachenrechtsbereinigung einbezogen, weil dort keine Unterscheidung zwischen der Nutzung in- und außerhalb von Kleingartenanlagen bestimmt ist (BGHZ 139, 235; **aA** LG Berlin NJ 1997, 488; Schnabel DtZ 1995, 258, 261). Da diese Einbeziehung in die Sachenrechtsbereinigung sich aus der durch tatsächliche Wohnnutzung begründeten Schutzbedürftigkeit ergibt, gilt dies ebenso für das Moratorium. Abs 7 schließt also die Nutzung in Kleingärten ebenfalls nur bei *Erholungsnutzung* aus.

141 **3.** Die der Errichtung zugrundeliegende **Rechtsposition** berührt nicht das Eingreifen des Ausnahmetatbestandes.

a) Insbesondere darf nicht der Umstand, daß eine Nutzung zu Erholungszwecken aufgrund eines Vertrages nach §§ 312 ff ZGB über Art 232 § 4 geschützt ist, zu der Annahme verleiten, daß für alle **anderen Fälle der Nutzung** das Moratorium eingreifen müsse (OLG Naumburg NJ 1994, 227, 228).

Unzutreffend wäre auch eine **erweiternde Auslegung** mit dem Argument, jeder ursprünglich durch das Recht der DDR geschützte Nutzer müsse weiter durch das Moratorium geschützt sein (so BGHZ 121, 88, 93; BGH LM § 296 DDR-ZGB Nr 1 Bl 565; obiter: Brandenburgisches OLG OLG-NL 1994, 178, 179).

Solchen Ansätzen lückenfüllender Auslegung ist jedenfalls durch die Schaffung des **Vertragsmoratoriums** nach Art 232 § 4a die Grundlage entzogen worden, da der Gesetzgeber nunmehr positiv entschieden hat, welche der in die Lücke des Abs 7 S 1 fallenden Fälle dennoch einen Schutz genießen. Ob der Nutzer aus anderen Gründen (vorübergehend) geschützt ist, muß somit noch positiv festgestellt werden (dazu Fallgruppen folgende Randnummern).

142 **3.** Der Ausschlußtatbestand greift auch ein, wenn ursprünglich ein Nutzungsverhältnis nach §§ 296, 312 ff ZGB bestanden hat, jedoch durch Aufhebung von **§ 18 LPGG** deshalb entfallen ist, weil die überlassende LPG als Vertragspartner des Nutzers nicht mehr zur Nutzung berechtigt war (Palandt/Bassenge Rn 14; **aA** BGH LM § 296 ZGB Nr 1 Bl 565). Der Nutzer ist in diesem Fall jedoch nicht (wie vom BGH aaO nach damaliger Rechtslage noch befürchtet) schutzlos. Diese Fälle sind erfaßt durch das *Vertragsmoratorium* nach Art 232 § 4a Abs 2.

143 **4.** Erst recht schließt Abs 7 Fälle der dort beschriebenen Nutzung aus, wenn ein **Vertrag** zwar nicht mit dem zur Überlassung Berechtigten, sondern **mit einem Dritten**, insbesondere mit staatlichen Stellen geschlossen wurde. Insoweit kommt ebenfalls das Vertragsmoratorium nach Art 232 § 4a in Betracht (Brandenburgisches OLG OLG-NL 1995, 184, 185).

144 **5.** **Vertragslose Nutzungen**, also Fälle, in denen noch nicht einmal ein Vertrag mit einem Dritten zu den in Abs 7 genannten Zwecken vorliegt, sind ungeschützt (OLG Naumburg NJ 1994, 227, 228; Palandt/Bassenge Rn 14). Dies betrifft insbesondere Fälle, in denen ein Vertrag nach §§ 312 ff ZGB geschlossen werden sollte, dieser Vertrag aber an einem Mangel leidet, der zivilrechtlich die Nichtigkeit begründet (Brandenburgisches OLG OLG-NL 1994, 178: Schriftform, Genehmigungserfordernis).

145 **6.** Der Schutz von Nutzern zu Erholungszwecken, die einen **wirksamen Vertrag nach §§ 312 ff ZGB** geschlossen haben, beurteilt sich hingegen nach Art 232 § 4 (OLG Naumburg NJ 1994, 227, 228; Brandenburgisches OLG OLG-NL 1994, 178).

146 **7.** Hingegen enthält Abs 7 S 2 keinen eigenständigen Ausschlußtatbestand für das Moratorium nach Abs 1 bis 6, sondern ist – regelungstechnisch unsystematisch – als Beitrag zur **Definition des Begriffes „Überlassungsvertrag"** zu verstehen, auf den sich Abs 1 S 1 lit c und Abs 6 beziehen (Palandt/Bassenge Rn 14; näher oben Rn 47 ff und 70 ff).

147 **8.** Das Moratorium nach § 2a findet außerdem gemäß der Überleitungsvorschrift in **Art 14 Abs 4 S 3 2. VermögensrechtsänderungsG** v 14. 12. 1992 (BGBl 1992 I 1257) keine Anwendung auf Nutzungsverhältnisse an Grundstücken, die nach dem

2. 10. 1990 bereits durch Vereinbarungen der Beteiligten verbindlich geregelt worden sind (Palandt/Bassenge Rn 14).

XI. Moratorium und Entgelt bei öffentlich genutzten Grundstücken (Abs 9)

1. Abs 9 betrifft Fälle, in denen ein privates Grundstück von einer **öffentlichen Körperschaft** zur **Erfüllung ihrer öffentlichen Aufgaben** genutzt wird oder zum Gemeingebrauch gewidmet ist. Abs 9 erfaßt hierbei nicht nur Fälle, in denen ein durch Organe der DDR in Anspruch genommenes Grundstück am 3. 10. 1990 in Privateigentum stand, sondern auch Fälle fortdauernder öffentlicher Nutzung nach erfolgter Restitution (BGH WM 2002, 768, 771). **148**

Diese Fälle sind nach § 2 Abs 1 Nr 4 SachenRBerG von der Sachenrechtsbereinigung ausgenommen (vgl oben Rn 9) und werden nunmehr nach dem **VerkehrsflächenbereinigungsG** (oben Rn 14; unten Rn 183 ff) bereinigt. Für die Übergangszeit schuf Abs 9 eine *Notordnung*, um den Konflikt zwischen den öffentlichen Interessen und den Nutzungsentgelt- und Herausgabeansprüchen des Eigentümers vorübergehend zu erfassen. Auch hinsichtlich dieser Sachverhalte geht der BGH davon aus, daß der Tatbestand des Moratoriums (Abs 9) ex post betrachtet durch das zur Abwicklung dieser Verhältnisse geschaffene VerkFlBerG (unten Rn 159, 183 ff) „authentisch interpretiert" wird (BGH WM 2002, 768, 771 dort zur Einbeziehung eines Verkehrsflughafens als Verkehrsfläche).

Betroffene Grundstücke sind neben öffentlich genutzten Gebäuden vor allem *Verkehrsflächen*. Abs 9 ist jedoch nicht nach der Art der Bebauung begrenzt, sondern erfaßt als Auffangnorm unterschiedlichste Arten *öffentlicher Nutzung* (BGH VIZ 1996, 520: Kultur-Baracken; KG OLG-NL 1996, 174: Straßen, Grünflächen, Spielplätze; KG OLG-NL 1996, 223: Straße; OLG Rostock OLG-NL 1997, 146: Schule; VG Berlin VIZ 1997, 226: öffentliche Grünanlage auf ehemaligem Trümmergrundstück). Für *Verkehrsflughäfen* war die Bestimmung zur Nutzung für öffentliche Aufgaben umstritten (nun abschließend bejahend: BGH WM 2002, 768, 771; ebenso OLG Dresden VIZ 2001, 562, 567; OLG Dresden VIZ 2001, 628 mit Nachw zum Streitstand; vgl jetzt § 2 Abs 2 Nr 4 VerkFlBerG).

Soweit ein Grundstück in die **Sachenrechtsbereinigung** einbezogen ist, findet das Moratorium nach Abs 1 Anwendung, auch wenn das Grundstück nach dem Charakter seiner Nutzung auch unter Abs 9 zu fassen wäre. Dies ist bedeutsam wegen der unterschiedlichen Bemessung des Nutzungsentgelts (BGH VIZ 2002, 580, 581: komplexer Wohnungsbau; OLG Dresden OLG-NL 2001, 113: hoher Verkehrsflächenanteil, aber Einbeziehung in ein Verfahren nach dem BoSoG).

Eine Restitution nach dem **VermG** schließt hingegen den Tatbestand des Abs 9 nicht aus. Die Restitution führt nur dazu, daß das in Volkseigentum überführte Grundstück wieder zu Privateigentum wird. Soweit es gleichwohl zu öffentlichen Zwecken genutzt wird, unterscheidet sich die Interessenlage nicht von den in Abs 9 unmittelbar angesprochenen Fällen der öffentlichen Nutzung nie enteigneter Privatgrundstücke. Es kann keinen Unterschied machen, ob ein „Republikflüchtling" oder Ausreisewilliger politisch motiviert enteignet wurde oder ein in der DDR verbliebener Eigentümer nur faktisch (OLG Dresden VIZ 2001, 628, 631).

149 **2.** Für diese Fälle bestand nach dem Wortlaut des § 2a Abs 1 häufig schon vor, jedenfalls aber nach dem 1. 1. 1995 kein **Moratorium**.

a) Die in Abs 1 S 1 geregelten Tatbestände sind auf diesen Fall nicht zugeschnitten und greifen nur eher zufällig ein, die in Abs 1 S 3 enumerativ genannten Verlängerungstatbestände beziehen sich auf die Sachenrechtsbereinigung, von der diese Art der Nutzung nicht erfaßt wird. Der Gesetzgeber hatte angenommen, das **Besitzrecht** aufgrund der **öffentlichen Widmung** (BT-Drucks 12/7425, 92) genüge dem Bedürfnis der Rechtssicherheit bis zu der in Aussicht genommenen abschließenden Regelung.

Hingegen hat die Rechtsprechung aus dem Regelungszusammenhang der in Abs 9 getroffenen *Entgeltregelung* mit dem SachenRBerG das Vorliegen eines **eigenständigen Moratoriumstatbestands** zugunsten der in Abs 9 beschriebenen Nutzer gefolgert, der als Spezialregelung dem Moratorium nach Abs 1 vorgeht (BGH VIZ 1996, 520; BGH WM 2001, 768, 770; KG OLG-NL 1996, 174; KG OLG-NL 1996, 227; Dresden VIZ 2001, 628; einschränkend OLG Dresden OLG VIZ 2001, 562), obgleich den Materialien ausdrücklich ein gegenteiliger Wille zu entnehmen ist (dazu Rauscher WuB IV B Art 233 § 2a EGBGB 1.96). Dieses „Moratorium" hat der BGH auch inhaltlich über den gesetzgeberischen Willen hinaus auf Fälle erstreckt, in denen die Nutzung auch nach DDR-Recht rechtswidrig war (BGH VIZ 1996, 520: rechtswidrige Verwaltungsentscheidung oder fehlerhaftes Rechtsgeschäft), ohne daß, wie in Fällen des Moratoriums nach Abs 1, schutzwürdiges *Vertrauen* bestünde, was allenfalls als Sieg der normativen Kraft des Faktischen begründbar erscheint. Erst Recht gilt das Moratorium in Fällen, in denen das Grundstück enteignet war, die öffentliche Nutzung jedoch nach der Restitution des Grundstücks an den Privateigentümer andauert, denn hier konnte ein schutzwürdiges Vertrauen in die sofortige Herausgabe noch weniger entstehen (BGH WM 2002, 268, 772).

150 **b)** Folgt man dem, so wurde mit der Erweiterung des *Entgeltzeitraums* (unten Rn 151) auch der **Zeitraum des Moratoriums** verlängert; hingegen bedeutet die Begrenzung des Entgeltzeitraums, der in der geltenden Fassung mit dem 22. 7. 1992 beginnt, wie zum Moratorium nach Abs 1 keine Begrenzung des Moratoriumszeitraums. Das Moratorium gilt also bis zum 30. 9. 2001, aber bereits vor dem 22. 7. 1992 (Palandt/Bassenge Rn 20; MünchKomm/Wendtland Rn 31).

151 **3.** Seinem Wortlaut nach schafft Abs 9 **eine Nutzungsentgeltregelung.**

a) Deren Zeitraum wurde mehrfach geändert; ursprünglich erlangte der Grundstückseigentümer für den Zeitraum vom *1. 1. 1995 bis 31. 12. 1998* einen Anspruch auf Nutzungsentgelt. Durch das VermBerG (oben Rn 11) wurde der Zeitraum *bis zum 30. 9. 2001* verlängert, weil sich abzeichnete, daß die Verkehrsflächenbereinigung jedenfalls nicht mehr innerhalb der 13. Legislaturperiode durchführbar war (vgl zur ungeklärten Lage vorher: KG OLG-NL 1996, 174: keine Verurteilung zur Herausgabe am 1. 1. 1999). Erst durch das *GrundRBerG* (oben Rn 13 f) wurde die verfassungsrechtlich gebotene (oben Rn 19) Ausdehnung der Entgeltregelung auf den Zeitraum *seit 22. 7. 1992* vorgenommen, die eine im Raume stehende analoge Anwendung von Abs 1 S 4 bis 7 (offen gelassen von OLG Dresden VIZ 2001, 562; Matthiessen VIZ 2001, 458, 461; zu Abs 1 S 4 bis 7 oben Rn 91 ff) entbehrlich machte.

b) Grundlage des Entgeltanspruchs ist Abs 9 S 1, obgleich diese Bestimmung nur eine Begrenzung des Anspruchs zu beinhalten scheint; Absatz 9 S 3 spricht jedoch von dem „Anspruch aus Satz 1". **152**

c) Für die Zeit vom 22. 7. 1992 bis zum 30. 9. 2001 ist der Anspruch **begrenzt**. Eine Differenzierung nach Zeiträumen vor und nach dem 1. 1. 1995 enthält Abs 9 im Gegensatz zu Abs 1 S 4 bzw 8 nicht. **153**

Das Entgelt beträgt jährlich 0,8 vH des Bodenwerts eines in gleicher Lage belegenen Grundstücks. Der Bodenwert bestimmt sich nach den *Bodenrichtwerten* (Abs 9 S 2 HS 1) unter Berücksichtigung von § 19 Abs 5 SachenRBerG (Abs 9 S 2 HS 2). Fehlt der Bodenrichtwert, so ist der *Verkehrswert* iSv § 194 BauGB maßgebend (Palandt/Bassenge Rn 16).

In der ursprünglichen Fassung bezog sich die Bestimmung ausdrücklich auf den Bodenwert **unbebauter Grundstücke**. Diese Einschränkung ist, obgleich das BVerfG sie als noch mit Art 14 GG vereinbar angesehen hatte (BVerfG VIZ 2001, 334, 336; oben Rn 20), in der Neufassung durch das GrundRBerG nicht mehr enthalten. Da die Materialien zu dieser nicht unbedeutenden Änderung schweigen (vgl BT-Drucks 14/6204 S 25; unverändert im Rechtsausschuß BT-Drucks 14/6964), erklärt sich die nunmehrige Bezugnahme auf den Bodenwert wohl nur aus dem Regelungszusammenhang zu §§ 5, 6 VerkFlBerG. Danach ist zwischen der Bodenwertermittlung von Verkehrsflächen (§ 5 VerkFlBerG) und anderen Flächen (§ 6 VerkFlBerG) zu unterscheiden und bei letzteren der Restwert eines im Zeitpunkt des Beginns der öffentlichen Nutzung bereits vorhandenen Gebäudes anzurechen (§ 6 Abs 1 S 2 VerkFlBerG). Bei **bebauten Grundstücken** ist also für Abs 9 entsprechend zu verfahren. Überdies wird dadurch eine Harmonisierung mit dem – ebenfalls reduzierten – Nutzungsentgelt nach Abs 1 S 4 erreicht, für dessen Berechnung auf § 45 SachenRBerG verwiesen wird, der Gebäudewert also ebenfalls nicht unberücksichtigt bleibt (oben Rn 99).

d) Zusätzlich kann **Freistellung von den Lasten des Grundstücks** verlangt werden (Abs 9 S 1 letzter Teilsatz). **154**

4. Anspruchsgegner ist im Falle der *Nutzung zur Erfüllung öffentlicher Aufgaben* die das Grundstück nutzende Körperschaft; im Falle der *Widmung zum Gemeingebrauch* ist es die für das Gebäude und die Anlagen unterhaltungspflichtige Körperschaft. **155**

5. Der Anspruch **entsteht** von dem Zeitpunkt der **schriftlichen Geltendmachung** durch den Grundstückseigentümer gegenüber der schuldenden Körperschaft (Abs 9 S 3). Die Geltendmachung ist zugangsbedürftige einseitige Willenserklärung, so daß für den Zeitpunkt der Entstehung der Zugang maßgeblich ist. Gelangt das Grundstück erst durch Restitution zurück in Privateigentum (zum Moratorium oben Rn 149), so entsteht der Anspruch auf Nutzungsentgelt erst von dem Zeitpunkt an, in dem der Berechtigte das Eigentum wiedererlangt hat (BGH WM 2002, 768, 771). **156**

6. Hinsichtlich des Nutzungsentgelts für den Zeitraum vom 22. 7. 1992 bis 31. 12. 1994 besteht eine **Ausschlußfrist**; bis zum 31. 3. 2002 kann es geltend gemacht werden (Abs 9 S 3 HS 2). Zweck der Regelung ist es, den – bis zum Inkrafttreten des **157**

GrundRBerG in verfassungswidriger Weise vorenthaltenen Anspruch – im Interesse der Planungssicherheit der öffentlichen Hand möglichst zügig abzuwickeln (BT-Drucks 14/6204). Ob diese Regelung, die vor dem Hintergrund der verfassungsgerichtlichen Vorgeschichte (oben Rn 15) eine Zumutung ist, Bestand haben wird, ist fraglich. Für die Wahrung der Frist genügt jedenfalls das an die nutzende Behörde gerichtete Entgeltverlangen; eine gerichtliche Geltendmachung ist zur Fristwahrung nicht erforderlich. Eine Geltendmachung vor dem Inkrafttreten des GrundRBerG wirkt auch dann fristwahrend, wenn sie von der Behörde unter der bisherigen Rechtslage abgelehnt wurde.

158 **7.** Abweichende **vertragliche Vereinbarungen** bleiben unberührt (Abs 9 S 4). Dieser Vorrang vertraglicher Vereinbarungen ist nach dem Zweck der Regelung hinsichtlich von **Entgeltregelungen** auf solche zu beschränken, die mit der Körperschaft nach dem Wirksamwerden des Beitritts geschlossen oder angepaßt wurden. Abs 9 will wilde Nutzungen privaten Grundes, die durch staatliche Organe der DDR eingeleitet wurden, schrittweise in die Entgeltlichkeit überführen; diesem Zweck würde es widersprechen, eventuellen Vereinbarungen über eine Unentgeltlichkeit oder über geringfügigere Entgelte aus der Zeit der DDR den Vorrang vor der Regelung des Abs 9 S 1 einzuräumen.

Das nach hM sich aus Abs 9 ergebende **Besitzrecht** besteht hingegen auch dann nicht, wenn die Nutzung aufgrund eines zur Zeit der DDR geschlossenen Rechtsgeschäfts erfolgt (OLG Rostock OLG-NL 1997, 146, 148).

159 **8.** Ein **verlängertes Moratorium** über den 30. 9. 2001 hinaus besteht, vergleichbar der Regelung in Abs 1 S 3 aus § 9 Abs 1 VerkFlBerG (BGH WM 2002, 768, 771).

a) Aus § 9 Abs 1 S 4 VerkFlBerG folgte ein **Besitzrecht**, das jedenfalls die Fälle absichert, in denen sich aus der Widmung kein Besitzrecht ergibt. Dieses Besitzrecht setzt voraus, daß das Grundstück in den Anwendungsbereich des **VerkFlBerG** fällt (unten Rn 183 ff). Besitzrechte aus anderem Rechtsgrund bleiben unberührt. Das Besitzrecht dauert an bis zum Abschluß des ein eigenes Besitzrecht auf vertraglicher Grundlage schaffenden Kaufvertrages nach § 7 Abs 1 S 2 VerkFlBerG (BT-Drucks 14/6204 S 22). Das Besitzrecht ist davon abhängig, daß das Grundstück auch weiterhin *öffentlich genutzt* wird. Bei Aufgabe der Nutzung kann der Eigentümer Herausgabe nach § 985 BGB verlangen (BT-Drucks 14/6204 S 22).

160 **b)** Die **Nutzungsentgeltregelung** des Abs 9 wird abgelöst durch § 9 Abs 1 S 1 bis 3 VerkFlBerG. Das Entgelt orientiert sich – abweichend von Abs 9 – an dem nach dem VerkFlBerG, abhängig von dem Charakter als Verkehrsfläche (§ 5 VerkFlBerG) oder als andere Fläche (§ 6 VerkFlBerG) geschuldeten Kaufpreis. Es beträgt 8% dieses Kaufpreises pro Jahr, entspricht also einer Kapitalverzinsung, die dem öffentlichen Nutzer den Anreiz nimmt, den Ankauf zu verzögern. Wie nach Abs 9 kann der Eigentümer zusätzlich die Freistellung von öffentlichen Lasten des Grundstücks verlangen (§ 9 Abs 1 S 1 letzter HS VerkFlBerG).

Auch die **Geltendmachung** schließt an die Regelung des Abs 9 an. Der Anspruch entsteht zwar im Interesse der Rechtssicherheit erst von dem Zeitpunkt der *schriftlichen Geltendmachung* an; einer erneuten schriftlichen Geltendmachung bedarf es jedoch nicht, wenn der Eigentümer nach Abs 9 S 3 verfahren ist (§ 9 Abs 1 S 2 HS 2 VerkFlBerG), also den Anspruch auf Nutzungsentgelt nach Abs 9 bereits schriftlich geltend gemacht hatte. Das Nutzungsentgelt ist in entsprechender Anwendung von § 44 Abs 1 SachenRBerG vierteljährlich nachschüssig zu entrichten (§ 9 Abs 1 S 3 VerkFlBerG).

161 **c)** Wird die öffentliche Nutzung aufgegeben und verlangt der Eigentümer das Grundstück heraus (oben Rn 159), so besteht nach § 9 Abs 2 VerkFlBerG ein Anspruch des Nutzers auf **Entschädigung** für von ihm errichtete Gebäude oder bauliche Anlagen. Die Regelung orientiert sich an § 7 VermG und § 81 SachenRBerG und setzte eine im Zeitpunkt der Nutzungsaufgabe noch vorhandene *Erhöhung des Verkehrswertes* voraus (§ 7 Abs 2 S 1 VerkFlBerG). Auszugleichen ist nur eine Investition, die für den Eigentümer tatsächlich noch zu einer nutzbaren Werterhöhung führt, was von den Umständen des Einzelfalls abhängt (BT-Drucks 14/6204 S 22).

Sind umgekehrt zu einer ordnungsgemäßen Nutzung die **Beseitigung der Bebauung oder sonstige Veränderungen** (Teerung, Pflasterung, Verdichtung) erforderlich, so schafft § 9 Abs 2 VerkFlBerG einen Ausgleich zwischen dem Interesse des Eigentümers, kein unbrauchbares Grundstück zurückzuerhalten und dem öffentlichen Interesse nach möglichst kostengünstiger Beseitigung oder Entschädigung für Grundstücksveränderungen. Ähnlich wie nach § 82 Abs 2 Nr 2, Abs 5 SachenRBerG kann der Eigentümer den Erwerb der Fläche gegen Zahlung eines Entschädigungswertes verlangen. Dieser orientiert sich an der Höhe der Entschädigung nach dem EntschG, beträgt jedoch höchstens den Ankaufpreis, der sich aus §§ 5, 6 VerkFlBerG ergeben würde (§ 9 Abs 2 S 2). Der Eigentümer hat jedoch vorher dem öffentlichen Nutzer Gelegenheit zu geben, die in Folge der Nutzung vorgenommenen baulichen Anlagen oder sonstigen Veränderungen zu *beseitigen* (§ 9 Abs 2 S 4 VerkFlBerG). Dieser Anspruch *verjährt* in drei Jahren vom Zeitpunkt der Beendigung der öffentlichen Nutzung an (§ 9 Abs 2 S 5 VerkFlBerG).

Schadensersatzansprüche des Eigentümers wegen Verschlechterung des Grundstücks werden durch § 9 Abs 2 VerkFlBerG nicht berührt; das gilt sowohl für das Bestehen von solchen Ansprüchen als auch für deren Ausschluß, zB nach den Bestimmungen des VermG (BT-Drucks 14/6204 S 22).

XII. Überleitung der Moratoriumsfälle nach Abs 1 in die Sachenrechtsbereinigung

162 Im folgenden wird nur ein Überblick gegeben; zu Einzelfragen vgl die **Rechtsprechungsübersichten** von Purps NJW 1998, 2563; ders VIZ 2000, 4; Schnabel NJW 2001, 2362.

1. Fallgruppen des § 2a Abs 1 S 1 in der Sachenrechtsbereinigung

a) lit a: Bebauung mit Billigung staatlicher Stellen

aa) Die nach lit a durch das Moratorium erfaßte Bebauung eines fremden Grundstücks mit Billigung staatlicher oder gesellschaftlicher Organe geht grundsätzlich über in den Tatbestand des **§ 1 Abs 1 Nr 1 lit c SachenRBerG**. Für die Einbeziehung in die Sachenrechtsbereinigung ist jedoch nicht Voraussetzung, daß bis zum 31. 12. 1994 ein Moratorium bestanden hat; tendenziell kann umgekehrt die Reichweite der Sachenrechtsbereinigung zur Auslegung des Moratoriums herangezogen werden (im Grundsatz zu weit formuliert BGHZ 136, 212: „authentisch interpretiert").

In den Anwendungsbereich des SachenRBerG fallen danach Grundstücke, die mit Billigung staatlicher Stellen von einem anderen als dem Grundstückseigentümer für bauliche Zwecke in Anspruch genommen wurden. Weitergehende Rechte (insbesondere die Möglichkeit, daß zudem ein dingliches Nutzungsrecht bestanden hat, aufgrund § 459 ZGB oder sonst ohne ein Nutzungsrecht Gebäudeeigentum entstanden ist), bleiben unberührt, sind aber hier nicht zu erörtern (dazu Art 233 § 2b, § 4, § 8).

163 bb) Diese Fälle **wilder Bebauung** sind jedoch nicht ausnahmslos der Sachenrechtsbereinigung unterstellt worden. Der Gesetzgeber hat entgegen weitergehender Vorschläge versucht, die Rechtsverhältnisse in der DDR **nachzuzeichnen** (dazu SCHNABEL DtZ 1995, 258), wobei Ausgangspunkt der dinglichen Bereinigung durch das SachenRBerG immer die **Möglichkeit einer dinglichen Rechtsposition** im Recht der DDR ist. Hinzu tritt allerdings die Berücksichtigung der **tatsächlichen Verhältnisse**, im Sinne der zufällig unterlassenen Begründung solcher dinglichen Rechte sowie der besondere **Schutz größerer baulicher Investitionen**. Hingegegen sollen in der Sachenrechtsbereinigung **keine Erweiterungen** der nach dem Recht der DDR **verliehenen Rechtspositionen** erfolgen (VOSSIUS § 1 Rn 10). Als **Prinzip** läßt sich für die durch lit a des Moratoriums erfaßten Fälle festhalten, daß eine sachenrechtliche Bereinigung nur stattfindet, wenn trotz des Fehlens einer dinglichen Rechtsposition nach dem Recht der DDR eine schutzwürdige **erhebliche bauliche Investition** stattgefunden hat.

164 α) Zum einen stehen hier häufig die ausdrücklich nach **§ 2 SachenRBerG ausgeschlossenen Fälle** entgegen:

- Nach § 2 Abs 1 S 1 Nr 1 unterfallen – trotz erfolgter Bebauung – grundsätzlich die Nutzungen aufgrund vertraglicher Nutzungsrechte (§§ 312 ff ZGB) nicht der Sachenrechtsbereinigung, da die Nutzer auch nach dem Recht der DDR keine dingliche Rechtsposition erlangt hatten (BT-Drucks 12/5992 S 66; VOSSIUS § 2 Rn 2). Hat jedoch der Nutzer das Bauwerk zu einer sog **„unechten Datsche"** ausgebaut, kommt die Anwendung des SachenRBerG über die Eigenheimregelung der §§ 4 ff SachenRBerG in Betracht (unten Rn 165).
- Nach § 2 Abs 1 S 1 Nr 2 unterfallen nicht der Sachenrechtsbereinigung Nutzungen aufgrund von **Miet- und Pachtverträgen** oder aufgrund sonstiger Nutzungsverträge (zB § 71 VertragsG), auch wenn eine Bebauung stattgefunden hat (BGH NJ 1995, 487, 488), da hier nach dem Recht der DDR kein selbständiges Gebäudeeigentum erworben werden konnte (MünchKomm/WENDTLAND § 2 SachenRBerG Rn 5). Solche Fälle sind nicht bereits über Art 233 § 2a Abs 7 S 2 aus dem Moratorium ausgeschlossen, da der dortige Ausschlußtatbestand eindeutig nur die Behandlung als Überlassungsverträge verhindert, also die Einbeziehung in § 2a Abs 1 S 1 lit c ausschließt. Wiederum ergibt sich eine **Gegenausnahme** (unten Rn 166).
- Nicht erfaßt sind außerdem Anlagen zur Verbesserung der **land- und forstwirtschaftlichen Bodennutzung** (§ 2 Abs 1 S 1 Nr 3 SachenRBerG), **öffentlich gewidmete Gebäude** (§ 2 Abs 1 S 1 Nr 4 SachenRBerG, vgl insoweit § 2a Abs 9 oben

Rn 142 ff), sowie aufgrund **fortgeltender öffentlich-rechtlicher Bestimmungen** der DDR erfolgte Bebauungen (§ 2 Abs 1 S 1 Nr 5 SachenRBerG).

– vgl außerdem § 2 Abs 2 SachenRBerG betreffend **Parteivermögen** und **KoKo-Vermögen**.

β) **Unechte Datschen**, also der verbreitete Fall der mit Billigung staatlicher Stellen erfolgten Überschreitung der nutzungsrechtlich zulässigen Freizeitbebauung durch Ausbau der Datsche zu einem **Eigenheim**, werden in Gegenausnahme hierzu in der Sachenrechtsbereinigung erfaßt (§ 5 Abs 1 Nr 3). Für die Fälle der Nutzungsverträge nach §§ 312 ff ZGB folgt dies ausdrücklich aus § 5 Abs 1 Nr 3 lit e SachenRBerG mit der *Einschränkung*, daß ein **Widerspruch des Überlassenden** die Anwendung des SachenRBerG ausschließt (näher zu unechten Datschen: SCHNABEL DtZ 1995, 258). Fehlt es bei Vergleichbarkeit des Sachverhalts im übrigen lediglich am Nachweis eines Nutzungsvertrages nach § 312 ff ZGB, so kommt dennoch eine Einbeziehung des Moratoriumsfalls in die Sachenrechtsbereinigung nach dem als Auffangtatbestand zu verstehenden § 5 Abs 3 S 1 SachenRBerG in Betracht (BGH ZOV 2002, 222). **165**

γ) Für die **Miet- und Pachtfälle** ergibt sich eine Gegenausnahme aus § 2 Abs 1 Nr 2 HS 2 SachenRBerG. Bauliche Investitionen aufgrund solcher Verträge unterfallen der Sachenrechtsbereinigung doch, wenn eine **vertragliche Grundlage** besteht, die *§§ 5 bis 7 unterfällt* (insbesondere „hängende Fälle" nach § 5 Abs 1 S 1 Nr 3 g – Zustimmung nach der Eigenheimverordnung, komplexer Wohnungsbau – § 6 SachenRBerG und Bebauung durch Handwerker und Gewerbetreibende – § 7 Abs 2 Nr 6; VOSSIUS § 2 Rn 7) oder zu deren Absicherung nach dem Recht der DDR ein *dingliches Nutzungsrecht hätte begründet werden müssen* (§§ 2 Abs 1 Nr 2 lit b, § 3 Abs 2 Nr 1 SachenRBerG; näher zum ganzen: SCHMIDT-RÄNTSCH DtZ 1994, 322, 323). **166**

cc) Soweit solche Fälle dem Moratorium nach § 2a unterlegen haben und **nicht in die Sachenrechtsbereinigung** fallen, unterliegen sie neben der Abwicklung in der Schuldrechtsanpassung (Einzelheiten hierzu Art 232 § 1a Rn 39 ff [Überlassungsverträge] und Art 232 § 4a Rn 73 ff [Erholungs-Nutzungsrechte]) auch einem erweiterten *Kündigungsschutz* (oben Rn 111 ff). **167**

b) lit b: Genossenschaften, ehemals VEBe der Wohnungswirtschaft

aa) Die Fälle **vagabundierenden Gebäudeeigentums** (oben Rn 42) werden gemäß § 1 Abs 1 Nr 1 b SachenRBerG in der Sachenrechtsbereinigung erfaßt (VOSSIUS § 1 Rn 23 f), sofern das Ausmaß der baulichen Investition § 12 SachenRBerG genügt. Die auf LPGen zugeschnittene Gegenausnahme des § 2 Abs 1 Nr 3 (Bodennutzungsanlagen) kommt wohl selten in Betracht, weil an solchen Anlagen zwar selbständiges Eigentum (§ 27 LPG), aber regelmäßig kein *Gebäude*eigentum besteht. **168**

bb) Fälle der fehlerhaft **unterlassenen Überführung in Volkseigentum** (oben Rn 42) werden grundsätzlich nur von § 1 Abs 1 Nr 1 c SachenRBerG (Bebauung mit Billigung staatlicher Stellen) erfaßt. Nachträglich – also ohne Wahrung der Rechtsvorschriften der DDR – ist gemäß § 2b Abs 1 **Gebäudeeigentum** nur entstanden, wenn sonstige Mängel vorlagen, aber das Grundstück in Volkseigentum stand, oder das Gebäude durch eine LPG (nicht eine andere Genossenschaft) errichtet wurde (näher **169**

§ 2b Rn 13 ff). Solche Fälle werden in der Sachenrechtsbereinigung durch § 1 Abs 1 Nr 1 SachenRBerG erfaßt.

Im Gegensatz zu der baulichen Nutzung von Grundstücken mit Billigung staatlicher Stellen durch Privatpersonen liegen in solchen Fällen regelmäßig nicht die Ausschlußtatbestände des § 2 Abs 1 Nr 1 oder Nr 2 SachenRBerG vor (oben Rn 162). § 6 Nr 2 SachenRBerG erfaßt diese Fälle vielmehr ausdrücklich. Unter § 1 Abs 1 Nr 1 c SachenRBerG fallen auch die in § 7 SachenRBerG insbesondere, jedoch nicht abschließend aufgezählten Fälle der *Bebauung aus Eigenmitteln* durch Genossenschaften (BGH VIZ 1995, 597; BGHZ 134, 50, 54; OLG Brandenburg VIZ 2002, 366).

Daher gehen diese Fälle lückenlos aus dem ebenfalls von der Billigung der Bebauung durch staatliche Stellen abhängigen Moratorium in die Sachenrechtsbereinigung über, sofern das Ausmaß der baulichen Investition § 12 SachenRBerG genügt.

c) lit c: Überlassungsverträge

170 Zur Behandlung von Überlassungsverträgen in der Schuld- oder Sachenrechtsbereinigung vgl Art 232 § 1a Rn 39 ff.

d) lit d: Gebäudekauf oder Kaufantrag

171 **aa)** Die Moratoriumsfälle der **Gebäudekäufe**, die nicht mehr erfüllt wurden, so daß der Nutzer nicht zum Inhaber selbständigen Gebäudeeigentums wurde (dann § 1 Abs 1 Nr 1 b SachenRBerG), werden durch § 1 Abs 1 Nr 1 d SachenRBerG erfaßt.

172 **bb)** Eine **Einschränkung**, die wesentlicher Grund für die Anrufung des Vermittlungsausschusses wurde, enthält jedoch § 3 Abs 3 SachenRBerG. Hiernach sind nicht nur Kaufverträge ausgenommen, welche wegen einer *Pflichtverletzung* des Käufers nicht erfüllt wurden (Nr 1) oder wegen *Versagung einer Genehmigung* (Ausnahme: § 6 AnmeldeVO) nicht durchgeführt werden konnten (Nr 2), sondern auch die sog *Modrow*-Verkäufe; hierbei handelt es sich um nach dem 18. 10. 1989 abgeschlossene Verkäufe, in denen das Grundstück nach dem VermG rückzuübertragen ist oder rückübertragen wurde (Nr 3). Bei früherem Kaufvertragsabschluß schließt die Restitution hingegen – vorbehaltlich §§ 4, 5 VermG – nicht die Sachenrechtsbereinigung aus (§ 121 Abs 1 S 1 SachenRBerG); die Sachenrechtsbereinigung vollzieht sich dann zwischen Nutzer und Restitutionsberechtigtem.

173 **cc)** Die im Moratorium noch geschützten **Kaufanträge** werden in der Sachenrechtsbereinigung nicht mehr erfaßt. Geschützt sind allerdings nach § 121 Abs 1 S 3 lit a SachenRBerG auch Käufer, deren Kaufantrag vor dem 19. 10. 1989 erfolgte, auch wenn der Vertragsschluß erst nach diesem Stichtag zustandekam.

2. Bebauung

174 Soweit der Tatbestand der Einbeziehung in die Sachenrechtsbereinigung eine **Bebauung** des Grundstücks voraussetzt, was in den dem Moratorium unterliegenden Fällen mit Ausnahme des **Gebäudekaufes** der Fall ist, muß grundsätzlich eine Gebäudeerrichtung oder bauliche Maßnahme zur Rekonstruktion oder zur Nutzungsänderung vorliegen (§ 12 Abs 1 SachenRBerG). Letzteres erfordert eine Maßnahme, die vom technischen Umfang und vom wirtschaftlichen Aufwand einer Neuerrichtung entspricht (BGH VIZ 1999, 488). Im Falle des Überlassungsvertrages gelten Sonderregelungen (dazu Art 232 § 1a Rn 39 ff). Im Anwendungsbereich von Art 237 Abs 2 ist der Begriff der baulichen Maßnahme erweitert (Art 237 Abs 2 S 2).

3. Grundsätze der Konfliktlösung in der Sachenrechtsbereinigung

175 **a)** Die Sachenrechtsbereinigung folgt einem **Teilungsmodell** zwischen Grundstückseigentümer und Nutzer. Grundsätzlich werden beide Berechtigungen gleich gewichtet (BT-Drucks 12/5992, 50 ff; Schmidt-Räntsch DtZ 1994, 324; ders VIZ 1994, 442).

176 **b)** Grundsätzlich besteht wahlweise die Möglichkeit eines **Ankaufs** durch den Nutzer oder der Bestellung eines **Erbbaurechts** (Einschränkungen vgl § 15 Abs 2 SachenRBerG). Das Wahlrecht steht dem Nutzer zu (§ 15 Abs 1 SachenRBerG); der Grundstückseigentümer unterliegt einem Kontrahierungszwang. Er kann jedoch eine **Ausübung des Wahlrechts** erzwingen (§ 16 Abs 2, 3 SachenRBerG).

177 **c)** §§ 19 ff SachenRBerG enthalten Grundsätze der **Bodenwertermittlung**. Der Bodenwert bestimmt sich nach dem Wert des *baureifen Grundstücks* (§ 19 Abs 2 SachenRBerG) unter Berücksichtigung von Abzugsbeträgen. Für den **staatlichen, genossenschaftlichen** und **komplexen Wohnungsbau** gelten nach § 20 SachenRBerG Sonderregelungen (BGH VIZ 2002, 580, 582; Schmidt-Räntsch VIZ 1994, 443).

178 **d)** Die **Bestellung eines Erbbaurechts** ist geregelt in §§ 32 ff SachenRBerG. Die Auswirkungen auf beschränkte dingliche Rechte sind geregelt in §§ 34 ff, der Erbbauzins bestimmt sich nach §§ 43 ff SachenRBerG; im Falle der Nutzungsänderung erfolgt eine Zinsanpassung, um die Belastung auszugleichen, die dem Grundstückseigentümer durch die grundsätzliche Absenkung des Erbbauzinses auf die Hälfte zugemutet wird (§§ 46 f SachenRBerG; Schmidt-Räntsch VIZ 1994, 445; zum ganzen: Voefele DtZ 1995, 158).

179 **e)** Die **Ankaufslösung** ist geregelt in §§ 61 ff SachenRBerG; §§ 62 ff bestimmen über das Schicksal beschränkter dinglicher Rechte; die Preisbemessung erfolgt nach §§ 68 ff; der regelmäßige Preis beträgt die Hälfte des Bodenwertes (§ 68 Abs 1 SachenRBerG), bei kurzer Restnutzungsdauer des Gebäudes wird der Preis nach § 69 SachenRBerG erhöht. Wie im Falle der Nutzungsänderung bei der Erbbaurechtslösung erfolgt im Falle der Veräußerung ein Ausgleich durch eine Nachzahlungsverpflichtung (§ 71 SachenRBerG; Schmidt-Räntsch VIZ 1994, 445; zum ganzen: Vossius DtZ 1995, 154).

180 **f)** Zur Bewältigung der aus Wahlrecht des Nutzers, Kontrahierungszwang und Preisermittlung sich ergebenden Konfliktlage sieht das SachenRBerG ein **notarielles Vermittlungsverfahren** vor (zu dessen Auswirkungen auf die Entgeltlichkeit der Nutzung im Moratorium oben Rn 103). Für die auf Antrag eines Beteiligten erfolgende Vermittlung (§ 87 SachenRBerG) ist jeder Notar zuständig, dessen Amtsbezirk sich im Land des belegenen Grundstücks befindet (§ 88 SachenRBerG). Das Verfahren erfolgt als Verfahren der freiwilligen Gerichtsbarkeit (§ 89 Abs 1 SachenRBerG); es endet mit einem **Vermittlungsvorschlag** des Notars (§ 98 SachenRBerG) oder mit der **Einstellung** wegen konkurrierender Verfahren nach § 95 SachenRBerG (Bodenneuordnungsverfahren, früheres Verfahren nach § 64 LandwirtschaftsanpassungsG; zum ganzen: FRENZ DtZ 1995, 66).

181 **g)** Ein wesentlicher Zweck der Sachenrechtsbereinigung besteht in der **Beseitigung der dinglichen Nutzungsrechte und des Gebäudeeigentums**. Dies wird folgendermaßen verwirklicht:

aa) Im Falle der **Erbbaurechtslösung** wird das Gebäude Bestandteil des Erbbaurechts; das selbständige Gebäudeeigentum erlischt mit Entstehung des Erbbaurechts (§ 59 Abs 1 SachenRBerG); *mit der Bestellung des Erbbaurechts* (§ 59 Abs 2 SachenRBerG, es dürfte ein Redaktionsversehen vorliegen, so daß ebenfalls das Entstehen, also die Grundbucheintragung erforderlich ist) *erlöschen* alle nach bisherigem Recht begründeten **Nutzungsrechte**. Es erlöschen auch vertragliche oder gesetzliche **Besitzrechte**, insbesondere auch das Besitzrecht nach § 2a.

182 **bb)** Im Fall der **Ankaufslösung** wird mit Vereinigung des Grundstücks- und Gebäudeeigentums in einer Person die *Veräußerung oder Belastung* allein des Gebäudes oder des Grundstücks ohne das Gebäude nicht mehr zulässig. Sobald das Gebäude unbelastet ist oder alle beschränkten dinglichen Rechte am Gebäude dem Eigentümer des Gebäudes zustehen, ist dieser verpflichtet, das Eigentum am Gebäude nach § 875 BGB *aufzugeben* (§ 78 Abs 1 SachenRBerG; SCHMIDT VIZ 1995, 378).

XIII. Überleitung der Moratoriumsfälle nach Abs 9 durch das VerkFlBerG

183 Es wird hier nur ein Überblick gegeben; zu Einzelheiten vgl die Darstellungen: Regierungsentwurf VIZ 2001, 417; BÖHRINGER VIZ 2002, 193; HIRSCHINGER NJ 2001, 570; MATTHIESSEN NJW 2002, 114; STAVORINUS NotBZ 2001, 349; TRIMBACH VIZ 2002, 1; VOGT ZOV 2001, 382.

1. Einbezogene Fälle

a) Das VerkFlBerG bezieht sich ausschließlich auf Grundstücke im Beitrittsgebiet (Art 3 EV). Es erfaßt Nutzungen von am 1. 10. 2001 (Art 4 GrundRBerG) in **Privateigentum** stehenden Grundstücken **zu öffentlichen Zwecken**, soweit die Nutzung zwischen dem 9. 5. 1945 und dem 3. 10. 1990 begründet wurde (§ 1 Abs 1 S 1 VerkFlBerG) und am 1. 10. 2001 noch andauert. Damit stimmt der Anwendungsbereich grundsätzlich mit dem des Moratoriums nach Abs 9 überein, wobei angesichts der geringen Ausdifferenzierung des Abs 9 sich aus §§ 1 ff VerkFlBerG noch stärker als aus dem SachenRBerG für das Moratorium nach Abs 1 eine nachträgliche Interpretation einbezogener Fallgruppen ergeben dürfte.

184 **b)** Einbezogen sind **Verkehrsflächen** iSd § 1 Abs 1 S 1 Nr 1 iVm § 2 Abs 2 VerkFlBerG, also dem öffentlichen Verkehr *gewidmete* oder kraft Gesetzes als gewidmet geltende *Straßen*, Wege und Plätze, *Bundeswasserstraßen* samt Nebenanlagen, Flächen mit *Eisenbahninfrastruktur*, militärische und zivile *Flugplätze* und öffentliche Parkflächen und *Grünanlagen*, sowie Grundstücke, die für die Erfüllung einer sonstigen **Verwaltungsaufgabe** mit einem **Gebäude** oder einer baulichen Anlage bebaut worden sind; insoweit erfolgt eine begriffliche Anlehnung an § 12 SachenRBerG (§ 1 Abs 1 S 1 Nr 2, S 3 VerkFlBerG).

2. Ankauf oder Dienstbarkeit

a) Die Bereinigung der Rechtsverhältnisse erfolgt nach **§ 3 VerkFlBerG**. Die Möglichkeit eines Grundstückserwerbs im Verfahren nach dem **BoSoG** wird jedoch dadurch nicht ausgeschlossen (§ 11 Abs 1 VerkFlBerG). Ansprüche nach dem VerkFlBerG sind verdrängt, soweit ein Verfahren nach dem **FlurBerG** oder dem **8. Abschnitt des LaWiAnpG** angeordnet ist und darin auch die Rechtsverhältnisse an öffentlich genutzten Grundstücken geregelt werden (§ 11 Abs 2 VerkFlBerG). **185**

b) Bei **Abwicklung nach dem VerkFlBerG** hat der öffentliche Nutzer ein **Erwerbsrecht**. § 3 Abs 1 VerkFlBerG schafft hierzu einen privatrechtlichen Anspruch auf Ankauf des Grundstücks nach dem Vorbild der Ankaufslösung des SachenRBerG. Das Erwerbsrecht wird durch Abgabe eines notariell beurkundeten Angebots zum Abschluß eines Kaufvertrages ausgeübt (§ 3 Abs 1 VerkFlBerG). Der Grundstückseigentümer kann den Abschluß des Vertrages nur verweigern, wenn im Zeitpunkt der Ausübung des Erwerbsrechts Tatsachen die Annahme rechtfertigen, daß die öffentliche Nutzung nicht länger als fünf Jahre fortdauern wird (§ 3 Abs 2 VerkFlBerG). Die Darlegungslast für diese Tatsachen hat der Eigentümer, die Beweislast hingegen der Nutzer (§ 3 Abs 2 S 1 HS 2 VerkFlBerG). **186**

Der **Inhalt des Kaufvertrages** ist in §§ 5 bis 7 VerkFlBerG detailliert beschrieben.

aa) Der **Kaufpreis** beträgt für Verkehrsflächen 20% des Bodenwertes unbebauter Grundstücke in gleicher Lage, mindestens jedoch 0,10 € pro m² bei einer gestaffelten Deckelung von 5 bis 15 €, abhängig von der Gemeindegröße (§ 5 Abs 1 VerkFlBerG). § 5 Abs 2 VerkFlBerG räumt zur Vereinfachung bestehenden Bodenrichtwerten nach § 196 BauGB Vorrang ein. Für andere Flächen beträgt der Kaufpreis die Hälfte des Bodenwertes (§ 74 Abs 1 SachenRBerG) unter entsprechender Berücksichtigung des Restwertes von Gebäuden, die bei Beginn der öffentlichen Nutzung bereits vorhanden waren (§ 6 Abs 1 VerkFlBerG). Von den nach § 19 Abs 2 S 2 SachenRBerG bestimmten Wert des baureifen Grundstücks wird ein „Widmungsabschlag" von einem Drittel vorgenommen (BT-Drucks 14/6204 S 19). **187**

Insbesondere hinsichtlich der Verkehrsflächen ist die Regelung des Ankaufspreises erheblichen **verfassungsrechtlichen Bedenken** ausgesetzt. Die Eigentümer sind gezwungen, ihre Grundstücke zu Preisen zu veräußern, die weit unter den Verkehrswerten liegen. Dies kann nicht damit gerechtfertigt werden, daß bereits in der DDR eine Enteignung stattgefunden habe, denn es handelt sich um Grundstücke, die in Privateigentum verblieben sind und die erst durch das GrundRBerG im öffentlichen Interesse einer Regelung zugeführt werden. Dies erweist sich als Enteignung ohne angemessene Entschädigung nach Art 14 Abs 3 GG, zumal zahlreiche Grundstücke durch Althypotheken belastet sind, die den Kaufpreis übersteigen (Vogt ZOV 2001, 382; vgl auch die Stellungnahmen der Oppositionsfraktionen im Rechtsausschuß, BT-Drucks 14/6964, 15).

bb) Für den **weiteren Inhalt des Kaufvertrages** sind §§ 62 bis 64 (ohne Abs 3 S 3) sowie 75, 76 SachenRBerG entsprechend anzuwenden (§ 7 Abs 1 S 1, 2 VerkFlBerG). Der öffentliche Nutzer kann von Inhabern **dinglicher Rechte**, die einen Anspruch auf Zahlung oder Befriedigung aus dem Grundstück gewähren, den Ver- **188**

zicht verlangen, soweit diese nicht aus dem Kaufpreis befriedigt werden können (§ 7 Abs 1 S 3 VerkFlBerG), wodurch klargestellt ist, daß solche Rechte vorrangig zu Lasten des Eigentümers abzufinden sind.

§ 7 Abs 1 S 3 VerkFlBerG bestimmt außerdem, daß mit Annahme des Angebots der Besitz am Grundstück auf den öffentlichen Nutzer übergeht. Mit dieser Klarstellung wird der weithin vertretenen Auffassung Rechnung getragen, daß der auf das Moratorium nach § 2a Abs 1 und Abs 9 gegründete Besitz nur ein Besitzrecht nach § 986 BGB, jedoch kein Recht auf Besitzverschaffung gibt (dazu oben Rn 58), die aber eine wesentliche, dem Verkäufer obliegende Verpflichtung ist (BT-Drucks 14/6204, 20).

Der Nutzer hat Anspruch auf Bewilligung einer **Auflassungsvormerkung**. Der Kaufpreis wird innerhalb eines Monats nach deren Eintragung und der Mitteilung des Notars über die erfolgte Lastenfreistellung und das Vorliegen behördlicher Genehmigungen fällig (§ 7 Abs 2 S 2 VerkFlBerG).

Der Eigentümer muß dem Nutzer eine **Auflassungsvollmacht** erteilen, der Notar darf die Auflassung aufgrund dieser Vollmacht erst nach nachgewiesener Kaufpreiszahlung beurkunden (§ 7 Abs 3 VerkFlBerG).

189 **c)** Nach Wahl des öffentlichen Nutzers einer **Verkehrsfläche** kann dieser statt des Ankaufs auch die Bestellung einer **beschränkten persönlichen Dienstbarkeit** verlangen (§ 3 Abs 3 VerkFlBerG).

aa) Diese auf Vorschlag des Bundesrates im Rechtsausschuß eingefügte (BT-Drucks 14/6964, 6, 17) Lösung ist beschränkt auf Fälle, in denen das Grundstück als Verkehrsfläche nur in einzelner Beziehung genutzt wird und eine solche Regelung der Rechtsbeziehungen der Beteiligten üblich ist (§ 3 Abs 3 S 1 VerkFlBerG).

Auch diese Lösung kann der Eigentümer unter den Voraussetzungen von § 3 Abs 2 VerkFlBerG (oben Rn 186) verweigern (§ 3 Abs 3 S 3 VerkFlBerG).

190 **bb)** Als **Entgelt** ist eine einmalige Zahlung vorgesehen, die sich nach dem für die Begründung solcher Belastungen Üblichen bestimmt, wobei als Wert der nach § 5 Abs 1, 2 VerkFlBerG erheblich eingeschränkte Kaufpreis der Ankaufslösung zugrunde zu legen ist (§ 5 Abs 3 VerkFlBerG).

3. Ausschlußfrist

191 Die Rechte des öffentlichen Nutzers aus § 3 Abs 1 und 3 (oben Rn 186 f, 189 ff) erlöschen, wenn sie nicht bis zum Ablauf des 30. 6. 2007 ausgeübt werden (§ 8 Abs 1 VerkFlBerG). Diese großzügige **Ausschlußfrist**, der zunächst kein Mittel des Eigentümers zur Klärung der Lage gegenübersteht, ist nicht unbedenklich, zumal der Gesetzgeber des GrundRBerG den Eigentümern hinsichtlich der verfassungswidrig vorenthaltenen Nutzungsentgelte (oben Rn 157) eine nur 6-monatige Ausschlußfrist zugemutet hat. Sie wird jedoch durch die Nutzungsentgeltregelung während des verlängerten Moratoriums (§ 9 VerkFlBerG, oben Rn 159 f) gemildert, die dem öffentlichen Nutzer wenig Anreiz zu einer Verzögerung gibt.

Ist die **Ausschlußfrist verstrichen**, so kann der Eigentümer nach seiner Wahl den Ankauf oder, sofern dies nach § 3 Abs 3 S 1 VerkFlBerG in Betracht kommt, die Bestellung einer Grunddienstbarkeit verlangen (§ 8 Abs 2 VerkFlBerG).

§ 2b
Gebäudeeigentum ohne dingliches Nutzungsrecht

(1) In den Fällen des § 2a Abs. 1 Satz 1 Buchstabe a und b sind Gebäude und Anlagen von Arbeiter-Wohnungsbaugenossenschaften und von gemeinnützigen Wohnungsgenossenschaften auf ehemals volkseigenen Grundstücken, in den Fällen des § 2a Abs. 1 Satz 1 Buchstabe a Gebäude und Anlagen landwirtschaftlicher Produktionsgenossenschaften, auch soweit dies nicht gesetzlich bestimmt ist, unabhängig vom Eigentum am Grundstück, Eigentum des Nutzers. Ein beschränkt dingliches Recht am Grundstück besteht nur, wenn dies besonders begründet worden ist. Dies gilt auch für Rechtsnachfolger der in Satz 1 bezeichneten Genossenschaften.

(2) Für Gebäudeeigentum, das nach Absatz 1 entsteht oder nach § 27 des Gesetzes über die landwirtschaftlichen Produktionsgenossenschaften vom 2. Juli 1982 (GBl. I Nr. 25 S. 443), das zuletzt durch das Gesetz über die Änderung oder Aufhebung von Gesetzen der Deutschen Demokratischen Republik vom 28. Juni 1990 (GBl. I Nr. 38 S. 483) geändert worden ist, entstanden ist, ist auf Antrag des Nutzers ein Gebäudegrundbuchblatt anzulegen. Für die Anlegung und Führung des Gebäudegrundbuchblatts sind die vor dem Wirksamwerden des Beitritts geltenden sowie später erlassene Vorschriften entsprechend anzuwenden. Ist das Gebäudeeigentum nicht gemäß § 2c Abs. 1 wie eine Belastung im Grundbuch des betroffenen Grundstücks eingetragen, so ist diese Eintragung vor Anlegung des Gebäudegrundbuchblatts von Amts wegen vorzunehmen.

(3) Ob Gebäudeeigentum entstanden ist und wem es zusteht, wird durch Bescheid des Präsidenten der Oberfinanzdirektion festgestellt, in dessen Bezirk das Gebäude liegt. Das Vermögenszuordnungsgesetz ist anzuwenden. Den Grundbuchämtern bleibt es unbenommen, Gebäudeeigentum und seinen Inhaber nach Maßgabe der Bestimmungen des Grundbuchrechts festzustellen, ein Antrag nach den Sätzen 1 und 2 darf nicht von der vorherigen Befassung der Grundbuchämter abhängig gemacht werden. Im Antrag an den Präsidenten der Oberfinanzdirektion oder an das Grundbuchamt hat der Antragsteller zu versichern, daß bei keiner anderen Stelle ein vergleichbarer Antrag anhängig oder ein Antrag nach Satz 1 abschlägig beschieden worden ist.

(4) § 4 Abs. 1, 3 Satz 1 bis 3 und Abs. 6 ist entsprechend anzuwenden.

(5) Ist ein Gebäude nach Absatz 1 vor Inkrafttreten dieser Vorschrift zur Sicherung übereignet worden, so kann der Sicherungsgeber die Rückübertragung Zug um Zug gegen Bestellung eines Grundpfandrechts an dem Gebäudeeigentum verlangen. Bestellte Pfandrechte sind in Grundpfandrechte an dem Gebäudeeigentum zu überführen.

(6) Eine bis zum Ablauf des 21. Juli 1992 vorgenommene Übereignung des nach § 27 des Gesetzes über die landwirtschaftlichen Produktionsgenossenschaften oder nach § 459 Abs. 1 Satz 1 des Zivilgesetzbuchs der Deutschen Demokratischen Republik entstandenen selbständigen Gebäudeeigentums ist nicht deshalb unwirksam, weil sie nicht nach den für die Übereignung von Grundstücken geltenden Vorschriften des Bürgerlichen Gesetzbuchs vorgenommen worden ist. Gleiches gilt für das Rechtsgeschäft, mit dem die Verpflichtung zur Übertragung und zum Erwerb begründet worden ist. Die Sätze 1 und 2 sind nicht anzuwenden, soweit eine rechtskräftige Entscheidung entgegensteht.

Materialien: Eingefügt durch 2. VermRÄndG BGBl 1992 I 1257. Materialien siehe § 2a ursprüngliche Fassung; **Abs 1 S 1** neu gefaßt durch Art 4 Nr 3 GrundRÄndG, Materialien siehe § 2a; **Abs 2 S 3** eingefügt durch Art 13 Nr 3 c aa RegVBG, Materialien siehe § 2a; **Abs 3 S 3** neu gefaßt durch Art 2 § 5 Nr 2b aa SachenRÄndG, Materialien siehe § 2a; **Abs 4** neu gefaßt durch Art 13 Nr 3 c bb RegVBG, Materialien siehe § 2a sowie durch Art 2 § 5 Nr 2 b aa SachenRÄndG, Materialien siehe § 2a; **Abs 5** gestrichen sowie ersetzt durch bisherigen Abs 6 durch Art 2 § 5 Nr 3 b bb SachenRÄndG, Materialien siehe § 2a; **Abs 6** angefügt durch Art 2 § 5 Nr 3 b cc SachenRÄndG, Materialien siehe § 2a.

Schrifttum

Böhme, Der Weg zur Sicherung des selbständigen Gebäudeeigentums, NL-BzAR 1996, 111

Czub, Materiell-rechtliche Voraussetzungen und grundbuchrechtlicher Nachweis von Gebäudeeigentum, ZOV 1997, 63

Flik/Keller, Zur Klage auf Grundbuchberichtigung für Gebäudeeigentum und Mitbenutzungsrechte sowie zu vorläufigen Sicherungsmaßnahmen, DtZ 1996, 330

Krüger, Empfehlungen zur Anlegung von Gebäudegrundbuchblättern für Gebäudeeigentum nach Art 233 § 2b EGBGB überarbeitet, NL-BzAR 1997, 298

Schnabel, Ausschlußfristen für Grundstücksrechte im Beitrittsgebiet zum 1. Januar 2001 – Änderungen durch das 2. Eigentumsfristengesetz, ZOV 2000, 79

Schramm/Krüger, Aktuelle Rechtsfragen des selbständigen Gebäudeeigentums nach § 27 LPG-G bei der Bereinigung der Rechtsverhältnisse an Grundstücken und Gebäuden, NL-BzAR 1996, 2, 26, 50.

Vgl auch zu § 2a.

Systematische Übersicht

Alphabetische Übersicht

I. Normzweck

1. Urfassung durch 2. VermRÄndG

1 **a)** LPGen und Genossenschaften im Bereich der Wohnungswirtschaft erwarben an den von ihnen errichteten Gebäuden Gebäudeeigentum. Dieses Gebäudeeigentum ist nicht kraft gesetzlicher Regelung mit einem im Grundbuch eintragungsfähigen (BT-Drucks 12/2944, 46) **Nutzungsrecht** ausgestattet (zum ähnlichen Problem des § 459 ZGB vgl § 8 Rn 7 ff). Bei den Wohnbaugenossenschaften war die Lage häufig noch verwickelter, weil sie an den von ihnen errichteten Gebäuden äußerstenfalls noch nicht einmal das vorgesehene Gebäudeeigentum, vielfach aber kein (auch außerhalb des Grundbuchs bestehendes) Nutzungsrecht innehatten (BT-Drucks 12/2944, 46).

2 **b)** Als Konsequenz hieraus war die Verwendung der errichteten Gebäude bzw des Gebäudeeigentums als **Beleihungsgrundlage** nicht gesichert. Die Bestimmung soll, allerdings belastet mit dem Risiko einer späteren abweichenden gesetzlichen Regelung, eine Rechtsgrundlage schaffen, aufgrund derer dieses sog **„vagabundierende Gebäudeeigentum“** beleihungsfähig gemacht wird. Einbezogen werden durch Abs 1 – beschränkt auf die dort genannten Genossenschaften – auch die Fälle, in denen Gebäudeeigentum nicht entstanden war. Die Beteiligten werden vorübergehend so gestellt, als habe man bei der Bebauung das Recht der DDR wenigstens teilweise beachtet (Stürner JZ 1993, 1074, 1077).

Die Sicherung des selbständigen Gebäudeeigentums gegen **gutgläubigen lastenfreien Erwerb** des Grundstücks erfordert zudem die Schaffung der Voraussetzungen für die Eintragung in das Grundbuch als Belastung des Grundstücks.

3 **c)** Ein **Nutzungsrecht** wurde hierzu allerdings bewußt nicht geschaffen, um die Entscheidung in der Sachenrechtsbereinigung nicht vorwegzunehmen (BT-Drucks 12/2480, 79). Es handelt sich nur um eine **provisorische** Regelung zur Kreditabsicherung, die bis zum Erlaß des SachenRBerG unter dem **Vorbehalt** der Bereinigung durch den Gesetzgeber stand (BT-Drucks 12/2944, 46).

d) Im **Sachenrechtsbereinigungsgesetz** wurde das Gebäudeeigentum unabhängig von bestehenden Nutzungsrechten zu einem der Sachenrechtsbereinigung unterliegenden Tatbestand erhoben (§ 1 Abs 1 Nr 1 b SachenRBerG). Dies schließt das nach Abs 1 entstandene und nach den Bestimmungen des Rechts der DDR vorher nicht bestehende Gebäudeeigentum ein. **4**

2. Änderungen durch RegVBG und SachenRÄndG

a) Der durch das **RegVBG** mit Wirkung zum 25. 12. 1993 eingefügte **Abs 2 S 3** stellt sicher, daß auch das nach Abs 1 S 1 entstehende Gebäudeeigentum in das **Grundbuch** eingetragen wird. Bei den bestehenden Gebäudeeigentumsrechten nach § 2b war dies bisher nicht vorgesehen und ist daher auch nicht geschehen. Da der zugleich eingefügte § 2c die Eintragung des Gebäudeeigentums im Grundbuch des betreffenden Grundstücks vorsieht und Art 231 § 5 das *Erlöschen* nicht eingetragenen Gebäudeeigentums ermöglicht, stellt die Regelung künftig sicher, daß auch diese Form von Gebäudeeigentum aus dem Grundbuch ersichtlich ist. Deshalb soll das Gebäudegrundbuchblatt nur angelegt werden, wenn das Gebäudeeigentum im Grundbuch des Grundstücks eingetragen ist (BT-Drucks 12/5553, 132). **5**

b) **Abs 3 S 3, 4** stellen idF durch das **SachenRÄndG** klar, daß die in Abs 3 S 1, 2 vorgesehene und im SachenRBerG nur redaktionell geänderte Möglichkeit der **Feststellung** des Gebäudeeigentums durch die Oberfinanzdirektion nicht mit Hinweis auf ein anhängiges Grundbuchverfahren abgelehnt werden darf, was gelegentlich geschehen war (BT-Drucks 12/7425, 92), wenngleich eine solche Feststellung dem Grundbuchamt unbenommen bleibt. Die Rechtsprechung und anwaltliche Praxis hatte weitgehend die Unabhängigkeit der beiden Verfahrenswege betont, so daß weder der Bescheid des Präsidenten der OFD vom Grundbuchamt gefordert, noch der Antragsteller durch die OFD an das Grundbuchamt verwiesen werden durfte (vgl OLG Brandenburg DtZ 1994, 284; OLG Rostock OLG-NL 1994, 158; Krause DtZ 1994, 285; **aA** LG Berlin DtZ 1995, 61). **6**

c) In **Abs 4 der ursprünglichen Fassung** (Aufgabe des Gebäudeeigentums analog Art 233 § 4 Abs 5 EGBGB) **7**

aa) war durch das **RegVBG** ein Redaktionsversehen dahingehend klargestellt worden, daß die Vereinigung des Gebäudeeigentums und des Grundstückseigentums bzw des Erbbaurechtes nicht nur im Fall des Erwerbs des Grundstückseigentums oder des Erbbaurechts durch den Gebäudeeigentümer, sondern auch im umgekehrten Fall zu den genannten Rechtsfolgen analog Art 233 § 4 Abs 5 führte (BT-Drucks 12/5553, 132; Böhringer DtZ 1994, 54).

bb) Durch das **SachenRÄndG** wurde der vormalige Abs 5 zu **Abs 4**. Damit ist jedoch **kein vollständiger inhaltlicher Wegfall von Abs 4 aF** verbunden; vielmehr bezieht sich die zugleich neu eingefügte Verweisung auf Art 233 § 4 Abs 6, die Nachfolgebestimmung des in Abs 4 aF in Bezug genommenen Art 233 § 4 Abs 5. **8**

d) **Abs 6 aF** wurde unverändert zu Abs 5; **Abs 6 nF** idF des **SachenRÄndG** bezweckt die **Heilung** von evtl nicht wirksamen Übereignungen des selbständigen Gebäudeeigentums nach Abs 1. Dies betrifft vor allem Verfügungen über das nach **9**

Aufhebung des Nutzungsrechts fortbestehende vagabundierende Gebäudeeigentum der LPGen. Vor Inkrafttreten des 2. VermRÄndG war der Modus der Übertragung dieses Eigentums streitig, die Einfügung von § 2b Abs 2 und 6 stellte klar, daß auf dieses Gebäudeeigentum seit Inkrafttreten des 2. VermRÄndG die Vorschriften des Immobiliarsachenrechts anzuwenden sind. Vor Inkrafttreten jenes Gesetzes wurden jedoch viele Gebäude wie *bewegliche Sachen* übertragen. Da idF durch das 2. VermRÄndG nur eine Übergangsvorschrift für den Fall der Sicherungsübereignung (Abs 6) enthalten war, wurde die Wirksamkeit anderer Übereignungen zum Teil in Frage gestellt; Abs 6 nF bestimmt nun die Wirksamkeit der nach §§ 929 BGB erfolgten Übereignungen (BT-Drucks 12/5992, 184 f [Abs 7 Entwurf entspricht Abs 6 des Gesetzes], BT-Drucks 2/7425, 92). Die Regelung ist **verfassungsgemäß**; sie nimmt ausdrücklich **rechtskräftige Entscheidungen** aus und erfaßt nur Fälle zweifelhafter Rechtslagen, in denen eine partielle Rückwirkung der Regelung zulässig ist (BGH DtZ 1995, 169, 171; BGH DtZ 1995, 330).

10 **e)** Die Neufassung des **Abs 1 S 1** durch das **GrundRÄndG** soll, dem ursprünglichen Willen des Gesetzgebers des 2. VermRÄndG entsprechend, klarstellen, daß LPGen selbständiges Eigentum nur an von ihnen errichteten Gebäuden, also nur im Fall des § 2a Abs 1 S 1 *lit a* erlangt haben, während den LPGen (als Rechtsträger) übertragene Grundstücke und Gebäude auch nach dem Recht der DDR im Volkseigentum verblieben (BT-Drucks 14/3508, 10).

II. Entstehen von Gebäudeeigentum (Abs 1)

11 **1.** Die Regelung knüpft an die Tatbestände des § 2a Abs 1 S 1 lit a, b an.

a) Hierbei handelt es sich um eine **Rechtsgrundverweisung**. Der Tatbestand, insbesondere der einer *Errichtung von Gebäuden* in der Fallgruppe der lit a muß vorliegen (BVerwG VIZ 2000, 162). Hingegen kommt es, wie für § 2a, nicht auf die *Rechtmäßigkeit* der Nutzung und Bebauung im Verhältnis zum Eigentümer an (BVerwG VIZ 1997, 656: Gebäudeeigentum entsteht auch zu Lasten der zum LPG-Beitritt gezwungenen Eigentümer).

Die Tatbestände der lit c und d, insbesondere der *Ankauf* von Gebäuden, sind nicht erfaßt (BVerwG VIZ 2001, 324).

Tatbestandliche Voraussetzung ist bei **Arbeiter-Wohnungsbaugenossenschaften bzw gemeinnützigen Wohnungsgenossenschaften** das Vorliegen eines Falles nach § 2a Abs 1 S 1 lit a *oder* b (BVerwG ZOV 2002, 366), also sowohl von der Genossenschaft *errichtete*, als auch ihr *übertragene* Gebäude und Anlagen (zum Begriff der *Errichtung* siehe § 2a Rn 26). Bei **LPGen** (BGHZ 120, 357, 359) sind nur die Fälle des § 2a Abs 1 S 1 lit a erfaßt, also nur von der LPG selbst *errichtete* Gebäude und Anlagen (klargestellt durch Abs 1 S 1 idF des GrundRÄndG; OVG Brandenburg ZOV 2002, 255, 257; OVG Frankfurt/Oder VIZ 2001, 388; Böhringer VIZ 2001, 1, 3).

Die Bestimmung gilt auch für **kooperative Einrichtungen** von LPGen iSd § 13 LPG-G, da diese ebenfalls § 27 LPG-G unterlagen (Brandenburgisches OLG OLG-NL 1995, 201, 202; Palandt/Bassenge Rn 1; zu anderen Genossenschaften unten Rn 19).

b) Erfaßt sind **Gebäude und Anlagen**. Soweit das Moratorium des § 2a neben dem Gebäude auch **Anlagen** erfaßt (dazu § 2a Rn 23), ist § 2b auch auf Anlagen anwendbar, an denen somit auch „Gebäude"eigentum entsteht (BVerwG VIZ 1998, 567). Maßgeblich ist der Zweck der Regelung, selbständiges Gebäudeeigentum entstehen zu lassen; es können also nur solche Anlagen einbezogen sein, die *Gebäudecharakter* haben und damit gebäudeeigentumsfähig sind (Krüger NL-BzAR 1997, 298, 300) zB Stallungen, nicht aber Aufschüttungen. **12**

Nach ihrem Wortlaut gilt die Bestimmung nur für Gebäude auf **volkseigenen Grundstücken**; nach dem Zweck der Regelung ist es geboten, (nur) bei **LPGen** auch solche Gebäude und Anlagen zu erfassen, die nicht auf volkseigenen Grundstücken errichtet wurden (Palandt/Bassenge Rn 1; MünchKomm/vOefele Rn 2), sondern auf Grundstücken von Genossenschaftsmitgliedern (BVerwG VIZ 1995, 354, 355). Andererseits genügt die bloße Errichtung auf volkseigenen Grundstücken nicht, wenn die LPG hierzu kein Nutzungsrecht hatte (BVerwG VIZ 1995, 354, 355). Insoweit wird die Situation des § 27 LPG-G nachgezeichnet (vgl BGHZ 120, 357, 359).

Im Fall der Wohnungsbaugenossenschaften war hingegen die vorherige Überführung des Grundstücks in Volkseigentum erforderlich. Ist diese Überführung in Volkseigentum unterblieben, so sind Wohnungsbaugenossenschaften nicht durch Abs 1 erfaßt, sondern – lediglich – durch das Moratorium nach § 2a geschützt (dazu § 2a Rn 41), bei Bestehen eines Nutzungsrechts ist § 233 § 8 iVm § 459 ZGB anzuwenden (MünchKomm/vOefele Rn 3).

2. An diesen Gebäuden und Anlagen **besteht** oder **entsteht kraft Gesetzes** selbständiges **Gebäudeeigentum** iSd Art 231 § 5 (Abs 1 S 1). **13**

a) Dabei ist *nicht* Voraussetzung, daß bereits vor dem Inkrafttreten der Regelung aufgrund der Übergangsbestimmung in Art 231 § 5 übergeleitetes und aufgrund von **Bestimmungen im Recht der DDR** Gebäudeeigentum bestanden hat (Böhringer VIZ 2001, 1, 3). Erforderlich ist auch nicht, daß nach den Bestimmungen der DDR selbständiges Gebäudeeigentum hätte entstehen können (BVerwG VIZ 2000, 162). Allerdings war es Ziel des Gesetzgebers, keine zusätzlichen Entstehungstatbestände für Gebäudeeigentum zu schaffen (weshalb § 2b für LPGen nachträglich eingeschränkt wurde, BT-Drucks 14/3508, 10; vgl auch BVerwG VIZ 1998, 50). Dieses Ziel wurde jedoch nicht durch Rückgriff auf Bestimmungen der DDR, sondern durch Typisierung in den Fallgruppen in § 2a Abs 1 S 1 lit a, b verwirklicht, auf die sich § 2b bezieht (so iE auch BVerwG VIZ 2000, 162). **14**

Es ergeben sich also Fälle, in denen Gebäude, die – auch nach dem Recht der DDR (BVerwG RdL 2000, 240; OLG Dresden ZOV 2001, 249, 250) – wesentliche Bestandteile eines Grundstücks waren, durch § 2b Abs 1 aus dem Grundstückseigentum herausgelöst werden. Regelmäßig aber bestand schon nach dem Recht der DDR Gebäudeeigentum, es fehlt jedoch häufig an Nutzungsrechten oder die Entstehung des Gebäudeeigentums kann nicht nachgewiesen werden (Krüger NL-BzAR 1997, 298, 299).

b) Der **Inhalt** des Gebäudeeigentums beurteilt sich nach dem Immobiliarsachenrecht des BGB. Soweit Abs 1 neues Gebäudeeigentum schafft, ergibt sich die *immobiliarsachenrechtliche Ausgestaltung* aus Abs 2 und 5 (6 aF); die Anwendung der **15**

BGB-Bestimmungen folgt aus der Tatsache, daß das Gebäudeeigentum erst nach dem 2.10. 1990 entstanden ist.

16 **c)** Soweit Abs 1 nur bestätigenden Charakter hat, also das **Gebäudeeigentum nach den Bestimmungen der DDR** bereits bestanden hat, folgt die *immobiliarsachenrechtliche Ausgestaltung* aus § 295 Abs 2 S 2 ZGB iVm Art 231 § 5. Die Anwendung der sachenrechtlichen Bestimmungen des BGB folgt aus Art 233 § 2, auch soweit der Typus des Gebäudeeigentums nicht in § 4 Abs 1 genannt ist (insbesondere § 27 LPG-G), ist also bereits zum 3.10. 1990 eingetreten. Hieraus – und nicht erst aus der bloß bestätigend wirkenden Bestimmung des § 2b Abs 4 iVm § 4 Abs 1 (iE zutreffend: BezG Dresden VIZ 1992, 164; Lehmann/Zisowski DtZ 1992, 375, 377) – folgt vor allem die uneingeschränkte **Verkehrsfähigkeit** von Gebäudeeigentum nach § 27 LPG-G seit dem 3.10. 1990 (BGH DtZ 1995, 169, 171; vgl auch Art 233 § 2 Rn 31). Problematisch war insoweit lediglich die Anwendung der **immobiliarsachenrechtlichen** Bestimmungen des BGB (dazu Abs 6).

17 **3.** Ein **dingliches Nutzungsrecht** oder ein sonstiges **beschränktes dingliches Recht** *am Grundstück* entsteht hierdurch jedoch ausdrücklich nicht (Abs 1 S 2; Palandt/Bassenge Rn 1). Bestehende Nutzungsrechte werden jedoch nicht berührt. (MünchKomm/vOefele Rn 12). Nutzungsrechte bestehen also auch für solches Gebäudeeigentum im selben Umfang fort, wie sie nach dem Recht der DDR bestanden hatten. Besteht kein dingliches Nutzungsrecht, so ist Grundlage des Gebäudeeigentums (nur) das Recht zum Besitz, welches sich aus dem Moratorium (§ 2a Abs 1) ergibt. Nach Einbeziehung des Gebäudeeigentums als Grundlage der Sachenrechtsbereinigung setzt sich der Schutz nunmehr über die Bestimmungen des SachenrechtsbereinigungsG fort.

18 **4.** Die Regelung erstreckt sich auch auf **Rechtsnachfolger** der in S 1 genannten LPGen und wohnungswirtschaftlichen Genossenschaften (Abs 1 S 3; BVerwG VIZ 1997, 656).

19 **5.** Für **andere Genossenschaften**, insbesondere *Konsumgenossenschaften, sozialistische Produktionsgenossenschaften* und *bäuerliche Handelsgenossenschaften*, gilt § 2b nicht, auch nicht entsprechend (BVerwG VIZ 1995, 655, 56; OLG Jena OLG-NL 1996, 56; OLG-NL 1997, 83, 84; OLG Dresden NL-BzAR 1999, 77; OLG Dresden VIZ 1999, 111; OLG Dresden VIZ 2001, 569, 570). Die Bevorzugung der LPGen und wohnungswirtschaftlichen Genossenschaften ist vom Gesetzgeber aufgrund von deren gesamtwirtschaftlicher Bedeutung gewollt. Da eine Einbeziehung anderer Genossenschaften in den Schutzbereich des § 2a Abs 1 vom Gesetzgeber (vgl BT-Drucks 12/2695, 23 Nr 49, 32 Nr 49; BT-Drucks 12/2944, 63) mit dem Hinweis auf deren Privilegierung durch § 2b abgelehnt wurde, kann erst recht eine Einbeziehung weiterer Genossenschaften in den Anwendungsbereich von § 2b nicht in Betracht kommen. Insoweit kann selbständiges Gebäudeeigentum nur durch Verleihung eines Nutzungsrechts nach dem Recht der DDR entstanden sein (BVerwG ZIP 1998, 570, selbst bei Rechtsträgerschaft am Grundstück).

20 **6.** Fälle des **Gebäudeeigentums nach § 459 ZGB** sind aufgrund Verweisung aus § 8 S 2 den Bestimmungen des § 2b unterstellt.

III. Gebäudegrundbuchblatt (Abs 2)

1. Ausgangslage und Eintragungsbedürftigkeit

a) Die **Grundbuchsituation** in Ansehung von **Gebäudeeigentum** war, abhängig von den verschiedenen Typen der Entstehung des Gebäudeeigentums (oben Rn 11 ff), nach Inkrafttreten des Einigungsvertrages unübersichtlich. In zahlreichen Fällen waren die nach den Bestimmungen im Recht der DDR für einzelne Typen des Gebäudeeigentums vorgesehenen Grundbuchblätter nicht angelegt worden (Purps ZAP-Ost 1995/1, 7 f). Für die Fälle (insbesondere § 459 ZGB und § 27 LPG-G), in denen Grundbuchblätter nicht angelegt waren, bestand nach dem 3. 10. 1990 Unklarheit in der Rechtsprechung, ob für bestehendes Gebäudeeigentum ein Gebäudegrundbuchblatt angelegt werden konnte (vgl BG Dresden NJ 1992, 84; Böhringer NJ 1992, 290). **21**

b) Insbesondere Art 231 § 5 Abs 3 bis 5 und weitere Bestimmungen, die nach einem Stichtag (zunächst 31. 12. 1996, idF durch das EFG und 2. EFG 31. 12. 2000) eine Beeinträchtigung des Gebäudeeigentums durch **gutgläubigen Erwerb** vermitteln, machen eine Bereinigung dieser Grundbuchsituation zwingend erforderlich. Eine rechtsstaatliche Anwendung von §§ 891 ff BGB setzt voraus, daß Rechte, die durch eine nicht erfolgte Grundbucheintragung beeinträchtigt werden, an der hierfür maßgeblichen Grundbuchstelle eintragungsfähig sind. Dies setzt insbesondere voraus, daß nicht nur Gebäudegrundbuchblätter angelegt werden können, sondern auch die Eintragung des Gebäudeeigentums auf dem Grundbuch des „belasteten" Grundstücks geregelt ist. **22**

2. Anlegung (Abs 2 S 1)

a) Eine **Gebäudegrundbuchblatt** ist in den Fällen des Abs 2 anzulegen, insbesondere also für das nach **Abs 1 entstehende Gebäudeeigentum** (Abs 2 S 1). Die Anlegung ist auch in diesem Fall nicht konstitutiv, in denen Gebäudeeigentum erst nach Abs 1 entsteht. Die Entstehung erfolgt kraft Gesetzes, die Eintragung ist nur Grundbuchberichtigung (Palandt/Bassenge Rn 2; MünchKomm/vOefele Rn 7; zu Fällen der Entstehung außerhalb des Grundbuchs nach DDR-Recht: BG Dresden NJ 1992, 84). **23**

b) Gleichzeitig wird die offene Frage bereinigt, ob für das nach **§ 27 LPG-Gesetz** entstandene Gebäudeeigentum ein Grundbuchblatt anzulegen ist. Diese ungeklärte Frage (soeben Rn 22) ist durch Abs 2 S 1 in dem Sinn entschieden, daß auch hierfür ein Gebäudegrundbuchblatt anzulegen ist (vgl schon BG Dresden NJ 1992, 84; BT-Drucks 12/2480, 79). **24**

c) Soweit Gebäudegrundbuchblätter für die auf dinglichen Nutzungsrechten beruhenden Fälle des Gebäudeeigentums nach dem **Recht der DDR** anzulegen waren, waren diese Vorschriften zunächst weiter anzuwenden (§ 144 Abs 1 Nr 4 GBO idF des RegVBG). Dies gilt nach § 2 GGV (näher unten Rn 29 ff) seit 1. 10. 1994 nur noch für die Führung bereits angelegter Gebäudegrundbuchblätter. Für **Baulichkeiten**, an denen nach § 296 ZGB aufgrund eines schuldrechtlichen Nutzungsrechts selbständiges *Mobiliar*eigentum besteht, ist kein Gebäudegrundbuchblatt anzulegen, da Baulichkeiteneigentum kein Gebäudeeigentum ist (vgl Art 231 § 5 Rn 42 f; AG Chemnitz NJ 1995, 596). **25**

3. Verfahren (Abs 2 S 1 HS 2, S 2)

26 a) Für das Verfahren zur Anlegung von Gebäudegrundbuchblättern hat das **BMJ Empfehlungen** veröffentlicht (VIZ 1993, 388; VIZ 1997, 630; dazu Krüger NL-BzAR 1997, 298).

Antragsberechtigt hinsichtlich der Anlegung des Gebäudegrundbuchblattes ist nach Abs 2 S 1 aE der **Nutzer** des Gebäudes. Diese Antragsbefugnis ist ausdrücklich erweitert worden auf den **Gebäudeeigentümer** durch § 144 Abs 1 Nr 4 S 3 GBO idF des RegVBG (OLG Brandenburg DtZ 1994, 284).

27 b) Nach **Abs 2 S 2** sind auf die **Anlegung und Führung** des Gebäudegrundbuchs die vor dem Beitritt geltenden Bestimmungen im Recht der DDR (§ 16 Grundstückdokumentationsordnung) sowie später erlassene Vorschriften über die Führung von Gebäudegrundbüchern entsprechend anzuwenden. Ursprünglich hatte der Gesetzgeber die Bestimmungen in Betracht gezogen, welche für die von § 4 erfaßten Fälle des Gebäudeeigentums nach § 288 Abs 4, § 292 Abs 3 ZGB galten (BT-Drucks 12/2480, 79). Bis zum Inkrafttreten der Gebäudegrundbuchverfügung (dazu unten Rn 29 ff) bestanden in den neuen Bundesländern Gebäudegrundbuchblätter nach den Vorschriften des DDR-Grundbuchrechts, insbesondere § 16 GrundstücksdokumentationsO, § 4 Abs 4 BereitstellungsVO, § 4 Abs 3, 4 VerleihungsG, § 8 Abs 1 VO über die Sicherung des Volkseigentums (näher Purps ZAP-Ost 1995 Fach 7 S 217 f) und der sog *„Colido-Anweisung"* (Anweisung Nr 4/87 des Ministers des Inneren und Chefs der Deutschen Volkspolizei v 27. 10. 1987, unveröffentlicht [!], abgedruckt bei Fieberg/Reichenbach, Enteignung und offene Vermögensfragen in der ehemaligen DDR [2. Aufl] Band III Nr 4. 1. 4. 1.) fort (EV Anlage I Kap III Sachgebiet B Abschnitt III Nr 1 lit d); die Länder hatten teilweise von der Ermächtigung zum Erlaß eigener landesrechtlicher GrundbuchVOen Gebrauch gemacht (Berlin: GrundbuchVO v 27. 10. 1991, GVBl 1991 237; Sachsen: GBGA v 28. 2. 1991, ABl Nr 8 S 1; sächsGBVO v 14. 6. 1991, GVBl 1991, 153; Thüringen: thürGBGA v 15. 8. 1991, JMBl 1991, 104; vgl Purps ZAP-Ost 1995/1 S 8).

28 c) In der Praxis ergaben sich jedoch alsbald erhebliche Probleme hinsichtlich der auf die Anlegung und Führung neuer Gebäudegrundbuchblätter anwendbaren Bestimmungen des **Grundbuchrechts**. Strittig war vor allem, ob die Voraussetzungen für die Anlegung von Gebäudegrundbuchblättern (insbesondere das bestehende Gebäudeeigentum) in der Form des *§ 29 GBO* nachgewiesen werden mußten (so BMJ DtZ 1993, 369, 370; LG Berlin DtZ 1995, 61; wohl auch Hartung Rpfleger 1994, 413, 414). Überwiegend und zutreffend wurde in der Rechtsprechung § 29 GBO nicht angewendet, da der förmliche Nachweis nur für die Eintragung in ein bereits bestehendes Grundbuch sinnvoll verlangt werden kann und überdies gerade der Nachweis des Bestehens von Gebäudeeigentum durch öffentliche Urkunden angesichts der ungeklärten Verhältnisse zweckentsprechend nicht gefordert werden kann (für Amtsermittlung nach § 12 FGG, §§ 7 ff AVOGBO bzw – seit Inkrafttreten des RegVBG – § 117 GBO: OLG Rostock OLG-NL 1994, 158; OLG Brandenburg DtZ 1994, 284; LG Chemnitz VIZ 1994, 693, dort auch zu Mitwirkungspflichten; Krause DtZ 1994, 285; zum Verhältnis der grundbuchverfahrensrechtlichen Amtsermittlung zu dem Verfahren nach Abs 3 vgl unten Rn 51 ff; rückblickend zu Streitstand KG RPfleger 1996, 151).

4. Neues Verfahren nach der Gebäudegrundbuchverfügung

a) **Seit 1.10. 1994** richtet sich das Verfahren zur Anlegung von Gebäudegrundbuchblättern auch für anhängige Verfahren nach den Bestimmungen der **Gebäudegrundbuchverfügung** (Art 1 VO über Gebäudegrundbücher und andere Fragen des Grundbuchrechts v 15. 7. 1994, BGBl 1994 I 1606, GGV; Brandenburgisches OLG OLG-NL 1995, 201; hierzu Schmidt-Räntsch VIZ 1995, 3; Schmidt-Räntsch/Sternal DtZ 1994, 262; Czub ZOV 1997, 63; **aA** Purps ZAP-Ost 1995 Fach 7 S 217; zur vorherigen Rechtslage auch Brandenburgisches OLG DtZ 1994, 284). Ausgenommen und nach § 144 Abs 1 Nr 4 S 1 GBO der Geltung der bisherigen Vorschriften unterstellt sind lediglich gemäß § 2 GGV *vorhandene Gebäudegrundbuchblätter*. Die Gebäudegrundbuchverfügung verdrängt also insbesondere als Vorschrift iSd § 2b Abs 2 S 2 die bisherigen Bestimmungen (Palandt/Bassenge Rn 2). **29**

b) Die **GGV regelt** die Anlegung und Führung von **Gebäudegrundbuchblättern** für Gebäudeeigentum nach Art 231 § 5 und Art 233 §§ 2b, 4 und 8 sowie die **Eintragung** von Nutzungsrechten, Gebäudeeigentum ohne Nutzungsrecht und Vermerken nach Art 233 § 2a in das **Grundbuchblatt des betroffenen Grundstücks** (§ 1 GGV; dazu Art 233 § 2c Rn 14 ff; Flik/Keller DtZ 1996, 330). **30**

c) Im einzelnen sind **anzulegen** bzw auf dem **Gebäudegrundbuchblatt einzutragen** (zu den Eintragungen im Grundstücksgrundbuch vgl § 2c Rn 14 ff): **31**

aa) Für **jede Art von selbständigem Gebäudeeigentum** ist ein als solches bezeichnetes (§ 3 Abs 3 GGV) „Gebäudegrundbuch" nach den Vorschriften über die Anlegung und Führung von *Erbbaugrundbüchern* anzulegen. **32**

bb) Bei Gebäudeeigentum **aufgrund eines dinglichen Nutzungsrechts** (Art 233 § 4) ist einzutragen: **33**

– der Vermerk „Gebäudeeigentum auf Grund eines dinglichen Nutzungsrechts auf" und die grundbuchmäßige Bezeichnung des belasteten Grundstücks in Spalten 3 und 4 des *Bestandsverzeichnisses* des *Gebäudegrundbuchblattes* (§ 3 Abs 4 GGV).

cc) Bei Gebäudeeigentum **ohne ein dingliches Nutzungsrecht** (Art 233 §§ 2b und 8) ist einzutragen: **34**

– der Vermerk „Gebäudeeigentum gemäß Artikel 233 § 2b [bzw „§ 8"] EGBGB auf" und die grundbuchmäßige Bezeichnung des belasteten Grundstücks in Spalten 3 und 4 des *Bestandsverzeichnisses des Gebäudegrundbuchblattes* (§ 3 Abs 7 iVm Abs 4 GGV).

d) Der **Nachweis** des **Gebäudeeigentums** ist nunmehr einheitlich in § 4 GGV geregelt. **35**

aa) Hiernach ist ein **Anlegungsverfahren** nach §§ 112 ff GBO nicht erforderlich; § 4 GGV bewirkt als *speziellere* grundbuchverfahrensrechtliche Regelung, daß nach ihrem Inkrafttreten ein Verfahren nach §§ 112 ff GBO *nicht mehr* in Betracht kommt. Die Anlegung des Gebäudegrundbuchblattes erfolgt aufgrund der Vorlage einer der in § 4 GGV genanten Urkunden (Czub ZOV 1997, 63, 70).

36 bb) § 4 GGV **ersetzt den Nachweis in Form des § 29 GBO**, sofern der Nachweis mit den dort genannten Urkunden geführt wird. Es ist also nicht erforderlich, daß einzelne in § 4 GGV genannte Urkunden das Erfordernis der öffentlichen Urkunde iSd § 29 GBO erfüllen (OLG Brandenburg VIZ 1996, 51; OLG Jena VIZ 1999, 733; OLG Jena FGPrax 1999, 129; LG Erfurt VIZ 1999, 497; Palandt/Bassenge Rn 2; Purps ZAP Ost Fach 7 223; **aA** Schmidt-Räntsch/Sternal DtZ 1994, 262, 263; vgl auch LG Schwerin VIZ 1999, 425 zu der Parallelfrage, ob § 4 GGV das **Bewilligungsprinzip** des § 19 GBO verdrängt, dazu Art 233 § 2c Rn 22), sofern § 4 GGV nicht ausdrücklich eine öffentliche Urkunde verlangt.

37 cc) Mit **anderen als den in § 4 GGV bezeichneten Mitteln** kann der Nachweis nur noch in Form des § 29 GBO geführt werden (OLG Brandenburg VIZ 1996, 51; Palandt/Bassenge Rn 2; wohl auch MünchKomm/vOefele Rn 8). Während unter Geltung von Abs 3 aF überwiegend die entsprechende Anwendung des Amtsermittlungsgrundsatzes bei *Anlegung* von Grundbuchblättern vertreten wurde (oben Rn 29), folgt nun aus § 4 Abs 2 GGV mittelbar, daß *außer* mit den dort genannten Nachweismitteln das Gebäudeeigentum nur mit den nach § 29 GBO zulässigen Beweismitteln nachgewiesen werden kann (OLG Brandenburg VIZ 1996, 51, 52; KG RPfleger 1996, 151, 152; OLG Dresden OLG-NL 1994, OLG Jena OLG-NL 1997, 85 277). Nach dem Recht der DDR nicht vorhandenes oder nicht nachweisbares, erst nach § 2b entstehendes Gebäudeeigentum kann daher regelmäßig nur nach Durchführung eines *Zuordnungsverfahrens* nach *Abs 3* durch den *Zuordnungsbescheid* (unten Rn 39) nachgewiesen werden (Krüger NL-BzAR 1997, 298; unten Rn 45 ff)

38 e) Nach **§ 4 GGV zum Nachweis erforderliche bzw genügende Urkunden** sind (im einzelnen vgl Schmidt-Räntsch/Sternal DtZ 1994, 262; Schmidt-Räntsch VIZ 1995, 1, 3 ff; Purps ZAP-Ost 1995 Fach 7 S 217, 222 ff; Czub ZOV 1997, 63):

aa) Für Gebäudeeigentum **gemäß Art 233 § 4** (aufgrund eines dinglichen Nutzungsrechts – § 4 Abs 1 GGV)

- die *Nutzungsurkunde* über das zugrundeliegende Nutzungsrecht und die *Genehmigung* zur Errichtung des Gebäudes *oder*
- die *Nutzungsurkunde* und ein *Kaufvertrag* über das auf dem belasteten Grundstück errichtete Gebäude.

Dabei kann die Vorlage der Genehmigung oder des Kaufvertrages (nicht aber die der Nutzungsurkunde) ersetzt werden durch eine *Bescheinigung der Gemeinde*, wonach das Gebäude besteht. Nur offenkundige, aktenkundige oder amtsbekannte Entziehungen des Gebäudeeigentums oder des Nutzungsrechts sind zu berücksichtigen. Die Nichterrichtung des Gebäudes steht der Eintragung nicht entgegen (Czub ZOV 1997, 63, 70)

39 bb) Für Gebäudeeigentum **gemäß Art 233 § 2b** (also das erst gemäß Abs 1 S 1 entstehende Gebäudeeigentum – § 4 Abs 2 GGV):

– der *Bescheid* des Präsidenten der OFD nach Abs 3, wenn auf dem Bescheid seine Bestandskraft bescheinigt wird.

cc) Für Gebäudeeigentum **gemäß Art 233 § 8** (nach § 459 ZGB) – § 4 Abs 3 GGV: **40**

– der *Gestattungsvertrag* zur Errichtung von Bauwerken und

– die *Zustimmung* nach § 5 der *Sicherungs-VO* (7. 4. 1983, GBl DDR 1983 I 129) *oder* ein *Prüfbescheid* der staatlichen Bauaufsicht nach § 7 Abs 5 und § 11 *Bauaufsichts-VO* (30. 7. 1981, GBl DDR 1981 I 313), der sich auf den Zustand des Gebäudes während der Bauausführung bezieht, *oder* andere *öffentliche Urkunden* zum Nachweis der Bauausführung.

IV. Eintragung des Gebäudeeigentums nach Abs 1 im Grundstücksgrundbuch (Abs 2 S 3)

1. Für das nach Abs 1 entstandene Gebäudeeigentum bestanden bis zum 25. 12. 1993 (Inkrafttreten des RegVBG) keine Regelungen über die Eintragung im Grundbuch des belasteten Grundstücks, da es sich um einen neuen bundesrechtlichen Entstehungstatbestand handelt. Die **Eintragung ist erforderlich**, um ein Erlöschen des Gebäudeeigentums durch gutgläubig lastenfreien Erwerb (Art 231 § 5 Abs 3) oder die Belastung mit am Grundstück bestehenden dinglichen Rechten (Art 231 § 5 Abs 4) nach Ablauf des 31. 12. 2000 zu verhindern, hat also erhebliche Bedeutung für den Bestand des Gebäudeeigentums (zur praktischen Bedeutung Böhme NL-BzAR 1996, 111; Schramm/Krüger NL-BzAR 1996, 2, 5; Deutscher Bauernverband NL-BzAR 1999, 412). Da die Klärung überwiegend nur in dem Verfahren nach Abs 3 erfolgen konnte, kam es schon 1995 zu einem Überhang von Anträgen betreffend rund 15. 000 Gebäude (Antwort der BReg v 10. 10. 1995 auf Anfrage BT-Drucks 13/2645 Nr 55), weshalb eine Verlängerung der in Art 231 § 5 bestimmten Frist erforderlich wurde (vgl zum Verfahrensablauf Böhme NL-BzAR 1996, 111, 112). **41**

2. Wurde **vor dem 25. 12. 1993** ein Gebäudegrundbuchblatt angelegt, so ist das Gebäudeeigentum gemäß § 2c Abs 1 S 1 **auf Antrag** wie eine Belastung des Grundstücks einzutragen (Palandt/Bassenge Rn 2). **42**

3. Wird ein Gebäudegrundbuchblatt **seit dem 25. 12. 1993** angelegt, so erfolgt die Eintragung des Gebäudeeigentums wie eine Belastung im Grundbuch des betroffenen Grundstücks gemäß Abs 2 S 3 **von Amts wegen** (BT-Drucks 12 /5553; 132; Palandt/Bassenge Rn 2). **43**

4. Die Eintragung erfolgt vor Anlegung des Gebäudegrundbuchblattes in der **zweiten Abteilung** des Grundbuchblattes für das betroffene Grundstück (§ 6 GGV). § 14 Abs 4 GGV ermöglicht es (bei entsprechender Vereinbarung und Antragstellung), daß ein belastetes **Grundstück geteilt** und ein abzuschreibendes Grundstück von dem Gebäudeeigentum/Nutzungsrecht **lastenfrei gebucht** werden kann (Böhringer Rpfleger 1995, 50, 53). **44**

V. Zuordnungsverfahren (Abs 3)

1. Verfahren nach Abs 3 S 1, 2

45 **a)** Abs 3 S 1 schafft ein **Verfahren zur Klärung**, *ob* nach Abs 1 Gebäudeeigentum entstanden ist *und wem* es zusteht (VG Dessau NJ 1999, 50). Das Verfahren erfaßt den gesamten Anwendungsbereich des § 2b, es gilt also sowohl für Gebäude als auch für gebäudeeigentumsfähige Anlagen (BVerwG VIZ 1998, 567).

Das Verfahren kann vor Anlegung eines Gebäudegrundbuchblattes insbesondere erforderlich sein, wenn die *Entstehung des Gebäudeeigentums nach § 2b* fraglich ist, weil dessen Voraussetzungen häufig nicht in der Form des § 29 GBO nachgewiesen werden können.

Das Feststellungsverfahren steht aber auch in Fällen zur Verfügung, in denen der Antragsteller bereits *vor dem Beitritt* – aufgrund von Rechtsvorschriften der DDR – Gebäudeeigentum erlangt hat; in diesem Fall bedarf es selbstverständlich nicht der Prüfung der Voraussetzungen von § 2a Abs 1 S 1 lit a oder b, sondern des behaupteten Entstehungstatbestands nach DDR-Recht (BVerwG VIZ 2000, 663; BVerwG NL-BzAR 1999, 503, 505; VG Meiningen ZOV 2001, 438; VG Dessau NJ 1999, 50).

46 **b)** **Zuständig** zur Entscheidung ist der Präsident der Oberfinanzdirektion des Bezirks, in dem das Gebäude belegen ist. Das übrige Verfahren ist geregelt durch Verweisung auf die Bestimmungen des VermögenszuordnungsG (neu verkündet am 3. 8. 1992, BGBl 1992 I 1464; zuletzt geändert durch G v 30. 1. 2002, BGBl 2002 I 562).

47 **c)** An die **Antragsberechtigung** sind keine strengen Voraussetzungen zu stellen. Antragsberechtigt ist jeder, der ein Recht auf eine begünstigende Entscheidung zu haben glaubt (§ 1 Abs 6 VZOG; BVerwG VIZ 1998, 36, 37). Die Entscheidung ist nicht deshalb rechtswidrig, weil sie von dem Gebäudeeigentümer nach Übertragung des Nutzungsrechts am Gebäude beantragt wurde (BVerwG VIZ 1997, 595). Eine Entscheidung **von Amts wegen** im öffentlichen Interesse (§ 1 Abs 6 HS 2 VZOG) kommt dagegen nicht in Betracht.

48 **d)** Die Entscheidung ergeht durch **Bescheid**, der im Falle der Einigung der Beteiligten dieser Einigung entsprechen muß (§ 2 Abs 1 VZOG). Zur **Sachaufklärung** kann das Verfahren auf Antrag eines Beteiligten **ausgesetzt werden** (§ 2 Abs 4 VZOG). Im übrigen gilt das VwVfG; ein **Widerspruchsverfahren** findet nicht statt (§ 2 Abs 5, 6 VZOG); für **Klagen** ist der Verwaltungsrechtsweg nach § 8 VZOG eröffnet.

49 **e)** Fraglich erscheint, ob auch die **Antragsfrist** des § 9 Abs 3 VZOG idF durch das 2. VermRÄndG entsprechend anzuwenden ist. Dies dürfte zu verneinen sein; da das Moratorium, auf dem das Besitzrecht und damit das in § 2b geregelte Gebäudeeigentum basiert, bis zum 31. 12. 1994 befristet ist, erscheint es kaum sinnvoll, Anträge mit dem Ziel der Streitentscheidung nur bis 30. 6. 1994 zuzulassen.

50 **f)** Durch die Entscheidung ist der **Grundstückseigentümer** nach Ansicht des BVerwG nur dann **in seinen Rechten verletzt**, wenn durch den Zuordnungsbescheid nicht bestehendes Gebäudeeigentum festgestellt wird; hingegen kann der Grund-

stückseigentümer den Zuordnungsbescheid nicht mit der Begründung angreifen, das – bestehende – Gebäudeeigentum stehe einem Dritten zu (BVerwG VIZ 2000, 663), es sei denn, daß damit der Vortrag verbunden ist, in der Person dieses Dritten habe (aufgrund Rechtsvorschriften der DDR oder §§ 2a, 2b) kein *eintragungsfähiges Gebäudeeigentum* entstehen können (insoweit offen gelassen von BVerwG aaO). Dies könnte bedenklich erscheinen, weil der Zuordnungsbescheid die der Sachenrechtsbereinigung zugrunde zu legende zivilrechtliche Rechtslage gestaltet (kritisch Gruber NJ 1999, 51); jedoch erleidet der Grundstückseigentümer angesichts der vom SachenRBerG vorgegebenen Alternativen auch insoweit keinen Nachteil.

2. Verhältnis zum Grundbuchverfahren (Abs 3 S 3, 4)

51 **a)** Nach der wegen der Ungewißheit über das Verhältnis zwischen dem Verfahren nach Abs 3 und der **Prüfungskompetenz der Grundbuchämter** (oben Rn 6) durch das SachenRBerG eingefügten Klarstellung besteht zwischen dem Verfahren nach Abs 3 S 1, 2 und der Feststellung des Gebäudeeigentums durch das Grundbuchamt oder andere Behörden **kein Vorrangverhältnis** (OVG Sachsen-Anhalt NL-BzAR 1998, 332). Das Verfahren nach Abs 3 ist auch nicht vorrangig gegenüber anderen *verwaltungsrechtlichen* Verfahren zur Feststellung des Eigentums, zB nach § 64 LwAnpG (BVerwGE 107, 177, 184; zum Verfahren nach dem LwAnpG OVG Brandenburg ZOV 2002, 122; OVG Frankfurt/Oder VIZ 2002, 52; Theisen/Winkler Zehn Jahre LwAnpG [2000]).

52 **b)** Der Antragsteller kann also wählen, ob er das Verfahren nach Abs 3 oder sogleich beim Grundbuchamt seine Eintragung als Gebäudeeigentümer betreibt. Ein Antrag nach Abs 3 S 1, 2 darf seitens der OFD nicht von der vorherigen Befassung des **Grundbuchamtes** abhängig gemacht werden (Abs 3 S 3 HS 2; VG Dessau NL-BzAR 1999, 252; Palandt/Bassenge Rn 3; MünchKomm/vOefele Rn 10).

53 **c)** Die Möglichkeit der Feststellung nach Abs 3 steht einer **Feststellung durch das Grundbuchamt** nicht entgegen (Brandenburgisches OLG OLG-NL 1995, 201, 203). Ein Antrag auf Anlegung eines Gebäudegrundbuchblattes an das Grundbuchamt darf von diesem nur dann mit Hinweis auf die Feststellungsmöglichkeit nach Abs 3 S 1, 2 verbeschieden werden, wenn der Antragsteller das Gebäudeeigentum nicht in der Form des § 29 GBO (vgl oben Rn 37) nachweisen kann (MünchKomm/vOefele Rn 11; noch von der früher hM ausgehend Böhringer DtZ 1994, 301, 302: Freibeweis, vgl oben Rn 28), was in der Praxis häufig der Fall ist. Vor einer endgültigen Ablehnung des Antrags ist dem Antragsteller durch **Zwischenverfügung** Gelegenheit zur Nachbesserung der Eintragungsunterlagen zu geben (OLG Rostock OLG-NL 1994, 158).

54 **d)** Zur **Vermeidung paralleler Feststellungsverfahren** hat der Antragsteller im Antrag an den Präsidenten der OFD *oder* im Antrag an das Grundbuchamt zu versichern, daß bei keiner anderen Stelle ein vergleichbarer Antrag anhängig ist oder ein Antrag nach Satz 1 abschlägig beschieden worden ist (Abs 3 S 4). Ein ablehnender Bescheid des Präsidenten der OFD ist also **materiell bestandskräftig** und verhindert einen Antrag auf Anlegung eines Gebäudegrundbuchblattes. Hingegen hindert ein ablehnender Bescheid des Grundbuchamtes nicht den Antrag nach Abs 3 Satz 1, 2; solche Ablehnungen durch das Grundbuchamt werden sich regelmäßig aus dem Fehlen hinreichender Nachweise ergeben und haben keine konstitutive Wirkung.

55 e) Dem Verfahren bei der OFD steht auch ein **rechtshängiger Zivilprozeß** über Ansprüche aus §§ 894 bzw 985 BGB entgegen, weil in diesem Prozeß, über die Ziele des Verfahrens nach Abs 3 hinausgehend, eine Klärung der Eigentumslage erfolgt. Insbesondere muß ein solcher Zivilrechtsstreit nicht in Hinblick auf die *Möglichkeit* eines Verfahrens nach Abs 3 ausgesetzt werden (OLG Dresden OLG-NL 1994, 277).

Da andererseits auch durch das **Feststellungsverfahren** nach Abs 3 eine im Zivilverfahren bindende Entscheidung über das Gebäudeeigentum ermöglicht wird, hat das Zivilgericht das Verfahren auszusetzen, wenn ein Zuordnungsbescheid vorliegt, aber wegen vor dem Verwaltungsgericht erhobener Anfechtungsklage noch nicht bestandskräftig ist (OLG Jena OLG-NL 1998, 174; OLG Jena NL-BzAR 2000, 86; vgl BGH ZIP 1995, 1553).

56 f) Ist ein Feststellungsbescheid durch den Präsidenten der OFD **bestandskräftig ergangen**, so hat das Grundbuchamt auf Grundlage dieses Bescheids das Gebäudeeigentum einzutragen; eine Prüfungskompetenz des Grundbuchamtes hinsichtlich der Rechtsmäßigkeit und inhaltlichen Richtigkeit besteht nicht (§ 3 Abs 2 VZOG; Gruber NJ 1999, 51; Palandt/Bassenge Rn 3; MünchKomm/vOefele Rn 9). Auch im Zivilprozeß um die Klage auf Grundbuchberichtigung oder Herausgabe ist der Feststellungsbescheid bindend (OLG Jena NL-BzAR 2000, 86, 87).

57 g) Mit dem Feststellungsbescheid nach Abs 3 kann insbesondere der **grundbuchrechtliche Nachweis** des Gebäudeeigentums nach Abs 1 geführt werden (§ 4 Abs 2 GGV).

VI. Entsprechende Anwendung des Immobiliarsachenrechts (Abs 4 iVm § 4 Abs 1, 3 S 1 bis 3)

58 1. Abs 4 verweist auf *§ 4 Abs 1*; auch auf das Gebäudeeigentum nach Abs 1 ist also, wie für das Gebäudeeigentum nach §§ 288 Abs 4 und 292 Abs 3 ZGB, das **Immobiliarsachenrecht des BGB** mit Ausnahme der §§ 927, 928 BGB entsprechend anzuwenden (BT-Drucks 12/2480, 79). Bedeutung erlangt die Bestimmung nicht nur für das nach Abs 1 entstandene Gebäudeeigentum: Soweit Abs 1 nur bestätigenden Charakter hat (Gebäudeeigentum nach § 27 LPG-G), ergibt sich die Anwendung des Sachenrechts des BGB zwar bereits aus Art 233 § 2 (vgl oben Rn 16). Die Verweisung stellt jedoch klar, daß auch dieses Gebäudeeigentum *immobiliarsachenrechtlich* zu behandeln ist, also insbesondere durch *Auflassung* und Grundbucheintragung übereignet wird (KG OLG-NL 1995, 77; Palandt/Bassenge Rn 4).

59 2. Die ebenfalls verwiesene Regelung § **4 Abs 3 S 1 bis 3** wurde gleichzeitig eingefügt, um sicherzustellen, daß das Gebäude bei **Untergang** neu errichtet werden kann.

a) Im Falle des Abs 1 besteht jedoch das in § 4 Abs 3 vorausgesetzte **Nutzungsrecht** nicht, und das isolierte Gebäudeeigentum begründet kein Nutzungsrecht am Grundstück (BGH VIZ 1998, 579, 581). Die Verweisung ist also so zu verstehen, daß das Besitzrecht nach § 2a iVm mit dem Gebäudeeigentum nach Abs 1 im Falle eines Untergangs des Gebäudes zur Neuerrichtung berechtigt (Palandt/Bassenge Rn 4;

MünchKomm/vOEFELE Rn 14). Die am bisherigen Gebäudeeigentum bestehenden Belastungen setzen sich fort (PALANDT/BASSENGE Rn 4; MünchKomm/vOEFELE Rn 14).

b) Die Verweisung auf *§ 4 Abs 3 S 3* erstreckt entsprechend das (nur schuldrechtliche, vgl Abs 1 S 2, MünchKomm/vOEFELE Rn 12) Besitzrecht an dem Gebäude auf ein **Besitzrecht am Grundstück** im ortsüblichen Umfang, für Eigenheime auf nicht mehr als 500 m^2. **60**

c) Nicht verwiesen ist auf § 4 Abs 3 S 4, 5; nach der aus dem Recht der DDR übernommenen Systematik war dies stimmig: Da kein im Grundbuch eintragungsfähiges Nutzungsrecht besteht, kam im Falle der Erstreckung des Besitzrechts auf eine **Grundstücksteilfläche** eine Grundbuchberichtigung nicht in Betracht. Da das Gebäudeeigentum nunmehr wie ein beschränktes dingliches Recht am Grundstück eintragungsfähig ist (§ 2c Abs 1 S 1), ist auch die Eintragung auf eine Grundstücksteilfläche zuzulassen. **61**

VII. Vereinigung von Grundstückseigentum und Gebäudeeigentum (Abs 4 iVm § 4 Abs 6)

1. Die Verweisung auf § 4 Abs 6 erstreckt die dort für das dingliche Nutzungsrecht geregelten Varianten der **Aufhebung** und damit die Möglichkeiten der sachenrechtlichen **Komplettierung** (MünchKomm/vOEFELE Rn 15) auf das Gebäudeeigentum, dem ein Nutzungsrecht im Fall des § 2b häufig gerade nicht zugrunde liegt. **62**

2. Die Verweisung ist nunmehr Rechtsgrundverweisung (vgl zur früheren Fassung STAUDINGER/RAUSCHER[12] Rn 11). Insbesondere ist die Verweisung unabhängig davon anzuwenden, ob dem Gebäudeeigentum ein **Nutzungsrecht** zugrunde liegt oder ob es sich um isoliertes Gebäudeeigentum (zB nach Abs 1) handelt. Zudem ist die Verweisung unabhängig davon, auf welche Weise sich das Grundstücks- und das Gebäudeeigentum in derselben Hand vereinigen (PALANDT/BASSENGE Rn 5). **63**

3. Vereinigen sich Gebäudeeigentum und Grundstückseigentum oder Erbbaurecht **in einer Hand**, so erlischt das Gebäudeeigentum dadurch *nicht* (LG Schwerin DNotZ 1993, 512; PALANDT/BASSENGE Rn 5; vgl nun § 78 Abs 1 SachenRBerG). Schon der Schutz der Grundpfandrechtsgläubiger am Gebäudeeigentum verlangt danach, daß das Gebäudeeigentum auch im Fall der Konfusion nicht ohne weiteres untergeht, sondern nur in einem Verfahren nach §§ 875, 876 BGB aufgehoben werden kann (LG Schwerin DNotZ 1993, 512, 514). **64**

4. Die **Aufhebung von Gebäudeeigentum** unterliegt den §§ 875, 876 BGB (LG Schwerin DNotZ 1993, 512, 514; PALANDT/BASSENGE Rn 5). **65**

a) Das **im Grundbuch eingetragene** Gebäudeeigentum wird nach § 875 BGB aufgehoben (OLG Brandenburg OLG-NL 2001, 132; PALANDT/BASSENGE Rn 5). Zur Aufhebung ist also die *Erklärung des Gebäudeeigentümers* erforderlich, daß er das Gebäudeeigentum aufgebe, sowie die *Löschung* des Gebäudeeigentums im Grundbuch des Grundstücks bzw Erbbaurechts.

b) Ist das Gebäudeeigentum **nicht im Grundbuch** eingetragen (und besteht es trotz **66**

der Nichteintragung, weil seine Entstehung nicht von einer Eintragung abhing), so genügt die in Form des § 29 GBO abgegebene Erklärung nach § 875 Abs 1 BGB (§ 4 Abs 6 S 2; Palandt/Bassenge Rn 5). Insoweit bestehen keine Bedenken, den Rechtsgedanken des § 3 Abs 2 auf das Gebäudeeigentum anzuwenden, da dieses grundbuchrechtlich nunmehr wie eine Grundstücksbelastung behandelt wird. Der **Zustimmung des Grundstückseigentümers** bzw Erbbauberechtigten bedarf es nicht (im Falle der Personenverschiedenheit von Gebäude- und Grundstückseigentümer).

67 c) Bestehen **dingliche Belastungen des Gebäudeeigentums**, so bedarf es der Zustimmung der Inhaber der beschränkten dinglichen Rechte am Gebäudeeigentum (§ 876 BGB). Stimmt der beschränkt dinglich Berechtigte zu, so bedarf es keiner gesonderten Löschungsbewilligung hinsichtlich seines beschränkten dinglichen Rechts mehr (Böhringer DtZ 1994, 266; ders Rpfleger 1995, 139, 141).

68 d) Strittig ist, ob der **Grundstückseigentümer** (bzw Erbbauberechtigte) das Gebäudeeigentum hinzuerwerben und **gleichzeitig aufheben** kann, wenn kein **Gebäudegrundbuchblatt** angelegt ist. Unproblematisch ist hingegen der Zuerwerb des Grundstücks durch den Gebäudeeigentümer, weil dieser das Gebäudeeigentum nicht erwerben muß, also ohne Anlegung eines Gebäudegrundbuchblattes die Erklärung nach § 875 BGB abgeben und damit das Gebäudeeigentum aufheben kann (diesen Fall vermengt Purps ZAP-Ost 1995 Fach 7, 221 mit dem strittigen spiegelbildlichen Fall).

69 aa) Grundsätzlich ergibt sich aus § 2 sowie aus § 2b Abs 2 und Abs 5, daß eine Verfügung über das Gebäudeeigentum nur in der **Form des § 873 BGB** möglich ist. Hiergegen wurde aus Sicht der Praxis eingewendet, daß die ursprüngliche Fassung des § 4 vor allem dem Ziel diente, das sachenrechtlich unerwünschte Gebäudeeigentum auf bequeme Weise durch Vereinigung von Grundstücks- und Gebäudeeigentum in einer Hand zu bereinigen; daher sei in diesem Fall für den Erwerb und die gleichzeitige Aufgabe die Anlegung eines Gebäudegrundbuchblattes nicht erforderlich (Hügel DtZ 1994, 144; Böhringer DtZ 1994, 301, 302; zweifelnd: Purps ZAP-Ost 1995 Fach 7, 217, 220).

70 bb) Dem ist zu widersprechen: Aus Abs 6 folgt, daß eine seit dem 22. 7. 1992 erfolgende Übertragung des Gebäudeeigentums **ohne Wahrung der Form des § 873 BGB nichtig** ist. Gibt der „Erwerber" die Erklärung nach § 875 BGB ab, so handelt es sich um die Verfügung eines **Nichtberechtigten**. Das Gebäudeeigentum bleibt also bestehen. Daher ist ohne Anlegung eines Gebäudegrundbuchblattes noch nicht einmal der Erwerb durch den Grundstückseigentümer möglich, geschweige denn die Aufgabe des Gebäudeeigentums. Im übrigen könnte der Grundstückseigentümer schwerlich gehindert werden, den Vollzug der Auflassung des Gebäudeeigentums zu beantragen, den Vollzug der Erklärung nach § 875 BGB hingegen nicht.

71 cc) Gemessen an diesen Konsequenzen erscheint das Bestreben nach einer **„unkomplizierten Lösung"** ein eher fadenscheiniges Argument zu sein, zumal im Grundbuchrecht die Richtigkeit traditionell Vorrang vor der Geschwindigkeit beansprucht. Steht fest, daß Gebäudeeigentum besteht und wem es zusteht (was Voraussetzung eines Erwerbs und der nachfolgenden Aufgabe ist), so hält sich die Mühe der Anlegung eines Gebäudegrundbuchblattes wohl in Grenzen. Die Grundbuchämter der neuen Bundesländer sind fraglos überlastet; diese Überlastung ist aber nur wirkungsvoll zu bekämpfen durch Übertragung von *Sachentscheidungen* auf andere Behörden (vgl dazu das Verfahren nach Abs 3), nicht aber durch eine „unkomplizierte" Fortsetzung der schlampigen DDR-Grundbuchführung.

dd) Die Beteiligten können – wenn tatsächlich nur die **Beseitigung des Gebäudeeigentums** angestrebt wird – dieses Ziel dadurch erreichen, daß nicht eine Übertragung mit nachfolgender Aufhebung vereinbart und sachenrechtlich vollzogen wird, sondern indem der Gebäudeeigentümer selbst die Erklärung nach § 875 abgibt. Einer dem Erwerb des Gebäudeeigentums wirtschaftlich entsprechenden schuldrechtlichen Gestaltung (insbesondere Entgeltlichkeit) steht naturgemäß nichts entgegen. **72**

e) **Rechtsfolge der Aufhebung des Gebäudeeigentums** ist die Vereinigung des Eigentums am Gebäude mit dem Eigentum am Grundstück (mit dem Erbbaurecht); das Gebäude wird – im Falle des § 94 BGB – wesentlicher Bestandteil des Grundstücks (Palandt/Bassenge Rn 5). **73**

f) **Beschränkte dingliche Rechte**, die an dem Gebäudeeigentum bestanden haben, insbesondere Grundpfandrechte, setzen sich an dem Grundstück oder an dem Erbbaurecht *nicht* fort. Dies war im Entwurf zwar ausdrücklich zur Regelung vorgesehen, um den Gläubigern wenigstens für diesen Fall schon jetzt eine Sicherheit zu geben, später dinglich an dem Grundstück abgesichert zu sein (BT-Drucks 12/2480, 79); der Schutz wird jedoch nunmehr über § 4 Abs 6, § 876 BGB erreicht (oben Rn 67). **74**

VIII. Umwandlung der Mobiliarsicherheiten (Abs 5)

1. Mit der Schaffung von selbständigem Gebäudeeigentum kann es dazu kommen, daß bisher mobiliarsachenrechtlich einzuordnende Baulichkeiten gemäß Abs 4 iVm § 4 Abs 1 als Gebäude dem Immobiliarsachenrecht unterstellt werden. Außerdem wurde auch bei Gebäuden, an denen selbständiges Gebäudeeigentum bestand, eine **Sicherungsübereignung** nach den Bestimmungen über bewegliche Sachen zugelassen (BezG Dresden Rpfleger 1991, 493, 494). Da künftig Immobiliarsachenrecht anzuwenden ist, ordnet Abs 5 eine **Umwandlung** von mobiliaren Sicherungsrechten an (MünchKomm/vOefele Rn 18). **75**

2. Diese Umwandlung erfolgt auf **schuldrechtlichem Wege**. Der Sicherungsgeber kann im Falle der Sicherungsübereignung die **Rückübertragung** (nunmehr durch Auflassung wegen Abs 4 iVm § 4 Abs 1 S 1; MünchKomm/vOefele Rn 18) Zug um Zug gegen Bestellung einer Hypothek oder Grundschuld an dem Gebäudeeigentum verlangen (Abs 5 S 1). Diese Regelung ist erforderlich, da im Gegensatz zur Sicherungsübereignung am Immobiliareigentum nur ein **beschränktes** dingliches Recht (Grundpfandrechte) in Betracht kommt; über Art und Ausmaß dieses Rechts muß zwischen den Beteiligten eine Einigung erzielt werden. Solange die Rückübereignung nicht erfolgt ist, besteht das Gebäudeeigentum in der Hand des Sicherungsnehmers. **76**

3. Bestehen hingegen **Mobiliarpfandrechte**, so sind diese in Immobiliarpfandrechte zu überführen (Rechtsausschuß BT-Drucks 12/2944, 63). Insoweit bedarf es keiner Einigung, es kommt aber auch nicht zu einer Umwandlung kraft Gesetzes (Palandt/Bassenge Rn 6). Jeder Beteiligte kann von dem anderen die Mitwirkung an den für die **77**

erforderliche Bestellung eines Grundpfandrechts erforderlichen Handlungen verlangen. Kommt es über die Art des zu bestellenden Grundpfandrechts nicht zu einer Einigung, so dürfte der Pfandrechtsschuldner die Wahl insbesondere zwischen der Bestellung einer Hypothek bzw einer Grundschuld haben (§ 262 BGB; **aA** MünchKomm/vOEFELE Rn 20: im Zweifel Hypothek).

IX. Heilung von Mängeln der Übertragung des Gebäudeeigentums bis 21. 7. 1992 (Abs 6)

78 **1.** Abs 6 bestimmt die **Heilung von formunwirksamen Übereignungen** von Gebäudeeigentum und der **zugrundeliegenden Rechtsgeschäfte**. Grundsätzlich unterliegt die Übertragung von Gebäudeeigentum bereits seit dem 3. 10. 1990 gemäß § 2 Abs 1 bzw § 4 Abs 1 den immobiliarsachenrechtlichen Bestimmungen des BGB (oben Rn 15). Für das weitgehend ungeklärte Gebäudeeigentum der LPGen nach § 27 LPG-G und das Gebäudeeigentum nach § 459 Abs 1 S 1 ZGB war dies jedoch mangels Regelung im Recht der DDR strittig, so daß es zu Übereignungen nach mobiliarsachenrechtlichen Bestimmungen gekommen ist (vgl BGH DtZ 1995, 170; BezG Dresden Rpfleger 1991, 493; SCHRAMM/KRÜGER NL-BzAR 1996, 2, 3).

79 **2.** **Sachlich** erfaßt Abs 6 nur das Gebäudeeigentum nach **§ 27 LPG-G** und das Gebäudeeigentum nach **§ 459 Abs 1 S 1 ZGB**. Eine analoge Anwendung auf **andere Fälle des Gebäudeeigentums** scheidet aus: Für Gebäudeeigentum nach **Abs 1** kommt die Bestimmung intertemporal nicht in Betracht, für Gebäudeeigentum nach § 288 Abs 4 oder § 292 Abs 3 ZGB gilt § 4 Abs 1, so daß ein Heilungsbedürfnis nicht besteht.

80 **3.** **Zeitlich** ist die Bestimmung beschränkt auf Übereignungen, die bis zum **Ablauf des 21. 7. 1992** (Inkrafttreten des 2. VermRÄndG) vorgenommen wurden.

a) Erforderlich ist, daß bis zu diesem Zeitpunkt der Tatbestand einer Übereignung abgeschlossen war, die (wenigstens) **§ 929 BGB** entspricht.

81 **b)** Die Bestimmung erfaßt auch Übereignungen, die **vor dem 3. 10. 1990** erfolgt sind. Insoweit ist gemäß § 2 Abs 1 eine Übereignung nach dem Recht der DDR, insbesondere nach § 139 Abs 3 ZGB, notwendig und genügend. Verstöße gegen Verfügungsbeschränkungen im Recht der DDR (insbesondere bei Eigentum nach § 27 LPG-G) werden allerdings nicht geheilt.

82 **4.** Als **Rechtsfolge** bestimmt Abs 6 die Heilung der **Nichtbeachtung** der für die **Übereignung von Grundstücken** geltenden Bestimmungen des BGB.

a) Geheilt wird daher das Fehlen der **Auflassung und Eintragung** nach § 873 BGB.

83 **b)** Nicht geheilt werden hingegen sonstige **Mängel der Einigung** und andere Mängel des Erwerbsgeschäftes (PALANDT/Bassenge Rn 7). Es muß eine wirksame Einigung nach § 929 BGB vorliegen (PALANDT/BASSENGE Rn 7). Aus dem Zweck der Regelung folgt weiter, daß dem Erwerber das Gebäude gemäß § 929 BGB **übergeben** worden sein muß.

Zum Zweck der – nur berichtigenden – **Grundbucheintragung** müssen zudem Einigung und Übergabe in der Form des § 29 GBO nachgewiesen werden (MünchKomm/vOefele Rn 21).

c) Fraglich ist, ob auch Verstöße gegen **öffentlich-rechtliche** Erfordernisse der Übereignung von Grundstücken geheilt werden. Dies ist nach dem Zweck der Regelung anzunehmen; soweit sich ein öffentlich-rechtliches Genehmigungserfordernis nicht ausdrücklich auf das Gebäudeeigentum bezieht, sondern sich nur aus der Tatsache ergibt, daß es sich um einen immobiliarsachenrechtlichen Übertragungsvorgang handelt, verdrängt der Zweck der Heilungsregelung auch solche Bestimmungen. **84**

d) Von der Heilung erfaßt ist auch das zugrundeliegende **schuldrechtliche Geschäft** (Abs 6 S 2); insbesondere ist ein **Kaufvertrag** über das in Abs 6 erfaßte Gebäudeeigentum wirksam, auch wenn er nicht in der Form des § 313 BGB geschlossen wurde (BGH DtZ 1995, 169, 170; BGH DtZ 1995, 330; OLG Jena OLG-NL 1995, 230, 231; Palandt/Bassenge Rn 7). Hinsichtlich des **Zeitpunktes** genügt es jedoch nicht, wenn der Kaufvertrag vor dem Ablauf des 21. 7. 1992 geschlossen wurde. Vielmehr erstreckt sich die Heilung auf den Kaufvertrag nur dann, wenn auch die Übereignung noch dem zeitlichen Geltungsbereich des Abs 6 unterfällt. **85**

5. Abs 6 S 1 und 2 gelten nicht, soweit eine **rechtskräftige Entscheidung** entgegensteht. Insbesondere bleiben Urteile, welche die Unwirksamkeit der Übereignung feststellen, die Herausgabeklage oder die Erfüllungsklage des Erwerbers abweisen, bestehen. In **anhängigen Verfahren**, auch im Rechtsmittelzug, ist die Bestimmung jedoch anzuwenden (BGH DtZ 1995, 169, 171). **86**

X. Gebäudeeigentum nach Abs 1 S 1 in der Sachenrechtsbereinigung

1. Gebäudeeigentum, das **aufgrund von Abs 1 entstanden** ist, wird in der Sachenrechtsbereinigung behandelt wie jede andere Form des Gebäudeeigentums (Schmidt ZAP-Ost 1994 Fach 7 S 207, 215 zutreffend gegen die unklare Äußerung in BT-Drucks 12/5992, 132). **87**

2. Gemäß **§ 1 Abs 1 Nr 1 b SachenRBerG** unterliegt solches Gebäudeeigentum daher der Sachenrechtsbereinigung nach Maßgabe von §§ 3 ff SachenRBerG (Einzelheiten zur Sachenrechtsbereinigung in den von Abs 1 erfaßten Fällen siehe § 2a Rn 162 ff). **88**

3. Für das **Gebäudeeigentum von LPGen** kommt die Ausnahme nach § 2 Abs 1 Nr 3 SachenRBerG in Betracht. Auf diese Fälle ist die Abwicklung nach dem **MeliorationsanlagenG** (Art 4 SchuldrechtsänderungsG) anzuwenden (§ 1 Abs 1 MeAnlG). **89**

§ 2c
Grundbucheintragung

(1) Selbständiges Gebäudeeigentum nach § 2b ist auf Antrag (§ 13 Abs. 2 der Grundbuchordnung) im Grundbuch wie eine Belastung des betroffenen Grundstücks einzutragen. Ist für das Gebäudeeigentum ein Gebäudegrundbuchblatt nicht vorhanden, so wird es bei der Eintragung in das Grundbuch von Amts wegen angelegt.

(2) Zur Sicherung etwaiger Ansprüche aus dem Sachenrechtsbereinigungsgesetz ist auf Antrag des Nutzers ein Vermerk in der Zweiten Abteilung des Grundbuchs für das betroffene Grundstück einzutragen, wenn ein Besitzrecht nach § 2a besteht. In den in § 121 Abs. 1 und 2 des Sachenrechtsbereinigungsgesetzes genannten Fällen kann die Eintragung des Vermerks auch gegenüber dem Verfügungsberechtigten mit Wirkung gegenüber dem Berechtigten erfolgen, solange das Rückübertragungsverfahren nach dem Vermögensgesetz nicht unanfechtbar abgeschlossen ist. Der Vermerk hat die Wirkung einer Vormerkung zur Sicherung dieser Ansprüche. § 885 des Bürgerlichen Gesetzbuchs ist entsprechend anzuwenden.

(3) Der Erwerb selbständigen Gebäudeeigentums sowie dinglicher Rechte am Gebäude der in § 2b bezeichneten Art aufgrund der Vorschriften über den öffentlichen Glauben des Grundbuchs ist nur möglich, wenn das Gebäudeeigentum auch bei dem belasteten Grundstück eingetragen ist.

Materialien: Eingefügt durch Art 13 Nr 3 d RegVBG Materialien siehe § 2a. Abs 2 geändert durch § 5 Nr 2 c SachenRBerG, Materialien siehe § 2a; Anrufung des Vermittlungsausschusses: BT-Drucks 12/7668; Beschlußempfehlung des Vermittlungsausschusses: BT-Drucks 12/8204.

Schrifttum

Flik/Keller, Zur Klage auf Grundbuchberichtigung für Gebäudeeigentum und Mitbenutzungsrechte sowie zu vorläufigen Sicherungsmaßnahmen, DtZ 1996, 330

Purps, § 4 Abs. 4 GGV als Ausnahme vom Bewilligungsgrundsatz zu § 19 GBO, NotBZ 2000, 88.

Vgl auch zu §§ 2a, 2b.

Systematische Übersicht

Alphabetische Übersicht

I. Normzweck

1. Herstellung der Bestimmungen über den öffentlichen Glauben

a) **Art 231 § 5 Abs 3** idF durch das RegVBG sollte ab dem 1. 1. 1997 das Erlöschen des nicht im Grundbuch des Grundstücks wie eine Belastung eingetragenen **Gebäudeeigentums** durch gutgläubigen lastenfreien Erwerb des Grundstückseigentums ermöglichen (Palandt/Bassenge Rn 1; Schmidt-Räntsch VIZ 1995, 1, 3; BT-Drucks 12/5553, 132; Art 231 § 5 Rn 63 ff). Durch das EFG und das 2. EFG wurde der Termin hierfür auf den 1. 1. 2000 und schließlich auf den 1. 1. 2001 hinausgeschoben. Dasselbe gilt im Fall des Zuschlags in der Zwangsvollstreckung (§ 9a EGZVG; Art 231 § 5 Rn 79 ff). **1**

b) Auch hinsichtlich der Ansprüche aus der **Sachenrechtsbereinigung** war bei Erlaß der RegVBG die Herstellung der Bestimmungen über den öffentlichen Glauben des Grundbuchs zum 1. 1. 1997 geplant (BT-Drucks 12/5553, 132). Gemäß § 111 SachenRBerG (idF des EFG und des 2. EFG) können nunmehr Ansprüche nach dem 2. Kapitel SachenRBerG (also dem Kernstück der Ankaufs- bzw Erbbaurechtslösung) gegen einen *gutgläubigen* (§ 111 Abs 1 Nr 3 SachenRBerG) Erwerber eines Rechts am Grundstück oder eines Rechts an einem solchen Recht aufgrund eines nach dem 31. 12. 2000 abgeschlossenen Rechtsgeschäft nicht geltend gemacht werden. **2**

2. Regelungsziele

§ 2c schafft die Voraussetzung für eine den gutgläubigen lastenfreien Erwerb in diesen Fällen ausschließende Grundbucheintragung: **3**

a) **Abs 1** regelt die **Eintragung des nutzungsrechtslosen Gebäudeeigentums** nach § 2b. Die Bestimmung betrifft nur den Fall des § 2b, hat aber für die weitere grundbuchrechtliche Behandlung des Gebäudeeigentums Leitbildfunktion (vgl § 4 Abs 1). Das Gebäudeeigentum (in jeder seiner Entstehungsarten) ist zwar keine Belastung des betreffenden Grundstücks, sondern ein eigenständiges grundstücksgleiches Recht. Die durchgehende Idee des RegVBG ist es, das Gebäudeeigentum grundbuchrechtlich wie eine Belastung des Grundstücks zu behandeln, um die als Grundlage des guten Glaubens des Grundbuchs erforderliche Verbindung zum Grundstücksgrundbuch herzustellen. Die Eintragung in die *Zweite Abteilung* erfolgt, weil man dort Hinweise auf das Gebäudeeigentum am ehesten erwartet (BT-Drucks 12/5553, 132). Damit wird der vorherige verworrene Rechtszustand überwunden; Nutzungsrechte wurden als Belastung in Abt II eingetragen, nicht jedoch im Fall des § 27 LPG-G; Gebäudeeigentum nach § 459 ZGB war in Abt I eingetragen (Schmidt-Räntsch VIZ 1995, 1, 3).

4 **b)** **Abs 2** enthält die Parallelbestimmung für **Ansprüche aus der Sachenrechtsbereinigung**, die durch einen Vermerk gesichert werden. Diese im Vorgriff auf die Sachenrechtsbereinigung geschaffene Regelung wurde im SachenRBerG konkretisiert (Verweisung in S 1 auf das SachenRBerG, vorher *„aus dem in § 3 Abs. 2 genannten Gesetz"*) und für den Fall eines laufenden Verfahrens nach dem VermG die Eintragungsmöglichkeit eines Sicherungsvermerks gegenüber dem Verfügungsberechtigten geschaffen.

5 **c)** **Abs 3** soll sicherstellen, daß ein **gutgläubiger Erwerb von Gebäudeeigentum** sowie dinglichen Rechten daran nur noch möglich ist, wenn das Gebäudeeigentum auch bei dem Grundstück wie eine Belastung eingetragen ist (BT-Drucks 12/5553, 132). Dies ist im Zusammenhang mit Art 231 § 5 Abs 4 zu sehen: Gegenüber dem gutgläubigen Erwerber eines beschränkten dinglichen Rechts an einem Grundstück gilt das nicht eingetragene Gebäudeeigentum als Bestandteil des Grundstücks, wird also mitbelastet. Diese Belastung wäre aber nicht aus dem Gebäudegrundbuch ersichtlich, weshalb sie durch gutgläubigen Erwerb des Gebäudeeigentums oder eines Rechts daran wieder erlöschen könnte; dies verhindert Abs 3 (BT-Drucks 12/5553, 126; vgl Art 231 § 5 Rn 10). Für ein nutzungsrechtsabhängiges Gebäudeeigentum trifft § 4 Abs 1 S 3 dieselbe Regelung. Mit dem gutgläubig lastenfreien Erwerb des *Grundstücks* hat diese Bestimmung nichts zu tun.

II. Eintragung des Gebäudeeigentums im Grundbuch des Grundstücks

1. Gebäudeeigentum nach § 2b (Abs 1)

6 **a)** Das Gebäudeeigentum nach § 2b ist im Grundbuch wie eine **Belastung des betroffenen Grundstücks** einzutragen (Abs 1 S 1).

7 **b)** Die Bestimmung bezieht sich sowohl auf das nach § 2b Abs 1 **entstandene Gebäudeeigentum** als auch auf das nach § 2b Abs 1 **bestätigte Gebäudeeigentum**; damit werden insbesondere die Voraussetzung zur Eintragung von Gebäudeeigentum nach § 27 LPG-G geschaffen (zur Eintragung anderer Typen des Gebäudeeigentums unten Rn 14 ff).

8 **c)** Die Eintragung erfolgt auf **Antrag** nach § 13 GBO (Palandt/Bassenge Rn 1; zur

Eintragung von Amts wegen aus Anlaß der Neuanlegung eines Gebäudegrundbuchblattes nach § 2b Abs 2 S 3 vgl unten Rn 13). **Antragsberechtigt** (§ 13 Abs 2 GBO) sind der Grundstückseigentümer und der Gebäudeeigentümer. Regelmäßig dürfte die Eintragung vom Gebäudeeigentümer ausgehen, der an der Beseitigung eines den gutgläubig lastenfreien Erwerb ermöglichenden Grundbuchstandes interessiert sein sollte. Einer **Bewilligung** bedarf es wegen § 22 Abs 1 GBO nicht, sofern der Nachweis in Form des § 29 GBO erfolgt. Das gilt auch, wenn der Nachweis in einer anderen von § 4 GGV zugelassenen Weise erfolgt (dazu § 2b Rn 35 ff).

d) Der Eintragungsantrag ist nicht davon abhängig, daß ein **Gebäudegrundbuchblatt** bereits angelegt ist (Palandt/Bassenge Rn 1). Abs 1 S 2 steht dem nicht entgegen; Abs 1 S 1 bezieht sich auf alle Fälle der Eintragung des Gebäudeeigentums nach § 2b in das Grundstücksgrundbuch. **9**

e) Der Antrag kann gestellt werden, **solange das Gebäudeeigentum besteht**. Da **nach dem 31. 12. 2000** das Gebäudeeigentum (nur) dem gutgläubig lastenfreien Wegerwerb unterliegt (Art 231 § 5 Abs 3 S 1), aber nicht ohne weiteres erlischt, kann die Eintragung auch nach dem 31. 12. 2000 erfolgen, solange das Gebäudeeigentum besteht (Palandt/Bassenge Rn 1). **10**

f) Die Eintragung erfolgt in der **zweiten Abteilung** des Grundstücksgrundbuchs; für das Gebäudeeigentum nach § 2b ergibt sich dies seit 1. 10. 1994 aus § 6 GGV. Dieser Grundsatz gilt jedoch für alle Typen von Gebäudeeigentum und für dingliche Nutzungsrechte gemäß § 6 GGV (betreffend § 2b und § 8 [also Rechte nach § 459 ZGB]) sowie § 5 Abs 1 GGV betreffend dingliche Nutzungsrechte. **11**

g) Ist ein **Gebäudegrundbuch** noch nicht angelegt und wird die Eintragung des Gebäudeeigentums in das Grundstücksgrundbuch nach Abs 1 S 1 beantragt, so ist *von Amts wegen* ein Gebäudegrundbuchblatt anzulegen (Abs 1 S 2; Palandt/Bassenge Rn 1). **12**

h) Abs 1 S 2 beschränkt nicht die **sonstige Anlegung von Gebäudegrundbuchblättern** (so aber Schmidt-Räntsch VIZ 1995, 1, 3: Ein Gebäudegrundbuchblatt dürfe nur angelegt werden, wenn das Gebäudeeigentum in Abt II des Grundstücksgrundbuchs nachgewiesen ist). Die Anlegung des Gebäudegrundbuchblattes erfolgt vielmehr auch auf Antrag nach § 2b Abs 2 S 1; wird nach dieser Vorschrift das Gebäudegrundbuchblatt angelegt, so erfolgt die Eintragung im Grundstücksgrundbuch *von Amts wegen* gemäß § 2b Abs 2 S 3 (vgl § 2b Rn 43). Beide Bestimmungen ergänzen sich also dahin, daß der grundbuchrechtlich anzustrebende Zustand der gleichzeitigen Anlegung des Gebäudegrundbuchblattes und der Eintragung in Abt II des Grundstücksgrundbuchs sichergestellt wird (vgl BT-Drucks 12/5553, 132; MünchKomm/vOefele Rn 2). **13**

2. Sonstige Fälle des Gebäudeeigentums/Nutzungsrechts – Übersicht; Gestaltung der Eintragung

a) Die **Eintragung des Gebäudeeigentums in das Grundbuch des Grundstücks** beurteilt sich seit dem 1. 10. 1994 nach den Bestimmungen der GGV (näher dazu § 2b Rn 29 ff). **14**

15 b) Im einzelnen sind **einzutragen bzw anzulegen** (Flik/Keller DtZ 1996, 330):

aa) Bei Gebäudeeigentum **aufgrund eines dinglichen Nutzungsrechts** (Art 233 § 4) ist einzutragen:

das dem Gebäudeeigentum zugrundeliegende *Nutzungsrecht* in der zweiten Abteilung des Grundbuchblattes für das *belastete Grundstück* mit dem Vermerk „Dingliches Nutzungsrecht für den jeweiligen Gebäudeeigentümer unter Bezugnahme auf das Gebäudegrundbuchblatt…"(§ 5 GGV).

16 bb) Bei Gebäudeeigentum **ohne ein dingliches Nutzungsrecht** (Art 233 §§ 2b und 8) ist einzutragen:

das *Gebäudeeigentum* selbst in der zweiten Abteilung des Grundbuchblattes für das *belastete Grundstück* mit dem Vermerk „Gebäudeeigentum gemäß Artikel 233 § 2b EGBGB…" bzw „Artikel 233 § 8 EGBGB…" (§ 6 iVm § 5 GGV).

17 cc) Baulichkeiteneigentum aufgrund eines **schuldrechtlichen Nutzungsrechts** ist im Grundbuch des *belasteten Grundstücks nicht eintragungsfähig*, da es sich nicht um ein dingliches Recht handelt. Ein *Gebäudegrundbuchblatt* kann *nicht* angelegt werden.

III. Sachenrechtsbereinigung – Sicherungsvermerk (Abs 2)

1. Eintragungsvoraussetzungen

18 a) Abs 2 S 1 ermöglicht die Eintragung eines Sicherungsvermerks für (etwaige) **Ansprüche des Nutzers nach dem SachenRBerG**, also für das Ankaufsrecht (§§ 61 ff SachenRBerG) bzw die Erbbaurechtslösung (§§ 32 ff SachenRBerG). Diese Ansprüche unterliegen gemäß § 111 SachenRBerG (oben Rn 2) der Gefahr eines gutgläubig lastenfreien Erwerbs des Grundstücks durch nach Ablauf des 31. 12. 2000 abgeschlossene Rechtsgeschäfte (LG Erfurt VIZ 1999, 497, 498) sowie des Erlöschens in der Zwangsversteigerung (§ 9a EGZVG). § 111 SachenRBerG führt allerdings nicht dazu, daß die Ansprüche mangels Eintragung eines Vermerks nach Abs 2 seit dem 1. 1. 2001 ohne weiteres nicht mehr geltend gemacht werden könnten (mißverständlich Böhringer Rpfleger 1995, 51, 58), denn solange das Grundstück nicht gutgläubig lastenfrei erworben wird, beeinträchtigt § 111 SachenRBerG die Ansprüche nicht.

Das **Bestehen von Ansprüchen** nach dem SachenRBerG, deren Sicherung der Vermerk dient, ist jedoch, wie die Wendung „etwaige" zeigt, keine eigenständig zu prüfende Tatbestandsvoraussetzung. Die Eintragung des Vermerks ist ebenso eine Vorgriffsregelung auf das SachenRBerG wie § 2a selbst und knüpft daher an das Besitzrecht an (unten Rn 19). Sie ist also nicht schon dann ausgeschlossen, wenn ausnahmsweise trotz Bestehens eines Besitzrechts keine Ansprüche nach dem SachenRBerG bestehen (OLG Dresden ZOV 2001, 249, 250: möglicher Ausschluß vom SachenRBerG nach § 2 Abs 2 SachenRBerG). Die Eintragung kann aber nach Treu und Glauben nicht verlangt werden, wenn ausnahmsweise feststeht, daß Ansprüche nach dem SachenRBerG nicht bestehen können.

19 b) Eintragungsvoraussetzung ist das **Bestehen eines Besitzrechts nach § 2a** (Abs 2

S 1 letzter HS). Von § 2a nicht erfaßte Fallgruppen fallen daher auch nicht unter § 2c (LG Berlin NJ 1997, 488 iE allerdings unzutreffend gegen Einbeziehung von unechten Datschen in Kleingartenanlage, vgl § 2a Rn 141).

aa) Bedeutung erlangt der Sicherungsvermerk insbesondere für die hängenden Fälle von **nutzungsrechtsloser Eigenheimbebauung**, die durch § 2a Abs 1 S 1 lit a geschützt und in der Sachenrechtsbereinigung erfaßt sind (§ 2a Rn 148 ff), weil insoweit ein Nutzungsrecht nicht eingetragen sein kann. Weiter für das Gebäudeeigentum nach § 27 LPG-G und ehemalige Volkseigentum nach § 459 ZGB, das den Rechtsnachfolgern der **LPGen** und den **Wohnungsbaugenossenschaften** zusteht und ebenfalls § 2a (Abs 1 S 1 lit b) unterfällt und in der Sachenrechtsbereinigung erfaßt wird (§ 2a Rn 168 ff), da es auch insoweit an eingetragenen Nutzungsrechten fehlt (Purps ZAP-Ost 1995 Fach 7, 222).

bb) Diese Fälle begrenzen jedoch nicht den Anwendungsbereich des Abs 2. Vielmehr kommt ein Sicherungsvermerk auch in Betracht, wenn neben dem Besitzrecht aus § 2a Abs 1 ein Besitzrecht aus einem **anderen Rechtsgrund**, insbesondere aus einem Nutzungsrecht besteht, dieses jedoch nicht im Grundstücksgrundbuch eingetragen ist. Voraussetzung ist aber immer, daß *auch* ein Fall des § 2a vorliegt. Eine entsprechende Anwendung auf Restitutionsansprüche nach dem VermG kommt nicht in Betracht, wenngleich sich damit insbesondere die Rechtsfolge des § 9a Abs 1 S 3 iVm S 2 EGZVG für solche Ansprüche nicht durch Eintragung eines Vermerks – jedoch durch Anmeldung nach § 9a Abs 2 S 2 EGZVG (unten Rn 32) – verhindern läßt (LG Chemnitz ZOV 1998, 209). **20**

c) Die Eintragung erfolgt auf **Antrag** des Nutzers (Abs 2 S 1). Eine Eintragung auf Antrag des Grundstückseigentümers ist nicht vorgesehen; Abs 2 S 1 verdrängt insoweit die allgemeine grundbuchrechtliche Regelung des § 13 GBO (**aA** Palandt/Bassenge Rn 2; zweifelnd MünchKomm/vOefele Rn 4). Im übrigen dürfte der Grundstückseigentümer an der Sicherung der Ansprüche des Nutzers kein Interesse haben. **21**

d) Fraglich ist, ob für die Eintragung der **Bewilligungsgrundsatz (§ 19 GBO)** eingreift, da einerseits **Abs 2 S 4 auf § 885 BGB** verweist, andererseits der auf der Verordnungsermächtigung in Art 12 Abs 1 Nr 2 2. VermRÄndG, Art 18 Abs 1, 4 Nr 2, 3 RegVBG beruhende **§ 4 Abs 4 GGV** klarstellt, daß die Eintragung aufgrund eines der in § 4 Abs 4 GGV bezeichneten Nachweise erfolgt. **22**

aa) Von einer Ansicht wird vertreten, der Sicherungsvermerk sei *nur* aufgrund einer **Bewilligung** des Grundstückseigentümers oder einer **einstweiligen Verfügung** einzutragen, wobei nur das Besitzrecht, nicht aber die Anspruchsgefährdung glaubhaft zu machen ist (§ 885 Abs 1 S 2 BGB; KG NJW-RR 1998, 880, 881; LG Schwerin VIZ 1999, 425; Palandt/Bassenge Rn 2; vgl auch die Entwurfsbegründung BT-Drucks 12/5553, 132). Teilweise wird dies mit der Verweisung auf § 885 BGB begründet (Palandt/Bassenge Rn 2); andererseits soll es auf § 885 Abs 1 BGB in diesem Zusammenhang nicht ankommen, weil nicht die dort geregelte materielle Entstehung einer Vormerkung, sondern nur die grundbuchrechtlichen Eintragsvoraussetzungen in Rede stünden, insoweit aber die genannte Verordnungsermächtigung nicht ausreiche, um eine Abweichung vom Bewilligungsgrundsatz des § 19 GBO durch § 4 Abs 4 GGV zu rechtfertigen.

23 **bb)** Die hM versteht § 4 Abs 4 GGV hingegen zutreffend als **Ausnahmevorschrift** zu §§ 19 GBO, 885 BGB (OLG Jena VIZ 1999, 733; OLG Dresden ZOV 2001, 249, 250; OLG Brandenburg VIZ 2000, 488, 489; LG Erfurt VIZ 1999, 497, 499; MünchKomm/vOEFELE Rn 4; FLIK/KELLER DtZ 1996, 330; PURPS NotBZ 2000, 88).

Unzutreffend ist jedenfalls das Argument des LG Schwerin (oben Rn 22), die Verweisung auf § 885 Abs 1 BGB habe wegen des materiellen Gehalts dieser Bestimmung (Ausnahme zu § 873 BGB) keine Bedeutung. § 885 BGB erweitert selbstverständlich auch in *verfahrensrechtlicher* Hinsicht den Bewilligungsgrundsatz des § 19 GBO (PALANDT/BASSENGE § 885 BGB Rn 19). Auf den *materiellen Entstehungstatbestand* einer Vormerkung kann sich die Verweisung in Abs 2 S 4 aber schon deshalb nicht beziehen, weil der Sicherungsvermerk nach Abs 2 nur hinsichtlich seiner *Wirkung*, nicht aber in seiner *Entstehung* vormerkungsähnlich ist (MünchKomm/vOEFELE Rn 4 mit Hinweis auf § 92 Abs 5 SachenRBerG). Das dem Vermerk zugrundeliegende Recht entsteht kraft Gesetzes (§ 2a), der Anspruch auf Eintragung ebenfalls (§ 2c Abs 2).

Es kommt also darauf an, ob § 4 Abs 4 GGV zulässigerweise weitere Nachweismöglichkeiten schafft, also §§ 19 GBO und 885 S 1 BGB insoweit verdrängt. Die Zweifel der Gegenansicht an der Reichweite der Verordnungsermächtigung sind unbegründet (OLG Brandenburg VIZ 2000, 488, 489): Gerade weil der in Abs 2 geschaffenen Vermerk materiell keine Vormerkung, sondern ein spezifisches Mittel zur Sicherung des Besitzrechts aus § 2a ist, beinhalten die Nachweisvoraussetzungen seiner Eintragung ein typisch auf der Überleitung in das BGB-Sachenrecht beruhendes grundbuchrechtliches Problem, dessen Lösung durch die VO-Ermächtigungen gedeckt ist.

Da zudem weder der zu sichernde Anspruch noch der Anspruch auf Eintragung des Vermerks schuldrechtlicher Natur sind, wäre, gäbe es § 4 Abs 4 GGV nicht, eine analoge Anwendung von § 22 GBO zu erwägen gewesen (MünchKomm/vOEFELE Rn 4; PURPS NotBZ 2000, 88, 89), weil die Eintragung des Vermerks nach Abs 2 einer Grundbuchberichtigung ähnlicher ist als der rechtsgeschäftlichen Begründung einer Vormerkung.

24 **cc)** Gemäß **§ 4 Abs 4 GGV** genügt somit zur Eintragung alternativ einer der folgenden **Nachweise**:

- Nr 1: ein Nachweis des *Gebäudeeigentums* nach § 4 Abs 2 oder 3 GGV (dazu § 2b Rn 39 f).
- Nr 2: die Vorlage eines *Prüfbescheids* der staatlichen Bauaufsicht oder ein Abschlußprotokoll nach § 24 Abs 6 der InvestitionsVO (30. 11. 1988, GBl DDR 1988 I 287) über die Gebäudeerrichtung auf dem Grundstück durch einen anderen Nutzer.
- Nr 3: die Vorlage eines *Überlassungsvertrages*, der den Nutzer zu anderen als Erholungs- und Freizeitzwecken berechtigt (OLG Brandenburg VIZ 2000, 488, 489).
- Nr 4: die Vorlage eines vor dem 22. 7. 1992 geschlossenen oder beantragten formgültigen *Kaufvertrages* zugunsten des Nutzers über ein Gebäude auf einem ehemals volkseigenen oder LPG-genutzten Grundstück.

– Nr 5: die Vorlage einer die Eintragung anordnenden *gerichtlichen Entscheidung*, insbesondere einer *einstweiligen Verfügung* (dazu im einzelnen mit Klagemustern Flik/Keller DtZ 1996, 330, 332 ff).

– Nr 6: eine *Eintragungsbewilligung*.

e) Die **Eintragung** erfolgt nach § 7 Abs 1 GGV in der **zweiten Abteilung** des Grundstücksgrundbuchs. Gemäß § 7 Abs 2 GGV ist in Spalte 3 einzutragen (OLG Jena VIZ 1999, 733): „Recht zum Besitz gemäß Artikel 233 § 2a EGBGB ..." unter Angabe des Besitzberechtigten, des Umfangs und Inhalts des Rechts, soweit aus den Eintragungsunterlagen ersichtlich. Räumliche Beschränkungen, die sich nicht aus den Eintragungsunterlagen ergeben, können nicht eingetragen werden (OLG Jena VIZ 1999, 733). **25**

Zu bezeichnen ist auch die *Grundlage der Eintragung*, also die zum Nachweis der Besitzberechtigung gemäß § 2a vorgelegten Urkunden (§ 4 Abs 4 GGV, soeben Rn 24), die im Falle der Nrn 1 bis 4 zu den Grundakten des Gebäudegrundbuchblattes, hilfsweise des Grundstücks zu nehmen sind (§ 4 Abs 5 GGV). Im Falle der Eintragung aufgrund einer Eintragungsbewilligung bzw einer einstweiligen Verfügung ist § 885 Abs 2 BGB anzuwenden; es kann also auf die einstweilige Verfügung bzw Eintragungsbewilligung Bezug genommen werden (Abs 2 S 4).

Zur **Löschung** des Vermerks und Eintragung einer Eigentumsvormerkung aufgrund eines die Sachenrechtsbereinigung vollziehenden Urteils vgl OLG Jena VIZ 2002, 646.

2. Vermerk gegen den Verfügungsberechtigten bei anhängigen Verfahren nach VermG (Abs 2 S 2)

a) Abs 2 S 2 stellt klar, daß in den in § 121 Abs 1 und SachenRBerG genannten Fällen der Sicherungsvermerk auch **gegenüber dem Verfügungsberechtigten** eingetragen werden kann. **26**

b) Es handelt sich um Fälle eines **Besitzrechts nach § 2a Abs 1 S 1 lit d** (Kaufvertrag oder -antrag), in denen der Nutzer Ansprüche nach dem SachenRBerG hat, obwohl das Grundstück nach den Bestimmungen des VermG zurückzuübertragen ist. Es handelt sich insbesondere um die vor dem 19. 10. 1989 (Stichtag der Modrow-Fälle, vgl § 2a Rn 172) abgeschlossenen und angebahnten Kaufverträge. Hinzu kommen die nach § 121 Abs 2 SachenRBerG trotz späteren Vertragsschlusses als schutzwürdig in die Sachenrechtsbereinigung einbezogenen Fälle. **27**

c) Solange das Rückübertragungsverfahren nach dem VermG nicht unanfechtbar abgeschlossen ist, kann der Sicherungsvermerk **gegenüber dem am Grundstück Verfügungsberechtigten** erfolgen. Der Verfügungsberechtigte kann in diesem Zeitraum insbesondere auch die Eintragung **bewilligen**. Der Nutzer wäre ansonsten schutzlos, weil vor Abschluß des Verfahrens nach dem VermG der Restitutionsberechtigte nicht in das Grundbuch eingetragen wird. **28**

29 **d)** Ein Sicherungsvermerk, der nach Abs 2 S 2 gegenüber dem **Verfügungsberechtigten** erfolgt ist, wirkt nach rechtskräftigem Abschluß des Verfahrens nach dem VermG gegenüber dem **(Restitutions-)Berechtigten**. Er sichert dann den Anspruch nach § 121 iVm den Bestimmungen des Kapitel 2 SachenRBerG in gleicher Weise wie ein nach Abs 2 S 1 gegenüber dem Grundstückseigentümer erfolgter Sicherungsvermerk.

3. Wirkungen des Vermerks (Abs 2 S 3)

30 Der Sicherungsvermerk hat die Wirkung einer **Vormerkung** zur Sicherung der Ansprüche nach dem SachenRBerG (Abs 2 S 3). Solange der Nutzer sein Wahlrecht nach § 15 SachenRBerG nicht ausgeübt (§ 16 SachenRBerG) hat, sichert der Vermerk wie eine Vormerkung alle in Betracht kommenden Ansprüche, also das Ankaufsrecht (§ 61 SachenRBerG) und den gesetzlichen Anspruch auf Erbbaurechtsbestellung (§ 32 SachenRBerG; Palandt/Bassenge Rn 2). Der gutgläubige lastenfreie Erwerb nach § 111 SachenRBerG wird durch den Vermerk verhindert (§ 111 Abs 1 Nr 1 SachenRBerG; BVerwG NJ 1999, 438; OVG Bautzen SächsVBl 1999, 106, 107). Im Zwangsversteigerungsverfahren hindert der Vermerk das Erlöschen der Ansprüche durch den Zuschlag (§ 9a Abs 1 S 2 EGZVG; LG Chemnitz ZOV 1998, 209).

4. Vermerk über ein notarielles Vermittlungsverfahren (§ 92 Abs 5 SachenRBerG)

31 Abs 2 ist entsprechend anzuwenden auf den Vermerk nach **§ 92 Abs 5** SachenRBerG (§ 92 Abs 6 S 2 SachenRBerG; Palandt/Bassenge Rn 2). Der Vermerk nach § 92 Abs 5 SachenRBerG erfolgt auf Ersuchen des Notars nach Eröffnung des Vermittlungsverfahrens nach §§ 87 ff SachenRBerG. Auch dieser Vermerk hat die Wirkung einer Vormerkung zur Sicherung der Ansprüche nach dem SachenRBerG (§ 92 Abs 6 S 1 SachenRBerG). Ist bereits ein Sicherungsvermerk nach Abs 2 eingetragen, so wird die Eröffnung des notariellen Vermittlungsverfahrens bei der Eintragung nach Abs 2 vermerkt (§ 92 Abs 6 S 3 SachenRBerG).

5. Anmeldung in der Zwangsvollstreckung

32 In der Zwangsversteigerung des Grundstücks sind die Ansprüche nach Abs 2, sofern sie nicht im Grundbuch vermerkt sind, spätestens im Versteigerungstermin vor der Aufforderung zur Abgabe von Angeboten anzumelden (§ 9a Abs 2 S 2 EGZVG).

IV. Gutgläubiger Erwerb von Gebäudeeigentum und Rechten daran (Abs 3)

33 **1.** Ein **gutgläubiger Erwerb des Gebäudeeigentums** an Gebäuden der in § 2b bezeichneten Art sowie von beschränkten dinglichen Rechten an solchen Gebäuden ist – zusätzlich zum Vorliegen der sachenrechtlichen Voraussetzungen eines gutgläubigen Erwerbs (§§ 892, 893 BGB) – davon abhängig, daß das Gebäudeeigentum im Grundbuch des Grundstücks nach Abs 1 S 1 eingetragen ist. Dies gilt insbesondere auch für den gutgläubig **lastenfreien** Erwerb, auf den die Bestimmung nach ihrem Zweck (oben Rn 5) zugeschnitten ist. Die Voraussetzung des Abs 3 ist erfüllt, wenn die Eintragung des Gebäudeeigentums (auch) bei dem belasteten Grundstück – zugleich mit der Umschreibung des Eigentums im Gebäudegrundbuch – erfolgt (BGH NJ 2003, 198).

2. Eine solche Eintragung **bewirkt**, daß der Erwerber des Gebäudeeigentums oder eines dinglichen Rechts daran aus dem Grundstücksgrundbuch Belastungen des Grundstücks ersehen kann, die sich nach Art 231 § 5 Abs 4 auf das Gebäude erstrekken können. Dies beseitigt den nach §§ 892, 893 BGB erforderlichen guten Glauben hinsichtlich des Nichtbestehens solcher Rechte, da im Falle der Verfügung über Gebäudeeigentum „Grundbuch" iSd der Gutglaubensbestimmungen nicht nur das Gebäudegrundbuchblatt, sondern auch das Grundbuch des belasteten Grundstücks ist (Palandt/Bassenge Rn 3; vgl auch § 4 Rn 37 ff). **34**

§ 3
Inhalt und Rang beschränkter dinglicher Rechte

(1) Rechte, mit denen eine Sache oder ein Recht am Ende des Tages vor dem Wirksamwerden des Beitritts belastet ist, bleiben mit dem sich aus dem bisherigen Recht ergebenden Inhalt und Rang bestehen, soweit sich nicht aus den nachstehenden Vorschriften ein anderes ergibt. § 5 Abs. 2 Satz 2 und Abs. 3 des Gesetzes über die Verleihung von Nutzungsrechten an volkseigenen Grundstücken vom 14. Dezember 1970 (GBl. I Nr. 24 S. 372 – Nutzungsrechtsgesetz) sowie § 289 Abs. 2 und 3 und § 293 Abs. 1 Satz 2 des Zivilgesetzbuchs der Deutschen Demokratischen Republik sind nicht mehr anzuwenden. Satz 2 gilt entsprechend für die Bestimmungen des Nutzungsrechtsgesetzes und des Zivilgesetzbuchs über den Entzug eines Nutzungsrechts.

(2) Die Aufhebung eines Rechts, mit dem ein Grundstück oder ein Recht an einem Grundstück belastet ist, richtet sich nach den bisherigen Vorschriften, wenn das Recht der Eintragung in das Grundbuch nicht bedurfte und nicht eingetragen ist.

(3) Die Anpassung des vom Grundstückseigentum unabhängigen Eigentums am Gebäude und des in § 4 Abs. 2 bezeichneten Nutzungsrechts an das Bürgerliche Gesetzbuch und seine Nebengesetze und an die veränderten Verhältnisse sowie die Begründung von Rechten zur Absicherung der in § 2a bezeichneten Bebauungen erfolgen nach Maßgabe des Sachenrechtsbereinigungsgesetzes. Eine Anpassung im übrigen bleibt vorbehalten.

(4) Auf Vorkaufsrechte, die nach den Vorschriften des Zivilgesetzbuchs der Deutschen Demokratischen Republik bestellt wurden, sind vom 1. Oktober 1994 an die Bestimmungen des Bürgerlichen Gesetzbuchs nach den §§ 1094 bis 1104 anzuwenden.

Materialien: Fassung durch den EV, Abs 1 S 1, Abs 2 (entspricht Abs 3 der ursprünglichen Fassung): siehe zu Art 230; E: BT-Drucks 11/7760 Art 233 § 3; **Abs 1 S 2** eingefügt durch Art 13 Nr 3 e RegVBG, Materialien siehe § 2a; **Abs 1 S 3** eingefügt durch Art 13 Nr 3e RegVBG, Materialien siehe § 2a, geändert durch Art 2 § 5 Nr 2d aa SachenRÄndG, Materialien siehe § 2a; **Abs 3, 4** angefügt durch Art 2 § 5 Nr 2 d bb SachenRÄndG, Materialien siehe § 2a.

Schrifttum

BÖHRINGER, Zwangsvollstreckungsunterwerfung bei ZGB-Hypotheken und Aufbaugrundschulden, NJ 1999, 455
BULTMANN, Rechtsnatur von Goldmark-, Reichsmark- und DDR-Mark-Hypotheken, NJ 1993, 203
THAU, Die Inhaberschaft von Aufbauhypotheken, VIZ 1998, 67
WELTER, Grundpfandrechte in den neuen Bundesländern, WM 1991, 1189
WILHELMS, Vorkaufsrechte an Grundstücken im Gebiet der ehemaligen DDR, NotBZ 1998, 16
WOBST, Kein Gebäudeeigentum auf Trümmer- oder Althypothekengrundstücken, MDR 1991, 697.

Systematische Übersicht

Alphabetische Übersicht

I. Normzweck

1. Ursprüngliche Fassung

a) Abs 1 S 1, der Art 184 nachgebildet ist, sichert den Fortbestand wohlerworbener beschränkter dinglicher Rechte; es soll der Bestand der vor dem Wirksamwerden des Beitritts vorhandenen dinglichen Belastungen ohne inhaltliche Veränderung **1**

übergeleitet werden (BT-Drucks 11/7817, 41; PALANDT/BASSENGE Rn 1; MünchKomm/QUACK Rn 1).

2 **b)** Zum Bereinigungsvorbehalt in **Abs 2 aF** vgl STAUDINGER/RAUSCHER[12] Rn 1.

3 **c)** **Abs 2** (Abs 3 der Fassung durch den EV) ist Art 189 Abs 3 nachgebildet. Es soll erreicht werden, daß ein Recht nicht allein zum Zweck seiner Aufhebung in das Grundbuch eingetragen werden muß (BT-Drucks 11/7817, 41).

2. Änderungen durch RegVGB und SachenRÄndG

4 **a)** Die auf Vorschlag des Bundesrates (BT-Drucks 12/5553, 197; BT-Drucks 12/6228, 99) durch das RegVBG in **Abs 1** angefügten **Sätze 2 und 3** dienen der Klarstellung des § 3 Abs 2 der ursprünglichen Fassung und § 4 Abs 2 zugrundeliegenden Grundprinzips, wonach sich der Inhalt dinglicher Nutzungsrechte nach den bisherigen Vorschriften (der DDR) richtet. Vorschriften, die unmittelbar mit dem früheren Charakter der Nutzungsrechte als subjektiv-öffentliche Berechtigungen verbunden waren, konnten von dieser Fortgeltung nicht erfaßt sein; hierüber herrschte jedoch in der Praxis Ungewißheit, so daß die ausdrückliche Klarstellung der Nichtfortgeltung gegenstandslos gewordener Bestimmungen angezeigt war (BT-Drucks 12/5552, 197).

5 **b)** Hiervon betroffen sind einerseits die – in Abs 1 S 2 erfaßten – Bestimmungen über die **Beschränkungen des Erwerbs im Erbfall** (dazu Art 231 § 5 Rn 22), für die die Nichtfortgeltung eindeutig war.

6 **c)** Weniger eindeutig war die Rechtslage bei den Vorschriften über die **Aufhebung der Nutzungsrechte**, weil zum Beispiel das Reichsheimstättenrecht teilweise funktionell entsprechende Heimfallvorschriften kannte. Die Anwendung der §§ 290, 294 ZGB, § 6 NutzungsRG wurde daher zunächst (im RegVBG) ausgesetzt (Abs 1 S 3 idF des RegVBG; BT-Drucks 12/5553, 197).

Die vorliegende Fassung von Abs 1 S 3 erfolgte im Zusammenhang mit der **Sachenrechtsbereinigung**. Hierdurch werden auch die Bestimmungen über den Entzug des Nutzungsrechts, die aus der vergesellschafteten Bodennutzung und der daraus abgeleiteten staatlichen Befugnis zu dessen Entziehung für gemeinnützige Zwecke folgten, für unanwendbar erklärt; diese Regelungen entsprachen dem früheren Charakter als subjektiv-öffentliche Rechte, nicht aber einem bürgerlich-rechtlichen dinglichen Recht. Die bereits vorher bedeutungslosen Bestimmungen sind nach der Regelung der Befugnisse zwischen den Betroffenen durch das SachenRBerG gegenstandslos geworden (BT-Drucks 12/7425, 93).

7 **d)** **Abs 3** idF des SachenRÄndG füllt den **Anpassungsvorbehalt** im bisherigen Abs 2 aF aus und führt eine endgültige Regelung für die bisher nur durch das Moratorium nach § 2a geschützten Bebauungen fremder Grundstücke herbei. Die Verweisungsvorschrift stellt den Zusammenhang zwischen den im EGBGB getroffenen vorläufigen Bestimmungen und den Regelungen im SachenRBerG her (BT-Drucks 12/5992, 185).

8 **e)** **Abs 4** bereinigt die nach dem Recht der DDR bestellten **Vorkaufsrechte**, für die gemäß Abs 1 zunächst die §§ 306 ff ZGB fortgalten. Danach war der Grundstückseigentümer verpflichtet, vor Abschluß eines Kaufvertrages mit einem Dritten das Grundstück zunächst dem Vorkaufsberechtigten anzubieten. Dies macht nur Sinn in einer Wirtschaftsordnung, in der die Preise staatlich festgelegt sind. Wenn jedoch der Preis zwischen den Parteien frei ausgehandelt werden kann, schränkt die Verpflichtung zur Andienung an den Vorkaufsberechtigten die Dispositionsbefugnis des Eigentümers erheblich ein. Abs 4 leitet mit dem Inkrafttreten des SachenRBerG diese Vorkaufsrechte über in solche nach dem BGB, was dem Grundstückseigentümer das vorherige freie Aushandeln der Konditionen mit einem Dritten ermöglicht und dem Vorkaufsberechtigten sodann den Eintritt zu den ausgehandelten Konditionen (BT-Drucks 12/5992, 185).

II. Überleitung beschränkter dinglicher Rechte (Abs 1 S 1)

1. Interlokaler Anwendungsbereich

Die Bestimmung ist entsprechend § 1 anzuwenden auf beschränkte dingliche Rechte an Sachen, die am Tag vor dem Wirksamwerden des Beitritts dem **Recht der DDR als Sachenrechtsstatut** unterlegen haben. Der Bestand beschränkter dinglicher Rechte bei Wechsel zum BGB als Sachenrechtsstatut vor dem 3. 10. 1990 unterliegt hingegen allgemeinen Grundsätzen des interlokalen/innerdeutschen Sachenrechts. Soweit Immobiliarrechte betroffen sind, bezieht sich die Bestimmung auf **Grundstücke im Beitrittsgebiet**. 9

2. Betroffene Rechte – Entstehungsvoraussetzungen

a) Der **Begriff** des beschränkten dinglichen Rechts ist aus Sicht des BGB zu definieren, der Überleitungszweck verlangt es aber, den **Katalog** der überleitungsfähigen Rechte aus Sicht des Rechts der DDR zu bestimmen. Erfaßt sind damit alle dinglichen Rechte, die *nicht Eigentum* im Sinne des BGB sind. Hierzu rechnen neben *Mobiliar- und Immobiliarsicherheiten* auch *dingliche Nutzungsrechte*. Hingegen ist das *schuldrechtlich* gemäß §§ 312, 296 ZGB begründete Nutzungsrecht (hierzu Art 232 § 4) nicht dinglicher Natur, obgleich die hierauf errichtete Baulichkeit nach Art 231 § 5 Träger besonderer Mobiliarsachenrechte ist (MünchKomm/Quack Rn 2 ff). Zu Einzelheiten der im Recht der DDR begründeten beschränkten dinglichen Rechte unten Rn 26 ff. 10

b) Von **Abs 1 S 1** betroffen sind **intertemporal** solche Rechte, die bei Ablauf des 2. 10. 1990 bestanden haben und nicht erloschen waren. 11

aa) Maßgeblich für die Beurteilung des **Entstehens** ist das Recht der DDR (BGH LM § 457 DDR-ZGB Nr 1; BGH VIZ 1995, 234, 235; BGH VIZ 1998, 169; BGH WM 2000, 564 [**Aufbauhypothek**]; BGHZ 137, 267, 271; Palandt/Bassenge Rn 2; Fischer JR 1994, 153; im einzelnen unten Rn 26 ff mit Rechtsprechungsnachweisen zu einzelnen dinglichen Rechten). Dieses entscheidet insbesondere darüber, ob für die Entstehung des Rechts die Eintragung in das **Grundbuch** konstitutiv, lediglich vorgesehen oder nicht vorgesehen war, ob eine **Übergabe** erforderlich war sowie über die Einigung und erforderliche **Genehmigungen** (Lübchen/Wüstneck 81).

12 **bb)** War die **Grundbucheintragung** zur Entstehung des Rechts nicht vorgesehen, so wird sie nicht ohne spezifische Bestimmungen erforderlich; das Recht bleibt außerhalb des Grundbuchs bestehen. Die Grundbucheintragung beschränkter dinglicher Rechte an Grundstücken im Beitrittsgebiet wurde jedoch ua ermöglicht durch die Bestimmungen der GGV, durch Art 233 § 2b Abs 2 S 1, § 2c. Zum Erlöschen aufgrund **gutgläubig lastenfreien Erwerbs** des Grundstücks vgl Art 231 § 5 Abs 3, Art 233 § 4 Abs 2 letzter HS; Art 233 § 5 Abs 2 letzter HS. Zum Erlöschen – ohne einen Erwerbsvorgang – vgl unten Rn 76 ff.

13 **d)** In Betracht kommen neben den nach ZGB begründeten Rechten auch solche, die **vor Inkrafttreten des ZGB gemäß BGB** begründet waren und gemäß § 6 EGZGB übergeleitet wurden (vgl §§ 5, 6 EGZGB; unten Rn 48 f).

14 **e)** Die **Beweislast** für das Bestehen eines beschränkten dinglichen Rechts trägt, wer sich darauf beruft. Für im **Grundbuch** eingetragene Rechte gilt § 891 BGB (PALANDT/BASSENGE Rn 2).

3. Überleitung: Inhalt

15 **a)** Der **Inhalt** eines bei Ablauf des 2. 10. 1990 bestehenden beschränkten dinglichen Rechts bestimmt sich weiterhin nach dem Recht der DDR (im einzelnen unten Rn 26 ff). **Modifikationen** ergeben sich insoweit für *Hypotheken* aus § 6, für *dingliche Nutzungsrechte* aus Abs 1 S 2, 3 sowie aus §§ 4, 8, für *Mitbenutzungsrechte* aus § 5, für *Vorkaufsrechte* aus Abs 4. **Rechtsinhalt** in diesem Sinn ist die Gesamtheit der Rechte und Pflichten im Verhältnis zwischen dem Eigentümer und dem Rechtsinhaber. Es erfolgt also zunächst keine Überleitung in entsprechende Sachenrechte des BGB, sondern eine Erweiterung des Katalogs der BGB-Sachenrechte durch fortbestehende ZGB/GW-Typen (PALANDT/BASSENGE Rn 3; MünchKomm/QUACK Rn 7).

16 **b)** **Neu bestellt** werden können beschränkte dingliche Rechte seit dem 3. 10. 1990 nur nach den Bestimmungen des BGB. Die Bestellung einer Hypothek an **selbständigem Gebäudeeigentum** (§ 452 Abs 1 § 2 ZGB) bleibt möglich, da insoweit Immobiliarsachenrecht gilt (§ 4 Abs 1). An Baulichkeiten (§§ 313, 296 ZGB) konnte schon bisher keine Hypothek bestellt werden (JANKE DtZ 1992, 115; unklar: vCRAUSHAAR DtZ 1991, 362). An ihnen besteht Mobiliareigentum, das sicherungsübereignet werden kann (WEIMAR DtZ 1991, 51).

17 **c)** Zum Inhalt gehören Bestimmungen über die **Änderung** des Inhalts des Rechts. Soll ein Recht hingegen einen nur nach BGB möglichen Inhalt erhalten, so ist es neu zu bestellen (PALANDT/BASSENGE Rn 3). Ist ein Recht vor dem 3. 10. 1990 mit einem nach dem Recht der DDR nicht möglichen Inhalt bestellt worden und ist die Bestellung daher nichtig, so hat es hierbei sein Bewenden; das Recht bestand in diesem Fall am 2. 10. 1990 nicht und ist daher einer Überleitung (und Heilung) nicht zugänglich (LG Berlin NJ 1994, 372).

18 **d)** Dem Recht der DDR unterliegt weiterhin die **Übertragbarkeit** übergeleiteter Rechte (PALANDT/BASSENGE Rn 4; LÜBCHEN/WÜSTNECK 82). Für Vorkaufsrechte ist seit dem 1. 10. 1994 Abs 4 zu beachten (unten Rn 83 ff). Das der Übertragung zugrundeliegende **Rechtsgeschäft** unterliegt hingegen dem BGB; ein *gutgläubiger Erwerb* des

Rechts ist hiernach möglich; ein Widerspruch gegen die Richtigkeit des Grundbuchs bei eingetragenen Rechten hindert den gutgläubigen Erwerb auch, wenn die Eintragung des Widerspruchs vor dem 3. 10. 1990 erfolgte (Palandt/Bassenge Rn 4).

e) Das **Erlöschen** übergeleiteter Rechte zählt ebenfalls zu deren Inhalt und unterliegt weiterhin dem Recht der DDR (Palandt/Bassenge Rn 4; Lübchen/Wüstneck 82), sofern nicht in den nachfolgenden Bestimmungen (§§ 4 ff) etwas Abweichendes geregelt ist. **19**

f) Das **Erlöschen** von Rechten aufgrund gutgläubig **lastenfreien Erwerbs des Eigentums** unterliegt hingegen bei Erwerbsvorgängen seit dem 3. 10. 1990 dem BGB. Im Grundbuch nicht eingetragene Rechte erlöschen bei gutgläubigem Erwerb vorbehaltlich Art 231 § 5 Abs 3 (für das insoweit einem beschränkten dinglichen Recht gleich behandelte Gebäudeeigentum § 4 Abs 2 S 1 und § 5 Abs 2 S 1). Auf das dem BGB nicht bekannte besitzlose Pfandrecht ist § 936 BGB anzuwenden, so daß es bei Gutgläubigkeit des Erwerbers der Pfandsache hinsichtlich der Lastenfreiheit erlischt (Palandt/Bassenge Rn 5). **20**

g) Zur **Aufhebung** beschränkter dinglicher Rechte unten Rn 67 ff. **21**

h) Zur Stundungswirkung von **Aufbauhypotheken** gegenüber sonstigen Hypotheken unten Rn 33. **22**

4. Überleitung: Rang

a) Der bei Ablauf des 2. 10. 1990 bestehende **Rang** eines übergeleiteten Rechts bleibt zunächst bestehen. Die Bestimmung des Rangs erfolgt also nach dem Recht der DDR. Rangfähig in diesem Sinn sind unter den Immobiliarsachenrechten nicht nur eingetragene Rechte, sondern auch **nicht eingetragene Rechte**, soweit nach dem Recht der DDR die Eintragung nicht möglich oder für die Entstehung nicht konstitutiv war. **23**

b) Insoweit ergeben sich gesetzliche Regelungen nur für **Hypotheken** (vgl unten Rn 32 f). Das Grundbuchverfahrensrecht der DDR enthält keine Bestimmungen zum Rang (Lübchen/Wüstneck 82). Rangbestimmungen enthalten außerdem §§ 12, 13 GrundstücksvollstreckungsVO. Das für Hypotheken geltende Prioritätsprinzip (§ 453 Abs 2 ZGB; zu Aufbauhypotheken unten Rn 33) ist auf **sonstige beschränkte dingliche Rechte** entsprechend anzuwenden. Maßgeblich ist also der Zeitpunkt des Entstehens (näher § 9 Abs 1, 2). Soweit Grundbucheintragungen dem wirklichen Rang nicht entsprechen, besteht ein Anspruch nach § 894 BGB (MünchKomm/Quack Rn 10). **24**

Der Rangvorrang von vor dem 1. 7. 1990 begründeten **Aufbauhypotheken** (§ 456 Abs 3 ZGB, §§ 1, 3 1. ZivilrechtsÄndG) bestimmt deren Rang am 2. 10. 1990, ist also zu beachten (Palandt/Bassenge Art 233 § 6 Rn 5; Welter WM 1991, 1194; MünchKomm/Quack Rn 10). Mehrere Aufbauhypotheken stehen untereinander in gleichem Rang (Böhringer Rpfleger 1991, 90); sie gehen allen anderen Hypotheken im Rang vor. Im Verhältnis zu **anderen beschränkten dinglichen Rechten** ordnet § 456 Abs 3 ZGB keinen Rangvorrang an. Zur Vermeidung von relativen Rangwidersprüchen (Beispiel: Vorrang einer Aufbauhypothek vor einer Hypothek nach § 456 Abs 3, diese vor einem Wegerecht nach dem Prioritätsprinzip, dieses aber vor der Aufbauhypothek nach dem Prioritätsprinzip) und damit zur Sicherstellung einer Überleitung in das Rangsystem des § 879 BGB sollte § 456 Abs 3 ZGB auch auf das Rangverhältnis von Aufbauhypotheken zu sonstigen beschränkten dinglichen Rechten angewendet werden (**aA** MünchKomm/Quack Rn 10).

25 c) Für die Zeit **nach dem 22. 7. 1992** bestimmt sich der Rang beschränkter dinglicher Rechte nach § 9 (vgl Erläuterungen dort).

III. Betroffene Rechte – Einzelheiten, Recht der DDR

1. Immobiliarsachenrechte

a) Grundpfandrechte

26 aa) In den Anwendungsbereich der Vorschrift fällt – vorbehaltlich der Regelung in § 6 zur *Übertragung* – die **Sicherungshypothek** als das einzige vom Recht der DDR zugelassene **Grundpfandrecht** (Böhringer Rpfleger 1991, 90; ders NJ 1999, 455; Eckhardt DRiZ 1991, 125; Becker-Eberhard Jura 1994, 577, 580).

27 bb) Diese Hypothek **entstand** (§ 453 ZGB) mit *Eintragung im Grundbuch* (BGH LM § 457 DDR-ZGB Nr 1; Rauscher WuB IV B Art 233 § 3 EGBGB 1.98) aufgrund eines beglaubigten, schriftlichen, genehmigungsbedürftigen (kein Genehmigungserfordernis bei einer Hypothek zugunsten eines Kreditinstituts, Genehmigungserfordernis gänzlich entfallen seit 1. 7. 1990: Lübchen DtZ 1990, 150) *schuldrechtlichen* Vertrages zwischen Grundstückseigentümer und Gläubiger (Welter WM 1991, 1194; Rauscher WuB IV B Art 233 § 3 EGBGB 1. 98). Die Hypothek entstand jedoch trotz Eintragung nicht ohne die Forderung (BGH WM 2000, 564).

28 cc) Die Hypothek ist **streng akzessorisch**. Sie ging über (nunmehr aber § 6) und erlosch mit der Forderung (BGH LM § 457 DDR-ZGB Nr 1; OLG Dresden DtZ 1994, 156, 157; zur Zulässigkeit verdeckter Höchstbetragshypotheken, die im Außenverhältnis als Sicherungshypothek vereinbart wurden: OLG Brandenburg WM 1998, 283), ohne daß eine Eigentümergrundschuld entstehen konnte. Eine Briefhypothek war nicht vorgesehen. Allerdings war die Bestellung von **Höchstbetragshypotheken** und von **Zinshöchstbetragshypotheken** seit dem 1. 7. 1990 möglich (§§ 454 Abs 2, 454a, 454 Abs 1 Satz 2 ZGB idF durch **1. ZivilrechtsÄndG** v 28. 6. 1990, GBl DDR I 524). Ob vor dem 1. 7. 1990 die Bestellung von Höchstbetragshypotheken durch sozialistische Genossenschaften bereits durch § 14 Abs 4 KreditVO idF v 2. 3. 1990 zugelassen wurde (offen gelassen von OLG Brandenburg WM 1998, 283), ist in der Praxis ohne Belang, weil in Erwartung der Anpassung kurz vor dem 1. 7. 1990 bereits vereinbarte Höchstbetragshypotheken jedenfalls seit dem 1. 7. 1990 eingetragen werden konnten (Rauscher WuB IV B Art 233 § 3 EGBGB 1. 98).

29 dd) Die Sicherung **künftiger Forderungen** durch eine Hypothek wurde durch Neufassung des § 452 Abs 1 Satz 3 ZGB mit Wirkung vom 9. 8. 1990 durch das **2. ZivilrechtsÄndG** v 22. 7. 1990 (GBl DDR I 903) zugelassen.

30 ee) Bei **Fälligkeit** erlaubt die Hypothek die Vollstreckung in das Grundstück zur Befriedigung der Forderung (§ 455 ZGB; zur **Vollstreckungsunterwerfung**: Böhringer NJ

1999, 455). Im Wege der **Zwangsvollstreckung** eintragbar war die Zwangshypothek nach § 5 GVVO.

ff) Mit einer Hypothek **belastbar** waren Grundstücke sowie **Gebäude**, an denen aufgrund von Rechtsvorschriften unabhängig vom Eigentum am Grundstück Eigentum begründet werden konnte (§ 452 Abs 1 S 2 ZGB, § 1 Abs 3 Grundstücks-VollstreckungsVO; Palandt/Bassenge Rn 1). Angesprochen ist hiermit das Gebäudeeigentum aufgrund dinglicher Nutzungsrechte (hierzu sogleich Rn 34 f), **nicht aber Baulichkeiten** aufgrund schuldrechtlicher Nutzungsrechte (vgl Art 231 § 5 Rn 39 ff; vCraushaar DtZ 1991, 362). **31**

gg) Für den **Rang** von Hypotheken galt das Prioritätsprinzip, wegen der konstitutiven Eintragung also die Reihenfolge der Eintragung in das Grundbuch (§ 453 Abs 2 ZGB; näher zur Rangbestimmung § 9). Zum **Gutglaubenserwerb** bei Übertragung vor dem 3. 10. 1990: Janke NJ 1991, 29. **32**

hh) Eine Sonderform der Hypothek ist die **Aufbauhypothek** (§ 457 ZGB; dazu: BGH LM § 457 DDR-ZGB Nr 1), die im sozialistischen Wirtschaftssystem im wesentlichen der Sicherung planwirtschaftlich vergebener Staatsmittel diente. Die Aufbauhypothek tritt deshalb auch im Zusammenhang mit den lange Zeit in ihrer Wirksamkeit umstrittenen *Altkrediten* sozialistischer Einheiten (dazu Art 232 § 1 Rn 75 ff) in Erscheinung (BGH WM 2000, 564: keine Aufbauhypothek ohne Kreditausreichung) und stand regelmäßig im *Volkseigentum* (zum daraus folgenden Problem der **Inhaberschaft** nach dem 3. 10. 1990: Art 231 § 10). Hinsichtlich des **Ranges** geht die Aufbauhypothek allen anderen Grundpfandrechten vor (§ 456 Abs 3 ZGB). Andere Hypothekenforderungen waren nach § 458 ZGB gestundet, solange wegen Tilgung und Zinszahlung auf die Aufbauhypothek eine weitere Leistungsfähigkeit nicht bestand. Zweck dieser Regelung war die Sicherung der Erträgnisse aus dem Grundstück durch Vermeidung der Zwangsvollstreckung aus den nachrangigen Hypotheken zugunsten des (staatlichen) Aufbauhypothekengläubigers (Welter WM 1991, 1194). §§ 456 Abs 3 und 458 ZGB sind durch das 1. ZivilrechtsÄndG aufgehoben, nach dessen § 2 aber für vor dem 1. 7. 1990 begründete Aufbauhypotheken weiter anzuwenden; zur Anwendbarkeit von §§ 456 bis 458 ZGB **nach dem 3. 10. 1990** oben Rn 24 f und § 9 Abs 3. Zur Behandlung von Altzinsen aus Aufbauhypotheken nach Restitution des belasteten Grundstücks: BGH WM 1998, 2423. **33**

b) Nutzungsrechte, Mitbenutzungsrechte

aa) Zu den beschränkten dinglichen Rechten zählen auch die **dinglichen Nutzungsrechte** nach §§ 287 bis 294 ZGB sowie nach dem NutzungsrechtsG v 14. 12. 1970 (GBl DDR 1970 I 372; BGHZ 121, 88, 92; BGHZ 138, 113, 117 f; Lübchen/Wüstneck 82; Palandt/Bassenge Rn 1; Becker-Eberhard Jura 1994, 577, 581; näher Art 231 § 5 Rn 18 ff). **34**

α) Hierzu rechnen aber auch dingliche Nutzungsrechte aufgrund **anderer Rechtsvorschriften** (zur Begründung dieser Rechte im einzelnen Art 231 § 5 Rn 21 ff), die zur Errichtung eines vom Eigentum am Grundstück selbständigen Gebäudeeigentums berechtigen. Für die Überleitung des Inhalts, insbesondere den Bestand solcher dinglicher Nutzungsrechte, sind § 4 Abs 2 und § 8 zu beachten. **35**

β) **Inhalt** des Nutzungsrechts war die bestimmungsgemäße **persönliche Nutzung** **36**

(§ 288 Abs 1, § 292 Abs 1 ZGB; § 3 NutzungsRG) gegen Entgelt. Diese im Grundsatz fortgeltenden Inhaltsbestimmungen sind ggf verfassungskonform auszulegen; der Begriff der „bestimmungsgemäßen Nutzung" ist mit Rücksicht auf die veränderten wirtschaftlichen und rechtlichen Gegebenheiten zu verstehen. Bestimmungsgemäß ist daher nicht mehr nur eine *persönliche* Nutzung, sondern ggf auch eine Vermietung oder gewerbliche Nutzung. Hingegen ist eine Überschreitung des baulichen Rahmens des Nutzungsrechts weiterhin bestimmungswidrig.

37 bb) Hingegen muß das aufgrund eines solchen Nutzungsrechts errichtete **selbständige Gebäudeeigentum** nicht in erweiternder Auslegung des Begriffes „beschränkte dingliche Rechte" in den Anwendungsbereich der Vorschrift einbezogen werden (aA Lübchen/Wüstneck 82). Die Belastung des Eigentums am Grundstück besteht in dem (beschränkten dinglichen) Nutzungsrecht; das hierauf bestehende Eigentum am Gebäude ist nicht überzuleiten, sondern konnte insbesondere auch nach dem 3. 10. 1990 noch durch Errichtung eines Gebäudes begründet werden (Art 231 § 3 Abs 1 S 2). Solches Eigentum unterliegt nach dem Stichtag § 4 Abs 1.

38 cc) Soweit **selbständiges Gebäudeeigentum ohne ein dingliches Nutzungsrecht** am Grundstück entstanden ist, unterliegt es den Regelungen in §§ 2b, 2c, 4 und 8. Grundbuchrechtlich wird dieses selbständige Gebäudeeigentum nunmehr nach Bundesrecht weitgehend wie eine dingliche Belastung des Grundstücks behandelt (dazu § 2b Rn 21 ff, § 2c Rn 6 ff). Es liegt aber kein Fall der *Überleitung* eines Rechts an einem Grundstück vor.

39 dd) Beschränkte dingliche Rechte iSd Vorschrift sind aufgrund von § 5 Abs 1 und mit der dortigen Maßgabe auch die **Mitbenutzungsrechte** (§§ 321, 322 ZGB; Lübchen/Wüstneck 82; Palandt/Bassenge Rn 1; Becker-Eberhard Jura 1994, 577, 581).

40 α) Der weite **Anwendungsbereich** erfaßt klassische Grunddienstbarkeiten (Wegerechte) ebenso wie das Recht zur Gerüsterstellung oder der Lagerung von Material. §§ 321 ff ZGB erlaubten aber nur Rechte zur Regelung des Nachbarschaftsverhältnisses; ein *dingliches Wohnrecht* konnte aufgrund dieser Bestimmungen nicht bestellt werden (OLG Dresden OLG-NL 1995, 39). Das Mitbenutzungsrecht entstand durch Vereinbarung mit dem Nutzungsberechtigten des Grundstücks, bei dauernder Mitbenutzung in *Schriftform*. Eine *Grundbucheintragung* war nur für das Wege- und Überfahrtrecht möglich (§ 322 Abs 1 ZGB), aber nicht konstitutiv. Es muß also mit einer Vielzahl solcher nicht eingetragener Rechte gerechnet werden (zum Fehlen dinglicher Rechte für öffentliche Versorgungsanlagen unten Rn 79).

41 β) Das Recht ist nur **kündbar**, wenn dies vertraglich vereinbart ist (§ 81 ZGB). Auch mit Grundbucheintragung **erlischt** das Recht bei Wegfall der Begründungsvoraussetzungen und bei mehr als 4-jähriger Nichtausübung (§ 322 Abs 3 ZGB).

42 γ) Ein **Rechtsübergang** auf den Rechtsnachfolger des Begünstigten tritt ein bei Grundbucheintragung oder aufgrund Vereinbarung mit Zustimmung des Eigentümers des belasteten Grundstücks (§ 322 Abs 2 ZGB; Palandt/Bassenge Art 233 § 5 Rn 2, 3).

δ) Zum **Bestandsschutz** und zum Eingreifen der Gutglaubensbestimmungen siehe § 5 Abs 2 S 1. **43**

c) Vorkaufsrecht

aa) Auch das **Vorkaufsrecht** (§§ 306 bis 309 ZGB) unterfällt Abs 1 (Becker-Eberhard Jura 1994, 577, 581; Wilhelms NotBZ 1998, 16); es ist als beschränktes dingliches Recht ausgestaltet. Es **entstand** aufgrund genehmigungsbedürftigen Vertrages (§ 13 GBVO) durch Eintragung in das Grundbuch (§ 306 Abs 1 ZGB). Die Ausübung unterliegt §§ 307, 309 ZGB. Zum zwingenden Inhalt des Vorkaufsrechts rechnete nach § 307 ZGB die Möglichkeit des Vorkaufsberechtigten, *vor Abschluß* des seitens des Grundstückseigentümers beabsichtigten Vertrages mit diesem einen Kaufvertrag zu dem Vorkaufsberechtigten erst mitzuteilenden Bedingungen abzuschließen; ein Vorkaufsrecht anderen Inhalts, insbesondere eines *preisgebundenen Vorkaufsrechts* war unzulässig, ein solches Recht nicht eintragungsfähig (KG NJ 1994, 372). **44**

bb) Auch die **Wirkungen** des Vorkaufsrechts nach § 309 ZGB rechnen zu dem nach Abs 1 übergeleiteten dinglichen Inhalt des Vorkaufsrechts (**aA** OLG Dresden OLG-NL 1994, 4; insbesondere geht die Argumentation fehl, der Bundesgesetzgeber habe bewußt keine Schutzmechanismen an die Stelle des weggefallenen § 309 ZGB gesetzt; vielmehr hat Abs 1 das im Recht der DDR dingliche Vorkaufsrecht als *dingliches* Recht übernommen, was nunmehr durch die Überleitung nach Abs 4 unzweifelhaft wird). **45**

cc) Ein **Vorkaufsrecht** konnte auch an den **Gebäuden** in selbständigem Eigentum bestellt werden (§ 295 Abs 2 ZGB, wie die Hypothek, vgl oben Rn 31). Das Vorkaufsrecht **erlischt** bei *Verzicht*, Nichtausübung binnen zwei Monaten und Nichterteilung der Grundstücksverkehrsgenehmigung (§ 307 Abs 2 ZGB). **46**

dd) Zu dem seit dem 1. 10. 1994 anzuwendenden Recht vgl unten Rn 83 ff. **47**

d) Vor dem 1. 1. 1976 entstandene Rechte

aa) Entstehung und Inhalt von Grundstücksbelastungen (insbesondere Grundpfandrechten) aus der Zeit **vor Inkrafttreten des ZGB** (1. 1. 1976) beurteilen sich weiter nach den Bestimmungen des BGB (§ 6 Abs 1 EGZGB). **Aufbaugrundschulden** aus dieser Zeit sind wie Aufbauhypotheken zu behandeln (Böhringer NJ 1999, 455). **48**

Die **Verkehrsfähigkeit** der BGB-Grundpfandrechte wurde jedoch dem ZGB unterstellt und damit an die strenge Akzessorietät der ZGB-Hypothek angepaßt (Breckers DNotZ 1993, 364, 365). Das Bestehen einer Althypothek stand auch nicht der Begründung beschränkter **dinglicher Rechte nach dem ZGB** (insbesondere Nutzungsrechte) entgegen. Die Belastbarkeit des Grundstücks unter Einschluß seiner wesentlichen Bestandteile ist nicht *Inhalt* der (Alt-)Grundpfandrechte, sondern Inhalt des Grundstückseigentums. Insoweit galt seit dem 1. 1. 1976 das ZGB (vgl auch § 6 Abs 2 EGZGB; **aA** Wobst MDR 1991, 699). Soweit solche Altrechte am 2. 10. 1990 noch bestanden haben, werden sie ebenfalls nach Abs 1 übergeleitet (Palandt/Bassenge Rn 1; Schmidt-Beck BB 1993, 82, 84).

bb) Alte **Erbbaurechte** bestanden nach § 5 Abs 2 S 1 EGZGB unbefristet fort und konnten, soweit sie an volkseigenen Grundstücken bestanden, in Nutzungsrechte umgewandelt werden (§ 5 Abs 2 S 5, 6 EGZGB). Auf die zeitliche Abfolge der **49**

Bestellung des Rechts und der Überführung in Volkseigentum kommt es mit Rücksicht auf § 112 Abs 3 SachenRBerG nicht an (BGHZ 138, 113, 115).

Die Ausübung alter **Vorkaufsrechte** wurde zum 1. 1. 1976 den §§ 307 bis 309 ZGB unterstellt (Wilhelms NotBZ 1998, 16, 17). Hingegen wurden alte **Grunddienstbarkeiten** nicht in Mitbenutzungsrechte umgewandelt, so daß sie gemäß § 6 Abs 1 EGZGB mit dem bisherigen Inhalt bestehen blieben (OLG Dresden VIZ 1997, 244, 245).

e) Nicht erfaßte Tatbestände

50 Kein nach Abs 1 zu behandelndes dingliches Recht an einem Grundstück ist das aufgrund **Rechtsträgerschaft** bestehende Besitz- und Nutzungsrecht an volkseigenen Grundstücken. Die Rechtsträgerschaft ist mit dem Wirksamwerden des Einigungsvertrages untergegangen, die Besitzrechte bestehen nicht als private Rechte gemäß Abs 1 fort, sondern gehen in der Treuhandverwaltung auf (OVG Berlin ZIP 1993, 303, 308).

2. Mobiliarsachenrechte

a) Rechtsgeschäftliche Pfandrechte

51 **aa)** Nach Abs 1 beurteilen sich **Pfandrechte** nach §§ 443 bis 446 ZGB an beweglichen Sachen sowie (§ 447 ZGB) an Wertpapieren. Es handelt sich um den Grundtypus des „Faustpfandes“; das Pfandrecht entstand durch Vereinbarung und Übergabe der Sache; ein gutgläubiger Erwerb vom Nichtberechtigten war nach § 443 Abs 4 ZGB idF durch das 2. ZivilrechtsÄndG v 22. 7. 1990 (GBl DDR I 903) möglich. Diese Neufassung erstreckte die Möglichkeit der Bestellung eines Pfandrechts auch auf künftige/bedingte Forderungen.

52 **bb)** Das Pfandrecht **verpflichtet** den Pfandgläubiger zu Verwahrung (Nutzung bei Vereinbarung ist in der Neufassung des § 444 Abs 1 ZGB durch das 2. ZivilrechtsAndG entfallen) und Rückgabe der Sache nach **Erlöschen** (§ 444 ZGB) und erlaubt nach Fälligkeit und Nichtleistung die freihändige Verwertung nach Ankündigung (§ 445 ZGB). Es **erlischt** mit der Forderung sowie bei Verwertung bzw Rückgabe der Pfandsache (§ 446 ZGB). Das Pfandrecht erlischt mangels anderer Vereinbarung auch bei einem Wechsel des Schuldners (§ 440 Satz 4 ZGB).

53 **cc)** Daneben kannte das Recht der DDR ein **besitzloses Pfandrecht**, das ebenso Abs 1 unterfällt (OLG Bremen ZIP 1993, 1418, 1420; Becker-Eberhard Jura 1994, 577, 581). Dieses konnte zunächst nur für Forderungen von Kreditinstituten, VEBen, staatlichen Einrichtungen und Genossenschaften (§ 448 Abs 1 ZGB) bestellt werden; der Anwendungsbereich wurde erweitert durch die 4. KreditVO v 2. 3. 1990 (GBl DDR I 114) auf Kredite von Banken an bestimmte staatliche bzw volkseigene Betriebe, sowie seit dem 1. 7. 1990 auf alle Forderungen (§ 448 Abs 1 ZGB idF durch das 1. ZivilrechtsÄndG; Lübchen DtZ 1991, 150). Für Verpfändungen nach der 4. KreditVO gelten ergänzend die §§ 442 ff ZGB (BGHZ 137, 267, 273 ff). Für die nach diesen Bestimmungen erfolgte Verpfändung eines *Warenlagers* mit wechselndem Bestand gelten die Erfordernisse des für eine entsprechende Sicherungsübereignung nach BGB entwickelten Bestimmtheitsgrundsatzes entsprechend (BGHZ 137, 267, 276 ff; BGH VIZ 1998, 169).

dd) Das besitzlose Pfandrecht entstand durch eine schriftliche Vereinbarung. Die Veräußerung durch den Schuldner ist nur mit Einwilligung des Gläubigers möglich, bei **Verwertungsfälligkeit** besteht ein Herausgabeanspruch. **54**

ee) Für (bis 30. 6. 1990 internationale) **Wirtschaftsverträge** ergeben sich die entsprechenden Formen bei geringfügigen Abweichungen (Entstehung erforderte Kennzeichnung des Pfandes bei besitzlosem Pfandrecht, § 234 GW) von Pfandrechten aus §§ 234, 244 GIW (seit 1. 7. 1990: GW; Lübchen/Wüstneck 82; Sayatz/Stumpf BB Beil 26/1990, 6). **55**

ff) Ein **Pfandrecht an Forderungen** (§ 449 ZGB, entsprechend seit 9. 8. 1990 ein Pfandrecht an sonstigen Rechten, vgl § 449a ZGB idF durch 2. ZivilrechtsÄndG) **entstand** durch Vertrag zwischen Schuldner und Gläubiger, wobei die Schuldnererklärung der **Schriftform** bedurfte. Die Verpfändung wurde erst bei schriftlicher Mitteilung an den Drittschuldner wirksam (BGHZ 137, 267, 278; BGH VIZ 1998, 169). *Sparguthaben* waren nicht verpfändbar (§§ 9 Abs 2, 18 Anordnung über den Sparverkehr v 28. 10. 1975 [GBl DDR I 705]; MünchKomm/Damrau Rn 24). Der Drittschuldner darf nur an den Gläubiger leisten; dieser kann bei **Fälligkeit** seiner Forderung und Nichtleistung Erfüllung aus der verpfändeten Forderung verlangen (§ 449 Abs 3 ZGB). **56**

gg) Eine Verpfändung **künftiger Forderungen** und damit auch eine **Globalverpfändung** war wegen der Erfordernisse der Bestimmtheit und der Festlegung der Höhe der verpfändeten Forderung in § 449 Abs 1 S 4 ZGB nicht wirksam und bleibt daher auch gemäß Abs 1 nach dem 2. 10. 1990 unwirksam (OLG Bremen ZIP 1993, 1418, 1424; LG Mönchengladbach ZIP 1996, 1107). Dies gilt auch für Verpfändungen nach § 14 Abs 4 S 3 KreditVO idF der 4. KreditVO (oben Rn 53), da auch auf solche Verpfändungen § 449 ZGB anzuwenden ist (BGHZ 137, 267, 278; BGH VIZ 1998, 169). **57**

b) Gesetzliche Pfandrechte

aa) Gesetzliche Besitzpfandrechte unterliegen den §§ 442 bis 446 ZGB (§ 447 ZGB). Solche finden sich nur außerhalb des ZGB, so das Pfandrecht des **Verfrachters** nach § 40 SeehandelsschiffahrtsG v 5. 2. 1976 (GBl DDR I 109), des **Seebeförderers** am Reisegepäck gemäß § 93 Abs 4 desselben Gesetzes und des Reeders wegen Rettungslohnes an den geretteten Gegenständen (§ 132 SeehandelsschiffahrtsG). **Spediteure** hatten ein gesetzliches Pfandrecht am Speditionsgut gemäß § 25 Anordnung über die Leistungsbedingungen der Speditionsbetriebe der DDR im grenzüberschreitenden Güterverkehr v 30. 11. 1976 (GBl DDR Sonderdruck Nr 893; berichtigt GBl DDR 1977 I 168). § 236 GIW (ab 1. 7. 1990: GW) sah für (internationale) Wirtschaftsverträge ein gesetzliches Besitzpfandrecht an den beweglichen Sachen und den Urkunden des Schuldners im Besitz des Vertragspartners vor. Seit dem 1. 7. 1990 konnten auch gesetzliche Pfandrechte nach dem HGB (§ 16 InkraftsetzungsG v 21. 6. 1990, GBl DDR I 357) entstehen (MünchKomm/Damrau Rn 33 f). **58**

bb) Ein besitzloses gesetzliches Pfandrecht regelte § 141 ZGB im Falle der Kreditgewährung beim Teilzahlungskauf. Das Kreditinstitut erlangte ein Pfandrecht, das bei vollständiger Rückzahlung erlosch. Mit Wirkung vom 9. 8. 1990 wurde § 141 ZGB aufgehoben (2. ZivilrechtsÄndG). Vorher begründete Pfandrechte bleiben unberührt. **59**

IV. Nichtanwendung von Bestimmungen über Nutzungsrechte (Abs 1 S 2, 3)

60 **1.** Abs 1 S 2, 3 bestimmt als **Ausnahme zu Abs 1 S 1** die Nichtanwendung von Bestimmungen zum Inhalt von Nutzungsrechten im Recht der DDR, die sich aus der Natur solcher Nutzungsrechte als öffentlich-rechtliche Berechtigung ergaben und daher auf ein als bürgerlich-rechtliches beschränktes dingliches Recht nicht mehr anwendbar sind.

61 **2.** Obwohl die Regelung erst durch das RegVBG eingefügt und S 3 durch das SachenRBerG als endgültige Regelung (nach Aussetzung von §§ 290 und 294 ZGB sowie § 6 NutzungsRG) gestaltet wurde, ist sie auf **Tatbestände seit dem 3. 10. 1990 anzuwenden**. Dabei gebietet eine rechtsstaatliche Auslegung der Bestimmung, daß – eventuelle, aber unwahrscheinliche – rechtskräftige Entscheidungen unberührt bleiben.

62 **3.** **Nicht anzuwenden** sind danach gemäß Abs 1 S 2:

a) bei Nutzungsrechten nach dem **NutzungsrechtsG**: § 5 Abs 2 S 2 NutzungsrechtsG (Übergang auf den Erben nur, wenn dieser Bürger der DDR war und entsprechenden Wohnbedarf hatte), § 5 Abs 3 (Ausstellung einer neuen Nutzungsurkunde an den Erben oder Erwerber). Damit wird die volle Vererblichkeit und Veräußerungsfähigkeit des Gebäudeeigentums iVm dem Nutzungsrecht hergestellt. Es ergibt sich aber, daß das Nutzungsrecht im Fall einer Veräußerung des Gebäudes nach § 5 Abs 1 auf den Erwerber übergeht, diesem aber keine neue Nutzungsurkunde auszustellen ist.

63 **b)** bei dinglichen Nutzungsrechten nach dem **ZGB**: § 289 Abs 2 ZGB, wonach der Übergang des Nutzungsrechts der staatlichen Genehmigung bedurfte und die Vererblichkeit beschränkt war; sowie § 293 Abs 1 S 2 ZGB, wonach zur Veräußerung eines Nutzungsrechts auf genossenschaftlichem Boden die Zustimmung der Genossenschaft und ein persönliches Wohnbedürfnis erforderlich waren.

64 **4.** Die sonderbare Fassung des Abs 1 S 3 beruht lediglich auf der nachträglichen Änderung durch das SachenRÄndG. Die entsprechende Anwendung von Satz 2 bedeutet nichts anderes, als daß die in Satz 3 genannten Vorschriften **nicht mehr anzuwenden sind**:

65 **a)** bei Nutzungsrechten nach dem **NutzungsrechtsG**: § 6 NutzungsrechtsG, der einen Entzug für gemeinnützige Zwecke oder bei bestimmungswidrigem Gebrauch vorsah.

66 **b)** bei Nutzungsrechten nach dem **ZGB**: § 290 ZGB über den Entzug bei nicht bestimmungsgemäßer Nutzung von volkseigenen Grundstücken und § 294 ZGB über den Entzug im Fall des Nutzungsrechts an genossenschaftlich genutztem Boden.

V. Aufhebung von Rechten (Abs 2)

67 **1.** Die **Aufhebung** beschränkter dinglicher Rechte seit dem 3. 10. 1990 beurteilt sich grundsätzlich nicht nach dem Recht der DDR, da es sich um einen nach dem

Stichtag eintretenden rechtsgeschäftlichen Tatbestand und nicht um eine Konsequenz aus dem Rechtsinhalt handelt (PALANDT/BASSENGE Rn 5). Für beschränkte dingliche Rechte an beweglichen Sachen genügt daher regelmäßig eine formlose Aufgabeerklärung (zugangsbedürftige Willenserklärung).

2. Für die Aufhebung eines beschränkten dinglichen Rechts an einem **Grundstück** gilt § 875 BGB (PALANDT/BASSENGE Rn 5; LÜBCHEN/WÜSTNECK 82; MünchKomm/QUACK Rn 11). **68**

3. Abs 3 bestimmt hierzu eine **Ausnahme** für den Fall eines nicht im Grundbuch eingetragenen und nach dem Recht der DDR nicht eintragungsbedürftigen Rechts. Es soll lediglich vermieden werden, daß eine Eintragung nur zu dem Zweck erfolgen müßte, die Löschung nach § 875 BGB zu ermöglichen. Daher unterliegt die Aufhebung eines eingetragenen, wenn auch nicht konstitutiv eintragungsbedürftigen Rechts *ratione legis* neuem Recht, also § 875 BGB. Entscheidend ist also nur die Tatsache der Eintragung bzw Nichteintragung eines *bestehenden* Rechts (MünchKomm/QUACK Rn 11). **69**

4. In Betracht kommt die Aufhebung eines **Mitbenutzungsrechts** durch Vertrag, nicht aber durch Kündigung (LÜBCHEN ua, ZGB § 322 Anm 3.1) sowie gemäß § 5 Abs 2 Satz 2. Ebenfalls nicht zwingend einzutragende **dingliche Nutzungsrechte** nach §§ 287 ff und 291 ff ZGB unterlagen dem Entzug bei nicht bestimmungsgemäßer Nutzung (§ 290 ZGB, § 294 ZGB). Diese Regelung ist durch Abs 1 S 3 aufgehoben (oben Rn 64 ff). **70**

5. Abs 2 ist nicht entsprechend anwendbar auf **(wieder-)begründete Grundpfandrechte nach § 3 Abs 1 lit a VermG**, wenn die Aufhebung vor Erledigung des Ersuchens nach § 34 VermG, also vor Eintragung des Rechts in das Grundbuch erfolgen soll. Abs 2 soll lediglich unnötige Förmlichkeiten vermeiden, die sich daraus ergeben, daß ein vor dem 3. 10. 1990 nicht eintragungsbedürftiges Recht nach § 875 zur Aufhebung der Eintragung bedürfte; hingegen ist eine Ausnahme zu § 875 BGB nicht geboten, wenn das einzutragende und aufzuhebende Recht erst nach Bestimmungen des Bundesrechts (wieder-)begründet wird (BÖHRINGER Rpfleger 1995, 139, 143). **71**

VI. Anpassung (Abs 3)

1. Anpassung nach dem SachenRBerG

a) Abs 3 S 1 ist lediglich eine **Verweisungvorschrift**, welche klarstellt, daß die Bestimmungen des SachenRBerG (auch) für die in § 3 genannten Rechte Spezialvorschriften im Verhältnis zum BGB enthalten (OLG Naumburg NL-BzAR 1998, 465). **72**

b) Von der Sachenrechtsbereinigung **erfaßt** sind: Rechte nach § 2a (dort Rn 162 ff), Gebäudeeigentum (vgl § 2a Rn 168; § 2b Rn 87 f; § 8 Rn 26 ff) und dingliche Nutzungsrechte (§ 4 Rn 101 ff). Am 1. 1. 1976 übergeleitete Erbbaurechte (oben Rn 48) werden nach § 112 Abs 3 SachenRBerG wie Nutzungsrechte behandelt, sofern die Voraussetzungen zur Bestellung eines Nutzungsrechts (oben Rn 48) vorgelegen hätten (BGHZ 138, 113, 114 f); im übrigen werden sie auf befristete Erbbaurechte zurückgeführt (§ 112 Abs 1, 2 SachenRBerG). **73**

74 **c)** Zum Erlöschen, Wegfall der Veräußerungsfähigkeit und Verpflichtung zur Aufhebung hinsichtlich **Nutzungsrechten** und **Gebäudeeigentum** im Falle der Durchführung der Sachenrechtsbereinigung vgl § 2a Rn 170 f. Zum Schicksal von **beschränkten dinglichen Rechten** am Gebäudeeigentum vgl § 6 Rn 27 f.

2. Weitere Anpassungsbestimmungen

75 Anpassungsbestimmungen betreffend beschränkte dingliche Rechte im Beitrittsgebiet finden sich vereinzelt auch in weiteren Bestimmungen.

a) Bestimmungen zur Anpassung von Rechten an **Grundstücken** im Beitrittsgebiet finden sich im **GrundbuchbereinigungsG** idF des RegVBG v 20. 12. 1993 (BGBl 1993 I 2192, geändert durch Art 2 § 6 SachenRÄndG, BGBl 1994 I 2491). §§ 2, 3 GBBerG ermöglichen die Umstellung *wertbeständiger Rechte* (insbesondere nicht in deutscher Währung ausgedrückter Grundpfandrechte) aus der Zeit vor Inkrafttreten des ZGB, § 5 GBBerG bestimmt das Erlöschen von *überholten Dienstbarkeiten*, § 6 GBBerG schafft eine Möglichkeit zum Ausschluß Berechtigter von *Mitbenutzungsrechten* und *Dienstbarkeiten* im Aufgebotsverfahren, § 10 ermöglicht die *Ablösung* von vor dem 1. 7. 1990 bestellten Grundschulden und Hypotheken über einen Nennbetrag von nicht mehr als DM 10.000 (näher § 6 Rn 27 f).

76 **b)** Eine weitreichende **Erlöschensbestimmung** enthält § 8 GBBerG:

aa) Ein nicht im Grundbuch eingetragenes **Mitbenutzungsrecht** oder sonstiges **beschränktes dingliches Recht**, das zur Erhaltung der Wirksamkeit gegenüber dem öffentlichen Glauben des Grundbuchs *nicht* der Eintragung bedarf (also einem Erlöschen durch gutgläubig lastenfreien Erwerb nicht zugänglich ist), **erlischt** mit dem Ablauf des 31. 12. 1995, wenn nicht der Eigentümer des Grundstücks das Recht vorher in Form des § 29 GBO anerkennt und die Grundbuchberichtigung bewilligt oder der Berechtigte vorher nach § 209 aF BGB verjährungsunterbrechend die Abgabe dieser Erklärungen verlangt hat. Wird eine Klage nach § 8 GBBerG rechtshängig, so wird die Sicherung im Grundbuch dadurch erleichtert, daß das Gericht auf Antrag des Klägers das Grundbuchamt um Eintragung eines Rechtshängigkeitsvermerks ersucht, der die Wirkung eines Widerspruchs zugunsten des Klägers hat (§ 8 Abs 4 GBBerG).

77 **bb)** Hiervon **ausgenommen** sind nur die **Nutzungsrechte** nach Art 233 § 4 Abs 2.

78 **cc)** Das **Fristende** lag schon idF des RegVBG entgegen dem Regierungsentwurf (BT-Drucks 12/5553, 94) um ein Jahr vor dem im RegVBG für die Wiederherstellung des öffentlichen Glaubens des Grundbuchs im übrigen vorgesehenen Termin (1. 1. 1997). Dabei dürfte es sich um ein Redaktionsversehen gehandelt haben, denn noch der Regierungsentwurf des RegVBG (BT-Drucks 12/5553, 94) nennt als Stichtag für § 8 GBBerG den 31. 12. 1996. In das EFG und das 2. EFG, durch das die Wiederherstellung des öffentlichen Glaubens der *Grundbücher* bis zum 1. 1. 2001 hinausgeschoben wurde, ist § 8 GBBerG nicht einbezogen, von der Ermächtigung zur Verlängerung der Frist (§ 8 Abs 1 S 2 GBBerG) wurde nicht Gebrauch gemacht. Soweit § 8 GBBerG Mitbenutzungsrechte iSd § 5 erfaßt, ergibt sich dadurch ein offener Widerspruch zu § 5; es kann nicht gewollt sein, daß ein nicht eingetragenes Mitbenutzungsrecht mangels Anerkennung durch den Grundstückseigentümer zu einer Zeit erlischt, zu der § 5 Abs 2 S 1 selbst den Gutglaubenserwerb bei Verkehrsgeschäften (§ 892 BGB) noch suspendiert. Insoweit muß auch für § 8 GBBerG als Stichtag der 31. 12. 2000 gelten (SCHMIDT-RECLA ZOV 1999, 408, 410, dort auch zu der weitergehenden Frage, ob der in § 8 Abs 1 GBBerG genannte Stichtag auch für andere beschränkte dingliche Rechte, insbesondere Altrechte, auf den 31. 12. 2001 zu korrigieren ist).

c) In der DDR wurden für **öffentliche Versorgungsleitungen** regelmäßig keine beschränkten dinglichen Rechte an den benutzten Grundstücken begründet; alte Dienstbarkeiten wurden sogar gelöscht (SEELIGER DtZ 1995, 34). Für diese Fälle schafft **§ 7 Abs 1 VermögenszuordnungsG** (BGBl 1994 I 710) eine Duldungspflicht vorbehaltlich der Bestimmungen des in Art 233 § 3 Abs 2 (aF) vorbehaltenen SachenRBerG. § 9 GBBerG begründet für Versorgungsleitungen mit Wirkung vom 25. 12. 1993 (Inkrafttreten des RegVBG und des GBBerG) eine beschränkte persönliche Dienstbarkeit. **79**

3. Vorbehalt späterer Anpassung (Abs 3 S 2)

a) Abs 3 S 2 behält eine spätere **Anpassung im übrigen** vor. Eine solche Anpassung bezieht sich nicht nur auf Fälle, in denen das SachenRBerG den Beteiligten eine Bereinigung anbietet, diese aber ggf hiervon nicht Gebrauch machen (so: PALANDT/BASSENGE Rn 6). Die Reichweite des Vorbehalts erstreckt sich vielmehr – unter Ausklammerung der in Abs 3 S 1 verwiesenen Bestimmungen des SachenRBerG – ebenso weit wie der ursprüngliche Vorbehalt des Abs 2 aF. **80**

b) Dieses Verständnis ist deshalb wesentlich, weil damit ein **Vertrauensschutz** hinsichtlich noch nicht bereinigter beschränkter dinglicher Rechte nach dem Recht der DDR eingeschränkt wird. Das Vertrauen, die mit dem RegVBG und dem SachenRÄndG getroffene Bereinigung sei bereits abschließend, ist in Hinblick auf den Vorbehalt nicht schutzwürdig (vgl zu Abs 2 aF MünchKomm/QUACK Rn 14; sowie STAUDINGER/RAUSCHER[12] Rn 35). **81**

c) Eine künftige Bereinigung und Anpassung der verbleibenden, dem BGB fremden beschränkten dinglichen Rechte ist aber nur innerhalb der **Inhalts- und Schrankenbestimmungsbefugnis** des Gesetzgebers **(Art 14 Abs 1 GG)** zulässig. Hieraus dürfte folgen, daß für beschränkte dingliche Rechte, welche der Natur nach dem BGB bekannt sind, eine Aufhebung durch Gesetz ausscheidet; in Betracht kommt aber eine spätere Überleitung in Rechtsinstitute des BGB, etwa für die DDR-Hypothek in eine Sicherungshypothek. Weitergehende Regelungsfreiheit hat der Gesetzgeber hinsichtlich von Sachenrechten, die dem BGB nicht bekannt sind und die im ZGB unvollkommen geregelt waren. Hier begrenzt zum einen das übergeordnete Ziel der Rechtseinheit, zum anderen aber auch der mangels Regelungsklarheit schwächere Vertrauensschutz das Bestandsinteresse. In Betracht kommt insbesondere eine Regelung, die *Mitbenutzungsrechte*, nachdem diese nun durch § 8 GBBerG (oben Rn 76 f) einer Eintragungspflicht unterstellt wurden, später, soweit zulässig, in Dienstbarkeiten überleitet. **82**

VII. Überleitung von Vorkaufsrechten (Abs 4)

83 **1.** Für **Inhalt** und **Ausübung** von Vorkaufsrechten (oben Rn 44 ff) gelten seit dem 1. 10. 1994 §§ 1094 bis 1104 BGB. §§ 306 Abs 1 S 4, 307–309 ZGB treten damit außer Kraft (zum Regelungszweck oben Rn 8). Dies muß über den Wortlaut des Abs 4 hinaus auch für am 1. 1. 1976 übergeleitete alte Vorkaufsrechte gelten, die seit dem 1. 1. 1976 den §§ 307 bis 309 ZGB unterstanden (oben Rn 48); der Gesetzgeber ging offenbar irrig davon aus, daß solche Altrechte ohnehin weiter dem BGB unterstanden hätten (**aA** Wilhelms NotBZ 1998, 16, 18). Einer gesetzlichen Klarstellung (vgl den aaO zitierten – nicht weiter verfolgten – Referentenentwurf) bedurfte es nicht; diese wäre sogar problematisch, weil der Eindruck entstehen könnte, daß auf solche Altrechte nach dem 1. 10. 1994 zunächst weiter §§ 307 ff ZGB und sodann rückwirkend das BGB anzuwenden wäre, was zum Wiederaufleben von nach § 309 ZGB erloschenen Vorkaufsrechten führen würde (insoweit nur auf Grundlage der dort vertretenen unzutreffenden Prämisse richtig Wilhelms NotBZ 1998, 16, 18).

84 **2.** Das Vorkaufsrecht muß jedoch am 3. 10. 1990 nach dem Recht der DDR **wirksam bestellt** gewesen sein und am 1. 10. 1994 noch bestanden haben. Insbesondere kommt eine Heilung von nach dem Recht der DDR mit unwirksamem Inhalt bestellten Vorkaufsrechten nicht in Betracht (oben Rn 44).

85 **3.** Ist unter Verstoß gegen § 307 Abs 1 ZGB das belastete Grundstück **vor dem 1. 10. 1994 verkauft** worden, so steht dem Vorkaufsberechtigten das Gestaltungsrecht nach § 1094 Abs 1 BGB zu. Er kann nicht mehr nach § 309 ZGB gegen den Erwerber vorgehen.

86 **4.** Ist der Erwerber bereits im **Grundbuch eingetragen**, und hat der Vorkaufsberechtigte bis zum 1. 10. 1994 seinen Anspruch aus § 309 Abs 1 ZGB auf Übertragung des Eigentums gegen den Erwerber noch nicht durchgesetzt (Erteilung einer Eintragungsbewilligung oder rechtskräftige Entscheidung gegen den Erwerber), so ist § 1098 Abs 2 BGB anzuwenden. Das Vorkaufsrecht wirkt seit dem 1. 10. 1994 wie eine Vormerkung des Anspruchs aus § 433 Abs 1 BGB; der Berechtigte kann nach dem 1. 10. 1994 sein Gestaltungsrecht nach § 1094 Abs 1 BGB ausüben und sodann aufgrund der Vormerkung ungeachtet des Erwerbs des Dritten seinen kaufvertraglichen Anspruch gegen den – vormaligen – Grundstückseigentümer durchsetzen.

§ 4
Sondervorschriften für dingliche Nutzungsrechte und Gebäudeeigentum

(1) Für das Gebäudeeigentum nach § 288 Abs. 4 oder § 292 Abs. 3 des Zivilgesetzbuchs der Deutschen Demokratischen Republik gelten von dem Wirksamwerden des Beitritts an die sich auf Grundstücke beziehenden Vorschriften des Bürgerlichen Gesetzbuchs mit Ausnahme der §§ 927 und 928 entsprechend. Vor der Anlegung eines Gebäudegrundbuchblatts ist das dem Gebäudeeigentum zugrundeliegende Nutzungsrecht von Amts wegen im Grundbuch des belasteten Grundstücks einzutragen. Der Erwerb eines selbständigen Gebäudeeigentums oder eines dinglichen Rechts am Gebäude der in Satz 1 genannten Art aufgrund der Vorschriften über den

öffentlichen Glauben des Grundbuchs ist nur möglich, wenn auch das zugrundeliegende Nutzungsrecht bei dem belasteten Grundstück eingetragen ist.

(2) Ein Nutzungsrecht nach §§ 287 bis 294 des Zivilgesetzbuchs der Deutschen Demokratischen Republik, das nicht im Grundbuch des belasteten Grundstücks eingetragen ist, wird durch die Vorschriften des Bürgerlichen Gesetzbuchs über den öffentlichen Glauben des Grundbuchs nicht beeinträchtigt, wenn ein aufgrund des Nutzungsrechts zulässiges Eigenheim oder sonstiges Gebäude in dem für den öffentlichen Glauben maßgebenden Zeitpunkt ganz oder teilweise errichtet ist und der dem Erwerb zugrundeliegende Eintragungsantrag vor dem 1. Januar 2001 gestellt worden ist. Der Erwerber des Eigentums oder eines sonstigen Rechts an dem belasteten Grundstück kann in diesem Fall die Aufhebung oder Änderung des Nutzungsrechts gegen Ausgleich der dem Nutzungsberechtigten dadurch entstehenden Vermögensnachteile verlangen, wenn das Nutzungsrecht für ihn mit Nachteilen verbunden ist, welche erheblich größer sind als der dem Nutzungsberechtigten durch die Aufhebung oder Änderung seines Rechts entstehende Schaden; dies gilt nicht, wenn er beim Erwerb des Eigentums oder sonstigen Rechts in dem für den öffentlichen Glauben des Grundbuchs maßgeblichen Zeitpunkt das Vorhandensein des Nutzungsrechts kannte.

(3) Der Untergang des Gebäudes läßt den Bestand des Nutzungsrechts unberührt. Aufgrund des Nutzungsrechts kann ein neues Gebäude errichtet werden; Belastungen des Gebäudeeigentums setzen sich an dem Nutzungsrecht und dem neu errichteten Gebäude fort. Ist ein Nutzungsrecht nur auf die Gebäudegrundfläche verliehen worden, so umfaßt das Nutzungsrecht auch die Nutzung des Grundstücks in dem für Gebäude der errichteten Art zweckentsprechenden ortsüblichen Umfang, bei Eigenheimen nicht mehr als eine Fläche von 500 qm. Auf Antrag ist das Grundbuch entsprechend zu berichtigen. Absatz 2 gilt entsprechend.

(4) Besteht am Gebäude selbständiges Eigentum nach § 288 Abs. 4 und § 292 Abs. 3 des Zivilgesetzbuchs der Deutschen Demokratischen Republik, so bleibt bei bis zum Ablauf des 31. Dezember 2000 angeordneten Zwangsversteigerungen ein nach jenem Recht begründetes Nutzungsrecht am Grundstück bei dessen Versteigerung auch dann bestehen, wenn es bei der Feststellung des geringsten Gebots nicht berücksichtigt ist.

(5) War der Nutzer beim Erwerb des Nutzungsrechts unredlich im Sinne des § 4 des Vermögensgesetzes, kann der Grundstückseigentümer die Aufhebung des Nutzungsrechts durch gerichtliche Entscheidung verlangen. Der Anspruch nach Satz 1 ist ausgeschlossen, wenn er nicht bis zum 31. Dezember 2000 rechtshängig geworden ist. Ein Klageantrag auf Aufhebung ist unzulässig, wenn der Grundstückseigentümer zu einem Antrag auf Aufhebung des Nutzungsrechts durch Bescheid des Amtes zur Regelung offener Vermögensfragen berechtigt oder berechtigt gewesen ist. Mit der Aufhebung des Nutzungsrechts erlischt das Eigentum am Gebäude nach § 288 Abs. 4 und § 292 Abs. 3 des Zivilgesetzbuchs der Deutschen Demokratischen Republik. Das Gebäude wird Bestandteil des Grundstücks. Der Nutzer kann für Gebäude, Anlagen und Anpflanzungen, mit denen er das Grundstück ausgestattet hat, Ersatz verlangen, soweit der Wert des Grundstücks hierdurch noch zu dem Zeitpunkt der Aufhebung des Nutzungsrechts erhöht ist. Grundpfandrechte an einem aufgrund des Nutzungs-

rechts errichteten Gebäude setzen sich am Wertersatzanspruch des Nutzers gegen den Grundstückseigentümer fort. § 16 Abs. 3 Satz 5 des Vermögensgesetzes ist entsprechend anzuwenden.

(6) Auf die Aufhebung eines Nutzungsrechts nach § 287 oder § 291 des Zivilgesetzbuchs der Deutschen Demokratischen Republik finden die §§ 875 und 876 des Bürgerlichen Gesetzbuchs Anwendung. Ist das Nutzungsrecht nicht im Grundbuch eingetragen, so reicht die notariell beurkundete Erklärung des Berechtigten, daß er das Recht aufgebe, aus, wenn die Erklärung bei dem Grundbuchamt eingereicht wird. Mit der Aufhebung des Nutzungsrechts erlischt das Gebäudeeigentum nach § 288 Abs. 4 oder § 292 Abs. 3 des Zivilgesetzbuchs der Deutschen Demokratischen Republik; das Gebäude wird Bestandteil des Grundstücks.

(7) Die Absätze 1 bis 5 gelten entsprechend, soweit aufgrund anderer Rechtsvorschriften Gebäudeeigentum, für das ein Gebäudegrundbuchblatt anzulegen ist, in Verbindung mit einem Nutzungsrecht an dem betroffenen Grundstück besteht.

Materialien: Abs 1 S 1, 2, 7, entsprechend Abs 3 idF des EV: siehe zu Art 230; E: BT-Drucks 11/7760. Abs 3, 4 eingefügt und Abs 6 (vormals Abs 3 idF des EV, sodann Abs 5 idF des 2. VermRÄndG) geändert durch Art 7 Nr 2 c, d 2. VermRÄndG BGBl 1992 I 1257; hierzu vgl BT-Drucks 12/2480 Art 7 Nr 2c; **Abs 1 S 2 und 3** eingefügt durch Art 13 Nr 3 f aa RegVBG, Materialien siehe § 2a; **Abs 2 S 1 letzter Teilsatz** geändert durch Art 13 Nr 3 f bb RegVBG, Materialien ebenda; **Abs 3 S 2 letzter Teilsatz** eingefügt durch Art 13 Nr 3 f cc RegVBG, Materialien ebenda; **Abs 4 S 1** geändert durch Art 13 Nr 3 f dd RegVBG, Materialien ebenda; **Abs 5** eingefügt durch Art 2 § 5 Nr 2 e aa SachenRÄndG, Materialien siehe § 2a; **Abs 2, 4** und 5 : Datum geändert durch Art 1 Abs 1 Nr 2 EFG BGBl 1996 I 2028; E: BT-Drucks 13/5586; Bericht und Beschlußempfehlung des Rechtsausschusses BT-Drucks 13/6122; erneut geändert durch Art 1 Abs 1 Nr 2 2. EFG, BGBl 1999 I 2493; E: BT-Drucks 14/2250; Bericht und Beschlußempfehlung des Rechtsausschusses BT-Drucks 14/2352.

Schrifttum

Böhringer, Die Teilung von Gebäudeeigentum, DtZ 1996, 290
ders, Die Sperr- und Sicherungswirkung gewisser ostdeutscher Grundbuchanträge, Rpfleger 1996, 177
ders, Wegfall liegenschaftsrechtlicher Besonderheiten in den neuen Ländern zur Jahrtausendwende, Rpfleger 1999, 425
ders, Die Aufhebung des Gebäudeeigentums und die erforderliche Bescheinigung hierzu, NotBZ 1999, 68
ders, Möglichkeiten der Ausschließung unbekannter Rechtsinhaber im Liegenschaftsrecht, NotBZ 2001, 197
Czub, Materiell-rechtliche Voraussetzungen und grundbuchrechtlicher Nachweis von Gebäudeeigentum, ZOV 1997, 63
Flik, Ist das übergeleitete Gebäudeeigentum verkehrsfähig und realkreditfähig?, DtZ 1996, 162
Flik/Keller, Zur Klage auf Grundbuchberichtigung für Gebäudeeigentum und Mitbenutzungsrechte sowie zu vorläufigen Sicherungsmaßnahmen, DtZ 1996, 330
Heinze, Aufteilung von Gebäudeeigentum nach dem Wohnungseigentumsgesetz, DtZ 1995, 195
Hügel, Die Begründung von Wohnungseigentum an selbständigem Gebäudeeigentum und dessen Behandlung im Rahmen von § 67 SachenRBerG, DtZ 1996, 66

ders, Vor- und Nachteile des Gebäudeerwerbs durch Aufgabeerklärung, NotBZ 1998, 22
KOHLER, Der Ausschluß der Bodenrestitution bei Bestehen von Nutzungsrechten, VIZ 1992, 261
KRAUSS, Der „umgekehrte Ankauf" gemäß § 81 SachenRBerG, NotBZ 1997, 149
ders, Grundstück und Gebäudeeigentum: Bestandteilszuschreibung und/oder Aufgabeerklärung?, NotBZ 1997, 60
SCHMIDT-RÄNTSCH, Das Eigentumsfristengesetz, VIZ 1997, 2
SCHNABEL, Ausschlußfristen für Grundstücksrechte im Beitrittsgebiet zum 1. Januar 2001 – Änderungen durch das 2. Eigentumsfristengesetz –, ZOV 2000, 79.

Systematische Übersicht

Alphabetische Übersicht

I. Normzweck

1. Abs 1 S 1

1 **a)** Abs 1 integriert das nach Art 231 § 5 Abs 1 fortbestehende (Satz 1) oder innerhalb eines bestehenden Nutzungsrechts neu begründete (Satz 2) vom Grundstück selbständige **Eigentum an Gebäuden** in die Regelungen des BGB. Die Bestimmung ist daher im Zusammenhang mit § 2 zu lesen: Auch für Gebäudeeigentum gilt der Grundsatz, wonach auf das am Stichtag bestehende Eigentum ab dem Stichtag die Bestimmungen des BGB anzuwenden sind. Da das Gebäudeeigentum eine dem BGB bisher fremde Kategorie ist, bedurfte es einer Bestimmung des innerhalb des BGB anwendbaren Normenkomplexes. Die Zuordnung zu den *unbeweglichen* Sachen geschieht in Anlehnung an die bisherige Behandlung nach § 295 Abs 2 S 2 ZGB.

b) Mittelbar wird hierdurch auch das zugehörige **Nutzungsrecht** in die Systematik des BGB-Sachenrechts integriert, weil dieses nach Art 231 § 5 Abs 2 als *wesentlicher Bestandteil* des Gebäudes gilt. Der Gesamtkomplex aus Gebäudeeigentum und Nutzungsrecht wird hierdurch zu einem dem Erbbaurecht ähnlichen Recht (BT-Drucks 11/7817, 41; Lübchen/Wüstneck 84). Dabei ist jedoch zu beachten, daß das Nutzungsrecht als solches als *beschränktes dingliches Recht* am belasteten Grundstück bis zur Sachenrechtsbereinigung an dem Grundstück mit dem nach dem Recht der DDR begründeten Inhalt fortbesteht (§ 3 Abs 1). Die Auswirkungen des Nutzungsrechts auf das Gebäudeeigentum (insbesondere Zulässigkeit der Errichtung und Nutzung) bleiben damit grundsätzlich unberührt, soweit sich nicht insbesondere aus Art 231 § 5 Abs 2 hinsichtlich der Verfügung über das Nutzungsrecht etwas anderes ergibt. Zweck der Regelung in Abs 1 ist nur die Überleitung der Beurteilung des Gebäudeeigentums nach § 295 Abs 2 S 2 ZGB in das Immobiliarsachenrecht des BGB, nicht aber eine sachenrechtliche Zusammenfassung von Nutzungsrecht und Gebäudeeigentum. 2

c) Zu Fällen des **nutzungsrechtslosen Gebäudeeigentums** vgl § 2b, § 2c, § 8. 3

2. Abs 1 S 2, 3

Die durch das RegVBG eingefügten Abs 2 und 3 **entsprechen** der gleichzeitig geschaffenen Regelung in **§ 2b Abs 2 S 3** (dort Rn 5), **§ 2c Abs 3** (dort Rn 5, 33) und dienen demselben Zweck. Im Unterschied zum Fall des nutzungsrechtslosen Gebäudeeigentums ist für die Grundbucheintragung im Grundbuch des belasteten Grundstücks jedoch auf das Nutzungsrecht abzustellen (BT-Drucks 12/5553, 132 f). Es soll erreicht werden, daß keine Gebäudegrundbuchblätter bestehen, ohne daß das zugrundeliegende Nutzungsrecht als Belastung im Grundbuch des Grundstücks eingetragen ist, und es soll vermieden werden, daß ein Erwerber des Gebäudeeigentums gutgläubig ist in Ansehung von dinglichen Belastungen am Grundstück (zugunsten gutgläubig lastenfreier Erwerber), die nach Art 231 § 5 Abs 4 S 1 das Gebäudeeigentum mitbelasten (dort Rn 10). 4

3. Abs 2

a) Abs 2 bestätigt einerseits die fortbestehende **Trennung von Gebäudeeigentum und Nutzungsrecht** und dessen Behandlung als beschränktes dingliches Recht am Grundstück. Daraus folgt, daß das Nutzungsrecht durch **gutgläubig lastenfreien Erwerb** des Grundstücks erlöschen kann. Dies würde jedenfalls für Nutzungsrechte nach §§ 287 ff ZGB zum Untergang des selbständigen Gebäudeeigentums (insbesondere an Eigenheimen) führen. Dies folgt aus § 3 Abs 1 iVm § 6 Abs 2 NutzungsrechtsG und steht im Einklang mit Art 231 § 5 Abs 1, obgleich das Nutzungsrecht wesentlicher Bestandteil des Gebäudes ist, nicht aber umgekehrt, da dort der 5

Fortbestand des Gebäudeeigentums von der Zulässigkeit im Rahmen des Nutzungsrechts abhängig gemacht ist (im Ergebnis ebenso: BT-Drucks 11/7817, 41; vgl auch MünchKomm/vOEFELE Rn 7).

6 **b)** Das Risiko des Erlöschens durch **gutgläubigen Erwerb** war nach dem Stand im Zeitpunkt der Wiedervereinigung relativ hoch: Nach dem Recht der DDR entstanden dingliche Nutzungsrechte der in § 4 erfaßten Art durch Verleihung bzw Zuweisung mittels Übergabe einer Urkunde; die **Eintragung** in das Grundbuch des belasteten Grundstücks war nicht konstitutiv; der Nutzungsberechtigte hatte kein eigenes Antragsrecht; ein **Gebäudegrundbuchblatt** wurde für das errichtete Gebäude angelegt (oder sollte doch nach den Bestimmungen der DDR angelegt werden), schützt aber bei fehlender Eintragung im Grundbuch des belasteten Grundstücks nicht gegen gutgläubigen Erwerb (hierzu Art 231 § 5 Rn 63 f).

7 **c)** Abs 2 Satz 1 **beschränkt daher den öffentlichen Glauben** des Grundbuchs, sofern im maßgeblichen Zeitpunkt ein (teil-)errichtetes Gebäude als erkennbares Anzeichen für das Bestehen des Nutzungsrechts vorhanden war (PALANDT/BASSENGE Rn 5; MünchKomm/vOEFELE Rn 39; LÜBCHEN/WÜSTNECK 84; BÖHRINGER Rpfleger 1991, 90; TURNER DB DDR-Rep 1990, 3/150).

8 **d)** Die durch das RegVBG eingefügte **zeitliche Begrenzung** ersetzte den ursprünglichen Regelungsvorbehalt (dazu STAUDINGER/RAUSCHER[12] Rn 32 ff). Sie war idF durch das RegVBG an dem dort geschaffenen zeitlichen Rahmen orientiert, innerhalb dessen der öffentliche Glaube des Grundbuchs wiederhergestellt sein sollte. Gutgläubig lastenfreier Erwerb ist danach bis zum Ablauf des Stichtages ausgeschlossen (BT-Drucks 12/5553, 133).

Als Ausgleich hierzu schafft Abs 2 S 2 eine **Ablöseregelung**, die den Schutz von Investitionen bezweckt, die wertvoller sind als das Nutzungsrecht bzw das Gebäude.

9 **e)** Die für die Wiederherstellung des guten Glaubens des Grundbuchs im RegVBG **ursprünglich bestimmte Frist** (bis 1. 1. 1997) erwies sich als zu kurz, weil die Berechtigten nicht in der Lage waren, die für die Eintragung erforderlichen Unterlagen zu beschaffen. Sie wurde daher in allen nach der Konzeption des RegVBG hiervon betroffenen Bestimmungen zunächst durch das **EFG** (dazu SCHMIDT-RÄNTSCH VIZ 1997, 2) bis zum 1. 1. 2000 und sodann durch das **2. EFG** (dazu SCHNABEL ZOV 2000, 79) bis zum 1. 1. 2001 verlängert.

4. Abs 3

10 **a)** Abs 3 stellt sicher, daß im Fall des **Untergangs des Gebäudes** dieses aufgrund des fortbestehenden Nutzungsrechts wiedererrichtet werden kann; diese Klarstellung wurde erforderlich, weil Art 231 § 5 Abs 2 das Nutzungsrecht als wesentlichen Bestandteil des Gebäudes behandelt (SCHMIDT-RÄNTSCH DtZ 1992, 317).

11 **b)** Für die **Beleihbarkeit** des Gebäudeeigentums ist wesentlich, daß Belastungen nicht mit der Zerstörung des Gebäudes untergehen. Dies war nach der ursprünglichen Fassung nicht gesichert, eine „Schuldbefreiung" durch Untergang schien möglich. Der auf Vorschlag des Bundesrates eingefügte Abs 3 S 2 HS 2 erstreckt die

Belastungen des Gebäudeeigentums auf das Nutzungsrecht und das neu errichtete Gebäude (BT-Drucks 12/5553, 197).

5. Abs 4

12 Abs 4 idF des 2. VermRÄndG bereinigt den Zweifel, der sich aus der Einordnung des **Nutzungsrechts als wesentlicher Bestandteil** des Gebäudeeigentums (Art 231 § 1 Abs 2) und zugleich als einer Belastung des Grundstücks ergibt. Es war fraglich, ob ein solches Nutzungsrecht erlischt, wenn es als dingliches Recht am Grundstück in der Zwangsversteigerung in das geringste Gebot (§ 45 ZVG) fiele, weil hiernach nur Rechte zu berücksichtigen sind, wenn sie aus dem Grundbuch ersichtlich oder angemeldet sind (BT-Drucks 12/2480, 79). Entsprechend der Regelung zum **gutgläubigen Erwerb** in Abs 3 wurde mit Neufassung durch das RegVBG dieser Schutz zeitlich auf den 31. 12. 1996 begrenzt (BT-Drucks 12/5553, 133). Wie die Frist in Abs 2 (oben Rn 9) wurde auch diese zweimal bis zum 31. 12. 2000 verlängert.

6. Abs 5

13 **a)** Der durch das SachenRÄndG neu eingefügte Abs 5 soll **Wertungswidersprüche zum VermG** vermeiden, das in § 16 Abs 3 die Aufhebung des Nutzungsrechts vorsieht, wenn der Nutzer bei dessen Begründung nicht redlich iSd § 4 Abs 3 VermG war.

14 **b)** Da die Ämter zur Regelung offener Vermögensfragen nur mit Grundstücken befaßt sind, die restitutionsbelastet sind, löst Abs 5 die Problematik für **nicht restitutionsbelastete Grundstück** als eine rein zivilrechtliche Frage im Verhältnis von Grundstückseigentümer und Nutzungsberechtigtem (Anspruchslösung), die im Zivilrechtsweg durchzusetzen ist.

15 **c)** Dieses Recht des Grundstückseigentümers wird zur Vermeidung einer Investitionen lähmenden langdauernden Ungewißheit durch eine **Ausschlußfrist** begrenzt (BT-Drucks 12/5992, 185), die wie die übrigen Fristen zur Wiederherstellung des guten Glaubens des Grundbuchs (oben Rn 9) zweimal bis zum 1. 1. 2001 verlängert wurde.

7. Abs 6

16 Abs 6 (Abs 5 der ursprünglichen Fassung) stellt klar, daß eine **Aufhebung** des Nutzungsrechts möglich ist, und unterstellt diese den Regelungen über dingliche Grundstücksrechte (BT-Drucks 12/2480, 80).

II. Immobiliareigentum am Gebäude (Abs 1)

1. Anwendungsbereich

17 **a)** Abs 1 nennt **ausdrücklich** das Gebäudeeigentum nach § 288 Abs 4 ZGB, das aufgrund eines nach § 287 ZGB verliehenen Nutzungsrechts an volkseigenen Grundstücken entstand (hierzu Art 231 § 5 Rn 21 ff), sowie das Gebäudeeigentum nach § 292 Abs 3 ZGB, welches aufgrund eines nach § 291 ZGB zugewiesenen Nutzungsrechts an genossenschaftlichem Boden entstand (hierzu Art 231 § 5 Rn 26 ff).

18 **b)** Abs 1 gilt entsprechend für Gebäudeeigentum, das am 2. 10. 1990 noch nicht bestanden hat, das aber nach dem Stichtag aufgrund eines vor dem 3. 10. 1990 begründeten Nutzungsrechts nach §§ 287 ff, 291 ff ZGB zulässigerweise gemäß Art 231 § 5 Abs 2 S 2 begründet wird. Die **Entstehung** des Gebäudeeigentums *beim Nutzungsberechtigten* unterliegt in diesem Fall weiterhin § 288 Abs 4 bzw § 292 Abs 3 ZGB, die als Inhaltsbestimmungen des Nutzungsrechts gemäß Art 233 § 3 fortgelten (vgl zur Einschränkung der Fortgeltung anderer Inhaltsregelungen zum Nutzungsrecht: § 3 Abs 1 S 2, 3).

19 **c)** Abs 1 gilt aufgrund **Verweisung in Abs 7** entsprechend für die dort genannten dinglichen Nutzungsrechte (hierzu unten Rn 99 ff). Hierzu rechnen nicht die ebenfalls von Art 231 § 5 Abs 1 erfaßten Fälle des Eigentums an **Baulichkeiten** aufgrund vertraglicher Nutzungsrechte (§§ 312 ff ZGB); insbesondere erfaßt Abs 3 diese Fälle nicht, da nach § 16 GrundstücksdokumentationsO v 20. 11. 1975 (GBl DDR I 697) hierfür kein Gebäudegrundbuchblatt anzulegen war.

20 **d)** Abs 1 und die hieran anschließenden Bestimmungen in Abs 2 bis 6 gelten nicht unmittelbar für **nutzungsrechtsloses Gebäudeeigentum** (Böhringer DtZ 1994, 50, 51). Insoweit sind §§ 2b, 2c und § 8 anzuwenden, die teilweise auf § 4 verweisen.

2. Überleitung: Einzelfragen

21 **a)** Als Grundsatz bestimmt Abs 1 die Anwendung der Vorschriften des BGB über Grundstücke (BGH LM § 66 DDR-ZGB Nr 1; Heinze DtZ 1995, 195). Ausgenommen sind wie beim Erbbaurecht ausdrücklich §§ 927, 928 BGB (LG Neubrandenburg MDR 1992, 1056; Becker-Eberhard Jura 1994, 577, 581). Für die **rechtsgeschäftliche Aufhebung** des Eigentums gelten nicht die Bestimmungen des ZGB der DDR, sondern § 875 BGB (Palandt/Bassenge Rn 3; MünchKomm/vOefele Rn 11; Böhringer Rpfleger 1995, 51, 52).

Ein Erlöschen durch **Aufgebot** kommt aufgrund allgemeiner sachenrechtlicher Bestimmungen wegen der Behandlung als Immobiliareigentum nicht in Betracht; Sonderregelungen finden sich jedoch in § 18 SachenRBerG und § 15 GBBerG (Böhringer NotBZ 2001, 197, 199).

22 **b)** Das Gebäudeeigentum ist damit wie jedes Eigentum an Grundstücken **vererblich** (MünchKomm/vOefele Rn 51); die freie Vererblichkeit ist nunmehr durch § 3 Abs 1 S 2 – Streichung der die Vererblichkeit beschränkenden Bestimmungen im ZGB und NutzungsrechtsG – klargestellt.

23 **c)** **Verfügungen** über das Gebäudeeigentum unterliegen § 873 BGB (Lehmann/Zisowski DtZ 1992, 376). Soweit sie vor dem 2. 10. 1990 eingeleitet wurden, ist § 7 zu beachten. Erforderlich ist daher für jede Verfügung die Eintragung auf dem **Gebäudegrundbuchblatt** (Palandt/Bassenge Rn 2; dazu im einzelnen unten Rn 40 f). Die **Heilungsvorschrift** des § 2b Abs 6 gilt **nicht** für Verfügungen über Gebäudeeigentum nach Abs 1 (vgl dort Rn 78).

24 **d)** **Verfügungen** über das Gebäudeeigentum erfassen das **Nutzungsrecht** sowie die übrigen in Art 231 § 5 Abs 2 genannten wesentlichen Bestandteile (Palandt/Bassenge Rn 2). Über das Nutzungsrecht kann nicht isoliert verfügt werden.

e) Die **Übereignung** des Gebäudeeigentums unterliegt (anders als § 11 ErbbaurechtsVO, BT-Drucks 11/7817, 41) **§ 925 BGB** (BT-Drucks 11/7817, 41; PALANDT/BASSENGE Rn 2). **25**

aa) Sie ist **genehmigungspflichtig** nach §§ 2, 23 **GrundstücksverkehrsVO** (hierzu § 2 Rn 17 ff; PALANDT/BASSENGE Rn 3; MünchKomm/vOEFELE Rn 50). **26**

bb) Die strittige Frage, ob sich aus **§ 289 Abs 2 ZGB** (ebenso § 5 Abs 1 NutzungsRG) ein weitergehendes Genehmigungserfordernis ergibt (ablehnend bereits STAUDINGER/RAUSCHER [1996] Rn 13; **aA** MünchKomm/vOEFELE EV[2] Rn 329), hat sich erledigt, da diese Bestimmungen gemäß § 3 Abs 1 S 2 nicht mehr anwendbar sind. **27**

f) **Belastungen** des Gebäudeeigentums können nur nach §§ 873 ff BGB erfolgen, soweit die Natur des Gebäudeeigentums nicht entgegensteht (PALANDT/BASSENGE Rn 3). **28**

aa) Beschränkte dingliche Rechte nach ZGB können nicht mehr bestellt werden (zum Fortbestand von Altrechten siehe § 3). Zulässig ist insbesondere die Belastung mit **Grundpfandrechten** (PALANDT/BASSENGE Rn 3; WEIMAR DtZ 1991, 51). **Dienstbarkeiten** sind nur zulässig, soweit sie nicht in Widerspruch zum Inhalt des Nutzungsrechts stehen (MünchKomm/vOEFELE Rn 52). Ein **Erbbaurecht** am Gebäudeeigentum ist begrifflich nicht möglich (PALANDT/BASSENGE Rn 3; MünchKomm/vOEFELE Rn 52). **29**

bb) **Mitbelastungen** des Gebäudeeigentums durch beschränkte dingliche Rechte *am Grundstück* treten nur ein, wenn dies gesetzlich ausdrücklich vorgesehen ist. **30**

α) In Betracht kommt **nach dem 31. 12. 2000** eine Mitbelastung nach Art 231 § 5 Abs 4, wenn das Nutzungsrecht nicht im Grundbuch des Grundstücks eingetragen oder dem Erwerber des beschränkten dinglichen Rechts bekannt ist.

β) Die seit dem 25. 12. 1993 bestehende **beschränkte persönliche Dienstbarkeit** zugunsten von Versorgungsanlagen nach § 9 Abs 1 GBBerG idF des RegVBG (vgl § 3 Rn 79) erstreckt sich nach § 9 Abs 1 S 3 GBBerG als Gesamtbelastung auf das Grundstück und das Gebäudeeigentum aufgrund eines Nutzungsrechts iSd § 4 Abs 1 (HARTUNG VIZ 1995, 10).

cc) **Genehmigungserfordernisse** für die **Belastung** von Grundstücken und Gebäudeeigentum bestehen nach der GrundstücksverkehrsVO bereits seit der Fassung durch Gesetz v 22. 3. 1991 (BGBl I 766) nicht mehr (MünchKomm/vOEFELE Rn 52). **33**

g) Die Umwandlung des Gebäudeeigentums in **Wohnungseigentum** scheidet aus, da dem Gebäudeeigentum kein Anteil am Grundstück zugeordnet ist (OLG Jena OLG-NL 1996, 33, 34; PALANDT/BASSENGE Rn 3; HÜGEL DtZ 1996, 66 f). Die Gegenansicht (HEINZE DtZ 1995, 195) verkennt, daß eine Anwendung des WEG aufgrund einer Parallelisierung des Nutzungsrechts zum Erbbaurecht an der Regelungssystematik der Überleitung von Nutzungsrechten in der Sachenrechtsbereinigung scheitert. Der Gesetzgeber wollte die Position des Nutzungsberechtigten durch die Überleitung erhalten, ihm aber nicht essentiell neue Berechtigungen verleihen; erst §§ 65, 67 SachenRBerG **34**

machen das WEG in besonderen Fällen der Sachenrechtsbereinigung auf das Gebäudeeigentum anwendbar (BT-Drucks 12/5992, 151; **aA** Heinze DtZ 1995, 196).

Da an einem Grundstück jedoch unterschiedliches Gebäudeeigentum, insbesondere auch aufgrund verschiedener Nutzungsrechte bestehen kann, ist eine **Aufteilung von Gebäudeeigentum** grundsätzlich möglich (im einzelnen Böhringer DtZ 1996, 290). Für das in § 4 geregelte nutzungsrechtsabhängige Gebäudeeigentum ist hierzu eine Aufteilung des Nutzungsrechts erforderlich.

Zur **Vereinigung** von Grundstückseigentum und Gebäudeeigentum unten Rn 97 f.

35 **h)** **Inhaltsänderungen** beziehen sich nicht auf das Gebäudeeigentum, sondern auf das Nutzungsrecht. Änderungen des bisher sich aus dem Inhalt der Verleihungs- bzw Zuweisungsurkunde ergebenden Rechts zur Bebauung und Nutzung im übrigen, der Befristung und der Entgeltzahlungspflicht sind grundsätzlich nach § 3 zu beurteilen. Da das Recht der DDR angesichts der hoheitlichen Strukturierung der Verleihung bzw Zuweisung eine einvernehmliche Änderung nicht vorsah, andererseits aber Abs 2 S 2 von der Zulässigkeit einer Änderung ausgeht, ist eine vertragliche Inhaltsänderung zuzulassen; hiervon gehen insbesondere auch die Bestimmungen in § 2a aus, die einen Vorrang abweichender Vereinbarungen statuieren. Für den dinglichen Vollzug der Änderung gelten §§ 877, 873 ff BGB.

36 **i)** Die **Zwangsvollstreckung** erfolgt nach den Bestimmungen des ZVG in das *Gebäudeeigentum*; das *Nutzungsrecht* geht mit dem Zuschlag auf den Erwerber über (Art 231 § 5 Abs 2).

III. Grundbucheintragung (Abs 1 S 2, 3) – Grundbuchrecht

37 **1.** Für das **Gebäudeeigentum** nach Abs 1 bedarf es der Anlegung eines Gebäudegrundbuchblattes (dazu Merkblatt des BMJ DtZ 1996, 305), insbesondere in Hinblick auf Verfügungen und Belastungen, die seit dem 3. 10. 1990 nur noch nach den immobiliarsachenrechtlichen Bestimmungen des BGB erfolgen. Erst die Eintragung stellt die Verkehrsfähigkeit des Gebäudeeigentums her (Flik DtZ 1996 162, 163).

38 **2.** Vor Anlegung des Gebäudegrundbuchblattes – die auf Antrag erfolgt – ist nach Abs 1 S 2 das zugrundeliegende **Nutzungsrecht** von Amts wegen im Grundbuch des **belasteten Grundstücks** einzutragen (VG Berlin ZOV 1997, 443, 444; Böhringer Rpfleger 1995, 50, 53). Dies stellt sicher, daß bei künftiger Anlegung von Gebäudegrundbüchern der grundbuchrechtliche zutreffende Stand (Gebäudegrundbuch zuzüglich Eintragung im Grundstücksgrundbuch) sichergestellt wird (vgl die Parallelbestimmung in § 2c Abs 2 S 3, oben Rn 4).

39 **3.** Die **Eintragung des Nutzungsrechts** bei dem belasteten Grundstück ist **Voraussetzung** für einen Erwerb aufgrund der Vorschriften über den **öffentlichen Glauben des Grundbuchs** am Gebäudeeigentum oder an einem dinglichen Recht am Gebäudeeigentum (Abs 1 S 3; zur Parallelbestimmung in § 2c Abs 3 vgl oben Rn 4). Die Bestimmung begrenzt also die Möglichkeit des gutgläubigen Erwerb des Gebäudeeigentums oder eines Rechtes daran auf Fälle, in denen das Grundstücksgrundbuch vollständig ist in Ansehung des Nutzungsrechts (zu der hiervon zu trennenden Problematik des gutgläubigen frei von der Last des Nutzungsrechts erfolgenden Grundstückserwerbs unten Rn 45 ff). Der Erwerber ist ab 1. 1. 2001 wegen Art 231 § 5 Abs 4 S 1 also gehalten, auch das Grundstücksgrundbuch auf Rechte zu überprüfen, die das Gebäudeeigentum erfassen. Er wird umgekehrt wegen Abs 1 S 3 bei Schweigen des Grundstücksgrundbuchs über solche Rechte nur geschützt, wenn der Vermerk über das Nutzungsrecht bei dem Grundstück eingetragen ist (Böhringer DtZ 1994, 50, 54).

4. Die Bestimmungen der **DDR** über die **Anlegung von Gebäudegrundbuchblättern** (§ 4 Abs 3 NutzungsrechtsG, § 4 Abs 2 S 2 EigenheimVO, § 16 GrundstücksdokumentationsO) und deren Kenntlichmachung im Grundstücksgrundbuch galten zunächst fort (EV Anlage I Kapitel III Abschnitt 3 Nr 1 d; Welter WM 1991, 1196). **40**

5. Seit **1. 10. 1994** gilt insoweit die **Gebäudegrundbuchverfügung**; die Eintragung **dinglicher Nutzungsrechte iSd Abs 1** im Grundstücksgrundbuch bestimmt sich nach § 5 GGV, die Führung der **Gebäudegrundbuchblätter** nach § 3 GGV und der **Nachweis** des Gebäudeeigentums iSd Abs 1 bestimmt sich nach § 4 Abs 1 GGV (Einzelheiten § 2b Rn 29 ff, 33; § 2c Rn 15). Für vor dem 1. 1. 1997 gestellte Eintragungsanträge war zugleich mit der Anlegung des Gebäudegrundbuchblattes ein Amtswiderspruch nach § 11 Abs 1 GGV einzutragen, sofern nicht qualifizierte Nachweise des Nutzungsrechts nach § 11 Abs 5 GGV vorgelegt wurden, um das bestehende hohe Risiko der Unrichtigkeit der Eintragung zu mildern. **41**

IV. Gutgläubiger Erwerb gegen bestehende Nutzungsrechte (Abs 2)

1. Reichweite

a) Abs 2 betrifft wie Abs 1 nur **dingliche** Nutzungsrechte nach §§ 287 ff und 291 ff ZGB und dem NutzungsRG. Da im Gegensatz zu dem darauf errichteten Gebäudeeigentum die Begründung eines Nutzungsrechts nach dem 3. 10. 1990 nicht mehr in Betracht kommt, betrifft Abs 2 nur die bis zum 2. 10. 1990 wirksam begründeten Nutzungsrechte (hierzu Art 231 § 5 Rn 8 ff). Aufgrund Verweisung aus Abs 7 erfaßt die Regelung auch sonstige (dingliche) Nutzungsrechte, nicht aber das vertragliche Nutzungsrecht nach §§ 312 ff ZGB. **42**

b) Abs 2 regelt die Überleitung von Nutzungsrechten nur hinsichtlich der **Gutglaubensvorschriften** bei **Veräußerung** des belasteten Grundstücks. Im übrigen unterliegt der Inhalt eines wirksam begründeten Nutzungsrechts § 3 Abs 1. **43**

c) **Nutzungsrechtsloses Gebäudeeigentum** ist hinsichtlich des öffentlichen Glaubens des Grundbuchs durch Art 231 § 5 Abs 3 S 1 iVm Art 233 § 2b Abs 2 geregelt. **44**

2. Aussetzung der Bestimmungen über den öffentlichen Glauben (Abs 2 Satz 1)

a) **Erlöschen** oder **Rangverlust** eines wirksam verliehenen oder zugewiesenen **Nutzungsrechts**, das nicht im Grundbuch des belasteten Grundstücks eingetragen ist, unterliegen grundsätzlich § 892 BGB (hM: Staudinger/Gursky[12] § 892 Rn 23). Ein gutgläubiger, von der Last des Nutzungsrechts freier Erwerb bzw ein Rangverlust wird nach den *allgemeinen Vorschriften* ausgeschlossen, wenn das Nutzungsrecht im **45**

Grundbuch des belasteten Grundstücks eingetragen ist, nicht aber, wenn nur ein Gebäudegrundbuchblatt angelegt ist (SCHMIDT VIZ 1995, 383; näher Art 231 § 5 Rn 65 f).

46 **b)** Art 231 § 5 Abs 3 S 1, der auch für das nutzungsrechtsbegründete Gebäudeeigentum gilt, schafft die Möglichkeit eines Erlöschens aufgrund des öffentlichen Glaubens des Grundbuchs auch für das **Gebäudeeigentum**.

47 **c)** **Abs 2 S 1** schließt für das Nutzungsrecht – ebenso wie Art 231 § 5 Abs 3 S 1 für das Gebäudeeigentum – **befristet** § 892 BGB aus, wenn zu dem nach § 892 Abs 2 maßgeblichen Zeitpunkt auf dem Grundstück ein Gebäude ganz oder teilweise errichtet ist, das nach dem Inhalt eines bestehenden Nutzungsrechts zulässig ist (PALANDT/BASSENGE Rn 5; MünchKomm/vOEFELE Rn 40; LÜBCHEN/WÜSTNECK 84; SCHMIDT VIZ 1995, 383; BÖHRINGER Rpfleger 1996, 177, 178; CZUB ZOV 1997, 63, 68).

48 **d)** Die Regelung gilt idF durch das RegVBG, das EFG und das 2. EFG nur, wenn der **Eintragungsantrag vor dem 1. 1. 2001** gestellt worden ist. Zur Sicherung des Nutzungsrechts gegen einen gutgläubigen lastenfreien Erwerb genügt es also, wenn der Nutzungsberechtigte einen entscheidungsreifen Antrag auf Eintragung des Nutzungsrechts bis zum 31. 12. 2000 stellt (Zwischenverfügung kommt in Betracht). Aufgrund § 17 GBO ist dieser Antrag vor dem seit 1. 1. 2001 gestellten Antrag auf Eintragung des Erwerbsvorganges zu vollziehen, schließt also einen Gutglaubenserwerb aus (BT-Drucks 12/5553, 133).

49 **e)** Von der Erlöschensregelung des **§ 8 GBBerG** (vgl § 3 Rn 76 ff) sind Nutzungsrechte nach § 4 Abs 2 ausdrücklich nicht betroffen (§ 8 Abs 1 GBBerG).

3. Ablösungsrecht (Abs 2 Satz 2)

50 **a)** Kannte der Erwerber des Eigentums oder eines beschränkten dinglichen Rechts das Nutzungsrecht nicht, so steht ihm unter den weiteren tatbestandlichen Voraussetzungen des Abs 2 S 2 (sogleich Rn 51 ff) das dort genannte Ablösungsrecht zu. Es ist nur ausgeschlossen, wenn der Erwerber positive Kenntnis hatte (Abs 2 S 2 letzter HS); grob fahrlässige Unkenntnis vom Bestand des Nutzungsrechts schadet nicht (PALANDT/BASSENGE Rn 5; MünchKomm/vOEFELE Rn 40). Dieses Recht besteht nur im Fall des Abs 2 S 1, also wenn das Nutzungsrecht nicht eingetragen ist, aber aufgrund des erweiterten Bestandsschutzes nicht erlischt. In Fällen von seit dem 1. 1. 2001 gestellten Eintragungsanträgen besteht also das Ablösungsrecht nicht, weil der Schutz nach Abs 2 S 1 nicht mehr besteht (BÖHRINGER Rpfleger 1996, 177, 178). Hingegen besteht kein Ablösungsrecht bei **eingetragenen Nutzungsrechten**. Insoweit verbleibt es bei § 892 BGB.

51 **b)** Das Ablösungsrecht erfordert eine **Interessenabwägung** zwischen den *Nachteilen* des Erwerbers und dem *Schaden*, den der Nutzungsberechtigte durch Aufhebung oder Änderung seines Rechts erleidet. Nur bei *erheblichem Überwiegen* der Nachteile des Erwerbers kommt eine Ablösung des Nutzungsrechts in Betracht.

52 **aa)** Fraglich erscheint, ob aufgrund des Gesetzeswortlauts zu schließen ist, daß **auf Seiten des Erwerbers** jeder Nachteil in die Abwägung einzustellen ist, während **zugunsten des Nutzungsberechtigten** nur *Vermögensschäden* anzusetzen sind (so: LÜBchen/Wüstneck 84; MünchKomm/vOefele Rn 43). Richtiger erscheint es, aus der Differenzierung zwischen ersatzfähigen „Vermögensnachteilen" des Nutzungsberechtigten und dessen abzuwägendem „Schaden" zu folgern, daß als **abwägungsfähige Schäden** auch *immaterielle* Nachteile zu berücksichtigen sind. Da der Erwerber nämlich im Falle der Ablösung ohnedies alle Vermögensnachteile auszugleichen hat, würde dem Nutzungsberechtigten selten ein relevanter *materieller* Schaden verbleiben. Insbesondere muß der Verlust der *Wohnung* in dem zulässig errichteten Gebäude auch bei vollem Wertausgleich regelmäßig zugunsten des Nutzungsberechtigten als „Schaden" in die Abwägung eingestellt werden. Es findet also nicht ein rein wirtschaftlicher Wertvergleich statt. Soweit jedoch wirtschaftliche Werte verglichen werden, ist für den Nutzungsberechtigten das *positive Interesse* der Nutzung im bisher zulässigen Umfang anzusetzen (**aA** MünchKomm/vOefele Rn 45).

53 **bb) Abwägungsfähige Nachteile** auf seiten des Erwerbers sind dagegen insbesondere *Investitionschancen*, die durch das Nutzungsrecht vereitelt würden. Sie schlagen jedoch nur durch, wenn die beabsichtigte Investition „sehr viel wertvoller" (BT-Drucks 11/7817, 41) ist als die nach dem Nutzungsrecht zulässige Nutzung.

54 **c)** Da ein Wertausgleich zu erfolgen hat, ist die Regelung nur auf den Fall kollidierender **Nutzungsinteressen** zugeschnitten; eine Ablösung in Hinblick auf **Äquivalenzstörungen**, die angesichts der zumeist entgeltfreien oder gegen geringes Entgelt gewährten Nutzung häufig sein dürften, kommt nicht in Betracht (MünchKomm/vOefele Rn 44). Die Regelung schließt andererseits nicht eine Anpassung nach den Grundsätzen des **Wegfalls der Geschäftsgrundlage** aus; als Ausformung des Grundsatzes von Treu und Glauben greift dieses Rechtsinstitut ein, obgleich der Inhalt des Nutzungsrechts gemäß Art 233 § 3 Abs 1 grundsätzlich weiter dem ZGB untersteht. Aus demselben Grund (Wertausgleich) dürfte eine Ablösung durch einen nachrangigen beschränkt dinglich Berechtigten, insbesondere einen Grundpfandgläubiger, selten in Betracht kommen.

55 **d) Rechtsfolge** des Ablösungsrechts ist ein Recht auf *Aufhebung* oder *Änderung* des Nutzungsrechts gegen *Ausgleich* der dem Nutzungsberechtigten entstehenden Vermögensnachteile.

56 **aa)** Die Entscheidung zwischen **Aufhebung** und **Änderung** ist nach § 242 BGB zu treffen; die Regelung stellt einen gesetzlich geregelten Sonderfall des *Wegfalls der Geschäftsgrundlage* dar, so daß auch bei Vorliegen der tatbestandlichen Voraussetzungen einer Anpassung nur die für den Nutzungsberechtigten mildeste geeignete Anpassung stattfinden kann. Als solche kommt eine **Änderung** in Betracht, wenn sich die geplante Nutzung durch den Erwerber nur auf einen Grundstücksteil bezieht.

57 **bb)** Die **dingliche Durchführung** der Aufhebung/Änderung erfolgt nicht kraft Gesetzes, da die Bestimmung nur ein *Recht* auf Anpassung gewährt. Insoweit ist nach der Ausübungserklärung durch den Erwerber ein *dinglicher Vollzug* erforderlich (MünchKomm/vOefele Rn 47). Die Aufhebung erfolgt nach §§ 875, 876 BGB (vgl unten Rn 93 f).

58 **cc)** Soweit die Aufhebung/Änderung des Nutzungsrechts dazu führt, daß ein errichtetes **Gebäude unzulässig** wird, entfällt zugleich die Grundlage für den Fortbe-

stand selbständigen Gebäudeeigentums nach Art 231 § 5. Strittig war, ob das Eigentum an dem Gebäude insoweit auf den Grundstückseigentümer übergeht (so wohl BT-Drucks 11/7817, 41; MünchKomm/vOefele Rn 47) oder – wie im Falle des Wegfalls eines Nutzungsrechts (iSd BGB), das zur Scheinbestandteilseigenschaft nach § 95 BGB führt – das Eigentum am Gebäude unberührt bleibt. Auch im Falle einer Aufhebung des Nutzungsrechts gemäß Abs 2 S 2 gilt für das Schicksal des Gebäudeeigentums Abs 5 S 3: Das Gebäude wird Bestandteil des Grundstücks.

59 **dd)** Dem Wesen des in Abs 2 S 2 bestimmten Rechts des Grundstückserwerbers dürfte es dann aber auch widersprechen, diesem einen **Beseitigungsanspruch** nach § 1004 BGB zu gewähren; dieser hat ggf das Gebäude selbst zu entfernen. Jedenfalls aber sind in diesem Fall auch die **Kosten der Beseitigung** und nicht nur der Schaden aufgrund des Verlusts des Gebäudeeigentums als ersatzfähiger Vermögensnachteil anzusehen.

60 **ee)** **Ersatzfähige Vermögensnachteile** sind alle materiellen Schäden, die sich unmittelbar aus dem Verlust oder der Änderung des Nutzungsrechts ergeben. Hierzu rechnet insbesondere der **Wert eines Gebäudes**, das zulässig aufgrund des Nutzungsrechts errichtet wurde, aber auch der **Verkehrswert** des Nutzungsrechts bzw – bei Änderung – dessen Minderung (MünchKomm/vOefele Rn 48). Maßstab hierfür dürfte der angemessene Erbbauzins für ein vergleichbares Erbbaurecht unter Abzug eines ggf geschuldeten Nutzungsentgelts sein, was bedeutet, daß dem Nutzungsberechtigten letztlich der Nutzungsausfall zu ersetzen ist (**aA** MünchKomm/vOefele Rn 48).

Mittelbarer Schaden (Umzugskosten) ist nicht auszugleichen (MünchKomm/vOefele EV Rn 48), wohl aber bei der Interessenabwägung zu berücksichtigen, so daß eine vertragliche Ersatzzusage durch den Erwerber die Interessenabwägung beeinflussen kann.

V. Untergang des Gebäudes (Abs 3 S 1)

61 **1.** Abs 3 S 1 **stellt klar**, daß das nach Art 231 § 5 zum Gebäude akzessorische Nutzungsrecht **nicht mit diesem untergeht** (OVG Sachsen-Anhalt NL-BzAR 1998, 332; Schmidt-Räntsch DtZ 1992, 317; Böhringer Rpfleger 1995, 139, 141). In Anlehnung an das Erbbaurecht (§ 13 ErbbauVO) wird dem Nutzungsrecht ein eigenständiger Fortbestand verliehen. Es kann aufgrund des Nutzungsrechts ein Gebäude neu errichtet werden (Abs 3 S 2). Dabei bestimmt sich die **Art und das Ausmaß der Nutzung** nach dem Inhalt, mit dem das Nutzungsrecht verliehen wurde. Auch für das neue Gebäude gilt ggf die Begrenzung der Nutzung auf die Gebäudegrundfläche unter Mitnutzung des Grundstücks gemäß Abs 3 S 3 (Palandt/Bassenge Rn 6; dazu sogleich Rn 63 ff). Auch diese Bestimmung gilt selbstverständlich nur für Gebäudeeigentum, das auf einem *bestehenden* Nutzungsrecht beruht. Ist das Nutzungsrecht aus anderem Grund erloschen oder hat es nie bestanden, besteht aber isoliertes Gebäudeeigentum, so geht dieses mit dem Untergang des Gebäudes unter; § 4 Abs 3 kann nicht die *Entstehung* eines Nutzungsrechts vermitteln (OLG Naumburg NL-BzAR 1998, 465, 466).

62 **2.** Bestehende **Belastungen** des Gebäudeeigentums (an dem alten Gebäude) werden durch den Untergang des Gebäudes nicht berührt. Sie setzen sich an dem Nutzungsrecht und dem neu errichteten Gebäude fort (Abs 3 S 2 HS 2; BT-Drucks 12/5553, 197).

VI. Nutzungsrecht an Gebäudegrundfläche

1. Wurde das Nutzungsrecht nur auf der **Gebäudegrundfläche** verliehen, so erweitert Abs 3 S 3 die zulässige Nutzung auf das Grundstück im übrigen (vgl Schmidt-Räntsch DtZ 1992, 317). Es wird jedoch das Nutzungsrecht nicht auf das gesamte Grundstück erstreckt, sondern nur so weit, als dies für Gebäude der errichteten Art **zweckentsprechend und ortsüblich** ist. Bei Eigenheimen erfaßt das Nutzungsrecht nicht mehr als 500 m^2 der Grundstücksfläche. Zur Errichtung weiterer Gebäude berechtigt das durch Abs 3 S 3 erweiterte Nutzungsrecht nicht. 63

Trotz ihrer systematischen Stellung in Abs 3 gilt diese Regelung nicht nur im Falle des Untergangs des Gebäudes, sondern grundsätzlich in Fällen, in denen nur an der Gebäudegrundfläche ein Nutzungsrecht besteht (vgl BT-Drucks 12/2944, 64; Palandt/Bassenge Rn 6).

2. Es besteht ein **Grundbuchberichtigungsanspruch** wegen des ggf erweiterten Nutzungsrechts. Dieses ist im Grundbuch des **belasteten Grundstücks** zu vermerken. Antragsberechtigt ist der Nutzer und der Grundstückseigentümer (Palandt/Bassenge Rn 6). 64

3. Abs 3 S 5 erklärt **Abs 2 für entsprechend anwendbar**. 65

a) Daraus folgt, daß auch ein aufgrund Abs 3 S 3 erweitertes Nutzungsrecht – in den zeitlichen Grenzen des Abs 2 – nicht durch **gutgläubigen Erwerb** erlöschen kann, wenn ein zulässiges Eigenheim oder Gebäude ganz oder teilweise errichtet ist.

b) Daraus folgt aber auch, daß das **erweiterte Nutzungsrecht** bei Erwerben, für die nach dem 31. 12. 2000 der Eintragungsantrag gestellt wird, dem gutgläubig lastenfreien Erwerb ausgesetzt ist. Ist zu diesem Zeitpunkt nur das Nutzungsrecht auf die Gebäudefläche eingetragen, so erlischt das weitergehende Nutzungsrecht nach Abs 3 S 2. 66

c) Entsprechend anwendbar sind auch die Bestimmungen über das **Ablösungsrecht** (oben Rn 50 ff). 67

VII. Zwangsversteigerung (Abs 4)

1. Nach dem **Vorbild von § 25 ErbbauVO** wird sichergestellt, daß das Nutzungsrecht auch bestehen bleibt, wenn es bei der Feststellung des geringsten Gebots nicht berücksichtigt wird (BT-Drucks 12/2480, 79). Der Grund der Nichtberücksichtigung ist unerheblich (Palandt/Bassenge Rn 8); die Regelung erfaßt hauptsächlich nicht eingetragene Nutzungsrechte, ist aber auch auf nachrangige Nutzungsrechte anzuwenden (BT-Drucks 12/2480, 79). 68

2. Dieser Schutz bezieht sich – nach der Zwecksetzung des RegVBG und den Fristverlängerungen durch das EFG und das 2. EFG – nur auf Zwangsversteigerun- 69 gen, die **bis zum Ablauf des 31. 12. 2000 angeordnet** werden. Maßgeblich ist der Zeitpunkt der erstmaligen, sodann rechtskräftig werdenden Anordnung. Ordnet das Vollstreckungsgericht die Zwangsversteigerung vor dem 31. 12. 2000 an, bleibt die Anordnung sodann im Rechtsmittelverfahren bestehen, so greift der Schutz ein; lehnt das Erstgericht die Anordnung ab, erfolgt diese erst im Rechtsmittelzug nach dem 31. 12. 2000, so besteht der Schutz des Abs 4 nicht.

70 **3.** **Nach dem Stichtag** wird ein Nutzungsrecht in der Zwangsversteigerung gleich einem beschränkten dinglichen Recht am Grundstück behandelt. Dies würde aber nur bedeuten, daß das Nutzungsrecht erlischt, wenn es nicht in das geringste Gebot fällt. Da für die Verwertung des Grundstücks die Frage entscheidend ist, ob das **Gebäude** mitversteigert wird, erfolgt ab dem 1. 1. 2001 die Lösung aus Sicht des Gebäudeeigentums (was auch wegen der Bestandteilsregelung des Art 231 § 5 Abs 2 naheliegt), unabhängig davon, ob ein Nutzungsrecht dem Gebäudeeigentum zugrundeliegt oder nicht (dazu Art 231 § 5 Rn 79 ff).

VIII. Gerichtliche Aufhebung des Nutzungsrechts (Abs 5)

1. Aufhebungsanspruch

71 **a)** Abs 5, eingefügt durch das SachenRBerG, gibt dem Grundstückseigentümer einen **Anspruch auf Aufhebung** des Nutzungsrechts. Voraussetzung ist, daß der Nutzer beim Erwerb des Nutzungsrechts **unredlich iSd § 4 VermG** gewesen ist. Zutreffend ist auf den Redlichkeits*maßstab* des § 4 Abs 3 VermG abzustellen. Die Regelung bezweckt (vgl oben Rn 13 ff) für *nicht restitutionsbelastete* Grundstücke zugunsten des Eigentümers die Angleichung an die Rechtslage, die nach § 16 Abs 3 VermG im Falle restitutionsbelasteter Grundstücke zugunsten des Berechtigten besteht. Daher ist die Verweisung auf § 4 VermG – wie in § 16 Abs 3 S 1 VermG – als Verweisung auf die Regelbeispiele der Unredlichkeit in § 4 Abs 3 VermG sowie die in der Rechtsprechung entwickelten Maßstäbe zur Unredlichkeit (zu Fragen der Unredlichkeit beim Erwerb eines Nutzungsrechts vgl BVerwG VIZ 1994, 239; VG Berlin VIZ 1994, 34) in dieser Bestimmung zu verstehen.

72 **b)** Der Anspruch wird durch **Klage vor den Zivilgerichten** durchgesetzt.

73 **c)** Der Anspruch ist **befristet**. Die Klage muß bis zum Ablauf des 31. 12. 2000 (Fassung durch das 2. EFG) rechtshängig werden. Hierbei handelt es sich – im Interesse der Beseitigung investitionshemmender Ungewißheit – um eine Ausschlußfrist; sie läuft auch dann ab, wenn der Grundstückseigentümer vor dem Stichtag von der Unredlichkeit des Nutzers keine Kenntnis erlangt hat (BT-Drucks 12/5992, 185).

2. Unzulässigkeit der Klage (Abs 5 S 3)

74 **a)** Die Klage auf Aufhebung ist **unzulässig**, wenn der Grundstückseigentümer zu einem Antrag auf Aufhebung des Nutzungsrechts durch Bescheid des Amtes zur Regelung offener Vermögensfragen berechtigt ist oder berechtigt gewesen ist. Die Klage ist daher unzulässig bei **ehemals staatlich verwalteten Grundstücken** (BT-Drucks 12/5992, 185; Palandt/Bassenge Rn 11; Böhringer Rpfleger 1994, 302) sowie bei restituierten oder zu restituierenden **enteigneten Grundstücken** (BT-Drucks 12/5992, 185; Böhringer

Rpfleger 1994, 302), da insoweit der Eigentümer nach § 16 Abs 3 VermG gegen das Nutzungsrecht vorgehen kann.

b) Der Ausschluß greift auch dann ein, wenn das Verfahren vor dem Amt zur Regelung offener Vermögensfragen bei **Inkrafttreten des Abs 5** bereits abgeschlossen war; Abs 5 knüpft als subsidiäre, die Stimmigkeit im Verhältnis zum VermG herstellende zivilrechtliche Regelung an die versäumte Möglichkeit an, im Restitutionsverfahren Rechtsschutz zu erhalten. **75**

c) Da Nutzungsrechte (nach dem Modell der §§ 287 ff ZGB) vorwiegend an volkseigenen oder genossenschaftlichen Grundstücken bestellt wurden, ist Abs 5 insbesondere anzuwenden auf Nutzungsrechte an **genossenschaftlichen** Grundstücken (Böhringer Rpfleger 1995, 53). Nutzungsrechte an ehemals volkseigenen Grundstücken werden regelmäßig von § 16 VermG erfaßt. **76**

d) Die Bestimmung greift aber auch ein, wenn an **volkseigenen Grundstücken** Nutzungsrechte bestellt wurden, der Nutzungsberechtigte nach § 4 Abs 3 VermG unredlich war und eine Restitutionsbelastung nicht besteht. Dies kommt insbesondere für die Übergangszeit nach der Wende in der DDR in Betracht, sofern Nutzungsrechte für ehemalige Regimegünstlinge bestellt wurden, die § 4 Abs 3a VermG unterfallen; der Anspruch nach Abs 5 steht dann der Körperschaft zu, in deren Vermögen das Grundstück übergegangen ist. **77**

3. Rechtsfolgen (Abs 5 S 4 ff)

a) Mit Rechtskraft des Urteils **erlischt das Nutzungsrecht** mit Wirkung für die Zukunft (*ex nunc*); zugleich erlischt das aufgrund des Nutzungsrechts bestehende selbständige Gebäudeeigentum (Abs 5 S 4; Böhringer Rpfleger 1995, 52; ders Rpfleger 1995, 141; ders DtZ 1994, 302). **78**

b) Das **Gebäude** wird Bestandteil des Grundstücks (Abs 5 S 5). Eine Grundbucheintragung ist für das Erlöschen nicht konstitutiv; das Grundbuch wird daher unrichtig (Palandt/Bassenge Rn 11; Böhringer Rpfleger 1995, 53). Das Grundbuchamt löscht auf Antrag im Wege der Grundbuchberichtigung die Eintragung des Nutzungsrechts im Grundstücksgrundbuch und schließt das Gebäudegrundbuch. **79**

c) Der Nutzer kann für das Gebäude, Anlagen und Anpflanzungen, mit denen er das Grundstück ausgestattet hat, **Ersatz** verlangen, soweit der Wert des Grundstücks im Zeitpunkt der Aufhebung des Nutzungsrechts erhöht ist. Der Anspruch ist orientiert an § 996 BGB; weitergehende Ansprüche des Nutzers insbesondere nach Bereicherungsrecht oder aus einem Eigentümer-Besitzer-Verhältnis bestehen nicht; der nach § 4 Abs 3 VermG unredliche Nutzer verdient insoweit keinen weitergehenden Schutz als ein bösgläubiger Besitzer. **80**

d) Der Grundstückseigentümer hat jedoch **keinen Anspruch** auf Herausgabe gezogener **Nutzungen**. Die Regelung des Abs 5 ist abschließend und zielt insbesondere auf eine Aufhebung des Nutzungsrechts ohne Rückwirkung ab. Das Nutzungsrecht ist also auch bereicherungsrechtlich Rechtsgrund für die Grundstücksüberlassung und gezogenen Nutzungen bis zum Erlöschen des Nutzungsrechts **81**

82 e) Dies wirft die Frage der **Konkurrenz zu anderen zivilrechtlichen Ansprüchen** auf, insbesondere die Frage, ob dem Grundstückseigentümer trotz der Regelung in Abs 5 beispielsweise in Fällen, die § 4 Abs 3 lit c VermG entsprechen, die Möglichkeit zur **Anfechtung** und damit rückwirkenden Beseitigung des Nutzungsrechts zustehen kann.

83 aa) Nach dem Zweck der Bestimmung, Wertungswidersprüche zum VermG zu vermeiden, sollte hier ebenso entschieden werden wie im Verhältnis von Anfechtung und Restitutionsanspruch (dazu Art 232 § 1 Rn 8 ff): Beruht der Mangel des Nutzungsrechts **ausschließlich auf der Unredlichkeit** iSd § 4 Abs 3 VermG oder einem zivilrechtlichen Mangel, der mit den Machenschaften des DDR-Systems und der hierauf bezogenen Unredlichkeit des Nutzungsberechtigten in unlösbarem Zusammenhang steht (vgl Art 232 § 1 Rn 22), so *schließt Abs 5 andere zivilrechtliche Ansprüche aus.* Das gilt auch, wenn der Anspruch aus Abs 5 verfristet ist oder die Klage nach Abs 5 S 3 unzulässig ist.

84 bb) Tritt hingegen zu der Unredlichkeit ein **weiterer zivilrechtlicher Mangel** hinzu, in dem sich im Sinne der Rechtsprechung des BGH zu § 4 Abs 3 VermG (vgl Art 232 § 1 Rn 15 ff) das allgemeine Risiko im Rechtsverkehr der DDR realisiert, so schließt Abs 5 andere zivilrechtliche Ansprüche nicht aus.

85 f) **Grundpfandrechtsgläubiger** und andere am **Gebäude beschränkt dinglich Berechtigte** müssen der Aufhebung des Nutzungsrechts und dem Erlöschen des Gebäudeeigentums nicht zustimmen.

aa) Sie sind daher nicht nach Maßgabe des § 876 BGB geschützt. Beschränkte dingliche Rechte am Gebäude setzen sich auch nicht am Grundstück fort (Palandt/Bassenge Rn 11).

86 bb) Gemäß Abs 5 S 7 setzen sich **Grundpfandrechte** jedoch am Wertersatzanspruch des Nutzers nach Abs 5 S 6 fort. Insoweit entspricht die Regelung § 16 Abs 3 S 4 VermG (Palandt/Bassenge Rn 11; Böhringer Rpfleger 1995, 141). Fraglich ist, ob sich die Grundpfandrechte auch – entsprechend § 16 Abs 3 S 4 letzter HS – an dinglichen Rechten fortsetzen, die zur Sicherung dieser Ansprüche begründet werden (so offenbar Böhringer Rpfleger 1995, 141; ders DtZ 1994, 302). Dies ist abzulehnen; Abs 5 sieht das Entstehen von Sicherungshypotheken (auf die sich § 16 Abs 3 S 4 VermG bezieht) am Grundstück nicht vor; für eine entsprechende Anwendung von § 7a Abs 3 S 2 VermG ist kein Raum, da diese Bestimmung sich auf die Sicherung des Anspruchs nach § 7a Abs 2 VermG bezieht; ein solcher Anspruch kann nur im Restitutionsfall bestehen und kommt vorliegend nicht in Betracht.

87 cc) Insbesondere hat der Nutzer keinen Anspruch auf eine **dingliche Sicherung** seines Wertersatzanspruchs.

88 dd) Andere **beschränkte dingliche Rechte** am Gebäude erlöschen ersatzlos.

89 g) Zur Vermeidung einer Schlechterstellung des Nutzers gegenüber § 16 VermG ist im Falle der Aufhebung des Nutzungsrechts für ein **vom Nutzer bewohntes Wohnhaus** § 16 Abs 3 S 5 VermG entsprechend anzuwenden (Abs 5 S 8).

aa) Die in Abs 5 S 1, 4, 5 angeordneten Rechtsfolgen (Aufhebung des Nutzungsrechts, daraus folgendes Erlöschen des Gebäudeeigentums) treten erst **sechs Monate nach formeller Rechtskraft** des Urteils ein (Palandt/Bassenge Rn 11). **90**

bb) Fraglich ist, ob auch die **Rechtsfolgen hinsichtlich der Grundpfandrechte** (Abs 5 S 7) erst nach dieser Frist eintreten und der **Anspruch aus Abs 5 S 6** ebenfalls erst nach sechs Monaten entsteht, da § 16 Abs 3 S 5 VermG nur auf § 16 Abs 3 S 1 VermG verweist, der Abs 5 S 1 (Aufhebung des Nutzungsrechts) entspricht. Dies ist anzunehmen; der Gesetzgeber dürfte davon ausgegangen sein, daß sämtliche an die Aufhebung des Nutzungsrechts geknüpften Rechtsfolgen mit dessen Aussetzung um sechs Monate suspendiert sind; das ist nur für das Erlöschen des Gebäudeeigentums zwingend. Nach dem Sinn der Regelung ist ein Erlöschen der Grundpfandrechte erst mit dem Erlöschen des Gebäudeeigentums anzunehmen. Andererseits besteht kein Anlaß, den Ersatzanspruch des Nutzers früher entstehen zu lassen als zu dem Zeitpunkt, in dem sein Nutzungsrecht und Gebäudeeigentum erlischt. Dann aber besteht auch für die Fortsetzung der Grundpfandrechte erst in diesem Zeitpunkt ein geeignetes Substrat. **91**

h) **Grundbuchrechtlich** ist nach Löschung des Gebäudeeigentums das Gebäudegrundbuchblatt zu schließen. Wurde nicht so verfahren, so gilt § 12 GGV, insbesondere für Fälle, in denen die Löschung schlicht versäumt wurde (dann § 12 Abs 1 GGV) bzw fälschlich das Grundstück in das Gebäudegrundbuch übertragen wurde (dann § 12 Abs 2 GGV; vgl Schmidt VIZ 1995, 377, 383). **92**

IX. Rechtsgeschäftliche Aufhebung des Nutzungsrechts (Abs 6)

1. Durch die Regelung in Abs 6 S 1 wird **klargestellt**, daß eine **Aufhebung möglich** ist (BT-Drucks 12/2480, 80) und gemäß § 3 **neuem Recht** untersteht. Anwendbar sind §§ 875, 876 BGB (Palandt/Bassenge Rn 9). Erforderlich ist also grundsätzlich die Bewilligung des Berechtigten in der Form des § 29 GBO und die Löschung im Grundbuch (§ 875 BGB; OLG Dresden NotBZ 1997, 212; Böhringer NotBZ 1999, 68, 69). Einer *Genehmigung* bedarf die Aufgabe nicht, da keine Auflassung erfolgt (§ 2 GVO, Böhringer NotBZ 1999, 68, 71; näher zum Vergleich des Gebäudeerwerbs durch den Grundstückseigentümer durch Auflassung mit der Lösung über die Aufhebung nach Abs 6: Hügel NotBZ 1998, 22 ff). **93**

2. Inhaber **beschränkter dinglicher Rechte am Gebäudeeigentum** werden dadurch geschützt, daß sie der Aufhebung des Nutzungsrechts **zustimmen** müssen (§ 876 BGB; LG Magdeburg DtZ 1994, 159; LG Neubrandenburg NJ 1994, 321; Böhringer NotBZ 1999, 68, 69). Sie können ihre Zustimmung insbesondere davon abhängig machen, daß für sie ein entsprechendes Recht am *Grundstück* bestellt wird. Kraft Gesetzes setzen sich Rechte am Gebäudeeigentum bei dessen Untergang nicht am Grundstück fort, sondern erlöschen mit diesem, so daß § 876 S 2 2. Alt BGB nicht eingreift (OLG Jena OLG-NL 1998, 181; Böhringer NotBZ 1999, 68, 70). Das Zustimmungserfordernis entfällt wegen dieser Zwecksetzung jedoch, wenn ausnahmsweise Grundstück und Gebäude bereits vor Aufhebung des Gebäudeeigentums ranggleich mit dem beschränkten dinglichen Recht belastet sind (OLG Dresden NotBZ 1997, 212; Sommer ebenda 213). **94**

Die fehlerhafte Löschung des Nutzungsrechts aufgrund einer Aufgabeerklärung nach § 875 BGB ohne Zustimmung der nach § 876 BGB Berechtigten macht das Grundbuch unrichtig; das Nutzungsrecht und damit das Gebäudeeigentum bestehen fort (LG Magdeburg DtZ 1994, 159).

95 **3. Fehlt eine Grundbucheintragung**, so genügt die notariell beurkundete *Aufgabeerklärung und Einreichung beim Grundbuchamt*. Anders als im Falle des § 3 Abs 2 genügt also nicht die Aufhebung nach Maßgabe der Bestimmungen des ZGB; mit der Einreichung der formgerechten Aufgabeerklärung wird sichergestellt, daß aus den Grundakten die Rechtslage erkennbar ist. Insbesondere wird die spätere Eintragung des bereits erloschenen Nutzungsrechts verhindert. Nicht erforderlich ist eine Eintragung nur zum Zwecke der Löschung des Rechts (BT-Drucks 12/2480, 80); § 4 Abs 6 bezweckt gerade, daß die Gebäudebuchung entbehrlich wird, um im Fall der Aufgabe ein schnelles und zügiges Verfahren zu ermöglichen (OLG Celle NotBZ 1998, 190, 191). Die Eintragung nachfolgender Verfügungen über das (durch die Aufgabeerklärung von der Belastung durch das Nutzungsrecht und das Gebäudeeigentum [dazu unten Rn 96] befreite) Grundstück kann auch nicht davon abhängig gemacht werden, daß die *Berechtigung* des die Aufgabe Erklärenden in der Form des § 29 GBO nachgewiesen wird. Weder das Grundbuchamt noch der beurkundende Notar haben eine Pflicht zur Prüfung der Berechtigung des die Aufgabe Erklärenden (OLG Celle NotBZ 1998, 190 gegen BMJ, Grundbuch-Info Nr 4, 42; ebenso Böhringer NotBZ 1999, 68, 70). Sind sich die Beteiligten über die Berechtigung im Unklaren, so müssen sie den Weg über die vorherige Eintragung gehen.

Zum **grundbuchrechtlichen Vollzug** der Aufhebung vgl oben Rn 92 entsprechend.

96 **4.** Nach Inkrafttreten des EV war unklar, ob bei Aufhebung des Nutzungsrechts das **Gebäudeeigentum** untergeht. Satz 3 stellt in Anlehnung an § 12 Abs 3 ErbbauVO klar, daß mit der Aufhebung des Nutzungsrechts das Gebäude Bestandteil des Grundstücks wird (BFH VIZ 1995, 715, 716; OLG Dresden NotBZ 1997, 212; OLG Jena OLG-NL 1997, 233, 234). Regelmäßig wird das Gebäude also nach § 94 BGB wesentlicher Bestandteil des Grundstücks werden (Böhringer NotBZ 1999, 68, 71).

97 **5.** Auch im Fall der Vereinigung **von Grundstücks- und Gebäudeeigentum** erlischt das Nutzungsrecht nicht kraft Gesetzes; das Gebäudeeigentum wird also nicht nach Abs 6 S 3 wesentlicher Bestandteil des Grundstücks (OLG Jena OLG-NL 1997, 201, 202; LG Neubrandenburg NJ 1994, 321; Palandt/Bassenge Rn 10; Fassbender DNotZ 1993, 513; **aA**: LG Schwerin DNotZ 1993, 512).

a) Vielmehr bedarf es auch in diesem Fall insbesondere zur Herstellung eines dem Ziel des § 78 SachenRBerG entsprechenden BGB-konformen Zustandes der **Aufhebung** nach §§ 875, 876 BGB, so daß die beschränkt dinglich Berechtigten geschützt sind. Besteht ein berechtigtes Interesse des Grundstückseigentümers, so können Grundstückseigentum und Nutzungsrecht/Gebäudeeigentum in der Hand desselben Berechtigten fortbestehen (LG Neubrandenburg NJ 1994, 321; Palandt/Bassenge Rn 10; Fassbender aaO; **aA**: LG Schwerin aaO). Im übrigen ist diese Auslegung auch nach der Gesetzessystematik zwingend; § 2b Abs 4 verweist auf hiesigen Abs 6 gerade deshalb, um im Falle der Konfusion diese Rechtswirkungen auch für das nutzungsrechtslose Gebäudeeigentum sicherzustellen (vgl § 2b Rn 65 ff).

b) Als Alternative zur Aufhebung nach Abs 6 und dem daraus folgenden Erlöschen des Gebäudeeigentums ist in diesem Fall die **Vereinigung** oder **Bestandteilszuschreibung** (§ 890 BGB) zu erwägen, die – ebenso wie im Fall des Erbbaurechts (LG Mühlhausen Rpfleger 1998, 196, 197; LG Dresden Rpfleger 1999, 271) – durch Abs 6 nicht grundsätzlich ausgeschlossen sind. Ziel eines solchen Vorgehens wäre es, die bei Belastung des Gebäudeeigentums mit beschränkten dinglichen Rechten Dritter entstehenden *Kosten* durch Bestellung entsprechender Belastungen am Grundstück (oben Rn 94) zu vermeiden, indem die Gesamtbelastung kraft Gesetzes hergestellt wird. **98**

Eine *Vereinigung* von Grundstück und Gebäudeeigentum ist hierzu nicht zweckdienlich, weil § 1131 BGB auf die Vereinigung keine Anwendung findet, so daß keine Erstreckung bisheriger Belastungen erfolgt und nur künftige Belastungen sich auf die entstandene Einheit insgesamt erstrecken (KRAUSS NotBZ 1997, 60, 62).

Eine Bestandteilszuschreibung *des Gebäudeeigentums zu dem betroffenen Grundstück* ist unzulässig, weil das Gebäudeeigentum als grundstücksgleiches Recht nicht zugleich Grundstücksbelastung und nicht-wesentlicher Bestandteil desselben Grundstücks sein kann (OLG Jena OLG-NL 1998, 181, 182; SCHMIDT VIZ 1995, 377, 381; KRAUSS NotBZ 1997, 60, 62; MünchKomm/vOEFELE Rn 68).

Hingegen ist eine Bestandteilszuschreibung des *Grundstücks zum Gebäudeeigentum* rechtlich zulässig (LG Mühlhausen Rpfleger 1998, 196, 197; LG Dresden Rpfleger 1999, 271; passim auch OLG Jena OLG-NL 1998, 181, 182; KRAUSS NotBZ 1997, 60; MünchKomm/vOEFELE Rn 68; einschränkend BÖHRINGER OV-spezial 1996, 262, 263; **aA** PALANDT/BASSENGE Rn 3). Das Verbot der Einzelverfügung nach § 78 Abs 1 S 1 SachenRBerG (dazu OLG Jena OLG-NL 1997, 201) steht dem nicht entgegen, weil zwar begrifflich über das zuzuschreibende Grundstück verfügt wird, damit aber ein § 78 SachenRBerG entsprechender Rechtszustand erreicht wird (LG Mühlhausen aaO, KRAUSS aaO). Grundpfandrechte am Gebäude erstrecken sich in diesem Fall auf das zugeschriebene Grundstück (§ 1131 S 1 BGB) und gehen den Belastungen des Grundstücks im Rang nach (§ 1131 S 2 BGB; LG Dresden Rpfleger 1999, 271).

Da durch die Zuschreibung Grundstück und Gebäude im Verhältnis zueinander nicht zu wesentlichen Bestandteilen werden, bedarf es im Hinblick auf die von § 78 Abs 1 S 3 SachenRBerG angestrebte dingliche Anpassung an die BGB-Rechtslage abschließend eines Aktes, durch den das Gebäude wesentlicher Bestandteil des Grundstücks wird. Dies kann nur durch Aufgabeerklärung nach § 4 Abs 6 erfolgen. Dazu bedarf es der Wiederaufhebung der durch Zuschreibung entstandenen Einheit aus Grundstück und Gebäudeeigentum durch Teilung (LG Dresden Rpfleger 1999, 271, dort auch zur Auslegung der auf Aufhebung gerichteten Bewilligung als Bewilligung der Teilung; KRAUSS NotBZ 1997, 61, 64).

X. Entsprechende Anwendung (Abs 7)

1. Abs 7 bestimmt als **Auffangnorm** die entsprechende Anwendung von Abs 1 bis Abs 5 auf sonstige (dingliche) Nutzungsrechte (vgl aber auch § 2b Abs 4, § 8). Voraussetzung ist, daß aufgrund des Nutzungsrechts **Gebäudeeigentum** entstehen konnte, was vertragliche Nutzungsrechte ausschließt, die nach §§ 312 ff ZGB nur **99**

die Errichtung von **Baulichkeiten** erlaubten. Weiter muß für das solchermaßen begründete Gebäudeeigentum nach dem Recht der DDR und nunmehr nach der GGV die Anlage eines **Gebäudegrundbuchblattes** vorgesehen sein.

100 **2.** Im einzelnen ist **Abs 6 anzuwenden auf** folgende Regelungen:

a) **Gesetz über den Verkauf volkseigener Gebäude** v 7.3. 1990 (GBl DDR I 157; Palandt/Bassenge Rn 12; Lübchen/Wüstneck 85) iVm § 2 Abs 1 DVO v 15.3. 1990 (GBl DDR I 158). Dieses Nutzungsrecht bezieht sich auf volkseigene Grundstücke und entspricht jenem nach §§ 287 ff, erweitert aber den Anwendungsbereich auf Handwerker und Gewerbetreibende.

101 **b)** **Gesetz über die Verleihung von Nutzungsrechten an volkseigenen Grundstücken** v 14.12. 1970 idF v 15.6. 1984 (GBl DDR 1970 I 372, 1984 I 209) betreffend die Verleihung von Nutzungsrechten an gesellschaftliche Organisationen und sozialistische Genossenschaften, Einrichtungen und Betriebe (Lübchen/Wüstneck 85; MünchKomm/vOefele Rn 75).

Einzelfälle solcher Organisationen sind **Arbeiterwohnbaugenossenschaften** (§ 7 VO v 21.11. 1963; GBl DDR II 17) und **gemeinnützige Wohnbaugenossenschaften** (§§ 3, 15 VO v 14.3. 1957; MünchKomm/vOefele Rn 75).

102 **c)** **VO über die Verleihung von Nutzungsrechten an andere Staaten** v 26.9. 1974 (GBl DDR I 555; Lübchen/Wüstneck 85; MünchKomm/vOefele Rn 76).

XI. Überleitung in der Sachenrechtsbereinigung

103 **1.** **Nutzungsrechte** iSd Abs 1 werden in der Sachenrechtsbereinigung durch § 1 Abs 1 Nr 1 lit a SachenRBerG erfaßt. Die Auffangnorm des § 1 Abs 1 Nr 1 lit b (Gebäudeeigentum) hat daher für diese Fallgruppe keine selbständige Bedeutung.

104 **2.** Ist ein **Nutzungsrecht nach § 287 ZGB** bestellt worden, scheitert aber die Anwendung der Bestimmungen über die Sachenrechtsbereinigung an § 2 Abs 1 S 1 Nr 1 SachenRBerG (keine Anwendung auf **Erholungs-, Freizeit- und kleingärtnerische Nutzung**; dazu Art 233 § 2a Rn 139 ff), so würde die Bereinigung nach dem SchuldRAnpG durchzuführen sein. Dies wird aber der Tatsache nicht gerecht, daß das – auch nach dem Recht der DDR für diese Art der Nutzung eigentlich nicht vorgesehene – dingliche Nutzungsrecht besteht. Solche Fälle sind daher nach **§ 1 Erholungsnutzungsrechtsgesetz** (Art 2 SchuldRÄndG) einer zwischen Sachen- und Schuldrechtsbereinigung stehenden Zwischenlösung zuzuführen. § 2 ErholNutzG gibt einen wechselseitigen Anspruch auf Bestellung eines *Erbbaurechts*, das in §§ 3 ff ErholNutzG näher ausgestaltet ist. Hingegen ist eine Ankaufslösung wie in der Sachenrechtsbereinigung für diese Fälle nicht vorgesehen.

105 **3.** Von der DDR an **andere Staaten verliehene Nutzungsrechte** werden nach den Regelungen des SachenRBerG angepaßt, soweit dem nicht völkerrechtliche Vereinbarungen entgegenstehen (§ 110 SachenRBerG).

106 **4.** Soweit nach dem **VerkaufsG** (dazu Art 231 § 5 Rn 28) nicht mehr erfüllte Kaufverträge geschlossen wurden, aufgrund derer ein Nutzungsrecht und selbständiges Gebäudeeigentum begründet werden sollte, erfolgt die Überleitung in der Sachenrechtsbereinigung nach § 1 Abs 1 Nr 1 lit d SachenRBerG.

5. Zu Einzelheiten sowie zur Durchführung der Sachenrechtsbereinigung vgl Art 233 § 2a Rn 162 ff; zum Schicksal des Nutzungsrechts und des Gebäudeeigentums nach Durchführung der Sachenrechtsbereinigung dort Rn 175 ff. **107**

§ 5
Mitbenutzungsrechte

(1) Mitbenutzungsrechte im Sinn des § 321 Abs. 1 bis 3 und des § 322 des Zivilgesetzbuchs der Deutschen Demokratischen Republik gelten als Rechte an dem belasteten Grundstück, soweit ihre Begründung der Zustimmung des Eigentümers dieses Grundstücks bedurfte.

(2) Soweit die in Absatz 1 bezeichneten Rechte nach den am Tag vor dem Wirksamwerden des Beitritts geltenden Rechtsvorschriften gegenüber einem Erwerber des belasteten Grundstücks oder eines Rechts an diesem Grundstück auch dann wirksam bleiben, wenn sie nicht im Grundbuch eingetragen sind, behalten sie ihre Wirksamkeit auch gegenüber den Vorschriften des Bürgerlichen Gesetzbuchs über den öffentlichen Glauben des Grundbuchs, wenn der dem Erwerb zugrundeliegende Eintragungsantrag vor dem 1. Januar 2001 gestellt worden ist. Der Erwerber des Eigentums oder eines sonstigen Rechts an dem belasteten Grundstück kann in diesem Fall jedoch die Aufhebung oder Änderung des Mitbenutzungsrechts gegen Ausgleich der dem Berechtigten dadurch entstehenden Vermögensnachteile verlangen, wenn das Mitbenutzungsrecht für ihn mit Nachteilen verbunden ist, welche erheblich größer sind als der durch die Aufhebung oder Änderung dieses Rechts dem Berechtigten entstehende Schaden; dies gilt nicht, wenn derjenige, der die Aufhebung oder Änderung des Mitbenutzungsrechts verlangt, beim Erwerb des Eigentums oder sonstigen Rechts an dem belasteten Grundstück in dem für den öffentlichen Glauben des Grundbuchs maßgeblichen Zeitpunkt das Vorhandensein des Mitbenutzungsrechts kannte. In der Zwangsversteigerung des Grundstücks ist bei bis zum Ablauf des 31. Dezember 2000 angeordneten Zwangsversteigerungen auf die in Absatz 1 bezeichneten Rechte § 9 des Einführungsgesetzes zu dem Gesetz über die Zwangsversteigerung und die Zwangsverwaltung in der im Bundesgesetzblatt Teil III, Gliederungsnummer 310-13, veröffentlichten bereinigten Fassung, zuletzt geändert durch Artikel 7 Abs. 24 des Gesetzes vom 17. Dezember 1990 (BGBl. I S. 2847), entsprechend anzuwenden.

(3) Ein nach Absatz 1 als Recht an einem Grundstück geltendes Mitbenutzungsrecht kann in das Grundbuch auch dann eingetragen werden, wenn es nach den am Tag vor dem Wirksamwerden des Beitritts geltenden Vorschriften nicht eintragungsfähig war. Bei Eintragung eines solchen Rechts ist der Zeitpunkt der Entstehung des Rechts zu vermerken, wenn der Antragsteller diesen in der nach der Grundbuchordnung für die Eintragung vorgesehenen Form nachweist. Kann der Entstehungszeitpunkt nicht nachgewiesen werden, so ist der Vorrang vor anderen Rechten zu vermerken, wenn dieser von den Betroffenen bewilligt wird.

(4) Durch Landesgesetz kann bestimmt werden, daß ein Mitbenutzungsrecht der in Absatz 1 bezeichneten Art mit dem Inhalt in das Grundbuch einzutragen ist, der dem seit dem 3. Oktober 1990 geltenden Recht entspricht oder am ehesten entspricht. Ist die Verpflichtung zur Eintragung durch rechtskräftige Entscheidung festgestellt, so kann das Recht auch in den Fällen des Satzes 1 mit seinem festgestellten Inhalt eingetragen werden.

Materialien: Siehe zu Art 230; E: BT-Drucks 11/7760 Art 233 § 5; **Abs 2 S 1** geändert, **Abs 2 S 3, Abs 3 S 2, 3, Abs 4** eingefügt durch 2. VermRÄndG v 21. 7. 1992, BGBl 1992 I 1257; Entwurf: BT-Drucks 12/2480 Art 7 Nr 2 d; Abs 2 geändert durch Art 13 Nr 3 g aa, bb RegVBG, Materialien siehe § 2a; **Abs 2 S 1, S 3**: Daten geändert durch Art 1 Abs 1 Nr 2 EFG; erneut geändert durch Art 1 Abs 1 Nr 2 2. EFG, Materialien siehe § 4.

Schrifttum

Böhringer, Die Sperr- und Sicherungswirkung gewisser ostdeutscher Grundbucheinträge, Rpfleger 1996, 177

ders, Sicherung und Eintragung von Mitbenutzungsrechten und besonderen ostdeutschen Dienstbarkeiten, Rpfleger 1997, 244

ders, Wegfall liegenschaftsrechtlicher Besonderheiten in den neuen Ländern zur Jahrtausendwende, Rpfleger 1999, 425.

Systematische Übersicht

Alphabetische Übersicht

I. Normzweck

1. **Abs 1** bezweckt den Bestandsschutz für Mitbenutzungsrechte. Das Recht der DDR kannte keine Grunddienstbarkeiten und beschränkten persönlichen Dienstbarkeiten. Deren Zweck wurde weitgehend durch vertraglich vereinbarte (hierzu § 3 Rn 39 f; Jantsch NotBZ 1999, 77, 78) Nutzungsrechte nach §§ 321, 322 ZGB erreicht. Deren Bestand wird durch die Anerkennung als beschränktes dingliches Recht gewährleistet (BT-Drucks 11/7817, 42; MünchKomm/Joost Rn 1). **1**

2. **Abs 2 S 1** liegt eine § 4 Abs 2 vergleichbare Motivation zugrunde: **2**

a) Zu ihrer Entstehung nicht der Eintragung in das Grundbuch bedürftige Mitbenutzungsrechte werden gegen gutgläubig lastenfreien Erwerb und gegen Rangnachteile geschützt (vgl auch Art 187 Abs 1), soweit – was bei Abfassung des EV nicht überblickbar war (BT-Drucks 11/7817, 42) – auch nach dem Recht der DDR der Grundstückserwerber das Mitbenutzungsrecht zu dulden hatte. **Abs 2 Satz 2** schützt – vergleichbar § 4 Abs 2 S 2 – das Investitionsinteresse des Erwerbers des Grundstücks und die Verwertungsinteressen beschränkter dinglicher Rechtserwerber durch ein Ablöserecht (BT-Drucks 11/7817, 42).

b) Eine durch das **2. VermRÄndG** eingefügte Änderung des Abs 2 S 1 („landesgesetzlicher“ statt „gesetzlicher“) übertrug zwischenzeitlich die Zuständigkeit zu einer Beendigung der Übergangsrechtslage auf den Landesgesetzgeber. Die Alternative, eine einheitliche Frist zu setzen, bis zu deren Ablauf die Mitbenutzungsrechte **3**

gegenüber dem öffentlichen Glauben des Grundbuchs wirksam bleiben, wurde damals verworfen, um ein Ansteigen der Eintragungsanträge zu verhindern (BT-Drucks 12/2480, 80).

4 **c)** Durch das **RegVBG** sollte jedoch der öffentliche Glaube des Grundbuchs in den neuen Bundesländern zum 1. 1. 1997 wieder vollständig hergestellt werden. Daher war es auch für § 5 geboten, nunmehr diese *bundeseinheitliche Frist* für das Auslaufen des Schutzes der nicht eingetragenen Mitbenutzungsrechte gegen gutgläubig lastenfreien Erwerb des Grundstücks zu bestimmen. Die Frist wurde durch das EFG zum 1. 1. 2000 und das 2. EFG zum 1. 1. 2001 verlängert (dazu § 4 Rn 9, 12).

5 **3.** Der durch das 2. VermRÄndG eingefügte **Abs 2 S 3** klärt die bislang strittige Behandlung der **Mitbenutzungsrechte in der Zwangsversteigerung** des Grundstücks.

a) Die gewählte Regelung trägt dem Umstand Rechnung, daß Mitbenutzungsrechte **in der Regel nicht im Grundbuch eingetragen** sind, so daß die Bestimmungen des ZVG nicht passen. Die Lage ist ähnlich der bei landesgesetzlichen Altdienstbarkeiten und die Regelung des § 9 EGZVG entspricht im wesentlichen der vormaligen Rechtslage im Recht der DDR.

6 **b)** Auch dieser Schutz nicht eingetragener beschränkter dinglicher Rechte ist – wie im Fall des § 4 Abs 4 dem Ziel der Herstellung des öffentlichen Glaubens des Grundbuchs entsprechend – durch das RegVBG **befristet** worden bis zum Ablauf des 31. 12. 1996. Aus denselben Gründen wie zu § 4 (dort Rn 9, 12) wurde diese Frist durch das EFG bis zum 31. 12. 1999 und durch das 2. EFG bis zum 31. 12. 2000 verlängert.

7 **4.** **Abs 3** ermöglicht – entsprechend Art 187 Abs 1 S 2 – die **Anpassung** der nach Abs 1 als beschränkte dingliche Rechte anerkannten Mitbenutzungsrechte an den Grundsatz der Eintragung aller dinglichen Rechte an einem Grundstück. Auch bisher nicht eintragungsfähige Mitbenutzungsrechte werden eintragungsfähig (BT-Drucks 11/817, 42). Abs 3 S 2 und 3 idF durch das 2. VermRÄndG regeln die Rangbestimmung solcher Rechte. Damit sollten die Voraussetzung für das Eingreifen der Vorschriften über den öffentlichen Glauben des Grundbuchs zum 1. 1. 1997 geschaffen werden, da – unbeschadet der Frage, ob eintragungsfähige aber nicht eintragungsbedürftige Rechte dem öffentlichen Glauben unterliegen – nur eintragungsfähige Rechte dem gutgläubig lastenfreien Erwerb unterliegen können. Auch dieser Zeitpunkt wurde durch das EFG und das 2. EFG auf den 1. 1. 2001 verschoben.

8 **5.** Abs 4 überträgt mit Rücksicht auf die Vielfalt und Unterschiedlichkeit der möglichen Fallgruppen die **Gesetzgebungsbefugnis** auf den Landesgesetzgeber, den **Inhalt** zu bestimmen, mit dem die Mitbenutzungsrechte als **beschränkte dingliche Rechte** in das Grundbuch einzutragen sind. Damit wird die aus Zeitgründen im EV nicht zu prüfende Möglichkeit einer Überleitung in Grunddienstbarkeiten (BT-Drucks 11/7817, 41) eingeleitet.

II. Fortbestand als beschränkte dingliche Rechte (Abs 1)

1. Betroffene Rechte

a) Mitbenutzungsrechte, Begriff

aa) Abs 1 erfaßt Mitbenutzungsrechte im Sinn von § 321 Abs 1 bis 3 und § 322 ZGB, soweit diese wirksam begründet wurden (zur *Schriftform* nach § 321 Abs 1 S 3 ZGB: OLG Brandenburg MDR 1997, 37; OLG Rostock OLGR 2000, 103; LG Frankfurt/Oder ZOV 2001, 251; AG Arnstadt VIZ 2001, 449) und nicht – insbesondere kraft Gesetzes – erloschen sind (LG Frankfurt/Oder ZOV 2001, 251: Erlöschen durch Wegfall der Voraussetzungen der Begründung). In Betracht kommen daher **dauernde** Rechte, etwa Wegerechte, Überfahrtrechte; die Mitbenutzung kann auch in einem **Unterlassen** bestehen, etwa in einem Anpflanzungsverbot oder sonstigem Nutzungsverbot. § 321 Abs 1 ZGB erfaßt aber auch **vorübergehende** Mitbenutzungsrechte, etwa das Lagern von Baumaterial oder das Aufstellen von Gerüsten (zum möglichen Inhalt von Mitbenutzungsrechten vgl auch § 3 Rn 39 f). Auch solche Rechte sind zwar vom Anwendungsbereich des Absatz 2 grundsätzlich erfaßt, scheiden aber im Einzelfall aus, wenn ihre Begründung nicht der *Zustimmung* des Eigentümers bedurfte (sogleich Rn 13, 15; so auch BT-Drucks 11/7817, 42; MünchKomm/Joost Rn 3). **9**

bb) **Nicht erfaßt** sind Mitbenutzungsrechte nach § 321 Abs 4 ZGB zur Durchführung staatlicher Maßnahmen (BGHZ 138, 266, 280); diese unterlagen schon nach dem Recht der DDR den jeweils für das staatliche Handeln einschlägigen besonderen Rechtsvorschriften; sie fallen unter die Überleitungsvorschriften für das jeweilige (öffentlich-rechtliche) Sachgebiet. **10**

cc) **Nicht erfaßt** sind auch **Grunddienstbarkeiten** aus der Zeit vor dem Inkrafttreten des ZGB am 1. 1. 1976; für diese galt gemäß § 6 Abs 1 EGZGB weiterhin das BGB, so daß zum 3. 10. 1990 keine Überleitung erforderlich wurde (Palandt/Bassenge Rn 1; vgl OG NJ 1990, 225). **11**

dd) § 5 ist **nicht entsprechend anwendbar** auf Berechtigungen, die ihrem Inhalt nach nicht als Mitbenutzungsrechte unter §§ 321 ff ZGB vereinbart werden konnten. So kann ein **Wohnrecht**, das nach dem 1. 1. 1976 vereinbart wurde, nicht gemäß § 5 Abs 3 S 1 in das Grundbuch eingetragen werden, da es nicht Mitbenutzungsrecht ist und daher nicht § 5 unterfällt (OLG Dresden OLG-NL 1995, 39, 40). **12**

b) Erforderliche Zustimmung des Eigentümers

aa) Mitbenutzungsrechte unterfallen Abs 1 nur, wenn ihre Begründung der **Zustimmung des Grundstückseigentümers** bedurfte. Dieses Tatbestandsmerkmal grenzt einerseits Mitbenutzungsrechte aus, die – wie üblich und von § 321 Abs 1 S 1 ZGB vorgesehen – durch bloße (zur erforderlichen Zustimmung des Eigentümers unten Rn 15 f) Vereinbarung des Mitbenutzungsberechtigten mit den Nutzungsberechtigten des Grundstücks zustande kamen (hierzu § 3 Rn 40). Solche Rechte sind dem Grundeigentümer nicht *zurechenbar*. Nutzungsberechtigter in diesem Sinn konnte ein dinglich oder obligatorisch Nutzungsberechtigter nach §§ 287 ff, 291 ff oder 312 ff ZGB (vgl § 286 ZGB), nicht aber ein Mieter sein. Normalfall waren Vereinbarungen zwischen den Nutzungsberechtigten von Nachbargrundstücken, eine Beschränkung auf Nachbargrundstücke bestand aber *nicht*. Solche nicht unter § 5 nicht fallende Rechte **13**

bestehen als rein obligatorische Rechte zwischen den ursprünglichen Vertragsparteien fort (Böhringer NJ 1992, 291).

14 **bb)** Der weitere Effekt dieses Tatbestandsmerkmals ist aber die gegenständliche **Eingrenzung** der Überleitung auf Mitbenutzungsrechte von gewisser **inhaltlicher Ähnlichkeit zur Dienstbarkeit**; bloß vorübergehende, das Eigentum nicht berührende und von Nutzern gestattete Mitbenutzungen werden nicht in beschränkte dingliche Rechte übergeleitet, weil sie über bloß obligatorische Verhältnisse nicht hinausgehen (BT-Drucks 11/7817, 42).

15 **cc)** Zur Abgrenzung verwendete tatbestandliche Grundlage ist die **Zustimmungsbedürftigkeit** nach § 321 Abs 1 ZGB: **Dauernde Mitbenutzung** bedurfte immer der Zustimmung des Grundstückseigentümers, wird also ausnahmslos Abs 1 unterstellt (LG Frankfurt/Oder ZOV 2001, 251). **Vorübergehende Mitbenutzung** bedurfte der Zustimmung nur bei *Beeinträchtigung des Eigentums* (Palandt/Bassenge Rn 2; MünchKomm/Joost Rn 4; Lübchen/Wüstneck 87). Damit sind alle Mitbenutzungsrechte, die auf eine kurzfristige, rein vorübergehende und die Substanz des Grundstücks nicht verletzende Nutzung abzielten (Lagerung von Baumaterial, Gerüstbau, zeitlich begrenzte Wegebenutzung), nicht von Abs 1 erfaßt (BT-Drucks 11/7817, 42; **aA** MünchKomm/Joost Rn 10, der § 321 Abs 1 ZGB nicht auf die Dauer der Mitbenutzung beziehen will).

16 **dd)** Nicht genügend ist es, wenn der Grundstückseigentümer trotz fehlender Zustimmungsbedürftigkeit im Einzelfall **tatsächlich zugestimmt** hat. Damit wäre ihm das Mitbenutzungsrecht zwar zurechenbar; der Zweck einer inhaltlichen Beschränkung auf dienstbarkeitsähnliche Rechte aber nicht erreicht.

c) Sonstige Mitbenutzungen

17 Mitbenutzungsrechte nach §§ 321 Abs 1 bis 3, 322 ZGB, die **nicht Abs 1 unterfallen**, sowie vertraglich gestattete Mitbenutzungen, die schon den §§ 321 ff ZGB nicht entsprachen (insbesondere bei Fehlen einer *schriftlichen* Vereinbarung OLG Brandenburg MDR 1997, 37; OLG Rostock OLGR 2000, 103) bleiben rein schuldrechtlicher Natur. Ihr Fortbestand ist nach Art 232 § 1 zu beurteilen (MünchKomm/Joost Rn 14). Da auf den Vertrag damit weiterhin die Bestimmungen des ZGB anwendbar sind, ist fraglich, ob auch § 297 Abs 2 S 2 ZGB (Übergang der Verpflichtung aus Nutzungsrechten bei Veräußerung des Grundstücks) anwendbar bleibt. Man kann dies ablehnen, wenn die Bestimmung sachenrechtlich (Eigentumswechsel am Grundstück) zu qualifizieren ist. Selbst bei schuldrechtlicher Qualifikation (Inhalt des Vertrags über ein Nutzungsrecht) ist aber jedenfalls ein **Umkehrschluß** aus Art 233 § 5 geboten: Die Verpflichtung aus einem nicht von § 5 Abs 1 erfaßten Mitbenutzungsrecht, das nicht im Grundbuch eingetragen ist, geht bei Veräußerung nicht auf den Erwerber über; erforderlich ist vielmehr eine Übernahme des Mitbenutzungsvertrages durch den Erwerber.

Eine Möglichkeit zur dinglichen Verfestigung solcher nicht unter § 5 fallender Mitbenutzungen anderer Art (auch faktische Mitbenutzung aufgrund Duldung staatlicher Stellen) besteht nach § 116 Abs 1 SachenRBerG (unten Rn 56; OLG Rostock OLGR 2000, 103; AG Arnstadt VIZ 2001, 449; Schmidt-Recla ZOV 2001, 80).

2. Rechtsfolgen

a) Abs 1 bestimmt lediglich, welche Mitbenutzungsrechte als beschränkte dingliche Rechte anzusehen sind. Die hieraus sich ergebenden Rechtsfolgen unterliegen § 3, es sind also §§ 873 ff BGB anzuwenden (Palandt/Bassenge Rn 3; MünchKomm/Joost Rn 10 ff; Lübchen/Wüstneck 87). Insbesondere bleibt ein Mitbenutzungsrecht, das im **Grundbuch** nicht eingetragen ist und der Eintragung nicht bedurfte, auch ohne Eintragung bestehen (hierzu auch Abs 2 und 3; MünchKomm/Joost Rn 11). **18**

b) Für den **Inhalt** des Mitbenutzungsrechts, insbesondere für den **Übergang** auf den Rechtsnachfolger des Berechtigten und für das **Erlöschen** gilt – unbeschadet der Eintragung im Grundbuch (Palandt/Bassenge Rn 3) – weiter das ZGB (vgl § 3 Rn 39 ff). Dies gilt jedoch nicht mehr, so weit sich aus den Bestimmungen des § 5 etwas anderes – auch mittelbar – ergibt. So hat das 2. VermRÄndG in Abs 3 S 2 mittelbar eine Regelung zur **Rangbestimmung** getroffen (unten Rn 21 ff), die jedenfalls seit ihrem Inkrafttreten die Fortgeltung des insoweit auslegungsbedürftigen ZGB verdrängt. Dasselbe gilt für die durch das RegVBG getroffenen Bestimmungen zum **öffentlichen Glauben** des Grundbuchs. **19**

c) Für die **Aufhebung** gilt § 3 Abs 3; insbesondere sind im Gegensatz zur Aufhebung von Nutzungsrechten §§ 875, 876 BGB nicht anzuwenden (vgl § 4 Abs 6; Böhringer DtZ 1993, 364, 371). **20**

d) Bis zur Regelung durch das 2. VermRÄndG (Abs 3 S 2, 3 und § 9) war strittig, ob auch hinsichtlich der **Rangbestimmung** § 3 Abs 1 anzuwenden ist, mit der grundsätzlich aus § 3 Abs 1 folgenden Konsequenz, daß der Rang nicht eingetragener Rechte sich nach dem **Zeitpunkt ihres Entstehens**, hier des Vertragsschlusses (§ 321 Abs 1 ZGB), beurteilt. **21**

aa) Die Frage stellt sich im Gegensatz zu sonstigen beschränkten dinglichen Rechten deshalb, weil das ZGB das Mitbenutzungsrecht grundsätzlich als obligatorisches Recht (sechstes Kapitel des ZGB: „Beziehungen zwischen benachbarten Grundstücksnutzern") eingeordnet hatte und erst § 5 Abs 1 die Einordnung als beschränktes dingliches Recht herbeiführt; fraglich ist also, ob Mitbenutzungsrechte vor dem 3. 10. 1990 überhaupt einen Rang hatten. Die Ausgestaltung, insbesondere die Bestimmungen über den Fortbestand von Mitbenutzungsrechten bei Veräußerung und Zwangsversteigerung des Grundstücks, gibt allerdings dem Mitbenutzungsrecht schon im Recht der DDR einen faktischen Vorrang vor Grundpfandrechten, so daß die **Rangfähigkeit** des nicht eingetragenen Mitbenutzungsrechts auch für die Zeit vor dem 3. 10. 1990 und dem 22. 7. 1992 anzunehmen ist (Welter WM 1991, 1191; auch Böhringer NJ 1992, 291 sieht die Rangregelung des Abs 3 S 2 in Kontinuität zum ZGB). **22**

bb) Für die Zeit nach dem Inkrafttreten des 2. VermRÄndG regelt Abs 3 S 2 iVm § 9 Abs 2 letzter HS die **Rangverhältnisse** jedenfalls inzidenter zusammen mit der Eintragung: Bei Eintragung des Rechts ist der Zeitpunkt seiner Entstehung zu vermerken, da sich hiernach der Rang bestimmt (Böhringer NJ 1992, 291). **23**

III. Erlöschen nicht eingetragener Mitbenutzungsrechte (Abs 2)

1. Aussetzung der Bestimmungen über den öffentlichen Glauben (Abs 2 S 1)

24 a) Abs 2 S 1 verhindert das Erlöschen eines Mitbenutzungsrechts nach § 892 BGB durch **gutgläubig lastenfreien Erwerb** des Eigentums oder eines sonstigen Rechts am Grundstück. Zu der ab 1. 1. 2001 relevant gewordenen Frage, ob ein gutgläubig lastenfreier Erwerb eintritt, vgl unten Rn 29 ff.

25 b) Der Schutz durch Abs 2 S 1 ist **beschränkt** auf solche Mitbenutzungsrechte, die schon vor dem 3. 10. 1990 nach dem Recht der DDR durch eine Übertragung des Grundstückseigentums oder den Erwerb eines sonstigen Rechts nicht beeinträchtigt wurden. Es soll also der Schutz lediglich erhalten, nicht aber verstärkt werden.

26 aa) Dies ist der Fall für **alle Mitbenutzungsrechte** nach § 321 Abs 1 ZGB: § 297 Abs 2 S 2 ZGB bestimmte, daß die Verpflichtungen aus **im Grundbuch eingetragenen** Rechten auf den Erwerber übergingen. Damit erfaßt Abs 2 S 1 alle eingetragenen Mitbenutzungsrechte.

27 bb) Grundsätzlich gilt der Schutz auch für **nicht eingetragene Mitbenutzungsrechte** (Palandt/Bassenge Rn 5; Lübchen/Wüstneck 86 f). Für nicht eingetragene zur Nutzung berechtigende Verträge (insbesondere Mitbenutzungsrechte) erstreckte sich das Recht nur dann gegen den Erwerber, sofern zwischen Veräußerer und Erwerber der Übergang vereinbart wurde (§ 297 Abs 2 S 2 ZGB). Diese Möglichkeit, den Übergang nicht eingetragener Nutzungsrechte **ohne Beteiligung des Nutzungsberechtigten auszuschließen**, besteht nach dem Zweck der Regelung fort, so daß im Grundstückskaufvertrag der Übergang und damit auch die Anwendung von Abs 2 ausgeschlossen werden kann (MünchKomm/Joost Rn 20). Hingegen kommt ein **Ausschluß** des Übergangs eingetragener Mitbenutzungsrechte – ohne Beteiligung des Berechtigten – nicht in Betracht.

28 c) Der Ausschluß des gutgläubigen lastenfreien Erwerbs ist **befristet** zum 31. 12. 2000. Abs 2 S 1 ist nicht mehr anzuwenden, wenn der Eintragungsantrag für den Erwerb, aufgrund dessen Lastenfreiheit nach §§ 892 f BGB eintreten kann, nach dem 31. 12. 2000 gestellt wird. Da ein bis zu diesem Datum gestellter vollzugsfähiger Eintragungsantrag für das Mitbenutzungsrecht vor einem später gestellten Eintragungsantrag zu vollziehen ist, sind Mitbenutzungsrechte hiernach gegen gutgläubig lastenfreien Erwerb geschützt, sofern ihre Eintragung bis einschließlich 31. 12. 2000 beantragt wird (Palandt/Bassenge Rn 5; Böhringer Rpfleger 1995, 54; ders RPfleger 1999, 425, 426; vgl auch § 4 Rn 47 f).

29 d) Damit stellt sich für nach dem 31. 12. 2000 gestellte Eintragungsanträge die Frage, ob die Bestimmungen der §§ 892 f BGB einen gutgläubig **lastenfreien Erwerb** gegen ein **nicht eintragungsbedürftiges**, aber nach Abs 3 S 1 eintragungs*fähiges* Mitbenutzungsrecht ermöglichen.

30 aa) Ob ein eintragungsfähiges, aber nicht eingetragenes beschränktes dingliches Recht, das nach den Bestimmungen des BGB außerhalb des Grundbuchs entsteht, von Erlöschen oder Rangverlust nach § 892 BGB betroffen ist, ist strittig; die hM bejaht die Anwendung von § 892 BGB auf solche Rechte (Staudinger/Gursky [1996] § 892 BGB Rn 23 mit zahlr Nachw; **aA**: MünchKomm/Wacke § 892 BGB Rn 9 ff).

bb) Für die Mitbenutzungsrechte ist jedenfalls **nicht auf die Bestimmungen des ZGB** abzustellen (so aber Palandt/Bassenge Rn 5 zur Frage des Rangverlustes). Mitbenutzungsrechte sind erst durch § 5 Abs 1 zu beschränkten dinglichen Rechten eigener Art am Grundstück erhoben worden. Soweit deren Bestand gerade von ihrer neuen Natur als dingliche Rechte abhängt, kann nicht auf die Inhaltsbestimmung des ZGB zurückgegriffen werden. Jedenfalls ab dem Stichtag (1. 1. 2001) verdrängen überdies die in Abs 2 deutlich zum Ausdruck gekommenen **Regelungsziele** eine eventuell aus dem ZGB herleitbare Festigkeit nicht eintragungsbedürftiger Mitbenutzungsrechte gegen gutgläubigen lastenfreien Erwerb. **31**

e) Die Frage der Anwendung von §§ 892 f BGB auf nicht eingetragene Mitbenutzungsrechte erledigt sich, soweit **§ 8 Abs 1 S 1 GrundbuchbereinigungsG** eingreift. **32**

Hiernach **erlöschen** nicht im Grundbuch eingetragene Mitbenutzungsrechte der in § 5 Abs 1 bezeichneten Art mit Ablauf des *31. 12. 1995*, wenn nicht der Eigentümer vorher das Bestehen dieses Rechts in der Form des § 29 GBO anerkennt und die Eintragung bewilligt oder der Berechtigte in zur Verjährungsunterbrechung geeigneter Weise die Abgabe dieser Erklärungen verlangt hat. § 8 Abs 1 S 1 GBBerG erfaßt auch solche Mitbenutzungsrechte, die nicht eintragungsbedürftig sind. Die Lösung des § 8 Abs 1 GBBerG geht weiter als §§ 892 f BGB, weil für das Erlöschen kein Erwerbsvorgang unter Beteiligung eines gutgläubigen Dritten erforderlich ist. Daher erscheint es zwingend, den in § 8 Abs 1 GBBerG unverändert genannten Stichtag an den in § 5 Abs 2 bestimmten (31. 12. 2000) anzupassen (dazu § 3 Rn 76 ff; Schmidt-Recla ZOV 1999, 408, 410: „automatisch verlängert"). **33**

f) Zum **Aufgebotsverfahren** nach § 6 GBBerG im Fall eines eingetragenen Mitbenutzungsrechts zugunsten eines nicht feststellbaren Begünstigten vgl § 3 Rn 75 (Böhringer DtZ 1994, 52). **34**

2. Ablösungsrecht (Abs 2 S 2)

Abs 2 S 2 gibt dem Erwerber des Eigentums oder eines anderen dinglichen Rechts, zu dessen Lasten ein Mitbenutzungsrecht nach Abs 2 S 1 bestehen bleibt, ein Recht, Aufhebung oder Änderung zu verlangen, das nach Art und Umfang dem Recht gemäß § 4 Abs 2 S 2 entspricht (MünchKomm/Joost Rn 23; Palandt/Bassenge Rn 6; siehe § 4 Rn 50 ff). **35**

3. Schutz von Mitbenutzungsrechten in der Zwangsvollstreckung

a) Abs 2 S 3 idF durch das 2. VermRÄndG regelt die Behandlung der Mitbenutzungsrechte im Fall der **Zwangsvollstreckung**. **36**

b) Bis zu dieser Regelung galt die Rechtslage nach dem Recht der DDR: § 13 Abs 2 S 1 **GrundstücksvollstreckungsVO** v 6. 6. 1990 (GBl DDR I 288) sah den Fortbestand unabhängig von der Eintragung in das Grundbuch vor (MünchKomm/Joost Rn 24; Lübchen/Wüstneck 86 f). Die Möglichkeit zur Abbedingung bei nicht eingetragenen **37**

Rechten bestand in diesem Fall nicht. Aus §§ 7, 8, 9 **GrundstücksdokumentationsO** v 20. 11. 1975 (GBl DDR I 697) ergab sich nichts anderes. Diese Bestimmungen gelten zum einen nur für eintragungsfähige Rechte. Die Vermutung der Grundbuchrichtigkeit nach § 8 Abs 1 zugunsten des Erwerbers des Eigentums oder (§ 9) eines anderen Rechts konnte insoweit nicht eingreifen. Diese Vermutung bewirkte aber auch nicht für ein nicht eingetragenes, aber eintragungsfähiges Mitbenutzungsrecht (Wege- und Überfahrtrecht, § 322 Abs 1 S 1 ZGB) Erlöschen oder Rangverlust. Hinsichtlich der Eigentumsübertragung ergibt sich dies unmittelbar aus § 297 Abs 2 ZGB, für das Rangverhältnis zu anderen Rechten an Grundstücken dürfte § 297 Abs 2 entsprechend gegolten haben; die Eintragung in das Grundbuch beschränkte sich auf die positive Vermutungswirkung zugunsten des Bestehens des eingetragenen Mitbenutzungsrechts (§§ 7, 9 GBO) und die hier nicht relevante Wirkung nach § 322 ZGB (im Ergebnis ebenso: Palandt/Bassenge Rn 5; zur Bedeutung der Eintragung: Lübchen ua, ZGB § 322 Anm 1. 2).

38 **c)** Die seit dem 22. 7. 1992 geltende Regelung kehrt von dieser Rechtslage ab, geht aber auch **nicht** zur vollen Anwendbarkeit der Bestimmungen des **ZVG** (§ 37 Nr 4 ZVG) für eingetragene Dienstbarkeiten über. Anwendbar ist vielmehr § 9 EGZVG entsprechend, das heißt, die Mitbenutzungsrechte werden behandelt wie altrechtliche Dienstbarkeiten, die vor Inkrafttreten des BGB nach Landesrecht begründet wurden. Gemäß § 9 Abs 1 EGZVG bleiben diese Rechte in der Zwangsversteigerung bestehen. Gemäß § 9 Abs 2 EGZVG kann jedoch im einzelnen Verfahren auf Verlangen eines der Beteiligten das Erlöschen eines solchen Rechts angeordnet werden, wenn durch das Fortbestehen ein dem Recht vorgehendes oder gleichstehendes Recht beeinträchtigt würde (BT-Drucks 12/2480, 80). Damit soll erreicht werden, daß Mitbenutzungsrechte nicht zulasten vor- oder gleichrangiger Rechte bestehen bleiben; die Anlehnung an § 9 EGZVG erreicht, daß Inhaber gleichrangiger Rechte das Erlöschen des Mitbenutzungsrechts mit dem Zuschlag verlangen können. Gegebenenfalls kann der Zuschlag nur auf ein entsprechend höheres Gebot hin erteilt werden, wenn die Mitbenutzungsrechte bestehen bleiben und gleichrangige Rechte nicht voll befriedigt würden (BT-Drucks 12/2480, 81).

39 **d)** Diese Begünstigung der Mitbenutzungsrechte ist nunmehr in der Fassung durch das RegVBG **befristet**. Sie gilt nur für bis zum 31. 12. 2000 angeordnete Zwangsversteigerungen. Anschließend gelten die Bestimmungen des ZVG für beschränkte dingliche Rechte. Eine § 9a EGZVG entsprechende Regelung (Nutzungsrechte, Gebäudeeigentum) besteht für Mitbenutzungsrechte nicht.

40 **e)** Die Regelung entspricht im übrigen grundsätzlich dem Schutz nicht eingetragener *Nutzungsrechte* durch § 4 Abs 2 S 1 (siehe § 4 Rn 45 ff).

IV. Grundbucheintragung (Abs 3)

41 **1.** Abs 3 ermöglicht die **Grundbucheintragung** aller nach Abs 1 übergeleiteten, bisher nicht eingetragenen Mitbenutzungsrechte. Eintragungsfähig sind damit sowohl die schon bisher eintragungsfähigen Wege- und Überfahrtsrechte als auch alle bisher nicht eintragungsfähigen Mitbenutzungsrechte (OLG Rostock OLGR 2000, 103; Palandt/Bassenge Rn 4; Lübchen/Wüstneck 88; MünchKomm/Joost Rn 25).

2. Das **Eintragungsverfahren** ist in Abs 3 nicht näher geregelt. **42**

a) Die Eintragung unterliegt, da nach dem 2.10.1990 erfolgend, den Bestimmungen der **GBO**; die Grundsätze des Art 187 sind entsprechend heranzuziehen. Die Eintragung erfolgt auf Antrag des Eigentümers oder des Berechtigten. Da die Eintragung für das Mitbenutzungsrecht nicht konstitutiv ist, handelt es sich um einen Fall der Grundbuchberichtigung (§ 894 BGB); eine Bewilligung ist also nicht erforderlich, wenn der Berechtigte ein Mitbenutzungsrecht nachweisen kann (§ 22 Abs 1 GBO; Böhringer NJ 1992, 291). Erleichterungen des Nachweises – wie im Falle des Gebäudeeigentums nach § 4 GGV – ergeben sich nicht.

b) Daher wird regelmäßig eine **Bewilligung des Eigentümers** erforderlich sein. **43** Diese ist im Wege der Klage oder des Antrags auf einstweilige Verfügung durchzusetzen (Palandt/Bassenge Rn 4; MünchKomm/Joost Rn 31; Böhringer Rpfleger 1995, 291). Die Gefährdung des einzutragenden Rechts folgt aus Abs 2 S 1 iVm § 892 BGB sowie § 8 Abs 1 GBBerG (oben Rn 28, 32).

c) Fraglich ist, ob eine Eintragung aufgrund Nachweises (Rn 42) nur erfolgt oder **44** ein Eintragungsanspruch gegen den Eigentümer (Rn 43) nur besteht, wenn die **Eintragung** des Mitbenutzungsrechts zwischen den Parteien **vereinbart** war.

aa) Hierfür spricht, daß die Eintragung nach dem Recht der DDR die Rechtsfolge nach § 322 Abs 2 ZGB (Wirkung gegenüber dem Rechtsnachfolger) ausgelöst hatte, die dem Eigentümer nicht aufgezwungen werden kann (Palandt/Bassenge Rn 4).

bb) Gegen diese Beschränkung spricht jedoch der Zweck der Regelung. Abs 3 S 1 **45** macht ausdrücklich sogar die nach dem ZGB nicht eintragungsfähigen Mitbenutzungsrechte eintragungsfähig, für die eine Vereinbarung über die Eintragungsfähigkeit ohne Sinn gewesen wäre. Auch insoweit wirkt sich die inhaltliche Umgestaltung dieser Rechte zu beschränkten dinglichen Rechten durch Abs 1 aus (vgl oben Rn 31).

cc) Es ist also **jedes Mitbenutzungsrecht eintragungsfähig**. Die Wirkungen der Ein- **46** tragung hinsichtlich des Übergangs auf den Rechtsnachfolger des Eigentümers beurteilen sich nicht mehr nach § 322 Abs 2 ZGB, sondern nach § 5 Abs 2, ab dem 1.1.2001 iVm § 892 f BGB (oben Rn 31).

dd) Die **Rechte des Grundstückseigentümers** werden dadurch – auch in Hinblick auf **47** Art 14 Abs 1 GG – nicht unzulässig berührt. § 322 Abs 2 ZGB stellt sich als eine Regelung des Schutzes des gutgläubigen Erwerbers gegen nicht im Grundbuch eingetragene Mitbenutzungsrechte dar; die Bestimmung begünstigt den Grundstückseigentümer nur als Reflex (ebenso wie § 892 BGB nicht als Recht des Eigentümers interpretiert werden kann, nicht eingetragene beschränkte dingliche Rechte zum Erlöschen zu bringen). Der Gesetzgeber konnte insbesondere im Interesse der Angleichung der sachenrechtlichen Verhältnisse die Regelung des § 322 Abs 2 ZGB wie geschehen ersetzen.

ee) Den Interessen des Grundstückseigentümers, den **vereinbarten Inhalt** nicht aus- **48** zudehnen, ist jedoch Rechnung zu tragen. Hierzu gehört nicht nur, daß das Mitbenutzungsrecht mit dem im einzelnen vereinbarten Inhalt einzutragen ist (Palandt/Bas-

SENGE Rn 4), soweit dieser nicht durch eine Regelung nach Abs 4 S 1 unzulässig geworden ist (dazu unten Rn 53). Vielmehr ist auch eine **vereinbarte Beschränkung der Erstreckung** des Mitbenutzungsrechts auf einen späteren Grundstückserwerber im Grundbuch einzutragen.

49 **3.** **Nach Eintragung** ist Abs 2 nicht mehr anzuwenden; der Schutz nach Abs 2 S 1 erübrigt sich. Insbesondere besteht aber das Ablösungsrecht nach Abs 2 S 2 nicht mehr.

50 **4.** Abs 3 S 2, 3 setzen die **Herstellung der Rangverhältnisse** durch den gleichzeitig durch das 2. VermRÄndG eingefügten § 9 um (vgl oben Rn 21 ff).

a) Da die Mitbenutzungsrechte nicht durch Eintragung in das Grundbuch entstanden sind, kann es für die Rangverhältnisse **nicht auf den Eintragungszeitpunkt** ankommen. Die Eintragung nach Abs 3 S 1 ist nur Grundbuchberichtigung, so daß der Rang, sofern strittig, in einem gesonderten Verfahren festgestellt werden muß (BT-Drucks 12/2480, 81).

51 **b)** Abs 3 S 2, 3 stellen die rangbegründenden Eintragungen der Situation einer Grundbuchberichtigung nach § 22 GBO gleich: Abs 3 S 2 sieht die **Eintragung des Entstehungszeitpunkts** vor, wenn der Antragsteller ihn nachweist. Hierzu ist die Wahrung der Form des **§ 29** GBO erforderlich. Dieser Weg kommt insbesondere dann in Betracht, wenn die Mitbenutzungsrechte aufgrund öffentlicher Urkunden von DDR-Behörden entstanden sind.

52 **c)** Abs 3 S 3 erlaubt in sonstigen Fällen entsprechend der Systematik des deutschen Grundbuchrechts die **bewilligte Eintragung** eines Rangvorrangs vor anderen Rechten. Die Bewilligung kann wie üblich freiwillig oder im Klagewege erlangt werden. Ist der genaue Entstehungszeitpunkt **nicht nachweisbar**, wohl aber der Vorrang, so ist dieser Rangvorrang im Grundbuch in gleicher Weise eintragungsfähig (BT-Drucks 12/2480, 81).

V. Überführung in Rechte nach dem BGB

53 **1.** Der durch das 2. VermRÄndG eingefügte Abs 4 gibt den Ländern die Befugnis, dafür zu sorgen, daß bei Eintragung der Mitbenutzungsrechte diese sogleich in dem BGB entsprechende Rechte, überführt werden. S 1 **ermächtigt** dazu den Landesgesetzgeber, zu bestimmen, daß ein Mitbenutzungsrecht nach Abs 1 als beschränktes dingliches Recht in das Grundbuch einzutragen ist mit dem Inhalt, welcher dem früheren Recht am ehesten entspricht. In Betracht kommen regelmäßig Grunddienstbarkeiten, wobei jeweils zu prüfen ist, ob ein dem Mitbenutzungsrecht entsprechender **zulässiger Inhalt** bestimmt werden kann.

54 **2.** Abs 4 S 2 bestimmt auch im Falle einer landesgesetzlichen Regelung über den zulässigen Inhalt des einzutragenden Rechts, daß **rechtskräftige Entscheidungen** im Einzelfall Vorrang vor der gesetzlichen Regelung haben. Erforderlich ist, daß die **Verpflichtung** zur Eintragung und der Inhalt des Rechts rechtskräftig festgestellt sind. Als Rechtsfolge ist sodann der **festgestellte Inhalt** eintragungsfähig, auch wenn er nicht einem landesgesetzlich als zulässig bestimmten Inhalt entspricht (PALANDT/BASSNGE Rn 4).

VI. Regelungsvorbehalt

Der Regelungsvorbehalt des Abs 2 S 1 idF des 2. VermRÄndG ist durch das RegVBG entfallen; an seine Stelle sind die Fristen in Abs 2 und die Regelung des § 8 Abs 1 GBBerG getreten (oben Rn 3, 24 ff, 32 f). **55**

VII. Sachenrechtsbereinigung, Grundbuchbereinigung

Da Mitbenutzungsrechte nach § 5 rein sachenrechtlich-intertemporal übergeleitet (Abs 1 iVm § 3) bzw sachenrechtlich transformiert werden (Abs 4) und das Grundstückseigentum belasten, ihm jedoch nicht inhaltsähnlich sind, bedarf es anders als für Nutzungsrechte und Gebäudeeigentum keiner Überleitung in der Sachenrechtsbereinigung. Sonderfälle, in denen eine Mitbenutzung *ohne Mitbenutzungsrecht* stattgefunden hat, regeln §§ 116 Abs 1 Nr 3 SachenRBerG (dazu KELLER Rpfleger 1006, 231; SCHMIDT-RECLA ZOV 2001, 80) und § 9 GBBerG (dazu MAASS NotBZ 2001, 280). § 116 Abs 1 Nr 3 SachenRBerG setzt jedoch voraus, daß *kein* Mitbenutzungsrecht begründet wurde, weshalb die Überleitung eines solchen Mitbenutzungsrechts nach § 5 jedenfalls Vorrang vor der Bestellung einer Dienstbarkeit nach § 116 SachenRBerG hat (BGH VIZ 1999, 489). **56**

§ 6
Hypotheken

(1) Für die Übertragung von Hypothekenforderungen nach dem Zivilgesetzbuch der Deutschen Demokratischen Republik, die am Tag des Wirksamwerdens des Beitritts bestehen, gelten die Vorschriften des Bürgerlichen Gesetzbuchs, welche bei der Übertragung von Sicherungshypotheken anzuwenden sind, entsprechend. Das gleiche gilt für die Aufhebung solcher Hypotheken mit der Maßgabe, daß § 1183 des Bürgerlichen Gesetzbuchs und § 27 der Grundbuchordnung nicht anzuwenden sind. Die Regelungen des Bürgerlichen Gesetzbuchs über den Verzicht auf eine Hypothek sind bei solchen Hypotheken nicht anzuwenden.

(2) Die Übertragung von Hypotheken, Grundschulden und Rentenschulden aus der Zeit vor Inkrafttreten des Zivilgesetzbuchs der Deutschen Demokratischen Republik und die sonstigen Verfügungen über solche Rechte richten sich nach den entsprechenden Vorschriften des Bürgerlichen Gesetzbuchs.

Materialien: Siehe zu Art 230; E: BT-Drucks 11/7760 Art 233 § 6.

I. Normzweck

1. Abs 1 stellt – abweichend von Art 192 – klar, daß Hypotheken des ZGB nicht in **1**

Grundpfandrechte des BGB übergeleitet werden, sondern grundsätzlich § 3 unterstehen; Rang und Inhalt einer am 3. 10. 1990 bestehenden Hypothek beurteilen sich also weiter nach dem Recht der DDR. Abs 1 bestimmt sodann eine **Ausnahme** von den Grundsätzen des § 3 hinsichtlich der *Übertragung* und der *Aufhebung* dieser Hypotheken: Diese werden dem BGB unterstellt, wobei wegen des streng akzessorischen Charakters der Hypotheken und dem Ausschluß der Erteilung eines Hypothekenbriefes im Recht der DDR, der beibehalten wird, eine entsprechende Anwendung der Vorschriften über die *Sicherungshypothek* angeordnet wird (BT-Drucks 11/7817, 42; Palandt/Bassenge Rn 1; Lübchen/Lübchen 91; vCraushaar DtZ 1991, 362). Die weiteren Einschränkungen folgen aus dem Umstand, daß nach dem Inhalt der Hypothek im Recht der DDR eine Eigentümergrundschuld nicht entstehen kann (siehe § 3 Rn 28).

2 2. **Abs 2** führt Grundpfandrechte, die vor dem Inkrafttreten des ZGB (1. 1. 1976) entstanden sind, wieder vollständig in das BGB zurück (BT-Drucks 11/7817, 42); die Übergangsregelung des § 6 Abs 2 EGZGB unterstellte die Ausübung, Übertragung und Verfügung über solche Rechte dem ZGB.

II. Übertragung und Aufhebung von Hypotheken (Abs 1)

1. Anwendungsbereich

3 **a)** Abs 1 erfaßt **Hypotheken(forderungen)** nach dem Zivilgesetzbuch, also Hypotheken, die zwischen dem 1. 1. 1976 und dem 2. 10. 1990 entstanden sind (Bultmann NJ 1993, 208).

aa) Dies sind (vgl § 3 Rn 26 ff) die Sicherungshypothek (§ 452 ZGB), die Höchstbetragshypothek (§ 454a ZGB) und die Aufbauhypothek (§ 456 ZGB).

4 **bb)** Fraglich ist, ob auch die **Zwangshypothek** (§ 2 GrundstücksvollstreckungsVO) in den Anwendungsbereich der Bestimmung fällt. Die Überleitungsbestimmung zu vor dem 3. 10. 1990 anhängigen Vollstreckungsverfahren (EV Anlage I Kapitel III Sachgebiet A Abschnitt 3 Maßgabe k 16) erklärt die GrundstücksvollstreckungsVO bis zum Abschluß des Verfahrens für anwendbar, sagt also nichts zur Behandlung einer eingetragenen Zwangshypothek. Da die Zwangshypothek nach § 2 GrundstücksvollstreckungsVO – ebenso wie die Zwangshypothek nach § 866 Abs 1 ZPO – Sicherungscharakter hat und es sich schwerlich empfiehlt, einzig Zwangshypotheken hinsichtlich der Übertragung (zur Aufhebung vgl ohnehin Umkehrschluß aus § 3 Abs 3) weiterhin dem Recht der DDR zu unterstellen, ist Abs 1 entsprechend auf Zwangshypotheken anzuwenden (MünchKomm/Eickmann Rn 3; Bultmann NJ 1993, 208).

5 **b)** Abs 1 regelt nur die **Übertragung** und die **Aufhebung**.

aa) Man wird dies erweiternd dahingehend zu verstehen haben, daß alle **Verfügungen** über solche Hypotheken, zB auch Verpfändungen, von Abs 1 erfaßt sind (Bultmann NJ 1993, 208; Böhringer NJ 1992, 293). Abs 1 soll erreichen, daß die Verwertung von bestehenden Grundpfandrechten als Kreditbasis durch Anwendung der Bestimmungen des BGB erreicht wird; die Ausgrenzung bestimmter Verfügungen entspräche dem nicht.

bb) Erfaßt sind nur Verfügungen, die **nach dem 2.10. 1990** erfolgen. Maßgeblich ist der Zeitpunkt der Antragstellung für die Eintragung der Verfügung, da bei früherer Antragstellung eine nach § 7 zu behandelnde *schwebende Rechtsänderung* vorliegt (BÖHRINGER Rpfleger 1995, 139). **6**

cc) Seinem Wortlaut entsprechend ist Abs 1 nur anzuwenden auf Hypotheken, die am Ende des 2.10. 1990 **bestehen**; die vor dem 3.10. 1990 erfolgte Entstehung bestimmt sich nach dem ZGB (vgl § 3; KG ZOV 1999, 141). Da aber § 7 bei **Eintragungsantrag vor dem 3.10. 1990** auch nach diesem Datum das Entstehen einer Hypothek nach dem ZGB ermöglicht (ebenso für Zwangshypotheken in laufenden Verfahren, Rn 4), ist eine erweiternde Auslegung von Abs 1 erforderlich: § 7 will keine eigene Kategorie von Grundstücksrechten schaffen, sondern lediglich die in schwebenden Verfahren sich vollendenden Grundstücksrechte den bereits am 2.10. 1990 bestehenden gleichstellen; § 6 ist also auch auf diese Hypotheken anzuwenden (BÖHRINGER Rpfleger 1995, 139). **7**

c) Im übrigen gilt § 3, also sowohl für Bestand, Rang und Übertragung bis zum 2.10. 1990, als auch für den **Inhalt** der Hypothek nach dem Stichtag (siehe § 3 Rn 26 ff, zur Aufbauhypothek Rn 33; PALANDT/BASSENGE Rn 1). **8**

2. Anwendbare Bestimmungen

a) Nach dem 2.10. 1990 nicht mehr anwendbare ZGB-Normen

aa) In den **Anwendungsbereich von Abs 1** fallende Bestimmungen des ZGB sind, obgleich den von § 3 erfaßten Inhaltsnormen zuzuordnen, nicht mehr anwendbar. Betroffen sind § 454 Abs 1 ZGB (soweit eine Trennung bei Übertragung ausgeschlossen ist), § 454 Abs 2, 3 ZGB (Erlöschen und Übertragung von Hypotheken [forderungen]), § 454a Abs 3 ZGB (Übertragung von Höchstbetragshypotheken), § 311 ZGB (Verzicht auf Hypothek). **9**

bb) Anwendbar bleiben hingegen die sonstigen Bestimmungen über den **Inhalt** der Hypothek, insbesondere § 454 Abs 2 ZGB, wonach die Hypothek bei Erlöschen der Forderung *erlischt* (keine Eigentümergrundschuld; PALANDT/BASSENGE Rn 4). **10**

b) Übertragung

aa) Für die **Übertragung der Forderung** gelten die Bestimmungen des BGB über die Sicherungshypothek. Die Forderungsübertragung erfolgt nach § 1154 Abs 3 BGB (entsprechend §§ 873, 878 BGB), die Hypothek geht nach § 1153 BGB über, wodurch sich grundsätzlich kein Änderung gegenüber § 454 Abs 3 S 1 ZGB ergibt. Für rückständige Zinsen gilt § 1159 BGB (MünchKomm/EICKMANN Rn 5; PALANDT/BASSENGE Rn 2; BULTMANN NJ 1993, 208). **11**

bb) **§§ 1138, 1139 BGB** sind hierbei nicht anzuwenden (§ 1185 Abs 2 BGB). In Ansehung der Forderung ist ein gutgläubiger Erwerb bei Nichtvalutierung oder bei Bestehen von Einreden ausgeschlossen; solche Einreden wirken auch gegen die Hypothek (PALANDT/BASSENGE Rn 2). Damit wird die nach § 454 Abs 1 ZGB bestehende Akzessorietät gewahrt (vgl zur Nichterstreckung des öffentlichen Glaubens des Grundbuchs auf die Forderung im Recht der DDR: BGH LM § 457 DDR-ZGB Nr 1). **12**

13 **cc)** Dies gilt grundsätzlich auch für **Höchstbetragshypotheken** (§ 454a ZGB), die im System des BGB ohnehin zwingend Sicherungshypotheken sind (§ 1190 Abs 3 ZGB). Besonderheiten ergeben sich für die nach § 1190 Abs 4 BGB zulässige isolierte Übertragung der Forderung (hierzu unten Rn 21).

c) **Aufhebung, Verzicht**

14 **aa)** Auch die **Aufhebung einer Hypothek** bestimmt sich nach den Vorschriften über die Sicherungshypothek. Die Anwendung der Bestimmungen des ZGB kommt auch über Art 233 § 3 Abs 3 nicht in Betracht, weil die Grundbucheintragung im Recht der DDR für die Entstehung der Hypotheken konstitutiv war. Anzuwenden ist § 875 BGB (Palandt/Bassenge Rn 3).

15 **bb)** Abs 1 enthält aber Einschränkungen, die dem Umstand Rechnung tragen, daß das Recht der DDR die Entstehung einer **Eigentümergrundschuld** ausschloß.

16 **α)** Ausdrücklich ausgeschlossen ist nach Abs 1 S 2 **anläßlich der Aufhebung** einer Hypothek das Erfordernis der **Zustimmung des Eigentümers** (§ 1183 BGB, verfahrensrechtlich: § 27 GBO). Da die ZGB-Hypothek auch bei Erfüllung der Forderung erlischt und nicht zur Eigentümerschuld wird, werden durch die rechtsgeschäftliche Aufhebung Rechte des Eigentümers nicht betroffen (Palandt/Bassenge Rn 3; MünchKomm/Eickmann Rn 9; Lübchen/Lübchen 91 f; Beckers WM 1991, 1706; Böhringer Rpfleger 1991, 90).

17 **β)** Nicht ausdrücklich von Abs 2 geregelt ist das Erfordernis der **Eigentümerzustimmung bei Rangrücktritt** (§ 880 Abs 2 S 2 BGB). A maiore ad minus von der Unanwendbarkeit des § 1183 BGB schließend, sollte auch insoweit auf die Eigentümerzustimmung verzichtet werden, da Rechte des Eigentümers nicht berührt werden (MünchKomm/Eickmann Rn 12).

18 **γ)** Aus demselben Grund kommen nach Abs 1 S 3 auch die Bestimmungen über den **Verzicht** (§§ 1168, 1169 BGB) nicht zur Anwendung (BT-Drucks 11/7817, 42; Beckers WM 1991, 1706; Palandt/Bassenge Rn 4; Lübchen/Lübchen 92). Ein Verzicht ist, insbesondere mit Rücksicht auf die bisher bestehende Verzichtsmöglichkeit nach § 311 ZGB, welche die Wirkungen einer Aufhebung hatte, ggf in eine Aufhebung *umzudeuten* (Bultmann NJ 1993, 208).

19 **cc)** Unvereinbar mit den fortgeltenden Inhaltsbestimmungen des ZGB ist aber auch der **Übergang der Hypothek auf den Schuldner** (§ 1164 BGB); die Hypothek erlischt vielmehr mit Erfüllung der Forderung durch den persönlichen Schuldner (Palandt/Bassenge Rn 5).

20 **dd)** Der **Erlaß** der Forderung ist möglich; er führt zum Erlöschen der Hypothek (§ 454 Abs 2 ZGB; Palandt/Bassenge Rn 4; vgl oben Rn 10).

21 **ee)** Für die **Sicherungshypothek** folgt aus § 1190 Abs 4 BGB die Zulässigkeit der isolierten Übertragung der Forderung. Insoweit ergibt sich keine Änderung gegenüber der hierzu wortgleichen Bestimmung in § 454a Abs 3 ZGB. Fraglich ist das Schicksal der Hypothek in diesem Fall, sofern **alle durch die Sicherungshypothek gesicherten Forderungen** in dieser Weise übertragen werden (insbesondere bei Vertragsübernahme), oder wenn sonst feststeht, daß die Forderung nur bis zu einer bestimmten Höhe entstehen wird. Da auch bei der Höchstbetragshypothek im Recht der DDR hinsichtlich des nicht valutierten Teils **keine aufschiebend bedingte Eigentümergrundschuld** entstand (§ 454 Abs 2 ZGB), ist davon auszugehen, daß mit endgültiger Feststellung des ausgefüllten Teils der Höchstbetragshypothek der darüber hinausgehende Teil der Hypothek erlischt (vgl MünchKomm/Eickmann Rn 8).

ff) Die **Abtretung von Aufbauhypotheken folgt**, ebenfalls nach Abs 1, den Regeln des BGB über die Sicherungshypothek. Aus der Eingrenzung des *Zwecks* der Hypothek und des als Gläubiger in Betracht kommenden *Personenkreises* ergibt sich **keine Beschränkung der Abtretbarkeit**. Hinsichtlich der sachlichen Beschränkung auf Baufinanzierungen (§ 456 Abs 1 ZGB) stellt die strenge Akzessorietät sicher, daß bei Abtretung die Aufbauhypothek ihren solchermaßen bestimmten Inhalt nicht ändert. Die persönliche Beschränkung hindert nach der schon durch das 1. ZivilrechtsÄndG eingeleiteten Umgestaltung der Aufbauhypothek nicht die Abtretung an einen Gläubiger, der nicht Kreditinstitut iSd § 456 Abs 1 ZGB ist (Beckers WM 1991, 1705). 22

d) Sonstige Verfügungen

Sonstige Verfügungen, insbesondere **Belastungen** der Hypothek unterliegen, da § 6 insoweit keine Beschränkungen vorsieht, den Bestimmungen des BGB über Sicherungshypotheken (Bultmann NJ 1993, 208; zur Überleitung nach Abs 1 oben Rn 9 ff). 23

3. Bereinigung, Anpassung an das BGB

a) Vorbehalt nach § 3 Abs 3 S 2

Auch für die nach Abs 1 und § 3 übergeleiteten ZGB-Hypotheken gilt der Vorbehalt nach § 3 Abs 3: Eine spätere **Umstellung in Grundpfandrechte** des BGB kommt in Betracht (BT-Drucks 11/7817, 42; Lübchen/Lübchen 92). Die Behandlung dieser Hypotheken als Sicherungshypotheken (§ 6 Abs 1) dürfte hiervon nicht betroffen werden, weil insoweit bereits eine Einbettung in das System des BGB vorliegt. Einer Änderung zugänglich sind hingegen die Maßgaben nach Abs 2 S 2 und S 3; bei endgültiger Überleitung in das System des BGB wird die Entstehung von Eigentümergrundschulden zuzulassen sein. 24

b) Bereinigungen

aa) Die **Ablösung von Hypotheken**, die anläßlich der Überführung von Grundstücken in Volkseigentum erloschen sind und im Falle der Restitution nach dem VermG zunächst wieder eingetragen wurden, ist in der **HypothekenablöseVO** geregelt (BGBl 1994 I 1253; dazu: Bultmann DtZ 1994, 362; ders NJ 1993, 203 zur vorher geltenden Fassung). 25

bb) **§ 10 GrundbuchbereinigungsG** (idF des RegVBG BGBl 1993 I 2192; vgl im übrigen zum GBBerG § 3 Rn 75 f) ermöglicht die Ablösung bestimmter geringwertiger vor dem 1. 7. 1990 bestellter Hypotheken durch ein einfaches Verfahren, das ein Aufgebot entbehrlich macht und zugleich die für die Freistellung des Grundstücks als Beleihungsobjekt erforderliche Beseitigung von geringwertigen Grundpfandrechten ermöglicht (BT-Drucks 12/5553, 95). Eine Hypothek oder Grundschuld an einem im Beitrittsgebiet belegenen Grundstück im Nennbetrag oder umgerechneten Nennbetrag (§§ 1 bis 3 GBBerG) von nicht mehr als 6.000 € *erlischt*, wenn der Eigentümer eine 26 dem umgerechneten und um ein Drittel erhöhten Nennbetrag (bei Höchstbetragshypotheken dem Nennbetrag ohne Erhöhung) entsprechende Geldsumme zugunsten des jeweiligen Gläubigers unter Verzicht auf die Rücknahme hinterlegt hat.

c) Auswirkung der Sachenrechtsbereinigung

27 **aa)** Wird nach den Bestimmungen des SachenRBerG die **Ankaufslösung** durchgeführt (im einzelnen § 2a Rn 168 ff), erwirbt also der Gebäudeeigentümer das Grundstück hinzu, so berührt dies Grundpfandrechte am Grundstück nicht. Von Grundpfandrechtsgläubigern (und anderen *beschränkt dinglich Berechtigten*) am Gebäude kann der Eigentümer verlangen, daß sie die nach § 876 BGB erforderliche Zustimmung zur Aufhebung ihres Rechts erteilen, wenn sie Rechte am Grundstück an gleicher Rangstelle und im gleichen Wert erhalten und das Gebäude Bestandteil des Grundstücks wird (§ 78 Abs 2 SachenRBerG). Das setzt voraus, daß alle am Gebäude dinglich Berechtigten in der beschriebenen Weise abgefunden werden, da ansonsten der Eigentümer das Gebäudeeigentum nicht nach § 875 BGB aufheben und die in § 78 Abs 22 SachenRBerG vorausgesetzte Rechtsfolge herbeiführen kann, daß nämlich das Gebäude wesentlicher Bestandteil des Grundstücks wird.

28 **bb)** Im Falle der **Erbbaurechtslösung** sind zwei Fallgruppen zu betrachten: **Inhaber von Grundpfandrechten** (und anderen beschränkten dinglichen Rechten) **am Grundstück** können eine Belastung des Erbbaurechts nur verlangen bzw den Rangrücktritt hinter das Erbbaurecht des ehemaligen Nutzungsberechtigten nur verweigern, wenn *kein selbständiges Gebäudeeigentum* bestanden hatte; bestand selbständiges Gebäudeeigentum, erstreckten sich schon vor der Sachenrechtsbereinigung ihre Rechte nicht auf das Gebäude (§§ 34 Abs 1 S 1, 36 Abs 1 SachenRBerG). Der Erbbauberechtigte kann einen Rangrücktritt durchsetzen, wenn er eine entsprechende Belastung des Erbbaurechts bewilligt (§ 36 Abs 1 HS 2 SachenRBerG). Zur **Abschreibung** von erbbaurechtsbelasteten Teilflächen des Grundstücks vgl § 34 Abs 2 SachenRBerG.

29 **cc)** **Grundpfandrechte** (und andere beschränkte dingliche Rechte) **am Gebäude** werden problemlos bewältigt, weil das Haftungssubstrat auf anderer Rechtsgrundlage (Erbbaurecht statt Nutzungsrecht bzw Gebäudeeigentum) erhalten bleibt: sie bestehen am Erbbaurecht fort (§ 34 Abs 1 S 2 SachenRBerG).

III. Verfügungen über Altgrundpfandrechte (Abs 2)

1. Bisherige Rechtslage

30 Vor dem 1. 1. 1976 begründete Grundpfandrechte blieben gemäß § 6 Abs 1 EGZGB bestehen. Eine Angleichung an das ZGB erfolgte jedoch – ähnlich nunmehr in Gegenrichtung durch Abs 1 – durch Anwendung der ZGB-Bestimmungen über die Ausübung, Übertragung und Verfügung (§ 6 Abs 2 EGZGB).

2. Anwendung des BGB

31 **a)** Abs 2 bestimmt nunmehr die **unbeschränkte Anwendung der BGB-Bestimmungen** auf solche Alt-Grundpfandrechte. Es sind also insbesondere die BGB-Bestimmungen zu Ausübung, Übertragung und sonstigen Verfügungen anzuwenden

(LG Dresden DtZ 1996, 152; Palandt/Bassenge Rn 6; MünchKomm/Eickmann Rn 5, 6; Lübchen/Lübchen 92). Grundschulden können wieder abgetreten werden (Böhringer NJ 1992, 292).

b) Zur **Löschung** ist grundsätzlich (Ausnahme **Aufbaugrundschulden:** Böhringer NJ 1992, 292) auch die Löschungszustimmung des Eigentümers nach §§ 27 GBO, 183 BGB erforderlich, weil – anders als bei übergeleiteten ZGB-Hypotheken – eine Eigentümergrundschuld entstehen kann (Böhringer NJ 1992, 292). 32

§ 7
Am Tag des Wirksamwerdens des Beitritts schwebende Rechtsänderungen

(1) Die Übertragung des Eigentums an einem Grundstück richtet sich statt nach den Vorschriften des Bürgerlichen Gesetzbuchs nach den am Tag vor dem Wirksamwerden des Beitritts geltenden Rechtsvorschriften, wenn der Antrag auf Eintragung in das Grundbuch vor dem Wirksamwerden des Beitritts gestellt worden ist. Dies gilt entsprechend für das Gebäudeeigentum. Wurde bei einem Vertrag, der vor dem 3. Oktober 1990 beurkundet worden ist, der Antrag nach diesem Zeitpunkt gestellt, so ist eine gesonderte Auflassung nicht erforderlich, wenn die am 2. Oktober 1990 geltenden Vorschriften des Zivilgesetzbuchs der Deutschen Demokratischen Republik über den Eigentumsübergang eingehalten worden sind.

(2) Ein Recht nach den am Tag vor dem Wirksamwerden des Beitritts geltenden Vorschriften kann nach diesem Tage gemäß diesen Vorschriften noch begründet werden, wenn hierzu die Eintragung in das Grundbuch erforderlich ist und diese beim Grundbuchamt vor dem Wirksamwerden des Beitritts beantragt worden ist. Auf ein solches Recht ist § 3 Abs. 1 und 2 entsprechend anzuwenden. Ist die Eintragung einer Verfügung über ein Recht der in Satz 1 bezeichneten Art vor dem Wirksamwerden des Beitritts beim Grundbuchamt beantragt worden, so sind auf die Verfügung die am Tag vor dem Wirksamwerden des Beitritts geltenden Vorschriften anzuwenden.

Materialien: Siehe zu Art 230; E: BT-Drucks 11/7760 Art 233 § 7; Abs 1 S 3 eingefügt durch 2. VermRÄndG, BGBl 1992 I 1257; BT-Drucks 12/2695, 23, 32; BT-Drucks 12/2944, 46.

1. Normzweck

1. Beide Absätze sollen sicherstellen, daß am Tage des Wirksamwerdens des Beitritts schwebende Rechtsänderungen **nicht beeinträchtigt** werden. Da die Parteien keinen Einfluß auf die Bearbeitung ihrer Anträge haben, soll die Verzögerung zwischen Eintragungsantrag und Rechtsvollendung intertemporal nicht zu einer Rechtsänderung führen (BT-Drucks 11/7817, 42; BGH DtZ 1995, 100, 101; BezG Dresden DtZ 1991, 439; Palandt/Bassenge[56] Rn 1; Lübchen/Wüstneck 93). Die Bestimmung erfaßt das Eigentum und alle eintragungsbedürftigen beschränkten dinglichen Rechte. Ergänzend stellt die durch das 2. VermRÄndG in Abs 1 S 3 eingefügte Regelung klar, daß ein vor dem 3. 10. 1990 nach den damals geltenden Vorschriften der DDR beurkundeter Kauf- 1 vertrag über ein Grundstück einen in das Grundbuch einzutragenden Eigentumsübergang bewirkt, ohne daß die Auflassung erklärt werden muß. Diese wäre nach Abs 1 S 1 eigentlich erforderlich, wenn der Eintragungsantrag erst nach dem 3. 10. 1990 gestellt wurde (Anregung des Bundesrates in BT-Drucks 12/2695, 23; Schmidt-Räntsch DtZ 1992, 316).

2 **2.** Zugleich wird durch die Bestimmung der **Katalog möglicher Immobiliarsachenrechte** auf den Zeitpunkt der Stellung des Eintragungsantrags festgeschrieben. Beschränkte dingliche Rechte des ZGB können dann und nur dann entstehen, wenn der Eintragungsantrag vor dem Stichtag gestellt wurde (MünchKomm/Wacke Rn 1).

II. Übertragung des Eigentums (Abs 1)

1. Schwebender Antrag

a) Fehlende Eintragung

3 Die Übertragung des Grundstückseigentums unterliegt dem Recht der DDR (unten Rn 15 ff), wenn der **Antrag auf Eintragung bis zum 2. 10. 1990** bei der für die Grundstücksdokumentation zuständigen Behörde eingegangen war (BGH DtZ 1995, 100; BGHZ 137, 267, 285; OLG Brandenburg WM 1998, 283; OLG Dresden OLG-NL 1994, 182, 183; OLG Naumburg OLG-NL 1996, 246; OLG Rostock OLG-NL 1994, 175, 177; OLG Rostock OLGR 1997, 8; KG NJ 1994, 372; BezG Potsdam VersR 1992, 1008, 1009; Palandt/Bassenge[56] Rn 1; Böhringer Rpfleger 1996, 177). Problemlos ist dies nur dann, wenn für die Rechtsvollendung am 2. 10. 1990 *lediglich die Grundbucheintragung* fehlt.

b) Fehlen weiterer Erwerbsvoraussetzungen

4 **aa)** Fraglich ist die Anwendung von Abs 1, wenn der Antrag zwar vor dem 3. 10. 1990 gestellt wurde, jedoch **weitere Voraussetzungen** für den Rechtserwerb am 2. 10. 1990 noch nicht vorgelegen haben, die **im Einflußbereich der Parteien** liegen. Zu behördlichen Genehmigungen unten Rn 10 ff.

5 **bb)** Der **Wortlaut** der Bestimmung stellt ausdrücklich nur auf die Stellung des Antrags ab, was dafür spräche, die Bestimmung auch anzuwenden, wenn der Antrag mangelhaft ist, aber der Mangel auf eine Zwischenverfügung hin behoben werden kann, selbst wenn dies nicht auf den Zeitpunkt der Antragstellung zurückwirkt (Palandt/Bassenge[56] Rn 1; BGH VIZ 1995, 234, 235 bezieht sich zwar auf diese Ansicht, der Entscheidung liegt aber ein Fall von nach § 8 DDR-GBVO rückwirkend leicht behebbarer Mängel zugrunde, vgl unten Rn 9). Dieses Wortlautargument wiegt aber gering, gemessen an § 878 BGB, wo die hM eine restriktive Auslegung auf Fälle vornimmt, in denen *nur noch* die Eintragung fehlt (Staudinger/Gursky [2000] § 878 BGB Rn 47).

6 **cc)** Der **Zweck** der Regelung, das Risiko einer Eintragungsverzögerung den Parteien abzunehmen, spricht auch hier für eine *restriktive Auslegung.* § 7 soll den Parteien nicht über **substantielle Mängel** in der Rechtsentstehung hinweghelfen, die in ihren Einflußbereich fallen (MünchKomm/Wacke Rn 5). Hiergegen spricht auch nicht, daß § 7 intertemporal das anwendbare Recht festlegt und nicht wie § 878 BGB eine materielle Rechtsfolge – Unbeachtlichkeit einer Verfügungsbeschränkung – ausspricht (so aber Palandt/Bassenge[56] Rn 1). Geht man von dem Grundsatz der Geltung neuen Rechts ab dem 3. 10. 1990 aus, so spricht teleologisch nichts dagegen,

wenn ein Rechtsübergang, dessen Voraussetzungen seitens der Beteiligten vor dem Stichtag nicht geschaffen waren, nach dem Stichtag sich nur in Anwendung neuen Rechts vollenden kann.

dd) Eine restriktive Auslegung vermeidet im übrigen **Widersprüche zur Behandlung nicht eintragungsbedürftiger Rechte**, die sich ergeben, wenn man – was wohl zwingend ist – diese Frage zu Abs 2 ebenso entscheidet wie zu Abs 1: Da Abs 2 nur eintragungsbedürftige Rechte erfaßt, könnten fehlende Tatbestandsmerkmale des Rechtserwerbs oder -übergangs bei solchen Rechten nachgeholt werden, wenn nur ein am 2. 10. 1990 noch unbegründeter Eintragungsantrag gestellt war. Nicht eintragungsbedürftige Rechte des ZGB hingegen sind nach § 3 Abs 1 nur entstanden und bleiben bestehen, wenn der gesamte Tatbestand vor dem 3. 10. 1990 vollendet ist. **7**

ee) Abs 1 (mutatis mutandis auch Abs 2) ist also so zu verstehen, daß an **materiellen Voraussetzungen** nur die Eintragung am 2. 10. 1990 noch für den Eigentumserwerb gefehlt haben darf (MünchKomm/Wacke Rn 5; **aA** Palandt/Bassenge[56] Rn 1). **8**

ff) Hingegen bleibt im Anwendungsbereich von Abs 1 S 1 die Regelung des § 8 DDR-GBVO anwendbar, wonach **leicht behebbare Mängel** des Eintragungsantrages beseitigt werden können; eine solche Beseitigung kann auch noch nach dem 2. 10. 1990 erfolgen, den Antrag wirksam machen und zur Anwendung von Abs 1 S 1 führen (BGH VIZ 1995, 234, 235). **9**

c) Insbesondere: Fehlende Genehmigungen

aa) Etwas anderes gilt für nach dem Recht der DDR erforderliche **Genehmigungen**. Ist nach Abs 1 S 1 das Recht der DDR maßgeblich, so beurteilen sich auch Genehmigungserfordernisse nach dem Recht der DDR (BezG Halle NJ 1993, 36, 37). **10**

bb) Auch insoweit muß gelten, daß den Beteiligten eine Verfahrensverzögerung nicht zum Nachteil gereichen soll. Grundsätzlich genügt also die **Stellung des Antrags auf Genehmigung** vor dem 3. 10. 1990 (BGH DtZ 1995, 100, 101: MünchKomm/Wacke Rn 6; so wohl auch BVerwG VIZ 1994, 665, 666). Wird die Genehmigung nach dem 2. 10. 1990 erteilt, gilt im übrigen für den Eigentumserwerb Abs 1 S 1 (BGH DtZ 1995, 100, 101); wird sie verweigert oder ist der Kaufvertrag aus anderen Gründen endgültig nicht genehmigungsfähig, so kommt Abs 1 S 1 nicht zur Anwendung (BVerwG VIZ 1994, 665, 666: restitutionsbelastetes Grundstück). **11**

cc) Probleme ergeben sich, wenn die nach dem Recht der DDR erforderliche Genehmigung bzw behördliche Handlung **nach dem 3. 10. 1990 nicht mehr erforderlich** ist. Eine **schlichte Heilung** des bis zum 2. 10. 1990 bestehenden Mangels der (beantragten) behördlichen Mitwirkung kommt nicht in Betracht, weil sonst ein Rechtserwerb stattfände, der weder dem Recht der DDR noch dem der Bundesrepublik entspricht (MünchKomm/Wacke Rn 6). Dem mangels Genehmigung nur schwebend unwirksamen Geschäft kann aber auch nicht die Wirksamkeit versagt werden, solange die Genehmigung nicht versagt wurde (BVerwG NJ 2003, 218). Ein vor dem 2. 10. 1990 gestellter Antrag ist zur Verwirklichung des gesetzgeberischen Zwecks des § 7 von der Behörde zu verbescheiden, welche nach den jeweiligen Bestimmungen der Anlagen zum Einigungsvertrag die Funktionen der bis zum 2. 10. 1990 zuständigen Behörde übernommen hat (ähnlich MünchKomm/Wacke Rn 6), **12**

auch wenn sie solche Genehmigungen nunmehr mangels Genehmigungsbedürftigkeit nicht mehr zu erteilen hat (**aA** BVerwG aaO: Genehmigungserfordernis gilt fort).

d) Seit dem 3. 10. 1990 unzulässiger Inhalt einer Eintragung

13 Fraglich ist, ob Abs 1 S 1 eine Eintragung ermöglicht, die aufgrund des Wirksamwerdens des Einigungsvertrages zwischen Antragstellung und Eintragung unzulässig geworden ist. Dieses Problem stellt sich insbesondere für die **konstitutive Eintragung von Volkseigentum**. Eine solche Eintragung ist zuzulassen. Ebenso wie im Fall der Eintragung eines nach dem 2. 10. 1990 nicht mehr begründbaren *beschränkten dinglichen Rechts* (Abs 2 S 1), wo selbst der Wegfall des Antragstellers die Eintragung nicht hindert (BGH VIZ 1995, 234, 235), handelt es sich um ein typisches Risiko der zeitlichen Verzögerung zwischen Antragstellung und Eintragung, das aufgrund der Regelung des Abs 1 S 1 nicht den Beteiligten zur Last fallen soll (**aA** LG Berlin DtZ 1993, 315, 316).

e) Schutz gegen zwischenzeitliche Verfügungen

14 Abs 1 S 1 schützt entsprechend seiner Zielsetzung nur gegen eine Rechtsänderung während der Antrag schwebt. Einen Schutz gegen **zwischenzeitlich eingetragene Verfügungen** nach den Bestimmungen des BGB bewirkt die Regelung nicht, auch wenn solche Zwischeneintragungen unter Verstoß gegen das grundbuchrechtliche Prioritätsprinzip erfolgt sind, das auch nach § 8 Abs 2 DDR-GBVO, also schon vor dem 3. 10. 1990 galt (BGH DtZ 1995, 100, 101 zur Wirksamkeit einer zwischenzeitlich eingetragenen **Vormerkung**).

2. Anwendbare Bestimmungen – Recht der DDR

15 **a)** In den von Abs 1 erfaßten Fällen bleiben die Bestimmungen des Rechts der DDR anwendbar: Der **Eigentumsübergang** unterliegt §§ 63, 297 ZGB (Palandt/Bassenge[56] Rn 2): Erforderlich ist ein kausales Rechtsgeschäft, regelmäßig ein von einem DDR-Notar beurkundeter (zur schuldrechtlichen Wirksamkeit siehe Art 232 § 1 Rn 101 ff) Kaufvertrag (§ 297 Abs 1 ZGB), der die unbedingte und unbefristete Erklärung über den Eigentumsübergang beinhaltet (KreisG Leipzig-Stadt DtZ 1991, 306). Das Eigentum geht mit Eintragung im Grundbuch über (§ 297 Abs 2 ZGB). Zu **Genehmigungserfordernissen** vgl oben Rn 10 ff.

16 **b) Ausnahmen vom Beurkundungserfordernis** nach § 2 Abs 1 S 2 der 2. DVO zum ZGB v 3. 1. 1979 (GBl DDR 1979 I 25; Erwerb von Grundstücken für Verkehrswege uä: Schriftform) bleiben in diesen Fällen bestehen (Palandt/Bassenge[56] Rn 2).

17 **c)** Die Anwendung von **§ 313 S 2 aF BGB** auf eine nach Abs 1 S 1 dem ZGB unterstellte Grundstücksübereignung kommt nicht in Betracht; diese Heilungsvorschrift ist unauflösbar mit der Trennung von schuldrechtlichem Verpflichtungsgeschäft und dinglichem Vollzug verbunden, die dem Recht der DDR nicht bekannt war (BGH NJW 1994, 655). Die Beurkundungsnichtigkeit der Übereignungserklärung wird also auch durch Eintragung nach § 297 Abs 2 ZGB nicht geheilt (KG DtZ 1992, 298).

18 **d) Rechtsfolgen** der Übereignung beurteilen sich hingegen nicht aufgrund von Abs 1 nach den Bestimmungen des Rechts der DDR. Maßgeblich sind die jeweils für diese Rechtsfolgen geltenden intertemporalen Bestimmungen (ähnlich: PALANDT/BASSENGE[56] Rn 2). Die Anwendung von § 299 ZGB (Erwerb durch Ehegatten) unterliegt nicht § 7 (OLG Rostock OLGR 1998, 8, 9), sondern Art 234 § 4, die der §§ 300 ff ZGB (Pflichten des Veräußerers) unterliegt Art 231 § 1, da insoweit die schuldrechtliche, nicht die kausale Seite des Kaufvertrags betroffen ist. *Sachenrechtliche* Rechtsfolgen des Eigentumsübergangs beurteilen sich nach Art 233 §§ 1 ff; insbesondere unterliegt die Anwendbarkeit von § 297 Abs 2 S 2 ZGB (Übergang von Verpflichtungen aus dinglichen und obligatorischen Rechten auf den Erwerber) den in Ansehung des jeweiligen Rechts maßgeblichen Bestimmungen (zum Mitbenutzungsrecht siehe § 5 Rn 17). Dasselbe gilt für die Bestimmungen über das Erlöschen von Rechten in § 7 2. DVO zum ZGB (PALANDT/BASSENGE[56] Rn 2).

3. Grundbuchverfahren

19 **a)** Grundbuchverfahrensrechtliche Anträge, die bis zum 2. 10. 1990 gestellt wurden, unterliegen weiterhin dem alten Verfahrensrecht (EV Anlage 1 Kapitel III Sachgebiet B Abschnitt III Nr 1 f). Anzuwenden ist die GrundbuchverfahrensO (GBVO; BGH VIZ 1995, 234, 235; OLG Naumburg OLG-NL 1996, 246; PALANDT/BASSENGE[56] Rn 2; MünchKomm/WACKE Rn 1; LÜBCHEN/WÜSTNECK 93; unzutreffend: BezG Dresden DtZ 1991, 439, im Ergebnis allerdings richtig, da Antragstellung nach dem 3. 10. 1990).

20 **b)** Dies gilt auch, wenn für die Eintragung eines **Amtswiderspruchs** zu prüfen ist, ob die Eintragung unter Verletzung verfahrensrechtlicher Vorschriften erfolgt ist. Handelt es sich um einen nach Abs 1 S 1 der DDR-GBVO unterliegenden Antrag, so ist das Grundbuchverfahrensrecht der DDR auch insoweit Prüfungsmaßstab (KG NJ 1994, 372).

4. Gebäude (Abs 1 S 2)

21 **a)** Für den Eigentumserwerb an **Gebäuden** ist Abs 1 S 1 entsprechend anzuwenden (Abs 1 S 2; KG NJ 1994, 372). Da die Bestimmung die Erforderlichkeit der **Grundbucheintragung nach dem Recht der DDR** voraussetzt, sind hierunter nur Gebäude im Sinne von § 295 Abs 2 ZGB zu verstehen, für die nach den Bestimmungen im Recht der DDR ein Gebäudegrundbuchblatt anzulegen war. In Betracht kommen insbesondere Gebäude im Anwendungsbereich von Art 233 § 4, also aufgrund von Nutzungsrechten nach §§ 287, 291, 459 ZGB, § 4 VerkaufsG (PALANDT/BASSENGE[56] Rn 2), auch wenn die Verfügungsbefugnis der veräußernden staatlichen Stelle mit Ablauf des 2. 10. 1990 entfallen ist (BVerwG VIZ 1999, 534; BVerwG VIZ 1999, 664).

22 **b)** Anwendbar sind damit für die **Eigentumsübertragung** gemäß § 295 Abs 2 ZGB die Bestimmungen über Grundstücke nach Maßgabe der zu dem jeweiligen Nutzungsrecht getroffenen besonderen Bestimmungen (zB § 289, § 293 ZGB, siehe Art 231 § 5 Rn 18 ff). Anwendbar bleiben auch **Bestimmungen außerhalb des ZGB** im Recht der DDR, so die Bestimmungen über den Eigentumsübergang an Gebäuden in der *BereitstellungsVO* (WILHELMS DtZ 1995, 229).

23 **c)** Nicht erfaßt ist hingegen das Eigentum an **Baulichkeiten** iSv § 296 ZGB. Insoweit stellt sich die für den Zweck des § 7 ausschlaggebende Eintragungsproblematik nicht, so daß es beim Grundsatz des **§ 2** bewendet (PALANDT/BASSENGE[56] Rn 2).

5. Auflassung (Abs 1 S 3)

24 a) Gemäß Abs 1 S 1 richtet sich die Übertragung des Eigentums an Grundstücken nach dem **BGB**, wenn der Eintragungsantrag seit dem 3. 10. 1990 gestellt wird. Das hatte dazu geführt, daß **fraglich** war, ob ein nach den Bestimmungen des **ZGB (§ 297 Abs 1) formgerecht** geschlossener *Kaufvertrag* Grundlage des Eigentumserwerbs sein konnte, auch wenn eine Auflassung nicht (auch nicht im Wege der Auslegung des Kaufvertrags) erklärt wurde (für Anwendung von § 925 BGB: BezG Dresden DtZ 1991, 439; für Eintragungsfähigkeit Janke NJ 1992, 36).

25 b) Die auf Vorschlag des Bundesrates aufgenommene Regelung (BT-Drucks 12/2695, 23) stellt nun einen **Kaufvertrag**, der vor dem 3. 10. 1990 unter Wahrung der Vorschriften der DDR beurkundet wurde (LG Berlin ZOV 1996, 200, 201), einer **Auflassung** gleich. Wird also nach dem 3. 10. 1990 ein Eintragungsantrag gestellt, so ist der Eigentumsübergang einzutragen, wenn der zugrundeliegende Kaufvertrag nach dem Recht der DDR zusammen mit der Grundbucheintragung den Eigentumserwerb bewirkt hätte. Einer Auflassung bedarf es nicht (OLG Rostock OLG-NL 1994, 175, 176; Schmidt-Räntsch NJ 1992, 447; Drexl DtZ 1993, 194, 196; Wilhelms DtZ 1995, 230; Brinkmann NJ 1996, 647 f; mißverständlich OLG Rostock NJ 1996, 647).

26 c) Die Bestimmung ist nicht anwendbar auf Verfügungen, die **vor dem Inkrafttreten des ZGB** am 1. 1. 1976 erfolgt sind. Insbesondere werden grundstücksübertragende Verträge, aufgrund derer der Eigentumsübergang in das Grundbuch eingetragen wurde, obwohl es an der nach dem damals noch geltenden § 925 BGB erforderlichen Auflassung ermangelte, nicht geheilt (vgl OLG Jena OLG-NL 1995, 44, 46; Brandenburgisches OLG OLG-NL 1995, 132, 134).

III. Eintragungsbedürftige Immobiliarsachenrechte (Abs 2)

1. Begründung (Satz 1)

27 a) Abs 2 S 1 erstreckt die Regelung für die Übertragung des Eigentums auf die **Begründung** von (beschränkten dinglichen) Rechten, also auf den Anwendungsbereich des § 3. Erfaßt sind nur solche Rechte, für deren Entstehung die **Eintragung ins Grundbuch konstitutiv war.** Es genügt also nicht, wenn das Recht eintragungsfähig war (zB Wegerecht nach § 322 Abs 1 ZGB) und daß die Beteiligten vereinbart haben, das Recht eintragen zu lassen (Palandt/Bassenge[56] Rn 3; **aA** wohl Lübchen/Wüstneck 395 Anm 2. 1. „eintragungsfähige").

28 b) Erfaßt sind damit insbesondere **Vorkaufsrechte** (§ 306 ZGB; KG NJ 1994, 372), die mit Eintragung im Grundbuch entstehen (§ 306 Abs 1 S 2) und **Hypotheken** (§ 453 ZGB; BGH VIZ 1995, 234, 235), die ebenfalls mit Eintragung im Grundbuch entstehen (§ 453 Abs 1 S 3; Palandt/Bassenge[56] Rn 3). Die vorherige *Valutierung* ist wegen der Zulässigkeit der Sicherung *künftiger* Forderungen (§ 452 Abs 1 § 3 ZGB) und im Falle der *Höchstbetragshypothek* (§ 454a ZGB; siehe Art 233 § 3 Rn 28) *nicht erforderlich* (**aA** Palandt/Bassenge[56] Rn 3). Die Eintragung der Hypothek mußte bereits seit dem 1. 7. 1990 in DM erfolgen; eine Eintragung in Mark der DDR ist aber selbst nach dem 2. 10. 1990 nicht unwirksam (BGH VIZ 1995, 234, 235).

c) Hinsichtlich der **tatbestandlichen Voraussetzungen** gilt dasselbe wie für die Übertragung des Eigentums (oben Rn 3 ff). Insbesondere kann das Recht nur nach den Bestimmungen des Rechts der DDR begründet werden, wenn der **Antrag auf Eintragung** bis zum 2. 10. 1990 gestellt war (BGH VIZ 1995, 235; KG NJ 1994, 372; LG Berlin NJ 1994, 128) **und** außer der Eintragung **keine weiteren Entstehungsvoraussetzungen** mit Ausnahme von leicht behebbaren Mängeln iSd § 8 DDR-GBVO (oben Rn 9) im Einflußbereich der Parteien ermangeln. **29**

d) Die Anwendung von Abs 2 kann auch dazu führen, daß die Eintragung zu versagen ist, weil nach dem übergangsweise maßgeblichen Recht der DDR ein beschränktes dingliches Recht mit diesem Inhalt nicht begründet werden konnte, selbst wenn dieses Recht nach den **Bestimmungen des BGB** zulässig wäre (KG NJ 1994, 372: gebundenes Vorkaufsrecht). Wie Abs 1 S 1 dient auch Abs 2 nicht einseitig der Vollendung des Rechtserwerbs, sondern beinhaltet eine intertemporale Regelung, aufgrund derer altes Recht auch anwendbar bleibt, wenn es den gewünschten Erfolg nicht herbeiführt. **30**

e) In der Praxis sind offenbar Fälle der Bestellung von **Grundschulden vor dem 2. 10. 1990** vorgekommen. § 7 enthält keine zu Abs 2 S 1 *spiegelbildliche* Regelung betreffend die Behandlung eines erst mit dem 3. 10. 1990 zulässig gewordenen Grundpfandrechts. Es verbleibt daher insoweit beim Grundsatz aus § 3: Vor dem 3. 10. 1990 konnte eine Grundschuld an einem in der DDR belegenen Grundstück nicht entstehen. Daraus ergibt sich: Wurde lediglich bis zum 2. 10. 1990 die Grundschuld bestellt und der Antrag auf Eintragung gestellt, so läßt die Eintragung nach dem 3. 10. 1990 eine Grundschuld (in Anwendung des BGB) entstehen, sofern die Einigung fortbesteht (§ 873 Abs 1 BGB). Wurde hingegen vor dem 3. 10. 1990 fehlerhaft eine Grundschuld eingetragen, so ist die Grundschuld nicht entstanden, das Grundbuch also unrichtig. Die Tatsache, daß ggf die Einigung am 3. 10. 1990 fortbestanden hat und am 3. 10. 1990 (rein tatsächlich betrachtet) eine Grundschuld „eingetragen" ist, läßt keine Grundschuld entstehen, die bis zum 2. 10. 1990 nach dem Recht der DDR nicht entstehen konnte (zweifelnd Horn 83). **31**

2. Rang, Inhalt (Satz 2)

a) Abs 2 S 2 verweist für den **Inhalt und den Rang von gemäß S 1 nach dem 2. 10. 1990 entstehenden Rechten** auf § 3 und stellt damit klar, daß, was selbstverständlich ist, ein wegen Antragstellung vor dem 3. 10. 1990 noch in seiner Entstehung dem Recht der DDR unterliegendes eintragungsbedürftiges dingliches Recht auch mit dem vom Recht der DDR bestimmten Rang und Inhalt bestehen bleibt (Palandt/Bassenge[56] Rn 3; MünchKomm/Wacke Rn 10; Lübchen/Wüstneck 93). **32**

b) Da Abs 2 S 2 nur eine nach dem Normzweck logisch notwendige Verweisung ausspricht, ist auf solchermaßen entstandene **Hypotheken** auch § 6 Abs 1 anwendbar (näher § 6 Rn 3). Die Anwendung von §§ 4, 5 kommt nicht in Betracht, da die dort geregelten Sachenrechte nicht eintragungsbedürftig waren und daher nicht von § 7 erfaßt sind. **33**

3. Schwebende Verfügungen über beschränkte dingliche Rechte (Satz 3)

34 **a)** Abs 2 S 3 erstreckt den Grundsatz des Abs 1 auf die **Verfügung über beschränkte dingliche Rechte**, soweit diese Abs 2 S 1 unterliegen, also zu ihrer Entstehung der Eintragung in das Grundbuch konstitutiv bedürfen. Erforderlich ist wie zu Abs 1 die **Antragstellung** vor dem 3. 10. 1990, wobei **nur die Eintragung**, nicht aber andere wesentliche (vgl oben Rn 5 ff, 9) im Einflußbereich der Beteiligten liegende Entstehungsvoraussetzungen am 2. 10. 1990 fehlen durften.

35 **b)** Weiter anwendbar bleiben in diesem Fall aus dem Recht der DDR die Bestimmungen über den **Verzicht** (§§ 310, 311 ZGB), der durch Verzichtserklärung und Löschung erfolgte und die **Inhaltsänderung** (§ 13 GVVO). Hinsichtlich der **Verfügung über eine Hypothek** gilt in diesem Fall § 454 Abs 3 ZGB; die Hypothek geht mit Abtretung der Forderung über; Abtretung der Hypothek und Übertragung der Forderung werden mit Eintragung im Grundbuch wirksam.

36 **c)** Hiervon zu unterscheiden sind Verfügungen über ZGB-Hypotheken, die aufgrund **§ 7 Abs 2 S 1** nach dem 3. 10. 1990 entstanden sind; insoweit gelten gemäß § 6 Abs 2 die Bestimmungen des BGB, vgl § 6 Rn 7.

§ 8
Rechtsverhältnisse nach § 459 des Zivilgesetzbuchs

Soweit Rechtsverhältnisse und Ansprüche aufgrund des früheren § 459 des Zivilgesetzbuchs der Deutschen Demokratischen Republik und der dazu ergangenen Ausführungsvorschriften am Ende des Tages vor dem Wirksamwerden des Beitritts bestehen, bleiben sie vorbehaltlich des § 2 und der im Sachenrechtsbereinigungsgesetz getroffenen Bestimmungen unberührt. Soweit Gebäudeeigentum besteht, sind die §§ 2b und 2c entsprechend anzuwenden.

Materialien: Zur Fassung durch den EB siehe Art 230; E: BT-DS 11/7760 Art 233 § 8; **S 2** geändert durch Art 13 Nr 3 h RegVBG, Materialien siehe § 2a; **S 1** geändert durch Art 2 § 5 Nr 2 f SachenRÄndG, Materialien siehe § 2a.

Schrifttum

Gruber, Gebäudeeigentum nach § 459 ZGB und die Grundbuchämter, Rpfleger 1998, 508
ders, Kommunale Gebäude auf privatem Grund und Boden – Zuordnung von Gebäudeeigentum nach § 459 DDR-ZGB, VIZ 1999, 129.

Systematische Übersicht

Alphabetische Übersicht

I. Normzweck

1. Erhaltung der Rechte aus § 459 ZGB – Inhalt

1 Die Bestimmung soll bewirken, daß **kein Eingriff** in die vor dem Wirksamwerden des Beitritts bestehenden Rechte nach § 459 ZGB erfolgt (BT-Drucks 11/7817, 42; MünchKomm/vOEFELE Rn 1, 2).

2 **a)** Nach § 459 Abs 1 S 1 ZGB entstand **Gebäudeeigentum**, wenn VEBe, staatliche Organe oder Einrichtungen auf **vertraglich genutzten Grundstücken** (nicht volkseigenen, sondern privaten Grundstücken: BVerwG DZWir 1995, 102, 103) Gebäude oder bauliche Anlagen errichteten (vgl Art 231 § 5 Rn 29 ff); § 459 ZGB setzt nicht das Bestehen eines dinglichen Nutzungsrechts voraus. Die Überleitungsregelung ging aber in der ursprünglichen Fassung davon aus (vgl S 2), daß (dingliche) Rechte und Pflichten unabhängig vom Nutzungsvertrag entstanden, was sich auf § 459 Abs 2 stützen konnte.

3 **b)** § 459 Abs 1 S 2 und § 459 Abs 4 ZGB ließen kraft Gesetzes **Miteigentum** entstehen, wenn bedeutende Erweiterungs- und Erhaltungsmaßnahmen durch oben bezeichnete Organe oder (§ 459 Abs 4) Genossenschaften durchgeführt wurden.

4 **c)** Beide Rechtsverhältnisse entstanden **ohne Grundbucheintragung** (VG Berlin VIZ 1996, 417, 418). Diese war möglich und konnte von jedem Vertragspartner verlangt werden (§ 459 Abs 2 ZGB). Anzulegen war für Gebäude nicht für bauliche Anlagen ein *Gebäudegrundbuchblatt*; § 8 Abs 1 Ziff 2 BauVO sah aber auch für bauliche Anlagen die Eintragung im Grundstücksgrundbuch vor. Für Gebäude ergibt sich diese Eintragung im Grundstücksgrundbuch schon aus den allgemeinen Vorschriften, insb § 16 GrundstücksdokumentationsO (teilw **aA** MünchKomm/vOEFELE Rn 7: nicht Gebäudeeigentum, nur bauliche Anlagen im Grundstücksgrundbuch zu vermerken).

2. Wirkung der Streichung des § 459 durch 2. ZivRÄndG

5 **a)** Zunächst erhobene Zweifel, ob Rechte nach § 459 ZGB bestehen oder § 8 nur eine **Vorsichtsklausel** des Gesetzgebers sei (WELTER WM 1991, 1197 mN; vgl auch BÖHRINGER NJ 1992, 291) greifen nicht durch. Nach dieser Ansicht wird das von § 459 ZGB zugunsten staatlicher Organe begründete Eigentum an Gebäuden bzw Miteigentum an privaten Grundstücken als schlechthin rechtsstaatswidrig angesehen. § 459 ZGB wurde zwar durch das **2. ZivilrechtsÄndG** v 22. 7. 1990 (GBl DDR I 903 Nr 7) als eine jener Bestimmungen des ZGB aufgehoben, die untrennbar mit der sozialistischen Wirtschaftsordnung verbunden waren. Deshalb sprach § 8 idF durch den EV auch von dem „früheren § 459". Eine rückwirkende Beseitigung des § 459 ZGB ist nicht erfolgt (VG Berlin VIZ 1996, 417, 418 f). Sie widerspräche nicht nur tradierten – und in Art 233 § 2 Abs 1 erneut normierten – Grundsätzen, wonach eine Änderung des materiellen Sachenrechts nicht in bestehende Eigentumspositionen eingreift, und wäre damit ihrerseits rechtsstaatlich nicht vertretbar. Die Bereinigung zwangsweiser Überführung von Privateigentum in Volkseigentum ist aber insbesondere nach Maßgabe der hierfür einschlägigen Gesetze (vgl Art 233 § 2 Abs 2; VermG) durchzuführen. Die dortigen Restitutionsgrundsätze geben die geeigneten Wertungen vor, nach denen zu entscheiden ist, ob ein Eigentumserwerb durch staatliche Organe eine

rechtsstaatswidrige Enteignung bedeutet. § 459 ZGB erlaubte zwar in Einzelfällen sicherlich zweifelhafte Vorgänge, kann aber nicht typisiert als ex tunc nichtige Norm angesehen werden. § 459 Abs 1, 4 ZGB gaben staatlichen Organisationen stark in das Privateigentum eingreifende Rechtspositionen. Die Ergebnisse sind aber nicht schlechthin rechtsstaatlich unerträglich: § 459 Abs 1 S 1 ZGB spiegelt die Situation des § 287 ZGB; das Grundeigentum wird zugunsten des Gebäudeeigentümers belastet. § 459 Abs 1 S 2 ZGB stellt einen stark eingreifenden Fall der „Wertabschöpfung" staatlicher Maßnahmen auf Privatgrund durch dingliche Beteiligung dar; beide Bestimmungen aber setzen voraus, daß diese Maßnahmen *im vertraglichen Einverständnis* mit dem Eigentümer erfolgten. Rückabwicklung kann aus rechtsstaatlicher Sicht und nach dem Vorbild der Rückabwicklung sonstiger Enteignungen nur ansetzen, wo dieses Einverständnis erzwungen oder sonst mangelhaft war.

6 Durch die Erfassung dieses Gebäudeeigentums im **RegVBG** und im **SachenRBerG** (unten Rn 7 ff) ist nunmehr klargestellt, daß dieser Typus aus Sicht der Rechtsordnung der Bundesrepublik als existierend anerkannt wird.

3. Einbettung des Gebäudeeigentums, Bereinigung

7 **a)** Zunächst hatte der Gesetzgeber des EV angenommen, Gebäudeeigentum jedes nach dem Recht der DDR bestehenden Typus könne ohne weiteres nach den Bestimmungen des Art 231 § 5 behandelt werden. Dem lag die Annahme der getrennten Überleitbarkeit von sachenrechtlich zu behandelndem Gebäudeeigentum und – als beschränkt dinglich behandelter – Berechtigung zugrunde. Daher verwies zunächst S 2 auf § 4; die Berechtigung aus § 459 ZGB wurde als nutzungsrechtsähnlich verstanden.

8 **b)** Das **RegVBG** entstand auf der Grundlage des inzwischen klarer erkannten Phänomens des **nutzungsrechtslosen Gebäudeeigentums**. Hierzu rechnet neben dem Gebäudeeigentum aus § 459 ZGB auch das Gebäudeeigentum nach § 27 LPGG und das erst durch den Bundesgesetzgeber geschaffene nach § 2b. Diesen Typen ist – im Unterschied zu nutzungsrechtsbewehrtem Gebäudeeigentum, § 4 – gemeinsam das Fehlen einer (ausdrücklichen) beschränkten dinglichen Berechtigung am Grundstück und das Fehlen einer konstitutiven Grundbucheintragung nach dem Recht der DDR. Für diese Fälle hat das RegVBG ein Regelungsmodell in §§ 2b, 2c geschaffen, auf das seither auch für das Gebäudeeigentum nach § 459 ZGB verwiesen wird.

9 **c)** In der **Sachenrechtsbereinigung** wurden spezielle Regelungen für das Gebäudeeigentum nach § 459 ZGB geschaffen. Der bis dahin neben dem Vorbehalt zugunsten der Behandlung von Volkseigentum (§ 2 Abs 2) bestehende Vorbehalt weiterer künftiger Regelungen ist daher ausgefüllt (vgl BT-Drucks 12/5992, 186).

II. Überleitung

1. Übergeleitete Rechtsverhältnisse und Ansprüche

10 **a)** Die Bestimmung läßt **Rechtsverhältnisse** und **Ansprüche** aufgrund von § 459 ZGB und der dazu ergangenen Ausführungsvorschriften bestehen, soweit diese am

2. 10. 1990 bestanden haben. Dies sind: **VO über die Sicherung des Volkseigentums bei Baumaßnahmen von Betrieben auf vertraglich genutzten nicht volkseigenen Grundstücken** v 7. 4. 1983 (GBl DDR I 129 – BauVO) mit **Durchführungsbestimmungen** (GBl DDR 1983 I 130 – DB BauVO).

11 b) Übergeleitet wird das sich aus § 459 Abs 1 S 1 ZGB iVm der Entstehung des selbständigen Gebäudeeigentums ergebende **Rechtsverhältnis** (§ 459 Abs 2 ZGB).

12 aa) Dieses ist – schon im Recht der DDR – **sachenrechtlicher Natur**, weshalb die Einordnung von § 8 in Art 233 zutrifft.

13 bb) Zum – sachenrechtlichen – Wesen des nach § 459 Abs 1 S 1 ZGB entstehenden **Gebäudeeigentums** gehörte es, daß dieses unabhängig von dem zur Nutzung berechtigenden Vertrag *rechtmäßig* neben dem Grundstückseigentum bestand; Beendigung des Nutzungsvertrages führte in beiden Fällen des § 459 Abs 1 ZGB nicht zum Heimfall des Eigentums an den Grundstückseigentümer, sondern zu einer Übertragung auf den Folgenutzer oder den Rat des Kreises (Lübchen ua, ZGB § 459 Anm 1. 2). § 459 Abs 2 ZGB kann entsprechend nicht eine Änderung des Nutzungsvertrages meinen (**aA** MünchKomm/vOefele Rn 17), sondern betrifft die Festlegung dieses – vom Nutzungsvertrag unabhängigen – Rechtsverhältnisses.

14 c) Übergeleitet wird auch das nach § 459 Abs 1 S 2 und nach § 459 Abs 4 ZGB entstandene **Miteigentum**. Da auch dieses außerhalb des Grundbuchs entstand, sind zunächst weiterhin die zur Ausfüllung des unbestimmten Rechtsbegriffs **„bedeutende Erweiterungs- und Erhaltungsmaßnahmen"** erlassenen Bestimmungen (§ 2 Nr 2 BauVO: Wertgrenze 30.000 M) zu beachten. Diese Wertgrenze ist in § 113 Abs 2 SachenRBerG bestätigt worden (näher unten Rn 47). Maßgeblich ist der Zeitpunkt des Abschlusses der Maßnahme; es erfolgt also für vor dem 1. 7. 1990 abgeschlossene Maßnahmen keine Bewertung nach DM, sondern nach M der DDR (MünchKomm/vOefele Rn 12). Anzuwenden sind auch weiter die Vorschriften zur Bestimmung des **Wertverhältnisses**, nach dem sich die entstehenden Miteigentumsanteile bemessen; der entstandene Miteigentumsanteil bemißt sich nach dem Verhältnis des Wertes der Maßnahme zum Wert des Grundstücks nach Abschluß der Maßnahme (§§ 6, 7 Abs 1 BauVO; MünchKomm/vOefele Rn 14 f). Die lediglich deklaratorische Grundbucheintragung erfolgte im Grundbuch des Grundstücks; Gebäudeeigentum entsteht in diesem Fall nicht.

15 d) Übergeleitet wird auch § 459 Abs 3 ZGB, der die **Enthaftung** des nach Abs 1 entstandenen Volkseigentums vorsieht. Gleichermaßen für den Fall des Gebäudeeigentums wie den der Entstehung von Miteigentum am Grundstück erstrecken sich bestehende und künftige Grundstücksbelastungen nicht auf das Volkseigentum (MünchKomm/vOefele Rn 17).

16 e) Übergeleitete **Ansprüche** ergeben sich aus § 459 Abs 2 ZGB. Beide Beteiligten können verlangen, daß die aus der von § 459 Abs 1 ZGB getroffenen sachenrechtliche Zuordnung entstandenen **Rechte und Pflichten festgelegt** werden. Ggf besteht ein klagbarer Anspruch auf Feststellung des sich aus dem Gebäudeeigentum bzw dem Miteigentum ergebenden Rechtsverhältnisses.

f) Außerdem können beide Beteiligte die Eintragung der entstandenen Rechte in das **Grundbuch** verlangen (§ 459 Abs 2 HS 2 ZGB). Nach Inkrafttreten der GGV unterliegt diese Eintragung nicht mehr dem Recht der DDR (dazu unten Rn 36 ff). **17**

g) Ein **Neuerwerb** von Gebäudeeigentum nach § 459 Abs 1 S 1 bzw Miteigentum nach § 459 Abs 1 S 2 ZGB kommt nicht in Betracht; dies folgt schon aus der Aufhebung von § 459 durch das 2. ZivilrechtsÄndG. **18**

2. Zugrundliegender Vertrag (§ 459 Abs 1 ZGB)

a) Dem selbständigen Gebäudeeigentum (§ 459 Abs 1 ZGB) und dem Miteigentum (§ 459 Abs 3 ZGB) liegt ein **schuldrechtlicher Vertrag** nach § 459 Abs 1 S 1 ZGB zugrunde. Dieser Nutzungsvertrag (zB Miete) muß die Errichtung des Gebäudes bzw der baulichen Anlagen (Legaldefinition § 1 Abs 2 DB BauVO) erlauben (§ 4 BauVO). Die Erlaubnis kann sich, da der Vertrag nicht formbedürftig war, auch aus außerhalb einer vorhandenen Vertragsurkunde liegenden Umständen ergeben (OLG Rostock OLG-NL 1995, 227, 228 f). **19**

b) Dieses **schuldrechtliche Verhältnis** ist hinsichtlich seiner Überleitung zum 3. 10. 1990 nicht durch § 8 erfaßt. Insoweit gelten die Überleitungsbestimmungen nach Art 232. Die Wirksamkeit des Vertrages, insbesondere sein Zustandekommen bis zum 1. 7. 1990, beurteilt sich also nach dem Recht der DDR. **20**

c) Erforderlich ist ein **wirksamer Vertrag**, der die konkrete Bebauung ausdrücklich gestattet (Brandenburgisches OLG VIZ 1995, 51). Erforderlich ist auch die **Formwirksamkeit** des Vertrages (Brandenburgisches OLG aaO). *Wilde Bebauungen* durch Genossenschaften und Organisationen können nach § 2a Abs 1 lit b geschützt sein, es kann nach § 2b Gebäudeeigentum entstehen, das der Sachenrechtsbereinigung unterfällt; für solche Verhältnisse gilt aber nicht § 459 Abs 1 ZGB und damit nicht § 8. **21**

d) Der Vertrag muß mit dem **Berechtigten** geschlossen worden sein (LG Neubrandenburg VIZ 1993, 81, 82); erforderlich ist also regelmäßig ein zur Nutzung und Bebauung berechtigender Vertrag mit dem Grundstückseigentümer oder dem eingesetzten staatlichen Verwalter bzw Treuhänder. Ein gutgläubiger Erwerb scheidet aus; zum einen erlaubt § 27 ZGB den dinglichen Erwerb nur vom Berechtigten (so auch LG Neubrandenburg aaO). Überdies geht es nicht um den Erwerb eines dinglichen Rechts, sondern um die Wirksamkeit eines schuldrechtlichen Vertrages, der tatbestandliche Voraussetzung für die Entstehung dieses Rechts ist. **22**

e) Die **Umdeutung** eines formunwirksamen Kaufvertrages über das Grundstück in einen Nutzungsvertrag nach § 459 Abs 1 ZGB kommt nicht schon deshalb in Betracht, weil es Ziel der Regelung gewesen ist, das sozialistische Eigentum zu sichern (so aber LG Frankfurt/Oder NJ 1994, 275 f). Hierbei handelt es sich nämlich nicht um ein von beiden Kaufvertragsparteien intendiertes Ziel; der Verkäufer mußte im Gegenteil ein Interesse daran haben, das Grundstück zu veräußern anstatt es gegen geringes Nutzungsentgelt mit Volkseigentum nach § 459 Abs 1 ZGB zu belasten. Das von § 459 Abs 1 ZGB erforderte Dauerschuldverhältnis ist zudem völlig anderer Natur als der auf einmaligen Leistungsaustausch gerichtete Kaufvertrag; schließlich würde **23**

durch eine Umdeutung die Warnfunktion der Formvorschrift umgangen (Brandenburgisches OLG VIZ 1995, 51, 52).

III. Vorbehalt S 1 HS 2

1. Vorbehalt § 2

24 **a)** Ausdrücklich vorbehalten ist § 2. Hinsichtlich § 2 Abs 1 folgt hieraus, daß der **Inhalt des Eigentums** seit dem 3. 10. 1990 grundsätzlich neuem Recht untersteht (Palandt/Bassenge Rn 2). Für das nach § 459 Abs 1 S 2 und Abs 4 ZGB entstandene **Miteigentum** gelten seit dem 3. 10. 1990 die Bestimmungen des BGB über das Miteigentum (§§ 1008 ff BGB). Zu beachten sind jedoch jeweils die fortgeltenden (oben Rn 10 ff) Regelungen des ZGB, soweit sich daraus im Verhältnis der Eigentümer bzw Miteigentümer Rechte und Ansprüche ergeben, insbesondere hinsichtlich der Enthaftung (§ 459 Abs 3 ZGB) und der gegenseitigen Ansprüche (§ 459 Abs 2 ZGB).

25 **b)** Vorbehalten ist auch § 2 Abs 2, dh wem das durch § 459 ZGB geschaffene **Volkseigentum zufällt**, beurteilt sich nach den besonderen Vorschriften für die Abwicklung des Volkseigentums.

2. Sachenrechtsbereinigung, MeliorationsanlagenG

26 **a)** Die Anpassung des Gebäudeeigentums nach § 459 ZGB erfolgt in der **Sachenrechtsbereinigung** grundsätzlich nach § 1 Abs 1 Nr 1 b SachenRBerG (Palandt/Bassenge Rn 2; im einzelnen § 2a Rn 168 ff).

27 **b)** Soweit wegen **§ 2 Abs 1 Nr 3 SachenRBerG** die Bereinigung nach dem SachenRBerG ausgeschlossen ist, trägt **§ 1 Abs 1 MeliorationsanlagenG** (Art 4 SchuldRÄndG) dem Umstand Rechnung, daß die Abwicklung in der Schuldrechtsbereinigung unangemessen wäre, da nach § 459 ZGB ein selbständiges Gebäudeeigentum, also ein dingliches Recht bestanden hat. Die Bereinigung erfolgt nach §§ 3 ff MeAnlG.

IV. Gebäudeeigentum (S 2)

1. Nutzungsrechtsloses Gebäudeeigentum

28 **a)** Die Einfügung von §§ 2b, 2c sowie die **Verweisung aus S 2** auf diese Bestimmungen durch das RegVBG hat zu einer Klärung der sachenrechtlichen Behandlung des nach § 459 Abs 1 S 1 ZGB entstandenen Gebäudeeigentums geführt.

29 **b)** Insbesondere ist das Gebäudeeigentum nach § 459 ZGB als nutzungsrechtsloses Gebäudeeigentum anerkannt und damit unabhängig vom Bestand eines zugrundeliegenden Vertragsverhältnisses. Ein **beschränkt dingliches Recht** am Grundstück besteht aufgrund der Verweisung aus Satz 2 auf **§ 2b Abs 1 S 2** nur, wenn es besonders begründet worden ist.

Damit erübrigt sich insbesondere die Konstruktion eines Übergangs des **Vertragsverhältnisses bei Veräußerung** des Gebäudeeigentums (vgl 12. Aufl Rn 13 ff). Vielmehr bleibt der Vertrag gemäß § 459 Abs 1 S 1 ZGB, sofern er bei Veräußerung des Gebäudeeigentums noch besteht, nach Maßgabe von Art 232 § 1 von der Veräußerung des Gebäudeeigentums unberührt. Die **gegenseitigen Rechte und Pflichten** zwischen dem neuen Gebäudeeigentümer und dem Grundstückseigentümer müssen aufgrund der Neuregelung nicht mehr aus § 459 Abs 2 ZGB dinglich auf den neuen Eigentümer erstreckt werden (vgl 12. Aufl Rn 15); vielmehr führt § 2b, insbesondere die Verweisung aus § 2b Abs 4 auf einzelne Bestimmungen des § 4, zu einer inhaltlichen Ausgestaltung der Beziehungen zwischen Gebäudeeigentümer und Grundstückseigentümer.

2. Verweisung auf § 2b

a) S 2 verweist umfassend auf § 2b; insoweit kann auf die Erläuterungen dort (§ 2b Rn 11 ff) verwiesen werden. Im einzelnen ist hier nur hervorzuheben: **30**

b) Die Verweisung auf § **2b Abs 1 S 1** läuft leer; in den Fällen des § 8 S 2 besteht bereits Gebäudeeigentum. Aus § **2b Abs 1 S 2** folgt, daß es sich im Fall des § 8 grundsätzlich um ein **nutzungsrechtsloses** Gebäudeeigentum handelt; ein beschränktes dingliches Recht am Grundstück besteht nur bei ausdrücklicher Begründung eines solchen (oben Rn 28 ff). **31**

c) **Verfügungen** über das Gebäudeeigentum unterliegen seit dem 3. 10. 1990 gemäß § **2b Abs 4,** § **4 Abs 1** den immobiliarsachenrechtlichen Bestimmungen des BGB, also insbesondere §§ 873, 925 BGB. **Formunwirksame Verfügungen** bis zum Ablauf des 21. 7. 1992 werden von der Heilungsvorschrift des § 2b Abs 6 erfaßt (dort Rn 78 ff). Zur **Aufhebung** des Gebäudeeigentums, insbesondere im Fall der **Vereinigung** des Gebäudeeigentums und des Grundstückseigentums in der Hand desselben Eigentümers vgl § 2b Rn 62 ff. **32**

d) Da das Gebäudeeigentum, wenngleich nicht mit einem beschränkten dinglichen Recht am Grundstück versehen, durch das RegVBG einer Belastung des Grundstücks gleichgestellt wurde, ist nunmehr auch geklärt, daß die Bestimmungen über den **öffentlichen Glauben des Grundbuchs** grundsätzlich anwendbar sind (zu dieser zuvor strittigen Frage vgl 12. Aufl Rn 17). **33**

aa) Ein Erlöschen des Gebäudeeigentums nach § 459 ZGB durch **gutgläubig lastenfreien Erwerb** beurteilt sich nach Art 231 § 5 Abs 3, 4; ein gutgläubiger Erwerb ist also bis zum 31. 12. 2000 ausgeschlossen (daher existiert die von Purps VIZ 1995, 565, 566 angenommene Lücke nicht). Für Erwerbsvorgänge, deren Eintragung ab dem 1. 1. 2001 beantragt wird, ist er hingegen möglich, wenn das selbständige Gebäudeeigentum nicht im Grundbuch des Grundstücks gemäß § 2b Abs 2 S 3 eingetragen ist (im einzelnen vgl Art 231 § 5 Rn 63 ff). Da mit der Verweisung auf § 2b die Nutzungsrechtslosigkeit des Gebäudeeigentums nach § 459 ZGB anerkannt ist, kommt eine entsprechende Anwendung von *§ 4 Abs 2 nicht mehr in Betracht* (vgl zu dieser Frage 12. Aufl Rn 18 ff).

bb) Ein gutgläubiger Erwerb **des Gebäudeeigentums** sowie von beschränkten dinglichen Rechten daran ist ebenfalls grundsätzlich möglich. Zu beachten ist jedoch die in § 2c Abs 3 enthaltene Einschränkung (unten Rn 43). **34**

35 e) Auch das **Zuordnungsverfahren** nach § 2b Abs 3 (vgl dort Rn 45 ff) ist von der Verweisung erfaßt (BVerwG VIZ 1998, 36, 37; AG Plauen NJ 1997, 33; Gruber NJ 1997, 33; ders Rpfleger 1998, 508; **aA** BMJ-Schreiben v 16. 11. 1995 bei Gruber NJ 1997, 33). Die Zuständigkeit beurteilt sich nach § 4 Abs 1 VZOG; das Bundesministerium der Finanzen hat den Präsidenten der OFD auch insoweit als sachlich zuständig erklärt (Stellwaag VIZ 1995, 336, Fn 1).

36 f) **Grundbuchrechtlich** ergibt sich aus der Verweisung auf § 2b Abs 1 S 1 die Möglichkeit der Anlegung eines **Gebäudegrundbuchblattes** auf Antrag des Gebäudeeigentümers. Diese Anlegung war bereits im Recht der DDR – lediglich deklaratorisch – vorgesehen (oben Rn 4).

37 aa) Ist das Gebäudeeigentum noch nicht als Belastung im Grundbuch des **Grundstücks** eingetragen, so bestimmt § 2b Abs 2 S 3 die Eintragung von Amts wegen vor Anlegung eines Gebäudegrundbuchblattes (im einzelnen § 2b Rn 41 ff).

38 bb) Die **Anlegung des Gebäudegrundbuchblattes** und die Eintragung in dieses unterliegen den Bestimmungen der Gebäudegrundbuchverfügung (GGV; im einzelnen vgl § 2b Rn 29 ff). Zur Eintragung des Gebäudeeigentums nach § 459 ZGB vgl § 2b Rn 34.

39 cc) Den **Nachweis des Bestehens** von Gebäudeeigentum nach § 459 ZGB regelt – unbeschadet des immer zulässigen Nachweises in Form des § 29 GBO – § 4 Abs 3 GGV (hierzu § 2b Rn 40; Schmidt-Räntsch/Sternal DtZ 1994, 263; Böhringer DtZ 1994, 50).

3. Verweisung auf § 2c

40 a) Die Verweisung auf **§ 2c Abs 1** regelt die Eintragung des Gebäudeeigentums im Grundbuch des **„belasteten" Grundstücks**. Diese Eintragung war bereits im Recht der DDR möglich (oben Rn 4). Die Regelung des § 2c stellt damit das Gebäudeeigentum grundbuchrechtlich einem beschränkten dinglichen Recht gleich (näher § 2c Rn 6 ff).

41 b) Zu den **Eintragungsvoraussetzungen**, insbesondere zum **Nachweis** des Gebäudeeigentums (vgl auch oben Rn 39) und zur **Gestaltung** der Eintragung vgl § 2c Rn 6 ff, 14 ff, 16.

42 c) Die Verweisung auf **§ 2c Abs 2** ermöglicht die Eintragung eines **Sicherungsvermerks**, sofern neben dem Gebäudeeigentum nach § 459 ZGB auch Ansprüche aus § 2a oder dem SachenRBerG bestehen (im einzelnen § 2c Rn 18; zur Behandlung des Gebäudeeigentums nach § 459 Abs 1 ZGB in der Sachenrechtsbereinigung vgl oben Rn 26 f).

43 d) Gemäß § 2c Abs 3 ist ein **gutgläubiger Erwerb des Gebäudeeigentums** oder von beschränkten dinglichen Rechten daran nur möglich, wenn das Gebäudeeigentum auch bei dem belasteten Grundstück eingetragen ist (zum Zweck der Regelung in Hinblick auf Art 231 § 5 Abs 4 vgl § 2c Rn 33 f).

V. Miteigentum nach § 459 Abs 1 S 2, Abs 4 ZGB

44 1. Grundsätzlich untersteht das nach § 459 Abs 1 S 2 bzw Abs 4 ZGB entstandene

Miteigentum aufgrund der Überleitung nach Satz 1 den **immobiliarsachenrechtlichen Bestimmungen des BGB**.

2. In Hinblick auf den Schutz gegen den **öffentlichen Glauben des Grundbuchs**, den das Gebäudeeigentum in Art 231 § 5 Abs 3, 4, Nutzungsrechte nach § 4 Abs 2 und Mitbenutzungsrechte nach § 5 Abs 2 bis zum 31. 12. 1996 genießen, war zweifelhaft, ob **§ 892 BGB**, dessen grundsätzliche Anwendung auf einen Miteigentumsanteil nicht fraglich sein kann (MünchKomm/vOEFELE Rn 19), hinsichtlich nicht eingetragener Miteigentumsanteile ohne eine entsprechende Beschränkung anzuwenden ist. **45**

a) Überwiegend war angenommen worden, daß ein Erlöschen der Miteigentumsanteile nach § 892 BGB möglich sei (MünchKomm/vOEFELE Rn 18; vgl BT-Drucks 12/5992, 177). Diese Problematik wurde auch durch das **RegVBG** keiner Lösung zugeführt, ist aber durch § 113 Abs 3 SachenRBerG im Sinne einer Gleichstellung der Miteigentumsanteile mit den sonstigen, vorübergehend geschützten, außerhalb des Grundbuchs nach dem Recht der DDR entstandenen dinglichen Rechten gelöst worden (sogleich Rn 48 f). **46**

b) § 113 Abs 1 SachenRBerG sieht einen **Grundbuchberichtigungsanspruch** in Ansehung von Miteigentumsanteilen nach § 459 Abs 1 S 2, Abs 4 ZGB vor. § 459 Abs 2 konkretisiert den Rechtsbegriff der „bedeutenden Werterhöhung" im Sinne der bereits im Recht der DDR geregelten Wertgrenze von 30.000 Mark der DDR (vgl oben Rn 14). **47**

c) Dieser Anspruch kann gemäß § 113 Abs 3 gegenüber denjenigen nicht geltend gemacht werden, die durch ein **nach Ablauf des 31. 12. 2000 abgeschlossenes Rechtsgeschäft** das Eigentum am Grundstück, ein Recht am Grundstück oder ein Recht an einem solchen Recht erworben haben, vorbehaltlich einer vorher beantragten Berichtigung des Grundbuchs, eines eingetragenen oder beantragten Widerspruchs oder der Bösgläubigkeit des Erwerbers. **48**

d) Damit hat der Gesetzgeber **bis zum Stichtag 1. 1. 2001** einen Schutz der außerhalb des Grundbuchs entstandenen Miteigentumsanteile implizit bestätigt (BT-Drucks 12/5992, 177). Gutgläubiger Erwerb durch ein vor dem 1. 1. 2001 abgeschlossenes Rechtsgeschäft kann den Miteigentumsanteil nicht berühren. Zu beachten ist, daß – im Gegensatz zu den Regelungen betreffend Gebäudeeigentum und Nutzungsrechte (oben Rn 45) – nicht auf den *Eintragungsantrag*, sondern auf den *Abschluß des Rechtsgeschäfts* abgestellt wird. **49**

3. Gemäß **§ 114 SachenRBerG** ist daneben ein **Aufgebotsverfahren** möglich. Der Eigentümer eines Miteigentumsanteils nach § 459 ZGB kann von den anderen Miteigentümern im Wege eines Aufgebotsverfahrens entsprechend §§ 977 bis 981 ZPO mit seinem Recht ausgeschlossen werden. Voraussetzung ist, daß der Miteigentumsanteil nicht im Grundbuch eingetragen ist, und die Berichtigung nach § 113 SachenRBerG (soeben Rn 47 ff) nicht bis zum Ablauf des 30. 9. 1999 (fünf Jahre nach Inkrafttreten des SachenRBerG) beantragt (hierzu: BÖHRINGER Rpfleger 1995, 50) wurde. **50**

§ 9
Rangbestimmung

(1) Das Rangverhältnis der in § 3 Abs. 1 bezeichneten Rechte an Grundstücken bestimmt sich nach dem Zeitpunkt der Eintragung in das Grundbuch, soweit sich nicht im folgenden etwas anderes ergibt.

(2) Bei Rechten an Grundstücken, die nicht der Eintragung in das Grundbuch bedürfen und nicht eingetragen sind, bestimmt sich der Rang nach dem Zeitpunkt der Entstehung des Rechts, im Falle des § 5 Abs. 3 Satz 2 und 3 nach dem eingetragenen Vermerk.

(3) Der Vorrang von Aufbauhypotheken gemäß § 456 Abs. 3 des Zivilgesetzbuchs der Deutschen Demokratischen Republik in Verbindung mit § 3 des Gesetzes zur Änderung und Ergänzung des Zivilgesetzbuchs der Deutschen Demokratischen Republik vom 28. Juni 1990 (GBl. I Nr. 39 S. 524) bleibt unberührt. Der Vorrang kann für Zinsänderungen bis zu einem Gesamtumfang von 13 vom Hundert in Anspruch genommen werden. Die Stundungswirkung der Aufbauhypotheken gemäß § 458 des Zivilgesetzbuchs der Deutschen Demokratischen Republik in Verbindung mit § 3 des Gesetzes zur Änderung und Ergänzung des Zivilgesetzbuchs der Deutschen Demokratischen Republik vom 28. Juni 1990 (GBl. I Nr. 39 S. 524) entfällt. Diese Bestimmungen gelten für Aufbaugrundschulden entsprechend.

Materialien: Eingefügt durch 2. VermRÄndG, BGBl 1992 I 1257; E: BT-Drucks 12/2480, 12/2695 Art 7.

I. Normzweck

1 **1.** Abs 1 und 2 stellen die **Rangverhältnisse** für **beschränkte dingliche Rechte** an Grundstücken klar. Als Grundsatz wird das in § 879 Abs 1 BGB geregelte **Eintragungsprinzip** auf dingliche Rechte im Recht der DDR übertragen.

2 **2.** Abs 1 S 2, Abs 2 tragen dem Umstand Rechnung, daß auch beschränkte dingliche Rechte übergeleitet wurden, die **außerhalb des Grundbuchs** entstanden sind (vgl § 3 Rn 10 ff), die aber ebenfalls in das Rangsystem mit einbezogen werden. Für solche Rechte kann nur auf den **Entstehungszeitpunkt** abgestellt werden (BT-Drucks 12/2480, 81).

3 **3.** Abs 2 HS 2 stellt sicher, daß ein außerhalb des Grundbuchs entstandenes **Mitbenutzungsrecht** durch die Eintragung keinen Rangverlust erleidet, soweit sein Rang durch einen nach § 5 Abs 3 S 2 und 3 vorzunehmenden Rangvermerk bestimmt wird.

4 **4.** Abs 3 räumt **Investitionshindernisse** aus, die durch eine eingeschränkte Beleihbarkeit aufgrund des Vorrangs und der Stundungswirkungen von **Aufbauhypotheken** (vgl § 3 Rn 33) entstanden sind.

a) Probleme wirft dabei nicht der **Vorrang** an sich (§ 456 ZGB) auf, da neue Grundpfandrechte ohnehin nachrangig wären (BT-Drucks 12/2480, 82); allerdings wurde der Vorrang auch für **Zinserhöhungen** in Anspruch genommen; dieser Vorrang wird beibehalten, aber begrenzt, wobei entgegen der im Gesetzentwurf vorgesehenen Fassung nicht eine Anlehnung an § 1119 BGB erfolgt, sondern auf Vorschlag des Bundesrates (BT-Drucks 12/2695, 24 Nr 51) die Höhe auf 13% begrenzt wird.

b) Die **Stundungswirkung** hingegen erweist sich unter marktwirtschaftlichen Verhältnissen als unangemessen: Die Anwendung von § 458 ZGB würde dazu führen, daß das Zwangsversteigerungsverfahren auf Betreiben eines der Aufbauhypothek nachrangigen Grundpfandrechtsgläubigers allein deshalb unzulässig wäre, weil die Grundstückserträge zur Bedienung seiner Hypothek nicht ausreichen, selbst wenn der Eigentümer zahlungsfähig wäre. Für eine künftige Beleihung würde sich die Aufbauhypothek wegen dieses Risikos hemmend auswirken (BT-Drucks 12/2480, 82; WELTER WM 1991, 1194). Sie wird deshalb aufgehoben. **5**

II. Rangbestimmung (Abs 1, 2)

1. Grundsatz (Abs 1 HS 1)

a) Alle **in § 3 Abs 1 bezeichneten Rechte** an Grundstücken (dazu vgl § 3 Rn 26 ff) erhalten einen bestimmten Rang. Fraglich ist, ob die Regelung in Abs 1 und 2 als *abweichende Regelung* iSd § 3 Abs 1 zu verstehen ist, also § 3 Abs 1 insoweit vorgeht (so PALANDT/BASSENGE Rn 1). Der Zweck und die Gesetzgebungsgeschichte des § 9 legen hingegen die Annahme nahe, daß § 9 lediglich eine Ergänzungsvorschrift ist für die **unklaren Rangverhältnisse** bei dinglichen Rechten (so auch BULTMANN NJ 1993, 207), für die im Recht der DDR ein Rang nicht eindeutig bestimmt war. Im Ergebnis bleibt diese Frage ohne Belang: Hinsichtlich von **Hypotheken** (dazu § 3 Rn 26 ff) hat § 9 den vormaligen Rang gewahrt. Bezüglich der **Aufbauhypotheken** verdrängt Abs 3 als offenkundige Sonderregelung das Recht der DDR (§ 3 Rn 33), soweit es mit ihm in Widerspruch steht. Für sonstige dingliche Rechte hat § 9 teils reformierenden, jedenfalls aber klärenden Charakter. **6**

b) Erforderlich ist grundsätzlich, daß das dingliche Recht bei Ablauf des **2. 10. 1990 bestanden** hat (PALANDT/BASSENGE Rn 1). Die Rangbestimmung greift aber auch ein, wenn das beschränkte dingliche Recht nach **§ 7 Abs 2 S 1** aufgrund eines am Stichtag schwebenden Eintragungsantrags noch nach dem 2. 10. 1990 entsteht. **7**

c) Grundsätzlich bestimmt sich der Rang, wie nach § 879 Abs 1 BGB, nach dem **Zeitpunkt der Eintragung** des Rechts in das Grundbuch. Unerheblich ist, wie ein Umkehrschluß aus Abs 2 („und nicht eingetragen sind") erweist, ob das Recht der Eintragung in das Grundbuch bedurfte, oder ob die Eintragung lediglich deklaratorisch war (PALANDT/BASSENGE Rn 2); wurde also ein früher entstandenes Recht nachträglich eingetragen, so kann dies zu einem Rangnachteil führen. **8**

d) Die Rangbestimmung nach Abs 1, also das Eintragungsprinzip, gilt auch für **Eintragungen nach dem 2. 10. 1990** und nach dem Inkrafttreten von § 9 am 22. 7. 1992. Eine Auslegung dahingehend, daß der Rang für eingetragene Rechte nur zu einem dieser beiden Stichtage nach Abs 1, für nicht eingetragene Rechte aber nach Abs 2 **9**

bestimmt wird, käme zwar den Interessen der Beteiligten entgegen, zufällige Rangverluste durch spätere Eintragungen zu vermeiden. Gegen eine solche Auslegung spricht aber, daß § 9 das Prinzip der Erkennbarkeit des Ranges eingetragener Rechte aus dem Grundbuch wiederherstellen will (BT-Drucks 12/2480, 81); Abweichungen vom Prinzip des Abs 1 sind also auch bei künftigen Eintragungen nur insoweit möglich, als sie ausdrücklich vorgesehen sind (dazu unten Rn 19 – Mitbenutzungsrechte; Rn 25 – mehrere Nutzungsrechte).

10 **e)** Bei Eintragung unter **demselben Datum** ist zu unterscheiden: Erfolgt die Eintragung in **derselben Abteilung** (für übergeleitete dingliche Rechte regelmäßig Abteilung II), so ist für den Rang die Eintragungsreihenfolge maßgeblich, da von einer gleichzeitigen Eintragung nicht ausgegangen werden sollte (Palandt/Bassenge Rn 2). Regelmäßig werden solchen Eintragungen Anträge zugrunde liegen, die nicht gleichzeitig eingegangen sind. Eintragungen am selben Tag in **verschiedenen Abteilungen** sind nach Abs 1 als gleichrangig zu behandeln. Dies entspricht im übrigen dem Ziel einer Angleichung an § 879 Abs 1 S 2 HS 2 BGB und stellt sicher, daß auch die Rangbestimmung im Verhältnis zu nach dem 2. 10. 1990 neu eingetragenen Rechten, die § 879 BGB unterliegen, stimmig bleibt.

11 **f)** Der Grundsatz der Eintragungspriorität galt nach **§ 453 Abs 2 iVm Abs 1 S 3 ZGB** auch nach dem – nach hier vertretener Ansicht weiter rangbestimmenden – Recht der DDR für **Hypotheken**; es ergeben sich insoweit also keine Widersprüche zur Gegenansicht (vgl oben Rn 6).

12 **g)** Das **selbständige Gebäudeeigentum** erhält keinen Rang, obgleich es im übrigen als Belastung des Grundstücks behandelt wird.

13 **h)** Die **am selbständigen Gebäudeeigentum** bestehenden beschränkten dinglichen Rechte unterliegen hingegen derselben Rangbestimmung wie beschränkte dingliche Rechte an Grundstücken.

14 **aa)** Sofern nicht der Fall des Art 231 § 5 Abs 4 eintritt, stehen die **Belastungen des Grundstücks** und die **Belastungen des Gebäudes zueinander** nicht in einem Rangverhältnis; sie erstrecken sich auf ein jeweils gesondert zu behandelndes Immobiliareigentum (Grundstücke/Gebäude).

15 **bb)** **Mitbelastungen** von Grundstück und Gebäude (aufgrund Rechtsgeschäfts oder kraft Gesetzes, zB § 9 Abs 1 S 3 GBBerG) erhalten am jeweiligen Immobiliareigentum den im Verhältnis zu anderen dort bestehenden dinglichen Rechten zu bestimmenden Rang.

16 **cc)** Erst in der **Sachenrechtsbereinigung** ergeben sich Rangkollisionen, die im Fall der Ankaufslösung nur durch rechtsgeschäftliche Ersetzung der dinglichen Rechte am Gebäude durch dingliche Rechte am Grundstück (§ 78 Abs 2 SachenRBerG), im Fall der Erbbaurechtslösung durch Rangrücktritt der am Grundstück dinglich Berechtigten hinter das Erbbaurecht (§ 33 SachenRBerG) und Erstreckung der dinglichen Belastungen des Gebäudes auf das Erbbaurecht (§ 34 SachenRBerG) aufgelöst werden.

2. Ausnahmen (Abs 2)

17 **a)** Soweit ein Recht der **Grundbucheintragung nicht bedarf** und **nicht eingetragen ist**, bestimmt sich sein Rang nach dem Zeitpunkt des **Entstehens** (dazu im einzelnen § 3 Rn 34 ff). Betroffen hiervon sind Nutzungsrechte und Mitbenutzungsrechte; dies gilt nur, solange diese Rechte nicht im Grundbuch eingetragen sind (vgl oben Rn 9; zur Verfestigung des Ranges im Entstehungszeitpunkt bei Mitbenutzungsrechten unten Rn 19).

18 **b)** **Mitbenutzungsrechte** entstanden grundsätzlich ohne Grundbucheintragung und waren nur teilweise eintragungsfähig (§ 3 Rn 40).

aa) Sie werden nach § 5 Abs 3 S 1 eintragungsfähig; die Eintragung würde wegen der vorgehenden Rangbestimmung nach dem Eintragungszeitpunkt gemäß Abs 1 zu einem **Rangverlust** gegenüber beschränkten dinglichen Rechten führen, die später entstanden, aber früher eingetragen sind (oben Rn 8 f).

19 **bb)** Um dies zu vermeiden, bestimmt sich gemäß Abs 2 HS 2 der Rang von Mitbenutzungsrechten auch nach Eintragung in das Grundbuch nach dem Zeitpunkt der Entstehung, sofern dieser Zeitpunkt durch einen **Vermerk nach § 5 Abs 3 S 2, 3** (dort Rn 50 ff) aus dem Grundbuch ersichtlich ist. Damit wird einerseits der Rangverlust vermieden, andererseits im Interesse der Grundbuchklarheit der Rang eines **eingetragenen** Rechts ausschließlich nach dem Inhalt des Grundbuchs bestimmt (BT-Drucks 12/2480, 81).

20 **cc)** Für Mitbenutzungsrechte, die **vor Inkrafttreten des Einigungsvertrages** oder danach **ohne** den in § 5 Abs 3 S 2, 3 genannten **Vermerk** eingetragen wurden, bestimmt sich der Rang nach Abs 1.

21 **b)** Die rangwahrende Behandlung von Mitbenutzungsrechten (oben Rn 17 f) wirft die Frage auf, wie für **Nutzungsrechte**, die nicht eingetragen waren, nunmehr aber aufgrund § 4 Abs 1 S 2 sogar von Amts wegen im Grundbuch des belasteten Grundstücks einzutragen sind, wenn für das zugehörige Gebäude ein Grundbuchblatt angelegt wird, der Rang zu bestimmen ist.

22 **aa)** Zunächst war davon auszugehen, daß Nutzungsrechte gegenüber anderen beschränkten dinglichen Rechten ohne Rang sind, weil sie dem **Gebäudeeigentum** zugrunde liegen, welches seinerseits nicht in einem Rangverhältnis zu dinglichen Belastungen des Grundstücks steht (oben Rn 10).

23 **bb)** Die Umgestaltung des § 4 Abs 2 und 4 durch das **RegVBG**, also die Einbeziehung des Nutzungsrechts in den Kreis der Rechte, die durch den öffentlichen Glauben des Grundbuchs erlöschen können, insbesondere aber die Möglichkeit des **Erlöschens in der Zwangsvollstreckung**, macht auch für das Nutzungsrecht eine Rangbestimmung erforderlich.

24 **cc)** Zur Vermeidung von Nachteilen in der Zwangsvollstreckung bedarf es jedoch nicht einer entsprechenden Anwendung des Abs 2 HS 2; der Bestand des Gebäudeeigentums – und damit des Nutzungsrechts – wird bei **Zwangsversteigerung aus einem** (dem Nutzungsrecht) **vorrangigen Grundpfandrecht** nach dem 31. 12. 2000 für

ein eingetragenes Nutzungsrecht und Gebäudeeigentum aufgrund der durch das RegVBG eingefügten Regelung in § 9a EGZVG nicht berührt (dazu Art 231 § 5 Rn 79 ff). Diese Regelung schließt unmittelbar an den Schutz der Nutzungsrechte nach § 4 Abs 4 an – während für Mitbenutzungsrechte der Schutz durch entsprechende Anwendung des § 9 EGZVG (§ 5 Abs 2 S 3) ersatzlos ausläuft.

25 **dd)** Grundsätzlich gilt also auch für Nutzungsrechte Abs 1. Bestehen an einem Grundstück jedoch **mehrere Nutzungsrechte** und sind diese nunmehr einzutragen, so beurteilt sich der Rang zwischen diesen Nutzungsrechten nach Abs 2, also dem Zeitpunkt der Entstehung (§ 14 Abs 2 GGV).

III. Aufbauhypotheken (Abs 3)

1. Vorrang

26 **a)** Abs 3 S 1 stellt klar, daß die am 2. 10. 1990 bestehende **Rechtslage** auch für Aufbauhypotheken grundsätzlich **erhalten** bleibt (§ 3 Rn 33). Insbesondere § 456 ZGB ist also anzuwenden (Bultmann NJ 1993, 207 f). Aufbauhypotheken genießen Vorrang vor jedem anderen beschränkten dinglichen Recht.

27 **b)** Abs 3 S 2 beschränkt jedoch den Vorrang von **Zinsänderungen**. Ein **Anspruch** auf Zinsen ergibt sich aus Abs 3 S 2 nicht (LG Leipzig VIZ 2000, 566). Die Bestimmung beschränkt nur den Vorrang für *bestehende* Ansprüche auf Zinsanpassungen: Zinsänderungen bei Aufbauhypotheken erlangen nicht mehr in beliebiger Höhe Vorrang, sondern nur bis zu einem **Gesamtsatz von 13%**. Der Wortlaut der Bestimmung läßt nicht erkennen, ob der Gesamtsatz von 13% für die Summe der Zinserhöhungen gilt, oder den Zinssatz, bis zu dem der Vorrang genutzt werden kann, absolut begrenzt. Die Gesetzgebungsgeschichte spricht für eine absolute Begrenzung. Der Gesetzentwurf sah noch eine Orientierung an § 1119 BGB vor und damit die absolute Grenze von 5%. Die Gesetz gewordene Fassung soll hinsichtlich des Zinssatzes lediglich eine marktgerechte Lösung darstellen (BT-Drucks 12/2695, 24 Nr 51). Durch eine Erhöhung um 13% würde dies vereitelt, selbst nahezu sittenwidrige Zinsen wären noch vorrangig. Auch der Zweck der Regelung spricht für eine absolute Grenze: Der an sich systemwidrige Vorrang der Aufbauhypothek sollte nicht weiter gehen als zu einem vom Gesetzgeber für angemessen gehaltenen Zinssatz. Erhöhungen sind also nur vorrangig, soweit sie zusammen mit den ursprünglich vereinbarten Zinsen 13% nicht übersteigen (Palandt/Bassenge Rn 4).

2. Stundungswirkung

28 **a)** § 458 ZGB sah die Stundung nachrangiger Hypotheken vor, soweit wegen der Belastung des Grundstücks mit einer Aufbauhypothek eine Zins- oder Tilgungsleistung aus dem Grundstück nicht möglich war (vgl im einzelnen § 3 Rn 33). Diese Regelung ist **nicht mehr anwendbar** (Abs 3 S 3), da sie sich als unzuträglich für die Beleihung erweist (Bultmann NJ 1993, 208; oben Rn 5).

29 **b)** Eine (auch nach dem 3. 10. 1990) eingetretene Stundungswirkung wird jedoch nicht rückwirkend beseitigt. Die **Stundung endet** mit Ablauf des 21. 7. 1992. Dies folgt aus dem Wortlaut („entfällt") sowie aus dem verfassungsrechtlichen Verbot echter Rückwirkung.

3. Aufbaugrundschulden

Abs 3 gilt entsprechend für Aufbaugrundschulden (Abs 3 S 4). **30**

§ 10
Vertretungsbefugnis für Personenzusammenschlüsse alten Rechts

(1) Steht ein dingliches Recht an einem Grundstück einem Personenzusammenschluß zu, dessen Mitglieder nicht namentlich im Grundbuch aufgeführt sind, ist die Gemeinde, in der das Grundstück liegt, vorbehaltlich einer anderweitigen landesgesetzlichen Regelung gesetzliche Vertreterin des Personenzusammenschlusses und dessen Mitglieder in Ansehung des Gemeinschaftsgegenstandes. Erstreckt sich das Grundstück auf verschiedene Gemeindebezirke, ermächtigt die Flurneuordnungsbehörde (§ 53 Abs. 4 des Landwirtschaftsanpassungsgesetzes) eine der Gemeinden zur Vertretung des Personenzusammenschlusses.

(2) Im Rahmen der gesetzlichen Vertretung des Personenzusammenschlusses ist die Gemeinde zur Verfügung über das Grundstück befugt. Verfügungsbeschränkungen, die sich aus den Bestimmungen ergeben, denen der Personenzusammenschluß unterliegt, stehen einer Verfügung durch die Gemeinde nicht entgegen. Die Gemeinde übt die Vertretung des Personenzusammenschlusses so aus, wie es dem mutmaßlichen Willen der Mitglieder unter Berücksichtigung der Interessen der Allgemeinheit entspricht. Hinsichtlich eines Veräußerungserlöses gelten die §§ 666, 667 des Bürgerlichen Gesetzbuchs entsprechend.

(3) Die Rechte der Organe des Personenzusammenschlusses bleiben unberührt.

(4) Die Vertretungsbefugnis der Gemeinde endet, wenn sie durch Bescheid der Flurneuordnungsbehörde aufgehoben wird und eine Ausfertigung hiervon zu den Grundakten des betroffenen Grundstücks gelangt. Die Aufhebung der Vertretungsbefugnis kann von jedem Mitglied des Personenzusammenschlusses beantragt werden. Die Flurneuordnungsbehörde hat dem Antrag zu entsprechen, wenn die anderweitige Vertretung des Personenzusammenschlusses sichergestellt ist.

(5) Die Absätze 1 bis 4 gelten entsprechend, wenn im Grundbuch das Grundstück ohne Angabe eines Eigentümers als öffentliches bezeichnet wird.

Materialien: Eingefügt durch 2. VermRÄndG, BGBl 1992 I 1257. Materialien siehe § 9.

Schrifttum

Franke, Ansprüche der Städte und Gemeinden auf Liegenschaften von Personenzusammenschlüssen alten Rechts, AgrarR 1997, 421.

I. Normzweck

1 In den neuen Ländern bestehen noch altrechtliche Personenzusammenschlüsse, denen als Gesamthandsgemeinschaften Rechte an Wegen und sonstigen Grundstücken zustehen (zu Typen solcher Gemeinschaften vgl OLG Naumburg OLGR 2000, 123; Stendal NotBZ 1997, 102; Hüttinger NotBZ 1997, 102, 103). Diese Personenzusammenschlüsse, die aus Vorschriften wie der Preußischen Gemeinheitsteilungsordnung v 7. 6. 1821 hervorgegangen sind und durch das ZGB nicht aufgehoben wurden (§§ 2, 3, 6 EGZGB), bestehen gemäß Art 113 fort, deren Organe sind zumeist nicht handlungsfähig, weil die sie tragenden Personen verstorben sind und Nachfolgeregelungen nicht durchgeführt wurden. Über die Grundstücke kann infolgedessen nicht verfügt werden. Es müßten Pfleger bis zur Ermittlung der Mitglieder der Personenzusammenschlüsse bestellt werden. Die Bestimmung löst dieses Problem durch die Schaffung einer **gesetzlichen Vertretungsbefugnis**, damit die Grundstücke schnell verfügbar werden (BT-Drucks 12/2480, 82; Böhringer DtZ 1994, 53).

II. Gesetzliche Vertretung

2 **1.** Abs 1 sieht eine gesetzliche Vertretung für Personenzusammenschlüsse vor, die Inhaber eines dinglichen Rechts an einem Grundstück sind.

3 **a)** Voraussetzung ist, daß der Personenzusammenschluß Rechtsinhaber ist, die einzelnen Mitglieder aber **nicht namentlich im Grundbuch** angeführt sind (Palandt/Bassenge Rn 2).

4 **b)** Rechtsfolge ist der Eintritt einer **gesetzlichen Vertretungsbefugnis** der Gemeinde, in der das Grundstück liegt. Die Gemeinde vertritt den Personenzusammenschluß und dessen Mitglieder in Ansehung des Gemeinschaftsgegenstandes. Die Vertretungsmacht tritt kraft Gesetzes ein (Palandt/Bassenge Rn 2). Eines hierauf gerichteten **Antrags** oder einer **Anordnung** bedarf es nicht (BT-Drucks 12/2480, 82).

5 **c)** Abs 1 S 2 trifft eine Zuständigkeitsregelung, wenn sich das Grundstück auf **verschiedene Gemeindebezirke** erstreckt. In diesem Fall ermächtigt die Flurneuordnungsbehörde gemäß § 53 Abs 4 Landwirtschaftsanpassungsgesetz eine der Gemeinden zur Vertretung.

2. Umfang der gesetzlichen Vertretung

6 **a)** Die gesetzliche Vertretung umfaßt die **Verfügungsbefugnis** (Abs 2 S 1, BT-Drucks 12/2480, 82). Die Gemeinde unterliegt dabei nicht **Verfügungsbeschränkungen**, die sich aus den Bestimmungen ergeben, denen der Personenzusammenschluß unterliegt. Das soll die Wirksamkeit von Verfügungen sichern, die nach dem Zweck der Regelung ohne langwierige Nachforschungen ermöglicht werden sollen. Solche Verfügungsbeschränkungen bestanden zumindest nach preußischem Recht darin, daß das Miteigentum *rechtlich ungeteilt* und *untrennbar* mit dem Eigentum an den zur Benutzung der Landfläche berechtigten Grundstücken verbunden bleiben mußte. Diese Verklammerung von Gemeinschaftseigentum und Eigentum an Landflächen wird durch die Aufhebung der Verfügungsbeschränkung für die Gemeinden beseitigt (BT-Drucks 12/2480, 83).

b) Die Gemeinde ist jedoch hinsichtlich der **Vertretung gebunden**. Sie hat die Vertretung nach dem **mutmaßlichen Willen** der Mitglieder auszuüben (Hüttinger NotBZ 1997, 102, 103). Dabei darf die Gemeinde jedoch die Interessen der Allgemeinheit berücksichtigen; sie hat nach billigem Ermessen zu entscheiden. Hierbei handelt es sich um eine bloße Beschränkung im Innenverhältnis; die Vertretungsmacht nach außen wird nicht berührt (Palandt/Bassenge Rn 2). 7

c) Eine Befreiung von dem Verbot des **§ 181 BGB** besteht nicht (Palandt/Bassenge Rn 2). 8

d) Soweit ein Vormund der **vormundschaftsgerichtlichen Genehmigung** bedürfte, unterliegen auch Verfügungen durch die Gemeinde aufgrund ihrer gesetzlichen Vertretungsmacht dem Erfordernis der vormundschaftsgerichtlichen Genehmigung (Böhringer Rpfleger 1995, 143). Die Regelung soll Verfügungen erleichtern, die Vormundschaftsgerichte hinsichtlich der Bestellung von Abwesenheitspflegschaften entlasten, aber nicht den Schutz der unbekannten Berechtigten reduzieren. 9

e) Ein **Veräußerungserlös** steht der Gemeinschaft entsprechend §§ 666, 667 BGB zu (Abs 2 S 3), also nach Auftragsrecht. 10

III. Rechte der Organe und Mitglieder

1. Vertretungs- und Verfügungsbefugnis der Organe

a) Die Rechte der **Organe** des Personenzusammenschlusses bleiben unberührt. Insbesondere können die Organe die Gemeinschaft weiterhin vertreten und über das dingliche Recht **verfügen** (Abs 3). 11

b) Verfügt die Gemeinde nach Abs 2 S 1 und die Organe in **widersprechender Weise**, so ist nur die zeitlich frühere Verfügung wirksam. Die zugrundeliegenden **Verpflichtungsgeschäfte** sind hingegen beide wirksam (Palandt/Bassenge Rn 3). Schadensersatzansprüche wegen Nichterfüllung treffen grundsätzlich den Personenzusammenschluß. 12

c) Eine **Haftung der Gemeinde** gegenüber dem Personenzusammenschluß kommt aus pVV in Betracht, insbesondere, wenn sie die Verpflichtung aus Abs 2 S 3 verletzt hat. Dies ist dann anzunehmen, wenn die Gemeinde in Kenntnis des Handelns der Organe von ihrer Vertretungsmacht weiter Gebrauch macht, auch wenn dies geschieht, um öffentliche Interessen durchzusetzen. 13

2. Aufhebung der Vertretungsbefugnis

a) Die **Aufhebung der gemeindlichen Vertretungsbefugnis** erfolgt grundsätzlich durch Bescheid der Flurneuordnungsbehörde (LG Stendal NotBZ 1997, 102). Den **Antrag** kann jedes Mitglied des Personenzusammenschlusses stellen (Abs 4 S 2). 14

b) Die Vertretungsbefugnis **endet**, wenn eine Ausfertigung des Bescheids zu den Grundakten des betroffenen Grundstücks gelangt (Abs 4 S 1 HS 2). Dies gilt auch, 15 wenn die Aufhebung materiell unrichtig ist, weil die Voraussetzungen des Abs 4 S 3 nicht vorlagen (Palandt/Bassenge Rn 3).

16 **c)** Die Entscheidung der Behörde ist gebunden. Wenn die Vertretung des Personenzusammenschlusses anderweitig sichergestellt ist, **muß die gesetzliche Vertretung aufgehoben werden**. Ein entgegenstehendes öffentliches Interesse ist nicht zu beachten. Insbesondere rechtfertigt die Befreiung der Gemeinde von den Verfügungsbeschränkungen, denen die Organe weiter unterliegen (Abs 2 S 2), nicht die Versagung der Aufhebung der Vertretungsbefugnis.

17 **d)** Fraglich erscheint, ob die vertretungsberechtigten Organe des Personenzusammenschlusses der Gemeinde auch ohne dieses Verfahren die Vertretungsbefugnis **entziehen** können. Hierfür spräche, daß in die Handlungsfähigkeit der Organe grundsätzlich nicht eingegriffen werden soll und ansonsten die Gefahr besteht, daß Verfügungen gegen den Willen der Berechtigten getroffen werden. Im Interesse des Grundbuchverkehrs wird man jedoch auch den Organen zumuten müssen, den Antragsweg zu beschreiten. Die Gemeinde hat jedoch einen durch die Organe geäußerten entgegenstehenden Willen der Gemeinschaft zu berücksichtigen. Eine dennoch vorgenommene Verfügung widerspräche dem „mutmaßlichen Willen" iS des Abs 2 S 3 (zu Schadensersatzansprüchen bei widersprechenden Geschäften vgl oben Rn 13).

IV. Grundstücke ohne Angabe des Eigentümers

18 **1.** In den Grundbüchern der neuen Länder finden sich Grundbucheintragungen in Abteilung I wie **„öffentliche Wege, Gräben und Gewässer"**. Um auch derartige Grundstücke schnell verfügbar zu machen, wird die entsprechende Anwendung der Bestimmung für Gemeinschaftsgrundstücke angeordnet.

19 **2.** Abs 3 ist auf solche Grundstücke **entsprechend anzuwenden**; das heißt, daß die Gemeinde verfügungsbefugt ist; die Rechte des Eigentümers, insbesondere der berechtigten Gebietskörperschaft, bleiben unberührt. Antragsberechtigt analog Abs 4 ist jedoch in einschränkender Auslegung nicht etwa jeder Bürger der Gebietskörperschaft, sondern nur vertretungsberechtigte Organe der Gebietskörperschaft.

Zweiter Abschnitt
Abwicklung der Bodenreform

Vorbemerkungen zu Art 233 §§ 11–16

Schrifttum

Böhringer, Gutgläubiger Erwerb von Bodenreformland, NJ 1993, 259
ders, Entwicklungen im Grundstücksrecht in den neuen Ländern rund um die Jahrtausendwende, NJ 2001, 281

ECKERT, Anmerkung zu BGHZ 140, 223, WuB IV B, Art 233 § 11 EGBGB 1.99
FASSBENDER, Die Restitution ehemaliger Bodenreformstellen, VIZ 1994, 321
GIESE, Keine Vererblichkeit von Bodenreformland nach In-Kraft-Treten der Besitzwechselverordnung vom 7. 8. 1975, VIZ 2000, 450
GOLLASCH/KROEGER, Abwicklung der Bodenreform nach dem 2. Vermögensrechtsänderungsgesetz, VIZ 1992, 421
GÖHRING, Ist die ‚Abwicklung der Bodenreform' im Sinne von Art 233 §§ 11–16 EGBGB rechtsstaatlich zwingend?, NJ 1999, 173
GÖPFERT, Bodenreformland kein Nachlaßgegenstand, ZOV 1996, 312
GRABARSE, Rechtsentwicklung bei der Behandlung von Bodenreformland, BuW 1996, 325
GRÜN, Die Geltung des Erbrechts beim Neubauerneigentum in der SBZ/DDR – verkannte Rechtslage mit schweren Folgen, VIZ 1998, 537
dies, Die Sozialisierung des vererbbaren Neubauerneigentums durch den BGH, VIZ 1999, 314
dies, Anmerkung zu BGHZ 140, 223, ZEV 1999, 279
dies, Noch einmal: Stete Geltung des Erbrechts beim Neubauerneigentum in der SBZ/DDR, VIZ 2000, 452
HÄRTING, Redlicher Erwerb von Bodenreformeigentum, VIZ 1996, 311
JESCH, Die Verfassungsmäßigkeit der Bodenreformabwicklungsvorschriften, VIZ 1994, 451
KAHLKE, Abwicklung der Bodenreform, NJ 1992, 481
ders, Mängelbehaftete Besitzwechsel von Bodenreformwirtschaften, NJ 1995, 291
KELLER, Zum Eigentum an Grundstücken aus der Bodenreform, VIZ 1993, 190
ders, Gemeinschaft der Erben von Bodenreformgrundstücken, NJ 1993, 355
KLEIN, Grundeigentum aus der Bodenreform, in: FS 50 Jahre BGH 2000, 183
KRÜGER, Zur Abwicklung offener Bodenreformfälle nach Artikel 233 § 11 ff EGBGB, AgrarR 1999, 332
PIEKENBROK, Die Rechtsprechung des BGH zur Bodenreform im Jahre 1997, ZOV 1998, 87
ders, Eigentum an Bodenreformland, ZOV 1997, 156
ders, Die Rechtsprechung des BGH zur Bodenreform im Jahre 1998, ZOV 1999, 83
ders, Die Abwicklung der Bodenreform im Jahre 1999, ZOV 2000, 139
PURPS, Keine verdeckte Regelungslücke des Gesetzes vom 6. 3. 1990 (Bodenreformgesetz) – verhängnisvoller Rechtsirrtum des BVerfG, VIZ 2001, 65
ders, Neue Hoffnung für Neusiedlererben, VIZ 2002, 497
RAUSCHER, Anmerkung zu BGHZ 140, 223, JR 1999, 465
SCHMIDT-RÄNTSCH, Die Novelle zum Vermögensrecht, NJ 1992, 447
SIEWERT, Zum Eigentum an den Bodenreform-Grundstücken, NJ 1992, 155
STAVORINUS, Das abgewickelte Bodenreformgrundstück, NotBZ 2001, 135
WASMANN, Auswirkungen des Wohnraummodernisierungsgesetzes auf die Ansprüche auf Auflassung und Zahlung des Verkehrswertes von Bodenreformgrundstücken, ZOV 1997, 313
WENDLINGER, Eine Bestandsaufnahme zum Bodenreformverfahren gem Art 233 §§ 11–16 EGBGB, VIZ 1999, 68
WENZEL, Die jüngere Rechtsprechung des BGH zum Grundstücksrecht in den neuen Bundesländern, OV spezial 2000, 82
WILHELMS, Zur Erbfolge bei Bodenreformgrundstücken, VIZ 2001, 645.

Systematische Übersicht

1. Bodenreform im Recht der DDR

1 a) Der durch das 2. VermRÄndG mit Wirkung vom 22. 7. 1992 eingefügte und durch das Registerverfahrenbeschleunigungsgesetz mit Wirkung v 25. 12. 1993 geänderte **zweite Abschnitt** dient der **sachenrechtlichen Bereinigung** der Bodenreform. Die grundsätzliche Wirksamkeit und Irreversibilität der auf besatzungsrechtlicher oder besatzungshoheitlicher Grundlage erfolgten Enteignungen hat das *BVerfG* aufgrund der Annahme einer politisch nicht zweifelsfreien und verfassungsrechtlich unbefriedigenden Bindung an Forderungen der ehemaligen UdSSR bei den Verhandlungen zur Wiedervereinigung bejaht (BVerfGE 84, 90, 118 ff, 125 ff; BVerfG DtZ 1993, 275).

2 b) Bodenreformgrundstücke **entstanden** aufgrund der Enteignung des Großgrundbesitzes (Grundvermögen von über 100 Hektar) in der SBZ im Herbst 1945 (zu diesen Vorgängen, insbesondere dem Ausschluß der Restitution vgl Silagi ZOV 1996, 231; Samel NJ 1996, 408; Rodenbach ZOV 1996, 82; Wasmuth VIZ 1996, 361; Schweisfurth VIZ 2000, 505; Kühne VIZ 2000, 446). Die Enteignungen erfolgten auf Grundlage nahezu identischer Verordnungen der Landes- und Provinzialverwaltungen in der SBZ. Die Grundstücke wurden dem Bodenfonds zugeführt und aus diesem an **Neubauern** zur Bewirtschaftung in LPGen überlassen. Hierbei bestand eine Bewirtschaftungspflicht, bei deren Verletzung eine **Entziehung** und Rückführung des Grundstücks in den Bodenfonds möglich war (zur Geschichte der Bodenreform Siewert NJ 1992, 155; Keller VIZ 1993, 190; Fassbender VIZ 1994, 321). Die Neubauern wurden im Grundbuch als Eigentümer eingetragen; die Eintragung war nicht konstitutiv (Palandt/Bassenge § 11 Rn 1).

3 c) Die **Qualität** des den Neubauern an den Grundstücken übertragenen **Rechts** ist strittig (zum Streit um die Rechtsposition von Erben vgl auch unten Rn 18 ff).

aa) Die enteigneten Grundstücke wurden den **Neubauern** als sog „Arbeitseigentum" übertragen, was aber nicht den Schluß nahelegen darf, es habe sich nicht um Eigentum im Sinne des damals geltenden BGB gehandelt. Die Verwendung eigener Rechtsbegriffe wie „Arbeitseigentum" und „Bodenreformanerkennungsgebühr" zur Bezeichnung der Gegenleistung, hat ideologische Wurzeln; das DDR-Deutsch (Siewert NJ 1992, 156) sollte Abgrenzung zum „Klassenfeind" dokumentieren und die Abgrenzung des Eigentums der Neubauern gegen das der *Spekulation* zugängliche Eigentum der Altbauern dokumentieren. Nach Art I der BodenreformVO erhielt der Neubauer „Privateigentum", also im Prinzip vollwertiges Grundeigentum übertragen. Andererseits war die Verwertung dieser Grundstücke aber deutlich eingeschränkt. Sie konnten nicht frei übertragen und nicht verpfändet werden. Die Vererbung war jedenfalls erheblich beschränkt (zum ideologischen Hintergrund eingehend Siewert NJ 1992, 155).

bb) Für die **Übertragung** galten nicht die allgemeinen Bestimmungen über Verkauf und Übereignung von Grundstücken, sondern Sonderbestimmungen für den sog **„Besitzwechsel"** nach der BesitzwechselVO in jeweiliger Fassung (unten Rn 5). Ein freier Verkauf war ausgeschlossen; ein Verstoß bewirkte die Nichtigkeit nach § 68 Abs 1 Nr 1 ZGB (BGH DtZ 1994, 348). Eine Veräußerung an nicht bodenreformfähige Bürger (Personenkreis des § 1 BesitzwechselVO) nach Rückführung in Volkseigentum (Bodenfonds) wurde in der BesitzwechselVO 1975 nach den Bestimmungen über den Verkauf volkseigener Gebäude zugelassen. Ebenso wurden die Bestimmungen des allgemeinen **Erbrechts** überlagert durch Sonderbestimmungen (§ 424 S 2 ZGB; zur Bedeutung für die *Verfassungsmäßigkeit* unten Rn 18 ff; zu der Bedeutung für die *Nachzeichnung* § 11 Rn 20 f). **4**

cc) Besitzwechsel und Vererbung erfolgten nach der **Besitzwechselverordnung** (v 21. 6. 1951, GBl DDR 1951 I 629; v 23. 8. 1956, GBl DDR 1956 I 685; v 7. 8. 1975, GBl DDR 1975 I 629 idF v 7. 1. 1988, GBl DDR 1988 I 25). Der Besitzwechsel erfolgte mit der konstitutiven Übertragung des Eigentums an den Übernehmer durch Entscheidung des *Rates des* Kreises (§ 2 BesitzwechselVO; BGH DtZ 1994, 347); der *Antrag* von Abgebendem und Übernehmendem hatte hierbei nur die Qualität einer Anregung (BGH DtZ 1994, 348). Die Behörde hatte vielmehr insbesondere die *Eignung* des Übernehmers zu prüfen, wozu die politische Eignung und die Zugehörigkeit zu einer LPG rechneten. Ansonsten fielen Bodenreformgrundstücke, deren Übernehmer nicht Mitglied einer LPG war, in den staatlichen Bodenfonds zurück, soweit der Erwerber sie nicht für Wohnbedürfnisse (§ 3 Abs 1 S 2, § 4 Abs 4, 5 Besitzwechselverordnung) zugewiesen erhalten konnte. Der Erwerber wurde im Grundbuch eingetragen, die Eintragung war jedoch nicht konstitutiv (GOLLASCH/KROEGER VIZ 1992, 196; detailliert zu den Entwicklungen GRÜN VIZ 1998, 537; dies VIZ 1999, 313, 318 ff). **5**

dd) Aufgrund dieser weitgehenden Einschränkungen der Freiheit, mit dem Eigentum am Grundstück zu verfahren, wurde zunächst verbreitet in der Rechtsprechung angenommen, es habe sich nicht um Eigentum im Sinne des Eigentumsbegriffs des BGB gehandelt, sondern um ein bloßes **Nutzungsrecht** an einem dem Eigentum des Bodenfonds vorbehaltenen Grundstück (BezG Dresden NJ 1992, 172; KRÜGER DtZ 1991, 385, 388) oder ein **Recht sui generis** (BVerwG ZIP 1994, 564, 567; BGHZ 132, 71, 74 f; BezG Dresden VIZ 1992, 278; JESCH VIZ 1994, 451, 456 f; diese Einordnung erwägen auch GOLLASCH/KROEGER VIZ 1992, 423). **6**

Vorzugswürdig erscheint es, mit der Gegenansicht (SCHILDT DtZ 1992, 97; PALANDT/BASSENGE § 11 Rn 1, 4; GOLLASCH/KROEGER VIZ 1992, 196; SIEWERT NJ 1992, 155; FASSBENDER VIZ 1994, 321) jedenfalls in *zivilrechtlichem* Sinn eine – wenngleich stark beschränkte – **Form des persönlichen Eigentums** anzunehmen; die Überleitungsbestimmungen des Art 233 müssen dem Umstand Rechnung tragen, daß der Inhalt des Eigentums im Recht der DDR im Gegensatz zum monistischen Eigentumsbegriff des BGB nicht einheitlich und umfassend bestimmt wurde und selbst für das noch am weitesten dem BGB-Eigentum vergleichbare und grundsätzlich frei veräußerliche persönliche Eigentum der Inhalt weitgehend auf den Besitz und die Nutzung reduziert war, und die Veräußerungsmöglichkeit jedenfalls teleologisch in den Hintergrund trat. Der Ausschluß der freien Veräußerbarkeit des Grundeigentums der Neubauern bedeutet auf diesem Hintergrund nur eine Verstärkung der sozialistischen Bindung des Eigentumsrechts. Hinzu kommt, daß im Zeitpunkt der Durchführung der Bodenreform noch in ganz Deutschland Erbhofrecht galt, das teilweise stärkere Beschränkungen enthielt als das Bodenreformrecht (Fassbender VIZ 1994, 321). Dabei ist auch zu berücksichtigen, daß insbesondere im Recht der DDR das Grundeigentum der Neubauern als Eigentum behandelt wurde (Schildt DtZ 1992, 97, 98) und die Neubauern als Eigentümer im Grundbuch eingetragen wurden. Nimmt man eine Eigentümerstellung der Neubauern nicht an, so müßten die Grundstücke im Eigentum des Bodenfonds, damit im Volkseigentum gestanden haben, was aus Sicht des Rechts der DDR gerade nicht der Fall war.

7 d) Seit dem 16. 3. 1990 ist eine Gleichsetzung des Bodenreformeigentums mit unbeschränktem persönlichem Eigentum nach dem ZGB anzunehmen. Sämtliche Beschränkungen des Bodenreformeigentums wurden aufgehoben durch das **Gesetz über die Rechte der Eigentümer von Grundstücken aus der Bodenreform** v 6. 3. 1990 (**„Modrow-Bodenreformgesetz“**, GBl DDR I 134). Mit Wirkung vom 16. 3. 1990 wurde das Eigentum an diesen Grundstücken in persönliches Eigentum nach dem ZGB übergeleitet (BezG Neubrandenburg DtZ 1992, 217); es galt für diese Grundstücke das Erb- und Sachenrecht des ZGB sowie die Grundstücksverkehrsverordnung (§§ 1, 2 des Gesetzes v 6. 3. 1990; vgl zum ganzen BT-Drucks 12/2480, 83; Schildt DtZ 1992, 97; Gollasch/Kroeger VIZ 1992, 421; zu Zweifeln an der Wirksamkeit dieser Regelung vgl Krüger DtZ 1991, 392; Siewert NJ 1992, 158; Schildt aaO). Diese Änderung der Rechtslage wirkte jedoch nicht zurück und führt nicht zur Heilung eines Verstoßes gegen die nach der BesitzwechselVO in der im Zeitpunkt der Verfügung jeweils geltenden Fassung bestehenden Verfügungsbeschränkungen (BGH DtZ 1994, 347).

2. Klärungsbedarf

8 a) Aus dieser Rechtslage folgen vielfältige **Probleme**. Wie sich aus einer Fragebogenuntersuchung des Bundesministers der Justiz (hierzu BT-Drucks 12/2480, 83) ergab, waren in sehr vielen Fällen die Besitzwechselvorschriften nicht beachtet und die Besitzwechsel, aber auch Rückführungen in den Bodenfonds, nur faktisch oder gar nicht vollzogen worden. Selbst wenn die konstitutiven Akte eines Besitzwechsels nach den geltenden Bestimmungen durchgeführt wurden, fehlt es zumeist an der – nicht konstitutiven – Grundbucheintragung (Gollasch/Kroeger VIZ 1992, 196), was noch das verzeihlichste der möglichen Versäumnisse darstellt (Kahlke NJ 1995, 291). In Konsequenz ist häufig nicht klärbar, in welchem Umfang Grundstücke auf die Erben der Neubauern übergegangen sind. Diese unklare Lage hat **Grundbuchämter** veranlaßt, Umschreibungs- und Beleihungsanträge von Nutzern von Bodenreformgrundstücken abzulehnen bzw Amtswidersprüche gegen die Richtigkeit des Grundbuchs einzutragen (BT-Drucks 12/2480, 83). Damit waren solche Grundstücke weitgehend blockiert.

9 b) Das DDR-Gesetz v 6. 3. 1990 enthält **keine Übergangsregelung**, so daß es jedenfalls an ausdrücklicher Klarstellung fehlte. Klar war die Rechtslage lediglich bei den Grundstücken, die zweifelsfrei in **Volkseigentum** (Bodenfonds) überführt wurden. Insoweit sind die Grundstücke durch die *dritte Durchführungsverordnung zum Treuhandgesetz* der Treuhandanstalt zur treuhänderischen Verwaltung übertragen, so daß über solche Grundstücke verfügt werden konnte. Diese sind von der vorstehenden Regelung nicht betroffen (BT-Drucks 12/2944, 46). Für die erstgenannte Gruppe von

Bodenreformgrundstücken soll durch die §§ 11 ff hingegen eine **sachenrechtliche Zuordnung** bewirkt werden, welche die Verfügungsfähigkeit wiederherstellt.

3. Lösungsalternativen – Die Entscheidung für die Nachzeichnungslösung

a) Erbrechtslösung oder Nachzeichnungslösung

10 Zur Klärung der Eigentumsverhältnisse waren für den Bundesgesetzgeber **zwei grundsätzliche Lösungswege** denkbar:

aa) Es bestand die Möglichkeit, festzulegen, daß alle Grundstücke, die nicht als ehemals volkseigen der Treuhandanstalt zugefallen oder als Eigentum von lebenden Bürgern eingetragen sind, von Gesetzes wegen in das Eigentum der Erben der zuletzt eingetragenen Neubauern übertragen werden **(reine Erbrechtslösung)**.

11 **bb)** Der Gesetzgeber hat sich hingegen für die **Nachzeichnungslösung** entschieden, dh es sollen die nach den seinerzeit geltenden Bestimmungen der DDR zutreffenden Zuteilungen nachgezeichnet werden. Maßgeblich hierfür sind **Wertungsgesichtspunkte**. Die Prinzipien des Bodenreformrechts wurden in den verschiedenen Kreisen sehr unterschiedlich gehandhabt. Teilweise wurde die Rückführung in den Bodenfonds bzw das Volkseigentum durch den Rat des Kreises genau gehandhabt, in anderen Kreisen wurde nicht streng darauf geachtet, daß Bodenreformgrundstücke nur im Eigentum von Bürgern standen, die auch die persönlichen Voraussetzungen erfüllten. Es soll aber nicht vom Zufall des mehr oder minder entwickelten behördlichen Eifers abhängen, wem nunmehr als Erben solche Grundstücke zukommen. Hinzu kommt, daß Bodenreformgrundstücke nicht in den zivilrechtlichen Nachlaß fielen, was manche Erblasser durch letztwillige Verfügungen berücksichtigt haben, eine Erbrechtslösung würde nunmehr nachträglich Grundsätze des ZGB-Erbrechts anwenden und damit zu Ungerechtigkeit führen. Zahlreichen aus dem Grundbuch iVm dem Erbrecht berechtigten Personen würden kostenlos Grundstücke übertragen, die ihnen bei Beachtung der Bodenreformvorschriften nicht zustehen (Fragestunde v 7. 3. 1995 Nr 27, BT- Drucks 13/762, 13 f).

12 **cc)** Hinzu traten **praktische Gesichtspunkte**: Bei einer Erbrechtslösung müßte ermittelt werden, wer von mehreren Erben – sofern die Erbengemeinschaft schon auseinandergesetzt ist – das Grundstück bekommen soll. Zudem wären ggf Rechte von Nutzern zu schützen (BT-Drucks 12/2480, 84).

13 **dd)** Die **Nachzeichnungslösung** vermeidet diese Schwierigkeiten. Sie kann allerdings nicht exakt durchgeführt werden, schon deshalb, weil für die Zuteilung nach dem Recht der DDR ein Ermessen bestand. Der Gesetzgeber hat daher eine pauschalierende Zuteilung gewählt, welche den Grundsätzen der Zuteilungsregelungen im Recht der DDR folgt.

b) Keine Parallellösung zum SachenRBerG

14 Eine Gleichbehandlung der bodenreformberechtigten Nutzer mit den zivilrechtlichen Nutzern, denen in der **Sachenrechtsbereinigung** Ansprüche auf Übertragung des Grundstückseigentums nur gegen Zahlung des hälftigen Wertes zuerkannt wurden, kam nicht mehr in Betracht: Der Bundesgesetzgeber konnte nur noch die durch das Gesetz v 6. 3. 1990 (oben Rn 7) geschaffene Rechtslage, die das Boden-

reformeigentum zu Volleigentum (ohne Verpflichtung zu Zahlungen) aufgewertet hatte, durch damals versäumte Übergangsregelungen zur Nachzeichnung der außerhalb des Grundbuches vollzogenen Besitzwechsel konkretisieren (Fragestunde v 7.3. 1995 Nr 28 BT-Drucks 13/762 S 14 f).

c) Verfahrensrechtliche Durchführung der Nachzeichnungslösung

15 **aa)** Zudem war die Problematik des **Verfahrens** zu bewältigen. Erwogen wurde ein **öffentlich-rechtliches** Zuteilungsverfahren nach Vorbild des Vermögenszuordnungsgesetzes (BT-Drucks 12/2480, 84). Dieser Weg wurde insbesondere deshalb verworfen, weil angesichts der Masse der Fälle der bestehende Behördenaufbau überfordert gewesen wäre. Zudem ging der Gesetzgeber davon aus, daß in einer öffentlichrechtlichen Konzeption keine Ansatzpunkte für eine Beschleunigung des Verfahrens nach Art von §§ 6 und 7 Vermögenszuordnungsgesetz vorhanden gewesen wären.

16 **bb)** Es wurde daher eine **privatrechtliche** Konstruktion gewählt, die aus drei Stufen besteht und insbesondere sachenrechtlich zur sofortigen Verfügbarkeit der betroffenen Grundstücke führt: In erster Stufe wird gesetzlich ein **„provisorischer"** (BT-Drucks 12/2944, 46) **Eigentümer** bestimmt. Dies dient der vorläufigen sachenrechtlichen Bereinigung und macht die Grundstücke verfügbar (BGH DtZ 1994, 349). Der eigentlich **Berechtigte** erhält gegen den Eigentümer lediglich schuldrechtliche Ansprüche. **Staatliche Stellen** haben ein verfallbares Widerspruchsrecht.

d) Anpassung durch das Registerverfahrenbeschleunigungsgesetz

17 Die durch das RegisterverfahrenbeschleunigungsG eingefügten Änderungen haben überwiegend redaktionellen bzw klarstellenden Charakter (BT-Drucks 12/5553, 133 f). Sie dienen überdies der weiteren Anpassung der Überleitungsregelungen an die in der Praxis der Überleitung erst deutlich gewordenenen Verhältnisse aus dem Bodenreformrecht der DDR, verfeinern also die Nachzeichnungslösung (vgl BT-Drucks 12/5553, 199).

4. Der Streit um die Vererblichkeit des Bodenreformeigentums – Verfassungsmäßigkeit der §§ 11 ff

a) Vererblichkeit als Argument gegen die Nachzeichnungslösung

18 Gegenstand eines heftigen Streits wurde die Frage, ob die **Erben von vor dem 16.3. 1990 verstorbenen Neubauern** auf zivilrechtlichem (erbrechtlichem) Weg (Bodenreform-)Eigentum an den Bodenreformgrundstücken erlangt hatten, das durch das Gesetz vom 6.3. 1990 (oben Rn 7) von den vorherigen Beschränkungen befreit worden und damit zu vollem Eigentum erstarkt wäre.

Diese Frage könnte entscheidend sein für die **Verfassungsmäßigkeit der in §§ 11 ff** enthaltenen Regelungen. Die Entscheidung gegen eine reine Erbrechtslösung könnte in bestehende Rechtspositionen der Erben verstorbener Neubauern eingreifen.

b) Thesen der Gegenansicht

19 Eine im Schrifttum verbreitet vertretene Ansicht verbindet **drei Thesen**:

aa) Auszugehen sei davon, daß bereits vor dem 16.3. 1990 das Bodenreformeigentum – unbeschadet bestehender Beschränkungen – nicht nur im Kern zivilrechtliches

Eigentum gewesen, sondern auch nach allgemeinen zivilrechtlichen Regeln **vererbt** worden sei. Soweit nach dem Tod eines Bodenreformeigentümers, mehr oder minder zufällig (oben Rn 8) eine neue Übertragung nach den BesitzwechselVOen unterblieb, sei das Eigentum im Erbwege übergegangen (vgl hierzu mit detaillierter Schilderung der einzelnen BesitzwechselVOen GRÜN VIZ 1998, 537; dies VIZ 1999, 313; dies VIZ 2000, 452).

20 **bb)** Der Gesetzgeber des **Modrow-Bodenreformgesetzes** (oben Rn 7) habe trotz Fehlens von Übergangsregelungen (oben Rn 9) und ausdrücklichen Bestimmungen zum Schicksal nicht neu zugeordneter Bodenreformgrundstücke nicht nur die am 6. 3. 1990 noch *lebenden* Neubauern, sondern auch die *Erben vorverstorbener Neubauern*, soweit das Bodenreformland nicht anders zugeordnet worden war, durch die Befreiung von den bisherigen Beschränkungen als *Volleigentümer* der Bodenreformgrundstücke eingesetzt (GRÜN aaO, dies ZIP 2002, 1423; PURPS VIZ 2000, 65 ff, 67).

21 **cc)** Für die vom Bundesgesetzgeber gewählte **Nachzeichnungslösung** sei daher kein Raum. Soweit § 11 Abs 2 Nr 2 den solchermaßen seit dem 6. 3. 1990 Berechtigten das formelle Eigentum zuweise, gehe die Regelung ins Leere, weil die dort bezeichneten Erben ohnehin bereits Eigentümer geworden seien. Soweit § 11 Abs 3 iVm § 12 diese Eigentümer einem Auflassungsanspruch des Berechtigten, insbesondere des Landesfiskus, aussetze, sei die Bestimmung wegen Verstoßes gegen Art 14 Abs 1 S 2 bzw 14 Abs 3 GG verfassungswidrig (GRÜN aaO, PURPS aaO, WILHELMS VIZ 2001, 645, 649; zweifelnd auch VORWERK ZEV 1996, 234; vgl auch unten Rn 28).

22 **dd)** In der **instanzgerichtlichen Rechtsprechung** wurden – noch nach der klärenden Entscheidung des BGH vom 17. 12. 1998 (BGHZ 140, 224, unten Rn 23 f) – diese Thesen vereinzelt aufgenommen und zunächst versucht, diese durch **verfassungskonforme Auslegung** von §§ 11 Abs 2, 3 iVm § 12 umzusetzen. Wenn den Erben der vorverstorbenen Neubauern das Eigentum bereits aufgrund des Modrow-Bodenreformgesetzes bereits zugestanden habe, erschöpfe sich die Bedeutung von § 11 Abs 2 in der Klärung der Berechtigungsverhältnisse bei mehreren Erben, könne aber nicht mehr zu einer Zuweisung des Eigentums führen. § 11 Abs 3 sei deshalb dahingehend verfassungskonform auszulegen, daß ein Auflassungsanspruch nicht gegen denjenigen bestehe, der nicht erst nach § 11 Abs 2, sondern schon zum 16. 3. 1990 durch das Modrow-Bodenreformgesetz Eigentum erlangt habe (LG Leipzig VIZ 2000, 305; ähnlich AG Lückenwalde VIZ 2001, 175). Dieser Ansatz wäre selbst dann verfehlt, wenn sich im Ergebnis die § 11 Abs 2 zugrunde liegende gesetzgeberische Prämisse als falsch und der Anspruch aus § 11 Abs 3 iVm § 12 sich als verfassungswidriger Eigentumseingriff erwiese, wäre für ein solches Verständnis der Bestimmungen angesichts des klaren gesetzgeberischen Willens kein Raum. Das *LG Leipzig* ist nach der erneuten Klarstellung durch den BGH im Urteil vom 4. 2. 2000 (VIZ 2001, 103, unten Rn 24) von diesem Ansatz abgerückt und hat § 11 Abs 3 dem BVerfG vorgelegt (LG Leipzig VIZ 2000, 694; LG Leipzig VIZ 2001, 312, iE unzulässig wegen Vorrangs der schon vorher entschiedenen Verfassungsbeschwerden vgl BVerfG VIZ 2001, 311; zur Entscheidung der verfassungsrechtlichen Frage in der Sache durch das BVerfG unten Rn 27).

c) Position der herrschenden Rechtsprechung

23 Die **Rechtsprechung** folgt dem im Ergebnis nicht:

aa) Zur **Vererblichkeitsfrage** unterlag die Rechtsprechung jedoch einem Wandel.

Zunächst hatten BGH, BVerwG und BVerfG, wohl auch aus Sorge, die Verfassungswidrigkeit der gesamten Regelung heraufzubeschwören, an der auch vom Gesetzgeber des 2. VermRÄndG für §§ 11 ff vorausgesetzten (BT-Druck 12/2480 S 84) Ansicht festgehalten, das Bodenreformeigentum sei vor dem 6. 3. 1990 angesichts der bestehenden Beschränkungen nicht vererblich gewesen (BVerfG DtZ 1996, 14; BVerfG DtZ 1997, 88; BGHZ 132, 71; BGH VIZ 1997, 296; BGH VIZ 1998, 387; BVerwG VIZ 1996, 710; vgl auch Göpfert ZOV 1996, 312, 313). Mit der auf die Ausführungen der Gegenansicht gestützten Entscheidung des BGH v 17. 12. 1998 (BGHZ 140, 224) wurde diese Meinung zu Recht aufgegeben (vgl zu Vererblichkeit bzw Rückfall in den Bodenfonds auch § 11 Rn 21). Dies findet über die Vertreter der Gegenansicht (oben Rn 19 ff) hinaus Zustimmung (Grün ZEV 1999, 279; Göhring NJ 1999, 173, 174; Eckert WuB IV B Art 233 § 11 EGBGB 1. 99; Rauscher JR 1999, 465; vgl auch § 11 Rn 21; **aA** Giese VIZ 2000, 450).

24 **bb)** Hingegen nimmt die Rechtsprechung zur Frage der **Bedeutung des Modrow-Bodenreformgesetzes** v 6. 3. 1990 (oben Rn 7, 20) weiterhin den Standpunkt ein, dieses Gesetz habe sich mit der Rechtsstellung der Erben der vorverstorbenen Neubauern nicht befaßt, insbesondere nicht die von der Gegenansicht behauptete Aufwertung von nicht zugewiesenen Bodenreformgrundstücken zu ererbtem Volleigentum bewirkt. Das Gesetz v 6. 3. 1990 enthalte eine verdeckte *Regelungslücke* hinsichtlich der hier in Rede stehenden Alterbfälle. Der BGH folgt weiter dem Ausgangspunkt des Gesetzgebers, daß es sonst vom zufällig entfalteten oder nicht entfalteten Eifer der Behörden der DDR bei der vorherigen Durchführung der BesitzwechselVO abhinge, ob den Erben der verstorbenen Neubauern das Eigentum an den Grundstücken verblieben und durch das Gesetz vom 6. 3. 1990 von den Beschränkungen befreit worden wäre. Solche zweckwidrigen Zufallsergebnisse seien nicht gewollt gewesen, diese Lücke im Modrow-BodenreformG werde durch §§ 11 ff geschlossen (BGHZ 136, 283, 289; BGHZ 140, 223, 232 f; BGH VIZ 2001, 103; iE nicht beanstandet von BVerfG VIZ 2001, 111 und BVerfG VIZ 2001, 115; bestätigt durch BVerfG VIZ 2001, 311; hiergegen wiederum Grün ZEV 1999, 279; Göhring NJ 1999, 173; Purps VIZ 2001, 65; ders VIZ 2002, 497; Wilhelms VIZ 2001, 645, 649; Titelnot EWiR 1999, 455, 456). Insbesondere kann dem Versuch, die Ansichten einzelner Beteiligter aus der Volkskammer zur Auslegung des Gesetzes heranzuziehen, kein Erfolg beschieden sein, weil ein objektivierter gesetzgeberischer Wille zu ermitteln ist (BGH VIZ 2002, 164).

Dem ist zu folgen (vgl Eckert WuB IV B Art 233 § 11 EGBGB 1. 99; Rauscher JR 1999, 465, 466). Die vom Gesetzgeber des 2. VermRÄndG vorgefundene Lage war durch die inzwischen gewonnene Erkenntnis geprägt, daß die Behörden der DDR die Sonderbestimmungen zur Behandlung von Bodenreformgrundstücken bei Tod des Berechtigten nicht sorgsam durchgeführt hatten (oben Rn 8 ff). Dem Modrow-Bodenreformgesetz, das die vollständige Privatisierung des Bodenreformlandes, also eine Regelung der *Qualität* des Eigentums bewirken sollte, kann nicht der Wille unterstellt werden, alle sich aus der Versäumung von gebotenen Rückführungen in den Bodenfonds folgenden *Zufälligkeiten der Zuordnung* zu heilen (vgl das markante Atomkraftwerksbeispiel in BGH VIZ 2001, 103, 104).

Zwar ist der Gegenansicht zuzugeben, daß die – auch vom Bundesgesetzgeber nur subsidiär gewollte – Berechtigung des Landesfiskus nach § 12 Abs 2, die sich inzwischen als Regel und damit in vielen Fällen als ein Ärgernis erweist, womöglich der Grundidee der Privatisierung widerspricht, die dem Modrow-Bodenreformgesetz zugrunde lag. Das gibt zwar Anlaß, im Einzelfall gutgläubige private Besitzer dieser Grundstücke besser gegen Ansprüche des Fiskus zu schützen, erlaubt es aber nicht, sich zwischen zwei Übeln, der Quasi-Verstaatlichung und dem Zufall, zugunsten des Zufalls zu entscheiden. Im übrigen sollte man nicht unter dem Vorzeichen der Entstaatlichung eine zufällige Privatisierung zugunsten der Erben der Neubauern vertreten, aber die Restitution an die zwischen 1945 und 1949 Enteigneten ablehnen. Immerhin wird den begünstigten Bundesländern hierdurch ein Teil der Kosten des Strukturaufbaus abgenommen.

d) Insbesondere: Verfassungsmäßigkeit der Nachzeichnungslösung

25 **aa)** Mit der geänderten Rechtsprechung des BGH zur Vererbungsfrage (oben Rn 22) löst sich freilich die Frage der **Verfassungsmäßigkeit der Nachzeichnungslösung**, soweit der Fiskus (als „Quasi-Bodenfonds") begünstigt wird (§ 11 Abs 3 iVm § 12 Abs 2 Nr 1 lit d) von der Frage nach der Vererblichkeit. Ursprünglich hatte das BVerfG die Verfassungsmäßigkeit der Nachzeichnungslösung mit den Beschränkungen begründet, denen das Bodenreformeigentum im Recht der DDR unterlag und dabei insbesondere auf den Mangel der Vererblichkeit abgestellt (BVerfG DtZ 1997, 88). Für diese Argumentation war wohl auch die aus Sicht der bundesdeutschen Rechtsordnung ohne weiteres plausible Prämisse maßgeblich, aus der Einordnung eines Rechts als bürgerlich-rechtliches Eigentum folge notwendig dessen Schutz nach Art 14 Abs 1 GG (deshalb Eigentum ablehnend: LG Rostock VIZ 1995, 54, 55; Jesch VIZ 1994, 451, 457; deshalb Eigentum bejahend: Fassbender VIZ 1994, 321).

Mit Rücksicht auf die Ausgestaltung des Bodenreformeigentums im Recht der DDR könnte sich diese Verbindung von zivilrechtlichem Eigentum und verfassungsrechtlichem Schutz auflösen, so daß das Eigentum der Neubauern und ihrer Erben *nicht* dem Schutz des Art 14 GG zu unterstellen wäre (ausdrücklich Eckert WuB IV B Art 233 § 11 EGBGB 1. 99; wohl auch BVerfG DtZ 1996, 14; vgl auch OLG Naumburg OLG-NL 1995, 255, 256; OLG Naumburg OLG-NL 1995, 2; BezG Rostock VIZ 1992, 193; LG Rostock OLG-NL 1995, 109, 111).

Dieser Ansatz dürfte allerdings daran scheitern, daß die Rechtsposition der Erben von Neubauern, so sie denn bestanden hat, **seit dem 16. 3. 1990** nicht mehr einer durch Bodenreformrecht geminderten Qualität war.

26 **bb)** Daher ist grundsätzlich davon auszugehen, daß der Schutzbereich des Art 14 GG berührt ist. Selbst wenn man aber die Rechtsposition der Erben der Neubauern dem Schutz des Art 14 GG unterstellt, liegt eine (mangels Entschädigung verfassungswidrige) **Enteignung (Art 14 Abs 3 GG)** schon deshalb nicht vor, weil es nicht um den Zugriff auf konkretes Eigentum zum Zweck der Verwirklichung von Interessen der Allgemeinheit geht (eingehend hierzu Piekenbrock ZOV 2000, 139, 141).

27 **cc)** Vom Gesetzgeber als **Inhalts- und Schrankenbestimmung** konzipiert, ist die Nachzeichnungslösung an **Art 14 Abs 1 GG** zu messen, wobei die ebenfalls berührte Frage einer *rückwirkenden* Entziehung geschützter Eigentumspositionen in Art 14 Abs 1 GG aufgeht (BVerfG VIZ 2001, 114 mit Hinweis auf BVerfGE 101, 239, 257).

Aus diesem Blickwinkel erweist sich die vom BGH bestätigte Prämisse des Gesetzgebers, das Modrow-Bodenreformgesetz habe eine unerkannte **Lücke** enthalten (oben

Rn 23) als zutreffend, jedenfalls aber nicht als willkürlich. Der Gesetzgeber hatte Anlaß zu einer klarstellenden Inhaltsbestimmung. Das Vertrauen in die grundsätzliche Anerkennung einer womöglich vor dem In-Kraft-Treten des GG im Beitrittsgebiet erworbenen Eigentumsposition konnte nicht denselben weit gehenden Schutz entfalten, soweit sich nicht ausnahmsweise Vertrauen in den Fortbestand einer sicheren DDR-Rechtslage bilden konnte (BVerfG VIZ 2001, 111; BVerfG VIZ 2001, 114; BVerfG VIZ 2001, 115; BVerG VIZ 2002, 640; MünchKomm/Eckert § 11 Rn 14). Schon die offenkundige Rechtsunsicherheit, die nach Inkrafttreten des Gesetzes vom 6. 3. 1990 (oben Rn 7) bestanden hat und die den rechtspolitischen Anlaß zu der Regelung in §§ 11 ff gab, macht deutlich, daß der Gesetzgeber hier nicht willkürlich in gefestigte Rechtspositionen eingegriffen, sondern den bis dahin unklaren Inhalt der Rechtsposition bestimmt hat (so schon OLG Naumburg OLG-NL 1995, 255, 257).

28 **dd)** Auch die **Art und Weise der Lückenfüllung** verstößt nicht gegen Art 14 Abs 1 GG. Der Gesetzgeber war nicht gehalten, über die vorgenommene *pauschale* Nachzeichnung hinaus eine *individuelle* Nachzeichnung in jedem einzelnen zweifelhaften Fall zu ermöglichen. Insbesondere konnte er die in der DDR geübte Praxis pauschal in einer Neuregelung zusammenfassen, da sich die tatsächlich praktizierten Gebräuche – wie die Diskussion deutlich macht – offenbar nicht mehr zweifelsfrei aufdecken lassen.

Auch die Differenzierung in § 12 Abs 3 nach der **Zuteilungsfähigkeit** ist – insbesondere hinsichtlich Art 3 Abs 1 GG – verfassungsgemäß, denn diese Regelung differenziert sachgerecht nach einer dem Zweck der Bodenreform entsprechenden Tätigkeit und nähert überdies die Regelung an die Zuteilung nach dem Recht der DDR an (BVerfG DtZ 1996, 14).

Die in dem Auflassungsanspruch nach § 11 Abs 3 iVm § 12 realisierte Nachzeichnungslösung ist damit **verfassungsgemäß** (mit dem BVerfG: BGHZ 140, 223; BGH VIZ 2002, 483; OLG Brandenburg OLGR 1996, 27; OLG Brandenburg OLG-NL 1996, 278; OLG Naumburg DtZ 1992, 217; OLG Naumburg OLG-NL 1995, 172; OLG Naumburg OLG-NL 1995, 268; OLG Jena OLG-NL 1996, 103; MünchKomm/Eckert § 11 Rn 14; Palandt/Bassenge § 11 Rn 8). Der **EGMR** hat Individualbeschwerden zur Frage der Vereinbarkeit mit Art 6 und 14 EMRK zur Entscheidung angenommen (EGMR Nr 46720/99; dazu Purps VIZ 2002, 497, 503; EGMR ZOV 2002, 272).

§ 11
Grundsatz

(1) Eigentümer eines Grundstücks, das im Grundbuch als Grundstück aus der Bodenreform gekennzeichnet ist oder war, ist der aus einem bestätigten Übergabe-Übernahme-Protokoll oder einer Entscheidung über einen Besitzwechsel nach der (Ersten) Verordnung über die Durchführung des Besitzwechsels bei Bodenreformgrundstücken vom 7. August 1975 (GBl. I Nr. 35 S. 629) in der Fassung der Zweiten Verordnung über die Durchführung des Besitzwechsels bei Bodenreformgrundstücken vom 7. Januar 1988 (GBl. I Nr. 3 S. 25) Begünstigte, wenn vor dem Ablauf des 2. Oktober 1990 bei dem Grundbuchamt ein nicht erledigtes Ersuchen oder ein nicht erledigter Antrag auf Vornahme der Eintragung eingegangen ist.

Grundstücke aus der Bodenreform, die in Volkseigentum überführt worden sind, sind nach der Dritten Durchführungsverordnung zum Treuhandgesetz vom 29. August 1990 (GBl. I Nr. 57 S. 1333) zu behandeln, wenn vor dem Ablauf des 2. Oktober 1990 ein Ersuchen oder ein Antrag auf Eintragung als Eigentum des Volkes bei dem Grundbuchamt eingegangen ist.

(2) Das Eigentum an einem anderen als den in Absatz 1 bezeichneten Grundstücken, das im Grundbuch als Grundstück aus der Bodenreform gekennzeichnet ist oder war, wird mit dem Inkrafttreten dieser Vorschriften übertragen,

1. wenn bei Ablauf des 15. März 1990 eine noch lebende natürliche Person als Eigentümer eingetragen war, dieser Person,

2. wenn bei Ablauf des 15. März 1990 eine verstorbene natürliche Person als Eigentümer eingetragen war oder die in Nummer 1 genannte Person nach dem 15. März 1990 verstorben ist, derjenigen Person, die sein Erbe ist, oder einer Gemeinschaft, die aus den Erben des zuletzt im Grundbuch eingetragenen Eigentümers gebildet wird.

Auf die Gemeinschaft sind die Vorschriften des Fünfzehnten Titels des Zweiten Buchs des Bürgerlichen Gesetzbuchs anzuwenden, die Bruchteile bestimmen sich jedoch nach den Erbteilen, sofern nicht die Teilhaber übereinstimmend eine andere Aufteilung der Bruchteile bewilligen.

(3) Der nach § 12 Berechtigte kann von demjenigen, dem das Eigentum an einem Grundstück aus der Bodenreform nach Absatz 2 übertragen worden ist, Zug um Zug gegen Übernahme der Verbindlichkeiten nach § 15 Abs. 1 Satz 2 die unentgeltliche Auflassung des Grundstücks verlangen. Die Übertragung ist gebührenfrei. Jeder Beteiligte trägt seine Auslagen selbst; die Kosten einer Beurkundung von Rechtsgeschäften, zu denen der Eigentümer nach Satz 1 verpflichtet ist, trägt der Berechtigte. Als Ersatz für die Auflassung kann der Berechtigte auch Zahlung des Verkehrswertes des Grundstücks verlangen; maßgeblich ist der Zeitpunkt des Verlangens. Der Anspruch nach Satz 4 kann nur geltend gemacht werden, wenn der Eigentümer zur Zahlung aufgefordert worden ist und nicht innerhalb von 2 Wochen von dem Eingang der Zahlungsaufforderung an darauf bestanden hat, den Anspruch durch Auflassung des Grundstücks erfüllen zu können.

(4) Auf den Anspruch nach Absatz 3 sind die Vorschriften des Bürgerlichen Gesetzbuchs über Schuldverhältnisse anzuwenden. Der Eigentümer nach Absatz 2 gilt bis zum Zeitpunkt der Übereignung aufgrund eines Anspruchs nach Absatz 3 dem Berechtigten gegenüber als mit der Verwaltung des Grundstücks beauftragt. Für Klagen nach den Absätzen 3, 4 und 6 ist das Gericht ausschließlich zuständig, in dessen Bezirk das Grundstück ganz oder überwiegend liegt.

(5) Ist die in Absatz 1 Satz 1 oder in Absatz 2 Satz 1 bezeichnete Person in dem maßgeblichen Zeitpunkt verheiratet und unterlag die Ehe vor dem Wirksamwerden des Beitritts dem gesetzlichen Güterstand der Eigentums- und Vermögensgemeinschaft des Familiengesetzbuchs der Deutschen Demokratischen Republik, so sind

diese Person und ihr Ehegatte zu gleichen Bruchteilen Eigentümer, wenn der Ehegatte den 22. Juli 1992 erlebt hat. Maßgeblich ist

1. **in den Fällen des Absatzes 1 Satz 1 der Zeitpunkt der Bestätigung des Übergabe-Übernahme-Protokolls oder der Entscheidung**

2. **in den Fällen des Absatzes 2 Satz 1 Nr. 1 und 2 Fall 2 der Ablauf des 15. März 1990 und**

3. **in den Fällen des Absatzes 2 Nr. 2 Fall 1 der Tod der als Eigentümer eingetragenen Person.**

Materialien: Eingefügt durch 2. VermRÄndG BGBl 1992 I 1257. E: BT-Drucks 12/2480, BT-Drucks 12/2695; Beschlußempfehlung des Rechtsausschusses: BT-Drucks 12/2944. Geändert durch Art 13 Nr 3 i Registerverfahrenbeschleunigungs G v 20. 12. 1993 BGBl 1993 I 2182; E: BT-Drucks 12/5553; Beschlußempfehlung und Bericht des Rechtsausschusses: BT-Drucks 12/6228; **Abs 3 S 5** geändert, **Abs 4 S 3** angefügt durch Art 2 Nr 3 lit b Wohnraummodernisierungssicherungsgesetz v 17. 7. 1997 BGBl 1997 I 1823; E: BT-Drucks 13/2022; Beschlußempfehlung und Bericht des Rechtsausschusses BT-Drucks 13/7275; Beschlußempfehlung des Vermittlungsausschusses BT Drucks 13/7957.

Systematische Übersicht

Alphabetische Übersicht

I. Normzweck*

1 **1.** § 11 bestimmt in dem vom Gesetzgeber gewählten dreistufigen Zuteilungssystem (Vorbem 16) den **„provisorischen" Eigentümer** eines Bodenreformgrundstücks (Abs 1 u 2), insbesondere wie zu verfahren ist, wenn diese Person verheiratet ist und im Güterstand der Eigentums- und Vermögensgemeinschaft lebte (Abs 5). Dabei gilt der *Vorrang* von Eigentumsübertragungen, die *vor dem 2. 10. 1990* abgeschlossen, aber noch nicht in das Grundbuch eingetragen sind (Abs 1; BT-Drucks 12/2480, 85; BT-Drucks 12/2944, 46).

2 **2.** Abs 3 regelt den **Anspruch** des **eigentlich Berechtigten** im Sinne der Nachzeichnungslösung (Vorbem 11, 15) gegen den nach § 11 Abs 1, 2, 4 f bestimmten provisorischen Eigentümer. Die **Person des Berechtigten** bestimmt § 12.

II. Besitzwechsel vor dem 3. 10. 1990 (Abs 1)

1. Bodenreformgrundstücke

3 **a)** Abs 1 bestimmt den – wegen der Beschränkung des Abs 3 auf Fälle des Abs 2 nicht nur provisorischen – **Eigentümer** eines Bodenreformgrundstücks in Fällen, in denen vor dem Wirksamwerden des Beitritts ein **Besitzwechsel** durch bestätigtes Übergabe-Übernahme-Protokoll oder eine Besitzwechsel-Entscheidung stattgefunden hat, aber noch nicht im Grundbuch vollzogen wurden (Satz 1) oder das Grundstück in Volkseigentum (Bodenfonds) zurückgeführt wurde (Satz 2). Hierzu behandelt die Regelung Besitzwechsel und Rückführungen, die vor dem 16. 3. 1990 **außerhalb des Grundbuchs** wirksam geworden sind, als **gültig** (Palandt/Bassenge Rn 4; Schmidt-Räntsch NJ 1992, 444, 447), sofern die weiteren Voraussetzungen der Sätze 1 oder 2 vorliegen. Der Begünstigte ist Eigentümer, also nicht lediglich Inhaber eines Übereignungsanspruches; er ist auch nicht Ansprüchen eines Berechtigten nach Abs 3 ausgesetzt (vgl Abs 3; Palandt/Bassenge Rn 4).

4 **b)** Für beide Alternativen des Eigentumserwerbs nach Abs 1 muß es sich um ein

* Vgl auch Vorbem zu Art 233 §§ 11–16 EGBGB.

Grundstück handeln, das im **Grundbuch** als **Grundstück aus der Bodenreform** gekennzeichnet ist (Palandt/Bassenge Rn 5). Dieser Vermerk findet sich in **Abteilung II** des Grundbuchs (BT-Drucks 12/2480, 86). Der Grundsatz der formalen Kennzeichnung eines Grundstücks als Bodenreformland (BGH VIZ 1997, 48) gilt auch, wenn die Zuweisung auf einem früheren Enteignungsakt beruht, aber dem Grundbuch keine Anhaltspunkte zu entnehmen sind, daß es sich nicht um Bodenreformland handelt (OLG Brandenburg VIZ 2002, 586 [2]). Ist hingegen aus der Grundbucheintragung erkennbar, daß eine frühere Enteignung nur aus Anlaß der Bodenreform vollzogen wurde, so ist der Bodenreformvermerk widerlegt (OLG Brandenburg VIZ 2002, 586 [1]).

Unerheblich ist, ob das als Bodenreformgrundstück vermerkte Grundstück jemals dem **Zweck** der Errichtung einer Neubauernstelle diente oder auch nur dienen konnte, oder ob es ggf aus einer bodenreformfremden Motivation zugewiesen wurde (BGH DtZ 1997, 58).

§§ 11 ff sind nicht anzuwenden, wenn der Bodenreformvermerk bereits vor Aufhebung der Sonderregelungen betreffend Bodenreformgrundstücke mit Wirkung vom 16. 3. 1990 (Vorbem 7) **gelöscht** war (LG Leipzig OLG-NL 1995, 83; Palandt/Bassenge Rn 4; MünchKomm/Eckert Rn 2; Keller VIZ 1993, 190), denn in solchen Fällen handelte es sich nicht mehr um ein nach dem Zweck der Regelung in besonderer Weise überzuleitendes Bodenreformeigentum. Eine spätere Löschung ist dagegen unschädlich (OLG Hamburg OLGR 1997, 234). Wurde ein **neues Grundbuchblatt** angelegt, so genügt es, wenn das Grundstück auf dem vorherigen Grundbuchblatt in dieser Weise gekennzeichnet war (Palandt/Bassenge Rn 5; vgl Fragestunde v 8. 2. 1995 Nr 39, BT-Drucks 13/471).

c) Der Vermerk ist aufgrund der Beseitigung der Beschränkungen der Verfügung und Vererbung von Bodenreformgrundstücken (Modrow-BodenreformG Vorbem 7) zum 16. 3. 1990 spätestens aber durch das 2. VermRÄndG (MünchKomm/Eckert Rn 2) **gegenstandslos** geworden. Seine Bedeutung erschöpft sich nunmehr in der Kennzeichnung der §§ 11 ff unterliegenden Grundstücke; durch die Abwicklung erledigt sich der Vermerk (Böhringer Rpfleger 1995, 57). Die Löschung dieses Vermerks unterliegt grundsätzlich den allgemeinen Regeln, also §§ 13, 22 Abs 1 GBO bzw §§ 84 ff GBO; eine ausdrückliche Regelung der **Amtslöschung** enthält § 16 Abs 3 (MünchKomm/Eckert Rn 2). **5**

d) Abs 1 knüpft an die Regelung in § 7 Abs 1 an, wonach sich die Übertragung von Eigentum nach den bisherigen Vorschriften richtet, wenn der **Antrag** vor dem Wirksamwerden des Beitritts gestellt worden ist. Dies erscheint allerdings nicht folgerichtig, denn § 7 geht aus von *konstitutiven* Grundbucheintragungen, während es sich in den hier erfaßten Fällen um lediglich *berichtigende* Eintragungen handelt (Palandt/Bassenge Rn 1; Kahlke NJ 1992, 481; **aA** Keller VIZ 1993, 191). Die Regelung erscheint dennoch geboten, um nach dem am 2. 10. 1990 vorliegenden Antragsstand verfahren zu können; es wäre im Interesse einer der Rechtssicherheit dienenden Bereinigung nicht hinnehmbar, außerhalb des Grundbuchs erfolgte Besitzwechsel noch längere Zeit im Verborgenen wirken zu lassen. **6**

e) Maßgeblich ist also, daß nach den Bestimmungen der **Besitzwechselverordnung** der Besitzwechsel erfolgt, wenn auch noch nicht in das **Grundbuch** eingetragen war. **7**

Ob solche Besitzwechsel auch nach dem 15. 3. 1990 (dem Tag vor der Veröffentlichung des Modrow-Bodenreformgesetzes, hierzu Vorbem 7) noch erfolgt sind, ist ungewiß. Es lagen aber noch zahlreiche Besitzwechsel und Rückführungen in Volkseigentum aus der Zeit davor an, die am 2. 10. 1990 wirksam vollzogen, aber noch nicht im Grundbuch nachvollzogen waren (BT-Drucks 12/2480, 85).

2. Am 2. 10. 1990 schwebende Besitzwechsel (Abs 1 S 1)

8 **a)** Abs 1 S 1 erfaßt die Fälle des erfolgten **Besitzwechsels unter Bürgern**, dessen Eintragung in das Grundbuch am 2. 10. 1990 schwebt. Nur diese Fälle eignen sich für eine einstufige Bereinigung, weil hier der wirklich Berechtigte *leicht feststellbar* und daher eine Zuweisung des Eigentums an einen provisorischen Eigentümer zur Vermeidung von Verzögerungen nicht nötig ist (näher unten Rn 13).

Daher ist die einstufige Bereinigung nach Abs 1 *nicht* entsprechend anzuwenden, wenn die Eintragung eines Besitzwechsels vor dem 16. 3. 1990 erfolgt ist (so aber MünchKomm/Eckert Rn 4). In solchen Fällen gilt vielmehr Abs 2 (LG Neuruppin NJ 1994, 468; Palandt/Bassenge Rn 4), der aus einer förmlichen Zuweisung berechtigte Eingetragene ist jedoch selbst Berechtigter nach § 12 Abs 2 Nr 1, also keinem Auflassungsanspruch ausgesetzt.

9 **b)** Vor Ablauf des 2. 10. 1990 müssen **alternativ** die Voraussetzungen eines freiwilligen Besitzwechsels (**bestätigtes Übergabe-Übernahme-Protokoll**, § 2 Abs 1 [erste] Besitzwechselverordnung v 7. 8. 1975, GBl DDR I Nr 35, 629, idF der Zweiten Besitzwechselverordnung v 7. 1. 1988, GBl DDR I Nr 3, 25) vorliegen oder eine **Entscheidung** über den zwangsweisen Besitzwechsel nach §§ 2 Abs 3 und 9 der VO.

Der Besitzwechsel muß etwaigen, nach § 11 Besitzwechselverordnung (1975 und 1988) erlassenen Vorschriften entsprochen haben (Palandt/Bassenge Rn 5). Als Verwaltungsakt der DDR unterliegt das Besitzwechselprotokoll den Grundsätzen des Art 19 S 1 EV. Grundsätzlich berührt also nur schlichte Rechtswidrigkeit die Wirksamkeit nicht, während **Nichtigkeit** auch aus heutiger Sicht zu beachten ist. Auch solche Besitzwechselprotokolle dürften jedoch als wirksam zu behandeln sein, die zwar formell nichtig gewesen wären, in der Verwaltungspraxis der DDR jedoch als wirksam behandelt wurden (erwogen von BGH VIZ 1998, 387, 389 unter Hinweis auf BGH VIZ 1996, 520, 521; BVerwG DtZ 1997, 264, 266).

Besitzwechsel nach **früheren Besitzwechselverordnungen**, die noch nicht im Grundbuch nachvollzogen sind, werden nicht erfaßt. Die Ungleichbehandlung solcher, bei Inkrafttreten der Regelung wenigstens 17 Jahre zurückliegender Fälle rechtfertigt sich – auch verfassungsrechtlich – aus Gründen der Rechtssicherheit, vergleichbar Verjährungsregelungen (zu Bedenken Gollasch/Kroeger VIZ 1992, 425).

10 **c)** Abs 1 S 1 ist auch anwendbar, wenn der Besitzwechsel für ein **Teilgrundstück** gemäß § 1 Besitzwechselverordnung (1975 und 1988) erfolgt ist (Palandt/Bassenge Rn 5).

11 **d)** Vor Ablauf des 2. 10. 1990 muß ein **Antrag** auf Vornahme der Eintragung des aus dem Besitzwechsel Begünstigten in das Grundbuch oder ein entsprechendes behördliches **Ersuchen** bei dem Grundbuchamt **eingegangen** sein. Das knüpft an Regelungen der Besitzwechselverordnungen an, die eigentlich bereits durch das Gesetz v 6. 3. 1990 außer Kraft getreten sind (Gollasch/Kroeger VIZ 1992, 423). Die Fassung durch das RegisterverfahrenbeschleunigungsG stellt klar, daß S 1 ausschließlich auf Besitzwechsel Anwendung findet, die am 2. 10. 1990 *noch nicht erledigt* waren. Maßgeblicher **Zeitpunkt** für die Anwendung von Satz 1 ist der Eingang des Ersuchens bzw des Antrages beim Grundbuchamt (BT-Drucks 12/5553, 133). Ist bis zum Stichtag ein Antrag nicht eingegangen, so wird der bereits wirksam außerhalb des Grundbuchs erfolgte Eigentumserwerb hinfällig, der Veräußerer bleibt, unabhängig von seiner eigenen Voreintragung ggf Eigentümer (Böhringer NJ 1993, 259, 260). Ob er iSd § 11 Eigentümer ist, bestimmt sich sodann für seine Person regelmäßig nach Abs 2 (LG Neubrandenburg MDR 1992, 1056). Eine Bereinigung kann nur über Abs 3 erfolgen.

12 **e)** Als **Rechtsfolge** bestimmt Abs 1 S 1 den aus dem Besitzwechsel Begünstigten zum Eigentümer des Grundstücks. Die nach dem 3. 10. 1990 erfolgende Eintragung bewirkt also nicht den Eigentumsübergang; sie ist bloße Grundbuchberichtigung. Der Eigentumserwerb folgt aus der Bestimmung des Eigentümers in Abs 1 S 1, welche wiederum den bereits nach der Besitzwechselverordnung eingetretenen Eigentumserwerb anerkennt. Dabei ist aber unerheblich, ob nach den Bestimmungen der Besitzwechselverordnung ein Eigentumserwerb eingetreten ist; auch eine Rückverfolgung der Vorberechtigungen kommt nicht in Betracht.

13 **f)** Wie sich aus Abs 3 ergibt, ist der so bestimmte Eigentümer **keinen** Ansprüchen eines **besser Berechtigten** ausgesetzt (vgl unten Rn 42 ff und § 12), hat also eine endgültige Rechtsposition inne. Dies ist in den von Abs 1 erfaßten Fällen sinnvoll, da der durch einen erfolgten Besitzwechsel Begünstigte regelmäßig nach dem Recht der DDR Eigentümer geworden ist und daher selbst der zuletzt am besten Berechtigte ist; wer vor ihm Eigentümer war, kann offen bleiben, da der Besitzwechsel kein zivilrechtlicher Erwerb (vom Berechtigten) war, sondern ein Erwerb durch Hoheitsakt.

14 **g)** Zur Wirksamkeit von **Verfügungen** des (eingetragenen) Voreigentümers an **Nichtberechtigte** vgl § 16 Abs 2.

3. Volkseigene Grundstücke (Abs 1 S 2)

15 **a)** In gleicher Weise verfährt Abs 1 S 2 mit Grundstücken, die vor dem 3. 10. 1990 in **Volkseigentum** überführt wurden, ohne daß dies im Grundbuch eingetragen wurde. Auch diese Alternative setzt trotz des abweichenden Wortlauts voraus, daß das Grundstück im **Grundbuch** als Grundstück aus der Bodenreform gekennzeichnet ist (Palandt/Bassenge Rn 6; oben Rn 4).

16 **b)** Es handelt sich hierbei um **Entscheidungen** nach § 4 Abs 3 Besitzwechselverordnung (**Rückführung** bei Fehlen der Voraussetzungen für die Übertragung im Erbfall) bzw § 9 Besitzwechselverordnung (**Entziehung** bei gröblicher Pflichtvernachlässigung) sowie um **freiwillige Rückführungen** nach § 6 Abs 3 Besitzwechselverordnung (Rückführung zum Zweck eines wohnungswirtschaftlichen Bedarfs, § 5 Besitzwechselverordnung).

17 **c)** Die eine Rückführung des Grundstücks in Volkseigentum begründende Entscheidung muß **vor dem 2. 10. 1990** ergangen sein. Es muß sich um eine **wirksame Entscheidung** handeln, die insbesondere etwaigen nach § 11 Besitzwechselverordnung (1975 und 1988) erlassenen Bestimmungen genügt.

18 **d)** Bis zum 2. 10. 1990 muß bei dem Grundbuchamt ein **Ersuchen** oder ein **Antrag** auf Eintragung als Eigentum des Volkes **eingegangen** sein. Ist dies nicht der Fall, so wird die Rückführung – ebenso wie im Fall des S 1 der Besitzwechsel (oben Rn 9) – hinfällig.

19 **e)** Als **Rechtsfolge** ordnet Abs 1 S 2 die „Behandlung" nach der Dritten DVO zum Treuhandgesetz (v 29. 8. 1990, GBl DDR I Nr 57, 1333) an. Das Gesetz spricht bewußt ungenau von „Behandlung", da die Bedeutung dieser Rechtsverordnung nicht einheitlich gesehen wird, und die Auslegung der Rechtsverordnung durch die hier getroffene Regelung nicht präjudiziert werden soll (BT-Drucks 12/2480, 85 f). Die Grundstücke wurden von der Treuhandanstalt verwaltet und entweder in das Eigentum der Länder oder Kommunen übertragen oder privatisiert.

20 **f)** Ein Fall des Abs 1 S 2 liegt hingegen nicht schon dann vor, wenn der ursprüngliche Neubauer **verstorben** ist, ohne daß eine Zuweisungsentscheidung, aber auch keine **Entscheidung über die Rückführung** des Grundstücks in den Bodenfonds erging.

21 **aa)** Zwar wurde in der Rechtsprechung teilweise vertreten, der **Übergang des Bodenreformeigentums auf die Erben** habe – auch noch unter Geltung der Besitzwechselverordnung 1975 – einer konstitutiven Zuweisung bedurft (BezG Dresden NJ 1992, 172; BezG Rostock VIZ 1992, 193; OLG Naumburg VIZ 1995, 319; vorgesehen war nur eine Zuweisung an einen Erben, die Zuweisung an mehrere Erben führt zur Nichtigkeit der Zuweisungsentscheidung: BGH VIZ 1998, 387, 389). Teils wurde dies auch nur für Erbfälle unter Geltung der Besitzwechselverordnungen von 1951 und 1956 angenommen, die Regelungen zur Vererblichkeit nicht enthielten (hierzu OLG Naumburg OLG-NL 1995, 319, 320). Nach inzwischen allgemeiner Ansicht (BGHZ 140, 223; LG Neubrandenburg Rpfleger 1994, 57 und 161; BezG Neubrandenburg DtZ 1992, 217; BezG Dresden VIZ 1992, 278, 281; KreisG Rostock-Stadt VIZ 1992, 195; Grün VIZ 1998, 537; dies VIZ 1999, 313; Gollasch/Kroeger VIZ 1992, 197; dies VIZ 1992, 422; Fassbender AgrarR 1994, 186; Kahlke NJ 1995, 293; vgl auch BVerwG VIZ 1994, 236, sowie die Nachweise Vorbem 23) ist von Vererblichkeit auszugehen. Dies gilt insbesondere für die Besitzwechselverordnung von 1975, die ausdrücklich keinen automatischen Rückfall in den Bodenfonds, sondern nur die Möglichkeit der *Rückführung* bei Fehlen der Voraussetzungen von § 4 Besitzwechselverordnung 1975 enthält. Fehlt eines solche konstitutive Rückführungsentscheidung, so spricht angesichts der mangelhaften Grundbuchführung auch die Tatsache der Nichteintragung der Erben nicht gegen deren Eigentumserwerb (Kahlke NJ 1995, 293).

22 **bb)** Auch die **Umgestaltung des Bodenreformeigentums in persönliches Eigentum** mit Wirkung vom 16. 3. 1990 hat in noch nicht abgewickelten Erbfällen keine Rückführung des Grundstücks in den Bodenfonds bewirkt. Vielmehr muß aus der Zielsetzung dieser Regelung geschlossen werden, daß auch insoweit eine Fortentwicklung zu persönlichem Eigentum möglich sein sollte, die durch §§ 11 ff nunmehr klarstellend abgeschlossen wird (zu der damit geschlossenen Regelungslücke vgl Vorbem 23).

III. Eigentümerbestimmung in sonstigen Fällen (Abs 2)

1. Zuweisung des Eigentums

a) Abs 2 ist die eigentliche **Kernbestimmung**, mittels derer in allen übrigen Fällen das Eigentum an Bodenreformgrundstücken **provisorisch gesetzlich zugewiesen** wird (BGH DtZ 1994, 347; BGH VIZ 1998, 387). Hiernach erfolgt eine **Neuverteilung** des Eigentums (Schmidt-Räntsch NJ 1992, 444, 447), die aber lediglich dem Zweck der vorübergehenden Bereinigung dient und der Nachzeichnung nach Abs 3 offensteht. Abs 2 greift damit ein, wenn am 2. 10. 1990 kein iSd Abs 1 S 1 *förmlicher* Besitzwechsel und keine Rückführung nach Abs 1 S 2 erfolgt waren, wenn solche Vorgänge bereits im Grundbuch eingetragen waren oder wenn – was häufig der Fall sein wird – zwar Besitzwechsel erfolgt waren, diese aber nicht eingetragen waren und auch kein Antrag gestellt war (Palandt/Bassenge Rn 7). **23**

b) Dabei wird im Interesse der Grundbuchklarheit auf jedes wertungs- oder auslegungsbedürftige Kriterium verzichtet. Anknüpfungspunkt ist die **Eintragung des Eigentümers** im Grundbuch, auch wenn diese nicht der wirklichen Rechtslage entspricht (LG Neuruppin NJ 1994, 468; LG Neubrandenburg MDR 1992, 1056). Es handelt sich um das einzige aus den Grundakten und öffentlichen Urkunden **ablesbare Kriterium** (BT-Drucks 12/2480, 86). Das bedeutet nicht, daß die *eingetragene Person* in jedem Fall Eigentümer wird. Lediglich ist aufgrund der Bestimmung der Eigentümer aus der Grundbucheintragung **herleitbar**. **24**

2. Voraussetzungen und Wirkungen

a) Die Regelung findet nur Anwendung auf Grundstücke, die im Grundbuch in Abteilung II als Grundstücke aus der **Bodenreform gekennzeichnet** sind (Palandt/Bassenge Rn 7; Kahlke NJ 1992, 481, 482). Die – sachlichen – Anwendungsvoraussetzungen sind insoweit nicht anders zu beurteilen als für Abs 1 (oben Rn 4). **25**

b) Alle nicht in Volkseigentum überführten Bodenreformgrundstücke erhalten einen **provisorischen privaten Grundeigentümer**. Der Eigentumserwerb erfolgt kraft Gesetzes (OLG Naumburg OLG-NL 1995, 1; OLG Naumburg OLGR 1996, 16; LG Neuruppin NJ 1994, 468; LG Neubrandenburg Rpfleger 1994, 161; MünchKomm/Eckert Rn 10). Ob der eingetragene Eigentümer nach dem Recht der DDR das Eigentum erworben hatte und zu den maßgeblichen Eintragungszeitpunkten noch Eigentümer war, ist unerheblich (LG Neuruppin NJ 1994, 468; Palandt/Bassenge Rn 7). Es kommt auch nicht darauf an, ob dem Bucheigentümer das Eigentum nach den Bestimmungen des DDR-Bodenreformrechts hätte **entzogen** werden können oder müssen (BT-Drucks 12/2480, 86). **26**

Die Bestimmung des Eigentümers macht die Klärung der Frage überflüssig, wer das durch das Modrow-Bodenreformgesetz (Vorbem 7) privatisierte Eigentum an den Grundstücken erlangt hatte. Die nach dem Recht der DDR gebotene Zuordnung erlangt sodann jedoch Bedeutung in der Ausgestaltung der Ansprüche des „eigentlich" Berechtigten (§ 12; BT-Drucks 12/2480, 86).

c) War das Grundstück vor dem 16. 3. 1990 bereits in **Volkseigentum** überführt, so ist Abs 2 nicht anwendbar. In beiden Alternativen setzt die Bestimmung eines vor- **27**

läufigen Eigentümers und nachfolgend eines wirklich Berechtigten voraus, daß es sich um ein Grundstück handelt, an dem durch das Modrow-Bodenreformgesetz (Vorbem 7) Privateigentum entstehen sollte. Dieses Gesetz diente hingegen nicht der Privatisierung von in Volkseigentum überführten Bodenreformgrundstücken (BVerwG ZOV 200, 194; LG Neubrandenburg RPfleger 1994, 57). Tatbestandlich findet diese Begrenzung Ausdruck in dem Erfordernis, daß am Stichtag eine *natürliche Person* im Grundbuch als Eigentümer eingetragen war (unten Rn 30 ff).

28 **d)** Nicht erfaßt sind auch Grundstücke, die an eine **LPG zugeteilt** worden waren, ohne daß die Grundstücke aus dem Bodenfonds ausschieden und in formelles Volkseigentum überführt wurden, was offenbar zwischen 1954 und 1964 vorkam. Da solche Zuweisungen zwar nicht ausdrücklich vorgesehen waren, aber nach der Rechtspraxis in der DDR als zulässig angesehen wurden (BGH VIZ 2000, 496; OLG Brandenburg OLGR 2000, 280, 282), bleiben sie nach Art 19 EV bestehen. Insoweit enthält § 11 eine Regelungslücke, weil die Bestimmung nach ihrem Wortlaut nur die Eintragung natürlicher Personen erfaßt, jedoch nach ihrem Zweck umfassend die Rechtslage an Bodenreformland regeln soll. Daher ist § 11 Abs 2 Nr 1 entsprechend anzuwenden, die eingetragene LPG also wie ein noch lebender Eigentümer zu behandeln (BGH ZOV 2003, 103). Auflassungsansprüche bestehen daher allenfalls nach § 12 Abs 1 (insoweit ebenfalls ablehnend noch OLG Dresden NZ 2001, 691), nicht aber nach § 12 Abs 2.

29 **e)** Die mit Inkrafttreten der Regelung zum Eigentümer werdende Person ist aufgrund der Eigentümerstellung **unbeschränkt verfügungsbefugt** (LG Neubrandenburg MDR 1992, 1056).

Die formale und bewußt im Interesse der schnellen Herstellung der Verfügbarkeit der Grundstücke auf eine Nachzeichnung von erfolgten Besitzwechseln verzichtende Eigentümerbestimmung ist jedoch nur provisorisch. Wer letztlich Eigentümer wird, bestimmt Abs 3 iVm § 12 (LG Neubrandenburg MDR 1992, 1056; Palandt/Bassenge Rn 7). Der Eigentümer nach Abs 2 ist jedoch nicht sachenrechtlich beschränkt, sondern (nur) **schuldrechtlich** den Ansprüchen des „eigentlich" Berechtigten nach § 12 ausgesetzt (BT-Drucks 12/2480, 86).

3. Bestimmung der Person des Eigentümers

30 Für die **Bestimmung** der **Person** des Eigentümers ergeben sich **zwei Fallgruppen**. Beide setzen voraus, daß bei Ablauf des 15. 3. 1990 noch eine natürliche Person als Eigentümer eingetragen war (zur vorherigen Überführung in Volkseigentum oder Eigentum einer LPG oben Rn 27 f).

a) Abs 2 S 1 Nr 1

31 **Grundstücke**, die **am 15. 3. 1990, 24 Uhr** auf einen **lebenden Eigentümer** eingetragen waren, werden Eigentum des Eingetragenen **(Abs 2 S 1 Nr 1)**.

32 **aa)** Der Eigentumserwerb tritt am **22. 7. 1992, 0 Uhr**, mit dem Inkrafttreten des 2. VermRÄndG ein. Voraussetzung der Anwendung von Abs 2 S 1 Nr 1 ist aber weiter, wie sich aus Nr 2 ergibt, daß der am 15. 3. 1990 Eingetragene auch bei Ablauf des 21. 7. 1992 **noch lebt** (BGH DtZ 1994, 347, 349; Gollasch/Kroeger VIZ 1992, 423; Keller VIZ 1993, 191). Anderenfalls gilt Nr 2. Verstirbt der am 15. 3. 1990 eingetragene Eigentümer nach dem 21. 7. 1992, so liegen die Voraussetzungen der Nr 1 vor; für den weiteren Erbgang gilt allgemeines Erbrecht (Palandt/Bassenge Rn 7).

bb) Unerheblich ist, ob der eingetragene Eigentümer bei Ablauf des 15. 3. 1990 noch **auf dem Grundstück** oder auch nur **in der DDR** gewohnt hat. Auch dieser Umstand bleibt, als aus dem Grundbuch nicht ersichtlich, für die Bestimmung des Eigentümers außer Betracht. Der Gesetzgeber hat bewußt zur Vereinfachung und Beschleunigung rein formale Kriterien der Zuweisung gewählt, in welche die wirkliche Berechtigung nicht einfließt (LG Neuruppin NJ 1994, 468). Die Zuweisung des Eigentums an den Eingetragenen ist in diesen Fällen konstitutiv (Kahlke NJ 1992, 481, 482). Die Kriterien zur Bestimmung der Eigentumslage, die nach dem Bodenreformrecht eigentlich bestanden hatte, fließen erst in die Wertungen zur Bestimmung des Anspruchs des „eigentlich" Berechtigten nach § 12 ein (LG Neuruppin aaO; BT-Drucks 12/2480, 86). **33**

b) Abs 2 S 1 Nr 2

aa) Die zweite Fallgruppe umfaßt alle Fälle, in denen am 15. 3. 1990 eine natürliche Person eingetragen war, die bei Ablauf des 21. 7. 1992 **nicht mehr lebt** (Gollasch/Kroeger VIZ 1992, 423). Nr 2 ist also anzuwenden sowohl, wenn am 15. 3. 1990 eine **nicht mehr lebende** natürliche Person eingetragen war (sog „Alterbfälle"; OLG Rostock OLG-NL 1995, 268; LG Rostock VIZ 1995, 54; LG Leipzig Rpfleger 1994, 16; Palandt/Bassenge Rn 7), als auch, wenn der damals noch lebende Eingetragene vor dem 22. 7. 1992 verstorben ist („Neuerbfälle"; Palandt/Bassenge Rn 7). **34**

Ist der am 15. 3. 1990 noch lebende **Erbe** des am 15. 3. 1990 bereits verstorbenen Eingetragenen vor dem 22. 7. 1992 verstorben, so greift Abs 2 S 1 Nr 2 ebenfalls ein. Entgegen der früheren Rechtsprechung des BGH (BGH VIZ 1998, 387; OLG Naumburg VIZ 1995, 472, 473; Keller VIZ 1993, 190, 191; Böhringer VIZ 1993, 195, 196) tritt der Eigentumserwerb jedoch *nicht* in der Person des am 22. 7. 1992 lebenden Erbeserben ein, sondern in der Person des am 15. 3. 1990 lebenden Erben (BGH NJW 2002, 2241). Die frühere Rechtsprechung beruhte auf der aufgegebenen (Vorbem 23) Ansicht, das Bodenreformeigentum sei nicht vererblich gewesen und deshalb habe nur eine am 22. 7. 1992 lebende Person Eigentum erwerben können. Hieraus folgt sodann, daß die für den Anspruch aus § 12 maßgebliche *Zuteilungsfähigkeit* ebenfalls in der Person des am 15. 3. 1990 lebenden Erben zu beurteilen ist, so daß bei dessen Zuteilungsfähigkeit der Erwerb beständig ist, auch wenn der Erbeserbe nicht zuteilungsfähig wäre (BGH VIZ 2002, 2241).

bb) In beiden Fällen wird der **Erbe oder eine Gemeinschaft aus den Erben** des Eingetragenen Eigentümer des Grundstücks. Da das Grundstück vorher zum Nachlaß des Verstorbenen gehörte (BGHZ 140, 223; Vorbem 23) schied damit das Grundstück am 22. 7. 1992 kraft Gesetzes aus dem Nachlaß aus (BGH VIZ 1999, 176; BGH VIZ 201, 103, 104). Bei Miterben wird die bestehende Erbengemeinschaft durch die Gemeinschaft nach Abs 2 S 2 ersetzt (unten Rn 37). **35**

Auch wenn zwischen dem 15. 3. 1990 und dem 22. 7. 1992 jemand, der nicht Erbe des am 15. 3. 1990 Eingetragenen ist, als Eigentümer in das Grundbuch eingetragen wurde, fällt das Eigentum kraft Gesetzes den Erben zu und richtet sich der Anspruch nach Abs 3 iVm § 12 gegen diese als Eigentümer, nicht gegen den Bucheigentümer

(BGH MDR 1996, 783). Eine andere Frage ist, ob im Fall einer wirksamen Verfügung an einen Dritten den Erben die Erfüllung des Anspruchs aus Abs 3 unmöglich sein kann (unten Rn 60).

36 **cc)** Die **Person** des oder der Erben bestimmt sich nach dem (ggf intertemporal über Art 235 § 1 zu bestimmenden) materiellen Erbrecht des ZGB, BGB oder einer sonst internationalprivatrechtlich anwendbaren Rechtsordnung. Maßgeblich ist die tatsächlich eingetretene Erbfolge, nicht lediglich die gesetzliche Erbfolge (Palandt/Bassenge Rn 7), sofern der Erbe am 22. 7. 1998 noch lebt (BGH VIZ 1998, 387, oben Rn 34). Das mit dem 16. 3. 1990 außer Kraft getretene DDR-Bodenreformrecht bleibt bei der Bestimmung der Erbfolge außer Betracht.

37 **c)** Abs 2 S 2 unterstellt die im Falle des S 1 Nr 2 entstehende **Gemeinschaft** den §§ 741 ff BGB, also dem Gemeinschaftsrecht. Die Regeln über die **Erbengemeinschaft** finden keine Anwendung (BGH VIZ 1998, 229; OLG Hamburg OLGR 1997, 234; Gollasch/Kroeger VIZ 1992, 423).

38 **aa)** Zweck der Regelung ist es, daß bereits **abgewickelte Erbengemeinschaften** nicht in Hinblick auf die gemeinsame Berechtigung an einem Bodenreformgrundstück erneut aufgenommen werden müssen (nachträglich klarstellend BT-Drucks 12/5553, 133).

39 **bb)** In der **ursprünglichen Fassung** von Abs 2 war bestimmt, daß die Mitglieder der Gemeinschaft im Zweifel nach **§ 742 BGB** zu gleichen Teilen, also nicht nach ihren Erbteilen berechtigt waren; dies wurde in der Praxis als unbefriedigend empfunden (BT-Drucks 12/5553, 133; zur Widerlegung der Zweifelsregelung von § 742 BGB mit unterschiedlichen Ergebnissen LG Leipzig Rpfleger 1994, 16; LG Leipzig OLG-NL 1995, 83, 84; OLG Jena OLG-NL 1995, 79, 81; LG Neubrandenburg Rpfleger 1994, 161; umfassend dazu 12. Aufl Rn 19 f; Böhringer VIZ 1993, 195; Keller VIZ 1993, 190 ff). Praktische Folge der unterschiedlichen Ansichten zur ursprünglichen Fassung ist es, daß die Quoten der Miteigentümer im Grundbuch häufig unzutreffend verlautbart sind (BGH VIZ 1998, 229, 231; zur Auswirkung auf erforderliche Auflassung an den Berechtigten nach § 12 unten Rn 48).

40 **cc)** Die **Neufassung** durch das RegisterverfahrenbeschleunigungsG stellt in Abs 2 S 2 HS 2 klar (OLG Jena OLG-NL 1995, 79, 81; bzw bestimmt neu, so Böhringer DtZ 1994, 55), daß die Bruchteile der Miterben als Gemeinschafter sich **nach den Erbteilen** bestimmen (OLG Brandenburg OLG-NL 1999, 25, 27), sofern nicht die Teilhaber übereinstimmend hiervon abweichend eine andere Aufteilung bewilligen (MünchKomm/Eckert Rn 9). Dies setzt voraus, daß die Miterben zumindest in Kenntnis der Regelungen der §§ 11–16 handeln.

Eine vorherige **Auseinandersetzung der Erbengemeinschaft** in anderer Weise, insbesondere der Verzicht eines Miterben, berührt nicht die von Abs 2 S 2 bestimmte Stellung in der Gemeinschaft. Auch eine Einigung über die **Nachfolge in die Bodenreformstelle** bewirkt als solche noch keine abweichende Festsetzung der Bruchteile und erst recht keine Einigung über die Berechtigung nach Abs 3 iVm § 12 (dazu, sowie zu der Wirkung eines Verzichts auf die „eigentliche“ Berechtigung nach Abs 3 unten Rn 47), weil diese vor dem Hintergrund der eingeschränkten Dispositionsfreiheit über das Bodenreformeigentum nicht als Ausdruck einer freien Disposition auf Grundlage des § 11 verstanden werden kann (BGH WM 1998, 402, 404; OLG Naumburg OLG-NL 1995, 81, 83; ECKERT WuB Art 233 § 11 EGBGB 1.98).

dd) Nach dem 22. 7. 1992 kann die Gemeinschaft gemäß §§ 749 ff BGB jederzeit **aufgelöst** werden. **41**

IV. Auflassungsanspruch (Abs 3)

1. Grundlage: Nachzeichnung der Berechtigung

a) Abs 3 regelt die **Nachzeichnung der Berechtigung** als das zweite wesentliche Element der Zuteilung (BGH DtZ 1994, 347, 349). Es ergibt sich ein **Zuteilungsanspruch** des „eigentlich", also bei Nachzeichnung der Bodenreformrechtslage der DDR Berechtigten. Der nach Abs 2 bestimmte Eigentümer bleibt damit nicht in jedem Fall **endgültig** Eigentümer; sein Erwerb steht unter dem Vorbehalt einer **besseren Berechtigung** (OLG Naumburg NJ 1995, 319, 320; KELLER VIZ 1993, 190, 193; BÖHRINGER Rpfleger 1993, 89, 90). **42**

Zur **Verfassungsmäßigkeit** der Nachzeichnungslösung, insbesondere des § 11 Abs 3 vgl Vorbem 21 f u 25 ff.

b) Ein nach **§ 12** zu bestimmender **Berechtigter** kann gemäß Abs 3 gegen den nach Abs 2 bestimmten Eigentümer einen Übertragungsanspruch haben. Hingegen ist der nach Abs 1 Eigentümer gewordene keinen Ansprüchen ausgesetzt; in Betracht kommt aber ein Anspruch gegen den aus Abs 5 Mitberechtigten eines Berechtigten nach Abs 1 (PALANDT/BASSENGE Rn 8; KELLER MttBayNot 1993, 71). Das folgt aus dem Wortlaut von Abs 3, ergibt sich aber auch aus dem Zweck der Bestimmung: Wer nach Abs 1 Eigentum erworben hat, ist – gemessen an den Kriterien des § 12 Abs 1 – selbst nach Bodenreformrecht berechtigt. **43**

2. Art und Inhalt des Anspruchs

a) Der Anspruch des nach § 12 Berechtigten ist gerichtet auf **unentgeltliche Auflassung** des Grundstücks (Abs 3 S 1). Es handelt sich nicht um eine Vindikationslage und nicht um einen Fall der Grundbuchberichtigung (LG Neuruppin NJ 1994, 468), denn der nach Abs 2 bestimmte Eigentümer ist zunächst in vollem Umfang Eigentümer geworden. Vielmehr ist der Anspruch **rein schuldrechtlicher Natur**. Das Bestehen des Anspruchs beschränkt den Eigentümer (nach Abs 1 und 2) in keiner Weise in seiner dinglichen **Verfügungsbefugnis**. Ein Anspruch auf lastenfreie Auflassung, insbesondere Freistellung von Belastungen, die der Erbe zwischenzeitlich vorgenommen hat, besteht nicht (OLG Dresden OLG-NL 2002, 227, 230). **44**

Zur **Verfassungsmäßigkeit** vgl Vorbem 21 f u 25 ff.

b) Insbesondere wurde ausdrücklich darauf verzichtet, die Verfügung über das Grundstück wegen dieser Anspruchsbelastung mit **Genehmigungspflichten** zu belasten (BT-Drucks 12/2480, 87). Deshalb darf die Möglichkeit der Berechtigung eines Dritten nach § 12 auch nicht als Grund für die **Versagung der Grundstücksverkehrsgenehmigung** nach der Grundstücksverkehrsordnung dienen (BT-Drucks 12/2480, 87). **45**

46 **c)** Zur **Sicherung** des Anspruchs aus Abs 3 siehe §§ 13, 13a (Palandt/Bassenge Rn 8). Eine **Klageerhebung** ist nicht ohne angemessene Prüfungsfrist durch den Eigentümer veranlaßt (OLG Brandenburg OLG-NL 2001, 213: mindestens zwei Wochen).

47 **d)** Der Anspruch kann auch einem von mehreren **Miterben** zustehen (BGH WM 1998, 402). Er wird nicht dadurch ausgeschlossen, daß sich die Erben vor Inkrafttreten des 2. VermRÄndG über den Nachlaß geeinigt haben. Vielmehr kann sich aus dem Inkrafttreten der §§ 11–16 ein **Wegfall der Geschäftsgrundlage** für einen in Unkenntnis dieser Bestimmungen abgegebenen Verzicht auf eine Teilhabe an dem Bodenreformgrundstück des nunmehr nach Abs 3 Anspruchsberechtigten oder für die Vereinbarung eines Entgelts für einen Auflassungsanspruch, den § 11 Abs 3 iVm § 12 nunmehr unentgeltlich gewährt, ergeben (OLG Naumburg OLG-NL 1995, 81; unzutreffend allerdings wegen der kumulativen Anwendung der *dolo facit*-Einwendung, vgl Koch OLG-NL 1995, 206 f). Dasselbe gilt auch hinsichtlich einer Einigung über die Nachfolge in die Bodenreformwirtschaft, die auf der Grundlage der Besitzwechselverordnung erfolgt war, weil insoweit den Erben eine volle Dispositionsbefugnis nicht zustand (vgl BVerwG ZIP 1994, 564, 566, BGH WM 1998, 402, 404: nur Einigung über die tatsächliche Aussicht auf Übertragung), also die von §§ 11 ff begründete Dispositionsfreiheit nicht berührt sein kann (BGH aaO).

48 **e)** Richtet sich der Anspruch nur gegen einen (oder mehrere) **Miteigentümer** und betrifft er nicht das gesamte Grundstück (zB, wenn das Grundstück am 15. 3. 1990 in Miteigentum einer lebenden und einer verstorbenen natürlichen Person eingetragen war), so kann der Anspruch zwangsläufig nur auf Auflassung des/der jeweiligen Miteigentumsanteile gerichtet sein (BGH VIZ 1996, 460).

Richtet sich der Anspruch gegen **mehrere Eigentümer** (insbesondere **Miterben** in dem Verhältnis nach Abs 2 S 2) und ist er auf Auflassung des gesamten Grundstücks gerichtet, so kann zwar die Auflassung nach § 747 S 2 BGB verlangt werden, dh die Miteigentümer haben in ihrer Gesamtheit das gemeinschaftliche Grundstück an den Berechtigten aufzulassen (BGH VIZ 1998, 229, 231). Dies hat insbesondere den Vorteil, daß auch bei fehlerhafter Eintragung der Bruchteilsverhältnisse (oben Rn 39) eine vorherige Grundbuchberichtigung nicht erforderlich wird. Das hindert jedoch den Berechtigten nicht, statt sämtliche Miteigentümer auf eine gemeinschaftliche Verfügung in Anspruch zu nehmen, von jedem Miteigentümer die Verfügung über seinen jeweiligen Miteigentumsanteil (§ 747 S 1) zu verlangen (BGH VIZ 1998, 384; BGH VIZ 2001, 103; mißverständlich BGH VIZ 1998, 229, 231; vgl Piekenbrock ZOV 1998, 87, 88).

49 **f)** Dem Anspruch des nach § 12 Berechtigten kann der **Einwand von Treu und Glauben** entgegenstehen. Das ist nicht bereits dann der Fall, wenn der Eigentümer durch Behörden in der Annahme bestätigt wurde, das Grundstück stehe ihm zu, sofern nicht der anspruchsberechtigte Kläger einen entsprechenden Vertrauenstatbestand gesetzt hat (OLG Hamm VIZ 1998, 584).

Insbesondere der **Landesfiskus** als (subsidiärer) Berechtigter muß sich jedoch entgegenhalten lassen, wenn allein eine **Unrechtsmaßnahme** der DDR dazu geführt hat, daß der Erbe eines Bodenreformbegünstigten die Nachfolge in die Neubauernstelle nicht antreten konnte und deshalb nach den Maßstäben des § 12 Abs 2 nicht gegenüber dem Fiskus vorrangig begünstigt ist. Ein Bundesland kann nicht aus § 11 Abs 3 iVm § 12 eine Berechtigung herleiten, die ihre Wurzel in staatlichem Unrecht der DDR hat, welches zu Recht durch die BRep Deutschland jahrzehntelang als solches angeprangert wurde (BGH DtZ 1997, 121: Aufgabe der Tätigkeit auf dem Hof wegen Verurteilung und nachfolgender Freikauf). Liegt ein solcher Fall vor, so schließt dies Ansprüche des Fiskus nicht nur gegen den von der Unrechtsmaßnahme Betroffenen, sondern gegen alle Eigentümer aus (BGH aaO).

Hierfür muß der Eigentümer jedoch konkrete Maßnahmen dartun, die ihn veranlaßt haben, die Bodenreformwirtschaft aufzugeben und/oder die DDR zu verlassen (BGH VIZ 2001, 103, 104). Nicht treuwidrig handelt nach herrschender Rechtsprechung der Landesfiskus hingegen, wenn der Eigentümer im Fall der Zwangskollektivierung zwar die Möglichkeit hatte, die Hofstelle mit dem damaligen Neubauern weiter zu bewirtschaften, jedoch freiwillig, wenn auch aus verständlichen Gründen, aus der DDR geflohen ist **(Fluchtfälle)**. In diesem praktisch häufigen Fall der Flucht vor der Kollektivierung würde der Einwand von Treu und Glauben faktisch zu einer Erbrechtslösung führen, also die Nachzeichnung des DDR-Bodenreformrechts verhindern (OLG Hamm VIZ 1998, 584; OLG Brandenburg ZOV 2000, 168: Verhaftung des Bauern im Umfeld der Zwangskollektivierung). Dieses Ergebnis ist höchst bedenklich, weil Zwangskollektivierungen unter § 1 Abs 3 VermG zu subsumieren sind und damit ein Restitutionsanspruch bestünde, wäre das Grundstück nach der Flucht enteignet worden. Folgt man der Rechtsprechung, so muß der Erbe das Grundstück nun an den Landesfiskus auflassen, wenn eine kalte Enteignung durch Vertreibung ohne Änderung der Buchposition vorliegt, während bei vollendeter Enteignung ein vermögensrechtlicher Anspruch bestünde (Piekenbrock ZOV 2000, 139, 140).

3. Treuhänderische Ausgestaltung des Eigentums

50 Die Stellung des Eigentümers ist jedoch aufgrund der weiteren Ausgestaltung (insbesondere Abs 4) **treuhänderischer** Natur. Dem entsprechend besteht der Auflassungsanspruch nach Abs 3 S 1 nur **Zug um Zug** gegen Übernahme **der Verbindlichkeiten** nach § 15 Abs 1 S 2. Bei dieser Verweisung liegt ein Redaktionsversehen vor. Die Verpflichtung des Berechtigten zur Übernahme der Verbindlichkeiten ist bestimmt in § 15 Abs 1 *Satz 3* (vgl auch BT-Drucks 12/2480, 90). Das Zurückbehaltungsrecht besteht also wegen der gesamten Übernahmeverpflichtung aus § 15 Abs 1 S 3 einschließlich der Ersatzpflicht gegenüber einem dritten aus § 15 Abs 1 S 2 (BGH VIZ 1998, 229, 231; Palandt/Bassenge Rn 10; MünchKomm/Eckert Rn 16). Zum Umfang der Übernahmeverpflichtung vgl § 15 Rn 1 ff.

4. Gebühren, Kosten

51 **a)** Die **Übertragung** ist **gebührenfrei** (Abs 3 S 2). § 60 KostenO ist nicht anzuwenden (Palandt/Bassenge Rn 9). Dies ist deshalb angeordnet, weil die gesetzliche Zuweisung des Eigentums an den Bucheigentümer bzw die Gemeinschaft aus seinen Erben nur der im öffentlichen Interesse liegenden Abwicklung des Bodenreformeigentums dient. Daher sollen den Beteiligten keine Kosten entstehen.

52 **b)** Hingegen besteht kein Grund zu einer Befreiung der **Auflassung** nach Abs 3 S 1 von Kosten. Die Kosten einer hierzu erforderlichen **Beurkundung** (vgl § 29 GBO) trägt im Innenverhältnis der Berechtigte (Abs 3 S 3 HS 2); im Außenverhältnis zum Notar bleibt § 2 Nr 1, 5 KostO anwendbar (Palandt/Bassenge Rn 9); dies erscheint angemessen, weil der Berechtigte letztlich auch den Vorteil aus dem beurkundeten Geschäft zieht. Aus diesem Grund dürfte Abs 3 S 3 HS 2 zu erstrecken sein auf die **gesamten Kosten der Eintragung** (BT-Drucks 12/2480, 87). Die Auflassung an den Berechtigten ist also nicht gemäß Abs 3 S 2 von Grundbuchkosten befreit; vielmehr hat der Berechtigte auch diese Kosten zu tragen. Art 3 Nr 2 d aa des Entwurfs eines NutzerschutzG (BT-Drucks 13/2022, 16), der die Kostenfreiheit auf die Grundbuchberichtigung erstrecken sollte, ist nicht Gesetz geworden (vgl WoModSiG v 17. 7. 1997 BGBl 1997 I 1823, näher zur Entwicklung anderer Bestimmungen des NutzerschutzG unten Rn 66).

53 c) Lediglich die **eigenen Auslagen** fallen jedem Beteiligten selbst an (Abs 3 S 3 HS 1). Der Eigentümer ist gegen langwierige und auslagenintensive Verfahren also nur dadurch geschützt, daß (und soweit) er nach § 15 Abs 2 das Eigentum aufgeben kann. Er hat insbesondere auch im Rahmen des von Abs 4 angeordneten **Auftragsverhältnisses** keinen Anspruch auf Erstattung seiner Auslagen, soweit diese im Zusammenhang mit der Auflassung an den Berechtigten stehen. Art 3 Nr 2 d aa des Entwurfs eines NutzerschutzG (BT-Drucks 13/2022, 16), wonach die Auslagen auf den Berechtigten verlagert werden sollten, ist nicht Gesetz geworden.

V. Ersatzweiser Zahlungsanspruch (Abs 3 S 4, 5)

54 1. Durch das Registerverfahrenbeschleunigungsgesetz wurde ein ersatzweiser Anspruch des Berechtigten nach Abs 3 iVm § 12 auf **Zahlung des Verkehrswertes** (Abs 3 S 4) des Grundstücks geschaffen. Diese – auf einen Vorschlag des Bundesrates (BT-Drucks 12/5553, 198) zurückgehende – Regelung soll dem Berechtigten anstelle der Übernahme des Grundstücks die Möglichkeit geben, unmittelbar Zahlung zu verlangen.

55 2. Das **Verhältnis von Zahlungsanspruch und Auflassungsanspruch** war strittig.

a) Ob eine *Wahlschuld* (OLG Celle VIZ 1996, 104; Staudinger/Rauscher [1996] Rn 53; Palandt/Bassenge[56] Rn 11), bzw eine *elektive Konkurrenz* (so OLG Jena OLG-NL 1996, 80) oder eine *Ersetzungsbefugnis* vorliegt, hat insoweit praktische Auswirkungen, als in den beiden ersten Alternativem dem Gläubiger ein freies Wahlrecht zustünde, während er bei Bestehen einer Ersetzungsbefugnis den Zahlungsanspruch zwar ebenfalls frei, aber nur *an Stelle* der Erfüllung des Hauptanspruchs wählen kann. Unter der Aufgabe der in der Vorauflage vertretenen Ansicht ist der inzwischen hM zu folgen, die eine **Ersetzungsbefugnis** annimmt, den Auflassungsanspruch also als den Primäranspruch behandelt (BGH DtZ 1997, 193; BGH VIZ 1999, 157; OLG Brandenburg OLG-NL 1997, 30; Palandt/Bassenge Rn 11; MünchKomm/Eckert Rn 22; Rauscher JR 1999, 465, 468; Wendlinger VIZ 1999, 68, 70). Hierfür spricht nicht nur der Wortlaut („als Ersatz"), sondern vor allem die weitere Ausgestaltung der Rechte des Schuldners und die Zielsetzung. Der Schuldner muß nach Abs 3 S 5 (sogleich Rn 57) die Umwandlung in eine Zahlungsanspruch nicht hinnehmen, sondern kann auf Auflassung bestehen (BGH DtZ 1997, 193). Der Zahlungsanspruch ist so angelegt, daß er anstelle des die Nachzeichnung verwirklichenden Auflassungsanspruchs besteht, weshalb er vom Bestand des Auflassungsanspruchs abhängen, insbesondere bei dessen Unmöglichkeit erlöschen muß (BGH VIZ 1999, 157; OLG Brandenburg OLG-NL 1997, 30; OLG Jena OLG-NL 1999, 28, 30; zu Surrogatsansprüchen unten Rn 60 ff).

b) Daraus folgt jedoch nicht, daß der Berechtigte, wenn er Auflassung verlangt hat, nicht mehr **zum Zahlungsanspruch übergehen** könnte (so aber OLG Celle VIZ 1996, 104; LG Magdeburg 9 O 915/97 juris ausgehend von der Einordnung als Wahlschuld). Die Zulässigkeit eines Übergangs vom Auflassungsanspruch zum Zahlungsanspruch ergibt sich schon aus dem Zweck der Regelung, die Abwicklung zu erleichtern, ein Bedürfnis, ihn daran zu hindern besteht nicht, weil der Schuldner nach Geltendmachung des Zahlungsanspruchs auf Erfüllung durch Auflassung bestehen (sogleich Rn 57) kann (eingehend OLG Brandenburg OLG-NL 1997, 30, 34; ebenso OLG Jena OLG-NL 1996, 80; Palandt/Bassenge Rn 11; MünchKomm/Eckert Rn 23). **56**

Ob umgekehrt der Gläubiger, der Zahlung verlangt hat, **zum Auflassungsanspruch zurückkehren** kann, obgleich der Schuldner nicht auf Auflassung bestanden hat und durch Zahlung erfüllen möchte (so Palandt/Bassenge Rn 11; MünchKomm/Eckert Rn 23; wohl auch OLG Jena OLG-NL 1996, 80, 82; **aA** OLG Celle VIZ 1996, 104), erscheint eher problematisch. Dem Schuldner wird hierdurch die bereits eröffnete Möglichkeit genommen, den Auflassungsanspruch in anderer Weise zu erfüllen (zweifelnd daher OLG Brandenburg OLG-NL 1997, 30, 34 f). Zwar wird der Eigentümer als Schuldner des Anspruchs dadurch nicht schlechter gestellt, als es durch die Nachzeichnungslösung intendiert ist. Jedoch ist er gegen einen solchen Übergang zum Auflassungsanspruch jedenfalls dann nach *Treu und Glauben* zu schützen, wenn er entsprechend disponiert hat (Kreditaufnahme, Verfügungen oä).

3. Bereits idF des RegVerfBG war für den Eigentümer die Möglichkeit vorgesehen, den Zahlungsanspruch durch ein *Angebot* zur **Auflassung des Grundstücks** zu erfüllen (Abs 3 S 5). **57**

a) Diese Möglichkeit, den **Zahlungsanspruch** um den Preis des Verlusts des Grundstücks **abzuwenden**, besteht nach der Neufassung des Abs 3 S 5 durch das WoModSiG (vgl Beschlußempfehlung des Vermittlungsausschusses BT-Drucks 13/7957 S 3) unter veränderten Voraussetzungen fort. Erforderlich ist nicht mehr ein Auflassungsangebot, sondern nur noch das *Bestehen* des Eigentümers auf der Erfüllung des Anspruchs durch Auflassung. Dieses Bestehen kann formfrei (Palandt/Bassenge Rn 11; MünchKomm/Eckert Rn 21), ausdrücklich oder konkludent zum Ausdruck kommen. Es ist jedoch befristet und muß innerhalb von 2 Wochen nach *Zugang* des Verlangens nach Abs 3 S 4 HS 2 erfolgen. Die *Beweislast* für den Fristbeginn trägt der Berechtigte, die für die Fristwahrung durch Zugang der *Erklärung des Bestehens* beim Berechtigten trägt der Eigentümer (Palandt/Bassenge Rn 11).

Am 24. 7. 1997 wirksame Vereinbarungen zwischen den Beteiligten oder rechtskräftige Urteile bleiben von der Änderung unberührt (Art 225).

b) Im Gegensatz zur ursprünglichen Fassung steht das **Bestehen auf der Erfüllung** durch Auflassung seitens des Eigentümers nicht bereits der Erfüllung gleich. Anders als das vormals erforderliche *annahmefähige* Auflassungsangebot ist das bloße *Bestehen* des Eigentümers nicht der Erfüllung des Zahlungsanspruchs gleichgestellt. Wirkt der Eigentümer trotz seines Bestehens an der Auflassung nicht mit, so muß **58**

der Berechtigte auf Auflassung klagen (MünchKomm/Eckert Rn 21; Palandt/Bassenge Rn 11).

Der Berechtigte muß die vom Eigentümer gewünschte Erfüllung durch Auflassung nicht annehmen. Er kann aber nach dem fristgemäßen Bestehen des Eigentümers hierauf nicht mehr Zahlung verlangen.

VI. Schuldverhältnis zwischen den Beteiligten (Abs 4)

1. Anspruch aus Abs 3 (Abs 4 S 1)

59 **a)** Abs 4 S 1 verweist für den Anspruch aus Abs 3 auf die Bestimmungen des BGB über **Schuldverhältnisse** (§§ 241 ff BGB). Damit soll klargestellt werden, daß das **Eigentum** durch den Anspruch nach Abs 3 **nicht eingeschränkt** wird. Da das Schuldverhältnis am 22. 7. 1992, also vor dem 1. 1. 2002 entstanden ist und kein Dauerschuldverhältnis vorliegt, gelten §§ 241 aF BGB fort (Art 229 § 5 S 1).

Durch diese Regelung wird erreicht, daß für die Abtretung, Zurückbehaltungsrechte, vor allem aber für **Leistungsstörungen** die allgemeinen Vorschriften Anwendung finden und nicht ein vollständig eigenständiger Regelungskomplex geschaffen werden muß (BT-Drucks 12/2480, 87; Palandt/Bassenge Rn 8; MünchKomm/Eckert Rn 18).

60 **b)** Bedeutung hat in der Praxis hauptsächlich die **Unmöglichkeit** der Erfüllung des Auflassungsanspruchs.

aa) Unmöglichkeit der Auflassung tritt insbesondere durch Veräußerung des Grundstücks durch den nach § 11 Abs 2 bestimmten **Eigentümer** an einen zur Rückübertragung nicht bereiten Dritten (OLG Celle VIZ 1996, 104, 105) mit dessen Eintragung in das Grundbuch ein (BGHZ 140, 223, 238), auch wenn die Veräußerung seit dem 22. 7. 1992 erfolgte, denn der Eigentümer ist durch den Anspruch nach Abs 3 nicht in seiner Verfügungsbefugnis beschränkt. Auch ein Verstoß des Grundbuchamts gegen die Verpflichtung aus § 13 aF (BGHZ 136, 283, 286 f; OLG Jena OLG-NL 1999, 28, 30) oder Rangfehler bei der Eintragung der Vormerkung zugunsten des Berechtigten (§ 13 aF; OLG Celle VIZ 1996, 104, 105) stehen der Unmöglichkeit nicht entgegen, weil sie nicht zur Unrichtigkeit der erfolgten Eintragung der Auflassung führen.

Hingegen macht nicht schon die Bestellung einer *Vormerkung* zugunsten eines Käufers die Erfüllung unmöglich, selbst wenn diese im Rang vor einer Vormerkung des Berechtigten (§ 13 aF) eingetragen wurde, denn die Vormerkung bewirkt keine Verfügungssperre (BGH VIZ 2001, 103; zum Rangverhältnis BGHZ 140, 223). Die Erfüllung wird auch nicht dadurch unmöglich, daß der zum Eigentümer gewordene Erbe (Abs 2 S 1 Nr 2) nach dem 22. 7. 1992 seinen Erbteil veräußert, weil das Grundstück kraft Gesetzes aus dem Nachlaß ausgeschieden ist, von der Veräußerung also nicht mehr erfaßt wird (BGH VIZ 2001, 103, 104).

Mit Eintritt der Unmöglichkeit des Auflassungsanspruchs erlischt auch der **Zahlungsanspruch** nach Abs 3 S 4; dies folgt aus seiner Natur als bloßer Erfüllungsersatz (oben Rn 55; BGHZ 140, 223, 238 OLG Brandenburg OLG-NL 1997, 30, 35)

bb) Da es sich um einen einseitig verpflichtenden schuldrechtlichen Anspruch handelt, gelten für die **Rechtsfolgen der Unmöglichkeit** §§ 280 ff aF BGB. Der Eigentümer hat den als *Surrogat* erlangten **Veräußerungserlös** herauszugeben (§ 281 aF BGB), soweit er ihn nicht in Unkenntnis verbraucht hat (§ 275 aF BGB) oder unentgeltlich darüber verfügt hat. Der Anspruch auf das Surrogat, obgleich hier auf Geld gerichtet, ist § 275 aF BGB zugänglich und unterfällt nicht der Garantiehaftung des § 279 aF BGB, weil der Eigentümer für die Erfüllung des Auflassungsanspruchs aus Abs 3 keine vertragliche Einstandspflicht übernommen hat (BGHZ 140, 223; 239; OLG Brandenburg OLG-NL 1997, 30, 36; Wendlinger VIZ 1999, 68, 70; Rauscher JR 1999, 465, 468; anders noch BGH VIZ 1997, 296; OLG Brandenburg OLG-NL 1996, 278, 281: §§ 281 Abs 1, 279 aF BGB und keine Berufung auf § 818 Abs 3 BGB). An die Stelle der Herausgabe des Surrogats kann jedoch ein Anspruch auf Herausgabe des Ersatzsurrogats treten, wenn der Eigentümer den Erlös zum Erwerb noch vorhandener Rechtsgüter verwendet hat (BGH VIZ 1999, 616, 617; vgl auch BGHZ 143, 373). **61**

Bereicherungsrechtliche Ansprüche wegen des erzielten Erlöses bestehen hingegen nicht. Eine Nichtleistungskondiktion nach § 812 Abs 1 S 1 2. Alt BGB scheitert am Vorrang der Leistungsbeziehung zum Erwerber. Eine Eingriffskondiktion nach § 816 kommt nicht in Frage, weil der Eigentümer als Berechtigter verfügt (OLG Celle VIZ 1996, 104, 105). Das gilt auch für vor dem 22. 7. 1992 erfolgte Verfügungen von Erben des noch eingetragenen Berechtigten, die schon vor der Eigentumszuweisung nach Abs 2 aufgrund der Vererblichkeit des Bodenreformeigentums (Vorbem 26) als Berechtigte verfügen konnten (BGH VIZ 2000, 233).

cc) Außerdem kommt ein **Schadensersatzanspruch** in Betracht (§ 280 Abs 1 aF BGB), der jedoch voraussetzt, daß der Eigentümer die Unmöglichkeit zu vertreten hat (OLG Celle VIZ 1996, 104 ff; OLG Jena OLG-NL 1999, 28, 31) und nicht ohnehin nach Art 16 Abs 2 S 2 HS 2 entlastet ist (vgl unten Rn 63). Schadensersatzansprüche kommen also nur bei Verkauf und Veräußerung nach dem 22. 7. 1992 in Betracht. Hinsichtlich der Sorgfaltsanforderungen an den Eigentümer ist die Rechtsprechung zu Recht zurückhaltend. Dem Eigentümer kann insbesondere nicht ohne weiteres zum Vorwurf gemacht werden, daß er die seit dem Inkrafttreten der §§ 11 ff geltende Rechtslage verkannt habe. Zahlreiche Unklarheiten dieser Regelung wurden erst nachträglich durch das RegVerfBG (OLG Celle VIZ 1996, 104, 105) oder die Rechtsprechung geklärt (BGHZ 140, 223, 238). Hierdurch entstandene Irrtümer gehen nicht zu Lasten des Eigentümers. Gegenüber dem Schadensersatzanspruch kann der Eigentümer sich nicht auf Entreicherung berufen (OLG Jena OLG-NL 1999, 28, 31). **62**

Mehrere Miteigentümer haften für den Schaden nicht gesamtschuldnerisch, sondern nach ihren Anteilen, auf deren Übereignung der unmöglich gewordene Anspruch gerichtet war (OLG Brandenburg OLG-NL 1999, 25, 27; Palandt/Bassenge Rn 8).

dd) Sonderregelungen bestehen nach § 16 Abs 2 in Fällen, in denen sich der **Erbe** des als Eigentümer Eingetragenen **vor dem 22. 7. 1992**, also dem Inkrafttreten der §§ 11 ff zur Verfügung über das Grundstück verpflichtet hat (dazu § 16 Rn 16 ff). § 16 Abs 2 ist nicht anzuwenden auf Verfügungen durch den Eigentümer nach § 11 Abs 2 (dazu § 16 Rn 18). **63**

2. Verwaltung des Grundstücks (Abs 4 S 2)

64 a) Abs 4 S 2 verweist für die Stellung des Eigentümers im Verhältnis zum Berechtigten nach § 12 in Ansehung der **Verwaltung** des Grundstücks umfassend auf **Auftragsrecht**; es gelten die §§ 662 ff BGB (Palandt/Bassenge Rn 8; MünchKomm/Eckert Rn 19). Diese Verweisung führt nur zu Ansprüchen, wenn der Berechtigte mit seinem Anspruch aus Abs 3 durchdringt. In diesem Fall erweist sich jedoch erst nachträglich, daß der Eigentümer im Verhältnis zum Berechtigten eine treuhänderische Stellung innehatte; das Auftragsverhältnis entsteht in diesem Fall rückwirkend auf den Zeitpunkt der Entstehung (nicht erst der Geltendmachung) des Anspruchs aus Abs 3 (Palandt/Bassenge Rn 8; MünchKomm/Eckert Rn 19). Eine Rückwirkung vor den 22. 7. 1992 kommt hingegen nicht in Frage, weil erst das 2. VermRÄndG den Auflassungsanspruch als die Grundlage der Auftragsverwaltung geschaffen hat (BGHZ 143, 373).

Der Berechtigte hat daher insbesondere einen Anspruch auf Herausgabe der **gezogenen Nutzungen** (Entgelte) nach § 667 BGB. Auch insoweit gelten jedoch die zur Unmöglichkeit der Herausgabe eines Surrogats des Auflassungsanspruchs entwickelten Grundsätze (oben Rn 61). Hat der Eigentümer Nutzungen verbraucht, so greift nicht § 279 aF BGB, sondern er ist frei geworden, soweit er den Verbrauch nicht zu vertreten hat (§ 275 aF BGB; BGHZ 143, 373, 378). An die Stelle des Herausgabeanspruchs aus § 667 BGB kann auch gegenüber dem schuldlosen Eigentümer ein Anspruch auf Herausgabe des durch die Ersparnis von Aufwendungen Erlangten treten (§ 281 aF BGB), wenn der Eigentümer durch den Verbrauch der Entgelte selbst Aufwendungen erspart hat, sofern es sich nicht um Luxusaufwendungen handelt, die ohne die verbesserte finanzielle Lage nicht getätigt worden wären (BGHZ 143, 373, 381).

65 b) Aufgrund der Verweisung erlangt der Eigentümer auch einen Anspruch auf **Ersatz seiner Aufwendungen** (Palandt/Bassenge Rn 8; MünchKomm/Eckert Rn 19). Diese wären ansonsten nicht ersatzfähig. Bis zur Auflassung verwaltet der Eigentümer das Grundstück als Eigenbesitzer; er führt regelmäßig ein eigenes Geschäft; den Vorteil aus der Verwaltung erlangt der Berechtigte nach Abs 3, also mit Rechtsgrund. Gesetzliche Ansprüche würden also ausscheiden (BT-Drucks 12/2480, 87). Der Anspruch auf Ersatz der Aufwendungen kann im Wege der *Aufrechnung* auch einem Anspruch des Berechtigten nach § 281 aF BGB entgegengehalten werden (BGH VIZ 1997, 296).

VII. Ausschließliche Zuständigkeit (Abs 4 S 3)

66 1. Durch das WoModSiG wurde in **Abs 4 S 3** ein **ausschließlicher Gerichtsstand** geschaffen. Die Bestimmung war bereits Gegenstand des Entwurfs eines NutzerschutzG (BT-Drucks 13/2022 S 5) gewesen, jedoch nicht in den Gesetzesbeschluß des WoModSiG gelangt (vgl BR-Drucks 223/97 S 10 f; Rechtsausschuß BT-Drucks 13/7275 S 9). Auf Betreiben des Bundesrates (Anrufung des Vermittlungsausschusses BT-Drucks 13/7568 S 2 f) wurde sie im Vermittlungsausschuß (BT-Drucks 13/7957) aufgenommen. Vor allem bei Klagen gegen Erbengemeinschaften als Eigentümer iSd Abs 2 S 1 Nr 2 konnte es bei der zuvor gebotenen Inanspruchnahme des allgemeinen Gerichtsstands zu erheblichen Verzögerungen wegen Bestimmung des zuständigen Gerichts (ggf durch den BGH) kommen (Anrufung des Vermittlungsausschusses BT-Drucks 13/7568 S 3).

Vor dem Inkrafttreten des WoModSiG (24. 7. 1997) wirksame Vereinbarungen oder rechtskräftige Urteile werden durch die Neuregelung nicht berührt (Art 225).

2. Die Zuständigkeit betrifft **Klagen nach den Absätzen 3 und 4**. Die Nennung von „Abs 6" in Abs 4 S 3 beruht auf einem Redaktionsversehen (Wasmann ZOV 1997, 313). Der ursprüngliche Entwurf (BT-Drucks 13/2022, zur Entwicklung soeben Rn 59) enthielt einen Abs 6, der jedoch auch im Vermittlungsausschuß letztlich nicht verwirklicht wurde. Die ausschließliche Zuständigkeit besteht damit für die Auflassungs- oder Zahlungsklage des berechtigten nach Abs 3 sowie für Klagen aus dem gesetzlichen Schuldverhältnis nach Abs 4 (Wasmann ZOV 1997, 313). **67**

3. Ausschließlich zuständig ist das Gericht, in dessen Bezirk das **Grundstück ganz oder überwiegend liegt**. Liegt das Grundstück in mehreren Bezirken, so entscheidet das Flächenverhältnis, wie es sich aus dem Bestandsverzeichnis ergibt, unabhängig von der Belegenheit einer evtl Bebauung (Palandt/Bassenge Rn 12; MünchKomm/Eckert Rn 25). **68**

Am 24. 7. 1997 (Inkrafttreten des WoModSiG) bereits rechtshängige, im allgemeinen Gerichtsstand erhobene Klagen bleiben nach dem Grundsatz der *perpetuatio* fori zulässig (Palandt/Bassenge Rn 12); wurden solche Klagen im Belegenheitsgerichtsstand erhoben, so werden sie jedenfalls nach Abs 4 S 3 zuständig.

VIII. Eigentümer im gesetzlichen Güterstand des FGB (Abs 5)

1. Abs 5 trifft eine Regelung der Eigentumsverhältnisse für den Fall, daß der nach Abs 1 S 1 oder Abs 2 S 1 bestimmte (provisorische) Eigentümer **verheiratet war und im gesetzlichen Güterstand des FGB lebte**. Die Regelung ist bewußt vereinfachend gestaltet, weil Ehefrauen im Widerspruch zu den Regeln des Obersten Gerichts der DDR häufig nicht als Miteigentümer eingetragen wurden und der Gesetzgeber es für zu schwierig hielt, die Mitberechtigung von Ehegatten konkret nachzuvollziehen. **69**

2. Abs 5 S 1 setzt voraus, daß im maßgeblichen Zeitpunkt (dazu S 2, unten Rn 73) der Eigentümer **im Güterstand der Eigentums- und Vermögensgemeinschaft gelebt** hat. **70**

In der Neufassung durch das RegisterverfahrenbeschleunigungsG ist die Anwendung von Abs 5 klarstellend (BT-Drucks 12/5553, 133) beschränkt auf den Fall, daß der **Ehegatte den 22. 7. 1992 erlebt** hat. Dies setzt voraus, daß der Ehegatte an diesem Tag um 0 Uhr gelebt hat (Palandt/Bassenge Rn 13). Unmaßgeblich ist, ob die Ehe nach dem jeweils maßgeblichen Zeitpunkt geschieden wurde und/oder die Ehegatten eine neue Ehe eingegangen sind (Palandt/Bassenge Rn 13; Keller VIZ 1993, 192).

3. Als **Rechtsfolge** tritt mit dem Beginn des 22. 7. 1992 Miteigentum der Ehegatten zu gleichen Teilen (BGH DtZ 1994, 347, 348; LG Erfurt Rpfleger 1995, 350) an dem Grundstück ein. Verstirbt der Ehegatte – der diesen Tag erlebt haben muß (soeben Rn 70) – so wird sein Anteil nach allgemeinem Erbrecht vererbt (Palandt/Bassenge Rn 13). **71**

4. Dabei bleibt **unberücksichtigt**, ob das Grundstück überhaupt zur Eigentums- und Vermögensgemeinschaft gehörte. Insbesondere also werden auch Grundstücke **72**

einbezogen, die der Eigentümer vor Eheschließung erworben hat (OLG Brandenburg NotBZ 1999, 130).

Weiter wird nach dem Wortlaut der Bestimmung vernachlässigt, ob der Eigentümer nach dem 3. 10. 1990, insbesondere auch noch am 22. 7. 1992, in diesem **Güterstand** gelebt hat, was nach Art 234 § 4 zu entscheiden ist. Dies kann jedoch nicht gelten, wenn die Ehegatten vor dem 22. 7. 1992 einen **Ehevertrag** geschlossen, insbesondere *Gütertrennung* vereinbart haben; die Regelung würde sonst in die ehegüterrechtliche Vertragsfreiheit eingreifen, was weder gewollt war, noch ohne ehegüterrechtliche Regelung zulässig wäre. Die Rechtsfolge des Abs 5 tritt also in diesem Fall nicht ein (OLG Brandenburg FGPrax 1996, 166, 167; MünchKomm/Eckert Rn 27).

73 **5.** Abs 5 S 2 bestimmt den **maßgeblichen Zeitpunkt**. Auch insoweit sind aufgrund der Neufassung durch das RegisterverfahrenbeschleunigungsG Klarstellungen erfolgt, welche die Ungleichbehandlung von Ehegatten vermeiden sollen, die bei Inkrafttreten des 2. VermRÄndG bereits hälftige Miteigentümer an einem Bodenreformgrundstück gewesen sind (BT-Drucks 12/5553, 198; Palandt/Bassenge Rn 12).

74 **a)** Entsteht das Eigentum aufgrund eines bestätigten Übergabeprotokolls und eines vor dem 3. 10. 1990 gestellten Eintragungsantrags (Abs 1), so tritt die Rechtsfolge des Abs 5 S 1 ein, wenn die güterrechtliche Tatbestandsvoraussetzung im **Zeitpunkt der Bestätigung des Protokolls** bestanden hat (Abs 5 S 2 Nr 1).

75 **b)** Tritt der Eigentumserwerb zugunsten des am 15. 3. 1990 im Grundbuch eingetragenen und am 22. 7. 1992 noch lebenden Bucheigentümers ein, so sind die ehegüterrechtlichen Verhältnisse bei **Ablauf des 15. 3. 1990** maßgebend (Abs 5 S 2 Nr 2 1. Alt).

76 **c)** Ebenfalls auf den **Ablauf des 15. 3. 1990** ist abzustellen bei **Neuerbfällen** (Abs 2 Nr 2 Fall 2), also bei Versterben des Bucheigentümers zwischen dem 16. 3. 1990 und dem 22. 7. 1992 0 Uhr (Abs 5 S 2 Nr 2 2. Alt).

77 **d)** Hingegen ist in **Alterbfällen** (Abs 2 Nr 2 Fall 1), also bei Versterben des Bucheigentümers bis zum 15. 3. 1990 abzustellen auf die Verhältnisse im Zeitpunkt des Todes des Eingetragenen (Abs 5 S 2 Nr 3).

78 **6.** Abs 5 S 1 kann sich auch dann auswirken, wenn das Eigentum nach Abs 2 S 1 Nr 2 **dem Erben oder einer Gemeinschaft von Erben** zufällt. Abs 5 S 1 gilt ausdrücklich in Ansehung der Person des am 15. 3. 1990 noch lebenden Eingetragenen. Das muß auch gelten, wenn dieser am 22. 7. 1992 schon verstorben ist; es gibt keinen im Sinne von Art 3 Abs 1 GG vernünftigen Grund, den Ehegatten zu benachteiligen, wenn der Bucheigentümer-Ehegatte zwischen dem 15. 3. 1990 und dem 22. 7. 1992 verstorben ist. Damit wird entsprechend Abs 5 S 1 der Ehegatte des zwischenzeitlich verstorbenen Bucheigentümer-Ehegatten Miteigentümer zur Hälfte zusammen mit dem Erben oder der Gemeinschaft von Erben. Dies muß auch gelten, wenn der Ehegatte ebenfalls vor dem 22. 7. 1992, aber nach dem 15. 3. 1990 verstorben ist, da die Verhältnisse am 15. 3. 1990 nach der gesetzlichen Konzeption den Eigentumserwerb bereits vorbestimmen.

79 **7.** Hingegen greift Abs 5 S 1 nicht mehr ein, wenn der Eingetragene oder sein

Ehegatte schon am 15. 3. 1990 verstorben waren. In diesem Fall fehlt es an der ehegüterrechtlichen Tatbestandsvoraussetzung am Stichtag.

In keinem Fall gilt Abs 5 S 1 zugunsten des **Ehegatten eines Erben**. Die Bestimmung soll lediglich die Eigentumsverhältnisse zwischen dem Bucheigentümer oder einem aus einem Besitzwechsel Begünstigten und seinem Ehegatten regeln. Für Erben gilt deren jeweiliger Güterstand.

8. Auch in Ansehung von Bodenreformgrundstücken gilt – trotz der möglichen Mitberechtigung aus Abs 5 – die Vermutung des § 891 BGB gegenüber jedermann, also auch gegenüber dem Grundbuchamt; dies gilt auch dann, wenn die Eintragung des Eigentümers vor dem 15. 3. 1990 erfolgte, also die Regelung durch §§ 11–16 im Grundbuch nicht berücksichtigt sein kann (LG Neubrandenburg Rpfleger 1994, 293, 294; Keller VIZ 1993, 193). Eine Verpflichtung des **Grundbuchamts** zu **Ermittlungen** über die Richtigkeit des Grundbuchs in Ansehung der von Abs 5 geschaffenen Mitberechtigung des Ehegatten ergibt sich aber, wenn aufgrund konkreter Umstände berechtigte Zweifel an der Richtigkeit des Grundbuches bestehen. Dies ist dann der Fall, wenn der Eingetragene am 15. 3. 1990 verheiratet war und im gesetzlichen Güterstand des FGB gelebt hat, da in diesem Fall die regelmäßigen Voraussetzungen des Abs 5 gegeben sind (LG Neubrandenburg MDR 1993, 1251). **80**

9. Die Regelung begegnet erheblichen **verfassungsrechtlichen Bedenken**. Sie dürfte Art 14 Abs 1 GG verletzen. **81**

a) Sie kann dazu führen, daß ein Bucheigentümer, der nach den maßgeblichen Bestimmungen der DDR jedenfalls seit dem 16. 3. 1990 **wirklicher Eigentümer** war (Vorbem 7) und der nach den maßgeblichen güterrechtlichen Bestimmungen das Grundstück zu Alleineigentum besaß, nunmehr mit seinem Ehegatten „teilen muß" (BT-Drucks 12/2480, 87). Dadurch wird rückwirkend in Eigentumspositionen aufgrund eines ehegüterrechtlich bereits abgeschlossenen Tatbestands eingegriffen.

b) Denkbar ist sogar, daß der Güterstand nach dem 3. 10. 1990 abgewickelt und am 21. 7. 1992 schon anders als hälftig **auseinandergesetzt** wurde. Die hier angeordnete hälftige Beteiligung durchbricht dann die Wertungen, welche die Ehegatten getroffen haben. Mit alledem mußte der Eigentümer-Ehegatte nicht rechnen. Die Unklarheit, betreffend das Eigentum an Bodenreformgrundstücken, bezog sich immer nur auf die Fragen des Bodenreformrechts. Eine klärungsbedürftige Problematik zur Beteiligung des Ehegatten, die Vertrauen hindern hätte können, bestand nicht. Man wird dem Konflikt mit einer möglicherweise **bereits erfolgten Auseinandersetzung** über das Grundstück wohl noch durch **verfassungskonforme Auslegung** begegnen können: Vereinbarungen der Ehegatten betreffend das Grundstück gehen vor. Die Problematik einer Ehegattenbeteiligung an einem **Erwerb, der nicht der Eigentums- und Vermögensgemeinschaft unterfällt** (insbesondere Erwerb nach Abs 2 Nr 1 lange Zeit vor dem 15. 3. 1990) läßt sich aber nach dem klaren Gesetzeswortlaut nicht verfassungskonform lösen (vgl zur etwas anders gelagerten Frage bei § 12 Abs 4 dort Rn 65). **82**

c) Auch die in der Begründung des Entwurfs angegeben **praktischen Gründe** vermögen diesen Eingriff nicht zu rechtfertigen. Es würde keine im öffentlichen Inter- **83**

esse unerträgliche Unklarheit entstehen, hätte der Gesetzgeber auf diese Vereinfachung verzichtet. Probleme bei der Zuordnung von Grundstücken, die auf einen Ehegatten eingetragen sind, der in einem fremden Gemeinschaftsgüterstand lebt, sind häufig. Hier vollzieht die Grundbuchpraxis zu Recht im Bedarfsfall die tatsächliche Entwicklung nach dem maßgeblichen Güterrecht nach.

84 **d)** Der eingeschränkte **Inhalt des Bodenreformeigentums** kann hiergegen, anders als gegen den Vorwurf der Verfassungswidrigkeit der Nachzeichnungslösung (Vorbem 28), nicht angeführt werden (so aber MünchKomm/Eckert Rn 28). Es geht hier nicht um das – bis zum Inkrafttreten der §§ 11 ff zweifelhafte – Ausmaß der Rechtsstellung an dem Bodenreformgrundstück, sondern um die – völlig zweifelsfrei durch das FGB/DDR geregelte – Mitberechtigung zwischen den Ehegatten.

Schließlich ist der Eingriff in Eigentumspositionen auch nicht deshalb tolerabel, weil nur in **provisorisches Eigentum** eingegriffen würde. Es ist nämlich abzusehen, daß in einer Vielzahl von Fällen Berechtigte nach § 12 nicht vorhanden sind, so daß das Eigentum nach § 11 endgültig ist und bleibt. Im Falle des Abs 1 kommt sogar ein Anspruch nach Abs 3 nicht in Betracht, dennoch ist Abs 5 anwendbar. Die verletzte Eigentumsposition ist dann auch wirtschaftlich werthaltig.

§ 12
Berechtigter

(1) Berechtigter ist in den Fällen des § 11 Abs. 2 Satz 1 Nr. 1 und Nr. 2 Fall 2 in nachfolgender Reihenfolge:

1. diejenige Person, der das Grundstück oder der Grundstücksteil nach den Vorschriften über die Bodenreform oder den Besitzwechsel bei Grundstücken aus der Bodenreform förmlich zugewiesen oder übergeben worden ist, auch wenn der Besitzwechsel nicht im Grundbuch eingetragen worden ist,

2. diejenige Person, die das Grundstück oder den Grundstücksteil auf Veranlassung einer staatlichen Stelle oder mit deren ausdrücklicher Billigung wie ein Eigentümer in Besitz genommen, den Besitzwechsel beantragt hat und zuteilungsfähig ist, sofern es sich um Häuser und die dazu gehörenden Gärten handelt.

(2) Berechtigter ist in den Fällen des § 11 Abs. 2 Satz 1 Nr. 2 Fall 1 in nachfolgender Reihenfolge:

1. bei nicht im wesentlichen gewerblich genutzten zum Ablauf des 15. März 1990 noch vorhandenen Häusern und den dazugehörenden Gärten

a) diejenige Person, der das Grundstück oder der Grundstücksteil, auf dem sie sich befinden, nach den Vorschriften über die Bodenreform oder den Besitzwechsel bei Grundstücken aus der Bodenreform förmlich zugewiesen oder übergeben worden ist, auch wenn der Besitzwechsel nicht im Grundbuch eingetragen worden ist,

b) diejenige Person, die das Grundstück oder den Grundstücksteil, auf dem sie sich befinden, auf Veranlassung einer staatlichen Stelle oder mit deren ausdrücklicher Billigung wie ein Eigentümer in Besitz genommen, den Besitzwechsel beantragt hat und zuteilungsfähig ist,

c) der Erbe des zuletzt im Grundbuch aufgrund einer Entscheidung nach den Vorschriften über die Bodenreform oder über die Durchführung des Besitzwechsels eingetragenen Eigentümers, der das Haus am Ende des 15. März bewohnte,

d) abweichend von den Vorschriften der Dritten Durchführungsverordnung zum Treuhandgesetz vom 29. August 1990 (GBl. I Nr. 57 S. 1333) der Fiskus des Landes, in dem das Hausgrundstück liegt, wenn dieses am 15. März 1990 weder zu Wohnzwecken noch zu gewerblichen Zwecken genutzt wurde;

2. bei für die Land- oder Forstwirtschaft genutzten Grundstücken (Schlägen)

a) diejenige Person, der das Grundstück oder der Grundstücksteil nach den Vorschriften über die Bodenreform oder den Besitzwechsel bei Grundstücken aus der Bodenreform förmlich zugewiesen oder übergeben worden ist, auch wenn der Besitzwechsel nicht im Grundbuch eingetragen worden ist,

b) der Erbe des zuletzt im Grundbuch aufgrund einer Entscheidung nach den Vorschriften über die Bodenreform oder über die Durchführung des Besitzwechsels eingetragenen Eigentümers, der zuteilungsfähig ist,

c) abweichend von den Vorschriften der Dritten Durchführungsverordnung zum Treuhandgesetz der Fiskus des Landes, in dem das Grundstück liegt.

(3) Zuteilungsfähig im Sinne der Absätze 1 und 2 ist, wer bei Ablauf des 15. März 1990 in dem in Artikel 3 des Einigungsvertrages genannten Gebiet in der Land-, Forst- und Nahrungsgüterwirtschaft tätig war oder wer vor Ablauf des 15. März 1990 in dem in Artikel 3 des Einigungsvertrages genannten Gebiet in der Land-, Forst- oder Nahrungsgüterwirtschaft insgesamt mindestens zehn Jahre lang tätig war und im Anschluß an diese Tätigkeit keiner anderen Erwerbstätigkeit nachgegangen ist und einer solchen voraussichtlich auf Dauer nicht nachgehen wird.

(4) Erfüllen mehrere Personen die in den Absätzen 1 und 2 genannten Voraussetzungen, so sind sie zu gleichen Teilen berechtigt. Ist der nach Absatz 1 Nr. 1 oder Absatz 2 Nr. 1 Buchstaben a und b oder Nr. 2 Buchstabe a Berechtigte verheiratet und unterlag die Ehe vor dem Wirksamwerden des Beitritts dem gesetzlichen Güterstand der Eigentums- und Vermögensgemeinschaft des Familiengesetzbuchs der Deutschen Demokratischen Republik, so ist der Ehegatte zu einem gleichen Anteil berechtigt.

(5) Wenn Ansprüche nach den Absätzen 1 und 2 nicht bestehen, ist der Eigentümer nach § 11 verpflichtet, einem Mitnutzer im Umfang seiner Mitnutzung Miteigentum einzuräumen. Mitnutzer ist, wem in einem Wohnzwecken dienenden Gebäude auf einem Grundstück aus der Bodenreform Wohnraum zur selbständigen, gleichberech-

tigten und nicht nur vorübergehenden Nutzung zugewiesen wurde. Für den Mitnutzer gilt Absatz 4 sinngemäß. Der Anspruch besteht nicht, wenn die Einräumung von Miteigentum für den Eigentümer eine insbesondere unter Berücksichtigung der räumlichen Verhältnisse und dem Umfang der bisherigen Nutzung unbillige Härte bedeuten würde.

Materialien: Eingefügt durch 2. VermRÄndG BGBl 1992 I 1257. Materialien siehe § 11; geändert durch Art 13 Nr 3 j Registerverfahrenbeschleunigungsg. Materialien siehe § 11.

Systematische Übersicht

Alphabetische Übersicht

I. Normzweck

1 **1.** § 12 enthält die Bestimmungen des **„eigentlich" Berechtigten** in dem vom Gesetzgeber zur Bereinigung der Bodenreformproblematik entwickelten System aus „provisorischem" Eigentümer und schuldrechtlich Auflassungsberechtigtem (§ 11 Abs 3).

2 **2.** Die Bestimmung des Berechtigten erfolgt aufgrund einer pauschalen **Nachzeichnung** der §§ 1–5 Besitzwechselverordnung (Keller VIZ 1993, 193). Es wird also die von § 11 vorgenommene Eigentumszuweisung auf ihre Vereinbarkeit mit einer der ordnungsgemäßen Anwendung der Bodenreformvorschriften nachgebildeten Berechtigung überprüft (Schmidt-Räntsch NJ 1992, 447). Zweifelsfragen in Anwendung der Nachzeichnungslösung werden daher in der Rechtsprechung zunehmend vor dem Hintergrund der Fragestellung gesehen, ob das Grundstück vor dem 15. 3. 1990 nach damaligem Recht in den Bodenfonds hätte zurückgeführt werden müssen. Ist dies nicht der Fall, so muß im Ergebnis auch ein Anspruch (des Fiskus) ausscheiden (so argumentiert insbesondere BGH NJW 2002, 2241).

3 **a)** Die Regelung unterscheidet nach den von § 11 Abs 1 und Abs 2 Nr 1 bzw Nr 2 Fälle 1 und 2 vorausgesetzten **Alternativen**: Im Verhältnis zu der Person, die nach **§ 11 Abs 1** Eigentümer wird, gibt es *keinen* Berechtigten nach § 12. Dies stimmt überein mit § 11 Abs 3 („kann von demjenigen, dem *nach Absatz 2* …"). Überdies wäre der Eigentümer nach § 11 Abs 1 selbst in der Weise berechtigt, wie es der Gesetzgeber in Abs 1 Nr 1 der vorliegenden Bestimmung für den Berechtigten voraussetzt. In diesen Fällen stimmt die Eigentumslage bereits mit den Wertungen des Bodenreformrechts überein.

4 **b)** *Berechtigungen* bestehen also nur gegenüber Personen, die nach **§ 11 Abs 2** Eigentümer geworden sind. Für den am 15. 3. 1990 noch *lebenden Bucheigentümer* und seine Erben (**Neuerbfälle**, klargestellt in der Neufassung durch das RegisterverfahrenbeschleunigungsG: BT-Drucks 12/5553, 134; vgl zur mißverständlichen Urfassung Gollasch/Kroeger VIZ 1992, 423; Schmidt-Räntsch NJ 1992, 447) gelten andere Bedingungen (Abs 1, Fall des § 11 Abs 2 S 1 Nr 1 bzw Abs 2 S 1 Nr 2 Fall 2) als für die Erben eines vorher verstorbenen Bucheigentümers (Abs 2, **Alterbfälle** nach § 11 Abs 2 S 1 Nr 2 Fall 1: klargestellt in der Neufassung durch das RegisterverfahrenbeschleunigungsG, BT-Drucks 12/5553, 134; MünchKomm/Eckert Rn 1). Der am 15. 3. 1990 noch *lebende Eingetragene* und seine Erben sind nur eingeschränkt den Ansprüchen eines Berechtigten ausgesetzt; sie müssen das Eigentum nur herausgeben, wenn es eine bessere förmliche oder faktische Zuweisung gibt (Schmidt-Räntsch NJ 1992, 447). Nur in *Alterbfällen* gilt die weite Lösung (BT-Drucks 12/5553, 134). Zur **Verfassungsmäßigkeit** dieser Differenzierung vgl BVerfG VIZ 2001, 111, 114.

5 **3.** Verschiedene Berechtigte stehen in einer **Rangfolge**, die sich aus der Reihenfolge ihrer Aufzählung in der Vorschrift ergibt (BGH VIZ 1996, 523, 524; OLG Brandenburg ZOV 1997, 111, 112; BT-Drucks 12/2480, 87; MünchKomm/Eckert Rn 1). Nachrangige kommen nur zum Zuge, wenn ein vorrangig Berechtigter nicht vorhanden ist. Macht der vorrangig Berechtigte den Anspruch nicht geltend, so besteht *kein Anspruch* Nachrangiger (Palandt/Bassenge Rn 1).

In diese Rangfolge wurde als Rangletzter der **Fiskus** des Belegenheitslandes aufgenommen, in der Urfassung nur für land- und forstwirtschaftliche Grundstücke, durch das RegisterverfahrenbeschleunigungsG auch für nicht zu Wohn- oder Gewerbezwecken genutzte Hausgrundstücke, um Fälle langjähriger Nutzungen durch öffentliche Dienststellen zu erfassen (BT-Drucks 12/5553, 198 f). Ist der Fiskus gegenüber einem Eigentümer nach Treu und Glauben an der Geltendmachung seines Anspruchs gehindert (dazu § 11 Rn 49), so schließt dies Ansprüche des Fiskus gegen alle aus § 11 Abs 2 Nr 2 berechtigten Eigentümer aus (BGH DtZ 1997, 121).

II. Berechtigter gegenüber dem am 15. 3. 1990 noch lebenden Bucheigentümer (Abs 1)

1. Grundsätze

a) Die Bestimmung des Berechtigten geht von einer an der Nachzeichnung des Bodenreformrechts orientierten **Gerechtigkeitserwägung** aus: Das Modrow-Bodenreformgesetz vom 6. 3. 1990 (Vorbem 7) hat die Beschränkungen der Vorschriften über die Bodenreform schlicht aufgehoben. Dadurch wurde Privateigentum geschaffen, das aber nicht immer in der Person des Bucheigentümers entstand. Der Wechsel in der Berechtigung an einem Bodenreformgrundstück vollzog sich im wesentlichen außerhalb des Grundbuchs, wobei die Grundbucheintragung keine konstitutive Funktion hatte. Entscheidend war der **staatliche Genehmigungs- oder Zuweisungsakt** nach den Bestimmungen der Besitzwechselverordnungen (Vorbem 4 ff). An diesen knüpft daher der Gesetzgeber in der Bestimmung des Berechtigten an (BT-Drucks 12/2480, 88). **6**

b) Im Fall des am 15. 3. 1990 **lebenden Bucheigentümers** (§ 11 Abs 2 **Nr 1**) oder seiner Erben (§ 11 Abs 2 **Nr 2 Fall 2**, Neuerbfall) besteht eine Berechtigung für **jede Art von Bodenreformgrundstück** nur dann, wenn das Grundstück einer Person *förmlich zugewiesen* (Abs 1 Nr 1) wurde. Nur in diesem Fall wird nicht zwischen Hauswirtschaften und sog „Schlägen" unterschieden (Palandt/Bassenge Rn 2). Besteht diese nach dem Nachzeichnungsprinzip stärkste Form der Berechtigung nicht, so kann der Eigentümer nur bei Hauswirtschaften (Abs 1 Nr 2) einem Anspruch dessen ausgesetzt sein, dem das Grundstück *faktisch überlassen* wurde. Bei Schlägen begründet eine faktische Überlassung keine Berechtigung (OLG Dresden OLG-NL 1996, 128; 129; MünchKomm/Eckert Rn 4). **7**

Eine Berechtigung des *Landesfiskus* wurde in dieser Fallgruppe nicht vorgesehen (Jesch VIZ 1994, 456), weil seit dem 16. 3. 1990 ein Rückfall in den Bodenfonds nicht mehr möglich gewesen wäre.

2. Förmliche Zuweisung (Abs 1 Nr 1)

a) Eine **förmliche Zuweisung** liegt vor, wenn nach den Vorschriften über den Besitzwechsel verfahren wurde. Erforderlich ist entweder ein **bestätigtes Besitzwechselprotokoll** oder eine **Zuweisungsentscheidung** des Rates des Kreises. Welche der beiden Alternativen förmlich erforderlich war, hängt davon ab, ob die Übertragung im Konsens (dann Besitzwechselprotokoll) oder streitig (dann Zuweisungsentscheidung) erfolgt ist (BT-Drucks 12/2480, 88; vgl § 11 Rn 8 ff). Der **Nachweis** der erfolgten **8**

Zuweisungsentscheidung kann mit allen zulässigen Beweismitteln, insbesondere durch Zeugen- und Urkundenbeweis geführt werden, wobei auch andere Urkunden als das Besitzwechselprotokoll oder die Zuweisungsentscheidung selbst in Betracht kommen (OLG Naumburg OLG-NL 1995, 161, 162).

9 **b)** Liegt eine förmliche Zuweisung vor, so ist der aus der Zuweisung Begünstigte **Berechtigter** iS des Anspruchs nach § 11 Abs 3. Die Grundbucheintragung ist nicht erforderlich (BT-Drucks 12/2480, 88; OLG Naumburg OLG-NL 1995, 161, 162 – betreffend die ebenso zu behandelnde Variante der förmlichen Zuweisung bei Abs 2 Nr 2 a), was sich schon daraus ergibt, daß bei Grundbucheintragung oder deren rechtzeitiger Beantragung der Begünstigte bereits selbst (gemäß § 11 Abs 1 S 2 bzw § 11 Abs 2 Nr 1) Eigentümer geworden wäre.

10 **c)** Fraglich ist, wie in Fällen zu verfahren ist, in denen der erfolgte **Besitzwechsel mangelhaft** war in einer Weise, die nach dem Recht der DDR zur **Nichtigkeit** der Zuweisung führten. Offenbar wurden Besitzwechsel häufig innerhalb der LPG vereinbart, Besitzwechselprotokolle gefertigt, die Ergebnisse vollzogen, jedoch die erforderliche Genehmigung des Rates des Kreises nicht eingeholt. Diese Frage ist schon für die Überlassung von Hauswirtschaften von Bedeutung, denn häufig wird der aus dem mangelbehafteten Besitzwechsel Begünstigte nicht als faktisch Zuweisungsberechtigter (Abs 1 Nr 2) zu behandeln sein, weil keine staatliche Stelle, sondern nur die LPG zugestimmt hat. Für land- und forstwirtschaftlich genutzte Grundstücke fehlt aber in Abs 2 Nr 2 vollends die Variante der Berechtigung aus faktischer Überlassung. Daher wird vertreten, ein langjähriger Besitz des Bodenreformgrundstücks aufgrund eines mangelhaften Besitzwechsels müsse – ersitzungsgleich – wie ein wirksamer Besitzwechsel behandelt werden, so daß der faktisch Nutzende und nicht der Erbe des letzten Bucheigentümers Berechtigter wird (Kahlke NJ 1995, 291, 292 ff). Dem ist entgegenzuhalten, daß die in § 12 getroffene Regelung bewußt faktische Verhältnisse nur bei Hauswirtschaften wegen der dort vorliegenden besonderen Schutzwürdigkeit sanktioniert. Hingegen muß im Fall der Schläge nach dem klaren Wortlaut des Gesetzes abgestellt werden auf die Rechtslage gemäß der Besitzwechselverordnung der DDR (OLG Naumburg NJ 1995, 319). Keinesfalls kann die detaillierte Regelung des § 12 uminterpretiert werden in das Prinzip, daß jedermann behält, was er sich angeeignet hat. Es ist dem Gesetzgeber vorbehalten, eventuelle als typisch erkannte Mangellagen zu heilen, sofern hierfür ein Bedürfnis besteht.

Nichtig ist deshalb auch eine Zuweisung, die nach den Bestimmungen der DDR inhaltlich unzulässig war, insbesondere die Zuweisung an **mehrere Personen** – Erben des verstorbenen Neubauern (OLG Brandenburg VIZ 1998, 387; anders bei **Kleinstflächen**: BGH VIZ 1997, 296).

3. Faktische Zuweisung (Abs 1 Nr 2)

11 **a)** Häufig wurde nicht entsprechend den Bestimmungen über den Besitzwechsel verfahren, sondern ein Bodenreformgrundstück nur **faktisch überlassen**. Solche Zuweisungen können nicht als rechtlich irrelevant angesehen werden, weil in der DDR viele Rechtsverhältnisse staatlicherseits nur faktisch gelöst wurden und daher Vertrauen begründet wurde. Andererseits ist die faktische Überlassung nicht umfassend als Grund einer Berechtigung nach § 11 Abs 3 anerkannt. Die faktische Zuweisung

als Grundlage der Berechtigung in § 12 ist auf die *tatbestandlich beschriebenen Gestaltungen* beschränkt.

b) Faktische Überlassungen begründen eine Berechtigung iS des § 11 Abs 3 nur dann, wenn es sich um **Hauswirtschaften** (Häuser und dazu gehörige Gärten) **handelt** (Gollasch/Kroeger VIZ 1992, 424). Bei **Schlägen** (land- und forstwirtschaftlichen Nutzflächen) begründet gegenüber dem Eigentümer nach § 11 Abs 2 S 1 Nr 1 und der Gemeinschaft von Erben in Neuerbfällen (Nr 2 Fall 2) eine faktische Zuweisung keine Berechtigung. Damit wird einerseits das gesteigerte Schutzbedürfnis der Zuweisungsbegünstigten von Wohnraum unterstrichen; andererseits macht die Differenzierung (die für Eigentümer in Alterbfällen § 11 Abs 2 S 1 Nr 2 Fall 1 nicht gilt) deutlich, daß der noch lebende Bucheigentümer eine gesteigert gegen Berechtigungen nach § 12 gesicherte Position innehat. **12**

c) Zur Vermeidung eines **Wertungswiderspruchs** im Verhältnis zu Abs 2 Nr 1 ist diese Besserstellung des Zuteilungsbegünstigten einer Hauswirtschaft zu **beschränken** auf Hauswirtschaften, die **nicht im wesentlichen gewerblich genutzt** sind (aA MünchKomm/Eckert Rn 4; näher zu den eine Analogie zu Abs 2 Nr 1 tragenden Wertungen unten Rn 29 ff). **13**

d) Schwierigkeiten dürfte die **Konkretisierung** der faktischen Zuweisung bereiten, weil sie sich gerade außerhalb der seinerzeit geltenden Regeln vollzogen hat. Dazu müssen einerseits Mindesterfordernisse hinsichtlich des gesetzlich eigentlich vorgesehenen **Verfahrens** vorliegen. Andererseits müssen in der **Person** des faktischen Zuweisungsempfängers Voraussetzungen der **Bodenreformfähigkeit** gegeben sein. **14**

aa) Für das **Verfahren** verlangt Abs 1 Nr 2 einen **Antrag** des Zuteilungsbegünstigten. Das Besitzwechselverfahren wurde gemäß § 2 Abs 1 Besitzwechselverordnung durch einen Antrag eingeleitet. Ohne Antrag kann die hier erfaßte faktische Zuweisung als *Bodenreformgrundstück*, die allein eine Berechtigung begründen kann (MünchKomm/Eckert Rn 4), nicht unterschieden werden von Maßnahmen der *Wohnraumlenkung*, die für den Tatbestand des Abs 1 Nr 2 nicht genügen (BGH DtZ 1994, 347, 349; BT-Drucks 12/2480, 88). **15**

bb) Der Zuweisungsbegünstigte muß die Hauswirtschaft wie ein Eigentümer, also als **Eigenbesitzer** in Besitz genommen haben. Es genügt also insbesondere nicht die Inbesitznahme als Mieter oder sonst vertraglich Besitzberechtigter. Damit wird sichergestellt, daß die Inbesitznahme als *Zuweisungsempfänger* erfolgte (BT-Drucks 12/2480, 88). Insbesondere muß der Begünstigte selbst auf dem Anwesen wohnen (BT-Drucks 12/2480, 88). **16**

cc) Die Inbesitznahme muß auf **Veranlassung einer staatlichen Stelle** oder mit deren ausdrücklicher **Billigung** erfolgt sein. Eine *stillschweigende* Hinnahme genügt nicht (Palandt/Bassenge Rn 3). Dieses Tatbestandsmerkmal überspielt die eigentlich erforderliche Zuweisungsentscheidung. Dafür kann es nicht genügen, wenn der Begünstigte irgendeinem gesellschaftlichen Organ, insbesondere einem Funktionär der SED oder einer einzelnen LPG vertraut hat (Palandt/Bassenge Rn 3; MünchKomm/Eckert Rn 4). Vielmehr muß es sich im technischen Sinn um eine **staatliche** Stelle handeln. Dabei ist jedoch nicht erforderlich, daß diese staatliche Stelle auch **zuständig** gewesen **17**

wäre, eine Bodenreformentscheidung zu treffen (BT-Drucks 12/2480, 88; Palandt/Bassenge Rn 3).

18 **dd)** Die **persönlichen Voraussetzungen** werden **nicht aus dem Bodenreformrecht der DDR** übernommen. Die Nachzeichnung der Bodenreformfähigkeit hätte komplizierte Wertungen erforderlich gemacht. Statt dessen definiert die Bestimmung in Abs 3 die **Zuteilungsfähigkeit**, die der Berechtigte erfüllen muß, als eigenständigen Rechtsbegriff (vgl unten Rn 51 ff). Hieran ist rechtspolitisch motivierte Kritik erhoben worden. Ein Änderungsvorschlag in Art 3 Nr 2 e bb des Bundesratsentwurfs eines später im WoModSiG aufgegangenen NutzerschutzG (BT-Drucks 13/2022, 16), mit dem Ziel, die Zuteilungsfähigkeit als dem Bodenreformrecht systemfremdes Tatbestandsmerkmal zu streichen, ist nicht Gesetz geworden.

III. Berechtigter gegenüber Erben in Alterbfällen (bis zum 15. 3. 1990, Abs 2)

1. Umfassende Berechtigungsregelung

19 **a)** Im Fall des § 11 Abs 2 S 1 Nr 2 Fall 1, also dann, wenn der am 15. 3. 1990 im Grundbuch Eingetragene am 15. 3. 1990 **nicht mehr lebt**, sondern statt seiner sein **Erbe** oder eine Gemeinschaft aus Erben Eigentümer geworden ist **(Alterbfall)**, erweitert Abs 2 den Kreis der Berechtigten um weitere subsidiäre Fallvarianten, insbesondere den Fiskus, dessen Berechtigung nach dem Prinzip der Subsidiarität der Berechtigten (oben Rn 5) durch die rangbessere Berechtigung auch nur eines Erben ausgeschlossen ist (BGH VIZ 1996, 523, 524). Die Erweiterung des Berechtigtenkreises trägt dem Umstand Rechnung, daß die Erben weniger schutzwürdig sind als der Bucheigentümer selbst und daß in einem solchen Fall nach dem bis zum 15. 3. 1990 geltenden Recht der DDR eine Zuweisung oder eine Rückführung in den Bodenfonds hätte erfolgen müssen.

20 **b)** Hierbei wird unterschieden zwischen nicht im wesentlichen gewerblich genutzten Häusern und dazugehörigen Gärten (**Hauswirtschaften**, Nr 1) und land- oder forstwirtschaftlich genutzten Grundstücken (**Schlägen**, Nr 2). Darüber hinaus wurde in der Rechtsprechung eine Sonderbehandlung für **Kleinstflächen** entwickelt (unten Rn 46). Im übrigen enthält die Regelung jedoch keine gegenständlichen Lücken, sondern ist für alle Bodenreformgrundstücke konzipiert. Daher ist Abs 2 Nr 2 (lit c) als **Auffangtatbestand** für Grundstücke zu verstehen, die nicht unter Abs 2 Nr 1 fallen (unten Rn 38).

2. Hauswirtschaften (Abs 2 Nr 1)

a) Begriff

21 Wie die Neufassung durch das RegisterverfahrenbeschleunigungsG klarstellt, kommt der besondere Schutz des *Bewohners* im Falle der *Hauswirtschaften* nur in Betracht bei Häusern, die zum Ablauf des 15. 3. 1990 **noch vorhanden** sind (Abs 2 Nr 1 Teilsatz 1; BGH DtZ 1996, 176; LG Rostock VIZ 1995, 54, 55; BT-Drucks 12/5553, 198; Palandt/Bassenge Rn 4). Zur Bestimmung des **Umfangs der Hauswirtschaft** können die vom BGH an Fällen der lit c (vom Erben bewohnte Hauswirtschaft) entwickelten Grundsätze (unten Rn 26) nicht einschränkend für lit a und lit b herangezogen werden. Zwar zeichnen auch lit a und b die §§ 3 Abs 1, 4 Abs 4 Besitzwechselverordnung nach (mißverständlich daher BGH VIZ 1998, 384, 386). Doch bestimmt sich bei rechtlicher oder faktischer Zuweisung (lit a und lit b) deren Umfang nicht aus der ratio der Verordnung, sondern aus dem Umfang der erfolgten Zuweisung. Die Einschränkungen bei lit c beruhen wesentlich darauf, daß dort die Zuweisung durch eine *Nachzeichnung* ersetzt wird, die sich an DDR-Rechtsnormen orientieren muß.

b) Berechtigte

aa) Gemäß Abs 2 Nr 1 lit a ist unter denselben Voraussetzungen (oben Rn 8 ff) wie in Abs 1 Nr 1 der **förmliche Zuweisungsbegünstigte** Berechtigter. **22**

bb) Auch der aus einer **faktischen Zuweisung** Begünstigte ist unter denselben tatbestandlichen Voraussetzungen wie in Abs 1 Nr 2 gemäß Abs 2 Nr 1 lit b begünstigt. **23**

cc) Ist weder eine förmliche noch eine faktische Zuteilung festzustellen, kann die Hauswirtschaft derjenige **Erbe** des zuletzt eingetragenen privaten Eigentümers verlangen, der das Haus am Ende des 15. 3. 1990 **bewohnte** (Abs 2 Nr 1 lit c). Entscheidend ist dabei die tatsächliche Nutzung, die Erbenstellung alleine vermittelt keine Berechtigung. Die Berechtigung besteht auch nur für den jeweiligen, die Hauswirtschaft bewohnenden Erben, nicht für Miterben, die dieses Kriterium nicht erfüllen (OLG Brandenburg ZOV 1997, 111, 112). Unschädlich ist es, wenn der die Hauswirtschaft am 15. 3. 1990 bewohnende Erbe vor dem 22. 7. 1992 verstorben ist (BGH NJW 2002, 2241; anders noch BGH VIZ 1998, 387; vgl dazu § 11 Rn 34). **24**

α) Die Bestimmung zeichnet § 4 Abs 4 Besitzwechselverordnung nach (BGH NJW 2002, 2241), die eine Übertragung eines selbst bewohnten Hausgrundstücks aus der Bodenreform an einen nicht in der Land-, Forst- oder Nahrungsgüterwirtschaft tätigen Erben erlaubte (BGH VIZ 1998, 384, 386; BGH VIZ 1998, 634, 635; BGH VIZ 1999, 617, 618). Entsprechend ist Voraussetzung, daß der Bucheigentümer aufgrund einer **Entscheidung** nach den Vorschriften über die Bodenreform oder den Besitzwechsel eingetragen war. Es wird also nicht in allen Fällen des § 11 Abs 2 S 1 Nr 2 unter mehreren Erben der die Hauswirtschaft bewohnende zum Berechtigten. Vielmehr muß in der Person des Erblassers die qualifizierende Voraussetzung der Begünstigung aus einer Bodenreformentscheidung als Basis der Nachzeichnung in der Person des begünstigten Erben vorliegen. **25**

Es genügt dagegen nicht, wenn der Erblasser selbst aufgrund eines **Erbscheins** eingetragen wurde (BT-Drucks 12/2480, 88; Gollasch/Kroeger VIZ 1992, 424). Ist der Erblasser nicht **aufgrund einer Bodenreformentscheidung** eingetragen, so bleibt die Gemeinschaft aus Erben Eigentümer und ist Ansprüchen eines Berechtigten nach lit c nicht ausgesetzt.

Hingegen ist die Grundbucheintragung des Erblassers für die Nachzeichnung verzichtbar, sofern nur eine Entscheidung vorliegt, aufgrund derer der Erblasser ins Grundbuch hätte eingetragen werden müssen; in einem solchen Fall ist lit c entsprechend anzuwenden (BGH VIZ 2003, 36).

β) In der **Person des Erben** setzt die Bestimmung voraus, daß dieser tatsächlich das Hausgrundstück am Stichtag 15. 3. 1990 (OLG Brandenburg ZOV 1997, 111, 112; Versterben vor dem 22. 7. 1992 ändert nichts an der Berechtigung: OLG Dresden OLG-NL 201, 175; Palandt/ **26**

BASSENGE Rn 4) **bewohnt** hat. Das ist auch dann schon der Fall, wenn der Erbe am Stichtag zwar noch nicht umgezogen war, jedoch das Haus in Besitz genommen hatte und mit Renovierungsarbeiten begonnen hatte, um sodann einzuziehen (BGH VIZ 1999, 617). Nicht genügend ist dagegen, daß der Erbe einzelne Nächte im Haus des verstorbenen Begünstigten verbracht und das Hofgrundstück bewirtschaftet hat (BGH VIZ 1999, 616; für den entschiedenen Einzelfall zu Recht kritisch PIEKENBROCK ZOV 200, 139, denn die Erblasserin war am 3. 3. 1990 verstorben, so daß die Erben weder Zeit zum Umzug vor dem 16. 3. 1990 hatten, noch nach der seit 16. 3. 1990 geltenden Rechtslage noch Anlaß und Möglichkeit bestanden hätte, einen Besitz- oder Wohnungswechsel zu beantragen).

In diesem Fall ist die **Reichweite der Berechtigung** zwar nicht nur auf das bewohnte Haus beschränkt, sondern erfaßt die **Hauswirtschaft**; auch eine Flächenbeschränkung auf 500 m², die für Nutzungsrechte zum Zweck des Eigenheimbaus nach anderen Vorschriften galt, besteht in diesem Fall nicht (BGH VIZ 1998, 634, 635; KRÜGER NJ 1999, 41; WENZEL OV spezial 2000, 82, 84). Die Berechtigung ist jedoch entsprechend dem Nachzeichnungszweck entsprechend § 4 Abs 4 iVm § 3 Besitzwechselverordnung einzuschränken auf die Gebäudeanlage und die als **Hausgarten** genutzte Fläche (BGH VIZ 1998, 384). Zumindest in dünn besiedelten ländlichen Bereichen sind jedoch durchaus als Hauswirtschaften genutzte Flächen von 5.000 bis 6.000 m² keine Seltenheit (OLG Brandenburg ZOV 2000, 173, 174). Erforderlich ist jedoch das Bestehen einer wirtschaftlichen Einheit mit dem Hausgrundstück; entfernter gelegene unbebaute Flächen gehören nicht zur Hauswirtschaft, selbst wenn sie als Garten genutzt wurden (BGH VIZ 1998, 384, 386). An darüber hinausgehenden Flächen kann der Fiskus als Nächstberechtigter die Auflassung verlangen, wozu ggf die Grundstücke zu teilen sind (BGH VIZ 1998, 634, 635).

27 **γ)** Dieser Erbe erwirbt seine Berechtigung sodann nicht als Erbe, sondern aufgrund der **Nachzeichnung** des Bodenreformrechts, welche die Bestimmung vornimmt, also auch auf dem Weg über den Auflassungsanspruch nach § 11 Abs 3. Deshalb können die zunächst als Eigentümer mitbegünstigten (§ 11 Abs 2 S 1 Nr 2) Miterben **keinen Ausgleich** verlangen (PALANDT/BASSENGE Rn 4; BT-Drucks 12/2480, 88).

28 **dd)** Durch das RegisterverfahrenbeschleunigungsG wurde in Abs 2 Nr 1 lit d auch für Hausgrundstücke eine subsidiäre Berechtigung des **Landesfiskus** des Landes, in dem das Grundstück belegen ist, geschaffen. Voraussetzung ist, daß die Hauswirtschaft am 15. 3. 1990 weder zu Wohnzwecken noch zu gewerblichen Zwecken diente. Dies betrifft insbesondere Hausgrundstücke, die durch nicht mehr bestehende öffentliche Dienststellen genutzt worden sind (BT-Drucks 12/5553, 199; PALANDT/BASSENGE Rn 4; MünchKomm/ECKERT Rn 7).

Bei Abs 2 *Nr 1 lit d* handelt es sich um einen **Auffangtatbestand** hinsichtlich solcher Hauswirtschaften, für die kein Berechtigter nach lit a bis lit c vorhanden ist (OLG Düsseldorf VIZ 1999, 361; LG Potsdam ZOV 1996, 428; MünchKomm/ECKERT Rn 7). Die Gegenansicht (OLG Brandenburg ZOV 1997, 111, 112; WASMANN ZOV 1997, 314, 315) übersieht, daß Ziel dieser Regelung nur der Rückfall nicht mehr Wohn- oder Gewerbezwecken dienender Hauswirtschaften ist, dagegen nicht, wie bei Abs 2 Nr 2 lit c, eine Nachzeichnung der Rückführung in den Bodenfonds mangels besserer Berechtigung Privater. Fraglich ist allerdings, ob Abs 2 *Nr 2 lit c* einen Auffangtatbestand auch für Hauswirtschaften enthält, die weder von Abs 2 Nr 1 lit a bis c erfaßt sind, noch nach

Abs 2 Nr 1 lit d an den Fiskus fallen, also zwar als Hauswirtschaft genutzt waren, aber weder zugewiesen (oben Rn 22 f), noch von einem Erben bewohnt (oben Rn 24) waren. Dies ist anzunehmen, da nach dem Zweck der Nachzeichnungslösung alle Grundstücke an den Fiskus fallen sollen, für die bei Ablauf des 15. 3. 1990 keine Zuteilung möglich war; soweit die Hauswirtschaft nicht gesondert zuzuteilen war, besteht für eine Sonderbehandlung gegenüber den Schlägen kein Grund (OLG Düsseldorf VIZ 1997, 361, 362; PALANDT/BASSENGE Rn 5).

Die weitere Ausgestaltung entspricht der bereits in der Fassung durch das 2. VermRÄndG bestehenden Berechtigung des Fiskus an Schlägen (Abs 2 Nr 2 lit c, unten Rn 44).

c) Nicht wesentlich gewerbliche Nutzung

aa) Die erst im Rechtsauschuß eingefügte **Beschränkung** dieser Regelung auf **nicht im wesentlichen gewerblich genutzte** Hauswirtschaften wirft keine tatbestandlichen Probleme auf, wohl aber einen Wertungswiderspruch zu Abs 1. **29**

Tatbestandlich dürfte **wesentliche gewerbliche Nutzung** anzunehmen sein, wenn das Haus im einkommensteuerrechtlichen Sinn überwiegend gewerblichen Zwecken dient. Es handelt sich regelmäßig um Fälle, in denen auf Bodenreformgrundstücken anstelle von Wohnhäusern und Schuppen Gewerbebauten errichtet wurden (BT-Drucks 12/2944, 64).

bb) Das **Fehlen einer entsprechenden Einschränkung in Abs 1 Nr 2** dürfte ein gesetzgeberisches Versehen bedeuten: Abs 2 erweitert gegenüber Erben und Erbengemeinschaften grundsätzlich den Kreis der Anspruchsberechtigten. Die hier gemachte Einschränkung macht aber erkennbar, daß gesteigert schutzbedürftig nur Personen sind, welche eine Hauswirtschaft als **Wohnraum** nutzen. Wenn schon gegenüber Erben des Bucheigentümers bei Alterbfällen eine Berechtigung nicht besteht, wenn die Hauswirtschaft überwiegend gewerblich genutzt wird, dann müßte dies **erst recht** im Verhältnis zu dem grundsätzlich als schutzwürdiger anerkannten noch lebenden Bucheigentümer selbst gelten. Offenbar wurde im Rechtsausschuß die Bedeutung dieses Tatbestandsmerkmals schon für Abs 1 Nr 2 nicht deutlich erkannt (BT-Drucks 12/2944, 47 stellt für Fälle des § 11 Abs 2 S 1 Nr 1 den förmlichen und den faktischen Übergabevollzug gleich). **30**

cc) Der Widerspruch läßt sich nur lösen durch **entsprechende Anwendung** des Tatbestandsmerkmals „nicht im wesentlichen gewerblich genutzt“ auf den Fall des Abs 1 Nr 2 (**aA** MünchKomm/ECKERT Rn 4). Dies entspricht dann der aus der Änderung gegenüber dem Gesetzentwurf folgenden Zielsetzung, daß der Inhaber einer gewerblich genutzten Hauswirtschaft nicht bevorzugt zu begünstigen ist (BT-Drucks 12/2944, 64). **31**

3. Land- oder forstwirtschaftlich genutzte Grundstücke (Abs 2 Nr 2)

a) Begriff

aa) Für land- oder forstwirtschaftlich genutzte Grundstücke **(Schläge)** gilt im Fall des § 11 Abs 2 Nr 2 Fall 1, also gegenüber Erben oder Gemeinschaften aus Erben in Alterbfällen als Eigentümer, eine abweichende Regelung (Abs 2 Nr 2). **32**

33 bb) Die Nutzung „für die Land- und Forstwirtschaft" knüpft an die **Verhältnisse am 15. 3. 1990** an (BGHZ 132, 71, 78; OLG Brandenburg VIZ 1997, 542, 543; OLG Brandenburg ZOV 1997, 111, 112; OLG Jena OLG-NL 1996, 103; OLG Naumburg OLG-NL 1995, 1; vgl auch BGH VIZ 1997, 296 zur Nutzung als Kleinstfläche, dazu unten Rn 46 ff). Die Gegenansicht (VG Meiningen VIZ 1996, 108, 109; MünchKomm/ECKERT Rn 11; eine weitere Gegenansicht stellte auf die in der Zuteilung bestimmte ursprüngliche Nutzung ab: LG Meiningen OLG-NL 1996, 105; LG Potsdam VIZ 1996, 107), die auf die Nutzung am 22. 7. 1992 abstellen will, beruht wesentlich auf der überholten (Vorbem 23) Ansicht, daß erst das Inkrafttreten der §§ 11 ff die Eigentumszuweisung bewirkt habe. Die Anwendung von Abs 2 Nr 2 bewirkt eine Weichenstellung für die Nachzeichnung, die auf den für die Nachzeichnung maßgeblichen Stichtag, also den 15. 3. 1990 zu beziehen ist.

Damit ist auch auf die damalige Begriffsbildung durch das LPG-G abzustellen. Eine solche Nutzung liegt nicht vor, wenn es sich um einen als Bodenreformgrundstück eingetragenen **Hausgarten** handelt, der mit einem nicht als Bodenreformgrundstück gekennzeichneten Wohnhausgrundstück eine geschlossene Wirtschaftseinheit bildet (OLG Rostock OLG-NL 1996, 31, 32).

34 cc) Eine land- und forstwirtschaftliche Nutzung liegt auch vor, wenn das Grundstück generell hierzu vorgesehen ist, aber am 15. 3. 1990 **brachlag**, sofern in der Bauleitplanung eine andere Nutzung nicht geplant und eine Wiederaufnahme der landwirtschaftlichen Bewirtschaftung noch möglich war (OLG Naumburg OLG-NL 1995, 1; OLG Naumburg OLG-NL 1995, 255, 256; OLG Jena OLG-NL 1996, 103, 104; OLG Brandenburg VIZ 1997, 542, 543), nicht aber bei endgültiger Aufgabe der Nutzung (insoweit, nicht aber zum Stichtag, vgl oben Rn 33, zutreffend VG Meiningen VIZ 1996, 108, 109; MünchKomm/ECKERT Rn 11).

b) Auffangtatbestand

35 aa) Die in Abs 2 Nr 1 erfolgte **Herausnahme im wesentlichen gewerblich genutzter Hauswirtschaften** aus dem Anwendungsbereich von Nr 1 führte zu einer **Regelungslücke**: Bei wortlautgemäßer Anwendung wären solche Bodenreformgrundstücke nur erfaßt, wenn es sich um Schläge (dann Nr 2) handelt. Anderenfalls wären die nach § 11 Abs 2 bestimmten Eigentümer nicht dem Anspruch eines nach § 12 besser Berechtigten ausgesetzt.

36 bb) Das wäre einerseits widersprüchlich gegenüber dem als schutzwürdiger anerkannten noch lebenden Bucheigentümer; denn in diesem Fall unterfallen solche Grundstücke ausnahmslos wenigstens der Regelung des Abs 1 Nr 1: Auch derjenige, dem ein gewerblich genutztes Bodenreformgrundstück **förmlich zugewiesen** wurde, hat einen Anspruch nach § 11 Abs 3.

37 cc) Vor allem aber ergäbe sich insgesamt ein Widerspruch zur **Grundidee der Nachzeichnungslösung**. Der Gesetzgeber ging von der **Lückenlosigkeit** des Systems in Abs 2 Nr 1/Nr 2 aus. An Bodenreformgrundstücke in Alterbfällen (Abs 2) sollten umfassend im Wege der Nachzeichnung letztlich nur Personen berechtigt sein, denen nach den Bestimmungen des DDR-Bodenreformrechts das Grundstück zugeteilt wurde oder zugeteilt hätte werden können. Anderenfalls sollte der versäumte Rückfall in den Bodenfonds durch den Anspruch des Fiskus nachgezeichnet werden (BGHZ 132, 71, 78). Lücken im gegenständlichen System, die einzelne Grundstückstypen gegenständlich von diesem System freistellen und damit im Eigentum des nach § 11 Abs 2 S 1 Nr 2 Fall 1 nur provisorischen Eigentümers belassen, ohne daß eine Zuteilung an diesen möglich gewesen wäre, sind mit diesem Gesetzeszweck nicht zu vereinbaren.

dd) Daraus folgert die inzwischen ganz herrschende Rechtsprechung zutreffend, daß Abs 2 Nr 2 als **Auffangtatbestand** alle – auch nicht land- oder forstwirtschaftlichen – Grundstücke erfaßt, die tatbestandlich nicht unter Nr 1 fallen (BGHZ 132, 71, 77; BGHZ 140, 223, 236; BGH VIZ 1997, 48; OLG Brandenburg VIZ 1998, 686; OLG Brandenburg OLG-NL 1999, 25; LG Chemnitz VIZ 1995, 475, 476; Palandt/Bassenge Rn 5; MünchKomm/Eckert Rn 8; Rauscher JR 1999, 465, 467). Nicht von Abs 2 Nr 2 erfaßt sind nach dieser Grundidee solche Grundstücke, die als **Bauplätze** zum Verkehrswert übertragen wurden, auch wenn die Bebauung unterblieb, denn es handelt sich bodenreformrechtlich nicht um in den Bodenfonds zurückzuführende Grundstücke (BGH ZOV 2003, 98, 99). **38**

ee) Darüber hinaus ist Abs 2 Nr 2 lit c auch ein Auffangtatbestand in Fällen, in denen das Grundstück zwar gegenständlich als **Hauswirtschaft** unter Abs 2 Nr 1 fiele, jedoch kein Berechtigter nach Abs 2 Nr 1 lit a bis c vorhanden ist (dazu oben Rn 28). **39**

Hingegen ist Abs 2 Nr 2 lit c nicht als Auffangtatbestand heranzuziehen, wenn das Bodenreformgrundstück durch eine – nach dem Recht der DDR jedenfalls nicht nichtige – Zuweisung einer **LPG** übertragen wurde. Solche Fälle sind in entsprechender Anwendung von § 11 Abs 1 Nr 1, also gemäß § 12 Abs 1 zu behandeln (BGH ZOV 2003, 103; iE auch OLG Dresden VIZ 2001, 691, 692; vgl § 11 Rn 28).

c) Berechtigter

aa) Abs 2 Nr 2 lit a gibt auch für diesen Fall dem aus einer **förmlichen Übertragung oder Zuweisung** Begünstigten die Berechtigung. Hingegen wird für diesen Fall die **faktische** Zuweisung nicht anerkannt (OLG Dresden OLG-NL 1996, 128). Aus der Entwurfsbegründung erscheint der Hinweis auf die geringere Schutzwürdigkeit (gemessen an Fällen der faktisch zugewiesenen Hauswirtschaft) überzeugend, während die Nachweisschwierigkeiten, auf die der Entwurf ebenfalls Bezug nimmt, auch im Fall der Hauswirtschaft bestehen dürften. **40**

bb) In zweiter Linie ist daher der **zuteilungsfähige Erbe** des zuletzt im Grundbuch Eingetragenen berechtigt (Gollasch/Kroeger VIZ 1992, 424). Die Alternative orientiert sich in ihren **tatbestandlichen Voraussetzungen** an Nr 1 lit c (oben Rn 24 ff). Erforderlich ist auch hier die Eintragung des Bucheigentümers **aufgrund einer Entscheidung** nach den Bodenreform-/Besitzwechselvorschriften. Nicht erforderlich ist – naturgemäß bei land- und forstwirtschaftlichem Grund – daß der Berechtigte das Grundstück bewohnt. Der Erbe muß jedoch **zuteilungsfähig** sein; insoweit gilt die Zuteilungsfähigkeit nach Abs 3, nicht jene nach dem Recht der DDR (vgl unten Rn 51 ff). Den Anspruch hat **jeder zuteilungsfähige Miterbe**, auch im Verhältnis zu den anderen Erben, die als Eigentümer eingetragen sind (OLG Naumburg OLG-NL 1995, 81, 82 zum Wegfall der Geschäftsgrundlage für eine vorherige Erbauseinandersetzung). **41**

cc) Subsidiär fallen alle Grundstücke, die in das Eigentum von Erben oder Gemeinschaften aus Erben des Bucheigentümers gelangt sind, letztlich dem **Landes-** **42**

fiskus des Landes zu, in dem sie belegen sind. Hierin liegt der in der Praxis bedeutsamste Unterschied zur Behandlung von Hausgrundstücken (BGHZ 132, 71, 78; OLG Rostock OLG-NL 1996, 31, 32; VG Meiningen VIZ 1996, 108 ff).

43 **α)** Die im Entwurf enthaltene Zuweisung der Berechtigung an die Treuhandanstalt und damit letztendlich an den Bund, wurde auf Anregung des Bundesrats (BT-Drucks 12/2695, 24) in Anlehnung an § 928 Abs 2 BGB zugunsten der Länder korrigiert. Das erscheint sachgerecht, weil der damit erfaßte landwirtschaftliche Grund in öffentlicher Hand nicht den Ländern entzogen werden sollte. Eine endgültige Verteilung zwischen den Fiski durch Bundesgesetz bleibt aber gemäß § 16 Abs 1 insoweit vorbehalten (BT-Drucks 12/2944, 64).

44 **β)** Nach ausdrücklicher Regelung sind die Bestimmungen der **Dritten Durchführungsverordnung** zum Treuhandgesetz v 29. 8. 1990 (GBl DDR 1990 I 1333) nicht anzuwenden; damit wird der **Ausnahmecharakter** dieser Regelung klargestellt (BT-Drucks 12/2944, 64). Dies gilt auch im Fall der Berechtigung des Fiskus an Hauswirtschaften (oben Rn 28).

45 **γ)** Vor allem durch die Einbeziehung des **Fiskus** als subsidiär Berechtigten an Schlägen (die Fälle öffentlich genutzter Hauswirtschaften dürften seltener sein) wird der Fiskus eines Bundeslandes in zahlreichen Fällen (BGHZ 140, 223, 236; BGH VIZ 1997, 48; OLG Brandenburg VIZ 1998, 686; OLG Brandenburg OLG-NL 1999, 25; OLG Naumburg OLG-NL 1995, 1; OLG Naumburg NJ 1995, 319; OLG Naumburg OLG-NL 1995, 2) Berechtigter und damit über § 11 Abs 3 schließlich Eigentümer an einem ehemaligen Bodenreformgrundstück.

Zum Streit um die **Verfassungsmäßigkeit** dieser Auswirkung in Ansehung der Rechtsposition der Erben von Bucheigentümern mit Rücksicht auf die Aufhebung der Eigentumsbeschränkungen durch das Modrow-Bodenreformgesetz (Vorbem 7) vgl Vorbem 20 f u 25.

4. Kleinstflächen

46 **aa)** Vor allem die Ausdehnung von Abs 2 Nr 2 als Auffangtatbestand (oben Rn 35 ff) auf alle nicht von Abs 2 Nr 1 erfaßten Fälle macht eine Sonderbehandlung von **Kleinstflächen aus der Bodenreform** erforderlich, die keiner Hauswirtschaft zugeordnet sind (nur dann unterlägen sie Abs 2 Nr 1; mißverständlich insoweit MünchKomm/Eckert Rn 6). Solche Flächen, die bis zu einer Größe von 5000 m² (Wendlinger VIZ 1999, 68, 70) an Angestellte und Arbeiter zur „produktiven Freizeitgestaltung" vergeben wurden (BGH VIZ 1997, 296) erfuhren im DDR-Bodenreformrecht schon begrifflich (vgl § 15 Besitzwechselverordnung 1951) eine Sonderbehandlung, wurden auch Personen zugeteilt, die nicht in der Land-, Forst- oder Nahrungsmittelwirtschaft beschäftigt waren und konnten auch einer Mehrheit von Erben zugeteilt werden (§ 8a Abs 3 Besitzwechselverordnung 1988; BGH VIZ 1998, 296; Piekenbrock ZOV 1997, 156, 157). Der Charakter als Kleinstfläche ergibt sich dabei nicht aus einer ausdrücklichen Bezeichnung, sondern lediglich aus Größe und Zuteilung an einen sonst nicht Zuteilungsberechtigten (Wendlinger VIZ 1999, 68, 70).

47 **bb)** Der Gesetzgeber hatte sich für die Nachzeichnung nur an den Regelungen des

DDR-Bodenreformrechts für sonstige Bodenreformgrundstücke orientiert, die aber für Kleinstflächen in **Widerspruch zum Nachzeichnungsprinzip** standen.

Der BGH (BGH VIZ 1997, 296; zustimmend OLG Jena OLG-NL 1999, 28; Wendlinger VIZ 1999, 68, 70; Palandt/Bassenge Rn 6; iE auch Piekenbrock ZOV 1997, 156, 157) behandelt solche Flächen zutreffend im Interesse des Nachzeichnungsprinzips als eine **Sonderkategorie**, die weder unter Abs 2 Nr 1 (so Pieckenbrock ZOV 1997, 156, 157; MünchKomm/Eckert Rn 6), noch unter die Auffangregel des Abs 2 Nr 2 fällt. Grundsätzlich ist allerdings von der dreistufigen Berechtigungsreihe des Abs 2 Nr 2 auszugehen. Für die Berechtigung des Erben (vgl Abs 2 Nr 2 lit b) kommt es jedoch nicht auf dessen *Zuteilungsfähigkeit* an, weil dies der Nachzeichnung (Tätigkeit in Landwirtschaft etc nicht erforderlich, soeben Rn 46) widerspräche, sondern lediglich auf die *tatsächliche Bewirtschaftung*. Der subsidiäre Anspruch des Fiskus besteht entsprechend Abs 2 Nr 2 lit c, wenn das Grundstück bei Ablauf des 15. 3. 1990 nicht mehr als Kleinstfläche aus der Bodenreform bewirtschaftet wurde (BGH VIZ 1997, 296).

IV. Vererblichkeit einer am 15. 3. 1990 bestehenden Berechtigung

a) Die Nachzeichnung stellt in allen Berechtigungsvarianten von Abs 1 und Abs 2 auf die **Verhältnisse** am 15. 3. 1990 ab. Gleichwohl ist umstritten, ob auch für das Vorhandensein eines lebenden Berechtigten auf diesen Stichtag abzustellen ist, ob also eine am 15. 3. 1990 bestehende Berechtigung vererblich ist. **48**

Der **BGH** hat sich der Ansicht angeschlossen, der Berechtigte müsse nicht nur den 16. 3. 1990, sondern auch den 22. 7. 1992 erlebt haben. Ein selbst nicht berechtigter (zB nicht zuteilungsfähiger) Erbeserbe eines zwischen dem 15. 3. 1990 und dem 22. 7. 1992 verstorbenen Erben des vor dem 15. 3. 1990 verstorbenen Bucheigentümers habe die Rechtsstellung eines Berechtigten iSd § 12 Abs 2 Nr 2 nicht ererben können (BGH VIZ 1998, 387; OLG Naumburg NJ 1995, 319, 320; OLG Rostock OLGR 1997, 298, 299; Böhringer VIZ 1993, 195, 196).

b) Diese Ansicht ist **unzutreffend**; sie beruht wesentlich auf der inzwischen durch den BGH aufgegeben Annahme, die Stellung des Eigentümers von Bodenreformgrundstücken sei bis zum 22. 7. 1992 unvererblich gewesen (vgl zutreffend LG Neuruppin VIZ 2001, 174; dazu Vorbem 23). §§ 11–16 sollen lediglich den bereits am 16. 3. 1990 **eingetretenen Eigentumserwerb** auf bestimmte berechtigte Personen hin konkretisieren. Soweit dies mit Wirkung vom 22. 7. 1992 durch §§ 11 ff geschehen ist, wirkt diese Konkretisierung auf den 16. 3. 1990 zurück (wie hier OLG Dresden OLG-NL 2001, 175, 178 für Abs 2 Nr 2 lit c; LG Neuruppin VIZ 2001, 174; Wendlinger VIZ 1999, 68, 69; Klein, in: FS BGH 183, 199). Daß der Gesetzgeber die Vererblichkeit der durch §§ 11 ff eingeräumten Rechtspositionen seit dem 16. 3. 1990 gewollt hat, zeigt sich im übrigen in der Behandlung der Neuerbfälle durch § 12 Abs 1 Nr 1, die dem Fall des am 22. 7. 1992 noch lebenden Grundbuchberechtigten gleichgestellt sind. **49**

Maßgeblich ist also, daß der gemäß Abs 1 Nr 1 Berechtigte den 16. 3. 1990 erlebt hat. Dieser Stichtag gilt mutatis mutandis auch für den Besitzwechselberechtigten nach Abs 2 Nr 1 lit a, Abs 2 Nr 2 lit a sowie den faktisch Besitzwechselberechtigten nach Abs 1 Nr 2, Abs 2 Nr 1 lit b.

V. Zuteilungsfähigkeit (Abs 3)

1. Begriff

50 Abs 3 regelt die **Zuteilungsfähigkeit**, also die Voraussetzung für die Berechtigung in den Fällen des Abs 1 Nr 2 und Abs 2 Nr 1 lit b. Die Zuteilungsfähigkeit wird für Zwecke der §§ 11–16 als eigenständiger Rechtsbegriff geregelt, orientiert sich aber eng an den Bestimmungen in § 2 der Besitzwechselverordnung (siehe Vorbem 5; BT-Drucks 12/2480, 89; Jesch VIZ 1994, 456).

2. Persönliche Anforderungen

a) Grundsätze

51 aa) Zuteilungsfähig ist, wer in der **Land-, Forst- oder Nahrungsgüterwirtschaft** tätig war (dazu unten Rn 53 ff). Erforderlich ist eine Tätigkeit im **Gebiet der ehemaligen DDR**. Eine Tätigkeit in einem der alten Bundesländer reicht nicht (OLG Brandenburg ZOV 2000, 168; BT-Drucks 12/2480, 89; Gollasch/Kroeger VIZ 1992, 424).

Personen, die vor dem 15. 3. 1990 die DDR verlassen haben, kommen, unbeschadet der Gründe für den Wegzug, nicht in Betracht (OLG Naumburg OLG-NL 1995, 2). Hängt der Wegzug mit *staatlichem Unrecht* der DDR zusammen, so kann allerdings der Fiskus als Letztberechtigter nach Treu und Glauben gehindert sein, sich auf die deshalb fehlende Zuteilungsfähigkeit eines ansonsten besser Berechtigten zu berufen (dazu § 11 Rn 49).

52 bb) Maßgeblicher **Stichtag** für die Zuteilungsfähigkeit ist der 15. 3. 1990 (OLG Brandenburg OLG-NL 1996, 278, 279; OLG Brandenburg ZOV 2000, 168; OLG Naumburg NJ 1995, 319, 321; OLG Naumburg OLG-NL 1995, 81, 83; OLG Rostock OLG-NL 1995, 268; zur Frage, ob der Zuteilungsberechtigte am 22. 7. 1992 noch leben muß, oben Rn 48 f). *Urlaub oder Krankheit* zum Stichtag sind unschädlich (Palandt/Bassenge Rn 6).

b) Tätigkeitskriterien

53 aa) In der strittigen Frage, ob das Tätigkeitsmerkmal **personen-** oder **betriebsbezogen** auszulegen ist, hat sich die Rechtsprechung zutreffend für eine grundsätzlich betriebsbezogene Ausfüllung entschieden. In der Land-, Forst- oder Nahrungsgüterwirtschaft war tätig, wer in einem Betrieb arbeitete, der administrativ dem Bereich des damaligen DDR-Ministeriums für Land-, Forst- und Nahrungsgüterwirtschaft zugeordnet war (BGHZ 136, 283, 293; BGH VIZ 1998, 384; BGH ZOV 1999, 113; vgl schon LG Leipzig OLG-NL 1995, 83, 84; Palandt/Bassenge Rn 6; MünchKomm/Eckert Rn 14).

54 bb) Da die Regelung der Zuteilungsfähigkeit in Abs 3 gleichermaßen für alle **Fälle** gilt, in denen Abs 2 Zuteilungsfähigkeit verlangt, würde jedoch eine einheitliche Verknüpfung aller denkbaren Betriebe mit allen Grundstückstypen dem Ziel der Nachzeichnungslösung nicht gerecht.

Die Rechtsprechung nimmt vor diesem Hintergrund eine **teleologisch restriktive Auslegung** vor. Auch in dieser Frage (vgl auch zu den Kleinstflächen oben Rn 46, zum Auffangtatbestand oben Rn 38 f) ist zur Verwirklichung des Nachzeichnungsprinzips eine Orientierung an den Kriterien vorzunehmen, die nach dem Recht der DDR die

Zuteilung des jeweiligen Grundstücks ermöglicht hätten. Insbesondere die Einbeziehung der Betriebe der *Ernährungswirtschaft* in das Tätigkeitskriterium hätte dazu geführt, daß Erben nach § 12 *land- und forstwirtschaftliche Grundstücke* zufällig hätten behalten dürfen, die ihnen nach den Besitzwechselvorschriften nie hätten zugewiesen werden können, weil sie nicht die Voraussetzungen für eine effektive Bewirtschaftung mitbrachten und die in anderen Fällen bereits in den Bodenfonds zurückgeführt waren (BGHZ 136, 283, 288; BGH NJW 1998, 224; OLG Jena OLG-NL 1999, 28, 29).

Das damit begründete Erfordernis, bei der Zuteilungsfähigkeit für **Schläge** die Zugehörigkeit zu einem land- oder forstwirtschaftlichen Betrieb zu verlangen, formalisiert die Rechtsprechung, indem sie **Zugehörigkeit zu einer LPG** verlangt. Genügend ist – wiederum entsprechend der DDR-Rechtslage – auch ein noch nicht negativ beschiedener (OLG Dresden RdL 2001, 121), vor dem 15. 3. 1990 gestellter Antrag auf Aufnahme in eine LPG (BGHZ 136, 283, 291 f; BGH VIZ 1998, 384, 385; BGH ZOV 1999, 113; OLG Dresden VIZ 2001, 277; OLG Dresden OLG-NL 2002, 227, 229; OLG Jena OLG-NL 1999, 28; LG Neuruppin VIZ 2001, 279; Piekenbrock ZOV 1998, 87; vgl schon OLG Rostock OLG-NL 1995, 207, 208 Hochseefischerei nicht genügend; **aA** noch BGH VIZ 1996, 523, 524; OLG Brandenburg VIZ 1997, 542; LG Stralsund NJ 1996, 648; AG Berlin-Pankow-Weißensee NJ 1997, 593). Bei Erbfällen um die Wende in der DDR genügt es auch, wenn der Erbe, ohne einen Antrag auf Mitgliedschaft in einer LPG gestellt zu haben, sein Interesse an der Nachfolge in die Bodenreformwirtschaft bekundet hat; in einem solchen Fall muß jedoch für die Zuteilungsfähigkeit eine erhebliche individuelle landwirtschaftliche Tätigkeit vorliegen (BGH VIZ 2001, 618). Wurde der Aufnahmeantrag negativ beschieden, so fehlt es an dieser Voraussetzung der Zuteilungsfähigkeit, sofern nicht, ähnlich der Situation bei Ausreise aus der DDR (oben Rn 51, § 11 Rn 49), manipulatives Handeln vorliegt (BGH VIZ 2002, 484).

Dem ist letztlich zuzustimmen; in der DDR war die Tätigkeit in der Land- und Forstwirtschaft mit Ausnahme von Nebenerwerbslandwirtschaften faktisch in den LPGen konzentriert, so daß dieses formale Kriterium weitgehend auch den in Betracht kommenden Personenkreis zutreffend beschreibt.

55 **cc)** Unerheblich ist dagegen, ob die ausgeübte **Tätigkeit** innerhalb eines solchen Betriebs im engeren Sinn land-, forst-, oder ernährungswirtschaftsbezogen war (BGH VIZ 1996, 523; BGH VIZ 1998, 229; OLG Dresden OLGR 1996, 128, 129; OLG Naumburg OLGR 1996, 51; Palandt/Bassenge Rn 6; **aA** OLG Rostock OLG-NL 1995, 207, 208; LG Rostock VIZ 1995, 54, 55; MünchKomm/Eckert Rn 14). Zwar ist der Gegenansicht zuzugeben, daß die an anderer Stelle (oben Rn 54) vom BGH betonte Gewähr für die Fähigkeit zur Bewirtschaftung bei einem Fahrer oder Elektriker einer LPG nicht gegeben ist (individuell tätigkeitsbezogen argumentiert daher Eckert WuB IV B Art 233 § 11 EGBGB 1.98). Jedoch entspricht das formale Kriterium durchaus der Nachzeichnung; auch der Gesetzgeber ging davon aus, daß ggf auch Angestellte zuteilungsfähig seien (vgl OLG Dresden OLG-NL 1996, 128, 129).

Auch die arbeitsrechtliche Stellung ist unerheblich (MünchKomm/Eckert Rn 13). In Betracht kommen LPG-Mitglieder, Arbeiter und Angestellte (BT-Drucks 12/2480, 89). Nicht erforderlich ist, daß die Tätigkeit in dem konkreten Betrieb ausgeübt wurde, zu dem das Grundstück gehört (OLG Rostock OLG-NL 1995, 207, 208).

56 **dd)** Die Tätigkeit muß am Stichtag **hauptberuflich** in einem die Zuteilungsfähigkeit begründenden Betrieb ausgeübt worden sein (OLG Brandenburg ZOV 1996, 360; MünchKomm/Eckert Rn 14, beide jedoch vom Standpunkt der personenbezogenen Tätigkeitsbestimmung, oben Rn 53 f) oder doch wenigstens als Nebenerwerb eine entscheidene Einkommens- und Lebensgrundlage gebildet haben (OLG Brandenburg VIZ 1997, 542; vgl auch BGH VIZ 2001, 618). Die bloß formale Zugehörigkeit zu einer LPG genügt daher nicht, wenn die Person hauptberuflich außerhalb der LPG tätig war (OLG Brandenburg OLGR 1998, 265: MfS; OLG Brandenburg VIZ 2001, 172: VEB Spielwaren). Auch eine **vorübergehende Aushilfstätigkeit** genügt nicht, gerade wenn man die vom BGH der Zugehörigkeit in der LPG zutreffend zugeschriebene Typisierung ernst nimmt (OLG Rostock OLG-NL 1996, 101; OLG Rostock OLGR 1998, 273).

3. Rentner

57 **a)** Zuteilungsfähig ist nach der Neufassung durch das RegisterverfahrenbeschleunigungsG auch, wer vor Ablauf des 15. 3. 1990 **wenigstens zehn Jahre** im Beitrittsgebiet in der Land- oder Forstwirtschaft tätig war. Dieser Zeitraum muß *nicht zusammenhängend* verlaufen sein (Palandt/Bassenge Rn 6). Weitere Voraussetzung ist, daß der Berechtigte danach *keiner anderen Tätigkeit* nachgegangen ist und voraussichtlich auf Dauer nicht nachgehen wird (Abs 3 HS 2; LG Leipzig OLG-NL 1995, 83, 84). Schädlich ist auch eine Teilzeittätigkeit, selbst wenn sie nur dem Zweck diente, den Eintritt des Rentenfalls zu verzögern (OLG Naumburg 9 U 649/97, juris).

58 **b)** Auszulegen ist dies nach dem Ziel der Einbeziehung von **Rentnern** in die Berechtigung auf dem Hintergrund der Rechtswirklichkeit in der DDR; entgegen der geschriebenen Rechtslage wurde das Bodenreformland regelmäßig den LPG-Mitgliedern und ihren Ehegatten im Ruhestand belassen. Diese Einbeziehung schafft nunmehr die Möglichkeit zu einer die Rente aufbessernden Verpachtung (BT-Drucks 12/5553, 199).

59 **c)** Trotz der mißverständlichen Formulierung („*vor* Ablauf ...") kommen auch in dieser Alternative grundsätzlich nur Personen als Zuweisungsberechtigte in Betracht, die bei Ablauf des 15. 3. 1990 in der DDR gelebt und die tatbestandlichen Voraussetzungen erfüllt hatten. Auch insoweit kann jedoch nach Treu und Glauben (vgl oben Rn 51) der Fiskus als letzter Berechtigter daran gehindert sein, das Fehlen der Berechtigung geltend zu machen, wenn der vorrangig Berechtigte nur deshalb am 15. 3. 1990 nicht in der DDR gelebt hat, weil er nach einer Verurteilung in der DDR durch die BRep Deutschland freigekauft wurde (OLG Jena OLG-NL 1996, 80, 81; zustimmend OLG Naumburg 9 U 649/97 juris; Palandt/Bassenge Rn 6).

VI. Mehrheit von Berechtigten (Abs 4)

60 **1.** Entgegen dem mißverständlichen Wortlaut erfaßt Abs 4 nicht alle Fälle, in denen sich nach Abs 1 oder 2 mehrere Berechtigte ergeben würden. Die Bestimmung regelt nur die Fälle mehrerer Berechtigter **gleichen Ranges** (BGH VIZ 1998, 229). Zwischen den Alternativen Abs 1 Nr 1 und 2 sowie den Alternativen Abs 2 Nrn 1 a bis d und 2 lit a bis c besteht ein **Rangverhältnis**, das sich aus der Reihenfolge der Aufzählung in der Vorschrift ergibt (BT-Drucks 12/2480, 87; vgl Rn 5). Abs 4 ist also nur anzuwenden, wenn sich die Berechtigung mehrerer Personen aus **derselben Fallgruppe** ergibt (Palandt/Bassenge Rn 7).

2. Mehrere ranggleiche Personen sind – in Abweichung von den Besitzwechselvorschriften der DDR, die eine Ermessenszuweisung an einen Erben vorsahen (BGH VIZ 1998, 229; OLG Brandenburg VIZ 1998, 387) – zu gleichen Teilen berechtigt (BGH VIZ 1998, 229; LG Leipzig OLG-NL 1995, 83, 84). **Miterben** sind berechtigt nach Maßgabe ihrer Erbquoten (Palandt/Bassenge Rn 7). Sie haben damit gemäß § 11 Abs 3 S 1 Anspruch auf Übertragung des Eigentums als **Miteigentümer nach diesen Teilen**. Ist der Anspruch erfüllt, so ergeben sich keine Besonderheiten; das Miteigentum, insbesondere seine Auseinandersetzung, unterliegt im Innenverhältnis den Regeln über die **Gemeinschaft** (§§ 749 ff; Palandt/Bassenge Rn 7; ungenau BT-Drucks 12/2480, 90: „zuzuteilen"). 61

VII. Verheirateter Berechtigter (Abs 4 S 2)

1. Abs 4 S 2 trifft eine Regelung für den Fall, daß der Berechtigte **verheiratet** ist und im **gesetzlichen Güterstand des FGB** lebte. Die Regelung ist orientiert an § 11 Abs 5, unterscheidet sich aber in einzelnen Tatbestandsvoraussetzungen. Grund für die Beteiligung des Ehegatten ist, daß nach einer Entscheidung des Obersten Gerichts der DDR (NJ 1970, 249) auch ein aus dem Bodenfonds der Bodenreform zugeteiltes Grundstück in die **Eigentums- und Vermögensgemeinschaft** floß (BT-Drucks 12/2480, 89). Diese Mitbeteiligung soll vereinfacht nachvollzogen werden. 62

2. Die Bestimmung ist beschränkt auf Berechtigte, denen das Bodenreformgrundstück **förmlich zugewiesen** wurde (Abs 1 Nr 1, Abs 2 Nr 1 lit a, Abs 2 Nr 2 lit a). Im Fall der Berechtigung gegenüber einem Erben oder einer Gemeinschaft von Erben ist die Bestimmung auch anzuwenden, wenn die Berechtigung (nur) aus einer **faktischen Zuweisung** folgt. Abs 2 Nr 1 lit b ist ausdrücklich genannt. 63

a) Daraus ergibt sich eine nicht aufklärbare **Wertungsunstimmigkeit**. Im Falle der Berechtigung aufgrund faktischer Zuweisung einer Hauswirtschaft im Verhältnis zum Bucheigentümer selbst oder seinen Erben in Neuerbfällen (Abs 1 Nr 2) ist nach dem Wortlaut Abs 4 S 2 nicht anzuwenden. Aus Sicht des Ehegatten des Berechtigten erweist sich dies als eine **Ungleichbehandlung**, für die sich keine vernünftigen, Art 3 Abs 1 GG standhaltenden Begründungen finden lassen. Der Gesetzgeber konnte zwar sicher danach differenzieren, ob sich die Berechtigung aus einer bodenreformrechtlichen Zuweisung ergibt oder ob die Berechtigung eher formaler Nachzeichnung der Bodenreformregeln folgt. Da im Falle der Zuweisung nach dem Recht der DDR der im gesetzlichen Güterstand lebende Ehegatte mitbegünstigt wurde, hat dieser nämlich eine gesteigerte Aussicht auf Mitbeteiligung erlangt, wenn eine solche Zuweisung vorliegt. Hingegen macht es aus Sicht des Ehegatten keinen Unterschied, ob der Berechtigte, der sowohl im Falle von Abs 1 Nr 2 wie im Falle von Abs 2 Nr 1 lit b nur aus einer **faktischen Zuteilung** begünstigt ist, die sich auf eine **Hauswirtschaft** bezieht, seinen Anspruch gegenüber dem Bucheigentümer (Abs 1) oder seinen Erben in Alterbfällen (Abs 2) geltend macht. Die Motivation zur Differenzierung zwischen Abs 1 und 2 berührt ausschließlich die Wertungsebene Bucheigentümer/Berechtigter; auf das Verhältnis Berechtigter/Ehegatte schlagen die Wertungen nicht durch und rechtfertigen daher keine Differenzierung. 64

65 **b)** Eine **verfassungskonforme Auslegung** dürfte angesichts der klaren Enumeration der erfaßten Fälle auf Schwierigkeiten stoßen. Man wird allenfalls ein **Redaktionsversehen** annehmen können, das verfassungskonform dahingehend zu bereinigen ist, daß Abs 4 S 2 auch im Falle des Abs 1 **Nr 2** anzuwenden ist (vgl auch die Wertung in § 13 Abs 2 S 1 aF).

66 **3.** Der **Berechtigte muß verheiratet sein**. Fraglich ist, auf welchen **Zeitpunkt** sich dieses Erfordernis bezieht.

a) Jedenfalls ergibt sich aus Abs 4 S 2 HS 2, daß die Ehe **bei Wirksamwerden des Beitritts** bestanden haben muß (güterrechtliches Tatbestandsmerkmal). Insoweit ist auch nicht mit Rücksicht auf Art 14 Abs 1 GG eine andere Auslegung geboten, da vor dem 22. 7. 1992 keine geklärte Berechtigung und damit auch keine geklärte Mitberechtigung des Ehegatten bestand (**aA** OLG Naumburg OLGR 1997, 368, 369).

Da die Berechtigung erst am 22. 7. 1992 eintritt, könnte man aber annehmen, daß die Ehe auch noch in diesem Zeitpunkt bestanden haben muß (so PALANDT/BASSENGE Rn 7). Hierfür spräche auch der Wortlaut („Ist ..."). Dagegen spricht aber, daß es sich um eine **Nachzeichnung** abgeschlossener Vorgänge handelt; tragender Grund für die von Abs 4 S 2 begründete Mitberechtigung des Ehegatten ist dessen Aussicht, nach dem Recht der DDR an dem Grundstück beteiligt zu werden. Diese Aussicht bestand aber, wenn überhaupt, aufgrund der Rechtslage vor dem Beitritt. Auf die Verhältnisse am 22. 7. 1992 kommt es also nicht an (wie hier MünchKomm/ECKERT Rn 17).

67 **b)** Anders als in § 11 Abs 5 S 2 wird nach dem Wortlaut nicht abgestellt auf das Bestehen der Ehe im **Zeitpunkt einer Zuweisungsentscheidung**. Es empfiehlt sich jedoch, diese Voraussetzung entsprechend anzuwenden. Bestand die Ehe nämlich im Zeitpunkt des Erwerbs des Grundstücks nach bodenreformrechtlichen Bestimmungen oder doch im Zeitpunkt des faktischen Erwerbs, so läßt sich die Beteiligung des Ehegatten verfassungsrechtlich insoweit wohl rechtfertigen; hingegen verstößt die vorliegende Regelung ebenso wie § 11 Abs 5 gegen Art 14 Abs 1 GG (dazu § 11 Rn 81 ff), wenn sie auch Fälle erfaßt, in denen der Berechtigte mit einer güterrechtlichen Beteiligung mangels Bestehens einer Ehe im Erwerbszeitpunkt nicht zu rechnen brauchte (vgl zu weiteren verfassungsrechtlichen Bedenken unten Rn 69). Diese Bereinigung verfassungsrechtlicher Bedenken ist übrigens bei § 11 Abs 5 nicht möglich. Dort sind vor allem die Fälle problematisch, in denen auf den 15. 3. 1990 abzustellen ist, weil eine Zuweisung nicht stattgefunden hat. Solche Fälle ergeben sich vorliegend nicht, da Abs 4 S 2 gerade nur für (förmlich oder faktisch) zuweisungsbegünstigte Berechtigte gilt.

68 **4.** Die Ehe muß bei Ablauf des 2. 10. 1990 dem **gesetzlichen Güterstand des FGB** unterlegen haben.

a) Unmaßgeblich ist, ob dieser Güterstand **nach dem 3. 10. 1990** fortbestanden hat, oder ob er – wie nach Art 234 § 4 die Regel – in die Zugewinngemeinschaft übergeleitet wurde (BT-Drucks 12/2480, 89).

69 **b)** Auch dies begegnet **verfassungsrechtlichen Bedenken**. Der Güterstand der Eigentums- und Vermögensgemeinschaft kann am 22. 7. 1992 längst abgewickelt sein.

Zwar entspricht die Einbeziehung des Grundstücks in den Ausgleich der ratio, daß die Berechtigung sich letztlich aus dem Recht der DDR ergibt, also die Verhältnisse am 2.10. 1990 maßgeblich sind. Jedoch kann der Gesetzgeber nicht Wertungen durchkreuzen, welche die Ehegatten bei einer einverständlichen Auseinandersetzung vorausgesetzt haben (vgl zum Parallelproblem bei § 11 Abs 5 dort Rn 81 ff). Man wird dem aber durch **einschränkende Auslegung** begegnen können: Abs 4 S 2 wird verdrängt, wenn die Ehegatten sich im Rahmen der güterrechtlichen Auseinandersetzung bereits über das Grundstück geeinigt haben. Dann geht diese Einigung vor.

5. Als **Rechtsfolge** bestimmt Abs 4 S 2 die **hälftige Beteiligung** des anderen Ehegatten. Der andere Ehegatte wird Mitberechtigter iS des § 12. Daraus folgt, daß nicht erst nach Erfüllung des Auflassungsanspruchs aus § 11 Abs 3 das Grundstück in das Miteigentum der Ehegatten fällt. Vielmehr steht bereits der Anspruch beiden Ehegatten zu. Fraglich ist, ob im Außenverhältnis die Ehegatten **Gesamtgläubiger** sind oder ob jeder Ehegatte einen auf die Auflassung eines hälftigen Miteigentumsanteils gerichteten Anspruch erhält. Zwar spricht der Wortlaut für zwei Ansprüche. Dem Eigentümer kann es aber schwerlich zugemutet werden, daß lediglich aufgrund des ehevermögensrechtlichen Innenverhältnisses auf seiten des Berechtigten er ggf eine Hälfte des Grundstücks auflassen, die andere Hälfte aber behalten muß. Daher ist davon auszugehen, daß sich die Berechtigung „zu gleichen Anteilen" nur auf das Innenverhältnis bezieht. Die Ehegatten können als Gesamtgläubiger die Auflassung an beide gemeinsam verlangen zu Miteigentum je zur Hälfte. **70**

VIII. Mitnutzer (Abs 5)

1. Die auf Vorschlag des Bundesrats (BT-Drucks 12/2695, 24 f Nr 54) eingefügte Bestimmung soll Fälle bereinigen, in denen ohne Beachtung der rechtlichen Grundlagen einem **anderen als dem Neubauern** Teile einer Wirtschaft, etwa das Obergeschoß eines Wohnhauses, zugewiesen wurden. Dieser andere hatte faktisch die Stellung eines Miteigentümers, zumal mit der Zuweisung häufig auch die Zuweisung von landwirtschaftlichem Grund verbunden wurde. Solche Verhältnisse sind grundsätzlich schutzwürdig; Mitbenutzer erhalten einen Anspruch auf Einräumung von **Miteigentum**. **71**

2. Voraussetzung ist, daß der Mitbewohner die **Stellung eines Mitnutzers** hat. **72**

a) Dies setzt nach Abs 5 S 2 voraus, daß in einem **Wohnzwecken dienenden** Gebäude auf einem Bodenreformgrundstück **Wohnraum** zu **selbständiger, gleichberechtigter** und **nicht nur vorübergehender Nutzung** zugewiesen wurde. Erforderlich ist also, daß der Mitnutzer eine dem Zuweisungsberechtigten faktisch ebenbürtige Stellung hatte, die auf einer Zuweisung nach Besitzwechselvorschriften beruht und eine Qualität wie nach Abs 2 Nr 1a oder 1 b aufweist (BGH DtZ 1994, 347; 349; Palandt/Bassenge Rn 9). Es gelten insbesondere die Einschränkungen wie im Falle der faktischen Zuweisung an einen Berechtigten; nicht genügend sind Maßnahmen der **Wohnraumlenkung** (BGH DtZ 1994, 347, 349), nicht genügend sind auch Nutzungsverhältnisse auf Basis von vertraglichen Vereinbarungen mit dem Eigentümer, insbesondere eine Vermietung (Palandt/Bassenge Rn 9).

b) Hingegen ist **Zuteilungsfähigkeit** des Nutzers iSd Abs 3 nicht erforderlich (BGH DtZ 1994, 347, 349; Palandt/Bassenge Rn 9; MünchKomm/Eckert Rn 18). **73**

74 **3.** Abs 5 setzt voraus, daß **kein Anspruch nach Abs 1 oder 2** besteht. Das ist mißverständlich; Abs 1 und 2 bestimmen nur den Berechtigten des Anspruchs aus § 11 Abs 3. Es darf also kein **Berechtigter** vorhanden sein, dem ein Auflassungsanspruch zusteht (zu Unstimmigkeiten unten Rn 78).

75 **4.** Als **Rechtsfolge** ordnet Abs 5 S 1 einen **Anspruch** des Mitbenutzers gegen den Eigentümer auf Einräumung von **Miteigentum** an.

76 **a)** Dieser Anspruch entspricht inhaltlich dem des Berechtigten iS des § 12 Abs 1, 2 gemäß § 11 Abs 3. Es handelt sich jedoch um einen eigenständigen Anspruch, der nicht ohne weiteres den für den Anspruch aus § 11 Abs 3 geltenden Bestimmungen unterliegt (zur Verjährung siehe § 14 Rn 1). Der **Umfang** des Anspruchs beurteilt sich nach dem Umfang der Mitnutzung, soweit diese Mitnutzung durch die Zuweisung gedeckt ist. Die Quoten sind ggf in Anlehnung an die Aufteilung von Wohneigentum zu bestimmen.

77 **b)** Der Anspruch richtet sich **gegen den Eigentümer nach § 11**. Nach dem Wortlaut betrifft dies auch Fälle des § 11 Abs 1, in denen der Eigentümer gemäß § 11 Abs 3 nicht von einem Berechtigten nach Abs 1 oder 2 in Anspruch genommen werden kann. Ob das stimmig ist, hängt insbesondere von der Entscheidung der Frage ab, ob auch der Berechtigte dem Anspruch eines Mitnutzers ausgesetzt sein kann (sogleich Rn 80). Nimmt man dies nicht an, so kann schwerlich der Eigentümer nach § 11 Abs 1 einem Anspruch ausgesetzt sein, der einen Berechtigten nach Abs 1 Nr 1 nicht träfe, obgleich der Berechtigte schwächere Tatbestandsvoraussetzungen erfüllt als der Eigentümer nach § 11 Abs 1. Nach dem dazu zu entwickelnden (unten Rn 80) Ergebnis ist Abs 5 seinem Wortlaut entsprechend auch gegenüber dem Eigentümer nach § 11 Abs 1 anzuwenden (so auch PALANDT/BASSENGE Rn 10).

78 **c)** Ein solcher Anspruch besteht nur dann, wenn **kein Berechtigter nach Abs 1 oder 2** vorhanden ist. Damit enthält die Regelung eine **Lücke**: Der Mitnutzer ist bei Vorhandensein eines Berechtigten nur dann geschützt, wenn der Mitnutzer selbst die tatbestandlichen Voraussetzungen einer Berechtigung nach Abs 1 oder 2 erfüllt und der andere Berechtigte ihm gleichrangig berechtigt ist (Abs 4 S 1).

79 **aa)** Gegenüber einem **Berechtigten** ist also der Mitnutzer weniger geschützt als gegenüber dem **Eigentümer** (MünchKomm/ECKERT Rn 19); wurde etwa einem Mitnutzer das Obergeschoß faktisch zugewiesen, ist der Berechtigte jedoch Inhaber einer förmlichen Zuweisung, so erlangt der Mitnutzer keinen Anspruch. Insbesondere hätte der Mitnutzer aber einen Anspruch, wenn der Berechtigte sogar noch vor dem 2. 10. 1990 den Eintragungsanspruch gestellt hätte, denn dann wäre er nicht nur Berechtigter, sondern Eigentümer nach § 11 Abs 1, auf den nach dem Wortlaut Abs 5 S 1 anzuwenden ist (soeben Rn 77). Man kann diese Unstimmigkeit dadurch bereinigen, daß man den Eigentümer nach § 11 Abs 1 aus dem Anwendungsbereich des Abs 5 S 1 im Wege der einschränkenden Auslegung ausnimmt. Abs 5 stellt einen Mitnutzer nicht besser als einen Berechtigten nach Abs 1 oder 2.

80 **bb)** Man kann aber auch **Abs 5 analog** anwenden im Verhältnis des Mitnutzers zum Berechtigten. Spannungen treten wohl auch bei dieser Lösung nicht auf, obgleich im formalen Vergleich dann immer noch der Mitnutzer **eines Grundstücksteils** gegenüber dem Eigentümer nach **§ 11 Abs 1** besser steht als ein aus einer förmlichen oder faktischen Zuweisung des **ganzen Grundstücks** Begünstigter, der in diesem Fall nicht die Stellung eines Berechtigten erlangt. Dieses Zusammentreffen ist aber äußerst unwahrscheinlich. Es müßten denn staatliche Stellen der DDR in einem laufenden Zuweisungsverfahren (Eigentümer nach § 11 Abs 1) einem anderen den Grundbesitz förmlich oder faktisch zugewiesen haben (dann § 12 Abs 1 Nr 1). Damit aber verwirklicht eine analoge Anwendung von Abs 5 auf das Verhältnis von Mitnutzer und Berechtigtem besser den Schutzzweck des Abs 5. Im Ergebnis besteht also ein Anspruch nach Abs 5 sowohl gegenüber dem Eigentümer (§ 11 Abs 1 **und** Abs 2) wie auch gegenüber dem Berechtigten in analoger Anwendung von Abs 5 (zustimmend MünchKomm/Eckert Rn 19).

5. Ist der Mitnutzer im **gesetzlichen Güterstand des FGB verheiratet**, bzw am 2. 10. 1990 verheiratet gewesen (zu den Zeitpunkten oben Rn 66 ff), so gilt **Abs 4 entsprechend** vgl oben Rn 62 ff. **81**

6. Übersehen wurde offenbar, daß der Anspruch nach Abs 5 S 1 hinsichtlich der **Aufwendungen** des Eigentümers und der **Verbindlichkeiten** vergleichbare Probleme wie im Falle des § 11 Abs 3 aufwirft. Insbesondere geht es nicht an, daß der Eigentümer verpflichtet ist, Miteigentum **ohne Aufwendungsersatz** und **Übernahme von Verbindlichkeiten** (jeweils pro rata) einzuräumen. Es sind daher § 11 Abs 3 S 1 und Abs 4 **analog anzuwenden**. Auch die Regelung betreffend die **Gebührenfreiheit** nach § 11 Abs 3 S 2 und die Tragung von **Auslagen und Kosten** nach § 11 Abs 3 S 3 ist wegen der identischen Interessenlage entsprechend anzuwenden. **82**

7. Der Anspruch besteht nicht, wenn die Einräumung von Miteigentum für den Anspruchsverpflichteten eine **unbillige Härte** bedeuten würde. Abzustellen ist insbesondere auf die **räumlichen Verhältnisse** und den Umfang der **bisherigen Nutzung**. Dies dürfte bedeuten, daß bei beengten Wohnverhältnissen die Perpetuierung des unzuträglichen Zustandes durch Einräumung von Miteigentum ausscheidet. Auch eine ganz untergeordnete Mitnutzung soll nicht verfestigt werden, um nicht den Eigentümer auf Dauer wirtschaftlich zu beschränken. Regelmäßig wird in solchen Fällen eine unbillige Härte nur vorliegen, wenn der Eigentümer selbst in dem Haus lebt. Insbesondere in Fällen des § 11 Abs 2 Nr 2 wird die Härteklausel daher kaum je relevant sein. Eine unbillige Härte ist auch anzunehmen bei sehr *hohen Investitionen* des Eigentümers (Palandt/Bassenge Rn 12; MünchKomm/Eckert Rn 20). **83**

§ 13
Verfügungen des Eigentümers

Wird vor dem 3. Oktober 2000 die Berichtigung des Grundbuchs zugunsten desjenigen beantragt, der nach § 11 Abs. 2 Eigentümer ist, so übersendet das Grundbuchamt dem Fiskus des Landes, in dem das Grundstück liegt, eine Nachricht hiervon. Das gilt auch für Verfügungen, deren Eintragung dieser Eigentümer vor dem 3. Oktober 2000 beantragt oder beantragen läßt.

Materialien: Eingefügt durch 2. VermRÄndG, BGBl 1992 I 1257. Materialien siehe § 11. Neu gefaßt mit Wirkung vom 1. 6. 1994 (vgl Art 20 RegVBG) durch Art 13 Nr 3 k Registerverfahrenbeschleunigungs G. Materialien siehe § 11. **Abs 1** neu gefaßt, **Abs 2 bis 7** aufgehoben durch Art 2 Abs 1 Nr 3 lit c Wohnraummodernisierungssicherungsgesetz, BGBl 1997 I 1823, Materialien siehe § 11.

Schrifttum

Böhringer, Das grundbuchamtliche Benachrichtigungsverfahren nach Art 233 § 13 nF EGBGB, RPfleger 1998, 1

ders, Konkurrenz von Fiskusvormerkung und Verfügungen über Bodenreformland nach Art 233 § 13 aF EGBGB, NotBZ 2002, 292

Krüger, Grundbuchamtliches Widerspruchsverfahren für Bodenreformgrundstücke nach Art 233 § 13 EGBGB, AgrarR 1998, 315.

I. Normzweck

1 **1.** In der bis zur weitgehenden Aufhebung der Bestimmung durch das WoModSiG zum 24. 7. 1997 geltenden, zum 31. 12. 1996 befristeten **früheren Fassung** stellte die Bestimmung ein von Amts wegen durchzuführendes System zur Sicherung des Anspruchs nach § 11 Abs 3 zugunsten des jeweiligen Berechtigten nach § 12 (nicht nur des Landesfiskus) mittels Eintragung einer Vormerkung bereit (näher Staudinger/Rauscher [1996] § 13 aF Rn 1 ff). Die Modifikationen durch das RegVerfBG dienten vor allem dem Zweck, die durch § 13 der Urfassung verursachte weitgehende Grundbuchblockade durch flächendeckende, von den Landesfiski veranlaßte Vormerkungen zu lockern (näher Staudinger/Rauscher [1996] § 13 aF Rn 2 f).

2 **2.** Der Gesetzgeber hat – entgegen dem Vorschlag des Bundesrats (BT-Drucks 13/5982; BR-Drucks 871/96, 1) – die **Befristung der ursprünglichen Fassung** nicht durch das EigentumsfristenG verlängert, weshalb das Verfahren alten Rechts mit Ablauf des 31. 12. 1996 auslief (unten Rn 4). Das Begehren zur Wiederherstellung des Verfahrens nach § 13 aF verfolgte der Bundesrat im Vermittlungsverfahren zum WoModSiG weiter (BR-Drucks 233/1/97, 8; BT-Drucks 13/7568, 3).

3 **3.** Die **geltende bis 3. 10. 2000 befristete Fassung** ist Ergebnis der Verhandlungen im Vermittlungsausschuß zum WoModSiG (BT-Drucks 13/7975). Sie beschränkt das bisherige Verfahren auf eine Nachricht über beantragte Grundbuchberichtigungen und Verfügungen an den Landesfiskus. Das Vormerkungsverfahren zugunsten jedes Berechtigten entfällt. Im praktisch häufigsten Fall hat der Landesfiskus weiter die Möglichkeit der Vormerkung nach § 13a.

Die Neuregelung untersteht der **Überleitung nach Art 225**, läßt also am 24. 7. 1997 wirksame Vereinbarungen und rechtskräftige Urteile unberührt.

II. Hinweise zu der bis zum 23. 7. 1997 geltenden Fassung

4 **1.** Das Verfahren nach der alten Rechtslage war nur auf Anträge anzuwenden, die **bis zum 31. 12. 1996** beim Grundbuchamt eingingen (Limmer NotBZ 2000, 248, 249).

Nach Stellung eines **Antrags** des Eigentümers an das Grundbuchamt, eine **Verfügung** einzutragen, die geeignet war, die **Rechte des nach § 11 Abs 3, § 12 Berechtigten** zu beeinträchtigen, hatte das Grundbuchamt nach Abs 1 S 1 aF zum Zwecke der **Unterrichtung** eine Abschrift der Verfügung an die Gemeinde zu übersenden, in der das Grundstück belegen ist, sowie an den Landesfiskus. Die Übersendung erfolgte von Amts wegen (näher STAUDINGER/RAUSCHER [1996] § 13 aF Rn 5 ff; zu Rechtsfolgen der Verletzung dieser Pflicht BGHZ 136, 283, 286; OLG Brandenburg OLG-NL 1997, 30, 31).

2. Die **Gemeinde** oder der **Landesfiskus** konnten dem Grundbuchamt mitteilen, daß der Verfügung **widersprochen** werde. Das Recht zum Widerspruch war **befristet** auf einen Monat ab Zugang der Mitteilung des Grundbuchamts (Abs 1 S 2 aF; näher STAUDINGER/RAUSCHER [1996] § 13 aF Rn 11 ff; zur Widerspruchsberechtigung nach Abs 3 aF dort Rn 25 ff; zur Natur als Ausschlußfrist BGH ZOV 2000, 168, 172). Von dem Widerspruch war der Berechtigte zu **unterrichten** (Abs 7 S 1 aF), dem die anderweitige Sicherung seiner Ansprüche unbenommen war (Abs 7 S 2 aF; näher STAUDINGER/RAUSCHER [1996] § 13 aF Rn 58 ff). **5**

3. Bei rechtzeitigem Widerspruch hatte das Grundbuchamt zusammen mit der Verfügung eine **Vormerkung** zugunsten des Berechtigten einzutragen (Abs 1 S 2 aF). Diese sicherte dann den Anspruch nach § 12 (BT-Drucks 12/2480, 89) vorrangig (OLG Brandenburg NotBZ 2002, 305; im einzelnen BÖHRINGER NotBZ 2002, 292, 293 f; zur Klarstellung durch RegVerfBG vgl BGH VIZ 1996, 104) vor der beantragten Verfügung (näher STAUDINGER/RAUSCHER [1996] § 13 aF Rn 14 ff). **6**

4. Abs 4 aF enthielt ein **vereinfachtes Verfahren zur Löschung** der nach Abs 1 S 2 aF eingetragenen Vormerkung. In bestimmten Fällen war eine **Amtslöschung** der Vormerkung vorgesehen (näher STAUDINGER/RAUSCHER [1996] § 13 aF Rn 36 ff). **7**

5. Durch das RegisterverfahrenbeschleunigungsG wurde zusätzlich in Abs 5 aF eine Regelung zum **Erlöschen der Vormerkung** vorgesehen. Die Vormerkung erlosch, wenn nicht der Berechtigte innerhalb von vier Monaten von der Eintragung an **Klage** auf Erfüllung seines Anspruchs aus § 11 Abs 3 erhoben hatte (näher STAUDINGER/RAUSCHER [1996] § 13 aF Rn 44 ff). **8**

6. **Intertemporal** erweitert Art 19 Abs 3 S 2 RegVBG den Anwendungsbereich der Erlöschensregelung in Abs 5 auch auf Vormerkungen, die **vor dem 1. 6. 1994**, dem Tag des Inkrafttretens der Neufassung des § 13 durch das RegVBG begründet worden waren. Diese erloschen spätestens mit Ablauf des 30. 9. 1994, wenn die Voraussetzungen des Abs 5 nF vorlagen (näher STAUDINGER/RAUSCHER [1996] § 13 aF Rn 51; zur Fristwahrung BGH VIZ 2001, 103, 105; OLG Rostock VIZ 1996, 106). **9**

7. Abs 6 aF in der Fassung durch das RegisterverfahrenbeschleunigungsG stellte ein Verfahren zur **Grundstücksfreigabe** im Verwaltungsverfahren zur Verfügung, wenn die Widerspruchsvoraussetzungen nicht vorlagen (näher STAUDINGER/RAUSCHER [1996] § 13 aF Rn 52 ff). **10**

III. Benachrichtigung

1. Die Regelung gilt nur für **Anträge**, die bis zum Ablauf des 2. 10. 2000 bei dem **11**

Grundbuchamt eingegangen sind (MünchKomm/Eckert Rn 9; Böhringer RPfleger 1998, 1). Sie ist damit auf später gestellte Anträge nicht mehr anzuwenden.

12 **2.** Seit dem 24. 7. 1997 beschränkte sich die Verpflichtung des Grundbuchamts auf die **Übersendung einer Nachricht** an den Landesfiskus. Die Benachrichtigungspflicht besteht nach S 1 erstmals bei Beantragung der Grundbuchberichtigung zugunsten des (formellen) Eigentümers nach § 11 Abs 2, sowie nach S 2 wie nach früherem Recht bei Beantragung von Verfügungen, die sich auf das Bodenreformgrundstück beziehen, durch den Eigentümer oder auf dessen Veranlassung (Böhringer RPfleger 1998, 1, 2; Wasmann ZOV 1997, 313; Krüger AgrarR 1998, 315; Fritsche NJ 1999, 595, 596; Limmer NotBZ 2000, 248, 249).

13 **3.** Ein Widerspruchsrecht besteht nicht mehr. Die Eintragung einer **Vormerkung** ist nur noch nach § 13a zugunsten des Fiskus vorgesehen (Palandt/Bassenge Rn 2; Wasmann ZOV 1997, 313). Auch bei Antragstellung vor dem 31. 12. 1996 kann aufgrund eines vor dem 24. 7. 1997 eingegangenen Widerspruchs nach dem 24. 7. 1997 eine Vormerkung nicht mehr nach § 13 aF eingetragen werden (Palandt/Bassenge Rn 2).

Andere Berechtigte nach § 12 müssen ihre Ansprüche mit den Mitteln des allgemeinen Grundstücksrechts (Vormerkung, Veräußerungsverbot) sichern (Böhringer RPfleger 1998, 1, 2; Fritsche NJ 1999, 595, 596).

IV. Löschung alter Vormerkungen

14 **1.** Unklar ist, ob durch die Aufhebung von § 13 Abs 4, 5 aF (oben Rn 7 f) aufgrund der alten Rechtslage eingetragene Vormerkungen bestandsfester geworden sind, oder ob diese weiterhin dem vereinfachten Löschungsverfahren nach Abs 4 aF und dem Erlöschen kraft Gesetzes nach Abs 5 aF unterliegen.

a) Teils wird unter Hinweis auf die ersatzlose Streichung durch das WoModSiG und das Fehlen einer Übergangsregelung (vgl zur Übergangsregelung bei *Schaffung* von Abs 5 dagegen oben Rn 9) angenommen, daß beide Bestimmungen seit dem 24. 7. 1997 **keine Anwendung** mehr finden (MünchKomm/Eckert Rn 8), was insbesondere zur Folge hätte, daß letztmals am 23. 3. 1997 eingetragene Vormerkungen mangels Klageerhebung mit Ablauf des 23. 7. 1997 erloschen sind (Abs 5 aF), während am 24. 7. 1997 eingetragene Vormerkungen nur durch Klage aus § 886 iVm § 222 Abs 1 aF BGB (wegen Verjährung nach § 14) zu beseitigen wären.

15 **b)** Die **Gegenansicht** hält beide Bestimmungen auf Altvormerkungen weiter für anwendbar, da sich die Rechtssituation dieser Vormerkungen nicht nachträglich durch das WoModSiG geändert habe (Böhringer RPfleger 1998, 1, 2).

16 **2.** Richtiger Ansicht nach ist jedoch zu **differenzieren**. Das vereinfachte **Verfahren nach § 13 Abs 4 aF** ist seit dem 24. 7. 1997 nicht mehr anzuwenden. Insoweit bedürfte es der Durchführung von Verfahrensschritten, für die mangels Überleitung keine Rechtsgrundlage mehr besteht.

Hingegen ist das **Erlöschen nach § 13 Abs 5 aF** nicht von einem Verfahren abhängig, sondern wird nur durch rechtzeitige Klageerhebung zur Anspruchsdurchsetzung gehindert. Auch ohne ausdrückliche Überleitungsbestimmung haftet das Erlöschen nach Abs 5 aF den vor dem 23. 7. 1997 nach § 13 eingetragenen Vormerkungen als *auflösende Bedingung* an. Insoweit gilt also der allgemeine intertemporale Grundsatz (vgl Art 232 § 1), daß neues Recht nicht rückwirkend in die Ausgestaltung abgeschlossener Rechtsverhältnisse eingreift. Mangels Klageerhebung innerhalb von vier Monaten nach Eintragung, spätestens also mit Ablauf des 23. 11. 1997, sind alle aufgrund von § 13 aF eingetragenen Vormerkungen erloschen (iE wie hier Palandt/Bassenge Rn 2). Sie sind im Wege der Grundbuchberichtigung ohne weiteren Nachweis, da sich das Erlöschen aus dem Gesetz ergibt, zu löschen.

§ 13a
Vormerkung zugunsten des Fiskus

Auf Ersuchen des Fiskus trägt das Grundbuchamt eine Vormerkung zur Sicherung von dessen Anspruch nach § 11 Abs. 3 ein. Die Vormerkung ist von Amts wegen zu löschen, wenn das Ersuchen durch das zuständige Verwaltungsgericht aufgehoben wird.

Materialien: Eingefügt durch Art 13 Nr 3 l RegisterverfahrenbeschleunigungsG. Materialien siehe § 11.

I. Normzweck

1 Die auf Vorschlag des Bundesrates (BT-Drucks 12/5553, 199; BT-Drucks 12/6228, 100) durch das RegisterverfahrenbeschleunigungsG eingefügte Regelung soll die Rechte des Fiskus auch dann sichern, wenn eine konkrete Verfügung nicht beabsichtigt ist, so daß die Sicherung nach § 13 aF nicht eingriff (BT-Drucks 12/5553, 199).

II. Eintragung einer Vormerkung (Satz 1)

1. Geltung

2 Die Regelung ist nicht förmlich befristet. Mit Rücksicht auf die Verjährung nach § 14 S 1 sind jedoch **seit dem 3. 10. 2000** Vormerkungen nach § 13a nicht mehr eintragungsfähig, da der Eigentümer sogleich nach §§ 886, 222 aF BGB die Beseitigung verlangen könnte (vgl Palandt/Bassenge § 14 Rn 1; MünchKomm/Eckert § 13 Rn 8). Das Verfahren nach S 2 ist hiervon nicht berührt (unten Rn 8 ff).

2. Ersuchen

3 **a)** Nach S 1 war **auf Ersuchen** des Fiskus eine Vormerkung zur Sicherung von dessen Anspruch nach § 11 Abs 3 einzutragen. Das Ersuchen muß den Anspruch **bezeichnen**; insbesondere muß angeführt sein, auf welche **Berechtigung** sich der Anspruch stützt. In Betracht kommen die Berechtigungen nach § 12 Abs 2 Nr 1 d und § 12 Abs 2 Nr 2 c.

4 **b)** Ein **Nachweis** der Berechtigung ist nicht erforderlich; das Ersuchen selbst bedarf der **Form** des § 29 Abs 3 GBO.

5 **c)** Die ersuchende Behörde hat jedoch eine **Prüfungspflicht**, ob eine Berechtigung des Fiskus besteht. Die Intensität dieser Prüfungspflicht ist abhängig von den Fallumständen; im Zweifel ist die Behörde zu dem Ersuchen berechtigt. Keinesfalls kommt jedoch eine flächendeckende Abriegelung der Grundbücher durch vorsorgliche Vormerkungsersuchen in Betracht; dies würde gerade dem Zweck der im RegVBG vorgesehenen Einschränkungen des § 13 (dort Rn 2 f) widersprechen.

3. Eintragung einer Vormerkung

6 **a)** **Rechtsfolge** ist die **Eintragung einer Vormerkung** zur Sicherung des bezeichneten Anspruchs nach § 11 Abs 3.

Das **Grundbuchamt prüft nicht**, ob die Behörde zu ihrem Ersuchen berechtigt war; es hat das Ersuchen jedoch zurückzuweisen, wenn die Berechtigung nicht hinreichend bezeichnet ist.

7 **b)** Weist der Eigentümer eine **Freigabe** nach § 13 Abs 6 aF nach oder befindet sich eine solche bei den Grundakten, so unterbleibt die Eintragung der Vormerkung, weil ein zu sichernder Anspruch nicht (mehr) bestehen kann (MünchKomm/Eckert Rn 1). Dasselbe gilt, wenn im Falle des Widerspruchs nach § 13 aF ein anderer **Versagungsgrund** (§ 13 Abs 2 Nr 2 und 3) vorläge, insbesondere, wenn das Eigentum an dem Grundstück bereits rechtsgeschäftlich auf einen Dritten übertragen wurde. § 13a erweitert die Zulässigkeit der Vormerkung nicht auf Fälle, in denen ein Anspruch nicht bestehen kann.

Dies gilt auch für **seit dem 24. 7. 1997** beantragte Vormerkungen zugunsten des Fiskus: § 13 Abs 2 Nr 2 aF betrifft den Fall der wirksamen Veräußerung, in dem der Anspruch aus § 11 Abs 3 wegen Unmöglichkeit erloschen, also nicht mehr vormerkungsfähig ist. § 13 Abs 2 Nr 3 betrifft Fälle bereits eingetragener Vormerkung zugunsten des Fiskus, in denen es bereits am Rechtsschutzinteresse für eine weitere Vormerkung fehlt. Eine nach altem Recht erteilte Freigabebescheinigung nach § 13 Abs 6 aF behält ihre Wirksamkeit (**aA** Böhringer RPfleger 1998, 1, 4), weil neues Recht nicht in die Wirksamkeit bestandskräftiger Verwaltungsakte eingreift.

4. Verwaltungsgerichtliche Anfechtungsklage, Löschung (S 2)

8 **a)** Dem Eigentümer steht als Rechtsbehelf gegen das Ersuchen die **Anfechtungsklage** zum Verwaltungsgericht (vgl Satz 2) offen; das Ersuchen ist, vergleichbar dem Fall des § 11c VermG, ein Verwaltungsakt (Böhringer DtZ 1994, 55). Dieser Rechtsbehelf kann auch nach dem 2. 10. 2000 geltend gemacht werden, weil die Regelung, anders als § 13, nicht befristet ist.

Die Klage ist **begründet**, wenn ein vormerkungsfähiger Anspruch nicht besteht; dies führt zu dem nicht unbedenklichen Ergebnis, daß in diesen Fällen letztlich das Verwaltungsgericht abschließend über den Anspruch nach § 11 Abs 3 entscheidet, da davon auszugehen ist, daß im Fall des Unterliegens der Fiskus seinen Anspruch aus

§ 11 Abs 3 nicht einklagt. Die der Abweisung der Klage des Eigentümers vorgängige Feststellung, daß ein vormerkungsfähiger Anspruch besteht, erwächst nicht in Rechtskraft. Der Fiskus muß den Anspruch aus § 11 Abs 3 ggf im Zivilrechtsweg durchsetzen.

b) Grundbuchverfahrensrechtliche Rechtsbehelfe sind nur insoweit zulässig, als das Grundbuchamt fehlerhaft verfahren ist; eine Überprüfung der Berechtigung des Ersuchens kommt insoweit nicht in Betracht, da das Grundbuchamt selbst eine Prüfung nicht vornimmt. **9**

c) Satz 2 regelt zudem einen Sonderfall der **Löschung** der Vormerkung. Hebt das **Verwaltungsgericht** auf Rechtsmittel des Eigentümers (oben Rn 8) das Ersuchen des Fiskus auf, so ist die aufgrund Satz 1 eingetragene Vormerkung von Amts wegen zu löschen. **10**

d) Die Möglichkeit der Löschung mittels Durchsetzung des **Anspruchs aus § 886 BGB**, insbesondere wegen Verjährung nach § 14 (§ 222 Abs 1 aF BGB; Palandt/Bassenge § 14 Rn 1) bleibt unberührt und ist nach Eintritt der Verjährung der praktisch einfachere und zeitsparende Weg, die Löschung der Vormerkung zu erlangen. **11**

§ 14
Verjährung

Die Ansprüche nach den §§ 11 und 16 verjähren mit dem Ablauf des 2. Oktober 2000. Ist für einen Auflassungsanspruch eine Vormerkung nach § 13 in der bis zum 24. Juli 1997 geltenden Fassung eingetragen, verjährt der gesicherte Auflassungsanspruch innerhalb von 6 Monaten von der Eintragung der Vormerkung.

Materialien: Eingefügt durch 2. VermRÄndG, BGBl 1992 I 1257. Materialien siehe § 11; neu gefaßt durch Art 2 Abs 1 Nr 3 lit d Wohnraummodernisierungssicherungsgesetz, BGBl 1997 I 1823, Materialien siehe § 11.

I. Normzweck

Der Anspruch aus **§ 11 Abs 3 S 1** unterlag bereits in der ursprünglichen Fassung der **Verjährung**, um die Rechtsverhältnisse nicht auf Dauer in der Schwebe zu belassen. Die Neufassung durch das WoModSiG (vgl schon Art 3 Nr 2 g des Entwurfs eines NutzerschutzG, BT-Drucks 13/2022, 17) bezieht alle Ansprüche aus § 11 und 16 in die absolute Verjährung nach S 1 ein (näher unten Rn 3 ff). Die Reichweite von S 2 ist fraglich (unten Rn 6 ff). **1**

Die Neuregelung untersteht der **Überleitung nach Art 225**, läßt also am 24.7. 1997 wirksame Vereinbarungen und rechtskräftige Urteile unberührt.

II. Absolute Verjährungsfrist (S 1)

2 **1.** Die Ansprüche aus §§ 11 und 16 verjähren spätestens am **2. 10. 2000**. Mit Ablauf von zehn Jahren seit der Wiedervereinigung soll also insoweit Rechtsfrieden eintreten. Eindeutig war diese Verjährung in der Fassung vor Inkrafttreten des WoModSiG nur für den **Auflassungsanspruch** nach § 11 Abs 3 S 1.

3 **2.** Der **Zahlungsanspruch** nach **§ 11 Abs 3 S 4** war bei Einfügung der Regelung durch das RegVBG nicht in § 14 einbezogen worden (dazu STAUDINGER/RAUSCHER [1996] § 14 aF Rn 3). Daß dieser Anspruch ebenfalls der kurzen Verjährung zu unterstellen ist, ergab sich dennoch zu § 14 aF aus seiner Natur als Fall der Ersetzungsbefugnis (§ 11 Rn 55 ff; BGH VIZ 1997, 366; vgl schon LG Chemnitz VIZ 1995, 475). Nach der Neufassung durch das **WoModSiG**, die § 14 S 1 nun ausdrücklich auf alle Ansprüche aus § 11 bezieht, ist klargestellt, daß die **absolute Verjährung** nach S 1 auch den Zahlungsanspruch (so schon OLG Brandenburg, 24. 11. 1996, 2 U 36/98 nicht veröffentlicht) und alle weiteren Ansprüche aus § 11, auch **Sekundäransprüche** (Surrogat, Schadensersatz) erfaßt (MünchKomm/ECKERT Rn 2; LIMMER NotBZ 2000, 249, 251; vgl zu S 2 unten Rn 7 ff).

4 **3.** Ebenfalls in S 1 idF durch das WoModSiG einbezogen sind Ansprüche aus **§ 16**. Damit ist aber nur klargestellt, daß die *absolute* Verjährung am 2. 10. 2000 auch für den Anspruch aus § 16 Abs 2 S 2 gilt (vgl aber zu S 2 unten Rn 9).

5 **4.** Die absolute Verjährungsfrist ist **entsprechend anzuwenden** auf den Anspruch eines **Mitnutzers** nach § 12 Abs 5. Die Interessenlage ist insoweit identisch (PALANDT/BASSENGE[59] Rn 1; LIMMER NotBZ 2000, 249, 250; **aA** MünchKomm/ECKERT Rn 2). Da § 13 für diesen Anspruch nicht galt, kommt eine Analogie zur kurzen Verjährung nach S 2 (unten Rn 6 ff) aber nicht in Betracht.

III. Verjährung im Falle der Vormerkung nach § 13

6 **1.** Der Auflassungsanspruch aus § 11 Abs 3 S 1 verjährt innerhalb von **sechs Monaten** ab dem Zeitpunkt der **Eintragung** einer Vormerkung nach § 13 (OLG Brandenburg NJW 1995, 1843, 1844; OLG Rostock OLG-NL 1995, 269). Erfaßt sind, wie die Neufassung durch das WoModSiG nun klarstellt, nur Fälle der Eintragung einer Vormerkung **nach § 13** (WASMANN ZOV 1997, 313; vgl aber schon BT-Drucks 12/2480, 90). Eine nach *allgemeinen Bestimmungen* oder nach § 13a eingetragene Vormerkung berührt die Verjährung nicht.

Der Eigentümer hat nach Eintritt der Verjährung einen **Löschungsanspruch** hinsichtlich der Vormerkung nach §§ 886, 222 Abs 1 aF BGB (PALANDT/BASSENGE Rn 1; MünchKomm/ECKERT Rn 3). Die vor Ablauf der Verjährung erfolgte **Löschung** einer einmal nach § 13 eingetragenen Vormerkung hat auf den Lauf der Verjährung keinen Einfluß; der Anspruch aus § 11 Abs 3 verjährt dennoch.

7 **2.** Fraglich ist nach der Neufassung des § 14 S 2, ob die 6-monatige Verjährung auch den **Zahlungsanspruch** und **Sekundäransprüche** erfaßt, oder dem Wortlaut entsprechend nur für den Auflassungsanspruch gilt (so WASMANN ZOV 1997, 313; wohl auch PALANDT/BASSENGE Rn 1).

a) Die Rechtsprechung hatte zu **§ 14 2. Alt aF** den Zahlungsanspruch (BGH VIZ 1997, 366; BGH ZOV 1998, 125; OLG Brandenburg, 24. 11. 1996, 2 U 36/98 nicht veröffentlicht) und Sekundäransprüche (OLG Brandenburg ZOV 2000, 168, 172; OLG Celle VIZ 1996, 104 mit aufgeschobenem Verjährungsbeginn) der 6-monatigen Verjährung unterstellt.

b) Nach der **Neufassung** gilt: 8

aa) Da der **Zahlungsanspruch** (§ 11 Abs 3 S 4) nur Erfüllungsersatz des Auflassungsanspruchs ist, steht dessen Verjährung auch der Durchsetzung des Zahlungsanspruchs entgegen. Auch die 6-monatige Verjährung ergreift also den Zahlungsanspruch, weil die Durchsetzbarkeit des Auflassungsanspruchs Voraussetzung für die Durchsetzbarkeit des Zahlungsanspruchs ist (BGH ZOV 1998, 125). Hieran ändert auch die Klarstellung in § 14 S 2 nichts. Diese bezieht sich nur auf Ansprüche, die, anders als § 11 Abs 3 S 4, von vorneherein nicht vom Bestehen eines Auflassungsanspruchs abhängen (BGH VIZ 2002, 245, 246). Insoweit ist die Rechtsprechung des BGH zu § 14 aF *nicht* überholt (**aA** ausdrücklich Wasmann ZOV 1997, 313 unter Bezugnahme auf BGH VIZ 1997, 366).

bb) Für **Sekundäransprüche** gilt das allgemeine Prinzip, wonach diese in derselben Frist verjähren wie der Hauptanspruch, der Beginn der Verjährung jedoch auf den Zeitpunkt des Entstehens aufgeschoben ist (BGHZ 86, 312; BGHZ 86, 1177). Daß der Gesetzgeber von diesem, bereits der bisherigen Rechtsprechung (oben Rn 7) zugrundeliegenden Prinzip durch die Formulierung des S 2 abweichen wollte, ist nicht ersichtlich. Auch diese Ansprüche setzen ursprünglich das Bestehen eines Auflassungsanspruchs nach § 11 Abs 3 S 1 voraus (vgl BGH VIZ 2002, 245, 246). 9

3. Hingegen gilt S 2 **nicht für den Anspruch aus § 16 Abs 2 S 2** (unklar Limmer NotBZ 2000, 249, 250; zur strittigen, häufig offengelassenen, Rechtslage unter § 14 aF vgl BGH ZOV 1998, 125; OLG Brandenburg VIZ 1998, 686; OLG Hamm VIZ 1996, 725; OLG Naumburg OLG-NL 1995, 474, 475; LG Chemnitz VIZ 1995, 475, 476). Dieser Anspruch setzte nicht, wie derjenige aus § 11 Abs 3 S 4 das Bestehen eines Auflassungsanspruchs voraus, sondern war dann gegeben, wenn es wegen der Wirksamkeit einer anderweitigen Verfügung von vornherein keinen Auflassungsanspruch gab (BGH VIZ 2002, 245, 246). Dieser Anspruch ist daher von S 2 nicht erfaßt und verjährte deshalb nur nach S 1. 10

§ 15
Verbindlichkeiten

(1) Auf den Eigentümer nach § 11 Abs. 2 gehen mit Inkrafttreten dieser Vorschriften Verbindlichkeiten über, soweit sie für Maßnahmen an dem Grundstück begründet worden sind. Sind solche Verbindlichkeiten von einem anderen als dem Eigentümer getilgt worden, so ist der Eigentümer diesem zum Ersatz verpflichtet, soweit die Mittel aus der Verbindlichkeit für das Grundstück verwendet worden sind. Der Berechtigte hat die in Satz 1 bezeichneten Verbindlichkeiten und Verpflichtungen zu übernehmen.

(2) Der Eigentümer nach § 11 Abs. 2 ist zur Aufgabe des Eigentums nach Maßgabe des § 928 Abs. 1 des Bürgerlichen Gesetzbuchs berechtigt. Er kann die Erfüllung auf

ihn gemäß Absatz 1 übergegangener Verbindlichkeiten von dem Wirksamwerden des Verzichts an bis zu ihrem Übergang nach Absatz 3 verweigern. Die Erklärung des Eigentümers bedarf der Zustimmung der Gemeinde, in der das Grundstück belegen ist, die sie nur zu erteilen hat, wenn ihr ein nach § 12 Berechtigter nicht bekannt ist.

(3) Das Recht zur Aneignung steht im Fall des Absatzes 2 in dieser Reihenfolge dem nach § 12 Berechtigten, dem Fiskus des Landes, in dem das Grundstück liegt, und dem Gläubiger von Verbindlichkeiten nach Absatz 1 zu. Die Verbindlichkeiten gehen auf den nach § 12 Berechtigten oder den Fiskus des Landes, in dem das Grundstück liegt, über, wenn sie von ihren Aneignungsrechten Gebrauch machen. Der Gläubiger kann den nach § 12 Berechtigten und den Fiskus des Landes, in dem das Grundstück liegt, zum Verzicht auf ihr Aneignungsrecht auffordern. Der Verzicht gilt als erklärt, wenn innerhalb von drei Monaten ab Zugang eine Äußerung nicht erfolgt. Ist er wirksam, entfallen Ansprüche nach § 12. Ist der Verzicht erklärt oder gilt er als erklärt, so können andere Aneignungsberechtigte mit ihren Rechten im Wege des Aufgebotsverfahrens ausgeschlossen werden, wenn ein Jahr seit dem Verzicht verstrichen ist. Mit dem Erlaß des Ausschlußurteils wird der beantragende Aneignungsberechtigte Eigentümer. Mehrere Gläubiger können ihre Rechte nur gemeinsam ausüben.

Materialien: Eingefügt durch 2. VermRÄndG, BGBl 1992 I 1257. Materialien siehe § 11.

I. Normzweck

1 **1.** Bodenreformgrundstücke konnten vor dem 16. 3. 1990 **nicht grundpfandrechtlich belastet werden.**

a) Wegen der in der Folgezeit ungeklärten Eigentumsverhältnisse dürfte es auch danach kaum zur Eintragung von Hypotheken und – seit dem 3. 10. 1990 – Grund- oder Rentenschulden gekommen sein. Vor dem 16. 3. 1990 wurde der auch für diese Grundstücke und Anwesen bestehende Kreditbedarf durch **Personalkredite** gedeckt (BT-Drucks 12/2480, 90; Palandt/Bassenge Rn 1).

2 **b)** Die formelle Zuweisung des Eigentums nach § 11 kann nicht diese **grundstücksbezogenen Verbindlichkeiten** übergehen; eine Belastung des ursprünglichen Schuldners, der sich in der Regel im Zeitpunkt der Eingehung der Verbindlichkeit für den Grundstücksberechtigten gehalten haben dürfte, wäre eklatant ungerecht. Die Regelung entspricht formalisiert dem bei bodenreformrechtlicher Übernahme Üblichen. Der Übergang der Verbindlichkeiten konnte allerdings nicht als Übernahme durch Vereinbarung konstruiert werden, weil das Eigentum kraft Gesetzes übergeht. Sie gehen daher ebenfalls **kraft Gesetzes** über (Abs 1 S 1).

3 **2.** Hat ein **anderer als der Eigentümer** die Verbindlichkeiten **erfüllt**, so ist der Eigentümer ihm zum Ersatz verpflichtet (Abs 2 S 2). Dadurch wird der Eigentümer auch mit Aufwendungen belastet, die ein anderer im Vertrauen darauf, selbst nutzungsberechtigt zu sein, eingegangen ist und bereits erfüllt hat.

3. Der Eigentümer hat gegenüber dem **Berechtigten** (aber auch gegenüber dem Mitnutzer nach § 12 Abs 5; vgl dazu § 12 Rn 71 ff) eine treuhänderische Stellung. Es ist daher nicht gerechtfertigt, ihn mit einem unentgeltlichen Auflassungsanspruch zu belasten, ohne daß die Tragung der im Zusammenhang mit dem Grundstück bestehenden Verbindlichkeiten geregelt ist. Die Motivation stimmt mit der Überleitung der Verbindlichkeit auf den Eigentümer (Satz 1) überein. Der Berechtigte muß die Verbindlichkeiten übernehmen (Abs 1 S 3). **4**

4. Der Eigentümer muß berechtigt sein, sich von dem Anwesen und den an ihm haftenden Verbindlichkeiten zu **befreien**. Das Mittel dazu ist die **Aufgabe** des Eigentums (Abs 2 S 1), die nach Abs 2 S 2 ein **Leistungsverweigerungsrecht** hinsichtlich der Verbindlichkeiten auslöst. Die Interessen eventueller Berechtigter werden geschützt durch einen **Genehmigungsvorbehalt** zugunsten der Gemeinde (Abs 2 S 3; BT-Drucks 12/2480, 90). **5**

5. Abs 3 regelt die **Aneignungsberechtigung** abweichend von § 928 BGB. Die Bestimmung hat das Problem der auf dem Grundstück lastenden, nicht grundpfandrechtlich gesicherten Verbindlichkeiten zu lösen. Diese gehen auf die Aneignungsberechtigten ebenso über wie auf den Eigentümer nach Abs 1 S 1. Aneignungsberechtigt ist vorrangig der Berechtigte nach § 12, sodann der Landesfiskus. Gläubiger sind nachrangig aneignungsberechtigt. Sie erhalten eine Chance zur Befriedigung aus dem Grundstück durch ein **Aufforderungsverfahren**, in dem der Berechtigte, der Landesfiskus und gleichrangige Aneignungsberechtigte ausgeschlossen werden können. Vorgesehen ist ein **Aufgebotsverfahren** mit kurzen Fristen, um den Nachweis grundbuchmäßig zu führen (BT-Drucks 12/2480, 90). **6**

II. Übergang/Übernahme von Verbindlichkeiten (Abs 1)

1. Übergang auf den Eigentümer (Abs 1 S 1)

a) Mit dem Beginn des 22. 7. 1992 gehen auf den Eigentümer, der das Eigentum nach **§ 11 Abs 2** erlangt hat, bestimmte **grundstücksbezogene** (näher unten Rn 8 f) **Verbindlichkeiten kraft Gesetzes** über. Der bisherige Schuldner wird frei (PALANDT/BASSENGE Rn 2). Das setzt voraus, daß die Verbindlichkeit vor dem 22. 7. 1992 entstanden ist (OLG Brandenburg OLGR 1996, 117). Die Bestimmung gilt **nicht für den Eigentümer nach § 11 Abs 1**. Ist der Besitzwechsel nach Bodenreformrecht bis zur Stellung des Eintragungsantrags gediehen, so kann davon ausgegangen werden, daß eine Schuldenregelung vertraglich oder gerichtlich erfolgt ist (BT-Drucks 12/2480, 90). **7**

b) Verbindlichkeiten im Sinne des Abs 1 sind nach dem **Zweck** zu bestimmen, für welche die Verbindlichkeit begründet wurde. Dabei ist auf die beabsichtigte Verwendung der zugeflossenen Mittel abzustellen. Ob sie für diese Zwecke auch *verwendet* wurden, ist, anders als für S 2, nicht von Bedeutung (MünchKomm/ECKERT Rn 2; PALANDT/BASSENGE Rn 2; vgl auch OLG Brandenburg OLGR 1996, 117). Die **grundpfandrechtliche Absicherung** spielt keine Rolle, sie ist ohnehin vor dem 16. 3. 1990 nicht möglich gewesen (oben Rn 1). **8**

c) Erfaßt sind jedoch nach dem Zweck der Regelung nur **Darlehensverbindlichkeiten**, aus denen sich schuldrechtliche Rückzahlungsverpflichtungen ergeben; Ver- **9**

wendungsersatzansprüche oder Ansprüche wegen werterhöhender Maßnahmen werden durch § 15 nicht begründet (BGH ZIP 1998, 1011; Palandt/Bassenge Rn 1; MünchKomm/Eckert Rn 2; Krüger NJ 1998, 478, 479; Piekenbrock ZOV 1999, 83, 87). Unter § 15 fallen jedoch **nicht nur valutierte Darlehen**, sondern auch Handwerkerkredite aus Arbeiten an dem Grundstück. Maßgeblich ist immer, daß die Verbindlichkeit **wirtschaftlich** mit dem Grundstück zusammenhängt (BT-Drucks 12/2480, 90).

10 d) Der zugeflossene Kredit muß für **Maßnahmen** an dem Grundstück begründet worden sein. Hierzu gehören inbesondere auch Personalkredite, die für **Baumaßnahmen** und für die **Übernahme** von Altverbindlichkeiten oder die **Erwerbskosten** bei früheren Besitzwechseln aufgenommen wurden. In Betracht kommen auch Mittel, die für die **Grundstücksbewirtschaftung** eingesetzt wurden (Palandt/Bassenge Rn 2).

2. Ersatzpflicht (Abs 1 S 2)

11 a) Ist eine Verbindlichkeit nach Abs 1 S 1 am 22. 7. 1992 bereits durch **einen anderen als den Eigentümer getilgt**, so kann sie nicht mehr übergehen; Abs 1 S 2 begründet jedoch einen gesetzlichen **Rückgriffsanspruch**. Dies gilt auch, wenn die Verbindlichkeit durch **Aufrechnung** erloschen ist (Palandt/Bassenge Rn 3).

12 b) Der Eigentümer ist ersatzpflichtig, **soweit** die Mittel aus der Verbindlichkeit für das Grundstück verwendet wurden (MünchKomm/Eckert Rn 3). „Soweit" ist einerseits als Bestätigung der in Abs 1 S 1 vorausgesetzten Grundstücksbezogenheit zu verstehen. Die Ersatzpflicht besteht aber auch nur **pro rata**, soweit eine Verbindlichkeit der **Höhe** nach auf das Grundstück entfällt.

13 c) Fraglich erscheint, ob der Rückgriffsanspruch für **jede Fremdtilgung** der sonst gemäß Abs 1 S 1 übergehenden Verbindlichkeit gilt. Nach dem Wortlaut erfaßt Abs 1 S 2 auch Fälle des § 267 BGB. Nach dem Zweck der Bestimmung soll aber nicht in allen Fällen der Leistung durch einen Dritten ein vom Grundverhältnis unabhängiger Rückgriffsanspruch geschaffen werden. Es geht vielmehr um Fälle, in denen der Leistende die Schuld als eigene getilgt hat und sich nunmehr erweist, daß der Leistende nicht Eigentümer des Grundstücks ist, so daß seine Leistung auf die Verbindlichkeit für ihn wirtschaftlich wertlos geworden ist. Abs 1 S 2 ist also einschränkend auszulegen: Der Rückgriffsanspruch besteht nur im Verhältnis zwischen dem Schuldner der Verbindlichkeit und dem nunmehrigen Eigentümer nach § 11 Abs 2. Hat ein Dritter geleistet, so hat dieser ggf einen Anspruch gegen den früheren Schuldner auf Abtretung der Rückgriffsansprüche gegen den Eigentümer, sofern nach dem Innenverhältnis zwischen dem Leistenden und dem Schuldner diesen eine Erstattungspflicht trifft. In diesem Fall ist nämlich ein Rückgriffsanspruch nach Abs 1 S 2 gerechtfertigt, weil die Interessenlage aus Sicht des ursprünglichen Schuldners der vom Regelungszweck vorausgesetzten entspricht.

3. Übernahme durch den Berechtigten (Abs 1 S 3)

14 a) Der Berechtigte ist zur **Übernahme** der Verbindlichkeiten nach Satz 1 (oben Rn 7 ff) **verpflichtet**. Ein gesetzlicher Übergang ist deshalb nicht vorgesehen, weil auch das Eigentum nicht kraft Gesetzes, sondern durch Auflassung nach § 11 Abs 3 übergeht.

b) Die Übernahmepflicht steht im **Gegenseitigkeitsverhältnis** zu der Verpflichtung des Eigentümers zur unentgeltlichen Auflassung (§ 11 Abs 3). Die Verpflichtung zur Übernahme besteht nur, wenn der Berechtigte seinen Anspruch aus § 11 Abs 3 geltend macht (PALANDT/BASSENGE Rn 4; MünchKomm/ECKERT Rn 4). **15**

c) Wegen der Übernahmeverpflichtung des Berechtigten steht dem Eigentümer die **Einrede nach § 273 BGB** zu (BGH VIZ 1998, 229, 230; OLG Brandenburg OLGR 1996, 117; BT-Drucks 12/2480, 90; PALANDT/BASSENGE § 11 Rn 10). **16**

d) Entgegen dem Wortlaut muß die Übernahmeverpflichtung auch für die sich aus Satz 2 ergebende Verpflichtung gelten (PALANDT/BASSENGE Rn 4; MünchKomm/ECKERT Rn 4); dies folgt aus dem Zweck der Regelung sowie aus der Verwendung des Begriffs „Verpflichtung" in Satz 3, da Satz 1 nur von Verbindlichkeiten handelt. **17**

III. Aufgabe des Eigentums (Abs 2)

1. Aufgabeerklärung

a) Der Eigentümer kann das ihm nach § 11 Abs 2 zufallende Eigentum gemäß § 928 Abs 1 BGB **aufgeben** (Abs 2 S 1). **18**

b) Er bedarf dazu der **Zustimmung der Gemeinde** (Abs 2 S 3; unten Rn 23 ff). Das Grundbuchamt hat bei Fehlen der in **Form des § 29 Abs 3 GBO** erteilten Zustimmung die Eintragung der Eigentumsaufgabe zu verweigern. Eine ohne die erforderliche Zustimmung im Grundbuch eingetragene Aufgabeerklärung macht das Grundbuch unrichtig (PALANDT/BASSENGE Rn 5; MünchKomm/ECKERT Rn 5). Das Grundbuchamt überprüft nicht, ob die Gemeinde die Zustimmung erteilen durfte (PALANDT/BASSENGE Rn 5). **19**

c) Die Aufgabe wird wirksam mit **Eintragung in das Grundbuch** (§ 928 Abs 1 BGB; PALANDT/BASSENGE Rn 5; MünchKomm/ECKERT Rn 5). **20**

2. Leistungsverweigerungsrecht (Abs 2 S 2)

a) In diesem Fall ergibt sich ein Problem hinsichtlich des Schicksals der auf den Eigentümer nach **Abs 1 S 1 übergegangenen Verbindlichkeiten**. Diese gehen erst mit Aneignung weiter über auf den Aneignungsberechtigten (Abs 3 S 2; unten Rn 30). In der Schwebezeit zwischen Wirksamwerden des Verzichts (§ 928 Abs 1 BGB) und Übergang der Verbindlichkeit (Abs 3) steht dem Eigentümer ein **Leistungsverweigerungsrecht** nach Abs 2 S 2 gegenüber dem Gläubiger zu (PALANDT/BASSENGE Rn 5; MünchKomm/ECKERT Rn 5). **21**

b) Dieses Leistungsverweigerungsrecht besteht in entsprechender Anwendung auch für die Verpflichtung aus **Abs 1 S 2** (PALANDT/BASSENGE Rn 5; MünchKomm/ECKERT Rn 5). **22**

3. Zustimmung der Gemeinde

a) Die **Aufgabeerklärung** des Eigentümers wird unbeschadet der Bestimmungen **23**

des § 928 BGB (Verzicht gemäß § 928 Abs 1 BGB gegenüber dem Grundbuchamt) erst wirksam, wenn die **Gemeinde**, in der das Grundstück belegen ist, ihr zustimmt.

24 b) Auch insoweit (wie in § 13 aF) ist die Gemeinde zur Wahrung der Interessen der Berechtigten nach § 12 eingesetzt (Kahlke NJ 1992, 482). Die Gemeinde kann die Zustimmung nicht nach Ermessen verweigern. Abs 2 S 3 („zu erteilen hat") statuiert eine **Verpflichtung** zur Zustimmung. Einziger Grund, aus dem die Zustimmung verweigert werden **kann und muß** („nur ... hat") ist, wenn der Gemeinde ein **Berechtigter** bekannt ist. Dieses Zustimmungserfordernis ist insofern problematisch, als dem Eigentümer im Falle der **berechtigten Verweigerung** der Zustimmung keine Mittel zu Gebote stehen, den Berechtigten zur Übernahme des Grundstücks samt der Verbindlichkeiten oder zum Verzicht auf seinen Anspruch zu zwingen. Das geeignete Mittel hierzu schiene ein Verfahren, wie es Abs 3 S 3, 4 im Verhältnis der Gläubiger zu den Aneignungsberechtigten vorsieht. Dieses Verfahren erscheint aber ohne gesetzliche Regelung schwerlich der Analogie fähig.

25 c) Daher sollte Abs 2 S 3 zweckentsprechend **einschränkend ausgelegt** werden. Die Gemeinde hat zunächst die Zustimmung zu verweigern. Der Eigentümer kann dann dem Berechtigten die Auflassung Zug-um-Zug gemäß § 11 Abs 3 anbieten. Lehnt dieser ab, ohne zu verzichten oder nimmt er in einer den Annahmeverzug begründenden Weise keine Stellung, so gebietet es der Zweck der Bestimmung, daß die Gemeinde die Zustimmung erteilen kann. Der Berechtigte kann dann immer noch sein Aneignungsrecht nach Abs 3 ausüben, die Gläubiger haben nach Abs 3 S 3, 4 die gebotenen Mittel zur Hand, weitere Zögerlichkeit des Berechtigten zu durchkreuzen.

IV. Aneignungsrecht, Aufgebotsverfahren (Abs 3)

1. Aneignungsberechtigte

26 a) Abs 3 regelt die Aneignung des nach Abs 2 aufgegebenen Grundstückseigentums (Palandt/Bassenge Rn 6; MünchKomm/Eckert Rn 6).

27 b) **Aneignungsberechtigt** sind nach Abs 3 S 1 in Abweichung von § 928 BGB (Gollasch/Kroeger VIZ 1992, 424) der Berechtigte nach § 12, der Landesfiskus und die Gläubiger von Verbindlichkeiten nach Abs 1 S 1. Die Reihenfolge begründet eine **Rangfolge** der Aneignungsberechtigten, der Berechtigte geht also dem Fiskus vor. Im übrigen unterliegt die Aneignung der Regelung in § 928 BGB. Unter mehreren Berechtigten nach § 12 bestimmt § 12 den Rang auch für Zwecke des Aneignungsrechts (Palandt/Bassenge Rn 7).

28 c) Der Aneignungsberechtigte wird dadurch **Eigentümer**, daß er in Form des § 29 GBO die Aneignung erklärt, seine Eintragung beantragt und im Grundbuch eingetragen wird (Palandt/Bassenge Rn 7; MünchKomm/Eckert Rn 7).

29 d) Nachzuweisen ist insbesondere das **Nichtbestehen vorrangiger Aneignungsrechte**. Eine Eintragung unter Verletzung eines vorrangigen Aneignungsrechts bewirkt keinen Eigentumserwerb, sondern macht das Grundbuch unrichtig (Palandt/Bassenge Rn 7).

2. Übergang der Verbindlichkeiten (Abs 3 S 2)

Wenn der **Berechtigte oder ggf nach Verzicht des Berechtigten der Fiskus** von ihrem Aneignungsrecht Gebrauch machen, gehen die **Verbindlichkeiten** nach Abs 1 Satz 1 auf den Aneignenden über (Abs 3 S 2). Dies muß wiederum nach dem Zweck der Regelung auch für die Verpflichtung aus Abs 1 S 2 gelten (Palandt/Bassenge Rn 7). 30

3. Aufgebotsverfahren

a) Abs 3 S 3 stellt sicher, daß der **Gläubiger** einer Verbindlichkeit nach Abs 1 S 1 oder der Verpflichtung nach Abs 1 S 2 letztlich ohne unzumutbare Zeitverzögerung aus dem Grundstück **Befriedigung** erlangen kann. Dies geschieht durch eine Konstruktion aus Verzicht bzw Verzichtsfiktion und einem Aufgebotsverfahren. 31

b) Der Gläubiger kann die (beiden) vorrangigen Aneignungsberechtigten **(formlos)** zum Verzicht auf ihr Aneignungsrecht **auffordern** (Abs 3 S 3). 32

aa) Abs 3 S 4 bestimmt eine **Fiktion** des Verzichts für den Fall, daß der Aufgeforderte sich nicht innerhalb von **drei Monaten** äußert. Maßgeblich ist der **Zugang der Aufforderung**. 33

bb) Mit Wirksamkeit des Verzichts oder der Verzichtsfiktion **entfallen Ansprüche** nach § 12 (Abs 3 S 5). Diese Bestimmung geht nicht ins Leere, obgleich § 12 keine Ansprüche, sondern Berechtigte des Anspruchs nach § 11 Abs 3 bestimmt (so aber Palandt/Bassenge Rn 8). Gemeint ist vielmehr, daß Berechtigte nach § 12 keine Ansprüche aus § 11 Abs 3 mehr geltend machen können. 34

c) Der Gläubiger wird durch den Verzicht der vorrangig Aneignungsberechtigten **noch nicht Eigentümer**. Dazu bedarf es erst des **Ausschlusses** der Aneignungsberechtigten in einem **Aufgebotsverfahren**. Es geht hierbei nicht in erster Linie um den Ausschluß unbekannter gleichrangiger Aneignungsberechtigter (anderer Gläubiger), sondern um die grundbuchförmig nachweisbare Ausschließung der Verzichtenden (Berechtigter und Fiskus; BT-Drucks 12/2480, 90; MünchKomm/Eckert Rn 7). 35

aa) Auf das Aufgebotsverfahren sind §§ 946 ff ZPO anzuwenden; §§ 978–981 ZPO gelten entsprechend (Palandt/Bassenge Rn 8). 36

bb) Den **Ablauf des Aufgebotsverfahrens** regelt Abs 3 S 6: Ist seit dem Verzicht bzw dem Ablauf der Fiktionsfrist nach Abs 3 S 4 **ein Jahr** verstrichen, so können die Aneignungsberechtigten mit Ausnahme des/der betreibenden Gläubiger(s) im Wege eines Aufgebotsverfahrens ausgeschlossen werden. Das Verfahren ist entsprechend § 927 BGB durchzuführen. 37

cc) Mit dem **Erlaß des Ausschlußurteils** wird der betreibende Gläubiger Eigentümer. § 927 Abs 2 BGB ist also **nicht** anzuwenden. 38

d) **Mehrere (bekannte) Gläubiger** können nach Abs 3 S 8 nur **gemeinsam** ihre Rechte geltend machen. Die Aufforderung nach Abs 3 S 3 und der Antrag auf Durchführung des Aufgebotsverfahrens sind also gemeinsam zu erklären. Dies 39 schließt nicht aus, daß im Aufgebotsverfahren auch unbekannte Gläubiger als Aneignungsberechtigte ausgeschlossen werden.

40 e) Ist **kein Berechtigter vorhanden** oder verzichtet der Berechtigte oder wird sein Verzicht fingiert, so kann der **Fiskus** sein Aneignungsrecht ausüben. Dem Fiskus selbst steht kein Verfahren zur Verfügung, den Berechtigten zu einer Entscheidung über die Geltendmachung seines Aneignungsrechts zu zwingen. Das Problem der Konkurrenz mehrerer Aneignungsberechtigter tritt in § 928 BGB nicht auf und ist vorliegend nicht gelöst. Das ist jedoch in der Praxis wohl unschädlich. Aus Sicht des Fiskus ist es zu tolerieren, wenn der Berechtigte die Entscheidung über sein Aneignungsrecht hinauszögert. Der Eigentümer wird regelmäßig auf das Eigentum nur verzichten, wenn Verbindlichkeiten bestehen. In diesem Fall ist aber damit zu rechnen, daß die Gläubiger, in deren Interesse letztlich das Verfahren ablaufen muß, bei Zögerlichkeit das Verzichts- und Aufgebotsverfahren einleiten.

§ 16
Verhältnis zu anderen Vorschriften, Übergangsvorschriften

(1) Die Vorschriften dieses Abschnitts lassen die Bestimmungen des Vermögensgesetzes sowie andere Vorschriften unberührt, nach denen die Aufhebung staatlicher Entscheidungen oder von Verzichtserklärungen oder die Rückübertragung von Vermögenswerten verlangt werden kann. Durch die Vorschriften dieses Abschnitts, insbesondere § 12 Abs. 2 Nr. 2 Buchstabe c, werden ferner nicht berührt die Vorschriften der Dritten Durchführungsverordnung zum Treuhandgesetz sowie Ansprüche nach Artikel 21 Abs. 3 und nach Artikel 22 Abs. 1 Satz 7 des Einigungsvertrages. Über die endgültige Aufteilung des Vermögens nach § 12 Abs. 2 Nr. 2 Buchstabe c wird durch besonderes Bundesgesetz entschieden.

(2) Der durch Erbschein oder durch eine andere öffentliche oder öffentlich beglaubigte Urkunde ausgewiesene Erbe des zuletzt eingetragenen Eigentümers eines Grundstücks aus der Bodenreform, das als solches im Grundbuch gekennzeichnet ist, gilt als zur Vornahme von Verfügungen befugt, zu deren Vornahme er sich vor dem Inkrafttreten dieses Abschnitts verpflichtet hat, wenn vor diesem Zeitpunkt die Eintragung der Verfügung erfolgt oder die Eintragung einer Vormerkung zur Sicherung dieses Anspruchs oder die Eintragung dieser Verfügung beantragt worden ist. Der in § 11 bestimmte Anspruch richtet sich in diesem Falle gegen den Erben; dessen Haftung beschränkt sich auf die in dem Vertrag zu seinen Gunsten vereinbarten Leistungen. Die Bestimmungen dieses Absatzes gelten sinngemäß, wenn der Erwerber im Grundbuch eingetragen ist oder wenn der Erwerb von der in § 11 Abs. 2 Satz 1 Nr. 1 bezeichneten Person erfolgt.

(3) Ein Vermerk über die Beschränkungen des Eigentümers nach den Vorschriften über die Bodenreform kann von Amts wegen gelöscht werden.

Materialien: Eingefügt durch 2. VermRÄndG, BGBl 1992 I 1257. Materialien siehe § 11. Abs 2 S 3 eingefügt und Abs 3 aF aufgehoben durch Art 13 Nr 3 m Registerverfahrenbeschleunigungs G. Materialien siehe § 11.

I. Wiedergutmachungsbestimmungen, Volkseigentum (Abs 1)

1. Restitutionsansprüche

a) Abs 1 stellt klar, daß die §§ 11 ff eine **rein sachenrechtliche Abwicklungsregelung** enthalten (Palandt/Bassenge Rn 1). Im Bereich des Bodenreformrechts wurden insbesondere vielfach auch **Rückgaben und Verzichte** erklärt. Diese waren nicht immer freiwillig, sondern wurden den Betroffenen teilweise durch **staatliche Stellen nahegelegt**. Teilweise wurden auch Neubauernstellen durch Zwang entzogen, zB wenn der Neubauer sich weigerte, der LPG beizutreten (Gollasch/Kroeger VIZ 1992, 425). Wie diese Fälle zu behandeln sind, kann nicht Gegenstand der sachenrechtlichen Regelung sein. Dies muß den dafür bestehenden und noch zu schaffenden Regelungen vorbehalten werden (BT-Drucks 12/2480, 90). Abs 1 S 1 bestimmt daher umfassend, daß die Bestimmungen des **Vermögensgesetzes und sonstige Vorschriften**, nach denen eine Aufhebung staatlicher Entscheidungen oder von Verzichtserklärungen oder Rückübertragung von Vermögenswerten verlangt werden kann, durch die Regelung unberührt bleiben (BVerwG VIZ 1996, 641; Härting VIZ 1996, 311; Rodenbach ZOV 1996, 82, 85 ff; MünchKomm/Eckert Rn 1). **1**

b) Abs 1 S 1 gilt nicht nur für den **gesetzlichen Eigentumserwerb** nach § 11 Abs 2, sondern vor allem für den **rechtsgeschäftlichen Eigentumserwerb** nach § 11 Abs 3 iVm § 12. Die rechtsgeschäftliche Übertragung schließt also einen Restitutionsanspruch nicht aus. Deshalb gilt auch für den Auflassungsanspruch nach § 11 Abs 3 die **Verfügungsbeschränkung des § 3 Abs 3 VermG** nicht (Schreiben des BMJ VIZ 1995, 455). Die Auflassung wäre zwar nach § 2 Abs 1 S 1 GVO genehmigungspflichtig. Analog § 1 Abs 2 HS 1 Nr 3 GVO ist die Grundstücksverkehrsgenehmigung jedoch unabhängig von der Erledigung eines bezüglich des Grundstückes gestellten Rückübertragungsantrags zu erteilen (BMJ aaO). **2**

c) Ein Eigentumserwerb nach § 11 Abs 2 genügt nicht für einen **redlichen Erwerb (§ 4 Abs 2 VermG)**. Der Erwerb nach § 11 Abs 2 ist gesetzlicher Erwerb und kann daher nicht redlicher – rechtsgeschäftlicher – Erwerb iSd § 4 Abs 2 VermG sein (BMJ Rn 2). Das gilt auch für einen Erwerb nach § 11 Abs 3, soweit dieser lediglich auf der Zuordnung gemäß § 12 beruht; insoweit handelt es sich zwar um einen rechtsgeschäftlichen Eigentumserwerb, nicht aber um ein Verkehrsgeschäft, sondern nur um den Vollzug einer in § 12 vorgenommenen gesetzlichen Zuordnung durch eine Anspruchslösung. **3**

Etwas anderes gilt aber hinsichtlich eines (zivilrechtlich beständigen) Eigentumserwerbs einer **eingetragenen lebenden Person** nach § 11 Abs 2. Liegt diesem gesetzlichen Erwerb ein Erwerbsvorgang zugrunde, den der nunmehrige gesetzliche Erwerb lediglich bestätigt, und war jener Erwerbsvorgang redlich iSd § 4 Abs 2 VermG, so schließt dieser Erwerb Restitutionsansprüche aus; die nachfolgende gesetzliche Bestätigung durch § 11 Abs 2 kann in diesem Fall nicht die Folgen des vorherigen redlichen Erwerbs beseitigen (BMJ oben Rn 2). Dies muß ebenfalls für einen Erwerb nach § 11 Abs 3 gelten, sofern der Berechtigte nach § 12 bereits redlich erworben hatte, ihm durch die Zuordnung nach § 11 Abs 2 aber das Eigentum vorübergehend entzogen wird und über die Anspruchslösung des § 11 Abs 3 lediglich zurückgegeben wird, was er bereits – redlich – erworben hatte.

4 **d)** Unberührt bleibt auch die **Dritte Durchführungsverordnung zum Treuhandgesetz** (Abs 1 S 2) betreffend das in Volkseigentum überführte Grundvermögen aus der Bodenreform. Damit ist klargestellt, daß ein Restitutionsanspruch auch an Grundstücken aus der Bodenreform bestehen kann, die erst auf Grund des § 11 Abs 1 an die Treuhandanstalt und aufgrund des § 12 Abs 2 Nr 2 lit c (zu § 12 Abs 2 Nr 1 lit d vgl unten Rn 7) an die Landesfiski zugewiesen werden (vgl BT-Drucks 12/2944, 64). Ob solche Restitutionsansprüche überhaupt an Bodenreformgrundstücken bestehen können, ist strittig; einer grundsätzlichen gesetzlichen Lösung soll durch die Bestimmungen der §§ 11 ff auch nicht für die Grundstücke vorgegriffen werden, die erst nach §§ 11 ff in ein öffentliches Vermögen gelangen. Dies wird einer späteren gesetzlichen Klärung vorbehalten (BT-Drucks 12/2944, 64).

2. Endgültige Vermögenszuordnung

5 **a)** Auf Anregung des Bundesrats (BT-Drucks 12/2695, 25 Nr 55) wird klargestellt, daß die Bestimmungen der §§ 11 ff, insbesondere § 12 Abs 2 Nr 2 lit c, nicht in die **Verteilung des Finanz- und Verwaltungsvermögens** nach Art 21 Abs 3 und 22 Abs 1 Satz 7 EV eingreifen (Abs 1 S 2 2. Alt).

6 **b)** Abs 1 S 3 beinhaltet einen Vorbehalt, der zu der auf Anregung des Bundesrats erfolgten Änderung von § 12 Abs 2 Nr 2 lit c korrespondiert: Dort wurde im Gesetzgebungsverfahren der Landesfiskus anstelle der im Entwurf genannten Treuhandanstalt begünstigt. Hier wird nun festgestellt, daß diese Zuordnung nicht endgültig ist; die endgültige Regelung bleibt einem **Bundesgesetz** vorbehalten (BT-Drucks 12/2944, 64).

7 **c)** Übersehen wurde offenbar die Einbeziehung des Fiskus in den Kreis der Berechtigten nach § 12 Abs 2 **Nr 1** durch das RegisterverfahrenbeschleunigungsG. Auch Hauswirtschaften, die der Landesfiskus nach § 12 Abs 2 Nr 1 lit d erlangt, sind letztlich in den Regelungsvorbehalt einzubeziehen.

8 **d)** Ein Vorschlag, die **Haftung des Fiskus** bei der Geltendmachung von Ansprüchen nach § 11 auf Sorgfalt in eigenen Angelegenheiten zu beschränken (Art 3 Nr 2 h des Entwurfs eines NutzerschutzG BT-Drucks 13/2022, 17) ist nicht Gesetz geworden.

II. Verfügungen eines Erben des Bucheigentümers (Abs 2)

1. Verfügungsbefugnis

9 **a)** Abs 2 ist eine **Übergangsvorschrift** für Fälle, in denen ein Erbe des Bucheigentümers über ein Grundstück aus der Bodenreform verfügt (auch durch Bestellung eines

Grundpfandrechts: OLG Dresden OLG-NL 2002, 228, 231) oder sich zu einer solchen Verfügung verpflichtet hat. Obgleich die Rechtslage nicht eindeutig geklärt war, waren vor dem 22. 7. 1992 schon Grundstücke aus der Bodenreform veräußert worden (BT-Drucks 12/2480, 90).

b) Hierzu enthält Abs 2 S 1 die Fiktion einer Verfügungsbefugnis. Begünstigt ist der durch **Erbschein** ausgewiesene Erbe des zuletzt eingetragenen (Buch-)Eigentümers. Im Gesetzgebungsverfahren wurde klargestellt, daß die Fiktion auch zugunsten dessen gilt, der durch andere **öffentliche oder öffentlich beglaubigte Urkunden**, also grundbuchkonform, als Erbe ausgewiesen ist (BT-Drucks 12/2944, 64). Hierzu zählt insbesondere der durch ein öffentlich errichtetes Testament eingesetzte Erbe. Die Bestimmung gilt sowohl für den durch § 11 Abs 1 zum Nichtberechtigten gewordenen Erben des Bucheigentümers wie auch zugunsten (Abs 2 S 2) des nach § 11 Abs 2 zum Eigentümer bestimmten Erben, der aber mit einem Anspruch aus § 11 Abs 3 belastet ist. **10**

c) Erfaßt sind wie in §§ 11 ff grundsätzlich, aber nochmals ausdrücklich in Abs 2 S 1 erwähnt, nur Grundstücke aus der Bodenreform, die im Grundbuch durch den **Bodenreformvermerk** gekennzeichnet sind. **11**

d) Die Verfügungsbefugnis **erstreckt sich** auf Verfügungen, zu denen sich der Begünstigte vor Inkrafttreten des Zweiten Abschnitts, also **bis einschließlich 21. 7. 1992 verpflichtet** hat. Erforderlich ist weiter, daß vor diesem Zeitpunkt die **Verfügung eingetragen** wurde oder ein **Antrag** mit dem Ziel der Eintragung der Verfügung oder der Eintragung einer **Vormerkung** zur Sicherung dieses Anspruchs vorliegt (Palandt/Bassenge Rn 2). Geschützt ist nur derjenige, der von dem Erben des Bucheigentümers erworben hat, sofern der dingliche Erwerb bereits bis zur Antragstellung bzw bis zur Antragstellung für eine Vormerkung des Anspruchs gediehen ist. **12**

e) **Abs 2 S 3** ist idF durch das RegisterverfahrenbeschleunigungsG auf den Fall erstreckt, daß der als **Eigentümer Eingetragene** selbst vor dem 22. 7. 1992 verfügt hat. Ursprünglich hatte man eine Regelung wegen § 185 Abs 2 BGB für entbehrlich gehalten (BT-Drucks 12/5553, 134; zur vorherigen Rechtslage Böhringer NJ 1993, 260). **13**

Die vereinfachte Regelung des Abs 2 (Rn 9 ff) gilt danach entsprechend, wenn die Verfügung durch den am 15. 3. 1990 eingetragenen Bucheigentümer (die in § 11 Abs 2 S 1 Nr 1 bezeichnete Person) vorgenommen wurde. In diesem Fall muß der Erwerb – ebenso wie bei einer Verfügung durch die Erben nach Abs 2 S 1 – noch nicht im Grundbuch vollzogen sein (Palandt/Bassenge Rn 2).

f) **Abs 2 S 3** erweitert die Anwendung von Abs 3 S 1, 2 außerdem auf den Fall, daß der **Erwerber bereits im Grundbuch eingetragen** ist. Wenn schon die Verfügungsbefugnis fingiert wird, wenn nur die Eintragung der Verfügung vor dem Stichtag *beantragt* wurde, so muß die Regelung erst recht gelten, wenn die Eintragung erfolgt war. **14**

2. Kein Anspruch des Berechtigten nach § 12 gegen den Erwerber (Abs 2 S 1 HS 1)

15 **Abs 2 S 2** stellt klar, daß die nach Abs 2 S 1 wirksame Verfügung **beständig gegenüber dem Anspruch des Berechtigten nach §§ 12, 11 Abs 3** („Abs 3" wurde im Gesetzestext offenbar redaktionell vergessen) ist. Dieser Anspruch richtet sich nicht gegen den Erwerber, sondern gegen den verfügenden Erben, bzw im Fall des Abs 2 S 3 2. Alt (oben Rn 13) den verfügenden Bucheigentümer, also immer gegen den gemäß Abs 2 S 1 Verfügungsbefugten (Abs 2 S 2 HS 1; Palandt/Bassenge Rn 2).

3. Anspruch gegen den Erben auf Auskehr der vertraglich vereinbarten Leistungen (Abs 2 S 2 HS 2)

16 **a)** Aufgrund der Wirksamkeit der Verfügung an einen Dritten gemäß Abs 2 S 1 ist dem Erben die Erfüllung seiner Verpflichtung aus § 11 Abs 3 gegenüber dem nach § 12 Berechtigten jedoch regelmäßig unmöglich. Für diesen Fall **beschränkt Abs 2 S 2 HS 2 die Haftung** des Erben auf die im Vertrag zu seinen Gunsten vereinbarten Leistungen. Damit soll dem Umstand Rechnung getragen werden, daß auch der Erbe häufig die Lage nicht vollständig überblickt haben dürfte (BT-Drucks 12/2480, 90). Besteht die wirksame Verfügung in der Belastung mit einem beschränkten dinglichen Recht, so besteht kein Anspruch auf Beseitigung (OLG Dresden OLG-NL 2002, 228, 231).

17 **b)** Eher theoretisch ist die Frage, ob es sich bei Abs 2 S 2 nur um die Beschränkung eines anderweitig **vorausgesetzten Anspruchs** handelt (so BGH VIZ 1998, 150, 151; OLG Hamm VIZ 1996, 725) oder ob Abs 2 S 2 einen **Anspruch begründet** (so OLG Naumburg VIZ 1995, 474, 475; LG Rostock VIZ 1995, 54; LG Potsdam VIZ 1996, 297). Die Neufassung von § 14 legt es zwar nahe („Ansprüche nach den §§...16"; Wasmann ZOV 1997, 313), Abs 2 S 2 als eigenständige Anspruchsgrundlage anzusehen. Bedenkt man allerdings, daß durch die Formulierung die streitige Frage der Einbeziehung von § 16 Abs 2 S 2 in § 14 S 1 geklärt werden sollte, wiegt die Formulierung gering. Vorrangig ist jedenfalls zu klären, welcher Natur der Anspruch ist, den Abs 2 S 2 entweder anordnet, oder voraussetzt und beschränkt.

18 **c)** Die **Rechtsnatur** des Anspruchs gegen den Verfügenden ist trotz nachhaltiger Klärung durch den **BGH** weiterhin nicht unumstritten. Die vom BGH gefundene Einordnung erweist sich jedoch als zutreffend, insbesondere vor dem Hintergrund der Parallelsituation bei *nachträglicher Unmöglichkeit* des Anspruchs aus § 11 Abs 3 S 1 wegen Verfügungen durch den *Eigentümer nach § 11 Abs 2* seit dem 22. 7. 1992 (dazu § 11 Rn 59 ff), auf die § 16 insgesamt, insbesondere Abs 2 S 2, nicht anzuwenden ist (BGHZ 136, 283, 287; OLG Brandenburg OLGR 1998, 286, 287).

19 **aa)** In Betracht kommen drei **Auslegungsalternativen**. Es kann sich um einen bereicherungsrechtlichen Anspruch entsprechend § 816 BGB handeln, um einen Schadensersatzanspruch (nach § 280 aF BGB oder eigener Art) oder um einen auf das Surrogat gerichteten Anspruch nach § 281 aF BGB.

20 **bb)** Zuerst hat der BGH (BGH VIZ 1998, 150) die Einordnung als **Schadensersatzanspruch** (OLG Naumburg NJ 1995, 431, 432; LG Rostock VIZ 1995, 54, 55) abgelehnt. Zwar ließe sich die angeordnete Haftung durchaus als Sanktion für die Nichterfüllung des ursprünglichen Eigentumsverschaffungsanspruchs verstehen, müßte dann aber den allgemeinen Vorschriften (§ 280 BGB) unterstellt sein, also von einem Verschulden abhängen. Daran fehlt es aber im Regelfall, weil dieses gesetzliche Schuldverhältnis erst am 22. 7. 1992 begründet wurde, der Erbe bei Vertragsschluß also mit dem Übereignungsanspruch nicht rechnen mußte (zustimmend Kühnholz NJ 1998, 209).

Gegen einen die Haftung erheblich ausdehnenden *verschuldensunabhängigen* Schadensersatzanspruch (MünchKomm/Eckert Rn 7; ders WuB IV B Art 233 § 16 EGBGB 1. 98; ders WuB IV B Art 233 § 16 EGBGB 1. 99) spricht, daß Abs 2 S 2 von *Haftung* handelt, diese tendenziell als gegeben voraussetzt, und für die Schaffung eines weit über allgemeine Haftungsgrundsätze hinausgehenden Anspruchs kein Anhalt besteht. Auch im Ergebnis erweist es sich als richtig, dem Erben das (bei Verschuldensunabhängigkeit von ihm zu tragende) Risiko der Nichteinbringlichkeit und des Verbrauchs der Kaufpreisforderung zu nehmen (zustimmend Kohler EWiR 1998, 267, 268). Es wäre im Vergleich zu den Fällen der Verfügung des Eigentümers nicht verständlich, wenn der Erbe, der vor dem 22. 7. 1992 guten Glaubens das Grundstück verkauft oder sogar veräußert (Abs 2 S 3) hat, strenger haften würde als der Eigentümer, der sich sogar bei Verkauf und Veräußerung nach dem 22. 7. 1992 auf entschuldbare Rechtsirrtümer über §§ 11 ff berufen kann (vgl § 11 Rn 62).

Allenfalls bestehen Bedenken, den Schadensersatzanspruch als solchen generell abzulehnen, anstatt ihn nur im Regelfall am fehlenden Verschulden scheitern zu lassen (passim OLG Brandenburg 24. 11. 1998, 2 U 36/98 unveröffentlicht; vgl zu daraus erwachsenden Problemen bei unentgeltlicher Veräußerung unten Rn 25).

21 **cc)** Das Verständnis als **bereicherungsrechtlicher Anspruch** lehnt der BGH ebenfalls ab (BGH VIZ 1999, 176; BGH VIZ 2000, 234). Dies erweist sich vor allem vor dem Hintergrund des geänderten Verständnisses zur Vererblichkeit des Bodenreformeigentums (Vorbem 23) als konsequent. Da das Eigentum auf den Erben, wenn auch mit Zweifeln über die Beständigkeit der Zuordnung, überging, hätte er schon vor dem 22. 7. 1992 als Berechtigter verfügt. Die durch Abs 2 S 1 ermöglichte Verfügung nach dem 22. 7. 1992 ist vor diesem Hintergrund keine Verfügung eines Nichtberechtigten (BGH VIZ 1999, 176; insoweit zustimmend Piekenbrock ZOV 1999, 83, 86; Eckert WuB IV B Art 233 § 16 EGBGB 1. 99; **aA** Kohler EWiR 1998, 267, 268).

22 **dd)** Die damit verbleibende, vom BGH gewählte **Einordnung nach § 281 Abs 1 aF BGB** (BGH VIZ 1999, 176; BGH VIZ 1999, 616, 617; BGH ZOV 2003, 95; zustimmend Wendlinger VIZ 1999, 68, 70; vgl schon OLG Brandenburg OLG-NL 1996, 278, 280; OLG Brandenburg 24. 11. 1998, 2 U 36/98 unveröffentlicht; OLG Hamm VIZ 1996, 725; OLG Rostock VIZ 1997, 488; OLG Rostock OLGR 1998, 273) erweist sich weitgehend als stimmig. Der gegen den Verfügenden gerichtete Anspruch auf Auflassung aus § 11 Abs 3 S 1 iVm § 16 Abs 2 S 1 ist schuldrechtlicher Natur. Durch die wirksame Veräußerung wird die Erfüllung unmöglich. Der dieser Situation entsprechende verschuldensunabhängige Rechtsbehelf ist der Anspruch auf das stellvertretende commodum. Dieses besteht in dem durch den der Verfügung zugrundeliegenden Kaufpreisanspruch, dessen Abtretung der Erbe schuldet (BGH VIZ 1998, 150), bzw der Herausgabe des Veräußerungserlöses, soweit ihn der Erbe eingezogen hat (so iE auch OLG Celle VIZ 1996, 104; OLG Naumburg NJ 1997, 31). Wiederum besteht Einklang mit der Lösung im Fall der Verfügung durch den Eigentümer (§ 11 Rn 61).

23 **ee)** Bei einer **Mehrheit von veräußernden Erben** schließt sich die Frage an, ob für den Anspruch aus § 281 Abs 1 aF BGB solidarisch oder pro rata gehaftet wird. Insoweit überzeugt der Rückgriff des BGH (BGH VIZ 1999, 176, 177) auf die Nachzeichnungslösung als Basis des Auflassungsanspruchs aus § 11 Abs 3 S 1. Aus der Tatsache, daß der Auflassungsanspruch gegen eine Mehrheit von Verpflichteten gerichtet war, folgt nicht Gesamtschuld, da der Auflassungsanspruch als gemeinschaftliche Schuld oder als Verbindlichkeit nach Bruchteilen, nicht aber als Gesamtschuld zu erbringen war (dazu § 11 Rn 62).

24 **d)** Die Einordnung wirkt sich insbesondere dann aus, wenn der Erbe **unentgeltlich verfügt** oder das **Surrogat verbraucht** hat. Auch insoweit kommt der BGH zu stimmigen Ergebnissen:

aa) Die vom Ausgangspunkt des § 281 Abs 1 aF zentrale Frage, ob der Verfügende für die **Unmöglichkeit** der Herausgabe des Surrogats (Verbrauch – BGH VIZ 1999, 176; BGH VIZ 1999, 616 – oder Verschenken des *Erlöses* – BGH VIZ 2000, 613) verschuldensunabhängig einzustehen hat, ob also § 279 aF BGB Anwendung findet, verneint der BGH (BGHZ VIZ 1999, 176, 177; ablehnend ECKERT WuB IV B Art 233 § 16 EGBGB 1. 99; nur dogmatisch kritisch, im Ergebnis aber zustimmend PIEKENBROCK ZOV 1999, 83, 86). Dies entspricht, was kein Zufall ist, der Ansicht des BGH im Fall der Verfügung durch den Eigentümer (§ 11 Rn 62). Sie erweist sich auch im Ergebnis als stimmig, weil den aus § 16 Abs 2 S 1 iVm § 11 Abs 3 S 1 Verpflichteten keine unbedingte Einstandspflicht trifft und der Schuldner in diesem Fall seine Verbindlichkeit nicht kannte (insoweit zustimmend PIEKENBROCK ZOV 1999, 83, 87). Der zur Herausgabe des bereits vereinnahmten Veräußerungserlöses Verpflichtete wird also, wenn er den Erlös seit dem 22. 7. 1992 verbraucht hat, nur frei, wenn es ihm gelingt, darzulegen und zu beweisen (§ 282 aF BGB), daß er in unverschuldeter (§ 276 aF BGB) Unkenntnis von dem Anspruch gehandelt hat (BGH VIZ 1999, 616, 617; BGH VIZ 2000, 613). Er genügt seiner Darlegungslast, wenn er den Verbrauch behauptet; er muß nicht erläutern, wofür er das Geld im einzelnen verwendet hat (BGH ZOV 2003, 95). Die Unkenntnis des 2. VermRG kann dem Schuldner nicht ohne weiteres vorgeworfen werden (BGH ZOV 2003, 95). Bei Verbrauch vor dem 22. 7. 1992 fehlt es dagegen regelmäßig am Verschulden (WENZEL OV spezial 2000, 82, 85).

25 **bb)** Hat der Erbe das Grundstück **verschenkt**, so kommen konsequent wiederum keine bereicherungsrechtlichen Ansprüche in Betracht. Für einen Anspruch aus § 281 Abs 1 aF BGB fehlt es bereits an einem erlangten Surrogat, das herauszugeben wäre (BGH VIZ 2000, 233, 234). Dogmatisch nicht stimmig ist insoweit die vom BGH angestellte Verschuldensprüfung (BGH VIZ 2000, 233, 234), wenngleich dem Ergebnis zuzustimmen ist, wonach der Erbe nur frei wird, wenn er das Grundstück nicht vorwerfbar verschenkt hat. Ein Anspruch auf das Surrogat nach § 281 Abs 1 aF BGB bestünde aber auch nicht bei Vorwerfbarkeit der unentgeltlichen Verfügung. Hier zeigt sich, daß die generelle Ablehnung des Schadensersatzanspruchs (oben Rn 20) zu weit geht, wenn sich der Erbe, ohne ein Surrogat je erlangt zu haben, vorwerfbar leistungsunfähig gemacht hat. In diesem Fall bestünde angesichts ausnahmsweise vorhandenen Verschuldens nach allgemeinen Regeln ein Schadensersatzanspruch aus § 280 aF BGB. Schließt man diesen Anspruch mit dem BGH aus, so kann man das erwünschte Ergebnis nicht mit § 281 Abs 1 aF BGB begründen.

III. Gesetzliche Vertretung des Eigentümers (Abs 3 aF)

Die Regelung in Abs 3 aF (Staudinger/Rauscher[12] Rn 10 ff) ist in der umfassenderen Vertretungsregelung des Art 233 § 2 Abs 3 idF durch das RegisterverfahrenbeschleunigungsG aufgegangen und gleichzeitig aufgehoben worden (BT-Drucks 12/5553, 134). **26**

IV. Amtslöschung des Bodenreformvermerks (Abs 3)

1. Auf Anregung des Bundesrats (BT-Drucks 12/2695, 24 Nr 52) wurde in Abs 4 eine Bestimmung zur **Amtslöschung** von Bodenreformvermerken aufgenommen. Diese Vermerke sind bereits durch das Gesetz vom 6. 3. 1990 (Vorbem 1) hinsichtlich der vordem bestehenden Beschränkungen obsolet geworden und wurden daher teilweise bereits vor dem 22. 7. 1992 gelöscht (Böhringer VIZ 1992, 179). **27**

2. Sie verlieren jedenfalls mit dem 22. 7. 1992 ihre aktuelle grundbuchrechtliche Bedeutung. Lediglich das **Bestehen des Vermerks am 15. 3. 1990** ist tatbestandliche Voraussetzung der Anwendung der Bestimmungen des zweiten Abschnitts. Im übrigen aber wird der Eigentumsübergang nunmehr letztmals in Anlehnung an das Bodenreformrecht klargestellt. Künftig folgt er allgemeinen, insbesondere auch BGB-erbrechtlichen Regeln. **28**

3. Bodenreformvermerke in Abt 2 der Grundbücher sind daher **von Amts wegen** zu löschen. Es bedarf keines Antrags und keiner Bewilligung. **29**

4. Dabei ist jedoch in Hinblick auf die Anwendung der §§ 11 ff, insbesondere wegen der Erheblichkeit nach § 13 bis zum 31. 12. 1996, darauf zu achten, daß der gelöschte Vermerk aus dem **Grundbuch ersichtlich bleibt**; insbesondere bei Löschung vor dem 21. 7. 1992 und Neuanlage des Grundbuchblattes ist ggf der Vermerk zu übertragen (Böhringer Rpfleger 1994, 45; ders Rpfleger 1995, 57; Palandt/Bassenge Rn 3). **30**

Artikel 234 EGBGB
Viertes Buch. Familienrecht

Schrifttum

Adlerstein/Wagenitz, Das Verwandtschaftsrecht in den neuen Bundesländern, FamRZ 1990, 1169
dies, Nachehelicher Unterhalt und Versorgungsausgleich in den neuen Bundesländern, FamRZ 1990, 1300
Böhmer, Das Ehe- und Familienrecht im Einigungsvertrag mit IPR und Übergangsvorschriften, StAZ 1990, 357
Bosch, Familien- und Erbrecht als Themen der Rechtsangleichung nach dem Beitritt der DDR zur Bundesrepublik Deutschland, FamRZ 1991, 749, 878, 1001
Brudermüller/Wagenitz, Das Ehe- und Ehegüterrecht in den neuen Bundesländern, FamRZ 1991, 14
Grandke, Familienrecht in der ehemaligen DDR nach dem Einigungsvertrag, DtZ 1990, 320
Henrich, Probleme der deutschen Rechtseinheit im Familienrecht, FamRZ 1991, 873
Maurer, Rechtsprechung zum Familienrecht im Beitrittsgebiet, ZAP-Ost Fach 11 S 129

RAUSCHER, Gespaltenes Kindschaftsrecht im vereinten Deutschland, StAZ 1991, 1
SCHWAB/REICHEL, Familienrecht und Deutsche Einigung (1991)
SIEHR, Das Kindschaftsrecht im Einigungsvertrag, IPRax 1991, 20.

Zum Recht der DDR:
EBERHARDT, Die Novellierung des Familiengesetzbuchs der DDR, FamRZ 1990, 917
EBERHARDT ua, Familienrecht der DDR (4. Aufl 1973)
GRANDKE ua, Familienrecht (3. Aufl 1981).

§ 1
Grundsatz

Das Vierte Buch des Bürgerlichen Gesetzbuchs gilt für alle familienrechtlichen Verhältnisse, die am Tag des Wirksamwerdens des Beitritts bestehen, soweit im folgenden nichts anderes bestimmt ist.

Materialien: Siehe zu Art 230; E: BT-Drucks 11/7760 Art 234 § 1.

Schrifttum

EBERHARDT, Zur Behandlung von Unterhaltsrückständen aus der Zeit vor dem 1. 7. 1990 im Beitrittsgebiet, NJ 1993, 541
GRANDKE, Zur Anwendung des Kindesunterhaltsrechts im Beitrittsgebiet, NJ 1993, 298
LINGELBACH, Erfolgreiche Unterhaltsklagen nichtehelicher DDR-Kinder trotz Anspruchsverjährung?, NJ 1994, 204
MAURER, Kindesunterhalt im Beitrittsgebiet, FamRZ 1994, 337.

Systematische Übersicht

Alphabetische Übersicht

I. Inkrafttreten des BGB-Familienrechts

1. Interlokaler Anwendungsbereich

a) § 1 (und Art 234 insgesamt) ist interlokal anzuwenden, wenn auf das betreffende familienrechtliche Verhältnis nach den Grundsätzen des deutschen interlokalen Kollisionsrechts **bis 2. 10. 1990 das Recht der DDR** anzuwenden war (BGHZ 135, 209, 211; Palandt/Brudermüller Rn 1; Adlerstein/Wagenitz FamRZ 1990, 1301; grundsätzlich hierzu Art 230 Rn 48 ff). Für Rechtsverhältnisse, die § 1 unterstehen, ist dies iE nicht relevant: soweit der Grundsatz eingreift, gilt ab dem 3. 10. 1990 das BGB unbeschadet der vorherigen Geltung von BGB oder FGB. 1

b) Praktische Bedeutung hat die Bestimmung des interlokalen Anwendungsbereichs der Überleitungsbestimmungen zum Familienrecht für die **Ausnahmen**, die in §§ 2–15, und an anderer Stelle des EV zu Nebengesetzen bestimmt sind. Auch insoweit findet eine Überleitung statt, wenn am 2. 10. 1990 das jeweilige Rechtsverhältnis nach interlokalem Kollisionsrecht dem Recht der DDR unterstand. 2

c) Einzelne Überleitungsbestimmungen enthalten immanente Beschreibungen ihres Anwendungsbereichs, insbesondere im Hinblick auf **verfahrensrechtliche** Hand- 3 lungen, welche die Anbindung an das Recht der DDR vermitteln. Solche speziellen Regelungen gehen dem innerdeutsch-kollisionsrechtlichen Ansatz vor (im einzelnen siehe Erläuterungen zu den nachfolgenden Paragraphen). Wo dies nicht ausdrücklich geregelt ist, genügt ein solcher verfahrensrechtlicher Bezug nicht (zur Scheidung einer Ehe im Gebiet der DDR: Adlerstein/Wagenitz FamRZ 1991, 1301), sofern der kollisionsrechtliche Bezug fehlt.

2. Sachlicher Anwendungsbereich

4 **a)** Die Bestimmung erfaßt **alle familienrechtlichen Verhältnisse**, unbeschadet ihrer Begründung durch *Abstammung, Ehe, Vertrag, Gesetz* (Palandt/Brudermüller Rn 2; MünchKomm/Gräper Rn 6 f). Der Grundsatz gilt für alle Regelungsmaterien des vierten Buches des BGB, soweit nicht in §§ 2 bis 15 einzelne Bestimmungen ausdrücklich ausgenommen sind.

5 **b)** Damit galt seit dem 3. 10. 1990 zunächst (bis zum 30. 6. 1998) auch die Unterscheidung zwischen ehelichen und **nichtehelichen Kindern**, auch soweit das Kindschaftsverhältnis vor dem 2. 10. 1990 dem FGB unterstand, das hinsichtlich des Status nicht unterschied und die Rechtsfolgen weitgehend harmonisiert hatte. **Art 230 Abs 1 aF** nahm jedoch §§ 1706 bis 1710 aF BGB ausdrücklich von der Inkraftsetzung im Beitrittsgebiet aus. Mit Inkrafttreten des KindRG am 1. 7. 1998 ist die Statusunterscheidung auch für am 3. 10. 1990 übergeleitete Kindschaftsverhältnisse beseitigt.

3. Überleitung

6 **a)** Die Grundsatzbestimmung unterstellt alle **am Ende des 2. 10. 1990 bestehenden** familienrechtlichen Rechtsverhältnisse mit Beginn des 3. 10. 1990 dem vierten Buch des BGB (OLG Naumburg OLG-NL 1994, 248; OLG Hamm FamRZ 1994, 656; KG OLGZ 1994, 68, 73; BT-Drucks 11/7817, 42; Palandt/Brudermüller Rn 5; MünchKomm/Gräper Rn 8; Horn § 6 Rn 111). Insoweit orientiert sich die Bestimmung an Art 220 Abs 2, dem wiederum Art 236 § 2 nachgebildet ist. Wegen der zeitlichen Dauerwirkung solcher Rechtsverhältnisse bedarf dieser Grundsatz keiner gesonderten Rechtfertigung (vgl aber Adlerstein/Wagenitz FamRZ 1990, 1302). Es soll im Interesse der Rechtseinheit vermieden werden, daß auf Dauer familienrechtliche Verhältnisse zweierlei Rechts bestehen (BGHZ 135, 209, 215). Insbesondere treten Parteiinteressen zurück, die gegen die eintretende Begründung oder Erweiterung gesetzlicher Ansprüche (zB Unterhalt) für künftige Zeiträume sprechen. Hierbei handelt es sich um eine lediglich **unechte Rückwirkung** auf bestehende Rechtsverhältnisse. Unter Vertrauensschutzgesichtspunkten ist diese Überleitung nicht anders zu sehen als innerstaatliche Änderungen des Familienrechts.

7 **b)** Eine **echte Rückwirkung** tritt nicht ein (OLG Hamm FamRZ 1994, 656; OLG Dresden FamRZ 1999, 1366, 1367; BT-Drucks 11/7817, 42; Adlerstein/Wagenitz Rn 5; MünchKomm/Gräper Rn 10). Insbesondere beurteilen sich die **Entstehung** (vgl aber BGHZ 135, 209 zur Feststellung der Vaterschaft trotz Fristversäumnis vor dem 2. 10. 1990, dazu Art 231 § 6 Rn 83) und Fragen des Bestandes (zB die Aufhebung) familienrechtlicher Rechtsverhältnisse vor dem 2. 10. 1990, sowie die **Wirkungen bis einschließlich 2. 10. 1990**, nach dem Recht der DDR (OLG Koblenz FamRZ 1994, 1195; OLG Naumburg OLG-NL 1994, 249; OLG

Hamm FamRZ 1994, 656; zu den Gesetzen im einzelnen: LÜBCHEN/EBERHARDT 96 f; hauptsächlich anzuwenden ist das **Familiengesetzbuch** v 20.12. 1965 [GBl DDR 1966 I 1], zuletzt geändert durch das **1. FamilienrechtsÄndG** v 20.7. 1990 [GBl DDR 1990 I 1038], das erst am 2.10. 1990 in Kraft getreten ist; hierzu: EBERHARDT FamRZ 1990, 917; GRANDKE DtZ 1990, 325).

c) Zur Wirksamkeit der bis zum 2.10. 1990 **geschlossenen Ehen** siehe Erläuterungen zum EheG aF (Anhang zu § 2). **8**

d) Die in der früheren DDR rechtskräftig ausgesprochenen **Ehescheidungen** sind unbeschadet des angewendeten materiellen Rechts wirksam (Art 18 EV; BGH DtZ 1992, 95 mN; BGH NJW 1999, 493; BÖHMER StAZ 1990, 357; zweifelnd: BOSCH FamRZ 1991, 1383). **9**

aa) Das gilt jedoch nicht, soweit ein bundesdeutsches Gericht vor dem 3.10. 1990 rechtskräftig festgestellt hat, daß das **DDR-Urteil nicht anerkennungsfähig** ist – was nicht selten bei politisch motivierten Scheidungsurteilen der Fall ist. Der Beitritt der DDR zur Bundesrepublik kann selbstverständlich nicht rechtskräftigen Urteilen bundesdeutscher Gerichte die Grundlage entziehen (zutreffend BOSCH FamRZ 1994, 1389; ebenso BGH NJW 1999, 493; **aA**: AG Bautzen FamRZ 1994, 1388). **10**

bb) Im übrigen schützt Art 18 EV jedoch auch **sittenwidrige** und **ordre public-widrige** DDR-Urteile, sofern ein Mangel am 3.10. 1990 nicht bereits rechtskräftig festgestellt war. In Betracht kommen nur die gegen ein rechtskräftiges deutsches Urteil gegebenen prozessualen Rechtsbehelfe der ZPO, insbesondere die Restitutionsklage. **11**

e) Die Überleitungsregeln (§§ 1 bis 15) wirken in sämtliche **Rechtsgebiete**, in denen es auf das jeweilige familienrechtliche Verhältnis ankommt, also auch im **öffentlichen Recht, Strafrecht und Sozialrecht** (PALANDT/BRUDERMÜLLER Rn 4; MünchKomm/GRÄPER Rn 7). **12**

4. Vor dem 1.4. 1966 entstandene Familienrechtsverhältnisse

a) Familienrechtliche Verhältnisse, die vor Inkrafttreten des FGB (1.4. 1966) entstanden waren, unterlagen seit diesem Datum nach Maßgabe von §§ 3 bis 8 EGFGB dem FGB (§ 2 EGFGB). Die Ausnahmen von dem (Art 234 § 1 entsprechenden) Grundsatz des § 2 EGFGB beschränkten sich auf das **Ehenamensrecht** (Option durch Zeitablauf gegenstandslos), das **Ehegüterrecht** (insoweit Vergemeinschaftung auch von Altvermögen – § 4 EGFGB – und Ausgleich über Altvermögen mit Ausnahme bereits aufgelöster Ehen – §§ 5, 6 EGFGB), die **Abänderung von Unterhaltstiteln** (§ 7 EGFGB) und die unterhaltsrechtlichen Wirkungen von **Vaterschaftsfeststellungen** (§ 8 EGFGB; im einzelnen: LÜBCHEN/EBERHARDT 97 f). **13**

b) Solche familienrechtlichen Verhältnisse unterliegen damit grundsätzlich erst mit dem 3.10. 1990 **wieder dem BGB**. **14**

II. Nebengesetze

1. Übergeleitete Gesetze

15 Art 234 § 1 beschränkt die Überleitung auf das vierte Buch des BGB. Die Überleitung familienrechtlicher Nebengesetze ist jedoch mit folgenden Maßgaben (vgl EV Anlage I Kapitel III Sachgebiet B Abschnitt III Nrn 11, 12, 13; Palandt/Brudermüller Rn 3; MünchKomm/Gräper Rn 11 ff) erfolgt:

16 **a)** **Ehegesetz** (aufgehoben zum 1. 7. 1998) mit Maßgaben (hierzu Anhang zu § 2).

17 **b)** **Barwert-Verordnung** mit der Maßgabe, daß Art 234 § 6 entsprechend anzuwenden ist (hierzu § 6).

18 **c)** **Gesetz zur Regelung von Härten im Versorgungsausgleich (VAHRG)** mit der Maßgabe, daß Art 234 § 6 entsprechend anzuwenden ist (hierzu § 6).

19 **d)** Für die **HausratVO** findet sich keine ausdrückliche Überleitungsbestimmung. Sie gilt gemäß Art 8 EV jedoch auch im Beitrittsgebiet (Palandt/Brudermüller Art 234 § 4 Rn 18; zur Anwendung von § 39 FGB vgl § 4 Rn 88).

2. Nicht übergeleitete Gesetze

20 **a)** Nicht übergeleitet wurde hingegen die **RegelunterhaltVO aF** (EV Anlage I Kapitel III Sachgebiet B Abschnitt I Nr 2). Insoweit war § 9 aF anzuwenden (MünchKomm/Gräper Rn 15). Durch das *Kindesunterhaltsgesetz* v 6. 4. 1998 (BGBl 1998 I 666) wurde § 9 aF aufgehoben (zu § 9 aF vgl Staudinger/Rauscher [1996] Art 234 § 9).

21 **b)** Zunächst nicht übergeleitet wurde auch das **UnterhaltsvorschußG** (EV Anlage I Kapitel X Sachgebiet H Abschnitt I Nr 1; MünchKomm/Gräper Rn 14).

aa) Statt dessen galt zunächst die **UnterhaltssicherungsVO** v 19. 5. 1988 (GBl DDR 1988 I 129) fort (vgl BGBl 1990 II 1244 Nr 19; Hammermüller FamRZ 1990, 1374; Eberhardt, in: Schwab 40).

22 **bb)** Gemäß **§ 12 UnterhaltsvorschußG** idF durch das G zur Änderung des UnterhaltsvorschußG und der UnterhaltssicherungsVO v 20. 12. 1991 (BGBl 1991 I 2322) gilt das UnterhaltsvorschußG im Beitrittsgebiet ab 1. 1. 1992 mit der Maßgabe, daß die von der Landesregierung für das Wohnsitzland des Berechtigten festgesetzten Regelbedarfssätze maßgeblich waren, solange dort die RegelunterhaltsVO nicht galt. Bis 31. 12. 1992 galt die UnterhaltssicherungsVO in Fällen fort, in denen die Anspruchsvoraussetzungen im Dezember 1991 erfüllt waren und Ansprüche nach dem UnterhaltsvorschußG nicht bestehen (Art 2, 1 § 12a des ÄnderungsG; zu den inhaltlichen Änderungen des Unterhaltsvorschußrechts: Scholz DtZ 1992, 177).

III. Verwandtenunterhalt

1. Grundsatz, Ausnahmen

a) Das dem Unterhaltsanspruch zugrundeliegende **Verwandtschaftsverhältnis** unterliegt hinsichtlich seiner Entstehung nach dem in § 1 vorausgesetzten Prinzip der Nichtrückwirkung dem Recht der DDR, wenn es vor dem 3. 10. 1990 begründet wurde. Die Begründung der Abstammung für vor dem 3. 10. 1990 geborene Kinder unterliegt auch bei späterer Feststellung der Vaterschaft dem FGB (OLG Hamm FamRZ 1994, 656). Eine Vaterschaftsfeststellung ist jedoch nach dem 3. 10. 1990 unbefristet gemäß § 1600n aF (§ 1600d nF) BGB zulässig (BGHZ 135, 219). **23**

§ 7 unterstellt jedoch die **Anfechtung von Statusentscheidungen** auch für vor dem 3. 10. 1990 geborene Kinder ab dem 3. 10. 1990 dem BGB (zu Bedenken § 7 Rn 1 ff).

b) Unterhaltsansprüche unterliegen für **Zeiträume ab dem 3. 10. 1990**, dem Grundsatz des § 1 entsprechend, dem BGB (KG DtZ 1992, 287; OLG Naumburg OLG-NL 1994, 248, 249). Dies gilt für die Bemessung, die Bedürftigkeit, die Leistungsfähigkeit, Einwendungen und Rückstände, soweit sie seit dem 3. 10. 1990 entstanden sind. **24**

c) Für Zeiträume **bis zum 2. 10. 1990** unterliegen diese unterhaltsrechtlichen Fragen weiter dem Recht der DDR (BGH DtZ 1995, 409; zur Bemessung: OLG Hamm FamRZ 1994, 656); Unterhaltsrückstände aus der Zeit bis zum 30. 6. 1990 sind im Verhältnis 2:1 umzustellen; seit dem 1. 7. 1990 lauten Unterhaltsrückstände auf DM und sind nicht umzustellen (BezG Gera FamRZ 1992, 851; BezG Erfurt FamRZ 1992, 207; Eberhardt NJ 1993, 541; Maurer FamRZ 1994, 337, 340; **aA**: Hammermüller DtZ 1993, 236: Umstellung 1:1; zum Ausbildungsunterhalt: KG FamRZ 1994, 1056; Maurer ZAP-Ost Fach 11 S 130 f). **25**

d) Da im Recht der DDR Unterhaltsansprüche auch ohne Feststellung der Vaterschaft mit der Geburt entstanden (BGHZ 135, 209, 211) und gemäß § 108 FGB in vier Jahren verjährten (BGHZ 135, 209, 211), können Unterhaltsansprüche bereits **verjährt** sein, obgleich die **Vaterschaft erst nach dem 3. 10. 1990 festgestellt** wird (BGH MDR 1996, 169; OLG Oldenburg DAVorm 1995, 199, 203). § 472 Abs 2 ZGB ist nicht generalisierend „verfassungskonform" dahingehend auszulegen, daß bei einer Verjährung von Unterhaltsansprüchen wegen verspäteter Vaterschaftsfeststellung verjährungsdurchbrechender Rechtsschutz zu gewähren ist (so aber: OLG Naumburg FuR 1993, 297; OLG Naumburg OLG-NL 1994, 249; wie hier: BGH MDR 1996, 169, 170; OLG Oldenburg DAVorm 1995, 199, 201 f; Lingelbach NJ 1994, 204, 205; näher Art 231 § 6 Rn 49 ff). Hingegen war die Verjährung für Unterhaltsansprüche von **in der Bundesrepublik lebenden Kindern** gemäß § 203 Abs 2 BGB gehemmt (Maurer FamRZ 1994, 343). Für die Beendigung der Hemmung kann aber nicht allgemein auf den 3. 10. 1990 abgestellt werden, da rechtsstaatliche Durchsetzungsmöglichkeiten bereits seit Beginn der Wirtschafts- und Währungsunion bestanden haben. **26**

e) Auch die unterhaltsrechtliche Unterscheidung zwischen **ehelichen und nichtehelichen Kindern**, die im Recht der DDR nicht existierte, trat zum 3. 10. 1990 – für die Zeit bis zum 30. 6. 1998 – ein (OLG Hamm FamRZ 1994, 656). **27**

f) Ein vor dem 3. 10. 1990 wirksam abgeschlossener **Unterhaltsvergleich** bleibt **28**

auch für Zeiträume nach dem 3. 10. 1990 wirksam; insbesondere muß nicht die bis zum 30. 6. 1998 erforderliche vormundschaftsgerichtliche Genehmigung (§ 1615e aF BGB) nachgeholt werden.

29 **aa)** Ein mit Hinblick auf die wirtschaftlichen Verhältnisse vor der Wende, insbesondere vor dem 9. 11. 1989, geschlossener Vergleich ist jedoch ggf nach den Grundsätzen des **Wegfalls der Geschäftsgrundlage** anzupassen (so schon für Zeiträume ab 1. 7. 1990, § 78 Abs 1 ZGB analog; vgl AG Karlsruhe DtZ 1992, 191; AG Peine FamRZ 1993, 105, 106).

30 **bb)** Beinhaltet der Unterhaltsvergleich einen **Unterhaltsverzicht**, was sich auch daraus ergeben kann, daß dem Vergleich nur Unterhaltsleistungen für einen bestimmten Zeitraum, insbesondere bis zum Erreichen eines bestimmten Lebensalters zugrundegelegt wurden oder eine Einmalzahlung vereinbart wurde, so ist der Vergleich insoweit nichtig, als auf Unterhalt für die Zukunft verzichtet wurde; nach § 21 Abs 1 FGB konnte auf Unterhalt für die Zukunft nicht verzichtet werden (OLG Koblenz FamRZ 1994, 1165; AG Weilburg FamRZ 1993, 1354, 1355). Die Nichtigkeit des Unterhaltsverzichts ist auch für Zeiträume nach dem 3. 10. 1990 beachtlich, ohne daß es auf § 1614 Abs 1 BGB ankäme, da § 1 nicht zur Heilung eines vor dem 3. 10. 1990 nichtigen Rechtsgeschäfts führen kann (OLG Koblenz aaO, **aA** wohl Maurer ZAP-Ost Fach 11 S 131).

Geleistete Zahlungen sind auf den tatsächlichen Unterhaltsanspruch anzurechnen (AG Weilburg FamRZ 1993, 1354).

31 **g)** Ausdrücklich ausgenommen waren die **Anpassung von Unterhaltstiteln** nach § 1612a Abs 2 S 1 aF BGB (hierzu Staudinger/Rauscher [1996] Art 234 § 8 aF) und der **Regelbedarf** nach § 1615f aF BGB (hierzu Staudinger/Rauscher [1996] Art 234 § 9 aF).

32 **h)** Hierzu galten seit dem 3. 10. 1990 aber auch nicht mehr die an § 1612a aF BGB orientierte Bestimmung des § 22a **FGB** (idF des 1. FamRÄndG) sowie die **Unterhaltsrichtlinien des OG**, die ohnedies für Zeiträume seit Öffnung der Mauer schwer handhabbar und nach Inkrafttreten der Währungsunion praktisch obsolet waren (vgl Deutsches Institut für Vormundschaftswesen ZfJ 1988, 496; DAVorm 1990, 352, 518; Adlerstein/Wagenitz FamRZ 1990, 1172).

2. Bemessung in reinen Ostfällen

33 **a)** Haben Unterhaltsschuldner und -gläubiger ihren gewöhnlichen Aufenthalt in einem neuen Bundesland, so bedarf es einer modifizierten Anwendung der unterhaltsrechtlichen Leitlinien (Düsseldorfer Tabelle). Dies wurde zunächst durch prozentuale Abschläge verwirklicht (zur Entwicklung vgl Maurer FamRZ 1994, 338). Seit dem Inkrafttreten von Verordnungen nach § 9 aF war eine Orientierung an dem Regelunterhalt, seit dem 1. 7. 1998 an den Sätzen (Ost) der **Regelbetrag-Verordnung** als Mindestunterhalt vorzunehmen (Kalthoener/Büttner NJW 1991, 2678).

34 **b)** Auf dieser Grundlage haben Gerichte der neuen Bundesländer **Vortabellen** zur Düsseldorfer Tabelle entwickelt, die auf der Idee beruhen, daß sowohl der Bedarf wie auch der Selbstbehalt in den neuen Bundesländern niedriger anzusetzen ist als nach der Düsseldorfer Tabelle, so daß unterhalb der Stufe 1 der Düsseldorfer Tabelle weitere Stufen anzusiedeln sind (im einzelnen unten Rn 35 ff).

3. Unterhaltstabellen

35

a) Zunächst wurden von den **Gerichten der neuen Bundesländer** Unterhaltstabellen entwickelt, die sich an den beiden zur individuellen Unterhaltsbemessung entwickelten Grundsätzen orientieren: Regelbedarfssätze aus den nach § 9 aF erlassenen RegelbedarfsVOen wurden als Grundlage für den Mindestunterhalt verwendet. Die weitere Ausgestaltung orientiert sich an der Düsseldorfer Tabelle, schafft für niedrigere Einkommensgruppen eigenständige Stufen und entspricht bei höherem Einkommen den Düsseldorfer Sätzen.

Die Funktion als Basis der Tabellen Ost haben nun die Regelbeträge Ost nach der RegelbetragVO (§ 1612a Abs 1 nF BGB) übernommen.

36

b) Veröffentlicht sind (zu älteren Fassungen von Bezirksgerichten vgl Staudinger/Rauscher [1996] Rn 37 f)

- **Berliner Tabelle**: ab 1. 7. 1992 (Vossenkämper DtZ 1992, 212); ab 1. 10. 1994 (Vossenkämper NJW 1994, 2532); ab 1. 1. 1996 (Vossenkämper NJW Beilage 1996, 9); ab 1. 7. 1998 (Vossenkämper NJW 1998, 1471); ab 1. 7. 1999 (Scholz FamRZ 1999, 1177); ab 1. 7. 2000 (Vossenkämper NJW 1999, 1849); ab 1. 7. 2001 (Vossenkämper NJW 2001, 1917); ab 1. 1. 2002 (Vossenkämper NJW-Beilage 2002, 6).
- Unterhaltsleitlinien des **OLG Brandenburg**: ab 1. 10. 1994 (FamRZ 1994, 1513; Schael NJW 1994, 2999), ab 1. 1. 1996 (OLG-NL 1996, V); ab 1. 7. 1998 (ZAP-Ost 1998, Fach 11; Schael NJW 1998, 2032; ders NJW 1999, 2336); ab 1. 1. 2002 (Schael NJW 2001, 3690).
- Unterhaltsleitlinien des **OLG Dresden**: ab 1. 2. 1992 (FamRZ 1992, 769); ab 1. 1. 1995 (Klauser NJW 1995, 573); ab 1. 7. 1998 (NJW 1998, 2035); ab 1. 8. 1998 (NJW 1998, 3100); ab 1. 7. 1999 (Otten NJW 1999, 2099); ab 1. 7. 2001 (Gruber NJW-Beilage 2001, 25); ab 1. 1. 2002 (Kaiser NJW-Beilage 2002, 21).
- Thüringer Tabelle des **OLG Jena** ab 1. 7. 1992 (DtZ 1992, 275); ab 1. 1. 1996 (Schweikhardt NJW-Beilage 1996, 24); ab 1. 7. 1999 (NJW 1999, 2341); ab 1. 7. 2001 (Dünisch NJW-Beilage 2001, 35); ab 1. 1. 2001 (Dünisch NJW-Beilage 2002, 31).
- Unterhaltsleitlinien des **OLG Naumburg** ab 1. 1. 1995 (Zettel NJW 1995, 575); ab 1. 1. 1996 (Kleist NJW-Beilage 1996, 30); ab 1. 1. 1999 (NJW 1999, 928); ab 1. 7. 1999 (Friederic NJW 1999, 2017); ab 1. 7. 2001 (Friederici NJW-Beilage 2001, 36); ab 1. 1. 2002 (Friedericis NJW-Beilage 2002, 34).
- Unterhaltsrechtliche Grundsätze des **OLG Rostock**: ab 1. 4. 1993 (FamRZ 1993, 776, nur Kindesunterhalt); ab 1. 3. 1995 (NJW 1995, 577); ab 1. 1. 1996 (Oelkers NJW-Beilage 1996, 34); ab 1. 7. 1997 (DAVorm 1997, 359); ab 1. 7. 1998 (NJW 1998, 2423); ab 1. 7. 1999 (NJW 1999, 2342); ab 1. 7. 2001 (NJW-Beilage 2001, 43); ab 1. 1. 2002 (NJW-Beilage 2002, 41).

4. Bemessung in Ost-West-Fällen

37 In Fallgestaltungen, in denen der Unterhaltsbedürftige in einem neuen Bundesland, der Unterhaltsschuldner aber in einem alten Bundesland lebt, ist fraglich, **welche Tabellenwerke** Anwendung finden.

38 **a)** Teilweise wurde ein **interlokaler Ansatz** in entsprechender Anwendung von Art 4 Abs 1 Haager Unterhaltsstatutübereinkommen vertreten (Kalthoener/Büttner NJW 1991, 399; AG Groß-Gerau FamRZ 1991, 476).

aa) Dieser Ansatz ist nicht bedenkenfrei: Im Verhältnis alte/neue Bundesländer liegt seit dem 3. 10. 1990 **keine Rechtsspaltung** im Unterhaltsrecht vor; die unterschiedlichen Bedarfstabellen betreffen nicht den Unterhaltsanspruch dem Grunde nach, sondern stellen lediglich eine typisierte Ausfüllung der Rechtsbegriffe „Bedarf" und „Leistungsfähigkeit" dar. Die Analogie zu Art 4 Abs 1 Haager Übk würde hingegen die Anwendung dortiger Unterhaltstabellen bei Aufenthalt des Unterhaltsbedürftigen in den neuen Bundesländern bedingen.

39 **bb)** Die Konstellation entspricht vielmehr jener bei Unterhaltsbemessung im Verhältnis zum Ausland, wenn **identische rechtliche Ansätze** (Unterhalt nach Bedarf und Leistungsfähigkeit), aber **unterschiedliche Lebenshaltungsniveaus** betroffen sind (vgl insbesondere die „Polen-Fälle" OLG Frankfurt aM FamRZ 1991, 1480; Bytomski FamRZ 1987, 514).

40 **b)** Lebt das **Kind im Beitrittsgebiet**, der Schuldner in einem der alten Bundesländer so ist **für den Kindesunterhalt** nicht von den Tabellenwerten am Aufenthaltsort des Berechtigten auszugehen, sondern von dessen **Bedarf** im Verhältnis zur Leistungsfähigkeit des im alten Bundesgebiet lebenden Schuldners, die in westdeutschen Tabellenwerten typisiert ist.

41 **aa)** Da das Kind den Lebensstandard **beider Eltern** teilt (§ 1610 Abs 1 BGB), ist es nicht völlig zutreffend, zur Bedarfsbemessung nur den als besser vorausgesetzten Lebensstandard des Unterhaltsschuldners heranzuziehen. Da die Düsseldorfer Tabelle durch Orientierung am Einkommen des Geldunterhalt schuldenden Elternteils jedoch auch in „Westfällen" die Prägung des Bedarfs durch den Unterhaltsschuldner unterstellt und auf atypische Fälle nicht Rücksicht nimmt (Beispiel: Kind aus Doppelverdienerehe lebt nach Trennung der Eltern bei seinem besser verdienenden Vater), kann auch im Verhältnis zu den neuen Bundesländern nur von dieser Typisierung ausgegangen werden.

42 **bb)** Damit ist der Unterhalt so zu bemessen, daß das Kind an dem **Lebensstandard des Unterhaltsschuldners** teilhat. Ein den Verhältnissen in den alten Bundesländern entsprechender *Lebensstandard* ist aber in den neuen Bundesländern **nicht kostengünstiger** zu erreichen; während Güter des elementaren Bedarfs und weniger komfortabler Wohnraum teilweise noch billiger sind, erreichen bzw übersteigen mangels Sonderangeboten Güter des gehobenen Bedarfs die *westlichen Preise.* Ähnliches gilt für den *Wohnbedarf* in einer in den alten Bundesländern üblichen Qualität, für den zudem fraglich ist, ob und in welcher Höhe die Sätze der Düsseldorfer Tabelle Wohnzuschläge enthalten; jedenfalls wird in „Westfällen" ein durch Wohneigentum gedeckter Wohnbedarf nicht als Abschlag zur Düsseldorfer Tabelle berücksichtigt (anders aber im Fall des *Ehegattenunterhalts*, wo ein mäßiger Abschlag geboten ist, da der volle Unterhalt auch den angemessenen Wohnbedarf umfaßt, so daß das noch bestehende Mietpreisgefälle bedarfsmindernd wirkt: OLG Düsseldorf FamRZ 1992, 573: 10%). Ein *Währungsgefälle*, der wesentliche Faktor der Bemessung in „Polen-Fällen", besteht seit 1. 7. 1990 ohnedies nicht. Es ist daher kein Abschlag von den Sätzen der Tabellenwerte der alten Bundesländer vorzunehmen (OLG Frankfurt aM FamRZ 1991, 1478; NJW 1991, 2777; DtZ 1992, 249; DtZ 1993, 968; OLG München DtZ 1991, 298; OLG Koblenz NJW 1992, 699; AG Charlottenburg DtZ 1991, 308 [Ost-Berlin]; AG Herne-Wanne FamRZ 1991, 858; AG Kiel FamRZ 1992, 1217; Kalthoener/Büttner NJW 1991, 399; **aA** AG Groß-Gerau FamRZ 1991, 476, aufgehoben durch OLG Frankfurt aM, siehe FamRZ 1991, 858; Hulzer NJ 1991, 25; Maurer FamRZ 1994, 340).

43 **c)** Entsprechend ist zu verfahren in spiegelbildlichen Fallgestaltungen (**Kind in alten Bundesländern**, Unterhaltsschuldner in neuen Bundesländern).

aa) Der **Bedarf** kann hier nicht nach den Sätzen der Düsseldorfer Tabelle bemessen werden, weil dies nicht dem Lebensstandard des Unterhaltsschuldners entspricht (einschränkend KG DtZ 1993, 378: modifizierte Anwendung der Berliner Tabelle; **aA** OLG Naumburg DtZ 1993, 312; Maurer FamRZ 1994, 340). Ein kaufkraftkorrigierender Zuschlag kann auch hier nicht in Betracht kommen; wie im spiegelbildlichen Fall ist nicht feststellbar, daß zwischen den Preisen für gleichwertige Produkte in den alten und neuen Bundesländern Unterschiede bestünden. Daher sind die Sätze der Tabellen aus den neuen Bundesländern anzuwenden, die den Lebensstandard des Unterhaltsschuldners wiederspiegeln. In dieser Fallgruppe zeigt sich, daß der Lebensstandard in den neuen Bundesländern unter dem in den alten Bundesländern liegt und daher der Unterhaltsgläubiger nur an diesem Standard teilhaben kann.

44 **bb)** Nach hier vertretener Ansicht sind die **Selbstbehalte** zwanglos den Unterhaltsleitlinien am Wohnsitz des Schuldners zu entnehmen, da dem Schuldner nur der Selbstbehalt verbleiben kann, den er nach den Lebensverhältnissen seines Aufenthaltes benötigt (insoweit auch: Maurer FamRZ 1994, 340, der aber den Selbstbehalt nach Tabellen der neuen Bundesländer mit den Bedarfssätzen der Düsseldorfer Tabelle kombiniert, ebenso DIV-Gutachten DAVorm 1993, 550, 551). Wendet man allerdings entgegen der hier vertretenen Ansicht die Düsseldorfer Tabelle auf den Bedarf des Kindes an, so erscheint es erwägenswert, dem Unterhaltsschuldner auch deren Selbstbehaltssätze zuzuerkennen (OLG Naumburg DtZ 1993, 314), da schwerlich der Unterhaltsgläubiger aus verschiedenen Tabellen die ihm jeweils günstigeren Sätze soll kombinieren können.

45 **cc)** Hingegen ist beim **Mindestbedarf** kein Abschlag zu machen (KG DtZ 1992, 289; KG DtZ 1993, 378; AG Pankow/Weißensee NJ 1993, 84). Hier geht es nicht um Lebensstandardteilhabe, sondern um die Deckung elementarer Bedürfnisse am Aufenthaltsort. Auszugehen ist für jedes Kind insoweit von dem an seinem Aufenthalt geltenden Regelunterhalt, wenngleich rechtspolitisch schwer einzusehen ist, warum ein Kind mit Aufenthalt in den neuen Bundesländern bei gleichen Lebenshaltungskosten einen geringeren Mindestbedarf haben sollte.

IV. Familienverfahrensrecht

1. Sachliche Zuständigkeiten

46 Mit Wirkung vom 1. 7. 1992 ergeben sich aufgrund RPflAnpG v 26. 6. 1992 (BGBl 1992 I 1147) keine zuständigkeitsrechtlichen Besonderheiten mehr, sobald ein Bundesland den allgemeinen Gerichtsaufbau eingeführt hat, was in allen neuen Bundesländern alsbald nach dem 1. 7. 1992 der Fall war (Nachw bei MAURER FamRZ 1994, 337; zu der vorherigen Rechtslage vgl STAUDINGER/RAUSCHER [12] Rn 30 ff).

2. Anhängige Ehesachen

47 Für Verfahren nach §§ **606 bis 638 ZPO** galten **besondere Überleitungsbestimmungen** (EV Anlage I Kapitel III Sachgebiet A Abschnitt II Nr 5 h; dazu STAUDINGER/RAUSCHER [1996] Rn 51 ff).

3. Unterhaltsabänderungsklagen

48 **a)** Vorbehaltlich der zunächst in § 8 aF geschaffenen Ermächtigung für ein § 1612a aF BGB entsprechendes Verfahren und der Fortgeltung des FGB für vor dem 3. 10. 1990 geschlossene Unterhaltsvereinbarungen über den nachehelichen Unterhalt (§ 5 S 2) stehen für die Schaffung geänderter Unterhaltstitel nur die verfahrensrechtlichen Möglichkeiten des **§ 323 ZPO** offen. Dies gilt insbesondere auch für Unterhaltstitel von DDR-Behörden, die sich auf Zeiträume nach dem 3. 10. 1990 erstrecken (GRANDKE DtZ 1991, 322; KALTHOENER/BÜTTNER NJW 1991, 399).

49 **b)** Die Abänderung **gerichtlich bestätigter Unterhaltsvergleiche** (Einigungen nach §§ 46 Abs 4 S 1, 47 DDR-ZPO aF) beurteilt sich grundsätzlich nach materiellem Recht, da Gegenstand der Abänderung nicht die gerichtliche Bestätigung, sondern der materiellrechtliche Vergleich ist (BGH FamRZ 1994, 562, 563). Insbesondere kommt die Anwendung der Grundsätze über den Wegfall der Geschäftsgrundlage in Betracht. § 323 Abs 2, 3 ZPO sind nicht anzuwenden.

50 **c)** Eine **Änderung der unterhaltsrechtlichen Tatbestände** (zB §§ 17, 18 FGB, wonach ein Trennungsunterhaltsanspruch bei schweren Verstößen gegen die ehelichen Pflichten nicht bestand, ab 3. 10. 1990: § 1579 Nrn 2, 7; § 1361 Abs 3 BGB) kann für alle Unterhaltstitel ein Abänderungsverlangen begründen, auch wenn eine Änderung der *Tatsachen* nicht vorliegt. Maßgeblich ist, daß die Rechtsänderung zu einer § 323 ZPO genügenden Änderung der Anspruchshöhe führt (zweifelnd BOSCH FamRZ 1991, 880).

51 **d)** Fraglich ist, ob und in welchem Verfahren Unterhaltstitel (von Behörden der DDR) für **Zeiträume bis zum 2. 10. 1990 rückwirkend abgeändert** werden können. §§ 22 Abs 2 S 2, 20 Abs 2 FGB erlaubten eine rückwirkende Abänderung rechtskräftiger Verwandten-Unterhaltsurteile bis zu einem Jahr, nach § 46 Abs 1 S 3 FGB galt die Jahresgrenze nicht für den Unterhalt nichtehelicher Kinder. Das Recht der DDR ging von einer Verpflichtung des Unterhaltsschuldners aus, sich über die Änderung der unterhaltswesentlichen Verhältnisse zu informieren (GRANDKE NJ 1993, 300). Damit hängt die rückwirkende Abänderbarkeit davon ab, ob man die Titelabänderung ausschließlich dem Verfahrensrecht unterstellt oder das Unterhaltsstatut entscheiden läßt. Mit der im IZPR wohl herrschenden und zutreffenden Ansicht ist die Abänderung eines Unterhaltstitels dem im jeweiligen Zeitraum maßgeblichen Unterhaltsstatut zu unterstellen; in diesen Fällen sind also §§ 22 Abs 2 S 2, 20 Abs 2 FGB anzuwenden (Vogel DtZ 1991, 338; zweifelnd Perlwitz FamRZ 1992, 636).

52 **e)** Für **Zeiträume seit dem 3. 10. 1990** beurteilen sich die Voraussetzungen der Abänderung ebenfalls nach dem Unterhaltsstatut, also dem BGB (AG Pankow/Weißensee NJ 1993, 84; AG Kiel FamRZ 1992, 1217; KG im folgenden); damit gilt grundsätzlich § 1613 BGB.

53 **aa)** Haben sich jedoch die eine Änderung begründenden **Tatsachen vor dem 3. 10. 1990** ereignet und sind sie vor diesem Zeitpunkt dem Schuldner iSd § 22 Abs 2 FGB bekanntgeworden, so erscheint es gerechtfertigt, die eingetretene *Abänderbarkeit* über den 3. 10. 1990 hinaus zu *erstrecken*, ohne zum 3. 10. 1990 Verzugsbegründung (§ 1613 BGB) vorauszusetzen. Der Schuldner ist insoweit nicht schutzwürdig (KG FamRZ 1992, 597; KG DtZ 1992, 287; ähnlich MünchKomm/Köhler vor § 1601 BGB Rn 31, zu weitgehend allerdings für analoge Anwendung von § 22 FGB nach dem 3. 10. 1990).

54 **bb)** Eine Abänderung kommt in Fällen **alter Unterhaltstitel** für Zeiträume **nach dem 3. 10. 1990** über die regelmäßig nur proportional mögliche Anpassung hinaus in Betracht. Da dem ursprünglichen Titel die vom BGB abweichenden Maßstäbe des FGB zugrundeliegen, ist nicht nur eine proportionale Anpassung, sondern eine Neuberechnung durchführbar (vgl Maurer FamRZ 1994, 338, 346; zur linearen Anpassung nach § 1612a aF BGB vgl § 8 aF; dazu Staudinger/Rauscher [1996] Art 234 § 8).

55 **f)** Betrifft die Abänderungsklage den Kindesunterhaltsausspruch in einem **DDR-Scheidungsurteil**, so ist gemäß § 1629 Abs 3 S 2 BGB seit dem 3. 10. 1990 das Kind der zutreffende Abänderungskläger. Die Frage, wer aus dem Urteil zur Abänderungsklage befugt ist, kann nicht statisch nach dem im Urteilszeitpunkt geltenden Recht behandelt werden (AG Kiel DAVorm 1992, 715).

§ 2
Verlöbnis

Die Vorschriften über das Verlöbnis gelten nicht für Verlöbnisse, die vor dem Wirksamwerden des Beitritts geschlossen worden sind.

Materialien: Siehe Art 230; E: BT-Drucks 11/7760 Art 234 § 2.

Schrifttum

Orth, Einigungsvertrag und Verlöbnis, in: Schwab/Reichel 162.

I. Normzweck

1 **1.** Seit Inkrafttreten des FGB am 1. 4. 1966 kannte das Recht der DDR das **Verlöbnis nicht mehr als Rechtsinstitut** (zum Theorienstreit im BGB Rauscher, Familienrecht Rn 104 ff); bereits im Jahre 1952 hatte das Oberste Gericht der DDR § 1300 BGB wegen Verstoßes gegen die Gleichberechtigung von Mann und Frau für verfassungswidrig erklärt (Orth, in: Schwab-Reichel 162). § 5 Abs 3 S 2 FGB nennt aber das Verlöbnis als eine *gesellschaftliche Institution* (MünchKomm/Wacke Rn 2), die den Willen zum Ausdruck bringen kann, ernsthaft die charakterlichen Voraussetzungen für eine Eheschließung (§ 5 Abs 3 S 1 FGB) zu prüfen. Hierbei handelt es sich nicht um ein Rechtsinstitut, an das Rechtsfolgen geknüpft sind (BT-Drucks 11/7817, 42; Palandt/Brudermüller Rn 1), sondern einen „Brauch" (Lübchen/Eberhardt 98) bzw eine „moralische Kategorie" (Orth, in: Schwab/Reichel 162).

2 **2.** Die **Überleitungsbestimmung soll vermeiden**, daß dieses rechtlich irrelevante Institut nur wegen des gleichen Namens als Rechtsinstitut im Sinne der §§ 1297 ff BGB verstanden wird. Das Vertrauen der Beteiligten in die rechtliche Irrelevanz ihrer Erklärungen bzw ihres Verhaltens soll geschützt werden (BT-Drucks 11/7817, 42; Palandt/Brudermüller Rn 1).

II. Rechtspolitische und verfassungsrechtliche Kritik

3 **1.** Die Inkraftsetzung des BGB-Verlöbnisrechts zum 3. 10. 1990 ist auf teilweise heftige **Kritik** aus Reihen der ehemaligen DDR-Autoren gestoßen (Grandke DtZ 1990, 324; Orth, in: Schwab/Reichel 162; vgl aber auch aus westlicher Sicht nicht ohne Süffisanz: Brudermüller/Wagenitz FamRZ 1990, 1294); diese Kritik ist materiell rechtspolitischer Natur und trifft daher nicht die Überleitungssituation, in der die Inkraftsetzung des BGB-Verlöbnisrechts schon durch das Ziel der Rechtseinheit gerechtfertigt ist; dem schutzwürdigen Vertrauen trägt § 2 Rechnung, ggf eine restriktive Auslegung konkreter Willenserklärungen (unten Rn 13 ff). Daß zweifelhaft ist, ob das neue Rechtsinstitut nach Jahrzehnten einer anderen DDR-Praxis in der Bevölkerung (Orth, in: Schwab-Reichel 162) angenommen wird, kann, da es sich um ein *fakultatives* familienrechtliches Institut handelt, nicht ernsthaft gegen das Verlöbnis sprechen.

4 **2. Rechtspolitisch** sollte de lege ferenda der Fortbestand des Verlöbnisrechts außer Frage stehen, weil es einerseits einen konkretisierbaren Ansatzpunkt für verfahrensrechtliche Zeugnisverweigerungsrechte in einer unabweisbar vorhandenen Konfliktlage gibt (überzeugend Bosch FamRZ 1991, 754), vor allem aber, weil sich die Liberalität einer Rechtsordnung auch darin bewährt, wesentlichen Bevölkerungsgruppen *fakultativ* Rechtsinstitute zur Verfügung zu stellen, die für diese Gruppen hohe moralische Bedeutung haben, solange hierdurch nicht anderen diese moralischen Wertungen aufgezwungen werden; auch das unterscheidet den freiheitlichen Rechtsstaat von der Ex-DDR.

III. Interlokaler Anwendungsbereich

5 Voraussetzung der Überleitung ist die Geltung von DDR-Recht für das **Verlöbnis**, ausgehend von den Grundsätzen des innerdeutschen Kollisionsrechts. Hatte auch nur einer der Verlobten ein DDR-Heimatrecht, also gewöhnlichen Aufenthalt in der

DDR, so fehlt es schon an der beiderseits analog Art 13 EGBGB erforderlichen *Zulässigkeit* eines Verlöbnisses als *Rechtsinstitut* (**aA** Staudinger/vBar/Mankowski [1996] Art 13 Rn 8); es kann niemand ein Rechtsverhältnis eingehen, das nach einem kumulativ maßgeblichen Recht als solches nicht existiert.

IV. Überleitung – anwendbares Recht

1. Verlöbnis vor dem 3. 10. 1990

a) Nichtanwendung §§ 1298 ff BGB

6 Auf Verlöbnisse, die vor dem 3. 10. 1990 geschlossen wurden und **interlokal** (Art 13 EGBGB in innerdeutscher und sachlicher Analogie) dem Recht der DDR unterstanden haben, sind §§ 1298 ff BGB nicht anzuwenden. Die Auflösung solcher Verlöbnisse bleibt familienrechtlich zwischen den Partnern folgenlos (Palandt/Brudermüller Rn 1; MünchKomm/Wacke Rn 2). Die Vorschriften über die Legitimation gemeinsamer vorehelicher Kinder waren nach Maßgabe von Art 234 § 12 anzuwenden (im einzelnen Staudinger/Rauscher [1996] Rn 8).

b) Schuldrechtliche Ansprüche

7 In Betracht kommen jedoch schuldrechtliche Ansprüche im Zusammenhang mit **Schenkungen**, die anläßlich des Verlöbnisses gemacht wurden. Die Anwendung von §§ 530 und 812 Abs 1 S 2 Fall 2 BGB (bejaht von MünchKomm/Wacke Rn 3) scheitert jedoch bei Schenkungen, die vor dem 3. 10. 1990 stattgefunden haben; in diesem Fall ist nach Art 232 § 1 das Recht der DDR auf das gesamte Schuldverhältnis (die Schenkung, nicht das Verlöbnis!) anzuwenden. Hier steht einer schenkungsrechtlichen Rückforderung das grundsätzliche Widerrufsverbot des § 282 Abs 2 ZGB entgegen; eine Anfechtung wegen Motivirrtums kommt nicht in Betracht (Lübchen ua, ZGB § 282 Anm 2). Wäre in solchen Fällen wegen des *Wertes* des Geschenks oder starker *emotionaler Bindung zum Gegenstand* des Geschenks (Familienschmuck) das Ergebnis unerträglich oder wird das *Persönlichkeitsrecht* betroffen (Verlobungsbriefe), so ist eine Lösung über § 242 BGB zu suchen; hierbei sind insbesondere die Wertungen des § 530 BGB nicht zu Lasten des Beschenkten zu überschreiten, eine Rückforderung ist also, anders als aus § 1301 BGB, *verschuldensabhängig*.

c) Verfahrensrechtliche Zeugnisverweigerungsrechte

8 Ob ein nach dem Recht der DDR geschlossenes Verlöbnis die **Zeugnisverweigerungsrechte nach Bundesrecht** (§ 383 Nr 1 ZPO, § 52 Nr 1 StPO, § 63 VwGO, § 118, SGG, §§ 82, 84 FGO, §§ 15 Nr 1, 101 ff AO) auslöst, ist strittig. Grundsätzlich beanspruchen familienrechtliche Übergangsregeln aus Art 234 EGBGB auch Geltung für familienrechtliche Vorfragen in Regelungsmaterien außerhalb des Zivilrechts (daher für Ausschluß der Zeugnisverweigerungsrechte Lübchen/Eberhardt 98). Hiergegen greift nicht das Argument durch, das Verfahrensrecht der Bundesrepublik gelte vor Gerichten der neuen Bundesländer seit dem 3. 10. 1990 unbeschränkt (so aber MünchKomm/Wacke Rn 4); es geht nicht nur oder vorrangig um Verfahren in den neuen Bundesländern, sondern um die *Substituierbarkeit* eines DDR-Verlöbnisses in bundesdeutsches Verfahrensrecht. Die *ratio legis* dürfte allerdings dafür sprechen, auch DDR-Verlobten das Zeugnisverweigerungsrecht zu gewähren, da die Möglichkeit zu einem BGB-Verlöbnis vor dem 2. 10. 1990 dort nicht bestand und § 2 nur Vertrauen schützt, nicht aber Begünstigungen verbieten will (ebenso im Ergebnis: MünchKomm/Wacke Rn 4; vgl

aber zur Problematik der Auslegung einer Berufung auf das Zeugnisverweigerungsrecht unten Rn 11).

d) Individuelle Überleitung

9 **aa)** Unstreitig ist es möglich, daß Verlobte iSv § 5 Abs 3 S 2 FGB nach dem 3. 10. 1990 ihr **Verlöbnis den Bestimmungen des BGB unterstellen**. Dogmatisch handelt es sich hierbei jedoch nicht um eine *Überleitung*; die intertemporalen Kollisionsnormen des Familienrechts sind im Gegensatz zu den intertemporal schuldrechtlichen Kollisionsnormen ebensowenig disponibel wie das sonstige Familien-Kollisionsrecht. Unbenommen ist den FGB-Verlobten jedoch die **Eingehung** eines Verlöbnisses nach § 1297 BGB.

10 **bb)** Angesichts der **Formfreiheit** eines BGB-Verlöbnisses stellt sich die Frage, unter welchen Voraussetzungen eine **stillschweigende** „Überleitung" eines FGB-Verlöbnisses in ein BGB-Verlöbnis anzunehmen ist. Nach einer Ansicht soll dies schon bei „längerer Fortführung und Bekräftigung" des Alt-Verlöbnisses anzunehmen sein (Bosch FamRZ 1991, 753). Diese Ansicht ist abzulehnen; sie drängt den Parteien das als besser erachtete („gesetzlich geordnet", Bosch FamRZ 1991, 753, was nur Abgrenzung zu *ungeordneten* nichtehelichen Gemeinschaften bedeuten kann) BGB-Verlöbnisrecht auf, ohne daß das Handeln der Verlobten einen entsprechenden *Erklärungswert* hätte; man kann zweifellos nicht von einem nach dem FGB Verlobten verlangen, ihr Verlöbnis zu brechen, um den Rechtsfolgen der §§ 1298 ff BGB zu entkommen. Die *Gegenansicht* (Lübchen/Eberhardt 98) will die Begründung eines BGB-Verlöbnisses nur *ausdrücklich* zulassen. Dies könnte die im Anwendungsbereich von §§ 1297 ff BGB für zulässig gehaltene konkludente Verlobung unzulässig erschweren (wobei allerdings das Paradebeispiel der Konkludenz, die *Annahme* eines Eheversprechens des Mannes durch Gewährung des Geschlechtsverkehrs seitens der Frau RG Warneyer 17, 273 vermuten läßt, daß bei modernerer Sicht der Dinge kaum konkludente Verlöbnisse vorkommen werden). Zuzustimmen ist dieser Ansicht im Grundsatz, daß nämlich aus dem Bestehen eines FGB-Verlöbnisses keine niedrigere Schwelle der Beurteilung konkludenten Verhaltens im Hinblick auf die Eingehung eines BGB-Verlöbnisses anzunehmen ist. Im Zweifel dürften nach dem maßgeblichen Empfängerhorizont konkludente Erklärungen nur als Bestätigung des bereits existierenden (FGB-)Verlöbnisses auszulegen sein (MünchKomm/Wacke Rn 3).

11 **cc)** Auch die **Geltendmachung eines Zeugnisverweigerungsrechts** (oben Rn 8) kann nicht als konkludentes BGB-Verlöbnis gewertet werden, wenn ein FGB-Verlöbnis bestanden hat. Dies ergibt sich schon aus der *Einseitigkeit* der Erklärung, da das Zeugnisverweigerungsrecht im Interesse des Zeugen (Vermeidung eines inneren Konflikts angesichts der Strafdrohung bei Falschaussage) besteht und eine *Annahme* seitens des prozeßbeteiligten Verlobten damit nicht konstruierbar ist. Überdies beruht die Anwendung der Zeugnisverweigerungsrechte auf einer teleologisch begründeten *Substitution* des FGB-Verlöbnisses in bundesdeutsche Verfahrensvorschriften, so daß es gerade nicht der „Überleitung" in ein BGB-Verlöbnis bedarf.

2. Verlöbnisse seit dem 3.10. 1990

a) Grundsatz

12 Verlöbnisse, die seit dem 3.10. 1990 eingegangen werden, unterliegen §§ 1297 ff BGB (Palandt/Brudermüller Rn 1).

b) Willensmängel, Auslegung

13 **aa)** Hierbei ist jedoch zu beachten, daß mit dem 3.10. 1990 zwar die Rechtslage, nicht aber die **Rechtswirklichkeit und die Rechtskenntnis** in der Bevölkerung nach dem Stichtagsprinzip umgestellt wurde. Gerade in einem am Rande rechtsgeschäftlichen Verhaltens (vgl den Streit um die Vertragsnatur des BGB-Verlöbnisses) stehenden und stark die jüngere Generation betreffenden Bereich waren jedenfalls in den ersten Jahren nach der Wiedervereinigung nach allgemeinen rechtsgeschäftlichen Grundsätzen die Vorstellungen der Parteien von dem Inhalt ihrer als „Verlöbnis" abgegebenen Erklärungen zu berücksichtigen, die in dieser Generation durch das in Schulen und Jugendorganisationen vermittelte DDR-Rechtsverständnis geprägt sind. Hier dürfte sich nicht selten erweisen, daß die Verlobten oder einer von ihnen das „Verlöbnis" nicht als Eheversprechen, sondern als rechtsunverbindliche Probezeit verstanden haben (zutreffend: Orth, in: Schwab/Reichel 162).

14 **bb)** Dogmatisch ergeben sich zur Lösung zwei Alternativen. Sind **beide Verlobte** davon ausgegangen, daß ein „Verlöbnis" ein rechtlich unverbindliches Versprechen zur Eingehung einer Probezeit iSd bisherigen Rechts der DDR sei, so liegt – selbst bei ausdrücklicher Bezeichnung als „Verlöbnis" – eine *falsa demonstratio* vor, die Erklärung ist also **auszulegen**: Die Parteien sind kein Verlöbnis eingegangen, sondern haben mit einem unzutreffenden Begriff ein lediglich soziales Verhältnis beschrieben.

15 **cc)** Hat nur **einer der Verlobten** seiner Erklärung diese Bedeutung beigemessen, so ist schon **fraglich**, ob bei diesem Verlobten überhaupt der für eine Willenserklärung erforderliche *Rechtsfolgewille* bestanden hat, da die Erklärung nur im freundschaftlich-sozialen Bereich gewollt war. Jedenfalls bei ausdrücklicher Bezeichnung als „Verlöbnis" erscheint es aus der Sicht des Empfängers angemessen, eine Willenserklärung anzunehmen. Diese ist aber **anfechtbar** nach § 119 Abs 1 S 1 1. Alt BGB. Es handelt sich nicht um einen unbeachtlichen Irrtum über die *Rechtsfolgen* eines Verlöbnisses. Vielmehr hat der Erklärende eine grundsätzlich andere Gattung von (Rechts-)Beziehung mit einem unzutreffenden Begriff charakterisiert. Damit sind nicht §§ 1298 ff BGB, wohl aber § 122 BGB anzuwenden. Risiko und Beweislast sind damit interessengerecht verteilt.

Anhang zu Artikel 234 § 2 EGBGB

Überleitungsbestimmungen zum Ehegesetz

(EV Anlage I Kapitel III Sachgebiet B Abschnitt III Nr 11)

Bundesrecht tritt in dem in Artikel 3 des Vertrages genannten Gebiet mit folgenden Maßgaben in Kraft …

11. Ehegesetz in der im Bundesgesetzblatt Teil III, Gliederungsnummer 404-1, veröffentlichten bereinigten Fassung, zuletzt geändert durch Artikel 6 § 1 des Gesetzes vom 25. Juli 1986 (BGBl. I S. 1142), mit folgenden Maßgaben:

a) §§ 1 bis 21 und §§ 28 bis 37 des Ehegesetzes gelten nicht für Ehen, die vor dem Wirksamwerden des Beitritts geschlossen worden sind. Die Wirksamkeit solcher Ehen bestimmt sich nach dem bisherigen Recht.

b) Ist nach dem bisherigen Recht eine Ehe nichtig, so bestimmen sich die Folgen der Nichtigkeit nach den §§ 23 bis 26 des Ehegesetzes. Dies gilt nicht, wenn eine Ehe vor dem Wirksamwerden des Beitritts für nichtig erklärt worden ist.

c) Ist eine Ehe vor dem Wirksamwerden des Beitritts für nichtig erklärt worden, so bestimmen sich die Folgen der Nichtigkeit nach dem bisherigen Recht. Für den Anspruch auf Unterhalt gelten die Vorschriften über den Unterhalt von Ehegatten, deren Ehe vor dem Wirksamwerden des Beitritts geschieden worden ist, entsprechend. Ein Unterhaltsanspruch besteht nicht, wenn der Berechtigte die Nichtigkeit der Ehe bei der Eheschließung gekannt hat.

d) Ist ein Ehegatte vor dem Wirksamwerden des Beitritts für tot erklärt worden, so bestimmt sich die Beendigung der Ehe nach dem bisherigen Recht. Ist der andere Ehegatte eine neue Ehe eingegangen und ist diese vor dem Wirksamwerden des Beitritts geschieden worden, weil der für tot erklärte Ehegatte noch lebte, so bestimmt sich ein Wiederaufleben der durch die Todeserklärung beendeten Ehe nach dem bisherigen Recht.

I. Normzweck, Kritik, Bedeutung der Aufhebung des EheG zum 1. 7. 1998

1 **1.** Die Überleitungsbestimmungen bezwecken die grundsätzliche Inkraftsetzung des Ehegesetzes aF (Form, Wirksamkeit und Bestandskraft der Eheschließung) bei Wahrung schutzwürdigen Vertrauens in den **Bestand** von vor dem 3. 10. 1990 geschlossenen Ehen einschließlich möglicher **Mängel** und deren Einfluß auf den Bestand der Ehe sowie in die **Rechtsfolgen** einer vor dem 3. 10. 1990 für nichtig erklärten Ehe. Nicht geschützt wird Vertrauen in die Rechtsfolgen einer vor dem 3. 10. 1990 noch nicht ausgesprochenen Nichtigkeit (BT-Drucks 11/7817, 50).

2 **2.** Die Bestimmung zur **Todeserklärung** (lit d) schützt das Vertrauen in zwei grundsätzlich vom Bundesrecht (§ 38 EheG aF, § 1319 BGB) abweichende Bestimmungen des FGB. Ehen, die gemäß § 37 FGB durch rechtskräftige Todes-

erklärung (auch unrichtige) kraft Gesetzes beendet sind, leben nicht wieder auf, auch wenn der andere Ehegatte eine neue Ehe nicht eingegangen ist. Ehen, die durch Scheidung einer Zweitehe gemäß § 38 Abs 1 S 3 FGB wieder aufgelebt sind, sind nicht durch die Inkraftsetzung des Ehegesetzes berührt (BT-Drucks 11/7817, 50).

3. Die Inkraftsetzung des Ehegesetzes ist von Juristen der ehemaligen DDR heftig **kritisiert** worden, weil dessen Regelungen im Vergleich zum Recht der ehemaligen DDR unzeitgemäß seien (GRANDKE DtZ 1990, 324; ORTH, in: SCHWAB/REICHEL 163, der die geradezu abwegige Frage aufwirft, ob die Bürger der neuen Bundesländer das Gesetz „wieder voll annehmen werden"; es handelt sich schließlich nicht um einen der Atatürk'schen Familienrechtsreform vergleichbaren Eingriff in weltanschaulich dominierte Traditionen der Eheschließungsform!). **3**

Zunächst entsprach es dem System des Einigungsvertrags – und dies allein genügt als Rechtfertigung – im Interesse der **Rechtseinheit** alle Bestimmungen in Kraft zu setzen, soweit nicht Vertrauensschutz (hierzu die Überleitungsbestimmungen) oder Verfassungsbedenken (hierzu Art 230 EGBGB) entgegenstehen.

4. Durch das **Eheschließungsrechtsgesetz** (BGBl 1998 I 833) wurde das EheG aF zum 1. 7. 1998 aufgehoben und das Eheschließungsrechts sowie das Eheaufhebungsrecht unter Vereinheitlichung der Mangelfolgen in §§ 1303 ff BGB eingefügt. **4**

a) Dies führt auch für zum 3. 10. 1990 übergeleitete Ehen erneut zu einer Überleitung, die in Art 226 geregelt ist und teilweise anderen Prinzipien folgt als die Überleitung zum 3. 10. 1990. Grundsätzlich gilt neues Recht seit dem 1. 7. 1998 auch für vorher geschlossene Ehe (Art 226 Abs 3) und damit auch für die zum 3. 10. 1990 übergeleiteten Ehen. Ein erst nach dem 30. 6. 1998 rechtshängig gemachtes Aufhebungsverfahren unterliegt also grundsätzlich *neuem* Eheaufhebungsrecht.

b) Das **alte Eheaufhebungs- und Ehenichtigkeitsrecht** hat nach Maßgabe des Art 226 Abs 1 weiterhin insoweit Bedeutung, als es die Aufhebung nach neuem Recht ausschließen kann. Die Aufhebung einer zum 3. 10. 1990 übergeleiteten Ehe ist ausgeschlossen, wenn sie nach dem bisher anwendbaren Recht nicht hätte aufgehoben und für nichtig erklärt werden können. Insoweit bleiben also auch die Überleitungsbestimmungen zum EheG maßgeblich, weil bisheriges Recht für eine vor dem 3. 10. 1990 geschlossene Ehe nicht nur das EheG, sondern auch das FGB sein kann, soweit es bis zum 30. 6. 1998 über die Nichtigkeit bestimmte (dies übersieht wohl MünchKomm/MÜLLER-GINDULLIS Art 226 Rn 2). **5**

Für am 1. 7. 1998 *rechtshängige Nichtigkeits- und Aufhebungsklagen* gilt Art 226 Abs 2, insoweit ist altes Recht auch hinsichtlich der Voraussetzungen und Folgen der Aufhebung und Nichtigkeit anzuwenden. Auch dies gilt für zum 3. 10. 1990 übergeleitete Ehen, kann aber nicht mehr zur Anwendung des FGB-Nichtigkeitsfolgenrechts führen; altes Recht ist insoweit das EheG aF (unten Rn 14 f).

II. Mangelhafte Eheschließungen vor dem 3.10.1990 (lit a bis c)

1. Grundsatz, Stichtagsprinzip

6 a) Für **Eheschließungen vom 3.10. 1990 bis zum 30.6. 1998** gilt ausschließlich das Eheschließungsrecht des **Ehegesetzes aF** einschließlich der 1. DVO EheG. Form, Eheschließungsvoraussetzungen, Eheverbote und Folgen von Verstößen beurteilen sich ausschließlich nach §§ 1 bis 37 EheG aF. Zum 1.7. 1998 erfolgt die erneute Überleitung nach Art 226 (oben Rn 4).

7 b) Auf bis zum 2.10. 1990 geschlossene Ehen, die **interlokal** bis zum Wirksamwerden des Beitritts dem Recht der DDR unterstanden haben (**aA** womöglich BGH FamRZ 2001, 685: „zum Zeitpunkt und am Ort der Eheschließung geltendes Recht", bezogen allerdings auf eine vor Gründung der DDR geschlossene Ehe), sind §§ 1 bis 21 und 28 bis 37 EheG aF nicht anzuwenden (lit a; BGH FamRZ 2001, 685).

8 aa) Ehefähigkeit, Eheverbote, die **Form** der Eheschließung und die **Wirkung eines Verstoßes** auf den Bestand der Ehe unterliegen ausschließlich §§ 6, 8, 35, 36 FGB. Soweit im Rahmen der Überleitung zum 1.7. 1998 nach Art 226 (oben Rn 5) ein Nichtigkeitsgrund alten Rechts vorliegen muß, gilt nicht das EheG, sondern das FGB.

9 bb) Eine Ehe ist danach **nichtig**, wenn sie entgegen einem Eheverbot geschlossen wurde (§ 35 Abs 1 FGB; Geltendmachung durch Nichtigkeitsklage, § 35 Abs 2, 3 FGB). Eheverbote nach § 8 FGB begründeten: das Bestehen einer Ehe, Verwandtschaft in gerader Linie oder im zweiten Grad in der Seitenlinie, Adoptivkindschaft (nur zwischen Adoptiveltern und -kind) sowie die Entmündigung (Brudermüller/Wagenitz FamRZ 1990, 1295).

10 cc) Da das Recht der DDR eine **Aufhebung** der Ehe nicht kannte (Verstöße gegen das Ehefähigkeitsalter blieben folgenlos) kam eine Aufhebung nach §§ 28 ff EheG aF für solche Ehen nicht in Betracht (Brudermüller/Wagenitz FamRZ 1990, 1295); solche Verstöße bleiben auch nach dem 1.7. 1998 folgenlos, weil es an einem Aufhebungsgrund des maßgeblichen alten Rechts fehlt (Art 226 Abs 1).

11 dd) Andererseits kommt aber auch eine **Heilung von Formverstößen** nach § 17 Abs 2 EheG aF für solche Ehen nicht in Betracht; eine gegen die Formvorschriften des § 6 FGB – Erklärung der Ehegatten *und* Eintragung in das Ehebuch – verstoßende Ehe ist unwirksam (Nichtehe: Brudermüller/Wagenitz FamRZ 1990, 1295). Seit dem 1.7. 1998 ist jedoch § 1310 Abs 3 BGB auch auf solche Ehen anzuwenden.

2. Nichtige Ehen (lit b, c S 1)

12 a) Die Überleitungsbestimmungen lit b und c für nichtige Ehen betreffen wiederum nur **bis zum 2.10. 1990 geschlossene** Ehen. Für diese Ehen beurteilt sich die Nichtigkeit dem Grunde nach gemäß §§ 8, 35 FGB (soeben Rn 8 ff).

13 b) Hinsichtlich der **Geltendmachung** der Nichtigkeit und deren **Rechtsfolgen** begründen lit b S 2 und c S 1 ein weiteres **Stichtagsprinzip**; maßgeblich für die intertemporale Rechtsanwendung ist insoweit der Zeitpunkt der Nichtigerklärung (Bosch FamRZ 1991, 755).

aa) Wurde die Ehe **vor dem 3. 10. 1990 für nichtig erklärt**, so bestimmen sich auch die Folgen der Nichtigkeit nach bisherigem Recht. Anzuwenden sind § 36 Abs 1 FGB für die *Rechtsstellung der Kinder*, Abs 3 für den *güterrechtlichen Ausgleich*, Abs 4 für den *Namen der Ehegatten*. Zum *Unterhalt* (§ 36 Abs 2 FGB) besteht hingegen eine eigenständige Überleitungsbestimmung (unten Rn 17). Vor dem 3. 10. 1990 liegt eine Nichtigerklärung mit dieser Rechtsfolge auch dann, wenn lediglich die Nichtigkeit vor dem 3. 10. 1990 *ausgesprochen* wurde, die Rechtskraft aber erst nach dem 3. 10. 1990 eintritt; dies gilt unabhängig von der Einlegung von Rechtsmitteln, sofern die Entscheidung nicht aufgehoben wird. Die Rechtsfolgen der Nichtigerklärung dürfen nicht durch die Einlegung von Rechtsmitteln manipulierbar werden (zur vergleichbaren Lage bei § 4 Abs 5 dort Rn 14). **14**

bb) Wurde die nach § 35 FGB nichtige Ehe **seit dem 3. 10. 1990** und auf einen spätestens am 30. 6. 1998 rechtshängigen Antrag hin (Art 226 Abs 2; oben Rn 5) **für nichtig erklärt**, so bestimmen sich die Folgen der Nichtigerklärung nach §§ 23 bis 26 EheG aF (lit b S 1). Altes Folgenrecht iSd Art 226 Abs 2 ist also für solche Ehen das EheG aF, nicht das FGB. Wird der Antrag seit dem 1. 7. 1998 gestellt, gilt § 1318 BGB (Art 226 Abs 3). **15**

Im ersten Fall unterliegt lediglich der **Nichtigkeitsgrund** altem Recht. Bei Antragstellung seit dem 1. 7. 1998 gilt auch für den Aufhebungsgrund neues Recht, es muß aber ein FGB-Nichtigkeitsgrund vorliegen (Art 226 Abs 1, oben Rn 5).

Soweit § 26 EheG aF keine Regelung vorsah, wohl aber § 36 FGB (Rechtsstellung der Kinder, Ehewohnung, Familienname der Ehegatten), ergibt sich das anwendbare Recht nicht aus der Überleitungsbestimmung zum EheG aF, sondern aus den allgemeinen Überleitungsbestimmungen zum Familienrecht, Art 230, 234 § 1. Der nach § 26 EheG (vgl Abs 3) durchzuführende *Versorgungsausgleich* findet nur nach Maßgabe von Art 234 § 6 statt. Das in Art 234 § 3 Abs 1 eröffnete **Wahlrecht hinsichtlich des Ehenamens** besteht nach dortigem S 2 im Falle der Nichtigerklärung nicht.

cc) Fraglich ist, ob bei vor dem 30. 6. 1998 gestellten Anträgen § **26 Abs 3 EheG** aF hinsichtlich des Versorgungsausgleichs im Falle der Nichtigkeit wegen Bigamie anzuwenden ist. Die Nichtigkeit ergibt sich diesenfalls nicht aus § 20 EheG aF, sondern aus §§ 35, 8 Nr 1 FGB. Da die Übergangsregelung zum *Unterhalt* aus Gründen des Vertrauensschutzes bewußt die Rechtsfolge des § 36 Abs 2 FGB aufnimmt und insoweit § 26 Abs 3 EheG aF verdrängt, wäre daran zu denken, das § 36 Abs 3 und Abs 2 S 2 FGB für den Unterhalt und den **güterrechtlichen** Ausgleich innewohnende Prinzip des Anspruchsausschlusses bei Kenntnis zu übertragen. Da jedoch der Versorgungsausgleich dem Recht der DDR unbekannt war, kann ein Vertrauen gegen den von § 26 Abs 3 EheG aF angeordneten *weitergehenden* Ausschluß des Versorgungsausgleichs nicht gebildet worden sein; § 26 Abs 3 EheG aF ist also hinsichtlich des Versorgungsausgleichs auch anzuwenden, wenn sich die Nichtigkeit wegen Bigamie nach §§ 35, 8 Nr 1 FGB ergibt. **16**

Bei Antragstellung seit dem 1. 7. 1998 hat sich das Problem erledigt, weil sich nach

Art 226 Abs 3 auch der Aufhebungsgrund nach neuem Recht bestimmt und nur ein Nichtigkeitsgrund nach dem FGB bestanden haben muß (Art 226 Abs 1).

3. Unterhalt nach Nichtigerklärung (lit c S 2, 3)

17 Unterhaltsansprüche bei **Nichtigerklärung vor dem 3. 10. 1990** unterliegen durch Verweisung aus lit c S 2 der intertemporalen Kollisonsregel und dem materiellen Recht für den Unterhaltsanspruch **nach Ehescheidung** vor dem 3. 10. 1990, also Art 234 § 5. Soweit es hiernach intertemporal bei der Anwendung alten Rechts verbleibt, entspricht die materielle Rechtsanwendung – Verweisung auf Scheidungsfolgenrecht – nach lit c S 2 der Regelung in § 36 Abs 2 S 1 FGB. Entsprechend § 36 Abs 2 S 2 FGB bestimmt lit c S 3 für diesen Fall einen Anspruchsausschluß, wenn der Berechtigte die Nichtigkeit der Ehe bei der Eheschließung **gekannt** hat.

III. Todeserklärung vor dem 3. 10. 1990 (lit d)

I. Wirkung einer Todeserklärung vor dem 3. 10. 1990 (lit d S 1)

18 **a)** Wurde ein Ehegatte **vor dem 3. 10. 1990 für tot erklärt**, so beurteilt sich die Wirkung der Todeserklärung auf den Bestand der Ehe weiterhin nach § 37 FGB (lit c S 1; zu Todeserklärung und Wiederheirat vor Inkrafttreten des FGB: BGH FamRZ 2001, 685). Mit der Rechtskraft der Todeserklärung wird die Ehe beendet, auch wenn die Todeserklärung sich später als unrichtig erweist; ob der andere Ehegatte erneut eine Ehe eingegangen ist, ist nicht erheblich (BT-Drucks 11/7817, 50; Bosch FamRZ 1991, 755).

19 **b)** Einer vor dem 3. 10. 1990 rechtskräftigen Todeserklärung ist eine vor diesem Termin ausgesprochene und sodann **mangels Einlegung von Rechtsmitteln rechtskräftig gewordene** Todeserklärung gleichzustellen (für die parallele Überleitungsbestimmung zum VerschollenheitsG: BT-Drucks 11/7817, 50: „Ausspruch"). Bei Todeserklärung nach dem Wirksamwerden des Beitritts beurteilt sich die Wirkung der Todeserklärung nach §§ 38, 39 EheG, selbst wenn auf die Todeserklärung aufgrund der Überleitungsbestimmungen zum VerschollenheitsG das Recht der DDR anzuwenden bleibt (Bosch FamRZ 1991, 755).

2. Nach Todeserklärung geschlossene Zweitehe (lit d S 2)

20 **a)** **§ 38 FGB** sah vor, daß eine nach Todeserklärung eines Ehegatten geschlossene Zweitehe des anderen Ehegatten auf gemeinsame Klage der Ehegatten der ersten Ehe zu scheiden war. Ist ein solcher Scheidungsausspruch (hinsichtlich der Zweitehe) vor dem 3. 10. 1990 erfolgt, so verbleibt es bei der von § 38 Abs 1 S 3 FGB angeordneten Rechtsfolge, dem **Wiederaufleben der Ehe mit dem fälschlich für tot Erklärten**.

21 **b)** Ist vor dem 3. 10. 1990 kein Scheidungsausspruch erfolgt, so beurteilt sich die Behandlung der zweiten Ehe und das Schicksal der – nach lit d S 1 iVm § 37 FGB aufgelösten – Ehe mit dem für tot Erklärten nach § 39 EheG aF, sofern die Aufhebungsklage vor dem 1. 7. 1998 rechtshängig wurde (Art 226 Abs 2). Ist bis zum 1. 7. 1998 keine Aufhebungsklage erhoben, so gelten die §§ 1319 ff BGB (Art 226 Abs 3). Die bereits erfolgte Auflösung der ersten Ehe (lit d S 1 iVm § 37 FGB) wird dadurch nicht mehr berührt.

Ist ein **Scheidungsverfahren** nach § 38 Abs 1 FGB vor dem 3. 10. 1990 bereits **eingeleitet**, so kann dieses Verfahren nicht als Scheidungsverfahren weitergeführt werden. Es ist als Aufhebungsklage nach § 39 Abs 1 EheG zu behandeln; der zu Unrecht für tot erklärte Ehegatte muß auf Klägerseite aus dem Verfahren ausscheiden bzw es muß seine Klage abgewiesen werden.

§ 3
Wirkungen der Ehe im allgemeinen

(1) Ehegatten, die vor dem Wirksamwerden des Beitritts die Ehe geschlossen haben und nach dem zur Zeit der Eheschließung geltenden Recht eine dem § 1355 Abs. 2 Satz 1 des Bürgerlichen Gesetzbuchs entsprechende Wahl nicht treffen konnten, können bis zum Ablauf eines Jahres nach Wirksamwerden des Beitritts erklären, daß sie den Geburtsnamen des Mannes oder der Frau als Ehenamen führen wollen. Dies gilt nicht, wenn die Ehe aufgelöst oder für nichtig erklärt ist. Hat ein Ehegatte vor dem Wirksamwerden des Beitritts seinen zur Zeit der Eheschließung geführten Namen dem Ehenamen hinzugefügt, so

1. **entfällt der hinzugefügte Name, wenn die Ehegatten gemäß Satz 1 erklären, den Geburtsnamen dieses Ehegatten als Ehenamen führen zu wollen;**

2. **kann der Ehegatte bis zum Ablauf von zwei Jahren nach Wirksamwerden des Beitritts erklären, anstelle des hinzugefügten Namens nunmehr seinen Geburtsnamen voranstellen zu wollen.**

§ 1355 Abs. 3 des Bürgerlichen Gesetzbuchs gilt nicht für einen Ehegatten, dessen zur Zeit der Eheschließung geführter Name Ehename geworden ist.

(2) Eine Namensänderung nach Absatz 1 Satz 1 erstreckt sich auf den Geburtsnamen eines Abkömmlings, welcher das 14. Lebensjahr vollendet hat, nur dann, wenn er sich der Namensänderung seiner Eltern durch Erklärung anschließt. Ein in der Geschäftsfähigkeit beschränkter Abkömmling kann die Erklärung nur selbst abgeben; er bedarf hierzu der Zustimmung seines gesetzlichen Vertreters. Ist der frühere Geburtsname zum Ehenamen eines Abkömmlings geworden, so erstreckt sich die Namensänderung nach Absatz 1 Satz 1 auf den Ehenamen nur dann, wenn die Ehegatten die Erklärung nach Absatz 2 Satz 1 gemeinsam abgeben. Die Erklärungen nach Absatz 2 Satz 1 und 3 sind innerhalb eines Jahres abzugeben; die Frist beginnt mit der Abgabe der Erklärung nach Absatz 1.

(3) Die Erklärungen nach Absatz 1 und 2 bedürfen der öffentlichen Beglaubigung. Sie sind dem für ihre Entgegennahme zuständigen Standesbeamten zu übersenden. Die Erklärungen können auch von den Standesbeamten beglaubigt oder beurkundet werden.

(4) Zur Entgegennahme der Erklärung über die Änderung des Ehenamens ist der Standesbeamte zuständig, der das Familienbuch der Ehegatten führt; wird ein Familienbuch nicht geführt, so ist der Standesbeamte zuständig, der das Heiratsbuch führt.

Der Standesbeamte nimmt auf Grund der Erklärung die Eintragung in das von ihm geführte Personenstandsbuch vor.

(5) Zur Entgegennahme der Erklärung über die Änderung des Geburtsnamens ist der Standesbeamte zuständig, der das Geburtenbuch führt; er nimmt auf Grund der Erklärung die Eintragung in das Geburtenbuch vor.

(6) Haben die Ehegatten die Ehe außerhalb des Geltungsbereichs dieses Gesetzes geschlossen und wird ein Familienbuch nicht geführt, so ist der Standesbeamte des Standesamts I in Berlin zuständig. Er erteilt, falls er kein Personenstandsbuch führt, in das auf Grund der Erklärung eine Eintragung vorzunehmen wäre, dem Erklärenden und den weiter von der Erklärung Betroffenen eine Bescheinigung über die Entgegennahme und die Wirkungen der Erklärung. Gleiches gilt, wenn die Geburt des Abkömmlings nicht im Geltungsbereich dieses Gesetzes beurkundet ist.

(7) Der Bundesminister des Innern wird ermächtigt, im Benehmen mit dem Bundesminister der Justiz und mit Zustimmung des Bundesrates zur Durchführung dieses Gesetzes Verwaltungsvorschriften über die nähere Behandlung der Erklärungen und die Mitteilungspflichten der Standesbeamten zu erlassen.

Materialien: Siehe Art 230; E: BT-Drucks 11/7760 Art 234 § 3.

Schrifttum

BMI-Schnellbrief v 29.10. 1990 (VII 6-133211-1/1), in: Siemader/Diepolt, Deutsches Namensrecht, Ziff 6.2

Marcks, Nachträgliche Bestimmung des Ehenamens bei Eheschließung in der früheren DDR, StAZ 1991, 294.

Systematische Übersicht

Alphabetische Übersicht

I. Normzweck, Kritik

1. Namensrecht

1 a) Im Gegensatz zu der weitreichenden Überschrift bezieht sich die Bestimmung nur auf das **Ehenamensrecht** und dessen Auswirkungen auf den Namen von Abkömmlingen. Erreicht werden soll über die nach dem Grundsatz des § 1 zum 3. 10. 1990 eintretende Anwendung des Ehenamensrechts des BGB hinaus eine *Rückwirkung*. Hierbei tritt jedoch nicht mit dem Wirksamwerden des Beitritts eine Änderung des – als Persönlichkeitsrecht zu schützenden – Ehenamens ein; die Harmonisierung mit § 1355 BGB in der am 3. 10. 1990 geltenden Fassung ist vielmehr von verschiedenen *Wahlmöglichkeiten* der Ehegatten abhängig. Die Regelung orientiert sich in dieser Grundidee, insbesondere aber in der verfahrensrechtlichen Durchführung (Abs 2 bis 7) am Gesetz über die Änderung des Ehenamens v 27. 3. 1979 (BGBl 1979 I 401; BT-Drucks 11/7817, 43).

2 b) Abs 2 bezweckt die Angleichung des Namens von **Abkömmlingen** an einen durch Wahl geänderten Ehenamen der Eltern oder Voreltern. Hierdurch soll im Ergebnis die Namenseinheit der Familie ermöglicht werden. Den Interessen des Kindes und ggf dessen Ehegatten wird durch eine *Anschließungsregelung* Rechnung getragen, die sich an den §§ 2–4 EhenamensÄndG orientiert.

2. Rechtspolitische Kritik

3 a) Die Ermöglichung der **Anpassung an BGB-Ehenamensrecht** ist nicht ohne Kritik geblieben, die allerdings nicht den Gesetzeszweck der Harmonisierung mit bundesdeutschen Verhältnissen trifft, sondern sich rechtspolitisch gegen das im Zeitpunkt der Wiedervereinigung geltende BGB-Ehenamensrecht wendet (näher Staudinger/Rauscher[12] Rn 3).

4 b) Unbeschadet dieser rechtspolitischen Bedenken am geltenden materiellen Recht ist aber die Überleitung durch den Zweck der **Rechtseinheit** und die vorstehende Wahlmöglichkeit durch das Ziel der sozialen Einheit gedeckt (**aA** wohl Jayme IPRax 1991, 13; Bosch FamRZ 1991, 879). Rechtspolitische Korrekturen werden sogar erleichtert, wenn einheitliches Recht vorangeht.

5 c) Das Inkrafttreten des **FamiliennamensrechtsG v 16. 12. 1993** (BGBl 1993 I 2054) am 1. 4. 1994 und dessen Überleitungsregelungen für das *gesamte Bundesgebiet* haben von diesem Zeitpunkt neue Wahlmöglichkeiten geschaffen (Palandt/Brudermüller Rn 1); die Wahlmöglichkeiten nach § 3 waren zu diesem Zeitpunkt aufgrund von Befristungen bereits abgelaufen. Soweit von den Wahlmöglichkeiten nach § 3 Gebrauch gemacht wurde, wird diese Wahl aber in keiner Weise durch das FamiliennamensrechtsG berührt, so daß die Namensbestimmung fortwirkend von den Regelungen in § 3 abhängen kann.

II. Anwendungsbereich

1. Sonstige Ehewirkungen

a) Die Bestimmung trifft ausschließlich Regelungen zum **Ehenamensrecht** und dessen Auswirkungen auf den **Geburtsnamen der Abkömmlinge**. Sonstige Ehewirkungen beurteilen sich gemäß dem Grundsatz des § 1 für bestehende Ehen, die vordem dem Ehewirkungsrecht der DDR unterlegen haben, seit dem 3. 10. 1990 nach dem vierten Buch des BGB (Palandt/Diederichsen[53] Rn 1; Bosch FamRZ 1991, 878). Bis zum 2. 10. 1990 gelten §§ 9 bis 12 FGB, für Unterhaltsansprüche (aus Zeiträumen bis zum 2. 10. 1990) §§ 17 ff FGB. **6**

b) Anzuwenden sind seit dem 3. 10. 1990 §§ 1353 ff BGB. Hierbei ist insbesondere zu berücksichtigen, daß **§ 1356 BGB** den Ehegatten die Fortführung einer Ehe nach dem *Ehebild* des FGB („partnerschaftliche Doppelverdienerehe") erlaubt, aber im Gegensatz zu dem insoweit doktrinären Gesellschaftsbild der DDR sie hierzu nicht anhält (Brudermüller/Wagenitz FamRZ 1990, 1296). **7**

c) **§ 1357 BGB** ist nur hinsichtlich solcher Rechtsgeschäfte anzuwenden, die seit dem 3. 10. 1990 geschlossen werden; nach § 11 FGB wirksame Vertretergeschäfte werden durch den Beitritt nicht berührt. **8**

2. Interlokale/Internationalprivatrechtliche Anwendung

a) Nach dem Wortlaut des Abs 1 S 1 ist nicht vollständig klar, nach welchen **Kriterien** die von § 3 erfaßten Ehen zu bestimmen sind. Die Regelung bezieht sich auf die fehlende Wahlmöglichkeit nach dem zur Zeit der Eheschließung geltenden Recht. Dies könnte es nahelegen, den grundsätzlichen kollisionsrechtlichen Ansatz auch hier heranzuziehen. Hierbei wird aber nicht dem Umstand Rechnung getragen, daß die Ehenamenswahl nach § 1355 von einer Eheschließung im Geltungsbereich des BGB ausgeht. Nach dem Zweck der Bestimmung soll ein Wahlrecht nachträglich eingeräumt werden, wenn bei Eheschließung in der DDR eine entsprechende Wahl nicht möglich war, weil das Recht der DDR angewendet wurde. Daraus ergibt sich für die Anwendung eine *doppelte Voraussetzung*: Zum einen muß es sich um eine Eheschließung in der DDR handeln, zum zweiten aber – in diesem Fall aus Sicht des IPR der DDR – das Familiennamensrecht der DDR (§ 7 FGB) angewendet worden sein (so wohl auch Jayme IPRax 1991, 12). **9**

Im **Zeitpunkt der Abgabe der Erklärung** nach Abs 1 muß für beide Ehegatten deutsches Recht Namensstatus sein (Böhmer StAZ 1990, 358).

b) Fraglich ist das Verhältnis der Bestimmung zu § **13a EheG** aF. Die nachträgliche Wahl nach § 3 soll lediglich die Situation bereinigen, daß deutsche Staatsangehörige bei Eheschließung in der DDR eine Wahlfreiheit nach § 1355 Abs 2 S 1 aF BGB nicht hatten. **10**

aa) § 3 geht daher nicht ohne weiteres bei Eheschließung in der DDR als Sonderregel § **13a Abs 2 aF EheG** vor. Insbesondere ist § 13a Abs 2 aF EheG anzuwenden, wenn deutsche Ehegatten mit *bundesdeutschem Namensstatut* (aus Sicht des inner- **11**

deutschen Kollisionsrechts entsprechend Art 10) in der DDR die Ehe geschlossen haben, auch wenn die Eheschließung dort nach DDR-Recht erfolgte (vgl oben Rn 7). Eine entsprechende Anwendung von Art 10 Abs 3, 4 aF und Art 220 Abs 4 aF dürfte nicht in Betracht kommen, auch wenn nur ein Ehegatte ein bundesdeutsches Namensstatut hatte, weil bei Eheschließung in der DDR eine auf einen gemeinsamen Ehenamen gerichtete Erklärung (wenn auch nicht nach § 1355 Abs 2 S 1 aF BGB, vgl § 13a Abs 2 S 1 EheG) zwingend abgegeben wurde.

12 **bb)** Bei Eheschließung vor dem 3. 10. 1990 **im Ausland** und (fortdauerndem) deutschem Namensstatut beider Ehegatten ist zu unterscheiden: § 13a Abs 2 S 1 EheG aF ist anzuwenden, wenn beide Ehegatten bei Eheschließung ein *bundesdeutsches* Namensstatut hatten. Dasselbe gilt, wenn die Ehegatten *nach dem 3. 10. 1990* nach Deutschland zurückgekehrt sind, bei Eheschließung aber einer oder beide Ehegatten ein DDR-Namensstatut hatten. Hatten die Ehegatten hingegen bei Eheschließung ein DDR-Namensstatut und sind sie *vor dem 2. 10. 1990* in die DDR zurückgekehrt, so ist nicht § 13a Abs 2 S 1 EheG aF, sondern § 3 Abs 1 anzuwenden. § 3 Abs 6 bezieht sich insoweit (Eheschließung außerhalb der jetzigen BRep) als Zuständigkeitsnorm nur auf Fälle, in denen ein Wahlrecht nach § 3 (Abs 1 oder 2) ausgeübt wird.

III. Wahlrecht Ehename (Abs 1 S 1 und 2)

1. Bestandsschutz – Recht der DDR

13 **a)** Die Inkraftsetzung des BGB läßt den **nach bisherigem Recht gebildeten (Familien-)Namen** nach dem anerkannten kollisionsrechtlichen Grundsatz des Fortbestandes wohlerworbener Persönlichkeitsrechte unberührt; jede Namensänderung setzt die Ausübung eines Wahlrechts durch den bzw die Namensträger voraus (BT-Drucks 11/7817, 43; Palandt/Diederichsen[53] Rn 3; Lübchen/Eberhardt 100; Brudermüller/Wagenitz FamRZ 1990, 1296). Der im Recht der DDR als „Familienname" bezeichnete gemeinsame Name der Ehegatten wurde mit Wirksamkeit des Beitritts zum Ehenamen nach §§ 1355 BGB (Lübchen/Eberhardt 100).

14 **b)** Für Ehen, die **nach dem 1. 4. 1966 und vor dem 3. 10. 1990** geschlossen wurden, bestimmt sich die Namensführung nach § 7 FGB. Die Ehegatten führen zwingend einen gemeinsamen Familiennamen; die insoweit nicht eindeutige Bestimmung in § 7 S 2 FGB, wonach die Ehegatten den Namen des Mannes oder der Frau wählen konnten, wurde dahin ausgelegt, daß nicht der jeweilige *Geburtsname*, sondern der *unmittelbar vor Eheschließung geführte Name* zur Wahl stand (Eberhardt ua, FGB § 7 Anm 2; zum Begleitnamen unten Rn 31). Es bestand ein *Zwang* zur Namenswahl mit der Anmeldung zur Eheschließung; die Wahl wurde bei Eheschließung unwiderruflich (Bosch FamRZ 1991, 757).

15 **c)** Für Ehen, die **vor dem 1. 4. 1966 (Inkrafttreten des FGB) geschlossen** wurden, bestimmte sich der Familienname nach § 1355 BGB (aF). Ein nachträgliches Wahlrecht wurde den Ehegatten durch das FGB *nicht eingeräumt*. Ehegatten konnten lediglich gemäß § 3 EGFGB binnen drei Monaten um Erlaubnis nachsuchen, den Namen der Ehefrau zu führen; bei Eheschließung vor dem 7. 10. 1949 (Gründung der

DDR) bestand auch diese Möglichkeit nicht (BRUDERMÜLLER/WAGENITZ FamRZ 1990, 1296).

2. Voraussetzungen des Wahlrechts

a) Ehegatten, die nach den vorstehenden Bestimmungen der DDR eine **§ 1355 Abs 2 aF BGB entsprechende Wahlfreiheit nicht hatten**, können erklären, daß sie den *Geburtsnamen* des Mannes oder der Frau als Ehenamen führen wollen. Diese Voraussetzung liegt jedenfalls bei vor dem 1. 4. 1966 geschlossenen Ehen vor; das auf drei Monate befristete und von behördlicher Genehmigung abhängige Wahlrecht ist der Wahlfreiheit des § 1355 Abs 2 aF BGB nicht adäquat. Haben die Ehegatten jedoch hiervon Gebrauch gemacht und die Genehmigung zur Führung des Geburtsnamens der Frau erlangt, so besteht nunmehr ein Wahlrecht nicht mehr. 16

b) Für **nach dem 1. 4. 1966 geschlossene Ehen** kommt eine nachträgliche Namenswahl nur in Betracht, wenn einer der Ehegatten bei Eheschließung nicht seinen Geburtsnamen geführt hat, insbesondere wenn er nach Scheidung einer früheren Ehe den von seinem Geburtsnamen verschiedenen Familiennamen gemäß § 28 S 1 FGB beibehalten hat. 17

Fraglich ist aber, ob darüber hinaus die anders geartete Wahlfreiheit des § 7 Abs 1 FGB **kausal** für die damals nicht getroffene Wahl zugunsten der nunmehr gewünschten Namensführung sein muß. 18

aa) Unzweifelhaft ist die nachträgliche Wahl zulässig, wenn die Ehegatten bei Eheschließung den vorehelichen Namen eines Ehegatten gewählt haben, der nicht Geburtsname war, und nunmehr den **Geburtsnamen wählen**. 19

bb) Zuzulassen ist eine Namenswahl zugunsten des Geburtsnamens des einen Ehegatten aber auch dann, wenn der vorehelich geführte Name des anderen Ehegatten bei Eheschließung gewählt wurde, sofern der nunmehr gewählte Name im Zeitpunkt der Eheschließung **nicht wählbar war** (Beispiel: geschiedene B, geborene A heiratet C, Familienname wurde C, gewählt werden darf nunmehr A; MünchKomm/WACKE Rn 5; PALANDT/DIEDERICHSEN [53] Rn 4). 20

cc) Mit der überwiegenden Ansicht ist hingegen eine nachträgliche Wahl **nicht zulässig**, wenn der nunmehr gewählte Name bereits **nach § 7 Abs 1 FGB wählbar** war. Abs 1 S 1 erfaßt nach seinem Wortlaut diese Möglichkeit nur dann, wenn man die bei Eheschließung bestehende Wahlfreiheit nicht auf den konkreten Namen, sondern auf die Namensalternative bezieht (so BÖHMER StAZ 1990, 358). Haben sich die Ehegatten aber bei Eheschließung zwischen A und B für B entschieden, so ist nach dem Zweck der Regelung eine Wahl zugunsten von A ausgeschlossen, auch wenn sich nach Abs 1 S 1 für B nunmehr die Geburtsnamenalternative C stellen würde; die Ehegatten haben den Namen B ersichtlich dem Namen A vorgezogen; sie können nunmehr es bei B belassen oder C wählen (hM PALANDT/DIEDERICHSEN[53] Rn 4; MünchKomm/WACKE Rn 5; BRUDERMÜLLER/WAGENITZ FamRZ 1990, 1296; BMI StAZ 1990, 387; **aA** BÖHMER StAZ 1990, 358; BMI Schnellbrief v 29. 10. 1990 zu Abs 1). 21

3. Durchführung der Wahl

22 a) Die Ehegatten können die Wahl nur **gemeinsam** treffen. Sie wird wirksam durch Erklärung gegenüber dem zuständigen (unten Rn 61) Standesbeamten. Die Eintragung in das Familienbuch bzw das Heiratsbuch (Abs 4) ist *nicht konstitutiv* (Palandt/Diederichsen[53] Rn 6).

23 b) Die nachträgliche Namenswahl ist **befristet**; die Erklärung muß bis zum Ablauf eines Jahres nach dem Beitritt (Abs 1 S 1), also bis einschließlich 2. 10. 1991 erfolgt sein (Palandt/Diederichsen[53] Rn 7).

24 c) Die nachträgliche Namenswahl ist **ausgeschlossen**, wenn im Zeitpunkt der Ausübung des Wahlrechts die Ehe für nichtig erklärt oder aufgelöst ist (Abs 1 S 2). Ein am 3. 10. 1990 bestehendes Wahlrecht kann also durch Auflösung der Ehe erlöschen (Palandt/Diederichsen[53] Rn 6).

25 aa) Welchen Familiennamen Ehegatten nach **Tod eines Ehegatten, Scheidung bzw Nichtigerklärung der Ehe** führen, beurteilt sich nach dem im Zeitpunkt der Auflösung der Ehe geltenden Recht nach Maßgabe von Art 234 § 1.

26 bb) **Geschiedene Ehegatten** können sowohl nach § 28 S 2 FGB wie nach § 1355 Abs 5 BGB ihren vor der Ehe geführten Familiennamen wieder annehmen.

27 cc) Bei **Nichtigerklärung** vor dem 2. 10. 1990 gilt gemäß § 13 Abs 4 FGB eine dem Fall der Scheidung entsprechende Regelung. Das Optionsrecht zum vor der Ehe geführten Namen kann auch nach dem 3. 10. 1990 ausgeübt werden (lit c S 1 der Überleitungsbestimmungen zum EheG aF; vgl Anhang zu Art 234 § 2). Hingegen ist bei Nichtigerklärung seit dem 3. 10. 1990 der vor der nichtigen Ehe geführte Name zu führen.

28 Ein **verwitweter** Ehegatte führt den während der Ehe geführten Namen. Er kann (auch bei Auflösung der Ehe vor dem 3. 10. 1990) nunmehr von dem nach § 1355 Abs 4 S 2 aF, Abs 5 S 2 BGB bestehenden, nicht fristgebundenen Optionsrecht Gebrauch machen. Hingegen steht ihm bei Auflösung der Ehe vor dem 3. 10. 1990 das nachträgliche Wahlrecht nach Abs 1 S 1 nicht zu. Er kann also nicht den *Geburtsnamen* des vorverstorbenen Ehegatten zum (weiterzuführenden) Ehenamen wählen (kritisch: MünchKomm/Wacke Rn 5).

4. Fortführung des Geburtsnamens – Zwang zu gemeinsamem Ehenamen

29 a) Die Entscheidung des BVerfG zur **Verfassungswidrigkeit von § 1355 Abs 2 S 2 BGB aF** (FamRZ 1991, 535), die den Gesetzgeber zur Neuregelung durch das FamiliennamensrechtsG veranlaßt hat, wirkte sich nur auf Ehen aus, in denen die Ehenamensbestimmung bereits bei Eheschließung § 1355 BGB unterlagen. Für Ehen, die unter Geltung von § 7 FGB geschlossen wurden, ist der festgestellte Gleichberechtigungsverstoß nicht kausal für die Namensführung; die Entscheidung des BVerfG begründete daher für diesen Personenkreis kein Recht auf Fortführung des vor der Ehe geführten Namens; die von § 7 FGB zwingend vorgesehene Namenseinheit ist verfassungsrechtlich unbedenklich; auch angesichts der von Art 6 Abs 1 GG geschützten Eheschließungsfreiheit ist das damit verbundene Postulat an die Konsensfähigkeit der Nupturienten im Interesse der namensrechtlichen Identität gemeinsamer Kinder sachangemessen.

b) Für die Fortführung des ehemaligen Geburtsnamens **nach dem 1. 4. 1994** gelten jedoch für alle Ehegatten mit deutschem Namensstatut die Regelungen des FamiliennamensrechtsG. Auch Ehegatten, deren *Ehenamensführung auf die Bestimmungen des FGB* zurückgeht und die nicht von den Wahlrechten nach § 3 Gebrauch gemacht haben, können also nach Maßgabe von Art 7 § 1 FamNamRG zur Führung des Geburtsnamens *zurückkehren* oder ihren *Ehenamen* bzw den Namen von *Kindern* nach Art 7 §§ 2 ff FamNamRG *neu bestimmen*. Das *Widerrufsrecht* nach Art 7 § 4 FamNamRG gilt auch in Fällen, in denen ein Ehegatte aufgrund von § 3 Abs 1 S 3 Nr 2 seinen Geburtsnamen vorangestellt hat. „*Bisheriges Recht*" iSd § 5 Abs 1 S 1 HS 2 FamNamRG ist auch das Namensrecht des FGB sowie die Überleitungsregelung des § 3. Auch hiernach erfolgte Namenserklärungen sind also nach Art 10 Abs 2 EGBGB abänderbar. Art 7 Abs 2 FamNamRG, der die Nachholung der Namensbestimmung nach Art 10 Abs 3 Nr 1 EGBGB für deutsche eheliche Kinder erlaubt, ist auch auf Kinder anzuwenden, die im Zeitpunkt der Geburt Bürger der DDR waren. **30**

IV. Begleitname (Abs 1 S 3)

1. Bestandsschutz – Recht der DDR

a) Grundsätzlich ist ein nach dem Recht der DDR vor dem 3. 10. 1990 geführter **Begleitname** eines Ehegatten ebenfalls in seinem Bestand **geschützt**. Abs 1 S 3 Nr 1 stellt lediglich sicher (unten Rn 38), daß das Wahlrecht nach Abs 1 S 1 nicht zur Duplizität zweier Namen mit Herkunft vom selben Ehegatten führt. Mit dieser Ausnahme bleibt die bisherige Namensführung erhalten. **31**

b) Das bis zum 30. 9. 1990 geltende **Recht der DDR** erlaubte nur unter einschränkenden Voraussetzungen die Führung eines Begleitnamens durch den Ehegatten, dessen vor der Ehe geführter Familienname nicht Familienname der Ehegatten geworden war. Das *Anfügen* des vorehelichen Familiennamens konnte auf Antrag dem Ehegatten bei berechtigtem Interesse gestattet werden, zB wenn dieser unter dem bisherigen Namen in der Öffentlichkeit bekannt geworden war (§ 25 Abs 2 PStG v 16. 1. 1956 idF v 13. 10. 1966 [GBl DDR I 87], § 11 Abs 2 PStG v 4. 12. 1981 [GBl DDR I 421]). Bei Eheschließung **vor dem 13. 10. 1966** konnte der Antrag nur bis zum 13. 4. 1967 gestellt werden (MünchKomm/WACKE EV² Rn 437; LÜBCHEN/EBERHARDT 101). **32**

c) Bei **Eheschließung am 1./2. 10. 1990** gilt gemäß § 7 Abs 2 FGB idF des FamRÄndG bereits die § 1355 Abs 3 aF BGB entsprechende Regelung. **33**

2. Anwendung von § 1355 Abs 3 aF, Abs 4 nF BGB

a) Abs 1 S 3 und 4 gehen von dem aus § 1 herzuleitenden **ungeschriebenen Grundsatz** aus, daß das unbefristete Recht zur Voranstellung des Geburtsnamens oder des vor der Ehe geführten Namens nach § 1355 Abs 3 aF BGB **auch für vor dem 3. 10. 1990 in der DDR geschlossene Ehen** gilt. Hat also der Ehegatte, dessen vor **34**

der Ehe geführter Name nicht Familienname der Ehegatten geworden ist, bislang *keinen Begleitnamen* geführt, so konnte er nach dem 2.10. 1990 die Erklärung nach § 1355 Abs 3 aF BGB abgeben. Die Erklärung war gemäß § 1355 Abs 3 aF BGB **nicht befristet** (PALANDT/DIEDERICHSEN[53] Rn 14; LÜBCHEN/EBERHARDT 102). Das gilt auch für § 1355 Abs 4 der geltenden Fassung; die Wahlmöglichkeit besteht jedoch nur einmal.

35 b) **Abs 1 S 4** schließt die Anwendung von § 1355 Abs 3 aF BGB jedoch aus, wenn zwar nicht der Geburtsname des wählenden Ehegatten (dann § 1355 Abs 3 aF BGB unmittelbar nicht anzuwenden), aber nach § 7 Abs 1 FGB der vor der Ehe geführte Name Ehename geworden ist.

36 aa) Ein Ehegatte, **dessen Name** (gleich ob Geburtsname oder vor der Ehe geführter Name) **Ehename geworden** ist, konnte also keinen Begleitnamen nach § 1355 Abs 3 BGB wählen (PALANDT/DIEDERICHSEN[53] Rn 12). Zweck der Regelung ist allerdings nicht, nur einem Ehegatten einen Doppelnamen zu erlauben (so aber MünchKomm/WACKE Rn 10), sondern die Vermeidung eines aus zwei eigenen Familiennamen gebildeten Doppelnamens (BT-Drucks 11/7817, 43).

37 bb) Diese Einschränkung der Wahlmöglichkeit gilt in Hinblick auf § 1355 Abs 4 S 1 letzte Alternative BGB auch für die **Neufassung der Begleitnamensregelung in § 1355 Abs 4 BGB**: Es besteht kein Bedürfnis, daß ein Ehegatte einem von ihm herrührenden Ehenamen seinen vor der Ehe nicht mehr geführten Geburtsnamen hinzufügt.

3. Wegfall des Begleitnamens (Abs 1 S 3 Nr 1)

38 Abs 1 S 3 *(beide Nrn)* gilt **nur für den Fall**, daß einer der Ehegatten bereits am 2.10. 1990 einen **Begleitnamen** nach dem Recht der DDR geführt hat (PALANDT/DIEDERICHSEN[53] Rn 9). Wenn die Ehegatten in diesem Fall von ihrem Wahlrecht nach Abs 1 S 1 Gebrauch machen und den **Geburtsnamen des einen Begleitnamen führenden Ehegatten** als künftigen Ehenamen wählen, so entfällt der Begleitname; dies gilt gleichermaßen, wenn der Begleitname zugleich Geburtsname ist oder durch eine frühere Ehe erworben wurde. Auch in diesem Fall wird also die Führung eines Doppelnamens aus zwei eigenen Familiennamen vermieden (PALANDT/DIEDERICHSEN[53] Rn 10).

4. Änderung des Begleitnamens (Abs 1 S 3 Nr 2)

39 a) Abs 1 S 3 Nr 2 **ergänzt die Möglichkeit der Wahl** eines Begleitnamens nach § 1355 Abs 3 aF BGB für den Fall, daß ein Ehegatte bereits einen Begleitnamen nach dem Recht der DDR führt. Die Führung des Begleitnamens kann nunmehr dem nach § 1355 BGB möglichen Erscheinungsbild angeglichen werden, indem der Ehegatte seinen Geburtsnamen voranstellt und der bisherige Begleitname entfällt (Beispiel: Ehename X, Ehegatte hieß vor der Ehe B, Geburtsname A: statt X-B kann A-X gewählt werden).

40 b) Die Regelung wirft zwei **Streitfragen** auf:

aa) Einerseits wird vertreten (PALANDT/DIEDERICHSEN[53] Rn 11, womöglich unklar formuliert), die **Wahlmöglichkeit bestehe nicht**, wenn der hinzugefügte Name nicht Geburtsname, sondern ein aus früherer Ehe stammender Ehename war. Diese Ansicht ist unzutreffend: Die Regelung erfaßt sowohl Fälle, in denen der bisherige Begleitname der Geburtsname war, als auch solche, in denen ein anderer bei Eheschließung geführter Name nachgestellt wurde.

bb) Strittig ist außerdem, ob Abs 1 S 3 Nr 2 **über seinen Wortlaut hinaus** auch den in § 1355 Abs 3 aF geregelten Fall erfaßt, daß ein Ehegatte, dessen Geburtsname nicht Ehename geworden ist, seinen **zur Zeit der Eheschließung geführten Namen** dem Ehenamen voranstellt. In Hinblick auf den – angesichts der bei Redaktion des EV erforderlichen Eile dem Wortlaut vorrangigen – *Zweck* der Bestimmung, eine Anpassung der Namensführung an § 1355 BGB zu ermöglichen, sollte die Regelung insoweit entsprechend angewendet werden (MünchKomm/Wacke Rn 9; **aA** Palandt/Diederichsen[53] Rn 11; Beispiel: Ehename X, Ehegatte B geborener A führte bisher den Namen X-B, kann nunmehr A-X, wortlautentsprechend aber auch B-X führen). **41**

c) Im Gegensatz zu der Begleitnamenserklärung nach § 1355 Abs 3 aF war die Erklärung nach Abs 1 S 3 Nr 2 **befristet**; sie war bis zum 2. 10. 1992 abzugeben (Palandt/Diederichsen[53] Rn 11, 14). Ein Konkurrenzverhältnis zu § 1355 Abs 4 nF BGB stellt sich daher nicht. **42**

d) Die Regelung in Abs 1 S 3 ist **nicht vollständig**. Sie erfaßt nicht den Fall der Führung des **Begleitnamens bei Änderung des Ehenamens** der vom *selben* Ehegatten stammt. Hat ein Ehegatte vor dem 3. 10. 1990 einen Begleitnamen geführt und machen die Ehegatten von ihrem Wahlrecht nach Abs 1 S 1 in der Weise Gebrauch, daß sie den *Geburtsnamen des anderen Ehegatten* statt dessen aus einer früheren Ehe stammenden *vor der Ehe geführten Namen* zum Ehenamen bestimmen, so läßt dies grundsätzlich den Begleitnamen unberührt. In diesem Fall wird allerdings dem den Begleitnamen führenden Ehegatten über das Wahlrecht nach Abs 1 S 3 Nr 2 hinaus auch die Möglichkeit eingeräumt werden müssen, den Begleitnamen *entfallen* zu lassen, um eine ihn störende Namensgestaltung zu vermeiden; für das Verfahren gelten Abs 3 und 4 entsprechend (Palandt/Diederichsen[53] Rn 13). **43**

V. Wirkung auf Abkömmlinge (Abs 2)

Die Regelung in Abs 2 **entspricht** den Grundsätzen zur Erstreckung der Namenserklärung nach dem **EhenamensänderungsG** auf Abkömmlinge (§§ 2 bis 4 EheNÄndG; BT-Drucks 11/7817, 43; MünchKomm/Wacke Rn 11); § 1617c Abs 1 S 2, Abs 2, Abs 3 BGB ist in Hinblick auf das Persönlichkeitsrecht des Kindes und dessen Ehegatten ähnlich strukturiert (vgl Palandt/Diederichsen[53] Rn 15), wobei nicht übersehen werden darf, daß es sich, anders als hier und im EhenamensänderungsG nicht um Fälle der *gemeinsamen Namensänderung* beider Eltern handelt, was vorliegend die Wertung im Zweifel stärker zugunsten der *Namenseinheit* ausschlagen lassen kann. **44**

1. Unverheiratete Kinder

a) Gemeinschaftliche **Kinder vor Vollendung des 14. Lebensjahres** folgen entsprechend § 1616 Abs 1 aF BGB (Umkehrschluß aus Art 234 § 3 Abs 2 S 1; ebenso nun § 1616 Abs 1 BGB) ihren Eltern, welche eine Namenswahl nach Abs 1 S 1 **45**

getroffen haben und damit einen gemeinsamen Ehenamen führen, in diesem Namen automatisch nach (MünchKomm/Wacke Rn 11).

46 b) **Auf über 14-jährige gemeinschaftliche Kinder** erstreckt sich die Namenswahl nicht kraft Gesetzes. Diesen räumt Abs 2 S 1 ein **Anschließungsrecht** ein; Grund hierfür ist, daß die Vollendung des 14. Lebensjahres typisiert als ein Alter verstanden wird, in dem der Jugendliche in seine Person betreffenden Angelegenheiten nicht mehr übergangen werden darf (vgl §§ 50b Abs 2, 59 Abs 2 FGG; einschränkend: MünchKomm/Wacke Rn 11: Eintritt ins Berufsleben). Die Anschließung erfolgt durch **Erklärung**. Diese ist innerhalb einer Frist von einem Jahr abzugeben; die Jahresfrist beginnt erst mit Abgabe der von den Eltern abzugebenden Änderungserklärung (Abs 2 S 4; MünchKomm/Wacke Rn 11). Diese Fälle waren als vor Inkrafttreten des FamNamRG abgeschlossen.

47 c) **Beschränkt geschäftsfähige Abkömmlinge** können die Erklärung nur persönlich abgeben, bedürfen aber der **Zustimmung** des gesetzlichen Vertreters. Eine **Ersetzung der Anschlußerklärung** durch das Vormundschaftsgericht (im Falle der Verweigerung durch den Abkömmling) ist nicht vorgesehen (MünchKomm/Wacke Rn 11). Bei **Verweigerung der Zustimmung** seitens des gesetzlichen Vertreters kommt eine Ersetzung (der Zustimmung!) durch das Vormundschaftsgericht gemäß § 1666 Abs 2 aF BGB (§ 1666 Abs 3 BGB) bzw § 1837 Abs 1 BGB in Betracht.

48 d) Für **durch die betreffende Ehe** (nach damaligem Recht) **legitimierte Kinder** gilt ebenfalls die automatische Erstreckung bzw Abs 2 S 1. § 1720 aF BGB ist nur anzuwenden, soweit sich die potentielle Namensänderung des Kindes aufgrund einer Legitimation nach dem 3. 10. 1990 ergibt, nicht aber, wenn das Kind bereits legitimiert ist, wenn der Ehename der Eltern durch Wahl nach Abs 1 S 1 neu bestimmt wird.

49 e) Hat ein Kind nach **Scheidung seiner Eltern** und Wiederheirat der Mutter den Namen des Stiefvaters erhalten (§ 65 FGB), so erlangt es bei Wiederheirat seiner Eltern nicht automatisch deren Ehenamen (LG Schwerin StAZ 1994, 152; Palandt/Brudermüller Rn 1).

2. Kinder eines Ehegatten

50 Abs 2 S 1 erstreckt nach seinem Wortlaut das Anschließungsrecht (für über 14jährige) **nur auf gemeinsame Abkömmlinge** („seiner Eltern“). Hieraus ist zu folgern, daß auch der vom Wortlaut nicht betroffene Fall des unter 14jährigen einseitigen Abkömmlings eines der Ehegatten nicht erfaßt ist, also eine automatische Erstreckung nicht erfolgt. Insoweit gilt für damals *nichteheliche* Kinder der Ehefrau § 1617 Abs 2 bis 4 aF BGB, für *einbenannte* Kinder § 1618 BGB. Damals *für ehelich erklärte* Kinder des Ehemannes erwerben den neuen Familiennamen des Vaters ggf gemäß §§ 1737, 1617 Abs 2 bis 4 aF BGB. Auf (damals *eheliche*) Kinder eines der Ehegatten aus einer früheren Ehe erstreckt sich die Namenswahl nicht.

3. Verheiratete Kinder

51 a) Für verheiratete Kinder gilt grundsätzlich ebenfalls das **Anschließungsrecht**

nach Abs 2 S 1. Die Änderung beschränkt sich jedoch zunächst auf den Geburtsnamen. Ist der frühere (nunmehr geänderte) Geburtsname zum **Ehenamen** des Abkömmlings geworden und soll sich die Änderung auch auf den Ehenamen erstrecken, so bedarf es einer *gemeinsamen Erklärung* der Ehegatten (der jüngeren Generation; Abs 2 S 3). Die Erklärung muß jedoch nicht in derselben Urkunde oder zeitgleich erfolgen; es genügen *inhaltsgleiche* Erklärungen (MünchKomm/Wacke Rn 15).

b) Eine Abs 1 S 2 entsprechende Bestimmung fehlt. 52

aa) Zu betrachten ist zum einen der Fall, daß der Ehegatte, dessen Geburtsname zum Ehenamen geworden war, **nicht mehr lebt**. Falls die Ehe durch seinen Tod aufgelöst wurde, besteht ein Bedürfnis, dem überlebenden Ehegatten entsprechend Abs 2 S 3 die Anschließung an die Namenswahl der *Schwiegereltern* zu gestatten, zumal hierdurch erst die Erstreckung auf die ferneren Abkömmlinge der nach Abs 1 S 1 wählenden (Schwieger-)Elterngeneration ermöglicht wird (ebenso MünchKomm/Wacke Rn 13). 53

bb) Weiter ist fraglich, ob eine **gemeinsame Ehenamensanschließung geschiedener Ehegatten** in der Generation der Abkömmlinge nach Abs 2 S 3 zulässig ist. Eine formal naheliegende entsprechende Anwendung von Abs 1 S 2 ist aus Interessengründen abzulehnen: Im Falle von Abs 1 geht es um eine Neuordnung des *gemeinsam geführten* Ehenamens; hieran besteht bei geschiedenen Ehen seitens der Ehegatten kein Interesse mehr, auch wenn die ehemaligen Ehegatten weiterhin den gemeinsamen Ehenamen als Familiennamen führen. Hingegen bezweckt Abs 2 eine Harmonisierung des Familiennamens durch die Generationenfolge. Da die Anschließung fernerer Abkömmlinge von der Anschließung der Zwischengenerationen abhängt, ist jedenfalls in deren Interesse eine gemeinsame Anschließung auch zuzulassen, wenn die Ehe des Abkömmlings bereits geschieden ist. 54

cc) Bei **Nichtigerklärung** der Ehe des Abkömmlings, dessen Eltern nach Abs 1 S 1 eine Namenswahl treffen, kommt eine Anschließung mit Wirkung für den anderen Ehegatten nicht in Betracht, soweit dieser (was bei Nichtigerklärung nach §§ 23 ff EheG aF zwingend war, nicht aber bei Nichtigerklärung nach §§ 35 ff FGB, vgl § 36 Abs 4 S 1 FGB, in diesem Fall auch hinsichtlich Abs 2 S 3 entsprechende Behandlung wie bei geschiedener Ehe) seinen vorehelichen Namen führt. In diesem Fall sind aber ebenfalls die Interessen der gemeinsamen Abkömmlinge der Abkömmlings-Ehe zu berücksichtigen; deren Anschließung an die Namenswahl der Voreltern ist zuzulassen im Falle der Anschließung des in der Verwandtschaftskette dazwischenstehenden Abkömmlings, dessen Name Ehename der für nichtig erklärten Ehe war. Soweit der andere Ehegatte den Ehenamen nach Nichtigerklärung nicht führt, sind dessen Rechte nicht betroffen, Abs 2 S 3 also nicht entsprechend anzuwenden. 55

4. Enkel und folgende Abkömmlinge

a) Abs 2 erfaßt nach seinem **Wortlaut** nicht nur Kinder der nach Abs 1 S 1 wählenden Ehegatten, sondern auch fernere **Abkömmlinge**. Abs 2 ist also in jeder folgenden Generation erneut anwendbar. Jedoch kommt Anschließung nur schrittweise, also nicht unter Überspringung einer Zwischengeneration in Betracht, wie sich aus Abs 2 S 1 („seiner Eltern") ergibt (MünchKomm/Wacke Rn 13). Voraussetzung ist damit 56 die wirksame Änderung des Ehenamens der Eltern, also deren gemeinsame Anschließung nach Abs 2 S 3 (Lübchen/Eberhardt 101).

57 b) **Leben die Eltern der Zwischengeneration nicht mehr**, so ist eine Namensanschließung an die nach Abs 1 S 1 getroffene Wahl der Großeltern über den Wortlaut hinaus zuzulassen; einerseits besteht für die Namenseinpassung der Enkel ein Bedürfnis, andererseits ist das Bedürfnis, die Zwischengeneration vor einer namensrechtlichen Abtrennung ihrer Kinder zu bewahren, mit deren Tod nachrangig geworden (MünchKomm/Wacke Rn 13). Zur lebzeitigen Auflösung der Ehe der Zwischengeneration oben Rn 54.

VI. Verfahren

1. Form (Abs 3)

58 a) Die Erklärungen nach Abs 1 und Abs 2 bedürfen der **öffentlichen Beglaubigung**, also der Form des § 129 BGB (Abs 3 S 1). Funktionell zuständig sind die Notare (§ 40 BeurkundungsG), aber auch *jeder* Standesbeamte (Abs 3 S 3; Palandt/Diederichsen[53] Rn 16; MünchKomm/Wacke Rn 15; Lübchen/Eberhardt 102). Die *Eintragung* in das jeweilige Personenstandsbuch (Abs 4 S 2, Abs 5 HS 2) ist *nicht konstitutiv.*

59 b) Die Erklärungen sind außerdem **amtsempfangsbedürftig**. Sie werden erst wirksam, wenn sie der zuständigen Behörde (Standesamt) zugehen. Bei Beglaubigung durch einen zur Entgegennahme nicht zuständigen Standesbeamten ist die Erklärung von Amts wegen dem zuständigen Standesbeamten zu übersenden (Abs 3 S 2; Palandt/Diederichsen[53] Rn 17; MünchKomm/Wacke Rn 15).

2. Zuständigkeit zur Entgegennahme (Abs 4 bis 6)

60 a) Die Zuständigkeit zur Entgegennahme der **Erklärung nach Abs 1** bestimmt sich nach Abs 4: Zuständig ist der Standesbeamte, der das *Familienbuch* (§§ 12 ff PStG) der Ehegatten führt. Wird ein Familienbuch nicht geführt, so ist der Standesbeamte zuständig, der das *Heiratsbuch* (§§ 9 ff PStG) führt. In der DDR wurde die Eheschließung gemäß §§ 6 Abs 1, 13 Abs 1 S 2 PersonenstandsG v 4. 12. 1982 (GBl DDR I 421) im *Ehebuch* eingetragen. Die Ehebücher sind gemäß EV Anlage I Kapitel II Sachgebiet B Abschnitt III Ziff 2 b bis zu einer anderweitigen Regelung durch die *Urkundenstellen* bei den Kreisen weiterzuführen. Ein *Familienbuch* ist auf *Antrag* anzulegen für Ehen, die zwischen dem 31. 12. 1957 und dem 2. 10. 1990 geschlossen wurden (EV Anlage I Kapitel II Sachgebiet B Abschnitt III Nr 2 e; Lübchen/Eberhardt 102 f).

61 b) Die Zuständigkeit zur Entgegennahme der Erklärung über die **Anschließung von Abkömmlingen nach Abs 2 S 1** regelt Abs 5: Zuständig ist der das *Geburtenbuch* führende Standesbeamte. Auch die Geburtenbücher werden im Beitrittsgebiet zunächst durch die Urkundenstellen weitergeführt (oben Rn 60).

62 c) Fraglich ist, an welchen Standesbeamten die **gemeinsame Erklärung nach Abs 2 S 3** zu richten ist. Einerseits handelt es sich um eine Anschließungserklärung, die den Geburtsnamen eines Abkömmlings betrifft, andererseits um eine Erklärung über den

Ehenamen, die nach dem Wortlaut des Abs 4 S 1 dem das Familienbuch führenden Standesbeamten gegenüber abzugeben ist. Richtiger Empfänger dürfte wegen des spezifisch ehenamensrechtlichen Charakters der gemeinsamen Anschließung der nach Abs 4 zuständige Standesbeamte sein; im Hinblick auf die relativ kurze Frist und die Unklarheit der Regelung sollte jedoch auch eine Erklärung gegenüber dem nach Abs 5 zuständigen Standesbeamten als fristwahrend angesehen werden.

d) Eine Sonderregelung der Zuständigkeit für Eheschließungen und Geburten **außerhalb des neuen Bundesgebiets** enthält Abs 6. Diese Zuständigkeitsregelung setzt voraus, daß kollisionsrechtlich ein Wahlrecht nach Abs 1 oder ein Anschließungsrecht nach Abs 2 besteht, schafft also nur eine Zuständigkeit, nicht aber eine materielle Erstreckung auf Fälle mit Auslandsbezug. **63**

aa) Bei Eheschließung außerhalb der ehemaligen Bundesrepublik und der DDR („Geltungsbereich dieses Gesetzes") ist der Standesbeamte beim Standesamt I Berlin **zuständig**, sofern ein Familienbuch (im Bundesgebiet) nicht geführt wird (Abs 6 S 1). Dasselbe gilt, wenn die Geburt des Abkömmlings, der die Erklärung nach Abs 2 S 1 abgibt, nicht in der Bundesrepublik oder der DDR beurkundet wurde (Abs 6 S 3). **64**

bb) Wird in beiden Fällen (Eheschließung/Geburt außerhalb Deutschlands) auch beim Standesamt I Berlin **kein Personenstandsbuch** geführt, so ist zum Nachweis der namensrechtlichen Erklärungen durch den Standesbeamten dem Erklärenden und den weiter von der Erklärung Betroffenen eine *Bescheinigung* über die Entgegennahme und die Wirkungen der Erklärung zu erteilen (Abs 6 S 2; Palandt/Diederichsen[53] Rn 17). **65**

VII. Ermächtigung (Abs 7)

1. Abs 7 enthält eine Ermächtigung gemäß Art 80 GG an den BM des Innern, im Benehmen mit dem BM der Justiz und mit Zustimmung des Bundesrates Durchführungsbestimmungen über die Behandlung der Erklärungen und die Mitteilungspflichten der Standesbeamten zu erlassen. **66**

2. Eine **vorläufige Regelung** traf der Schnellbrief des BMI v 29. 9. 1990 (vgl Schrifttumsnachweis; StAZ 1990, 387). Nach mündlicher Auskunft des BMI vom November 1995 wurde von der Ermächtigung nach § 3 kein Gebrauch gemacht. Die vorläufige Regelung gilt fort. Soweit die verwiesenen Bestimmungen geändert wurden (vgl StAZ 1992, 130 ff) gilt die Neufassung auch für Verfahren nach Art 234 § 3. Für entsprechend anwendbar erklärt sind folgende Bestimmungen der DA: **67**

zu Abs 1: § 368 Abs 1 S 4 DA;

zu Abs 2: § 379b Abs 1 bis 3 DA;

zu Abs 3: § 368 Abs 2 DA (Ehename); § 369 Abs 4 DA (Geburtsnamen-Voranstellung); § 379b Abs 3 DA (Geburtsname Abkömmling);

zu Abs 4 und 6. § 369 Abs 5 DA, § 215 Abs 4 DA, § 240c Abs 3 bis 5 DA;

hierzu anwendbare Muster: § 240c Abs 1 Nr 3 DA, für das StA I Berlin: § 368 Abs 4, § 369 Abs 6 DA;

zu Abs 5 und 6: § 379b Abs 4, § 379a Abs 4 und 5 DA (Geburtsname); § 379b Abs 5 DA (Randvermerk bei Anschließungserklärung); § 293c Abs 1 und 3 (Randvermerk bei noch nicht 14jährigem Kind).

§ 4
Eheliches Güterrecht

(1) Haben die Ehegatten am Tag des Wirksamwerdens des Beitritts im gesetzlichen Güterstand der Eigentums- und Vermögensgemeinschaft des Familiengesetzbuchs der Deutschen Demokratischen Republik gelebt, so gelten, soweit die Ehegatten nichts anderes vereinbart haben, von diesem Zeitpunkt an die Vorschriften über den gesetzlichen Güterstand der Zugewinngemeinschaft.

(2) Jeder Ehegatte kann, sofern nicht vorher ein Ehevertrag geschlossen oder die Ehe geschieden worden ist, bis zum Ablauf von zwei Jahren nach Wirksamwerden des Beitritts dem Kreisgericht gegenüber erklären, daß für die Ehe der bisherige gesetzliche Güterstand fortgelten solle. § 1411 des Bürgerlichen Gesetzbuchs gilt entsprechend. Wird die Erklärung abgegeben, so gilt die Überleitung als nicht erfolgt. Aus der Wiederherstellung des ursprünglichen Güterstandes können die Ehegatten untereinander und gegenüber einem Dritten Einwendungen gegen ein Rechtsgeschäft, das nach der Überleitung zwischen den Ehegatten oder zwischen einem von ihnen und dem Dritten vorgenommen worden ist, nicht herleiten.

(3) Für die Entgegennahme der Erklärung nach Absatz 2 ist jedes Kreisgericht zuständig. Die Erklärung muß notariell beurkundet werden. Haben die Ehegatten die Erklärung nicht gemeinsam abgegeben, so hat das Kreisgericht sie dem anderen Ehegatten nach den für Zustellungen von Amts wegen geltenden Vorschriften der Zivilprozeßordnung bekanntzumachen. Für die Zustellung werden Auslagen nach § 137 Nr. 2 der Kostenordnung nicht erhoben. Wird mit der Erklärung ein Antrag auf Eintragung in das Güterrechtsregister verbunden, so hat das Kreisgericht den Antrag mit der Erklärung an das Registergericht weiterzuleiten. Der aufgrund der Erklärung fortgeltende gesetzliche Güterstand ist, wenn einer der Ehegatten dies beantragt, in das Güterrechtsregister einzutragen. Wird der Antrag nur von einem der Ehegatten gestellt, so soll das Registergericht vor der Eintragung den anderen Ehegatten hören. Für das gerichtliche Verfahren gelten die Vorschriften des Gesetzes über die Angelegenheiten der freiwilligen Gerichtsbarkeit.

(4) In den Fällen des Absatzes 1 gilt für die Auseinandersetzung des bis zum Wirksamwerden des Beitritts erworbenen gemeinschaftlichen Eigentums und Vermögens § 39 des Familiengesetzbuchs der Deutschen Demokratischen Republik sinngemäß.

(5) Für Ehegatten, die vor dem Wirksamwerden des Beitritts geschieden worden sind, bleibt für die Auseinandersetzung des gemeinschaftlichen Eigentums und Vermögens und für die Entscheidung über die Ehewohnung das bisherige Recht maßgebend.

(6) Für die Beurkundung der Erklärung nach Absatz 2 und der Anmeldung zum Güterrechtsregister sowie für die Eintragung in das Güterrechtsregister beträgt der Geschäftswert 3000 Euro.

Materialien: Siehe Art 230; E: BT-Drucks 11/7760 Art 234 § 4; Abs 6 Betrag auf Euro umgestellt durch KostREuroUG BGBl 2001 I 751; E: BT-Drucks 14/4222; Beschlußempfehlung und Bericht des Rechtsausschusses BT-Drucks 14/4908.

Schrifttum

ARNOLD, Zwangsvollstreckung bei fortgeltendem Güterstand der Eigentums-, Vermögensgemeinschaft (§ 744a ZPO), DtZ 1991, 80
BÖHRINGER, Die Güterstands-Optionserklärung nach Art 234 § 4 EGBGB, DNotZ 1991, 223
ders, Grundbuchberichtigung bei nicht eingetragenem „ehelichem Vermögen", NotBZ 1998, 227
BOSCH, Familien- und Erbrecht als Themen der Rechtsangleichung nach dem Beitritt der DDR zur Bundesrepublik Deutschland, FamRZ 1991, 1001
BUSCHHAUS, Die Auseinandersetzung der Eigentums- und Vermögensgemeinschaft (2000)
EBERHARDT, Zur Verjährung von Auseinandersetzungsansprüchen gemäß § 39 FGB, FamRZ 1994, 676
FRITSCHE/LINGELBACH, Scheidungsfolgenrechtliche Probleme der Überleitung des Familienrechts durch den Einigungsvertrag, NJ 1995, 398
GRANDKE, Zur Erweiterung der Maßgaben des Einigungsvertrages im Bereich des ehelichen Güterrechts, NJ 1994, 256
HAMMERMÜLLER, Die Verjährungsregelung des § 39 III FGB bei ehelichem Vermögen auf Konten oder Sparbüchern, FamRZ 1994, 285
LIPP, Zur Überleitung der ehelichen Eigentums- und Vermögensgemeinschaft in das Recht der Zugewinngemeinschaft, FamRZ 1995, 65
ders, Die Eigentums- und Vermögensgemeinschaft des FGB und der Einigungsvertrag – eine vergebene Chance für eine Reform des Güterstandsrechts, FamRZ 1996, 1117
MASLATON, Gerechtigkeitslücke beim Zugewinnausgleich von DDR-Ehen, die nach dem Beitritt zur BRD geschieden wurden, FamRZ 2000, 204
MÜNCH, Die Eigentums- und Vermögensgemeinschaft, (1993)
OTTO, Das Ehegüterrecht nach dem Einigungsvertrag (1994)
PAWLOWSKI/LIPP, Überlegungen zur Option für die Zugewinn- oder die Errungenschaftsgemeinschaft, FamRZ 1992, 377
PETERS, Zum Optionsrecht nach Art 234 § 4 EGBGB, FamRZ 1993, 877
RAHM/KÜNKEL, Handbuch des Familiengerichtsverfahrens, Loseblatt, 3. Band, VIII
RAUSCHER, Die Überleitung des Ehegüterrechts im Einigungsvertrag (Art 234 § 4 EGBGB), DNotZ 1991, 209
ders, Verfassungskonforme Auslegung von § 39 FGB (DDR), JR 1993, 95
REICHEL, Ergänzende Bemerkungen zur Überleitung des Güterstandes nach Art 234 § 4 EGBGB, in: SCHWAB/REICHEL 86
SMID/SCHÖPF, Auswirkungen des Einigungsvertrages auf das eheliche Güterrecht, NJ 1991, 21
STANKEWITSCH, Vollstreckung gem § 744a ZPO in eheliches Eigentum und Vermögen, das dem FGB-Güterstand unterliegt, NJ 1991, 534
WASSERMANN, Ehegüterrechtliche Übergangsprobleme nach dem Einigungsvertrag, in: JAYME/FURTAK 275
ders, Die güterrechtliche Auseinandersetzung nach der Überleitung – Zur Interpretation des Art 234 § 4 Abs. 4 EGBGB, IPRax 1992, 237
vgl auch das Schrifttum zu Art 234.

Zum Recht der DDR:
EBERHARDT, Die Novellierung des Familiengesetzbuchs der DDR, FamRZ 1990, 917
ders, Zur Weitergeltung von Bestimmungen des Familiengesetzbuchs, in: SCHWAB/REICHEL 155.

Systematische Übersicht

Alphabetische Übersicht

I. Allgemeines

1. Normzweck

1 **a)** Die Bestimmung bezweckt die Überleitung der ehegüterrechtlichen Verhältnisse der im gesetzlichen Güterstand des FGB lebenden Ehegatten in die Zugewinngemeinschaft. Die **Überleitung als Alternative** zu der noch von Art 200 bei Inkrafttreten des BGB vorgesehenen **Konservierung** des Güterstandes entspricht den Bedürfnissen des Rechtsverkehrs, der nicht auf Dauer mit verschiedenen gesetzlichen Güterständen konfrontiert werden soll, ebenso wie den Bedürfnissen der Ehegatten an Integration ihrer güterrechtlichen Beziehungen in die neue Rechtsordnung. Es sollten nicht rund 8 Millionen Ehegatten durch eine Optionslösung zu Aktivitäten in Richtung auf eine Angleichung genötigt werden.

2 **b)** Entsprechend verfuhr **Art 8 Abs 1 Nr 3 GleichberechtigungsG**; das Gesetz über den Güterstand von Vertriebenen und Flüchtlingen (VFGÜG) ist sogar vorwiegend um dieses Integrationsbedürfnisses willen geschaffen worden (MünchKomm/Gernhuber Rn 2). Die Regierungsbegründung verweist außerdem auf den „Vorteil" des § 1371 Abs 1 BGB (BT-Drucks 11/7817, 43; Böhringer DNotZ 1991, 224). Angesichts der verbreiteten Kritik an diesem Unikum des BGB-Güterstandes erscheint diese Euphorie des Gesetzgebers kaum verständlich (ebenso MünchKomm/Gernhuber Rn 3).

3 **c)** Den Schutz konkret vorhandenen **Vertrauens** eines Ehegatten in den Fortbestand des bisherigen gesetzlichen Güterstands gewährleistet eine **Optionslösung** (Lipp FamRZ 1995, 65), mit der die Überleitung verhindert werden kann; auch insoweit orientiert sich die Bestimmung an den genannten Vorbildregelungen. In einem von verbreiteter Rechtsunkenntnis und Nachlässigkeit gekennzeichneten Rechtsbereich setzt der Gesetzgeber die Gewichte durchaus richtig, wenn er Vertrauensschutz von einem Tätigwerden abhängig macht (dies übersieht EBERHARDT, in: SCHWAB/REICHEL 155; ähnlich ders FamRZ 2001, 668 f, die fehlende Information beklagend); wer seine ehegüterrechtlichen Verhältnisse ohne Interesse hinnimmt, hat schwerlich schützenwertes Vertrauen gebildet.

d) In dem durch das RegisterverfahrenbeschleunigungsG neu eingefügten § **4a** wurde geregelt, welchen sachenrechtlichen Bestimmungen das während der Ehe bis zum 3. 10. 1990 erworbene gemeinschaftliche Eigentum unterliegt, und zwar unterschiedlich für Fälle, in denen der FGB-Güterstand übergeleitet wird in die Zugewinngemeinschaft bzw für Fälle seines Fortbestandes (BT-Drucks 12/5553, 135; im einzelnen Erläuterungen zu § 4a). Durch diese Regelung wird insbesondere die Frage gelöst, ob gemeinschaftliches Eigentum auch dann als dinglich verselbständigte Vermögensmasse – im Widerspruch zu den Strukturen des BGB (vgl PALANDT/BRUDERMÜLLER § 4a Rn 2) – fortbesteht, wenn die Ehegatten nicht mehr im FGB-Güterstand leben. 4

2. Kritik

a) Auch diese Überleitung ist vereinzelt aus Sicht von Juristen der ehemaligen DDR angegriffen worden. Der Vorwurf der **Verfassungswidrigkeit** in Hinblick auf Art 6 Abs 1 GG (den GRANDKE DtZ 1990, 324 andeutet) ist offensichtlich unbegründet (BOSCH FamRZ 1991, 1004). Die Überleitung verletzt auch nicht ein allgemeines Gerechtigkeitspostulat, sofern sie in der Weise gehandhabt wird, daß bisher erwirtschaftetes Vermögen einem Ausgleich nach bisherigen Regeln zugeführt wird (vgl MünchKomm/GERNHUBER Rn 3 f). Art 6 Abs 1 GG gebietet keinen bestimmten gesetzlichen Güterstand; selbst ein Güterstand der reinen Gütertrennung verstieße nicht gegen Art 6 Abs 1 GG und hat im Zeichen fortschreitender Berufstätigkeit der Frau sogar durchaus erwägenswerten Gerechtigkeitsgehalt. Daß die ehemaligen sozialistischen Staaten nach der kurzen Phase freier Ehebilder in der postrevolutionären UdSSR eine Vorliebe für die Errungenschaftsgemeinschaft entwickelt haben, steht in auffallendem Widerspruch zu dem gesellschaftlichen Zwang der Ehefrau zur Berufstätigkeit und wird nur mit Blick auf die Sozialisierungsfreudigkeit der DDR-Staatsideologie erklärlich (eingehend zu den Hintergründen des FGB-Güterstandes LIPP FamRZ 1996, 1117, 1121 ff). 5

b) Auch die aus gleicher Richtung gerühmte **Bevorzugung des Ehegatten gegenüber den Abkömmlingen** im Recht der DDR (GRANDKE DtZ 1990, 324), die allerdings weniger güterrechtlicher als erbrechtlicher Natur war (Einordnung des Ehegatten in die erste Erbordnung und schwaches Pflichtteilsrecht der Kinder), hat in Ansehung der **Grundrechte** eine Kehrseite: Was dem Ehegatten gegeben wird, wird zugleich den Abkömmlingen genommen, die bei liberalem Grundrechtsverständnis ein von Art 14 Abs 1 GG geschütztes Teilhaberecht am Nachlaß jedes Elternteils haben. Daß das Recht der DDR, dessen Sicht von einem „anderen konzeptionellen Verständnis von Familie und Eigentum“ (GRANDKE DtZ 1990, 324) geprägt war, diesen Gedanken als „kapitalistisch“ abgetan hätte, spricht schwerlich gegen ihn. 6

c) De lege ferenda ist – auch wegen der für einen güterrechtlich äquivalenten 7

Ausgleich blinden Bevorzugung des überlebenden Ehegatten – vor allem § 1371 BGB **reformbedürftig** (vgl zuletzt Bosch FamRZ 1991, 1011; eingehend Rauscher, Reformfragen des gesetzlichen Erb- und Pflichtteilsrechts [1993] Band II 1, Kap II. 1). Insoweit kann – nicht nur – vom Güterstand des FGB gelernt werden, daß eine funktionelle Trennung von güterrechtlichem Ausgleich und Erbrecht besteht, die nicht schierer Praktikabilität geopfert werden sollte. Fragwürdig ist auch die blinde Einbeziehung von *Wertzuwächsen* vorehelich erworbenen Vermögens in den Zugewinn; insoweit sind Errungenschaftsgemeinschaften, die solches Vermögen separieren, plausibler.

3. Gesetzlicher Güterstand des FGB – Grundzüge

8 a) Die **Grundkonzeption** des gesetzlichen Güterstandes der Eigentums- und Vermögensgemeinschaft war eine dinglich wirkende *Errungenschaftsgemeinschaft* (hierzu Pawlowski/Lipp FamRZ 1992, 377; zur ideologischen Begründung Otto 31 ff; Lipp FamRZ 1997, 1117, 1121 f). Es bestanden drei getrennte Vermögensmassen. Gegenstand der *Vermögensgemeinschaft* sind die von einem oder beiden Ehegatten während der Ehe durch Arbeit, aus Arbeitseinkünften, Renten etc erworbenen Vermögenswerte. *Alleineigentum* jedes Ehegatten waren voreheliches Vermögen (OLG Brandenburg FamRZ 1998, 1176, Grundstück, trotz Beiträgen der künftigen Schwiegereltern), Erwerbe durch Schenkung oder Erbschaft sowie Vermögensgegenstände zur Befriedigung persönlicher Bedürfnisse (nutzungsabhängig: BezG Cottbus FamRZ 1991, 710, Rennauto; andererseits OLG Naumburg FamRZ 2001, 1301, 1302, Oldtimer) und zur Berufsausübung benutzte Sachen von nicht übermäßigem Wert (§ 13 FGB; nicht Bodenreformland: OLG Oldenburg FamRZ 1996, 1412, 1413; zur Zusammensetzung Otto 36 ff; Münch 29 ff). Ergänzt wurde die Regelung durch § 299 Abs 1 ZGB wonach ein Grundstück, das ein verheirateter Bürger mit Mitteln erwarb, die persönliches Eigentum (iSd § 23 ZGB) waren, gemeinschaftliches Eigentum der Ehegatten wurde (OLG Brandenburg FamRZ 1996, 667; OLG Brandenburg FamRZ 1998, 1176: die Ehe muß bereits bei Erwerb bestanden haben).

9 b) Die **Auseinandersetzung** erfolgte grundsätzlich bei Beendigung der Gemeinschaft zugleich mit der Beendigung der Ehe durch Teilung in natura in gleiche Anteile. Mangels Einigung der Ehegatten konnte das Gericht die Verteilung vornehmen, insbesondere Alleineigentum an einzelnen Gegenständen zuweisen; Wertunterschiede sind auszugleichen (§ 39 Abs 1 FGB; zur Handhabung nach dem 3. 10. 1990 unten Rn 31 ff, 44 ff). In Betracht kamen aber auch ungleiche Anteile durch gerichtliche Anordnung, wobei der Bedarf, die Betreuung von Kindern oder Äquivalenzstörungen während des Verlaufs der Ehe (unangemessene Beiträge eines Ehegatten) zu berücksichtigen waren. Erfolgte keine Einigung und wurde binnen eines Jahres nach Scheidung bzw Nichtigerklärung kein Antrag auf gerichtliche Teilung gestellt, so wurde jeder Ehegatte Alleineigentümer der Gegenstände des gemeinschaftlichen Vermögens, die er in Besitz hat (§ 39 Abs 3 FGB; zum ganzen OLG Brandenburg FamRZ 1996, 667; Otto 67 ff, 75 ff; Münch 36 ff).

10 c) Einen **Eingriff in das Alleinvermögen** eines Ehegatten erlaubte § 40 FGB. Das Gericht konnte bei Beendigung der Ehe über den Anteil am gemeinschaftlichen Eigentum und Vermögen hinaus einem Ehegatten einen Anteil am Vermögen des anderen Ehegatten zusprechen, wenn er zur Vergrößerung oder Erhaltung dieses Vermögens wesentlich beigetragen hatte.

d) Beide Verteilungs- bzw Ausgleichsformen fanden sowohl bei Beendigung des Güterstandes unter Lebenden als auch **von Todes wegen** statt. Der Ausgleich nach § 40 FGB fand, mit Ausnahme von § 40 Abs 4 FGB, jedoch nur zugunsten des überlebenden Ehegatten statt. 11

e) Die **vorzeitige Aufhebung** (§ 41 FGB) der Eigentums- und Vermögensgemeinschaft konnte während Bestehens der Ehe verlangt werden, insbesondere bei Getrenntleben, wenn dies zum Schutz der Interessen des klagenden Ehegatten oder minderjähriger Kinder erforderlich war. Folge der Aufhebung war hinsichtlich der später erworbenen Sachen und Vermögensrechte eine Gütertrennung. Die vorzeitige Aufhebung umfaßte auch den Anspruch nach § 40 FGB (zu Einzelheiten: OTTO 70 ff; MÜNCH 35 ff). 12

f) **Güterrechtliche Vertragsfreiheit** bestand bis zum Inkrafttreten des 1. FamRÄndG am 1. 10. 1990 nur in beschränktem Maße; es konnte nicht grundsätzlich von dem gesetzlichen Güterstand abgewichen werden. Zulässig waren Vereinbarungen, die Alleineigentum zu gemeinschaftlichem Eigentum bestimmten. Sachen des gemeinschaftlichen Eigentums und Vermögens konnten nur beschränkt in Alleineigentum überführt werden, sofern sie nicht der gemeinsamen Lebensführung der Ehegatten dienten (§ 14 FGB aF). Durch das 1. FamRÄndG wurde güterrechtlich Vertragsfreiheit geschaffen (§ 14 Abs 2 FGB). Flankierend hierzu wurde in § 15 Abs 2 und 3 eine Verfügungsbeschränkung hinsichtlich von Haushaltsgegenständen eingeführt und in § 39a FGB eine Regelung über die Zuteilung von Haushaltsgegenständen aus dem Alleineigentum eines Ehegatten an den anderen im Fall der Scheidung geschaffen (EBERHARDT FamRZ 1990, 920). 13

g) Zu **Einzelheiten** vgl insbesondere LÜBCHEN/EBERHARDT 104 ff; EBERHARDT, in: SCHWAB/REICHEL 155 f; zur **Anwendung** in Altfällen unten Rn 31 ff, in Überleitungsfällen unten Rn 72 ff. 14

II. Anwendungsbereich

1. Interlokale Anwendung

a) § 4 ist in seiner Gesamtheit nur anwendbar, wenn die Ehegatten bis zum 2. 10. 1990 im **gesetzlichen Güterstand des FGB** gelebt haben. Dies ist aus Sicht des innerdeutschen Kollisionsrechts der Bundesrepublik zu beurteilen (PALANDT/BRUDERMÜLLER Rn 1; RAUSCHER DNotZ 1991, 211; BOSCH FamRZ 1991, 1002; OTTO 103; grundsätzlich ebenso, aber für eine wandelbare Anknüpfung; SCHURIG, in: FS W Lorenz 521). Eine Rückverweisung ist, wie grundsätzlich, zu beachten (RAUSCHER DNotZ 1991, 220). 15

b) Zwar kommt in der Mehrzahl der **Fallgestaltungen** § 19 RAG zum selben Ergebnis wie das innerdeutsche Kollisionsrecht, insbesondere, wenn keine Bezüge zur früheren Bundesrepublik bestehen (zu einzelnen Konstellationen HENRICH IPRax 1991, 15). Dies kann aber ebensowenig von der jeweiligen kollisionsrechtlichen Prüfung entbinden (treffend BOSCH FamRZ 1991, 1002) wie die Feststellung, daß gemäß Abs 1 grundsätzlich nach dem 3. 10. 1990 ohnedies der gesetzliche Güterstand der Zugewinngemeinschaft gilt; von der interlokalen Anwendbarkeit des § 4 hängt auch in diesen 16

Fällen die Abwicklung des bisherigen Güterstandes (Abs 4) und die Möglichkeit zur Rückoption (Abs 2) ab.

17 c) Nach dem innerdeutschen Kollisionsrecht ist auch die **Fortgeltung von DDR-Recht gemäß Abs 5** zu beurteilen. Für die Auseinandersetzung des gemeinschaftlichen Eigentums kann nur dann das „bisherige Recht" (sc der DDR) gelten, wenn kollisionsrechtlich das Ehegüterrecht des FGB bis zum 2. 10. 1990 anzuwenden war.

18 d) Abs 5 bezieht allerdings auch die **Entscheidung über die Ehewohnung** ein, obgleich diese nach überwiegender Ansicht *scheidungsfolgenrechtlich* zu qualifizieren ist und auch im FGB nicht güterrechtlich geregelt war (§ 34 FGB). Abs 5 verhindert nicht die scheidungsfolgenrechtliche Qualifikation, fixiert aber insoweit das Scheidungsfolgenstatut *unwandelbar* auf den Zeitpunkt des Scheidungsausspruchs. Die Verteilung erfolgt also weiter nach dem Recht der DDR, wenn im Zeitpunkt des Scheidungsausspruchs nach innerdeutschem Kollisionsrecht das Recht der DDR Scheidungsfolgenstatut (nicht Ehegüterstatut!) war. Spannungen zur Beurteilung nach dem RAG dürften hierbei nicht auftreten, weil bei Belegenheit der Ehewohnung in der ehemaligen DDR das innerdeutsche Kollisionsrecht regelmäßig eine Gesamtverweisung in das Recht der DDR aussprach (Ausnahme: vorübergehender Aufenthalt zweier bundesdeutscher Ehegatten in der DDR, in diesem Fall aber auch Verweisung aus § 19 RAG in bundesdeutsches Recht; zum ganzen Rauscher DNotZ 1991, 212 f).

2. Verhältnis zum VFGüG

19 a) Aufgrund der interlokalen Beurteilung aus Sicht des innerdeutschen Kollisionsrechts ist insbesondere eine **Überleitung des Güterstandes nach § 3 VFGüG** zu beachten. Dies würde selbst dann gelten, wenn man grundsätzlich das RAG zur Beurteilung des anwendbaren Rechts heranzöge, da seit dem 3. 10. 1990 gemäß Art 15 Abs 4 EGBGB die Wirkungen des VFGüG zu beachten sind (Henrich IPRax 1991, 15).

20 b) Wenn die **Viermonatsfrist des § 3 S 3 VFGüG** spätestens mit dem 2. 10. 1990 abgelaufen war, lebten die Ehegatten bei Wirksamwerden des Beitritts bereits in Zugewinngemeinschaft; eine Überleitung findet nicht mehr statt. Das vor dem Eintritt der Zugewinngemeinschaft nach § 13 FGB erworbene gemeinschaftliche Vermögen (das bis zur Wende regelmäßig bedeutungslos war), blieb als Sondervermögen Gesamthandseigentum (OLG Brandenburg FamRZ 1997, 1015) und ist entsprechend den nun zu § 4 Abs 1, Abs 4 entwickelten Regeln (unten Rn 61 ff) auseinanderzusetzen. Da insoweit, anders als im Fall der Beendigung des Güterstandes vor dem 3. 10. 1990, die *Überleitungssituation* im wesentlichen der nach § 4 Abs 1 entspricht, sollte auch § 4a analog angewendet werden (zweifelnd OLG Brandenburg aaO). Sonst würde dauerhaft gemeinschaftliches Eigentum einer noch nicht in das Liquidationsstadium getretenen Eigentums- und Vermögensgemeinschaft konserviert, was § 4a verhindern soll.

21 c) War am 3. 10. 1990 die **Frist des § 3 S 3 VFGüG** noch nicht abgelaufen, so tritt eine Überleitung nunmehr nicht mehr nach dem VFGüG, sondern ausschließlich nach § 4 ein (Henrich IPRax 1991, 15; Rauscher DNotZ 1991, 220).

d) Wurde die **Option** zugunsten des FGB-Güterstandes gemäß § 2 VFGüG bereits vor dem 3. 10. 1990 durch einen oder beide Ehegatten abgegeben, so findet eine Überleitung nach § 4 hingegen nicht statt. Die Ehegatten leben in diesem Fall zwar im gesetzlichen Güterstand des FGB, jedoch nicht kraft Gesetzes, sondern aufgrund Erklärung (Rauscher DNotZ 1991, 220; Otto 107 f; ähnlich Henrich IPRax 1991, 15; zu weiteren, selteneren Konfliktfällen Otto 108 ff). **22**

e) War am 2. 10. 1990 zwar bereits die Überleitungsfrist des § 3 S 3 VFGüG abgelaufen, jedoch noch nicht die **Optionsfrist des § 2 VFGüG**, so ist nunmehr im Interesse einer einheitlichen Behandlung der Überleitungsfälle die Option innerhalb der (längeren) Frist des § 4 Abs 2 S 1 und nach den Bedingungen des § 4 Abs 2 zulässig (Rauscher DNotZ 1991, 221 f). **23**

f) Hingegen ist eine **Option zum FGB-Güterstand ausgeschlossen**, wenn die Überleitung nach dem VFGüG am 2. 10. 1990 bereits erfolgt war und nicht mehr nach § 2 VFGüG rückgängig gemacht werden konnte. Die Ehegatten lebten dann am 2. 10. 1990 im Güterstand der Zugewinngemeinschaft. § 4 Abs 2 eröffnet kein erneutes Optionsrecht (Rauscher DNotZ 1991, 220). **24**

III. Scheidung vor dem Stichtag (Abs 5) – Auslegung von §§ 39 ff FGB

1. Keine Überleitung

a) Wurde die Ehe **vor dem 3. 10. 1990 geschieden**, findet eine Überleitung nicht statt (Abs 5). Für die Auseinandersetzung des gemeinschaftlichen Eigentums und Vermögens gelten §§ 39 ff FGB (BGH NJW 1992, 821; BGHZ 117, 35; BGHZ 117, 61; BGH FamRZ 1992, 923; BGH MDR 1995, 1035; OLG Brandenburg FamRZ 1996, 667; KG FamRZ 1992, 1430, 1432; LG Erfurt Rpfleger 2000, 174; Palandt/Brudermüller Rn 9; MünchKomm/Gernhuber Rn 5; Coester-Waltjen Jura 1991, 518; Rauscher JR 1993, 95, 96; Fritsche/Lingelbach NJ 1995, 398, 401). § 4a ist auf solche Ehen nicht anzuwenden (dazu § 4a Rn 7). **25**

b) Strittig ist der **maßgeblicher Zeitpunkt** im Scheidungsverfahren. **26**

aa) Eine Ansicht stellt auf den **erstinstanzlichen Scheidungsausspruch** (Adlerstein/Wagenitz FamRZ 1990, 1303; Lübchen/Eberhardt 117; Lingelbach OLG-NL 1994, 19) ab. Hierfür spricht, daß die Regelung die güterrechtlichen Folgen der Scheidung *berechenbar* machen soll (Lingelbach OLG-NL 1994, 19); stellt man auf die Rechtskraft ab, so ließe sich durch (ggf auch unbegründete oder unzulässige) Rechtsmittel der güterrechtliche Ausgleich manipulieren.

bb) Die überwiegende Gegenansicht stellt auf die **Rechtskraft** des Scheidungsurteils ab (BG Erfurt OLG-NL 1994, 16, 17; MünchKomm/Gernhuber Rn 5; Palandt/Brudermüller Rn 9; Johannsen/Henrich/Jaeger Rn 2; Bosch FamRZ 1991, 1003; Otto 125). Die unter dem Gesichtspunkt des Vertrauensschutzes geäußerten Bedenken (Rn 26) mögen zwar dadurch gemildert sein, daß jeder Ehegatte die aufgrund eines am 3. 10. 1990 noch anhängigen Rechtsmittels eintretende Überleitung durch Fortgeltungserklärung (Abs 2) verhindern konnte. Das gilt aber nur für Fälle, in denen es, auch wenn man dieser Ansicht folgt, ohnehin nicht zum rechnerischen Zugewinnausgleich käme, weil der Stichtag für die Berechnung des Endvermögens gemäß **27**

§ 1384 BGB *vor* dem 3. 10. 1990 läge. Bedeutung hätte die Überleitung also nur, wenn ein Ehegatte während der Rechtsmittelinstanz verstirbt (vgl MünchKomm/ Gernhuber Rn 5). In diesem Fall ist aber die Anwendung des § 1371 Abs 1 BGB, sofern nicht ohnehin § 1933 BGB das Ehegattenerbrecht ausschließt, völlig unangemessen. Es würde der Ausgleich des Zugewinns *pauschaliert*, der *rechnerisch* nicht mehr auszugleichen gewesen wäre. Daher ist am Zeitpunkt des erstinstanzlichen Scheidungsurteils als maßgeblichem Zeitpunkt festzuhalten.

28 **cc)** Nicht erforderlich ist, daß das **Auseinandersetzungsverfahren** bereits vor dem Stichtag eingeleitet war (Palandt/Brudermüller Rn 9). Das noch nicht abgewickelte gemeinschaftliche Eigentum und Vermögen besteht über den Stichtag hinaus fort; es wird insbesondere nicht durch § 4a betroffen, da diese Bestimmung nur Fälle des § 4 Abs 4, also am 3. 10. 1990 noch nicht geschiedene Ehen erfaßt (Palandt/ Brudermüller Rn 9; Peters FamRZ 1994, 673).

29 **e)** Im Falle der **Nichtigerklärung** der Ehe vor dem 3. 10. 1990 folgt das Abs 5 entsprechende Ergebnis aus lit c S 1 der Überleitungsbestimmungen zum EheG (vgl Erläuterungen in Anh zu Art 234 § 2; **aA** Lübchen/Eberhardt 123: analoge Anwendung von Abs 5).

Eine Überleitung findet ebenfalls nicht statt, wenn die Ehe durch **Tod** eines **Ehegatten vor dem 3. 10. 1990** beendet wurde; auch in diesem Fall wird eine ggf noch nicht auseinandergesetzte Eigentums- und Vermögensgemeinschaft *entsprechend Abs 5* nach den Bestimmungen des FGB auseinandergesetzt, ohne daß es zu einer Umwandlung in eine Bruchteilsgemeinschaft nach § 4a kommt (LG Bautzen NJW 1999, 1484, 1485; Dörr/Hansen NJW 1999, 3229, 3233).

2. Auseinandersetzung

30 Die Auseinandersetzung des gemeinschaftlichen Vermögens erfolgt in diesen Altfällen auch nach dem 3. 10. 1990 weiterhin umfassend nach den **Bestimmungen des FGB**. Insoweit erlangt insbesondere die zum 1. 10. 1990 in Kraft getretene Änderung durch das 1. FamRÄndG Bedeutung (zu den Grundzügen der Regelung vgl oben Rn 8 ff).

a) § 39 FGB: einverständliche Teilung

31 **aa)** Vorrangig ist eine **einverständliche Verteilung** des gemeinschaftlichen Vermögens (§ 39 Abs 1 S 2 FGB; BG Erfurt NJ 1993, 372). Dabei sind die Ehegatten nicht an die grundsätzlich hälftige Teilung gebunden, sondern können *unterschiedliche Quoten* festlegen. Vereinbarungen aus der Zeit vor dem 3. 10. 1990 bleiben wirksam (BGH FamRZ 1992, 537; Palandt/Brudermüller Rn 17). § **180 ZVG** ist nicht anwendbar, da für die Auseinandersetzung des gemeinschaftlichen Vermögens aufgrund von Abs 5 ausschließlich die vorrangigen Bestimmungen des FGB gelten (OLG Brandenburg RPfleger 1995, 373: LG Erfurt Rpfleger 2000, 174).

b) § 39 FGB: gerichtliche Teilung

32 **aa)** Können sich die Ehegatten nicht einigen, so erfolgt die Aufteilung durch das Gericht nach **billigem Ermessen** unter Berücksichtigung der Lebensverhältnisse der Beteiligten (BGHZ 117, 35, 39). Hierzu gehören auch die Interessen gemeinsamer unterhaltsberechtigter Kinder, nicht aber die Interessen verheirateter erwachsener Abkömmlinge oder deren Familien (BGHZ 117, 61, 66).

bb) Ein **Antrag** im prozessualen Sinn ist nicht erforderlich; die gerichtliche Verteilung setzt lediglich voraus, daß die Ehegatten sich nicht einigen und ein Ehegatte die gerichtliche Verteilung begehrt (BG Frankfurt/O FamRZ 1993, 1102). Das Gericht ist bei der Gestaltung der Verteilung innerhalb des zur Verteilung stehenden Vermögens nicht an **Anträge** der Parteien gebunden (BGH FamRZ 1992, 531; FamRZ 1993, 1048, 1049). Dennoch gestellte konkrete Zuweisungsanträge haben nur den Charakter von Vorschlägen (BG Frankfurt/O FamRZ 1993, 1102). Die Parteien können das zur Verteilung gestellte Vermögen jedoch wirksam durch Anträge begrenzen (Rauscher JR 1993, 98; vgl unten Rn 36). **33**

cc) Die gerichtliche Aufteilung muß grundsätzlich das **gesamte gemeinschaftliche Eigentum und Vermögen** umfassen. **34**

α) Das Gericht kann sich nicht auf die **Verteilung eines einzelnen Gegenstandes**, insbesondere eines Hausgrundstücks beschränken, wenn die Parteien nicht zu erkennen geben, daß sie sich im übrigen einverständlich einigen (BGH FamRZ 1992, 923). Ausdrückliche Parteianträge, in denen nur die Verteilung bestimmter Gegenstände begehrt wird, entbinden nur dann von einer Entscheidung auch im übrigen, wenn sie dahin zu verstehen sind, daß die Parteien sich über die im Antrag genannten Gegenstände unabhängig vom übrigen gemeinschaftlichen Vermögen auseinandersetzen wollen (BGH FamRZ 1992, 531, 533; KG FamRZ 1992, 1432). **35**

β) Das Gericht ist andererseits nicht befugt, entgegen dem **ausdrücklich erklärten Parteiwillen** weitere Vermögensgegenstände des gemeinschaftlichen Vermögens in die Verteilung einzubeziehen; dies widerspricht dem grundsätzlichen Vorrang der Einigung der Ehegatten über die Verteilung des Vermögens, der sich auch in einer teilweisen Einigung verwirklichen kann (zu weitgehend daher BGHZ 117, 35, 53; vgl Rauscher JR 1993, 98; zur Ergänzung *rechtskräftiger Verteilungsentscheidungen* unten Rn 46). **36**

dd) Grundsätzlich sind bei dieser Verteilung **gleiche Anteile** zu bestimmen. Die Festlegung ungleicher Anteile nach § 39 Abs 2 FGB kommt nur in Betracht, wenn ein Ehegatte dies **beantragt** und die Voraussetzungen des § 39 Abs 2 S 2 FGB **nachweist**. Eine Festlegung ungleicher Anteile am gemeinschaftlichen Eigentum und Vermögen ist nur dann mit Art 14 Abs 1 GG zu vereinbaren (zweifelnd BGHZ 117, 35, 41; OLG Brandenburg FamRZ 1999, 1072, 1073), wenn zwingende *eigentumsrelevante* Gründe, insbesondere erheblich unterschiedliche Beiträge zum Erwerb, vorliegen. In einem solchen Fall kann § 39 Abs 2 FGB sogar ein ehegüterrechtliches Instrument sein, das einer sonst gebotenen Rückübertragung nach den Grundsätzen des Wegfalls der Geschäftsgrundlage (unbenannte ehebedingte Zuwendung) vorgeht (OLG Naumburg OLGR 1998, 434). **37**

ee) Verteilt das Gericht das Vermögen nach dem Halbteilungsgrundsatz, so bedeutet dies nicht, daß an den einzelnen unteilbaren Gegenständen zwingend Miteigentum begründet werden muß. In Betracht kommt auch die Zuweisung zu **Alleineigentum** an einen Ehegatten (vgl aber Rn 39 ff). **38**

39 ff) Hierbei ist aber insbesondere auf den **Eigentumsschutz des Art 14 Abs 1 GG** zu achten.

40 α) Die in § 39 Abs 1 FGB normierte Verteilungsbefugnis des Gerichts verstößt nicht grundsätzlich gegen Art 14 GG, sondern stellt bei gebotener Auslegung eine zulässige Inhalts- und Schrankenbestimmung des Eigentums dar (BGHZ 117, 35, 39; Rauscher JR 1993, 97). Eigentum iSv Art 14 GG ist aber auch der ideelle Hälfteanteil jedes Ehegatten am gemeinschaftlichen Vermögen. Der in § 39 Abs 1 FGB enthaltene **Gleichteilungsgrundsatz** hat daher für die verfassungskonforme Auslegung hohe Bedeutung und kann nur ausnahmsweise modifiziert werden (BGHZ 117, 35, 40).

41 β) ist daher die Teilung **in natura**, bei unteilbaren Sachen die Begründung von **hälftigem Miteigentum** (BGH FamRZ 1992, 563, 565; OLG Brandenburg FamRZ 1999, 1071, 1073). Die Zuweisung einzelner Gegenstände zu Alleineigentum kommt nur bei ihrer Natur nach unteilbaren Gegenständen in Betracht (Palandt/Brudermüller Rn 6). Zusätzlich muß jedoch jeweils ein gemessen an Art 14 Abs 1 GG triftiger Grund für die Zuweisung vorhanden sein (BGHZ 117, 35, 42). Erforderlich sind *eigentumsbezogene Sachgründe*, die eine Verschiedenbehandlung gerade in Ansehung der grundgesetzlichen Eigentumsgarantie rechtfertigen bzw der Begründung von Miteigentum der Ehegatten zwingend entgegenstehen (BGH FamRZ 1992, 531).

42 γ) Bei der Teilung von **Hausrat** ist die Verhältnismäßigkeit der Verteilung in natura grundsätzlich zu bejahen, da die Realteilung werterhaltend ist und Miteigentum ausscheidet (BGHZ 117, 35, 41). Im übrigen ist die bewegliche Habe regelmäßig bereits kurz nach Scheidung verteilt worden bzw nach § 39 Abs 3 S 2 FGB auf den Ehegatten übergegangen, der sie in Besitz hatte (zu § 39 Abs 3 FGB vgl Hammermüller FamRZ 1994, 285).

43 δ) Probleme ergeben sich aber bei **höherwertigen Gütern**, insbesondere bei **Immobilien**. Eine Übertragung zu Alleineigentum kommt von vornherein nur in Betracht, wenn eine Grundstücksteilung ausscheidet (BGH FamRZ 1992, 563, 565) und der schonenderen Möglichkeit der *Begründung von Miteigentum* der Ehegatten zwingende Sachgründe entgegenstehen (BGH FamRZ 1992, 923, 924; OLG Brandenburg FamRZ 1997, 1015, 1016; OLG Rostock FamRZ 1997, 1158, 1159). Das Nutzungsbedürfnis eines Ehegatten kann regelmäßig bei Immobilien die Übertragung zu Alleineigentum nicht begründen, da dem Nutzungsbedürfnis auch bei *Miteigentum* Rechnung getragen werden kann (BGHZ 117, 35, 42 f; BGH FamRZ 1992, 531; BGH FamRZ 1992, 923, 924; Palandt/Brudermüller Rn 6; Rauscher JR 1993, 97).

c) § 39 FGB: ausnahmsweise Wertausgleich

44 aa) Greifen solche Gründe ein, und ist damit die Zuweisung zu Alleineigentum an sich zulässig, so muß jedoch jedenfalls ein dem **Verkehrswert entsprechender Wertausgleich** festgesetzt werden. Insofern ergibt sich gegenüber der früheren Handhabung des § 39 Abs 1 S 3, der eine Werterstattung vorsieht, im Lichte des Art 14 Abs 1 GG eine Verschärfung; ein wirtschaftlich adäquater Wertersatzanspruch ist unverzichtbare Voraussetzung einer ausnahmsweisen Zuweisung eines Vermögensgegenstandes zu Alleineigentum (BGH FamRZ 1991, 794; BGHZ 117, 35, 45; BGH FamRZ 1992, 531; BGHZ 117, 61, 67; Rauscher JR 1993, 97).

bb) Ist aufgrund der Immobilienkonjunktur die **Wertentwicklung** nicht abschätzbar oder kann der ausgleichspflichtige Ehegatte vorhersehbar den Wertausgleich **nicht leisten**, so verbleibt es bei der Begründung hälftigen Miteigentums (KG FamRZ 1992, 563). Jedenfalls ist ein nicht sofort fälliger Wertausgleich angemessen, zB durch Sicherungshypothek **abzusichern** (PALANDT/BRUDERMÜLLER Rn 7; MünchKomm/GERNHUBER Rn 29). **45**

cc) Hat sich ein Gericht (auch der früheren DDR) bei der **rechtskräftig erfolgten Aufteilung** des gemeinschaftlichen Vermögens durch Endurteil oder Teilurteil auf einen bestimmten Gegenstand beschränkt und diesen ohne Wertausgleich einem der Ehegatten zugewiesen, so liegt eine *unvollständige Entscheidung* vor, die einer Ergänzung zugänglich ist; insbesondere kann noch ein Wertersatzanspruch zulasten des durch die Verteilung begünstigten Ehegatten angeordnet werden (BGH FamRZ 1994, 504, 505; KG FamRZ 1992, 1430, 1432). Dies gilt nicht, wenn die vermögensrechtliche Auseinandersetzung bezogen auf diesen Einzelgegenstand *vollständig* erfolgt ist, insbesondere ein Wertausgleich stattgefunden hat, selbst wenn nunmehr ein Verteilungsverfahren über andere Gegenstände des gemeinschaftlichen Vermögens eingeleitet wird; einer Anpassung an spätere Wertsteigerungen (aufgrund der Wiedervereinigung) steht dann die Rechtskraft des früheren Urteils entgegen (BG Erfurt NJ 1993, 371, 372). **46**

Haben sich die Ehegatten vor der Wende in der DDR über die Verteilung **geeinigt**, so können die geänderten wirtschaftlichen Verhältnisse einen **Wegfall der Geschäftsgrundlage** begründen (DREXL DtZ 1993, 194, 198).

dd) Der Wertausgleichsanspruch ist zu bemessen nach den Verhältnissen im **Zeitpunkt** der letzten tatrichterlichen mündlichen Verhandlung (BGH FamRZ 1992, 531, 533; BGH FamRZ 1992, 923, 924; BGHZ 117, 61, 68; KG FamRZ 1992, 1429; 1430; BezG Cottbus DtZ 1991, 443; KreisG Charlottenburg NJ 1992, 120). Auf den Zeitpunkt der Scheidung kommt es nicht an (**aA** KG FamRZ 1992, 563, 565; jedoch mit Berücksichtigung späterer Wertsteigerungen, vgl oben Rn 45). Eine Wertbemessung auf den früheren Zeitpunkt der Scheidung wäre mit Art 14 Abs 1 GG nicht zu vereinbaren (BGHZ 117, 61, 68; vgl aber zum Fall der vor dem 3. 10. 1990 erfolgten Auseinandersetzung unter Vorbehalt des Wertausgleichs unten Rn 49). Der Wertausgleich soll den Gedanken der Halbteilung wirtschaftlich verwirklichen; bis zu einer endgültigen Teilung konnte sich kein Ehegatte auf die sodann gefundenen Teilungsquoten einstellen, so daß das Vertrauen in eine hälftige Teilhabe an der Wertentwicklung bis zu diesem Zeitpunkt schützenswert ist. Die Verteilung des Vermögens wird aber nach § 39 Abs 3 FGB erst mit Rechtskraft der Entscheidung verwirklicht, indem der zuweisungsbegünstigte Ehegatte Alleineigentum erwirbt; daher ist auf den letztmöglichen Zeitpunkt abzustellen, in dem das Gericht Wertveränderungen berücksichtigen kann (BGHZ 117, 61, 68). Dies gilt jedoch nur, wenn **gleichzeitig** und **umfassend** über die Eigentumszuweisung und über den Erstattungsanspruch entschieden wird (BGH MDR 1995, 1035). **47**

ee) Schwierigkeiten in der Bewertung ergeben sich, wenn die Verteilung sich in **mehreren Teilakten** vollzieht (vgl BGH MDR 1995, 1035), insbesondere, wenn bei einer früheren rechtskräftigen Teilauseinandersetzung irrig für verschiedene Vermögensgegenstände unterschiedliche Bewertungsstichtage angesetzt wurden (vgl BGH FamRZ 1994, 504, 505). **48**

α) In solchen Fällen ist der Halbteilungsgrundsatz nur zu realisieren, wenn alle in die Verteilung einbezogenen Gegenstände zum **selben Stichtag bewertet** werden; maßgeblicher Stichtag ist dann der Zeitpunkt der letzten mündlichen Verhandlung in dem Verfahren, aufgrund dessen die *letzte Übertragung von Gegenständen in das Alleineigentum* eines Ehegatten erfolgt, also das gemeinschaftliche Vermögen abschließend aufgehoben ist (BGH FamRZ 1994, 504, 505; BGH MDR 1995, 1035; BG Cottbus FamRZ 1993, 966, 967; PALANDT/BRUDERMÜLLER Rn 15). Wird jedoch nur noch über den Wertausgleich entschieden und ist das gemeinschaftliche Vermögen vorher bereits abschließend dinglich auseinandergesetzt, so ist der Zeitpunkt des letzten Teilaktes der dinglichen Auseinandersetzung maßgeblich (BGH FamRZ 1994, 504, 505; BGH MDR 1995, 1035; OLG Naumburg FamRZ 2001, 1301, 1302; PALANDT/BRUDERMÜLLER Rn 15).

49 **β)** **Spätere Wertveränderungen** bleiben außer Ansatz, weil sie nach der endgültigen Auseinandersetzung des gemeinschaftlichen Eigentums in die Sphäre desjenigen Ehegatten fallen, dem das Alleineigentum zugewiesen wurde und daher ggf auch dessen Veräußerungsgeschick widerspiegeln. Dies gilt selbst dann, wenn der erstattungsberechtigte Ehegatte den Vermögensgegenstand durch die Ausübung eines Vorkaufsrechts wiedererwirbt, da der Kaufpreis insoweit nicht den wirklichen Marktwert wiedergeben muß, sondern vom Verhandlungsgeschick des Alleineigentümer-Ehegatten abhängt (BGH MDR 1995, 1035, 1036). Auch in Fällen, in denen die Auseinandersetzung bereits vor dem 3. 10. 1990 – vorbehaltlich des Werterstattungsanspruchs – stattgefunden hat, ist der Wertausgleich nicht auf die Zeit nach dem 3. 10. 1990 zu beziehen. In diesem Fall verstößt dessen Bemessung ohne Berücksichtigung der einigungsbedingten Wertsteigerung eines übertragenen Grundstücks auch nicht gegen Art 14 Abs 1 GG (BVerfG FamRZ 2000, 284).

50 **ff)** Dies kann dazu führen, daß für **bewegliche Sachen**, die aufgrund früherer (konkludenter) Einigung oder nach § 39 Abs 3 S 2 FGB nach Ablauf eines Jahres nach der Scheidung in das Alleineigentum eines Ehegatten übergegangen sind, in der Erstattungsbilanz aktuelle Zeitwerte zu veranschlagen sind, die weit hinter dem Gebrauchswert im Zeitpunkt der Teilung zurückbleiben. In diesem Fall ist korrigierend auch der Wert der zwischenzeitlichen Nutzung in entsprechender Anwendung von § 8 Abs 3 S 2 HausratVO angemessen in die Wertausgleichsbilanz einzustellen (BGH FamRZ 1994, 504, 505).

51 **gg)** Hat ein Ehegatte gemeinschaftliches Vermögen, das bei Beendigung der Ehe noch vorhanden war und der gerichtlichen Teilung unterlag, verschenkt und damit die gerichtliche Verteilung vereitelt, so kann sich hieraus ein **deliktischer Schadensersatzanspruch** ergeben. Auch für dessen Bemessung ist auf die Wertverhältnisse im Zeitpunkt der letzten mündlichen Verhandlung in der Tatsacheninstanz abzustellen (KG FamRZ 1992, 1429, 1430; PALANDT/BRUDERMÜLLER Rn 15).

d) Verjährung

52 Die **Verjährung** des Anspruchs auf gerichtliche Verteilung des gemeinschaftlichen Vermögens unterlag seit dem 3. 10. 1990 der allgemeinen Verjährungsfrist nach § 195 aF BGB, sofern der Anspruch bis zum 2. 10. 1990 noch nicht verjährt war (Art 231 § 6 Abs 1 S 1; EBERHARDT FamRZ 1994, 676, 677; **aA** HAMMERMÜLLER FamRZ 1994, 285, der unzutreffend weiterhin die kürzere Verjährungsfrist nach § 474 Abs 1 Nr 3 ZGB anwendet). Seit dem 1. 1. 2002 ist § 197 Abs 1 Nr 2 BGB anzuwenden, die Verjährungsfrist beträgt also weiterhin 30 Jahre. Art 231 § 6 gilt auch (jedenfalls entsprechend), wenn der Anspruch erst nach dem 3. 10. 1990 bei Scheidung der Ehe entsteht. Es gelten dann für die Verjährung umfassend die Bestimmungen des BGB, wobei § 1390 Abs 3 BGB als funktionsäquivalente Verjährungsbestimmung heranzuziehen ist (BGH MDR 2002, 1068, 1069, auch für den Anspruch aus § 40 FGB).

Vor dem 2. 10. 1990 verjährte der Anspruch nach § 474 Abs 1 Nr 3 ZGB, § 110 FGB in 4 Jahren. Die Verjährung begann mit Kenntnis des Anspruchsberechtigten von dem Vorhandensein des auseinanderzusetzenden Gegenstandes des gemeinschaftlichen Vermögens. Bei rechtskräftiger Scheidung oder sonstiger Auflösung der Ehe vor dem 1. 10. 1980 war der Anspruch am 3. 10. 1990 unabhängig von der Kenntnis des Anspruchsberechtigten verjährt (§ 475 Nr 2 S 2 ZGB, § 110 FGB; Eberhardt FamRZ 1994, 676, 677).

e) § 40 FGB

aa) Da in den Altfällen (vor dem 3. 10. 1990 geschiedene Ehen) die gesamte güterrechtliche Auseinandersetzung in unmittelbarer Anwendung der Bestimmungen des FGB erfolgt, ist **§ 40 FGB** in diesen Fällen zweifelsfrei anwendbar (BGHZ 117, 35, 38; BGH FamRZ 1992, 537; BGH FamRZ 1993, 1049; Rauscher DNotZ 1991, 212; Fritsche/Lingelbach NJ 1995, 398, 401). Die Bestimmung ist ehegüterrechtlich zu qualifizieren (unterfällt also Art 234 § 4), auch wenn sie nicht auf eine Verteilung des güterrechtlich gemeinschaftlichen Vermögens gerichtet ist, sondern auf Ausgleichsansprüche am Alleineigentum; dies sollte gerade aus Sicht des BGB, das in der Zugewinngemeinschaft nur solche Ansprüche kennt, außer Frage stehen (**aA** offenbar KG FamRZ 1992, 566: Art 232 § 1). **53**

bb) Der Anspruch ist **begrenzt** auf die **Hälfte des Wertes des Vermögens** des Inanspruchgenommenen; im Gegensatz zu dem Gedanken des Zugewinnausgleichsanspruchs ist nicht der Wertzuwachs auszugleichen; vielmehr kommt ein Anspruch auch in Betracht, wenn der andere Ehegatte wesentlich zur Werterhaltung beigetragen hat. Die Begrenzung auf die Hälfte des Wertes des gesamten Vermögens und nicht nur des ehebedingten Wertzuwachses ist daher folgerichtig (BGH FamR 1993, 1048, 1049; BGH FamRZ 1994, 1049; OLG Dresden OLG-NL 2000, 179, 180; Palandt/Brudermüller Rn 15). **54**

cc) Die **Eigentumsgarantie des Art 14 Abs 1 GG** gebietet jedoch, daß dieser Höchstbetrag nicht schematisch ausgeschöpft wird, sondern bei der Bemessung des Anspruchs der Bezug zu den Beiträgen des berechtigten Ehegatten während der Ehe gewahrt bleibt. Es bedarf daher stets konkreter Feststellungen über Art und Umfang des Mehrungs- oder Erhaltungsbeitrages (BGH FamRZ 1993, 1048, 1050); § 40 FGB ist kein Instrument zum Ausgleich fiktiver nicht vermögenswerter Beiträge. Deshalb ist die Anwendung von § 40 FGB auf *Wertsteigerungen* eines im Alleineigentum eines Ehegatten stehenden Hauses zugunsten des den gemeinsamen Haushalt führenden und ein gemeinsames Kind betreuenden anderen Ehegatten (so OLG Rostock FamRZ 1998, 1174, 1175) abzulehnen, wenn diese Leistungen nicht über die auch in einer Mietwohnung übliche Wohnungspflege hinausgegangen sind. **55**

dd) **Vereinbarungen** der Ehegatten aus der Zeit vor dem 3. 10. 1990 über Ansprüche nach § 40 FGB waren formlos möglich, soweit nicht das Eigentum an Gebäuden und **56**

Grundstücken oder eingetragenen Immobiliarsachenrechten Gegenstand war (§ 14 Abs 2 S 3 FGB). Solche Vereinbarungen bleiben wirksam, auch soweit nach § 40 FGB auseinandergesetzt wird (BGH FamRZ 1992, 537).

57 **ee)** Die **Wertbestimmung** auf den Zeitpunkt der letzten mündlichen Verhandlung gilt nicht für § 40 FGB, da nach dieser Bestimmung nur der Wert eines Beitrages während der Ehe auszugleichen ist, nicht aber ein Ausgleich für den Verlust einer dinglichen Mitberechtigung geschuldet ist; abzustellen ist daher auf den Zeitpunkt der Rechtskraft des Scheidungsausspruchs (BGH FamRZ 1993, 1048, 1050; KG FamRZ 1992, 566; MünchKomm/Gernhuber Rn 30). Galten in diesem Zeitpunkt **Preisvorschriften**, so ist jedoch auf einen ggf höheren inneren Wert abzustellen (BGH aaO).

f) Hausrat, eheliche Wohnung

58 **aa)** Anwendbar ist in diesen Fällen insbesondere auch der zum 1. 10. 1990 in Kraft getretene **§ 39a FGB** betreffend die Hausratverteilung (Rahm/Künkel/Paetzold VIII Rn 734, 736; unzutreffend Fritsche/Lingelbach NJ 1995, 398, 400, die § 39 FGB für weiter anwendbar halten); das 1. FamilienrechtsÄndG beschränkt sich intertemporal nicht und erfaßt auch die güterrechtlichen Verhältnisse in Ehen, deren Güterstand beendet, aber noch nicht auseinandergesetzt ist.

59 **bb)** Die **HausratVO** ist trotz ihres Inkrafttretens am 3. 10. 1990 in diesen Fällen materiell nicht anwendbar (KG FamRZ 1992, 1430, 1431; Rahm/Künkel/Paetzold VIII Rn 736; **aA** wohl Palandt/Brudermüller Rn 18), wohl aber das **Verfahren** nach der HausratVO; dies folgt aus dem in § 4, § 5, § 6 S 1 durchgängig feststellbaren Prinzip, wonach Scheidungsfolgen bei Scheidung vor dem 3. 10. 1990 altem Recht unterliegen. Kollisionsrechtlich ist die Hausratsverteilung nach Scheidung nicht mehr ehewirkungsrechtlich, sondern scheidungsfolgenrechtlich zu qualifizieren, so daß eine Analogie zu den genannten Vorschriften näher liegt als eine Behandlung nach § 1 bzw der Grundregel des Art 8 EV.

60 **cc)** Für die **Zuweisung der Ehewohnung** gilt daher auch § 34 FGB (KG FamRZ 1992, 563; dort auch zur Möglichkeit der ausnahmsweisen Zuweisung an *beide* Ehegatten; Rahm/Künkel/Paetzold VIII Rn 736; Fritsche/Lingelbach NJ 1995, 398) und nicht die HausratVO, weil Abs 5 ausdrücklich auch die Fortgeltung des alten Rechts für die Entscheidung über die Ehewohnung vorsieht.

IV. Überleitung (Abs 1)

1. Inkrafttreten der §§ 1363 ff BGB

61 **a)** Am 3. 10. 1990, 0 Uhr tritt in den Ehen, auf die § 4 räumlich anwendbar ist und die bei **Ablauf des 2. 10. 1990 bestehen** (zur Überleitung bei vor dem 3. 10. 1990 noch nicht rechtskräftigem Scheidungsausspruch oben Rn 25, 26), der gesetzliche Güterstand des BGB ein; §§ 1363 bis 1390 BGB sind anzuwenden (Palandt/Brudermüller Rn 11; MünchKomm/Gernhuber Rn 14; zur Behandlung des *bisherigen gemeinschaftlichen Eigentums* vgl unten Rn 72 ff). Der *gemeinsame Erwerb* von Vermögensgegenständen kann nach dem 3. 10. 1990 nicht mehr in Form gemeinschaftlichen Vermögens erfolgen, sondern nur noch in Miteigentum nach Bruchteilen; eine nach dem 3. 10. 1990 erfolgte Grundbucheintragung über einen Erwerb der Ehegatten in „ehelicher Gemeinschaft" macht das Grundbuch unrichtig (LG Halle FamRZ 1995, 43; LG Erfurt Rpfleger 1995, 211).

b) Dies gilt nur **„soweit die Ehegatten nichts anderes vereinbart haben"** (Abs 1 HS 3). **62**

aa) Die **Bedeutung** dieser Einschränkung erscheint fraglich, da eine vom gesetzlichen Güterstand des FGB grundsätzlich abweichende Vereinbarung erst seit dem 1. 10. 1990 gemäß § 14 Abs 2 FGB zulässig war, die Ausnahme also bei Beschränkung auf diesen Fall obsolet sein dürfte (Seifert, in: Schwab/Reichel 163).

bb) Nach dem Zweck der Regelung ergreift die Ausnahme dennoch nicht Fälle des **§ 14 Abs 1 FGB** (bzw § 14 FGB aF), also bloße Modifikationen des Bestandes der drei Vermögensmassen des gesetzlichen Güterstandes; auch wenn solche Vereinbarungen erfolgt sind, wird der Güterstand übergeleitet (Böhringer DNotZ 1991, 225). **63**

cc) Die Überleitung ist jedoch aufgrund einer Vereinbarung der Ehegatten ausgeschlossen, wenn die Ehegatten vor dem 3. 10. 1990 eine **vorzeitige gerichtliche Vermögensauseinandersetzung** nach § 41 FGB auf Klage eines Ehegatten vorgenommen haben (Palandt/Brudermüller Rn 12; Otto 128 f). Die Ehegatten leben in diesem Fall nicht mehr im gesetzlichen Güterstand des FGB, sondern in Gütertrennung (Lübchen/Eberhardt 117). Eine solche Einigung ist nicht wirksam, wenn der sog „republikflüchtige" Ehegatte im Verfahren von einem staatlichen Treuhänder vertreten wurde. Zwar wurde in einer bis 1983 geltenden Richtlinie des OG der DDR die Ansicht vertreten, eine Klage auf Aufhebung nach § 41 FGB sei gerade deshalb begründet, weil das Vermögen des Ehegatten durch einen staatlichen Treuhänder verwaltet werde (vgl BGH FamRZ 1993, 673). Hierbei handelt es sich jedoch um eine selbst von der offiziellen regierungsamtlichen Haltung der DDR (BGH aaO) abweichende, in rechtsbeugender Weise gegen sog „Republikflüchtlinge" gerichtete Ansicht, die im Anwendungszeitpunkt gegen den deutschen ordre public verstieß und daher selbstverständlich auch nach dem Beitritt der DDR zur Bundesrepublik unanwendbar bleibt (**aA** offenbar BGH aaO). **64**

dd) Der gesetzliche Güterstand kann aber nicht mehr nach dem 3. 10. 1990 **wiederaufleben** gemäß § 41 Abs 2 S 2 FGB durch *Beendigung des Getrenntlebens* oder gemäß § 41 Abs 2 S 3 FGB durch *schriftliche Vereinbarung*; § 41 FGB ist für solche Ehen mangels der Möglichkeit zur Option nach Abs 2 nach dem 3. 10. 1990 unanwendbar. **65**

ee) Ein am 3. 10. 1990 **anhängiges Verfahren** zur vorzeitigen Aufhebung nach § 41 FGB ist in der Hauptsache erledigt, da aufgrund der Überleitung nach Abs 1 ein aufzuhebender FGB-Güterstand nicht mehr besteht. In Betracht kommt eine Klageänderung in ein Verfahren nach § 1385 BGB. Im Wege der Klageänderung (und Klagehäufung) kann aber im selben Verfahren auch die gerichtliche Verteilung des gemeinschaftlichen Vermögens aus der mit dem Wirksamwerden des Beitritts beendeten Vermögensgemeinschaft nach § 39 Abs 1 S 2 FGB verlangt werden. **66**

c) **Veränderungen der güterrechtlichen Verhältnisse** nach Überleitung sind damit vorbehaltlich der Option nach Abs 2 nur im Rahmen der güterrechtlichen Be- **67**

stimmungen des BGB zulässig. Die Ehegatten können die von §§ 1374 ff vorgesehenen Vereinbarungen über die in den Zugewinnausgleich einzurechnenden Vermögensgegenstände treffen (Palandt/Brudermüller Rn 17). Sie können auch den Güterstand insgesamt ändern (§ 1408 Abs 1 BGB); eine Rückkehr zur Errungenschaftsgemeinschaft durch ehevertragliche Verweisung auf das FGB scheidet gemäß § 1409 BGB jedoch aus; seit dem 3. 10. 1990 ist der gesetzliche Güterstand des FGB *für solche Ehegatten* ein iS dieser Bestimmung nicht mehr geltendes Recht.

2. Zugewinnberechnung nach Überleitung

68 a) Der Güterstand der Zugewinngemeinschaft beginnt mit dem 3. 10. 1990. Hieraus folgt, daß als **Anfangsvermögen** (§ 1374 BGB) das Vermögen zugrunde zu legen ist, das der jeweilige Ehegatte am 3. 10. 1990 (also nicht bei Ehebeginn) besessen hat (KG DtZ 1992, 24; OLG Jena OLG-NL 1997, 142; OLG Jena FamRZ 1997, 1014; Palandt/Brudermüller Rn 13; Henrich IPRax 1991, 17; Reichel, in: Schwab/Reichel 86; Henrich, in: Schwab/Reichel 65; Bosch FamRZ 1991, 1005; MünchKomm/Gernhuber Rn 14; Wassermann IPRax 1992, 238; Otto 138). Das gilt auch dann, wenn zwischenzeitlich eine einverständliche Auseinandersetzung nach § 39 FGB erfolgt ist; auch in diesem Fall sind die späteren Anteile mit ihrem Wert am 3. 10. 1990 in das Anfangsvermögen einzustellen, weil es sonst zu Fehlberechnungen bei defizitärem Anfangsvermögen eines Ehegatten kommt (OLG Jena OLG-NL 1997, 142; MünchKomm/Gernhuber Rn 14).

Diese angesichts der Überleitung zum Stichtag konsequente und aus Gründen des Vertrauensschutzes als zwingend erkannte Lösung sollte insbesondere Anlaß geben, die vom BGH vertretene unzutreffende Rückwirkungslehre hinsichtlich der Überleitung bei Art 220 Abs 3 (vgl auch Art 236 § 3) aufzugeben (im einzelnen Rauscher DtZ 1991, 22).

Für die Berechnung des **Endvermögens** nach dem 3. 10. 1990 ergeben sich keine Besonderheiten.

69 b) Auch die **Bewertung** (§ 1376 BGB) des Anfangsvermögens ist auf diesen Stichtag vorzunehmen, soweit es sich um Vermögen handelt, das am 3. 10. 1990 vorhanden und nicht aufgrund späterer Erwerbe hinzuzurechnen ist (OLG Jena OLG-NL 1997, 142; Palandt/Brudermüller Rn 13).

70 c) Besonderheiten ergeben sich jedoch aufgrund der Überleitungssitutation für die **Behandlung des ehemaligen gemeinschaftlichen Vermögens** des FGB-Güterstandes innerhalb des Zugewinnausgleichs (hierzu unten Rn 96 ff).

71 d) Mit Rücksicht auf die **Vermutung nach § 1377 Abs 3 BGB** ist in den Überleitungsfällen dringend die gemeinsame (formlose) Erstellung eines **Verzeichnisses des Anfangsvermögens** anzuraten (Henrich IPRax 1991, 17). Dies gilt insbesondere in Hinblick auf das in das Anfangsvermögen einzustellende Ergebnis der Verteilung des gemeinschaftlichen Vermögens des beendeten FGB-Güterstandes (hierzu unten Rn 96 ff).

72 e) Der **Auskunftsanspruch** nach § 1379 BGB erstreckt sich auf das gesamte Endvermögen, damit auch auf vor dem 3. 10. 1990 erworbene Vermögensgegenstände.

3. Auseinandersetzung des gemeinschaftlichen Eigentums und Vermögens (Abs 4)

a) Gesamthands- oder Bruchteilseigentum seit dem 3. 10. 1990

aa) Wie das am Stichtag **vorhandene gemeinschaftliche Vermögen** zu behandeln ist, läßt der Wortlaut der Regelung in Abs 1, Abs 4 nicht zweifelsfrei erkennen. Die Gesetzesbegründung deutet an, daß mittels der entsprechenden Anwendung von § 39 FGB gemäß Abs 4 eine vorzeitige Aufhebung der Eigentums- und Vermögensgemeinschaft vermieden werden soll (BT-Drucks 11/7817, 44). Nähere Hinweise, in welcher *Weise* (einvernehmlich oder gerichtlich) und zu welchem *Zeitpunkt* (am bzw nach dem 3. 10. 1990 oder bei Auflösung der Ehe) eine Auseinandersetzung erfolgen soll, finden sich im Gesetz nicht. **73**

bb) Mit der ganz herrschenden Ansicht läßt sich jedenfalls die **Notwendigkeit** einer Auseinandersetzung des gemeinschaftlichen Vermögens – spätestens bei Beendigung der Ehe – feststellen (BGHZ 141, 307; KG IPRax 1992, 257; KG FamRZ 1995, 42; OLG Rostock FamRZ 1997, 1158; OLG Rostock FamRZ 2000, 887; BG Erfurt OLG-NL 1994, 16; Nachw aus dem Schrifttum unten Rn 76 ff); die aus Gründen der Logik wie des Vertrauensschutzes eigentlich selbstverständliche Feststellung, daß ein jahrelang gelebter Güterstand sich nicht durch Überleitung folgenlos verflüchtigen kann, ließe sich nur unter dem Blickwinkel der hier bereits kritisch angesprochenen Rechtsprechung des BGH zu Art 220 Abs 3 anzweifeln (dies war wohl der Ausgangspunkt der schon bald aufgegebenen Ansicht von PALANDT/DIEDERICHSEN in der 50. Aufl). Aus der richtigen Erkenntnis, daß die Zugewinngemeinschaft nicht zurückwirkt, folgt aber zwingend, daß der FGB-Güterstand sich nicht folgenlos aufgelöst hat (PALANDT/BRUDERMÜLLER Rn 13). **74**

cc) In § 4, insbesondere in Abs 4, ist aber nicht geregelt, ob das gemeinschaftliche Vermögen **als Vermögensmasse fortbesteht,** bis es – spätestens aus Anlaß der Auflösung der Ehe – auseinandergesetzt wird, oder ob es infolge der Überleitung am bzw nach dem 3. 10. 1990 aufzulösen ist, bzw sich ex lege aufgelöst hat. Diese Frage wird durch § 4a Abs 1 idF des RegisterverfahrenbeschleunigungsG dinglich, nicht aber abschließend ehegüterrechtlich geregelt. **75**

dd) Die wohl herrschende Ansicht ging vorher von der **Auflösung** des gemeinschaftlichen Eigentums und Vermögens zum 3. 10. 1990 aus (PALANDT/DIEDERICHSEN [51. Aufl] Rn 20; BRUDERMÜLLER/WAGENITZ FamRZ 1990, 1298; ALBRECHT MittBayNot 1990, 344; ders, Der Einigungsvertrag in der Praxis des Grundstücksrechts [1991] 17; RAUSCHER DNotZ 1991, 215; ders JR 1993, 96; COESTER-WALTJEN Jura 1991, 518; HENRICH IPRax 1991, 17; BOSCH FamRZ 1991, 1005; REICHEL, in: SCHWAB/REICHEL 87; OTTO 155 ff, 161; MÜNCH 107). Mangels einer Bestimmung über die Behandlung dieser Vermögensmasse nach dem 3. 10. 1990, insbesondere mangels Fortgeltung der Bestimmungen des FGB über die Verwaltung und Verfügung über das Gesamthandsvermögen, konnte nicht von dem Fortbestand eines Vermögenstypus ausgegangen werden, für den es im BGB keine Entsprechung und damit auch keine Verwaltungs- und Verfügungsregeln gibt (zur **Begründung** vgl eingehend STAUDINGER/RAUSCHER[12] Rn 43). **76**

ee) Das Anliegen des Gesetzgebers, den Fortbestand der **Auseinandersetzungsregeln** des FGB zu gewährleisten, war auf der Grundlage dieser Ansicht dadurch zu verwirklichen, daß das Entstehen hälftigen Miteigentums nicht endgültig, sondern **77**

auflösend bedingt durch eine anderweitige einvernehmliche oder gerichtliche Regelung angenommen wurde (vgl STAUDINGER/RAUSCHER[12] Rn 45; MÜNCH 110, 128; **aA** PAWLOWSKI/LIPP FamRZ 1992, 379; LIPP FamRZ 1995, 65, 68).

78 **ff)** Die Gegenansicht (SEIFERT, in: SCHWAB/REICHEL 163; WASSERMANN, in: JAYME/FURTAK 280; ders [betreffend die Parallelfrage zum VFGüG] FamRZ 1990, 341; SMID/SCHÖPF NJ 1991, 22; LÜBCHEN/EBERHARDT 116; PAWLOWSKI/LIPP FamRZ 1992, 379; WASSERMANN IPRax 1992, 238; FRITSCHE/LINGELBACH NJ 1995, 398, 402) postulierte eine weitgehende Fortgeltung der FGB-Regeln über die **Verwaltung, Verfügung und Haftung des gemeinschaftlichen Vermögens** (teilweise anders PAWLOWSKI/LIPP FamRZ 1992, 379; zur **Begründung**: STAUDINGER/RAUSCHER[12] Rn 44).

79 **gg)** Zahlreiche **Gerichte** gingen mit der hM von einer **automatischen Umwandlung** des gemeinschaftlichen Vermögens aus (BezG Erfurt OLG-NL 1994, 16; BezG Frankfurt/O FamRZ 1993, 1205; LG Chemnitz DtZ 1994, 288; LG Halle FamRZ 1995, 43; LG Bautzen v 3. 2. 1993, 3 T 19/93; zustimmend erwogen auch von LG Berlin NJ 1994, 179; offen gelassen von LG Halle FamRZ 1995, 675, 676), während andere Gerichte den **Fortbestand des gemeinschaftlichen Vermögens** als solches bis zur Scheidung der Ehe (KG IPRax 1992, 257; KG FamRZ 1995, 42), bis zu einer einverständlichen Teilung in Bruchteilseigentum (BezG Meiningen NJ 1993, 373) oder bis zum Tod (KreisG Eisenhüttenstadt FamRZ 1992, 1434) annahmen.

80 **hh)** Dies hat die von der herrschenden Ansicht (oben Rn 76) befürchteten **Unzuträglichkeiten** deutlich werden lassen; mangels Auseinandersetzung des gemeinschaftlichen *Eigentums* wurde von der „Fortbestands-Ansicht“ eine Gleichstellung mit dem Gesamthandseigentum der Gütergemeinschaft angenommen (BG Meiningen NJ 1993, 373) mit der Folge eingeschränkter Verfügungs-, Belastungs- und Vollstreckungsmöglichkeiten. Die „Bruchteils – Ansicht“ kam zu vollstreckungsfreundlichen Ergebnissen (BG Frankfurt/O FamRZ 1993, 1205). Jedenfalls aber mußte selbst bei Annahme einer automatischen Überleitung in Bruchteilseigentum und dadurch bedingter Unrichtigkeit von Grundbucheintragungen gemeinschaftlichen Vermögens der Ehegatten von der Vermutung des § 891 BGB ausgegangen werden (LG Halle FamRZ 1995, 675, 676); einen Nachweis über eine Fortgeltungserklärung nach Abs 2 konnte das Grundbuchamt nicht regelmäßig verlangen (LG Berlin NJ 1994, 179; zur Bereinigung dieser vollstreckungsrechtlichen und grundbuchrechtlichen Fragen durch Art 234 § 4a EGBGB und § 14 GBBerG idF des RegVBG und SachenRÄndG vgl LG Neubrandenburg MDR 1995, 525 sowie § 4a Rn 34 ff, 51 ff).

Die **Praxis** reagierte auf diese Ungewißheit offenbar dadurch, daß eine Kreditgewährung an Ehegatten seitens von Banken von einer Umwandlung des gemeinschaftlichen Eigentums in Bruchteilseigentum abhängig gemacht wurde (GRANDKE NJ 1994, 258).

b) Einfluß von § 4a

81 **aa)** Die durch § 4a Abs 1 angeordnete Umwandlung des gemeinschaftlichen Eigentums in **Bruchteilseigentum** will diese praktischen Probleme lösen, läßt aber den Fortbestand des gemeinschaftlichen Eigentums im Zeitraum zwischen dem 3. 10. 1990 und dieser mit Inkrafttreten des RegisterverfahrenbeschleunigungsG am 25. 12. 1993 erfolgten Umwandlung unentschieden. Mit § 4a ist der schon zuvor herrschenden Meinung (oben Rn 76) nicht die Grundlage entzogen. § 4a ist **sachen-**

rechtlich eher, auch im Interesse einer praktikablen Lösung, als *Bestätigung* dieser Meinung zu verstehen, so daß bereits mit dem 3. 10. 1990 hälftiges Bruchteilseigentum eingetreten ist (OLG Rostock FamRZ 1997, 1158; OLG Rostock FamRZ 1999, 1075, 1076; LG Halle FamRZ 1995, 43; Palandt/Brudermüller Rn 13; Johannsen/Henrich/Jaeger Rn 5; Böhringer NotBZ 1998, 227, 228; **aA** LG Stendal NJ 1994, 322; MünchKomm/Gernhuber Rn 18, 21; Rellermeyer Rpfleger 1995, 321, 323; Fritsche/Lingelbach NJ 1995, 398, 402; Lipp FamRZ 1995, 65, 66; offen gelassen von OLG Rostock OLGR 1999, 84, 85).

bb) Da § 4a nach seiner Zwecksetzung (näher § 4a Rn 1 ff) nur die Verwaltung des gemeinschaftlichen Eigentums und die Vollstreckungsmöglichkeiten systemkonform in das Bundesrecht überleiten soll und die Vollstreckung in dieses Vermögen ermöglichen will, aber **keine endgültige güterrechtliche Lösung** anstrebt, bleibt gleichwohl die *endgültige Auseinandersetzung* des gemeinschaftlichen Eigentums und Vermögens trotz der Umwandlung in Bruchteilseigentum weiter vorbehalten (BGHZ 141, 307; OLG Naumburg FamRZ 2001, 1301, 1302; OLG Rostock FamRZ 1997, 1158; OLG Rostock FamRZ 1999, 1075; Palandt/Brudermüller Rn 19; MünchKomm/Gernhuber Rn 25; Eberhardt FamRZ 1994, 676, 677; 10. Dt Familiengerichtstag FuR 1993, 338; Grandke NJ 1998, 475; Maslaton FamRZ 2000, 204, 205; Eberhardt FamRZ 2001, 668; **aA** Johannsen/Henrich/Jaeger § 4a Rn 2). **82**

§ 4a führt nicht zu einer endgültigen Auseinandersetzung des am 3. 10. 1990 vorhandenen gemeinschaftlichen Vermögens. Das gilt selbst dann, wenn man den Anwendungsbereich des § 4a, wie teilweise vertreten wird, auf gemeinschaftliches *Eigentum an körperlichen Sachen* beschränkt (dazu im einzelnen § 4a Rn 13 ff; nach hier vertretenem Verständnis des § 4a, dort Rn 15, stützt die Beschränkung dort auf „Eigentum" die hier vertretenen Ansicht, daß eine Teilung des „gemeinschaftlichen Vermögens" vorbehalten bleibt). Auch Eigentum, das von § 4a erfaßt wird, ist durch § 4a nicht endgültig güterrechtlich verteilt (**aA** LG Halle FamRZ 1995, 675, 676; Lipp FamRZ 1995, 69). Vielmehr bleibt für diese Auseinandersetzung weiterhin gemäß Abs 4 § 39 FGB anwendbar. Damit wird auch der zweite hier vertretene Aspekt (oben Rn 77) verwirklicht, nämlich die Auseinandersetzungsregeln des FGB trotz einer zunächst erfolgenden praktikablen dinglichen Umwandlung familienrechtlich vorzubehalten bis der Güterstand – insbesondere aus Anlaß der Auflösung der Ehe – auseinandergesetzt wird.

c) Spätere Auseinandersetzung – § 39 FGB

aa) Auszugehen ist davon, daß das gemeinschaftliche Vermögen nach dem 3. 10. 1990 als ehegüterrechtlicher Mechanismus zu ideellen Anteilen **weiter besteht** und auch durch die Umwandlung in Bruchteilseigentum (§ 4a) ehegüterrechtlich nicht erloschen ist. Das gemeinschaftliche Vermögen besteht also in Form einer Bruchteilsgemeinschaft fort, ist aber wie im Fall der Zugewinngemeinschaft mit potentiellen Ausgleichsansprüchen (hier § 39 FGB) belastet. Die Ehegatten können es hierbei beliebig lange belassen; sie sind – nach Bereinigung der praktischen Probleme durch § 4a – nicht gezwungen, sich in ihrem alten Güterstand zum 3. 10. 1990 auseinanderzusetzen (Palandt/Brudermüller Rn 13). Erst bei Vorliegen eines **Auseinandersetzungstatbestandes** kommt es zur güterrechtlichen Aufteilung (Palandt/Brudermüller Rn 19; MünchKomm/Gernhuber Rn 25; KG FamRZ 1995, 42; OLG Naumburg FamRZ 2001, 1301, 1302; OLG Rostock FamRZ 1997, 1158; OLG Rostock FamRZ 1999, 1075, 1076). **83**

bb) Nach Abs 4 ist § **39 FGB** sinngemäß anzuwenden; das bedeutet, daß das aus der FGB- Eigentums- und Vermögensgemeinschaft herrührende gemeinschaftliche Ver- **84**

mögen im Fall der **Scheidung** und des **Todes eines Ehegatten** endgültig liquidiert werden muß (Palandt/Brudermüller Rn 13). Sinngemäße Anwendung im Fall der Scheidung bedeutet, daß für die Auseinandersetzung nach § 39 FGB entsprechend § 1384 BGB auf den Bestand und Wert im Zeitpunkt der Antragstellung abzustellen ist; die Eigentums- und Vermögensgemeinschaft kann nicht zu einem *späteren* Termin abgerechnet werden als die ihr *nachfolgende* Zugewinngemeinschaft (OLG Rostock FamRZ 1997, 1158 für den Fall der Antragstellung vor dem 3. 10. 1990, dazu unten Rn 102).

85 cc) Grundsätzlich stehen nach § 39 Abs 1 S 1 FGB in diesem Fall den Ehegatten **gleiche Teile** an dem gemeinschaftlichen Vermögen zu. Wenn es also nicht in entsprechender Anwendung von § 39 FGB zu abweichenden Quoten kommt, entspricht die endgültige güterrechtliche Auseinandersetzung der durch § 4a Abs 1 S 1 angeordneten dinglichen Teilung.

86 dd) Eine **einverständliche Teilung** hat Vorrang vor dieser Grundregel und vor einer gerichtlichen Verteilung. Als einverständliche Teilung ist es auch anzusehen, wenn die Ehegatten von der ihnen nach § 4a Abs 1 S 2 bei Grundstücken eingeräumten Möglichkeit Gebrauch machen, von der hälftigen Teilung abweichende Quoten zu bestimmen. Hierdurch bringen die Ehegatten nämlich zum Ausdruck, daß sie nicht nur eine vorläufige dingliche Zuordnung wollen, sondern eine vom Halbteilungsgrundsatz abweichende Auseinandersetzung.

87 ee) Die sinngemäße Anwendung von § 39 FGB erstreckt sich auch auf die von Abs 1 S 2 zugelassene **gerichtliche Verteilung**, wenn die Beteiligten sich über eine vom Halbteilungsprinzip abweichende Verteilung nicht einigen können (Henrich IPRax 1991, 16; Rauscher DNotZ 1991, 217; Coester-Waltjen Jura 1991, 518; im einzelnen oben Rn 32 ff).

88 ff) Regelungsmöglichkeiten beurteilen sich grundsätzlich sinngemäß nach § 39 Abs 1 S 3 und Abs 2 FGB. Trotz der dinglichen Verteilung nach § 4a kommt auch eine Zuweisung eines Vermögensgegenstandes an einen Ehegatten gegen den verfassungsmäßig gebotenen (oben Rn 44) Wertausgleich in Betracht. In Ausnahmefällen können gemäß Abs 2 auch wirtschaftlich ungleiche Anteile gebildet werden. Abs 4 iVm § 39 geht also über die schuldrechtlichen Mechanismen der Zugewinngemeinschaft hinaus, ist aber auch in seinen, dem Gericht Ermessen und Befugnisse zu dinglicher Übertragung gewährenden Komponenten mit den güterrechtlichen Vorstellungen des BGB zu vereinbaren (vgl §§ 1381, 1383 BGB).

89 gg) In die Verteilung können nur **Vermögensgegenstände einbezogen** werden, die den Ehegatten bereits am 2. 10. 1990 gehört haben; eine dingliche Surrogation hinsichtlich des gemeinschaftlichen Vermögens ist seit dem 3. 10. 1990 nicht mehr möglich, soweit sie nicht nach § 1370 BGB eintritt.

d) Spätere Auseinandersetzung: § 40 FGB

90 aa) Eine sinngemäße Anwendung von § **40 FGB** ist in Abs 4 nicht angeordnet. Ob ein Anspruch nach § 40 FGB, gerichtet auf einen Anteil am eigenen Vermögen des anderen Ehegatten, dennoch zwischen Ehegatten in Betracht kommt, die seit dem 3. 10. 1990 in Zugewinngemeinschaft leben, ist strittig. Die inzwischen weit überwiegende Ansicht, der sich auch der BGH angeschlossen hat, läßt einen solchen Anspruch in sinngemäßer Anwendung des § 40 FGB für den Zeitraum bis zum 3. 10. 1990 zu (BGHZ 141, 307; OLG Brandenburg FamRZ 1998, 1177; OLG Dresden OLG-NL 2000, 179; OLG Dresden FamRZ 2000, 885, 886; OLG Rostock FamRZ 1999, 1074, 1075; Grandke NJ 1998, 434; dies NJ 1999, 597; Pawlowksi JZ 2000, 105, 106; vgl schon Wassermann, in: Jayme/Furtak 279; **aA** OLG Jena NJW 1997, 199; OLG Dresden FamRZ 1998, 1360 [Vorinstanz zu BGHZ 141, 307]; Palandt/Diederichsen[53] Rn 19; Büte FamRZ 1999, 1180, 1182; Staudinger/Rauscher [1996] Rn 90). Da die Zugewinngemeinschaft nicht zurückwirkt, stehe sonst das Sondervermögen eines Ehegatten, zu dem der andere vor dem 3. 10. 1990 einen Beitrag geleistet habe, außerhalb jeder Güterrechtsordnung, wenn § 40 FGB nicht eingreife. Es könne nicht davon ausgegangen werden, daß der Gesetzgeber mit der Überleitung in die Zugewinngemeinschaft einem potentiell berechtigten Ehegatten den Ausgleichsanspruch habe nehmen wollen. Das Ziel, möglichst viele Ehen zum 3. 10. 1990 in die Zugewinngemeinschaft überzuleiten, wäre nicht erreichbar gewesen, wenn solche Ehegatten zum Zweck des Erhalts ihres Anspruchs die Fortgeltungserklärung nach Abs 2 abgeben hätten müssen (BGHZ 141, 307).

91 **bb)** Zwar bestehen weiterhin gegen die von der herrschenden Ansicht vertretene Auslegung **Bedenken**. Abs 4 liegt wohl kein Redaktionsversehen zugrunde. Vielmehr wurde die das gemeinschaftliche Eigentum und Vermögen betreffende Auseinandersetzung (§ 39 FGB) analogisiert, weil nur diese *Vermögensmasse* übergeleitet wird, also Auseinandersetzungsregeln notwendig sind. Güterrechtssystematisch ist jedoch zuzugeben, daß es eine korrektere Lösung bedeutet, nicht nur das gemeinschaftliche Eigentum, sondern den gesamten FGB-Güterstand zum 3. 10. 1990 nach *allen* vorher anwendbaren Regeln abzurechnen.

Unter der Voraussetzung, daß § 40 FGB in der Rechtsprechung korrekt angewendet wird, also insbesondere nur **nachweisliche und konkrete**, über die gemeinsame Lebensführung hinausgehende **Leistungen** (vgl OLG Rostock FamRZ 2000, 887), die *vor dem 3. 10. 1990* erbracht wurden (sogleich Rn 92) anspruchsbegründend wirken, sollte sich auch die Gefahr begrenzen lassen, daß § 40 FGB in einer Vielzahl von Fällen zur Grundlage einer rechtspolitisch motivierten Billigkeitsjurisprudenz werden könnte (vgl aber OLG Rostock FamRZ 1998, 1174, 1175; dazu oben Rn 55). Keinesfalls kann es angehen, bis zur Höchstgrenze eines solchen Anspruchs (dazu Rn 54) ein nahezu freies Ermessen anzunehmen (bedenklich OLG Rostock FamRZ 1999, 1074).

Rechtspolitisch könnte aus der Befassung mit § 40 FGB eine interessante Lehre erwachsen: § 40 FGB erscheint von familiensozialistischen Ideen geprägt, erlaubt er doch den Zugriff auf Alleineigentum. Die Norm ist aber im Ergebnis weniger sozialistisch-gleichmacherisch als die Berechnung des Zugewinnausgleichs, die eine Beteiligung an *Wertsteigerungen* am Anfangsvermögen eines Ehegatten noch nicht einmal von einer meßbaren Leistung abhängig macht, sondern in ihrem Rechenmodus verbirgt. Das gibt zu denken, ob nicht eine *gegenständliche* Beschreibung des Anfangsvermögens der Idee der Beteiligung an gemeinsam Errungenem besser gerecht würde als die Halbteilung auch jedes wirtschaftlich glücklichen Zufallsgewinns.

92 **cc)** Auch in diesem Fall beträgt der Ausgleichsanspruch höchstens die **Hälfte** des bei Beendigung des FGB-Güterstandes, also **am 3. 10. 1990** vorhandenen Vermögens; sein Wert ist auf diesen Stichtag zu ermitteln, da es sonst zu Überschneidungen mit der an diesem Tag einsetzenden Zugewinngemeinschaft kommt (BGHZ 141, 307; OLG

Rostock FamRZ 2000, 887; PALANDT/BRUDERMÜLLER Rn 14; MASLATON FamRZ 2000, 205, 207). Eine schematische Ausurteilung bis zu diesem Betrag kommt jedoch nicht in Betracht (oben Rn 54).

Der Ausgleichsanspruch ist, ebenso wie die nach § 39 FGB entstehenden Anteile, bei beiden Ehegatten aktiv bzw passiv in das Anfangsvermögen der Zugewinngemeinschaft, bewertet auf den 3. 10. 1990, einzustellen (OLG Rostock FamRZ 1999, 1074; OLG Rostock FamRZ 2000, 887) und mit dem Anfangsvermögen zu indexieren (unten Rn 99). Da der Anspruch, jedenfalls bei Geltendmachung im Zusammenhang mit dem Zugewinnausgleich nach Scheidung, auch im Endvermögen zu aktivieren ist, bleibt er, abgesehen von Fällen negativer Rechnungsposten, auf Geldwertbasis für den Zugewinnausgleichsanspruch neutral (unten Rn 100).

e) Spätere Auseinandersetzung: Zeitpunkt der Durchführung

93 aa) Eine **Befristung** für die Auseinandersetzung ist nicht vorgesehen (kritisch: PETERS FamRZ 1994, 674; 10. Dt Familiengerichtstag FuR 1993, 338). Die in **§ 39 Abs 3 S 2 FGB** bestimmte Frist für die gerichtliche Verteilung von beweglichem Vermögen läuft auch bei der von Abs 4 angeordneten entsprechenden Anwendung erst ab der Beendigung der Ehe (WASSERMANN, in: JAYME/FURTAK 280; BRUDERMÜLLER/WAGENITZ FamRZ 1990, 1300).

94 bb) Ein Antrag nach § 39 Abs 1 S 2 FGB kann insbesondere im **Zusammenhang mit einem Zugewinnausgleichsverfahren** gestellt werden. Auch wenn bei Scheidung nach dem 3. 10. 1990 ein Zugewinnausgleichsanspruch (hinsichtlich des nach dem 3. 10. 1990 bestehenden Güterstandes) in Betracht kommt (vgl oben Rn 68 ff), kann der Antrag entsprechend § 39 Abs 1 S 2 FGB aber auch isoliert gestellt werden; die Ehegatten sind nicht gezwungen, zugleich Zugewinnausgleichsansprüche geltend zu machen (KG DtZ 1992, 24).

95 cc) Der **Scheidungsverbund** erfaßt in beiden Fällen auch die gerichtliche Verteilung in sinngemäßer Anwendung von § 39 Abs 1 S 2 FGB, da es sich um Ansprüche aus dem ehelichen Güterrecht handelt (§§ 623 Abs 1, 621 Abs 1 Nr 8 ZPO). Wird sie zusammen mit dem Zugewinnausgleich begehrt (dazu unten Rn 96 ff), so erfolgt sie diesem vorgeschaltet im Wege der *Stufenklage* (PALANDT/BRUDERMÜLLER Rn 16).

4. Gemeinschaftliches Vermögen im Zugewinnausgleich

96 a) Wird **Zugewinnausgleich** begehrt, so wirkt sich im Verhältnis der beiden güterrechtlichen Entscheidungen die zeitliche Abfolge der Güterstände aus. Das Endergebnis der Auseinandersetzung des gemeinschaftlichen Vermögens muß – unabhängig von der Art und Weise dieser Auseinandersetzung – jedenfalls in das Anfangsvermögen jedes Ehegatten fallen. Da der Zugewinnausgleich mit einem auf den 3. 10. 1990 berechneten Anfangsvermögen ansetzt (oben Rn 68), gilt:

97 b) Belassen es die Ehegatten bei der von **§ 4a vorgenommenen Teilung**, so sind die nach § 4a entstandenen Bruchteile für jeden Ehegatten mit ihrem Wert am 3. 10. 1990 in das Anfangsvermögen einzustellen. Dasselbe gilt für am 3. 10. 1990 aus der Zeit der Eigentums- und Vermögensgemeinschaft noch vorhandene Verbindlichkeiten (PALANDT/BRUDERMÜLLER Rn 14).

c) Setzen sich die Ehegatten **einverständlich** über die Vermögensgemeinschaft auseinander oder erfolgt vor bzw gleichzeitig mit dem Zugewinnausgleich eine **gerichtliche Teilung**, so ist das Ergebnis dieser Auseinandersetzung (Eigentumszuweisung bzw Wertausgleich) für jeden der Ehegatten entsprechend §§ 1374 Abs 2, 1376 Abs 1 HS 2 BGB zu behandeln: **98**

aa) Das Vermögen ist dem **Anfangsvermögen** zuzurechnen (**aA** offenbar MÜNCH 115 ff, der übersieht, daß die beiden Güterstände sukzessiv verschiedene Zeiträume erfassen) mit dem **Wert**, den es in dem für die Auseinandersetzung des gemeinschaftlichen Vermögens maßgeblichen Bewertungszeitpunkt hat, und sodann auf den 3. 10. 1990 nach **Kaufkraftindizes** zurückzubewerten. **99**

bb) Außerdem befindet sich das Ergebnis der einverständlichen oder gerichtlichen Teilung als Aktivum bzw Passivum im **Endvermögen** des jeweiligen Ehegatten mit dem aktuellen Wert im Zeitpunkt der Auflösung der Zugewinngemeinschaft. **100**

cc) Auf diese Weise wird erreicht, daß der nach der Teilung jedem Ehegatten zustehende Anteil an der Vermögensgemeinschaft mit dem Wert zum 3. 10. 1990 in sein Anfangsvermögen eingestellt wird und nur der **geldentwertungsbereinigte Wertzuwachs** zwischen dem 3. 10. 1990 und dem Ende des Güterstandes der Zugewinngemeinschaft dem Zugewinnausgleich unterfällt. **101**

d) Ist der **Scheidungsantrag vor dem 3. 10. 1990** rechtshängig geworden, so findet ein Zugewinnausgleich nicht statt, selbst wenn die Ehe am 3. 10. 1990 noch nicht geschieden ist. Zwar wird in diesem Fall der Güterstand des FGB übergeleitet in die Zugewinngemeinschaft, wegen § 1384 BGB liegt jedoch der Zeitpunkt für die Berechnung des Endvermögens früher als der für die Berechnung des Anfangsvermögens. In diesem Fall hat es mit der Verteilung des gemeinschaftlichen Vermögens gemäß Abs 4 entsprechend § 39 FGB sein Bewenden (OLG Rostock FamRZ 1997, 1158; BG Erfurt OLG-NL 1994, 16; zu der strittigen Frage, ob bei Scheidungsausspruch vor dem 3. 10. 1990 noch eine Überleitung stattfindet, oben Rn 26 f). Die *sinngemäße* Anwendung von § 39 FGB gemäß Abs 4 muß auch in diesem Fall auf das durch § 1384 BGB bestimmte Ende der Zugewinnberechnung abgestimmt werden (OLG Rostock FamRZ 1997, 1158; grundsätzlich dazu oben Rn 84). **102**

5. Beendigung der Ehe durch Tod nach dem 3. 10. 1990

a) Wird die Ehe **nach Überleitung** des Güterstandes durch Tod eines Ehegatten nach dem 3. 10. 1990 beendet, so ist § **1371 BGB** anzuwenden. Dabei ist bei der Bestimmung der Zugehörigkeit zum Nachlaß die dingliche Zuordnung, die aufgrund der Verteilung des gemeinschaftlichen Eigentums und Vermögens nach § 4a eingetreten ist, zu beachten, auch wenn vor dem Ende der Ehe durch Tod eines Ehegatten eine Verteilung des gemeinschaftlichen Vermögens nicht stattgefunden hat. Der überlebende Ehegatte und die Erben des Verstorbenen setzen die Gesamthandsgemeinschaft fort (BGH MDR 2002, 1316; EBERHARDT FamRZ 1994, 677) und können die gerichtliche Verteilung nach § 39 Abs 1 S 2 FGB betreiben; das Ergebnis dieser Verteilung ist sodann dem pauschalierten Zugewinnausgleich nach § 1371 BGB zugrunde zu legen (WASSERMANN, in: JAYME/FURTAK 282). Vor Durchführung der Verteilung kann nicht über den Anteil an der Gesamthandsgemeinschaft verfügt werden. Der **103**

aus der (künftigen) Auseinandersetzung der Gemeinschaft folgende aufschiebend bedingte Anspruch ist hingegen abtretbar (BGH MDR 2002, 1316).

104 **b)** Ist ein Ehegatte **zwischen dem 3. 10. 1990 und** dem Inkrafttreten von § 4a **(25. 12. 1993)** verstorben und betreiben weder der überlebende Ehegatte noch die Erben eine Verteilung nach § 39 FGB, so ist bei Grundstücken und grundstücksgleichen Rechten entsprechend § 4a Abs 1 von einer Teilung in hälftiges Miteigentum bereits auf den Zeitpunkt des Erbfalls auszugehen.

6. Verhältnis zur HausratVO

105 **a)** Im Fall der Überleitung in die Zugewinngemeinschaft ist **§ 39a FGB**, anders als in Altfällen (Scheidung vor dem 3. 10. 1990, oben Rn 58 ff) nicht anzuwenden. Da die HausratVO zum 3. 10. 1990 in Kraft getreten ist und auf Scheidungen nach diesem Zeitpunkt anwendbar ist, findet eine Verteilung des Hausrats nach den Bestimmungen der HausratVO statt; soweit der Hausrat allerdings in die Verteilung entsprechend **§ 39 FGB** einbezogen ist, geht die güterrechtliche Regelung vor (Rahm/Künkel/Paetzold VIII Rn 735).

106 **b)** Eine Wohnungsregelung nach **§ 34 FGB** kommt nicht in Betracht, da nur § 39 FGB entsprechend anzuwenden ist; insoweit ist ausschließlich die HausratVO anzuwenden, denn Scheidungsfolgenstatut ist Bundesrecht.

V. Fortgeltungserklärung (Abs 2)

1. Voraussetzungen

107 **a)** Sofern nach Abs 1 der Güterstand übergeleitet worden ist, besteht nach Abs 2 ein **Gestaltungsrecht**, durch dessen Ausübung die Überleitung rückgängig gemacht wird. Dieses Gestaltungsrecht kann jeder Ehegatte **allein** ausüben. Ein Widerspruchsrecht des anderen Ehegatten besteht nicht (Palandt/Brudermüller Rn 12). Durch die Erklärung kann **nur zum gesetzlichen Güterstand des FGB** zurückgekehrt werden. Eine einseitige Änderung des Güterstands in anderer Weise soll hierdurch nicht möglich werden (BT-Drucks 11/7817, 43; Böhringer DNotZ 1991, 229; Brudermüller/Wagenitz FamRZ 1990, 1298).

108 **b)** Die Fortgeltungserklärung zum FGB-Güterstand war **befristet**; sie konnte bis zum Ablauf von zwei Jahren seit Überleitung, also bis einschließlich 2. 10. 1992, abgegeben werden. Hierbei handelte es sich um eine Ausschlußfrist (Böhringer DNotZ 1991, 230). Diese Frist gilt auch dann, wenn vor dem 2. 10. 1990 die Frist nach § 2 VFGüG bereits angelaufen, aber bis einschließlich 2. 10. 1990 noch nicht abgelaufen war (Rauscher DNotZ 1991, 221). Von der Möglichkeit haben nur knapp über 3000 Ehepaare Gebrauch gemacht (Peters FamRZ 1993, 878; MünchKomm/Gernhuber Rn 26).

109 **c)** Zu Einzelheiten betreffend **Form und Zuständigkeit** vgl Staudinger/Rauscher (1996) Rn 59 f, 64 ff; zum **Ausschluß durch Ehevertrag** Staudinger/Rauscher (1996) Rn 61 ff.

2. Eintragung in das Güterrechtsregister

a) Der aufgrund der Erklärung nach Abs 2 S 1 fortgeltende Güterstand der Eigentums- und Vermögensgemeinschaft ist **auf Antrag eines Ehegatten** in das Güterrechtsregister einzutragen (Abs 3 S 6). Der Antrag kann von beiden Ehegatten gestellt werden, also auch von dem, der die Erklärung nicht abgegeben hat (Böhringer DNotZ 1991, 233). **110**

b) Die Eintragung ist **nicht konstitutiv** für die Wirkung der Erklärung nach Abs 2 S 1. Die **Wirkungen** der Eintragung bestimmen sich in entsprechender Anwendung von § 1412 BGB (da kein vertraglicher Ausschluß des gesetzlichen Güterstands). Ohne Eintragung kann ein Dritter davon ausgehen, daß in der Ehe der gesetzliche Güterstand des BGB gilt. Die Eintragung im Güterrechtsregister zerstört *diesen* guten Glauben. **111**

c) Hingegen berührt die Eintragung der Fortgeltungserklärung im Güterrechtsregister **nicht den Gutglaubensschutz des § 892 BGB**. Ist das Grundbuch unrichtig (insbesondere im Falle der Eintragung von Alleineigentum eines Ehegatten oder Miteigentum nach Bruchteilen), so ist der Erwerber nur bösgläubig, wenn ihm die Unrichtigkeit des Grundbuchs bekannt ist; eine Verpflichtung zur Einsichtnahme in das Güterrechtsregister besteht nicht (Böhringer DNotZ 1991, 234 f). **112**

d) Eine Kondiktion des **gutgläubig erworbenen Grundstückseigentums** kommt in diesem Fall nicht in Betracht, weil das schuldrechtliche Geschäft aufgrund der Alleinvertretungsbefugnis jedes der Ehegatten (§ 15 Abs 1 S 2 HS 1 FGB) wirksam ist. Das FGB sieht in § 15 Abs 2 FGB zwar zwingend die gemeinsame *Verfügung* über Häuser und Grundstücke vor; § 15 FGB unterscheidet aber insoweit eindeutig zwischen dem wirksamen schuldrechtlichen Geschäft und der unwirksamen Verfügung (vgl Eberhardt u a, FGB § 15 Anm 3). Über § 15 Abs 2 FGB aber hilft § 892 BGB hinweg. **113**

e) Zum **Eintragungsverfahren** siehe Staudinger/Rauscher[12] Rn 71 f. **114**

3. Wirkungen der Erklärung nach Abs 2

a) Fortgeltungsfiktion (Abs 2 S 3)

aa) Die Fortgeltungserklärung nach Abs 2 S 1 bewirkt, daß die Überleitung in die Zugewinngemeinschaft **rückwirkend** als **nicht erfolgt** gilt (Abs 2 S 3). Die Ehegatten leben also ohne Unterbrechung im Güterstand der Eigentums- und Vermögensgemeinschaft des FGB (Palandt/Brudermüller Rn 12; MünchKomm/Gernhuber Rn 27; Rauscher DNotZ 1991, 221). Die Bestimmungen des FGB sind anzuwenden in der Fassung durch das **1. FamRÄndG** (Palandt/Brudermüller Rn 12), also insbesondere auch § 39a FGB. Es gelten für die Auseinandersetzung §§ 39–41 FGB (Rauscher JR 1993, 96; Eberhardt FamRZ 1994, 677). Eine Umwandlung des gemeinschaftlichen Vermögens nach § 4a findet nicht statt (§ 4a Abs 2). **115**

bb) Bis zum Inkrafttreten des RegVBG galten für die Verwaltung überdies §§ 13–16 FGB, betreffend die „Eigentums- und Vermögensverhältnisse" (**aA** offenbar Smid FamRZ 1991, 514, der statt § 15 FGB § 1369 BGB anwenden will). Seit 25. 12. 1993 gelten **116**

gemäß § 4a die Vorschriften über das von beiden Ehegatten verwaltete Gesamtgut (Palandt/Brudermüller Rn 12).

117 **cc)** Eine **Rückkehr** zur Zugewinngemeinschaft ist nach Ausübung des Optionsrechts nach Abs 2 nicht mehr durch einseitige Erklärung möglich. Da im übrigen aber das Ehegüterrecht des BGB gilt, ist der Abschluß eines **Ehevertrages** weiter nach §§ 1408 ff BGB zulässig. Insbesondere ist auch eine vertragliche Aufhebung des FGB-Güterstandes mit Rückkehr zur Zugewinngemeinschaft möglich.

b) Auseinandersetzung bei Tod eines Ehegatten

118 **aa)** Endet der FGB-Güterstand durch Tod eines Ehegatten, so erfolgt eine Auseinandersetzung mit den Erben nach **§§ 39 ff FGB**. Der Anspruch nach **§ 40 FGB** steht in diesem Fall dem überlebenden Ehegatten neben seinem Erbteil zu (§ 40 Abs 3 FGB); ein Anspruch des vorverstorbenen Ehegatten nach § 40 geht nur eingeschränkt (§ 40 Abs 4 FGB) auf dessen Erben über (näher Seifert NJ 1990, 120).

119 **bb)** Der **gesetzliche Erbteil** des überlebenden Ehegatten bemißt sich nach §§ 1931 ff BGB, da die Fortgeltungserklärung nur für den Güterstand, nicht aber für das Ehegattenerbrecht (insoweit Art 235 § 1) gilt. § 1371 BGB ist aufgrund der Fortgeltungserklärung nicht anzuwenden (Rauscher DNotZ 1991, 221; Bosch FamRZ 1991, 1007).

c) Verfahren bei Auseinandersetzung unter Lebenden

120 **aa)** Für die Auseinandersetzung unter Lebenden gelten unmittelbar (also nicht Abs 4) die Bestimmungen des FGB (oben Rn 31 ff; vgl Rohde NJ 1988, 92, 131). Auch insoweit ist § 39 FGB *verfassungskonform auszulegen* (oben Rn 40 ff; zur *Wertbestimmung* oben Rn 45 ff).

121 **bb)** Da mit der Fortgeltungserklärung nur eine Fortgeltung **materiellen Rechts** (FGB) bewirkt wird, ist die Auseinandersetzung jedoch mit **verfahrensrechtlichen Mitteln** des Bundesrechts zu bewältigen. Wegen der in §§ 39 ff FGB zu bewältigenden richterlichen Gestaltungen hinsichtlich des gemeinschaftlichen Eigentums und Vermögens erscheint das Verfahren der **HausratVO** angemessen (AG Charlottenburg DtZ 1991, 60 mit Hinweis auf einen nicht veröffentlichten Beschluß des KG v 21. 1. 1991 16 WF 7171/90). In Hinblick auf § 621 Nr 8 ZPO dürfte es richtig sein, grundsätzlich das Verfahren der ZPO zu wählen (KG FamRZ 1992, 566, betreffend § 40 FGB), die in § 39 FGB vorausgesetzte Gestaltung durch entsprechende Anwendung der Bestimmungen des FGG zu verwirklichen. Die richterlichen Gestaltungsbefugnisse würden insbesondere nach dem *Antragsprinzip* der ZPO zu einer „endlosen Kaskade" von Eventualanträgen (AG Charlottenburg aaO) führen müssen.

122 **cc)** Hingegen ist **§ 180 ZVG** nicht anzuwenden, da § 39 für das gemeinschaftliche Eigentum und Vermögen eine vorrangige und abschließende Regelung trifft (vgl zur Parallelsituation in Altfällen Rn 31). Etwas anderes ergibt sich auch nicht aus der Verweisung in § 4a Abs 2 S 1 auf die Vorschriften über das gemeinsam *verwaltete* Gesamtgut, da nach S 1 für die *Auflösung* der Gemeinschaft nur die Bestimmungen des FGB gelten (§ 4a Abs 2 S 2, § 4 Abs 4).

4. Zwangsvollstreckung

a) Für die **Zwangsvollstreckung in das gemeinschaftliche Eigentum und Vermögen** sieht § 744a ZPO die Anwendung der Vollstreckungsregeln über das Gesamtgut vor, was wegen des Gesamtgutcharakters angemessen erscheint (BT-Drucks 11/7817, 44) und der nunmehr durch § 4a geschaffenen Verwaltungsregelung entspricht. **123**

b) Anwendbar ist – aufgrund der Verwaltungsregelung in § 4a – § 740 Abs 2 ZPO (**aA** vor Inkrafttreten des § 4a mit eingehender Erörterung: Otto 252 ff). **124**

5. Rechtsgeschäfte in der Schwebezeit (Abs 2 S 4)

a) Gegen die rückwirkende Fortgeltung des FGB-Güterstandes werden **Dritte und die Ehegatten selbst** nach Maßgabe von Abs 2 S 4 **geschützt**: Aus der Wiederherstellung des FGB-Güterstandes können Einwendungen gegen zwischenzeitlich getätigte Rechtsgeschäfte nicht hergeleitet werden. Es ist also auf solche Rechtsgeschäfte nicht nachträglich § 15 FGB anzuwenden (Böhringer DNotZ 1991, 233; Bosch FamRZ 1991, 1006). Erfaßt sind nicht nur Verfügungen, sondern auch schuldrechtliche Belastungen, insbesondere Miet- und Pachtverträge. **125**

b) Dieser Schutz gilt nicht nur für Einwendungen gegenüber Dritten, sondern auch **zwischen den Ehegatten**; haben die Ehegatten in der Zwischenzeit gemeinschaftliches Eigentum in Alleineigentum überführt, so macht die Rückkehr zum FGB-Güterstand diese Verfügungen nicht unwirksam (Böhringer DNotZ 1991, 233). **126**

c) Solche Rechtsgeschäfte sind aber nicht vollständig gegen **Einwendungen aus dem Ehegüterrecht** geschützt: Da die Ehegatten und der Dritte mit den Beschränkungen aus §§ 1364 bis 1369 BGB zu rechnen hatten, erscheint es angemessen, auch nach Rückkehr zum FGB-Güterstand diese Bestimmungen weiter auf Rechtsgeschäfte anzuwenden, die wegen Abs 2 S 4 nicht den güterrechtlichen Restriktionen des FGB-Güterstandes unterliegen (Böhringer DNotZ 1991, 232). **127**

6. Verhältnis zur HausratVO

a) Grundsätzlich sind bei Fortgeltung des FGB-Güterstandes für die Verteilung des **Hausrats** §§ 39, 39 a FGB in gleicher Weise anzuwenden wie in Altfällen (Scheidung vor dem 3. 10. 1990; oben Rn 58 bis 60). **128**

b) Hingegen ist **§ 34 FGB** als scheidungsfolgenrechtlich zu qualifizierende Bestimmung nicht anwendbar, wenn die Scheidung nach dem 3. 10. 1990 erfolgt; es fehlt in diesem Fall auch an einer besonderen Überleitungsbestimmung, wie sie Abs 5 ausdrücklich nur für Altfälle vorsieht. Andererseits ist bei Scheidung nach dem 3. 10. 1990 insoweit ohne weiteres die HausratVO anwendbar (Rahm/Künkel/Paetzold VIII Rn 735, allerdings unterhaltsrechtlich qualifizierend). **129**

VI. Erbschaftssteuer

1. Zur erbschafts- und schenkungssteuerlichen Behandlung sind gleichlautende **130**

Erlasse der obersten Finanzbehörden der Länder v 22. 1. 1991 ergangen (BStBl I 1991, 142 = DtZ 1991, 210).

131 **a)** Für den Fall, daß ein Ehegatte die **Fortgeltungserklärung** nach Abs 2 S 1 abgibt, gehört der Anteil des überlebenden Ehegatten am gemeinschaftlichen Eigentum und Vermögen nicht zum steuerpflichtigen Erwerb nach § 3 ErbStG. Bei Auflösung des Güterstandes unter Lebenden in diesem Fall liegt in Höhe des gesetzlichen Anteils am gemeinschaftlichen Eigentum und Vermögen (§ 39 FGB) bei beiden Ehegatten kein steuerpflichtiger Erwerb nach § 7 ErbStG vor. Diese Lösung entspricht der familienrechtlichen Wertung, wonach ein güterrechtlicher Anteil nicht unentgeltlich erworben wird.

132 **b)** Die Regelung muß daher entsprechend angewendet werden, wenn die Überleitung stattfindet, aber das gemeinschaftliche Vermögen im Zeitpunkt des Erbfalls noch nicht auseinandergesetzt ist bzw bei Auflösung der Ehe unter Lebenden erst auseinandergesetzt wird.

133 **2.** Umgekehrt gilt die erbschaftssteuerliche Begünstigung des § 5 ErbStG nur, wenn die Ehegatten im Zeitpunkt des Erbfalls in **Zugewinngemeinschaft** gelebt haben. Dies ist nach dem Sinn der Regelung auch dann nicht der Fall, wenn erst der überlebende Ehegatte nach dem Erbfall die Erklärung nach Abs 2 S 1 abgibt, weil diese rückwirkend die Überleitung beseitigt.

§ 4a
Gemeinschaftliches Eigentum

(1) Haben die Ehegatten keine Erklärung nach § 4 Abs. 2 Satz 1 abgegeben, so wird gemeinschaftliches Eigentum von Ehegatten Eigentum zu gleichen Bruchteilen. Für Grundstücke und grundstücksgleiche Rechte können die Ehegatten andere Anteile bestimmen. Die Bestimmung ist binnen sechs Monaten nach Inkrafttreten dieser Vorschrift möglich und erfolgt mit dem Antrag auf Berichtigung des Grundbuchs. Dieser und die Bestimmung bedürfen nicht der in § 29 der Grundbuchordnung bestimmten Form. Das Wahlrecht nach Satz 2 erlischt, unbeschadet des Satzes 3 im übrigen, wenn die Zwangsversteigerung oder Zwangsverwaltung des Grundstücks oder grundstücksgleichen Rechts angeordnet oder wenn bei dem Grundbuchamt die Eintragung einer Zwangshypothek beantragt wird.

(2) Haben die Ehegatten eine Erklärung nach § 4 Abs. 2 Satz 1 abgegeben, so finden auf das bestehende und künftige gemeinschaftliche Eigentum die Vorschriften über das durch beide Ehegatten verwaltete Gesamtgut einer Gütergemeinschaft entsprechende Anwendung. Für die Auflösung dieser Gemeinschaft im Falle der Scheidung sind jedoch die Vorschriften des Familiengesetzbuchs der Deutschen Demokratischen Republik nach Maßgabe des § 4 anzuwenden.

(3) Es wird widerleglich vermutet, daß gemeinschaftliches Eigentum von Ehegatten nach dem Familiengesetzbuch der Deutschen Demokratischen Republik Bruchteilseigentum zu ein halb Anteilen ist, sofern sich nicht aus dem Grundbuch andere

Bruchteile ergeben oder aus dem Güterrechtsregister ergibt, daß eine Erklärung nach § 4 Abs. 2 und 3 abgegeben oder Gütergemeinschaft vereinbart worden ist.

Materialien: Eingefügt durch Art 13 Nr 4 RegisterverfahrenbeschleunigungsG (BGBl 1993 I 2182); E: BT-Drucks 12/5553; Beschlußempfehlung und Bericht des Rechtsausschusses BT-Drucks 12/6228; **Abs 1 S 5** geändert durch Art 2 § 5 Nr 3 SachenRBerG (BGBl 1994 I 2457); E: BT-Drucks 12/5992; Beschlußempfehlung und Bericht des Rechtsausschusses BT-Drucks 12/7425.

Schrifttum

Böhringer, Neuerungen bei Art 233 EGBGB und beim Grundbuchbereinigungsgesetz, DtZ 1994, 301

ders, Grundbuchberichtigung bei übergeleitetem „ehelichem Vermögen", Rpfleger 1994, 282

ders, Grundbuchberichtigung bei nicht eingetragenem „ehelichem Vermögen", NotBZ 1998, 227

Eberhardt, Änderungen des Familienrechts bedürfen umfassender Vorbereitung – Gedanken zu Art 234 § 4a EGBGB, FamRZ 2001, 668

Lipp, Zur Überleitung der ehelichen Eigenums- und Vermögensgemeinschaft in das Recht der Zugewinngemeinschaft, FamRZ 1995, 65

Peters, Registerverfahrensbeschleunigungsgesetz und Familienrecht, FamRZ 1994, 673

Rellermeyer, DDR-Güterstand und Teilungsversteigerung, Rpfleger 1995, 321.

Systematische Übersicht

Alphabetische Übersicht

I. Normzweck

1 Die Bestimmung wurde durch das RegisterverfahrenbeschleunigungsG mit Wirkung vom 25. 12. 1993 eingefügt. Sie ergänzt § 4, der sich in der Zwischenzeit hinsichtlich der Verwaltungs- und Vollstreckungsregelungen in Ansehung des gemeinschaftlichen Eigentums der Ehegatten als lückenhaft erwiesen hatte.

1. Abs 1

2 **a)** Nach Art 234 § 4 Abs 1 gelten für Ehegatten, die am 2. 10. 1990 im gesetzlichen

Güterstand der Eigentums- und Vermögensgemeinschaft des FGB der DDR gelebt haben, die Bestimmungen des BGB über die Zugewinngemeinschaft. Regelungen über die Behandlung der vor dem 3. 10. 1990 entstandenen **Vermögensmasse des gemeinschaftlichen Eigentums und Vermögens** enthielt § 4 Abs 4 nur für den Fall der Auseinandersetzung; deshalb war in Hinblick auf die Verwaltung dieser Vermögensmasse und auf Vollstreckungsfragen strittig, welche Form der Mitberechtigung seit dem 3. 10. 1990 an diesem ehemals gesamthänderisch gebundenen Vermögen bestand (dazu § 4 Rn 73 ff).

b) Diese Frage wird mit Abs 1 für das **gemeinschaftliche Eigentum** gelöst; für Ehegatten, die jetzt in Zugewinngemeinschaft leben, wird das bisher anteilslose Gesamthandseigentum zu Bruchteilseigentum, weil es sich hierbei um die in der Zugewinngemeinschaft übliche Mitberechtigung im Falle gemeinschaftlicher Berechtigung der Ehegatten an einem Vermögenswert handelt (BT-Drucks 12/5553, 135). **3**

c) Abs 1 S 2 schafft durch ein Wahlrecht die Möglichkeit, bei **Grundstücken** die entstehenden Quoten bereits jetzt den ehegüterrechtlich seitens der Ehegatten als angemessen angesehenen Quoten anzugleichen (BT-Drucks 12/5553, 135); Abs 1 S 5 soll Mißbräuche durch Ausübung des Wahlrechts in der Zwangsvollstreckung verhindern (BT-Drucks 12/5553, 200; BT-Drucks 12/6228, 100). Die Erweiterung dieser Bestimmung auf die Eintragung einer Zwangshypothek durch das SachenRBerG hat lediglich klarstellenden Charakter (BT-Drucks 12/7425, 93). **4**

2. Abs 2

Abs 2 bezieht sich auf die Situation des § 4 Abs 2 und regelt, welche Vorschriften für das gemeinschaftliche Eigentum anwendbar sind, wenn aufgrund Ausübung der **Option nach § 4 Abs 2** der gesetzliche Güterstand des FGB fortgilt. Auch diese Bestimmung ergänzt lediglich § 4 durch die Bestimmung der anwendbaren *Verwaltungs- und Vollstreckungsvorschriften*, läßt aber die *Auseinandersetzung* nach § 4 Abs 2 unberührt. **5**

3. Abs 3

Die erst im Rechtsausschuß eingefügte Regelung in Abs 3 schafft eine **widerlegliche Vermutung**, mit der erreicht werden soll, daß Dritte stets davon ausgehen können, daß gemeinschaftliches Eigentum entsprechend dem praktischen Regelfall Bruchteilseigentum je zur Hälfte ist (BT-Drucks 12/6228, 100; Palandt/Brudermüller Rn 6). Angesichts der bestehenden Möglichkeiten, daß dies materiell nicht zutrifft, weil die Ehe vor dem 3. 10. 1990 geschieden war (unten Rn 7; wohl nicht wenige Fälle) oder eine Fortgeltungserklärung nach § 4 Abs 2 abgegeben wurde (etwas über 3000 Fälle), konnte dieses Ziel nur für den Regelfall der Überleitung nach § 4 Abs 1 (ca 8 Millionen Fälle) erreicht werden (angesichts der Zahlenverhältnisse übermäßig kritisch Eberhardt FamRZ 2001, 668, 670 f). **6**

II. Überleitungsfall – Miteigentum nach Bruchteilen (Abs 1)

1. Anwendungsfall

7 **a)** Abs 1 bezieht sich auf die nach § 4 Abs 1 zum 3. 10. 1990 eingetretene **regelmäßige Überleitung** des FGB- Güterstandes der Eigentums- und Vermögensgemeinschaft in die Zugewinngemeinschaft, die immer dann eingetreten ist, wenn nichts anderes vereinbart war und keine Option nach § 4 Abs 2 abgegeben wurde (dazu im einzelnen § 4 Rn 61 ff).

Wurde die Ehe **vor dem Wirksamwerden des Beitritts geschieden**, so gilt § 4 Abs 5 (§ 4 Rn 25 ff); § 4a Abs 1 ist auf das aus solchen Ehen stammende gemeinschaftliche Vermögen nicht anwendbar (OLG Brandenburg FamRZ 1996, 667; OLG Brandenburg FamRZ 1999, 1071, 1072; LG Erfurt Rpfleger 2000, 174; EBERHARDT FamRZ 2001, 668, 670). Entsprechend ist § 4a Abs 1 nicht anzuwenden, wenn der Güterstand der Eigentums- und Vermögensgemeinschaft durch **Tod eines Ehegatten vor dem 3. 10. 1990** aufgelöst wurde, aber noch nicht auseinandergesetzt ist (LG Bautzen NJW 1999, 1484).

8 **b)** Abs 1 bezieht sich ausschließlich auf die im FGB-Güterstand bestehende Vermögensmasse des **gemeinschaftlichen Eigentums** (FRITSCHE/LINGELBACH NJ 1995, 398, 402). Vor Inkrafttreten von § 4a war deren dingliche Behandlung strittig (vgl § 4 Rn 76 ff); diese wird nunmehr durch Abs 1 jedenfalls mit Wirkung zum 25. 12. 1993 geregelt.

9 **c)** Abs 1 modifiziert jedoch nicht die **ehegüterrechtliche Behandlung** dieser Vermögensmasse; insoweit bleibt gemäß § 4 Abs 4 die Auseinandersetzungsregelung des § 39 FGB entsprechend anzuwenden (hierzu § 4 Rn 82, 83 ff; zur Anwendung von § 40 FGB vgl § 4 Rn 90 ff).

10 **d)** Haben die Ehegatten in gemeinschaftlichem Eigentum stehende Vermögenswerte bereits **vor Inkrafttreten des § 4a auseinandergesetzt**, so bleibt es hierbei (BÖHRINGER Rpfleger 1994, 283). Dies ergibt sich daraus, daß Abs 1 nur die dingliche Teilung des bestehenden gemeinschaftlichen Eigentums bewältigen soll, aber nicht den Vorrang der ehegüterrechtlichen Teilung nach § 39 FGB analog beseitigt.

11 **e)** Insoweit kann auch § 4a nicht den **Wegfall der Geschäftsgrundlage** bewirken, da § 4a die ehegüterrechtliche Ebene ohnehin nicht berührt, eine frühere Auseinandersetzung aber eine ehegüterrechtliche und damit materiell endgültige Teilung bedeutet.

12 **f)** Fraglich ist, welche Folgerungen daraus zu ziehen sind, daß in § 4a nur von **gemeinschaftlichem Eigentum** die Rede ist, aus Sicht des Rechts der DDR aber die Gesamthand am gemeinschaftlichen Eigentum **und Vermögen** bestand.

13 **aa)** Da insbesondere **§ 4 Abs 5** zutreffend davon spricht, daß gemeinschaftliches Eigentum *und Vermögen* auseinanderzusetzen sei, wird teilweise angenommen, Abs 1 (und der gesamte § 4a) handelten nur von der Teilung gemeinschaftlichen Eigentums an (körperlichen) Sachen (LIPP FamRZ 1995, 66 f; FRITSCHE/LINGELBACH NJ

1995, 402), jeweils mit der Folgerung, die Teilung nach Abs 1 als endgültig anzusehen und eine Teilung nach § 39 FGB nur auf das Vermögen im übrigen zu beziehen.

bb) Bei gebotener **teleologischer Auslegung** dürfte sich aber erweisen, daß der Gesetzgeber in § 4a nicht nur die dingliche Mitberechtigung an im gemeinschaftlichen Eigentum ieS stehenden körperlichen Sachen regeln wollte. Auch die Mitberechtigung an **Forderungen, Nutzungsverträgen und Lebensversicherungen** (dies die Gegenbeispiele bei Lipp FamRZ 1995, 66) wirft als Gesamthandsberechtigung nach Überleitung in die Zugewinngemeinschaft dieselben Verwaltungs- und Vollstreckungsfragen auf wie die Mitberechtigung an körperlichen Sachen. Der Zweck der Regelung erfordert auch hier eine hälftige Teilung. **14**

cc) Die Beschränkung des § 4a auf die Entstehung von Bruchteilen am „Eigentum" dürfte allerdings nicht gänzlich bedeutungslos sein. Bemerkenswert erscheint, daß die Differenzierung ersichtlich bisher nur von Autoren aus der früheren DDR deutlich gesehen wurde; wahrscheinlich hat der Gesetzgeber in einem aus Sicht des BGB geprägten Verständnis unter den Begriff des „Vermögens" den Inbegriff der einzelnen, den Ehegatten gehörenden Vermögensgegenstände subsumiert und mit der Verwendung des isolierten Begriffs „Eigentum" in § 4a signalisiert, daß Abs 1 nicht das gemeinschaftliche Vermögen endgültig iSd § 39 FGB auseinandersetzen soll, sondern nur das „Eigentum" an den einzelnen Vermögensgegenständen betrifft (dazu § 4 Rn 82). **15**

2. Rechtsfolge hälftiges Bruchteilseigentum

a) An **beweglichen Sachen**, die in gemeinschaftlichem Eigentum standen, tritt ausnahmslos hälftiges Miteigentum nach Bruchteilen ein (Palandt/Brudermüller Rn 3; Böhringer Rpfleger 1994, 282, 283). Die Bestimmung **abweichender Quoten** durch die Ehegatten ist nicht vorgesehen, weil eine nach außen erkennbare technische Lösung praktisch nicht möglich schien (BT-Drucks 12/5553, 135; Palandt/Brudermüller Rn 3). **16**

b) Den Ehegatten bleibt es aber unbenommen, im Rahmen der güterrechtlichen Auseinandersetzung des alten Güterstandes durch – nach § 39 FGB vorrangige Einigung – **andere Quoten oder Alleineigentum** eines Ehegatten zu bestimmen (aA offenbar Fritsche/Lingelbach NJ 1995, 398, 402). Der dingliche Vollzug dieser Bestimmung ergibt sich dann jedoch nicht aus Abs 1, sondern erfordert eine nach §§ 929 ff BGB zu beurteilende Übereignung. Sie können auch nach den Bestimmungen der **Bruchteilsgemeinschaft** mit Wirkung ex nunc an einzelnen Gegenständen die quotale Beteiligung ändern (Rellermeyer Rpfleger 1995, 323; Fritsche/Lingelbach NJ 1995, 398, 402). **17**

c) Das Bruchteilseigentum entstand am 25. 12. 1993, 0 Uhr, also mit **Inkrafttreten des RegVBG**. Eine Rückwirkung auf den 3. 10. 1990 ordnet die Regelung nicht an; der Gesetzgeber ging angesichts der vorher strittigen Behandlung offenbar davon aus, daß das gemeinschaftliche Eigentum bis zum Inkrafttreten des § 4a fortbestanden hat (LG Stendal NJ 1994, 322). Eine rückwirkende Funktion im Sinne der vor dem Inkrafttreten des RegVBG herrschenden Ansicht, die Entstehen hälftigen Bruchteilseigentums zum 3. 10. 1990 angenommen hatte (§ 4 Rn 76), mißt sich Abs 1 nicht zu **18**

(PETERS FamRZ 1994, 673; RELLERMEYER Rpfleger 1995, 322; **aA** LG Halle FamRZ 1995, 43; BÖHRINGER Rpfleger 1994, 282).

19 d) Das bedeutet allerdings nicht, daß für den **Zeitraum zwischen dem 3. 10. 1990 und dem 24. 12. 1993** notwendig der Fortbestand ungeteilten Gesamthandseigentums anzunehmen ist (**aA** PETERS FamRZ 1994, 673). Vielmehr bleibt für Fälle, in denen es auf die Natur des gemeinschaftlichen Eigentums in diesem Zeitraum ankommt, die Lösung der Rechtsprechung überlassen (FRITSCHE/LINGELBACH NJ 1995, 398, 402; vgl zu *Erbfällen* § 4 Rn 104), die sich inzwischen mehrheitlich der vormals hM angeschlossen hat (§ 4 Rn 81). Auch aus Gründen der Praktikabilität ist der vor Inkrafttreten des § 4a hM zu folgen und der Eintritt von Bruchteilseigentum schon am 3. 10. 1990 anzunehmen (PALANDT/BRUDERMÜLLER § 4 Rn 13; dazu § 4 Rn 81).

20 e) An **sonstigem gemeinschaftlichen Vermögen** mit Ausnahme von Grundstücken (vgl oben Rn 14) wird die Gesamthandsberechtigung der Vermögensgemeinschaft ebenfalls hälftig aufgeteilt. Insbesondere für Forderungen ist in entsprechender Anwendung von Abs 1 Gesamtgläubigerschaft zu gleichen Anteilen im Innenverhältnis anzunehmen (§§ 428 ff BGB). Vinkulierungen der Verwaltungs- und Verfügungsbefugnis im Innenverhältnis der FGB- Eigentums- und Vermögensgemeinschaft entfallen.

3. Bestimmungsrecht bei Grundstücken (Abs 1 S 2)

a) Bestimmungsrecht

21 Bei Grundstücken und grundstücksgleichen Rechten gibt Abs 1 S 2 den Ehegatten das Recht, **gemeinsam andere Bruchteile** zu bestimmen (PALANDT/BRUDERMÜLLER Rn 4; BÖHRINGER Rpfleger 1994, 283). Damit haben die Ehegatten die Möglichkeit, die Bruchteilsgemeinschaft den ehegüterrechtlich zutreffenden Quoten anzupassen. Das Bestimmungsrecht steht nur beiden Ehegatten gemeinschaftlich zu.

b) Grundstücke und grundstücksgleiche Rechte

22 Der Begriff des **grundstücksgleichen Rechts** umfaßt das *Erbbaurecht*, vor allem aber das gemäß § 295 Abs 2 ZGB oder nach anderen Vorschriften (vgl Art 231 § 5 Abs 1) vom Grundstück unabhängig bestehende *Gebäudeeigentum*.

Für *Bodenreformgrundstücke* gilt die Sonderbestimmung in Art 233 § 11 Abs 5, die zu Miteigentum der Ehegatten auch dann führt, wenn das Grundstück nicht zum gemeinschaftlichen Eigentum und Vermögen gehörte (BÖHRINGER NotBZ 1998, 227, 228; EBERARDT FamRZ 2001, 668, 670; im einzelnen Art 233 § 11 Rn 69 ff).

c) Frist (Abs 1 S 3)

23 Das Bestimmungsrecht war **binnen sechs Monaten ab Inkrafttreten** des § 4a zu treffen, also bis einschließlich 24. 6. 1994 (BÖHRINGER Rpfleger 1994, 283; PALANDT/BRUDERMÜLLER Rn 4).

d) Form (Abs 1 S 4)

24 Die Ausübung des Bestimmungsrechts erfolgte durch **gemeinsame Erklärung** der Ehegatten gegenüber dem **Grundbuchamt**. Sie war zugleich mit dem **Antrag auf Grundbuchberichtigung** abzugeben. Der Wahrung der Form des § 29 GBO bedurfte es nicht (Abs 1 S 4). Einfache Schriftform war genügend (Böhringer Rpfleger 1994, 283; BT-Drucks 12/5553, 135).

e) Wirkungen

aa) Die **Abgabe einer Bestimmung** bewirkte das Entstehen von Bruchteilseigentum in den von den Ehegatten bestimmten Quoten; die fristgemäße Bestimmung wirkt zurück auf den Zeitpunkt des Entstehens von Bruchteilseigentum *nach § 4a Abs 1*, also auf den 25. 12. 1993 (Rellermeyer Rpfleger 1995, 323; vgl oben Rn 18). Eine Rückwirkung der Quotenbestimmung auf den 3. 10. 1990 ist nicht anzunehmen (**aA** Böhringer Rpfleger 1994, 283), auch wenn zu diesem Zeitpunkt Bruchteilseigentum entstanden ist. **25**

bb) Eine Bestimmung iSd Abs 1 S 2 schließt regelmäßig eine spätere abweichende **Auseinandersetzung nach § 39 FGB** aus. Die Bestimmung ist nach ihrem Zweck als Verwirklichung der güterrechtlichen Teilung zu verstehen und beinhaltet daher auch eine einverständliche Auseinandersetzung nach § 39 FGB. Ein Wertausgleich bleibt aber – wie im Fall der Zugewinngemeinschaft – mangels anderer Vereinbarung möglich. **26**

cc) Mit der auf Berichtigungsantrag und Bestimmung hin erfolgten Berichtigung des Grundbuchs ist das **Bestimmungsrecht verbraucht**. Eine Änderung der Bruchteile für die Zukunft bleibt jedoch auch in diesem Fall nach §§ 873, 925 BGB möglich (Böhringer Rpfleger 1994, 283). Die Ausübung des Bestimmungsrechts nach Abs 1 S 2 kann die Ehegatten nicht stärker binden als jeder Erwerb in Bruchteilsgemeinschaft, der auch jederzeit der Abänderung zugänglich ist. **27**

dd) Wurde **keine Bestimmung** abgegeben, so sind die Ehegatten ohne weiteres Miteigentümer nach Bruchteilen je zur Hälfte (BT-Drucks 12/5553, 135). Für die **Zwangsvollstreckung** in das Bruchteilseigentum gelten die allgemeinen Regeln; es genügt also insbesondere ein Titel gegen einen Ehegatten als Grundlage der Vollstreckung in dessen Miteigentumsanteil (Lipp FamRZ 1995, 69). **28**

f) Erlöschen des Bestimmungsrechts bei Zwangsvollstreckungsmaßnahmen (Abs 1 S 5)

Gemäß Abs 1 S 5 erlosch das Wahlrecht bereits vor Ablauf der Sechsmonatsfrist des Abs 1 S 3 durch die Anordnung der Zwangsversteigerung oder Zwangsverwaltung des Grundstücks oder durch den Antrag auf Eintragung einer Zwangshypothek. Abs 1 S 5 wurde also durch das SachenRBerG um die Nennung der Zwangshypothek klargestellt, nachdem sich die Regelung bereits durch Ablauf der Frist des Abs 1 S 3 erledigt hatte. **29**

4. Berichtigung des Grundbuchs

a) Soweit die Ehegatten eine Bestimmung nach Abs 1 S 2 zusammen mit einem Berichtigungsantrag nicht abgegeben haben, ist das **Grundbuch unrichtig** aufgrund des ex lege erfolgten Übergangs in Bruchteilseigentum zur Hälfte. **30**

b) Grundsätzlich kann die Grundbuchberichtigung im Verfahren nach **§§ 13 ff GBO** erfolgen. **31**

32 **aa)** Die **Antragsberechtigung** ergibt sich aus § 14 GBO; antragsberechtigt ist *jeder Ehegatte alleine* (Böhringer Rpfleger 1994, 282, 284). Antragsberechtigt sind aber auch *Gläubiger*, welche die Zwangsvollstreckung gegen einen Ehegatten betreiben (§ 14 GBO; LG Neubrandenburg MDR 1995, 525, 526; Grübel GBBerG § 14 Rn 11).

33 **bb)** Der Antrag bedarf – wie immer – nicht der **Form** des § 29 GBO. Anstelle des in Form des § 29 GBO zu führenden Nachweises der Unrichtigkeit kann der Antragsteller sich auf die **Vermutung** des Abs 3 stützen (LG Neubrandenburg MDR 1993, 525, 526; Böhringer Rpfleger 1994, 284, dazu näher unten Rn 51 f).

Insbesondere wird durch die Vermutung der Nachweis ersetzt, daß eine *Optionserklärung* nach § 4 Abs 2 nicht erfolgt ist (klarstellend § 14 S 2 GBBerG idF des SachenRÄndG, unten Rn 37; Böhringer aaO; Grübel GBBerG § 14 Rn 11; unzutreffend daher LG Chemnitz DtZ 1994, 288: Negativzeugnis). Auch der nach § 14 GBO Berichtigung betreibende Gläubiger kann sich auf die Vermutung des Abs 3 stützen und ist nicht durch § 14 GBBerG (dazu unten Rn 34 ff) beschränkt (klarstellend die Änderungen von § 14 GBBerG durch das SachenRÄndG, vgl BT-Drucks 12/7425, 94).

5. § 14 GBBerG

34 **a)** § 14 GBBerG (Art 2 RegVBG) erweitert die Möglichkeiten der Grundbuchberichtigung durch eine **entsprechende Anwendung von §§ 82, 82 a S 1 GBO (Berichtigung von Amts wegen)**.

35 **b)** Eine Berichtigung von Amts wegen erfolgt jedoch nur in bestimmten **Fällen**: Das Verfahren sollte nach der ursprünglichen Fassung nur eingeleitet werden, wenn die Voraussetzungen des § 14 GBO vorliegen, derjenige, der Berichtigung beantragen kann, die Unrichtigkeit des Grundbuchs darlegt, aber keinen Berichtigungsantrag stellt (§ 14 S 2 aF GBBerG; Grübel, GBBerG § 14 Rn 18). Damit ist der Zweck der Regelung verwirklicht, dem die Vollstreckung gegen einen Ehegatten betreibenden Gläubiger ein Berichtigungsverfahren zur Verfügung zu stellen, wenn die Ehegatten Berichtigung nicht beantragen (Palandt/Brudermüller Rn 2; BT-Drucks 12/6228, 80 f, betreffend § 13 Entwurf).

36 **c)** Mit der **Streichung des § 14 S 2 aF GBBerG** durch Art 2 § 5 Nr 3 SachenRÄndG ist nicht eine Beschränkung des Amtsberichtigungsverfahrens bezweckt. Vielmehr sollte klargestellt werden, was im Schrifttum zwischenzeitlich bereits erkannt worden war, daß nämlich der Gläubiger nicht nur ein Amtsberichtigungsverfahren nach §§ 82, 82 a GBBerG beantragen kann, sondern auch selbst nach § 14 GBO Grundbuchberichtigung betreiben können soll (BT-Drucks 12/7425, 94; oben Rn 32). § 14 GBBerG will diese Möglichkeit nicht ausschließen.

Das Grundbuchamt hat hingegen auch nach der Neufassung des § 14 GBBerG nicht die Verpflichtung, flächendeckende Grundbuchberichtigungsaktionen durchzuführen (vgl schon Böhringer Rpfleger 1994, 284).

37 **d)** Der für die Berichtigung erforderliche **Nachweis**, daß **keine Option** nach § 4 Abs 2, 3 erfolgt ist, kann durch übereinstimmende Erklärung beider Ehegatten nach dem Tod eines bzw beider Ehegatten durch Versicherung des Überlebenden bzw der

Erben erbracht werden (§ 14 S 2 GBBerG); in der Neufassung von § 14 S 2 GBBerG ist die Nachweismöglichkeit auf die Vermutung des § 4a Abs 3 erstreckt, womit jedoch in erster Linie der Nachweis durch den Gläubiger im Verfahren nach § 14 GBO gemeint war (BT-Drucks 12/7425, 94). Die **Form** des § 29 GBO muß hierfür nicht gewahrt werden (§ 14 S 2 GBBerG; LG Potsdam VIZ 1999, 232, 233; Böhringer NotBZ 1998, 227, 228). Seit Anfügung von Satz 4 durch das SachenRÄndG ist das Verfahren **kostenfrei** (Böhringer DtZ 1994, 303).

III. Fortdauernder FGB-Güterstand (Abs 2)

1. Anwendungsfall

38 Abs 2 bezieht sich auf die Situation des § 4 Abs 2, 3, also auf die **Fortdauer der Eigentums- und Vermögensgemeinschaft** in am 3. 10. 1990 bestehenden Ehen durch Fortgeltungserklärung unter Ausschluß der Überleitung in die Zugewinngemeinschaft (dazu § 4 Rn 107 ff).

2. Verwaltung, Haftung

39 **a)** Für die Verwaltung des gemeinschaftlichen Eigentums und die Schuldenhaftung dieser Vermögensmasse finden die Vorschriften über das **durch beide Ehegatten verwaltete Gesamtgut** einer Gütergemeinschaft entsprechende Anwendung (Abs 2 S 1), also §§ 1450–1470 BGB (OLG Rostock OLGR 1999, 84, 85; Palandt/Brudermüller Rn 5; Peters FamRZ 1994, 673, 674).

40 **b)** Nach ihrem Zweck bezieht sich diese Verwaltungsregelung nicht nur auf gemeinschaftliches Eigentum an körperlichen Sachen; vielmehr wollte der Gesetzgeber die Verwaltungsregelungen des FGB (§§ 15 f FGB) insoweit vollständig ablösen; es gelten also §§ 1450 ff BGB umfassend für die Verwaltung des gemeinschaftlichen **Eigentums und Vermögens**.

41 **c)** Diese Regelung bezieht sich sowohl auf das **am 2. 10. 1990 vorhandene** gemeinschaftliche Eigentum und Vermögen als auch auf gemeinschaftliches Eigentum und Vermögen, das aufgrund der Fortgeltungsoption auch noch **seit dem 3. 10. 1990 erworben** werden kann.

42 **d)** Die **Vertretungsbefugnis** des § 15 Abs 1 FGB entfällt; die Ehegatten können nur gemeinsam über das gemeinschaftliche Eigentum verfügen (§ 1450 Abs 1 BGB; Peters FamRZ 1994, 675). Dieser stärkeren Beschränkung des einzelnen Ehegatten steht die Ersetzungsbefugnis des § 1452 BGB gegenüber. Entgegen der hieran geäußerten Kritik (Peters FamRZ 1994, 675) war es geboten, den Rechtsverkehr von der Unsicherheit der Anwendung der nicht vollständig kodifizierten Verwaltungsregelungen des § 15 FGB zu entlasten und durch die der Natur des gemeinschaftlichen Eigentums und Vermögens am ehesten entsprechenden Regelungen des BGB zu ersetzen.

43 **e)** Die **Haftung** des gemeinschaftlichen Eigentums und Vermögens für Verbindlichkeiten eines der Ehegatten unterliegt nicht mehr § 16 FGB; statt dessen gelten §§ 1459 ff BGB (Peters FamRZ 1994, 675). Die hieran mit Hinweis auf Art 14 GG geübte Kritik (PETERS FamRZ 1994, 676) greift nicht durch. Für jeden ehelichen Güterstand ist es dem Gesetzgeber unbenommen, mit Wirkung für die Zukunft Neuregelungen der Verwaltung und Haftung zu schaffen; ein durch Fortgeltungsoption aufrecht erhaltener, im übrigen nicht mehr wählbarer Güterstand ist gegen solche Modifikationen ex nunc nicht im Sinne einer Versteinerung der vordem geltenden Normen geschützt; kein nach § 4 Abs 2 optierender Ehegatte konnte darauf vertrauen, daß der ehemalige FGB-Güterstand ohne Modifikation verewigt werden würde. Selbst eine optionslose Überleitung in die Zugewinngemeinschaft mit Auseinandersetzung des Güterstandes zum 3. 10. 1990 wäre unter verfassungsrechtlichen Gesichtspunkten nicht zu beanstanden gewesen.

44 **f)** Abs 2 gilt auch **außerhalb des Familienrechts**. Einem Ehegatten ist auch *verwaltungs-* und *sozialrechtlich* ein in gemeinschaftlichem Eigentum stehender Gegenstand in der Weise zuzurechnen wie sein Anteil am Gesamtgut. *Steuerrechtlich* ist gemeinschaftliches Eigentum zu behandeln wie ein Gegenstand des Gesamtgutes. Dies gilt insbesondere für die *grunderwerbssteuerliche* Behandlung eines auf Erwerb gemeinschaftlichen Eigentums gerichteten Grundstückskaufvertrages (BFH VIZ 1995, 356, 366).

3. Zwangsvollstreckung

45 Für die Zwangsvollstreckung in das gemeinschaftliche Eigentum und Vermögen ist **§ 740 Abs 2 ZPO** anzuwenden. Die Anwendbarkeit von §§ 740 bis 744, 774, 860 ZPO ergibt sich aus § 744a ZPO. Die Anwendbarkeit von § 740 *Abs 2* ZPO folgt nunmehr aufgrund der in § 4a Abs 2 getroffenen Bestimmung, das gemeinschaftliche Eigentum und Vermögen wie ein *von beiden Ehegatten verwaltetes* Gesamtgut zu behandeln. Erforderlich ist also ein **Titel** gegen beide Ehegatten; haftet das gemeinschaftliche Vermögen für Verbindlichkeiten eines Ehegatten, so genügt ein Leistungstitel gegen diesen und ein Duldungstitel gegen den anderen Ehegatten.

4. Auseinandersetzung

46 Im übrigen stellt Abs 2 S 2 klar, daß in diesen Fällen die **Auflösung** des Güterstandes und die **Auseinandersetzung** des gemeinschaftlichen Eigentums und Vermögens umfassend nach den Bestimmungen des FGB-Güterrechts erfolgt, wie dies in § 4 Abs 2 S 1 bestimmt ist (PETERS FamRZ 1994, 676; im einzelnen zur Auseinandersetzung § 4 Rn 118 ff).

IV. Vermutung zugunsten Bruchteilseigentum (Abs 3)

1. Inhalt und Reichweite (Abs 3 HS 1)

47 **a)** Abs 3 enthält eine **gesetzliche Vermutung**. Wenn gemeinschaftliches Eigentum von Ehegatten besteht, insbesondere, wenn solches im Grundbuch eingetragen ist (BÖHRINGER Rpfleger 1994, 282, 283), wird vermutet, daß Bruchteilseigentum zu Hälfteanteilen besteht. Die Vermutung erfaßt damit auch Fälle, in denen eine Überleitungserklärung nach § 4 Abs 2 abgegeben wurde oder die Ehe bereits vor dem 3. 10. 1990 geschieden war; da in solchen Fällen § 4a nicht anwendbar ist (oben Rn 7, 38), ist die Vermutung dann unrichtig (deshalb kritisch EBERHARDT FamRZ 2001, 668, 670) und kann widerlegt werden (unten Rn 49).

b) Die Vermutung gilt *nur* bei Eintragung gemeinschaftlichen Eigentums, also zu „ehelichem Vermögen“ (LG Dresden Rpfleger 1996, 405; LG Neubrandenburg DtZ 1995, 420; Böhringer NotBZ 1998, 227, 229). Ist nur **ein Ehegatte** als Eigentümer eines Grundstücks im Grundbuch eingetragen, so gilt die Vermutung nicht (LG Dresden aaO; Böhringer Rpfleger 1994, 283; ders Rpfleger 1996, 406; ders NotBZ 1998, 227, 229). Abs 3 soll lediglich die Bruchteilsberechtigung an gemeinschaftlichem Eigentum verwirklichen, setzt aber voraus, daß der Vermögensgegenstand in das gemeinschaftliche Eigentum fällt. Dies schließt es nicht aus, daß auch in solchen Fällen das Grundbuch unrichtig ist, weil zB außerhalb des Grundbuchs Eigentums- und Vermögensgemeinschaft eingetreten ist (dazu Eberhardt FamRZ 2001, 668, 671). **48**

2. Widerleglichkeit (Abs 3 HS 2)

a) Die Vermutung ist **widerleglich**. Dies birgt für einen sich auf die Vermutung stützenden Gläubiger natürlich Kostenrisiken (dazu Eberhardt FamRZ 2001, 668, 670), ist aber angesichts der Gestaltungsmöglichkeiten und der beschränkten Reichweite von Abs 1 (vgl oben Rn 47 zu Fällen materieller Unrichtigkeit der Vermutung) unerläßlich. **49**

Als Mittel der Widerlegung kommen in Betracht

- das **Güterrechtsregister**, sofern Gütergemeinschaft oder eine Fortgeltung der Eigentums- und Vermögensgemeinschaft nach § 4 Abs 2 eingetragen ist (BT-Drucks 12/6228, 100; Palandt/Brudermüller Rn 6; Böhringer Rpfleger 1994, 283)
- die Eintragung **anderer Bruchteile im Grundbuch** (BT-Drucks 12/6228, 100; Palandt/Brudermüller Rn 6; Böhringer Rpfleger 1994, 283; ders NotBZ 1998, 227, 229).

b) Die Widerlegung der Vermutung erfordert den **Beweis** des Bestehens anderer Formen der Mitberechtigung der Ehegatten bzw anderer Quoten; insbesondere muß derjenige, der sich auf die Richtigkeit der Grundbucheintragung zu „gemeinschaftlichem Eigentum der Ehegatten“ beruft, beweisen, daß eine Fortgeltungserklärung nach § 4 Abs 2 abgegeben wurde (Böhringer Rpfleger 1994, 283). **50**

c) Mittelbar wird durch die Vermutung und deren Widerleglichkeit ein **faktischer Zwang** zur Umschreibung des Grundbuchs und zur Anmeldung abweichender Güterstände beim Güterrechtsregister erreicht (BT-Drucks 12/6228, 100; Palandt/Brudermüller Rn 6), was insbesondere jene Fälle betrifft, in denen von der Optionslösung nach § 4 Abs 2 Gebrauch gemacht wurde. **51**

3. Wirkung im Grundbuchverfahren

a) Die gesetzliche Vermutung gilt auch **gegenüber dem Grundbuchamt** und **für das Grundbuchamt**. Abs 3 ist insoweit lex specialis gegenüber § 891 BGB; es wird die *Unrichtigkeit des Grundbuchs* vermutet (Böhringer Rpfleger 1994, 283). **52**

b) Insbesondere gilt die Vermutung zugunsten der die Grundbuchberichtigung **nach § 13 GBO** betreibenden **Ehegatten** sowie eines die Grundbuchberichtigung nach **§ 14 GBO** betreibenden **Gläubigers** (LG Stendal NJ 1994, 322; LG Neubrandenburg MDR 1994, 525, 526; Böhringer Rpfleger 1994, 284; ders Rpfleger 1996, 406 f). **53**

54 c) Die Vermutung gilt aufgrund **§ 14 GBBerG** (idF durch das SachenRÄndG dazu oben Rn 34 ff) auch in dem Verfahren zur Grundbuchzwangsberichtigung von Amts wegen gemäß §§ 82 a, 82 GBO, 14 GBBerG (LG Neubrandenburg MDR 1994, 525, 526).

§ 5
Unterhalt des geschiedenen Ehegatten

Für den Unterhaltsanspruch eines Ehegatten, dessen Ehe vor dem Wirksamwerden des Beitritts geschieden worden ist, bleibt das bisherige Recht maßgebend. Unterhaltsvereinbarungen bleiben unberührt.

Materialien: Siehe Art 230; E: BT-Drucks 11/7760 Art 234 § 5.

Schrifttum

Brudermüller, Anmerkung zu BGH 10. 11. 1993 XII ZR 127/92 (BGHZ 124, 57), FamRZ 1994, 1022
Dieckmann, Zum Unterhalt der in der DDR geschiedenen Ehegatten, FamRZ 1994, 1073
ders, Fragwürdigkeiten bei der Überleitung des nachehelichen Unterhaltsrechts durch den Einigungsvertrag und das Erste Familienrechtsänderungsgesetz der (ehemaligen) DDR, in: FS Lange (1992) 805
Grandke, Zur Wirksamkeit außergerichtlicher Vereinbarungen über den Unterhalt geschiedener Ehegatten auf der Grundlage des FGB, NJ 1991, 261
Graba, Zur Abänderung eines DDR-Urteils über Geschiedenenunterhalt, DtZ 1993, 39
ders, Die Entwicklung des Unterhaltsrechts nach der Rechtsprechung des Bundesgerichtshofs im Jahr 1994, FamRZ 1995, 518
Jayme/Stankewitsch, Nochmals: Scheidungsfolgen und innerdeutsches Kollisionsrecht, IPRax 1993, 162
Lohmann, Anmerkung zu BGH 10. 11. 1993 XII ZR 127/92 (BGHZ 124, 57), EWiR Art 18 EGBGB 1/94, 141
Madaus/Willingmann, Die Anpassung von DDR-Schuldtiteln über nachehelichen Unterhalt im Spannungsfeld zwischen § 33 Satz 2 FGB und § 78 Abs. 1 ZGB, NJ 1997, 235
Maurer, Zum Unterhaltsrecht im Beitrittsgebiet, DtZ 1993, 130
Siehr, Nachehelicher Unterhalt im innerdeutschen Kollisionsrecht, IPRax 1994, 360.

Systematische Übersicht

Alphabetische Übersicht

I. Normzweck, Kritik

1. Grundsatz

1 Die Bestimmung bewirkt – als Ausnahme von dem Grundsatz des § 1 – eine **Festlegung** des auf den „nachehelichen Unterhalt" als Scheidungsfolge **anwendbaren Rechts**. Eheleute, deren Ehe bei Wirksamwerden des Beitritts bereits geschieden war und die ihre Lebensverhältnisse entsprechend dem geltenden Recht eingerichtet haben, sollen nicht neuem Recht unterworfen werden. Bezweckt ist also Vertrauensschutz sowie die Sicherung des Rechtsfriedens (BT-Drucks 11/7817, 44; Lübchen/Rohde 132). Die Bestimmung lehnt sich an die Übergangsregelung in Art 12 Nr 3 Abs 2 des 1. EheRG an (MünchKomm/Maurer Rn 1; zur Abweichung vom Gedanken des Art 18 Abs 4 iVm 17 Abs 1 EGBGB unten Rn 22).

2. Kritik, Verfassungsmäßigkeit

2 **a)** Die Regelung ist nicht ohne Kritik im Hinblick auf die **geänderten sozialen Verhältnisse** geblieben, da das nacheheliche Unterhaltsrecht des FGB (hierzu unten Rn 42 ff) nachdrücklich von §§ 1570 ff BGB abweicht und den Unterhaltsgläubiger insgesamt schlechter stellt als §§ 1570 ff BGB.

3 **aa)** Insbesondere war der Unterhaltsanspruch grundsätzlich zeitlich auf **zwei Jahre befristet** und auf die Fälle von Krankheit, Alter, Kindesbetreuung und andere ehebezogene Gründe beschränkt (§ 29 FGB). Die Bemessung erfolgte nicht nach dem Halbteilungsmaßstab der ehelichen Lebensverhältnisse; soweit überhaupt Unterhalt zugesprochen wurde, waren Quoten von deutlich unter 40% die Regel.

4 **bb)** § 33 FGB sah nur in **Ausnahmefällen eine spätere Erhöhung**, wohl aber eine spätere *Herabsetzung* bzw *Beendigung* des Unterhaltsanspruchs vor (zu § 33 FGB eingehend unten Rn 67 ff).

5 **cc)** Der Unterhaltsanspruch hatte aber auch **faktisch keine große Bedeutung**; aufgrund der Gesellschaftsdoktrin der DDR war der Bestand selbst unproduktiver Arbeitsplätze und die Betreuung von Kindern in staatlichen Einrichtungen garantiert; von Erwerbstätigkeit beider Ehegatten nach Scheidung konnte ausgegangen werden. Genannt werden Zahlen zwischen 2 und 5% Anteil von Unterhaltsfällen an der Gesamtzahl der Ehescheidungen (Eberhardt FamRZ 1990, 919; Lübchen/Rohde 131; Adlerstein/Wagenitz FamRZ 1990, 1300; zur **rentenrechtlichen Situation in der DDR geschiedener Frauen**: Bürgel/Klattenhoff FuR 1993, 127).

6 **b)** Die geäußerten Bedenken beziehen sich zum einen auf den **Gleichheitssatz (Art 3 GG)**.

7 **aa)** Diese **Bedenken greifen hinsichtlich Art 3 Abs 1 GG nicht durch**. Der Vertrauensschutzgesichtspunkt ist ein sachlich angemessenes (wohl sogar gebotenes) Unterscheidungskriterium, das eine Differenzierung nach dem Zeitpunkt der Ehescheidung rechtfertigt. Soweit als Vergleichsgruppe die vor dem 3.10. 1990 geschiedenen Ehen mit BGB-Unterhaltsstatut heranzuziehen sind, rechtfertigt sich die Unterscheidung schon aus der bis dahin bestehenden Rechtsspaltung, die der Gesetzgeber nicht aus Gleichheitsgründen rückwirkend beseitigen mußte (BGH FamRZ 1993, 43; BGHZ 128, 320, 325 f [zweifelnd]; Palandt/Brudermüller Rn 4; MünchKomm/Maurer Rn 3; Lohmann EWiR Art 18 EGBGB 1/1994, 141; Brudermüller FamRZ 1994, 1022, 1026; dezidiert für Verfassungswidrigkeit Bosch FamRZ 1991, 1387). Die Fortgeltung von DDR-Familienrecht ist einerseits seitens der DDR-Regierung in die Verhandlungen zum Einigungsvertrag eingebracht worden, um das Vertrauen der vor DDR-Gerichten geschiedenen Parteien zu schützen (OLG Dresden OLG-NL 1994, 89, 90). Sie entspricht überdies Art 12 Nr 3 Abs 2 des 1. EheRG, dessen Gleichheitsgemäßheit nie bezweifelt wurde (OLG Dresden OLG-NL 1994, 89, 91; Winkler v Mohrenfels OLG-NL 1994, 92; vgl BVerfGE 57, 361, 391). Maßstab der Gleichheitsprüfung darf nicht die zugunsten des Unterhaltsgläubigers günstigste Lösung sein, sondern immer das *beidseitige* berechtigte Vertrauen in eine Rechtslage (Winkler v Mohrenfels OLG-NL 1994, 92); dabei darf nicht außer acht bleiben, daß im Unterhaltsrecht das Vertrauen des Unterhaltsschuldners in die ihm günstigere Regelung im Zeitpunkt der Scheidung mehr Schutz verdient als die Hoffnung des Unterhaltsgläubigers auf ein nach Scheidung zufällig in Kraft gesetztes „besseres“ Unterhaltsrecht (für Verfassungsgemäßheit: Maurer DtZ 1993, 130, 135; MünchKomm/Maurer Rn 3).

bb) Auch in seiner Konkretisierung in **Art 3 Abs 2 GG** ist der Gleichheitssatz nicht verletzt. Die Argumentation, nachehelicher Unterhalt komme in aller Regel Frauen zugute, weshalb die Fortgeltung von DDR-Unterhaltsrecht einseitig den Frauen das Risiko der wirtschaftlichen Verschlechterungen auferlege, begründet keine, auch keine *mittelbare* Frauendiskriminierung. Ungleich behandelt werden zunächst einmal durch das Unterhaltsrecht in der überwiegenden Anzahl der Fälle die geschiedenen Ehemänner, denen Unterhaltsverpflichtungen aufgebürdet werden (zutreffend Winkler v Mohrenfels OLG-NL 1994, 93). Dies ist nur dann und so lange gerechtfertigt, wie der Schuldner leistungsfähig ist, so daß immer eine Herabsetzungsmöglichkeit für Unterhaltsverpflichtungen gegeben sein muß. Hingegen gebietet Art 3 Abs 2 GG nicht ein bestimmtes Mindestmaß an Unterhaltsbelastung des geschiedenen Ehemannes (Winkler v Mohrenfels OLG-NL 1994, 93). **8**

c) Näher liegen Bedenken in Ansehung des **Schutzes von Ehe und Familie (Art 6 Abs 1 GG)** auf dem Hintergrund der vollständig geänderten sozialen Situation und Wirtschaftsverfassung (Adlerstein/Wagenitz FamRZ 1990, 1303; Palandt/Brudermüller Rn 4; Coester-Waltjen Jura 1991, 519 Fn 21; schon zum 1. FamRÄndG Eberhardt FamRZ 1990, 919). **9**

aa) Tatsächlich erscheint es angesichts des vom BGB-Unterhaltsrecht verfolgten **Halbteilungsgrundsatzes** als Härte, wenn ein geschiedener Ehegatte nicht zeitlich unbeschränkt und bis zur Hälfte des Einkommens des anderen Ehegatten aufgrund der gerne beschworenen „nachehelichen Solidarität“ zugreifen kann, obgleich der Staat nicht mehr aus ideologischen Gründen unproduktive Arbeitsplätze (Palandt/Brudermüller Rn 4; Winkler v Mohrenfels OLG-NL 1994, 92; oben Rn 5) unterhält. Der Gesetzgeber konnte aber schon deshalb nicht anders entscheiden, weil die gesamt- **10**

wirtschaftlichen Verhältnisse ebenso den Unterhaltsschuldner betreffen, der bei sinkender realer Kaufkraft schwerlich Ansprüchen ausgesetzt werden darf, mit denen er bei Ehescheidung nicht rechnen mußte.

11 bb) Im rechtspolitischen Kern trifft der gegen § 5 erhobene Vorwurf jedoch die **anderen unterhaltsrechtlichen Wertungen** der aufgrund § 5 anwendbaren konkreten **Unterhaltsregelungen des FGB**. Dies gilt insbesondere für die Begrenzung der *Abänderbarkeit* von DDR-Unterhaltstiteln in § 33 FGB (zweifelnd nun BGHZ 128, 320, 325 f näher unten Rn 64 ff), aber auch für die gegenüber §§ 1570 ff BGB restriktivere Bestimmung des § 29 FGB (zweifelnd: BRUDERMÜLLER FamRZ 1994, 1026). Die Bestimmungen heben deutlicher als das nacheheliche Unterhaltsrecht des BGB den Grundsatz nachehelicher Eigenverantwortlichkeit hervor. Dieser Grundsatz ist aber – wenigstens in der Theorie – § 1569 BGB immanent. Sein in §§ 1569 ff BGB (zu) stark betonter Gegenpol, die *nacheheliche Solidarität*, gehört jedenfalls nicht zum Grundbestand des von Art 6 Abs 1 GG gewährleisteten Schutzes der Ehe oder gar zum deutschen ordre public (zutreffend WINKLER v MOHRENFELS OLG-NL 1994, 93; MünchKomm/MAURER Rn 3).

12 d) Unergiebig ist auch die Annahme, **§ 33 FGB** verstoße gegen **Art 3 Abs 1 GG**, weil der Unterhaltsschuldner einseitig begünstigt werde, indem eine Abänderung nur zu Lasten des Unterhaltsgläubigers möglich sei (so BRUDERMÜLLER FamRZ 1994, 1026). Auf diesen Gedanken kann nur kommen, wer Unterhaltsansprüche als Normalzustand begreift. Insoweit gilt das im Verhältnis Ehemann/Ehefrau zu Art 3 Abs 2 GG Gesagte (oben Rn 8): Zunächst einmal ist der Unterhaltsschuldner bereits ungleich belastet, denn er muß entgegen dem Prinzip der Eigenverantwortlichkeit Unterhalt leisten; wenn § 33 FGB diese Verpflichtung auf den Stand der Verhältnisse bei Scheidung festschreibt und nur bei geringerer Leistungsfähigkeit eine Korrektur zuläßt, bedeutet dies nur eine gebotene Kontrolle der Ungleichbehandlung des Unterhaltsschuldners am Maßstab der Verhältnismäßigkeit.

13 e) Überdies könnte die Überleitung sogar die Frage aufwerfen, ob der in **§ 29 FGB** angeblich angelegte **„Grundsatz nachehelicher Solidarität"** (so ADLERSTEIN/WAGENITZ FamRZ 1990, 1302) ausreicht, um den Ehegatten einer vor dem 3. 10. 1990 geschlossenen, aber nicht geschiedenen Ehe die erheblich größeren Verpflichtungen des neuen BGB-Unterhaltsrechts auferlegen zu können. Da der Gesetzgeber keine Bedenken hatte, intertemporal anläßlich des 1. EheRG so zu verfahren, wird man nunmehr nicht anders entscheiden können.

14 f) **Rechtspolitisch** könnte die Befassung mit dem nachehelichen Unterhaltsrecht der DDR Anlaß geben, erneut über gravierende Ärgernisse des „Grundsatzes nachehelicher Solidarität" nachzudenken. Dies setzt freilich voraus, daß der Streit um nacheheliche Selbstverantwortung und nacheheliche Solidarität aus seiner verfassungsrechtlichen Überhöhung herabgeholt wird auf die Ebene des schlicht rechtspolitisch zu lösenden Interessenkonflikts, dem er angehört.

15 aa) Diese Solidarität wird neutral formuliert, aber bekanntlich ganz überwiegend dem **Ehemann** abverlangt (LÜBCHEN/ROHDE 132; BOSCH FamRZ 1991, 1387 f; WINKLER v MOHRENFELS OLG-NL 1994, 93). Wer diese Zwangssolidarität von dem Standpunkt der auf Lebenszeit geschlossenen Ehe als letzten Rest einer Lebenszeitwirkung verteidigt (so BOSCH FamRZ 1991, 1386 ff), darf nicht übersehen, daß dieser Anspruch mehrheitlich unterhaltspflichtige Männer betrifft und jedenfalls nur den Unterhaltsschuldner an schnöde wirtschaftliche Folgen einer Ehe bindet, die mit einem partnerbezogenen und personalen Eheverständnis ebensowenig zu tun haben wie mit nachehelicher Eigenverantwortlichkeit. Gerade vor dem Hintergrund dieses Versuchs, einen Rest von Unscheidbarkeit der Ehe im Unterhaltsrecht zu verwurzeln, offenbaren §§ 1570 ff BGB aber auch sehr deutlich einen illiberalen scheidungsfeindlichen Kern.

16 **bb)** Der Standpunkt des FGB erscheint durchaus **unabhängig vom Gesellschaftssystem folgerichtig**: Eine Rechtsordnung, welche (zu Recht) die einseitige Aufkündigung ehelicher Solidarität erlaubt (Zerrüttungsscheidung), setzt sich schwerlich in einen inneren Widerspruch, wenn sie den Grundsatz verfolgt: „Mit der Scheidung sind alle Ehewirkungen beendet" (dies kritisiert heftig BOSCH FamRZ 1991, 1386). Insbesondere hatte sich bis zum Inkrafttreten des 1. FamRÄndG das FGB in erfreulicher Deutlichkeit zu einem Grundsatz bekannt, der nicht nur „sozialistischer" Moral entspricht: Wer sich unter Verstoß gegen die eheliche Solidarität von der Ehe löst, kann nicht nacheheliche Solidarität einfordern (vgl zu § 39 Abs 1 FGB aF EBERHARDT ua, FGB Anm 2. 3 zu § 29). Gemessen hieran rücken legislative Nachbesserungen des § 1579 BGB noch immer nicht gerade, was von vielen Betroffenen als grobes Unrecht verstanden wird!

17 **cc)** Vorwiegend sozialistischem Gesellschaftsdenken entspricht hingegen eine andere Regelung des FGB-Unterhaltsrechts; **Kindesbetreuungsunterhalt** ist auch in der Fassung des 1. FamRÄndG erheblich eingeschränkt auf Fälle der Vereinbarung der Eltern über die häusliche Betreuung und Erziehung bzw in der Person des Kindes liegende Gründe. Dem liegt die Ideologie des Vorranges staatlicher Erziehung zugrunde. Der vernehmbare Ruf nach öffentlichen Ganztagesbetreuungsstätten (SOMMER, in: SCHWAB/REICHEL 165) wird im Interesse berufstätiger Eltern erhoben, aber nicht im Interesse des Kindeswohls. Kindeswohlorientierte Kindergartenbetreuung als eine wichtige Form der *Gesellschaftsintegration*, die aber nur in *Ergänzung* zu der in gleichem Maße erforderlichen *Kleingruppenintegration* eine optimale Erziehung gewährleistet, denaturiert in solchen Forderungen zur Kinder-Aufbewahrung. § 1570 BGB nimmt insoweit eine Sonderstellung unter den nachehelichen Unterhaltstatbeständen ein, als diese Bestimmung den erforderlichen wirtschaftlichen Freiraum des betreuenden Elternteils gewährleistet, indem Ehegattenunterhalt im Interesse der Kinder gewährt wird. Insbesondere ist Versuchen entgegenzutreten, § 1570 BGB umzuinterpretieren in dem Sinne, daß bei Vorhandensein einer Kinderkrippe der betreuende Ehegatte zur Berufstätigkeit verpflichtet ist (so aber SOMMER aaO). Vielmehr sollte umgekehrt im Interesse des Kindeswohls bei künftiger Anwendung von § 29 Abs 1 Nr 3 FGB die – neben jeder Kindergartenbetreuung notwendige – Betreuung des Kindes durch einen Elternteil als „in der Person des Kindes liegender Grund" anerkannt werden.

II. Interlokaler Anwendungsbereich

1. Kollisionsrechtliche Bestimmung

18 **a)** Der Anwendungsbereich von § 5 ist **kollisionsrechtlich** gemäß dem bisherigen

innerdeutschen Kollisionsrecht zu bestimmen (BGHZ 124, 57; BGH FamRZ 1993, 43; BGH FamRZ 1994, 824; BGH FamRZ 1994, 1582; OLG Karlsruhe FamRZ 1997, 370; Palandt/Brudermüller Rn 1; MünchKomm/Maurer Rn 4; Adlerstein/Wagenitz FamRZ 1990, 1301; Siehr IPRax 1994, 360, 361; Graba DtZ 1993, 39, 40; ders FamRZ 1995, 522). Dafür genügt es nicht, daß eine Ehe in der DDR geschieden wurde. Die Bestimmung enthält nur eine intertemporale Norm (Dörner, in: FS W Lorenz [1991] 335); sie bestimmt nicht interlokal ihren Anwendungsbereich durch Bezugnahme auf das Ehescheidungsverfahren (so aber Jayme IPRax 1991, 12).

19 **b)** Maßgeblich ist daher in entsprechender Anwendung von Art 8 Abs 1 Haager Unterhaltsstatutübereinkommen von 1973 (vgl Art 18 Abs 4 EGBGB) das **tatsächlich auf die Scheidung angewendete Recht** (OLG Düsseldorf FamRZ 1992, 573; OLG Naumburg OLG-NL 1997, 141; Coester-Waltjen Jura 1991, 519; zur *Verfassungsmäßigkeit* BVerfG FamRZ 1994, 1453); bei Ehescheidung in der DDR war Scheidungsstatut das Recht der DDR, sofern nicht beide Ehegatten demselben ausländischen Staat (einschließlich der Bundesrepublik) angehörten (§ 20 RAG).

2. Wandelbarkeit

20 **a)** Der BGH hatte jedoch in ständiger Rechtsprechung eine Ausnahme zu dieser unwandelbaren Anknüpfung entsprechend international-privatrechtlichen Grundsätzen entwickelt:

21 Waren **beide Ehegatten** nach der Ehescheidung aus der DDR **in die Bundesrepublik** gelangt, so wurde der Unterhaltsanspruch künftig dem BGB unterstellt (einmalige **Wandelbarkeit des Scheidungsfolgenstatuts**). Dies trug den Besonderheiten im deutsch-deutschen Verhältnis Rechnung, insbesondere dem Umstand, daß der Zuzug in die Bundesrepublik nicht als neutraler Vorgang, sondern als Abkehr vom Rechtssystem der DDR zu werten war, so daß die Bindung an dieses Recht durch die unwandelbare scheidungsfolgenrechtliche Anknüpfung unbillig erschienen wäre. Blieb hingegen ein Ehegatte in der DDR, so hatte es mit dem dortigen Scheidungsfolgenstatut sein Bewenden, auch hinsichtlich des Unterhalts des in der Bundesrepublik lebenden Ehegatten, selbst wenn dieser *vor* Scheidung umgezogen war (BGH DtZ 1992, 94, 95 unter Bezugnahme auf die in nicht veröffentlichten Entscheidungen geäußerte gegenteilige Ansicht des BSG).

22 **b)** Fraglich war nach Inkrafttreten des IPR-Neuregelungsgesetzes zum 1. 1. 1986, ob diese unter altem Kollisionsrecht entwickelten Grundsätze in Hinblick auf **Art 18 Abs 5 EGBGB** (bzw Art 15 Haager Unterhaltsstatutübereinkommen 1973) dahingehend zu erweitern seien, daß bereits bei **Umzug des Unterhaltsverpflichteten** in das Bundesgebiet sich das Unterhaltsstatut zum Bundesrecht hin wandelt. In unmittelbarer Anwendung, also im international-privatrechtlichen Bereich, bewirkt freilich Art 18 Abs 5 keine Wandelbarkeit *nach* Ehescheidung (Dieckmann, in: FS Lange 807).

23 **aa)** Verbreitet wurde zunächst im Schrifttum, teilweise auch in der Rechtsprechung, die Anwendung des Art 18 Abs 5 im innerdeutschen Kollisionsrecht abgelehnt (KG DtZ 1992, 396; Henrich FamRZ 1991, 875; Johannsen/Henrich[2] Rn 5; Göppinger/Wax, Unterhaltsrecht[6] Rn 3422; nach der Klarstellung durch den BGH, sogleich Rn 25: Dieckmann FamRZ 1994, 1073; Siehr IPRax 1994, 360; wohl auch OLG Köln FamRZ 1994, 708).

bb) Der **BGH** hat sich dagegen der in der oberlandesgerichtlichen Rechtsprechung überwiegenden Ansicht angeschlossen, die Art 18 Abs 5 EGBGB analog auf das innerdeutsche Verhältnis anwendet (BGHZ 124, 57; 61 mit unveröffentlichten Nachw aus der Rspr der OLGe; BGH FamRZ 1994, 562, 563; BGH FamRZ 1994, 824; BGH FamRZ 1994, 1218; BGH DtZ 1995, 207; [offen noch BGH DtZ 1992, 95; BGH FamRZ 1991, 421]; OLG Düsseldorf FamRZ 1992, 573; OLG Hamm FamRZ 1994, 707; zustimmend Palandt/Heldrich Art 17 Rn 40, Art 18 Rn 21; Palandt/Brudermüller Rn 1; MünchKomm/Maurer Rn 4 Rolland/Hülsmann, Familienrecht vor §§ 1569 ff BGB Rn 64; Brudermüller FamRZ 1994, 1023; Lohmann EWiR Art 18 EGBGB 1/94, 141; Graba FamRZ 1995, 522). **24**

Die Anwendung von Art 18 Abs 5 im innerdeutschen Verhältnis ist jedenfalls *nicht verfassungswidrig* (BVerfG FamRZ 1994, 1453).

cc) Die Anwendung bundesdeutschen Rechts bei gewöhnlichem Aufenthalt (nur) des Unterhaltspflichtigen in Deutschland und gemeinsamem deutschen Heimatrecht ist jedoch **weiterhin abzulehnen**: **25**

α) Art 18 Abs 5 ist zugeschnitten auf Fälle mit **Auslandsbezug**; im Verhältnis zur DDR hatte außerdem ein Ehegatte mit gewöhnlichem Aufenthalt in der DDR (als „Bürger der DDR") kollisionsrechtlich kein „bundesdeutsches Heimatrecht", da das „kollisionsrechtliche Heimatrecht" sich innerdeutsch nach dem gewöhnlichen Aufenthalt beurteilte (KG DtZ 1992, 397; Siehr IPRax 1994, 360, 362); es fehlt also gerade an dem starken Inlandsbezug *beider Parteien*, den der BGH zutreffend als ratio des Art 18 Abs 5 EGBGB erkennt (BGHZ 124, 57, 63). **26**

β) Deshalb ist die Ansicht des BGH auch unter **Vertrauensschutzgesichtspunkten** kritikwürdig: War vor dem 3. 10. 1990 nur der Unterhaltsschuldner in die Bundesrepublik übersiedelt, so ist die innerdeutsche Zuordnung des Falles keineswegs so eindeutig, daß man die von § 5 für eine Fortgeltung des FGB-Unterhaltsrechts vorausgesetzte Anwendbarkeit des FGB vor dem 3. 10. 1990 rundweg ablehnen könnte: Aus Sicht der Gerichte der DDR als des Aufenthaltes des Unterhaltsgläubigers war das FGB maßgeblich. **27**

γ) Vollends unsachlich wäre es, der Ansicht des BGH deshalb zu folgen, weil solchermaßen der Anwendungsbereich der **BGB-Bestimmungen** über den nachehelichen Unterhalt **erweitert** wird (so aber Lohmann EWiR Art 18 EGBGB 1/1994, 141), was regelmäßig den Unterhaltsanspruch erhöht. Es kann nicht Sinn einer kollisionsrechtlichen Entscheidung sein, die Grenzen einer Kollisionsnorm zu verbiegen, um ein nach einer Ansicht rechtspolitisch erwünschtes Ergebnis zu erzielen. **28**

dd) Nach Ansicht des BGH gilt also schon dann bundesdeutsches Unterhaltsrecht, wenn die Ehe in der DDR geschieden wurde und **nur der Unterhaltsverpflichtete** vor dem 3. 10. 1990 in die Bundesrepublik übersiedelt ist, nach hier vertretener Ansicht tritt dieser Statutenwechsel nur ein, wenn **beide Ehegatten** vor dem 3. 10. 1990 übersiedelt sind. **29**

c) Andererseits sind aber Zweifel an der **Fortgeltung des Wandelbarkeitsgrundsatzes über den 1. 9. 1986** (Inkrafttreten von Art 18; Henrich FamRZ 1991, 875) unbegründet: Es ging insoweit nicht um die Frage, ob eine klare gesetzliche oder eine nur **30**

richterliche *IPR-Kollisionsnorm* für den nachehelichen Unterhalt bestand, sondern um das besondere deutsch-deutsche Verhältnis, also um die vorgelagerte Frage, ob interlokal die international-privatrechtliche Kollisionsnorm unbeschränkt zu analogisieren war (so auch OLG Köln FamRZ 1994, 708).

31 d) Fraglich ist, ob dieser Wandelbarkeitsgrundsatz **über den 3.10. 1990 fortgilt**. Nach zutreffender Ansicht ist zu unterscheiden:

32 aa) Hat sich aufgrund **Aufenthaltswechsels vor dem 3.10. 1990** bereits das scheidungsfolgenrechtlich bestimmte DDR-Unterhaltsstatut gewandelt, so fehlt es an der interlokalen Voraussetzung für die Anwendung von § 5, denn am 2.10. 1990 war bereits bundesdeutsches Recht Unterhaltsstatut (OLG Köln FamRZ 1994, 708); es bleibt also bei dem bereits eingetretenen Statutenwechsel; im übrigen darf in die durch den Statutenwechsel bereits entstandene Rechtsposition nicht eingegriffen werden (BGHZ 124, 57, 59; OLG Düsseldorf FamRZ 1992, 573; OLG Hamm FamRZ 1994, 706, 707; Palandt/Brudermüller Rn 2; Adlerstein/Wagenitz FamRZ 1990, 1301; Pirrung RabelsZ 1991, 234; Coester-Waltjen Jura 1991, 519; Kalthoener/Bittner NJW 1991, 399; **aA** Dieckmann, in: FS Lange 827). Die Anwendung des bundesdeutschen Unterhaltsrechts kann in solchen Fällen auch nicht von einem *konkreten Vertrauenstatbestand* abhängig gemacht werden (so aber Dieckmann FamRZ 1994, 1073). Einmal schützt § 5 wie alle Überleitungsnormen das abstrakte Vertrauen und ist daher auch in Hinblick auf die Rechtssicherheit nicht einer Vertrauensprüfung im Einzelfalle zugänglich. Zudem ist für eine *Fortgeltung* von FGB-Unterhaltsrecht kein Raum in Fällen, in denen vor dem 3.10. 1990 dieses nach den Grundsätzen des innerdeutschen Kollisionsrechts nicht gegolten hat (BGH FamRZ 1994, 1583). Allerdings ist der Gegenansicht einzuräumen, daß die nach Ansicht des BGH gebotene Anwendung von Art 18 Abs 5 diese Wertung in Frage stellt (vgl Dieckmann FamRZ 1994, 1073, 1076), denn sie zieht interlokal Fälle unter die Anwendung des BGB-Unterhaltsrechts, die bis zum 3.10. 1990 sowohl aus Sicht der DDR wie auch aus Sicht der damals überwiegenden Ansicht in der Bundesrepublik der DDR zuzuordnen waren.

33 bb) Dies gilt auch für Scheidungen **vor dem 1.7. 1977**. Ist die Scheidung vor diesem Stichtag durch ein Gericht der DDR ausgesprochen worden und der Wechsel des Unterhaltsstatuts zum bundesdeutschen Recht danach, aber vor dem 3.10. 1990 eingetreten, so ist intertemporal das anwendbare Unterhaltsrecht nach Art 12 Nr 3 Abs 2 des 1. EheRG zu bestimmen; maßgeblich sind also §§ 58 ff EheG aF (BGH FamRZ 1994, 824). Fehlt es in dem Urteil an einem Schuldausspruch (was bei Anwendung der Scheidungsbestimmungen des FGB regelmäßig der Fall sein wird), so ist die Frage des Verschuldens im Unterhaltsverfahren zu klären (BGH FamRZ 1994, 824; Graba FamRZ 1995, 522).

34 cc) Hingegen schließt § 5 als vorrangige intertemporale Regelung einen **Statutenwechsel nach dem 2.10. 1990** aus. War am 2.10. 1990 das Recht der DDR als Scheidungsfolgenstatut Unterhaltsstatut, weil die Ehegatten in der DDR nach dortigem Recht geschieden wurden und dort verblieben sind, so bleibt es dies auch, wenn beide Ehegatten ihren Aufenthalt in einem alten Bundesland nehmen. Dies ist auch einzig sachgerecht, weil ein solcher Aufenthaltswechsel nunmehr wertungsneutral ist und nicht mehr als Abkehr von einer Rechtsordnung verstanden werden kann (BGHZ 124, 57, 59 [passim]; Palandt/Brudermüller Rn 3; MünchKomm/Maurer Rn 4; Adlerstein/Wage-

NITZ FamRZ 1990, 1301; PIRRUNG RabelsZ 1991, 234; JAYME IPRax 1991, 12; DÖRNER, in: FS W Lorenz [1991] 335; COESTER-WALTJEN Jura 1991, 519; KALTHOENER/BITTNER NJW 1991, 399; WINKLER v MOHRENFELS OLG-NL 1994, 91; mit anderer Begründung auch DIECKMANN, in: FS Lange 823). Hieraus läßt sich jedoch kein Argument gegen die vom BGH zutreffend angenommene Wandelbarkeit bis zum 3. 10. 1990 (oben Rn 20 ff) konstruieren (aA JAYME/STANKEWITSCH IPRax 1993, 162: rückwirkende Änderung des bisherigen bundesdeutschen interlokalen Privatrechts durch § 5): Die vor dem 3. 10. 1990 bei einem Umzug anzunehmende Hinwendung zur Bundesrepublik als dem *anderen* deutschen Staat als maßgebliche Rechtfertigung für einen Statutenwechsel entfällt nach dem 3. 10. 1990.

35 **e)** Sind aufgrund der Wandelbarkeit bei einer in der DDR geschiedenen Ehe **§§ 1570 ff BGB anzuwenden**, so erfordert die Bestimmung des **Bedarfs nach den ehelichen Lebensverhältnissen** eine Projektion der Verhältnisse in der DDR auf die Verhältnisse im Bundesgebiet. Dabei sind die auf die heutigen Verhältnisse projizierten Lebensverhältnisse vor der Scheidung zu sondern gegen die nicht in der Ehezeit angelegten Einkommensentwicklungen. Dabei ist eine aufgrund der Wiedervereinigung oder aufgrund der Wohnsitzverlegung in das Bundesgebiet erzielte Einkommensverbesserung den ehelichen Lebensverhältnissen noch zuzuordnen, wenn die *ausgeübte Tätigkeit* derjenigen in der DDR entspricht bzw ein Beteiligter Rentner ist und dies bereits in der DDR war (BGH DtZ 1995, 207 ff; MünchKomm/MAURER Rn 5). Hingegen sind *Karrieresprünge*, auch wenn sie mit den geänderten Chancen aufgrund der Wiedervereinigung in mittelbarem Zusammenhang stehen, nicht mehr in den ehelichen Lebensverhältnissen angelegt.

III. Stichtagsregelung (Satz 1)

1. Intertemporale Grundsätze

36 **a)** Satz 1 ordnet eine **echte Fortgeltung von DDR-Unterhaltsrecht** an für Unterhaltsansprüche eines Ehegatten, dessen Ehe vor dem Stichtag 3. 10. 1990 geschieden worden ist. Das Unterhaltsrecht der §§ 29 ff FGB gilt also in diesen Fällen auch für Unterhaltszeiträume, die nach dem 3. 10. 1990 liegen (BGHZ 124, 57; KG DtZ 1992, 397; BT-Drucks 11/7817, 44; PALANDT/BRUDERMÜLLER Rn 1; WINKLER v MOHRENFELS OLG-NL 1994, 91). Dabei kommt es nicht darauf an, ob der Unterhaltsanspruch bereits vorher tituliert wurde, also nur abzuändern ist, oder ob erstmals ein Unterhaltsanspruch tituliert wurde (ungenau daher SOMMER, in: SCHWAB/REICHEL 165).

37 **b)** Mit Wirkung vom 1. 10. 1990 wurde das maßgebliche Unterhaltsrecht der DDR durch das **1. FamilienrechtsänderungsG** modifiziert. Da Ehescheidungen am 1./2. 10. 1990 die Ausnahme bilden dürften, stellt sich die Frage, ob die Fortgeltungsanordnung auf die alte Fassung des FGB oder die Neufassung gerichtet ist. Nach ganz hM ist die Neufassung anzuwenden, auch wenn die Scheidung bereits vor dem 1. 10. 1990 erfolgte (KG DtZ 1992, 86; EBERHARDT, in: SCHWAB/REICHEL 160; SOMMER ebenda 165; GRANDKE NJ 1991, 262; COESTER-WALTJEN Jura 1991, 519; DIECKMANN, in: FS Lange 815 f; Zweifel nur bei JAYME IPRax 1991, 14; LÜBCHEN/ROHDE 132). Offenbar kann sich diese Ansicht auf eine Äußerung in den Materialien zum 1. FamRÄndG (§ 29 Änderungsentwurf; ADLERSTEIN/WAGENITZ FamRZ 1990, 1303 Fn 26; EBERHARDT FamRZ 1990, 919) stützen. Immerhin ist zu bedenken, daß diese Sicht diametral der § 5 zugrundeliegenden Wertung zum Inkrafttreten des BGB-Unterhaltsrechts widerspricht. Die damit verbundene *unechte Rückwirkung* auf Altscheidungen kann nicht ohne weiteres als verfassungsrechtlich unbedenklich angesehen werden. Insbesondere mußten Ehegatten, die vor der Wende des Herbstes 1989 geschieden wurden, schwerlich mit einer Ausdehnung nachehelicher Unterhaltsansprüche rechnen; wenn sich der Bundesgesetzgeber mittels vorliegender Bestimmung die Übergangsregelung des DDR-Gesetzgebers zu eigen gemacht hat, ist diese aber in gleicher Weise an verfassungsrechtlichen Vorgaben zu messen wie bundesdeutsches Recht. Sie dürfte wohl nur deshalb tolerabel sein, weil systemeingreifende Änderungen nicht erfolgten und § 29 Abs 3 FGB materiellrechtlich die Rückwirkung dadurch begrenzt, daß neue Unterhaltsgründe nur bis zu zwei Jahren nach Rechtskraft der Scheidung geltend gemacht werden können (vgl auch EBERHARDT FamRZ 1990, 919; zu den Bestimmungen im einzelnen unten Rn 42 ff).

38 **c)** Fälle, in denen die Überleitung des BGB-Unterhaltsrechts **nach § 7 EGFGB** in die Bestimmungen der EheVO zum 1. 1. 1956 bzw in die Bestimmungen des FGB zum 1. 4. 1966 entscheidungserheblich wird, dürften in der Praxis kaum relevant sein. § 7 EGFGB erlaubte in Erweiterung der Überleitung auf alle bestehenden familienrechtlichen Verhältnisse (§ 2 EGFGB) die Herabsetzung von alten rechtskräftigen Unterhaltstiteln. § 7 Abs 1 EGFGB sah eine auf die Gesetzesänderung zum 1. 4. 1966 gestützte Abänderungsklage vor, wenn nach FGB der Anspruch *wesentlich* höher oder niedriger war als nach vorherigem Recht. Unterhaltstitel aus der Zeit vor dem 1. 1. 1956 waren nach § 7 Abs 2 EGFGB beständiger; ihre Abänderung erfolgte nur bei Unvereinbarkeit mit „den Prinzipien des sozialistischen Familienrechts".

39 **d)** Bei **Scheidung nach dem Stichtag** gelten gemäß Art 234 § 1 die Bestimmungen der §§ 1569 ff BGB (PALANDT/BRUDERMÜLLER Rn 3; zu den anwendbaren **unterhaltsrechtlichen Leitlinien** siehe § 1 Rn 24).

2. Scheidung vor dem Stichtag – maßgeblicher Zeitpunkt

40 **a)** Die **Regelung** fügt sich nicht ohne weiteres in die kollisionsrechtliche Systematik ein. Da das nacheheliche Unterhaltsstatut an das Scheidungsstatut anknüpft (oben Rn 11), dieses aber im Zeitpunkt der *Rechtshängigkeit* des Scheidungsantrags endgültig bestimmt ist, hätte es unter Berücksichtigung der kollisionsrechtlichen Theorie zur Abgeschlossenheit von unwandelbar angeknüpften Tatbeständen nahegelegen, auf diesen Zeitpunkt abzustellen. Die Entscheidung des Gesetzgebers, ein schützenswertes Vertrauen erst mit Scheidung der Ehe anzunehmen, bestätigt mittelbar die materiellrechtliche These zu Art 220. Jedenfalls kann die vorliegende Bestimmung nicht entgegen dem klaren Wortlaut dahin gedeutet werden, daß bereits bei Rechtshängigkeit vor dem 3. 10. 1990 das Unterhaltsstatut festgelegt ist. Hätte der Gesetzgeber dies gewollt, hätte er insbesondere auch für die Scheidung selbst bei Rechtshängigkeit vor dem 3. 10. 1990 das Recht der DDR für anwendbar erklären müssen, was offenkundig nicht geschehen ist (PALANDT/HELDRICH Art 236 Rn 5; RAUSCHER DNotZ 1991, 212; GRANDKE NJ 1990, 322; dies übersieht COESTER-WALTJEN Jura 1991, 519).

41 **b)** In Betracht kommt daher nur die Alternative zwischen den Zeitpunkten der **Rechtskraft** des Scheidungsurteils und der erstinstanzlichen **Urteilsverkündung**. Für eine Anknüpfung an die Rechtskraft (passim KG DtZ 1992, 86; GRANDKE DtZ 1990, 321; dezidiert BOSCH FamRZ 1991, 1383) spricht zwar, daß das Gesetz regelmäßig die Rechtskraft meint, wenn es von einem rechtsgestaltenden Urteil spricht. Dem läßt sich aber entgegenhalten, daß die Überleitungsbestimmungen an anderer Stelle (§ 7 Abs 3) ausdrücklich die Rechtskraft ansprechen. Ausschlaggebend sollte sein, daß nicht durch Einlegung von Rechtsmitteln *Manipulationsmöglichkeiten* eröffnet werden. Die Festlegung auf den Zeitpunkt der Urteilsverkündung ist dem Einfluß der Parteien weitgehend entzogen und vermeidet widersprüchliche Ergebnisse (die von Bosch FamRZ 1991, 1383 vermuteten Widersprüche gründen auf der unzutreffenden Prämisse, in der Rechtsmittelinstanz sei nach dem 3. 10. 1990 jedenfalls das BGB anzuwenden; eben dies schließt § 5 aus!). Maßgeblich ist also der Zeitpunkt der *erstinstanzlichen Urteilsverkündung* (Adlerstein/Wagenitz FamRZ 1990, 1303; Lübchen/Rohde 132; Eberhardt, in: Schwab/Reichel 160; MünchKomm/Maurer Rn 7; Dieckmann, in: FS Lange 809).

IV. Fortgeltendes DDR-Unterhaltsrecht

1. Unterhaltstatbestände nach Ehescheidung

42 **a)** Materiellrechtlich sind §§ **29 ff FGB** anzuwenden (BGH FamRZ 1994, 562; BGHZ 128, 320, 324; KG DtZ 1992, 396; OLG Dresden OLG-NL 1994, 89; Palandt/Brudermüller Rn 5; Eberhardt, in: Schwab/Reichel 160 f; Lübchen/Rohde 132 ff; Maurer DtZ 1993, 130, 131 ff; vgl zum FGB-Unterhaltsrecht auch MünchKomm/Maurer Rn 8 ff; Madaus/Willingmann NJ 1997, 235, 236).

43 **b)** Ein nachehelicher Unterhaltsanspruch besteht bei Bedürftigkeit wegen **Alters** und **Krankheit** (§ 29 Abs 1 Nrn 1, 2 FGB; Maurer DtZ 1993, 130, 131; Dieckmann, in: FS Lange 810). **Kindesbetreuungsunterhalt** kann nur verlangt werden, wenn die Betreuung „von den Eltern vereinbart wurde oder wegen in der Person eines Kindes liegender Gründe notwendig ist" (§ 29 Abs 1 Nr 3 FGB). Diese Bestimmung muß im Sinne von Art 6 GG erweiternd ausgelegt werden: Aus in der Person des Kindes liegenden Gründen ist die Betreuung durch einen Elternteil grundsätzlich im Rahmen der von der Rechtsprechung zu § 1570 BGB entwickelten Grundsätze geboten; es muß also nicht eine besondere (krankheitsbedingte) Betreuungsbedürftigkeit dargetan sein oder gar nachgewiesen werden, daß das Kind nicht in einen Hort abgeschoben werden kann (vgl zur ideologischen Belastung des § 29 Abs 1 Nr 3 FGB oben Rn 16 f).

44 **c)** Ein Unterhaltsanspruch besteht außerdem bei Vorliegen **anderer sich aus der Entwicklung oder Scheidung der Ehe ergebenden Gründen** (§ 29 Abs 1 Nr 4 FGB). Insbesondere *Erwerbslosigkeit* kommt als solcher Grund nur dann in Betracht, wenn die Erwerbslosigkeit *ehebedingt* ist (Adlerstein/Wagenitz FamRZ 1990, 1303; Lübchen/Rohde 135; Dieckmann, in: FS Lange 810). Unterhaltsansprüche können also nicht auf die *veränderte wirtschaftliche Gesamtsituation* gestützt werden (KG DtZ 1992, 86; AG Detmold FamRZ 1992, 1441; AG Detmold NJW-RR 1993, 967; Palandt/Brudermüller Rn 5; Beispiele bei Eberhardt, in: Schwab/Reichel 160; **aA** KG FamRZ 1993, 567; vgl insbesondere zur Abänderung von Unterhaltstiteln unten Rn 64 ff).

45 **d)** Die Unterhaltsverpflichtung bleibt wie bisher im Grundsatz auf die Dauer von **zwei Jahren** seit Rechtskraft der Scheidung **befristet** (§ 29 Abs 1, letzter HS FGB; Maurer DtZ 1993, 130, 131). Ein unbefristeter Anspruch besteht, wenn vorauszusehen ist, daß sich der Unterhaltsberechtigte keinen eigenen Erwerb schaffen kann **und** die unbefristete Zahlung unter Berücksichtigung aller Umstände **zumutbar** ist (§ 29 Abs 2 FGB; BGH FamRZ 1993, 43).

War der Unterhaltsanspruch, der nur im **Scheidungsurteil** oder innerhalb von **zwei Jahren danach** tituliert werden konnte (§ 29 Abs 3 FGB), befristet, so ist die Titulierung einer befristeten oder unbefristeten **Fortdauer** nach § 31 FGB aus den in § 29 FGB genannten Gründen möglich, wenn dies innerhalb von sechs Monaten nach Ablauf der bisherigen Befristung oder Zahlungseinstellung verlangt wird (§ 31 S 2 FGB). Dabei sind jedoch die Tatbestände des § 29 FGB **keine Anschlußtatbestände** (MünchKomm/Maurer Rn 12), der Fortdauer kann also kein neuer Grund unterlegt werden, der bei Ersttitulierung noch nicht vorgelegen hat. Eine vollständig neue Titulierung ohne diesen zeitlichen Bezug zum ursprünglichen Unterhaltstitel ist nicht mehr möglich.

46 **e)** Unverändert **ausgeschlossen** sind Unterhaltsansprüche, wenn die Ehegatten nicht mindestens ein Jahr verheiratet waren und **zusammengelebt** haben, sofern nicht ein Kind geboren wurde oder besondere Umstände vorliegen (§ 30 Abs 1 FGB). Der Unterhaltsanspruch **erlischt** mit der Wiederverheiratung des Berechtigten (§ 32 Abs 2 FGB).

47 **f)** Das **Maß** von Unterhaltsansprüchen bestimmt sich gemäß § 29 Abs 1 FGB nach den beiderseitigen Verhältnissen. Zur Bestimmung der *ehelichen Lebensverhältnisse* kann nicht mehr auf die im Zeitpunkt der Scheidung in der DDR herrschenden Lebensverhältnisse abgestellt werden. Deshalb ist in ähnlicher Weise wie bei der Unterhaltsbemessung nach §§ 1570 ff BGB (oben Rn 35) eine *Projektion* auf die derzeitigen Lebensverhältnisse vorzunehmen (MünchKomm/Maurer Rn 5).

Gleichwohl erschöpft sich die Fortgeltungsanordnung des § 5 nicht in den Unterhaltstatbeständen dem *Grunde* nach. Die *Bemessung* folgt weiter den in der DDR-Rechtsprechung entwickelten Regeln: Auszugehen ist von den beiderseitigen Nettoeinkommen (Lübchen/Rohde 135), vermindert um den Kindesunterhalt (MünchKomm/Maurer Rn 17). Der Bedarf des nicht oder geringer Verdienenden wurde in der DDR üblicherweise mit 30 bis 40% dieses bereinigten Nettoeinkommens bemessen (MünchKomm/Maurer Rn 17). Zu berücksichtigen bleibt weiterhin, daß der Bedarf nur in einer Übergangszeit vom Lebensstandard der Ehe beeinflußt ist. Insbesondere bei (ausnahmsweiser) Verlängerung des Unterhaltsanspruchs über die Zweijahresfrist hinaus ist die Zumutbarkeit einer Orientierung an den ehelichen Lebensverhältnissen jeweils zu prüfen.

48 **g)** Anzuwenden sind auch weiter die in § 32 FGB verwiesenen Bestimmungen aus dem **Verwandtenunterhaltsrecht**. § 20 Abs 1 S 2, 3 FGB bestimmt die Zahlung in *monatlichen Beträgen im voraus*, bei Zulässigkeit anderer Vereinbarung oder gerichtlicher Festsetzung. § 21 Abs 2 FGB bestimmt eine *cessio legis* des Unterhaltsanspruchs, wenn unterhaltspflichtige Verwandte anstelle des säumigen Ehegatten eintreten (Palandt/Brudermüller Rn 5).

49 **h)** Anwendbar bleibt auch § 86 Abs 2 FGB, wonach Unterhaltsansprüche des **geschiedenen Ehegatten, des neuen Ehegatten und der Kinder** gleichrangig sind. Bei der Berechnung des Selbstbehalts eines nach §§ 29 ff FGB Unterhaltsverpflichteten, der erneut verheiratet ist, muß also der Unterhaltsbedarf des jetzigen Ehegatten mitberücksichtigt werden (BGH FamRZ 1993, 43, 44; Palandt/Brudermüller Rn 5; MünchKomm/Maurer Rn 18).

50 **i)** Nicht weiter anzuwenden ist § 36 FGB, der im Falle der **Nichtigkeit der Ehe** auf die unterhaltsrechtlichen Folgen der Ehescheidung verwies (aA Lübchen/Rohde 132; Eberhardt, in: Schwab/Reichel 160). Für die Folgen der Nichtigkeit bzw der Nichtigerklärung vor dem 3. 10. 1990 gelten die speziellen Überleitungsbestimmungen zum EheG (hierzu Anh zu Art 234 § 2).

51 **k)** Die **Leistungsfähigkeit** insbesondere der dem Verpflichteten bleibende **Selbstbehalt** kann nicht mehr nach den Pfändungsfreigrenzen des § 102 Abs 2 DDR-ZPO bestimmt werden, da die dort ausgewiesenen Beträge auf die Preisverhältnisse der DDR zugeschnitten und damit mit Rücksicht auf die heutigen Lebensverhältnisse unbrauchbar sind. Der BGH hat erwogen, die *Sozialhilfesätze* als Ausdruck des Existenzminimums heranzuziehen (BGH FamRZ 1993, 43, 44; Palandt/Brudermüller Rn 5); geeigneter Maßstab können aber auch die in den Vortabellen der Oberlandesgerichte in den neuen Bundesländern (dazu § 1 Rn 36) ausgewiesenen Selbstbehalte sein (MünchKomm/Maurer Rn 18).

2. Verfahrensrecht

52 Anwendbar bleiben auch einige Bestimmungen im Unterhaltsrecht des FGB, die **verfahrensrechtlichen Bezug** haben (Jayme IPRax 1991, 14); zur Abänderung vgl aber unten Rn 75 ff.

53 **a)** Es gilt § 30 Abs 2 FGB, wonach bei vorübergehender Einkommenslosigkeit des Verpflichteten im Scheidungsurteil die Unterhaltspflicht **dem Grunde nach** auszusprechen ist, während die Festsetzung der **Höhe** nur bei Vorhersehbarkeit, ansonsten in einem späteren Verfahren erfolgt. Dies ist wegen der eingeschränkten Möglichkeit späterer Titulierung (§ 29 Abs 3 FGB) bedeutsam (Lübchen/Rohde 138).

54 **b)** Aufgrund Verweisung aus § 32 FGB ist auch § 20 Abs 2 FGB anzuwenden: Unterhaltsrückstände können **rückwirkend** bis zu einem Jahr gerichtlich geltend gemacht werden. Die Einschränkung auf ein Jahr gilt nicht, wenn sich der Verpflichtete der Leistung entzogen hat.

55 **c)** Fraglich ist, ob die Bestimmung über die Verteilung der **Ehewohnung** (§ 34 FGB) weiter anzuwenden ist. Hiergegen wird geltend gemacht, daß zum 3. 10. 1990 die HausratVO im Beitrittsgebiet in Kraft getreten ist (Palandt/Brudermüller Rn 5; § 4 Rn 59) bzw daß § 34 FGB aufgrund der Orientierung an den vormaligen Verhältnissen der DDR nicht mehr angewendet werden könne (Jayme IPRax 1991, 14). Das erste Argument ist richtig, schließt aber die Fortgeltung von § 34 FGB für Altscheidungen nicht aus. Bei gebotener Qualifikation aus Sicht des bundesdeutschen Rechts ist die Verteilung der Ehewohnung nicht unterhaltsrechtlicher Natur. Sie ist aber aus Anlaß der Scheidung als Scheidungsfolge zu qualifizieren und gemäß § 4 Abs 5 für Scheidungen vor dem 3. 10. 1990 altem Recht unterstellt (dort Rn 59).

§ 34 FGB, den der Gesetzgeber des 1. FamRÄndG nach Inkrafttreten der Währungs- und Wirtschaftsunion für nicht reformbedürftig hielt, ist auch keineswegs unabdingbar mit den früheren Wohnungswirtschaftsverhältnissen der DDR verbunden. Die Beteiligung des Wohnungseigentümers ist der Sache nach (§ 7 HausratVO) auch im Verfahren nach der HausratVO geboten. Der einzige bedeutsame Unterschied zwischen § 34 FGB und der Regelung der HausratVO ist das Fehlen einer § 17 HausratVO entsprechenden Bestimmung. Dieser Unterschied hat aber mit den Verhältnissen in der DDR in derselben Weise nur mittelbar zu tun wie die zeitliche Beschränkung von Unterhaltsansprüchen. § 34 FGB bleibt also anwendbar.

V. Unterhaltsvereinbarungen (Satz 2)

1. Fortgeltung

56 Satz 2 **bestätigt lediglich** für Unterhaltsvereinbarungen aus der Zeit vor dem 3. 10. 1990 die Fortgeltung bisherigen Rechts. Unterhaltsvereinbarungen bleiben wirksam, soweit sie bisher zulässig geschlossen wurden.

2. Zulässigkeit im FGB

57 Die **Zulässigkeit** von Unterhaltsvereinbarungen wurde erst mit Wirkung zum 1. 10. 1990 durch das 1. FamRÄndG erheblich erweitert.

58 a) **§ 30 Abs 3 FGB (aF)** bestimmte, daß Unterhaltsvereinbarungen, die im Zusammenhang mit einer Scheidung stehen, wirksam nur im Scheidungsverfahren getroffen werden konnten (BGH FamRZ 1994, 562, 563). Hierdurch sollte verhindert werden, daß sich ein Ehegatte die Einwilligung des anderen in die Ehescheidung durch die Zusage nicht geschuldeten Unterhalts (insbesondere Aufstockungsfälle) erkaufte. In der Praxis wurden allerdings solche Vereinbarung aus eben diesem Grund offenbar häufig von Anwälten aufgenommen und sogar von Notaren beglaubigt (Grandke NJ 1991, 261; vgl den Fall des BezG Cottbus FamRZ 1991, 836).

59 b) Durch das 1. FamRÄndG wurde **§ 30 Abs 3 FGB gestrichen** (MünchKomm/Maurer Rn 21; Palandt/Brudermüller Rn 6) und die Zulässigkeit von Unterhaltsvereinbarungen für den Fall der Scheidung in § 29 Abs 4 FGB ausdrücklich aufgenommen.

60 c) Damit stellt sich die Frage, ob hierdurch vorher unwirksame Vereinbarungen **geheilt** wurden. Dies läßt sich nicht aus der *indirekt* rückwirkenden Inkraftsetzung des 1. FamRÄndG herleiten. Eine Heilung unwirksamer rechtsgeschäftlicher Erklärungen würde eine *echte* Rückwirkung bedeuten, die vom Gesetzgeber des 1. FamRÄndG nicht gewollt ist und außerdem rechtsstaatlich nicht hinnehmbar wäre. Unwirksame Vereinbarungen aus der Zeit vor dem 1. 10. 1990 bleiben also unwirksam (BezG Cottbus FamRZ 1991, 836; Grandke NJ 1991, 261; **aA** Lübchen/Rohde 133; Eberhardt, in: Schwab/Reichel 160).

61 d) In Betracht kommt jedoch eine **formlos mögliche Bestätigung** der vorher nichtigen Unterhaltsvereinbarung (BezG Cottbus FamRZ 1991, 837; Grandke NJ 1991, 261; MünchKomm/Maurer Rn 21). Diese kann insbesondere darin gesehen werden, daß der Unterhaltsschuldner die vereinbarte Leistung über den 1. 10. 1990 hinaus erbringt. Eine vorbehaltlose Erfüllung in Zeiträumen vor dem 1. 10. 1990 genügt nicht (unklar: GRANDKE aaO).

e) Vereinbarungen nach dem 1. 10. 1990 sind nach § 30 FGB nF wirksam; dies gilt insbesondere auch für Ehen, die vor dem 1. 10. 1990 geschieden wurden, für die aber aufgrund § 5 S 1 das Unterhaltsrecht des FGB über den 3. 10. 1990 fortgilt (so auch PALANDT/BRUDERMÜLLER Rn 6). 62

f) Ein **Unterhaltsverzicht**, der vor dem 3. 10. 1990 wirksam erklärt werden konnte (§ 32 FGB verweist für den Ehegattenunterhalt nicht auf das Verbot des Unterhaltsverzichts im voraus in § 21 Abs 1 FGB; PALANDT/BRUDERMÜLLER Rn 7; EBERHARDT ua, FGB § 32 Anm 3), bleibt wirksam. Dies gilt mit Rücksicht auf die wirtschaftlichen Verhältnisse in der DDR auch, wenn der Unterhaltsberechtigte nunmehr Sozialhilfe beanspruchen muß, sofern im Zeitpunkt des Verzichts die Entwicklung nicht absehbar war (PALANDT/BRUDERMÜLLER Rn 7; MünchKomm/MAURER Rn 22). Die Voraussetzungen für die Annahme von Sittenwidrigkeit können aber bereits aufgrund der Wirtschafts- und Währungsunion eingetreten sein. § 138 BGB ist insoweit als allgemein rechtsstaatliches Prinzip anzusehen, das ggf Rückwirkung auf den Zeitpunkt entfaltet, in dem erkennbar war, daß ein auf Unterhalt verzichtender Ehegatte nicht durch die ideologisch geprägte Arbeitsmarktlage der DDR aufgefangen werden würde. 63

VI. Abänderung nach dem 3. 10. 1990

1. Unterhaltsurteile

a) Die Abänderung von Unterhaltsentscheidungen von Gerichten der DDR beurteilt sich **verfahrensrechtlich** nach § 323 ZPO. Die Bestimmung ist als einer der Rechtsbehelfe, die gegen vor dem Wirksamwerden des Beitritts rechtskräftig gewordene Entscheidungen stattfinden, ausdrücklich genannt (Anlage I Kapitel III Sachgebiet A Nr 5 i; BGH FamRZ 1993, 43). 64

b) Nach überwiegender Ansicht ist § 323 ZPO **rein verfahrensrechtlich** zu qualifizieren und daher uneingeschränkt anwendbar (BGH FamRZ 1993, 43; OLG Dresden OLG-NL 1994, 89; MADAUS/WILLINGMANN NJ 1997, 235, 236; **aA** GRABA FamRZ 1995, 523: Doppelnatur; MünchKomm/MAURER Rn 25). Insbesondere ist auch § 323 Abs 3 ZPO (Abänderung nur für die Zeit nach Erhebung der Klage) nicht materiellrechtlich zu qualifizieren (JOHANNSEN/HENRICH/BRUDERMÜLLER § 323 ZPO Rn 107 m Nachw; offengelassen in BGH FamRZ 1993, 43; **aA** MünchKomm/MAURER Rn 25 m Nachw), findet also auch dann Anwendung, wenn materielles Unterhaltsstatut das Recht der DDR ist. Soweit die Gegenansicht § 323 ZPO teilweise materiellrechtlich qualifiziert, wären diese Teile der Regelung bei fremdem Unterhaltsstatut nicht anzuwenden. Eine materiellrechtliche Qualifikation von § 323 Abs 1 ZPO könnte etwa dazu führen, daß die Unterhaltsanpassung unter erheblich erleichterten oder erschwerten Voraussetzungen des Unterhaltsstatuts stattfindet. 65

c) Der Streit hat hier geringe Bedeutung. Soweit das Recht der DDR **Unterhaltsstatut** ist, beurteilt sich jedenfalls die *Bemessung* des Unterhaltsanspruchs auch im Abänderungsverfahren nach §§ 29 ff FGB (BGH FamRZ 1993, 43, 44), da § 323 ZPO hierfür keine Regelung enthält. 66

67 d) Fraglich ist jedoch, ob **§ 33 FGB** Anwendung findet, soweit diese Bestimmung die Abänderbarkeit begrenzt.

aa) Weitgehend unstrittig ist, daß § 323 ZPO insoweit § 33 FGB vorgeht, als § 33 FGB verfahrensrechtliche Bestimmungen zur Abänderung von Unterhaltstiteln enthält (BGH FamRZ 1993, 43; JOHANNSEN/HENRICH Rn 14; GOTTWALD FamRZ 1990, 1182; GRABA FamRZ 1995, 518, 522). Damit ist aber noch nicht klar, *inwieweit* die Regelung des § 33 FGB *materiellrechtlicher Natur* ist und daher anwendbar bleibt, denn diese Frage betrifft auch die strittige Abgrenzung innerhalb von § 323 ZPO (oben Rn 65).

68 bb) Was die Zulässigkeit einer **Reduzierung des Unterhalts** bei verminderter Leistungsfähigkeit des Verpflichteten angeht, ist die Frage unerheblich, da sowohl § 33 S 1 FGB als auch § 323 ZPO eine solche Reduzierung erlauben (BGH FamRZ 1993, 43).

69 cc) § 33 S 2 FGB enthält aber auch eine **Begrenzung der Erhöhung des Unterhalts** aufgrund wesentlich geänderter Umstände. Insoweit ist die materielle Natur von § 33 FGB zu bejahen. Die Bestimmung ist nicht nur systematisch dem materiellen Unterhaltsrecht zugeordnet. § 33 S 2, 3 FGB war insbesondere auch im Recht der DDR eine die allgemeine Abänderbarkeit von Unterhaltstiteln nach § 22 FGB eingrenzende Bestimmung; dies läßt erkennen, daß die Einschränkungen der Abänderbarkeit des Scheidungsunterhalts aus materiellrechtlichen Erwägungen folgen (BGHZ 128, 320, 328). § 33 S 2 FGB ist jedoch unanwendbar, wenn die Voraussetzungen für die Erhöhung bereits zum Zeitpunkt der Scheidung voraussehbar waren und der Unterhaltsberechtigte an der finanziellen Entwicklung beteiligt war (AG Tempelhof-Kreuzberg FamRZ 1995, 1154, 1156). Nach einer vorübergehenden Absenkung des Unterhaltsanspruchs wegen verschlechterter Leistungsfähigkeit des Unterhaltsschuldners begrenzt § 33 S 2 FGB eine Neutitulierung nur auf den *ursprünglichen* Unterhalt (OLG Naumburg OLG-NL 1997, 141 m Nachw aus der DDR-Rechtsprechung).

70 dd) Der BGH hat dennoch, begrenzt auf einen Fall, in dem – ausnahmsweise (oben Rn 45) – **unbefristeter Unterhalt** zugesprochen worden war, eine Erhöhung trotz Anwendung des § 33 S 2 FGB nach Treu und Glauben in der Ausprägung durch die Grundsätze des Wegfalls der Geschäftsgrundlage bzw der *clausula rebus sic stantibus* zugelassen, soweit der titulierte Unterhalt dem Berechtigten aufgrund der geänderten wirtschaftlichen Verhältnisse kein auskömmliches Leben mehr ermöglicht (BGHZ 128, 320, 329 f; MünchKomm/MAURER Rn 26; **aA** OLG Dresden OLG-NL 1994, 89). Die Entscheidung bezieht sich auf eine bestätigte *Unterhaltseinigung*, die ähnlich einem Prozeßvergleich einer Auslegung und einer am Parteiwillen orientierten Anpassung an die geänderte Geschäftsgrundlage leichter zugänglich ist.

Die vom BGH vorgenommene Auslegung des § 33 S 2 FGB an Treu und Glauben kann jedoch *nicht auf Unterhaltseinigungen begrenzt* werden, da es weitgehend zufällig wäre, ob ein nach heutigen Verhältnissen nicht mehr auskömmlicher Unterhalt aufgrund **Einigung** oder **Urteils** tituliert ist (vgl auch OLG Naumburg OLG-NL 1997, 141). Da eine Geschäftsgrundlage der Parteien einem Urteil nicht zueigen ist, ist abzustellen auf die seitens des Gerichts erkennbar vorausgesetzten äußeren (insbesondere Kaufkraft-)Verhältnisse.

71 ee) Der Entscheidung des BGH, die ausdrücklich die Frage der Verfassungsgemäßheit von § 33 S 2 FGB offenläßt (vgl oben Rn 6 ff, 11 f), ist mit der Klarstellung zu folgen, daß nur eine **Anpassung** nach Treu und Glauben bei **Beachtung von §§ 29 ff FGB** im übrigen stattfinden darf. Eine Überschreitung der Grenzen des § 33 S 2 FGB ist nicht über die Anwendung von § 242 BGB erreichbar. § 33 S 2 FGB kann auch nicht durch analoge Anwendung von § 78 Abs 1 ZGB überwunden werden (so aber MADAUS/WILLINGMANN NJ 1997, 235, 237), denn § 33 S 2 FGB ist eine Spezialregelung des Wegfalls der Geschäftsgrundlage, die trotz der seit 1. 7. 1990 erkennbaren Folgen der Währungsumstellung auch durch das 1. Familienrechtsänderungsgesetz zum 1. 10. 1990 nicht korrigiert wurde.

Im einzelnen sind folgende Grenzen zu beachten:

72 **α)** Eine **Ausdehnung zeitlich begrenzter Unterhaltstitel** kommt auf diesem Weg nicht in Betracht (so ausdrücklich BGH NJW 1993, 1345, 1348). Bei Anpassung der Höhe nach besteht aufgrund des Erhöhungsverbotes (§ 33 S 2 FGB) jedenfalls eine Bindung an die im abzuändernden Urteil zugrundegelegte prozentuale Verteilung des verfügbaren Einkommens (OLG Jena OLGR 2002, 91). Eine Erhöhung in diesem Rahmen entspricht aber nur im Fall *nomineller Einkommenszuwächse*, insbesondere aufgrund der Wiedervereinigung, den zugrundegelegten Lebensverhältnissen.

73 **β)** Mit den oben genannten Ausnahmen (Rn 69) darf eine Anpassung nach Treu und Glauben nicht zu einer Teilhabe des Berechtigten an einer **substantiell erhöhten Leistungsfähigkeit** des Verpflichteten führen, auch wenn diese mittelbar auf einer Verbesserung beruflicher Chancen durch die Wende beruht (womöglich **aA** OLG Naumburg OLG-NL 1997, 141; unklar auch MünchKomm/MAURER Rn 26: „beitrittsbedingte Verbesserung der wirtschaftlichen Verhältnisse“, jedoch „unter Wahrung der bei Scheidung bestehenden Verhältnisse“).

Nach Treu und Glauben sind einzig die durch die veränderten wirtschaftlichen Verhältnisse anläßlich der Wiedervereinigung entstandenen **Kaufkraftveränderungen** auszugleichen (ROTAX FamRZ 1993, 1143; wohl auch MünchKomm/MAURER Rn 26, vgl soeben). Die nach Treu und Glauben ausgelegte Regelung des § 33 S 2 FGB begrenzt damit die Erhöhung auf einen Betrag, welcher der Kaufkraft des in der DDR ausgeurteilten Unterhalts nach heutigen Verhältnissen entspricht (ROTAX FamRZ 1993, 1143). Dies dürfte auch der Entscheidung des BGH (BGHZ 128, 320) entsprechen, da der BGH überdeutlich betont, daß es sich – im Falle der Unterhaltseinigung – nur um eine Anpassung nach Geschäftsgrundlagegrundsätzen handelt; das aber bedeutet, daß jede substantielle Besserstellung des Berechtigten ausscheidet und die Anpassung nur soweit gehen darf, ein erträgliches Maß wiederherzustellen.

74 **e)** Anzuwenden sind auch die Bestimmungen über **nachträgliche Änderungen der Befristung** von Unterhaltsurteilen. § 31 FGB ermöglicht die befristete oder unbefristete **Verlängerung** der Unterhaltsleistung; zu prüfen ist **erneut** die *Zumutbarkeit*; der Antrag ist binnen sechs Monaten nach Ablauf des titulierten Zeitraums bzw bei darüber hinausgehenden Zahlungen nach Einstellung der Zahlungen zu stellen; später kann nur Neufestsetzung, nicht aber ununterbrochene Fortdauer verlangt werden.

2. Unterhaltsvereinbarungen

75 **a)** Die **verfahrensrechtlichen Voraussetzungen** einer Abänderung von Unterhaltsvereinbarungen beurteilen sich gemäß § 323 Abs 4 ZPO nach § 323 Abs 1 ZPO. Dies gilt insbesondere für *gerichtlich bestätigte Einigungen* iSv § 30 Abs 3 aF FGB, § 46 Abs 4 S 1 DDR-ZPO (BGHZ 128, 320, 322; BGH FamRZ 1994, 562, 563; MünchKomm/Maurer Rn 27; Graba DtZ 1993, 39, 40; ders FamRZ 1995, 518, 523).

76 **b)** Ist **bundesdeutsches Recht Unterhaltsstatut**, so beurteilen sich die materiellrechtlichen Voraussetzungen einer Abänderung von Unterhaltsvereinbarungen nicht nach § 323 ZPO, sondern nach der *clausula rebus sic stantibus* (BGH FamRZ 1994, 362; BGHZ 128, 320).

77 **c)** Ist aufgrund § 5 das **Recht der DDR weiter Unterhaltsstatut**, so ist eine Abänderung nur nach Maßgabe der als materiellrechtlich zu qualifizierenden Regelung in § 33 FGB zulässig (BGHZ 128, 320; OLG Dresden OLG-NL 1994, 89; Palandt/Brudermüller Rn 5; MünchKomm/Maurer Rn 27; oben Rn 68; **aA** den BGH unzutreffend interpretierend: Graba FamRZ 1995, 518, 523; zutreffend noch ders DtZ 1993, 39, 40).

78 **d)** Dabei gelten nach Treu und Glauben die Grundsätze des **Wegfalls der Geschäftsgrundlage** in Ansehung der Änderung der wirtschaftlichen Verhältnisse im Zuge der Währungs- und Wirtschaftsunion und der Wiedervereinigung (BGHZ 128, 320, 323 ff; KG DtZ 1992, 396, 398; Graba FamRZ 1995, 523; vgl oben Rn 70 ff). Zwar begründet nicht bereits die Wiedervereinigung als solche einen Wegfall der Geschäftsgrundlage; jedoch sind die von den Parteien vorausgesetzten Parameter ihrer Einigung im Wege der Auslegung zu ermitteln. Auch insoweit kommen jedoch Abänderungen nur in Betracht, soweit sie nach Treu und Glauben geboten sind, um wirtschaftliche Ungleichgewichte aufgrund der veränderten Geschäftsgrundlage auszugleichen (oben Rn 71 ff). Keinesfalls kann eine freie Neubemessung nach Maßgabe der zu §§ 1570 ff BGB bestehenden Rechtsprechungstabellen erfolgen (unzutreffend: KG DtZ 1992, 396, 398).

79 **e)** Ein vollständiger oder teilweiser **Verzicht auf den vereinbarten Unterhalt** ist durch Erlaßvertrag möglich. § 22 FGB ist auf den Ehegattenunterhalt nicht anwendbar (§ 32 FGB). Die zeitliche Schranke des § 323 Abs 4 ZPO gilt dabei nicht (KG DtZ 1992, 222).

80 **f)** Unterhaltsvereinbarungen aus der Zeit **vor dem 1. 1. 1956** bestehen fort und sind nur nach Maßgabe von § 7 Abs 2 EGFGB abänderbar; für Unterhaltsvereinbarungen aus der Zeit zwischen dem 1. 1. 1956 und dem 31. 3. 1966 gilt § 7 Abs 1 EGFGB (hierzu oben Rn 38).

§ 6
Versorgungsausgleich

Für Ehegatten, die vor dem grundsätzlichen Inkrafttreten der versicherungs- und rentenrechtlichen Vorschriften des Sechsten Buches Sozialgesetzbuch – Gesetzliche Rentenversicherung – in dem in Artikel 3 des Einigungsvertrages genannten Gebiet

geschieden worden sind oder geschieden werden, gilt das Recht des Versorgungsausgleichs nicht. Wird die Ehe nach diesem Zeitpunkt geschieden, findet der Versorgungsausgleich insoweit nicht statt, als das auszugleichende Anrecht Gegenstand oder Grundlage einer vor dem Wirksamwerden des Beitritts geschlossenen wirksamen Vereinbarung oder gerichtlichen Entscheidung über die Vermögensverteilung war.

Materialien: Siehe Art 230; E: BT-Drucks 11/7760 Art 234 § 6.

Schrifttum

Adlerstein/Wagenitz, Nachehelicher Unterhalt und Versorgungsausgleich in den neuen Bundesländern, FamRZ 1990, 1300
Eichenhofer, Rentenrechtliche Folgen von DDR-Scheidungen, NJ 2002, 225
Heinke/Fuchsloch, Die Nichteinführung der Geschiedenenwitwenrente für nach DDR-Recht geschiedene Ehegatten im Beitrittsgebiet – verfassungsgemäß, NJ 2002, 113
Jayme, Einigungsvertrag und innerdeutsches Kollisionsrecht des Versorgungsausgleichs, IPRax 1991, 230
Klattenhoff, Versorgungsausgleich und Einigungsvertrag, DAngVers 1990, 435
siehe auch das Schrifttum zu Anhang III und Anhang IV zu § 6 sowie zu § 1.

Systematische Übersicht

Alphabetische Übersicht

I. Normzweck

1. Satz 1

1 **a)** Das Recht der DDR kannte **keinen Versorgungsausgleich**. Rentenanwartschaften aus der staatlichen Rentenversicherung wurden auch nicht in die *güterrechtliche Vermögensteilung* einbezogen. Hintergrund war die Vorstellung, daß jeder Ehepartner durch eigene Berufstätigkeit Rentenansprüche erwirbt, die seinen Leistungen im Berufsleben entsprechen. Außerdem sollten mit der Ehescheidung alle aus der Ehe folgenden gegenseitigen Ansprüche beendet sein (Lübchen/Rohde 142). In Betracht kam eine Einbeziehung privater *Lebensversicherungsansprüche* in die Verteilung des gemeinschaftlichen Vermögens nach § 39 FGB sowie der Erwerb von Hinterbliebenenversorgungsansprüchen des geschiedenen Ehegatten bei Versterben des unterhaltspflichtigen Rentenversicherten (§ 49 RentenVO 1979, GBl DDR I 401; nunmehr Art 2 § 14 RÜG, BGBl 1991 I 1606; BT-Drucks 11/7817, 44; MünchKomm/Dörr Rn 3 f; vgl zum Rentensystem der DDR auch Rahm/Künkel/Paetzold VIII 1016).

2 **b)** Grundsätzlich soll auch das Recht des Versorgungsausgleichs **auf das Beitritts-**

gebiet übergeleitet werden. Satz 1 erklärt sich als Ausnahme hierzu aus dem engen Zusammenhang zwischen Versorgungsausgleich und Rentenversicherungsrecht. Aufgrund der rentenversicherungsrechtlichen Gegebenheiten in der DDR waren die hierfür erforderlichen Voraussetzungen im Rentensystem bis zum 3. 10. 1990 nicht herstellbar (BGH LM Art 234 EGBGB 1986 Nr 6; BGH LM Art 8 EV Nr 3; BÜRGEL/KLATTENHOFF FuR 1993, 131). Daher wurde die vom Gesetzgeber zum 1. 1. 1992 geplante und zwischenzeitlich durch das RentenüberleitungsG (RÜG; Rn 1) vollzogene grundsätzliche Überleitung des SGB VI als Stichtag für das Inkrafttreten des Versorgungsausgleichs gewählt; vor dem Stichtag geschiedene Ehen unterliegen nicht dem Versorgungsausgleich. Dieser wird auch nicht nach dem 1. 1. 1992 nachgeholt.

c) Diese Stichtagsregelung bereinigt nicht alle im Zusammenhang mit der Angleichung der Rentensysteme auftretenden Probleme. **3**

aa) Es besteht über den 1. 1. 1992 hinaus eine Disharmonie hinsichtlich der erreichten Höhe wie der Dynamik von West- und Ostrenten. Mit der Lösung dieser Frage befaßt sich § 6 nicht. Hierzu sind die Voraussetzungen geschaffen worden durch das **RentenüberleitungsG** mit Änderungen durch das **Rentenüberleitungs-ErgänzungsG** v 24. 6. 1993 (BGBl 1993 I 1038; vgl BT-Drucks 12/4810) samt dem in Art 4 RÜ-ErgG enthaltenen **Zusatzversorgungssystem-GleichstellungsG**.

bb) Die **Auswirkungen auf den Versorgungsausgleich werden erfaßt durch** die **Besonderen Bestimmungen für den Versorgungsausgleich** im Einigungsvertrag (Anhang III zu § 6) und das **Versorgungsausgleichs-ÜberleitungsG (VAÜG)** (Anhang IV zu § 6). **4**

2. Satz 2

Da bei Ehescheidung nach dem 1. 1. 1992 ein Versorgungsausgleich auch stattfindet, wenn die Ehe vor dem 3. 10. 1990 in der DDR geschlossen wurde, bedarf es einer **vertrauensschützenden Ausnahme** hinsichtlich wirksamer Vereinbarungen, welche die Ehegatten vor dem Wirksamwerden des Beitritts über in den Versorgungsausgleich einzubeziehende Anrechte getroffen haben. Solche Vereinbarungen sollen bestehen bleiben und nicht wieder aufgegriffen werden (PALANDT/BRUDERMÜLLER Rn 11, 13). Dasselbe gilt für gerichtliche Entscheidungen. Hintergrund ist die – aus der Auslegung von Art 17 Abs 3 Satz 2 bekannte – *Nähe des Versorgungsausgleichs zu güter- und unterhaltsrechtlichen Ausgleichslösungen*. Funktionell übernahm auch im Recht der DDR das Ehegüterrecht (vor allem bei Lebensversicherungen) und das Unterhaltsrecht in Verbindung mit dem Rentenrecht Teile der im BGB durch den Versorgungsausgleich verfolgten Zielsetzung. **5**

3. Rechtspolitische Kritik

a) Zunächst stellt sich die Frage, ob die auf den **1. 1. 1992 hinausgeschobene** Überleitung des Versorgungsausgleichsrechts zu **sozialen Härten** bei Scheidung zwischen dem 3. 10. 1990 und dem Überleitungsstichtag führen könnte (vgl LÜBCHEN/ROHDE 142). Insoweit dürften angesichts der kurzen Übergangszeit zwischen dem 3. 10. 1990 und dem 1. 1. 1992 einerseits (KLATTENHOFF DAngVers 1990, 483) und dem Bedürfnis nach einer geordneten Überleitung des Rentenrechts andererseits, keine Bedenken be- **6**

stehen. Anders als das Unterhaltsrecht wirkt das Recht des Versorgungsausgleichs in seiner rechtspolitischen Grundlegung zurück. Es werden Anwartschaften aus der Ehezeit ausgeglichen; diese aber fällt bei Scheidung vor dem 1. 1. 1992 (nahezu) ausschließlich in die Zeit vor dem Beitritt, unterliegt also den Verhältnissen der DDR.

7 **b)** Verbreitet wird aber Kritik an der **Grundwertung** des Satzes 1 geübt, die vom Recht der DDR vorgezeichneten rentenrechtlichen Verhältnisse nicht rückwirkend zu korrigieren.

Legt man die Wertungen des Bundesrechts zugrunde, so scheint sich eine Lücke zu ergeben: Während einerseits das Ehescheidungsrecht vor dem 1. EheRG keine familienrechtliche Lösung vorsah und das Sozialrecht deshalb eine unterhaltsfortsetzende **Geschiedenenwitwenrente** vorsah (§ 243 SGB VI), andererseits das Scheidungsrecht des 1. EheRG die familienrechtliche Lösung des Versorgungsausgleichs vorsieht, fehlt es für Ehegatten, die unter S 1 fallen, an einer rentenrechtlichen Sicherung auch dann, wenn sie bis zum Tod des geschiedenen Partners unterhaltsberechtigt waren und die Voraussetzungen für einen Rentenbezug nach Art 2 § 14 RÜG (unten Rn 32) nicht vorliegen. Ein Anspruch aus § 243 SGB VI besteht – mit Ausnahme des Anspruchs auf Erziehungsrente – auch bei Scheidung vor dem 1. 1. 1977 nicht, sofern der nacheheliche Unterhaltsanspruch dem Recht der früheren DDR unterlag (§ 243a SGB VI; Heinke/Fuchsloch NJ 2002, 113, 116 halten dies für *verfassungswidrig*; zutreffend hiergegen BSG NJ 1997, 555).

Da eine Anwendung des § 243 SGB VI nur auf vor dem 1. 1. 1977 in der DDR geschieden Ehegatten diese Lücke im wesentlichen (Scheidungen zwischen dem 1. 1. 1977 und dem 31. 12. 1991) nicht füllen würde, werden zwei Lösungswege vorgeschlagen:

Einerseits käme eine **nachträgliche Einführung des VA** – auf Antrag – für vor dem 1. 1. 1992 in der DDR geschiedene Ehen in Betracht (Eichenhofer NJ 2002, 225, 227). Dagegen bestehenden Verfassungsbedenken (BT-Drucks 14/5068, 12) wird zwar entgegengehalten, daß das BVerfG (BVerfGE 100, 1, 32 ff) den verfassungsrechtlichen Kunstgriff, vor dem 3. 10. 1990 erworbenes Eigentum nicht umfassend Art 14 GG zu unterstellen, auch auf Rentenanwartschaften erstreckt hat (Eichenhofer aaO). Spätestens durch die Rentenüberleitung genießen die Anwartschaften jedoch den vollen Schutz des Art 14 GG; die Durchführung eines bisher ausgeschlossenen VA wirkt sich nicht nur für die Zukunft aus, sondern bedeutet den *echt rückwirkenden* Entzug eines Teils des aufgrund der Rentenüberleitung nicht mehr entziehbaren Stammrechts. Im übrigen würde in rechtsstaatswidriger Weise das durch das RÜG bestätigte Vertrauen in die Abgeschlossenheit der Altscheidungen erschüttert.

Zudem widerspräche eine familienrechtliche Lösung den **Prinzipien des Überleitungsrechts**. Die Festschreibung der Scheidungsfolgen auf den Zeitpunkt der Scheidung konserviert zutreffend die Wertungen des Rechts der DDR. Daß danach weder ein Versorgungsausgleich stattfand noch eine Geschiedenenwitwenrente vorgesehen war, ist ein Nachteil für die Betroffenen, der nicht auf der Überleitungssituation beruht, sondern dem Recht immanent ist, auf dessen Fortgeltung sie vertrauen und sich einstellen konnten.

Denkbar wäre die sozialrechtliche Lösung einer **Geschiedenenwitwenrente** analog Art 243 SGB VI für alle vor dem 1. 1. 1992 geschiedenen und bis zum Tod des Partners unterhaltsberechtigten Ehegatten (bereits erwogen durch die Bundesregierung BT-Drucks 13/6457; erneut angeregt durch den Bundesrat anläßlich der Rentenreform 2000/2001, BT-Drucks 14/5068, 12; Heinke/Fuchsloch NJ 2002, 113, 116 f). Diese Lösung müßte allerdings zum Schutz der Rechte eines neuen Ehegatten des verstorbenen Rentenberechtigten auf Fälle beschränkt werden, in denen der geschiedene Rentenberechtigte nicht erneut geheiratet hat, was Zufälligkeiten nicht ausschließt (ablehnend Eichenhofer NJ 2002, 225, 226, dort auch zu weiteren Bedenken). Dennoch bliebe bedenklich, daß eine solche Rente im Recht der DDR nicht angelegt war. Der den Parteien des EV, insbesondere dem Bundesgesetzgeber, latent gemachte Vorwurf, man sei unzutreffend davon ausgegangen, diese Personengruppe sei *rentenrechtlich* gesichert (vgl auch Palandt/Brudermüller Rn 8), trifft allenfalls das Sozialsystem der DDR. Es geht nicht darum, daß die Bundesrepublik den Betroffenen etwas verweigert, worauf sie rentenrechtlich Anspruch hätten (vgl Rn 1, 32), sondern um eine sozialstaatlich zu schließende Lücke im DDR-Recht. Da aber einem *Rentenbezug* keine hierauf gerichtete Beitragsleistung in der DDR zugrunde läge, dürfte die Belastung der Versichertengemeinschaft durch eine rentenrechtliche Lösung systemwidrig sein. Die Lösung kann systemgerecht nur im *Sozialhilferecht* zu finden sein, sofern man das Problem nicht als einigungsbedingte Last behandelt (zur nicht finanzierbaren Schaffung eines Ausgleichsfonds: Bundesregierung BT-Drucks 13/6649).

c) Die Regelung im Recht der DDR regt zudem zu **rechtspolitischen Überlegungen** an. Die **dogmatische Grundlegung**, aufgrund derer das Recht der DDR einen Versorgungsausgleich nicht vornahm, ist zwar durch die geänderte wirtschaftliche Situation betroffen; Vollbeschäftigung und damit der Erwerb von Rentenansprüchen durch beide Ehegatten ist nicht mehr gesichert. Dies darf jedoch nicht darüber hinwegtäuschen, daß die Motivation des Rechts der DDR nicht nur faktischer, sondern auch rechtspolitischer Natur war. Jeder Ehegatte sollte nach der Scheidung auf eigenen Füßen stehen und (nur) eine Rentenversorgung erhalten, die seiner beruflichen Leistung entsprach. Dies harmoniert durchaus mit einem vom Zerrüttungsprinzip gekennzeichneten Scheidungsrecht und kann nicht als typisch sozialistisches Gedankengut beiseite geschoben bleiben. Der Versorgungsausgleich gibt durch die gleichmäßige Aufteilung der Rentenanwartschaften dem Ausgleichsberechtigten ggf mehr, als er (insbesondere bei Doppelverdienerehen) nach seiner beruflichen Leistungsfähigkeit „verdient" hätte. Angesichts der Härten, die der Versorgungsausgleich für den Verpflichteten mit sich bringt, erscheint der Gedanke, daß kein Ehegatte aus der Ehe rentenrechtliche Vorteile über seine eigene berufliche Leistung hinaus (soweit diese nicht *ehebedingt* geschmälert ist) erzielen sollte, durchaus gerecht. **8**

II. Interlokaler Anwendungsbereich

1. Satz 1

a) Durch die Bezugnahme auf den 1. 1. 1992 als Stichtag in Satz 1 wird über den 3. 10. 1990 hinaus **gespaltenes Recht** geschaffen. Es bedarf daher der interlokalen Zuordnung eines Sachverhalts, um zu bestimmen, ob ein Versorgungsausgleich nach Satz 1 ausgeschlossen ist. **9**

10 b) **Satz 1** enthält keine Bezugnahme auf den **Ort des Scheidungsausspruchs**. Bei grammatikalischer Auslegung ergäbe sich zwar die Möglichkeit, den Passus „in dem in Artikel 3 des Einigungsvertrages genannten Gebiet" zu beziehen auf „geschieden worden sind" und hieraus die Anwendbarkeit der Bestimmung bei Scheidung in der DDR bzw dem Beitrittsgebiet zu folgern (so JAYME IPRax 1991, 14; ders IPRax 1991, 231). Eine solche Auslegung wäre jedoch sinnwidrig (OLG Frankfurt aM FamRZ 1993, 1096). Zum einen ist die Anknüpfung an den Sitz des die Scheidung aussprechenden Gerichts das interlokal denkbar schwächste Anknüpfungsmoment; überdies ist die Gerichtsorganisation zwischen dem alten Bundesgebiet und dem Beitrittsgebiet sowohl erstinstanzlich (in Berlin) wie letztinstanzlich (BGH) nicht streng getrennt. Eine in das Belieben des Richters gestellte interlokale Rechtsanwendung kann schlechthin nicht richtig sein (AG Charlottenburg FamRZ 1991, 713; das AG Charlottenburg ist in Familiensachen für ganz Berlin zuständig und jeder Berliner Familienrichter kann im westlichen oder östlichen Dienstgebäude terminieren).

11 c) Obgleich Satz 1 an das grundsätzliche („grundsätzlich" deshalb, weil einzelne Bestimmungen schon früher in Kraft gesetzt wurden: PALANDT/BRUDERMÜLLER Rn 8) **Inkrafttreten des RentenreformG** (SGB VI) am 1. 1. 1992 anknüpft und *insoweit* für das Beitrittsgebiet keine Besonderheit besteht (AG Charlottenburg FamRZ 1991, 714), bezieht sich der gewählte Termin mittelbar auf die Erwartung des Gesetzgebers, daß bis zu diesem Zeitpunkt *im Beitrittsgebiet* die *Rentenangleichung* vollzogen sei (BT-Drucks 11/7817, 44), was durch das RÜG auch erfolgt ist. Diese sprachliche Zuordnung ergibt sich entsprechend in § 1 Abs 4 der Besonderen Bestimmungen zum VA (Anhang III zu § 6; eine sprachliche Doppelzuordnung der Worte „in dem ... Gebiet", so JAYME IPRax 1991, 14, kommt nicht in Betracht. Hierzu wäre vor den Passus „geschieden worden sind ..." ein „dort" einzufügen gewesen).

12 d) Es ist daher nach dem bisher (vor dem 3. 10. 1990) geltenden **innerdeutschen Kollisionsrecht** das für den Versorgungsausgleich maßgebliche Statut zu bestimmen. Dies gilt auch, soweit die Ehe zwischen dem 3. 10. 1990 und dem 31. 12. 1991 geschieden wird. Da das innerdeutsche Kollisionsrecht durch den Einigungsvertrag nicht verändert wurde, gilt es insoweit als interlokales Kollisionsrecht fort; war aufgrund des innerdeutschen Kollisionsrechts bis zum 2. 10. 1990 ein Versorgungsausgleich durchzuführen, so gilt das auch nach dem 3. 10. 1990 weiter (BGH LM Art 8 EV Nr 3; BGH LM Art 234 EGBGB 1986 Nr 6, 1748; OLG Celle FamRZ 1991, 715; OLG Frankfurt aM FamRZ 1993, 1096, 1097; OLG Zweibrücken NJW 2000, 2432; AG Charlottenburg FamRZ 1991, 335, 714, 1069; PALANDT/BRUDERMÜLLER Rn 5; MünchKomm/DÖRR Rn 5 ff; ADLERSTEIN/WAGENITZ FamRZ 1990, 1305; KLATTENHOFF DAngVers 1990, 438; MAURER ZAP-Ost Fach 11 S 133; RAHM/KÜNKEL/PAETZOLD VIII Rn 1017).

13 e) Das gilt insbesondere auch dann, wenn die **Ehescheidung in der DDR** erfolgt, aber aus Sicht des deutschen interlokalen Kollisionsrechts für den Versorgungsausgleich das bundesdeutsche Recht Anwendung fand (BGH LM Art 8 EV Nr 3).

14 f) Satz 1 ist also (nur) dann anzuwenden, wenn **interlokal Versorgungsausgleichsstatut** das in der DDR (Scheidung bis 2. 10. 1990) bzw im Beitrittsgebiet (Scheidung zwischen 3. 10. 1990 und 31. 12. 1991) geltende Recht ist.

2. Bestimmung des Versorgungsausgleichsstatuts

a) Grundsatz

aa) Im Zusammenhang mit der Anwendung von Satz 1 sind **Streitfragen** zur Bestimmung der maßgeblichen interlokalen Kollisionsnormen aufgetreten, die bislang offenbar nicht relevant schienen. 15

bb) Vor und nach Inkrafttreten des **Gesetzes zur Neuregelung des IPR** zum 1. 9. 1986 bestimmte sich das innerdeutsche Scheidungs(folgen-)statut nach dem *letzten gemeinsamen gewöhnlichen Aufenthalt* der Ehegatten vor Rechtshängigkeit des Scheidungsantrags. Liegt dieser (vor dem 3. 10. 1990) in der Bundesrepublik bzw den westlichen Bundesländern, so findet ein Versorgungsausgleich ungeachtet der Regelung in § 6 Satz 1 statt (AG Charlottenburg FamRZ 1991, 335, dort auch zur Frage einer Anknüpfung an die **DDR-Staatsbürgerschaft**; AG Charlottenburg FamRZ 1991, 714). 16

cc) Hinsichtlich der im folgenden relevanten **intertemporalen Anwendbarkeit von Art 17** alter bzw neuer Fassung stellt der BGH ab auf den Zeitpunkt der Rechtshängigkeit des Scheidungsantrages vor bzw nach dem 1. 9. 1986; die herrschende Literaturmeinung stellt ab auf den Zeitpunkt des Scheidungsausspruchs bzw der letzten mündlichen Verhandlung (vgl hierzu BGH FamRZ 1990, 34; FamRZ 1990, 386; Palandt/Heldrich Art 220 Rn 4). 17

b) Wandelbarkeit

aa) Noch unter dem bis 1. 9. 1986 geltenden IPR hat der BGH die **Wandelbarkeit des innerdeutschen Versorgungsausgleichsstatuts** in Abkehr von dem international privatrechtlichen Unwandelbarkeitsgrundsatz des Scheidungsfolgenstatuts entwickelt. Hatten die Ehegatten ihren letzten gemeinsamen gewöhnlichen Aufenthalt in der DDR, so war zunächst dortiges Recht Scheidungsfolgenstatut; ein Versorgungsausgleich fand nicht statt, auch wenn einer der Ehegatten zwischenzeitlich in die Bundesrepublik umgesiedelt war. Übersiedelte danach auch der andere Ehegatte, so wurde mit Wirkung für die Zukunft der Versorgungsausgleich nach bundesdeutschem Recht nachträglich durchgeführt (BGHZ 89, 325; BGHZ 91, 186; BGH LM Art 234 EGBGB 1986 Nr 6, 1748). Tragendes Motiv dieser vom IPR gelösten innerdeutschen Sonderregel war, daß mit der Übersiedelung aus der DDR grundsätzlich eine Lösung vom dortigen System verbunden war, so daß es unbillig erschien, beide übersiedelten Ehegatten am Recht der DDR als Scheidungsfolgenstatut festzuhalten. 18

bb) Ihre praktische Bedeutung schöpfte diese Regel jedoch aus den Bestimmungen des **Fremdrentengesetzes (FRG)**. Gemäß § 17 Abs 1 lit a iVm § 15 Abs 1 S 1 FRG waren die nach dem 30. 6. 1945 in der DDR zurückgelegten Beitragszeiten so zu behandeln, als ob sie von dem Versicherten in der Bundesrepublik zurückgelegt worden wären (MünchKomm/Dörr Rn 8). Regelmäßig war es also sinnvoll, einen Versorgungsausgleich in der Bundesrepublik durchzuführen, weil die in der DDR zurückgelegten Beitragszeiten einen Anspruch gegen bundesdeutsche Versorgungsträger begründeten. 19

cc) Diese Regelung wurde durch **Art 23 § 1 des ersten Staatsvertrages** (BGBl 1990 II 518) in Verbindung mit der Rentenangleichung der DDR an die Bundesrepublik durch das RentenangleichungsG v 28. 6. 1990 (GBl DDR I 495) geändert. Rentenrecht- 20 liche Zeiten, die *nach dem 18. 5. 1990* bei einem Träger der gesetzlichen Rentenversicherung in der DDR zurückgelegt sind, unterfallen nicht mehr dem FRG. *Frühere rentenrechtliche Zeiten* unterfallen dem FRG nur, wenn der Versicherte am 18. 5. 1990 in der Bundesrepublik seinen gewöhnlichen Aufenthalt hatte (BGH FamRZ 1991, 422; OLG Celle FamRZ 1991, 714; MünchKomm/Dörr Rn 8; Michaelis/Reimann DAngVers 1990, 298; Adlerstein/Wagenitz FamRZ 1990, 1306).

21 **dd)** Nach **Inkrafttreten von Art 17 EGBGB (nF)** wird überwiegend angenommen, daß die Wandelbarkeit des Versorgungsausgleichsstatuts nicht eingreift, wenn die Scheidung Art 17 EGBGB (nF) unterliegt (OLG Celle FamRZ 1991, 715; Johannsen-Henrich, Eherecht Art 17 EGBGB Rn 64; MünchKomm/Winkler vMohrenfels Art 17 Rn 306; MünchKomm/Dörr Rn 8; offen gelassen von BGH LM Art 8 EV Nr 3; BGH DtZ 1992, 150; BGH LM Art 234 EGBGB 1986 Nr 6, 1748; da bei Scheidung [nach Ansicht des BGH zu Art 220: Scheidungsantrag] vor dem 1. 1. 1986 es bei altem Kollisionsrecht bewendet). Dem ist zuzustimmen: Zwar folgt dies nicht schon aus dem Umstand, daß Art 17 Abs 3 eine ausdrückliche Regelung für den Versorgungsausgleich trifft; diese gilt unmittelbar nur für das IPR, dessen Regeln auf das innerdeutsche Kollisionsrecht nur analog anzuwenden sind (vgl daher zum Unterhaltsstatut § 5 Rn 18 f). Jedoch schafft Art 17 Abs 3 S 2 Nr 1 eine sachgerechte Lösung für das vordem durch die Wandelbarkeit befriedigte Eingliederungsbedürfnis. Ein nachträglicher Wechsel zu bundesdeutschem Recht als Versorgungsausgleichsstatut kommt also nicht in Betracht, wenn die Ehescheidung neuem Kollisionsrecht unterliegt.

22 **ee)** Hiervon ist die Frage zu unterscheiden, **bis zu welchem Zeitpunkt ein Aufenthaltswechsel** beider Ehegatten, die Anwendung des vor dem 1. 9. 1986 geltenden innerdeutschen Kollisionsrechts vorausgesetzt, die Nachholung des Versorgungsausgleichs auslöst. Ein Aufenthaltswechsel *seit dem 3. 10. 1990* kann das Versorgungsausgleichsstatut nicht mehr wandeln. Dies folgt aus § 6 Satz 1, der den Versorgungsausgleich ausschließt, wenn der Sachverhalt interlokal bei Wirksamwerden des Beitritts (noch) dem Beitrittsgebiet zugeordnet ist (BGH LM Art 234 EGBGB 1986 Nr 6, 1748; OLG Frankfurt aM FamRZ 1993, 1096; Jayme IPRax 1991, 14; MünchKomm/Dörr Rn 9; Bosch FamRZ 1991, 1391; Jayme/Stankewitsch IPRax 1993, 162; **aA** Rahm/Künkel/Paetzold VIII 1018. 2: bei Aufenthaltsverlegung nach dem 2. 10. 1990 und Scheidung vor dem 31. 12. 1990; die Nichtdurchführung des Versorgungsausgleichs ist keine Sanktion, sondern bedeutet Vertrauensschutz gegenüber dem potentiell Ausgleichsverpflichteten). **Herabsetzungen oder Erhöhungen** aufgrund wesentlich **geänderter Umstände** unterliegen § 33 FGB. Erhöhungen sind jedoch nur zulässig, wenn der Unterhaltsverpflichtete bei Scheidung ein sein normales Einkommen wesentlich unterschreitendes Einkommen gehabt hat, dh der Unterhaltsberechtigte nimmt an einer späteren Steigerung der Leistungsfähigkeit des Unterhaltsschuldners auch bei eigener Bedürftigkeit nicht teil.

23 **ff)** Folgt man der **ratio der Wandelbarkeitsregel**, so hätte auf einen früheren Zeitpunkt abgestellt werden müssen, nämlich die Herstellung der vollständigen Mobilität; seitdem entfällt die Vermutung, daß mit der Übersiedelung eine Systemabkehr verbunden ist; hinzu kommt eine erhöhte Instabilität der Aufenthaltswechsel in beiden Richtungen (Drobnig RabelsZ 1991, 288; instruktiv AG Charlottenburg FamRZ 1991, 335). Im Interesse der Rechtssicherheit sollte jedoch der 3. 10. 1990 auch insoweit als Stichtag gelten, weil erst § 6 Satz 1 die Frage eindeutig gelöst hat. Sind nach einer altem Kollisionsrecht unterliegenden Scheidung in der DDR beide Ehegatten vor dem 3.10. 1990 in die Bundesrepublik gekommen, so ist ein Versorgungsausgleich nachzuholen; § 6 Satz 1 ist nicht anwendbar.

c) Art 17 Abs 3 S 2 Nr 1

aa) Ist auf die Scheidung der Ehe **neues Kollisionsrecht** anzuwenden und hiernach analog Art 17 Abs 1 iVm Art 14 Abs 1 der Sachverhalt der DDR bzw dem Beitrittsgebiet zugeordnet, so stellt sich die Frage, ob **Art 17 Abs 3 S 2** einen **regelwidrigen Versorgungsausgleich** nach den Bestimmungen des BGB erlaubt. Bis zum Wirksamwerden des Beitritts war hiervon zweifellos auszugehen; Art 17 Abs 3 S 2 Nr 2 schafft sogar erst die Voraussetzung, um unter dem seit 1.9. 1986 geltenden Kollisionsrecht auf die Wandelbarkeit des innerdeutschen Versorgungsausgleichsstatuts (oben Rn 12) zu verzichten. 24

bb) Seit dem 3.10. 1990 könnte **§ 6 Satz 1 als lex specialis** entgegenstehen (OLG Frankfurt aM FamRZ 1991, 1323; Bosch FamRZ 1991, 1392). Diese Ansicht übersieht, daß Art 17 Abs 3 in analoger Anwendung das innerdeutsche Versorgungsausgleichsstatut bestimmt und damit § 6 Satz 1 vorgelagert ist. Erst wenn und soweit nach Art 17 Abs 3 *kein Versorgungsausgleich stattfindet*, kann § 6 Satz 1 eingreifen. Auch materiell kommt es hierdurch nicht zu Unzuträglichkeiten infolge der Einbeziehung von DDR-Rentenanwartschaften. Soweit nämlich Art 17 Abs 3 zu einem Versorgungsausgleich führt, sind die **Sonderregelungen im Einigungsvertrag** (hierzu Anhang III zu § 6) bzw im **Gesetz zur Überleitung des Versorgungsausgleichs** (hierzu Anhang IV zu § 6) anzuwenden. 25

cc) Art 17 Abs 3 S 2 ist also auch **nach dem 3.10. 1990 anzuwenden** (Hohloch LM Art 234 EGBGB 1986 Nr 6, 1750; wohl auch: BGH LM Art 234 EGBGB 1986 Nr 6). In Betracht kommt insbesondere der Tatbestand der Nr 1. Hierunter fallen auch Anwartschaften, die nach den Bestimmungen des FRG gegen einen bundesdeutschen Träger bestehen; bei Aufenthaltswechsel nach dem 18.5. 1990 ergeben sich also insoweit Beschränkungen (oben Rn 13; OLG Celle FamRZ 1991, 714; AG Charlottenburg FamRZ 1991, 335, 713, 1069; Adlerstein/Wagenitz FamRZ 1990, 1306; MünchKomm/Dörr Rn 10; Henrich FamRZ 1991, 875). 26

dd) Einer **Fixierung der Anknüpfungsvoraussetzungen** auf den 2.10. 1990 bedarf es dabei nicht (**aA** Klattenhoff DAngVers 1990, 438; Mansel IPRax 1990, 287; MünchKomm/Dörr Rn 9). Lediglich ist zu beachten, daß Art 17 Abs 3 S 2 bis zum 31.12. 1991 nicht auf ehemalige DDR-Anwartschaften anwendbar ist, weil nach dem Zweck der Norm „inländische Versorgungsanwartschaft" iS dieser Bestimmung im innerdeutschen Verhältnis nur bedeuten kann, daß die Versorgungsanwartschaften bei einem *Träger im alten Bundesgebiet* erworben sind (OLG Zweibrücken NJW 2000, 2432; **aA** Klattenhoff aaO). 27

ee) Strittig ist, ob es bei analoger Anwendung von Art 17 Abs 3 S 2 auf das innerdeutsche Kollisionsrecht eines **Antrages** bedarf. Nach vordringender und zutreffender Ansicht ist dies zu verneinen; das Antragserfordernis in Art 17 Abs 3 S 2 hängt zusammen mit der Irregularität des Versorgungsausgleichs bei ausländischem Scheidungsstatut; es soll vermieden werden, daß über inländische, leicht greifbare Ansprüche ein Versorgungsausgleich stattfindet, während der andere Ehegatte nicht herangezogen werden kann, weil er als Alterssicherung Vermögenswerte im Ausland 28 besitzt (BT-Drucks 10/5632, 52). Diese Begründung paßt nicht auf die innerdeutsche Lage, so daß hier ein Versorgungsausgleich nach Art 17 Abs 3 S 2 von Amts wegen stattfindet; die Einbeziehung von DDR-Anwartschaften erfolgt unter Beachtung der Sonderregeln (Anhang III zu § 6, Anhang IV zu § 6; AG Charlottenburg FamRZ 1991, 1070; ähnlich schon OLG Celle FamRZ 1991, 715; AG Charlottenburg FamRZ 1991, 1323; passim anders Adlerstein/Wagenitz FamRZ 1990, 1306; **aA** OLG Zweibrücken NJW 2000 2432, 2433).

3. Satz 2

29 Ob die **interlokale Zuordnung des Versorgungsausgleichs** zum Beitrittsgebiet auch Voraussetzung für die Anwendung von Satz 2 betreffend **Vereinbarungen der Ehegatten** ist, erscheint fraglich. Satz 2 wirkt in die Zukunft, so daß schwerlich anzunehmen ist, der Gesetzgeber habe unbegrenzt für die Scheidung von Ehegatten mit letztem gemeinsamen gewöhnlichen Aufenthalt im Beitrittsgebiet Sonderrecht schaffen wollen. Überdies ist der Zweck des Satzes 2 nicht auf einen Eingriff in das Recht des Versorgungsausgleichs gerichtet, sondern hat Bezug zu anderen Ausgleichsmechanismen, insbesondere unterhaltsrechtlicher und ehegüterrechtlicher Natur. Satz 2 setzt also voraus, daß die dort genannte Vereinbarung nach dem für diesen Ausgleichsmechanismus (im Zeitpunkt des Abschlusses) maßgeblichen Recht wirksam war; es muß also das Recht der DDR als Unterhalts- bzw Ehegüterstatut anwendbar gewesen sein. Hinsichtlich gerichtlicher Entscheidungen kommt es nicht auf das anzuwendende Recht an, sondern angesichts automatischer Fortgeltung von DDR-Entscheidungen (Art 18 EV) auf deren Wirksamkeit.

III. Überleitung (Satz 1)

1. Scheidung vor dem 1. 1. 1992

30 **a)** Satz 1 schließt einen **Versorgungsausgleich** bei Scheidung der Ehe **vor dem 1. 1. 1992** aus (OLG Celle FamRZ 1991, 714; Palandt/Brudermüller Rn 2, 8, MünchKomm/Dörr Rn 11; Lübchen/Rohde 142; Adlerstein/Wagenitz FamRZ 1990, 1304; Jayme IPRax 1991, 14). Auch nach dem 1. 1. 1992 wird ein Versorgungsausgleich für diese Ehen nicht nachgeholt (BGH LM Art 234 EGBGB 1986 Nr 6, 1749 mit zustimmender Anm Hohloch 1749; Adlerstein/Wagenitz FamRZ 1990, 1308; Lübchen/Rohde 141; Rahm/Künkel/Paetzold VIII Rn 1018. 6).

31 **b)** Auch ein **regelwidriger Versorgungsausgleich aus Billigkeitsgründen** entsprechend Art 17 Abs 3 kommt nicht in Betracht, wenn die Ehe unter altem, bis zum 30. 9. 1986 geltenden Kollisionsrecht geschieden wurde (BGH LM Art 234 EGBGB 1986 Nr 6, 1748; zur Anwendung bei Scheidung unter dem seit 1. 1. 1986 geltenden IPR, insbesondere nach dem 3. 10. 1990 vgl oben Rn 24 ff).

32 **c)** Für solche Ehen bleiben andererseits die Bestimmungen im **Rentenrecht der DDR** betreffend die Hinterbliebenenrente geschiedener Ehegatten unberührt. Anwendbar ist also § 49 RentenVO 1979 (GBl DDR I 401); seit dem 1. 1. 1992 gilt die inhaltlich entsprechende Bestimmung in Art 2 § 14 RÜG. Hiernach besteht ein Anspruch des unterhaltsbedürftigen Ehegatten gegen den Versicherungsträger des verstorbenen unterhaltspflichtigen Ehegatten für die Dauer der gerichtlich festgelegten

Unterhaltszahlung unter bestimmten rentenrechtlichen Voraussetzungen (Art 2 § 14 Nr 1 RÜG).

d) Die Rechtslage ist also grundsätzlich anders als in Fällen, in denen nach dem maßgeblichen innerdeutschen Kollisionsrecht ein Versorgungsausgleich stattfindet, jedoch wegen Einbeziehung von DDR-Rentenanwartschaften **auszusetzen** ist (Anhang III zu § 6 und Anhang IV zu § 6). **33**

e) Hinsichtlich des Stichtages 1.1. 1992 ist als maßgeblicher Verfahrensakt abzustellen auf den **Scheidungsausspruch** (Palandt/Brudermüller Rn 8; MünchKomm/Dörr Rn 11; Adlerstein/Wagenitz FamRZ 1990, 1304; **aA** Klattenhoff DAngVers 1990, 430; Rahm/Künkel/Paetzold VIII Rn 1018.5). Auf den Zeitpunkt der *Rechtskraft* des Scheidungsurteils kommt es nicht an, da es nicht von der Disposition der Parteien abhängen kann, durch Einlegung eines Rechtsmittels die Rechtskraft zu verzögern und dadurch die Durchführung eines Versorgungsausgleichs zu erreichen. **34**

f) Im Falle der **Nichtigerklärung der Ehe** vor dem 1.1. 1992 gilt Satz 1 entsprechend aufgrund der Verweisung in den Überleitungsbestimmungen zum EheG aF (hierzu Anh zu Art 234 § 2 Rn 15). **35**

2. Scheidung seit dem 1.1. 1992

a) Implizit ergibt sich aus S 1 und S 2, HS 1, daß bei Ehescheidung seit dem 1.1. 1992 ein **Versorgungsausgleich stattfindet**. Dies gilt auch für Ehen, die vor dem 3.10. 1990 in der DDR geschlossen wurden bzw für Ehegatten, deren gemeinsamer gewöhnlicher Aufenthalt am 2.10. 1990 in der DDR lag (Palandt/Brudermüller Rn 8; MünchKomm/Dörr Rn 13; Lübchen/Rohde 143). Haben die Ehegatten vor dem 3.10. 1990 in der DDR bereits längere Zeit getrennt gelebt, kann dies jedoch gemäß § 1587c Nr 1 BGB zur Herabsetzung des Versorgungsausgleichs führen (OLG Jena FamRZ 1997, 751). **36**

b) Zu beachten sind jedoch die **Sonderregelungen für den Versorgungsausgleich** (Anhang III zu § 6) im Einigungsvertrag bzw das G zur Überleitung des Versorgungsausgleichs (Anhang IV zu § 6). Beide Sonderregelungen setzen voraus, daß ein Versorgungsausgleich überhaupt stattfindet und werden daher für interlokal dem Beitrittsgebiet zugeordnete Ehen erst relevant, wenn die Ehescheidung nach dem Stichtag (1.1. 1992) erfolgt. **37**

IV. Vereinbarung/Entscheidung über die Vermögensverteilung (Satz 2)

1. Anwendungsvoraussetzungen

Satz 2 ist anwendbar, wenn die Ehe **nach dem 1.1. 1992 geschieden** wird; die Bestimmung setzt voraus, daß ein Versorgungsausgleich stattfindet (Palandt/Brudermüller Rn 10). Satz 2 nimmt aus diesem Versorgungsausgleich nur solche Rechte aus, die **vor dem 3.10. 1990** Gegenstand oder Grundlage einer Vereinbarung oder gerichtlichen Entscheidung (unten Rn 39 ff, 47 ff) gewesen sind. Die Regelung greift nur ein, wenn das betroffene Recht nach den Bestimmungen des Versorgungsausgleichs auszugleichen wäre; dies bestimmt sich nach § 1587 BGB. Außerhalb der Reichweite des § 1587 **38**

BGB liegende Rechte, über die vor dem 3. 10. 1990 Vereinbarungen oder Entscheidungen getroffen wurden, können also den Versorgungsausgleich nicht beeinflussen, auch wenn die Ehegatten diese Regelungen als abschließend hinsichtlich ihrer beidseitigen Vermögensverhältnisse verstanden haben. In Betracht kommt in diesem Fall nur, daß auch ausgleichungspflichtige Anrechte iSd § 1587 zur „Grundlage" einer solchen Vereinbarung gemacht wurden.

2. Vereinbarungen

39 a) Satz 2 setzt nicht voraus, daß die Vereinbarung Bezug zum **Recht des Versorgungsausgleichs hat**. Der Gesetzgeber wollte gerade nicht die vom Bundesrecht gewählte Qualifikation Versorgungsausgleich/Güterrecht/Unterhalt buchstabengetreu als Meßlatte an Vereinbarungen aus der Zeit vor dem 3. 10. 1990 anlegen, sondern im Sinne einer *funktionellen Qualifikation* alle Vereinbarungen erfassen, die unter anderen Rechtsinstituten aus Sicht des BGB den Versorgungsausgleich betreffen (BT-Drucks 11/7817, 44).

40 b) Äußerst fraglich erscheint es deshalb, ob Satz 2 nachträglich **Vereinbarungen gemäß § 1408 Abs 2 S 1 BGB** über den Versorgungsausgleich für wirksam erklärt, die Ehegatten mit gewöhnlichem Aufenthalt in der DDR vor dem 3. 10. 1990 geschlossen haben (MünchKomm/Dörr Rn 15). S 2 bezieht ausdrücklich nur *wirksame* Vereinbarungen ein, was nur bedeuten kann, daß die Vereinbarung ex ante wirksam war. Eine Vereinbarung über den Versorgungsausgleich ging aber vor dem 3. 10. 1990 jedenfalls ins Leere und war von dem maßgeblichen DDR-Familienrecht nicht vorgesehen.

41 c) Unbeschadet dessen bleibt es den Ehegatten unbenommen, seit dem 3. 10. 1990 Vereinbarungen gemäß **§ 1408 Abs 2 S 1 BGB** über den Versorgungsausgleich zu treffen (Palandt/Brudermüller Rn 11). Solche Vereinbarungen sind bereits im Vorgriff auf den nach dem 1. 1. 1992 möglichen Versorgungsausgleich zulässig, da mit Ausnahme der Maßgabe nach Satz 1 die den Versorgungsausgleich mittelbar und im Vorgriff betreffende Bestimmung des § 1408 Abs 2 S 1 BGB seit dem 3. 10. 1990 im Beitrittsgebiet gilt (Klattenhoff DAngVers 1990, 439). Satz 1 schließt nicht das Inkrafttreten der Bestimmungen über den Versorgungsausgleich aus, sondern nur dessen *Durchführung* bei Scheidung vor dem 1. 1. 1992.

42 d) Satz 2 bezieht sich vorrangig auf **güterrechtliche** Regelungen:

43 aa) Gemäß §§ **14, 15 FGB** konnten die Ehegatten unter Beibehaltung des gesetzlichen Güterstandes (erst seit 1. 10. 1990 bestand gemäß Art 14 Abs 2 FGB idF des 1. FamRÄndG güterrechtliche Vertragsfreiheit) Vereinbarungen über Sachen des gemeinschaftlichen Eigentums und Vermögens treffen, soweit diese nicht der gemeinsamen Lebensführung der Familie dienten. Hierzu rechneten insbesondere Lebensversicherungsansprüche, die aus Sicht des BGB dem Versorgungsausgleich unterfallen können (BT-Drucks 11/7817, 44; Palandt/Brudermüller Rn 11; MünchKomm/Dörr Rn 16). Zulässig waren solche Vereinbarungen auch anläßlich der vorzeitigen Aufhebung des Güterstandes (§ 41 FGB; Palandt/Brudermüller Rn 11).

44 bb) Hingegen scheiden Vereinbarungen aufgrund einer **Fortgeltungserklärung** gemäß Art 234 § 4 Abs 2 aus, da nur Vereinbarungen aufrecht erhalten werden, die vor dem 3. 10. 1990 erfolgt sind (OLG Brandenburg FamRZ 2001, 1710, 1711). Auch die Fortgeltungserklärung selbst stellt keine anderweitige Vereinbarung iSd S 2 dar, weil es sich weder um eine *Vereinbarung* handelt, noch eine solche Erklärung *vor dem 3. 10. 1990* abgegeben werden konnte (OLG Brandenburg FamRZ 2001, 1710, 1711).

Hiervon betroffene Ehegatten können nur eine Vereinbarung nach § 1408 Abs 2 S 1 BGB treffen.

e) Auch **Unterhaltsvereinbarungen** sind in diesem Zusammenhang materiell als Grundlage vorstellbar. Sie kommen jedoch deshalb wohl nur theoretisch in Betracht, weil bis zur Streichung des § 30 Abs 3 FGB durch das 1. FamRÄndG mit Wirkung vom 1. 10. 1990 Unterhaltsvereinbarungen nur im Zusammenhang mit einer Ehescheidung getroffen werden konnten; Satz 2 setzt aber voraus, daß die Scheidung nach dem 1. 1. 1992 erfolgt (MünchKomm/Dörr Rn 16). Mangels rückwirkender Heilung alter Unterhaltsvereinbarungen durch die Neuregelung in § 29 Abs 4 FGB idF des 1. FamRÄndG (hierzu § 5 Rn 60) müßten solche Unterhaltsvereinbarungen vom 1./2. 10. 1990 datieren. **45**

f) Satz 2 erwähnt ausdrücklich die eigentlich selbstverständliche Voraussetzung der **Wirksamkeit** der Vereinbarung. Dies bezieht sich einerseits auf die Möglichkeit einer Aufhebung oder Änderung der Vereinbarung nach den Grundsätzen über den Wegfall der Geschäftsgrundlage; die Vereinbarung steht also unter dem Vorbehalt einer Überprüfung an § 242 BGB wegen der geänderten wirtschaftlichen Verhältnisse (Adlerstein/Wagenitz FamRZ 1990, 1306; Palandt/Brudermüller Rn 13; MünchKomm/Dörr Rn 16). Die rückwirkende Anwendung des § 242 BGB ist allerdings nach der Rechtsprechung zu Art 232 § 1 ohnehin anerkannt (hierzu Art 232 § 1 Rn 67 ff). **46**

Satz 2 bezieht sich jedoch auch auf die **rechtsgeschäftliche Wirksamkeit** einer vor dem 3. 10. 1990 geschlossenen familienrechtlichen Vereinbarung. Diese beurteilt sich gemäß Art 234 § 1, Art 232 § 1 grundsätzlich nach ZGB und FGB (Rahm/Künkel/Paetzold VIII Rn 1018. 9).

3. Gerichtliche Entscheidung

a) Fraglich ist nach dem Wortlaut des Satzes 2, ob auch gerichtliche Entscheidungen der **zeitlichen Begrenzung** auf den Zeitraum vor dem 3. 10. 1990 unterliegen oder ob auch Entscheidungen nach dem Wirksamwerden des Beitritts sich auf dem Versorgungsausgleich unterliegende Anrechte auswirken (MünchKomm/Dörr Rn 20). Für letztere Ansicht spricht eine enge Wortlautauslegung, weil sich die Befristung auf das Adjektiv „geschlossenen" bezieht und sich dieses nicht grammatikalisch einwandfrei auf die „gerichtliche Entscheidung" beziehen läßt. Der Vertrauensschutzgedanke als legislativer Zweck spräche eher für eine Beschränkung auf den Zeitraum vor dem 3. 10. 1990; dies wirft jedoch erhebliche Probleme hinsichtlich der *Rechtskraft* späterer Entscheidungen auf, sofern sich diese auf dem Versorgungsausgleich unterliegende Vermögenswerte beziehen. Im Ergebnis sind daher auch Entscheidungen nach dem 3. 10. 1990 nach Satz 2 zu behandeln. **47**

48 **b)** Sachlich kommen wohl ausschließlich **güterrechtliche Entscheidungen** in Betracht.

49 **aa)** Hierzu rechnen Fälle der **vorzeitigen Aufhebung des Güterstandes** nach § 41 FGB (PALANDT/BRUDERMÜLLER Rn 14; MünchKomm/DÖRR Rn 20; **aA** LÜBCHEN/ROHDE 143). Wegen der zeitlichen Ausdehnung auf Entscheidungen nach dem 3. 10. 1990 schließt dies Entscheidungen ein, die nach einer Fortgeltungserklärung gemäß § 4 Abs 2 ergehen (MünchKomm/DÖRR Rn 16).

50 **bb)** Im Falle der **Fortgeltungserklärung** sind aber auch Entscheidungen nach §§ 39 f FGB denkbar, die gemäß Satz 2 dem Versorgungsausgleich vorgehen. Der güterrechtliche Ausgleich über Vermögenswerte, die nach § 13 FGB der Eigentums- und Vermögensgemeinschaft unterliegen, soll nach dem Zweck von Satz 2 dem Versorgungsausgleich vorgehen.

51 **cc)** Ist hingegen der bisherige Güterstand gemäß Art 234 § 4 Abs 1 in den gesetzlichen Güterstand der **Zugewinngemeinschaft übergeleitet**, so kommt eine Entscheidung anläßlich des vorzeitigen Zugewinnausgleichs (§§ 1385 ff BGB), ggf bei Aussetzung des Versorgungsausgleichs auch anläßlich des Zugewinnausgleichs nach Ehescheidung schwerlich für die Anwendung von Satz 2 in Betracht: Soweit Anwartschaften durch den Versorgungsausgleich erfaßt werden, sind diese grundsätzlich nicht im Zugewinnausgleich zu erfassen; insoweit besteht nicht die Satz 2 typisch zugrundeliegende Qualifikationsunstimmigkeit.

4. Gegenstand oder Grundlage

52 Das betroffene Anrecht muß **Gegenstand** oder **Grundlage** der Vereinbarung oder Entscheidung sein.

53 **a)** **Gegenstand** einer Vereinbarung ist das Anrecht, wenn die Vereinbarung einen Interessenausgleich, nicht notwendigerweise jedoch eine gleichmäßige Verteilung von Vermögenswerten in Ansehung dieses dem Versorgungsausgleich unterliegenden Anrechts für die Zeit nach der Trennung oder Scheidung der Ehegatten bezweckt oder bewirkt hat (BT-Drucks 11/7817, 44; MünchKomm/DÖRR Rn 16). Das ist dann der Fall, wenn eine Vereinbarung mit dieser Intention eine Zuordnung des betreffenden Anrechts vorgenommen hat, sich also auf dieses bezieht (PALANDT/BRUDERMÜLLER Rn 18). Für Entscheidungen gilt entsprechendes.

54 **b)** **Grundlage** einer Vereinbarung kann ein solches Anrecht auch sein, wenn in der Vereinbarung eine Verfügung über das Anrecht nicht getroffen wurde. In Betracht kommen insbesondere Vereinbarungen, die in dem Bewußtsein getroffen wurden, daß über ein bestimmtes Anrecht (auch eine Anwartschaft aus der staatlichen Rentenversicherung) *nicht disponiert werden konnte*, weshalb die Ehegatten andere Vermögenswerte verlagert haben, die ebenfalls dem Versorgungsausgleich unterliegen können, aber nicht müssen (MünchKomm/DÖRR Rn 16; KLATTENHOFF DAngVers 1990, 439 – Beispiel: Übertragung eines Sparguthabens zum Ausgleich geringwertiger Rentenanwartschaften).

5. Rechtsfolge

Liegen die Voraussetzungen des Satz 2 vor, so ist das betroffene Recht **nicht in den Versorgungsausgleich einzubeziehen**. Im übrigen findet der Versorgungsausgleich statt. Dies gilt auch, wenn sich bei Einbeziehung des von Satz 2 erfaßten Rechts ein Versorgungsausgleichsanspruch in anderer Richtung ergäbe. Die Nichtberücksichtigung hängt auch nicht davon ab, ob die Vereinbarung unter versorgungsrechtlichen Gesichtspunkten *gerechtfertigt* ist; sie muß lediglich *wirksam* sein (Palandt/Brudermüller Rn 22). 55

Anhang I zu Art 234 § 6 EGBGB

Barwert-Verordnung

(EV Anlage I Kapitel III Sachgebiet B Abschnitt III Nr 12)

Bundesrecht tritt in dem in Artikel 3 des Vertrages genannten Gebiet mit folgenden Maßgaben in Kraft:

...

12. Barwert-Verordnung vom 24. Juni 1977 (BGBl. I S. 1014), zuletzt geändert durch Artikel 61 des Gesetzes vom 18. Dezember 1989 (BGBl. I S. 2261) mit folgender Maßgabe:
Artikel 234 § 6 des Einführungsgesetzes zum Bürgerlichen Gesetzbuche gilt entsprechend.

Die entsprechende Anwendung von § 6 bewirkt, daß in Anwendung von §§ 1587 ff BGB seit dem 1. 1. 1992 bei der Bewertung von Versorgungsanrechten auch die BarwertVO anzuwenden ist (Palandt/Brudermüller Rn 17). 1

Anhang II zu Art 234 § 6 EGBGB

VAHRG

(EV Anlage I Kapitel III Sachgebiet B Abschnitt III Nr 13)

... (vgl soeben Anh I zu Art 234 § 6 EGBGB)

13. Gesetz zur Regelung von Härten im Versorgungsausgleich vom 21. Februar 1983 (BGBl. I S. 105), zuletzt geändert durch Artikel 62 des Gesetzes vom 18. Dezem-

ber 1989 (BGBl. I S. 2261) mit folgender Maßgabe: Artikel 234 § 6 des Einführungsgesetzes zum Bürgerlichen Gesetzbuche gilt entsprechend.

1 Vgl Anh I zu Art 234 § 6 EGBGB Rn 1.

Anhang III zu Art 234 § 6 EGBGB

Besondere Bestimmungen für den Versorgungsausgleich mit DDR-Renten

(EV Anlage I Kapitel III Sachgebiet B Abschnitt II Nr 2)

Für den Versorgungsausgleich im Zusammenhang mit Anrechten, die aufgrund der in dem in Artikel 3 des Einigungsvertrages genannten Gebiet geltenden Rechtsvorschriften der gesetzlichen Rentenversicherung oder der dort geltenden Regelungen eines vergleichbaren Sicherungssystems erworben worden sind, gelten die folgenden besonderen Bestimmungen:

§ 1

(1) Hat ein Ehegatte ein Anrecht im Sinne des § 1587 Abs. 1 des Bürgerlichen Gesetzbuchs aufgrund der in dem in Artikel 3 des Einigungsvertrages genannten Gebiet geltenden Rechtsvorschriften der gesetzlichen Rentenversicherung oder der dort geltenden Regelungen eines vergleichbaren Sicherungssystems erworben und ist auf dieses Anrecht das Fremdrentenrecht nicht anzuwenden, so ist der Versorgungsausgleich auszusetzen. § 628 Abs. 1 der Zivilprozeßordnung gilt entsprechend. Dies gilt nicht,

1. soweit über den Versorgungsausgleich ohne Einbeziehung dieses Anrechts eine Teilentscheidung getroffen werden kann;

2. wenn die Voraussetzungen des Absatzes 2 Satz 1 vorliegen; in diesem Falle ist ein vorläufiger Versorgungsausgleich im Sinne von Absatz 2 Satz 2 durchzuführen.

(2) Ein nach Absatz 1 ausgesetzter Versorgungsausgleich ist auf Antrag wieder aufzunehmen, wenn die Voraussetzungen des § 1587g Abs. 1 Satz 2 des Bürgerlichen Gesetzbuchs oder des § 3a Abs. 1 des Gesetzes zur Regelung von Härten im Versorgungsausgleich vorliegen. In diesem Falle ist ein vorläufiger Versorgungsausgleich durchzuführen. Der vorläufige Versorgungsausgleich bestimmt sich nach den Vorschriften über den schuldrechtlichen Versorgungsausgleich, die mit folgender Maßgabe Anwendung finden:

1. Das in Absatz 1 genannte Anrecht ist unter Berücksichtigung der Grundsätze des § 1587a des Bürgerlichen Gesetzbuchs zu bewerten und angemessen auszugleichen,

2. § 1587l des Bürgerlichen Gesetzbuchs gilt nicht.

3. § 3a Abs. 2 des Gesetzes zur Regelung von Härten im Versorgungsausgleich gilt nicht. Eine Hinterbliebenenversorgung zugunsten Geschiedener ist auf die Ausgleichsrente nach § 3a Abs. 1 des Gesetzes zur Regelung von Härten im Versorgungsausgleich anzurechnen; die Anrechnung unterbleibt, soweit dem Berechtigten neben der Ausgleichsrente nach § 1587g des Bürgerlichen Gesetzbuchs Unterhalt zustand.

(3) Für den vorläufigen Versorgungsausgleich findet § 53b Abs. 2 des Gesetzes über die Angelegenheiten der freiwilligen Gerichtsbarkeit entsprechend Anwendung.

(4) Ist der Versorgungsausgleich ausgesetzt oder ein vorläufiger Versorgungsausgleich durchgeführt worden, so ist der Versorgungsausgleich wieder aufzunehmen, wenn die versicherungs- und rentenrechtlichen Vorschriften des Sechsten Buches Sozialgesetzbuch in dem in Artikel 3 des Einigungsvertrages genannten Gebiet grundsätzlich in Kraft treten.

§ 2

Liegen die Voraussetzungen für eine Aussetzung des Versorgungsausgleichs oder für die Durchführung eines vorläufigen Versorgungsausgleichs nach § 1 nicht vor und ist für die Versicherung des Berechtigten ein Träger der gesetzlichen Rentenversicherung zuständig, der seinen Sitz in einem der in Artikel 3 des Einigungsvertrages genannten Gebiete hat, so gilt der Berechtigte in Ansehung des Versorgungsausgleichs als bei dem Rentenversicherungsträger des Verpflichteten, wenn dieser seinen Sitz im bisherigen Geltungsbereich des Grundgesetzes hat, andernfalls bei der Bundesversicherungsanstalt für Angestellte versichert. Der Rentenversicherungsträger, bei dem der Berechtigte danach als versichert gilt, führt die Versicherung nach den im bisherigen Geltungsbereich des Grundgesetzes geltenden Vorschriften der gesetzlichen Rentenversicherung, jedoch ohne Berücksichtigung knappschaftlicher Besonderheiten, durch.

Schrifttum

Klattenhoff, Versorgungsausgleich und Einigungsvertrag, DAngVers 1990, 435 (440 ff)
siehe auch Schrifttum zu § 6 und vor § 1.

I. Normzweck

1. Die Besonderen Bestimmungen für den Versorgungsausgleich (im folgenden BBVA) regeln für eine Übergangszeit die Behandlung von Rentenanwartschaften, die bei einem Rentenversicherungsträger im Beitrittsgebiet bestehen, soweit diese in einen Versorgungsausgleich einzubeziehen sind und nicht nach dem Fremdrentenrecht abgegolten werden (BT-Drucks 11/7817, 48; MünchKomm/Dörr Rn 1). 1

2 **2.** Sie tragen dem Umstand Rechnung, daß das Rentensystem der DDR keine **Maßstäbe zur Bewertung** von Rentenanwartschaften im Versorgungsausgleich bereitstellt. Insbesondere sind Anrechte aus der Sozialversicherung der DDR in der Typik des § 1587a BGB nicht erfaßt, so daß eine Bewertungsvorschrift fehlt (BT-Drucks 11/7817, 48).

3 **3.** Zudem unterliegen Rentenanwartschaften aus dem Rentensystem der DDR bis zur vollständigen Angleichung der Rentensysteme einer **Überdynamik**, die es verbietet, solche Anwartschaften in gleicher Weise in den Versorgungsausgleich einzustellen, wie Rentenanwartschaften nach dem SGB VI, die der (normalen) nettolohnbezogenen Dynamik unterliegen. Diese Überdynamik ergibt sich aus der Kumulierung von Nettolohn- und Rentenniveauanpassung; je nach Ausgleichsrichtung erhielte/behielte der Ausgleichsberechtigte/Anwartschaftsberechtigte einer Ostrente eine nicht abschätzbare Zuwachsaussicht. Eine hinreichend präzise vorausschauende Bewertung ist bis zur vollständigen Systemangleichung nicht möglich (BT-Drucks 11/8717, 48).

4 **4.** Der Gesetzgeber ging im Zeitpunkt des Abschlusses des Einigungsvertrages davon aus, daß mit **Inkrafttreten** des SGB VI im Beitrittsgebiet am 1. 1. 1992 auf der Grundlage einer insgesamt verfestigten Versorgungsstruktur eine zuverlässige Bewertung der Anrechte möglich sein und ein angemessener sozialversicherungsrechtlicher Rahmen des Versorgungsausgleichs zur Verfügung stehen würde (BT-Drucks 11/7817, 48). Diese Erwartung hat sich nicht vollständig erfüllt, so daß mit dem Rentenüberleitungsgesetz das **Gesetz zur Überleitung des Versorgungsausgleichs auf das Beitrittsgebiet (VAÜG)** (hierzu Anhang IV zu § 6) in Kraft gesetzt wurde, welches weitere vorläufige Regeln mit ähnlicher legislativer Motivationslage enthält.

II. Anwendungsbereich

1. Verhältnis zu anderen Bestimmungen

a) Art 234 § 6

5 Die **BBVA** und **§ 6 Satz 1 schließen sich gegenseitig aus**. Die BBVA greifen nur ein, wenn ein Versorgungsausgleich nach dem innerdeutsch maßgeblichen Recht stattfindet, schafft also keinen eigenständigen Anwendungstatbestand der Bestimmungen über den VA (OLG Zweibrücken NJW 2000, 2432, 2433). § 6 Satz 1 verhindert im Geltungszeitraum einen Versorgungsausgleich **hingegen** bei interlokaler Zuordnung zum Beitrittsgebiet. In Betracht kommen insbesondere Übersiedelungsfälle (Palandt/Brudermüller § 6 Anh III Rn 1, 3; Adlerstein/Wagenitz FamRZ 1990, 1308). Hingegen sind die **BBVA** und **§ 6 Satz 2** inhaltlich kompatibel; sie schließen sich in direkter Anwendung jedoch aus zeitlichen Gründen aus, da § 6 Satz 2 erst für Scheidungen seit dem 1. 1. 1992 gilt. Zum zeitlichen Geltungsbereich der BBVA sogleich Rn 8. Fraglich ist aber, ob der Zweck der Regelung in § 6 Satz 2 nicht eine entsprechende Anwendung in dem von § 1 BBVA geregelten Fall verlangt. § 1 BBVA erfaßt Scheidungen vor dem 1. 1. 1992, in denen interlokal ein Versorgungsausgleich durchzuführen ist. Ist in diesen Versorgungsausgleich ein Anrecht einzubeziehen, über das im materiellen Sinn des § 6 S 2 die Ehegatten vor dem 3. 10. 1990 eine Vereinbarung getroffen haben oder über das eine Entscheidung ergangen ist, so ergibt sich dieselbe Interessenlage wie bei Scheidung nach dem 1. 1. 1992: Der Schutz des Vertrauens in

eine wirksame Altregelung verlangt auch insoweit die Ausklammerung des Anrechts aus dem Versorgungsausgleich. Die Beschränkung des § 6 S 2 auf Ehescheidungen „nach diesem Zeitpunkt" enthält keinen materiellen Gerechtigkeitsgehalt, sondern versteht sich nur als selbstverständliche Abgrenzung zu dem in § 6 S 1 geregelten Fall.

b) Fremdrentengesetz

6 Die **Eingliederung einer DDR-Rente** nach den Bestimmungen des FRG (hierzu Art 234 § 6 Rn 19) steht der Anwendung der BBVA auf diese Rente entgegen (§ 1 Abs 1 HS 2 BBVA; BGH LM Art 8 EV Nr 3; AG Charlottenburg FamRZ 1991, 335). Hatte der Versicherte Beitragszeiten im Rentensystem der DDR zurückgelegt, aber seinen gewöhnlichen Aufenthalt am 18.5. 1990 im Bundesgebiet, so sind auf diese Anwartschaften die BBVA nicht anzuwenden. Ist der Versicherte nach diesem Zeitpunkt in die DDR zurückgekehrt und hat er dort neue Anwartschaften erworben, so werden diese nicht mehr nach dem FRG abgegolten, so daß insoweit auch die BBVA Anwendung finden (AG Charlottenburg FamRZ 1991, 336; KLATTENHOFF DAngVers 1990, 440).

c) VAÜG

7 Das **G zur Überleitung des Versorgungsausgleichs auf das Beitrittsgebiet** (im einzelnen Anhang IV zu § 6) ist in seinem sachlichen Anwendungsbereich weiter gefaßt als die BBVA. Es ist am 1.1. 1992 mit dem RÜG als dessen Art 31 in Kraft getreten; für Scheidungen ab diesem Datum ist § 6 Satz 1 nicht mehr anzuwenden, ein Versorgungsausgleich also auch bei Lokalisierung im Beitrittsgebiet durchzuführen. Das VAÜG **löst daher die BBVA** ab. Wie sich aus § 1 Abs 4 BBVA ergibt, sind die Bestimmungen in § 1 Abs 1 bis 3 BBVA nicht mehr anzuwenden, sobald die Bestimmungen des SGB VI im Beitrittsgebiet grundsätzlich in Kraft treten, also seit dem 1.1. 1992. Zugleich stellt das VAÜG Regelungen bereit, nach denen die gemäß den BBVA behandelten Verfahren, welche nach § 1 Abs 4 BBVA wieder aufzunehmen sind, weiterbehandelt werden.

2. Zeitlicher Anwendungsbereich

8 **a)** Die BBVA sind anwendbar auf Scheidungsverfahren, in denen die **Entscheidung nach dem 2.10. 1990 und vor dem 1.1. 1992 erlassen** wird. Insbesondere ist nicht, wie vom BGH zur intertemporalen Anwendung des Versorgungsausgleichsstatuts vertreten (hierzu § 6 Rn 17), auf den Zeitpunkt der Rechtshängigkeit abzustellen. Ist also ein Versorgungsausgleich überhaupt durchzuführen (insoweit stellt der BGH auf die Rechtshängigkeit ab), so greifen die BBVA als Teil der maßgeblichen Bestimmungen zum Versorgungsausgleich im materiellen deutschen Recht auch in laufenden Verfahren ein. Dies gilt selbst dann, wenn der Versorgungsausgleich bereits in der *weiteren Beschwerde* anhängig ist (BGH LM Art 8 EV Nr 3).

9 **b)** Entsprechend ist im Verhältnis zum VAÜG zu verfahren: Ist über den Versorgungsausgleich am 31.12. 1991 noch nicht abschließend **entschieden**, so finden nicht mehr die BBVA, sondern die Regelungen des VAÜG Anwendung. Es kommt insoweit damit zu einer Harmonisierung mit dem Anwendungsbereich des § 6 Satz 1, der ebenfalls bei Scheidungsausspruch (hierzu § 6 Rn 23) nach dem 1.1. 1992 nicht mehr eingreift.

3. Innerdeutscher Anwendungsbereich

10 Der Anwendungsbereich der BBVA ist **interlokal** nicht entsprechend den Grundsätzen zu § 6 Satz 1 zu bestimmen. Die BBVA finden vielmehr Anwendung, wenn und soweit ein Ehegatte Anrechte nach den Bestimmungen der **gesetzlichen Rentenversicherung der DDR** oder eines **vergleichbaren Sicherungssystems** erworben hat, unbeschadet der interlokalen Zuordnung des Falles im übrigen. Nicht erfaßt sind Anwartschaften aus einer Individualversicherung, deren Ausgestaltung bekannten Versorgungsformen (Lebensversicherung) entspricht (BT-Drucks 11/7817, 48).

III. Regelung

11 Mit Rücksicht auf den zeitlichen Anwendungsbereich erlangen die BBVA selbst in anhängigen Rechtsmittelverfahren keine Bedeutung mehr. Von einer eingehenden Erläuterung wird daher abgesehen; eine kurze strukturelle Darstellung erfolgt in Hinblick auf die Weiterbehandlung nach dem VAÜG hinsichtlich von Verfahren, welche nach den BBVA behandelt wurden.

1. Aussetzung (§ 1 S 1, 2 BBVA)

12 **a)** Die **Grundsatzbestimmung** der BBVA sieht die **Aussetzung** des Verfahrens über den Versorgungsausgleich vor. **Voraussetzung** ist, daß auch nur ein Ehegatte Anrechte aus der gesetzlichen Rentenversicherung der DDR oder aus Sonderversorgungssystemen, die der gesetzlichen Rentenversicherung *funktionsgleich* sind (vgl hierzu Klattenhoff DAngVers 1990, 441), erworben hat. Soweit ein solches Recht jedoch nach den Bestimmungen des **Fremdrentenrechts** abgegolten wird (oben Rn 6), ist es nicht mehr als Anrecht bei einem DDR-Rentenversicherungsträger zu behandeln. Die Aussetzung ist zwingend, soweit nicht die nachfolgend bezeichneten **Ausnahmen** eingreifen (BGH LM Art 8 EV Nr 3; OLG Celle FamRZ 1991, 715; AG Charlottenburg FamRZ 1991, 335 und 1069; Palandt/Diederichsen[51] § 6 Anhang III § 1 Rn 4 ff; Adlerstein/Wagenitz FamRZ 1990, 1507).

13 **b)** Die Rechtsfolgen der Aussetzung im Verbundverfahren bestimmen sich entsprechend § 628 Abs 1 ZPO; die Ehe kann also geschieden werden, der Versorgungsausgleich ist ggf abzutrennen (Palandt/Diederichsen[51] § 6 Anh III § 1 Rn 7).

2. Teilentscheidung (§ 1 Abs 1 S 3 Nr 1 BBVA)

14 **a)** Die Aussetzung erfolgt nur, soweit nicht eine **Teilentscheidung** über den Versorgungsausgleich getroffen werden kann. Dies kann der Fall sein in Mischfällen, also bei Erwerb von Anwartschaften im alten Bundesgebiet und von Anwartschaften, die § 1 Abs 1 BBVA unterliegen. Weitere Voraussetzung ist aber, daß nur ein Ehegatte „Ost-Anrechte" erworben hat und dieser Ehegatte hinsichtlich der „West-Anrechte" ausgleichspflichtig ist. In diesem Fall kann ein späterer Versorgungsausgleich über die Ost-Anrechte nur zu weiteren Übertragungen von Anwartschaften auf den ohnedies Ausgleichsberechtigten führen (vgl BGH LM Art 8 EV Nr 3; OLG Celle FamRZ 1991, 715; AG Charlottenburg FamRZ 1991, 335; Palandt/Diederichsen[51] § 6 Anh III § 1 Rn 8).

15 **b)** Diese Teilentscheidung erfolgt unter **Ausklammerung** des nach Abs 1 S 1 zu behandelnden Anrechts in den von §§ 1587b ff BGB vorgesehenen Formen, insbesondere also im Wege des Splitting; Abs 2 S 2 BBVA (schuldrechtlicher Versorgungsausgleich) ist auf die Teilentscheidung nicht anzuwenden (BGH LM Art 8 EV Nr 3; unklar Adlerstein/Wagenitz FamRZ 1990, 1307).

c) **§ 1317 RVO/§ 96 AVG** steht einer Teilentscheidung nicht entgegen, auch wenn im Zeitpunkt der Teilentscheidung der Berechtigte seinen Wohnsitz im Beitrittsgebiet hat und deshalb Leistungen nach der RVO nicht erhalten kann. Das Ruhen des Anspruchs hindert nicht die Verteilung des *Stammrechts* im Versorgungsausgleich (BGH LM Art 8 EV Nr 3). **16**

3. Vorläufiger Versorgungsausgleich (§ 1 Abs 2, § 1 Abs 1 S 3 Nr 2, § 1 Abs 2 BBVA)

a) Ein vorläufiger Versorgungsausgleich nach § 1 Abs 2 BBVA kommt unter zwei Voraussetzungen in Betracht: Gemäß § 1 Abs 1 S 3 Nr 2 **unterbleibt eine Aussetzung**, sofern die Voraussetzungen des Abs 2 S 1 bereits in dem Zeitpunkt vorliegen, in dem auszusetzen wäre; es findet ein vorläufiger Versorgungsausgleich statt (so im Fall OLG Celle FamRZ 1991, 714). Nach dem Sinn der Regelung unterbleibt in diesem Fall die (von Amts wegen gebotene) Aussetzung. Dann aber kann ein Antrag auf Durchführung des vorläufigen Versorgungsausgleichs nicht erforderlich sein, obgleich auch dieser vorläufige Versorgungsausgleich den Bestimmungen über den schuldrechtlichen Versorgungsausgleich unterliegt (unten Rn 20); ein faktisches Ruhen des Versorgungsausgleichs durch Unterbleiben der Aussetzung und Warten auf einen Antrag kann der Gesetzgeber schwerlich intendiert haben (so wohl auch OLG Celle FamRZ 1991, 716). **17**

b) Wurde zunächst ausgesetzt und treten sodann die Voraussetzungen des § 1 Abs 2 S 1 BBVA ein, so bedarf es eines **Antrags** zur Durchführung des vorläufigen Versorgungsausgleichs. Den Antrag kann nur ein Ehegatte stellen, nicht der Versorgungsträger, da ein schuldrechtlicher Ausgleich durchzuführen ist (Palandt/Diederichsen[51] § 6 Anh III § 1 Rn 14). **18**

c) **Voraussetzung der Durchführung** ist nach § 1 Abs 2 S 1 BBVA das Eintreten der tatbestandlichen Voraussetzungen von § 1587g Abs 1 S 2 BGB oder des § 3a Abs 1 VAHRG; der vorläufige Versorgungausgleich findet damit statt, wenn der Verpflichtete eine Versorgung bezieht und der Berechtigte invaliditäts- oder altersbedingt bedürftig ist (§ 1587g Abs 1 S 2 BGB). Im Falle des Todes des Verpflichteten schuldet der Versorgungsträger eine vorläufige Ausgleichsrente, sofern die für die auszugleichende Versorgung maßgebende Regelung eine Hinterbliebenenversorgung vorsieht (§ 3a VAHRG; Palandt/Diederichsen[51] § 6 Anh III § 1 Rn 13; Adlerstein/Wagenitz FamRZ 1990, 1307). **19**

d) Der vorläufige Versorgungsausgleich ist als **schuldrechtlicher Versorgungsausgleich durchzuführen** (§ 1 Abs 2 S 2 BBVA). Soweit nicht eine Teilentscheidung (oben Rn 14) stattfindet (BGH LM Art 8 EV Nr 3; „dieses Anrecht … kann daneben nach § 1 I S. 3 Nr. 2 … ausgeglichen werden"), sind in diesen schuldrechtlichen Ausgleich **alle Anwartschaften** einzubeziehen, also auch solche, die gegenüber Versorgungsträgern im alten Bundesgebiet bestehen und in anderer Weise, insbesondere durch Splitting, auszugleichen wären (Adlerstein/Wagenitz FamRZ 1990, 1307). **20**

21 aa) Dabei bestimmt Abs 2 S 2 Nr 1 eine **Maßgabe**, die es dem Gericht erleichtern soll, den vom Gesetzgeber gesehenen **Bewertungsschwierigkeiten** Rechnung zu tragen. Anrechte, die § 1 Abs 1 BBVA unterliegen, sind unter Berücksichtigung der Grundsätze des § 1587a BGB zu bewerten und angemessen auszugleichen. Das Familiengericht soll der Verpflichtung zu einer exakten Bewertung enthoben sein (BT-Drucks 11/7817, 48). Ausgangspunkt ist insbesondere das Bewertungsschema des § 1587a Absatz 2 Nr 4 lit d BGB (BT-Drucks 11/7817, 48; Palandt/Diederichsen[51] § 6 Anhang III § 1 Rn 17; im einzelnen OLG Celle FamRZ 1991, 716 ff; Klattenhoff DAngVers 1990, 443).

22 bb) Eine weitere **Maßgabe** (Abs 2 S 3 Nr 2) schließt die Anwendung von § 1587l BGB aus, um Übervorteilungen durch Abfindungen künftiger, im Abfindungszeitpunkt in ihren Entwicklungschancen noch nicht bestimmbarer Anrechte auszuschließen (Palandt/Diederichsen[51] § 6 Anhang III § 1 Rn 18).

23 cc) Die **Konkurrenzregelung** in § 3a Abs 2 VAHRG gilt nicht (Abs 2 S 2 Nr 3). Dadurch wird sichergestellt, daß der frühere Ehegatte nach dem Tod des Ausgleichsverpflichteten mindestens eine Leistung in Höhe der schuldrechtlichen Ausgleichsrente erhält (BT-Drucks 11/7817, 49). *Ungerechtfertigte Kumulationen* werden durch die Anrechnung der Hinterbliebenenversorgung (§ 49 DDR-RentenVO) auf die Rente nach § 3a Abs 1 VAHRG vermieden (Palandt/Diederichsen[51] § 6 Anhang III § 1 Rn 19; Klattenhoff DAngVers 1990, 444).

24 4. Das Verfahren des vorläufigen Versorgungsausgleichs unterliegt den Bestimmungen des FGG; dabei sind gemäß § 1 Abs 3 BBVA entsprechend § 53b FGG die Versorgungsträger am Verfahren zu beteiligen und hinsichtlich der Anwartschaften zur Auskunft verpflichtet (Palandt/Diederichsen[51] § 6 Anhang III § 1 Rn 20).

IV. Wiederaufnahme (§ 1 Abs 4)

25 1. Ausgesetzte Verfahren sowie Verfahren, in denen ein vorläufiger Versorgungsausgleich stattgefunden hat, sind nach dem 1. 1. 1992 wieder aufzunehmen. Ziel ist die **endgültige Durchführung** des Versorgungsausgleichs über alle Anwartschaften, insbesondere also auch über jene nach § 1 Abs 1 BBVA. Das hierzu erforderliche Instrumentarium ist jedoch nur teilweise im Sinne einer endgültigen Regelung durch das VAÜG (hierzu Anhang IV zu § 6; vgl oben Rn 7) geschaffen worden (vgl BT-Drucks 12/405, 174 ff; Palandt/Diederichsen[51] § 6 Anhang III § 1 Rn 21). Soweit nach dessen Regelungen keine erneute Aussetzung erfolgt, beurteilt sich die Einbeziehung und Bewertung von Anwartschaften, die § 1 Abs 1 BBVA unterlagen, ausschließlich nach den Bestimmungen des VAÜG (vgl aber zur entsprechenden Anwendung von Art 234 § 6 S 2 oben Rn 5).

26 2. Da die **Wiederaufnahme** nach § 1 Abs 4 BBVA zwingend nach dem 1. 1. 1992 **von Amts wegen** erfolgt (Palandt/Diederichsen[51] § 6 Anhang III § 1 Rn 21 f), kommt es auch in den Fällen zur Wiederaufnahme, in denen nach den Bestimmungen des VAÜG eine Aussetzung erfolgt. In diesem Fall ist sogleich nach Wiederaufnahme erneut auszusetzen. Über die erneute Wiederaufnahme bestimmen sodann ausschließlich die Regelungen des VAÜG (Hahne FamRZ 1991, 1394).

V. Regelungszweck von § 2 BBVA

27 Die Bestimmung stellt eine **sozialversicherungsrechtliche Sonderregelung** für die Fälle dar, in denen die Voraussetzungen des **§ 1 nicht vorliegen** oder eine Teilentscheidung möglich ist, so daß ein Versorgungsausgleich durchgeführt werden kann, der Berechtigte aber von einem Rentenversicherungsträger mit Sitz im Beitrittsgebiet betreut wird. Da solche Versicherungsträger zunächst nicht in der Lage sind, das dem Berechtigten gutzubringende Anrecht aufzunehmen, gilt abweichend von allgemeinen Zuständigkeitsregeln der Rentenversicherungsträger des Verpflichteten in den alten Bundesländern hilfsweise die BfA für die Durchführung des Versorgungsausgleichs als zuständig (BT-Drucks 11/7817, 49; PALANDT/DIEDERICHSEN[51] § 6 Anhang III § 2 Rn 1).

Anhang IV zu Art 234 § 6 EGBGB

Gesetz zur Überleitung des Versorgungsausgleichs auf das Beitrittsgebiet (VAÜG)

vom 25. 7. 1991

§ 1
Grundsatz, Begriff

(1) Endet die Ehezeit vor der Herstellung einheitlicher Einkommensverhältnisse im Gebiet der Bundesrepublik Deutschland (Einkommensangleichung) und hat ein Ehegatte in der Ehezeit ein angleichungsdynamisches Anrecht oder ein angleichungsdynamisches Anrecht minderer Art erworben, so gelten die nachfolgenden Vorschriften.

(2) Angleichungsdynamische Anrechte sind in dem in Artikel 3 des Einigungsvertrages genannten Gebiet (Beitrittsgebiet) erworbene oder ihnen gleichstehende

1. **dynamische Anrechte der gesetzlichen Rentenversicherung, deren Wert bis zur Einkommensangleichung in stärkerer Weise steigt als der Wert entsprechender Anrechte, die im übrigen Bundesgebiet erworben worden sind;**

2. **sonstige Anrechte im Sinne des § 1587 Abs. 1 des Bürgerlichen Gesetzbuchs, deren Wert in einer dem Wert der in Nummer 1 bezeichneten Anrechte vergleichbaren Weise steigt.**

(3) Angleichungsdynamische Anrechte minderer Art sind im Beitrittsgebiet erworbene Anrechte, deren Wert bis zur Einkommensangleichung in stärkerer Weise steigt als der Wert entsprechender Anrechte, die im übrigen Bundesgebiet erworben worden sind, aber in minderer Weise als der Wert der in Absatz 2 bezeichneten Anrechte.

(4) Als Zeitpunkt der Einkommensangleichung gilt der Zeitpunkt, von dem an Rentenansprüche aus der gesetzlichen Rentenversicherung allgemein auf der Grundlage des aktuellen Rentenwerts (§ 68 Sechstes Buch Sozialgesetzbuch) ermittelt werden.

§ 2
Durchführung, Aussetzung und Wiederaufnahme des Versorgungsausgleichs

(1) Vor der Einkommensangleichung ist der Versorgungsausgleich nur durchzuführen, wenn

1. die Ehegatten in der Ehezeit keine angleichungsdynamischen Anrechte minderer Art erworben haben und

a) nur angleichungsdynamische Anrechte zu berücksichtigen sind oder

b) der Ehegatte mit den werthöheren angleichungsdynamischen Anrechten auch die werthöheren nichtangleichungsdynamischen Anrechte erworben hat;

2. die Voraussetzungen der Nummer 1 nicht vorliegen, aus einem im Versorgungsausgleich zu berücksichtigenden Anrecht aufgrund des Versorgungsausgleichs jedoch Leistungen zu erbringen oder zu kürzen wären.

Anderenfalls ist der Versorgungsausgleich auszusetzen; § 628 Abs. 1 der Zivilprozeßordnung gilt entsprechend.

(2) Vor der Einkommensangleichung ist ein nach Absatz 1 Satz 2 ausgesetzter Versorgungsausgleich auf Antrag nur wiederaufzunehmen, wenn die Voraussetzungen des Absatzes 1 Satz 1 Nr. 2 eintreten. Antragsberechtigt sind die Ehegatten, ihre Hinterbliebenen und die betroffenen Versorgungsträger.

(3) Nach der Einkommensangleichung ist ein nach Absatz 1 Satz 2 ausgesetzter Versorgungsausgleich auf Antrag wiederaufzunehmen; Absatz 2 Satz 2 gilt entsprechend. Von Amts wegen soll ein nach Absatz 1 Satz 2 ausgesetzter Versorgungsausgleich binnen fünf Jahren nach der Einkommensangleichung wieder aufgenommen werden.

Materialien: BGBl 1991 I 1606; BT-Drucks 12/405, 174 ff.

Schrifttum

Hahne, Gesetz zur Überleitung des Versorgungsausgleichs auf das Beitrittsgebiet (VAÜG), FamRZ 1991, 1392

Klattenhoff, Der Versorgungsausgleich nach der Rechtseinheit in der gesetzlichen Rentenversicherung, DAngVers 1991, 352

Ruland, Neuregelungen im Recht des Versorgungsausgleichs, NJW 1991, 85.

I. Verhältnis zum Rentenrecht

1. Am 1. 1. 1992 ist das **neue Rentenrecht im Beitrittsgebiet** in Kraft getreten (Art 42 Abs 1 RentenüberleitungsG – RÜG, BGBl 1991 I 1606). Das VAÜG ist durch das RÜG als dessen Art 31 eingeführt worden. Das RÜG regelt die schrittweise Angleichung der Renten im Beitrittsgebiet an das Westniveau. Bis zum 31. 12. 1991 galt das Rentenrecht der DDR in der Fassung des auf den ersten Staatsvertrag folgenden RentenangleichungsG fort (Hahne FamRZ 1991, 1392). 1

2. Bei Inkrafttreten des RÜG lag der Rentenwert (Ost) noch um knapp 43% hinter dem allgemeinen Wert zurück (Ruland DRV 1991, 523). Bis zu einer endgültigen Angleichung der Renten werden die im Beitrittsgebiet erworbenen Rentenanwartschaften unter Berücksichtigung der tatsächlichen individuellen Entgelte in **Entgeltpunkte (Ost; § 254d SGB VI)** umgerechnet, wobei die Entgelte durch Umrechnungsfaktoren auf ein vergleichbares Westniveau fiktiv hochgerechnet werden. Der **aktuelle Rentenwert (ARW; § 68 SGB VI)** wird für das Beitrittsgebiet gesondert (§ 255a SGB VI) anhand der Durchschnittsentgelte ermittelt, um nicht eine überproportionale Steigerung der Renten durch Orientierung am Rentenwert West zu erreichen (Klattenhoff DAngVers 1991, 352). 2

3. Ziel ist die **Rentenanpassung** von Renten mit ARW/Ost innerhalb einiger Jahre (BT-Drucks 12/405, 110) an den ARW/West. Erfaßt sind die Renten der staatlichen Rentenversicherung sowie – im Wege der Überführung in die gesetzliche Rentenversicherung – die Renten nach Sonderversorgungssystemen (Hahne FamRZ 1991, 1392). 3

4. Aus Sicht des **Versorgungsausgleichs** dauert damit die den BBVA (hierzu Anhang III zu § 6 Rn 1 ff) als Motiv zugrundeliegende **Überdynamik** an: Bis zur Erreichung des gleichmäßigen ARW steigen die Renten/Ost dynamisch entsprechend dem allgemeinen Lohnniveau/Ost, welches wiederum dem dynamisch steigenden Lohnniveau/West nacheilt; das Lohnniveau/West bestimmt die Dynamik des ARW/West (BGH NJW-RR 2002, 290, 291; Klattenhoff DAngVers 1991, 352). 4

5. Obgleich mit dem Inkrafttreten des RÜG gemäß **Art 234, § 6 Satz 1** für alle Ehen, die nach dem 1. 1. 1992 geschieden werden, ein Versorgungsausgleich grundsätzlich stattfindet, geht daher das VAÜG noch nicht über zu einem umfassenden Versorgungsausgleich hinsichtlich aller in den Versorgungsausgleich einzubeziehenden Anwartschaften; andererseits wird der äußerstenfalls vorübergehend tolerierbare Zustand der grundsätzlichen Aussetzung nach § 1 Abs 1 BBVA überwunden durch ein System differenzierter Aussetzungen bzw Bewertungen. 5

II. Anwendungsbereich § 1

1. § 1 Abs 1 bestimmt den **Anwendungsbereich** des VAÜG: Dessen Bestimmungen sind anzuwenden, wenn das Ende der Ehezeit vor Herstellung einheitlicher Einkommensverhältnisse (Einkommensangleichung) eintritt, also ein Versorgungsausgleich stattfindet (Art 234 § 6 S 1), ehe gleichmäßige Bewertungsvoraussetzungen gegeben sind. Die Einkommensangleichung wird definiert (Abs 4) auf den Zeitpunkt, in dem der ARW/Ost im ARW/West aufgeht (Klattenhoff DAngVers 1991, 356). 6

7 **2.** § 1 VAÜG enthält **Legaldefinitionen** der Begriffe „Angleichungsdynamische Anrechte" (Abs 2) und „Angleichungsdynamische Anrechte minderer Art" (Abs 3, hierzu BGH NJW-RR 2002, 290, 291; vgl im einzelnen den Gesetzestext).

8 **a)** Erfaßt sind als **angleichungsdynamische Anrechte** insbesondere solche nach der Rentenversicherung im Beitrittsgebiet einschließlich Zusatz- und Sonderversorgungen (hierzu HAHNE FamRZ 1991, 1393; **Ärzte- und Zahnärzteversorgung**: OLG Dresden FamRZ 1997, 615; OLG Dresden FamRZ 1998, 630; OLG Naumburg NJ 2000, 262). Ausdrücklich einbezogen wurden durch das Rentenüberleitungs-ErgänzungsG (BGBl 1993 I 1038) **Parteizusatzversorgungen** und die Renten bei **Carl-Zeiss Jena**. Anrechte, die sich in vergleichbarer Weise wie gesetzliche Renten nach den wirtschaftlichen Verhältnissen im Beitrittsgebiet richten, sind insbesondere Versorgungen nach beamtenrechtlichen Vorschriften (PALANDT/DIEDERICHSEN[58] § 6 Anh IV Rn 8 ff).

9 **b)** **Angleichungsdynamische Anrechte minderer Art** (PALANDT/DIEDERICHSEN[58] § 6 Anh IV Rn 11) sind andere Versorgungsanwartschaften im Beitrittsgebiet, die der Art nach vergleichbar sind den westdeutschen Betriebsrenten, sonstigen Versorgungen und privaten Rentenversicherungen nach § 1587a Abs 2 Nrn 3 bis 5 BGB (OLG Brandenburg FamRZ 2001, 489: Leibrenten sind nicht erfaßt und deshalb nach dem sachnächsten Bewertungsschema des § 1587a Abs 3 Nr 1 BGB in nicht angleichungsdynamische Rentenanwartschaften umzurechnen). Deren Anpassungsrate muß höher sein als die eines vergleichbaren westdeutschen Anrechts, aber geringer als die Anpassung voll angleichungsdynamischer Rechte im Beitrittsgebiet (HAHNE FamRZ 1991, 1393).

III. Aussetzung § 2

10 **1.** Die Regelung in § 2 geht ähnlich wie § 1 BBVA vom **Grundsatz der Aussetzung** des Versorgungsausgleichs aus, sofern Anrechte der in § 1 VAÜG genannten Art in den Versorgungsausgleich einzubeziehen sind. Die Ausnahmen (sogleich Rn 13 ff) sind allerdings erheblich weiter gefaßt als nach den BBVA; sie ermöglichen insbesondere einen endgültigen Versorgungsausgleich über Anwartschaften im Beitrittsgebiet, sofern bestimmte Konstellationen vorliegen.

11 **2.** Für die Aussetzung gilt § **628 ZPO** entsprechend im Wege der Rechtsfolgeverweisung (HAHNE FamRZ 1991, 1394). Hat das Familiengericht den VA entgegen § 2 durchgeführt, so ist die Entscheidung im Rechtsmittelzug aufzuheben und zurückzuverweisen mit der Anweisung, das Verfahren gemäß § 2 auszusetzen (OLG Köln FamRZ 1994, 1041; OLG Karlsruhe NJW-RR 1996, 903).

Tritt der Versicherungsfall ein, ehe eine der Voraussetzungen für die Wiederaufnahme gegeben ist, so bestimmt sich die Behandlung der Anwartschaften nach § 4 VAÜG iVm § 10a VAHRG (BGH NJW-RR 2002, 290, 291; OLG Nürnberg NJW-RR 1995, 1031).

IV. Durchführung des Versorgungsausgleichs

12 Die Durchführung des Versorgungsausgleichs erfolgt ausschließlich in den in § 2 Abs 1 Nr 1, 2 VAÜG benannten Fällen.

1. Angleichungsdynamische Rechte (§ 2 Abs 1 Nr 1)

13 **a)** Der Versorgungsausgleich ist durchzuführen, wenn beide **Ehegatten keine angleichungsdynamischen Anrechte minderer Art** erworben haben und **nur angleichungsdynamische Anrechte** auszugleichen sind. In diesem Fall bedarf es keiner Umbewertungen, da beiderseits nur gleichartige Anrechte/Ost zu saldieren sind, also ein In-Sich-Ausgleich stattfindet (zur Anwendung OLG Nürnberg NJW-RR 1995, 1031).

14 **b)** Der Versorgungsausgleich ist auch durchzuführen, wenn in der vorstehenden Fallgestaltung der ausgleichungspflichtige Ehegatte auch die werthöheren **nichtdynamischen Anrechte** erworben hat. In diesem Fall kommt die Ausgleichung der Anrechte für beide Kategorien demselben Ehegatten zugute.

2. Versorgungsbezug eines Ehegatten (§ 2 Abs 1 Nr 2)

15 Liegen die **beiden vorgenannten Konstellationen nicht vor**, so ist ein Versorgungsausgleich im Falle des Versorgungsbezuges eines oder beider Ehegatten dann durchzuführen, wenn er sich dem Grunde oder der Höhe nach auf den Leistungsbezug des Berechtigten, des Verpflichteten oder Hinterbliebener oder auf die Kürzungsmöglichkeit des Versorgungsträgers auswirkt. Erfaßt sind alle Fälle des Versorgungsausgleichs nach §§ 1587 b ff BGB sowie Leistungen nach § 3a VAHRG (Ruland NJW 1991, 86); jedoch ist jeweils *im Einzelfall* zu prüfen, ob es zu einer *konkreten* Auswirkung auf die Höhe von Leistungen während der Zeitdauer bis zur Einkommensangleichung kommt (Klattenhoff DAngVers 1991, 363). Anderenfalls ist der Versorgungsausgleich auszusetzen (Hahne FamRZ 1991, 1394; Klattenhoff DAngVers 1991, 357 ff).

3. Vereinbarung

16 Liegen die vorgenannten Voraussetzungen nicht vor, so kann dennoch ein VA nach § 2 Abs 1 stattfinden, wenn die Ehegatten durch **Vereinbarung** die Voraussetzung eines zulässigen In-Sich-Ausgleichs (Rn 13) angleichungsdynamischer Anrechte schaffen. Die Ehegatten können insbesondere zulässigerweise vereinbaren, daß die nicht angleichungsdynamischen Anrechte eines Ehegatten wie angleichungsdynamische behandelt werden und dadurch die Situation des § 2 Abs 1 Nr 2 herstellen (BGH NJW-RR 2002, 290, 291; OLG Dresden DtZ 1996, 187; OLG Karlsruhe FamRZ 2000, 1155; **aA** OLG Brandenburg FamRZ 1998, 1442; OLG Bamberg FamRZ 2000, 291).

V. Wiederaufnahme nach Aussetzung

1. Wiederaufnahme vor Einkommensangleichung (§ 2 Abs 2)

17 Eine Wiederaufnahme vor der Einkommensangleichung ist nur zulässig, wenn nachträglich die **Voraussetzungen** einer Durchführung (oben Rn 15) eintreten und einer der Ehegatten, ihrer Hinterbliebenen oder einer der betroffenen Versorgungsträger einen entsprechenden **Antrag** stellt (OLG Naumburg FamRZ 2001, 498). Abs 2 enthält eine *abschließende Regelung* der Gründe für die Wiederaufnahme. Ein Wiederaufnahmegrund liegt deshalb nicht vor, wenn nach dem Tod des geschiedenen Ehemannes eine

Witwenrente gezahlt wird (OLG Brandenburg NJWE-FER 1998, 44; kritisch KEMNADE FamRZ 1998, 1441).

2. Wiederaufnahme nach Einkommensangleichung (§ 2 Abs 3)

18 **a)** Nach der Einkommensangleichung bestimmt sich die Wiederaufnahme im Gegensatz zu § 1 Abs 4 BBVA **flexibel.** Eine Wiederaufnahme von Amts wegen soll binnen fünf Jahren nach der Einkommensangleichung erfolgen. Hierdurch wird eine Entlastung der Gerichte erreicht, die ansonsten mit der Einkommensangleichung einer großen Zahl zu erledigender Versorgungsausgleichsverfahren ausgesetzt wären.

19 **b)** **Auf Antrag** eines Ehegatten, eines Hinterbliebenen oder eines betroffenen Versorgungsträgers ist der Versorgungsausgleich wieder aufzunehmen.

§ 3 (Durchführung des Versorgungsausgleichs vor der Einkommensangleichung)

§ 4 (Anwendung der §§ 3b und 10 a des Härteregelungsgesetzes vor der Einkommensangleichung)

§ 5 (Durchführung des Versorgungsausgleichs nach der Einkommensangleichung)

20 Vom Abdruck dieser Bestimmungen wird abgesehen. Sie enthalten **keine Überleitungsvorschriften**, sondern materiellrechtliche Regelungen zur Durchführung des Versorgungsausgleichs (vgl STAUDINGER/REHME [1998] §§ 1587b ff BGB; HAHNE FamRZ 1991, 1394 ff; KLATTENHOFF DAngVers 1991, 354 ff; RULAND NJW 1992, 86; GUTDEUTSCH FamRZ 1992, 753).

§ 7
Abstammung

(1) Entscheidungen, die vor dem Wirksamwerden des Beitritts ergangen sind und feststellen, daß der Ehemann der Mutter nicht der Vater des Kindes ist, wer der Vater des Kindes ist oder daß eine Anerkennung der Vaterschaft unwirksam ist, bleiben unberührt. Dasselbe gilt für eine Anerkennung der Vaterschaft, die nach dem 31. März 1966 und vor dem Wirksamwerden des Beitritts wirksam geworden ist.

(2) Die Fristen für Klagen, durch welche die Ehelichkeit eines Kindes oder die Anerkennung der Vaterschaft angefochten wird, beginnen nicht vor dem Wirksamwerden des Beitritts, wenn der Anfechtungsberechtigte nach dem bisher geltenden Recht nicht klageberechtigt war.

(3) Ist vor dem Wirksamwerden des Beitritts die Vaterschaft angefochten oder Klage auf Feststellung der Unwirksamkeit einer Anerkennung der Vaterschaft erhoben und über die Klagen nicht vor dem Wirksamwerden des Beitritts rechtskräftig entschieden worden, so wird der Zeitraum von der Klageerhebung bis zum Wirksamwerden des Beitritts in die in Absatz 2 genannten Fristen nicht eingerechnet, wenn die Klage aufgrund des Inkrafttretens des Bürgerlichen Gesetzbuchs nicht mehr von dem Kläger erhoben oder nicht mehr gegen den Beklagten gerichtet werden kann.

(4) Andere als die in Absatz 1 genannten Entscheidungen und Erklärungen, die nach dem bisherigen Recht die Wirkung einer Vaterschaftsfeststellung haben, stehen einer Anerkennung der Vaterschaft im Sinne des Absatzes 1 Satz 2 gleich.

Materialien: Siehe Art 230; E: BT-Drucks 11/7760 Art 234 § 7.

Schrifttum

ANDRAE, Zur Anerkennung von Statusurteilen, die von Gerichten der DDR erlassen wurden, NJ 2002, 15.

Systematische Übersicht

Alphabetische Übersicht

I. Normzweck

1. Die Bestimmung geht davon aus, daß **statusbeeinflussende Entscheidungen und Erklärungen** von § 1 erfaßt werden, so daß grundsätzlich seit dem 3. 10. 1990 auch für Statusentscheidungen, die vor dem 3. 10. 1990 geborene Kinder betreffen, das BGB anzuwenden ist (BT-Drucks 11/7817, 44; MünchKomm/Seidel Rn 1). Dieser Ausgangspunkt ist nicht unbedenklich: Das deutsche *Kollisionsrecht* unterschied, durch die IPR-Reform zum 1. 9. 1986 sogar noch verdeutlicht, Statusbegründung und Statuswirkungen. Die Statusbegründung wurde **unwandelbar auf den Zeitpunkt der Geburt angeknüpft** (vgl Art 19 Abs 1 S 1 aF; Art 20 Abs 1 S 1 aF). **1**

Die Erfassung auch der Statusbegründung durch Art 234 § 1 bedeutet eine solche unechte Rückwirkung. Die Überleitungsbestimmung zum KindRG (Art 224 § 1) folgt hingegen in Abs 1 dem Unwandelbarkeitsgrundsatz und unterstellt nur künftige Anfechtungen (Art 224 § 1 Abs 2) neuem Recht. Art 19 Abs 1 idF des KindRG geht hingegen im Kollisionsrecht teilweise vom Unwandelbarkeitsgrundsatz ab (Art 19 Abs 1 S 1: *jeweiliger* gewöhnlicher Aufenthalt).

2. § 7 begrenzt diese Rückwirkung lediglich: **Abs 1 S 1** verwirklicht Art 18 Abs 1 S 1 EV hinsichtlich von **Statusentscheidungen**, die vor dem Wirksamwerden des Beitritts ergangen sind; diese bleiben wirksam. **Abs 1 S 2** schließt die Rückwirkung neuen Rechts auf alte Vaterschaftsanerkenntnisse aus. **Abs 4** erweitert diesen Rückwirkungsschutz auf vaterschaftsfeststellend wirkende Erklärungen aus der Zeit vor Inkrafttreten des FGB (BT-Drucks 11/7817, 44). **2**

3. **Abs 2 und 3** bestätigen hingegen den aus § 1 hergeleiteten Grundsatz, wonach **künftige Vaterschaftsverfahren** auch materiellrechtlich dem BGB unterliegen; insbesondere setzen diese Regelungen voraus, daß auch die Bestimmung der **Anfechtungsberechtigung** und der **Anfechtungsfristen** sich nach dem BGB beurteilt, auch wenn das Kind bei Geburt dem Recht der DDR als Status-Statut unterlegen ist. Die Regelungen sollen lediglich die sich aus dieser *unechten* Rückwirkung ergebenden Konsequenzen mildern, soweit der Statutenwechsel zum Wegfall bzw zur Neubegründung von Anfechtungsrechten geführt hat. Abs 2 schützt die Überlegungsfrist für erst nach BGB anfechtungsberechtigt gewordene Personen; Abs 2 schützt Anfechtungsberechtigte (nach FGB und BGB), die im Vertrauen auf die am 3. 10. 1990 noch anhängige Anfechtung oder Klage auf Feststellung der Unwirksamkeit eines Vaterschaftsanerkenntnisses durch eine nach FGB, nicht aber mehr nach BGB anfechtungsberechtigte andere Person ihrerseits noch nicht Klage erhoben hatten, bzw deren Klage durch Wegfall der Passivlegitimation des Beklagten unzulässig geworden ist (BT-Drucks 11/7817, 44). **3**

4. Die rückwirkende, Geburten vor dem 3. 10. 1990 betreffende Inkraftsetzung des BGB-Abstammungsrechts war zwingend verbunden mit dem in bestehende Statusbeziehungen eingreifenden Wechsel des einheitlichen Kindschaftsstatus zur Differenzierung von **Ehelichkeit und Nichtehelichkeit**, gemildert nur durch die Ausnahmeregelung des Art 230 Abs 1 aF (dazu Staudinger/Rauscher [1996] Rn 4, 8). **4**

5. Zum **1. 7. 1998** werden die am 3. 10. 1990 übergeleiteten Kindschaftsverhältnisse jedoch – wie alle anderen Kindschaftsverhältnisse – erneut übergeleitet in das **5**

neue Kindschaftsrecht gemäß §§ 1592 ff, 1616 ff BGB. Dadurch entfällt die zwischenzeitliche Statusunterscheidung mit Wirkung für die Zukunft.

Die Überleitung zum 1. 7. 1998 beurteilt sich nach **Art 224 § 1**. Die von § 7 vorgenommene Überleitung wird jedoch nicht obsolet. Soweit gemäß Art 224 § 1 altes Recht maßgeblich ist, entscheidet § 7 für die am 3. 10. 1990 übergeleiteten Abstammungsverhältnisse, ob altes Recht das BGB oder das FGB ist. Soweit § 7 Urteile oder Rechtshandlungen aus der Zeit vor dem 3. 10. 1990 solchen iSd BGB gleichstellt, werden sie am 1. 7. 1998 als solche vom neuen Recht übernommen (näher Erläuterungen zu Art 224; vgl zum Zusammenwirken der beiden Überleitungen am Beispiel der Anfechtung der Vaterschaft BGH NJW 1999, 1862). Auch die zum 3. 10. 1990 eingetreten *Statusunterscheidung* entfällt nicht rückwirkend, weshalb die Überleitung nach § 7 weiterhin aus dem Blickwinkel des am 3. 10. 1990 geltenden BGB-Kindschaftsrechts abzuhandeln ist.

II. Interlokaler Anwendungsbereich

6 1. **Abs 1 und 4** ist der interlokale Anwendungsbereich immanent; die Bestimmungen beziehen sich auf Entscheidungen bzw Anerkennungserklärungen, die auf Grundlage des Rechts der DDR durch Gerichte und Behörden der DDR ergangen sind bzw entgegengenommen wurden.

7 2. Für **Abs 2** ist der grundsätzliche **kollisionsrechtliche Ansatz** zu verfolgen; er bedarf jedoch einer Modifikation: Der Zweck des Abs 2 besteht darin, zu verhindern, daß nach BGB zu statusberichtigenden Handlungen Berechtigte nicht ihr soeben gewonnenes Recht durch Verfristung alsbald oder schon längst wieder verloren haben. Dies legt es nahe, dem Ziel der Statuswahrheit zugute Abs 2 immer dann anzuwenden, wenn nach innerdeutschem Kollisionsrecht DDR-Recht anwendbar gewesen wäre (vgl OLG Hamm FamRZ 1995, 505) **oder** wenn der nunmehr Anfechtungsberechtigte ohne Erschwernisse nur Zugang zu einem ostdeutschen Gericht hatte und dieses das Recht der DDR angewendet hätte.

8 3. **Abs 3** bezieht sich auf eine konkret erhobene Klage; daher ist Abs 3 immer anzuwenden, wenn das Gericht diese konkret erhobene Klage nach dem Recht der DDR – gemäß dem Kollisionsrecht des *Forum* – zu entscheiden gehabt hätte.

III. Statusentscheidungen (Abs 1 S 1)

1. Grundsatz

9 a) Der Status eines Kindes, die **Anfechtung der Abstammung** vom Ehemann der Mutter und die **Feststellung der nichtehelichen Abstammung** vom Vater unterliegen seit dem 3. 10. 1990 auch für vorher geborene Kinder dem BGB.

10 b) Dies gilt jedoch nicht rückwirkend für die **Ehelichkeitsvermutungen** (MünchKomm/Seidel Rn 5) Ist ein Kind vor dem 3. 10. 1990 geboren (und untersteht die Abstammung nach innerdeutschem Kollisionsrecht dem Recht der DDR), so beurteilt sich die Vermutung der Abstammung vom Ehemann der Mutter nach § 54 Abs 5 FGB (OLG Dresden FamRZ 1999, 1366, 1367; Palandt/Diederichsen Rn 2); da die dort bestimmte Frist (bis zum Ablauf des dreihundertundzweiten Tages nach Beendigung

einer Ehe) im Ergebnis mit der Systematik der §§ 1591 f aF BGB weitgehend übereinstimmt (doppelte Vermutung im BGB, einfache Vermutung im FGB), wird es selten zu Divergenzen kommen.

c) Nach BGB bestimmen sich damit alle Vorgänge, durch die nach dem 3. 10. 1990 ein **Abstammungsverhältnis begründet** oder ein (auch vorher) begründetes verändert oder **beseitigt** wird; dies gilt auch bei Geburt vor dem 3. 10. 1990 (BT-Drucks 11/7817, 44; OLG Celle DtZ 1991, 350; Palandt/Diederichsen[58] Rn 2; Horn 84; Adlerstein/Wagenitz FamRZ 1990, 1169 f; Lübchen/Rohde 144). Damit konnte insbesondere eine vor dem 3. 10. 1990 begründete **Ehelichkeitsvermutung** nur durch Anfechtung nach § 1593 aF BGB beseitigt werden; seit dem 1. 7. 1998 gelten §§ 1599 Abs 1, 1600 ff BGB (Art 224 § 1 Abs 2). Die nach § 63 Abs 3 S 2 FGB zulässige Geltendmachung der Nichtehelichkeit durch Verwandte des verstorbenen Ehegatten im Unterhalts- und Erbstreit ist hingegen nach dem 3. 10. 1990 nicht mehr möglich (Lübchen/Rohde 148; MünchKomm/Seidel Rn 5). Das gilt auch, wenn der Erblasser vor dem 3. 10. 1990 verstorben ist und das Recht der DDR Erbstatut war; § 63 Abs 3 S 2 FGB wird nicht von Art 235 § 1 erfaßt, da es sich um eine familienrechtlich zu qualifizierende Bestimmung handelt: Einerseits ist die Frage der inzidenten Geltendmachung der Nichtehelichkeit in § 1593 aF BGB (und nun die der Nichtabstammung in § 1599 BGB) geregelt, also *systematisch* familienrechtlicher Natur; zum anderen betrifft sie die für die Berufung zum Erben maßgebliche *Rechtsstellung*, die nach einhelliger kollisionsrechtlicher Ansicht nicht dem Erbstatut unterstellt wird (**aA** Lübchen/Rohde 148; Adlerstein/Wagenitz FamRZ 1990, 1170). Die dadurch bedingte Härte für Miterben wurde nur teilweise gemildert durch das am 3. 10. 1990 neu entstandene Anfechtungsrecht der Eltern des Ehemannes nach § 1595a BGB, das seit dem 1. 7. 1998 freilich nicht mehr vorgesehen ist.

2. Sachlicher Anwendungsbereich Abs 1 S 1

a) Abs 1 S 1 erfaßt alle **positiven und negativen gerichtlichen Vaterschaftsfeststellungen**; also: Die Entscheidung, daß der Ehemann der Mutter nicht der Vater des Kindes ist (§ 63 Abs 1 FGB); die Entscheidung zur Feststellung des Vaters des Kindes einer nicht verheirateten Mutter oder eines Kindes, dessen Abstammung vom Ehemann der Mutter angefochten wurde (§ 54 Abs 1, 58 FGB); die Entscheidung über die Unwirksamkeit eines Vaterschaftsanerkenntnisses (§ 59 Abs 1 FGB; OLG Brandenburg FamRZ 1998, 1134, 1135; Palandt/Diederichsen Rn 2; Einzelheiten zum Recht der DDR Lübchen/Rohde 144 ff). **12**

b) Über den Wortlaut hinaus ist auch die **Abweisung einer Vaterschaftsfeststellungsklage** (Palandt/Diederichsen Rn 2; MünchKomm/Seidel Rn 7), die erfolgte **Aufhebung einer gerichtlichen Vaterschaftsfeststellung** (§ 60 FGB) sowie die **Abweisung einer Anfechtungsklage** betreffend ein unrichtiges Vaterschaftsanerkenntnis (OLG Brandenburg FamRZ 1995, 503, 504) bzw die **Abweisung** einer Klage, mit der die Feststellung begehrt wurde, daß der Ehemann der Mutter nicht der Vater des Kindes ist, erfaßt. **13**

c) Auf die **Person des die Statusentscheidung Veranlassenden** kommt es nicht an; die Bestimmung bezieht sich nur auf das durch die Entscheidung herbeigeführte feststellende Ergebnis; insbesondere sind auch Anfechtungsklagen seitens des Staatsanwalts nach Abs 1 S 1 zu behandeln (MünchKomm/Seidel Rn 7). **14**

3. Wirkungen

15 a) Vor dem 3. 10. 1990 **ergangene Entscheidungen bleiben wirksam** (Palandt/Diederichsen Rn 2; Adlerstein/Wagenitz FamRZ 1990, 1170). Ihre **Aufhebung** beurteilt sich jedoch seit dem 3. 10. 1990 nach neuem (materiellen und Verfahrens-)Recht. Insbesondere ist die Aufhebung nach § 60 FGB auf Antrag des Staatsanwalts nicht mehr zulässig; möglich ist nur die Wiederaufnahmeklage (§ 641i ZPO; OLG Brandenburg FamRZ 1998, 1134, 1135; Palandt/Diederichsen Rn 2; Adlerstein/Wagenitz FamRZ 1990, 1170; MünchKomm/Seidel Rn 12).

16 b) **Ergangen** iSd Abs 1 S 1 ist eine Entscheidung nicht erst mit dem Eintritt der Rechtskraft. Strittig ist, mit welchem vor Eintritt der Rechtskraft liegenden Ereignis die Entscheidung ergangen ist. Da § 25 Abs 1 FamilienverfahrensO v 17. 2. 1966 (FamVerfO, GBl DDR I 171) nicht auf § 21 FamVerfO verweist, kann nicht ohne weiteres auf die *Verkündung* abgestellt werden (so Lübchen/Rohde 144), weil eine Verkündung nicht zwingend vorgesehen war. Grundsätzlich wurden Statusentscheidungen gemäß § 25 Abs 2 S 2 FamVerfO von Amts wegen *zugestellt* und wohl erst in diesem Zeitpunkt wirksam; sie sind daher auch erst als in diesem Zeitpunkt ergangen anzusehen (MünchKomm/Seidel Rn 10). Hat eine Verkündung jedoch stattgefunden, so ist auf deren Zeitpunkt abzustellen.

17 c) Abs 1 S 1 hindert nicht, eine Entscheidung von Gerichten der DDR wegen **Verstoßes gegen den deutschen ordre public** als nichtig anzusehen (BGH NJW 1997, 2051; OLG Naumburg FamRZ 2001, 1013, 1014; OLG Düsseldorf FamRZ 1996, 176; Palandt/Diederichsen Rn 2; **aA** Andrae NJ 2002, 15).

18 aa) Ein solcher Verstoß ist anzunehmen, wenn **grundlegende Verfahrensvorschriften** verletzt sind, insbesondere einem nach bundesdeutschem Recht zu Beteiligenden kein rechtliches Gehör gewährt wurde. Unwirksamkeit ist aber auch dann anzunehmen, wenn gegen das Amtsermittlungsprinzip (§§ 640 Abs 1, 626 Abs 1 ZPO, 12 FGG) verstoßend elementare naturwissenschaftliche Erkenntnisquellen zur Feststellung der Abstammung nicht genutzt wurden, insbesondere, wenn eine **Abstammungsbegutachtung** vollständig unterblieben ist und die Abstammungsentscheidung nur auf Zeugenaussagen beruht (AG Hamburg-Wandsbek DtZ 1991, 307; Palandt/Diederichsen Rn 2; **aA** OLG Brandenburg FamRZ 1995, 503, 504; OLG Düsseldorf FamRZ 1996, 176, 177; OLG Naumburg FamRZ 2001, 1013, 1014 f).

Der **BGH** folgt dem zwar im Grundsatz (BGH NJW 1997, 2051), relativiert aber den Maßstab und sieht den deutschen ordre public noch nicht notwendig als verletzt an, wenn dieselbe Verfahrensweise vor einem deutschen Gericht gegen *tragende Grundsätze* des deutschen Verfahrensrechts verstoßen hätte (nur iE zutreffend BGH NJW 1997, 2051, 2053, weil der Beklagte die Abstammungsbegutachtung wohl vereitelt hatte). Das Unterbleiben eines Abstammungsgutachtens dürfte jedoch in aller Regel einen Verstoß gegen den ordre public begründen. Das Recht des Kindes auf Kenntnis der eigenen Abstammung als Teil des allgemeinen Persönlichkeitsrechts (BVerfGE 79, 256, 268) erfordert die Ausschöpfung medizinischer Beweismittel, um eine Verschleierung der biologischen Abstammung und damit ein Auseinanderfallen der biologischen und rechtlichen Abstammung im Vaterschaftsprozeß zu vermeiden. Keinesfalls anzuerkennen ist ein Urteil, das basierend auf den Aussagen der Mutter und benannter

Mehrverkehrszeugen ohne Abstammungsbegutachtung die Vaterschaft feststellt (vgl die Fallgestaltung in OLG Brandenburg FamRZ 1995, 503, 504: „die Behauptung des Kl., die Kindesmutter habe im Empfängniszeitraum mit anderen Männern geschlechtlich verkehrt", habe sich im seinerzeitigen Verfahren „aufgrund der Aussagen der Zeugen nicht als wahr erwiesen"). Hingegen steht es der Anerkennung nicht entgegen, wenn ein Abstammungsgutachten eingeholt wurde, dabei aber nicht die in der Bundesrepublik üblichen Standards eingehalten wurden (OLG Brandenburg FamRZ 1998, 1134, 1135: alte Blutprobe, nach Aktenlage aber keine Zweifel an deren Herkunft).

bb) Die Unwirksamkeit wegen eines ordre-public-Verstoßes kann nicht nur im **Verfahren** nach *§ 766 ZPO* geltend gemacht werden, sondern folgt aus entsprechender Anwendung von *§ 328 Abs 1 Nr 4 ZPO* (BGH NJW 1997, 2051; OLG Naumburg FamRZ 2001, 1013; offen gelassen von OLG Brandenburg FamRZ 1995, 503, 504); unabhängig von einer Konstellation, in der ein Schuldner die Unwirksamkeit der Entscheidung geltend macht, besteht – angesichts der bloß inzidenten Wirkung der Nichtanerkennung analog § 328 Abs 1 ZPO – für alle Beteiligten ein schutzwürdiges Interesse an der *Feststellung der Wirksamkeit bzw Unwirksamkeit* der Entscheidung im Wege der *Feststellungs-* oder *Zwischenfeststellungsklage* (§ 256 Abs 2 ZPO, OLG Brandenburg FamRZ 1995, 503, 504), die über § 766 ZPO nicht erreichbar ist (hM; AG Hamburg-Wandsbek aaO m Nachw). Ein Wiederaufnahmeverfahren ist nicht erforderlich. **19**

4. Statusverfahren nach dem 3. 10. 1990

a) Nach dem 3. 10. 1990 **rechtshängig werdende** Statusverfahren unterliegen nach dem Grundsatz des Art 234 § 1 dem BGB (OLG Celle DtZ 1991, 350; OLG Brandenburg FamRZ 1996, 369, 370; OLG Jena OLG-NL 1996, 136; 137; vgl oben Rn 1, 8). **20**

aa) Daher erfolgt die Feststellung der Vaterschaft nach dem 3. 10. 1990 (auch für ein vor dem Stichtag geborenes Kind) nicht mehr **auf Klage der Mutter** nach § 56 Abs 1 FGB sondern auf Klage des Kindes nach § 1600n aF; daran ändert sich auch nach dem 1. 7. 1998 in Altfällen nichts (Art 224 § 1 entscheidet insoweit anders als § 7 Abs 1). § 56 Abs 1 FGB ist materieller Natur und daher von Abs 1 erfaßt; das gilt auch dann, wenn die Mutter bereits vor dem Wirksamwerden des Beitritts Klage erhoben hatte (BGH DtZ 1992, 149). Nach dem Grundsatz der *perpetuatio fori* bleibt jedoch die einmal begründete Zuständigkeit unberührt (BGH DtZ 1992, 387); das gilt auch für die internationale Zuständigkeit gegen einen im Ausland lebenden Beklagten; wenn die Klage vor dem 3. 10. 1990 erhoben wurde, kommt es auf die Zuständigkeit nach § 640a ZPO also nur an, wenn das angerufene Gericht nach den Zuständigkeitsregeln im Recht der DDR nicht zuständig gewesen war (unklar BGH DtZ 1992, 149). **21**

bb) Auch eine Klage des **volljährigen Kindes** auf Feststellung der nichtehelichen Vaterschaft ist also nach dem 3. 10. 1990 unbefristet zulässig, auch wenn die Frist des § 56 Abs 2 FGB bereits vor dem 3. 10. 1990 abgelaufen war; Art 231 § 6 ist auf diese Frist nicht anzuwenden (BGHZ 135, 209, 212; OLG Celle DtZ 1991, 350; Palandt/Diederichsen Rn 1; Adlerstein/Wagenitz FamRZ 1990, 1171; vgl Art 231 § 6 Rn 83). **22**

b) In den am 3. 10. 1990 **schwebenden Verfahren** gilt mit dem 3. 10. 1990 neues **Verfahrensrecht**, also §§ 640, 641k aF ZPO. Insbesondere ist gegen nach Abs 1 S 1 **23**

wirksam gewordene, aber noch nicht rechtskräftige Entscheidungen die Berufung bzw Revision statthaft. Für die Zeit nach dem 3.10. 1990 kann das Statusverfahren daher auch mit einer Leistungsklage auf Unterhalt verbunden werden (OLG Brandenburg FamRZ 1996, 369, 370; OLG Hamm FamRZ 1996, 656; OLG Jena OLG-NL 1996, 136, 137; OLG Oldenburg DAVorm 1996, 199, 202)

24 **c)** Hinsichtlich der **materiellen Rechtsanwendung** ist dagegen zu differenzieren.

aa) Neues Recht gilt jedenfalls, wenn **vor dem 3.10. 1990 noch keine wirksame Entscheidung** ergangen ist, wobei das „Ergehen" entsprechend Abs 1 S 1 auszulegen ist (oben Rn 15); insoweit greift der Grundsatz des Art 234 § 1 auch in schwebende Verfahren ein. Abs 1 grenzt ersichtlich aufgrund der Prämisse ab, daß Art 234 § 1 einen Statutenwechsel in Verfahren einbringt, in denen eine Entscheidung noch nicht ergangen ist.

25 **bb)** Ist hingegen die Entscheidung **ergangen**, aber noch **nicht rechtskräftig** geworden, so müßte es nach dieser Wertung aus Abs 1 bei der Anwendung des bisherigen Rechts bewenden; dies ist auch sachlich geboten, damit die Einlegung von Rechtsmitteln nicht dem Ziel dient, das intertemporal maßgebliche Recht zu manipulieren (**aA** MünchKomm/Seidel Rn 12; Adlerstein/Wagenitz FamRZ 1990, 1171). Zu Konflikten mit der Wertung des Abs 3, wo das Gesetz auf die Rechtskraft abstellt, kommt es nicht, da dort die prozessuale Zulässigkeit in Betracht steht.

26 **cc)** Soweit neues Recht anwendbar ist, sind jedoch die Wirkungen von **statusrechtlichen Vorgängen** zu beachten, die sich vor dem 3.10. 1990 ereignet haben; insbesondere entfalten auch im Statusverfahren nach dem 3.10. 1990 alte Vaterschaftsanerkenntnisse die Wirkung des § 1600m S 1 aF BGB (OLG Hamm FamRZ 1995, 505)

IV. Vaterschaftsanerkennung (Abs 1 S 2)

1. Sachlicher Anwendungsbereich des Abs 1 S 2

27 **a)** Vaterschaftsanerkenntnisse konnten nach § 55 FGB als vom Organ der Jugendhilfe, dem staatlichen Notariat – in Vorbereitung oder Verbindung mit der Eheschließung der Eltern auch vom Leiter des Standesamtes – **beurkundete Erklärung** abgegeben werden. In einem Verfahren um die Feststellung der Vaterschaft war die Erklärung zu Protokoll des Gerichts möglich (§ 57 FGB). Vaterschaftsanerkenntnisse **vor Geburt des Kindes** waren nach § 55 Abs 1 FGB nicht zulässig. Wirksamkeitserfordernis war weiter die Beurkundung der **Zustimmung** der Mutter, wenn das Kind einen Vormund hatte, auch dessen Zustimmung. Die nicht voll geschäftsfähige Mutter mußte selbst zustimmen; außerdem war die Zustimmung ihres gesetzlichen Vertreters erforderlich (§ 55 Abs 1 FGB). Ebenso war die Vaterschaftsanerkennung durch einen nicht voll geschäftsfähigen Vater von der Zustimmung seines gesetzlichen Vertreters abhängig (Eberhardt ua, FGB § 55 Anm 3.1).

28 **b)** **Kein Wirksamkeitserfordernis** war hingegen die nach § 55 Abs 2 FGB regelmäßig vorgesehene gleichzeitige vollstreckbare Unterhaltsverpflichtung. Ebenfalls kein Wirksamkeitserfordernis war die Eintragung eines Randvermerks im Geburtenbuch (§ 17 Abs 2 DDR-PStG; MünchKomm/Seidel Rn 17; Adlerstein/Wagenitz FamRZ 1990, 1171).

c) Abs 1 S 2 bezieht sich ausschließlich auf diese Vaterschaftsanerkenntnisse, die gemäß den **Bestimmungen des FGB** seit dem 1. 4. 1966 abgegeben wurden. Die Beschränkung auf Erklärungen vor dem 3. 10. 1990 ergibt sich daraus, daß das FGB außer Kraft getreten ist, so daß Vaterschaftsanerkenntnisse gemäß dem aus Art 234 § 1 herzuleitenden Grundsatz nach dem 3. 10. 1990 nur noch nach § 1600a ff aF BGB abgegeben werden können (Palandt/Diederichsen Rn 4; zur Überleitung am 1. 7. 1998 vgl Art 224 § 1 Abs 1). 29

d) Abs 1 S 2 ist nur anzuwenden, wenn **sämtliche Wirksamkeitserfordernisse** (oben Rn 27 f) nach dem Recht der DDR spätestens am 2. 10. 1990 vollendet waren. Insbesondere kann nicht eine Vaterschaftsanerkennung durch spätere Zustimmungen oder durch Geburt des Kindes nach dem 3. 10. 1990 geheilt werden. 30

2. Wirkungen

Übergeleitete Vaterschaftsanerkennungen bleiben wirksam. Sie beurteilen sich jedoch seit dem 3. 10. 1990 hinsichtlich ihrer Wirkungen nach dem BGB; insbesondere konnten sie bis zum 30. 6. 1998 (nur) gemäß §§ 1600f ff aF BGB, 640 Abs 2 ZPO angefochten werden (BGH NJW 1999, 1862, 1863; OLG Brandenburg FamRZ 1995, 503, 504; Palandt/Diederichsen Rn 4). 31

Zum 1. 7. 1998 tritt eine erneute Überleitung ein, die Art 224 § 1 Abs 2 unterliegt. Nach dem 1. 7. 1998 können auch die auf zum 3. 10. 1990 übergeleiteten Anerkennungen beruhenden Vaterschaften nur nach §§ 1599 Abs 1, 1600 ff BGB angefochten werden (BGH NJW 1999, 1862).

V. Gleichgestellte Vaterschaftsfeststellungen (Abs 4)

1. Altfeststellungen – Reichweite

Vaterschaftsfeststellungen aus der **Zeit vor Inkrafttreten des FGB** wurden durch **§ 8 EGFGB** deutlich anders behandelt als vergleichbare Altanerkenntnisse nach Art 12 § 3 NEG: § 8 EGFGB sah vor, daß die *Anerkennung der Vaterschaft* in öffentlicher Urkunde oder die *Verpflichtung zu Unterhalt* an ein Kind, mit dessen Mutter der Schuldner nicht verheiratet war, durch Urteil (OLG Düsseldorf FamRZ 1999, 1446), gerichtlichen Vergleich oder sonstige vollstreckbare Urkunde die **Wirkung einer Vaterschaftsfeststellung** nach § 55 ff FGB erhielt. Solche Feststellungen waren nach Maßgabe der Bestimmungen der §§ 59, 60 FGB anfechtbar (BVerfG FamRZ 1995, 411, 412). 32

2. Wirkungen

a) Abs 4 trägt dieser Gleichstellung im Recht der DDR Rechnung und stellt die genannten **Altfeststellungen den Anerkennungen nach Abs 1 Satz 2 gleich**. 33

b) Ebenfalls erfaßt werden **kollisionsrechtlich** durch die DDR anerkannte Vaterschaftsfeststellungen nach dem von § 18 EGFGB berufenen Heimatrecht des Kindes. 34

Voraussetzung für die Anwendung des Abs 4 auf solche Feststellungen ist allerdings ein Bezug zur DDR; die Feststellung muß entweder in der DDR getroffen worden sein oder (auch inzident) Gegenstand einer behördlichen oder gerichtlichen Entscheidung dort gewesen sein bzw das Kind muß zu irgendeinem Zeitpunkt vor dem 3. 10. 1990 in der DDR gewöhnlichen Aufenthalt gehabt haben. Abs 4 will nämlich nicht das deutsche internationale Kindschaftsrecht rückwirkend zum 1. 4. 1966 um die alternative Anknüpfung an das Heimatrecht des Kindes erweitern.

35 c) Die Materialien gehen davon aus, daß solche Feststellungen auch nach den Bestimmungen des BGB **anfechtbar** sind (BT-Drucks 11/7817, 44; PALANDT/DIEDERICHSEN Rn 4; ADLERSTEIN/WAGENITZ FamRZ 1990, 1171).

36 aa) Diese Ansicht wirft angesichts des Zeitpunktes der Erklärungen regelmäßig die Frage nach der **Befristung** auf. Denkbar ist, wie dies in § 8 Abs 3 EGFGB – *mutatis mutandis* – vorgesehen war, eine Befristung nach den Bestimmungen des BGB als neuem Recht mit einem Fristbeginn frühestens zum 3. 10. 1990.

37 bb) Aus Gründen der Vergleichbarkeit der Situation dürfte es jedoch geboten sein, die in **Art 12 § 3 Abs 2 NEG** zugelassene **unbefristete Anfechtung** auf die übergeleiteten Alttitel zu übertragen. Es handelt sich insoweit um dieselben Sachverhalte, die sich überwiegend noch unter Geltung des BGB in der DDR abgespielt haben, so daß ein die Unterscheidung zwischen NEG-Alttiteln und EGFGB-Alttiteln rechtfertigender Grund nicht erkennbar ist (MünchKomm/SEIDEL Rn 20; **aA** ADLERSTEIN/WAGENITZ FamRZ 1990, 1171).

38 cc) Das **BVerfG** (BVerfG FamRZ 1995, 411) hat allerdings eine gegen die Überleitung nach Abs 4 erhobene Verfassungsbeschwerde nicht angenommen, da ein Verstoß gegen Art 3 Abs 1 GG offensichtlich nicht vorliege; die Überleitungssituation des Abs 4 betreffe die seit rund 25 Jahren in der DDR bestehende Rechtslage, so daß ein wesentliches Differenzierungskriterium zu der bei Inkrafttreten des NEG vorgefundenen Situation bestehe. Dies ist insoweit zutreffend, als kein Verfassungsverstoß seitens des Gesetzgebers des Einigungsvertrages vorliegt, weil die vorgefundene unterschiedliche Behandlung aus der verschiedenen Bewältigung der Altanerkenntnisse seitens der beiden deutschen Gesetzgeber im Jahre 1966 bzw 1969 herrührt und der Bundesgesetzgeber selbst im Falle eines Verstoßes der DDR-Regelung gegen das Rechts- und Sozialstaatsprinzip nicht zu einer „Wiedergutmachung" verpflichtet wäre (BVerfG aaO). Diese Beurteilung hindert aber nicht eine analoge Anwendung von Art 12 § 3 Abs 2 NEG als angemessene, wenn auch nicht zwingend verfassungsgebotene Lösung.

39 dd) Die **Anfechtungsberechtigung** richtet sich ggf gemäß Abs 2 und 3 nach den Bestimmungen des BGB (ADLERSTEIN/WAGENITZ FamRZ 1990, 1171; MünchKomm/SEIDEL Rn 20).

40 d) § 8 Abs 2 EGFGB sah auch eine **Fortwirkung negativer Unterhaltsentscheidungen** vor: Die Feststellung der Vaterschaft des Verklagten konnte auch nach Inkrafttreten des FGB nicht mehr verlangt werden, wenn eine Unterhaltsklage gegen ihn als unbegründet abgewiesen worden war. Eine entsprechende Bestimmung enthält § 7 nicht; die *Sperrwirkung* alter, eine Unterhaltsklage abweisender Urteile *entfällt* daher mit dem 3. 10. 1990 (OLG Celle DtZ 1991, 350).

VI. Fristenprivileg für neu Anfechtungsberechtigte (Abs 2)

1. Grundsatz

a) Seit dem 3. 10. 1990 beurteilen sich die **Fristen und die Berechtigung** zur Anfechtung der Ehelichkeit eines Kindes sowie zur Anfechtung der Anerkennung der Vaterschaft nach dem BGB (Palandt/Diederichsen Rn 4). Die Überleitung in die Fristen zur Anfechtung der Vaterschaft am 1. 7. 1998 ist in Art 224 nicht ausdrücklich geregelt (vgl dazu Art 224 § 1 Rn 18 ff). Insoweit kommt es – vorbehaltlich einer Hemmung – nicht zu Überschneidungen mit der Überleitung am 3. 10. 1990, da am 3. 10. 1990 bereits laufende Anfechtungsfristen regelmäßig am 1. 7. 1998 abgelaufen sind. **41**

b) Zum 3. 10. 1990 ergeben sich dadurch innerhalb laufender Sachverhalte **Änderungen** sowohl der Anfechtungsberechtigung wie der für den jeweiligen Berechtigten bestehenden Fristen. Abs 2 berührt ausschließlich die Frage der Anfechtungsberechtigung nach dem FGB und dem BGB, nicht aber die Änderung der laufenden Fristen, da die Bestimmung keine an Art 231 § 6 orientierte Fristenüberleitung vorsieht. Welche Fristen für die Anfechtung nach dem FGB bestanden haben und ob diese für andere Beteiligte bereits abgelaufen sind, spielt für Abs 2 keine Rolle (OLG Celle DtZ 1991, 350). **42**

2. Tatbestandliche Voraussetzungen

Der nach BGB zur Anfechtung der Ehelichkeit oder eines Vaterschaftsanerkenntnisses Berechtigte darf bis zum 2. 10. 1990 unter Geltung des **FGB ein Anfechtungsrecht nicht besessen** haben. **43**

a) In Betracht kommen für ein nur nach BGB in der am 3. 10. 1990 geltenden Fassung bestehendes Recht zur Ehelichkeitsanfechtung **44**

- die **Eltern** des Ehemannes (§ 1595a aF BGB),
- das **Kind** gemäß §§ 1596, 1598 aF BGB unter Berücksichtigung der Erweiterung des Anfechtungsrechts für das volljährige Kind aufgrund des Urteils des BVerfG v 31. 1. 1989 (BVerfGE 79, 296; MünchKomm/Seidel Rn 27),
- der **gesetzliche Vertreter** des minderjährigen Kindes (§ 1597 aF BGB).

b) Das verfassungsrechtlich bedenkliche **Fehlen eines Anfechtungsrechts der Mutter** nach BGB spielt für Abs 2 keine Rolle, da die Mutter nach § 62 Abs 1 FGB anfechtungsberechtigt war, was die Anwendbarkeit von Abs 2 tatbestandlich jedenfalls ausschließt. **45**

Nach § 61 FGB waren nur der Ehemann, die Mutter des Kindes und der Staatsanwalt anfechtungsberechtigt.

46 c) Nur nach BGB berechtigt, ein **Vaterschaftsanerkenntnis** anzufechten sind

- die **Eltern des Anerkennenden** gemäß §§ 1600g Abs 2 aF, 1595a Abs 1 S 2, 3, Abs 2 S 2 aF; 1600h Abs 3 aF BGB,
- das **Kind** gemäß §§ 1600g Abs 1 aF, 1600i aF BGB (OLG Hamm FamRZ 1995, 505).

Nach § 59 FGB waren anfechtungsberechtigt der Anerkennende, die Mutter und der Vormund des Kindes.

47 d) Da das Anfechtungsrecht des **Vormunds** nach § 59 FGB als eigenständiges Recht zur Anfechtung *in eigenem Namen* war (MünchKomm/Seidel Rn 28), wird das Kind (bzw der Vormund *namens* des Kindes) erstmals mit Inkrafttreten von § 1600g Abs 1 aF BGB anfechtungsberechtigt, so daß (auch bei Minderjährigkeit des Kindes) Absatz 2 eingreift (ebenso OLG Hamm FamRZ 1995, 505).

3. Regelung

48 a) Abs 2 bestimmt lediglich den **Fristbeginn** für die Anfechtung durch tatbestandlich erfaßte Anfechtungsberechtigte (oben Rn 46). Für laufende Fristen trifft Abs 2 keine Aussage (MünchKomm/Seidel Rn 24).

49 b) Die Fristen des BGB **beginnen** erst mit dem 3. 10. 1990, wobei der 3. 10. 1990 mitgerechnet wird (OLG Rostock DAVorm 1995, 388). Dies gilt gleichermaßen für *kenntnisabhängige* und *absolute* Fristen.

50 c) Logische Voraussetzung ist allerdings, daß nach der jeweils anwendbaren Fristbestimmung des BGB die **Voraussetzungen für den Fristbeginn** schon zu Beginn des 3. 10. 1990 vorliegen; treten sie später ein, so beginnt die Frist regulär (OLG Hamm FamRZ 1995, 505); Abs 2 wirkt sich in solchen Fällen nicht mehr aus.

51 d) Kommt es für den Lauf der Anfechtungsfrist auf die **Kenntnis des Kindes** von den wahren Umständen seiner Abstammung an, so ist ihm die – am 3. 10. 1990 bereits bestehende – Kenntnis seiner Mutter als gesetzlicher Vertreterin nicht analog § 166 BGB zuzurechnen (OLG Rostock DAVorm 1995, 388; Helbig DAVorm 1995, 776; **aA** die hM: Palandt/Diederichsen[58] § 1569 aF Rn 9). Das Recht des Kindes auf Kenntnis der eigenen Abstammung als Teil des allgemeinen Persönlichkeitsrechts (BVerfGE 79, 256, 268) gebietet es, nicht nur dem volljährigen, sondern bereits dem minderjährigen Kind ein effektives Anfechtungsrecht zu gewähren, das nicht von einem – ggf verständlichen, aber nicht billigenswerten – Bemühen der Mutter um Verschleierung der Abstammung durchkreuzt werden darf (Helbig DAVorm 1995, 777).

4. Nicht erfaßte Fristprobleme

52 a) Ist die Anfechtungsfrist nach den Bestimmungen des BGB für einen **schon nach FGB Anfechtungsberechtigten** länger als nach dem FGB (Beispiel: Ehemann nach § 1594 Abs 1 aF BGB 2 Jahre ab Kenntnis, frühestens ab Geburt, nach § 62 Abs 1 FGB ein Jahr ab Kenntnis, frühestens ab Geburt), so greift Abs 2 weder direkt ein, noch bedarf es einer teleologischen Ergebniskorrektur: Die Frist wird nach BGB berechnet; ein schützenswertes Vertrauen kann nicht verletzt werden, selbst wenn die BGB-Frist bereits vor dem 3.10. 1990 abgelaufen war, weil die FGB-Frist dann erst recht bereits abgelaufen gewesen war.

b) Kürzere Anfechtungsfristen für denselben Anfechtungsberechtigten nach dem BGB in der am 3.10. 1990 geltenden Fassung gegenüber dem FGB sind nicht ersichtlich. **53**

VII. Fristberechnung bei unzulässig gewordener Anfechtungsklage (Abs 3)

1. Tatbestandliche Voraussetzungen

a) Sachlich erfaßt Abs 3 Fälle der Anfechtung der Ehelichkeit (Abs 3 spricht von „Anfechtung der Vaterschaft", weil im grammatikalischen Zusammenhang auf die Klage vor dem 3.10. 1990 Bezug genommen wird, so daß der Sprachgebrauch des § 61 FGB zugrunde zu legen war) sowie der **Anfechtung der Anerkennung** der Vaterschaft (mutatis mutandis § 59 FGB: „Klage auf Feststellung der Unwirksamkeit"). **54**

b) Weitere tatbestandliche Voraussetzung ist, daß vor dem 3.10. 1990 eine Klage der genannten Art **anhängig** war, über die am 3.10. 1990 noch *nicht rechtskräftig* entschieden war und mit dem 3.10. 1990 aufgrund des Wechsels zum neuen Recht die Aktiv- oder Passivlegitimation einer Partei jenes Verfahrens entfallen ist (BT-Drucks 11/7817, 45). **55**

Daher kommt es in Fällen des Abs 3 schwerlich zu einer erneuten Überleitung am 1.7. 1998 (nach Art 224 § 2); damals anhängige Verfahren dürften am 1.7. 1998 abgeschlossen gewesen sein.

c) Persönlich setzt Abs 3 voraus, daß der betreffende nach BGB (idF vom 3.10. 1990) Anfechtungsberechtigte bereits nach den Bestimmungen des FGB anfechtungsberechtigt war und nach den Bestimmungen des BGB anfechtungsberechtigt bleibt (MünchKomm/Seidel Rn 32); nicht erforderlich ist, daß er (als Kläger) Partei des geführten Anfechtungsprozesses gewesen ist. **56**

d) In Betracht kommen also **drei Fallgruppen**, die sich gegenseitig nicht ausschließen (bb und cc sind kumulativ möglich): **57**

aa) Der Kläger ist nach FGB und BGB anfechtungsberechtigt, die **Passivlegitimation des Beklagten** ist jedoch entfallen. Hier soll der Kläger ohne die Gefahr der Verfristung seine Klage gegen den nunmehr richtigen Beklagten richten können. In Betracht kommen in dieser Fallgruppe folgende Konstellationen: **58**

α) Vaterschaftsanfechtung durch den **Ehemann** gegen die Ehefrau oder den Vormund/Pfleger des Kindes nach dem Tod der Ehefrau (§ 31 Abs 1 FamVerfO), ab 3.10. 1990 zu richten gegen das Kind (§ 1599 Abs 1 aF BGB); **59**

β) Anfechtung der Anerkennung durch den **Anerkennenden** gegen die Mutter oder den Vormund des Kindes (§ 30 Abs 1 FamVerfO), nunmehr zu richten gegen das Kind (§ 1600l Abs 1 aF BGB). Die Klage der Mutter hingegen bleibt zulässig, **60**

weil sie nach § 30 Abs 1 FamVerfO ebenso wie nach § 1600 Abs 1 aF BGB gegen den Mann zu richten ist.

61 **bb)** Der nunmehr Anfechtungswillige und -berechtigte war an dem Verfahren nicht beteiligt; dort ist die **Aktivlegitimation** des Klägers entfallen. Der Anfechtungswillige soll nicht dadurch beeinträchtigt sein, daß er in Hinblick auf das schwebende Verfahren kein eigenes Anfechtungsverfahren angestrengt hat. In Betracht kommen folgende Konstellationen der Verfahrensbeteiligten (die Person des nunmehr Anfechtenden ist nur von der Anfechtungsberechtigung nach BGB abhängig):

62 **α)** Vaterschaftsanfechtung durch die **Mutter** (§ 62 Abs 1 FGB) oder den Staatsanwalt (§ 62 Abs 2 FGB);

63 **β)** Anfechtung der Anerkennung durch den **Vormund des Kindes** in eigenem Namen (§ 59 Abs 1 FGB) oder den **Staatsanwalt** (§ 59 Abs 3 FGB).

64 **cc)** Der neu Anfechtungswillige und -berechtigte war an dem Verfahren nicht beteiligt; in jenem Verfahren ist die **Passivlegitimation** des Beklagten entfallen; Motivation siehe Fallgruppe bb. In Betracht kommen folgende Konstellationen der Verfahrensbeteiligten (die Person des nunmehr Anfechtenden ist nur von der Anfechtungsberechtigung nach BGB abhängig):

65 **α)** Vaterschaftsanfechtung gegen die **Ehefrau** oder den **Vormund/Pfleger** des Kindes nach dem Tod der Ehefrau (§ 31 Abs 1 FamVerfO), nunmehr zu richten gegen das Kind (§ 1599 Abs 1 aF BGB);

66 **β)** Anfechtung der Anerkennung gegen die **Mutter** oder den **Vormund** des Kindes (§ 30 Abs 1 FamVerfO), nunmehr zu richten gegen das Kind (§ 1600 Abs 1 aF BGB).

67 **γ)** Klagen des **Staatsanwalts** gegen mehrere Beteiligte (§§ 30 Abs 2, 31 Abs 2 FamVerfO) unterfallen unbeschadet des teilweisen Wegfalls der Passivlegitimation jedenfalls Fallgruppe bb.

68 **e)** Nach ihrem Zweck ist die Bestimmung hingegen nicht anzuwenden, wenn das Anfechtungsverfahren von und gegen jemanden betrieben wurde, der **weiterhin aktiv- bzw passivlegitimiert** ist, also wenn die Klage weiter zulässig bleibt (unklar: Adlerstein/Wagenitz FamRZ 1990, 1170: „Ist ein … Parteiwechsel nicht möglich, hilft Art 234 § 7 Abs 3"; wie hier BT-Drucks 11/7817, 44 f). In diesem Fall richtet sich die Fristberechnung hinsichtlich Beginn und Lauf unbeschadet eines anderen Anfechtungsverfahrens ausschließlich nach den Bestimmungen des BGB; eine Hemmung nach Abs 3 tritt nicht ein.

2. Rechtsfolge

69 **a)** In den einschlägigen Fallgruppen (oben Rn 41 ff) richtet sich der **Beginn** und der **Lauf** der Anfechtungsfrist für den Anfechtungsberechtigten grundsätzlich nach den Bestimmungen des BGB; dies gilt gemäß Art 234 § 1, obgleich der Anfechtungsberechtigte auch schon nach FGB anfechtungsberechtigt war.

70 **b)** In den Lauf der Frist wird aber nach Absatz 3 die **Zeit zwischen Klageerhebung**

und Wirksamwerden des Beitritts nicht eingerechnet. Dies bedeutet bei Berücksichtigung des Regelungszweckes:

aa) Hat die Frist für den nunmehr Anfechtenden **bereits vor Klageerhebung begonnen**, so läuft die Frist bis Klageerhebung und sodann mit dem 3. 10. 1990 weiter. **71**

bb) Hat die Frist **nach Klageerhebung aber vor dem 3. 10. 1990 begonnen**, so läuft die Frist in voller Länge ab dem 3. 10. 1990, denn nur für diese Zeit kann der nunmehr Anfechtende durch den Prozeß von einer eigenen Anfechtungsklage abgehalten worden sein (MünchKomm/Seidel Rn 41). **72**

cc) Beginnt die Frist ohnedies erst **nach dem 3. 10. 1990**, so läuft für den Anfechtungsberechtigten Abs 3 leer. Der Schutzzweck ist nicht berührt; die Frist läuft normal nach den Bestimmungen des BGB (MünchKomm/Seidel Rn 42). **73**

3. Prozessuale Folgen für das alte Verfahren

a) Die prozessualen Konsequenzen für das die Hemmung der Frist nach Abs 3 bewirkende Verfahren sind durch Abs 3 nicht bestimmt. Eine prozessuale Lösung kann allerdings die Anwendung von Abs 3 entbehrlich machen, soweit der von Abs 3 geschützte Anfechtungsberechtigte im *selben* Verfahren die Anfechtung weiterverfolgen kann. In Betracht kommt im Falle der fortdauernden Aktivlegitimation des Klägers ein **gewillkürter Parteiwechsel** auf Beklagtenseite (Adlerstein/Wagenitz FamRZ 1990, 1170). Im übrigen ist das Verfahren für **erledigt zu erklären** bzw ansonsten die Klage als **unzulässig abzuweisen**. **74**

b) Die **Kosten des Verfahrens** trägt im Falle der Verfahrensbeendigung die Staatskasse (EV Anlage I Kapitel III Sachgebiet A Abschnitt III Nr 28 j; BT-Drucks 11/7817, 45; MünchKomm/Seidel Rn 45; Lübchen/Rohde 149; Adlerstein/Wagenitz FamRZ 1990, 1170). Diese Maßgabe ist entsprechend anzuwenden hinsichtlich der Kosten des ausscheidenden Beklagten im Falle des Parteiwechsels. **75**

§ 8
Anpassung von Unterhaltsrenten für Minderjährige

Materialien: aufgehoben mit Wirkung vom
1. 7. 1998 durch Art 4 Abs 9 KindUG v
6. 4. 1998 (BGBl 1998 I 666; Text: Staudinger/
Rauscher [1996] Art 234 § 8).

1. § 8 aF diente der Anpassung von Unterhaltsrenten gemäß § 1612a Abs 2 S 1 aF BGB unter den besonderen Gegebenheiten des Beitrittsgebiets. Aufgrund der ungünstigeren Ausgangssituation und der erwarteten höheren Entwicklungsdynamik wurde nicht die Anpassungs-VO in Kraft gesetzt, sondern eine **Verordnungsermächtigung für die Landesregierungen** zur Festsetzung der Vomhundertsätze geschaffen **1**

(§ 8 Abs 1 aF; im einzelnen dazu STAUDINGER/RAUSCHER [1996] Art 234 § 8, zu den erlassenen Verordnungen dort Rn 30 ff).

Die in § 8 Abs 3 aF der **Bundesregierung** eingeräumte Ermächtigung hat diese durch Art 1 der *Fünften Verordnung über die Anpassung und Erhöhung von Unterhaltsrenten für Minderjährige* v 25. 9. 1995 (BGBl 1995 I 1190) mit Wirkung vom 1. 1. 1996 ausgeübt, wodurch die Verordnungsbefugnis der Landesregierungen entfiel (vgl MünchKomm/GRÖPER Art 234 § 1 Rn 16).

2 **2.** **Seit dem 1. 7. 1998** gilt mit Wegfall der Sonderregelung in § 8 für den Kindesunterhalt umfassend das Überleitungsprinzip des § 1. Die Dynamisierung von Unterhaltsrenten erfolgt also nach § 1612a BGB; zur Festsetzung der Regelbeträge vgl § 9 Rn 2.

3 **3.** Für am 1. 7. 1998 **anhängige vereinfachte Verfahren** zur Abänderung von Unterhaltstiteln nach § 8 aF enthält Art 5 § 2 KindUG eine Überleitungsbestimmung, die durch Zeitablauf erledigt sein dürfte.

§ 9
Regelbedarf des nichtehelichen Kindes

Materialien: aufgehoben mit Wirkung vom 1. 7. 1998 durch Art 4 Abs 9 KindUG v 6. 4. 1998 (BGBl 1998 I 666; Text: STAUDINGER/RAUSCHER [1996] Art 234 § 9).

1 **1.** In Anlehnung an § 8 aF (dort Rn 1) war die Ermächtigung zur Festsetzung des **Regelbedarfs nach § 1615f Abs 1 S 2 aF BGB** in den neuen Bundesländern den Landesregierungen übertragen (§ 9 Abs 1 aF; dazu STAUDINGER/RAUSCHER [1996] Art 234 § 9; zu den erlassenen Verordnungen dort Rn 21).

Die in § 9 Abs 3 aF der **Bundesregierung** eingeräumte Ermächtigung hat diese durch Art 3 der *Fünften Verordnung über die Anpassung und Erhöhung von Unterhaltsrenten für Minderjährige* v 25. 9. 1995 (BGBl 1995 I 1190) mit Wirkung vom 1. 1. 1996 ausgeübt, wodurch die Verordnungsbefugnis der Landesregierungen entfiel (vgl MünchKomm/GRÖPER Art 234 § 1 Rn 15).

2 **2.** Seit dem 1. 7. 1998 gilt damit für den Kindesunterhalt nach dem Grundsatz des § 1 das BGB. Die **Regelbetrag-Verordnung** gemäß § 1612a Abs 1 BGB (Art 2 KindUG, BGBl 1998 I 668; BGBl 2001 I 842) enthält jedoch in § 2 eine gesonderte, den unterschiedlichen Einkommensverhältnissen entsprechende Festsetzung der Regelbeträge für das Beitrittsgebiet (zu deren Bedeutung für die von Oberlandesgerichten im Beitrittsgebiet entwickelten **Vortabellen** zur Düsseldorfer Tabelle vgl § 1 Rn 34), die derzeit noch die Regelbeträge nach § 1 der Regelbetrag-Verordnung unterschreiten.

3 **3.** Für die dynamische **Fortschreibung der Regelbeträge** nach § 1612a Abs 4 BGB enthält Art 5 § 1 KindUG (BGBl 1998 I 666) eine Übergangsvorschrift, mit der die

Dynamisierung der Regelbeträge-Ost an die *aktuellen Rentenwerte (Ost)* (dazu § 255a Abs 2 SGB VI) angebunden wird und sicherstellt ist, daß die Regelbeträge-Ost mit den Regelbeträgen-West konvergieren, diese aber nicht überschreiten. Die Bestimmung wurde neu gefaßt durch Art 2 des Gesetzes zur Ächtung der Gewalt in der Erziehung und zur Änderung des Kindesunterhaltsrechts v 2. 11. 2000 (BGBl 2000 I 1479), um dieses Ziel auch nach der durch dieses Gesetz erfolgten Änderung von § 1612a Abs 4 sicherzustellen (BT-Drucks 14/3781, 7):

Artikel 5 KindUG Übergangsvorschriften

§ 1

Bei Anwendung von § 1612a Abs. 4 Satz 2 des Bürgerlichen Gesetzbuchs ist bis zur Herstellung einheitlicher Einkommensverhältnisse im Gebiet der Bundesrepublik Deutschland (§ 1 Abs. 4 des Versorgungsausgleichsüberleitungsgesetzes) von den für dieses Gebiet nach dem Stand bis zum 3. Oktober 1990 ermittelten Werten der volkswirtschaftlichen Gesamtrechnung auszugehen. In dem in Artikel 3 des Einigungsvertrages genannten Gebiet gilt § 1612a Abs. 4 und 5 des Bürgerlichen Gesetzbuchs bis zu dem Zeitpunkt, in dem die neuen Regelbeträge die für das Gebiet der Bundesrepublik Deutschland nach dem Stand bis zum 3. Oktober 1990 festgestellten Regelbeträge übersteigen würden, mit der Maßgabe, dass von den für dieses Gebiet ermittelten Werten ausgegangen wird. Ab diesem Zeitpunkt gelten die Regelbeträge nach § 1 der Regelbetrag-Verordnung auch in dem in Artikel 3 des Einigungsvertrages genannten Gebiet.

§ 10
Rechtsverhältnis zwischen den Eltern und dem Kind im allgemeinen

Der Familienname eines vor dem Wirksamwerden des Beitritts geborenen Kindes bestimmt sich in Ansehung der bis zum Wirksamwerden des Beitritts eingetretenen namensrechtlichen Folgen nach dem bisherigen Recht.

Materialien: Siehe Art 230; E: BT-Drucks 11/7760 Art 234 § 10.

I. Normzweck, Anwendungsbereich

1. Die Bestimmung betrifft – entgegen der weit gefaßten Überschrift – nur den **Kindesnamen**. Sie verwirklicht den kollisionsrechtlich üblichen Grundsatz, wonach ein **Statutenwechsel ohne unmittelbaren Einfluß** auf die erworbene Namensführung bleibt (vgl auch § 3). 1

2. Die Regelung ist daher **interlokal anwendbar**, wenn es am 3. 10. 1990 aufgrund Art 234 § 1 zu einem Statutenwechsel kommt, also wenn bis zum 2. 10. 1990 die Bestimmung des Namens eines Kindes dem Recht der DDR unterlegen hätte und 2 nunmehr dem Bundesrecht unterliegt. Hierüber entscheidet das innerdeutsche Kollisionsrecht entsprechend Art 10 Abs 1; Namensstatut war das Recht der DDR, wenn das Kind deutscher Staatsangehöriger mit gewöhnlichem Aufenthalt in der DDR war; wegen der Möglichkeit einer Rückverweisung ist weiter erforderlich, daß das Kind die DDR-Staatsbürgerschaft besessen hat (§ 22 RAG, nicht § 6 RAG: Lübchen ua, IPR § 6 Anm 1.3).

3 **3.** Nicht notwendig oder genügend ist es hingegen, daß das Kind in dem in Art 3 EV genannten Gebiet **geboren** wurde (so aber MünchKomm/Hinz Rn 1).

II. Stichtagsprinzip

1. Grundsatz

4 Die Bestimmung trifft eine intertemporale Regelung für vor, implizit aber auch für nach dem Wirksamwerden des Beitritts geborene Kinder:

5 **a)** Ist ein Kind **bis zum 2. 10. 1990 geboren** worden, so beurteilen sich alle vor dem 3. 10. 1990 vollendeten namensrechtlichen Tatbestände nach dem Recht der DDR. Der solchermaßen erworbene Name bleibt erhalten; der Beitritt als solcher berührt die Namensführung nicht (BT-Drucks 11/7817, 45; Palandt/Diederichsen Rn 1; Adlerstein/Wagenitz FamRZ 1990, 1174; Siehr IPRax 1991, 21; Fritsche StAZ 1993, 224). Maßgeblich für die Entscheidung darüber, ob eine namensrechtliche Folge eingetreten ist, ist das materielle Recht der DDR; dieses entscheidet insbesondere darüber, ob ein Namenserwerb kraft Gesetzes erfolgt, welche Erklärungen und Zustimmungen erforderlich sind. Ein vor dem Stichtag eingeleiteter Namenserwerb kann sich nach dem 3. 10. 1990 nicht mehr nach den Bestimmungen des Rechts der DDR vollenden.

6 **b)** Für **Namensänderungen seit dem 3. 10. 1990** gilt bei Geburt vor dem Stichtag das Bundesrecht. Eine Namensänderung kann also seitdem nicht mehr gemäß den Bestimmungen des DDR-Rechts eintreten, wenn der erforderliche Tatbestand sich erst seit dem 3. 10. 1990 vollendet (vgl auch unten Rn 18). Insoweit kommt es zum 1. 7. 1998 zu einer erneuten Überleitung in das durch das **KindRG** geänderte Namensrecht, für die **Art 224 § 3** eine Überleitungsregelung trifft.

7 **c)** **Seit dem Stichtag geborene Kinder** unterliegen namensrechtlich von Geburt an dem Bundesrecht (BT-Drucks 11/7817, 45; Adlerstein/Wagenitz FamRZ 1990, 1174; Siehr IPRax 1991, 21).

2. Namenserwerb bis zum 2. 10. 1990 – Recht der DDR

8 **a)** Ein Kind, dessen Eltern bei seiner Geburt **miteinander verheiratet** waren, erhielt gemäß § 64 Abs 1 FGB den Familiennamen, den die Eltern führten (§ 7 Abs 1 FGB). Dasselbe galt bei Eheschließung der Eltern nach der Geburt (§ 64 Abs 2 S 2 FGB). Auf eine Eheschließung nach dem Stichtag ist § 64 Abs 2 S 2 FGB nicht mehr anzuwenden.

9 **b)** Ein Kind **nicht miteinander verheirateter Eltern** erhielt den im Zeitpunkt der Geburt geführten Familiennamen der Mutter (§ 64 Abs 2 S 1 FGB). Das galt auch dann, wenn das Kind innerhalb von 302 Tagen nach Auflösung der Ehe der Mutter geboren wurde und die Mutter inzwischen ihren vor Eheschließung geführten Namen wieder angenommen hatte; unerheblich war auch, wem das *Erziehungsrecht* für das Kind übertragen wurde (Eberhardt ua, FGB § 64 Anm 2).

c) Durch die **Eheschließung** der bei Geburt des Kindes nicht miteinander verheirateten Eltern und die damit eintretende Legitimation erhielten nur *minderjährige* Kinder den Ehenamen der Eltern, nicht hingegen ein im Zeitpunkt der Eheschließung bereits volljähriger Abkömmling (Fritsche StAZ 1993, 224). Seinem **Antrag** auf Namensänderung zur Angleichung an den Ehenamen der Eltern gemäß § 24 DDR-PStG mußte in diesem Fall jedoch stattgegeben werden (Illner StAZ 1992, 250). Ist ein solcher Antrag vor dem 3. 10. 1990 nicht gestellt oder nicht verbeschieden worden, so galt nach dem 3. 10. 1990 § 1720 aF BGB (Illner StAZ 1992, 250). **10**

d) Das FGB sah die Möglichkeit vor, dem Kind den **Namen des Inhabers des Erziehungsrechts** zu verleihen. **11**

aa) Erforderlich war eine **Erklärung** des Inhabers des Erziehungsrechts, bei einem über 14 Jahre alten Kind dessen *Einwilligung*, bei einem Kind aus einer *geschiedenen Ehe* auch die Einwilligung des nicht sorgeberechtigten Elternteils, die durch das Jugendhilfeorgan ersetzt werden konnte (§ 65 FGB). Auf diese Weise konnte ein Kind ua den Namen eines Elternteils (auch im Falle der Verheiratung den von diesem Elternteil nunmehr geführten Ehenamen) oder der sorgeberechtigten Großeltern (§ 44 Abs 2 S 2, Abs 3 S 2 aF FGB) erhalten (Lübchen/Eberhardt 152). Eine solche Namenserteilung war erst wirksam, wenn sie nach Vorlage der schriftlichen Einwilligungen durch das Standesamt *beurkundet* wurde (Eberhardt ua, FGB § 65 Anm 2.2.1). Die Namensänderung unterfällt also nur der Überleitungsregelung, wenn die Beurkundung bis einschließlich 2. 10. 1990 erfolgte.

bb) **Nach dem 3. 10. 1990** kommt also die Anwendung von § 65 FGB nicht mehr in Betracht, auch wenn die maßgebliche Erziehungsrechtsregelung vor dem Stichtag erfolgt ist. **12**

e) Im Falle der **Adoption** erhielt das Kind den Familiennamen des Annehmenden, bei Ehegatten deren Familiennamen; die Fortführung des bisherigen Familiennamens konnte durch das Jugendhilfeorgan bewilligt werden (§ 71 FGB). Bei **Aufhebung der Adoption** erlangte das Kind *kraft Gesetzes* seinen ursprünglichen Familiennamen wieder (§ 78 Abs 2 HS 2 FGB). Die Überleitungsregelung ist in diesen Fällen anwendbar, wenn die Adoption vor dem Stichtag *ausgesprochen* wurde; die Aushändigung der Urkunde nach § 68 Abs 1 S 2 FGB war nicht konstitutiv. Im Fall der Aufhebung der Adoption trat die namensrechtliche Wirkung nach § 78 FGB ein, sofern die Entscheidung vor dem 3. 10. 1990 ergangen ist (§ 74 Abs 2 S 1; § 75 Abs 1; § 76 Abs 2 FGB); der Eintritt der Rechtskraft vor dem 2. 10. 1990 ist für die Anwendung von § 10 nicht erforderlich. **13**

3. Namensänderungen nach dem 3. 10. 1990

a) Namensrechtliche Tatbestände in Ansehung von vor dem 3. 10. 1990 geborenen Kindern unterliegen **seit dem Stichtag** dem Bundesrecht; in Betracht kommen alle **14**

namensändernden Vorgänge, deren Tatbestand sich erst nach dem Stichtag vollendet, sofern der jeweilige Tatbestand unbefristet nach der Geburt des Kindes eintreten kann.

15 **b)** Eine **Einbenennung** war als solche dem Recht der DDR nicht bekannt.

aa) Sie kann nunmehr gemäß § 1618 BGB – in der jeweiligen Fassung, vgl Art 224 § 3 Abs 1 S 2 – auch bei **vor dem 3.10. 1990 geborenen Kindern** erfolgen (Lübchen/Eberhardt 153). Die in § 1618 aF BGB enthaltene Voraussetzung, daß das Kind „einen Namen nach § 1617 führt", war auch dann als gegeben anzusehen, wenn das Kind seinen Namen nach § 64 Abs 2 S 1 FGB führt.

16 **bb)** Wurde dem Kind bereits gemäß § 65 FGB seitens des sorgeberechtigten Elternteils ein von dem Geburtsnamen verschiedener Name erteilt, so steht dies jedoch einer **weiteren Einbenennung** nach § 1618 aF BGB entgegen. Die Einbenennung nach § 65 FGB bewirkt, daß das Kind seinen Namen nicht mehr kraft Gesetzes trägt – was das Tatbestandsmerkmal „nach § 1617" bezeichnet – sondern kraft ausdrücklicher Einbenennungserklärung (KreisG Erfurt StAZ 1992, 249). Dieses rechtspolitisch verfehlte Ergebnis wird durch § 1618 BGB seit der Fassung durch das KindRG vermieden.

17 **c)** Auch bei **Ehelicherklärung** (hierzu § 12) gelten zwischen dem 3.10. 1990 und dem 30.6. 1998 die Bestimmungen des BGB; namensändernde Wirkungen traten nach §§ 1737 aF und 1740f Abs 2 aF, 1740g aF BGB ein.

18 **d)** Namensrechtliche Wirkungen einer **Adoption** (§ 1757 BGB) oder einer **Legitimation** (§ 1719 aF, 1720 aF BGB) unterliegen dem BGB, wenn die Adoption nach dem 3.10. 1990, die Legitimation zwischen dem 3.10. 1990 und dem 30.6. 1998, wirksam geworden ist. Dies gilt insbesondere auch, wenn die Kindeseltern vor dem 3.10. 1990 die Ehe geschlossen haben, aber die Feststellung der Abstammung zum Vater erst später erfolgt.

19 **e)** Wurde der Name eines Kindes vor dem 3.10. 1990 anläßlich der **Scheidung** seiner Eltern gemäß § 65 FGB geändert und **heiraten die Eltern erneut** nach dem 3.10. 1990, so ist anläßlich der zweiten Eheschließung § 13a Abs 3 EheG aF (Fritsche StAZ 1991, 262) anzuwenden. Seit dem 1.7. 1998 gelten §§ 1617b bzw 1617c BGB.

20 **f)** Auch eine **öffentlich-rechtliche** Namensänderung ist seit dem 3.10. 1990 für vor dem Stichtag geborene Kinder möglich. Eine **Namensänderung** nach § 3 NÄG ist auch hinsichtlich eines vor dem 3.10. 1990 nach dem Recht der DDR erworbenen Namens zulässig (Palandt/Diederichsen Rn 3).

4. Nach dem 3.10. 1990 geborene Kinder

21 Die Namensführung eines nach dem 3.10. 1990 geborenen Kindes unterliegt umfassend dem Bundesrecht. Das gilt auch hinsichtlich Regelungen im Recht der DDR, die nach ihrem Tatbestand Fernwirkung auf später geborene Kinder erzeugen: **§ 25 Abs 1 DDR-PersonenstandsG** sah vor, daß bei Geburt des ersten Kindes eine Erklärung über dessen Familiennamen abzugeben war, die auch für weitere Kinder bin-

dend wirkte. Wird ein weiteres Kind seit dem 3. 10. 1990 geboren, so bestimmt sich dessen Name jedoch nicht aufgrund einer durch § 25 Abs 1 DDR-PStG bewirkten Bindung. Namensstatut ist das Recht der Bundesrepublik. In Betracht kommen insbesondere Namensbestimmungen nach Art 220 Abs 5 aF, § 1616 aF BGB.

Das gilt auch bei Geburt des zweiten Kindes **seit dem 1. 7. 1998** (MünchKomm/Hinz Rn 5). Bestimmt sich der Kindesname nach § 1617 BGB, so ist allerdings fraglich, ob eine freie Namensbestimmung nach § 1617 Abs 1 S 1 BGB zulässig bleibt, obwohl § 1617 Abs 1 S 3 BGB eine zu § 25 Abs 1 DDR-PStG entsprechende Bindungsregelung enthält. Kollisionsrechtlich wäre zwar an eine *Angleichung* zu denken, weil beide beteiligten Rechtsordnungen dasselbe Ergebnis anstreben. Die in Art 224 § 3 Abs 2, 3, 4 im Hinblick auf die Ehenamensentscheidung des BVerfG getroffene Ausnahmeregelung spricht jedoch eher dafür, es bei der Anwendung von § 1617 Abs 1 S 1 BGB zu belassen, zumal die Eltern (anders als in dem in Art 224 Abs 2, 3, 4 geregelten Fall des Doppelnamens) in aller Regel Namenseinheit zwischen ihren Kindern erreichen können.

§ 11
Elterliche Sorge

(1) Die elterliche Sorge für ein Kind steht demjenigen zu, dem das Erziehungsrecht am Tag vor dem Wirksamwerden des Beitritts nach dem bisherigen Recht zustand. Stand das Erziehungsrecht am Tag vor dem Wirksamwerden des Beitritts dem Vater eines nichtehelichen Kindes oder einem anderen als der Mutter oder dem Vater des Kindes zu, so hat dieser lediglich die Rechtsstellung eines Vormunds.

(2) Entscheidungen, Feststellungen oder Maßnahmen, die das Gericht oder eine Verwaltungsbehörde vor dem Wirksamwerden des Beitritts in Angelegenheiten der elterlichen Sorge getroffen hat, bleiben unberührt. Für die Änderung solcher Entscheidungen, Feststellungen oder Maßnahmen gelten § 1674 Abs 2 und § 1696 des Bürgerlichen Gesetzbuchs entsprechend.

(3) Hat das Gericht vor dem Wirksamwerden des Beitritts im Scheidungsurteil über das elterliche Erziehungsrecht nicht entschieden oder angeordnet, daß die Ehegatten das elterliche Erziehungsrecht bis zur Dauer eines Jahres nicht ausüben dürfen, gilt § 1671 des Bürgerlichen Gesetzbuchs entsprechend.

(4) Ist ein Kind durch seine Eltern oder mit deren Einverständnis in einer Weise untergebracht, die mit Freiheitsentziehung verbunden ist, so gelten für die Unterbringung vom Wirksamwerden des Beitritts an die Vorschriften des Bürgerlichen Gesetzbuchs. Die Eltern haben alsbald nach dem Wirksamwerden des Beitritts um die gerichtliche Genehmigung der Unterbringung nachzusuchen. Die Unterbringung ist spätestens nach Ablauf von 6 Monaten nach dem Wirksamwerden des Beitritts zu beenden, wenn das Gericht sie nicht vorher genehmigt hat.

Materialien: Siehe Art 230, E. BT-Drucks 11/7760 Art 234 § 11.

Schrifttum

Bergmann, Das Unterbringungsrecht in den neuen Bundesländern, NJ 1991, 211

Bienwald, Ergänzende Bemerkungen zum Vormundschafts-, Pflegschafts- und Unterbringungsrecht, in: Schwab/Reichel 147

Hulzer, Vom Erziehungsberechtigten zum Vormund, NJ 1991, 113

Reichel, Zum Unterbringungsrecht in den neuen Bundesländern, FamRZ 1990, 1318

Zimmermann, Das neue Verfahren in Unterbringungssachen, in: Schwab/Reichel 136

siehe auch Schrifttum vor § 1.

Systematische Übersicht

Alphabetische Übersicht

I. Normzweck

1. Abs 1 stellt die **Kontinuität in der Erziehungszuständigkeit** sicher. Das Erziehungsrecht des FGB, das inhaltlich im wesentlichen der elterlichen Sorge entsprach, wird in diese übergeleitet; die *Person* des Sorgeberechtigten bleibt identisch. Jedoch soll nur solchen Personen das Sorgerecht zustehen, denen es nach den Bestimmungen des BGB in der am 3. 10. 1990 geltenden Fassung zustehen kann, also den *Eltern* bei ehelichen, der *Mutter* bei Kindern unverheirateter Eltern; nach den Bestimmungen des FGB mit dem Erziehungsrecht ausgestattete andere Personen erhalten nach Abs 1 (lediglich) die Rechtsstellung eines *Vormunds* (BT-Drucks 11/7817, 45; Palandt/Diederichsen[55] Rn 1; MünchKomm/Hinz Rn 1). **1**

2. Abs 2 bestätigt den Grundsatz der Art 18, 19 EV, wonach **Entscheidungen** von Gerichten und Verwaltungsbehörden der DDR wirksam bleiben. Zur Klarstellung werden Feststellungen und Maßnahmen auf dem Gebiet des Sorgerechts einbezogen, die nicht den Charakter (gestaltender) Entscheidungen haben, aber ebenfalls vom Bestandsschutz erfaßt werden sollen. Zugleich werden solche Entscheidungen und Maßnahmen, auch wenn sie von **Verwaltungsbehörden** getroffen wurden, in das System des BGB eingebettet; sind solche Maßnahmen nach dem BGB einem Gericht vorbehalten, so können sie künftig nach den für die *Abänderung gerichtlicher Entscheidungen* oder Maßnahmen geltenden Grundsätzen aufgehoben oder abgeändert werden (BT-Drucks 11/7817, 45; Palandt/Diederichsen Rn 1; MünchKomm/Hinz Rn 1, 6 ff). **2**

3 **3.** **Abs 3** leitet die Sorgerechtsregelung in **abgeschlossenen Scheidungsverfahren** über entsprechend dem am 3. 10. 1990 insoweit *notwendigen Verbund* (§ 623 Abs 1 S 3 aF ZPO). Soweit nach den Bestimmungen des FGB über die elterliche Sorge (zunächst) nicht zu entscheiden war, ist diese Entscheidung sogleich von Amts wegen nachzuholen (BT-Drucks 11/7817, 45; Palandt/Diederichsen Rn 2).

4 **4.** **Abs 4** unterstellt **freiheitsentziehende Maßnahmen** ab dem Stichtag dem BGB und stellt sicher, daß solche Maßnahmen nur für eine der Bedeutung des Grundrechts der persönlichen Freiheit (Art 2, 104 GG) angemessene kurze Übergangszeit von sechs Monaten ohne *richterliche Entscheidung* Bestand haben. Im **Recht der DDR** war die Unterbringung einheitlich geregelt. Abs 4 erfaßt nur die Fälle der *zivilrechtlichen Unterbringung*, die in die Kompetenz des Bundes fallen und ihre Entsprechung in der Unterbringung nach § 3 Abs 2 S 2 des Gesetzes über die Einweisung in stationäre Einrichtungen für psychisch Kranke v 11. 6. 1968 (GBl DDR I 273) haben (zur *strafrechtlichen Unterbringung* nach §§ 15 ff DDR-StGB: BVerfG DtZ 1993, 53; BezG Dresden DtZ 1993, 31). Insoweit war eine Zustimmung der Eltern, des Vormundes oder Pflegers vorgesehen. Abs 4 sowie die entsprechende Bestimmung in § 14 Abs 6 sehen die Nachholung der vormundschaftsgerichtlichen Genehmigung vor; die Übergangsfrist dient lediglich der Entlastung der Gerichte.

5 **5.** Nicht betroffen sind aus Kompetenzgründen **Unterbringungsmaßnahmen öffentlich-rechtlicher Natur**; insoweit besteht überdies kein Regelungsbedarf, weil solche Maßnahmen nach dem Recht der DDR nur für sechs Wochen ohne richterliche Entscheidung andauern konnten, so daß Betroffene am Stichtag nur kurzfristig untergebracht waren, und die Gerichte diese Fälle ggf durch einstweilige Anordnungen ohne Übergangsfrist behandeln können (BT-Drucks 11/7817, 47).

II. Verfassungsrechtliche Kritik

6 **1.** Die Bestimmung in Abs 1 S 2, wonach dem **Vater eines Kindes nicht miteinander verheirateter Eltern**, dem am 2. 10. 1990 das Erziehungsrecht zustand, nach dem 3. 10. 1990 nur noch die Rechtsstellung eines Vormundes zukommt, erscheint verfassungsrechtlich bedenklich. Die „Zurückstufung" (MünchKomm/Hinz Rn 4) wird zurecht verbreitet als gegen Art 6 Abs 2 GG verstoßend angesehen. Gerade in den Fällen, in denen nach dem Recht der DDR unverheiratete Väter das Erziehungsrecht innehatten, kann nach den tatbestandlichen Voraussetzungen davon ausgegangen werden, daß sie für das Kind Sorge getragen hatten, also jedenfalls Träger des Grundrechts aus Art 6 Abs 2 GG waren (MünchKomm/Hinz Rn 4; Hulzer NJ 1991, 113 f; Grandke, in: Schwab/Reichel 166; näher Staudinger/Rauscher [1996] Rn 6 ff).

7 **2.** Die **Zurückstufung** nach Abs 1 S 2 verstößt außerdem gegen Art 3 Abs 2 GG. Nicht mit dem Vater verheiratete Mütter blieben aufgrund von Art 230 Abs 1 aF von den BGB-spezifischen Sorgerechtsbeschränkungen nicht verheirateter Eltern verschont; nicht mit der Mutter verheiratete Väter werden hingegen anläßlich der Überleitung in ihren Rechten beschränkt. Mit Ausnahme des Geschlechtsunterschiedes handelt es sich im übrigen um identische Situationen, denn im Regelfall (im einzelnen unten Rn 19 ff) kam es zu einem Erziehungsrecht des Vaters auch nach dem Recht der DDR nur, wenn die Mutter verstorben oder verhindert war (§ 46 Abs 2 FGB); es handelt sich also jeweils um die Überleitung der Sorgerechtsverhältnisse eines allein-

erziehenden leiblichen Elternteils. Die Differenzierung erfolgt nur nach dem Geschlecht und verstößt also gegen Art 3 Abs 2 GG (Hulzer NJ 1991, 114; MünchKomm/Hinz Rn 4).

3. Die Änderungen der §§ 1626 ff BGB durch das **KindRG** bereinigen das Problem auch für die Zukunft nicht vollständig. Um die Erlangung der gemeinsamen elterlichen Sorge, die von einer *Sorgeerklärung* (§ 1626a Abs 1 Nr 1 BGB) abhängt, geht es nur in den theoretisch denkbaren Fällen des 46 Abs 4 FGB idF des 1. FamRÄndG (unten Rn 27). Auch Väter, die vor dem 3. 10. 1990 das Erziehungsrecht innehatten, wären in solchen Fällen nach dem 1. 7. 1998 von dem guten Willen der Mutter abhängig, wenn sie die elterliche Sorge wieder erlangen wollen (zur Kritik an dieser Väter weiterhin diskriminierenden Regelung: Rauscher, Familienrecht Rn 973 m Nachw). **8**

Regelmäßig aber geht es um Fälle, in denen die Mutter schon vor dem 3. 10. 1990 nicht sorgeberechtigt oder verstorben war (unten Rn 29). Auch in solchen Fällen erwirbt der Vater die elterliche Sorge nicht kraft Gesetzes. Dringend geboten ist jedoch eine – jedenfalls entsprechende – Anwendung der Bestimmungen, die in solchen Fällen seit dem 1. 7. 1998 eine Übertragung auf den Vater erlauben. §§ 1678 Abs 2, 1680 Abs 2 S 2 BGB gelten zwar nach ihrem Wortlaut nur, wenn der Mutter die elterliche Sorge bis zum Verlust oder Tod nach § 1626a Abs 2 BGB allein zustand (und nicht nach § 46 Abs 1 FGB, unten Rn 25). Die Interessenlage ist jedoch identisch, zumal die Übertragung auf den Vater regelmäßig dem Kindeswohl dient, wenn er ohnehin zunächst erziehungsberechtigt und seit dem 3. 10. 1990 *Vormund* des Kindes war.

III. Interlokaler Anwendungsbereich

1. **Abs 1** setzt voraus, daß am Tag vor dem Wirksamwerden des Beitritts das Sorgerechtsverhältnis dem Recht der DDR unterstanden hat; insoweit ist also keine Ausnahme vom Grundsatz der kollisionsrechtlichen Beurteilung nach dem innerdeutschen Kollisionsrecht zu machen (Palandt/Diederichsen[55] Rn 2; Rauscher StAZ 1991, 6). Maßgeblich ist damit entsprechend Art 19 Abs 1, 20 S 2 der gewöhnliche Aufenthalt des Kindes. Eine Rückverweisung findet nicht statt, wenn – wie regelmäßig – das Kind vor dem 3. 10. 1990 die DDR-Staatsbürgerschaft besessen hat (§ 22 RAG erfaßt das Erziehungsrecht, die gesetzliche Vertretung [§ 22 S 2 RAG] und den Unterhalt: Lübchen ua, IPR § 22 Anm 3). **9**

2. **Absätze 2 und 3** beziehen sich auf Entscheidungen von Gerichten und Behörden der DDR. Eine Änderung nach Abs 2 S 2 und eine Anwendung von § 1671 aF BGB im Falle des Abs 3 setzt jedoch voraus, daß das Sorgerechtsverhältnis nunmehr deutschem Recht untersteht, was sich regelmäßig aus Art 2 des Haager Minderjährigenschutzabkommens ergibt. **10**

3. **Abs 4** bezieht sich auf Unterbringungsmaßnahmen, die nach dem Recht der DDR erfolgt sind; insoweit dürfte es sich ausnahmslos um Unterbringungsmaßnahmen in der DDR handeln. Voraussetzung der Überleitung nach Abs 4 S 1 ist die Anwendbarkeit deutschen Rechts nach dem 3. 10. 1990. **11**

IV. Überleitung des Erziehungsrechts (Abs 1 S 1)

1. Grundsätze

12 a) Die elterliche Sorge steht der **Person** zu, der das Erziehungsrecht am Ende des 2. 10. 1990 zustand. Insoweit bestimmt also das FGB der DDR (PALANDT/DIEDERICHSEN[55] Rn 3; MünchKomm/HINZ Rn 2; ADLERSTEIN/WAGENITZ FamRZ 1990, 1174; MAURER FamRZ 1994, 337, 343; im einzelnen unten Rn 19 ff). Inhaber des Sorgerechts ist auch, wem das Erziehungsrecht dem Grunde nach zustand, wer aber nach den Bestimmungen des FGB an der Ausübung gehindert war, so daß ein anderer das Erziehungsrecht *„wahrnehmen"* mußte (§ 45 Abs 1 S 2, 3 FGB; PALANDT/DIEDERICHSEN[55] Rn 3; RAUSCHER StAZ 1991, 6).

13 b) Der **Inhalt** der Sorgerechtsbeziehung bestimmt sich jedoch nach dem 3. 10. 1990 nach den Vorschriften des BGB über die elterliche Sorge. Dadurch ergeben sich keine grundsätzlichen Änderungen. Das BGB bestimmt jedoch auch über die **gerichtliche Kontrolle** der Sorgerechtsausübung; hier kommt es zu gewissen Änderungen, die neben der Kompetenz zur Streitentscheidung (§ 1628 BGB) insbesondere die Vermögenssorge betreffen. Das FGB enthielt (systembezogen) keine detaillierten Bestimmungen zur *Vermögenssorge*, so daß die bisher völlige Freiheit der Eltern in der Vermögensverwaltung nunmehr den Beschränkungen nach §§ 1638 ff, 1683 BGB unterliegt. Hieran geäußerte Kritik (GRANDKE DtZ 1991, 323) erscheint ungerechtfertigt; marktwirtschaftliche Verhältnisse bringen es mit sich, daß auch Kinder erhebliches Vermögen erwerben können, so daß sich hieraus Interessenkonflikte mit dem Sorgeberechtigten ergeben, die im Interesse des Kindeswohles gerichtliche Eingriffsmöglichkeiten erfordern.

14 c) Auch die Folgen einer **Verhinderung** eines Sorgeberechtigten bestimmen sich nach dem Stichtag gemäß dem BGB. Damit beurteilen sich insbesondere die Vertretungsbefugnisse eines anderen Sorgeberechtigten über den Stichtag hinaus nicht mehr nach § 45 Abs 1 S 2, 3 FGB; sofern nicht bei Verhinderung kürzerer Dauer die Anwendung von § 1678 Abs 1 BGB ausreicht, kommen eine Feststellung des Ruhens nach § 1674 Abs 1 BGB bzw Maßnahmen nach § 1666 BGB in Betracht (PALANDT/DIEDERICHSEN[55] Rn 3; MünchKomm/HINZ Rn 2).

15 d) Rechtshandlungen vor dem 3. 10. 1990 bleiben wirksam, soweit das FGB dem Handelnden das Erziehungsrecht und damit (§ 43 FGB) die gesetzliche Vertretung zuwies (ADLERSTEIN/WAGENITZ FamRZ 1990, 1175; LÜBCHEN/ROHDE 157).

16 aa) Die Vertretungsmacht bei **gemeinsamem Erziehungsrecht** der Eltern beurteilt sich nach §§ 43, 45 Abs 1 S 2 FGB, 57, 59 Abs 1 ZGB. Rechtsgeschäfte sind nur wirksam, wenn beide Erziehungsberechtigten gemeinsam oder ein Erziehungsberechtigter mit Vollmacht bzw Genehmigung des anderen tätig geworden sind (PALANDT/DIEDERICHSEN[55] Rn 3; LÜBCHEN/ROHDE 157).

17 bb) Verfügungen **seit dem 3. 10. 1990** unterliegen hingegen den Bestimmungen des BGB, ggf den Genehmigungserfordernissen nach § 1643 Abs 1, § 1821 Nr 1 bis 3 BGB, auch wenn das Verpflichtungsgeschäft vor dem 3. 10. 1990 wirksam ohne gerichtliche Genehmigung geschlossen wurde (Adlerstein/Wagenitz FamRZ 1990, 1175).

e) Im Falle einer **unzutreffenden Todeserklärung** eines Sorgeberechtigten vor dem 3.10. 1990 nach § 37 FGB bedarf es für die Beurteilung der **Wiedererlangung des Sorgerechts** einer Angleichung: § 37 FGB sah auch ohne Wiederverheiratung des anderen Ehegatten als Rechtsfolge der Todeserklärung die Auflösung der Ehe des Toterklärten vor. Lebt dieser Elternteil noch, so war bis zum 30. 6. 1998 auf die Wiedererlangung des Sorgerechts in Hinblick auf die nach § 37 FGB erfolgte Auflösung der Ehe § 1681 Abs 2 S 3 aF BGB entsprechend anzuwenden (Adlerstein/Wagenitz FamRZ 1990, 1175). Seit 1. 7. 1998 ist in einem solchen Fall gemäß § 1681 Abs 2 BGB zu verfahren. **18**

2. Inhaber des Erziehungsrechts, Fälle des Abs 1 S 1

a) Inhaber des Erziehungsrechts waren beide Eltern gemeinsam, wenn diese **miteinander verheiratet** waren (§ 45 Abs 1 S 1 FGB). **19**

b) Bei **Verhinderung** eines Elternteils übte der andere das Erziehungsrecht alleine aus (§ 45 Abs 1 S 2 FGB); diese Ausübung war in Fällen voraussichtlich kurzzeitiger Verhinderung beschränkt auf nicht aufschiebbare Angelegenheiten (§ 45 Abs 1 S 3 FGB, zu Maßnahmen bei einer über den 3. 10. 1990 andauernden Verhinderung oben Rn 14). **20**

c) Bei **Tod** eines Elternteils oder Verlust des Erziehungsrechts hatte der andere Elternteil dieses alleine; bei Tod/Verlust des Erziehungsrechts beider Elternteile wurde eine Entscheidung erforderlich (§ 45 Abs 2 FGB; unten Rn 30, 34). **21**

d) Im Falle der **Ehescheidung** war gemäß §§ 25, 45 Abs 3 S 1 FGB in der bis zum 30. 9. 1990 geltenden Fassung das Erziehungsrecht durch das Gericht einem Elternteil zu übertragen. In der Neufassung des § 25 FGB durch das 1. FamRÄndG war eine Sorgerechtsentscheidung nur noch auf Antrag zu treffen (hierzu unten Rn 46 ff) und die Möglichkeit der Übertragung des Erziehungsrechts auf beide Elternteile vorgesehen. **22**

e) Bei **Getrenntleben** miteinander verheirateter Eltern konnte das Gericht auf Klage eines Elternteils die Ausübung des Sorgerechts bestimmen (§ 45 Abs 4 FGB). Zweck und klarer Wortlaut der Bestimmung („Ausübung" in § 45 Abs 4 FGB, „übertragen" in Abs 3, „hat es …" in Abs 2 S 1) gehen dahin, daß das Erziehungsrecht des anderen Elternteils hierdurch nicht erloschen ist. Vorbehaltlich der Fortdauer der Entscheidungswirkungen gemäß Abs 2 greift also auch für den während der Trennung nicht sorgeberechtigten Elternteil die Überleitung in die elterliche Sorge nach Abs 1 ein. **23**

f) Kinder, bei deren Geburt die **Eltern nicht miteinander verheiratet** waren, standen unter dem Erziehungsrecht der Mutter (§ 46 Abs 1 FGB). Das galt auch bei Scheidung der Eltern vor Geburt des Kindes, selbst wenn das Kind innerhalb von 302 Tagen seit Auflösung der Ehe geboren wurde (zum Erziehungsrecht des Vaters unten Rn 29). **24**

V. Umwandlung des Erziehungsrechts in eine Vormundschaft (Abs 1 S 2)

1. Grundsätze

25 **a)** Soweit nach den Bestimmungen des FGB das Erziehungsrecht dem **Vater eines Kindes nicht miteinander verheirateter Eltern** oder einem **anderen** als Vater und Mutter zustand, gilt ebenfalls der Grundsatz der **Kontinuität in der Person** des Sorgeberechtigten (zur Verfassungswidrigkeit hinsichtlich des Vaters oben Rn 6 f). Dieser hat jedoch seit dem 3. 10. 1990 nicht die elterliche Sorge inne, sondern lediglich die Rechtsstellung eines Vormunds. Seine Rechte und Pflichten ergeben sich aus §§ 1773, 1895 BGB (Palandt/Diederichsen[55] Rn 4; MünchKomm/Hinz Rn 3). Wem das Erziehungsrecht am 2. 10. 1990 zustand, bestimmt sich nach dem FGB (unten Rn 29).

Nach dem **1. 7. 1998** kann im Regelfall (keine sorgeberechtigte Mutter vorhanden, unten Rn 29) dem Vater die elterliche Sorge übertragen werden (oben Rn 8).

26 **b)** Waren **mehrere Personen** am 2. 10. 1990 gemeinsam erziehungsberechtigt und von Abs 1 S 2 betroffen (Beispiel: Großeltern), so führen sie seit dem 3. 10. 1990 die Vormundschaft *gemeinschaftlich* (§ 1797 Abs 1 S 1 BGB). Ist einer der Vormünder *verhindert*, so ergibt sich keine ausdrückliche Regelung, aufgrund derer der andere Vormund die Vormundschaft ausüben kann. Für den Fall, daß ein Ehepaar (Großelternpaar) das Erziehungsrecht innehatte, ergibt sich eine zur übergeleiteten Vormundschaft nach § 14 entsprechende Situation. § 14 Abs 2 S 2 ist daher in diesem Fall entsprechend anzuwenden, mit der Folge, daß zwischen den zu Vormündern gewordenen Erziehungsberechtigten § 1678 Abs 1 HS 1 BGB anzuwenden ist (MünchKomm/Hinz Rn 3).

Hieran kann sich zum **1. 7. 1998** nichts ändern, da das BGB weiterhin keine elterliche Sorge Dritter vorsieht.

27 **c)** Aufgrund der zum 1. 10. 1990 in Kraft getretenen Bestimmung des § **46 Abs 4 FGB (nF)** ist (eher theoretisch) auch die Konstellation der Überleitung eines gemeinsamen Erziehungsrechts nicht miteinander verheirateter Eltern denkbar. Abs 1 S 1 (iVm Art 230 aF) gewährte in diesem Fall der Mutter die unbeschränkte elterliche Sorge, Abs 1 S 2 dem Vater nur eine Stellung als Vormund. Diese Konstellation zeigt zum einen besonders deutlich die *Verfassungswidrigkeit* der Regelung hinsichtlich des Vaters. Die im BGB nicht vorgesehene Kollision eines unbeschränkten Sorgerechts (Ausnahme Minderjährigkeit der Mutter § 1673 Abs 2 BGB) mit einer Vormundschaft läßt sich nur in der Weise lösen, daß die auf ein Rangverhältnis zugeschnittenen Bestimmungen (insbesondere § 1630 BGB) außer Anwendung bleiben und in Analogie zu §§ 1627, 1775 BGB eine gemeinsame Sorge mit Zwang zur einvernehmlichen Entscheidung entwickelt wird (Rauscher StAZ 1991, 7; ähnlich MünchKomm/Hinz Rn 5).

In diesen Fällen entsteht nach dem **1. 7. 1998** eine gemeinsame Sorge nur nach § 1626a Abs 1, ohne Eheschließung also nur durch Sorgeerklärung (oben Rn 8).

28 **d)** Für den Zeitraum bis zum 2. 10. 1990, insbesondere für Rechtsgeschäfte vor diesem Zeitpunkt, ergeben sich keine Besonderheiten gegenüber Abs 1 S 1 (oben Rn 12).

2. Inhaber des Erziehungsrechts, Fälle des Abs 1 S 2

a) Dem **nicht mit der Mutter verheirateten Vater** konnte nach § 46 Abs 2 S 1 FGB das Erziehungsrecht durch das Jugendhilfeorgan übertragen werden, wenn die Mutter gestorben war oder das Erziehungsrecht verloren hatte. Dasselbe galt im Fall der Freigabe zur Adoption (§ 46 Abs 2 S 2 FGB). **29**

Als Minus hierzu wurde bereits **vor Inkrafttreten des § 46 Abs 4 nF** FGB gefolgert, daß mit Zustimmung der Mutter das Erziehungsrecht auf den Vater übertragen werden konnte (Rauscher StAZ 1991, 7 mNachw). § 46 Abs 4 in der Fassung seit 1. 10. 1990 durch das 1. FamRÄndG sah auf übereinstimmenden Antrag der Eltern ein gemeinsames Sorgerecht oder eine Übertragung auf den Vater unter dem Vorbehalt der Kindeswohlprüfung vor. Da insoweit kein automatischer Erwerb möglich war, sondern es einer Entscheidung bedurfte, dürfte von dieser Bestimmung nicht mehr Gebrauch gemacht worden sein.

b) Den **Großeltern** oder einem Großelternteil konnte das Erziehungsrecht nach § 45 Abs 2 S 2 FGB übertragen werden, wenn beide miteinander verheiratete Eltern gestorben waren oder das Erziehungsrecht verloren hatten. Dasselbe galt nach § 46 Abs 2 S 1 FGB bei Tod oder Verlust des Erziehungsrechts der nicht mit dem Vater verheirateten Mutter bzw bei Freigabe durch die Mutter zur Adoption. **30**

c) Einem **Stiefelternteil** konnte das Erziehungsrecht nach § 47 Abs 3 FGB bei Tod des mit diesem verheirateten erziehungsberechtigten Elternteils übertragen werden; die Übertragung bedurfte der Zustimmung des nicht erziehungsberechtigten Elternteils nach § 47 Abs 3 S 3 FGB aF nur im Falle der *Scheidung* der Elternehe, nach der *Neufassung grundsätzlich*, also auch bei nicht verheirateten Eltern. **31**

d) Nicht von der Überleitung in eine Vormundschaft erfaßt sind die im **Rang unterhalb des Erziehungsrechts** angesiedelten Rechte; insbesondere die nach § 47 Abs 1 und 2 FGB bestehenden Rechte und Pflichten des Stiefelternteils *neben* dem erziehungsberechtigten Elternteil (Palandt/Diederichsen[55] Rn 4). Nicht erfaßt sind auch – rechtspolitisch bedauerlich – die zum 1. 10. 1990 ex lege eingetretenen Berechtigungen des *nicht mit der Mutter verheirateten Vaters* nach § 46 Abs 2 und 3, 48 FGB (nF). **32**

VI. Entscheidungen, Feststellungen, Maßnahmen (Abs 2)

1. Anwendungsbereich

Abs 2 erfaßt **Entscheidungen, Feststellungen und Maßnahmen** in Angelegenheiten der elterlichen Sorge. **33**

a) Als **Entscheidungen** erfaßt sind insbesondere die *Übertragung des Erziehungsrechts* nach §§ 45 Abs 2 S 2, 46 Abs 2 und 47 Abs 3 FGB im Falle des Todes oder Verlusts des Erziehungsrechts des/der erziehungsberechtigten Elternteils/teile (oben **34**

Rn 19 ff, 29 ff) sowie gemäß § 78 Abs 3 FGB nach Aufhebung der Adoption (Lübchen/Rohde 160).

35 **b)** **Erfaßt** sind weiter die Regelungen des Erziehungsrechts im Falle von *Scheidung und Trennung* (§ 45 Abs 3, 4 FGB; oben Rn 22), sowie alle Entscheidungen über die *Abänderung* der vorgenannten Entscheidungen nach § 48 FGB. Die Neufassung von § 48 FGB zum 1. 10. 1990 ist ohne Belang, da es hier nur um den Tenor, nicht die Voraussetzungen der Abänderungsentscheidung geht.

36 **c)** Hierher gehört schließlich auch die vor dem 1. 10. 1990 praeter legem zugelassene Übertragung des Erziehungsrechts auf den nicht mit der Mutter verheirateten **Vater** mit deren Zustimmung (vgl oben Rn 29). Diese Entscheidungen sind teilweise durch das Organ der Jugendhilfe ergangen (§§ 45, 46 FGB) und stehen hinsichtlich des Abs 2 gerichtlichen Entscheidungen gleich.

37 **d)** **Feststellungen** können enthalten sein in der aus Anlaß der Scheidung ausgesprochenen Regelung des Erziehungsrechts; sie betreffen den erzieherischen Einfluß der Eltern, das Verhältnis von Eltern und Kind, die Umstände der Ehescheidung und die Lebensverhältnisse der Eltern (§ 25 Abs 2 S 2 FGB). Hierzu gehört auch die gerichtliche Feststellung der Unfähigkeit zur Ausübung des Erziehungsrechts nach § 52 Abs 2, 3 FGB (Palandt/Diederichsen[55] Rn 8; MünchKomm/Hinz Rn 8).

38 **e)** **Maßnahmen** sind insbesondere alle Regelungen, die zu Eingriffen in das Erziehungsrecht geführt haben. Wichtigster Fall ist der *Entzug* des Erziehungsrechts bei schwerer schuldhafter Verletzung der elterlichen Pflichten gemäß § 51 FGB bzw im Zusammenhang mit dem Scheidungsverfahren wegen schwerer schuldhafter Versäumnisse nach § 26 Abs 1, § 51 FGB (Palandt/Diederichsen[55] Rn 8; MünchKomm/Hinz Rn 7; Lübchen/Rohde 160: Entscheidung) sowie die Rückübertragung gemäß § 51 Abs 3 FGB. Hierher gehören weiter *Maßnahmen des Jugendhilfeorgans* nach § 50 FGB bei Kindeswohl- oder -Vermögensgefährdung iVm den Bestimmungen der JugendhilfeVO v 3. 3. 1966 (GBl DDR II 215). Maßnahmen iSd Abs 2 sind schließlich auch *Umgangsbeschränkungen* nach § 27 Abs 2 S 2 FGB (aF), ggf des Gerichts nach § 27 Abs 2 S 2, 3 FGB (nF).

39 **f)** Hingegen sind **keine Maßnahmen** iSd Abs 2 Hilfs- und Unterstützungshandlungen der Jugendhilfebehörden, die keinen Regelungsinhalt haben. Solche Handlungen haben keinen der Überleitung nach Abs 2 fähigen *Inhalt.* Hierzu gehören die aufgrund der Generalklauseln §§ 4, 44 aF FGB gegebenen Unterstützungen und Beratungen durch staatliche Organe (**aA** Palandt/Diederichsen[55] Rn 8) sowie die Bemühungen aufgrund konkreter Mitwirkungspflichten in sorgerechtlichen Verfahren, insbesondere das *Hinwirken* auf eine Verständigung (zB § 27 Abs 1 S 3 [aF] FGB im Scheidungsverfahren; **aA** Palandt/Diederichsen[55] Rn 8; MünchKomm/Hinz Rn 9, 10).

40 **g)** Nicht in den Anwendungsbereich des § 11 fallen **Ersetzungen von Einwilligungen** in familienrechtliche Statusänderungen (insbesondere § 70 FGB zur Adoption; **aA** Lübchen/Rohde 160), die das Sorgerecht nur mittelbar betreffen und Teil eines in anderen Bestimmungen (§ 7 zur Abstammung, § 13 zur Adoption) gesondert erfaßten Statusverfahrens sind.

2. Überleitung

a) Entscheidungen, Feststellungen und Maßnahmen, die vor dem 3. 10. 1990 von Gerichten oder Verwaltungsbehörden der DDR getroffen wurden, **bleiben wirksam** (Palandt/Diederichsen[55] Rn 7; MünchKomm/Hinz Rn 6; Siehr IPRax 1991, 21). Dies bedeutet auch, daß die Wirksamkeit, insbesondere die **Zuständigkeit** der die Entscheidung etc erlassenden Behörde und die Folgen von Mängeln der Entscheidung etc sich nach dem Recht der DDR beurteilen. **41**

b) **Änderungen** übergeleiteter Entscheidungen, Feststellungen und Maßnahmen unterliegen seit dem 3. 10. 1990 den §§ 1674 Abs 2, 1696 BGB in entsprechender Anwendung (Abs 2 S 2). Dies bedeutet insbesondere, daß auch Entscheidungen von nach dem Recht der DDR zuständigen *Verwaltungsbehörden* nunmehr nach den Bestimmungen über die Änderung von gerichtlichen Entscheidungen abzuändern sind; dies trägt dem Umstand Rechnung, daß das Recht der DDR Zuständigkeiten des Jugendhilfeorgans bereitstellte, wo nach den Bestimmungen des BGB das Vormundschafts- oder Familiengericht entscheidet (BT-Drucks 11/7817, 45; Palandt/Diederichsen[55] Rn 7; MünchKomm/Hinz Rn 10; Adlerstein/Wagenitz FamRZ 1990, 1174). **42**

c) Entsprechend § **1674 Abs 2 BGB** abänderbar sind alle Entscheidungen, die das **Ruhen des Erziehungsrechts** feststellen, insbesondere solche nach § 52 FGB. **43**

d) Entsprechend § **1696 BGB** sind Entscheidungen über das Erziehungsrecht, insbesondere aus Anlaß der Scheidung, sowie die Übertragung des Erziehungsrechts abänderbar (MünchKomm/Hinz Rn 10; Adlerstein/Wagenitz FamRZ 1990, 1174). Dies gilt auch für solche Entscheidungen, die zum Erziehungsrecht ergangen sind, deren Inhalt aber mittelbar nach Abs 1 nunmehr in die Bestellung zum Vormund umgewandelt wurde, da es sich ihrer Natur nach nicht um Entscheidungen nach § 14, sondern um Erziehungsrechtsentscheidungen handelt. Hierzu ist zu beachten, daß sich die Auswahl der zum Vormund zu bestellenden Person nicht mehr nach den Bestimmungen des FGB (insbesondere §§ 45, 46 FGB) richtet, sondern nach §§ 1776 ff BGB. **44**

Die Verweisung auf § 1696 BGB umfaßt auch das Überprüfungsgebot nach § 1696 Abs 3 BGB (MünchKomm/Hinz Rn 10).

e) **Anhängige Verfahren** nach § 48 FGB (Änderung der Zuweisung des Erziehungsrechts), § 51 FGB (Entzug des Erziehungsrechts), § 52 Abs 2, 3 FGB (Feststellung des Ruhens), nicht aber § 70 FGB (Einwilligung zur Adoption; **aA** Lübchen/Rohde 161), die durch Klage des Jugendhilfeorgans eingeleitet wurden, sind mit dem Stichtag gegenstandslos geworden. Ggf sind die Klagen jedoch durch das zuständige Gericht als Anregung zu einem Verfahren nach § 1674 Abs 2 bzw § 1696 BGB zu behandeln (Lübchen/Rohde 161). **45**

VII. Aussetzung aus Anlaß der Ehescheidung (Abs 3)

1. Fallsituation – Recht der DDR

Abs 3 bezieht sich auf zwei Fallgestaltungen hinsichtlich der Sorgerechts- **46** entscheidung im Scheidungsverfahren, die sich inzwischen durch Zeitablauf erledigt haben sollten:

a) **§ 26 Abs 2 S 1 FGB** erlaubte die Anordnung im Scheidungsurteil, daß bis zur Dauer eines Jahres das elterliche Erziehungsrecht nicht ausgeübt werden dürfe; hierzu war eine Vormundschaft anzuordnen. Anwendungsbereich waren Spannungssituationen, die nicht zu schweren schuldhaften Versäumnissen (dann Entziehung nach §§ 26 Abs 1, 51 FGB) gereichten.

47 **b)** **25 Abs 1 FGB idF des 1. FamRÄndG** machte die Sorgerechtsentscheidung vom Antrag eines Elternteils abhängig; aus der Fortgeltung von § 13 Abs 1 DDR-ZPO kann angesichts des klaren Wortlauts des § 25 Abs 1 FGB schwerlich das Erfordernis einer Sorgerechtsentscheidung von Amts wegen geschlossen werden (vgl aber Eberhardt NJ 1990, 403; ders FamRZ 1990, 921 f; Lübchen/Rohde 162). Wegen des Geltungszeitraums von nur 2 Tagen dürften allenfalls wenige Ehescheidungen ohne Sorgerechtsentscheidung ausgesprochen worden sein (Palandt/Diederichsen[55] Rn 11; MünchKomm/Hinz Rn 12; Siehr IPRax 1991, 21).

2. Sorgerechtsregelung nach dem 3. 10. 1990

48 **a)** Die unterbliebene Sorgerechtsentscheidung war entsprechend § 1671 aF BGB **sogleich nachzuholen**. Die Erfüllung der Tatbestandsvoraussetzungen (Antrag bei § 25 Abs 1 FGB nF, Zeitablauf bei § 26 Abs 2 S 1 FGB) ist nicht abzuwarten. Die Sorgerechtsentscheidung erging nach §§ 621 Abs 1 Nr 1, 623 Abs 3 S 1 ZPO von Amts wegen (Palandt/Diederichsen[55] Rn 11; Adlerstein/Wagenitz FamRZ 1990, 1175; Lübchen/Rohde 163).

49 **b)** Eine anläßlich der Anordnung der Nichtausübung des elterlichen Erziehungsrechts nach § 26 Abs 2 S 2 angeordnete **Vormundschaft** entspricht nicht einer solchen nach § 1671 Abs 5 S 1 aF BGB und ist daher nicht entsprechend § 14 Abs 1 überzuleiten. Die Aufhebung erfolgt im Sorgerechtsverfahren von Amts wegen; ggf ist eine einstweilige Anordnung (Palandt/Diederichsen[55] Rn 11) zu treffen, deren Inhalt nicht notwendig die Bestellung eines Vormunds ist (vgl MünchKomm/Hinz Rn 13), sondern insbesondere eine vorläufige Zuteilung der elterlichen Sorge an einen Elternteil sein kann.

50 **c)** Eine Verbindung der abschließenden Sorgerechtsentscheidung mit einer **Unterhaltsentscheidung**, wie sie § 26 Abs 3 FGB vorsah, ist nicht mehr möglich. Der Kindesunterhalt muß selbständig durch Klage eingefordert werden (Palandt/Diederichsen[55] Rn 11; MünchKomm/Hinz Rn 13).

VIII. Unterbringung mit Freiheitsentziehung (Abs 4)

1. Anwendungsbereich – Unterbringungen nach DDR-Recht

51 **a)** Abs 4 betrifft die dem Bundesrecht unterstehende **zivilrechtliche Unterbringung**. Im Recht der DDR war die Unterbringung einheitlich geregelt (hierzu oben Rn 4), umfaßte also auch die Fälle der in den Gesetzen der Bundesländer geregelten öffentlich-rechtlichen Unterbringung.

b) Die aus Sicht des Bundesrechts **privatrechtliche Unterbringung** war, anders als nach § 1631b BGB, nicht von einer vormundschaftsgerichtlichen Genehmigung, sondern nur von der Zustimmung der Erziehungsberechtigten bzw des Vormunds abhängig. Der Anwendungsbereich bestimmt sich also aus Sicht des Bundesrechts und wird beschrieben durch den Anwendungsbereich der BGB-Bestimmungen zur Unterbringung (§§ 1631b, 1705 S 2 aF, 1800, 1915 Abs 1 BGB; BT-Drucks 11/7817, 47; MünchKomm/Hinz Rn 14). **52**

c) Hierzu gehört auch die Unterbringung zur **Heimerziehung** nach § 34 SGB VIII, weil diese nicht die Befugnis zur Freiheitsentziehung umfaßt (MünchKomm/Hinz Rn 14). **53**

d) Aufgrund Verweisung aus §§ 14 Abs 6, 15 Abs 2 ist die Bestimmung entsprechend auf freiheitsentziehende Unterbringung durch **Vormund oder Pfleger** anzuwenden. **54**

2. Rechtsfolgen

a) Auf über den 2. 10. 1990 andauernde Unterbringungen mit freiheitsentziehender Wirkung ist ab dem 3. 10. 1990 das BGB anzuwenden (Abs 4 S 1). Solche Unterbringungen bedürfen also der gerichtlichen Genehmigung insbesondere nach § 1631b BGB. **55**

b) Ergänzend zu § 1631b BGB trifft Abs 4 eine Regelung, die dem Eingreifen des Genehmigungserfordernisses auf **bereits laufende Unterbringungen** Rechnung trägt. Die Eltern müssen alsbald nach Wirksamwerden des Beitritts um die gerichtliche Genehmigung nachsuchen (Abs 4 S 2). „Alsbald" ist praktisch ebenso zu verstehen wie das Erfordernis unverzüglicher Nachholung im Falle des § 1631b S 2 HS 2 BGB (Palandt/Diederichsen[55] Rn 14). **56**

c) Ist eine gerichtliche Genehmigung nicht bis einschließlich 2. 4. 1991 erfolgt, so **ist die Unterbringung zu beenden** (Abs 4 S 3). Diese Frist ist lediglich gesetzt, um den Gerichten die Bewältigung zu ermöglichen; sie kann nicht etwa von den Sorgeberechtigten ausgenutzt werden, begrenzt also nicht das Erfordernis der unverzüglichen Antragstellung. **57**

d) Für das **Verfahren** galten bereits seit dem 3. 10. 1990 mit Ausnahme des Landes Berlin in den neuen Bundesländern die Vorschriften des **BetreuungsG** (EVAnlage I Kapitel III Sachgebiet A Abschnitt III Nr 13 a), also §§ 70–70n FGG; erst seit dem 1. 1. 1992 gilt hingegen das *materielle* Betreuungsrecht (Zimmermann, in: Schwab/Reichel 136 f; Bienwald ebenda 147 f; Bergmann NJ 1991, 211). **58**

e) Aus Sicht des Bundesrechts als **öffentlich-rechtlich** zu qualifizierende Unterbringungen aufgrund gerichtlicher Entscheidung bleiben hiervon unberührt (vgl hierzu BezG Dresden DtZ 1993, 31; zum Rechtsschutz: BVerfG DtZ 1993, 53); für die gerichtliche Genehmigung gilt grundsätzlich Art 18 EV. Da nach den Bestimmungen des DDR-Unterbringungsrechts (hierzu oben Rn 4) eine gerichtliche Genehmigung bei 6 Wochen unterschreitender Unterbringung entbehrlich war (BT-Drucks 11/7817, 47), kommt ggf die Nachholung der Genehmigung ohne Übergangsfrist im Wege der einstweiligen Anordnung in Betracht (BT-Drucks 11/7817, 47). **59**

§ 12
Legitimation nichtehelicher Kinder

Die Frist nach § 1740e Abs. 1 Satz 1 des Bürgerlichen Gesetzbuchs beginnt nicht vor dem Wirksamwerden des Beitritts.

Materialien: siehe Art 230; E: BT-Drucks 11/7760 Art 234 § 12.

1. Erledigung durch Zeitablauf

1 Die Bestimmung hat – entgegen der weit gefaßten Überschrift – nicht die Überleitung der gesamten Legitimationsbestimmungen des BGB aF zum **Zweck**; betroffen ist lediglich die Frist für die Ehelicherklärung von Verlobtenkindern nach dem Tod des Vaters (§ 1740e Abs 1 S 1 aF BGB). Die Regelung als solche ist daher durch Zeitablauf gegenstandslos geworden (MünchKomm/Hinz Rn 1).

2. Weiter bedeutsame Legitimation und Ehelicherklärung vor dem 30. 6. 1998

2 Nicht – auch nicht durch das Inkrafttreten des **KindRG** – erledigt ist hingegen die Überleitung in die **Anwendung der Legitimationsbestimmungen** des BGB in der am 3. 10. 1990 geltenden Fassung. Soweit hiernach eine Legitimation eingetreten ist oder eine Ehelicherklärung erfolgte, ergeben sich seit dem 1. 7. 1998 andere Rechtsfolgen (vgl §§ 1626 ff, §§ 1678, 1680 BGB) als für bis zum 30. 6. 1998 „nichteheliche" Kinder.

3. Hinweise zum Recht der DDR

3 a) Das **Recht der DDR** kannte keinen Status der Nichtehelichkeit, somit konsequent auch nicht die Legitimation als Institut der Statusverbesserung. Die Abstammungsverhältnisse, aber auch die Rechtsfolgen der Abstammung waren jedoch für Kinder, deren Eltern bei ihrer Geburt nicht miteinander verheiratet waren, teilweise aufgrund von Sachzwängen anders (Abstammungsfeststellung), teilweise aber auch nachteilig (§ 46 Abs 1 FGB: Erziehungsrecht) geregelt; § 54 Abs 4 FGB verlieh daher – legitimationsähnlich – einem vor der Eheschließung der Eltern geborenen Kind mit der Eheschließung die Rechtsstellung eines während der Ehe geborenen Kindes. Lagen die Voraussetzungen des § 54 Abs 4 FGB bis zum 2. 10. 1990 bereits vor, so ist das Kind am 3. 10. 1990 *eheliches* Kind. Eine **Legitimation nach dem 3. 10. 1990** kommt daher für vor dem 3. 10. 1990 geborene Kinder nach §§ 1719 ff aF BGB nur in Betracht, wenn die Eheschließung oder die Vaterschaftsfeststellung am 2. 10. 1990 noch nicht erfolgt waren. Dabei bewirkt auch die Verwirklichung von Tatbestandselementen der BGB-Bestimmungen (Eheschließung, Vaterschaftsfeststellung) bis zum 2. 10. 1990 den Eintritt der Rechtsfolge (Adlerstein/Wagenitz FamRZ 1990, 1175, allerdings kommt die dort angenommene Vollendung eines legitimierenden Tatbestandes vor dem 3. 10. 1990 schwerlich in Betracht, da im Falle des § 1719 BGB dann bereits § 54 Abs 4 FGB vollendet war).

4 b) Eine **Ehelicherklärung** kannte das Recht der DDR nicht. Die Bestimmungen

der §§ 1723 ff aF und 1740a ff aF BGB waren also zwischen dem 3. 10. 1990 und dem 30. 6. 1998 uneingeschränkt auf Kinder anzuwenden, die durch Inkrafttreten des BGB nichtehelich geworden waren. Auch insoweit sind vor dem 3. 10. 1990 verwirklichte Tatbestandselemente zu berücksichtigen (oben Rn 3); im Falle der Ehelicherklärung aber wird regelmäßig der *Antrag* (§ 1723, § 1740a aF BGB) erst nach dem 3. 10. 1990 gestellt werden.

4. Hinweise zum Norminhalt von § 12

a) Zum **Anwendungsbereich** von § 12 vgl STAUDINGER/RAUSCHER (1996) Art 234 § 12 Rn 4 ff. **5**

b) § 12 schob den Beginn der Antragsfrist für Anträge des Verlobtenkindes auf Ehelicherklärung (ein Jahr gemäß § 1740e Abs 1 S 1 aF BGB) bis zum 3. 10. 1990 hinaus; es genügte ein Verlöbnis iSd Rechts der DDR (dazu § 2). Die Frist endete damit regelmäßig mit Ablauf des 2. 10. 1991. Selbst im Fall einer Hemmung nach §§ 1740g Abs 1 S 3 aF, 203 aF, 206 aF BGB war jedenfalls seit dem 1. 7. 1998 keine Ehelicherklärung mehr möglich (MünchKomm/HINZ Rn 1; zum **Regelungsinhalt** vgl im einzelnen STAUDINGER/RAUSCHER [1996] Art 234 § 12 Rn 8 f). **6**

§ 13
Annahme als Kind

(1) Für Annahmeverhältnisse, die vor dem Wirksamwerden des Beitritts begründet worden sind, gelten § 1755 Abs. 1 Satz 2, die §§ 1756 und 1760 Abs. 2 Buchstabe e, § 1762 Abs. 2 und die §§ 1767 bis 1772 des Bürgerlichen Gesetzbuchs nicht. § 1766 des Bürgerlichen Gesetzbuchs gilt nicht, wenn die Ehe vor dem Wirksamwerden des Beitritts geschlossen worden ist.

(2) Vor dem Wirksamwerden des Beitritts ergangene Entscheidungen des Gerichts, durch die ein Annahmeverhältnis aufgehoben worden ist, bleiben unberührt. Dasselbe gilt für Entscheidungen eines staatlichen Organs, durch die ein Annahmeverhältnis aufgehoben worden ist und die vor dem Wirksamwerden des Beitritts wirksam geworden sind.

(3) Ist ein Annahmeverhältnis vor dem Wirksamwerden des Beitritts ohne die Einwilligung des Kindes oder eines Elternteils begründet worden, so kann es aus diesem Grund nur aufgehoben werden, wenn die Einwilligung nach dem bisherigen Recht erforderlich war.

(4) Ist ein Annahmeverhältnis vor dem Wirksamwerden des Beitritts begründet worden und war die Einwilligung eines Elternteils nach dem bisherigen Recht nicht erforderlich, weil

1. dieser Elternteil zur Abgabe einer Erklärung für eine nicht absehbare Zeit außerstande war,

2. diesem Elternteil das Erziehungsrecht entzogen war oder

3. der Aufenthalt dieses Elternteils nicht ermittelt werden konnte,

so kann das Annahmeverhältnis gleichwohl auf Antrag dieses Elternteils aufgehoben werden. § 1761 des Bürgerlichen Gesetzbuchs gilt entsprechend.

(5) Ist ein Annahmeverhältnis vor dem Wirksamwerden des Beitritts begründet worden und ist die Einwilligung eines Elternteils ersetzt worden, so gilt Absatz 4 entsprechend.

(6) Ein Antrag auf Aufhebung eines vor dem Wirksamwerden des Beitritts begründeten Annahmeverhältnisses kann nur bis zum Ablauf von drei Jahren nach dem Wirksamwerden des Beitritts gestellt werden. Für die Entgegennahme des Antrags ist jedes Vormundschaftsgericht zuständig.

(7) Ist über die Klage eines leiblichen Elternteils auf Aufhebung eines Annahmeverhältnisses am Tag des Wirksamwerdens des Beitritts noch nicht rechtskräftig entschieden worden, so gilt die Klage als Antrag auf Aufhebung des Annahmeverhältnisses. § 1762 Abs. 3 des Bürgerlichen Gesetzbuchs gilt nicht.

Materialien: Siehe Art 230; E: BT-Drucks 11/7760 Art 234 § 13; geändert durch AdoptFristG v 30. 9. 1991, BGBl I 1930; E: BT-Drucks 12/1106.

Schrifttum

Raack, Der Einigungsvertrag und die sog Zwangsadoptionen in der ehemaligen DDR, ZJR 1991, 449

Weber, Gesetz zur Änderung adoptionsrechtlicher Fristen, DtZ 1992, 10

Wolf, Überprüfung von in der DDR ausgesprochenen Adoptionen, FamRZ 1991, 12

siehe auch Schrifttum vor § 1.

Systematische Übersicht

Alphabetische Übersicht

I. Normzweck

1 **1.** Die Bestimmung geht davon aus, daß in der DDR durch das Organ der Jugendhilfe (§ 68 Abs 1 FGB) **vor dem 3. 10. 1990 ausgesprochene Adoptionen** nach Art 19 EV wirksam bleiben (MünchKomm/Lüderitz Rn 1; Adlerstein/Wagenitz FamRZ 1990, 1176). Da die Adoption nach FGB im wesentlichen vergleichbare Wirkungen hatte wie nach BGB, also eine Volladoption war, können DDR-Adoptionen grundsätzlich in die Wirkungen von BGB-Adoptionen übergeleitet werden.

2 **2. Abs 1** bestimmt hierzu jedoch **Ausnahmen** aufgrund gewisser Abweichungen des FGB-Adoptionsrechts vom BGB-Adoptionsrecht: Teilweise soll vermieden werden, daß *erloschene Rechtsbeziehungen* wieder aufleben (§§ 1755, 1756 BGB), teils gründen Rechtsfolgen des BGB-Adoptionsrechts auf *Adoptionsvoraussetzungen*, die bei FGB-Adoptionen nicht vorliegen (§ 1760 Abs 2 lit e; vgl auch § 1766); schließlich kannte das FGB die *Erwachsenenadoption* nicht, weshalb – eigentlich nur klarstellend, weil deren Anwendung deshalb ohnedies nicht in Betracht käme – §§ 1767 bis 1772 BGB nicht übergeleitet werden (BT-Drucks 11/7817, 46; Palandt/Diederichsen[55] Rn 1). Das Fristsystem des § 1762 Abs 2 BGB wurde durch das Gesetz zur Änderung adoptionsrechtlicher Fristen (AdoptFristG) ausgenommen und durch die einheitliche Regelung des Abs 6 S 1 ersetzt.

3 **3. Abs 2** bestätigt die Wirksamkeit der Aufhebung eines Annahmeverhältnisses vor dem 3. 10. 1990 durch ein Gericht oder eine Behörde der DDR (BT-Drucks 11/7817, 46; MünchKomm/Lüderitz Rn 16); insoweit wird nur das Prinzip der Art 18, 19 EV wiederholt. Abs 2 hat aber auch materiellrechtlichen Charakter; es bleiben Aufhebungen von Annahmeverhältnissen wirksam, die in Anwendung des Rechts der DDR erfolgt sind (Palandt/Diederichsen[55] Rn 1).

4 **4. Absätze 3 bis 5** befassen sich mit der **Aufhebung von Adoptionen**, die wegen mangelhafter, fehlender, als entbehrlich angesehener oder ersetzter Einwilligungen eines Elternteils rechtsstaatlich bedenklich sein *können* (Zwangsadoptionen). Dabei bestimmt Abs 3 den *Grundsatz*, wonach das neue Recht hinsichtlich der regulären Aufhebungsbestimmungen *keine neuen Einwilligungserfordernisse* schafft (Palandt/Diederichsen[55] Rn 1, 14). Dabei ist das Vorliegen einer Zwangsadoption nicht bereits dann ausgeschlossen, wenn die formal-rechtlichen Voraussetzungen im Recht der DDR gewahrt wurden. Nach Einschätzung der Clearingstelle des Berliner Senats sind die DDR-Behörden um die Jahreswende 1975/1976 formell bei Zwangsadoptionen zurückhaltend geworden, so daß trotz sorgfältiger Prüfung der Adoptionsakten es besonders schwer ist, zu ermitteln, ob politische Gründe in die jeweilige Entscheidung eingeflossen sind (vgl Kleine Anfrage BT-Drucks 12/835; Antwort der Bundesregierung v 11. 7. 1991, BT-Drucks 12/932).

5 **5. Absätze 4 und 5** wurden durch das **Gesetz zur Änderung adoptionsrechtlicher Fristen** erheblich umgestaltet. Die ursprüngliche Fassung hatte die Fallgruppen Abs 4 Nr 1 und Abs 4 Nr 3 (bezogen auf die neue Fassung) einer § 1762 Abs 2 BGB nach-

gebildeten Frist unterstellt und nur die Fallgruppe Abs 4 Nr 2 als spezifisch rechtsstaatliche Problemlage gesondert erfaßt; die hierfür gesetzte Frist von einem Jahr seit dem Wirksamwerden des Beitritts erwies sich aber als zu kurz, die Unterscheidung der wahlweise auch rechtsstaatswidrig angewendeten Tatbestände erschien untauglich. Der Gesetzgeber des AdoptFristG hat die drei Fälle des Abs 4 aus der Aufhebungssystematik des § 1762 Abs 2 BGB herausgelöst und sie damit als wiedervereinigungsspezifische Problemfälle gekennzeichnet. Insbesondere wurde die Dreijahres-Sperre nach der Adoption beseitigt, was ein Signal gegen einen typisierten Schutz der *Integration* des Kindes in der Adoptivfamilie und für eine Verwirklichung des Grundrechts der Eltern aus Art 6 Abs 2 GG bedeutet (vgl Weber DtZ 1992, 12; Wolf FamRZ 1992, 14). Nach der Neufassung der Bestimmung sind solche Adoptionen **grundsätzlich aufhebbar**; da aber der **Normzweck** dahin geht, möglicherweise erfolgte Zwangsadoptionen und Adoptionen gegen den Willen von „republikflüchtigen" Eltern aufzuheben, muß die Rechtsanwendung den von Abs 4 herangezogenen Maßstab des § 1761 BGB in geeigneter Weise ausfüllen, um diesen Normzweck nicht zu überschreiten (im einzelnen BT-Drucks 12/1106, 1 ff; Wolf aaO; Weber aaO; Palandt/Diederichsen[55] Rn 1).

6. **Abs 6 S 1** setzt jedoch auch in der Neufassung eine Frist entgegen rechtspolitisch motivierten Forderungen nach einer unbefristeten Korrekturmöglichkeit für rechtsstaatswidrige Adoptionen. **Abs 6 S 2** in der Fassung durch das AdoptFristG bereinigt ein im ersten Jahr der Anwendung aufgetretenes Zuständigkeitsproblem, indem für die Entgegennahme des Aufhebungsantrags (nicht für die Entscheidung) eine erweiterte Zuständigkeit geschaffen wird. **6**

7. **Abs 7** leitet in der DDR am 2. 10. 1990 anhängige Aufhebungsklagen in Aufhebungsanträge über und stellt dadurch sicher, daß keine neuen Form- und Fristerfordernisse eingreifen (BT-Drucks 11/7817, 46). **7**

II. Interlokaler Anwendungsbereich

1. Da auch nach FGB ein Fall der **Dekretadoption** vorliegt, ist **Abs 1** immer dann anzuwenden, wenn die entscheidende Behörde (in der DDR das Organ der Jugendpflege) das Recht der DDR angewendet hat; Abs 1 gilt also auch, wenn ein bundesdeutsches oder ausländisches Gericht eine Adoption nach dem Recht der DDR ausgesprochen hat. **8**

2. **Abs 2** bezieht sich wie Art 18 und 19 EV auf **Entscheidungen** von DDR-Behörden und -Gerichten; das angewendete Recht ist dann unmaßgeblich. Abs 2 gilt aber auch in allen Fällen der Aufhebung einer Adoption in Anwendung des Rechts der DDR, auch wenn das Gericht oder die aufhebende Behörde ihren Sitz nicht in der DDR hatte. **9**

3. **Abs 3** setzt voraus, daß auf die Adoption vor dem 2. 10. 1990 das **Recht der DDR** nach dem maßgeblichen innerdeutschen Kollisionsrecht berufen war. Ein nach BGB bestehendes und anläßlich der Adoption nicht gewahrtes Einwilligungserfordernis ist nur dann „nach bisherigem Recht nicht erforderlich" gewesen. Hat also eine DDR Behörde auf eine Adoption das Recht der DDR angewendet, obwohl nach innerdeutschem Kollisionsrecht das BGB anzuwenden gewesen wäre, so gilt für **10**

die Aufhebung nach dem 3. 10. 1990 § 1760 BGB ohne Beschränkung durch Abs 3. Das kommt insbesondere deshalb in Betracht, weil nach § 23 S 2 RAG bei Annahme durch Ehegatten verschiedener Staatsbürgerschaft das Recht der DDR maßgeblich war, nach innerdeutschem Kollisionsrecht aber Aufenthaltsrecht gilt (Art 22 iVm Art 14 Abs 1 Nr 2).

11 **4.** **Abs 4 und 5** bezwecken die **Korrektur von rechtsstaatswidrigen DDR-Adoptionen**; ihr Anwendungsbereich ist daher teleologisch zu bestimmen. Aufhebbar sind Adoptionen durch DDR-Behörden in Anwendung von § 70 Abs 2 FGB. Auf Adoptionen durch DDR-Behörden in Anwendung einer anderen Rechtsordnung sollten Abs 4 und 5 entsprechend angewendet werden, wenn nunmehr deutsches Recht Adoptions(aufhebungs)statut ist.

12 **5.** **Abs 7** erfaßt in der DDR anhängig gewesene Aufhebungsklagen.

III. Überleitung und Ausnahmen (Abs 1)

1. Grundsatz

13 **a)** Auf vor dem Stichtag (3. 10. 1990) begründete Annahmeverhältnisse gemäß §§ 66 ff FGB sind seit dem 3. 10. 1990 die §§ 1741–1766 BGB anzuwenden (Palandt/Diederichsen[55] Rn 3; MünchKomm/Lüderitz Rn 9; Lübchen/Rohde 166); solche Annahmeverhältnisse bleiben jedoch grundsätzlich wirksam, dh die Entstehung des Annahmeverhältnisses und bis zum 2. 10. 1990 eingetretene Wirkungen unterliegen weiterhin dem FGB.

14 **b)** Diese Überleitung ist **verfassungsrechtlich** nicht zu beanstanden (KG OLGZ 1994, 68, 73); es handelt sich bei der Minderjährigenadoption des FGB um ein der deutschen Volladoption vergleichbares Rechtsinstitut, so daß durch die Überleitung unter Berücksichtigung der nachfolgenden Ausnahmen keine Umgestaltung des familienrechtlichen Verhältnisses erfolgt; die künftige Behandlung insbesondere der Aufhebung einer solchen Adoption nach dem BGB-Familienrecht beinhaltet keine Rückwirkung und ist damit in gleicher Weise verfassungskonform wie jede in die Zukunft wirkende und im übrigen verfassungskonforme Rechtsänderung.

2. Ausnahmen

15 **a)** **§ 1755 Abs 1 S 2 BGB** ist nicht anzuwenden: das Recht der DDR sah mit Ausnahme von Ansprüchen auf Unterhalt für die Vergangenheit (insoweit ebenso § 1755 Abs 1 S 2 HS 2 BGB) keine Fortdauer von Ansprüchen nach Art von § 1755 Abs 1 S 2 HS 1 BGB vor (Lübchen/Rohde 166). Hierbei soll es bewenden, damit nicht längst erloschene Rechtsbeziehungen wieder aufleben. Soweit nach dem Recht der DDR Ansprüche fortbestanden haben, muß davon ausgegangen werden, daß diese durch den Beitritt *nicht erloschen* sind (Palandt/Diederichsen[55] Rn 5; MünchKomm/Lüderitz Rn 10; zur Wiederholungsadoption unten Rn 56 ff).

16 **b)** **§ 1756 BGB** ist nicht anzuwenden: § 73 Abs 2 S 1 FGB beließ nur bei Stiefkindadoptionen die Beziehungen zum Ehegatten des Adoptierenden und zu dessen Verwandten aufrecht; § 1756 Abs 1 und Abs 2 BGB gehen insofern weiter, als bei

Auflösung der Ehe der leiblichen Eltern durch Tod auch die Verwandtschaftsbeziehungen zu den Verwandten des verstorbenen Elternteils erhalten bleiben und bei Verschwägerung der Annehmenden mit dem Kind im zweiten oder dritten Grad die Verwandtschaftsverhältnisse nur zu den leiblichen Eltern erlöschen. Nach § 73 Abs 1 FGB erloschene Verwandtschaftsverhältnisse bleiben also erloschen (zur Wiederholungsadoption unten Rn 56 ff). Auch wenn man die Regelung des § 73 FGB für rechtspolitisch unerwünscht hält (MünchKomm/Lüderitz Rn 11), bedürfte diese Ausnahme eigentlich nicht der ausdrücklichen Regelung: Es geht um Wirkungen, die bereits im Zeitpunkt der Adoption eingetreten sind und die nicht kontinuierlichen Charakter haben; § 1756 BGB aber könnte weder rückwirkend ein Erlöschen verhindern noch ordnet die Bestimmung ein Wiederaufleben an.

17 c) **§ 1760 Abs 2 lit e BGB** ist nicht anzuwenden: § 69 FGB kannte keine § 1747 Abs 3 S 1 BGB entsprechende Karenzfrist. Die Einwilligung zur Adoption war nicht an eine bestimmte Frist nach der Geburt des Kindes gebunden (Lübchen/Rohde 167). § 1760 Abs 2 lit e BGB setzt aber einen Mangel in Hinblick auf § 1747 Abs 3 BGB voraus, der nicht vorliegen kann, wenn im Zeitpunkt der Adoption nicht § 1747 BGB, sondern § 69 FGB das Einwilligungserfordernis bestimmte (Palandt/Diederichsen[55] Rn 7).

18 d) **§ 1762 Abs 2 BGB** ist gemäß der Neufassung durch das AdoptFristG nicht anzuwenden: Aufhebungsanträge unterliegen ausschließlich den in § 13 Abs 6 angeordneten Befristungen; insbesondere greift die Sperrfrist (Ausschluß der Aufhebung, wenn seit der Annahme drei Jahre verstrichen sind) nicht ein.

19 e) **§§ 1767–1772 BGB** sind nicht anzuwenden.

aa) Im FGB war eine **Adoption Volljähriger** nicht mehr vorgesehen, so daß überzuleitende Erwachsenenadoptionen nach FGB nicht bestehen können (Lübchen/Rohde 167; Palandt/Diederichsen[55] Rn 8).

20 **bb)** **Vor dem 1. 4. 1966** (Inkrafttreten des FGB) wirksam gewordene Erwachsenenadoptionen wurden durch § 2 EGFGB übergeleitet in Adoptionen nach FGB; obgleich damit zum 1. 4. 1966 eine erhebliche Verstärkung der Wirkungen stattgefunden hat, werden auch solche Adoptionen nicht mehr zu echten Erwachsenenadoptionen rückgewandelt. Anwendbar sind also nunmehr §§ 1741 ff BGB, *nicht* §§ 1767 ff BGB (BT-Drucks 11/7817, 46; Palandt/Diederichsen[55] Rn 8; Siehr IPRax 1991, 22). Die durch Überleitung nach § 2 EGFGB erloschenen Verwandtschaftsbeziehungen bleiben erloschen (Adlerstein/Wagenitz FamRZ 1990, 1177). Insbesondere treten auch für solche Adoptionen die vollen erbrechtlichen Wirkungen einer (Minderjährigen-)Adoption nach FGB ein (DIV-Gutachten DAVorm 1991, 744).

21 f) **§ 1766 BGB** ist nicht rückwirkend anzuwenden.

aa) Das Recht der DDR kannte keine automatische Aufhebung des Annahmeverhältnisses bei **Eheschließung** zwischen Adoptierendem und Adoptiertem (Palandt/Diederichsen[55] Rn 9). Dennoch ist die vom Gesetzgeber gezogene Folgerung der Nichtanwendbarkeit von § 1766 BGB problematisch: § 8 Nr 3 FGB sah das Eheverbot der Kindschaft durch Annahme vor, und § 77 FGB ermöglichte die Aufhebung der Annahme auf gemeinsamen Antrag. Wurde der nach dem Recht der DDR rechtmäßige Weg der Aufhebung der Annahme vor Eheschließung nicht beschritten, so besteht ein irregulärer Zustand, der nicht durch Aufhebung der Adoption nach § 77 FGB bereinigt werden kann. Es bleibt also einerseits die Adoption bestehen, andererseits aber, vorbehaltlich ihrer Nichtigerklärung (jetzt Aufhebung, sogleich Rn 22) auch die Ehe, was anstößig sein mag (MünchKomm/Lüderitz Rn 14), aber durchaus der Rechtslage nach dem FGB entspricht; denn § 77 FGB schloß gerade nicht kraft Gesetzes den Konflikt aus, wie § 1766 BGB dies tut.

22 **bb)** Aufgrund der Überleitungsbestimmungen zum Ehegesetz (hierzu Anh zu Art 234 § 2) bestimmen sich die Folgen für die gemäß § 35 Abs 1, 8 Nr 3 FGB **nichtige Ehe** nach §§ 23 bis 26 EheG aF, nicht aus §§ 21, 4 EheG aF (MünchKomm/Lüderitz Rn 14). Seit dem 1. 7. 1998 ist daher auch eine Aufhebung der nach bisherigem Recht nichtigen Ehe gemäß § 1314 BGB möglich (vgl Art 226 Abs 1; MünchKomm/Lüderitz Rn 14). Dadurch wird ein zur Zielsetzung des § 1766 BGB konträres Ergebnis erreicht, was rechtspolitisch kaum sinnvoll ist.

23 **cc)** Erfolgt die **Eheschließung seit dem 3. 10. 1990**, so gilt § 1766 BGB, dh auch ein Annahmeverhältnis, das nach DDR-Recht begründet wurde, wird durch Eheschließung nunmehr aufgrund § 1766 BGB aufgehoben (Palandt/Diederichsen[55] Rn 9).

IV. Aufhebung der Annahme vor dem 3. 10. 1990 (Abs 2)

24 **1.** Durch ein **Gericht der DDR** nach §§ 74 Abs 1, 75 Abs 1 oder 76 Abs 1 FGB vor dem 3. 10. 1990 **aufgehobene Annahmeverhältnisse** bleiben *gemäß Satz 1* aufgehoben. Dasselbe gilt nach *Satz 2* für Aufhebungen nach Volljährigkeit des Angenommenen durch das Staatliche Notariat gemäß § 77 FGB (MünchKomm/Lüderitz Rn 16; Lübchen/Rohde 168). Wirksam bleiben aber auch Aufhebungen, die in Anwendung des Rechts der DDR durch Gerichte und Behörden der *Bundesrepublik* oder *dritter Staaten* (sofern Anerkennungsfähigkeit der Entscheidung nach § 16a FGG besteht) erfolgt sind. Insofern geht Abs 2 über Art 18 und 19 EV hinaus und stellt klar, daß Aufhebungsgründe nach dem FGB nicht rückwirkend durch die Überleitung entfallen.

25 **2.** **Maßgeblicher Zeitpunkt** für den Erhalt der Wirksamkeit ist der Ausspruch der Aufhebung, nicht der Eintritt der (formellen) Rechtskraft (Adlerstein/Wagenitz FamRZ 1990, 1177). Insbesondere kann die *Beschwerde* gegen die Aufhebung der Adoption nicht darauf gestützt werden, daß der Aufhebungsantrag nach den Bestimmungen des BGB unzulässig oder unbegründet wäre.

26 **3.** Die **Wirkungen der Aufhebung** vor dem 3. 10. 1990 beurteilen sich nach § 78 FGB; die rechtlichen Beziehungen zwischen Annehmendem und Angenommenem sind erloschen, die rechtlichen Beziehungen zu den Verwandten wieder aufgelebt mit Ausnahme des Erziehungsrechts. Für die Anwendung der BGB-Bestimmungen nach dem 3. 10. 1990 ist grundsätzlich kein Raum (**aA** Palandt/Diederichsen Rn 1, ebenso 55. Aufl Rn 11), da kein überleitungsfähiges Substrat „Annahmeverhältnis" am 2. 10. 1990 mehr bestanden hat. Da deshalb Rechtsfolgen nach Abs 1 iVm den Bestimmungen des BGB nicht eintreten, müssen sie auch nicht nach § 1764 BGB zurückgenommen werden.

4. Wem das in § 78 FGB ähnlich wie in § 1764 Abs 3, 4 BGB geregelte **Erziehungsrecht** als elterliche Sorge am 3. 10. 1990 zusteht, beurteilt sich nach § 11: Inhaber der elterlichen Sorge ist mit den dort geregelten Maßgaben, wer am 2. 10. 1990 Inhaber des Erziehungsrechts war. Wurde anläßlich der Aufhebung eine Rückübertragung des Erziehungsrechts auf die leiblichen Eltern nach § 78 Abs 3 FGB nicht verfügt, sondern einer anderen Person das Erziehungsrecht übertragen, so kommt eine Übertragung auf die Eltern nach § 1764 Abs 4 BGB nach dem 3. 10. 1990 in Betracht, soweit das Vormundschaftsgericht auch bei ursprünglicher Aufhebung nach § 1764 Abs 1 BGB und Bestellung eines Vormunds nunmehr das Sorgerecht in einer neuen Entscheidung rückübertragen würde. Diese Entscheidung ist nach dem 3. 10. 1990 nach § 1764 BGB zu treffen und nicht mehr nach § 78 FGB (MünchKomm/Lüderitz Rn 16). Dies ergibt sich aber nicht aus einer Überleitung der Wirkungen der Aufhebung der Adoption, sondern aus dem Umstand, daß die Sorgerechtsentscheidung nach § 1696 Abs 1 BGB der Änderung unterliegt, die nach dem 3. 10. 1990 nur noch nach Bundesrecht erfolgen kann (Art 234 § 11 Abs 2 S 2). **27**

5. Die **namensrechtlichen** Auswirkungen der Aufhebung einer vor dem 3. 10. 1990 erfolgten Annahme bestimmen sich nach § 10; anwendbar ist also § 78 Abs 2 HS 2 FGB, wonach das Kind seinen früheren Familiennamen zurückerlangt hat. **28**

6. Nach dem 3. 10. 1990 beurteilt sich die Aufhebung auch in Ansehung von vor dem 3. 10. 1990 ausgesprochenen Adoptionen nach BGB; es gelten also nicht mehr die weiten Aufhebungsmöglichkeiten der §§ 75 bis 77 FGB (Adlerstein/Wagenitz FamRZ 1990, 1177; Wolf FamRZ 1992, 13). **29**

V. Aufhebung von Adoptionen vor dem 3. 10. 1990 – Grundtatbestand des Abs 3

1. Einwilligungserfordernisse alten Rechts

Abs 3 bestimmt als **Grundsatz**, daß eine **Aufhebung** eines vor dem 3. 10. 1990 begründeten Annahmeverhältnisses **wegen Fehlens der Einwilligung** des Kindes oder eines Elternteils nur erfolgen kann, wenn die Einwilligung nach bisherigem Recht erforderlich war. Dies entspricht dem intertemporalen Prinzip des § 1: Die Aufhebung ist Folge der Verletzung eines Einwilligungserfordernisses. Ob eine solche Verletzung vorliegt, kann nur nach Maßgabe des bei Begründung des Adoptionsverhältnisses anwendbaren Rechts entschieden werden; das heißt: Einwilligungserfordernisse, aufgrund derer die Aufhebung eines vor dem 3. 10. 1990 begründeten Annahmeverhältnisses begehrt wird, müssen *auch* nach altem Recht, also gemäß § 69 FGB, bestanden haben (Palandt/Diederichsen[55] Rn 14; MünchKomm/Lüderitz Rn 18; hierzu unten Rn 37). **30**

2. Anwendbarkeit §§ 1760 ff BGB

a) Implizit bestätigt Abs 3, daß die **Aufhebung nach dem 3. 10. 1990** im übrigen neuem Recht unterliegt. Anwendbar sind also §§ 1760 ff BGB mit den in Abs 1 angeführten Ausnahmen (oben Rn 15 ff). **31**

b) Anwendbar ist auch der die **Aufhebung wegen Willensmängeln** regelnde und einschränkende Katalog des § 1760 Abs 2 BGB (Weber DtZ 1992, 12; Adlerstein/Wage- **32**

NITZ FamRZ 1990, 1176; **aA** PALANDT/DIEDERICHSEN[55] Rn 14 aE). Zum einen verweist Abs 3 nur wegen der *Erforderlichkeit* der Einwilligung, nicht aber wegen evtl Willensmängel auf das alte Recht; außerdem hat der Gesetzgeber ausdrücklich § 1760 Abs 2 lit e BGB ausgenommen (Abs 1), was darauf deutet, daß er von der Anwendbarkeit der lit a bis d ausgegangen ist (vgl BT-Drucks 11/7817, 46). Auch die Aufnahme von § 1762 Abs 2 BGB durch das AdoptFristG in den Ausschlußkatalog des Abs 1 entzieht der Anwendung von § 1760 Abs 2 BGB nicht die Grundlage. Vielmehr werden einheitlich alle Überprüfungen von Altadoptionen (also nicht nur Aufhebungen aufgrund von Abs 4 und 5) nunmehr der Fristregelung des Abs 6 unterstellt (WEBER DtZ 1992, 13; insoweit überholt, da vor Neufassung durch das AdoptFristG ADLERSTEIN/WAGENITZ FamRZ 1990, 1176 zum Fristbeginn; zur Frist näher unten Rn 61 f).

33 c) Anwendbar sind weiter **§ 1760 Abs 3 und 4 BGB**.

34 d) Hingegen ist **§ 1760 Abs 5 BGB** verdrängt, da die Aufhebung wegen der dort geregelten Tatbestände in § 13 Abs 4 Nr 1 und Abs 4 Nr 3 als *leges speciales* erfaßt ist. Abs 4 und Abs 5 wollen für diese Tatbestände ersichtlich eine einheitliche Regelung schaffen, was durch die Harmonisierung nach dem AdoptionsFristG noch bestärkt wurde. Eine Differenzierung danach, ob bei Annahme in der DDR das zuständige Organ hinsichtlich der Voraussetzungen der Entbehrlichkeit der Einwilligung geirrt hat oder ob die Voraussetzungen „formal ... gegeben waren" (so PALANDT/DIEDERICHSEN[55] Rn 15), ist unzweckmäßig und widerspricht der ratio legis: Abs 4 Nr 1 und Nr 3 (Verhinderungsfälle) beziehen sich auf Fälle einer Tatsachenbewertung, die nicht danach differenziert werden kann, ob sie tatsächlich oder nur formal vorliegt; solche Feststellungen sind, sofern sie unrichtig sind, immer durch eine (bewußte oder unbewußte) Fehleinschätzung geprägt, sonst wären sie nicht getroffen worden. Die hier abgelehnte Ansicht von DIEDERICHSEN würde offenbar entgegen dem gesetzgeberischen Ziel der Vereinheitlichung der Aufhebungsvoraussetzungen dazu führen, daß Abs 4 beschränkt würde auf den Fall der Nr 2, weil nur hier ein Formalakt (Entzug des Erziehungsrechts) zwischengeschaltet war, der eine Trennung zwischen Irrtum und formaler Richtigkeit erlaubt.

35 e) Nicht erforderlich für eine Aufhebung nach § 1760 Abs 1 BGB ist im Rahmen des § 13 Abs 3, daß das Annahmeverhältnis auch nach **§§ 70 Abs 2, 74 FGB** hätte aufgehoben werden können. Abs 3 beschränkt lediglich die Aufhebungsfälle auf Einwilligungserfordernisse nach § 69 FGB. Hingegen werden nicht etwa bisherige Aufhebungsmöglichkeiten nach §§ 70 Abs 2, 74 FGB übergeleitet (**aA** offenbar PALANDT/DIEDERICHSEN[55] Rn 15: „wenn bereits ... die Möglichkeit bestand ... "; die in Bezug genommene Stelle in den Materialien BT-Drucks 11/7817, 46 re Spalte, 1. Absatz aE ist ersichtlich mit einem Druckfehler behaftet, es muß dort „Absatz 4" – bezogen auf die Urfassung – heißen, anstelle von „Absatz 3"; dies folgt aus dem Inhalt der dort getroffenen Aussage, aber auch aus der formalen Gliederung der eingerückten Textabsätze; zutreffend ADLERSTEIN/WAGENITZ FamRZ 1990, 1176).

36 f) Fraglich ist, ob eine Aufhebung nach § 1760 Abs 1 BGB in Betracht kommt, wenn das Kind seine (nach § 69 Abs 2 S 2 FGB unwiderrufliche) **Einwilligung widerrufen** hat (§ 1746 Abs 2 BGB). Dies beurteilt sich nicht nach § 13 Abs 3, da nicht die *Erforderlichkeit*, sondern die *Wirksamkeit* der Einwilligung in Frage steht. Der Widerruf der Einwilligung des Kindes wird von § 1746 Abs 2 BGB deshalb (ausnahmsweise, vgl § 1750 Abs 2 S 2 BGB) zugelassen, weil eine Adoption gegen den Willen des Kindes schwerlich dem Kindeswohl entspricht: Da auch das Organ der Jugendhilfe dies nach § 68 Abs 2 FGB hätte berücksichtigen müssen, erscheint es nicht geboten, einen nach § 1746 Abs 2 BGB zulässigen Widerruf wegen § 69 Abs 2 S 2 FGB unbeachtlich zu stellen (**aA** PALANDT/DIEDERICHSEN[55] Rn 15).

3. Einwilligungserfordernisse – Recht der DDR

a) Einwilligung des Kindes

37 Die Einwilligung des **Kindes** war gemäß § 69 Abs 1 FGB erforderlich, wenn es das 14. Lebensjahr vollendet hatte. Hieraus darf aber nicht geschlossen werden, daß Abs 3 die Aufhebung nach § 1760 BGB wegen Fehlens der Einwilligung eines noch nicht 14-jährigen Kindes ausschließt (so PALANDT/DIEDERICHSEN[55] Rn 15). § 69 Abs 1 S 3 FGB sah nämlich neben der Einwilligung der Eltern auch die Einwilligung des gesetzlichen Vertreters des Kindes vor, falls das Kind einen anderen gesetzlichen Vertreter als seine Eltern hatte. Würde man nun § 1760 Abs 1 BGB auf den Fall des Fehlens der Einwilligung des gesetzlichen Vertreters des unter 14-jährigen Kindes nicht anwenden, nur weil dieser offenbar nach § 69 Abs 1 FGB in *eigenem Namen*, nach § 1746 Abs 1 S 2 BGB bei sonst gleicher Konstellation aber *namens des Kindes* einwilligen mußte, so würde der § 69 Abs 1 S 3 FGB unterliegende Zweck verkannt: Die Bestimmung schützt ebenso wie § 1746 Abs 1 S 2 BGB primär Interessen des Kindes, nicht aber des gesetzlichen Vertreters. Fehlt also die nach § 69 Abs 1 S 3 FGB erforderliche Einwilligung des gesetzlichen Vertreters oder fehlt die Einwilligung der Eltern *als* gesetzliche Vertreter (insoweit haben § 69 Abs 1 S 1 und 2 FGB ersichtlich Doppelfunktion als Einwilligung in eigenem Interesse und im Kindesinteresse), so hindert § 13 Abs 3 nicht die Aufhebung gemäß § 1760 Abs 1 BGB.

b) Einwilligung der Eltern

38 **aa)** Die Einwilligung **beider Eltern** war gemäß § 69 Abs 1 S 1 FGB immer erforderlich bei der Annahme von Kindern, deren Eltern miteinander verheiratet waren (PALANDT/DIEDERICHSEN[55] Rn 15). Die Einwilligung war auch erforderlich, wenn die Ehe im Zeitpunkt der Annahme bereits **geschieden** war (LÜBCHEN/ROHDE 168).

Insoweit bestehen für eine Aufhebung nach § 1760 Abs 1 BGB keine Hindernisse aus Abs 3.

39 **bb)** Die Einwilligung des **nicht mit der Mutter verheirateten Vaters** war nach § 69 Abs 1 S 2 FGB (aF) bis 30. 9. 1990 nur erforderlich, wenn ihm das elterliche Erziehungsrecht übertragen war. Diese Beschränkung ist durch das 1. FamRÄndG entfallen (MünchKomm/LÜDERITZ Rn 8). Die Neuregelung wirkt nicht zurück, so daß Abs 3 jedenfalls der Aufhebung wegen Fehlens der Einwilligung eines nicht erziehungsberechtigten nichtehelichen Vaters bei Annahme bis zum 30. 9. 1990 entgegenstünde (zu daraus sich ergebenden Problemen im Hinblick auf § 1747 aF BGB vgl STAUDINGER/RAUSCHER [1996] Rn 40 f).

VI. Erweiterte – absolute – Aufhebungsgründe (Abs 4 und 5)

40 Mit Rücksicht auf die Antragsfrist (unten Rn 58) haben sich die Bestimmungen wohl durch Zeitablauf erledigt.

1. Tatbestände – Bezug zum Recht der DDR

41 **a)** **Abs 4** knüpft an die in **§ 70 Abs 2 FGB** genannten Fälle an, in denen dem Antrag ohne die eigentlich erforderliche Einwilligung eines Elternteils entsprochen werden konnte. Damit hat sich im Zusammenhang mit der Angleichung der Rechtsfolgen der Tatbestände des Abs 4 ein wesentlicher Wechsel in den Grundlagen der Anfechtungstatbestände vollzogen. Abs 4 der Urfassung ging noch von den Tatbeständen des § 70 Abs 2 FGB aus, die nach § 74 FGB zur Aufhebung des Annahmeverhältnisses führen konnten (BT-Drucks 11/7817, 46). Von dieser Anbindung an die Aufhebungsmöglichkeiten nach dem Recht der DDR ist die Neufassung des Abs 4 völlig gelöst; einzige Voraussetzung ist, daß einer der Tatbestände des § 70 Abs 2 FGB anläßlich der Adoption *zugrundegelegt* wurde. Ob dies zu Recht, irrtümlich oder rechtsmißbräuchlich erfolgt ist, spielt zunächst keine Rolle (MünchKomm/Lüderitz Rn 21 f).

42 **b)** Die in Abs 4 aufgenommenen **Tatbestände des § 70 Abs 2 FGB** machten eine Einwilligung entbehrlich, wenn:

der Elternteil für die Abgabe einer Erklärung für eine nicht absehbare Zeit außerstande war (Abs 4 Nr 1);

dem Elternteil das Erziehungsrecht entzogen worden war (Abs 4 Nr 2);

der Aufenthalt dieses Elternteils nicht ermittelt werden konnte (Abs 4 Nr 3).

43 **c)** War ein Elternteil im natürlichen Sinne **geschäftsunfähig**, so stellte das Gericht auf Antrag des Organs der Jugendpflege nach **§ 52 Abs 2, 3 FGB** ggf fest, daß der Elternteil die elterliche Verantwortung nicht voll wahrnehmen konnte. Auf den hierzu geführten Streit, ob auch in diesem Fall ein Tatbestand des § 70 Abs 2 FGB vorlag (MünchKomm/Lüderitz Rn 22; Lübchen/Rohde 171), kommt es für die Anwendung von Abs 4 nicht an: Ist in einem solchen Fall eine Annahme ausgesprochen worden und wurde die Einwilligung mit dieser Begründung für entbehrlich gehalten, so greift Abs 4 ein, einerlei, ob diese Rechtsanwendung richtig oder falsch war. Abs 4 bezieht sich lediglich auf die Tatsache, daß eine Entscheidung die Einwilligung aus den genannten Gründen für entbehrlich gehalten hat.

44 **d)** **Abs 5** erweitert den Anwendungsbereich der Aufhebbarkeit von Altadoptionen auf den Fall des **§ 70 Abs 1 FGB**: Hiernach konnte die von einem Elternteil **verweigerte Einwilligung** ersetzt werden, wenn die Verweigerung dem Wohl des Kindes widersprach oder dem Elternteil das Kind und seine Entwicklung nach dem bisherigen Verhalten gleichgültig war.

45 **e)** Abs 4 und 5 beziehen sich nur auf Fälle, in denen die Einwilligung der **Eltern** nicht eingeholt wurde. Eine analoge Anwendung auf ersetzte oder übergangene Einwilligungserfordernisse anderer Erziehungsberechtigter kommt nach dem Zweck der Regelung nicht in Betracht (MünchKomm/Lüderitz Rn 28). Es soll lediglich das von Art 6 Abs 2 GG geschützte Elternrecht in Fällen durchgesetzt werden, in denen nach der Handhabung des § 70 FGB durch Gerichte und Behörden der DDR die Gefahr rechtsstaatswidriger Entscheidungen bestand.

Auf den **nicht mit der Mutter verheirateten Vater** sind Abs 4 und 5 im selben Umfang anzuwenden wie die BGB-Aufhebungsvorschriften über Abs 3 (hierzu oben Rn 32).

2. Rechtsfolgen

46 **a)** Auf **Antrag** des betroffenen Elternteils werden Adoptionen **aufgehoben**, die in Anwendung der von Abs 4 und 5 aufgegriffenen Tatbestände des § 70 Abs 2 und Abs 1 FGB ausgesprochen wurden; die Aufhebungsvoraussetzungen von § 1760 BGB müssen daneben **nicht vorliegen**. Abs 4 und 5 stellen eigenständige (MünchKomm/Lüderitz Rn 25) und grundsätzlich absolute, also von einem Fehler der Rechtsanwendung unabhängige, Aufhebungstatbestände dar.

47 **b)** Den **Kontrollmaßstab für die Verwirklichung** des rechtspolitischen Zwecks liefert Abs 4 S 2, der § 1761 BGB für entsprechend anwendbar erklärt. Diese Verweisung ist erforderlich, weil die Gestaltung von Abs 4 S 1 als *absoluter* Aufhebungsgrund auch Adoptionen aufhebbar machen würde, die an keinem rechtsstaatlichen Mangel leiden, bei denen also § 70 FGB nicht nur formell, sondern nach rechtsstaatlichen Maßstäben, insbesondere in Ansehung von Art 6 Abs 2 GG, korrekt gehandhabt wurde.

48 **aa)** **§ 1761 BGB ist entsprechend anzuwenden** in sämtlichen Tatbeständen der Abs 4 und 5. *Entsprechend* ist diese Anwendung deshalb, weil sich § 1761 BGB unmittelbar nur auf § 1760 BGB, nicht aber auf Art 234 § 13 Abs 4 und 5 EGBGB bezieht (im einzelnen Staudinger/Rauscher [1996] Art 234 § 13 Rn 49).

49 **bb)** Eine Aufhebung scheidet nach **§ 1761 Abs 1 BGB** aus, wenn die Voraussetzungen für die **Ersetzung** der Einwilligung beim Ausspruch der Annahme vorgelegen haben oder nunmehr vorliegen (im einzelnen Staudinger/Rauscher [1996] Art 234 § 13 Rn 50).

50 **cc)** Wurde die Einwilligung in den Fällen des Abs 4 Nr 1 und Nr 3 **für nicht erforderlich gehalten**, so bedarf es einer teleologischen Erweiterung des entsprechend anzuwendenden § 1761 Abs 1 BGB: Eine Aufhebung scheidet nicht nur dann aus, wenn die Einwilligung bei Ausspruch oder nunmehr zu ersetzen gewesen wäre, sondern erst recht, wenn die Voraussetzungen der Verhinderung zu Recht angenommen wurden (im einzelnen Staudinger/Rauscher [1996] Art 234 § 13 Rn 51 f).

51 **dd)** Eine Aufhebung scheidet weiter nach **§ 1761 Abs 2 BGB** aus, wenn die Aufhebung das **Wohl des Kindes** *erheblich gefährden* würde. Die Rechtsstaatswidrigkeit der Adoption gibt keinen absoluten Aufhebungsgrund, wenn die Aufrechterhaltung des Adoptionsverhältnisses aus Kindeswohlgründen geboten ist (Palandt/Diederichsen[55] Rn 19; im einzelnen Staudinger/Rauscher [1996] Art 234 § 13 Rn 54).

52 **ee)** Unzutreffend ist hingegen jedenfalls die Annahme, eine Minderjährigenadoption könne nach Art 234 § 13 nur aufgehoben werden, wenn die Voraussetzungen des **§ 1763 BGB** vorliegen, also nur dann, wenn dies aus *schwerwiegenden Gründen zum* **Wohl des Kindes** *erforderlich* ist (so aber anscheinend KG OLGZ 1994, 68, 73). Diese Ansicht verkennt, daß Abs 4 und 5 eigenständige abgeschlossene Aufhebungsgründe schaffen, die, soweit sie tatbestandlich eingreifen, § 1763 BGB verdrängen (im Ergebnis erweist sich die Entscheidung des KG aaO als zutreffend, weil kein Tatbestand der Abs 4, 5 gegeben war).

VII. Wiederholung von DDR-Adoptionen

53 **1.** Die nach Abs 1 übergeleiteten und nicht nach Abs 2 ff aufgehobenen Adoptionen sind zu einer Adoption nach den Bestimmungen des BGB **nicht völlig dekkungsgleich**. Zwar beurteilen sich die Adoptionswirkungen seit dem 3. 10. 1990 nicht mehr nach den Bestimmungen des FGB, so daß insbesondere für die erbrechtliche Stellung zwischen den Adoptivverwandten nicht mehr §§ 66 ff FGB gelten (unzutreffend Göser Rpfleger 1994, 21, 22); jedoch nimmt mit Rücksicht auf die unterschiedliche Ausgestaltung der Adoption im FGB Abs 1 die oben (Rn 15 ff) bezeichneten Bestimmungen von der Anwendung auf übergeleitete Adoptionen aus.

54 **2.** Entsprechend der Praxis im Verhältnis zu ausländischen Adoptionen ist daher eine **Wiederholungsadoption** zeitlich unbegrenzt zulässig. Voraussetzung ist lediglich, daß die Beteiligten im Hinblick auf die nach Abs 1 bestehenden Ausnahmen eine vollständige Angleichung des Adoptionsverhältnisses an die Wirkungen der §§ 1741 ff BGB wünschen, um Ungewißheiten zu vermeiden (AG Geislingen/Steige Rpfleger 1994, 21; zustimmend Göser ebenda).

55 **3.** Soweit durch die übergeleitete Adoption nach dem Recht der DDR allerdings bereits **Verwandtschaftsbeziehungen und wechselseitige Verpflichtungen erloschen** waren (vgl zu §§ 1755 Abs 1 S 2, 1756 BGB im Verhältnis zu § 73 Abs 2 S 1 FGB oben Rn 15 f), können diese auch im Falle einer Wiederholungsadoption nicht mehr aufleben, die Unterschiedlichkeiten in Hinblick auf Verwandtschaftsverhältnisse zwischen BGB- und FGB-Adoptionen sind also nicht vollständig beseitigbar (**aA** offenbar Göser Rpfleger 1994, 21, 22). Eine Bestimmung im BGB, die – wie zB §§ 1755 Abs 1 S 2, 1756 BGB – bestehende Verwandtschaftsbeziehungen oder auf Verwandtschaft beruhende Ansprüche von der Regel des Erlöschens ausnimmt, kann nur ein Erlöschen ausnehmen, wenn ein Verwandtschaftsverhältnis noch besteht. Dieser Gedanke liegt insbesondere auch der in Abs 1 bestimmten Ausnahme der Anwendung des § 1756 BGB auf übergeleitete Adoptionen zugrunde.

VIII. Verfahren

1. Antrag

56 **a)** Die Aufhebung erfolgt auf **Antrag** des bei der Begründung des Annahmeverhältnisses übergangenen Elternteils (Palandt/Diederichsen[55] Rn 20). Der Antrag bedarf nach § 1762 Abs 3 BGB der **notariellen Beurkundung**, wenn er seit dem 3. 10. 1990 gestellt wird; die Ausnahme nach Abs 7 S 2 greift in diesem Fall nicht mehr ein; aus der Erweiterung der Zuständigkeit in Abs 6 S 2 ergibt sich keine Formerleichterung (BezG Meiningen NJ 1993, 272).

57 **b)** Die **Zuständigkeit zur Entgegennahme des Antrags** wurde durch das AdoptionsfristG erweitert. Vordem war strittig, ob der Antrag nur an das nach § 43b FGG zuständige Gericht oder auch an das Gericht am Wohnsitz der leiblichen Eltern gerichtet werden konnte (AG Kerpen FamRZ 1992, 104 [LS] = ZfJ 1991, 475; Raack ZFJ

1991, 475; vgl Wolf FamRZ 1992, 14). Abs 6 S 2 bestimmt, daß jedes Vormundschaftsgericht den Antrag (fristwahrend!) entgegennehmen kann. Die Zuständigkeit zur Entscheidung ergibt sich ausschließlich aus §§ 43b, 56 f FGG (Wolf FamRZ 1992, 14; Weber DtZ 1992, 13).

2. Antragsfrist

a) Die ursprünglich unterschiedlich gestalteten Fristen wurden durch das AdoptionsfristG vereinheitlicht. Ein Antrag auf Aufhebung eines vor dem 3. 10. 1990 begründeten Annahmeverhältnisses konnte **nur bis zum 2. 10. 1993** gestellt werden (Palandt/Diederichsen[55] Rn 21). **58**

b) Da zugleich **§ 1762 Abs 2 BGB** in den Ausnahmekatalog des Abs 1 aufgenommen wurde, ergibt sich *keine weitere Begrenzung* hinsichtlich des Zeitpunkts der Adoption. Auch mehr als drei Jahre zurückliegende Adoptionen sind aufhebbar. **59**

3. Reichweite

Abs 6 ist nicht nur auf Aufhebungsanträge nach Abs 4, 5, sondern auch auf **Anträge nach § 1760 BGB** (vgl Abs 3) anwendbar. Insbesondere gelten im Falle des § 1760 Abs 2 BGB nicht die in § 1762 Abs 2 BGB bestimmten Zeitpunkte des Fristbeginns. Auch länger zurückliegende Willensmängel führen zu einer Aufhebung, sofern der Antrag in der Form und Frist des Abs 6 gestellt wird. **60**

IX. Am 3. 10. 1990 anhängige Verfahren

1. Aufhebungsverfahren (Abs 7)

a) Abs 7 enthält eine Überleitungsbestimmung für **Aufhebungsklagen nach § 74 FGB**, die vor dem 3. 10. 1990 anhängig geworden sind, die aber wegen Überleitung des § 74 FGB in das Aufhebungsrecht der §§ 1760 ff BGB bzw § 13 Abs 4, 5 unzulässig wurden. Solche Klagen gelten nunmehr als Antrag auf Aufhebung des Annahmeverhältnisses; dabei ist keine Beschränkung auf Fälle des § 1760 BGB vorgesehen (im einzelnen Staudinger/Rauscher [1996] Art 234 § 13 Rn 64). **61**

b) Abs 7 S 2 erklärt ausdrücklich **§ 1762 Abs 3 BGB für unanwendbar** (im einzelnen Staudinger/Rauscher [1996] Art 234 § 13 Rn 65). **62**

2. Adoptionsverfahren

Eine Überleitungsbestimmung für vor dem 3. 10. 1990 nach § 68 Abs 1 FGB an das Organ der Jugendhilfe (ab 1. 10. 1990: Jugendamt) gestellten **Annahmeanträge besteht nicht**. Da die Annahme nach dem 3. 10. 1990 dem BGB unterliegt (Art 234 § 1), ist eine erneute Antragstellung nach § 1752 BGB erforderlich (MünchKomm/Lüderitz Rn 31). **63**

§ 14
Vormundschaft

(1) Ab dem Wirksamwerden des Beitritts gelten für die bestehenden Vormundschaften und vorläufigen Vormundschaften die Vorschriften des Bürgerlichen Gesetzbuchs.

(2) Bisherige Bestellungen von Vormündern bleiben wirksam. Sind Ehegatten nach § 90 Abs. 1 des Familiengesetzbuchs der Deutschen Demokratischen Republik gemeinsam zu Vormündern bestellt, so gilt bei Verhinderung eines Mitvormunds § 1678 Absatz 1, erster HS des Bürgerlichen Gesetzbuchs entsprechend.

(3) Führt das Jugendamt oder das Staatliche Notariat selbst eine Vormundschaft, so wird diese als bestellte Amtsvormundschaft fortgeführt (§§ 1791b, 1897 Satz 1 des Bürgerlichen Gesetzbuchs).

(4) Die Vorschriften des Bürgerlichen Gesetzbuchs über die Anlegung von Mündelgeld sind erst ab 1. Januar 1992 anzuwenden.

(5) Für Ansprüche des Vormunds auf Vergütungen für die Zeit bis zum Wirksamwerden des Beitritts sowie auf Ersatz von Aufwendungen, die er in dieser Zeit gemacht hat, gilt das bisherige Recht.

(6) § 11 Abs. 4 gilt entsprechend.

Materialien: Siehe Art 230; E: BT-Drucks 11/7760 Art 234 § 14.

Schrifttum

SCHWAB, Vormundschaft und Pflegschaft in den Neuen Bundesländern, in: SCHWAB/REICHEL 128

Siehe auch Schrifttum vor § 1 und zu § 11.

I. Normzweck

1 **1.** Die Bestimmung dient der **Überleitung** der bei Wirksamwerden des Beitritts bestehenden Vormundschaften. Da diese im wesentlichen im Recht der DDR vergleichbar zu bundesdeutschem Recht geregelt waren, kann eine dem Stichtagsprinzip des § 1 entsprechende Überleitung erfolgen **(Abs 1)**. Abs 2 S 1 bestätigt den aus Art 19 EV folgenden Grundsatz, daß Vormundsbestellungen als Entscheidungen des Organs der Jugendhilfe (seit 1. 10. 1990 Jugendamt) wirksam bleiben.

Abs 5 präzisiert für die Vergütungs- und Aufwendungsersatzansprüche des Vormunds diese Überleitung dahin, daß vor dem 3. 10. 1990 entstandene Ansprüche als abgeschlossen altem Recht unterstellt bleiben.

2. **Besonderheiten im Recht der DDR** tragen Abs 2 S 2 und Abs 3 Rechnung. Da nach § 90 Abs 1 FGB die Bestellung von Ehegatten zu Vormündern möglich war, wird aus Gründen der Praktikabilität im Falle der Verhinderung eines Mitvormunds die entsprechende Anwendung der für Sorgerechtsinhaber geltenden Regelung (§ 1678 Abs 1 HS 1 BGB) vorgesehen. **Abs 3** leitet die von den Jugendämtern (seit 1. 10. 1990) und den Staatlichen Notaren selbst übernommenen Vormundschaften in bestellte Amtsvormundschaften über. **2**

3. **Abs 4** geht aus von dem Grundsatz des Abs 1, soll aber für die nunmehr dem BGB unterliegende Anlage von Mündelgeld dem Vormund hinreichend Zeit gewähren; dabei erfolgt eine Überleitung in die gelockerten Bestimmungen des BetreuungsG. **3**

4. Aus denselben Gründen wie für Erziehungsrechtsinhaber/Sorgerechtsinhaber (hierzu § 11 Rn 4) regelt **Abs 6** durch Verweisung auf § 11 Abs 4 die Nachholung gerichtlicher Genehmigungen für freiheitsentziehende, vom Vormund veranlaßte Unterbringungsmaßnahmen (BT-Drucks 11/7817, 46 f; PALANDT/DIEDERICHSEN[55] Rn 1). **4**

II. Interlokaler Anwendungsbereich

Die Bestimmung definiert ihren interlokalen Anwendungsbereich selbst; sie bezieht sich auf in der DDR geführte Vormundschaften. Abs 2, 4 und 5 setzen zusätzlich die Anwendung deutschen Rechts auf die Führung der Vormundschaft voraus. Abs 6 ist interlokal entsprechend § 11 Abs 4 (hierzu § 11 Rn 11) anzuwenden. **5**

III. Überleitung bestehender Vormundschaften (Abs 1)

1. Bestehende Vormundschaften – Recht der DDR

a) Vormundschaften über **Minderjährige** bestanden vor dem 3. 10. 1990 gemäß § 88 FGB, wenn niemand das elterliche Erziehungsrecht innehatte; das Erziehungsrecht konnte auch anderen Personen als den Eltern zustehen, so daß auch bei Tod beider Eltern oder rechtskräftiger Entziehung des Elternrechts beider Eltern nicht notwendig eine Vormundschaft anzuordnen war (hierzu § 11 Rn 19, 25; vgl LÜBCHEN/EBERHARDT 176). Zur Überleitung solcher Erziehungsrechte zum 3. 10. 1990 in Vormundschaften kraft Gesetzes vgl § 11 Abs 1 S 2. **6**

Für die Anordnung der Vormundschaft, die Bestellung des Vormunds und die Überwachung seiner Tätigkeit war das Organ der Jugendhilfe (ab 1. 10. 1990: Jugendamt) zuständig (§ 88 Abs 2 FGB).

b) Ein Sonderfall der Vormundschaft über Minderjährige ergab sich, wenn bei **Scheidung der Ehe der Eltern** gemäß § 26 Abs 2 FGB angeordnet wurde, daß die Eltern das Erziehungsrecht bis zur Dauer eines Jahres nicht ausüben durften. Die aus diesem Anlaß bestellte Vormundschaft (§ 26 Abs 2 S 2 FGB) entspricht nicht einer solchen nach § 1671 Abs 5 aF BGB (anders im Fall der Entziehung nach § 26 Abs 1 FGB; MünchKomm/SCHWAB Rn 4) und ist daher nicht von der vorliegenden Überleitung erfaßt; es gilt § 11 Abs 3 (dort Rn 4/; **aA** MunchKomm/SCHWAB Rn 4, der aber wohl § 11 Abs 3 übersieht). **7**

8 **c)** Vormundschaften über **Volljährige** setzten nach § 98 Abs 2 FGB die **Entmündigung** (§ 460 ZGB) voraus. Zur Überleitung der Entmündigungen siehe Art 231 § 1. Die übergeleiteten Entmündigungen/Vormundschaften wurden zum 1. 1. 1992 anläßlich des Inkrafttretens des **BetreuungsG** erneut übergeleitet (Palandt/Diederichsen[55] Rn 2), wobei der durch die Überleitung zum 3. 10. 1990 erreichte Typus des BGB (also nicht der vorherige Typus nach *ZGB/FGB*) ausschlaggebend ist.

Für die Anordnung der Vormundschaft und die Bestellung des Vormunds für einen Volljährigen sowie für die Kontrolle seiner Tätigkeit war das Staatliche Notariat zuständig (§ 98 Abs 3 FGB).

9 **d)** **Vorläufige Vormundschaften** über Volljährige (§ 99 FGB) sind ausdrücklich von Abs 1 erfaßt, werden also ebenfalls übergeleitet.

10 **e)** Voraussetzung der Überleitung ist, daß die einmal angeordnete Vormundschaft am 2. 10. 1990 **noch bestanden** hat.

aa) Hierzu ist zu beachten, daß die *Vormundschaft über Minderjährige* nach § 97 Abs 1 FGB mit der Erreichung der Volljährigkeit oder mit dem Wegfall der Anordnungsvoraussetzungen nach § 88 FGB endete. Insbesondere die Rückübertragung nach Entziehung (§ 51 FGB) des Erziehungsrechts, der Wegfall von Gründen, die an der Ausübung des Erziehungsrechts in der Person eines Elternteils (§ 52 FGB) hindern, führen ohne Entscheidung zur Beendigung der Vormundschaft.

11 **bb)** Die Vormundschaft über **Volljährige** endete hingegen (mit Ausnahme des Todes oder der Todeserklärung des Mündels) nur mit Rechtskraft der Aufhebung der Entmündigung (§ 103 Abs 1 FGB).

12 **cc)** Die **vorläufige Vormundschaft** endete mit Rücknahme oder rechtskräftiger Abweisung des Entmündigungsantrags oder mit Aufhebung. Im Falle der nachfolgenden Entmündigung endete sie mit Bestellung eines Vormunds (§ 103 Abs 2 FGB).

2. Nichtigkeit einer Anordnung

13 Die Anordnung einer Bestellung eines Vormunds, Pflegers oder Abwesenheitspflegers (vgl § 15) kann auch deshalb von der Überleitung ausgeschlossen sein, wenn sie **nichtig** ist, weil offensichtlich gegen die Voraussetzungen der Bestellung **nach dem Recht der DDR** verstoßen wurde (BezG Erfurt DtZ 1993, 92, 93; LG Erfurt OLG-NL 1994, 255), was bei vormundschaftsrechtlichen Maßnahmen über Personen, welche die DDR ohne Ausreiseerlaubnis verlassen hatten, nicht selten der Fall sein dürfte. Das ist nicht der Fall, wenn eine Maßnahme auf eine im Recht der DDR existierende Norm gestützt werden konnte, aber nicht ausdrücklich auf diese gestützt wurde (BezG Erfurt DtZ 1993, 92, 93 f).

3. Rechtsfolgen der Überleitung

14 **a)** Bestand am 2. 10. 1990 eine überzuleitende Vormundschaft, so beurteilt sich die **Rechtsstellung von Vormund und Mündel** ab dem 3. 10. 1990 nach den Bestimmungen des BGB (Schwab, in: Schwab/Reichel 130; MünchKomm/Schwab Rn 2).

b) Unmittelbare Veränderungen ergeben sich insbesondere hinsichtlich der **Vertretung** und der **Vermögensverwaltung**. Während nach dem Recht der DDR der Vormund grundsätzlich den Mündel ohne behördliche Genehmigung vertreten konnte, die überwachende Behörde aber nach § 94 Abs 2 FGB bzw § 100 iVm § 94 Abs 2 FGB Sicherungsanordnungen oder Beschränkungen der Vertretungsbefugnisse treffen konnte, greifen für Rechtsgeschäfte seit dem 3. 10. 1990 die *Genehmigungsvorbehalte* des BGB (§§ 1812, 1821, 1822) ein. **15**

c) Die Überleitung wirkt nicht zurück. **Rechtsgeschäfte, die vor dem 3. 10. 1990** ohne behördliche Genehmigung wirksam geschlossen wurden, bleiben wirksam. Maßgeblich ist aber, daß der gesamte nach § 1821 BGB genehmigungsbedürftig werdende Tatbestand bereits vor dem Stichtag wirksam zustandegekommen ist; insbesondere genügt im Falle des § 1821 Abs 1 Nr 5 BGB nicht die Abgabe eines *Angebots* seitens des Vormunds vor dem 3. 10. 1990. *Verfügungen* sind ggf nach § 1821 Abs 1 Nrn 1–3 BGB genehmigungsbedürftig, auch wenn das zugrundeliegende Verpflichtungsgeschäft vor dem 3. 10. 1990 genehmigungsfrei geschlossen wurde, aber die Verfügung noch nicht bewirkt ist. **16**

Entsprechendes gilt, wenn nach dem 3. 10. 1990 für das Rechtsgeschäft ein Pfleger zu bestellen wäre (MünchKomm/Schwab Rn 18). **17**

d) **Eingriffe der zuständigen Behörde** (Organ der Jugendhilfe/Jugendamt bzw Staatliches Notariat) nach § 94 Abs 2 FGB bzw § 100 iVm § 94 Abs 2 FGB in die Vertretungsbefugnisse des Vormunds bleiben nach § 19 EV wirksam. Sie sind jedoch nicht materiell rechtskraftfähig und daher nach dem 3. 10. 1990 gemäß §§ 1837 Abs 3, 1696 BGB aufhebbar oder abänderbar. **18**

e) Eine **Aufhebung der Vormundschaftsanordnung** unterliegt seit dem 3. 10. 1990 dem BGB; die Aufhebung kommt also insbesondere wegen Wegfalls der Voraussetzungen in Betracht. Sie ist aber entsprechend § 18 FGG im Wege der Änderung der Entscheidung auch möglich, wenn das Vormundschaftsgericht die Verfügung des Organs der Jugendhilfe oder des Staatlichen Notariats für von Anfang an ungerechtfertigt erachtet. **19**

f) Gegen die Anordnung der Vormundschaft durch Gerichte/Behörden der DDR ist seit dem 3. 10. 1990 der **Rechtsmittelzug des FGG** eröffnet (EV Anlage I Kapitel III Sachgebiet A Abschnitt III Nr 13 und 28 g; OLG Brandenburg OLG-NL 1994, 253, 254; BezG Erfurt DtZ 1993, 92; LG Berlin FamRZ 1992, 224). **20**

aa) Die **Aufhebung** der Anordnung einer übergeleiteten Vormundschaft (bzw Pflegschaft, vgl § 15) **wirkt nicht zurück**. Eine wirksam angeordnete Maßnahme kann also nicht rückwirkend beseitigt werden. Die aufgrund dieser Maßnahme eingetretenen Rechtswirkungen und getätigten Rechtsgeschäfte bleiben wirksam (OLG Brandenburg OLG-NL 1994, 253, 254; LG Berlin FamRZ 1992, 223, 224). **21**

bb) Sofern die Maßnahme zwischenzeitlich aufgehoben wurde, kommt weder eine **erneute Aufhebung** noch die **Feststellung der Rechtswidrigkeit** bzw der **Nichtigkeit** (dazu oben Rn 13) in Betracht, weil das FGG-Verfahren eine Feststellung mit materieller Rechtskraftwirkung nicht vorsieht; eine solche Fortsetzungsfestellung hin- **22**

sichtlich eines tatsächlich erledigten vergangenen Vorgangs wäre jederzeit mit der unbefristeten Beschwerde anfechtbar (OLG Brandenburg OLG-NL 1994, 253, 254; LG Berlin FamRZ 1992, 224). Der Betroffene kann lediglich in Ansehung von einzelnen Geschäften, die aufgrund einer nichtigen Maßnahme erfolgt sind, im *jeweiligen Verfahren* (Zivilverfahren, Verfahren nach dem VermG) die Nichtigkeit geltend machen (OLG Brandenburg OLG-NL 1994, 253, 254).

IV. Bisherige Bestellungen von Vormündern (Abs 2)

1. Grundsatz (Abs 2 S 1)

23 **a)** Abs 2 normiert in Bestätigung des Prinzips aus Art 19 EV den Grundsatz, daß **Bestellungen von Vormündern** durch die Organe der Jugendhilfe/Jugendämter (§ 88 Abs 2 FGB) sowie die Staatlichen Notariate (§ 98 Abs 3 FGB) wirksam bleiben (OLG Brandenburg OLG-NL 1994, 253, 254; BezG Erfurt DtZ 1993, 92). Das gilt auch, wenn die Voraussetzungen für die Bestellung des ausgewählten Vormunds nach **Bundesrecht** nicht vorliegen (BT-Drucks 11/7817, 46; Palandt/Diederichsen[55] Rn 3; MünchKomm/Schwab Rn 10).

24 **b)** Abs 2 sichert aber nur die unmittelbare **Kontinuität der Person** des Vormunds.

25 **aa)** Ein Vormund kann also nach dem 3. 10. 1990 in Anwendung von Bundesrecht **entlassen** werden (§§ 1886 ff BGB). Daraus folgt aber, daß die Bestellung einer Person zum Vormund nach den Bestimmungen des FGB nicht ohne weiteres bestandsgeschützt ist in dem Sinne, daß eine Entlassung aus Gründen ausscheidet, die nach BGB schon die Bestellung verhindern würden. Vielmehr sind die Gründe am Maßstab der §§ 1886 ff BGB zu messen: Relative Unfähigkeitsgründe, die zur Entlassung führen, sind auch dann zu berücksichtigen, wenn sie bereits vor dem 3. 10. 1990 entstanden sind.

26 **bb)** Erst recht endigte das Amt eines vor dem 3. 10. 1990 bestellten Vormunds am 3. 10. 1990, 0 Uhr bei Vorliegen eines der in **§ 1780f aF BGB** genannten Gründe. Die Bestellung einer absolut unfähigen Person ist nach hM nichtig; eine solche Bestellung kann nicht über das Inkrafttreten des BGB im Beitrittsgebiet hinaus erhalten bleiben.

27 **cc)** Etwas anderes gilt, wenn bei der Bestellung zum Vormund gegen eine diese Person ausschließende **Anordnung der Eltern** verstoßen wurde. Eine solche Anordnung war im Zeitpunkt der Bestellung gemäß § 89 FGB nicht bindend, aber nach Möglichkeit zu berücksichtigen (Eberhardt ua, FGB § 89 Anm 1). Wurde sie übergangen, so ist die Bestellung rechtens und auch nicht ohne weiteres nach §§ 1886 ff BGB aufzuheben; erweist sich die Bestellung aber als dem Kindeswohl gefährlich, so kommt eine Entlassung entsprechend § 1886 BGB ebenso in Betracht wie bei einer von Anfang an dem BGB unterliegenden Auswahl des Vormunds unter Verletzung der Auswahlvorschrift des § 1882 BGB.

2. Ehegatten als Vormünder (Abs 2 S 2)

28 § 90 FGB sah die **gemeinsame Bestellung von Ehegatten** zu Vormündern vor, wenn das Kind Aufnahme in deren Familie gefunden hatte. Für diesen Fall war gemeinsame Vertretung vorgesehen, bei Verhinderung alleinige Ausübung der Vormundschaft, bei kurzfristiger Verhinderung nur in unaufschiebbaren Angelegenheiten (§ 90 Abs 1 S 2 FGB). Dies entsprach der Regelung für das *Erziehungsrecht* in § 45 Abs 1 FGB. Auch diese Vormundschaftsbestellungen bleiben nach Abs 2 S 1 wirksam. Abs 2 S 2 sieht jedoch für den Fall der Verhinderung eine Regelung vor, welche die Struktur des § 90 FGB fortsetzt: Bei Verhinderung eines der Ehegatten als Mitvormund gilt § 1678 Abs 1 HS 1 BGB, also die Regelung über die Ausübung der elterlichen Sorge bei Verhinderung entsprechend (Palandt/Diederichsen[55] Rn 3).

V. Selbstgeführte Amtsvormundschaften (Abs 3)

1. Entstehung – Recht der DDR

29 Gemäß § 89 Abs 3 FGB bzw § 100 iVm § 89 Abs 3 FGB konnte die die Vormundschaft anordnende Behörde die Vormundschaft **selbst führen**. Es bestanden am 2. 10. 1990 also vom Jugendamt geführte Vormundschaften über Minderjährige und vom Staatlichen Notariat geführte Vormundschaften über Volljährige.

2. Überleitung

30 **a)** Solche Vormundschaften werden nach Abs 3 **als bestellte Amtsvormundschaften** (§§ 1791b BGB) fortgeführt. Seit dem 1. 1. 1992 ist die Verweisung auf § 1897 S 1 obsolet (MünchKomm/Schwab Rn 13). Für die Führung der Amtsvormundschaft gilt seit dem 3. 10. 1990 Bundesrecht unter Einschluß des KJHG (SGB VIII – zur Einführung EV Anlage I Kapitel X Sachgebiet B Abschnitt III Nr 1 h; Palandt/Diederichsen[55] Rn 4). Das Vormundschaftsgericht kann aber jederzeit einen Einzelvormund bestellen (Palandt/Diederichsen[55] Rn 4).

31 **b)** Hat das **Staatliche Notariat** die Führung der Vormundschaft für einen Volljährigen übernommen, so kann die Überleitung nach Abs 3 nicht die Fortführung durch das Staatliche Notariat bewirken, da diese Behörde nicht übergeleitet wurde. Die vom Gesetzgeber angesichts der Verweisung auf § 1791b BGB intendierte Überleitung geht offensichtlich dahin, daß auch in diesem Fall das *Jugendamt* die Vormundschaft führt (MünchKomm/Schwab Rn 13; so wohl auch BT-Drucks 11/7817, 46).

VI. Anlage von Mündelgeld (Abs 4)

1. Recht der DDR

32 Das Recht der DDR kannte keine speziellen Vorschriften über die Anlage von Mündelgeld. Der Vormund hatte ein Verzeichnis über das Vermögen des Mündels zu errichten und der Aufsichtsbehörde (Organ der Jugendhilfe bzw Staatliches Notariat) einzureichen (§ 93 FGB) sowie auf Verlangen bzw jährlich gegenüber der Aufsichtsbehörde Rechnung zu legen (§ 96 Abs 1 FGB). Besondere Bestimmungen über Anlageformen bestanden nicht. Die Aufsichtsbehörde konnte aber gemäß § 94 Abs 2 FGB Anordnungen treffen, die sich auch auf die Geldanlageformen beziehen konnten (Eberhardt ua, FGB § 94 Anm 2).

2. Überleitung

33 **a)** Entsprechend dem **Überleitungsprinzip** (oben Rn 14) gelten auch für früher bestellte Vormundschaften seit dem 3. 10. 1990 die Bestimmungen über die Vermögensverwaltung in §§ 1802 ff BGB (BT-Drucks 11/7817, 46).

34 **b)** Abs 4 läßt dem Vormund lediglich für die **Anlage von Mündelgeld**, also §§ 1806 bis 1811 BGB (anders Palandt/Diederichsen[55]: §§ 1805 bis 1811 BGB) eine Übergangsfrist bis zum 1. 1. 1992. Im übrigen treten die Bestimmungen über die Vermögensverwaltung sofort in Kraft (Palandt/Diederichsen[55] Rn 6). Dem Vormund soll lediglich die Möglichkeit gegeben werden, angelegtes Mündelgeld in mündelsichere Anlagen umzuschichten. Bis zum 31. 12. 1991 besteht keine ausdrückliche Regelung; insbesondere ist nicht die Fortgeltung der Bestimmungen des FGB angeordnet (**aA** wohl MünchKomm/Schwab Rn 19); Eingriffe des Jugendamtes wären angesichts der im übrigen durch das Vormundschaftsgericht geführten Vormundschaft auch untunlich (deshalb für Anwendung von § 94 Abs 2 FGB mit der Maßgabe, daß das Vormundschaftsgericht entscheidet, Palandt/Diederichsen[55] Rn 6). Vielmehr sind ggf Einzelanordnungen gemäß § 1837 BGB durch das Vormundschaftsgericht zu treffen; eines Rückgriffs auf § 94 Abs 2 FGB bedarf es hierzu nicht.

35 **c)** Die Überleitung erfolgte zum 1. 1. 1992 in der Fassung der Anlagebestimmungen nach dem **BetreuungsG**. Der Vormund kann also ohne Zwischenanlage insbesondere von den erleichterten Anlagemöglichkeiten des § 1807 BGB nF Gebrauch machen (BT-Drucks 11/7817, 46).

Die Überleitungsregelung bestätigt inzident, daß ab dem 1. 1. 1992 §§ 1806 ff BGB auch für Anlagen gelten, die vor dem 3. 10. 1990 getätigt wurden; ansonsten wäre die eingeräumte Übergangsfrist überflüssig.

VII. Vergütungen und Aufwendungsersatz (Abs 5)

36 **1.** Abs 5 konkretisiert das Stichtagsprinzip dahingehend, daß für Vergütungen und Aufwendungsersatz **zeitabschnittsweise** altes bzw neues Recht anzuwenden ist. Vergütungen für Zeiträume bis zum 2. 10. 1990 und Ersatz für Aufwendungen, die bis zum Stichtag gemacht wurden, beurteilen sich weiter nach dem Recht der DDR. Für Vergütungen und Aufwendungen seit dem 3. 10. 1990 gelten §§ 1835, 1836 BGB, seit dem 1. 1. 1992 in der Neufassung durch das BetreuungsG (Palandt/Diederichsen[55] Rn 6; MünchKomm/Schwab Rn 20).

37 **2.** Im **Recht der DDR** war eine **Vergütung** von der *Bewilligung* durch die Aufsichtsbehörde abhängig (§ 94 Abs 3 FGB). Ist die Bewilligung vor dem 3. 10. 1990 erfolgt, so ist sie gemäß Art 19 EV ohne weiteres anzuerkennen. Fraglich ist hingegen, wie zu verfahren ist, wenn für Zeiträume vor dem 3. 10. 1990 eine Vergütung noch nicht bewilligt ist. Da die von Abs 5 bestimmte Anwendung des § 94 Abs 3 FGB die Möglichkeit einer Bewilligung voraussetzt, muß wohl (wie in Auslandsfällen im Wege der verfahrensrechtlichen Angleichung) so verfahren werden, daß das nunmehr für die Führung der Vormundschaft zuständige Vormundschaftsgericht funktionell entsprechend § 1836 Abs 2 S 1 BGB die Bewilligung nach Maßgabe des § 94 Abs 3 FGB erteilt. Die Bewilligung kommt in Betracht bei Verwaltung eines umfänglichen Vermögens mit erheblichem Zeitaufwand; sie soll nach Ermessen in einem angemessenen Verhältnis zum Arbeitsaufwand des Vormunds bestimmt werden (Eberhardt ua, FGB § 94 Anm 3.1).

3. Hiervon zu unterscheiden ist die Frage, ob eine vor dem 3.10. 1990 erteilte Bewilligung auch für **Zeiträume seit dem 3.10. 1990** fortgilt, also als Bewilligung gemäß § 1836 Abs 1 S 2 BGB wirkt. Diese Frage kann nicht unter Hinweis auf Art 19 EV bejaht werden (so aber wohl MünchKomm/Schwab Rn 20). Die Fortgeltung von Entscheidungen nach Art 18, 19 EV kann nicht anders verstanden werden als im internationalen Verfahrensrecht die Anerkennung mit Wirkungserstreckung (§§ 328 ZPO, 16a FGG). Eine fremde Entscheidung kann regelmäßig nur die Wirkungen erzeugen, die sie sich selbst beimißt; eine Bewilligung von Vergütung *nach § 94 Abs 3 FGB* ist nicht eine Bewilligung einer Vergütung *nach § 1836 BGB.* Abs 5 macht gerade deutlich, daß Vergütungsansprüche sich nur für Zeiträume bis zum 2.10. 1990 nach § 94 Abs 3 FGB beurteilen; damit aber markiert der Stichtag auch die Wirkungsreichweite einer Bewilligung durch DDR-Behörden. Es bedarf also für spätere Zeiträume einer erneuten Bewilligung durch das Vormundschaftsgericht; die Voraussetzungen beurteilen sich dann ausschließlich nach § 1836 BGB. **38**

4. **Aufwendungen** waren im **Recht der DDR** nach § 94 Abs 4 FGB ersatzfähig. Für notwendige Aufwendungen konnte der Vormund nach Entscheidung der Aufsichtsbehörde Ersatz verlangen; dieser war vorrangig vom Unterhaltspflichtigen, sodann aus dem Vermögen des Kindes, bei Mittellosigkeit aus öffentlichen Mitteln zu leisten. Erforderlich ist also auch insoweit eine **Entscheidung** (Organ der Jugendhilfe, Staatliches Notariat). Obgleich § 1835 BGB eine Entscheidung des Vormundschaftsgerichts nicht voraussetzt (der Vormund kann sich ggf die erforderlichen Mittel selbst nehmen), ist auch diese Entscheidung gemäß § 94 Abs 4 FGB durch das Vormundschaftsgericht zu bewältigen, soweit Aufwendungsersatz für Zeiträume bis zum 3.10. 1990 begehrt wird. **39**

VIII. Freiheitsentziehende Unterbringung (Abs 6)

Abs 6 verweist für die Nachholung der gerichtlichen Genehmigung in Fällen der privatrechtlichen Unterbringung mit Einwilligung des Vormundes auf § 11 Abs 4. Besonderheiten gegenüber der Unterbringung mit Einwilligung der Eltern ergeben sich nicht (vgl § 11 Rn 48 ff). **40**

§ 15
Pflegschaft

(1) Am Tag des Wirksamwerdens des Beitritts werden die bestehenden Pflegschaften zu den entsprechenden Pflegschaften nach dem Bürgerlichen Gesetzbuch. Der Wirkungskreis entspricht dem bisher festgelegten Wirkungskreis.

(2) § 14 Abs. 2 bis 6 gilt entsprechend.

Materialien: Siehe Art 230; E: BT-Drucks 11/7760 Art 234 § 15.

I. Anwendungsbereich

1 **1.** Zum **Normzweck** und zum **interlokalen Anwendungsbereich** vgl die entsprechenden Erläuterungen zu § 14 (dort Rn 1). Die im Recht der DDR möglichen Pflegschaften haben jeweils eine Entsprechung im BGB, so daß eine Überleitung nach Typen möglich war (BT-Drucks 11/7817, 47).

2. Pflegschaften im Recht der DDR

2 **a)** Die **Zuständigkeiten** waren entsprechend der Vormundschaft geregelt; Pflegschaften für Minderjährige wurden durch das Organ der Jugendhilfe/Jugendamt angeordnet und geführt, Pflegschaften für Volljährige durch das Staatliche Notariat.

3 **b)** Ein **Minderjähriger** erhielt nach § 104 Abs 1 FGB einen Pfleger für Wirkungskreise, an deren Besorgung die Eltern oder der Vormund tatsächlich oder rechtlich gehindert waren. Im Falle der tatsächlichen Verhinderung konnte der Wirkungskreis sehr weitgehend die Wahrnehmung des elterlichen Erziehungsrechts umfassen, sofern nicht der Minderjährige durch die Eltern oder den Vormund Dritten anvertraut war (MünchKomm/Schwab Rn 4; Eberhardt ua, FGB § 104 Anm 2.1).

4 **c)** Für die **Leibesfrucht** konnte ein Pfleger bestellt werden (§ 104 Abs 2 FGB), wenn die Eltern an der Wahrung der Rechte des zu gebärenden Kindes tatsächlich oder rechtlich verhindert waren.

5 **d)** Im Falle der **Gefährdung** der persönlichen oder wirtschaftlichen Interessen konnte nach § 50 S 4 FGB neben anderen Maßnahmen ein Pfleger für einzelne Angelegenheiten bestellt werden (Lübchen/Eberhardt 180).

6 **e)** Für **Volljährige** war nach § 105 Abs 2 FGB ein Pfleger zu bestellen, wenn der Betroffene infolge körperlicher Gebrechen seine Angelegenheiten oder infolge geistiger Gebrechen einzelne oder einen bestimmten Kreis seiner Angelegenheiten nicht zu besorgen vermochte.

7 **aa)** Die Gebrechlichkeitspflegschaft führte im Rahmen des Wirkungskreises zum **Verlust der Geschäftsfähigkeit**, der Pfleger war insoweit gesetzlicher Vertreter (§ 105 Abs 3 FGB).

8 **bb)** Die **Gebrechlichkeitspflegschaft** endete mit Aufhebung aufgrund Wegfalls des Anordnungsgrundes; der Pflegling konnte durch Widerruf seiner Einwilligung, die im Falle der Möglichkeit der Verständigung Voraussetzung der Anordnung war (§ 105 Abs 2 S 3 FGB), die Aufhebung erreichen (§ 106 Abs 1 S 2 FGB).

9 **f)** Bei **tatsächlicher oder rechtlicher Verhinderung**, bei **unbekanntem Aufenthalt** und im Falle der möglichen **Beteiligung unbekannter Beteiligter** (§ 105 Abs 1 lit a,

b, c FGB) konnte ebenfalls ein Pfleger bestellt werden. Auch insoweit greift die in § 105 Abs 3 bestimmte partielle Geschäftsunfähigkeit ein.

g) Zur **Nichtigkeit** von Pflegschaften, insbesondere von Abwesenheitspflegschaften bei Aufenthalt des Betroffenen außerhalb der DDR vgl § 14 Rn 13. **10**

h) Die Pflegschaft **endete für Minderjährige** – und ist daher bei Beendigung vor dem 3. 10. 1990 nicht überzuleiten – jedenfalls mit der Erreichung der Volljährigkeit entsprechend § 97 Abs 1 FGB. Bei Wegfall des die Pflegschaft erfordernden Grundes war die Pflegschaft analog § 106 FGB *aufzuheben*, endete also nicht entsprechend § 97 Abs 1 FGB von selbst; eine Ausnahme hierzu stellen Pflegschaften für einen bestimmten Zweck (Abschluß eines Rechtsgeschäfts) dar, die sich mit Erfüllung des Zwecks von selbst erledigen (MünchKomm/Schwab Rn 4 m Nachw; Eberhardt ua, FGB § 104 Anm 3). **11**

i) Die **Gebrechlichkeitspflegschaft endete** mit Aufhebung aufgrund Wegfalls des Anordnungsgrundes; der Pflegling konnte durch Widerruf seiner Einwilligung, die im Falle der Möglichkeit der Verständigung Voraussetzung der Anordnung war (§ 105 Abs 2 S 3 FGB), die Aufhebung erreichen (§ 106 Abs 1 S 2 FGB). **12**

k) Die Beendigung der Pflegschaft erforderte auch in den Fällen des **§ 105 Abs 1 FGB** eine **Aufhebungsverfügung** durch das Pflegschaftsorgan. **13**

2. Überleitung

a) Am 2. 10. 1990 **bestehende Pflegschaften bleiben bestehen**. Sie unterliegen seit dem 3. 10. 1990 den Bestimmungen des BGB. Dabei sind die für den jeweiligen Typus im BGB maßgeblichen Bestimmungen anzuwenden. Insbesondere entfällt mit der Überleitung einer Pflegschaft nach § 105 FGB die Beschränkung der Geschäftsfähigkeit gemäß § 105 Abs 3 FGB (MünchKomm/Schwab Rn 12). Der jeweils übergeleitete Typus unterliegt sodann ggf zum 1. 1. 1992 einer erneuten Überleitung nach den Bestimmungen des Betreuungsgesetzes. **14**

b) Im einzelnen werden übergeleitet: Die Pflegschaften nach §§ 104 Abs 1, 50 S 4 und 105 Abs 1 lit a FGB in **Ergänzungspflegschaften** nach § 1909 BGB; die Pflegschaft nach § 104 Abs 2 FGB in eine **Pflegschaft für die Leibesfrucht** nach § 1912 BGB; die Pflegschaft nach § 105 Abs 1 lit b FGB in eine **Abwesenheitspflegschaft** nach § 1911 BGB; die Pflegschaft nach § 105 Abs 1 lit c FGB in eine **Pflegschaft für unbekannte Beteiligte** nach § 1913 BGB; die Pflegschaft nach § 105 Abs 2 FGB in eine **Gebrechlichkeitspflegschaft** nach § 1910 aF BGB (Palandt/Diederichsen[55] Rn 1; MünchKomm/Schwab Rn 12). **15**

II. Anzuwendende Bestimmungen, Verweisung auf § 14 (Abs 2)

1. Grundsätzlich gilt wie für die Vormundschaft seit dem 3. 10. 1990 das BGB für die Führung der Pflegschaft und die Befugnisse des Pflegers. Es gelten die Beschränkungen gemäß § 1915 BGB iVm den Bestimmungen des Vormundschaftsrechts. Der *Wirkungskreis* wird weiterhin durch die die Pflegschaft anordnende Verfügung beschrieben. Eine Änderung ist (in Anwendung des BGB) jederzeit möglich. **16**

17 **2.** Abs 2 verweist für Besonderheiten der Überleitung auf § 14 Abs 2 bis 6. Daraus ergibt sich: **Bisherige Pflegerbestellungen bleiben wirksam**; sollten Ehegatten gemeinsam zu Pflegern bestellt worden sein, gilt im Falle der Verhinderung § 14 Abs 2 S 2 entsprechend. Seitens des **Jugendamtes** oder des **Staatlichen Notariats** selbst geführte Pflegschaften werden zu bestellten Amtspflegschaften, die das Jugendamt führt (§ 14 Rn 29). Beim Wirkungskreis **Vermögenssorge** sind die Bestimmungen über die Anlage von Mündelgeld erst ab dem 1. 1. 1992, dann aber auch für bereits angelegtes Geld, zu beachten (§ 14 Abs 4; § 14 Rn 32 ff).

18 **3.** Ansprüche auf **Vergütung** bzw **Aufwendungsersatz** unterliegen für Zeiträume bis zum 2. 10. 1990 den Bestimmungen des FGB, also gemäß § 107 FGB den entsprechenden Regelungen im Vormundschaftsrecht (§ 94 Abs 3, 4 FGB; § 14 Rn 36 ff).

19 **4.** Zur **Aufhebung** rechtwidriger Abwesenheitspflegschaften bei Aufenthalt des Betroffenen außerhalb der DDR sowie zur Frage der Feststellung von deren Nichtigkeit vgl § 14 Rn 19 ff.

20 **5.** Für die Nachholung der gerichtlichen Genehmigung für **freiheitsentziehende Unterbringung** gilt aufgrund Verweisung (§ 15 Abs 2, § 14 Abs 6) § 11 Abs 4 entsprechend.

Artikel 235 EGBGB
Fünftes Buch. Erbrecht

§ 1
Erbrechtliche Verhältnisse

(1) Für die erbrechtlichen Verhältnisse bleibt das bisherige Recht maßgebend, wenn der Erblasser vor dem Wirksamwerden des Beitritts gestorben ist.

(2) Ist der Erblasser nach dem Wirksamwerden des Beitritts gestorben, so gelten in Ansehung eines nichtehelichen Kindes, das vor dem Beitritt geboren ist, die für die erbrechtlichen Verhältnisse eines ehelichen Kindes geltenden Vorschriften.

Materialien: Siehe Art 230; E: BT-Drucks 11/7760 Art 230 § 1; Abs 2 neu gefaßt durch Art 2 Nr 2 Erbrechtsgleichstellungsgesetz BGBl 1997 I 2968; E: BT-Drucks 13/4183; Beschlußempfehlung und Bericht des Rechtsausschusses BT-Drucks 13/8510; Unterrichtung Vermittlungsausschuß BT-Drucks 13/9083; Antrag nach Art 77 Abs 4 GG: BT-Drucks 13/9382.

Schrifttum

Adlerstein/Desch, Das Erbrecht in den neuen Bundesländern, DtZ 1991, 19
Andrae, Zur Rechtsprechung in deutsch-deutschen Erbrechtsfällen, NJ 1998, 113; NJ 1998, 175
dies, Gesamtstatut oder Einzelstatut bei Vererbung eines Miterbenanteils, IPRax 2000, 300
dies, Zur Nachlassspaltung bei der Vererbung eines Miterbenanteils an einem in der ehem. DDR belegenen Grundstück, NJ 2001, 287

Bader, Anwendbares Erbrecht bei Restitutionsansprüchen auf Grundbesitz in der früheren DDR, DtZ 1994, 22
Benicke, Zum Pflichtteilsanspruch des Adoptivkindes nach seinem leiblichen Vater im deutsch-deutschen Rechtsverkehr nach dem Einigungsvertrag, IPRax 1996, 188
Bestelmeyer, Erbfälle mit Nachlaßgegenständen in der ehemaligen DDR, Rpfleger 1992, 229
ders, Aktuelle erbrechtliche Fragestellungen nach dem Einigungsvertrag, Rpfleger 1993, 381
ders, Stellungnahme, Rpfleger 1994, 235
ders, Testamentsanfechtung nach vollzogener Wiedervereinigung bei deutsch-deutschen Erbfällen – Anfechtungserklärung oder Anfechtungsklage?, FamRZ 1994, 1444
ders, Zum gespaltenen Anfechtungsstatut bei der Anfechtung von Testamenten und Ausschlagungserklärungen im Anwendungsbereich des DDR-ZGB, DtZ 1994, 99
Böhringer, Erbscheinsverfahren nach dem Einigungsvertrag, Rpfleger 1991, 275
ders, Erbnachweis für Vermögensrechte mit Grundstücksbezug in den neuen Bundesländern, Rpfleger 1999, 110
Bosch, Familien- und Erbrecht als Themen der Rechtsangleichung nach dem Beitritt der DDR zur Bundesrepublik Deutschland (Erbrecht), FamRZ 1992, 869, 993
Brakebusch, Heilung formunwirksamer Ausschlagungserklärungen, Rpfleger 1994, 234
Casimir, Zur Erhöhung des Pflichtteils wegen Ansprüchen nach dem Vermögensgesetz – Verjährung am 3. 10. 1993, DtZ 1993, 234
ders, Welches Erbrecht gilt für Ansprüche nach dem Vermögensgesetz?, DtZ 1993, 362
Bültmann, Rückabwicklung innerdeutscher Erbteilübertragungsverträge, NJ 1994, 5
Dörner, Interlokales Erb- und Erbscheinsrecht nach dem Einigungsvertrag, IPRax 1991, 392
ders, Interlokales Erbrecht nach der Wiedervereinigung – ein schwacher Schlußstrich, IPRax 1995, 89
Dressler, Grundbesitz in der ehemaligen DDR als Grundlage für nachträgliche Pflichtteilsansprüche aus BGB-Erbfällen, DtZ 1993, 229
Eberhardt/Lübchen, Zum Erbrecht des nichtehelichen Kindes nach Art 235 § 1 II EGBGB, DtZ 1992, 206
Fahrenhorst, Die Bestandskraft von Testamenten und Erbausschlagungen im Hinblick auf die deutsche Vereinigung, JR 1992, 265
Fassbender, Das Pflichtteilsrecht nach der Vereinigung, DNotZ 1994, 359
Frieser, Innerdeutsches Erbrecht nach dem Einigungsvertrag, AnwBl 1992, 293
Fritsche, Probleme des Verfahrensrechts in deutsch-deutschen Erbrechtsfällen, NJ 1998, 230; NJ 1998, 290
Götting/vMorgen, Gespaltene Testamentsvollstreckung bei gesamtdeutschen Nachlässen, DtZ 1994, 199
Graf, Probleme der nachlaßgerichtlichen Praxis in Vollzug der Deutschen Einigung, DtZ 1991, 370
Gruber, Wer haftet bei eingezogenen Erbscheinen zugunsten der DDR für untergegangene Nachlassgegenstände?, VIZ 2001, 528
Grün, DDR-Staatserbe nach Erbausschlagung als Restitutionsvoraussetzung – Erbrechtslage als vermögensgesetzliche Vorfrage, DtZ 1996, 367
dies, Das Vermögensgesetz – Bleibt der sozialverträgliche Interessenausgleich eine Illusion?, VIZ 1996, 681
Grunewald, Die Auswirkungen eines Irrtums über politische Entwicklungen in der DDR auf Testamente und Erbschaftsausschlagungen, NJW 1991, 1208
Henrich, Probleme des interlokalen und internationalen Ehegüter- und Erbrechts nach dem Einigungsvertrag, IPRax 1991, 14
Janke, Zur rechtlichen Stellung des Testamentsvollstreckers bei DDR-Erbfällen vor dem 1. 1. 1976, DtZ 1994, 364
Kluger/Rausch, Zur Rechtsprechung bei Kollision von Erb- und Vermögensrecht infolge unvollständiger Kettenerbausschlagungen, NJ 1997, 180
Köster, Erbrechtliche Fragestellungen nach dem Einigungsvertrag, Rpfleger 1991, 97
Krause, Ausgewählte erbrechtliche Besonderheiten in den neuen Ländern, ZAP-Ost 2000, Fach 12
Kuchinke, Erbrechtliche Folgeprobleme der Deutschen Einigung, DtZ 1996, 194
ders, Der ungelöste Streit zwischen den wegen ökonomischen Zwanges Geschädigten (§ 1 II

VermG) und den nachrangigen Erben, VIZ 1998, 9
de Leve, Nochmals: Erbrechtliche Fragen nach dem Einigungsvertrag, Rpfleger 1994, 233
ders, Erbschaftsausschlagungen im deutsch-deutschen Verhältnis und ihre Anfechtung, DtZ 1996, 199
ders, Deutsch-deutsches Erbrecht: Der Anspruch nach dem VermG in West-Erbfällen mit Nachlaßspaltung, FamRZ 1996, 201
S Lorenz, Rechtsnachfolge in enteignetes Vermögen – Zum Begriff des „Rechtsnachfolgers" in § 2 Abs 1 VermG, DStR 1993, 1224
ders, Erbausschlagung im deutsch-deutschen Verhältnis, DStR 1994, 584
ders, „Rechtsnachfolge" iSv § 2 Abs 1 VermG und kollisionsrechtliche Nachlaßspaltung, ZEV 1995, 436
Kummer, Pflichtteilsergänzung in DDR-Erbfällen: Kollisionsrecht und Grundstücksbewertung, ZEV 1995, 319
Limmer, Die Zugehörigkeit von Restitutionsansprüchen zum Nachlaß, ZEV 1994, 31
Lück, Kollisionsrecht oder Auslegung?, JR 1994, 45
Märker, Das Erbrecht in den neuen Bundesländern, ZEV 1999, 245
Meyer, Testamentsanfechtung und Anfechtung der Erbschaftsausschlagung wegen Irrtums über die politischen Veränderungen in der ehemaligen DDR, ZEV 1994, 12
Pentz, Pflichtteilsergänzung bei Schenkungen in der DDR, JZ 1999, 295
Rauscher, Pflichtteilsausgleich für restitutierten DDR-Grundbesitz, JZ 1994, 485
Rehm, Zufallsgeschenke für übergangene gesetzliche Erben, ZEV 1996, 207
Schlüter/Fegeler, Die erbrechtliche Stellung der nichtehelichen Kinder und ihrer Väter nach Inkrafttreten des Erbrechtsgleichstellungsgesetzes, FamRZ 1998, 1337
Schotten/Johnen, Erbrecht im deutsch-deutschen Verhältnis – die Rechtslage vor der Vereinigung und die Regelungen im Einigungsvertrag, DtZ 1991, 225
dies, Probleme hinsichtlich der Anerkennung, der Erteilung und des Inhalts von Erbscheinen im deutsch-deutschen Verhältnis, DtZ 1991, 257
Schubel/Wiedenmann, Das Pflichtteilsergänzungsrecht und die Regelungen im Einigungsvertrag, JZ 1995, 858
Solomon, Nachlaßspaltung, Qualifikation, Pflichtteil und der Rückübertragungsanspruch nach dem Vermögensgesetz, IPRax 1995, 24
ders, Das Vermögensgesetz und § 25 II Rechtsanwendungsgesetz der DDR – abgeschlossene Vorgänge und offene Fragen, IPRax 1997, 24
Stübe, Die gesetzliche Erbfolge nach BGB und ZGB (1994)
Trittel, Deutsch-deutsches Erbrecht nach dem Einigungsvertrag, DNotZ 1991, 237
Vogt/Kobold, Erbrecht nach Erbausschlagung und Restitutionsanspruch – ein Kollisionsproblem, DtZ 1993, 226
Wähler, Intertemporale, interlokale und materiellrechtliche Probleme des Erbrechts nach der Wiedervereinigung, ROW 1992, 103
Wasmuth, Zur Korrektur abgeschlossener erbrechtlicher Sachverhalte im Bereich der ehemaligen DDR, DNotZ 1992, 3.

Systematische Übersicht

Alphabetische Übersicht

I. Normzweck, Verfassungsmäßigkeit

1 **1. Absatz 1** ist eine intertemporale Kollisionsnorm (BGHZ 124, 270, 272) und entspricht Art 213 S 1.

Die Vorschrift enthält einen allgemeinen **Grundsatz**, der nicht nur bei Überleitungsfällen im materiellen Erbrecht (zB § 51 Abs 1 TestG, Art 13 § 10 NEG, Art 12 § 1 Abs 4 AdoptG; Art 227 Abs 1 Nr 1) immer verfolgt wurde (BT-Drucks 11/7817, 47), sondern auch anläßlich der Überleitung durch das IPR-NeuregelungsG zum 1. 9. 1986 (vgl Art 220 Abs 1): Ist der Erblasser vor der Überleitung – hier zum 3. 10. 1990 – verstorben, so bleibt das bisherige Erbrecht anwendbar, auch wenn das Nachlaßverfahren erst nach dem 3. 10. 1990 durchgeführt wird.

Die Bestimmung dient damit dem **Vertrauens- und Bestandsschutz**. Erblasser und Erben konnten – jedenfalls potentiell – auf die Erbrechtslage vertrauen, die im Zeitpunkt des Eintritts des Erbfalles Geltung hatte (MünchKomm/Leipold Rn 2 f; Adlerstein/Desch DtZ 1991, 194; Schotten/Johnen DtZ 1991, 223).

2 **2. Absatz 2** begründet eine in die Zukunft weisende **Rechtsspaltung** in Ansehung des Erbrechts von Kindern nicht miteinander verheirateter Eltern (in der Begrifflichkeit des NEhelG „nichteheliche" Kinder). Zweck der Bestimmung ist die Wahrung erbrechtlicher Aussichten, welche diese Kinder unter Geltung des ZGB der DDR durch Gleichbehandlung mit Kindern miteinander verheirateter Eltern hatten; beide Gruppen von Kindern hatten nach dem ZGB dieselbe erbrechtliche Stellung (§ 365 ZGB; OLG Dresden OLG-NL 1998, 137, 138; MünchKomm/Leipold Rn 43; Rauscher StAZ 1991, 8).

3 **3.** Die Neufassung des Abs 2 durch das am 1. 4. 1998 in Kraft getretene **ErbGleichG** soll nichts an diesem Inhalt ändern, sondern trägt lediglich dem Umstand Rechnung, daß die in der am 3. 10. 1990 geltenden Fassung für unanwendbar erklärten Bestimmungen durch das ErbGleichG gestrichen wurden. Durch die Streichung der durch das NEhelG geschaffen Sonderbestimmungen (§§ 1934a aF bis 1934e aF, 2338a aF BGB) und die damit eintretende Gleichstellung wurde **Abs 2 nicht obsolet**. Diese Streichung wirkt nur für *seit dem 1. 4. 1998 eintretende Erbfälle* (Art 227 Abs 1 Nr 1). Abs 2 sichert hingegen für zwischen dem 3. 10. 1990 und dem 31. 3. 1998 eingetretene Erbfälle die Anwendung der für – damals – eheliche Kinder geltenden Bestimmungen. Dies wäre freilich auch aus Art 227 Abs 1 herzuleiten gewesen, da, soweit bis zum 31. 3. 1998 Art 235 Abs 2 anzuwenden war, die „bis zum 1. April 1998 geltenden Vorschriften" gerade nicht die §§ 1934a aF bis 1934e aF, 2338a aF BGB umfaßten (BR-Drucks 891/1/95, 1; Palandt/Edenhofer Rn 3). Eine Streichung hätte allerdings zu Unklarheiten Anlaß gegeben. Da die Neufassung von Abs 2 insgesamt (vgl auch Rn 4) klarstellende Bedeutung haben soll, hat sie nach dem gesetzgeberischen Willen zulässiger Weise *Rückwirkung*. Also wäre es verfehlt, wenngleich iE unschädlich, Abs 2 nur auf seit dem 1. 4. 1998 eintretende Erbfälle anzuwenden (so aber MünchKomm/Leipold Rn 44 a, konstruktiv durchaus zutreffend unter Hinweis auf Art 227 § 1).

Mißlungen ist allerdings die Verwendung der Rechtsbegriffe „ehelich" und „nichtehelich", die es seit der Beseitigung von Statusunterschieden durch das KindRG am 1. 7. 1998 nicht mehr gibt.

4. Klargestellt wurde durch die Neufassung außerdem, daß Abs 2 auch für **vor dem 1. 7. 1949** geborene nichteheliche Kinder eine volle Erbberechtigung gibt, für die im Bundesrecht selbst die in Abs 2 der ursprünglichen Fassung für unanwendbar erklärten erbrechtlichen Sonderbestimmungen nicht gelten, die also *kein* gesetzliches Erbrecht haben (Art 12 § 10 NEhelG; BT-Drucks 12/7819, 13). Insoweit ist Abs 2 auch für Erbfälle seit dem 1. 4. 1998 maßgeblich, weil Art 12 § 10 NEhelG auch durch das ErbGleichG nicht aufgehoben wurde (die Anregung des Bundesrates, BR-Drucks 891/1/95, 2 wurde nicht aufgegriffen, der deshalb eingelegte Einspruch nach Art 77 Abs 3 GG, BR-Drucks 910/97, wurde vom Bundestag zurückgewiesen, BT-Drucks 13/9382. Erneute Überlegungen, Art 12 § 10 NEhelG aufzuheben, wurden in der 14. Legislaturperiode im Zusammenhang mit der Verabschiedung des *KinderrechteverbesserungsG* angestellt, jedoch verworfen, weil inzwischen ein Jahrzehnte altes Vertrauen besteht, eine rückwirkende Änderung ausgeschlossen ist und eine Änderung für die Zukunft nur noch über 52jährigen „Kindern" nützen könnte, BT-Drucks 14/8131, 7). Dadurch bleibt es dauerhaft bei einer unterschiedlichen Rechtslage, Abs 2 ist insoweit für Erbfälle seit dem 1. 4. 1998 notwendig (Schlüter/Fegeler FamRZ 1998, 1337, 1339). Soweit Abs 2 anzuwenden ist, wird auch ein Kind nicht miteinander verheirateter Eltern gesetzlicher Erbe. Soweit Abs 2 nicht anzuwenden ist, kommt nur eine Vereinbarung nach Art 12 § 10a NEhelG oder ein Erbrecht aufgrund letztwilliger Verfügung in Betracht.

5. Die **Verfassungsmäßigkeit** von **Abs 1** steht außer Zweifel; die Bestimmung ist durch den Grundsatz der Nichtrückwirkung geboten.

Abs 2 war bis zum Inkrafttreten des ErbGleichG Verfassungsbedenken ausgesetzt, weil eine *Ungleichbehandlung* nichtehelicher Kinder auch in seit dem 3. 10. 1990 eintretenden Erbfällen stattfand und von § 1934e aF betroffene Väter im Gegensatz zu den von Abs 2 erfaßten Vätern dem Anspruch auf vorzeitigen Erbausgleich ausgesetzt waren. Das durch ein am 2. 10. 1990 geltendes potentielles DDR-Erbstatut begründete abstrakte Vertrauen konnte jedenfalls für eine Übergangszeit als sachlicher Grund iSd Art 3 Abs 1 GG diese Ungleichbehandlung rechtfertigen (BVerfG NJW 1996, 1884).

Soweit auch in seit dem 1. 4. 1998 eintretenden Erbfällen vor dem 1. 7. 1949 geborene Kinder ungleich behandelt werden, weil sie *ehemals* nichtehelich waren, dürfte das durch den langen Zeitablauf eingetretene Vertrauen der Erblasser und die Vermeidung von Zufälligkeiten die Ungleichbehandlung rechtfertigen, wenngleich sie ein Mahnmal verfehlter Rechtspolitik im Kindschaftsrecht der 60er Jahre bleibt.

II. Anwendungsbereich

1. Analoge Anwendung von Art 25

a) Nach der in Rechtsprechung und Schrifttum inzwischen ganz herrschenden (Art 230 Rn 68 ff; zu anderen Ansätzen [lex fori, Vermögensbelegenheit, Art 236 § 1 analog] vgl Staudinger/Rauscher [1996] Rn 10 f) Bestimmung des anwendbaren Rechts nach dem **innerdeutschen Kollisionsrecht der Bundesrepublik** (BGHZ 124, 270; KG FamRZ 1996, 973; OLG Brandenburg FamRZ 1997, 1030; BayObLG ZEV 2001, 489, 490; Palandt/Heldrich Art 25 Rn 24) setzt § 1 Abs 1 voraus, daß nach den bisherigen innerdeutschen Kollisionsnormen der Bundesrepublik auf den Sachverhalt das Recht der DDR anzuwenden war.

7 **b)** Bisheriges **Recht der DDR** kann nur anwendbar bleiben, wenn es im konkreten Sachverhalt bis zum 2. 10. 1990 anwendbar gewesen wäre.

Damit gilt für Erbfälle nach einem mit deutschem Erbstatut verstorbenen Erblasser: § 1 Abs 1 ist anzuwenden, wenn der Erblasser seinen **letzten gewöhnlichen Aufenthalt in der DDR** hatte (BGHZ 124, 270, 273; BGH FamRZ 2001, 994; KG OLGZ 1993, 405, 406; KG ZEV 1997, 154, 155; OLG Brandenburg FamRZ 1997, 1024; OLG Brandenburg FamRZ 1999, 190; OLG Brandenburg FamRZ 1999, 1462; OLG Jena FamRZ 1995, 446, 447; OLG Hamm FamRZ 1995, 759; OLG Naumburg OLG-NL 1999, 107; Palandt/Edenhofer Rn 5; Palandt/Helrdich Art 25 Rn 24; MünchKomm/Leipold Rn 14; Schotten/Johnen DtZ 1991, 232; Graf DtZ 1991, 370; S Lorenz DStR 1994, 585; im Ergebnis ebenso: Adlerstein/Desch DtZ 1991, 195; Henrich FamRZ 1991, 1363; Böhringer Rpfleger 1991, 277; Wähler ROW 1992, 107).

Auf die **Staatsbürgerschaft der DDR** kommt es im innerdeutschen Verhältnis nicht an (Palandt/Heldrich Art 3 Rn 4; **aA** Dörner IPRax 1991, 392, 397), insbesondere dann nicht, wenn der Erblasser vor 1989 die DDR unter Verletzung dortiger Ausreisevorschriften verlassen und seinen gewöhnlichen Aufenthalt in der Bundesrepublik genommen hat (BayObLG DtZ 1994, 154).

8 **c)** Weiter ist erforderlich, daß das **Kollisionsrecht der DDR nicht zurückverweist**. § 25 Abs 1 RAG stellte ab auf die Staatsbürgerschaft des Erblassers, so daß gewöhnlicher Aufenthalt in der DDR und die DDR-Staatsbürgerschaft zusammentreffen müssen, um das Erbrecht der DDR zur Anwendung zu bringen. Dies sichert auch weitestgehend den neben der einheitlichen Anwendung des Erbrechts vor allen deutschen Gerichten angestrebten Schutz gegen Eingriffe in entstandene Rechte (BGHZ 124, 270, 273).

9 **d)** Ausnahmsweise kann nach den Grundsätzen des bisherigen innerdeutschen Kollisionsrechts die Anknüpfung an den letzten gewöhnlichen Aufenthalt ersetzt werden durch die **offensichtlich nähere Beziehung** des Erblassers zu der anderen deutschen Teilrechtsordnung. Hatte der (deutsche) Erblasser seinen gewöhnlichen Aufenthalt in einem Drittstaat, so ist die engste Beziehung zu einer der beiden Teilrechtsordnungen aus den gesamten Umständen zu ermitteln (Palandt/Edenhofer Rn 5; MünchKomm/Leipold Rn 13).

2. § 25 Abs 2 RAG

a) Kollisionsrechtliche Nachlaßspaltung

10 **aa)** § 25 Abs 2 RAG sah seit 1. 1. 1976 für in der DDR belegene unbewegliche Sachen die Vererbung nach dem Erbrecht des ZGB vor. Im übrigen war nach § 25 Abs 1 RAG Erbstatut das letzte Heimatrecht des Erblassers. Die sich hieraus ergebende **kollisionsrechtliche Nachlaßspaltung** wurde aus Sicht des bundesdeutschen innerdeutschen Kollisionsrechts auch bei einem allgemeinen BGB-Erbstatut entsprechend **Art 3 Abs 3** (bis 31. 8. 1986: Art 38 EGBGB aF) beachtet (**aA** Graf DtZ 1991, 371).

11 **bb)** Bei vollständiger Weiteranwendung des bisherigen innerdeutschen Kollisionsrechts (oben Rn 6) wie es vor dem 3. 10. 1990 anzuwenden war, unterliegt also in vor dem 3. 10. 1990 eingetretenen Erbfällen die **Beerbung in Grundstücke**, welche in der

DDR belegen sind, dem Recht der DDR entsprechend Art 3 Abs 3 iVm § 25 Abs 2 RAG.

Diese **Beachtung von § 25 Abs 2 RAG** ist unabhängig vom jeweiligen interlokalen Ansatz und entspricht ganz herrschender Ansicht (BGH FamRZ 1995, 481; BGHZ 131, 26; BGHZ 146, 311, 313; KG OLGZ 1993, 1, 2; KG FamRZ 1995, 762; KG FamRZ 1996, 213; KG FamRZ 1998, 124; KG ZEV 2000, 58; BayObLGZ 1991, 103, 105; BayObLGZ 1992, 64, 67; BayObLG DtZ 1992, 284; BayObLGZ 1994, 40; BayObLG FamRZ 1994, 723, 724; BayObLG DtZ 1994, 154, 155; BayObLG FamRZ 1995, 1088; BayObLGZ 1998, 242; BayObLG VIZ 2000, 255; BayObLG ZEV 2001, 489; OLG Celle VIZ 1996, 52, 53; OLG Frankfurt aM OLGZ 1992, 35, 38; OLG Hamm FamRZ 1995, 758, 759; OLG Hamm FamRZ 1995, 1092, 1093; OLG Jena OLG-NL 1997, 16; OLG Jena OLG-NL 2001, 39; OLG Köln OLGZ 1994, 333, 336; OLG Karlsruhe DtZ 1995, 338; KG OLGZ 1992, 279, 280; KG OLG-NL 1996, 38, 39; OLG Zweibrücken DtZ 1992, 360; LG München FamRZ 1991, 1489; LG Berlin DtZ 1991, 444; LG Berlin FamRZ 1992, 231; LG Bonn DtZ 1992, 57; Notariat Stuttgart-Botnang FamRZ 1994, 658, 659; Palandt/Edenhofer § 1922 Rn 8; Palandt/Heldrich Art 25 Rn 24; MünchKomm/Leipold Rn 15; Adlerstein/Desch DtZ 1991, 193; Schotten/Johnen DtZ 1991, 225; S Lorenz DStR 1993, 1224, 1225; ders DStR 1994, 584, 585).

12 **cc)** § 25 Abs 2 RAG ist **nicht verallseitigungsfähig**, gilt also bei einem innerdeutschen DDR-Erbstatut (letzter gewöhnlicher Aufenthalt des Erblassers in der DDR, oben Rn 7) nicht für Grundstücke in der Bundesrepublik oder im Ausland. Es handelt sich um eine bewußt einseitige Exklusivnorm, die nur Grundstücke in der DDR erfaßte (im einzelnen Andrae NJ 2001, 287, 291). Bei DDR-Erbstatut und einem Nachlaßgrundstück in der Bundesrepublik bestimmte sich die Erbfolge einheitlich nach DDR-Recht (MünchKomm/Leipold Rn 20).

Zur **partiellen Rückverweisung** aus § 26 RAG für die Testamentserrichtung und *Testamentsanfechtung* unten Rn 151.

13 **dd)** Die Anwendung von § 25 Abs 2 RAG begegnet **keinen verfassungsrechtlichen Bedenken**, da auch vor dem Inkrafttreten von Art 235 § 1 gemäß Art 3 Abs 3 auf in der DDR belegene Immobilien § 25 Abs 2 RAG und damit das Recht der DDR anzuwenden war. Die Behandlung von Altfällen wird also *nicht rückwirkend* modifiziert (so passim auch BVerfG DtZ 1993, 209 [unzulässige Vorlage]).

14 **ee)** Folge der Anwendung von DDR-Recht auf den § 25 Abs 2 RAG unterfallenden Immobiliarnachlaß ist – wie bei jeder **kollisionsrechtlichen Nachlaßspaltung** –, daß jeder Nachlaßteil gesondert als einheitlicher Nachlaß zu behandeln ist (BGH FamRZ 1995, 481; BayObLG NJW 2000, 441), was neben der Bestimmung der Erbquoten nach gesetzlichem oder testamentarischem Erbrecht (BayObLG FamRZ 1997, 391, 392; BayObLG ZOV 2000, 106, 107; OLG Hamm FamRZ 1998, 121, 122) für das Bestehen von Pflichtteilsansprüchen (BGH NJW 1993, 1920; OLG Hamburg DtZ 1993, 28), eine Erbausschlagung (BGH NJW 1998, 227; im einzelnen unten Rn 177 ff) die Testamentsauslegung (BayObLG VIZ 2000, 255, 256; dazu unten Rn 133 ff), Testamentsvollstreckung (v Morgen/Götting DtZ 1994, 199 ff), Erbenhaftung und andere erbrechtliche Fragestellungen Bedeutung hat (Palandt/Edenhofer § 1922 Rn 8; Palandt/Heldrich Art 25 Rn 24).

b) Rechtswahl

15 Fraglich ist das **Verhältnis von § 25 Abs 2 RAG zu Art 25 Abs 2 EGBGB**. Bei Eintritt des Erbfalls vor dem 3.10. 1990 ist eine Rechtswahl nach Art 25 Abs 2 EGBGB hinsichtlich eines in der DDR belegenen Grundstücks *nicht möglich* (unklar SIEHR RabelsZ 1991, 263), weil eine *Rechtswahlbefugnis* nur für den inländischen Immobiliarnachlaß besteht. Inland iSd Art 25 Abs 2 EGBGB ist aber die *Bundesrepublik* Deutschland.

c) Zeitliche Reichweite

16 aa) Für Erbfälle **seit dem 3.10. 1990** gilt Art 25 Abs 2 EGBGB auch für Grundstücke in den neuen Bundesländern; da aber § 25 Abs 2 RAG für diese Erbfälle nicht gilt, entsteht ebenfalls keine Konkurrenzfrage.

17 bb) Für **vor dem 1. 1. 1976 eingetretene Erbfälle** gilt § 25 Abs 2 RAG ebenfalls nicht, da sich aus Sicht der DDR als Belegenheitsstaat das Erbstatut umfassend nach Art 24 EGBGB aF beurteilte (BayObLG DtZ 1992, 284; BayObLGZ 1994, 47; KG FamRZ 1996, 213; OLG Frankfurt aM OLGZ 1993, 382; OLG Frankfurt aM OLGZ 1992, 35, 38; OLG Jena OLG-NL 1997, 154).

d) Qualifikation

18 aa) Für die **Bestimmung des unbeweglichen Vermögens** iSd § 25 Abs 2 RAG besteht eine Qualifikationsverweisung, dh das sich für anwendbar erklärende Recht der DDR bestimmt auch darüber, welche Gegenstände es als unbeweglich beansprucht (PALANDT/EDENHOFER § 1922 Rn 8).

19 bb) Unter die Bestimmung fallen das **Grundstückseigentum, das Gebäudeeigentum** (§ 288 Abs 4, § 292 Abs 3 ZGB), **dingliche Nutzungsrechte** an Grundstücken (§§ 287 ff, §§ 291 ff ZGB), andere **beschränkte dingliche Rechte** (BÖHRINGER Rpfleger 1999, 110, 112) **grundstücksgebundene Forderungen** und Konten, zB der ehemaligen VEB Kommunale Wohnungsverwaltung (KÖSTER Rpfleger 1991, 98; BÖHRINGER Rpfleger 1999, 110, 112) sowie Guthaben aus Haus- und Grundstückserträgnissen (OLG Zweibrücken DtZ 1992, 360). Auch **Miteigentum** des Erblassers an einem in der DDR belegenen Grundstück führt zur Anwendung von § 25 Abs 2 RAG (BayObLG ZOV 2000, 106, 107). Hingegen sind nicht unbeweglich in diesem Sinne die schuldrechtlichen Nutzungsverhältnisse nach §§ 312 ff ZGB.

20 cc) Strittig ist, ob § 25 Abs 2 RAG auch dann gilt, wenn zum Nachlaß der **Anteil des Erblassers an einer Erbengemeinschaft** gehört, zu der wiederum ein in der DDR belegenes Grundstück rechnet.

α) Der **BGH** (BGHZ 146, 311) lehnt in diesem Fall eine Nachlaßspaltung ab. Die im ZGB ähnlich wie im BGB geregelte Erbengemeinschaft vermittle dem Erblasser keine *unmittelbare dingliche Berechtigung* am einzelnen Nachlaßgegenstand. Deshalb könne es nur um die Frage gehen, welches Sachrecht auf den in den Nachlaß gefallenen vererblichen Anteil an der ungeteilten Erbengemeinschaft anzuwenden sei. Dieser Anteil sei auch nicht als *anderes* Recht an einem Grundstück iSd § 25 Abs 2 RAG zu behandeln, denn es handele sich nicht um ein selbständiges dingliches Recht des einzelnen Erben am Grundstück (ebenso BayObLGZ 1995, 85; BayObLGZ 1998, 242; OLG Dresden MittRheinNotK 1997, 267; PALANDT/HELDRICH Art 25 Rn 24; BÖHRINGER Rpfleger 1999, 110, 113).

β) Diese Ansicht hat **Kritik** erfahren. § 25 Abs 2 RAG sei wegen seiner auf den untrennbaren Zusammenhang der Grundstücke mit den ökonomischen und sozialen Bedingungen im Recht der DDR abstellenden Zielsetzung weit ausgelegt worden. In Miterbengemeinschaft stehe dem Miterben bereits vor Auseinandersetzung ein Anteil an den einzelnen Nachlaßgegenständen zu, hinsichtlich dessen er lediglich in der Verfügung beschränkt sei (KG Rpfleger 2001, 79; OLG Oldenburg MittRhNotK 1998, 136; ANDRAE IPRax 2000, 300; dies NJ 2001, 287). Zwar ist dieser Kritik zuzugeben, daß der vom BGH gewählte Begründungsansatz aus der Natur der Erbengemeinschaft nicht vollends überzeugt, denn im Rahmen von Art 3 Abs 3 entscheidet nur, in welchem Umfang das fremde IPR, hier also § 25 Abs 2 RAG, Geltung beansprucht. Wäre also feststellbar, daß § 25 Abs 2 RAG auch auf solche Anteile an Erbengemeinschaften anzuwenden war, so wäre dem unbeschadet der Natur der Erbengemeinschaft zu folgen. Dies aber ist, was die Gegenansicht einräumt, nicht feststellbar, weil die Frage in Rechtsprechung und Schrifttum der DDR anscheinend keine Rolle spielte (bedauernd ANDRAE NJ 2001, 287, 291; vgl auch KG aaO). 21

Der von beiden Seiten erhobene Vorhalt, die Gegenansicht sei den Nachweis schuldig geblieben (einerseits ANDRAE IPRax 2000, 300, 304; andererseits SCHMELLENKAMP MittRhNotK 1998, 137) verfängt in dieser Lage jedenfalls nicht zugunsten der Gegenansicht: Art 3 Abs 3 ist eine **Ausnahmenorm**, § 25 Abs 2 RAG ist ebenfalls eine Ausnahmebestimmung. Im Zweifel ist also eine enge Auslegung geboten. Da § 25 Abs 2 RAG keine einigermaßen klare Auskunft gibt, ist der Ansatz des BGH bei der Natur des Anteils an der Erbengemeinschaft durchaus plausibel, **§ 25 Abs 2 RAG also nicht anzuwenden**.

e) Insbesondere: Vermögensrechtliche Ansprüche

aa) Strittig ist auch, ob § 25 Abs 2 RAG bei Erbfällen vor dem 3. 10. 1990 (daß der Anspruch bei Erbfällen seit dem 3. 10. 1990 in den Nachlaß fällt, ist iE unstrittig: LIMMER ZEV 1994, 31, 32 m Nachw) den schuldrechtlichen Anspruch nach **§ 3 Abs 1 VermögensG** erfaßt. 22

Die **herrschende Ansicht** hebt den Ausnahmecharakter von § 25 Abs 2 RAG hervor, weshalb die Bestimmung auf den nicht dem DDR-Sachenrecht entstammenden, sondern erst kurz vor der Wiedervereinigung entstandenen Anspruch nach § 3 VermG nicht anzuwenden sei. Überdies wird der – auch zum Lastenausgleich betonte – Charakter des Anspruchs nach dem VermG als Entschädigung für DDR-Unrecht hervorgehoben, der es verbiete, gerade der unerwünschten Inanspruchnahme durch das DDR-Erbrecht zu folgen (BGHZ 131, 22; ebenso: BayObLG FamRZ 1997, 391; BayObLG NJW 2000, 440; KG DtZ 1996, 217; KG ZEV 2000, 501; OLG Düsseldorf NJW 1998, 2608; OLG Düsseldorf FamRZ 1999, 1395; OLG Hamm FamRZ 1995, 758, 759; OLG Hamm FamRZ 1995, 1092; OLG Celle DtZ 1992, 355; OLG Zweibrücken 3 W 213/96 juris; PALANDT/HELDRICH Art 25 EGBGB Rn 24 a; PALANDT/EDENHOFER § 1922 Rn 8; MünchKomm/LEIPOLD Rn 18; SCHOTTEN/JOHNEN DtZ 1991, 260; BADER DtZ 1994, 22 f; iE auch DRESSLER DtZ 1993, 230; FASSBENDER DNotZ 1994, 362).

Der BGH hat dies auch für den Fall der gespaltenen Rückverweisung aus einem ausländischen Kollisionsrecht (US-Erblasser) bestätigt (BGH JR 2001, 233; vgl auch OLG Brandenburg FGPrax 2001, 206).

bb) Die herrschende Ansicht kollidiert jedoch mit **vermögens- und erbrechtlichen Wertungen**. 23

α) Obgleich der Anspruch erst in der Person des Erben entsteht, ist er im Wege der **gesetzessystematischen Ersatzsurrogation** nachlaßgebunden und daher grundsätzlich an die nach dem Erbstatut bestimmten Personen zu leiten (BGHZ 123, 76, 79, vgl zur daraus resultierenden Auswirkung des Anspruchs nach § 3 VermG auf **Pflichtteilsansprüche** unten Rn 38 ff; BayObLGZ 1994, 40, 45; OLG Hamm FamRZ 1995, 1092, 1094; Limmer ZEV 1994, 31). Die im Rahmen des VermG auftretende *erbrechtliche Vorfrage*, wer iSd § 2 Abs 1 VermG *Erbe* ist, kann nach Sinn und Zweck des VermG nur nach Maßgabe des wirklichen Erbstatuts beantwortet werden (Solomon IPRax 1995, 24, 26).

24 **β)** Der Anspruch ist aber auch **funktionales Surrogat** des entzogenen Grundvermögens und wird – anders als der Lastenausgleichsanspruch – nicht von dritter Seite gewährt, sondern besteht gegen den Rechtsnachfolger der DDR. Das spricht dafür, auch das Surrogat demjenigen erbrechtlich zufließen zu lassen, dem das Grundstück ohne die entziehende Maßnahme zugekommen wäre (Casimir DtZ 1993, 362, 364; Solomon IPRax 1995, 24, 27; Rauscher JR 1994, 485, 487; ders JR 2001, 235, 236; Trittel DNotZ 1992, 452; ders ZEV 1994, 31, 33; S Lorenz ZEV 1995, 436, 438; Kuchinke DtZ 1996, 194, 195). Hieraus müssen wirtschaftlich die Personen begünstigt sein, die erbrechtlich begünstigt gewesen wären, wäre die Enteignung nicht erfolgt. In gleicher Weise, wie bei testamentarischer Erbfolge der mutmaßliche Erblasserwille darauf gerichtet ist, den Restitutionsanspruch an den letztwillig gewollten Erben zu leiten (zutreffend OLG Naumburg OLG-NL 1996, 35; OLG Jena OLG-NL 2001, 35, 39), ist bei gesetzlicher Erbfolge von einem entsprechenden hypothetischen Erblasserwillen auszugehen, den Nachlaß als *Vermögensmasse* den nach dem maßgeblichen Erbrecht Berechtigten zuzuwenden (Rehm ZEV 1996, 207, 209). Deutlich wird diese Wertung auch im Vergleich zum Fall der bloßen Zwangsverwaltung mit dem Fall der – oft zufällig darüber hinaus erfolgten – Enteignung. Ein zwangsverwaltetes Grundstück fällt ohne weiteres in den Nachlaß; ein zu restituierendes Grundstück kann nicht anderen Personen (in *Erbeneigenschaft*) zustehen als den tatsächlich nach dem Erbstatut berufenen Erben. Dasselbe gilt, wenn das Grundstück aus übergeordneten öffentlichen Interessen nicht restituiert, sondern nur hierfür Entschädigung geleistet wird.

25 **cc)** Auch vom Standpunkt der hM bleibt § 25 Abs 2 RAG anwendbar, wenn der **Erbfall vor der Enteignung** und unter Geltung des RAG eingetreten ist. Ist nach § 3 VermG das Grundstück an den Erben des sonstigen Nachlasses zurückübertragen, so hat der Erbe des nach § 25 Abs 2 RAG abgespaltenen Nachlaßteils einen *Herausgabeanspruch*. Zweck der Restitution ist es, den durch das spezifische DDR-Unrecht geschaffenen Zustand zu korrigieren, nicht aber die bereits vor der Enteignung bestehenden zivilrechtlichen Beziehungen zu verändern. Der Anspruch ist, folgt man der Einordnung des BGH zur Pflichtteilsberechtigung (unten Rn 39), auf § 2018 BGB zu stützen, obgleich Erbstatut in Ansehung des Grundstücks das ZGB ist, denn der Erbschaftsbesitz wird erst nach dem 3. 10. 1990 begründet (OLG Brandenburg ZEV 1997, 157; zustimmend: Leipold JZ 1998, 884, 889; MünchKomm/Leipold Rn 18a). Vom hier vertretenen Standpunkt (Rn 24) ist diese Lösung zutreffend, weil sie die funktionale Surrogation zutreffend nachvollzieht. Vom Standpunkt der hM wäre allerdings zu fragen, warum das restitutierte Grundstück „aus dem Nachlaß" (§ 2018 BGB) erlangt ist (zutreffend Limmer ZEV 1997, 158).

3. Erb- und Ehegüterstatut

a) Eine **Art 200 Abs 1 S 2 EGBGB** entsprechende Norm enthält der Einigungsvertrag nicht. Dennoch ist die Annahme unzutreffend, die erbrechtlichen Wirkungen des *Güterstandes* beurteilten sich grundsätzlich nicht nach dem Güterstatut (mißverständlich MünchKomm/Leipold Rn 63). Vielmehr ist zu unterscheiden: **26**

b) **§ 1371 Abs 1 BGB** ist nur anzuwenden, wenn die Ehegatten im Güterstand der Zugewinngemeinschaft gelebt haben (güterrechtliche Qualifikation); strittig ist, ob § 1371 Abs 1 BGB immer anzuwenden ist, wenn deutsches Recht Güterstatut ist, oder ob kumulativ deutsches Recht Erbstatut sein muß (dazu Staudinger/v Bar [1996] Art 15 Rn 101 f). Ob im Zeitpunkt des Erbfalls Bundesrecht Güterstatut ist, beurteilt sich nach Art 234 § 4. **27**

c) Lebten die Ehegatten hingegen im **gesetzlichen Güterstand des FGB** (hierzu Art 234 § 4), so ist § 1371 Abs 1 BGB nicht anzuwenden. **28**

d) Die kollisionsrechtlich strittige Konstellation aus dem **Güterstand der Zugewinngemeinschaft** und einem **ZGB-Erbstatut** (bei *rein* güterrechtlicher Qualifikation wäre trotz des nicht passenden DDR-Ehegattenerbrechts § 1371 Abs 1 BGB anzuwenden) dürfte in Überleitungsfällen schwerlich eintreten: Hierzu müßte der Erblasser vor dem 3. 10. 1990 mit gewöhnlichem Aufenthalt in der DDR verstorben sein, was aber eine zu diesem Zeitpunkt erfolgte Überleitung des Güterstandes (insbesondere nach dem VFGüG; hierzu Art 234 § 4 Rn 19 ff) regelmäßig ausschließt (Ausnahme: Rückumzüge in die DDR nach Überleitung des Güterstandes). Kommt es in Ausnahmefällen zu dieser Konstellation, so ist einem rechnerischen Zugewinnausgleich nach §§ 1373 ff BGB der Vorzug zu geben, da die Erhöhung der Erbquote nach § 1371 Abs 1 BGB mit dem variablen Ehegattenerbrecht nach § 365 Abs 1 ZGB (ein Kindesteil, mindestens 1/4) nur bei einer überdurchschnittlichen Kinderzahl vereinbart werden könnte (grundsätzlich für erb- und güterrechtliche Doppelqualifikation, also Anwendung nur bei deutschem Erb- und Güterstatut, Schotten/Johnen DtZ 1991, 259). **29**

e) **§§ 1931, 1932 BGB** finden Anwendung, wenn bundesdeutsches Recht Erbstatut ist, insbesondere also gemäß § 1 Abs 1 in allen Erbfällen, die nach dem 3. 10. 1990 eintreten. Lebte der Erblasser in einem BGB-Güterstand, was wiederum nach Art 234 § 4 zu beurteilen ist, so ist § 1931 BGB zur Gänze anwendbar. Lebte der Erblasser hingegen im (fortgeltenden) gesetzlichen Güterstand des FGB, so beurteilt sich die Ehegattenerbquote ausschließlich nach § 1931 Abs 1 BGB. Daneben findet ein güterrechtlicher Ausgleich nach den Bestimmungen des FGB statt (Art 234 § 4 Rn 77), der sich nicht auf die Erbquote, wohl aber auf den Nachlaßbestand auswirkt. **30**

III. Anwendbares Recht: Erbfall vor dem 3. 10. 1990

1. Grundsatz, Reichweite

a) Erbrechtliche Verhältnisse

aa) Ist der Erbfall **vor dem 3. 10. 1990 eingetreten**, so gilt für die Beerbung im weitesten Sinne das Erbrecht der DDR. Erbrechtliche Verhältnisse in diesem Sinne sind alle Tatbestände, die mit dem Anfall oder dem Erwerb einer Erbschaft im **31**

Zusammenhang stehen (KG DtZ 1996, 151; PALANDT/EDENHOFER Rn 5; MünchKomm/LEIPOLD Rn 23). Der Begriff sollte jedoch in Zweifelsfällen nicht unter Rückgriff auf die ältere Rechtsprechung zu **Art 213 S 1 EGBGB** verstanden werden.

32 **bb)** Näher liegt es, als „erbrechtliche Verhältnisse" im Sinne von § 1 Abs 1 alle Tatbestände zu behandeln, die in kollisionsrechtlicher Sicht (Art 25) als **erbrechtlich zu qualifizieren** sind. Das Problem der Abgrenzung zu anderen Statuten (insbesondere den familienrechtlichen Verhältnissen, welche eine Erbenstellung begründen, aber auch zu Schuldverträgen: BGH DtZ 1996, 51) liegt hier völlig identisch: Es geht darum, Institutionen einer fremden Rechtsordnung (DDR-ZGB) daraufhin einzuordnen, ob sie aus Sicht des BGB erbrechtlicher Natur sind. Durch Anlehnung an Art 25 wird gewährleistet, daß der innerdeutsche Überleitungsfall nach den aktuellen Erkenntnissen zur Reichweite des Erbstatuts gelöst wird. Maßgeblich ist hierfür der Zeitpunkt des Erbfalls (OLG Dresden OLG-NL 2000, 67).

33 **cc)** Zu den **erbrechtlichen Verhältnissen** rechnen neben der Bestimmung der Erben und der Erbquoten durch Testament oder gesetzliche Erfolge auch das *Pflichtteilsrecht* samt der Beziehungen zwischen dem Erben und dem Pflichtteilsberechtigten (OLG Dresden OLG-NL 2000, 67; OLG Naumburg OLGR 2000, 290; zu Besonderheiten bei Ansprüchen nach dem **VermG** unten Rn 38 ff; zu Einzelheiten im **Recht der DDR** unten Rn 62 ff).

Soweit *sonstiges Recht der DDR*, das systematisch nicht in die Erbrechtsbestimmungen eingeordnet war, auf die erbrechtlichen Verhältnisse Einfluß nahm, fällt dieses ebenfalls unter § 1. Das gilt zB für Bestimmungen der *GVVO* hinsichtlich der Wirksamkeit von letztwilligen Verfügungen (OLG Naumburg OLG-NL 1996, 17, 18) oder eine für die Erbfähigkeit einer *juristischen Person* erforderliche Genehmigung, auch wenn sie öffentlich-rechtlicher Natur ist (KG FamRZ 1996, 973, 974).

Nicht zu den erbrechtlichen Verhältnissen rechnen hingegen Ansprüche, die dem Erben in Ansehung des Nachlasses aufgrund allgemeiner Bestimmungen zustehen, insbesondere also die § 985 ff BGB funktionell entsprechenden Ansprüche. Ansprüche gegen den *Erbschaftsbesitzer* sowie Ansprüche der *Miterben untereinander* rechnen hingegen zu den erbrechtlichen Verhältnissen, auch soweit sie im Recht der DDR durch Verweisung auf die allgemeinen Bestimmungen geregelt waren (unzutreffend daher OLG Dresden OLG-NL 1998, 137, 139).

b) Erbrechtliche Fristen

34 **aa)** **Ausgenommen** von der Überleitung nach § 1 Abs 1 sind **erbrechtliche Fristen**, insbesondere die Frist zu **Ausschlagung, Testamentsanfechtung** (hierzu unten Rn 151 ff, 177 ff) und **Pflichtteilsverjährung** (hierzu Art 231 § 6 Rn 18). Für Verjährungsfristen trifft Art 231 § 6 Abs 2 eine Sonderregelung. Art 235 § 1 gilt jedoch insoweit, als Art 231 § 6 sich auf die Frist nach dem bisherigen Recht bezieht. In diesem Rahmen sind dann auch Fristbestimmungen aus dem vor Inkrafttreten des ZGB in der DDR geltenden BGB aus Sicht der Rechtspraxis in der DDR auszulegen (OLG Dresden ZOV 1999, 373, 374: BRep aus Sicht der DDR als *Ausland* iSd § 1944 Abs 3 BGB; **aA** OLG Frankfurt aM ZEV 1994, 247 für einen Erbfall vor 1961; zur Parallelproblematik unter § 402 Abs 1 ZGB unten Rn 70).

35 **bb)** Für Fristen, die für die **Geltendmachung**, den **Erwerb** oder den **Verlust** eines Rechts maßgebend sind, erklärt Art 231 § 6 Abs 3 die Absätze 1 und 2 für anwendbar. Diese Regelung erfaßt auch Fristen, die für die Geltendmachung etc von erbrechtlichen Berechtigungen laufen.

cc) Hieraus ergibt sich, daß **am 3.10. 1990, 0 Uhr noch laufende Fristen** durch die Fristen des BGB abgelöst werden. *Kürzere* BGB-Fristen laufen mit dem 3.10. 1990 erneut an (OLG Dresden DtZ 1993, 311), die Frist endet aber spätestens zu dem nach ZGB berechneten Zeitpunkt (Art 231 § 6 Abs 2). *Längere oder gleich lange* BGB-Fristen werden nach den Bestimmungen des BGB berechnet; für den Beginn, die Hemmung oder die Unterbrechung bis zum 3.10. 1990 gilt jedoch das ZGB (Art 231 § 6 Abs 1; MünchKomm/Leipold Rn 24; Adlerstein/Desch DtZ 1991, 198; Trittel DNotZ 1991, 240; zur Berechnung, insbesondere zur Verjährungshemmung, vgl Art 231 § 6 Rn 40 ff). **36**

c) Testamentsanfechtung, Ausschlagung

Zu dem auf Testamentsanfechtung und Ausschlagung anwendbaren Recht vgl unten Rn 151 ff und Rn 177. **37**

d) Pflichtteilsansprüche ausgelöst durch Ansprüche nach dem VermG

aa) Problemstellung

Strittig ist, welchem Recht Pflichtteilsansprüche unterstehen, wenn der **Erbfall vor dem 3.10. 1990** eingetreten ist und dem ZGB der DDR unterliegt, jedoch Pflichtteilsansprüche wegen Restitutionsansprüchen der Erben nach dem **VermG** aufgrund von dem Erblasser entzogenem Vermögen entstanden sind. **38**

bb) Pflichtteilsberechtigung

Der BGH (BGHZ 123, 76, 79) nimmt an, daß solche Ansprüche nach dem VermG, mögen sie auch erst in der Person der Erben entstehen, ihrem Sinn und Zweck nach an die Stelle verlorener Nachlaßwerte treten und daher auch **Pflichtteilsansprüchen** unterliegen. Dem ist zuzustimmen (so auch OLG Celle, AgrarR 1993, 118; offengelassen von OLG München DtZ 1993, 153), auch wenn der Anspruch nach dem VermG als solcher nicht in den Nachlaß fällt (Limmer ZEV 1994, 31 ff; S Lorenz DStR 1993, 1224, 1225, 1227). Stand das Grundstück, welches Gegenstand des Anspruchs nach dem VermG ist, unter Zwangsverwaltung, so fiel es in den Nachlaß und unterliegt daher ohne weiteres Pflichtteilsansprüchen; war es enteignet, so ist jedenfalls nach dem Zweck des VermG der Anspruch als erbrechtlich zu verteilendes Surrogat des Grundstücks anzusehen (Rauscher JR 1994, 485, 487; Dressler DtZ 1993, 229, 231; S Lorenz DStR 1993, 1224, 1227). **39**

cc) Anwendbares Recht

α) Andererseits soll es sich in Ansehung dieser Pflichtteilsansprüche dann aber um einen am 3.10. 1990 **nicht abgeschlossenen Vorgang** handeln, so daß § 2313 BGB anzuwenden sei; nach Ansicht des BGH soll dies nicht nur gelten, wenn – wie im entschiedenen Fall – der Erbfall vor dem 1.1. 1976 eingetreten ist, sondern auch dann, wenn die Beerbung dem ZGB unterliegt (BGHZ 123, 76, 79 f). Dies ist der auch zu § 25 Abs 2 RAG (oben Rn 19) vertretenen Prämisse geschuldet, wonach vermögensrechtliche Ansprüche nicht Gegenstand der erbrechtlichen Überleitung nach § 1 sind (zutreffend sieht das Problem in diesem Zusammenhang MünchKomm/Leipold Rn 18). **40**

Dem ist nicht zu folgen. Zum einen ist das VermG am 29. 9. 1990 in Kraft getreten, so daß im Zeitpunkt der Überleitung Ansprüche nach dem VermG bereits bestanden

(Casimir DtZ 1993, 234, 235; Dressler DtZ 1993, 229, 232 jeweils m Nachw), also ein Überleitungsfall vorliegt. Zum anderen aber ist für Pflichtteilsansprüche, auch solche an bedingten und ungewissen Rechten im Nachlaß, der Vorgang intertemporal mit Eintritt des Erbfalls abgeschlossen (näher Rauscher JR 1994, 485, 486; Solomon IPRax 1995, 24, 29). Der Widerspruch macht nur erneut deutlich, daß der BGH die das Erbrecht surrogierende Funktion des Anspruchs aus § 3 Abs 1 VermG nicht konsequent durchhält (vgl oben Rn 19 ff).

41 **β)** Das wirft die vom BGH folgerichtig nicht erörterte Frage auf, ob auf die erbrechtliche Behandlung der Ansprüche nach dem VermG **§ 25 Abs 2 RAG** anzuwenden ist, wenn der Erbfall sich nach dem 1. 1. 1976 ereignet hat; die Frage ist ebenso zu entscheiden wie die grundsätzlichere Problematik, ob Ansprüche nach dem VermG hinsichtlich der hieran bestehenden Erbberechtigung dem Einzelstatut des § 25 Abs 2 RAG oder dem Gesamt-Erbstatut nach Art 25 EGBGB unterfallen (dazu oben Rn 19 ff).

42 **γ)** Im Ergebnis unterliegt also die Nachberechnung des Pflichtteils entgegen der Ansicht des BGH dem **ZGB**, wenn der Erblasser zwischen dem 1. 1. 1976 und dem 3. 10. 1990 verstorben ist, wobei es wegen § 25 Abs 2 RAG nach hier vertretener Ansicht nicht auf den letzten gewöhnlichen Aufenthalt des Erblassers ankommt. Nach hM hingegen ist das ZGB nur anwendbar, wenn es Erb-Gesamtstatut nach Art 25 Abs 1 (letzter gewöhnlicher Aufenthalt in der DDR: LG Hamburg NJW 1998, 2608), nicht aber, wenn es Erb-Einzelstatut nach § 25 Abs 2 RAG ist.

dd) Materielles Recht: Pflichtteilsnachberechnung bei BGB-Erbstatut

43 **α)** Materiellrechtlicherfolgt daher für Erbfälle **vor dem 1. 1. 1976** und solche unter bundesdeutschem Erbstatut eine Nachberechnung nach § 2313 Abs 2 BGB in analoger Anwendung, wenn das Grundstück enteignet war (BGHZ 123, 76, 78 f; Rauscher JR 1994, 487).

44 **β)** Strittig ist, ob auch ein im Nachlaß befindliches, unter **staatliche Zwangsverwaltung** gestelltes Grundstück als ungewisses Recht zu behandeln ist und – wegen seiner Zugehörigkeit zum Nachlaß – in direkter Anwendung § 2313 Abs 2 BGB untersteht. Dies ist anzunehmen (Dressler DtZ 1993, 229, 232; Rauscher JR 1994, 487). Ob ein Grundstück enteignet oder nur unter staatliche Zwangsverwaltung gestellt wurde, ist angesichts der nachträglich feststellbaren DDR-Praxis ein völlig zufälliger Unterschied, der eine Ungleichbehandlung nicht erlaubt. Auch die staatliche Zwangsverwaltung machte das Grundstück im Zeitpunkt des Erbfalls im Grunde unbewertbar, so daß nicht auf § 2311 BGB zurückgegriffen werden kann.

Die *Gegenansicht* (LG Hamburg DtZ 1993, 316; vOlshausen DtZ 1993, 332 f; LG Karlsruhe DtZ 1994, 318 schließt sich dem im Ergebnis an, verkennt aber, daß die Frage auch unter dem ZGB als Erbstatut zu entscheiden ist) weist zwar zutreffend darauf hin, daß auch andere – nicht zwangsverwaltete oder enteignete – Grundstücke durch die Wende einen unerwarteten Wertzuwachs erfahren haben, der den Pflichtteilsberechtigten nicht zugute kommt. Solche Fälle liegen aber insofern anders als die zu einem Anspruch nach dem VermG führenden, als das Grundstück im Zeitpunkt des Erbfalls einen nach den Verhältnissen in der DDR *gewissen*, wenngleich *geringeren* Wert repräsentierte.

γ) Der Anspruch ist nach § 2311 Abs 1 S 1 BGB hinsichtlich des **Wertzeitpunktes** festgelegt; die **Wertbemessung** erfordert jedoch einen Kaufkraftausgleich (dazu BGHZ 123, 76, 80 f; zustimmend Fassbender DNotZ 1994, 364; kritisch zur Berechnungsmethode Rauscher JR 1994, 487, 488 f). **45**

δ) Die **Verjährung** des Nachabfindungsanspruchs beginnt erst zu laufen ab dem Zeitpunkt, in dem die Bedingung iSd § 2313 eintritt, also vorliegend der Anspruch nach dem VermG entstanden ist, aus denen sich der Pflichtteilsanspruch ergibt, also mit Inkrafttreten des VermG (BGHZ 123, 76, 82; ähnlich OLG Celle AgrarR 1993, 118, 119 [Hemmung]; Rauscher JR 1994, 485, 490; Dressler DtZ 1993, 233; **aA** Fassbender DNotZ 1994, 359; 369: Kenntnis von dem Anspruch). **46**

ee) Materielles Recht: Pflichtteilsnachberechnung bei ZGB-Erbstatut

α) Ist der Erbfall **seit dem 1. 1. 1976** eingetreten und das Recht der DDR Erbstatut, so ist fraglich, ob eine Nachberechnung des Pflichtteils **entsprechend § 2313 BGB** stattfindet, da das ZGB eine entsprechende Regelung nicht enthielt. Man wird daraus aber – anders als für den bewußt nicht im ZGB aufgenommenen Pflichtteilsergänzungsanspruch – nicht folgern können, daß dem ZGB eine Nachberechnung des Pflichtteilsanspruchs in Fallgestaltungen, wie sie § 2313 BGB erfaßt, nicht entspräche (so aber LG Hamburg NJW 1998, 2608; MünchKomm/Frank § 2313 Rn 12; Palandt/Edenhofer § 2313 Rn 2; Fassbender DNotZ 1994, 359; wohl auch LG Karlsruhe DtZ 1994, 318). Vielmehr ist die Lücke im ZGB durch entsprechende Anwendung des Rechtsgedankens des § 2313 BGB zu schließen (Soergel/Dieckmann § 2311 Rn 48; Wasmuth DNotZ 1992, 17; Rauscher JR 1994, 487; zweifelnd: Adlerstein/Desch DtZ 1991, 199). **47**

β) Die **Umbewertung** ist in gleicher Weise durchzuführen wie für ein BGB-Erbstatut (oben Rn 43). **48**

γ) Für die **Verjährung** gilt hinsichtlich der kurzen Verjährungsfrist des § 396 Abs 3 S 3 HS 1 ZGB die Verjährungsüberleitung nach Art 231 § 6; die Frist ist am 29. 9. 1990 durch Inkrafttreten des VermG angelaufen, war am 3. 10. 1990 nicht abgelaufen und berechnet sich weiter nach § 2332 Abs 1 BGB. Hingegen läuft die *absolute Verjährungsfrist* des § 396 Abs 3 S 3 ZGB kenntnisunabhängig und war daher für Erbfälle, die bis einschließlich 3. 10. 1980 eingetreten sind, vor Überleitung bereits abgelaufen (Rauscher JR 1994, 490). **49**

2. Intertemporale Erbrechtsentwicklung in der DDR

Das Erbrecht der DDR wurde mehrfach geändert. Für die Einordnung der vor dem 3. 10. 1990 eingetretenen Erbfälle in die maßgeblichen Regelungen gilt grundsätzlich jeweils das auch § 1 Abs 1 zugrundeliegende **Stichtagsprinzip**. Maßgeblich ist das am Tag des Eintritts des Erbfalls geltende Erbrecht. Kodifiziert ist dieses Prinzip im Recht der DDR zuletzt in § 8 Abs 1 EGZGB (zu Ausnahmen unten Rn 57 ff). **50**

a) BGB-Altfälle

aa) Bis 31. 12. 1975 galt in der DDR mit erheblichen Modifikationen das Erbrecht des 5. Buches des BGB fort. Bereits die unmittelbare Geltung des Gleichberechtigungsgrundsatzes kann die Auslegung von Bestimmungen des BGB, die zunächst in **51**

der DDR fortgalten, beeinflussen (vgl OLG Brandenburg ZEV 2002, 283 zur Anwendung von § 1643 Abs 2 S 2 BGB aF bei Ausschlagung durch die *Mutter*).

Zu berücksichtigen sind in diesem Zeitraum die *VO über die Annahme an Kindes Statt*, in Kraft seit 1. 1. 1957 (GBl DDR I 1956, 1326), deren § 1 zwischen Adoptivkind und -eltern abweichend von § 1759 BGB aF die gleichen wechselseitigen (erbrechtlichen) Beziehungen wie zwischen Eltern und Kindern herstellte (Wagenitz FamRZ 1990, 1169). Seit dem 1. 4. 1966 gilt statt dessen (vgl § 27 Nr 8 EGFGB) die inhaltsgleiche Regelung nach §§ 66, 72, 73 FGB.

52 **bb)** Ein **Erbrecht nichtehelicher Kinder** war zunächst – vor Inkrafttreten des FGB (sogleich Rn 53 ff) – weder einfachrechtlich vorgesehen, noch kann ein solches Erbrecht unmittelbar aus Art 33 DDR-Verfassung hergeleitet werden (BezG Erfurt FamRZ 1994, 465; Palandt/Edenhofer Rn 2; Stübe 173).

b) Inkrafttreten des FGB zum 1. 4. 1966

53 Bestimmungen zum Erbrecht **nichtehelicher Kinder** und des **Ehegatten** enthalten §§ 9, 10 EGFGB, die mit Wirkung **zum 1. 4. 1966** (§ 29 EGFGB) in Kraft getreten sind.

54 **aa) Minderjährige nichteheliche Kinder** erbten gemäß § 9 EGFGB (vgl BayObLG DtZ 1994, 154, 155) nach Vater und Großeltern väterlicherseits (LG Erfurt FamRZ 2000, 988), **volljährige nichteheliche Kinder** nur bei Unterhaltsbedürftigkeit, wenn der Vater das Erziehungsrecht innehatte oder wenn das Kind während der Minderjährigkeit überwiegend im Haushalt des Vaters gelebt hatte oder im Zeitpunkt des Erbfalles bei ihm lebte (§ 9 Abs 2 EGFGB; OLG Brandenburg FamRZ 2000, 253), was zwar keine bestimmte Dauer des Lebens beim Vater, jedoch eine wirkliche Eingliederung in dessen Haushalt erforderte (OLG Rostock OLGR 1998, 433). Bei Fehlen von Ehefrau, ehelichen Abkömmlingen oder Eltern des Erblassers erbte das volljährige nichteheliche Kind immer, lebte nur ein Elternteil des Vaters, dann erbte es neben diesem (§ 9 Abs 3 EGFGB). Ein eingeschränktes Erbrecht nach dem Kind hatten auch der Vater und seine Verwandten (§ 9 Abs 4 EGFGB; Schotten/Johnen DtZ 1991, 226).

55 **bb)** § 9 EGFGB ist **erbrechtlich** zu qualifizieren, auch wenn die Norm in familienrechtlichem Zusammenhang geschaffen wurde, findet also nur Anwendung, wenn das Recht der DDR innerdeutsch Erbstatut ist. Damit kommt es auf den gewöhnlichen Aufenthalt des Erblassers an, nicht auf den des Kindes oder auf dessen Geburtsort (BayObLG FamRZ 1994, 466).

Eine Anwendung von § 9 EGFGB aufgrund von **Nachlaßspaltung** bei Nachlässen, die innerdeutsch dem Erbrecht des BGB als Gesamtstatut und dem ZGB als Einzelstatut unterliegen (oben Rn 16), kommt nicht in Betracht, da die Bestimmung durch Inkrafttreten des ZGB am 1. 1. 1976 im selben Zeitpunkt außer Kraft getreten ist, in dem durch § 25 Abs 2 des am selben Tag in Kraft getretenen RAG die Grundlage für die Nachlaßspaltung geschaffen wurde (BayObLG ZEV 1994, 310; S Lorenz ZEV 1994, 310, 312).

56 **cc)** Der **Ehegatte** erbte unabhängig vom Güterstand (§ 1371 Abs 1 BGB sowie die Modifikationen in § 1931 Abs 4 BGB wurden in der DDR nicht wirksam) neben

Kindern wie ein Erbe erster Ordnung, jedoch mindestens ein Viertel (§ 10 Abs 1 EGFGB). Die Erblassereltern erbten neben dem Ehegatten nur dann, wenn der Erblasser seinen Eltern unterhaltspflichtig war; in diesem Fall erbte der Ehegatte die Hälfte (§ 10 Abs 2 EGFGB; Schotten/Johnen DtZ 1991, 226; Jaeger DtZ 1991, 293; Eberhardt DtZ 1991, 293 f).

c) Inkrafttreten des ZGB am 1. 1. 1976

57 **Seit dem 1. 1. 1976** gilt das Erbrecht des ZGB.

aa) Intertemporal ist das vorher geltende Erbrecht nach Maßgabe der intertemporalen Bestimmungen in § 8 EGZGB zu bestimmen (BayObLG ZEV 2001, 489; OLG Brandenburg FamRZ 2000, 253; Palandt/Edenhofer Rn 6; vgl auch Nachw im folgenden). Der Grundsatz der Geltung alten Erbrechts für vor dem Stichtag eingetretene Erbfälle (§ 8 Abs 1 EGZGB; BezG Erfurt NJ 1993, 372, 373; OLG Naumburg OLG-NL 1996, 181, 182) erfährt folgende Ausnahmen:

58 **bb)** Vor dem 1. 1. 1976 **errichtete Testamente** unterlagen hinsichtlich der Wirksamkeit den Bestimmungen des BGB bzw des TestG, auch wenn der Erbfall unter Geltung des ZGB eintrat (§ 8 Abs 2 S 1 ZGB; BGHZ 124, 270, 274; BayObLG ZEV 2001, 489, 491; OLG Brandenburg FamRZ 1997, 1030; OLG Jena FamRZ 1995, 447; OLG Jena OLG-NL 1994, 179, 180; OLG Jena OLG-NL 1995, 8). Das gilt auch hinsichtlich der Auswirkungen der **Scheidung der Ehe** des Erblassers auf den Fortbestand eines vor dem 1. 1. 1976 errichteten Testaments, wenn die Ehe vor dem 1. 1. 1976 geschieden wurde (BayObLG FamRZ 1995, 1088).

59 **cc)** Zu dem auf die **Testamentsauslegung** anwendbaren Recht vgl unten Rn 133.

60 **dd)** Eine in einem vor dem 1. 1. 1976 errichteten Testament enthaltene Anordnung einer **Vor- und Nacherbfolge** bleibt wirksam (BayObLG FamRZ 1997, 391, 392; KG DtZ 1995, 418, 419; OLG Naumburg OLG-NL 1999, 107, 108; OLG Zweibrücken ZEV 2001, 489, 491), entfaltet aber nach § 8 Abs 2 S 2 HS 2 EGZGB keine Bindungen, wenn der Erbfall nach dem 1. 1. 1976 eingetreten ist (Köster Rpfleger 2000, 144); einer *Umdeutung* in eine Vollerbeinsetzung mit nachfolgend aufschiebend bedingtem Vermächtnis zugunsten des Nacherben (so OLG Zweibrücken DtZ 1992, 360) bedarf es wegen der grundsätzlich wirksam bleibenden Nacherbeneinsetzung nicht.

61 **ee)** Altrechtliche **Anerbengesetze** der Länder sind – anders als nach Art 64 – unter dem ZGB **nicht** in Kraft geblieben (OLG Celle VIZ 1996, 52). Sie leben nicht wieder auf (AG Pinneberg DtZ 1992, 300; zu *vor der Gründung der DDR* geregelten Erbfällen nach dem Reichserbhofgesetz, insbesondere zur Fiktion des Art XII KontrollratsG Nr 45: OLG Brandenburg FamRZ 1998, 1619; OLG Brandenburg OLG-NL 2001, 227; zur Anwendung *nach Gründung der DDR*, jedoch vor Inkrafttreten des ZGB: OLG Jena VIZ 1997, 493).

3. ZGB-Erbrecht – Einzelfragen

62 Im Vergleich zum BGB-Erbrecht sind insbesondere nachfolgende Besonderheiten festzustellen (allgemein zum DDR-Erbrecht Berger/Marko/Orth NJ 1990, 384; Freytag ZRP 1991, 304; Marker ZEV 1999, 245, 247):

63 a) **Erbfähig** waren nach § 363 Abs 2 ZGB natürliche Personen (auch *nascituri*). Staatliche Organe (vgl § 11 Abs 3 ZGB) und Betriebe konnten nach § 363 Abs 3 ZGB Erbe werden, bedurften aber gemäß § 399 ZGB zum Erwerb der Erbschaft der staatlichen Genehmigung (KG FamRZ 1996, 973; OLG Jena FamRZ 1995, 446, 447, dort auch zur Erbeinsetzung einer „Stadt"; vgl dazu auch AG Cottbus LKV 1996, 111). Die Versagung der Genehmigung bleibt auch dann für die heutige Beurteilung des Erbfalls maßgeblich, wenn sie rechtsstaatlichen Grundsätzen widersprach, es sei denn der entsprechende Verwaltungsakt war *nichtig* (OLG Naumburg OLG-NL 1996, 181) oder wird nach den Bestimmungen des VwRehaG aufgehoben (insoweit offengelassen von OLG Naumburg aaO).

64 b) § 369 Abs 1 ZGB **begrenzte das Verwandtenerbrecht** auf drei Erbordnungen. Bei Fehlen von Verwandten dieser Ordnungen erbte der Staat. In Anwendung von § 1 Abs 1 soll in diesen Fällen auf Art 22 EV zurückzugreifen sein (MünchKomm/Leipold Rn 24). Fraglich ist aber, ob § 369 Abs 1 ZGB weiter anzuwenden ist, solange Verwandte fernerer Ordnungen den Erblasser überlebt haben. Gegen eine Begrenzung der Verwandtenerbfolge bestehen durchgreifende *verfassungsrechtliche Bedenken* im Hinblick auf die von Art 14 Abs 1 GG geschützte Freiheit des Erbrechts vor staatlichen Eingriffen (im einzelnen Rauscher, Reformfragen des gesetzlichen Erb- und Pflichtteilsrechts, Band I, Kap 1.1. ff; Stübe 133 ff). Anstatt die Vorteile der Staatserbfolge nach § 369 Abs 1 ZGB in Anwendung von Art 22 EV auf Bund und Länder zu verteilen, erscheint es richtiger, in solchen Fällen die durch Nichtanwendung von § 369 Abs 1 ZGB entstehende Lücke durch die Vorschriften der §§ 1928 bis 1930 BGB zu füllen.

65 c) Das **Erbrecht nichtehelicher Kinder** war nach den Bestimmungen des ZGB ohne Unterschied dem Erbrecht des ehelichen Kindes gleichgestellt (§ 365 ZGB). Die Beschränkungen des § 9 EGFGB sind mit dem 1. 1. 1976 entfallen (Adlerstein/Desch DtZ 1991, 194; Schotten/Johnen DtZ 1991, 226). Erforderlich war die Anerkennung oder Feststellung der Vaterschaft (OLG Dresden OLG-NL 1998, 137, 138). Diese Regelung ist die Grundlage für die in § 1 Abs 2 getroffene Regelung. Als erbrechtlich zu qualifizierende Bestimmung setzte § 365 ein DDR-Erbstatut voraus, galt aber unabhängig vom Aufenthalt des Kindes (OLG Brandenburg FamRZ 1997, 1031: also auch bei aus Sicht der DDR „ausländischer bundesdeutscher Staatsangehörigkeit").

66 d) Der **Ehegatte** wurde durch § 365 Abs 1 ZGB in die erste Erbordnung eingereiht. Er erbte neben Abkömmlingen des Erblassers zu gleichen Teilen, mindestens ein Viertel sowie die Gegenstände des ehelichen Haushalts. Die ehegüterrechtliche Abwicklung hatte Vorrang vor der erbrechtlichen; der Anteil des Verstorbenen am gemeinschaftlichen Eigentum fiel in den Nachlaß (§ 365 Abs 3 ZGB). Bei Fehlen von Abkömmlingen erbte der Ehegatte allein (§ 366 ZGB), das in § 10 EGFGB normierte Bedürfniserbrecht der Erblassereltern bei Zusammentreffen mit dem Ehegatten sah das ZGB nicht mehr vor (Adlerstein/Desch DtZ 1991, 194; Schotten/Johnen DtZ 1991, 226).

67 e) Innerhalb der **zweiten und dritten Erbordnungen** trat Repräsentation durch die Deszendenten erst ein, wenn kein Elternteil mehr lebte bzw beide Teile eines Großelternpaars verstorben waren. War nur ein Teil eines Eltern-/Großelternpaares verstorben, so repräsentierte der überlebende Teil dieses Paar (§ 367 Abs 2, § 368 Abs 3 ZGB; Schotten/Johnen DtZ 1991, 226).

f) Das **Pflichtteilsrecht** war mit Ausnahme des Pflichtteilsrechts des Ehegatten (§ 396 Abs 1 Nr 1 ZGB), also für Kinder, Enkel und Eltern des Erblassers abhängig von der *Unterhaltsbedürftigkeit* des Pflichtteilsberechtigten. Der Pflichtteilsanspruch betrug *zwei Drittel* des Wertes des gesetzlichen Erbteils. Er *verjährte* zwei Jahre nach Kenntnis vom Erbfall und Testamentsinhalt, spätestens 10 Jahre nach dem Erbfall (§ 396 Abs 3 ZGB; zum Fristlauf oben Rn 11). **68**

g) Das ZGB-Erbrecht kannte die Rechtsinstitute der **Nacherbschaft** (Köster Rpfleger 1991, 98; Andrae NJ 1998, 175, 177; zu Auslegung bzw Umdeutung: KG FamRZ 1996, 1572, 1574) und des **Erb- und Pflichtteilsverzichts** nicht mehr. **69**

h) **Annahme und Ausschlagung** der Erbschaft waren grundsätzlich strukturiert wie im BGB-Erbrecht, also durch eine Annahmefiktion im Falle der Versäumung der Ausschlagungsfrist (§ 402 Abs 2 ZGB). Der Nachlaß konnte nur insgesamt, nicht hinsichtlich einzelner Gegenstände ausgeschlagen werden (§ 402 Abs 3 S 2 ZGB; AG Cottbus LKV 1996, 111, 112). Die Ausschlagungsfrist betrug 2 Monate, bei Erben mit Wohnsitz außerhalb der DDR 6 Monate (§ 402 Abs 1 ZGB). Die sechsmonatige Frist galt auch für Erben mit Wohnsitz in der BRep Deutschland (OLG Hamm ZEV 1994, 246; OLG Dresden ZOV 1999, 373, 374; zur Überleitung am 3. 10. 1990 noch offener Fristen Art 231 § 6 Rn 81; zur Anfechtung der Ausschlagung unten Rn 177 ff; zu den Fristen im einzelnen: Vogt/Kobold DtZ 1993, 226, 229). **70**

Zur Stellung des **Testamentsvollstreckers**: OLG Jena OLG-NL 1995, 270; KG DtZ 1995, 448.

i) Die **Fristen zur Testamentsanfechtung** betrugen ein Jahr nach Kenntnis des Anfechtungsgrundes, höchstens 10 Jahre nach dem Erbfall (§ 374 Abs 2 S 2, 3 ZGB). **71**

α) Erwägenswert erscheint es, eine **Hemmung der Frist** anzunehmen, solange die politische Situation in der DDR eine Anfechtung faktisch unmöglich gemacht hat (Fahrenhorst JR 1992, 269); zur Problematik der Anfechtungsgründe unten Rn 172 ff.

β) Die Anfechtung war durch **Klage** geltend zu machen (§ 374 Abs 2 ZGB; Wasmuth DNotZ 1992, 11). Zur Frage, ob dies auch nach dem 3. 10. 1990 gilt vgl unten Rn 154 ff. **72**

k) Für den **Bestand des Nachlasses** sind ggf Sondervorschriften über die Vererblichkeit gemäß § 424 ZGB zu beachten. Hierzu gehören insbesondere die Regelungen über *Nutzungsrechte* und hierauf errichtete Gebäude (§ 5 G über die Verleihung von Nutzungsrechten GBl DDR 1970 I 372; § 4 G über den Verkauf volkseigener Eigenheime GBl DDR 1973 I 578; Abschnitt VII Nr 9 12 Musterstatut für Arbeiterwohnbaugenossenschaften GBl DDR 1973 I 112 und § 45 LPGG, Lübchen/Göhring 181). Zur Behandlung von **Bodenreformgrundstücken** vgl Art 233 §§ 11 ff (Erläuterungen dort, zur Vererblichkeit vgl insbesondere Vorbem 18 ff zu Art 233 §§ 11–16). **73**

4. Verfassungs- und grundrechtskonforme Auslegung

a) Wie im Fall der Geltungsanordnung fremden Rechts sind zur Wahrung des Vertrauensschutzes auch die nach § 1 anwendbaren Bestimmungen im Recht der **74**

DDR so anzuwenden, wie sie in der **Rechtspraxis der DDR** angewendet wurden (BGHZ 131, 22; PALANDT/EDENHOFER Rn 6). Soweit Bestimmungen des ZGB an die erbrechtliche Tradition des BGB anknüpften, läßt es sich angesichts der geringen wissenschaftlichen Aufarbeitung der Materie in der DDR jedoch nicht vermeiden, daß zur Auslegung der Bestimmungen auf vergleichbare Normen des BGB zurückgegriffen wird (kritisch ANDRAE NJ 1998, 113 ff; vgl BGHZ 131, 22: Erbengemeinschaft; OLG Naumburg OLG-NL 1998, 26: Umdeutung unzulässigen gemeinschaftlichen Testaments).

75 b) Auch im Erbrecht greift jedoch der Grundsatz ein, daß eine an spezifisch sozialistischen Wertungen orientierte Auslegung einer verfassungskonformen grundrechtsorientierten Auslegung zu weichen hat (BGH NJW 1994, 582; PALANDT/EDENHOFER Rn 6).

76 c) Soweit das ZGB-Erbrecht auf **Grundsätze der sozialistischen Moral** verwies (vgl § 373 Abs 2 ZGB), ist dieser Terminus bereits in Übereinstimmung mit Art 1 Abs 1 **VerfassungsgrundsätzeG** (GBl DDR 1990 I 299) durch den Maßstab der *guten Sitten* zu ersetzen (MünchKomm/LEIPOLD Rn 22).

5. Nachlaßverfahren bei Altfällen

77 a) Das Nachlaßverfahren beurteilt sich auch in Fällen, die nach § 1 Abs 1 dem Recht der DDR unterliegen, nach den am 3. 10. 1990 auch für die östlichen Bundesländer in Kraft gesetzten **Bestimmungen des FGG** (EV Anlage I Kapitel III Sachgebiet A Abschnitt III Nr 13; MünchKomm/LEIPOLD Rn 29; PALANDT/HELDRICH Art 25 Rn 25). Seit dem 3. 10. 1990 sind für die Erteilung von Erbscheinen die Nachlaßgerichte zuständig (zu inzwischen abgelaufenen Besonderheiten des Instanzenzugs STAUDINGER/RAUSCHER [1996] Rn 77).

78 b) Dasselbe gilt für sonstige, das Erbrecht nach einem vor dem 3. 10. 1990 verstorbenen Erblasser betreffende Verfahren. So werden **Streitverfahren**, insbesondere Pflichtteilsprozesse im Verfahren der ZPO durchgeführt; **Nachlaßgesamtvollstreckung** war unter der bis zum 31. 12. 1998 geltenden GesamtvollstreckungsO auch bezüglich eines Nachlasses in einem solchen Altfall möglich (MünchKomm/LEIPOLD Rn 28).

79 c) Das ZGB enthält jedoch zahlreiche **Funktionszuweisungen an die Staatlichen Notariate**, deren Bewältigung durch die Nachlaßgerichte fraglich ist.

aa) Diese Systematik ist zwar auch dem BGB-Erbrecht bekannt, einzelne solcher Funktionen sind jedoch nach den Bestimmungen des BGB dem **Nachlaßgericht** nicht übertragen. Es kann insoweit nicht darum gehen, ob § 1 Abs 1 solche verfahrensrechtlichen Bestimmungen erfaßt oder nicht erfaßt. Auch erscheint eine Parallelwertung zu Art 213 S 1 wenig fruchtbar (so wohl MünchKomm/LEIPOLD Rn 27; für weitgehende Einbeziehung solcher Verfahrensbestimmungen STAUDINGER/WINKLER[12] Art 213 Rn 3), weil sie sich die international-verfahrensrechtliche Diskussion um die Möglichkeit der Bewältigung materiellrechtlich bedeutsamer ausländischer Verfahrenshandlungen vor deutschen Nachlaßgerichten nicht zunutze macht. Insoweit ist anerkannt, daß ein deutsches Nachlaßgericht innerhalb seiner Zuständigkeit nicht nur tätig wird, wenn eine Verrichtung auch im deutschen Nachlaßverfahren *gebräuchlich* ist, sondern schon dann, wenn die Verrichtung dem deutschen Verfahren *nicht wesensfremd* ist (STAUDINGER/DÖRNER [2000] Art 25 Rn 814 ff).

bb) Wesensfremdheit wird man allerdings mit Rücksicht auf die Einigungssituation, die davon geprägt ist, daß das Erbrecht der DDR aufgrund § 1 Abs 1 angewendet werden soll, nur höchst ausnahmsweise anzunehmen haben. Vielmehr sollten grundsätzlich verfahrensrechtliche Wege gesucht werden, um die Befugnisse, die das materiell anwendbare ZGB dem Staatlichen Notariat gibt, durch das zuständige Nachlaßgericht zu realisieren. **80**

d) Grundsätzlich ergibt sich daraus: **Ob** eine erbrechtliche Funktion durch das Nachlaßgericht auszuüben ist, beurteilt sich nach den erbrechtlichen Bestimmungen des ZGB. **Wie** die Durchführung erfolgt, beurteilt sich hingegen grundsätzlich nach dem FGG. Soweit weder das FGG noch das ZGB Regelungen enthalten, ergibt sich ein **Angleichungsproblem** vom Typus der Regelungslücke, das dadurch gelöst werden kann, daß die Qualifikationsgrenzen des § 1 Abs 1 geeignet verschoben werden. **81**

aa) Unproblematisch sind Bestimmungen, die eine wesensidentische Funktion vorsehen, zB § 403 Abs 2, 3 ZGB: Die **Ausschlagung** ist hiernach gegenüber dem Nachlaßgericht zu erklären und bedarf der öffentlichen Form. **82**

bb) Für die **Sicherung** des Nachlasses bei unbekannten oder an der Nachlaßfürsorge verhinderten Erben gilt § 415 ZGB. Die dort dem Staatlichen Notariat übertragenen Maßnahmen der Erbenermittlung, Nachlaßsicherung und des Gläubigerschutzes (Abs 1), sowie der Nachlaßpflegschaft sind durch das Nachlaßgericht wahrzunehmen. Kontrolle und Anordnungen erfolgen grundsätzlich im Rahmen der Bestimmungen des § 415 ZGB, verfahrensrechtliche Lücken ergeben sich nicht (MünchKomm/LEIPOLD Rn 37, anders aber Rn 38). **83**

cc) Ähnlich verhält es sich mit der Erstellung von **Nachlaßverzeichnissen** und der Anordnung der **Nachlaßverwaltung**. Die Bestimmungen der §§ 416 bis 419 ZGB, 420 ff ZGB beschreiben insoweit die nachlaßgerichtlichen Befugnisse, die Tätigkeit ist trotz der Zugrundelegung von fremdem Erbrecht durch ein deutsches Nachlaßgericht anerkanntermaßen im deutschen Nachlaßverfahren zu bewältigen. **84**

dd) Angleichungsbedürfnisse ergeben sich hingegen bei der **Erteilung von Erbscheinen.** § 413 Abs 1 entspricht § 2353 BGB; § 413 Abs 2 ZGB entspricht im wesentlichen § 2366 BGB, ohne daß die Kenntnis von dem Rückgabeverlangen des Nachlaßgerichts in § 413 Abs 2 ZGB erwähnt wäre. Hingegen fehlen Bestimmungen über die Antragstellung und erforderliche Nachweise, wie sie in §§ 2354 ff BGB enthalten sind. Da es sich hierbei funktionell um verfahrensrechtliche Bestimmungen handelt, weil diese Abweichungen vom Verfahren des Ersten Teils des FGG begründen (Beibringungslast, Anhörung, Beweiserhebung), sollten grundsätzlich lückenfüllend diese Bestimmungen des BGB, nicht aber die Regeln des NotariatsG der DDR angewendet werden (vgl MünchKomm/LEIPOLD Rn 38). Daß es hierbei zu Unzuträglichkeiten kommen könnte, die zur Anwendung des DDR-NotariatsG zwingen (MünchKomm/LEIPOLD Rn 38), ist nicht ersichtlich; insbesondere kannte das ZGB keine dem deutschen materiellen Erbrecht systemfremden Institute, über deren Aufnahme in **85**

den Erbschein Zweifel bestehen könnten. Erbrecht, Pflichtteilsrecht und Vermächtnisse sind ähnlich strukturiert.

86 ee) Die **vermittelnde Tätigkeit** des Staatlichen Notariats bei der Aufhebung der Erbengemeinschaft nach §§ 425 ff ZGB kann ebenfalls vom Nachlaßgericht nach den Bestimmungen der §§ 86 ff FGG bewältigt werden (MünchKomm/Leipold Rn 39).

87 ff) Zweifelhaft erscheint hingegen, ob eine **Entscheidung** des Nachlaßgerichts über die Teilung nach § 427 ZGB möglich ist, oder ob diese Funktion angesichts der Verlagerung in die streitige Gerichtsbarkeit dem deutschen Nachlaßverfahrensrecht wesensfremd ist. Dem könnte entgegenstehen, daß für echte Streitverfahren der freiwilligen Gerichtsbarkeit regelmäßig Sondervorschriften (HausratVO; WEG) benötigt werden, um verfahrensrechtliche Garantien sicherzustellen (daher gegen Fortgeltung des § 427 ZGB MünchKomm/Leipold Rn 40). Andererseits läßt sich die damit bestehende verfahrensrechtliche Lücke des FGG wohl schließen, wenn die Nachlaßgerichte das ihnen zustehende verfahrensrechtliche Auswahlermessen nutzen, insbesondere in geeigneter Weise Strengbeweis anstelle des Freibeweises (§ 12 FGG) erheben und mündlich verhandeln. Problematisch bleibt allerdings, daß ohne eine ausdrückliche gesetzliche Bestimmung gegen Entscheidungen des Nachlaßgerichts die **unbefristete Beschwerde** gegeben ist; es liegt aber auf der Hand, daß in einem Verfahren nach § 427 ZGB nur die sofortige Beschwerde geeignet wäre, Rechtssicherheit herzustellen. Sofern man nicht eine Analogie zu § 45 Abs 1 WEG, § 14 HausratVO iVm § 621e ZPO zu ziehen bereit ist, müßte hieran die Bewältigung des § 427 FGB im Nachlaßverfahren scheitern.

6. Erbscheine

a) Vor dem 3.10. 1990 erteilte Erbscheine

88 aa) Unbeschränkte Erbscheine bundesdeutscher Nachlaßgerichte die das Erbrecht nach einem Deutschen mit letztem gewöhnlichen Aufenthalt in der Bundesrepublik bezeugen, bleiben wirksam. Sie erstrecken ihre Wirksamkeit nunmehr auf das gesamte Bundesgebiet, sind also insbesondere zum Nachweis der Erbfolge in bewegliches Vermögen, welches in den neuen Bundesländern belegen ist, geeignet (Adlerstein/Desch DtZ 1991, 200; Böhringer Rpfleger 1991, 277; Bestelmeyer Rpfleger 1992, 230). Dies folgt daraus, daß solche Erbscheine aus bundesdeutscher Sicht schon immer universelle Geltung (in ganz Deutschland) beanspruchten, so daß es nicht mehr darauf ankommt, daß aus Sicht der Behörden der DDR ein solcher Erbschein nicht anerkannt wurde, sondern ein gegenständlich beschränkter (Fremdrechts-)Erbschein für den DDR-Nachlaß verlangt wurde (Schotten/Johnen DtZ 1991, 261 beziehen die einschränkende Ansicht zum Geltungsanspruch wohl nur auf den korrespondierenden DDR-Erbschein).

89 bb) Soweit zum Nachlaß eines nach dem 1. 1. 1976 verstorbenen Erblassers in diesem Fall **unbewegliches Vermögen in der ehemaligen DDR** gehört, ist strittig, wie mit einem unbeschränkt erteilten Erbschein bundesdeutscher Nachlaßgerichte zu verfahren ist.

90 α) Vor dem 3. 10. 1990 war strittig, ob in einem solchen Erbschein ein Geltungsvermerk („Gilt nicht für in der DDR belegenes unbewegliches Vermögen") anzubringen war (vgl Schotten/Johnen DtZ 1991, 230 Fn 52 ff). Geht man davon aus, daß das Erbscheinsrecht dem materiellen Recht zu dienen hat, so dürfte der Ansicht der Vorzug zu geben sein, die aus der entsprechenden Anwendung von Art 3 Abs 3 EGBGB und der daraus folgenden Beachtung von § 25 Abs 2 RAG (oben Rn 10 ff) die Notwendigkeit der Anbringung eines solchen Vermerks folgerte. Aus tatsächlichen Gründen war der Mangel eines solchen Vermerks vor dem 3. 10. 1990 nicht schädlich, weil in der DDR der Erbschein ohnehin nicht anerkannt wurde.

β) Seit dem 3. 10. 1990 kann ohne einen solchen Vermerk der Erbschein seine Funktion, das Erbrecht zutreffend auszuweisen, nicht mehr erfüllen. Der Geltungsvermerk ist daher im Interesse der Rechtssicherheit zwingend, Erbscheine ohne diesen Vermerk sind *unrichtig* und daher nach § 2361 BGB einzuziehen (Schotten/Johnen DtZ 1991, 261; Köster Rpfleger 1991, 100 f; Rau DtZ 1991, 20; zur Frage, ob das Grundbuchamt dem Erben die Klärung der Reichweite des Erbscheins aufgeben darf: BezG Erfurt DtZ 1994, 77). Die **Gegenansicht**, welche lediglich die Anbringung eines **Geltungsvermerks** empfiehlt, nicht aber eine Einziehung mit dem Ziel der Anbringung eines Vermerks für zwingend erforderlich hält (LG Berlin DtZ 1992, 30 mit dem wenig überzeugenden Hinweis auf die Kenntnis des notariellen und Grundbuchverkehrs; Palandt/Edenhofer § 2353 BGB Rn 7; Adlerstein/Desch DtZ 1991, 20; Böhringer Rpfleger 1991, 278; ders Rpfleger 1999, 110; Trittel DNotZ 1992, 431; Bestelmeyer Rpfleger 1992, 232) übersieht, daß der Erbschein bereits bei Erteilung unrichtig war, weil er ein so nicht bestehendes Erbrecht (vgl Art 3 Abs 3 EGBGB) auswies. **91**

γ) Die Entscheidung über diese Streitfrage hängt ab von der jeweiligen Grundsatzposition zur Frage der **gegenständlichen Beschränkung von Eigenrechtserbscheinen**. Lehnt man eine gegenständliche Beschränkung von Erbscheinen, die nach deutschem Recht erteilt werden, sich aber kollisionsrechtlich nur auf einen Teil des Nachlasses beziehen, ab (so eingehend Bestelmeyer Rpfleger 1992, 232), so gelangt man zwangsläufig zu der hier abgelehnten Ansicht. Es erscheint aber wenig einsichtig, einen Fall, in dem aufgrund von Art 3 Abs 3 EGBGB ein Teil des Nachlasses fremdem Recht unterstellt ist, erbscheinsrechtlich anders zu behandeln als eine durch Teilrückverweisung auf deutsches Recht eintretende Nachlaßspaltung. In beiden Fällen verlangt die Rechtsklarheit nach einem einschränkenden Vermerk im Erbschein. **92**

cc) Erbscheine Staatlicher Notariate für den Nachlaß von Deutschen mit letztem gewöhnlichem Aufenthalt in der DDR bleiben für die neuen Bundesländer wirksam. Da solche Erbscheine nach ihrem inneren Geltungsanspruch nicht für den in der Bundesrepublik belegenen Nachlaß erteilt wurden, erstreckt sich ihre Wirkung nunmehr auch nicht auf das gesamte Bundesgebiet (Schotten/Johnen DtZ 1991, 261; **aA** Böhringer Rpfleger 1991, 277; Fritsche NJ 1998, 290, 292: Gleichstellungsvermerk bei einheitlichem Erbstatut). Erst recht werden in solchen Fällen erteilte **Erbscheine von bundesdeutschen Nachlaßgerichten** nicht obsolet (**aA** Böhringer aaO). Vielmehr hat bei Fehlen eines solchen Erbscheins das nunmehr zuständige Nachlaßgericht ggf einen umfassenden Erbschein zu erteilen. Soweit sich in solchen Fällen Ost- und West-Erbscheine räumlich überschneiden, aber inhaltlich beide richtig sind, ist keiner der Erbscheine einzuziehen (Schotten/Johnen DtZ 1961, 261). **93**

dd) Gegenständlich beschränkte Erbscheine Staatlicher Notariate für den in der **94**

DDR belegenen Immobiliarnachlaß eines mit gewöhnlichem Aufenthalt in der Bundesrepublik verstorbenen Deutschen bleiben wirksam und genügen zum Nachweis der Erbfolge in den Immobiliarnachlaß in den neuen Bundesländern (DÖRNER IPRax 1991, 396; KÖSTER Rpfleger 1991, 100).

95 **ee)** Als **unrichtig einzuziehen (§ 2361 BGB)** sind alle Erbscheine, die ein Erbrecht ausweisen, das nach dem gemäß innerdeutschem Kollisionsrecht iVm Art 235 § 1 anwendbaren Recht nicht besteht. Da aus bundesdeutscher Sicht das innerdeutsche Kollisionsrecht auch vor dem 3. 10. 1990 anzuwenden war, sind Erbscheine deutscher Nachlaßgerichte nur insoweit betroffen, als Rechtsanwendungsfehler unabhängig von dem Umstand der Wiedervereinigung aufgetreten sind (WÄHLER ROW 1992, 108; vgl aber oben Rn 41).

96 **ff)** **Erbscheine Staatlicher Notariate** können insbesondere dadurch **unrichtig geworden** sein, daß kollisionsrechtlich über § 25 Abs 1 RAG auf DDR-Flüchtlinge mit letztem gewöhnlichem Aufenthalt in der Bundesrepublik das Recht der DDR angewendet wurde. Solche Erbscheine sind einzuziehen (PALANDT/EDENHOFER § 2361 BGB Rn 3; SCHOTTEN/JOHNEN DTZ 1991, 261; dies DtZ 1991, 232; TRITTEL DNotZ 1991, 244). Dasselbe gilt in Fällen unzutreffender materiellrechtlicher Rechtsanwendung, insbesondere wenn Staatliche Notariate in Anwendung des BGB zu materiell unrichtigen Ergebnissen gelangt sind (SCHOTTEN/JOHNEN DtZ 1991, 261), was insbesondere der Fall sein kann, wenn das Ehegattenerbrecht ohne Berücksichtigung von § 1371 Abs 1 BGB ausgewiesen wurde (hierzu REINHARDT DtZ 1991, 185). Erst recht sind Erbscheine Staatlicher Notariate einzuziehen, die bereits nach dem Recht der DDR unrichtig waren und auch nach den aus bundesdeutscher Sicht geltenden interlokalen und intertemporalen Grundsätzen unrichtig bleiben (KG DtZ 1995, 418, 419), insbesondere, wenn Erbscheine unter Übergehung berufener privater Erben zugunsten der DDR erteilt wurden (zur Frage der Haftung in solchen Fällen GRUBER VIZ 2001, 528; zur Nichtanwendbarkeit von Art 237 § 1 dort Rn 19).

b) Erbscheinserteilung nach dem 3. 10. 1990

aa) örtliche Zuständigkeit

97 **α)** Für die **Erteilung** von Erbscheinen nach Erblassern mit Wohnsitz im Inland beurteilt sich nach dem 3. 10. 1990 die örtliche Zuständigkeit ausschließlich gemäß § 73 FGG.

98 **β)** Das gilt insbesondere auch in Fällen der **Nachlaßspaltung**, wenn also ein Erblasser nach bundesdeutschem Erbstatut beerbt wird, aber ein Nachlaßgrundstück in der ehemaligen DDR gemäß § 25 Abs 2 RAG dortigem Recht unterlag. Die Zuständigkeit des Staatlichen Notariats I Berlin für die Erteilung gegenständlich beschränkter Erbscheine ist entfallen (LG München I FamRZ 1991, 1489; LG Berlin DtZ 1992, 30; LG Bonn DtZ 1992, 57; BezG Dresden DtZ 1991, 216; Notariat 3 Baden-Baden Rpfleger 1991, 252; MünchKomm/LEIPOLD Rn 29; ADLERSTEIN/DESCH DtZ 1991, 199; SCHOTTEN/JOHNEN DtZ 1991, 262; RAU DtZ 1991, 19; DÖRNER IPRax 1991, 396; BÖHRINGER Rpfleger 1991, 276, 278; zur *Bestimmung des zuständigen Gerichts* gemäß § 5 Abs 1 S 1 FGG, wenn ein *Staatliches Notariat der DDR* befaßt war: KG OLGZ 1994, 73).

99 **γ)** Es besteht auch keine **Kontinuität der Zuständigkeit** des AG Berlin-Schöneberg, wenn dessen Zuständigkeit vor dem 3. 10. 1990 in entsprechender Anwendung von

§ 73 Abs 2 FGG in Ansehung von Lastenausgleichsansprüchen bestanden hatte. Ist der Erblasser in der DDR verstorben, so ist jetzt das dortige Wohnsitzgericht nach § 73 Abs 1 FGG zuständig (KG OLGZ 1992, 287).

100 **δ)** Hat jedoch bereits vor dem 3. 10. 1990 ein damals originär wegen Belegenheit von Nachlaßgegenständen zuständiges bundesdeutsches Nachlaßgericht einen Erbschein erteilt, der sich nicht auf den in der DDR belegenen Nachlaß bezog, so bleibt dieses Gericht für die **Erweiterung des Erbscheins** durch Erteilung eines weiteren gegenständlich beschränkten Erbscheins (sogleich Rn 103 ff) gemäß **§ 73 Abs 3 FGG** zuständig (KG OLGZ 1993, 17, 18). Dasselbe sollte dann aber auch für die **Einziehung** des Erbscheins gelten (**aA** KG OLGZ 1993, 15, 16: insoweit § 73 Abs 1 FGG).

101 **ε)** Hat vor dem 3. 10. 1990 ein bundesdeutsches Nachlaßgericht einen Erbschein nach einem mit letztem Wohnsitz in der DDR verstorbenen Erblasser erteilt, so bleibt dieses Gericht zur Erteilung weiterer **Ausfertigungen** dieses Erbscheins weiter zuständig, denn die bloße Erteilung einer Ausfertigung ist keine neue nachlaßgerichtliche Verrichtung (KG OLGZ 1993, 293).

102 **ζ)** Ermangelte es einem bundesdeutschen Nachlaßgericht bei einer Entscheidung vor dem 3. 10. 1990 an der Zuständigkeit, so wird dieser Mangel **geheilt durch das Inkrafttreten der §§ 72 ff FGG**, wenn am 3. 10. 1990 das Verfahren noch in der Beschwerdeinstanz anhängig ist (LG Berlin NJW 1991, 1238, 1239).

bb) Gegenständlich beschränkte Erbscheine

103 **α)** Auch **nach dem 3. 10. 1990** besteht ein Bedürfnis zur Erteilung **gegenständlich beschränkter Erbscheine** für in der ehemaligen DDR belegenes **Immobiliarvermögen**. Selbst ein unbeschränkt von einem bundesdeutschen Nachlaßgericht erteilter Erbschein (zu dessen Unrichtigkeit oben Rn 41), der das Erbrecht an diesem Immobiliarnachlaß inhaltlich (zufällig) richtig nachweist, kann nicht einfach „erweitert" werden, indem auf allen Ausfertigungen ein Zusatzvermerk über die Geltung für die Erbfolge an den DDR-Immobilien angebracht wird (OLG Hamm FamRZ 1995, 1092, 1094; LG Berlin DtZ 1992, 30; Schotten/Johnen DtZ 1992, 263; **aA** Adlerstein/Desch DtZ 1991, 200).

104 **β)** Vielmehr ist ein eigenständiger **gegenständlich beschränkter Erbschein** zu erteilen, der darüber Aufschluß gibt, daß die Erbfolge sich **nach dem ZGB** der DDR beurteilt. Dieser Erbschein kann ggf mit einem auf den beweglichen und den übrigen unbeweglichen Nachlaß beschränkten Eigenrechtserbschein zusammengefaßt werden (BayObLG ZEV 2001, 489, 491; KG OLGZ 1992, 274; OLG Jena OLG-NL 1997, 16; OLG Zweibrücken DtZ 1992, 360; BayObLG FamRZ 1995, 1089; LG München FamRZ 1991, 1489; LG Berlin NJW 1991, 1238; LG Bonn DtZ 1992, 57; Notariat Stuttgart-Botnang FamRZ 1994, 658, 659; Palandt/Edenhofer § 2353 BGB Rn 7; Trittel DNotZ 1991, 245; Rau DtZ 1991, 19 f; Henrich FamRZ 1991, 1362; Köster Rpfleger 1991, 100; Böhringer Rpfleger 1991, 278; unklar BezG Dresden DtZ 1991, 216).

105 **γ)** Selbst wenn im Einzelfall die Erbfolge in das in der ehemaligen DDR belegene Immobiliarvermögen **übereinstimmt** mit der nach dem **BGB**-Gesamtstatut oder einem ausländischen Gesamtstatut bezeugten Erbfolge, ist ein solcher Erbschein zu erteilen und darin anzuführen, daß sich die Beerbung hinsichtlich des Immobiliarnachlasses in der DDR nach dem ZGB der DDR bestimmt (**aA** LG Hamburg FamRZ

1992, 1475, 1476); dies erfordert die Rechtssicherheit und entspricht ständiger Praxis bei Nachlaßspaltung im Verhältnis zu ausländischen Erbrechtsordnungen. Daß der Erbschein ein gegenständlich beschränkter Eigenrechtserbschein ist und nicht § 2369 BGB unterliegt, ändert hieran nichts (**aA** LG Hamburg aaO).

106 **δ)** Hat ein Nachlaßgericht in der Bundesrepublik bereits **vor dem 3. 10. 1990** einen auf den Mobiliarnachlaß und den nicht in der DDR befindlichen Immobiliarnachlaß **beschränkten Erbschein** erteilt, so ist dieser richtig und daher nicht einzuziehen (vgl sonst oben Rn 91). Auf Antrag hat das Nachlaßgericht in diesem Fall lediglich einen im Sinn von § 25 Abs 2 RAG beschränkten Erbschein in Anwendung des ZGB zu erteilen (BayObLG FamRZ 1994, 723).

107 **ε)** Es genügt, daß der Antragsteller die **Möglichkeit** dartut, daß zum Nachlaß ein in der ehemaligen DDR belegenes Grundstück oder ein sich auf ein solches Grundstück beziehender Restitutionsanspruch (zum Streit hierüber oben Rn 19 ff) gehört (KG OLGZ 1992, 279; BayObLG FamRZ 1995, 1089; OLG Zweibrücken DtZ 1992, 360; **aA** OLG Hamm FamRZ 1995, 758, 760).

108 **ζ)** Ein solcher gegenständlich beschränkter Erbschein ist **Eigenrechtserbschein** nach § 2353 BGB; die Voraussetzungen des § 2369 BGB liegen nicht vor. Das nunmehr zuständige Nachlaßgericht wendet insoweit das Recht der DDR als deutsches Recht an (KG Rpfleger 1992, 158; LG Berlin DtZ 1992, 30; LG Berlin FamRZ 1991, 1361; LG Bonn DtZ 1992, 56; LG Hamburg FamRZ 1992, 1475, 1476; Henrich FamRZ 1991, 1362; **aA** Köster Rpfleger 1991, 100 f; unklar: OLG Hamm FamRZ 1995, 758, 759: „Elemente des § 2369 BGB").

109 **η)** Gegenständlich beschränkte Erbscheine für im **Gebiet der alten Bundesrepublik** befindliche Gegenstände können nach einem vor dem 3. 10. 1990 in der DDR verstorbenen Deutschen nicht mehr erteilt werden. Entsprechende Anträge sind in der Hauptsache erledigt (BayObLG DNotZ 1992, 444).

IV. Erbfälle seit dem 3. 10. 1990

110 **1.** Für seit dem 3. 10. 1990 eingetretene Erbfälle gilt grundsätzlich gemäß Art 230 Abs 2 das BGB-Erbrecht. Ausnahmen bestehen hinsichtlich des Erbrechts von **Kindern nicht miteinander verheirateter Eltern** (Abs 2; hierzu unten Rn 117 ff) sowie zur **Errichtung und Aufhebung von Verfügungen von Todes wegen** (§ 2; Palandt/Edenhofer Rn 2; MünchKomm/Leipold Rn 41 f; Adlerstein/Desch DtZ 1991, 196; Schotten/Johnen DtZ 1991, 233; Böhringer Rpfleger 1991, 279).

111 **2.** Insbesondere gilt bei seit dem 3. 10. 1990 eintretenden Erbfällen auch das Pflichtteilsrecht des BGB (OLG Naumburg OLG-NL 2000, 182); ob bei einem **gemeinschaftlichen Testament** beide Erblasser den 3. 10. 1990 erlebt haben und deshalb das Testament noch hätten ändern können (insoweit einschränkend OLG Dresden NJWE-FER 1999, 275) ist unerheblich, denn das Pflichtteilsrecht macht Testamente nicht unwirksam. Die Freiheit der Erblasser, durch entsprechende kautelare Gestaltungen die Pflichtteilsberechtigten zu nötigen, ihren Pflichtteil nicht geltend zu machen, ist nicht schutzwürdig.

112 **3.** Damit gelten auch die Bestimmungen über die **Pflichtteilsergänzung wegen**

Schenkungen (§§ 2325 ff BGB). Fraglich ist, wie Schenkungen zu behandeln sind, die noch unter einem potentiellen ZGB-Erbstatut, also vor dem 3. 10. 1990, von Schenkern mit gewöhnlichem Aufenthalt in der DDR vorgenommen wurden.

a) Grundsätzlich kommt es für die Anwendung von **§ 2325 BGB** auf den Zeitpunkt des Erbfalls an; solche Schenkungen sind also von § 2325 erfaßt (BGHZ 147, 95; BGH FamRZ 2002, 883; OLG Dresden NJW 1999, 2345; OLG Jena OLG-NL 1999, 108; OLG Rostock ZEV 1995, 333; Palandt/Edenhofer § 2325 Rn 17). **113**

Insbesondere greift die Anwendung von § 2325 BGB nicht in schutzwürdiges **Vertrauen** ein oder ist gar verfassungswidrig (vgl aber Fassbender DNotZ 1994, 359; anders Schubel/Wiedenmann JZ 1995, 858, die jedoch Art 235 § 1 für planwidrig lückenhaft halten). Soweit der Anspruch sich gegen den Erben des Schenkers richtet, sind lediglich *Erbaussichten* betroffen, die sich der potentielle Erbe vor dem 3. 10. 1990 gemacht haben mag, die aber weder nach ZGB noch nach BGB rechtlich geschützt oder gar verfestigt sind (BGHZ 147, 95; OLG Dresden NJW 1999, 3345, 3346; OLG Jena OLG-NL 1999, 108, 110; Schubel/Wiedenmann JZ 1995, 858, 863).

b) Auch der Anspruch gegen den **Beschenkten nach § 2329 BGB** besteht ggf, wenn der Erbfall dem BGB unterliegt (BGHZ 147, 95; OLG Rostock ZEV 1995, 333; MünchKomm/Frank § 2325 Rn 10 a). Dem steht nicht der Schutz von Vertrauen des Beschenkten in den Bestand der Schenkung im Verhältnis zu Pflichtteilsberechtigten entgegen (so aber OLG Jena OLG-NL 1999, 110; Kuchinke DtZ 1996, 195; ders DNotZ 1999, 826, 831; JZ 2001, 1090, 1091; Pentz JZ 1999, 295, 297); das Pflichtteilsrecht und damit der Ergänzungsanspruch bestehen unabhängig davon, ob im Zeitpunkt der Schenkung ein Pflichtteilsberechtigter vorhanden ist (Trittel DNotZ 1991, 238). Zwar greift die Regelung in unechter Rückwirkung in vollzogene Erwerbe ein, auf die der Beschenkte vertraut haben mag, weil er nach dem ZGB einem solchen Anspruch auch nicht potentiell ausgesetzt sein konnte (OLG Jena OLG-NL 1999, 110). Entscheidend ist daher die Bewertung der gegenläufigen schutzwürdigen Interessen (BGHZ 147, 95). Dem Vertrauen des Beschenkten in die Beständigkeit des unentgeltlichen Erwerbs steht das durch Art 6 Abs 1 GG und die Institutsgarantie des Erbrechts (Art 14 Abs 1 GG) geschützte Pflichtteilsrecht gegenüber. Soweit das ZGB die Schmälerung selbst nach dem ZGB bestehender Pflichtteilsrechte durch Schenkungen erlaubte, verstieß dies gegen Grundwertungen des deutschen Rechts und im übrigen gegen elementare Prinzipien gesetzlicher Logik (vgl auch mit aller Deutlichkeit OLG Jena OLG-NL 1999, 108, 109: „ewig gültige Regeln der Logik"): Ein Pflichtteilsrecht, das der Erblasser noch am Tag vor seinem Tod zunichte machen kann, leidet an einem schweren Systemfehler. Bei vernünftiger Würdigung von § 397 ZGB der den Zusatzpflichtteil und die Befreiung von Beschränkungen regelte, also das Pflichtteilsrecht gegen letztwillige Verfügungen sicherte, drängt sich der Schluß auf, daß der ZGB-Gesetzgeber hier für sein gegenüber dem klassenfeindlichen BGB als einfach gepriesenes ZGB mit dem Verlust an Logik bezahlt hat, was Vertrauen nicht rechtfertigt. **114**

Das Vertrauen des Beschenkten kann also den Anspruch aus § 2329 BGB nicht beschränken, auch wenn kein enger zeitlicher Zusammenhang zwischen der Schenkung und dem Beitritt besteht (so im Fall BGH NJW 2001, 2398).

c) Hiervon zu unterscheiden ist die **Bewertung**. Die Wertverhältnisse im Zeit- **115**

punkt des Schenkungsvollzugs bestimmen bei verbrauchbaren Sachen immer (§ 2325 Abs 2 S 1 BGB), bei Grundstücken aufgrund des Niederstwertprinzips (§ 2325 Abs 2 S 2 BGB) und damit wegen der nach dem Beitritt eingetretenen Wertsteigerung in aller Regel den Wert, mit dem die Schenkung anzusetzen ist und damit auch mittelbar den Betrag, zu dem sich der Beschenkte nach § 2329 Abs 2 BGB von dem Herausgabeanspruch befreien kann. Damit kommen ohnedies dem Beschenkten und nicht dem Pflichtteilsberechtigten die wendebedingten Wertsteigerungen zu. Man mag bei ungewöhnlich langer Dauer des Grundbuchvollzugs im Umfeld der Wende erwägen, maßvolle Korrekturen am Niederstwert vorzunehmen, wenn dieser während des anhängigen Grundbuchvollzugs außergewöhnlich angestiegen ist (OLG Jena OLG-NL 1999, 108). In solchen Fällen sollte dann allerdings auch sorgsam geprüft werden, ob die Grundstücksschenkung nicht in Erwartung des BGB-Pflichtteilsrechts in kollusivem Zusammenwirken von Erblasser und Beschenkten zum Nachteil der Pflichtteilsberechtigten erfolgte.

Diese Bewertung ist aber auch dafür maßgeblich, ob überhaupt eine **(gemischte) Schenkung** vorliegt, wenn für den Erwerb in der DDR ein Entgelt bezahlt wurde. Lag bei Vollzug des Geschäfts Entgeltlichkeit vor, was sich angesichts der damals geltenden Preisbestimmungen unschwer ermitteln läßt, so wird dieses nicht rückblikkend aufgrund der wendebedingten Wertsteigerung zu einer ergänzungspflichtigen Schenkung (BGHZ 147, 95, 98; BGH FamRZ 2002, 883). Dadurch können auch aus heutiger Sicht geringwertige Gegenleistungen volle Entgeltlichkeit begründen (BGH FamRZ 2002, 883: Wohnrecht etc mit Jahreswert von 1.200 M für 61jährige Veräußererin).

116 **4.** Für das **nachlaßgerichtliche Verfahren** ergeben sich keine Besonderheiten gegenüber der Behandlung des Nachlasses eines Deutschen mit letztem gewöhnlichen Aufenthalt im alten Bundesgebiet. Zu beachten sind die gerichtsorganisatorischen Besonderheiten im FG-Verfahren in den neuen Bundesländern (oben Rn 31).

V. Erbrecht „nichtehelicher“ Kinder (Abs 2)

1. Bedeutung des ErbGleichG

117 Aufgrund der klarstellenden Änderung des Abs 2 durch das ErbgleichG (dazu oben Rn 3 f) ergeben sich keine unmittelbaren Änderungen der Rechtslage.

Da jedoch die in Abs 2 in Bezug genommene unterschiedliche erbrechtliche Behandlung ehemals ehelicher und nichtehelicher Verwandtschaft mit Wirkung vom 1. 4. 1998 entfallen ist, beschränken sich die Auswirkungen des Abs 2:

a) Für Erbfälle, die **zwischen dem 3. 10. 1990 und dem 31. 3. 1998** eingetreten sind, gelten weiterhin die alten Vorschriften (Art 227 Abs 1 Nr 1); für diese Fälle entfaltet Abs 2 also die bisherigen Wirkungen (unten Rn 119 ff). Die Weitergeltung alten Rechts nach Art 227 Abs 1 Nr 2 kommt im Anwendungsbereich des Abs 2 grundsätzlich nicht vor, da Abs 2 in seinem Geltungsbereich den vorzeitigen Erbausgleich ausschloß. Ein Zusammentreffen eines vorzeitigen Erbausgleichs und der Regelung in Abs 2 war jedoch in Fällen der Nachlaßspaltung nach § 25 Abs 2 RAG möglich (zu den Auswirkungen auf Art 227 Abs 1 Nr 2 unten Rn 129).

b) Für **seit dem 1. 4. 1998** eintretende Erbfälle hat Abs 2 angesichts der erbrechtlichen Gleichstellung aller anderen Kinder nur noch Bedeutung, wenn das Kind vor dem 1. 7. 1949 nichtehelich geboren wurde. Insoweit ist für den von Abs 2 erfaßten Personenkreis das Erbrecht gemäß §§ 1922 ff BGB geltender Fassung anzuwenden, während für den von Abs 2 nicht erfaßten Personenkreis §§ 1922 ff nicht gelten (dazu oben Rn 4). §§ 1934a aF bis 1934e aF, 2338a aF BGB haben für diesen Personenkreis nie gegolten. Sie spielen daher für nach dem 1. 4. 1998 eintretende Erbfälle keine Rolle mehr. **118**

2. Intertemporaler/Interlokaler/Interpersoneller Anwendungsbereich

a) Die Bestimmung bezieht sich **intertemporal** auf Erbfälle, die nach dem 3. 10. 1990 eintreten (vgl KG FamRZ 1996, 972: erst recht unanwendbar bei Erbfall vor dem 1. 1. 1976); dies ergibt sich aus dem Wortlaut („auch sonst") im Verhältnis zu Abs 1, außerdem aus dem Zweck, trotz Anwendung des BGB-Erbrechts bei *vorherigem Bezug zur DDR* ein volles Erbrecht des nichtehelichen Kindes iS der Bestimmungen des NEhelG zu gewährleisten (KG FamRZ 1996, 972, 973; OLG Köln OLGZ 1993, 487, 488; Adlerstein/Desch DtZ 1991, 196; Rauscher StAZ 1991, 7). **119**

b) Außerdem gilt die Regelung ausdrücklich nur für **vor dem 3. 10. 1990 geborene Kinder** (Orth, in: Schwab/Reichel 168; Rauscher StAZ 1991, 8). **120**

Abs 2 erfaßt auch Kinder, die vor Inkrafttreten des ZGB am **1. 1. 1976** bzw von § 9 EGFGB am **1. 4. 1966** (oben Rn 53 ff) geboren sind. Da das ZGB allen diesen Kindern ein gleiches Erbrecht gewährte, trifft der Zweck der Norm auch auf diese Fälle zu, auch wenn aus Sicht des BGB kein (vor 1. 7. 1949; Palandt/Edenhofer Rn 3; MünchKomm/Leipold Rn 60) oder nur ein durch § 1934a ff aF BGB beschränktes Erbrecht gewährt würde (MünchKomm/Leipold Rn 56, 58; Wandel BWNotZ 1991, 26; Köster Rpfleger 1991, 102; Rauscher StAZ 1991, 8).

Erfaßt sind auch **vor dem 1. 7. 1949** (Stichtag nach Art 12 § 10 NichtehelichenG; zur Klarstellung für diesen Personenkreis durch das ErbGleichG oben Rn 4) geborene Kinder; nur für diese hat die Regelung bei Erbfällen nach dem 1. 4. 1998 noch Bedeutung (oben Rn 118).

c) **Nascituri**, die bei Wirksamwerden des Beitritts gezeugt, aber noch nicht geboren waren, sind – entgegen verbreiteter Ansicht (Palandt/Edenhofer Rn 3; MünchKomm/Leipold Rn 56) – von Abs 2 erfaßt. Dies folgt zwar nicht aus § 1923 Abs 2 BGB, weil diese Bestimmung sich nur auf die Frage der Erbfähigkeit unter einem BGB-Erbstatut bezieht. Abzustellen ist aber auch insoweit auf den Schutzzweck: § 363 Abs 2 ZGB stellte ebenfalls den nasciturus dem bereits geborenen Erbprätendanten gleich; damit hatte ein ansonsten der Regelung unterfallender nasciturus bereits am 2. 10. 1990 dieselbe Erbaussicht inne wie ein zu diesem Zeitpunkt geborenes Kind. Diese Aussicht ist nicht weniger schutzwürdig, zumal der Wortlaut des Abs 2 („geboren ist") sich in Hinblick auf § 1923 Abs 2 BGB unschwer erweiternd verstehen läßt (Adlerstein/Desch DtZ 1991, 197). **121**

d) Der **interlokale** Anwendungsbereich erschließt sich nicht aus dem Wortlaut, sondern nur aus dem Zweck der Regelung. **122**

aa) Da das Erbstatut über die Erbberechtigung eines Erbprätendenten entscheidet und das Ziel verfolgt, dem Kind eine Erbaussicht zu erhalten, die es am 2. 10. 1990 gehabt hätte (KG FamRZ 1996, 972, 973), muß der interlokale Anwendungsbereich unabhängig vom gewöhnlichen Aufenthalt, der Staatsangehörigkeit des Kindes oder seiner Mutter sowie unabhängig vom *Statusstatut* des Kindes bestimmt werden (OLG Brandenburg FamRZ 1997, 1031, 1032; Palandt/Heldrich Art 25 Rn 23; Palandt/Edenhofer Rn 2; MünchKomm/Leipold Rn 54; **aA** Köster Rpfleger 1991, 101 f).

123 **bb)** Maßgeblich ist das **Erbstatut**; hierbei ist jedoch wegen des Zweckes, ein bei Wirksamwerden des Beitritts potentiell bestehendes Erbrecht zu schützen, zu diesem Zeitpunkt die ansonsten bis zum Erbfall bestehende *Wandelbarkeit* abzuschneiden. Maßgeblich ist das innerdeutsche Erbstatut bezogen auf den 2. 10. 1990. Dies bedeutet, daß vom *gewöhnlichen Aufenthalt* des Erblassers am 2. 10. 1990 auszugehen ist. Bestand dieser Aufenthalt in der DDR, so ist allerdings zusätzlich die DDR-Staatsbürgerschaft erforderlich, da es bei ausschließlich deutscher Staatsangehörigkeit zu einer Rückverweisung aus § 25 Abs 1 RAG käme (Dörner/Meyer-Sparenberg DtZ 1991, 7; Stoll, in: FS W Lorenz 594; ähnlich, aber ungenau nur auf den gewöhnlichen Aufenthalt abstellend LG Berlin FamRZ 1992, 1105; Palandt/Heldrich Art 25 Rn 23; Palandt/Edenhofer Rn 2; Pirrung RabelsZ 1991, 235; Drobnig RabelsZ 1991, 289; Rauscher StAZ 1991, 8; Böhringer Rpfleger 1991, 279; Schotten/Johnen DTZ 1991, 233; Trittel DNotZ 1991, 242; Bosch FamRZ 1992, 994 f; Schlüter/Fegeler FamRZ 1998, 1337, 1339; Stichtag für den gewöhnlichen Aufenthalt des Erblassers LG Neubrandenburg MDR 1995, 503; **aA** [nur DDR-Staatsbürgerschaft des Vaters am 2. 10. 1990] Lübchen-Göhring 182; **aA** [wandelbar letzter gewöhnlicher Aufenthalt] Henrich IPRax 1991, 19; **aA** [kumulativ gewöhnlicher Aufenthalt am 2. 10. 1990 und bei Tod] Wähler ROW 1992, 110).

124 **e)** Die durch Abs 2 vermittelte Anwendung des Ehelichenerbrechts entfällt daher nicht, wenn der Erblasser **nach dem 3. 10. 1990 in die westlichen Bundesländer umzieht.** Das Argument, es gebe im Erbkollisionsrecht keinen Bestandsschutz gegen einen Statutenwechsel, auch wenn der Erblasser diesen willentlich herbeiführt (so Dörner/Meyer-Sparenberg DtZ 1991, 6; Henrich IPRax 1991, 19) verfängt nicht, da Abs 2 gerade einen Bestandsschutz in Ansehung eines vor dem 2. 10. 1990 bestehenden potentiellen Erbstatuts vermitteln soll (MünchKomm/Leipold Rn 50; Stoll, in: FS W Lorenz 595; Trittel DNotZ 1991, 242; Eberhardt/Lübchen DtZ 1992, 209; **aA** die Vorgenannten).

125 **f)** Andererseits erwirbt das Kind eines am 2. 10. 1990 im alten Bundesgebiet lebenden nicht mit der Mutter verheirateten Vaters nicht die günstigere Erbberechtigung durch **Zuzug des Vaters** in die neuen Bundesländer (so aber Lück JR 1994, 45, 50). Anders als im Fall des Art 230 Abs 1 aF, der interlokale Rechtsspaltung *fortschrieb*, also auch bei Zuzug in das von Amtspflegschaften freie Beitrittsgebiet diese entfallen läßt, schafft Abs 2 keine fortdauernde Rechtsspaltung, sondern schützt nur eine bereits am 2. 10. 1990 angelegte Erbberechtigung.

126 **g)** Strittig ist, ob Abs 2 auch im Falle der Erbfolge in ein ehemaliges **DDR-Grundstück** anzuwenden ist, weil dieses Grundstück am 2. 10. 1990 gemäß § 25 Abs 2 RAG dem ZGB als Erbstatut unterlegen hätte.

aa) Eine starke Ansicht wollte eine **Nachlaßspaltung** nach dem 3. 10. 1990 insoweit nicht zulassen, wobei überwiegend die Anwendung des Gesamtstatuts (im Regelfall

BGB-Nichtehelichenerbrecht) postuliert (Schotten/Johnen DtZ 1991, 233; Lück JR 1994, 45, 47), teilweise aber auch erwogen wurde, die gesamte Erbfolge über Abs 2 dem Ehelichenerbrecht zu unterstellen.

bb) Dem ist nicht zu folgen, da das von Abs 2 geschützte **Interesse** auch diesen Fall erfaßt. Weder praktische Schwierigkeiten der Nachlaßabwicklung noch die ratio des § 25 Abs 2 RAG zwingen dazu, insoweit den Normzweck zu ignorieren. Der Umgang mit gespaltenen Nachlaßmassen ist im deutschen internationalen Erbrecht vertraut. Überdies entfallen die meisten Probleme schon deshalb, weil hinsichtlich der Pflichtteilsberechnung und der Beteiligungsquoten zwischen dem Ehelichen- und Nichtehelichenerbrecht auch vor dem 1. 4. 1998 keine Unterschiede bestanden. **127**

Der Anspruch nach § 1934a, 1934b aF BGB bezieht sich also (für Erbfälle die bis zum 31. 3. 1998 eingetreten sind) lediglich auf den übrigen Nachlaß. An dem betroffenen Grundstück ist der durch § 1934a aF BGB beschränkte Erbe vollwertiger Miterbe. Die Erbfolge in ein im Beitrittsgebiet belegenes Grundstück, das dem Erblasser schon am 2. 10. 1990 gehörte, unterliegt also ebenfalls Abs 2 (Palandt/Heldrich Art 25 Rn 23; Eberhardt/Lübchen DtZ 1992, 209).

h) Lediglich (vor dem 1. 3. 1998 bestehende) Ansprüche auf **vorzeitigen Erbausgleich** konnten schwerlich gespalten bewerkstelligt werden. Insoweit muß es bei dem Gesamtstatut bewenden. Soweit ein vorzeitiger Erbausgleich stattgefunden hat, erfaßt § 1934e aF BGB schon nach seinem Wortlaut („sind ... nicht gesetzliche Erben") auch eine sonst nach Ehelichenerbrecht bestehende gesetzliche Erb- oder Pflichtteilsberechtigung, bezieht sich also mittelbar auch auf das gesondert vererbte Grundstück. **128**

Daraus ergibt sich für Erbfälle nach dem 1. 4. 1998 folgende Lage: Nach **Art 227 Abs 1 Nr 2** gelten die alten Bestimmungen fort, wenn nach dem BGB-Erbrecht als Gesamtstatut vor dem 1. 4. 1998 ein vorzeitiger Erbausgleich stattgefunden hat. Da dieser, wie soeben bemerkt, auch die nach Abs 2 konservierte volle Erbberechtigung am abgespaltenen Immobiliennachlaß abgeschnitten hat, besteht in diesen Fällen auch nach dem 1. 4. 1998 hinsichtlich eines Grundstücks im Beitrittsgebiet keine Erbberechtigung mehr.

i) Im übrigen war der **vorzeitige Erbausgleich** in gleicher Weise anzuknüpfen wie die Erbberechtigung des nichtehelichen Kindes. Seit dem 1. 4. 1998 kann ein bis dahin nicht wirksam vereinbarter oder durch rechtskräftiges Urteil zuerkannter Erbausgleich nicht mehr stattfinden (Umkehrschluß aus Art 227 Abs 1 Nr 2; zu Einzelheiten der früheren Anknüpfung Staudinger/Rauscher [1996] Rn 123 f). **129**

k) § 1 Abs 2 verändert nicht die **kindschaftsrechtlichen Voraussetzungen** für das Erbrecht. Deshalb bestehen Erbrechte auch in Anwendung von Abs 2 nur dann, wenn die Vaterschaft festgestellt ist; die „natürliche Abstammung" genügt nicht. Ob eine in der DDR erfolgte Vaterschaftsfeststellung wirksam ist, beurteilt sich nach Art 234 § 7, für vor dem Inkrafttreten des FGB ausgesprochene andere Entscheidungen und Erklärungen nach § 7 Abs 4. Etwas anderes ist auch nicht nach dem Zweck des Abs 2 geboten, da auch im Recht der DDR das Erbrecht des Kindes **130**

gemäß § 365 ZGB von der Feststellung der Vaterschaft abhing (OLG Dresden OLG-NL 1998, 137, 138).

131 l) Auf das Erbrecht des **Vaters** und seiner **Verwandten** sind die in Abs 2 genannten Bestimmungen immer dann anzuwenden, wenn für das nichteheliche Kind die Voraussetzungen der Anwendung von Abs 2 zutreffen. Auf das Erbstatut, insbesondere den gewöhnlichen Aufenthalt *des Kindes* am 2. 10. 1990 kann es nicht ankommen, da sonst die von §§ 1934a ff aF BGB gewollte Gegenseitigkeit zerrissen würde. Ausgangsperson für die Bestimmung des vollen oder minderen Erbrechts ist aber nach dem Zweck des NichtehelichenG das Kind, nicht der Vater; maßgeblich ist also auch für das Erbrecht des Vaters dessen gewöhnlicher Aufenthalt am 2. 10. 1990 (MünchKomm/Leipold Rn 52; Palandt/Edenhofer Rn 4; Adlerstein/Desch DtZ 1991, 197).

3. Rechtsfolgen

132 a) Greift Abs 2 ein, so sind die **Bestimmungen des BGB** über das „Erbrecht des ehelichen Kindes" anzuwenden. Das sind bei Erbfällen, die bis zum 31. 3. 1998 eingetreten sind, die erbrechtlichen Bestimmungen mit Ausnahme der §§ 1934a aF bis 1934e aF, 2338a aF BGB. Für nach dem 1. 4. 1998 eintretende Erbfälle gibt es keine Bestimmungen über das Erbrecht „ehelicher Kinder", zumal es seit dem 1. 7. 1998 diesen kindschaftsrechtlichen Rechtsbegriff nicht mehr gibt. Es gelten also umfassend §§ 1922 ff BGB. Art 12 § 10 NEhelG gilt nicht. Bestimmungen des ZGB gelten nicht fort (Palandt/Edenhofer Rn 2; MünchKomm/Leipold Rn 45; Adlerstein/Desch DtZ 1991, 196 f).

133 b) Über den Wortlaut hinaus sind auch die Bestimmungen über das **Erbrecht nach dem ehelichen Kind** anzuwenden. Anstelle von § 1934a Abs 2 und 3 aF BGB gelten auch in vor dem 31. 3. 1998 eingetretenen Erbfällen also die allgemeinen erbrechtlichen Regeln für das Erbrecht des Vaters und seiner Verwandten (MünchKomm/Leipold Rn 58). Nach dem 1. 4. 1998 gilt diese Rechtslage fort, Art 12 § 10 NEhelG gilt nicht.

Abs 2 wirkt auch auf die **Auslegung von Testamenten** ein: Sind zB „die Abkömmlinge" als Ersatzerben bestimmt, so sind alle Abkömmlinge bedacht, die bei gesetzlicher Erbfolge an die Stelle der Erstbedachten treten würden. Unterliegt diese gesetzliche Erbfolge Abs 2, so sind auch Kinder nicht miteinander verheirateter Eltern bedacht, selbst wenn deren Vorhandensein dem Erblasser bei Testamentserrichtung unbekannt war (LG Erfurt FamRZ 2000, 988).

134 c) Ein **Anspruch auf vorzeitigen Erbausgleich** entfiel schon vor dem 1. 4. 1998 im Geltungsbereich des Abs 2, da ein solcher für eheliche Kinder nicht vorgesehen war (Palandt/Edenhofer Rn 3; MünchKomm/Leipold Rn 59). Seit dem 1. 4. 1998 gibt es diesen Anspruch nicht mehr.

VI. Irrtumsfragen im Zusammenhang mit der Wiedervereinigung

135 Im Zusammenhang mit der Änderung der wirtschaftlichen und politischen Verhältnisse im Umfeld der Wiedervereinigung stellt sich die Frage nach der Korrektur oder Anfechtbarkeit erbrechtlich relevanter Erklärungen. Teils wurden Testamente auf der Grundlage der Erwartung errichtet, daß in der DDR befindlicher **Nachlaß wertlos**, unverwertbar oder – bei Mietgrundstücken – überschuldungsträchtig sei, teils wurden aus diesem Grund Erbschaften ausgeschlagen. Hinzu treten Erbeinsetzungen unter Übergehung von Personen, die nach der aktuellen Einschätzung den Nachlaß in der DDR nicht hätten **in Besitz nehmen** können (vgl zu den Motivationslagen Fahrenhorst JR 1992, 265). Auch das nicht vorhersehbare Entstehen von Ansprüchen nach dem **VermG** kann die Nachlaßvergabe beeinflußt haben (OLG Naumburg OLG-NL 1996, 35, 36). Auch soweit letztwillige Verfügungen betroffen sind, bestimmt sich das insoweit anwendbare Recht grundsätzlich nach § 1 Abs 1, nicht nach § 2, da nicht die Wirksamkeit der Errichtung iSd § 2 betroffen ist.

1. Ergänzende Testamentsauslegung

136 Vorrangig in Betracht zu ziehen ist eine **ergänzende Testamentsauslegung** (Wasmuth DNotZ 1991, 7; Meyer ZEV 1994, 12, 13). Diese unterliegt dem **Erbstatut. Art 235 § 2** bezieht sich nicht auf die Testamentsauslegung (KG FamRZ 1995, 762; OLG Frankfurt aM OLGZ 1993, 382, 383; OLG Hamm FamRZ 1995, 1092, 1095; LG Neubrandenburg Rpfleger 1995, 21, 22). Auch § 8 Abs 2 EGZGB bezog sich nicht auf die Auslegung von vor dem 1. 1. 1976 errichteten Testamenten (KG FamRZ 1995, 762; **aA** BezG Meiningen DtZ 1993, 63, 64). Bezieht sich jedoch eine Auslegungsfrage auf die *Wirksamkeit* des Testaments, so gilt nach § 8 Abs 2 EGZGB insoweit das BGB (BayObLG FamRZ 1995, 1088 zu § 2077 Abs 3 BGB).

a) Erbstatut BGB

137 **aa)** Ist bundesdeutsches Recht Erbstatut, so ist auch eine ergänzende Testamentsauslegung zuzulassen, die den **hypothetischen Erblasserwillen** ermittelt, wobei mit der herrschenden Rechtsprechung auch die nach dem Erbfall eintretende Veränderung von Umständen berücksichtigt werden kann, die vom Erblasser nicht vorhergesehen oder erwogen wurden, selbst wenn sie ihm bewußt geworden sind (BGH LM § 2084 BGB Nr 5; OLG Jena OLG-NL 2001, 35, 36 f; OLG Naumburg OLG-NL 1996, 35, 36; KG FamRZ 1995, 762, 763; BayObLG FamRZ 1994, 723, 725; **aA** OLG Oldenburg DtZ 1992, 290). Dies kann auch zur **Änderung von Anordnungen** des Erblassers führen, soweit sie seinen hypothetischen Willen zur Geltung bringen (KG FamRZ 1995, 762, 763). **Vertrauen des Erben**, der sich auf die scheinbar richtige Rechtslage eingestellt haben könnte, steht dem nicht entgegen (so aber Grunewald NJW 1991, 1209). Der Vorrang des Erblasserwillens, der in der extensiven Rechtsprechung zur Testamentsauslegung deutlich wird, beruht gerade auf einer Wertung, die das Vertrauen des Testamentserben gegen ergänzende Auslegungen und Irrtümer als nicht schutzwürdig ansieht.

138 **bb)** Auch hierzu bedarf es jedoch, wie für jede Testamentsauslegung, eines wenn auch noch so geringen oder auch unvollkommenen **Anhalts im Testament selbst**. Der Erblasser muß wenigstens andeutungsweise zu erkennen gegeben haben, wie er verfügt hätte, hätte er die Änderung der wirtschaftlichen und politischen Verhältnisse bedacht (OLG Frankfurt aM OLGZ 1993, 382, 383; KG FamRZ 1995, 763; OLG Hamm FamRZ 1995, 1092, 1095). Hierzu kann es aber genügen, wenn der Erblasser zu erkennen gegeben hat, daß er seine Verfügung als den gesamten Nachlaß erschöpfend angesehen hat (OLG Naumburg OLG-NL 1996, 35, 36).

139 **α)** Ein solcher Hinweis kann sich etwa dann ergeben, wenn der Erblasser den in der DDR belegenen Nachlaß unter Hinweis auf die tatsächlichen und politischen **Zugriffshindernisse** einem DDR-Bürger zugewendet hat (vgl auch zur Einsetzung bei Nachlaßspaltung unten Rn 145). Auch ein **Restitutionsanspruch** für Grundstücke, die entzogen waren und über die der Erblasser deshalb nicht mehr verfügt hat, kann im Wege ergänzender Testamentsauslegung in die Verfügung einbezogen werden (OLG Jena OLG-NL 2001, 35, 39; OLG Naumburg OLG-NL 1996, 35, 36 f, Auslegung jeweils unter ZGB, jedoch auch für BGB-Erbstatut gültig).

140 **β)** Ausreichend ist es aber auch, wenn eine **Testamentsbestimmung** bereits nach ihrer Formulierung als von den **politischen Verhältnissen beeinflußt** anzusehen ist, insbesondere, weil sie den Wohnsitz oder möglichen Wohnsitz eines Beteiligten oder die Belegenheit des Nachlasses in der DDR ausdrücklich erwähnt, sofern sich aus (auch außerhalb der Testamentsurkunde liegenden) anderweitigen Umständen ergibt, daß der Erblasser mit dieser Bestimmung einen Zweck verbunden hat, der nach der Wende in der DDR nicht mehr gegeben ist (BezG Meiningen DtZ 1993, 63: Enterbung von Abkömmlingen mit Wohnsitz in der DDR bei Erbfall nach der Wiedervereinigung und Bindung durch gemeinschaftliches Testament).

141 **γ)** Nicht genügend ist hingegen die bloß **verfahrensrechtlich** zur Bestimmung des **Geschäftswertes** erfolgte Wertangabe des Vermögens bei Testamentserrichtung oder die Angabe in einem Testament, weiteres Vermögen sei nicht vorhanden, auch wenn in der Berechnung bzw Vermögensaufstellung jeweils in der DDR belegene Grundstücke keine Berücksichtigung fanden (KG FamRZ 1995, 762, 763).

142 **cc)** Als **Ergebnis der Auslegung** kommt die Ermittlung hypothetisch vom Erblasser gewollter Regelungen hinsichtlich des in der DDR belegenen Nachlasses in Betracht (BayObLG FamRZ 1994, 723, 725; KG OLG-NL 1996, 38, 39; OLG Frankfurt aM OLGZ 1993, 382, 383; OLG Jena OLG-NL 2001, 35; OLG Naumburg OLG-NL 1996, 35).

143 **dd)** Möglich ist aber auch, im Wege der Auslegung festzustellen, daß ein vorliegendes Testament den in der DDR belegenen **Nachlaß nicht erfaßt** (OLG Köln OLGZ 1994, 333, 337).

144 **α)** Auch hierzu bedarf es eines **Anhalts** im Testament; grundsätzlich wird ein umfassend formuliertes Testament dahin auszulegen sein, daß es den gesamten Nachlaß erfaßt (KG OLG-NL 1996, 38, 39; OLG Hamm FamRZ 1995, 758, 769; OLG Hamm FamRZ 1995, 1092, 1095).

145 **β)** Die bloße Vorstellung von der eingetretenen **Nachlaßspaltung** genügt nicht als Anhalt dafür, daß das „bundesdeutsche Testament" nur den in der Bundesrepublik belegenen Nachlaß erfassen sollte (BayObLG FamRZ 1995, 1089, 1092; OLG Hamm, aaO; unklar OLG Köln aaO). Erst recht ist regelmäßig davon auszugehen, daß eine Erbeinsetzung das gesamte Vermögen, also auch die verschiedenen Erbstatute, betrifft, wenn ohne Bewußtsein für die Nachlaßspaltung über das gesamte Vermögen verfügt wurde und ein einschränkender Wille des Erblassers nicht erkennbar ist (BayObLG VIZ 2000, 255, 256).

146 **γ)** Anders ist dies jedoch, wenn der Erblasser in seinem Testament den in der Bundesrepublik belegenen **Nachlaß im einzelnen aufgeführt** hat: Dies spricht dafür, daß das Testament nur diesen abtrennbaren Einzelnachlaß erfaßt. In diesem Fall bedarf es für die Auslegung, daß dennoch auch der andere Einzelnachlaß (DDR-Immobilien) von dem Testament erfaßt ist, eines besonderen *Anhalts* im Testament (KG DtZ 1995, 417, 418); hierzu genügt nicht die Bezeichnung des Erben als „Haupterben" oder „Alleinerben", weil dies nur auf den abtrennbaren Einzelnachlaß bezogen ist, über den im Testament verfügt wird (BayObLG FamRZ 1994, 723, 725; **aA** Gottwald FamRZ 1994, 726).

Hat der Erblasser über den abgespaltenen Nachlaß sogar *gesonderte Verfügungen* getroffen, so sind diese in bezug auf den abgespaltenen Teil (nach dem hierfür geltenden Erbstatut) auszulegen, nicht in Bezug auf den Gesamtnachlaß. Das kann dazu führen, daß die Zuwendung eines Einzelgegenstandes, der den abgespaltenen Teil nahezu ausschöpft, als Alleinerbeinsetzung auf diesen Teilnachlaß auszulegen ist (KG FamRZ 1998, 124; dort auch zur Auslegung einer Pflichtteilsklausel in einem gemeinschaftlichen Testament unter einem BGB-Gesamtstatut, wenn nach dem abgespaltenen ZGB-Einzelstatut kein Pflichtteilsanspruch bestand).

147 **δ)** Ein Testament bezieht sich trotz umfassender Formulierung auch dann nicht auf den DDR-Immobiliarnachlaß, wenn mit der Zuwendung ein **besonderer Zweck** verbunden ist, der sich nur an dem übrigen Nachlaß realisiert (BayObLG FamRZ 1995, 1089, 1092).

148 **ee)** Gelegentlich wird es jedoch an einem auch noch so geringen **Anhalt im Testament fehlen**, welche Anordnungen der Erblasser für den Fall geänderter politischer Verhältnisse in der DDR getroffen hätte (OLG Oldenburg DtZ 1992, 290; Fahrenhorst JR 1992, 266).

b) Erbstatut ZGB

149 **aa)** Auch unter dem Recht der DDR als Erbstatut ist eine **Testamentsauslegung möglich und vorrangig**. Auch Vermutungsregeln des ZGB sind nach Ausschöpfung der Anhaltspunkte für die Auslegung anzuwenden (OLG Dresden OLG-NL 1999, 163). Die Auslegung nach § 372 ZGB stellte ebenfalls den Erblasserwillen in den Vordergrund. Sie wird in der Rechtsprechung deutscher Gerichte seit Inkrafttreten des Einigungsvertrages nach grundsätzlich denselben Prinzipien durchgeführt wie eine Auslegung nach bundesdeutschem Recht (BGH FamRZ 2001, 993 [Schlußerbeneinsetzung]; KG OLG-NL 1996, 38, 39 [Testamentsvollstreckung]; KG FamRZ 1998, 124 [Einzelgegenstand]; OLG Dresden OLG-NL 1999, 163, 165 [Erbeinsetzung oder Vermächtnis]; OLG Hamm FamRZ 1995, 758, 761; OLG Jena OLG-NL 2001, 35 [Restitutionsansprüche]; OLG Köln OLGZ 1994, 333, 337; OLG Naumburg NJ 1995, 336 [Ersatzerbeneinsetzung]; OLG Naumburg OLG-NL 1996, 35, 36 [Restitutionsansprüche]; OLG Oldenburg DtZ 1992, 290, 291 [ergänzende Heranziehung des BGB]; KG FamRZ 1995, 763; vgl auch OLG Jena FamRZ 1995, 446; Notariat Stuttgart-Botnang FamRZ 1994, 658, 660; zu den Kriterien der Auslegung daher oben Rn 136 ff). Insbesondere bedarf es auch hier eines Anhalts im Testament für die gewollte Auslegung (KG DtZ 1995, 417, 418).

150 **bb)** Das Recht der DDR ist auch dann auf die Auslegung einer letztwilligen Verfügung anzuwenden, wenn es nur für den dortigen **Immobiliarnachlaß** nach Art 3 Abs 3 iVm § 25 Abs 2 RAG Anwendung findet (OLG Köln OLGZ 1994, 334, 336). Dies entspricht dem kollisionsrechtlichen Grundsatz, daß für jeden Nachlaßteil die

Voraussetzungen der Erbberufung und damit auch eine letztwillige Verfügung gesondert zu beurteilen sind (KG FamRZ 1995, 762).

2. Testamentsanfechtung

a) Anwendbares Recht

151 **aa)** Die Testamentsanfechtung unterliegt grundsätzlich dem **Erbstatut**. Bei bundesdeutschem Erbstatut gilt also das BGB, bei DDR-Erbstatut ist für Erbfälle vor dem 1.1. 1976 das BGB maßgeblich, für Erbfälle seit dem 1.1. 1976 gilt das ZGB (§ 8 Abs 1 EGZGB; BGHZ 124, 270, 276; KG FamRZ 1995, 762; KG OLG-NL 1996, 42; BG Meiningen NJ 1993, 372, 373; OLG Dresden DtZ 1993, 311; Meyer ZEV 1994, 13, 14).

152 **bb)** **§ 26 RAG**, der die Anfechtung von Testamenten dem Recht des Staates unterstellt, in dem der Erblasser im Zeitpunkt der Errichtung seinen Wohnsitz hatte, wirkt sich als Norm des IPR innerdeutsch nur aus, wenn ein Erblasser nach innerdeutschem Kollisionsrecht ein DDR-Erbstatut hat, aber mit bundesdeutschem Wohnsitz testiert hat; relevant wird dies wohl nur hinsichtlich des Einzelstatuts für Immobilien nach § 25 Abs 2 RAG; trotz eines ZGB-Einzelstatuts beurteilt sich die Testamentsanfechtung dann nach BGB (MünchKomm/Leipold Rn 19 b; Bestelmeyer Rpfleger 1993, 381, 385; **aA** Andrae NJ 1998, 113, 118).

153 **cc)** Auch die Anfechtung eines **vor dem 3.10. 1990 errichteten Testaments** beurteilt sich bei einem nach dem Wirksamwerden des Beitritts eintretenden Erbfall gemäß § 1 nach dem BGB. § 2 erfaßt nicht die Anfechtung eines Testaments (Bestelmeyer Rpfleger 1994, 235; **aA** de Leve Rpfleger 1994, 233), wie im übrigen auch die internationalprivatrechtliche Vorbildnorm in Art 26 Abs 5 sich nicht auf die Anfechtung bezieht (Palandt/Heldrich Art 26 Rn 8).

154 **dd)** Fraglich ist, ob auch die **Form der Testamentsanfechtung** jeweils dem Erbstatut unterliegt. Hier ergeben sich unterschiedliche Konstellationen:

155 **α)** Bei **vor dem 1.1. 1976 errichteten** Testamenten und einem dem Recht der DDR unterstehenden Nachlaß bei **Erbfällen nach dem 1.1. 1976** ist fraglich, ob weiter das BGB anzuwenden war, also insbesondere eine *Anfechtungserklärung* genügte, oder ob seit dem 1.1. 1976 *Anfechtungsklage* gemäß § 374 ZGB zu erheben war.

156 – Der **BGH** hat **§ 8 Abs 1 EGZGB** angewendet und eine Anfechtungsklage für erforderlich gehalten und damit die Form der Anfechtung dem Erbstatut unterstellt (BGHZ 124, 270, 274). Aus Sicht des innerdeutschen Kollisionsrechts erscheint es grundsätzlich richtig, auch die Form der Anfechtung dem Erbstatut zu unterstellen, denn diese ist nach Art 25 EGBGB, also erbrechtlich zu qualifizieren (Thode JZ 1994, 472; de Leve Rpfleger 1994, 233).

157 – Die Lösung des BGH enthält jedoch auch eine **intertemporale Komponente zu § 8 EGZGB**, die aus Sicht des Rechts der DDR zu entscheiden wäre und von der bundesdeutschen Qualifikation unbeeinflußt ist: Die Anwendung von § 8 Abs 1 EGZGB erscheint angesichts der gleichzeitig in Kraft getretenen Bestimmung zum IPR-Testamentsstatut in **§ 26 RAG** fraglich: § 26 RAG verweist im internationalen Kollisionsfall hinsichtlich der Testamentsanfechtung umfassend auf das Heimatrecht des Erblassers bei Testamentserrichtung. Dies führt insbesondere dazu, daß für Fälle der Nachlaßspaltung bei BGB-Gesamtstatut und ZGB-Immobiliarstatut (§ 25 Abs 2 ZGB, oben Rn 16) insoweit ein Einzelstatut nach § 25 Abs 2 RAG nicht besteht, so daß die Entscheidung des BGH nicht zur Notwendigkeit einer klageweisen Testamentsanfechtung hinsichtlich des in der DDR belegenen Immobiliarnachlasses führt (KG OLG-NL 1996, 38, 40; Palandt/Edenhofer Rn 24; so aber Bestelmeyer FamRZ 1994, 1444, 1447).

– Jedoch läßt sich aus § 26 RAG eine Entscheidung des DDR-Gesetzgebers darüber ablesen, wie die Testamentsanfechtung kollisionsrechtlich zu **qualifizieren** sei; obgleich § 26 RAG nur den IPR-Fall betrifft (unzutreffend Bestelmeyer Rpfleger 1993, 387), kann diese Bestimmung die Auslegung der Reichweite des gleichzeitig in Kraft getretenen § 8 Abs 2 S 1 EGZGB beeinflussen; zur Wirksamkeit iSd § 8 Abs 2 S 1 EGZGB wird man unter Berücksichtigung von § 26 RAG auch die Anfechtung nach Form und Gründen zu rechnen haben (Bestelmeyer FamRZ 1994, 1444, 1445). Im Ergebnis sind also vor dem 1. 1. 1976 errichtete Testamente durch **Anfechtungserklärung**, nicht durch *Anfechtungsklage* anzufechten. **158**

β) Für **nach dem 1. 1. 1976 errichtete Testamente** bedarf es der Anfechtung durch Anfechtungsklage nach dem ZGB als Erbstatut, wenn der Erbfall vor dem 3. 10. 1990 eingetreten ist (vgl zur hM Rn 155; **aA** Bestelmeyer Rpfleger 1993, 387). Für solche Testamente ist weiter streitig, ob eine **noch mögliche Anfechtung nach dem 3. 10. 1990** durch Anfechtungsklage nach § 374 des als Erbstatut berufenen ZGB erfolgt, oder ob nunmehr eine Anfechtungserklärung genügt. **159**

– Das OLG Dresden (DtZ 1993, 311, 312; ebenso OLG Jena OLG-NL 1996, 42) hat insoweit § 374 ZGB als Erbstatut nach § 1 angewendet, was in Übereinstimmung mit der hier vertretenen Qualifikation (oben Rn 151) steht. **160**

– Die Gegenansicht (Bestelmeyer Rpfleger 1993, 387) will in diesem Fall nur die Anfechtungsgründe – und unter Beachtung von Art 231 § 6 die Anfechtungsfristen – dem ZGB als Erbstatut entnehmen, die Form und den Adressaten aber nach dem BGB beurteilen, wenn die Anfechtung seit dem 3. 10. 1990 erfolgt. **161**

– Es handelt sich wiederum um eine Frage der **Qualifikation**; die zu § 8 Abs 2 EGZGB tragfähige Parallele zum IPR (§ 26 RAG) verfängt hier nicht: Nach bundesdeutschem IPR unterliegt die Anfechtung dem Erbstatut und nicht dem von Art 26 Abs 5 berufenen Recht; außerdem ist auch nach § 26 RAG nur ein Testamentsanfechtungsstatut möglich, das nach einem *früheren* Anknüpfungszeitpunkt bestimmt wird als das tatsächliche Erbstatut. Daher ist der Ansicht des OLG Dresden (aaO) der Vorzug zu geben; eine Wandelbarkeit des Testamentsanfechtungsstatuts nach Eintritt des Erbfalls ist ausgeschlossen. **162**

ee) Hinsichtlich der **Anfechtungsfrist** besteht ebenfalls Unklarheit im Schrifttum über die intertemporale Anwendung des ZGB in Erbfällen mit DDR-Erbstatut. **163**

α) Vor dem 1. 1. 1976 angelaufene Ausschlußfristen nach §§ 1954, 2082 BGB wurden gemäß § 11 EGZGB übergeleitet; es gilt weder § 8 Abs 1 noch Abs 2 EGZGB **164**

(DE LEVE Rpfleger 1994, 233; **aA** BESTELMEYER Rpfleger 1993, 383; hierzu im einzelnen Art 231 § 6 Rn 7).

165 **β)** Hinsichtlich **am 3. 10. 1990 noch laufender** Anfechtungs-Ausschlußfristen gilt nicht § 1, sondern Art 231 § 6 (vgl dort Rn 77 und oben Rn 34).

166 **ff)** Der Anfechtungsgrund der geänderten wirtschaftlichen und politischen Verhältnisse hat keinen Einfluß auf den Lauf der zehnjährigen **Ausschlußfrist** nach § 374 Abs 1 S 3 ZGB (KG FamRZ 1995, 762, 763); eine andere Behandlung als für einen sonstigen individuellen Anfechtungsgrund kommt auch nicht aus Gründen der Wiedergutmachung in Betracht, wenngleich es sich bei diesem Irrtumstypus um ein Massenphänomen handelt. Zum Beginn der kenntnisabhängigen Anfechtungsfristen nach § 2082 Abs 1 BGB bzw § 374 Abs 1 S 2 ZGB ist abzustellen auf das Erkennbarwerden der wirtschaftlichen Veränderung in der DDR. Nachhaltig kann dies angenommen werden seit dem 15. 5. 1990, dem Datum des Abschlusses des 1. Staatsvertrages (OTTE ZEV 1994, 104). Der BGH (BGHZ 124, 270, 274) stellt auf den 15. 6. 1990 (Datum der gemeinsamen Erklärung) ab (vgl auch FAHRENHORST JR 1992, 268).

b) Anfechtungsgründe – Erbstatut BGB

167 **aa)** Eine **Testamentsanfechtung** wegen eines Irrtums des Erblassers über die politische Entwicklung ist bei **bundesdeutschem Erbstatut** möglich.

α) § 2078 Abs 2 BGB erfaßt auch den **Motivirrtum** und schließt den Fall ein, daß der Erblasser nur unbewußt geirrt hat, weil er von der für jedermann realisierbaren Vorstellung über die Fortdauer der politischen und rechtlichen Lage ausgegangen ist, wenngleich er diese Vorstellung nicht aktualisiert hatte („unbewußte Selbstverständlichkeit“: BGHZ 124, 270, 278; vgl auch BGH NJW 1987, 1412; Notariat 1 Müllheim DtZ 1992, 159; LG Gießen DtZ 1993, 217; LG Köln DtZ 1993, 215; WASMUTH DNotZ 1991, 10; GRUNEWALD NJW 1991, 1211; FAHRENHORST JR 1992, 265, 267; **aA** BG Erfurt NJ 1993, 372; ADLERSTEIN/DESCH DtZ 1991, 198). Daß der Erblasser von dem Vorhandensein eines ihm (früher) gehörenden Grundstücks in der DDR wußte und dieses verloren glaubte, schließt die Anfechtbarkeit nicht aus (so aber BESTELMEYER Rpfleger 1993, 384), sondern spricht sogar für das Vorhandensein der unbewußten Vorstellung von der Fortdauer der Verhältnisse.

168 **β)** Ob eine irrige Vorstellung oder Erwartung des Erblassers vorliegt, welche die Anfechtung begründet, setzt jedoch eine **umfassende Prüfung** der Motivationslage des Erblassers voraus.

169 – Es muß beurteilt werden, ob die feststellbare „unbewußte Selbstverständlichkeit“ von hinreichendem Gewicht eines „bewegenden Grundes“ war (BGHZ 124, 270, 279).

170 – Weiter muß ermittelbar sein, **ob** der Erblasser **anders testiert** hätte und **welche Verfügung** er in Kenntnis der Änderung der Umstände getroffen hätte (BGH aaO; Notariat Stuttgart-Botnang FamRZ 1994, 658, 660). Dies kann schon dann ausscheiden, wenn auch *andere* Motive bestimmend waren (OTTE ZEV 1994, 104) oder dem Erblasser *andere Regelungsalternativen* zur Verwirklichung seines wirklichen Willens nicht zur Verfügung gestanden hätten. Dabei darf aber nicht darauf abgestellt werden, daß eine Verfügung für den Fall einer künftigen Wiedervereinigung als

Verstoß gegen die „sozialistische Moral" gegolten hätte (so aber BGHZ 124, 270, 280), denn der Wegfall eben dieser Schranke zählt auch zu den die Anfechtung begründenden nicht vorhergesehenen Ereignissen.

γ) Die Anfechtungsmöglichkeit ist auch **nicht einzuschränken** in Hinblick auf ein **Vertrauen des Testamentserben** (so aber GRUNEWALD NJW 1991, 1211), da insoweit § 2078 Abs 2 BGB eine bewußte Entscheidung zugunsten des Erblasserwillens (abweichend von §§ 119, 122 BGB) trifft. § 2082 BGB trifft hier den geeigneten Interessenausgleich (WASMUTH DNotZ 1991, 10). Überdies mußten die Testamentserben regelmäßig ohnehin damit rechnen, die Zuwendung nur wegen der politischen Verhältnisse in der DDR erhalten zu haben (FAHRENHORST JR 1992, 267). **171**

c) Anfechtungsgründe – Erbstatut ZGB

aa) Nach dem Wortlaut von **§ 374 ZGB** berechtigte ein **Motivirrtum** nicht zur Testamentsanfechtung. Die durch den offiziellen Kommentar des DDR-Justizministeriums (LÜBCHEN ua, ZGB § 374 Anm 1) beeinflußte herrschende Rechtsprechung in der DDR wandte jedoch § 374 ZGB auch auf den Motivirrtum an (GRUNEWALD NJW 1991, 159; WÄHLER ROW 1992, 110). **172**

bb) Nach einer Ansicht soll diese Praxis deshalb keine Berücksichtigung finden, weil eine solche Auslegung praeter legem mit rechtsstaatlichen Grundsätzen unvereinbar sei (Notariat 1 Mühlheim DtZ 1992, 159: statt dessen lückenfüllend § 2078 Abs 2 BGB analog). Dem ist nicht zu folgen; es entspricht international-privatrechtlichen Grundsätzen, fremdes Recht so anzuwenden, wie es praktiziert wird, bis zur Grenze des deutschen ordre public (Art 6). Wie die Auslegung einer Norm des anwendbaren Rechts *zustande kommt*, wird aber zu Recht in der rechtsvergleichenden Praxis nicht am deutschen ordre public gemessen, solange die festgestellte Praxis als solche nicht gegen Grundsätze des deutschen Rechts verstößt. Ansonsten müßte jedwede DDR-Gerichtspraxis darauf geprüft werden, ob die Gerichte insoweit frei oder in nach- bzw vorauseilendem Gehorsam gegenüber der Staatsmacht eine an sich tolerable Gesetzesauslegung gefunden haben. **173**

cc) Vielmehr ist davon auszugehen, daß die im ZGB insoweit vorhandene Lücke nicht einen gewollten Ausschluß der Anfechtung wegen Motivirrtums, sondern eine textliche Straffung darstellt, die zu Unklarheit führte; in der Sache entspricht es der weiterhin trotz Inkraftsetzung des ZGB in Auslegungsfragen der gemeindeutschen Tradition verhafteten Rechtspraxis, eine **Anfechtung wegen Motivirrtums** unter denselben Voraussetzungen zuzulassen wie bei einem BGB-Erbstatut (BGHZ 124, 270, 276; OTTE ZEV 1994, 104). **174**

3. Erbverzicht – Vermächtnisverzicht

a) Bei **bundesdeutschem Erbstatut** bzw **vor dem 1. 1. 1976** auch bei **DDR-Erbstatut** ist ein in Hinblick auf die politischen Verhältnisse erklärter Erbverzicht nicht anfechtbar. Es gelten §§ 119 ff BGB, so daß der bloße Motivirrtum nicht durchschlägt (ADLERSTEIN/DESCH DtZ 1991, 198; WASMUTH DNotZ 1991, 13). **175**

b) Für Erbfälle **nach dem 1. 1. 1976**, die dem **Recht der DDR** unterliegen, stellt sich das Problem nicht: Das ZGB kennt das Institut des Erbverzichts nicht (WASMUTH **176**

DNotZ 1991, 13; Köster Rpfleger 1991, 99). Insbesondere sind Erbverzichte betreffend den DDR-Immobiliarnachlaß von Anfang an nichtig (Köster Rpfleger 1991, 99).

4. Anfechtung der Ausschlagung der Erbschaft

a) Anwendbares Recht

177 Die Ausschlagung einer Erbschaft und auch die Anfechtung der Ausschlagung beurteilen sich unstreitig nach dem jeweiligen **innerdeutschen Erbstatut** (OLG Brandenburg FamRZ 1997, 1023; KG OLGZ 1993, 405, 407; KG OLGZ 1993, 278, 281; OLG Jena OLG-NL 1996, 42; OLG Karlsruhe NJW-RR 1995, 1349; LG Neubrandenburg Rpfleger 1995, 21; Bestelmeyer Rpfleger 1993, 385; Palandt/Edenhofer[55] § 1954 BGB Rn 7). Dies gilt insbesondere auch im Fall der Nachlaßspaltung nach Art 3 Abs 3 iVm § 25 Abs 2 RAG.

b) BGB-Erbstatut

178 **aa)** Die **Anfechtbarkeit** einer Erbschaftsausschlagung (zur Ausschlagungsfrist OLG Brandenburg ZEV 2002, 283), die auf einer Fehlvorstellung über die künftige Entwicklung der politischen und wirtschaftlichen Verhältnisse in der ehemaligen DDR beruhte, beurteilt sich regelmäßig nach § 119 Abs 2 BGB.

α) Ein Irrtum, der sich nicht auf wertbildende Faktoren des Nachlasses, sondern lediglich auf die durch die Wende und Wiedervereinigung bedingte **Wertsteigerung** bzw den **Wegfall der Überschuldung** eines Mietgrundstückes bezieht, berechtigt hiernach nicht zur Anfechtung (OLG Frankfurt aM OLGZ 1992, 35, 40; KG DtZ 1992, 187; KG OLGZ 1993, 1, 3; KG OLGZ 1992, 279, 284; OLG Naumburg OLG-NL 1999, 235, 237; KreisG Roßlau NJ 1992, 126; LG Berlin NJW 1991, 1238, 1239; LG Zweibrücken Rpfleger 1992, 108; LG Neubrandenburg Rpfleger 1995, 21, 22; Wasmuth DNotZ 1991, 12; Trittel DNotZ 1992, 451; Meyer ZEV 1994, 12, 15; vgl ebenso zur Anfechtung der Ausschlagung nach *griechischem* Recht: BayObLG 1994, 40, 46).

179 **β)** Das gilt auch, wenn der Ausschlagung die **Erwartung** zugrundelag, der **Nachlaß werde an die DDR fallen**, nunmehr aber ein nachrangig berufener Erbe den Nachlaß beansprucht (OLG Dresden OLG-NL 1994, 243, 244). Ein beachtlicher Irrtum liegt aber vor, wenn diese Erwartung ausdrücklich zur Bedingung der Ausschlagung gemacht wurde (OLG Dresden aaO).

180 **γ)** Ein beachtlicher Irrtum liegt auch vor, wenn der Erbe ausnahmsweise bereits über die **Zugehörigkeit eines Gegenstandes zum Nachlaß** geirrt hat. Insoweit kommt eine Anfechtung nach § 119 Abs 2 BGB (Eigenschaftsirrtum) in Betracht (KG DtZ 1992, 355; KG OLGZ 1993, 1, 4; OLG Frank furt aM OLGZ 1992, 35, 39; LG Berlin NJW 1991, 1238; Grunewald NJW 1991, 1212; Meyer ZEV 1994, 12, 15; Bestelmeyer Rpfleger 1992, 321, 326). Beachtlich wäre auch ein Irrtum über die **Reichweite der Ausschlagung**, wenn der Ausschlagende nicht wußte, daß die Ausschlagung auch Nachlaß in der DDR erfaßt, was allerdings bei Immobiliarnachlaß wegen der Nachlaßspaltung und der Formbedürftigkeit der Ausschlagung (unten Rn 196) ausscheidet (OLG Naumburg OLG-NL 1999, 235, 237, dort fehlte es überdies an in der DDR belegenem Nachlaß).

Jedoch kann es an der **Kausalität** des Irrtums für die Ausschlagung fehlen, wenn der Anfechtende auch bei Kenntnis von der Zugehörigkeit wegen vermuteter Wertlosigkeit des DDR-Nachlasses dennoch ausgeschlagen hätte (KG OLGZ 1993, 1, 4). Dafür kann jedoch nicht dem die Ausschlagung Anfechtenden die **Beweislast** aufgebürdet werden, da bei Nachweis eines anfechtungsrelevanten Irrtums keine Vermutung dafür spricht, daß daneben ein weiterer anfechtungsrelevanter Irrtum vorgelegen hat (**aA** KG OLGZ 1993, 1, 5).

δ) Dieses Ergebnis ist freilich wenig stimmig; häufig beruht es auf **Zufälligkeiten**, ob der Berufene **ausgeschlagen** hat (zugunsten etwa eines in der DDR lebenden Nächstberufenen) oder ob er seinen Nachlaßanteil **verschenkt** hat (**aA** ohne nähere Begründung: S Lorenz DStR 1994, 585, 588 Fn 54). Im Falle eines gleich gelagerten Irrtums anläßlich einer Schenkung dürften die Voraussetzungen des **Wegfalls der Geschäftsgrundlage** vorliegen (Janssen ZRP 1991, 418) mit der Folge, daß jedenfalls im Wege der Anpassung der *Wertzuwachs* abgeschöpft werden kann. Hingegen kann bei der Ausschlagung mangels eines vertraglichen Leistungsverhältnisses die Lehre vom Wegfall der Geschäftsgrundlage nicht herangezogen werden (LG Berlin NJW 1991, 1238, 1241). **181**

bb) In Betracht kommt auch eine Anfechtung der Ausschlagung nach § **123 BGB**. **182**

Ein Anfechtungsgrund könnte gegeben sein, wenn die Ausschlagung erfolgte, weil Behörden der DDR hiervon die Genehmigung einer **Ausreise aus der DDR** abhängig gemacht haben (BayObLG DtZ 1992, 284, 285; S Lorenz DStR 1994, 584, 588). Die Problematik wird sich selten in Fällen eines BGB-Erbstatuts stellen, weil dazu in der DDR beweglicher Nachlaß eines deutschen Erblassers mit gewöhnlichem Aufenthalt in der Bundesrepublik belegen sein mußte (zu Immobiliarnachlaß unten Rn 188 f). Insoweit ist die Anfechtung nicht durch § 1 Abs 3 VermG verdrängt (unten Rn 186).

cc) Die **Anfechtungsfrist** des § 1954 Abs 1 BGB läuft im Fall der Anfechtung wegen Drohung ab dem Wegfall der Zwangslage. Hat der Ausschlagende Repressalien gegenüber Bürgern der DDR befürchtet, so ist die daraus resultierende Zwangslage spätestens mit dem Verfassungswandel in der DDR im Juni 1990 entfallen. Eine Anfechtung mehrere Wochen nach dem 3. 10. 1990 ist daher jedenfalls nicht mehr fristgemäß (BayObLG DtZ 1992, 284, 285). **183**

dd) Die **Ausschlußfrist** nach § 1954 Abs 4 BGB (30 Jahre seit Ausschlagung) wird durch die Besonderheiten des Anfechtungsgrundes der gewandelten politischen und wirtschaftlichen Verhältnisse nicht berührt; der Gedanke der Befriedung der Rechtsverhältnisse nach langer Zeit hat auch für den besonderen Anfechtungsgrund der Änderung der Verhältnisse aufgrund der Wende in der DDR Vorrang vor Einzelfallgerechtigkeit (Adlerstein/Desch DtZ 1991, 198; vgl zum Parallelfall des § 405 Abs 2 S 2 ZGB: KG DtZ 1993, 89, 90; Meyer ZEV 1994, 12, 15; **aA** Bestelmeyer Rpfleger 1993, 381, 385 f). **184**

c) ZGB – Erbstatut

aa) Irrtumsanfechtung

Eine Anfechtung der Ausschlagung wegen **Irrtums** kommt nach der im ZGB geschriebenen Rechtslage nicht in Betracht, weil nach §§ 405, 70 ZGB ein Irrtum über Eigenschaften (§ 119 Abs 2 BGB) nicht zur Anfechtung berechtigt (Adlerstein/Desch DtZ 1991, 198; Wasmuth DNotZ 1991, 12). Fallweise haben Gerichte der DDR unter § 70 ZGB jedoch auch Eigenschaftsirrtümer gefaßt (offenbar auch für möglich gehalten von OLG Jena OLG-NL 1996, 42, 43; vgl S Lorenz DStR 1994, 584, 587 mit Nachw; ebenso Staudinger/Otte [2000] § 1954 BGB Rn 22). **185**

bb) Drohungsanfechtung

186 Eine Anfechtung wegen **Drohung** war jedoch nach § 70 Abs 1 ZGB möglich.

Im Fall einer solchermaßen erzwungenen Ausschlagung wird teilweise pauschal angenommen, daß Ansprüche nach dem **VermG die zivilrechtliche Anfechtung verdrängen** (WASMUTH DNotZ 1991, 14; FAHRENHORST JR 1992, 269; MünchKomm/HEINRICHS Art 232 § 1 Rn 30). Dies trifft nicht zu.

Ein Vorrang von **§ 1 Abs 3 VermG** besteht nicht. Der vom BGH für Fälle unmittelbaren Zusammenhangs von anfechtbaren Willenserklärungen mit staatlichem Unrecht angenommene Vorrang des Vermögensrechts (dazu Art 232 § 1 Rn 9 ff), kann in diesem Fall die erbrechtliche Regelung nicht verdrängen. Die Erbausschlagung bewirkt nur als *Reflex* eine Begünstigung des Nächstberufenen und kann daher nicht mit einer auf Drohung hin bewirkten rechtsgeschäftlichen Übertragung auf einen – dann möglicherweise schutzwürdigen, an der Drohung nicht beteiligten – Dritten verglichen werden (KG OLGZ 1993, 278, 280; PALANDT/EDENHOFER[55] § 1954 BGB Rn 10).

Da die Ausschlagung eine *Gesamtrechtsnachfolge* betrifft, sind zudem die auf eine Restitution in *einzelne Vermögenswerte* gerichteten Ansprüche aus § 1 Abs 3 VermG nicht geeignet, das Regelungsbedürfnis abzudecken (wie hier: KG DtZ 1993, 89; STAUDINGER/RAUSCHER [1996] Rn 180 ff; STAUDINGER/OTTE [2000] § 1954 Rn 23; LORENZ DStR 1994, 584).

cc) § 1 Abs 2 VermG, Kettenerbausschlagungen

187 **α)** Etwas anderes gilt, wenn und soweit die Ausschlagung in den Anwendungsbereich des **§ 1 Abs 2 VermG** fällt, wenn also eine Erbausschlagung bebaute Grundstücke wegen einer auf nicht kostendeckenden Mieten beruhenden eingetretenen oder bevorstehenden Überschuldung betraf und diese in Volkseigentum übernommen wurden. Insoweit geht das Vermögensrecht der Anfechtung der Ausschlagung vor.

Es ergeben sich jedoch auch **weitere Konflikte** mit dem Erbrecht.

188 **β)** Da auch in diesem Fall die Ausschlagung nicht nur das vorrangig nach § 1 Abs 2 VermG zu behandelnde Grundstück, sondern die **Gesamtrechtsnachfolge** betrifft, bleibt es im übrigen bei der zivilrechtlich-erbrechtlichen Lage. Ist die Ausschlagung wirksam, so kann der übrige Nachlaß nicht etwa nach § 1 Abs 2 VermG restituiert werden. Ist die Ausschlagung unwirksam oder anfechtbar, so geht § 1 Abs 2 VermG *insoweit* dem Erbrecht nicht vor.

189 **γ)** § 1 Abs 2 VermG ist aber nur vorrangig gegenüber zivilrechtlichen Ansprüchen, wenn die Ausschlagung **wirksam** ist. **Mängel der Ausschlagungen**, die sich auf deren Wirksamkeit beziehen führen dazu, daß der Ausschlagende Erbe geblieben ist, insbesondere, daß es an einer wirksamen Überführung in Volkseigentum fehlt (BGHZ 124, 270; BGHZ 131, 22; OLG Dresden DtZ 1996, 216; DE LEVE DtZ 1996, 199, 202; GRÜN DtZ 1996, 367, 368; LEIPOLD JZ 2000, 937, 938).

190 **δ)** Dies führt zu Konflikten, wenn der Erstberufene wirksam ausgeschlagen hat, Nachberufene aber nicht, insbesondere deshalb, weil sie im Aufgebotsverfahren nicht ermittelt wurden. Hier ist zwar die Überführung in Volkseigentum formal nicht wirksam, es käme aber zu einer zufälligen Begünstigung der Nachberufenen, könnte der Erstberufene weder anfechten, noch restituiert werden.

Das **BVerwG** wendet § 1 Abs 2 VermG auch dann an, wenn nachfolgende Erben *nicht* wirksam ausgeschlagen haben (BVerwG VIZ 1998, 33; **unvollkommene Kettenausschlagung**). Diese Restitution erfolgt immer an den Erstausschlagenden, auch wenn Nachberufene, die nicht (wirksam) ausgeschlagen haben, **Erben** geworden sind. Die Restitution wirkt sich insoweit wie eine Anfechtung der Ausschlagung des Erstberufenen aus (BVerwG VIZ 1998, 33, 34) und überlagert damit – nur hinsichtlich des Grundstücks – den Anfall der Erbschaft beim Nachberufenen (nach BVerfG FamRZ 1998, 949 nicht verfassungswidrig).

ε) Beide Begründungslinien verbinden sich letztlich zu einem stimmigen Ergebnis: Ist bereits die **erste Ausschlagung unwirksam** (oben Rn 189; zu Gründen unten Rn 193), so bedarf es nicht der Restitution nach § 1 Abs 2 VermG. Die erbrechtliche Lage ist nicht berührt, der unwirksam Ausschlagende ist Erbe geblieben. **191**

Wurde hingegen **nach einer wirksamen Ausschlagung**, die wegen Vorrangs von § 1 Abs 2 VermG nicht anfechtbar ist, das Grundstück in Volkseigentum überführt, ohne daß Nachberufene wirksam ausgeschlagen hatten, so erweist sich die Restitution an den Erstausschlagenden (Rn 190) als sachgerecht. § 1 Abs 2 VermG wirkt *wie ein erweiterter Anfechtungstatbestand* wegen staatlichen Unrechts; in diesem Fall vermeidet die Ansicht des BVerwG Zufälligkeiten zugunsten Nachberufener, die womöglich nur deshalb nicht ausgeschlagen haben, weil sie im Nachlaßverfahren (bewußt) übergangen wurden.

Soweit § 1 Abs 2 VermG nicht greift, bleibt es allerdings bei der erbrechtlichen Lage, mit der Folge, daß Nachberufene wirksam Erben geworden sind, wenn die erste Ausschlagung nicht anfechtbar ist.

ζ) Eine **Heilung nach Art 237 § 1** einer nach fehlerhafter Ausschlagung erfolgten Überführung in **Volkseigentum** findet nicht statt. Der Tatbestand des Art 237 § 1 ist bei fehlerhafter Ausschlagung nicht erfüllt, weil nicht nur ein Fehler anläßlich der Übernahme vorliegt, sondern materiellrechtlich die Übernahme in Volkseigentum nicht möglich war, wenn der Staat materiell nicht Erbe geworden war (im einzelnen Art 237 § 1 Rn 19). Das gilt sowohl bei mangelhafter erster Ausschlagung als auch bei unvollkommener Kettenausschlagung. **192**

Art 237 § 2 greift hingegen ein, weil es hierfür nicht auf die Fehler des Eigentumserwerbs ankommt, sondern lediglich auf den Grundbuchstand (dazu Art 237 § 2 Rn 7 ff).

dd) Ausschlagung gegenüber Nachlaßgericht

α) Wurde insbesondere die **Ausschlagung gegenüber einem bundesdeutschen Nachlaßgericht** erklärt, so ist diese Ausschlagung unwirksam, soweit **Erbstatut das ZGB** ist, insbesondere also bei in der DDR belegenen Grundstücken. **193**

Die Ausschlagungserklärung hätte **gegenüber einem Staatlichen Notariat** der DDR abgegeben werden müssen (§ 403 Abs 2 ZGB); bei Abgabe an einen anderen Adressaten, insbesondere ein bundesdeutsches Nachlaßgericht, ist die Ausschlagung nichtig, so daß es einer Anfechtung nicht bedarf (BGH NJW 1998, 227; BayObLG NJW 1991, 1237; KG DtZ 1992, 187; KG OLGZ 1992, 279, 281; KG OLGZ 1993, 1, 2 f; KG ZEV 1997, 154; OLG Naumburg OLG-NL 1999, 235, 237; LG Berlin DtZ 1995, 60; LG Bonn DtZ 1992, 57; Adlerstein/Desch DtZ 1991, 198; Köster Rpfleger 1991, 99; Trittel DNotZ 1991, 241; Wähler ROW 1992, 109; Brakebusch Rpfleger 1994, 234, 235; Vogt/Kobold DtZ 1993, 226; S Lorenz DStR 1994, 584, 586).

194 **β)** Eine vor dem 3. 10. 1990 gegenüber einem bundesdeutschen Nachlaßgericht abgegebene Ausschlagungserklärung wird auch **nicht geheilt** durch **Art 231 § 7**, weil diese Bestimmung nur einen Formmangel, nicht aber einen Mangel der Empfangszuständigkeit heilt (dort Rn 14). Die Ausschlagungserklärung wird auch nicht geheilt durch **Übergang der Zuständigkeit** der Staatlichen Notariate auf die Nachlaßgerichte zum 3. 10. 1990, selbst wenn die Ausschlagungsfrist am 3. 10. 1990 noch nicht abgelaufen war (LG Berlin DtZ 1995, 60).

195 **γ)** **Nach dem 3. 10. 1990** war eine noch mögliche Ausschlagung auch unter dem ZGB als Erbstatut hingegen an das Nachlaßgericht zu adressieren.

Eine Ausschlagung nach einem **vor dem 1. 1. 1976** verstorbenen Erblasser unterlag auch in Ansehung von DDR-Immobilien dem BGB als Erbstatut, ist also ebenfalls gegenüber einem bundesdeutschen Nachlaßgericht wirksam erfolgt (BayObLG DtZ 1992, 284, 285).

ee) Notarielle Beglaubigung der Ausschlagung

196 **α)** § 403 Abs 2 ZGB verlangte weiter die Abgabe der Erklärung in **notariell beglaubigter Form**. Dies erforderte jedoch keine Beglaubigung oder Beurkundung durch ein Staatliches Notariat (KG DtZ 1992, 187; vgl Art 231 § 7 Rn 13). Von einem bundesdeutschen oder einem ausländischen (OLG Brandenburg FamRZ 1997, 1023, 1024) Notar beglaubigte und an ein Staatliches Notariat der DDR gerichtete und dort eingegangene (LG Stralsund Rpfleger 1994, 66) Ausschlagungen sind also wirksam, ohne daß es auf die Heilungsbestimmung des Art 231 § 7 ankäme. Nicht genügend ist aber der Zugang einer beglaubigten Abschrift einer solchen Ausschlagungserklärung an das Staatliche Notariat, weil es dann wieder am Zugang (oben Rn 190) fehlt (Rauscher ZEV 1997, 29, 30; **aA** OLG Dresden OLG-NL 1996, 139).

197 **β)** Deshalb geht auch die Erwägung fehl, die Bestimmung des § 403 Abs 2 ZGB außer Anwendung zu lassen – mit der Folge der Wirksamkeit einer Ausschlagung gegenüber bundesdeutschen Nachlaßgerichten –, wenn dem Erben eine Erklärung gegenüber dem Staatlichen Notariat **nicht zumutbar** war, weil er sich bei Reisen in die DDR einer Festnahme ausgesetzt hätte. Da dem Ausschlagenden jederzeit der Weg offenstand, seine Erklärung von einem bundesdeutschen Notar beglaubigen zu lassen und an ein Staatliches Notariat zu senden, ist kein Grund für die Annahme der Unzumutbarkeit ersichtlich.

ff) Modalitäten der Anfechtung

198 **α)** Soweit eine Anfechtung nach dem ZGB erforderlich und möglich ist, unterliegt sie der **Frist** des § 405 Abs 1 S 1 ZGB (2 Monate) sowie der **Ausschlußfrist** des § 405 Abs 2 S 2 ZGB (4 Jahre seit dem Erbfall; S Lorenz DStR 1994, 584, 587). Die Frist des § 405 Abs 1 ZGB **beginnt** mit Kenntnis des Irrtums (OLG Jena OLG-NL 1996, 42, 43) bzw

– trotz Fehlens einer ausdrücklichen Regelung für den Fall der Drohung – mit dem Wegfall der Drohung; im Fall der erzwungenen Ausschlagung vor Ausreise aus der DDR beginnt sie mit dieser Ausreise (KG OLGZ 1993, 278, 282; Palandt/Edenhofer[55] § 1954 BGB Rn 9). Für beide Fristen gilt Art 231 § 6, was für die Ausschlußfrist zu erheblich unterschiedlichen Laufzeiten führen kann: Am 3. 10. 1990 abgelaufene Ausschlußfristen verlängern sich nicht; hingegen tritt an die Stelle der noch nicht abgelaufenen 4-Jahresfrist die 30-Jahresfrist des § 1954 Abs 4 BGB (S Lorenz DStR 1994, 585, 587).

β) **Adressat der Anfechtung** konnte jedes Staatliche Notariat der DDR sein. Die Erklärung war *formfrei* abzugeben (KG OLGZ 1993, 405, 407); der notariellen Beglaubigung bedurften nur Anfechtungen der Annahme, die als Ausschlagung galten (Palandt/Edenhofer[55] § 1954 BGB Rn 8). **199**

Nach dem 3. 10. 1990 ist die Anfechtung dem Nachlaßgericht zu erklären.

γ) Auch hinsichtlich der Abgabe der Anfechtungserklärung kann sich im Fall der Ausschlagung ein **Zumutbarkeitsproblem** ergeben. Der gerade aus der DDR Ausgereiste mußte damit rechnen, daß seine Anfechtung der staatlicherseits erpreßten Ausschlagung ignoriert werden würde oder ihm gar bei Besuchen bzw in der DDR verbliebenen Angehörigen zu Repressalien gereichen könnte. **200**

Regelmäßig war es zumutbar, diese Erklärung an ein Staatliches Notariat zu **senden**, da hierzu – wie im Fall der Ausschlagung – keine weitere Kontaktnahme zu DDR-Behörden erforderlich wurde.

Daß Staatliche Notariate der DDR solche Anfechtungen regelmäßig **ignoriert** haben, ist unerheblich, da lediglich der Zugang bei dem Adressaten, nicht aber dessen pflichtgemäßes Handeln Voraussetzung einer wirksamen Anfechtung ist (KG OLGZ 1993, 278, 282).

Die Befürchtung, nach erfolgter Ausreise bei einer **späteren Reise in die DDR** wegen der Anfechtung festgenommen zu werden bzw die Befürchtung von Repressalien gegen Angehörige kann zur Unzumutbarkeit der Anfechtung der Ausschlagung gegenüber einem Staatlichen Notariat führen. In diesem Fall ist aber eine ersatzweise Empfangszuständigkeit des AG Schöneberg anzunehmen (KG OLGZ 1993, 278, 283), so daß dennoch die Anfechtungsfristen verstrichen sind, wenn der die Ausschlagung Anfechtende dies nicht entweder gegenüber einem Staatlichen Notariat oder dem AG Schöneberg erklärt hat.

§ 2
Verfügungen von Todes wegen

Die Errichtung oder Aufhebung einer Verfügung von Todes wegen vor dem Wirksamwerden des Beitritts wird nach dem bisherigen Recht beurteilt, auch wenn der Erblasser nach dem Wirksamwerden des Beitritts stirbt. Dies gilt auch für die Bindung des Erblassers bei einem gemeinschaftlichen Testament, sofern das Testament vor dem Wirksamwerden des Beitritts errichtet worden ist.

Materialien: Siehe Art 230; E: BT-Drucks 11/7760 Art 235 § 2.

Schrifttum

Janke, Widerruf und Aufhebung von in der DDR errichteten gemeinschaftlichen Testamenten und Ehegattenerbverträgen, NJ 1998, 393

de Leve, Sonderregelung für Verfügungen von Todes wegen in Art 235 § 2 EGBGB, Rpfleger 1996, 141

Limmer, Die Bindungswirkung von in der DDR errichteten gemeinschaftlichen Testamenten, ZEV 1994, 290.

Vgl auch Schrifttum zu § 1.

I. Normzweck

1 Die Art 214 nachgebildete Bestimmung soll sicherstellen, daß Testamente, die **vor dem 3. 10. 1990 errichtet** sind und nach dem maßgeblichen Recht der DDR wirksam errichtet oder aufgehoben wurden oder Bindungen erzeugten, insoweit weiterhin nach dem Recht der DDR beurteilt werden. Die Bestimmung schützt also Vertrauen in die Fortgeltung des bei Errichtung des Testaments für diese Regelungsbereiche geltenden Rechts (Palandt/Edenhofer Rn 1; MünchKomm/Leipold Rn 1).

II. Anwendungsbereich

1. Interlokal

a) Innerdeutsches Kollisionsrecht

2 Die Bestimmung ist nicht abhängig vom **Ort der Errichtung** und auch nicht von der **Staatsangehörigkeit** des Erblassers (so Trittel DNotZ 1991, 243). Vielmehr ist der Anwendungsbereich entsprechend dem **innerdeutschen Kollisionsrecht** zu bestimmen (Palandt/Edenhofer Rn 1). Fraglich könnte sein, ob dieser Weg angemessen ist, da es sich um Erbfälle nach dem 3. 10. 1990 handelt (zweifelnd MünchKomm/Leipold Rn 5). Maßgeblich für die Anwendung der Bestimmung ist aber der vor dem 2. 10. 1990 liegende Errichtungszeitpunkt. Die kollisionsrechtliche Fragestellung lautet daher, in welchen Fällen die von § 2 erfaßten Materien am 2. 10. 1990 nach dem Recht der DDR zu beurteilen gewesen wären. Hierzu ist kollisionsrechtlich zu unterscheiden zwischen der **Form** und den sonstigen **Errichtungsvoraussetzungen**, der **Aufhebung** und der **Bindungswirkung**.

b) Testamentsform

3 **aa)** Für die **Form** gilt entsprechend das Haager Testamentsformabkommen v 5. 10. 1961 (vgl Art 26 Abs 1 bis 4 EGBGB; MünchKomm/Leipold Rn 6; de Leve Rpfleger 1996, 141, 143; unklar Palandt/Edenhofer Rn 2).

Eine der dort angeführten alternativen Anknüpfungen muß in das Recht der DDR weisen, soll § 2 anzuwenden sein. Soweit dieses Abkommen wahlweise abstellt auf den Errichtungs- und den Todeszeitpunkt (zB Wohnsitz bei Errichtung oder Tod), ist nach dem Zweck der vorliegenden Bestimmung abzustellen auf den Errichtungszeitpunkt und den 2. 10. 1990; nur bis zu diesem Zeitpunkt konnte Vertrauen gebildet werden. Das Testament kann also nicht etwa durch Zuzug des Erblassers in die neuen Bundesländer nach dem 3. 10. 1990 nachträglich alternativ dem Recht der DDR unterstellt werden.

bb) § 2 ändert nichts an der grundsätzlichen **Alternativität der Formanknüpfung**. Ein nach § 2 iVm dem Recht der DDR nicht formwirksames Testament kann ohne weiteres nach einem anderen von Art 1 Abs 1 Haager Testamentsformabkommen berufenen Recht formwirksam sein (OLG Jena OLG-NL 1995, 11, 12); dies kann insbesondere aufgrund deutscher Staatsangehörigkeit, deutschen Wohnsitzes oder gewöhnlichen Aufenthaltes bei Tod das BGB sein. **4**

cc) In gleicher Weise ist die **Form gemeinschaftlicher Testamente** und die **Form von Widerrufstestamenten** zu behandeln (vgl Art 2, 4 Testamentsformübereinkommen). **5**

c) Errichtung, Aufhebung, Bindung

aa) Für die **Gültigkeit der Errichtung**, die **Aufhebung** und **Bindungswirkungen** gilt wie bei Art 26 Abs 5 das *potentielle Erbstatut* im Zeitpunkt der Errichtung des Testaments bzw – hinsichtlich der wirksamen Aufhebung, nicht aber der Aufhebbarkeit, die eine Frage der Bindung ist – im Zeitpunkt der Aufhebung (MünchKomm/Leipold Rn 11, 12); maßgeblich ist also der *gewöhnliche Aufenthalt* des Erblassers. Zu beachten ist jedoch – insbesondere mit Rücksicht auf das Inkrafttreten des ZGB am 1. 1. 1976 – daß § 2, ebenso wie Art 26 Abs 5, nicht das im jeweiligen Zeitpunkt geltende materielle Recht beruft. Die *intertemporale* Frage bleibt dem verwiesenen Recht (der DDR) überlassen (unten Rn 9). Potentielles Erbstatut ist das *Recht der DDR*, nicht aber das *BGB* oder das *ZGB* (das übersehen KG FamRZ 1998, 124, 125; LG Leipzig NJW 2000, 438, 439, die sich unmittelbar auf Art 26 Abs 5 stützen). **6**

bb) Dabei handelt es sich um eine (innerdeutsche) Gesamtverweisung. Für die Prüfung der **Rückverweisung** gilt bei nach dem 1. 1. 1976 errichteten Testamenten § 26 RAG, soweit der Qualifikationsbereich des § 2 die dort genannten Materien umfaßt, also hinsichtlich der *Fähigkeit* zur Testamentserrichtung, der *Aufhebung* eines Testaments und der *zulässsigen Arten testamentarischer Verfügungen* (OLG Jena OLG-NL 1995, 11 f; KG FamRZ 1998, 124, 125; Palandt/Edenhofer § 1922 Rn 8; de Leve Rpfleger 1996, 141, 143). Insoweit gilt auch nicht § 25 Abs 2 RAG, weil § 26 RAG auch diese Sonderanknüpfung überlagert. Dies ist auch zu berücksichtigen bei bundesdeutschem Erbstatut. Soweit § 26 RAG reicht, ergibt sich aus § 25 Abs 2 RAG *kein* nach Art 3 Abs 3 EGBGB vorrangiges DDR-Einzelstatut. In diesem Umfang scheidet die Anwendung von § 2 auf Testamente von Erblassern mit Wohnsitz in der Bundesrepublik aus. **7**

2. Intertemporaler Anwendungsbereich

a) Die Bestimmung greift nur ein, wenn der Erbfall **seit dem 3. 10. 1990** eintritt (MünchKomm/Leipold Rn 3; irrig OLG Rostock OLGR 1999, 196, 197, das § 2 als Bestätigung von § 1 für Alterbfälle versteht). Bei Erbfällen vor dem 3. 10. 1990 ergibt sich ggf das entsprechende Ergebnis bereits aus analoger Anwendung von Art 26 Abs 5 bzw aus den Bestimmungen des Haager Testamentsformübereinkommens. **8**

b) Für **vor dem 1. 1. 1976** errichtete Verfügungen von Todes wegen ist strittig, in **9**

welchem Umfang im Anwendungsbereich des § 2 das BGB (als früheres Recht der DDR) bzw das ZGB (als neues Recht der DDR) gilt.

aa) § 8 Abs 2 S 1 EGZGB unterstellte die **Wirksamkeit** der vor dem 1. 1. 1976 errichteten Verfügungen altem Recht, also dem **BGB**.

10 bb) Fraglich ist jedoch, ob dies auch für die *Wirkungen*, insbesondere für die **Bindung** an ein gemeinschaftliches Testament gilt. § 2 stützt als solcher nicht die Anwendung des BGB auf die Bindungswirkungen von Alt-Testamenten (anders OLG Brandenburg FamRZ 1997, 1030; ebenso mit anderer Begründung KG FamRZ 1998, 124, 125; LG Leipzig NJW 2000, 438, 439: Art 26 Abs 5, dazu oben Rn 6), weil § 2 die Überleitung zum 3. 10. 1990 regelt, aber nicht einen § 8 Abs 2 EGZGB überlagernden Rechtsgedanken schafft. Auch Art 26 Abs 5 gibt dafür nichts her, weil es um eine intertemporale Frage im Recht der DDR geht (oben Rn 6).

Die Gegenansicht (Janke NJ 1998, 393, 394 mit Nachw aus dem DDR-Schrifttum) beurteilt die *Bindung* nicht nach § 8 Abs 2 EGZGB, sondern wendet § **2 Abs 1 S 1 EGZGB** – und damit das ZGB – an, wenn keiner der Ehegatten vor dem 1. 1. 1976 verstorben war (sonst Geltung alten Rechts nach § 8 Abs 1 EGZGB). Hierfür spricht, daß die Befreiung von Bindungen aus Alt-Testamenten bei Erbfällen nach dem 1. 1. 1976 für die Vor- und Nacherbfolge ausdrücklich angeordnet war (§ 8 Abs 2 S 2 HS 2 EGZGB) und für die Bindungen aus Alt-Erbverträgen, die trotz der Abschaffung durch das ZGB wirksam blieben, vom OG (OG NJ 1979, 144; dazu Janke aaO; de Leve Rpfleger 1996, 141, 147) angenommen wurde. In diesem Kontext spricht viel dafür, §§ 2, 8 EGZGB so zu verstehen, daß jeweils die *Wirksamkeit* noch dem BGB, die *Wirkungen* aber dem ZGB zu unterstellen sind, sofern sie sich nicht bereits durch den Eintritt des (ersten) Erbfalls aktualisiert haben.

3. Sachlicher Anwendungsbereich

11 a) Wegen ihrem Ausnahmecharakter und nach ihrem Schutzzweck ist die Vorschrift **eng auszulegen**.

aa) S 1 erfaßt lediglich die **Form, Fähigkeit zur Errichtung und Aufhebung** letztwilliger Verfügungen und gilt insoweit für Einzeltestamente, gemeinschaftliche Testamente und Erbverträge. Letztere kannte das ZGB zwar nicht mehr, Erbverträge aus der Zeit vor dem 1. 1. 1976 blieben jedoch wirksam (oben Rn 10).

12 bb) S 2 gilt für die **Bindungswirkungen** sowie für deren Beseitigung (Palandt/Edenhofer Rn 5; Limmer ZEV 1994, 290). Entsprechend anwendbar ist § 2 auch auf §§ 2287 f BGB (beeinträchtigende Schenkungen), soweit diese Bestimmungen analog auf gemeinschaftliche Testamente anzuwenden sind, weil diese Bestimmungen die Bindungswirkung flankieren, also funktional als Bestimmungen zur Bindung zu qualifizieren sind (vgl BGHZ 128, 302). Ist das BGB Erbstatut, sind §§ 2287 f BGB also *nicht anzuwenden* (MünchKomm/Leipold Rn 15).

13 cc) S 2 gilt nach seinem Wortlaut nur für gemeinschaftliche Testamente, nicht aber für **Erbverträge**. Die Nichterwähnung könnte auf einem *Redaktionsversehen* beruhen, weil Erbverträge im ZGB nicht geregelt waren (MünchKomm/Leipold Rn 12; so auch noch Staudinger/Rauscher [1996] Rn 19).

Das würde allerdings, da diese Erbverträge zwar *wirksam* geblieben waren, jedoch hinsichtlich der Beendigung von daraus folgenden Rechten und Pflichten, also dem Maß der *Bindung*, seit dem 1. 1. 1976 dem ZGB unterstanden (Janke NJ 1998, 393, 396 m Nachw; de Leve Rpfleger 1996 141, 147; **aA** MünchKomm/Leipold Rn 12), zur Folge haben, daß solche Alt-Erbverträge auch nach dem 3. 10. 1990 insoweit weiter dem ZGB unterstehen, also zB zwischen Ehegatten analog § 392 Abs 4, 393 ZGB widerruflich oder aufhebbar sind (so tatsächlich de Leve Rpfleger 1996, 141, 147). Näher dürfte es daher liegen, S 2 auf das dort ausdrücklich genannte und im ZGB geregelte gemeinschaftliche Testament zu beschränken und Erbverträge aus der Zeit vor dem 1. 1. 1976 hinsichtlich der Bindungswirkungen wieder vollständig dem BGB zu unterstellen (Janke aaO). Von einer solchen Behandlung von Alt-Erbverträgen geht auch die Gegenansicht aus, wenn auch auf der unzutreffenden Prämisse, die Bindung habe umfassend unter dem ZGB fortbestanden.

Wurde allerdings vor dem 3. 10. 1990 der Erbvertrag unter Geltung des ZGB *aufgehoben*, so bleibt es gemäß S 1 hierbei. Die nach dem ZGB bestehende Rechtslage gilt – als Erbstatut – auch, wenn ein in einem Erbvertrag von Todes wegen Verfügender vor dem 3. 10. 1990 verstorben ist (weitergehend Janke aaO: bei Tod eines Vertragspartners).

b) Inhalt, Auslegung und materielle Wirkung der Verfügung unterliegen nicht § 2, sondern dem Erbstatut (AG Leipzig Rpfleger 1995, 22; MünchKomm/Leipold Rn 14; de Leve Rpfleger 1996, 141, 142), bei Erbfällen nach einem Deutschen nach dem 3. 10. 1990 also dem BGB, bei Erbfällen nach Deutschen mit ZGB-Erbstatut vor dem 3. 10. 1990 dem ZGB (OLG Jena OLG-NL 1995, 8). 14

c) Für die **Anfechtung eines Testaments** ist strittig, ob § 2 eingreift. 15

aa) Eine Ansicht will § 2 auf die Anfechtung wegen Gründen, die noch **unter Geltung des früheren Rechts entstanden** sind erstrecken, um das Vertrauen der Beteiligten zu schützen, die bereits im Errichtungszeitpunkt wissen müßten, ob eine Verfügung wirksam oder unwirksam sei (de Leve Rpfleger 1994, 233, 234). Dies soll insbesondere auch deshalb gelten, um **Erbverträgen**, die unter Geltung des ZGB bis zum 2. 10. 1990 geschlossen wurden, weiter die Wirksamkeit zu versagen.

bb) Dieser Ansicht ist nicht zu folgen: **§ 2 erfaßt nicht die Anfechtung** einer letztwilligen Verfügung; diese unterliegt dem Erbstatut (OLG Brandenburg FamRZ 1998, 59; Palandt/Edenhofer Rn 1; MünchKomm/Leipold Rn 14; Bestelmeyer Rpfleger 1993, 381; ders Rpfleger 1994, 235). 16

Zwar schützt § 2 das Vertrauen in die Wirksamkeit der Errichtung. Es spricht aber nichts dafür, daß dies in weiterem Umfang geschehen sollte, als nach **§ 26 Abs 5**, dem die vorliegende Übergangsregelung hinsichtlich der ratio, daß ein *Statutenwechsel* (ob nun durch Wandelbarkeit des Statuts oder durch einen Wandel des materiellen Rechts ausgelöst) die Testamentswirksamkeit und bindung nicht beeinträchtigt, gleicht (OLG Brandenburg FamRZ 1998, 59, 60). § 26 Abs 5 ist aber unstrittig *nicht* auf die Anfechtung anzuwenden (Palandt/Heldrich Art 26 Rn 8). § 26 RAG und wohl auch § 8 Abs 2 EGZGB haben insoweit intertemporal anders entschieden (dazu § 1 Rn 154 ff), was aber den Überleitungsfall zum 3. 10. 1990 nicht berührt.

Eine Heilung von seit dem 1. 1. 1976 geschlossenen Erbverträgen tritt dadurch nicht ein (so aber de Leve Rpfleger 1994, 233). Die Wirksamkeit, also die Bindung an einen Erbvertrag wird durch die Entscheidung zum Anfechtungsstatut nicht präjudiziert. Sie unterliegt positiv und negativ dem Errichtungsstatut. War der Erbvertrag vor dem 3. 10. 1990 nichtig, so bleibt er es.

17 **cc)** Entsprechend unterliegt auch die **Anfechtung eines gemeinschaftlichen Testaments** dem Erbstatut (MünchKomm/Leipold Rn 15; Palandt/Edenhofer Rn 5; Limmer ZEV 1994, 290); umgekehrt kann ein potentiell anfechtbares Testament durch den am 3. 10. 1990 eingetretenen Statutenwechsel geheilt sein, sofern es noch nicht durch Anfechtung vernichtet ist. Insoweit handelt es sich nicht um eine aus dem Testament folgende Bindung.

18 **dd)** Zu den nach Satz 2 altem Recht unterstellten **Bindungswirkungen** rechnen auch die Folgen eines **Verstoßes** gegen eine eingetretene Bindung. Insbesondere ist also nach § 390 ZGB zu beurteilen, ob eine anderweitige Verfügung über einen von den Bindungswirkungen umfaßten Nachlaßteil oder Nachlaßgegenstand wirksam erfolgte (BGH NJ 1995, 1087; OLG Dresden OLG-NL 1994, 182, 183; OLG Naumburg OLG-NL 1995, 10).

III. Anwendbare Bestimmungen (Recht der DDR)

1. Errichtung

19 **a)** Das ZGB kannte nur **Testamente, keine Erbverträge**.

aa) Vor dem 1. 1. 1976 errichtete letztwillige Verfügungen unterliegen nach § 8 Abs 2 EGZGB iVm Art 235 § 2 S 1 weiterhin hinsichtlich der Wirksamkeit dem BGB.

Erbverträge aus dieser Zeit sind also wirksam (§ 8 Abs 2 EGZGB; Palandt/Edenhofer Rn 2; vgl § 1 Rn 58). Hinsichtlich der Beurteilung der Bindung unterliegen sie aber nicht S 2, fallen insoweit also nicht in den Anwendungsbereich von § 2 und unterstehen nach dem 3. 10. 1990 auch nicht mehr dem ZGB (oben Rn 13).

20 **bb)** Ein **nach dem 1. 1. 1976** (und vor dem 3. 10. 1990) **errichteter Erbvertrag** kann – auch bei Eintritt des Erbfalls vor dem 3. 10. 1990 – nach allgemeinen Grundsätzen **umgedeutet** werden in ein wirksames Einzeltestament, zwischen Ehegatten (unten Rn 22) ggf in ein gemeinschaftliches Testament. Gemäß § 272 ZGB sind Testamente so auszulegen, daß dem wirklichen oder mutmaßlichen Erblasserwillen Geltung verschafft wird. Die Abschaffung des Rechtsinstituts des Erbvertrags durch das ZGB erfolgte aus praktischen Gründen, nicht aber wegen einer grundsätzlichen Ablehnung letztwilliger Bindungen, die das gemeinschaftliche Testament weiter vorsah, so daß ein Ausschluß der Umdeutung als Sanktion gegen den Erbvertrag ausscheidet (OLG Jena OLG-NL 1995, 11, 12).

b) Die subjektiven Voraussetzungen der Errichtung regelt § 370 ZGB. Der Erblasser mußte zur Errichtung eines Testaments *volljährig* (§ 370 Abs 1 S 2, § 49 ZGB: 18 Jahre) sein und konnte ein Testament nur **persönlich** errichten (§ 370 Abs 2 ZGB). **21**

c) Ein **gemeinschaftliches Testament** konnte nur von Ehegatten errichtet werden (§ 388 ZGB; Palandt/Edenhofer Rn 2; Lübchen/Göhring 183). Die Umdeutung eines unzulässigen gemeinschaftlichen Testaments von Nicht-Ehegatten in ein Einzeltestament dessen, der die Testamentsform gewahrt hat, ist möglich, sofern die Verfügungen nicht wechselbezüglich sind (OLG Naumburg OLG-NL 1998, 226). **22**

d) Als Formen der Testamentserrichtung (im einzelnen de Leve Rpfleger 1996, 141, 146) sah das ZGB vor: die *notarielle Beurkundung* oder die *eigenhändige schriftliche Errichtung* (§§ 383 Abs 1, 384, 385 ZGB). Für das **gemeinschaftliche Testament** konnten beide Formen genutzt werden, wobei für die eigenhändige Form Schriftlichkeit durch einen Ehegatten und Unterschrift beider Ehegatten genügte (§ 391 ZGB; Palandt/Edenhofer Rn 2; MünchKomm/Leipold Rn 15; Lübchen/Göhring 183). Ein **Nottestament** in der Form des der Niederschrift bedürftigen mündlichen Zweizeugentestaments war nur drei Monate nach Errichtung gültig (§ 386 ZGB insbesondere Abs 4). **23**

2. Aufhebung, Widerruf

Die **Aufhebung** bzw der **Widerruf** eines Testaments waren jederzeit durch ein anderes Testament, durch Rücknahme des notariellen Testaments oder Nottestaments aus der Verwahrung oder durch Vernichtung bzw Veränderung in Widerrufsabsicht (Vermutung des Widerrufs) möglich (§ 387 ZGB; MünchKomm/Leipold Rn 13; Lübchen/Göhring 183). **24**

3. Bindungswirkungen gemeinschaftlicher Testamente

a) **Bindungswirkungen** erzeugte ein gemeinschaftliches Testament hinsichtlich sämtlicher (nicht nur wechselbezüglicher) Verfügungen. Gegenseitige Ermächtigung zur Abweichung von der Verfügung war möglich. **25**

Fortgeltende Bestimmungen nach Satz 2 sind die Regelungen des ZGB über den Umfang der Bindungswirkungen sowie den Widerruf gemeinschaftlicher Testamente; dies gilt für die Zulässigkeit, die Art und die Wirkungen des Widerrufs (Palandt/Edenhofer Rn 4; Limmer ZEV 1994, 290; im einzelnen Janke NJ 1998, 397 ff; de Leve Rpfleger 1996, 141, 146 f).

b) Ein **Widerruf** des gemeinschaftlichen Testaments ist **zu Lebzeiten** beider Ehegatten durch beide Ehegatten gemeinsam oder durch einen Ehegatten in notariell beurkundeter Erklärung möglich. Ein Widerruf oder die Scheidung der Ehe machen das gesamte Testament unwirksam (§ 392 ZGB; Palandt/Edenhofer Rn 3). **26**

c) **Ein Widerruf nach dem Tod** eines Ehegatten ist nur bei Ausschlagung durch den überlebenden Ehegatten möglich; Pflichtteilsansprüche bleiben erhalten (§ 392 ZGB). **27**

28 **d) Nach Annahme der Erbschaft** ist die Aufhebung der Bindung in weiterem Umfang möglich als nach den Bestimmungen des BGB.

– Sie erfolgt durch Erklärung (nunmehr gegenüber dem *Nachlaßgericht*) und tritt ein bei Herausgabe der Erbschaft an die im Testament genannten (Schluß-)Erben, soweit die Erbschaft den gesetzlichen Erbteil des Ehegatten übersteigt.

– Bereits bei Fehlen von anderen Erben erster Ordnung besteht daher faktisch keine Bindung des überlebenden Ehegatten, weil er als gesetzlicher Alleinerbe auch im Falle des § 393 ZGB den ganzen Nachlaß behalten kann (OLG Dresden OLG-NL 1994, 182, 183). Eine Beseitigung der Erbenstellung ist damit nicht verbunden, der Ehegatte verliert lediglich insoweit den Nachlaß und wird zur letztwilligen Verfügung wieder frei (§ 393 ZGB; Palandt/Edenhofer Rn 4).

29 **e)** Die **Bindungswirkung** des § 390 Abs 2 ZGB gilt ausnahmslos nur für *Verfügungen von Todes wegen* (BGHZ 128, 302).

– Der Bindung **entgegenstehende letztwillige Verfügungen** sind nichtig (§ 390 ZGB; Palandt/Edenhofer Rn 4).

– Hingegen ist der überlebende Ehegatte frei zu **Verfügungen unter Lebenden** (§ 390 Abs 2 S 1 ZGB); ein rechtsgeschäftlich vereinbartes Verbot zu solchen Verfügungen wäre wegen Verstoßes gegen § 371 Abs 2 ZGB nichtig (BGHZ 128, 302; Müller JZ 1996, 105, 107). Die Befugnis zur Verfügung unter Lebenden erfaßt auch die Wirksamkeit einer durch den überlebenden Ehegatten erteilten **transmortalen Vollmacht** auf der Grundlage einer Schenkung, aufgrund derer der Bevollmächtigte – im Rahmen der vom Erblasser erteilten Weisungen – auch nach dem Eintritt des Erbfalls bis zu einem Widerruf durch die Erben Verfügungen mit Wirkung gegen diese treffen kann (OLG Naumburg OLG-NL 1995, 10).

– Da im Falle eines **Berliner Testaments** bei einem vor dem 3. 10. 1990 eingetretenen ersten Erbfall nur eine Auslegung iSd Schlußerbeneinsetzung in Betracht kommt, weil das ZGB eine Vorerbeneinsetzung nicht kannte, kommt eine weitergehende Bindung als nach § 393 ZGB (oben Rn 28) nicht in Betracht. Die Rechtsprechung zu §§ 2274 ff BGB kann nicht entsprechend herangezogen werden, weil der überlebende Ehegatte beim gemeinschaftlichen Testament nach dem ZGB bewußt freier gestellt war (OLG Dresden OLG-NL 1994, 182, 183; OLG Naumburg OLG-NL 1995, 10, 11).

Artikel 236 EGBGB
Einführungsgesetz – Internationales Privatrecht

§ 1
Abgeschlossene Vorgänge

Auf vor dem Wirksamwerden des Beitritts abgeschlossene Vorgänge bleibt das bisherige Internationale Privatrecht anwendbar.

§ 2
Wirkungen familienrechtlicher Rechtsverhältnisse

Die Wirkungen familienrechtlicher Rechtsverhältnisse unterliegen von dem Wirksamwerden des Beitritts an den Vorschriften des Zweiten Kapitels des Ersten Teils.

§ 3
Güterstand

Die güterrechtlichen Wirkungen von Ehen, die vor dem Wirksamwerden des Beitritts geschlossen worden sind, unterliegen von diesem Tag an dem Artikel 15; dabei tritt an die Stelle des Zeitpunkts der Eheschließung der Tag des Wirksamwerdens des Beitritts. Soweit sich allein aus einem Wechsel des anzuwendenden Rechts nach Abs. 1 Ansprüche wegen der Beendigung des früheren Güterstandes ergeben würden, gelten sie bis zum Ablauf von zwei Jahren nach Wirksamwerden des Beitritts als gestundet.

Schrifttum

ADLERSTEIN/DESCH, Das Erbrecht in den neuen Bundesländern, DtZ 1991, 193
BÖHMER, Völkerrechtliche Vereinbarungen der Bundesrepublik Deutschland und der DDR über Personenstandsangelegenheiten, StAZ 1991, 62
ders, Staatsvertragliche Bindungen im Internationalen Privat- und Verfahrensrecht nach dem Einigungsvertrag, in: JAYME/FURTAK 37
COESTER-WALTJEN, Ausgewählte zivilrechtliche Fragen im Einigungsvertrag: Interlokale und intertemporale Probleme, Ehegüterrecht und nachehelicher Unterhalt, JURA 1991, 516
DANNEMANN, Das staatsvertragliche Kollisionsrecht der DDR nach der Vereinigung, DtZ 1991, 130
DE LEVE, Deutsch-deutsches Erbrecht nach dem Einigungsvertrag (1995)
DÖRNER, Interlokales Erb- und Erbscheinsrecht nach dem Einigungsvertrag, IPRax 1991, 392
ders, Das deutsche Interlokale Privatrecht nach dem Einigungsvertrag, in: FS W Lorenz (1991) 321
ders, Interlokales Erbrecht nach der Wiedervereinigung – ein schwacher Schlußstrich, IPRax 1995, 89
ders, Rechtsfragen des deutsch-deutschen Erbrechts – BGHZ 124, 270, JuS 1995, 771
DÖRNER/MEYER-SPARENBERG, Rechtsanwendungsprobleme im Privatrecht des vereinten Deutschlands, DtZ 1991, 1
DROBNIG, Das Schicksal der Staatsverträge der DDR nach dem Einigungsvertrag, DtZ 1991, 76
ders, Innerdeutsches und interlokales Kollisionsrecht nach der Einigung Deutschlands, RabelsZ 1991, 268
ders (Hrsg), Grundstücksrecht und Erbrecht in beiden deutschen Staaten heute und künftig (1993)
ENDERLEIN, Das UN-Verjährungsübereinkommen und seine Geltung in Deutschland, in: JAYME/FURTAK 65
ENDERLEIN/GRAEFRATH, Nochmals: Deutsche Einheit und internationales Kaufrecht, BB-Beil 1991 Nr 6, 8
FISCHER, Deutsch-deutsche Vertragsschlüsse zwischen Wende und Einheit, IPRax 1995, 161
GÖRK, Deutsche Einheit und Wegfall der Geschäftsgrundlage (1995)
GRAF, Probleme der nachlaßgerichtlichen Praxis im Vollzug der Deutschen Einigung, DtZ 1991, 370
HARTMANN, Innerdeutsches Kollisionsrecht für Altfälle und Vertrauensschutz, RabelsZ 1997, 454

Heldrich, Das interlokale Privatrecht Deutschlands nach dem Einigungsvertrag (1992)
ders, Interlokales Privatrecht im vereinten Deutschland, in: FS Lerche (1993) 913
Heldrich/Eidenmüller, Die rechtlichen Auswirkungen der Wiedervereinigung Deutschlands aus der Sicht von Drittstaaten, ÖJBl 1991, 76
Henrich, Probleme des interlokalen und des internationalen Ehegüter- und Erbrechts nach dem Einigungsvertrag, IPRax 1991, 14
ders, Probleme der deutschen Rechtseinheit im Familienrecht, FamRZ 1991, 873
Herber, Deutsche Einheit und internationales Kaufrecht, BB-Beil 1990 Nr 37, 1
ders, Internationale Transportrechtsübereinkommen und deutsche Einheit, TransportR 1990, 253
ders, Das Transportrecht im vereinten Deutschland, TransportR 1991, 1
ders, Deutsche Einheit und internationales Kaufrecht – Eine Replik, BB-Beil 1991 Nr 14, 7
vHoffmann, Internationales Privatrecht im Einigungsvertrag, IPRax 1991, 1
Hohage, Deutsch-deutsches Eherecht und Ehekollisionsrecht (1996)
Jayme, Allgemeine Ehewirkungen und Ehescheidung nach dem Einigungsvertrag – Innerdeutsches Kollisionsrecht und Internationales Privatrecht, IPRax 1991, 11
ders, Einigungsvertrag und innerdeutsches Kollisionsrecht des Versorgungsausgleichs, IPRax 1991, 230
Jayme/Furtak (Hrsg), Der Weg zur deutschen Rechtseinheit (1991)
Jayme/Stankewitsch, Nochmals: Scheidungsfolgen und innerdeutsches Kollisionsrecht, IPRax 1993, 162
Köster, Erbrechtliche Fragestellungen nach dem Einigungsvertrag, Rpfleger 1991, 97
Lübchen (Hrsg), Internationales Privatrecht. Kommentar zum Rechtsanwendungsgesetz (1989)
ders (Hrsg), Kommentar zum Sechsten Teil des EGBGB (1991)
Magnus, Deutsche Rechtseinheit im Zivilrecht – die Übergangsregelungen, JuS 1992, 456
Mansel, Staatsverträge und autonomes internationales Privat- und Verfahrensrecht nach der Wiedervereinigung, JR 1990, 441
ders, Zum Anwendungsbereich der Art 230 bis 235 EGBGB, DtZ 1991, 124
ders, Intertemporales internationales Privatrecht des Einigungsvertrages – Zur Auslegung des Art 236 EGBGB, in: Jayme/Furtak 141
D Müller, Fortgeltung von Staatsverträgen der ehemaligen DDR im Internationalen Privat- und Verfahrensrecht, in: Jayme/Furtak 43
Mörsdorf-Schulte/Otte, Deutsch-deutsche und internationale Altfälle nach dem Einigungsvertrag, ZIP 1993, 15
Pirrung, Einigungsvertrag und Kollisionsrecht. Zum Verständnis der Art 230 II und 236 EGBGB, RabelsZ 1991, 211
Rauscher, Gespaltenes Kindschaftsrecht im vereinten Deutschland, StAZ 1991, 1
ders, Intertemporale Bestimmungen zum internationalen Ehegüterrecht im Einigungsvertrag, DtZ 1991, 20
Reinhart, Probleme des intertemporalen Rechts im innerdeutschen und internationalen Handelsverkehr, in: Jayme/Furtak 83
Sandweg, Deutsch-deutsches Erbrecht, BWNotZ 1992, 45
Schotten, Zur Formnichtigkeit von Verträgen über Grundbesitz in der ehemaligen DDR, die vor der Vereinigung in den alten Bundesländern beurkundet worden sind, DNotZ 1991, 771
Schotten/Johnen, Erbrecht im deutsch-deutschen Verhältnis – die Rechtslage vor der Vereinigung und die Regelungen im Einigungsvertrag, DtZ 1991, 225
dies, Probleme hinsichtlich der Anerkennung, der Erteilung und des Inhalts von Erbscheinen im deutsch-deutschen Verhältnis, DtZ 1991, 257
Schotten/Schmellenkamp, Zur materiellrechtlichen Wirksamkeit von Verträgen über Grundbesitz in der ehemaligen DDR, die vor der Vereinigung in den alten Bundesländern beurkundet worden sind, DNotZ 1992, 203
Schurig, Ein Kollisionsrecht für das Kollisionsrecht im vereinigten Deutschland, in: FS W Lorenz (1991) 513
Siehr, Das Kindschaftsrecht im Einigungsvertrag, IPRax 1991, 20
ders, Der Einigungsvertrag und seine internationalen Kollisionsnormen, RabelsZ 1991, 240

SOLOMON, Nachlaßspaltung, Qualifikation, Pflichtteil und der Rückübertragungsanspruch nach dem Vermögensgesetz, IPRax 1995, 24
ders, Das Vermögensgesetz und § 25 Abs 2 Rechtsanwendungsgesetz der DDR – abgeschlossene Vorgänge und offene Fragen, IPRax 1997, 24
SPICKHOFF, Nachträgliche Rechtswahl, Interlokales und intertemporales Kollisionsrecht: Form, Rückwirkung und Beweislast, IPRax 1998, 462
STANKEWITSCH, Kollisionsrechtliche Probleme bei der Abänderung von DDR-Urteilen auf Geschiedenenunterhalt, IPRax 1994, 103
H STOLL, Kollisionsprivatrechtliche Aspekte des Vertrages über die deutsche Einigung, in: FS W Lorenz (1991) 577
STROHBACH, Auslegungsfragen zum intertemporalen Privatrecht, in: JAYME/FURTAK 131
STURM, L'impact du Traité d'unification sur le droit privé de l'Allemagne unie, Journal du Droit int 1991, 1
THORN, Die UN-Verjährungskonvention und ihre Geltung in Deutschland, IPRax 1993, 215
TRUNK, Beurkundung gesellschaftsrechtlicher Rechtsakte im deutsch-deutschen Rechtsverkehr, MittBayNot 1990, 215
WÄHLER, Intertemporale, interlokale und materiellrechtliche Probleme des Erbrechts nach der Wiedervereinigung, ROW 1992, 103
WANDEL, Die Bedeutung des Einigungsvertrages für die notarielle Praxis, BWNotZ 1991, 1
WASMUTH, Zur Korrektur abgeschlossener erbrechtlicher Sachverhalte im Bereich der ehemaligen DDR, DNotZ 1992, 3.

Systematische Übersicht

Alphabetische Übersicht

I. Überblick

1 Die Vorschrift wurde durch Anlage I Kapitel III Sachgebiet B Abschnitt II Nr 1 des Einigungsvertrages (EV) v 31. 8. 1990 (BGBl 1990 II 889 u GBl DDR 1990 I 1627) iVm dem Einigungsvertragsgesetz (EVG) v 23. 9. 1990 (BGBl 1990 II 885) mit Wirkung vom 29. 9. 1990 (vgl Art 10 Abs 1 EVG) in das EGBGB eingefügt (zur Entstehungsgeschichte Pirrung RabelsZ 1991, 215 ff). Sie regelt nach dem Vorbild von Art 220 die sich aus dem Beitritt der früheren DDR am 3. 10. 1990 auf dem Gebiet des *Internationalen Privatrechts* ergebenden intertemporalen Fragen und ergänzt damit die Parallelvorschriften der Art 231 bis 235, die für die Ablösung der alten *DDR-Sachnormen* eine umfangreiche übergangsrechtliche Regelung enthalten. Dabei geben die §§ 1 und 2 der Vorschrift allgemeine Grundsätze des deutschen Intertemporalen Privatrechts wieder: Zum Zeitpunkt des Beitritts „abgeschlossene Vorgänge" sollen ebenso wie die bis zu diesem Zeitpunkt entstandenen familienrechtlichen Dauerwirkungen (§ 2 e contrario) nach „bisherigem IPR" angeknüpft werden (vgl Art 220 Rn 22, 28 u unten Rn 23, 26). Zum Zeitpunkt des Beitritts nicht abgeschlossene Vorgänge (§ 1 e contrario) sowie die Wirkungen familienrechtlicher Rechtsverhältnisse aus der Zeit danach unterliegen dagegen dem EGBGB (vgl Art 220 Rn 24, 28 u unten Rn 24, 26). Eine Sonderregelung für die übergangsrechtliche Behandlung des internationalen Ehegüterrechts enthält § 3 (unten Rn 52 ff).

II. Anwendungsbereich

1. Rechtslage bis zum 3. 10. 1990 und Inhalt des EV

2 Bis zum Beitritt der neuen Bundesländer und Ost-Berlins am 3. 10. 1990 waren in beiden deutschen Staaten **unterschiedliche Internationale Privatrechte** in Kraft. In der Bundesrepublik galten – seit dem 1. 9. 1986 in der Fassung des IPR-Neuregelungsgesetzes – die Kollisionsnormen des EGBGB, die in einzelnen Bereichen durch ungeschriebene, von Rechtsprechung und Literatur entwickelte Anknüpfungsregeln ergänzt und von zahlreichen Staatsverträgen kollisionsrechtlichen Inhalts überlagert wurden. Das Kollisionsrecht der DDR war enthalten in dem am 1. 1. 1976 in Kraft getretenen „Gesetz über die Anwendung des Rechts auf internationale zivil-, familien- und arbeitsrechtliche Beziehungen sowie auf internationale Wirtschaftsverträge – Rechtsanwendungsgesetz" (RAG) v 5. 1. 1975 (unten Rn 30). Außerdem hatte auch die DDR mit zahlreichen Staaten auf dem Gebiet des IPR völkerrechtliche Verträge geschlossen.

3 Art 8 EV sieht vor, daß im Beitrittsgebiet (dh in den fünf neuen Bundesländern sowie Ost-Berlin, Art 3 EV) mit dem Wirksamwerden des Beitritts Bundesrecht in Kraft tritt, soweit es in seinem Geltungsbereich nicht auf bestimmte Länder oder Landesteile beschränkt ist und soweit durch den EV nebst Anlagen nichts anderes bestimmt wird. Das Recht der DDR wird im wesentlichen außer Kraft gesetzt (arg Art 9 Abs 1 u 2 EV). Im Hinblick auf BGB und EGBGB präzisiert der durch Anlage I, Kapitel III, Sachgebiet B, Abschnitt II Nr 1 EV neugeschaffene Art 230, daß diese Gesetze (abgesehen von einigen mittlerweile beseitigten Ausnahmen) im Beitrittsgebiet „am Tage des Wirksamwerdens des Beitritts nach Maßgabe der folgenden Übergangsvorschriften in Kraft" treten. Die das IPR betreffende Übergangsvorschrift des Art 236 legt also fest, wann die bundesdeutschen Kollisionsnormen (insbesondere aus dem 2. Kapitel des Ersten Teils des EGBGB) und wann die entsprechenden Regeln der früheren DDR (insbesondere die im RAG enthaltenen Bestimmungen) zur Anwendung gelangen.

4 Während Übergangsvorschriften (wie zB Art 220) im Regelfall allerdings die intertemporalen Konflikte aus Rechtsänderungen bewältigen, die sich einheitlich für ein **gesamtes Rechtsgebiet** vollzogen haben, betrifft Art 236 die Einführung neuer international-privatrechtlicher Bestimmungen in lediglich einem **Teilgebiet**, nämlich auf dem Territorium der ehemaligen DDR. Das führt zu der Frage, ob sich der Anwendungsbereich des Art 236 auf das Beitrittsgebiet beschränkt oder ob diese Vorschrift als Bestandteil eines in den neuen und alten Bundesländern einheitlich maßgebenden Kollisionsrechts anzusehen ist.

2. Rechtslage nach dem 2. 10. 1990: Lehre vom einheitlichen Kollisionsrecht

5 Nach einer im Schrifttum verbreiteten Auffassung (zur Rechtsprechung vgl Rn 15) werden Sachverhalte mit Auslandsberührung seit dem 3. 10. 1990 in den alten Bundesländern und im Beitrittsgebiet nach **einheitlichen Kollisionsregeln** abgewickelt (Mansel JR 1990, 448; ders, in: Jayme/Furtak 149 ff; Heldrich 14; Palandt/Heldrich Rn 6 f; Rauscher StAZ 1991, 2 ff; ders DtZ 1991, 20 f; Staudinger/Rauscher Art 230 Rn 39 ff; Erman/Hohloch Art 236 Rn 1; Kegel/Schurig 43; Soergel/Schurig Rn 17; Schurig, in: FS W Lorenz 518 ff; Jayme/Stankewitsch IPRax 1993, 164; Mörsdorf-Schulte/Otte ZIP 1993, 23 ff; im Ergebnis ähnlich H Stoll, in: FS W Lorenz 591). Der durch den Einigungsvertrag neu eingefügte Sechste Teil des EGBGB gelte nicht nur im Beitrittsgebiet, sondern in der gesamten Bundesrepublik. Daher wende sich Art 236 an alle deutschen Gerichte (Mansel JR 1990, 448; ders DtZ 1991, 127; H Stoll, in: FS W Lorenz 587). Die von dieser Vorschrift angesprochene intertemporale Frage stelle sich allerdings nur für Altfälle mit Bezug zum DDR-Recht, so daß unter dem „bisherigen Internationalen Privatrecht" nur das Kollisionsrecht der früheren DDR zu verstehen sei. Bevor daher über Art 236 das RAG Anwendung finden könne, müsse – nach bundeseinheitlichen Kriterien – ermittelt werden, ob der Sachverhalt dem Beitrittsgebiet zugeordnet und damit der Anwendungsbereich des Art 236 eröffnet sei (Mansel, in: Jayme/Furtak 148 ff).

6 Nach welchen Kriterien darüber entschieden werden soll, ob auf abgeschlossene Vorgänge die Kollisionsnormen des RAG anzuwenden sind, läßt sich Art 236 § 1 nicht entnehmen. Zu dieser Frage sind unterschiedliche Auffassungen entwickelt worden. Heldrich ist der Ansicht, daß die Anwendung des RAG nur in Betracht komme, „wenn der Sachverhalt aufgrund einer Vorprüfung nach den insoweit fortentwickelten einheitlichen Regeln des innerdeutschen Kollisionsrechts nach dem Recht der früheren DDR zu beurteilen ist, dh seine Binnenbezüge, zB Staatsangehörigkeit oder gewöhnlicher Aufenthalt eines der Beteiligten, auf das Gebiet der früheren DDR verweisen" (PALANDT/HELDRICH Rn 7; zustimmend MünchKomm/SONNENBERGER Art 236 § 1 Rn 13; ERMAN/HOHLOCH Art 236 Rn 1). Sei nach „den vorgeschalteten Regeln des innerdeutschen Kollisionsrechts das Recht der früheren DDR maßgebend", so erstrecke sich dieses „unter den in Art 236 genannten zusätzlichen Voraussetzungen auch auf das RAG" (PALANDT/HELDRICH Rn 7). Das RAG entscheide dann, ob ein Fall nach dem materiellen Recht der früheren DDR oder nach ausländischem Recht zu beurteilen sei. Falls kein Binnenbezug zum Gebiet der früheren DDR bestehe, bleibe es bei der Anwendung der Art 3 ff EGBGB. Nach dieser Ansicht haben die Anknüpfungsregeln des **innerdeutschen Kollisionsrechts** der Bundesrepublik eine **doppelte Funktion**: Einerseits legen sie in *deutsch-deutschen Rechtsstreitigkeiten* fest, welche der beiden deutschen Teilrechtsordnungen maßgeblich sein soll (vgl unten Rn 67 ff). Andererseits entscheiden sie als *„vorgeschaltete Regeln"* letztlich darüber, ob *abgeschlossene Vorgänge mit Auslandsberührung* den Vorschriften des EGBGB oder denen des RAG unterliegen.

7 Andere Autoren (MANSEL JR 1990, 448; ders, in: JAYME/FURTAK 151; RAUSCHER StAZ 1991, 3 f; ders DtZ 1991, 21; STAUDINGER/RAUSCHER Art 230 Rn 56; JAYME/STANKEWITSCH IPRax 1993, 164; ähnlich SCHURIG, in: FS W Lorenz 521 f) wollen bei abgeschlossenen Vorgängen die Entscheidung zwischen EGBGB und RAG dagegen analog Art 4 Abs 3 S 2 nach dem **Grundsatz der „engsten Verbindung"** treffen. Es soll also darauf ankommen, in welcher Teilrechtsordnung sich der Schwerpunkt des jeweiligen Rechtsverhältnisses befunden hat. Die Kriterien zur Bestimmung der engsten Verbindung seien den „Grundstrukturen" sowohl des bisherigen innerdeutschen Kollisionsrechts als auch denen des RAG zu entnehmen (MANSEL DtZ 1991, 129; ders, in: JAYME/FURTAK 152).

8 **Das Verfahren** zur *Bestimmung des maßgeblichen Kollisionsrechts* ist nach beiden Auffassungen *gleich*: Zunächst wird mit Hilfe eines **Zuweisungskriteriums** festgestellt, ob der zu beurteilende Sachverhalt seinen Schwerpunkt in den alten Bundesländern oder im Beitrittsgebiet hat. Führt dieses Kriterium zum Recht des Beitrittsgebiets, ist in einem zweiten Schritt zu ermitteln, ob es sich um einen abgeschlossenen oder nicht abgeschlossenen Vorgang handelt. Auf abgeschlossene Vorgänge findet das Kollisionsrecht der früheren DDR – insbesondere also das RAG – Anwendung. Der in der **Bestimmung des Zuweisungskriteriums** liegende **Unterschied** zwischen beiden Ansichten sollte nicht überbewertet werden: Im allgemeinen dürften die innerdeutschen Anknüpfungsregeln zu derjenigen Teilrechtsordnung führen, in welcher nach dem Prinzip der engsten Verbindung auch der Schwerpunkt des betreffenden Rechtsverhältnisses liegt (MANSEL DtZ 1991, 130). Da sowohl die Gerichte der alten Bundesländer als auch die des Beitrittsgebiets nach diesen Regeln zu verfahren haben, gelangen sie zu identischen Ergebnissen:

9 Führt der Binnenbezug bzw Schwerpunkt des Sachverhalts zum Recht der alten Bundesländer, so gelten die Vorschriften des EGBGB. Verweisen diese auf deutsches Recht, sind – nach einer Unteranknüpfung entsprechend den Regeln des innerdeutschen Kollisionsrechts der Bundesrepublik (Rn 67) – in der Regel die bundesdeutschen Sachnormen anwendbar (MANSEL, in: JAYME/FURTAK 147, 156). Ist ausländisches Recht berufen und führt im Falle einer Gesamtverweisung ein Renvoi zum deutschen Recht zurück, so entscheiden in erster Linie die Anknüpfungsregeln des ausländischen Kollisionsrechts, hilfsweise die innerdeutschen Kollisionsnormen darüber, ob das Sachrecht der alten Bundesländer oder das des Beitrittsgebiets maßgebend ist (MANSEL, in: JAYME/FURTAK 146, 156).

10 Führt das Zuweisungskriterium zum Recht des Beitrittsgebiets und handelt es sich um einen *nicht abgeschlossenen Vorgang*, so gelten ebenfalls (Art 236 § 1 e contrario) die Kollisionsnormen des EGBGB (bzw die von Rechtsprechung und Literatur entwickelten ungeschriebenen Anknüpfungsregeln des bundesdeutschen IPR). Verweisen sie auf deutsches Recht, so ist die maßgebende Teilrechtsordnung wiederum mit Hilfe der seit dem 3. 10. 1990 einheitlich geltenden innerdeutschen Kollisionsnormen (Rn 74 ff) zu ermitteln. Ist ausländisches Recht berufen und führt im Falle einer Gesamtverweisung ein Renvoi zum deutschen Recht zurück, so entscheiden in erster Linie wiederum die Anknüpfungsregeln des ausländischen Kollisionsrechts, hilfsweise die innerdeutschen Kollisionsnormen darüber, ob die in den alten Bundesländern geltenden oder die Sachnormen des Beitrittsgebiets anzuwenden sind (vgl MANSEL, in: JAYME/FURTAK 146 f).

11 Führt das Zuweisungskriterium zum Recht des Beitrittsgebiets und liegt ein *abgeschlossener Vorgang* vor, so sind die Vorschriften des RAG anzuwenden. Verweisen sie auf deutsches Recht, gilt das Recht des Beitrittsgebiets (MANSEL, in: JAYME/FURTAK 156), dh nach Maßgabe der Art 231–235 entweder das Sachrecht der früheren DDR oder aber die seit dem Beitritt – ggf modifiziert (Rn 69) – maßgeblichen Bestimmungen des BGB und seiner Nebengesetze. Ist ausländisches Recht berufen und führt ein Renvoi (§ 3 RAG) zum deutschen Recht zurück, so bezieht er sich auf das Recht des Beitrittsgebiets (MANSEL aaO).

3. Rechtslage nach dem 2. 10. 1990: Lehre vom gespaltenen Kollisionsrecht

12 Ein anderer Teil des Schrifttums hat den Standpunkt vertreten, daß sich die Geltungsanordnung des **Art 236** von vornherein **auf das Beitrittsgebiet** beschränke. Während nach dieser Auffassung in den alten Bundesländern Vorgänge aus der Zeit sowohl vor als auch nach dem Beitritt unverändert den Kollisionsnormen des EGBGB unterliegen, muß im Beitrittsgebiet bei der Anwendung von Kollisionsrecht stets danach unterschieden werden, ob ein „abgeschlossener Vorgang" zur Beurteilung ansteht oder nicht. Auf abgeschlossene Vorgänge sollen die bisherigen Rechtsvorschriften der DDR (insbesondere das RAG) anzuwenden sein, für nicht abgeschlossene Vorgänge die Kollisionsnormen des EGBGB gelten (DÖRNER/MEYER-SPARENBERG DtZ 1991, 1 ff; DÖRNER IPRax 1991, 393; ders, in: FS W Lorenz 327 ff; HENRICH IPRax 1991, 15; ders FamRZ 1991, 874; vHOFFMANN IPRax 1991, 2; SIEHR IPRax 1991, 23; ders RabelsZ 1991, 256 ff; PIRRUNG RabelsZ 1991, 223; WASMUTH DNotZ 1992, 5; STURM, Journal de Droit int 1991, 18; DE LEVE 65 ff, 83; HOHAGE 276 ff; ANDRAE, Internationales Familienrecht [1999] 67; wohl auch LÜBCHEN EGBGB 187). Nach dieser Ansicht bestehen daher nicht nur auf der Ebene des Sachrechts in den alten und neuen Bundesländern Unterschiede fort (Rn 69); auch das IPR der Bundesrepublik ist – angesichts der nur im Beitrittsgebiet erforderlichen intertemporalen Differenzierung – seit dem 3. 10. 1990 in ein ost- und ein westdeutsches Kollisionsrecht gespalten.

13 Begründet wurde dieses Ergebnis zunächst mit dem **Wortlaut des EV**: Wenn Art 230 besagt, daß BGB und EGBGB im Beitrittsgebiet „am Tage des Wirksamwerdens des Beitritts nach Maßgabe der folgenden Übergangsvorschriften in Kraft" treten, so bedeute dies im Hinblick auf die Übergangsvorschrift des Art 236 § 1, daß BGB und EGBGB am 3. 10. 1990 im *Beitrittsgebiet* eben mit der Maßgabe in Kraft treten, daß „auf vor dem Wirksamwerden des Beitritts abgeschlossene Vorgänge ... das bisherige Internationale Privatrecht anwendbar" bleiben soll (Dörner, in: FS W Lorenz 327). Demzufolge sei das „bisherige Internationale Privatrecht" – RAG und die kollisionsrechtlichen Staatsverträge der früheren DDR – unmittelbar lediglich im Beitrittsgebiet anzuwenden (vgl auch BGH FamRZ 1992, 295). Zwar sei es richtig, daß Art 230 und 236 als Bestandteil des 6. Teils des EGBGB im gesamten Bundesgebiet „gelten" (vgl oben Rn 5), dh Normqualität besitzen. Das ändere aber nichts daran, daß diese Normen selbst ihren *räumlichen Anwendungsbereich* auf einen Teil des Rechtsgebiets beschränken (vgl auch Pirrung RabelsZ 1991, 219), ebenso wie eine zu einem bestimmten Zeitpunkt in Kraft gesetzte Vorschrift durchaus auch ihren zeitlichen Geltungsbereich hinausschieben oder ggf zurückverlegen kann.

14 Dieses Konzept eines gespaltenen Kollisionsrechts trägt auch dem **Regelungsanliegen** des Art 236 Rechnung: Diese Vorschrift will – ebenso wie der als Vorbild dienende Art 220 – **Vertrauensschutz** gewährleisten: Es soll sichergestellt sein, daß für vergangene Sachverhalte das bisherige IPR und damit das von ihm berufene Sachrecht fortgelten und so das Vertrauen der Bürger auf den Fortbestand bereits eingetretener Rechtsfolgen nicht enttäuscht wird (vgl Art 220 Rn 3). Vertrauensschutz durch intertemporale Normen ist jedoch nur dort angebracht, wo der Bürger sein Verhalten an Vorschriften ausgerichtet hat, die durch einen Rechtswechsel abgelöst worden sind. Eine Rechtsänderung hat sich nun aber allein im Beitrittsgebiet, nicht dagegen auf dem Gebiet der alten Bundesländer vollzogen. Es muß daher jedermann auch *nach* dem 2. 10. 1990 damit rechnen können, daß vor dem Stichtag abgeschlossene Vorgänge von den *Gerichten des Beitrittsgebiets* nach den bis zum Beitritt geltenden Kollisionsregeln und damit heute *nicht anders* beurteilt werden als vorher. In den *alten Bundesländern* hat das IPR dagegen mit dem 3. 10. 1990 keine Änderung erfahren. Westdeutsche Gerichte gehen daher weiterhin von den in der Bundesrepublik auch bisher schon geltenden Kollisionsnormen aus, und zwar ohne Rücksicht darauf, ob der zu beurteilende Sachverhalt in die Zeit vor dem 3. 10. 1990 zurückreicht (vgl auch BT-Drucks 11/7817 v 10. 9. 1990 S 37). Besteht eine Gerichtszuständigkeit sowohl in den alten wie auch in den neuen Bundesländern (vgl unten Rn 16), so ist bei doppelter Rechtshängigkeit derselben Streitsache die zeitlich zweite Klage als unzulässig abzuweisen (§ 261 Abs 1 u 3 Nr 1 ZPO). Der BGH als etwa angerufenes Rechtsmittelgericht hat später von der kollisionsrechtlichen Rechtslage auszugehen, die für das mit der ersten Klage befaßte Gericht maßgeblich war. Sind durch Regelungen des EV Zuständigkeiten der früheren DDR-Gerichte auf westdeutsche Gerichte übertragen worden (vgl etwa AG Charlottenburg FamRZ 1991, 335), muß das westdeutsche Gericht so entscheiden, wie ein früheres Gericht der DDR entschieden hätte (Henrich FamRZ 1991, 877).

4. Stellungnahme

15 Sowohl die Lehre vom einheitlichen als auch die vom gespaltenen Kollisionsrecht haben spezifische Vor- und Nachteile (vgl Rn 16 u 17). Der **BGH** hat in einer Entscheidung v 1. 12. 1993 zum *innerdeutschen* Kollisionsrecht die Ansicht vertreten, daß in der Altbundesrepublik und im Beitrittsgebiet keine unterschiedlichen Kollisionsnormen bestehen könnten, weil dies „die mit dem Einigungsvertrag angestrebte Rechtseinheit prinzipiell verfehlen müsse" (BGHZ 124, 270, näher Rn 77). Danach steht zu vermuten, daß das Gericht auch für Fälle mit Auslandsberührung **von der Geltung bundeseinheitlicher Kollisionsnormen** ausgehen, sich also im Ergebnis einer der in Rn 5 ff dargestellten Auffassungen anschließen würde. Die praktische Bedeutung der Streitfrage scheint allerdings sehr gering zu sein; die vorhandene – spärliche – Rechtsprechung der Untergerichte vermeidet eine Stellungnahme (vgl etwa LG Göttingen StAZ 1995, 216; LG Rostock NJ 1995, 489; AG Berlin-Schöneberg StAZ 1992, 114).

a) Entscheidungseinklang

16 Für die Lehre vom **einheitlichen Kollisionsrecht** spricht der Gedanke des **Entscheidungseinklangs**, auf den sich offenbar auch der BGH (BGHZ 124, 270; vgl Rn 15) bezieht: Gerichte in den alten Bundesländern und im Beitrittsgebiet gelangen im Ergebnis stets zu demselben Sachrecht, weil sie (auch) Altfälle mit Auslandsberührung nach identischen Kollisionsregeln abwickeln. Eine Spaltung des Kollisionsrechts hat demgegenüber zur Folge, daß Sachverhalte mit Auslandsberührung in beiden deutschen Teilrechtsordnungen möglicherweise abweichend angeknüpft und damit uU auch nach unterschiedlichen Sachnormen beurteilt werden müssen. Die Entscheidung eines Rechtsstreits kann also davon abhängen, welches Gericht mit der Sache befaßt wird. Das wiederum birgt für den Kläger die Möglichkeit des „forum shopping", dh der kalkulierten Auswahl eines bestimmten von mehreren örtlich zuständigen Gerichten (MANSEL JR 1990, 448; ders DtZ 1991, 127; ders, in: JAYME/FURTAK 149; PALANDT/HELDRICH Rn 4; RAUSCHER StAZ 1991, 3). Da seit dem 3. 10. 1990 in der gesamten Bundesrepublik die Zuständigkeitsvorschriften der ZPO gelten, ist forum shopping zwar nur begrenzt möglich. Immerhin wäre es aber denkbar, zB in Erbstreitigkeiten zwischen dem allgemeinen Gerichtsstand (§ 12 ZPO) und dem besonderen Gerichtsstand der Erbfolge (§ 27 ZPO) oder bei der Geltendmachung von deliktischen Ansprüchen (etwa aus Verkehrsunfällen) wiederum zwischen dem allgemeinen Gerichtsstand und dem der unerlaubten Handlung (§ 32 ZPO) zu wählen (ausführlich DÖRNER, in: FS W Lorenz 332).

b) Vertrauensschutz

17 Für die Lehre vom **gespaltenen Kollisionsrecht** spricht der Gedanke des **Vertrauensschutzes**, weil sie abgeschlossene Vorgänge, die aus der Sicht der ehemaligen DDR *bis* zum Beitritt dem Kollisionsrecht der DDR unterlagen, nach dem *Recht des Beitrittsgebiets* auch späterhin den früheren Kollisionsnormen unterstellt und damit im Ergebnis vor und nach dem 3. 10. 1990 dieselben Sachnormen beruft (ausführlich DE LEVE 77 f). Sie schützt damit das (potentielle) Vertrauen der Bürger insbesondere in den neuen Bundesländern auf den Fortbestand bereits eingetretener Rechtsfolgen (vgl Art 220 Rn 3). Nach der Lehre vom einheitlichen Kollisionsrecht finden dagegen die Vorschriften des RAG *nur dann* auf abgeschlossene Sachverhalte weiterhin Anwendung, wenn ein sich an den *Vorstellungen des westdeutschen Kollisionsrechts orientierendes Zuweisungskriterium* (vgl Rn 8) den Weg dazu eröffnet. Dies hat zur Folge, daß ein Gericht im Beitrittsgebiet einen in die Zeit vor dem Beitritt zurückreichenden Sachverhalt mit Auslandsberührung nach dem 3. 10. 1990 möglicherweise *anders anknüpft* als vorher und damit uU auch *anderen Sachnormen* unterwirft (Beispiele bei DÖRNER, in: FS W Lorenz 330). Damit wird das Vertrauen auf den Fortbestand bereits vor dem Beitritt eingetretener Rechtsfolgen enttäuscht und der Zweck des Art 236 (Rn 14) nachhaltig verfehlt. Da in diesem Fall unter die erst seit dem 3. 10. 1990 berufenen Sachnormen Sachverhalte subsumiert werden, die sich vor dem Geltungsbeginn dieser Normen zugetragen haben, würde es sich aus verfassungsrechtlicher Perspektive um eine „echte Rückwirkung" von Gesetzen handeln, die verfassungsrechtlich jedenfalls dann nicht zu rechtfertigen ist, wenn zuvor entstandene Rechte nachträglich entwertet oder geschmälert bzw zuvor rechtlich „freie" Verhaltensweisen nachträglich sanktioniert werden (vgl BVerfGE 13, 271 f; 30, 385 ff, st Rspr; dazu Art 220 Rn 4). Dem wird man nicht entgegenhalten können, daß die Kontinuitätsinteressen insbesondere der Bürger in den neuen Bundesländern keinen Schutz verdienen, weil sie mit einer Rechtsänderung (BVerfGE 1, 280; 2, 266; 8, 304) – praktisch also mit dem Zusammenbruch ihres Staates – rechnen mußten oder weil zwingende Gründe des Gemeinwohls (vgl BVerfGE 13, 272) eine rückwirkende Anwendung bundesdeutschen Rechts erzwingen. Im Ergebnis sprechen diese Überlegungen – trotz der damit verbundenen Möglichkeit eines forum shopping – eher für das Konzept eines in den alten und neuen Bundesländern *gespaltenen Kollisionsrechts* (zur Prüfungsfolge in den alten Bundesländern und im Beitrittsgebiet nach der Lehre vom gespaltenen Kollisionsrecht vgl Dörner/Meyer-Sparenberg DtZ 1991, 3 ff sowie Staudinger/Dörner [1996] Art 236 Rn 20 ff).

III. Intertemporales IPR

18 Nach der **Lehre vom einheitlichen Kollisionsrecht** (Rn 5 ff) soll nach dem in der gesamten Bundesrepublik einheitlich geltenden Art 236 das „bisherige Internationale Privatrecht" – dh das Kollisionsrecht der früheren DDR (Rn 5) – (nur) dann zur Anwendung gelangen, wenn ein Zuweisungskriterium einen Sachverhaltsschwerpunkt im Beitrittsgebiet aufzeigt (Rn 6). Folgt man dagegen der **Lehre vom gespaltenen Kollisionsrecht** (Rn 12 ff), so ist Art 236 unmittelbar nur für die Gerichte des Beitrittsgebiets von Bedeutung. Sie wenden die Vorschrift immer dann an, wenn sie einen Sachverhalt mit Auslandsberührung zu beurteilen haben. Von den Gerichten in den alten Bundesländern ist die Bestimmung dagegen auf *international-privatrechtlicher* Ebene (vgl aber Rn 82) allenfalls im Rahmen von Art 3 Abs 3 zu beachten, so zB, wenn zum Nachlaß eines vor dem 3. 10. 1990 verstorbenen ausländischen Erblassers Grundvermögen in der DDR gehört (vgl auch Rn 82).

1. Bestimmung des „abgeschlossenen Vorgangs" (§ 1)

19 Art 236 § 1 ist Art 220 Abs 1 nachgebildet. Der Begriff des „abgeschlossenen Vorgangs" ist daher in beiden Bestimmungen gleich auszulegen mit der Folge, daß sich die zu Art 220 Abs 1 entstandene **Auslegungskontroverse** (vgl Art 220 Rn 11 ff) im vorliegenden Zusammenhang fortsetzt. Dagegen können aus den Art 231–235 keine Anhaltspunkte für eine Konkretisierung des Art 236 § 1 gewonnen werden, da diese Bestimmungen ausschließlich Kriterien für die intertemporale Abgrenzung von Sachnormen enthalten und ihrerseits voraussetzen, daß das Recht des ostdeutschen Teilrechtsgebiets zur Anwendung gelangt (vgl etwa Dörner, in: FS W Lorenz 334; Stankewitsch IPRax 1994, 108 f; **aA** aber etwa vHoffmann IPRax 1991, 2 Fn 3; H Stoll, in: FS W Lorenz 584).

20 Nach einer Auffassung soll es darauf ankommen, ob bereits vor dem 3. 10. 1990 der *Tatbestand einer Kollisionsnorm* vollständig verwirklicht und dadurch ein bestimmtes Sachrecht (unwandelbar) festgelegt worden ist (*kollisionsrechtliche Interpretation*, so Palandt/Heldrich Rn 8; Lübchen EGBGB 189; Siehr IPRax 1991, 23). Unter den Vertretern dieser Ansicht ist allerdings umstritten, ob es im Hinblick auf die Erfüllung eines

Kollisionsnormtatbestandes auf die Vorschriften des neu in Kraft gesetzten EGBGB (so Heldrich aaO) oder die bis zum 3. 10. 1990 maßgebenden Bestimmungen des RAG (so Siehr aaO) ankommt. Richtig kann – wenn man schon von einer kollisionsrechtlichen Interpretation des Begriffs ausgehen will – nur die zweitgenannte Auffassung sein, weil der von Art 236 bezweckte Vertrauensschutz allein dort angebracht ist, wo der einzelne nach den Kriterien des *später abgelösten Rechts* von einer Verfestigung seiner Rechtsposition ausgehen durfte (vgl Art 220 Rn 17).

21 **Vorzuziehen** ist allerdings – jedenfalls im Ausgangspunkt (vgl Art 220 Rn 20) – eine **materiellrechtliche Interpretation** auch des Art 236 § 1. Danach ist ein „abgeschlossener Vorgang" dann anzunehmen, wenn eine von den RAG-Kollisionsnormen berufene Sachnorm bereits vor dem 3. 10. 1990 Rechtsfolgen ausgelöst hat (näher Art 220 Rn 22; ebenso im vorliegenden Zusammenhang Mansel, in: Jayme/Furtak 155; MünchKomm/Sonnenberger Art 236 § 1 Rn 15). Nur diese Auslegung gewährleistet, daß die Rechtswirkungen der vom alten IPR bezeichneten Sachnormen, an denen der Bürger bis zum Stichtag sein Verhalten (zumindest potentiell) ausgerichtet hatte, nicht nachträglich dadurch wieder entfallen, daß die Anwendung einer neuen Kollisionsnorm zur rückwirkenden Maßgeblichkeit eines anderen Sachrechts führt (näher Art 220 Rn 19). Liegt auf materiellrechtlicher Ebene ein „abgeschlossener Tatbestand" vor, verbleibt es danach im Hinblick auf die bereits eingetretenen Rechtswirkungen bei der Anwendung des RAG und des von ihm berufenen Sachrechts. Andernfalls ist der betreffende Vorgang nach den Sachnormen zu beurteilen, auf die das seit dem 3. 10. 1990 auch im Beitrittsgebiet geltende EGBGB verweist.

2. Konsequenzen einer materiellrechtlichen Auslegung

22 Geht man von einer materiellrechtlichen Interpretation des Art 236 aus, so ist ebenso wie bei der Anwendung des Art 220 (vgl dort Rn 21) – zwischen abgeschlossenen, nicht abgeschlossenen und neuen Vorgängen zu unterscheiden.

a) Abgeschlossene Vorgänge (§ 1)

23 Ein „abgeschlossener Vorgang" iS des § 1 liegt vor, wenn auf materiellrechtlicher Ebene ein „abgeschlossener Tatbestand" iS der allgemeinen Lehren des deutschen Intertemporalen Privatrechts (näher Art 220 Rn 22) gegeben ist, dh wenn juristische Tatsachen nach dem Statut, das von den Kollisionsnormen der früheren DDR (Rn 28 ff) berufen wurde, bereits vor dem 3. 10. 1990 materiellrechtliche Rechtsfolgen ausgelöst haben (Beispiel: Erwerb eines Status, Wirksamkeit eines Rechtsgeschäfts, zustimmend MünchKomm/Sonnenberger Art 236 § 1 Rn 28). Insoweit bleibt das „bisherige Internationale Privatrecht" anwendbar; es gelten also die Kollisionsnormen der früheren DDR und die von ihnen berufenen Sachnormen auch nach dem Beitritt fort.

b) Nicht abgeschlossene Vorgänge (§ 1 e contrario, § 2)

24 Ein Vorgang ist nicht abgeschlossen und unterfällt damit nicht § 1, wenn es sich aus materiellrechtlicher Perspektive um einen unvollendeten „gestreckten Tatbestand" oder um einen fortwirkenden „Dauertatbestand" (vgl Art 220 Rn 23 ff) handelt.

aa) Unvollendete gestreckte Tatbestände (§ 1 e contrario)

25 Ein *gestreckter Tatbestand* liegt vor, wenn der Eintritt einer Rechtsfolge von mehreren selbständigen Rechtsakten oder vom Ablauf einer Frist abhängt. War ein gestreckter Tatbestand nach dem Statut, das die Kollisionsnormen der früheren DDR (Rn 28 ff) berufen, am 3. 10. 1990 erst teilweise verwirklicht, zB eine Frist im Zeitpunkt des Beitritts erst teilweise abgelaufen oder der mehraktige Entstehungstatbestand eines Rechts noch nicht vollständig realisiert, so entfalten diese Tatbestandselemente keine Rechtswirkungen. Für Sachverhalte aus der Zeit nach dem 2. 10. 1990 sind dagegen die materiellrechtlichen Bestimmungen der Rechtsordnung maßgeblich, auf die das IPR der Bundesrepublik verweist (arg § 1 e contrario, vgl auch MünchKomm/SONNENBERGER Art 236 § 1 Rn 28). Das neu berufene Statut entscheidet darüber, ob die nach dem alten bereits teilweise erfüllten Tatbestände noch vervollständigt werden können. Kennt das neue Sachrecht vergleichbare Tatbestände nicht, verfallen die unter der Herrschaft des alten bereits verwirklichten Tatbestandselemente (zur Zulässigkeit einer solchen „unechten Rückwirkung" und zu einzelnen Konsequenzen vgl Art 220 Rn 24 ff). Wenn in einem bestimmten Systembereich private Kontinuitäts- die staatlichen Durchsetzungsinteressen überwiegen, können auch am 3. 10. 1990 noch nicht abgeschlossene gestreckte Tatbestände in vollem Umfang dem *alten* Kollisionsrecht unterworfen sein (näher Art 220 Rn 27; Beispiele unten Rn 57, 60).

bb) Tatbestände mit Dauerwirkung (§ 1 e contrario, §§ 2 u 3)

26 Ein *Tatbestand mit Dauerwirkung* liegt vor, wenn ein vor dem Beitritt erworbener Status (etwa: Geschäftsfähigkeit) oder ein früher begründetes subjektives Recht oder Rechtsverhältnis (etwa: Eigentum, Forderung) über den 2. 10. 1990 hinaus noch Rechtswirkungen entfaltet. Während der Entstehungstatbestand in diesen Fällen weiterhin nach dem von den DDR-Kollisionsnormen berufenen Sachrecht beurteilt wird, entscheidet grundsätzlich das vom IPR der Bundesrepublik bezeichnete Statut darüber, in welcher inhaltlichen Ausgestaltung Status oder subjektives Recht jetzt fortbestehen (Art 236 § 1 e contrario). Für Dauerwirkungen, die sich aus *familienrechtlichen Rechtsverhältnissen* ergeben, enthalten Art 236 § 2 (Rn 48) sowie – mit gewissen Modifikationen – § 3 (Rn 52) eine ausdrückliche Bestätigung dieser Regel. Ein Vertrauen darauf, daß vor dem Beitritt begründete Dauerwirkungen auch weiterhin dem vom DDR-IPR berufenen Sachrecht unterliegen, wird grundsätzlich nicht geschützt („unechte" Rückwirkung, vgl näher Art 220 Rn 5). Ebenso wie gestreckte (Rn 25) können jedoch auch Dauertatbestände nach dem 2. 10. 1990 bis zu ihrer Beendigung weiterhin den alten Kollisions- und den von ihnen berufenen Sachnormen unterstehen, wenn die Abwägung intertemporaler Interessen ergibt, daß in einem bestimmten Systembereich das Durchsetzungsinteresse des Staates hinter private Kontinuitätsinteressen zurücktritt (vgl Art 220 Rn 29; Beispiele unten Rn 57, 60).

c) Neue Vorgänge

27 Auf *neue Vorgänge*, dh Tatbestände, die vollständig erst nach dem 2. 10. 1990 erfüllt worden sind (vgl Art 220 Rn 30), finden die Kollisionsnormen der Bundesrepublik und die von ihnen berufenen Sachnormen Anwendung.

3. Anwendung des „bisherigen Internationalen Privatrechts"

a) Übersicht

28 Soweit nach Rn 23 u 26 das bisherige IPR der früheren DDR zur Anwendung gelangt, gelten im Beitrittsgebiet in erster Linie die Vorschriften des am 1. 1. 1976 in Kraft getretenen **Rechtsanwendungsgesetzes** (RAG) v 5. 12. 1975. Bei deren Anwendung müssen die in der früheren DDR praktizierten allgemeinen Regeln über Qualifikation, Vorfragenanknüpfung, Rück- und Weiterverweisung usw beachtet werden (Lübchen EGBGB 188). Da das RAG nach dem 2. 10. 1990 nur noch als partikulares Bundesrecht fortgilt und daher ebenfalls unter der Herrschaft des GG steht, kann aber § 4 RAG insoweit keine Anwendung finden, als die „Grundprinzipien der Staats- und Rechtsordnung" der DDR im Widerspruch zur Verfassung der Bundesrepublik stehen (weitergehend wohl MünchKomm/Sonnenberger Art 236 § 1 Rn 18). Daneben sind zahlreiche staatsvertragliche Kollisionsnormen heranzuziehen, die gemäß § 2 Abs 2 RAG dem autonomen Kollisionsrecht vorgingen (Böhmer, in: Jayme/Furtak 40 ff; ders StAZ 1991, 63; Pirrung RabelsZ 1991, 224; Lübchen EGBGB 188). So war die DDR einigen multilateralen Abkommen wie zB dem Haager Testamentsformübereinkommen von 1961 (ab 21. 9. 1974, GBl DDR 1975 II 40), den Allgemeinen Bedingungen für Warenlieferungen zwischen den Mitgliedsländern des RGW (ab 1. 7. 1984, ALB-RGW 1988 – GBl DDR 1989 II 41) oder dem UN-Kaufrechtsübereinkommen von 1980 (ab 1. 3. 1990, GBl DDR 1989 II 65) beigetreten. Vor allem waren kollisionsrechtliche Regelungen in zahlreichen bilateralen Freundschafts- und Rechtshilfeverträgen enthalten, welche die DDR insbesondere mit den Ostblockstaaten geschlossen hatte (Übersicht bei Lübchen IPR Anh 106 ff).

29 Die Kollisionsnormen des am *1. 1. 1976* in Kraft getretenen **RAG** (§ 29 RAG) sind ihrerseits nur für die *nach diesem Zeitpunkt entstandenen* privatrechtlichen *Rechtsverhältnisse* maßgeblich. Rechtsverhältnisse aus der Zeit davor unterliegen dagegen den Kollisionsnormen, die zum jeweiligen Zeitpunkt in Kraft waren (Lübchen IPR § 29 RAG Nr 2). Bis zum *31. 12. 1975* galten auch in der DDR die in Art 7 bis 12 und 24 bis 30 EGBGB idF v 18. 8. 1896 enthaltenen Kollisionsnormen fort. Die familienrechtlichen Bestimmungen der Art 13 bis 23 EGBGB waren dagegen bereits zum 31. 3. 1966 außer Kraft getreten. Sie wurden mit Wirkung vom 1. 4. 1966 durch die §§ 15 bis 25 des Einführungsgesetzes zum Familiengesetzbuch der DDR (EGFGB) v 20. 12. 1965 (GBl DDR 1966 I 19, vgl Rn 31) ersetzt, die ihrerseits wiederum gemäß § 15 Abs 2, Teil II, Nr 35 des Einführungsgesetzes zum Zivilgesetzbuch der DDR v 19. 6. 1975 (EGZGB – GBl DDR 1975 I 517) zum *31. 12. 1975* durch das RAG abgelöst wurden.

30 **b)** Text des **Gesetzes über die Anwendung des Rechts auf internationale zivil-, familien- und arbeitsrechtliche Beziehungen sowie auf internationale Wirtschaftsverträge** – Rechtsanwendungsgesetz (RAG) v 5. 12. 1975 (GBl DDR 1975 1 748); geändert durch Gesetz v. 11. 1. 1990 (GBl DDR 1990 I 10)*:

---

* **Schrifttum zum IPR der DDR**: Andrae, Die rechtliche Regelung sozialistischer internationaler Arbeitsverhältnisse, StuR 1974, 405; Enderlein, Handbuch der Außenhandelsverträge, Bd 1–4 (1983–1987); Espig, Das sozialistische Kollisionsrecht der DDR, NJ 1976, 360; Espig/Lübchen, Zur gesetzlichen Neuregelung des Kollisionsrechts der DDR, StuR 1973, 69; Fincke/Strohbach, Allgemeine Entwicklungstendenzen auf dem Gebiet des Internationalen Privatrechts, NJ 1976, 156 u 253; Hofmann/Fincke, Der internationale Zivilprozeß (1980); Kittke, Schadensausgleich bei Kraftfahrzeugunfällen zwischen der BRD und der DDR, ROW 1975, 270; ders, Die Regulierung von Kfz-Unfallen zwischen der Bundesrepublik Deutschland und der DDR, DAR 1976, 281; ders, Das neue Internationale Privatrecht der DDR, DAVorm 1977, 545; Mampel, Das Rechtsanwendungsgesetz der DDR, NJW 1976, 1521; Maskow, Einige Hauptzüge der UN-Konvention über internationale Kaufverträge, StuR 1981, 542; Liebold, Kollisionsrechtliche Fragen bei Produkthaftungsfällen mit Aus-

§ 1
Grundsatz

Die gesetzliche Regelung über die Anwendung des Rechts auf internationale zivil-, familien- und arbeitsrechtliche Beziehungen sowie auf internationale Wirtschaftsverträge erfolgt auf der Grundlage der allgemein anerkannten Normen des Völkerrechts. Sie dient der ordnungsgemäßen Gestaltung dieser Rechtsbeziehungen mit internationalem Charakter und sichert die verfassungsmäßig garantierten Rechte der beteiligten Staatsbürger und Betriebe der Deutschen Demokratischen Republik.

§ 2
Anwendungsbereich

(1) Dieses Gesetz bestimmt, welches Recht auf Verhältnisse des Zivil-, Familien- und Arbeitsrechts mit internationalem Charakter sowie auf Rechtsverhältnisse des internationalen Wirtschaftsverkehrs anzuwenden ist.

(2) Die Bestimmungen dieses Gesetzes sind nicht anzuwenden, soweit in für die Deutsche Demokratische Republik verbindlichen völkerrechtlichen Verträgen etwas anderes festgelegt ist.

§ 3
Verweisung

Wird durch das Recht eines anderen Staates, auf das die Bestimmungen dieses Gesetzes verweisen, auf das Recht der Deutschen Demokratischen Republik zurückverwiesen, so ist dieses anzuwenden.

§ 4
Nichtanwendung des Rechts anderer Staaten

Gesetze und andere Rechtsvorschriften eines anderen Staates werden nicht angewandt, soweit ihre Anwendung mit den Grundprinzipien der Staats- und Rechtsordnung der Deutschen Demokratischen Republik unvereinbar ist. In diesem Falle sind die entsprechenden Rechtsvorschriften der Deutschen Demokratischen Republik anzuwenden.

---

landsberührung, DDR-Außenwirtschaft, Beilage „Recht im Außenhandel" 1980, 52; ders, Die Regelung der Produktenhaftung bei Auslandslieferungen nach dem Recht der DDR, RIW/AWD 1981, 1588; Lübchen, Internationale Rechtshilfe in Zivil- und Familiensachen (1969); ders (Hrsg), Internationales Privatrecht. Kommentar zum Rechtsanwendungsgesetz (1989); Lübchen/Posch, Zivilrechtsverhältnisse mit Auslandsberührung (1978); Majoros, Die Rechtshilfeabkommen der DDR (1982); Maskow/Rudolph, Regelung der Kollisionsprobleme internationaler Wirtschaftsbeziehungen in der DDR, RIW/AWD 1980, 19; Riege, Verträge zur Beseitigung und Verhinderung doppelter Staatsbürgerschaft, NJ 1972, 309; Schmidt, Regelung des Schadenersatzes bei Unfällen durch Kraftfahrzeuge der BRD, NJ 1973, 440; Seiffert, Zu den neuen Rechtsgrundlagen der Internationalen Wirtschaftsbeziehungen der DDR, RabelsZ 1977, 515; Wehser, Zum internationalen Familienrecht im neuen Rechtsanwendungsgesetz der DDR, JZ 1977, 449; Wiemann, Vorschläge zur künftigen Gestaltung des internationalen Erbrechts der DDR, StuR 1969, 381; ders, Die rechtliche Regelung der außervertraglichen Verantwortlichkeit im künftigen Internationalen Privatrecht der DDR, StuR 1972, 589.

§ 5
Rechtsanwendung bei Staatenlosen oder Bürgern mit mehrfacher Staatsbürgerschaft

Ist nach den Bestimmungen dieses Gesetzes die Staatsbürgerschaft für das anzuwendende Gesetz maßgeblich, so ist

a) bei Staatenlosen das Recht des Staates anzuwenden, in dem sie ihren Wohnsitz oder Aufenthalt haben oder zu der maßgeblichen Zeit gehabt haben;

b) bei Bürgern mit mehrfacher Staatsbürgerschaft, wenn sie zugleich auch Staatsbürger der Deutschen Demokratischen Republik sind, das Recht der Deutschen Demokratischen Republik anzuwenden;

c) bei Bürgern mit mehrfacher Staatsbürgerschaft, wenn sie nicht zugleich auch Staatsbürger der Deutschen Demokratischen Republik sind, das Recht des Staates anzuwenden, zu dem die engere Beziehung besteht.

§ 6
Handlungsfähigkeit von Bürgern anderer Staaten

(1) Die Fähigkeit eines Bürgers, durch eigenes Handeln Rechte und Pflichten begründen zu können, wird durch das Recht des Staates bestimmt, dessen Bürger er ist.

(2) Die Begründung von Rechten und Pflichten aus Verträgen und anderen Rechtsgeschäften durch Bürger anderer Staaten und Staatenlose in der Deutschen Demokratischen Republik ist wirksam erfolgt, wenn die Voraussetzungen für die Handlungsfähigkeit nach dem Recht der Deutschen Demokratischen Republik vorliegen.

§ 7
Entmündigung und Todeserklärung

Auf die Entmündigung oder die Todeserklärung von Bürgern anderer Staaten oder Staatenlosen ist das Recht der Deutschen Demokratischen Republik anzuwenden, soweit die Gerichte der Deutschen Demokratischen Republik für das Verfahren zuständig sind.

§ 8
Rechtsfähigkeit von Betrieben

Die Rechtsfähigkeit von Betrieben einschließlich ihrer Anerkennung als juristische Personen richtet sich nach dem Recht des Staates, durch das ihre Rechtsstellung bestimmt wird.

§ 9
Eigentum an Grundstücken und Gebäuden

Auf das Eigentum und andere Rechte an Grundstücken und Gebäuden, insbesondere auf das Entstehen, die Veränderung oder das Erlöschen, ist das Recht des Staates anzuwenden, in dem sich die Grundstücke und Gebäude befinden.

§ 10
Eigentum an beweglichen Sachen

Auf das Eigentum an beweglichen Sachen, die sich auf dem Transport befinden, ist das Recht des Absendeortes anzuwenden.

§ 11
Rechte an Schiffen und Luftfahrzeugen

(1) Auf das Eigentum und andere Rechte an Schiffen und Luftfahrzeugen ist das Recht des Staates anzuwenden, in dem das Schiff oder das Luftfahrzeug registriert ist.

(2) Für die Entstehung von Schiffsgläubigerrechten ist das Recht des Staates maßgeblich, in dessen Hoheitsgebiet sich das Schiff befindet. Befindet sich das Schiff auf dem Offenen Meer, ist das Recht des Staates anzuwenden, dessen Flagge das Schiff führt.

§ 12
Rechtsanwendung auf Verträge

(1) Wurde zwischen den Partnern von internationalen Wirtschaftsverträgen eine Vereinbarung über das anzuwendende Recht nicht getroffen, ist auf den Vertrag das Recht anzuwenden, das maßgeblich ist am Sitz des

a) Verkäufers bei Kaufverträgen,

b) Herstellers bei Werkleistungs- und Montageverträgen,

c) Auftraggebers bei Verträgen über wissenschaftlich-technische Leistungen und Verträgen über die Errichtung von Industrieanlagen,

d) Auftragnehmers bei Dienstleistungs-, Kundendienst-, Kontroll- und Beratungsverträgen,

e) Auftraggebers bei Handelsvertreterverträgen,

f) Frachtführers bei Gütertransportverträgen,

g) Spediteurs bei Speditionsverträgen,

h) Umschlagebetriebes bei Verträgen über den Umschlag von Gütern,

i) Lagerhalters bei Lagerverträgen,

j) Beförderers bei Verträgen über Personenförderung,

k) Bankinstituts bei Verträgen, die Bankgeschäfte betreffen,

l) Überlassers bei Nutzungsverträgen, insbesondere Miet- und Lizenzverträgen,

m) Verwenders bei Verträgen über die Nutzung urheberrechtlich geschützter Werke,

n) Versicherers bei Versicherungsverträgen.

(2) Ist das auf den Vertrag abzuwendende Recht nicht gemäß Abs 1 bestimmt, so findet das Recht am Sitz des Partners Anwendung, der die den Inhalt des Vertrages bestimmende Leistung zu erbringen hat. Kann diese nicht festgestellt werden, ist das Recht des Staates anzuwenden, in dem den Anbietenden die Erklärung über die Annahme des Angebots zugeht (Vertragsabschlußort).

(3) Auf Verträge über das Eigentum und andere Rechte an Grundstücken und Gebäuden in der Deutschen Demokratischen Republik ist ausschließlich das Recht der Deutschen Demokratischen Republik anzuwenden.

§ 13
Eigentumsübergang bei Verträgen

Das auf den Vertrag anzuwendende Recht ist auch maßgeblich für den Eigentumsübergang an einer beweglichen Sache. Das gleiche gilt für vereinbarte Sicherungsrechte.

§ 14
Aufrechnung

Auf die Aufrechnung ist das Recht des Staates anzuwenden, dem die Forderung unterliegt, gegen welche die Aufrechnung gerichtet ist.

§ 15
Vollmacht

(1) Bestand und Umfang einer Vollmacht richten sich nach dem Recht des Staates, in dem von der Vollmacht Gebrauch gemacht wird.

(2) Bestand und Umfang der Vollmacht eines Vertreters, der für einen Betrieb der Deutschen Demokratischen Republik handelt, bestimmen sich nach dem Recht der Deutschen Demokratischen Republik.

§ 16
Form von Verträgen

Die Form von Verträgen und anderen Rechtsgeschäften bestimmt sich nach dem Recht des Staates, das auf das Rechtsverhältnis anzuwenden ist. Die Form ist auch dann gewahrt, wenn die entsprechenden Vorschriften des Staates eingehalten sind, in dem der Vertrag geschlossen oder die einseitige Erklärung abgegeben wurde oder in dem die Wirkung des Rechtsgeschäfts eintreten soll.

§ 17
Rechtsanwendung bei Schadenszufügung außerhalb von Verträgen

(1) Auf die Verantwortlichkeit für Schadenszufügung außerhalb von Verträgen einschließlich der persönlichen Voraussetzungen und den Umfang des Schadenersatzes ist das Recht des Staates anzuwenden, in dem der Schaden verursacht wurde.

(2) Auf die Schadenszufügung beim Betrieb eines Schiffes oder eines Luftfahrzeuges auf oder über

dem Offenen Meer ist das Recht des Staates anzuwenden, dessen Flagge oder dessen Hoheitszeichen das Schiff oder das Luftfahrzeug führen.

(3) Sind Schädiger und Geschädigter Bürger des gleichen Staates oder haben sie dort ihren Wohnsitz, ist dessen Recht anzuwenden. Das gleiche gilt für Betriebe, deren Rechtsstellung durch das Recht des gleichen Staates bestimmt wird oder die ihren Sitz im gleichen Staat haben.

§ 18
Eheschließung

(1) Die Voraussetzungen für die Eingehung einer Ehe bestimmen sich für jeden der beiden Eheschließenden nach dem Recht des Staates, dessen Bürger er ist. *Eheschließungen zwischen Staatsbürgern der Deutschen Demokratischen Republik und Bürgern eines anderen Staates bedürfen der Zustimmung der für das Personenstandswesen zuständigen Staatsorgane der Deutschen Demokratischen Republik, auch wenn die Ehen außerhalb der Deutschen Demokratischen Republik geschlossen werden.* (S 2 mit Wirkung v 1. 2. 1990 aufgehoben durch das Gesetz zur Anpassung rechtlicher Regelungen an das Reisegesetz v 11. 1. 1990, GBl DDR 1990 I 10).

(2) Die Form der Eheschließung bestimmt sich nach dem Recht des Staates, das am Ort der Eheschließung gilt.

(3) Wird eine Ehe außerhalb der Deutschen Demokratischen Republik geschlossen, so ist die Form auch eingehalten, wenn die Formerfordernisse nach dem Recht des Staates erfüllt sind, dessen Bürger einer der Eheschließenden ist.

§ 19
Persönliche und vermögensrechtliche Beziehungen der Ehegatten

Die persönlichen Beziehungen, die Unterhaltsansprüche und die Vermögensverhältnisse der Ehegatten bestimmen sich nach dem Recht des Staates, dessen Bürger die Ehegatten sind. Sind die Ehegatten Bürger verschiedener Staaten, so ist das Recht der Deutschen Demokratischen Republik anzuwenden.

§ 20
Beendigung der Ehe

(1) Die Scheidung einer Ehe regelt sich nach dem Recht des Staates, dessen Bürger die Ehegatten zur Zeit der Klageerhebung sind. Sind die Ehegatten Bürger verschiedener Staaten, so ist das Recht der Deutschen Demokratischen Republik anzuwenden.

(2) Wird nach Abs 1 auf das Recht eines Staates verwiesen, das eine Beendigung der Ehe durch Scheidung nicht oder nur als Ausnahme zuläßt, ist das Recht der Deutschen Demokratischen Republik anzuwenden.

(3) Die Nichtigkeitserklärung einer Ehe richtet sich nach dem Recht des Staates, das gemäß § 18 für die Eheschließung maßgeblich ist.

§ 21
Abstammung des Kindes

Die Abstammung eines Kindes sowie die Feststellung und Anfechtung der Vaterschaft bestimmen sich nach dem Recht des Staates, dessen Staatsbürgerschaft das Kind mit der Geburt erworben hat.

§ 22
Rechtsverhältnisse zwischen Eltern und Kindern

Das Rechtsverhältnis zwischen den Eltern und einem Kinde bestimmt sich nach dem Recht des Staates, dessen Bürger das Kind ist. Das gleiche Recht ist auch auf die Vertretungsbefugnis des gesetzlichen Vertreters des Kindes anzuwenden.

§ 23
Annahme an Kindes Statt

(1) Die Annahme an Kindes Statt, ihre Wirkung und ihre Aufhebung bestimmen sich nach dem Recht des Staates, dessen Bürger der Annehmende zur Zeit der Annahme oder Aufhebung ist. Wird ein Kind von einem Ehepaar gemeinsam angenommen und gehören die Ehegatten verschiedenen Staaten an, so ist das Recht der Deutschen Demokratischen Republik anzuwenden.

(2) Die Annahme eines Kindes, das Staatsbürger der Deutschen Demokratischen Republik ist, durch den Bürger eines anderen Staates, bedarf zu ihrer Wirksamkeit der Genehmigung des zuständigen Staatsorgans der Deutschen Demokratischen Republik. Die Annahme ist ferner nur wirksam, wenn die nach dem Familiengesetzbuch der Deutschen Demokratischen Republik erforderlichen Einwilligungserklärungen erteilt sind.

§ 24
Vormundschaft und Pflegschaft

(1) Die Voraussetzungen für die Anordnung und Beendigung einer Vormundschaft oder Pflegschaft bestimmen sich nach dem Recht des Staates, dessen Bürger das Mündel oder der Pflegebedürftige sind.

(2) Eine vorläufige Vormundschaft oder Pflegschaft kann auch über den Bürger eines anderen Staates nach dem Recht der Deutschen Demokratischen Republik angeordnet werden, wenn er der alsbaldigen Fürsorge bedarf und seinen Wohnsitz oder Aufenthalt in der Deutschen Demokratischen Republik hat oder wenn sich Vermögen eines Bürgers in der Deutschen Demokratischen Republik befindet und eine Sicherung und ordnungsgemäße Verwaltung durch ihn nicht erfolgt.

(3) Das Rechtsverhältnis zwischen Vormund und Mündel sowie zwischen Pfleger und Pflegebedürftigem richtet sich nach dem Recht des Staates, von dessen Organ der Vormund oder Pfleger bestellt worden ist. Das gleiche Recht ist auch auf die Vertretungsbefugnis des Vormunds oder des Pflegers anzuwenden.

§ 25
Recht der Erbfolge

(1) Die erbrechtlichen Verhältnisse bestimmen sich nach dem Recht des Staates, dessen Bürger der Erblasser im Zeitpunkt seines Todes war.

(2) Die erbrechtlichen Verhältnisse in bezug auf das Eigentum und andere Rechte an Grundstücken und Gebäuden, die sich in der Deutschen Demokratischen Republik befinden, bestimmen sich nach dem Recht der Deutschen Demokratischen Republik.

§ 26
Wirksamkeit des Testaments

Die Fähigkeit zur Errichtung oder Aufhebung sowie die zulässigen Arten testamentarischer Verfügungen, deren Anfechtung und die Rechtsfolgen von Erklärungsmängeln bei ihrer Errichtung bestimmen sich nach dem Recht des Staates, in dem der Erblasser im Zeitpunkt der Errichtung des Testaments seinen Wohnsitz hatte.

§ 27
Recht des Arbeitsortes

(1) Auf Arbeitsrechtsverhältnisse ist das Recht des Staates anzuwenden, in dem sich der Sitz des Betriebes befindet, mit dem das Arbeitsrechtsverhältnis besteht.

(2) Befindet sich der Arbeitsort im gleichen Staat, in dem der Werktätige auch seinen Wohnsitz hat, so ist auf das Arbeitsrechtsverhältnis das Recht dieses Staates anzuwenden.

(3) Das gemäß den Absätzen 1 und 2 anzuwendende Recht ist auch maßgeblich für die Fähigkeit zum Abschluß des Arbeitsvertrages und für seine Form.

§ 28
Verjährung

Die Verjährung von Ansprüchen bestimmt sich nach dem Recht des Staates, das auf das Rechtsverhältnis anzuwenden ist.

§ 29
Inkrafttreten

Dieses Gesetz tritt am 1. Januar 1976 in Kraft.

c) **Text des Einführungsgesetzes zum Familiengesetzbuch der DDR** v 20. 12. 1965 (EGFGB – GBl DDR 1966 I 19) – Auszug **31**

§ 15
Eheschließung

(1) Die Voraussetzungen für die Eingehung einer Ehe bestimmen sich für jeden der beiden Eheschließenden nach den Gesetzen des Staates, dessen Staatsbürgerschaft er besitzt. Eheschließungen

zwischen Bürgern der Deutschen Demokratischen Republik und Bürgern eines anderen Staates bedürfen einer Genehmigung der für Fragen des Personenstandwesens zuständigen staatlichen Organe der Deutschen Demokratischen Republik, auch wenn die Ehe außerhalb der Deutschen Demokratischen Republik geschlossen werden soll.

(2) Die Form der Eheschließung bestimmt sich nach den Gesetzen, die am Ort der Eheschließung gelten.

(3) Wird eine Ehe außerhalb der Deutschen Demokratischen Republik geschlossen, so genügt die Einhaltung der Form, die nach den Gesetzen des Staates vorgesehen ist, dem einer der Eheschließenden angehört.

§ 16
Persönliche und vermögensrechtliche Beziehungen der Ehegatten

Die persönlichen Beziehungen, die Unterhaltsansprüche und die Vermögensverhältnisse der Ehegatten bestimmen sich nach den Gesetzen des Staates, dem die Ehegatten angehören. Gehören die Ehegatten verschiedenen Staaten an, finden die Gesetze der Deutschen Demokratischen Republik Anwendung.

§ 17
Beendigung der Ehe

(1) Die Scheidung einer Ehe richtet sich nach der Rechtsordnung des Staates, dessen Bürger die Ehegatten zur Zeit der Klageerhebung sind. Sind die Ehegatten Bürger verschiedener Staaten, so sind die Gesetze der Deutschen Demokratischen Republik anzuwenden.

(2) Die Gesetze der Deutschen Demokratischen Republik finden unabhängig von der Staatsangehörigkeit der Ehegatten zur Zeit der Klageerhebung auch dann Anwendung, wenn einer der Ehegatten im Zeitpunkt der Eheschließung die deutsche Staatsangehörigkeit besaß und sie vor Verwirklichung des Gleichberechtigungsprinzips im Staatsangehörigkeitsrecht im Zusammenhang mit der Eheschließung verloren hat.

(3) Soweit nach Abs 1 auf eine Rechtsordnung verwiesen wird, die eine Beendigung der Ehe durch Scheidung nicht oder nur unter außerordentlich schwierigen Umständen gestattet, kommt das Recht der Deutschen Demokratischen Republik zur Anwendung.

(4) Die Nichtigkeitserklärung einer Ehe richtet sich nach den Gesetzen, die gemäß § 15 für ihre Eingehung maßgebend waren.

§ 18
Abstammung des Kindes

Die Abstammung eines Kindes sowie die Feststellung und Anfechtung der Vaterschaft bestimmen sich nach den Gesetzen des Staates, dessen Staatsbürgerschaft das Kind mit der Geburt erworben hat.

§ 19
Rechtsverhältnis zwischen Eltern und Kindern

Das Rechtsverhältnis zwischen den Eltern und einem Kinde bestimmt sich nach den Gesetzen des Staates, dem das Kind angehört.

§ 20
Annahme an Kindes Statt

(1) Die Annahme an Kindes Statt, ihre Wirkungen und ihre Aufhebung bestimmen sich nach den Gesetzen des Staates, dem der Annehmende zur Zeit der Annahme oder der Aufhebung angehört. Wird ein Kind von einem Ehepaar gemeinschaftlich angenommen und ist ein Ehegatte Bürger der Deutschen Demokratischen Republik, so finden die Gesetze der Deutschen Demokratischen Republik Anwendung.

(2) Die Annahme eines Kindes, das Bürger der Deutschen Demokratischen Republik ist, durch den Bürger eines anderen Staates bedarf zu ihrer Wirksamkeit der Genehmigung des zuständigen Staatsorgans der Deutschen Demokratischen Republik. Die Annahme ist ferner nur wirksam, wenn die nach dem Familiengesetzbuch der Deutschen Demokratischen Republik erforderlichen Einwilligungserklärungen erteilt sind.

§ 21
Vormundschaft und Pflegschaft

(1) Die Voraussetzungen für die Anordnung und Beendigung einer Vormundschaft oder Pflegschaft bestimmen sich nach den Gesetzen des Staates, dem das Mündel oder der Pflegebedürftige angehört.

(2) Eine vorläufige Vormundschaft oder Pflegschaft kann auch über den Bürger eines anderen Staates nach den Gesetzen der Deutschen Demokratischen Republik angeordnet werden, wenn er der alsbaldigen Fürsorge bedarf und seinen Wohnsitz oder Aufenthalt in der Deutschen Demokratischen Republik hat.

(3) Das Rechtsverhältnis zwischen Vormund und Mündel sowie zwischen Pfleger und Pflegebedürftigem richtet sich nach den Gesetzen des Staates, von dessen Organen der Vormund oder Pfleger bestellt worden ist.

§ 22
Rückverweisung

Sind nach dem Recht eines anderen Staates, dessen Gesetze in den vorstehenden Bestimmungen für maßgebend erklärt sind, die Gesetze der Deutschen Demokratischen Republik anzuwenden, so finden diese Gesetze Anwendung.

§ 23
Staatenlose und Personen mit mehrfacher Staatsangehörigkeit

(1) Sind nach den vorstehenden Bestimmungen die Gesetze des Staates, dem eine Person angehört, für maßgebend erklärt, so finden, falls die Person staatenlos ist, die Gesetze des Staates Anwendung,

in dem sie ihren gewöhnlichen Aufenthalt oder mangels eines solchen ihren Aufenthalt hat oder zu der maßgebenden Zeit gehabt hat.

(2) Sind nach den vorstehenden Bestimmungen die Gesetze des Staates, dem eine Person angehört, für maßgebend erklärt und gehört die Person mehreren Staaten an, so finden, wenn sie auch Bürger der Deutschen Demokratischen Republik ist, die Gesetze des Staates Anwendung, zu dem die Person engere Beziehungen hat, oder, falls dies nicht feststellbar ist, die Gesetze des Staates, dessen Staatsbürgerschaft sie zuletzt erworben hat.

§ 24
Nichtanwendung von Gesetzen anderer Staaten

Gesetze anderer Staaten werden nicht angewendet, wenn die Anwendung mit den Grundprinzipien der staatlichen Ordnung der Deutschen Demokratischen Republik unvereinbar ist.

§ 25
Internationale Vereinbarungen

Soweit in zwischenstaatlichen Vereinbarungen, die die Deutsche Demokratische Republik abgeschlossen hat oder denen sie beigetreten ist, eine andere Regelung vereinbart ist, finden die Bestimmungen der §§ 15 bis 21 und 26 dieses Gesetzes keine Anwendung.

4. Anwendung des seit dem 3. 10. 1990 geltenden Kollisionsrechts

a) Bundesdeutsches Kollisionsrecht

32 Soweit nach den in Rn 24 ff dargestellten Regeln seit dem 3. 10. 1990 nicht mehr das bisherige Kollisionsrecht der DDR anwendbar ist, gelten auch im Beitrittsgebiet die Bestimmungen des EGBGB sowie – in den bislang noch nicht kodifizierten Materien – die von Rechtsprechung und Wissenschaft entwickelten ungeschriebenen Anknüpfungsregeln des bundesdeutschen IPR (Art 8 EV). Da sich die von der Bundesrepublik abgeschlossenen **völkerrechtlichen Verträge** nach Art 11 EV auf das Beitrittsgebiet erstrecken (vgl nur BT-Drucks 11/7760, 362; Mansel JR 1990, 443; Dörner/Meyer-Sparenberg DtZ 1991, 5; Siehr RabelsZ 1991, 243 f; Andrae IPRax 1992, 118; Palandt/Heldrich Rn 3; MünchKomm/Sonnenberger Vor Art 236 § 1 Rn 6; vgl auch öOGH IPRax 1992, 105 f), sind mit dem Beitritt auch in den neuen Bundesländern Kollisionsnormen, die in Staatsverträgen der Bundesrepublik enthalten sind, vorrangig zu beachten (Art 3 Abs 2 S 1).

b) Fortgeltung der von der DDR geschlossenen Staatsverträge

33 Zweifelhaft und umstritten ist dagegen, ob und in welchem Ausmaß die **von der früheren DDR geschlossenen Staatsverträge** kollisionsrechtlichen Inhalts *nach dem 2. 10. 1990 im Beitrittsgebiet* fortgelten. Abgesehen von einigen multilateralen Abkommen (oben Rn 28) hatte die DDR mit zahlreichen Staaten bilaterale Rechtshilfeverträge geschlossen, die regelmäßig insbesondere familienrechtliche Kollisionsnormen enthalten (vgl Lübchen IPR Anh 106 ff).

aa) Grundsatz

34 In Art 12 Abs 1 EV sind die Vertragsparteien übereingekommen, daß die von der DDR abgeschlossenen völkerrechtlichen Verträge „im Zuge der Herstellung der

Einheit Deutschlands unter den Gesichtspunkten des Vertrauensschutzes, der Interessenlage der beteiligten Staaten und der vertraglichen Verpflichtungen der Bundesrepublik Deutschland sowie nach den Prinzipien einer freiheitlichen, demokratischen und rechtsstaatlichen Grundordnung … mit den Vertragspartnern der Deutschen Demokratischen Republik zu erörtern sind, um ihre Fortgeltung, Anpassung oder ihr Erlöschen zu regeln beziehungsweise festzustellen." Dementsprechend sieht Art 12 Abs 2 EV vor, daß das vereinte Deutschland „seine Haltung zum Übergang völkerrechtlicher Verträge der Deutschen Demokratischen Republik nach Konsultationen mit den jeweiligen Verhandlungspartnern …" festlegt.

35 Die **Denkschrift** zum Einigungsvertrag (BT-Drucks 11/7760, 362) bemerkt dazu, daß die Vertragsparteien „nicht vom generellen Erlöschen" der von der DDR geschlossenen Verträge und Vereinbarungen ausgehen. Vielmehr beschreibe Art 12 EV „Grundsätze und Verfahren", nach denen die Problematik in Konsultationen mit den betroffenen ausländischen Staaten erörtert werden solle. In der Begründung des Vertragsgesetzes zum Einigungsvertrag (BT-Drucks 11/7760, V) heißt es dazu wörtlich: „Art 12 des Einigungsvertrages läßt das völkerrechtliche Schicksal der von der DDR abgeschlossenen völkerrechtlichen Verträge und Vereinbarungen bis zur Klärung der Haltung des vereinten Deutschlands in der Schwebe."

36 Die Literatur hat aus dieser Gesetzeslage **unterschiedliche Schlußfolgerungen** gezogen. Die wohl **hM** geht davon aus, daß mit dem Untergang der DDR als Völkerrechtssubjekt auch die von ihr übernommenen völkerrechtlichen Verpflichtungen **erloschen** (HERBER TransportR 1991, 4; BÖHMER, in: JAYME/FURTAK 40 ff; PALANDT/HELDRICH Rn 2; MAGNUS JuS 1992, 459) oder zumindest in der Weise als innerstaatlich **suspendiert** anzusehen sind, daß eine Wiederanwendung erst nach entsprechenden Konsultationen und nach einer ausdrücklichen Feststellung der Vertragsparteien über die unveränderte oder angepaßte Fortgeltung des jeweiligen Vertrages möglich ist (MANSEL JR 1990, 444; D MÜLLER, in: JAYME/FURTAK 48; REINHART, in: JAYME/FURTAK 87; H ROTH, in: JAYME/FURTAK 182; HELDRICH/EIDENMÜLLER ÖJBl 1991, 278; WANDEL BWNotZ 1991, 20; ERMAN/HOHLOCH Art 236 Rn 4). Insbesondere sollen die kollisionsrechtlichen Bestimmungen der von der DDR abgeschlossenen Rechtshilfeverträge mit dem Beitritt unanwendbar geworden sein, weil diese Bestimmungen an die – unstreitig seit dem 3. 10. 1990 nicht mehr existierende – Staatsangehörigkeit der DDR anknüpfen (vHOFFMANN IPRax 1991, 8 f; SIEHR IPRax 1991, 24; ders RabelsZ 1991, 253; MünchKomm/SONNENBERGER Vor Art 236 § 1 Rn 8; vgl bereits MANSEL JR 1990, 444; **aA** STURM Journal de Droit int 1991, 19).

37 Demgegenüber vertritt eine **Mindermeinung** unter Hinweis auf die **völkerrechtliche Rechtslage** (Verpflichtung zu völkerrechtsfreundlichem Verhalten, Grundsatz der Vertragstreue) die Ansicht, daß sämtliche Staatsverträge der DDR (KANNEMANN DtZ 1991, 130; ENDERLEIN/GRAEFRATH BB-Beil 1991 Nr 6, 11; STURM Journal de Droit int 1991, 19), zumindest aber deren multilaterale Staatsverträge (vHOFFMANN IPRax 1991, 8; vgl auch THORN IPRax 1993, 215) sowie die bilateralen Abkommen über die Anerkennung und Vollstreckung ausländischer Urteile (vHOFFMANN IPRax 1991, 9; zustimmend LEIBLE FamRZ 1991, 1252; differenzierend SIEHR RabelsZ 1991, 255) im Beitrittsgebiet **fortgelten** (für eine differenzierende Betrachtung anhand der in Art 12 EV genannten Kriterien DROBNIG DtZ 1991, 79 f).

38 Mit der **hM** ist davon auszugehen, daß die von der DDR geschlossenen bi- wie multilateralen Staatsverträge nach dem 2. 10. 1990 grundsätzlich (vgl aber Rn 40) bis

zu einer endgültigen Stellungnahme der Bundesrepublik jedenfalls in ihrer innerstaatlichen Anwendbarkeit einstweilen **suspendiert** sind (zurückhaltender noch Dörner/Meyer-Sparenberg DtZ 1991, 5 f). Diese Lösung dürfte am ehesten dem – zugegebenermaßen ziemlich vage formulierten – Art 12 EV sowie dem Standpunkt des deutschen Gesetzgebers (vgl oben Rn 35: „in der Schwebe") entsprechen und vermeidet eine Fülle von Anwendungsschwierigkeiten (vgl Mansel JR 1990, 444). Ob dieser Standpunkt als völkerrechtswidrig angesehen werden muß, erscheint angesichts der völlig ungeklärten völkerrechtlichen Rechtslage* mehr als zweifelhaft. Im übrigen müßte eine – möglicherweise völkerrechtswidrige – Entscheidung des deutschen Gesetzgebers dennoch auf innerstaatlicher Ebene hingenommen werden, weil völkerrechtlichen Vereinbarungen kein Übergesetzesrang nach Art 25 GG zukommt (Meyer-Sparenberg, Staatsvertragliche Kollisionsnormen [1990] 64, 37 mwN).

bb) Einzelne Staatsverträge

39 Ungeachtet dieses Grundsatzes sind im Hinblick auf einige Verträge allerdings *Besonderheiten* zu beachten:

Vertragsstaaten des **Haager Testamentsformübereinkommens** waren bis zum Beitritt sowohl die DDR (GBl DDR 1975 II 40, mit Wirkung vom 21. 9. 1974) als auch die Bundesrepublik (BGBl 1965 II 1145, mit Wirkung vom 1. 1. 1966). Nach dem 2. 10. 1990 gilt das

* **Zur völkerrechtlichen Diskussion** etwa Blumenwitz, Staatennachfolge und die Einigung Deutschlands (1992); Debatin, Doppelbesteuerungsabkommen und Einigungsvertrag, BB 1991, 389; Fastenrath, Der deutsche Einigungsvertrag im Lichte des Rechts der Staatennachfolge, AJPIL 1992/93, 1; Frowein, Rechtliche Probleme der Einigung Deutschlands, EurArch 1990, 233; ders, Die Verfassungslage Deutschlands im Rahmen des Völkerrechts, DVBl 1990, 562; ders, Die Verfassungslage Deutschlands im Rahmen des Völkerrechts, VVDStaRL 49 (1990) 7; Grabitz/vBogdandy, Deutsche Einheit und europäische Integration, NJW 1990, 1075; Hailbronner, Völker- und europarechtliche Fragen der deutschen Wiedervereinigung, JZ 1990, 449; vHeinegg, Die Vereinigung der beiden deutschen Staaten und das Schicksal der von ihnen abgeschlossenen völkerrechtlichen Verträge, BB 1990, Heft 18 Beil 23, 9; ders, Legal Aspects of the Unification of the Two German States, EJIL 1991, 18; Herdegen, Völkerrechtliche Verträge der DDR, in: Isensee/Kirchhof, Handbuch des Staatsrechts, Bd IX (1997) 629; Horn, Völkerrechtliche Aspekte der deutschen Vereinigung, NJW 1990, 2173; Klein, An der Schwelle zur Wiedervereinigung Deutschlands, NJW 1990, 1065; Mansel, Staatsverträge und autonomes internationales Privat- und Verfahrensrecht nach der Wiedervereinigung, JR 1990, 442; Menck, Die DDR und das Recht der Doppelbesteuerungsabkommen vor und nach der Vereinigung, EWS 1990, 181; D Müller, Fortgeltung von Staatsverträgen in der ehemaligen DDR im Internationalen Privat- und Verfahrensrecht, in: Jayme/Furtak 44; Oeter, German Unification and State Succession, ZaöRV 51, 349; Randelzhofer, Deutsche Einheit und europäische Integration, DVBl 1990, 565; Rauschning, Deutschlands aktuelle Verfassungslage, DVBl 1990, 403; Scherer, EG und DDR: Auf dem Weg zur Integration, RIW 1990 Heft 4 Beil 6, 11; Sedemund, Deutsche Einheit und EG, Europ Zs f Wirtschaftsrecht 1990, 11; Starck, Deutschland auf dem Weg zur staatlichen Einheit, JZ 1990, 349; Streinz, Die völkerrechtliche Situation der DDR vor und nach der Vereinigung, EWS 1990, 171; Tomuschat, Wege zur deutschen Einheit, VVDStaRL 49 (1990) 70; Wittkowski, Die Staatensukzession in völkerrechtliche Verträge unter besonderer Berücksichtigung der Herstellung der staatlichen Einheit Deutschlands (Diss Würzburg 1992).

Abkommen daher im Beitrittsgebiet als Bestandteil des Bundesrechts (oben Rn 32) fort.

40 Das **UN-Kaufrechtsübereinkommen** war am 1. 3. 1990 in der DDR in Kraft getreten (GBl DDR 1989 II 65, näher JESCH DtZ 1990, 103 f; REINHART IPRax 1990, 290; ders, in: JAYME/FURTAK 85) und ist nach dem oben Gesagten (Rn 38) mit dem 3. 10. 1990 im Beitrittsgebiet wieder erloschen (HERBER BB-Beil 1990 Nr 37, 4) oder zumindest suspendiert worden (**aA** ENDERLEIN/GRAEFRATH BB-Beil 1991 Nr 6, 12). Seit dem 1. 1. 1991 gilt das Abkommen in der gesamten Bundesrepublik (BGBl 1989 II 588, 1990 II 1477) und damit jetzt auch wieder in den neuen Bundesländern und Ost-Berlin (REINHART, in: JAYME/FURTAK 86 ff, 91 ff). In der Zwischenzeit vom 3. 10. bis zum 31. 12. 1990 einschließlich waren nach Art 11 EV im Beitrittsgebiet vorübergehend die **Haager Kaufrechtsübereinkommen** (EKG, EAG) anwendbar. Die sich aus diesem – für die Praxis unerfreulichen – Statutenwechsel ergebenden intertemporalen Probleme sind durch eine (zT analoge, vgl Art 220 Rn 146) Anwendung des Art 100 Abs 1 u 2 UN-Kaufrechtsübereinkommen zu lösen. Danach kommt es auf den Zeitpunkt des Vertragsabschlusses an; lag er zwischen dem 1. 3. und 2. 10. 1990 einschließlich, sind für die Abwicklung des Vertrages (sofern die Voraussetzungen des Art 1 des Übereinkommens im Hinblick auf die DDR vorliegen) auch nach dem 2. 10. 1990 im Beitrittsgebiet die Vorschriften dieses Übereinkommens maßgebend (näher REINHART, in: JAYME/FURTAK 89). Die Haager Kaufrechtsübereinkommen beherrschen die Zeit zwischen dem 3. 10. und 31. 12. 1990, das UN-Kaufrechtsübereinkommen gilt wieder für die ab 1. 1. 1991 geschlossenen internationalen Kaufverträge.

41 Das am 1. 3. 1990 in der DDR in Kraft getretene **UN-Verjährungsübereinkommen** (GBl DDR 1989 II 201) gilt entgegen dem in Rn 38 aufgestellten Grundsatz auch nach dem 2. 10. 1990 im Beitrittsgebiet fort (ENDERLEIN, in: JAYME/FURTAK 68; ENDERLEIN/GRAEFRATH BB-Beil 1991 Nr 6, 8; REINHART, in: JAYME/FURTAK 90; THORN IPRax 1993, 216; **aA** BMJ DtZ 1992, 241; MANSEL JR 1990, 446; HERBER BB-Beil 1991 Nr 37, 5; MAGNUS JuS 1992, 459). Das ergibt sich aus dem Einigungsvertrag selbst. In Anlage I Kapitel III Sachgebiet D Abschnitt III Nr 5 heißt es nämlich, daß der Verjährungsfragen betreffende Art 3 des Gesetzes zu dem Übereinkommen der Vereinten Nationen über Verträge über den internationalen Warenkauf (BGBl 1989 II 586) im Beitrittsgebiet nicht anzuwenden sein soll, „soweit die Anwendung mit einer von der Deutschen Demokratischen Republik übernommenen völkerrechtlichen Verpflichtung nicht zu vereinbaren ist." Eine solche völkerrechtliche Verpflichtung ergibt sich aus dem UN-Verjährungsübereinkommen, dessen Verjährungsfristen also nach dem Recht des Beitrittsgebiets maßgebend bleiben (vgl BT-Drucks 11/7817, 54).

42 Im Hinblick auf eine Reihe von **Rechtshilfeverträgen** der DDR hat die Regierung der Bundesrepublik mittlerweile nach Durchführung der in Art 12 Abs 2 EV vorgesehenen Konsultationen ausdrücklich festgestellt, daß (ua auch) diese Verträge mit der Herstellung der deutschen Einheit am 3. 10. 1990 *erloschen* sind. Es handelt sich dabei bis heute (Stand 1. 1. 2003) um die entsprechenden Staatsverträge mit

- Ägypten (BGBl 1992 II 451, Nr 21)
- Albanien (BGBl 1994 II 15, Nr 5)
- Algerien (BGBl 1992 II 380, Nr 10)
- Angola (BGBl 1992 II 239, Nr 22)

- Bulgarien (BGBl 1991 II 1019, Nr 25)
- Finnland (BGBl 1992 II 63, Nr 8)
- Frankreich (BGBl 1992 II 515, Nr 12)
- Ghana (BGBl 1993 II 1003)
- Griechenland (BGBl 1992 II 435, Nr 11)
- Guinea-Bissao (BGBl 1993 II 714 Nr 5)
- Jemen (BGBl 1992 II 456, Nr 6)
- Jugoslawien (BGBl 1992 II 576, Nr 9)
- Korea (BGBl 1995 II 406 Nr 8)
- Kuba (BGBl 1992 II 396, Nr 7)
- der Mongolei (BGBl 1992 II 376, Nr 3)
- Mosambik (BGBl 1992 II 616, Nr 27)
- Österreich (BGBl 1992 II 497, Nr 11)
- Polen (BGBl 1993 II 1180, Nr 9)
- Rumänien (BGBl 1990 II 885, Nr 21)
- Sambia (BGBl 1992 II 242, Nr 9)
- Spanien (BGBl 1992 II 379, Nr 7)
- Syrien (BGBl 1996 II 44, Nr 2)
- der früheren Tschechoslowakei (BGBl 1991 II 1077, Nr 81)
- der früheren UdSSR (BGBl 1992 II 585, Nr 19)
- Ungarn (BGBl 1991 II 957, Nr 5)
- dem Vereinigten Königreich (BGBl 1991 II 931, Nr 6)
- Vietnam (BGBl 1993 II 910, Nr 11)
- Zypern (BGBl 1992 II 419, Nr 13).

IV. Anwendung in einzelnen Bereichen

1. Personenrecht

43 Ob eine natürliche oder juristische Person vor dem 3.10.1990 einen bestimmten Status (Rechtsfähigkeit, Geschäftsfähigkeit) erlangt hat, beurteilt sich nach dem Sachrecht, das die §§ 6, 8 RAG berufen. Eine einmal erworbene Fähigkeit bleibt auch über den Stichtag hinaus bestehen (vgl Art 220 Rn 32). Die nähere inhaltliche Ausgestaltung (zB die konkreten Befugnisse eines beschränkt Geschäftsfähigen oder den Umfang der Rechtsfähigkeit einer juristischen Person) regelt dagegen seit dem 3.10.1990 das Sachrecht, auf welches Art 7 bzw die ungeschriebenen Kollisionsnormen des bundesdeutschen IPR über juristische Personen verweisen (Dauerwirkung, vgl Rn 26 u Art 220 Rn 32).

44 Erwerb, Änderung und Verlust eines **Namens** aufgrund familienrechtlicher Vorgänge wurden im Kollisionsrecht der DDR von den jeweiligen familienrechtlichen Anknüpfungsregeln (§§ 19, 20, 22, 23 RAG) erfaßt (vgl Lübchen/Kosewähr IPR § 6 Nr 1.3). Das von ihnen berufene Statut entscheidet daher über einen Namenserwerb, soweit sich der betreffende familienrechtliche Vorgang (Eheschließung, Geburt, Adoption, Scheidung) vor dem 3.10.1990 verwirklicht hat (Lübchen EGBGB 190). Die Führung und Änderung eines Namens nach dem Stichtag unterliegt dagegen dem von Art 10 bestimmten Statut (MünchKomm/Siehr Art 236 § 2 Rn 13).

45 **Entmündigung und Todeserklärung** unterliegen § 7 RAG, wenn die entsprechenden

Verfahren bis zum 3. 10. 1990 bereits abgeschlossen waren. Anderenfalls gelten für die Entmündigung Art 8 (seinerseits mit Wirkung v 1. 1. 1992 aufgehoben) bzw für die Todeserklärung Art 9.

2. Familienrecht

a) Rechtsgeschäfte

46 Die **materielle Wirksamkeit familienrechtlicher Rechtsgeschäfte** und **anderer Rechtsakte** aus der Zeit vor dem 3. 10. 1990 beurteilt sich nach dem Statut, das die §§ 18 (Eheschließung), 21 (Abstammung, Feststellung und Anfechtung der Vaterschaft), 23 (Adoption) und 24 RAG (Anordnung und Beendigung einer Vormundschaft und Pflegschaft) berufen (LÜBCHEN EGBGB 190). Die Frage der Formgültigkeit dieser Rechtsgeschäfte unterliegt § 16 RAG. Das früher in § 18 Abs 1 S 2 RAG enthaltene, aus westdeutscher Sicht allerdings gegen Art 6 (ordre public) verstoßende (vBAR II Rn 127) *Zustimmungserfordernis* für Eheschließungen zwischen DDR-Bürgern und Ausländern ist durch Gesetz v 11. 1. 1990 (GBl DDR 1990 I 10) mit Wirkung v 1. 2. 1990 aufgehoben worden (übersehen von vBAR II Rn 127).

47 Bei der Anknüpfung gestreckter *Tatbestände* aus dem Kindschaftsrecht (Vaterschaftsfeststellung, Anfechtung der Vaterschaft), stellt der BGH im Anwendungsbereich des Art 220 aufgrund einer kollisionsrechtlichen Interpretation der Bestimmung (oben Rn 21 und Art 220 Rn 11) auf den Zeitpunkt der Geburt des Kindes ab (BGH NJW 1987, 2296; NJW-RR 1989, 707; NJW-RR 1991, 386, näher Art 220 Rn 37). Man kann davon ausgehen, daß das Gericht diese Abgrenzung im Geltungsbereich des Art 236 § 1 beibehalten und daher § 21 RAG anwenden wird, wenn das Kind vor dem 3. 10. 1990 geboren wurde. Nach der hier vertretenen Auffassung (oben Rn 20 und Art 220 Rn 13 ff) ist dagegen von bundesdeutschen Kollisionsnormen auszugehen, wenn die materiellrechtlichen Voraussetzungen des betreffenden Rechtsaktes bis zum 3. 10. 1990 nach dem bis dahin berufenen Statut noch nicht vollständig erfüllt worden waren (näher Art 220 Rn 38).

b) Dauerwirkungen (§ 2)

48 Die sich aus einem familienrechtlichen Rechtsverhältnis ergebenden Dauerwirkungen unterliegen bis zum 3. 10. 1990 den §§ 19 (Persönliche Beziehungen der Ehegatten einschließlich Unterhalt, vgl LÜBCHEN IPR § 19 Nr 2), 22 (Rechtsverhältnis zwischen Eltern und Kindern einschließlich Unterhalt, vgl LÜBCHEN IPR § 22 Nr 3) sowie 24 Abs 2 RAG (Rechtsverhältnis zwischen Vormund und Mündel bzw Pfleger und Pflegebedürftigem) sowie den von ihnen berufenen Statuten. Vom 3. 10. 1990 an gelten aufgrund der ausdrücklichen Regelung in Art 236 § 2 für die allgemeinen Ehewirkungen, das Rechtsverhältnis zwischen Eltern und ehelichen bzw nichtehelichen Kindern, für die Unterhaltsansprüche zwischen Verwandten und den Inhalt sowie die Beendigung einer Vormundschaft die einschlägigen Kollisionsnormen der Bundesrepublik (LÜBCHEN EGBGB 191; MünchKomm/SIEHR Art 236 § 2 Rn 12, 22 ff, 28; HOHAGE 279 ff, näher Art 220 Rn 45 ff), und zwar auch dann, wenn das betreffende Rechtsverhältnis bereits vor dem Beitritt begründet worden ist. Am 3. 10. 1990 kann daher ein *Statutenwechsel* eingetreten sein.

c) Ehescheidung

49 Ob altes oder neues Scheidungskollisionsrecht gilt, wird nach der Rechtsprechung des BGH zu Art 220 vom **Zeitpunkt der Rechtshängigkeit** des Scheidungsantrags bestimmt (BGH NJW 1988, 637; NJW 1990, 636 u 638; näher Art 220 Rn 48 ff). Die Praxis wird dieses einfach zu handhabende Kriterium für den Art 236 übernehmen. Hat einer der Gatten daher die Scheidung vor dem 3. 10. 1990 beantragt, gilt § 20 RAG. Andernfalls ist das Scheidungsstatut nach Maßgabe von Art 17 Abs 1 zu ermitteln (MünchKomm/SIEHR Art 236 § 2 Rn 20; näher – auch zu den Problemen einer möglichen „Rückanknüpfung" – Art 220 Rn 50).

50 Der Zeitpunkt der Rechtshängigkeit des Scheidungsantrags entscheidet auch darüber, ob Rechtsfragen des **Versorgungsausgleichs** nach altem (§ 20 RAG) oder neuem IPR (Art 17 Abs 3) angeknüpft werden (vgl BGH FamRZ 1990, 142, näher Art 220 Rn 53). Haben die Eheleute vor dem 3. 10. 1990 einen *Versorgungsausgleichsverzicht* vereinbart, liegt insoweit ein „abgeschlossener Vorgang" iS des Art 236 § 1 vor. Die Wirksamkeit eines solchen Vertrages beurteilt sich nach dem Scheidungsfolgenstatut, das § 20 RAG beruft.

51 Voraussetzungen und Inhalt eines Anspruchs auf **Scheidungsunterhalt** unterliegen, wenn der Scheidungsausspruch vor dem 3. 10. 1990 rechtskräftig geworden ist, zunächst dem Sachrecht, auf das § 20 RAG verweist (dazu LÜBCHEN IPR § 20 Nr 1. 4). Die Frage, in welchem Umfang der Anspruch bei Fälligkeit nach dem 3. 10. 1990 besteht, beantwortet sich gemäß Art 236 § 2 nach dem Recht, das Art 8 des Haager Unterhaltsabkommens 1973 beruft (näher Art 220 Rn 55). Ob ein *Unterhaltsverzicht* vor dem 3. 10. 1990 materiell und formell wirksam geschlossen wurde, ist als „abgeschlossener Vorgang" (Art 236 § 1) nach dem von §§ 16 u 20 RAG bezeichneten Sachrecht zu beurteilen.

d) Ehegüterrecht (§ 3)

52 Eine Sonderregelung des intertemporalen *Ehegüterkollisionsrechts* enthält § 3, der Art 220 Abs 3 S 2 bis 4 nachgebildet ist. Danach bestimmt sich, wenn die Ehe *vor dem Beitritt* geschlossen wurde, das Ehegüterstatut *bis zum 3. 10. 1990* nach § 19 RAG (§ 3 S 1 e contrario), der die vermögensrechtlichen Beziehungen wandelbar (!) in erster Linie an die gemeinsame Staatsangehörigkeit der Gatten knüpft (näher HENRICH IPRax 1991, 17 f; HOHAGE 282 ff). Vom Beitritt an unterliegen die ehegüterrechtlichen Wirkungen dagegen gemäß § 3 S 1 dem Art 15 mit der Maßgabe, daß als Anknüpfungszeitpunkt der Zeitpunkt des Beitritts und nicht, wie in Art 15 Abs 1, der Zeitpunkt der Eheschließung gilt. Es kommt also darauf an, ob die Eheleute am 3. 10. 1990 eine gemeinsame Staatsangehörigkeit (Art 15 Abs 1, 14 Abs 1 Nr 1, bei Doppelstaatern iVm Art 5 Abs 1) und hilfsweise einen gemeinsamen gewöhnlichen Aufenthalt (Art 15 Abs 1, 14 Abs 1 Nr 2) hatten bzw mit welchem Staat sie zu diesem Zeitpunkt sonst am engsten verbunden waren (Art 15 Abs 1, 14 Abs 1 Nr 3). Nach dem 2. 10. 1990 kann das Ehegüterstatut gemäß Art 15 Abs 2 auch durch Rechtswahl bestimmt werden.

53 Da nach der hier vertretenen Auffassung (vgl Rn 12) im Kollisionsrecht der *alten Bundesländer* der Zeitpunkt der Eheschließung (Art 15 Abs 1) maßgebend bleibt, führt die Fixierung des Anknüpfungszeitpunkts in § 3 S 1 zu *unterschiedlichen Anknüpfungen* in den alten Bundesländern und im Beitrittsgebiet, wenn die Eheleute zwischen der Eheschließung und dem 3. 10. 1990 die Anknüpfungstatsachen verändert, zB ihren gewöhnlichen Aufenthalt aus dem Ausland in die DDR oder aus der DDR ins Ausland verlegt haben (näher HENRICH IPRax 1991, 17).

54 Die in § 3 S 1 vorgesehene Neuanknüpfung kann zu einem *Statutenwechsel* führen (allerdings nicht im Regelfall: LÜBCHEN EGBGB 192 f) mit der möglichen Folge, daß der frühere gesetzliche Güterstand durch einen anderen abgelöst wird. In diesem Fall muß der bis zum Stichtag maßgebende Güterstand nach Regeln des bisher anwendbaren Güterrechts *abgewickelt* werden (RAUSCHER DtZ 1991, 22; MANSEL, in: JAYME/FURTAK 160). Die aus dieser Abwicklung hervorgehenden Vermögensrechte der Gatten bilden ggf das jeweilige Anfangsvermögen für den ab 3. 10. 1990 maßgebenden neuen Güterstand; das neue Ehegüterstatut entscheidet darüber, ob und welche Vermögensgegenstände von dem neuen gesetzlichen Güterstand erfaßt werden.

55 *Daß* eine Auseinandersetzung des alten Güterstandes vorzunehmen ist, läßt sich mittelbar aus § 3 S 2 folgern. Diese *Sachnorm* bestimmt nämlich, daß Ausgleichsansprüche, die sich aus einem Statutenwechsel (und einer damit verbundenen Änderung des Güterstandes) ergeben, bis zum Ablauf von 2 Jahren nach Wirksamwerden des Beitritts als gestundet gelten, so daß die Verjährungsfrist für derartige Ansprüche erst am 3. 10. 1992 begonnen hat. Ausgleichsansprüche können aber nur zur Entstehung gelangen, wenn der alte Güterstand mit dem Beitritt beendet wurde. Zwar hat der BGH zu Art 220 Abs 3 die (abzulehnende) Ansicht vertreten, daß der neue Güterstand rückwirkend das gesamte Vermögen der Gatten erfasse und eine Auseinandersetzung des am Stichtag vorhandenen Vermögens während bestehender Ehe daher nicht vorzunehmen sei (BGH NJW 1987, 585; NJW 1988, 639; dazu Art 220 Rn 132). Diese Auslegung läßt sich aber nicht auf Art 236 § 3 übertragen, weil dem S 2 der Vorschrift dann keine Bedeutung mehr zukäme (RAUSCHER DtZ 1991, 22; vgl auch SOERGEL/SCHURIG Rn 22). Die Ehegatten können eine unerwünschte Vermögensauseinandersetzung während bestehender Ehe durch materiellrechtliche Vereinbarungen oder auch durch eine rückwirkende Rechtswahl nach Art 15 Abs 2 vermeiden.

56 Die güterrechtlichen Wirkungen von Ehen, die **nach dem 2. 10. 1990** geschlossen wurden, unterliegen von vornherein Art 15.

3. Erbrecht

57 Im Erbrecht ist danach zu unterscheiden, ob der Erblasser **vor dem 3. 10. 1990 oder zu einem späteren Zeitpunkt verstorben** ist. Im ersten Fall sind sämtliche durch den Erbfall aufgeworfenen Rechtsfragen einschließlich derjenigen nach der Zulässigkeit und materiellen Wirksamkeit einer Verfügung von Todes wegen (im einzelnen Art 220 Rn 59 ff) vorbehaltlich staatsvertraglicher Sonderregelungen nach Maßgabe der §§ 25, 26 RAG anzuknüpfen, und zwar auch insoweit, als gestreckte und Dauertatbestände (Ausschlagung, Nachlaßabwicklung, Erbenhaftung, Nacherbschaft, Erbschaftskauf usw) über den 2. 10. 1990 hinausreichen (LÜBCHEN EGBGB 189; DE LEVE 62 ff; näher Art 220 Rn 54 und ausführlich STAUDINGER/DÖRNER [2000] Art 25 Rn 579 ff). Das in der DDR belegene Grundvermögen wird also gemäß § 25 Abs 2 RAG stets nach den Vorschriften des ZGB als dem bisherigen Recht des Beitrittsgebiets vererbt (Art 235 § 1 Abs 1).

58 Ist der *Erbfall nach dem 2. 10. 1990* eingetreten, gilt Art 25. Hatte der Erblasser aber

vor dem Beitritt von Todes wegen verfügt, beurteilen sich Zulässigkeit und materielle Wirksamkeit des Errichtungsaktes weiterhin nach dem von den RAG-Vorschriften berufenen Statut, da insoweit ein „abgeschlossener Vorgang" iSd § 1 vorliegt (Lübchen 189; vgl Art 220 Rn 57).

59 Die **Formgültigkeit** einer vor dem 3. 10. 1990 errichteten Verfügung von Todes wegen beurteilt sich nach den Bestimmungen des auch in der DDR (ab 21. 9. 1974, vgl oben Rn 39) geltenden Haager Testamentsformübereinkommens.

4. Schuldrecht

a) Verträge

60 Ist ein Vertrag vor dem 3. 10. 1990 geschlossen bzw ein *anderes Rechtsgeschäft vor* diesem Tag vorgenommen worden, so richten sich Zustandekommen und materielle sowie formelle Gültigkeit nach dem von §§ 12 und 16 RAG berufenen Sachrecht (Lübchen EGBGB 190; Strohbach, in: Jayme/Furtak 138; Magnus JuS 1992, 458). Dieses Recht beherrscht aus Gründen der Rechtssicherheit und Praktikabilität sowie im Interesse eines weitgehenden Vertrauensschutzes auch die weitere Entwicklung (Fortbestehen der Rechte und Pflichten, Leistungsstörungen, Erfüllung, Rückabwicklung zB durch Leistungskondiktion) über den Beitritt hinaus, sofern es sich um ein Schuldverhältnis handelt, das auf einen *umfangmäßig von vornherein festgelegten Leistungsaustausch* gerichtet ist (näher Art 220 Rn 66 f). Die Parteien können allerdings nach dem Beitritt durch eine Rechtswahlvereinbarung gemäß Art 27 Abs 2 S 1 die Geltung eines anderen Rechts vereinbaren (vgl Art 220 Rn 67).

61 Vor dem Beitritt eingegangene **Dauerschuldverhältnisse** unterliegen dagegen vom 3. 10. 1990 an den Art 27 ff, weil hier das staatliche Durchsetzungsinteresse überwiegt (näher Art 220 Rn 68). Dieses Ergebnis stimmt auch mit der Regelung überein, die der Gesetzgeber auf der Ebene der Sachnormen getroffen hat. Für ein vor dem Beitritt entstandenes Schuldverhältnis bleibt zwar grundsätzlich das bisherige Vertragsrecht der DDR maßgebend (Art 232 § 1); dies gilt jedoch gerade nicht für Dauerschuldverhältnisse, wie den für Miete (Art 232 § 2 Abs 1), Pacht (Art 232 § 3 Abs 1), Arbeits- (Art 232 § 5) und Dienstverträge (Art 232 § 6) getroffenen Bestimmungen zu entnehmen ist. Allerdings können die Parteien nach dem 2. 10. 1990 jederzeit die rückwirkende Geltung des *alten* Statuts vereinbaren (Art 27 Abs 2 S 1). Stellt der Statutenwechsel für einen Vertragspartner eine unzumutbare Belastung dar, kann sich auf sachrechtlicher Ebene ein Recht *zur* einseitigen *Vertragslösung* (etwa: Kündigung aus wichtigem Grund) ergeben.

62 Die **nach dem** 2. 10. 1990 *geschlossenen Schuldverträge* unterliegen den Art 27 ff (materielle Fragen) und 11 (Form).

b) Gesetzliche Schuldverhältnisse

63 Bei gesetzlichen Schuldverhältnissen kommt es darauf an, ob der anspruchsauslösende Tatbestand (**auftraglose Geschäftsführung, Erlangung einer rechtsgrundlosen Bereicherung durch Eingriff, unerlaubte Handlung**) *vollständig vor dem 3. 10. 1990* (verkannt von LG Rostock NJ 1995, 490 [Haftung für verhinderte „Republikflucht"]) oder (zumindest teilweise) *erst danach* verwirklicht wurde (vgl auch Art 220 Rn 71). Im ersten Fall greifen die Kollisionsnormen des RAG ein (zur Anknüpfung eines Handelns ohne

Auftrag und einer Verpflichtung zur Rückgabe unberechtigt erlangter Leistungen LÜBCHEN/KOSEWÄHR § 17 Nr 1.3, 1.4), im zweiten gelten die Anknüpfungsregeln des bundesdeutschen IPR.

64 So entscheidet etwa das von § 17 RAG berufene Statut darüber, ob und in welcher Höhe ein Ersatzanspruch aufgrund einer vor dem 3. 10. 1990 abgeschlossenen **außervertraglichen Schadenszufügung** besteht. Abgeschlossen ist eine unerlaubte Handlung dann, wenn sich der haftungsbegründende Tatbestand nach dem seinerzeit maßgebenden Statut bereits vor dem Stichtag vollständig verwirklicht hat. Bei der Verletzung von Rechten oder Rechtsgütern ist demnach der Zeitpunkt der Rechts(gut)-verletzung, nicht dagegen der Zeitpunkt des (weiteren) Schadenseintritts maßgeblich (MAGNUS JuS 1992, 460). Waren die Voraussetzungen eines Ersatzanspruchs zum Stichtag noch nicht vollständig erfüllt, weil zB der Verstoß gegen eine Verhaltensnorm noch zu keiner Rechtsgutverletzung geführt hatte (gestreckter Tatbestand, vgl oben Rn 25 und Art 220 Rn 24), so ist der gesamte Vorgang nach den deliktsrechtlichen Kollisionsnormen der Bundesrepublik anzuknüpfen. Das von ihnen berufene Sachrecht entscheidet darüber, ob ein Verhalten aus der Zeit vor dem Beitritt auch danach noch eine Schadensersatzpflicht auslösen kann (vgl Art 220 Rn 25 f).

5. Sachenrecht

65 Erwerb, Verlust und Änderung dinglicher Rechte aus der Zeit vor dem 3. 10. 1990 richten sich nach dem Statut, das die §§ 9–11 und 13 RAG berufen. Entsprechende Vorgänge aus der Zeit nach dem Beitritt unterliegen den ungeschriebenen Kollisionsnormen des Internationalen Sachenrechts der Bundesrepublik. War ein mehraktiger (dh gestreckter) Tatbestand bis zum 3. 10. 1990 erst teilweise verwirklicht, kann er nach dem früher berufenen Statut nicht mehr vollendet werden (Art 220 Rn 24 und oben Rn 25). In diesem Fall entscheidet das vom bundesdeutschen IPR neu berufene Sachrecht darüber, ob die vor dem Stichtag verwirklichten Tatbestandselemente noch vervollständigt werden können oder aber wiederholt werden müssen. Wirkungen und Inhalt der Sachenrechte unterliegen bis zum 3. 10. 1990 dem von den RAG-Kollisionsnormen berufenen Recht; danach werden diese Dauertatbestände (§ 1 e contrario, vgl Art 220 Rn 28 und oben Rn 26) nach dem Sachrecht beurteilt, auf das die Kollisionsnormen der Bundesrepublik verweisen (so auch SIEHR RabelsZ 1991, 263).

V. Innerdeutsches Kollisionsrecht

1. Rechtslage bis zum 3. 10. 1990

66 Im Zuge des Aufbaus eines „sozialistischen Rechtssystems" in der DDR hatten sich die Privatrechtsordnungen der beiden deutschen Staaten immer stärker auseinanderentwickelt. Bis dahin noch bestehende Gemeinsamkeiten wurden endgültig am 1. 1. 1976 beseitigt, an dem das BGB außer Kraft trat und durch das „Zivilgesetzbuch der Deutschen Demokratischen Republik" (GBl I 1975, 465) ersetzt wurde. Angesichts dieser Unterschiede mußte das in deutsch-deutschen Privatrechtsfällen maßgebliche Recht mit Hilfe von Kollisionsnormen bestimmt werden. Dabei gingen beide deutsche Staaten politisch bedingt von unterschiedlichen Konzepten aus.

67 Aus der Sicht der Bundesrepublik fanden die Kollisionsnormen des EGBGB keine

unmittelbare Anwendung, weil diese einen Auslandssachverhalt (vgl Art 3 Abs 1 S 1) voraussetzen und die DDR nach westdeutscher Rechtsauffassung kein Ausland darstellte. Statt dessen griff man auf spezifische **innerdeutsche Kollisionsregeln** zurück, die freilich durch Analogie zu den entsprechenden IPR-Normen gebildet wurden. Soweit die Vorschriften des EGBGB an die Staatsangehörigkeit anknüpfen, sollte nach **hM** (vgl nur BGHZ 40, 34 f; 85, 22; 91, 192; MANSEL DtZ 1990, 226 f) in deutsch-deutschen Rechtsbeziehungen der gewöhnliche Aufenthalt einer Person maßgebend sein.

68 Aus der Sicht der ehemaligen DDR war die Bundesrepublik dagegen Ausland. Daher kam die Entwicklung besonderer interlokaler Kollisionsnormen nicht in Frage. Das in deutsch-deutschen Rechtsfällen maßgebende Sachrecht wurde statt dessen folgerichtig durch die (allgemein für internationale Sachverhalte geltenden) Kollisionsnormen des RAG (Rn 30) bestimmt.

2. Rechtslage nach dem 2. 10. 1990

a) Nach dem EV fortbestehende sachrechtliche Unterschiede

69 Mit der Vereinigung beider deutscher Staaten am 3. 10. 1990 ist die verlorengegangene Rechtseinheit auf dem Gebiet des Privatrechts zwar weitgehend, aber nicht vollständig wiederhergestellt worden (näher NISSEL DtZ 1990, 330; MANSEL DtZ 1991, 125). Zunächst galten gemäß Art 9 I–III EV Rechtsvorschriften der früheren DDR (wie zB das Staatshaftungsrecht) unter bestimmten Voraussetzungen fort; andere, wie zB das „Gesetz zur Regelung offener Vermögensfragen“ (Anlage II zum EV Kapitel III Sachgebiet B Abschnitt 1 Nr 5) sind von vornherein nur beschränkt auf das Beitrittsgebiet in Kraft gesetzt worden. Außerdem ist nach Art 8 EV im Beitrittsgebiet das Recht der Bundesrepublik nur übernommen worden, „soweit durch diesen Vertrag ... nichts anderes bestimmt ist.“ Abweichende Bestimmungen fanden und finden sich jedoch in vielen Zusammenhängen, so zB in den Regeln des intertemporalen Sachrechts der Art 231 bis 235 (vgl STAUDINGER/RAUSCHER Art 230 Rn 32). Schließlich muß aufgrund dieser intertemporalen Vorschriften im Privatrecht des Beitrittsgebietes stets zwischen Neu- und Altfällen unterschieden werden. Jene sind nach dem (ggf modifizierten) BGB zu beurteilen, diese richten sich weiterhin nach den Vorschriften des früheren DDR-Zivilrechts. Angesichts dieser fortbestehenden Unterschiede sind auch nach der Wiedervereinigung **interlokale Kollisionsnormen unverzichtbar**, die für Sachverhalte mit Bezug zu ost- und westdeutschen Bundesländern festlegen, ob im konkreten Fall das in den alten Bundesländern oder das im Beitrittsgebiet geltende Privatrecht Anwendung finden soll. Zwar gibt es keinen Zweifel daran, daß die in diesem Zusammenhang bis zum 3. 10. 1990 bestehenden unterschiedlichen Sichtweisen (Rn 67 f) in Zukunft nicht fortbestehen können. Weder enthält aber der Einigungsvertrag selbst interlokale Rechtsanwendungsregeln, noch ist später ein bundesdeutsches Gesetz zur Regelung des deutschen interlokalen Kollisionsrechts geschaffen worden (vgl auch BT-Drucks 11/7817, 36 f).

b) Meinungsstand im Schrifttum

70 Vor diesem Hintergrund ist im Schrifttum eine heftige Diskussion darüber geführt worden, welche interlokalen Kollisionsnormen seit dem 3. 10. 1990 im wiedervereinten Deutschland gelten. In der Sache setzt sich hier die Kontroverse zwischen den Vertretern eines einheitlichen oder gespaltenen IPR (Rn 5 ff, 12 ff) auf der Ebene des interlokalen Rechts fort.

aa) Lehre vom gespaltenen innerdeutschen Kollisionsrecht

71 Geht man – wie hier – davon aus, daß in den alten Bundesländern und im Beitrittsgebiet in Fällen mit Auslandsberührung unterschiedliche Kollisionsregeln gelten, weil die **intertemporale Abgrenzung** des Art 236 unmittelbar **nur für das Recht des Beitrittsgebiets** Bedeutung besitzt (oben Rn 12 ff), so liegt es nahe, diesen Ansatz auf die Ebene des innerdeutschen Kollisionsrechts zu übertragen (vgl BT-Drucks 11/7817 v 10. 9. 1990, 37; Dörner/Meyer-Sparenberg DtZ 1991, 2; Dörner, in: FS W Lorenz 327 ff; ders IPRax 1991, 393; Henrich FamRZ 1991, 874; vHoffmann IPRax 1991, 3; Siehr IPRax 1991, 22; Pirrung RabelsZ 1991, 236; Andrae, in: Jayme/Furtak 243; de Leve 94).

72 Danach haben die **Gerichte der alten Bundesländer** bei der Beurteilung deutsch-deutscher Sachverhalte auch nach dem 3. 10. 1990 grundsätzlich unverändert (BGH FamRZ 1991, 421; vgl aber Rn 91) die Regeln des innerdeutschen Kollisionsrechts (Rn 67) anzuwenden. Sie führen entweder zum Sachrecht der alten Bundesländer oder aber zum Recht des Beitrittsgebiets. In diesem zweiten Fall ist – bei einer Gesamtverweisung – zunächst zu klären, ob das interlokale Recht des Beitrittsgebiets einen Renvoi ausspricht (Art 4 Abs 1 S 1 analog). Dazu wiederum muß nach den Kriterien des Art 236 festgestellt werden, ob altes oder neues Kollisionsrecht Anwendung findet. Handelt es sich um einen *nicht abgeschlossenen Vorgang*, sind die interlokalen Regeln in beiden Teilrechtsgebieten identisch, weil seit dem 3. 10. 1990 das bundesdeutsche interlokale Privatrecht auch im Beitrittsgebiet gilt (Art 8 EV). Zur Anwendung kommt dann in der Sache das Recht des Beitrittsgebiets, und zwar – nach Maßgabe der Art 231 bis 236 – das Recht der früheren DDR (ZGB, FGB usw) oder das in den neuen Bundesländern ggf modifiziert (vgl Rn 69) geltende Recht der Bundesrepublik. Liegt dagegen ein *abgeschlossener Vorgang vor*, entscheiden über eine interlokale Rückverweisung die Anknüpfungsregeln des RAG, die aus der Sicht der früheren DDR auch das Verhältnis zur Bundesrepublik bestimmten (näher Rn 68). Ein etwaiger Renvoi auf das Recht der alten Bundesländer wird befolgt. Verweisen die Kollisionsnormen des RAG nicht zurück, kommen wiederum die – alten oder neuen – Sachnormen des Beitrittsgebiets zum Zuge.

73 Demgegenüber müssen die **Gerichte im Beitrittsgebiet** in analoger Anwendung des Art 236 zunächst feststellen, ob der zu beurteilende Sachverhalt als *„abgeschlossener Vorgang"* iS dieser Bestimmung anzusehen ist. Bejahendenfalls ist das „bisherige Kollisionsrecht" anzuwenden, dh die Bestimmungen des RAG, die vor dem Beitritt aus der Sicht der früheren DDR auch deutsch-deutschen Rechtskonflikten zugrunde gelegt wurden. Führen sie zum Recht der DDR, gilt das Sachrecht des Beitrittsgebiets nach Maßgabe der Art 231 bis 235. Verweisen sie auf das Recht der Bundesrepublik, ist ebenso wie vor dem Beitritt ein Renvoi zu beachten (§ 3 RAG). Liegt *kein abgeschlossener Vorgang vor*, finden die Regeln des seit dem 3. 10. 1990 auch im Beitrittsgebiet geltenden (Art 8 EV) bundesdeutschen interlokalen Privatrechts Anwendung (BT-Drucks 11/7817 v 10. 9. 1990, 37), die unmittelbar zu den Sachnormen der jeweils berufenen Teilrechtsordnung führen. Bei einem Verweis auf das Recht des Beitrittsgebiets muß nach Maßgabe der Art 231 bis 235 festgestellt werden, ob neues oder altes Sachrecht gilt.

bb) Lehre vom einheitlichen innerdeutschen Kollisionsrecht

74 Die Verfechter eines bundeseinheitlichen *Internationalen* Privatrechts (oben Rn 5 ff) stehen folgerichtig auf dem Standpunkt, daß seit dem 3. 10. 1990 in der gesamten

Bundesrepublik auch ein **einheitliches interlokales Kollisionsrecht** existiert. Bei der Durchführung dieses Konzepts auf innerdeutscher Ebene zeigen sich allerdings deutliche Unterschiede. Ein Teil der Literatur geht davon aus, daß die bis zum 3. 10. 1990 in der Bundesrepublik praktizierten **innerdeutschen Anknüpfungsregeln** (Rn 67) jetzt ohne weiteres auch im Beitrittsgebiet gelten, und zwar *auch* für *Sachverhalte*, die in die **Zeit vor dem Beitritt zurückreichen**. Zwischen Alt- und Neufällen wird also auf interlokaler Ebene nicht differenziert (Palandt/Heldrich Rn 4; ders, in: FS Lerche [1993] 919 ff; vBar II Rn 127, 363; Erman/Hohloch Rn 9; Drobnig RabelsZ 1991, 281; Adlerstein/Desch DtZ 1991, 195 f; Schurig, in: FS Lorenz 520; Kegel/Schurig 44; Soergel/Schurig Rn 8; Wähler ROW 1992, 106; Magnus JuS 1992, 461; im Ergebnis ähnlich H Stoll, in: FS W Lorenz 587; für die Entwicklung neuer innerdeutscher Kollisionsnormen aus den materiellrechtlichen Übergangsbestimmungen zB des Art 234 Jayme IPRax 1991, 12 ff; ders IPRax 1991, 231; zu Recht kritisch Staudinger/Rauscher Art 230 Rn 47). Da sich Art 236 seinem Wortlaut nach nur auf Fälle mit Auslandsberührung beziehe, bestehe für eine analoge Anwendung der Vorschrift kein Bedürfnis (Palandt/Heldrich Rn 4; Erman/Hohloch Rn 9). Verwiesen wird danach unmittelbar auf das *Sachrecht* des Beitrittsgebiets bzw das der alten Bundesländer.

75 Nach anderer Ansicht soll dagegen – ebenso wie bei der Behandlung von Auslandssachverhalten (Rn 6 ff) – zunächst mit Hilfe eines vorgeschalteten **Zuweisungskriteriums** ermittelt werden, ob der Schwerpunkt des anzuknüpfenden Rechtsverhältnisses in der ost- oder westdeutschen Teilrechtsordnung liegt (Mansel DtZ 1991, 129 f; ders, in: Jayme/Furtak 162 f; Rauscher StAZ 1991, 3; ders DNotZ 1991, 211 f; Schotten/Johnen DtZ 1991, 232; dies DtZ 1991, 258; Schotten/Schmellenkamp DNotZ 1992, 218; Jayme/Stankewitsch IPRax 1993, 165; wohl auch Coester-Waltjen Jura 1991, 516 f). Über die *Bestimmung* des maßgebenden *Zuweisungskriteriums* besteht freilich auch hier (vgl Rn 6 f) keine Einigkeit: Während Mansel (DtZ 1991, 129 f; in der Sache wohl auch Jayme/Stankewitsch IPRax 1993, 165 f) vorschlägt, auf interlokaler Ebene ebenfalls (vgl Rn 7) analog Art 4 Abs 3 S 2 vorzugehen und die engste Verbindung nach den Grundstrukturen von EGBGB *und* RAG zu ermitteln, wollen andere die innerdeutschen Anknüpfungsregeln (Rn 67) darüber entscheiden lassen, ob das betreffende Rechtsverhältnis dem Recht der alten Bundesländer oder dem Recht des Beitrittsgebiets unterliegt (Rauscher StAZ 1991, 3; Staudinger/Rauscher Art 230 Rn 68 f, 71; Schotten/Johnen DtZ 1991, 232; dies DtZ 1991, 258; Schotten/Schmellenkamp DNotZ 1992, 218). Führt das jeweils maßgebende Kriterium zum Recht des Beitrittsgebiets, findet *Art 236 analoge Anwendung.*

76 Im *Ergebnis* bedeutet dies: Führt das gewählte Zuweisungskriterium zur westdeutschen Teilrechtsordnung, so steht damit praktisch gleichzeitig fest, daß westdeutsches Sachrecht interlokal zur Anwendung berufen ist. Umgekehrt findet (nach Maßgabe der Art 231 bis 235) das Sachrecht des Beitrittsgebiets Anwendung, wenn das Zuweisungskriterium auf die ostdeutsche Teilrechtsordnung verweist und es sich (Art 236 § 1 analog) um einen nicht abgeschlossenen Vorgang handelt. Ergibt die vorgeschaltete Prüfung, daß der Sachverhaltsschwerpunkt im Beitrittsgebiet liegt und steht nach den Kriterien des Art 236 § 1 (analog) ein abgeschlossener Vorgang zur Beurteilung, so gelten die Bestimmungen des RAG. Ein *Renvoi* auf das Recht der alten Bundesländer ist zu befolgen (vgl Rauscher StAZ 1991, 3; Staudinger/Rauscher Art 230 Rn 70; Mansel DtZ 1991, 128, insbes Fn 57).

c) Standpunkt der Rechtsprechung und Kritik

77 Nach einer Phase der Unsicherheit (vgl etwa BGHZ 121, 385; 124, 59; BGH FamRZ 1991, 421; 1993, 44 u 1049; BayObLGZ 1991, 105; 93, 387; KG FamRZ 1992, 611; 1993, 488 u 612; OLG Celle FamRZ 1991, 714; OLG Naumburg NJ 1994, 176) hat sich der **BGH** in einer richtungweisenden Entscheidung v 1. 12. 1993 (BGHZ 124, 274 = NJW 1994, 582; zustimmend THODE JZ 1994, 472; PROBST JR 1995, 156; FISCHER IPRax 1995, 162; GÖRK 54 ff; MünchKomm/LEIPOLD Art 235 § 1 Rn 10 ff; MünchKomm/SONNENBERGER Art 236 § 1 Rn 9; BAMBERGER/ROTH/OTTE Rn 9; KROPHOLLER 201 f; HESS 128 ff, HARTMANN RabelsZ 1997, 473 ff; SOLOMON IPRax 1997, 24 f; SPICKHOFF IPRax 1998, 463; kritisch aber ANDRAE NJ 1998, 114 f) der in Rn 74 dargestellten Literaturmeinung angeschlossen und die Auffassung vertreten, daß die bis zur Wiedervereinigung in der Altbundesrepublik maßgeblichen **innerdeutschen** Kollisionsnormen (vgl Rn 67) nunmehr – **für Neu- und Altfälle** – auch im Beitrittsgebiet zu beachten seien. Die Vorstellung eines in den alten und neuen Bundesländern unterschiedlichen interlokalen Kollisionsrechts sei abzulehnen, weil dies „die im Einigungsvertrag angestrebte Rechtseinheit prinzipiell verfehlen" müsse. Eingriffe in bereits entstandene Rechte sollten allerdings „nach Möglichkeit vermieden werden". In späteren Entscheidungen hat das Gericht diesen Standpunkt bestätigt (BGHZ 127, 370; 128, 43 u 323; 131, 26; BGH FamRZ 1994, 884; 1995, 544; vgl auch BayObLG FamRZ 1999, 1471). Die Entscheidung des BGH für ein in den alten und neuen Bundesländern einheitlichen interlokales Kollisionsrecht **vereinfacht** (auf den ersten Blick, vgl aber Rn 78) **die Rechtsanwendung** insofern, als in Zukunft in der gesamten Bundesrepublik nur noch danach gefragt werden muß, auf welches der beiden Teilrechtsgebiete die innerdeutschen Anknüpfungsregeln (Rn 67) verweisen. Eine analoge Anwendung des Art 236 (vgl Rn 75) erübrigt sich danach in Zukunft ebenso wie die Prüfung eines Renvoi (vgl Rn 76), da in den alten wie in den neuen Bundesländern nach denselben interlokalen Regeln angeknüpft wird.

78 Diese Entwicklung darf freilich nicht darüber hinwegtäuschen, daß die Praxis insbes des BGH Entscheidung die in Rechtsprechung und Schrifttum geführte Diskussion keineswegs in befriedigender Weise zum Abschluß bringt (näher DÖRNER IPRax 1995, 89; ders JuS 1995, 771): Indem der BGH im Interesse einer einheitlichen Rechtsanwendung die vor dem 3. 10. 1990 in der früheren DDR maßgebenden Kollisionsnormen vollständig außer acht läßt, nimmt er prinzipiell in Kauf, daß DDR-Altfälle aus der Zeit vor dem Beitritt heute nach anderen Kollisions- und damit möglicherweise auch nach anderen Sachnormen beurteilt werden als früher. Dadurch kann sich die Rechtsposition eines Beteiligten rückwirkend zu seinem Nachteil verändern. Damit verkennt das Gericht den Stellenwert des bei Rechtsänderungen zu gewährenden **Vertrauensschutzes**. Rückwirkende Eingriffe in bestehende Rechte sind nicht nur „nach Möglichkeit" zu vermeiden, sondern als Verstoß gegen das Rechtsstaatsprinzip (Art 20 Abs 3 GG) grundsätzlich **verfassungswidrig** (vgl nur Art 220 Rn 3 ff u oben Rn 17; vgl dazu bereits DÖRNER, in: FS W Lorenz 329; ders IPRax 1991, 387 f; vHOFFMANN IPRax 1991, 3; die Notwendigkeit eines Vertrauensschutzes sehen trotz abweichenden Ausgangspunktes auch MANSEL DtZ 1991, 129; DROBNIG RabelsZ 1991, 281; SCHURIG, in: FS W Lorenz 520; SOERGEL/SCHURIG Rn 9; H STOLL, in: FS W Lorenz 587; KROPHOLLER 202). Eine Ausnahmesituation, in der das Vertrauen der Bürgers auf die Kontinuität einmal entstandener Rechtslagen keinen Schutz verdient (Art 220 Rn 4), liegt hier nicht vor: Weder enthielt das Zivilrecht der DDR a priori unklare oder unbillige Regeln für das Zusammenleben der Menschen, noch wird die Rechtseinheit im wiedervereinigten Deutschland – so sehr sie als politisches Ziel erstrebenswert sein und auch die praktische Arbeit erleichtern mag – vom Gemeinwohl zwingend gefordert, wie die auf der Ebene des materiellen Rechts fortbestehenden Unterschiede beweisen. Wenn man also verfassungsrechtlich anstößige Ergebnisse vermeiden will, wird man – wie dies offenbar auch dem BGH vorschwebt – bei der Behandlung von Altfällen stets von Fall zu Fall untersuchen müssen, ob der Gedanke des Vertrauensschutzes eine nachträgliche Korrektur des gefundenen Ergebnisses erfordert. Damit geht aber der scheinbare Vorteil einer einfachen Rechtsanwendung (vgl Rn 77) wieder verloren. Im übrigen dürfte sich der erforderliche Vertrauensschutz vom Boden der BGH-Rechtsprechung aus theoretisch kaum immer befriedigend begründen lassen (vgl zB Rn 93).

79 Daß der BGH zumindest eine **analoge Anwendung des Art 236** nicht in Erwägung zieht, überrascht angesichts der bisherigen – auch eigenen – Rechtsprechung (BGHZ 123, 81; vgl etwa ferner BayObLGZ 1991, 107; 1992, 67; OLG Frankfurt OLGZ 1992, 38; OLG Zweibrücken FamRZ 1992, 1474), über die das Gericht kommentarlos hinweggeht. Damit setzt sich das Gericht in **Widerspruch zu Tradition und System** des deutschen Privatrechts, das Rechtsänderungen auch auf dem Gebiet des räumlichen Kollisionsrechts immer schon durch intertemporale Bestimmungen vertrauensschutzwahrend ausgestaltet hat (gegen eine entsprechende Anwendung des Art 236 aber zB Palandt/Heldrich Rn 4; Schurig, in: FS W Lorenz [1991] 520; S Lorenz ZEV 1994, 313; Bamberger/Roth/Otte Rn 10; vgl aber auch Staudinger/Rauscher Art 230 Rn 74 ff, Andrae NJ 1998, 114 f). In der Sache ist nicht zu begründen, warum sich der in Art 236 EGBGB zum Ausdruck kommende und im deutschen IPR traditionell (vgl Art 220 Rn 2, 6 ff) verankerte Gedanke des Vertrauensschutzes durch intertemporale Differenzierung nur in internationalen, nicht dagegen in innerdeutschen Rechtskonflikten entfalten soll, zumal die interlokalen Anknüpfungsregeln auch sonst unbestritten den IPR-Vorschriften nachgebildet werden (Rn 67) und die sich aus der IPR-Reform des Jahres 1986 ergebende stillschweigende Umgestaltung auch des innerdeutschen Kollisionsrechts nur nach Maßgabe des Art 220 (analog) zum Tragen kam (vgl Art 220 Rn 144).

3. Intertemporales innerdeutsches Kollisionsrecht (Art 236 analog)

a) Ausgangspositionen

80 Ob im innerdeutschen Privatrecht nach dem 2. 10. 1990 **analog Art 236** zwischen abgeschlossenen und nicht abgeschlossenen Vorgängen differenziert werden muß, hängt von dem gewählten konzeptionellen Ausgangspunkt ab. Sofern man mit der Rechtsprechung (Rn 77) die früheren westdeutschen Anknüpfungsregeln nunmehr für Neu- und Altfälle gleichermaßen heranzieht, findet Art 236 **keine Beachtung** (aus der Literatur etwa Palandt/Heldrich Rn 4).

81 Wer – ausgehend von der Vorstellung eines in den alten und neuen Bundesländern einheitlichen interlokalen Rechts – die Auffassung vertritt, daß zunächst mit Hilfe einer Schwerpunktbetrachtung ermittelt werden muß, ob das interlokale Recht des Beitrittsgebiets oder das der alten Bundesländer zum Zuge kommt, wird dann entsprechend Art 236 zwischen abgeschlossenen und nicht abgeschlossenen Vorgängen unterscheiden, wenn diese Schwerpunktbetrachtung zum Recht des Beitrittsgebiets führt (Rn 75). Ist das Recht des Beitrittsgebiets anzuwenden und handelt es sich um einen „abgeschlossenen Vorgang“ iS des Art 236 § 1, so ist analog Art 4 Abs 1 ein etwaiger Renvoi auf das Recht der alten Bundesländer zu befolgen (vgl Rn 76).

82 Nach dem **hier vertretenen Konzept** eines **gespaltenen innerdeutschen Kollisionsrechts** (Rn 71 ff) ist Art 236 (analog) immer dann zu beachten, wenn das interlokale Privatrecht des Beitrittsgebiets Anwendung findet (vgl schon Rn 72 f). Dabei ändert sich die Funktion der Vorschrift, je nachdem, ob die Gerichte des Beitrittsgebiets oder die der alten Bundesländer einen Sachverhalt mit Bezug zu beiden deutschen Teilrechtsordnungen zu beurteilen haben: Die Gerichte des Beitrittsgebiets bestimmen mit Hilfe des analog anzuwendenden Art 236 unmittelbar die maßgebenden interlokalen Kollisionsnormen (vgl schon Rn 73). Die Gerichte der alten Bundesländer wenden auf Sachverhalte mit Bezug zu beiden deutschen Teilrechtsordnungen nach wie vor die auch nach dem Beitritt grundsätzlich unverändert fortgeltenden (vgl aber Rn 91) innerdeutschen Kollisionsnormen der Bundesrepublik an. Die analoge Anwendung von Art 236 wird hier nur bedeutsam bei der Prüfung der (jeweils entsprechend anzuwendenden) Art 3 Abs 3 (dazu Rn 93) sowie Art 4 Abs 1. Verweisen nämlich aus der Sicht der westdeutschen Gerichte die innerdeutschen Kollisionsnormen auf das Recht des Beitrittsgebiets, so entscheiden bei „abgeschlossenen Vorgängen" die Bestimmungen des RAG darüber, ob das Sachrecht des Beitrittsgebietes (nach Maßgabe der Art 231–235) oder aber aufgrund eines interlokalen Renvoi bundesdeutsches Sachrecht maßgeblich ist (Pirrung RabelsZ 1991, 223; vgl Rn 72).

b) Analoge Anwendung des Art 236

aa) Abgeschlossene und nicht abgeschlossene Vorgänge

83 Geht man (auf der Grundlage der in Rn 81 und 82 dargestellten Konzeptionen) davon aus, daß Art 236 auch im deutschen interlokalen Privatrecht entsprechende Anwendung findet, so ist der Begriff des „abgeschlossenen Vorgangs" (Art 236 § 1) ebenso wie im unmittelbaren Anwendungsbereich der Vorschrift materiell-rechtlich zu interpretieren (vgl Rn 21; Art 220 Rn 20). Am 3. 10. 1990 bereits abgeschlossene Vorgänge (vgl Rn 23) beurteilen sich danach ebenso wie Tatbestände mit Dauerwirkungen bis zu diesem Zeitpunkt (Art 236 § 1 e contrario, § 2 analog, vgl Rn 26) nach den Sachnormen der Teilrechtsordnung, auf welche die „bisherigen" Kollisionsnormen verweisen (Rn 84). Unvollendete gestreckte Tatbestände (Rn 25), Tatbestände mit Dauerwirkung ab dem 3. 10. 1990 (Rn 26) sowie neue Vorgänge (Rn 27) werden dagegen nach den innerdeutschen Kollisionsnormen (Rn 67) angeknüpft, die seit dem 3. 10. 1990 auch im Beitrittsgebiet gelten.

bb) Anwendung des „bisherigen" Kollisionsrechts

84 Als „bisheriges" Kollisionsrecht sind – ebenso wie im unmittelbaren Anwendungsbereich des Art 236 (Rn 28 ff) – die Vorschriften des RAG anzuwenden, das aus der Sicht der DDR bis zum Beitritt auch für Sachverhalte mit Bezug zur Bundesrepublik maßgebend war.

85 Dabei besteht allerdings keine einheitliche Meinung darüber, ob diese Vorschriften **wörtliche** oder nur **analoge** Anwendung finden. Die vorherrschende Auffassung spricht sich im Interesse einer in beiden deutschen Teilrechtsgebieten möglichst einheitlichen Rechtsanwendung dafür aus, die RAG-Vorschriften im innerdeutschen Kollisionsrecht insoweit nur *analog anzuwenden*, als an die Stelle einer Anknüpfung an die DDR-Staatsangehörigkeit die Anknüpfung an den gewöhnlichen Aufenthalt treten soll (Lübchen, EGBGB 187; Henrich FamRZ 1991, 875 f u 1363; vgl auch Böhmer StAZ 1990, 360; Pirrung RabelsZ 1991, 237). Das Recht des Beitrittsgebiets ist danach im Falle einer Staatsangehörigkeitsanknüpfung nur dann heranzuziehen, wenn die betreffende Person zu dem maßgeblichen Zeitpunkt ihren **gewöhnlichen Aufenthalt in der früheren DDR** gehabt hat. Demgegenüber würde eine wörtliche Anwendung dazu führen, daß die an die Staatsangehörigkeit anknüpfenden Kollisionsnormen des RAG in deutsch-deutschen Rechtsfällen das Recht des Beitrittsgebiets dann berufen, wenn die betreffende Person zu dem maßgeblichen Zeitpunkt die **DDR-Staatsbürgerschaft** besaß (Dörner/Meyer-Sparenberg DtZ 1991, 4; Dörner IPRax 1991, 397). Beide Auffassungen führen zu gleichen Ergebnissen, wenn – wie regelmäßig – der gewöhnliche Aufenthalt eines DDR-Bürgers zu dem von der RAG-Kollisionsnorm vorausgesetzten Zeitpunkt in der früheren DDR lag. Dagegen weicht die Rechtslage nach beiden Auffassungen voneinander ab, wenn eine Person mit noch bestehender DDR-Republikzugehörigkeit zu dem maßgebenden Zeitpunkt ihren gewöhnlichen Aufenthalt in den alten Bundesländern genommen hatte: Hier führt eine wortgetreue Anwendung der RAG-Normen weiterhin zum Recht der DDR, eine analoge dagegen zum bundesdeutschen Recht (vgl das Beispiel aus dem Erbrecht unten Rn 92).

86 Vorzuziehen ist eine **wörtliche Anwendung** der RAG-Vorschriften. Nur eine solche Handhabung stellt sicher, daß die Kollisionsnormen des RAG *nach* dem Beitritt zu demselben Sachrecht führen wie vorher und demzufolge ein Vertrauen auf den Fortbestand eingetretener Rechtsfolgen aus der Sicht der ostdeutschen Teilrechtsordnung nicht enttäuscht wird. Wer die Staatsangehörigkeitsanknüpfung des RAG rückwirkend durch eine Anknüpfung an den gewöhnlichen Aufenthalt ersetzt, gewährleistet dieses Ergebnis nicht. Mit einer wörtlichen Anwendung des RAG wird auch nicht etwa die Staatsangehörigkeit der DDR „posthum“ anerkannt, sondern lediglich – vollkommen wertungsfrei – als ein den Anwendungsbereich einer Kollisionsnorm beschreibendes Tatbestandsmerkmal benutzt (dazu Dörner IPRax 1995, 90).

cc) Anwendung des innerdeutschen Kollisionsrechts der Bundesrepublik

87 Soweit das RAG als bisheriges Kollisionsrecht des Beitrittsgebiets nicht zur Anwendung gelangt (vgl Rn 83), sind die seit dem 3. 10. 1990 in ganz Deutschland geltenden Anknüpfungsregeln des innerdeutschen Kollisionsrechts zugrunde zu legen. Diese Regeln ergeben sich aus einer analogen Anwendung der EGBGB-Bestimmungen (Rn 68). Daneben sind die von Rechtsprechung und Wissenschaft entwickelten ungeschriebenen Kollisionsnormen des IPR heranzuziehen.

c) Einzelbeispiele

88 Die bei der Anwendung von Art 236 durchzuführende Differenzierung zwischen abgeschlossenen und nicht abgeschlossenen Vorgängen ist für Einzelfragen entsprechend den Ausführungen oben Rn 43 bis 65 (vgl auch Art 220 Rn 31 bis 72) vorzunehmen mit der Maßgabe, daß die Vorschriften des EGBGB im innerdeutschen Rechtsverkehr nicht unmittelbar, sondern nur entsprechend gelten. Die nachfolgenden Beispiele betreffen allein diese intertemporale Abgrenzung im Anwendungsbereich von Art 236; sie setzen also voraus, daß diese Vorschrift im innerdeutschen Kollisionsrecht analoge Anwendung findet. Ob die Bestimmung aber überhaupt und ggf in welcher Funktion sie Beachtung findet, hängt von der jeweils gewählten konzeptionellen Ausgangsposition (Rn 80–82) ab.

89 Besaßen die Eheleute am 3. 10. 1990 die DDR-Staatsbürgerschaft, richten sich ihre **güterrechtlichen Beziehungen** analog Art 236 § 3 Satz 1 *(e contrario)* bis zu diesem

Zeitpunkt gemäß § 19 RAG nach dem Recht des Beitrittsgebiets (vgl dann Art 234 § 4; näher Henrich IPRax 1991, 15).

90 Das auf **Ehescheidung und Versorgungsausgleich** anzuwendende Recht wird von § 20 Abs 1 RAG bestimmt, wenn der Scheidungsantrag vor dem 3. 10. 1990 rechtshängig geworden war (Henrich FamRZ 1991, 876 f; vgl Rn 49); andernfalls findet Art 17 Abs 1 und 3 analoge Anwendung. Führen diese Anknüpfungen zum Recht des Beitrittsgebiets, gilt für die Scheidung Art 234 § 1; ein Versorgungsausgleich ist nach Maßgabe des Art 234 § 6 (dazu Jayme IPRax 1991, 231) durchzuführen.

91 Ein Anspruch auf **Scheidungsunterhalt** unterlag bis zum Beitritt zunächst ebenfalls dem von § 20 RAG berufenen Recht (vgl Rn 51); nach dem 2. 10. 1910 greifen analog Art 236 § 2 EGBGB die Vorschriften des innerdeutschen Kollisionsrechts ein (übersehen von BGH IPRax 1994, 135, dazu Stankewitsch IPRax 1994, 108 f). Zur Anwendung gelangen damit nach dem Beitritt zwar nicht die Bestimmungen des Haager Unterhaltsabkommens 1973 (vgl dessen Art 17, dazu vBar II Rn 283 Fn 891), wohl aber in entsprechender Anwendung Art 18 Abs 4. Die vom BGH bis zum Beitritt praktizierte Wandelbarkeit des Unterhaltsstatuts bei einem Aufwenthaltswechsel von Ost nach West (BGHZ 85, 16; BGH FamRZ 1992, 295; ablehnend für die Zeit nach dem Inkrafttreten des IPR-Reformgesetzes bzw des Haager Unerhaltsabkommens aber KG FamRZ 1991, 875 bzw Henrich FamRZ 1991, 875) kann heute, nachdem die Übersiedelung von einem Bundesland in ein anderes als normaler Umzug und nicht mehr als endgültige Lösung von einer Rechtsordnung anzusehen ist, keine Bedeutung mehr haben (BGHZ 124, 60; Jayme/Stankewitsch IPRax 1993, 163). Das Unterhaltsstatut kann daher nach dem 2. 10. 1990 nur dann noch als wandelbar angesehen werden, wenn beide seinerzeit in der DDR geschiedenen Gatten am 3. 10. 1990 ihren gewöhnlichen Aufenthalt schon in den alten Bundesländern gehabt haben (anders BGHZ 124, 62; BGH FamRZ 1994, 824 u 1583 unter Hinweis auf Art 18 Abs 5: Unterhaltswechsel des Verpflichteten reiche aus; dagegen zu Recht kritisch Henrich FamRZ 1991, 875; MünchKomm/Siehr Art 236 § 2 Rn 37; Dieckmann JZ 1994, 1077 f). Verlegen daher beide geschiedenen Ehegatten nach dem Beitritt ihren gewöhnlichen Aufenthalt in die Alt-Bundesrepublik, so finden weiterhin über Art 234 § 5 die zunächst berufenen Unterhaltsvorschriften des FGB (idF des Familienrechtsänderungsgesetzes v 20. 7. 1990, GBl DDR 1990, 1038) Anwendung; zu den Einzelheiten des Meinungsstreits zuletzt Stankewitsch IPRax 1994, 109 m Fn 51.

92 Ist ein **Erblasser mit DDR-Staatsbürgerschaft** und letztem gewöhnlichen Aufenthalt in der DDR vor dem 3. 10. 1990 verstorben, richtet sich die Erbfolge gemäß § 25 RAG nach dem Recht des Beitrittsgebiets (dann: Art 235 § 1 Abs 1). Gleiches gilt nach der hier vertretenen Auffassung *im Beitrittsgebiet* (vgl Rn 73) auch dann, wenn der DDR-Bürger zum Zeitpunkt seines Todes seinen gewöhnlichen Aufenthalt im Bundesgebiet hatte und das innerdeutsche Kollisionsrecht der alten Bundesländer in diesem Fall aufgrund einer Anknüpfung an diesen letzten gewöhnlichen Aufenthalt abweichend zur Maßgeblichkeit der BGB-Erbfolge gelangt (ausführlich Dörner IPRax 1991, 397; **aA** die **hM**, vgl Rn 79 f und 82; Schotten/Johnen DtZ 1991, 233; dies DtZ 1991, 258; Wähler ROW 1992, 107; Sandweg BWNotZ 1992, 51).

93 Ein **Bundesbürger**, der *vor dem Beitritt* mit letztem gewöhnlichen Aufenthalt in der Bundesrepublik verstorben ist, wird nach *allen* vertretenen Auffassungen grundsätzlich nach bundesdeutschem Recht beerbt. Legt man die Lehre vom gespaltenen innerdeutschen Kollisionsrecht zugrunde, so folgt dieses Ergebnis aus § 25 Abs 1 RAG (aus der Sicht des Beitrittsgebiets) bzw einer analogen Anwendung des Art 25 Abs 1 (aus der Sicht der alten Bundesländer). Für die Erbfolge in **DDR-Grundstücke** gilt – in den neuen Bundesländern – gemäß § 25 Abs 2 RAG (und Art 235 § 1) das ZGB als Recht des Beitrittsgebiets (vgl Dörner IPRax 1991, 395). Dasselbe Ergebnis ergab sich in den alten Bundesländern *bis* zur Wiedervereinigung aus Art 3 Abs 3 (analog), der stillschweigend das Belegenheitsrecht für solche Vermögensgegenstände beruft, die sich außerhalb des Geltungsbereichs des Erbstatuts (= Recht der Bundesrepublik) befinden und nach dem Recht des Belegenheitsstaates (= DDR) „besonderen Vorschriften" unterstehen. Als „besondere Vorschrift" wurde § 25 Abs 2 RAG angesehen, der für die Erbfolge in die in der DDR belegenen Grundstücke und Gebäude einseitig auf das Recht der DDR verwies; es trat also Nachlaßspaltung ein (vgl etwa KG OLGZ 1985, 179; Dörner DNotZ 1977, 335; *anders* bei Erbfall vor dem 1. 1. 1976: BayObLGZ 92, 67; 93, 385; 94, 47; OLG Frankfurt OLGZ 1992, 38 f). Praxis und Schrifttum gehen heute einhellig davon aus, daß sich an diesem Ergebnis *durch den Beitritt nichts geändert* hat (vgl etwa BGHZ 131, 26; BGH FamRZ 1995, 481; BayObLGZ 1991, 105; 1995, 85; FamRZ 1994, 724; 1997, 391; 1999, 1471; 2002, 1294; NJW 2000, 441; KG FamRZ 1996, 125, 570 u 1573; 1998, 125; OLG Hamm FamRZ 1995, 759; 1996, 1576; 1998, 122; OLG Zweibrücken FamRZ 1992, 1474; OLG Köln OLGZ 1994, 336; OLG Karlsruhe DtZ 1995, 338; Palandt/Heldrich Rn 4 u 25 Rn 24; Erman/Hohloch Art 25 Rn 59; Staudinger/Rauscher Art 235 § 1 Rn 11 ff; MünchKomm/Leipold § 235 § 1 Rn 15 ff; Solomon IPRax 1995, 24 f; Andrae NJ 1998, 16 ff; Kropholler 201 f; Bamberger/Roth/Otte Rn 13; ablehnend aber Soergel/Schurig Art 25 Rn 113). Dem ist auch beizupflichten, weil die nachträgliche Anwendung bundesdeutschen Rechts in einem solchen Fall angesichts abweichender Erbfolgebestimmungen in BGB und ZGB zu dem nicht akzeptablen Ergebnis führen würde, daß sich zB die gesetzlichen Erbrechte (der Ehefrau, des nichtehelichen Kindes) nachträglich geändert hätten (vgl Rn 17, 78). Mit der BGH-Konzeption zum innerdeutschen Kollisionsrecht (Rn 77) läßt sich dieses Ergebnis allerdings nicht widerspruchsfrei vereinbaren, weil eine Anknüpfung an den letzten gewöhnlichen Aufenthalt des Erblassers zur Maßgeblichkeit des westdeutschen Teilrechts und damit zum BGB führen müßte, während die „besondere Vorschrift" des § 25 Abs 2 RAG, auf welche Art 3 Abs 3 EGBGB früher Bedacht nahm, nach Auffassung des BGH ja mit dem Beitritt rückwirkend außer Kraft gesetzt wurde und demnach keine Beachtung mehr finden dürfte. – Nach Auffassung des BGH tritt keine Nachlaßspaltung ein, wenn ein vor dem Beitritt mit gewöhnlichem Aufenthalt im Bundesgebiet verstorbener Erblasser einen Anteil an einem ungeteilten Nachlaß hinterläßt, zu dem wiederum Grundbesitz in der früheren DDR gehört (vgl BGHZ 146, 316; offengelassen von BayObLGZ 1998, 246; **aA** KG FGPrax 2000, 245 f; Andrae NJ 1998, 287).

94 Ein vor dem 3. 10. 1990 geschlossener **Schuldvertrag** unterliegt sowohl aus der Sicht des Beitrittsgebiets (§ 12 RAG) als auch aus der Sicht des Rechts der alten Bundesländer (Art 28 analog) dem Recht der Bundesrepublik, wenn keine Rechtswahl vorgenommen wurde und die Partei, welche die vertragscharakteristische Leistung erbringt, ihren Sitz in der Altbundesrepublik hatte (OLG Naumburg IPRax 1995, 172 u dazu Fischer IPRax 1995, 163). Vor dem Beitritt begründete **Dauerschuldverhältnisse** unterliegen vom 3. 10. 1990 an den innerdeutschen Anknüpfungsregeln (Art 27 ff EGBGB analog; Rn 61). Das gilt auch für *Arbeitsverhältnisse* (**aA** Andrae, in: Jayme/Furtak 244). **Verträge über Grundbesitz** in der DDR, die vor dem Beitritt in der

Bundesrepublik notariell geschlossen wurden, waren aus der Sicht des Beitrittsgebiets zwar formwirksam (Steiner DtZ 1991, 372; Schotten DNotZ 1991, 783; **aA** Schäfer-Gölz/Lange DtZ 1991, 293), aber im Hinblick auf § 12 Abs 3 RAG häufig aus materiellen Gründen unwirksam (**aA** Schotten/Schmellenkamp DNotZ 1992, 219); vgl heute Art 231 § 7.

Artikel 237 EGBGB
Bestandsschutz, Ausschlußfrist

§ 1
Bestandsschutz

(1) Fehler bei dem Ankauf, der Enteignung oder der sonstigen Überführung eines Grundstücks oder selbständigen Gebäudeeigentums in Volkseigentum sind nur zu beachten, wenn das Grundstück oder selbständige Gebäudeeigentum nach den allgemeinen Rechtsvorschriften, Verfahrensgrundsätzen und der ordnungsgemäßen Verwaltungspraxis, die im Zeitpunkt der Überführung in Volkseigentum hierfür maßgeblich waren (§ 4 Abs. 3 Buchstabe a HS 1 des Vermögensgesetzes), nicht wirksam in Volkseigentum hätte überführt werden können oder wenn die mögliche Überführung in Volkseigentum mit rechtsstaatlichen Grundsätzen schlechthin unvereinbar war. Mit rechtsstaatlichen Grundsätzen schlechthin unvereinbar sind Maßnahmen, die in schwerwiegender Weise gegen die Prinzipien der Gerechtigkeit, der Rechtssicherheit oder der Verhältnismäßigkeit verstoßen oder Willkürakte im Einzelfall dargestellt haben.

(2) Ist die Überführung in Volkseigentum nach Maßgabe von Absatz 1 unwirksam, stehen dem Nutzer des Grundstücks die in Kapitel 2 in Verbindung mit § 2 des Sachenrechtsbereinigungsgesetzes bestimmten Ansprüche zu, wenn die dort oder die in den nachfolgenden Sätzen bestimmten Voraussetzungen gegeben sind. Eine bauliche Maßnahme ist auch dann anzunehmen, wenn der Nutzer ein auf dem Grundstück befindliches Ein- oder Zweifamilienhaus nach den Vorschriften über den Verkauf volkseigener Gebäude gekauft hat oder das Grundstück durch den früheren Rechtsträger, einen Zuordnungsempfänger oder dessen Rechtsnachfolger der gewerblichen Nutzung zugeführt oder in eine Unternehmenseinheit einbezogen worden ist. Es genügt abweichend von § 8 des Sachenrechtsbereinigungsgesetzes, wenn die bauliche Maßnahme bis zu dem Tag, an dem eine Klage auf Herausgabe des Grundstücks oder auf Bewilligung der Grundbuchberichtigung rechtshängig geworden ist, spätestens bis zum 24. Juli 1997, vorgenommen oder begonnen worden ist.

(3) Für Sachverhalte, die einen Tatbestand des § 1 des Vermögensgesetzes erfüllen, gelten die vorstehenden Absätze nicht; hier gilt das Vermögensgesetz.

Materialien: eingefügt durch Art 2 Abs 1 Nr 4 Wohnraummodernisierungssicherungsgesetz v 17. 7. 1997, BGBl 1997 I 1823; E: BT-Drucks 13/2022 (Nutzerschutzgesetz), Beschlußempfehlung und Bericht des Rechtsausschusses BT-Drucks 13/7257, Vermittlungsausschuß BT-Drucks 13/7957.

Schrifttum

Böhringer, Ausschluß von Eigentümerrechten in den neuen Bundesländern, BWNotZ 1998, 73
Czub, Restitution, Aufhebbarkeit und Nichtigkeit von Enteignungen in der DDR sowie zivilrechtliche Ansprüche auf Herausgabe und Grundbuchberichtigung, VIZ 1997, 561
Geisler, Restitution nach der Wiedervereinigung, Vom Unrecht zur Ungerechtigkeit? (2000)
Grün, Der Bund als williger Vollstrecker der DDR?, ZIP 1996, 1860
dies, Der Bund als williger Vollstrecker der DDR (II), ZIP 1997, 491
dies, Keine Verfügungsbefugnis des „öffentlichen" Nichtberechtigten zu Lasten des privaten Berechtigten. ZIP 1998, 321
Hermann, Verhältnis des VermG zu zivilrechtlichen Ansprüchen, OV spezial 2000, 350
Horst, Nutzerschutz-Bestandsgarantie oder verfassungswidrige Überzeichnung, Betrachtungen zum neuen Wohnraummodernisierungssicherungsgesetz, DtZ 1997, 183
Lehmann, Verwerfungen und Widersprüche im Vermögensrecht, ZOV 1997, 375
Schmidt-Räntsch, Die Heilung zivilrechtlicher Mängel beim Erwerb zu DDR-Zeiten, ZIP 1996, 1858
ders, Investitionsvorrang und Eigentumsrecht nach dem Wohnraummodernisierungssicherungsgesetz, VIZ 1997, 449
Schnabel, Fallgruppen nichtiger Modrow-Kaufverträge trotz der Heilungsbestimmungen im Wohnraummodernisierungssicherungsgesetz, VIZ 1998, 113
ders, Rückabwicklung nichtiger erfolgter Enteignungen nach dem 18. Oktober 1989, ZOV 2000, 371
Stavorinus, Die EGBGB-Heilungsvorschriften des WoModSiG – Teil 2, NotBZ 1998, 6
Twardawsky/Edler, Das Wohnraummodernisierungssicherungsgesetz, NJ 1997, 570
Wassermann, Ein Gesetzentwurf, der dem Recht und der Gerechtigkeit Hohn spricht, DWW 1997, 39
Wittmer, Die Entwicklung des Rechts zu Fragen der „Modrow-Käufe" (Teil 2), OV spezial 2000, 330.

Systematische Übersicht

Alphabetische Übersicht

I. Normzweck, Gesetzgebungsgeschichte

1. Mängel der DDR-Rechtsanwendung, Nutzerschutz

a) Die Bestimmung bedeutet, je nach dem eingenommenen rechtspolitischen Standpunkt, die Vollendung der Lösung der sich aus Unzuträglichkeiten der Rechtsanwendung in der DDR ergebenden Problemlage (insbesondere Schmidt-Räntsch ZIP **1**

1996, 1858 ff; ders VIZ 1997, 449 ff, der wohl als *spiritus rector* der Lösung bezeichnet werden darf; auch Czub VIZ 1997, 561, 569: Kompromißlösung), das Abgleiten des Rechtsstaats auf das Niveau des Vollstreckungsgehilfen der DDR (dezidiert Grün VIZ 1996, 1860; dies ZIP 1997, 491; Wassermann DWW 1997, 39) oder noch immer zu wenig an Nutzerschutz (vgl die Änderungsanträge von SPD: BT-Drucks 13/7289, Bündnis 90/Die Grünen: BT-Drucks 13/7290 und PDS: BT-Drucks 13/7291).

2 b) Bekanntlich war bei Fassung der **Art 230 ff durch den EV** davon ausgegangen worden, daß das geschriebene Recht in der DDR auch angewendet wurde, so daß Vertrauensschutz durch das übliche Instrumentarium intertemporaler Kollisionsregeln zu gewährleisten sei. Neben den in Art 233 §§ 2a, 2b und 2c abgehandelten Unzuträglichkeiten des Grundbuchverkehrs waren aber alsbald vor allem systematische Unkorrektheiten der DDR-Praxis im Zusammenhang mit der **Überführung in Volkseigentum**, aus Anlaß von Enteignungen, aber auch von Verkäufen durch Ausreisewillige oder durch staatliche Verwalter von Vermögen Geflüchteter oder in der Bundesrepublik lebender Deutscher festzustellen. Zunächst nötigte diese Verbindung von staatlicher Unkorrektheit mit staatlichem Unrechtshandeln (vgl Czub VIZ 1997, 561; Böhringer BWNotZ 1998, 73) die Rechtsprechung, das Verhältnis zwischen dem Ausgleich staatlichen Unrechts im *VermG* und schlichten **Mängeln von Rechtshandlungen** zu bestimmen (dazu Art 232 § 1 Rn 8 bis 26). Soweit diese Rechtsprechung zu dem Ergebnis gelangt, daß Mängel *nicht* durch den Vorrang der Mechanismen des Vermögensrechts überlagert werden, kam es aufgrund von Mängeln zur Nichtigkeit von Rechtsgeschäften, die Grundlage einer Überführung in Volkseigentum waren (vgl zu den Hintergründen die Kasuistik der Rechtsprechung Art 232 § 1 Rn 8 ff). Mangelbehaftete Überführung in Volkseigentum ergibt sich auch aus **Fiskalerbschaften**, die häufig anfielen, weil in der DDR – unsorgfältig oder gezielt – die vorrangigen privaten Erben unermittelt blieben (Schmidt-Räntsch ZIP 1996, 1858, 1859; Stavorinus NotBZ 1998, 6, 9). Hinzu kamen Fälle formell mangelhaft auf öffentlich-rechtlicher Basis durchgeführter **Enteignungen**, insbesondere nach dem Baulandgesetz (BVerwG VIZ 1997, 348; BGH VIZ 1995, 404; BGH VIZ 1995, 646; Stavorinus NotBZ 1998, 6, 9).

3 c) Die **Auswirkungen der Mängel** bei der Begründung von Volkseigentum berühren zwei Ebenen.

aa) Zum einen geht es um die unmittelbare Berechtigung der *Rechtsnachfolger* in das ehemals volkseigene Vermögen. Besonders betroffen sind insoweit die **Wohnungsbaugesellschaften und -genossenschaften** (Art 22 Abs 4 EV), deren Mietwohnungsbestand auf ehemals volkseigenem Grund die Herkunft aus den unterschiedlichen Quellen des Volkseigentums nicht erkennen läßt, weshalb für kein Grundstück eindeutig feststellbar war, ob zivilrechtliche Rückforderungsansprüche bestünden (Schmidt-Räntsch ZIP 1996, 1858, 1861; Stavorinus NotBZ 1998, 6, 10; hiergegen Grün ZIP 1996, 1860). In ähnlicher Weise betroffen waren auch **Treuhandunternehmen**, die nach § 1 Abs 2 S 2 ehemals volkseigene Grundstücke übertragen erhalten hatten und deren Erwerb im Fall mangelhafter Überführung in Volkseigentum mangels der Möglichkeit gutgläubigen Erwerbs ins Leere ging (Stavorinus NotBZ 1998, 6, 10).

4 bb) Zum anderen waren aufgrund der häufigen Bestellung von **Nutzungsrechten** an Volkseigentum (dazu Art 233 § 4) auch Grundstücksnutzer von Mängeln der Überführung in Volkseigentum betroffen, da nach formaler DDR-Rechtslage an privatem

Grund Nutzungsrechte des entsprechenden Typus (im einzelnen Art 232 § 3 Rn 1 ff) nicht hätten bestellt werden können. Das Moratorium des Art 233 § 2a und seine nachfolgende Überleitung in die Sachenrechtsbereinigung (dazu Art 233 § 2a Rn 150 ff) löste zwar die Probleme, die durch den ebenfalls nachlässigen Umgang der DDR-Behörden bei der Bestellung der *Nutzungsrechte* und dem ebenso großzügigen Umgang der DDR-Bürger mit dem Umfang ihrer Berechtigung („unechte Datschen" Art 233 § 2a Rn 36, 153) entstanden waren. Nicht gewährleistet schien dagegen, daß durchgreifende Mängel der Überführung in Volkseigentum nicht letztlich auf die Nutzungsrechte durchschlagen würden (vgl BT-Drucks 13/2022, 14 zur Begründung eines Art 233 § 2d im Entwurf eines Nutzerschutzgesetzes, dazu unten Rn 6).

Nur im **Vermögensrecht** war durch die Wertungen des § 4 Abs 2, 3 VermG das Verhältnis zwischen Restitutionsberechtigtem und redlichem Nutzer geklärt.

d) Da der BGH (BGHZ 132, 245; DtZ 1997, 350) eine **Ersitzung zu Volkseigentum** ausschloß, war, auch soweit das Volkseigentum im Grundbuch eingetragen war, eine abschließende Lösung dieser Fragen mit den vorhandenen zivilrechtlichen Instrumenten nicht zu erwarten. Die vorliegende Regelung schafft daher eine Heilungsbestimmung für Fehler, die aus Anlaß aller in Betracht kommenden Möglichkeiten der Überführung in Volkseigentum auftreten konnten. Unheilbar bleiben nur Fälle, in denen eine Überführung in Volkseigentum aus Sicht der Rechtspraxis der DDR nicht möglich oder aus Sicht der Bundesrepublik schlechthin rechtsstaatswidrig war. Nicht betroffen sind Sachverhalte, die der *vermögensrechtlichen* Abwicklung unterliegen (Abs 3); denn insoweit stellte sich schon vor Inkrafttreten des § 1 die Mangelfrage nicht. **5**

2. Gesetzgebungsgeschichte

a) In einem wechselvollen und wenig transparenten Gesetzgebungsverfahren (kritisch Grün ZIP 1998, 321, 324; MünchKomm/Busche Rn 1) hat die Regelung mehrfach den Standort gewechselt. **6**

Im Bundesratsentwurf eines **NutzerschutzG** (BT-Drucks 13/2022) war die Zielrichtung einer in **Art 233 als § 2d** einzustellenden Heilungsvorschrift noch ganz auf den Schutz des redlichen Nutzers (vgl oben Rn 4) ausgerichtet. Die damit angestrebte Gleichstellung des Nutzerschutzes am Maßstab von § 4 Abs 2, 3 VermG hielt damals die Bundesregierung mit Rücksicht auf die inzwischen voranschreitende Rechtsprechung des BGH zur Unbeachtlichkeit unrechtsnaher Mängel (Art 232 § 1 Rn 22 ff) nicht für erforderlich (BT-Drucks 13/2022, 23).

b) Eine Wende in der Haltung der Bundesregierung und zugleich in der Tendenz der Bestimmung zugunsten der Sicherung von ehemaligem Volkseigentum in der Hand der Rechtsträger und Zuordnungsberechtigten zeichnete sich in einer **„Formulierungshilfe"** (VIZ 1996, Heft 10 Beilage) ab, die das BMJ dem Rechtsausschuß am 26. 7. 1996 vorlegte und die erstmals die Bezeichnung als **WohnraummodernisierungssicherungsG** (vgl zum Anlaß insoweit oben Rn 3) ins Spiel bringt. Sie enthielt den Vorschlag, als Art 231 § 10, also am Standort einer begrenzten Mangelheilung, die Heilung formeller Mängel von Eigentumsverzichten und Verwaltungsentscheidungen bei der Überführung in Volkseigentum anzuordnen, und bot als Reaktion auf die **7**

die Ersitzung zu Volkseigentum ablehnende Haltung des BGH (oben Rn 5) eine ersitzungsähnliche Lösung an (Schmidt-Räntsch ZIP 1996, 1860, 1863). Eine weitere, nicht mehr veröffentlichte „Formulierungshilfe" vom Oktober 1996, der eine schnelle Verabschiedung folgen sollte, führte zu einem Eklat in der Tagespresse (vgl Grün ZIP 1997, 491) und der Absetzung von der Tagesordnung des Bundestages am 15. 11. 1996 (Plenarprotokoll 13/138, 12320A).

8 **c)** Auf der Grundlage einer neuen „Formulierungshilfe" des BMJ vom 11. 3. 1997, welche die bereits zur ersten Formulierungshilfe publizierten Ideen des Fachreferenten verwirklichte (vgl Schmidt-Räntsch ZIP 1996, 1860, 1863 ff „III. Weitere Überlegung, 1. Umfassende Heilung") verabschiedete der **Rechtsausschuß** einen im Wortlaut bereits mit dem geltenden § 1 identischen **§ 22 VZOG**. Um der Gefahr der Heilung „unsauberer Geschäfte" beim Erwerb schöner Grundstücke auf „ungeraden Wegen" (Schmidt-Räntsch ZIP 1996, 1860, 1863) zu entgehen, wurde in Anlehnung an § 4 Abs 3 lit a HS 1 VermG (BT-Drucks 13/7257, 41) die nun in Abs 1 S 2 enthaltene Einschränkung aufgenommen.

Die damaligen Regierungsfraktionen (CDU/CSU, FDP) betonten, daß diese Heilung von „Schlampigkeiten" (BT-Drucks 13/7275, 18) unter Ausschluß von Fällen der Verletzung elementarer rechtsstaatlicher Grundsätze die rechtsstaatliche Schmerzgrenze bedeute; weitergehende Anträge zu einer (noch) pauschaleren Heilung wurden verworfen (BT-Drucks 13/7257, 18; vgl auch BT-Drucks 13/7289; 13/7290; 13/7291).

9 **d)** Die auf dieser Grundlage als § 22 VZOG einstimmig verabschiedete Bestimmung (BT-Plenarprotokoll 13/184, 16597B) wurde im **Vermittlungsausschuß** inhaltlich nicht mehr verändert. Die systematische Einordnung in Art 237 § 1 (BT-Drucks 13/7957, 3) läßt allerdings deutlicher erkennen, daß nicht eine (in allen anderen Fällen rein deklaratorische!) Vermögenszuordnung *von Volkseigentum* stattfindet, sondern eine Heilung der *Überführung in Volkseigentum* unter Ausschluß eigentlich bestehender zivilrechtlicher Ansprüche (zutreffend kritisch zum ursprünglichen Standort Horst DtZ 1997, 183). Der Nutzerschutz wird in einer gegenüber dem Entwurf eines NutzerschutzG fallgruppenorientierten Form in Abs 2 verstärkt.

II. Rechtspolitischer Hintergrund, Fragwürdige Verfassungsmäßigkeit

10 **1.** Rechtspolitische, vereinzelt auch verfassungsrechtliche Kritik erfuhr die wenig durchsichtige **Methodik der Gesetzgebung** durch als „Formulierungshilfe" eingebrachte veränderte Gesetzentwürfe (oben Rn 7, 8; dazu Grün ZIP 1997, 491; dies ZIP 1998, 321). Bedenken erweckte auch die Bezeichnung des Gesetzes als „Wohnraummodernisierungssicherungsgesetz", die man eher als Euphemismus, denn als angemessenes Etikett für eine eigentumsentziehende Norm wie § 1 ansehen darf (vgl Horst DtZ 1997, 183).

11 **2.** Berechtigte **rechtspolitische Kritik** gilt jedoch vor allem dem **Inhalt der Regelung**. Wie vom zuständigen Fachreferenten durchaus eingeräumt wurde (Schmidt-Räntsch bei Rosenberger, Tagungsbericht, VIZ 1997, 403, 405), ist die Bestimmung rechtspolitisch unter massivem politischem Druck aufgrund eines „breiten Konsenses" in den Neuen Bundesländern, die Rechte der Alteigentümer zurückzudrängen, entstanden. § 1 ist der letzte Schritt einer Politk des Nachgebens unter Verzicht auf Wiedergutmachung von SED-Unrecht, die in einer Reihe steht mit den Wertungen in § 4 Abs 2 VermG, § 8 VZOG idF durch das WoModSiG (dazu Art 233 § 2 Rn 37) und § 121 SachenRBerG (pointiert WASSERMANN DWW 1997, 39; GRÜN ZIP 1996, 1860; dies ZIP 1997, 491; dies ZIP 1998, 321). Die Regelung unterscheidet sich von der erforderlichen Klärung ungewisser Rechtsverhältnisse in Einzelfragen, wie sie Art 231 §§ 8 ff vornehmen; sie ist ein pauschaler Schlußstrich, der wohl die Mitte eines Ausgleichs nicht trifft. Als Ärgernis wirkt, daß die Bundesrepublik das Volkseigentum, also ein sozialistisches Machtinstrument, zumindest unterschwellig als schützenswertes Gut entdeckt hat und sich zwangsläufig dem Vorwurf der Nähe zu Art 10 Abs 2 der DDR-Verfassung aussetzt (GRÜN ZIP 1997, 491, 495). Und es ist im Sinn der Idee der Einheit und in Anbetracht der geleisteten Solidarität mit den Neuen Bundesländern schwer erträglich, daß sich der Druck einer Haltung durchgesetzt hat, die sich aus einer Mischung von Solidarität zur untergegangenen DDR (vgl die Zitate aus der politischen Diskussion bei WASSERMANN DWW 1997, 39 [„kein Bauernland in Junkerhand"]) und eigennütziger Sicherung der Vorteile aus rechtswidrig entzogenem Eigentum nährt.

3. Von vielen Seiten wurde gegen die Bestimmung der **Vorwurf der Verfassungswidrigkeit** erhoben. Die Bestimmung klärt nicht eine zweifelhafte Rechtslage. Sie greift jedenfalls in private Eigentümerrechte iSd **Art 14 GG** ein, indem sie Enteignungen vollendet, die seitens der DDR mißlungen waren. Da die bis zur Heilung bestehenden Grundbuchberichtigungs- und Herausgabeansprüche entzogen werden, liegt die Einordnung als *Enteignung* nahe. Und da dies erst mit Inkrafttreten der Bestimmung geschieht, also nicht der DDR, sondern der Bundesrepublik zuzurechnen ist, ist damit der Maßstab des Art 14 Abs 3 GG eröffnet (detailliert HORST DtZ 1997, 183, 187; vgl auch WASSERMANN DWW 1997, 39; GRÜN ZIP 1996, 1860; dies ZIP 1997, 491; dies ZIP 1998, 321; TROPF ua bei ROSENBERGER, Tagungsbericht, VIZ 1997, 403, 405). **12**

Selbst wenn man die Norm nur als *Inhalts- und Schrankenbestimmung* sehen will, gewichtet die Zuordnung des Eigentums von einem Privaten zu ehemaligem Volkseigentum ein bloß abstraktes Vertrauen ehemaliger DDR-Bürger in die Beständigkeit von Verstaatlichungsmaßnahmen der untergegangenen DDR höher als die konkrete individuelle Eigentumsposition.

Nachdem die Verfassungsmäßigkeit in praxi nicht mehr in Frage gestellt werden kann (sogleich Rn 13), ist eine strikte Begrenzung der Bestandsschutzregel auf die dem immer wieder betonten Zweck entsprechende Fälle zu suchen, die sich in der Rechtsprechung des BGH auch bereits abzeichnet (BGH NJW 2001, 680, 682: „Art 237 § 1 ist kein Gesetz zum Schutz des Bestands des Volkseigentums", unten Rn 15). Da bei Instrumentalisierung von Mängeln für Willkürentscheidungen ohnehin das VermG Vorrang hat (unten Rn 22 f), läßt sich die Bestimmung einigermaßen erträglich auf ein „Schlampereien-Heilungsgesetz zum Schutz von Wohnungswirtschaft und Nutzern" eingrenzen.

4. Das **BVerfG** (VIZ 1998, 507; zustimmend MünchKomm/BUSCHE Rn 21; PALANDT/BASSENGE Rn 1) hat sich, wie vorher schon der **BGH** (BGH VIZ 1998, 94; zustimmend MASKOW NJ 1998, 420; ebenso OLG Jena OLGR 1999, 6), den Verfassungsbedenken nicht angeschlossen und ordnet § 1 als *Inhalts- und Schrankenbestimmung* ein. Maßgeblich für die Einordnung sei nicht die bisherige Beziehung des Alteigentümers, sondern die künftige Verwendung. § 1 ordne das Eigentum nicht *enteignend* einem Begünstigten zu, der bis dahin zu dem betroffenen Gegenstand keine Beziehung habe, sondern dem- **13**

jenigen, der jedenfalls faktisch die Eigentümerposition bereits innegehabt hat, da die Berufung auf Fehler bei der Überführung in Volkseigentum in der DDR faktisch ausgeschlossen war.

Für diese Inhalts- und Schrankenbestimmung sieht das Gericht die erforderlichen *gewichtigen Gründe* des öffentlichen Interesses in der Herstellung von Rechtsfrieden. Die Anfechtung dieser Eigentumsübertragungen habe in den neuen Bundesländern zu zahlreichen Rechtsstreitigkeiten mit ungewissem Ausgang und damit auch zu einer Verunsicherung der Bevölkerung geführt. Gemessen hieran sei der formale Entzug der Eigentumsposition zumutbar, da die Eigentümer zu Zeiten des Bestehens der DDR davon ausgehen mußten, daß die Überführung in Volkseigentum endgültig war, also im Zeitpunkt des Beitritts keine gesicherte Rechtsposition hatten. Art 237 § 1 füge sich in das Gesamtkonzept der Regelung eigentums- und vermögensrechtlicher Fragen.

Letzteres ist ebenso richtig, wie sich die Entscheidung des BVerfG in die Rechtsprechung des Gerichts zu diesen eigentums- und vermögensrechtlichen Fragen fügt. Unbeantwortet bleibt gleichwohl die Kernfrage, ob Unrecht zu Recht werden kann, indem es so nachhaltig betrieben wird, daß seine Beseitigung weite Bevölkerungsteile irritieren muß.

14 **5.** Als zutreffend erweist sich die Begründung, mit der das BVerfG (VIZ 1998, 507, 506) einen Verstoß gegen den **allgemeinen Gleichheitssatz (Art 3 Abs 1 GG)** ablehnt. Als Vergleichgruppe kommt, dank des Fehlens von Volkseigentum in den alten Bundesländern, nur die Eigentumsübertragung zwischen Privaten in der DDR in Betracht. Insoweit bestand jedoch auch in der DDR ein weiter reichender Rechtsschutz bei Vorliegen zivilrechtlicher Mängel, so daß das im Zusammenhang mit Volkseigentum behauptete Vertrauen nicht entstehen konnte, und daher auch keine Basis für Heilungsvorschriften besteht (iE ebenso MünchKomm/Busche Rn 22).

III. Heilung der Überführung in Volkseigentum (Abs 1 S 1, Abs 3)

1. Anwendungsbereich

15 **a)** Sachlich erfaßt werden Ankauf, Enteignung oder sonstige **Überführung eines Grundstücks in Volkseigentum** (zum Begriff Art 233 § 2 Rn 33 ff). Selbständiges Gebäudeeigentum, das als Immobiliareigentum zu behandeln ist (vgl Art 231 § 5), wird ausdrücklich einbezogen. Unerheblich ist, ob das Grundstück oder Gebäude alleiniger Gegenstand der Überführung in Volkseigentum war oder als Teil einer Vermögensgesamtheit, zB eines Unternehmens, überführt wurde (Palandt/Bassenge Rn 2; MünchKomm/Busche 8; BT-Drucks 13/7275, 41).

Für die Überführung in **sonstiges sozialistisches Eigentum** (von Genossenschaften, gesellschaftlichen Vereinigungen) gilt § 1 damit nicht (BGH NJW 2001, 680, 683; Palandt/Bassenge Rn 2; MünchKomm/Busche Rn 8). Auch eine analoge Anwendung auf die Überführung in **Parteivermögen** kommt nicht in Betracht (BGH NJW 2001, 680, 683).

Auf die Überführung *aus Volkseigentum* (Palandt/Bassenge Rn 2) oder Erwerb aus Privateigentum *(persönlichem Eigentum)* in Privateigentum ist § 1 ebenfalls nicht anzuwenden. Für Wechsel des *Rechtsträgers* von Volkseigentum (zur Bedeutung Art 233 § 2 Rn 33) gilt die Bestimmung ebenfalls nicht (MünchKomm/Busche Rn 8), doch sind insoweit Mängel im *Außenverhältnis* nicht vorstellbar, weil der Rechtsträgerwechsel reines Internum im System des Volkseigentums war.

16 **b)** **Ankauf** umfaßt insbesondere Fälle des Erwerbs zu Volkseigentum aus Anlaß von genehmigten Ausreisen aus der DDR sowie von Überschuldung von Mietgrundstücken (BGH VIZ 1998, 94). Einbezogen sind aber nicht nur solche und andere Ankäufe von Privatpersonen, sondern auch Grundstücksübertragungen aus genossenschaftlichem Vermögen in Volkseigentum (BGH VIZ 1999, 99: Globalvertrag; OLG Rostock OLG-NL 1999, 221). In dieser Fallgruppe betrifft der Bestandsschutz vorwiegend zivilrechtliche Mängel (zu Beispielen im einzelnen Art 232 § 1 Rn 8 ff; Czub VIZ 1997, 561, 565 ff).

In dieser Fallgruppe steht § 1 auch in Konkurrenz zu den in Art 231 §§ 8 ff enthaltenen speziellen Heilungsbestimmungen bezüglich spezifischer rechtsgeschäftlicher Mängel. Daß nach diesen speziellen Bestimmungen eine Heilung eines bestimmten Mangels nicht erfolgt ist, steht der Anwendung von § 1 nicht entgegen (OLG Brandenburg OLGR 2000, 305, 306).

17 **c)** Ob eine **Enteignung** vorliegt, ist auf der Grundlage der Bestimmungen der DDR im Zeitpunkt des jeweiligen Vorgangs zu bestimmen. Grundlage war eine Verwaltungsentscheidung über die Inanspruchnahme ua auf der Grundlage von § 14 Abs 2 AufbauG v 6. 9. 1950 (GBl DDR 1950, 965) oder § 12 Abs 3 BaulandG v 15. 6. 1984 (GBl DDR 1984 I 201; VG Meiningen ZOV 1998, 230; zur Anwendung auf Überführungen in Volkseigentum durch Einrichtung von *Sperrgebieten*: Kössler ZOV 1998, 9, 12). Begrifflich ist eine Enteignung daher nur gegeben, wenn überhaupt eine Entscheidung vorliegt (Czub VIZ 1997, 561, 565). In dieser Fallgruppe betrifft der Bestandsschutz daher Mängel in den Rechtsgrundlagen sowie bei Erlaß und Durchführung der Entscheidung.

Auf Enteignungen auf **besatzungshoheitlicher Grundlage** ist § 1 nicht anzuwenden. Insbesondere kann aus § 1 nicht die *Unwirksamkeit* von schlichtweg rechtsstaatswidrigen Enteignungen iSd Abs 1 S 1 HS 2 hergeleitet werden (BVerwG VIZ 1998, 674). § 1 bezieht sich, wie Art 19 EV, nur auf Verwaltungsakte der DDR und läßt den Restitutionsausschluß in Art 41 (vgl BVerfGE 84, 90) unberührt (BVerwG, aaO; VG Berlin ZOV 1998, 223).

Auch fehlerhafte Veräußerungen an das **Deutsche Reich** unterfallen nicht § 1, selbst wenn nach Gründung der DDR durch deren Organe ein Grundbuchvollzug in der Annahme einer bereits wirksam erfolgten Veräußerung stattgefunden hat (OLG Brandenburg VIZ 1999, 688).

18 **d)** Mit dem Begriff der sonstigen **Überführung in Volkseigentum** lehnt sich die Bestimmung an § 1 Abs 1 Mauergrundstücksgesetz v 15. 7. 1996 (BGBl 1996 I 980; vgl BT-Drucks 13/7275) an. Diese Fallgruppe hat Auffangcharakter. Sie erfaßt die Gesamtheit der Akte, aufgrund derer in der DDR Grundstücke in Volkseigentum übernommen wurden, und setzt lediglich einen auf Übernahme in Volkseigentum gerichteten erkennbaren staatlichen Willen voraus (BT-Drucks 13/7257, 41; Czub VIZ 1997, 561,

565; MünchKomm/Busche Rn 7). Hierunter fallen auch *faktische Vorgänge*, sofern sie nicht lediglich aus Versehen, sondern mit dem erforderlichen Willen stattgefunden haben; ein Übertragungsakt ist hierzu nicht erforderlich (BGH VIZ 2001, 213; Czub VIZ 1997, 561, 566; MünchKomm/Busche Rn 7; **aA** OLG Dresden VIZ 1998, 330), auch die Ausstellung von *Rechtsträgernachweisen*, die zwar formal eine erfolgte Überführung in Volkseigentum voraussetzte, jedoch als eine solche auf Übernahme in Volkseigentum gerichtete Willensbetätigung anzusehen ist (OLG Brandenburg VIZ 2001, 386).

19 **e)** Nicht anwendbar ist § 1 hingegen auf einen unzutreffend angenommenen **Erbanfall an den DDR-Fiskus**. Wurden vorrangige private Erben aufgrund (bewußt) unzureichender Ermittlung nicht berücksichtigt und auf der Grundlage von §§ 379 Abs 3, 369 Abs 1 ZGB dem DDR-Fiskus ein Erbschein erteilt, so handelt es sich nach einer Ansicht bereits nicht um einen Fall der *Übernahme* in Volkseigentum (OLG Dresden OLG-NL 1998, 130, 131).

Nach **hM**, die einen Übertragungsakt nicht voraussetzt (soeben Rn 18), handelt es sich nicht um ein Problem des sachlichen Anwendungsbereichs von § 1, sondern um eine Frage der Bestandsschutzvoraussetzung nach Abs 1 S 1 HS 2 1. Alt (unten Rn 27). Danach ist die Anwendung von § 1 gleichwohl durch Abs 1 S 1 HS 2 1. Alt ausgeschlossen, weil die *Voraussetzungen* für eine faktische Übernahme in Volkseigentum nicht vorlagen (BGH VIZ 1998, 519, 520; OLG Dresden OLG-NL 1998, 130, 131; OLG Dresden OLG-NL 1999, 53, 54; BT-Drucks 13/7257, 41; Schmidt-Räntsch VIZ 1997, 449, 450; Stavorinus NotBZ 1998, 6, 10; vgl zu dem insoweit ebenfalls nicht anwendbaren § 8 VZOG idF des WoModSiG Art 233 § 2 Rn 37). Dieses Ergebnis kann auch nicht dadurch umgangen werden, daß man die Möglichkeit einer anderweitigen Überführung eines solchen Grundstücks in Volkseigentum unterstellt (so aber OLG Naumburg OLGR 2000, 285, 287), denn für den Fiskus der DDR als vermeintlichen *Erben* bestand kein Anlaß zu einer solchen anderweitigen Überführung.

In diesen Fällen kommt ein Übergang in Volkseigentum (nur) nach § 2 in Betracht. Damit ist die Anwendung von § 1 grundsätzlich auch in Fällen der **unvollständigen Kettenausschlagung** zugunsten der DDR, die häufig wegen Formmängeln unwirksam waren und durch Art 231 § 7 nicht geheilt sind (vgl Art 235 § 1 Rn 189 ff), ausgeschlossen (BGH VIZ 2001, 213, 214).

Etwas anderes gilt nur dann, wenn – ganz ausnahmsweise – eine materielle *erbrechtliche Berechtigung des Fiskus* der DDR vorlag (zB als Vermächtnisnehmer), also das erreichte Ergebnis Volkseigentum herstellbar war, jedoch der eingeschlagene Weg der Überführung in Volkseigentum aufgrund angenommener Fiskalerbfolge wegen existierender vorrangiger Erben sich als unzutreffend erweist (BGH VIZ 2001, 213, 214; mißverständlich zitiert bei Palandt/Bassenge Rn 2; MünchKomm/Busche Rn 7; die Ansicht des BGH unterscheidet sich von der des OLG Dresden VIZ 1998, 330 nur darin, daß das OLG Dresden auch in solchen Fällen die Anwendung des § 1 am Fehlen eines Übernahmeaktes scheitern lassen würde; keinesfalls kann der BGH dahin verstanden werden, fehlerhafte Kettenausschlagungen würden grundsätzlich als „sonstige Überführung" geheilt).

20 **f)** Die Anwendung von § 1 ist ausgeschlossen, soweit am 24. 7. 1997 eine **Einigung** der Beteiligten (BGH ZOV 1998, 265, 266) oder eine **rechtskräftige Entscheidung** (zur

Beachtlichkeit von § 1 im Revisionsrechtszug BGH VIZ 1998, 94, 95) vorliegt (**Art 225 S 2**, vgl die Kommentierung dort).

2. Abgrenzung zum Vermögensgesetz (Abs 3)

a) § 1 gilt nicht für Sachverhalte, die einen **Tatbestand des § 1 VermG** erfüllen (Abs 3). Damit wird der Anwendungsbereich des Bestandsschutzes von dem des VermG abgegrenzt. Soweit das VermG anwendbar ist, stellt es eine abschließende Sonderregelung dar, die die Beachtung sonstiger Mängel ausschließt (BT-Drucks 13/7275, 42). Das gilt jedoch nur, soweit nach dem VermG ein Restitutionstatbestand *erfüllt ist*. Soweit das VermG im konkreten Fall nicht eingreift, ist die Wirksamkeit der Überführung in Volkseigentum an Art 237 § 1 zu messen (BGH ZIP 1998, 2116, 2117). **21**

Abs 3 ist als eine **dynamische Verweisung** auf die Reichweite des VermG zu verstehen, schließt also künftige Erweiterungen des VermG ein (BGH VIZ 2000, 494; BVerwG VIZ 2001, 611, 612; zur Frage der Änderung der Rechtsprechungen unten Rn 23).

b) Für **Enteignungen** folgt daraus grundsätzlich, daß Art 237 § 1 anwendbar ist, soweit ein Sachverhalt nach einem die Enteignung regelnden DDR-Gesetz (oben Rn 17) stattgefunden hat. Wurde hingegen außerhalb des Anwendungsbereichs dieser Gesetze enteignet (BGH VIZ 1999, 542) oder wurde jedoch ein solches Gesetz im Einzelfall nur vorgeschoben und diente die Enteignung in Wirklichkeit unlauteren Machenschaften iSd § 1 Abs 3 VermG, so ist § 1 VermG anzuwenden (BGH VIZ 1995, 646) und Art 237 § 1 ist verdrängt (BGH VIZ 2000, 494; Palandt/Bassenge Rn 3). **22**

Die **Rechtswegfrage**, die in Zusammenhang mit der Konkurrenz von Vermögensrecht und zivilrechtlicher Rückforderung wegen Mängeln steht (dazu Art 232 § 1 Rn 10), wird durch § 1 nicht berührt. Der durch den Rückzug des Vermögensrechts aus den Fällen regelentsprechender Enteignungen eröffnete Zugang zum Zivilrechtsweg wird nicht dadurch verschlossen, daß Abs 1 die Überführung in Volkseigentum heilt. Dieser Bestandsschutz beschränkt sich auf die materiellrechtliche Ebene, berührt aber nicht den Rechtsweg (BGH NJW 2001, 683, 684). Das gilt insbesondere auch dann, wenn eine Enteignung nach dem 18. 10. 1989 stattgefunden hat (dazu unten Rn 23; Schnabel ZOV 2000, 371, 372) und deshalb unbeschadet sonstiger Mängel nicht dem Vorrang des § 1 VermG unterliegt (BGH ZOV 2000, 160).

c) Hinsichtlich der **Beachtlichkeit von Mängel** der Überführung in Volkseigentum im Verhältnis zum VermG ging der Gesetzgeber dabei von dem, weitgehend der Position des BVerwG angenäherten, Standpunkt des BGH aus (Art 232 § 1 Rn 8, 22 ff); um dem Ziel des Gesetzes gerecht zu werden, sind also jedenfalls alle Fälle zu erfassen, in denen nach Ansicht des BGH Mängel der Überführung in Volkseigentum Ansprüche der Alteigentümer begründen könnten. Insoweit ist auch keine Widersprüchlichkeit zu erkennen, wenn der Gesetzgeber bei der Beurteilung der Wirksamkeit einer mangelhaften Überführung in Volkseigentum sich nicht auf den Standpunkt der faktischen Wirksamkeit stellt (so aber Lehmann ZOV 1997, 375, 382; ders ZOV 1998, 108, 110). Es ist ein wesentliches Ziel der Regelung, vom Standpunkt des BGH her blickend, die daraus hergeleiteten Rechtsfolgen (unwirksame Überführung in Volkseigentum) zu heilen. **23**

Die Einschränkung der BGH-Rechtsprechung betreffend Mängel, die **nach dem 18. 10. 1989** zu einem Vorgang hinzutraten, der dem § 1 VermG unterliegt (BGH VIZ 2000, 494; teilweise anders BVerwG VIZ 2001, 611; dazu Art 232 § 1 Rn 25) führt nun aber zu einer **Lücke zwischen Art 237 § 1 Abs 1 und § 1 VermG**. Es geht um massenhaft vorgekommene Fälle manipulativer Enteignungen auf der Grundlage des BaulandG zulasten von Westeigentümern (Schnabel ZOV 2000, 371). Der BGH hält in diesen Fällen den Tatbestand des § 1 Abs 3 VermG für erfüllt, dadurch wegen Abs 3 den Art 237 § 1 für verdrängt, zugleich aber zivilrechtliche Mängel, die neben den Unrechtstatbestand treten, nach der eigenen – fortentwickelten – Rechtsprechung für beachtlich (dazu Art 232 § 1 Rn 25). Abs 3 sei auch insoweit dynamisch zu verstehen, als sich die Rechtsprechung des BGH wandle.

Dem wird entgegengehalten, der Gesetzgeber des WoModSiG habe mit § 1 eine *abschließende Regelung* angestrebt, die zwischen dem durch Abs 1 und dem durch § 4 Abs 2, 3 VermG vermittelten Bestandsschutz keine Lücke lasse (passim BVerwG VIZ 2001, 611, 612; Hermann OV spezial 2000, 350, 353). Dieser Kritik kann nicht gefolgt werden. Zum einen hat der Gesetzgeber selbst aus seiner damaligen Kenntnis der Lücken des Nutzer- und Erwerberschutzes *kein* lückenloses System geschaffen (sogleich Rn 24). Zum zweiten aber fehlt es in den vom BGH ausgenommenen Fällen an der Rechtfertigung für eine Anwendung von Abs 1: Nach dem Untergang des durch Honecker repräsentierten Systems konnte nicht mehr schutzwürdig darauf vertraut werden, daß unter Mißachtung von geltendem Recht erfolgende Überführungen in Volkseigentum Bestand haben würden. Solche Geschäfte, mit denen vor allem systemnahe DDR-Bürger in letzter Minute zum Nachteil von „Westeigentum" bereichert wurden, sind jedenfalls nicht schutzwürdiger als Geschäfte mit einem Gemeinschuldner in Kenntnis der nahen Insolvenz und mit Gläubigerbenachteiligungsabsicht. Hier Schutzwürdigkeit anzunehmen, widerspräche jedem auch nur einigermaßen ungebrochenen Rechtsverständnis.

Im übrigen stellt sich die Frage nur, wenn versäumt wurde, nach § 1 VermG vorzugehen, da Redlichkeit nach § 4 Abs 3 VermG in diesen Fällen ebenso ausscheidet.

24 d) Eine weitere Lücke zwischen Abs 1 und § 1 VermG hat der Gesetzgeber in voller Kenntnis hingenommen: In Fällen, in denen *kein* Tatbestand des § 1 VermG vorliegt, weil eine Maßnahme, auf die ggf staatliche Stellen hingewirkt hatten, rechtlich geboten war, die Veräußerung aber **fehlerbehaftet nicht in Volkseigentum** sondern an eine *Privatperson* erfolgte, kommt auch Abs 1 nicht zur Anwendung. Dies betrifft zB den Fall der Veräußerung des einem Gebäudeeigentum zugrundeliegenden persönlichen Nutzungsrechts zum Zweck der Erlangung einer Ausreisegenehmigung, denn die Veräußerung war hier wegen der Notwendigkeit der *persönlichen* Nutzung durch die Ausreise gedeckt (BVerwG VIZ 1996, 707, 708; Czub VIZ 1997, 561, 564). Eine analoge Anwendung von Abs 1 kommt nicht in Betracht, denn die Regelung dieser Fallgruppe, die im Entwurf eines NutzerschutzG (BT-Drucks 13/2022 Art 233 § 2d) angestrebt war, wurde eingehend erörtert und nicht realisiert (MünchKomm/Busche Rn 10). Insoweit greift nur § 2 ein.

3. Fehlerbehaftetheit

25 a) Die Überführung in Volkseigentum muß mit einem **Fehler** behaftet sein. Mit diesem Tatbestandsmerkmal bezieht sich Abs 1 S 1 auf die vielfältigen Fehler, die wegen des unsorgfältigen Umgangs mit der existierenden Rechtslage unterlaufen sind (vgl dazu die Rechtsprechung bei Art 232 § 1 Rn 8 ff). Erfaßt sind Mängel der Rechtsanwendung, die jedenfalls nach der formellen Rechtslage in der DDR zur Unwirksamkeit der Übernahme geführt hätten (OLG Dresden VIZ 1998, 330; MünchKomm/Busche Rn 9). Schon nach dieser Rechtslage unbeachtliche oder geheilte Mängel führen nicht zur Unwirksamkeit der Überführung in Volkseigentum und machen daher die Anwendung von § 1 nicht erforderlich (Schnabel DtZ 1997, 395). In Betracht kommen sowohl verfahrensrechtliche als auch materiellrechtliche Mängel, die nach dem jeweiligen Übertragungsvorgang in Verletzung zivil- oder verwaltungsrechtlicher Vorschriften entstanden sind. Hierzu gehören zB Mängel der Vertretung (BGH VIZ 1999, 38; BGH VIZ 1998, 94, 95), einer Auflassung (BGH VIZ 1998, 94, 95), Formfehler bei Rechtsgeschäften (BGH VIZ 1999, 99, 100; OLG Rostock OLG-NL 1999, 221), Formfehler bei Enteignungen (LG Dresden DtZ 1997, 393, 394 sofern sie nicht über Abs 3 zum Vorrang des VermG führen: Palandt/Bassenge Rn 4) oder Verfahrensfehler (VG Meiningen ZOV 1998, 230, 231) bei einer Enteignungsentscheidung.

b) Nicht mit einem solchen, jedenfalls formell zur Nichtigkeit führenden Fehler behaftete Überführungen in Volkseigentum können außerhalb des Anwendungsbereichs des § 1 VermG (oben Rn 21 ff) allenfalls nach § 1 VwReHaG angegriffen werden, sofern sie durch DDR-Verwaltungsakt erfolgt sind (unten Rn 32). **26**

4. Keine Grundlage für die Überführung in der DDR-Rechtspraxis (Abs 1 S 1 HS 2 1. Alt)

a) Von dem vorliegenden Fehler (oben Rn 25) abgesehen, muß jedoch die Überführung in Volkseigentum den **allgemeinen Rechtsvorschriften, Verfahrensgrundsätzen und der ordnungsgemäßen Verwaltungspraxis** entsprochen haben, um Bestandsschutz zu genießen. Dieses in Abs 1 S 1 HS 2 1. Alt als negative Bestandsschutzvoraussetzung formulierte Erfordernis bringt das zentrale Anliegen der Bestimmung zum Ausdruck: Es soll die Frage der Wirksamkeit nicht allein nach dem geschriebenen Recht der DDR beantwortet werden, sondern nach dem „gelebten Recht" (BT-Drucks 13/7257, 41). Die Wendung nimmt ausdrücklich Bezug auf Art 4 Abs 3 lit a HS 1 VermG. Dort legt das BVerwG die Formel dahingehend aus, daß das Verwaltungshandeln dem nicht mehr entspricht, wenn es bei objektiver Betrachtung die Absicht erkennen läßt, den Erwerbsvorgang gezielt zu beeinflussen (BVerwG VIZ 1995, 288; BVerwG VIZ 1995, 292; BVerwG VIZ 1995, 352; vgl Palandt/Bassenge Rn 4). Trotz der Wortlautgleichheit und des Verweises in Abs 1 S 1 ergibt sich jedoch ein Unterschied. Das Kriterium ist hier objektiv ausgerichtet; die Möglichkeit, dies zu erkennen, also die Unredlichkeit eines Beteiligten, ist nicht gefordert. Das verlagert die Wertung wohl auch auf seiten der Verwaltung von der *Intention* auf die *objektiven Grundlagen des Handelns.* **27**

b) Als **allgemeine Rechtsgrundsätze** sind außer förmlichen Gesetzen und Verordnungen auch allgemein veröffentlichte Anordnungen des Ministerrates oder sonstiger zentraler Organe angesprochen (MünchKomm/Busche Rn 14). Bedeutsamer ist jedoch, daß über den Begriff der **Verwaltungsgrundsätze** auch jene Bestimmungen einfließen, die in der DDR dazu dienten, die Anwendung der Rechtsvorschriften zu lenken, sei es im Sinne der Erreichung von Wirtschaftsplänen (BT-Drucks 13/7275, 41) oder sonstiger Staats- oder Parteiziele auch unter Abweichung vom geschriebenen **28**

Recht (Palandt/Bassenge Rn 4; BT-Drucks 13/7275, 42). Die Eingrenzung auf die **ordnungsgemäße Verwaltungspraxis** (eine merkwürdige Wendung angesichts der in Fällen von § 1 gerade fehlenden Ordnungsmäßigkeit) soll verdeutlichen, daß die Legalität des Verwaltungshandelns nicht an den Maßstäben des Bundesrechts zu messen ist, sondern an der in der DDR als üblich und ordnungsgemäß angesehenen Praxis (BT-Drucks 13/7257, 42). Gemeint ist der DDR-übliche Verwaltungsstandard mit all seinen Stärken (?) und Schwächen (Schmidt-Räntsch VIZ 1997, 449, 453; MünchKomm/Busche Rn 15).

29 **c)** Die damit vage eingegrenzte Frage, ob gemessen an der rechtsstaatlich fragwürdigen DDR-Rechtspraxis, alles mit rechten Dingen zugegangen ist oder nicht (so MünchKomm/Busche Rn 15), konkretisiert der BGH auf die griffige **Testfrage**, *ob das angestrebte Ergebnis nach den vorhandenen DDR-Vorschriften in der Sache erreichbar war* (BGH VIZ 1999, 38, 39; BGH VIZ 1998, 94, 95; OLG Brandenburg OLGR 2000, 305, 306; VG Meiningen ZOV 1998, 230, 231), die Überführung also *lediglich* nicht korrekt durchgeführt wurde (BGH VIZ 1999, 99, 100).

30 **d)** Prüfungsgegenstand ist dabei der **konkrete Vorgang**, also nicht eine bloß generelle Möglichkeit, irgendwie die Überführung in Volkseigentum zu erreichen (OLG Brandenburg OLGR 2000, 305, 306; OLG Brandenburg ZOV 1999, 433, 434). Im Fall **vertraglicher Überführungen** bedeutet dies, daß unbeschadet unterlaufener Fehler ein *Vertragswille*, bei Verzichten zugunsten des Volkseigentums entsprechend ein *Verzichtswille*, nachweisbar sein muß (BGH VIZ 1999, 38, 39; Schmidt-Räntsch ZfjR 1997, 581, 584). Das Handeln eines Vertreters war auch im Rechtsalltag der DDR nicht ohne Einwilligung des Vertretenen als wirksam anzusehen (BGH VIZ 1999, 38, 39).

Bei **Enteignungen** genügt es nicht, daß der Staat als solcher das Enteignungsrecht hatte; es bedarf vielmehr der Feststellung, daß das damals geltende Recht gerade für die Überführung des konkreten Grundstücks in das Volkseigentum eine tragfähige Grundlage sein konnte (OLG Brandenburg ZOV 1999, 433, 434; Czub VIZ 1997, 561, 567; BT-Drucks 13/7275, 41). Zu **Fiskalerbfällen** oben Rn 19.

5. Mit rechtsstaatlichen Grundsätzen schlechthin unvereinbare Gestaltungen (Abs 1 S 1 HS 2 2. Alt, S 2)

31 **a)** Bestandsschutz tritt auch dann nicht ein, wenn die Überführung in Volkseigentum zwar möglich, aber **mit rechtsstaatlichen Grundsätzen schlechthin unvereinbar** war. Dieses zusätzliche Ausschlußkriterium wiederholt das Prinzip aus Art 19 S 2 EV, der die Aufhebung rechtsstaatswidriger Verwaltungsentscheidungen vorbehält. Es soll dem Mißverständnis vorbeugen, die *ordnungsgemäße Verwaltungspraxis* könnte auch rechtsstaatswidrige Vorgänge decken (BT-Drucks 13/7257). Hiermit sollen andererseits ausweislich des Berichts des Rechtsausschusses keine über Art 19 S 2 EV hinausgehenden Rechtswirkungen verbunden sein; die Überprüfung sei nicht automatisch, sondern nur nach Maßgabe besonderer Gesetze eröffnet (BT-Drucks 13/7275, 42).

Zur **Definition der Unvereinbarkeit** greift Abs 2 S 2 zudem auf die Formulierung des § 1 Abs 2 VwRehaG v 23. 6. 1994 (BGBl 1994 I 1311) zurück (BT-Drucks 13/7275, 42).

b) Dieser Brückenschlag zum VwRehaG sowie die vorgenannte einschränkende Bemerkung in den Materialien werfen die Frage nach dem **Verhältnis zu § 1 VwRehaG** auf. Obgleich in Abs 3 nicht genannt, wird diese Bestimmung jedenfalls nicht durch § 1 verdrängt. Ihr wurde aber auch, im Gegensatz zu § 1 VermG (oben Rn 21 ff), kein Vorrang eingeräumt, wenngleich die Anmerkung in den Materialien einen solchen Vorrang zu postulieren scheint. **32**

Eine Klärung hat der Gesetzgeber versäumt (LEHMANN ZOV 1997, 375, 382: „die Übersicht verloren"). § 1 Abs 1 VwRehaG ermöglicht unter den in Abs 1 S 2 ausdrücklich wiederholten Voraussetzungen die Aufhebung hoheitlicher Maßnahmen, unter denen § 1 Abs 1 Bestandsschutz versagt. Dennoch kommt eine Auslegung dergestalt, daß eine Berufung auf Rechtsstaatswidrigkeit nur im Verfahren nach dem VwRehaG und anderen Sondergesetzen iSd Art 19 S 2 EV möglich ist, nicht in Betracht. Die Regelungen sind keineswegs deckungsgleich (vgl aber LEHMANN aaO): In Art 237 § 1 sind Ausgangspunkt *sonstige* Mängel; die elementare Rechtsstaatswidrigkeit macht den DDR-Verwaltungsakt (lediglich) des Bestandsschutzes unwürdig. § 1 Abs 1 VwRehaG betrifft dagegen im übrigen *mangelfreie* DDR-Verwaltungsakte, die der Aufhebung bedürfen, weil sie elementar rechtsstaatswidrig sind. Es wäre verfahrensökonomisch unvertretbar, bei Zweifeln über die Rechtsstaatlichkeit einer im übrigen dem Bestandsschutz nach Abs 1 zugänglichen Überführung in Volksvermögen das Zivilverfahren auszusetzen und die Beteiligten auf das Verwaltungsverfahren nach § 13 VwRehaG zu verweisen. Die Zivilgerichte entscheiden in Anwendung von Art 237 § 1 auch über diese Frage eigenständig. Abs 1 S 2 stellt lediglich Einklang der Kriterien her, um Divergenzen zwischen der Beurteilung nach Abs 1 und der nach § 1 VwRehaG zu vermeiden (CZUB VIZ 1997, 561, 567).

Dadurch wird allerdings dem Betroffenen die Wahl eröffnet, im Verfahren nach § 1 VwRehaG die Aufhebung des DDR-Verwaltungsaktes zu betreiben oder im Zivilrechtsweg die Rückgabe zu verlangen und die Beachtlichkeit eines sonstigen Mangels unter den Voraussetzungen des Abs 1 geltend zu machen.

c) Ob ein **schwerwiegender Verstoß** iSd Abs 1 S 2 vorliegt, kann nicht nach den in der Bundesrepublik herausgebildeten differenzierten Maßgaben der Rechtsstaatlichkeit beurteilt werden, sonst müßten nahezu sämtliche Entscheidungen von DDR-Behörden aufgehoben werden (LG Dresden DtZ 1997, 393, 394). Entscheidend ist, ob der Rechtsverstoß derart gravierend ist, daß der Bürger den Einfluß des Rechts auf sein individuelles Verhalten nicht mehr voraussehen konnte und er aufgrund der Handhabung des Rechts außerstande war, seine Lebensverhältnisse auf die ihm bekannte Rechtsordnung einzurichten. Die Rechtsverletzung muß ein unerträgliches Maß erreicht haben (LG Dresden DtZ 1997, 393, 394; MünchKomm/BUSCHE Rn 16). **33**

Da in Abs 1 S 2 ein unbestimmter Rechtsbegriff letztlich wieder mit unbestimmten Rechtsbegriffen definiert ist, kann der Verstoß nur **fallweise** bestimmt werden (CZUB VIZ 1997, 561, 567). Der Verstoß kann sich entweder auf die in Anspruch genommene Regelung insgesamt oder auf die Rechtsanwendung im Einzelfall stützen. So sind der Verkauf von Grundstücken an den Staat (OLG Rostock OLG-NL 1999, 221, 222) oder das AufbauG oder das BaulandG (LG Dresden DtZ 1997, 393, 394; VG Meiningen ZOV 1998, 230) zwar nicht als solches mit rechtsstaatlichen Grundsätzen unvereinbar (LG Dresden DtZ 1997, 393, 394), wurden aber in Einzelfällen rechtsstaatswidrig instrumentalisiert (vgl

OLG Naumburg OLGR 2000, 262, 263). Auch Willkürakte, Verwaltungsentscheidungen unter Verletzung der Menschenrechte oder mit Gesetz, Verwaltungsanweisungen und Planvorgaben unvereinbare verwaltungsrechtliche Selbstherrlichkeit fallen unter das Tatbestandsmerkmal und schließen einen Bestandsschutz aus (Czub VIZ 1997, 561, 567; Schnabel DtZ 1997, 395, 396).

34 **d)** Insbesondere bei solchen **individuellen Willkürakten**, welche die Mehrzahl der Fälle schwerwiegender Verstöße ausmachen dürften, kann jedoch die Feststellung der unerträglichen Rechtsstaatswidrigkeit zugleich zum Ausschluß der Anwendung von § 1 führen, weil damit der **Vorrang des Vermögensrechts** eröffnet ist, also Abs 3 eingreift (OLG Brandenburg OLGR 2000, 262, 263; OLG Rostock OLG-NL 1999, 221, 222; Schnabel DtZ 1997, 395, 396). Auch an dieser Stelle hat der Gesetzgeber aber allenfalls Verwirrung gestiftet, jedoch die Logik der Norm nicht verlassen (**aA** Lehmann ZOV 1997, 375). Erneut (vgl oben Rn 23) macht sich die Bestimmung konsequent den Standpunkt des BGH zu eigen, wonach es rechtsstaatswidriges und zugleich fehlerbehaftetes DDR-Verwaltungshandeln gab, bei dem Rechtsstaatswidrigkeit und Fehler keinen untrennbaren Bund eingegangen sind. In diesen Fällen greift nicht der Vorrang des VermG, aber § 1 erlaubt sich dennoch den Rückgriff auf die *nicht mangelidentische Rechtsstaatswidrigkeit*, um den Bestandsschutz zu versagen.

6. Rechtsfolge: Bestandsschutz

a) Bloße Fehlerhaftigkeit

35 **aa)** Abs 1 ordnet als Rechtsfolge bei Vorliegen bloßer Fehler ohne Ausschlußtatbestand (oben Rn 27 ff) einen „Bestandsschutz" an. Die bei Überführung in Volkseigentum eingetretenen Fehler (oben Rn 25 f) werden unbeachtlich. Inhaltlich handelt es sich um eine **Heilungsbestimmung**, die einer bisher aufgrund eines Mangels unwirksame Überführung in Volkseigentum zur Wirksamkeit verhilft (Czub VIZ 1997, 561, 563; Schnabel ZOV 1997, 384, 387; offen gelassen von BGH VIZ 1998, 94, 95), was insbesondere Ausgangspunkt der rechtspolitischen und verfassungsrechtlichen Kritik ist (Grün ZIP 1997, 491, 494; Horst DtZ 1997, 183, 184; dazu oben Rn 11 ff). Ein *Verwirkungstatbestand* für Alteigentümer (so Purps NJW 1998, 2563, 2567; MünchKomm/Busche Rn 11) kann schon deshalb in der Norm nicht gesehen werden, weil Verwirkung beim Verhalten des Rechtsinhabers ansetzt, und die Alteigentümer – auch bei den von den Umständen erzwungenen Rechtsgeschäften – keinen Anlaß gegeben haben, in die Beständigkeit des Eigentumsentzugs zu vertrauen.

36 **bb)** Die **Überführung in Volkseigentum** ist dadurch mit Inkrafttreten des Gesetzes am 24. 7. 1997 geheilt; die Unbeachtlichkeit erfaßt alle Fehler, die nach der bisherigen Rechtslage zur Unwirksamkeit geführt hätten (BT-Drucks 13/7275, 41; Czub VIZ 1997, 561, 566). Ansprüche der Alteigentümer aus §§ 894, 985, 987 ff BGB sind ausgeschlossen (VG Meiningen ZOV 1998, 230; Palandt/Bassenge Rn 5). Die Heilung wirkt zurück, so daß insbesondere auch für vor dem Inkrafttreten liegende Zeiträume keine Ansprüche aus dem EBV geltend gemacht werden können. Der rückwirkende Erwerb zu Volkseigentum gibt auch rückwirkend dem Rechtsträger die Rechtsmacht zu bereits erfolgten Verfügungen (zB Veräußerung, Umwandlung, Bestellung von Nutzungsrechten) über das Grundstück (BGH VIZ 1999, 99, 100), validiert diese also mittelbar. Beruhte ein Dritterwerb bisher nur auf Gutglaubensbestimmungen, so wird er zum Erwerb vom Berechtigten.

b) Rechtlich nicht mögliche oder rechtsstaatswidrige Überführung

37 Genießt hingegen die Überführung in Volkseigentum **keinen Bestandsschutz**, weil eine der in Abs 1 S 1 HS 2 genannten Ausnahmen vorliegt (oben Rn 27), so bestätigt § 1 umgekehrt die in der Rechtsprechung entwickelte These, daß außerhalb des Anwendungsbereichs von § 1 VermG Mängel der Überführung in Volkseigentum Ansprüchen des Alteigentümers nach §§ 985, 987 ff, 894 BGB begründen (Stavorinus NotBZ 1998, 6, 11), die im Zivilrechtsweg durchsetzbar sind (BGH NJW 2001, 680). Insoweit kommt ein Übergang in Volkseigentum nur nach Maßgabe von § 2 in Betracht.

Nicht verdrängt durch die Versagung des Bestandsschutzes nach § 1 sind jedoch zivilrechtliche Einwendungen gegen die Ansprüche des Alteigentümers, insbesondere Einwendungen aus Treu und Glauben wegen widersprüchlichen Verhaltens (BGH VIZ 1999, 38, 39).

Soweit die Überführung in Volkseigentum Grundlage für eine Nutzung durch Dritte wurde, gilt das **SachenRBerG** (Schmidt-Räntsch VIZ 1997, 449, 453) nach Maßgabe von Abs 2 (sogleich).

IV. Sonderregelungen für Nutzer bei Unwirksamkeit der Überführung (Abs 2)

1. Gleichstellung der Nutzer mit § 2 SachenRBerG (Abs 2 S 1)

a) Auswirkungen auf Nutzer

38 War die Überführung in Volkseigentum Grundlage der Bestellung eines Nutzungsrechts oder einer sonstigen Überlassung an einen Nutzer, so ist die **Rechtsstellung des Nutzers** durch eine von Abs 1 nicht geheilte Unwirksamkeit berührt. Zu dieser Situation enthält Abs 2 Erweiterungen von Nutzerrechten (BT-Drucks 13/7275, 42; MünchKomm/Busche Rn 17) in Anwendung des **SachenRBerG**.

b) Fallgruppen

39 In den Abs 1 zugrundeliegenden Fällen käme es jedoch in bestimmten **Fallgruppen** zu keinen Ansprüchen nach dem SachenRBerG. Nicht in den Geltungsbereich des SachenRBerG fiele

(1) die *Verleihung von Nutzungsrechten* an nur scheinbar volkseigenem Grund wegen Nichtigkeit der Verleihung, weil das Nutzungsrecht Tatbestandsvoraussetzung in § 1 Abs 1 lit a, c; § 5 Abs 1 Nr 2 und Nr 3 lit g SachenRBerG ist.

(2) der *Verkauf* von scheinbar volkseigenen Ein- und Zweifamilienhäusern wegen Nichtigkeit des Kaufvertrages (§ 27 ZGB), denn § 9 Abs 1 Nr 6 SachenRBerG erfordert einen wirksamen, wenn auch „steckengebliebenen" Kauf (Stavorinus NotBZ 1998, 6, 11; Czub VIZ 1997, 561, 568; BT-Drucks 13/7257, 42). Auch § 9 Abs 1 Nr 7 iVm § 121 SachenRBerG greift nicht, wenn der Kaufvertrag unwirksam ist.

(3) Nutzungen durch *Unternehmen und Wohnungsbaugesellschaften* auf scheinbar volkseigenem Grund fielen aus der Sachenrechtsbereinigung, wenn sie vor dem Inkrafttreten von § 459 ZGB erfolgten (Nachzeichnung nach § 3 Abs 2 SachenRBerG), jedoch nicht oder erst nach dem 2. Oktober 1990 bebaut wurden (Bebauungszeitraum nach § 8 SachenRBerG, Stavorinus NotBZ 1998, 6, 11).

c) Nutzungsrechte an Privatgrund (Fallgruppe 1)

40 **Abs 2 S 1** verweist auf die Ansprüche des Nutzers des Grundstücks nach Kapitel 2 iVm **§ 2 SachenRBerG**. Soweit diese Verweisung *unter den dort geregelten Voraussetzungen* (S 1 1. Alt) erfolgt, vermittelt sie den Eindruck einer bloß klarstellenden Rechtsgrundverweisung (MünchKomm/Busche Rn 17).

Tatsächlich ist aber bezweckt, Ansprüche der Nutzer *unbeschadet des fehlenden Volkseigentums* nach dem SachenRBerG zu begründen (Palandt/Bassenge Rn 6). Die Verweisung auf die Voraussetzungen des SachenRBerG gilt also nur den *weiteren Voraussetzungen*, umgeht aber den Mangel der Bestellung des Nutzungsrechts, der darauf beruht, daß das Grundstück nicht volkseigen war. Dies bedeutet für die erste Fallgruppe (oben Rn 39), daß auch an den mangels Heilung nach Abs 1 nur scheinbar volkseigenen Grundstücken den Nutzern die Ansprüche nach dem SachenRBerG unter den weiteren dort genannten Voraussetzungen zustehen (Czub VIZ 1997, 561, 568; MünchKomm/Busche Rn 17; zu den Ansprüchen nach dem SachenRBerG im einzelnen Art 233 § 2a Rn 162 ff; zu Überlassungsverträgen Art 232 § 1a Rn 39 ff; zu Nutzungsrechten Art 233 § 4 Rn 103 ff).

Nicht erfaßt werden dagegen fehlerhafte Veräußerungen des *Grundstücks* an Privatpersonen, weil insoweit § 1 nicht anwendbar ist (oben Rn 24). Nicht erfaßt sind auch (meist irrtümliche) Nutzungsrechtsverleihungen an Privatgrundstücken ohne eine – gescheiterte – Überführung in Volkseigentum (dazu Czub VIZ 1997, 561, 568).

d) Eigenheimkäufer (Fallgruppe 2, Abs 2 S 2 1. Alt)

41 Abs 2 S 2 1. Alt stellt den Kauf eines Ein- oder Zweifamilienhauses nach dem VerkaufsG (Modrow-Gesetz) der Bebauung gleich. Dadurch wird die fehlende Anwendbarkeit von § 9 Abs 1 S 1 Nr 6 SachenRBerG („steckengebliebene Käufe") umgangen.

Es werden somit allerdings unwirksame Kaufverträge über scheinbares Volkseigentum geheilt, die vor dem Hintergrund der Wertungen in Abs 1 ebenso von dem Mangel der Rechtsgrundlage oder der objektiven Rechtsstaatswidrigkeit betroffen sein müßten, wie die Überführung in Volkseigentum selbst. Dies führt aber im Ergebnis nicht zu einem *Wertungswiderspruch* (so aber MünchKomm/Busche Rn 18). Die Gewichtung des Vertrauensschutzes des Nutzers ist nicht unsystematisch. Sie geht nicht über das in § 4 Abs 2, 3 VermG bestimmte Maß hinaus, denn § 30 SachenRBerG bleibt unberührt; war der Nutzer in die Rechtsstaatswidrigkeit der Überführung in Volkseigentum verstrickt, so erlangt er auch über Abs 2 S 2 keine Ansprüche aus dem SachenRBerG.

e) Gewerbliche Nutzung (Fallgruppe 3, Abs 2 S 2 2. Alt)

42 Abs 2 S 2 2. Alt stellt die **Zuführung zur gewerblichen Nutzung** oder die **Einbeziehung in eine Unternehmenseinheit** durch den früheren Rechtsträger, einen Zuordnungsempfänger oder dessen Rechtsnachfolger der Bebauung gleich. Diese auf Wohnungsbaugenossenschaften zugeschnittene Regelung greift in Fällen, in denen es an einer *baulichen Investition* auf dem Grundstück fehlt. Die Bestimmung ist auch auf die im übrigen in Art 237 einbezogenen Gebäude anzuwenden (MünchKomm/Busche Rn 19: Redaktionsversehen).

Die Wertung entspricht der Regelung im Fall restitutionsbelasteter Unternehmensgrundstücke (**§ 5 Abs 1 lit d VermG**; Czub VIZ 1997, 561, 569; MünchKomm/Busche Rn 19). Dementsprechend ist die Regelung, wie zu § 5 Abs 1 lit d VermG, verfassungskonform auf solche Grundstücke zu beschränken, die *betriebsnotwendig* sind und deren Entzug zu einer *erheblichen Beeinträchtigung des Unternehmens* führen würde (Schnabel ZOV 1997, 384, 388; MünchKomm/Busche Rn 19).

2. Erweiterung des zeitlichen Anwendungsbereichs bei Bebauung (Abs 2 S 3)

43 Abs 2 S 3 regelt die Situation der erst **nach dem 2. 10. 1990 erfolgten Bebauung** (oben Rn 39). In Abweichung von § 8 Nr 3 SachenRBerG genügt es für die Anwendung des SachenRBerG, wenn eine bauliche Maßnahme bis zu dem Tag, an dem eine Klage auf Herausgabe des Grundstücks oder Bewilligung der Grundbuchberichtigung rechtshängig geworden ist, spätestens aber bis zum Inkrafttreten des WoModSiG am 24. 7. 1997, vorgenommen oder begonnen wurde. Dem Gesetzgeber schien insoweit das fortbestehende Vertrauen der Nutzer in die Bestandskraft ihres Erwerbs aus dem scheinbaren Volkseigentum schutzwürdig.

Die Erweiterung gilt auch für Fälle des Abs 2 S 2, also für die der Bebauung gleichgestellte Zuführung in die gewerbliche Nutzung etc (MünchKomm/Busche Rn 20). Hingegen kommt eine Anwendung auf Käufe nach Abs 2 S 1 nicht in Btracht, da das VerkaufsG mit Ablauf des 2. 10. 1990 außer Kraft getreten ist (Schnabel ZOV 1997, 384, 388; MünchKomm/Busche Rn 20).

§ 2
Ausschlußfrist

(1) Wer als Eigentümer eines Grundstücks oder Gebäudes im Grundbuch eingetragen ist, ohne daß er das Eigentum erlangt hat, erwirbt das Eigentum, wenn die Eintragung vor dem 3. Oktober 1990 erfolgt ist und sie bis zum Ablauf des 30. September 1998 nicht durch eine rechtshängige Klage des wirklichen Eigentümers oder einen beim Grundbuchamt eingereichten und durch eine Bewilligung des eingetragenen Eigentümers oder die einstweilige Verfügung eines Gerichts begründeten Antrag auf Eintragung eines Widerspruchs angegriffen worden ist. Zwischenzeitliche Verfügungen über das Grundstück bleiben unberührt. Wird der Widerspruch gelöscht, ist die rechtzeitige Erhebung der Klage erforderlich. Gegen die unverschuldete Versäumung der Frist kann Wiedereinsetzung in den vorigen Stand nach den §§ 233 bis 238 der Zivilprozeßordnung gewährt werden.

(2) Ist im Grundbuch oder im Bestandsblatt (§ 105 Abs. 1 Nr. 5 der Grundbuchverfügung) eines Grundstücks oder Gebäudes als Eigentümer Eigentum des Volkes eingetragen, ohne daß Volkseigentum entstanden ist, so erwirbt die nach den Vorschriften über die Abwicklung des Volkseigentums berechtigte juristische Person des öffentlichen oder des Privatrechts das Eigentum, wenn die Eintragung vor dem 3. Oktober 1990 erfolgt ist und sie bis zum Ablauf des 30. September 1998 nicht durch eine rechtshängige Klage des wirklichen Eigentümers oder einen beim Grundbuchamt eingereichten und durch eine Bewilligung des eingetragenen Eigentümers oder des Verfügungsbefugten (§ 8 des Vermögenszuordnungsgesetzes) oder die einstwei-

lige Verfügung eines Gerichts begründeten Antrag auf Eintragung eines Widerspruchs angegriffen worden ist. Die Klage oder der Antrag auf Erlaß einer einstweiligen Verfügung kann, wenn ein Zuordnungsbescheid noch nicht erlassen ist, auch gegen den Verfügungsbefugten gerichtet werden. Absatz 1 Satz 2 und 3 gilt entsprechend.

(3) Ein Amtswiderspruch steht einem Widerspruch nach den Absätzen 1 und 2 gleich.

(4) Die Vorschriften über die Abwicklung des Volkseigentums sowie Ansprüche nach dem Vermögensgesetz und nach Artikel 233 §§ 11 bis 16 bleiben unberührt. Ist am 24. Juli 1997 ein Verfahren nach dem Vermögensgesetz anhängig oder schweben zu diesem Zeitpunkt Verhandlungen zwischen dem Verfügungsberechtigten und einem früheren Eigentümer des Grundstücks, so treten die in den Absätzen 1 bis 3 bezeichneten Wirkungen erst nach Ablauf eines Monats nach Beendigung des Verfahrens oder dem Abbruch der Verhandlungen, frühestens jedoch am 1. Oktober 1998 ein.

(5) Die vorstehenden Absätze finden keine Anwendung, wenn die Betroffenen vor dem 24. Juli 1997 etwas Abweichendes vereinbart haben oder zwischen ihnen abweichende Urteile ergangen sind.

Materialien: eingefügt durch Art 2 Abs 1 Nr 4 Wohnraummodernisierungssicherungsgesetz v 17. 7. 1997, BGBl 1997 I 1823, E: BT-Drucks 13/2022 (Nutzerschutzgesetz), Beschlußempfehlung und Bericht des Rechtsausschusses BT-Drucks 13/7257, Vermittlungsausschuß BT-Drucks 13/7957.

Schrifttum

Schmidt/Gohrke, Art 237 § 2 EGBGB – Eine echte Ausschlußfrist?, VIZ 2000, 697

Vgl auch Schrifttum zu § 1.

Systematische Übersicht

Alphabetische Übersicht

I. Normzweck, Gesetzgebungsgeschichte, Verfassungsmäßigkeit

1. Herstellung von Rechtsfrieden bei unzutreffender Grundbuchsituation

1 **a)** § 2 ist wie § 1, mit dem die Regelung erst im Vermittlungsausschuß in Art 237 zusammengefaßt wurde, vor dem Hintergrund der **nachlässigen Rechtsanwendung** in der DDR zu verstehen. Diese Unkorrektheit erfaßte auch vielfach die **Grundbücher**, in denen einerseits Verfügungen nicht mehr eingetragen wurden, welche die Beteiligten als wirksam ansahen, andererseits Eintragungen vorgenommen wurden, für die keine rechtliche Grundlage bestand. Solche Eintragungen wären nach der allgemeinen Sachenrechtslage (§ 894 BGB) vorbehaltlich einer Buchersitzung unbefristet angreifbar (Schmidt-Räntsch VIZ 1997, 449, 453; MünchKomm/Busche Rn 1). Zugunsten von Volkseigentum kam eine Ersitzung nicht in Betracht (§ 1 Rn 5).

2 **b)** Ziel der Regelung ist es, den von unrichtigen Eintragungen Betroffenen innerhalb einer knapp bemessenen Frist zwischen dem Inkrafttreten des WoModSiG am 24. 7. 1997 und dem 30. 9. 1998 eine **letztmalige Gelegenheit** zu geben, den Mangel geltend zu machen. Nach Ablauf der Frist wird mit dem Ziel der Herstellung des Rechtsfriedens (Schmidt-Räntsch VIZ 1997, 449, 453) die materielle Eigentumslage an der Buchposition ausgerichtet, der Bucheigentümer erwirbt das Eigentum.

3 **c)** Im Gegensatz zu § 1 erfaßt § 2 **nicht nur Volkseigentum**, sondern **jede unrichtige Eigentumseintragung** in den Grundbüchern der Neuen Bundesländer. Für Volkseigentum wird dadurch jedoch über § 1 hinaus die nicht mögliche Ersitzung (BGHZ 132, 245, § 1 Rn 5) durch eine schwerwiegendere Lösung ersetzt. Unerheblich ist auch, welcher Art der Mangel ist, der zur Unrichtigkeit des Grundbuchs geführt hat, so daß eine erhebliche Breitenwirkung erzielt wird, die auch Fälle erfaßt, die bis zum Stichtag einer Heilung nicht zugänglich waren. Andererseits heilt § 2 zunächst keinen neuen Mangeltypus; vor dem Stichtag wird die Berufung auf die Unrichtigkeit der Eintragung nicht eingeschränkt.

2. Gesetzgebungsgeschichte

4 § 2 wurde aus der „weiteren Formulierungshilfe“ (§ 1 Rn 8, im einzelnen zum Gesetzgebungsgang § 1 Rn 6 ff) dem parlamentarischen Gesetzgebungsverfahren im Rechtsausschuß zugeführt. Die dort als Art 237 verabschiedete Bestimmung (BT-Drucks 13/7257, 33) war als solche bereits in der ersten verabschiedeten Version des WoModSiG enthalten und wurde nach Einfügung von § 1 in Art 237 im Vermittlungsausschuß wortgleich in § 2 eingestellt (BT-Drucks 13/7957, 3).

3. Verfassungsmäßigkeit

5 **a)** **Zweifel an der Verfassungsmäßigkeit** bestehen aus ähnlichen Erwägungen wie zu § 1 (§ 1 Rn 10 ff; ausdrücklich Horst DtZ 1997, 183, 185; vgl auch den Tagungsbericht von Rosenberger VIZ 1997, 403, 405). Den wirklichen Eigentümern wird durch die als Ausschlußfrist bezeichnete Regelung, die in Wirklichkeit einen Eigentumsübergang normiert, das Eigentum entzogen, was einen Verstoß gegen **Art 14 Abs 3 GG** nahelegt. Mit Art 135a Abs 2 GG läßt sich dies nicht rechtfertigen (so aber Schmidt-Räntsch ZIP 1996, 1858, 1863), denn Art 135a Abs 2 GG betrifft schuldrechtliche Ver-

bindlichkeiten, nicht sachenrechtliche Positionen (zutreffend HORST DtZ 1997, 183, 185; insoweit zustimmend auch MünchKomm/BUSCHE Rn 20).

Es ist jedoch davon auszugehen, daß aus Sicht des BVerfG die Bestimmung ebenfalls (vgl § 1 Rn 13) eine zulässige Inhalts- und Schrankenbestimmung iSd **Art 14 Abs 1 GG** darstellt (so auch MünchKomm/BUSCHE Rn 20). Diese Sicht verlangt dann jedoch, wie zu § 1, nach einer engen verfassungskonformen Auslegung am Maßstab des gesetzgeberischen Willens. Rechtsfrieden muß nur dort hergestellt werden, wo Vertrauenspositionen einander gegenüberstehen, aber langer Streit vermieden werden soll. Deshalb ist, um einen Extremfall zu nennen, eine durch Bestechung des Grundbuchführers oder sonst in **kollusivem Zusammenwirken** erreichte Eintragung nicht nach § 2 zu behandeln.

b) Gegen **Art 3 Abs 1 GG** verstößt die Bestimmung hingegen nicht. Zwar behandelt § 2 ohne zwingende Not die Unrichtigkeit von Grundbüchern im Beitrittsgebiet anders als in den alten Bundesländern, wo vorbehaltlich der Grundbuchersitzung der Grundbuchberichtigungsanspruch nicht abgeschnitten wird (vgl SCHNABEL ZOV 1997, 384, 390 f). Sachlich nachvollziehbare Gründe, eine solche Regelung nur im Beitrittsgebiet zu treffen, liegen jedoch angesichts der Häufung der Fälle vor (ebenso MünchKomm/BUSCHE Rn 21). Daß der Gesetzgeber in Abs 5 vor dem 24. 7. 1997 abschließend entschiedene oder geregelte Sachverhalte ausgenommen hat, begründet erst recht keine sachwidrige Ungleichbehandlung, sondern ist sogar dem Vertrauensschutz, also der Rechtsstaatlichkeit der Bestimmung geschuldet (iE ebenso MünchKomm/BUSCHE Rn 21). **6**

II. Eigentumserwerb – Kein Volkseigentum eingetragen (Abs 1)

1. Grundstück, Grundbucheintragung

a) Die Bestimmung vermittelt dem bisher als Eigentümer nicht Berechtigten aufgrund seiner unzutreffenden Eintragung im Grundbuch den Eigentumserwerb. Die Regelung gilt für **Grundstücke und Gebäude**. Abs 1 betrifft hierbei als Grundtatbestand unmittelbar die Fälle, in denen **nicht Volkseigentum** eingetragen ist, gilt also nicht nur für ehemaliges *persönliches Eigentum*, sondern auch für ehemals *sozialistisches Eigentum*, das nicht Volkseigentum war (dazu § 1 Rn 15). Bei Eintragung von Volkseigentum gilt Abs 1 mit Modifikationen nach Abs 2. **7**

Im Gegensatz zu § 1 ergibt sich die Beschränkung von Abs 1 auf Grundstücke **im Beitrittsgebiet** also nicht bereits aus dem Regelungsgegenstand (dort *Volkseigentum*), steht aber nach dem Regelungszweck und dem systematischen Zusammenhang außer Frage.

b) Abs 1 setzt eine **unrichtige Grundbucheintragung** einer Person voraus, die materiell nicht Eigentümer ist (MünchKomm/BUSCHE Rn 2). Maßgeblich ist – anders als im Fall des Abs 2 – nur die Eintragung in der 1. Abteilung. Die Beseitigung der Unrichtigkeit auf anderem Weg macht § 2 unanwendbar. Insoweit steht Abs 1 nicht in Konkurrenz zu § 1, der nur für Volkseigentum gilt. Eine pauschale Heilung fehlerhafter Eigentumsübergänge ist in den Fällen des Abs 1 (kein Volkseigentum) nicht möglich; der Eigentumserwerb kann nur aufgrund von § 2 eintreten. Andere Hei- **8**

lungsbestimmungen in Art 231 §§ 7 ff, die nicht nur Volkseigentum betreffen, gehen hingegen Abs 1 vor; ist danach eine Heilung des Eigentumserwerbs oder eines dem Eigentumserwerb kausal zugrundeliegenden Rechtsgeschäfts vor dem Stichtag 30. 9. 1998 eingetreten, so kommt Abs 1 nicht mehr zur Anwendung.

Für die Eintragung anderer **(beschränkter) dinglicher Rechte** als das Grundstücks- oder Gebäudeeigentum gilt § 2 nicht.

9 **c)** Die Grundbucheintragung des Nicht-Eigentümers muß bereits **vor dem 3. 10. 1990 erfolgt** sein. Der **30. 9. 1998** ist in Abs 1 S 1 als Frist für die den Erwerb ausschließenden Handlungen genannt und nach dem Wortlaut nicht notwendig auf die Eintragung bezogen. Gleichwohl sind Erwägungen, auch ein am 30. 9. 1998 nicht Eingetragener bzw dessen Einzelrechtsnachfolger oder ein zwischenzeitlich nicht Eingetragener könne nach Abs 1 Eigentum erwerben (Schmidt/Gohrke VIZ 2000, 697), verfehlt. Aus dem Zweck der Regelung, ein vor dem 3. 10. 1990 begründetes und seitdem nicht beseitigtes Vertrauen des Eingetragenen zu schützen, folgt, daß die Eintragung bereits am 3. 10. 1990 (BGH VIZ 2000, 674: keine analoge Anwendung auf Vorgänge nach dem 2. 10. 1990) und auch am 30. 9. 1998 noch, also kontinuierlich, bestanden haben muß (OLG Dresden VIZ 2000, 424; MünchKomm/Busche Rn 2; widersprüchlich Palandt/Bassenge Rn 2, der sich einerseits auf OLG Dresden, aaO, andererseits aber auf die Gegenansicht beruft und den Erwerb eines „am 30. 9. 1998 nicht mehr eingetragenen Veräußerer“ für möglich hält; **aA** Schmidt/Gohrke aaO 699: Bestehen der Eintragung am 3. 10. 1990 genügt; vgl auch unten Rn 27).

Die zwischenzeitliche Eintragung eines **Gesamtrechtsnachfolgers**, insbesondere aufgrund Erbfolge, steht der Anwendung jedoch nicht entgegen.

Auf das Datum der **Antragstellung** kommt es nicht an; Art 233 § 7 gilt nicht (Böhringer OV spezial 1997, 263, 366; Stavorinus NotBZ 1998, 6, 12; Palandt/Bassenge Rn 2); ein vor dem 3. 10. 1990 gestellter, aber nicht rechtzeitig vollzogener Eintragungsantrag genügt also nicht.

10 **d)** Fraglich ist die Anwendbarkeit auf Eintragungen privater Erwerber, die Grundstücke auf eine **nach dem 18. 10. 1989 erfolgte Enteignung** des Alteigentümers hin gekauft haben (zur Bedeutung § 1 Rn 23). Da der BGH (BGH VIZ 2000, 494) in diesen Fällen zutreffend einen Vorrang des Vermögensrechts weder materiellrechtlich noch zuständigkeitsrechtlich gelten läßt, § 1 aber die regelmäßig vorliegenden Mängel (Nichtanhörung der Betroffenen) der Enteignung nicht heilt (§ 1 Rn 23), fehlte Volkseigentum als zentrale Voraussetzung des VerkaufsG. Der Verkauf war nichtig, und es stellt sich die Frage, ob § 2 eingreifen kann, wenn der Erwerber bei Ablauf des 2. 10. 1990 schon im Grundbuch eingetragen war.

Der BGH hatte hierzu nicht Stellung zu nehmen, weil im entschiedenen Fall (BGH VIZ 2000, 494) die erfolgreiche Grundbuchberichtigungsklage bereits 1996 rechtshängig war. Vor dem Hintergrund dieser Aktion, durch die staatliche Stellen der DDR noch nach der Wende versuchten, möglichst viel Westeigentum zu liquidieren (BVerwG ZOV 1999, 303), wird argumentiert, die vom BGH konstatierte Unanwendbarkeit des Art 237 § 1 erstrecke sich auf das Heilungssystem des Art 237 insgesamt, erfasse also auch § 2 (Schnabel ZOV 2000, 371, 373). Dagegen spricht allerdings, daß der behauptete Zusammenhang weder *systematisch*, noch *gesetzgebungshistorisch* besteht. Weder beschränkt sich § 2 auf Fälle, die durch § 1 nicht geheilt sind, sondern erfaßt blind alle am 3. 10. 1990 bestehenden Fehleintragungen. Noch ist § 2 historisch als Fortsetzung von § 1 konzipiert, was schon daraus ersichtlich ist, daß § 2 vor der letzten Fassung im Vermittlungsausschuß allein Art 237 ausmachte, während § 1 zuvor als § 22 VZOG geplant war (dazu § 1 Rn 8 f).

Im Ergebnis erweist sich diese Ansicht dennoch als zutreffend. Abs 2 erfaßt nämlich in **verfassungskonformer Auslegung** diese Fälle nicht. Die Bestimmung dient dem Zweck, angesichts massenhafter Unrichtigkeit der Grundbücher nach einer letzten Ausschlußfrist Rechtsfrieden zu schaffen. Dies kann sich nur auf das von Ungenauigkeit und Unrecht gekennzeichnete DDR-System vor der Wende beziehen, in dem Täter und Opfer schwer zu unterscheiden sind. Die „Staatsaktion Ostbereicherung durch Westenteignung" nach dem 18. 10. 1990 fand hingegen in einem politischen Umfeld statt, in dem niemand erwarten konnte, daß die normative Kraft des Faktischen unter Umgehung der Rechtslage Bestand haben würde. Insoweit besteht der vom Gesetzgeber vorgetragene Bedarf nach Schaffung von Rechtsfrieden eindeutig nicht. Dieser Auslegung steht der Wortlaut der Bestimmung nicht entgegen. Die Materialien betonen durchgehend das Ziel, arglosen Nutzern den verdienten Rechtsfrieden zu bescheren. Die aus welchen politischen Motiven auch immer gegebene Zusage der Landesregierungen einiger neuer Bundesländer, Modrow-Verkäufe generell nicht in Frage zu stellen (dazu Schnabel VIZ 1998, 113, 118 f), mag zwar auch diese üble Fallgruppe erfassen; sie ist dem Bundesgesetzgeber jedoch nicht als sein Wille zurechenbar, zumal das BMF (in der 13. Legislaturperiode) diese politisch motivierte Begünstigung einzelner zu Lasten des Entschädigungsfonds ausdrücklich gerügt hat (eingehend hierzu Schnabel VIZ 1998, 113, 119; ders GE 1997, 973).

2. Erwerbshindernis: Klage (Abs 1 S 1 HS 2 1. Alt)

a) Der Eigentumserwerb wird gehindert durch eine bis zum Ablauf des 30. 9. 1998 **rechtshängige** Klage des wirklichen Eigentümers. **Streitgegenstand** muß das Eigentum an dem Grundstück oder Gebäude sein. Die Klage muß also *gegen* den Bucheigentümer (BGH VIZ 2001, 160, 161; Palandt/Bassenge Rn 4; MünchKomm/Busche Rn 3; **aA** Schmidt/Gohrke VIZ 2000, 697, 701, basierend auf deren abweichender Ansicht zum erforderlichen Grundbuchstand, oben Rn 9) mit dem Ziel der *Grundbuchberichtigung* (§ 894 BGB) oder der *Feststellung des Eigentums* gerichtet sein. Klagen, bei denen das Eigentum nur eine *vorgreifliche Frage* ist, zB *Herausgabeklagen* oder Klagen aus dem *EBV*, genügen nicht (Palandt/Bassenge Rn 4; MünchKomm/Busche Rn 3; Schmidt/Gohrke VIZ 2000, 697, 701), es sei denn, ein *Zwischenfeststellungsantrag* (§ 256 Abs 2 ZPO) wird *innerhalb der Frist* rechtshängig. **11**

b) Die Klage muß **bis einschließlich 30. 9. 1998 rechtshängig** iSd § 261 ZPO sein. Eine vor Inkrafttreten der Bestimmung (WoModSiG, 24. 7. 1997) erfolgte Klageerhebung genügt. Fraglich war zunächst, ob auf die Frist § 270 Abs 3 ZPO anzuwenden ist, also die alsbaldige Zustellung bei noch fristgemäßer Einreichung der Klage genügt. Der BGH hat sich zutreffend für eine Anwendung von § 270 Abs 3 ZPO ausgesprochen (BGH VIZ 2001, 160, 161; OLG Dresden VIZ 2000, 55, 56; OLG Dresden ZOV 2000, 177; noch offen gelassen von BGH VIZ 2000, 671). Auf die nicht unumstrittene Natur der Frist, die das Gesetz als Ausschlußfrist bezeichnet, kommt es nicht an (**aA** Schmidt/ **12**

Gohrke VIZ 2000, 697, 702). § 270 Abs 3 ZPO erfaßt gleichermaßen prozessuale wie materiellrechtliche Fristen; die entscheidende Rechtfertigung für die Bestimmung ist es, dem Kläger das Risiko der Fristwahrung zu nehmen, wenn die Zustellung nur von Amts wegen erfolgen kann, also die Inanspruchnahme des Gerichts die einzige Möglichkeit ist, die Frist zu wahren (BGH VIZ 2001, 160, 161). Das ist hier der Fall.

13 c) Grundsätzlich bedarf es der Klageerhebung durch den, der behauptet, **wirklicher Eigentümer** zu sein. Ob er es ist, ist Gegenstand des Rechtsstreits (Palandt/Bassenge Rn 4; im einzelnen unten Rn 14). Sind **mehrere Personen** nach Bruchteilen wirkliche Eigentümer, so muß die Klage in aller Namen erhoben werden; eine nur im Namen einzelner Berechtigter erhobene Klage wirkt fristwahrend nur für diese.

Wurde die Klage namens einer **Erbengemeinschaft** erhoben, so kann die in der Klageschrift vorgenommene *Angabe der Miterben* auch nach Ablauf der Frist geändert werden. Insoweit liegt eine zulässige Klagebeschränkung iSd § 264 Nr 2 ZPO vor, welche die Klage und die Fristwahrung zugunsten der gesamten Erbengemeinschaft in wirklicher Zusammensetzung unberührt läßt (OLG Dresden VIZ 2000, 424, 426). Für Erbengemeinschaften ist § 2038 Abs 1 S 2 HS 2 BGB anzuwenden (vgl zur Klageerhebung als Notgeschäftsführung BGHZ 94, 117).

Ist für die noch nicht ermittelten Erben ein **Nachlaßpfleger** bestellt, so kann dieser die Klage fristwahrend erheben, auch wenn die Erben bei Ablauf des 30. 9. 1998 noch nicht bekannt sind, sofern hinreichende Anhaltspunkte dafür bestehen, daß Erben vorhanden und ermittelbar sind. Zweck der Bestellung einer Nachlaßpflegschaft ist es gerade, die Rechte der noch nicht ermittelten Erben zu wahren (OLG Dresden OLG-NL 1999, 159).

14 d) Die **Wirkungen des rechtskräftigen Urteils** auf Abs 1 hängen von dessen Inhalt ab.

aa) Wird der **Klage stattgegeben**, so steht das Eigentum des Klägers *inter partes* fest. § 2 ist endgültig ausgeschlossen. War eine Klage schon vor dem 24. 7. 1997 erfolgreich, so gilt Abs 5, so daß Abs 1 im Verhältnis der Klageparteien nicht anwendbar ist. Im Verhältnis zu Dritten, die sich ggf des Eigentums berühmen, kommt Abs 1 in diesem Fall nicht zur Anwendung, weil der obsiegende Kläger im fraglichen Zeitraum nicht Bucheigentümer war.

15 bb) Wird die **Klage abgewiesen**, so hängen die Rechtsfolgen vom Zeitpunkt der Rechtskraft ab.

α) Bei **vor dem 30. 9. 1998** rechtskräftiger Abweisung ist, unabhängig vom Grund der Abweisung, am Stichtag eine Klage nicht (mehr) rechtshängig, Abs 1 greift also ein. Das gilt auch, wenn die Klage *nach dem 30. 9. 1998* zurückgenommen wird (§ 269 Abs 3 S 1 ZPO; Palandt/Bassenge Rn 4; MünchKomm/Busche Rn 3).

Gleiches gilt bei Abweisung *vor dem 24. 7. 1997*. Selbst bei Abweisung als unbegründet ist die Anwendung von Abs 1 nicht nach Abs 5 ausgeschlossen, soweit das Eigentum des Bucheigentümers im Verhältnis zu *Dritten* in Frage steht.

β) Wird die Klage **nach dem 30. 9. 1998** als *unbegründet* abgewiesen, so treten die Wirkungen des Abs 1 ein, denn es war am 30. 9. 1998 zwar eine Klage, aber nicht eine des wirklichen Eigentümers (oben Rn 13) rechtshängig (MünchKomm/Busche Rn 3). Hierzu rechnet auch der Fall der Klageabweisung wegen Versäumung der Frist, weil die Fristversäumung materiellrechtliche Wirkungen hat, die Klage also als unbegründet abzuweisen ist (MünchKomm/Busche Rn 3).

Wird die Klage nach dem 30. 9. 1998 als *unzulässig* abgewiesen, so treten ebenfalls die Wirkungen des Abs 1 ein. Als fristwahrend iSd Abs 1 kann nur eine zulässig erhobene Klage angesehen werden, so daß in diesem Fall wiederum am 30. 9. 1998 eine den Erfordernissen des Abs 1 S 1 genügende Klage nicht rechtshängig war.

3. Erwerbshindernis: Antrag auf Widerspruchseintragung (Abs 1 S 1 HS 2 2. Alt)

16 **a)** Den Eigentumserwerb nach Abs 2 hindert auch ein beim Grundbuchamt eingereichter *und* durch die Bewilligung des Bucheigentümers oder die einstweilige Verfügung eines Gerichts begründeter **Antrag auf Eintragung eines Widerspruchs**. Erforderlich ist ein **Eingang des Antrags** (§ 13 GBO; vgl OLG Düsseldorf RPfleger 1997, 259) bis einschließlich 30. 9. 1998. Die *Antragsberechtigung* bestimmt sich nach § 13 Abs 1 GBO, der Antrag muß also nicht zwingend durch den wirklichen Eigentümer gestellt werden. Im Fall der einstweiligen Verfügung ist auch das sie erlassende Gericht antragsbefugt (§ 941 ZPO).

17 **b)** Erforderlich ist ein durch Bewilligung des Bucheigentümers (§ 19 GBO) oder einstweilige Verfügung (§§ 935, 940 ZPO) **begründeter Antrag**. Fraglich ist, ob eines dieser Nachweiserfordernisse ebenfalls vor dem 30. 9. 1998 vorliegen muß. Dies wird zwar unter Hinweis auf Gründe der Rechtssicherheit in den Materialien behauptet (BT-Drucks 13/7257, 33 f; Schmidt-Räntsch VIZ 1997, 449, 453; ebenso Palandt/Bassenge Rn 5; MünchKomm/Busche Rn 4), ergibt sich aber weder aus dem Wortlaut der Bestimmung, noch aus Grundbuchverfahrensrecht und ist auch im Interesse der Rechtssicherheit nicht erforderlich. Liegt kein Nachweiserfordernis vor, so hat das Grundbuchamt durch rang- *und fristwahrende* Zwischenverfügung (§ 18 GBO) den Antragsteller zur Vorlage aufzufordern. Hierdurch entsteht nicht mehr Rechtsunsicherheit als bei Behebung sonstiger Antragsmängel durch Zwischenverfügung (die Palandt/Bassenge Rn 5 ausdrücklich für zulässig erachtet). Selbst bei Vorlage eines vollständigen Antrags erfahren alle Beteiligten erst durch die Verfügung des Grundbuchamtes, ob der Antrag die Wirkungen des Abs 1 endgültig hindert.

18 **c)** Ein **Amtswiderspruch** (§ 53 GBO) steht einem bewilligten oder aufgrund einstweiliger Verfügung eingetragenen Widerspruch gleich (Abs 3). Maßgeblich ist hier die Eintragung bis einschließlich 30. 9. 1998; ein als Anregung zu wertender Antrag ist ebensowenig fristwahrend wie die Verfügung der Eintragung.

19 **d)** Wird der **Widerspruch gelöscht**, so ist die rechtzeitige Klageerhebung erforderlich (Abs 1 S 3), um den Eintritt der Rechtsfolge des Abs 1 zu hindern. Auch ein am 30. 9. 1998 *eingetragener* Widerspruch hindert bei seiner späteren Löschung also nicht den Eigentumserwerb nach Abs 1. Das gilt bei Löschung aufgrund Bewilligung des Begünstigten (§ 22 Abs 1 S 2 GBO), aufgrund Beschwerde gegen den Amtswiderspruch (Palandt/Bassenge Rn 5) und aufgrund Aufhebung der einstweiligen Verfügung (§ 25 GBO), auch, wenn in der *einstweiligen Verfügung* dem Verfügungsberechtigten auf Antrag des Antragsgegners eine Frist zur Erhebung der Klage in der Hauptsache bestimmt wurde, und der Widerspruch wegen fruchtlosem Verstreichen der gesetzten Klagefrist gelöscht wird (BT-Drucks 13/7275).

Auch wenn die Hauptsache-**Klage vor Löschung** erhoben war, die Löschung jedoch vor rechtskräftiger Entscheidung erfolgt, wird die Rechtsfolge des Abs 1 nur gehindert, wenn die Klage selbst bis einschließlich 30. 9. 1998 erhoben wurde, also das selbständige Erwerbshindernis der Klageerhebung (oben Rn 11) vorliegt. Die rechtshängige Klage ist kein Fortsetzungstatbestand zu dem – gelöschten – Widerspruch.

Da die der **Löschung zugrundeliegende Entscheidung** nie rechtskräftig über das Eigentum entscheidet (Palandt/Bassenge Rn 5; MünchKomm/Busche Rn 5), tritt mit Löschung, vorbehaltlich rechtzeitiger Klage, die Rechtsfolge des Abs 1 ein; die Wirkungen der Löschung entsprechen denen einer aufschiebenden Bedingung für den Erwerb (Palandt/Bassenge Rn 5).

4. Wiedereinsetzung (Abs 1 S 4)

20 **a)** Abs 1 S 4 ermöglicht ausdrücklich eine **Wiedereinsetzung in den vorigen Stand** nach §§ 233 bis 238 ZPO. Die Regelung ist erforderlich, weil wegen der materiellen Wirkung des Fristversäumnisses eigentlich eine Wiedereinsetzung nicht möglich wäre (MünchKomm/Busche Rn 6). Sie erfaßt nicht nur den Fall der nach Löschung des Widerspruchs erforderlich werdenden fristgemäßen Klage (Abs 1 S 3, oben Rn 19), sondern bezieht sich auf Abs 1 insgesamt, also auch auf Fälle von Anfang an versäumter Frist. Das ist nicht nur aus systematisch-teleologischen Gründen geboten (MünchKomm/Busche Rn 6; Palandt/Bassenge Rn 7), sondern auch zur **Vermeidung verfassungswidriger Ergebnisse**. Dem unverschuldet (zB in Unkenntnis einer Erbschaft) den 30. 9. 1998 versäumenden Eigentümer könnte nicht ohne Verletzung von Art 14 Abs 1 GG das Eigentum genommen werden. Hingegen wird im Fall des Abs 1 S 3 kaum Wiedereinsetzung zu gewähren sein, weil die trotz eingetragenen Widerspruchs versäumte Klageerhebung regelmäßig verschuldet ist (Palandt/Bassenge Rn 7; MünchKomm/Busche Rn 6).

21 **b)** Anwendbar sind §§ 233 bis 238 ZPO jedoch nur im **Klageverfahren**. Obgleich Abs 1 S 4 nicht ausdrücklich auf den Fall der Klage nach Abs 1 S 1 HS 2 1. Alt beschränkt ist, kommt eine Wiedereinsetzung wegen Versäumung des *Widerspruchsantrags* nicht in Betracht (Palandt/Bassenge Rn 8; MünchKomm/Busche Rn 7). Der Eigentümer, der vor dem 30. 9. 1998 nicht fristwahrend tätig geworden ist, kann also Wiedereinsetzung nur für eine Klage gegen den Bucheigentümer erlangen. Dies ist auch zur Vermeidung weiterer Rechtsunsicherheit sachgerecht, weil durch die Klage eine abschließende Klärung schneller erreicht wird (Palandt/Bassenge Rn 8).

22 **c)** Die Wiedereinsetzung setzt (neben Einhaltung der Formalien nach §§ 234 bis 238 ZPO) **unverschuldete Fristversäumnis** (§ 233 ZPO) voraus. Sie liegt jedenfalls dann vor, wenn der Eigentümer von seinem Eigentum nicht wußte, insbesondere, wenn ihm ein eingetretener, ihn begünstigender *Erbfall* nicht bekannt war. Hatte der

Eigentümer Kenntnis von Grundstück und Eigentum, genügt er im Anwendungsbereich des Abs 1 seiner Nachforschungspflicht (anders zu Abs 2: LG Halle LKV 2001, 86, 87) regelmäßig durch Einholung eines *Grundbuchauszugs*, da im Rahmen des Abs 1 Anlaß zu einer Klage nur bei Eintragung eines Nichtberechtigten in der 1. Abteilung bestehen kann. Wiedereinsetzung ist zu gewähren, wenn der Grundbuchauszug unrichtig war. Ergibt sich die Eintragung eines Dritten, so besteht eine weitergehende Nachforschungspflicht hinsichtlich der Wirksamkeit des dieser Eintragung zugrundeliegenden Erwerbs. Der Eigentümer kann nicht ohne eine solche Nachforschung Wiedereinsetzung erlangen mit dem Vortrag, er habe von Rechtsmängeln des Eigentumserwerbs des Eingetragenen erst nach dem Stichtag Kenntnis erlangt. *Rechtsirrtümer* führen nur unter den hierfür allgemein entwickelten Voraussetzungen zur Wiedereinsetzung; insbesondere besteht eine Verpflichtung zur Einholung von Rechtsrat (vgl BGH NJW 1997, 1989), zumal den Betroffenen angesichts des erheblichen Presseechos zum WoModSiG das Regelungsbestreben kaum verborgen bleiben konnte.

d) Wird **Wiedereinsetzung gewährt**, so entfällt rückwirkend die Rechtsfolge des Abs 1. Im Gegensatz zur Wiedereinsetzung bei Versäumung von Fristen, die nur die Zulässigkeit berühren, tritt eine § 142 BGB ähnliche Wirkung ein (Palandt/Bassenge Rn 7; MünchKomm/Busche Rn 8). Die Klage ist also nicht mehr deshalb unbegründet, weil die Frist versäumt wurde, so daß im übrigen in der Sache zu entscheiden ist. **23**

Wird **Wiedereinsetzung versagt**, so bleibt es bei der bereits eingetretenen Rechtsfolge des Abs 1.

5. Rechtsfolge: Eigentumserwerb

a) Die Wirkungen des Abs 1 gehen über die einer bloßen **Ausschlußfrist** hinaus. Nur die Fristregelung für die Klage bzw den Widerspruchsantrag ist Ausschlußfrist (OLG Dresden VIZ 2000, 55, 56). Die Regelung erschöpft sich aber nicht in einer Unklagbarkeit von Eigentumsansprüchen nach Ablauf der Ausschlußfrist. Nach Abs 1 S 1 erwirbt der Bucheigentümer das Eigentum *materiellrechtlich* mit Fristablauf (Palandt/Bassenge Rn 1). Insoweit handelt es sich weder um eine **Ersitzung**, weil hierfür ein dem wirklichen Eigentümer zurechenbarer Umstand fehlt (so auch Schmidt/Gohrke VIZ 2000, 697, 698), noch liegt eine **Heilung** vor, weil, anders als bei § 1, völlig unerheblich bleibt, ob und welche fehlerhaften Erwerbsvorgänge der Eintragung zugrunde liegen. Soweit nicht eine verfassungskonforme Einschränkung vorzunehmen ist (dazu oben Rn 5, 10), erfaßt § 1 auch Fehleintragungen ohne jeden, wenn auch mangelhaften, Erwerbsvorgang. Es handelt sich daher um einen **Eigentumserwerbstatbestand eigener Art** (anders Schmidt/Gohrke VIZ 2000, 697, 698) zur Sicherung des Rechtsfriedens vor dem Hintergrund der Sondersituation (zu der deshalb offensichtlichen Verfassungsproblematik oben Rn 5 f). **24**

b) Mit Ablauf des 30. 9. 1998 **erwirbt der Bucheigentümer das Eigentum** (zum Zeitpunkt der Eintragung oben Rn 9) mit Wirkung *ex nunc* (MünchKomm/Busche Rn 9), sofern keine erwerbshindernde Klage erhoben (oben Rn 11 ff) und kein erwerbshindernder Widerspruch eingetragen (oben Rn 16 ff) ist. Der Eigentumserwerb erfolgt auch zugunsten eines **Gesamtrechtsnachfolgers** des Eingetragenen, wobei unerheblich ist, wann die Gesamtrechtsnachfolge stattgefunden hat, und ob der Gesamtsrechtsnach- **25**

folger am 30. 9. 1998 bereits im Wege der Grundbuchberichtigung eingetragen war (vgl oben Rn 9).

Eine Berufung auf **Mängel des Erwerbsvorgangs**, der der vorher unrichtigen Grundbucheintragung zugrunde gelegen haben mag, ist, vorbehaltlich einer Wiedereinsetzung (oben Rn 20 ff), seit dem 1. 10. 1998 ausgeschlossen (Böhringer BWNotZ 1998, 73, 74; nur insoweit ist die Normüberschrift zutreffend).

26 **c)** Strittig ist, welche Folgerungen wegen des ex nunc eintretenden Eigentumserwerbs für **Ansprüche aus dem Eigentum** zu ziehen sind. Zweifelsfrei ist nur, daß seit dem 1. 10. 1998 Ansprüche aus §§ 894 und 985 BGB, sowie seit dem 1. 10. 1998 *entstandene* Ansprüche aus §§ 987 ff, 812 ff BGB ausgeschlossen sind (Palandt/Bassenge Rn 1).

Hingegen ist zweifelhaft, ob Abs 1 S 1 auch Ansprüche des vormaligen Eigentümers abschneidet, die **vor dem Stichtag entstanden** sind. Aus dem womöglich vorhandenen Willen mancher Gesetzesinitiatoren, dem Eigentümer ohne Äquivalent das Eigentum zu entziehen, kann ein Ausschluß solcher Ansprüche nicht gefolgert werden (so aber Schmidt/Gohrke VIZ 2000, 697, 700 f: „Schlußstrichgedanke"). § 2 heiligt zwar die normative Kraft des DDR-Faktischen, unterliegt aber nicht selbst der Auslegungsregel, wonach alles ist, was sein soll. Weder im Wortlaut der Bestimmung, noch in den Materialien findet sich ein Anhalt dafür, daß bereits entstandene Ansprüche aus §§ 987 ff, §§ 812 ff ausgeschlossen werden. Auch der Zweck der Herstellung der grundbuchrechtlichen Ordnung und Rechtsklarheit wird durch solche Ansprüche nicht berührt.

Das gilt insbesondere für Ansprüche auf **Auskehrung des Erlöses** nach § 816 Abs 1 S 1 BGB, wenn der Bucheigentümer vor dem Stichtag zugunsten eines gutgläubigen Dritten (durch Belastung mit beschränkten dinglichen Rechten) wirksam verfügt hat (zutreffend OLG Dresden 31. 1. 2000, 7 U 3261/99 unveröffentlicht; vgl auch Palandt/Bassenge Rn 1; **aA** Schmidt/Gohrke VIZ 2000, 697, 700). Für diese Auslegung spricht insbesondere auch Abs 1 S 2 (unten Rn 29).

6. Zwischenzeitliche Verfügungen (Abs 1 S 2)

27 **a)** Zwischenzeitliche **Verfügungen** über das betroffene Grundstück oder Gebäude (die Nichtnennung von Gebäuden beruht auf Redaktionsversehen bzw der selbstverständlichen Anwendbarkeit der immobiliarsachenrechtlichen Bestimmung, MünchKomm/Busche Rn 10), also solche, die vor dem 1. 10. 1998 erfolgten, **bleiben unberührt**.

28 **b)** Die Bestimmung soll wohl klarstellender Natur sein (die Materialien BT-Drucks 13/7275, 33 f schweigen dazu), hat aber **Verwirrung** gestiftet. Klarheit besteht nur insoweit, als nur *wirksame Verfügungen* gemeint sein können (MünchKomm/Busche Rn 10; Palandt/Bassenge Rn 2, widersprüchlich allerdings die Folgerung für den Fall der Eintragung bei unwirksamer Verfügung).

Dabei kann es sich mit Rücksicht auf das formelle (§ 19 GBO) bzw materielle Konsensprinzip (§ 20 GBO) nur um Verfügungen des **Bucheigentümers** handeln, weil

Verfügungen zu ihrer Wirksamkeit der Eintragung (§ 873 Abs 1 BGB) bedürfen und Verfügungen ohne Voreintragung des Betroffenen nicht eingetragen werden. Damit können nur Verfügungen durch den *Nichtberechtigten* zugunsten eines *gutgläubigen Dritten* gemeint sein (MünchKomm/Busche Rn 16). Verfügungen zugunsten bösgläubiger Dritter werden ohnehin erst mit Ablauf des 30. 9. 1998 gemäß § 185 Abs 2 S 1 BGB wirksam (so wohl Böhringer BWNotZ 1998, 73, 74).

Da aber die Verfügung erst mit Eintragung des Erwerbers ins Grundbuch wirksam wird (§ 873 Abs 1 BGB), hat Abs 1 S 2 jedenfalls für **Veräußerungen** keine Bedeutung. Ist nämlich am 30. 9. 1998 der gutgläubige Erwerber bereits eingetragen, so fehlt es schon an der Grundvoraussetzung der Buchberechtigung dessen, der nach Abs 1 S 1 das Eigentum erwerben soll (dazu oben 9).

Bezieht man Abs 1 S 2 auf **Belastungen mit beschränkten dinglichen Rechten**, so ist die Bestimmung, was die sachenrechtliche Lage angeht, ebenfalls inhaltsleer. Daß der Eigentumserwerb nach Abs 1 S 1 gutgläubig erworbene beschränkte dingliche Rechte nicht berührt, versteht sich von selbst, denn kein Eigentumserwerb berührt *eingetragene* beschränkte dingliche Rechte. Auch ein Rangverhältnis zwischen beschränkten dinglichen Rechten und dem Eigentum besteht nicht. Daß Abs 1 S 2 den Fall des gutgläubig lastenfreien Erwerbs bei fehlender Eintragung meinen könnte, ist eher unwahrscheinlich.

29 **c)** Dies führt aber nicht dazu, der Norm durch eine das Eintragungserfordernis berührende Auslegung einen weiteren sachenrechtlichen Sinn zu unterlegen, der darauf hinausläuft, Abs 1 S 1 wirke auch zugunsten des inzwischen eingetragenen **Einzelrechtsnachfolgers** (so aber Schmidt/Gohrke VIZ 2000, 697, 698, die Palandt/Bassenge Rn 2 wohl eher unbedacht zitiert). Abs 1 S 2 soll eine Verfügung *unberührt* lassen, was nur bedeuten kann, daß die Rechtsfolge des Abs 1 S 1 *nicht* eintritt (OLG Dresden ZOV 2000, 245, 247; MünchKomm/Busche Rn 10). Daß dies auch ohne die Klarstellung nicht geschehen würde, haben Klarstellungen durchaus an sich.

Näher liegt die Annahme, daß der Rechtsausschuß in der besonderen Unübersichtlichkeit des zugrundeliegenden Verfahrens Überlegungen zur Erforderlichkeit dieser Bestimmung nicht angestrengt hat, sondern sicherheitshalber das **Fehlen einer Rückwirkung** des Eigentumserwerbs auf zwischenzeitliche Verfügungen betonen wollte. Daraus folgt, daß es im Fall des zwischenzeitlichen gutgläubigen Erwerbs bei dessen Rechtsfolgen bleibt, und die Verfügung nicht im Nachhinein als aufgrund von § 185 Abs 2 S 1 BGB wirksam geworden anzusehen ist. Das aber stützt die hier vertretene Ansicht, wonach der durch eine solche Verfügung erlangte Erlös nach § 816 Abs 1 S 1 BGB auch nach dem 30. 9. 1998 auszukehren ist (oben Rn 26), denn auch dies ist eine Rechtsfolge der Verfügung eines Nichtberechtigten.

III. Eigentumserwerb bei eingetragenem Volkseigentum – Besonderheiten (Abs 2)

1. Entsprechende Geltung von Abs 1

30 Abs 2 enthält eine Abs 1 vergleichbare Regelung für Fälle, in denen **Volkseigentum** eingetragen war. Der Begriff entspricht insoweit dem in § 1 zugrunde gelegten (dazu

§ 1 Rn 15), auf den vermeintlichen Erwerbsvorgang kommt es aber im Rahmen von § 2 auch bei Volkseigentum nicht an.

Strukturell entspricht Abs 2 der Regelung in Abs 1, enthält also einen Eigentumserwerbstatbestand, der nur durch fristgemäß gesetzte Erwerbshindernisse ausgeschlossen wird. Soweit Abs 2 keine Sonderregelungen trifft, ist auf Abs 1 zurückzugreifen (LG Halle LKV 2001, 86; vgl BT-Drucks 13/7275, 34). Dies gilt kraft Verweisung aus Abs 2 S 3 für Abs 1 S 2 und 3 (Löschung des Widerspruchs oben Rn 19, zwischenzeitliche Verfügung oben Rn 27 ff).

Entsprechend anzuwenden ist aber auch Abs 1 S 4, betreffend die **Wiedereinsetzung in den vorigen Stand** (LG Halle LKV 2001, 86, 87, oben Rn 20 ff). Daß Abs 2 auf diese Bestimmung nicht verweist (dies konstatieren Palandt/Bassenge Rn 6; MünchKomm/Busche Rn 13), bedeutet nicht, daß diese Lücke gewollt ist. Die Materialien geben keinen Hinweis auf Gründe, wegen derer *Abs 1 S 4* von der Verweisung nicht erfaßt werden sollte. Da der Gesetzgeber vielmehr meinte, in Abs 2 nur einige vom Volkseigentum veranlaßte Besonderheiten ausdrücklich regeln zu müssen, muß von einem *Redaktionsversehen* ausgegangen werden. Allenfalls ist eine planwidrige Lücke anzunehmen, die zu einer *analogen Anwendung* von Abs 1 S 4 führt; dies ist schon mit Rücksicht auf eine verfassungskonforme Auslegung geboten (dazu oben Rn 20).

Die Verschulden (oben Rn 22) ausschließende **Nachforschungspflicht** des Eigentümers geht hier weiter; die Einholung eines Grundbuchauszugs genügt nicht, weil der Tatbestand des Abs 2 auch an Eintragungen im Bestandsverzeichnis anknüpft (unten Rn 31) und die Person des richtigen Beklagten davon abhängt, ob ein Zuordnungsbescheid vorliegt (LG Halle LKV 2001, 86, 87, unten Rn 33).

2. Grundbucheintragung

31 **a)** Während Abs 1 an die Grundbucheintragung eines bestimmten Buchberechtigten dessen Eigentumserwerb anknüpft, setzt Abs 2 bei der **Eintragung von Volkseigentum** an. Diese muß (vgl oben Rn 9) bereits am 3. 10. 1990 und noch am 30. 9. 1998 bestanden haben (OLG Dresden VIZ 2000, 424, 425; Palandt/Bassenge Rn 3; MünchKomm/Busche Rn 11). Auf deklaratorische Eintragungen von Volkseigentum nach dem 2. 10. 1990 ist Abs 2 weder nach seinem Wortlaut noch nach seinem Zweck anzuwenden, da solche Eintragungen nicht mehr auf den rechtsstaatlichen Defiziten der DDR beruhen (BGH VIZ 2000, 674). Ebenfalls unanwendbar ist Abs 2, wenn die Grundbucheintragung zugunsten von Volkseigentum nicht (mehr) erfolgt ist (KG ZOV 2001, 241, 242).

Abs 2 greift jedoch ein, wenn am 30. 9. 1998 bereits der **Zuordnungsberechtigte** eingetragen war (OLG Dresden VIZ 2000, 424, 426; MünchKomm/Busche Rn 11; unten Rn 34). Hingegen ist Abs 2, wie Abs 1, nicht anzuwenden, wenn der Zuordnungsberechtigte über das Grundstück vor dem 30. 9. 1998 verfügt hat (OLG Dresden VIZ 2000, 424, 426), Abs 2 wirkt nicht zugunsten des *Einzelrechtsnachfolgers.*

32 **b)** Die Eintragung kann sowohl im **Grundbuch**, als auch im **Bestandsblatt** (§ 105 Abs 1 Nr 5 GBV) erfolgt sein. Die Bestandsblätter entsprachen in der DDR funktionell dem Grundbuchblatt für das Privateigentum, sind deshalb Grundbücher im

Sinn der Grundbuchverfügung und können im vereinfachten Verfahren nach § 105 Abs 1 Nr 5 GBV umgestellt werden (BT-Drucks 13/7275, 34; MünchKomm/Busche Rn 12). Dies rechtfertigt es, auch an eine solche Eintragung die Rechtsfolgen des Abs 2 anzuknüpfen.

3. Erwerbshindernisse

33 Der Erwerb wird wie in Abs 1 durch eine fristgemäß (hierzu, insbesondere zur Anwendung von § 270 Abs 3 ZPO oben Rn 11 f) erhobene **Klage** gehindert. Die Klage ist angesichts der Besonderheiten von Volkseigentum entweder gegen die nach den Vorschriften über die Abwicklung des Volkseigentums berechtigte juristische Person (Zuordnungsberechtigter, unten Rn 34) oder gegen den Verfügungsbefugten nach § 8 VZGO zu erheben (Abs 2 S 2; Palandt/Bassenge Rn 3; MünchKomm/Busche Rn 13). Insoweit hat der Eigentümer die *Wahl*, ob er die Klage gegen den unschwer feststellbaren Verfügungsberechtigten oder den Zuordnungsberechtigten als künftigen *Inhaber der Buchposition* erhebt. Ihm soll durch die Möglichkeit, die Klage gegen den Verfügungsbefugten zu richten, lediglich das Risiko von Fehleinschätzungen bei der Beurteilung der Zuordnung abgenommen, nicht aber die Klage gegen den Zuordnungsberechtigten versagt werden (BGH VIZ 2001, 160, 161). Nimmt der Eigentümer jedoch nicht den wahren, sondern nur einen vermeintlichen Zuordnungsberechtigten in Anspruch, so ist die Klage nicht fristwahrend (BGH, aaO).

Ist ein *Zuordnungsbescheid* ergangen, so kann die Klage nur noch gegen den aus dem Zuordnungsbescheid Berechtigten erhoben werden (Abs 2 S 2), nicht mehr gegen den Verfügungsbefugten (LG Halle LKV 2001, 86, 87).

Von der Person, gegen die eine Klage zu richten wäre, muß auch ein die Rechtsfolge des Abs 2 hindernder **Widerspruch** bewilligt sein; auch ein Antrag auf Erlaß einer **einstweiligen Verfügung** zur Erlangung eines Widerspruchs richtet sich gegen diese Person.

Auch im Fall des Abs 2 hindert ein **Amtswiderspruch** (Abs 3) die Rechtsfolgen (vgl oben Rn 18, unten Rn 34 ff). Zur **Wiedereinsetzung** oben Rn 30.

4. Rechtsfolge: Eigentumserwerb

34 Die Rechtsfolge entspricht der des Abs 1 (oben Rn 5). Das Eigentum erwirbt mit Ablauf des 30. 9. 1998 der **Zuordnungsberechtigte** nach Art 21, 22 EV, §§ 1 ff KVG, §§ 1 ff VZOG, § 1 WoGenVermG oder § 11 TreuhandG (Palandt/Bassenge Rn 3; MünchKomm/Busche Rn 14).

IV. Verhältnis zum VermG und anderen Bestimmungen (Abs 4)

1. Vorrang anderer Abwicklungsvorschriften

35 § 2 berührt nicht Ansprüche über die Abwicklung des **Volkseigentums** (oben Rn 34), Ansprüche nach dem **VermG** und Ansprüche nach Art 233 §§ 11 bis 16 (**Bodenreform**). Soweit nach Abs 1 oder Abs 2 ein Eigentumserwerb stattfindet, überwindet dieser also insbesondere nicht die Vermögenszuordnung bei Volkseigentum (LG

Frankfurt/Oder ZOV 2000, 116, 117), Restitutionsansprüche und den Anspruch des besser Berechtigten aus Art 233 § 11 Abs 3 (BT-Drucks 13/7275, 34).

2. Fristhemmung durch Vermögensrecht (Abs 4 S 2)

36 **a)** Abs 4 S 2 **schützt frühere Eigentümer**, die vor dem 24. 7. 1997 (Inkrafttreten des WoModSiG) zur Wiedererlangung ihres Eigentums rechtzeitig ein vermögensrechtliches Verfahren eingeleitet haben. Wenn sich der eingeschlagene Weg als irrig erweist, weil das VermG nicht anzuwenden ist, stünde diesem Personenkreis der Weg zur Geltendmachung ihres Eigentums nach zivilrechtlichen Bestimmungen offen. Diesen Weg könnte jedoch bei zwischenzeitlichem Ablauf des 30. 9. 1998 der Eigentumserwerb nach Abs 1 oder Abs 2 abgeschnitten haben (BT-Drucks 13/7275, 34).

37 **b)** Erfaßt sind Fälle, in denen am 24. 7. 1997 ein **Verfahren nach dem VermG anhängig** war oder **Verhandlungen** zwischen dem Verfügungsberechtigten und einem früheren Eigentümer schwebten.

In diesen Fällen tritt der Eigentumserwerb nach Abs 1 oder 2 erst nach Ablauf einer **hinausgeschobenen Ausschlußfrist** ein. Selbstverständlich treten nicht nur die Wirkungen verzögert ein (Abs 4 S 2 HS 2), sondern der Eigentümer kann durch während des Laufs der hinausgeschobenen Frist erhobene Klage oder Widerspruchsantrag nach Abs 1 bzw Abs 2 den Eigentumserwerb des Bucheigentümers hindern (Palandt/Bassenge Rn 9; MünchKomm/Busche Rn 16).

38 **c)** Die Frist endet in diesen Fällen mit **Ablauf eines Monats** nach Beendigung des Verfahrens, also der Unanfechtbarkeit des Bescheids nach dem VermG oder der Rechtskraft des verwaltungsgerichtlichen Urteils (MünchKomm/Busche Rn 16). Im Fall schwebender Verhandlungen endet die Frist einen Monat nach Abbruch der Verhandlungen, der wie im Fall des § 852 BGB zu beurteilen ist (Palandt/Bassenge Rn 9; MünchKomm/Busche Rn 16). Die Frist ist Ereignisfrist (§ 187 Abs 1 BGB). Sie endet auch bei Beginn im *September 1998* nicht mit Ablauf des 30. 9. 1998, sondern mit Ablauf des entsprechenden Tages im Oktober 1998 (Palandt/Bassenge Rn 9; MünchKomm/Busche Rn 16; irrig BT-Drucks 13/7275, 34).

Die hinausgeschobene Frist führt **nie zu einer Verkürzung** der Ausschlußfrist; auch wenn die Voraussetzungen des Abs 4 S 2 vorliegen, endet die Ausschlußfrist frühestens mit Ablauf des 30. 9. 1998, so daß die Wirkungen des Abs 1 oder Abs 2 nicht vor dem 1. 10. 1998 eintreten (Abs 4 S 2 letzter HS). Abs 4 S 2 erlangt also nur Bedeutung, wenn das Verfahren nach dem VermG bzw die Verhandlungen einen Monat vor dem 30. 9. 1998 noch nicht abgeschlossen waren (OLG Naumburg OLGR 2000, 285, 286).

V. Vorrang abweichender Vereinbarung/Entscheidung (Abs 5)

39 **a)** Abs 5 enthält eine **Art 225 entsprechende Regelung**. Der systematische Bruch ist nur aufgrund der erst im Vermittlungsausschuß erfolgten redaktionellen Zusammenführung von § 1 und § 2 zu erklären. Ziel ist, wie dort, nur solche Rechtsverhältnisse einer Klärung zuzuführen, für die vor Inkrafttreten des WoModSiG am 24. 7. 1997 eine Klärung noch nicht erfolgt ist.

b) Abs 1 bis 4 gelten daher nicht, wenn zwischen den Betroffenen, also dem Alteigentümer und dem Bucheigentümer (Abs 1), dem Verfügungsberechtigten oder dem Zuordnungsberechtigten (Abs 2) eine vor dem 24. 7. 1997 **wirksame Vereinbarung** über das Eigentum geschlossen wurde. Nicht erforderlich ist, daß bereits ein dinglicher Vollzug stattgefunden hat; es genügt eine schuldrechtlich bindende Einigung. **40**

Unberührt bleiben auch vor dem 24. 7. 1997 **rechtskräftige Urteile** (dazu bereits oben Rn 15). Bei auf Grundbuchberichtigung oder auf Feststellung des Eigentums lautenden Urteilen ist ein Grundbuchvollzug vor dem 24. 7. 1990 nicht erforderlich.

Hingegen greift § 2 zwar ein, wenn am 24. 7. 1997 ein Rechtsstreit über das Eigentum – auch noch im Revisionsrechtszug – schwebt. Ist Gegenstand der durch den Eigentümer erhobenen Klage das Eigentum an dem Grundstück, so ist diese Klage jedoch ein Erwerbshindernis iSd Abs 1 S 1 bzw Abs 2 S 1 (oben Rn 11 ff).

Siebter Teil

Durchführung des Bürgerlichen Gesetzbuchs, Verordnungsermächtigungen

Artikel 238 EGBGB
Reiserechtliche Vorschriften

(1) Das Bundesministerium der Justiz wird ermächtigt, im Einvernehmen mit dem Bundesministerium für Wirtschaft und Technologie durch Rechtsverordnung ohne Zustimmung des Bundesrates,

1. soweit es zum Schutz des Verbrauchers bei Reisen erforderlich ist, Vorschriften zu erlassen, durch die sichergestellt wird,

a) dass die Beschreibungen von Reisen keine irreführenden, sondern klare und genaue Angaben enthalten und
b) dass der Reiseveranstalter dem Verbraucher die notwendigen Informationen erteilt und

2. soweit es zum Schutz des Verbrauchers vor Zahlungen oder Reisen ohne die vorgeschriebene Sicherung erforderlich ist, den Inhalt und die Gestaltung der Sicherungsscheine nach § 651k Abs. 3 und der Nachweise nach § 651k Abs. 5 des Bürgerlichen Gesetzbuchs festzulegen und zu bestimmen, wie der Reisende über das Bestehen der Absicherung informiert wird.

Zu dem in Satz 1 Nr. 1 genannten Zweck kann insbesondere bestimmt werden, welche Angaben in einem vom Veranstalter herausgegebenen Prospekt und in dem Reisevertrag enthalten sein müssen sowie welche Informationen der Reiseveranstalter dem Reisenden vor dem Vertragsabschluss und vor dem Antritt der Reise geben muss.

(2) Der Kundengeldabsicherer (§ 651k Abs. 2 des Bürgerlichen Gesetzbuchs) ist verpflichtet, die Beendigung des Kundengeldabsicherungsvertrags der zuständigen Behörde unverzüglich mitzuteilen.

Schrifttum

Fischer/Lindner, Schließt der formularmäßige Sicherungsschein die bisherigen Schutzlücken?, RRa 2002, 151
Führich, Zweite Novelle des Reisevertragsrechts zur Verbesserung der Insolvenzsicherung und der Gastschulaufenthalte, NJW 2001, 3083
ders, Reiserecht – Handbuch des Reisevertrags-, Reiseversicherungs- und Individualreiserechts (4. Aufl 2002)
Isermann, Neues beim Pauschalreiserecht, DRiZ 2002, 133
Richter, Neue BGB-InfoV und Mustersicherungsschein, RRa 2002, 205
Tonner, Die Zweite Reiserechts-Novelle, in: Deutsche Gesellschaft für Reiserecht (Hrsg), DGfR Jahrbuch 2001 (2002) 45
ders, Die Insolvenzabsicherung im Pauschalrei-

serecht und das Zweite Reiserechtsänderungsgesetz (2002)

ders/ECHTERMEYER, Der Regierungsentwurf eines zweiten Reiserechtsänderungsgesetzes, RRa 2001, 67.

I. Inhalt und Zweck

1 Die Vorschrift wurde durch das Zweite Gesetz zur Änderung reiserechtlicher Vorschriften (2. ReiseRÄndG) vom 23. 7. 2001 (BGBl 2001 I 1658) in das EGBGB eingefügt. Sie enthält in Abs 1 eine neue **Ermächtigungsgrundlage** für die Regelung reiserechtlicher Informationspflichten im Rahmen der allgemeinen BGB-Informationspflichten-Verordnung (BGB-InfoV) vom 2. 1. 2002 (BGBl 2002 I 342, neu gefasst durch Bekanntmachung der ab dem 1. 9. 2002 geltenden Fassung vom 5. 8. 2002, BGBl 2002 I 3002). Abs 2 statuiert eine **Meldepflicht** der Kundengeldabsicherer bei Beendigung des Absicherungsvertrages.

2 Abs 1 dient als Ermächtigungsgrundlage im Sinne des Art 80 Abs 1 GG für die reiserechtlichen Teile der BGB-InfoV. Abs 2 verfolgt den Zweck, den Schutz des Reisenden bei einer Insolvenz des Reiseveranstalters dadurch zu verbessern, dass der Kundengeldabsicherer verpflichtet wird, der für die Aufsicht der Reiseveranstalter zuständigen Behörde jede Beendigung des Versicherungsverhältnisses mit einem Reiseveranstalter mitzuteilen, damit die Behörde unverzüglich die erforderlichen Maßnahmen ergreifen kann (BT-Drucks 14/5944 17).

II. Verordnungsermächtigungen (Abs 1)

3 Abs 1 enthält einheitliche **neue Verordnungsermächtigungen**. Der Gesetzgeber hatte in Umsetzung der EG-Pauschalreise-Richtlinie ab dem 1. 11. 1994 in § 651a Abs 5 eine Ermächtigungsgrundlage im Sinne des Art 80 Abs 1 GG für den Erlass einer „Verordnung über Informationspflichten von Reiseveranstaltern" durch das Bundesministerium der Justiz im Einvernehmen mit dem Bundesministerium für Wirtschaft und Technologie in das Reisevertragsrecht eingefügt. Zweck dieser Ermächtigung war es, den Verbraucher vor irreführenden Angaben bei der Beschreibung von Reisen zu schützen. Der Gesetzgeber hat sich für diese Regelungstechnik, im Gesetz eine Ermächtigungsgrundlage für den Erlass einer Rechtsverordnung zu schaffen, entschieden, um die §§ 651a ff durch die Einarbeitung der in der EG-Pauschalreise-Richtlinie vorgegebenen umfangreichen Informationspflichten nicht zu überfrachten. Daneben eröffnete diese Regelungstechnik für den Verordnungsgeber die Möglichkeit, die Informationspflichten schneller an veränderte Rahmenbedingungen anzupassen (vgl STAUDINGER/ECKERT [2003] § 651a Rn 194). Auf Grund dieser Ermächtigung des § 651a Abs 5 erließ das Bundesministerium der Justiz am 14. 11. 1994 die „Verordnung über die Informationspflichten von Reiseveranstaltern (InfVO)" (BGBl 1994 I 3436).

4 Durch das 2. ReiseRÄndG wurde zum 1. 9. 2001 mit Abs 1 eine **einheitliche Ermächtigungsgrundlage** geschaffen, deren Nr 1 sich auf die bisher in der InfVO geregelten Informationspflichten des Reiseveranstalters bezieht und deren Nr 2 den Inhalt und die Gestaltung der Sicherungsscheine nach § 651k Abs 3 und der Nachweise nach § 651k Abs 5 festlegt. Die bisherige Ermächtigungsgrundlage des § 651a Abs 5 aF

wurde zum 1. 9. 2001 aus systematischen Gründen aus dem BGB herausgenommen und in Art 238 EGBGB eingestellt. § 651a Abs 3 mit dem Hinweis auf die den Reisevertrag ergänzenden Informationspflichten nach Art 238 EGBGB wurde neu in das BGB eingefügt (Führich, Reiserecht Rn 518).

1. Reiserechtliche Informationspflichten (Abs 1 Nr 1)

5 Nr 1 übernimmt die bisher in § 651a Abs 5 enthaltene Verordnungsermächtigung hinsichtlich der reiserechtlichen Informationspflichten. Diese wurde nur redaktionell verändert. Inhaltliche Änderungen sind damit nicht verbunden (BT-Drucks 14/5944 10). Mit der Schuldrechtsmodernisierung wurde die Regelungstechnik des Reisevertragsrechts verallgemeinert. Die bisherige InfVO wurde zu einem Teil der **Allgemeinen BGB-InfoV**, in der die reiserechtlichen Informationspflichten den Abschnitt 3 über die Informations- und Nachweispflichten von Reiseveranstaltern (§§ 4–8, 11 BGB-InfoV) bilden. Neu ist die durch das 2. ReiseRÄndG eingefügte Regelung des § 7 BGB-InfoV, der die Informationspflichten bei Verträgen über Gastschulaufenthalte (§ 651l) regelt (vgl dazu Staudinger/Eckert [2003] Anh zu § 651a § 7 BGB-InfoV Rn 1 ff).

2. Inhalt und Gestaltung der Sicherungsscheine und Nachweise (Abs 1 Nr 2)

6 Nr 2 enthält eine neue Verordnungsermächtigung, die das Bundesministerium der Justiz befugt, den Inhalt und die Gestaltung des Sicherungsscheins nach § 651k Abs 3 und des Nachweises ausländischer Reiseveranstalter nach § 651k Abs 5 festzulegen. Dadurch soll das Vertrauen der Reisenden in die Sicherungsscheine geschützt werden, um die Wirksamkeit des in § 651k geregelten Sicherungssystems zu stärken (BT-Drucks 14/5944 16). Dieses Sicherungssystem, nach dem der Reisende den Reisepreis nicht zahlen muss, solange ihm nicht eine ausreichende Absicherung durch Übergabe eines Sicherungsscheins nachgewiesen wird, setzt notwendig die **Transparenz des Sicherungsscheins** voraus. Hier sah der Gesetzgeber sowohl hinsichtlich des Inhalts als auch der Gestaltung des Sicherungsscheins in der reisevertraglichen Praxis Mängel. Die Sicherungsscheine enthielten häufig Texte, deren Inhalt der durchschnittliche Kunde nicht ohne Schwierigkeiten erfassen könne. Außerdem beeinträchtige der Umstand, dass sich die Sicherungsscheine von ihrer äußeren Gestaltung her stark unterschieden, ihre Handhabbarkeit für den Kunden. Aus diesen Gründen wollte der Gesetzgeber Inhalt und Gestaltung der Sicherungsscheine möglichst weitgehend vereinheitlichen, damit der Reisende die Übersicht behalten und eine unzureichende Absicherung sofort erkennen könne (BT-Drucks 14/5944 17).

7 Das Bundesjustizministerium hat von dieser Ermächtigung des Abs 1 Nr 2 durch Verordnung vom 13. 3. 2002 (BGBl 2002 I 1141) Gebrauch gemacht und die neuen §§ 9 (Muster für den Sicherungsschein mit Anlage) und 10 (Nachweis nach § 651k Abs 5) in die BGB-InfoV eingefügt. Reiseveranstalter mit Sitz im **Inland** trifft seitdem für den Sicherungsschein nach § 651k Abs 3 eine **Verwendungspflicht** hinsichtlich des in der Anlage zur BGB-InfoV bestimmten Musters, § 9 Abs 1 BGB-InfoV. Allerdings durften **bisherige Sicherungsscheinformulare** bis zum Ablauf des 31. 12. 2002 aufgebraucht werden (§ 15 BGB-InfoV). Dabei sind gem § 9 Abs 2 BGB-InfoV Abweichungen in Format und Schriftgröße möglich. Eine weitergehende Abweichung von der vorgeschriebenen Gestaltung oder vom vorgeschriebenen Inhalt führt dagegen dazu, dass der Reiseveranstalter keinen Sicherungsschein im

Sinne des § 651k Abs 3 aushändigt und damit seine Verpflichtung nach § 651k Abs 4 nicht erfüllt. Er kann damit vor Beendigung der Reise keine Zahlungen des Reisenden auf den Reisepreis verlangen (Staudinger/Eckert [2003] Anh zu § 651a § 9 BGB-InfoV Rn 5). Reiseveranstalter, die ihre Hauptniederlassung in einem anderen **EU- bzw EWR-Mitgliedsstaat** haben, müssen den Nachweis nach § 651k Abs 5 S 2 nach Maßgabe der in ihrem Sitzstaat geltenden Vorschriften führen. § 10 BGB-InfoV bestimmt insoweit, dass der Nachweis in deutscher oder einer anderen für den Verbraucher leicht verständlichen Sprache zu führen ist.

III. Mitteilungspflicht des Kundengeldabsicherers (Abs 2)

8 Abs 2 soll den Reisenden dadurch zusätzlich schützen, dass der Absicherer die zuständige Gewerbebehörde von der Beendigung des Absicherungsvertrages mit dem Reiseveranstalter informieren muss. Die Gewerbebehörde kann dann überprüfen, ob eine neue Insolvenzabsicherung für den Reiseveranstalter besteht und gegebenenfalls die notwendigen Maßnahmen einleiten. Damit soll die **gewerberechtliche Kontrolle** der Insolvenzabsicherung erleichtert werden (BT-Drucks 14/5944 11 f). Die Aufnahme dieser Vorschrift in das EGBGB ist im Schrifttum zu Recht kritisiert worden (Führich, Reiserecht Rn 462; Tonner, Insolvenzabsicherung 87), da es sich um eine **gewerberechtliche Vorschrift** handelt, die systematisch in die GewO gehört hätte. Auch ist zutreffend darauf hingewiesen worden, dass die Regelung nicht weit genug geht (Staudinger/Eckert [2003] § 651k Rn 21). Die Mitteilungspflicht des Kundengeldabsicherers hätte auch auf die Fälle erstreckt werden müssen, in denen der Absicherer den Antrag eines Reiseveranstalters auf Abschluss eines Insolvenzabsicherungsvertrages ablehnt (vgl Tonner, Insolvenzabsicherung 87 f). Die Kundengeldabsicherer haben zwischenzeitlich auf freiwilliger Grundlage im Internet eine **„weiße Liste"** aller abgesicherten Reiseveranstalter erstellt (www.fvw.de oder www.tip.de) und damit den Gesetzgeber erfolgreich davon abgehalten, ein **gewerberechtliches Register aller Reiseveranstalter** vorzuschreiben. Auch diese weiße Liste ist im Ergebnis allerdings nicht ausreichend, weil der Kunde in dieser Liste nicht alle in Deutschland tätigen Reiseveranstalter findet bzw andererseits dort nicht aufgeführte Veranstalter gleichwohl abgesichert sein können (Staudinger/Eckert [2003] § 651k Rn 14).

Artikel 239 EGBGB
Informationspflichten für Kreditinstitute

Das Bundesministerium der Justiz wird ermächtigt, durch Rechtsverordnung ohne Zustimmung des Bundesrates über § 675a Abs. 1 des Bürgerlichen Gesetzbuchs hinausgehende Angaben festzulegen, über die Unternehmen ihre Kunden zu unterrichten haben, soweit dies zur Erfüllung der Pflichten aus der Richtlinie 97/5/EG des Europäischen Parlaments und des Rates vom 27. Januar 1997 über grenzüberschreitende Überweisungen (ABl. EG Nr. L 43 S. 25) oder anderen Vorschriften des Gemeinschaftsrechts, die den Regelungsbereich des § 675a Abs. 1 des Bürgerlichen Gesetzbuchs betreffen, erforderlich ist oder wird. Hierbei kann auch die Form der Bekanntgabe der Angaben festgelegt werden.

Materialien: Eingefügt ins EGBGB durch Art 2 Nr 4 des G zur Modernisierung des Schuldrechts v 26.11. 2001, BGBl 2001 I 3138; E: BT-Drucks 14/6857 (Regierungsentwurf), BT-Drucks 14/6040 (Abgeordnetenentwurf), BT-Drucks 14/7052 (Rechtsausschuss); die Vorschrift entspricht dem früheren § 676a BGB, eingefügt ins BGB durch Art 1 des ÜberweisungsG v 21.7. 1999, BGBl 1999 I 1642; E: BT-Drucks 14/745, in Umsetzung der Richtlinie 97/5/EG des Europäischen Parlaments und des Rates v 27.1. 1997 über grenzüberschreitende Überweisungen, ABl EG Nr L 43 S 25, sowie der teilweisen Umsetzung der Art 3 und 5 der Richtlinie 98/26/EG des Europäischen Parlaments und des Rates v 19.5. 1998 über die Wirksamkeit von Abrechnungen in Zahlungs- und Wertpapierliefer- und -abrechnungssystemen, ABl EG Nr L 166 S 45.

1 Die Vorschrift des neuen Art 239 hat in das EGBGB erst zum 1.1. 2002 durch das SchuldrechtsmodernisierungsG v 26.11. 2001 (BGBl 2001 I 3138) Aufnahme gefunden, dessen Art 2 „Änderung des Einführungsgesetzes zum Bürgerlichen Gesetzbuch" in Nr 4 den neuen siebten Teil „Durchführung des Bürgerlichen Gesetzbuchs, Verordnungsermächtigungen" geschaffen hat, um die früher im BGB und in den verbraucherschutzrechtlichen Spezialgesetzen verstreuten Verordnungsermächtigungen in diesem Teil zusammenzufassen. In der Tat entspricht die in Artikel 239 erteilte Ermächtigung beinahe wörtlich (abgesehen nur von der Bezugnahme auf § 675a Abs 1 BGB) dem früheren § 675a Abs 2 BGB.

2 Die Regelung blickt auf eine zwar junge, aber bewegte Kodifikationsgeschichte zurück. Sie geht auf die Richtlinie 97/5/EG des Europäischen Parlaments und des Rates v 27.1. 1997 über grenzüberschreitende Überweisungen, die sog Überweisungsrichtlinie (ABl EG Nr L 43 S 25) zurück, in deren Art 3 bis 5 katalogartig Informationspflichten aufgelistet sind, die die Mitgliedstaaten ihren Kreditinstituten auferlegen mussten. In Umsetzung dieser Richtlinie hat der deutsche Gesetzgeber durch das ÜberweisungsG v 21.7. 1999 (BGBl 1999 I 1642) mit Wirkung vom 14.8. 1999 den neuen § 675a BGB geschaffen, der damals aus drei Abs bestand. Der damalige Abs 2 ist durch das SchuldrechtsmodernisierungsG ins EGBGB verpflanzt worden und dort zum neuen Art 239 geworden, während § 675a Abs 1 BGB unverändert geblieben und der damalige § 675a Abs 3 nunmehr zu § 675a Abs 2 BGB geworden ist.

3 Die Verordnungsermächtigung stellt die Rechtsgrundlage dafür dar, dass das Bundesjustizministerium in Ergänzung zu § 675a Abs 1 BGB weitere Informationspflichten vorschreiben kann. Zu beachten ist, dass dies schon nach dem Wortlaut der Regelungen in § 675a Abs 1 BGB und § 239 EGBGB **keineswegs nur Kreditinstitute** betrifft, sondern durchaus auch andere Unternehmen nach § 675a Abs 1 S 1 BGB einschließt, die „zur Besorgung von Geschäften öffentlich bestellt (sind) oder sich dazu öffentlich erboten (haben)", mag auch die Überschrift im neuen Art 239 (anders als die Regelung selbst) nur von „Kreditinstituten" (vgl dazu auch § 675a Abs 2 BGB nF) sprechen. Denn Art 239 verlangt nur, dass die Informationspflichten für Unternehmen und Geschäfte gem § 675a Abs 1 BGB vorgesehen werden und nach EG-Recht geboten sind. Einer Zustimmung des Bundesrats bedürfen die auf der Ermächtigungsgrundlage des Art 239 beruhenden Verordnungen nach Art 80 Abs 2 GG nicht, was auch in Art 239 S 1 selbst ausdrücklich, aber nur klarstellend erwähnt wird. Durch **Art 239 S 2** hat der Gesetzgeber zugleich die Ermächtigung ausgesprochen, die erforderliche **Form der Bekanntgabe der Angaben** festzulegen und damit die Art und Weise zu regeln, in der die Informationspflichten zu erfüllen sind.

4 Das Bundesministerium der Justiz hatte zunächst auf der Ermächtigungsgrundlage des vom 14. 8. 1999 bis zum 31. 12. 2001 geltenden § 675a Abs 2 BGB die Verordnung über Kundeninformationspflichten vom 30. 7. 1999 (BGBl 1999 I 1730) erlassen, die am 14. 8. 1999, zeitgleich mit dem neuen Überweisungsrecht, in Kraft trat. Diese Verordnung über Kundeninformationspflichten wurde sodann als selbständige Verordnung durch Art 6 Nr 1 des SchuldrechtsmodernisierungsG aufgelöst, das mit seinem Art 4 die alte Verordnung über Informationspflichten von Reiseveranstaltern vom 14. 11. 1994 (BGBl 1994 I 3436) geändert und zu einer „Verordnung über Informationspflichten nach Bürgerlichem Recht" umgestaltet hat. In deren neuem „Abschnitt 4 – Informationspflichten von Kreditinstituten" sind nunmehr in § 9 die „Kundeninformationspflichten von Kreditinstituten" geregelt und in § 10 die „betroffenen Überweisungen" genannt. Diese Vorschriften entsprechen wörtlich den früheren §§ 1 und 2 der alten Verordnung über Kundeninformationspflichten.

5 Es darf nicht unerwähnt bleiben, dass gem der Vorschrift zur „Rückkehr zum einheitlichen Verordnungsrang" in Art 7 des SchuldrechtsmodernisierungsG die auf Art 4 beruhenden Teile der dort geänderten Rechtsverordnungen aufgrund **der jeweils einschlägigen Ermächtigung durch Rechtsverordnung geändert werden können**. Mit dieser sog „Entsteinerungsklausel" sind also auch **künftige Änderungen** der Verordnung über Informationspflichten ohne weiteres möglich, solange sie sich im Rahmen der Ermächtigungsgrundlage bewegen; dies betrifft auch die Informationspflichten für Kreditinstitute.

Vorbemerkung zu Art 240 und 241 EGBGB

Schrifttum

Brisch, Informationspflichten des Unternehmers im Fernabsatzvertrag und elektronischen Geschäftsverkehr, ZAP Fach 2, 333
ders, in: Henssler/vWestphalen, Die Praxis der Schuldrechtsreform (2. Aufl 2003)
Dörner, Rechtsgeschäfte im Internet, AcP 202 (2002) 363
Mausch, Musterhafte Widerrufsbelehrung des Bundesjustizministeriums?, NJW 2002, 2931
Meub, Fernabsatz und E-Commerce nach neuem Recht, DB 2002, 359
Ranke, Einbeziehung von AGB und Erfüllung von Informationspflichten, MMR 2002, 509
Steins, Entwicklung der Informationspflichten im E-Commerce durch Rechtsprechung und Schuldrechtsreform, Zugleich Anmerkung zum Urteil des OLG München vom 25. Januar 2002 = WM 2001, 2394, WM 2002, 53.

1 Die Art 240, 241 EGBGB wurden durch Art 2 Nr 3 des Schuldrechtsmodernisierungsgesetzes (v 26. 11. 2001, BGBl I 3138) in das EGBGB mit Wirkung zum 1. 1. 2002 eingefügt. Sie enthalten **Ermächtigungen** des Bundesjustizministeriums, die unternehmerischen Informationspflichten für Fernabsatzverträge (Art 240 EGBGB) und

Verträge im elektronischen Geschäftsverkehr (Art 241 EGBGB) im Verordnungswege zu regeln. Davon ist durch die §§ 1 und 3 der Verordnung über Informations- und Nachweispflichten nach bürgerlichem Recht vom 2. 1. 2002 (BGB-InfoV, BGBl I 342), zuletzt geändert mit Wirkung zum 1. 9. 2002 durch die Zweite Änderungsverordnung vom 1. 8. 2002 (BGBl I 2958) und neu bekannt gemacht am 5. 8. 2002 (BGBl I 3002), Gebrauch gemacht worden. Die Vorschriften füllen inhaltlich die §§ 312c, 312e BGB aus, durch die die Modalitäten des Vertragsschlusses im Fernabsatz und im elektronischen Geschäftsverkehr geregelt werden. Sie dienen dem **Verbraucherschutz** und stellen sicher, dass oftmals wirtschaftlich und rechtlich unerfahrene Verbraucher, denen der Unternehmer nicht persönlich gegenübertritt und dessen Ware ihnen bis zur Ablieferung nicht zur Begutachtung und Mängeluntersuchung zur Verfügung steht, über die wesentlichen Punkte des Vertragsschlusses und Vertrages nicht im Unklaren gelassen werden.

Artikel 240 EGBGB
Informationspflichten für Fernabsatzverträge

Das Bundesministerium der Justiz wird ermächtigt, im Einvernehmen mit dem Bundesministerium für Wirtschaft und Technologie durch Rechtsverordnung ohne Zustimmung des Bundesrates unter Beachtung der vorgeschriebenen Angaben nach der Richtlinie 97/7/EG des Europäischen Parlaments und des Rates vom 20. Mai 1997 über den Verbraucherschutz bei Vertragsabschlüssen im Fernabsatz (ABl. EG Nr L 144 S. 19) festzulegen:

1. **über welche Einzelheiten des Vertrags, insbesondere zur Person des Unternehmers, zur angebotenen Leistung und zu den Allgemeinen Geschäftsbedingungen, Verbraucher vor Abschluss eines Fernabsatzvertrags zu informieren sind,**

2. **welche Informationen nach Nummer 1 Verbrauchern zu welchem Zeitpunkt in Textform mitzuteilen sind und**

3. **welche weiteren Informationen, insbesondere zu Widerrufs- und Kündigungsrechten, zum Kundendienst und zu Garantiebedingungen, Verbrauchern nach Vertragsschluss in Textform mitzuteilen und in welcher Weise sie hervorzuheben sind.**

BGB-InfoV
§ 1
Informationspflichten bei Fernabsatzverträgen

(1) Der Unternehmer muss den Verbraucher gemäß § 312c Abs 1 Nr 1 des Bürgerlichen Gesetzbuchs vor Abschluss eines Fernabsatzvertrags mindestens informieren über:

1. seine Identität,

2. seine ladungsfähige Anschrift,

3. wesentliche Merkmale der Ware oder Dienstleistung sowie darüber, wie der Vertrag zustande kommt,

4. die Mindestlaufzeit des Vertrags, wenn dieser eine dauernde oder regelmäßig wiederkehrende Leistung zum Inhalt hat,

5. einen Vorbehalt, eine in Qualität und Preis gleichwertige Leistung (Ware oder Dienstleistung) zu erbringen, und einen Vorbehalt, die versprochene Leistung im Fall ihrer Nichtverfügbarkeit nicht zu erbringen,

6. den Preis der Ware oder Dienstleistung einschließlich aller Steuern und sonstiger Preisbestandteile,

7. gegebenenfalls zusätzlich anfallende Liefer- und Versandkosten,

8. Einzelheiten hinsichtlich der Zahlung und der Lieferung oder Erfüllung,

9. das Bestehen eines Widerrufs- oder Rückgaberechts,

10. Kosten, die dem Verbraucher durch die Nutzung der Fernkommunikationsmittel entstehen, sofern sie über die üblichen Grundtarife, mit denen der Verbraucher rechnen muss, hinausgehen und

11. die Gültigkeitsdauer befristeter Angebote, insbesondere hinsichtlich des Preises.

(2) Der Unternehmer hat dem Verbraucher gemäß § 312c Abs 2 des Bürgerlichen Gesetzbuchs die in Abs 1 Nr 1 bis 9 bestimmten Informationen in Textform mitzuteilen.

(3) [1]Der Unternehmer hat dem Verbraucher gemäß § 312c Abs 2 des Bürgerlichen Gesetzbuchs ferner folgende weitere Informationen in Textform und in einer hervorgehobenen und deutlich gestalteten Form mitzuteilen:

1. Informationen über die Bedingungen, Einzelheiten der Ausübung und Rechtsfolgen des Widerrufs- oder Rückgaberechts sowie über den Ausschluss des Widerrufs- oder Rückgaberechts,

2. die Anschrift der Niederlassung des Unternehmers, bei der der Verbraucher Beanstandungen vorbringen kann, sowie eine ladungsfähige Anschrift des Unternehmers und bei juristischen Personen, Personenvereinigungen oder -gruppen auch den Namen eines Vertretungsberechtigten,

3. Informationen über Kundendienst und geltende Gewährleistungs- und Garantiebedingungen und

4. die Kündigungsbedingungen bei Verträgen, die ein Dauerschuldverhältnis betreffen und für eine längere Zeit als ein Jahr oder für unbestimmte Zeit geschlossen werden.

Zur Erfüllung seiner Informationspflicht nach Satz 1 Nr 1 kann der Unternehmer das in § 14 für die Belehrung über das Widerrufs- oder Rückgaberecht bestimmte Muster verwenden.

Materialien: BGB-Informationspflichten-Verordnung idF v 5.8. 2002 (BGBl I 2002).

Systematische Übersicht

I. Einleitung

1 Art 240 EGBGB ist die gesetzliche Grundlage für die durch § 1 BGB-InfoV vorgenommene Konkretisierung der in § 312c BGB enthaltenen Informationspflichten für Fernabsatzverträge iSv § 312b BGB. Die besonderen Regeln über den Fernabsatz nach § 312b Abs 1 BGB sind auf Verträge zwischen einem Unternehmer und einem Verbraucher iSd §§ 13, 14 BGB anzuwenden, die die geschäftsmäßige Lieferung von Waren oder Erbringung von Dienstleistungen zum Gegenstand haben. Voraussetzung ist, dass der Vertragsschluss im Rahmen eines für den Fernabsatz organisierten Vertriebs- oder Dienstleistungssystems unter ausschließlicher Verwendung von Fernkommunikationsmitteln iSv § 312b Abs 2 BGB zustande gekommen und kein Ausschlusstatbestand des § 312b Abs 3 BGB gegeben ist. **Fernabsatzverträge** bilden damit keine eigenständige Vertragsart. Kennzeichnend ist für sie nicht ihr Inhalt, sondern die besondere Art ihres Zustandekommens (Meub DB 2002, 359).

2 Gemäß § 312c Abs 1 Nr 1 BGB hat der Unternehmer den Verbraucher rechtzeitig vor Abschluss eines Fernabsatzvertrages in einer dem eingesetzten Fernkommunikationsmittel entsprechenden Weise klar und verständlich über die Einzelheiten des Vertrags, die in § 1 BGB-InfoV auf der gesetzlichen Basis des Art 240 EGBGB näher ausgestaltet sind, zu informieren. Gemäß Art 240 EGBGB können die **Einzelheiten der vorvertraglichen Informationspflichten**, insbesondere hinsichtlich der Person des Unternehmers, zur angebotenen Leistung und den Allgemeinen Geschäftsbedingungen (Nr 1), aber auch der jeweilige Zeitpunkt der Mitteilung in Textform durch Verordnung bestimmt werden (Nr 2). Ebenso wird auch die **Festlegung der bei Vertragsschluss in Textform zu erbringenden Informationen**, insbesondere zu Widerrufs- und Kündigungsrechten, zum Kundendienst und zu den Garantiebedingungen und die Art und Weise ihrer Hervorhebung im Text in die Verordnungskompetenz des Bundesjustizministeriums gestellt (Nr 3). Die Verordnungsermächtigung zur näheren Bestimmung der unternehmerischen Informationspflichten bei Fernabsatzverträgen ist durch § 1 BGB-InfoV umfassend umgesetzt worden.

3 Die einzelnen Informationspflichten des Unternehmers bei Abschluss von Fernabsatzverträgen finden sich nach der Schuldrechtsmodernisierung somit nicht mehr im Gesetz – dem früheren § 2 FernAbsG – sondern in § 1 BGB-InfoV (Regierungsentwurf eines Gesetzes zur Modernisierung des Schuldrechts, BT-Drucks 14/6040, 168). § 1 BGB-InfoV dient der **Umsetzung des Art 4 der Richtlinie 97/7/EG** des Europäischen Parlaments und des Rates vom 20. 5. 1997 über den Verbraucherschutz bei Vertragsabschlüssen im Fernabsatz (ABl EG Nr L 144 S 19).

4 Zu beachten ist, dass in der Missachtung der BGB-Informationspflichten zugleich ein wettbewerbswidriges Verhalten liegen kann. Enthalten Werbefaxschreiben nicht die erforderlichen Pflichtangaben gem § 312c BGB, Art 240 EGBGB, § 1 BGB-InfoV, so stellt der Verstoß gegen die Pflichtangaben zugleich einen **Verstoß gegen § 1 UWG** dar (LG Frankfurt aM NJW-RR 2002, 1468; OLG Frankfurt aM DB 2001, 1610; ebenso für eine Verletzung des § 312e Abs 1 Nr 2 BGB: LG Berlin MMR 2002, 630). Auch das nachträgliche Einfügen der erforderlichen Verbraucherinformationen führt zu keiner anderen rechtlichen Bewertung (LG Duisburg WRP 2001, 981).

II. Vorvertragliche Informationspflichten, § 1 Abs 1 BGB-InfoV

5 Der neue § 1 BGB-InfoV beinhaltet nunmehr, nahezu unverändert, den Katalog des ehemaligen § 2 FernAbsG. Allein die Bestimmung des § 2 Abs 2 Nr 2 FernAbsG, nach der der Unternehmer den Verbraucher darüber informieren musste, „wann der Vertrag zustande kommt“, ist dem Wortlaut nach entfallen. Dafür ist der Unternehmer jetzt verpflichtet, den Verbraucher in niedergelegter Form zu informieren, „wie der Vertrag zustande kommt“ (§ 1 Abs 1 Nr 3 BGB-InfoV; s Rn 10).

6 Die dem Unternehmer gemäß § 1 Abs 1 Nr 1–11 BGB-InfoV auferlegten vorvertraglichen Pflichten zur Verbraucherinformation sollen den Verbraucher in die Lage versetzen, das Für und Wider des Vertrages abzuwägen und eine überlegte Entscheidung darüber zu treffen, ob er an dem Vertrag weiter festhalten will oder nicht (MünchKomm/Wendehorst § 312c Rn 2; Meub DB 2002, 359, 360). Sie sind Ausdruck einer gesetzgeberischen Wertung, nach der beim Abschluss von Verträgen zwischen Unternehmern und Verbrauchern regelmäßig zwei unterschiedlich verhandlungsstarke Vertragsparteien aufeinandertreffen (Meub DB 2002, 359). Die in § 1 Abs 1 BGB-InfoV spezifizierten Pflichten sind damit **Bestandteil des Verbraucherschutzes**, der nicht allein durch Widerrufsrechte (s zB § 312 BGB) und die Unwirksamkeit einseitig belastender Vertragsbestimmungen (s zB § 307 BGB), sondern insbesondere auch durch Informationspflichten realisiert wird (s auch §§ 482 u 492 BGB).

7 **Im Einzelnen sind mitzuteilen**: Die Identität (Nr 1) und ladungsfähige Abschrift (Nr 2) des Unternehmers, wesentliche Merkmale der Ware oder der Dienstleistung sowie, wie der Vertrag zustande kommt (Nr 3), die Mindestlaufzeit des Vertrages, wenn dieser eine dauernde oder regelmäßig wiederkehrende Leistung zum Inhalt hat (Nr 4), ein Vorbehalt, eine in Qualität und Preis gleichwertige Leistung (Ware oder Dienstleistung) zu erbringen, und ein Vorbehalt, die versprochene Leistung im Fall ihrer Nichtverfügbarkeit nicht zu erbringen (Nr 5), der Preis der Ware oder Dienstleistung einschließlich aller Steuern und sonstiger Preisbestandteile (Nr 6), gegebenenfalls zusätzlich anfallende Liefer- und Versandkosten (Nr 7), Einzelheiten hinsichtlich der Zahlung und der Lieferung oder Erfüllung (Nr 8) und das Bestehen eines Widerrufs- oder Rückgaberechts (Nr 9). Die vorvertraglichen Pflichten nach § 1 Abs 1 Nr 1–9 BGB-InfoV muss der Unternehmer dem Verbraucher nach § 312c Abs 2 BGB iVm § 1 Abs 2 BGB-InfoV in Textform mitteilen. Ist dem Verbraucher die Information bereits bei der Vertragsanbahnung in Textform zur Verfügung gestellt worden, ist eine abermalige Übermittlung aus Anlass des Vertragsschlusses nicht erforderlich (MünchKomm/Wendehorst § 312c Rn 82; Palandt/Heinrichs § 312c Rn 8). Dies muss jedenfalls dann gelten, wenn noch ein angemessener zeitlicher Zusammenhang zwischen Zusendung der Information und Vertragsschluss besteht. Informieren muss der Unternehmer auch über Kosten, die dem Verbraucher durch die Nutzung der Fernkommunikationsmittel entstehen, sofern diese über die üblichen Grundtarife, mit denen der Verbraucher rechnen muss, hinausgehen (Nr 10) und die Gültigkeitsdauer befristeter Angebote, insbesondere hinsichtlich des Preises (Nr 11).

1. Identität und ladungsfähige Anschrift des Unternehmers (Nr 1 und 2)

8 Die Angabe der **Identität** des Unternehmers bereits vor Vertragsschluss sichert, dass der Verbraucher bereits bei Kontaktaufnahme weiß, mit wem er es zu tun hat. Sie verhindert überdies, dass die Verfolgung von möglichen Rechtsverstößen des Unternehmers erschwert wird (s bereits BT-Drucks 14/2658, 38). Die Informationspflicht umfasst bei natürlichen Personen den Vor- und Nachnamen bzw die Firma, unter der der Unternehmer am Rechtsverkehr teilnimmt und den Fernabsatzvertrag abschließen will. Bei juristischen Personen ist die Angabe der Rechtsform erforderlich (Brisch, in: Henssler/vWestphalen, Praxis der Schuldrechtsreform, § 1 BGB-InfoV, Rn 3; MünchKomm/Wendehorst § 312c Rn 42; Schmidt-Räntsch, in: Bamberger/Roth § 1 BGB-InfoV Rn 2). Außerdem ist dem Verbraucher die **ladungsfähige** (anders noch die Fassung des § 1 Abs 1 Nr 2 BGB-InfoV v 2. 1. 2002, BGBl 2002 I 342, hierzu Lütcke, Fernabsatzrecht, § 312c BGB Rn 14; Härtling, FernAbsG, § 2 Rn 77 ff) **Anschrift** anzugeben. Dies ist regelmäßig die geographische Anschrift: Postleitzahl und Ort, Straße mit Hausnummer und – sofern es ein grenzüberschreitendes Geschäft ist – das Land. Die Angabe eines Postfachs reicht nicht (Schmidt-Räntsch, in: Bamberger/Roth § 1 BGB-InfoV Rn 5). Der Unternehmer dürfte daneben über den Wortlaut der Verordnung hinaus aus Treu und Glauben gem § 242 BGB verpflichtet sein, Telefon- und Faxnummern bzw E-Mail- und Internetadressen anzugeben, wenn er sich dieser Kommunikationsmittel bedient. Denn weitergehende Informationspflichten aufgrund anderer Vorschriften bleiben gemäß § 312c Abs 4 BGB unberührt (Brisch, in: Henssler/vWestphalen, Praxis der Schuldrechtsreform § 1 BGB-InfoV, Rn 4; MünchKomm/Wendehorst § 312c Rn 44; Palandt/Heinrichs Anh zu § 312c BGB Rn 2; **aA** Lütcke, Fernabsatzrecht § 312c Rn 13). Bei einem Fernabsatzgeschäft im Internet genügt der Unternehmer seiner Verpflichtung zur klaren und unmissverständlichen Angabe seiner Identität und Anschrift nicht, wenn diese Informationen für den Verbraucher nur über einen Link „Kontakt" zu erreichen und dort unter der Überschrift „Impressum" angeführt sind (OLG Karlsruhe GRUR 2002, 730; ebenso Lütcke, Fernabsatzrecht § 312c BGB Rn 12). Teilweise wird weitergehend gefordert, dass der Nutzer zum Aufruf der Daten gezwungen wird (so OLG Frankfurt aM DB 2001, 1610).

2. Wesentliche Merkmale der Ware oder Dienstleistung (Nr 3)

9 Angaben über alle Einzelheiten des Unternehmerangebots sind vor Vertragsschluss nicht erforderlich. Der Verbraucher soll lediglich in die Lage versetzt werden, das **Leistungsangebot** des Unternehmers für die Zwecke des konkreten Vertragsschlusses zu **bewerten und mit anderen Angeboten** zu **vergleichen** (BT-Drucks 14/2658, 38). Je preiserheblicher ein Merkmal ist, desto eher ist es mitzuteilen. Beim Verkauf von Gebrauchtwaren gehört dazu insbesondere der von Neuwaren abweichende Erhaltungszustand. Ansonsten ist auf die Verkehrsauffassung und -praxis abzustellen und maßgeblich, was der verständige Verbraucher üblicher- und berechtigterweise an Information erwarten darf (ähnlich Lütcke, Fernabsatzrecht § 312c BGB Rn 16; Härtling, FernAbsG § 2 Rn 82; Schmidt-Räntsch, in: Bamberger/Roth § 1 BGB-InfoV Rn 6 verlangt die Mitteilung der wesentlichen Elemente des Vertrags). Anhaltspunkte gibt die Rechtsprechung zu § 119 BGB. Die Angaben über die Eigenschaften des Vertragsgegenstandes sind beim Kaufvertrag Beschaffenheitsangaben iS des § 434 Abs 1 BGB, deren Fehlen einen Mangel begründet, oder im Einzelfall eine Beschaffenheitsgarantie iS des § 443 Abs 1 BGB. Besteht die durch ein Fernabsatzgeschäft angebotene Dienstleistung in der Weiterleitung eines Lottotipps an eine Lottogesellschaft, so ist die geschuldete Information über wesentliche Merkmale der Dienstleistung nur dann klar und unmissverständlich erteilt, wenn dem Verbraucher nahe gebracht wird, dass er die Wette nicht mit dem Unternehmer abschließt, sondern der Vertrag nur die Dienstleistung der Weitergabe seines Tipps an ein anderes Unternehmen gegen Zahlung eines Lohnes umfassen (OLG Karlsruhe GRUR 2002, 730).

3. Zustandekommen des Vertrags (Nr 3 aE)

10 Nach dem Wortlaut der Nr 3 aE muss der Unternehmer den Verbraucher darüber in Kenntnis setzen, „wie der Vertrag zustande kommt". Der Unternehmer hat darzulegen, durch welche **Handlungen** nach seiner Rechtsansicht der Vertrag geschlossen wird. Im Blickpunkt des Gesetzgebers steht nicht das Angebot des Verbrauchers, dessen Bindungswirkung der Verbraucher selbst beurteilen kann und daher darüber nicht belehrt werden muss (Schmidt-Räntsch, in: Bamberger/Roth § 1 BGB-InfoV Rn 10; **aA** Härtling, FernAbsG § 2 Rn 77), sondern die Annahme durch den Unternehmer. Diese kann mittels Auftragsbestätigung, elektronische Bestätigung, Warenauslieferung etc. erfolgen. Die gesetzliche Formulierung ist entsprechend der Vorgängerbestimmung in § 2 Abs 2 Nr 2 FernAbsG so auszulegen, dass der Unternehmer auch über den **Zeitpunkt** des Zustandekommens unterrichten muss (Brisch, in: Henssler/vWestphalen, Praxis der Schuldrechtsreform § 1 BGB-InfoV Rn 6). Der Zeitpunkt des Zustandekommens des Fernabsatzvertrages ist für den Verbraucher insbesondere bei **Internet-Versteigerungen** bedeutsam. Im Gegensatz zum Kauf gegen ein Höchstangebot kommt der Vertrag hier nach dem gewöhnlich praktizierten Modell automatisch nach Ablauf der Bietfrist mit dem Meistbietenden zustande (Brisch, in:

Henssler/vWestphalen, Praxis der Schuldrechtsreform, § 1 BGB-InfoV Rn 7; Lütcke, Fernabsatzrecht § 312c BGB Rn 18). Bei einer echten Versteigerung iSv § 156 BGB ist das Widerrufs- bzw Rückgaberecht des Verbrauchers nach § 312d Abs 4 Nr 5 BGB ausgeschlossen.

4. Mindestlaufzeit des Vertrags (Nr 4)

11 Bei Verträgen, die eine dauernde oder regelmäßig wiederkehrende Leistung zum Gegenstand haben, muss der Unternehmer dem Verbraucher die Mindestlaufzeit des Vertrages angeben. Erfasst werden, im Gegensatz zum engeren Anwendungsbereich des § 309 Nr 9 BGB, **echte Dauerschuldverhältnisse** (Miete, Pacht, Leasing, Mobilfunkverträge, Providerverträge etc) sowie **Wiederkehrschuldverhältnisse** (Berater-, Buchclub-, Energielieferungs-, Zeitungs- bzw Zeitschriftenabonnements etc). Dagegen unterfallen der Regelung **nicht Ratenlieferungsverträge**, da der Umfang der geschuldeten Leistung in diesen Fällen bereits bei Vertragsabschluss feststeht. Der Unternehmer muss bei Ratenlieferungsverträgen allerdings über die Einzelheiten der Lieferung gemäß § 1 Abs 1 Nr 8 BGB-InfoV informieren (Brisch, in: Henssler/vWestphalen, Praxis der Schuldrechtsreform § 1 BGB-InfoV Rn 11; Lütcke, Fernabsatzrecht, § 312c BGB Rn 24).

12 Die **Mindestlaufzeit** stellt entweder die feste Dauer des Vertrages oder die Zeitspanne dar, nach deren Ablauf der Verbraucher den Vertrag frühestens durch ordentliche Kündigung beenden kann, zuzüglich der Kündigungsfrist, die der Verbraucher gegebenenfalls einzuhalten hat (MünchKomm/Wendehorst § 312c Rn 51; Härtling, FernAbsG § 2 Rn 97). Angaben zur Mindestlaufzeit des Vertrages sind erforderlich, wenn ein befristeter Vertrag geschlossen wurde, hinsichtlich des automatischen Vertragsendes, oder wenn ein unbefristeter Vertrag geschlossen wurde, hinsichtlich der erstmaligen Kündigungsmöglichkeit. Eine Verpflichtung zu solchen Hinweisen trifft den Unternehmer auch, wenn der Vertrag unbefristet, aber jederzeit kündbar ausgestaltet ist (**aA** Brisch, in: Henssler/vWestphalen, Praxis der Schuldrechtsreform § 1 BGB-InfoV Rn 9). Er hat dann anzugeben, dass eine Mindestlaufzeit nicht besteht. Die Informationspflicht entspricht dem Wortlaut der Verordnung und sichert, dass der Verbraucher über die jederzeitige Kündbarkeit tatsächlich informiert ist.

Neben § 1 Abs 1 Nr 4 BGB-InfoV bleibt das Klauselverbot des § 309 Nr 9 BGB anwendbar. Danach sind vorformulierte Vertragsbedingungen des Unternehmers unwirksam, mit denen der Verbraucher länger als zwei Jahre an den Vertrag gebunden wird (Buchst a), das Vertragsverhältnis sich stillschweigend um jeweils mehr als ein Jahr verlängert (Buchst b) oder zu Lasten des Verbrauchers eine längere Kündigungsfrist als drei Monate vor Ablauf der zunächst vorgesehenen oder stillschweigend verlängerten Vertragsfrist vorgesehen wird (Buchst c).

5. Vorbehalt der Ersetzungsbefugnis oder Nichtleistung (Nr 5)

a) Ersetzungsbefugnis

13 Will sich der Unternehmer die Möglichkeit der Ersetzung der Ware oder Dienstleistung durch eine in Qualität und Wert gleichwertige Leistung vorbehalten, muss er den Verbraucher darüber informieren. Der klauselmäßige Vorbehalt hat, um Wirksamkeit zu entfalten, den **Anforderungen der §§ 307, 309 Nr 9, 308 Nr 4 und 8 BGB** zu genügen; der Anwendungsbereich von § 1 Abs 1 Nr 5 BGB-InfoV ist daher begrenzt. Eine Belehrungspflicht muss erst recht bestehen, wenn die Ersetzungsbefugnis auf eine geringwertigere Leistung geht (s Härtling, FernAbsG § 2 Rn 101); diese kann jedoch als AGB nicht wirksam vereinbart werden – wohl aber die Ersetzung durch eine höherwertige Leistung, die dem Zweck der Vorschrift nach ebenfalls unter die Informationspflicht fällt. Der Änderungsvorbehalt muss für den Verbraucher zumutbar sein, dh es ist jedenfalls ein triftiger Grund für die Änderung erforderlich (Palandt/Heinrichs § 308 Rn 23; MünchKomm/Wendehorst § 312c Rn 54).

b) Nichtleistung

14 Ein vom Unternehmer durch eine Vertragsklausel vorgesehener Vorbehalt der Nichtleistung der versprochenen Ware oder Dienstleistung muss dem engen **Maßstab des § 308 Nr 3 BGB** entsprechen. Stellt der Rücktrittsvorbehalt ergänzend auf die Nichtverfügbarkeit der Leistung ab, gilt ergänzend § 308 Nr 8 BGB. Der Unternehmer muss sich dann gleichzeitig verpflichten, den Verbraucher unverzüglich (§ 121 Abs 1 S 1 BGB) über die Nichtleistung zu informieren und unverzüglich etwa erbrachte Gegenleistungen des Verbrauchers zu erstatten (MünchKomm/Wendehorst § 312c Rn 55; Brisch, in: Henssler/vWestphalen, Praxis der Schuldrechtsreform § 1 BGB-InfoV Rn 15, will dies in richtlinienkonformer Auslegung als allgemeinen Grundsatz auf alle Nichtleistungsvorbehalte anwenden).

6. Preise (Nr 6)

15 Der Unternehmer hat den Verbraucher über den **Endpreis der Ware oder Dienstleistung** iSv § 1 Abs 1 S 1 PreisangabenVO einschließlich Steuern, insbesondere der Mehrwertsteuer, und sonstiger Preisbestandteile zu informieren. Nicht ausreichend sind Nettopreisangaben auch dann, wenn sie durch einen Zusatz wie „zzgl Mehrwertsteuer" gekennzeichnet sind (MünchKomm/Wendehorst § 312c Rn 57; Härtling, FernAbsG § 2 Rn 120 mit Nachweis wettbewerbsrechtlicher Rechtsprechung). § 1 Abs 1 Nr 6 BGB-InfoV lässt die PreisangabenVO unberührt und tritt nur ergänzend neben diese (Brisch, in: Henssler/vWestphalen, Praxis der Schuldrechtsreform § 1 BGB-InfoV Rn 16). Mit dem **Transparenzgebot** (§ 312c Abs 1 S 1 BGB) ist es grundsätzlich nicht vereinbar, einzelne Kostenfaktoren wie Bearbeitungs- und Materialkosten aus dem Preis auszugliedern, wenn dies nicht durch sachliche Gründe, etwa zur Ermöglichung eines Preisvergleichs, gerechtfertigt ist. Jedenfalls muss für den Verbraucher klar ersichtlich sein, aus welchen Bestandteilen sich der Endpreis zusammensetzt. Einzelne Kostenfaktoren müssen in unmittelbarem räumlichen bzw zeitlichen Zusammenhang miteinander ausgeführt werden (MünchKomm/Wendehorst § 312c Rn 60). Ein Anbieter, der ein Grundwerk (Loseblattwerk) mit Ergänzungslieferungen im Fernabsatz vertreibt, ist verpflichtet, den Preis der Ware einschließlich aller Vertragsbestandteile mitzuteilen. Es reicht nicht aus, lediglich den Preis für das Grundwerk und den Preis pro Seite der Ergänzungslieferungen anzugeben (LG Bonn VuR 2002, 257 zu § 2 Abs 2 Nr 5 FernAbsG).

7. Zusätzliche Liefer- und Versandkosten (Nr 7)

16 Auf zusätzlich anfallende Liefer- und Versandkosten ist der Verbraucher gemäß § 1 Abs 1 Nr 7 BGB-InfoV hinzuweisen. Die Regelung greift letztlich nur in den Fällen, in denen die Lieferung bzw Versendung der Ware nicht Bestandteil der Leistung, und

damit nach § 1 Abs 1 Nr 6 BGB-InfoV ohnehin in den Endpreis einzuberechnen ist. Die Lieferung oder Versendung muss also eine **zusätzliche Leistung** darstellen (Härtling, FernAbsG § 2 Rn 123).

8. Einzelheiten der Zahlung und Lieferung oder Erfüllung (Nr 8)

17 Nach § 1 Abs 1 Nr 8 BGB-InfoV muss der Unternehmer dem Verbraucher Einzelheiten der Zahlung und Lieferung oder Erfüllung mitteilen. Ausreichend, aber auch erforderlich, ist die Information über Zeitpunkt und Form der Zahlung sowie die Modalitäten der Lieferung. Es genügt die Erklärung des Unternehmers darüber, wann und wie die Zahlung des Verbrauchers erfolgen muss, ob die Zahlung per Lastschriftverfahren oder Kreditkarte möglich ist, und wie er selbst liefern bzw erfüllen will. Als „Einzelheit" der Lieferung und Erfüllung hat der Unternehmer **Liefertermine, Lieferfristen und sonstige Fälligkeitsdaten seiner Leistung** (gemäß § 271 BGB im Zweifel „sofort") sowie den Ort der Leistungserbringung anzugeben. Eine „Einzelheit" der Zahlung stellt die Einräumung eines **Skontos** dar, über die der Unternehmer den Verbraucher informieren muss und von der der Verbraucher sonst keine Kenntnis erlangen würde (Brisch, in: Henssler/vWestphalen, Praxis der Schuldrechtsreform § 1 BGB-InfoV Rn 19; **aA** Härtling, FernAbsG § 2 Rn 128 aus Gründen mangelnden Schutzinteresses). Über Verzugsfolgen, die nicht Modalitäten der Zahlung, sondern der Verspätung der Zahlung sind, braucht nicht informiert zu werden (Härtling, FernAbsG § 2 Rn 127; Lütcke, Fernabsatzrecht § 312c BGB Rn 42). Im übrigen bleibt der Begriff der Einzelheit vage. Er wurde aus Art 4 Abs 1 lit e FernAbsRL übernommen und ist unter Zugrundelegung des Empfängerhorizonts eines verständigen Verbrauchers auszulegen.

9. Widerrufs- und Rückgaberechte (Nr 9)

18 Den Unternehmer trifft schon bei der Vertragsanbahnung die Pflicht, auf das Widerrufs- oder Rückgaberecht des Verbrauchers gemäß § 312d iVm §§ 355, 356 BGB hinzuweisen. Die Verpflichtung kann **nach § 312d Abs 4 BGB ausgeschlossen** sein. Hier ist ein Hinweis nicht erforderlich (Lütcke, Fernabsatzrecht § 312c BGB Rn 43). Auch kann der Widerruf nach § 312d Abs 3 BGB ausgeschlossen sein, wenn die Dienstleistung mit Zustimmung des Verbrauchers oder auf dessen Veranlassung hin begonnen wird. Da das Widerrufsrecht hier aber grundsätzlich gegeben ist und nur unter dieser besonderen Voraussetzung entfällt, muss der Verbraucher hierauf sowie darauf hingewiesen werden, dass das Widerrufsrecht erlischt, wenn die Dienstleistung mit seiner Zustimmung oder auf seine Veranlassung hin begonnen wird. Besteht keine gesetzliche Verpflichtung zu einem entsprechenden Hinweis, schließt dies freilich einen Hinweis nicht aus, sondern der Unternehmer kann trotzdem einen Widerrufs- oder Rückgabehinweis aussprechen und muss sich gegenüber dem Verbraucher auch an diesem festhalten lassen. Der Hinweis hat konstitutive Wirkung.

19 Ausreichend ist nach § 1 Abs 1 Nr 9 BGB-InfoV – anders als nach § 1 Abs 3 Nr 1 BGB-InfoV – der **schlichte Hinweis auf das Bestehen eines Widerrufs- oder Rückgaberechts**. Einzelheiten über das Widerrufs- und Rückgaberecht muss der Unternehmer vor Vertragsschluss noch nicht mitteilen (Schmidt-Räntsch, in: Bamberger/Roth § 1 BGB-InfoV Rn 16). Allerdings muss der Unternehmer aufgrund des Transparenzgebots ergänzend auf die zweiwöchige Widerrufs- und Rückgabefrist gemäß

§ 355 Abs 1 S 1 BGB hinweisen (Brisch, in: Henssler/vWestphalen, Praxis der Schuldrechtsreform § 1 BGB-InfoV Rn 22; ebenso bereits Härtling, FernAbsG § 2 Rn 133). Bei Vertragsschluss hat der Unternehmer durch einen gesonderten Akt den Verbraucher dann gemäß § 1 Abs 3 Nr 1 BGB-InfoV über die Einzelheiten und Bedingungen der Ausübung und die Rechtsfolgen des Widerrufs- oder Rückgaberecht zu informieren (Brisch ZAP Fach 2, S 333, 344; Schmidt-Räntsch, in: Bamberger/Roth § 1 BGB-InfoV Rn 16).

10. Kosten der Fernkommunikationsmittel (Nr 10)

20 Der Unternehmer ist verpflichtet, den Verbraucher darüber zu informieren, wenn – vorvertraglich – durch die Nutzung seines Angebots oder die Bestellungen bei ihm über dem üblichen Grundtarif liegende Kosten der Fernkommunikationsmittel, insbesondere des Internet, entstehen. Der übliche Grundtarif ist der Tarif, der allgemein für bestimmte Anrufe ins Festnetz oder ins Mobilfunknetz, im Inland oder ins Ausland anfällt. Anzugeben sind die erhöhten Tarife speziell für die Kontakte mit dem betreffenden Unternehmer (MünchKomm/Wendehorst, § 312c BGB Rn 68). Anzugeben sind die **Kosten pro Anruf**, sofern diesen ein einheitlicher Tarif zugrunde liegt. Ansonsten hat die Angabe regelmäßig in **Kosten pro Minute** zu erfolgen. Dem Unwesen der 0190-Nummern wird hierdurch begegnet. Bei Nummern, die keine zusätzlichen Kosten verursachen, ist der Unternehmer nicht zur Information verpflichtet (Schmidt-Räntsch, in: Bamberger/Roth § 1 BGB-InfoV Rn 19).

11. Gültigkeitsdauer befristeter Angebote (Nr 11)

21 Der Unternehmer hat den Verbraucher auf die Gültigkeitsdauer befristeter Angebote, insbesondere hinsichtlich des Preises, hinzuweisen. Es muss sich bei den **„Angeboten"** nicht um Anträge gemäß §§ 145 ff BGB handeln. Das Gesetz geht von einem **weiten Begriff** aus. Gemeint ist auch die Anpreisung von Waren und Dienstleistungen in der Werbung, im Internet etc, durch die der Verbraucher zur Abgabe eines verbindlichen Angebotes aufgefordert wird – *invitatio ad offerendum* (Brisch, in: Henssler/vWestphalen, Praxis der Schuldrechtsreform § 1 BGB-InfoV Rn 25; MünchKomm/Wendehorst § 312c Rn 69; Härtling, FernAbsG § 2 Rn 144; Lütcke, Fernabsatzrecht § 312c BGB Rn 51). Erforderlich ist regelmäßig die Angabe des Datums, bis zu dem der Unternehmer unter normalen Umständen zur Annahme der Anträge des Verbrauchers bereit ist (MünchKomm/Wendehorst § 312c Rn 69).

III. Textform, § 1 Abs 2 BGB-InfoV

22 Die vorvertraglichen Informationen gem § 1 Abs 1 BGB-InfoV, mit Ausnahme der Nr 10 und 11, hat der Unternehmer nach § 1 Abs 2 BGB-InfoV in Textform mitzuteilen. Eine **Verschärfung der bisherigen Dokumentationspflicht** – § 2 Abs 2 FernAbsG ließ ausreichen, dass der Unternehmer dem Verbraucher die Informationen auf einem dauerhaften Datenträger zur Verfügung stellte – hat der Gesetzgeber **nicht beabsichtigt** (Beschlussempfehlung und Bericht des Rechtsausschusses zum Entwurf eines Gesetzes zur Modernisierung des Schuldrechts, BT-Drucks 14/7052, 191. Im Ergebnis auch Steins WM 2002, 53, 59). Der Begriff der Textform findet seine Legaldefinition in § 126b BGB. Sofern in § 1 BGB-InfoV „Textform" vorgesehen ist, bedeutet dies danach, dass die Erklärung auf „zur dauerhaften Wiedergabe in Schriftzeichen geeigneter Weise" abzugeben ist, die Person des Erklärenden genannt und der Abschluss der Erklärung durch Nachbildung der Namensunterschrift oder ähnlichem erkennbar gemacht werden muss (BT-Drucks 14/7052, 191). Ausreichend ist, dass der Verbraucher aus dem Dokument ersehen kann, von wem die Informationen stammen und wo das Dokument endet. Dem Unternehmer soll weitgehend freigestellt sein, wie er den Informationsabschluss kenntlich macht (BT-Drucks 14/7052, 191). Der Textform wird genüge getan mit **Formulierungen** wie: „Die Erklärung ist ohne Unterschrift gültig." oder „Die Erklärung ist nicht unterschrieben.". Ausreichend sind auch bloße Namensnennungen („X-GmbH" oder „gez Mustermann") oder der Hinweis „Ende der Erklärung" (BT-Drucks 14/7052, 191).

IV. Vertragliche Informationspflichten, § 1 Abs 3 BGB-InfoV

23 Die weiteren Informationen aus § 1 Abs 3 BGB-InfoV, zu deren Erteilung er vorvertraglich nach § 1 Abs 1 BGB-InfoV nicht verpflichtet ist (BT-Drucks 14/6040, 169), muss der Unternehmer alsbald, spätestens bis zur vollständigen Erfüllung des Vertrages, bei Waren spätestens bis zur Lieferung an den Verbraucher, in hervorgehobener und deutlich gestalteter Textform (vgl Rn 22) mitteilen (§ 312c Abs 2 BGB). Dies entspricht dem früheren § 2 Abs 3 FernAbsG. Die Information in irgendwie gestalteter Textform ist nicht ausreichend. Erforderlich ist vielmehr, dass der Verbraucher auf die zusätzliche Information in hervorgehobener und deutlich gestalteter Form aufmerksam gemacht wird. Die Aufmerksamkeit des Verbrauchers muss geweckt und sein Blick auf die Angaben gelenkt werden (Schmidt-Räntsch, in: Bamberger/Roth § 1 BGB-InfoV Rn 29). Vorvertraglich dem Verbraucher gegenüber geleistete Informationen aus Abs 3 müssen nach Vertragsschluss wiederholt werden, da sonst durch den zeitlichen Ablauf der in ihnen enthaltene besondere Appellcharakter oftmals verloren ginge (MünchKomm/Wendehorst § 312c Rn 83, Palandt/Heinrichs Anh zu § 312c BGB Rn 10).

24 Die **vertraglichen Informationspflichten** bilden die Pflicht zur Leistung von Informationen über die Bedingungen, Einzelheiten und Rechtsfolgen des Widerrufs- oder Rückgaberechts sowie über den Ausschluss des Widerrufs- oder Rückgaberechts (§ 1 Abs 3 Nr 1 BGB-InfoV), die Anschrift der Niederlassung des Unternehmers, bei der der Verbraucher Beanstandungen vorbringen kann, sowie über eine ladungsfähige Anschrift des Unternehmers und bei juristischen Personen, Personenvereinigungen oder -gruppen auch über den Namen des Vertretungsberechtigten (Nr 2), Informationen über den Kundendienst und geltende Gewährleistungs- und Garantiebedingungen (Nr 3) und die Kündigungsbedingungen bei Verträgen, die ein Dauerschuldverhältnis betreffen und für eine längere Zeit als ein Jahr oder für unbestimmte Zeit geschlossen werden (Nr 4).

1. Belehrung über Widerrufs- oder Rückgaberechte (Nr 1)

25 Der Unternehmer muss dem Verbraucher Bedingungen, Einzelheiten der Ausübung und Rechtsfolgen des Widerrufs- oder Rückgaberechts sowie den Ausschluss des Widerrufs- oder Rückgaberechts gemäß § 312d iVm §§ 355–357 BGB mitteilen. Die Belehrung über den Widerruf bedarf gemäß § 355 Abs 2 BGB des Hinweises auf die zweiwöchige Widerrufsfrist (§ 355 Abs 1 S 2 BGB). Erfolgt die Belehrung erst nach dem Vertragsschluss, gilt eine einmonatige Frist (§ 355 Abs 2 S 2 BGB). Die Belehrung hat den Verbraucher über den Widerrufsempfänger (der auch ein Empfangsvertreter des Unternehmers sein kann), die Textform des Widerrufs und die Entbehrlichkeit einer Begründung des Widerrufs in Kenntnis zu setzen (Brisch, in: Henssler/vWestphalen, Praxis der Schuldrechtsreform, § 1 BGB-InfoV Rn 30; Lütcke, Fernabsatzrecht § 312c BGB Rn 86). Ausreichend ist die Angabe der Post- bzw Postfachanschrift des Widerrufsempfängers als „Anschrift" iSd § 355 Abs 2 S 1 BGB, denn unter diesen Begriff ist nicht zwingend die Hausanschrift zu verstehen (BGH NJW 2002, 2391, 2392). Des Weiteren ist der Verbraucher gemäß § 355 Abs 1 S 2 HS 2 BGB darüber zu belehren, dass die Widerrufsfrist durch die rechtzeitige Absendung des Widerrufs durch den Verbraucher gewahrt bleibt (Brisch, in: Henssler/vWestphalen, Praxis der Schuldrechtsreform § 1 BGB-InfoV, Rn 30). Die Unterschrift des Verbrauchers ist nicht mehr erforderlich (Palandt/Heinrichs Anh zu § 312c BGB Rn 11).

26 Zur Erfüllung seiner Informationspflicht kann der Unternehmer seit der Ergänzung der BGB-InfoV zum 1. 9. 2002 gemäß § 1 Abs 1 Satz 2 BGB-InfoV die in § 14 Abs 2, 3 BGB-InfoV für die Belehrung über das Widerrufs- oder Rückgaberecht bestimmten **Muster** verwenden, Anlage 2 (Anforderungen des § 355 Abs 2 BGB; Muster für die Widerrufsbelehrung; hierzu Dörrie ZfIR 2002, 685; Mausch NJW 2002, 2931) und 3 (§ 356 Abs 1 Satz 2 Nr 1 BGB; Muster für die Rückgabebelehrung) zur BGB-InfoV. Eine unbefriedigende Umsetzung der gesetzlichen Vorgaben enthält das Muster zur Widerrufsbelehrung zunächst im Hinblick auf den Beginn der Widerrufsfrist. Eine diesbezügliche Unterrichtung ist nach § 355 Abs 2 Satz 1 BGB – unabhängig vom in Frage stehenden Vertragstyp – notwendiges Element einer ordnungsgemäßen Widerrufsbelehrung. Hierzu sieht das Muster nur vor, dass die Frist „frühestens mit Erhalt der Widerrufsbelehrung" beginnt. Dies ist richtig, macht dem Verbraucher aber nicht deutlich, dass er möglicherweise auch weit jenseits von zwei Wochen nach Erhalt der Widerrufsbelehrung die Möglichkeit hat, von seinem Widerrufsrecht Gebrauch zu machen. Denn für Fernabsatzverträge (§ 312d Abs 2 BGB) und Verträge im elektronischen Geschäftsverkehr (§ 312e Abs 3 S 2 BGB) ist der Beginn der Widerrufsfrist an weitere Voraussetzungen als den Erhalt der Widerrufsbelehrung geknüpft. Ebenso enthält die Musterbelehrung keinen Hinweis darauf, dass das Widerrufsrecht gemäß § 312d Abs 3 BGB bei einer Dienstleistung erlischt, wenn der Unternehmer mit der Ausführung der Dienstleistung mit ausdrücklicher Zustimmung vor Ende der Widerrufsfrist begonnen oder der Verbraucher diese selbst veranlasst hat. Dies ist fehlerhaft (s aber Mausch NJW 2002, 2931). Welche Folgen es hat, dass der Gesetzgeber dennoch eine solche Belehrung ausreichen lassen will, ist fraglich. Weil der Gesetzgeber es ausdrücklich zulässt, die Musterbelehrung zu benutzen, scheint die Sanktion des § 312d Abs 2 BGB zu weitgehend.

2. Anschrift der Niederlassung des Unternehmers (Nr 2)

27 Die Informationen nach § 1 Abs 3 Nr 2 BGB-InfoV ergänzen und modifizieren die Verpflichtung aus § 1 Abs 1 Nr 1 iVm Abs 2 BGB-InfoV. Danach hat der Unternehmer die Anschrift seiner Niederlassung mitzuteilen, bei der der Verbraucher Beanstandungen vorbringen kann, sowie eine ladungsfähige Anschrift. Die Anschrift muss also die Zustellung einer Klage erlauben, dh den Anforderungen des § 253 Abs 1 Nr 1 iVm § 130 Nr 1 ZPO genügen. Bei der Beschwerdestelle muss es sich nicht um eine Niederlassung im Rechtssinne handeln (ebenso Palandt/Heinrichs Anh zu § 312c Rn 12). Juristische Personen, Personenvereinigungen oder -gruppen müssen außerdem den Namen eines **Vertretungsberechtigten** mitteilen. Der Name umfasst bei natürlichen Personen den Vor- und Zunamen der Personen, unter Berücksichtigung der Vorschriften über die Firma gemäß §§ 18 ff HGB. Es muss sich um den Vertreter iSv § 171 Abs 1 ZPO bzw um den „Vorsteher" nach § 171 Abs 2 ZPO handeln. Ausreichend ist auch ein Prokurist (§ 48 HGB) oder Generalbevollmächtigter (§ 54 Abs 1 Alt 1 HGB) im Sinne von § 173 ZPO. Bei mehreren Vertretern genügt wegen § 171 Abs 3 ZPO die Angabe eines Namens. Die der Richtlinie entstammende Aufzählung „juristische Personen, Personenvereinigungen und Personengruppen" erfasst auch die OHG und KG. Bei OHG und KG sind nach § 19 Abs 1 HGB wenigstens Name und Vorname eines persönlich haftenden Gesellschafters anzugeben. Bei dem Vertretungsberechtigten muss es sich um eine **natürliche Person** handeln, die mit einer genauen **Geschäftsadresse** zu bezeichnen ist, an die – als ladungsfähige Anschrift – gerichtliche Schreiben ohne weiteres zugestellt werden können (MünchKomm/Wendehorst § 312c Rn 108). Lässt der Unternehmer Widerrufserklärungen von **Empfangsvertretern oder -boten** entgegennehmen, so sind diese in die Widerrufsbelehrung aufzunehmen (Brisch, in: Henssler/vWestphalen, Praxis der Schuldrechtsreform § 1 BGB-InfoV Rn 35).

Die Information des Verbrauchers erfolgt im Bereich des Formerfordernisses **zweistufig:** Grundsätzlich gilt, dass der Verbraucher vor Vertragsschluss zunächst, überwiegend in Textform, über die allgemeinen Informationen zum Angebot des Unternehmers in Kenntnis zu setzen ist. Alsbald nach Vertragsschluss muss der Verbraucher dann alle zusätzlichen Informationen in Textform erhalten, die er insbesondere für die wirksame Ausübung seines Widerrufs- bzw. Rückgaberechts benötigt (Schmidt-Räntsch, in: Bamberger/Roth § 312c Rn 5 ff).

3. Kundendienst und Gewährleistungs- und Garantiebedingungen (Nr 3)

28 Soweit der Unternehmer von der geltenden gesetzlichen Mängelhaftung abweicht (auch zum Vorteil des Kunden, Lütcke, Fernabsatzrecht § 312c BGB Rn 92; ebenso Schmidt-Räntsch, in: Bamberger/Roth § 1 BGB-InfoV Rn 26; **aA** Härtling CR 1999, 507, 510), hat er den Verbraucher darüber zu unterrichten. Die Information muß **aus sich heraus**, ohne Zuhilfenahme des Gesetzestexts, **verständlich sein**. Soweit also Regelungen der gesetzlichen Mängelhaftung abgeändert werden, ist der gesamte Regelungsgehalt darzulegen. Auf die gesetzlichen Regelungen, die unangetastet bleiben, muss der Unternehmer jedoch nicht hinweisen. Zusätzliche Kundendienste, die nur gegen ein gesondertes Entgelt erbracht werden, brauchen – da zu detailreich, nicht bereits aufgrund des Vertrags geschuldet und nicht von gleichem Kundeninteresse – nicht angegeben werden (MünchKomm/Wendehorst § 312c Rn 109; Härtling, FernAbsG § 2 Rn 179: im Hinblick auf den einschränkungslosen Wortlaut; **aA** Lütcke, Fernabsatzrecht § 312c BGB Rn 92).

4. Kündigungsbedingungen (Nr 4)

29 Dem besonderen Schutzbedürfnis des Verbrauchers, Informationen über die Beendigungsmöglichkeiten eines Vertrages zu erhalten, der ein Dauerschuldverhältnis betrifft und für eine längere Zeit als ein Jahr oder für unbestimmte Zeit geschlossen wird, trägt § 1 Abs 3 Nr 4 BGB-InfoV Rechnung. Der Verbraucher ist insbesondere auf die Möglichkeit einer **Kündigung aus wichtigem Grund** gemäß § 314 BGB hinzuweisen (Brisch, in: Henssler/vWestphalen, Praxis der Schuldrechtsreform, § 1 BGB-InfoV

Rn 37; Palandt/Heinrichs Anh zu § 312c BGB Rn 14; ebenso Lütcke, Fernabsatzrecht § 312c BGB Rn 96; **aA** Härtling, FernAbsG § 2 Rn 186: keine Informationspflicht im Hinblick auf gesetzliche Kündigungsrechte). Nach dem Schutzzweck der Norm dürfte die Informationspflicht auch bei Verträgen eingreifen, die nur für ein Jahr gelten, sich aber ohne Kündigungsfrist um ein weiteres Jahr verlängern (Lütcke, Fernabsatzrecht § 312c BGB Rn 97).

Artikel 241 EGBGB
Informationspflichten für Verträge im elektronischen Geschäftsverkehr

Das Bundesministerium der Justiz wird ermächtigt, im Einvernehmen mit dem Bundesministerium für Wirtschaft und Technologie durch Rechtsverordnung ohne Zustimmung des Bundesrates unter Beachtung der vorgeschriebenen Angaben nach der Richtlinie 2000/31/EG des Europäischen Parlaments und des Rates vom 8. Juni 2000 über bestimmte rechtliche Aspekte der Dienste der Informationsgesellschaft, insbesondere des elektronischen Geschäftsverkehrs, im Binnenmarkt („Richtlinie über den elektronischen Geschäftsverkehr", ABl. EG Nr. L 178 S. 1) festzulegen, welche Informationen dem Kunden über technische Einzelheiten des Vertragsschlusses im elektronischen Geschäftsverkehr, insbesondere zur Korrektur von Eingabefehlern, über den Zugang zu Vertragstext und Verhaltenskodizes sowie über die Vertragssprache vor Abgabe seiner Bestellung zu erteilen sind.

BGB-InfoV
§ 3
Kundeninformationspflichten des Unternehmers bei Verträgen im elektronischen Geschäftsverkehr

Bei Verträgen im elektronischen Geschäftsverkehr muss der Unternehmer den Kunden gemäß § 312e Abs. 1 Satz 1 Nr. 2 des Bürgerlichen Gesetzbuchs informieren

1. über die einzelnen technischen Schritte, die zu einem Vertragsschluss führen,

2. darüber, ob der Vertragstext nach dem Vertragsschluss von dem Unternehmer gespeichert wird und ob er dem Kunden zugänglich ist,

3. darüber, wie er mit den gemäß § 312e Abs. 1 Satz 1 Nr. 1 des Bürgerlichen Gesetzbuchs zur Verfügung gestellten technischen Mitteln Eingabefehler vor Abgabe der Bestellung erkennen und berichtigen kann,

4. über die für den Vertragsschluss zur Verfügung stehenden Sprachen und

5. über sämtliche einschlägigen Verhaltenskodizes, denen sich der Unternehmer unterwirft, sowie die Möglichkeit eines elektronischen Zugangs zu diesen Regelwerken.

Materialien: BGB-Informationspflichten-Verordnung idF v 5. 8. 2002 (BGBl I 3002).

Systematische Gliederung

I. Einleitung

1 Art 241 EGBGB beruht auf der gleichen **Regelungstechnik wie Art 240 EGBGB**: Der auf seiner Grundlage geschaffene § 3 BGB-InfoV enthält die Bestimmung der Informationen, die ein Unternehmer, der im elektronischen Geschäftsverkehr Verträge abschließt, seinem Kunden gegenüber vor Vertragsabschluss gemäß § 312e BGB zu erbringen hat. § 312e BGB verweist insoweit in Abs 1 Nr 2 ausdrücklich auf die aufgrund von Art 241 EGBGB erlassene Verordnung (BGB-InfVO). § 3 BGB-InfoV dient neben § 312e BGB der Umsetzung von Art 10 Abs 1–3 und Art 11 Abs. 1, 2 der E-Commerce-Richtlinie (s BT-Drucks 14/6040, 170) und ist mit diesen weitgehend identisch.

II. Anwendungsbereich

2 In der Praxis wird es regelmäßig zu **Überschneidungen des Anwendungsbereichs** der Regelungen über Fernabsatzverträge und der Verträge im elektronischen Geschäftsverkehr kommen, da im elektronischen Geschäftsverkehr zustande kommende Verträge meist im Wege des Fernabsatzes abgewickelt werden (MEUB DB 2002, 359, 361). Der Unternehmer muss daher im Regelfall sowohl die Informationspflichten des Art 240 EGBGB/§ 1 BGB-InfoV als auch des Art 241 EGBGB/§ 3 BGB-InfoV beachten.

III. Einzelne Informationspflichten, § 3 BGB-InfoV

3 Den Unternehmer treffen gegenüber seinem Kunden **Informationspflichten** über die einzelnen technischen Schritte, die zu einem Vertragsschluss führen (Nr 1), darüber, ob der Vertrag gespeichert wird und ob er dem Kunden zugänglich ist (Nr 2), welche Möglichkeiten der Erkennung und Korrektur von Eingabefehlern bestehen (Nr 3), welche Sprachen für den Vertragsabschluss zur Verfügung stehen (Nr 4) und über die einschlägigen Verhaltenskodizes, denen sich der Unternehmer unterwirft und ihre Abrufbarkeit (Nr 5) vor Vertragsabschluss.

1. Technische Schritte des Vertragsschlusses (Nr 1)

4 Dem Kunden muss in verständlicher Weise dargelegt werden, durch welche Vorgänge der Vertrag zustande kommt. Diese Informationen können gesammelt im Rahmen **Allgemeiner Geschäftsbedingungen** – unter Beachtung des Transparenzgebotes – festgelegt werden (BRISCH, in: HENSSLER/vWESTPHALEN, Praxis der Schuldrechtsreform, § 3 BGB-InfoV, Rn 3). „Technisch" ist hier nicht eng zu verstehen. Dem Kunden muß verdeutlicht werden, durch welche Handlungen der Vertrag zustande kommt, zB Angebot durch Klicken auf den Bestellbutton, Annahme durch Bestätigungs-E-Mail (Lütcke, Fernabsatzrecht § 312e BGB Rn 35). Handelt es sich um einen Geschäftskontakt über das Internet, dann muß der Anbieter hierbei den Rechtscharakter seiner Website definieren, im Regelfall wird sie eine bloße *invitatio ad offerendum* enthalten (Dörner AcP 202 [2002] 378).

2. Speicherung und Zugang zum Vertragstext (Nr 2)

5 Diese Vorschrift **steht im Zusammenhang mit § 312e Abs 1 Satz 1 Nr 4 BGB**. Danach hat der Unternehmer dem Kunden die Möglichkeit zu verschaffen, die Vertragsbestimmungen einschließlich der Allgemeinen Geschäftsbedingungen bei Vertragsschluss abzurufen und in wiedergabefähiger Form zu speichern. Dafür ist regelmäßig erforderlich, dass es nach Vertragsschluss zur Speicherung des Vertragstexts durch den Unternehmer verbunden mit einer Zugangsmöglichkeit für den Kunden kommt. Hierüber hat der Unternehmer den Kunden zu informieren. Die Formulierung „ob" ist daher missverständlich, und als „wie" zu verstehen. Im Ergebnis hat der Unternehmer darüber zu informieren, wie und in welcher Weise der Kunde die gespeicherten Vertragsinhalte abrufen kann (Lütcke, Fernabsatzrecht § 312e BGB Rn 37).

3. Erkennung und Korrektur von Eingabefehlern (Nr 3)

6 Dem Kunden ist zu verdeutlichen, ob seine Eingabe fehlerhaft ist und wie er sie korrigieren kann. Die **Reichweite der Verpflichtung zu Korrekturmöglichkeiten** („angemessene, wirksame und zugängliche technische Mittel") ergibt sich aus § 312e Nr 1 BGB. Ein ausdrücklicher und ausführlicher Hinweis ist nicht erforderlich, wenn die Gestaltung des Angebots selbst transparent und aus sich heraus verständlich ist (ebenso Brisch, in: Henssler/vWestphalen, Praxis der Schuldrechtsreform, § 3 BGB-InfoV Rn 5). Hierfür dürften freilich strenge Kriterien gelten.

4. Sprachen des Vertragsschlusses (Nr 4)

7 Hinsichtlich der Information über die für den Vertragsschluss zur Verfügung stehenden Sprachen (Nr 4) kann, insbesondere bei reinen Inlandsverträgen, eine Beschränkung auf **„Deutsch"** vorgenommen werden (Palandt/Heinrichs Anh zu § 312e BGB Rn 1). Grundsätzlich besteht keine Pflicht des Unternehmers, den Vertragsschluss in einer bestimmten Sprache zu ermöglichen. Zulässig dürfte daher auch das Angebot eines Vertragsschlusses **allein in einer anderen Sprache** als Deutsch sein, insbesondere wenn sich das Angebot seiner Art nach allein an Personen wendet, deren Muttersprache nicht Deutsch ist, zB ein Kassetten-Sprachkurs Deutsch (s auch BT-Drucks 14/2658, 38). Die Informationspflicht macht letztlich nur dann Sinn, wenn sich der Unternehmer in verschiedenen Sprachen an die Verbraucher wendet und den Vertragsschluss in der entsprechenden Sprache ermöglicht.

5. Unternehmerische Verhaltenskodizes (Nr 5)

8 **„Verhaltenskodizes"** meint bestimmte Verhaltensregelwerke, denen sich der Unternehmer – meist zu Werbezwecken – unabhängig vom Vertragsschluss mit dem ein-

zelnen Kunden freiwillig unterwirft, um damit im Wettbewerb eine besondere Unternehmens- und/oder Produktqualität dokumentieren zu können (BT-Drucks 14/6040, 171). Hat sich der Unternehmer etwa Verhaltenskodizes bestimmter Unternehmerverbände unterworfen, muss er diese Kodizes auch auf seiner Internetpräsentation abrufbar bereithalten. Jedenfalls ist er verpflichtet, auf einer Internetseite einen deutlich wahrnehmbaren Link setzen, wodurch die für ihn einschlägigen Regelwerke einsehbar sind (Brisch, in: Henssler/vWestphalen, Praxis der Schuldrechtsreform, § 3 BGB-InfoV, Rn 11; ders, ZAP Fach 2, S 333). Der Unternehmer ist jedoch entsprechend dem Wortlaut nicht verpflichtet, über Kodizes zu verfügen oder solche gar für den Verbraucher bereitzuhalten. Sofern sich der Unternehmer solchen Kodizes nicht unterworfen hat oder derartige Kodizes nicht bestehen, trifft den Unternehmer keine Pflicht zur Anzeige des Fehlens entsprechender Selbstverpflichtungen, mögen diese auch in der Branche üblich sein (Lütcke, Fernabsatzrecht § 312e BGB Rn 41; Schmidt-Räntsch, in: Bamberger/Roth § 312e Rn 25).

Artikel 242 EGBGB
Informations- und Prospektpflichten bei Teilzeit-Wohnrechteverträgen

Das Bundesministerium der Justiz wird ermächtigt, durch Rechtsverordnung ohne Zustimmung des Bundesrates unter Beachtung der Richtlinie 94/47/EG des Europäischen Parlaments und des Rates vom 26. Oktober 1994 zum Schutz der Erwerber im Hinblick auf bestimmte Aspekte von Verträgen über den Erwerb von Teilzeitnutzungsrechten an Immobilien (ABl. EG Nr. 1 280 S. 83) festzulegen,

1. **welche Angaben dem Verbraucher bei Teilzeit-Wohnrechteverträgen gemacht werden müssen, damit er den Inhalt des Teilzeitwohnrechts und die Einzelheiten auch der Verwaltung des Gebäudes, in dem es begründet werden soll, erfassen kann,**

2. **welche Angaben dem Verbraucher in dem Prospekt über Teilzeit-Wohnrechteverträge zusätzlich gemacht werden müssen, um ihn über seine Rechtsstellung beim Abschluss solcher Verträge aufzuklären, und**

3. **welche Angaben in einen Teilzeit-Wohnrechtevertrag zusätzlich aufgenommen werden müssen, um eindeutig zu regeln, welchen Umfang das Recht hat, das der Verbraucher erwerben soll.**

Materialien: Eingefügt ins EGBGB durch Art 2 Nr 4 des G zur Modernisierung des Schuldrechts v 26. 11. 2001, BGBl 2001 I 3138; E: BT-Drucks 14/6857 (Regierungsentwurf), BT-Drucks 14/6040 (Abgeordnetenentwurf), BT-Drucks 14/7052 (Rechtsausschuss).

1 Art 242 enthält die Verordnungsermächtigung für Informationspflichten bei Teilzeit-Wohnrechteverträgen. Im Einleitungssatz ist bestimmt, dass die danach zu erlassende Rechtsverordnung die vorgeschriebenen Angaben nach der Richtlinie 94/47/EG zu beachten hat. Die Vorschrift des neuen Art 242 hat in das EGBGB erst zum 1. 1. 2002 durch das SchuldrechtsmodernisierungsG v 26. 11. 2001 (BGBl 2001 I 3138) Aufnahme gefunden, dessen Art 2 „Änderung des Einführungsgesetzes zum Bürgerlichen Gesetzbuch" in Nr 4 den neuen siebten Teil „Durchführung des Bürgerlichen Gesetzbuchs, Verordnungsermächtigungen" geschaffen hat, um die früher im BGB und in den verbraucherschutzrechtlichen Spezialgesetzen verstreuten Verordnungsermächtigungen in diesem Teil zusammenzufassen. Die Verordnungsermächtigung zu Informations- und Prospektpflichten bei Teilzeit-Wohnrechteverträgen ist allerdings **neu und greift nicht auf eine früher schon bestehende entsprechende Verordnungsermächtigung zurück**.

2 Die Regelung geht auf die EG-Richtlinie 94/47/EG des Europäischen Parlaments und des Rates vom 26. 10. 1994 zum Schutze der Erwerber im Hinblick auf bestimmte Aspekte von Verträgen über den Erwerb von Teilzeitnutzungsrechten an Immobilien, die sog Timesharing-Richtlinie (ABl EG Nr L 280 S 82 = NJW 1995, 375), zurück. In Art 4 dieser Richtlinie und dem katalogmäßigen Anhang hierzu werden die EU-Mitgliedstaaten zum Erlass von Rechtsvorschriften über eine Vielzahl von Mindestangaben verpflichtet, die die Timesharinganbieter gegenüber den Erwerbern zu machen haben. In Umsetzung dieser Richtlinie hat der deutsche Gesetzgeber zunächst das TzWrG vom 20. 12. 1996 (BGBl 1996 I 2154) erlassen, das vom 1. 1. 1997 bis zum 29. 6. 2000 in Kraft war (altes TzWrG) und von der Neufassung der Bekanntmachung vom 29. 6. 2000 (BGBl 2000 I 957) abgelöst wurde, die am 30. 6. 2000 in Kraft trat (neues TzWrG) und bis zum 31. 12. 2001 galt. In § 4 des (alten und des neuen) TzWrG fanden sich die Pflichtangaben für Prospekte und Verträge über die Teilzeitnutzung von Wohngebäuden getrennt nach gemeinsamen Prospekt- und Vertragsangaben, ergänzenden Prospektangaben und ergänzenden Vertragsangaben aufgelistet. Der Gesetzgeber hatte mithin zunächst selbst die Regelung vorgenommen und auf eine Verordnungsermächtigung verzichtet. Durch Art 6 Nr 6 des SchuldrechtsmodernisierungsG ist das frühere TzWrG in der Fassung der Bekanntmachung vom 29. 6. 2000 aufgehoben worden. Seine Regelungen wurden in das BGB (§§ 481 bis 487) integriert, wobei § 4 TzWrG ausgegliedert und in die „übergreifende Verordnung über Informationspflichten nach Bürgerlichem Recht" (Informationspflichtenverordnung) übernommen wurde. In § 480 Abs 2 BGB wird auf „die in der Rechtsverordnung nach Artikel 242 (des EGBGB) bestimmten Angaben" verwiesen.

3 Dieser Schritt ist aus drei Gründen **begrüßenswert**. Zum Ersten wird damit das Recht der Teilzeit-Wohnrechteverträge im BGB von langen Listen mit Pflichtangaben entlastet und übersichtlicher gestaltet. Zum Zweiten finden die Pflichtangaben des Timesharingrechts in der neuen Informationspflichtenverordnung eine angemessene systematische Verortung. Zum Dritten ist mit dem neuen Regelungssystem zugleich die Möglichkeit **unkomplizierter späterer Veränderungen** der Pflichtangaben des Timesharingrechts geschaffen, die freilich vom EU-Richtliniengeber initiiert werden müssten. An den letztgenannten Gesichtspunkt hat der Gesetzgeber des SchuldrechtsmodernisierungsG allerdings nicht gedacht. Es ist nämlich bemerkenswert, dass die Begründung für die „Verordnungslösung" zwar auf die gleichfalls von der neuen „übergreifenden Verordnung" erfassten Informationspflichten Bezug nimmt, die sich aus den EG-Richtlinien zum Fernabsatz (97/7/EG) und zum elektronischen Geschäftsverkehr (2000/31/EG) ergeben, nicht aber ausdrücklich auf die der Timesharing-Richtlinie. Denn in der Begründung des RegE zum SchuldrechtsmodernisierungsG (BT-Drucks 14/6857) heißt es (S 650): „Angesichts der schnellen Veränderung gerade in den Bereichen des Fernabsatzes und des elektronischen Geschäftsverkehrs besteht ein Bedürfnis danach, die Informationspflichten möglichst schnell an die neuere technische

Entwicklung anpassen zu können. Dies ist bei einer Verordnung möglich." Das Timesharingrecht blieb hier unerwähnt. Inzwischen aber zeichnet sich ab, dass das Timesharingrecht auf EU-Ebene wieder in Bewegung gerät und es schon bald zu einer Totalrevision der EU-Richtlinie mit nachfolgendem Anpassungsbedarf der nationalen Gesetzgeber kommen könnte, denn nach der Entschließung des Europäischen Parlaments zur Beobachtung der Gemeinschaftspolitik im Bereich des Schutzes der Erwerber von Teilnutzungsrechten an Immobilien vom 4. 7. 2002 (vgl dazu NJW 2002, 3604) soll eine verbesserte, deutlich strengere Richtlinie angestrebt werden.

4 Gestützt auf die Ermächtigungsgrundlage des Art 242 findet sich in der Verordnung über Informationspflichten nach Bürgerlichem Recht nunmehr ein § 2 mit der Überschrift „Informationspflichten bei und Vertragsinhalt von Teilzeit-Wohnrechteverträgen". Dort sind in Abs 1 Nrn 1 bis 10 die „Angaben" enumerativ aufgelistet, die ein Prospekt nach § 482 Abs 1 BGB und der Teilzeit-Wohnrechtevertrag – außer den in § 482 Abs 2 BGB bezeichneten Angaben – enthalten müssen. In Abs 2 Nrn 1 und 2 sind weitere Angaben genannt, die der Prospekt „außerdem" enthalten muss, und in Abs 3 Nrn 1 bis 4 sind Angaben formuliert, die der Teilzeit-Wohnrechtevertrag „zusätzlich zu den in Absatz 1 bezeichneten Angaben ferner angeben" muss. Es ist leicht erkennbar, dass diese Regelung dem früheren § 4 TzWrG entspricht und lediglich die Verweisungen redaktionell angepasst wurden.

5 Es darf nicht unerwähnt bleiben, dass nach der Vorschrift zur „Rückkehr zum einheitlichen Verordnungsrang" in Art 7 des SchuldrechtsmodernisierungsG („Entsteinerungsklausel") auch **künftige Änderungen** der Verordnung über Informationspflichten ohne weiteres möglich sind, solange sie sich im Rahmen der Ermächtigungsgrundlage bewegen; dies betrifft auch die Informationspflichten bei Teilzeit-Wohnrechteverträgen und diesbezüglichen Prospekten.

Artikel 243 EGBGB
Ver- und Entsorgungsbedingungen

(1) Das Bundesministerium für Wirtschaft und Technologie kann im Einvernehmen mit dem Bundesministerium der Justiz durch Rechtsverordnung mit Zustimmung des Bundesrates die Allgemeinen Bedingungen für die Versorgung mit Wasser und Fernwärme sowie die Entsorgung von Abwasser einschließlich von Rahmenbedingungen über die Entgelte ausgewogen gestalten und hierbei unter angemessener Berücksichtigung der beiderseitigen Interessen

1. die Bestimmungen der Verträge einheitlich festsetzen,

2. Regelungen über den Vertragsschluss, den Gegenstand und die Beendigung der Verträge treffen sowie

3. die Rechte und Pflichten der Vertragsparteien festlegen.

(2) Satz 1 gilt entsprechend für Bedingungen öffentlich-rechtlich gestalteter Ver- und Entsorgungsverhältnisse mit Ausnahme der Regelung der Verwaltungsverfahren.

Schrifttum

Hermann/Recknagel/Schmidt-Salzer, Kommentar zu den Allgemeinen Versorgungsbedingungen für Elektrizität, Gas, Fernwärme und Wasser (KommzAVB), Bd I (1981), Bd II (1984)

Knemeyer/U Emmert, Die VO über die Wasserversorgung ist wegen Verstoßes gegen das Selbstverwaltungsrecht verfassungswidrig, JZ 1982, 84

Ludwig Odenthal, Die VO über die Allgemeinen Bedingungen für die Versorgung mit Wasser v. 20. 6. 1980 mit Erläuterungen (1981)

Rott/Butters, Öffentliche Dienstleistungen und Vertragsgerechtigkeit im Lichte des Gemeinschaftsrechts, VuR 1999, 197.

1 Die Vorschrift stand bis zum Erlass des Schuldrechtsmodernisierungsgesetzes als § 27 im AGBG. Das war damals schon eine systematische Verlegenheitslösung, weil es für Wasser- und Fernwärmeversorgung ein dem EnWG vergleichbares Gesetz nicht gibt. Zum Erlass von Rechtsverordnungsbedingungen für die Entsorgung von Abwasser wurde in Art 2 Abs 2 des ÜberweisungsG v 21. 7. 1999 (BGBl I 1642) eine entsprechende Rechtsgrundlage begründet und gleichzeitig das Einvernehmen des Bundesministeriums der Justiz gefordert. Gleichzeitig wurde auch klargestellt, dass die Ermächtigung wie in § 7 Abs 2 EuWG auch Rahmenregelungen für Entgelte erfasst (vergleichbar BTO Elt [BGBl I 2255]). Nach der **amtlichen Begründung** zum Regierungsentwurf des AGBG (BR-Drucks 360/75, 44 f) sollte die damalige Ermächtigungsnorm des § 7 EWG zur wirtschaftlichen Gestaltung der AVB an Art 80 Abs 1 S 1 GG angepasst und inhaltlich ein angemessener Interessenausgleich zwischen privatrechtlichen und öffentlich-rechtlich organisierten Versorgungsunternehmen einerseits und den Tarifabnehmern (für Sonderabnehmer vgl die teilweise Gleichstellung in § 23 Abs 2 Nr 2 AGBG [s vorerst noch dort Rn 22 ff] = nunmehr § 310 Abs 2 BGB) andererseits angestrebt werden.

2 Der Verlegenheitsstandort der Vorschrift und ihrer Vorgängerin hat dazu geführt, dass Rechtssprechung und Literatur sich vornehmlich mit den (heute) in § 11 Abs 2 EnWG behandelten Energieversorgungsbedingungen befassten und die in Art 243 genannten Bedingungen im Lichte der Energieversorgungsbedingungen gesehen werden. Die seinerzeit durch § 26 AGBG geschaffene Ermächtigungsgrundlage des § 7 Abs 2 EnWG verstieß weder gegen Art 80 Abs 1 S 2 GG noch, bezüglich Abs 2, gegen das kommunale Selbstverwaltungsrecht (BVerfG NVwZ 1982, 306 = JZ 1982, 288; abl Knemeyer/Emmert 284; BGHZ 100, 1, 4). Der Verordnungsgeber hatte von der Ermächtigung durch die Verordnungen über Allgemeine Bedingungen für die Elektrizitätsversorgung von Tarifkunden (AVBEltV) und für Gasversorgung für Tarifkunden (AVBGasV), beide von 21. 6. 1979, Gebrauch gemacht (heute idF BGBl 2002 I 1250). Von der Verordnungsermächtigung des § 27 AGBG wurde durch Erlass der Verordnungen über Allgemeine Bedingungen für die Versorgung mit Fernwärme und über die Versorgung mit Wasser (AVB-FernwärmeV und AVBWasserV) vom 20. 6. 1980 jeweils mit Rückwirkung zum 1. 4. 1980 Gebrauch gemacht (BGBl I 742, 750). Die Rückwirkung war nicht verfassungswidrig (BGHZ 100, 1, 5). Allgemeine Bedingungen für die Entsorgung von Abwässern sind in Vorbereitung. Sie sind nicht zu verwechseln mit der aufgrund von § 7a Abs 1 S 3 u 4, Abs 2 WHG ergangenen AbwasserVO (idF der Bek v 15. 10. 2002, BGBl I 4047).

3 Soweit die als Rechtsnormen zu qualifizierenden AVB Geltung beanspruchen, ist für die Anwendung von §§ 305 ff BGB kein Raum (KG VersR 1985, 288). Auch die EG-Richtlinie 93/13 EWG über missbräuchliche Klauseln findet auf bindende Rechtsvorschriften, also auch auf Verordnungen, keine Anwendung (**aA** mit kühner Argumentation Rott/Butters VuR 1999, 197 ff). Anders kann es jedoch sein, soweit Energieversorgungsunternehmen auf der Grundlage der AVB zusätzlich besondere „ergänzende Bedingungen" verwenden (Ulmer §§ 26, 27 AGBG Rn 3). Erörtert wird, inwieweit unangemessene Bestandteile der Verordnungsbedingungen von der Ermächtigungsgrundlage gedeckt werden (Kommentare zu § 23 AGBG bzw § 310 Abs 2 BGB nF, Ulmer[9] § 27 AGBG Rn 6).

Im Rahmen der Versorgung mit Strom und Gas gilt die Rechtsnormqualität der AVB nicht für Sonderabnehmer. Gemäß § 310 Abs 2 BGB kommt ihnen gegenüber eine Inhaltskontrolle nach §§ 308, 309 BGB nicht in Betracht, sie ist aber nach § 307 BGB möglich (vgl vorerst noch § 23 AGBG Rn 22 ff). Dann haben Allgemeine Versorgungsbedingungen Leitbildfunktion für die Inhaltskontrolle (BGHZ 138, 118, 126 = NJW 1998, 1640). Haftungsbeschränkungen, die sonst nicht wirksam sind, können dadurch gedeckt sein (str). Bei der Fernwärme- und Wasserversorgung sind Industriekunden aus dem Geltungsbereich der AVB ausgeschlossen (§ 1 Abs 2 AVB FernwärmeV, § 1 Abs 2 AVB WasserV). Für nach dem 31. 3. 1980 abgeschlossene Verträge fand daher das AGBG und finden heute §§ 305 ff BGB Anwendung (dazu detailliert Hermann/Recknagel/Schmidt-Salzer Einl Rn 33 ff und 39 ff).

4 Nach ständiger Rechtsprechung des EuGH (zuletzt Rs C-35/99 „Arduino" EuGH 2002 I 1529 = JZ 02, 453 Anm Schlosser) liegt eine Verletzung europäischen Wettbewerbsrechts nicht vor, wenn eine rechtsatzmäßige Entgelts- und Bedingungsregelung von „Sachverständigen" ausgeht, die „gesetzlich verpflichtet sind, … nicht nur die Interessen der Unternehmen oder der Unternehmensvereinigungen …, sondern auch die Interessen der Allgemeinheit und das Interesse der Unternehmen anderer Sektoren oder derjenigen, die die entsprechende Dienstleistung in Anspruch nehmen, zu berücksichtigen". Auch Entgeltfestlegungen in den Verordnungen sind daher europarechtlich möglich.

Artikel 244 EGBGB
Abschlagszahlungen beim Hausbau

Das Bundesministerium der Justiz wird ermächtigt, im Einvernehmen mit dem Bundesministerium für Wirtschaft und Technologie durch Rechtsverordnung ohne Zustimmung des Bundesrates auch unter Abweichung von § 632a des Bürgerlichen Gesetzbuches zu regeln, welche Abschlagszahlungen bei Werkverträgen verlangt werden können, die die Errichtung eines Hauses oder eines vergleichbaren Bauwerks zum Gegenstand haben, insbesondere wie viele Abschläge vereinbart werden können, welche erbrachten Gewerke hierbei mit welchen Prozentsätzen der Gesamtbausumme angesetzt werden können, welcher Abschlag für eine in dem Vertrag enthaltene Verpflichtung zur Verschaffung des Eigentums angesetzt werden kann und welche Sicherheit dem Besteller hierfür zu leisten ist.

Materialien: Art 2 G zur Modernisierung des Schuldrechts v 26. 11. 2001 (BGBl I 3138). Übernommen aus § 27a AGBG, dieser geschaffen durch das G zur Beschleunigung fälliger Zahlungen v 30. 3. 2000 (BGBl I 330).

Schrifttum

SCHMIDT-RÄNTSCH, Rechtssicherheit für Bauträgerverträge, NZBau 2001, 356
THODE, Rechtssicherheit für den Bauträgervertrag – eine Phantasmagorie, ZfIR 2001, 346
VOPPEL, Abschlagszahlungen im Baurecht und § 632a BGB, BauR 2001, 1165
WAGNER, Ratenzahlungsvereinbarungen in Bauträgerverträgen nach der Entscheidung des BGH vom 22. 12. 2000, ZfBR 2001, 363
ders, Wie rechtssicher ist die nachträgliche Absenkung des Verbraucherschutzes in Bauträgerverträgen?, BauR 2001, 1313
ders, Verfassungsrechtliche Probleme des § 27a AGBG, einer Bausicherungsverordnung und einer eventuellen Hausbauverordnung – Auswirkungen für den Bauträgervertrag, ZfIR 2001, 422.
Vgl auch die Nachweise bei § 632a BGB.

Systematische Übersicht

I. Allgemeines

1 Die Bestimmung ist gleichzeitig mit § 632a BGB durch das G zur Beschleunigung fälliger Zahlungen geschaffen und damals zunächst in das AGBG als dessen § 27a eingestellt worden. Das G zur Modernisierung des Schuldrechts hat sie dann – mit einer geringfügigen sprachlichen Änderung – an ihren jetzigen Standort überstellt.

§ 632a BGB erkennt das wirtschaftliche Bedürfnis nach Abschlagszahlungen bei Werkverträgen an: Ist der Werklohn erst bei Ablieferung des fertigen Werkes zu entrichten, § 641 BGB, wird der Unternehmer mit einer Vorfinanzierungslast konfrontiert, die erheblich ist, zumal Werkverträge im Baubereich – aber nicht nur dort – weithin ein finanzielles Volumen haben, das die Finanzkraft des Unternehmers anspannt. Zudem fließen dem Besteller in aller Regel wegen der §§ 946f, 93f BGB durch den Fortschritt der Arbeiten des Unternehmers schon vor der Abnahme Werte zu; daß die Gefahr ihres Untergangs wegen § 644 BGB einstweilen noch bei dem Unternehmer liegt, kann dabei vernachlässigt werden.

§ 632a BGB betrifft freilich sämtliche Werkverträge und sieht dabei Abschlagszahlungen für „in sich abgeschlossene Teile des Werkes" vor (vgl zu diesem problematischen Begriff des § 632a S 1 BGB Staudinger/Peters [2003] § 632a Rn 4 ff). Außerdem kann schon – bei Sicherheitsleistung – ein Abschlag für angelieferte Stoffe oder Bauteile verlangt werden, § 632a S 2, 3 BGB. Letztere Sicherheit ergibt sich im Falle des § 632a S 1 BGB schon aus dem erreichten Bautenstand.

Art 244 EGBGB soll eine Rechtsverordnung ermöglichen, die den speziellen Verhältnissen beim Hausbau gerecht wird.

Mittlerweile ist auf der Basis dieser Ermächtigungsgrundlage die Verordnung über Abschlagszahlungen bei Bauträgerverträgen v 23. 5. 2001 (BGBl I 981) erlassen worden. Sie ist wiedergegeben und erläutert u Rn 7 ff.

II. Gehalt der Bestimmung

1. Anwendungsbereich

2 Die Bestimmung gilt für *Werkverträge*, die *Bauleistungen* zum Gegenstand haben.

a) Damit betrifft sie jedenfalls *nicht* Verträge mit *Architekten*, Statikern und anderen Sonderfachleuten, zB Bodengutachtern, wie sie auf planerische Leistungen für den Hausbau gerichtet sind; jene Personen schulden nicht die Errichtung eines Hauses.

b) Es muß um die Errichtung eines Hauses oder eines vergleichbaren Bauwerks gehen.

aa) Hierunter fällt jedenfalls der Neubau. Was nachträgliche Arbeiten an bestehenden Häusern betrifft, kann an den Begriff des Bauwerks iSd §§ 634a Abs 1 Nr 2, 648 BGB angeknüpft werden (vgl Staudinger/Peters [2003] § 634a Rn 17, § 648 Rn 11 ff); es muß also um Maßnahmen gehen, die für Erhaltung und Bestand des Gebäudes von wesentlicher Bedeutung sind.

Es genügt auch die Errichtung technischer Anlagen, zB eines Umschaltwerks, einer Schleuse, eines Kanals.

Nicht ausreichend sind – gegenüber § 648a Abs 1 S 1 BGB – bloße Außenanlagen, also insbesondere Gartengestaltung, der Bau von Straßen, Parkplätzen, Sportanlagen.

bb) Bei Bauleistungen in dem genannten Sinne ist es unerheblich, ob der Unternehmer nur für ein einzelnes Gewerk zuständig ist, zB als Elektriker, Dachdecker, Klempner oder für eine Mehrzahl oder gar alle. Im letzteren Fall der umfassenden Zuständigkeit ist es wiederum unerheblich, ob er die Leistungen selbst bzw im eigenen Betrieb erbringt oder sich von Subunternehmern zuliefern läßt, mag dies in Teilen oder wiederum umfassend geschehen.

Nicht an der Errichtung beteiligt und im übrigen auch nicht auf der Basis eines Werkvertrages tätig ist der Lieferant von Bauteilen.

c) Zweifelhaft ist, ob und ggf inwieweit Art 244 zu Regelungen in bezug auf den Vertrag mit dem **Bauträger** ermächtigt, wie dieser seinem Vertragspartner Eigentum an Hausgrundstück oder Eigentumswohnung rechtsgeschäftlich verschafft. 3

Allerdings ist davon auszugehen, daß die Bestimmung nach den Intentionen ihrer Verfasser auch ihn betreffen soll. Die Verpflichtung zur Verschaffung des Eigentums, von der an ihrem Ende die Rede ist, ist nicht nur auf den gesetzlichen Eigentumserwerb vom „normalen“ Werkunternehmer zu beziehen, sondern gerade auch auf den rechtsgeschäftlichen vom Bauträger. Aber schon dies beleuchtet, daß mit ihm nicht eigentlich ein Werkvertrag zustande kommt, wie dies dieselbe Bestimmung voraussetzt. Der Bauträgervertrag war eben immer eine eigentümliche Mischung von Kauf und Werkvertrag; das G zur Modernisierung des Schuldrechts läßt ihn jetzt im Kern als einen Kaufvertrag erscheinen (vgl Staudinger/Peters [2003] Vorbem 129 zu §§ 631 ff, § 632a Rn 25 ff, § 651 Rn 4 ff). Die Anwendung von Werkvertragsrecht sollte im wesentlichen bei Baumängeln zu einer angemessenen Gewährleistung verhelfen; die Umgestaltung der kaufrechtlichen Gewährleistung hat dieses Bedürfnis entfallen lassen. Zweifelhaft war damit speziell die Geltung des § 632a für den Bauträgervertrag (dazu Staudinger/Peters [2003] § 632a Rn 24 ff). Art 244 scheint sie zu bestätigen, will aber gerade loskommen von der – angenommenen – Verbindlichkeit des § 632a BGB.

Richtigerweise wird anzunehmen sein:

- Art 244 soll auch Ermächtigungsgrundlage für den Bauträgervertrag sein,
- § 632a BGB gab für dessen Zahlungsmodalitäten aber unmittelbar nichts vor,
- gleichwohl war die Vereinbarung von Abschlagszahlungen auch bei diesem Vertragstyp möglich,
- sie mußte aber angemessen sein,
- und hierfür gaben die §§ 3 Abs 2, 7 MaBV akzeptable Vorgaben,
- von denen aber nicht zu Lasten des Erwerbers abgewichen werden durfte, sollte die Regelung nicht unangemessen iSd § 307 werden (vgl Staudinger/Peters [2003] § 632a Rn 24 u 29).

2. Vorgesehene Regelungsmöglichkeiten

a) Den Kern der Bestimmung bildet die **Gestattung der Abweichung von § 632a BGB** (vgl dazu u Rn 5). 4

b) Im folgenden präzisiert die Bestimmung dies:

aa) Es soll die *Zahl der Abschlagszahlungen* vorgegeben werden können.

Das ist eine sinnlose Regelung. Es läßt sich weder eine mögliche Mindest- noch eine mögliche Höchstzahl angeben. Wären zB 10 Abschlagszahlungen vorgegeben, so muß es den Parteien im Rahmen der Privatautonomie möglich sein, diese entweder zusammenzuziehen oder aufzuspalten, solange das Regelungswerk nicht entweder intransparent wird oder – durch vorschnelle Zahlungsziele – unangemessen.

bb) Die Abschlagszahlungen sollen nach *Gewerken* festgelegt werden können.

Das ist sinnvoll, weil es entscheidend auf die Abrechnungsfähigkeit ankommen muß (vgl Staudinger/Peters [2000] § 632a Rn 6), wie sie so am besten gewährleistet ist. Auch § 3 Abs 2 MaBV geht diesen Weg.

cc) Das *Gewicht der Gewerke* soll festgelegt werden können.

Das ist wiederum sinnlos, weil sich hier je nach Charakter des Gebäudes erhebliche Unterschiede ergeben können, denen eine starre Regelung nicht Rechnung tragen kann. Möglich ist es allenfalls, zum Schutz der Erwerber jeweils Höchstsätze festzulegen.

dd) Die *Verpflichtung zur Eigentumsverschaffung* soll einen Abschlag auslösen dürfen.

Das ist absurd, denn der Abschluß des Vertrages bedeutet noch keine Leistung, so daß die Zahlung des Erwerbers kein Abschlag, sondern eine Vorauszahlung wäre; der Abschlagszahlung müssen *erbrachte Teilleistungen* gegenüberstehen (vgl Staudinger/Peters [2003] § 641 Rn 10).

ee) Nur die am Ende der Bestimmung angesprochene *Sicherheit* für die Verschaffungspflicht (Vormerkung) kann eine abschlagsfähige Teilleistung sein.

III. Mögliche Regelungen der Verordnung

1. Freiheit des Verordnungsgebers

5 Die gestattete Verordnung braucht nicht erlassen zu werden (**aA** Wagner ZfIR 2001, 422). Es ergibt sich keine Regelungslücke, weil das Vakuum entweder durch § 632a BGB oder durch allgemeine zivilrechtliche Grundsätze gefüllt wird.

2. Regelungsprogramm

Art 80 Abs 1 S 2 GG gibt es dem Gesetzgeber vor, Inhalt, Zweck und Ausmaß der Verordnung zu bestimmen, zu deren Erlaß er ermächtigt. Es muß **das Regelungsprogramm zu ermitteln sein** (BVerfGE 78, 249, 272 ff; Bryde, in: vMünch/Kunig, GG [3. Aufl 1996] Art 80 Rn 20). Daran fehlt es.

Freilich ließe sich im Wege der Auslegung der Bestimmung annehmen, daß nur eine das Gesetzesrecht des BGB präzisierende Verordnung möglich sein soll, Zweck/Regelungsprogramm also Klarheit im Detail ist. Damit hätte der Verordnungsgeber hinreichende Vorgaben.

Indessen ist Kern der Ermächtigung gerade nicht die nähere Erläuterung des § 632a BGB, sondern eben die *Gestattung der Abweichung von dieser Bestimmung*. Insoweit enthält sich Art 244 jeder Aussage darüber, in welche Richtung und wie weit diese Abweichung gehen darf. Eine entsprechende abweichende Regelung der Verordnung wäre von ihrer Grundlage in Art 244 nicht gedeckt. Eine § 632a BGB präzisierende Regelung wäre überflüssig.

3. Verantwortlichkeit für die Regelung

6 Der zum Erlaß einer Rechtsverordnung ermächtigende Gesetzgeber muß die letzte Verantwortlichkeit für die zu treffende Regelung behalten; es darf nicht der originäre politische Gestaltungswille der Exekutive zum Ausdruck kommen (BVerfGE 78, 249, 273). Mit der Gestattung der Abweichung von § 632a BGB macht der Gesetzgeber den Verordnungsgeber aber mächtiger als sich selbst, zumal er ihn dabei ohne weitere Vorgaben läßt. Die Verantwortung ist abgegeben.

4. Ergebnis

Im Ergebnis taugt die Bestimmung des Art 244 nicht als Ermächtigungsgrundlage für eine Verordnung – generell nicht und damit speziell auch nicht für die Verordnung über Abschlagszahlungen bei Bauträgerverträgen (dazu u Rn 7), die auf ihrer Basis erlassen worden ist.

IV. Verordnung über Abschlagszahlungen bei Bauträgerverträgen

7 Auf der Basis noch des § 27a AGBG ist die **Verordnung über Abschlagszahlungen** v 23. 5. 2001 (BGBl I 981) erlassen worden. Sie nimmt in ihrem Vorspruch auf diese Bestimmung Bezug und lautet:

§ 1
Zulässige Abschlagszahlungsvereinbarungen

In Werkverträgen, die die Errichtung eines Hauses oder eines vergleichbaren Bauwerks auf einem Grundstück zum Gegenstand haben und zugleich die Verpflichtung des Unternehmers enthalten, dem Besteller das Eigentum an dem Grundstück zu übertragen oder ein Erbbaurecht zu bestellen oder zu übertragen, kann der Besteller zur Leistung von Abschlagszahlungen entsprechend § 3 II der Makler- und Bauträgerverordnung unter den Voraussetzungen ihres § 3 I verpflichtet werden. Unter den Voraussetzungen des § 7 MaBV kann der Besteller auch abweichend von ihrem § 3 I und II zur Leistung von Abschlagszahlungen verpflichtet werden. Die Stellung weitergehender Sicherheiten für die Abschlagszahlungen braucht nicht vorgesehen zu werden.

§ 2
Betroffene Verträge

Diese Verordnung ist auch auf zwischen dem 1. 5. 2000 und dem 29. 5. 2001 abgeschlossene Verträge anzuwenden. Dies gilt nicht, soweit zwischen den Vertragsparteien ein rechtskräftiges Urteil ergangen oder ein verbindlich gewordener Vergleich abgeschlossen worden ist.

§ 3
In-Kraft-Treten

Diese Verordnung tritt am Tage nach der Verkündigung in Kraft.

1. Anlaß und Gegenstand der Regelung

8 Die Verordnung macht von ihrer Ermächtigungsgrundlage nur sehr eingeschränkt Gebrauch, wenn sie sich *nur dem Bauträgervertrag* zuwendet. Dabei unterstellt sie überhaupt schon, daß der Bauträgervertrag ein „Werkvertrag" ist, der „die Errichtung eines Hauses" zum Gegenstand hat, wie dies die Ermächtigungsgrundlage des § 27a AGBG/Art 244 EGBGB für ihren Anwendungsbereich vorgibt. Das ist zweifelhaft und im Ergebnis zu verneinen (o Rn 3).

Besonders paradox ist es dabei, daß man zu Zeiten des § 27a AGBG – dh vor Inkrafttreten des G zur Modernisierung des Schuldrechts – den werkvertraglichen Charakter des Bauträgervertrages noch eher annehmen konnte, weil damals das andere Kernproblem dieses Vertragstyps, die Gewährleistungsfrage, nur angemessen durch den Rückgriff auf die §§ 633 ff BGB aF gelöst werden konnte; die damaligen kaufrechtlichen Regelungen der §§ 459 ff, namentlich § 477 BGB aF, waren gänzlich inakzeptabel. Gleichzeitig mit der Überstellung des § 27a AGBG in Art 244 EGBGB hat aber eben das G zur Modernisierung des Schuldrechts mit seinen §§ 434 ff BGB eine angemessene kaufrechtliche Regelung der Gewährleistungsproblematik geschaffen.

Bei § 27a AGBG handelt es sich um eine Panikreaktion darauf, daß die Ansicht vertreten worden war, daß die MaBV als *gewerberechtliche Regelung* in ihren §§ 3, 7 die *zivilrechtliche* Frage, welcher Zahlungsfluß bei einem Bauträgervertrag angemessen ist, nicht zu regeln vermöge, sondern der Vertrag insoweit an den §§ 307 Abs 2 Nr 1, 632a, 641 BGB zu messen sei und diesen – trotz Einhaltung der Vorgaben der MaBV – möglicherweise nicht genüge (Thode – Mitglied des zuständigen VII. Senats des BGH – ZfIR 2001, 345; Wagner ZfIR 2001, 422). Das hätte zahlreiche Verträge in ihrer Wirksamkeit bedroht und überhaupt eine ganze Branche in ihrer wirtschaftlichen Bewegungsfreiheit, scheint sie doch auf einen frühzeitigen Zahlungsfluß angewiesen zu sein.

2. Statische Verweisung

9 Die Verordnung nimmt nur Bezug auf die MaBV idF der Bekanntmachung v 16. 11. 1975 (BGBl I 2479) mit der letzten zu berücksichtigenden Änderung durch G v 16. 6. 1998 (BGBl I 1391); zu ihren Einzelheiten vgl Marcks, MaBV (6. Aufl 1998); Bergmeister/Reiss, MaBV für Bauträger (3. Aufl 1999). Denn zum Erlaß der MaBV ist der Bundesminister für Wirtschaft durch § 34c Abs 3 GewO ermächtigt worden, zum Erlaß der Verordnung über Abschlagszahlungen aber – in Abweichung von der sprachlichen Vorgabe des Art 80 Abs 1 S 1 GG – das Bundesministerium der Justiz. Als dynamische Verweisung verstanden wäre die Verordnung damit eine unzulässige Subdelegation.

3. Ergebnis der Regelung

Die Regelung ist gegenstandslos (vgl auch Schmidt-Ränsch NZBau 2001, 356, 357), weil der Bauträgervertrag in Bezug auf den Zahlungsverkehr eben nie ein Werkvertrag war und damit auch nicht § 632a BGB unterlag, durch das G zur Modernisierung des Schuldrechts im übrigen noch weiter vom Werkvertragsrecht „abgekoppelt" worden ist.

Zahlungsregelungen in Bauträgerverträgen müssen § 307 BGB genügen. Das tun sie aber, wenn sie nicht zu Lasten des Erwerbers von den §§ 3, 7 MaBV abweichen (vgl Staudinger/Peters [2003] § 632a Rn 24 u 29).

Artikel 245 EGBGB
Belehrung über Widerrufs- und Rückgaberecht

Das Bundesministerium der Justiz wird ermächtigt, durch Rechtsverordnung, die der Zustimmung des Bundesrates nicht bedarf,

1. **Inhalt und Gestaltung der dem Verbraucher gemäß § 355 Abs. 2 Satz 1, § 356 Abs. 1 Satz 2 Nr. 1 und den diese ergänzenden Vorschriften des Bürgerlichen Gesetzbuchs mitzuteilenden Belehrung über das Widerrufs- und Rückgaberecht festzulegen**

2. **und zu bestimmen, wie diese Belehrung mit den auf Grund der Artikel 240 bis 242 zu erteilenden Informationen zu verbinden ist.**

BGB-InfoV
§ 14
Form der Widerrufs- und Rückgabebelehrung, Verwendung eines Musters

(1) Die Belehrung über das Widerrufsrecht genügt den Anforderungen des § 355 Abs. 2 und den diesen ergänzenden Vorschriften des Bürgerlichen Gesetzbuchs, wenn das Muster der Anlage 2 in Textform verwandt wird.

(2) Die Belehrung über das Rückgaberecht genügt den Anforderungen des § 356 Abs. 1 Satz 2 Nr. 1 und den diesen ergänzenden Vorschriften des Bürgerlichen Gesetzbuchs, wenn das Muster der Anlage 3 verwandt wird.

(3) Verwendet der Unternehmer für die Belehrung das Muster der Anlage 2 oder 3, darf er in Format und Schriftgröße von dem Muster abweichen und Zusätze wie die Firma oder ein Kennzeichen des Unternehmers anbringen.

(4) Belehrt der Unternehmer den Verbraucher ohne Verwendung des Musters der Anlage 2 oder 3 über sein Widerrufs- oder Rückgaberecht, muss er in der Belehrung seine ladungsfähige Anschrift angeben.

Anlage 2
(zu § 14 Abs. 1 und 3)

Muster
für die Widerrufsbelehrung

Widerrufsbelehrung

Widerrufsrecht

Sie können Ihre Vertragserklärung innerhalb von [zwei Wochen] ① ohne Angabe von Gründen in Textform (z. B. Brief, Fax, E-Mail) [oder durch Rücksendung der Sache] ② widerrufen. Die Frist beginnt frühestens mit Erhalt dieser Belehrung. Zur Wahrung der Widerrufsfrist genügt die rechtzeitige Absendung des Widerrufs [oder der Sache] ②. Der Widerruf ist zu richten an: ③

Widerrufsfolgen ④

Im Falle eines wirksamen Widerrufs sind die beiderseits empfangenen Leistungen zurückzugewähren [und ggf. gezogene Nutzungen (z. B. Zinsen) herauszugeben] ⑤. Können Sie uns die empfangene Leistung ganz oder teilweise nicht oder nur in verschlechtertem Zustand zurückgewähren, müssen Sie uns insoweit ggf. Wertersatz leisten. [Bei der Überlassung von Sachen gilt dies nicht, wenn die Verschlechterung der Sache ausschließlich auf deren Prüfung – wie sie Ihnen etwa im Ladengeschäft möglich gewesen wäre – zurückzuführen ist. Im Übrigen können Sie die Wertersatzpflicht vermeiden, indem Sie die Sache nicht wie ein Eigentümer in Gebrauch nehmen und alles unterlassen, was deren Wert beeinträchtigt. Paketversandfähige Sachen sind [auf unsere Kosten und Gefahr] ⑥ zurückzusenden. Nicht paketversandfähige Sachen werden bei Ihnen abgeholt.] ②

Besondere Hinweise ⑦

Finanzierte Geschäfte ⑧

(Ort), (Datum), (Unterschrift des Verbrauchers) ⑨

Gestaltungshinweise

① Wird die Belehrung erst nach Vertragsschluss mitgeteilt, lautet der Klammerzusatz „einem Monat".

② Der Klammerzusatz kann bei Leistungen, die nicht in der Überlassung von Sachen bestehen, entfallen.

③ Einsetzen: Namen/Firma und ladungsfähige Anschrift des Widerrufsadressaten.
Zusätzlich können angegeben werden Telefaxnummer, E-Mail-Adresse und/oder, wenn der Verbraucher eine Bestätigung seiner Widerrufserklärung an den Unternehmer erhält, auch eine Internet-Adresse.

④ Dieser Absatz kann entfallen, wenn die beiderseitigen Leistungen erst nach Ablauf der Widerrufsfrist erbracht werden. Dasselbe gilt, wenn eine Rückabwicklung nicht in Betracht kommt (z. B. Hereinnahme einer Bürgschaft).

⑤ Der Klammerzusatz entfällt bei Widerrufsrechten nach § 485 Abs. 1 BGB.

⑥ Ist entsprechend § 357 Abs. 2 Satz 3 BGB eine Übernahme der Versandkosten durch den Verbraucher vereinbart worden, kann der Klammerzusatz weggelassen werden. Stattdessen ist an dieser Stelle in das Muster folgender Text aufzunehmen:

„Bei einer Rücksendung aus einer Warenlieferung, deren Bestellwert insgesamt bis zu 40 Euro beträgt, haben Sie die Kosten der Rücksendung zu tragen, wenn die gelieferte Ware der bestellten entspricht. Anderenfalls ist die Rücksendung für Sie kostenfrei."

⑦ Bei einem Widerrufsrecht gemäß § 312d Abs. 1 BGB ist hier folgender Hinweis aufzunehmen:

„Ihr Widerrufsrecht erlischt vorzeitig, wenn Ihr Vertragspartner mit der Ausführung der Dienstleistung mit Ihrer ausdrücklichen Zustimmung vor Ende der Widerrufsfrist begonnen hat oder Sie diese selbst veranlasst haben (z. B. durch Download etc.)."

Bei einem Widerrufsrecht nach § 485 Abs. 1 BGB ist hier folgender Hinweis aufzunehmen:

„Die Widerrufsfrist verlängert sich auf einen Monat, wenn Ihnen nicht bereits vor Vertragsschluss ein Prospekt über das Wohnungsobjekt ausgehändigt worden ist oder wenn der Prospekt nicht in der Sprache des Staates, dem Sie angehören oder in dem Sie Ihren Wohnsitz haben, abgefasst ist. Ist der Prospekt in deutsch abgefasst, gilt dies, wenn Sie Bürger eines Mitgliedstaats der Europäischen Union oder eines Vertragsstaats des Abkommens über den Europäischen Wirtschaftsraum sind, nur, wenn Sie um einen Prospekt in der oder einer der Amtssprachen Ihres Heimatlandes gebeten und ihn nicht erhalten haben.

Bei Widerruf müssen Sie ggf. auch die Kosten einer notariellen Beurkundung erstatten."

Sofern bei einem Widerrufsrecht nach § 495 Abs. 1 BGB eine Regelung einschlägig ist, nach der der Widerruf bei nicht rechtzeitiger Rückzahlung des Darlehens als nicht erfolgt gilt, ist hier folgender Hinweis aufzunehmen:

„Ihr Widerruf gilt als nicht erfolgt, wenn Sie das empfangene Darlehen nicht binnen zwei Wochen entweder nach Erklärung des Widerrufs oder nach Auszahlung des Darlehens zurückzahlen."

Diese Rubrik entfällt, wenn keiner der vorgenannten Fälle einschlägig ist.

⑧ Die nachfolgenden Hinweise für finanzierte Geschäfte können entfallen, wenn ein verbundenes Geschäft nicht vorliegt.

Wenn für das finanzierte Geschäft belehrt werden soll, lautet der Hinweis wie folgt:

„Haben Sie diesen Vertrag durch ein Darlehen finanziert und widerrufen Sie den finanzierten Vertrag, sind Sie auch an den Darlehensvertrag nicht mehr gebunden, wenn beide Verträge eine wirtschaftliche Einheit bilden. Dies ist insbesondere anzunehmen, wenn wir gleichzeitig Ihr Darlehensgeber sind oder wenn sich Ihr Darlehensgeber im Hinblick auf die Finanzierung unserer Mitwirkung bedient. Wenn uns das Darlehen bei Wirksamwerden des Widerrufs oder der Rückgabe bereits zugeflossen ist, können Sie sich wegen der Rückabwicklung nicht nur an uns, sondern auch an Ihren Darlehensgeber halten."

Wenn für den Darlehensvertrag belehrt werden soll, lautet der Hinweis wie folgt:

„Widerrufen Sie diesen Darlehensvertrag, mit dem Sie Ihre Verpflichtungen aus einem anderen Vertrag finanzieren, so sind Sie auch an den anderen Vertrag nicht gebunden, wenn beide Verträge eine wirtschaftliche Einheit bilden. Dies ist insbesondere anzunehmen, wenn wir zugleich auch Ihr Vertragspartner im Rahmen des anderen Vertrags sind, oder wenn wir uns bei Vorbereitung und Abschluss des Darlehensvertrags der Mitwirkung Ihres Vertragspartners bedienen. Können Sie auch den anderen Vertrag widerrufen, so müssen Sie den Widerruf gegenüber Ihrem diesbezüglichen Vertragspartner erklären.

Wird mit diesem Darlehensvertrag die Überlassung einer Sache finanziert, gilt Folgendes: Wenn Sie diese Sache im Falle des Widerrufs ganz oder teilweise nicht oder nur in verschlechtertem Zustand zurückgeben können, haben Sie dafür ggf. Wertersatz zu leisten. Dies gilt nicht, wenn die Verschlechterung der Sache ausschließlich auf deren Prüfung – wie sie Ihnen etwa im Ladengeschäft möglich gewesen wäre – zurückzuführen ist. Im Übrigen können Sie die Wertersatzpflicht vermeiden, indem Sie die Sache nicht wie ein Eigentümer in Gebrauch nehmen und alles unterlassen, was deren Wert beeinträchtigt. Paketversandfähige Sachen sind [auf Kosten und Gefahr Ihres Vertragspartners] ⑥ zurückzusenden. Nicht paketversandfähige Sachen werden bei Ihnen abgeholt. Wenn Ihrem Vertragspartner das Darlehen bei Wirksamwerden des Widerrufs oder der Rückgabe bereits zugeflossen ist, können Sie sich wegen der Rückabwicklung nicht nur an diesen, sondern auch an uns halten."

Bei einem finanzierten Erwerb eines Grundstücks oder eines grundstücksgleichen Rechts ist Satz 2 der vorstehenden Hinweise durch den folgenden Satz zu ersetzen:

„Dies ist nur anzunehmen, wenn die Vertragspartner in beiden Verträgen identisch sind oder wenn der Darlehensgeber über die Zurverfügungstellung von Darlehen hinausgeht und Ihr Grundstücksgeschäft durch Zusammenwirken mit dem Veräußerer fördert, indem er sich dessen Veräußerungsinteressen ganz oder teilweise zu Eigen macht, bei der Planung, Werbung oder Durchführung des Projekts Funktionen des Veräußerers übernimmt oder den Veräußerer einseitig begünstigt."

⑨ Ort, Datum und Unterschriftsleiste können entfallen. In diesem Falle sind diese Angaben entweder durch die Wörter „Ende der Widerrufsbelehrung" oder durch die Wörter „Ihr(e) (einsetzen: Firma des Unternehmers)" zu ersetzen.

Anlage 3
(zu § 14 Abs. 2 und 3)

Muster
für die Rückgabebelehrung

Rückgabebelehrung

Rückgaberecht

Sie können die erhaltene Ware ohne Angabe von Gründen innerhalb von [zwei Wochen] ① durch Rücksendung der Ware zurückgeben. Die Frist beginnt frühestens mit Erhalt der Ware und dieser Belehrung. Nur bei nicht paketversandfähiger Ware (z. B. bei sperrigen Gütern) können Sie die Rückgabe auch durch Rücknahmeverlangen in Textform, also z. B. per Brief, Fax oder E-Mail erklären. Zur Wahrung der Frist genügt die rechtzeitige Absendung der Ware oder des Rücknahmeverlangens. In jedem Falle erfolgt die Rücksendung auf unsere Kosten und Gefahr. Die Rücksendung oder das Rücknahmeverlangen hat zu erfolgen an: ②

③ ④

Rückgabefolgen

Im Falle einer wirksamen Rückgabe sind die beiderseits empfangenen Leistungen zurückzugewähren und ggf. gezogene Nutzungen (z. B. Gebrauchsvorteile) herauszugeben. Bei einer Verschlechterung der Ware kann Wertersatz verlangt werden. Dies gilt nicht, wenn die Verschlechterung der Ware ausschließlich auf deren Prüfung – wie sie Ihnen etwa im Ladengeschäft möglich gewesen wäre – zurückzuführen ist. Im Übrigen können Sie die Wertersatzpflicht vermeiden, indem Sie die Ware nicht wie ein Eigentümer in Gebrauch nehmen und alles unterlassen, was deren Wert beeinträchtigt.

Finanziertes Geschäft ⑤

(Ort), (Datum), (Unterschrift des Verbrauchers)

Gestaltungshinweise:

① Wird die Belehrung erst nach Vertragsschluss mitgeteilt, lautet der Klammerzusatz „einem Monat".

② Einsetzen: Namen/Firma und ladungsfähige Anschrift des Rückgabeadressaten. Zusätzlich können angegeben werden Telefaxnummer, E-Mail-Adresse und/oder, wenn der Verbraucher eine Bestätigung seines Rücknahmeverlangens an den Unternehmer erhält, auch eine Internet-Adresse.

③ Hier kann der Hinweis hinzugefügt werden:

„Die Rückgabe paketfähiger Ware kann auch an (einsetzen: Namen/Firma und Telefonnummer einer Versandstelle) erfolgen, die die Ware bei Ihnen abholt."

④ Hier kann der Hinweis hinzugefügt werden:

„Bei Rücknahmeverlangen wird die Ware bei Ihnen abgeholt."

⑤ Der nachfolgende Hinweis für finanzierte Geschäfte kann entfallen, wenn ein verbundenes Geschäft nicht vorliegt:

„Haben Sie diesen Vertrag durch ein Darlehen finanziert und machen Sie von Ihrem Rückgaberecht Gebrauch, sind Sie auch an den Darlehensvertrag nicht mehr gebunden, wenn beide Verträge eine wirtschaftliche Einheit bilden. Dies ist insbesondere anzunehmen, wenn wir gleichzeitig Ihr Darlehensgeber sind oder wenn sich Ihr Darlehensgeber im Hinblick auf die Finanzierung unserer Mitwirkung bedient. Wenn uns das Darlehen bei Wirksamwerden des Widerrufs oder der Rückgabe bereits zugeflossen ist, können Sie sich wegen der Rückabwicklung nicht nur an uns, sondern auch an Ihren Darlehensgeber halten."

⑥ Ort, Datum und Unterschriftsleiste können entfallen. In diesem Falle sind diese Angaben entweder durch die Wörter „Ende der Rückgabebelehrung" oder durch die Wörter „Ihr(e) (einsetzen: Firma des Unternehmers)" zu ersetzen."

Materialien: Zusammenstellung des Entwurfs eines Gesetzes zur Modernisierung des Schuldrechts mit den Beschlüssen des Rechtsausschusses, BT-Drucks 14/7052; OLG-Vertretungsänderungsgesetz vom 23.7. 2002, BGBl I 2002, 2850; Zweite Verordnung zur Änderung der BGB-Informationspflichten-Verordnung vom 1.8. 2002 BGBl I 2002, 2985.

Schrifttum

Masuch, Musterhafte Widerrufsbelehrung des Bundesjustizministeriums, NJW 2002, 2931

Meinhof, Neuerungen im modernisierten Verbrauchervertragsrecht durch das OLG-Vertretungsgesetz, NJW 2002, 2273.

Systematische Übersicht

Alphabetische Übersicht

I. Umsetzung

1 Art 245 ist durch Art 2 Nr 3 des Gesetzes zur Modernisierung des Schuldrechts (vom 26. 11. 2001, BGBl I 3138) zum 1. 1. 2002 in das EGBGB eingefügt worden; er beruht auf einem Vorschlag des Rechtsausschusses (BT-Drucks 14/7052, 80). **Art 245 Nr 1 EGBGB** ermächtigt das Bundesministerium der Justiz, durch Rechtsverordnung festzulegen, wie die Belehrung über Widerrufsrecht und Rückgaberecht inhaltlich und äußerlich gestaltet sein soll, um den Anforderungen der §§ 355, 356 BGB zu genügen. Von dieser Ermächtigung hat das Bundesjustizministerium **mit Wirkung zum 1. 9. 2002** durch die 2. Verordnung zur Änderung der BGB-Informationspflichten-Verordnung (vom 1. 8. 2002, BGBl I 2002, 2985) Gebrauch gemacht und einen „Abschnitt 5: Belehrung über Widerrufs- und Rückgaberecht" in die BGB-InfoV eingefügt. Dieser Abschnitt 5 besteht aus einem einzigen Paragraphen (**§ 14 BGB-InfoV**) und zwei Anlagen: Nach § 14 Abs 1 BGB-InfoV genügt die Widerrufsbelehrung den Anforderungen des § 355 Abs 2 BGB und den diesen ergänzenden Vorschriften des BGB, wenn der Unternehmer das **Muster** in Anlage 2 verwendet; ebenso erfüllt der Unternehmer die Anforderungen des § 356 Abs 1 S 2 Nr 1 BGB und der diesen ergänzenden Vorschriften des BGB, wenn er für die Rückgabebelehrung das Muster in Anlage 3 nutzt.

2 Von der Ermächtigung des **Art 245 Nr 2 EGBGB**, durch Rechtsverordnung zu bestimmen, wie die Belehrung über Widerrufs- und Rückgaberecht mit den Informationen verbunden werden können, die nach Art 240–242 EGBGB bei Fernabsatzverträgen, Verträgen im elektronischen Geschäftsverkehr und Teilzeit-Wohnrechteverträgen erforderlich sind, hat das Bundesministerium der Justiz **keinen Gebrauch** gemacht – mit einer Ausnahme (näher Rn 22 f).

3 Laut § 14 Abs 1 und 2 BGB-InfoV „genügt" die Widerrufs- und die Rückgabebelehrung den Anforderungen des BGB, wenn die Muster in Anlage 2 und 3 verwendet werden. Das gilt aber nur, soweit sich die Musterbelehrungen nach § 14 BGB-InfoV **im Rahmen der Ermächtigungsgrundlage** halten und nicht gegen **höherrangiges Recht** verstoßen. Höherrangiges Recht sind die Voraussetzungen von Widerrufs- und Rückgaberecht nach BGB; nur innerhalb dieser Normen ermächtigt auch Art 245 EGBGB das Bundesjustizministerium zur näheren Ausgestaltung der Belehrung. Da die Musterbelehrungen teilweise hinter den Anforderungen des BGB zurückbleiben (Rn 16, 18, 21, 33 f), sind sie wegen Überschreitens der Ermächtigungsgrundlage und wegen Verstoßes gegen höherrangiges Recht **nichtig** (allg Ossenbühl, in: HStR III § 64 Rn 72; vMangoldt/Klein/Starck/Brenner[4] [2001] Art 80 GG Rn 72; Dreier/Bauer [1998] Art 80 GG Rn 43). Damit die Muster verwendet werden können und die darauf beruhende Widerrufs- und Rückgabebelehrung wirksam ist, muß der Gesetzgeber nachbessern. Bis dahin können die Musterbelehrungen allenfalls eine **„Leitbildfunktion"** entfalten: Verwendet ein Unternehmer ein Muster, merzt verwirrende Belehrungsteile aus (Rn 21, 34) und genügt den zusätzlichen, in den Mustern nicht enthaltenen Belehrungspflichten (Rn 16, 18, 33), spricht zwar nicht die Verordnung, aber zumindest eine tatsächliche Vermutung dafür, daß er den Verbraucher ordnungsgemäß belehrt hat.

4 Vertraut der Unternehmer auf die Musterbelehrung und verwendet diese, ohne zusätzlichen Belehrungspflichten zu genügen (Rn 16, 18, 33) und ohne verwirrende Belehrungsteile zu verändern (Rn 21, 34), ist die **Belehrung unwirksam**, da nicht dem BGB entsprechend: die Widerrufsfrist beginnt nicht zu laufen und der Verbraucher kann sein Widerrufsrecht bis zur Grenze der Verwirkung noch nach Jahren ausüben (Rn 12), ein Rückgaberecht entsteht erst gar nicht (Rn 28). Fraglich ist, ob der Unternehmer **Schadensersatzansprüche** gegen die Bundesrepublik Deutschland gelten machen kann, wenn er das Muster im Vertrauen auf dessen Richtigkeit verwendet hat und ihm dadurch ein Schaden entstanden ist. Ein gemeinschaftsrechtlicher Staatshaftungsanspruch kommt schon deswegen nicht in Betracht, weil die EU-Richtlinien nicht den Schutz des Unternehmers, sondern nur den des Verbrauchers bezwecken (zu den Voraussetzungen Staudinger/Wurm [2002] § 839 BGB Rn 526 ff, insbesondere Rn 535). Ein enteignungsgleicher Eingriff scheidet aus, weil nicht in den eingerichteten und ausgeübten Gewerbebetrieb als durch Art 14 GG geschützte Rechtsposition eingegriffen wird, sondern nur die Verdienstmöglichkeiten des Unternehmens beeinträchtigt werden (s Staudinger/Wurm [2002] § 839 BGB Rn 454, 459). Denkbar ist allenfalls ein **Amtshaftungsanspruch aus § 839 BGB, Art 34 GG**. Dieser setzt aber voraus, daß eine gerade gegenüber einem Dritten bestehende Amtspflicht verletzt worden ist. Da Gesetze und Verordnungen grundsätzlich generell-abstrakte Regelungen treffen, bestehen drittschützende Amtspflichten in der Regel nur bei Einzelfall- und bei Maßnahmegesetzen bzw entsprechenden Verordnungen (BGH DVBl 1993, 718; BayObLG NJW 1997, 1514 f; Staudinger/Wurm [2002] § 839 BGB Rn 181). Die BGB-InfoV regelt weder einen punktuellen Sachverhalt (Einzelfall-VO) noch eine sachlich und persönlich eng beschränkte konkrete Lage (Maßnahme-VO). Gleichwohl spricht viel für eine drittschützende Wirkung: Nach der Begründung zu Art 245 und den Formulierungen der BGB-InfoV bezwecken die Musterbelehrungen gerade „auch" die „Vereinfachung der Rechtspraxis der Unternehmer" (Bericht des Rechtsausschusses BT-Drucks 14/7052, 208 zu Art 245 EGBGB) und damit deren Schutz. Bejaht man die drittschützende Wirkung des § 14 BGB-InfoV samt Musterbelehrungen, könnte der die nichtigen Muster verwendende Unternehmer Schadensersatz von der Bundesrepublik verlangen, gegebenenfalls gemindert um einen Mitverschuldensanteil iS des § 254 Abs 1 BGB.

II. Anwendungsbereich

1. Sachlicher Anwendungsbereich

5 § 355 BGB – und damit § 14 Abs 1 BGB-InfoV mit dem Muster in Anlage 2 – findet nach seinem Abs 1 S 1 nur Anwendung, wenn einem Verbraucher **durch Gesetz ein Widerrufsrecht nach § 355 BGB eingeräumt** wird. Widerrufsrechte, die ausdrücklich auf § 355 BGB verweisen, enthalten § 312 Abs 1 S 1 BGB für Haustürgeschäfte (mit einer Ausnahme in § 312a BGB), § 312d Abs 1 S 1 BGB für Fernabsatzverträge (mit Ausnahmen in § 312d Abs 4 und 5 BGB), § 485 Abs 1 BGB für Teilzeit-Wohnrechteverträge, §§ 495 Abs 1, 499 Abs 1, 500, 501 BGB für Verbraucherdarlehensverträge (mit einer Ausnahme in § 495 Abs 2 BGB), für Zahlungsaufschübe, Finanzierungs-

leasingverträge und Teilzahlungsgeschäfte, sowie § 505 Abs 1 S 1 BGB für Ratenlieferungsverträge.

6 Ebenso verweist § 4 Abs 1 S 1 FernUSG für **Fernunterrichtsverträge** auf das Widerrufsrecht aus § 355 BGB. Da das FernUSG einen von § 355 Abs 2 S 1 BGB abweichenden Beginn der Widerrufsfrist normiert (nach § 4 Abs 1 S 2 FernUSG erst mit Zugang der ersten Lieferung des Fernlehrmaterials, nach § 9 S 2 FernUSG bei Kreditverträgen erst mit Aushändigung einer die Pflichtangaben enthaltenden Vertragsabschrift), ist das Muster gleichwohl **nicht anwendbar**. Denn Art 245 Nr 1 EGBGB ermächtigt den Verordnungsgeber nur, Regelungen hinsichtlich der „ergänzenden Vorschriften des Bürgerlichen Gesetzbuchs" zu treffen, hingegen nicht, soweit andere Gesetze abweichende Regelungen treffen. Darf die Musterbelehrung das Widerrufsrecht von Fernunterrichtsverträgen nicht vollumfänglich regeln, entfällt ihre Vermutungswirkung.

7 § 356 Abs 1 S 1 BGB nimmt § 355 Abs 1 S 1 BGB in Bezug und ist deswegen nur auf **Rückgaberechte** anwendbar, für die ein **Gesetz ausdrücklich auf § 356 BGB verweist**. Verweise auf das Rückgaberecht in § 356 BGB enthalten § 312 Abs 1 S 2 BGB für Haustürgeschäfte (mit einer Ausnahme in § 312a BGB) und § 312d Abs 1 S 2 BGB für Fernabsatzverträge (mit Ausnahmen in § 312d Abs 4 und 5 BGB).

8 **Nicht** auf §§ 355, 356 BGB verweisen § 23 KAGG, §§ 11, 15h AuslInvestmG und §§ 5a, 8 Abs 4, 5 VVG. Für diese gelten die Erleichterungen des § 14 BGB-InfoV samt Mustern nicht. Ebensowenig verweist der durch Art 5 Abs 24 des Schuldrechtsmodernisierungsgesetzes (Rn 1) neu gefaßte § 13a UWG für das verbraucherschützende Rücktrittsrecht wegen irreführender Werbung auf §§ 355, 356 BGB; § 14 BGB-InfoV findet daher auch insoweit keine Anwendung.

9 Die Vertragspartner können Widerrufs- und Rückgaberechte **vertraglich vereinbaren** und für die nähere Ausgestaltung und die Rechtsfolgen auf §§ 355, 356 BGB verweisen. Damit wird implizit auch auf § 14 BGB-InfoV Bezug genommen, so daß eine den Mustern in Anlagen 2 und 3 entsprechende Belehrung den Anforderungen des Vertrages genügt.

2. Zeitlicher Anwendungsbereich

10 §§ 355, 356 BGB sind durch das Schuldrechtsmodernisierungsgesetz (Rn 1) mit Wirkung zum 1. 1. 2002 in das BGB eingefügt worden. Die Musterbelehrungen erfassen deswegen in keinem Fall vor dem 31. 12. 2001 abgeschlossene Verbraucherverträge (Art 229 § 5 EGBGB). § 14 BGB-InfoV ist am 1. 9. 2002 in Kraft getreten (Rn 1). Einschränkend bezieht er sich deswegen nur auf die §§ 355, 356 BGB in der Fassung, die sie durch Art 25 des **am 1. 8. 2002 in Kraft getretenen OLG-Vertretungsänderungsgesetzes** (vom 23. 7. 2002, BGBl I 2850 – zur Anpassung an die Haustürgeschäfterichtlinie vom 20. 12. 1985, 85/577/EWG) erhalten haben. Aus der **Übergangsvorschrift des Art 229 § 9 EGBGB** folgt, daß § 355 BGB nF auf alle nach dem 1. 8. 2002 abgeschlossenen Haustürgeschäfte anwendbar ist, allein § 355 Abs 3 S 3 BGB findet auf alle seit dem 1. 1. 2002 abgeschlossenen Haustürgeschäfte Anwendung. Auf andere Verbrauchergeschäfte ist § 355 BGB nF hingegen nur anwendbar, wenn diese nach dem 1. 11. 2002 abgeschlossen worden sind. Wird die erforderliche Widerrufs- und Rückgabebelehrung allerdings nach Vertragsschluß und nach dem 1. 8. 2002 (für Haustürgeschäfte) oder nach dem 1. 11. 2002 (für alle sonstigen Verbrauchergeschäfte) erteilt, gilt § 355 Abs 2 BGB uneingeschränkt auch für vorher, frühestens am 1. 1. 2002 abgeschlossene Verträge.

11 Durch das OLG-Vertretungsänderungsgesetz ist § 355 Abs 2 S 2 BGB aF, der eine gesonderte Unterzeichnung der Widerrufsbelehrung durch den Verbraucher verlangte, gestrichen worden; statt dessen ist in § 355 Abs 2 S 2 BGB die zweiwöchige Widerrufsfrist des § 355 Abs 1 S 2 BGB durch eine einmonatige Widerrufsfrist für den Fall ersetzt worden, daß die Widerrufsbelehrung dem Verbraucher erst nach Vertragsschluß mitgeteilt wird (zu dem an § 355 Abs 3 BGB angefügten Satz 3 s Rn 12). Für **vor dem 2. 11. 2002 abgeschlossene Verbraucherverträge** (**und vor dem 2. 8. 2002 abgeschlossene Haustürgeschäfte,** vgl Rn 10) ist eine Belehrung über die einmonatige Widerrufsfrist des § 355 Abs 2 S 2 BGB deswegen **entgegen dem Muster** in Anlage 2 nicht erforderlich, es sei denn, die Widerrufs- und Rückgabebelehrung wird nach diesem Zeitpunkt nachgeholt (Rn 10). Andererseits ist für vorher abgeschlossene Verträge auch eine dem Muster entsprechende Belehrung unwirksam, sofern der Verbraucher die Belehrung nicht gesondert unterschrieben hat; anders ist es nur, wenn die Belehrung nach dem 1. 8. 2002 bzw dem 1. 11. 2002 nachgeholt wird.

III. Musterbelehrung für den Widerruf

1. Rechtsfolge bei nicht ordnungsgemäßer Widerrufsbelehrung

12 Die Widerrufsbelehrung ist wie nach altem Recht (BGHZ 109, 127, 130 = NJW 1990, 181, 182; Staudinger/Kessal-Wulf [1998] § 7 VerbrKrG Rn 21 mwN) eine **Obliegenheit** des Unternehmers, deren Nichterfüllung lediglich dazu führt, daß die **Widerrufsfrist nicht zu laufen beginnt**. Wird der Verbraucher nicht ordnungsgemäß über sein Widerrufsrecht belehrt, erlischt dieses anders als nach § 355 Abs 3 S 1 BGB in der Fassung durch das Schuldrechtsmodernisierungsgesetz nicht mit Ablauf von sechs Monaten, sondern aufgrund der Änderung durch das OLG-Vertretungsänderungsgesetz (vom 23. 7. 2002, BGBl I 2850 Rn 10) überhaupt nicht, **§ 355 Abs 3 S 3 BGB**.

2. BGB-Voraussetzungen für die ordnungsgemäße Widerrufsbelehrung

a) Mindestvoraussetzungen

13 Art 245 Nr 1 EGBGB erlaubt es, „Inhalt und Gestaltung der Widerrufs- und Rückgabebelehrung gemäß § 355 Abs 2 S 1, § 356 Abs 1 S 2 Nr 1 und den diese ergänzenden Vorschriften des Bürgerlichen Gesetzbuchs … festzulegen". Damit **bindet** das EGBGB den Verordnungsgeber **an die Voraussetzungen, die das BGB** für die Widerrufsbelehrung aufstellt. Auf vom BGB zwingend vorgeschriebene Belehrungsinhalte darf der Verordnungsgeber in den Musterbelehrungen nicht verzichten, weil er damit den ihm von der Ermächtigung in Art 245 EGBGB eröffneten Spielraum überschreitet und zudem gegen höherrangiges Recht verstößt (**aA** wohl Palandt/Heinrichs[62] [2003] § 355 Rn 14, Rn 3).

14 **§ 355 Abs 2 S 1 mit Abs 1 S 2 BGB** legt den **Mindestinhalt** der Widerrufsbelehrung fest. Der Unternehmer muß den Verbraucher darüber aufklären, daß er **(1)** ein **Recht zum Widerruf** des Vertrages hat. Erforderlich ist **(2)** ein Hinweis auf die **Form des Wider-**

rufs, dh darauf, daß dieser in Textform (§ 126b BGB) oder durch Rücksendung der Sache erklärt werden kann und nicht begründet zu werden braucht. Der Unternehmer muß den Verbraucher **(3)** weiterhin darüber aufklären, daß er den Widerruf innerhalb einer **Frist** von zwei Wochen ab Erhalt der Belehrung erklären muß **(Fristbeginn)** und die Frist bereits durch die **rechtzeitige Absendung** des Widerrufs gewahrt wird (BGH NJW 1996, 1964, 1965 zu § 1b AbzG). Die Belehrung muß **(4)** klarstellen, auf welchen Vertrag sie sich bezieht und **Namen und Anschrift des Widerrufsempfängers** nennen.

Diesen Grundanforderungen an die Widerrufsbelehrung genügt der erste, mit „Widerrufsrecht" überschriebene Teil der Muster-Widerrufsbelehrung in Anlage 2 zu § 14 Abs 1 und 3 BGB-InfoV.

15 Eine die Vorgaben des BGB konkretisierende und damit klärende Funktion hat die Musterbelehrung in bezug auf den nach § 355 Abs 2 S 1 mit Abs 1 S 2 BGB erforderlichen Hinweis, daß der Verbraucher den Widerruf in **Textform** erklären muß, wenn er die Sache nicht zurücksendet. Nach der Legaldefinition in **§ 126b BGB** heißt Textform, daß die Erklärung in einer Urkunde oder auf eine andere zur dauerhaften Wiedergabe in Schriftzeichen geeignete Weise abgeben werden, die Person des Erklärenden nennen und den Abschluß der Erklärung durch eine Unterschrift, eine Nachbildung der Unterschrift oder auf andere Weise kenntlich machen muß. Das Muster in Anlage 2 (ebenso dasjenige in Anlage 3) läßt für die ordnungsgemäße Widerrufsbelehrung genügen, daß der Unternehmer den Begriff „Textform" durch Beispiele erläutert („zB Brief, Fax, E-Mail"). Ein ausdrücklicher Hinweis darauf, daß der Widerruf den Erklärenden und den Abschluß der Erklärung erkennen lassen muß, wird vom Unternehmer nicht verlangt – offenbar weil bei Brief, Fax und E-Mail nach der Verkehrsanschauung die Angabe des Absenders und eine Unterschrift oder Namensnennung am Ende der Mitteilung üblich ist.

b) Ergänzende BGB-Vorschriften

aa) Widerrufsfrist

16 Art 245 Nr 1 EGBGB verweist nicht nur auf § 355 Abs 2 S 1 BGB und § 356 Abs 1 S 2 Nr 1 BGB, sondern zusätzlich auf die „diese ergänzenden Vorschriften des Bürgerlichen Gesetzbuches". Nach § 355 Abs 2 S 1 BGB gehört der Hinweis auf den Beginn der Widerrufsfrist zum zwingenden Inhalt der Belehrung. Deswegen ergänzen Vorschriften über einen **abweichenden Fristbeginn** den § 355 Abs 2 S 1 BGB. Hierzu zählt einmal **§ 355 Abs 2 S 3 BGB**, der bei schriftlich abzuschließenden Verträgen (Teilzeit-Wohnrechteverträge nach § 484 Abs 1 S 1 BGB und Verbraucherdarlehensverträge nach § 492 Abs 1 S 1 BGB) den Beginn der Widerrufsfrist auf den Zeitpunkt hinausschiebt, in dem dem Verbraucher die Vertragsurkunde und sein schriftlicher Antrag auf Vertragsschluß im Original oder in Abschrift zur Verfügung gestellt werden. Abweichend von § 355 Abs 2 S 1 BGB beginnt die Widerrufsfrist nach § **312d Abs 2 BGB** für Fernabsatzverträge bei der Lieferung von Waren erst mit dem Tag des Eingangs bzw bei wiederkehrenden Leistungen mit Eingang der ersten Teillieferung beim Verbraucher, bei Dienstleistungen frühestens mit dem Tag des Vertragsschlusses. Zudem schieben §§ 312d Abs 2, **485 Abs 4 BGB** den Beginn der Widerrufsfrist bei Fernabsatzverträgen und bei Teilzeit-Wohnrechteverträgen auf den Zeitpunkt hinaus, in dem der Unternehmer die vertragsspezifischen Informationspflichten aus § 312c Abs 2 BGB mit Art 240 EGBGB, § 1 Abs 2 und 3 BGB-

InfoV bzw § 482 Abs 2 BGB mit Art 242 EGBGB, § 2 BGB-InfoV erfüllt hat. Bei Verträgen im elektronischen Geschäftsverkehr beginnt die Widerrufsfrist nach **§ 312e Abs 3 S 2 BGB** nicht zu laufen, bevor der Unternehmer nicht die Schutzpflichten nach § 312e Abs 1 S 1 BGB mit Art 241 EGBGB, § 3 BGB-InfoV erfüllt hat. Zwar macht der Verstoß gegen die Informationspflichten die Widerrufsbelehrung nicht unwirksam (Rn 22 f), wohl aber der unterbliebene Hinweis auf den Fristbeginn (s auch MünchKomm/Ulmer[4] [2003] § 355 Rn 44 mit 43).

Die Musterbelehrung in Anlage 2 zu § 14 Abs 1 BGB-InfoV enthält weder im umrahmten Text noch in den angefügten Gestaltungshinweisen einen Hinweis auf den abweichenden Fristbeginn nach §§ 312d Abs 2, 312e Abs 3 S 2, 355 Abs 2 S 3, 485 Abs 4 BGB. Für schriftlich abzuschließende Verträge, für Fernabsatzverträge, für Verträge im elektronischen Geschäftsverkehr und für Teilzeit-Wohnrechteverträge erfüllt eine Belehrung nach dem **Muster der BGB-InfoV** damit **nicht die gesetzlichen Anforderungen** (s auch Masuch NJW 2002, 2391, 2393; MünchKomm/Ulmer[4] [2003] § 355 BGB Rn 52; MünchKomm/Wendehorst[4] [2003] § 312c BGB Rn 128 Fn 157). Damit entspricht die Musterbelehrung weder der Ermächtigungsgrundlage noch dem BGB als höherrangigem Recht und ist insgesamt nichtig (Rn 3).

17 Weitergehend erhebt § 355 Abs 2 S 1 BGB den Hinweis auf die Regelung des § 355 Abs 1 S 2 BGB und damit auf die **Dauer der Widerrufsfrist** zum zwingenden Inhalt der Widerrufsbelehrung. Der Unternehmer muß deswegen auf **§ 355 Abs 2 S 2 BGB** hinweisen, nach dem die Widerrufsfrist einen Monat beträgt, wenn der Verbraucher erst nach Vertragsschluß über sein Widerrufsrecht belehrt wird. Nach **§ 485 Abs 3 BGB** dauert die Widerrufsfrist einen Monat, wenn der Unternehmer dem Verbraucher den nach § 482 BGB erforderlichen Prospekt nicht oder nicht in der Sprache des EU-Staates aushändigt, in dem der Verbraucher seinen Wohnsitz hat oder dem er angehört (§ 483 Abs 1 BGB); auch hierauf muß der Unternehmer hinweisen.

Der Pflicht, auf die verlängerte Widerrufsfrist nach § 355 Abs 2 S 2 BGB hinzuweisen, genügt Punkt ① der Gestaltungshinweise zur Musterbelehrung, der Hinweispflicht auf § 485 Abs 3 BGB genügt der zweite Absatz des Punktes ⑦.

bb) Rechtsfolgen des Widerrufs

18 Manche Verbraucherschutzregelungen enthalten über § 355 Abs 2 S 1 BGB hinausgehende Anforderungen an den Inhalt der Belehrung, insbesondere Hinweispflichten auf die Rechtsfolgen des Widerrufs. So muß die Widerrufsbelehrung bei **Haustürgeschäften** nach **§ 312 Abs 2 BGB** auf die Rechtsfolgen des § 357 Abs 1 und 3 BGB hinweisen. § 357 BGB wiederum verweist auf §§ 346, 348 BGB, also auf die Pflicht zur Rückgewähr der beiderseitigen Leistungen (§§ 346 Abs 1, 348 BGB), zum Nutzungsersatz und zur Herausgabe nicht gezogener Nutzungen (§§ 346 Abs 1, 347 Abs 1 BGB), zum Ersatz bestimmter Aufwendungen (§ 347 Abs 2 BGB) und zum Wertersatz bei Untergang oder Verschlechterung der Sache (§ 346 Abs 2 und 3 BGB). Nach § 357 Abs 3 BGB muß der Verbraucher auch Wertersatz für eine durch die bestimmungsgemäße Ingebrauchnahme der Sache entstandene Verschlechterung leisten, es sei denn, die Verschlechterung ist ausschließlich auf die Prüfung der Sache zurückzuführen.

Der Hinweispflicht aus § 312 Abs 2 BGB genügt grundsätzlich der zweite, mit „Rückgabefolgen" überschriebene Absatz der Musterbelehrung. Zwar werden in der Musterbelehrung nicht alle Widerrufsfolgen beschrieben; etwa wird nur allgemein darauf hingewiesen, daß der Verbraucher bei Untergang oder Verschlechterung der empfangenen Leistung „ggf Wertersatz leisten" muß. Es muß dem Unternehmer aber gestattet sein, dem Verbraucher lediglich einen Überblick über die Rechtsfolgen des Widerrufs zu geben; eine komplette Darstellung der komplizierten und umstrittenen Rechtslage kann nicht erwartet werden (s auch MünchKomm/ULMER[4] [2003] § 355 Rn 46). Eine vollständige Information bürge zudem die Gefahr, daß der Verbraucher mit einer Vielzahl für ihn unverständlicher Informationen überfordert und dadurch verwirrt würde. Nur in einem Punkt genügt die Musterbelehrung den **gesetzlichen Anforderungen in keinem Fall**: Sie enthält keinen Hinweis auf §§ 357 Abs 1 S 1, 346 Abs 2 S 2 HS 1 BGB, nach denen der Verbraucher bis zum Widerruf zur vertraglichen Gegenleistung für empfangene **Dienstleistungen** verpflichtet bleibt (Beschlußempfehlung und Bericht des Rechtsausschusses, BT-Drucks 14/7052 S 190; MünchKomm/ULMER[4] [2003] § 355 Rn 46).

19 Für alle **Verbraucherverträge, die nicht § 312 BGB unterfallen**, ist der der Hinweis auf die Rechtsfolgen des Widerrufs hingegen **entbehrlich** (s noch Rn 22) – das gilt auch für den Hinweis, daß der Unternehmer bei paketversandfähigen Sachen Kosten und Gefahr der Rückgewähr trägt. Nur dann, wenn der Unternehmer den Verbraucher für **Verschlechterungen der Sache aufgrund ihrer bestimmungsgemäßen Ingebrauchnahme** haftbar machen will, muß er nach § 357 Abs 3 S 1 BGB darauf und auf eine Möglichkeit zur Vermeidung dieser Haftung hinweisen. Dieser Hinweis ist lediglich Voraussetzung für die über § 346 Abs 2 S 1 Nr 3 BGB hinausgehende Verbraucherhaftung. Hingegen ist er keine Voraussetzung für die ordnungsgemäße Widerrufsbelehrung nach § 355 Abs 2 BGB. Fehlt der Hinweis, beginnt deswegen gleichwohl die Widerrufsfrist zu laufen und das Widerrufsrecht erlischt gem § 355 Abs 3 S 1 BGB spätestens sechs Monate nach Vertragsschluß. Da Art 245 Nr 1 EGBGB das Bundesjustizministerium für die Haftungserweiterung nach § 357 Abs 3 S 1 BGB nicht zum Erlaß einer Musterbelehrung ermächtigt hat, nimmt der auf § 357 Abs 3 S 2 HS 1 BGB bezogene Hinweis der Musterbelehrung nicht an der Vermutung nach § 14 BGB-InfoV teil.

20 Bei **finanzierten Verträgen** muß der Verbraucher gem **§ 358 Abs 5 BGB** zusätzlich über die Rechtsfolgen des § 358 Abs 1, Abs 2 S 1 und 2 BGB, also darüber belehrt werden, daß mit dem Widerruf des Hauptvertrages auch die Bindung an den damit verbundenen Verbraucherdarlehensvertrag entfällt und umgekehrt bei Widerruf des Darlehensvertrages zwingend auch die Bindung an den damit finanzierten Hauptvertrag. Für finanzierte Fernunterrichtsverträge gilt § 358 BGB gem § 4 Abs 1 S 3 FernUSG entsprechend (s aber Rn 6).

Der besonderen Belehrungspflicht aus § 358 Abs 5 BGB trägt der Gestaltungshinweis ⑧ der Musterbelehrung Rechnung.

21 Verpflichten die Vertragspartner den Verbraucher in einem **notariellen Teilzeit-Wohnrechtevertrag** – wie üblich – dazu, dem Unternehmer nach Widerruf die Kosten der Beurkundung zu erstatten (§ 485 Abs 5 S 2 BGB), so muß die Widerrufsbelehrung gem **§ 485 Abs 2 BGB** die zu erstattenden Beurkundungskosten angeben.

Der Hinweispflicht aus § 485 Abs 2 BGB versucht der Verordnungsgeber in Gestaltungshinweis ⑦ der Musterbelehrung mit dem Satz zu genügen „Bei Widerruf müssen Sie ggf auch die Kosten einer notariellen Beurkundung erstatten." Das ist **nicht hinreichend**, da der Verbraucher nicht weiß, unter welchen der lapidar mit „ggf" bezeichneten Umständen er zur Rückzahlung verpflichtet ist. Deshalb bedarf es abweichend von Gestaltungshinweis ⑦ für die Fälle, in denen dem Verbraucher nach § 485 Abs 5 S 2 BGB die Beurkundungskosten auferlegt werden, eines Hinweises ohne die Einschränkung „ggf". Auch wegen dieses Fehlers ist § 14 BGB-InfoV mit der Musterbelehrung nichtig (Rn 3).

3. Weitergehende Informationspflichten

a) Informationen über das Widerrufsrecht

22 Für **Fernabsatzverträge** erzwingt **§ 312d Abs 2 BGB** mittelbar eine Belehrung über die Rechtsfolgen und über den Ausschluß des Widerrufsrechts: Nach § 312d Abs 2 BGB beginnt die Widerrufsfrist erst mit der Erfüllung der besonderen Informationspflichten aus § 312c Abs 2 BGB, Art 240 EGBGB, § 1 BGB-InfoV zu laufen. Dabei muß der Unternehmer dem Verbraucher nach **§ 1 Abs 3 S 1 Nr 1 BGB-InfoV** in einer hervorgehobenen und deutlich gestalteten Form Informationen über die Bedingungen, Einzelheiten der Ausübung und über die Rechtsfolgen des Widerrufsrechts sowie über dessen Ausschluß geben. Diese Pflichtangaben über die Rechtsfolgen des Widerrufs sind (anders als bei Haustürgeschäften nach § 312 Abs 2 BGB, Rn 18), **nicht Bestandteil der ordnungsgemäßen Widerrufsbelehrung**. Zwar beginnt die Widerrufsfrist nicht zu laufen, bevor der Unternehmer über die Rechtsfolgen des Widerrufs informiert hat (§§ 312d Abs 2, 312c Abs 2 BGB, Art 240 EGBGB, § 1 Abs 3 S 1 Nr 1 BGB-InfoV). Trotz unterlassener Information erlischt das Widerrufsrecht nach § 355 Abs 3 S 1 BGB aber sechs Monate nach Vertragsschluß; § 355 Abs 3 S 3 BGB greift nicht (Masuch NJW 2002, 2931, 2932). **§ 1 Abs 3 S 2 BGB-InfoV** erlaubt es dem Unternehmer, für die Informationen über die Rechtsfolgen des Widerrufs die Muster in § 14 BGB-InfoV zu verwenden.

Die Muster in Anlagen 2 und 3 zu § 14 BGB-InfoV enthalten entgegen § 1 Abs 3 S 1 Nr 1 BGB-InfoV keinen Hinweis auf den Ausschluß des Widerrufsrechts nach § 312d Abs 4 und 5 BGB. Da nicht das BGB, sondern die BGB-InfoV in § 1 Abs 3 S 1 Nr 1 die Pflicht zum Hinweis auf die Ausschlußtatbestände begründet, gleichzeitig aber die Verwendung der Musterbelehrungen in Anlage 2 und 3 zu § 14 BGB-InfoV genügen läßt, schadet der unterbliebene Hinweis bei Verwendung der Muster nicht.

b) Informationen über den Vertragsinhalt

23 § 312c Abs 1 Nr 1 BGB mit Art 240 Nr 1 und 2 EGBGB, § 1 Abs 1 und 2 BGB-InfoV verlangen vom Unternehmer, dem Verbraucher vor Abschluß eines **Fernabsatzvertrages** bestimmte Angaben über den Vertragsinhalt zu machen; weitere Informationen muß er dem Verbraucher gem § 312c Abs 2 BGB mit Art 240 Nr 3 EGBGB, § 1 Abs 3 BGB-InfoV nach Vertragsschluß in Textform geben (**Pflichtangaben,** näher Staudinger/Thüsing Art 240 EGBGB). Auch bei **Verträgen im elektronischen Geschäftsverkehr** treffen den Unternehmer nach § 312e Abs 1 Nr 2 BGB mit Art 241 EGBGB, § 3 BGB-InfoV vor Abgabe der Bestellung Informationspflichten. § 482 Abs 1 BGB erlegt dem Unternehmer die Pflicht auf, vor Abschluß eines **Teilzeit-Wohnrechtevertrages** jedem interessierten Verbraucher einen Prospekt mit dem in § 482 Abs 2 BGB,

Art 242 Nr 2 EGBGB, § 2 Abs 1 und 2 BGB-InfoV näher bestimmten Inhalt auszuhändigen; nach § 485 Abs 3 BGB, Art 242 Nr 1 und 2 EGBGB muß auch der Teilzeit-Wohnrechtevertrag selbst bestimmte Angaben enthalten. Von der Ermächtigung des Art 245 Nr 2 EGBGB, Widerrufsbelehrung und Pflichtangaben miteinander zu verknüpfen, hat der Verordnungsgeber – jenseits von § 1 Abs 3 S 2 BGB-InfoV (Rn 22) – keinen Gebrauch gemacht.

Die Pflichtangaben sind **nicht Bestandteil der Widerrufsbelehrung**. Ihr Fehlen hindert nach §§ 312d Abs 2, 312e Abs 3 S 2, 485 Abs 4 BGB zwar, daß die Widerrufsfrist zu laufen beginnt (Rn 16 mit 12), bei einem unzureichenden Teilzeit-Wohnrechteprospekt wird die Widerrufsfrist nach § 485 Abs 3 BGB zudem auf einen Monat verlängert (Rn 17). Weil die Pflichtangaben nicht Bestandteil der Widerrufsbelehrung sind, greift § 355 Abs 3 S 3 BGB aber nicht. Deswegen ändert das Informationsdefizit nichts daran, daß das Widerrufsrecht gem **§ 355 Abs 3 S 1 BGB** spätestens sechs Monate nach Vertragsschluß erlischt (Masuch NJW 2002, 2931, 2932; MünchKomm/Wendehorst[4] [2003] § 312d Rn 68).

4. Überflüssige Angaben

24 Gestaltungshinweis ⑦ zur Musterbelehrung verlangt bei **Fernabsatzverträgen** einen Hinweis auf das Erlöschen des Widerrufsrechts nach **§ 312d Abs 3 BGB**, sobald auf Wunsch des Verbrauchers begonnen wird, die vertraglich geschuldete Dienstleistung auszuführen. Dieser Hinweis wird weder von § 355 BGB noch von ergänzenden Regelungen des Fernabsatzrechtes gefordert und ist damit – entgegen dem Schein des Musters in Anlage 2 – kein notwendiger Bestandteil der Widerrufsbelehrung.

25 § 495 Abs 2 S 1 BGB aF enthielt eine Sondervorschrift zu § 350 BGB: Bei **Verbraucherdarlehen** (näher Staudinger/Kessal-Wulf [1998] § 7 VerbrKrG Rn 52), galt der Widerruf als nicht erfolgt, wenn der Verbraucher das Darlehen nicht binnen zweier Wochen nach Erklärung des Widerrufs oder nach Darlehensauszahlung zurückzahlte; darauf mußte der Unternehmer den Verbraucher gem § 495 Abs 2 S 3 BGB aF in der Widerrufsbelehrung hinweisen. Das OLG-Vertretungsänderungsgesetz vom 23. 7. 2002 (BGBl I 2850) hat § 495 Abs 2 BGB aF aufgehoben. Nach § 506 Abs 2 BGB kann das fingierte Unterbleiben des Widerrufs bei unterlassener Darlehensrückzahlung zwar vereinbart werden. Das BGB verlangt aber nicht, daß über die vereinbarte Rechtsfolge belehrt werden muß; zudem soll § 506 Abs 2 BGB nach Art 25 Abs 2, Art 34 des OLG-Vertretungsänderungsgesetzes nur bis zum 30. 6. 2005 in Kraft bleiben. Gleichwohl enthält der letzte Absatz des Gestaltungshinweises ⑦ einen entsprechenden Hinweis.

26 Nach der ursprünglichen Fassung des § 355 Abs 2 S 2 BGB – und nach § 361a Abs 1 S 4 BGB aF – mußte der Verbraucher die **Widerrufsbelehrung gesondert unterschreiben** oder mit einer qualifizierten elektronischen Signatur versehen (dazu Staudinger/Kaiser [2001] § 361a BGB Rn 37). Dieses Erfordernis ist durch Art 25 Nr 6a des OLG-Vertretungsänderungsgesetzes ersatzlos gestrichen worden. Gleichwohl sieht der Kastentext in Anlage 2 zu § 14 Abs 1 BGB-InfoV die Unterschrift des Verbrauchers vor und weist lediglich durch Gestaltungshinweis ⑨ darauf hin, daß die Unterschriftsleiste entfallen und durch einen Hinweis auf das Ende der Widerrufsbelehrung ersetzt werden kann. Aus Beweisgründen empfiehlt es sich gleichwohl, dem unverbindlichen Vorschlag des Mustertextes zu folgen und die Widerrufsbelehrung durch den Verbraucher gesondert unterschreiben zu lassen.

5. Deutlichkeitsgebot

Weil § 14 BGB-InfoV sich nach Art 245 EGBGB an die Vorgaben des BGB halten muß, schränkt das Deutlichkeitsgebot des § 355 Abs 2 S 1 BGB die Reichweite der Musterbelehrung in Anlage 2 ein: Nur eine deutlich gestaltete Widerrufsbelehrung setzt die Widerrufsfrist in Gang. Insbesondere muß die Widerrufsbelehrung drucktechnisch hervorgehoben sein, dh sich in ihrer Gesamtwirkung so **deutlich vom übrigen Vertragstext abheben**, daß sie dem Verbraucher die Rechtslage unübersehbar zur Kenntnis bringt (Staudinger/Kaiser [2001] § 361a BGB Rn 32). Dafür sieht die Musterbelehrung eine Umrahmung des Textes vor; das genügt (Staudinger/Kaiser [2001] § 361a BGB Rn 32). Hebt der Unternehmer aber andere Vertragsteile in gleicher Weise drucktechnisch hervor wie die Widerrufsbelehrung, also durch eine entsprechende Schrifttype und durch eine Umrahmung des Textes, so kann die Widerrufsbelehrung mangels hinreichender Abhebung vom übrigen Vertragstext gleichwohl unwirksam sein (BGH LM § 1b AbzG Nr 18 = NJW-RR 1990, 368, 370 = WM 1990, 315, 319; NJW 1996, 1964, 1965 = WM 1996, 1149, 1150; OLG Stuttgart NJW 1992, 3245, 3246; OLG Naumburg NJW-RR 1994, 377). **27**

IV. Musterbelehrung für das Rückgaberecht

1. Rechtsfolge bei nicht ordnungsgemäßer Belehrung über das Rückgaberecht

Für **Vertragsschlüsse aufgrund eines Verkaufsprospekts** erlaubt Art 245 Nr 1 EGBGB es dem Bundesjustizministerium, die Belehrung über das Rückgaberecht gem § 356 Abs 1 S 2 Nr 1 BGB näher zu gestalten. Während die ordnungsgemäße Belehrung über das Widerrufsrecht nach §§ 355 Abs 2 S 1, Abs 3 S 3 BGB lediglich Voraussetzung für den Beginn der Widerrufsfrist ist, erhebt § 356 Abs 1 S 2 Nr 1–3 BGB die **ordnungsgemäße Belehrung** zur **Wirksamkeitsvoraussetzung für das Rückgaberecht**: Nur wenn der Verkaufsprospekt eine deutlich gestaltete Belehrung über das Rückgaberecht enthält (§ 356 Abs 1 S 2 Nr 1 BGB), der Verbraucher den Verkaufsprospekt in Abwesenheit des Unternehmers eingehend zur Kenntnis nehmen konnte (§ 356 Abs 1 S 2 Nr 2 BGB) und dem Verbraucher das Rückgaberecht in Textform eingeräumt wird (§ 356 Abs 1 S 2 Nr 3 BGB), ist das Widerrufsrecht wirksam durch ein Rückgaberecht ersetzt. Anderenfalls bleibt es beim Widerrufsrecht (MünchKomm/Ulmer[4] [2003] § 356 Rn 14, 22); dieses besteht mangels wirksamer Belehrung gem § 355 Abs 3 S 3 BGB bis zur Grenze der Verwirkung für eine unbegrenzte Zeit. **28**

2. Reichweite der Musterbelehrung

§ 356 Abs 1 S 2 BGB enthält zwei Grundvoraussetzungen für die ordnungsgemäße Belehrung: zum einen die deutlich gestaltete Belehrung über das Rückgaberecht im Verkaufsprospekt samt Möglichkeit des Verbrauchers, den Verkaufsprospekt in Abwesenheit des Unternehmers eingehend zur Kenntnis zu nehmen (§ 356 Abs 1 S 2 Nr 1 und 2 BGB), zum anderen die Einräumung des Rückgaberechts gegenüber dem Verbraucher in Textform (§ 356 Abs 1 S 2 Nr 3 BGB). Das **funktionale Äquivalent zur Widerrufsbelehrung in § 355 Abs 2 S 1 BGB** ist die Einräumung des **Rückgaberechts in** **29**

Textform nach § 356 Abs 1 S 2 Nr 3 BGB (MünchKomm/Ulmer[4] [2003] § 356 Rn 19); die Belehrung im Verkaufsprospekt muß nach § 356 Abs 1 S 2 Nr 1 BGB hinzukommen. Diesen Unterschied haben sowohl der Gesetzgeber in Art 245 EGBGB als auch der Verordnungsgeber in § 14 BGB-InfoV mit Anlage 3 verkannt: Art 245 Nr 1 EGBGB ermächtigt das Bundesministerium der Justiz nur zur Gestaltung der Rückgabebelehrung nach **§ 356 Abs 1 S 2 Nr 1 BGB**; dieser bezieht sich auf die **Belehrung im Verkaufsprospekt**. Zwar wiederholt § 14 Abs 2 BGB-InfoV den Verweis auf § 356 Abs 1 S 2 Nr 1 BGB. Wie die Formulierung, die „Frist beginnt frühestens mit Erhalt … dieser Belehrung" im ersten Absatz und die Unterschriftsleiste am Ende der Musterbelehrung deutlich machen, regelt das Muster in Anlage 3 aber die Belehrung gegenüber dem Verbraucher nach § 356 Abs 1 S 2 Nr 3 BGB.

30 Das Muster in Anlage 3 zu § 14 Abs 2 BGB-InfoV ist von der Ermächtigungsgrundlage nur dann gedeckt, wenn man Art 245 Nr 2 EGBGB **korrigierend** als Ermächtigung an den Verordnungsgeber **auslegen** kann, ein Muster für die dem Verbraucher in Textform mitzuteilende Rückgabebelehrung nach § 356 Abs 1 S 2 Nr 3 BGB zur Verfügung zu stellen. Der Bericht des Rechtsausschusses, auf dessen Betreiben Art 245 in das EGBGB eingefügt worden ist (Rn 1), sagt zur Belehrung über das Rückgaberecht im Einzelnen nichts (BT-Drucks 14/7052, 208). Art 245 Nr 1 EGBGB nennt § 356 Abs 1 S 2 Nr 1 BGB aber in einem Atemzug mit § 355 Abs 2 S 1 BGB über die Widerrufsbelehrung gegenüber dem Verbraucher und spricht ausdrücklich von der „dem Verbraucher … mitzuteilenden Belehrung über das Widerrufs- und Rückgaberecht". Ausweislich dieser Formulierungen wollte der Gesetzgeber auf dem Verordnungswege ein Muster für die dem **Verbraucher in Textform mitzuteilende Rückgabebelehrung nach § 356 Abs 1 S 2 Nr 3 BGB** zur Verfügung stellen. Dem Willen des Gesetzgebers kann mit Hilfe des Verweises auf die den § 356 Abs 1 S 2 Nr 1 BGB „ergänzenden Vorschriften des Bürgerlichen Gesetzbuchs" Rechnung getragen und Art 245 Nr 1 EGBGB als Ermächtigungsgrundlage für ein entsprechendes Muster ausgeleget werden. Damit genügt Art 245 Nr 1 EGBGB wohl noch dem Bestimmtheitsgebot.

31 Gleichwohl wird dem Unternehmer nur begrenzt geholfen: Anlage 3 zu § 14 Abs 2 BGB gibt ein Muster nur für die Belehrung gegenüber dem Verbraucher; ein **Muster für die Belehrung im Verkaufsprospekt fehlt**. Daß die Belehrung im Verkaufsprospekt gem § 355 Abs 2 S 2 BGB nachholbar und für die nachgeholte Belehrung das Muster der Anlage 3 ausreichend sei (so Palandt/Heinrichs[62] [2003] § 356 BGB Rn 5), trifft nicht zu: § 355 Abs 2 S 2 BGB, der die Nachholbarkeit der Widerrufsbelehrung unterstellt, aber nicht ausdrücklich normiert, ist ein funktionales Äquivalent zur Rückgabebelehrung des § 356 Abs 1 S 2 Nr 3 BGB; nur diese Belehrung gegenüber dem Verbraucher kann nachgeholt werden. Die Belehrung im Prospekt nach § 356 Abs 1 S 2 Nr 3 BGB ist hingegen nicht nachholbar; fehlt sie, ist das Rückgaberecht nicht wirksam vereinbart (Rn 28).

3. BGB-Voraussetzungen für die ordnungsgemäße Belehrung über das Rückgaberecht

32 § 356 Abs 1 S 1 BGB setzt das Rückgaberecht an die Stelle des Widerrufsrechts und verweist damit auch auf die **Grundbelehrung nach § 355 Abs 2 S 1 mit Abs 1 S 2 BGB** (Rn 14). Darüber hinaus treffen den Unternehmer nach **§ 356 Abs 2 BGB** (als ergänzende Vorschrift iS des Art 245 Nr 1 EGBGB) weitere, nur für das Rückgaberecht bestehende Belehrungspflichten: Abweichend von § 355 Abs 2 S 1 BGB, der die Widerrufsfrist mit Zugang der Widerrufsbelehrung beginnen läßt, beginnt die Frist für das Rückgaberecht gem § 356 Abs 2 S 1 BGB frühestens mit Erhalt der Sache zu laufen; hierauf muß der Unternehmer den Verbraucher hinweisen. Erforderlich ist zudem ein Hinweis auf die Form des Rückgaberechts, dh darauf, daß dieses nur durch Rücksendung der Sache und nur ausnahmsweise, nämlich bei nicht paketversandfähigen Waren, durch einfaches, nicht zu begründendes Rücknahmeverlangen in Textform erklärt werden kann, §§ 356 Abs 2 S 2, 355 Abs 1 S 2 BGB. Bei möglichen Zweifeln, ob die Sache paketversandfähig ist, muß der Unternehmer angeben, in welchen Fällen er von der Rücksendung absehen will (s Staudinger/Kessal-Wulf [1998] § 8 VerbrKrG Rn 30, 37). Da § 356 BGB lediglich voraussetzt, daß der Unternehmer den Verbraucher über das Rückgaberecht als solches belehrt, braucht er nicht darauf hinzuweisen, daß das Rückgaberecht an die Stelle des Widerrufsrechts aus § 355 BGB tritt.

Den Anforderungen des § 355 Abs 2 S 1 mit Abs 1 S 2 BGB und des § 356 Abs 2 BGB genügt der erste, mit „Rückgaberecht" überschriebene Absatz des Belehrungsmusters. Auf die verlängerte Widerrufsfrist nach § 355 Abs 2 S 2 BGB (Rn 17) verweist Punkt ① der Gestaltungshinweise.

33 Darüber hinaus muß die Rückgabebelehrung den besonderen **Anforderungen der einzelnen Vertragstypen** genügen (oben Rn 16 ff). Rückgaberechte nach § 356 BGB räumen – mit Ausnahmen – nur § 312 Abs 1 S 2 BGB für Haustürgeschäfte und § 312d Abs 1 S 2 BGB für Fernabsatzverträge ein (Rn 7). Deswegen sind auch nur die ergänzenden Vorschriften für diese Vertragstypen anzuwenden: In der Rückgabebelehrung muß auf den abweichenden Fristbeginn nach **§ 312d Abs 2 BGB** für Fernabsatzverträge und nach **§ 312e Abs 3 S 2 BGB** für Fernabsatzverträge im elektronischen Geschäftsverkehr hingewiesen werden (Rn 16).

Die Musterbelehrung in Anlage 3 zu § 14 Abs 2 BGB-InfoV enthält weder im umrahmten Text noch in den angefügten Gestaltungshinweisen einen Hinweis auf den abweichenden Fristbeginn nach §§ 312d Abs 2, 312e Abs 3 S 2 BGB. Für Fernabsatzverträge erfüllt eine Belehrung nach dem **Muster der BGB-InfoV** damit **nicht die gesetzlichen Anforderungen**; § 14 Abs 2 BGB-InfoV mit der Musterbelehrung in Anlage 3 ist nichtig (Rn 3).

34 Bei **Haustürgeschäften** muß die Rückgabebelehrung nach **§ 312 Abs 2 BGB** auch auf die Rechtsfolgen des § 357 Abs 1 und 3 BGB hinweisen (Rn 18). Für alle Verbraucherverträge, die nicht § 312 BGB unterfallen, ist der Hinweis auf die Rechtsfolgen hingegen überflüssig (näher Rn 19).

Der Hinweispflicht für Haustürgeschäfte genügt grundsätzlich der zweite, mit „Rückgabefolgen" überschriebene Absatz der Musterbelehrung in Anlage 3 (zur Widerrufsbelehrung s Rn 18; die dort für Dienstleistungen gemachte Einschränkung ist irrelevant, da ein Rückgaberecht nur bei der Lieferung von Sachen besteht). Der Mustertext ist aber **irreführend**: Der zweite Absatz weist nur auf die Rechtslage bei einer Verschlechterung der gelieferten Sache hin (Wertersatz), hingegen nicht auf die Rechtslage bei **vollständigem Untergang der Sache**. Da die Musterbelehrung im übrigen von der Rückgabe der

Ware spricht und ein Rückgabeverlangen in Textform nur bei nicht paketversandfähiger Ware genügen läßt, kann der Verbraucher zu der falschen Auffassung gelangen, der vollständige Untergang der Sache schließe das Rückgaberecht aus, weil nichts da ist, was zurückgegeben werden kann. Das entspricht nicht der Rechtslage: Der Untergang der Sache führt wie beim Widerrufsrecht (entgegen § 351 BGB aF) nicht zum Ausschluß des Rückgaberechts, sondern allenfalls zu einer Wertersatzpflicht nach § 346 Abs 2 BGB; der Verbraucher muß das Rückgaberecht in diesem Fall durch Rücknahmeverlangen in Textform ausüben (näher Staudinger/Kaiser [2001] § 361b Rn 37). Ein Hinweis hierauf fehlt in der Musterrückgabebelehrung.

35 Bei **finanzierten Verträgen** muß der Verbraucher gem **§ 358 Abs 5 BGB** zusätzlich über die Rechtsfolgen des § 358 Abs 1 BGB, also darüber belehrt werden, daß mit der Ausübung des Rückgaberechts vom Hauptvertrag auch die Bindung an den damit verbundenen Verbraucherdarlehensvertrag entfällt. Hingegen ist beim Rückgaberecht – anders als beim Widerrufsrecht (Rn 20) – kein Hinweis auf § 358 Abs 2 S 1 und 2 BGB erforderlich, da hinsichtlich des Darlehensvertrages nur ein Widerrufsrecht, mangels Lieferung einer Sache aber kein Rückgaberecht besteht und deswegen nur eine Belehrung nach Anlage 2 zu § 14 Abs 1 BGB-InfoV in Betracht kommt.

Der besonderen Belehrungspflicht aus § 358 Abs 5 BGB trägt der Gestaltungshinweis ⑤ der Musterbelehrung Rechnung.

V. Abweichungen von der Musterbelehrungen

36 § 14 Abs 3 BGB-InfoV läßt es für eine ordnungsgemäße Widerrufs- und Rückgabebelehrung genügen, daß der Unternehmer die Muster in Anlage 2 und 3 verwendet, aber **in Format und Schriftgröße von ihnen abweicht**. Diese Erleichterung wird **begrenzt durch** § 355 Abs 2 S 1 BGB, der eine **drucktechnisch deutliche Gestaltung** der Belehrung verlangt. Das Deutlichkeitsgebot steht einer Belehrung entgegen, die in einer deutlich kleineren Drucktype als der Vertragstext verfaßt ist (BGH LM § 1b AbzG Nr 18 = NJW-RR 1990, 368, 370 = WM 1990, 315, 319; NJW 1996, 1964, 1965 = WM 1996, 1149, 1150 bei Absetzen vom übrigen Text durch bloße Striche). Die Muster der BGB-InfoV setzen die Widerrufs- und Rückgabebelehrung durch eine Umrahmung vom übrigen Text ab. Ebenso muß eine Absetzung durch Fett- oder Farbdruck oder durch einen farblich andersartigen Hintergrund genügen (Staudinger/Kaiser [2001] § 361a BGB Rn 32). Hingegen hebt eine Belehrung lediglich in einer anderen Drucktype, in Sperrschrift oder in einer größeren Schriftgröße die Belehrung nicht in gleichem Maße ab wie ein Rahmen und reicht daher nicht aus, um die Vermutungswirkung des § 14 BGB-InfoV auszulösen.

37 **Abweichende Formulierungen** machen es notwendig, daß die Gerichte sich inhaltlich mit der Widerrufsbelehrung auseinandersetzen und diese nicht nur daraufhin überprüfen können, ob sich der Text mit der Musterbelehrung deckt. Deswegen kann der Unternehmer bei Formulierungsabweichungen die Vermutung des § 14 Abs 1 und 2 BGB-InfoV nicht in Anspruch nehmen. Allenfalls marginale Abweichungen, etwa die Formulierung „die Frist beginnt frühestens mit Aushändigung dieser Urkunde", dürften die Vermutungswirkung des § 14 Abs 1 und 2 BGB-InfoV nicht hindern. Wegen des Risikos, daß die Gerichte abweichende Formulierungen nicht akzeptieren, sind auch solche geringfügigen Änderungen gegenüber den Mustern der BGB-

InfoV nicht zu empfehlen (soweit man die Verwendung der Muster überhaupt empfehlen möchte, Rn 42).

38 Problematisch ist, ob **Zusätze** die Annahme des § 14 Abs 1 und 2 BGB-InfoV hindern, daß Widerrufs- und Rückgabebelehrung den Anforderungen der §§ 355, 356 BGB genügen. Das könnte man mit dem Argument verneinen, § 14 BGB-InfoV sei schon Genüge getan, wenn die in den Musterbelehrungen enthaltenen Hinweispflichten übernommen werden; Zusätze hinderten diese Wirkung nicht, da sie dem Verbraucher ein Mehr an Aufklärung böten. Grenze wäre dann lediglich das Deutlichkeitsgebot des § 355 Abs 2 S 1 BGB, das eine inhaltlich deutliche Belehrung fordert und deswegen Zusätze verbietet, die den Verbraucher ablenken, verwirren oder bei ihm zu Mißverständnissen führen können (Staudinger/Kaiser [2001] § 361a Rn 33); zulässig wären nur Zusätze, die den notwendigen Inhalt der Belehrung ergänzen und näher ausführen (BGH NJW 1993, 2686). Die Notwendigkeit, zulässige Zusatzinformationen von unzulässigen zu unterscheiden, zeigt aber, daß eine um weitere Hinweise ergänzte Widerrufs- und Rückgabebelehrung **nicht** an der Vermutungswirkung des § 14 BGB-InfoV teilhaben kann: § 14 BGB-InfoV will gerade die Notwendigkeit ersparen, die Belehrung inhaltlich überprüfen zu müssen. Solange in den Musterbelehrungen aber Hinweispflichten fehlen, die das BGB für eine Widerrufs- und Rückgabebelehrung zwingend vorschreibt, wird man es **zulassen** müssen, daß der Unternehmer die Belehrung um die **nach BGB zwingend verlangten Hinweise ergänzt** – ohne etwas an der Leitbildfunktion der Musterbelehrungen in § 14 BGB-InfoV zu ändern (oben Rn 3).

39 Zweifelhaft ist schließlich, ob der Unternehmer **Hinweise** der Musterbelehrungen **weglassen** und gleichwohl die Wirkung des § 14 BGB-InfoV in Anspruch nehmen kann. Denkbar ist etwa, daß der Unternehmer bei einer Widerrufsbelehrung außerhalb des Anwendungsbereichs von § 312 BGB (Haustürgeschäfte) den zweiten Absatz der Musterbelehrung über die Rechtsfolgen des Widerrufs wegläßt. Diese Belehrung erfüllte zweifellos die Anforderungen des BGB (oben Rn 19), wiche aber derart massiv von den Musterbelehrungen in Anlage 2 und 3 ab, daß § 14 Abs 1 BGB-InfoV nicht mehr genügt wäre. Da auch geringfügige Abweichungen von den Mustern eine inhaltliche Überprüfung der Widerrufs- und Rückgabebelehrung durch den Richter erforderlich machen, nehmen solche Belehrungen nicht an der Vermutungswirkung des § 14 BGB-InfoV teil.

40 Weichen Widerrufs- und Rückgabebelehrungen von den Anlagen zu § 14 BGB-InfoV ab, wird man den Mustern jedoch eine gewisse **„Leitbild"-Funktion** zusprechen müssen: Je stärker sich der Unternehmer an die Musterbelehrungen hält, dh je geringfügiger die Abweichungen sind, desto mehr spricht dafür, daß die Belehrung den Anforderungen des BGB entspricht.

VI. Nichtverwendung der Musterbelehrungen

41 Verwendet der Unternehmer die Muster in Anlagen 2 und 3 zu § 14 Abs 1 und 2 BGB-InfoV nicht, muß er nach **§ 14 Abs 4 BGB-InfoV** in der Widerrufs- und Rückgabebelehrung seine **ladungsfähige Adresse** angeben, um den Anforderungen des § 355 Abs 2 S 1 BGB zu genügen. Demgegenüber hatte es der BGH ausreichen lassen, daß dem Verbraucher die Postanschrift und damit auch die Postfachanschrift mitgeteilt wird (BGH VuR 2002, 337 mit Anm SCHIRMBACHER). Die davon abweichende Konkretisierung des § 355 Abs 2 S 1 BGB durch den Verordnungsgeber ist möglich und deswegen bindend: In Zukunft müssen Widerrufs- und Rückgabebelehrung die ladungsfähige Anschrift, dh die Hausanschrift des Widerrufs- und Rückgabeadressaten angeben.

42 Angesichts der Tatsache, daß die Musterbelehrungen viele überflüssige Hinweise enthalten (Rn 19, 24 ff, 34) und ihre Wirksamkeit zweifelhaft ist (Rn 3, 16, 18, 33 f), kann Unternehmern die Verwendung der **Muster nicht empfohlen** werden. Zudem ist die Anwendung der Muster nicht einfach, da die Gestaltungshinweise nur von demjenigen verstanden werden können, der sich mit dem Verbraucherschutzrecht auskennt. Auch in Zukunft wird es daher dabei bleiben, daß Widerrufs- und Rückgabebelehrung durch Fachleute formuliert werden sollten, um sicherzustellen, daß mit der Belehrung die Widerrufsfrist in Gang gesetzt (Rn 12) bzw das Rückgaberecht wirksam vereinbart wird (Rn 28).

Sachregister

Die fetten Zahlen beziehen sich auf die Artikel, die mageren Zahlen auf die Randnummern.

J. von Staudingers
Kommentar zum Bürgerlichen Gesetzbuch
mit Einführungsgesetz und Nebengesetzen

Übersicht vom 15. Oktober 2003

Die Übersicht informiert über die Erscheinungsjahre der Kommentierungen in der 13. Bearbeitung und deren Neubearbeitungen (= Gesamtwerk STAUDINGER). *Kursiv* geschrieben sind die geplanten Erscheinungsjahre.

Die Übersicht ist für die 13. Bearbeitung und für deren Neubearbeitungen zugleich ein Vorschlag für das Aufstellen des „Gesamtwerk STAUDINGER" (insbesondere für solche Bände, die nur eine Sachbezeichnung haben). Es wird empfohlen, die Austauschbände chronologisch neben den überholten Bänden einzusortieren, um bei Querverweisungen auf diese schnell Zugriff zu haben. Bei Platzmangel sollten die ausgetauschten Bände an anderem Ort in gleicher Reihenfolge verwahrt werden.

	13. Bearb.	Neubearbeitungen	
Buch 1. Allgemeiner Teil			
Einl BGB; §§ 1–12; VerschG	1995		
§§ 21–89; 90–103 (1995)	1995		
§§ 90–103 (2004); 104–133	*2004*		
§§ 134–163	1996	2003	
§§ 164–240	1995	2001	
Buch 2. Recht der Schuldverhältnisse			
§§ 241–243	1995		
AGBG	1998		
§§ 244–248	1997		
§§ 249–254	1998		
§§ 255–292	1995		
§§ 293–327	1995		
§§ 255–314		2001	
§§ 315–327		2001	
§§ 328–361	1995		
§§ 328–361b		2001	
§§ 362–396	1995	2000	
§§ 397–432	1999		
§§ 433–534	1995		
Wiener UN-Kaufrecht (CISG)	1994	1999	
§§ 535–563 (Mietrecht 1)	1995		
§§ 564–580a (Mietrecht 2)	1997		
2. WKSchG; MÜG (Mietrecht 3)	1997		
§§ 535–562d (Mietrecht 1)		2003	
§§ 563–580a (Mietrecht 2)		2003	
§§ 581–606	1996		
§§ 607–610	./.		
VerbrKrG; HWiG; § 13a UWG	1998		
VerbrKrG; HWiG; § 13a UWG; TzWrG		2001	
§§ 611–615	1999		
§§ 616–619	1997		
§§ 620–630	1995		
§§ 616–630		2002	
§§ 631–651	1994	2000	2003
§§ 651a–651l	2001		
§§ 651a–651m		2003	
§§ 652–704	1995		
§§ 652–656		2003	
§§ 705–740	2003		
§§ 741–764	1996	2002	
§§ 765–778	1997		
§§ 779–811	1997	2002	
§§ 812–822	1994	1999	
§§ 823–825	1999		
§§ 826–829; ProdHaftG	1998	2003	
§§ 830–838	1997	2002	
§§ 839, 839a	2002		
§§ 840–853	2002		
Buch 3. Sachenrecht			
§§ 854–882	1995	2000	
§§ 883–902	1996	2002	
§§ 903–924; UmweltHaftR	1996		
§§ 903–924		2002	
UmweltHaftR		2002	
§§ 925–984	1995		

	13. Bearb.	Neubearbeitungen
§§ 985–1011	1993	1999
ErbbVO; §§ 1018–1112	1994	2002
§§ 1113–1203	1996	2002
§§ 1204–1296; §§ 1–84 SchiffsRG	1997	2002
§§ 1–64 WEG	*2004*	
Buch 4. Familienrecht		
§§ 1297–1320; NeLebGem (Anh §§ 1297 ff); §§ 1353–1362	2000	
§§ 1363–1563	1994	2000
§§ 1564–1568; §§ 1–27 HausratsVO	1999	
§§ 1569–1586b	*2004*	
§§ 1587–1588; VAHRG	1998	
§§ 1589–1600o	1997	
§§ 1589–1600e; Anh §§ 1592, 1600e		2000
§§ 1601–1615o	1997	2000
§§ 1616–1625	2000	
§§ 1626–1633; §§ 1–11 RKEG	2002	
§§ 1638–1683	2000	
§§ 1684–1717; Anh § 1717	2000	
§§ 1741–1772	2001	
§§ 1773–1895; Anh §§ 1773–1895 (KJHG)	1999	
§§ 1896–1921	1999	
Buch 5. Erbrecht		
§§ 1922–1966	1994	2000
§§ 1967–2086	1996	
§§ 1967–2063		2002
§§ 2064–2196		2003
§§ 2087–2196	1996	
§§ 2197–2264	1996	
§§ 2265–2338a	1998	
§§ 2339–2385	1997	
EGBGB		
Einl EGBGB; Art 1–2, 50–218	1998	
Art 219–222, 230–236	1996	
Art 219–245 EGBGB		2003
EGBGB/Internationales Privatrecht		
Einl IPR; Art 3–6	1996	
Art 7, 9–12	2000	
IntGesR	1993	1998
Art 13–18	1996	
Art 18; Vorbem A + B zu Art 19		2003
IntVerfREhe	1997	
Kindschaftsrechtl Ü; Art 19	1994	
Art 19–24		2002
Art 20–24	1996	
Art 25, 26	1995	2000
Art 27–37	2002	
Art 38	1998	
Art 38–42		2001
IntWirtschR	2000	
IntSachenR	1996	
Gesamtregister	*2004*	
Vorläufiges Abkürzungsverzeichnis	1993	
Das Schuldrechtsmodernisierungsgesetz	2002	2002
BGB-Synopse 1896–1998	1998	
BGB-Synopse 1896–2000		2000
100 Jahre BGB – 100 Jahre Staudinger (Tagungsband 1998)	1999	
Demnächst erscheinen		
§§ 2197–2264		2003
Einl IPR; Art 3–6 EGBGB		2003
Art 13–17b EGBGB		2003

Dr. Arthur L. Sellier & Co. KG – Walter de Gruyter GmbH & Co. KG oHG, Berlin
Postfach 30 34 21, D-10728 Berlin, Telefon (030) 2 60 05-0, Fax (030) 2 60 05-222

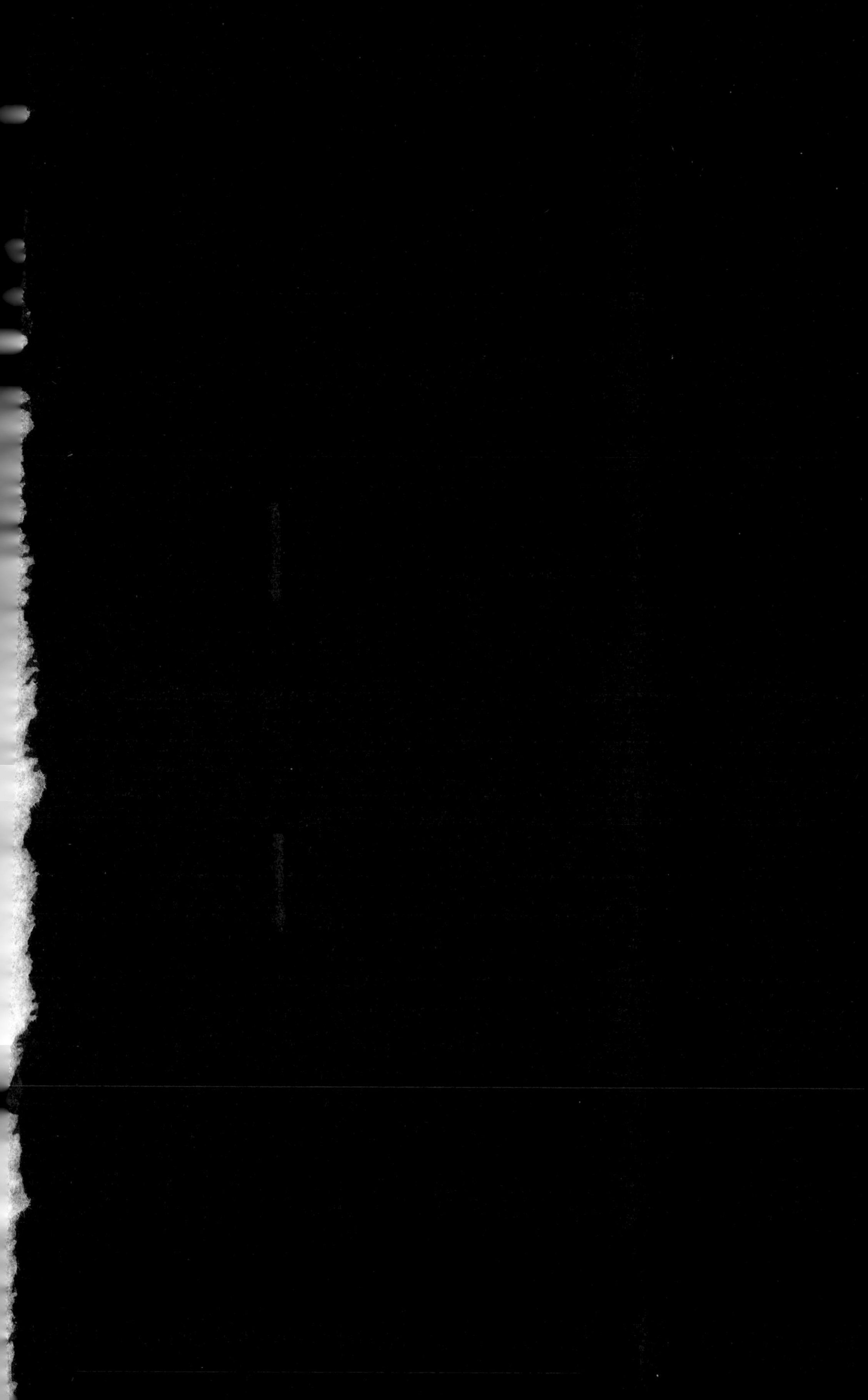